Nord
BELGIQUE
Lille
Amiens
Reims
Épernay
PARIS
Châlons-en-Champagne
CHAMPAGNE
Troyes
Les Riceys
Yonne
Marne
Seine
Auxerre
Chablis
Metz
LORRAINE
Toul
Nancy
Strasbourg
ALSACE
Moselle
Colmar
Rhin
Loire
BOURGOGNE
Dijon
Saône
Besançon
Doubs
Sancerre
Nevers
Beaune
Arbois
Cher
VALLÉE DE LA LOIRE
JURA
SUISSE
St-Pourçain-sur-Sioule
Mâcon
BEAUJOLAIS
Rhône
Villefranche-sur-Saône
BUGEY
Annecy
Roanne
Lyon
SAVOIE
Clermont-Ferrand
LYONNAIS
Chambéry
Vienne
Allier
Loire
ITALIE
Valence
VALLÉE DU RHÔNE
Die
Lot
Montélimar
SUD-OUEST
Avignon
Nîmes
Montpellier
Aix-en-Provence
Draguignan
Nice
Béziers
PROVENCE
Marseille
Narbonne
Toulon
LANGUEDOC-ROUSSILLON
Perpignan
Banyuls-sur-Mer
MER MÉDITERRANÉE
Patrimonio
Bastia
CORSE
Ajaccio

LE GUIDE HACHETTE DES VINS

Sélection 2022

LE GUIDE HACHETTE DES VINS

Direction Hachette Pratique : Catherine Saunier-Talec.

Direction de l'ouvrage : Stéphane Rosa.

Responsable éditoriale : Anne Le Meur.

Ont collaboré : Guillaume Baroin ; Richard Bertin, *œnologue* ; Pierre Bichonnier ; Gilles Bouley-Franchitti ; Anne Buchet, *chambre d'Agriculture du Loir-et-Cher* ; Jean-Jacques Cabassy, *œnologue* ; Philippe Cazali ; Éric Champion ; Pierre Carbonnier ; Béatrice de Chabert, *œnologue* ; Jacques Conscience ; François Constand ; Christine Cuperly ; Gérard Delorme ; Sébastien Durand-Viel ; Régis d'Espinay ; Michel Garat ; Laurent Gotti ; Hortense Hallereau, Robert Lala, *œnologue* ; Évelyne Léard-Viboux ; Antoine Lebègue ; Cécile Marot ; François Merveilleau ; Mariska Pezzutto, *œnologue* ; Stéphane Pillias ; Véronique Raisin ; Magali Sarfati Boisset ; Anne Seguin ; Claude Theulier Saint Germain ; Paul Vailhé ; Yves Zier.

Rédaction des articles « Vignerons de l'année » : Pierre Carbonnier ; Christine Cuperly ; Laurent Gotti ; Evelyne Léard-Viboux.

Lecture-correction : Magali Bladier ; Natacha Dimakopoulos ; Dorica Lucaci ; Marjorie Poitte.

Informatique éditoriale : Sébastien Lequime, Marie-Line Gros-Desormeaux, Magali Bladier, Marjorie Poitte.

Nous exprimons nos très vifs remerciements aux 1 500 membres des commissions de dégustation réunies spécialement pour l'élaboration de ce guide, lesquels, selon l'usage, demeurent anonymes, ainsi qu'aux organismes qui ont bien voulu apporter leur appui à l'ouvrage ou participer à sa documentation générale : l'Institut national de l'Origine et de la Qualité, INAO ; l'Institut national de la Recherche agronomique, INRA ; la direction de la Concurrence de la consommation et de la répression des fraudes ; UBIFRANCE ; la DGDDI ; les Comités, Conseils, Fédérations et Unions interprofessionnels ; FranceAgriMer ; l'Institut des hautes études de la vigne de Montpellier et l'Agro-Montpellier ; l'université Paul Sabatier de Toulouse et l'ENSAT ; les Syndicats viticoles ; les Chambres d'agriculture ; les laboratoires départementaux d'analyse ; les lycées agricoles d'Amboise, d'Avize, de Blanquefort, de Bommes, de Montagne-Saint-Émilion, de Montreuil-Bellay, d'Orange ; le lycée hôtelier de Tain-l'Hermitage ; le CFPPA d'Hyères ; l'Institut rhodanien ; l'Union française des œnologues et les Fédérations régionales d'œnologues ; pour le Grand-Duché de Luxembourg, l'Institut viti-vinicole luxembourgeois, la Marque nationale du vin luxembourgeois, le Fonds de solidarité.

Responsable artistique : Cécilia Rehbinder.

Couverture et illustrations de régions : Mathieu Persan.

Conception graphique : Pauline Ricco et Nicolas Gallois.

Illustrations infographiques et mise en page des introductions : Bertrand Loquet

Cartographie : Légendes Cartographie/Romuald Belzacq.

Production : Aude Cauchet.

Composition et photogravure : Nord Compo (Villeneuve-d'Asq).

Impression, reliure : Rotolito Lombarda (Italie).

Margot Ducancel,

marraine
du Guide Hachette
des Vins 2022

C'était un beau jour de mars 2021, en plein confinement... Une notification est apparue sur mon écran. « Accepteriez-vous d'être la marraine du Guide Hachette des vins ? » J'ai d'abord cru que l'on s'était trompé de destinataire... D'accord, voilà dix ans que j'ai fait de ma passion pour le vin mon activité principale, en organisant des événements œnologiques pour des grandes entreprises. Ma liberté d'expression, je l'ai eue en créant, il y a deux ans, mon compte Instagram « Rouge aux lèvres, qui regroupe aujourd'hui presque 30 000 followers passionnés de vin. Le but ? Parler de vins de manière légère, décomplexée. Puis, j'ai monté un club de dégustation 100 % féminin qui convie, deux fois par mois, mes *followers* devenus membres aux masters class « vin et champagne » que j'anime. Un succès que je n'aurais jamais oser espérer.

Mais étais-je vraiment légitime pour représenter ce guide patrimonial, publié chaque année depuis 35 ans. Un pavé de plus de 1000 pages, quand même... ça fait un peu peur... Pourtant, la curiosité l'a emporté, et après avoir discuté avec l'équipe éditoriale, j'ai accepté sans me faire prier (bon, en plus ce sera une seule fois).

Je ne viens pas du sérail du vin ni même d'une région viticole. Je suis picarde 100 %, un brin chti, un brin belge. Mais le vin est devenu mon centre d'intérêt et j'ai lu tout ce qui me tombait sous la main pour le comprendre. À commencer par le Guide, évidemment. J'attendais sa sortie chaque année pour faire de nouvelles découvertes. Et c'est pour ça que je l'aime, ce Guide : des pages et des pages de notices et de petits pictos, recensant aussi bien des vins de petits vignerons que de grandes maisons, traités à égalité.

Cette année, en tant que marraine, j'ai pu découvrir les coulisses de la création du Guide : dans chaque région de France, des dégustations sont organisées en présence de professionnels du vin et d'amateurs éclairés, et en *blind test*. Les bouteilles, débarrassées de leur étiquette, sont alignées sur chaque table de jury, et les dégustateurs, concentrés, notent avec application sur des fiches leur perception du profil de chaque vin. À la fin de la séance de dégustation, les coups de cœur potentiels sont goûtés à nouveau par un jury plus réduit. C'est un guide collaboratif, en somme. Chacun y va de son appréciation. Puis on recoupe les avis et on tranche : sera ou sera pas dans le Guide ? avec combien d'étoiles ? Après les dégustations, l'équipe éditoriale du Guide Hachette va commencer le travail fastidieux de rédaction.

Si vous lisez ces mots c'est que vous possédez le Guide Hachette 2022 et je ne peux que vous en remercier. Grâce à vous, le travail des vignerons et des maisons est mis en lumière. Le Guide, vous l'avez compris, c'est une œuvre collective et humaine que je suis fière de défendre cette année.

Merci.

LES VIGNERONS DE L'ANNÉE

Alsace
Félix Meyer (Dom. Meyer-Fonné)

Beaujolais
Christophe et Boris Gruy (Ch. de la Chaize)

Bordelais
Constance et Stéphane Droulers (Ch. de Carles)
Dominique Haverlan (Vieux Château Gaubert)

Bourgogne
Rodolphe Demougeot
Thierry et Vincent Beaumont (Dom. des Beaumont)

Champagne
Cyril Brun (Charles Heidsieck)

Jura
Hélène Berthet-Bondet (Dom. Berthet-Bondet)

Savoie
Raphaël Saint-Germain (Dom. Saint-Germain)

Languedoc
Anne-Laure et Sébastien Borras-Gauch (Dom. Le Nouveau Monde)

Roussillon
Thierry et Jean-Emmanuel Parcé (Domaine de la Rectorie)

Provence
Cédric Gravier (Dom. la Suffrène)

Corse
Gwenaëlle Boucher (Dom. de Granajolo)

Sud-Ouest
Patrick Barde (Ch. Le Raz)

Vallée de la Loire
René et Philippe Socheleau (Dom. des Deux Vallées)

Vallée du Rhône
Jérôme Coursodon (Dom. Pierre et Jérôme Coursodon)
Jean Steinmaier (Dom. Sainte-Anne)

TABLE DES CARTES

TABLE DE TABLEAUX DES CLASSEMENTS

SOMMAIRE

LE GUIDE HACHETTE DES VINS : MODE d'EMPLOI

Quels vins sont dégustés ?

Chaque édition est entièrement nouvelle : les vins sélectionnés ont été dégustés dans l'année. Le Guide remet ainsi tous les ans les compteurs à zéro pour déguster le dernier millésime mis en bouteilles. Le vin n'étant pas un produit industriel, chaque nouveau millésime possède des caractéristiques propres. Un producteur peut avoir très bien réussi une année et moins bien la suivante… ou l'inverse ! De plus, chaque année, de nouveaux producteurs s'installent ou arrivent aux commandes de domaines existants. Le Guide vous fait découvrir les meilleurs d'entre eux.

Comment les vins sont-ils dégustés ?

Les vins sont dégustés à l'aveugle. Les dégustateurs ne connaissent ni le nom du producteur, ni celui du vin ou de la cuvée qu'ils goûtent. Cela leur permet de s'affranchir de paramètres subjectifs, tels que la notoriété du domaine ou l'esthétique de l'étiquette. Les jurés connaissent seulement l'appellation et le millésime qu'ils jugent.

Qui déguste les vins ?

Les dégustateurs sont des professionnels du monde du vin (œnologues, négociants, courtiers, sommeliers…). Ils possèdent tous les repères pour juger de la qualité d'un vin et maîtrisent le vocabulaire de la dégustation, ce qui leur permet de bien décrire les vins et donc d'apporter au lecteur l'information la plus complète possible.

Comment sont notés les vins ?

Les vins sont décrits (couleur, qualités olfactives et gustatives) et notés par les jurés sur une échelle de 0 à 5.

Note du dégustateur	Qualité du vin	Note finale du vin
0	vin à défaut	éliminé
1	petit vin ou vin moyen	éliminé
2	vin réussi	éliminé
3	vin très réussi	★
4	vin remarquable	★★
5	vin exceptionnel	★★★

Les notes doivent être comparées au sein d'une même appellation. Il est en effet impossible de juger des appellations différentes avec le même barème.

Pourquoi certaines étiquettes sont-elles reproduites et non les autres ?

L'étiquette signale un coup de cœur ♥ décerné à l'aveugle par les jurys à une cuvée. Elle est reproduite librement, sans qu'aucune participation financière directe ou indirecte ne soit demandée au producteur concerné. De même, la présentation des vins aux dégustations du Guide par les producteurs est entièrement gratuite.

Pourquoi certains vins ne sont-ils pas dans le Guide ?

Des vins connus, parfois même réputés, peuvent être absents de cette édition : soit parce que les producteurs ne les ont pas présentés, soit parce qu'ils ont été éliminés.

À quoi correspondent les durées de garde indiquées dans les notices ?

Ces temps de garde sont donnés par les dégustateurs, sous réserve de bonnes conditions de conservation, et sont indicatifs. Ils ne correspondent en aucune façon à une « date limite de consommation », mais au moment où l'on estime que le vin peut commencer à être bu pour être apprécié pleinement (apogée). Certains vins gardent en effet toutes leurs qualités des années après avoir atteint leur apogée (on parle alors de longévité).

Et le plaisir dans tout cela ?

Nous n'oublions pas que le vin est fait pour être bu à table, en bonne compagnie, et qu'une bouteille raconte une histoire qui dépasse le cadre strict de la dégustation technique. C'est pourquoi, une fois la dégustation terminée et l'anonymat levé par nos équipes, le Guide prend plaisir, pour chaque vin retenu, à parler des hommes et des femmes qui le font, des terroirs et des paysages, des meilleurs moments pour le découvrir et des plats pour le mettre en valeur.

AVERTISSEMENTS

• La dégustation à la propriété est bien souvent gratuite. On n'en abusera pas : elle représente un coût non négligeable pour le producteur qui ne peut ouvrir ses vieilles bouteilles.

• Les amateurs qui conduisent un véhicule n'oublieront pas qu'ils ne doivent pas boire le vin, mais le recracher comme le font les professionnels. Si des crachoirs ne sont pas spontanément proposés dans les caves, vous pouvez en demander.

• Les prix présentés sous forme de fourchette (pour les vins, gîtes ruraux et chambres d'hôtes) sont soumis à l'évolution des cours et donnés sous toutes réserves.

• Le pictogramme V signale les producteurs pratiquant la vente à la propriété. Toutefois, certains vins sélectionnés ont parfois une diffusion quasi confidentielle. S'ils ne sont pas disponibles au domaine, nous invitons le lecteur à les rechercher auprès des cavistes (en ville ou en ligne), des grandes surfaces et des négociants, ou sur les cartes des restaurants.

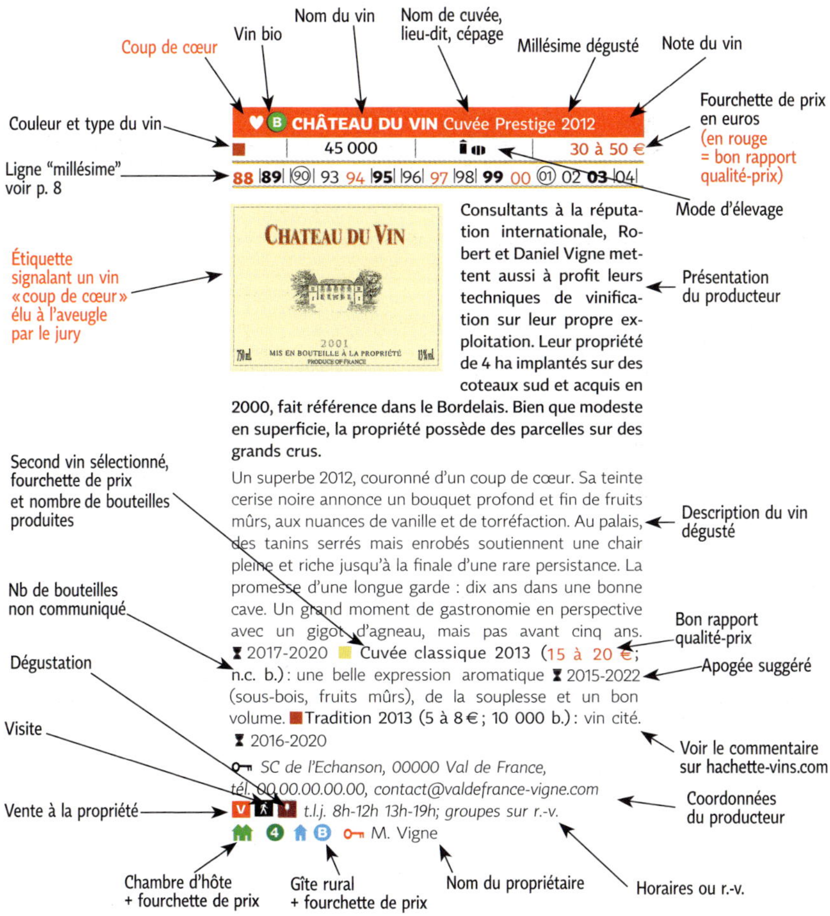

SYMBOLES UTILISÉS DANS LE GUIDE

LES VINS

La reproduction d'une étiquette et le symbole ♥ signalent un « coup de cœur » décerné à l'aveugle par les jurys.

★★★ vin exceptionnel

★★ vin remarquable

★ vin très réussi

2009 millésime ou année du vin dégusté

B	vin biologique	■	vin rosé tranquille
■	vin blanc sec tranquille	●	vin blanc effervescent
■	vin blanc doux tranquille	●	vin demi-sec effervescent
■	vin rouge tranquille	●	vin rosé effervescent

50 000, 12 500... nombre moyen de bouteilles du vin présenté

élevage en cuve — apogée suggéré

élevage en fût

LES PRODUCTEURS

V vente à la propriété — gîte rural

dégustation à la propriété — chambres d'hôtes

conditions de visite (r.-v. = sur rendez-vous)

adresse du producteur

nom du propriétaire, si différent de celui figurant dans l'adresse

n.c. information non communiquée

LES PRIX

• Les prix (prix moyen de la bouteille en France par carton de 12) sont donnés sous toutes réserves.
L'indication de la fourchette de prix en rouge signale un bon rapport qualité/prix.

- 5 €	5 à 8 €	8 à 11 €	11 à 15 €	15 à 20 €	20 à 30 €	30 à 50 €	50 à 75 €	75 à 100 €	+ 100 €

• Chambres d'hôtes
Prix moyen par nuit en haute saison

1 = - de 50 €
2 = 51 à 65 €
3 = 66 à 80 €
4 = 81 à 100 €
5 = + de 100 €

• Gîte rural
Prix moyen par semaine en haute saison

A = - de 300 €
B = 301 à 400 €
C = 401 à 500 €
D = 501 à 600 €
E = + de 600 €

LES MILLÉSIMES

(82) **83** **85** |**86**| **89** |90| 91 92 93 |**95**| |**96**| 97 **98** **99** **00** (01) 02 **03** 04 **05**

83 01 — les millésimes en rouge sont prêts (01 = millésime 2001)

99 05 — les millésimes en noir sont à garder (05 = millésime 2005)

|**95**|02 — les millésimes en noir entre deux traits verticaux sont prêts pouvant attendre

83 95 — les meilleurs millésimes sont en gras

(90) — les millésimes exceptionnels sont dans un cercle

Les millésimes indiqués n'impliquent pas une disponibilité à la vente chez le producteur. On pourra les trouver aussi chez les cavistes ou les restaurateurs.

Les MILLÉSIMES

Les vins de qualité sont millésimés à l'exception des vins de liqueur, de certains vins doux naturels et de nombreux effervescents élaborés par assemblage de plusieurs années. Dans ce cas, la qualité du produit dépend du talent de l'assembleur, mais ces vins ne gagnent pas à vieillir. Des conditions météorologiques au moment de la maturation et de la récolte, la qualité des millésimes varie selon les régions viticoles et selon les producteurs.

Il est d'usage de résumer la qualité des millésimes dans des tableaux de cotation, mais il faut en connaître les limites. Ces notes, des moyennes, ne prennent pas en compte les microclimats, pas plus que les efforts de tris de raisins à la vendange ou les sélections des vins en cuve. On peut élaborer un excellent vin dans une année cotée zéro.

Propositions de cotation (de 0 à 20)

	Alsace	Beaujolais	Bordeaux rouge	Bordeaux liquoreux	Bordeaux sec	Bourgogne rouge	Bourgogne blanc	Champagne	Jura (vin jaune)	Languedoc-Roussillon	Provence rouge	Sud-Ouest rouge	Sud-Ouest blanc liquoreux	Loire rouge	Loire blanc liquoreux	Rhône (nord)	Rhône (sud)
1945	20		20	20	18	20	18	20					19				
1946	9		14	9	10	10	13	10					12				
1947	17		18	20	18	18	18	18					20				
1948	15		16	16	16	10	14	11					12				
1949	19		19	20	18	20	18	17					16				
1950	14		13	18	16	11	19	16					14				
1951	8		8	6	6	7	6	7					7				
1952	14		16	16	16	16	18	16					15				
1953	18		19	17	16	18	17	17					18				
1954	9	9	10			14	11	15					9				
1955	17	13	16	19	18	15	18	19					16				
1956	9	6	5										9				
1957	13	11	10	15		14	15						13				
1958	12	7	11	14		10	9						12				
1959	20	13	19	20	18	19	17	17					19				
1960	12	5	11	10	10	10	7	14					9				
1961	19	16	20	15	16	18	17	16					16				
1962	14	13	16	16	16	17	19	17					15				
1963		6					10										
1964	18	8	16	9	13	16	17	18					16				
1965					12								8				
1966	12	11	17	15	16	18	18	17					15				
1967	14	13	14	18	16	15	16						13				
1968																	
1969	16	14	10	13	12	19	18	16					15				

	Alsace	Beaujolais	Bordeaux rouge	Bordeaux liquoreux	Bordeaux sec	Bourgogne rouge	Bourgogne blanc	Champagne	Jura (vin jaune)	Languedoc-Roussillon	Provence rouge	Sud-Ouest rouge	Sud-Ouest blanc liquoreux	Loire rouge	Loire blanc liquoreux	Rhône (nord)	Rhône (sud)
1970	14	13	17	17	18	15	15	17					15				
1971	18	15	16	17	19	18	20	16					17				
1972	9	6	10		9	11	13						9				
1973	16	7	13	12		12	16	16					16				
1974	13	8	11	14		12	13	8					11				
1975	15	7	18	17	18		11	18					15				
1976	19	16	15	19	16	18	15	15					18				
1977	12	9	12	7	14	11	12	9					11				
1978	15	12	17	14	17	19	17	16					17				
1979	16	13	16	18	18	15	16	15					14				
1980	10	10	13	17	18	12	12	14					13			15	
1981	17	14	16	16	17	14	15	15					15				
1982	15	12	18	14	16	14	16	16			17	17	15	14		14	15
1983	20	17	17	17	16	15	16	15	16			16	18	12		16	16
1984	15	11	13	13	12	13	14	5		13		10		10		13	15
1985	19	16	18	15	14	17	17	17	17	18	17	17	17	16	16	17	16
1986	10	15	17	17	12	12	15	12	17	15	16	16	16	13	14	15	13
1987	13	14	13	11	16	12	11	10	16	14	14	14		13		16	12
1988	17	15	16	19	18	16	14	18	16	17	17	18	18	16	18	17	15
1989	16	16	18	19	18	16	18	16	17	16	16	17	17	20	19	18	16
1990	18	14	18	20	17	18	16	18	18	17	16	16	18	17	20	19	19
1991	13	15	13	14	13	14	15	11		14	13	14		12	9	15	13
1992	15	9	12	10	14	15	17	12		13	9	9		14		11	16
1993	13	11	13	8	15	14	13	12		14	11	14	14	13	12	11	14
1994	12	14	14	14	17	14	16	12		12	10	14	15	14	12	14	11
1995	12	16	16	18	17	14	16	16	17	15	15	15	16	17	17	15	16
1996	13	14	15	18	16	17	18	19	18	13	14	14	13	17	17	15	13
1997	16	13	14	18	14	14	17	15	16	13	13	13	16	16	16	14	13
1998	13	13	15	16	14	15	14	13	14	17	16	16	13	14		18	18
1999	10	11	14	17	13	13	12	15	17	15	16	14	10	12	10	16	14
2000	12	12	18	10	16	11	15	15	16	16	14	14	13	16	13	17	15
2001	13	11	15	17	16	13	16	9		16	14	16	18	13	16	17	11
2002	11	10	14	18	16	17	17	17	14	12	11	15	14	14	10	8	9
2003	12	15	15	18	13	17	18	14	17	15	13	14	17	15	17	16	14
2004	13	12	14	10	17	13	15	16	13	15	15	13	15	14	10	12	16
2005	15	18	18	17	18	19	18	14	17	15	12	16	17	16	18	16	18
2006	12	12	14	16	14	14	16	15	15	15	16	13	15	10	10	16	15
2007	16	14	14	17	15	12	13	13	14	16	14	12	14	12	13	15	18
2008	14	14	15	16	15	14	15	16		15	12	13	12	15	12	14	14
2009	15	18	18	18	19	17	16	15		15	14	18	17	17	14	18	16
2010	14	16	18	18	19	16	17	14		18	14	15	12	17	16	16	15
2011	15	15	16	17	15	14	15	16		15	16	14	13	15	15	14	14
2012	16	14	14	12	14	14	15	18		16	14	15	13	13	10	15	15
2013	15	15	11	17	13	14	15	14		17	13	13	15	15	13	15	15
2014	13	16	16	16	17	16	16	14		15	13	15	14	17	16	13	13
2015	16	17	18	18	17	18	16	17		17	16	16	17	16	15	19	19
2016	14	16	18	19	17	17	16	15		18	15	17	15	15	18	18	18
2017	15	17	13	17	16	15	16	13		17	14	15	16	17	15	17	17
2018	17	16	17	16	16	18	18	17		18	14	16	15	18	16	15	14
2019	17	18	18	17	18	18	19	18		17	15	14	14	18	17	18	18

ALSACE
LORRAINE

L'Alsace
selon Margot

Rouge aux Lèvres

Au début, l'Alsace je l'ai regardée de loin, avec de gros yeux, l'air perdu avec ses noms imprononçables, ses multiples cépages, ses lieux-dits alambiqués et la seule question que je me posais était : « c'est sucré ou pas ? » Mais avec le temps, quelques bouteilles aussi passées par là et un premier voyage sur place : BAM, le déclic ! L'Alsace ? c'est quand même un des spots branchés de la viticulture française ! Il faut dire que les vignerons alsaciens sont bien sympas, accueillants et un brin carrés à l'allemande, comme les vins. Ici, ça bosse dure, « il n'y a rien sans rien ai-je entendu mille fois. Et puis, c'est quand même une des régions le plus en biodynamie avec une cinquantaine de domaines sur ses 15 000 hectares ! Aborder l'Alsace, c'est comme commencer dans le vin : il faut y aller à tâtons, prendre son temps, se dire qu'il y en a pour toute une vie et surtout aller sur place pour comprendre.

• **Ma reco œnotourisme**

Tous à vélo ! L'Alsace, c'est le pays du vélo ! Avec sa route des grands crus qui va de Marlenheim au nord à Thann au sud. On se met en mode bimbo sur le vélo pour partir à la découverte du vignoble et l'on sillonne des routes tellement « instagrammables » entourées de villages à colombage.

• **Mon cépage chouchou**

Le riesling ! Tout d'abord, il peut prendre mille visages, en sec et en sucré. Avec ce cépage, j'ai aussi compris l'impact « terroir ». D'une parcelle à une autre, changement de décor ! Le petit plus qui me fait chavirer : ses notes qui parfois « pétrolent ». Les experts parlent d'effet « grands terroirs », ou de millésime… Bref, on ne sait pas vraiment, mais c'est délicieux !

Le bonheur est dans la vigne

Schlumberger Saering Riesling Alsace grand cru 2019

Une valeur sûre, encore accessible ! J'aime beaucoup ce domaine familial qui possède la moitié de ses terroirs en alsace grand cru. Bien engagée en bio et en biodynamie, Séverine Schlumberger, représentant la 5e génération, est une femme forte, déterminée à préserver la renommée du domaine.

Agathe Bursin Alsace pinot noir Strangenberg 2018

Encore une femme ? Oui ! Mais pas n'importe laquelle. Agathe incarne cette nouvelle génération de vigneronnes qui ont la niaque et le talent. Elle a su se faire respecter pour son travail et sa connaissance fine de ses terroirs, dont le Strangenberg 2018 est une belle démonstration.

L'ALSACE ET LA LORRAINE

Les vins d'Alsace, blancs en très large majorité, s'identifient par leur cépage : la plupart d'entre eux sont aujourd'hui élaborés à partir d'une seule variété. La région fournit aussi de beaux vins de terroir, en particulier les grands crus, et des effervescents, les crémant-d'alsace.
À l'abri des Vosges, le vignoble alsacien s'étire sur plus de 170 km, de Thann, au sud, à Marlenheim, au nord, avec à l'extrême nord un îlot limitrophe de l'Allemagne, près de Wissembourg. Il a déserté la plaine pour se concentrer sur les collines qui bordent à l'est le massif vosgien. Les Vosges arrêtent l'humidité océanique, si bien que l'Alsace est l'une des régions les moins arrosées de France, malgré des orages estivaux.
La géologie crée une grande diversité de terroirs. La présence d'un champ de failles à la limite du massif ancien et de la plaine du Rhin, fossé d'effondrement, explique que chaque village compte de nombreux types de sols : granites, gneiss, grès, calcaires, marnes, argiles, sables… Chaque cépage s'y exprime différemment.
Florissant jusqu'à la fin du xixe s., le vignoble lorrain est aujourd'hui l'un des plus petits de France. Produits sur les départements de la Meuse, de la Moselle et de la Meurthe-et-Moselle, les vins lorrains (AOC côtes-de-toul et moselle, IGP Côtes de Meuse) sont déclinés dans les 3 couleurs, mais ce sont surtout les vins gris, des rosés de couleur… grise ou pelure d'oignon issus de pinot et de gamay, qui font leur réputation.

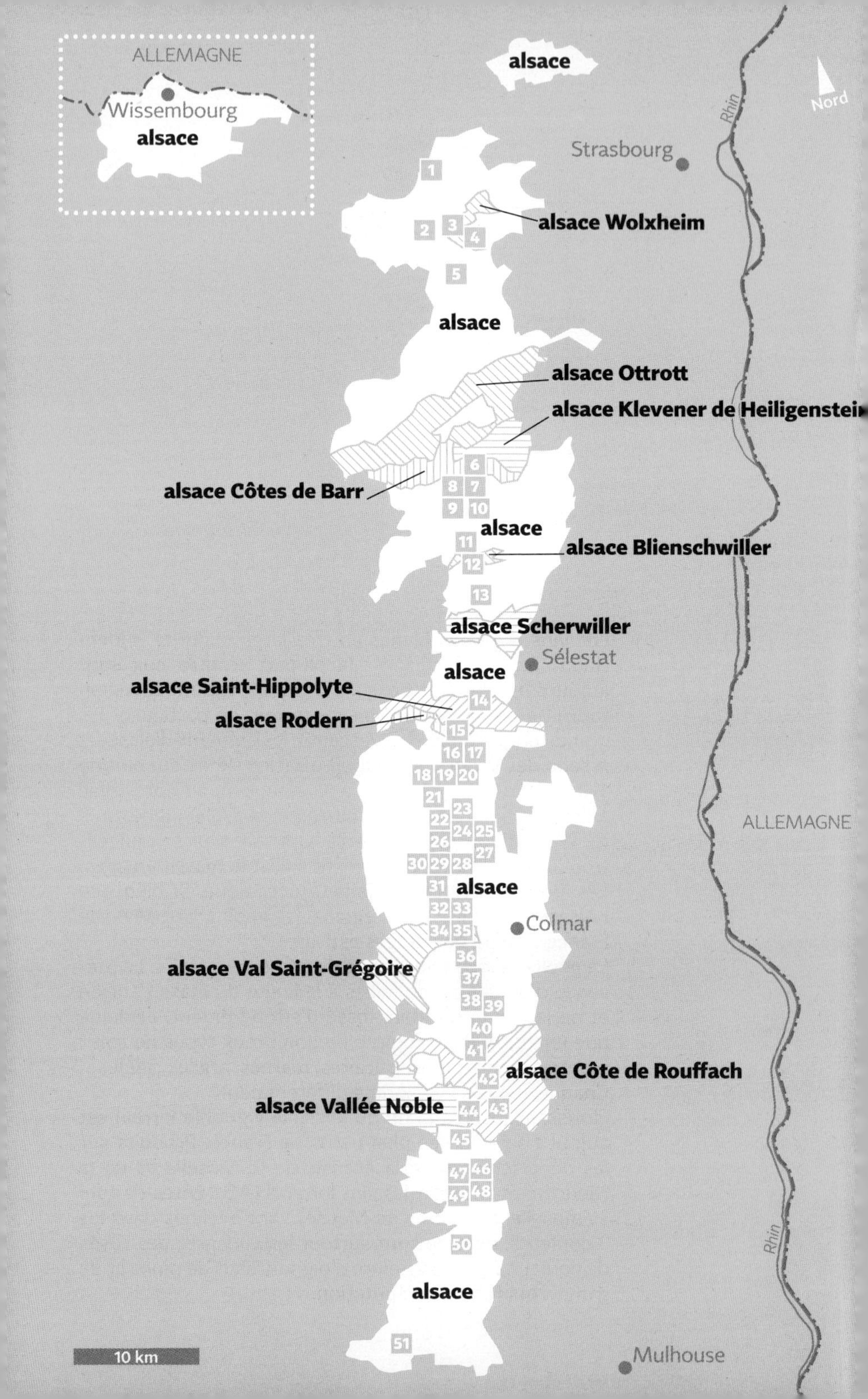
ALLEMAGNE
Wissembourg
alsace
alsace
Rhin
Nord
Strasbourg
1
2
3
4
alsace Wolxheim
5
alsace
alsace Ottrott
alsace Klevener de Heiligenstein
alsace Côtes de Barr
6
8
7
9
10
alsace
11
alsace Blienschwiller
12
13
alsace Scherwiller
Sélestat
alsace
alsace Saint-Hippolyte
14
alsace Rodern
15
16
17
18
19
20
21
23
22
24
25
26
27
30
29
28
ALLEMAGNE
31
alsace
32
33
34
35
Colmar
36
alsace Val Saint-Grégoire
37
38
39
40
41
alsace Côte de Rouffach
42
alsace Vallée Noble
44
43
45
47
46
49
48
50
Rhin
alsace
51
10 km
Mulhouse

AOC alsace

Dénominations
de l'AOC alsace

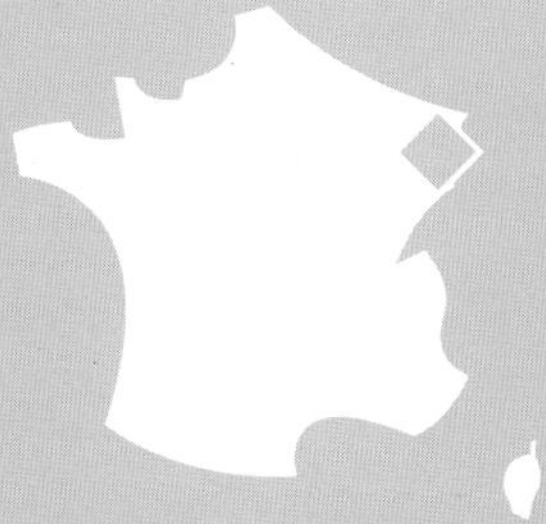

AOC alsace grand cru

1 Steinklotz
2 Altenberg de Bergbieten
3 Engelberg
4 Altenberg de Wolxheim
5 Bruderthal
6 Kirchberg de Barr
7 Zotzenberg
8 Wiebelsberg
9 Kastelberg
10 Moenchberg
11 Muenchberg
12 Winzenberg
13 Frankstein
14 Praelatenberg
15 Gloeckelberg
16 Kanzlerberg
17 Altenberg de Bergheim
18 Kirchberg de Ribeauvillé
19 Osterberg
20 Geisberg
21 Rosacker
22 Schoenenbourg
23 Froehn
24 Sonnenglanz
25 Mandelberg
26 Sporen
27 Marckrain
28 Mambourg
29 Furstentum
30 Schlossberg
31 Kaefferkopf
32 Wineck-Schlossberg
33 Florimont
34 Sommerberg
35 Brand
36 Hengst
37 Steingrubler
38 Pfersigberg
39 Eichberg
40 Hatschbourg
41 Goldert
42 Steinert
43 Vorbourg
44 Zinnkoepflé
45 Pfingstberg
46 Spiegel
47 Kessler
48 Saering
49 Kitterlé
50 Ollwiller
51 Rangen

L'Alsace en un clin d'œil

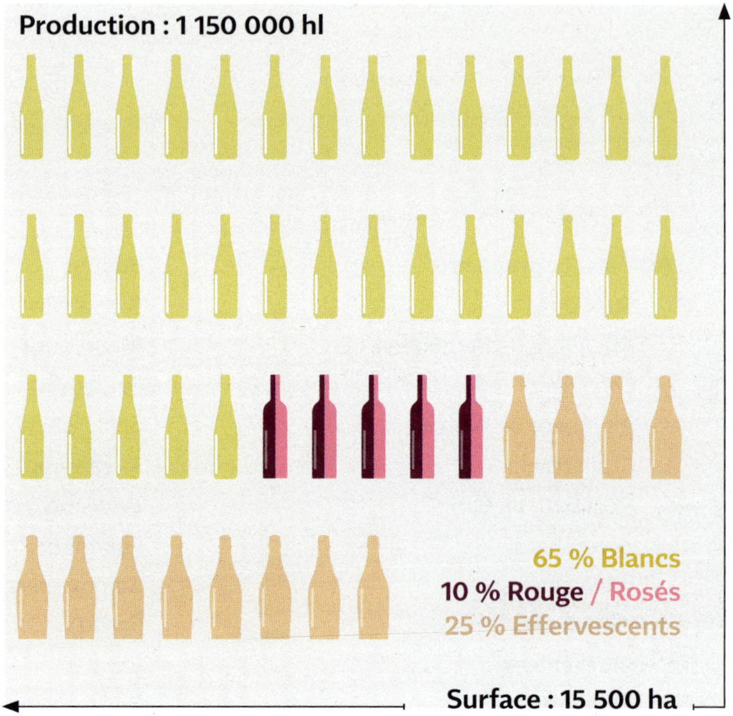

Types de vins

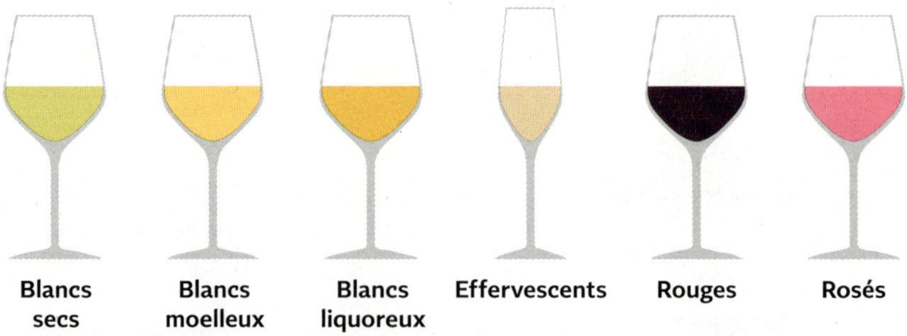

Principaux **cépages**

Riesling

Pinot blanc

Gewurztraminer

Pinot gris

Auxerrois

Sylvaner

Muscats

Chasselas

Klevener de Heiligenstein

Chardonnay

Pinot noir (moins de 10 % des surfaces)

Hiérarchie des vins

AOC
alsace grand cru

Avec nom de l'un des 51 grands crus délimités

AOC
alsace avec dénomination géographique

Commune ou lieu-dit

AOC
régionales alsace et crémant-d'alsace

Avec mention du cépage en dénomination

Un peu d'**histoire**

- **Moyen Âge :** essor du vignoble sous l'influence des évêchés et des abbayes, puis des villes.
- **XVIe s. :** les vins d'Alsace étaient exportés dans toute l'Europe.
- **XVIIe s. :** guerre de Trente Ans (famines, pestes, conflits). La viticulture alsacienne est ruinée.
  1648 : l'Alsace devient française ; le vignoble s'étend à nouveau avec des cépages communs.
- **Début du XIXe s. :** le vignoble atteint une superficie de 30 000 ha
- **Fin du XIXe s. :** les vins d'Alsace sont concurrencés par les vins du Midi et le vignoble est ravagé par le phylloxéra.
- **Milieu du XXe s. :** la superficie viticole est tombée à 9 500 ha.
- **Après 1945 :** le vignoble bénéficie de la croissance économique et adopte le cadre français des AOC. Les coopératives se développent.
- **À partir de 1975 :** délimitation de grands crus
- **2011 :** reconnaissance de 13 dénominations communales et de lieux-dits, avec des conditions de production plus exigeantes — Blienschwiller et Côtes de Barr (pour le sylvaner), Ottrott, Rodern et Saint-Hippolyte (pour le pinot noir), Wolxheim et Scherwiller (pour le riesling), Heiligenstein (pour le klevener), Bergheim (pour le gewurztraminer), Coteaux du Haut-Koenigsbourg, Côte de Rouffach, Vallée Noble et Val Saint-Grégoire.

Le **vigneron** de l'année

Félix **Meyer**

(Dom. Meyer-Fonné)

L'Alsace, l'accueillante Alsace, possède une magnifique route des vins prisée de tous les gourmets qui la fréquentent. Au nord de Colmar, surnommée « petite Venise » pour ses canaux, on trouve Katzenthal, dominé par son château du Wineck. Avec, sur ses pentes et tirés à quatre épingles, de superbes jardins de vignes. C'est en ces lieux que la famille Meyer, venue de Suisse, s'est enracinée en 1732.

• De Mâcon à l'Australie

Élevé dans un giron familial viscéralement attaché à sa terre d'accueil, Félix Meyer n'a pas craint d'enrichir son bagage viticole d'expériences accomplies hors de sa chère Alsace. Et lorsqu'en 1992, il réintègre le domaine, il peut s'appuyer sur un vécu, amorcé à Rouffach, qui l'a conduit à Mâcon, Paris, puis en Oregon et en Australie. De cet immense périple, il garde surtout un affect énorme pour les célèbres « climats » de la plantureuse Bourgogne. « J'ai su, j'ai compris, là, que le terroir serait à jamais mon moteur. » Une démarche propre à capter le goût des origines pour ce vigneron qui « ne se sent pas le droit de trahir la qualité des sols », qu'il bichonne avec passion.

• À l'écoute des chants du terroir

Inlassablement, il affirme un devoir essentiel : « faire et, en faisant, se faire. Apprendre par le travail, pour comprendre que la mise en avant du cépage ne doit pas être séparée de la qualité des sols ». Ceux des lieux-dits (le marno-calcaire des Pfoeller et Dorfburg), tout autant que ceux des grands crus (le granite du Wineck-Schlossberg, les marnes vertes du Shoenenbourg, l'argilo-gréseux du Kaefferkopf), ont droit aux mêmes attentions. Et c'est au prix d'un scrupuleux labeur parcellisé que les vins de l'exploitation (18 hectares), parfois nés de coteaux abrupts, transmettent leur signature. « Ce qu'il n'est pas possible d'obtenir », précise Félix Meyer, « sur des terres d'alluvions où le vin, fait de fruit, sera toujours en manque d'une fin de bouche longue et élégante qui n'appartient qu'aux grands terroirs ». Intégrer et se maintenir dans le cercle des domaines de haut lignage ne va pas sans la recherche du toujours mieux. Félix Meyer et son fils Eloi, futur ingénieur « viti-oeno », qui, passion bachique en bandoulière, adopte également la voie du vin, s'inscrivent dans un paysage viticole qu'ils façonnent au quotidien et qui, en retour, les façonnent eux aussi. Leur compréhension des sols et des climats, fine et méticuleuse, reconnue par la critique – et le Guide en particulier – leur permet de se réinventer à chaque instant pour mieux affronter les violents assauts des changements climatiques. Ce n'est pas rien…

♥ Les coups de cœur

- **Alsace grand cru Kaefferkopf Gewurztraminer Vendanges tardives 2018**

ALSACE EDELZWICKER

Production : 23 080 hl

Cette dénomination ancienne désigne les vins issus d'un assemblage (*Zwicker* en alsacien) de cépages. N'oublions pas qu'il y a un siècle, les parcelles du vignoble alsacien plantées d'une seule variété étaient rares. Aujourd'hui, on utilise le terme « edelzwicker » pour désigner tout assemblage de cépages blancs de l'AOC alsace, qui peuvent être vinifiés ensemble ou séparément. On a ajouté l'adjectif *Edel* (noble) pour marquer la présence plus fréquente aujourd'hui de cépages nobles, tels que le riesling, le gewurztraminer ou le pinot gris, dans sa composition. Particulièrement apprécié des Alsaciens, l'edelzwicker est servi en carafe dans la plupart des winstubs. Le terme de « gentil » désigne aussi traditionnellement des vins d'assemblage.

DOM. MULLER-KOEBERLE
Langenberg Clos des Aubépines ★

■ | 1140 | | 20 à 30 €

Deux frères Muller, originaires de Suisse, font souche du côté de Colmar en 1660. Au début des années 1960, Rose Muller épouse Jean Kœberlé, qui travaille avec son beau-père : le début du domaine actuel, établi autour de Saint-Hippolyte, au pied du Haut-Kœnigsbourg. Arrivé à la tête de l'exploitation en 2010, David Kœberlé dispose d'un vignoble d'une belle superficie : 28 ha. En conversion bio.

Une fois de plus apprécié, cet edelzwicker ambitieux, issu des granites du Langenberg. Original : pas de pinot blanc dans l'assemblage, mais du pinot noir (20 %). Et aussi du riesling (50 %), du pinot gris (30 %) et quelques gouttes de gewurztraminer ajoutées à l'ouillage. Une fermentation et un élevage de 24 mois en fût, sur lies. Robe or pâle, nez bien ouvert sur les fruits surmûris, l'amande grillée, des notes toastées. En bouche, du coing, du fruit sec, un équilibre flatteur, de la longueur et une petite rondeur. Un « edelzwicker complexe », que les dégustateurs suggèrent d'ouvrir dès maintenant, mais qui peut se garder si l'on apprécie les arômes évolués. ⧗ 2021-2024

EARL MULLER-KŒBERLÉ, 22, rte du Vin, 68590 Saint-Hippolyte, tél. 03 89 73 00 37, koeberle@muller-koeberle.fr V *t.l.j. sf dim. 9h-12h 14h-18h* 3

ALSACE GEWURZTRAMINER

Superficie : 2 897 ha / Production : 172 116 hl

Le cépage qui est à l'origine de ce vin est une forme particulièrement aromatique de la famille des traminers. Un traité publié en 1551 le désigne déjà comme une variété typiquement alsacienne. Celle-ci atteint dans ce vignoble un optimum de qualité, ce qui lui a conféré une réputation unique dans la viticulture mondiale. Son vin est corsé, bien charpenté, sec ou moelleux, et caractérisé par un bouquet merveilleux, plus ou moins puissant selon les situations et les millésimes. Le gewurztraminer, qui a une production relativement faible et irrégulière, est un cépage précoce aux raisins très sucrés.

DOM. ALLIMANT-LAUGNER 2018 ★★

■ | 22400 | | 5 à 8 €

Établie dans le vignoble depuis le XVIII[e]s., la famille Allimant a un ancêtre célèbre, Antoine, qui suivit Napoléon dans toutes ses campagnes, puis acheta des vignes sur les côtes du Haut-Kœnigsbourg. Agrandi par l'alliance entre les Allimant et les Laugner, le domaine (12 ha sur 3 communes, avec des parcelles en grand cru) est conduit depuis 1984 par Hubert Laugner, rejoint en 2013 par son fils Nicolas. En conversion bio.

Si le gewurztraminer a la réputation de préférer les terroirs marno-calcaires ou argilo-calcaires, ce domaine le cultive sur des sols granitiques et gneissiques et en tire des vins typés. Comme ce moelleux à reflets vieil or, loué tant pour l'élégance de son nez complexe, finement fruité et floral (rose) que pour l'harmonie de son palais aromatique, équilibré et long, marqué par de beaux amers en finale. Sa richesse mesurée permettra de le servir au repas. (Sucres résiduels : 22 g/l.) ⧗ 2021-2026

ALLIMANT-LAUGNER, 10, Grand-Rue, 67600 Orschwiller, tél. 03 88 92 06 52, vins@allimantlaugner.fr V *t.l.j. sf dim. 9h-12h 13h30-18h* B

FRÉDÉRIC ARBOGAST Geierstein 2019 ★

■ | 6000 | | 8 à 11 €

Installé en 2003 à Westhoffen, dans la partie septentrionale du vignoble alsacien, à 25 km de Strasbourg, Frédéric Arbogast perpétue une lignée vigneronne remontant à 1601. Il est établi au centre du village, près de l'église Saint-Martin, et travaille 17 ha en lutte raisonnée. Il vinifie sans levurage.

Frédéric Arbogast élabore plusieurs cuvées issues du coteau du Geierstein, qui domine son village. Ce gewurztraminer a donné naissance à un moelleux puissant au nez comme en bouche, aux arômes de fruits exotiques mâtinés de figue fraîche. Frais en attaque, le palais déroule une matière ample, suave et chaleureuse. Il laisse une impression de richesse qui conviendra aussi bien à l'apéritif qu'au dessert. (Sucres résiduels : 28 g/l.) ⧗ 2021-2027

VIGNOBLE FRÉDÉRIC ARBOGAST, 3, pl. de l'Église, 67310 Westhoffen, tél. 06 45 58 94 95, frederic@vignoble-arbogast.fr V *r.-v.*

BARON DE HOEN Vieilles Vignes 2018 ★

■ | 14200 | | 8 à 11 €

Créée en 1952 au cœur de la route des Vins, près de Riquewihr, la coopérative de Beblenheim vinifie aujourd'hui le fruit de plus de 400 ha répartis sur 5 communes et propose 4 grands crus de Beblenheim et des villages voisins. Baron de Hoen et Heimberger sont ses marques.

À la fois frais et onctueux, un gewurztraminer harmonieux et typé. Si sa concentration est mesurée, il séduit par son expression gourmande et complexe : aux côtés de la rose et de la mangue caractéristiques, un dégustateur décèle même une note « fraise écrasée » insolite, qui l'enchante. Demi-sec ou moelleux léger, il sera facile à placer à table, sur des cuisines du monde, par exemple. (Sucres résiduels : 22 g/l.) ⧗ 2021-2024

SICA BARON DE HOEN, 20, rue de Hoen, 68980 Beblenheim, tél. 03 89 47 90 02, info@cave-beblenheim.com V t.l.j. sf sam. dim. 9h-12h 14h-18h

DOM. JACQUES BAUER Vendanges tardives 2018 ★

■	5000	▮	15 à 20 €

Domaine créé par Jacky Bauer en 1976. Son fils Jérôme, qui vinifie, prend le relais en 1999, rejoint par son frère Gilles, (aux vignes) et par sa sœur Aurélie (au caveau). Certifiée HVE, l'exploitation couvre 14 ha, disséminés dans 8 communes entre Wettolsheim, près de Colmar, et Westhalten, à 20 km plus au sud. Parmi les terroirs exploités, 3 grands crus : Hatschbourg, Steingrubler et Zinnkoepflé.

Précoce, solaire, 2018 a été propice aux liquoreux. Cette année-là, alors que la récolte était possible dès le 17 septembre pour les vendanges tardives, ce gewurztraminer a rôti sur pied jusqu'au 6 novembre. Dans le verre, des reflets orangés, des notes de fruits mûrs et de grillé, aux côtés de la rose, du litchi et des épices; une matière ample, onctueuse et riche, affinée ce qu'il faut de fraîcheur et par une pointe d'amertume en finale. De la générosité et du fruit. (Sucres résiduels : 90 g/l.) ⧗ 2022-2027

JACQUES BAUER ET FILS, 15, rue Saint-Michel, 68420 Herrlisheim-près-Colmar, tél. 06 07 60 81 37, jerome.bauer.alsace@gmail.com V t.l.j. sf dim. 9h-12h 14h-17h30

B DOM. BAUMANN ZIRGEL Vendanges tardives 2018 ★★

■	41000	▮	20 à 30 €

Benjamin et Valérie Zirgel ont repris l'exploitation familiale en 2002 et engagé la conversion bio (certification bio en 2016, biodynamique en 2020) du vignoble, qui se déploie sur les coteaux environnant le Mittelwihr, au cœur de la route des Vins. Le domaine, d'une superficie de 11 a, comprend des parcelles dans 4 grands crus.

Récolté le 17 octobre, ce gewurztraminer a engendré un liquoreux or intense, mêlant au nez le litchi et la rose caractéristique du cépage à des notes compotées évoquant la surmaturation. Le fruité prend des tons confits dans un palais riche et équilibré. Des vendanges tardives appréciées tant pour leur grande matière que pour leur netteté. (Sucres résiduels : 111 g/l, bouteilles de 50 cl.) ⧗ 2022-2030

EARL BAUMANN-ZIRGEL, 5, rue du Vignoble, 68630 Mittelwihr, tél. 03 89 47 90 40, contact@baumann-zirgel.com V t.l.j. sf dim. 8h30-12h 14h-18h D

B JEAN BECKER Rimelsberg Vendanges tardives 2018 ★

■	6700	▮	20 à 30 €

Établie à Zellenberg près de Riquewihr, une exploitation dont les origines remontent à 1610, aujourd'hui gérée par les frères Jean-Philippe et Jean-François Becker. Ces vignerons disposent en propre de 20 ha, en bio certifié depuis 2001.

Si des 1ers crus voient le jour en Alsace, le vigneron espère que le Rimelsberg sera classé. Ce terroir argilo-marneux à maturation lente a donné naissance à un liquoreux or clair, au nez discrètement fruité, marqué par les épices et la torréfaction. On retrouve les épices dans un palais ample, gras, corsé, d'une belle richesse. (Sucres résiduels : 91 g/l.) ⧗ 2022-2027

SAS JEAN BECKER, 4, rte d'Ostheim, 68340 Zellenberg, tél. 03 89 47 90 16, infovinsbecker@orange.fr V r.-v. D

JEAN BOESCH ET PETIT-FILS Vallée Noble 2019 ★

■	1300	▮	8 à 11 €

C'est à Soultzmatt, village situé au pied du grand cru Zinnkoepflé, au sud du vignoble, que Jean Boesch, de vieille souche vigneronne, crée le domaine en 1962. Son petit-fils Denis l'accompagnait enfant dans les vignes. Il a pris les rênes de la propriété en 2002; le vignoble couvre aujourd'hui 9 ha.

Terroir très abrité à l'entrée de la vallée de l'Ohmbach, la Vallée Noble bénéficie d'une dénomination géographique grâce à son potentiel. Le lieu de naissance de ce gewurztraminer jaune d'or, au nez intense de fruits exotiques bien mûrs et de coing confit. En bouche, une attaque fraîche et une texture souple laissant une impression de légèreté : un moelleux élégant. (Sucres résiduels : 30 g/l.) ⧗ 2021-2024

EARL JEAN BOESCH ET PETIT-FILS, 1, rue Wagenbourg, 68570 Soultzmatt, tél. 03 89 47 00 87, jean.boesch@wanadoo.fr V t.l.j. 9h-12h 13h30-18h; dim. sur r.-v. B

FRANÇOIS BRAUN ET FILS Cuvée Sainte-Cécile 2017 ★

■	11300	▮	8 à 11 €

Une famille enracinée depuis le XVIes. à Orschwihr, à quelque 25 km au sud de Colmar. Longtemps en polyculture, le domaine a débuté la mise en bouteilles après la Seconde Guerre mondiale, avec François Braun. Installés respectivement en 1980 et en 1991, ses petits-fils Philippe et Pascal exploitent des vergers pour la distillation et 21 ha de vignes, dont 10 ha sur le Bollenberg et des parcelles dans 2 grands crus.

En cette année de gel qui a souvent frappé le gewurztraminer, variété précoce, ces vignerons sudistes ont tiré leur épingle du jeu, témoin cette cuvée 2017 qui n'a rien de confidentiel. Avec son nez fin, intensément floral, sa bouche complexe, équilibrée et fraîche, aux arômes typés de fleurs et d'épices, ce moelleux trouvera facilement sa place à table, sur des spécialités asiatiques, par exemple. (Sucres résiduels : 22 g/l.) ⧗ 2021-2025

FRANÇOIS BRAUN ET SES FILS, 19, Grand-Rue, 68500 Orschwihr, tél. 03 89 76 95 13, francois-braun@orange.fr V t.l.j. sf dim. 8h-11h30 14h-17h

CAVE DE CLEEBOURG 2019 ★

■	33500	▮	8 à 11 €

La cave de Cleebourg a été fondée en 1946 pour sauver le vignoble situé à l'extrémité nord de l'Alsace,

à la limite de l'Allemagne et à 80 km du tronçon principal de la route des Vins. La coopérative vinifie les vendanges de 200 ha de vignes implantées dans les villages proches de Wissembourg.

Les amateurs en quête d'un gewurztraminer bien typé, mais ni trop rond ni trop riche trouveront dans celui-ci un vin parfait pour l'apéritif, pour la table ou pour des desserts acidulés. Son expression aromatique intense et gourmande, entre litchi et épices, avec une note de raisin sec, porte la signature du cépage, mais son palais paraît plutôt sec, d'une belle fraîcheur. (Sucres résiduels : 11,5 g/l.) ⧗ 2021-2026

CAVE VINICOLE DE CLEEBOURG, rte du Vin, 67160 Cleebourg, tél. 03 88 94 50 33, olivier.kreutzberger@cave-cleebourg.com V t.l.j. 8h-12h 14h-18h E

CLOS DES TERRES BRUNES
Vieilles Vignes 2019 ★★

2100 | 11 à 15 €

Balthazar Siegler naquit à Mittelwihr en 1643; quant au domaine, il remonte à 1774. Depuis 2012, Marie-Josée, Hugues et Stève-Jean exploitent 12 ha autour de la même commune, au Clos des Terres brunes. Le cru précoce du Mandelberg, ou colline des Amandiers, est leur fleuron. Exploitation certifiée HVE.

Un gewurztraminer souvent sélectionné dans le Guide. Le 2019 se distingue par sa richesse, reflet d'un été solaire. Sa robe jaune d'or laissant des larmes sur les parois du verre, son expression typée, qui s'épanouit à l'aération et prend en bouche des accents de fruits exotiques confits, sa douceur et sa complexité au palais rappellent des vendanges tardives. Sa richesse en sucre n'exclut pas une belle finesse. (Sucres résiduels : 46 g/l.) ⧗ 2021-2026

CLOS DES TERRES BRUNES, 26, rue des Merles, 68630 Mittelwihr, tél. 03 89 47 90 70, jean.siegler@wanadoo.fr V t.l.j. 8h-12h 13h30-19h 3 D

DOM. DE L'ECOLE
Côte de Rouffach 2019 ★

1360 | 8 à 11 €

Le Dom. de l'École n'est autre que le vignoble du lycée viticole de Rouffach : 5 ha à sa création en 1953, 14 ha aujourd'hui, en conversion bio, avec plusieurs parcelles dans le Vorbourg, le grand cru qui s'étage au-dessus de la ville. Il constitue un support pour les travaux pratiques des futurs vignerons et professionnels formés dans l'établissement.

Abrité des vents humides et orienté à l'est, le terroir calcaire connu sous le nom de Côte de Rouffach bénéficie d'une dénomination géographique qui s'affiche sur l'étiquette. Le lieu de naissance de ce moelleux apprécié tant pour sa palette aromatique délicate et typée, où la rose ressort, que pour sa bouche assez dense, équilibrée par une finale fraîche, de bonne longueur. (Sucres résiduels : 19 g/l.) ⧗ 2021-2026

DOM. DE L' ÉCOLE, EPLEFPA Les Sillons de Haute Alsace, 8, aux Remparts, 68250 Rouffach, tél. 03 89 78 73 48, expl-viti.rouffach@educagri.fr V t.l.j. sf sam. dim. 9h30-12h 14h-17h

♥ DOM. LE FREUD Bergweingarten 2019 ★★

2220 | 11 à 15 €

Un domaine familial situé à 15 km au sud de Colmar, dont les origines remontent à 1730. Dirigé par Robert Freudenreich jusqu'en 1991, il est aujourd'hui conduit par son fils Christophe qui l'a baptisé Le Freud. Fidèle aux traditionnels foudres en bois, ce dernier a agrandi et modernisé les caves. Il cultive près de 8 ha.

Les gewurztraminers du domaine sont bien représentés dans le Guide. Né sur un coteau voisin du grand cru Steinert, celui-ci a fait l'unanimité. Son nez raffiné a ce côté floral et délicatement épicé de la « pivoine qui commence à se faner ». Le fruit exotique compoté s'invite dans une bouche harmonieuse, fraîche en attaque, d'une belle ampleur. Un moelleux tout en légèreté, parfait pour l'apéritif comme pour la table. (Sucres résiduels : 28 g/l.) ⧗ 2021-2026 **Vendanges tardives 2018 ★★ (20 à 30 €; 4380 b.)** Une robe or aux reflets orangés, un nez très expressif (miel d'acacia, fruits exotiques confits, épices), un palais structuré, ample, frais et long : l'harmonie même. (Sucres résiduels : 91 g/l.) ⧗ 2021-2030

DOM. LE FREUD, 26, rue du fossé, 68250 Pfaffenheim, tél. 06 16 95 09 56, robert.freudenreich@wanadoo.fr V r.-v.

B DOM. HENRY FUCHS Vendanges tardives 2018 ★

1400 | 30 à 50 €

Domaine créé en 1982, et géré depuis 2006 par Paul Fuchs, fils d'Henry, rejoint en 2017 par sa sœur Julie, après un premier parcours dans la gestion et la finance. Exploité en bio certifié depuis 2011, le vignoble couvre 11 ha autour de Ribeauvillé et de villages voisins, avec des parcelles dans 2 grands crus.

Eté solaire, arrière-saison radieuse, 2018 a permis d'obtenir de nombreux liquoreux. Et l'année a été si précoce que les raisins récoltés dès la fin septembre pouvaient donner des vendanges tardives, comme ici. La robe or intense est celle d'un liquoreux. Le nez séduit par sa finesse, et la bouche par sa grande matière et par son équilibre. La richesse du vin ne masque pas le fruit, bien présent. (Sucres résiduels : 117 g/l.) ⧗ 2021-2027

DOM. HENRY FUCHS, 8, rue du 3-Décembre, 68150 Ribeauvillé, tél. 03 89 73 61 70, contact@henryfuchs.fr V r.-v.

DOM. BERNARD HUMBRECHT 2019 ★

5300 | 8 à 11 €

À Gueberschwihr, au sud de Colmar, le visiteur est impressionné par les maisons vigneronnes aussi anciennes que cossues, comme la demeure Renaissance à pignon de la famille Humbrecht. La lignée remonte à 1620, les mises en bouteilles à 1968. Jean Humbrecht, ingénieur en agriculture, et son frère Guillaume ont rejoint leur père Jean-Bernard en 2014 et 2016 respectivement. Certifié HVE, le domaine couvre plus de 9 ha.

Or pâle, ce moelleux s'ouvre à l'aération pour livrer de délicates fragrances florales nuancées de coing. Le fruit s'épanouit en bouche, dans une matière harmonieuse, alliant rondeur et fraîcheur, un rien chaleureuse en finale. «On croque le raisin», écrit un dégustateur séduit. (Sucres résiduels : 26 g/l.) ⧗ 2021-2026

DOM. BERNARD HUMBRECHT ET FILS, 10, pl. de la Mairie, 68420 Gueberschwihr, tél. 03 89 49 31 42, vins.bernard.humbrecht@orange.fr V t.l.j. 9h-12h 13h-19h; dim. 10h-12h 14h-18h E

B DOM. HUMBRECHT 1619 Origine 2018 ★

| 3965 | | 8 à 11 € |

Une famille établie à Gueberschwihr, cité viticole dominée par un superbe clocher roman, au sud de Colmar. Les origines de la propriété se perdent dans la nuit des temps : en 1619, des ancêtres vignerons dans le village. Georges s'installe en 1965, puis Claude, qui a pris la tête de l'exploitation en 1997. Un domaine de 8 ha cultivé en bio (certification en 2013) et en biodynamie depuis 2019; de beaux terroirs à dominante argilo-calcaire.

À la robe soutenue répondent les nuances de surmaturation du nez. On respire aussi dans le verre les senteurs florales et épicées caractéristiques du cépage, qui s'expriment avec intensité et délicatesse. Dans le même registre au palais, ce moelleux se distingue par son ampleur. Il trouve son équilibre dans de beaux amers qui tonifient la finale et lui confèrent finesse et allonge. (Sucres résiduels : 18 g/l.) ⧗ 2021-2026

EARL CLAUDE ET GEORGES HUMBRECHT, 33, rue de Pfaffenheim, 68420 Gueberschwihr, tél. 03 89 49 31 51, claude.humbrecht@orange.fr V t.l.j. sf dim. 9h-12h 13h-18h 2 C

CAVE VINICOLE DE HUNAWIHR Vendanges tardives 2018 ★★★

| 19400 | | 15 à 20 € |

Fondée en 1954 au cœur de la route des Vins, la cave de Hunawihr regroupe majoritairement des viticulteurs de ce village. La coopérative vinifie le fruit de 200 ha et propose une large gamme de vins (dont 5 grands crus), sous son nom et sous plusieurs marques comme Calixte, L'Unabelle Peter Weber, Armand Schreyer et Kuhlmann-Platz (ancienne maison de négoce rachetée en 1985).

Si la cave peut se flatter de nombreuses mentions dans le Guide, les vendanges tardives sont peu nombreuses à son palmarès. L'année 2018, précoce et solaire, lui a permis d'obtenir ce liquoreux qui montre son savoir-faire en la matière. Un gewurztraminer qui s'est placé pour les rangs pour un coup de cœur. Jaune d'or à reflets orangés, il enchante par sa palette mêlant miel d'acacia, fleurs fanées, fruits confits et pâte de coing. Ample, riche et gras, il brille aussi par sa longueur. (Sucres résiduels : 90 g/l.) ⧗ 2021-2027

CAVE VINICOLE DE HUNAWIHR, 48, rte de Ribeauvillé, 68150 Hunawihr, tél. 03 89 73 61 67 V t.l.j. 9h-12h 14h- 18h

KUENTZ Vendanges tardives 2017 ★★

| 2063 | | 20 à 30 € |

Héritière d'une tradition viticole remontant au milieu du XVIIᵉs., la famille Kuentz est établie à Pfaffenheim, au sud de Colmar. Romain et son fils Michel exploitent 7 ha de vignes autour de leur village (avec des parcelles dans le grand cru Steinert), ainsi qu'à Rouffach, Gueberschwihr et Herrlisheim.

Les gewurztraminers et les vendanges tardives de ce domaine figurent souvent dans le Guide. En 2017, l'arrière-saison a été propice à l'obtention de liquoreux. Or soutenu à reflets orangés, celui-ci mêle au nez des arômes variétaux (rose, fruits exotiques, pointe d'épices) à des notes de surmaturation (miel, fruits confits, pâte de coing). Ces arômes s'épanouissent dans un palais ample et gras, vivifié en finale par une belle pointe de fraîcheur et par une agréable amertume. (Sucres résiduels : 84 g/l.) ⧗ 2021-2030 **Sélection 2019 ★ (8 à 11 €; 4403 b.)** Un moelleux ample sans lourdeur, peu exubérant mais plaisant par son expression aromatique fruitée mariant pêche jaune bien mûre, mangue confite, abricot sec. (Sucres résiduels : 35,4 g/l.) ⧗ 2021-2026

ROMAIN KUENTZ ET FILS, 22, rue du Fossé, 68250 Pfaffenheim, tél. 03 89 49 61 90, vinskuentz@yahoo.fr V t.l.j. 9h-12h 14h-19h; dim. sur r.-v. B

B HENRI MARTISCHANG Vendanges tardives 2018 ★★

| 4000 | | 20 à 30 € |

Il ne reste que quelques pierres du «château du centre» (Mittelburg) qui a donné son nom au domaine, situé au sud de Colmar. Plus intéressants sont les calcaires et argilo-calcaires des terroirs de Pfaffenheim, village où sont établis les Martischang depuis le XVIᵉs. Michel a pris la succession d'Henri en 2007. Propriété certifiée HVE.

Le gewurztraminer a été récolté le 9 novembre pour donner un liquoreux jaune d'or qui a convaincu nos jurés. Le nez mêle les notes épicées et florales du cépage à des nuances de pain d'épice miellé qui traduisent la surmaturation. Après une attaque riche et suave, un trait de fraîcheur en finale assure un remarquable équilibre. (Sucres résiduels : 94 g/l.) ⧗ 2022-2028

HENRI MARTISCHANG, 15, rue du Fossé, 68250 Pfaffenheim, tél. 03 89 49 60 83, vin.h.martischang@free.fr V t.l.j. sf dim. 8h30-12h 14h-18h C

CH. DE RIQUEWIHR Les Sorcières 2019 ★★

| 38000 | | 15 à 20 € |

Dès le XVI ᵉ s., les familles Dopff et Irion ont pignon sur rue à Riquewihr. La maison est installée dans l'ancien château (1549) des princes de Wurtemberg. En 1945, René Dopff prend en main sa destinée. Il partage le domaine du Ch. de Riquewihr en 5 vignobles spécialisés dans un cépage : les Murailles, les Sorcières, les Maquisards, les Amandiers et les Tonnelles. L'exploitation comprend 27 ha, dont un bon tiers en grands crus.

D'un jaune soutenu, il libère avec générosité des arômes de fruits jaunes mûrs avant de dévoiler une remarquable structure : rondeur de l'attaque, ampleur de la bouche où l'on retrouve les fruits d'été relevés d'épices, avec un côté beurré, finale longue et chaleureuse. Reflet du millésime, ce moelleux puissant s'est placé sur les rangs pour le coup de cœur. Il pourra tenir tête à des plats épicés ou à des fromages hauts en goût. (Sucres résiduels : 16,6 g/l.) ⧗ 2021-2026

DOPFF ET IRION, Ch. de Riquewihr, 1, cour du Château, 68340 Riquewihr, tél. 03 89 47 92 51, contact@dopff-irion.com t.l.j. 10h-12h 14h-18h

DOM. ALINE ET RÉMY SIMON Silbergrub 2019 ★

	2000		8 à 11 €

Installés dans la maison des grands-parents datant de 1772, Aline et Rémy Simon ont agrandi depuis 1996 le petit vignoble familial situé au pied du Haut-Kœnigsbourg, à la limite des deux départements alsaciens : 2 ha à l'origine, près de 8 ha aujourd'hui. Leurs fils Xavier et Grégory les ont rejoints sur l'exploitation.

Moins riche en sucre que le 2018, ce millésime obtient la même note. Encore discret, floral et fruité, son nez s'affirme à l'aération et dévoile une complexité naissante. Au palais, les arômes montent en puissance jusqu'à la longue finale aux accents de rose. Un moelleux équilibré, typé mais sans exubérance, parfait pour la table. (Sucres résiduels : 22 g/l.) ⧗ 2021-2022

DOM. ALINE ET RÉMY SIMON, 12, rue Saint-Fulrade, 68590 Saint-Hippolyte, tél. 03 89 73 04 92, alineremy.simon@wanadoo.fr t.l.j. 9h-12h 13h30-18h

VINCENT SPANNAGEL Cuvée D 2019 ★

	1600		11 à 15 €

Une famille enracinée à Katzenthal depuis la fin du XVIIᵉs. Le domaine (11 ha aujourd'hui) a été constitué en 1959 par André Spannagel, qui a passé le relais à son fils Vincent en 1982, rejoint en 2009 par Patrice. Emblème du village, le donjon du Wineck, entouré de vignes, a donné son nom au grand cru granitique où la famille cultive avec bonheur les 4 cépages nobles. Exploitation certifiée HVE.

Chez ce vigneron, les initiales cachent des lieux-dits. Après le superbe H 2018, voici le D 2019. D comme Dorfburg, un petit coin marno-calcaire voisin du grand cru Florimont. Le raisin a été récolté début octobre. La robe jaune d'or annonce une belle richesse. Le nez dévoile à l'aération des arômes qui s'intensifient en bouche : agrumes et coing confits, épices. La douceur est présente, contrebalancée en finale par une pointe de fraîcheur. Un moelleux très équilibré. (Sucres résiduels : 35 g/l.) ⧗ 2021-2026

DOM. VINCENT SPANNAGEL, 82, rue du Vignoble, 68230 Katzenthal, tél. 03 89 27 52 13, domainespannagel@gmail.com t.l.j. sf dim. 8h30-11h45 13h-18h30

CAVE DE TURCKHEIM Vieilles Vignes 2018 ★

	43500		8 à 11 €

Fondée en 1955, cette coopérative dispose des 400 ha de ses adhérents. Elle propose des vins haut de gamme en volumes intéressants, tels les grands crus (9 références, avec le Brand de Turckheim en vedette) ou les vendanges tardives, ainsi qu'une gamme de vins bio.

Jaune doré, discrètement floral et très épicé au nez, ce moelleux dévoile en bouche rondeur, ampleur et suavité, en harmonie avec des arômes d'abricot surmûri et de fruits confits. Une finale fraîche et saline lui confère un très bel équilibre. (Sucres résiduels : 30 g/l.) ⧗ 2021-2026

CAVE DE TURCKHEIM, 16, rue des Tuileries, 68230 Turckheim, tél. 03 89 30 23 60, info@cave-turckheim.com t.l.j. 9h-19h

♥ **DOM. WELTY** Sélection de grains nobles 2017 ★★

	4650		20 à 30 €

Exploitation familiale, dont les origines remontent à 1738. Implanté à Orschwihr, à 25 km au sud de Colmar, au pied de la colline du Bollenberg, le vignoble (10 ha) bénéficie d'un climat très sec. Longtemps conduit en agriculture raisonnée, il s'est converti à la biodynamie. Jean-Michel Welty, qui le gérait depuis 1984, l'a transmis en 2021 à son fils Jérémy, qui travaillait à ses côtés depuis 2012 et assurait les vinifications depuis 2018 – l'année de la certification bio.

En avril 2017, le gel a localement réduit les volumes, Jérémy Welty a produit 3 cuvées de gewurztraminer sélectionnées dans le Guide. Cette année, ce liquoreux élu coup de cœur a bénéficié d'une belle arrière-saison. Complexe, intense et généreuse, sa palette aromatique est dominée par les fruits exotiques. Le plus grand atout de ce vin réside dans sa structure : concentré, d'une grande richesse, il est servi par une réelle fraîcheur qui lui confère dynamisme, longueur et potentiel. (Sucres résiduels : 127,5 g/l.) ⧗ 2023-2030

DOM. JEAN-MICHEL WELTY, 24, Grand-Rue, 68500 Orschwihr, tél. 03 89 76 09 03, vinswelty@gmail.com t.l.j. 8h30-11h45 13h30-18h30; dim. sur r.-v.

ALSACE KLEVENER-DE-HEILIGENSTEIN

Superficie : 42 ha / Production : 2 893 hl

Le klevener-de-heiligenstein n'est autre que le vieux traminer (ou savagnin rose) connu depuis des siècles en Alsace. Il a fait place progressivement à sa variante épicée ou gewurztraminer dans l'ensemble de la région, mais il est resté vivace à Heiligenstein et dans cinq communes voisines. Ses vins sont originaux, à la fois très bien charpentés, élégants et discrètement aromatiques.

DOM. CHRISTIAN DOCK Instant Douceur 2018 ★

	2000		11 à 15 €

Conduite par Christian Dock, l'exploitation se transmet de père en fils depuis 1870 et couvre 13 ha. Elle est installée à Heiligenstein, village perché sur un coteau dominé par le mont Sainte-Odile. Le klevener-de-heiligenstein est la spécialité de la propriété.

Resté sur pied jusqu'au 25 octobre de cette année précoce, le savagnin rose a engendré un moelleux à la robe jaune profond, mêlant au nez la mirabelle, le coing et le miel. Le palais, onctueux, garde une belle tenue malgré sa richesse. Un « vin de dessert », qui trouvera aussi sa place à l'apéritif et sur certains fromages. (Sucres résiduel : 50 g/l.) ⧗ 2021-2028

DOM. CHRISTIAN DOCK, 20, rue Principale, 67140 Heiligenstein, tél. 03 88 08 02 69, cdock@wanadoo.fr V t.l.j. 9h-12h 14h-18h

B DOM. HEYWANG Concerto 2018 ★

| | 900 | | 20 à 30 € |

Située au pied du mont Sainte-Odile, dans le village de Heiligenstein renommé pour son cépage klevener, une exploitation fondée en 1955 par Jean Heywang et dirigée depuis 1990 par son fils Hubert. Couvrant 7 ha, elle a obtenu en 2011 la certification bio.

Le savagnin rose est un cépage précoce. Précoce, l'année 2018 l'était aussi, avec une arrière-saison radieuse qui a permis à ces raisins de mûrir longuement pour donner ce moelleux. La robe or soutenu annonce une grande richesse. Complexe, le nez mêle pêche mûre, fruits confits et miel. Ces arômes persistent dans une bouche de belle longueur, à la fois opulente et fraîche. (Sucres résiduels : 95 g/l, bouteilles de 50 cl.) ⧗ 2021-2030

JEAN ET HUBERT HEYWANG, 7, rue Principale, 67140 Heiligenstein, tél. 03 88 08 91 41, contact@heywang-vins.fr V t.l.j. 10h-12h 14h-19h

DANIEL RUFF
Schwendehiesel Vieilles Vignes 2019 ★

| | 8000 | | 8 à 11 € |

Un domaine de 15 ha situé au pied du mont Sainte-Odile, dans le pays de Barr. Si son savoir-faire s'étend à d'autres variétés, Daniel Ruff y cultive avec ferveur le klevener, cépage fétiche de Heiligenstein qui a valu au village une dénomination communale.

Plantées par le grand-père, les vignes ont 45 ans. La robe dorée traduit la belle maturité des raisins, récoltés en octobre, et une certaine richesse en sucres, bien qu'il ne s'agisse pas d'un moelleux. Complexe, l'expression aromatique associe des notes fruitées et des touches boisées. Dans le même registre, la bouche, de belle longueur, séduit par sa fraîcheur. Agréable à l'apéritif, cette cuvée s'accordera avec nombre de mets, y compris avec certains desserts. (Sucres résiduels : 17 g/l.) ⧗ 2021-2026

DOM. DANIEL RUFF, 64, rue Principale, 67140 Heiligenstein, tél. 03 88 08 10 81, ruffvigneron@wanadoo.fr V t.l.j. 8h-12h 13h30-18h G

ALSACE MUSCAT

Superficie : 351 ha / Production : 18 487 hl

Deux variétés de muscat servent à élaborer ce vin sec et aromatique qui donne l'impression de croquer du raisin frais. Le premier, dénommé de longue date muscat d'Alsace, n'est autre que celui que l'on connaît mieux sous le nom de muscat blanc à petits grains (parfois dénommé muscat de Frontignan). Comme il est tardif, on le réserve aux meilleures expositions. Le second, plus précoce et de ce fait plus répandu, est le muscat ottonel.

JOSEPH GRUSS & FILS Ottonel 2019 ★

| | 4000 | 8 à 11 € |

Fondée en 1947, une maison bien connue des lecteurs du Guide, notamment pour ses crémants. Le vigneron et négociant André Gruss a pris en 1997 la suite de son père Bernard. Il exploite 17 ha de vignes sur 4 communes au sud de Colmar : Eguisheim, Wettolsheim, Herrlisheim et Rouffach.

Une robe pâle à reflets dorés pour ce muscat très floral, entre rose et violette. Ample et gras, de bonne longueur, le palais donne la sensation de croquer dans le raisin frais. Gourmand et bien typé. (Sucres résiduels : 4 g/l.) ⧗ 2021-2024

VINS JOSEPH GRUSS ET FILS, 25, Grand-Rue, 68420 Eguisheim, tél. 03 89 41 28 78, info@domainegruss.com V t.l.j. 8h-12h 13h30-18h30; dim. sur r.-v.

B DOM. LÉON HEITZMANN
Vieilles Vignes 2019 ★★

| | 4000 | | 8 à 11 € |

Sept générations se sont succédé (depuis 2019, Laurence Heitzmann) sur ce domaine dont le siège est proche de la célèbre tour des Fripons, à Ammerschwihr. Conduit en bio depuis 2006 et en biodynamie depuis 2008, le vignoble couvre 12 ha répartis sur 5 communes, avec des parcelles dans les grands crus Kaefferkopf et Schlossberg. Depuis 2017, la famille prend en charge l'exploitation des vignes du Dom. Clément Klur à Katzenthal.

Le nez s'ouvre à l'aération sur la pêche jaune et sur des notes muscatées caractéristiques. Fruits jaunes, poire, le fruit explose en bouche dans une matière élégante et soyeuse, à la finale chaleureuse. Un muscat complexe et gourmand. (Sucres résiduels : 15 g/l.) ⧗ 2021-2026

DOM. LÉON HEITZMANN, 2, Grand-Rue, 68770 Ammerschwihr, tél. 03 89 47 10 64, contact@domaine-heitzmann.com V t.l.j. sf dim. 9h-12h 13h-18h

B DOM. KIRRENBOURG
Vendanges tardives 2018 ★

| | 656 | | 30 à 50 € |

À l'origine, une maison de vignerons-négociants fondée en 1803. Elle s'est lancée dans la vente en bouteilles au début des années 1930, avec Martin Schaetzel. Son neveu Jean, œnologue, a repris l'affaire en 1979 et converti à la biodynamie (1997) ses vignes en propre. Il l'a revendue en 2015 à l'industriel Marc Rinaldi, qui l'a rebaptisée, fait construire de nouveaux chais entre Kientzheim et Kaysersberg, acquis des terroirs en grands crus et confié en 2017 à Samuel Tottoli la direction des domaines. Aujourd'hui, 11 ha, en biodynamie (certification en 2018).

Récoltés le 3 octobre, les raisins ont donné un vin or pâle, au nez discret s'ouvrant à l'aération. Des vendanges tardives qui séduisent par leur équilibre entre ampleur, onctuosité et une belle acidité qui donne du tonus à l'ensemble. ⧗ 2021-2028

SAS KIRRENBOURG, 15_C, rte du Vin, 68240 Kaysersberg, tél. 03 89 47 11 39, com@kirrenbourg.fr V r.-v.

VIGNOBLE ALBERT KLÉE 2019 ★

| | 1500 | | 8 à 11 € |

En 1624, Urbain Klée cultivait la vigne à Katzenthal, village proche de Colmar. Installés en 1978, Albert

et Odile Klée ont passé le relais en 2014 à leur fils Jean-François, ingénieur agronome et œnologue, ancien directeur technique au Ch. Léoville Las Cases. Certifiée HVE, leur propriété couvre 5,5 ha, avec des parcelles dans les grands crus Wineck-Schlossberg et Kaefferkopf.

Une robe pâle, cristalline, un nez muscaté à souhait, entre acacia et pêche, une bouche ample et tout en fruit, vivifiée par une trait d'acidité et par une légère amertume en finale : un muscat d'Alsace typique, idéal à l'apéritif. (Sucres résiduels : 14 g/l.) ⧗ 2021-2024

VIGNOBLE ALBERT KLÉE, 13, Grand-Rue, 68230 Katzenthal, tél. 03 89 27 25 27, alsace@vinsklee.fr V *r.-v.*

KRESS-BLEGER ET FILS Cuvée Théo 2018 ★

	1500		8 à 11 €

Situé au pied du Haut-Kœnigsbourg, ce domaine familial s'est lancé dans la vente en bouteilles en 1983. Sa surface est passée de 4,5 ha à 15 ha aujourd'hui. Jean-Luc Kress, aux commandes depuis 2007, dispose d'une palette de terroirs diversifiée, entre Wettolsheim et Saint-Hippolyte.

La robe or intense, le nez expressif et complexe, laissant percevoir des notes de miel, traduit une vendange bien mûre. On retrouve ce côté miellé dans un palais ample et gras, équilibré par une légère amertume en finale. Parfait à l'apéritif. (Sucres résiduels : 6 g/l.) ⧗ 2021-2024

EARL KRESS-BLEGER ET FILS, 10, rue du Pinot-Noir, 68590 Rodern, tél. 03 89 73 03 21, kress-bleger@wanadoo.fr V *t.l.j. sf dim. 9h-12h 13h30-18h* 2

DOM. JÉRÔME MEYER 2019 ★

	3000		5 à 8 €

Héritier d'une lignée vigneronne remontant à 1708, Jérôme Meyer a repris en 2006 le domaine familial qui avait dû être loué après la disparition prématurée de son père. Il exploite 8 ha de vignes répartis sur 5 communes, de Dambach-la-Ville à Andlau, dans le sud du Bas-Rhin. En ligne de mire, la conversion bio.

Or pâle, il s'ouvre sur des notes florales et épicées qui se confirment en bouche. Plutôt réservé pour le cépage, il n'en séduit pas moins par son équilibre comme par sa finesse. On le verrait bien sur des hors-d'œuvre et sur des asperges. (Sucres résiduels : 1 g/l) ⧗ 2021-2024

EARL MEYER ET FILS, 22, rte des Vins, 67650 Blienschwiller, tél. 06 25 78 37 17, jerome.meyer@vins-alsace-meyer.fr V *r.-v.* E

B DOM. JEAN-LUC ET BRUNO MEYER 2019 ★★

	4500		8 à 11 €

Une exploitation implantée à Eguisheim, pittoresque cité médiévale au sud de Colmar. Fondée en 1960, elle a été conduite entre 1982 et 2013 par Jean-Luc Meyer. Ce dernier a cédé la place en 2014 à son fils Bruno qui travaillait à ses côtés depuis 2005. La même année, le vignoble a achevé sa conversion bio. Il couvre près de 11 ha avec des parcelles dans 2 grands crus.

Les muscats du domaine sont souvent présents dans les sélections du Guide. Celui-ci offre une remarquable expression du cépage : la pâleur de son or brillant contraste avec l'intensité de son nez muscaté et frais. Un fruité que l'on retrouve dans un palais charnu à souhait, tendu par une vivacité qui lui confère finesse et longueur. Ce côté tonique sera parfait à l'apéritif, avec des légumes croquants et même avec certains poissons. (Sucres résiduels : 4 g/l) ⧗ 2021-2024

SARL JEAN-LUC ET BRUNO MEYER, 4, rue des Trois-Châteaux, 68420 Eguisheim, tél. 03 89 24 53 66, info@vins-meyer-eguisheim.com V *t.l.j. sf dim. 9h-12h 14h-18h30* 3 E

♥ ALFRED MEYER ET FILS 2019 ★★

	2500		5 à 8 €

Après avoir été cuisinier, Daniel Meyer a repris en 2004 l'exploitation créée en 1968 par son père Alfred, qui lui-même avait hérité des vignes paternelles. Il l'a agrandie et cultive aujourd'hui 8 ha autour de Katzenthal, village niché au fond d'un vallon bien abrité, au nord-ouest de Colmar. En 2017, il a inauguré sa nouvelle cave bioclimatique et son caveau de dégustation.

Katzenthal est célèbre pour son terroir granitique. Ce muscat séducteur provient, lui, de sols alluvionnaires. Or pâle, il attire d'emblée par la finesse et la fraîcheur de son nez sur les agrumes, avec un petit côté bourgeon de cassis. D'une belle ampleur, il est tendu par une fine acidité qui souligne ses arômes de fruits frais et lui donne élégance et longueur. Parfait à l'apéritif et avec des plats végétariens croquants. (Sucres résiduels : 4 g/l) ⧗ 2021-2025

ALFRED MEYER ET FILS, 1, rue du Tokay, 68230 Katzenthal, tél. 03 89 27 24 50, daniel.meyer0813@orange.fr V *r.-v.*

ALSACE PINOT BLANC OU KLEVNER

Superficie : 3 303 ha / Production : 267 672 hl

Sous ces deux dénominations (la seconde étant un vieux nom alsacien), le vin de cette appellation peut provenir de deux cépages : le pinot blanc vrai et l'auxerrois blanc. Ce sont des variétés assez peu exigeantes, capables de donner des résultats remarquables dans des situations moyennes, car leurs vins allient agréablement fraîcheur, corps et souplesse. Dans la gamme des vins d'Alsace, le pinot blanc représente le juste milieu et il n'est pas rare qu'il surclasse certains rieslings.

DOM. AGAPÉ Expression 2019 ★

	4000		8 à 11 €

Fils de vignerons et ingénieur de formation, Vincent Sipp rejoint l'exploitation familiale avant de créer en 2007 son propre domaine, qu'il baptise Agapé (amour, amitié en grec). Situé entre Ribeauvillé et Riquewihr, son vignoble s'étend sur 11 ha, avec des parcelles dans 3 grands crus. En conversion bio depuis 2017.

Timide au premier nez, il s'ouvre sur de délicates senteurs de verger au printemps, de poire et de pêche blanche qui se prolongent dans une bouche puissante et très fraîche. Parfait pour des volailles et des viandes blanches en sauce. ⧗ 2021-2024

VINCENT SIPP, EARL Dom. Agapé, 10, rue des Tuileries, 68340 Riquewihr, tél. 03 89 47 94 23, domaine@alsace-agape.fr V t.l.j. sf dim. 10h-18h

B YVES AMBERG Cuvée Victor 2019 ★★

| | 1200 | | 8 à 11 € |

Yves Amberg s'est installé en 1989 à Epfig, la plus grande commune viticole d'Alsace, avec 560 ha consacrés à la vigne. Il a engagé dès 1997 la conversion bio de son domaine, qui compte aujourd'hui 13 ha.

La couleur, pâle, mais plutôt dorée, retient l'attention. Des arômes de mirabelle, d'amande et de fruits exotiques, évocateurs de raisins surmûris, s'élèvent du verre et s'épanouissent dans un palais ample et gras, équilibré par une fine acidité. Une curiosité que ce pinot blanc moelleux (48 g/l de sucres résiduels) issu de vieilles vignes. À servir à l'apéritif, avec fromages ou desserts, ou encore avec des plats sucrés-salés. ⧗ 2021-2026

YVES AMBERG, 19, rue du Fronholz, 67680 Epfig, tél. 06 08 53 68 96, amberg.yves@wanadoo.fr V t.l.j. sf dim. 8h-12h 13h-18h A

DOM. FRANÇOIS BLÉGER Auxerrois Adrien 2019 ★

| | 3000 | | 5 à 8 € |

Originaires de Suisse, les Bléger sont arrivés en 1562 à Saint-Hippolyte, au pied du Haut-Kœnigsbourg. Alors que ses parents vendaient leur vin en vrac au négoce, François Bléger – qui avait étudié la sociologie avant de se former à la viticulture – s'est lancé dans la mise en bouteilles à son installation, en 1996. Il dispose de 8 ha répartis sur 4 communes. Domaine certifié HVE.

Élevé 9 mois sur lies en foudre de chêne, il mêle au nez notes beurrées, fleurs blanches, pêche et poire. Des arômes que l'on retrouve avec persistance dans une bouche puissante, de belle longueur, soulignés d'une agréable amertume en finale. Une expression fruitée mais sans exubérance, une alliance de tendreté et de fraîcheur : un auxerrois bien typé. ⧗ 2021-2024

DOM. FRANÇOIS BLÉGER, 63, rte du Vin, 68590 Saint-Hippolyte, tél. 03 89 73 06 07, domaine.bleger@wanadoo.fr V r.-v. 3

DOM. VICTOR HERTZ 2019 ★

| | 2000 | | 5 à 8 € |

En 2007, Béatrice Hertz a pris la suite de son père Victor sur le domaine familial situé à 10 km au sud de Colmar. Elle recherche dans ses vins l'expression des différents terroirs de son exploitation, qui compte 8 ha répartis dans 3 villages viticoles des environs de la grande ville haut-rhinoise : Herrlisheim, Wettolsheim et Wintzenheim.

De la robe pâle à reflets argentés à la finale fraîche et persistante, il offre tout ce que l'on attend du pinot blanc : des arômes légers d'acacia et de fruits blancs, une bouche à la fois tendre et croquante, tout en fruits. ⧗ 2021-2024

DOM. VICTOR HERTZ, Dom. Victor Hertz, 8, rue Saint-Michel, 68420 Herrlisheim-près-Colmar, tél. 03 89 49 31 67, beatrice@vinsvictorhertz.com t.l.j. sf dim. 9h-12h 14h-18h

DOM. JEAN CLAUDE KOELHER ET FILS 2018 ★

| | 5040 | | 5 à 8 € |

Depuis 1621 jusqu'à 1999, date d'installation de Christian Koehler, de nombreuses générations de vignerons se sont succédé sur ce domaine situé à une vingtaine de kilomètres au sud de Colmar à l'entrée de la Vallée Noble, réputée pour son climat préservé. La famille exploite 7 ha de vignes, dont des parcelles en grand cru Zinnkoepflé. Exploitation certifiée HVE.

Alliance de pinot blanc et d'auxerrois, il offre une expression typée de ces variétés, avec son nez bien ouvert sur l'acacia et la pêche blanche, et sa bouche équilibrée, à la fois ample et fraîche, où l'on retrouve les arômes du nez. ⧗ 2021-2023

DOM. JEAN-CLAUDE KOEHLER ET FILS, 7, rue de Soultzmatt, 68250 Westhalten, tél. 03 89 47 01 23, contact@vins-koehler.fr V t.l.j. 8h30-11h30 13h30-18h; dim. sur r.-v.

MAISON PETTERMANN Cuvée particulière 2019 ★

| | 7000 | | 8 à 11 € |

1928 : fondation du domaine et premières vinifications par Fernand Pettermann. En 1961, son fils Roland se lance dans la vente en bouteilles. Depuis 2004, Didier, le petit-fils du fondateur, est à la tête de la propriété : pas moins de 20 ha, autour de Dambach-la-Ville.

Délicat et printanier au nez, il délivre de fines senteurs florales associées à des notes de pêche blanche et de poire. De arômes qui se confirment dans un palais agréable par sa fraîcheur. ⧗ 2021-2024

MAISON PETTERMANN, 9, rue de Dieffenthal, 67650 Dambach-la-Ville, tél. 03 88 92 42 01, contact@maison-pettermann.fr V r.-v.

SCHILLINGER-RENCK 2019 ★

| | 1900 | 5 à 8 € |

Domaine créé en 1961 par Raymond Renck, et situé à Beblenheim, à 3 km de Riquewihr. Il est conduit depuis 1996 par Colette et Gérard Schillinger-Renck, qui disposent de plusieurs parcelles dans des grands crus voisins comme le Sonnenglanz. Après la fusion en 2017 avec le Dom. Émile Schillinger, la superficie de l'exploitation est passée de 5 à 10 ha.

Il offre toute la fraîcheur attendue du pinot blanc : au nez, la délicatesse du verger en fleur, le fruité subtil de la poire et de la pêche blanche; en bouche, une vivacité croquante qui souligne le fruité et donne de la longueur. Un dynamisme allié à un côté tendre, signature du cépage. ⧗ 2021-2024

EARL SCHILLINGER-RENCK, 11, rue de Hoen, 68980 Beblenheim, tél. 03 89 47 91 59 V t.l.j. 8h-12h 14h-19h

B DOM. WEINBACH 2019 ★

| | 15 000 | | 15 à 20 € |

Ancien vignoble monastique, mentionné au IXᵉs. et acquis en 1898 par la famille Faller. Théo Faller puis, à partir de 1979, son épouse Colette Faller et ses filles Catherine et Laurence lui ont donné une

notoriété internationale. Ces dernières ont adopté la biodynamie en 1998 (sur l'ensemble de la propriété depuis 2005). Agrandi en 2019 (38 ha), le domaine dispose d'une palette encore plus diversifiée de terroirs réputés (grands crus Schlossberg, Furstentum, Mambourg, Marckrain, Kaefferkopf). Après le décès en 2014 de Laurence, la vinificatrice, puis celui de Colette en 2015, Catherine et ses fils Eddy et Théo assurent la continuité du domaine.

Auxerrois et pinot blanc ont fermenté en foudre de chêne où ils ont restés 9 mois sur lies fines. Dans le verre, de fines senteurs florales et des notes de fruits blancs gagnent en intensité à l'aération et se prolongent dans une bouche croquante et longue. Délicatesse et fraîcheur. ⧗ 2021-2024

SA DOM. WEINBACH, 25, rte du Vin, 68240 Kaysersberg, tél. 03 89 47 13 21, contact@domaineweinbach.com V r.-v.

ALSACE PINOT GRIS

Superficie : 2 355 ha / Production : 165 954 hl

La dénomination locale tokay qui fut donnée au pinot gris pendant quatre siècles ne laisse pas d'étonner, puisque cette variété n'a jamais été utilisée en Hongrie orientale... Selon la légende, le tokay aurait été rapporté de ce pays par le général Lazare de Schwendi, grand propriétaire de vignobles en Alsace. Son aire d'origine semble être, comme celle de tous les pinots, le territoire de l'ancien duché de Bourgogne. Ce cépage a connu une expansion spectaculaire. Le pinot gris peut produire un vin capiteux, très corsé, plein de noblesse, susceptible de remplacer un vin rouge sur les plats de viande. Lorsqu'il est somptueux comme en 1989, 1990 ou 2000, années exceptionnelles, c'est l'un des meilleurs accompagnements du foie gras.

♥ DOM. BADER
Sélection de grains nobles 2018 ★★

	600		20 à 30 €

Œnologue, Pierre Scharsch a racheté en 2006 cette ancienne propriété (XVIIe s.) de la région de Barr, restructuré le vignoble et engagé en 2016 la conversion bio du domaine. L'exploitation couvre aujourd'hui 11 ha.

Ce n'est pas le premier liquoreux du domaine remarqué par nos jurés. Celui-ci se hisse au sommet. Une robe jaune d'or à reflets ambrés, un nez concentré, puissant, complexe, où ressortent le coing confit et le miel : l'annonce d'une rare richesse, qui se confirme en bouche. Densité, puissance, opulence, tout indique une grande matière, sans oublier la pointe de fraîcheur, qui donne dynamisme et longueur. (Sucres résiduels : 202 g/l, bouteilles de 50 cl.) ⧗ 2023-2031

DOM. BADER, 1, rue de l'Église, 67680 Epfig, tél. 03 88 85 51 61, vinsbader@gmail.com V r.-v.

A.L. BAUR 2019 ★

	3900		8 à 11 €

Balcon dominant sur la plaine d'Alsace, Voegtlinshoffen, au sud-est de Colmar, réunit de très beaux terroirs et concentre des talents, comme ceux de Régine Baur, qui exploite avec son beau-frère Dominique Pierrat (à la vigne) un domaine de 7 ha, avec des parcelles dans le grand cru Hatschbourg. Propriété certifiée HVE.

Sa robe affiche des tons jaune doré, sa palette aromatique, d'une belle richesse, associe les fruits mûrs et le miel. Dès la mise en bouche, le vin dévoile l'ampleur caractéristique du cépage, tout en gardant un caractère sec, ou plutôt demi-sec. La finale fraîche lui donne un réel équilibre. (Sucres résiduels : 12 g/l.) ⧗ 2021-2025

EARL A.-L. BAUR, 4, rue Roger-Frémeaux, 68420 Voegtlinshoffen, tél. 03 89 49 30 97, albauralsace@orange.fr V *t.l.j. 9h30-19h30;*

JUSTIN BOXLER Au pied du Bari 2019 ★★★

	1928		11 à 15 €

Une famille établie depuis 1672 à Niedermorschwihr, où elle exploite aussi un hôtel. Justin Boxler lance la vente en bouteilles, ses enfants étendent le domaine et modernisent les installations, la 3e génération engage en 2019 la conversion bio de la propriété qui suivait depuis 10 ans cette démarche sans certification. Le vignoble couvre 12 ha répartis dans 5 communes, avec des parcelles dans 4 grands crus.

Bari ? La colline, en alsacien. Un lieu-dit, voisin du Sommerberg. Comme dans ce grand cru, les sols sont granitiques. Vinifié en foudres anciens, le pinot gris y a puisé une palette intense et complexe, mêlant la fleur blanche, les fruits d'été juteux (pêche blanche, poire, mirabelle) et une touche grillée. La bouche, dans le droit-fil, séduit par sa vivacité, sa finesse et sa longue finale saline. Un superbe vin sec, qui s'est placé sur les rangs pour le coup de cœur (Sucres résiduels : 5,9 g/l.) ⧗ 2021-2027

GAEC JUSTIN BOXLER, 16, rue des Trois-Épis, 68230 Niedermorschwihr, tél. 03 89 27 11 07, justin@vinsboxler.fr V *t.l.j. 8h-12h 14h-19h*

FRANÇOIS BRAUN ET FILS
Vieilles Vignes The B by Braun 2019 ★

	2700		11 à 15 €

Une famille enracinée depuis le XVIe s. à Orschwihr, à quelque 25 km au sud de Colmar. Longtemps en polyculture, le domaine a débuté la mise en bouteilles après la Seconde Guerre mondiale, avec François Braun. Installés respectivement en 1980 et en 1991, ses petits-fils Philippe et Pascal exploitent des vergers pour la distillation et 21 ha de vignes, dont 10 ha sur le Bollenberg et des parcelles dans 2 grands crus.

Diffusé par la structure de négoce qui commercialise pour l'essentiel les produits de la propriété, un pinot gris demi-sec à tendance moelleuse, né sur la colline sèche du Bollenberg. D'approche discrète, il s'ouvre à l'aération sur le chèvrefeuille et les fruits jaunes, abricot en tête. Frais en attaque, rond et suave dans son développement, généreux et tendre en finale, il est équilibré par une belle tension et par une pointe d'amertume. (Sucres résiduels : 17 g/l.) ⧗ 2021-2026

FRANÇOIS BRAUN ET SES FILS, 19, Grand-Rue, 68500 Orschwihr, tél. 03 89 76 95 13, francois-braun@orange.fr V t.l.j. sf dim. 8h-11h30 14h-17h

PAUL BUECHER
Vignoble de Leimbach Clos Gottestal 2018 ★★

| 7000 | | 11 à 15 € |

D'origine suisse, la famille Buecher s'est établie près de Colmar après la guerre de Trente Ans. Après Paul Buecher, qui a vendu en 1959 les premiers vins en bouteilles, se sont succédé Henri, Jean-Marc, puis Jérôme, à la tête du domaine depuis 2004. L'exploitation, agrandie à chaque génération, est passée de 5 à 30 ha; elle s'est étendue dans les grands crus et convertie à l'agriculture biologique.

Au sud de Thann, Leimbach possède les vignes les plus méridionales d'Alsace. Malgré son origine sudiste et son millésime solaire, ce pinot gris d'un jaune profond, mêlant au nez fruits confits et agrumes, se distingue par son remarquable équilibre entre sucre et acidité. Un moelleux séduisant par sa droiture. Proche du coup de cœur. (Sucres résiduels : 30 g/l.) ⧗ 2021-2027

GAEC PAUL BUECHER ET FILS, 15, rue Sainte-Gertrude, 68920 Wettolsheim, tél. 03 89 80 64 73, vins@paul-buecher.com V t.l.j. sf dim. 9h-12h 13h30-17h

CAVE DE CLÉEBOURG Vieilles Vignes 2019 ★★

| 40700 | | 8 à 11 € |

La cave de Cleebourg a été fondée en 1946 pour sauver le vignoble situé à l'extrémité nord de l'Alsace, à la limite de l'Allemagne et à 80 km du tronçon principal de la route des Vins. La coopérative vinifie les vendanges de 200 ha de vignes implantées dans les villages proches de Wissembourg.

Les légers reflets saumonés de la robe peuvent surprendre, mais ils évoquent la couleur rosée de la pellicule du pinot gris. Le raisin, cette cuvée le rappelle aussi par son beau fruité frais aux nuances de melon et d'agrumes. Cette expression aromatique est l'un de ses principaux atouts, avec sa matière équilibrée et soyeuse. Un vin sec pour volailles et risottos. ⧗ 2021-2024

CAVE VINICOLE DE CLEEBOURG, rte du Vin, 67160 Cleebourg, tél. 03 88 94 50 33, olivier.kreutzberger@cave-cleebourg.com V t.l.j. 8h-12h 14h-18h

DOM. DUSSOURT
Rittersberg Réserve Prestige 2019 ★

| 2971 | | 15 à 20 € |

Officier des armées de Louis XIV, le premier Dussourt fait souche en Alsace à la fin du XVIIes. et ses descendants ne tardent pas à s'intéresser au vin. André débute la vente en bouteilles en 1964 avant de passer le relais à son fils Paul en 1987. Couvrant 12 ha, en conversion bio, le domaine a son siège à Scherwiller, village proche de Sélestat reconnu en dénomination communale pour son riesling.

Aussi réussi que le millésime précédent, ce vin sec à reflets dorés provient d'un coteau aux sols granitiques dominant Scherwiller. Il libère des arômes intenses de fruits mûrs et de coing et se montre bien typé par son ampleur et son gras, équilibrés par une belle fraîcheur. Une pointe d'amertume marque la finale. Du caractère. ⧗ 2021-2025

DOM. DUSSOURT, 2, rue de Dambach, 67750 Scherwiller, tél. 03 88 92 10 27, domaine.dussourt@orange.fr V t.l.j. sf dim. 9h-12h 14h-18h

HENRI EHRHART Grande Réserve 2019 ★

| 40000 | | 8 à 11 € |

Établie à Ammerschwihr, important bourg viticole proche de Colmar, la famille Ehrhart cultive la vigne depuis 8 générations et possède 7 ha en propre. Elle a créé en 1978 une structure de négoce et, forte de ses connaissances de producteur-récoltant, privilégie l'achat de raisins provenant des domaines environnants. Cyrille et Sophie Ehrhart ont pris les rênes de la maison en 2012.

La maison choie ses pinots gris, souvent mentionnés dans le Guide. Voici une cuvée or jaune issue de la propriété. Expressive et complexe au nez, elle mêle les fruits jaunes, les fruits exotiques, l'orange amère, une pointe d'épices, des touches mentholées et fumées. Le fruité exotique s'épanouit dans une bouche ronde et ample, riche et douce sans excès. Un blanc tendre, équilibré par une belle acidité et par un plaisant retour sur l'orange amère. (Sucres résiduels : 18 g/l.) ⧗ 2021-2025

SA HENRI EHRHART, quartier des Fleurs, 68770 Ammerschwihr, tél. 03 89 78 23 74, he@henri-ehrhart.com

Ⓑ DOM. ENGEL Tradition Vieilles Vignes 2019 ★

| 7161 | | 8 à 11 € |

Établie au cœur de l'Alsace viticole, au pied du château du Haut-Kœnigsbourg, la famille commercialise son vin depuis 1958. Sur l'exploitation, conduite en bio certifié depuis 2014, Pierre Engel, 23 ans, a rejoint en 2018 son père Hubert et son oncle Christian, prenant en charge les vinifications, rejoint par Jacques, son frère. Le vignoble compte 21 ha, avec des parcelles dans le grand cru Pralatenberg.

Vinifié en sec, ce pinot gris d'un abord discret s'ouvre sur de délicates senteurs de pêche blanche et de fruits exotiques. Une attaque dynamique introduit un palais puissant, voire chaleureux, aux arômes de fruits jaunes. Une belle trame acide assure l'équilibre de ce vin généreux, qui finit sur une légère pointe d'amertume. (Sucres résiduels : 3 g/l.) ⧗ 2021-2026

EARL VIGNOBLES R. ENGEL ET FILS, 1, rue des Vignes, 67600 Orschwiller, tél. 03 88 92 01 83, vins-engel@wanadoo.fr V t.l.j. sf dim. 9h-12h 14h-18h

DOM. PAUL FAHRER Les Châtaigniers 2019 ★★

| 600 | | 8 à 11 € |

En 1938, Marcel Fahrer s'installe dans l'ancienne résidence du bailli de la forteresse du Haut-Kœnigsbourg; il effectue les premières mises en bouteilles en 1950. Paul le rejoint 20 ans plus tard, spécialise l'exploitation et élabore ses premiers crémants en 1980. Dirigé depuis 2009 par son fils Jean-Yves, œnologue, le domaine compte 6,5 ha de vignes. Certifié HVE, il a engagé sa conversion bio en 2020.

Une cuvée vinifiée en sec et partiellement élevée en barrique, sur lies. D'un jaune intense, ouvert sur la fleur blanche, la pêche et sur des notes grillées et toastées, c'est un vin bien construit, avec une attaque vive, un développement ample et soyeux et une longue finale. Une bouteille très présente, fruitée, gourmande et harmonieuse. (Sucres résiduels : 6 g/l.) ⌛ 2021-2026

DOM. PAUL FAHRER, 3, pl. de la Mairie, 67600 Orschwiller, tél. 03 88 92 86 57, vins@paulfahrer.fr V r.-v.

PAUL GINGLINGER Les Prélats 2019 ★

	10 000		11 à 15 €

Domaine fondé en 1610 au sud de Colmar, dans la cité médiévale d'Eguisheim. Michel Ginglinger, fils de Paul et œnologue diplômé, en a pris la tête en 2002 après avoir exercé ses talents comme maître de chai en Bourgogne, en Afrique du Sud et au Chili. Il exploite 12 ha (avec des parcelles dans 2 grands crus). En conversion bio.

Le successeur du 2018 est tout aussi apprécié, dans un style plus fringant. Vinifié en sec, ce vin or intense est bien ouvert au nez, d'une belle finesse aromatique, avec cette note de sous-bois typée pinot gris. Le fruit jaune s'affirme dans une bouche structurée, vive et saline, qui finit sur une touche fumée. Laissant une impression de légèreté, un vin facile à marier avec les mets. (Sucres résiduels : 5 g/l.) ⌛ 2021-2026

PAUL GINGLINGER, 8, pl. Charles-de-Gaulle, 68420 Eguisheim, tél. 03 89 41 44 25, info@paul-ginglinger.fr V *t.l.j. 8h-12h 13h-18h*

FAMILLE HEBINGER Eguisheim 2019 ★★

	2700		8 à 11 €

Le domaine s'est spécialisé après 1945. Aujourd'hui, Christian et Véronique Hebinger, établis à Eguisheim depuis 1985 et rejoints par Denis, cultivent 13 ha autour de la petite cité médiévale et vers Wintzenheim – en biodynamie (certification bio en 2009). Leurs fleurons : des parcelles en grand cru (Hengst, Eichberg, Pfersigberg).

Après des pinots gris de terroir très réussis, celui-ci montre le potentiel de la commune d'Eguisheim. Également vinifié en sec, il s'est placé sur les rangs pour un coup de cœur. Expressif, typé, tout en finesse, il libère de jolies notes fruitées aux accents de poire, accompagnées de touches de sous-bois. Le fruit jaune s'ajoute à cette palette dans une bouche vive en attaque, soyeuse, à la finale saline et longue. Une réelle élégance. (Sucres résiduel : 4 g/l.) ⌛ 2021-2026

FAMILLE HEBINGER, 14, Grand-Rue, 68420 Eguisheim, tél. 03 89 41 19 90, famille@vins-hebinger.fr V *r.-v.*

VIGNOBLE HINDERER ET WOLFF 2019 ★★

	7190	11 à 15 €

À la tête depuis 1983 d'un domaine portant son nom, Pierre Reinhart a vendu l'exploitation familiale en juillet 2018 à un frère et à une sœur et à leurs conjoints : Arsène et Sophie Wolff, Éric et Marianne Hinderer. Implantée à Orschwihr, l'un des villages les plus méridionaux de la route des Vins, la propriété comprend 5,5 ha de vignes, avec des parcelles dans de beaux terroirs (grands crus Kitterlé et Saering, Bollenberg et Lippelsberg). Elle est certifiée HVE.

Issu de vignes de 40 ans, ce pinot gris mêle au nez la verveine et le foin à des nuances beurrées et grillées. Plus fruité en bouche, il dévoile des arômes de fruits exotiques et finit sur une légère et agréable amertume. Son gras et son intensité en font un remarquable représentant de l'appellation et du cépage, parfait à l'apéritif ou avec des viandes blanches. (Sucres résiduels : 9,8 g/l.) ⌛ 2021-2024

VIGNOBLE HINDERER ET WOLFF, 7, rue du Printemps, 68500 Orschwihr, tél. 07 78 12 18 75, sophie@hinderer-wolff.fr V *r.-v.*

DOM. HUMBRECHT 1619 Origine 2019 ★

	5160		5 à 8 €

Une famille établie à Gueberschwihr, cité viticole dominée par un superbe clocher roman, au sud de Colmar. Les origines de la propriété se perdent dans la nuit des temps : en 1619, des ancêtres vignerons dans le village. Georges s'installe en 1965, puis Claude, qui a pris la tête de l'exploitation en 1997. Un domaine de 8 ha cultivé en bio (certification en 2013) et en biodynamie depuis 2019; de beaux terroirs à dominante argilo-calcaire.

Originaire d'un terroir argilo-marneux, ce vin or clair offre une expression aromatique plutôt discrète mais agréable, entre fleurs et fruits mûrs. Tendre et suave, il montre une certaine douceur, mais les sucres sont bien intégrés. Demi-sec ou moelleux léger, il trouvera sa place à l'apéritif ou sur des viandes blanches. (Sucres résiduels : 14,6 g/l.) ⌛ 2021-2026

EARL CLAUDE ET GEORGES HUMBRECHT, 33, rue de Pfaffenheim, 68420 Gueberschwihr, tél. 03 89 49 31 51, claude.humbrecht@orange.fr V *t.l.j. sf dim. 9h-12h 13h-18h* 2 G

MARZOLF 2019 ★

	2457		5 à 8 €

Viticulteurs depuis 1730, les Marzolf se sont établis en 1904 à Gueberschwihr, village aussi connu pour son clocher roman de grès rose que pour l'ancienneté de son vignoble. Après Paul et René, Denis et Jean-Luc, installés en 1985, ainsi que Sébastien et Fabien, qui les ont rejoints en 2017, conduisent l'exploitation, forte de parcelles dans le grand cru local, le Goldert.

Avec ses reflets blancs, la robe se montre plutôt claire pour un pinot gris. Le nez reste sur sa réserve, discrètement floral et abricoté. Après une attaque fraîche, le palais apparaît enrobé par une certaine douceur, tonifié en finale par une fine acidité. De style demi-sec, ce vin accompagnera volailles, viandes blanches et poissons fins en sauce. (Sucres résiduels : 21 g/l.) ⌛ 2021-2026

MARZOLF, 9, rte de Rouffach, 68420 Gueberschwihr, tél. 03 89 49 31 02, vins@marzolf.fr V *t.l.j. 9h-11h45 14h-18h*

DOM. NEUMEYER Schaefferstein Cuvée Berger 2019 ★

	5000		11 à 15 €

Créée en 1925 par un arrière-grand-père des exploitants actuels, ouvrier des célèbres usines Bugatti à Molsheim, non loin de Strasbourg, la propriété a longtemps fourni beaucoup de sylvaners destinés à la

population de la cité bas-rhinoise. Gérard Neumeyer s'y installe en 1987, convertit en 2009 à la bio les 16 ha de vignes et enrichit la gamme de vins, misant sur le grand cru local, le Bruderthal. Marie Neumeyer-Tonner, employée sur l'exploitation depuis 10 ans, et son frère, Jérôme Neumeyer, fort d'expériences à l'étranger, ont pris les rênes du domaine en 2016.

Il vient d'un lieu-dit appelé «Roche du berger», un coteau en faible pente sur substrat marno-calcaire. Exposés au sud-est, les pinots gris ont mûri lentement pour donner un vin sec à l'expression florale et fruitée, entre poire et pêche. Après une attaque souple, le palais se montre structuré, puissant, tendu par une franche acidité et marqué en finale par une fine amertume tonique. Parfait avec une viande blanche ou du poisson en sauce. (Sucres résiduel : 4 g/l.) ⧗ 2021-2026

DOM. NEUMEYER, 29, rue Ettore-Bugatti, 67120 Molsheim, tél. 03 88 38 12 45, contact@neumeyer.fr V *t.l.j. sf dim. 9h-12h 14h-18h*

DOM. ANDRÉ REGIN Klep 2019 ★★

	600		11 à 15 €

Dans la famille Regin, la vigne a pris une place croissante depuis le début du siècle dernier. À la tête du domaine familial depuis 1988, André Regin a développé la vente en bouteilles et agrandi l'exploitation, qui compte aujourd'hui 12 ha autour de Wolxheim. Ce village proche de Strasbourg est célèbre de longue date pour son riesling. Propriété en conversion bio.

Issu d'une parcelle d'Avolsheim aux sols calcaires, vinifié en sec et élevé pour moitié en barrique sur lies fines, ce pinot gris apparaît encore discret au nez comme en bouche, tout en révélant une belle finesse et une complexité naissante. Sa structure solide, sa vivacité alliée à une texture soyeuse, son côté salin plaident en sa faveur. Un réel potentiel. (Sucres résiduels : 7 g/l.) ⧗ 2022-2027

EARL DOM. ANDRÉ REGIN, 4, rue de la Forge, 67120 Wolxheim, tél. 03 88 38 17 02, caveau@domaine-regin.fr V *r.-v.*

B **JOSEPH RUDLOFF** Vendanges tardives 2018 ★

	18 000		20 à 30 €

Entre Kintzheim et Bergheim, au pied du Haut-Kœnigsbourg, pas moins de 65 ha répartis sur 150 parcelles, en bio certifié (biodynamie) depuis 2003. Fernand Engel débute les vinifications au domaine en 1949; son fils Bernard agrandit le vignoble et engage la conversion bio; la 3e génération, représentée par Sandrine et Xavier Baril (ce dernier œnologue) gère dpuis 1996 la propriété, avec l'aide d'Amélie, l'arrière-petite-fille du fondateur. Un domaine très régulier en qualité. Deux étiquettes : Fernand Engel et Joseph Rudloff.

Sous cette marque et pour ce cépage, 3 millésimes successifs de vendanges tardives ont été remarqués par nos jurés. Pour ce 2018, des vendanges dès le 20 septembre, en cette année très précoce. Des raisins botrytisés ou passerillés à 70 %. Bien doré, le vin, grillé au premier nez, libère un fruité complexe, à la fois suave et tonique (ananas, mirabelle) et des notes miellées. Dans le même registre, la bouche montre de l'ampleur et un bel équilibre entre richesse et fraîcheur. (Sucres résiduels : 98 g/l.) ⧗ 2021-2028

DOM. FERNAND ENGEL, 1, rte du Vin, 68590 Rorschwihr, tél. 03 89 73 77 27, xb@fernand-engel.fr V *t.l.j. sf dim. 8h-11h30 13h-18h*

DOM. SCHLEGEL-BOEGLIN
Duo des terroirs 2019 ★★

	3 200	11 à 15 €

Les parents de Jean-Luc Schlegel ont fondé le domaine en 1971 à Westhalten, à l'entrée de la Vallée Noble. Ce dernier, installé en 1991, exploite 13 ha de vignes, avec plusieurs parcelles dans les grands crus Zinnkoepflé et Vorbourg.

Un assemblage de grands crus ne permet pas d'apposer sur l'étiquette la mention «alsace grand cru», laquelle est obligatoirement suivie d'un nom géographique, et d'un seul. Ce «Duo des terroirs» marie des pinots gris des grands crus sudistes Vorbourg et Zinnkoepflé, vendangés le 10 octobre. Dans le verre, un moelleux de haute origine, aux arômes intenses de fruits jaunes, mirabelle en tête. «C'est gourmand, acidulé, riche, long, équilibré !» Proche du coup de cœur. (Sucres résiduels : 71 g/l.) ⧗ 2022-2028

EI JEAN-LUC SCHLEGEL (DOM. SCHLEGEL-BOEGLIN), 22 A, rue d'Orschwihr, 68250 Westhalten, tél. 03 89 47 00 93, schlegel-boeglin@wanadoo.fr V *r.-v.*

JOËL SIEGLER La Sélection 2019 ★★

	3 600		5 à 8 €

Domaine constitué en 1945 à Mittelwihr, village voisin de Riquewihr, au cœur du vignoble alsacien. Installé en 1993, Joël Siegler exploite 8 ha de vignes.

Un demi-sec; les sucres, loin de l'empâter, l'enrobent avec délicatesse. Robe claire, à reflets dorés, expression intensément fruitée, entre pêche blanche et agrumes, avec une note toastée, bouche à l'unisson du nez, suave en attaque, soyeuse, vivifiée par une finale fraîche. Un pinot gris tout en finesse, que l'on verrait bien avec des gambas ou avec une viande blanche aux champignons. (Sucres résiduels : 10 g/l.) ⧗ 2021-2024

JOËL SIEGLER, 8, rue des Merles, 68630 Mittelwihr, tél. 03 89 47 91 73, siegler-kuster@orange.fr V *r.-v.*

B **ANTOINE STOFFEL** Hohrain 2017 ★★

	1 460		11 à 15 €

Cité médiévale préservée au plan circulaire, Eguisheim se flatte d'être le berceau du vignoble alsacien. Établi à quelques pas du centre, le domaine porte le nom du grand-père de l'actuel vigneron, qui débuta la vinification à la propriété. À la tête de l'exploitation depuis 2015, Mathieu Kuehn met en valeur 8 ha de vignes disséminées dans 4 communes, avec 2 ha en grand cru Eichberg. En conversion bio depuis 2017.

Hohrain est le nom d'un petit terroir niché en hauteur près du grand cru Pfersigberg. D'exposition plus fraîche, il est tourné vers le nord-est. Le lieu de naissance de ce pinot gris vinifié en sec, qui libère d'intenses parfums de pêche. Le palais, à l'unisson, offre profusion de fruits d'été dans une matière riche et soyeuse, tendue par une belle fraîcheur. Un vin élégant, salin et long, qui s'accordera avec les viandes blanches. (Sucres résiduels : 9 g/l.) ⧗ 2021-2026

DOM. ANTOINE STOFFEL, 21, rue de Colmar, 68420 Eguisheim, tél. 03 89 41 32 03, domaine@antoinestoffel.com V *t.l.j. sf dim. 9h-12h 14h-18h*

DOM. DE LA TOUR BLANCHE 2019 ★★

6500 | 8 à 11 €

La Tour Blanche? L'ancienne prison de Riquewihr, l'une des cités viticoles les plus connues d'Alsace où la famille Klack est au service du vin depuis 1628. Installés en 1997, Daniel et Estelle exploitent 8 ha de vignes, avec des parcelles dans les grands crus Schoenenbourg et Sporen. Le vigneron vinifie dans des foudres de bois centenaires. Domaine certifié HVE.

Vinifié en sec, il s'ouvre à l'aération sur un fruité gourmand et complexe aux nuances de pêche et de mangue. Le fruit jaune explose dans une bouche vive en attaque, tendue par une fraîcheur qui étire la finale. Ce côté tonique et salin permettra à ce vin à la fois riche et tonique d'accompagner non seulement les viandes blanches, mais aussi certains poissons et crustacés cuisinés. (Sucres résiduels : 5 g/l.) ⧗ 2021-2027

DOM. DE LA TOUR BLANCHE, 18, rue de la 1re-Armée, 68340 Riquewihr, tél. 03 89 47 92 44, vins.klack@domainedelatourblanche.fr V *t.l.j. 9h-12h 14h-18h30*

♥ B DOM. WEINBACH
Cuvée Sainte-Catherine 2019 ★★

9000 | 30 à 50 €

Ancien vignoble monastique, mentionné au IXe s. et acquis en 1898 par la famille Faller. Théo Faller puis, à partir de 1979, son épouse Colette Faller et ses filles Catherine et Laurence lui ont donné une notoriété internationale. Ces dernières ont adopté la biodynamie en 1998 (sur l'ensemble de la propriété depuis 2005). Agrandi en 2019 (38 ha), le domaine dispose d'une palette encore plus diversifiée de terroirs réputés (grands crus Schlossberg, Furstentum, Mambourg, Marckrain, Kaefferkopf). Après le décès en 2014 de Laurence, la vinificatrice, puis celui de Colette en 2015, Catherine et ses fils Eddy et Théo assurent la continuité du domaine.

Vinifiée en sec, une cuvée née d'une sélection parcellaire de vignes âgées de 40 ans, implantées dans le lieu-dit Prediger. Elle a fermenté en foudre de chêne ancien où elle est restée plusieurs mois sur lies fines. Son harmonie générale se perçoit d'emblée : sa palette aromatique raffinée fait ressortir des nuances fumées et un rien musquées. De la belle attaque à la longue finale fraîche aux accents de petits fruits acidulés, l'équilibre est parfait. Un vin élégant pour une volaille de fête, une viande blanche ou un poisson fin en sauce. (Sucres résiduels : 10 g/l.) ⧗ 2022-2027

SA DOM. WEINBACH, 25, rte du Vin, 68240 Kaysersberg, tél. 03 89 47 13 21, contact@domaineweinbach.com V *r.-v.*

DOM. ZINCK Terroir Talmatten 2019 ★★

2400 | 15 à 20 €

Philippe Zinck, rejoint par Pascale, a repris en 1997 le domaine fondé en 1964 par son père Paul autour de la vieille cité médiévale d'Eguisheim. Il l'a d'abord conduit en lutte raisonnée avant d'adopter progressivement la bio à partir de 2011, d'abord sans certification. En 2018, il a engagé sa conversion biodynamique de l'exploitation. Dans le même temps, il a fait passer la superficie de son vignoble de 30 à 14 ha (avec des parcelles dans 3 grands crus).

Issu d'un lieu-dit jouxtant le grand cru Eichberg, ce vin sec a fermenté et séjourné 9 mois en foudre de chêne. Or vert, discret au nez, il s'affirme en bouche et dévoile une complexité naissante. Pour l'heure, il brille surtout par la vivacité de son attaque, par son intensité et sa longue finale saline. Harmonie et potentiel. (Sucres résiduels : 5 g/l.) ⧗ 2022-2027

DOM. ZINCK, 18, rue des Trois-Châteaux, 68420 Eguisheim, tél. 03 89 41 19 11, info@zinck.fr V *t.l.j. sf dim. 9h-12h 14h-18h*

B MAISON ZOELLER 2019 ★

7000 | 8 à 11 €

Installé dans une maison à colombages du XVe s., ce domaine perpétue une tradition remontant à 1600 et vend du vin en bouteille dès le début du siècle dernier. Le vignoble est implanté à Wolxheim, village réputé pour son riesling, à l'ouest de Strasbourg; il compte 11 ha, avec des parcelles dans le grand cru local. Mathieu Zoeller, installé en 1995, est passé à la lutte raisonnée, puis à la bio (certification en 2013).

Or clair, il livre des parfums engageants de fruits jaunes et de fruits confits d'une belle complexité. En bouche, il apparaît charnu, onctueux, équilibré et long. Un vin sec de très bonne facture qui s'accordera avec volailles et viandes blanches. ⧗ 2021-2026

EARL MAISON ZOELLER, 14, rue de l'Église, 67120 Wolxheim, tél. 06 99 44 15 90, vins.zoeller@wanadoo.fr V *t.l.j. sf dim. 9h-12h 13h30-18h30*

ALSACE PINOT NOIR

Superficie : 1 509 ha / Production : 108 326 hl

L'Alsace est surtout réputée pour ses vins blancs; mais sait-on qu'au Moyen Âge les rouges y occupaient une place considérable? Après avoir presque disparu, le pinot noir (le meilleur cépage rouge des régions septentrionales) a connu une notable expansion. On connaît bien le type rosé ou rouge léger, vin agréable, sec et fruité, susceptible d'accompagner une foule de mets comme d'autres rosés. Cependant, la tendance est à élaborer un véritable vin rouge de garde à partir de ce cépage.

VIGNOBLE FRÉDÉRIC ARBOGAST
Geierstein 2019 ★★

6500 | 8 à 11 €

Installé en 2003 à Westhoffen, dans la partie septentrionale du vignoble alsacien, à 25 km de Strasbourg,

Frédéric Arbogast perpétue une lignée vigneronne remontant à 1601. Il est établi au centre du village, près de l'église Saint-Martin, et travaille 17 ha en lutte raisonnée. Il vinifie sans levurage.

Un élevage de 12 mois en barrique et demi-muid pour ce pinot noir issu d'un terroir argilo-calcaire. Le bois, discret, laisse toute leur place aux fruits rouges, griotte en tête, qui s'expriment avec intensité. La mise en bouche dévoile une matière riche et ample, étayée par des tanins déjà fondus. Une bien belle bouteille qui devrait inciter les amateurs de vins rouges à s'intéresser à l'Alsace. ⧗ 2022-2028

VIGNOBLE FRÉDÉRIC ARBOGAST, 3, pl. de l'Église, 67310 Westhoffen, tél. 06 45 58 94 95, frederic@vignoble-arbogast.fr V *r.-v.*

PIERRE ARNOLD Élevé en pièces 2018 ★

■	2800		8 à 11 €

Cette propriété familiale a pignon sur rue au cœur de la cité fortifiée de Dambach-la-Ville. Création en 1711, premières mises en bouteilles en 1926, certification bio en 2012. À la tête du domaine depuis 1986, Pierre Arnold cultive 8 ha, avec des parcelles sur le grand cru de sa commune, le Frankstein, aux sols granitiques. Formé en Côte-d'Or, il élève certains de ses vins dans des pièces bourguignonnes.

Né sur un terroir granitique, ce pinot noir est resté 20 mois en pièces bourguignonnes de réemploi. Il a la couleur et les arômes de la cerise noire, alliés à des notes boisées et à des touches de sous-bois. Intense en bouche, il est soutenu par des tanins enrobés qui soulignent la longue finale. Volume, richesse, intensité : un beau reflet du millésime. ⧗ 2022-2026

PIERRE ARNOLD, 16, rue de la Paix, 67650 Dambach-la-Ville, tél. 03 88 92 41 70, alsace.pierre.arnold@orange.fr V *t.l.j. 9h-18h; dim. sur r.-v.* D

DOM. PIERRE ET FREDERIC BECHT Altitude 333 2018 ★

■	4400		15 à 20 €

Pierre Becht et son fils Frédéric sont établis à Dorlisheim, village viticole jouxtant Molsheim, à 25 km à l'ouest de Strasbourg. Ils exploitent 22 ha de vignes, pour moitié dans leur village et pour l'autre au lieu-dit Stierkopf, près de Mutzig.

Souvent en vue dans le Guide, les vins rouges sont une des spécialités du domaine. Celui-ci, né d'une parcelle marno-calcaire située en altitude, a séjourné 18 mois en barrique neuve. Intensément coloré, il présente un nez à la fois puissant et fin, mêlant la vanille de l'élevage aux fruits noirs, cassis en tête. Charpenté et corpulent, étayé par des tanins déjà fondus, de belle longueur, il montre aussi une fraîcheur notable pour l'année, qui devrait lui permettre de bien évoluer. ⧗ 2022-2026

DOM. PIERRE ET FRÉDÉRIC BECHT, 26, fg des Vosges, 67120 Dorlisheim, tél. 03 88 38 18 22, info@becht.fr V *t.l.j. sf dim. 8h30-12h 14h-18h*

FRANCIS BECK & FILS Barriques 2018 ★

■	2180		11 à 15 €

Installé en 1974 sur le domaine familial proche de l'église romane Sainte-Marguerite, Francis Beck quitte la coopérative et fonde son domaine avec son épouse Monique. Depuis 2004, leur fils Julien, œnologue, perpétue avec Céline l'exploitation familiale. Certifiée HVE, en conversion bio, la propriété s'étend aujourd'hui sur 10 ha autour d'Epfig, important village viticole proche de Barr.

Le 2015 de cette cuvée avait obtenu un coup de cœur. Comme son devancier, ce 2018 a achevé sa fermentation en fût et a séjourné 12 mois dans le chêne. Sa couleur soutenue et les larmes qu'il laisse sur les parois du verre annoncent sa générosité, que confirment ses parfums nets et puissants de cerise noire et de kirsch. Offrant le même profil aromatique, de belle longueur, la bouche s'appuie sur des tanins encore fermes et vifs qui appellent la garde. ⧗ 2023-2028

FRANCIS BECK ET FILS, 79, rue Sainte-Marguerite, 67680 Epfig, tél. 03 88 85 54 84, vins@francisbeck.com V *t.l.j. sf dim. 10h-12h 14h-19h* A

RENÉ BOHN FILS 2019 ★

■	4300		8 à 11 €

Cette famille vigneronne du pays de Barr se flatte d'être la plus ancienne de Blienschwiller, faisant remonter sa lignée au XVes. Un ancêtre fut hussard de Napoléon, et René Bohn maire de la commune pendant 24 ans après 1945. Dirigée depuis 1988 par Rémy Bohn, la propriété, certifiée HVE, couvre 7,5 ha.

Les vins rouges occupent une place importante dans le palmarès de ces vignerons. Le pinot noir est cultivé sur les sols granitiques de Blienschwiller. Fermenté et élevé en foudre, ce 2019 libère à l'aération des arômes de griotte, de cassis et de cerise noire. Son intensité et sa richesse en bouche, ses tanins encore stricts révèlent une matière première de qualité qui laisse augurer une bonne garde. ⧗ 2023-2028

RENÉ BOHN FILS, 67, rte des Vins, 67650 Blienschwiller, tél. 03 88 92 41 33, r.bohn@ovh.fr V *r.-v.*

DOM. CAMILLE BRAUN Bollenberg 2018 ★★

■	1700		20 à 30 €

Héritier d'une lignée remontant au XVIIes., Camille Braun a spécialisé et développé l'exploitation à partir de 1960. Le vignoble familial (15 ha aujourd'hui) est situé pour l'essentiel dans le tronçon sud de la route des Vins. Christophe Braun, installé en 1985, l'exploite en bio (certification bio en 2008, biodynamique en 2017). Il a plusieurs coups de cœur à son actif.

De la colline sèche du Bollenberg aux sols argilo-calcaires, cette propriété tire des vins rouges souvent remarqués, comme le 2015. Fruit d'une macération de 3 semaines et d'un élevage en barrique de 12 mois, ce 2018 affiche une robe soutenue et libère un boisé épicé intense, qui laisse percer des notes florales. Les tanins se montrent serrés mais caressants. Une pointe de vivacité donne relief et fraîcheur à ce vin encore massif, qui possède de solides atouts pour la garde. ⧗ 2023-2027

CHRISTOPHE BRAUN, 16, Grand-Rue, 68500 Orschwihr, tél. 03 89 76 95 20, cbraun@camille-braun.com V *t.l.j. sf dim. 9h-12h 13h30-18h30* C

♥ AGATHE BURSIN Strangenberg 2018 ★★★

1800 | 15 à 20 €

Œnologue, Agathe Bursin a réalisé son rêve : reprendre les vinifications sur le domaine familial, qui apportait ses raisins à la coopérative depuis la mort de son arrière-grand-père. Installée en 2001, elle exploite avec passion et méticulosité le petit vignoble qu'elle agrandit peu à peu (6 ha). Elle propose des vins de terroir, issus notamment du grand cru Zinnkoepflé. En conversion bio.

Un coup de cœur en pinot noir, et ce n'est pas le premier. Sur son domaine, Agathe Bursin propose 2 cuvées de terroir en rouge. Le Strangenberg est de nature marno-calcaire. Après une macération de 8 jours, un élevage de 18 mois en barrique, ce 2018 affiche une robe soutenue montrant encore des reflets violines de jeunesse. Il s'ouvre sur la torréfaction du fût accompagnée de jolies notes florales. En bouche, il impressionne par sa générosité et séduit par la texture soyeuse de ses tanins comme par sa finale. Le boisé grillé est sensible, mais parfaitement intégré. « Un vin à posséder dans sa cave », conclut un dégustateur. ⧗ 2023-2028

AGATHE BURSIN, 11, rue de Soultzmatt, 68250 Westhalten, tél. 03 89 47 04 15, agathe.bursin@wanadoo.fr V *r.-v.*

FAMILLE DIETRICH Schiste 2018 ★★★

2000 | 8 à 11 €

La famille cultive la vigne depuis 1620, mais il a fallu attendre le début des années 1960 pour que Laurent Dietrich abandonne la polyculture et se lance dans la vente en bouteilles. Son fils Michel exploite 20 ha autour de la cité fortifiée de Dambach-la-Ville et de villages proches (Dieffenthal, Itterswiller et Albé). Domaine en conversion bio.

La famille propose 2 cuvées de vins rouges, l'une née sur granite et celle-ci, qui provient d'un vignoble implanté en pleine montagne, à Albé, sur l'un des rares terroirs de schistes d'Alsace. Profondeur de la robe, intensité et finesse des arômes de fruits rouges mûrs, richesse d'un palais aussi large que long, aux tanins fondus, qui possède aussi un côté salivant : de la présence. ⧗ 2023-2027

FAMILLE DIETRICH, 3, rue des Ours, 67650 Dambach-la-Ville, tél. 03 88 92 41 31, famille@vins-dietrich.com V *t.l.j. sf dim. 9h-12h 13h-19h* E

B DOM. CHARLES FREY Quintessence 2018 ★

5000 | 15 à 20 €

Originaires de Suisse, les Frey se sont installés à Dambach-la-Ville au début du XVIIIe s. Charles spécialise et agrandit l'exploitation. En 1996, il engage avec son fils Dominique la conversion bio et biodynamique du domaine. Avec Julien et Thiébaud, la 3e génération a rejoint le domaine, fort de 20 ha en biodynamie et d'une cave bioclimatique (régulations hygrométrique et thermique passives) construite en 2010.

Plus d'une fois en bonne place, cette cuvée élevée 24 mois en barrique ne manque pas d'arguments : une robe intense, un nez expressif et flatteur, sur la cerise noire soulignée d'un beau boisé chocolaté, un palais structuré, concentré et long, aux tanins fondus, d'une agréable fraîcheur en finale. ⧗ 2022-2026

SAS MAISON CHARLES FREY, 1, rue du Pinot Blanc, 67650 Dambach-la-Ville, tél. 03 88 92 41 04, contact@charles-frey.fr V *t.l.j. sf dim. 9h-12h 13h30-18h*

♥ DOM. FRITZ-SCHMITT
Ottrott Vieilles Vignes 2018 ★★★

6230 | 15 à 20 €

Établi au pied du mont Sainte-Odile et à l'ouest d'Obernai, Bernard Schmitt a repris en 1993 le domaine de René Fritz, qu'il exploite depuis 2015 avec son fils Antoine. Il consacre la moitié de ses 15 ha au pinot noir, variété introduite dans son village d'Ottrott au XIIe s. par des bénédictins venus de Bourgogne. Un cépage qui a valu à la commune une dénomination géographique s'affichant sur l'étiquette. Vignoble en conversion bio.

Ce pinot noir du domaine élevé en barrique apparaît digne de la réputation d'Ottrott. Robe dense, nez intense, dont les arômes de torréfaction et de biscotte reflètent le séjour en fût, bouche puissante et longue, au boisé bien intégré, tanins de velours : autant de qualités traduisant un vin d'exception. Sa générosité et un soupçon de garrigue rappellent la chaleur de l'été 2018, sa tension lui donne relief, équilibre et potentiel. ⧗ 2023-2028

EARL FRITZ-SCHMITT, 1, rue des Châteaux, 67530 Ottrott, tél. 03 88 95 98 06, fritzschmitt@wanadoo.fr V *t.l.j. 9h-12h 13h-18h* G

JEAN PAUL ET DANY GERBER
Langenberg Rouge de Saint-Hippolyte 2019 ★

3000 | 5 à 8 €

Année mémorable, 1968 marque pour Jean-Paul et Charlotte Gerber le début de l'indépendance avec les premières mises en bouteilles à la propriété. En 1987, Dany et Annick ont pris le relais. La famille exploite environ 10 ha aux environs de Dambach-la-Ville, cité fortifiée riche d'un vaste vignoble. En conversion bio.

Ces vignerons exploitent des vignes à Saint-Hippolyte, au sud de Dambach-la-Ville. Un village réputé pour son pinot noir (il bénéficie pour ses rouges d'une dénomination géographique qui s'affiche sur l'étiquette). Issu du coteau granitique du Langenberg, ce 2019 porte la marque de son élevage en fût dans ses arômes intenses d'épices et de café torréfié et celle de l'été solaire dans sa matière charpentée, chaleureuse et poivrée aux accents presque méditerranéens. ⧗ 2023-2027

EARL JEAN-PAUL ET DANY GERBER, 16, rue Théophile-Bader, 67650 Dambach-la-Ville, tél. 03 88 92 41 84, dany@vinsgerber.fr V *r.-v.*

DOM. ROBERT HAAG ET FILS 2019 ★

■ | 3850 | | 5 à 8 €

Perpétuant une lignée remontant au XVIIIe s., François Haag a succédé en 1999 à son père Robert, qui a spécialisé l'exploitation. La famille est installée dans une maison typique, avec vaste porche, cour et colombages. Son village, Scherwiller, est un haut lieu du riesling, et la moitié du vignoble (près de 9 ha) est dédiée à ce cépage. Domaine certifié HVE, avec la bio en ligne de mire.

Nul séjour en barrique pour ce pinot noir traditionnel, qui n'est pas à ranger pour autant dans la catégorie des rouges fluets et gouleyants. Aussi intense à l'œil qu'au nez, il libère des senteurs de kirsch. Salivant, de belle longueur, il s'appuie sur des tanins serrés et déjà fondus, encore vifs en finale. Un beau vin en devenir. ⧗ 2022-2026

⊶ EARL ROBERT HAAG ET FILS, 21, rue de la Mairie, 67750 Scherwiller, tél. 03 88 92 11 83, vins.haag.robert@estvideo.fr V *t.l.j. sf dim. 9h-12h 13h30-18h30*

HEYBERGER-MEYER Rouge d'Alsace 2018 ★

■ | 1150 | | 15 à 20 €

À l'origine, un petit lopin de moins de 3 ha cultivé à temps partiel par Joseph Heyberger, qui vend les raisins au négoce. Son fils Stéphane se forme et crée le domaine en 1986, avant de construire sa cave en 1996; son épouse Sarah s'implique dans l'aventure. Avec l'arrivée de Julien en 2018, le vignoble s'agrandit (12 ha au sud de Colmar), et la propriété obtient une certification HVE.

Julien Heyberger fait son entrée dans le Guide avec une cuvée de très bonne facture. Vinifié en cuve et élevé 9 mois en barrique, son pinot noir revêt une robe rouge cerise et s'ouvre sur un boisé épicé allié à des notes fruitées. Une certaine minéralité se fait jour à la mise en bouche, où l'on retrouve un beau fruité et des tanins soyeux. La finale assez longue laisse le souvenir d'un vin plaisant. ⧗ 2022-2026

⊶ EARL HEYBERGER-MEYER, 1, rue du Stauffen, 68420 Obermorschwihr, tél. 03 89 49 35 47, heybergermeyer@orange.fr r.-v.

VIGNOBLE ALBERT KLÉE
Élevé en fût de chêne 2019 ★

■ | 3500 | | 11 à 15 €

En 1624, Urbain Klée cultivait la vigne à Katzenthal, village proche de Colmar. Installés en 1978, Albert et Odile Klée ont passé le relais en 2014 à leur fils Jean-François, ingénieur agronome et œnologue, ancien directeur technique au Ch. Léoville Las Cases. Certifiée HVE, leur propriété couvre 5,5 ha, avec des parcelles dans les grands crus Wineck-Schlossberg et Kaefferkopf.

Un élevage savant pour ce pinot noir élevé en barriques de 10 âges différents (neuves pour certaines). Le merrain n'a finalement guère marqué ce vin à la robe soutenue, qui déploie des arômes fruités bien typés, entre griotte et cerise noire, avant de dévoiler un palais intense, puissant et équilibré, soutenu par des tanins serrés qui laissent présager une bonne garde. ⧗ 2023-2028

⊶ VIGNOBLE ALBERT KLÉE, 13, Grand-Rue, 68230 Katzenthal, tél. 03 89 27 25 27, alsace@vinsklee.fr V *r.-v.*

♥ DOM. ROBERT KLINGENFUS
Signature 2019 ★★

■ | 10000 | | 8 à 11 €

Sous-préfecture du Bas-Rhin, Molsheim doit une partie de sa renommée aux usines Bugatti, mais sa vocation viticole est ancienne, monastique. Elle perdure grâce à des vignerons comme les Klingenfus, installés dans la cité en 1863. Robert Klingenfus, aujourd'hui rejoint par Guillaume, exploite près de 19 ha. Domaine certifié HVE.

L'aïeul vigneron, né en 1886, était devenu fournisseur d'Ettore Bugatti. Proposait-il du vin rouge ? Quoi qu'il en soit, en 2019, les Klingenfus ont signé un remarquable pinot noir, qui s'affirme sans le soutien du bois. Profonde et jeune est sa robe à reflets violets, profond et fin son nez sur la mûre. Le prélude à une bouche ample, riche et longue, où l'on retrouve les fruits noirs. Déjà enrobés, des tanins de qualité laissent augurer une heureuse évolution. ⧗ 2022-2027

⊶ DOM. ROBERT KLINGENFUS, 60, rue de Saverne, 67120 Molsheim, tél. 03 88 38 07 06, alsace-klingenfus@orange.fr V *t.l.j. sf sam. dim. 9h-12h 14h-18h*

DOM. RENÉ ET MICHEL KOCH
Cuvée WH 2018 ★

■ | 2500 | | 8 à 11 €

Georges Koch a inauguré la vente directe en 1958. René lui a succédé en 1970, rejoint en 1996 par Michel. Depuis 2006, ce dernier tient les rênes du domaine qui couvre 13 ha autour de Nothalten, village-rue du pays de Barr. Son fleuron : le riesling du grand cru local, le Muenchberg. En conversion bio depuis 2019.

Une cuvée en vue dans le Guide, assemblage de 2 terroirs granitiques : le Heissenberg et le Winzenberg (ce dernier classé en grand cru). Le 2015 avait été élu coup de cœur. Ce 2018 affiche une robe profonde et jeune aux reflets violines. Il rappelle son devancier par la finesse de ses arômes de merise qui devraient s'épanouir avec le temps, puis par sa bouche bien construite, marquée par la générosité de l'année. ⧗ 2022-2026

⊶ DOM. RENÉ ET MICHEL KOCH, 5, rue de la Fontaine, 67680 Nothalten, tél. 03 88 92 41 03, contact@vin-koch.fr V *r.-v.*

KRESS-BLEGER ET FILS
Pinot noir de Rodern 2018 ★

■ | 2500 | | 8 à 11 €

Situé au pied du Haut-Kœnigsbourg, ce domaine familial s'est lancé dans la vente en bouteilles en 1983. Sa surface est passée de 4,5 ha à 15 ha aujourd'hui. Jean-Luc Kress, aux commandes depuis 2007, dispose d'une palette de terroirs diversifiée, entre Wettolsheim et Saint-Hippolyte.

Le village de Rodern tire sa notoriété viticole du pinot noir, qui lui a valu une dénomination géographique communale pour ses vins rouges. Issu de sables granitiques, celui-ci offre une belle présentation, avec sa robe profonde et son nez fruité qui s'ouvre à l'aération. La bouche confirme cette impression par sa richesse, son équilibre entre ampleur et fraîcheur et par sa finale de bonne longueur. ⧗ 2022-2026

EARL KRESS-BLEGER ET FILS, 10, rue du Pinot-Noir, 68590 Rodern, tél. 03 89 73 03 21, kress-bleger@wanadoo.fr V *t.l.j. sf dim. 9h-12h 13h30-18h* ❷

DOM. DU MANOIR
Clos du Letzenberg Élevé en fût de chêne 2019 ★

■	1495		15 à 20 €

En 1979, Jean-Francis Thomann, fils d'un petit viticulteur d'Ingersheim, a repris le Clos du Letzenberg, aménagé en 1852 sur un coteau escarpé dominant la vallée de la Fecht, puis laissé à l'abandon après 1914. Il a fini par lâcher son travail à la banque et a impliqué ses proches dans l'aventure. La famille a restauré les murs de soutènement en pierre sèche, défriché, planté et bichonne aujourd'hui 10 ha de vignes.

Né sur les terrasses du Letzenberg exposées au midi, fermenté et élevé 10 mois en barriques bourguignonnes, ce 2019 présente un nez engageant mariant le noyau et la prunelle aux épices (cannelle) et à la torréfaction du fût. Puissant en bouche, il est équilibré par une belle fraîcheur tout au long de la dégustation. Un vin élégant qui n'a pas dit son dernier mot. ⧗ 2023-2027

DOM. DU MANOIR, 56, rue de la Promenade, 68040 Ingersheim, tél. 03 89 27 23 69, domainedumanoir@gmail.com V *t.l.j. 10h-12h 14h-18h; dim. sur r.-v.*

Ⓑ DOM. ROLAND SCHMITT 2019 ★

■	4500		8 à 11 €

Disparu en 1993, Roland Schmitt a contribué à promouvoir l'Altenberg de Bergbieten, proche de Strasbourg, reconnu en grand cru. Son épouse Anne-Marie, puis ses enfants Julien (au chai, arrivé au domaine en 1999), Bruno (2002) et Lucile (2019) ont perpétué l'exploitation et adopté la bio pour les 10 ha du vignoble, en conversion biodynamique.

Pas de bois pour ce pinot noir qui a macéré 12 jours et séjourné 10 mois sur lies totale en cuve. Dans le verre, des reflets de jeunesse, une expression discrète, rappelant le cuir, une bouche ample et puissante, salivante aussi, encore sauvage. Un 2019 qui a un bon fond et du potentiel. Il gagnera à être aéré. ⧗ 2023-2027

EARL ROLAND SCHMITT, 35, rue des Vosges, 67310 Bergbieten, tél. 03 88 38 20 72, cave@roland-schmitt.fr V *t.l.j. sf dim. 8h-12h 13h-18h* Ⓒ

DOM. SCHOENHEITZ Saint-Grégoire 2019 ★

■	4672		15 à 20 €

Wihr-au-Val est le dernier village viticole quand on remonte la vallée de Munster. Ses coteaux, exposés plein sud, avaient périclité après 1945. Dans les années 1970, Henri Schoenheitz a commencé à les replanter. Prénommé également Henri, son fils continue son œuvre. Il a vendu ses premières bouteilles en 1980 et met en valeur aujourd'hui un coquet domaine de 17 ha, en conversion bio.

La vallée de Munster, jadis appelée Val Saint-Grégoire, entaille la montagne, si bien que son vignoble bénéficie d'un microclimat caractérisé par des amplitudes thermiques importantes, propices aux pinots. Issus de plusieurs lieux-dits, les pinots noirs du domaine sont bien connus de nos lecteurs. Celui-ci, né de sables granitiques, ne manque pas d'atouts : un nez précis, mêlant la griotte et la cerise noire du cépage au boisé de la barrique, et une belle matière aux tanins fondus. ⧗ 2023-2027

SARL HENRI SCHOENHEITZ, 1, rue de Walbach, 68230 Wihr-au-Val, tél. 03 89 71 03 96, cave@vins-schoenheitz.fr V *t.l.j. sf dim. 9h-12h 14h-19h*

Ⓑ EDMOND SCHUELLER Terres Chaudes 2019 ★

■	4500		8 à 11 €

Au pied des donjons qui dominent le vignoble de Husseren-les-Châteaux, point culminant de la route des Vins au sud de Colmar, Damien Schueller, installé en 1999, triple la surface du domaine (6,5 ha, avec des parcelles dans 2 grands crus) patiemment constitué par son père Edmond, ancien salarié viticole. La propriété est en bio certifié depuis 2013.

Une cuvée qui a ses habitudes dans le Guide. Aussi apprécié que le millésime précédent, le 2019 revêt une robe sombre et délivre des arômes de fruits rouges mûrs et de grillé. De bonne longueur, il dévoile une matière ample et soyeuse, en harmonie avec des arômes de petits fruits compotés. Un ensemble flatteur. ⧗ 2022-2026

VINS EDMOND SCHUELLER, 26, rte du Vin, 68420 Husseren-les-Châteaux, tél. 06 82 33 40 78, info@alsace-schueller.com V *r.-v.* ❸ Ⓑ

Ⓑ DOM. J.-L. SCHWARTZ Fronholz 2018 ★

■	2000		8 à 11 €

Créé en 1960, ce domaine installé à Itterswiller, petit village bas-rhinois très fleuri, est conduit par Jean-Luc Schwartz depuis 1982. Ses 9 ha de vignes sont disséminés dans autant de communes, sur des terroirs très variés. L'exploitation a obtenu sa certification bio en 2013.

Le Fronholz est un terroir argilo-limoneux où s'enracinent les vieilles vignes à l'origine de ce pinot noir traditionnel, non boisé, élevé en cuve sur lies fines pendant 10 mois. Dans le verre, une robe encore jeune aux reflets violines, un nez intense et généreux, une bouche corsée et concentrée, tannique à souhait, marquée en finale par une pointe végétale. Parfait pour des grillades. ⧗ 2022-2026

EARL DOM. J.-L. SCHWARTZ, 75, rte des Vins, 67140 Itterswiller, tél. 03 88 85 51 59, jean-luc@domaine-schwartz.com V *t.l.j. 9h30-19h00; dim. 9h30-13h00*

Ⓑ DOM. FERNAND SELTZ ET FILS
Elevé en fût de chêne 2018 ★

■	2200		15 à 20 €

Michel Seltz est établi à Mittelbergheim, village aussi connu pour ses maisons vigneronnes d'époque

Renaissance que pour son coteau du Zotzenberg, classé en grand cru. Sur ce terroir de choix, il cultive plusieurs cépages. Le domaine est exploité en bio certifié depuis 2010.

Malgré un séjour de 22 mois en fût, ce pinot noir à la robe profonde délivre surtout des notes fruitées, d'abord discrètes, qui s'affirment à l'aération. On retrouve les petits fruits relevés de notes épicées dans une bouche plutôt concentrée, équilibrée, bien fondue et de bonne longueur. ⧗ 2023-2027

EARL FERNAND SELTZ ET FILS, 42, rue Principale, 67140 Mittelbergheim, tél. 03 88 08 93 92, vins.seltz.michel@orange.fr V r.-v.

B ANDRÉ STENTZ Rosenberg 2019 ★

■ | 1300 | | 11 à 15 €

Les ancêtres de ces vignerons se sont fixés en 1674 à Wettolsheim, près de Colmar. Arrivé en 1976 à la tête du domaine (9 ha aujourd'hui), André Stentz, désormais épaulé par son fils Xavier, a adhéré à la bio dès 1984. Parmi ses vins de terroir, les gewurztraminers et pinots gris du grand cru Steingrübler et les rieslings du Mandelberg.

Vinifié sans sulfites ajoutés, ce 2019 a séjourné 10 mois en barrique. D'un rouge intense et lumineux, il reste réservé au nez, livrant surtout des notes torréfiées. Puissance, équilibre, tout est en place, mais les tanins apparaissent un peu stricts. Un vin encore jeune, que l'on peut marier dès maintenant à des grillades de bœuf. ⧗ 2022-2026

ANDRÉ STENTZ, 2, rue de la Batteuse, 68920 Wettolsheim, tél. 03 89 80 64 91, contact@andre-stentz.fr V r.-v.

CH. WAGENBOURG Prestige Fût de chêne 2018 ★

■ | 2700 | | 8 à 11 €

À 25 km au sud de Colmar, Soultzmatt s'étire le long de la Vallée Noble, ainsi désignée en raison des 7 châteaux qui la gardaient. De ces forteresses, une seule est restée debout : Wagenbourg, acquise par la famille Klein, établie dans le village en 1605. Bien abritées par les plus hauts reliefs des Vosges, les vignes (11 ha) sont exploitées depuis 1987 par Jacky et Mireille Klein. Domaine certifié HVE.

Reflet de l'année solaire et de son origine sudiste, ce pinot noir élevé 12 mois en fût revêt une robe soutenue et libère de puissants arômes de griotte et de cerise noire. Dans le même registre, la bouche se déploie avec ampleur et souplesse, adossée à des tanins fondus. L'élevage, discret, respecte le fruit. Un vin opulent mais équilibré. ⧗ 2022-2026

JOSEPH ET JACKY KLEIN (CH. WAGENBOURG), 25A, rue de la Vallée, 68570 Soultzmatt, tél. 03 89 47 01 41, chateauwagenbourg@orange.fr V t.l.j. sf dim. 8h-12h 13h30-18h

ALSACE RIESLING

Superficie : 3 376 ha / Production : 247 952 hl

Le riesling est le cépage rhénan par excellence, et la vallée du Rhin, son berceau. Il s'agit d'une variété tardive pour la région, dont la production est régulière et bonne. Le riesling alsacien est souvent sec, ce qui le différencie d'une façon générale de son homologue allemand. Ses atouts résident dans l'harmonie entre son bouquet délicat, son corps et son acidité assez prononcée mais extrêmement fine. Or, pour atteindre cette qualité, il doit provenir d'une bonne situation. Le riesling a essaimé dans de nombreux autres pays viticoles, où la dénomination riesling, sauf s'il est précisé « riesling rhénan », n'est pas totalement fiable : une dizaine d'autres cépages ont été ainsi baptisés dans le monde !

B DOM. BADER 2019 ★★

■ | 2500 | | 8 à 11 €

Œnologue, Pierre Scharsch a racheté en 2006 cette ancienne propriété (XVIIe s.) de la région de Barr, restructuré le vignoble et engagé en 2016 la conversion bio du domaine. L'exploitation couvre aujourd'hui 11 ha.

Issu de vignes de 50 ans plantées sur sols marno-siliceux, ce riesling s'annonce par un nez intense, partagé entre fleurs blanches et agrumes, plus minéral à l'aération. Ample et gras en attaque, il déploie une matière mûre, tendu par une fine acidité qui lui donne équilibre et allonge. (Sucres résiduels : 2 g/l.) ⧗ 2021-2025

DOM. BADER, 1, rue de l'Église, 67680 Epfig, tél. 03 88 85 51 61, vinsbader@gmail.com V r.-v.

♥ BARON DE HOEN Vieilles Vignes 2019 ★★★

■ | 9200 | | 5 à 8 €

Créée en 1952 au cœur de la route des Vins, près de Riquewihr, la coopérative de Beblenheim vinifie aujourd'hui le fruit de plus de 400 ha répartis sur 5 communes et propose 4 grands crus de Beblenheim et des villages voisins. Baron de Hoen et Heimberger sont ses marques.

Le jury a été enchanté par cette cuvée aux reflets dorés. Pureté, minéralité, fraîcheur, le nez attire. Quant à la bouche, elle déploie de superbes arômes d'agrumes confits en harmonie avec une matière puissante, concentrée et persistante. Un « vrai riesling », à la fois gourmand et droit, pour un poisson fin ou un crustacé de fête. (Sucres résiduels : 6,6 g/l.) ⧗ 2022-2027

SICA BARON DE HOEN, 20, rue de Hoen, 68980 Beblenheim, tél. 03 89 47 90 02, info@cave-beblenheim.com V t.l.j. sf sam. dim. 9h-12h 14h-18h

DOM. LÉON BLEESZ Schieferberg Vieilles Vignes 2019 ★★

■ | 6000 | | 8 à 11 €

La lignée cultive la vigne depuis le XVIIIe s. Le domaine s'agrandit quand un ancêtre, en 1870, se fait payer pour remplacer un notable sur le champ de bataille et s'achète des vignes. Représentant la 6e génération, Christophe Bleesz s'est installé en 1987 à la tête de la propriété : 10 ha sur les coteaux environnant Reichsfeld, village niché dans un vallon dans l'arrière-pays de Barr. Exploitation certifiée HVE.

Christophe Bleesz cultive du riesling sur un des rares terroirs de schistes de l'Alsace, le Schieferberg. Un terroir propice à l'expression de ce cépage, témoin ce 2019 encore jeune, à l'expression encore variétale (fleur blanche et zeste de citron, teintés d'une note de pamplemousse en bouche). Fruité, franc, construit sur une belle acidité qui porte loin sa finale, il accompagnera des fruits de mer dès maintenant et devrait évoluer avec grâce. (Sucres résiduels : 6,4 g/l.) ⧗ 2021-2028

EARL CHRISTOPHE BLEESZ, 1, pl. de l'Église, 67140 Reichsfeld, tél. 03 88 85 53 57, vin-location@bleesz.fr V r.-v. 3 B

FRANÇOIS BRAUN ET FILS Tradition 2019 ★

	4000		5 à 8 €

Une famille enracinée depuis le XVI^e^s. à Orschwihr, à quelque 25 km au sud de Colmar. Longtemps en polyculture, le domaine a débuté la mise en bouteilles après la Seconde Guerre mondiale, avec François Braun. Installés respectivement en 1980 et en 1991, ses petits-fils Philippe et Pascal exploitent des vergers pour la distillation et 21 ha de vignes, dont 10 ha sur le Bollenberg et des parcelles dans 2 grands crus.

Un riesling diffusé par la structure de négoce des Braun, qui commercialise très majoritairement les vins du domaine. Celui-ci présente un nez bien ouvert sur la mirabelle fraîche et sur le foin coupé. Le fruit frais s'épanouit dans une bouche vive en attaque, ample et ronde dans son développement, équilibrée par une finale tonique. (Sucres résiduels : 4 g/l.) ⧗ 2021-2025

FRANÇOIS BRAUN ET SES FILS, 19, Grand-Rue, 68500 Orschwihr, tél. 03 89 76 95 13, francois-braun@orange.fr V *t.l.j. sf dim. 8h-11h30 14h-17h*

B EBLIN-FUCHS Zellenberg 2019 ★

	4000		11 à 15 €

Établis à Zellenberg, petit village perché voisin de Riquewihr, José, Henri et Christian Eblin sont les héritiers d'une lignée de vignerons remontant au XIII^e^s. Ils ont adopté la biodynamie dès 1999. Leur domaine couvre environ 12 ha répartis dans 6 communes, avec des parcelles dans 4 grands crus.

Le riesling de Zellenberg assemble plusieurs parcelles de la commune cultivées sur sols limono-gréseux. Il fermente en foudre de chêne où il poursuit 10 mois son élevage sur lies fines. Or clair, d'une belle complexité au nez (notes beurrées, fruits exotiques, fruits jaunes, touche de silex), il se montre large en bouche, avec du volume et du gras. Une légère amertume et un trait d'acidité donnent équilibre et tonus à l'ensemble. Du caractère. (Sucres résiduels : 5,2 g/l.) ⧗ 2021-2027

EARL EBLIN-FUCHS, 19, rte du Vin, 68340 Zellenberg, tél. 03 89 47 91 14, alsace@eblin-fuchs.com V r.-v. B

HENRI EHRHART Réserve particulière 2019 ★

	40000		8 à 11 €

Établie à Ammerschwihr, important bourg viticole proche de Colmar, la famille Ehrhart cultive la vigne depuis 8 générations et possède 7 ha en propre. Elle a créé en 1978 une structure de négoce et, forte de ses connaissances de producteur-récoltant, privilégie l'achat de raisins provenant des domaines environnants. Cyrille et Sophie Ehrhart ont pris les rênes de la maison en 2012.

Les rieslings de la maison figurent souvent dans ces pages. Ce millésime présente un caractère très expansif à tendance fruitée : mangue, ananas bien mûrs dominent le nez et s'épanouissent en bouche, où s'invitent aussi l'abricot et des notes fraîches d'agrumes, soulignés par un trait d'acidité. Équilibré, tout en fruit, de belle longueur, un riesling agréable jeune. (Sucres résiduels : 4 g/l.) ⧗ 2021-2024

SA HENRI EHRHART, quartier des Fleurs, 68770 Ammerschwihr, tél. 03 89 78 23 74, he@henri-ehrhart.com

PAUL GINGLINGER Drei Exa 2019 ★

	18000		11 à 15 €

Domaine fondé en 1610 au sud de Colmar, dans la cité médiévale d'Eguisheim. Michel Ginglinger, fils de Paul et œnologue diplômé, en a pris la tête en 2002 après avoir exercé ses talents comme maître de chai en Bourgogne, en Afrique du Sud et au Chili. Il exploite 12 ha (avec des parcelles dans 2 grands crus). En conversion bio.

Cuvée née de l'assemblage de 3 parcelles voisines du grand cru Pfersigberg. Après un séjour de 12 mois en foudre, elle apparaît bien ouverte sur les fruits blancs. Ce fruité gourmand se prolonge dans une bouche vive dès l'attaque, tenue par une acidité droite qui lui donne dynamisme et persistance. Très typé, marqué par une petite pointe d'amertume en finale, un riesling pour le poisson, les fruits de mer et la choucroute. ⧗ 2021-2026

PAUL GINGLINGER, 8, pl. Charles-de-Gaulle, 68420 Eguisheim, tél. 03 89 41 44 25, info@paul-ginglinger.fr V *t.l.j. 8h-12h 13h-18h*

HAULLER FRÈRES Signature Cuvée M 2019 ★★

	10000		15 à 20 €

Domaine de Blienschwiller cédé en 2014 par Jean-Pierre et Yvette Sperry aux frères Ludovic et Guilaume Hauller, vignerons-négociants de Dambach-la-Ville (Hauller frères, ancienne Cave du Tonnelier, fondée en 1776). La maison ajoute ainsi à sa palette de terroirs le grand cru Winzenberg, fleuron de Blienschwiller.

Signature : une sélection issue de terroirs historiques de la famille. M ? Peut-être l'initiale d'un grand cru interdit d'étiquette en simple alsace. Un terroir granitique en tout cas, qui a légué au vin une expression élégante : au nez, de la fleur blanche et de la bergamote, accompagnées en bouche d'une minéralité déjà sensible. Au palais, du gras, équilibré par une acidité droite qui étire la finale marquée par l'amertume tonique du citron vert. (Sucres résiduels : 1,8 g/l.) ⧗ 2021-2026

FAMILLE HAULLER, 11, rue du Muscat, 67650 Dambach-la-Ville, tél. 03 88 92 40 00, claude@famillehauller.com V *t.l.j. sf dim. 9h-12h 13h30-18h* 3 B

DOM. ROBERT KLINGENFUS Signature 2019 ★

	12800	5 à 8 €

Sous-préfecture du Bas-Rhin, Molsheim doit une partie de sa renommée aux usines Bugatti, mais sa

vocation viticole est ancienne, monastique. Elle perdure grâce à des vignerons comme les Klingenfus, installés dans la cité en 1863. Robert Klingenfus, aujourd'hui rejoint par Guillaume, exploite près de 19 ha. Domaine certifié HVE.

Agrumes, pierre à fusil : le nez frais et minéral est engageant. La bouche croquante et fruitée conjugue rondeur et fine acidité. Un riesling subtil, bien équilibré, à apprécier dans sa jeunesse avec des produits de la mer, du poisson grillé ou de la choucroute. (Sucres résiduels : 4 g/l.) 2021-2024

DOM. ROBERT KLINGENFUS, 60, rue de Saverne, 67120 Molsheim, tél. 03 88 38 07 06, alsace-klingenfus@orange.fr V *t.l.j. sf sam. dim. 9h-12h 14h-18h*

♥ DOM. ALBERT KLUR Lieu-dit Pfoeller 2018 ★★★

1739 | | 8 à 11 €

Les deux frères Nicolas et Guillaume Klur ont repris en 2003 le domaine familial, qui a son siège à Katzenthal, village enserré dans un vallon près de Colmar. Réparti dans 4 communes proches de la préfecture du Haut-Rhin (outre Katzenthal, Ammerschwihr au nord, Wettolsheim et Eguisheim au sud), leur vignoble couvre 10 ha, avec des parcelles dans 5 grands crus. En conversion bio depuis 2018.

Ce 2018 provient d'un lieu-dit aux sols calcaires, bien exposé au sud. Malgré son année de naissance très chaude, il impressionne d'emblée par l'intensité et par la fraîcheur de son nez citronné et minéral. En bouche, il apparaît concentré, construit sur une acidité droite qui lui confère finesse et potentiel. Un riesling de grande classe. (Sucres résiduels : 7,5 g/l.) 2022-2029

Tradition 2019 ★ (5 à 8 €; 1500 b.) Issu d'un terroir argilo-calcaire, un riesling bien typé, tant par son nez citronné, légèrement minéral, que par sa bouche élégante et fraîche, où l'on retrouve les agrumes. Un peu de rondeur en attaque, mais une belle acidité pour l'équilibrer. (Sucres résiduels : 7,5 g/l.) 2021-2026

DOM. ALBERT KLUR, 61, rue d'Ammerschwihr, 68230 Katzenthal, tél. 03 89 27 22 51, vinsalbertklur@orange.fr V *t.l.j. 9h-12h 13h30-18h30*

DOM. RENE ET MICHEL KOCH Lieu-dit Heissenberg 2018 ★★★

2500 | | 8 à 11 €

Georges Koch a inauguré la vente directe en 1958. René lui a succédé en 1970, rejoint en 1996 par Michel. Depuis 2006, ce dernier tient les rênes du domaine qui couvre 13 ha autour de Nothalten, village-rue du pays de Barr. Son fleuron : le riesling du grand cru local, le Muenchberg. En conversion bio depuis 2019.

Orienté au sud, le Heissenberg est un coteau aux sols limono-argileux sur substrat granitique. Son nom pourrait se traduire par «colline torride». Et pourtant, malgré un été très chaud, ce 2018, loin de toute mollesse, affiche la fraîcheur et l'élégance d'un riesling très typé. Son fruité expansif, évocateur de poire et de mirabelle, a bien un côté mûr et solaire, son attaque est plutôt souple, mais une franche acidité prend le relais, lui donnant équilibre et longueur. Le produit d'une grande matière, proche du coup de cœur. (Sucres résiduels : 4 g/l.) 2021-2026

DOM. RENÉ ET MICHEL KOCH, 5, rue de la Fontaine, 67680 Nothalten, tél. 03 88 92 41 03, contact@vin-koch.fr V *r.-v.*

ANNE DE LAWEISS Collection 2018 ★★

42 600 | 5 à 8 €

Né en 1997 de la fusion des caves de Westhalten, d'Obernai et de Bennwihr et de la vénérable maison de négoce Heim, fondée en 1765, le groupe Bestheim est devenu, après d'autres fusions, un opérateur de premier plan en Alsace, vinifiant quelque 1 380 ha.

Sous la marque de la cave de Kientzheim-Kaysersberg (dans l'orbite de Bestheim depuis 2014), un 2018 expressif et typé. Au nez, des fruits exotiques, des fruits secs et une touche de curry puis, à l'aération, la minéralité pétrolée des rieslings déjà évolués. Ce côté minéral se confirme au palais, où l'attaque vive est relayée par un beau volume, équilibré par une finale fringante. Du caractère et du potentiel. 2021-2027

BESTHEIM-CAVE DE BENNWIHR, 3, rue du Gal-de-Gaulle, 68630 Bennwihr, tél. 03 89 49 09 29, vignobles@bestheim.com V *r.-v.*

B DOM. JEAN-LUC MADER Lieu-dit Muhlforst 2019 ★

1200 | | 15 à 20 €

Installés sur le domaine familial en 1981, Jean-Luc et Anne Mader ont repris l'élaboration des vins à la propriété et la vente directe, qui s'était interrompue à la génération précédente. Couvrant près de 11 ha au cœur de la route des Vins, leur vignoble est disséminé sur 4 communes : Ribeauvillé, Hunawihr, Riquewihr et Kientzheim. Après l'arrivée de leur fils Jérôme en 2005, l'exploitation a adopté la démarche bio (certification en 2010).

Étendard du domaine, le riesling a mis en vedette Jérôme Mader, qui propose pour ce cépage pas moins de 5 cuvées de terroir. Voisin du grand cru Rosacker, le Muhlforst est un coteau orienté au sud, aux sols calcaires. Son 2019 est loué pour son expression très fruitée (fruits blancs au nez, citron et pamplemousse en bouche), mise en relief par une belle acidité. Un riesling bien typé et persistant. (Sucres résiduels : 3,8 g/l.) 2021-2026

EARL VINS D'ALSACE MADER, 13, Grand-Rue, 68150 Hunawihr, tél. 03 89 73 80 32, contact@vins-mader.com V *r.-v.*

DOM. DU MANOIR Clos du Letzenberg 2019 ★

1170 | | 8 à 11 €

En 1979, Jean-Francis Thomann, fils d'un petit viticulteur d'Ingersheim, a repris le Clos du Letzenberg, aménagé en 1852 sur un coteau escarpé dominant la vallée de la Fecht, puis laissé à l'abandon après 1914. Il a fini par lâcher son travail à la banque et a impliqué ses proches dans l'aventure. La famille a restauré les murs de soutènement en pierre sèche, défriché, planté et bichonne aujourd'hui 10 ha de vignes.

Des terrasses exposées au midi, des épisodes de chaleur, de quoi donner un riesling à la robe soutenue et au nez flatteur, ouvert sur les fruits mûrs, pêche jaune en tête. En bouche cependant, passé l'attaque souple, la vivacité propre au cépage prend le dessus et donne à la finale dynamisme et allonge. (Sucres résiduels : 3,6 g/l.) ⧗ 2021-2026

DOM. DU MANOIR, 56, rue de la Promenade, 68040 Ingersheim, tél. 03 89 27 23 69, domainedumanoir@gmail.com V t.l.j. 10h-12h 14h-18h; dim. sur r.-v.

ARTHUR METZ Cuvée Michel Léon 2018 ★★

40000 | 5 à 8 €

Créée en 1904 dans la partie nord du vignoble, à Marlenheim (où se trouve le point de vente), Arthur Metz est une maison de négoce. Passée dans le giron des Grands Chais de France en 1991, elle regroupe 3 sites dans le Bas-Rhin et se fournit auprès de quelque 650 viticulteurs cultivant environ 1 000 ha.

Un riesling salué pour son expression mêlant fruits blancs (poire) et touches minérales, complétés en bouche par des évocations miellées. La souplesse de son attaque, relayée par une belle acidité lui confère une réelle élégance. On le verrait bien avec un poisson fin. (Sucres résiduels : 4 g/l.) ⧗ 2021-2026

ARTHUR METZ, 102, rue du Gal-de-Gaulle, 67520 Marlenheim, tél. 03 88 59 28 60, nstrub@arthurmetz.fr V t.l.j. sf dim.10h-12h30 14h-18h

VIRGINNIE ET PIERRE-YVES MEYER Thal 2018 ★

1600 | 8 à 11 €

Depuis 1411, on ne compte plus les générations de Meyer qui se sont succédé dans le village viticole de Blienschwiller, au sud du Bas-Rhin. La famille est attachée aux traditions, notamment aux foudres traditionnels, ce qui n'a pas empêché Pierre-Yves d'aller explorer les vignobles australiens avant de prendre en 2002 la suite de François sur l'exploitation (13 ha). Certifiée HVE, la propriété a renoué avec la traction hippomobile et engagé sa conversion bio en 2019.

Thal, ou la vallée. Un terroir argileux, planté par un arrière-grand-père : les vignes ont plus de 80 ans. Jaune clair à reflets dorés, le vin séduit par son nez typé, précis et élégant, sur les fruits jaunes frais. Les agrumes s'ajoutent à cette palette dans un palais équilibré, vif en attaque, plus rond dans son développement, teinté de minéralité en finale. (Sucres résiduels : 0 g/l.) ⧗ 2021-2026

VIRGINIE ET PIERRE-YVES MEYER, 9, rue du Winzenberg, 67650 Blienschwiller, tél. 06 76 04 75 41, contact@vins-meyer.fr V r.-v.

DOM. JÉRÔME MEYER Cuvée Madeleine 2019 ★

4000 | 8 à 11 €

Héritier d'une lignée vigneronne remontant à 1708, Jérôme Meyer a repris en 2006 le domaine familial qui avait dû être loué après la disparition prématurée de son père. Il exploite 8 ha de vignes répartis sur 5 communes, de Dambach-la-Ville à Andlau, dans le sud du Bas-Rhin. En ligne de mire, la conversion bio.

Baptisée en mémoire d'une grand-mère, une cuvée née de vignes de 60 ans plantées sur un terroir granitique. Sa palette aromatique est complexe, sur les fruits mûrs, teintés de poivre et de sous-bois, sa bouche intense et fruitée. Rondeur de l'attaque, quelques sucres bien fondus, belle longueur : une bouteille harmonieuse. (Sucres résiduels : 5 g/l.) ⧗ 2021-2026

EARL MEYER ET FILS, 22, rte des Vins, 67650 Blienschwiller, tél. 06 25 78 37 17, jerome.meyer@vins-alsace-meyer.fr V r.-v.

JOSEPH MOELLINGER ET FILS Vertige de Granit 2019 ★

1700 | 8 à 11 €

Joseph Moellinger s'est lancé dans la mise en bouteilles en 1945. Depuis 1997, son petit-fils Michel conduit l'exploitation, qui couvre 15 ha autour de Wettolsheim, grosse bourgade qui jouxte Colmar au sud-ouest. Il détient des parcelles dans plusieurs grands crus. Domaine certifié Haute valeur environnementale.

Né du terroir le plus escarpé du domaine, ce riesling doré à la robe plutôt soutenue reflète son terroir granitique : on loue la finesse de son nez mêlant minéralité, agrumes et une touche fumée, et la fraîcheur tonique de son palais, où un beau volume s'allie à une réelle délicatesse. Une finale fruitée, vive et alerte laisse le souvenir d'un vin élégant. (Sucres résiduels : 5 g/l.) ⧗ 2021-2027

DOM. JOSEPH MOELLINGER ET FILS, 6, rue de la 5e-Division-Blindée, 68920 Wettolsheim, tél. 03 89 80 62 02, contact@vins-moellinger.com V t.l.j. sf dim. 8h-12h 13h30-19h

RENTZ ET FILS Les Comtes 2019 ★★

4000 | 8 à 11 €

Descendant d'une lignée vigneronne remontant au XVIIIe s., Edmond Rentz vend son vin en bouteilles dès 1936. Son fils Raymond étend la propriété et transmet en 1995 à Patrick un domaine couvrant aujourd'hui 27 ha, réparti sur 5 communes au cœur de la route des Vins : Bergheim, Ribeauvillé, Hunawihr, Zellenberg, Riquewihr. Exploitation certifiée HVE.

Certains jurés auraient bien donné un coup de cœur à ce riesling au nez intense d'agrumes teinté de minéralité. Un vin qui s'impose par sa matière concentrée, puissante, conjuguant volume, gras et tension, marquée en finale par des notes de citron vert confit. (Sucres résiduels : 8 g/l.) ⧗ 2022-2028

EARL EDMOND RENTZ, 7, rte du Vin, 68340 Zellenberg, tél. 03 89 47 90 17, info@edmondrentz.com V t.l.j. sf dim. 8h-12h 13h30-18h

CAVE DU ROI DAGOBERT Racines & Terroirs 2019 ★

100000 | 5 à 8 €

Dagobert ? Le roi mérovingien avait un palais et des vignes dans cette contrée située au nord de la route des Vins, à une vingtaine de kilomètres de Strasbourg. Fondée en 1952, la coopérative de Traenheim rassemble 960 ha et regroupe quelque 250 adhérents, ce qui ne l'empêche pas de proposer une gamme de vins de terroir. Elle travaille en association avec la Cave de Turckheim.

Aussi réussi que le millésime précédent, ce riesling issu d'un terroir argilo-marneux mêle au nez le fruit blanc (poire) et des touches minérales, avant de dévoiler un palais ample, dense et généreux, tendu par une fraîcheur citronnée qui étire sa finale. Un riesling bien typé, qui appelle les produits de la mer. (Sucres résiduels : 6,2 g/l.) ⧗ 2021-2026

CAVE DU ROI DAGOBERT, rte de Scharrachbergheim, 67310 Traenheim, tél. 03 88 50 69 00, dagobert@cave-dagobert.com V *t.l.j. 9h-19h*

GILBERT RUHLMANN FILS
Sélection de grains nobles 2015 ★

	1200		30 à 50 €

Fondée en 1958 par Gilbert Ruhlmann et conduite aujourd'hui par la deuxième génération – Guy et Pascal Ruhlmann –, l'exploitation s'étend sur 15 ha autour de Scherwiller, pittoresque village traversé par un ruisseau, près de Sélestat. Elle a son siège dans un corps de ferme du XVIIIᵉs. Domaine certifié HVE.

Solaire jusqu'à l'arrière-saison, 2015 a favorisé l'élaboration de vins liquoreux à l'image de celui-ci, qui a séduit par son harmonie et par sa belle évolution. D'un jaune d'or à reflets ambrés, ce riesling dévoile un nez puissant et tonique, entre agrumes confits et minéralité. Alliées à des notes florales et miellées, la minéralité et l'orange confite se prolongent dans un palais concentré, équilibré et frais. (Sucres résiduels : 104 g/l.) ⧗ 2021-2026

GILBERT RUHLMANN FILS, 31, rue de l'Ortenbourg, rte des Vins, 67750 Scherwiller, tél. 03 88 92 03 21, info@vinruhlmann.fr V *t.l.j. 8h15-11h45 13h30-18h30*

SCHERB Lieu-dit Bollenberg 2019 ★★

	1984		11 à 15 €

L'Alsace est pionnière en matière d'œnotourisme. Vignerons depuis 4 générations, les Scherb ont repris un restaurant familial en 1954, au lendemain de l'inauguration de la route des Vins. Ils y ont ajouté un hôtel. Les propriétaires accueillent aussi les visiteurs dans leur cave au cœur du pittoresque village de Gueberschwihr, au sud de Colmar. Avec Georges Scherb à sa tête depuis 2010, le domaine compte aujourd'hui 16 ha de vignes. Certifié HVE, il a engagé sa conversion bio.

De leurs vignobles «sudistes», les Scherb tirent nombres de vins liquoreux qui se succèdent au fil des éditions du Guide. Issu d'une colline caractérisée par un microclimat très sec et par des sols marno-calcaires, ce 2019 est plutôt moelleux, voire demi-sec, fait pour des viandes blanches, des poissons et crustacés en sauce ou des cuisines du monde. Floral et mentholé au nez, avec des nuances originales d'eucalyptus, il s'impose en bouche par sa puissance. Sa fraîcheur lui confère une réelle élégance. (Sucres résiduels : 11 g/l.) ⧗ 2021-2027

DOM. BERNARD SCHERB ET FILS, 3, rue Basse, 68420 Gueberschwihr, tél. 03 89 49 33 82, vins.scherb@orange.fr V *t.l.j. 8h30-12h 14h-18h*

B DOM. J.L. SCHWARTZ
Schieferberg 2018 ★★

	2100		11 à 15 €

Créé en 1960, ce domaine installé à Itterswiller, petit village bas-rhinois très fleuri, est conduit par Jean-Luc Schwartz depuis 1982. Ses 9 ha de vignes sont disséminés dans autant de communes, sur des terroirs très variés. L'exploitation a obtenu sa certification bio en 2013.

Propices au riesling, les terroirs schisteux sont rares en Alsace. Le Schieferberg («colline de schistes» est situé à Reichsfeld, dans la montagne. Aussi remarquable que le 2015, autre année chaude, le 2018, affiche une robe jaune doré intense. Reflet du terroir, sa minéralité ressort dès l'olfaction, avec des notes florales, et s'affirme dans une bouche ample en attaque, vive, saline et persistante. Un riesling précis et tendu. (Sucres résiduels : 2 g/l.) ⧗ 2021-2026

EARL DOM. J.-L. SCHWARTZ, 75, rte des Vins, 67140 Itterswiller, tél. 03 88 85 51 59, jean-luc@domaine-schwartz.com V *t.l.j. 9h30-19h00; dim. 9h30-13h00*

JOËL SIEGLER Cuvée personnelle 2019 ★★

	2666		5 à 8 €

Domaine constitué en 1945 à Mittelwihr, village voisin de Riquewihr, au cœur du vignoble alsacien. Installé en 1993, Joël Siegler exploite 8 ha de vignes.

Issu d'un terroir argilo-calcaire, ce 2019 jaune doré laisse des larmes sur les parois du verre. Précis, le nez gagne en intensité à l'aération, libérant des notes de fruits jaunes frais et de fruits exotiques acidulés. Les agrumes, la poire et le coing viennent compléter cette palette dans un palais ample avec élégance, servi par une finale persistante. Ce riesling tout en fruits frais s'est placé sur les rangs au moment d'élire les coups de cœur. ⧗ 2021-2026

JOËL SIEGLER, 8, rue des Merles, 68630 Mittelwihr, tél. 03 89 47 91 73, siegler-kuster@orange.fr V *r.-v.*

D ETIENNE SIMONIS Clos des Chats 2019 ★

	1500		11 à 15 €

Des Simonis cultivaient déjà la vigne au XVIIᵉs. Le domaine actuel a été constitué par René Simonis, qui a obtenu les premières distinctions dans le Guide et passé le relais en 1996 à Étienne. Ce dernier exploite les 7 ha de la propriété en biodynamie certifiée depuis 2011. En vue, ses grands crus Kaefferkopf et Marckrain.

Le Clos des Chats est le nom (facile à prononcer) donné par le domaine au coteau escarpé du Katzentegel («terrasses des chats»). Les sols y sont anciens, du gneiss pour ce riesling au nez précis, d'une discrète élégance, fruité et un rien épicé. L'expression aromatique s'affirme au palais, sur des notes de fruits blancs et d'agrumes, dans une matière ample, équilibrée par une franche acidité. Finesse et droiture. (Sucres résiduels : 0 g/l.) ⧗ 2022-2027

ÉTIENNE SIMONIS, 2, rue des Moulins, 68770 Ammerschwihr, tél. 03 89 47 30 79, simonis.etienne@gmail.com V *t.l.j. sf dim. 9h-12h 13h30-18h*

JEAN SIPP
Lieu-dit Grossberg de Ribeauvillé 2019 ★

	n.c.		15 à 20 €

Établi dans une demeure Renaissance qui appartint jadis à la puissante famille des Ribeaupierre,

seigneurs de Ribeauvillé, Jean-Guillaume Sipp perpétue depuis 2014 avec brio une tradition viticole inaugurée en 1654 par son ancêtre porteur du même prénom. Il dispose de 25 ha de vignes, avec des parcelles dans plusieurs crus renommés (Altenberg de Bergheim, Kirchberg de Ribeauvillé).

Voisin d'un grand cru, le Grossberg est un coteau très pentu, aux sols argilo-calcaires caillouteux. Le lieu de naissance de ce riesling au nez tout en finesse, qui s'ouvre à l'aération sur des notes de pierre mouillée et de poire. Vif en attaque, soutenu par une belle acidité, le palais est marqué en finale par la vivacité un rien amère du pamplemousse. Un vin alerte. (Sucres résiduels : 3 g/l.) ⧗ 2021-2026

EARL DOM. JEAN SIPP, 60, rue de la Fraternité, 68150 Ribeauvillé, tél. 03 89 73 60 02, domaine@jean-sipp.com t.l.j. sf dim. 9h-12h 14h-18h ④

B MAISON ZOELLER Wolxheim 2019 ★

	4000		8 à 11 €

Installé dans une maison à colombages du XVᵉ s., ce domaine perpétue une tradition remontant à 1600 et vend du vin en bouteille dès le début du siècle dernier. Le vignoble est implanté à Wolxheim, village réputé pour son riesling, à l'ouest de Strasbourg; il compte 11 ha, avec des parcelles dans le grand cru local. Mathieu Zoeller, installé en 1995, est passé à la lutte raisonnée, puis à la bio (certification en 2013).

Le riesling est le cheval de bataille de cette propriété de Wolxheim, village qui bénéficie d'une dénomination communale pour cette variété et qui abrite par ailleurs un grand cru majoritairement dédié à ce cépage. Élevé 10 mois sur lies fines, celui-ci, né sur argilo-calcaire, revêt une robe jaune pâle à reflets verts et mêle au nez notes beurrées, agrumes et minéralité. Frais et long, il finit sur une pointe d'amertume agréable. (Sucres résiduels : 4 g/l.) ⧗ 2021-2026

EARL MAISON ZOELLER, 14, rue de l'Église, 67120 Wolxheim, tél. 06 99 44 15 90, vins.zoeller@wanadoo.fr t.l.j. sf dim. 9h-12h 13h30-18h30

ALSACE SYLVANER

Superficie : 1 376 ha / Production : 108 268 hl

Les origines du sylvaner sont très incertaines, mais son aire de prédilection a toujours été limitée au vignoble allemand et à celui du Bas-Rhin en France. C'est un cépage extrêmement intéressant grâce à son rendement et à sa régularité de production. Son vin est d'une grande fraîcheur, assez acide, doté d'un fruité discret. On trouve en réalité deux types de sylvaner sur le marché. Le premier, de loin supérieur, provient de terroirs bien exposés et peu enclins à la surproduction. Le second est un vin sans prétention, agréable et frais.

DOM. LÉON BLEESZ Sohlenberg Tradition 2019 ★

	2000		5 à 8 €

La lignée cultive la vigne depuis le XVIIIᵉ s. Le domaine s'agrandit quand un ancêtre, en 1870, se fait payer pour remplacer un notable sur le champ de bataille et s'achète des vignes. Représentant la 6ᵉ génération, Christophe Bleesz s'est installé en 1987 à la tête de la propriété : 10 ha sur les coteaux environnant Reichsfeld, village niché dans un vallon dans l'arrière-pays de Barr. Exploitation certifiée HVE.

Un sylvaner issu d'un vignoble implanté sur grès rose, roche caractéristique de la montagne vosgienne. Sa robe montre des reflets dorés, son nez discret se partage entre notes fruitées et nuances de tisane. La pêche s'invite dans une bouche onctueuse en attaque, assez chaleureuse, presque suave, équilibrée par des sensations plus fraîches en finale. ⧗ 2021-2024

EARL CHRISTOPHE BLEESZ, 1, pl. de l'Église, 67140 Reichsfeld, tél. 03 88 85 53 57, vin-location@bleesz.fr r.-v. ③ B

B CLOS SAINT-LANDELIN Cuvée Oscar 2019 ★

	2400		20 à 30 €

Maison de haute renommée, conduite par une famille établie dans la région de Rouffach en 1650. Acquis en 1935, le Clos Saint-Landelin, planté par des moines dès le haut Moyen Âge, est le fleuron du domaine. Situé à l'extrémité sud du grand cru Vorbourg et cultivé en terrasses, il représente 12 ha sur les 25 que compte la propriété. René Muré, qui gérait l'exploitation depuis 1976, l'a convertie à la biodynamie (1999) et l'a transmise à ses enfants Véronique et Thomas.

Détenu en monopole, le clos Saint-Landelin est exposé plein sud. Cette orientation favorise la surmaturation et la concentration. Même le sylvaner, planté au sud-est du clos et resté sur pied jusqu'au 7 octobre, a donné ce vin insolite par son caractère moelleux (sucres résiduels : 46 g/l). Dans le verre, une robe jaune doré, une expression aromatique mêlant notes végétale, fruits confits et fruits secs, une matière onctueuse, puissante et ample, tonifiée en finale par une fine acidité. ⧗ 2021-2026

VÉRONIQUE ET THOMAS MURÉ, Dom. du Clos Saint-Landelin, rte du Vin, 68250 Rouffach, tél. 03 89 78 58 00, domaine@mure.com r.-v.

RENÉ KIENTZ FILS Blienschwiller Syl vous plaît 2018 ★

	3200		5 à 8 €

Établis à Blienschwiller, petit village viticole au sud de Barr, les Kientz font remonter leur arbre généalogique à 1500. André Kientz, installé en 1985, a été rejoint par sa fille Émeline en 2007. La famille conduit son vignoble en lutte raisonnée. Son fleuron : des vignes dans le grand cru Winzenberg.

Le sylvaner trouve à Blienschwiller l'un de ses terroirs d'élection, si bien qu'il a valu à la commune une dénomination géographique officielle. Celui-ci, vinifié sur lies et resté 6 mois dans le bois, contribuera à rehausser la réputation de ce cépage souvent décrié. Le nez fin mêle fleurs séchées, touches anisées et épicées; le palais se distingue par son gras et par sa finale persistante et fraîche. Un vin à la fois puissant et élégant, qui pourra accompagner une volaille en sauce. ⧗ 2021-2025

RENÉ KIENTZ FILS, 51, rte des Vins, 67650 Blienschwiller, tél. 03 88 92 49 06, alsacekientz@wanadoo.fr r.-v.

♥ DOM. NICOLLET 2019 ★★★

2300 | 5 à 8 €

Reconstitué en 1920 après le phylloxéra, ce domaine est situé dans la Vallée Noble, à environ 20 km au sud de Colmar. Gérard Nicollet commence la vente en bouteilles dans les années 1960. Installé en 2004, Marc exploite avec sa compagne Sara 14 ha de vignes, dont plusieurs parcelles en grand cru Zinnkoepflé.

Abrités par les plus hauts sommets vosgiens, les terroirs de Soultzmatt, au microclimat très sec, sont réputés pour leurs liquoreux. Ce qui n'a pas empêché Marc Nicollet d'en tirer un sylvaner tout ce qu'il y a de sec, fait pour le poisson et les viandes blanches. Un modèle du genre, qui brille par son élégance : nez discret mais complexe, finement floral et fruité, attaque onctueuse ouvrant sur un palais croquant, frais et persistant, aux arômes d'agrumes. « Sylvaner avec un grand S », conclut un juré. ⧗ 2021-2024

GÉRARD NICOLLET ET FILS, 33, rue de la Vallée, 68570 Soultzmatt, tél. 03 89 47 03 90, vinsnicollet@wanadoo.fr V *t.l.j. sf dim. 8h-12h 14h-18h*

LOUIS SCHERB ET FILS
Vieilles Vignes 2019 ★★

1650 | 5 à 8 €

Famille enracinée en Alsace depuis le Moyen Age et établie à Gueberschwihr depuis 1690. Louis Scherb vend son vin en tonneau avant-guerre, ses fils Joseph et André développent la vente en bouteilles dans les années 1970. Installée en 2003, la 3e génération, avec Agnès Burner et son mari Antoine, exploite 13 ha – en bio certifié depuis 2013.

Un nez discret, qui s'ouvre à l'aération sur de fines notes florales et fruitées, une attaque souple, ouvrant sur un palais croquant, d'une belle vivacité. Ce sylvaner offre tout ce que l'on attend du cépage, avec un surcroît de caractère et aussi d'élégance. ⧗ 2021-2024

LOUIS SCHERB ET FILS, 1, rte de Saint-Marc, 68420 Gueberschwihr, tél. 03 89 49 30 83, louis.scherb@wanadoo.fr V *t.l.j. sf dim. 9h-12h 13h30-18h30* 3

ALSACE GRAND CRU

Superficie : 850 ha / Production : 43 278 hl

Dans le but de promouvoir les meilleures situations du vignoble, un décret de 1975 a institué l'appellation « alsace grand cru », liée à un certain nombre de contraintes plus rigoureuses en matière de rendement et de teneur en sucre. Une appellation réservée au gewurztraminer, au pinot gris, au riesling et au muscat, jusqu'au décret de mars 2005 qui autorise l'introduction du sylvaner, en assemblage avec le gewurztraminer, le pinot gris et le riesling dans le grand cru Altenberg de Bergheim et en remplacement du muscat dans le grand cru Zotzenberg. Les terroirs, délimités, produisent le nec plus ultra des vins d'Alsace. En 1983, un décret a défini un premier groupe de 25 lieux-dits admis dans cette appellation. Il a été complété par trois décrets en 1992, 2001 et 2007. Avec le Kaefferkopf, reconnu en 2007, le vignoble d'Alsace compte 51 grands crus, répartis sur 47 communes. Leurs surfaces sont comprises entre 3 ha et 80 ha et leur terroir présente une certaine homogénéité géologique.

DOM. PIERRE ADAM
Kaefferkopf Gewurztraminer 2019 ★★

3000 | 15 à 20 €

Une exploitation fondée en 1950 par Pierre Adam à Ammerschwihr, important bourg viticole au nord-ouest de Colmar. Elle s'est notablement agrandie : Rémy Adam, à la tête de la propriété depuis 1990, dispose de 16 ha de vignes, avec des parcelles dans 2 grands crus : le Kaefferkopf d'Ammerschwihr et le Schlossberg, situé dans le village voisin de Kientzheim.

Le gewurztraminer du Kaefferkopf est une valeur sûre du domaine, à l'origine de moelleux puissants et équilibrés. Des vendanges à la mi-octobre pour ce vin proposé pour un coup de cœur. Les larmes sur les parois du verre annoncent sa puissance, son expression traduit la surmaturation : fruits mûrs, voire confits, datte, abricot sec, papaye, pâte d'amande se bousculent au nez et se retrouvent dans un palais généreux, à la finale persistante et poivrée, affiné par une fraîcheur très appréciée. « L'équilibre d'une vendange tardive ». (Sucres résiduels : 30 g/l.) ⧗ 2021-2027 **Kaefferkopf Riesling 2019 ★ (11 à 15 €; 1000 b.)** Jaune doré, un riesling sec dévoilant au nez une belle maturité des raisins et un début d'évolution dans ses notes pétrolées caractéristiques du cépage. Plus fruité en bouche, dense, salin, il est bien typé « grand cru ». ⧗ 2022-2027

DOM. PIERRE ADAM, 8, rue du Lt-Louis-Mourier, 68770 Ammerschwihr, tél. 03 89 78 23 07, info@domaine-adam.com V *r.-v.* 4

JEAN-BAPTISTE ADAM
Kaefferkopf Riesling Vieilles Vignes 2018 ★

6000 | 15 à 20 €

Sise à Ammerschwihr, important village viticole au nord-ouest de Colmar, cette vénérable maison a été fondé en 1614. Ses caves du XVIIe s. abritent d'anciens foudres de chêne encore en usage. Elle associe une structure de négoce et un domaine exploité en biodynamie. À sa tête, Jean-Baptiste Adam, rejoint par Laure et Emmanuel.

Issu du secteur granitique du Kaefferkopf, fermenté et élevé en foudre, ce 2018 séduit par sa complexité naissante, libérant des notes fruitées (poire, abricot, bergamote), minérales (silex) et mentholées, avec une touche de gingembre. Marqué par une fine amertume, le palais apparaît plus strict, mais net, de bonne longueur. Les avis sont partagés sur le potentiel de ce 2018, mais comme la plupart des rieslings nés du granite, il se montre expressif dès sa jeunesse. (Sucres résiduels : 4 g/l.) ⧗ 2021-2026

JEAN-BAPTISTE ADAM, 5, rue de l'Aigle, 68770 Ammerschwihr, tél. 03 89 78 23 21, jbadam@jb-adam.fr V *t.l.j. 8h30-12h 14h-18h; f. dim. de janv. à Pâques*

DOM. CHARLES BAUR
Pfersigberg Gewurztraminer 2017 ★

	2720	15 à 20 €

Les Baur sont établis à Eguisheim depuis le XVIII^e^s. Charles Baur débute la vente en bouteilles en 1948, son fils Armand, œnologue, prend le relais en 1980, rejoint en 2010 par Arnaud, ingénieur agronome. Le tandem a engagé en 2011 la conversion bio du vignoble, qui couvre 17 ha, avec des parcelles dans 3 grands crus; il exploite en outre 1 ha de verger pour l'eau-de-vie.

Exposés à l'est-sud-est, les coteaux bien abrités du Pfersigberg sont propices au gewurztraminer. Ici, un moelleux 2017 séduisant par la finesse de son expression mêlant les fruits jaunes bien mûrs à des touches camphrées. Épicé en bouche, riche et concentré sans excès de chaleur, marqué en finale par une pointe d'amertume, ce vin équilibré pourra s'apprécier de l'apéritif au dessert. (Sucres résiduels : 28 g/l.) ⧗ 2021-2026

DOM. CHARLES BAUR, 29, Grand-Rue, 68420 Eguisheim, tél. 03 89 41 32 49, cave@vinscharlesbaur.fr V *t.l.j. sf dim. 9h-12h 13h30-18h;*

DOM. JEAN-MARC BERNHARD
Kaefferkopf Pinot Gris 2017 ★

	2000		15 à 20 €

Fondé en 1802, le domaine avait développé une activité de négoce à partir de 1850. En 1982, Jean-Marc Bernhard a préféré redevenir vigneron. Avec 11 ha répartis sur 5 communes, la famille dispose d'une belle palette de terroirs, avec des parcelles dans 6 grands crus. Aux commandes depuis 2000, Frédéric, œnologue, a engagé la conversion bio du vignoble.

Le Kaefferkopf se distingue par sa diversité géologique. Ce pinot gris provient de substrats argileux et granitiques. Un vin plutôt sec, jaune pâle, au nez expressif, empyreumatique (notes fumées, foin) et mentholé et au palais plus fruité, d'une belle complexité, sur les fruits exotiques acidulés. Bien construit, ample et persistant, gourmand et salin, il est marqué en finale par une pointe d'amertume. (Sucres résiduels : 16 g/l.) ⧗ 2021-2026

DOM. JEAN-MARC ET FRÉDÉRIC BERNHARD, 21, Grand-Rue, 68230 Katzenthal, tél. 03 89 27 05 34, vins@jeanmarcbernhard.fr V *r.-v.*

DOM. DU BOUXHOF Marckrain Pinot gris 2019 ★

	2000		15 à 20 €

Implantée au milieu des vignes, cette propriété aux imposants bâtiments, ancienne abbaye cistercienne, a été acquise en 1925 par la famille Edel, au service du vin depuis le XVIII^e^s. Jean-Michel Edel est depuis 1987 à la tête du domaine : 8,5 ha de vignes (en conversion bio à partir de 2020) et des vergers, dont les fruits sont distillés.

Un microclimat très sec caractérise ce grand cru exposé au sud-sud-est et situé près de Colmar, au débouché de la vallée de Kaysersberg. Le pinot gris prospère sur ses sols marno-calcaires. Récolté à la mi-octobre, il a engendré un moelleux discrètement fruité et miellé au nez, plus intense en bouche, ample et concentré, aux arômes de fruits mûrs et confits. Pour l'apéritif, avec des canapés de foie gras, ou pour des plats épicés. (Sucres résiduels : 35 g/l.) ⧗ 2021-2026

DOM. DU BOUXHOF, rue du Bouxhof, 68630 Mittelwihr, tél. 03 89 47 90 34, edel.bouxhof@online.fr V *t.l.j. sf lun. 9h-12h30 14h-19h; f. 2e sem. de janv.* 2

DOM. CAMILLE BRAUN
Pfingstberg Riesling 2018 ★

	1900		15 à 20 €

Héritier d'une lignée remontant au XVII^e^s., Camille Braun a spécialisé et développé l'exploitation à partir de 1960. Le vignoble familial (15 ha aujourd'hui) est situé pour l'essentiel dans le tronçon sud de la route des Vins. Christophe Braun, installé en 1985, l'exploite en bio (certification bio en 2008, biodynamique en 2017). Il a plusieurs coups de cœur à son actif.

Adossé à la forêt, pentu, exposé au sud-est, le grand cru d'Orschwihr se caractérise par des sols de grès calcaires bien drainants. À la fois chaud et tardif, il convient au riesling. Dans le verre, un vin mêlant au nez des évocations de pierre sèche, d'épices et d'herbes aromatiques, avec des touches camphrées. Souple en attaque, il monte en puissance pour offrir une finale chaleureuse, marquée par une fine amertume. Un 2018 raffiné montrant la générosité de l'année. (Sucres résiduels : 5 g/l.) ⧗ 2021-2026

CHRISTOPHE BRAUN, 16, Grand-Rue, 68500 Orschwihr, tél. 03 89 76 95 20, cbraun@camille-braun.com V *t.l.j. sf dim. 9h-12h 13h30-18h30*

BURGHART-SPETTEL
Mandelberg Riesling 2019

	5300		11 à 15 €

Le domaine est implanté entre Colmar et Riquewihr, dans le village viticole de Mittelwihr, connu pour sa colline des Amandiers. Héritier d'une tradition remontant au XIX^e^s., Bertrand Spettel, rejoint par Jérôme en 2007, exploite 15 ha de vignes répartis sur 7 communes, avec des parcelles dans 3 grands crus, ainsi qu'un verger pour la distillation de fruits. .

Le Mandelberg se distingue par sa précocité et par son ensoleillement, comme en témoignent des amandiers que l'on voit fleurir au printemps en bout de rangs. Il a engendré ce riesling à l'expression gourmande et élégante : fruits blancs, aubépine, pointe d'agrumes et note minérale au nez, complétés en bouche d'arômes d'abricot. Le palais montre une certaine rondeur, tout en restant sec, une fine acidité équilibrant l'ensemble. (Sucres résiduels : 17 g/l.) ⧗ 2021-2026

EARL DOM. BURGHART-SPETTEL, 9, rte du Vin, 68630 Mittelwihr, tél. 03 89 47 93 19, burghart-spettel@orange.fr V *t.l.j. sf dim. 10h-18h*

DOM. DOPFF AU MOULIN
Brand Gewurztraminer 2019 ★★

	10260		20 à 30 €

Fondée en 1634, une célèbre maison de négoce sise à Riquewihr. Les Dopff ont associé leur nom aux métiers du vin à partir de 1574 et se sont établis dans la cité au XVII^e^s. Après 4 générations de maîtres tonneliers, Jean Dopff s'installe comme courtier en vins. La société détient en propre l'un des plus vastes domaines de la région : 65 ha (dont 12 ha en grand cru).

LES CINQUANTE ET UN GRANDS CRUS ALSACIENS

Grands crus	Communes	Surface délimitée (ha)
Altenberg-de-bergbieten	Bergbieten (67)	30
Altenberg-de-bergheim	Bergheim (68)	35
Altenberg-de-wolxheim	Wolxheim (67)	31
Brand	Turckheim (68)	58
Bruderthal	Molsheim (67)	18
Eichberg	Eguisheim (68)	57
Engelberg	Dahlenheim, Scharrachbergheim (67)	14
Florimont	Ingersheim, Katzenthal (68)	21
Frankstein	Dambach-la-Ville (67)	56
Froehn	Zellenberg (68)	14
Furstentum	Kientzheim, Sigolsheim (68)	30
Geisberg	Ribeauvillé (68)	8
Gloeckelberg	Rodern, Saint-Hippolyte (68)	23
Goldert	Gueberschwihr (68)	45
Hatschbourg	Hattstatt, Vœgtlinshoffen (68)	47
Hengst	Wintzenheim (68)	76
Kaefferkopf	Ammerschwihr (68)	71
Kanzlerberg	Bergheim (68)	3
Kastelberg	Andlau (67)	6
Kessler	Guebwiller (68)	28
Kirchberg-de-barr	Barr (67)	40
Kirchberg-de-ribeauvillé	Ribeauvillé (68)	11
Kitterlé	Guebwiller (68)	25
Mambourg	Sigolsheim (68)	62
Mandelberg	Mittelwihr, Beblenheim (68)	22
Marckrain	Bennwihr, Sigolsheim (68)	53
Moenchberg	Andlau, Eichhoffen (67)	12
Muenchberg	Nothalten (67)	18
Ollwiller	Wuenheim (68)	36
Osterberg	Ribeauvillé (68)	24
Pfersigberg	Eguisheim, Wettolsheim (68)	74
Pfingstberg	Orschwihr (68)	28
Praelatenberg	Kintzheim (67)	18
Rangen	Thann, Vieux-Thann (68)	19
Rosacker	Hunawihr (68)	26
Saering	Guebwiller (68)	27
Schlossberg	Kientzheim (68)	80
Schœnenbourg	Riquewihr, Zellenberg (68)	53
Sommerberg	Niedermorschwihr, Katzenthal (68)	28
Sonnenglanz	Beblenheim (68)	33
Spiegel	Bergholtz, Guebwiller (68)	18
Sporen	Riquewihr (68)	23
Steinert	Pfaffenheim, Westhalten (68)	38
Steingrubler	Wettolsheim (68)	23
Steinklotz	Marlenheim (67)	40
Vorbourg	Rouffach, Westhalten (68)	72
Wiebelsberg	Andlau (67)	12
Wineck-schlossberg	Katzenthal, Ammerschwihr (68)	27
Winzenberg	Blienschwiller (67)	19
Zinnkoepflé	Soultzmatt, Westhalten (68)	68
Zotzenberg	Mittelbergheim (67)	36

Exposition	Sols	Cépages de prédilection
S.-E.	Marnes dolomitiques du keuper	Riesling, gewurztraminer
S.	Sols marno-calcaires caillouteux d'origine jurassique	Gewurztraminer
S.-S.-O.	Terroir du lias, marno-calcaires riches en cailloutis	Riesling
S.	Granite	Riesling, gewurztraminer
S.-E.	Marno-calcaires caillouteux du muschelkalk	Riesling, gewurztraminer
S.-E.	Marnes mêlées de cailloutis calcaires ou siliceux	Gewurztraminer, puis riesling, pinot gris
S.	Calcaires du muschelkalk	Gewurztraminer
S. et E.	Marno-calcaires recouverts d'éboulis calcaires du bathonien et du bajocien	Gewurztraminer, puis riesling
S.-E.	Arènes granitiques	Riesling
S.	Marnes schisteuses	Gewurztraminer
S.	Sols bruns calcaires caillouteux	Gewurztraminer, puis riesling
S.	Marnes dolomitiques du muschelkalk	Riesling
S.-E.	Sols bruns à dominante sableuse de grès vosgien	Gewurztraminer, pinot gris
E.	Marnes riches en cailloutis calcaires	Gewurztraminer
S.-E.	Marnes	Gewurztraminer, pinot gris, muscat
S.-E.	Marno-calcaires oligocènes	Gewurztraminer, pinot gris
E. et S.-E.	Sols bruns d'origine granitique, calcaire ou gréseuse	Gewurztraminer, assemblages
S. et S.-O.	Marno-calcaires	Riesling, gewurztraminer
S.	Schistes caillouteux	Riesling
S.-E.	Sable de grès rose et matrice argileuse	Gewurztraminer
S.	Calcaires du jurassique moyen	Gewurztraminer, riesling, pinot gris
S.-S.-O.	Marnes dolomitiques	Riesling
S.-O.	Grès	Riesling
S.	Marno-calcaires	Gewurztraminer
S.-S.-E.	Marno-calcaires oligocènes	Riesling, gewurztraminer
E.	Marno-calcaires	Gewurztraminer
S.	Sols limono-sableux du quaternaire	Riesling
S.	Terroirs sablonneux du permien	Riesling
S.-S.-E.	Marnes caillouteuses	Riesling
E.-S.-E.	Sols triasiques assez marneux	Gewurztraminer, puis riesling
S.-E.	Sols caillouteux calcaires de l'oligocène	Gewurztraminer, puis riesling
S.-E.	Grès et calcaires du buntsandstein et du muschelkalk	Riesling
E.-S.-E.	Sables gneissiques	Riesling
S.	Sols volcaniques	Pinot gris, riesling
E.-S.-E.	Marnes et calcaires du muschelkalk	Riesling
S.-E.	Sols marno-sableux avec cailloutis	Riesling
S.	Arènes granitiques	Riesling
S. et S.-E.	Marnes du keuper recouvertes de calcaires coquilliers	Riesling
S.	Arènes granitiques	Riesling
S.-E.	Conglomérats et marnes de l'oligocène	Gewurztraminer, pinot gris
E.	Marnes de l'oligocène et sables gréseux du trias	Gewurztraminer
S.-E.	Sols marneux du lias	Gewurztraminer
E.	Cailloutis calcaires oolithiques	Gewurztraminer, pinot gris
S.	Marnes oligocènes	Gewurztraminer, riesling, pinot gris
S.	Marnes recouvertes d'éboulis calcaires du muschelkalk	Riesling, gewurztraminer
S.-S.-E.	Marno-calcaires	Gewurztraminer, puis riesling, pinot gris
S.	Sables gréseux triasiques	Riesling
S. et S.-E.	Granite	Riesling
S.-S.-E.	Arènes granitiques	Riesling
S.	Terroir calcaro-gréseux	Gewurztraminer
S.	Calcaires jurassiques et conglomérats marno-calcaires de l'oligocène	Riesling, sylvaner

Exposition sud et sud-est, sols de granite très chauds : le haut coteau escarpé du Brand, qui domine Turckheim, est un terroir précoce. Le gewurztraminer y a donné naissance à un moelleux remarquable par son équilibre. Son expression délicate associe l'acacia, le litchi, la papaye et les épices. L'alcool est bien intégré, la douceur équilibrée par une belle acidité mûre, la longue finale fraîche laisse une impression de finesse. (Sucres résiduels : 25 g/l.) ⧗ 2021-2026 ■ **Schoenenbourg Pinot gris 2018 ★ (20 à 30 €; 8450 b.)** Issu d'un coteau réputé surplombant Riquewihr, ce moelleux s'ouvre à l'aération sur le chèvrefeuille et sur des notes fumées avant de dévoiler une bouche souple et ample, de belle longueur, teintée d'amertume en finale. (Sucres résiduels : 20 g/l.) ⧗ 2021-2026

DOM. DOPFF AU MOULIN, 2, av. Jacques-Preiss, 68340 Riquewihr, tél. 03 89 49 09 69, domaines@dopff-au-moulin.fr V *t.l.j. 10h-19h*

B DOM. FERNAND ENGEL
Gloeckelberg Pinot gris 2019 ★★

■ | 2200 | | 15 à 20 €

Entre Kintzheim et Bergheim, au pied du Haut-Kœnigsbourg, pas moins de 65 ha répartis sur 150 parcelles, en bio certifié (biodynamie) depuis 2003. Fernand Engel débute les vinifications au domaine en 1949; son fils Bernard agrandit le vignoble et engage la conversion bio; la 3e génération, représentée par Sandrine et Xavier Baril (ce dernier œnologue) gère dpuis 1996 la propriété, avec l'aide d'Amélie, l'arrière-petite-fille du fondateur. Un domaine très régulier en qualité. Deux étiquettes : Fernand Engel et Joseph Rudloff.

Coteau bénéficiant d'un microclimat sec, d'une orientation sud et sud-est et de sols acides, (sableux sur schistes), le Gloeckelberg se signale par sa précocité. Il est propice au pinot gris, comme le prouve régulièrement ce domaine. En 2019, des vendanges le 10 octobre, des raisins passerillés et botrytisés à 50 %. Dans le verre, un vin concentré, aux arômes délicats de zeste d'agrumes confit. Un vin dense, puissant et long, conjuguant richesse et vivacité. (Sucres résiduels : 72 g/l.) ⧗ 2021-2026 ■ **Praelatenberg Riesling 2018 ★ (15 à 20 €; 6500 b.)** B Né sur les sols siliceux de ce grand cru, un riesling sec aux arômes discrets de surmaturation (pêche mûre, zeste d'orange confite). Puissant, salin, vif et long, il est fait pour la garde. (Sucres résiduels : 6 g/l.) ⧗ 2023-2030

DOM. FERNAND ENGEL, 1, rte du Vin, 68590 Rorschwihr, tél. 03 89 73 77 27, xb@fernand-engel.fr V *t.l.j. sf dim. 8h-11h30 13h-18h* G

ROBERT FALLER & FILS
Kirchberg Muscat 2019 ★★

■ | 1000 | | 20 à 30 €

Dominée par les ruines de ses forteresses et par ses coteaux viticoles pentus, riche de 3 grands crus, la cité de Ribeauvillé abrite de nombreux vignerons comme Nicolas Faller, dont la famille est au service du vin depuis 1697. À la tête d'une propriété de 11 ha, ces exploitants disposent au centre-ville d'une demeure du XVIes. dotée d'une cave voûtée.

Dominant la cité bas-rhinoise de Barr, le Kirchberg est situé à 35 km au nord du siège de la propriété. Ses sols argilo-calcaires sont propices au muscat, même si le cépage y est peu répandu. Or blanc à reflets verts, celui-ci exprime au nez un fruité finement muscaté qui s'affirme en bouche. Ample, rond et consistant, marqué par une certaine douceur équilibrée en finale par une pointe d'acidité, il est gourmand et bien construit. Un muscat sec parfait à l'apéritif. (Sucres résiduels : 20,9 g/l.) ⧗ 2021-2026

ROBERT FALLER ET FILS, 36, Grand-Rue, 68150 Ribeauvillé, tél. 03 89 73 60 47, sarlfaller@orange.fr V *t.l.j. 9h-12h 14h-18h; dim. 9h-12h*

DOM. RENÉ FLECK & FILS
Zinnkoepflé Riesling Cuvée Louis 2019 ★

■ | 1570 | 11 à 15 €

En 1995, après ses études d'œnologie et un long stage aux États-Unis, Nathalie, la plus jeune des filles de René Fleck, reprend l'exploitation familiale. Elle vinifie, tandis que son mari, Stéphane Steinmetz, travaille à la vigne. Situé à Soultzmatt, au pied du grand cru Zinnkoepflé, le domaine compte 8 ha, dont 4 ha en grands crus. Certifié HVE en 2019, il a amorcé sa conversion bio cette même année.

Le riesling a été vendangé à la mi-octobre sur les pentes du plus haut coteau classé d'Alsace, un terroir qui se distingue par les tendances méditerranéennes de son microclimat. Dans le verre, un vin or pâle à la palette subtile et complexe : l'acacia, les fruits jaunes se nuancent de notes fraîches d'agrumes et de menthe, avec un début de minéralité. Les agrumes prennent des tons compotés dans un palais tendu par une fine acidité. Une belle maturité. (Sucres résiduels : 11 g/l.) ⧗ 2021-2026

EARL RENÉ FLECK, 27, rue d'Orschwihr, 68570 Soultzmatt, tél. 03 89 47 01 20, renefleck@orange.fr V *t.l.j. 8h30-12h 13h30-18h; dim. sur r.-v.* G

LUCIEN GANTZER Goldert Pinot gris 2017 ★

■ | 2240 | | 11 à 15 €

Jeannine Gantzer a repris en 1995 le domaine (4 ha) fondé par son père Lucien en 1960 à Gueberschwihr, au sud de Colmar. Le siège de l'exploitation, au nord du village, est tout près de la célèbre église au beau clocher roman. Il n'est pas non plus éloigné du Goldert, le grand cru où les Gantzer cultivent plusieurs cépages.

Un moelleux jaune doré, au nez expressif, partagé entre les fruits jaunes, le zeste d'agrumes et le sous-bois, ample, riche et de belle longueur, à la finale tout en douceur. (Sucres résiduels : 45 g/l.) ⧗ 2021-2026

SCEA LUCIEN GANTZER, 9, rue du Nord, 68420 Gueberschwihr, tél. 03 89 49 31 81, jeannine.gantzer@orange.fr V *r.-v.* 1

DOM. ARMAND GILG
Moenchberg Riesling 2019 ★

■ | 5700 | | 11 à 15 €

Famille d'origine autrichienne établie à Mittelbergheim depuis 1601; encore plus anciennes (XVIes.) sont les caves où se côtoient vieux foudres sculptés, cuves Inox et barriques. Un domaine régulier en qualité, fort de 30 ha, dont plus de 5 ha dans les grands crus Zotzenberg et Moenchberg. En 3e année de conversion bio.

Le riesling prédomine sur ce terroir fait de sédiments marneux et de colluvions. Bien ouvert au nez, celui-ci associe fruits blancs et agrumes à une minéralité naissante que l'on retrouve à la mise en bouche. Bien structuré, salin, il est construit sur une belle acidité citronnée qui laisse une impression de finesse. (Sucres résiduels : 8,3 g/l.) ⧗ 2022-2030 ■ **Zotzenberg Pinot gris Sélection de grains nobles 2018 ★ (20 à 30 €; 3800 b.)** Séduisant par son nez concentré, par sa palette riche et complexe évoquant l'abricot et le coing confit, un liquoreux intense et équilibré, encore marqué par les sucres en finale. Du potentiel. (Sucres résiduels : 114,7 g/l, bouteilles de 50 cl.) ⧗ 2023-2030

DOM. ARMAND GILG, 2, rue Rotland, 67140 Mittelbergheim, tél. 03 88 08 92 76, info@domaine-gilg.com V t.l.j. 8h-12h 13h30-18h; sam. dim. sur r.-v.

GINGLINGER-FIX
Hatschbourg Gewurztraminer 2019 ★★

■	3300		11 à 15 €

La tradition vigneronne remonte à 1610 dans cette famille établie à Voegtlinshoffen, village veillé par les Trois Châteaux, au sud de Colmar. En 2016, André Ginglinger a passé le relais à sa fille Éliane, œnologue, et à son fils Hubert, ingénieur viticole. Le tandem exploite près de 8 ha de vignes. Après avoir adopté une démarche bio, sans certification, il a engagé la conversion du domaine.

Un grand cru marno-calcaire propice au gewurztraminer. Récoltés à la mi-octobre, les raisins ont permis d'obtenir un moelleux puissant, comme l'annoncent les larmes sur les parois du verre. Intense et délicat, le nez mêle l'aubépine, la rose et les fruits exotiques acidulés (ananas), arômes qui se prolongent en bouche. Ample et gras en attaque, sans sucre superflu, le palais est servi par une finale persistante, fraîche et épicée. De l'élégance et du caractère. (Sucres résiduels : 33 g/l.) ⧗ 2021-2030

GINGLINGER-FIX, 38, rue Roger-Frémeaux, 68420 Voegtlinshoffen, tél. 03 89 49 30 75, info@ginglinger-fix.fr V r.-v.

ANDRÉ HARTMANN
Hatschbourg Gewurztraminer 2019 ★

■	2600		11 à 15 €

La famille Hartmann est établie depuis 1640 au village de Voegtlinshoffen, « Balcon de l'Alsace » perché sur un coteau, à quelque 10 km au sud de Colmar. Depuis 1984, c'est Jean-Philippe, rejoint par Justin, qui conduit le domaine : 9 ha, avec plusieurs parcelles dans le grand cru Hatschbourg. En conversion bio.

Le gewurztraminer puise une belle expression sur le terroir marno-calcaire du Hatschbourg. C'est le porte-drapeau du domaine. Le 2019 séduit par sa palette intense associant de subtiles senteurs florales à des notes confites de surmaturation, avec du fruit jaune, du zeste d'agrumes et une touche de pain d'épice. Ample et gras, riche sans lourdeur grâce à une belle arête acide lui donnant du dynamisme, ce moelleux devrait encore s'épanouir dans les années à venir. (Sucres résiduels : 31 g/l.) ⧗ 2022-2030

ANDRÉ HARTMANN, 11, rue Roger-Frémeaux, 68420 Voegtlinshoffen, tél. 03 89 49 38 34, contact@andre-hartmann.fr V t.l.j. sf dim. 9h-12h 14h-18h

HARTWEG Mandelberg Riesling 2019 ★★

■	2350		15 à 20 €

Fondée au nord de Colmar en 1930, cette propriété est conduite depuis 1972 par Jean-Paul Hartweg, rejoint par son fils Frank en 1995. Le tandem exploite autour du joli village de Beblenheim un vignoble de 10 ha dont les fleurons sont en grand cru (Sonnenglanz, Mandelberg). Domaine certifié HVE.

Sur ce terroir précoce, abrité et baigné de soleil, de vieux plants de riesling sont restés sur pied jusqu'au 28 octobre pour parfaire leur maturation. Doré soutenu, ce 2019 libère des parfums élégants de fruits jaunes mûrs et de zeste d'agrumes; quelques sucres résiduels sont perceptibles en bouche. Nulle lourdeur cependant dans ce vin sec généreux et harmonieux, qui devrait bien vieillir grâce à sa belle acidité. (Sucres résiduels : 7 g/l.) ⧗ 2023-2030

VINS D'ALSACE FRANK HARTWEG, 39, rue Jean-Macé, 68980 Beblenheim, tél. 03 89 47 94 79, frank.hartweg@free.fr V t.l.j. sf dim. 9h- 11h45 14h- 17h45; sam. sur r.-v.

B JEAN ET HUBERT HEYWANG
Kirchberg de Barr Riesling 2019 ★

■	1500		15 à 20 €

Située au pied du mont Sainte-Odile, dans le village de Heiligenstein renommé pour son cépage klevener, une exploitation fondée en 1955 par Jean Heywang et dirigée depuis 1990 par son fils Hubert. Couvrant 7 ha, elle a obtenu en 2011 la certification bio.

Hubert Heywang cultive du riesling sur les pentes escarpées du grand cru Kirchberg dominant la ville de Barr. Tout aussi bien noté que le 2018, le 2019 pourrait avoir un potentiel supérieur grâce à sa vivacité. Reflet de son terroir marno-calcaire, il reste réservé au nez, libérant des fragrances délicates de fleurs blanches et de poire, avec une note d'herbe aromatique. Sa bouche nette, droite, salivante, nerveuse et longue, teintée d'amertume, appelle la garde. (Sucres résiduels : 4,2 g/l.) ⧗ 2023-2030

JEAN ET HUBERT HEYWANG, 7, rue Principale, 67140 Heiligenstein, tél. 03 88 08 91 41, contact@heywang-vins.fr V t.l.j. 10h-12h 14h-19h

DOM. HORCHER
Mandelberg Gewurztraminer 2019 ★

■	2500	15 à 20 €

Domaine situé au cœur de la route des Vins, près de Riquewihr. À sa création par Alfred Horcher en 1920, il ne comptait que 1 ha de vignes. Ernest Horcher débute la vente en bouteilles en 1953, transmet la propriété à Alfred Hubert en 1981. Depuis 2014, la 4ᵉgénération, avec Thomas, Lise (à la cave) et Irène, travaille sur l'exploitation : 11 ha disséminés sur 6 communes et plus de 40 parcelles, dont certaines en grand cru (Mandelberg, Sporen et Kaefferkopf).

Implantés sur ce grand cru marno-calcaire, ensoleillé et précoce, propice au cépage, de vieux plants de gewurztraminer ont parfait la maturation de leurs grappes jusqu'au 8 octobre. Quatorze mois plus tard, on découvre un moelleux tout en rondeur, équilibré et fin, à l'expresssion aromatique très flatteuse : fruits confits, pêche jaune, violette et lilas, complétés en bouche de notes plus acidulées d'ananas et de fruit de la Passion. (Sucres résiduels : 30 g/l.) ⧗ 2021-2026

⊶ FAMILLE HORCHER, 6, rue du Vignoble, 68630 Mittelwihr, tél. 03 89 47 93 26, info@horcher.fr V t.l.j. sf dim. 8h-11h45 13h30-18h D

DOM. HURST Brand Gewurztraminer 2018 ★

■	2690		15 à 20 €

Héritiers d'une lignée vigneronne établie à Turckheim depuis le XVIIes., Armand et Nicole Hurst ont géré entre 1989 et 2016 l'exploitation familiale, fondée en 1926. Ils l'ont cédée à l'entrepreneur Marc Rinaldi, déjà propriétaire du domaine Martin Schaetzel (aujourd'hui Kirrenbourg). Le vignoble (12 ha aujourd'hui) est en conversion bio.

Sur le terroir chaud et pentu du Brand, aux sols de granite à deux micas, les plants de gewurztraminer, cultivés selon la démarche biodynamique, ont engendré un moelleux à l'expression aromatique originale, mêlant minéralité (pierre), nuances balsamiques (thym, laurier), touches camphrées et fumées. Le palais, à l'unisson du nez, se montre minéral, frais, puissant et persistant. (Sucres résiduels : 30 g/l.) ⧗ 2021-2026 ■ **Brand Muscat 2019 ★ (15 à 20 €; 1250 b.)** Ⓑ Moelleux léger ou demi-sec, ce muscat aux arômes bien typés du cépage, avec des accents surmûris, se montre souple en attaque, ample et riche, tonifié par une finale saline, de belle longueur. Pour l'apéritif ou pour un dessert fruité peu sucré. (Sucres résiduels : 12,9 g/l.) ⧗ 2021-2025

⊶ DOM. ARMAND HURST, 8, rue de la Chapelle, 68230 Turckheim, tél. 03 89 27 40 22, domaine@armand-hurst.fr V *t.l.j. sf dim. 9h-12h 13h30-18h;*

JACQUES ILTIS
Altenberg de Bergheim Riesling 2019 ★★

■	1400		11 à 15 €

Établis à la limite des deux départements alsaciens, au pied du château du Haut-Kœnigsbourg, Benoît et Christophe Iltis, les fils de Jacques, conduisent depuis 1999 le domaine familial : aujourd'hui, près de 14 ha de vignes et une cave recelant d'anciens foudres de chêne légués par des ancêtres tonneliers.

Reflet de son origine marno-calcaire, ce riesling au nez intense et fin, partagé entre agrumes et minéralité, dévoile une grande matière. Ample et puissant, il est tendu par une belle acidité qui souligne sa longue finale salivante. Ces caractères devraient faire merveille avec une volaille en sauce. (Sucres résiduels : 14 g/l.) ⧗ 2022-2027

⊶ DOM. JACQUES ILTIS ET FILS, 1, rue Schlossreben, 68590 Saint-Hippolyte, tél. 03 89 73 00 67, jacques.iltis@iltis.fr V *t.l.j. 8h30-12h 14h-18h; sam. dim. sur r.-v.*

Ⓑ **DOM. KIRRENBOURG**
Schlossberg Riesling K 2018 ★

■	3506		30 à 50 €

À l'origine, une maison de vignerons-négociants fondée en 1803. Elle s'est lancée dans la vente en bouteilles au début des années 1930, avec Martin Schaetzel. Son neveu Jean, œnologue, a repris l'affaire en 1979 et converti à la biodynamie (1997) ses vignes en propre. Il l'a revendue en 2015 à l'industriel Marc Rinaldi, qui l'a rebaptisée, fait construire de nouveaux chais entre Kientzheim et Kaysersberg, acquis des terroirs en grands crus et confié en 2017 à Samuel Tottoli la direction des domaines. Aujourd'hui, 11 ha, en biodynamie (certification en 2018).

C'est au pied du Schlossberg, célèbre terroir classé granitique, qu'a été vinifié ce riesling, dans la cave construite par le nouveau propriétaire. K, comme Kirrenbourg, lieu-dit inclus dans ce grand cru. Son riesling à la robe soutenue montre des larmes sur les parois du verre. Au nez, il reste sur sa réserve, discrètement floral, végétal, épicé et minéral. En bouche, après une attaque souple, il se montre précis, droit et strict, minéral et subtilement amer. Un vin à la fois riche et austère. (Sucres résiduels : 4,8 g/l.) ⧗ 2023-2028

⊶ SAS KIRRENBOURG, 15_C, rte du Vin, 68240 Kaysersberg, tél. 03 89 47 11 39, com@kirrenbourg.fr V *r.-v.*

DOM. KUEHN Kaefferkopf 2018 ★

■	34857		15 à 20 €

Une maison de négoce d'Ammerschwihr, important bourg viticole au nord-ouest de Colmar, berceau de la confrérie Saint-Étienne, qui a sa foire aux vins. Elle a été fondée en 1675 par des notables de la cité. De cette époque datent les «caves de l'Enfer» où s'alignent 45 foudres traditionnels. Cinq grands crus figurent à sa carte.

Pas de mention de cépage sur l'étiquette : ce grand cru est issu d'un assemblage, pratique autrefois courante en Alsace, qui s'est maintenue notamment dans le Kaefferkopf. Dans ce moelleux, le gewurztraminer (60 %) lègue ses arômes intenses de fruits exotiques (litchi), sa rondeur et son ampleur ; le pinot gris (20 %) sa puissance. Quant au riesling, il apporte sans doute un surcroît d'élégance. L'année chaude donne générosité et douceur. (Sucres résiduels : 42 g/l.) ⧗ 2021-2027

⊶ VINS D'ALSACE KUEHN, 3, Grand-Rue, 68770 Ammerschwihr, tél. 03 89 78 23 16, vin@kuehn.fr V *ven. sam. dim. 9h- 12h 14h- 18h*

DOM. ANDRÉ LORENTZ
Kirchberg de Barr Clos Zisser Muscat 2019 ★

■	1412	15 à 20 €

Installé à Barr, Martin Klipfel crée son exploitation en 1824 et acquiert les vignes du prestigieux clos Zisser situé sur le coteau du Kirchberg. Ses héritiers transforment au fil des ans la propriété en une entreprise forte de 40 ha. Développée par André Lorentz, allié aux Klipfel, puis dirigée par Jean-Louis Lorentz et ses 3 filles, la maison est vendue en 2016 à la famille Helfrich (groupe Grands Chais de France).

Planté de plusieurs cépages nobles, le vaste Clos Zisser (3,5 ha) est un fleuron de la maison, caractérisé par une exposition sud-est et des sols marno-calcaires caillouteux favorisant la maturation. Le muscat y a engendré un vin à la fois ample, frais et persistant, dont l'expression fruitée et muscatée se révèle à l'aération. Comme l'annonce sa couleur pâle, c'est un vin sec qui sera parfait à l'apéritif. (Sucres résiduels : 6 g/l.) ⧗ 2022-2026

DOM. ANDRÉ LORENTZ, 10, rue des Jardins, 67140 Barr, tél. 03 88 58 59 00, nstrub@arthurmetz.fr V t.l.j. 9h30-12h30 14h-18h

B GUSTAVE LORENTZ
Altenberg de Bergheim Pinot gris 2019 ★

	n.c.		20 à 30 €

Fondée en 1836, cette maison de négoce a son siège au cœur de Bergheim. Elle dispose en propre d'un important vignoble (33 ha) conduit en bio certifié depuis 2012. Elle a particulièrement investi dans le grand cru local, l'Altenberg de Bergheim, dont elle exploite 12 ha, et a obtenu le premier coup de cœur du Guide dans cette AOC : un riesling 1976.

Après un coup de cœur l'an dernier pour un riesling 2018 de ce même grand cru, voici un pinot gris qui s'est doré pendant l'arrière-saison sur son coteau exposé au sud. Il a fermenté en foudre ancien avant un élevage sur lies. Le vin, moelleux, a séduit, tant par son nez fruité dominé par l'abricot que par sa bouche riche, ample, intense et chaleureuse, aux arômes beurrés, épicés et confits. Bel accord en perspective avec un canard à l'orange. (Sucres résiduels : 32 g/l.) ⧗ 2022-2026

GUSTAVE LORENTZ, 91, rue des Vignerons, 68750 Bergheim, tél. 03 89 73 22 22, info@gustavelorentz.com V *t.l.j. sf dim. 10h-12h 14h-18h30*

B DOM. JEAN-LUC MADER
Rosacker Riesling 2019 ★

	3300		20 à 30 €

Installés sur le domaine familial en 1981, Jean-Luc et Anne Mader ont repris l'élaboration des vins à la propriété et la vente directe, qui s'était interrompue à la génération précédente. Couvrant près de 11 ha au cœur de la route des Vins, leur vignoble est disséminé sur 4 communes : Ribeauvillé, Hunawihr, Riquewihr et Kientzheim. Après l'arrivée de leur fils Jérôme en 2005, l'exploitation a adopté la démarche bio (certification en 2010).

L'un des fleurons du domaine, planté de vieilles vignes de riesling, cépage privilégié dans le grand cru Rosacker. Dans le verre, un vin à la robe intense, or jaune, et au nez précis et mûr, ouvert sur les fleurs blanches et le pamplemousse, avec des touches fumées et grillées. Si les agrumes prennent en bouche des tons confits, le palais est tendu par une acidité élégante et tonique qui étire la finale minérale. Plus long que large, un riesling svelte, sec et racé. (Sucres résiduels : 4,1 g/l.) ⧗ 2023-2030

EARL VINS D'ALSACE MADER, 13, Grand-Rue, 68150 Hunawihr, tél. 03 89 73 80 32, contact@vins-mader.com V *r.-v.*

JEAN-PAUL MAULER
Mandelberg Pinot gris 2019 ★★

	n.c.		11 à 15 €

Si la propriété remonte à 1868, ce sont les grands-parents de l'actuel exploitant qui se sont lancés dans la viticulture en 1935; ses parents, Jean-Paul et Yvette, ont débuté la vente en bouteilles dans les années 1960. Installé en 2004, Julien Mauler conduit avec Aurélie 7,5 ha de vignes dans 5 communes proches de Riquewihr, avec des parcelles dans 2 grands crus, Mandelberg et Schoenenbourg. Domaine certifié HVE.

Né sur le coteau abrité, ensoleillé et précoce du Mandelberg, où fleurissent au printemps des amandiers, ce pinot gris recueille la même note que le millésime précédent. Moelleux lui aussi, il livre des arômes de miel, de prune et d'abricot confits évoquant la surmaturation. Moins riche en sucres que le 2018, il a pour atouts sa charpente, son côté salin, sa fraîcheur et sa longueur. (Sucres résiduels : 38 g/l.) ⧗ 2021-2026

DOM. JEAN-PAUL MAULER, 3, pl. des Cigognes, 68630 Mittelwihr, tél. 03 89 47 93 23, vins.jpmauler@orange.fr V *r.-v.* C

DOM. G. METZ Muenchberg Riesling 2019 ★★

	1400		15 à 20 €

Créé au XVIIIe s., ce domaine s'est tourné vers la viticulture dans les années 1930 en s'implantant à Itterswiller, village bas-rhinois à flanc de coteau, et s'est lancé dans la mise en bouteilles en 1966. Il est conduit depuis 1996 par le gendre de Gérard Metz, Éric Casimir, d'origine champenoise, qui a porté sa superficie de 14 à 18 ha (avec des parcelles en grand cru). Certifié HVE, il a engagé sa conversion bio en 2020.

Situé dans une cuvette abritée des pluies, le Muenchberg a pour substrat des sédiments volcaniques très anciens qui forment des sols pauvres et bien drainés, propices à la maturation du riesling. Celui-ci se distingue par la finesse et la complexité de son nez, partagé entre fruits blancs, pamplemousse et minéralité. La poire et le coing s'épanouissent avec suavité dans une bouche saline, un rien amère en finale, qui laisse le souvenir d'une réelle élégance. (Sucres résiduels : 2 g/l.) ⧗ 2022-2027

DOM. GÉRARD METZ, 40, rte du Vin, 67140 Itterswiller, tél. 03 88 57 80 25, contact@domainegmetz.com V *t.l.j. sf dim. 10h-12h 16h-17h*

B DOM. JEAN LUC ET BRUNO MEYER
Pfersigberg Pinot gris 2019 ★★

	1200		11 à 15 €

Une exploitation implantée à Eguisheim, pittoresque cité médiévale au sud de Colmar. Fondée en 1960, elle a été conduite entre 1982 et 2013 par Jean-Luc Meyer. Ce dernier a cédé la place en 2014 à son fils Bruno qui travaillait à ses côtés depuis 2005. La même année, le vignoble a achevé sa conversion bio. Il couvre près de 11 ha avec des parcelles dans 2 grands crus.

Protégés par la montagne des influences océaniques humides, les coteaux du Pfersigberg, aux sols marno-calcaires, étaient déjà mentionnés au XVIe s. Le pinot gris y a engendré un vin jaune d'or salué pour son nez expressif, mêlant le coing, la noisette, la réglisse et des notes fumées. Épices, herbe sèche, thym et touches mentholées agrémentent un palais puissant, salin et long. Un remarquable équilibre pour ce moelleux qui pourra être apprécié à table. (Sucres résiduels : 21 g/l.) ⧗ 2021-2029

SARL JEAN-LUC ET BRUNO MEYER, 4, rue des Trois-Châteaux, 68420 Eguisheim, tél. 03 89 24 53 66, info@vins-meyer-eguisheim.com V *t.l.j. sf dim. 9h-12h 14h-18h30* 3 E

♥ DOM. MEYER-FONNÉ
Kaefferkopf Gewurztraminer Vendanges tardives 2018 ★★

2500 | 15 à 20 €

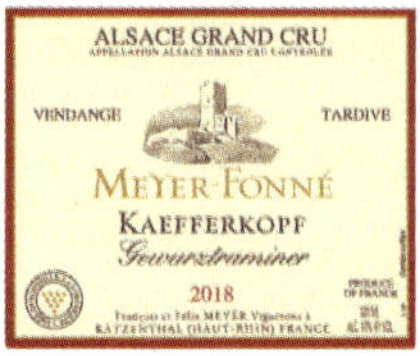

D'origine suisse, les Meyer ont fait souche à Katzenthal en 1732. Ils se sont orientés vers la viticulture au XXᵉs. Arrière-petit-fils du fondateur, Félix Meyer, installé en 1992, a longtemps suivi la démarche bio, sans certification, avant d'engager la conversion de sa propriété. À la tête de plus de 18 ha de vignes réparties sur 7 communes proches de Colmar, il peut jouer sur une large palette de terroirs, et notamment sur 5 grands crus.

À la carte des vins de la propriété, plusieurs cuvées de liquoreux, de terroirs divers. Celle-ci, née d'une année très précoce (vendanges à la mi-octobre pour ce 2018) vaut au domaine son 6ᵉ coup de cœur. Si ce vin jaune doré attire par son nez marqué par la surmaturation, avec ses notes de fruits jaunes et exotiques compotés, voire confits, c'est en bouche qu'il révèle toutes ses qualités : sa texture onctueuse à souhait, sa richesse sont équilibrées par un trait d'acidité qui lui confère une superbe harmonie. (Sucres résiduels : 110 g/l, bouteilles de 50 cl.) ⧗ 2022-2030 **Wineck-Schlossberg Riesling 2019 ★ (20 à 30 €; 4000 b.)** Un riesling issu d'un de ses terroirs d'élection. Reflet de son origine granitique, il est déjà bien ouvert sur les fruits blancs et jaunes frais. Vif en attaque, ample, dense et puissant, il est tendu par une acidité cristalline. Précision, fraîcheur et volume. (Sucres résiduels : 7 g/l.) ⧗ 2022-2027

DOM. MEYER-FONNÉ, 24, Grand-Rue, 68230 Katzenthal, tél. 03 89 27 16 50, felix@meyer-fonne.com V t.l.j. sf dim. 9h-11h30 14h-17h30

Ⓑ DOM. DU MITTELBURG
Steinert Gewurztraminer 2019 ★★

3300 | 11 à 15 €

Il ne reste que quelques pierres du «château du centre» (Mittelburg) qui a donné son nom au domaine, situé au sud de Colmar. Plus intéressants sont les calcaires et argilo-calcaires des terroirs de Pfaffenheim, village où sont établis les Martischang depuis le XVIᵉs. Michel a pris la succession d'Henri en 2007. Propriété certifiée HVE.

Enraciné dans le sol chaud, calcaire et pierreux du grand cru Steinert, le gewurztraminer a été vendangé le 9 novembre pour donner un moelleux bien doré, au nez partagé entre notes fraîches de bergamote et nuances suaves de miel et de cire. En bouche, une ampleur et une concentration remarquables s'allient à une belle vivacité qui confère dynamisme, élégance et potentiel. (Sucres résiduels : 70 g/l.) ⧗ 2022-2030

HENRI MARTISCHANG, 15, rue du Fossé, 68250 Pfaffenheim, tél. 03 89 49 60 83, vin.h.martischang@free.fr V t.l.j. sf dim. 8h30-12h 14h-18h

DOM. STÉPHANE & MICKAEL MOLTÈS
Zinnkoepflé Riesling 2019 ★

3600 | 15 à 20 €

Un domaine implanté à une dizaine de kilomètres au sud de Colmar. Antoine Moltès commercialise les premiers vins en 1925, son fils Roland explore les terroirs. Installés au tournant de ce siècle, Mickaël et Stéphane ont aménagé un nouveau chai, se sont orientés graduellement vers la bio, engageant la conversion du vignoble en 2012; ils ont aussi agrandi la propriété, passée de 17 à 27 ha en 2019, et créé une société de négoce pour enrichir leur gamme.

Un grand cru fourni par la structure de négoce, en conversion bio. Issu d'un coteau conjuguant forte pente, altitude et microclimat particulièrement sec, ce riesling montre des larmes qui annoncent sa puissance. Encore discret au nez, il doit être aéré avant de révéler des notes minérales (silex), mentholées et grillées. Très sec en bouche, subtil, minéral et tendu, il impressionne par sa puissance, sa longueur et son potentiel. Un vin jeune, à carafer. (Sucres résiduels : 5 g/l.) ⧗ 2023-2030 **Steinert Pinot gris 2019 ★ (15 à 20 €; 2400 b.)** Ⓑ Côté domaine, un pinot gris né sur les sols calcaires caillouteux du Steinert. Nez délicat sur les fruits jaunes mûrs, le miel et les épices. Bouche charpentée et longue, affinée par une belle vivacité. Sa fraîcheur permettra à ce moelleux d'être servi à table, sur des mets sucrés-salés par exemple. (Sucres résiduels : 35 g/l.) ⧗ 2021-2026

SARL MOLTÈS, 8, rue du Fossé, 68250 Pfaffenheim, tél. 03 89 49 60 85, domaine@vin-moltes.com V t.l.j. sf dim. 8h-12h 14h-17h30

DOM. DU MOULIN DE DUSENBACH
Schoenenbourg Riesling 2018 ★★

4000 | 15 à 20 €

Fondé en 1895 par Chrétien Oberlin, célèbre ampélographe, le Dom. de la Ville de Colmar est entré en 2011 dans le giron des Grands Chais de France – qui ont repris en 2017 le Dom. du Moulin de Dusenbach, créé en 1974 à Ribeauvillé. Deux vignobles couvrant 50 ha (dont le vignoble des Hospices, qui remonte à 1255), avec des parcelles dans 8 grands crus et 3 lieux-dits.

Réputé dès le haut Moyen Âge, ce grand cru surplombe Riquewihr au nord. Ses sols marneux, gypseux et sableux en font une terre d'élection du riesling. Celui-ci dévoile un nez intense et élégant, sur les fruits blancs et les agrumes, où pointe la touche pétrolée typée du cépage. Ce caractère minéral et salin s'affirme en bouche. Dès l'attaque, une fine acidité donne au vin un côté salivant et de l'allonge à la finale. Un 2018 harmonieux, parfait avec des saint-Jacques. (Sucres résiduels : 12 g/l.) ⧗ 2022-2026

DOM. VITICOLE DE LA VILLE DE COLMAR, 2, rue du Stauffen, 68000 Colmar, tél. 03 89 79 11 87, nstrub@arthurmetz.fr V t.l.j. 9h30-12h30 14h-18h

DOM. NICOLLET
Zinnkoepflé Gewurztraminer 2019 ★

5000 | 11 à 15 €

Reconstitué en 1920 après le phylloxéra, ce domaine est situé dans la Vallée Noble, à environ 20 km au sud de Colmar. Gérard Nicollet commence la vente en bouteilles dans les années 1960. Installé en

2004, Marc exploite avec sa compagne Sara 14 ha de vignes, dont plusieurs parcelles en grand cru Zinnkoepflé.

Marc Nicollet cultive plusieurs cépages sur les flancs du Zinnkoepflé, majestueux coteau qui bénéficie d'un microclimat abrité et très sec, à l'origine de vins généreux. Ce moelleux jaune doré correspond bien à ce profil, avec son nez aussi profond qu'élégant, sur les fleurs et le litchi, et son palais ample et gras, riche sans lourdeur, gorgé de fruits. Du potentiel. (Sucres résiduels : 55 g/l.) ⧗ 2022-2030

GÉRARD NICOLLET ET FILS, 33, rue de la Vallée, 68570 Soultzmatt, tél. 03 89 47 03 90, vinsnicollet@wanadoo.fr V *t.l.j. sf dim. 8h-12h 14h-18h*

♥ DOM. ANDRÉ REGIN
Altenberg de Wolxheim Riesling 2019 ★★★

1600 | 15 à 20 €

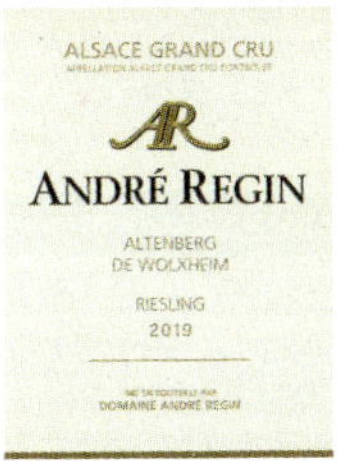

Dans la famille Regin, la vigne a pris une place croissante depuis le début du siècle dernier. À la tête du domaine familial depuis 1988, André Regin a développé la vente en bouteilles et agrandi l'exploitation, qui compte aujourd'hui 12 ha autour de Wolxheim. Ce village proche de Strasbourg est célèbre de longue date pour son riesling. Propriété en conversion bio.

On dit que Napoléon Ier goûtait le vin de Wolxheim. Les admirateurs de l'empereur pourront donc déboucher en 2021 à sa mémoire une bouteille de ce vin couronné… qui devrait susciter la concorde de tous les gourmets. Un 2019 issu du grand cru de Wolxheim, terroir marno-calcaire bénéficiant d'un climat très sec, où le riesling est roi. Celui-ci a pris le temps de mûrir jusqu'au 11 octobre pour donner un vin jaune doré, au nez complexe et fin, mariant citron, poire, fleurs blanches et touches de surmaturation. Riche au palais, salivant, acidulé, élégant, un grand riesling. (Sucres résiduels : 4 g/l.) ⧗ 2022-2030

EARL DOM. ANDRÉ REGIN, 4, rue de la Forge, 67120 Wolxheim, tél. 03 88 38 17 02, caveau@domaine-regin.fr V *r.-v.*

RAYMOND RENCK Sonnenglanz Pinot gris 2019 ★

2500 | 11 à 15 €

Créé en 1961 par Raymond Renck, un domaine situé à Beblenheim, à 3 km de Riquewihr. Il est conduit depuis 1996 par Colette et Gérard Schillinger-Renck, qui disposent de plusieurs parcelles dans des grands crus voisins comme le Sonnenglanz. Après la fusion en 2017 avec le Dom. Émile Schillinger, la superficie de l'exploitation est passée de 5 à 10 ha.

Le pinot gris est très cultivé sur le terroir marno-calcaire du Sonnenglanz, dont le nom («rayon de soleil») évoque la bonne exposition. Le cépage a engendré ici un moelleux léger, qui n'a pas atteint sa pleine expression. Discrètement fruité, le nez montre un côté acidulé engageant. La bouche épicée laisse percevoir une complexité naissante, de l'ampleur, de la générosité, avec de la fraîcheur pour équilibrer le tout. Un vin prometteur. (Sucres résiduels : 15 g/l.) ⧗ 2022-2027

EARL RAYMOND RENCK, 11, rue de Hoen, 68980 Beblenheim, tél. 03 89 47 91 59 V *t.l.j. 8h-12h 14h-19h*

Ⓑ DOM. SCHAEFFER-WOERLY
Frankstein Pinot gris 2019 ★

716 | 11 à 15 €

La famille est établie dans l'une des maisons à colombages du XVIe s.typiques de la place du Marché de Dambach-la-Ville, important bourg viticole au sud du Bas-Rhin. À la tête de l'exploitation depuis 1987, Vincent Woerly a engagé en 2011 la conversion bio du domaine qu'il a transmis à son fils Maxime en 2016. Le vignoble couvre 8 ha, avec des parcelles dans le grand cru Frankstein.

Implanté sur les granites du Frankstein, le pinot gris a donné naissance à un vin très sec, tout en finesse, d'une grande fraîcheur, reflet du terroir et de l'année. La robe or vert est plutôt pâle; le nez empyreumatique, légèrement grillé, s'oriente vers le foin et les fruits secs. En bouche, ce 2019 apparaît minéral, salin, avec ce qu'il faut de puissance et de longueur. Fait pour la table, il accompagnera volailles, poissons et crustacés. (Sucres résiduels : 2 g/l.) ⧗ 2021-2026

MAXIME WOERLY, Schaeffer-Woerly, 3, pl. du Marché, 67650 Dambach-la-Ville, tél. 03 88 92 40 81, info@schaeffer-woerly.fr V *t.l.j. sf dim 9h-18h*

DOM. SCHEIDECKER ET FILS
Sporen Riesling 2019 ★

1900 | 15 à 20 €

Philippe Scheidecker a constitué son domaine en 1990, à partir de terres familiales. Rejoint en 2013 par son fils Laurent, il est établi à Mittelwihr, au nord-ouest de Colmar. Son vignoble, qui couvre 12 ha, comporte des parcelles dans 3 grands crus : Froehn, Sporen et Mandelberg. Exploitation certifiée HVE.

Au sud de Riquewihr, le Sporen est un coteau en faible pente aux sols argilo-marneux. Récolté à la mi-octobre, ce riesling est à l'origine d'un vin or pâle de type demi-sec, voire moelleux. Bien ouvert, flatteur, le nez libère des arômes gourmands de fruits mûrs et de bergamote, relevés de touches poivrées. Le fruit prend des nuances surmûries et compotées dans une matière ample et ronde, vivifiée par une fine acidité. (Sucres résiduels : 13 g/l.) ⧗ 2021-2026

DOM. SCHEIDECKER ET FILS, 13, rue des Merles, 68630 Mittelwihr, tél. 03 89 49 01 29, contact@scheidecker-fils.com V *t.l.j. 10h-12h 14h-18h*

DOM. SCHLUMBERGER Saering Riesling 2019 ★★

30000 | 20 à 30 €

Sous l'Empire, Nicolas Schlumberger installe à Guebwiller une fabrique de machines textiles et achète 20 ha de vignes aux alentours. Prenant la suite des abbés de Murbach, qui avaient mis en valeur ces terroirs du sud de l'Alsace avant la Révolution, ses descendants agrandissent la propriété familiale. Sans doute le plus vaste domaine

de la région : 120 ha plantés sur des coteaux escarpés – 70 ha en grand cru, sur des coteaux escarpés. Exploitation certifiée HVE.

Parmi la belle palette de grands crus proches de Guebwiller mis en valeur par le domaine, le Saering est un coteau aux sols marno-calcaires ou calcaro-gréseux, majoritairement dédié au riesling. Dans le verre, un vin salué pour son expression fruitée et pour son élégance. Le nez s'ouvre sur les agrumes et les fruits exotiques, prélude à un palais ample, ciselé par une acidité mûre, marqué en finale par de nobles amers. Un riesling tout en finesse. (Sucres résiduels : 1 g/l.) ⧗ 2021-2027

LES DOMAINES SCHLUMBERGER, 100, rue Théodore-Deck, 68500 Guebwiller, tél. 03 89 74 27 00, info@domaines-schlumberger.com V t.l.j. sf dim. lun. 10h-12h30 13h30-18h

DOM. PAUL SCHNEIDER
Pfersigberg Pinot gris 2019 ★★

| 3000 | 11 à 15 € |

Héritier d'une lignée remontant à 1663, Luc Schneider, fils de Paul, est établi au cœur d'Eguisheim, dans l'ancienne cour dîmière du grand prévôt de la cathédrale de Strasbourg. Son vignoble couvre 13 ha au sud de Colmar, avec des parcelles dans 3 grands crus.

Né sur les pentes du Pfersigberg, terroir bien abrité, ce pinot gris présente un nez variétal finement fruité, grillé, fumé et épicé. C'est un moelleux léger, perçu comme sec par certains palais. L'acidité contribue à la sensation d'ensemble, et l'ampleur du palais est contrebalancée par une belle fraîcheur qui étire la finale saline. « Un style moderne pour ce vin à l'équilibre magistral », qui pourra accompagner tout un repas, de l'apéritif au dessert. Un des finalistes du coup de cœur. (Sucres résiduels : 23 g/l.) ⧗ 2021-2027

DOM. PAUL SCHNEIDER, 1, rue de l'Hôpital, 68420 Eguisheim, tél. 03 89 41 50 07, contact@domainepaulschneider.fr V t.l.j. 9h-12h 14h-18h

ALBERT SCHOECH Florimont Riesling 2018 ★

| 24 669 | 11 à 15 € |

Maison de négoce fondée en 1840 par Joseph Schoech, fils d'un tonnelier, et restée dans la même famille. Elle dispose de caves du XVIIes. et de foudres centenaires, ainsi que d'une cuverie moderne. À sa carte, 5 grands crus. La marque perpétue la mémoire d'Albert Schoech, qui fut maire d'Ammerschwihr et membre fondateur de la confrérie Saint-Étienne après 1945, tout en faisant prospérer l'entreprise viticole.

Délimité sur les flancs les mieux exposés d'une colline dominant Ingersheim près de Colmar, le Florimont est un grand cru solaire. La chaleur de l'été 2018 a sans doute aussi sa part dans la puissance de ce riesling, qu'annoncent sa robe or jaune et ses larmes. Si le nez, réservé, se montre frais, sur le citron vert, la menthe et les fruits exotiques acidulés, le palais se distingue par son ampleur, sa rondeur et sa générosité, affiné par une acidité citronnée et par de nobles amers qui étirent la finale. (Sucres résiduels : 4,6 g/l.) ⧗ 2020-2026

VINS D'ALSACE ALBERT SCHOECH, pl. du Vieux-Marché, 68770 Ammerschwihr, tél. 03 89 78 23 17, vin@schoech.fr

DOM. J.L. SCHWARTZ
Marckrain Muscat 2018 ★★

| 700 | 15 à 20 € |

Créé en 1960, ce domaine installé à Itterswiller, petit village bas-rhinois très fleuri, est conduit par Jean-Luc Schwartz depuis 1982. Ses 9 ha de vignes sont disséminés dans autant de communes, sur des terroirs très variés. L'exploitation a obtenu sa certification bio en 2013.

Le coteau du Marckrain est situé dans le secteur de Colmar, à une trentaine de kilomètres au sud du domaine. Son microclimat très sec permet la surmaturation, qui se manifeste dans la robe jaune d'or et les riches arômes confits de cette petite cuvée de moelleux, les notes muscatées du cépage restant en retrait. Fruité, complexe et long, très équilibré malgré sa richesse en sucres, ce muscat sera parfait à l'apéritif comme au dessert. (Sucres résiduels : 56 g/l.) ⧗ 2022-2028

EARL DOM. J.-L. SCHWARTZ, 75, rte des Vins, 67140 Itterswiller, tél. 03 88 85 51 59, jean-luc@domaine-schwartz.com V t.l.j. 9h30-19h00; dim. 9h30-13h00

JEAN SIEGLER Mandelberg Riesling 2017 ★

| 2050 | 15 à 20 € |

Balthazar Siegler naquit à Mittelwihr en 1643; quant au domaine, il remonte à 1774. Depuis 2012, Marie-Josée, Hugues et Stève-Jean exploitent 12 ha autour de la même commune, au Clos des Terres brunes. Le cru précoce du Mandelberg, ou colline des Amandiers, est leur fleuron. Exploitation certifiée HVE.

Le Mandelberg est réputé pour sa précocité. Ce riesling 2017 porte la marque d'une grande maturité dans ses arômes de fruits jaunes et de miel et celle d'une certaine évolution dans ses notes pétrolées propres aux rieslings patinés. Cette minéralité s'allie à des nuances réglissées et grillées dans une bouche ample, intense, de bonne longueur, qui laisse percevoir des sucres résiduels. Parfait pour viandes blanches, volailles et poissons en sauce. (Sucres résiduels : 9,8 g/l.) ⧗ 2021-2025

CLOS DES TERRES BRUNES, 26, rue des Merles, 68630 Mittelwihr, tél. 03 89 47 90 70, jean.siegler@wanadoo.fr V t.l.j. 8h-12h 13h30-19h

JEAN-MARC SIMONIS Kaefferkopf 2019 ★

| 1600 | 11 à 15 € |

Héritier d'une lignée de viticulteurs remontant à 1660, Jean-Marc Simonis gère depuis 1993 le domaine familial qui a son siège au centre d'Ammerschwihr, à 8 km au nord-ouest de Colmar. Ce sont ses grands-parents qui ont débuté la vente en bouteilles. Le propriétaire choie particulièrement le grand cru local, le Kaefferkopf. Propriété certifiée HVE.

Le Kaefferkopf se distingue par sa diversité géologique. Son cahier des charges autorise l'assemblage de cépages. En mariant gewurztraminer (60 %) et riesling, Jean-Marc Simonis obtient des vins d'une grande régularité. Le successeur du 2018, élu coup de cœur l'an dernier, a pour atouts son fruité surmûri (abricot sec) et l'élégance de son palais conjuguant puissance, volume et fraîcheur. Saline, assez longue, la finale est marquée par une pointe d'amertume. Ce moelleux gagnera en fondu avec le temps. (Sucres résiduels : 25 g/l.) ⧗ 2022-2028

JEAN-PAUL SIMONIS ET FILS, 1, rue des Chasseurs-Besombes-et-Brunet, 68770 Ammerschwihr, tél. 03 89 47 13 51, jmsimonis@orange.fr V t.l.j. sf dim. 8h-12h 13h30-18h

B ÉTIENNE SIMONIS Kaefferkopf Riesling 2019 ★

1000 | 15 à 20 €

Des Simonis cultivaient déjà la vigne au XVII[e]s. Le domaine actuel a été constitué par René Simonis, qui a obtenu les premières distinctions dans le Guide et passé le relais en 1996 à Étienne. Ce dernier exploite les 7 ha de la propriété en biodynamie certifiée depuis 2011. En vue, ses grands crus Kaefferkopf et Marckrain.

Issu de la partie granitique du grand cru, ce riesling mêle au nez les fleurs blanches et un fruité compoté. La minéralité s'affirme dans un palais gras en attaque, généreux et long, tendu par une acidité salivante. Un potentiel intéressant pour ce riesling bien sec. (Sucres résiduels : 1 g/l.) ⧗ 2023-2028

ÉTIENNE SIMONIS, 2, rue des Moulins, 68770 Ammerschwihr, tél. 03 89 47 30 79, simonis.etienne@gmail.com V t.l.j. sf dim. 9h-12h 13h30-18h

MAISON PIERRE SPARR
Mambourg Pinot gris 2019 ★

6500 | 11 à 15 €

Les lointaines origines de cette maison remontent à 1680, et l'activité de négoce à 1861. Après 1945, Pierre Sparr a remonté l'affaire, mise à mal, comme le reste de Sigolsheim, par les combats de la Poche de Colmar. L'entreprise dispose, qui dispose de 15 ha de vignes en propre, a été reprise en 2009 par la Cave de Beblenheim qui assure la commercialisation des bouteilles, la production restant à part.

Solaire et pentu, le Mambourg, qui domine Sigolsheim, apparaît dans les écrits dès le VIII[e]s. Le lieu de naissance de ce vin jaune pâle aux arômes de pêche et de noisette. Souple et suave en attaque, d'une belle ampleur, la bouche est allégée en finale par une pointe d'acidité. Un vin tout en rondeur, à tendance demi-sec, qui doit sans doute au terroir un surcroît de puissance. Parfait sur une volaille ou sur une viande blanche. (Sucres résiduels : 12,7 g/l.) ⧗ 2021-2026

MAISON PIERRE SPARR SUCCESSEURS, 14, rue de Hoen , 68980 Beblenheim, tél. 03 89 78 24 22, info@vins-sparr.com V t.l.j. sf sam. dim. 9h-12h 14h-18h

PIERRE SPERRY
Winzenberg Pinot gris 2019 ★★

2000 | 11 à 15 €

Domaine de Blienschwiller cédé en 2014 par Jean-Pierre et Yvette Sperry aux frères Ludovic et Guilaume Hauller, vignerons-négociants de Dambach-la-Ville (Hauller frères, ancienne Cave du Tonnelier, fondée en 1776). La maison ajoute ainsi à sa palette de terroirs le grand cru Winzenberg, fleuron de Blienschwiller.

Est-ce le granite du Winzenberg ou le millésime qui a légué à ce pinot gris sa fraîcheur, sa finesse et sa longue finale saline, louées par nos dégustateurs ? Le cépage lui a apporté son ampleur et ses arômes gourmands de pêche jaune, vivifiés par une touche mentholé. Les sucres présents ne ressortent pas dans ce vin qui apparaît sec et bien équilibré. (Sucres résiduels : 17,2 g/l.) ⧗ 2021-2027

FAMILLE HAULLER, 11, rue du Muscat, 67650 Dambach-la-Ville, tél. 03 88 92 40 00, claude@famillehauller.com V t.l.j. sf dim. 9h-12h 13h30-18h
3 B

B DOM. LAURENT VOGT
Altenberg de Wolxheim Riesling 2017 ★★

1500 | 15 à 20 €

Une maison vigneronne du XVIII[e]s. cossue et typique, dans la partie du vignoble proche de Strasbourg. Laurent et Marie-Anne Vogt ont spécialisé et agrandi le domaine. Thomas et Sylvie ont pris le relais en 1998 et engagé la conversion bio de la propriété (certification bio en 2013, biodynamique en 2020). En 2021, le vignoble a vu sa superficie passer de 11 à 18 ha.

Le riesling est le cépage majoritaire dans ce grand cru qui bénéficie d'un microclimat très sec et de sols marno-calcaires riches en cailloutis. Ce 2017 or pâle, au nez partagé entre fleurs blanches, agrumes et minéralité, en a tiré une remarquable structure. Soutenu par une belle acidité qui met en valeur son expression aromatique, il est consistant, droit, harmonieux et persistant. (Sucres résiduels : 12 g/l.) ⧗ 2021-2026

DOM. LAURENT VOGT, 4, rue des Vignerons, 67120 Wolxheim, tél. 03 88 38 81 28, thomas@domaine-vogt.com V t.l.j. 8h-12h 13h-18h; dim. sur r.-v.

DOM. ALFRED WANTZ
Zotzenberg Sylvaner Cuvée Stéphane Wantz 2019 ★

2000 | 11 à 15 €

D'origine autrichienne, les Wantz ont fait souche à Mittelbergheim en 1550. Nos lecteurs connaissent leurs vins sous le nom d'Alfred Wantz, qui a développé le domaine après la Seconde Guerre mondiale (11 ha aujourd'hui, en bio certifié depuis 2020). Ingénieur agronome et œnologue, Stéphane, son petit-fils, a pris la tête du domaine en 2008 et créé une gamme à son nom.

Le seul sylvaner grand cru de la sélection. Il est vrai que ce cépage, longtemps dédaigné, n'est admis en grand cru que dans ce terroir du Zotzenberg où il trouve un de ses terroirs d'élection, témoin cette cuvée. Un vin sec qui s'ouvre à l'aération sur des notes végétales fraîches et qui affirme son caractère en bouche. Puissant, dynamique et salin, il dévoile une finale de belle longueur marquée par une pointe tonique d'amertume. (Sucres résiduels : 4 g/l.) ⧗ 2021-2026

EARL DOM. ALFRED WANTZ, 61, rue de la Montagne, 67140 Mittelbergheim, tél. 03 88 08 91 43, contact@alfredwantz.com V t.l.j. sf dim. 10h-12h 14h-18h

B DOM. WEINBACH
Schlossberg Riesling 2019 ★★

11000 | 30 à 50 €

Ancien vignoble monastique, mentionné au IX[e]s. et acquis en 1898 par la famille Faller. Théo Faller puis, à partir de 1979, son épouse Colette Faller

et ses filles Catherine et Laurence lui ont donné une notoriété internationale. Ces dernières ont adopté la biodynamie en 1998 (sur l'ensemble de la propriété depuis 2005). Agrandi en 2019 (38 ha), le domaine dispose d'une palette encore plus diversifiée de terroirs réputés (grands crus Schlossberg, Furstentum, Mambourg, Marckrain, Kaefferkopf). Après le décès en 2014 de Laurence, la vinificatrice, puis celui de Colette en 2015, Catherine et ses fils Eddy et Théo assurent la continuité du domaine.

Du grand cru historique de la famille proviennent la plupart des cuvées de riesling du domaine. Premier terroir classé (en 1975), le Schlossberg est un coteau pentu d'exposition sud, aux sols de sables granitiques qui donnent aux vins une grande finesse. Fermenté et élevé en vieux foudres de chêne, celui-ci s'ouvre à l'aération : chèvrefeuille, amande, notes toastées, pierre chaude, agrumes (avec une nuance d'écorce d'orange) s'élèvent au-dessus du verre. On retrouve ces arômes gourmands, complexes et acidulés dans un palais ample, généreux et long, mûr mais sec, à la finale mentholée. Du potentiel. (Sucres résiduels : 4 g/l.) ⧗ 2023-2030

⊶ SA DOM. WEINBACH, 25, rte du Vin, 68240 Kaysersberg, tél. 03 89 47 13 21, contact@domaineweinbach.com V 🍷 *r.-v.*

WOLFBERGER
Muenchberg Riesling 2019 ★

	4725	🍾	11 à 15 €

La coopérative d'Eguisheim, créée en 1902 près de Colmar, compte aujourd'hui 450 adhérents et vinifie 8 % de la superficie du vignoble alsacien, soit environ 1 200 ha, dont 15 grands crus. Elle a également une activité de distillation. Parmi ses marques : Wolfberger et Lucien Albrecht. Cave certifiée HVE.

Un grand cru mis en valeur par les Cisterciens au XIIᵉs. Plus ancienne encore est la formation géologique sur lequel repose son vignoble, des débris volcaniques du Permien – des sols pauvres et chauds propices au riesling. Pour ce 2019 or clair, un nez surmûri avec finesse et fraîcheur, entre pêche blanche et fruit de la Passion, une bouche chaleureuse, tenue par une belle acidité, aux arômes intenses de fruits jaunes. (Sucres résiduels : 6,7 g/l.) ⧗ 2022-2028

⊶ WOLFBERGER - CAVE VINICOLE D' EGUISHEIM, 6, Grand-Rue, 68420 Eguisheim, tél. 03 89 22 20 20, contact@wolfberger.com V 🍷 *t.l.j. sf dim. 8h-12h 14h-18h*

CRÉMANT-D'ALSACE

Superficie : 3 017 ha / Production : 235 705 hl

La reconnaissance de cette appellation, en 1976, a donné un nouvel essor à la production de vins effervescents élaborés selon la méthode traditionnelle, qui existait depuis longtemps à une échelle réduite. Les cépages qui peuvent entrer dans la composition du crémant-d'alsace sont le pinot blanc, l'auxerrois, le pinot gris, le pinot noir, le riesling et le chardonnay.

Ⓑ DOM. ANSEN Blanc de noirs Lieu-dit Struch ★

	3054	🍾	11 à 15 €

Ingénieur et œnologue formé à Bordeaux, Daniel Ansen a découvert les rieslings de la Clare Valley (Australie) et les pratiques du Nouveau Monde. Il a travaillé pour le compte d'un négociant alsacien, puis à la Chambre d'agriculture, avant de reprendre en 2012 le domaine paternel (8,6 ha aujourd'hui), non loin de Strasbourg. Il l'a dédié à la vigne, conduite d'emblée en bio, et a quitté la coopérative pour élaborer ses propres vins.

Ce crémant est issu d'une seule parcelle pentue, plantée en pinot noir. Sa robe à reflets œil-de-perdrix, sa palette aromatique mêlant des notes grillées à des nuances de crème de fruits, sa bouche équilibrée, ample et vineuse en attaque sont bien typées blanc de noirs. Un crémant-d'alsace original. ⧗ 2021-2024

⊶ DANIEL ANSEN, 2, pl. du Docteur-Nessmann, 67310 Westhoffen, tél. 03 88 62 08 29, daniel@ansen.fr V 🍷 *r.-v.*

CAVE DE BEBLENHEIM Cuvée Prestige ★

	269 500	🍾	5 à 8 €

Créée en 1952 au cœur de la route des Vins, près de Riquewihr, la coopérative de Beblenheim vinifie aujourd'hui le fruit de plus de 400 ha répartis sur 5 communes et propose 4 grands crus de Beblenheim et des communes voisines. Baron de Hoen et Heimberger sont ses marques.

Souvent sélectionnée, cette cuvée provient du cépage auxerrois, de la récolte 2018 pour cette version. Discrète au nez, elle libère à l'aération de délicates notes florale et fruitées avant de dévoiler un palais équilibré, complexe, puissant et fin, de bonne longueur. ⧗ 2021-2024

⊶ CAVE DE BEBLENHEIM, 14, rue de Hoen, 68980 Beblenheim, tél. 03 89 47 90 02, info@cave-beblenheim.com V 🚶 🍷 *t.l.j. sf sam. dim. 9h-12h 14h-18h*

HUBERT BECK ★

	42 500	🍾	8 à 11 €

Les Schutz sont alliés aux Ruhlmann, établis depuis le XVIIᵉs. à Dambach-la-Ville, importante et pittoresque cité viticole. Créée en 1997, la maison de négoce familiale mise sur la grande distribution et sur l'export. Elle dispose de 45 ha de vignes en Alsace et s'est étendue dans les Corbières (Ch. Valmont).

Pinot blanc (65 %) et auxerrois sont assemblés à 25 % de riesling pour donner un crémant au nez intense, complexe et mûr, mariant brioche, miel d'acacia et abricot sec. En bouche, l'attaque fraîche est relayée par une belle ampleur, en harmonie avec des arômes de fruits jaunes mûrs. Une finale assez longue, marquée par une agréable touche d'amertume laisse le souvenir d'une bouteille harmonieuse. ⧗ 2021-2024 ● **Ruhlmann Signature Jean-Charles ★ (8 à 11 €; 82 600 b.)** Pinot blanc, auxerrois et riesling pour ce vin construit sur la récolte 2018. Bulles fines, nez de fleurs blanches et de beurre, bouche fruitée, souple, soulignée par une fine acidité. ⧗ 2021-2024

RUHLMANN-SCHUTZ, 34, rue du Mal-Foch, 67650 Dambach-la-Ville, tél. 03 88 92 41 86, vins@ruhlmann-schutz.fr V *t.l.j. sf dim. 9h-12h 14h-19h* 2

BESTHEIM Grand Prestige 2015 ★★

	67 000	11 à 15 €

Né en 1997 de la fusion des caves de Westhalten, d'Obernai et de Bennwihr, et de la vénérable maison de négoce Heim, fondée en 1765, le groupe Bestheim est devenu, après d'autres fusions, un opérateur de premier plan en Alsace, vinifiant quelque 1 380 ha.

Née de pinot blanc, cette cuvée est restée 30 mois sur lattes, alors que la durée réglementaire minimale de ce repos sur lies est de 9 mois pour les crémants. Sa robe or clair est animée de fines bulles; son nez s'ouvre sur des notes complexes et évoluées : brioche et amande grillée, avec une touche de cire. Le fruit confit s'ajoute à cette palette dans un palais puissant, de belle longueur, qui a gardé sa fraîcheur. Une réelle harmonie. ⧗ 2021-2024

BESTHEIM - CAVE DE WESTHALTEN, 52, rte de Soultzmatt, 68250 Westhalten, tél. 03 89 49 09 29, vignobles@bestheim.com V *t.l.j. variable selon saison*

FRANÇOIS BRAUN ET FILS Cuvée Prestige 2016 ★

	1800		11 à 15 €

Une famille enracinée depuis le XVIe s. à Orschwihr, à quelque 25 km au sud de Colmar. Longtemps en polyculture, le domaine a débuté la mise en bouteilles après la Seconde Guerre mondiale, avec François Braun. Installés respectivement en 1980 et en 1991, ses petits-fils Philippe et Pascal exploitent des vergers pour la distillation et 21 ha de vignes, dont 10 ha sur le Bollenberg et des parcelles dans 2 grands crus.

Diffusée par la structure de négoce (qui commercialise pour l'essentiel les vins de la propriété), cette cuvée assemble pinot blanc (50 %), chardonnay (40 %) et pinot noir. On aime la finesse de ses bulles et ses reflets or, le côté gourmand de son nez fruité et miellé, ainsi que la délicatesse de sa bouche briochée, tonifiée par une finale vive, de belle longueur. Parfait pour un apéritif dînatoire. ⧗ 2021-2024

FRANÇOIS BRAUN ET SES FILS, 19, Grand-Rue, 68500 Orschwihr, tél. 03 89 76 95 13, francois-braun@orange.fr V *t.l.j. sf dim. 8h-11h30 14h-17h*

B **VIGNOBLE LUC FALLER** 2017 ★

	2800		11 à 15 €

Luc Faller a succédé en 1989 à son père Henri sur le domaine familial situé autour d'Itterswiller, petit village très fleuri proche de Barr. Avec sa femme Myriam, il cultive 8 ha en bio certifié et en biodynamie.

Un crémant attirant par sa bulle fine et légère et par son expression complexe, mêlant des nuances fraîches d'agrumes et de fleurs blanches à des arômes plus mûrs (coing, abricot, brioche, toast, noisette, avec une touche miellée au palais). Cette complexité se confirme en bouche, où l'attaque souple est équilibrée par une fine acidité. ⧗ 2021-2024

HENRI ET LUC FALLER, 51, rte des Vins, 67140 Itterswiller, tél. 03 88 85 51 42, vin.faller@orange.fr V *r.-v.*

B **DOM. HAEGI** 2018 ★

	10 290		8 à 11 €

Boulangers de père en fils, les Haegi sont devenus vignerons en 1949 après le mariage de Charles avec la fille d'un viticulteur du village. Depuis 1985, c'est Daniel qui conduit- en agriculture biologique - les 10 ha de l'exploitation, à Mittelbergheim et dans le village voisin d'Eichhoffen. Il cultive 3 cépages sur le Zotzenberg, grand cru local.

Dans le verre, un jaillissement de bulles fines et foisonnantes qui laissent monter de senteurs gourmandes, complexe et intenses de fleurs blanches et de pomme mûre. Cette effervescence exalte la fraîcheur d'une bouche fruitée et longue. Un crémant de caractère. ⧗ 2021-2024

DOM. HAEGI, 33, rue de la Montagne, 67140 Mittelbergheim, tél. 03 88 08 95 80, info@haegi.fr V *t.l.j. sf dim. 9h-12h 13h30-18h* 1 B

CAVE VINICOLE DE HUNAWIHR Calixte 2019 ★★

	100 000		8 à 11 €

Fondée en 1954 au cœur de la route des Vins, la cave de Hunawihr regroupe majoritairement des viticulteurs de ce village. La coopérative vinifie le fruit de 200 ha et propose une large gamme de vins (dont 5 grands crus), sous son nom et sous plusieurs marques comme Calixte, L'Unabelle Peter Weber, Armand Schreyer et Kuhlmann-Platz (ancienne maison de négoce rachetée en 1985).

Sous diverses marques, les crémants de la cave figurent souvent dans le Guide. Celui-ci asssemble auxerrois (60 %), pinot blanc et pinot noir. Avec ses bulles actives, son nez intense, entre fleurs blanches, pain et abricot sec, sa bouche franche et expressive, à la fois ample et fraîche, sur les fruits secs et les fruits confits, il laisse une impression d'élégance. ⧗ 2021-2024

CAVE VINICOLE DE HUNAWIHR, 48, rte de Ribeauvillé, 68150 Hunawihr, tél. 03 89 73 61 67 V *t.l.j. 9h-12h 14h- 18h*

GUSTAVE LORENTZ ★

	100 000	8 à 11 €

Fondée en 1836, cette maison de négoce a son siège au cœur de Bergheim. Elle dispose en propre d'un important vignoble (33 ha) conduit en bio certifié depuis 2012. Elle a particulièrement investi dans le grand cru local, l'Altenberg de Bergheim, dont elle exploite 12 ha, et a obtenu le premier coup de cœur du Guide dans cette AOC : un riesling 1976.

Le crémant blanc de la maison associe pinot blanc, pinot noir et chardonnay (40 % de ce dernier pour cette version, avec les 2 pinots blanc ou noir à parité). Il séduit d'emblée par la finesse de ses bulles et par l'intensité de son nez, où le fruit rouge du pinot noir ressort, aux côtés du bonbon, de la violette et des agrumes. En bouche, on apprécie sa fraîcheur fruitée et acidulée et sa longueur. ⧗ 2021-2024

GUSTAVE LORENTZ, 91, rue des Vignerons, 68750 Bergheim, tél. 03 89 73 22 22, info@gustavelorentz.com V *t.l.j. sf dim. 10h-12h 14h-18h30*

DOM. STÉPHANE ET MICKAËL MOLTES ★

	22000		8 à 11 €

Un domaine implanté à une dizaine de kilomètres au sud de Colmar. Antoine Moltès commercialise les premiers vins en 1925, son fils Roland explore les terroirs. Installés au tournant de ce siècle, Mickaël et Stéphane ont aménagé un nouveau chai, se sont orientés graduellement vers la bio, engageant la conversion du vignoble en 2012; ils ont aussi agrandi la propriété, passée de 17 à 27 ha en 2019, et créé une société de négoce pour enrichir leur gamme.

Diffusé par la structure de négoce, ce crémant marie pinot blanc (60 %) et pinot noir (30 %) à un appoint de riesling. Agréable à l'œil par sa bulle fine, il offre une expression aromatique assez évoluée mais flatteuse, où ressortent notes grillées, brioche et noisette. Dans le même registre, la bouche se montre équilibrée, de bonne longueur. ⧗ 2021-2024

SARL MOLTÈS, 8, rue du Fossé, 68250 Pfaffenheim, tél. 03 89 49 60 85, domaine@vin-moltes.com V *t.l.j. sf dim. 8h-12h 14h-17h30*

DOM. PAUL SCHNEIDER ★★

	6000		8 à 11 €

Héritier d'une lignée remontant à 1663, Luc Schneider, fils de Paul, est établi au cœur d'Eguisheim, dans l'ancienne cour dîmière du grand prévôt de la cathédrale de Strasbourg. Son vignoble couvre 13 ha au sud de Colmar, avec des parcelles dans 3 grands crus.

Mobilisant la récolte 2017, ce rosé est resté 18 mois sur lies. Avec sa robe d'un rose tendre et lumineux parcourue de fines bulles et son nez élégant et complexe, explorant les fleurs puis les fruits rouges, il a enchanté d'emblée nos jurés. Groseille, pêche, amande, la bouche offre elle aussi une expression mûre et flatteuse. Elle brille par sa vinosité, équilibrée par une tension qui lui donne tonus et longueur. «Un régal». Sec et gourmand à la fois, le meilleur rosé de la dégustation. ⧗ 2021-2024

DOM. PAUL SCHNEIDER, 1, rue de l'Hôpital, 68420 Eguisheim, tél. 03 89 41 50 07, contact@domainepaulschneider.fr V *t.l.j. 9h-12h 14h-18h* C

DOM. MAURICE SCHOECH Bulles de Granite 2018 ★

	6000		11 à 15 €

Pépiniéristes, sommeliers, courtiers, vignerons, les Schoech sont au service du vin depuis 1650. Aujourd'hui, Sébastien et Jean-Léon Schoech exploitent 18 ha aux environs d'Ammerschwihr, importante cité viticole qui ouvre chaque année le cycle des foires aux vins en avril. Ils détiennent des parcelles dans 5 grands crus et ont engagé en 2014 la conversion bio de leur vignoble.

Plantés sur des coteaux aux sols granitiques, chardonnay (40 %), pinot blanc (40 %) et auxerrois ont engendré un crémant jaune doré à la bulle fine et au nez mûr, mêlant notes miellées, confites, coing et noisette toastée. Dans le même registre (fruits jaunes mûrs, voire confits, grillé), la bouche dévoile une belle souplesse, équilibrée par un trait de fraîcheur qui donne de l'allonge à la finale. ⧗ 2021-2024

DOM. MAURICE SCHOECH ET FILS, 4, rte de Kientzheim, 68770 Ammerschwihr, tél. 03 89 78 25 78, domaineschoech@free.fr V *t.l.j. sf dim. 8h-12h 13h30-18h* D

FAMILLE SPITZ Prestige ★

	2600		8 à 11 €

Un grand-père vigneron-restaurateur, un père directeur d'école, Dominique Spitz choisit la viticulture. Il s'installe en 1983, développe le domaine à Blienschwiller et dans plusieurs villages environnants (12 ha aujourd'hui), construit la cave en 1993. En 2012, son fils Marc prend sa succession. Exploitation certifiée HVE.

Ce crémant doit tout aux pinots, pinot blanc pour l'essentiel, avec une goutte de gris et de noir. Une bulle fine anime la robe jaune vert. Un fruité discret s'affirme à l'aération en prenant des tons confits. La pêche blanche s'épanouit dans une bouche tout en fraîcheur, de bonne longueur. ⧗ 2021-2024

SPITZ ET FILS, 2 et 4, rte des Vins, 67650 Blienschwiller, tél. 03 88 92 61 20, vinspitzalsace@gmail.com V *t.l.j. 9h-12h 13h30-19h* 3

JEAN-MARIE STRAUB 2018 ★

	5880		8 à 11 €

Installé en 1980 sur le domaine familial, entre Barr et Sélestat, Jean-Marie Straub cultive 7 ha de vignes autour de Blienschwiller, dont plusieurs parcelles dans le grand cru local, le Winzenberg. Dans sa cave voûtée de 1714 s'alignent les foudres traditionnels en bois. Domaine certifié HVE avec la bio en vue, «sans précipitation».

Élevé 15 mois sur lattes, ce crémant d'abord discret s'ouvre à l'aération sur la fleur blanche et le coing. Le fruit jaune et la noisette s'ajoutent à cette palette dans une bouche intense, bien équilibrée entre souplesse et fraîcheur. ⧗ 2021-2024

EARL JEAN-MARIE. STRAUB, 61, rte des Vins, 67650 Blienschwiller, tél. 03 88 92 40 42, jean-marie.straub@wanadoo.fr r.-v.

DOM. DE LA TOUR BLANCHE 2018 ★★

	4000		8 à 11 €

La Tour Blanche? L'ancienne prison de Riquewihr, l'une des cités viticoles les plus connues d'Alsace où la famille Klack est au service du vin depuis 1628. Installés en 1997, Daniel et Estelle exploitent 8 ha de vignes, avec des parcelles dans les grands crus Schoenenbourg et Sporen. Le vigneron vinifie dans des foudres de bois centenaires. Domaine certifié HVE.

Couronné d'une mousse légère, ce crémant naît pour l'essentiel de l'auxerrois, avec du pinot blanc en appoint. Le nez, d'abord sur sa réserve, libère des senteurs de fleurs blanches, de noisette, de brioche et de miel. On retrouve ces arômes complexes dans une matière d'une souplesse flatteuse, tonifiée par une fine acidité qui donne équilibre et longueur. ⧗ 2021-2024

DOM. DE LA TOUR BLANCHE, 18, rue de la 1re-Armée, 68340 Riquewihr, tél. 03 89 47 92 44, vins.klack@domainedelatourblanche.fr V t.l.j. 9h-12h 14h-18h30

DOM. VITICOLE DE LA VILLE DE COLMAR
Chardonnay Cuvée 1895 ★★

| | 4 098 | 11 à 15 € |

Fondé en 1895 par Chrétien Oberlin, célèbre ampélographe, le Dom. de la Ville de Colmar est entré en 2011 dans le giron des Grands Chais de France – qui ont repris en 2017 le Dom. du Moulin de Dusenbach, créé en 1974 à Ribeauvillé. Deux vignobles couvrant 50 ha (dont le vignoble des Hospices, qui remonte à 1255), avec des parcelles dans 8 grands crus et 3 lieux-dits.

Autorisé en Alsace uniquement pour les crémants, le chardonnay est à l'origine de cette cuvée élevée 24 mois sur lattes, qui frôle le coup de cœur. La robe jaune pâle est parcourue de bulles fines et régulières. Discret, le nez n'en brille pas moins par son élégance, délicatement floral et fruité. La fleur s'associe à la mie de pain et à des notes beurrées et grillées dans une bouche crémeuse à la finale dynamique. Harmonie, fraîcheur et subtilité. ⧗ 2021-2024

DOM. VITICOLE DE LA VILLE DE COLMAR, 2, rue du Stauffen, 68000 Colmar, tél. 03 89 79 11 87, nstrub@arthurmetz.fr V t.l.j. 9h30-12h30 14h-18h

CH. WAGENBOURG
Cuvée Jean-Nicolas 2018 ★

| | 17 000 | 5 à 8 € |

À 25 km au sud de Colmar, Soultzmatt s'étire le long de la Vallée Noble, ainsi désignée en raison des 7 châteaux qui la gardaient. De ces forteresses, une seule est restée debout : Wagenbourg, acquise par la famille Klein, établie dans le village en 1605. Bien abritées par les plus hauts reliefs des Vosges, les vignes (11 ha) sont exploitées depuis 1987 par Jacky et Mireille Klein. Domaine certifié HVE.

Issue pour l'essentiel de pinot blanc, complété d'un soupçon de chardonnay et de riesling, une cuvée dédiée au fils des vignerons, qui prendra le relais. Animé d'une fine bulle, ce crémant s'ouvre sur des senteurs délicates et fraîches d'agrumes et de fruits verts. Ces arômes se teintent d'une touche végétale dans une bouche puissante, plutôt souple tout en restant équilibrée. ⧗ 2021-2024

JOSEPH ET JACKY KLEIN (CH. WAGENBOURG), 25A, rue de la Vallée, 68570 Soultzmatt, tél. 03 89 47 01 41, chateauwagenbourg@orange.fr V t.l.j. sf dim. 8h-12h 13h30-18h

La **Lorraine** en un clin d'œil

Production : 4 200 hl

55 % Rosés
20 % Rouges
15 % Blancs
10 % Effervescents

Surface : 100 ha

Types de vins

- Rosés (vins gris)
- Rouges
- Blancs secs
- Effervescents (IGP)

Un peu d'**histoire**

- **1890 :** le vignoble couvre 30 000 ha.
- **Tournant du xxe s. :** crise phylloxérique, plantation de cépages hybrides de moindre qualité.
- **1907 :** crise économique viticole.
- **1914-1918 :** Première Guerre mondiale, industrialisation de la région et exode rural.
- **1951 :** les pouvoirs publics reconnaissent l'originalité des vignobles lorrains grâce au classement AOVDQS.
- **1998 :** les côtes-de-toul passent en AOC.
- **2011 :** les vins-de-moselle deviennent AOC moselle.

Principaux **cépages**

- Auxerrois
- Muller-thurgau
- Pinot blanc
- Pinot gris
- Gamay
- Pinot noir

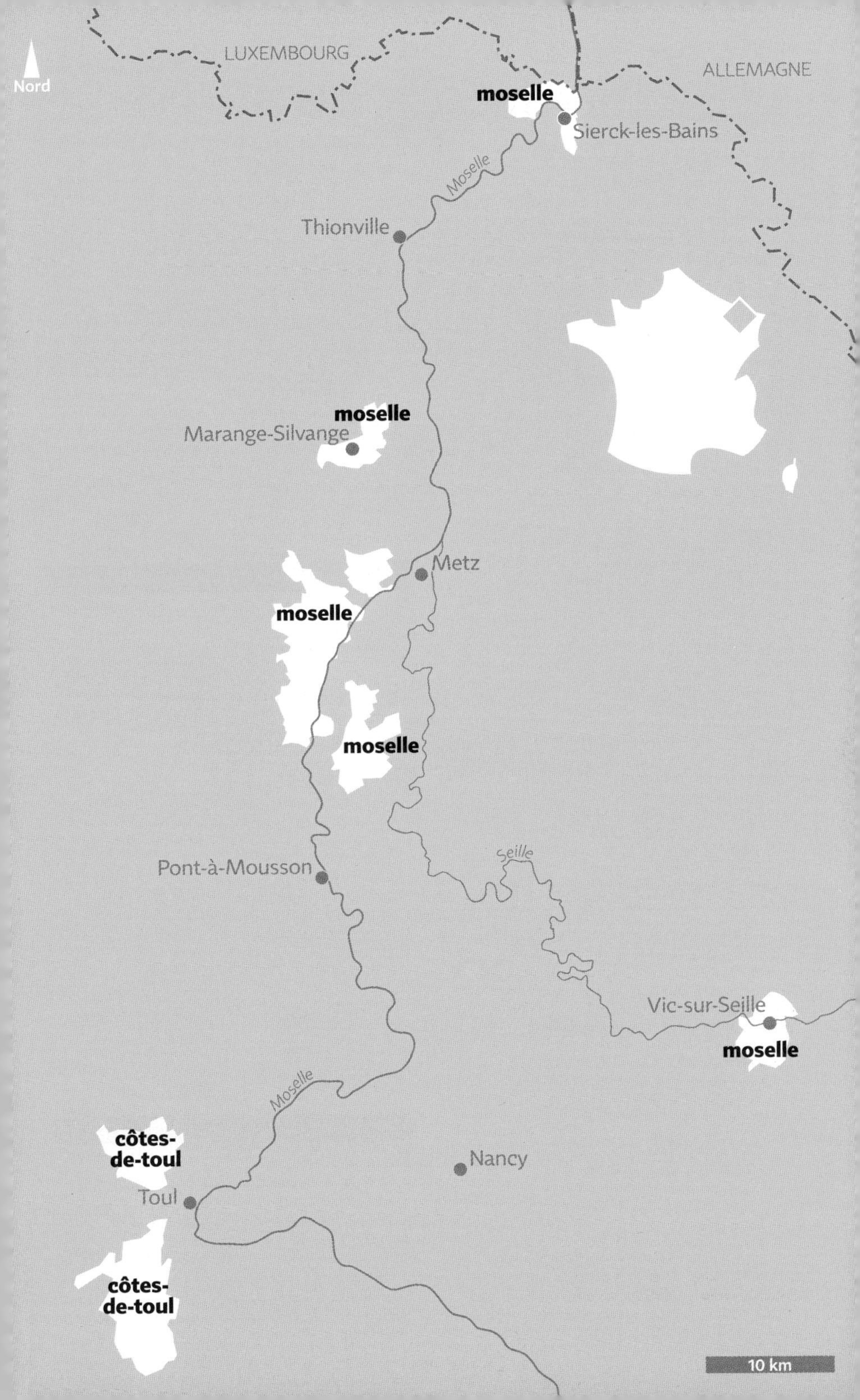
Nord
LUXEMBOURG
ALLEMAGNE
moselle
Sierck-les-Bains
Moselle
Thionville
moselle
Marange-Silvange
Metz
moselle
moselle
Seille
Pont-à-Mousson
Vic-sur-Seille
moselle
Moselle
côtes-de-toul
Nancy
Toul
côtes-de-toul
10 km

CÔTES-DE-TOUL

Superficie : 57 ha
Production : 2 544 hl (85 % rouge et rosé)

Situé à l'ouest de Toul et du coude caractéristique de la Moselle, le vignoble a accédé à l'AOC en 1998. Il couvre le territoire de huit communes qui s'échelonnent le long d'une côte résultant de l'érosion de couches sédimentaires du Bassin parisien. On y rencontre des sols de période jurassique composés d'argiles oxfordiennes, avec des éboulis calcaires en notable quantité, très bien drainés et exposés au sud ou au sud-est. Le climat semi-continental, qui renforce les températures estivales, est favorable à la vigne. Toutefois, les gelées de printemps sont fréquentes. Le gamay domine toujours, bien qu'il régresse sensiblement au profit du pinot noir. L'assemblage de ces deux cépages produit des vins gris caractéristiques, obtenus par pressurage direct. Le pinot noir seul, vinifié en rouge, donne des vins corsés et agréables; l'auxerrois d'origine locale, en progression constante, des vins blancs tendres.

FRANCIS DEMANGE Auxerrois 2020 ★

3500 | 5 à 8 €

Lorsque l'on arrive de Toul, la maison de Francis Demange est l'une des premières du village de Bruley. Installé en 1994, ce viticulteur exploite un modeste vignoble de 2,6 ha qu'il tient de son père et de son grand-père.

Cet auxerrois d'une belle clarté s'annonce avec discrétion à travers des parfums légers de fleurs blanches et d'agrumes. Il se montre plus expressif en bouche, autour des fruits blancs et du citron, séduisant par son équilibre fraîcheur-rondeur et par sa finale minérale. ⧗ 2021-2023

FRANCIS DEMANGE, 93, rue des Triboulottes, 54200 Bruley, tél. 06 82 34 10 08, francis.demange@livre.fr V *r.-v.*

VINCENT LAROPPE Auxerrois 2020 ★

13000 | 8 à 11 €

Les descendants du vigneron du château de Bruley sont restés attachés aux productions locales, vins et eaux-de-vie. Depuis François Laroppe, au XVIII[e]s., de nombreuses générations se sont succédé. Plus près de nous, Marcel, artisan de la renaissance du vignoble toulois, et Michel, œnologue comme son fils Vincent. Ce dernier a repris la maison en 2003 : 22 ha de vignes (certifiés bio depuis 2020) et une structure de négoce. Une valeur sûre.

Une cuvée d'auxerrois souvent en vue dans ces pages, coup de cœur sur le millésime précédent. La version 2020 séduit d'emblée par sa robe dorée et ses parfums délicats de fleurs blanches et d'agrumes. Les fruits jaunes s'invitent au palais, accompagnant une matière souple, fraîche, légèrement plus suave en finale. ⧗ 2021-2023

SAS LAROPPE, 253, rue de la République, 54200 Bruley, tél. 03 83 43 11 04, contact@domaine-laroppe.fr V *t.l.j. sf dim. 9h-12h 14h-18h* 2

LELIÈVRE Gris de Toul 2020 ★

22000 | 11 à 15 €

Si la propriété se transmet de père en fils depuis la Révolution, avant la dernière guerre, la vigne partageait ici l'espace avec le houblon et les vergers. Le domaine produit d'ailleurs toujours de la mirabelle de Lorraine. Première mise en bouteilles en 1971. Arrivée en 2008 sur l'exploitation de David (à la gestion) et Vincent (à la vigne et au chai), qui succèdent à leur père Roland après un tour de France et du monde viticoles. À côté de leur propriété (aujourd'hui plus de 17 ha de vignes, en conversion bio depuis 2018), les Lelièvre mènent une activité de négoce et développent l'export.

Coup de cœur avec leur gris de Toul 2019, les Lelièvre signent un 2020 de belle facture, dominé par le gamay à 80 %. Le nez dévoile de discrètes notes de fruits rouges (fraise, groseille), prolongées avec plus d'intensité par une bouche souple, fraîche, alerte, persistante. Un bon classique. ⧗ 2021-2022

SARL LELIÈVRE V-D, 1, rue de la Gare, 54200 Lucey, tél. 03 83 63 81 36, info@vins-lelievre.com V *t.l.j. 9h-12h 14h-18h*

♥ DOM. DE LA LINOTTE Pinot noir 2020 ★★

1400 | 5 à 8 €

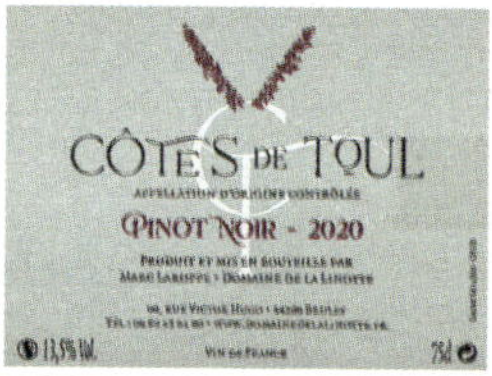

Après avoir travaillé à Sancerre et en Champagne, Marc Laroppe est revenu planter dans son village de Bruley, en 1993, un petit vignoble de quelque 2 ha, qui contribue à la renaissance discrète du Toulois viticole. S'appuyant sur l'œnotourisme, la propriété est devenue une valeur sûre de la région.

Plus souvent en vue pour ses gris et ses blancs, Marc Laroppe a fait chavirer le cœur des dégustateurs avec un pinot noir d'une intensité remarquable. Intensité que l'on perçoit à l'œil avec une robe soutenue, profonde. Le prélude à un bouquet généreux de fruits rouges bien mûrs (fraise, framboise, cerise), presque confiturés, auquel fait écho une bouche ample, riche, puissante, aux tanins soyeux et fins, un peu plus serrée en finale. Une bouteille que l'on peut d'ores et déjà savourer, mais qui ne perdra rien avec un peu de garde. ⧗ 2022-2026

MARC LAROPPE (DOM. DE LA LINOTTE), 90, rue Victor-Hugo, 54200 Bruley, tél. 06 89 53 61 90, domainedelalinotte@orange.fr V *r.-v.* 2

DOM. RÉGINA Pinot noir Cuvée Tradition 2020 ★★

6600 | 8 à 11 €

Cadres dans l'industrie locale de pneumatiques, Isabelle et Jean-Michel Mangeot (décédé en 2015) ont repris une vigne de 1,7 ha à Bruley en 1997, un an avant la promotion du côtes-de-toul en AOC. Ils se sont reconvertis à plein temps et avec passion dans la viticulture à l'époque de la fermeture de leur site. Leur domaine a connu une réelle extension (15,6 ha aujourd'hui, dont 2 ha de jeunes plantations) et acquis une belle notoriété.

De jeunes ceps de 12 ans sont à l'origine de cette cuvée d'un beau rouge soutenu, au nez intense de fruits rouges mûrs agrémentés d'une petite note animale. On retrouve la maturité du fruit, associée à une touche réglissée, dans une bouche ample, généreuse, riche, puissante, aux tanins veloutés et fondus, mais qui affichent plus de carrure en finale. Une bouteille harmonieuse, qui vieillira bien. ⧗ 2023-2027 **Auxerrois Cuvée du bâtisseur 2020 ★ (5 à 8 €; 6600 b.)** Un blanc de caractère, limpide et brillant, ouvert sur des parfums intenses de poire, de fruits jaunes mûrs et de miel, à la bouche riche, suave, longue, soulignée par une pointe de fraîcheur bienvenue. ⧗ 2021-2024 **Pinot noir Cuvée aux chênes 2019 ★ (8 à 11 €; 4678 b.)** Une cuvée bien nommée, dont le passage de 9 mois en fût se ressent d'emblée à l'olfaction, sur des tonalités vanillées et toastées. Un boisé qui imprègne également la bouche, dense, solide, bâtie pour la garde. ⧗ 2024-2030

SCEA DOM. RÉGINA, 350, rue de la République, 54200 Bruley, tél. 03 83 64 49 52, contact@domaineregina.com V t.l.j. sf dim. 10h-12h 13h30-18h30

MOSELLE

Superficie : 42 ha
Production : 1 648 hl (55 % blanc)

Le vignoble s'étend sur les coteaux qui bordent la vallée de la Moselle; ceux-ci ont pour origine les couches sédimentaires formant la bordure orientale du Bassin parisien. L'aire délimitée se concentre autour de trois pôles principaux : le premier au sud et à l'ouest de Metz, le deuxième dans la région de Sierck-les-Bains, le troisième dans la vallée de la Seille, autour de Vic-sur-Seille. La viticulture est influencée par celle du Luxembourg tout proche, avec ses vignes hautes et larges et sa dominante de vins blancs secs et fruités. En volume, cette appellation reste très modeste, et son expansion est contrariée par l'extrême morcellement de la région.

DOM. DE LA CROIX DE MISSION
Barriques de blanche 2019 ★

	670		8 à 11 €

À Marange-Silvange, à 15 km au nord de Metz, le vignoble, en déclin depuis le développement de l'industrie minière à la fin du XIXe s., couvrait encore 123 ha au début du siècle dernier. Aujourd'hui, il connaît une modeste renaissance grâce à des passionnés comme Philippe Joly, qui a planté à partir de 1995 un microdomaine (2 ha) sur les coteaux pentus du village. Ce dernier cède sa propriété fin 2021 à Lilian Croiset, qu'il va accompagner quelques années pour une transition en douceur.

Philippe Joly signe un joli 2019 né d'auxerrois (60 %) et de pinot gris, élevé 6 mois en barriques. Au nez, se déploient des arômes mûrs et gourmands de poire, de coing et d'agrumes. Un fruité que l'on retrouve dans une bouche dense, riche, de bonne longueur, étirée en finale par une pointe de fraîcheur bien sentie. ⧗ 2022-2025 **Pinot noir Pink Angel 2020 ★ (8 à 11 €; 470 b.)** Une robe soutenue et un nez séducteur de fruits rouges (griotte, framboise) et de bonbon acidulé donnent le ton de ce rosé ample et vif en bouche, prolongé par une finale plus suave sur le sucre d'orge. ⧗ 2021-2022

PHILIPPE JOLY, 74, rue de la République, 57535 Marange-Silvange, tél. 06 74 41 42 38, jolyphilippe57@aol.com V r.-v.

DOM. SONTAG Pinot noir Le Pynoz 2020 ★

	2000		8 à 11 €

La petite ville de Contz-les-Bains épouse le cours sinueux de la Moselle, aux confins du Luxembourg et de l'Allemagne. Les coteaux bordant la rivière sont couverts de vignes. Claude Sontag, aux commandes du domaine familial depuis 2007, y exploite 5 ha. En conversion bio.

Des arômes intenses de griotte et de framboise relevées d'une touche poivrée annoncent cette cuvée bien équilibrée. Un équilibre que l'on perçoit en bouche autour d'un fruité soutenu, à l'unisson de l'olfaction, de tanins souples et fondus et d'une belle fraîcheur qui anime la finale. ⧗ 2021-2024 **Müller-Thurgau 2020 ★ (5 à 8 €; 2000 b.)** Un joli nez frais, floral, fruité, un brin végétal et fumé, et une bouche souple, fraîche, alerte composent un bon blanc d'apéritif ou de fruits de mer, à boire sur le fruit. ⧗ 2021-2023

EARL DOM. SONTAG, 5, rue Saint-Jean, 57480 Contz-les-Bains, tél. 06 78 59 35 95, claude.sontag@gmail.com V r.-v.

DOM. DU STROMBERG
Les Comtemplations 2020 ★

	6500		5 à 8 €

Dans ce domaine du pays des Trois Frontières, aux confins du Luxembourg et de l'Allemagne, l'alambic fonctionne aux côtés du pressoir. La mirabelle de Lorraine est une des spécialités du domaine, qui couvre 9,5 ha sur le coteau du Stromberg à Sierck-les-Bains, au-dessus du château des ducs de Lorraine. Quant aux vins de Jean-Marie Leisen, qui gère l'exploitation depuis 2000 avec trois associés, ils figurent souvent en bonne place dans le Guide.

Doté d'une seyante robe pâle aux reflets dorés, cette cuvée livre un bouquet discret de fleurs blanches mâtiné de notes beurrées. La bouche se montre plus expressive, sur les fruits exotiques, fraîche sans manquer de richesse et de volume. ⧗ 2021-2023

SCEA LE DOM. DU STROMBERG, 21, Grand-Rue, 57480 Petite-Hettange, tél. 03 82 50 10 15, j.marie.leisen@wanadoo.fr V t.l.j. sf dim. 10h-12h 14h-19h

♥ B CH. DE VAUX
Les Hautes-Bassières 2020 ★★★

	20000		11 à 15 €

Marie-Geneviève Molozay, descendante d'une lignée de négociants de Metz, est œnologue; Norbert Molozay, son époux, a été « vinificateur volant », mettant son expertise en vinification au service de nombreux vignobles de France et du Nouveau Monde. Ils ont repris l'exploitation de ce vignoble où l'on produisait du Sekt (mousseux) à l'époque allemande. S'ils proposent des bulles, c'est surtout par leurs vins tranquilles ambitieux qu'ils ont assuré une belle notoriété à ce

domaine du pays messin qui couvre aujourd'hui 14 ha (en bio certifié).

Carton plein pour le Ch. de Vaux, avec une belle pluie d'étoiles dans cette édition et un coup de cœur pour ce pinot noir élevé 12 mois en fût : le quatrième coup de cœur en quatre éditions pour le domaine ! La robe sombre, tirant vers le noir, annonce un vin concentré. Au nez, le bois se marie parfaitement avec les fruits noirs mûrs. La bouche affiche beaucoup de volume, de densité et de longueur, avec en soutien un boisé bien marqué mais racé et des tanins soyeux, ronds, extraits en douceur. Une harmonie parfaite et un potentiel certain. ⧗ 2023-2028 ■ **Les Gryphées 2020 ★★ (8 à 11 €; 15000 b.)** Ⓑ Une cuvée souvent en vue dans ces pages, née d'un assemblage complexe d'auxerrois, pinot gris, müller-thurgau et gewurztraminer. Au nez se dévoilent d'intenses notes florales et fruitées, relayées par une bouche ample, fraîche et longue, d'un équilibre remarquable. ⧗ 2021-2024 ■ **Pylae 2018 ★★ (20 à 30 €; 3000 b.)** Un pinot noir élevé 16 mois en fût, drapé dans une robe sombre, le nez bien ouvert sur le fruit (cassis, mûre, griotte), relevé d'épices, volumineux en bouche, généreux, mûr, réglissé, doté de beaux tanins fins et veloutés et d'un boisé parfaitement fondu. ⧗ 2023-2028 ■ **Les Boserés 2020 ★ (8 à 11 €; 2000 b.)** Ⓑ Un joli rosé pâle né de pinot noir (90 %) et d'une touche de gamay, agréablement fruité au nez (fraise, framboise), tout aussi fruité en bouche, souple et frais. ⧗ 2021-2022

EARL CH. DE VAUX, 4, pl. Saint-Rémi, 57130 Vaux, tél. 03 87 60 20 64, contact@chateaudevaux.com V t.l.j. sf dim. lun. 10h-12h 14h-18h

IGP CÔTES DE MEUSE

Ⓑ DOM. DE MONTGRIGNON
Pinot gris Auxerrois 2020 ★★

■ | 18500 | | 5 à 8 €

Les Pierson sont les héritiers d'une lignée de vignerons établis en Lorraine depuis la Révolution. Régulièrement présent dans le Guide, leur domaine a participé à la relance du vignoble meusien dans les années 1970 et notamment des vins de Billy-sous-les-Côtes, renommés dès le début du XIVe s. Renaud Pierson, œnologue, a pris la suite de son père Daniel en 2010, en association avec son épouse Valérie depuis 2019. Le couple exploite 9,5 ha de vignes, certifiés bio depuis 2020. Il produit aussi des effervescents et des mirabelles (le fruit et l'eau-de-vie).

Après deux coups de cœur consécutifs pour ses gris 2018 et 2019, le domaine est au rendez-vous avec un fort joli blanc mi-auxerrois mi-pinot gris, né de jeunes vignes de 15 ans. Au nez, une belle intensité florale à dominante de rose se mêle à des notes gourmandes de fruits confits. La bouche apparaît ample, ronde, suave, généreusement fruitée et dynamisée par une longue finale plus fraîche. Un blanc de caractère. ⧗ 2022-2025 ■ **Pinot noir Vieilles Vignes 2019 ★ (5 à 8 €; 4500 b.)** Après 11 mois de fût, ce pinot noir né de vignes de 43 ans livre un bouquet franc et agréable de cassis et de cerise noire. La bouche se montre souple et ronde en attaque, avant de monter en puissance autour de tanins fermes et serrés, encore un peu austères. Patience. ⧗ 2023-2028

EARL DE MONTGRIGNON, 6, chem. des Vignes, 55210 Billy-sous-les-Côtes, tél. 03 29 89 58 02, info@domaine-montgrignon.com V r.-v.

♥ Ⓑ DOM. DE MUZY Pinot noir 2020 ★★

■ | 15500 | | 8 à 11 €

Jean-Marc Liénard a fait renaître à partir, de 1982, le vignoble de son père et de son grand-père, planté sur les côtes meurtries par la Grande Guerre, au cœur du village de Combres-sous-les-Côtes : 11,5 ha de vignes aujourd'hui, conduits en biodynamie, auxquels s'ajoutent pour l'eau-de-vie des vergers, notamment des mirabelliers. Référence incontournable en IGP côtes-de-meuse, la propriété a vu revenir en 2011 la nouvelle génération avec Thibaud et Angélique, qui ont débuté comme *winemakers* en Nouvelle-Zélande et en Bourgogne.

Un nouveau coup de cœur pour les Liénard avec un pinot noir somptueux. Après un élevage en fûts (neufs à 10 %) de 10 mois, ce vin se présente avec élégance et intensité dans sa robe violine. Au nez, il déploie des arômes généreux de cerise mûrie par le soleil sur fond de boisé fondu. On retrouve le fruit bien mûr dans une bouche ample, ronde, suave, dotée de tanins fermes et fins, épaulés par un boisé savamment dosé et par une ligne de fraîcheur qui vient dynamiser la finale. De l'équilibre à tous les étages. ⧗ 2023-2028

SARL DE MUZY, 3, rue de Muzy, 55160 Combres-sous-les-Côtes, tél. 03 29 87 37 81, info@domainedemuzy.fr V r.-v.

BEAUJOLAIS
LYONNAIS

Le Beaujolais
selon Margot

Rouge aux Lèvres

Attention ! C'est l'eldorado des connaisseurs de vins. Comme tous, au début, sans connaître la région, j'avais en image celle du beaujolais nouveau et de ses arômes de banane… Puis grâce aux recommandations d'amis et des pros, j'ai dégusté autre chose et je me suis rendu compte que le Beaujolais était un grand terroir méconnu, avec de vraies pépites. Preuve en est, de grandes maisons de négoce (Louis Latour, Bouchard Père, pour n'en citer que deux) ont acquis pour trois fois rien de belles endormies ! Les crus du Beaujolais révèlent les profils variés du cépage phare local, le gamay : version sérieuse et intense avec le morgon et le juliénas, version légère et fruitée avec le brouilly et le fleurie. Il y en a pour tous les goûts.

• **Ma reco œnotourisme**

Moi qui suis sportive, je rêve de faire du vélo dans le Beaujolais. On peut traverser la région sans difficulté. Au sud, au cœur des Terres dorées (à seulement 20 km de Lyon), que l'on nomme la « Petite Toscane », ses vallons de vignes et ses châteaux sont tellement photogéniques. Au nord, sur la route des crus du Beaujolais, direction Brouilly et sa fameuse pierre bleue, puis Régnié, Morgon, Chiroubles et Fleurie à des altitudes voisines de 400 m, Moulin-à-vent et son vin puissant, Chénas, Juliénas et, pour finir, Saint-Amour, le cru le plus septentrional… Attention, ça grimpe !

Le bonheur est dans la vigne

Domaine de Piron Côte du Py 2019 (morgon)
Un indémodable de l'appellation morgon. Il se marie avec beaucoup de plats. Il possède une trame fruitée gourmande et de la mâche. Un régal..

Maison Jean Loron Rift 69 Sans sulfites ajoutés 2020 rouge (beaujolais-villages)
Une maison historique très dynamique, qui propose une gamme cohérente. Elle a sorti cette cuvée sans sulfites ajoutés avec succès. Je l'ai découverte *via* un *live* Instagram et j'ai aimé son style fruité, croquant et franc.

Domaine des Nugues 2019 blanc (beaujolais-villages)
Valeur sûre, ce beaujolais-villages affiche beaucoup de personnalité et une rare finesse grâce à un travail précis du chardonnay. Une belle façon de découvrir les vins blancs, plutôt rares mais si intéressants, de la région. Je recommande chaudement.

LE BEAUJOLAIS ET LE LYONNAIS

À l'est de la Saône, entre Mâcon et Lyon, le Beaujolais est rattaché officiellement à la Bourgogne viticole. Il affirme pourtant sa propre personnalité par ses paysages vallonnés, par son habitat plus dispersé et par un cépage presque exclusif, le gamay noir à jus blanc, qui lègue aux vins rouges un fruité pimpant.
Si une promotion dynamique a rendu le beaujolais nouveau célèbre dans le monde entier, la région propose aussi des vins plus étoffés et complexes : les beaujolais, les beaujolais-villages et les 10 crus. Des vins qui naissent au nord et au sud de Villefranche-sur-Saône : au nord, sur des sols anciens, de granite, de schiste et de porphyre favorables au gamay et patrie des crus ; au sud, sur des sols calcaires dits de « pierre dorée » qui donnent des vins plus souples et légers (l'essentiel des beaujolais et beaujolais-villages).
Le vignoble lyonnais se limite à quelques îlots répartis sur 49 communes, dans une région de polyculture et d'arboriculture : aux confins du Beaujolais et au nord-ouest de Lyon, ainsi qu'au sud-ouest de la capitale du Rhône.

Nord
Mâcon
Saône
beaujolais
beaujolais-villages
Saint-Amour-Bellevue
juliénas
chénas et moulin-à-vent
Juliénas
saint-amour
beaujolais
beaujolais-villages
Chénas
chénas
fleurie
Fleurie
beaujolais-villages
chiroubles
moulin-à-vent
Chiroubles
beaujolais
Villié-Morgon
beaujolais-villages
morgon
régnié
Régnié-Durette
côte-de-brouilly et brouilly
Belleville
brouilly
brouilly
beaujolais-villages
Villefranche-sur-Saône
VIGNOBLE DU BEAUJOLAIS
Saône
beaujolais
Tarare
coteaux-du-lyonnais
coteaux-du-lyonnais
VIGNOBLE DU LYONNAIS
coteaux-du-lyonnais
5 km
Lyon

AOC beaujolais
(peut être produite
sur l'ensemble du vignoble)

AOC beaujolais-villages

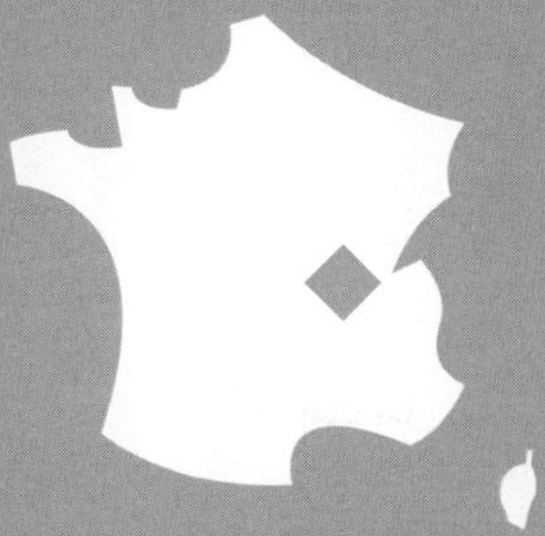

Le **Beaujolais** en un clin d'œil

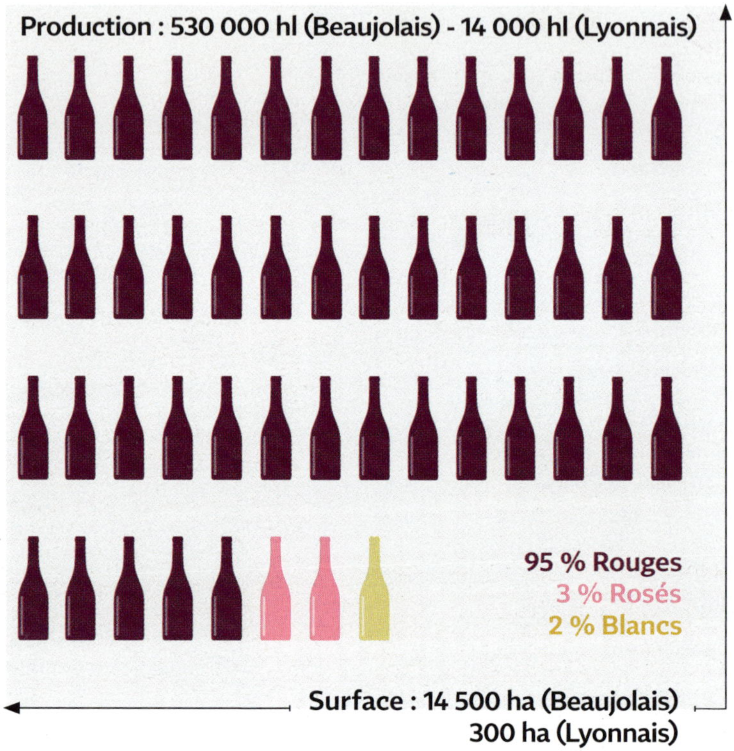

Types de vins

Principaux **cépages**

Gamay noir à jus blanc	Chardonnay	Aligoté (coteaux-du-lyonnais)

Hiérarchie des vins

10 AOC
dites « crus du Beaujolais »

1 AOC
sous-régionale : beaujolais-villages (38 communes)

1 AOC
régionale : beaujolais*

*La moitié de la production du vignoble et les deux tiers des beaujolais nouveaux.

À noter également la possibilité de produire dans les 3 couleurs en AOC coteaux-bourguignons, couvrant la Bourgogne et le Beaujolais.

Un peu d'**histoire**

- **59 av. J.-C. :** invasion des légions romaines de Jules César. Implantation de vignes dans l'aire actuelle de Juliénas.
- **XIIIe s. :** les sires de Beaujeu se taillent un fief dans la région, qui leur doit son nom de Beaujolais.
- **XVIIe s. et XVIIIe s. :** les nobles et notables lyonnais, notamment des soyeux, plantent des vignobles qu'ils confient à des métayers.
- **Fin XIXe s. :** le chemin de fer facilite la commercialisation des vins du Beaujolais à Paris.
- **1927 :** naissance de la 1re cave coopérative du Beaujolais, à Fleurie.
- **1936 :** reconnaissance des AOC chiroubles, chénas, fleurie, morgon, moulin-à-vent.
- **1937 :** reconnaissance de l'AOC beaujolais.
- **1946 :** reconnaissance de l'AOC saint-amour.
- **1950 :** reconnaissance de l'AOC beaujolais-villages.
- **1951 :** création du beaujolais nouveau.
- **1985 :** la date de commercialisation annuelle du beaujolais nouveau est fixée au 3e jeudi de novembre par décret.
- **1988 :** reconnaissance de l'AOC régnié.
- **2018 :** labellisation du Beaujolais « Géoparc mondial » par l'Unesco.

Les **vignerons** de l'année

Christophe et Boris **Gruy**

(Ch. de la Chaize)

Depuis son rachat en 2017 par Christophe Gruy, entrepreneur lyonnais, le Château de la Chaize est entré de plain-pied dans une nouvelle ère. Son ambition de devenir l'un des acteurs majeurs du renouveau du Beaujolais porte déjà ses fruits.

• Un programme ambitieux

Il annonçait être venu « en entrepreneur, pas en mécène ». C'était en 2017, quelques mois après que Christophe Gruy a repris le Château de la Chaize, majestueuse propriété à proximité du mont Brouilly. Et pour mieux se faire comprendre, le patron du groupe lyonnais Maïa enfonçait le clou : « Je n'ai pas acheté le château pour venir en week-end, mais pour y faire du vin ». Quelques années plus tard, l'ambition de faire de la propriété et de ses vins une référence du Beaujolais prends corps. En témoignent les deux coups de cœur obtenus cette année avec des cuvées parcellaires. Des vins du millésime 2018, le premier véritablement mené par l'œnologue **Boris Gruy** (en photo), neveu du propriétaire, passé notamment chez Pierre-Jean Villa, domaine de référence dans la vallée du Rhône septentrionale.

Des investissements de plusieurs dizaines des millions d'euros ont été menés avec notamment la création d'une nouvelle cuverie inaugurée en 2020. Un outil dimensionné pour mettre en valeur la vingtaine de lieux-dits que compte le vignoble. Côté vigne justement, outre la conversion bio lancée depuis 2019, la restructuration a été profonde avec un programme de replantation sur le long terme : « Avec 57 ha plantés, notre vignoble est aujourd'hui à son point bas. Le potentiel est de 150 ha », expose Nicolas Mielly, directeur commercial.

• Mettre en évidence la diversité des terroirs

À quoi doit ressembler un cru du Beaujolais aux yeux de l'équipe ? « Justement à rien de prédéfini. Notre objectif est de mettre en évidence la grande diversité de nos lieux-dits, grâce à l'approche en monocépage qui caractérise le Beaujolais : par exemple, ressentir les effets des pierres bleues sur un côte-de-brouilly, la typicité du granit de fleurie, etc. Des vins par ailleurs dotés d'une véritable capacité de garde », poursuit Nicolas Mielly. Les deux cuvées coups de cœur illustrent parfaitement cette volonté. Elles ont été vinifiées après égrappages à 90 % et un élevage long (18 mois) en foudre. Le brouilly La Chaize est issu du vignoble qui surplombe le château, exposé sud-est et à mi-coteau, sur des pentes de 55 % dans sa partie haute. Le côte-de-brouilly Brûlhier provient d'une petite parcelle escarpée, adossée sur le flanc sud du mont Brouilly.

Pour ne rien gâcher, le Château de la Chaize, conçu par Mansart, est entouré d'un magnifique jardin à la française dessiné par Le Nôtre. Un site d'exception, donc, qui accueille volontiers les visiteurs sur un parcours de 1 h 30 et sur rendez-vous.

Les coups de cœur

- **Brouilly Lieu-dit La Chaize Monopole 2018**
- **Côte-de-brouilly Lieu-dit Brûlhier 2018**

BEAUJOLAIS

Superficie : 5 972 ha / Production : 245 000 hl

L'appellation beaujolais fournit près de la moitié de la production du vignoble et près de 75 % des primeurs; elle est principalement localisée au sud de Villefranche. À côté des vins rouges et rosés, quelques blancs sont élaborés à partir du chardonnay, notamment dans le canton de La Chapelle-de-Guinchay, zone de transition entre les terrains siliceux des crus et ceux, calcaires, du Mâconnais. Dans le secteur des Pierres dorées, au sud de Villefranche et à l'est du Bois-d'Oingt, les vins rouges ont des arômes plus fruités que floraux, parfois nuancés de pointes végétales; colorés, charpentés, un peu rustiques, ils se conservent assez bien. Dans la partie haute de la vallée de l'Azergues, vers l'ouest, on retrouve les roches cristallines qui donnent des vins avec de la mâche et des accents minéraux, ce qui les fait apprécier un peu plus tardivement. Enfin, les zones plus en altitude offrent des vins vifs, plus légers en couleur, mais aussi plus frais les années chaudes. Le beaujolais supérieur ne provient pas d'un terroir délimité spécifique; il est surtout produit dans l'AOC beaujolais. L'appellation peut être revendiquée pour des vins dont les moûts présentent, à la récolte, une richesse en équivalent alcool de 0,5 % vol. supérieure à ceux de l'AOC beaujolais, les raisins provenant de parcelles sélectionnées et contrôlées avant la récolte. Tous ces vins sont dégustés traditionnellement dans les « pots » beaujolais, flacons de 46 cl à fond épais qui garnissent les « bouchons » lyonnais.

DOM. J. BOULON Vieilles Vignes 2020 ★

■ | 44 000 | | - de 5 €

« J » comme Jacques, Jules et Jean Boulon, qui se sont succédé à la tête du domaine (28 ha certifiés HVE) transmis de père en fils depuis 6 générations. La fille (Ludivine) et le gendre (Hugo Matray) de Jacques Boulon sont à la tête du domaine depuis 2017. Ils élaborent des cuvées en beaujolais, morgon, moulin-à-vent et crémant-de-bourgogne.

Ces vieilles vignes ont 55 ans. Elles ont donné un vin expressif, ouvert sur les petits fruits rouges (cerise, framboise). Fruité qui se développe aussi dans une bouche souple en attaque, ronde et charnue. Un bon classique. ⧗ 2021-2024

DOM. J. BOULON, 1331, rte des Mayets, 69220 Corcelles-en-Beaujolais, tél. 04 74 66 47 94, domaine.j.boulon@wanadoo.fr V *t.l.j. sf dim. 8h-12h 14h-18h*

DOM. BOURBON
Chardonnay des Pierres Dorées Cuvée Marion 2019 ★

■ | 4 000 | | 8 à 11 €

À 28 ans, Jean-Luc Bourbon a abandonné le transport routier pour rejoindre le village de son enfance, dans la partie sud du Beaujolais. Il s'est installé en 2002 sur le domaine fondé en 1939 par son grand-père, après s'être fait la main sur... le muscadet. Il exploite 17 ha de vignes plantées à forte densité, en coteaux : l'assurance de petits rendements.

Marion est la fille de Jean-Luc Bourbon. Elle lui inspire une jolie cuvée qui s'est déjà fait remarquée dans le millésime précédent. Au nez se déploient d'agréables notes d'agrumes et de fleurs blanches. En bouche, l'équilibre est de rigueur, avec du gras juste ce qu'il faut, de la fraîcheur en soutien, un bon volume, de la longueur. ⧗ 2021-2023

DOM. BOURBON, 10, chem. des Vignes, Le Marquison, 69620 Theizé, tél. 04 74 71 14 13, domaine-bourbon@orange.fr V *r.-v.*

CH. DE BUFFAVENT
Pierres Dorées Vieilles Vignes 2019 ★

■ | 3000 | | 8 à 11 €

Denis et Marie-Agnès Chilliet se sont installés en 2009 au château de Buffavent (édifié en 1539), au pays des Pierres dorées. Ils conduisent un vignoble de 20 ha et produisent en appellation beaujolais (rouge, blanc, rosé).

Cette cuvée a fini ses fermentations alcooliques et malolactiques en fûts, avant d'être élevée 12 mois dans le bois. Et le boisé se ressent à l'olfaction, sur des tonalités toastées et miellées, mais sans écraser les notes florales et fruitées. Un boisé qui vient également soutenir et enrober une bouche ronde, riche, à la texture soyeuse et fine. Un joli blanc pour la table. ⧗ 2022-2025 ■ **Pierres Dorées Vieilles Vignes 2019 ★ (8 à 11 €; 3000 b.)** Au nez, les fruits rouges se mêlent à des notes épicées et vanillées apportées par le fût. En bouche, de la corpulence, du gras, de la concentration, de la fraîcheur aussi et une bonne structure pour résister sereinement au temps. ⧗ 2023-2026

GFA DU CH. DE BUFFAVENT, 855, rte de Buffavent, 69640 Denicé, tél. 06 07 23 67 93, contact@buffavent.com V *r.-v.* 5

♥ DOM. DE BUSSY 2020 ★★

■ | 17 300 | | 5 à 8 €

Créée en 1988, cette coopérative vinifie aujourd'hui près de 280 ha. Petite structure, comme il en existe de moins en moins, elle voit cependant augmenter les surfaces dont elle dispose. Une cave régulièrement en vue dans ces pages.

Ce beaujolais élaboré par la cave de Saint-Julien a fait forte impression. D'emblée, la séduction opère avec des parfums intenses et harmonieux de petits fruits rouges et noirs nuancés de notes florales. Une aromatique qui trouve un beau et long prolongement dans une bouche souple en attaque, ample, ronde et charnue dans son développement, portée par des tanins veloutés, fondus, et par une fine fraîcheur jusqu'en finale. ⧗ 2021-2025

CAVE COOP. DE SAINT-JULIEN, 45, rue du Cep, 69640 Saint-Julien, tél. 04 74 67 57 46, cave.stjulien@wanadoo.fr V *r.-v.*

CH. DU CHATELARD
Cuvée Secret de Chardonnay 2019 ★

	3000		8 à 11 €

Aurélie de Vermont, œnologue, a repris la direction de ce domaine en 2011. Ce dernier s'étend sur 25 ha morcelés en de nombreuses parcelles vinifiées séparément, à la « bourguignonne », pour mettre en valeur le terroir.

Une cuvée régulièrement sélectionnée, née de vignes de 50 ans et élevée 6 mois en fût pour 20 à 30 % du vin. Au nez se dévoilent des parfums de toasté, de noisette, de fleurs blanches et d'agrumes. La bouche apparaît ronde, souple, dynamisée par une agréable fraîcheur. ⧗ 2021-2024

SCEA CH. DU CHATELARD, 307, rue du Chatelard, 69220 Lancié, tél. 04 74 04 12 99, contact@chateauduchatelard.com V t.l.j. sf sam. dim. 8h30-12h30 14h-17h30;

Ⓑ DOM. DES CRÊTES Cuvée Marine 2020 ★★

	3000		8 à 11 €

L'exploitation a été achetée en 1938 par le grand-père de Jean-François Brondel. Ce dernier a pris la suite en 1995, dans ce manoir en pierre dorée, pour être rejoint plus tard par son fils, Sylvain, à la tête aujourd'hui de 14 ha de vignes.

Après 6 mois de cuve, cette belle cuvée de chardonnay présente des arômes élégants de fleurs blanches et de poire agrémentés d'une touche beurrée. En bouche, elle se montre très équilibrée, offrant de l'ampleur, du gras mais aussi beaucoup de fraîcheur et de dynamisme. Un blanc complet. ⧗ 2021-2024

EARL BRONDEL, 772, rte des Crêtes, 69480 Anse, tél. 04 74 67 11 62, contact@domainedescretes.com V r.-v. Ⓑ

CH. DE L'ÉCLAIR La Réserve 2020 ★

	2100		8 à 11 €

Ancienne propriété de Victor Vermorel, industriel, inventeur du pulvérisateur de bouillie bordelaise (appelé l'« Éclair ») et sénateur du Rhône au début du XXᵉs., le château et son vignoble de 20 ha (certifiés HVE) appartiennent aujourd'hui à la Sicarex, un organisme d'État dont le rôle est de poursuivre des recherches en matière de viticulture et de vinification.

Une cuvée qui provient de la « Réserve » de Victor Vermorel, une partie du vignoble que l'industriel exploitait directement comme un champ d'expérimentation, afin de « mettre en pratique les méthodes reconnues bonnes et que les vignerons hésitent à employer ». Dans le verre, un vin d'une belle profondeur, qui développe des parfums généreux de fruits rouges mûrs et d'épices, prolongés par une bouche ample, concentrée sans manquer d'équilibre, épaulée par des tanins soyeux. ⧗ 2022-2025

CH. DE L' ÉCLAIR, 905, rue du Château-de-l'Éclair, Liergues, 69400 Porte-des-Pierres-Dorées, tél. 04 74 02 22 40, vins@chateaudeleclair.com V r.-v.

DOM. GIRIN
Coteaux du Razet Vieilles Vignes 2020 ★★

	10000		8 à 11 €

Constitué à partir de 1890 dans la région des Pierres dorées, au sud du vignoble, ce domaine s'est agrandi au fil des générations pour atteindre aujourd'hui 30 ha. Un vignoble exploité depuis 2020 par la cinquième génération : Thibaut Girin, revenu de Nouvelle-Zélande en 2016, et sa sœur Audrey.

Une sélection parcellaire très régulière en qualité, née de vieilles vignes de 60 ans sur le lieu-dit Razet. La version 2020 est fidèle au rendez-vous. Au nez, elle dévoile des arômes intenses et généreux de fruits rouges et noirs mûrs à souhait, relevés de fines notes d'épices. La bouche, à l'unisson du bouquet, affiche du volume, de la concentration et une texture soyeuse, avec en soutien des tanins ronds, satinés et fins qui renforcent son élégance. ⧗ 2022-2025 **Séduction 2020 ★ (5 à 8 €; 10 000 b.)** Une cuvée tout en fruit, au nez comme en bouche, bien équilibrée, à la fois fraîche, souple, onctueuse, charnue. ⧗ 2021-2023

DOM. GIRIN, 62, rte de Vergus, 69620 Saint-Vérand, tél. 06 32 21 68 61, vinsgirin@domainegirin.fr V t.l.j. sf dim. 10h-12h 14h-18h

ŒDORIA
Accord Majeur Vieilles Vignes 2020 ★

	45000		5 à 8 €

La cave du Beau Vallon de Theizé et celle des Vignerons de Liergues ont décidé de s'unir en 2009 : Œdoria est leur marque commune. Cette nouvelle entité dispose de 1 000 ha (pour 350 adhérents), essentiellement situés au sud du vignoble, à l'ouest de Villefranche-sur-Saône.

Au nez, les fruits rouges et noirs se mêlent de notes florales et légèrement épicées. La bouche apparaît souple, généreuse, d'un bon volume, dotée de tanins fondus et d'une agréable fraîcheur en appoint. Équilibré. ⧗ 2021-2024

ŒDORIA, 25, rte de Cottet, 69620 Theizé, tél. 04 74 71 48 00, contact@oedoria.com V t.l.j. 9h-12h 14h-18h30;

DOM. DU PÈRE BENOIT 2020

	4000		8 à 11 €

En 1991, Laurence Benoit et son mari Pascal Mutin ont pris la suite de Roger Benoit sur ce domaine de 17 ha situé au pied du mont Brouilly. Ils élaborent des cuvées en appellations beaujolais, morgon, brouilly, côte-de-brouilly et crémant-de-bourgogne.

De jeunes ceps de 12 ans ont donné naissance à ce blanc alerte, ouvert sur des arômes d'agrumes et de fleurs blanches. La bouche se montre fraîche, dynamique, de bonne longueur. Un ensemble harmonieux. ⧗ 2021-2023

DOM. PÈRE BENOIT, 80, rte de Beaujeu, 69220 Saint-Lager, tél. 04 74 66 81 20, domaineperebenoit@orange.fr V t.l.j. sf dim. 10h30-12h30 14h-19h

♥ DOM. DE PETIT PÉROU
Terrain Rouge 2019 ★★

	2200		5 à 8 €

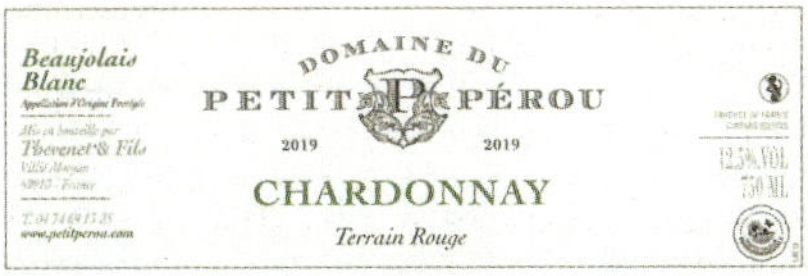

Un domaine d'une quinzaine d'hectares certifié HVE, conduit par la famille Thévenet depuis le début du XXe siècle et depuis 2018 par la dernière génération, représentée par Hugo. A la carte des vins, du brouilly, du morgon, du beaujolais et des IGP Comtés rhodaniens.

A l'origine de ce très beau beaujolais blanc, de jeunes vignes de 10 ans plantées sur le lieu-dit Terrain rouge, un terroir argilo-calcaire au sous-sol d'altérites schisteuses profondes, un terrain très riche et propice au chardonnay. Dans le verre, un vin délicatement floral (fleurs blanches) et fruité (agrumes) au nez, accompagné par un boisé léger, bien fondu. La bouche se montre riche, onctueuse, soyeuse, avec en soutien une fine minéralité qui donne du tonus et de la longueur à l'ensemble. ⧗ 2022-2025

DOM. DU PETIT PÉROU, 531 a, rue Ronsard, 69910 Villié-Morgon, tél. 06 99 27 56 58, hugothevenet7@gmail.com V *r.-v.*

VIGNERONS DES PIERRES DORÉES
La Rose Pourpre Vieilles Vignes 2020 ★

	65000		5 à 8 €

Créée en 1961, la Cave beaujolaise du Bois-d'Oingt est désormais nommée Vignerons des Pierres dorées. Elle regroupe depuis 2011 trois coopératives (Le Bois-d'Oingt, Saint-Vérand et Saint-Laurent-d'Oingt) et dispose de 470 ha. Ses cuvées sont régulièrement en vue dans ces pages.

Ces vieilles vignes ont 40 ans. Elles ont donné un vin d'une belle profondeur de robe, ouvert au nez sur des arômes soutenus de fruits noirs (myrtille, mûre), d'épices et de fleurs. La bouche se montre bien équilibrée, offrant du fruit, de la chair, du gras et de la fraîcheur. ⧗ 2021-2024

VIGNERONS DES PIERRES DORÉES, 439, rte Fleurie, Le Bady, 69620 Saint-Vérand, tél. 04 74 71 62 81, contact@vigneronsdespierresdorees.com V *t.l.j. sf sam. dim. 8h-12h 14h-17h30*

DOM. JP RIVIÈRE
Pierres Dorées Infini 2018 ★★

	1400		20 à 30 €

Sous la conduite de la famille Rivière (Jean-Pierre, Colette et leurs enfants Alexandre et Marine), ce domaine a grandi progressivement pour atteindre 20 ha (certifiés HVE3), dont 7 au Ch. de Saint-Trys, sur des terroirs argilo-calcaires. Installé à Lachassagne, en plein cœur des Pierres dorées, il propose du chiroubles, du chénas, du beaujolais et du bourgogne, ainsi que des cuvées originales : un rouge issu de gamaret en IGP Comtés Rhodaniens et une vendange tardive de gamay.

Une cuvée née de vieilles vignes de 70 ans, vendangée en surmaturité, vinifiée « façon nature », sans intrants, avec un sulfitage uniquement à la mise. Elle impressionne et interpelle d'emblée avec ses arômes très mûrs de fruits noirs compotés, presque confits. Un profil diablement sudiste que l'on retrouve dans une bouche ample, riche, confiturée, très onctueuse, chaleureuse certes (l'étiquette affiche 16° !), mais stimulée par une fine acidité qui vient étirer la finale et équilibrer l'ensemble. Un beaujolais atypique mais savoureux, à réserver en cave. ⧗ 2024-2028 **Pierres Dorées Chardonnay Saint-Trys 2019 ★ (5 à 8 €; 3960 b.)** Un joli blanc ouvert sur des parfums élégants de poire et de fleurs blanches et jaunes, prolongés par une bouche aimable, ronde, tendre, bien équilibrée. ⧗ 2021-2024

EARL JP RIVIÈRE, 520, chem. des Grands-Taillis, 69480 Lachassagne, tél. 04 74 67 00 67, domainejpriviere@orange.fr V *sam. 10h-18h. lun-vend. sur r.-v.*

DOM. ROMY
Les Pierres Dorées Vieilles Vignes 2020 ★

	16000		8 à 11 €

Héritier d'une longue lignée vigneronne débutant en 1700, Nicolas Romy exploite 25 ha de vignes au pays des Pierres dorées, avec des pratiques à mi-chemin entre l'agriculture raisonnée et le bio. Un domaine régulier en qualité.

De vieux ceps de 60 ans sont à l'origine de cette cuvée souvent en vue dans ces pages (coup de cœur sur le millésime 2017). La version 2020 séduit d'emblée par son bouquet élégant et harmonieux de fruits rouges, d'épices et de pivoine. En bouche, elle se montre souple en attaque, puis ronde, tendre et fraîche à la fois, bien équilibrée en somme, étayée par des tanins fondus. ⧗ 2022-2025 **Impérial Rosé 2020 ★ (8 à 11 €; 4000 b.)** Un joli rosé pâle et expressif, sur les petits fruits rouges agrémentés de notes florales, souple, frais et harmonieux en bouche, d'une belle longueur. ⧗ 2021-2022

DOM. ROMY, 1090, rte de Saint-Pierre, 69480 Morancé, tél. 06 68 09 36 50, contact@domaineromy.fr V *r.-v.*

♥ B CH. THIVIN
Clos de Rochebonne 2019 ★★

	6000		30 à 50 €

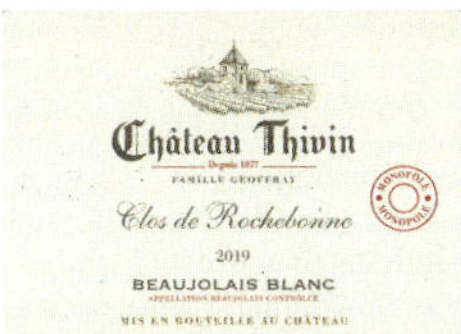

Le domaine est une ancienne possession des chanoines de Belleville. Il a été vendu comme bien national et acheté par M. Thivin, avocat au Parlement, qui lui légua son nom. En 1877, un fermier en acquit 2 ha : Zaccharie Geoffray, l'ancêtre de Claude, l'actuel propriétaire. Œuvrant pour la promotion des crus locaux, la famille reçut des personnalités des Arts et des Lettres, telles que Colette en 1947. Nichée à flanc de coteau au pied du mont Brouilly, l'exploitation compte aujourd'hui 30 ha, en cours de conversion bio. Une référence du Beaujolais.

À l'origine de ce blanc de caractère, un véritable clos de 1 ha, ceint d'un mur en pierres dorées, rattaché au château de Rochebonne à Theizé. Des vignes de 60 ans y ont engendré un superbe vin ouvert sans réserve sur des arômes complexes de poire mûre, d'abricot, de fleurs blanches, d'agrumes et de beurre frais. La bouche offre beaucoup de volume, de gras et une texture soyeuse, avec en soutien une fine fraîcheur minérale qui lui apporte une belle énergie et de la longueur. ⧗ 2022-2026

⊶ FAMILLE GEOFFRAY, Ch. Thivin, 630, rte du Mont-Brouilly, 69460 Odenas, tél. 04 74 03 47 53, geoffray@chateau-thivin.com V r.-v.

♥ DOM. DE LA TOUR DES BANS 2020 ★★

■ | 30 000 | | 8 à 11 €

Raphaël Blanco conduit depuis 1981 le Dom. de la Tour des Bans (9,5 ha), qui est une métairie du Ch. de Pizay, vaste propriété de 75 ha dans le Beaujolais.

Raphaël Blanco s'illustre régulièrement avec ses vins rouges. Il propose ici ce magnifique beaujolais qui s'ouvre sur des arômes intenses et très harmonieux de fruits noirs mâtinés de nuances florales. Le prélude à une bouche ample, dense, charnue, suave sans lourdeur, épaulée par une fine fraîcheur et des tanins soyeux. ⧗ 2021-2025

⊶ RAPHAËL BLANCO (LA TOUR DES BANS), Pizay, 69220 Belleville-en-Beaujolais, tél. 04 74 66 26 10, chapizay@wanadoo.fr V *t.l.j. sf dim. 8h30-12h30 14h-18h*

♥ MAXIME TRONCY Oppidum 2018 ★★

■ | 1800 | | 8 à 11 €

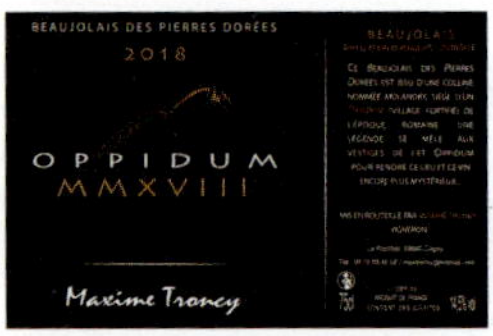

Jeune vigneron, Maxime Troncy s'est installé en 2013. Il produit notamment du moulin-à-vent, du chénas et plusieurs cuvées de beaujolais rouge. Il a entamé une conversion en agriculture biologique sur ses 10 ha en 2019.

Coup de cœur dans le Guide précédent avec son moulin-à-vent Chassignol 2017, Maxime Troncy confirme ses (très) bonnes dispositions et signe un « simple » beaujolais qui n'a rien de simpliste. Une cuvée née de vénérables ceps de 70 ans plantés sur une colline abritant autrefois un oppidum romain. Après un élevage de 8 mois en fût de chêne, elle déploie des arômes intenses et généreux de fruits noirs, d'épices douces, de grillé et de Zan. La bouche ? Du volume, de la concentration, de la chair et des tanins veloutés enrobés par un fruité mûr et un boisé bien ajusté. Du caractère. ⧗ 2023-2026

⊶ MAXIME TRONCY, 22, imp. du Ricottier, 69640 Cogny, tél. 06 10 89 48 52, maxtroncy@hotmail.com V *r.-v.*

BEAUJOLAIS-VILLAGES

Superficie : 4 780 ha
Production : 177 000 hl (99 % rouge et rosé)

Le beaujolais-villages provient de 38 communes situées au nord du vignoble, dans une zone comprise dans sa quasi-totalité entre la zone des beaujolais et celle des crus. Le mot « villages » a été adopté en 1950 pour remplacer la multiplicité des noms de communes qui pouvaient être ajoutés à l'appellation beaujolais sur l'étiquette aux fins de distinguer des productions considérées comme supérieures. Une écrasante majorité de producteurs ont opté pour cette mention qui favorise la commercialisation, même si 30 communes – celles dont le nom ne correspond pas à celui d'un des crus – gardent le droit, pour éviter toute confusion, d'ajouter leur nom à celui de beaujolais. Les beaujolais-villages se rapprochent des crus et en ont les contraintes culturales (taille en gobelet ou en éventail, cordon simple ou double charmet, degré initial des moûts supérieur de 0,5 % vol. à celui des beaujolais). Originaires de sables granitiques, ils sont rouge vif, fruités, gouleyants : les têtes de cuvée des vins primeurs. Nés sur les terrains granitiques, plus en altitude, ils présentent une belle vivacité qui permet une consommation dans l'année, voire une petite garde. Entre ces deux extrêmes, toutes les nuances sont possibles, mais les vins allient toujours finesse, arômes et corps.

♥ JEAN BARONNAT Le Bois de la Fée 2019 ★★

■ | n.c. | | 5 à 8 €

Fondée en 1920 par Jean Baronnat, l'une des dernières affaires familiales encore indépendantes du Beaujolais, dirigée depuis 1985 par Jean-Jacques Baronnat, petit-fils du fondateur. La maison, bien implantée dans le Beaujolais, mais aussi en Bourgogne, a étendu sa gamme de vins au sud de la France. Une habituée du Guide.

Framboise, fraise, griotte, le nez de ce *villages* séduit d'emblée par son fruité intense et immédiat, complété par une touche florale et épicée. Un fruité que l'on retrouve tout aussi généreux dans une bouche riche, consistante, charnue et ronde, avec en soutien des tanins veloutés et affinés. Une vraie gourmandise. ⧗ 2022-2025

⊶ JEAN BARONNAT, 491, rte de Lacenas, 69400 Gleizé, tél. 04 74 68 59 20, info@baronnat.com V *r.-v.*

DOM. NESTOR BÉLICARD
Lancié Sans Sulfites 2018 ★

■ | 10 000 | | 8 à 11 €

En 2018, à 54 ans, Nestor Bélicard fait un retour sur les terres familiales pour sauver les vignes de ses

ancêtres, installés à Lancié depuis le XVIIe siècle. D'emblée, il s'oriente vers l'agriculture biologique (certification en cours) et opte pour une vinification « nature », sans aucun sulfite ajouté autant que faire se peut, en cuves bois, suivie d'élevages en fût de chêne ou en foudres (bois ou béton). Le vignoble couvre 4,5 ha et abrite l'emblème du domaine : la « poype du Châtelard », un tumulus datant de l'an mil, dominant le village et offrant une vue à 360° sur la région.

Un approche « nature » pour ce vin donc, avec aucun sulfitage, ni même à la mise en bouteille. Le vin se montre généreusement fruité à l'olfaction, autour de la cerise et des fruits noirs mûrs agrémentés d'une touche crayeuse. Le fruit se prolonge dans une bouche souple, ronde, charnue, finement épicée en finale. Gourmand. ⧗ 2021-2024

NESTOR BÉLICARD, 840, rte du Beaujolais, 69220 Lancié, tél. 04 74 04 12 65, contact@domainenestor.fr V r.-v.

DOM. BÉROUJON 2019 ★

■	5000		5 à 8 €

Quatre générations se sont succédé depuis 1900 sur ce domaine familial implanté dans l'aire du beaujolais-villages. Installé en 1996, David dispose de 10 ha de vignes dans cette appellation, ainsi qu'en brouilly. Il développe la vente directe.

Après 10 mois de cuve, ce *villages* livre un bouquet expressif de petits fruits rouges frais agrémentés de notes florales et minérales. Arômes prolongés par une bouche souple, dynamique, étayée par des tanins ronds et prolongée par une jolie finale fraîche. ⧗ 2022-2025

DAVID BÉROUJON, 88, Le Tang, 69460 Salles-Arbuissonnas, tél. 04 74 67 58 43, domaine.beroujon@orange.fr V r.-v.

MAISON DE BOISCHAMPT 2019 ★

■	3000		8 à 11 €

Un domaine repris en 2018 par Yuko et Bob Harris, un couple australo-japonais passionné de vin. A la tête de la nouvelle équipe, Antoine Romero, directeur général venu de Bourgogne, et Thibaud Baudin, jeune œnologue de 30 ans, qui ont restructuré le chai (nouvelle cuverie) et la vigne : conservation des vieilles vignes, arrachage et replantation de 7 ha (sur les 14 que compte le vignoble), passage au bio en 2019.

Un élevage de 13 mois mi-cuve mi-fût pour ce blanc issu d'achat de raisins. Au nez, les fruits exotiques, les agrumes et un boisé discret se marient harmonieusement. En bouche, c'est la fraîcheur qui domine, lui donnant un caractère alerte sans pourtant manquer de rondeur et de densité. Un ensemble équilibré. ⧗ 2021-2024

GFA DOM. DE BOISCHAMPT, 503, chem. des Vignes, 69840 Jullié, tél. 06 98 15 66 68, a.baudin@domainedeboischampt.fr V *t.l.j. sf dim. 8h-12h 14h-18h sam. dim. sur r.-v.*

DOM. BOURDON 2019 ★

■	1400		8 à 11 €

Ce domaine de 17,5 ha possède deux caves : un chai moderne au cœur du hameau de Pouilly et une magnifique cave voûtée en pierre à Vergisson. À sa tête, Sylvie et François Bourdon représentent la 5e génération. Leurs enfants Antoine et Benoît les ont rejoints en 2019.

Un élevage en cuves et en demi-muids pour ce blanc bien construit, qui évoque les fruits secs et les fruits jaunes à l'olfaction, agrémentés d'une légère touche toastée. La bouche apparaît riche, ronde, beurrée et fruitée, avec une juste acidité en appoint. ⧗ 2022-2025

DOM. BOURDON ET FILS, rue de la Chapelle, Pouilly, 71960 Solutré-Pouilly, tél. 03 85 35 81 44, francoisbourdon2@wanadoo.fr V r.-v.

DOM. DU BREUIL Salles-Arbuissonnas 2019

■	1700		5 à 8 €

Des générations de métayers se sont succédé sur l'exploitation avant que Franck Large, d'abord vigneron sous ce même statut, ne devienne propriétaire du domaine. Établi à 100 m du superbe prieuré roman de Salles-Arbuissonnas, le domaine compte aujourd'hui 11,5 ha en beaujolais-villages, avec des parcelles en brouilly.

Valeur sûre de l'appellation, avec des coups de cœur sur les millésimes 2017 et 2015, Franck Large signe un 2019 de belle facture. Le nez évoque le cassis et les fruits rouges mûrs (fraise, framboise). La bouche se montre elle aussi bien fruitée, profonde, généreuse, sans manquer d'énergie ni de structure. Un *villages* équilibré. ⧗ 2022-2025

DOM. DU BREUIL, 197, rue du Breuil, 69460 Salles-Arbuissonnas, tél. 06 82 14 18 91, francklarge@domainedubreuil.fr V r.-v. E

DOM. BURNICHON Quincié Privilège 2018 ★

■	1000		11 à 15 €

Représentant la troisième génération, Daniel et Marie-Claude Burnichon exploitent ce petit vignoble familial depuis 1976 sur lequel ils produisent du beaujolais-villages.

Les *villages* des Burnichon sont souvent en vue dans ces pages. Ils sont au rendez-vous cette année encore avec une cuvée née de vieux ceps de 70 ans, élevée 10 mois en fût. Au nez, elle dévoile des parfums de fruits rouges mûrs et de boisé chocolaté et grillé. En bouche, elle offre du volume, de la densité, de la persistance sur les fruits à maturité et des tanins bien extraits qui s'harmonisent avec le merrain et assureront une bonne évolution à ce vin. ⧗ 2023-2026

DOM. BURNICHON, 78, chem. du Marronnier, 69430 Quincié-en-Beaujolais, tél. 06 87 34 67 88, daniel.burnichon@orange.fr V r.-v.

B DOM. LES CAPRÉOLES Lantignié L'Amourgandise 2020 ★

■	10000		8 à 11 €

Un jeune domaine né en juillet 2014 sous l'impulsion de Cédric Lecareux – arrivé du Languedoc-Roussillon où il a officié dans les domaines du groupe Gérard Bertrand – et de son épouse, originaire du Beaujolais. Ils ont racheté ce domaine vieux de 250 ans et cultivent 7 ha de vignes en bio. Implanté comme un jardin autour de la propriété, le vignoble bénéficie

d'une vue exceptionnelle sur les deux clochers de Régnié-Durette.

Des vignes de 40 ans sur le beau terroir de Lantignié sont à l'origine de cette cuvée au nom bien senti, inspiré par Margot, la fille de Cédric Lecareux, et son « amour-gandise » du chocolat… Et de la gourmandise, ce *villages* (vinifié pour moitié en raisins entiers, pour moitié égrappés) n'en manque pas. Pas de chocolat ici, mais du fruit, rouge et charnu, agrémenté de notes florales. Un fruit que l'on retrouve tout aussi savoureux dans une bouche souple, fraîche, croquante et fine. ⧗ 2021-2024

DOMAINES LES CAPRÉOLES, 108, imp. du Muguet, La Plaigne, 69430 Régnié-Durette, tél. 04 74 65 57 83, contact@capreoles.com V r.-v.

CH. DE CHAMP-RENARD Cuvée 1787 2018 ★

■ | 3600 | | 11 à 15 €

Un château d'origine médiévale, transformé en domaine viticole en 1765 par le marquis d'Espinay de Laye. Il a été racheté en 2014 par un couple d'entrepreneurs lyonnais, Fabienne Vilain et Denis Garnier, qui ont restructuré le vignoble et ses 7,5 ha de vignes certifiés HVE.

Une première pour le domaine dans ces pages avec une cuvée qui évoque la visite au domaine du futur président Thomas Jefferson, en 1787. Et une première réjouissante avec ce *villages* élevé 18 mois sous bois, en foudres et en fûts, ouvert sur des arômes de fruits noirs, de cerise bien mûre, de grillé et d'épices douces. La bouche apparaît ample, riche, corsée, généreuse, dotée de tanins veloutés. ⧗ 2022-2026 ■ **Le Vin de ma Mémé 2019 ★ (11 à 15 €; 3600 b.)** Un vin « nature », sans soufre, qui séduit par son fruité soutenu et gourmand au nez comme en bouche, par sa souplesse et ses tanins bien fondus. ⧗ 2021-2024

CH. DE CHAMP-RENARD, 132, rte de Champrenard, 69460 Blacé, tél. 06 14 13 51 77, contact@chateaudechamprenard.com V *t.l.j. sf lun. 10h-18h*

♥ DOM. ANDRÉ COLONGE ET FILS 2020 ★★

■ | 50 000 | | 5 à 8 €

Ici, on est vigneron de père en fils depuis 1789. Serge Colonge, qui a pris la suite de son père André, travaille avec la génération suivante, celle de Samuel et de Landry (arrivé en 2006). Le trio exploite un vaste domaine de 33 ha, sur quatre appellations et deux crus, fleurie et brouilly.

Fruit d'un assemblage de 6 cuvées différentes provenant du même terroir, ce *villages* a fait forte impression. Au nez se déploient des parfums diablement gourmands de petits fruits rouges et noirs mûrs rehaussés d'épices douces. La bouche se montre tout aussi intense, fruitée à souhait, fraîche et riche à la fois, ample, onctueuse et longue, épaulée par des tanins veloutés. ⧗ 2022-2026

DOM. ANDRÉ COLONGE ET FILS, les Terres-Dessus, 15, chem. de la ruelle, 69220 Lancié, tél. 04 74 91 02 56, contact@domaine-andre-colonge-et-fils.com V *r.-v.*

DOM. DE LA COMMANDERIE Fût de Chêne 2019 ★

■ | 1018 | | 8 à 11 €

Une petite exploitation familiale (1,5 ha) nichée en plein cœur du Beaujolais. Les vignes, plantées en coteaux et sur sol granitique, profitent d'un ensoleillement au sud, à quelques encablures du mont Brouilly. Marc Peria, installé depuis 2015, y produit du beaujolais-villages dans les 3 couleurs.

Après 9 mois d'élevage en fût, ce 2019 livre un bouquet harmonieux de fruits noirs (cassis, mûre) sur fond de boisé grillé. La bouche offre du gras et un bon volume autour de tanins bien en place et d'un boisé qui doit encore se fondre. Pour la cave. ⧗ 2023-2026

MARC PERIA, 679, montée du Perrin, La Commanderie, 69460 Le Perréon, tél. 06 08 70 77 53, domaine.lacommanderie@gmail.com V *r.-v.*

DOM. DE CROIFOLIE Rosé Labise 2020 ★

■ | 9700 | | 5 à 8 €

Gérard Crozet a pris en 1994 la suite des deux générations précédentes à la tête de l'exploitation familiale, implantée à Salles-Arbuissonnas. Le vignoble couvre 8 ha dans l'aire des beaujolais-villages.

Régulièrement en vue pour ses rosés, Gérard Crozet signe un joli *villages* 2020, ouvert sur des arômes de fruits rouges et d'agrumes mâtinés de nuances florales. La bouche est souple en attaque, plus ronde et suave dans son développement, avec une fraîcheur bien dosée en appoint. ⧗ 2021-2022

DOM. DE CROIFOLIE, 32, chem. de la Météorite, 69460 Salles-Arbuissonnas, tél. 04 74 67 58 30, gecrozet@wanadoo.fr V *r.-v.*

DOM. LE FAGOLET Granit Rouge Vinifié sans soufre 2020 ★

■ | 11 000 | | 8 à 11 €

Paul Girard mène ce domaine de près de 10 ha présent sur les trois couleurs de l'appellation beaujolais-villages et sur les crus brouilly, morgon et chiroubles. Une exploitation située sur les coteaux de Vaux-en-Beaujolais où les sélections parcellaires ont fait leur apparition. La nouvelle génération s'apprête à prendre le relais.

Coup de cœur sur le millésime 2017, cette cuvée sans soufre séduit aussi dans sa version 2020. Un court passage en cuve de 4 mois et le vin se présente plein de fruit, au nez comme en bouche : fraise, cerise, mûre. Sa souplesse et son équilibre entre rondeur et fraîcheur sont ses autres atouts. ⧗ 2021-2024

DOM. LE FAGOLET, 2932, rte d'Arbuissonnas, 69460 Vaux-en-Beaujolais, tél. 06 71 95 83 12, contact@le-fagolet.com V *r.-v.*

DOM. GARDOT 2020 ★

■ | 1350 | | 5 à 8 €

Un tout récent domaine créé en 2018 par Maxime Garnier et Amélie Jondot. Les vignes sont principalement situées sur un coteau surplombant Fleurie face à la célèbre Madone du village : 8 ha exposés au sud-sud-est, certifiés HVE.

De très jeunes vignes de 6 ans ont donné naissance à ce blanc expressif, qui s'ouvre sur les fleurs blanches, la pêche, les fruits exotiques et les agrumes. En bouche, rondeur et souplesse sont de mises, avec une juste acidité en soutien pour dynamiser l'ensemble. ⏳ 2021-2024

DOM. GARDOT, 10, allée des Géraniums, 69115 Chiroubles, tél. 06 75 81 61 76, domaine.gardot@gmail.com V r.-v.

CH. GRAND'GRANGE La Cascade 2018 ★

■ | 2500 | | 8 à 11 €

En 1842, le fondateur du château nomma son domaine la Grand'Grange comme un pied de nez à son frère cadet qui, lui, avait hérité d'un domaine nommé La Petite Grange. Aujourd'hui, le vignoble compte 14 ha repris en 2009 par Per Hakon Schmidt et Marianne Philip, couple d'avocats danois, qui en ont confié la direction technique à Andrea Pugliese.

Né de jeunes vignes de 20 ans, ce *villages* séduit avant tout par son fruité intense et franc, que l'on retrouve au nez comme bouche (framboise, fraise, mûre). Il plaît aussi pour son coté croquant, charnu, souple, frais et ses tanins soyeux. ⏳ 2021-2024

CH. GRAND'GRANGE, 687, chem. de la Grande-Grange, 69460 Le Perréon, tél. 06 69 12 39 77, info@chateaugrandgrange.com V r.-v.

SOPHIE ET GUILLAUME JONCY Quincié Quartz 2019 ★

■ | 15000 | | 8 à 11 €

Un domaine avec vue sur le mont Brouilly, dont le vignoble, en conversion bio depuis 2017, couvre 25 ha, avec des parcelles en côte-de-brouilly, morgon, régnié, chiroubles et beaujolais-villages. Jean-Paul Joncy s'y est installé en 1979, relayé par son fils Guillaume et sa belle-fille Sophie. Depuis 2018, ces derniers sélectionnent également des cuvées dans le Beaujolais et le Mâconnais auprès de petits domaines familiaux, des « vignerons copains ».

Des vignes de 60 ans plantées sur un terroir de schistes et de quartz sont à l'origine de ce vin qui a connu une logue cuvaison de 20 jours. Au nez se déploient des parfums intenses de fruits noirs (cassis, myrtille) et de réglisse. La bouche est ample, fraîche, bien fruitée, dotée de tanins bien enrobés dans la chair. ⏳ 2022-2025

GUILLAUME JONCY, 249, rte du Chavagnon, 69430 Quincié-en-Beaujolais, tél. 04 74 04 33 29, domaine.joncy@orange.fr V r.-v.

DOM. LONGÈRE En Verchères 2019 ★★

■ | 1600 | | 8 à 11 €

Installé en 1981, Jean-Luc Longère représente la sixième génération de la famille à arpenter les coteaux de ce petit domaine (4 ha en culture très raisonnée), qui abrite une belle cave voûtée de 1845.

Les vins blancs de Jean-Luc Longère sont régulièrement en vue dans ces pages. Ici, une cuvée dont 20 % ont été passés en fûts de 1 à 3 ans. Au nez, elle dévoile une belle intensité aromatique autour des fruits blancs mûrs, de la pomme et des épices douces. En bouche, elle se montre ample, ronde, soyeuse, vanillée par le bois mais pas trop, avec en finale une fine fraîcheur minérale qui lui donne de l'allonge et du nerf. ⏳ 2024-2026 ■ **Le Vin des Roches 2018 ★★ (8 à 11 €; 2100 b.)** Un très beau *villages* né de vignes de 60 ans, élevée pour partie dans des fûts de 3 à 5 ans. A un nez agréable et harmonieux mariant les fruits mûrs aux notes grillées et chocolatées du bois répond une bouche riche, ronde, charnue, bien structurée par des tanins veloutés. ⏳ 2023-2026

JEAN-LUC ET RÉGINE LONGÈRE, 157, bd Tachon-Paquet, Le Duchampt, 69460 Le Perréon, tél. 04 74 03 27 63, jean-luc.longere@wanadoo.fr V r.-v.

MAISON JEAN LORON Rift 69 Sans sullfites ajoutés 2020 ★

■ | 55000 | | 8 à 11 €

Aux origines de la maison, Jean Loron, vigneron né dans le Beaujolais en 1711. Son petit-fils Jean-Marie fonda en 1821 un commerce d'expédition de vins. Aujourd'hui dirigée par la 8e génération, ce négoce est aussi propriétaire de plusieurs domaines, comme le Ch. de la Pierre (régnié, brouilly), ceux de Fleurie, de Bellevue (morgon), les domaines des Billards (saint-amour) et de la Vieille Église (juliénas).

Une cuvée sans soufre dont le nom évoque la faille géologique à l'origine des monts du Beaujolais. Au nez, le fruit est à la fête (cerise, fraise, myrtille), agrémenté d'une touche épicée. La bouche se montre souple en attaque, puis ronde, veloutée, aimable et gourmande. ⏳ 2022-2025

SAS MAISON JEAN LORON, Pontanevalux 1846, D 906, 71570 La-Chapelle-de-Guinchay, tél. 03 85 36 81 20, vinloron@loron.fr V t.l.j. sf dim. 10h-12h30 14h-18h; f. début Août

DOM. DES NUGUES 2019 ★

■ | 21200 | | 11 à 15 €

Acquise en 1976 par Gérard Gelin, cette propriété a été reprise en 2005 par son fils Gilles, qui avec son épouse Magali ont développé le domaine grâce à l'achat de vignes en AOC fleurie. À sa création, la propriété comptait 0,9 ha. Après achats successifs et locations, elle s'étend aujourd'hui sur 35 ha certifiés HVE.

De jeunes vignes de 15 ans ont donné ce blanc expressif et franc à l'olfaction, centré sur des parfums d'agrumes, de fleurs et fruits blancs. En bouche, le fruit reste bien présent ; c'est rond sans lourdeur, souligné par une agréable fraîcheur qui donne du dynamisme à l'ensemble. ⏳ 2021-2024 ■ **2019 ★ (8 à 11 €; 60000 b.)** Le *villages* rouge du domaine plaît par son fruité mûr agrémenté de notes florales et épicées, sa bouche souple et ronde, aux tanins fondus. ⏳ 2022-2025

DOM. DES NUGUES, 40, rue de la Serve, Les Pasquiers, 69220 Lancié, tél. 04 74 04 14 00, gilles@domainedesnugues.fr V r.-v.

B CH. DE PONCIÉ 2019 ★

■ | 8232 | | 11 à 15 €

La famille champenoise Henriot (aussi propriétaire de Bouchard Père et Fils) avait acquis en 2008 le Ch. de Poncié (domaine historique fondé en 949 et ancienne propriété de l'abbaye de Cluny) et l'avait rebaptisé « Villa Ponciago ». Changement de propriétaire en 2020 avec le rachat par l'entrepreneur lyonnais Jean-Loup Rogé, qui a mis Marion Fessy aux commandes du domaine et de ses 50 ha de vignes en conversion

bio. Retour du nom Ch. de Poncié sur les étiquettes, les cuvées Villa Ponciago seront désormais réservées à l'export et la structure de négoce est arrêtée.

De très jeunes ceps de 8 ans (parcelle en bio certifiée) sont à l'origine de ce blanc passé 6 mois dans des fûts de chêne patinés (3 à 4 vins). Au nez, les fleurs blanches se mêlent à l'abricot et à la pêche sur fond de boisé finement toasté. En bouche, le vin se montre charnu, mûr et gras sans lourdeur, avec un côté beurré compensé par une fine acidité bien dosée. ⧗ 2022-2025

CH. DE PONCIÉ, 1087, rte de Poncié, 69820 Fleurie, tél. 04 74 69 83 33, contact@chateaudeponcie.com V r.-v.

♥ LES VIGNERONS DU PRIEURÉ
Fleur de Cuvée 2020 ★★

■ | 10880 | | - de 5 €

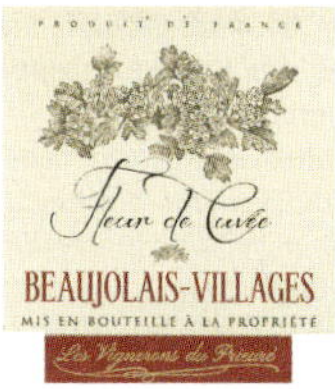

Filiale de l'Union des caves coopératives de Juliénas et de Chaintré, nouvel ensemble regroupant 290 ha de vignoble, Les Vignerons du Prieuré sont installés à Juliénas, au château du Bois de la Salle. La structure distribue de nombreux crus en Beaujolais et en Mâconnais.

La « coop » de Juliénas signe ici un *villages* épatant de bout en bout. Au nez, les petits fruits rouges (fraise, framboise) et noirs (myrtille) s'en donnent à cœur joie, agrémentés de fines notes florales. On les retrouve avec la même gourmandise dans une bouche souple, fraîche, tendre, étayée par des tanins soyeux et bien fondus qui renforcent le caractère élégant et harmonieux de ce vin. ⧗ 2022-2025

LES VIGNERONS DU PRIEURÉ, Ch. du Bois de la Salle, 69840 Juliénas, tél. 04 74 41 41 66, contact@julienaschaintre.fr V *t.l.j. 9h-12h 14h-18h*

DOM. CHRISTOPHE RENARD 2019 ★

■ | 2500 | | 5 à 8 €

Fils et petit-fils de vigneron, Christophe Renard exploite 11 ha au sein du vaste vignoble du Ch. de la Carelle (70 ha, dont 30 ha en bio), dirigé par Xavier Maraud des Grottes. Il y est métayer, c'est-à-dire qu'il donne la moitié de sa récolte au château, à l'instar de onze autres collègues. Il commercialise le reste sous son nom.

Ce *villages* s'ouvre sans réserve sur un fruité gourmand et flatteur de petits fruits rouges mûrs. La bouche reste sur le fruit, bien présent, et séduit aussi par sa rondeur, son côté charnu et ses tanins souples et fins. ⧗ 2022-2025

CHRISTOPHE RENARD, 361, La Carelle, montée du Cimetière, 69460 Saint-Étienne-des-Oullières, tél. 06 88 56 69 49, renard-christophe@orange.fr V *t.l.j. 10h-12h 14h-18h30; f. 1er-20 août.*

DOM. SAINT-SORLIN
Réserve du Domaine 2018 ★★

■ | 4750 | | 5 à 8 €

Une exploitation familiale transmise de père en fils depuis plusieurs générations. Créé par le grand-père d'Éric Jacquet, en 1952, le domaine s'étend sur 17 ha.

De vénérables vignes âgées entre 60 et 80 ans sont à l'origine de ce superbe *villages* élevé 18 mois en foudres. Au nez, les fruits rouges mûrs se mêlent à de fines notes grillées et épicées. La bouche affiche beaucoup de volume, de gras et de générosité, épaulée par des tanins fins et veloutés et par un boisé parfaitement dosé. Pour la cave. ⧗ 2023-2028

DOM. SAINT-SORLIN, 255, chem. des Ecoliers, 69640 Montmelas-Saint-Sorlin, tél. 04 74 67 37 60, domaine.saint.sorlin@orange.fr V r.-v.

♥ B DOM. DES TERRES VIVANTES
Champ Bon 2019 ★★

■ | 1200 | | 11 à 15 €

Un domaine appartenant à la famille Gros depuis 1762. Ludovic et son épouse Marie s'y sont installés en 1995, à la tête d'un petit vignoble de 4,7 ha cultivé en bio et biodynamie, complété par des champs de blé (18 variétés). Ainsi, Ludovic, ancien sommelier et caviste, s'occupe de la partie viticole, et Marie se charge de transformer le blé en farine puis en pains.

C'est une première dans le Guide pour ce domaine, et quelle première ! Il propose un superbe *villages* blanc né de jeunes ceps de chardonnay âgés de 15 ans, qui s'ouvre sans réserve sur des parfums harmonieux et séduisants de fleurs blanches et de fruits jaunes sur fond de boisé doux et fondu. Des arômes auxquels fait écho une bouche ample, ronde, soyeuse, délicate et longue, soulignée par une fine fraîcheur qui lui donne du dynamisme et de l'équilibre. ⧗ 2021-2024

DOM. DES TERRES VIVANTES, 656, rte de la Tallebarde, 69460 Blacé, tél. 04 74 60 52 13, marie-ludovic.gros@wanadoo.fr V r.-v.

CH. DE VAUX Le Clos de Valentin 2019 ★★

■ | 2000 | | 5 à 8 €

La famille de Vermont exploite depuis 1834 et 5 générations (Yannick depuis 2015) ce domaine dont le caveau et la cave datent du XIIes. Le vignoble couvre aujourd'hui une superficie de 12,5 ha (dont des parcelles de Brouilly). Une valeur sûre pour ses beaujolais-villages.

Coup de cœur avec sa Réserve de Jacques 2018 dans l'édition précédente, Yannick de Vermont est fidèle au rendez-vous avec cette cuvée née de vénérables vignes de 80 ans plantées dans l'ancien clos du château. Dans le verre, un *villages* plein de générosité, ouvert sur un fruité noir gourmand, mûr à souhait et relevé d'épices, au palais ample, dense, concentré, gras sans manquer de fraîcheur, soutenu par des tanins veloutés qui renforcent son caractère caressant. ⧗ 2022-2026

■ **Les Verseaux 2020 ★ (5 à 8 €; 8000 b.)** Un *villages* souvent en vue dans ces pages, né sur une forte pente granitique bien exposée au plein soleil. Au nez, une belle complexité, avec des notes fruitées, florales et épicées. En bouche, de la matière, du volume, des tanins ronds et soyeux. ⧗ 2022-2025

CH. DE VAUX, Le Bourg-139, imp. du Clos, 69460 Vaux-en-Beaujolais, tél. 06 08 83 33 71, devermontyannick@orange.fr V r.-v.

CH. DES VERGERS Lantignié Aux Vergers 2019 ★

■ | 2500 | 🍾 | 11 à 15 €

Après des études en agronomie, Cosima Bassouls a repris en 2018 une partie des vignes acquises en 2002 par sa famille : 6 ha dont elle a engagé la conversion à l'agriculture biologique (l'autre partie est conduite par Frédéric Berne). Un vignoble commandé par une bâtisse datant de 1604.

Une belle entrée dans le Guide pour Cosima Bassouls avec son second millésime et un *villages* plein de fruit à l'olfaction : des fruits noirs à bonne maturité relevés d'une légère touche épicée. La bouche est à l'avenant, elle aussi tout en fruit, fraîche, souple, gourmande, bien équilibrée. ⧗ 2022-2025 ■ **Le Fût 2019 ★ (15 à 20 €; 1500 b.)** Pour son premier millésime en 2018, cette cuvée ne représentait qu'un seul fût. Le nom est resté. Dans le verre, un vin de belle intensité, avec du fruit et des épices douces provenant des 12 mois de barrique, du volume en bouche, du corps, des tanins fermes. Pour la garde. ⧗ 2024-2028

CH. DES VERGERS, Les Vergers, 150, chem. des Vergers, 69430 Lantignié, tél. 04 74 04 85 63, cbassouls@gmail.com V r.-v. 7

♥ **DOM. DES VIEUX CHASTY 2020 ★★**

■ | 16000 | 🍾 | 8 à 11 €

Un petit vignoble de 5 ha, ancienne propriété de la famille de l'Abbé Pierre acquise en 1988 par le Ch. de Pizay, l'un des grands domaines de la région (75 ha de vignes). Jean-Pierre Joubert en est l'actuel métayer.

Des vignes de 60 ans sont à l'origine de ce *villages* des plus expressifs, ouvert sur des arômes intenses de fruits rouges et noirs frais agrémentés d'une touche florale. La bouche, très souple en attaque, séduit par son côté charnu, son aimable rondeur, ses tanins fondus et soyeux et sa longue finale pleine de fraîcheur. ⧗ 2022-2025

JEAN-PIERRE JOUBERT, Les Chastys, 69830 Régnié-Durette, tél. 04 74 66 26 10, chapizay@wanadoo.fr V *t.l.j. sf dim. 8h30-12h30 14h-18h*

▶ BROUILLY ET CÔTE-DE-BROUILLY

Superficie : 1 597 ha / Production : 71 188 hl

Deux appellations placées sous la protection de la colline de Brouilly où s'élève une chapelle construite sous le Second Empire et dédiée à la Vierge pour implorer sa protection des vignes contre l'oïdium. Le vignoble de l'AOC côte-de-brouilly, installé sur les pentes du mont, repose sur des granites et des schistes très durs, vert-bleu, dénommés « cornes-vertes » ou diorites. Cette montagne serait un reliquat de l'activité volcanique du primaire, à défaut d'être, selon la légende, le résultat du déchargement de la hotte d'un géant ayant creusé la Saône... La production est répartie sur quatre communes : Odenas, Saint-Lager, Cercié et Quincié. L'appellation brouilly, elle, ceinture la montagne en position de piémont. Elle s'étend sur les communes déjà citées et déborde sur Saint-Étienne-la-Varenne et Charentay; sur la commune de Cercié se trouve le terroir bien connu de la Pisse-Vieille.

BROUILLY

Superficie : 1 256 ha / Production : 56 000 hl

DOM. DE BEL-AIR Briante 2019 ★

■ | 28000 | 🍾 | 8 à 11 €

Dans la famille Lafont depuis plusieurs générations, cette propriété perchée sur la colline de Bel-Air domine la vallée de l'Ardières : des bâtiments de granit bleu construits en 1849, des caves voûtées et un vignoble de 25 ha certifié HVE 3. À sa tête depuis 1985, Jean-Marc Lafont a créé une structure de négoce à son nom pour compléter sa gamme.

Une cuvée issue de la partie négoce. Au nez, les notes florales (pivoine notamment, mais aussi la rose) s'associent aux petits fruits rouges frais et quelques nuances épicées. La bouche se montre bien équilibrée, offrant à la fois de la fraîcheur, de la matière, une bonne structure tannique en finesse, de la longueur. Un joli classique qui évoluera sereinement. ⧗ 2023-2027

DOM. DE BEL-AIR, Dom. de Bel-Air, 69430 Lantignié, tél. 04 74 04 82 08, info@dombelair.com V *r.-v.*

DOM. DE BERGIRON 2020 ★

■ | 6000 | 🍾 | 5 à 8 €

Jean-Luc Laplace produit essentiellement du côte-de-brouilly et du brouilly sur son domaine de 11 ha. Les deux cuvées, régulièrement présentes dans ces pages, naissent sur un terroir assez similaire, caillouteux, plus argileux pour le premier, davantage sableux et limoneux pour le second.

Ce brouilly né de vignes de 50 ans s'ouvre sur des parfums agréables et harmonieux de fruits rouges et noirs mâtinés de notes florales. Une aromatique que l'on retrouve dans une bouche d'un beau volume, souple, ronde, dotée de tanins fondus et d'une pointe de fraîcheur qui va bien. ⧗ 2022-2025

DOM. DE BERGIRON, 85, rte de Pizay, 69220 Saint-Lager, tél. 06 70 10 63 56, jl.laplace@wanadoo.fr V *r.-v.*

DOM. BERTRAND Pisse-Vieille 2018 ★

■ | 4500 | 🛢🍾 | 15 à 20 €

Domaine créé en 1956 et conduit depuis 1974 par Maryse et Jean-Pierre Bertrand, rejoints par leur fils Julien. Installés au sud-est du mont Brouilly, ils exploitent sur 15 ha une belle palette de crus : moulin-à-vent, régnié, fleurie et juliénas. De longue date en agriculture raisonnée, le domaine a engagé la conversion bio en 2017.

Après 12 mois de foudre puis 6 mois de cuve, ce vin présente un joli bouquet de fruits rouges (griotte, framboise) agrémentés d'épices douces et de notes florales.

En bouche, il se révèle rond, enrobé, porté par des tanins fins et soyeux. Un brouilly bien typé Pisse-Vieille. 2024-2027

DOM. BERTRAND, 375, rue des Combes, 69220 Charentay, tél. 06 95 53 55 91, domainebertrand@outlook.fr V r.-v. 3

DOM. NICOLAS BOUDEAU Pierreux 2019 ★

2500 | | 11 à 15 €

Nicolas Boudeau a repris en 2007, au sud du mont Brouilly, une exploitation de 6,5 ha certifié HVE3, avec une partie en conversion bio depuis 2020. Il produit des cuvées parcellaires en brouilly, côte-de-brouilly et beaujolais-villages.

De ce lieu-dit au sol de granite carbonifère profond, Nicolas Boudeau a tiré un brouilly d'une belle intensité de couleur et d'arômes : on y perçoit des notes de cerise, de mûre, de cassis, de violette aussi. En bouche, le vin se montre rond, charnu, suave, bien fruité. Une jolie gourmandise. 2023-2026

NICOLAS BOUDEAU, 375, rte des Jacquets, 69460 Odenas, tél. 04 74 03 13 85, contact@nicolas-boudeau.com V r.-v.

DOM. DE BRIANTE Tradition 2018 ★★

38000 | | 8 à 11 €

Jeune œnologue d'origine bourguignonne, Lauren Faupin-Schneider a fait le tour du monde des vignobles avant de prendre la direction en 2011 du domaine de Briante : un château du XVIIIe s., un parc aux arbres centenaires et 14 ha de vignes, en brouilly (6 ha), côte-de-brouilly, moulin-à-vent et beaujolais blanc.

Un élevage de 8 mois en cuve béton pour ce brouilly bien né, ouvert sur des arômes frais et fins de fruits rouges (cerise, framboise) et noirs (mûre) agrémentés de nuances épicées. On retrouve le fruit dans une bouche ample, dense, à la fois fraîche et charnue, aux tanins délicats et veloutés. 2023-2027

DOM. DE BRIANTE, 810, rte de Briante, 69220 Saint-Lager, tél. 06 83 31 28 50, lfaupin@gmail.com V r.-v. 5

♥ CH. DE LA CHAIZE Lieu-dit La Chaize Monopole 2018 ★★

18000 | | 20 à 30 €

Ce château Grand Siècle, construit en 1674 selon les plans de Jules Hardouin-Mansart, est pourvu de jardins dessinés par André Le Nôtre. Le vignoble est l'un des plus vastes du Beaujolais : il compte 300 ha d'un seul tenant, dont 150 en exploitation, avec une approche parcellaire pour l'élaboration des vins. Il a été racheté en 2017 par la famille Gruy (Christophe et son neveu Boris, directeur d'exploitation). De nombreux projets sont en cours de réalisation, dont le passage en bio et en biodynamie.

De ce clos de 3,5 ha ceint de mûrs datant de 1676, Boris Gruy a extrait un 2018 épatant, qui après 18 mois de passage en foudres présente un nez intense et complexe de fruits noirs mûrs, de violette, de sous-bois et de poivre. On retrouve les notes épicées et fruitées, agrémentées, d'une touche réglissée dans une bouche ample, dense, mûre, dotée de tanins à la fois fermes et fins qui confèrent à ce vin une très belle mâche. Un brouilly intense, profond et d'une netteté impeccable. 2024-2030

DOM. DU CH. DE LA CHAIZE, La Chaize, 69460 Odenas, tél. 04 74 03 41 05, contact@chateaudelachaize.fr V r.-v.

DOM. FRANCK CHAVY Cuvée Julmary 2019 ★

10000 | | 8 à 11 €

Fils et petit-fils de vignerons, Franck Chavy s'est installé en 1991 sur quelques hectares de morgon. Par le biais de rachats et de métayages, il a agrandi son domaine, lequel compte aujourd'hui 10 ha, tout en prenant ses marques dans le Guide, dont il est une valeur sûre. Un palmarès auquel contribuent sans doute des vignes plantées à haute densité (10000 pieds/ha) et des macérations longues.

Julmary ? Une référence aux enfants du vignerons : JULiane, MAnon, et AmaurRY. Dans le verre, un brouilly de caractère avec un joli travail sur l'extraction. Au nez, les fruits noirs (cassis, mûre) s'agrémentent de touches poivrées et florales. En bouche, le vin se montre dense, intense, puissant sans manquer de rondeur, soutenu par de bons tanins de garde. 2024-2028

EARL FRANCK CHAVY, 200, rte de Lachat, 69430 Régnié-Durette, tél. 06 07 16 18 85, franck.vinchavy@orange.fr V r.-v.

MAISON COQUARD 2020 ★

90000 | | 8 à 11 €

Issu d'une longue lignée de vignerons, Christophe Coquard a vinifié sur trois continents et travaillé pour plusieurs négociants du Beaujolais, avant de lancer en 2005 sa propre structure adossée au domaine familial situé dans le pays des Pierres dorées.

L'une des nombreuses cuvées de la maison Coquard. Un brouilly qui vise le fruit et la minéralité comme l'indique l'étiquette. Au nez, du fruit en effet, rouge et de bonne fraîcheur. En bouche, une attaque souple, une aimable rondeur, des tanins fondus. 2022-2026

SARL MAISON COQUARD, 86, rue Manon-Roland, Le Boitier, 69620 Theizé, tél. 04 74 71 11 59, contact@maison-coquard.com V r.-v.

DOM. DES CORINDONS Cuvée Arc-en-Ciel 2020 ★

8000 | | 5 à 8 €

Un jeune domaine, constitué en 2013 par Vincent Denis et son fils Aurélien, qui ont acheté plusieurs parcelles (7 ha) sur la commune de Saint-Lager, à l'est du mont Brouilly. Celui-ci en confie l'exploitation au Dom. Jambon Père et Fils, implanté dans le même village.

Une cuvée qui rend hommage au titre de champion du monde de cyclisme de Julian Alaphilippe en 2020. Au nez, les petits fruits rouges ont la part belle, agrémentés de notes de fleurs et de réglisse. La bouche apparaît souple en attaque, équilibrée fraîche et fondue, étayée par des tanins affinés. 2022-2025

DOM. DES CORINDONS, 2, chem. de la Carrière, Le Ripan, 69690 Bessenay, tél. 06 66 55 79 30, vincent.denis@gmail.com

DOM. DUFOUR
Pisse-Vieille Clos de Ponchon 2019 ★

■	n.c.		8 à 11 €

Florent Dufour s'est installé en 1998 sur le domaine familial qu'il n'a eu de cesse d'agrandir. Il dispose aujourd'hui d'une coquette exploitation de 18 ha avec plusieurs crus à sa carte (chiroubles, morgon, brouilly, moulin-à-vent).

Une cuvée souvent en vue dans ces pages. La version 2019 offre un joli bouquet de fruits rouges (cerise, framboise) rehaussés d'épices et d'une touche végétale. La bouche apparaît charnue, bien étoffée, avec de la fraîcheur et des tanins élégants, fermes sans dureté. ⧗ 2023-2026

DOM. DUFOUR PÈRE ET FILS, 1202, Montée des Maisons-Neuves, 69220 Cercie, tél. 06 27 47 44 80, florent-dufour@wanadoo.fr V *r.-v.*

PIERRE-ANDRÉ DUMAS Les Pierreuses 2019 ★★

■	3000		11 à 15 €

Ce domaine de 16 ha propose essentiellement du brouilly et du côte-de-brouilly. Il se décline en deux étiquettes : Pierre-André Dumas pour les vins de ces deux crus, élevés en fût, et Terres d'Alice, pour les beaujolais et beaujolais-villages. La conversion bio est engagée.

Après un élevage de 12 mois en foudres, cette cuvée se présente avec entrain et générosité, le nez bien ouvert sur les fruits noirs et rouges mûrs relevés d'épices douces et d'une touche... pierreuse, minérale. En bouche, elle se montre dense, onctueuse et bien charpentée à la fois, toujours généreusement fruitée, avec une fine fraîcheur en soutien qui amène longueur, dynamisme et équilibre. ⧗ 2023-2028

PIERRE-ANDRÉ DUMAS, 631, rte de Charentay, 69460 Odenas, tél. 04 74 03 40 89, pierreandredumas@bbox.fr V *r.-v.*

MAISON JAMBON Briante Pure 2020 ★

■	n.c.		15 à 20 €

Les Jambon cultivent la vigne à Saint-Lager, au pied du mont Brouilly, depuis 5 générations. Regroupant depuis 2005 les domaines de Robert Jambon et de ses deux fils Emmanuel et Dominique, sous le nom Dom. des Maisons Neuves, le vignoble s'étend sur 40 ha certifiés HVE3, avec des parcelles en conversion bio en brouilly et beaujolais-villages.

Les frères Jambon ont mis au point une nouvelle gamme de vins bio intitulée Pure dont le principe est l'encuvage et la fermentation en jarres sans levurage sur une durée variable. Le nez exhale des parfums agréables et gourmands de petits fruits rouges et noirs. La bouche, à l'unisson du bouquet, se montre souple, tendre, ronde, bien fruitée, sans manquer de volume et de structure. ⧗ 2022-2026

SCEA MAISON JAMBON, 166, chem. de Bergeron, 69220 Saint-Lager, tél. 06 22 77 63 29, contact@vinsmaisonjambon.com V *t.l.j. 9h-12h 14h-19h*

DOM. LAFOREST 2020 ★

■	45000		5 à 8 €

Vigneron comme son père et son grand-père, Jean-Marc Laforest a pris les rênes en 1973 d'un domaine qui compte aujourd'hui 20 ha. Ses deux fils Thomas et Pierre ont pris la relève en 2016. L'exploitation propose les crus brouilly, côte-de-brouilly et régnié ainsi que du beaujolais-villages.

Valeur sûre de l'appellation (coup de cœur sur le millésime 2019), le domaine Laforest signe un 2020 de belle facture, ouvert sur des parfums francs de fruits rouges frais (cerise, framboise) agrémentés d'une légère pointe réglissée. La bouche apparaît bien équilibrée, à la fois ronde, tendre, étoffée et fraîche, avec en soutien des tanins veloutés. ⧗ 2022-2026

DOM. LAFOREST, 793, rte du Bois, 69430 Régnié-Durette, tél. 04 74 04 35 03, domaine.laforest@orange.fr V *t.l.j. sf dim. 8h-20h*

CAVE DU CH. DES LOGES Les 3 Madones 2020 ★

■	100000		5 à 8 €

Née en 1960, cette petite coopérative, qui regroupe 150 viticulteurs exploitant 430 ha de vignes, est une valeur sûre du Guide. Elle a acheté dès ses débuts le Ch. des Loges, une belle propriété du XVIIIe s. dans le parc de laquelle elle a construit ses chais.

Un brouilly né de vignes de 60 ans, ouvert sur les petits fruits rouges et noirs frais (cerise, framboise, cassis). La bouche se montre souple en attaque, puis ronde et tendre, bâtie sur une jolie trame de tanins fondus. ⧗ 2022-2025

CAVE DU CH. DES LOGES, 163, rue de Louveigne, 69460 Le Perréon, tél. 04 74 03 22 83, chais@caveduperreon.fr V *t.l.j. sf dim. 9h-12h 14h-17h30*

CH. MOULIN-FAVRE Vieilles Vignes 2020 ★

■	25000		8 à 11 €

Campé au milieu des vignes sur le coteau de Combiaty, à 427 m d'altitude, ce domaine de 17 ha (dont 11 en brouilly) est travaillé par Armand et Céline Vernus, qui représentent la sixième génération de viticulteurs.

Ces vieilles vignes ont 70 ans. Leurs raisins n'ont connu que la cuve, pendant 8 mois. Dans le verre, un brouilly expressif, ouvert sur les fruits rouges (cerise, framboise), quelques notes épicées en appoint. La bouche est souple en attaque, ronde, charnue, fruitée, avec des tanins présents sans dureté. ⧗ 2023-2026

CH. MOULIN-FAVRE, 310, rte de Saint-Vincent, 69460 Saint-Étienne-la-Varenne, tél. 06 70 16 12 68, moulin-favre@wanadoo.fr V *r.-v.* 3

ROBERT PERROUD
L'Enfer des Balloquets 2019 ★

■	25000		11 à 15 €

Héritier d'une lignée de vignerons remontant à la Révolution, Robert Perroud, installé en 1990 au sud du mont Brouilly, cultive 13 ha en viticulture très raisonnée. Avec son frère, il a planté dans la partie sud du Beaujolais des parcelles qu'il conduit en bio non certifié.

Cette cuvée doit son nom aux vendangeurs, qui vivent l'« enfer » lorsqu'ils s'attellent au redoutable coteau des Balloquets et sa pente à 40 %. Un effort souvent payant pour ce brouilly régulièrement en vue dans ces pages. Le 2019 se montre plaisant d'emblée par son bouquet de fruits rouges mâtinés d'épices. Un fruité épicé auquel fait écho un palais souple en attaque, rond, charnu, équilibré, aux tanins soyeux et fondus. ⧗ 2022-2026 ■ **En Saburin Romain 2018 ★ (15 à 20 €; 1866 b.)** Une cuvée qui a connu un élevage ambitieux de 18 mois en fût. Un brouilly conçu pour la garde, au nez boisé et fruité, dense, riche et bien charpenté en bouche. ⧗ 2024-2030

DOM. ROBERT PERROUD,
775, rte des Balloquets, 69460 Odenas,
tél. 06 15 12 28 42, robertperroud@orange.fr
V r.-v.

LES TOURS DE PIERREUX 2020 ★

■	80 000		8 à 11 €

Fondée en 1912, la maison beaujolaise Pellerin est aujourd'hui dans le giron du groupe Boisset. Elle distribue des vins du Beaujolais et du Languedoc-Roussillon.

Une cuvée qui s'invite avec régularité dans ces pages. Un brouilly élevé en foudres (90 % du vin) qui se présente bien avec son nez ouvert de fruits rouges agrémentés d'arômes floraux et épicés. Le palais se montre bien équilibré, généreux, rond sans manquer de fraîcheur, épaulé par de bons tanins fermes mais sans dureté. De belles perspectives en cave. ⧗ 2023-2028

PELLERIN DOMAINES ET CHÂTEAUX,
403, rte de Saint-Vincent, 69430 Quincié-en-Beaujolais,
tél. 04 74 69 09 61

DOM. DE LA ROCHE SAINT-MARTIN 2019 ★

■	10 000	5 à 8 €

Jean-Jacques Béréziat, bien connu des lecteurs du Guide, a pris en 1979 les commandes de ce domaine situé au pied du mont Brouilly. Il dispose de 9 ha de vignes, dont une partie importante (6,3 ha) sur sables et alluvions nourrit ses vins de Brouilly.

Au nez, ce plaisant brouilly dévoile des arômes de petits fruits rouges agrémentés de nuances de violette. La bouche, souple, ronde, charnue, se montre tout aussi fruitée, avec en soutien des tanins affinés et bien extraits. ⧗ 2023-2026

DOM. DE LA ROCHE SAINT-MARTIN,
1079, rte de Briante, 69220 Saint-Lager, tél. 06 80 62 59 11,
jjbereziat@wanadoo.fr V r.-v.

DOM. DES ROCHES BLEUES Les Trois Loups 2019 ★★

■	5 000		11 à 15 €

Un domaine implanté sur le granite bleu de la Côte de Brouilly, dont la cave voûtée servit naguère de salle des fêtes au village. Dirigé par Dominique et Christiane Lacondemine, il a été repris en partie en 2019 (parcelles de brouilly) par leur gendre Jonathan Buisson, puis en intégralité à partir de 2020. Ce dernier a lancé la conversion bio des 9 ha partagés entre brouilly et côte-de-brouilly.

Plus souvent en vue pour ses côte-de-brouilly, le domaine signe aussi un très beau brouilly sous la houlette de Jonathan Buisson. Au nez se dévoilent des arômes généreux de fruits noirs et rouges (groseille, framboise) agrémentés de délicates nuances de pivoine et d'épices. La bouche apparaît ample, dense, diablement charnue, étayée par des tanins mûrs et veloutés. ⧗ 2023-2027

LES ROCHES BLEUES,
961, rte du Mont-Brouilly, 69460 Odenas,
tél. 04 74 03 43 11, domainelesrochesbleues@outlook.com V r.-v. C

DOM. RUET Voujon 2020 ★

■	35 000		8 à 11 €

Fondé en 1926 au nord du mont Brouilly, ce domaine familial couvre 20 ha certifiés HVE3, avec des parcelles dans 4 crus : brouilly, côte-de-brouilly, régnié et morgon. Une valeur sûre du Beaujolais : le premier coup de cœur fut un 1984 et bien d'autres ont suivi. David Duthel a pris les rênes de l'exploitation en 2010, complétée par une activité de négoce. Une partie du vignoble est en cours de conversion bio.

Un classique de la maison Ruet, né de vignes de 65 ans sur le terroir de Voujon. Au nez, la cerise, la prune, les épices font bon ménage. En bouche, le vin se montre dense, bien structuré mais sans dureté, épaulé par des tanins fins et une agréable fraîcheur en finale. ⧗ 2023-2027 ■ **Vieilles Vignes 2018 ★ (15 à 20 €; 8 000 b.)** Des vieux ceps de 80 ans pour cette cuvée fruité, floral et un brin réglissé, au palais généreux, mûr, riche, solide, doté de tanins fermes. ⧗ 2024-2030

SARL DOM. RUET, Voujon, 178, rte du Château,
69220 Cercié, tél. 04 74 66 85 00, ruet.beaujolais@orange.fr V *t.l.j. sf sam. dim. 9h-12h 14h-17h*
B

CAVE DE SAINT-JULIEN 2020 ★

■	2 000		5 à 8 €

Créée en 1988, cette coopérative vinifie aujourd'hui près de 280 ha. Petite structure, comme il en existe de moins en moins, elle voit cependant augmenter les surfaces dont elle dispose. Une cave régulièrement en vue dans ces pages.

Après 8 mois de cuve, ce brouilly livre des parfums flatteurs de fruits noirs à bonne maturité relevés d'épices. La bouche, au diapason du nez, plaît par son attaque ronde et souple, son équilibre entre alcool et acidité bien dosée, sa matière soyeuse et ses tanins fondus. ⧗ 2023-2026

CAVE COOP. DE SAINT-JULIEN, 45, rue du Cep,
69640 Saint-Julien, tél. 04 74 67 57 46, cave.stjulien@wanadoo.fr V r.-v.

CH. DE LA TERRIÈRE Tradition 2019 ★★

■	20 000		11 à 15 €

Un château du XVIe s. face au mont Brouilly commande ici un vignoble de 24 ha sur un sous-sol de porphyre exposé plein sud. Aux commandes, Grégory Barbet, gérant du château et également propriétaire du Dom. de la Pirolette, est épaulé par l'œnologue-conseil Yoan Pitoiset.

Coup de cœur sur le millésime 2018, ce brouilly s'invite à nouveau dans ces pages avec un 2019 séducteur avec son bouquet intense de fruits rouges mûrs rehaussés d'épices. La séduction opère également en bouche, où le vin se montre généreux, riche, charnu, déployant le même fruité soutenu autour de tanins veloutés. ⧗ 2023-2028

CH. DE LA TERRIÈRE, La Terrière, 1031, rte du Château, 69220 Cercié, tél. 04 74 66 77 80, catherine@terroirs-et-talents.fr V r.-v.

DOM. ROBERT VALLETTE 2020 ★

■ | 20000 | | 8 à 11 €

Non loin de la voie verte beaujolaise, qui relie pour le plaisir des promeneurs Beaujeu à Saint-Jean-d'Ardières, le domaine, fondé en 1939, est conduit depuis 1983 par Robert Vallette (la troisième génération). Ce dernier a développé la vente directe. Il exploite 13 ha de vignes et propose notamment du brouilly, du régnié et du morgon.

Des ceps de 63 ans ont engendré ici un brouilly ouvert sur des arômes floraux, épicés et fruités (fruits noirs). La bouche affiche un bon volume, de la rondeur et du fruit, avec en soutien des tanins bien extraits. ⧗ 2023-2026

DOM. ROBERT VALLETTE, 2292, rte des Crus, 69220 Cercié, info@domaine-vallette.com V r.-v.

CÔTE-DE-BROUILLY

Superficie : 310 ha / Production : 14 000 hl

DOM. BARON DE L'ÉCLUSE
Les Garances 2019 ★★

■ | 4000 | | 15 à 20 €

Cette propriété familiale de 15 ha de vignes couvre les pentes sud-est du mont Brouilly. Après avoir vinifié plusieurs années dans divers pays du Nouveau Monde, Jean-François Pegaz, œnologue, a succédé en 2015 à son oncle qui assurait la conduite de l'exploitation depuis 1971.

Vendange manuelle partiellement égrappée, longue macération de 20 jours puis élevage en fût de 14 mois pour cette cuvée née de la plus vieille vigne du domaine (90 ans). Au nez, des notes très harmonieuses de cerise, de mûre, de pivoine et de boisé vanillé. En bouche, du gras, de la richesse, du volume, des tanins veloutés à souhait et une belle longueur. Un vin cohérent, équilibré, au caractère affirmé ⧗ 2023-2028

DOM. BARON DE L'ÉCLUSE, montée de l'Écluse, 69460 Odenas, tél. 06 40 57 19 94, baron.delecluse2@orange.fr V *t.l.j. sf dim. 10h-18h ; f. 25/12 et 1/01* 3

DOM. DE BERGIRON 2020 ★

■ | 5000 | | 5 à 8 €

Jean-Luc Laplace produit essentiellement du côte-de-brouilly et du brouilly sur son domaine de 11 ha. Les deux cuvées, régulièrement présentes dans ces pages, naissent sur un terroir assez similaire, caillouteux, plus argileux pour le premier, davantage sableux et limoneux pour le second.

Jean-Luc Laplace signe un 2020 de belle facture, né de vignes de 60 ans. Le nez évoque les fruits rouges frais (cerise, groseille, fraise). La bouche, bien centrée sur le fruit elle aussi, se montre souple en attaque, fraîche avec de la rondeur et de la chair, bien équilibrée en somme, étayée par des tanins affinés. ⧗ 2022-2025

DOM. DE BERGIRON, 85, rte de Pizay, 69220 Saint-Lager, tél. 06 70 10 63 56, jl.laplace@wanadoo.fr V r.-v.

♥ CH. DE LA CHAIZE
Lieu-dit Brûlhier 2018 ★★

■ | 5000 | | 20 à 30 €

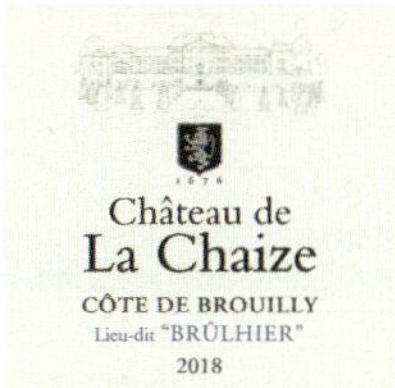

Ce château Grand Siècle, construit en 1674 selon les plans de Jules Hardouin-Mansart, est pourvu de jardins dessinés par André Le Nôtre. Le vignoble est l'un des plus vastes du Beaujolais : il compte 300 ha d'un seul tenant, dont 150 en exploitation, avec une approche parcellaire pour l'élaboration des vins. Il a été racheté en 2017 par la famille Gruy (Christophe et son neveu Boris, directeur d'exploitation). De nombreux projets sont en cours de réalisation, dont le passage en bio et en biodynamie.

Plus souvent en vue pour ses brouilly, le domaine fait forte impression avec ce côte-de-brouilly admirable, né d'une vigne de 60 ans enracinée sur un sol de pierres bleues (1 ha). Le nez mêle avec élégance la griotte, la mûre et les épices à un beau boisé racé (18 mois de barrique) et une touche plus minérale. La bouche apparaît franche en attaque, puis se développe en finesse, sans excès, mais avec une belle profondeur, autour de tanins délicats et soyeux enrobés par un fruité savoureux et un boisé aux tonalités cacaotées. Une bouteille qui vieillira en toute sérénité. ⧗ 2024-2030

DOM. DU CH. DE LA CHAIZE, La Chaize, 69460 Odenas, tél. 04 74 03 41 05, contact@chateaudelachaize.fr V r.-v.

NICOLE ET ROMAIN CHANRION
Empreinte 2017 ★

■ | 1500 | | 11 à 15 €

Nicole Chanrion est issue de la lignée des Jambon-Chanrion, qui cultive la vigne depuis 1861 sur le mont Brouilly, à travers trois branches (Jambon, Chanrion et Geoffray). Elle s'est installée en 1980 et exploite un domaine de 7 ha, dont 5 en côte-de-brouilly, sur un terroir de pierre bleue (diorite). Son fils Romain œuvre à ses côtés depuis 2015.

Une très vénérable vigne de plus de cent ans plantée sur un sol de pierres bleues (diorites) est à l'origine de ce vin élevé 14 mois en foudres. À un nez profond, floral et fruité sur fond d'épices douces, répond une bouche tendre, soyeuse, aux tanins ronds, soulignée par une fine acidité qui lui donne une bonne allonge. Une bouteille déjà agréable, mais qui vieillira bien. ⧗ 2022-2026

NICOLE & ROMAIN CHANRION, 80, Grande-Rue, 69220 Cercié, tél. 06 78 74 86 05, romaine@vignoble-chanrion.com V *t.l.j. sf dim. 8h-19h*

DOM. PIERRE-ANDRÉ DUMAS Alchimie 2018 ★

■ | 1200 | | 11 à 15 €

Ce domaine de 16 ha propose essentiellement du brouilly et du côte-de-brouilly. Il se décline en deux étiquettes : Pierre-André Dumas pour les vins de ces deux crus, élevés en fût, et Terres d'Alice, pour les beaujolais et beaujolais-villages. La conversion bio est engagée.

Une petite cuvée par le volume, née de 30 ares plantés de vieux gamays de 80 ans. Au nez, les fruits noirs mûrs mâtinés de nuances florales (iris) se mêlent à un bon boisé torréfié et fumé. En bouche, on découvre un vin ample, puissant, généreux, bien en chair, structuré par des tanins fermes. Pour la cave. ⧗ 2024-2028

PIERRE-ANDRÉ DUMAS, 631, rte de Charentay, 69460 Odenas, tél. 04 74 03 40 89, pierreandredumas@bbox.fr V r.-v.

DOM. DES FOURNELLES Godefroy 2020 ★

■ | 6000 | | 11 à 15 €

Depuis 2015, le domaine a été repris par la fille et le gendre d'Alain Bernillon, Mariannick et Guillaume Dumontet. La propriété, implantée sur le versant sud-est du mont Brouilly, s'étend aujourd'hui sur 8 ha et produit deux crus : brouilly et côte-de-brouilly.

De vieux ceps de 85 ans sont à l'origine de cette cuvée née sur le lieu-dit Godefroy. Au nez se dévoile un fruité soutenu (fruits rouges) rehaussé de notes épicées. La bouche affiche un bon volume, de la densité et des tanins fermes mais au grain fin. Un bon potentiel. ⧗ 2024-2028

DOM. DES FOURNELLES, 137, montée de Godefroy, 69220 Saint-Lager, tél. 06 79 17 27 53, domainedesfournelles@outlook.fr V *t.l.j. 8h-19h*

♥ DOM. LAGNEAU Vieilles Vignes Cuvée Didier 2019 ★★

■ | 7000 | | 8 à 11 €

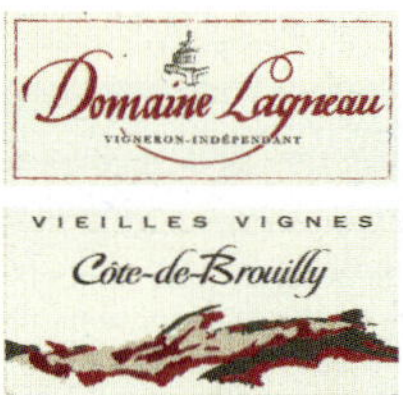

Didier Lagneau, huitième génération, a repris en 2018 le domaine familial. Il exploite ce patrimoine né de 4 ha de vignes à la fin des années 1970 et niché dans une vallée tranquille de Quincié. Le vignoble compte aujourd'hui 19 ha. Une valeur (très) sûre en côte-de-brouilly et en régnié.

Une cuvée toujours au rendez-vous, qui fait coup double après l'excellent millésime 2018, également élu coup de cœur. Ces vieilles vignes de 80 ans ont encore fait des merveilles avec un 2019 ouvert sans réserve sur les fruits noirs et rouges juste rehaussés d'épices et agrémentés de fines nuances florales. Des arômes auxquels fait écho une bouche aussi large que longue, à la fois ronde et fraîche, structurée par des tanins fermes mais fins, élégants, qui laissent serein sur l'avenir de cette bouteille. ⧗ 2023-2028

DOM. LAGNEAU, 941, rte d'Huire, 69430 Quincié-en-Beaujolais, tél. 04 74 69 20 70, dilagneau@wanadoo.fr V r.-v. 3 D

♥ DOM. MICKAËL NESME Les Gilets 2019 ★★

■ | 11000 | | 5 à 8 €

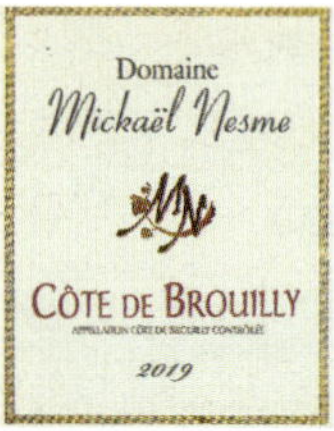

Didier Lagneau, huitième génération, a repris en 2018 le domaine familial. Il exploite ce patrimoine né de 4 ha de vignes à la fin des années 1970 et niché dans une vallée tranquille de Quincié. Le vignoble compte aujourd'hui 19 ha. Une valeur (très) sûre en côte-de-brouilly et en régnié.

Une vinification en grappes entières et une macération d'une dizaine de jours pour cette cuvée élevée 9 mois en cuve, qui a fait chavirer le cœur des jurés. Au nez, des arômes élégants et harmonieux de fruits rouges et de pivoine. Une attaque fraiche et souple introduit une bouche ample et longue, très équilibrée entre une chair ronde, des tanins fins et veloutés et une fine acidité. ⧗ 2023-2027

MICKAËL NESME, 29, chem. de Montoux, 69430 Quincié-en-Beaujolais, tél. 06 08 80 55 75, mickael_nesme@yahoo.fr V r.-v.

JEAN-GUILLAUME PASSOT 2018 ★★

■ | 1780 | | 8 à 11 €

Héritier de six générations de vignerons, Jean-Guillaume Passot a passé un BTS « Viti-oeno » et s'est installé en 2005 sur 80 ares en côte-de-brouilly. Le domaine compte aujourd'hui 6,5 ha certifiés HVE et répartis sur les crus brouilly, côte-de-brouilly et morgon.

Après 11 mois de cuve, ce côte-de-brouilly bien né (sur un sol de pierres bleues peu profond planté de vignes de 52 ans) livre un bouquet intense de fruits noirs mûrs agrémentés de notes réglissées. Arômes prolongés par une bouche d'un généreux volume, charnue, généreuse, aux tanins à la fois fermes et raffinés qui appellent la garde. ⧗ 2024-2028

JEAN-GUILLAUME PASSOT, 2764, voie Romaine, 69910 Villié-Morgon, tél. 06 72 04 98 57, jgpassot@yahoo.fr V r.-v.

DOM. DU PÈRE JEAN Tradition 2019 ★★

■ | 9000 | | 8 à 11 €

Julien Matray a repris le domaine en 2018, succédant ainsi à son père Bernard. Une exploitation, en cours de certification Terra Vitis, qui a été agrandi à différentes reprises par acquisitions et plantations, et qui s'étend aujourd'hui sur 11 ha, dont près de 7 ha en côte-de-brouilly.

Un élevage en cuve de 9 mois pour la cuvée principale et un profil sombre en couleur et plutôt épicé au premier nez, avec des notes poivrées, puis le fruit se manifeste sans ambages. En bouche, le vin se montre généreux, dense, offrant une belle mâche autour de tanins bien arrimés. Du caractère et un joli potentiel en perspective. ⧗ 2023-2027 ■ **Vieilles Vignes Elevé en fût de chêne 2018 ★ (11 à 15 €; 1800 b.)** De vieilles vignes de 80 ans et un élevage pour partie en fût (12 mois) ont donné ici un vin ouvert sur le fruit (griotte, framboise) plutôt que le merrain, même si celui est présent mais discret. La bouche reste sur le fruit, avec de la fraîcheur et une solide structure tannique en soutien.

DOM. DU PÈRE JEAN, 185, rte de la Glacière, 69220 Saint-Lager, tél. 04 74 66 85 59, domaineduperejean@gmail.com V r.-v.

DOM. DE LA POYEBADE Les Gilets 2020 ★

	n.c.		8 à 11 €

Installé depuis 1987, Marc Duvernay représente la quatrième génération de vignerons à la tête de cette exploitation familiale de 6 ha (certifiée HVE) située au pied du mont Brouilly et constituée de vieilles vignes. Il propose des brouilly et des côte-de-brouilly.

Au nez, des parfums de petits fruits rouges, de pivoine et d'épices se manifestent. On les retrouve, les fruits notamment, dans une bouche souple en attaque, croquante, avec en soutien des tanins mûrs et veloutés. ⧗ 2022-2026

DOM. DE LA POYEBADE, 2231, rte de Beaujeu, La Poyebade, 69460 Odenas, tél. 06 30 16 42 87, marc.duvernay@orange.fr V r.-v.

CH. DES RAVATYS Mathilde Courbe 2019 ★

	5 000		11 à 15 €

Situés au pied de la colline de Brouilly, le château et son vignoble de 30 ha (en conversion bio) ont été achetés au milieu du XIXᵉs. par l'ingénieur Auguste Solet, entrepreneur de travaux publics en Algérie. Ce dernier en fit hériter sa nièce Mathilde Courbe, qui les légua en 1937 à l'Institut Pasteur. Nouveau changement de propriétaire en décembre 2020 avec la reprise du domaine par le groupe Lavorel.

Une cuvée souvent en vue dans ces pages, née de l'assemblage de plusieurs terroirs de l'appellation (Chardignon, Bruhlié, Godefroy), vinifiée en grappes entières, puis passée 10 mois en foudres. Le nez apparaît bien ouvert sur les fruits rouges et noirs agrémentés de notes florales et épicées. La bouche se montre assez énergique, fraîche, ample, soutenue par des tanins bien affinés. ⧗ 2021-2025

CH. DES RAVATYS, Ch. des Ravatys, 37, rte des Ravatys, 69220 Saint-Lager, tél. 04 74 66 80 35, contact@chateaudesravatys.com V *t.l.j. 8h-12h 14h-18h; sam. dim. sur r.-v.* E

DOM. LES ROCHES BLEUES Soleil de Brulhie 2018 ★

	20 000		8 à 11 €

Un domaine implanté sur le granite bleu de la Côte de Brouilly, dont la cave voûtée servit naguère de salle des fêtes au village. Dirigé par Dominique et Christiane Lacondemine, il a été repris en partie en 2019 (parcelles de brouilly) par leur gendre Jonathan Buisson, puis en intégralité à partir de 2020. Ce dernier a lancé la conversion bio des 9 ha partagés entre brouilly et côte-de-brouilly.

Une cuvée qui porte l'ancien nom de Brouilly. Dans le verre, un côte-de-brouilly passé 8 mois en foudres, aux arômes fruités, floraux (pivoine), poivrés et réglissés. La bouche se montre dense, carrée, ferme, épaulée par un bon boisé. À attendre pour plus de rondeur, mais le potentiel est bien là. ⧗ 2023-2027 ■ **Des Lys 2017 ★ (11 à 15 €; 4 000 b.)** Une longue macération (12 à 16 jours) et un élevage à 25 % en fûts neufs et 75 % en foudres pour cette cuvée aux arômes intenses de fruits noirs, de vanille et de réglisse, à la bouche riche, solidement structurée, affichant un bon potentiel de garde. ⧗ 2024-2028

LES ROCHES BLEUES, 961, rte du Mont-Brouilly, 69460 Odenas, tél. 04 74 03 43 11, domainelesrochesbleues@outlook.com V *r.-v.* C

DOM. DE LA ROCHE THULON 2020 ★

	1500		8 à 11 €

Pascal Nigay, installé en 1990, a cédé son domaine familial à Didier Lapalus, vigneron de Régnié, en 2017. Un domaine de 14 ha, habitué du Guide, qui produit trois crus (régnié, morgon et côte-de-brouilly), ainsi que du beaujolais-villages.

Au nez, les fruits rouges se mêlent à de jolies notes florales et épicées. La bouche reste sur le fruit et séduit aussi par sa générosité, sa suavité, ses tanins fondus et sa bonne longueur. Un ensemble harmonieux. ⧗ 2022-2025

DOM. DE LA ROCHE THULON, 846, rte de Montmay, 69430 Quincié-en-Beaujolais, tél. 06 70 02 86 51, larochethulon@free.fr V *r.-v.* D

DOM. RUET Lieu-dit Côte de Brouilly 2020 ★★

	6 500		11 à 15 €

Fondé en 1926 au nord du mont Brouilly, ce domaine familial couvre 20 ha certifiés HVE3, avec des parcelles dans 4 crus : brouilly, côte-de-brouilly, régnié et morgon. Une valeur sûre du Beaujolais : le premier coup de cœur fut un 1984 et bien d'autres ont suivi. David Duthel a pris les rênes de l'exploitation en 2010, complétée par une activité de négoce. Une partie du vignoble est en cours de conversion bio.

Une cuvée souvent en bonne place, avec plusieurs coups de cœur à son actif. La version 2020 ne déçoit pas. Au nez, les fruits noirs (cassis, myrtille) et les fleurs (iris) se mêlent à un boisé bien dompté. La bouche, longue, large et dense, déploie des tanins soyeux et fins, enrobés par une chair agréable. Une bouteille racée. ⧗ 2023-2028

SARL DOM. RUET, Voujon, 178, rte du Château, 69220 Cercié, tél. 04 74 66 85 00, ruet.beaujolais@orange.fr V *t.l.j. sf sam. dim. 9h-12h 14h-17h* B

SIGNÉ VIGNERONS Les Pierres Bleues 2020 ★

	35 000		8 à 11 €

Deux des plus grandes coopératives de la région, l'une dans l'extrême sud du Beaujolais (Bully) et l'autre plus au nord (Quincié), dans la zone des beaujolais-villages et des crus, se sont unies en 2010, constituant Signé Vignerons : une entité forte de quelque 1 700 ha de vignes, qui vinifie plus de 10 % de la production de la région. Chaque cave continue néanmoins de vinifier séparément ses vins. Le négociant Louis Tête a rejoint le groupement en 2012. La structure de commercialisation, Agamy (anagramme de gamay), inclut même depuis 2015 les caves des Coteaux du Lyonnais et des Vignerons foréziens.

Une jolie cuvée bien expressive, ouverte sur le fruit (fraise, cerise), avec quelques notes de pivoine en complément. La bouche se montre souple, aimable, fraîche, dotée de tanins fondus et fins. ⧗ 2022-2025

SCA AGAMY, La Martinière, Chem. des Vignerons, 69210 Bully, tél. 04 37 55 50 35, contact@agamy.fr V *t.l.j. sf dim. 9h30-12h30 14h-18h30*

CH. THIVIN Cuvée Zaccharie 2019 ★★

	8000		30 à 50 €

Le domaine est une ancienne possession des chanoines de Belleville. Il a été vendu comme bien national et acheté par M. Thivin, avocat au Parlement, qui lui légua son nom. En 1877, un fermier en acquit 2 ha : Zaccharie Geoffray, l'ancêtre de Claude, l'actuel propriétaire. Œuvrant pour la promotion des crus locaux, la famille reçut des personnalités des Arts et des Lettres, telles que Colette en 1947. Nichée à flanc de coteau au pied du mont Brouilly, l'exploitation compte aujourd'hui 30 ha, en cours de conversion bio. Une référence du Beaujolais.

La cuvée phare du domaine, issue d'une sélection de ses meilleurs terroirs et élevée pendant 10 mois en pièces (dont 10 % de fûts neufs). Elle se montre à la hauteur de sa réputation dans sa version 2019. Une robe profonde, un nez intense et racé de fruits mûrs (cerise, cassis, myrtille) et d'épices, l'approche invite à poursuivre. On découvre alors un vin ouvert, large, dense, corpulent, concentré, mais sans aucune lourdeur, souligné par un fruité juteux et une acidité parfaitement dosée. Pour la cave. ⧗ 2024-2030

FAMILLE GEOFFRAY, Ch. Thivin, 630, rte du Mont-Brouilly, 69460 Odenas, tél. 04 74 03 47 53, geoffray@chateau-thivin.com V *r.-v.*

CHÉNAS

Superficie : 244 ha / Production : 9 500 hl

D'après la légende, ce lieu était autrefois couvert d'une immense forêt de chênes. Un bûcheron, constatant le développement de la vigne plantée naturellement par quelque oiseau, se mit en devoir de défricher pour introduire la noble plante; celle-là même qui s'appelle aujourd'hui le «gamay noir». Situé aux confins du Rhône et de la Saône-et-Loire, dans les communes de Chénas et de La Chapelle-de-Guinchay, le chénas est l'une des plus petites AOC du Beaujolais. Nés à l'ouest, sur des terrains pentus et granitiques, ses vins sont colorés et puissants, avec des arômes floraux (rose et violette); ils rappellent les moulin-à-vent produits sur la plus grande partie des terroirs de la commune. Issus du secteur plus limoneux et moins accidenté de l'est, ils présentent une charpente plus ténue.

PASCAL AUFRANC En Rémont Vignes de 1939 2019 ★★

	12000		11 à 15 €

Installé en 1993 en appellation chénas, Pascal Aufranc exploite un vignoble de coteau d'un seul tenant qu'il a agrandi vers les AOC juliénas et fleurie en 2005 : le domaine compte aujourd'hui 10 ha certifiés HVE.

Un grand classique, né des plus vieilles vignes du domaine. Dans le verre, un chénas généreux en couleur et en arômes : fruits noirs mûrs, pivoine, épices. La bouche en impose aussi par sa générosité, sa densité, sa profondeur, ses tanins veloutés et sa longueur. ⧗ 2024-2030

PASCAL AUFRANC, 890, chem. de Remont, 69840 Chénas, tél. 06 85 05 59 37, pascal.aufranc@orange.fr V *r.-v.*

DOM. CÉLINE ET NICOLAS HIRSCH Les Brureaux 2019 ★

	4000		15 à 20 €

Après avoir bourlingué en France et à l'étranger, les jeunes œnologues Céline et Nicolas Hirsch se sont installés dans le Beaujolais, où ils ont racheté en 2011 un petit domaine de 5,5 ha proposant trois crus : chénas, moulin-à-vent et juliénas.

De vieux ceps de gamay de 60 ans sont à l'origine de ce chénas au caractère affirmé, bâti pour la garde. Au nez, les fruits mûrs se mêlent à un boisé encore dominant, épicé, torréfié, mais de qualité. La bouche offre du volume, de la densité, de la structure, du muscle. Bref, à attendre. ⧗ 2024-2030

DOM. CÉLINE ET NICOLAS HIRSCH, Les Brureaux, 69840 Chénas, tél. 06 79 66 09 44, contact@domainehirsch.fr V *r.-v.*

CAVE DE JULIÉNAS-CHAINTRÉ Tradition du Bois de la Salle 2020 ★

	6840		5 à 8 €

Filiale de l'Union des caves coopératives de Juliénas et de Chaintré, nouvel ensemble regroupant 290 ha de vignoble, Les Vignerons du Prieuré sont installés à Juliénas, au château du Bois de la Salle. La structure distribue de nombreux crus en Beaujolais et en Mâconnais.

Une cuvée souvent en bonne place dans ces pages, la version 2017 décrochant même un coup de cœur. Le millésime 2020 offre un chénas expressif, centré sur les fruits rouges. Un fruité auquel fait un écho une bouche souple, ronde, aux tanins veloutés, avec une agréable fraîcheur en appoint. Un ensemble équilibré. ⧗ 2022-2026

VIGNERONS ASSOCIÉS JULIÉNAS-CHAINTRÉ, Ch. du Bois de la Salle, 69840 Juliénas, tél. 04 74 04 41 66, contact@julienaschaintre.fr V *t.l.j. 9h-12h 14h-18h; f. 3e w-e de janv.*

DOM. MATRAY 2019 ★

	4000		8 à 11 €

Lilian Matray exploite avec sa femme Sandrine le domaine familial de 15 ha. Leur fille Célia les a rejoints en 2016, devenant la sixième génération de vignerons de la famille. Ils sont présents sur les crus juliénas, chénas, moulin-à-vent, saint-amour.

Au nez, un léger boisé accompagne les fruits mûrs agrémentés de nuances florales. Un bon mariage aromatique que prolonge une bouche généreuse, ronde, avec ce qu'il faut de charpente, mais sans dureté, portée par des tanins souples. ⧗ 2023-2027

DOM. LILIAN, SANDRINE ET CÉLIA MATRAY, rte des Paquelets, Les Paquelets, 69840 Juliénas, tél. 04 74 04 45 57, domaine.matray@wanadoo.fr V *t.l.j. 8h-19h; dim. sur r.-v.*

PIRON ET LAMELOISE Quartz 2019 ★★

■ | 35000 | | 15 à 20 €

Héritier de 14 générations vigneronnes, Dominique Piron a passé, en juillet 2020, les rênes de domaine familial à Julien Revillon, son associé depuis 2013. Ce dernier est désormais à la tête d'une cinquantaine d'hectares répartis entre les vignes en propre et les achats de raisin pour la partie négoce.

Une cuvée issue d'achat de raisins provenant de vignes de 60 ans plantées sur un sol de granit recouvert de cristaux de quartz. Dans le verre, un chénas au nez fruité, floral et finement épicé, au palais délicat, fin, sans manquer de charpente, avec en soutien une fraîcheur saline qui lui donne du dynamisme et de la longueur. ⧗ 2023-2028

⊶ DOMAINES DOMINIQUE PIRON, 1216, rte du Cru, Morgon, 69910 Villié-Morgon, tél. 04 74 69 10 20, piron@domaines-piron.fr V t.l.j. sf sam. dim. 9h-12h 13h30-19h

DOM. DES PIVOINES Sélection des Vieilles Vignes 2020 ★

■ | 9000 | | 8 à 11 €

Ce domaine de 6,5 ha, transmis depuis 4 générations, est la propriété de Patrick Thévenet. Ce dernier a choisi la pivoine, arôme emblématique du chénas, pour baptiser son domaine. Les vins sont vinifiés à la cave du Château de Chénas.

Une cuvée emblématique du domaine, née de vieux ceps de 50 ans plantés sur des arènes granitiques. Au nez, des arômes de fruits rouges mûrs agrémentés de notes florales discrètes. La bouche plaît par sa rondeur, son côté charnu, ses tanins doux, bien maîtrisés. Une bouteille déjà très aimable. ⧗ 2022-2026

⊶ DOM. DES PIVOINES, Les Gandelins, 71570 La Chapelle-de-Guinchay, tél. 06 25 72 77 18 V r.-v.

♥ CH. PORTIER Prestige 2019 ★★

■ | 2250 | | 11 à 15 €

Ingénieur et œnologue, Denis Chastel-Sauzet est le propriétaire du moulin emblématique du Dom. de Moulin-à-Vent et, depuis 2006, du Ch. Portier, une bâtisse au toit de tuiles vernissées construite au XIXᵉs. Avec ces deux vignobles, il est à la tête d'un domaine de 20 ha.

Coup de cœur dans son millésime 2012, cette cuvée revient en haut de l'affiche avec un 2019 de haute lignée. Des vignes de 50 ans sont à l'origine d'un beau chénas de caractère, ouvert sur des arômes complexes de fruits noirs, de framboise, d'épices et d'aromates. La bouche est aussi large que longue, puissante, intense, riche, bâtie sur de solides tanins qui offrent beaucoup de mâche. Pour la cave assurément. ⧗ 2025-2030

⊶ SCV CH. PORTIER, 1765, rte de Moulin-à-Vent, 71570 Romanèche-Thorins, tél. 06 84 84 71 01, moulinavent.com@gmail.com V t.l.j. 9h-12h30 13h30-19h; groupes sur r.-v.

CHIROUBLES

Superficie : 334 ha / Production : 13 800 hl

Le plus haut des crus du Beaujolais s'étend sur une seule commune perchée à près de 400 m d'altitude, dans un site en forme de cirque aux sols constitués de sable granitique léger et maigre. Issu de gamay comme les autres crus, le chiroubles, considéré comme le plus « féminin » des crus du Beaujolais, est élégant, fin, peu chargé en tanins, charmeur, avec des arômes de violette. Rapidement prêt, il rappelle parfois le fleurie ou le morgon, crus limitrophes. Chiroubles est aussi la petite patrie du grand ampélographe Victor Pulliat, né en 1827, dont les travaux consacrés à l'échelle de précocité et au greffage des espèces de vigne ont contribué à mettre un terme à la crise phylloxérique; pour parfaire ses observations, le savant avait rassemblé dans son domaine de Tempéré plus de 2 000 variétés ! La fête des Crus, organisée en avril, rappelle son souvenir.

PATRICK BOULAND Vieilles Vignes 2019 ★

■ | 5000 | | 8 à 11 €

Patrick Bouland dirige depuis 1982 ce domaine bien connu des habitués du Guide. Avec sa femme Claudie, il est installé sur 12 ha de vignes dans les appellations morgon, chiroubles et fleurie.

Au nez, des parfums de fruits rouges à bonne maturité se mêlent d'épices. En bouche, le vin se montre harmonieux, offrant un fruité pulpeux, une structure bien en place, mais sans dureté, et une jolie longueur. ⧗ 2023-2026

⊶ PATRICK BOULAND, 77, montée des Rochauds, 69910 Villié-Morgon, tél. 04 74 69 16 20, patrick.bouland@free.fr V r.-v.

DOM. DE LA CHAPONNE La Forge 2020 ★

■ | 4500 | | 8 à 11 €

Cette exploitation familiale dispose de 14 ha et d'une maison typiquement beaujolaise à Villié-Morgon. Installé en 1987, Laurent Guillet s'est agrandi et propose du chiroubles et du morgon.

Une cuvée souvent en vue dans ces pages, avec notamment des coups de cœurs sur les millésimes 2017 et 2015. Un chiroubles qui doit son nom au beau-père de Laurent Guillet, qui était le forgeron du village et propriétaire des vignes. La version 2020 évoque les fruits noirs (mûre, myrtille) et les épices. La bouche se montre souple, fraîche, fruitée, bien équilibrée, dotée de tanins fondus. ⧗ 2022-2026

⊶ LAURENT GUILLET, 70, montée des Gaudets, 69910 Villié-Morgon, tél. 04 74 69 15 73, domaine-chaponne@wanadoo.fr V r.-v.

ANTHONY CHARVET Granite 2019 ★

■ | 6500 | | 8 à 11 €

Anthony Charvet a travaillé plusieurs années chez Georges Boulon, tout en vinifiant à son compte : 73 ares à ses débuts, 4 ha aujourd'hui, en chiroubles, fleurie et morgon. Pas de levures aromatiques ici, ni de thermovinification, mais la recherche de « vins

de terroir » non standardisé, avec des macérations longues, parfois l'utilisation de qvevris (jarres géorgiennes) et un usage très limité du soufre.

Anthony Charvet pratique des cuvaisons de plus en plus longues « afin d'aller chercher non pas de l'extraction, mais de la complexité, de la longueur, de la finesse », explique-t-il. C'est réussi à en juger par cette cuvée qui a connu 18 jours de macération et un élevage de 10 mois en cuve. Au nez, des fruits rouges et noirs frais et des épices. Des arômes prolongés par une bouche bien équilibrée entre fraîcheur, chair ronde et de bonne densité, tanins soyeux et fins. ⧗ 2023-2027

ANTHONY CHARVET, 9, rte du Kiosque, 69115 Chiroubles, tél. 06 50 07 25 01, anthony.charvet@live.fr V r.-v.

STEEVE CHARVET 2019 ★

■ | 20000 | | 8 à 11 €

Installé en 2011, Steeve Charvet représente la cinquième génération sur ce domaine de Chiroubles, qui couvre aujourd'hui 9 ha. Son grand-père pratiquait l'élevage et cultivait 4 ha ; son père Armand a débuté la vente en bouteilles. Outre le chiroubles, le vigneron propose du morgon et du beaujolais.

Un chiroubles harmonieux, ouvert sur des parfums de fruits rouges, agrémentés de nuances florales. La bouche se révèle souple en attaque, puis plus charpentée mais sans excès, avec une bonne longueur en prime. ⧗ 2023-2026

DOM. STEEVE CHARVET, 2255, rte de Chiroubles, 69115 Chiroubles, tél. 06 50 20 71 25, charvet-steeve@orange.fr V *t.l.j. sf dim. 9h-19h* A

DOM. DE LA GROSSE PIERRE Aux Craz 2019 ★★

■ | 6700 | | 15 à 20 €

Un domaine familial fondé en 1953, et mené depuis 2018 par Pauline Passot, troisième génération. Cette dernière exploite 9 ha en appellation chiroubles essentiellement, ainsi qu'en fleurie et en morgon.

Pauline Passot signe un très beau chiroubles né de vieilles vignes de 60 ans plantées sur un sol granitique. Au nez se déploient des arômes intenses et complexes de cerise, de pivoine, de violette, d'épices douces. La bouche séduit par son volume, son fruit gourmand, sa chair souple et tendre, ses tanins ronds et soyeux, sa fraîcheur et sa longue finale. ⧗ 2023-2027

DOM. DE LA GROSSE PIERRE, 409, rte de la Grosse-Pierre, 69115 Chiroubles, tél. 06 73 37 70 06, contact@lagrossepierre.fr V *r.-v.* 4

♥ DOM. DES MARRANS Aux Côtes 2020 ★★

■ | 10000 | | 15 à 20 €

Créé en 1970 à Fleurie par Jean-Jacques et Liliane Mélinand à partir de vignes familiales, le domaine a été repris par leur fils Mathieu en 2009. Celui-ci, qui a vinifié auparavant en Australie et en Nouvelle-Zélande, conduit aujourd'hui 20 ha de vignes répartis sur six appellations, dont quatre crus. Une valeur sûre.

Plus souvent en vue pour ses fleurie, Mathieu Mélinand signe un chiroubles magnifique, né de 2,5 ha de granit grossier, très caillouteux, planté de vignes de 50 ans. Après 12 mois passé en foudres, son 2020 révèle un bouquet très élégant et plein de fruit (cerise, cassis, mûre), agrémenté de notes florales. La bouche apparaît ample, croquante, très fraîche et très charnue à la fois, portée par des tanins soyeux à souhait. Un équilibre impeccable. ⧗ 2024-2028

DOM. DES MARRANS, Les Marrans, 109, rte des Marrans, 69820 Fleurie, tél. 04 74 04 13 21, domainedesmarrans@wanadoo.fr V *r.-v.* 3

DOM. PASSOT-COLLONGE Bel Air 2019 ★

■ | 2300 | | 8 à 11 €

Héritiers de lignées vigneronnes remontant au milieu du XIXe s., Bernard et Monique Passot se sont installés en 1990. Monique a repris seule l'exploitation en 2016 après le départ à la retraite de son mari, épaulée par son fils Jean Guillaume. Un domaine de 6 ha doté d'une palette fournie de cuvées dans plusieurs crus.

Des vignes de 40 plantées sur le lieu-dit Bel Air (69 ares) ont donné ce chiroubles bien typé. Le nez mêle les fruits rouges et noirs frais à une touche de violette. La bouche se montre tendre, charnue, sans manquer de structure. ⧗ 2023-2027

DOM. PASSOT-COLLONGE, 210, imp. du Colombier, 69910 Villié-Morgon, tél. 04 74 69 10 77, mbpassot@yahoo.fr V *r.-v.* 3

DOM. RUET La Fontenelle 2020 ★★

■ | 9000 | | 8 à 11 €

Fondé en 1926 au nord du mont Brouilly, ce domaine familial couvre 20 ha certifiés HVE3, avec des parcelles dans 4 crus : brouilly, côte-de-brouilly, régnié et morgon. Une valeur sûre du Beaujolais : le premier coup de cœur fut un 1984 et bien d'autres ont suivi. David Duthel a pris les rênes de l'exploitation en 2010, complétée par une activité de négoce. Une partie du vignoble est en cours de conversion bio.

Des vignes de 60 ans pour cette cuvée qui fait une nouvelle fois belle impression. Au nez, la cerise et la framboise se mêlent à de fines notes de poivre. La bouche attaque en souplesse, puis se fait plus dense et charnue mais toujours en finesse, avec une jolie fraîcheur en soutien et des tanins veloutés. Un très beau classique de l'appellation. ⧗ 2023-2027

SARL DOM. RUET, Voujon, 178, rte du Château, 69220 Cercié, tél. 04 74 66 85 00, ruet.beaujolais@orange.fr V *t.l.j. sf sam. dim. 9h-12h 14h-17h* B

DOM. CHRISTOPHE SAVOYE Cuvée Loïc 2019 ★

■ | 40000 | | 11 à 15 €

Sophie et Christophe Savoye, installés à Chiroubles depuis 1991, ont pris la suite de cinq générations. Ils exploitent 16 ha répartis dans les AOC chiroubles, morgon et régnié.

Un chiroubles bien équilibré que cette cuvée Loïc. Au nez, les petits fruits rouges et noirs mûrs se manifestent sans détour, rehaussés d'épices. La bouche est tendre, suave, mais équilibrée par une juste fraîcheur, avec des tanins affinés en soutien. Un ensemble harmonieux et bien typé. ⧗ 2022-2026

CHRISTOPHE SAVOYE, 11, rue de la Grosse-Pierre, 69115 Chiroubles, tél. 04 74 69 11 24, christophe.savoye@laposte.net V t.l.j. 10h-12h 14h-18h30 4

FLEURIE

Superficie : 858 ha / Production : 35 500 hl

Posée au sommet d'un mamelon totalement planté de gamay, une chapelle semble veiller sur le vignoble : c'est la Madone de Fleurie, qui marque l'emplacement du troisième cru du Beaujolais par ordre d'importance, après le brouilly et le morgon. L'aire d'appellation ne s'échappe pas des limites communales, et sa géologie est assez homogène, avec des sols constitués de granites à grands cristaux qui donnent au vin finesse et élégance. Certains aiment le fleurie frais, d'autres le servent à 14-15 °C. Ce vin entre traditionnellement dans la préparation de l'andouillette à la beaujolaise. Printanier, il charme par ses arômes aux tonalités d'iris et de violette. Certains terroirs aux noms évocateurs figurent sur l'étiquette : La Rochette, La Chapelle-des-Bois, Les Roches, Grille-Midi, La Joie-du-Palais...

DOM. DE BEL-AIR Granits roses 2019 ★

■ | 10 000 | | 11 à 15 €

Dans la famille Lafont depuis plusieurs générations, cette propriété perchée sur la colline de Bel-Air domine la vallée de l'Ardières : des bâtiments de granit bleu construits en 1849, des caves voûtées et un vignoble de 25 ha certifié HVE 3. À sa tête depuis 1985, Jean-Marc Lafont a créé une structure de négoce à son nom pour compléter sa gamme.

Coup de cœur sur le millésime 2017, cette cuvée séduit aussi dans sa version 2019. Au nez, de délicates notes florales (violette, iris) se mêlent aux fruits rouges. Une palette que l'on retrouve dans une bouche fine, fraîche, dotée d'un bon volume et de tanins fondus et soyeux. ⧗ 2023-2027

DOM. DE BEL-AIR, Dom. de Bel-Air, 69430 Lantignié, tél. 04 74 04 82 08, info@dombelair.com V r.-v.

JULIEN ET RÉMI CLÉMENT Vieilles Vignes 2019 ★

■ | 2000 | | 8 à 11 €

Julien Clément a rejoint son père Rémi en 2006 sur le domaine familial qui couvre 8 ha autour de Fleurie. La nouvelle génération développe la vente directe à la propriété.

Ces vieilles vignes ont 70 ans. Elles ont donné un fleurie harmonieux, qui évoque les fruits noirs et rouges sur fond de boisé bien ajusté. La bouche est d'un bon volume, ronde, charnue, avec du fruit que n'étouffe pas le bois et des tanins fermes sans dureté. ⧗ 2023-2027

JULIEN CLÉMENT, 275, rte du Haut-Poncié, 69820 Fleurie, tél. 06 33 37 46 37, clementjul@wanadoo.fr V r.-v.

DOM. DE COLETTE 2019 ★★

■ | 5700 | | 8 à 11 €

Vigneron précoce, Jacky Gauthier s'est installé en 1980 à seulement 17 ans, en demandant à ses parents de l'émanciper. Son domaine, implanté sur des coteaux exposés au sud-est, s'étend sur 15 ha, avec des parcelles dans 4 crus (moulin-à-vent, régnié, morgon et fleurie). Pierre-Alexandre, fils de Jacky, gère désormais le domaine avec son père. Un domaine certifié HVE3 et en cours de conversion bio.

À l'origine de ce vin, des ceps de 50 ans et un élevage de 6 mois en cuves béton. Le résultat est probant. Au nez, les fruits noirs mûrs se mêlent harmonieusement à de délicates senteurs florales (violette, pivoine). La bouche apparaît ample, riche, onctueuse, soutenue par des tanins veloutés, bien enrobés par le fruit, et accompagnée par une belle fraîcheur en finale qui apporte de l'énergie. Un fleurie complet, très équilibré, racé. ⧗ 2023-2028

JACKY GAUTHIER, 4245, rte de Saint-Joseph, 69430 Lantignié, tél. 04 74 69 25 73, domainedecolette@wanadoo.fr V r.-v.

ARNAUD COMBIER 2019 ★

■ | 10 000 | | 15 à 20 €

Arnaud Combier, après des études à la « Viti » de Beaune, fait ses premières armes au Dom. Valette dans le Mâconnais, puis à la cave de Prissé et chez Colbois à Chablis. Il rencontre aussi Jeff Carrel, négociant dans le Languedoc, avec lequel il rejoint en 2018 François de Nicolaÿ (Dom. Chandon de Briailles à Savigny-lès-Beaune) sur le Dom. des Moriers. Le vignoble (15 ha) est en conversion bio et l'usage des sulfites est limité autant que possible.

Ce fleurie « nature », né de ceps de 40 ans et vinifié avec des levures indigènes et sans sulfite, se présente avec élégance et précision au nez, offrant de jolis parfums de fruits rouges et noirs agrémentés d'épices et de nuances torréfiées. On retrouve le fruit dans une bouche ample, ronde, charnue, généreuse, étayée par des tanins veloutés et fondus et par une fine fraîcheur. ⧗ 2023-2026

DOM. DES MORIERS, 95, rue de la Merlatière, 69220 Lancié, tél. 06 50 52 94 08, arnaud.combier@gmail.com V r.-v.

DOM. DES COMBIERS La Cadole 2020 ★

■ | 2000 | | 8 à 11 €

Pour aller à Vauxrenard, commune de l'aire des beaujolais-villages où est établi ce domaine familial, il faut franchir une ligne de crête au nord-ouest de Fleurie. Laurent Savoye, qui a pris en 2006 la succession de son père Yves, exploite 9 ha en beaujolais-villages, en fleurie et en mâcon-villages.

La Cadole ? Une petite cabane en pierre construite au milieu des vignes pour permettre au vigneron de s'abriter. Dans le verre, un fleurie agréable par ses arômes fruités (cerise, framboise, mûre) agrémentés d'une touche de pivoine. La bouche, elle aussi bien fruitée, se montre souple en attaque, puis ronde, tendre, aux tanins enrobés. ⧗ 2022-2026

LAURENT SAVOYE, Les Combiers, 1320, rte des Combiers, 69820 Vauxrenard, tél. 04 74 04 11 06, savoyelaurent@gmail.com V r.-v.

GILLES COPÉRET La Madone 2019 ★★

■ | 15000 | 🍾 | 8 à 11 €

Parti de 2 ha en 1986, Gilles Copéret a bien développé le domaine, qui s'étend aujourd'hui sur 7,5 ha et produit trois crus : morgon, fleurie et régnié.

Gilles Copéret exploite 2,46 ha de ce terroir réputé, dont il a extrait un fleurie épatant, intense de bout en bout. Au nez, les fruits bien mûrs (cerise, myrtille) se mêlent à de délicates senteurs florales (rose, violette). En bouche, on découvre un vin large, profond, riche, imprégné par ce même fruité généreux et soutenu par des tanins fermes, mais au grain fin. Une pointe de fraîcheur minérale vient agréablement dynamiser la finale. ⧗ 2023-2028

GILLES COPÉRET, 1285, rte des Chastys, 69430 Régnié-Durette, tél. 04 74 04 38 08, contact@domainegillescoperet.com V r.-v. 4

CH. DE FLEURIE 2020 ★★

■ | 60000 | 🛢🍾 | 11 à 15 €

Une imposante maison de maître du XVIIIes. avec son cuvage et ses caves, où s'alignent les foudres, un parc et 9 ha de vignes implantées sur des arènes granitiques appelées localement « gore ». Le domaine appartient à la maison Jean Loron.

Coup de cœur sur les deux millésimes précédents, le Ch. de Fleurie propose un 2020 de belle facture, comme à l'accoutumée vinifié en chapeau immergé avec 60% de vendange entière. Au nez, les fruits (cerise, myrtille, cassis) à bonne maturité se mêlent à des notes épicées et légèrement réglissées. La bouche affiche du volume, de la densité, de l'équilibre autour de tanins soyeux épaulés par une agréable fraîcheur. ⧗ 2023-2027

CH. DE FLEURIE, Le Bourg, 69820 Fleurie, tél. 03 85 36 81 20, vinloron@loron.fr V r.-v.

DOM. DES FONDS La Madone 2018 ★★

■ | 2500 | 🍾 | 8 à 11 €

Ce domaine de 17,5 ha (certifié HVE) installé sur les collines de Fleurie, avec une belle vue sur la chapelle de la Madone, est né en 2010 de l'association d'André Berrod avec son jeune fils Florent. Il propose trois crus (fleurie, saint-amour et moulin-à-vent) et du beaujolais-villages. Les vinifications sont réalisées sans sulfites.

De ce terroir sableux et caillouteux du haut du village de Fleurie, Florent Berrod a extrait un fort joli 2018, généreux, solaire, bien dans le ton du millésime. Au nez, les arômes de fruits rouges mûrs sont agrémentés de notes florales et d'une touche plus fraîche, végétale et minérale. Une touche de fraîcheur qui vient aussi en soutien d'un palais ample, dense, plein, charnu, épaulé par des tanins veloutés.

DOM. DES FONDS, 48, rte des Roches, 69820 Fleurie, tél. 04 74 69 83 01, domainedesfonds@hotmail.fr V r.-v.

DOM. GARDOT Montgenas 2019 ★

■ | 1200 | 🍾 | 11 à 15 €

Un tout récent domaine créé en 2018 par Maxime Garnier et Amélie Jondot. Les vignes sont principalement situées sur un coteau surplombant Fleurie face à la célèbre Madone du village : 8 ha exposés au sud-sud-est, certifiés HVE.

Né sur une petite parcelle de 38 ares, à partir de vignes de 70 ans, ce fleurie s'ouvre sur des arômes de fruits rouges (fraise, framboise) et noirs (myrtille) agrémentés de notes florales. Arômes prolongés par une bouche bien équilibrée entre une chair ronde et une agréable fraîcheur, avec des tanins affinés en soutien. ⧗ 2022-2026

DOM. GARDOT, 10, allée des Géraniums, 69115 Chiroubles, tél. 06 75 81 61 76, domaine.gardot@gmail.com V r.-v.

DOM. DE HAUTE-MOLIÈRE Horace 2019 ★

■ | 12000 | 🍾 | 11 à 15 €

Cette propriété dispose de 10 ha de vignes en conversion bio, implantés sur des coteaux pentus et disséminés dans trois communes. Elle propose deux crus (fleurie et morgon) et du beaujolais-villages. Jean-François Patissier, qui représente la sixième génération, en a pris la tête en 1998.

Après 9 mois de cuve, ce fleurie bien né livre un bouquet élégant de fruits noirs et de fleurs. En bouche, il se montre là aussi floral, fruité, élégant, avec une bonne densité, de la chair et des tanins soyeux. Un ensemble très harmonieux, qui vieillira bien. ⧗ 2023-2027

JEAN-FRANÇOIS PATISSIER, Le Bourg, 69820 Vauxrenard, tél. 06 80 74 40 33, jfpatissier@gmail.com V r.-v.

B **DOM. GRÉGOIRE HOPPENOT** Indigène 2019 ★

■ | 6000 | 🍾 | 11 à 15 €

Ancien négociant pour la maison Trenel, Grégoire Hoppenot a repris en 2018 les 10 ha du domaine de Jean-Paul Champagnon pour voler de ses propres ailes. Les parcelles de jeunes vignes sont certifiées bio, le reste en cours de conversion.

Une première apparition dans le Guide très réussie pour Grégoire Hoppenot avec un fleurie vinifié sans soufre, assemblage de raisins provenant des *climats* Les Roches et Les Garants. Après 7 mois d'élevage en cuve béton, le vin présente un fruité gourmand à souhait, mûr et intense, de cerise et de framboise, prolongé par une bouche ronde, tendre, généreuse, aux tanins patinés. Un domaine à suivre… ⧗ 2022-2025 ■ **Les Moriers 2019 ★ (15 à 20 €; 9000 b.)** Un fleurie au nez frais, floral et fruité, au palais ample, suave et bien structuré par de bons tanins de garde. ⧗ 2024-2028

DOM. GRÉGOIRE HOPPENOT, 1079, rte des Roches, 69820 Fleurie, tél. 07 85 60 02 01, greghoppenot@hotmail.com V r.-v.

DOM. DE LEYRE-LOUP 2018 ★

■ | 13000 | 🍾 | 8 à 11 €

Un domaine de 10 ha constitué graduellement par Christophe Lanson et certifié HVE. En 1993, il achète 6 ha en morgon puis reprend en 2010 une exploitation de près de 3 ha en fleurie. En 2015, il se lance dans la production des blancs. Parallèlement, il a rénové le cuvage et créé un chai d'élevage en fût.

Ce fleurie né de ceps de 45 ans dévoile des parfums séduisants de fruits rouges (griotte, framboise) agrémentés de fines notes florales. En bouche, il se révèle dense, généreux, gras, épaulé par des tanins fermes mais fins. ⧗ 2023-2027

DOM. DE LEYRE-LOUP, 1024, rte de Corcelette, 69910 Villié-Morgon, tél. 06 15 03 73 16, info@leyre-loup.com V r.-v.

DOM. DE LA MADONE
Madone Vieilles Vignes 2018 ★

■	8000		11 à 15 €

Installé depuis 1984 avec son épouse Maryse, Jean-Marc Després, l'un des chefs de file du fleurie, a transmis son domaine en 2018 à son fils Arnaud, aux commandes de 18 ha proches d'un lieu emblématique de l'appellation : la chapelle de la Madone. Autre étiquette : Dom. du Niagara.

Sur ce beau terroir de la Madone, Arnaud Després exploite 2 ha de vieilles vignes de 80 ans. Il en tire un fleurie superbe, intense, ouvert sans réserve sur les fruits noirs bien mûrs, la violette et les épices douces. On retrouve cette intensité aromatique dans une bouche ample, dense, riche, aux tanins fins et veloutés, qui s'étire dans une longue finale sur la fraîcheur. C'est net, très équilibré, gourmand et bâti pour bien évoluer. ⧗ 2023-2028

SARL DOM. DE LA MADONE, 1230, rte de la Madone, 69820 Fleurie, tél. 04 74 69 81 51, domainedelamadone@wanadoo.fr V r.-v.

DOM. LOÏC MARION
La Madone Vieilles Vignes 2019 ★

■	650		15 à 20 €

Un domaine situé en plein cœur du village de Fleurie et conduit depuis 2011 par Loïc Marion, qui représente la troisième génération à la tête de cette exploitation familiale. Les 9,5 ha qu'il cultive sont essentiellement situés dans le cru de la commune.

Une cuvée souvent en vue dans ces pages depuis quelques millésimes. Un fleurie né de vénérables vignes de 80 ans plantées sur une petite parcelle de 1,7 ha, d'où le volume confidentiel de bouteilles produites. C'est bien dommage car le vin est bon : nez gourmand et généreux de fruits noirs mûrs, bouche charnue, ronde, aux tanins fondus et veloutés. ⧗ 2022-2025

DOM. LOÏC MARION, Les 4 Vents, 69820 Fleurie, tél. 06 73 73 40 60, loicmarion@orange.fr V r.-v.

DOM. DES NUGUES 2018 ★

■	31000		11 à 15 €

Acquise en 1976 par Gérard Gelin, cette propriété a été reprise en 2005 par son fils Gilles, qui avec son épouse Magali ont développé le domaine grâce à l'achat de vignes en AOC fleurie. À sa création, la propriété comptait 0,9 ha. Après achats successifs et locations, elle s'étend aujourd'hui sur 35 ha certifiés HVE.

Une belle intensité se dégage à l'olfaction à travers des notes de fruits rouges et noirs bien mûrs, associées à des nuances épicées. En bouche, le vin se montre ample, généreux, structuré par des tanins fermes mais fins, bien enrobés par la chair et le fruit. ⧗ 2023-2027

DOM. DES NUGUES, 40, rue de la Serve, Les Pasquiers, 69220 Lancié, tél. 04 74 04 14 00, gilles@domainedesnugues.fr V r.-v.

CH. DE PONCIÉ 949 2019 ★

■	57600		11 à 15 €

La famille champenoise Henriot (aussi propriétaire de Bouchard Père et Fils) avait acquis en 2008 le Ch. de Poncié (domaine historique fondé en 949 et ancienne propriété de l'abbaye de Cluny) et l'avait rebaptisé « Villa Ponciago ». Changement de propriétaire en 2020 avec le rachat par l'entrepreneur lyonnais Jean-Loup Rogé, qui a mis Marion Fessy aux commandes du domaine et de ses 50 ha de vignes en conversion bio. Retour du nom Ch. de Poncié sur les étiquettes, les cuvées Villa Ponciago seront désormais réservées à l'export et la structure de négoce est arrêtée.

Une belle entrée en matière dans le Guide pour la nouvelle équipe du Ch. de Poncié avec ce fleurie dont le nom évoque les origines ancestrales du domaine. Bien plus jeunes (25 ans) sont les ceps de gamay à l'origine de ce 2019 ouvert sur des arômes de fruits noirs mûrs accompagnés d'un boisé très fondu (20 % du vin est passé en fût). La bouche se montre ample, généreuse, soyeuse, caressante, avec en soutien des tanins veloutés et ce même boisé bien dosé. ⧗ 2024-2028

CH. DE PONCIÉ, 1087, rte de Poncié, 69820 Fleurie, tél. 04 74 69 83 33, contact@chateaudeponcie.com V r.-v.

CH. DE RAOUSSET Grille Midi 2019 ★

■	n.c.		11 à 15 €

Les origines de ce domaine, dans la même famille depuis 1930, remontent à 1761. Le domaine actuel a été constitué par Gaston de Raousset qui réunit des parcelles en chiroubles, morgon et fleurie – 35 ha de vignes. La propriété, aujourd'hui aux mains de quatre de ses héritiers, est dirigée par Axel Joubert.

Après 10 mois de foudres, ce fleurie livre des parfums harmonieux de fruits rouges agrémentés d'épices douces et de violette. La bouche se montre ronde, charnue, bien équilibrée, dotée de tanins bien enrobés et d'une agréable finesse. ⧗ 2022-2026

CH. DE RAOUSSET, 21, rte de Verchère, 69115 Chiroubles, tél. 04 74 69 17 28, info@chateauderaousset.com V t.l.j. 8h-12h 14h-18h; sam. dim. sur r.-v.

DOM. DE ROCHE-GUILLON
Lieu-dit La Tonne 2019 ★

■	15000		8 à 11 €

Valérie et Bruno Copéret se sont installés en 1984 sur le vignoble familial, rejoints en 2014 par leur fils Cyril. Le domaine, qui couvre 12 ha, propose trois crus : fleurie principalement, chénas et moulin-à-vent.

De ce lieu-dit, les Copéret exploitent 3 ha de vignes de 50 ans. Dans le verre, un fleurie au nez plaisant de petits fruits rouges, prolongé par une bouche équilibrée, souple en attaque, ronde et charnue, dotée de tanins fondus. ⧗ 2022-2025

DOM. DE ROCHE-GUILLON, 50, rte de Roche-Guillon, 69820 Fleurie, tél. 04 74 69 85 34, roche-guillon.coperet@wanadoo.fr V t.l.j. 9h-18h 2

DOM. ROMANESCA
La Chapelle des Bois 2018 ★

5300 | 15 à 20 €

Guy Chastel reprend en 1977 l'exploitation familiale qu'il rebaptise plus tard «Romanesca», du nom de la villa gallo-romaine qui serait à l'origine de Romanèche-Thorins. En 2019, il transmet son domaine à ses jumeaux Olivier et Antoine, épaulée par Lucère, l'épouse d'Olivier. Ensemble, ils exploitent 7 ha de vignes en moulin-à-vent, morgon, fleurie, juliénas et beaujolais-villages. La conversion bio est engagée.

Né de vignes de 50 ans, ce fleurie livre un joli bouquet de fruits rouges compotés relevés d'épices. En bouche, il se montre rond, riche, charnu, tout aussi mûr et fruité qu'au nez, épaulé par des tanins fermes mais sans dureté. ⧗ 2023-2026

DOM. ROMANESCA, 1172, rte de la chapelle des bois, 69820 Fleurie, tél. 03 85 35 57 31, contact.domaineromanesca@gmail.com V r.-v.

JULIÉNAS

Superficie : 565 ha / Production : 24 000 hl

Un cru impérial d'après l'étymologie : Juliénas tiendrait en effet son nom de Jules César, de même que Jullié, l'une des quatre communes qui composent l'aire géographique de l'appellation (avec Émeringes et Pruzilly, cette dernière se trouvant en Saône-et-Loire). Implanté sur des terrains granitiques à l'ouest et sur des terrains sédimentaires avec alluvions anciennes à l'est, le gamay engendre des vins bien charpentés, riches en couleur, appréciés au printemps après quelques mois de conservation. Gaillards et espiègles, ceux-ci sont à l'image des fresques qui ornent le caveau de la vieille église, au centre du bourg. Dans cette chapelle désaffectée est remis, chaque année à la mi-novembre, le prix Victor-Peyret à l'artiste, peintre, écrivain ou journaliste, qui a le mieux «tasté» les vins du cru; celui-ci reçoit alors 104 bouteilles : 2 par week-end...

♥ DOM. BERGERON Vayolette 2020 ★★

7800 | 8 à 11 €

Représentant la quatrième génération de vignerons, les frères Jean-François et Pierre Bergeron se sont associés en 1996 et ont regroupé leurs deux exploitations pour constituer cet imposant domaine de 38,5 ha.

De ce lieu-dit situé au-dessus du village de Juliénas, le domaine exploite deux parcelles à fortes pentes : 1,37 ha de gamay âgés de 63 ans. De vénérables ceps qui ont donné un 2020 magnifique, ouvert sur les fruits frais nuancés de notes florales, au palais ample, intense, charnu, bien épaulé par des tanins présents mais sans dureté, au grain fin et soyeux. Un beau mariage de la force et de l'élégance. ⧗ 2024-2028

DOM. JEAN-FRANÇOIS ET PIERRE BERGERON, 179, montée des Rougelons, 69840 Émeringes-en-Beaujolais, tél. 06 80 13 20 12, domaine-bergeron@wanadoo.fr V *t.l.j. 7h30-12h30 13h30-19h*

DOM. DE BOISCHAMPT Les 4 Cerisiers 2018 ★★

4900 | 11 à 15 €

Un domaine repris en 2018 par Yuko et Bob Harris, un couple australo-japonais passionné de vin. À la tête de la nouvelle équipe, Antoine Romero, directeur général venu de Bourgogne, et Thibaud Baudin, jeune œnologue de 30 ans, qui ont restructuré le chai (nouvelle cuverie) et la vigne : conservation des vieilles vignes, arrachage et replantation de 7 ha (sur les 14 que compte le vignoble), passage au bio en 2019.

Un juliénas de caractère, sombre, dense, encore un brin fermé mais qui laisse deviner un joli potentiel. Au nez, se déploient des arômes de fruits noirs frais sur fond de boisé fondu. En bouche, le vin se montre ample, riche, concentré, porté par des tanins serrés. À mettre en cave. ⧗ 2024-2028

GFA DOM. DE BOISCHAMPT, 503, chem. des Vignes, 69840 Jullié, tél. 06 98 15 66 68, a.baudin@domainedeboischampt.fr V *t.l.j. sf dim. 8h-12h 14h-18h sam. dim. sur r.-v.*

CH. BONNET Vieilles Vignes 2020 ★

15000 | 11 à 15 €

Aux confins de la Bourgogne et du Beaujolais, ce château tire son nom du sieur Bonnet, échevin de la ville de Mâcon, qui y fit bâtir en 1630 une gentilhommière où séjourna plus tard Lamartine. Acquis par les Perrachon en 1973, le domaine compte 22 ha de vignes. Pierre-Yves Perrachon, à sa tête depuis 1988, a été rejoint en 2013 par sa fille Charlotte, œnologue. Il s'est associé en outre avec un vigneron du Mâconnais pour compléter son exploitation d'une structure de négoce, Bourgogne Sélect.

Un juliénas ouvert sur des arômes élégants de fruits rouges, de pivoine, de menthol et d'épices. La bouche apparaît bien fruitée, persistante, charnue, adossée à des tanins souples et fins. ⧗ 2022-2026

CH. BONNET, EARL Vins Py Perrachon, 2, Les Paquelets, 71570 La Chapelle-de-Guinchay, tél. 03 85 36 70 41, pierre-yves@chateau-bonnet.fr V r.-v.

CH. DES CAPITANS 2019 ★

25020 | 11 à 15 €

Georges Dubœuf, décédé début 2020, a créé en 1964 un négoce-éleveur qui a largement contribué à la notoriété du Beaujolais. Aujourd'hui sous la conduite de son fils Franck, la société travaille avec de nombreux vignerons et coopératives et réalise 75 % de son chiffre d'affaires à l'international. Georges Dubœuf fut aussi pionnier en matière d'œnotourisme avec son Œnoparc (Hameau Georges Dubœuf) aménagé en 1993 dans l'ancienne gare de Romanèche-Thorins.

Un élevage pour 20 % en fût a suivi la traditionnelle macération semi-carbonique pour ce classique de la maison Duboeuf. Un 2019 expressif, ouvert sur les épices (poivre, vanille), la cerise et la groseille, ample et fondu en bouche, adossé à des tanins soyeux et un boisé bien dosé. ⧗ 2023-2026

⊶ LES VINS GEORGES DUBŒUF, 208, rue de Lancié, 71570 Romanèche-Thorins, tél. 03 85 35 34 20, gduboeuf@duboeuf.com V *t.l.j. 10h-18h*

♥ DOM. CHÂTAIGNIER DURAND
Vieilles Vignes 2020 ★★

	10 000		8 à 11 €

Jean-Marc Monnet s'est installé en 1981. À cheval sur le Mâconnais et le Beaujolais, son domaine propose en blanc du saint-véran et en rouge 2 crus du Beaujolais : chiroubles et juliénas. Une valeur sûre dans cette dernière appellation, avec plusieurs coups de cœur à la clé.

Sixième coup de cœur pour Jean-Marc Monnet avec cette cuvée admirable de bout en bout. De ce terroir d'origine volcanique, il a fait naître un juliénas expressif, fleurant bon le cassis et la cerise mûre, agrémenté de délicates nuances florales et épicées. La bouche apparaît ample, charnue, onctueuse, riche, dotée de tanins fermes mais au grain fin. Une grande harmonie s'en dégage jusqu'à la finale, longue et fraîche. ⧗ 2024-2028 ■ **Tradition 2020 ★ (8 à 11 €; 9000 b.)** Un joli vin ouvert sur les fruits rouges mâtinés de notes florales. En bouche, de la rondeur, un bon volume, de la longueur et des tanins veloutés, qui se resserrent un peu plu en finale. ⧗ 2023-2026

⊶ JEAN-MARC MONNET, Les Bucherats, 69840 Juliénas, tél. 06 17 52 70 38, monnet.jm@free.fr V *r.-v.*

DOM. DU CLOS DU FIEF 2019 ★

	9000		8 à 11 €

Francis Tête, tonnelier et régisseur de cave, a créé l'exploitation. Son fils Raymond a débuté la vente en bouteilles, Michel et Françoise ont développé le domaine, qui couvre aujourd'hui 17,5 ha - en beaujolais-villages, saint-amour et juliénas. L'arrivée de Sylvain en 2015 marque le passage à la quatrième génération.

A l'origine de ce vin, un terroir de granit rose planté de ceps de 65 ans. Au nez, les fruits rouges et noirs frais s'agrémentent de nuances végétales, épicées et réglissées. La bouche est énergique, fraîche, bien charpentée, de bonne concentration, et offre une jolie finale épicée. ⧗ 2023-2028

⊶ DOM. DU CLOS DU FIEF, Les Gonnards, rue du Gamay, 69840 Juliénas, tél. 04 74 04 41 62, domaine@micheltete.com V *r.-v.*

CHRISTOPHE COQUARD Collection 2020 ★

	90 000		8 à 11 €

Issu d'une longue lignée de vignerons, Christophe Coquard a vinifié sur trois continents et travaillé pour plusieurs négociants du Beaujolais, avant de lancer en 2005 sa propre structure adossée au domaine familial situé dans le pays des Pierres dorées.

Ce juliénas offre au nez des parfums typés de fruits rouges et noirs agrémentés de notes florales et épicées. La bouche se montre bien équilibrée entre rondeur, fraîcheur et tanins fermes et de qualité. Un bon classique. ⧗ 2023-2027

⊶ SARL MAISON COQUARD, 86, rue Manon-Roland, Le Boitier, 69620 Theizé, tél. 04 74 71 11 59, contact@maison-coquard.com V *r.-v.*

DOM. LE COTOYON 2019 ★

	4000		8 à 11 €

Établi aux confins du Mâconnais dans le village haut perché de Pruzilly, à 400 m d'altitude, Frédéric Bénat conduit depuis 1979 un vignoble de 16 ha partagé entre les crus juliénas et saint-amour.

Un juliénas expressif, ouvert sur les fruits rouges et noirs mûrs, la violette et quelques notes de sous-bois. La bouche est persistante, dense, bien structurée par des tanins fermes. Une bouteille qui évoluera sereinement. ⧗ 2023-2026

⊶ DOM. LE COTOYON, Les Ravinets, 71570 Pruzilly, tél. 03 85 35 12 90, geoffray@lecotoyon.com V *r.-v.*

PIERRE DUPOND Les Capitans 2019 ★

	20 000		11 à 15 €

Terroirs et Talents ? Une structure commerciale ombrelle créée en 2007 par Hervé Dupond et Xavier Barbet, issus de familles installées de longue date dans le Beaujolais. Elle regroupe une activité de négoce (marques Pierre Dupond et Paul Beaudet) et plusieurs domaines entre Beaujolais, Mâconnais et vallée du Rhône.

La version 2018 de cette cuvée décrocha un coup de cœur. Le millésime 2019 offre un vin au caractère affirmé. Au nez, des fruits noirs, de la cerise, des notes de pivoine. En bouche, une bonne structure tannique, dense, ferme, qui appelle un peu de garde. ⧗ 2023-2027

⊶ PIERRE DUPOND, La Terrière, 1031, rte du Château, 69220 Cercié, tél. 04 74 66 77 80, info@terroirs-et-talents.fr V *r.-v.*

CAVE DE JULIÉNAS CHAINTRÉ
Tradition du Bois de la Salle 2020 ★

	16 960		5 à 8 €

La Cave des Grands Vins de Juliénas-Chaintré résulte de l'union, en 2013, des coopératives de Juliénas (Beaujolais) et de Chaintré (Mâconnais), fondées respectivement en 1961 et en 1928, et situées à 6 km l'une de l'autre. La nouvelle entité compte 290 ha de vignes, chaque cave gardant sa structure de vinification et son identité propres. Le siège social de la cave est établi au château du Bois de la Salle, un ancien prieuré du XVIᵉs.

Cette cuvée, qui fait référence au lieu-dit sur lequel est établie la coopérative, livre un joli bouquet bien typé de fruits rouges frais (fraise, cerise, groseille), accompagnés d'une touche florale. La bouche apparaît souple, ronde, fruitée, de bonne longueur, étayée par des tanins tendres. ⧗ 2022-2026

⊶ CAVE DE JULIÉNAS CHAINTRÉ, Ch. du Bois de la Salle, 69840 Juliénas, tél. 04 74 04 41 66, contact@julienaschaintre.fr V *t.l.j. 9h-12h 14h-18h*

DOM. BENJAMIN PASSOT
Vayolette Vieilles Vignes 2019 ★

■ | 700 | 11 à 15 €

Jeune viticulteur, Benjamin Passot a connu ses premières expériences viticoles à Vosne-Romanée. Il a parallèlement développé son propre domaine et s'est installé sur quelques arpents de Juliénas à partir de 2017. Il a depuis repris des vignes sur Chénas et Chiroubles.

Coup de cœur avec cette même cuvée version 2017, Benjamin Passot propose un 2019 de belle facture, né de vieux ceps de plus de 80 ans. Après 10 mois passé en fût, ce juliénas présente des notes boisées (cacao) qui se mêlent harmonieusement aux fruits noirs, relayées par une bouche charnue, d'une agréable profondeur, structurée par des tanins fins. ⧗ 2023-2028

DOM. BENJAMIN PASSOT, 3, imp. du Charroi, 69820 Vauxrenard, tél. 06 10 75 51 05, domaine.benjamin.passot@sfr.fr V *t.l.j.10h-12h 14h-19h*

♥ DOM. SANCY 2019 ★★

■ | 4000 | 8 à 11 €

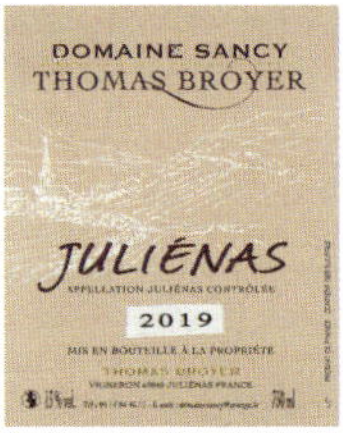

Thomas Broyer a repris le domaine familial en 2014 : 10 ha sur les appellations juliénas, chénas et saint-amour. Il vinifie « à la beaujolaise » et travaille ses sols.

Le 2018 décrocha le coup de cœur dans l'édition précédente, le 2019 fait jeu égal avec un vin tout aussi séducteur. Au nez, les fruits noirs (cassis, myrtille) se mêlent aux épices et à la violette. En bouche, on découvre un vin ample, charnu, bien structuré par des tanins au grain soyeux et souligné par une pointe de fraîcheur qui amène de la longueur. Un juliénas complet et complexe, qui gagnera encore à passer un peu de temps en cave. ⧗ 2024-2028

THOMAS BROYER, Les Bucherats, 69840 Juliénas, tél. 06 88 88 71 73, domainesancy@orange.fr V *t.l.j. 8h-12h 14h-18h*

MORGON

Superficie : 1 120 ha / Production : 48 600 hl

Le deuxième cru en importance après le brouilly est localisé sur une seule commune, celle de Villié-Morgon. Le gamay y engendre des vins robustes, généreux, fruités, évoquant la cerise, le kirsch et l'abricot. Ces caractéristiques sont dues aux sols issus de la désagrégation de schistes à prédominance basique, imprégnés d'oxyde de fer et de manganèse, que les vignerons désignent par les termes de « terre pourrie ». Des vins qui présentent ces qualités on dit qu'ils « morgonnent ». Non loin de l'ancienne voie romaine reliant Lyon à Autun, la colline du Py, croupe aux formes parfaites culminant à 300 m d'altitude, fournit l'archétype des vins de l'appellation. Cette Côte du Py est sans doute le plus connu des cinq *climats* de l'AOC. Vin de garde (jusqu'à dix ans les meilleures années), le morgon peut prendre des allures de bourgogne. La commune de Villié-Morgon se flatte d'avoir été la première à se préoccuper de l'accueil des amateurs de vins du Beaujolais : ouvert en 1953, son caveau, aménagé dans les caves du château de Fontcrenne, peut recevoir plusieurs centaines de personnes.

♥ ARNAUD AUCŒUR
Sélection Vieilles Vignes 2020 ★★

■ | 50000 | 11 à 15 €

En 1825, Jean-Claude Aucœur plante les premiers ceps à Villié-Morgon. Œnologue, Arnaud, qui représente la dixième génération sur le domaine, s'est installé en 1998. Une activité de négoce complète la production de l'exploitation familiale (14 ha) et lui permet de proposer une belle palette de neuf crus.

Une cuvée qui a déjà brillé plus d'une fois dans ces pages et obtenu un coup de cœur sur les millésimes 2019 et 2018. Arnaud Aucoeur réalise une magnifique série en ajoutant la version 2020 au palmarès. Un vin au nez complexe et soutenu de fruits noirs mûrs agrémentés d'épices et de nuances florales. La bouche apparaît longue, ample, généreuse, onctueuse, épaulée par des tanins soyeux et très fins. Un morgon de grande intensité et d'une élégance à toute épreuve. ⧗ 2024-2028 ■ Côte du Py 2020 ★★ (11 à 15 €; 50000 b.) ♥ Second coup de cœur dans l'appellation pour Arnaud Aucoeur, cette fois-ci avec la partie négoce et ce Côte du Py de caractère, qui met en avant les fruits noirs à bonne maturité relevés de notes poivrées. Une intensité à laquelle fait écho une bouche aussi large que longue, riche sans manquer d'équilibre, doté de tanins fermes qui appellent la garde. ⧗ 2025-2030

LES VINS ARNAUD AUCŒUR, 135, imp. du Colombier, 69910 Villié-Morgon, tél. 04 74 04 16 89, arnaudaucoeur@vignobleaucoeur.com V *r.-v.*

DOM. DE LA BÊCHE
Cuvée Vieilles Vignes 2020 ★

■ | 50000 | 5 à 8 €

Bien connu des lecteurs du Guide, un domaine constitué en 1848. À sa tête depuis 1985, Olivier Depardon (septième génération), aujourd'hui rejoint par son fils Alexis et sa fille Caroline, propose, sur ses 27 ha, du morgon, du régnié, du beaujolais et du beaujolais-villages.

De vieux ceps de 70 ans sont à l'origine de ce morgon élevé 9 mois en foudres. Au nez, des notes d'épices douces accompagnent les fruits rouges et noirs. La bouche attaque en souplesse, avant de montrer plus d'ampleur et de structure, soutenue par des tanins fermes. ⧗ 2024-2028

SARL OLIVIER DEPARDON, Dom. de la Bêche, BP_18, 69910 Villié-Morgon, tél. 04 74 69 15 89, domaine@depardon-morgon.com V *r.-v.*

NESTOR BÉLICARD
Les Balmes Elevé en fût de chêne 2019 ★

■	500		11 à 15 €

En 2018, à 54 ans, Nestor Bélicard fait un retour sur les terres familiales pour sauver les vignes de ses ancêtres, installés à Lancié depuis le XVIIe siècle. D'emblée, il s'oriente vers l'agriculture biologique (certification en cours) et opte pour une vinification « nature », sans aucun sulfite ajouté autant que faire se peut, en cuves bois, suivie d'élevages en fûts de chêne ou en foudres (bois ou béton). Le vignoble couvre 4,5 ha et abrite l'emblème du domaine : la « poype du Châtelard », un tumulus datant de l'an mil, dominant le village et offrant une vue à 360° sur la région.

Une première sélection pour Nestor Bélicard avec un morgon vinifié sans sulfites, passé par 9 mois de fûts de chêne. Au nez, le bois se manifeste à travers des notes d'épices, de vanille et de toasté, accompagnées par un fruité sous-jacent. Arômes prolongés par une bouche riche, ronde, veloutée. Un morgon encore sous l'emprise du merrain mais bien épaulé pour digérer son élevage. ⧗ 2024-2028

NESTOR BÉLICARD, 840, rte du Beaujolais, 69220 Lancié, tél. 04 74 04 12 65, contact@domainenestor.fr V *r.-v.*

♥ CH. BELLEVUE Côte du Py 2018 ★★

■	25 000		15 à 20 €

Un domaine de 15 ha, essentiellement en AOC morgon, commandé par une demeure datant de 1830, qui fut habitée par l'un des enfants des frères lumières. Il est la propriété de la vénérable maison Jean Loron, fondée en 1821, à la tête de plusieurs domaines dans la région, comme le château de la Pierre (régnié, brouilly), ceux de Fleurie, les domaines des Billards (saint-amour) et de la Vieille Église (juliénas).

Ce Côte du Py a remporté tous les suffrages pour sa robe intense et lumineuse et pour son nez non moins soutenu et complexe de fruits noirs (mûre, myrtille) relevés de notes épicées. Sa bouche en impose tout autant : du volume, de la richesse, de la concentration, des tanins veloutés à souhait et une longue finale qui apporte de la fraîcheur et du dynamisme. Paré pour la garde. ⧗ 2024-2030

CH. BELLEVUE, Rte d'Avenas, 69910 Villié-Morgon, tél. 04 74 66 98 88, contact@chateau-bellevue.fr V *r.-v.*

DOM. FRANCK CHAVY Les Granites Roses 2020

■	12 000		11 à 15 €

Fils et petit-fils de vignerons, Franck Chavy s'est installé en 1991 sur quelques hectares de morgon. Par le biais de rachats et de métayages, il a agrandi son domaine, lequel compte aujourd'hui 10 ha, tout en prenant ses marques dans le Guide, dont il est une valeur sûre. Un palmarès auquel contribuent sans doute des vignes plantées à haute densité (10 000 pieds/ha) et des macérations longues.

Cette cuvée née sur un sous-sol granitique riche en fer, qui se décompose progressivement en sable rose, s'invite régulièrement dans ces pages. Le millésime 2020 propose un vin ouvert sur la cerise et le cassis agrémentés d'épices et de touches florales. La bouche se montre pulpeuse, charnue, ample, dotée de tanins bien en place et d'une jolie finale sur la fraîcheur. ⧗ 2024-2028

EARL FRANCK CHAVY, 200, rte de Lachat, 69430 Régnié-Durette, tél. 06 07 16 18 85, franck.vinchavy@orange.fr V *r.-v.*

DOM. DE COLETTE
Charme de Colette 2018 ★★

■	5000		8 à 11 €

Vigneron précoce, Jacky Gauthier s'est installé en 1980 à seulement 17 ans, en demandant à ses parents de l'émanciper. Son domaine, implanté sur des coteaux exposés au sud-est, s'étend sur 15 ha, avec des parcelles dans 4 crus (moulin-à-vent, régnié, morgon et fleurie). Pierre-Alexandre, fils de Jacky, gère désormais le domaine avec son père. Un domaine certifié HVE3 et en cours de conversion bio.

De vénérables vignes de 85 ans sont à l'origine de ce morgon ouvert sans réserve sur les fruits rouges et noirs bien mûris par le soleil de 2018. La bouche se révèle ample, riche, généreuse, avec un côté presque crémeux, portée par des tanins veloutés et ronds. ⧗ 2023-2028

DOM. DE COLETTE, 4245, rte de Saint-Joseph, 69430 Lantignié, tél. 04 74 69 25 73, domainedecolette@wanadoo.fr V *r.-v.*

DOM. P. FERRAUD & FILS Les Charmes 2019 ★

■	12 000		15 à 20 €

La maison Ferraud, créée en 1882, est une affaire familiale de négoce-éleveur, spécialisée en vins du Beaujolais et du Mâconnais, qui se transmet depuis cinq générations (aujourd'hui Yves-Dominique Ferraud).

Coup de cœur dans son millésime 2017, cette cuvée se présente bien dans sa version 2019. Au nez, des notes fruitées (cerise, myrtille) se mêlent à de fines touches d'épices et de fleurs. La bouche est bien équilibrée entre gras et fraîcheur, épaulée par des tanins ronds de belle qualité. ⧗ 2023-2026

DOM. P. FERRAUD ET FILS, 31, rue du Mal-Foch, 69220 Belleville-en-Beaujolais, tél. 04 74 06 47 60, ferraud@ferraud.com V *t.l.j. sf sam. dim. 8h-12h 14h-17h*

DOM. GAGET Côte du Py 2019 ★

■	15 000		8 à 11 €

Maurice Gaget a constitué l'exploitation en 1980 en achetant 4 ha au Ch. de Pizay et en construisant l'année suivante un cuvage. Il l'a agrandie et transmise en 1999 à son fils Mikaël, qui dispose aujourd'hui de 9 ha de vignes en morgon, en beaujolais et en beaujolais-villages. Le domaine a son siège sur la Côte du Py, terroir réputé de Morgon.

Des vignes de 70 ans pour ce Côte du Py élevé 12 mois en foudres. Au nez, les fruits rouges se mâtinent de fines notes épicées et florales, avec une petite touche animale. La bouche est ronde, tendre, fruitée et épicée, soulignée par des tanins fondus et par une finale sur la fraîcheur. ⧗ 2023-2026

⊶ EARL DOM. GAGET, La Côte-du-Py, 374, rte de la Chaponne, 69910 Villié-Morgon, tél. 06 08 35 17 74, domainegaget@orange.fr V r.-v.

ALAIN GAUTHIER 2019 ★

■	6000		8 à 11 €

Alain Gauthier est installé depuis 1984 sur le domaine familial, au cœur de l'appellation morgon, sur un vignoble de 11 ha.

De vénérables vignes de 90 ans sont à l'origine de ce morgon ouvert sur les fruits noirs mûrs (cassis, myrtille). Arômes prolongés par une bouche charnue, généreuse, ronde, d'une bonne ampleur, aux tanins fondus et sans agressivité. ⧗ 2023-2026

⊶ DOM. ALAIN GAUTHIER, La Roche-Pilée, 125, rte d'Avenas, 69910 Villié-Morgon, tél. 04 74 69 15 87, earl.des.rochauds@orange.fr V r.-v.

DOM. DES GÉNÉRATIONS Vieilles Vignes 2020 ★

■	13000		8 à 11 €

Fabien Collonge, qui a pris la suite de son père André en 1997, vit en hauteur, sur les contreforts des monts du Beaujolais (Le Truges, son hameau, culminant à 450 m). Fondé en 1892, le domaine familial, rebaptisé Dom. des Générations, compte 15 ha de vignes certifiées HVE en morgon, chiroubles et beaujolais.

Une cuvée souvent en vue dans ces pages, née de vignes de 65 ans. Au nez, les fruits rouges (cerise, framboise) et noirs se mêlent harmonieusement à des notes florales de pivoine. La bouche se montre équilibrée, ronde sans manquer de fraîcheur, avec en soutien des tanins affinés et fondus. ⧗ 2023-2026

⊶ DOM. DES GÉNÉRATIONS, 2866, rte d'Avenas, 69910 Villié-Morgon, tél. 06 30 02 63 18, f.collonge@orange.fr V r.-v. G

CH. LA GRANGE COCHARD Les Charmes 2019 ★

■	38000		15 à 20 €

James et Sarah Wilding, un couple de Britanniques amoureux de la région, ont racheté en 2008 ce château dont les lointaines origines remontent au Moyen Âge, héritant, avec les vieilles pierres, d'un domaine viticole de 8,5 ha. Ici, seulement du morgon.

Des vignes de 50 ans ont donné naissance à ce Charmes élevé en cuve et en foudre, dont le millésime 2011 décrocha un coup de cœur. Le 2019 s'ouvre sur d'élégantes notes florales et fruitées agrémentées de fines notes épicées. On les retrouve dans une bouche bien équilibrée, croquante, ronde, étayée par des tanins souples et fins et prolongée par une agréable fraîcheur en finale. ⧗ 2023-2026

⊶ SARL JAMES ET SARAH WILDING, La Grange-Cochard, 69910 Villié-Morgon, tél. 04 74 03 63 02, james@lagrangecochard.com V r.-v.

B SANDRINE HENRIOT Les Charmes 2019 ★

■	3000		11 à 15 €

Originaire de Bourgogne, Sandrine Henriot s'est installée en 2018. Elle a repris un domaine certifié en biodynamie depuis 2010. Elle est à la tête de 3,3 ha en régnié, morgon et beaujolais-villages, qu'elle travaille au cheval.

Déjà remarqué l'an dernier sur le millésime 2018, le morgon de Sandrine Henriot fait aussi une belle impression en 2019. Au nez, un bon fruité mâtiné de notes épicées, florales et réglissées. En bouche, du fruit toujours, mûr et gourmand, un caractère bien charnu, du volume, de la fraîcheur aussi et des tanins soyeux. ⧗ 2023-2026

⊶ SANDRINE HENRIOT, 5238, rte de Saint-Joseph, 69430 Régnié-Durette, tél. 06 23 29 11 56, sand_henriot@yahoo.fr V r.-v.

GUÉNAËL JAMBON Côte du Py Réserve 2019 ★

■	30000		8 à 11 €

Guénaël Jambon est à la tête depuis 2004 de ce domaine implanté au cœur de la Côte du Py, le terroir le plus connu de l'AOC morgon. Il dispose de 23 ha dans cette appellation, ainsi qu'en fleurie, en chiroubles et en beaujolais-villages.

Une cuvée bien connue de nos lecteurs, souvent en bonne place dans ces pages, avec notamment un coup de cœur sur les millésimes 2017 et 2015. Le 2019, élevé pour 20 % en fût comme ses prédécesseurs, fait belle impression avec sa robe intense et son nez non moins soutenu de fruits mûrs (cerise kirschée) nuancés d'épices douces, de moka et de notes de pierre à fusil. La bouche apparaît ample, riche, dense, épaulée par des tanins bien en place, au grain fin et soyeux, et par une agréable fraîcheur en finale. Du potentiel. ⧗ 2024-2030 ■ **Côte du Py Sans Soufre 2019 ★ (11 à 15 €; 18000 b.)** Un passage en cuve de 8 mois et pas de sulfite pour ce morgon expressif (fruits noirs et rouges, violette), souple et frais en attaque, plus ferme dans son développement, mais sans excès, étayé par des tanins veloutés. ⧗ 2022-2025

⊶ GUÉNAËL JAMBON, LES ROCHES DU PY, 597, rte de la Chaponne, La Côte du Py, 69910 Villié-Morgon, tél. 06 03 49 73 06, guenael-jambon@wanadoo.fr V r.-v.

DOM. DE JAVERNIÈRE Côte du Py 2019 ★

■	6425		8 à 11 €

Georges Dubœuf, décédé début 2020, a créé en 1964 un négoce-éleveur qui a largement contribué à la notoriété du Beaujolais. Aujourd'hui sous la conduite de son fils Franck, la société travaille avec de nombreux vignerons et coopératives et réalise 75 % de son chiffre d'affaires à l'international. Georges Dubœuf fut aussi pionnier en matière d'œnotourisme avec son Œnoparc (Hameau Georges Dubœuf) aménagé en 1993 dans l'ancienne gare de Romanèche-Thorins.

Une cuvée agréable d'emblée par son bouquet de petits fruits rouges mûrs et d'épices. La bouche se montre généreuse, bien charpentée, dotée de tanins fermes, de volume et d'une bonne longueur. ⧗ 2023-2030

⊶ LES VINS GEORGES DUBŒUF, 208, rue de Lancié, 71570 Romanèche-Thorins, tél. 03 85 35 34 20, gduboeuf@duboeuf.com V t.l.j. 10h-18h

DOM. DE LEYRE-LOUP 2018 ★

■ | 24 000 | | 8 à 11 €

Un domaine de 10 ha constitué graduellement par Christophe Lanson et certifié HVE. En 1993, il achète 6 ha en morgon puis reprend en 2010 une exploitation de près de 3 ha en fleurie. En 2015, il se lance dans la production des blancs. Parallèlement, il a rénové le cuvage et créé un chai d'élevage en fût.

Un morgon né de vignes de 50 ans partiellement égrappées, puis passé 6 mois en cuve. Le nez, bien gourmand, évoque les fruits rouges mûrs. Un fruité auquel fait écho une bouche généreuse, riche, suave, épicée en finale, étayée par des tanins présents mais soyeux. ⧗ 2023-2027

DOM. DE LEYRE-LOUP, 1024, rte de Corcelette, 69910 Villié-Morgon, tél. 06 15 03 73 16, info@leyre-loup.com V r.-v.

MOMMESSIN Côte du Py Grandes Mises 2020 ★

■ | 18 600 | | 8 à 11 €

Fondée en 1865 à Mâcon, la maison de négoce Mommessin a acquis un vaste patrimoine en Bourgogne et en Beaujolais et noué des partenariats avec des domaines. Elle constitue aujourd'hui une des marques les plus importantes du groupe Boisset.

Fruits rouges et noirs, épices douces, nuances florales, le nez est attirant. En bouche, le vin se montre persistant et bien équilibré entre gras et fraîcheur, tanins fermes mais sans dureté et boisé fondu. ⧗ 2024-2027

MOMMESSIN, 403, rte de Saint-Vincent, 69430 Quincié-en-Beaujolais, tél. 04 74 69 09 61, nesme.l@mommessin.fr

DOMINIQUE PIRON Côte du Py 2019 ★

■ | 45 870 | | 15 à 20 €

Héritier de 14 générations vigneronnes, Dominique Piron a passé, en juillet 2020, les rênes de domaine familial à Julien Revillon, son associé depuis 2013. Ce dernier est désormais à la tête d'une cinquantaine d'hectares répartis entre les vignes en propre et les achats de raisin pour la partie négoce.

Né de ceps de 50 ans, ce Côte du Py s'ouvre sur des parfums harmonieux de petits fruits noirs mûrs agrémentés de nuances florales et d'un boisé bien ajusté. La bouche apparaît ample, dense, riche, dotée de tanins fermes et d'une fine acidité qui dynamise l'ensemble. Un morgon bien équilibré. ⧗ 2024-2028

DOMAINES DOMINIQUE PIRON, 1216, rte du Cru, Morgon, 69910 Villié-Morgon, tél. 04 74 69 10 20, piron@domaines-piron.fr V *t.l.j. sf sam. dim. 9h-12h 13h30-19h*

CH. DE PIZAY La Centenaire 2019 ★★

■ | n.c. | | 15 à 20 €

Le premier Ch. de Pizay, qui dépendait des sires de Beaujeu, a été construit vers 970. Remanié à la Renaissance et au XIXes., doté au XVIIes. de jardins dessinés par Le Nôtre et en 1818 d'une vaste cave voûtée. Transformé en hôtel 4 étoiles au siècle dernier, il a bien changé depuis l'époque féodale. Avec 75 ha de vignes, c'est l'un des grands domaines de la région, exploité pour une partie en faire-valoir direct, pour l'autre en métayage.

Les vignes à l'origine de cette cuvée ont été plantées en… 1915. Un âge canonique pour un morgon bien vivant. Au nez, des arômes de boisé (vanille et autres épices douces) se marient harmonieusement aux fruits noirs mûrs et à des notes plus florales. La bouche apparaît ample, riche, onctueuse, dotée de tanins caressants et d'une fine fraîcheur en appoint. ⧗ 2024-2028

CH. DE PIZAY, Pizay, 69220 Belleville-en-Beaujolais, tél. 04 74 66 26 10, chapizay@wanadoo.fr V *t.l.j. sf dim. 8h30-12h30 14h-18h*

CH. DE POUGELON 2019 ★

■ | 19 500 | | 11 à 15 €

Propriété de la famille Descombe (Dom. Passy le Clou dans le Chablisien et Dom. de Là-Haut dans la vallée du Rhône nord), le Ch. de Pougelon, fondé en 1662, exploite près de 12 ha sur le terroir des beaujolais-villages, à l'ouest du mont Brouilly, mais aussi sur plusieurs crus. Aux commandes des domaines de la famille, Marine Descombe, qui incarne la 5e génération.

Après un coup de cœur sur le millésime 2018, ce domaine signe un 2019 de belle facture, ouvert sur des arômes aguicheurs de petits fruits rouges et noirs à bonne maturité, rehaussés d'épices. La bouche plaît par sa souplesse en attaque, puis son charnu, son volume et ses tanins bien enrobés par le fruit. ⧗ 2024-2027

VINS DESCOMBE, 462, rue du Beaujolais, 69460 Saint-Étienne-des-Oullières, tél. 04 74 03 41 73, info@descombe.com V *t.l.j. sf sam. dim. 8h30-12h 14h-17h. f. août*

CH. DE RAOUSSET Douby 2018 ★★

■ | n.c. | | 11 à 15 €

Les origines de ce domaine, dans la même famille depuis 1930, remontent à 1761. Le domaine actuel a été constitué par Gaston de Raousset qui réunit des parcelles en chiroubles, morgon et fleurie – 35 ha de vignes. La propriété, aujourd'hui aux mains de quatre de ses héritiers, est dirigée par Axel Joubert.

Ce morgon, élevé en cuve et en foudre, se distingue d'emblée par son nez ouvert et fort séduisant de fruits noirs bien mûrs et gourmands sur fond de boisé fondu et délicatement épicé. La bouche apparaît ample, riche, dense, bien charpentée par des tanins veloutés et soulignée par une fine fraîcheur qui lui donne équilibre et longueur. ⧗ 2024-2028

CH. DE RAOUSSET, 21, rte de Verchère, 69115 Chiroubles, tél. 04 74 69 17 28, info@chateauderaousset.com V *t.l.j. 8h-12h 14h-18h; sam. dim. sur r.-v.*

DOM. DE LA ROCHE THULON 2020 ★

■ | 2000 | | 8 à 11 €

Pascal Nigay, installé en 1990, a cédé son domaine familial à Didier Lapalus, vigneron de Régnié, en 2017. Un domaine de 14 ha, habitué du Guide, qui produit trois crus (régnié, morgon et côte-de-brouilly), ainsi que du beaujolais-villages.

Un morgon né de vignes de 70 ans, élevé 6 mois en cuve. Au nez, le fruité domine (cerise, framboise, prune), agrémenté d'une touche poivrée. La bouche est harmonieuse, ronde sans manquer de fraîcheur, avec en soutien des tanins bien intégrés. ⧗ 2023-2026

DOM. DE LA ROCHE THULON, 846, rte de Montmay, 69430 Quincié-en-Beaujolais, tél. 06 70 02 86 51, larochethulon@free.fr V r.-v.

DOM. RUET
Grands Cras 2020 ★

■	10 000		11 à 15 €

Fondé en 1926 au nord du mont Brouilly, ce domaine familial couvre 20 ha certifiés HVE3, avec des parcelles dans 4 crus : brouilly, côte-de-brouilly, régnié et morgon. Une valeur sûre du Beaujolais : le premier coup de cœur fut un 1984 et bien d'autres ont suivi. David Duthel a pris les rênes de l'exploitation en 2010, complétée par une activité de négoce. Une partie du vignoble est en cours de conversion bio.

Une cuvée souvent en vue dans ces pages, et généralement en bonne place. La version 2020 propose un nez élégant de fruits rouges (cerise, framboise) et de fleurs (pivoine). Des arômes que prolonge une bouche harmonieuse, offrant du gras, de la matière et de la fraîcheur, avec en soutien de bons tanins de garde. ⧗ 2024-2028

SARL DOM. RUET, Voujon, 178, rte du Château, 69220 Cercié, tél. 04 74 66 85 00, ruet.beaujolais@orange.fr V *t.l.j. sf sam. dim. 9h-12h 14h-17h*

DOM. DES SOUCHONS
Grands Cras 2019 ★

■	n.c.		15 à 20 €

Grands Vins Sélection est un négoce assembleur fondé en 1946 par deux familles du Mâconnais. Depuis 1988, la société est spécialisée dans le négoce et l'embouteillage de vins pour la grande distribution. Elle présente aussi des vins de domaines partenaires.

Le domaine des Souchons, fondé en 1752, étend ses vignes sur 14 ha et 4 parcelles de morgon. Il propose ici une cuvée harmonieuse dans son bouquet mêlant un boisé ajusté et fondu à des notes de fruits mûrs. La bouche, à l'unisson du nez, ronde, généreuse, s'appuie sur des tanins soyeux. ⧗ 2023-2026

DOM. DES SOUCHONS, 1304, rte de Morgon, 69910 Villié-Morgon, tél. 04 74 58 58 92, philibertgandy@gvsgroup.vin

DOM. DE LA TOUR DES BANS 2019 ★

■	15 000		8 à 11 €

Raphaël Blanco conduit depuis 1981 le Dom. de la Tour des Bans (9,5 ha), qui est une métairie du Ch. de Pizay, vaste propriété de 75 ha dans le Beaujolais.

Des vignes de 45 ans ont donné naissance à ce morgon agréable par ses parfums intenses de fruits rouges. Un fruité qui anime aussi une bouche bien équilibrée, persistante, ronde, dotée de tanins souples. ⧗ 2022-2026

RAPHAËL BLANCO (LA TOUR DES BANS), Pizay, 69220 Belleville-en-Beaujolais, tél. 04 74 66 26 10, chapizay@wanadoo.fr V *t.l.j. sf dim. 8h30-12h30 14h-18h*

MOULIN-À-VENT

Superficie : 648 ha / Production : 25 700 hl

Le « seigneur » des crus du Beaujolais fut l'un des premiers, dès 1924, à avoir été délimité – par un jugement du tribunal civil de Mâcon qui lui donna aussi le droit d'utiliser le nom de moulin-à-vent. Il campe sur les coteaux de deux communes, Chénas, dans le Rhône, Romanèche-Thorins, en Saône-et-Loire. Le moulin qui symbolise l'appellation se dresse à une altitude de 240 m au sommet d'un mamelon, au lieu-dit Les Thorins. Le gamay noir s'enracine dans des sols peu profonds d'arènes granitiques. Riche en éléments minéraux tels que le manganèse, ce terroir apporte aux vins une couleur rouge profond, un arôme rappelant l'iris, un bouquet et un corps qui, quelquefois, font qu'on les compare à leurs cousins bourguignons de la Côte-d'Or. S'il peut être apprécié dans les premiers mois de sa naissance, le moulin-à-vent supporte une garde de quelques années (jusqu'à dix ans dans les grands millésimes). Selon un rite traditionnel, chaque millésime est porté aux fonts baptismaux, d'abord à Romanèche-Thorins (fin octobre), puis dans tous les villages et, début décembre, dans la « capitale ».

DOM. ARNAUD AUCOEUR
Cuvée Tradition Vieilles Vignes 2020 ★

■	25 000		11 à 15 €

En 1825, Jean-Claude Aucœur plante les premiers ceps à Villié-Morgon. Œnologue, Arnaud, qui représente la dixième génération sur le domaine, s'est installé en 1998. Une activité de négoce complète la production de l'exploitation familiale (14 ha) et lui permet de proposer une belle palette de neuf crus.

Une cuvée souvent en vue dans ces pages. Ici, un 2020 harmonieux, qui déploie des arômes intenses de fruits noirs et d'épices douces. La bouche apparaît ample, solide, concentrée et élégante, dotée de tanins fermes et d'une belle longueur. Un bon classique de l'appellation. ⧗ 2023-2028

LES VINS ARNAUD AUCŒUR, 135, imp. du Colombier, 69910 Villié-Morgon, tél. 04 74 04 16 89, arnaudaucoeur@vignobleaucoeur.com V *r.-v.*

DOM. DE BEL-AIR
Les Burdelines 2018 ★

■	6 000		11 à 15 €

Dans la famille Lafont depuis plusieurs générations, cette propriété perchée sur la colline de Bel-Air domine la vallée de l'Ardières : des bâtiments de granit bleu construits en 1849, des caves voûtées et un vignoble de 25 ha certifié HVE 3. À sa tête depuis 1985, Jean-Marc Lafont a créé une structure de négoce à son nom pour compléter sa gamme.

Des vignes de 50 ans plantées sur un terroir de granit et de manganèse sont à l'origine de ce vin élevé 18 mois en cuve et en fût. Au nez, les notes boisées (café, grillé) se marient aux fruits rouges et noirs et à des parfums de rose. La bouche se montre ample, solide, persistante. ⧗ 2023-2028

BEL-AIR, Dom. de Bel-Air, 69430 Lantignié, tél. 04 74 04 82 08, info@dombelair.com V *r.-v.*

CH. BONNET Vieilles Vignes 2018 ★

16000 | 11 à 15 €

Aux confins de la Bourgogne et du Beaujolais, ce château tire son nom du sieur Bonnet, échevin de la ville de Mâcon, qui y fit bâtir en 1630 une gentilhommière où séjourna plus tard Lamartine. Acquis par les Perrachon en 1973, le domaine compte 22 ha de vignes. Pierre-Yves Perrachon, à sa tête depuis 1988, a été rejoint en 2013 par sa fille Charlotte, œnologue. Il s'est associé en outre avec un vigneron du Mâconnais pour compléter son exploitation d'une structure de négoce, Bourgogne Sélect.

Une cuvée passée par 24 mois de cuve béton. Elle en ressort le nez empreint d'arômes de fruits rouges (cerise kirschée) et de violette. En bouche, elle apparaît tendre, soyeuse, gourmande, dotée de tanins fins qui se resserrent un peu en finale. Le signe d'une bonne évolution à venir. ⧗ 2023-2027

BOURGOGNE SÉLECT, Les Rouvres, 71570 La Chapelle-de-Guinchay, tél. 03 85 31 65 91, hlongefay.bselect@gmail.com V *t.l.j. sf dim. lun. 9h-12h 14h-18h*

DOM. DE BRIANTE Naturellement 2018 ★

15000 | 15 à 20 €

Jeune œnologue d'origine bourguignonne, Lauren Faupin-Schneider a fait le tour du monde des vignobles avant de prendre la direction en 2011 du domaine de Briante : un château du XVIII^e^s., un parc aux arbres centenaires et 14 ha de vignes, en brouilly (6 ha), côte-de-brouilly, moulin-à-vent et beaujolais blanc.

Après 15 mois de fût de chêne, cette cuvée livre des parfums harmonieux de boisé vanillé et torréfié et de fruits noirs mûrs. En bouche, elle se révèle dense, bien charnue, épaulée par des tanins fermes qui autorisent une bonne garde. ⧗ 2024-2028

DOM. DE BRIANTE, 810, rte de Briante, 69220 Saint-Lager, tél. 06 83 31 28 50, lfaupin@gmail.com V *r.-v.* 5 E

CH. DE CHÉNAS Cœur de Granit 2020 ★

40000 | 8 à 11 €

Fondée en 1934, cette coopérative dispose des 200 ha de ses 80 adhérents. Elle a su marier tradition et modernité : les caves voûtées du XVII^e^s. voient vieillir en fût de chêne une partie de ses crus et cohabitent avec les cuves Inox thermorégulées de conception moderne.

Comme son nom l'indique, une cuvée née d'un terroir granitique. Le nez évoque les fruits noirs et les épices agrémentés de nuances florales. La bouche séduit par sa rondeur, son bon volume et ses tanins veloutés. ⧗ 2023-2026

CAVE DU CH. DE CHÉNAS, 910, rte de la Bruyère, 69840 Chénas, tél. 04 74 04 48 19, cave.chenas@wanadoo.fr V *t.l.j. 9h-12h 14h-18h*

DOM. DE CHÊNEPIERRE 2020 ★

20000 | 8 à 11 €

Christophe Lapierre a pris en 2008 les rênes de l'exploitation familiale, le Dom. de Chênepierre (11 ha répartis entre chénas, moulin-à-vent, beaujolais-villages), après le départ à la retraite de ses parents. Une partie de sa surface est vinifiée par la coopérative de Chénas (sous l'étiquette « Dom. Christophe Lapierre »).

Fidèle au rendez-vous, le moulin-à-vent de Christophe Lapierre dévoile un joli bouquet de fruits rouges, de fleurs et d'épices douces. La bouche charme par son volume, sa densité, ses tanins bien présents mais affinés et par sa longueur. ⧗ 2024-2028

DOM. DE CHÊNEPIERRE, 616 route des Michauds, 69840 Chénas, tél. 06 68 68 63 86, lapierre-christophe@wanadoo.fr *t.l.j. 8h-12h 13h30-18h*

PIERRE-MARIE CHERMETTE
Les Trois Roches 2019 ★★

15000 | 11 à 15 €

Œnologue, Pierre-Marie Chermette a repris en 1982 le domaine familial (anciennement Dom. du Vissoux) situé dans le pays des Pierres dorées et la cave construite par son arrière-grand-père, où s'alignent les foudres. Après avoir agrandi son exploitation dans la région des crus, il dispose (avec son fils Jean-Etienne et son épouse Martine) aujourd'hui de 52 ha.

Un assemblage de trois parcelles et des vignes de 40 ans pour cette cuvée très expressive, ouverte sur des arômes généreux de fruits rouges mûrs agrémentés d'épices douces et de nuances fumées. La bouche se montre ample, ronde, charnue, pleine de fruit, soutenue par des tanins veloutés et fins qui apportent un caractère onctueux à ce vin, étiré dans une belle finale sur la fraîcheur. ⧗ 2023-2028

PIERRE-MARIE CHERMETTE, 775, rte de Vissoux, 69620 Saint-Vérand, tél. 04 74 71 79 42, info@chermette.fr V *r.-v.*

DOM. DE COLONAT Vieilles Vignes 2020 ★

18000 | 8 à 11 €

Les Collonge cultivent la vigne depuis le XVII^e^s. En 1828, un ancêtre, ancien maréchal ferrant, achète le domaine actuel, conduit depuis 1977 par Bernard et Christine Collonge, rejoints en 2008 par leur fils Thomas. Ce dernier vole de ses propres ailes depuis 2018, à la tête de 12 ha en morgon, fleurie, régnié, moulin-à-vent et brouilly.

Ces vieilles vignes ont 60 ans et elles ont été entièrement éraflées. Au nez se déploient des parfums de fruits rouges et noirs sur fond de boisé fondu. En bouche, le vin se montre bien structuré, avec du gras et une pointe de fraîcheur qui assure l'équilibre. ⧗ 2024-2027

DOM. DE COLONAT, 4505, voie Romaine, 69910 Villié-Morgon, tél. 04 74 69 91 43, thomas@domaine-de-colonat.fr V *r.-v.*

DOM. LABRUYÈRE
Coeur de Terroirs Vieilles Vignes 2018 ★

12250 | 15 à 20 €

Après avoir fait fortune dans la grande distribution, les Labruyère ont investi dans le vin, rachetant en 1988 des parts dans le Dom. Jacques Prieur, à Meursault. Depuis 2008, ils ont aussi renoué avec leurs racines beaujolaises : un ancêtre s'était installé en 1850 aux Thorins, exploitant notamment le

monopole réputé du Clos du Moulin-à-Vent. Édouard Labruyère a repris la propriété en main, ne gardant toutefois que les plus belles parcelles. Le vignoble compte aujourd'hui 14 ha.

D'une belle profondeur, cette cuvée – dont la version 2015 obtint un coup de cœur – développe un bouquet riche et intense de fruits noirs mûrs et de pivoine mâtinés de nuances boisées aux accents cacaotés et épicés. On retrouve ces arômes dans une bouche ample, généreuse, charnue, aux tanins soyeux, avec une belle fraîcheur en soutien. ⧗ 2023-2028

SCEV HÉRITIERS LABRUYÈRE, 310, rue des Thorins, 71570 Romanèche-Thorins, tél. 03 85 20 38 13, info@labruyere.wine V r.-v.

♥ MAISON LE NID
Cuvée Tradition 2018 ★★

■ | 8000 | | 15 à 20 €

Anciennement dénommé Dom. du Petit Chêne, ce vignoble en moulin-à-vent a été repris en 2012 par Paul Lardet, industriel à la tête d'une entreprise de métallurgie fabriquant du matériel de cuverie. Ce dernier l'a rebaptisé Le Nid en 2014 et le conduit avec ses trois enfants en agriculture raisonnée. Le domaine s'étend sur 6 ha.

Une cuvée issue d'un assemblage de terroirs, vinifiée en grappes entières puis élevée en foudre pendant 12 mois. Au nez, elle séduit d'emblée par ses arômes intenses et harmonieux de fruits noirs (cassis, myrtille) et de poivre. En bouche, elle offre beaucoup de fruit, de volume et de chair, étayée par des tanins fermes mais fins et par une ligne de fraîcheur qui apporte de la longueur et du dynamisme. ⧗ 2024-2028 ■ **Rochègres 2018 ★★ (15 à 20 €; n.c.)** Une cuvée élevée 16 mois en fûts de chêne, ouverte sur des arômes complexes de pivoine, de cerise, de poivre et de boisé torréfié. En bouche, une belle densité, de la générosité, une structure solide bâtie sur des tanins élégants. ⧗ 2024-2030 ■ **La Rochelle 2018 ★★ (15 à 20 €; 2000 b.)** Un élevage de 14 mois en foudres pour ce vin bien dans le style maison avec ses arômes soutenus de fruits noirs et de boisé chocolaté, comme avec son palais ample, velouté, riche et long. Du caractère. ⧗ 2024-2030

MAISON LE NID, 51, rue des Champs-de-Cour, Moulin-à-Vent, 71570 Romanèche-Thorins, tél. 06 82 88 61 01, contact@lenid.fr V r.-v.

DOM. DE ROCHE-GUILLON 2019 ★

■ | 3000 | | 8 à 11 €

Valérie et Bruno Copéret se sont installés en 1984 sur le vignoble familial, rejoints en 2014 par leur fils Cyril. Le domaine, qui couvre 12 ha, propose trois crus : fleurie principalement, chénas et moulin-à-vent.

Un joli fruité se dégage de ce moulin-à-vent : groseille, cerise, cassis. Un fruité que l'on retrouve dans une bouche d'un bon volume, suave et soyeuse, soutenue par des tanins veloutés. ⧗ 2023-2026

DOM. DE ROCHE-GUILLON, 50, rte de Roche-Guillon, 69820 Fleurie, tél. 04 74 69 85 34, roche-guillon.coperet@wanadoo.fr V *t.l.j. 9h-18h* 2

CH. DE LA TERRIÈRE Le Moulin 2018 ★

■ | 2000 | | 15 à 20 €

Un château du XVIe s. face au mont Brouilly commande ici un vignoble de 24 ha sur un sous-sol de porphyre exposé plein sud. Aux commandes, Grégory Barbet, gérant du château et également propriétaire du Dom. de la Pirolette, est épaulé par l'œnologue-conseil Yoan Pitoiset.

Une petite cuvée par le volume, née de 50 ares plantés de vignes de 50 ans, mais grande par la qualité. Au nez, les fruits noirs bien mûrs se nuancent d'élégantes notes florales et réglissées. En bouche, le vin se montre généreux, charnu, dense, prolongé par une jolie finale épicée et soutenu par des tanins bien en place. ⧗ 2023-2027

CH. DE LA TERRIÈRE, La Terrière, 1031, rte du Château, 69220 Cercié, tél. 04 74 66 77 80, catherine@terroirs-et-talents.fr V r.-v.

MAXIME TRONCY Chassignol 2018 ★

■ | 1200 | | 11 à 15 €

Jeune vigneron, Maxime Troncy s'est installé en 2013. Il produit notamment du moulin-à-vent, du chénas et plusieurs cuvées de beaujolais rouge. Il a entamé une conversion en agriculture biologique sur ses 10 ha en 2019.

La version 2017 de cette cuvée obtint le coup de cœur dans l'édition précédente. Le 2018, qui a connu lui aussi 12 mois de barrique, se présente bien. On aime son nez ouvert de fruits noirs, de café torréfié et d'épices douces, sa bouche bien texturée, charnue, mûre, soulignée par une juste fraîcheur et des tanins denses et ronds. ⧗ 2024-2028

MAXIME TRONCY, 22, imp. du Ricottier, 69640 Cogny, tél. 06 10 89 48 52, maxtroncy@hotmail.com V r.-v.

RÉGNIÉ

Superficie : 313 ha / Production : 15 000 hl

Officiellement reconnu en 1988, le plus jeune des crus s'insère entre le morgon au nord et le brouilly au sud, confortant ainsi la continuité des limites entre les dix appellations locales beaujolaises. À l'exception de 5,9 ha sur la commune voisine de Lantignié, il est totalement inclus dans le territoire de la commune de Régnié-Durette, autour de la curieuse église aux clochers jumeaux qui symbolise l'appellation. Orienté nord-ouest/sud-est, le vignoble s'ouvre largement au soleil levant et à son zénith, ce qui lui a permis de s'implanter à une altitude entre 300 et 500 m. Le gamay s'enracine dans un sous-sol sablonneux et caillouteux – le terroir s'inscrit dans le massif granitique dit de Fleurie. On trouve aussi quelques secteurs à tendance argileuse. Aromatiques, fruités et floraux, charnus et souples, les régnié sont souvent qualifiés de rieurs et de féminins.

DOM. DE LA BÊCHE 2020 ★

■	20000	🍾	5 à 8 €

Bien connu des lecteurs du Guide, un domaine constitué en 1848. À sa tête depuis 1985, Olivier Depardon (septième génération), aujourd'hui rejoint par son fils Alexis et sa fille Caroline, propose, sur ses 27 ha, du morgon, du régnié, du beaujolais et du beaujolais-villages.

Un régnié harmonieux né de vignes de 50 ans et passé 8 mois en cuve. Au nez, les fruits noirs ont la part belle, agrémentés de fines notes épicées. En bouche, le fruit est toujours bien présent, épaulé par des tanins fins et par une fraîcheur qui apporte un beau dynamisme à l'ensemble. ⌛ 2022-2025

SARL OLIVIER DEPARDON, Dom. de la Bêche, BP_18, 69910 Villié-Morgon, tél. 04 74 69 15 89, domaine@depardon-morgon.com V r.-v.

Ⓑ DOM. LES CAPRÉOLES Diaclase 2018 ★★

■	6000	🛢🍾	15 à 20 €

Un jeune domaine né en juillet 2014 sous l'impulsion de Cédric Lecareux – arrivé du Languedoc-Roussillon où il a officié dans les domaines du groupe Gérard Bertrand – et de son épouse, originaire du Beaujolais. Il a racheté ce domaine vieux de 250 ans et cultive 7 ha de vignes en bio. Implanté comme un jardin autour de la propriété, le vignoble bénéficie d'une vue exceptionnelle sur les deux clochers de Régnié-Durette.

Les diaclases ? Des fractures dans le granit qui permettent aux racines de bien s'infiltrer dans le sol. Ici, des vignes de 50 ans à l'origine d'un régnié ouvert sur des notes florales (iris, lilas), fruitées (cerise mûre, prune) et boisées, au palais dense, concentré, bien structuré par des tanins fins, ciselés, et par un élevage très soigné. Pour la cave. ⌛ 2023-2028

DOMAINES LES CAPRÉOLES, 108, imp. du Muguet, La Plaigne, 69430 Régnié-Durette, tél. 04 74 65 57 83, contact@capreoles.com V r.-v. 3 E

DOM. DE LA COMBE AU LOUP 2019 ★

■	12800	🍾	8 à 11 €

Les Méziat cultivent la vigne depuis 1870. Premières mises en bouteilles avec le grand-père Albert, installation de Gérard en 1970, création du domaine en 1983. David, arrivé en 1993, conduit aujourd'hui, avec son épouse Nathalie, 13 ha en *villages*, morgon, chiroubles et régnié.

Une vendage égrappée à 50 % et 11 mois de cuve pour ce régnié bien né, aux arômes de fruits rouges et noirs. La bouche offre du volume, du fruit, des tanins fondus et une bonne longueur. ⌛ 2022-2026

DOM. DE LA COMBE AU LOUP, 56, rue de la Bascule, 69115 Chiroubles, tél. 04 74 04 24 02, david.meziat@meziat.com V *t.l.j. sf dim. 8h30-19h*

RÉGINE ET DIDIER COSTE-LAPALUS
Tradition 2019 ★

■	3500	🍾	5 à 8 €

En 1999, Régine et Didier Coste-Lapalus ont décidé de reprendre les vignes familiales louées jusqu'alors à un fermier. Les parcelles situées au sud de Régnié offrent une splendide vue sur les Alpes.

Une cuvée née sur du granite rose. Au nez, un agréable fruité (petits fruits rouges) se mêle à des nuances florales. En bouche, le vin se montre souple, fruité, doté de tanins affinés et mesurés. Un ensemble harmonieux et facile à boire. ⌛ 2022-2025

RÉGINE ET DIDIER COSTE-LAPALUS, 280, chem. des Bruyères, 69430 Régnié-Durette, tél. 06 82 48 12 49, lapalus.rd@wanadoo.fr V r.-v.

DOMINIQUE JAMBON 2010 ★

■	6000	🍾	5 à 8 €

Dominique Jambon, installé en 1983 sur un métayage en beaujolais-villages, a repris des vignes familiales en 1995, puis du morgon, et construit un cuvage (2003). Il exploite aujourd'hui 9,5 ha (en HVE3), dont 0,5 ha de chardonnay, et tient beaucoup à ses vignes anciennes plantées à haute densité (10 000 pieds/ha), même si elles exigent beaucoup de travail.

Un agréable régnié ouvert sur les fruits noirs (cassis notamment) mâtinés de notes épicées. On retrouve ce fruité dans une bouche souple, ronde, harmonieuse, dotée de tanins fondus, un peu plus serrés en finale. ⌛ 2022-2025

DOMINIQUE JAMBON, 152, chem. de la Croix-d'Arnas, 69430 Lantignié, tél. 04 74 04 80 59, dominique.jambon@wanadoo.fr V r.-v.

DOM. LAFOREST 2020 ★

■	30000	🍾	5 à 8 €

Vigneron comme son père et son grand-père, Jean-Marc Laforest a pris les rênes en 1973 d'un domaine qui compte aujourd'hui 20 ha. Ses deux fils Thomas et Pierre ont pris la relève en 2016. L'exploitation propose les crus brouilly, côte-de-brouilly et régnié ainsi que du beaujolais-villages.

Après un superbe doublé dans l'édition précédente (coup de cœur en régnié 2019 et brouilly 2019), le domaine Laforest signe un 2020 fort appréciable, bien ouvert sur les fruits rouges à bonne maturité (cerise, groseille). La bouche apparaît souple et fruitée en attaque, plus dense dans son développement, avec des tanins fins en soutien. ⌛ 2022-2026

DOM. LAFOREST, 793, rte du Bois, 69430 Régnié-Durette, tél. 04 74 04 35 03, domaine.laforest@orange.fr V *t.l.j. sf dim. 8h-20h*

DOM. LAGNEAU
Cuvée Gérard Vieilles Vignes 2019 ★★

■	10000	🍾	8 à 11 €

Didier Lagneau, huitième génération, a repris en 2018 le domaine familial. Il exploite ce patrimoine né de 4 ha de vignes à la fin des années 1970 et niché dans une vallée tranquille de Quincié. Le vignoble compte aujourd'hui 19 ha. Une valeur (très) sûre en côte-de-brouilly et en régnié.

Ces vieilles vignes ont 60 ans. Elles ont engendré un régnié gourmand à souhait, qui exhale des parfums généreux de fruits rouges mûrs et d'épices douces. Arômes prolongés par une bouche ronde, soyeuse, charnue, étayée par des tanins veloutés. ⌛ 2022-2025

DOM. LAGNEAU, 941, rte d'Huire, 69430 Quincié-en-Beaujolais, tél. 04 74 69 20 70, dilagneau@wanadoo.fr V r.-v. 3 D

L'OISEAU DE PASSAGE 2019 ★★

| | 1200 | | 15 à 20 € |

Un tout jeune domaine fondé en 2019 par Julien Frappa, « autodidacte du vin » qui, après une première vie dans le domaine culturel et des stages chez Eric Janin à Romanèches-Thorins, a décidé de se lancer dans la vigne. Il conduit en bio (conversion en cours) un petit vignoble en appellations morgon, régnié et côte-de-brouilly et revendique une approche « haute couture » à travers des micro-cuvées de terroir.

Premier millésime et première sélection dans le Guide pour Julien Frappa avec ce régnié vinifié en grappe entière et en semi-carbonique, puis élevé en jarres en grès pendant 9 mois. Dans le verre, un vin joliment expressif, ouvert sur des notes de rose, de fruits rouges frais et d'épices. La bouche apparaît savamment fruitée (cerise, groseille), ample, longue, tendre, portée par des tanins affinés, soyeux, et par une belle fraîcheur qui dynamise la finale. ⧗ 2023-2027

L' OISEAU DE PASSAGE, 34, chem. de la Bourlatière, 69480 Lachassagne, tél. 06 52 77 76 84, julfrappa@gmail.com V r.-v.

DOM. DE LA PLAIGNE Vieilles Vignes 2020 ★

| | 25000 | | 8 à 11 € |

Victorien, qui représente la cinquième génération sur l'exploitation, a rejoint en 2014 ses parents Gilles et Cécile Roux, installés depuis 1984. Ces derniers, après avoir agrandi le vignoble (15 ha aujourd'hui, certifiés HVE 3), le renouvellent en introduisant du chardonnay et en espaçant les plantations.

Des vignes de 60 ans, égrappées à 80 % et un passage en cuve de 5 mois pour ce régnié d'une belle profondeur de robe, au nez harmonieux de fruits rouges frais (framboise, cerise). Un fruité prolongé par une bouche tout aussi harmonieuse, ronde sans manquer de fraîcheur, dotée de tanins souples et fondus, d'une bonne longueur. ⧗ 2023-2026

DOM. DE LA PLAIGNE, La Plaigne, 224, rte de la Croix-Penet, 69430 Régnié-Durette, tél. 04 74 04 80 86, contact@domainedelaplaigne.com V *t.l.j. 9h30-12h 15h-19h. sam. dim. sur r.-v.*

DOM. TANO PÉCHARD Les Bruyères 2020 ★

| | 10000 | | 8 à 11 € |

Patrick Péchard, installé en 1982 et accompagné par son fils Antoine depuis 2018, a donné à son exploitation le nom de son père Antoine – « Tano » pour les copains –, disparu en 1984. Implanté sur la colline de Durette, le domaine bénéficie d'un panorama à 360 ° et son vignoble couvre 12,5 ha. Un spécialiste du régnié.

Une agréable cuvée de régnié née de vieux ceps de gamay âgés de 70 ans. Au nez, les petits fruits rouges ont la part belle. La bouche se révèle souple, ronde, fruitée elle aussi, épaulée par des tanins fins. 2023-2026 ⧗ 2023-2026

DOM. TANO PÉCHARD, Aux Bruyères, 210, rte du Bois, 69430 Régnié-Durette, tél. 04 74 04 38 89, contact@tanopechard.com V r.-v.

CH. DE LA TERRIÈRE Vin Sauvage à Poil 2019 ★

| | 20000 | | 11 à 15 € |

Un château du XVIe s. face au mont Brouilly commande ici un vignoble de 24 ha sur un sous-sol de porphyre exposé plein sud. Aux commandes, Grégory Barbet, gérant du château et également propriétaire du Dom. de la Pirolette, est épaulé par l'œnologue-conseil Yoan Pitoiset.

Le vin nature du domaine, sans sulfite donc, né de vignes plantées sur le lieu-dit La Sibérie. Au nez, on découvre un régnié bien fruité (cassis, cerise, groseille), agrémenté de notes de pivoine et d'épices. La bouche se montre charnue, riche, gourmande, épaulée par des tanins mûrs et fondus et par une fine fraîcheur qui amène l'équilibre. ⧗ 2022-2026

CH. DE LA TERRIÈRE, La Terrière, 1031, rte du Château, 69220 Cercié, tél. 04 74 66 77 80, catherine@terroirs-et-talents.fr V r.-v.

♥ DOM. DE THULON 2019 ★★

| | 4500 | | 8 à 11 € |

Métayers du Ch. de Thulon pendant vingt ans, René et Annie Jambon ont acheté en 1987 les terres qu'ils travaillaient. En 2002, leurs enfants les ont rejoints : Laurent, œnologue, et Carine, qui travaille à la commercialisation. Le domaine, agrandi, compte 18 ha en morgon, chiroubles, régnié et beaujolais-villages.

Des vignes de 50 ans pour moitié égrappées sont à l'origine de ce régnié passé 10 mois en cuve. Un vin qui interpelle d'emblée avec sa robe soutenue et ses arômes non moins intenses de fruits noirs mûrs, d'épices douces, de pivoine. En bouche, une fine trame minérale vient souligner une matière dense, riche, charnue, dotée de tanins soyeux et fins qui poussent loin la finale. De l'équilibre, de la complexité, du volume, de la longueur, tout est là. ⧗ 2023-2026

ANNIE, RENÉ, CARINE ET LAURENT JAMBON, 2, chem. de Thulon, 69430 Lantignié, tél. 04 74 04 80 29, carine@orange.com V r.-v.

SAINT-AMOUR

Superficie : 313 ha / Production : 14 900 hl

Ce vin au nom séducteur a conquis de nombreux consommateurs étrangers, et une très grande part des volumes produits alimente le marché extérieur. Le visiteur pourra le découvrir dans le caveau créé en 1965 au lieu-dit Le Plâtre-Durand, avant de continuer sa route vers l'église et la mairie qui, au sommet d'un mamelon, dominent la région. À l'angle de l'église, une statuette rappelle la conversion du soldat romain qui donna son nom à la commune.

Des peintures, aujourd'hui disparues, d'une maison du hameau des Thévenins, qui auraient témoigné de la joyeuse vie menée pendant la Révolution dans cet «hôtel des Vierges», expliqueraient, elles aussi, le nom du village... Incluse dans le département de Saône-et-Loire, l'appellation est délimitée sur des sols argilo-siliceux décalcifiés de grès et de cailloutis granitiques, faisant la transition entre les terrains purement primaires au sud et les terrains calcaires au nord, qui portent les AOC saint-véran et mâcon. Deux «tendances œnologiques» ici : l'une favorise une cuvaison longue dans le respect des traditions beaujolaises, qui confère aux vins nés sur les roches granitiques le corps nécessaire pour la garde; l'autre, de type primeur, donne des vins consommables plus tôt.

DOM. DE L'ANCIEN RELAIS Vieilles Vignes 2018 ★

■ | 12000 | | 8 à 11 €

Bien connu pour ses saint-amour et ses juliénas, ce domaine est installé dans un ancien relais de poste doté d'une cave voûtée datant de 1399. Il a été fondé en 1946 par André Poitevin. En 1995, son gendre Jean-Yves Midey, ancien cuisinier, l'a repris avec son épouse Marie-Hélène et en a porté la superficie de 4 à 9,6 ha.

Ces vieilles vignes ont 80 ans et elles ont donné, après 24 mois de cuve, un vin expressif, centré sur les fruits rouges mûrs (fraise, cerise), le cassis et la pivoine agrémentés d'épices douces. La bouche se montre ample, suave, charnue, épaulée par une fine acidité et par des tanins soyeux, qui se resserrent sans excès en finale. ⧗ 2023-2027

EARL ANDRÉ POITEVIN, 45, rte des Chamonards, 71570 Saint-Amour-Bellevue, tél. 06 14 76 98 05, contact@domaine-ancien-relais.com V *r.-v.*

DOM. BERGERON Clos du Chapitre 2020 ★★

■ | 4900 | | 8 à 11 €

Représentant la quatrième génération de vignerons, les frères Jean-François et Pierre Bergeron se sont associés en 1996 et ont regroupé leurs deux exploitations pour constituer cet imposant domaine de 38,5 ha.

Coup de cœur dans l'édition précédente pour le millésime 2019, cette cuvée fait à nouveau très belle impression. Un saint-amour issu de 70 ares de gamays cinquantenaires, encuvés en grappes entières puis passés 6 mois en cuve. Le nez évoque les fruits rouges à bonne maturité (cerise, fraise) relevés de fines notes épicées. La bouche, à l'unisson du bouquet, se révèle ample, intense, généreuse, tendre, dotée de tanins veloutés. ⧗ 2023-2027

DOM. JEAN-FRANÇOIS ET PIERRE BERGERON, 179, montée des Rougelons, 69840 Émeringes-en-Beaujolais, tél. 06 80 13 20 12, domaine-bergeron@wanadoo.fr V *t.l.j. 7h30-12h30 13h30-19h*

MAISON DE BOISCHAMPT 2019 ★★

■ | 3945 | | 15 à 20 €

Un domaine repris en 2018 par Yuko et Bob Harris, un couple australo-japonais passionné de vin. A la tête de la nouvelle équipe, Antoine Romero, directeur général venu de Bourgogne, et Thibaud Baudin, jeune œnologue de 30 ans, qui ont restructuré le chai (nouvelle cuverie) et la vigne : conservation des vieilles vignes, arrachage et replantation de 7 ha (sur les 14 que compte le vignoble), passage au bio en 2019.

Un fort joli saint-amour né sur le lieu-dit À la folie. Voilà qui donne envie d'aimer ce vin ! Au nez, les notes florales (violette) et fruitées (framboise, cerise) se mêlent aux nuances poivrées et vanillées du fût (20 % du vin). Passé une attaque fraîche, la bouche offre du volume et un côté charnu diablement gourmand, portée par des tanins fins et un boisé savamment dosé. ⧗ 2023-2026

GFA DOM. DE BOISCHAMPT, 503, chem. des Vignes, 69840 Jullié, tél. 06 98 15 66 68, a.baudin@domainedeboischampt.fr V *t.l.j. sf dim. 8h-12h 14h-18h sam. dim. sur r.-v.*

B DOM. CHARDIGNY Clos du Chapitre 2018 ★★

■ | 2000 | | 11 à 15 €

Ce domaine, dans la même famille depuis deux siècles, étend ses vignes sur 20 ha de saint-véran, mâcon, mâcon-villages, bourgogne, saint-amour et beaujolais-villages. En 2015, Pierre-Maxime et Victor-Emmanuel Chardigny ont pris la suite de leurs parents Catherine et Jean-Michel. La conversion bio a été engagée la même année.

Ce saint-amour séduit d'emblée par ses parfums soutenus et gourmands de fruits rouges (cerise, framboise, fraise) relevés de délicates notes épicées. Un fruité qui se prolonge avec autant de gourmandise dans une bouche charnue, ronde, dense et tendre, aux tanins veloutés et fins. ⧗ 2023-2026

SARL VIGNOBLES CHARDIGNY, 90, chem. du Creux-du-Vic, 71570 Leynes, tél. 06 26 37 81 24, info@domaine-chardigny.com V *r.-v.*

♥ DOM. CHEVEAU Villa Violettes 2019 ★★

■ | 8000 | | 11 à 15 €

Représentant la troisième génération, Nicolas Cheveau et son épouse Aurélie ont développé le domaine en superficie (20 ha) et privilégié le commerce en bouteilles afin de valoriser leurs terroirs et leur savoir-faire.

Multi-coup de cœur avec ses vins du Mâconnais, le domaine Cheveau s'invite aussi à la table des grands en saint-amour avec cette cuvée dont le nom évoque la maison familiale de 1685 située dans le village. Côté vigne, un assemblage de trois parcelles plantées de ceps de 40 ans. Dans le verre, un vin emballant, à la robe intense, ouvert sans réserve sur les fruits rouges et noirs agrémentés de délicates nuances florales et boisées. Une intensité que l'on retrouve dans une bouche ample, riche, soyeuse, étayée par des tanins veloutés et par un boisé parfaitement fondu dans le fruit. La finale, longue, épicée, profonde, achève de convaincre. ⧗ 2023-2027

DOM. CHEVEAU, rte des Concizes, 71960 Solutré-Pouilly, tél. 06 83 77 07 25, domaine@vins-cheveau.com V *r.-v.*

DOM. DE L'ÉTOURNET 2020 ★

■ | 12000 | | 11 à 15 €

Un domaine de 4,3 ha dans le giron de la maison Jean Loron. Cette dernière, fondée en 1821, élève et commercialise des vins du Mâconnais et du Beaujolais. Elle est propriétaire de plusieurs châteaux, comme le Ch. de la Pierre (régnié, brouilly), ceux de Fleurie, de Bellevue (morgon), les domaines des Billards (saint-amour) et de la Vieille Église (juliénas).

Ce saint-amour séduit d'emblée par son nez gourmand de fruits rouges et noirs, de violette et d'épices douces. Une aromatique à laquelle fait écho une bouche charnue, souple, bien équilibrée, avec en soutien des tanins affinés. La version 2017 obtient un coup de cœur. ⧗ 2022-2025

SCEA DOM. DE L' ÉTOURNET, Pontanevaux, 71570 La-Chapelle-de-Guinchay, tél. 03 85 36 81 20, vinloron@loron.fr

Ⓑ CH. DE LAVERNETTE Le Châtelet 2018 ★

■ | 2000 | | 20 à 30 €

Ancienne propriété des moines de Tournus, le domaine, aux confins du Mâconnais et du Beaujolais, a été acquis par la famille en 1596. Descendant des Lavernette, Bertrand de Boissieu quitte la coopérative en 1988; son fils Xavier prend le relais en 2007. Il pratique la biodynamie depuis 2005 (certifiée en 2010). Sur ses 13 ha de vignes, il produit des vins du Beaujolais, du bourgogne d'appellations régionales et des pouilly-fuissé.

Plus souvent en vue dans ces pages pour ses pouilly-fuissé, le domaine signe ici un saint-amour de belle facture, qui a connu un élevage luxueux de 24 mois en fût. Grâce à quoi, le vin se présente dans une robe intense, le nez ouvert sur des notes boisées bien mariées aux fruits rouges mûrs. La bouche apparaît longue, dense, ample, solidement structurée par les tanins du raisin et du merrain. Pour la garde. ⧗ 2024-2030

CH. DE LAVERNETTE, 70, chem. de la Vernette, 71570 Leynes, tél. 03 85 35 63 21, chateau@lavernette.com V r.-v.

DOM. DU MOULIN BERGER Tradition 2018 ★

■ | 10000 | | 8 à 11 €

D'abord salarié (en 1973) sur les vignes de ce domaine, Michel Laplace les exploite en métayage à partir de 1976 avant d'en devenir propriétaire en 1998. En 2014, il a pris sa retraite et transmis le domaine à ses fils Romain et Cyril. Le vignoble compte aujourd'hui 23 ha à cheval sur le Mâconnais et le Beaujolais.

Des vignes de 60 ans sont à l'origine de ce joli saint-amour floral et fruité (cerise) au nez. On retrouve ces tonalités aromatiques dans une bouche généreuse, gourmande, soulignée par une pointe de fraîcheur bien sentie. Un ensemble harmonieux et élégant. ⧗ 2022-2026 ■ **Fût de Chêne 2018 ★ (11 à 15 €; 2500 b.)** Un élevage en fût de 8 mois pour cette cuvée aux arômes vanillés et réglissés, dense et bien enrobé en bouche, soutenu par un boisé ajusté et par des tanins soyeux. ⧗ 2023-2026

DOM. DU MOULIN BERGER, 745, imp. de la Gagère, 71570 Saint-Amour-Bellevue, tél. 03 85 37 41 57, scev-vignobles-laplace@orange.fr V r.-v.

DOM. DES PINS Gourmandise des Pins 2019 ★

■ | 3000 | | 8 à 11 €

L'ancien propriétaire étant parti à la retraite, son ami de longue date, Joseph de Sonis, a repris le domaine en 2011. Le vignoble couvre 9 ha certifié HVE3.

Une cuvée qui porte bien son nom assurément. Au nez, un fruité intense se dévoile autour de la cerise, de la fraise et de la framboise. Un fruité que prolonge une bouche souple, croquante et fraîche, soutenue par des tanins bien fondus. ⧗ 2021-2024 ■ **La Folie 2019 ★ (15 à 20 €; 3500 b.)** Une vinification semi-carbonique, réalisée sans soufre ajouté, pour ce vin bien fruité (cerise, mûre) et floral (violette) au nez, ample, corsé et bien structuré en bouche. 2022-2026 ⧗ 2022-2026

DOM. DES PINS, 120, rue de La Piat, 71570 Saint-Amour Bellevue, tél. 06 61 77 32 94, joseph.de-sonis@orange.fr V r.-v.

DOM. DE LA PIROLETTE Le Carjot 2018 ★

■ | 3600 | | 15 à 20 €

Remontant à 1600, ce domaine de 15 ha, implanté en saint-amour, tirerait son nom de la pirole, plante vivace à fleurettes blanches à laquelle on prête des vertus diurétiques. Voilà belle lurette que les propriétaires successifs ont préféré y faire pousser de la vigne. Les derniers en date, depuis 2013, sont les Barbet (Grégory et ses sœurs), bien connus en Beaujolais (maison Loron).

Issue de vignes de 60 ans plantées au lieu-dit Le Carjot, sur 5 ha, cette cuvée livre des parfums intenses de fruits mûrs (myrtille, griotte), de violette et d'épices douces. En bouche, elle se montre bien enrobée, dense, corsée, avec des tanins fins et une pointe de fraîcheur bien dosée en soutien. ⧗ 2023-2026

DOM. DE LA PIROLETTE, La Pirolette, 71750 Saint-Amour-Bellevue, tél. 06 47 47 59 86, contact@domainedelapirolette.fr V r.-v.

LES SOURCES D'AGAPÉ Mont Besset 2019 ★

■ | 2800 | | 20 à 30 €

Un jeune domaine fondé en 2018 par Arthur Lotrous, surplombant le village de Saint-Amour-Bellevue : 6 ha de saint-amour d'un seul tenant, 50 ares de juliénas et une parcelle de beaujolais blanc. Le vigneron y pratique une approche parcellaire et a engagé la conversion bio de son vignoble.

Une première sélection dans le Guide pour ce jeune vigneron avec une cuvée bien née sur un coteau gréseux planté de vignes de 60 ans. Après 12 mois passés en vieux fûts, ce Mont Besset évoque les fruits rouges mûrs relevés d'épices douces et de notes plus terreuses. En bouche, il se montre élégant, fruité, boisé avec mesure, étayé par des tanins fins. ⧗ 2023-2026 ■ **Petit Besset 2019 ★ (15 à 20 €; 6600 b.)** Une cuvée élevée pour partie en cuve (75 %), pour partie en fût. Au nez, des arômes floraux (pivoine, violette) se mêlent aux fruits rouges frais. En bouche, le vin apparaît également bien fruité, rond, doté de tanins souples et fondus. ⧗ 2022-2025

EARL LES SOURCES D'AGAPÉ, rue des Sources, 71570 Saint-Amour-Bellevue, tél. 06 24 07 53 21, lessourcesdagape@outlook.com V r.-v.

COTEAUX-DU-LYONNAIS

Superficie : 300 ha
Production : 14 000 hl (90 % rouge et rosé)

La vigne, qui s'étendait sur plus de 12 000 ha dans les monts du Lyonnais durant la seconde moitié du XIXe s., a fortement décliné avec la crise phylloxérique et l'expansion de l'agglomération lyonnaise, pour ne plus couvrir que quelques îlots répartis sur quarante-neuf communes, dans une région de polyculture et d'arboriculture : aux confins du Beaujolais et au nord-ouest de Lyon, ainsi qu'au sud-ouest de la capitale du Rhône. La production est assurée par la coopérative de Sain-Bel et par plusieurs domaines particuliers. Dans ce paysage vallonné aux sols variés (granites, roches métamorphiques, roches sédimentaires, alluvions), les influences méditerranéennes sont plus prononcées que dans le Beaujolais ; pourtant, le relief, plus ouvert aux aléas climatiques des types océanique et continental, limite l'implantation de la vigne à moins de 500 m d'altitude et l'exclut des expositions au nord. Les meilleures situations se trouvent au niveau du plateau. Les coteaux-du-lyonnais ont été consacrés AOC en 1984. Les vins rouges et rosés, majoritaires, les fruités et gouleyants, proviennent du gamay vinifié selon la méthode beaujolaise; les vins blancs, du chardonnay et de l'aligoté.

♥ CLOS DE LA ROUE Conservatoire 2020 ★★

■ | 12 000 | | 5 à 8 €

En 1994, Franck Decrenisse a pris la suite de son père André sur ce domaine implanté dans le secteur du mont d'Or, aux portes de Lyon. Du haut de ses vignes, on a une vue imprenable sur la basilique de Fourvière. L'exploitation compte près de 17 ha répartis sur des terroirs variés. Sur l'un deux, elle accueille, en collaboration avec la Sicarex et l'INRA, le conservatoire national du gamay et ses quelque 1 100 variétés différentes.

Déjà coup de cœur dans ses version 2018 et 2014, cette cuvée s'impose à nouveau en haut de l'affiche avec un 2020 épatant. Au nez, elle offre des arômes soutenus de fruits rouges et noirs agrémentés de notes poivrées. En bouche, elle se montre ample, intense, fraîche, charnue, étayée par des tanins soyeux et fins. Tout est en place. ⧗ 2022-2025 ■ **Probus Mont Dour 2020 ★ (5 à 8 € ; 8 000 b.)** Un vin qui porte le nom de l'empereur romain qui aurait introduit le gamay dans le Beaujolais. Dans le verre, un vin solide, ferme, concentré, sur les fruits noirs mûrs rehaussés d'épices. Pour la garde. ⧗ 2024-2028

FRANCK DECRENISSE, 911, Le Petit-Fromentin, 69380 Chasselay, tél. 04 72 18 94 67, franck@vinsdecrenisse.com V *t.l.j. sf dim. 16h-19h*

DOM. DU CLOS SAINT-MARC Authentique 2020 ★

■ | 10 000 | | 5 à 8 €

Quatre associés sont aux commandes de ce grand domaine de 18 ha consacré majoritairement au gamay et constitué en 1983 au sud-ouest de Lyon. Le plus important vignoble de l'AOC coteaux-du-lyonnais.

De jeunes ceps de chardonnay (15 ans) ont donné un vin bien équilibré. Au nez, de jolies notes de fleurs blancs se mêlent aux agrumes et à la poire. La bouche apparaît souple, fraîche, dynamique, de bonne longueur. ⧗ 2021-2023

DOM. DU CLOS SAINT-MARC, 60, rte des Fontaines, 69440 Taluyers, tél. 04 78 48 26 78, contact@clos-st-marc.com V *t.l.j. sf dim.15h-19h sam. matin.*

B DOM. RÉGIS DESCOTES Prestige Les Chapèzes 2019 ★

■ | 6 000 | | 11 à 15 €

Héritier d'une lignée vigneronne remontant au XVIIe s., Régis Descotes, installé en 1986 sur le domaine familial, au sud de Lyon, a pratiqué la lutte raisonnée avant d'engager en 2010 la conversion bio de ses 10 ha de vignes (certification en 2013).

Une cuvée qui a déjà eu les honneurs du Guide. La version 2019 a connu comme toujours une vinification en pièces bourguignonnes, des bâtonnages puis un élevage de 12 mois en fût. Au nez se déploient des notes de pain grillé, de vanille, de poire et de fleurs blanches. La bouche apparaît généreuse, ronde, riche, avec une fine minéralité en finale qui apporte du tonus. ⧗ 2022-2025

RÉGIS DESCOTES, 16, av. du Sentier, 69390 Millery, tél. 06 07 32 05 80, contact@regisdescotes.com V *r.-v.*

DOM. MAZILLE DESCOTES Blanc Sélection 2019 ★

■ | 1 200 | | 5 à 8 €

Situé à Millery, à 15 km au sud de Lyon, ce domaine de 7 ha dirigé par Anne Mazille est né du regroupement en 2009 de deux propriétés familiales anciennes. Un domaine très régulier en qualité, souvent en vue pour ses blancs.

Une cuvée souvent en vue, avec notamment des coups de cœur sur les millésimes 2018 et 2016. Comme à son habitude, Anne Mazille a pratiqué une vinification et un élevage en fût de chêne. Le nez déploie des arômes de fleurs blanches, de pêche, de vanille et de brioche. La bouche se montre ample, ronde, tendre, avec une juste fraîcheur en soutien. ⧗ 2022-2025

DOM. MAZILLE DESCOTES, 8_bis, rue du 8-Mai, 69390 Millery, tél. 04 26 65 91 17, mazille.descotes@gmail.com V *t.l.j. sf sam. dim. 17h30-19h; sam. 10h-19h*

BORDELAIS

LE BORDELAIS

Jouissant d'une renommée internationale, le Bordelais constitue le plus vaste vignoble d'appellation de France et l'un des plus prestigieux grâce à ses crus classés. Ce vignoble s'organise autour de trois axes fluviaux : la Garonne, la Dordogne et leur estuaire commun, la Gironde.

Si les vins rouges sont largement majoritaires, il offre tous les styles de vins, issus le plus souvent de l'assemblage de plusieurs cépages : en rouge, dominent le merlot et les cabernets ; en blanc, le sémillon et le sauvignon.

À côté des vastes appellations régionales, il est d'usage de distinguer la « rive gauche » (de la Garonne et de la Gironde : Graves et Médoc), à laquelle s'ajoutent les vignobles des vins liquoreux, et la « rive droite » (de la Dordogne et de la Gironde : Libournais, Bourgeais, Blayais). Entre ces deux rives de la Garonne et de la Dordogne, on trouve la vaste zone de l'Entre-deux-Mers.

AOC du Médoc
1 médoc
2 haut-médoc
3 saint-estèphe
4 pauillac
5 saint-julien
6 listrac-médoc
7 moulis-en-médoc
8 margaux
AOC des Graves
9 graves et graves supérieures
10 pessac-léognan
AOC des vins liquoreux
11 sauternes
12 barsac
13 cérons
14 sainte-croix-du-mont
15 loupiac
16 cadillac
AOC de l'Entre-deux-Mers
17 entre-deux-mers
18 premières-côtes-de-bordeaux
19 cadillac-côtes-de-bordeaux
20 graves-de-vayres
21 entre-deux-mers-haut-benauge et bordeaux-haut-benauge
22 côtes-de-bordeaux-saint-macaire
23 sainte-foy-côtes-de-bordeaux
AOC du Blayais et Bourgeais
24 blaye, côtes-de-blaye et blaye-côtes-de-bordeaux
25 côtes-de-bourg
AOC du Libournais
26 fronsac
27 canon-fronsac
28 pomerol
29 lalande-de-pomerol
30 saint-émilion et saint-émilion grand cru
31 saint-georges-saint-émilion
32 lussac-saint-émilion
33 montagne-saint-émilion
34 puisseguin-saint-émilion
35 francs-côtes-de-bordeaux
36 castillon-côtes-de-bordeaux
Nord
Gironde
1
3
24
BLAYAIS
4
5
1+2
BOUR
6
7
25
8
MÉDOC
Garonne
1
1+2
9
Bordeaux
10
9
GRAVES

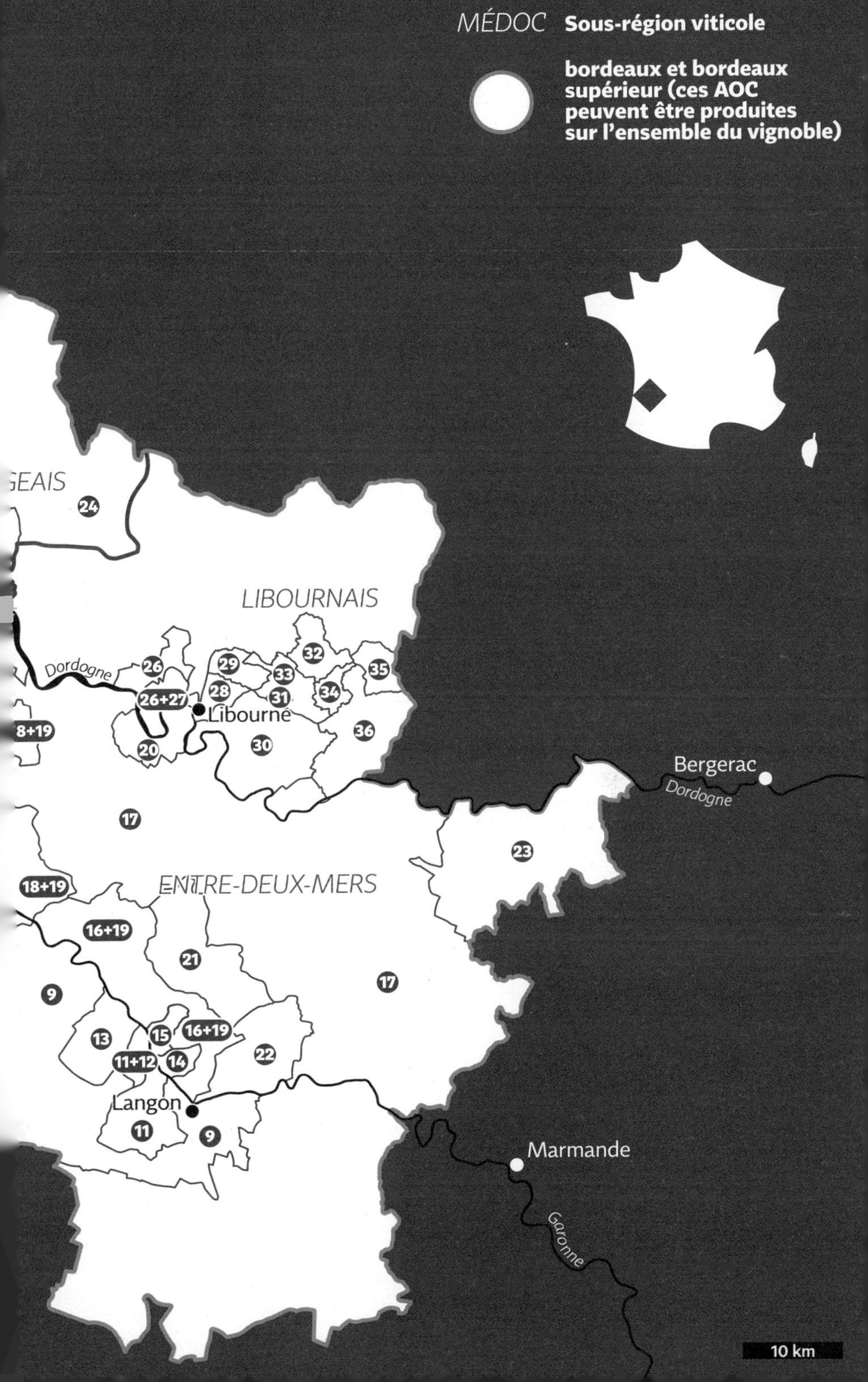
MÉDOC Sous-région viticole
bordeaux et bordeaux supérieur (ces AOC peuvent être produites sur l'ensemble du vignoble)
GEAIS
24
LIBOURNAIS
Dordogne
26
26+27
Libourne
29
28
33
32
31
34
35
36
30
20
8+19
17
Bergerac
Dordogne
23
ENTRE-DEUX-MERS
18+19
16+19
21
17
9
13
15
16+19
11+12
14
22
Langon
11
9
Marmande
Garonne
10 km

Le Bordelais
selon Margot

Rouge aux Lèvres

Je ne vais pas vous mentir : pendant longtemps, j'ai boudé le Bordelais. Vin de mon papa servi le dimanche midi, style rétro avec un boisé trop présent et souvent un prix élevé. Eh bien, les temps ont bien changé... Le «Bordeaux bashing» a eu un effet très positif sur le vignoble : enfin un vent *green* souffle sur la région. On passe en bio, Terras Vitis, HVE *a minima*, écopâturage, biodynamie... Bref, on fait attention à l'écosystème naturel et c'est bien normal. Le style ensuite : complètement bluffant ! La pratique de l'élevage sous bois s'est allégée, le fruit ressort sans masquer l'empreinte du terroir, avec des approches parcellaires «ultra couture», même dans les vins à 10 €. Les grandes propriétés travaillent toujours bien, mais avec plus de précision encore et s'ouvrent davantage à nous, les consommateurs... Les «petits» vignerons, très importants, se sont retroussé les manches pour faire connaître leurs vins. Car, oui, hélas, l'image des grands crus classés, parfois un peu fermés sur eux-mêmes, n'a pas joué en faveur des «petits», qui sont pourtant bien plus nombreux et souffrent parfois. Aujourd'hui, un nouveau Bordeaux voit le jour : plus ouvert, plus engagé, plus innovant... Il m'a reconquis ! Et vous ?

• **Ma reco œnotourisme**

Pour les sportifs : le *Trip wine and surf* de Lacanau à Saint-Émilion. Testé et validé, j'ai adoré l'expérience de L.O Wine, qui s'associe à l'école de surf HCL de Lacanau pour proposer cet atelier : une séance de surf à Lacanau, suivie d'une visite de Saint-Émilion et d'un atelier d'assemblage, Créawine®, au cœur des vignes au Château Vieux Mougnac. Chaque jeudi de juillet et d'août. (lowine.fr/wine-and-surf/)

Le bonheur est dans la vigne

Château Clarke 2018 (listrac-médoc)
Un très bon plan accessible sur un terroir finalement assez peu connu : Listrac-Médoc, qu'a repéré en 1973 le Baron Edmond de Rothschild. Une valeur sûre.

Château Rollan de By 2018 (médoc)
Jean Guyon, personnalité du vin, a hissé ce domaine parmi les incontournables du Médoc, aujourd'hui classé en cru bourgeois.

Château Clarisse Vieilles Vignes 2018 (puisseguin-saint-émilion)
Ma révélation de l'année. On n'est pas à Saint-Émilion, mais pas loin. Ce domaine tout en bio et en biodynamie est travaillé avec talent par Olivia et Didier Le Calvez.

Château Croix de Labrie 2018 (puisseguin-saint-émilion)
Attention : la nouvelle star de saint-émilion grand cru ! Les experts l'ont encensé, les consommateurs en raffolent. Ce vin est à la fois tout en finesse et en concentration, lui aussi issu d'un vignoble en biodynamie, que travaille avec passion Axelle Courdurié.

Château Phélan Ségur (saint-estèphe)
Toujours bien fait, élégant et typé, ce grand saint-estèphe me fascine. De plus, le prix reste plutôt sage au vu du boulot réalisé. Bravo !

Château La Tour Blanche (sauternes)
Un sauternes 1er cru classé de 1855 et une école de viticulture. Un *must have* dans sa cave, à tester avec la cuisine thaï, et pas à Noël : le kiffe total.

Le **Bordelais** en un clin d'œil

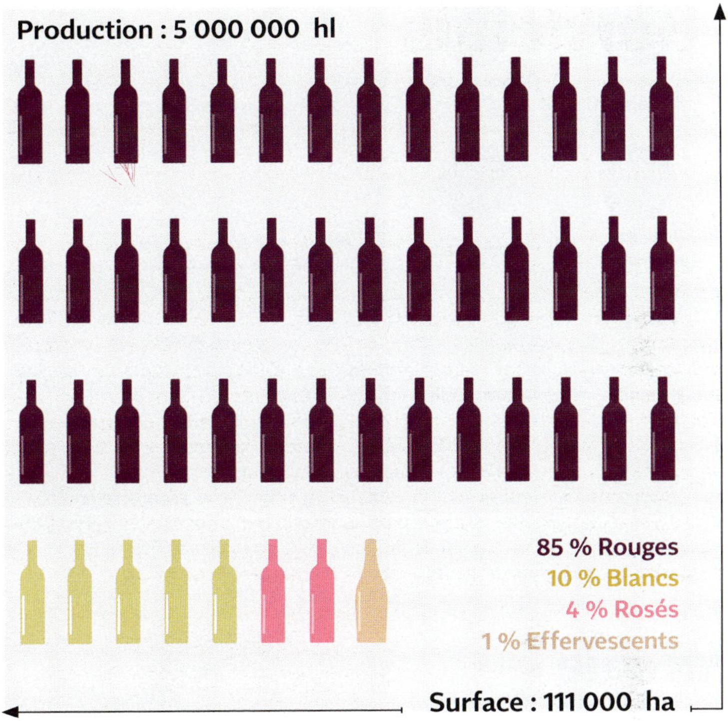

Types de vins

Rouges | Blancs secs | Blancs doux | Rosés | Effervescents

Principaux **cépages**

Merlot

Cabernet-sauvignon

Cabernet franc

Malbec

Petit verdot

Carménère

Sauvignon blanc

Sémillon

Muscadelle

Ugni blanc

Colombard

Hiérarchie des vins

AOC COMMUNALES
pauillac, margaux, pomerol, saint-émilion, etc.

AOC SOUS - RÉGIONALES
Médoc, haut-médoc, graves, entre-deux-mers, etc.

AOC RÉGIONALES
Bordeaux, bordeaux supérieur, crémant-de-bordeaux

- **Ier s. :** apparition du vignoble.
- **XIIe s. :** essor du claret (vin rouge léger) et du commerce avec la Grande-Bretagne, à la suite du mariage (1152) d'Aliénor d'Aquitaine et d'Henri Plantagenêt, futur roi d'Angleterre.
- **XVIIe s. :** élargissement de la clientèle aux Hollandais, amatrice de vins blancs doux. Progrès techniques : vieillissement en fût, mise enbouteille...
- **XVIIIe s. :** le goût des Anglais s'oriente vers des vins de meilleure qualité (*new French clarets*) et la relation bon terroir/grand vin se développe.
- **XIXe s. :** période faste par l'extension du commerce avec le chemin de fer et le libre-échange.
- **1855 :** classement des crus du Médoc et du Sauternais.
- **Fin XIXe s.:** apparition du phylloxéra.
- **Après 1945 :** renouveau grâce aux progrès de l'œnologie et millésimes d'exception (1961, 1982, 1989, 1990...).
- **1955 :** classement des vins de Saint-Émilion.
- **1959 :** classement des vins des Graves.
- **Années 1980 à 2000 :** développement de la superficie du vignoble.
- **2016 :** inauguration de la Cité du vin à Bordeaux.

Les appellations régionales du **Bordelais** en un clin d'œil

Production : 1,5 Mhl

80 % Rouges
11 % Blancs
6 % Rosés
2 % Crémants
1 % Clairets

Surface : 54 000 ha

Types de vins

Toute la Gironde viticole

Des vins provenant de l'ensemble du vignoble girondin (à l'exclusion des zones forestières, des dunes littorales et de l'essentiel des zones urbanisées).

Variété des terroirs et des styles

Les bordeaux régionaux (appelés aussi « génériques ») expriment une large palette de terroirs et proposent un bel éventail de styles de vins : rouges (largement majoritaires), blancs (secs ou beaucoup plus rarement doux), rosés, clairets et effervescents.

Base de la pyramide

Base de la pyramide des appellations, les bordeaux génériques constituent la 1re appellation de Gironde par le volume et sont un réel gisement pour l'amateur en quête de nouveautés.

Le **Blayais** et le **Bourgeais** en un clin d'œil

Production : 460 000 hl

95 % Rouges
5 % Blancs

Surface : 10 000 ha

Types de vins

Rouges

Blancs secs

Principaux cépages

Merlot

Cabernet-sauvignon

Cabernet franc

Malbec

Sémillon

Sauvignon

Muscadelle

Colombard

Ugni blanc

Les terroirs

Une région très vallonnée, aux confins charentais de la Gironde, et une atmosphère intimiste apportée par de nombreuses vallées. Les vignobles tirent parti de la présence de l'estuaire. Les meilleurs terroirs se trouvent à proximité de l'eau. Le Blayais offre des sols assez diversifiés (calcaires, sables, argilo-calcaires), le Bourgeais des sols plus homogènes (argilo-calcaires et graves) et des collines qui lui ont valu le surnom de « petite Suisse girondine ».

À taille humaine

Les caves coopératives tiennent une place importante dans le Blayais et le Bourgeais. Un grand nombre de propriétés familiales de taille moyenne se partagent ensuite le vignoble.

3 appellations, du rouge et un peu de blanc

Côté Blayais, on trouve la petite AOC blaye, dédiée aux seuls vins rouges, longuement élevés en fût, et les blaye-côtes-de-bordeaux, majoritairement des rouges à dominante de merlot et de rares blancs. Une seule AOC en Bourgeais (côtes-de-bourg), consacrée essentiellement aux rouges, là aussi dominés par le merlot, avec un retour notable du malbec dans les assemblages. Il existe aussi une petite production de blancs.

Des sites historiques

À voir : la grotte de Pair-Non-Pair (avec ses fresques préhistoriques, presque dignes de celles de Lascaux), la citadelle de Blaye (inscrite, avec d'autres fortifications, au patrimoine mondial par l'Unesco en 2008) ou celle de Bourg, des châteaux et autres anciens pavillons de chasse.

Le Libournais en un clin d'œil

Production : 650 000 hl

99 % Rouges
1 % Blancs

Surface : 15 200 ha

Types de vins

- Rouges
- Blancs secs
- Blancs doux (francs-côtes-bordeaux)

Principaux cépages

- Merlot
- Cabernet-sauvignon
- Cabernet franc
- Petit verdot
- Malbec
- Sémillon
- Muscadelle
- Sauvignon

Un autre monde

Le vignoble apparaît dès la sortie de la ville et recouvre presque intégralement plusieurs communes aux appellations renommées comme fronsac, pomerol ou saint-émilion, avec un morcellement en une multitude de petites ou moyennes propriétés. Les grands domaines, du type médocain, ou les grands espaces caractéristiques de l'Aquitaine sont ici absents.

Le règne du merlot

Le merlot domine le vignoble du Libournais et ses terroirs calcaires. Il donne finesse, rondeur et fruité aux vins et leur permet de bien vieillir, même s'ils sont de moins longue garde que ceux d'appellations à dominante de cabernet-sauvignon.

Le classement de Saint-Émilion

Les vins de Saint-Émilion sont absents du classement impérial de 1855, un oubli qui s'explique par le fait que ce dernier a été l'œuvre de la Chambre de commerce de Bordeaux, alors que la région de Saint-Émilion dépend de celle de Libourne. Ils bénéficient de leur propre classement depuis 1955, régulièrement

revu (dernière révision en 2012). Ont été promus en grands crus classés A les châteaux Pavie et Angelus qui ont rejoint les châteaux Ausone et Cheval-Blanc. Viennent ensuite 14 1ers grands crus classés B, puis 64 grands crus classés.

Pomerol

L'une des plus prestigieuses appellations du Bordelais, et l'une des plus discrètes aussi. Ici, pas de classement des crus, bien que le terroir soit remarquable, notamment en raison de la présence de grès ferrugineux, appelé « crasse de fer » dans le sous-sol. Des vins mythiques naissent ici, comme Petrus, archétype du pomerol.

Les « satellites de Saint-Émilion »

Séparées de l'AOC saint-émilion par le ruisseau de la Barbanne, 4 AOC incluant dans leur nom celui de Saint-Émilion produisent des vins rouges de même style. On parle des « satellites de Saint-Émilion » : lussac-saint-émilion, montagne-saint-émilion, puisseguin-saint-émilion, saint-georges-saint-émilion, auxquels il faut ajouter castillon-côtes-de-bordeaux et francs-côtes-bordeaux, situés plus à l'est.

Entre Garonne et Dordogne en un clin d'œil

Production : 220 000 hl

60 % Rouges
40 % Blancs

Surface : 5 000 ha

Types de vins

Rouges

Blancs secs

Blancs doux

Principaux cépages

Merlot

Cabernet-sauvignon

Cabernet franc

Petit verdot

Malbec

Sémillon

Muscadelle

Sauvignon

L'Entre-deux-Mers

Le terme désigne à la fois la région comprise entre la Garonne et la Dordogne, et une appellation de vins blancs secs qui n'occupe qu'une partie de la zone géographique. Si les vins blancs vifs et fruités sont ici les plus connus, ce vaste ensemble produit une majorité de vins rouges, notamment en appellations régionales bordeaux et bordeaux-supérieur.

Une mosaïque d'appellations

Outre l'entre-deux-mers, dédiée aux seuls blancs secs, on trouve dans la partie centrale de la région, les confidentielles AOC entre-deux-mers-haut-benauge (blancs secs) et bordeaux-haut-benauge (blancs moelleux). Dans la partie sud, le long de la rive droite de la Garonne, s'étendent les « vins de côte » : côtes-de-bordeaux (rouges), cadillac-côtes-de-bordeaux (rouges), premières-côtes-de-bordeaux (blancs moelleux) et côtes-de-bordeaux-saint-macaire (blancs secs, moelleux ou liquoreux). Au nord, face à Fronsac, naissent les graves-de-vayres (rouges dominants et blancs secs). Enclavée entre les départements de la Dordogne et du Lot-et-Garonne, voisine du Berge-

racois, on trouve l'AOC sainte-foy-côtes-de-bordeaux (rouges dominants, blancs secs et rares moelleux).

Patrimoine

Vallonnés, l'Entre-deux-Mers et le pays de Sainte-Foy-la-Grande offrent des paysages harmonieux, rehaussés par l'habitat. Des bastides (villes du Moyen-Âge) aux églises romanes, en passant par les moulins (fortifié sou non), le patrimoine de la région est riche.

La région des **Graves** en un clin d'œil

Production : 220 000 hl

75 % Rouges
25 % Blancs

Surface : 5 300 ha

Types de vins

- Rouges
- Blancs secs
- Blancs doux (graves-supérieures)

Principaux **cépages**

- Merlot
- Cabernet-sauvignon
- Cabernet franc
- Petit verdot
- Malbec
- Sémillon
- Muscadelle
- Sauvignon
- Sauvignon gris

Vignoble historique de Bordeaux

Dès l'époque romaine, les rangs de vignes ont commencé à encercler la capitale de l'Aquitaine et à produire, selon l'agronome Columelle, « un vin se gardant longtemps et se bonifiant au bout de quelques années ». C'est au Moyen-Âge qu'apparaît le nom de Graves, en référence aux sols faits de cailloux roulés *(grabas de Burdeus)*. Il désigne alors tous les pays situés en amont de Bordeaux, entre la rive gauche de la Garonne et le plateau landais. Par la suite, le Sauternais s'individualise pour constituer, dans cette région des Graves, une enclave vouée aux liquoreux.

3 appellations

Les vins se déclinent en 3 AOC et 2 couleurs, rouge et blanc. L'AOC graves, la plus vaste, se développe du nord de la banlieue de Bordeaux au sud de Langon. Une appellation est consacrée aux vins moelleux et liquoreux : graves-supérieures. L'aire de l'AOC pessac-léognan, au sud et à l'ouest de Bordeaux, jusqu'à Martillac, regroupe 10 communes.

Un classement original

Lors du classement impérial de 1855, le château Haut-Brion a été le seul cru non

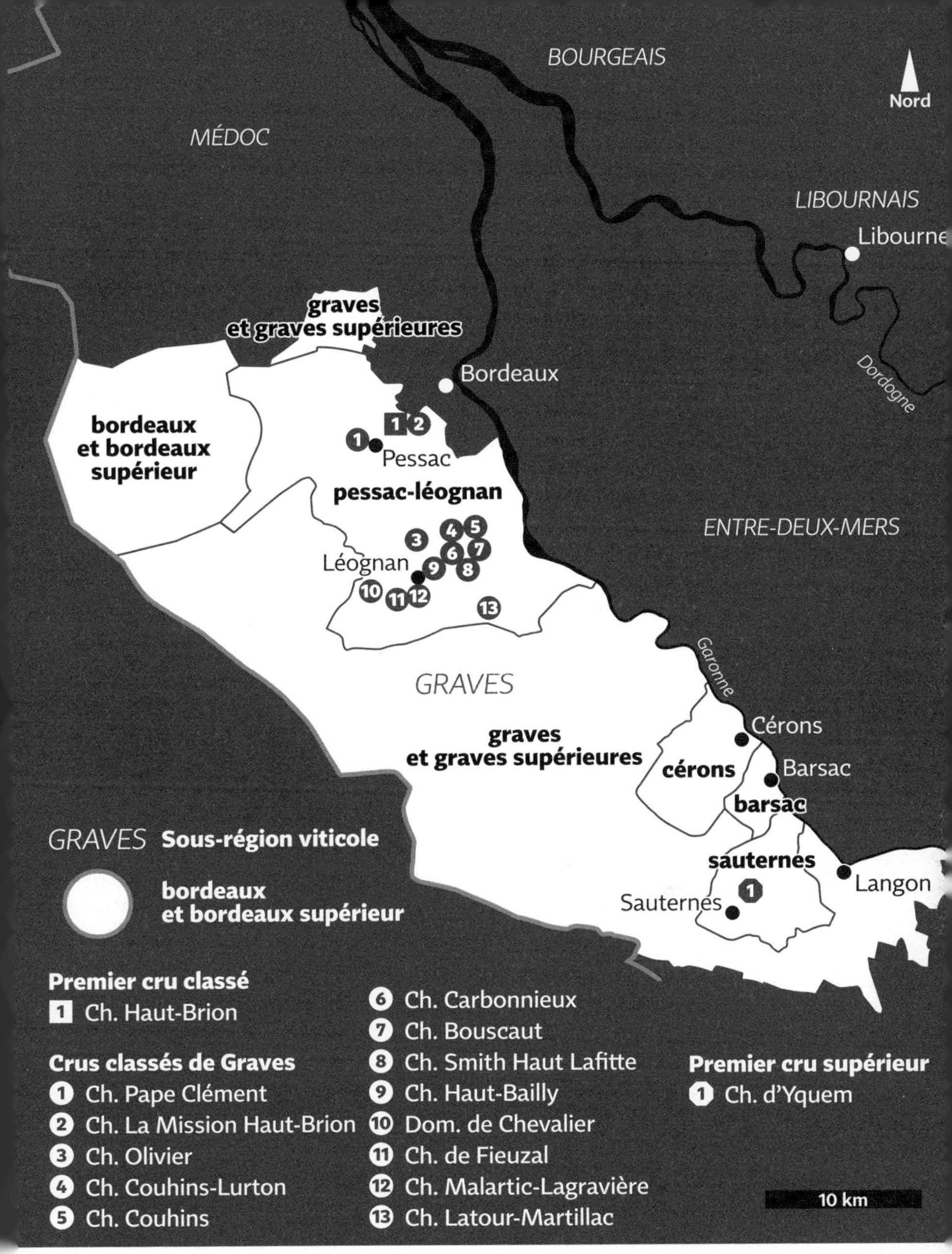

médocain à être classé (1er cru). En 1953, 12 crus l'ont rejoint pour former le classement des vins rouges des Graves. En 1959, 8 autres ont été classés pour leur vin blanc. Le classement des Graves est le seul en Gironde à comprendre aussi bien des vins blancs secs que des vins rouges. Il est exclusivement composé de vins de l'AOC pessac-léognan.

Des exploitations familiales

Les petites propriétés de moins de 5 ha sont encore nombreuses. Le vignoble moyen dans les Graves reste de taille humaine, autour de 15 ha. La région se singularise aussi par l'absence de caves coopératives.

Le **Médoc** en un clin d'œil

Production : 800 000 hl

100 % Rouges

Surface : 16 000 ha

Types de vins

Rouges

Principaux **cépages**

Merlot

Cabernet-sauvignon

Cabernet franc

Petit verdot

Les graves médocaines

Sur la rive gauche de la Gironde, le Médoc viticole s'étire sur plus de 80 km de long pour 10 de large. Sa grande richesse réside avant tout dans ses croupes de graves, descendant en pente douce vers l'estuaire, particulièrement favorables aux vins rouges de qualité. On distingue le Haut-Médoc, de Blanquefort à Saint-Seurin-de-Cadourne, et le nord Médoc, de Saint-Germain-d'Esteuil à Saint-Vivien.

Classement de 1855

Une autre hiérarchie s'applique aux domaines avec, au sommet, les crus classés de 1855. Incluant par exception le Ch. Haut-Brion, également 1er cru classé des Graves, c'est le plus ancien des classements officiels. Il a été réalisé sous le Second Empire, en fonction des cours des vins. Il hiérarchise les crus en 5 catégories (des 1ers aux 5e crus classés). Hormis la promotion de Mouton-Rothschild au rang de 1er cru en 1973, il n'a jamais été modifié.

Le royaume des vins rouges et du cabernet-sauvignon

Les vins du Médoc, parmi les plus prestigieux de France et du monde, sont tous issus d'un assemblage de cépages, avec en tête le cabernet-sauvignon, puis le merlot, suivi du cabernet franc, du petit verdot et très accessoirement du malbec.

Hiérarchie des vins

Le vignoble se répartit entre 8 AOC : 2 sous-régionales — médoc et haut-médoc (60 % du vignoble médocain) —, et 6 communales (saint-estèphe, pauillac, saint-julien, listrac-médoc, moulis-en-médoc, margaux) qui produisent les vins les plus réputés et la plupart des crus classés.

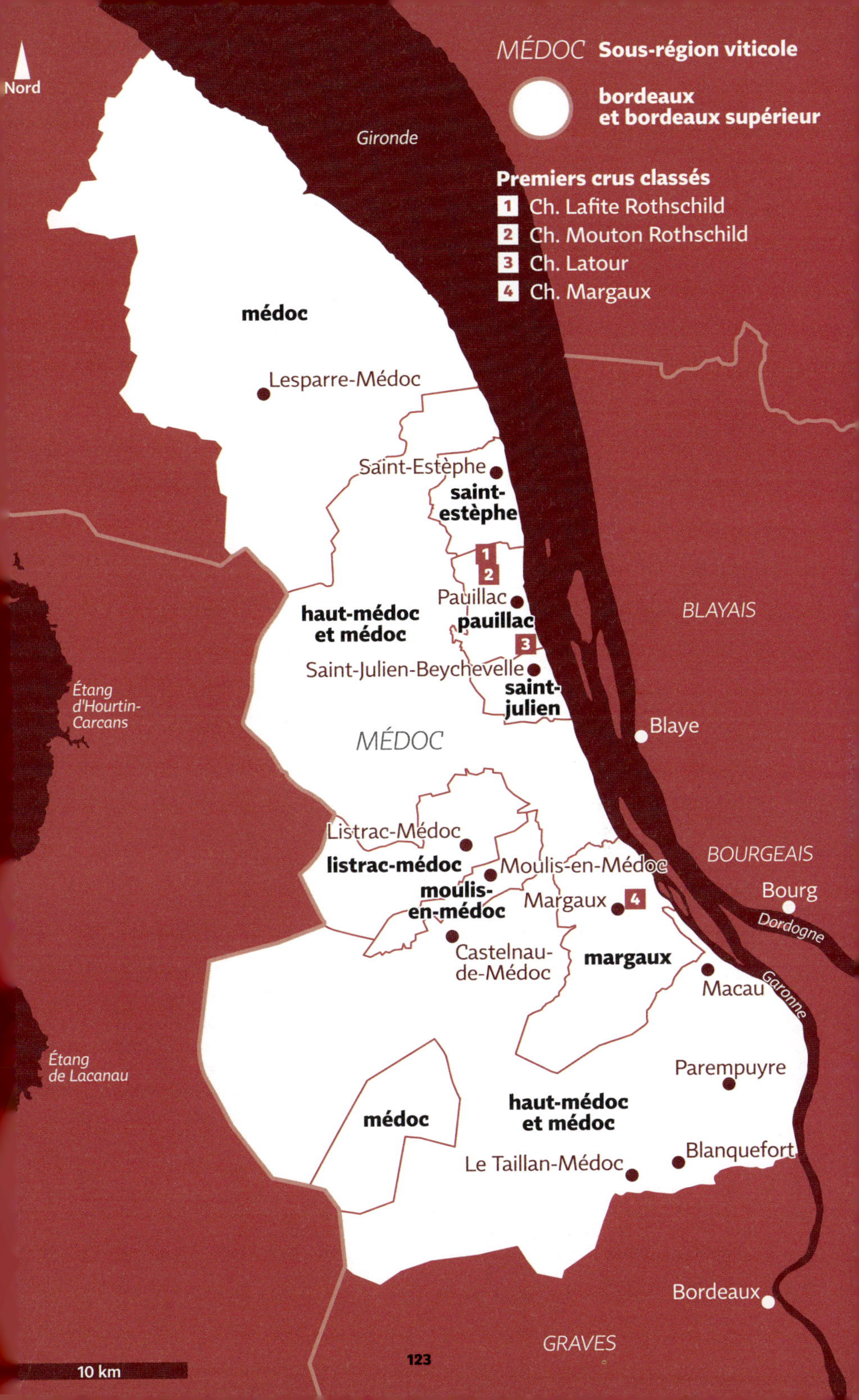
Nord
MÉDOC Sous-région viticole
bordeaux et bordeaux supérieur
Premiers crus classés
1 Ch. Lafite Rothschild
2 Ch. Mouton Rothschild
3 Ch. Latour
4 Ch. Margaux
Gironde
médoc
Lesparre-Médoc
Saint-Estèphe
saint-estèphe
1
2
Pauillac
haut-médoc et médoc
pauillac
3
BLAYAIS
Saint-Julien-Beychevelle
saint-julien
Étang d'Hourtin-Carcans
Blaye
MÉDOC
Listrac-Médoc
listrac-médoc
Moulis-en-Médoc
BOURGEAIS
moulis-en-médoc
Margaux
4
Bourg
Dordogne
Castelnau-de-Médoc
margaux
Macau
Garonne
Étang de Lacanau
Parempuyre
médoc
haut-médoc et médoc
Le Taillan-Médoc
Blanquefort
Bordeaux
GRAVES
10 km

Les vins blancs **liquoreux** en un clin d'œil

Production : 77 700 hl

100 % Blancs doux

Surface : 3 500 ha

Types de vins

Blancs liquoreux — **Blancs moelleux**

Principaux **cépages**

Sémillon — **Sauvignon** — **Muscadelle**

La magie du Ciron

Entre Langon et Cadillac, une petite région située de part et d'autre de la Garonne, autour de son confluent avec le Ciron, s'est spécialisée en blancs liquoreux. Simple hasard ? Assurément non, car c'est l'apport des eaux froides de la petite rivière landaise, au cours entièrement couvert d'une voûte de feuillages, qui donne naissance à un climat automnal particulier : brouillard du matin, suivi du soleil l'après-midi. Celui-ci favorise l'action du *Botrytis cinerea*, champignon de la pourriture noble. On pratique alors des vendanges tardives par tries successives, en passant plusieurs fois (jusqu'à 11) dans les vignes pour ne ramasser que les grains desséchés par le *Botrytis* et donc concentrés en sucre.

Un classement impérial

Les liquoreux du Sauternais ont connu un tel succès que 22 châteaux de la rive gauche (devenus 27 à la suite de divisions) figurent au classement impérial de 1855, aux côtés des grands crus rouges du Médoc. Ce classement distingue un seul 1er cru supérieur, le Château d'Yquem, des 1ers et 2^{ds} crus. Ne sont concernées que les AOC sauternes et barsac.

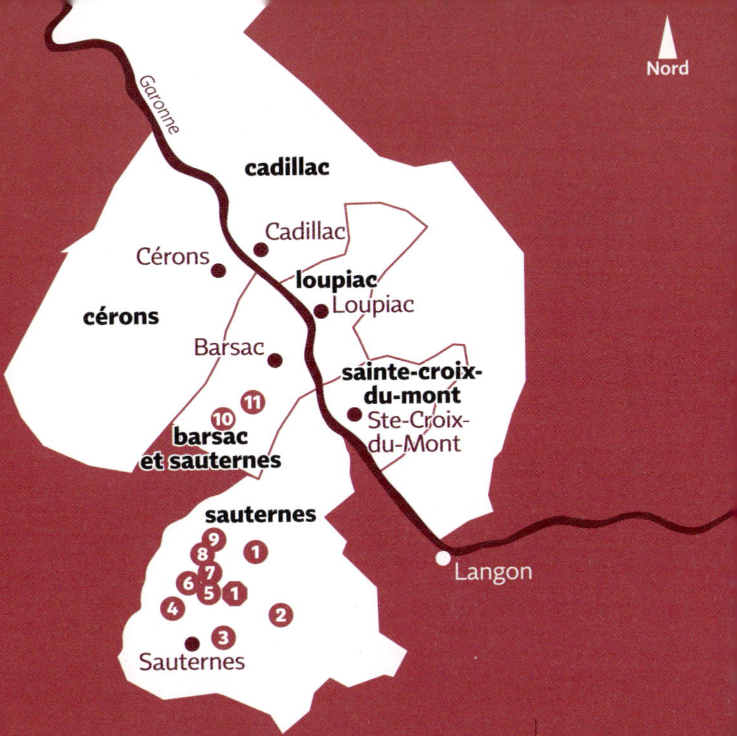

Premier cru supérieur

❶ Ch. d'Yquem

Premiers crus

1. Ch. Suduiraut
2. Ch. Rieussec
3. Ch. Guiraud
4. Ch. La Tour-Blanche
5. Clos Haut-Peyraguey
6. Ch. Rayne-Vigneau
7. Ch. Lafaurie-Peyraguey
8. Ch. Sigalas-Rabaud
9. Ch. Rabaud-Promis
10. Ch. Climens
11. Ch. Coutet

5 km

Des AOC privilégiées

On distingue 6 AOC consacrées aux liquoreux : des vins généralement issus d'assemblages, nés de sémillon (souvent majoritaire) et de sauvignon, parfois associés à la muscadelle. Les AOC « reines » sont sauternes et barsac, qui ont atteint une renommée internationale. Elles sont très proches du Ciron et donnent en général des vins plus concentrés. Un peu plus éloignées, 4 autres AOC profitent également de la rivière : sainte-croix-du-mont, loupiac et cadillac, sur la rive droite de la Garonne, cérons sur la rive gauche. Leurs vins sont un peu moins liquoreux que les sauternes.

Les **vignerons** de l'année

Constance et Stéphane **Droulers**

(Ch. de Carles)

Lorsqu'au terme de sa conquête de l'Aquitaine, Charlemagne fit établir un camp fortifié sur le tertre de Fronsac, il ne se doutait certes pas que ces coteaux lorgnant sur les méandres de l'Isle, recélaient des terroirs où le calcaire à astéries et la molasse accueilleraient un jour de grands cépages : merlot, cabernet-franc, côt (dénommé ici « petit noir de Pressac »). L'amateur de grands vins s'entendra probablement rappeler cet épisode de l'an 769, surtout si ses pas le conduisent au Château de Carles, dont le nom rappelle celui de « l'Empereur à la barbe fleurie » et dont la cuvée de prestige Haut-Carles brille une fois encore.

• Un souffle littéraire

Aujourd'hui, le Château de Carles, édifié aux XVe et XVIe siècles par une puissante dynastie de la noblesse parlementaire bordelaise, est une coquette maison forte d'allure médiévale. Ses tours et machicoulis en conservent l'esprit. Une maison qui trône au cœur d'un vignoble d'une vingtaine d'hectares remanié et remodelé au fil des ans par une équipe adoubée par les propriétaires des lieux, Constance Droulers et son époux Stéphane, madame étant descendante de Jacques Chastenet de Castaing, membre de l'Académie française. Un souffle littéraire semble d'ailleurs vivifier ces lieux où l'on prétend que Montaigne et La Boétie se rencontrèrent. Des lieux qui, bien plus tard, devaient inspirer *Les Gouttes de Dieu*, célèbre manga de Tadashi Agi, très connu en Asie, mentionnant le millésime 2001 qui n'était pas sans rappeler les grands pomerol par son velouté et ses tanins suaves.

• Le secret de Haut-Carles

Ici s'élaborent deux types de vins : le Château de Carles, fondé sur la digestibilité et le naturel, un fronsac plutôt jovial, exprimant les cajoleries du merlot et le travail de la vigne. Et puis, il y a Haut-Carles, la cuvée de prestige, ample et intense, qui détient un nombre impressionnant de coups de cœur dans le Guide Hachette. Le secret de Haut-Carles ? Des densités de plantations peu communes (de 7 500 à 10 000 pieds/ha), des parcelles sélectionnées minutieusement, enherbées naturellement et qui tiennent compte des reliefs, puis un élevage sous bois raffiné, sans effet de manche, qui laisse parler le terroir.

• Les effets du réchauffement climatique

Mais le réchauffement climatique occupe les esprits. Il impacte le devenir du vin. Toujours pédagogique à Haut-Carles, le discours évolue. « Notre atout-maître, le merlot, occupait la quasi-totalité des parcelles. Hypersensible au réchauffement, il voit sa précocité s'accroître de façon spectaculaire, véhiculant trop de sucre et donc trop d'alcool. » À nouveau constat, nouvelles conduites : « Nous allons privilégier le cabernet franc. C'est un merveilleux gage de complexité et d'élégance. » Gageons que la nouvelle qualité des vendanges de Haut-Carles continuera de livrer les belles vérités de terroirs comparables à ceux des prestigieux voisins de Saint-Émilion.

Le coup de cœur

Fronsac Haut-Carles 2018

Dominique **Haverlan**

(Vieux Château Gaubert)

Coup de cœur avec sa propriété emblématique, Vieux Château Gaubert, sur le millésime 2018, Dominique Haverlan revient sur son parcours. Redonner vie à ce château des graves est l'œuvre de sa vie.

• Vieux Château Gaubert est emblématique. Quelle est son histoire ?
J'ai acheté ce qui était une ruine en 1988 pour en faire un château viticole dans son esprit du XVIIIes. C'est aujourd'hui notre lieu d'accueil et de prestige. À l'époque, je louais des bâtiments et il me fallait un endroit qui reflète le goût de la qualité, pour y développer mon exploitation personnelle. Mes parents étaient viticulteurs à Portets ; tout jeune je connaissais déjà cette propriété abandonnée. Je me suis battu pour l'acquérir après le décès de sa propriétaire en 1987. La mairie voulait en faire une zone commerciale, des lotissements. Cela a été l'œuvre de ma vie. Les travaux se sont étalés sur 20 ans…

• Ce terroir avait-il pour vous du potentiel ?
Le terroir de Portets est exceptionnel pour la qualité de ses graves. Nous avons replanté à une densité de 8 000 pieds par hectares. Je suis un adepte des hautes densités. Les graves composent un sol maigre, peu fertile, les vignes peuvent être en stress hydrique. On ne peut pas produire trop de grappes par pied pour que les raisins soient de qualité. C'est ce que font les crus classés.

• Quelles sont les évolutions que vous aimeriez apporter maintenant ?
Nous avons planté des petits verdots ; d'ailleurs dans ce millésime 2018, il y en a un peu (5 à 6 %), même si ce n'est pas indiqué sur l'étiquette. On en plante de plus en plus, c'est un cépage d'avenir dans les Graves. Il mûrit bien aujourd'hui, au même moment que le cabernet-sauvignon. Il apporte un peu plus d'acidité, de la concentration en fruit. C'est un cépage très goûteux, riche. Il n'en faut pas beaucoup pour qu'il participe à l'équilibre dans les vins. Sur le plan commercial, nous n'étions pas ouverts à la vente directe du fait du chantier ; c'est le cas depuis l'année dernière, même si ce n'est pas tombé au bon moment…

• Quels sont vos principes en matière de viticulture ?
Nous n'utilisons plus de phytosanitaires CMR (cancérogène, mutagène, reprotoxique), nous sommes certifiés HVE3 depuis 2018. C'est l'année aussi où j'ai eu le plaisir de voir mon fils, Romain, arriver sur l'exploitation. Il est ingénieur agronome et a vinifié dans divers pays : États-Unis, Nouvelle-Zélande, etc.

• Comment s'est présenté ce millésime 2018 ?
C'était une année difficile avec une forte pression de maladies, mais cela s'est plutôt bien passé. Nous avons aussi constaté une montée en puissance de la richesse en sucre des raisins. Nous n'avons pas trop poussé les maturités et les extractions pour conserver une certaine fraîcheur. Nous avons aussi diminué les températures de fermentation pour garder du fruit.

♥ Le coup de cœur

■ **Graves 2018**

LES APPELLATIONS RÉGIONALES DU BORDELAIS

BORDEAUX

Superficie : 39 415 ha / Production : 1 699 000 hl

CH. LES ANCRES 2019 ★★

172000 | | - de 5 €

Les Pellé exploitent la vigne depuis 1840 ; la dernière génération (Denis Pellé) est aux commandes depuis 1991, à la tête de 3 domaines et 70 ha : Les Ancres, Champs de Lucas et Jayle, en bordeaux et côtes-de-bordeaux-saint-macaire.

Issue du merlot (70 %) et du cabernet-sauvignon, cette cuvée séduit par la finesse de ses arômes de fruits rouges accompagnés de notes florales et épicées. Une attaque souple et tendre ouvre sur un palais suave et soyeux, soutenu par des tanins affinés. ⧗ 2021-2025

EARL VIGNOBLES PELLÉ, 1-2, Jayle, 33490 Saint-Martin-de-Sescas, tél. 05 56 63 60 90, contact@vignoblespelle.com V t.l.j. f. sam. dim. 9h-12h 14h-18h

B CH. LES ARROMANS Prestige 2019 ★

15000 | | 8 à 11 €

À la retraite de ses parents, qui ont mis en bouteilles à partir de 1970, Joël Duffau a repris une partie de leur vignoble du Ch. les Arromans, venant compléter ainsi le Ch. la Mothe du Barry qu'il avait créé en 1985. Il commande aujourd'hui un ensemble de 40 ha converti au bio. Ses deux étiquettes sont incontournables en bordeaux et en entre-deux-mers.

Une robe noire et profonde habille cette cuvée au nez ouvert et puissant, dominé par un boisé toasté et vanillé, qui libère des parfums de fruits mûrs à l'aération. Cette aromatique se retrouve dans un palais intense, chaleureux, structuré par des tanins bien présents et doté d'une jolie finale épicée. ⧗ 2022-2026

JOËL DUFFAU, 490, rte du Pont-Riveau, 33420 Moulon, tél. 05 57 74 93 98, vignobles.jduffau@orange.fr V t.l.j. sf dim. 8h-12h 14h-19h 5

BARON LA ROSE Cabernet-sauvignon 2019 ★

25333 | | - de 5 €

Sovex Grands Chateaux est une maison de négoce créée en 1982 par Justin Onclin, qui commercialise aussi bien des grands crus classés et des crus bourgeois que ses propres marques.

Ce cabernet-sauvignon livre des senteurs intenses de baies noires bien mûres accompagnées de subtiles nuances florales, végétales et boisées. La bouche se révèle ample, fruitée et chaleureuse, stimulée par une touche de fraîcheur mentholée et soutenue par des tanins tendres. ⧗ 2023-2028 ■ **Malbec 2019 ★ (- de 5 € ; 34666 b.)** Un malbec très sombre, au nez fin de fruits noirs et rouges (cerise, cassis, mûre). La bouche se montre puissante, ample et veloutée, charpentée par des tanins robustes. Du potentiel. ⧗ 2024-2030

SAS SOVEX GRANDSCHÂTEAUX, 2, rue André-Marie-Ampère, 33560 Carbon-Blanc, tél. 05 56 77 81 00, contact@sovex-gc.com

CH. BARREYRE 2019 ★★

60000 | | 5 à 8 €

Paul Gonfrier, rapatrié d'Algérie, rachète au début des années 1960 le Ch. de Marsan, terre noble fondée au XVIe s. sur la rive droite de la Garonne : le berceau des domaines familiaux. Ses fils Philippe et Éric suivent ses traces après 1985. Aujourd'hui, pas moins de 400 ha et 12 châteaux.

Le cassis, la mûre, la cerise et la violette, accompagnés de nuances grillées et de notes de tabac, composent un bouquet complexe et engageant. La bouche se révèle fruitée, légèrement épicée, ample, concentrée, bâtie sur des tanins racés encore un peu serrés en finale. Du potentiel. ⧗ 2024-2030 ■ **Ch. Lagarère 2019 ★ (5 à 8 € ; 100000 b.)** Un nez ouvert et frais, fruité, épicé et floral (violette). Une attaque franche introduit un palais ample, expressif, puissant et long, structuré avec élégance par des tanins soyeux, qui se resserrent en finale. ⧗ 2025-2027

SAS GONFRIER FRÈRES (CH. DE MARSAN), BP 7, 33550 Lestiac-sur-Garonne, tél. 05 56 72 14 38, contact@vignobles-gonfrier.fr V t.l.j. sf sam. dim. 9h-17h30

CH. BEL-AIR PERPONCHER 2018 ★★

10000 | | 20 à 30 €

Ancienne propriété de la famille Perponcher, qui dut fuir vers la Hollande après la révocation de l'édit de Nantes, acquise en 1990 par la maison Despagne. Un cru situé sur un plateau argilo-siliceux dominant la Dordogne, incontournable en bordeaux (dans les 3 couleurs), bordeaux supérieur et entre-deux-mers.

Au nez, des nuances florales, épicées et mentholées viennent délicatement se mêler aux arômes de fruits noirs et de vanille. On retrouve ce bouquet intense dans un palais souple à l'attaque, puis charnu, suave et très persistant, épaulée par des tanins charmeurs. Une cuvée dores et déjà harmonieuse et qui vieillira très bien. ⧗ 2022-2028

SCEA VIGNOBLES DESPAGNE (CH. BEL AIR PERPONCHER), 2, le Touyre, 33420 Naujan-et-Postiac, tél. 05 57 84 55 08, contact@despagne.fr V t.l.j. sf sam. dim. 8h30-12h 13h30-16h30

♥ CH. BELLE-GARDE Cuvée élevée en fût de chêne 2018 ★★

45000 | | 5 à 8 €

Bordeaux ou bordeaux supérieur, rouge, blanc ou rosé, Éric Duffau vinifie avec brio les AOC régionales. Il a repris en 1979 le domaine familial situé dans l'Entre-deux-Mers, sur la rive gauche de la Dordogne. Son vignoble de 46 ha est situé pour l'essentiel sur des coteaux faisant face à Saint-Émilion.

Élevé 12 mois en fût de chêne, ce magnifique 2018 s'habille d'une robe profonde striée de reflets rubis. Le nez, bien ouvert, s'exprime sur les fruits noirs et rouges accompagnés d'un fin boisé. Enrobée d'un fruité croquant, la bouche, très longue, se montre ample, charnue et chaleureuse, appuyée sur des tanins soyeux et soulignée par une agréable fraîcheur. Un équilibre très abouti. ⧗ 2022-2028

SC VIGNOBLES ÉRIC DUFFAU (CH. BELLE-GARDE), 2692, rte de Moulon, 33420 Génissac, tél. 05 57 24 49 12, duffau.eric@wanadoo.fr V r.-v.

♥ CH. LES BELLES VIGNES 2019 ★★

■ | 85000 | | - de 5 €

Le vignoble Cardarelli a été créé en 1953 à Massugas, entre Castillon-la-Bataille et Sainte-Foy-la-Grande, par d'anciens métayers viticoles. Ce sont depuis 1990 leurs 3 petits-fils, épaulés de leurs épouses, qui conduisent ce vaste ensemble de 550 ha répartis sur plusieurs crus. Aujourd'hui, la quatrième génération est prête à prendre la relève.

Une robe aubergine habille ce 2019 issu du merlot (61 %), du cabernet-sauvignon (31 %) et du cabernet franc. Expressif et flatteur, le nez évoque une corbeille de fruits noirs et rouges très mûrs. Tout aussi charmeuse et fruitée, la bouche se révèle ample, riche et chaleureuse, soutenue par des tanins mûrs et par une fine fraîcheur qui persiste jusqu'en finale. Un bordeaux gourmand en diable. ⧗ 2022-2026 ■ **Ch. les Pierron 2019 ★ (- de 5 €; n.c.)** Cabernet-sauvignon (41 %), cabernet franc (28 %) et merlot pour cette cuvée complexe et intense, qui s'exprime sur les fruits noirs et rouges accompagnés d'amande et de noisette. Le palais se montre puissant, chaleureux et soyeux, adossé à des tanins serrés. De bonne garde. ⧗ 2023-2027

SCEA HAUSSMANN CARDARELLI, La Borne-Nord, 33790 Massugas, tél. 05 56 61 48 13, contact@vignobles-cardarelli.com V r.-v.

♥ PETIT VERDOT BY CH. BELLE-VUE 2018 ★★

■ | 15000 | | 20 à 30 €

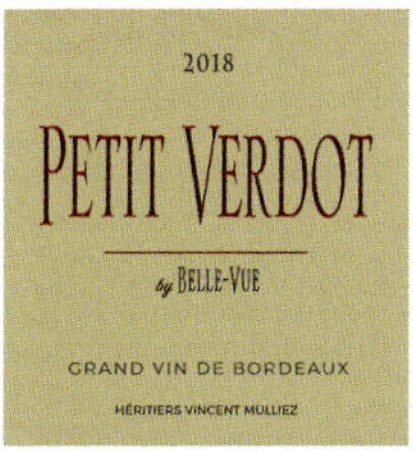

L'homme d'affaires Vincent Mulliez, disparu en 2010, avait acheté en 2004 dans la partie sud du Médoc les châteaux Bolaire (bordeaux supérieur), Belle-Vue et Gironville (haut-médoc) devenus des valeurs sûres. Ses héritiers ont repris le flambeau.

Élevée 14 mois en amphore et en fût, cette cuvée originale met à l'honneur le seul petit verdot. Habillée d'une robe bordeaux profond, elle s'ouvre sur les fruits rouges mûrs (fraise, griotte) agrémentés de notes de violette et d'une pointe végétale. On retrouve cette palette aromatique dans une bouche ronde, ample, charnue et concentrée, soutenue par des tanins veloutés. Un superbe vin, riche et gourmand. ⧗ 2023-2028

SC DE LA GIRONVILLE, 103, rte de Pauillac, 33460 Macau, tél. 05 57 88 19 79, contact@chateau-belle-vue.fr V r.-v.

CH. LA BERTHE 2019 ★

■ | 70000 | | - de 5 €

Régis Falxa et sa sœur Isabelle ont repris en 2005, à la suite de leur père, ce domaine familial de 44 ha, constitué du Ch. Lalande-Labatut, régulièrement sélectionné pour ses entre-deux-mers, du Ch. les Gauthiers et du Ch. la Berthe.

Largement dominé par le merlot (85 %), ce 2019 séduit d'emblée par son nez intense de fruits rouges et noirs très mûrs. Ce fruité soutenu se prolonge dans une bouche vineuse et généreuse, étayée par des tanins élégants et prolongée par une finale sur le cassis aussi longue que délicieuse. ⧗ 2022-2026

SCEA VIGNOBLES FALXA, 38, chem. de Labatut, 33370 Salleboeuf, tél. 05 56 21 23 18, info@lalande-labatut.fr V r.-v.

(B) VIGNOBLES BOISSONNEAU
Vinum Terra Sans sulfite ajouté 2019 ★

■ | 18000 | | 11 à 15 €

Un domaine créé en 1839 par Pierre Boissonneau sur le plateau de l'Entre-deux-Mers, d'abord en polyculture, puis dédié à la vigne dans les années 1960. Aujourd'hui, les 5e (Philippe) et 6e (Pascal) générations sont aux commandes d'un vignoble de 55 ha conduit en bio depuis 2011. Elles produisent des bordeaux et des côtes-du-marmandais.

Ce pur merlot associe au nez des arômes de mûre, de myrtille et de cassis avec de fines notes de noisette et d'épices. En bouche, il se montre franc à l'attaque, puis se déploie avec souplesse et fraîcheur, porté par des tanins ronds. ⧗ 2021-2025

VIGNOBLES BOISSONNEAU, lieu-dit Cathelicq, 33190 Saint-Michel-de-Lapujade, tél. 05 56 61 72 14, vignobles@boissonneau.fr V r.-v.

CH. BONNET Divinus 2018 ★

■ | 40000 | | 15 à 20 €

André Lurton, disparu en 2019, conduisait depuis 1953 le Ch. Bonnet (et sa déclinaison Tour de Bonnet), un fief historique qui était aussi son lieu de naissance et le premier cru acquis par son grand-père Léonce Récapet en 1897. Un domaine de 300 ha, valeur sûre en entre-deux-mers et bordeaux, qui entre dans un vaste «empire» de 600 ha, dont 260 en pessac-léognan, l'autre «patrie» d'André Lurton (Couhins-Lurton, La Louvière...). Les 7 enfants d'André Lurton poursuivent son œuvre, avec Jacques à la présidence des vignobles.

Ce 2018 s'exprime sans réserve sur de généreux arômes de fruits rouges et noirs agrémentés de violette. Vive à l'attaque, la bouche se montre souple, ample et persistante sur les fruits rouges, bâtie sur des tanins encore un peu fermes en finale. ⧗ 2023-2027

SAS LES VIGNOBLES ANDRÉ LURTON, Ch. Bonnet, 33420 Grézillac, tél. 05 57 25 58 58, andrelurton@andrelurton.com V r.-v.

CH. BOURDIEU-LAGRANGE 2018 ★

■ | 25000 | | 5 à 8 €

Les aïeux d'Alain Bastide ont acheté en 1886 cette maison qui aurait été jadis un relais de chasse du duc d'Épernon. Le vignoble couvre aujourd'hui 40 ha répartis sur plusieurs appellations : des AOC régionales, cadillac et cadillac-côtes-de-bordeaux. Alain Bastide, à sa tête depuis 1990, a été rejoint en 2009 par son fils Nicolas, œnologue.

Le seul merlot est à l'œuvre dans ce 2018 à la robe grenat profond. Discret à l'ouverture, le nez révèle progressivement des senteurs de fruits noirs (cassis, mûre) agrémentées d'une pointe épicée et d'une touche végétale. Souple à l'attaque, le palais se révèle ample, gras et fruité, bâti sur des tanins croquants qui ouvrent sur une finale très longue marquée par le fruit et les épices. ⧗ 2024-2026 ■ **Sélection 2018 ★ (5 à 8 €; 40000 b.)** Un bouquet fin et complexe de fruits rouges compotés relevés d'épices. La bouche est fruitée, souple et soyeuse, dotée d'une belle fraîcheur et de tanins bien en place. De la finesse et du potentiel. ⧗ 2023-2027

SCEA BASTIDE ET FILS, Bourdieu-Lagrange, 33410 Monprimblanc, tél. 05 56 62 98 86, sceabastide@hotmail.fr V r.-v.

CADIOT Cabernet-sauvignon 2019 ★

■ | 20000 | | 5 à 8 €

Le Belge Émile De Schepper a investi dans le vignoble bordelais à partir de 1950. En plus de sa maison de négoce (De Mour), la famille exploite aussi aujourd'hui une cinquantaine d'hectares en propre : en Médoc, le Ch. Haut-Breton Larigaudière (margaux), le Ch. Tayet et le Ch. Lacombe Cadiot (bordeaux supérieur); en saint-émilion, Tour Baladoz et La Croizillle.

Ce pur cabernet-sauvignon offre un bouquet complexe associant la confiture de fruits rouges, la figue, l'amande, une touche de cuir et un original trait iodé. La bouche se révèle ample, suave et onctueuse, structurée par des tanins fondus et veloutés. ⧗ 2021-2025 ■ **Petit verdot 2019 ★ (8 à 11 €; 20000 b.)** Robe très profonde, presque noire, arômes intenses de fruits noirs rehaussés d'épices douces, palais suave, ample, généreux et long, doté de tanins mûrs, ciselé par une fine acidité : ce petit verdot a tout bon. ⧗ 2023-2028

CH. TOUR BALADOZ, Lieu-dit Tour-Baladoz, 33330 Saint-Laurent-des-Combes, tél. 05 57 88 94 17, contact@demour.com V r.-v.

DOM. DU CARRELET 2018 ★★

■ | 10700 | | 8 à 11 €

Ce cru est depuis 2017 la propriété de Frédéric Labatut, également chef d'exploitation d'un autre domaine à Fronsac et qui gère l'exploitation en compagnie de son fils, marin d'état. Le Carrelet symbolise le lien entre la terre (la vigne) et la mer (l'Isle qui borde le vignoble) et fait écho à la pêche au filet encore pratiquée au château.

Ce 100 % merlot marie délicatement des parfums de fruits noirs et de chèvrefeuille. On retrouve ces arômes dans une bouche intense, ample et concentrée, aux tanins solides et à la finale longue et veloutée. Beaucoup de caractère et un bon potentiel en perspective. ⧗ 2023-2028

FRÉDÉRIC LABATUT, 1, Labory, 33141 Saillans, tél. 06 98 63 39 28, tinonins@hotmail.fr V

CH. CASTENET 2019 ★★

■ | 55000 | | 5 à 8 €

Mylène et Guillaume Guennec, enfants de viticulteurs de la région, ont pris la suite en 2010 de François Greffier, vigneron réputé pour ses entre-deux-mers, désormais retiré des affaires. Ils conduisent aujourd'hui un vignoble de 35 ha, auxquels s'ajoutent les 15 ha du Ch. Valade pris en fermage auprès de la famille Hoffman.

D'un noir brillant, ce 2019 dévoile un parfum intense de fraise et de framboise mûres accompagnées de notes de sous-bois et de menthe. Une attaque franche et nette ouvre sur une bouche longue, ample, charnue et soyeuse, avec en soutien des tanins élégants, un peu plus serrés en finale. Bâti pour durer. ⧗ 2024-2030

EARL CASTENET, 3, Castenet, 33790 Auriolles, tél. 05 56 61 40 67, vignoblescastenet@orange.fr V r.-v.

CAVE MYSTÈRE 2018 ★★

■ | 100000 | | 8 à 11 €

Les Vins Choisis est la structure de négoce du Ch. Lamothe de Haux, qui propose du bordeaux rouge et blanc.

Ce pur merlot déploie un nez ouvert et délicat de fruits noirs et rouges confits rehaussés de réglisse, de vanille, de cannelle et de clou de girofle. La bouche apparaît ample, veloutée et longue, bien équilibrée entre un fruité gourmand, un boisé savamment dosé et une solide structure tannique. ⧗ 2023-2028

SARL VINS CHOISIS, 295, chem. de l'Église, 33550 Haux, tél. 05 57 34 53 00, vinschoisis33@gmail.com V r.-v.

CH. CAZEAU 2019 ★

■ | 45300 | | 5 à 8 €

Michel Martin, héritier de plusieurs générations de viticulteurs – son père, Pierre, fut le fondateur de la cave coopérative de Rauzan –, a créé La Guyennoise, une maison qui regroupe quelque 400 ha de vignes en propre à travers les Ch. Cazeau, Pérey, Gandoy-Perrinat, Giraudot et Lansade, ainsi qu'une activité de négoce.

Cette cuvée s'exprime sur le fruit confituré agrémenté de notes de vanille, de caramel, de café et de viennoiserie. Ronde et soyeuse, la bouche séduit par sa longueur, son fruité intense bien marié au bois, par son agréable suavité, son volume et sa belle structure tannique. ⧗ 2023-2028

SCI DOMAINES CAZEAU ET PEREY, Lieu-dit Cazeau, 33540 Gornac, tél. 05 56 71 50 76, cduboc@maisonlestar.fr

CH. CHAUVET 2018 ★★

■ | 40000 | | 5 à 8 €

L'année 1907 marque la création du Ch. Chauvet à Saint-Hilaire-du-Bois, située au cœur de l'Entre-deux-Mers. Cinq générations de vignerons se sont succédé

pour développer ce domaine familial qui aujourd'hui s'étend sur 52 ha.

D'un teinte profonde, ce 2018 développe derrière des notes de noisette des arômes délicats de fruits rouges et noirs. La bouche offre de la rondeur, de l'amplitude, une belle intensité aromatique (fruits rouges et noirs, épices douces), une fine sucrosité, ainsi que du gras, et laisse une sensation d'harmonie et de complexité. ⧗ 2023-2027

VIGNOBLES CHAUVET DALLA LUNGA, Lieu-dit le petit Chollet, 33540 Saint-Hilaire-du-Bois, tél. 06 67 38 29 24, busquet.lr@gmail.com. V *r.-v.*

B CLOS BONIVEAU Epilogus 2018 ★

■	2400		8 à 11 €

En 2018, 10 ans après avoir racheté et réhabilité une vieille métairie traditionnelle de l'Entre-Deux-Mers surplombant la Garonne, Jean Michel Bergès a relancé une ancienne parcelle de 3 ha. Certifié bio, le Clos Boniveau reprend le nom du lieu-dit dû à la résurgence d'une lointaine nappe phréatique.

Élevé 10 mois en barrique (cabernet-sauvignon et merlot) et en jarre (petit verdot), ce 2018 confidentiel séduit par son intensité fruitée et son boisé vanillé. Très longue, la bouche offre de la rondeur, une matière soyeuse et fruitée (fruits noirs), consolidée par des tanins fondus et veloutés. Une belle entrée dans le Guide. ⧗ 2022-2026

CLOS BONIVEAU, Lieu-dit Boniveau, 33190 Casseuil, tél. 06 32 02 42 98, clos.boniveau@gmail.com V *r.-v.*

CLOS CARMELET 2018 ★★

■	1600		5 à 8 €

Un petit cru familial de 3 ha conduit depuis 2004 par Gilles Hébrard (3e génération) : un ensemble de parcelles situées sur les coteaux de la rive droite de la Garonne, voisin du château Carmelet. Les vins sont élevés et conservés dans une ancienne carrière d'extraction de pierre de taille.

Ce pur merlot livre des arômes généreux de mûre, de myrtille et de cassis accompagnés de notes de caramel et de vanille. La bouche apparaît riche, chaleureuse et charnue, centrée sur des saveurs confiturées et adossée à un fin boisé ainsi qu'à des tanins fermes mais sans dureté. Un vin harmonieux et puissant, taillé pour la garde. ⧗ 2024-2030

GILLES HÉBRARD, 103, rte de Rouquey, 33550 Tabanac, tél. 06 64 38 03 00, clos-carmelet@hotmail.fr V *r.-v.*

CH. LA CLOTTE DE JOUANIN 2019 ★★

■	100 000		5 à 8 €

Installé en 1992 à la suite de ses parents, Régis Chaigne a modernisé progressivement le domaine. Il utilise ainsi depuis plusieurs années des modèles mathématiques de prévision météo pour limiter les risques, diminuer les traitements et viser une maturité optimale du raisin. Aujoud'hui, le vignoble s'étend sur 48 ha, en conversion bio.

Ce très beau 2019 arbore une robe profonde, presque noire. Le nez déploie un fruité frais et croquant (cassis, mûr, cerise), enrobé de notes beurrées et épicées. Équilibrée et délicate, la bouche offre de la souplesse avec en soutien des tanins arrondis et une touche de minéralité. ⧗ 2022-2026

EARL VIGNOBLES CHAIGNE ET FILS, Ch. Ballan-Larquette, 33540 Saint-Laurent-du-Bois, tél. 05 56 76 46 02, regis@chaigne.fr V *r.-v.*

COLOMBINE 2019 ★

■	47 100		5 à 8 €

Créée en 1938, la très qualitative cave des producteurs réunis de Puisseguin-Lussac-Saint-Émilion s'illustre régulièrement dans ces pages. Elle représente aujourd'hui quelque 160 adhérents et 1 200 ha de vignes.

Issue du merlot (98 %) complété par une goutte de cabernet-sauvignon, cette cuvée livre un bouquet intense de fruits noirs et rouges légèrement confits rehaussés de notes épicées. Ce fruité persiste dans une bouche équilibrée, franche à l'attaque, puis ronde, ample et grasse, bien épaulée par des tanins présents mais sans agressivité, avec un agréable retour des fruits cuits et épicés en finale. Une cuvée de caractère. ⧗ 2023-2027

VIGNERONS DE PUISSEGUIN-LUSSAC-SAINT-ÉMILION, 1, Durand-D17, 33570 Puisseguin, tél. 05 57 55 50 40, contact@vplse.com V *t.l.j. sf dim. mar. 9h-12h 14h-18h*

CH. DES COMBES 2019 ★★

■	124 800		5 à 8 €

En 1858, la famille Ducourt s'établit au château des Combes, à Ladaux, petit village au sud-est de Bordeaux. C'est sous l'impulsion d'Henri Ducourt, installé en 1951 et relayé depuis par ses enfants et petits-enfants, que le vignoble familial prend son essor, pour atteindre aujourd'hui 450 ha répartis sur 13 châteaux dans l'Entre-deux-Mers et le Saint-Émilionnais. Un ensemble dirigé par Philippe Ducourt depuis 1980.

Cette cuvée d'un beau grenat profond exhale des senteurs intenses de fruits noirs et de vanille. Généreuse et friande dès l'attaque, la bouche montre du volume, de la puissance et une belle longueur, structurée par des tanins mûrs et soyeux. ⧗ 2024-2028

SC VIGNOBLES DUCOURT, 18, rte de Montignac, 33760 Ladaux, tél. 05 57 34 54 00, ducourt@ducourt.com V *r.-v.*

CH. LA COMMANDERIE DE GOMBEAU 2019 ★

■	160 000		- de 5 €

Une propriété de 82 ha, située au cœur de l'Entre-Deux-Mers, dont Marie-José Degas a cédé en 2018 la gérance à ses filles Diane et Eugénie, préservant ainsi la patte féminine qui caractérisait le domaine.

Derrière sa robe grenat foncé très intense, ce 2019 s'ouvre à l'agitation sur des notes discrètes de fruits rouges rehaussés d'épices. Une attaque souple et fruitée introduit un palais ample, riche et plein, structuré par des tanins bien en place. ⧗ 2023-2026

SCEA VIGNOBLES DEGAS, 36-38, rte de Créon, 33750 Saint-Germain-du-Puch, tél. 05 57 24 02 44, contact@vignoblesdegas.fr V *t.l.j. 9h-12h 14h-18h; sam. 10h-12h30*

CH. LA COMMANDERIE DE QUEYRET 2019 ★

■ | 40000 | | 5 à 8 €

En 1967, Claude et Simone Comin ont établi leur domaine à l'emplacement d'une ancienne commanderie des Templiers du XIIIe s. En 2013, leur fille Sylvie a pris seule les commandes du vignoble : 105 ha dans l'Entre-deux-Mers (85 ha en rouge, 20 ha en blanc) et des vins souvent en bonne place, dans les 2 couleurs.

Un bouquet complexe et intense de fruits noirs sur fond d'épices et de sous-bois. Une attaque souple introduit une bouche longue, ample, soyeuse et généreuse, bâtie sur des tanins croquants, enrobés d'un fruité gourmand et un brin épicé en finale. ⧗ 2022-2027

EARL DES VIGNOBLES COMIN, 33790 Saint-Antoine-du-Queyret, tél. 05 56 61 31 98, vignoble.comin@wanadoo.fr V r.-v.

CH. DE COURTEILLAC 2019 ★★

■ | 193388 | | 8 à 11 €

Terres bordelaises est une filiale du groupe Les Grands Chais de France, qui diffuse une vaste gamme de domaines girondins, parmi lesquels Bastor-Lamontagne, Saint-Robert, Faizeau, Haut-Mouleyre, Laubès.

Ce 2019 s'exprime intensément sur les fruits noirs et rouges bien mûrs agrémentés de notes de sureau. Souple à l'attaque, le palais se révèle ample, rond et fruité, tout en affichant une solide structure. Une cuvée qui mérite d'être oubliée en cave quelques années. ⧗ 2023-2027

SCEA TERRES BORDELAISES, Ch. Bastor Lamontagne, 33210 Preignac, tél. 05 57 98 07 20, vcachau@lgcf.fr

CH. DAULIBEY 2019 ★★

■ | 83200 | | - de 5 €

Fondés en 1950 par Angelo Fontana, rejoint ensuite par ses 4 fils, les domaines Fontana sont une exploitation familiale vaste de plusieurs vignobles couvrant sur 270 ha, complétés par 100 ha d'arboriculture.

Derrière une robe sombre striée de reflets pourpre, ce 2019 révèle une bouquet fin et complexe de cassis et de groseille bien mûrs, de violette et de poivre. On retrouve cette palette aromatique dans une bouche franche à l'attaque, qui déploie sur une belle longueur une matière ronde, soyeuse et suave, étayée par des tanins fondus. Élégant et équilibré, ce vin puissant mais jamais pesant a frôlé le coup de cœur. ⧗ 2024-2028

SCEA DES DOMAINES FONTANA, 14, rte de Sainte-Foy-la-Grande, 33890 Gensac, tél. 05 57 47 43 19, domainefontana@free.fr V r.-v.

DOURTHE La Grande Cuvée 2019 ★

■ | 400000 | | 5 à 8 €

Célèbre négoce fondé en 1840 par Pierre Dourthe, propriétaire de plusieurs crus (Belgrave en haut-médoc, Le Boscq en saint-estèphe, Rahoul en graves, Grand Barrail Lamarzelle Figeac en saint-émilion grand cru) et élaborateur de vins de marque de qualité (Dourthe N° 1, La Grande Cuvée, Terroirs d'exception). Une valeur sûre restée étroitement liée au Médoc, intégrée depuis 2007 au groupe familial champenois Alain Thiénot. Toutes les vignes sont certifiées HVE3.

Un grand classique de l'appellation. La dégustation s'ouvre sur un délicieux bouquet de fruits noirs et rouges agrémentés d'un boisé bien fondu. Elle se poursuit sur la même ligne aromatique dans une bouche ample, riche, dotée d'une structure tannique solide qui laisse serein sur l'avenir de cette cuvée. ⧗ 2024-2028 ■ **N°1 2019 ★ (5 à 8 €; 550000 b.)** Un nez élégant et intense de groseille et de framboise accompagné de nuances florales et vanillées. Très souple en attaque, le palais se montre ample et dense, étayé par des tanins encore un peu rugueux. Plaisant retour des fruits rouges en finale. ⧗ 2024-2028

CVBG DOURTHE-KRESSMANN, 35, rue de Bordeaux-Parempuyre, CS 80004, 33295 Blanquefort Cedex, tél. 05 56 35 53 00, contact@dourthe.com

CH. DUPRAT 2018 ★

■ | 80000 | | 5 à 8 €

Les Coteaux d'Albret, la cave coopérative de Mesterrieux, fondée en 1935, regroupe près de 80 vignerons dont la majorité a repris l'exploitation familiale.

Expressif à l'olfaction, ce vin délivre des arômes de fruits noirs mûrs avec en appoint des notes d'épices et de cuir. Une attaque souple introduit une bouche ample et persistante, charpentée par des tanins soyeux et rafraîchie par une touche mentholée en finale. ⧗ 2022-2026

SCA LES COTEAUX D' ALBRET, Martinaud, 33540 Mesterrieux, tél. 05 56 71 41 07, coteauxdalbret@orange.fr V *t.l.j. sf dim. 9h-12h 14h-17h30*

CH. ELIXIR DE GRAVAILLAC 2019 ★★

■ | 29000 | | 5 à 8 €

Les frères Guironnet, Xavier et Philippe, se sont lancés dans l'aventure vigneronne en 2001 et conduisent un vignoble de 13 ha établi dans l'Entre-deux-Mers, sur la rive gauche de la Dordogne.

Une touche de petit verdot à l'appoint du merlot (70 %) et du cabernet-sauvignon dans cette cuvée au nez puissant et complexe de cassis, de prune, de clou de girofle, d'anis et de cuir. Tout aussi expressive, très fraîche, ample et longue, la bouche s'adosse à des tanins mûrs et soyeux. ⧗ 2022-2026

EARL GUIRONNET FRÈRES, 2, Aux-Graves, 33350 Civrac-sur-Dordogne, tél. 05 57 40 34 84, contact@elixirdegravaillac.com V *r.-v.*

CH. FERREYRES Les Silex 2019 ★★

■ | 100000 | | 5 à 8 €

Une propriété de 42 ha située au sud-est de Saint-Émilion, en conversion bio depuis 2019. À sa tête, Florian Bouchon, œnologue, qui a repris le domaine en 2015.

Un assemblage classique de merlot (80 %) et des 2 cabernets pour ce 2019 ouvert sur les fruits mûrs agrémentés d'une touche de graphite. Le palais, très fruité, ample et rond, est épaulé par des tanins bien fondus qui apportent du soyeux et de la longueur à l'ensemble. Le coup de cœur fut mis aux voix. ⧗ 2022-2027

EARL VIGNOBLE FLORIAN BOUCHON, 1, Peyrouton, 33350 Pujols, tél. 06 11 19 25 00, contact@chateau-ferreyres.fr V r.-v.

CH. LE GAY 2019 ★

■	55000		5 à 8 €

Conduit par les frères Régis et Hervé Grandeau, ce cru familial fondé en 1930, naguère dédié à la production de lait, de raisins de table et de fruits, étend son vignoble de 110 ha sur les plus hauts coteaux argilo-calcaires et graveleux de Tresses, à une dizaine de kilomètres de Bordeaux. Un domaine régulier en qualité, qui vise la conversion bio pour 2023.

À l'olfaction, des arômes de mûre, de myrtille et de cassis rehaussés d'un trait épicé. Une richesse que l'on retrouve dans une bouche ample et dense, bâtie sur des tanins fermes et prometteurs. ⧗ 2024-2028

SCEA VIGNOBLES GRANDEAU, Ch. Lauduc, 5,av. de Lauduc, 33370 Tresses, tél. 05 57 34 43 56, contact@lauduc.fr V t.l.j. sf dim. 10h-12h30 14h-18h30

CH. GUICHOT 2019 ★

■	100000		5 à 8 €

Fort de son atavisme vigneron et de son expérience acquise dans de grands domaines, Sébastien Petit s'est installé en 2008 sur 19 ha dans l'Entre-deux-Mers : des vignes exposées plein sud autour d'une bâtisse du XVIIe s. et de dépendances du XIXe s.

Ce 2019 s'exprime sans réserve sur les fruits noirs à maturité (mûre, myrtille, cassis) accompagnés d'une pointe épicée. On retrouve ce fruité intense et croquant dans une bouche ample, dense et longue, bâtie sur des tanins élégants, un peu plus serrés en finale. ⧗ 2023-2026 ■ **Les 5 C Ch. Candeley 2019 ★ (11 à 15 €; 26600 b.)** Assemblage de 5 cépages à parts égales (merlot, cabernet-sauvignon, cabernet franc, malbec et petit verdot), ce 2019 sombre et profond dévoile un bouquet délicat de fruits rouges et noirs rehaussés de notes épicées et d'un trait mentholé. Le palais se révèle intense, ample, charnu, onctueux, adossé à des tanins présents mais élégants. ⧗ 2023-2028

SÉBASTIEN PETIT, Ch. Guichot, 33790 Saint-Antoine-du-Queyret, tél. 05 56 61 33 78, haut-rieuflaget@wanadoo.fr V r.-v.

CH. HAUTE BRANDE L'Authentique 2018 ★★

■	26000		5 à 8 €

Éric Nicolas a pris en 1984 les rênes de cette propriété familiale constituée en 1950, et située en Gironde, à la limite du Bergeracois. Son vignoble de 38 ha est implanté dans les aires d'appellation bordeaux et bergerac. En conversion bio depuis 2018.

Ce superbe 2018 dominé par le cabernet franc (70 %) déploie de généreux arômes de fruits rouges biens mûrs accompagnés de fines nuances végétales. La bouche se révèle ample, soyeuse et très fruitée (groseille et prune), étayée par des tanins veloutés. À un souffle du coup de cœur. ⧗ 2022-2027

CH. HAUTE BRANDE, 124, rte de la Brande, 33220 Saint-Avit-Saint-Nazaire, tél. 05 57 46 38 48, vignobles.nicolas@gmail.com V r.-v.

CH. HAUT-FAURES 2019 ★

■	60000		- de 5 €

Implantée à Ladaux, au cœur de l'Entre-Deux-Mers, cette propriété d'une centaine d'hectares (certifiée HVE) est gérée par Christophe et David Flaujac depuis 2017.

Ce 2019 s'exprime discrètement mais avec délicatesse sur les petits fruits noirs confits et de fines nuances florales. On retrouve ce bouquet floral et fruité dans un palais à la fois ample, rond et très frais, épaulé par une structure tannique ferme. De bonne garde assurément. ⧗ 2024-2028

GAEC DE FREYBERNAT, 30, chem. de Freybernat, 33760 Ladaux, tél. 06 13 15 44 22, contact@vignoblesflaujac.fr V r.-v.

CH. HAUT PASQUET 2019 ★

■	150000		5 à 8 €

Fondés en 1880 à Escoussans, au sud de Bordeaux, les vignobles Dubourg constituent une vaste exploitation familiale de 83 ha, répartis sur 9 appellations et plusieurs étiquettes, de la rive droite de la Dordogne (Saint-Émilion) à la rive gauche de la Garonne (Sauternes). Bernard et Nadine Dubourg sont aux commandes depuis 1970, épaulés par leurs enfants : Valérie, responsable administrative et financière depuis 1999, et Benoît, responsable des chais et des vignobles depuis 1995.

Au nez, se déploient des arômes généreux de fruits noirs et rouges cuits. En bouche, on découvre un vin rond, charnu, chaleureux et d'une belle longueur, épaulé par des tanins fins et racés. ⧗ 2022-2026

SCEA DES VIGNOBLES DUBOURG, 545, Nicot, 33760 Escoussans, tél. 05 56 23 93 08, bdubourg@wanadoo.fr V r.-v.

CH. HAUT POUGNAN 2019 ★

■	100000		5 à 8 €

Jean Gueridon conduit depuis 1990 un domaine familial de 50 ha, créé en 1852 sur les coteaux de la rive droite de la Garonne, au cœur de l'Entre-deux-Mers. Une valeur sûre des AOC bordeaux et entre-deux-mers avec ses deux étiquettes : le Ch. Haut Pougnan, fief d'origine, et le Ch. les Moutins, acquis en 1995.

Le nez fin et gourmand de ce 2019 convoque le cassis et la mûre agrémentés de nuances pâtissières. La bouche séduit avec son attaque souple et douce, sa chair ronde, son volume, ses saveurs briochées, fruitées et confiturées, ses tanins soyeux et sa longue finale tout en délicatesse. ⧗ 2023-2028

SCEA CH. HAUT POUGNAN, 6, chem. de Pougnan, 33670 Saint-Genès-de-Lombaud, tél. 05 56 23 06 00, haut.pougnan@gmail.com V r.-v.

CH. HAUT-RIEUFLAGET 2019 ★★

■	40000		5 à 8 €

Installé en 1969 dans l'Entre-deux-Mers comme jeune agriculteur, Jean-Dominique Petit a, au fil des ans, agrandi la propriété familiale, qui atteint aujourd'hui 70 ha (en conversion bio). Ses bordeaux sont régulièrement présents dans le Guide.

D'intenses arômes de fruits noirs et rouges bien mûrs (cassis, fraise, cerise) mêlés de notes poivrées, mentholées et légèrement grillées composent un bouquet complexe et avenant. À l'unisson, la bouche associe, sur une belle longueur, rondeur, amplitude et suavité, structurée par des tanins veloutés. Un ensemble très équilibré, qui vieillira sereinement. ⧗ 2023-2028 ■ **Ch. la Commanderie du Bardelet 2019 ★ (5 à 8 €; 160000 b.)** Dominée par le merlot (80 %), ce bordeaux s'exprime sans réserve à l'agitation sur la mûre, la groseille et le cassis. Le palais se montre rond, ample et onctueux, bien structuré par des tanins mûrs. Un bon candidat pour la garde. ⧗ 2023-2028

SCEA JEAN-DOMINIQUE PETIT, Ch. Haut-Rieuflaget, 33790 Saint-Antoine-du-Queyret, tél. 05 56 61 33 78, haut-rieuflaget@wanadoo.fr V r.-v.

CH. DES HAUTS DE FONCAUDE 2019 ★★

■ | 80000 | | 5 à 8 €

En 1934, 126 vignerons s'unissent pour créer la coopérative de Sauveterre-de-Guyenne, à quelques hectomètres de la bastide fondée en 1281 par Édouard Ier, roi d'Angleterre. En 2012, elle s'est associée avec la cave de Blasimon et regroupe quelque 2 000 ha de vignes et 250 vignerons.

Mi-merlot mi-cabernet-sauvignon, ce 2019 propose une belle palette aromatique qui associe les fruits rouges surmûris (cerise, fraise, groseille) à des notes d'amande grillée et de délicates nuances épicées. Tendre à l'attaque, le palais déploie beaucoup d'amplitude et une matière suave et soyeuse, bâtie sur des tanins bien présents mais très élégants. Un solide potentiel de garde en perspective. ⧗ 2023-2030 ■ **Ch. Bernot 2019 ★ (5 à 8 €; 85333 b.)** Derrière une robe sombre et profonde, cette cuvée offre un nez puissant mais élégant de fruits rouges mûrs rehaussés d'une touche épicée. Souple à l'attaque, le palais affiche de la rondeur, de l'amplitude et un fruité croquant qui s'éternise en finale. ⧗ 2022-2026

CAVE DE SAUVETERRE BLASIMON ESPIET, 15, Bourrassat, 33540 Sauveterre-de-Guyenne, tél. 05 56 61 55 20, p.mondin@bordeauxfamilies.fr V *t.l.j. sf dim. lun. 9h-12h 13h30-18h15*

CH. JOININ 2019 ★★

■ | 50000 | | 5 à 8 €

Un domaine familial depuis 3 générations, avec 25 ha conduits depuis 1989 par Brigitte Mestreguilhem (dont la famille est aussi propriétaire du Ch. Pipeau en saint-émilion grand cru). 2014 a vu l'arrivée de Jean Mestreguilhem, fils de Brigitte, ingénieur en agronomie qui a fait ses armes dans de grands domaines bordelais, en Californie et en Afrique du Sud, et qui prend en charge la gestion technique du domaine.

Né du merlot (95 %) et d'une goutte de cabernet-franc, ce 2019 dévoile des parfums intenses de fruits noirs mûrs relevés de notes d'épices. Portée par une charpente solide, ample et dense, la bouche s'étire dans une longue finale fruitée. De l'harmonie et du potentiel. ⧗ 2024-2028

BRIGITTE MESTREGUILHEM, Joinin, 33420 Jugazan, tél. 05 57 24 72 95, chateau.pipeau@wanadoo.fr V *t.l.j. 8h-12h 14h-18h; sam. sur r.-v.;*

CH. LABATUT BOUCHARD 2019 ★★

■ | 90000 | | 5 à 8 €

Ancien architecte, Michel Pélissié a racheté en 2008, au sud des Graves, le Ch. de Landiras. Un domaine historique, ancienne demeure de Jeanne de Lestonnac, nièce de Montaigne, sainte patronne de la ville de Bordeaux et fondatrice de la Compagnie de Marie-Notre-Dame. Aujourd'hui, une belle unité renforcée par les châteaux La Ouarde et Peyron-Bouché : plus de 80 ha en tout, conduits par François Puerta.

Assemblage de merlot (60 %), cabernet-sauvignon (30 %) et petit verdot, ce 2019 libère un bouquet puissant et complexe de petits fruits noirs sur fond d'épices douces. En bouche, il offre une aimable rondeur et un fruité persistant, porté par des tanins mûrs et affinés. ⧗ 2022-2026

SCA DOM. LA GRAVE, Ch. de Landiras, 33720 Landiras, tél. 05 56 76 76 61, chateau.landiras@orange.fr V *t.l.j. sf sam. dim. 9h-12h30 13h30-17h*

B CH. LAMOTHE GAILLARD
Nina'ture Sans sulfite ajouté 2019 ★

■ | 1500 | | 8 à 11 €

Après avoir fait ses classes dans différents châteaux de l'Entre-Deux-Mers, Daniel Lafoi et sa femme Claire, issue d'une famille de vignerons, ont repris en 1986 ce domaine viticole conduit en bio. Leur fils aîné Loïc les a rejoints en 2015.

Ce pur merlot confidentiel, paré d'une robe sombre, se dévoile avec parcimonie au nez, avant de libérer à l'aération des notes de fruits rouges mûrs et légèrement épicés. La bouche reste sur ces saveurs et offre une belle matière ample et suave, étayée par des tanins souples et fondus. Gourmand. ⧗ 2021-2025

VIGNOBLE LAFOI, Ch. Lamothe-Gaillard, 33910 Saint-Ciers-d'Abzac, tél. 06 76 84 94 80, vignobles.lamothe@wanadoo.fr V *t.l.j. sf dim. 8h-12h 14h-19h f. Noël*

CH. LAMOTHE-VINCENT
Libertae 2019 ★★

■ | 40000 | | 8 à 11 €

Un vaste cru de 92 ha dans l'Entre-deux-Mers, fondé en 1920 par les arrière-grands-parents. Ses atouts : un chai très moderne et les compétences complémentaires de Christophe Vincent (aux vignes) et de Fabien (au chai). Saint Vincent les inspire, dit-on, mais ce sont plutôt leur formation technique poussée et leur exigence qui font de ce domaine une référence en bordeaux et bordeaux supérieur.

Né de merlot (75 %) et de malbec, ce 2019 révèle d'intenses arômes de fruits rouges mûrs agrémentés de notes de réglisse et de bonbon anglais. Souple à l'attaque, le palais se montre bien fruité, frais et long, avec des tanins fondus et soyeux en soutien. Joli retour du zan en finale. De l'harmonie et de l'élégance à tous les étages. ⧗ 2022-2026

SCEA VIGNOBLES VINCENT, 3, chem. Laurenceau, 33760 Montignac, tél. 05 56 23 97 72, info@lamothe-vincent.com V r.-v.

VIGNOBLES LATORSE
Singulier Malbec 2019 ★★

	20000		5 à 8 €

Les vignobles Latorse, aujourd'hui conduits par la 3e génération, représentent un vaste ensemble de 120 ha à l'origine de plusieurs étiquettes en appellations régionales. La certification HVE3 est acquise depuis 2019.

Ce pur malbec exhale des senteurs gourmandes de cassis, de cerise et de mûre. Un fruité intense que l'on retrouve dans un palais ample, riche et soyeux, accompagné jusqu'en finale par une très agréable fraîcheur acidulée. Ce bordeaux coche toutes les cases. ⧗ 2022-2027

SC DES VIGNOBLES LATORSE, rte de Gabaron, 33670 La Sauve, tél. 05 56 23 92 76, vignobles.latorse@gmail.com V t.l.j. sf sam. dim. 8h30-12h 14h-18h

CH. LAUDUC Classic 2019 ★★

	80000		5 à 8 €

Conduit par les frères Régis et Hervé Grandeau, ce cru familial fondé en 1930, naguère dédié à la production de lait, de raisins de table et de fruits, étend son vignoble de 110 ha sur les plus hauts coteaux argilo-calcaires et graveleux de Tresses, à une dizaine de kilomètres de Bordeaux. Un domaine régulier en qualité, qui vise la conversion bio pour 2023.

Un assemblage classique de merlot (75 %) et de cabernet-sauvignon. Expressif et délicat, le nez convoque les fruits noirs et rouges mûrs stimulés par une pointe amylique. Un fruité que prolonge avec intensité et persistance dans une bouche ample et ronde, étayée par des tanins fermes mais élégants. ⧗ 2022-2026

SCEA VIGNOBLES GRANDEAU, Ch. Lauduc, 5,av. de Lauduc, 33370 Tresses, tél. 05 57 34 43 56, contact@lauduc.fr V t.l.j. sf dim. 10h-12h30 14h-18h30

♥ CH. LE LUC REGULA
Bois Sacré 2019 ★★★

	20000		15 à 20 €

Un château datant du XIII[e]s., restauré au XIX[e]s., commande un petit vignoble de 6 ha (en conversion bio), propriété de Dominique et Valérie Destouches.

Merlot (50 %), cabernet-sauvignon (40 %) et petit verdot unis pour le meilleur dans cette magnifique cuvée en robe sombre, traversée de reflets violets. Le nez, complexe et élégant, s'exprime autour du fruit mûr (cassis, fraise, cerise) rehaussé de délicates notes épicées. Une attaque souple introduit un palais ample, dense, suave et long, épaulé par des tanins extraits avec mesure et finesse. Irrésistible. ⧗ 2023-2030

SARL CH. REGULA, 33190 La Réole, tél. 06 75 74 40 35 V r.-v.

CH. MAGONDEAU M 2019 ★

	6300		5 à 8 €

Maître Puiffe de Magondeau, notaire à Libourne et ancien propriétaire, a donné son nom à ce cru de Saillans, entré en 1934 dans la famille d'Olivier Goujon. Ce dernier, représentant la 3e génération, s'est installé en 1989 à la tête d'un vignoble de 19 ha.

Le seul merlot à l'honneur dans cette cuvée complexe et intense, qui associe la cerise, la groseille et le cassis bien mûrs à une touche mentholée. En bouche, de la souplesse, un bon volume, de la densité, du fruit et une saine fraîcheur en filigrane. ⧗ 2022-2026

SCEV VIGNOBLES GOUJON ET FILS, 1, Le Port, 33141 Saillans, tél. 05 57 84 32 02, vignoblesgoujon@gmail.com V r.-v.

LE BORDELAIS

CH. MARCHAND BELLEVUE
Le Petit verdot Sans sulfite ajouté 2019 ★★

	4800		11 à 15 €

Alain Dufourg s'est installé en 2010 à la tête du Ch. Marchand Bellevue, étendu sur 33 ha dans l'Entre-deux-Mers, avec la particularité d'être planté majoritairement en rouge et d'accueillir, chose rare dans la région, un dolmen sur ses terres. Un domaine certifié HVE.

Née du seul petit verdot, cette cuvée libère d'intenses arômes de fruits rouges et de cassis agrémentés de nuances florales. Expressive et onctueuse dès l'attaque, ronde, dense, fruitée, structurée par des tanins veloutés, la bouche ne manque de rien. ⧗ 2022-2026

ALAIN DUFOURG, 11, rte de Sauveterre, 33760 Targon, tél. 06 81 82 04 76, alaindufourg@orange.fr V r.-v.

CH. LA MAROUTINE 2019 ★★

	45000		8 à 11 €

Établis à Loupiac depuis 8 générations, les Darriet exploitent plusieurs crus (68 ha en tout) sur les 2 rives de la Garonne. Leurs rouges sont de qualité, mais ils possèdent aussi un réel savoir-faire en matière de vin blanc, doux comme sec – Philippe Darriet, l'œnologue, est chercheur à la faculté de Bordeaux et spécialiste du sauvignon.

Cabernet-sauvignon (80 %) et merlot sont réunis dans cette cuvée ouverte sur des senteurs intenses de fruits mûrs, de violette et de boîte à cigares. La bouche séduit par sa rondeur, sa matière dense et croquante matinée de notes d'amande et de noisette, sa fine tension et ses tanins fondus. Pas loin du coup de cœur. ⧗ 2022-2026

SC J. DARRIET, Ch. Dauphiné-Rondillon, 33410 Loupiac, tél. 05 56 62 61 75, contact@vignoblesdarriet.fr V t.l.j. sf sam. dim. 8h30-12h30 13h30-18h

CH. MOULIN DE BERNAT
Cuvée de la Viticultrice 2019 ★

	36000		8 à 11 €

Installée en 2001, Frédérike Bouzon-Petit exploite un vignoble de 14 ha (en conversion bio) non loin de Sauveterre-de-Guyenne. En plus du vin, elle propose aussi à la vente du fromage bio issu de sa chèvrerie.

Cette cuvée exhale des senteurs de fruits rouges accompagnées de nuances florales et d'un trait épicé. Une attaque souple précède un palais long, ample et friand, épaulé par des tanins bien fondus et prolongé par une finale marquée par une délicieuse sucrosité. ⧗ 2021-2025 ■ **2019 ★ (11 à 15 €; 36 000 b.)** Une belle complexité à l'olfaction (fruits rouges et noirs, nuances végétales, notes mentholées). Aussi large que longue, la bouche se montre très aromatique, onctueuse et suave, soutenue par des tanins mûrs. ⧗ 2022-2026

⊶ FRÉDÉRIKE BOUZON-PETIT, Ch. Moulin de Bernat, 33790 Saint-Antoine-du-Queyret, tél. 05 56 61 33 78 V r.-v.

CH. PAVEIL DE LUZE Petit Paveil 2019 ★

■	54 000		8 à 11 €

Remontant au XVII[e]s., un vaste château possédant une roseraie et un vignoble de 32 ha d'un seul tenant, implanté sur les graves garonnaises du plateau de Soussans. Le baron Alfred de Luze a acquis en 1862 la propriété, gérée depuis 2016 par une de ses descendantes, Marguerite de Luze.

Mi-merlot mi-cabernet-sauvignon, ce 2019 distille des arômes généreux de cassis, de cerise et de framboise bien mûrs. À l'unisson, la bouche se montre ample, riche et tendre, portée par des tanins veloutés. ⧗ 2021-2026

⊶ CH. PAVEIL DE LUZE, 3, chem. du Paveil, 33460 Soussans, tél. 09 75 64 57 97, contact@chateaupaveildeluze.com V *r.-v.*

CH. PEY LA TOUR 2019 ★★

■	215 000		5 à 8 €

Ancienne maison noble, un vaste domaine (152 ha certifiés HVE3) de l'Entre-deux-Mers, à Salleboeuf, acquis par la maison Dourthe en 1990.

Au nez se dévoilent des arômes gourmands de fraise, de framboise et de cerise, agrémentés d'un trait épicé. On retrouve ces belles sensations fruitées dans un palais ample, suave et rond, étayé par des tanins tendres et élégants. De l'harmonie de bout en bout. ⧗ 2022-2026

⊶ SC VIGNOBLES DOURTHE (CH. PEY LA TOUR), 32, av. de la Tour, 33370 Sallebœuf, tél. 05 56 35 53 00, contact@dourthe.com V *r.-v.*

CH. PINASSE 2019 ★

■	200 000		5 à 8 €

Une propriété familiale de 90 ha, dans la famille Ciroli depuis 4 générations.

Cette cuvée s'ouvre sur un savoureux fruité mûr relevé d'épices. Une attaque franche annonce un palais dense, concentré, chaleureux et corsé, bâti sur des tanins bien serrés qui annoncent une belle évolution à la garde. ⧗ 2023-2027

⊶ EARL CIROLI, lieu-dit Pinasse, 33890 Juillac, tél. 05 57 40 52 22, pierreciroli@orange.fr

CH. DU PIN-FRANC 2019 ★★

■	60 000		5 à 8 €

Famille au service du vin depuis 1 siècle. En 1964, Jean et Yvette Queyrens acquièrent leur première vigne au lieu-dit Pilet, puis reprennent les domaines de leurs parents (Ch. du Pin-Franc et Ch. des Graves du Tich) et débutent la vente en bouteilles. Aujourd'hui, leurs fils Patrick et Christophe, avec à leurs côtés Jean-Yves, le petit-fils, exploitent un vignoble de 70 ha dans l'Entre-deux-Mers, certifié HVE.

Un assemblage classique de merlot et des 2 cabernets, qui s'exprime sans réserve à l'olfaction sur les fruits noirs et rouges confits. Après une attaque franche, le palais se montre rond, ample et charnu, généreux sur le fruit et structuré par des tanins fermes mais fins, finale qui appellent la garde. ⧗ 2023-2027 ■ **Ch. Pilet 2019 ★★ (5 à 8 €; 60 000 b.)** Des arômes complexes de fruits rouges confits, de violette et d'épices. Une attaque ronde introduit un palais ample, intense, charnu et long, doté de tanins souples et soyeux, qui se resserrent un peu en finale toutefois. ⧗ 2022-2026

⊶ SC VIGNOBLES JEAN QUEYRENS ET FILS, 3, Grand-Village-Sud, 33410 Donzac, tél. 05 56 62 97 42, scvjqueyrens@orange.fr V *r.-v.*

Ⓑ CH. QUILLET 2019 ★

■	n.c.		5 à 8 €

La famille Cassy, viticultrice depuis 5 générations, a acquis le Ch. Quillet en 1870 qui vient compléter la propriété familiale historique. À la tête de l'ensemble, Laurent Cassy et sa femme Christelle ont immédiatement engagé la conversion en agriculture du vignoble, désormais acquise.

Merlot (50 %), cabernet-sauvignon et malbec pour cette cuvée ouverte sur des arômes de fruits noirs mûrs et de groseille rehaussés d'une touche mentholée. Une attaque souple introduit un palais ample et dense, soutenu par des tanins bien serrés et par une finale pleine de fraîcheur. Pour la cave. ⧗ 2024-2028

⊶ SCEA VIGNOBLES FAMILLE LAURENT CASSY, 7, Chillac, 33190 Morizés, tél. 06 86 44 48 71, lcassy@wanadoo.fr r.-v.

CH. LES RAMBAUDS Cuvée Crème de Fûts 2019 ★

■	91 000		5 à 8 €

Domaine de 40 ha constitué en 1912 par les grands-parents de Bernard Cazade, non loin de la Réole, à l'extrême sud-est du vignoble girondin. Les premières bouteilles sont vendues en 1968. La conversion bio est engagée.

Issue du merlot (60 %) et du malbec, cette cuvée dévoile un bouquet fin et complexe qui marie les fruits noirs et rouges mûrs à des notes d'épices et une pointe minérale. Le palais se montre intense et frais, structuré par des tanins souples et croquants. Un vin équilibré et gourmand. ⧗ 2021-2025

⊶ EARL DES RAMBAUDS, 1, Les Rambauds, 33190 Fossés-et-Baleyssac, tél. 05 56 61 72 72, contact@vignoblesrambauds.com V *t.l.j. sf sam. dim. 8h30-12h30 13h30-17h30*

CH. RAUZAN DESPAGNE Réserve 2019 ★

■	35 000		8 à 11 €

Les Despagne sont à la tête de 300 ha répartis sur plusieurs crus, conduits par les enfants de Jean-Louis (Thibault, Gabriel et Basaline) et par Joël Élissalde, directeur technique. Rauzan Despagne est un ancien

relais de chasse du XVIIᵉs. acquis en 1990, aujourd'hui lieu de résidence de Gabriel Despagne, graphiste et créateur des étiquettes de la maison.

Dominée par le merlot (80 %), cette cuvée s'exprime sur de généreuses notes de fruits mûrs et de kirsch. La bouche dévoile une belle rondeur, un fruité confituré et une matière suave, portée par des tanins délicats et équilibrée par une fraîcheur persistante en finale. ⌛ 2021-2024

SCEA VIGNOBLES DESPAGNE (CH. RAUZAN DESPAGNE), 2, Le Touyre, 33420 Naujan-et-Postiac, tél. 05 57 84 55 08, contact@despagne.fr V t.l.j. sf sam. dim. 8h30-12h 13h30-16h30

CH. RIFFAUD 2018 ★

■	4000	▮	5 à 8 €

Une petite propriété familiale de 14 ha au cœur des coteaux argilo-calcaires de l'Entre-deux-Mers, conduit par Stefan Delarue.

Ce 2018 déploie un bouquet complexe de fruits noirs et rouges mûrs, d'épices et de réglisse. On retrouve cette palette aromatique élégante dans une bouche ronde, veloutée et longue, bâtie sur des tanins soyeux, avec un beau retour fruité en finale. ⌛ 2021-2025

SCEA VIGNOBLES STEFAN DELARUE, 9, Le Bourg, 33540 Castelviel, tél. 06 59 53 81 90, chateau.riffaud@gmail.com V t.l.j. 9h-12h 14h-18h

CH. ROQUEFORT 2018 ★

■	180000	◍	5 à 8 €

Dans l'Entre-deux-Mers, le promontoire de Roquefort fut un ancien oppidum gaulois. Après le rachat de la propriété en 1976 par l'industriel Jean Bellanger, un chai très moderne, aménagé en partenariat avec la faculté d'œnologie de Bordeaux, a vu le jour. Premières vinifications en 1987. Aujourd'hui, un vaste domaine (240 ha, dont 100 ha de vigne) conduit depuis 1995 par Frédéric Bellanger. Ce dernier dirige également le Ch. Domi-Cours, acquis en 2002 : 20 ha sur la commune de Cours-les-Bains, en terres bazadaises.

Largement dominé par le merlot (90%), ce 2018 déploie un bouquet complexe de cassis, de groseille et de prune agrémentés de fines notes boisées. En bouche, il se montre chaleureux, volumineux, à la fois suave et délicatement acidulé, soutenu par un boisé bien dosé et des tanins présents mais élégants. Une belle expression de l'appellation. ⌛ 2022-2026

SC DU CH. ROQUEFORT, lieu-dit Roquefort, 33760 Lugasson, tél. 05 56 23 97 48, info@chateau-roquefort.com V r.-v. 5

CH. LA ROSE SAINT-GERMAIN 2019 ★

■	87733	◍	5 à 8 €

En 1858, la famille Ducourt s'établit au château des Combes, à Ladaux, petit village au sud-est de Bordeaux. C'est sous l'impulsion d'Henri Ducourt, installé en 1951 et relayé depuis par ses enfants et petits-enfants, que le vignoble familial prend son essor, pour atteindre aujourd'hui 450 ha répartis sur 13 châteaux dans l'Entre-deux-Mers et le Saint-Émilionnais. Un ensemble dirigé par Philippe Ducourt depuis 1980.

Cabernet-sauvignon et une touche de merlot (6 %) pour cette cuvée expressive (pruneau, cassis, réglisse), qui se distingue par sa longueur, sa consistance, ses tanins fondus et sa jolie finale stimulée par une fine amertume. ⌛ 2022-2026

SC VIGNOBLES DUCOURT, 18, rte de Montignac, 33760 Ladaux, tél. 05 57 34 54 00, ducourt@ducourt.com V r.-v.

CH. ROUSSET-CAILLAU 2019 ★★

■	15000	▮	5 à 8 €

Depuis 1929, 4 générations se succèdent à la tête du vignoble familial : 60 ha dans l'Entre-deux-Mers aujourd'hui, répartis entre le domaine historique, le Ch. Rousset-Caillau et le Ch. Terre Blanque, acquis en 2010. L'ensemble est conduit depuis 2008 par Catherine Falgueyret et son mari Sébastien Léglise. Depuis 2019, la conversion vers l'agriculture biologique est engagée.

Le merlot (80 %) et les 2 cabernets à l'œuvre dans ce 2019 aussi puissant qu'élégant à l'olfaction, qui exhale des senteurs de baies noires très mûres (cassis, myrtille, sureau) accompagnées de nuances florales et de sous-bois. Savoureuse et centrée sur le fruit, la bouche se montre ronde, chaleureuse, soyeuse et longue, portée par des tanins veloutés. ⌛ 2022-2026

EARL FALGUEYRET-LÉGLISE, 1, Rousset, 33540 Saint-Sulpice-de-Pommiers, tél. 05 56 71 60 69, sebastienleglise@gmail.com V t.l.j. sf sam. dim. 9h-12h 14h-17h

CH. SAINTE-MARIE
Les Hauts de Sainte-Marie 2019 ★

■	30000	◍	5 à 8 €

Ce domaine fut autrefois administré par les moines de la Sauve-Majeure. Depuis 4 générations, les Dupuch (Stéphane depuis 1997) sont aux commandes et en ont fait une propriété importante (80 ha) de l'Entre-deux-Mers. Ils exploitent aussi dans le Haut-Médoc le Ch. Peyredon Lagravette, petit cru d'à peine plus de 4 ha.

Un assemblage classique merlot-cabernets. Intense et frais, le nez s'exprime sur le cassis, les fruits rouges, le sous-bois et une touche de vanille. Souple à l'attaque, la bouche se révèle très ronde, fruitée et suave, étayée par un boisé fondu et une pointe acidulée qui vient stimuler la finale. Un beau classique, empreint de douceur. ⌛ 2022-2027

SCEA LES HAUTS DE SAINTE-MARIE, 51, rte de Bordeaux, 33760 Targon, tél. 05 56 23 64 30, contact@chateau-sainte-marie.com V t.l.j. 8h30-12h 13h30-17h

SAINT-LÉGER Elevé en fût de chêne 2019 ★★

■	52600	◍	8 à 11 €

La première apparition de ce vignoble de l'Entre-deux-Mers date de 1831. Il est acquis en 1945 par la famille Lambert et développé dans les années 1960 (d'abord en polyculture) par Gilberte et son mari René Cazade, puis converti à la seule vigne dans les années 1970. Il couvre aujourd'hui 130 ha à Saint-Léger-de-Vignague.

LE BORDELAIS

Ce 100 % cabernet-sauvignon marie les fruits rouges et noirs compotés à un léger boisé épicé. Souple en attaque, la bouche se révèle ensuite puissante, dense et suave, soutenue par des tanins croquants et par une fine fraîcheur qui persiste jusqu'en finale, marquée par le cassis. Un vin complexe et harmonieux, taillé pour la garde ⧗ 2024-2030 ■ **Ch. Roc de Cazade 2019 ★ (- de 5 €; 200000 b.)** Le merlot (60 %) et les 2 cabernets pour cette cuvée qui s'exprime sans réserve sur les fruits rouges et les épices. Le palais rond, ample et charnu s'appuie sur des tanins veloutés très élégants. Une jolie gourmandise. ⧗ 2021-2025

SCEA RENÉ ET PHILIPPE CAZADE, Saint-Léger-de-Vignague, 33540 Sauveterre-de-Guyenne, tél. 05 56 71 50 60, cazadevin@orange.fr

SAUV'TERRE 2019 ★

■ | 48000 | | 8 à 11 €

Bordeaux Families regroupe les caves coopératives Louis Vallon et Sauveterre-Blasimon-Espiet, composant ainsi un vaste ensemble de 300 membres et 500 ha de vignes, dont 280 ha en bio.

Ce 100 % cabernet-sauvignon s'ouvre sur des arômes gourmands de pruneau et de confiture de fraise accompagnés de notes épicées. Le palais se montre ample, généreux et gras, porté sur une très belle longueur par des tanins soyeux, et s'étire dans une finale gorgée de douceur. ⧗ 2021-2025

BORDEAUX FAMILIES, 15, Bourrassat, 33540 Sauveterre-de-Guyenne, p.mondin@bordeauxfamilies.fr V t.l.j. sf dim. lun. 9h-12h 13h30-18h15

VIGNOBLES SIOZARD
Ipsum Pur petit verdot 2019 ★★

■ | 5000 | | 11 à 15 €

Propriété familiale de 60 ha dans l'Entre-deux-Mers, gérée par les frères jumeaux Laurent et David Siozard, représentant la 6e génération sur le domaine. La conversion bio est engagée.

Ce petit verdot s'ouvre sur la cerise, la fraise et le cassis avec une touche épicée. Souple à l'attaque, très longue, la bouche déploie de la rondeur, de l'amplitude et de l'onctuosité accompagnées par une grande fraîcheur. Un vin harmonieux et moderne, bel ambassadeur de son appellation. ⧗ 2022-2026

EARL VIGNOBLES SIOZARD, Laubarède, 33420 Lugaignac, tél. 05 57 84 54 23, info@vignobles-siozard.com V r.-v.

CH. SURAIN 2019 ★★

■ | 50000 | | 5 à 8 €

À l'origine, le Ch. Surain, c'est l'histoire de Roger Surain, vigneron à Saint-Gervais-en-Gironde, qui créa le domaine en 1920. Après moult péripéties, son héritier Adrien Coutant Surain décide de reprendre le domaine (11 ha) en 2018, au bord du dépôt de bilan, et relance la production.

Ce 100 % merlot exhale un parfum intense de fruits noirs et rouges (myrtille, cerise, mûre) rehaussés par des notes réglissées et fumées. On retrouve ce bouquet dans un palais long, ample et charnu, soutenu par des tanins fondus et élégants, ainsi que par une fine touche de zan qui étire et rafraîchit la finale. ⧗ 2021-2025

CH. SURAIN, 1, rue de la Lande, 33240 Saint-Gervais, adrien@chateausurain.com V t.l.j. sf sam. dim.

CH. TAUSSIN Premium 2019 ★

■ | 100000 | | 5 à 8 €

Dans la même famille depuis 1865, ce cru est conduit depuis 1997 par Fabienne, Daniel et Martine Rochet. Établi sur la rive droite de la Garonne, à l'extrémité sud-est du vignoble girondin, il s'étend aujourd'hui sur 100 ha.

Le nez libère des arômes de fruits mûrs (cassis, mûre, myrtille) rehaussés de notes chocolatées. Tout aussi fruité, le palais se montre généreux, ample et charnu, avec une bonne structure tannique en soutien. ⧗ 2022-2026

EARL ROCHET, 5, Malbat, 33190 La Réole, tél. 05 56 61 02 42, contact@chateaumalbat.com V t.l.j. sf sam. dim. 9h-12h 13h-18h

CH. THIEULEY
Réserve Francis Courselle 2018 ★

■ | 32000 | | 11 à 15 €

L'histoire viticole des Courselle débute en 1949 avec l'achat du Ch. Thieuley, non loin de la Sauve-Majeure, par André Courselle. Sous l'impulsion de Francis et, depuis 2004, de ses filles Sylvie et Marie, le vignoble s'étend aujourd'hui sur 80 ha et 3 crus : Thieuley, une référence en bordeaux, Ch. Saint-Genès, destiné à l'export, et Clos Sainte-Anne, 5 ha de graves à Capian.

Profond et sombre, ce 2018 livre un bouquet délicat et complexe mêlant les fruits rouges, l'amande, la noisette et un trait d'eucalyptus. Souple et fraîche en attaque, la bouche affiche un beau volume, étayée sur la longueur par des tanins affinés. ⧗ 2022-2026

SCEA VIGNOBLES COURSELLE, 560, rte de Grimard, 33670 La Sauve, tél. 05 56 23 00 01, contact@thieuley.com V t.l.j. sf dim. 8h30-12h15 13h30-17h30; sam. sur r.-v.

DOM. VIRGINIE THUNEVIN 2019 ★★

■ | 65000 | | 8 à 11 €

C'est l'un des crus de Jean-Luc Thunevin, l'homme de Valandraud (1er grand cru classé de Saint-Émilion) : 18 ha de vignes acquis en 2006. Virginie est la fille de Jean-Luc Thunevin.

Ce pur merlot dévoile à l'aération des arômes intenses de cassis, de cerise et de groseille rehaussés de notes épicées (cannelle, vanille) et d'un trait de réglisse. Ce bouquet trouve un écho persistant dans un palais ample, gras et charnu, bâti sur une structure tannique bien fondue. ⧗ 2022-2026 ■ **Bad Boy 2019 ★ (15 à 20 €; 65000 b.)** Un pur merlot au nez intense de cassis, de mûre et de myrtille accompagnés d'un boisé discret. La bouche est fruitée, ample et ronde, épaulée par des tanins soignés. ⧗ 2022-2026

SAS THUNEVIN, 6, rue Guadet, 33330 Saint-Émilion, tél. 05 57 55 09 13, thunevin@thunevin.com V r.-v.

CH. TOUR DE MIRAMBEAU Réserve 2019 ★

| 160 000 | | 8 à 11 € |

Vigneronne depuis plus de 2 siècles, la famille Despagne, établie au cœur de l'Entre-deux-Mers, est un acteur incontournable du vignoble bordelais, à la tête de 300 ha répartis sur plusieurs crus - Bel Air Perponcher, Tour de Mirambeau, Rauzan Despagne, Lion Beaulieu, Mont-Pérat - conduits par les enfants de Jean-Louis (Thibault, Gabriel et Basaline) et par Joël Elissalde, directeur technique. Leurs vins sont souvent en vue dans ces pages, dans les 3 couleurs.

Le nez intense et gourmand s'exprime sur la cerise, le cassis et la groseille agrémentés d'une touche épicée. La bouche se révèle ample, ronde, suave et riche, épaulée par des tanins fondus qui laissent le fruit s'exprimer en finale. Intense et élégant. ⧗ 2022-2026

SCEA DESPAGNE RIVE DROITE (CH. TOUR DE MIRAMBEAU), 2, Le Touyre, 33420 Naujan-et-Postiac, tél. 05 57 84 55 08, contact@despagne.fr V *t.l.j. sf sam. dim. 8h30-12h 13h30-16h30*

♥ B TUTIAC Sans soufre 2019 ★★

| 20 000 | | 5 à 8 € |

Créée en 1974, la coopérative de Tutiac dispose des vendanges de 4 000 ha cultivés par quelque 450 viticulteurs. Un acteur important de la Haute Gironde et aussi le premier producteur de vins d'appellations en France, qui propose des vins de côtes (blaye-côtes-de-bordeaux et côtes-de-bourg) et d'appellations régionales.

Sous une robe pourpre profonde et brillante, ce pur merlot vinifié sans soufre livre un bouquet harmonieux et complexe qui mêle les fruits noirs et rouges bien mûrs à de délicates notes d'épices douces et de violette. Tout aussi savoureux, le palais se révèle rond, suave et charnu, avec en soutien des tanins soyeux et une fine acidité qui étire la finale. Un modèle d'équilibre. ⧗ 2022-2026

SAS LES VIGNERONS DE TUTIAC, La Cafourche, 491, rue Simone-Veil, 33860 Marcillac, tél. 05 57 32 48 33, christelle.venancy@tutiac.com V *r.-v.*

BORDEAUX CLAIRET

Superficie : 925 ha / Production : 52 000 hl

L'ESPRIT DE GRAMAN 2020 ★

| 90 000 | | - de 5 € |

Créée sous ce nom en 2012, Terre de Vignerons est l'union de production et de commercialisation d'une douzaine de coopératives de l'Entre-deux-Mers et du Pays duraquois. Elle représente 13 000 ha de vignes et 1 500 coopérateurs, dont les raisins sont accueillis sur 19 sites de production. Elle vend ses propres marques, des vins de propriété et des marques de distributeurs. Un acteur de poids de la coopération girondine.

Une seyante robe vive, couleur rubis, habille ce clairet bien né. À l'olfaction se déploient des notes de fruits rouges et noirs. La bouche apparaît ample, ronde, charnue, soulignée de bout en bout par une fine acidité. ⧗ 2021-2023

TERRE DE VIGNERONS, 17-19, rte des Vignerons, 33790 Landerrouat, tél. 05 56 61 33 73, a.mauro@terredevignerons.com

CH. LAUDUC Classic 2020 ★★

| 15 000 | | 5 à 8 € |

Conduit par les frères Régis et Hervé Grandeau, ce cru familial fondé en 1930, naguère dédié à la production de lait, de raisins de table et de fruits, étend son vignoble de 110 ha sur les plus hauts coteaux argilo-calcaires et graveleux de Tresses, à une dizaine de kilomètres de Bordeaux. Un domaine régulier en qualité, qui vise la conversion bio pour 2023.

Un classique en effet que cette cuvée qui a déjà brillé dans ses pages, avec notamment 2 coups de cœur dans les millésimes 2015 et 2016. La version 2020 porte beau dans sa robe foncée comme attendu d'un bon clairet. Au nez, la cerise, la fraise et la mûre sont rehaussées d'une délicate touche épicée et florale. La bouche se montre bien étoffée, riche, généreuse, soyeuse et longue, stimulée par une fine acidité en finale. ⧗ 2021-2023

SCEA VIGNOBLES GRANDEAU, Ch. Lauduc, 5,av. de Lauduc, 33370 Tresses, tél. 05 57 34 43 56, contact@lauduc.fr V *t.l.j. sf dim. 10h-12h30 14h-18h30*

CH. DE MARSAN 2020 ★

| 12 000 | | 5 à 8 € |

Paul Gonfrier, rapatrié d'Algérie, rachète au début des années 1960 le Ch. de Marsan, terre noble fondée au XVIes. sur la rive droite de la Garonne : le berceau des domaines familiaux. Ses fils Philippe et Éric suivent ses traces après 1985. Aujourd'hui, pas moins de 400 ha et 12 châteaux.

Souvent en vue dans ces pages, le clairet de Marsan revient en très bonne forme dans sa version 2020. Robe intense aux reflets grenat, nez non moins soutenu de fruits rouges et d'épices agrémentés d'une touche de violette, bouche ample, charnue, d'une savoureuse rondeur, avec ce qu'il faut d'acidité et une fine amertume pour stimuler l'ensemble.

SAS GONFRIER FRÈRES (CH. DE MARSAN), BP 7, 33550 Lestiac-sur-Garonne, tél. 05 56 72 14 38, contact@vignobles-gonfrier.fr V *t.l.j. sf sam. dim. 9h-17h30*

CH. SAINTE-CATHERINE 2020 ★

| 12 600 | | 5 à 8 € |

Située au sommet d'un coteau dominant le vallon de Paillet, en appellation cadillac-côtes-de-bordeaux, cette propriété de 70 ha a succédé à l'ancien prieuré de Sainte-Catherine, fondé au Moyen Âge, dont il ne reste que d'humbles vestiges. Propriétaire du Ch. Gruaud-Larose, cru classé de Saint-Julien, ainsi que des Ch. Dudon et Malagar, Jean Merlaut l'a rachetée en 2013 à la famille Arjeau. Deux vins sont produits sur la propriété : Ch de Foucaud et Ch. Sainte-Catherine.

La version 2016 du clairet du domaine obtint un coup de cœur. Le 2020, sans atteindre les mêmes sommets, fait une belle impression. Avec sa jolie robe soutenue tirant vers le rouge pour commencer, puis avec son nez gourmand de fruits rouges mûrs et de fruits secs. La bouche ne déçoit pas : du volume, de la rondeur, du corps, mais aussi une agréable fraîcheur. 2021-2023

CH. SAINTE-CATHERINE, chem. de la Chapelle, 33550 Paillet, tél. 05 56 72 11 64, sceasaintecatherine@orange.fr V *r.-v.*

CH. DES TOURTES 2020 ★

10 000 | 5 à 8 €

Lise et Philippe Raguenot ont créé le Ch. des Tourtes en 1967, un cru régulier en qualité qui couvre 72 ha de vignes, auxquels s'ajoutent depuis 1998 les 26 ha du Ch. Haut Beyzac (haut-médoc). Aux commandes depuis 1997 : les filles des fondateurs, Emmanuelle et Marie-Pierre, accompagnées par Éric Lallez. À noter aussi la production de crémant.

Un clairet de belle facture, en robe soutenue comme il se doit, ouvert sur des parfums de fruits rouges et de cassis mâtinés de nuances florales. Du gras, de la rondeur, du corps et de la fraîcheur : la bouche ne manque de rien. 2021-2023

SARL VIGNOBLES RAGUENOT (CH. DES TOURTES), 65, rue Léonce-Planteur, 33820 Saint-Caprais-de-Blaye, tél. 05 57 32 65 15, contact@vignoblesraguenot.fr V *t.l.j. sf dim. 9h-12h 14h-18h*

CH. TURCAUD 2020 ★★

n.c. | 5 à 8 €

Un cru de 50 ha fondé en 1973 par Simone et Maurice Robert, conduit avec le même talent depuis 2009 par leur fille Isabelle et son époux Stéphane Le May. Abandon progressif du désherbage chimique, rendements limités, approche parcellaire pour chaque cuvée, certification Terra Vitis : un travail de précision au service des AOP régionales et des entre-deux-mers.

Les 2 cabernets en appoint du merlot dans ce beau clairet couleur framboise. Au nez, les fruits rouges mûrs se marient aux épices douces et à de discrètes notes amyliques. La bouche se révèle ample, dense, charnue et longue, avec une juste fraîcheur en soutien. Du caractère. 2021-2023

EARL VIGNOBLES ROBERT, 1033, rte de Bonneau, 33670 La Sauve, tél. 05 56 23 04 41, chateau-turcaud@wanadoo.fr V *t.l.j. sf dim. 8h30-12h30 14h30-18h*

BORDEAUX ROSÉ

CH. DES ANTONINS 2020 ★

n.c. | 5 à 8 €

Geoffroy de Roquefeuil – rejoint par son fils Antoine en 2016 – a renoué à partir de 1985 avec la tradition viticole des Antonins, frères hospitaliers de Saint-Antoine qui occupèrent cet ancien couvent du XIIIe au XVIIIes., et a progressivement reconstitué le domaine monastique (27 ha aujourd'hui). Le domaine fait partie de l'Association des vins d'abbayes.

Une dominante de merlot (80 %) aux côtés du cabernet-sauvignon dans ce rosé d'une belle couleur pastel. Au nez, les fruits rouges frais se mêlent aux fruits exotiques et aux agrumes. Un fruité soutenu qui se prolonge dans une bouche très fraîche, dynamique et de bonne longueur. Un rosé énergique et expressif. 2021-2022

GEOFFROY DE ROQUEFEUIL, Ch. des Antonins, Le Couvent, 33190 Pondaurat, tél. 05 56 61 00 08, roquefeuil@chateau-des-antonins.com V *r.-v.*

CH. LES ARROMANS 2020 ★

4 000 | 5 à 8 €

À la retraite de ses parents, qui ont mis en bouteilles à partir de 1970, Joël Duffau a repris une partie de leur vignoble du Ch. les Arromans, venant compléter ainsi le Ch. la Mothe du Barry qu'il avait créé en 1985. Il commande aujourd'hui un ensemble de 40 ha converti au bio. Ses 2 étiquettes sont incontournables en bordeaux et en entre-deux-mers.

Une large dominante de merlot dans ce rosé d'une couleur assez soutenue, qui dévoile au nez des parfums gourmands de fruits rouges (framboise, fraise) et de bonbon anglais. Arômes prolongés par un palais ample et rond, dynamisé par une agréable fraîcheur en finale. 2021-2022

JOËL DUFFAU, 490, rte du Pont-Riveau, 33420 Moulon, tél. 05 57 74 93 98, vignobles.jduffau@orange.fr V *t.l.j. sf dim. 8h-12h 14h-19h*

♥ CH. DU BERNAT L'Exception 2020 ★★

50 000 | 5 à 8 €

Une propriété familiale constituée à la fin du XIXes. dans l'Entre-deux-Mers, acquise en 1962 par Guy Rénier. Son fils Jean-Philippe, qui en a pris la tête en 2008, dispose d'un vignoble de 29 ha implanté sur le calcaire de Frontenac, exploité par sa famille. Un calcaire à astéries propice au merlot.

Coup de cœur pour la version 2019, le domaine récidive avec cette Exception 2020… qui confirme la règle. La robe, lumineuse, invite à poursuivre. Au nez, les agrumes, les fruits rouges et les fruits exotiques s'en donnent à cœur joie. En bouche, le vin se montre ample, délicat, soyeux et très frais, étiré dans une longue finale fruitée. 2021-2022

SCEA DU BERNAT, 10, Le Bernat, 33420 Jugazan, tél. 05 57 55 58 32, jugazan.dubernat@gmail.com V *r.-v.*

CH. CANEVELLE 2020 ★

8 300 | - de 5 €

Béatrice et René Morel ont eu un coup de cœur, c'était en 1960, pour cette jolie propriété surplombant la vallée du Dropt, au cœur de l'Entre-deux-Mers. Outre un vignoble de 29 ha, le domaine, qui fait partie du réseau Natura 2000, abrite aussi des

espèces rares d'orchidées sauvages, de papillons et de libellules.

Malbec et cabernet-sauvignon à l'unisson dans ce vin élégant dans sa robe rose tendre et brillant. Au nez, les fruits rouges ont la part belle, agrémentés d'une touche de cassis. La bouche se révèle ronde, généreuse et charnue, soulignée par une fine fraîcheur qui apporte équilibre et longueur. ⧗ 2021-2022

SCEV MOREL, Lieu-dit Chagnon, 33190 Loubens, tél. 06 81 55 65 01, chateaucanevelle@aol.com V *r.-v.*

DOURTHE N°1 2020 ★

n.c. | 5 à 8 €

Célèbre négoce fondé en 1840 par Pierre Dourthe, propriétaire de plusieurs crus (Belgrave en haut-médoc, Le Boscq en saint-estèphe, Rahoul en graves, Grand Barrail Lamarzelle Figeac en saint-émilion grand cru) et élaborateur de vins de marque de qualité (Dourthe N° 1, La Grande Cuvée, Terroirs d'exception). Une valeur sûre restée étroitement liée au Médoc, intégrée depuis 2007 au groupe familial champenois Alain Thiénot. Toutes les vignes sont certifiées HVE3.

Une jolie robe pâle aux reflets violines habille ce 100 % cabernet franc, au nez frais de fruits rouges (fraise, groseille) agrémenté d'une touche bien typée de poivron. La bouche, dans le droit fil, se montre bien fruitée, souple, alerte sans manquer de gras. ⧗ 2021-2022

CVBG DOURTHE-KRESSMANN, 35, rue de Bordeaux-Parempuyre, CS 80004, 33295 Blanquefort Cedex, tél. 05 56 35 53 00, contact@dourthe.com

♥ CH. DE FONTENILLE Belle rosée 2020 ★★

18 000 | 8 à 11 €

En 1290, le site de Fontenille, dans l'Entre-deux-Mers, possédait déjà des vignes. Alors rattaché à l'abbaye de la Sauve-Majeure, ce domaine au terroir argilo-siliceux est devenu autonome au XVIIe s. Depuis 1998, il est conduit par Stéphane Defraine, à la tête de 49 ha de vignes dont 17 en blanc et 32 en rouge.

Une élégante robe pâle et lumineuse habille ce superbe rosé à dominante de cabernet, ouvert sans réserve sur des arômes intenses de petits fruits rouges (fraise, framboise), d'agrumes (pamplemousse) et de fleurs. La bouche conjugue dans une grande harmonie fraîcheur minérale et fruitée, volume et chair tendre et ronde. Irrésistible. ⧗ 2021-2022

SC CH. DE FONTENILLE, 1315, rte de Grimard, 33670 La Sauve, tél. 05 56 23 03 26, contact@chateau-fontenille.com V *r.-v.*

B CH. LES GARELLES
Vin nature sans sulfite 2020 ★

n.c. | 5 à 8 €

Un domaine de 44 ha acquis en 1997 par la famille Novoa, dirigé aujourd'hui par les frères Adrien et Thomas, qui ont d'emblée opté pour la conversion bio et sont passés à une vinification sans intrants depuis 2013.

Une robe pâle aux reflets violines habille ce rosé à dominante de merlot. Au nez se dévoilent des notes de fruits rouges, de pamplemousse et de fruits exotiques. La bouche séduit par son équilibre entre une chair ronde et tendre et une fine acidité, renforcée par de beaux amers en finale. ⧗ 2021-2022

CH. LES GARELLES, 2, lieu dit Les Garelles, 33920 Saint-Christoly-de-Blaye, tél. 05 57 42 49 35

CH. LAMOTHE-VINCENT 2020 ★★

40 000 | 5 à 8 €

Un vaste cru de 92 ha dans l'Entre-deux-Mers, fondé en 1920 par les arrière-grands-parents. Ses atouts : un chai très moderne et les compétences complémentaires de Christophe Vincent (aux vignes) et de Fabien (au chai). Saint Vincent les inspire, dit-on, mais ce sont plutôt leur formation technique poussée et leur exigence qui font de ce domaine une référence en bordeaux et bordeaux supérieur.

Drapé dans une seyante robe claire et saumonée, ce rosé déploie de délicats parfums de fruits rouges et noirs, d'agrumes et de bonbon anglais agrémentés de nuances florales. La bouche apparaît ample, souple et tendre, soulignée de bout en bout par une fine fraîcheur qui lui confère une belle allonge. ⧗ 2021-2022

SCEA VIGNOBLES VINCENT, 3, chem. Laurenceau, 33760 Montignac, tél. 05 56 23 97 72, info@lamothe-vincent.com V *r.-v.*

CH. DE MARSAN 2020 ★

30 000 | 5 à 8 €

Paul Gonfrier, rapatrié d'Algérie, rachète au début des années 1960 le Ch. de Marsan, terre noble fondée au XVIe s. sur la rive droite de la Garonne : le berceau des domaines familiaux. Ses fils Philippe et Éric suivent ses traces après 1985. Aujourd'hui, pas moins de 400 ha et 12 châteaux.

Ce rosé pâle et limpide livre un bouquet flatteur d'agrumes et de fruits rouges et blancs mâtinés de notes florales. En bouche, il affiche un profil énergique et fruité, bien tenu de bout en bout par une franche vivacité. ⧗ 2021-2022

SAS GONFRIER FRÈRES (CH. DE MARSAN), BP 7, 33550 Lestiac-sur-Garonne, tél. 05 56 72 14 38, contact@vignobles-gonfrier.fr V *t.l.j. sf sam. dim. 9h-17h30*

CH. ORANGERIE 2020 ★

200 000 | 5 à 8 €

Les ancêtres de Jean-Christophe Icard ont constitué à partir de 1790 un domaine qui s'est agrandi au fil des générations. Conduit depuis 1994 par l'actuel exploitant, rejoint par son fils Mathias en 2020, le vignoble familial couvre quelque 130 ha, dont 75 ha de vignes, dans l'Entre-deux-Mers et la région de Cadillac. Plusieurs étiquettes ici : L'Orangerie, La Sablière Fongrave et même des « produits sous licence » signés par le célèbre dessinateur belge Philippe Geluck, créateur du personnage Le Chat.

LE BORDELAIS

Une teinte soutenue pour ce rosé de saignée ouvert sur des arômes de fruits rouges (cerise, fraise, framboise), agrémentés de bonbon anglais. La bouche, dans le prolongement du nez, se révèle elle aussi bien fruitée, fraîche et souple, stimulée par une jolie finale acidulée. ⧗ 2021-2022

SCEA DES VIGNOBLES JEAN-CHRISTOPHE ICARD, Jardinet, 33540 Saint-Félix-de-Foncaude, tél. 05 56 71 53 67, orangerie@chateau-orangerie.com

CH. PANCHILLE 2020 ★

	3500		5 à 8 €

En 1981, 3 ans après le décès de son père, Pascal Sirat reprenait à 23 ans l'exploitation familiale : 5 ha, dont le produit était livré à la coopérative. Premier chai en 1985, sortie de la coopérative en 1992. Aujourd'hui, 19 ha sur la rive gauche de la Dordogne et un domaine certifié HVE3.

Habillé d'une élégante robe pâle, ce rosé déploie à l'olfaction des senteurs harmonieuses de fruits rouges, d'agrumes et de fruits exotiques agrémentées de nuances florales. La bouche se montre bien équilibrée entre une chair ronde et souple et une fine fraîcheur qui vient souligner la finale. ⧗ 2021-2022

SCEA VIGNOBLES SIRAT, 1 bis, Panchille, 33500 Arveyres, tél. 06 17 49 77 63, info@chateaupanchille.com V r.-v.

CH. PILET 2020 ★

	13200		5 à 8 €

Famille au service du vin depuis 1 siècle. En 1964, Jean et Yvette Queyrens acquièrent leur première vigne au lieu-dit Pilet, puis reprennent les domaines de leurs parents (Ch. du Pin-Franc et Ch. des Graves du Tich) et débutent la vente en bouteilles. Aujourd'hui, leurs fils Patrick et Christophe, avec à leurs côtés Jean-Yves, le petit-fils, exploitent un vignoble de 70 ha dans l'Entre-deux-Mers, certifié HVE.

Un rosé qui doit tout au merlot. Robe vive et intense, nez gourmand de fruits rouges (fraise, framboise) et d'agrumes agrémentés d'épices et de nuances florales. La bouche se révèle bien fruitée, ronde, généreuse sans manquer de fraîcheur. En un mot, équilibré. ⧗ 2021-2022

SC VIGNOBLES JEAN QUEYRENS ET FILS, 3, Grand-Village-Sud, 33410 Donzac, tél. 05 56 62 97 42, scvjqueyrens@orange.fr V r.-v.

CH. THIEULEY Made with love! 2020 ★

	24000		5 à 8 €

L'histoire viticole des Courselle débute en 1949 avec l'achat du Ch. Thieuley, non loin de la Sauve-Majeure, par André Courselle. Sous l'impulsion de Francis et, depuis 2004, de ses filles Sylvie et Marie, le vignoble s'étend aujourd'hui sur 80 ha et 3 crus : Thieuley, une référence en bordeaux, Ch. Saint-Genès, destiné à l'export, et Clos Sainte-Anne, 5 ha de graves à Capian.

Une élégante robe pâle et brillante habille ce rosé au nez délicat d'agrumes et de fruits rouges mâtinés d'une petite touche épicée et de nuances florales. Une belle complexité que prolonge une bouche d'un bon volume, riche sans lourdeur, soulignée par une agréable fraîcheur en finale.

SCEA VIGNOBLES COURSELLE, 560, rte de Grimard, 33670 La Sauve, tél. 05 56 23 00 01, contact@thieuley.com V *t.l.j. sf dim. 8h30-12h15 13h30-17h30; sam. sur r.-v.*

CH. TIMBERLAY 2020 ★

	n.c.		8 à 11 €

Héritier d'une longue lignée vigneronne, Robert Giraud a créé son négoce en 1975 et possède plusieurs crus en AOC régionales et en saint-émilion : un ensemble de 150 ha, dont près de 115 pour le Ch. Timberlay, berceau de la famille situé sur le sommet du coteau de Montalon, à Saint-André-de-Cubzac. Philippe Giraud et sa sœur Florence conduisent la maison depuis 1995.

Une belle robe pâle et lumineuse habille ce rosé franc de goût, ouvert sur des arômes de petits fruits rouges frais, d'agrumes et de fruits exotiques. Un fruité qui irrigue aussi une bouche ronde, tendre et souple, stimulée jusqu'en finale par une pointe d'acidité bien sentie. ⧗ 2021-2022

SAS ROBERT GIRAUD, Dom. de L'Oiseau, 33240 Saint-André-de-Cubzac, tél. 05 57 43 01 44, france@robertgiraud.com V *r.-v.*

CH. TURCAUD Le Rosé 2020 ★

	16500	5 à 8 €

Un cru de 50 ha fondé en 1973 par Simone et Maurice Robert, conduit avec le même talent depuis 2009 par leur fille Isabelle et son époux Stéphane Le May. Abandon progressif du désherbage chimique, rendements limités, approche parcellaire pour chaque cuvée, certification Terra Vitis : un travail de précision au service des AOP régionales et des entre-deux-mers.

Les 2 cabernets et le merlot à l'unisson dans ce joli rosé clair et saumoné, ouvert sur des parfums de fruits rouges acidulés, de pêche, d'agrumes et de bonbon anglais. Une belle expression qui trouve écho dans une bouche fraîche, dynamique, croquante. ⧗ 2021-2022

EARL VIGNOBLES ROBERT, 1033, rte de Bonneau, 33670 La Sauve, tél. 05 56 23 04 41, chateau-turcaud@wanadoo.fr V *t.l.j. sf dim. 8h30-12h30 14h30-18h*

CH. LA VERRIÈRE 2020 ★★

	20000		5 à 8 €

Les Bessette sont implantés depuis plusieurs générations à Landerrouat, où ils ont acquis le Ch. la Verrière, créé en 1900 aux confins du Lot-et-Garonne. Restructuré dans les années 1960 par André Bessette, relayé à partir de 1999 par son fils Alain, ce cru de 60 ha s'est imposé comme une référence en appellations régionales. Certifié HVE, le domaine a installé plusieurs ruches sur la propriété et s'est lancé dans la production de miel. Autre étiquette de la famille Bessette : le Ch. Bailloux-Rival, acquis en 2005.

Mi-merlot mi-cabernet-sauvignon, élaboré par saignée et par pressurage direct, ce rosé de saignée porte beau dans sa robe saumonée. Le nez convoque les fruits rouges (fraise, framboise), les agrumes, les épices douces et une touche mentholée. La bouche ? Du volume, de la rondeur, du gras, mais aussi une belle fraîcheur qui vient dynamiser l'ensemble. Un rosé de caractère. ⧗ 2021-2022

EARL ANDRÉ BESSETTE, 8, la Verrière, 33790 Landerrouat, tél. 06 07 08 08 75, alainbessette@orange.fr V r.-v.

VIEUX CH. RENAISSANCE
Caprice Rosé 2020 ★

	3500		5 à 8 €

À proximité du castrum de Pommiers et de la bastide de Sauveterre-de-Guyenne, cette propriété de 28 ha appartenant à la famille Turtaut est certifiée HVE depuis 2018.

Un rosé né du cabernet franc et du malbec. Une belle robe pâle et limpide, un nez bien ouvert sur les fruits rouges (groseille, fraise, framboise), l'approche est séduisante. La bouche est à l'unisson, offrant du fruit de bout en bout, le tout enrobé par une aimable suavité, avant une finale plus fraîche et tonique. ⧗ 2021-2022

EARL DES VIGNOBLES TURTAUT, Descombes, 33540 Saint-Sulpice-de-Pommiers, tél. 05 56 71 59 54, vignobles@turtaut.fr V r.-v.

CH. VIRCOULON 2020 ★

	n.c.		- de 5 €

Propriété familiale (4 générations) proche de Castillon-la-Bataille et voisine du Bergeracois, autrefois tournée vers la polyculture, entièrement dédiée à la vigne depuis sa reprise en 1983 par Patrick Hospital.

Ce rosé pâle et brillant s'ouvre sur des arômes gourmands de petits fruits rouges et d'agrumes, mâtinés de fines nuances amyliques. Une palette qui trouve un écho persistant dans une bouche harmonieuse, ronde et fraîche à la fois, et de bonne longueur. ⧗ 2021-2022

PATRICK HOSPITAL, 5, Vircoulon, 33220 Saint-Avit-de-Soulège, tél. 05 57 41 05 99, chateauvircoulon@orange.fr

BORDEAUX BLANC

Superficie : 6 740 ha / Production : 418 650 hl

CH. L'ARIESTE 2019 ★

	3000		5 à 8 €

La famille Bon exploite la vigne à Preignac depuis 1948 et trois générations au Ch. Voigny (aujourd'hui Pierre-Antoine et Émilie). Commandé par une belle demeure du XVIIIe s., qui reçut la visite du duc d'Anjou, petit-fils de Louis XIV, le vignoble couvre 25 ha jusqu'aux rives de la Garonne.

Dominé par le sémillon (60 %), ce 2019 présente de discrètes notes florales et végétales au nez, avec une touche de poivre. Franche à l'attaque, la bouche déploie de la rondeur, du volume et une belle onctuosité sur des saveurs d'agrumes confits et de fruits exotiques délicatement épicées. Une pointe d'acidité citronnée apporte de la tension en finale. Une cuvée équilibrée, tout en finesse et en élégance. ⧗ 2021-2023

SCEA VIGNOBLES BON, 70, rue de la République, 33210 Preignac, tél. 05 56 63 28 29, vignobles.bon@orange.fr V t.l.j. 10h-12h 14h-19h

LA BASTANE
Vendange à Rions 2019 ★

	6018		11 à 15 €

Cette propriété viticole séculaire de 15 ha a été reprise en 2017 par Anaïs Bernard et Bastien Pestourie. Depuis leur arrivée, les 2 vignerons l'exploitent sans employer de produits chimiques et ont engagé la conversion bio.

Sauvignon blanc, muscadelle et sémillon font jeu égal dans cette cuvée qui exhale des notes d'agrumes, de fruits blancs et de miel d'acacia agrémentées de nuances grillées apportées par 12 mois de barrique. Franche en attaque, la bouche se montre expressive (fruits blancs, amande) et ample, bien équilibrée par un trait d'acidité et une touche d'amertume en finale. ⧗ 2021-2024

SCEA LA BASTANE, 1, l'Espinglet, 33410 Rions, tél. 06 72 44 42 36, labastane@gmail.com V *t.l.j. 9h-19h* 4 E

CH. BELLEVUE 2020 ★★

	46000		5 à 8 €

La famille d'Amécourt fait remonter son arbre généalogique au XIIIe s. Parmi ses nombreuses branches, l'une s'est fixée dans le Sud-Ouest et possède de vastes vignobles dans l'Entre-deux-Mers et le Bergeracois.

Assemblage peu courant de sauvignon (39 %), de sémillon (30 %) et de colombard (27 %), complétés par une goutte de merlot blanc, ce 2020 propose un joli nez de fleurs et de fruits blancs relevés d'épices. En bouche, il conjugue harmonieusement puissance aromatique, rondeur, gras et fine vivacité. Un bel d'équilibre. ⧗ 2021-2024 **Ch. Belœil 2020 ★ (5 à 8 €; 19600 b.)** Dominée par les sauvignons (88 %), cette cuvée s'exprime généreusement sur les fruits frais (citron, fruit de la Passion) accompagnés d'une touche végétale. Après une attaque acidulée, la bouche se montre ronde et soyeuse, le tout laissant une impression de légèreté. ⧗ 2021-2023

SCEA FAMILLE D' AMÉCOURT, Ch. Bellevue, quartier St-Romain, 33540 Sauveterre-de-Guyenne, tél. 05 56 71 54 56, sceafamille.damecourt@neuf.fr V *t.l.j. sf dim. 9h-12h 14h-17h; f. noël et Août.*

CH. BOURDIEU LAGRANGE 2020 ★

	8000		- de 5 €

Les aïeux d'Alain Bastide ont acheté en 1886 cette maison qui aurait été jadis un relais de chasse du duc d'Épernon. Le vignoble couvre aujourd'hui 40 ha répartis sur plusieurs appellations : des AOC régionales, cadillac et cadillac-côtes-de-bordeaux. Alain Bastide, à sa tête depuis 1990, a été rejoint en 2009 par son fils Nicolas, œnologue.

Ce pur sauvignon dévoile un nez intense d'agrumes (pamplemousse, citron) et de fruits exotiques (ananas) enrobés par une touche de miel. Une attaque vive et légèrement végétale ouvre sur une bouche fraîche, ample, croquante et persistante, avec un joli retour des agrumes en finale. Parfait pour accompagner des huîtres creuses du Bassin d'Arcachon. ⧗ 2021-2023

SCEA BASTIDE ET FILS, Bourdieu-Lagrange, 33410 Monprimblanc, tél. 05 56 62 98 86, sceabastide@hotmail.fr V r.-v.

CH. CAMINADE HAUT-GUÉRIN 2020 ★★

9600 | 5 à 8 €

Situé sur un plateau de graves et d'argiles dominant Saint-Émilion, ce vignoble familial s'étend sur 40 ha d'un seul tenant sur les hauteurs de Génissac. Pierre Caminade y est aux commandes depuis 2013.

Née des sauvignon blanc, sémillon et muscadelle, cette cuvée s'exprime sans réserve sur les fruits exotiques, les fruits blancs et les agrumes agrémentés de nuances de buis. À l'unisson, la bouche apparaît fraîche, souple, un brin suave et longue. ⧗ 2021-2024

SARL CH. CAMINADE ET FILS, 1758, rte de Moulon, 33420 Génissac, tél. 05 57 50 29 72, vignoblescaminade@orange.fr t.l.j. sf sam. dim. 9h-12h 14h-18h

CH. CHAVRIGNAC 2020 ★

35000 | 5 à 8 €

En 2015, Gérard Lobre, expert en viticulture et œnologie, reprend avec son épouse Sandrine le vignoble fondé dans l'Entre-deux-Mers par la famille Bouron, cultivé en agriculture biologique dès les origines (1964), étendu aujourd'hui sur 372 ha.

Les 2 sauvignons et le sémillon composent cette cuvée discrètement florale et fruitée au nez. Plus expressive, la bouche évolue avec souplesse et rondeur, offrant du gras et de l'ampleur, avant de terminer sur une agréable sensation de fraîcheur. ⧗ 2021-2024

SCEA BIO-VINS 1964, 3, Chavrignac, 33190 Fossés-et-Baleyssac, tél. 05 56 61 70 50, contact.chavrignac@bio-vins1964.fr r.-v.

CHEVAL QUANCARD Réserve 2020 ★

13300 | 5 à 8 €

Propriétaire de nombreux crus et acteur majeur du négoce bordelais à travers différentes marques (Chai de Bordes, Pierre Dumontet), Cheval Quancard a été fondé par Pierre Quancard en 1844, sous le nom de Quancard et Fils. La maison est toujours dirigée par ses descendants.

Élevée en partie en fût de chêne, cette cuvée dominée par le sauvignon (80 %) dévoile un nez intense et légèrement acidulé de fruits exotiques et d'agrumes agrémentés de notes boisées et épicées. Une attaque souple introduit un palais très aromatique, riche, ample et gras sans manquer de fraîcheur, marqué par un délicieux fondu fruité-boisé en finale. ⧗ 2021-2023

SA CHEVAL QUANCARD, 2I, La Mouline, 4, rue du Cabourney, 33565 Carbon-Blanc Cedex, tél. 05 57 77 88 88, chevalquancard@chevalquancard.com r.-v.

CH. DU CLAOUSET 2020 ★

35000 | 5 à 8 €

Propriété familiale de 60 ha dans l'Entre-deux-Mers, gérée par les frères jumeaux Laurent et David Siozard, représentant la 6e génération sur le domaine. La conversion bio est engagée.

Sauvignon blanc et gris (65 %), sémillon (30 %) et une goutte de muscadelle composent ce 2020 aussi plaisant que gourmand. Le nez s'exprime discrètement sur les fruits blancs, le pamplemousse, le fruit de la Passion et les épices douces. La bouche se révèle ample, souple, onctueuse et longue, avec ce qu'il faut de fraîcheur pour l'équilibre. ⧗ 2021-2023

EARL VIGNOBLES SIOZARD, Laubarède, 33420 Lugaignac, tél. 05 57 84 54 23, info@vignobles-siozard.com r.-v.

CH. LES COMBES 2020 ★

15000 | 5 à 8 €

Les Borderie exploitent 48 ha : en bordeaux supérieur avec Les Gravières de la Brandille, créées en 1963 dans le secteur de Coutras, au nord du Libournais; en lussac et en bordeaux avec Les Combes, dans la famille depuis la fin du XIXe s.; et en lalande, avec le Ch. Vieille Dynastie, acquis en 2011. Frédéric Borderie est aux commandes depuis 2005.

Née du sauvignon blanc (60 %) et du sémillon, cette cuvée dévoile un nez puissant et complexe de fruits exotiques, d'agrumes et de buis. Le palais, à l'unisson du bouquet, apparaît puissant, rond, plein et charnu, avec une finale d'une grande douceur. Un blanc généreux et solaire. ⧗ 2021-2024

EARL VIGNOBLES BORDERIE, 117-119, rue de la République, 33230 Saint-Médard-de-Guizières, tél. 05 57 69 83 01, jpborderie@wanadoo.fr t.l.j. sf dim. 9h-11h30 13h30-18h

CH. LA CROIX DE QUEYNAC 2020 ★

15000 | - de 5 €

Stéphane Gabard a repris en 1999 avec son épouse Paola la propriété familiale établie dans la vallée de l'Isle, au nord de Fronsac. Son vignoble de 42 ha est dédié aux appellations régionales, qu'il propose sous les étiquettes Ch. la Gabarre, Ch. la Croix de Queynac et Ch. Queynac.

Largement dominé par le sauvignon (90 %), ce 2020 s'ouvre sans réserve sur les fruits blancs et exotiques, le pamplemousse et quelques nuances florales. La bouche se révèle très équilibrée, à la fois riche, ronde, ample et fraîche. Un joli blanc de caractère. ⧗ 2021-2024

EARL VIGNOBLES GABARD, 25, rte de Cavignac, 33133 Galgon, tél. 05 57 74 30 77, contact@vignoblesgabard.com t.l.j. sf sam. dim. 9h-12h30 14h-18h

DELOR
Réserve Élevé sur lies fines 2020 ★★

15000 | 5 à 8 €

Dans le giron du groupe CVBG (Alain Thiénot), cette maison de négoce fondée en 1864 par Alphonse Delor est l'une des plus anciennes sur la place de Bordeaux.

Ce pur sauvignon exhale de savoureux arômes de fruits blancs (pêche, poire) et de fleurs. La bouche se révèle très équilibrée, ample, ronde, fruitée (litchi, pêche, agrumes) et d'une belle fraîcheur jusqu'en finale. ⧗ 2021-2023

MAISON DELOR, 35, rue de Bordeaux-Parempuyre, CS 80004, 33295 Blanquefort Cedex, tél. 05 56 35 53 00, contact@delor-bordeaux.com

DOURTHE N° 1 N° 1 2020 ★★

| 500000 | | 8 à 11 € |

Célèbre négoce fondé en 1840 par Pierre Dourthe, propriétaire de plusieurs crus (Belgrave en haut-médoc, Le Boscq en saint-estèphe, Rahoul en graves, Grand Barrail Lamarzelle Figeac en saint-émilion grand cru) et élaborateur de vins de marque de qualité (Dourthe N° 1, La Grande Cuvée, Terroirs d'exception). Une valeur sûre restée étroitement liée au Médoc, intégrée depuis 2007 au groupe familial champenois Alain Thiénot. Toutes les vignes sont certifiées HVE3.

Issue du seul sauvignon blanc, cette cuvée très élégante n'est pas passée loin du coup de cœur. À l'olfaction, elle libère des arômes intenses et frais de fruits blancs et d'agrumes accompagnés de notes de buis. La bouche se montre très expressive, à l'unisson du bouquet, avec de la longueur, un joli gras et une belle fraîcheur légèrement mentholée qui s'éternise jusqu'en finale. Un blanc d'une grande élégance. ⧗ 2021-2024

CVBG DOURTHE-KRESSMANN, 35, rue de Bordeaux-Parempuyre, CS 80004, 33295 Blanquefort Cedex, tél. 05 56 35 53 00, contact@dourthe.com

CH. FOURCAS HOSTEN 2019 ★★

| 7200 | | 20 à 30 € |

Ce cru établi au cœur de Listrac et commandé par une élégante chartreuse du XVIIIᵉs. entourée d'un parc de 3 ha a été acheté en 2006 par les frères Renaud et Laurent Momméja, héritiers de la famille Hermès. Ces derniers, qui y ont réalisé d'importants investissements à la vigne et au chai, disposent aujourd'hui d'un vignoble de 50 ha. Le vignoble est certifié bio depuis 2020

Dominée par le sauvignon blanc (72 %), cette cuvée dévoile de délicates notes d'agrumes, de fruits blancs et une touche minérale. On retrouve ce bouquet subtil dans un palais persistant, harmonieux et bien équilibré, étayé par une fine tension. Une cuvée « très estivale », taillée pour les fruits de mer. ⧗ 2021-2024

SC CH. FOURCAS HOSTEN, 5, rue Odilon-Redon, 33480 Listrac-Médoc, tél. 05 56 58 01 15, contact@fourcas-hosten.com V r.-v.

CH. DE GARBES 2020 ★

| 28000 | | - de 5 € |

La famille David est propriétaire du Ch. de Garbes depuis 1900 et 6 générations. Aujourd'hui, c'est une belle unité de 63 ha (certifiée HVE3) sur les coteaux de la Garonne, conduite par Jean-Luc et Annie David et leurs 3 enfants. Autre étiquette : Dom. de la Gravette.

Animée par de fins reflets dorés, la robe de ce pur sauvignon est engageante. À l'olfaction, il s'exprime délicatement sur les agrumes rehaussés par une touche de minéralité. On découvre en bouche un vin ample, suave et généreux, centré sur le fruit mûr, stimulé par une agréable fraîcheur en finale. ⧗ 2021-2024

SARL VIGNOBLES DAVID GARBES, 1, Garbes, 33410 Gabarnac, tél. 05 56 62 92 23, contact@garbes.fr V *t.l.j. sf dim. 8h-12h 13h30-18h; sam. sur r.-v.*

CH. DU GIRONS 2020 ★

| 50000 | | - de 5 € |

En 1934, 126 vignerons s'unissent pour créer la coopérative de Sauveterre-de-Guyenne, à quelques hectomètres de la bastide fondée en 1281 par Édouard Iᵉʳ, roi d'Angleterre. En 2012, elle s'est associée avec la cave de Blasimon et regroupe quelque 2 000 ha de vignes et 250 vignerons.

Ce 100 % sauvignon blanc révèle un nez bien typé d'agrumes, de fruits blancs (poire, pêche) et de buis. Ample et tendre, la bouche suit la même ligne aromatique avec une belle intensité et ce qu'il faut de fraîcheur en soutien. ⧗ 2021-2023

CAVE DE SAUVETERRE BLASIMON ESPIET, 15, Bourrassat, 33540 Sauveterre-de-Guyenne, tél. 05 56 61 55 20, p.mondin@bordeauxfamilies.fr V *t.l.j. sf dim. lun. 9h-12h 13h30-18h15*

CH. GRAND JEAN 2020 ★★

| 60000 | | 5 à 8 € |

Héritier de 10 générations, Michel Dulon exploite aujourd'hui 140 ha de vignes, implantées essentiellement sur la rive droite de la Garonne et dans l'Entre-deux-Mers, et réparties sur quatre crus : Ch. Grand Jean, propriété la plus ancienne et la plus vaste avec ses 100 ha, située à Soulignac; Ch. Julian, acquis en 1998 à Targon; Ch. du Vallier, à Langoiran (20 ha); Ch. Haut-Pezat, 8 ha en saint-émilion grand cru, acquis en 2013 à Vignonet.

Assemblage de sémillon (60 %) et de sauvignon blanc, cette cuvée délivre à l'olfaction des notes de poire et de fleurs blanches. Une attaque franche introduit un palais ample, rond et fruité (pêche), équilibré par une fine acidité jusqu'en finale. Ce blanc ne manque de rien. ⧗ 2021-2024

SC DULON, 133, Grand-Jean, 33760 Soulignac, tél. 05 56 23 69 16, info@vignobles-dulon.com V *t.l.j. sf sam. dim. 8h30-12h30 14h-17h*

CH. D'HAURETS 2020 ★★

| 64190 | | 5 à 8 € |

En 1858, la famille Ducourt s'établit au château des Combes, à Ladaux, petit village au sud-est de Bordeaux. C'est sous l'impulsion d'Henri Ducourt, installé en 1951 et relayé par ses enfants et petits-enfants, que le vignoble familial prend son essor, pour atteindre aujourd'hui 440 ha répartis sur 13 châteaux dans l'Entre-deux-Mers et le Saint-Émilionnais. Une activité de négoce (Les Celliers de Bordeaux Benauge) complète l'ensemble.

Ce sauvignon agrémenté d'une goutte de muscadelle (3 %) exhale un bouquet subtil d'agrumes, de fruits exotiques et de fleurs blanches. Très frais à l'attaque, marqué par une saveur de citron vert, le palais déploie de la rondeur, du volume et du gras, compensés par une agréable vivacité et une pointe d'amertume. Ce blanc coche toutes les cases. ⧗ 2021-2024

SARL LES CELLIERS DE BORDEAUX BENAUGE, 18, rte de Montignac, 33760 Ladaux, tél. 05 57 34 54 00, ducourt@ducourt.com V *r.-v.*

CH. HAUT-MEYREAU L'Exalté 2020 ★

| 10000 | 5 à 8 €

Ce vaste domaine, passé de 2 ha en 1802, sa date de fondation, à 85 ha aujourd'hui, est établi aux portes de Libourne, sur la petite commune de Dardenac. La 6e génération de viticulteurs (Jean-Pierre Derouet) est actuellement aux commandes.

Ce 100 % sauvignon dévoile de beaux arômes d'agrumes et de fruits blancs mûrs agrémentés d'une touche de buis. Souple en attaque, le palais offre du volume, du gras et de la rondeur sans manquer de vivacité, appuyée par une agréable fraîcheur citronnée en finale. Un bon classique. ⧗ 2021-2023

SCEA CH. HAUT-MEYREAU, 1, Goumin, 33420 Dardenac, tél. 05 56 23 71 92, vignoblesinvinolia@inviniolia.fr V r.-v.

CH. HAUT-MOULEYRE 2020 ★

| 6978 | 8 à 11 €

Terres bordelaises est une filiale du groupe Les Grands Chais de France, qui diffuse une vaste gamme de domaines girondins, parmi lesquels Bastor-Lamontagne, Saint-Robert, Faizeau, Haut-Mouleyre, Laubès.

Assemblage classique de sauvignon et de sémillon, ce 2020 déploie au nez des arômes élégants d'agrumes, de fruits exotiques et de fruits blancs. On retrouve ce bouquet dans une bouche ronde, charnue, persistante et fraîche à la fois, équilibrée en somme. ⧗ 2021-2023

SCEA TERRES BORDELAISES, Ch. Bastor Lamontagne, 33210 Preignac, tél. 05 57 98 07 20, vcachau@lgcf.fr

CH. HAUT PASQUET 2020 ★

| 50000 | 5 à 8 €

Fondés en 1880 à Escoussans, au sud de Bordeaux, les vignobles Dubourg constituent une vaste exploitation familiale de 83 ha, répartis sur 9 appellations et plusieurs étiquettes, de la rive droite de la Dordogne (Saint-Émilion) à la rive gauche de la Garonne (Sauternes). Bernard et Nadine Dubourg sont aux commandes depuis 1970, épaulés par leurs enfants : Valérie, responsable administrative et financière depuis 1999, et Benoît, responsable des chais et des vignobles depuis 1995.

Sauvignon blanc (60 %), sémillon (30 %) et muscadelle composent ce bordeaux blanc qui s'ouvre doucement sur les fruits frais rehaussés d'épices. Dès l'attaque, le palais se montre très frais, intense, tendu par une fine acidité de bout en bout. Un blanc énergique. ⧗ 2021-2024

SCEA DES VIGNOBLES DUBOURG, 545, Nicot, 33760 Escoussans, tél. 05 56 23 93 08, bdubourg@wanadoo.fr V r.-v.

CH. HAUT POUGNAN 2020 ★★

| 60000 | 5 à 8 €

Jean Gueridon conduit depuis 1990 un domaine familial de 50 ha, créé en 1852 sur les coteaux de la rive droite de la Garonne, au cœur de l'Entre-deux-Mers. Une valeur sûre des AOC bordeaux et entre-deux-mers avec ses 2 étiquettes : le Ch. Haut Pougnan, fief d'origine, et le Ch. les Moutins, acquis en 1995.

Amplement dominé par le sauvignon (90 %), ce 2020 très expressif s'ouvre sur la pêche, les fruits exotiques et les fleurs blanches. On retrouve cette palette aromatique complétée par les agrumes dans un palais gras, ample et long, équilibré par un trait minéral et une touche acidulée en finale. ⧗ 2021-2024 **Ch. les Moutins 2020 ★★ (5 à 8 €; 55000 b.)** Un assemblage classique de sauvignon (90 %) et de sémillon. Nez intense de fruits exotiques et de fleurs blanches sur fond beurré, bouche souple, longue et fraîche, centrée sur les agrumes : un blanc complet et complexe. ⧗ 2021-2024

SCEA CH. HAUT POUGNAN, 6, chem. de Pougnan, 33670 Saint-Genès-de-Lombaud, tél. 05 56 23 06 00, haut.pougnan@gmail.com V r.-v.

CH. JANDILLE 2020 ★

| 3600 | - de 5 €

Établie dans une ancienne demeure datant du XVes. au cœur de l'Entre-deux-Mers, la coopérative Chais de Vaure a été fondée en 1935.

Née du seul sauvignon, cette cuvée dévoile un bouquet intense de fruits frais (agrumes, fruits exotiques) et de fleurs d'oranger. En bouche, elle offre un bon volume, de la souplesse et un fruité légèrement suave équilibré par une fine acidité qui lui apporte relief et fraîcheur. ⧗ 2021-2024

SCA CHAIS DE VAURE, 3, Vaure, 33350 Ruch, tél. 05 57 40 54 09, chais-de-vaure@wanadoo.fr V r.-v.

KRESSMANN Monopole 2020 ★★

| 50000 | 5 à 8 €

Négoce fondé en 1871 par Édouard Kressmann. Associé en 1967 avec Dourthe pour créer le CVGB, il entre dans le giron du Champenois Alain Thiénot en 2007. Outre ses vins de marque, dont l'historique Kressmann Monopole Dry lancé en 1897, il propose une vaste sélection de crus, dont Latour-Martillac, propriété de la famille.

Ce 100 % sauvignon blanc s'exprime sans réserve sur les agrumes (pamplemousse, citron) et les fleurs blanches. Bien équilibrée et persistante, la bouche déploie un fruité intense, beaucoup de rondeur et d'amplitude, avec une fine acidité en soutien. Un vin friand et élégant. ⧗ 2021-2024 **Grande Réserve 2020 ★ (5 à 8 €; 60000 b.)** Le duo sauvignon blanc-sémillon pour ce vin floral au nez, long, frais et intense en bouche, marqué par de beaux amers en finale. ⧗ 2021-2023

MAISON KRESSMANN, 35, rue de Bordeaux-Parempuyre, CS 80004, 33295 Blanquefort Cedex, tél. 05 56 35 53 00, contact@kressmann.com

CH. LABATUT Cuvée Prestige 2020 ★★

| 14000 | - de 5 €

À l'époque où il a lancé les premières foires aux vins (1973), Édouard Leclerc a acheté des vignobles dans l'Entre-deux-Mers, développés par sa fille Hélène Levieux jusqu'en 2002 puis dirigés par son petit-fils Vincent et aujourd'hui par Sylvie, l'épouse de ce dernier. Trois châteaux : Labatut, Lagnet et Roques-Mauriac, 100 ha au total.

Ce 100 % sauvignon dévoile un nez délicat de fruits blancs agrémentés de notes beurrées. Une attaque souple introduit une bouche aromatique, croquante, soutenue par une belle tension qui laisse une impression d'élégance. ⧗ 2021-2024

GFA LES 3 CHÂTEAUX, 1, Lagnet, 33350 Doulezon, tél. 05 57 40 51 84, contact@les3chateaux.com r.-v.

CH. DE LAGARDE 2020 ★★

	68 000		- de 5 €

Établie de longue date à Saint-Laurent-du-Bois, la famille Raymond voit apparaître la 1re génération de vignerons au Ch. de Lagarde en 1850 avec 15 ha. Sept générations plus tard, Lionel Raymond, installé en 2000 à la suite de son père Jean-Pierre, conduit un vaste ensemble de 200 ha, entièrement convertis à l'agriculture biologique, soit la plus grande exploitation du genre en Bordelais, complété par une activité de négoce en 2010.

Ce 2020 issu du classique duo sauvignon-sémillon s'exprime sans réserve sur les agrumes mûrs, les fruits blancs, le fruit de la Passion et le buis. La bouche déploie du fruité, de la rondeur et une matière suave, équilibrée par une belle fraîcheur et une longue finale légèrement amère. ⧗ 2021-2024

SAS RAYMOND VFI, Lagarde, 33540 Saint-Laurent-du-Bois, tél. 05 64 31 12 15, contact@maison-raymond.vin

CH. LAMOTHE DE HAUX 2020 ★

	120 000		5 à 8 €

Établi au sommet d'un coteau argilo-calcaire, Lamothe de Haux étend ses vignes sur 60 ha, comprenant aussi le Ch. Manos, dédié aux cadillac, acquis en 1991. Depuis 1956 et 4 générations, le domaine se transmet par les femmes. À sa tête aujourd'hui, Maria et Damien Chombart.

Sauvignon, sémillon et muscadelle composent cette cuvée au nez original de noisette et de bonbon anglais accompagnés de délicates fragrances florales. Le palais se montre riche, ample, charnu et particulièrement persistant. Une belle complexité et du caractère. ⧗ 2021-2025

EARL LES CAVES DU CH. LAMOTHE, Ch. Lamothe, 33550 Haux, tél. 05 57 34 53 00, info@chateau-lamothe.com r.-v.

MADAME ÉTIENNE J'ai deux amours… 2020 ★

	8 000		8 à 11 €

Les Vins Choisis est la structure de négoce du Ch. Lamothe de Haux, qui propose du bordeaux rouge et blanc.

Sauvignon et sémillon se marient à parts égales dans cette cuvée au bouquet subtil de citron, de poire et de pêche accompagné de notes florales. Fruité, souple, d'un beau volume, le palais est agréablement rafraîchi sur la longueur par une fine acidité. Un blanc gouleyant et aérien. Madame Étienne ? L'ancienne propriétaire du Ch. Lamothe de Haux. ⧗ 2021-2023

SARL VINS CHOISIS, 295, chem. de l'Église, 33550 Haux, tél. 05 57 34 53 00, vinschoisis33@gmail.com r.-v.

CH. MALAGAR 2020 ★

	17 000		5 à 8 €

Est-il besoin de rappeler que ce domaine fut « la résidence secondaire principale » de François Mauriac, acquis par son arrière-grand-père en 1843 ? Classé Monument historique, il est aussi un lieu de culture vivante ouvert au public. Son vignoble (23,7 ha), que la maison Cordier avait acquis en 1990, appartient depuis 2004 à Jean Merlaut, propriétaire de Gruaud-Larose à Saint-Julien.

Complexe et délicat, le nez de cette cuvée dominée par le sauvignon (70 %) s'ouvre sur les fleurs blanches et un subtil parfum de pêche et d'abricot. On retrouve cette belle expression aromatique dans une bouche souple, ample, croquante, stimulée par une touche saline et un trait épicé en finale. Fin et équilibré. ⧗ 2021-2024

SCEA CH. MALAGAR, 45, rte de Dudon, 33880 Baurech, tél. 05 56 21 37 24, infos@chateau-malagar.com r.-v.

♥ PAVILLON BLANC DE CH. MARGAUX 2018 ★★★

	n.c.		+ de 100 €

Le blanc de Margaux existe depuis le XIXe s. ; ce « vin blanc de sauvignon » est devenu « Pavillon Blanc » en 1920, et son étiquette n'a pas changé depuis. Un vin né du seul sauvignon, planté sur une douzaine d'hectares d'une ancienne parcelle de graves.

Situé sur des graves, le vignoble n'a pas été épargné par le stress hydrique de l'été 2018 ; heureusement, le savoir-faire de l'équipe de Ch. Margaux, qui a vendangé précocement du 27 au 31 août, a su éviter toute note végétale et préserver la fraîcheur du vin. Une fraîcheur que l'on perçoit dès le bouquet à travers des parfums de fleurs blanches (jasmin) et d'agrumes (citron, orange, mandarine et pamplemousse). Le palais poursuit dans l'élégance et l'harmonie. Rond, fin, crémeux et très long, avec une acidité parfaitement dosée, un vin d'un équilibre accompli. ⧗ 2025-2031

SCA DU CH. MARGAUX (PAVILLON BLANC), BP_31, 33460 Margaux, tél. 05 57 88 83 83, chateau-margaux@chateau-margaux.com

♥ CH. DE MARSAN 2019 ★★

	60 000		5 à 8 €

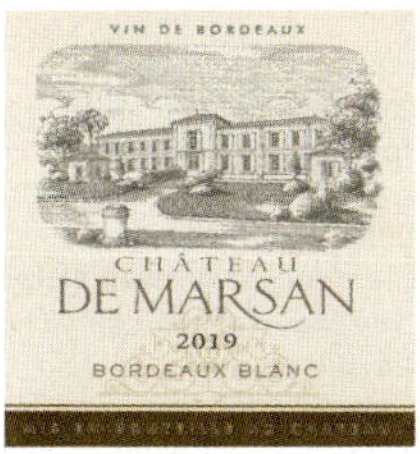

Paul Gonfrier, rapatrié d'Algérie, rachète au début des années 1960 le Ch. de Marsan, terre noble fondée au XVIe s. sur la rive droite de la Garonne : le berceau des domaines familiaux. Ses fils Philippe et Éric suivent ses traces après 1985. Aujourd'hui, pas moins de 400 ha et 12 châteaux.

Le jury a été conquis par ce 2019 né de sauvignon et de sémillon. Brillante et limpide, la robe est d'une grande élégance. Le nez fin et complexe s'exprime sur le citron, les fruits exotiques, les fruits à coques, le buis et une touche de minéralité. En bouche, une attaque d'une densité imposante donne le ton. La suite est parfaitement à l'équilibre : de l'amplitude, du gras, une fine douceur et une acidité bien maîtrisée. Une harmonie accomplie entre richesse et fraîcheur. ⌛ 2021-2025

SAS GONFRIER FRÈRES (CH. DE MARSAN), BP 7, 33550 Lestiac-sur-Garonne, tél. 05 56 72 14 38, contact@vignobles-gonfrier.fr V *t.l.j. sf sam. dim. 9h-17h30*

CH. MASSIEU-BOUTET Sauvignon blanc 2020 ★★

4000 | 5 à 8 €

Ce domaine de 26 ha (certifié HVE) appartient à la famille Massieu depuis le milieu du XVIIIe s. En 2017, Micheline et Jean-François Massieu ont passé le relais à leur fille Véronique et son mari Léo. Tous les vins sont végans.

Habillé d'une teinte délicatement dorée, ce pur sauvignon kasher (élaboré sous le contrôle des autorités rabbiniques) s'ouvre progressivement sur des arômes de pêche, de fruits exotiques et de fleurs blanches. Franche en attaque, la bouche se montre ronde, riche, ample et longue, avec une belle persistance des saveurs fruitées et une touche d'agrumes en finale. Bon potentiel de garde. ⌛ 2021-2025

EARL CH. GALOUPEAU, Nau, 33490 Saint-André-du-Bois, tél. 06 78 96 78 75, chateau.galoupeau@gmail.com V *r.-v.*

CH. MOULIN DE MALLET 2020 ★

5000 | - de 5 €

Propriété familiale depuis 1898, le domaine a été agrandi petit à petit pour devenir l'activité principale de la famille Couderc en 1985. Situé sur le plateau argilo-calcaire de Pujols, le vignoble de 38,5 ha est conduit avec passion et rigueur par Julien Couderc.

Unanimement salué pour son équilibre, ce 2020 libère à l'olfaction des arômes d'agrumes (pamplemousse), de fruits exotiques (ananas, litchi) et de fruits blancs. On retrouve ce bouquet gourmand dans un palais long, rond, ample et gras, tonifié par une touche acidulée de pamplemousse en finale. ⌛ 2021-2024

SCEA SERGE COUDERC ET FILS, Moulin de Mallet, 33350 Pujols, tél. 05 57 40 55 84, moulindemallet@hotmail.fr r.-v.

Ⓑ CH. MOULIN DE PEYRONIN 2020 ★

18000 | 5 à 8 €

Tout commence en 1966 quand Claude Jougla, célèbre foudrier, acquiert cette propriété puis s'engage dans l'agriculture biologique dès 1975. Quarante ans plus tard, le domaine a été racheté par Veronique et Franck Terral, qui ont remis le vignoble en état, élargi la gamme (bordeaux blanc, bordeaux rouge, clairet et crémant) et opté pour la biodynamie.

Sauvignon blanc (45 %), sémillon (40 %) et sauvignon gris composent cette cuvée ouverte sur les fruits blancs agrémentés d'une touche végétale. On retrouve cette intensité aromatique dans une bouche ronde, ample et suave, stimulée et équilibrée par un agréable trait de minéralité. ⌛ 2021-2024

EARL VIGNOBLES TERRAL, Peyronnin, 33350 Pujols, tél. 05 57 40 79 34, moulindepeyronin@yahoo.fr V *r.-v.*

Ⓑ CH. LE NOBLE Cuvée Héritage 2020 ★

8000 | 5 à 8 €

Fondé en 1820, ce domaine compte une trentaine d'hectares, dont 15 ha de vignes. Il a été repris en 2009 par Thomas et Maria Mercedes Bonnefon, qui l'ont converti à l'agriculture biologique en 2013.

Née à parts égales de sauvignon blanc et de sémillon complétés par 10 % de muscadelle, cette cuvée dévoile un nez complexe, fruité (agrumes), épicé (thym), floral (acacia), mentholé et miellé. Au palais, elle déploie un fruité intense et une belle fraîcheur qui irriguent une texture fine. Un blanc élégant et expressif. ⌛ 2021-2024

THOMAS BONNEFON (CH. LE NOBLE), 5, rte du Lavoir, 33750 Saint-Germain-du-Puch, tél. 06 69 14 15 95, contact@chateaulenoble.com V *r.-v.*

CH. LE PETIT COURRET 2020 ★

20400 | - de 5 €

Le vignoble Cardarelli a été créé en 1953 à Massugas, entre Castillon-la-Bataille et Sainte-Foy-la-Grande, par d'anciens métayers viticoles. Ce sont depuis 1990 leurs 3 petits-fils, épaulés de leurs épouses, qui conduisent ce vaste ensemble de 550 ha répartis sur plusieurs crus. Aujourd'hui, la 4e génération est prête à prendre la relève.

Ce pur sauvignon révèle à l'olfaction d'agréables et subtiles notes fruitées (fruits blancs, agrumes) et florales (acacia, sureau, chèvrefeuille). Délicate et aérienne, tendre et souple, fruitée et minérale, la bouche affiche un équilibre très assuré. ⌛ 2021-2023

SCEA HAUSSMANN CARDARELLI, La Borne-Nord, 33790 Massugas, tél. 05 56 61 48 13, contact@vignobles-cardarelli.com V *r.-v.*

♥ CH. PIERRAIL 2020 ★★

60000 | 5 à 8 €

Aux confins du Bergeracois, un vrai château (XVIIe s., tours carrées, toiture à la Mansart) devenu un grand château du vin depuis que la famille Demonchaux, qui l'a acquis en 1970, préside à sa destinée. Incontournable en bordeaux supérieur, très sûr aussi en bordeaux rouge ou blanc. La propriété dispose d'un vaste vignoble de 75 ha (et autant de vergers et de noyers), certifié HVE3.

Les Demonchaux ajoutent un nouveau coup de cœur (en blanc une fois n'est pas coutume) à un palmarès déjà bien fourni avec ce superbe assemblage des 2 sauvignons. Robe cristalline, nez « explosif » d'agrumes, de fruits exotiques et de bourgeon de cassis : l'approche est furieusement séduisante. Intense et persistant, très typé sauvignon, le palais se révèle à la fois rond, souple et tonique, parfaitement équilibré entre puissance aromatique et fine acidité. ⧗ 2021-2024

⊶ EARL CH. PIERRAIL, Le Pierrail, 33220 Margueron, tél. 05 57 41 21 75, alice.pierrail@orange.fr r.-v.

CH. PILET 2020 ★

24 000 | 5 à 8 €

Famille au service du vin depuis 1 siècle. En 1964, Jean et Yvette Queyrens acquièrent leur première vigne au lieu-dit Pilet, puis reprennent les domaines de leurs parents (Ch. du Pin-Franc et Ch. des Graves du Tich) et débutent la vente en bouteilles. Aujourd'hui, leurs fils Patrick et Christophe, avec à leurs côtés Jean-Yves, le petit-fils, exploitent un vignoble de 70 ha dans l'Entre-deux-Mers, certifié HVE.

Né du sémillon (60 %) et du sauvignon, ce 2020 exhale des senteurs généreuses de fruits blancs accompagnées de nuances florales et d'une note fumée. Souple à l'attaque, le palais se montre long, puissant, ample et croquant sur les fruits blancs, stimulé en finale par une pointe d'amertume. ⧗ 2021-2024

⊶ SC VIGNOBLES JEAN QUEYRENS ET FILS, 3, Grand-Village-Sud, 33410 Donzac, tél. 05 56 62 97 42, scvjqueyrens@orange.fr V r.-v.

CH. RECOUGNE 2020 ★

50 000 | 5 à 8 €

Ce domaine réputé situé dans le Fronsadais est propriété de la famille Milhade depuis 1938. Xavier Milhade a aujourd'hui passé la main à ses enfants Marc et Elodie, qui ont la charge de ce vignoble de coteaux, étendu sur 100 ha certifiés HVE3.

Derrière une robe limpide et étincelante, cette cuvée issue à parts égales des sauvignon blanc, sauvignon gris et sémillon dévoile un bouquet complexe et puissant qui marie notes fruitées (agrumes, pomme verte), minérales (silex), florales et fumées. La bouche, tout aussi expressive, déploie une belle rondeur, de l'amplitude et une matière riche irriguée de saveurs d'ananas, de litchi et d'agrumes accompagnées d'une touche de minéralité. ⧗ 2021-2024

⊶ SCEA RECOUGNE, 1, rte de Savignac, 33133 Galgon, tél. 05 57 50 33 33, chateaux@xm-wines.com V r.-v.

CH. REYNIER 2020 ★

15 000 | 5 à 8 €

Issu de la célèbre et nombreuse lignée vigneronne des Lurton, Marc Lurton (fils de Dominique), œnologue de l'université de Bordeaux et consultant international, conduit le Ch. Reynier et le Ch. de Bouchet, acquis en 1901 par son arrière-grand-père Léonce Récapet. Le vignoble couvre 40 ha à Grézillac, dans l'Entre-deux-Mers.

Amplement dominée par le sauvignon blanc (80 %) complété de sémillon et de muscadelle, cette cuvée s'ouvre sans réserve sur l'abricot et la pêche blanche bien mûrs mâtinés de nuances florales. Le palais se montre riche, rond et friand, étiré dans une jolie finale pleine de vivacité. ⧗ 2021-2023

⊶ SCEA VIGNOBLES MARC ET AGNÈS LURTON, Ch. Reynier, 33420 Grézillac, tél. 05 57 84 52 02, pauline.lurton@chateaureynier.com V t.l.j. 9h-16h30; sam. dim. sur r.-v. 4

CH. REYNON 2019 ★

59 600 | 8 à 11 €

Un cru de 33 ha établi près de Cadillac, sur un coteau exposé plein sud. Acquis en 1958 par Jacques David, il a été repris en 1976 par sa fille Florence et son gendre, l'éminent Denis Dubourdieu (œnologue de renom et professeur à l'université de Bordeaux, disparu en 2016), qui, après l'avoir entièrement restructuré, en ont fait l'une des valeurs sûres des cadillac-côtes-de-bordeaux.

Pur sauvignon blanc, ce 2019 révèle un nez frais et intense d'agrumes et de buis. Le palais, très sauvignonné et persistant, se révèle intense, rond et frais à la fois, avec une touche d'amertume stimulante en finale. Un beau classique, bien équilibré. ⧗ 2021-2024

⊶ EARL DOMAINES DENIS DUBOURDIEU (CH. REYNON), Ch. Reynon, 15, Gravas, 33720 Barsac, tél. 05 56 62 96 51, contact@denisdubourdieu.fr V r.-v.

CH. ROC DE MINVIELLE 2020 ★★

50 000 | 5 à 8 €

Ce domaine, propriété des Minvielle jusqu'à la Révolution française, est entré dans la famille Gadras depuis 1805. Son vignoble, composé de 80% de vignes rouges et 20% de vignes blanches, s'étend sur 80 ha.

Mi-sémillon mi-sauvignon, cette cuvée s'exprime à l'olfaction sur des notes de fruits blancs, de pâte à pain et de fruits secs agrémentées de délicates nuances florales. Souple à l'attaque, le palais développe beaucoup d'amplitude, du gras et une agréable douceur fruitée aux saveurs de poire et d'abricot qui s'installe sur la longueur. Un blanc pour la table. ⧗ 2021-2025 **Ch. Minvielle 2020 ★ (5 à 8 €; 35 000 b.)** Au nez, de discrètes notes de florales et minérales. En bouche, de la puissance, de la rondeur et de la suavité, équilibrées par de beaux amers et une fraîcheur minérale. ⧗ 2021-2024

⊶ SCEA VIGNOBLES GADRAS, Dom. de Minvielle, 33420 Naujan-et-Postiac, tél. 06 16 03 14 11, vignobles.gadras@wanadoo.fr V t.l.j. 9h-12h 14h-18h, sam. dim. sur r.-v.

♥ CH. ROC MEYNARD Grande Cuvée 2019 ★★

2 000 | 11 à 15 €

En 1987, Philippe Hermouet s'est installé sur les terres familiales : 35 ha d'un seul tenant, répartis en 2 crus, le Clos du Roy, cru de 4 ha à Saillans (fronsac), et Roc Meynard, 28 ha dans la commune voisine de Villegouge. Plantations et rachats de vignes ont porté l'ensemble à

50 ha, à l'origine de 4 étiquettes en fronsac, bordeaux supérieur et bordeaux.

Élevé 5 mois sur lies en barrique, ce 2019 a tout bon. Au nez se déploient après aération de fins arômes d'agrumes, de fruits exotiques et de buis, accompagnés de nuances briochées. Un bouquet auquel fait un long écho une bouche ample et suave, stimulée jusqu'en finale par une agréable tension citronnée. Une haute expression de l'appellation. ⧗ 2021-2025

SCEA VIGNOBLES HERMOUET, 1, Tessendey, 33141 Saillans, tél. 05 57 55 07 41, contact@vignobleshermouet.com t.l.j. sf sam. dim. 8h30-12h00 13h30-16h30

CH. DE ROLLAND 2020 ★

2400 | 5 à 8 €

Ancienne possession des chartreux, ce cru abrite un grand pigeonnier du XVe s., sauvé in extremis en 2008. Pendant 3 siècles (de 1492 à 1797), il a appartenu à la famille Rolland qui lui a laissé son nom. En 1971, les Guignard ont pris les rênes du domaine, dont le vignoble couvre 20 ha en graves, sauternes et barsac. Romain Garcia, aux commandes depuis 2020, a engagé la conversion bio.

Ce 100 % sauvignon s'exprime sur des notes de fruits exotiques mûrs, de fleurs blanches et de citron. Une attaque franche précède un palais rond, ample et gras, bien équilibré par une fine pointe d'acidité. ⧗ 2021-2023

EARL VIGNOBLES GARCIA GUIGNARD, 3, Ch. de Rolland, 33720 Barsac, tél. 05 56 27 15 02, romain@chateauderolland.com t.l.j. sf sam. dim. 9h-12h 14h-17h30

♥ CH. LA ROSE SAINT-GERMAIN 2020 ★★★

20800 | 5 à 8 €

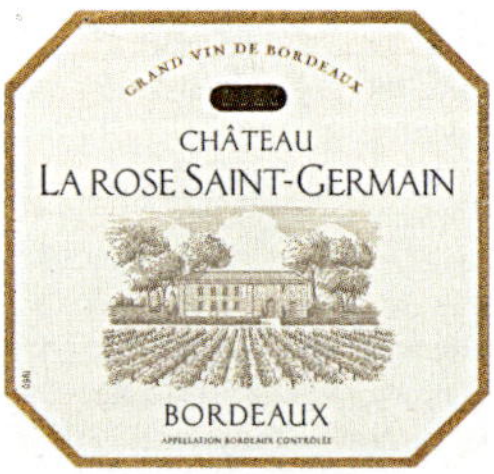

En 1858, la famille Ducourt s'établit au château des Combes, à Ladaux, petit village au sud-est de Bordeaux. C'est sous l'impulsion d'Henri Ducourt, installé en 1951 et relayé depuis par ses enfants et petits-enfants, que le vignoble familial prend son essor, pour atteindre aujourd'hui 450 ha répartis sur 13 châteaux dans l'Entre-deux-Mers et le Saint-Émilionnais. Un ensemble dirigé par Philippe Ducourt depuis 1980.

Assemblage de sauvignon blanc (74 %) et de colombard, cette superbe cuvée s'ouvre sans réserve sur une corbeille d'agrumes (kumkat) et de fruits exotiques (mangue, fruit de la Passion). La bouche séduit tout autant : elle offre beaucoup de volume, de chair et d'intensité, avec une tension maîtrisée et une longue finale pleine de fraîcheur. Un concentré d'équilibre et d'élégance, au solide potentiel de garde. ⧗ 2021-2026

SC VIGNOBLES DUCOURT, 18, rte de Montignac, 33760 Ladaux, tél. 05 57 34 54 00, ducourt@ducourt.com r.-v.

CH. DE LA SABLIÈRE FONGRAVE 2020 ★

25000 | - de 5 €

Les ancêtres de Jean-Christophe Icard ont constitué à partir de 1790 un domaine qui s'est agrandi au fil des générations. Conduit depuis 1994 par l'actuel exploitant, rejoint par son fils Mathias en 2020, le vignoble familial couvre quelque 130 ha, dont 75 ha de vignes, dans l'Entre-deux-Mers et la région de Cadillac. Plusieurs étiquettes ici : L'Orangerie, La Sablière Fongrave et même des « produits sous licence » signés par le célèbre dessinateur belge Philippe Geluck, créateur du personnage Le Chat.

Ce 2020 convoque à l'olfaction les fleurs blanches, la pêche et des notes beurrées. En bouche, il affiche un beau fruité, de la rondeur, de la consistance et du gras, bien équilibré par ce qu'il faut de fraîcheur. Un vin friand qui ne manque pas de personnalité. ⧗ 2021-2024

SCEA DES VIGNOBLES JEAN-CHRISTOPHE ICARD, Jardinet, 33540 Saint-Félix-de-Foncaude, tél. 05 56 71 53 67, orangerie@chateau-orangerie.com

CH. SAINT-FLORIN Essenti'elles 2020 ★

15000 | 5 à 8 €

À la tête du domaine familial depuis 1980, Catherine et Jean-Marc Jolivet, épaulés par leurs filles Bénédicte et Marie, ont constitué un vignoble de 120 ha dans l'Entre-deux-Mers, et proposent 5 étiquettes de bordeaux dans les 3 couleurs.

Sauvignon (70 %), sémillon (15 %) et muscadelle à l'œuvre dans cette cuvée à la robe cristalline. Fin et élégant, le nez s'exprime sur de délicates notes de fleurs blanches, de fruits jaunes et de zest d'agrumes. On retrouve ce bouquet subtil et un brin fumé dans une bouche douce, ronde, ample et longue, à la finale délicieusement miellée. ⧗ 2021-2024

SC VIGNOBLES JOLIVET, Ch. Saint-Florin, 33790 Soussac, tél. 06 84 93 20 54, benedicte.jolivet@gmail.com r.-v.

CH. TOUR DE MIRAMBEAU Cuvée Passion 2019 ★

18000 | 20 à 30 €

Vigneronne depuis plus de 2 siècles, la famille Despagne, établie au cœur de l'Entre-deux-Mers, est un acteur incontournable du vignoble bordelais, à la tête de 300 ha répartis sur plusieurs crus – Bel Air Perponcher, Tour de Mirambeau, Rauzan Despagne, Lion Beaulieu, Mont-Pérat – conduits par les enfants de Jean-Louis (Thibault, Gabriel et Basaline) et par Joël Elissalde, directeur technique. Leurs vins sont souvent en vue dans ces pages, dans les 3 couleurs.

Ce 2019 livre un bouquet élégant et bien ouvert de fleurs blanches, de fruits exotiques et de fruits blancs. La bouche se révèle souple et vive, bien équilibrée entre les arômes fruités et boisés, dynamisée en finale par une fine tension minérale et saline. ⧗ 2021-2024

SCEA DESPAGNE RIVE DROITE (CH. TOUR DE MIRAMBEAU), 2, Le Touyre, 33420 Naujan-et-Postiac, tél. 05 57 84 55 08, contact@despagne.fr t.l.j. sf sam. dim. 8h30-12h 13h30-16h30

LES VIGNERONS DE TUTIAC
Carrelet d'Estuaire Confidences 2020 ★★

50 000		5 à 8 €

Créée en 1974, la coopérative de Tutiac dispose des vendanges de 4 000 ha cultivés par quelque 450 viticulteurs. Un acteur important de la Haute Gironde et aussi le premier producteur de vins d'appellations en France, qui propose des vins de côtes (blaye-côtes-de-bordeaux et côtes-de-bourg) et d'appellations régionales.

Ce 100 % sauvignon ne renie pas son cépage avec ses arômes variétaux de buis, de bourgeon de cassis, de fruit de la Passion et d'agrumes. En bouche, de la souplesse, de l'amplitude, un caractère suave et une belle longueur. Un vin charmeur et élégant. ⧗ 2021-2024

SAS LES VIGNERONS DE TUTIAC, La Cafourche, 491, rue Simone-Veil, 33860 Marcillac, tél. 05 57 32 48 33, christelle.venancy@tutiac.com V r.-v.

CH. VERMONT 2020 ★

14 000		5 à 8 €

Commandée par un ravissant château du XIXᵉs. entouré de 40 ha de vignes, cette propriété de l'Entre-deux-Mers appartient à la même famille depuis les années 1880. La 4ᵉ génération – Élisabeth et son mari David Labat – est aujourd'hui aux commandes.

Sauvignon (80 %) et sémillon, un duo classique pour ce 2020 aux senteurs intenses d'agrumes et de fruits à chair blanche. En bouche, il se montre ample, persistant et bien équilibré entre rondeur et fraîcheur acidulée. ⧗ 2021-2023

SCEA CH. VERMONT, Vermont, 33760 Targon, tél. 05 56 23 90 16, chateauvermont@chateau-vermont.fr V t.l.j. sf sam. dim. 9h-12h 14h-17h30

CH. LA VERRIÈRE 2020 ★★

120 000		5 à 8 €

Les Bessette sont implantés depuis plusieurs générations à Landerrouat, où ils ont acquis le Ch. la Verrière, créé en 1900 aux confins du Lot-et-Garonne. Restructuré dans les années 1960 par André Bessette, relayé à partir de 1999 par son fils Alain, ce cru de 60 ha s'est imposé comme une référence en appellations régionales. Certifié HVE, le domaine a installé plusieurs ruches sur la propriété et s'est lancé dans la production de miel. Autre étiquette de la famille Bessette : le Ch. Bailloux-Rival, acquis en 2005.

Ce pur sauvignon s'ouvre sur des parfums légers d'agrumes, de fleurs blanches et de fruits blancs. Souple en attaque, ample, gourmand et fruité (ananas, litchi), le palais s'étire dans une finale énergique, fraîche et citronnée. Un bon classique, élégant et équilibré. ⧗ 2021-2024

EARL ANDRÉ BESSETTE, 8, la Verrière, 33790 Landerrouat, tél. 06 07 08 08 75, alainbessette@orange.fr V r.-v.

Y D'YQUEM 2019 ★★★

n.c.		+ de 100 €

Depuis 2004, ce vin est produit régulièrement par Yquem. Il est issu des mêmes parcelles que le grand vin, seules diffèrent les conditions de récolte car Y est un vin blanc sec provenant essentiellement de parcelles de sauvignon complétées par du sémillon bien mûr.

Un printemps frais et arrosé, puis une période très chaude de juin à mi-août : une canicule qui permet à la vigne de rattraper un léger retard et de mûrir sereinement. Grâce à quoi, le 2019 d'Yquem présente un équilibre très assuré entre fraîcheur et maturité. Un vin d'une grande limpidité, cristallin, au nez exubérant d'agrumes (orange, pamplemousse) et de fruit de la Passion, agrémenté de notes florales (verveine) et crayeuses. La bouche se révèle ample, riche, soyeuse, d'une extrême douceur, avec en soutien une fine acidité renforcée en finale par de beaux amers et une touche minérale. ⧗ 2023-2032 **2018 ★★ (+ de 100 €; n.c.)** La version 2018 du Y, bien qu'affichant quasiment les mêmes degrés, taux de sucres résiduels (5 g/l) et d'acidité (4 g/l), propose un visage sensiblement différent, plus discret mais toujours très délicat au nez (floral surtout, minéral et mentholé), plus aérien et tendu en bouche. Un profil sur la finesse et la légèreté. ⧗ 2022-2030

SA DU CH. D'YQUEM, 33210 Sauternes, tél. 05 57 98 07 07

YVECOURT 2020 ★

100 000		- de 5 €

L'une des marques d'Yvon Mau, l'une des plus importantes maison de négoce de la place de Bordeaux, fondée en 1897 et propriété depuis 2001 du géant catalan de la bulle, Freixenet.

Ce 100 % sauvignon se montre discrètement floral et fruité à l'olfaction. Plus expressive, centrée sur les fruits blancs, la bouche évolue avec souplesse et ampleur, dynamisée par une vivacité soutenue aux tonalités citronnées. Un blanc énergique. ⧗ 2021-2023

YVON MAU (YVECOURT), 1, pl. Lainé, 33190 Gironde-sur-Dropt, tél. 05 56 61 54 54, contact@yvonmau.fr

BORDEAUX SUPÉRIEUR

CH. CANTON LA BRILLETTE 2019 ★

150 600		5 à 8 €

Michel Géromin, œnologue et ancien de l'Inao, a acquis en 1980 le Ch. Bois de Rolland, un domaine créé dans l'Entre-deux-Mers en 1850 par les frères marianistes pour y former des orphelins à la viticulture; complété en 2013 par les vignes voisines du Ch. l'Oiseau. L'ensemble est dirigé depuis 2008 par les filles de Michel, Audrey et Marion.

D'un beau grenat sombre, ce 2019 dévoile un nez intense de petits fruits rouges accompagnés d'épices douces. Souple en attaque, le palais se montre long, onctueux, structuré par des tanins consistants mais bien pris dans une chair ronde et fruitée. ⧗ 2022-2026

EARL LA JALGUE, La Jalgue, 33890 Coubeyrac, tél. 05 57 47 45 86, mgeromin@vignoblegf.com

CH. CASTENET 2019 ★★

100 000		8 à 11 €

Mylène et Guillaume Guennec, enfants de viticulteurs de la région, ont pris la suite en 2010 de François

Greffier, vigneron réputé pour ses entre-deux-mers, désormais retiré des affaires. Ils conduisent aujourd'hui un vignoble de 35 ha, auxquels s'ajoutent les 15 ha du Ch. Valade pris en fermage auprès de la famille Hoffman.

Née de cabernet-sauvignon (80 %) et de merlot, cette cuvée intense et profonde présente un nez généreux de fruits rouges mûrs rehaussés de délicieuses notes pâtissières. Le palais affiche de la puissance, du volume et de la densité, portée par une structure tannique solide mais élégante et stimulée par une finale très fraîche. Bâti pour la garde. ⧗ 2024-2030 ■ **Ch. Valade 2019 ★ (5 à 8 €; 100 000 b.)** Au nez, des arômes de fruits rouges mûrs et de vanille. Le même bouquet anime une bouche souple, persistante et soyeuse, étayée par des tanins fondus. ⧗ 2021-2025

EARL CASTENET, 3, Castenet, 33790 Auriolles, tél. 05 56 61 40 67, vignoblescastenet@orange.fr V r.-v.

CH. CLOS DE L'ABBAYE Cuvée Petra 2019 ★

■	20 000		5 à 8 €

Ancienne propriété du comte de Ravez, garde des Sceaux de Louis-Philippe, cette vaste unité (80 ha aujourd'hui) a été achetée en 1962 par la famille Solorzano, d'origine espagnole (Rioja). Essentiellement située dans les Graves, elle regroupe les châteaux Prieuré-les-Tours, Martin et Millet.

Le nez exhale de délicates senteurs de fruits mûrs accompagnées de nuances florales et épicées. La bouche, souple et tendre en attaque, monte ensuite en puissance et en volume, portée par des tanins soyeux et prolongée en finale par un fruité gourmand. ⧗ 2022-2026

SARL DOMAINES DE LA METTE, 17, rte de Mathas, 33640 Portets, tél. 05 56 67 18 18, domainesdelamette@wanadoo.fr V r.-v.

CH. DE CORNEMPS Cuvée Prestige 2019 ★

■	18 000		5 à 8 €

En 1964, Henri Fagard, maître de chai, crée à Petit-Palais, en Libournais, le Ch. de Cornemps, un vignoble dominé par une chapelle du XIe s., ancienne étape sur la route de Saint-Jacques. Il agrandit son exploitation qu'il transmet en 1983 à son fils Henri-Louis. Ce dernier achète en 1995 le Ch. la Jorine (3,5 ha) dans l'AOC voisine lussac-saint-émilion.

Ce 2019 en robe sombre, presque noire, livre un bouquet puissant de fruits confiturés agrémentés de notes épicées. De belle longueur, la bouche se montre à la fois ronde, fruitée et fraîche, rendue plus stricte en finale par des tanins encore serrés. ⧗ 2023-2027

EARL VIGNOBLES FAGARD, 2419, rte de Puynormand-Cornemps, 33570 Petit-Palais, tél. 05 57 69 73 19, vignobles.fagard@wanadoo.fr V r.-v.

CH. DE LA COUR D'ARGENT 2019 ★★

■	80 000		8 à 11 €

Denis Barraud, œnologue, s'est installé en 1971 à la tête du vignoble familial, constitué à la fin du XIXe s. Un bel ensemble de 36 ha répartis sur les 2 rives de la Dordogne et sur plusieurs crus – 7 ha en saint-émilion et saint-émilion grand cru (Les Gravières, Lynsolence) et 29 ha en AOP régionales (La Cour d'Argent) –, et des vins qui retiennent régulièrement l'attention des dégustateurs.

Cette cuvée à dominante de merlot (95 %), complétée par quelques gouttes des 2 cabernets, n'est pas passée loin du coup de cœur. Intense, bien fruité et finement boisé, le bouquet enchante. Le palais se révèle puissant, riche et concentré, étayé par des tanins fondus et soyeux. La finale, très longue, sur les fruits noirs et rouges agrémentés de notes grillées, achève de convaincre. Taillé pour la garde. ⧗ 2024-2030

SCEA DES VIGNOBLES DENIS BARRAUD, 355, port de Branne, 33330 Saint-Sulpice-de-Faleyrens, tél. 06 08 32 26 04, denis.barraud@wanadoo.fr V r.-v.

CH. COURONNEAU Cuvée Pierre de Cartier 2019 ★

■	10 000		11 à 15 €

Situé aux confins de la Gironde et de la Dordogne, dans le pays foyen, ce vignoble (40 ha) est cultivé en biodynamie. Le cadre enchantera le promeneur : un vrai château, avec 4 tours aux toits coniques. Bénédicte Piat est aux commandes depuis 1994 et utilise au chai, outre des cuves Inox et des barriques bois, des foudres et des amphores en terre cuite. Son fils Grégoire a récemment rejoint l'aventure.

Sous une robe grenat intense, ce merlot élevé 12 mois en fût s'ouvre sur des nuances boisées et épicées, avant de laisser s'exprimer les fruits noirs et rouges. Arômes relayés par une bouche puissante, ronde, ample et suave, bâtie sur des tanins soyeux et prolongée par une longue finale corsée et boisée. ⧗ 2024-2028

SARL CH. COURONNEAU, Ch. Couronneau, 33220 Ligueux, tél. 05 57 41 26 55, chateau-couronneau@wanadoo.fr V r.-v. 5

CH. DESON Grande Cuvée 2019 ★

■	60 000		5 à 8 €

Créée sous ce nom en 2012, Terre de Vignerons est l'union de production et de commercialisation d'une douzaine de coopératives de l'Entre-deux-Mers et du Pays duraquois. Elle représente 13 000 ha de vignes et 1 500 coopérateurs, dont les raisins sont accueillis sur 19 sites de production. Elle vend ses propres marques, des vins de propriété et des marques de distributeurs. Un acteur de poids de la coopération girondine.

Ce pur merlot dévoile un nez élégant, fruité, boisé, réglissé et de mentholé. Fraîche et légèrement vanillée à l'attaque, la bouche déploie de la puissance et de l'amplitude sur une solide trame tannique et boisée. ⧗ 2024-2028

TERRE DE VIGNERONS, 17-19, rte des Vignerons, 33790 Landerrouat, tél. 05 56 61 33 73, a.mauro@terredevignerons.com

CH. LES FAURES BELLEVUE 2019 ★★

■	49 060		5 à 8 €

Bordeaux Families regroupe les caves coopératives Louis Vallon et Sauveterre-Blasimon-Espiet, composant ainsi un vaste ensemble de 300 membres et 500 ha de vignes, dont 280 ha en bio.

Cette cuvée dévoile un nez généreux de fruits noirs et d'épices douces. On retrouve les fruits (cerise, pruneaux), mûrs et intenses, agrémentés d'une pointe de cuir, dans une bouche ample, structurée par des tanins fermes et prolongée par une finale épicée. ⧗ 2023-2027 ■ **Ch. Rossignol 2019 ★ (5 à 8 €; 46 800 b.)** Merlot (84 %) et cabernet-sauvignon pour cette cuvée sombre, ouverte sur des arômes épicés et mentholés, ample, suave et charnue en bouche, avec en soutien un trait d'acidité qui apporte ce qu'il faut de fraîcheur. ⧗ 2022-2026

SCA CAVE LOUIS VALLON, 36, av. de la Mairie, 33350 Saint-Pey-de-Castets, tél. 05 57 40 52 07, p.mondin@ugbordeaux.fr V *t.l.j. sf dim.*

FLEUR SAINT-ANTOINE 2019 ★

■ | 80 000 | | 5 à 8 €

Propriétaire de vignes depuis plus de 2 siècles, la famille Aubert – aujourd'hui les frères Alain, Daniel et Jean-Claude, épaulés par leurs enfants – exploite 300 ha et de nombreux domaines du Bordelais, essentiellement en Libournais, avec pour fleuron le Ch. la Couspaude, grand cru classé de Saint-Émilion depuis 1996, acquis en 1908.

Cette cuvée s'ouvre sans réserve sur les fruits rouges, les épices douces et une touche de poivron. En bouche, elle offre de l'intensité, de l'amplitude et une belle tension, structurée par des tanins frais et serrés. ⧗ 2023-2027

SCE VIGNOBLES AUBERT, 33350 Saint-Magne-de-Castillon, tél. 05 57 40 15 76, vignobles.aubert@wanadoo.fr

CH. FRACHET Cuvée Prestige 2019 ★

■ | 60 400 | | 5 à 8 €

L'ex-château Ricmont créé en 1772 dans l'Entre-deux-Mers, sur la rive droite de la Garonne, est situé aux portes de Bordeaux. En 2004, il a été acheté et rebaptisé par Bernard Frachet, négociant en vins, et par son épouse Jocelyne. Le vignoble de 12 ha est implanté sur une terrasse limono-graveleuse.

Le nez expressif et élégant convoque les fruits noirs et rouges accompagnés d'un boisé fondu aux tonalités grillées. Franc à l'attaque, le palais se montre ample et rond, bien équilibré entre fruité, boisé et fraîcheur. Un 2019 déjà plaisant qui pourra également affronter quelques années de garde. ⧗ 2021-2026

SCEA FRACHET ET FILS, 11, av. de Bordeaux, 33360 Cénac, tél. 06 11 66 38 52, chateau.frachet@orange.fr

♥ CH. GALAND 2019 ★★

■ | 7 500 | | 8 à 11 €

Pharmacien et œnologue, auteur d'une thèse apportant sa contribution au *French Paradox*, Jean Galand est établi à... La Malatie. À la tête du vignoble familial depuis 1999, il soigne 8 ha de vignes répartis en 2 crus : le Ch. Galand (en bordeaux supérieur) et le Ch. Canon (en canon-fronsac) établi sur les pentes plein sud du coteau du même nom, qui domine la Dordogne.

Merlot, cabernet et malbec unis pour le meilleur dans ce 2019 d'un seyant vermillon intense. Le nez, aussi élégant que gourmand, évoque une corbeille de fruits compotés mâtinés d'épices et de fines nuances de sous-bois. Fraîche et légèrement acidulée à l'attaque, sur des notes de groseille, la bouche se révèle très fruitée, ample et longue, structurée par des tanins soyeux et fins. On applaudit. ⧗ 2023-2028

SCEA VIGNOBLES GALAND ET ENFANTS, La Malatie, 33126 Fronsac, tél. 05 57 25 20 72, jean-galand@wanadoo.fr V *t.l.j. sf dim. 10h-12h 14h-18h*

CH. LE GRAND VERDUS Grande Réserve 2019 ★★

■ | 12 000 | | 20 à 30 €

Un manoir Renaissance acquis en 1810 par Claude Deschamps, architecte du pont de Pierre à Bordeaux, et transmis par mariage à la famille Le Grix de la Salle. Ce sont aujourd'hui Antoine et son fils aîné Thomas qui conduisent le Grand Verdus, vaste unité de 110 ha implantée dans l'Entre-deux-Mers, en conversion vers l'agriculture biologique. Autre étiquette : le Ch. la Loubière.

Élevée 16 mois en fût, cette cuvée s'habille d'une robe profonde animée de reflets violets. Au nez, les fruits mûrs se mêlent aux notes épicées et fumées. Au palais, l'attaque est vive et franche, le fruité persistant, la matière riche et suave, le boisé bien dosé et et le tanin soyeux. De l'harmonie de bout en bout. ⧗ 2023-2028

SCEA PHILIPPE ET ANTOINE LE GRIX DE LA SALLE, Ch. le Grand Verdus, 33670 Sadirac, tél. 05 56 30 50 90, chateau@legrandverdus.com V *r.-v.*

CH. HAUT BEAUMARD 2019 ★

■ | 10 000 | | 5 à 8 €

Un vaste domaine de 50 ha de vignes et 60 ha de forêts et prairies, commandé par un château du XVIIIe s. construit selon les plans de Victor Louis et propriété des Glotin depuis 1930. Plusieurs étiquettes ici, en graves-de-vayres et entre-deux-mers : Goudichaud, Haut Bessac, Fage, Haut Beaumard, Brondeau du Tertre, La Fleur des Graves.

La robe noire et intense de ce 2019 attire l'œil. Au nez, les fruits noirs et rouges (cassis, myrtille, framboise) se mêlent aux épices et à un fin boisé. Douce à l'attaque, fruitée, intense et longue, la bouche est structurée par des tanins bien présents mais sans dureté. ⧗ 2023-2028 ■ **Ch. Brondeau du Tertre 2019 ★ (5 à 8 €; 10 000 b.)** Un bouquet gourmand, fruité et épicé, un palais rond, gras et d'une agréable sucrosité, étayé par un bon boisé réglissé : un 2019 harmonieux. ⧗ 2022-2026

EARL CH. GOUDICHAUD, 17, chem. de Goudichaud, 33750 Saint-Germain-du-Puch, tél. 05 57 24 57 34, contact@chateaugoudichaud.fr V *t.l.j. sf sam. dim. 9h-12h 13h30-18h*

CH. HAUT BRETON LARIGAUDIÈRE Voilà Cabernet-sauvignon 2019 ★

■ | 20 000 | | 5 à 8 €

Le Belge Émile de Schepper a investi dans le vignoble bordelais à partir de 1950. En plus de sa

LE BORDELAIS

maison de négoce (De Mour), la famille exploite aussi aujourd'hui une cinquantaine d'hectares en propre : en Médoc, le Ch. Haut Breton Larigaudière (margaux), le Ch. Tayet et le Ch. Lacombe Cadiot (bordeaux supérieur); en saint-émilion, Tour Baladoz et Croizille.

Cette cuvée née du seul cabernet-sauvignon dévoile un nez aussi discret que délicat de fruits rouges frais agrémentés d'une touche bien typée de poivron. Après une attaque assez vive, la bouche déploie sur une belle longueur un fruité gourmand, de l'intensité et de l'amplitude, avec une finale pleine de fraîcheur. ⧗ 2021-2025

SCEA CH. HAUT BRETON LARIGAUDIÈRE, 3, rue des Anciens-Combattants, 33460 Soussans, tél. 05 57 88 94 17, contact@de-mour.com V t.l.j. 10h-17h

CH. HAUT CLARIBÈS 2019 ★

■ | 82300 | | 5 à 8 €

Fondés en 1950 par Angelo Fontana, rejoint ensuite par ses 4 fils, les domaines Fontana sont une exploitation familiale vaste de plusieurs vignobles couvrant sur 270 ha, complétés par 100 ha d'arboriculture.

Cette cuvée très expressive propose un bouquet élégant, fruité et épicé. Doté de tanins mûrs, le palais s'avère puissant, charnu, chaleureux et gras, et s'étire dans une longue finale marquée par un retour des épuces douces. ⧗ 2022-2026 ■ **Ch. le Breton Cuvée Premium 2019 ★** (- de 5 €; 83200 b.) Un bouquet intense et généreux de fruits bien mûrs, une bouche souple et soyeuse, centrée sur les fruits cuits, qui conserve toutefois une agréable fraîcheur stimulée par une touche épicée en finale. ⧗ 2022-2025

SCEA DES DOMAINES FONTANA, 14, rte de Sainte-Foy-la-Grande, 33890 Gensac, tél. 05 57 47 43 19, domainefontana@free.fr V r.-v.

CH. LANDEREAU Prestige 2019 ★

■ | 10000 | | 11 à 15 €

Henri Baylet et son fils Michel ont acquis le Ch. Landereau en 1959, puis le Ch. de l'Hoste Blanc en 1980. Installé en 1988, Bruno Baylet, 3e du nom, exploite aujourd'hui 80 ha dans l'Entre-deux-Mers.

Le merlot à 95 % et un élevage de 17 mois en fût à l'origine de cette cuvée qui s'exprime sans réserve sur les fruits mûrs rehaussés de nuances grillées et épicées. Ronde, chaleureuse et charnue, la bouche offre des flaveurs délicatement boisées et s'appuie sur des tanins fondus. Gourmand et généreux. ⧗ 2021-2025

SC DES VIGNOBLES BAYLET, Ch. Landereau, RD 671, 33670 Sadirac, tél. 05 56 30 64 28, vignoblesbaylet@free.fr V *t.l.j. sf dim. 8h30-12h 13h30-17h30*

CH. LEROY-BEAUVAL 2019 ★★

■ | 14000 | | 11 à 15 €

En 2012, les Leroy acquièrent le Ch. de Beauval afin de réhabiliter son histoire viticole, débutée au XVIIIe s. puis abandonnée jusque dans les années 1970. Le vignoble s'étend aujourd'hui sur 52 ha.

Sous une robe profonde, ce 2019 dominé par le merlot exhale un généreux bouquet de fruits mûrs et d'épices. Ample, riche, goûteuse et longue, la bouche déploie ce même fruité épicé intense, avec un boisé qui reste discret. Une belle impression de puissance mesurée et d'harmonie. ⧗ 2022-2026

SASU CH. LEROY-BEAUVAL, 102, rte de Beauval, 33450 Saint-Sulpice-et-Cameyrac, tél. 05 24 73 22 50, contact@chateauleroybeauval.com V *t.l.j. sf sam. dim. 8h30-12h 13h-16h*

CH. LESCALLE 2019 ★

■ | 70000 | | 8 à 11 €

Commandé par un château édifié en 1875 par Emmanuel Tessandier, ce cru étend ses vignes (plantées par le fondateur, arrachées en 1954 puis replantées en 1983) sur 36 ha. Il est toujours dans la famille Tessandier, propriétaire de plusieurs domaines médocains.

Le merlot (70 %), le cabernet-sauvignon (20 %) et le petit verdot à l'œuvre dans cette cuvée au nez subtil et charmeur de fruits noirs et rouges agrémentés de notes de thym. Ronde, souple, ample, d'une belle finesse aromatique, la bouche est dans le droit fil. ⧗ 2021-2025

EURL CH. LESCALLE, 111, chem. du Bord de l'eau, 33460 Macau, tél. 05 57 88 07 64, vitigestion@vitigestion.com V *r.-v.*

CH. LESPARRE 2019 ★

■ | 40000 | | - de 5 €

Originaire de Champagne (Côte des Blancs), la famille Gonet s'est aussi forgé une solide renommée dans le Bordelais : en graves-de-vayres avec les châteaux Lesparre (acquis en 1986), Lathibaude et Durand Bayle, valeurs sûres conduites en bio, ainsi qu'en pessac-léognan (Haut-Bacalan, Eck, Haut l'Évêque, Saint-Eugène) et en appellations régionales (La Chapelle Bordes, La Rose Videau).

Le nez expressif et puissant, encore un peu dominé par un boisé fumé, libère quelques notes de cassis à l'aération. Rond, suave, concentré et long, le palais déploie des arômes intenses de fruits noirs, épaulé par des tanins virils. Un bon candidat pour la garde. ⧗ 2024-2028

SCEV MICHEL GONET ET FILS, Ch. Lesparre, 33750 Beychac-et-Caillau, tél. 05 57 24 51 23, info@gonet.fr V *t.l.j. sf sam. dim. 9h-12h 14h-18h*

CH. LE LUC REGULA 2019 ★

■ | 20000 | | 15 à 20 €

Un château datant du XIIIe s., restauré au XIXe s., commande un petit vignoble de 6 ha (en conversion bio), propriété de Dominique et Valérie Destouches.

Assemblage de merlot, de cabernet-sauvignon et de petit verdot, cette cuvée s'exprime avec réserve sur un délicat compoté de fraise, de framboise et de cerise. En bouche, elle se révèle ronde, soyeuse, généreusement fruitée, ciselée par une pointe d'amertume en finale. ⧗ 2022-2026

SARL CH. REGULA,
33190 La Réole, tél. 06 75 74 40 35
V r.-v. 5

CH. MAISON NOBLE
Cuvée Prestige 2019 ★

■	15500		5 à 8 €

Appartenant à une ancienne famille de tonneliers cognaçais et de viticulteurs, Jean-Bertrand Marque a quitté à 35 ans le monde de l'expertise comptable pour renouer en 2012 avec l'héritage familial et reprendre ce cru de 20 ha situé au nord de Pomerol, certifié HVE3 depuis 2019.

Issue majoritairement de merlot, cette cuvée libère au nez des senteurs intenses de fruits rouges et noirs très mûrs, accompagnées de notes vanillées. D'une jolie complexité, la bouche se montre ronde et soyeuse, ses tanins aimables et enveloppés se resserrant un peu en finale. Une courte garde devrait les détendre. ⧗ 2022-2026

SCEA CH. MAISON NOBLE,
1, Maison-Noble, 33230 Maransin ,
tél. 06 17 66 56 33, jmarque@chateau-maisonnoble.com
V r.-v.

CH. MAJOUREAU Genèse 2019 ★

■	3000		11 à 15 €

L'une des belles étiquettes en saint-macaire, également présente en appellations régionales. Un cru de 38 ha, propriété des Delong depuis 5 générations, en polyculture jusqu'en 1981, date de la première mise en bouteilles. Mathieu, désormais épaulé par sa sœur Émeline, est aux commandes depuis 2002.

Cette cuvée née du malbec (60 %) et du cabernet-franc offre un savoureux bouquet de fruits rouges. Rond, suave et gras, le palais ne lésine pas sur l'intensité du fruit, tout en conservant une grande fraîcheur jusqu'en finale, tonifiée par une pointe d'amertume. Un bon « vin de copains », à boire sur le fruit. ⧗ 2021-2024

SCEA VIGNOBLES DELONG,
1, Majoureau, 33490 Caudrot, tél. 05 56 62 81 94, familledelong@hotmail.com V *t.l.j. 9h-12h 13h30-17h30, sam. dim. rv*

CH. MALBAT
L'Authentique 2019 ★

■	100000		5 à 8 €

Dans la même famille depuis 1865, ce cru est conduit depuis 1997 par Fabienne, Daniel et Martine Rochet. Établi sur la rive droite de la Garonne, à l'extrémité sud-est du vignoble girondin, il s'étend aujourd'hui sur 100 ha.

Encore marqué par son élevage, ce 2019 s'exprime avec intensité sur les notes toastées et épicées de la barrique, les fruits restant à l'arrière-plan. Très ronde à l'attaque, la bouche gagne ensuite en densité et en volume, structurée par des tanins veloutés et un boisé présent mais élégant. Encore un peu de patience. ⧗ 2023-2027

EARL ROCHET, 5, Malbat,
33190 La Réole, tél. 05 56 61 02 42, contact@chateaumalbat.com V *t.l.j. sf sam. dim. 9h-12h 13h-18h*

CH. MALEDAN 2019 ★

■	28000		5 à 8 €

D'origine corrézienne, la famille Brunot s'intéresse à la vigne depuis la fin du XIXes. Elle exploite plusieurs crus dans le Libournais et l'Entre-deux-Mers : Piganeau en saint-émilion grand cru, Le Gravillot en lalande, minuscule cru d'un peu plus de 1 ha, Tour de Grenet en lussac et Maledan en bordeaux supérieur. Vincent Brunot, ingénieur agricole et œnologue, a succédé en 1998 à son père Jean-Baptiste à la tête des vignobles familiaux.

Ce pur merlot paré d'une robe intense, presque noire, se montre assez discret à l'olfaction, libérant de délicates notes de mûre et de cerise à l'aération. Souple à l'attaque et plus prolixe en fruit, la bouche se révèle ample, intense et bien structurée. ⧗ 2022-2026

SCEA J.-B. BRUNOT ET FILS,
1, Jean-Melin, 33330 Saint-Émilion,
tél. 05 57 55 09 99, chateau.piganeau@vignobles-brunot.fr V r.-v.

B CH. LA MOTHE DU BARRY
Le Barry 2019 ★

■	10000		11 à 15 €

À la retraite de ses parents, qui ont mis en bouteilles à partir de 1970, Joël Duffau a repris une partie de leur vignoble du Ch. les Arromans, venant compléter ainsi le Ch. la Mothe du Barry qu'il avait créé en 1985. Il commande aujourd'hui un ensemble de 40 ha converti au bio. Ses deux étiquettes sont incontournables en bordeaux et en entre-deux-mers.

Le duo classique merlot (60 %) et cabernet-sauvignon pour cette cuvée qui s'exprime pleinement sur la confiture de mûre, le kirsch et un fin boisé. En bouche, l'attaque se montre souple et fraîche, puis elle gagne en puissance et en volume, étayée par des tanins élégants. ⧗ 2023-2027

JOËL DUFFAU, 490, rte du Pont-Riveau,
33420 Moulon, tél. 05 57 74 93 98,
vignobles.jduffau@orange.fr V *t.l.j. sf dim. 8h-12h 14h-19h* 5

CH. NAUDY
Cuvée Thomas Élevé en fûts de chêne 2019 ★★

■	1500		11 à 15 €

Proche de la Réole, aux confins sud-est du vignoble girondin, ce petit vignoble familial (2,5 ha) exposé plein sud offre un joli point de vue sur la Garonne. Professeur d'agronomie, de viticulture et d'œnologie, Bernard Vincent a abandonné l'enseignement pour mettre en pratique ses connaissances sur cette propriété reprise en 1990.

Cette cuvée de belle stature présente une intense robe violine. Légèrement réglissé, le nez exhale à l'aération un savoureux bouquet de fruits noirs et rouges confits. La bouche se montre longue, ronde, ample et suave, offrant une belle structure et de gourmandes notes de baies noires. ⧗ 2023-2027

BERNARD VINCENT, 1, Terrefort, 33190 Montagoudin, tél. 06 19 23 78 18, bernardvincent33@hotmail.com
V r.-v.

CH. OMBRIÈRE 2019 ★

■ | 60000 | | 5 à 8 €

Les vignobles Latorse, aujourd'hui conduits par la 3e génération, représentent un vaste ensemble de 120 ha à l'origine de plusieurs étiquettes en appellations régionales. La certification HVE3 est acquise depuis 2019.

Du malbec en point des classiques merlot et cabernet-sauvignon dans ce vin ouvert sur les fruits mûrs et les épices. On retrouve ces arômes dans une bouche savoureuse, ronde, intense et charnue, qui conserve une belle fraîcheur, aiguisée par un trait d'amertume en finale. ⧗ 2023-2026

SC DES VIGNOBLES LATORSE, rte de Gabaron, 33670 La Sauve, tél. 05 56 23 92 76, vignobles.latorse@gmail.com V t.l.j. sf sam. dim. 8h30-12h 14h-18h

CH. DE L'ORANGERIE Grande Cuvée 2019 ★

■ | 100000 | | 5 à 8 €

Les ancêtres de Jean-Christophe Icard ont constitué à partir de 1790 un domaine qui s'est agrandi au fil des générations. Conduit depuis 1994 par l'actuel exploitant, rejoint par son fils Mathias en 2020, le vignoble familial couvre quelque 130 ha, dont 75 ha de vignes, dans l'Entre-deux-Mers et la région de Cadillac. Plusieurs étiquettes ici : L'Orangerie, La Sablière Fongrave et même des «produits sous licence» signés par le célèbre dessinateur belge Philippe Geluck, créateur du personnage Le Chat.

Cette cuvée dominée par le merlot (70 %) s'exprime sur les fruits noirs et rouges accompagnés de nuances boisées. En bouche, elle se révèle généreusement fruitée, puissante, concentrée, épaulée par des tanins encore vigoureux mais élégants et prometteurs. Un vin qui ne manque pas de tempérament. ⧗ 2024-2028

SCEA DES VIGNOBLES JEAN-CHRISTOPHE ICARD, Jardinet, 33540 Saint-Félix-de-Foncaude, tél. 05 56 71 53 67, orangerie@chateau-orangerie.com

CH. PANCHILLE 2019 ★★

■ | 25000 | | 5 à 8 €

En 1981, 3 ans après le décès de son père, Pascal Sirat reprenait à 23 ans l'exploitation familiale : 5 ha, dont le produit était livré à la coopérative. Premier chai en 1985, sortie de la coopérative en 1992. Aujourd'hui, 19 ha sur la rive gauche de la Dordogne et un domaine certifié HVE3.

Une robe intense, vive et brillante, un nez mariant harmonieusement les fruits noirs (cassis, mûre) et rouges (cerise, groseille) : l'approche est engageante. Toute autant séductrice, la bouche, fraîche en attaque, déploie sur une belle longueur une chair suave et ronde, étayée par des tanins enrobés. ⧗ 2023-2027 ■ **Alix 2019 ★ (8 à 11 €; 11000 b.)** Le nez, assez discret, allie les fruits mûrs à un boisé épicé et vanillé. Le palais, d'un beau volume, est adossé à des tanins fermes et déploie une jolie finale fraîche et acidulée. ⧗ 2024-2028

SCEA VIGNOBLES SIRAT, 1 bis, Panchille, 33500 Arveyres, tél. 06 17 49 77 63, info@chateaupanchille.com V r.-v.

POPULUS ALBA 2019 ★★

■ | 6000 | | 11 à 15 €

Une exploitation de poche (1,5 ha) créée en 2015 par Thomas Gomes, qui revendique une viticulture «à l'ancienne». La plupart des travaux sont manuels, à la vigne comme au chai, et aucun désherbant chimique n'est utilisé.

Ce 2019 associe à parts égales merlot, malbec, cabernet franc et cabernet-sauvignon. Derrière une robe profonde, le nez élégant et complexe s'ouvre sur les fruits noirs accompagnés de notes d'épices et de torréfaction. Équilibrée et longue, la bouche offre de la puissance, du volume et du gras, appuyée sur des tanins fermes. ⧗ 2023-2028

THOMAS GOMES, 37, Champ-d'Eymet-Sud, 33790 Pellegrue, tél. 06 72 95 09 50, thomas.gomes@hotmail.fr V t.l.j. 7h-20h

CH. LES RAMBAUDS Cuvée Crème des fûts 2019 ★

■ | 100000 | | 5 à 8 €

Domaine de 40 ha constitué en 1912 par les grands-parents de Bernard Cazade, non loin de la Réole, à l'extrême sud-est du vignoble girondin. Les premières bouteilles sont vendues en 1968. La conversion bio est engagée.

Né de cabernet-sauvignon (50 %), merlot (30 %) et malbec, ce 2019 dense, presque noir, déploie un bouquet de fraise et de fruits noirs mûrs mêlé à un boisé discret. Franc à l'attaque et fruité (cassis, mûre), le palais offre de l'ampleur et une chair suave qui enrobe une trame tannique soyeuse. La longue finale est marquée par des notes de vanille. ⧗ 2023-2027

EARL DES RAMBAUDS, 1, Les Rambauds, 33190 Fossés-et-Baleyssac, tél. 05 56 61 72 72, contact@vignoblesrambauds.com V t.l.j. sf sam. dim. 8h30-12h30 13h30-17h30

CH. RECOUGNE 2019 ★

■ | 570000 | | 8 à 11 €

Ce domaine réputé situé dans le Fronsadais est propriété de la famille Milhade depuis 1938. Xavier Milhade a aujourd'hui passé la main à ses enfants Marc et Elodie, qui ont la charge de ce vignoble de coteaux, étendu sur 100 ha certifiés HVE3.

Cette cuvée, qui doit presque tout au merlot (83 %), offre un nez friand et complexe de pruneau, de pain d'épice, de kirsch, de menthe poivrée et de chocolat. Encore un peu fougueuse à l'attaque, la bouche se montre puissante, longue et ample, portée par des tanins fermes mais élégants. Un vin de caractère. ⧗ 2025-2030

SCEA RECOUGNE, 1, rte de Savignac, 33133 Galgon, tél. 05 57 50 33 33, chateaux@xm-wines.com V r.-v.

CH. ROUSSET-CAILLAU Élevé en fûts de chêne 2019 ★

■ | 15000 | | 8 à 11 €

Depuis 1929, 4 générations se succèdent à la tête du vignoble familial : 60 ha dans l'Entre-deux-Mers

aujourd'hui, répartis entre le domaine historique, le Ch. Rousset-Caillau et le Ch. Terre Blanque, acquis en 2010. L'ensemble est conduit depuis 2008 par Catherine Falgueyret et son mari Sébastien Léglise. Depuis 2019, la conversion vers l'agriculture biologique est engagée.

Le merlot (60 %) et les 2 cabernets composent ce 2019 doté d'un élégant bouquet empyreumatique (café, pain grillé) et vanillé. Un boisé qui imprime aussi sa marque dans une bouche ronde et soyeuse, étayée par des tanins fermes. Un bon potentiel de garde en perspective. ⧗ 2024-2028

⊶ EARL FALGUEYRET-LÉGLISE, 1, Rousset, 33540 Saint-Sulpice-de-Pommiers, tél. 05 56 71 60 69, sebastienleglise@gmail.com V t.l.j. sf sam. dim. 9h-12h 14h-17h

CH. TOUR DE GILET
L'Expression du petit verdot 2019 ★

■	4800		8 à 11 €

Ce petit vignoble (à peine 6 ha) du Haut-Médoc appartenait au XIIes. à l'abbaye de Gilet. Il est entouré de jalles, petits canaux creusés dès cette époque pour drainer les palus argileux et y cultiver la vigne.

Un assemblage peu commun de petit verdot (70 %) et de cabernet-sauvignon. Au nez, les fruits mûrs se mêlent à des notes épicées et pimentées et à un trait de violette. La bouche, ronde, ample et suave, s'appuie sur une trame tannique solide mais élégante. De bonne garde assurément. ⧗ 2024-2028

⊶ SCEA TOUR DE GILET, Le Cadiot, 33290 Ludon-Médoc, tél. 05 57 88 07 64, vitigestion@vitigestion.com V r.-v.

CH. TURCAUD
Cuvée Majeure 2019 ★

■	20500		8 à 11 €

Un cru de 50 ha fondé en 1973 par Simone et Maurice Robert, conduit avec le même talent depuis 2009 par leur fille Isabelle et son époux Stéphane Le May. Abandon progressif du désherbage chimique, rendements limités, approche parcellaire pour chaque cuvée, certification Terra Vitis : un travail de précision au service des AOP régionales et des entre-deux-mers.

Le bouquet, intense et élégant, allie les fruits rouges mûrs à des nuances de sureau et de caramel au beurre salé. La bouche, de belle tenue, longue, ronde, ample, s'adosse à des tanins veloutés. La finale est marquée par un agréable retour du fruit. Un bon potentiel de garde. ⧗ 2024-2028

⊶ EARL VIGNOBLES ROBERT, 1033, rte de Bonneau, 33670 La Sauve, tél. 05 56 23 04 41, chateau-turcaud@wanadoo.fr V t.l.j. sf dim. 8h30-12h30 14h30-18h

CH. VERMONT
La Grande Cuvée 2019 ★

■	50000		5 à 8 €

Commandée par un ravissant château du XIXes. entouré de 40 ha de vignes, cette propriété de l'Entre-deux-Mers appartient à la même famille depuis les années 1880. La 4e génération – Élisabeth et son mari David Labat – est aujourd'hui aux commandes.

Dans sa robe sombre, ce pur merlot annonce la couleur. Le nez intense et élégant marie harmonieusement la cerise, le cassis et la mûre confiturés à des notes de caramel et de sureau. Après une attaque fraîche et souple, la bouche se montre riche, dense, généreuse en fruits mûrs, étayée par des tanins soyeux, à peine plus vifs en finale. ⧗ 2023-2027

⊶ SCEA CH. VERMONT, Vermont, 33760 Targon, tél. 05 56 23 90 16, chateauvermont@chateau-vermont.fr V t.l.j. sf sam. dim. 9h-12h 14h-17h30

CH. LA VERRIÈRE 2019 ★

■	220000		5 à 8 €

Les Bessette sont implantés depuis plusieurs générations à Landerrouat, où ils ont acquis le Ch. la Verrière, créé en 1900 aux confins du Lot-et-Garonne. Restructuré dans les années 1960 par André Bessette, relayé à partir de 1999 par son fils Alain, ce cru de 60 ha s'est imposé comme une référence en appellations régionales. Certifié HVE, le domaine a installé plusieurs ruches sur la propriété et s'est lancé dans la production de miel. Autre étiquette de la famille Bessette : le Ch. Bailloux-Rival, acquis en 2005.

Dominé par le merlot (85 %), ce vin sombre propose un nez ouvert et gourmand de fruits mûrs (cassis, mûre) accompagnés d'un élégant boisé épicé et réglissé. Souple à l'attaque, ample et gras, le palais est soutenu par des tanins enrobés et un boisé élégant, avant une finale plus sévère et serrée. ⧗ 2024-2028

⊶ EARL ANDRÉ BESSETTE, 8, la Verrière, 33790 Landerrouat, tél. 06 07 08 08 75, alainbessette@orange.fr V r.-v.

CRÉMANT-DE-BORDEAUX

Production : 19 560 hl (85 % blanc)

AOC depuis 1990, le crémant-de-bordeaux est élaboré selon les règles très strictes de la méthode traditionnelle – communes à toutes les appellations de crémant – à partir de cépages classiques du Bordelais, blancs comme noirs. Les crémants sont généralement blancs mais ils peuvent aussi être rosés.

CELENE Saphir ★★

●	20000		8 à 11 €

Spécialisée depuis sa création en 1947 dans les effervescents, la société Ballarin, sise dans l'Entre-deux-Mers, a été rachetée en 2015 par les vignobles Lannoye (propriétaires de plusieurs domaines dans le Libournais) et rebaptisée Celene.

Assemblage de cabernet franc et de merlot, ce crémant est animé par une bulle fine et intense. Le nez dévoile des arômes délicats de bergamote et de citron vert. Une attaque vive ouvre sur une bouche ample et gourmande qui mêle fruits exotiques et bonbon anglais. De délicates nuances florales embaument la finale. Un brut au bel équilibre. ⧗ 2021-2023 **Opale Blanc de Blancs ★ (8 à 11 €; 50 000 b.)** De discrets arômes de fruits blancs et de bonbon anglais, et une bouche fraîche, à la saveur de pêche blanche, agrémentée d'une touche d'amande et d'un trait citronné, pour ce crémant harmonieux. ⧗ 2021-2023

SAS CELENE, lieu-dit la Clotte, 33550 Haux, tél. 05 56 67 11 30, contact@celene-bordeaux.com r.-v.

CH. LES COMBES ★

| 15 000 | 8 à 11 € |

Les Borderie exploitent 48 ha : en bordeaux supérieur avec Les Gravières de la Brandille, créées en 1963 dans le secteur de Coutras, au nord du Libournais; en lussac et en bordeaux avec Les Combes, dans la famille depuis la fin du XIXes.; et en lalande, avec le Ch. Vieille Dynastie, acquis en 2011. Frédéric Borderie est aux commandes depuis 2005.

Le sémillon seul à l'œuvre dans ce crémant à la bulle légère. Le nez, d'une belle délicatesse, exhale des nuances de fleurs blanches. Le palais, tendu par une fine amertume, se montre fruité et gourmand autour d'arômes intenses d'agrumes et de fruits blancs. Un trait citronné conclut la dégustation. Une cuvée friande et gouleyante. ⧗ 2021-2023

EARL VIGNOBLES BORDERIE, 117-119, rue de la République, 33230 Saint-Médard-de-Guizières, tél. 05 57 69 83 01, jpborderie@wanadoo.fr t.l.j. sf dim. 9h-11h30 13h30-18h

LES CORDELIERS
Vintage 2015 ★

| 23 866 | 11 à 15 € |

Les caves de Saint-Émilion n'abritent pas que les barriques où mûrissent les grands crus rouges. En 1892, un négoce a mis à profit 3 km de galeries souterraines bien fraîches pour élaborer des effervescents. En surface, le célèbre cloître (XIVes.) des Franciscains – les Cordeliers – est classé au patrimoine mondial de l'UNESCO.

Derrière ses bulles extra fines, ce pur sémillon exhale des notes de fruits à chair blanche et de réglisse. Très harmonieux en bouche, il se révèle à la fois frais et rond, porté par un fruité gourmand et une impeccable effervescence aussi rafraîchissante que persistante. ⧗ 2021-2023 **Grand Vintage 2015 ★ (15 à 20 €; 5 866 b.)** Un fin cordon de bulles pour ce pur cabernet franc qui s'ouvre sur un nez subtil, frais et fruité, rehaussé d'un trait d'amande grillée. En bouche, il se montre friand, avec un fruité et une fraîcheur acidulés. ⧗ 2021-2023

LES CORDELIERS, 2 bis, rue de la Porte-Brunet, 33330 Saint-Émilion, tél. 05 57 24 42 13, contact@lescordeliers.com r.-v.

♥ CH. DE GARBES 2019 ★★

| 13 000 | 5 à 8 € |

La famille David est propriétaire du Ch. de Garbes depuis 1900 et 6 générations. Aujourd'hui, c'est une belle unité de 63 ha (certifiée HVE3) sur les coteaux de la Garonne, conduite par Jean-Luc et Annie David et leurs trois enfants. Autre étiquette : Dom. de la Gravette.

Ce magnifique crémant composé de cabernet franc (80 %) et de sémillon a conquis le jury par sa robe jaune paille animée de bulles fines et persistantes. Le nez, complexe et « explosif », associe fleurs blanches, fruits exotiques et agrumes. Cette complexité se prolonge dans une bouche intense, ample et très aromatique (abricot, pêche, coing, ananas), soulignée par une fraîcheur subtile qui s'installe jusqu'en finale. ⧗ 2021-2024

SARL VIGNOBLES DAVID GARBES, 1, Garbes, 33410 Gabarnac, tél. 05 56 62 92 23, contact@garbes.fr t.l.j. sf dim. 8h-12h 13h30-18h; sam. sur r.-v.

CH. GARBES-CABANIEU 2017 ★

| 6 666 | 5 à 8 € |

Un domaine de 47 ha dans la famille d'Hervé David depuis 6 générations. Ce dernier y a pris la suite de son père en 1979, épaulé par son épouse Marinette au commercial, son fils Thomas à la vigne et au chai, ainsi que sa fille Laure et son gendre Miguel. Un travail en famille donc.

Ce pur sémillon déploie des arômes d'agrumes (pamplemousse, citron), d'abricot et de brioche relevés par une touche mentholée. En bouche, il se montre souple, frais, citronné. Un crémant à l'aromatique fondue qu'on pourra déboucher avec une spécialité sucrée-salée comme un poulet à l'ananas. ⧗ 2021-2023

SAS VIGNOBLES HERVÉ DAVID, Ch. Garbes-Cabanieu, 1, le Boucher, 33410 Monprimblanc, tél. 05 56 62 97 59, garbes-cabanieu@wanadoo.fr t.l.j. sf dim. 8h-12h 13h30-17h30. lun. sam. sur r.-v.

BULLES DE LALANDE-LABATUT ★

| 7 000 | 8 à 11 € |

Régis Falxa et sa sœur Isabelle ont repris en 2005, à la suite de leur père, ce domaine familial de 44 ha, constitué du Ch. Lalande-Labatut, régulièrement sélectionné pour ses entre-deux-mers, du Ch. les Gauthiers et du Ch. la Berthe.

Ce pur cabernet-sauvignon séduit d'emblée par sa bulle fine. Au nez, il mêle les fruits blancs et jaunes aux nuances florales. Bien équilibrée et d'une belle longueur, la bouche se révèle douce, ample et généreuse sur le fruit mûr (fruits blancs, agrumes). Un crémant à la complexité assumée. ⧗ 2021-2023

SCEA VIGNOBLES FALXA, 38, chem. de Labatut, 33370 Salleboeuf, tél. 05 56 21 23 18, info@lalande-labatut.fr r.-v.

CH. LESTRILLE Les Bulles ★★

●	3500		11 à 15 €

Fondé en 1901, ce domaine familial de 44 ha est une des valeurs sûres des AOC régionales. Il est conduit depuis 2006 par Estelle Roumage (revenue au domaine en 2001), qui a succédé, avec le même talent, à son père Jean-Louis et revendique des vins fruités nés d'une «viticulture durable» (sans certification bio).

La muscadelle (20 %) accompagne le sémillon dans ce crémant à la bulle aérienne. Le nez, délicat et subtil, s'exprime sur la pêche et les fleurs blanches, avec quelques notes citronnées et mentholées. La bouche se révèle à la fois fraîche et ronde, centrée sur des arômes persistants de fruits blancs agrémentés d'un délicieux trait de fleur d'oranger. Une note mentholée stimule très agréablement la finale. ⧗ 2021-2023

EARL J.-L. ROUMAGE (CH. LESTRILLE), 15, rte de Créon, 33750 Saint-Germain-du-Puch, tél. 05 57 24 51 02, contact@lestrille.com V *r.-v.*

YVON MAU Premius ★

●	40000		- de 5 €

Yvon Mau est l'une des plus importantes maisons de négoce de la place de Bordeaux, fondée en 1897 et propriété depuis 2001 du géant catalan de la bulle, Freixenet. Elle propose des vins de marque et diffuse également des vins de crus bordelais, mais aussi bourguignons.

Merlot et cabernet franc composent cette cuvée habillée d'une élégante robe rubis pâle. Assez discret, le nez évoque la framboise, la rose, le cassis et les fruits à chair blanche. Vive à l'attaque, la bouche se montre souple et fraîche, avec un fruité gourmand qui s'installe jusqu'à la finale. ⧗ 2021-2023

SA YVON MAU, 1, place Laine, 33000 Bordeaux, tél. 05 54 61 54 54, contact@yvonmau.fr

PRINCES DE PESCHESEUL ★★

●	2700		8 à 11 €

La famille d'Amécourt fait remonter son arbre généalogique au XIIIe s. Parmi ses nombreuses branches, l'une s'est fixée dans le Sud-Ouest et possède de vastes vignobles dans l'Entre-deux-Mers et le Bergeracois.

Composé de sémillon (80 %) et du rare merlot blanc, ce crémant cristallin s'ouvre sur de belles notes de pêche et de fleurs blanches. La bouche, bien équilibrée, persistante et complexe, associe fruits blancs croquants et tonalités florales. Beaucoup d'élégance et une harmonie impeccable. ⧗ 2021-2023

SCEA FAMILLE D' AMÉCOURT, Ch. Bellevue, quartier St-Romain, 33540 Sauveterre-de-Guyenne, tél. 05 56 71 54 56, sceafamille.damecourt@neuf.fr V *t.l.j. sf dim. 9h-12h 14h-17h; f. noël et Août.*

LE CRÉMANT DE TURCAUD 2019 ★

●	9000		8 à 11 €

Un cru de 50 ha fondé en 1973 par Simone et Maurice Robert, conduit avec le même talent depuis 2009 par leur fille Isabelle et son époux Stéphane Le May. Abandon progressif du désherbage chimique, rendements limités, approche parcellaire pour chaque cuvée, certification Terra Vitis : un travail de précision au service des AOP régionales et des entre-deux-mers.

D'un jaune paille tendre parcouru d'un intense cordon de bulles, ce 2019 séduit par son nez frais et très aromatique d'agrumes, de citron confit, de pêche et de fruits exotiques. Complexe, à la fois généreux et énergique, le palais laisse une impression d'équilibre entre la douceur du fruit (pêche) et une fraîcheur à la tonalité minérale. ⧗ 2021-2023

EARL VIGNOBLES ROBERT, 1033, rte de Bonneau, 33670 La Sauve, tél. 05 56 23 04 41, chateau-turcaud@wanadoo.fr V *t.l.j. sf dim. 8h30-12h30 14h30-18h*

LOUIS VALLON Brut Nature ★

●	113963		5 à 8 €

Bordeaux Families regroupe les caves coopératives Louis Vallon et Sauveterre-Blasimon-Espiet, composant ainsi un vaste ensemble de 300 membres et 500 ha de vignes, dont 280 ha en bio.

Né de merlot et de cabernet-franc, ce crémant animé par des bulles persistantes s'exprime avec élégance et fraîcheur sur le bourgeon de cassis, la groseille, les fleurs et une pointe de menthe poivrée. Très frais à l'attaque, le palais déploie ensuite de la rondeur et un fruité savoureux ciselé par un trait citronné et minéral. ⧗ 2021-2023 ● **Blanc de Noir** ★ **(5 à 8 €; 120580 b.)** Un bouquet associant le citron vert et le pamplemousse prélude à une bouche ample, ronde et fruitée (pêche, agrumes), soulignée par une fine acidité jusqu'en finale. ⧗ 2021-2023

BORDEAUX FAMILIES, 15, Bourrassat, 33540 Sauveterre-de-Guyenne, p.mondin@bordeauxfamilies.fr V *t.l.j. sf dim. lun. 9h-12h 13h30-18h15*

➜ LE BLAYAIS ET LE BOURGEAIS

BLAYE

Superficie : 49 ha / Production : 2 100 hl

L'appellation, qui tire son nom de la fière citadelle construite par Vauban et qui s'étend dans 3 cantons autour de la cité, connaît un regain d'intérêt depuis qu'en 2000 une nouvelle charte qualitative encourage la production de vins rouges charpentés et de garde, élevés 18 mois minimum.

BC DE BAYLE CARREAU 2018 ★

■	13000		15 à 20 €

La famille Bayle-Carreau exploite la vigne depuis la fin du XIXe s. et 5 générations. Elle dispose de 5 propriétés dans le Blayais (Pardaillan, Carelle, Barbé) et le Bourgeais (Carpena, Eyquem, Landreau), conduites aujourd'hui par Xavier Carreau, son beau-frère Alain Jourdan et Cyril, le fils de ce dernier.

Douze mois d'élevage en fût confèrent à ce 2018 mi-merlot mi-cabernet-sauvignon un joli nez ouvert sur des arômes fruités et délicatement boisés. Après une attaque souple, la bouche se montre puissante et

LE BORDELAIS

corsée, étayée par des tanins vigoureux. Une cuvée taillée pour la garde. 2025-2032

SAS VIGNOBLES BAYLE-CARREAU, Ch. Narne, 33710 Bayon-sur-Gironde, tél. 06 29 90 99 60, aurelien.broly@bayle-carreau.com V *t.l.j. 10h-12h30 14h-18h30*

CH. BEL-AIR LA ROYÈRE 2019 ★

| 10 600 | | 20 à 30 €

Originaire des Charentes, la famille Chevrier-Loriaud a acquis en 1992 12 ha de vignes répartis sur plusieurs parcelles du plateau argilo-calcaire de Cars et à l'origine de 3 étiquettes : Les Ricards, Bel-Air La Royère et Bourjaud. L'une des belles références du Blayais, conduite par Corinne Chevrier-Loriaud et convertie au bio.

Élevé 17 mois en barrique, ce 2019 associant merlot (65 %) et malbec révèle un nez élégant de fruits rouges mûrs, sur une trame finement boisée et mentholée. On retrouve ce bouquet aromatique dans une bouche intense, puissante, structurée, ample, épaulée par d'élégants tanins. 2025-2032

SARL CHEVRIER-LORIAUD, 1, les Ricards, 33390 Cars, tél. 05 57 42 91 34, chateaubelairlaroyere@gmail.com V *r.-v.*

CH. DES MATARDS M des Matards 2018 ★

| 5 000 | | 11 à 15 €

Cette exploitation familiale de 80 ha, propriété des Terrigeol depuis 3 générations, se situe à Saint-Ciers-sur-Gironde aux limites de 2 départements. Le mariage des terroirs de la Gironde et de la Charente-Maritime permet à la propriété d'offrir une gamme des plus variées : vins du Blayais - dont elle est l'une des valeurs sûres avec son Ch. des Matards, ses pineaux et ses cognacs (Dom. de la Margotterie). Depuis 2016, c'est Quentin Terrigeol qui officie au chai.

Vinifié et élevé en fût de chêne pendant 18 mois, ce merlot agrémenté d'une goutte de cabernet-sauvignon (10 %) s'exprime à l'olfaction sur des arômes fruités finement boisés. L'attaque est souple, puis la bouche, élégante et fruitée, se fait ample et ronde, structurée par une belle trame tannique et un boisé fondu. La finale plus austère incite à la garde. 2024-2030

SCEA TERRIGEOL ET FILS, 27, av. du Pont-de-la-Grâce, Le Pas-d'Ozelle, 33820 Saint-Ciers-sur-Gironde, tél. 05 57 32 61 96, info@vignobles-terrigeol.com V *t.l.j. 9h-12h 14h-17h*

CH. LES PERRIÈRES 2019 ★★

| 8 600 | | 11 à 15 €

Catherine et Sylvain Bordenave, relayés depuis 2003 par leurs fils Alexandre et Vincent, ont fait des châteaux Haut-Canteloup et les Pierrères des références incontournables du Blayais. À leur disposition, un beau vignoble de 51 ha : 30 ha de vignes rouges dans la commune de Fours et 20 ha de vignes blanches à Saint-Palais-de-Blaye.

Merlot (85 %) et malbec associés pour le meilleur dans ce 2019 intense et profond. À l'olfaction se dévoilent des arômes généreux, confiturés et toastés. La bouche apparaît puissante, riche et longue, bâtie sur un joli boisé et sur des tanins présents mais très élégants. Équilibrée et solidement structurée, cette cuvée est façonnée pour durer. 2025-2032

EARL BORDENAVE ET FILS, 8, chem. de la Palanque, 33390 Fours, tél. 05 57 42 87 12, chateau-hautcanteloup@wanadoo.fr V *t.l.j. sf dim. 9h-12h 14h-18h*

♥ CH. DES TOURTES L'Attribut des Tourtes 2018 ★★

| 20 000 | | 15 à 20 €

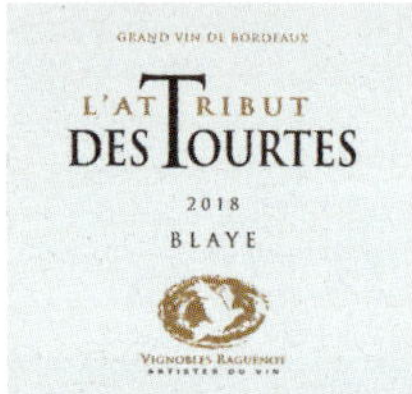

Lise et Philippe Raguenot ont créé le Ch. des Tourtes en 1967, un cru régulier en qualité qui couvre 72 ha de vignes, auxquels s'ajoutent depuis 1998 les 26 ha du Ch. Haut Beyzac (haut-médoc). Aux commandes depuis 1997 : les filles des fondateurs, Emmanuelle et Marie-Pierre, accompagnées par Éric Lallez. À noter aussi la production de crémant.

Merlot et cabernet-sauvignon élevés 16 mois en fût de chêne ont enfanté ce blaye de haut lignage. Sous sa robe rubis profond, il s'exprime avec délicatesse sur des les fruits noirs et rouges biens mûrs accompagnés de nuances boisées. Une richesse aromatique que prolonge avec intensité une bouche parfaitement équilibrée, ample, fraîche, longue, structurée par des tanins serrés et qui se poursuit avec une superbe finale pleine de fruit. 2025-2035

SARL VIGNOBLES RAGUENOT (CH. DES TOURTES), 65, rue Léonce-Planteur, 33820 Saint-Caprais-de-Blaye, tél. 05 57 32 65 15, contact@vignoblesraguenot.fr V *t.l.j. sf dim. 9h-12h 14h-18h*

BLAYE-CÔTES-DE-BORDEAUX

Superficie : 6 490 ha
Production : 335 000 hl (95 % rouge)

L'appellation produit des vins rouges assemblant merlot, cabernet-sauvignon, cabernet franc et malbec ainsi que quelques blancs, qui associent sauvignon, sémillon et muscadelle. Les seconds sont en général secs, et on les sert en début de repas, alors que les rouges, puissants et fruités, de moyenne garde, accompagnent les viandes et les fromages.

CH. L'ABBAYE Opus de l'Abbaye 2018 ★

| 2 000 | | 11 à 15 €

Ce vignoble de 21,5 ha entoure les vestiges d'une abbaye du XIIe s., qui abritait l'ordre des Prémontrés et servait de relais sur la route de Saint-Jacques-de-Compostelle. Dans la même famille depuis 1936, il est aujourd'hui exploité par Stéphane et Myriam Rossignol.

Ce pur merlot déploie des arômes intenses de fruits rouges mûrs et de violette sur un élégant fond de boisé toasté. Arômes que l'on retrouve dans une bouche ample et suave, épaulée par des tanins solides et par une agréable fraîcheur. Un ensemble harmonieux.

⧗ 2024-2028 ■ **Cuvée Marie-Madeleine 2018 ★ (8 à 11 €; 13 000 b.)** Ce vin élevé 12 mois en fût offre un nez fin, floral, fruité et mentholé. Porté par des tanins affinés, le palais se montre à la fois frais et puissant, avec une saveur de fruit mûr nuancée de notes végétales. ⧗ 2023-2028

SCEA VIGNOBLES ROSSIGNOL-BOINARD, 2, l'Abbaye, 33820 Pleine-Selve, tél. 05 57 32 64 63, s.boinard.abbaye@orange.fr V r.-v.

CH. BELLE COLLINE 2018 ★

■	19 400		11 à 15 €

Ancien négociant devenu vigneron, Christophe Reboul Salze a acquis les châteaux Les Grands Maréchaux en 1997 et Gigault en 1998, complétés en 2011 par le Ch. Belle Colline : 3 domaines qui vendaient leurs vins en vrac, au négoce, et tous situés dans le Blayais. Certifié HVE3, le domaine est en conversion biologique depuis 2020.

Cette cuvée de merlot (90 %) et de malbec dévoile un nez délicat de cassis accompagné d'un boisé toasté et vanillé. Franc en attaque, puis dense et suave, le palais associe la douceur des fruits (cassis, groseille) à un trait d'acidité qui lui donne du nerf. La finale est particulièrement souple. Une cuvée élégante et équilibrée. ⧗ 2023-2028

SCEA CH. GIGAULT, 1, Gigault, 33390 Mazion, tél. 05 57 32 62 59, chateau.gigault@gmail.com V *r.-v.*

CÉDRIC BERGERON Ode à l'Amóni 2019 ★

■	600		11 à 15 €

Fils de Jean-Michel Bergeron (Ch. Haut la Valette), Cédric a acquis en 2015 2 petits lopins de terre de 1,10 ha sur Cars.

Élevé en fût de chêne pendant 14 mois, ce 100 % merlot édité à 600 bouteilles seulement arbore une charmante robe rubis. Très expressif au nez, il exhale un délicieux bouquet fruité (fruits noirs, noix de coco), épicé (garrigue, vanille) et légèrement brioché. On retrouve cette palette aromatique dans une bouche ronde, suave et particulièrement longue. Une cuvée qui demande encore un tout petit peu de patience. ⧗ 2022-2026

CÉDRIC BERGERON, 3, les Martins, 33390 Cars, tél. 06 21 83 05 90, cedricbergeron.vigneron@gmail.com V *r.-v.*

CH. BOIS-VERT La Confidence de Bois-Vert 2018 ★★

■	3000		15 à 20 €

L'une des belles références du Blayais. Un domaine de 28 ha dont les premières vignes furent plantées en 1956, conduit depuis 4 générations par la famille Penaud. Arrivé sur l'exploitation en 1978, Patrick Penaud était aux commandes depuis 1986. Aujourd'hui à la retraite, c'est son épouse Marie-Claude qui a repris le domaine.

Intense et profonde, la robe du duo merlot-cabernet (60-40) donne le ton. Élégant et ouvert, le nez convoque les fruits noirs et les épices (poivre, curry). Après une attaque sur la cerise noire, la bouche se révèle bien équilibrée entre fruité et boisé; on aime sa rondeur, son volume, sa fine fraîcheur, ses tanins soyeux et sa longue finale stimulée par une pointe d'amertume. ⧗ 2024-2032

MARIE-CLAUDE PENAUD, 647, rue Bois-Vert, 33820 Val-de-Livenne, tél. 05 57 32 98 10, p.penaud.boisvert@gmail.com V *r.-v.*

CH. LES CHAUMES 2019 ★

■	2400		11 à 15 €

Cette ancienne propriété est entrée dans la famille Parmentier en 1965. En 2014, après de nombreuses expériences en Californie, Australie, Bourgogne, Provence ou encore dans la vallée du Rhône, Anne Parmentier, œnologue, a repris le flambeau et dirige aujourd'hui un vignoble de plus de 22 ha.

Élevée 12 mois en fût, cette cuvée fait la part belle au malbec, complété par une larme de merlot (2 %). Robe d'un rouge profond et intense, nez, intense de fruits noirs, de réglisse, de noisette et de toasté, bouche suave, chaleureuse et charnue, appuyée par un boisé fondu et des tanins encore fermes : ce 2019 coche toutes les cases du bon vin de garde. ⧗ 2024-2028

SCEA LES CHAUMES, 1, les Chaumes, 33390 Fours, tél. 06 27 84 18 06, aparmentier@hotmail.fr V *t.l.j. 10h-19h*

♥ CH. LE CHAY Élevé en fût de chêne 2019 ★★

■	15 000		8 à 11 €

Les Raboutet cultivent la vigne à Berson depuis 5 générations. Didier et Sylvie, installés en 1983, ont donné le relais à leur fille Aurélie en 2018, rejointe par son mari en 2020, aujourd'hui à la tête d'un vignoble de 38 ha répartis entre les 20 ha argilo-calcaires du Ch. le Chay (Blayais) et les 18 ha argilo-graveleux du Ch. Groleau (Bourgeais), certifié HVE depuis 2018.

Élevé en fût de chêne pendant 12 mois, ce 2019 associe pour le meilleur merlot (70 %) et malbec. Habillé d'une robe profonde, il offre un nez complexe de fruits rouges mûrs, de chocolat et de vanille accompagnés d'un trait mentholé. Frais à l'attaque, le palais affiche de la puissance et du volume autour de tanins solides, au grain très fin. Un vin au caractère bien trempé, bâti pour durer. ⧗ 2025-2032

EARL VIGNOBLES RABOUTET, 1, le Chay, 33390 Berson, tél. 05 57 64 39 50, lechay@wanadoo.fr V *r.-v.*

CH. CRUSQUET DE LAGARCIE 2018 ★

■	80 000		8 à 11 €

Dans la famille depuis 6 générations, ce vignoble de 42 ha s'étend autour d'un cuvier original construit en 1905 sur 2 niveaux avec un chai à barriques semi-enterré. Autre particularité du domaine (certifié HVE), 80 % de la production est commercialisée en Normandie.

Le merlot, complété par 10 % de cabernet-sauvignon, est à l'origine d'un vin expressif, aux arômes intenses de cassis, de mûre et de cerise. Franc dès l'attaque, le palais se montre ample, riche et généreux, appuyé sur des tanins soyeux, avant une finale plus sévère. ⧗ 2024-2028

SAS VIGNOBLES PHILIPPE DE LAGARCIE, Le Crusquet, 33390 Cars, tél. 05 57 42 15 21, vignoblesdelagarcie@orange.fr V t.l.j. sf sam. dim. 9h-12h 14h-17h

CH. LES DONATS 2019 ★★

15333	barrique	5 à 8 €

Deux anciens cadres parisiens devenus vignerons en 1994 dans le Bourgeais et le Blayais. Stéphane Donze et Lucie Marsaux-Donze ont fait du Ch. Martinat (11 ha sur petites graves et argiles à Lansac) une référence des côtes-de-bourg. Autre étiquette dans la même appellation : le Ch. Bel Air l'Escudier (12 ha). Ils exploitent aussi 3,6 ha de vignes du côté du Blayais voisin, à Teuillac, avec le Ch. les Donats.

Ce 100 % merlot exhale des senteurs gourmandes de fruits noirs mûrs accompagnées des notes grillées du merrain. On retrouve ce bouquet dans une bouche fraîche et franche à l'attaque, riche, dense et chaleureuse dans son développement, appuyée par un boisé fondu et des tanins enrobés. De l'harmonie de bout en bout. ⧗ 2024-2030

SCEV MARSAUX-DONZE, Ch. Martinat, 33710 Lansac, tél. 06 11 17 08 28, s.donze@chateau-martinat.com V r.-v.

CH. LES FAVIÈRES 2019 ★★

20000	cuve	8 à 11 €

Ce domaine appartient au groupe Taillan. Le vignoble couvre 16 ha sur les croupes argilo-limoneux qui dominent la rive droite de la Gironde.

Un long élevage de 18 mois en cuve pour cet assemblage de merlot (80 %), cabernet-sauvignon (15 %) et malbec (5%). Au nez, les petits fruits rouges et fruits noirs confiturés sont à la fête. Ils irriguent aussi un palais frais en attaque, ample, rond et velouté dans son développement, étayé par des tanins soyeux. Aimable et terriblement gourmand. ⧗ 2022-2027

SCEA CH. LE MENAUDAT, 1, rte du Menodat, 33390 Saint-Androny, tél. 06 30 58 32 82, thon.perin@gmail.com V

CH. FONTARABIE 2019 ★★

50000	barrique	8 à 11 €

Plaisance, Belair Courbet, Fontarabie, La Bardonne, Bois de Tau, Jansenant : Alain Faure s'est installé en 1977 à la tête des vignes familiales, étendues alors sur 17 ha. Sa fille Delphine en a pris la tête aujourd'hui et exploite un vaste vignoble d'une centaine d'hectares répartis sur plusieurs châteaux du Blayais et du Bourgeais. L'ensemble du vignoble est certifié HVE3 depuis 2018.

Associant le merlot (60 %) et le cabernet-sauvignon, cette cuvée révèle des notes fruitées, vanillées et toastées à l'olfaction. Un mariage heureux du bois et du raisin qui trouve un beau prolongement dans une bouche ample, ronde et longue, appuyée sur un boisé fondu et des tanins soyeux. Bâti pour bien vieillir. ⧗ 2024-2030 ■ **Les Hauts de Ch. Fontarabie 2019 ★ (5 à 8 €; 40000 b.)** Ce 2019 élevé 6 mois en barrique exhale d'agréables arômes fruités et toastés. La bouche se montre ronde, souple et longue, dotée de tanins veloutés. ⧗ 2023-2028

VIGNOBLES A. FAURE, 2 bis, Bois de Tau, 33710 Saint-Ciers-de-Canesse, tél. 05 57 42 68 80, belair-coubet@wanadoo.fr V r.-v.

CH. LA GOUTTE D'OR 2019 ★

15000	cuve	- de 5 €

Depuis plus d'un siècle, Ginestet est l'une des principales maisons de négoce bordelaises, aujourd'hui intégrée au groupe Taillan. Pour l'une de ses marques phares, déclinée en 5 AOC, elle a choisi comme emblème le mascaron, masque sculpté décorant de nombreuses façades de Bordeaux. Elle vend 18 millions de bouteilles dans 70 pays.

Un domaine familial de 13 ha conduit en bio par Sandrine Haure depuis 2004, dont les vins sont diffusés par la maison Ginestet. Dans le verre, un blaye-côtes-de-bordeaux ouvert sur des senteurs intenses de fruits mûrs (fraise des bois, mûre, groseille, cassis) relevés d'épices. Souple à l'attaque, le palais dévoile une matière riche et fruitée, étayée par des tanins solides et tonifiée en finale par un trait de réglisse et une pointe d'acidité. Un vin équilibré et sans artifice. ⧗ 2023-2027

SA MAISON GINESTET, 19, av. de Fontenille, 33360 Carignan-de-Bordeaux, tél. 05 56 68 81 82, contact@ginestet.fr V r.-v.

CH. GRAND MAZEROLLES 2019 ★

147000	cuve	5 à 8 €

Les Schweitzer (Luc depuis 1994) cultivent la vigne depuis 5 générations au Ch. Bourdieu, l'un des plus anciens domaines du Blayais (1464), qui doit son nom aux «bourdieux», exploitations viticoles qui se développèrent après la guerre de Cent Ans.

Ce pur merlot révèle à l'aération un nez expressif et frais de cerise, de framboise et de myrtille. On retrouve ce fruité soutenu dans une bouche ronde, souple, riche et longue, aux tanins délicats et à la fraîcheur préservée jusqu'en finale. ⧗ 2022-2026

SCEA VIGNOBLES LUC SCHWEITZER, Ch. Bourdieu, 33390 Berson, tél. 05 57 42 68 71, contact@chateau-bourdieu.com V r.-v.

CH. LE GRAND MOULIN 2019 ★★

358000	cuve	- de 5 €

Jean-François Réaud dirige depuis 1983 le Ch. le Grand Moulin, créé en 1904 par son grand-père et dont les 40 ha de vignes s'étendent au cœur de l'appellation blaye-côtes-de-bordeaux, complétés par une activité de négoce.

Le merlot (80 %), les 2 cabernets (15 %) et une goutte de malbec composent ce 2019 qui se livre à l'aération sur des notes de fruits rouges confiturés épaulés par un fin boisé. Souple à l'attaque, la bouche se révèle ample, généreuse en fruit, fraîche et longue, étayée par des tanins enrobés. La finale est marquée par une délicieuse note vanillée. ⧗ 2023-2028

SCEA RÉAUD ET FILLES, 1289, av. de la Liberté, 33820 Saint-Aubin-de-Blaye, tél. 05 82 84 26 01, ludivine@vignoblesgabriel.com

DOM. DES GRAVES D'ARDONNEAU
Cuvée Prestige Élevé en fûts de chêne 2019 ★★

■ | 100000 | | 5 à 8 €

Un domaine incontournable du Blayais, en rouge comme en blanc. La famille Rey écrit son histoire viticole depuis 1763 sur les terres du hameau d'Ardonneau. Installé en 1981 à la tête de 60 ha, Christian Rey a été rejoint en 2005 par son fils Laurent et par sa fille Fanny en 2008. De nouveaux chais sont sortis de terre en 2017.

Profonde, tirant vers le noir, la robe de ce 2019 issu de merlot, cabernet-sauvignon et malbec annonce un vin riche. Le nez, complexe et généreux, convoque le fruit bien mûr (prune, cassis, framboise) agrémenté de notes pâtissières et toastées. Sans surprise, la bouche, fraîche à l'attaque, se révèle ample, dense, puissante, charnue, structurée par des tanins bien présents mais soyeux. La version 2018 a obtenu le coup de cœur dans l'édition précédente. ⧗ 2025-2032 ■ **2019 ★ (11 à 15 €; 8000 b.)** Au nez, des petits fruits noirs légèrement épicés. Après une attaque souple, le palais, adossé à des tanins fermes et serrés, affiche de l'amplitude, de la douceur et une chair généreuse. ⧗ 2024-2030

SCEA SIMON REY ET FILS, 1, Ardonneau, 33620 Saint-Mariens, tél. 05 57 68 66 98, gravesdardonneau@wanadoo.fr V t.l.j. sf dim. 9h-12h30 14h30-19h

CH. HAUT CABUT 2019 ★

■ | 100500 | | 8 à 11 €

Le Ch. Haut Cabut est un domaine familial de 14 ha, propriété de la famille d'Alain Dop depuis un siècle et demi. Il fait partie de la coopérative de Cars (1937), rebaptisée en 2011 « Châteaux solidaires », qui vinifie séparément les vendanges d'une dizaine de châteaux adhérents, sélectionnés très rigoureusement.

Merlot (80 %), malbec et cabernets pour cette cuvée élevée 12 mois en fût. Le nez s'ouvre sur les petits fruits noirs et l'amande grillée. Suit une bouche ronde, dense, dotée d'un boisé bien fondu et de tanins soyeux. La finale déploie une agréable sucrosité. ⧗ 2022-2026

ALAIN DOP (CH. HAUT CABUT), 9, le Piquet, 33390 Cars, tél. 05 57 42 13 15, d.raimond@chateaux-solidaires.com V t.l.j. sf sam. dim. 9h-12h 14h-18h

♥ CH. HAUT-CANTELOUP
Cuvée Prestige 2019 ★★

■ | 38000 | | 5 à 8 €

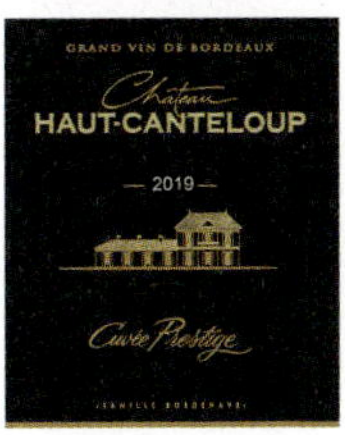

Catherine et Sylvain Bordenave, relayés depuis 2003 par leurs fils Alexandre et Vincent, ont fait des châteaux Haut-Canteloup et les Pierrères des références incontournables du Blayais. À leur disposition, un beau vignoble de 51 ha : 30 ha de vignes rouges dans la commune de Fours et 20 ha de vignes blanches à Saint-Palais-de-Blaye.

Unanimement saluée par nos dégustateurs, cette cuvée élevée 12 mois en fût s'habille d'une robe profonde et dense, presque noire. Intense et complexe, le nez s'exprime sur les fruits noirs et la pâte d'amande, accompagnés d'un boisé toasté. Souple et suave à l'attaque, la bouche se montre ronde, riche et charnue, parfaitement structurée sur une belle longueur par des tanins ronds et savoureux. De beaux amers confèrent une agréable touche de vivacité à la finale. Un très beau vin qui s'appréciera pleinement dans quelques années. ⧗ 2026-2031 ■ **Élevé en fût de chêne 2020 ★ (5 à 8 €; 6500 b.)** Paré d'une robe jaune d'or, ce pur sauvignon dévoile des senteurs typiques de fruits blancs et de fruits exotiques (mangue) accompagnées de notes de jasmin et de bergamote, et d'un léger boisé. On retrouve ce bouquet aromatique dans un palais long, riche et gras, à la finale dynamisée par une pointe d'amertume. ⧗ 2021-2024

EARL BORDENAVE ET FILS, 8, chem. de la Palanque, 33390 Fours, tél. 05 57 42 87 12, chateau-hautcanteloup@wanadoo.fr V t.l.j. sf dim. 9h-12h 14h-18h

B CH. HAUT-COLOMBIER 2018 ★★

■ | 40000 | | 8 à 11 €

Les Chéty exploitent la vigne sur les coteaux de Cars depuis 1803. Les frères Olivier et Emmanuel, fils de Jean, conduisent aujourd'hui, en bio certifié, un vignoble de 40 ha à l'origine de vins régulièrement sélectionnés dans ces pages.

Une part non négligeable de malbec (33 %) entre aux côtés du merlot (54 %) et du cabernet franc dans cette cuvée. Derrière une robe profonde, le nez exhale sans réserve des arômes de fruits noirs et de légères notes empyreumatiques. On retrouve ce bouquet dans une bouche ample, riche et longue, structurée par des tanins caressants et veloutés. ⧗ 2024-2030

EARL VIGNOBLES JEAN CHÉTY ET FILS, 1, les Blancs, 33390 Cars, tél. 05 57 42 10 28, chateau.hautcolombier@wanadoo.fr V t.l.j. sf sam. dim. mer. 9h-12h 14h-18h

♥ CH. HAUT-GRELOT La Belle de Blaye 2019 ★★

■ | 6660 | | 8 à 11 €

Un cru situé au nord du Blayais, aux confins de la Charente-Maritime. Aux origines (1920), une petite exploitation de 6 ha dédiée à la vigne et à l'élevage, spécialisée et agrandie (76 ha aujourd'hui) à partir de 1975 par Jöel Bonneau, relayé par ses enfants Julien et Céline en 2011.

Paré d'une élégante robe or pâle, ce pur sauvignon élevé 9 mois en fût s'exprime sur des arômes bien typés de pamplemousse, de citron confit, de fruits exotiques et de bourgeon de cassis, accompagnés de notes beurrées. La bouche apparaît ample et douce, sur des saveurs biscuitées, épicées et muscatées, bien équilibrée jusqu'à la finale par une fine fraîcheur acidulée. Irrésistible. ⧗ 2021-2025

EARL JOËL BONNEAU, 28, les Grelauds, 33820 Saint-Ciers-sur-Gironde, tél. 05 57 32 65 98, jbonneau@wanadoo.fr V r.-v.

CH. HAUT LAGARDE 2019 ★

■ | n.c. | | 5 à 8 €

Établie de longue date à Saint-Laurent-du-Bois, la famille Raymond voit apparaître la 1re génération de vignerons au Ch. de Lagarde en 1850 avec 15 ha. Sept générations plus tard, Lionel Raymond, installé en 2000 à la suite de son père Jean-Pierre, conduit un vaste ensemble de 205 ha, entièrement convertis en bio, soit la plus grande exploitation du genre en Bordelais, complétée par une activité de négoce en 2010.

Ce 2019 affiche une robe profonde et laisse de belles larmes sur les parois du verre. Le nez, fin et gourmand, s'ouvre sur les fruits mûrs. En bouche, l'attaque est franche, le fruit s'exprime rapidement. Puis, la rondeur et le gras s'installent, appuyés sur une structure tannique puissante. Un solide potentiel en perspective. ⧗ 2025-2032

SCEA RAYMOND, Lagarde, 33540 Saint-Laurent-du-Bois, tél. 05 56 76 43 63, contact@vignobles-raymond.fr V r.-v.

CH. HAUT LA VALETTE Distinction 2019 ★★

■ | 7500 | | 5 à 8 €

Jean-Michel Bergeron, installé en 1978 et accompagné par son fils Cédric depuis 2008, conduit un domaine de 22 ha, agrandi en 2000 grâce à l'acquisition de vignes paternelles.

Ce 2019 élevé 12 mois en fût fait la part belle au malbec (60 %) avec le merlot en complément. Le nez est bien ouvert sur les fruits mûrs accompagnés d'un boisé finement grillé. Un mariage que l'on retrouve avec la même harmonie dans un palais rond, suave et riche, structuré par des tanins élégants. De la distinction en effet. ⧗ 2024-2030

JEAN-MICHEL BERGERON, 3, les Martins, 33390 Cars, tél. 06 76 81 28 95, jean-michel-bergeron@wanadoo.fr V r.-v.

CH. HAUT SOCIONDO Signature 2019 ★★

■ | 107 066 | | - de 5 €

Créée en 1950, cette petite exploitation familiale couvre aujourd'hui près de 16 ha. Dirigée par Jean-François Reaud depuis 2015, elle est située à Saint-Aubin de Blaye.

Cette cuvée de merlot complété de quelques gouttes de cabernet-sauvignon et de malbec présente une nez expressif et généreux de petits fruits noirs confiturés. Souple à l'attaque, la bouche se fait dense, suave et grasse, soutenue par des tanins mûrs et ce qu'il faut de fraîcheur. Un bon potentiel en perspective. ⧗ 2024-2028

SCEA HAUT SOCIONDO, 1467, av. de la Liberté, 33820 Saint-Aubin-de-Blaye, tél. 05 82 84 08 00, jerome@vignoblesgabriel.com

CH. LE JONCIEUX 2018 ★

■ | 19 066 | | 5 à 8 €

Si le nom du domaine remonte au mariage, en 1929, des grands-parents de l'actuel propriétaire, les Jullion sont présents à Berson depuis au moins le XVIIe s.; Franck Jullion, installé en 1991, conduit aujourd'hui une trentaine d'hectares répartis sur 2 étiquettes : Grillet-Beauséjour et Le Joncieux.

Élevé 12 mois en fût de chêne, ce 2018 s'ouvre à l'agitation sur des notes de fruits mûrs, un boisé toasté et quelques nuances végétales. Une attaque souple et ronde prélude un palais équilibré, structuré, très frais, aux tanins doux et au boisé fondu. Quand la puissance rencontre l'élégance. ⧗ 2023-2027

EARL JULLION, 1, Beauséjour, 33390 Berson, tél. 06 86 98 14 23, franck.jullion@wanadoo.fr V r.-v.

♥ CH. LACAUSSADE SAINT-MARTIN Trois Moulins 2020 ★★

■ | 55460 | | 8 à 11 €

Œnologue diplômé de l'université de Bordeaux, Jacques Chardat a racheté en 1991 l'une des plus anciennes propriétés du Blayais au XIXe s.), autrefois dédiée à la vigne et à la culture céréalière (d'où la présence de moulins) : un domaine de 60 ha (dont 55 ha en rouge) adossé aux premiers coteaux ensoleillés bordant l'estuaire de la Gironde, face aux vignobles de Saint-Julien. Le vignoble est en conversion vers l'agriculture biologique.

Composée de sémillon, sauvignon blanc et sauvignon gris, cette superbe cuvée révèle au nez des arômes complexes d'ananas, de fruits blancs, de rose et de bonbon anglais. Souple et légèrement boisée à l'attaque, la bouche séduit par son fruité suave, sa puissance, sa longueur et son impeccable fraîcheur qui persiste jusqu'en finale. Enthousiasmant. ⧗ 2021-2025 ■ **Trois Moulins 2019 ★ (8 à 11 €; 66 660 b.)** Au nez, un joli bouquet de fruits noirs (cassis, mûre) agrémenté de notes toastées et briochées et d'un trait de réglisse. En bouche, des tanins bien enrobés, de la rondeur, de la douceur et du volume. ⧗ 2024-2028

SCEA CH. LABROUSSE, 8, rte de Labrousse, 33390 Saint-Martin-Lacaussade, tél. 05 57 32 51 61, info@corlianges.com V r.-v.

CH. LES MARGAGNIS Cuvée Maxime Élevé en fût de chêne 2018 ★

■ | 2400 | | 11 à 15 €

Créé en 2011 par Nicolas Motard, rejoint par sa femme Angélique en 2015, ce domaine étend son vignoble sur 9 ha cultivés en bio.

Mi-merlot mi-cabernet-sauvignon, ce 2018 expressif et complexe s'ouvre sur des arômes de fruits noirs, de sous-bois et sur un fin boisé toasté. À l'unisson, la bouche, ample et persistante déploie un fruité gourmand épaulé par des notes d'élevage bien intégrées et des tanins mûrs et délicats. ⧗ 2022-2026

NICOLAS MOTARD, 2, la Borderie, 33920 Civrac-de-Blaye, tél. 06 75 94 40 66, lesmargagnis@hotmail.fr V r.-v.

CH. DES MATARDS
Cuvée Nathan 2019 ★★

■	20 000	🛢	11 à 15 €

Cette exploitation familiale de 80 ha, propriété des Terrigeol depuis 3 générations, se situe à Saint-Ciers-sur-Gironde aux limites de 2 départements. Le mariage des terroirs de la Gironde et de la Charente-Maritime permet à la propriété d'offrir une gamme des plus variées : vins du Blayais – dont elle est l'une des valeurs sûres avec son Ch. des Matards, ses pineaux et ses cognacs (Dom. de la Margotterie). Depuis 2016, c'est Quentin Terrigeol qui officie au chai.

Née classiquement du merlot (80 %) et du cabernet-sauvignon, cette cuvée exhale des parfums intenses de fruits noirs, de vanille et de réglisse. Structuré par un boisé fondu et par des tanins mûrs et veloutés, le palais se montre ample, suave et rond. ⧗ 2023-2028 ■ **Cuvée Quentin 2019 ★ (11 à 15 €; 10 000 b.)** Ce 2019 s'exprime pleinement sur les agrumes (pamplemousse, citron vert) et les fruits exotiques accompagnés de notes vanillées. La bouche, fraîche et d'une belle amplitude, reste sur le fruit, soulignée par une élégante touche minérale en finale. ⧗ 2021-2024

⊶ SCEA TERRIGEOL ET FILS, 27, av. du Pont-de-la-Grâce, Le Pas-d'Ozelle, 33820 Saint-Ciers-sur-Gironde, tél. 05 57 32 61 96, info@vignobles-terrigeol.com V 🚶 ! *t.l.j. 9h-12h 14h-17h*

CH. MONCONSEIL-GAZIN 2019 ★

■	90 000	🛢	5 à 8 €

En 1989, Jean-Michel Baudet a pris la suite de son père Michel à la tête d'un vignoble regroupant 3 propriétés familiales : Monconseil-Gazin, son fleuron (on raconte que Charlemagne y aurait tenu conseil après une bataille contre les Sarrasins), Ricaud et La Petite Rauque.

Merlot (70 %), cabernet-sauvignon (20 %) et malbec sont associés dans cette cuvée au nez très frais de fruits rouges et noirs rehaussés de nuances mentholées et d'un fin boisé. Une attaque franche ouvre sur une bouche ample, généreuse, soutenue par des tanins enrobés et un boisé fondu. La finale tout en fraîcheur confère un bel équilibre à l'ensemble. ⧗ 2023-2027

⊶ SCEA VIGNOBLES MICHEL BAUDET, 15, rte de Compostelle, 33390 Plassac, tél. 05 57 42 16 63, chateau@monconseilgazin.com V 🚶 ! *t.l.j. sf dim. 9h30-12h30 14h-18h*

CH. MONSEIGNEUR 2019 ★

■	60 000	🛢	5 à 8 €

Établi au Ch. Laroche, château fort de la guerre de Cent Ans puis maison noble rasée et reconstruite plusieurs fois, Roland de Onffroy, Varois d'origine, ingénieur agronome formé à Angers, conduit depuis 1994 un vignoble de 34 ha répartis entre le Bourgeais et le Blayais. Plusieurs étiquettes ici : Laroche et Bourg des Eyquems dans la commune de Tauriac, Monseigneur à Pugnac et Clos Bertin à Cézac.

Après avoir passé 10 mois en fût de chêne, ce 2019 encore dominé par l'élevage laisse progressivement s'exprimer les fruits noirs bien mûrs à l'aération. Franche et boisée à l'attaque, la bouche se montre suave et charnue, bien épaulée par des tanins soyeux, avec une finale chaleureuse, marquée par le merrain. Patience. ⧗ 2025-2030

⊶ BARON ROLAND DE ONFFROY, 2, chem. des Augers, 33710 Tauriac, tél. 05 57 68 20 72, rolanddeonffroy@wanadoo.fr V 🚶 ! *r.-v.*

CH. MONTFOLLET Le Valentin 2019 ★

■	100 000	🛢	8 à 11 €

Le Ch. Montfollet, l'un des fers de lance du Blayais et du Bourgeais, est conduit depuis 1991 par Dominique Raimond, également propriétaire de plusieurs châteaux : Haut Lalande, Graulet, Merigot, Haut Grela et Puy d'Amour. Dominique Raimond fait partie de la coopérative de Cars (1937), rebaptisée en 2011 «Châteaux solidaires», qui vinifie séparément les vendanges d'une dizaine de châteaux adhérents, sélectionnés très rigoureusement.

Issu de merlot (70 %) et de malbec, ce 2019 offre un nez plaisant de petits fruits noirs accompagnés d'un élégant boisé épicé. Ronde, ample et charnue, la bouche se déploie sur une belle longueur, avec un équilibre bien assuré entre saveurs de fruits mûrs et fines nuances toastées et cacaotées du merrain. ⧗ 2024-2028 ■ **Le Valentin 2020 ★ (5 à 8 €; 95 000 b.)** Sauvignon blanc (60 %), sauvignon gris et sémillon sont à l'origine de cette cuvée au joli bouquet de fruits exotiques et de fleurs blanches. Les saveurs exotiques persistent dans une bouche fraîche, stimulée par un agréable trait acidulé en finale. ⧗ 2021-2024 ■ **Ch. Haut Grela 2019 ★ (5 à 8 €; 53 000 b.)** Ce pur merlot s'ouvre sur de délicates notes de fruits rouges accompagnées de nuances florales et végétales. Une attaque souple introduit une bouche ronde, ample et généreuse, étayée par des tanins soyeux et une jolie fraîcheur. ⧗ 2022-2026

⊶ SARL VIGNOBLES RAIMOND (CH. HAUT GRELA), 9, le Piquet, 33390 Cars, tél. 05 57 42 13 15, d.raimond@chateaux-solidaires.com V 🚶 ! *t.l.j. sf sam. dim. 9h-12h 14h-18h* 🏠 E

CH. MORANGE 2018 ★

■	7 000	🛢	5 à 8 €

La famille Routurier exploite la vigne depuis le XIXe. À la tête d'un vignoble de 25 ha, Alain Routurier et sa sœur Marylène produisent sous 2 étiquettes (Ch. Morange et Ch. des Nauves) du blaye-côtes-de-bordeaux, du bordeaux et du bordeaux supérieur.

Merlot (85 %) et cabernet-sauvignon composent ce 2018 qui dévoile à l'agitation des notes fruités, boisées et mentholées. Plus expressif et généreux, le palais se révèle riche et gourmand, centré sur des saveurs fruitées et délicatement vanillées. Une légère sévérité en finale invite à un peu de patience. ⧗ 2023-2026

⊶ SCEA VIGNOBLES ROUTURIER, 13, chem. des Nauves, 33620 Marsas, tél. 05 57 68 71 35, alain.routurier@orange.fr

♥ CH. MOULIN NEUF 2019 ★★

■ | 60000 | | 5 à 8 €

Installé à son compte depuis 2000, Laurent Glémet s'est associé en 2006 avec son père pour créer un vignoble (certifié HVE) qu'il conduit aujourd'hui seul : 30 ha répartis entre les châteaux Moulin Neuf, dans le Blayais, et Chamaille, dans le Bourgeais.

Coup de cœur dans l'édition précédente avec son 2018, Laurent Glémet fait aussi bien avec son 2019. On retrouve avec enthousiasme ce pur merlot dont le fin boisé vanillé et grillé laisse les fruits noirs et les nuances florales s'exprimer pleinement. La bouche apparaît ronde en attaque, puis se fait puissante, riche et charnue, bâtie sur des tanins solides au grain très fin. Un plaisir longue durée en perspective. ⧗ 2025-2032 ■ **Élevé en fût de chêne 2019 ★★ (8 à 11 €; 15000 b.)** Un 100 % merlot qui s'exprime sur des arômes de fruits noirs et des notes cacaotés. Très équilibrée, la bouche déploie sur une belle longueur de la richesse, de la suavité et du volume, adossée à des tanins de qualité et un boisé parfaitement ajusté. ⧗ 2024-2030

SCEA VIGNOBLES GLÉMET, Le Moulin-Neuf, 33920 Saint-Christoly-de-Blaye, tél. 05 57 42 55 38, chateau.moulin-neuf@orange.fr r.-v.

CH. LES PÂQUES Cuvée Prestige 2018 ★

■ | 18000 | | 8 à 11 €

Bruno Martin conduit depuis 1991 le domaine familial fondé dans les années 1970 par ses parents (premières mises en bouteilles en 1982). Le vignoble, de 12 ha à l'origine, en couvre aujourd'hui 32, dans le nord du Blayais, avec une acquisition en 2011 de 10 ha supplémentaires qui ont permis l'installation définitive de son fils Tony en 2018. La moitié du vignoble est aujourd'hui en conversion biologique.

Élevé 12 mois en fût de chêne, ce pur merlot dévoile un bouquet soutenu de petits fruits noirs rehaussé de nuances toastées et torréfiées. Tout aussi expressif et gourmand, le palais se révèle dense, ample et long, étayé par des tanins solides au grain soyeux. ⧗ 2024-2030

EARL VIGNOBLES MARTIN, 29, les Pâques, 33820 Braud-et-Saint-Louis, tél. 06 0 31 06 77, bruno.martin121@wanadoo.fr V t.l.j. 8h30-12h30 14h-18h30

CH. PETIT BOYER 2020 ★

■ | 9600 | | 5 à 8 €

Des premières vinifications à Saint-Émilion et dans le Val de Loire, puis la reprise du domaine familial en 1997 : Jean-Vincent Bideau (3e génération) conduit aujourd'hui un coquet vignoble de 55 ha, implanté principalement sur Cars. Une valeur sûre du Blayais, complétée depuis 2012 par une structure de négoce.

Sauvignon blanc (60 %), sauvignon gris (30 %) et muscadelle composent cette cuvée qui a connu 6 mois de barrique. Au nez, elle dévoile des arômes aguicheurs de fruits à chair blanche, de noix de coco et de cire d'abeille. La bouche est douce, ample, généreuse, centrée sur le fruit bien mûr (poire, agrumes), avec une pointe vanillée en finale. Une belle maîtrise de l'élevage. ⧗ 2021-2025

EARL DES VIGNOBLES BIDEAU PÈRE ET FILS, La Pistolette, 33390 Cars, tél. 05 57 42 19 40, bideau.jv@petit-boyer.com V r.-v.

CH. LA RAZ CAMAN 2020 ★★

■ | 33000 | | - de 5 €

Une ancienne terre noble, propriété au XVIIes. du chevalier seigneur de la Raz Caman, entrée en 1857 dans la famille de Jean-François Pommeraud. Ce dernier, installé en 1973, a donné une nouvelle vie à ce vignoble, qui s'étend aujourd'hui sur 51 ha.

Ce pur sauvignon blanc dévoile un joli bouquet de fruits exotiques (mangue, ananas, litchi) accompagnés de notes de buis et de fleurs blanches. Après une attaque acidulée, la bouche apparaît intense, puissante et grasse, dynamisée par une longue finale fraîche et fruitée. Un blanc très aromatique et équilibré. ⧗ 2021-2024

SCEV VIGNOBLES POMMERAUD, 4, Ch. la Raz Caman, 33390 Anglade, tél. 05 57 64 41 82, raphael.pommeraud@larazcaman.com V t.l.j. sf sam. dim. 9h-12h 14h-17h

CH. LA ROSE BELLEVUE 2020 ★★

■ | 7000 | | 5 à 8 €

Jérôme Eymas a parcouru le vaste monde viticole avant de prendre la direction de cette propriété en 2000 : stage en Australie, puis vinification en Champagne, dans la vallée du Rhône et dans le Valais, en Suisse. Il exploite aujourd'hui dans le Blayais un vignoble de 57 ha.

Assemblage de sauvignon (80 %) et de muscadelle, cette cuvée élevée 5 mois en barrique révèle un nez complexe et croquant de pêche, d'abricot et d'amande douce. Aussi complexe et aromatique, le palais se montre gourmand, ample et long, avec du gras et un boisé bien intégré. Un blanc friand à servir bien frais sur une volaille fermière ou des coquilles Saint-Jacques. ⧗ 2021-2025 ■ **2019 ★ (5 à 8 €; 30000 b.)** Au nez, un boisé toasté intense qui laisse peu à peu place aux fruits mûrs. Structurée par des tanins fondus, la bouche se montre ronde, suave et longue, tout en gardant une belle fraîcheur jusqu'en finale. ⧗ 2023-2027

EARL VIGNOBLES EYMAS ET FILS, 5, les Mouriers, 33820 Saint-Palais, tél. 05 57 32 66 54, service.commercial@chateau-larosebellevue.com V t.l.j. sf dim. 9h-12h 14h-18h

CH. SIFFLE MERLE
Cuvée Prestige Élevé en fût de chêne 2018 ★

■ | 8000 | | 11 à 15 €

Propriété familiale depuis 1933 implantée sur 3 communes, le domaine de Franck Cot s'étend sur 30 ha et offre une intéressante diversité de terroirs et d'expositions, tous certifiés HVE. Emeline Cot, sa fille, a rejoint le domaine en 2006 pour s'occuper de la commercialisation des vins.

Ce pur merlot qui a passé 12 mois en fût révèle un délicat boisé légèrement épicé et fumé associé aux fruits noirs bien mûrs. On retrouve la même harmonie entre l'élevage et le fruit dans un palais intense et bien structuré par des tanins soyeux et un boisé savamment dosé. Une agréable fraîcheur accompagne la finale. ⧗ 2024-2028

⊶ *EARL VIGNOBLES MACAGE, Le Merle, 33860 Marcillac, tél. 05 57 32 41 34, chateau-siffle-merle@orange.fr* V r.-v.

CH. TAYAT 2020 ★

	12000		- de 5 €

Les Favereaud cultivent la vigne depuis 7 générations, en Charente pour commencer, au début du XIXes., puis en Gironde. Ils conduisent aujourd'hui 32 ha, répartis entre les Ch. Baconne (AOP bordeaux) et Tayat dans le Blayais, acquis par Guy Favereaud et son fils Bernard en 1972. Ce dernier conduit l'ensemble avec son épouse Josiane, sa fille Karine et son gendre Sébastien.

Issue du seul sauvignon, cette cuvée livre un bouquet complexe de fleurs blanches, de fruits exotiques et de fruits jaunes. Après une attaque vive, le palais se montre souple, rond et ample, tapissé par des saveurs de fruits jaunes et rafraîchi par une longue finale délicatement acidulée. ⧗ 2021-2024

⊶ *SCEA FAVEREAUD PÈRE ET FILS, Ch. Tayat, 2, Tayat, 33620 Cézac, tél. 05 57 68 62 10, contact@chateautayat.com* V *t.l.j. sf dim. 8h30-12h 14h-19h*

CH. TOUR SAINT-GERMAIN
Cuvée Élégance 2019 ★

	50000		8 à 11 €

Issus d'une lignée vigneronne remontant à 1800, la famille Noël a acquis le Ch. Tour Saint Germain en 1891. En 2019, Cyril Noël a succédé à son père Denis à la direction de ce vignoble de 65 ha planté sur les communes de Berson et Plassac. Un vieux moulin, toujours présent sur la propriété, donne son nom au domaine. Certification HVE3 acquise en 2019.

Une robe profonde habille ce 2019 issu du merlot (65 %), du malbec (25 %) et de cabernet-sauvignon. Le nez fin et élégant s'exprime sur des notes de fruits mûrs agrémentées d'un boisé fondu. La bouche se révèle structurée, puissante dès l'attaque, portée par des tanins bien serrés. Pour la cave. ⧗ 2024-2030

⊶ *EARL NOËL (CH. TOUR SAINT-GERMAIN), 1, Saint-Germain, 33390 Berson, tél. 05 57 64 39 13, contact@tour-saint-germain.com* V *r.-v.*

B CH. LES TOURS DE PEYRAT
Vieilles Vignes 2019 ★★

	70000		8 à 11 €

Le Ch. les Tours de Peyrat est un cru familial de 16 ha (en bio certifié) planté sur les sols argileux-calcaires de Saint-Paul-de-Blaye, conduit depuis 2000 par Christelle Sauboua. Il fait partie de la coopérative de Cars (1937), rebaptisée en 2011 «Châteaux solidaires», qui vinifie séparément les vendanges d'une dizaine de châteaux adhérents, sélectionnés très rigoureusement.

Cette cuvée issue de merlot (80 %) complété à parts égales de malbec et de cabernet-franc séduit d'emblée par ses séduisants arômes fruités et briochés. L'attaque est franche, puis le palais, bâti sur un boisé doux et des tanins présents mais raffinés, et stimulé par une fine acidité, affiche de la rondeur et un beau volume. ⧗ 2024-2030

⊶ *CHRISTELLE SAUBOUA (CH. LES TOURS DE PEYRAT), Ch. les Tours de Peyrat, 33390 Saint-Paul, tél. 05 57 42 13 15 , d.raimond@chateaux-solidaires.com*

CH. DES TOURTES
Cuvée Prestige 2019 ★

	200000		11 à 15 €

Lise et Philippe Raguenot ont créé le Ch. des Tourtes en 1967, un cru régulier en qualité qui couvre 72 ha de vignes, auxquels s'ajoutent depuis 1998 les 26 ha du Ch. Haut Beyzac (haut-médoc). Aux commandes depuis 1997 : les filles des fondateurs, Emmanuelle et Marie-Pierre, accompagnées par Éric Lallez. À noter aussi la production de crémant.

Élevé 6 mois sur lies en fût de chêne, ce 100 % sauvignon variétal et volubile s'ouvre sur les agrumes (pamplemousse), les fruits exotiques (mangue) et les fleurs blanches. Délicatement boisé, le palais se révèle rond, généreux et tendre, imprégné de saveurs exotiques et briochées, avec ce qu'il faut de tension pour garder l'équilibre. ⧗ 2021-2024 ■ **Cuvée Prestige 2019 ★ (11 à 15 €; 20000 b.)** Cette cuvée élégante issue de merlot (85%) et de cabernet-sauvignon s'ouvre discrètement sur les fruits confiturés et un léger boisé grillé. La bouche ample, ronde et opulente est bien épaulée par des tanins présents, sans être agressifs. ⧗ 2024-2030

⊶ *SARL VIGNOBLES RAGUENOT (CH. DES TOURTES), 65, rue Léonce-Planteur, 33820 Saint-Caprais-de-Blaye, tél. 05 57 32 65 15, contact@vignoblesraguenot.fr* V *t.l.j. sf dim. 9h-12h 14h-18h*

LES VIGNERONS DE TUTIAC
Tout Adichats 2020 ★

	20000		8 à 11 €

Créée en 1974, la coopérative de Tutiac dispose des vendanges de 4 000 ha cultivés par quelque 450 viticulteurs. Un acteur important de la Haute Gironde et aussi le premier producteur de vins d'appellations en France, qui propose des vins de côtes (blaye-côtes-de-bordeaux et côtes-de-bourg) et d'appellations régionales.

Ce 100 % sauvignon dévoile un nez complexe qui associe la pêche de vigne, le citron, le pamplemousse et la vanille. On retrouve ce bouquet dans un palais ample, suave et croquant, tendu par une agréable fraîcheur citronnée jusqu'à la finale assortie d'une touche saline. ⧗ 2021-2024

⊶ *SAS LES VIGNERONS DE TUTIAC, La Cafourche, 491, rue Simone-Veil, 33860 Marcillac, tél. 05 57 32 48 33, christelle.venancy@tutiac.com* V *r.-v.*

CH. VIEUX PLANTY 2019 ★★

	40000		8 à 11 €

Arnaud Ovide s'est installé en 2001 sur les terres de Saint-Aubin-de-Blaye, où il exploite aujourd'hui un

vignoble de 36 ha, atteints par achats successifs. Deux étiquettes ici : Vieux Planty et son second vin Tertre du Boilon. Exploitation certifiée HVE3 en conversion biologique.

Élevée 18 mois en barrique, cette cuvée née de merlot (70 %) et de cabernet-sauvignon dévoile un nez frais et gourmand de fruits rouges biens mûrs. En bouche, elle se montre souple à l'attaque, puis ronde, ample et généreuse sur le fruit (cassis), avec des tanins présents mais enrobés. La finale laisse une agréable sensation mêlant douceur et fraîcheur. Taillé pour la garde. ⧗ 2024-2032 ■ **Ch. Tertre du Boilon 2019 ★★ (- de 5 €; 70000 b.)** Un bouquet de fruits rouges mûrs agrémentés d'une touche mentholée, une bouche fraîche et souple à l'attaque, ample, riche et puissante dans son évolution, appuyée sur des tanins soyeux : un vin des plus harmonieux. ⧗ 2023-2028

EARL DU VIEUX PLANTY,
569, rue de l'Église, 33820 Saint-Aubin-de-Blaye,
tél. 05 57 64 50 88, arnaud@chateauvieuxplanty.com
V *r.-v.*

CH. DU VIEUX PUIT 2019 ★★

■ | 200000 | | 5 à 8 €

Vigneron et pépiniériste comme son père et son grand-père avant lui, Jean-Pierre Bouillac a acquis peu à peu ses propres vignes, à partir de 1983, sous le nom de Ch. du Vieux Puit, complété en 2007 par le Ch. Clos du Loup, pris en fermage. Autre étiquette : le Ch. Haut Perdrias. L'ensemble constitue aujourd'hui un vignoble de 80 ha.

Merlot (80 %), cabernet-sauvignon (12 %) et une goutte de malbec composent cette cuvée au nez délicat et complexe de petits fruits noirs, d'épices, de cacao et de réglisse. La bouche apparaît ample et généreuse, structurée par des tanins solides mais élégants et un boisé fondu. Un vin harmonieux, au beau potentiel de garde. ⧗ 2024-2030 ■ **Ch. Haut Perdrias 2019 ★ (5 à 8 €; 50000 b.)** Au nez, des arômes de mûre et de myrtille accompagnés de notes grillées et torréfiées. En bouche, un bon volume, de la suavité, un fruité généreux (cerise à l'eau-de-vie), une structure tannique serrée et un boisé élégant, aux tonalités toastées. ⧗ 2024-2028

SCEA DU VIEUX PUIT,
10, Réaud, 33860 Reignac, tél. 05 57 32 41 76,
info@vignoblesbouillac.com V *r.-v.*

♥ CH. LE VIROU Vieilles Vignes 2019 ★★

■ | 300000 | | 5 à 8 €

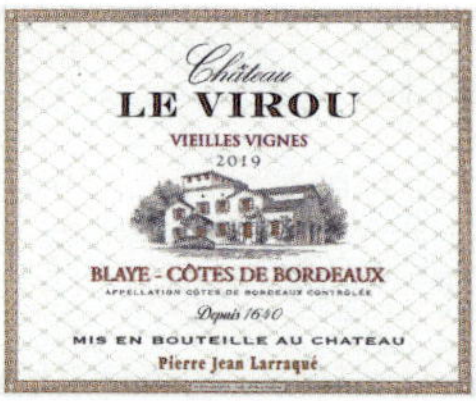

Ancien monastère construit en 1640, ce domaine de plus de 100 ha entièrement clos par un mur de 4 km de long est la propriété de Pierre-Jean Larraqué. Depuis 2002, David Caillaud en est le régisseur. Le vignoble est certifié HVE.

Élevée 12 mois en barrique, cette cuvée dévoile un nez intense et gourmand de fruits noirs et rouges bien mûrs accompagnées d'un boisé léger. Suave à l'attaque, la bouche offre beaucoup d'ampleur, du gras et de l'onctuosité, et s'adosse à une solide structure tannique qui laisse serein sur le potentiel de cette bouteille. De l'harmonie de bout en bout. ⧗ 2023-2030

SCEA CH. LE VIROU, Le Virou,
33920 Saint-Girons-d'Aiguevives, tél. 05 57 42 44 40,
david.caillaud@groupe-lvi.com

CÔTES-DE-BOURG

Superficie : 3 920 ha / Production : 210 600 hl

L'AOC est située au sud du Blayais, sur la rive droite de la Gironde puis de la Dordogne. Avec le merlot comme cépage dominant, les rouges se distinguent souvent par leur couleur et leurs arômes typés de fruits rouges. Plutôt tanniques mais agréables dans leur jeunesse, ils peuvent vieillir de 3 à 8 ans. Peu nombreux, les blancs sont en général secs.

CH. DE BARBE 2019 ★

■ | 110000 | | 8 à 11 €

Propriété des marquis de Barbe jusqu'en 1774, reconstruit au XVIIIᵉs. par de nouveaux acquéreurs, juste après la Révolution, le château a été transmis de génération en génération jusqu'en 1993. Il a été acquis par la famille Richard, un des plus gros distributeurs de cafés et de boissons de l'Île-de-France, qui a investi dans des domaines viticoles, notamment en Bordelais. Avec ses 80 ha implantés sur le terroir argilo-calcaire de Villeneuve (dont 42 en AOC côtes-de-bourg), c'est sans doute le plus vaste vignoble de l'appellation.

Ce 2019 issu des merlot (85 %), cabernet-sauvignon (10 %) et malbec dévoile un nez subtil de petits fruits rouges cuits (fraise, framboise, groseille) accompagnés d'une touche de prune et d'épices douces. Pleinement en accord, la bouche se révèle ample, fruitée et juteuse, portée par des tanins solides et un boisé très fin. Un vin équilibré et élégant. ⧗ 2025-2032

SC VILLENEUVOISE, Ch. de Barbe,
33710 Villeneuve, tél. 05 57 42 64 00,
chateaudebarbe@wanadoo.fr V
t.l.j. sf. sam. dim. 9h-12h 14h-17h

CH. LA BARDE 2019 ★

■ | 56000 | | 8 à 11 €

Un cru dans le giron du groupe Lamont Financière, propriété d'un investisseur chinois, Jian Liu, qui a acquis depuis 2012 une vingtaine de propriétés bordelaises, essentiellement sur la rive droite.

Enchanteur, le nez évoque le cassis et les petits fruits rouges bien mûrs rehaussés de nuances toastées et épicées. Marqué par le bois, le palais se montre ample, charnu et long, porté par des tanins enrobés et par une agréable fraîcheur. La finale s'étire longuement sur de savoureuses notes de fruits rouges. ⧗ 2024-2030

SAS LAMONT FINANCIÈRE,
19, rue des Carrières, 33710 Tauriac, tél. 05 33 88 00 20,
contact@lamontfinanciere.fr

CH. BARRIÉ 2019 ★

■	24 000		5 à 8 €

Un ancien château féodal, rendez-vous des royalistes pendant la Commune, dans la famille Martin depuis 7 générations. En 2016, changement de propriétaires : Alphone et Laurent Pinto de Magalhaes ont pris la suite à la tête d'un vignoble de 14 ha, sur lequel le malbec a été replanté de manière significative (20% de la surface).

Le merlot (70 %) et les 2 cabernets composent ce 2019 au nez fin et complexe de fruits noirs et rouges agrémentés de notes de liqueur de cassis. La bouche se montre ronde, ample, soyeuse et fraîche à la fois, épaulée par des tanins bien présents mais élégants. Une belle profondeur et du potentiel. ⧗ 2023-2028

SCEA VIGNOBLES DE TASTE ET BARRIÉ, 2, Barrié, 33910 Lansac, tél. 06 75 68 66 34, laurent.pintodemagalhaes@vignobles-de-taste.com V *r.-v.*

CH. BELAIR-COUBET 2019 ★★

■	60 000		8 à 11 €

Plaisance, Belair Courbet, Fontarabie, La Bardonne, Bois de Tau, Jansenant : Alain Faure s'est installé en 1977 à la tête des vignes familiales, étendues alors sur 17 ha. Sa fille Delphine en a pris la tête aujourd'hui et exploite un vaste vignoble d'une centaine d'hectares répartis sur plusieurs châteaux du Blayais et du Bourgeais. L'ensemble du vignoble est certifié HVE3 depuis 2018.

Élevé 12 mois en fût, ce 2019 arbore une robe très sombre. Le nez, intense, convoque les fruits noirs et rouges nuancés de tabac et de vanille. La bouche se révèle riche, puissante et charnue, bien structurée par des tanins serrés. Harmonieux et complexe, ce beau classique de l'appellation est taillé pour la garde. ⧗ 2025-2032 ■ **Ch. du Bois de Tau 2019 ★ (5 à 8 €; 60 000 b.)** Une belle cuvée au nez fruité et délicatement boisé. Le palais apparaît très concentré, puissant, gras, bien équilibré par une agréable fraîcheur. ⧗ 2024-2028

VIGNOBLES A. FAURE, 2 bis, Bois de Tau, 33710 Saint-Ciers-de-Canesse, tél. 05 57 42 68 80, belair-coubet@wanadoo.fr V *r.-v.*

CH. DE BROGLIE 2019 ★

■	15 000		5 à 8 €

Au XVIII[e]s., un vaste domaine appartenant à de riches commerçants de Bordeaux, les Denis de Lansac. Une Lansac épouse un Piémontais du nom d'Elzéar Jean-Marie de Broglie. La propriété a été morcelée au XIX[e]s. en plusieurs exploitations. Celle-ci (certifié HVE3) a de nouveaux propriétaires depuis 2009.

Ce 2019 issu de merlot, cabernet-franc et malbec s'ouvre sur des variations de fruits noirs, de poivre et de tabac. Franc en attaque, le palais se montre ample, rond, charnu et fruité, structuré par des tanins fondus. Un trait poivré vient stimuler une finale longue et gouteuse. Une cuvée qui pourra s'apprécier dans sa jeunesse ou patinée par le temps. ⧗ 2022-2028

SCEA VIGNOBLES DU PUY, Ch. de Broglie, 1, Le Petit-Puy, 33710 Lansac, tél. 06 08 43 96 51, dominique.bonnet0578@orange.fr V *r.-v.*

♥ BLANC DE BRÛLESÉCAILLE 2019 ★★

■	12 000		8 à 11 €

Déjà connu sous le Second Empire, le Ch. Brûlesécaille, l'une des références en côtes-de-bourg, a été acquis en 1924 par la famille de Guillaume Rodet, ancien ingénieur en télécommunications arrivé à sa tête en 2017. Le vignoble de 30 ha (certifié HVE3) a été complété en 1996 par 2 ha en saint-émilion avec le Ch. Yon Saint-Christophe. Autre étiquette : Ch. la Gravière (côtes-de-bourg).

Issue de sauvignon blanc (75 %) et de sauvignon gris, cette magnifique cuvée a impressionné nos dégustateurs. Habillée d'une seyante robe pâle aux reflets dorés, elle dévoile à l'olfaction de délicates senteurs d'agrumes (pamplemousse) et de fruits exotiques, complétées de nuances végétales et boisées. La bouche se révèle dense, suave et très longue, parfaitement équilibrée par une fine acidité. La finale, épicée, est tonifiée par une pointe de vivacité bien sentie. ⧗ 2022-2026 ■ **Ch. Brûlesécaille 2018 ★ (8 à 11 €; 80 000 b.)** Cette cuvée s'ouvre sur de plaisantes notes de fruits rouges, de vanille et de noisette grillée. Passé une attaque souple et ronde, la bouche se montre plus tannique, offrant une belle mâche et une finale boisée. Un joli potentiel de garde. ⧗ 2025-2032

GFA RODET-RÉCAPET, 29, rte des Châteaux, 33710 Tauriac, tél. 05 57 68 40 31, contact@brulesecaille.com V *t.l.j. sf dim. 9h-12h 14h-18h* B

CH. BUJAN 2019 ★

■	120 000		8 à 11 €

Séduit par cette propriété implantée en face de Margaux, à l'entrée de l'estuaire, déjà mentionnée en 1834, Pascal Méli, ingénieur et conseiller agricole, quitte le nord de la France et s'installe en 1987 avec sa femme Marielle, architecte, sur les coteaux de Gauriac : 17,5 ha, exposés au sud, sur des terroirs variés.

Ce 2019 s'exprime avec élégance sur des arômes de fruits rouges (fraise des bois) nuancés par un boisé toasté. D'une belle intensité, il développe de la rondeur et de l'amplitude en bouche, avec des tanins bien fondus et une agréable fraîcheur qui persiste jusqu'à la finale. ⧗ 2024-2028

PASCAL MÉLI (CH. BUJAN), 6, rte de la Crête, 33710 Gauriac, tél. 06 81 11 86 86, pmeli@alienor.fr V *r.-v.* E

CH. CASTAING 2019 ★

■	80 000		5 à 8 €

Depuis 1876, 5 générations de vignerons et de tonneliers se sont succédé au Ch. Haut-Guiraud, qui couvre un coteau argilo-calcaire dominant l'estuaire, en côtes-de-bourg. Conduite par Christophe Bonnet depuis 1998, la propriété couvre aujourd'hui 45 ha.

LE BORDELAIS

À ce domaine s'ajoute le Ch. Castaing, acquis en 1978. Certification HVE en 2019.

Au nez, cette cuvée convoque les fruits noirs et rouges (cerise, framboise, fraise), mêlés à de délicates notes florales (violette) et toastées. Fraîche à l'attaque, la bouche se révèle ronde, charnue, délicatement briochée et structurée par des tanins souples. ⧗ 2023-2026

EARL BONNET ET FILS, Ch. Haut-Guiraud, 33710 Saint-Ciers-de-Canesse, tél. 05 57 64 91 39, bonnetchristophe@wanadoo.fr V r.-v.

CH. CASTEL LA ROSE Cuvée Eclat 2019 ★

■	24 000		8 à 11 €

Ce domaine est une histoire de famille commencée en 1960. Gisèle et Rémy Castel décident de commercialiser leur vin en bouteilles dans les années 1970. Aujourd'hui, 3 femmes perpétuent leur œuvre : leurs filles Catherine et Caroline et leur nièce Amélie. Réparti sur 3 terroirs, le vignoble couvre 27 ha en côtes-de-bourg et en AOC régionales. Certification HVE3 depuis 2018.

Cette cuvée élevée 12 mois en fût de chêne dévoile un nez frais et intense de fruits noirs et rouges rehaussés d'une touche mentholée et de nuances de merrain frais. La bouche est agréable, souple, ronde et fruitée, étayée par des tanins au grain fin. ⧗ 2023-2026

GAEC RÉMY CASTEL ET FILS, 3, Laforêt, 33710 Villeneuve, tél. 06 81 94 54 62, contact@castel-la-rose.com V r.-v. C

CH. CHAMAILLE 2019 ★

■	5500		5 à 8 €

Installé à son compte depuis 2000, Laurent Glémet s'est associé en 2006 avec son père pour créer un vignoble (certifié HVE) qu'il conduit aujourd'hui seul : 30 ha répartis entre les châteaux Moulin Neuf, dans le Blayais, et Chamaille, dans le Bourgeais.

Ce 100 % merlot élevé 12 mois en barrique exhale des senteurs de fruits frais accompagnées d'arômes boisés et poivrés et d'une touche végétale. Franc à l'attaque, le palais se montre plein, suave, charnu, étayé par des tanins soyeux et un trait d'amertume en finale. À attendre pour un boisé bien fondu. ⧗ 2024-2030

SCEA VIGNOBLES GLÉMET, Le Moulin-Neuf, 33920 Saint-Christoly-de-Blaye, tél. 05 57 42 55 38, chateau.moulin-neuf@orange.fr r.-v.

CH. COLBERT Cuvée Prestige 2019 ★★

■	10 000		5 à 8 €

Un vignoble de 22 ha établi sur les coteaux argilo-calcaires de Comps. Le château néogothique a été construit grâce à la prime versée en 1880 par l'armateur du Colbert : un navire ensablé dans la Gironde au pied du domaine fut remis à flot grâce à l'ingéniosité du propriétaire de l'époque qui employa comme flotteurs ses barriques vides. Barriques où séjourne aujourd'hui une cuvée Prestige souvent remarquée.

Née de merlot (80 %) et de malbec, cette cuvée dévoile un nez expressif et complexe de fruits mûrs et d'épices douces. Le palais affiche du volume, de la concentration, de la puissance et du gras, soutenu par une belle fraîcheur et des tanins mûrs et arrondis. À un souffle du coup de cœur. ⧗ 2022-2028

SCA CH. COLBERT, 33, rte des Coteaux, 33710 Comps, tél. 05 57 64 95 04, chateau-colbert@wanadoo.fr V r.-v.

CH. LA COTTIÈRE 2019 ★★

■	72 000		8 à 11 €

Philippe et Martine Chéty ont été rejoints en 1999 par leur fils Christophe, puis, en 2012, par sa sœur Isabelle sur leurs terres de Saint-Trojan où la famille cultive la vigne depuis 1698. La propriété compte 26 ha en côtes-de-bourg.

Le merlot, les 2 cabernets et le malbec pour ce vin complexe, mêlant au nez les fruits noirs (cassis, mûre) à des notes de kirsch, de sous-bois et de boisé toasté. Une palette qui se prolonge dans une bouche ample et riche, soutenue par des tanins denses, un boisé élégant et une fine acidité qui lui confère équilibre et longueur. ⧗ 2024-2030

SCEA FAMILLE CHÉTY, 5, Mercier, 33710 Saint-Trojan, tél. 05 57 42 66 99, info@chateau-mercier.fr V *t.l.j. sf sam. dim. 8h30-12h30 13h30-18h* 4 B

CH. FONTVIEILLE 2019 ★

■	30 000		8 à 11 €

Niché en pleine nature sur des vallons de l'appellation, le Ch. Beaulieu, datant du XVIIIe s., étend ses vignes sur 17 ha. Deuxième étiquette du domaine : Ch. Fontvieille.

Assemblage de merlot (80 %) et de malbec (15 %) complétés par une goutte de cabernet-sauvignon, cette cuvée propose un nez complexe et flatteur de fruits noirs sur fond de toast et d'épices. Dès l'attaque, une matière ronde, charnue et aromatique, sur les fruits mûrs, se déploie en bouche, bien cadrée par d'élégants tanins boisés. Un bon candidat pour la garde. ⧗ 2024-2030

CH. BEAULIEU, 9, chem. Beaulieu, 33710 Samonac, tél. 09 71 22 15 14, chateau@chateau-beaulieu.com V r.-v.

B CH. FOUGAS Maldoror 2018 ★

■	20 000		11 à 15 €

Bien connu dès la fin du XVIIIe s., mentionné dans le premier guide Féret, un cru de référence de l'appellation côtes-de-bourg, acquis en 1976 par Jean-Yves Béchet, fils de négociant. Ce dernier réserve 22 ha à la cuvée phare nommée Maldoror, hommage au poète Lautréamont. Vignoble cultivé en bio certifié et, depuis 2010, en biodynamie.

Trois quarts de merlot et un quart de cabernet composent cette cuvée profonde et intense, qui exhale des notes croquantes de petits fruits noirs et de framboise. On retrouve ce bouquet agrémenté d'un boisé subtil dans un palais ample, charnu et persistant, charpenté par des tanins corsés et rafraîchi par une fine acidité jusqu'en finale. Un vin vivant, puissant et élégant, taillé pour une longue garde, bien dans le style maison. ⧗ 2025-2032

JEAN BÉCHET, Fougas, 33710 Lansac, tél. 05 57 68 42 15, jybechet@fougas.com V r.-v.

CH. GÉLINEAU 2019 ★

■	20 000		8 à 11 €

Créée en 1974, la coopérative de Tutiac dispose des vendanges de 4 000 ha cultivés par quelque 450 viticulteurs. Un acteur important de la Haute Gironde et aussi le premier producteur de vins d'appellations en France, qui propose des vins de côtes (blaye-côtes-de-bordeaux et côtes-de-bourg) et d'appellations régionales.

Ce pur merlot s'ouvre délicatement sur les fruits rouges accompagnés de nuances florales (pivoine) et épicées. La bouche, à la fois ronde et vive, se montre riche en fruit (framboise, mûre), agrémentée d'une touche de vanille et soutenue par de soyeux tanins. Une bouteille que l'on pourra boire dans ses jeunes années. ⧗ 2022-2026

SAS LES VIGNERONS DE TUTIAC, La Cafourche, 491, rue Simone-Veil, 33860 Marcillac, tél. 05 57 32 48 33, christelle.venancy@tutiac.com V r.-v.

AMÉTHYSTE DE GENIBON 2019 ★

■	6 000		8 à 11 €

Un vignoble implanté sur les hauteurs de Bourg, acquis par l'arrière-grand-père de Christine Sudre en 1891 : 30 ha aujourd'hui. Aux commandes depuis 1987, son mari Jean-Samuel Eynard. Ici, on se flatte d'avoir introduit la machine à vendanger dès 1985. Son usage est maîtrisé à en juger par de fréquentes mentions dans le Guide.

Malbec (60 %) et merlot composent ce 2019 ouvert et généreux, centré sur des senteurs de fruits noirs mûrs et quelques notes toastées. On retrouve ce bouquet dans un palais ample, riche et puissant, adossé à des tanins qui commencent à s'affiner. Un vin complexe et généreux, qui mérite un séjour en cave. ⧗ 2025-2032 ■ **Ch. de Genibon 2019 ★ (5 à 8 €; 40 000 b.)** Un assemblage de merlot (80 %) et de malbec, au nez soutenu de fruits rouges mûrs mâtinés de toasté. La bouche ronde, ample et généreuse est bien structurée par un joli boisé et des tanins enrobés. ⧗ 2024-2030

EARL EYNARD-SUDRE, 2, Genibon, 33710 Bourg-sur-Gironde, tél. 05 57 68 25 34, genibon@orange.fr V r.-v.

CH. GRAND-JOUR 2019 ★★

■	130 000		8 à 11 €

Un cru de plus de 80 ha commandé par un château de la fin du XVIIe s., désormais dans le giron du groupe chinois Lamont-Financière.

Merlot (90 %) et cabernet franc composent ce très beau 2019 qui arbore une robe pourpre intense. À l'olfaction, il libère sans réserve des arômes de fruits rouges cuits rehaussés de savoureuses notes vanillées, épicées et biscuitées. Après une attaque souple, la bouche se révèle ample, onctueuse et charnue, charpentée par une structure tannique solide et un boisé racé. Une bouteille de caractère promise à un bel avenir. ⧗ 2025-2032

SAS LAMONT FINANCIÈRE (CH. GRAND JOUR), 87, av. des Côtes-de-Bourg, 33710 Prignac-et-Marcamps, tél. 05 57 33 09 68, contact@lamontfinanciere.fr

CH. GRAVETTES-SAMONAC
Cuvée Elégance 2019 ★★

■	50 000		5 à 8 €

Dans la famille Giresse depuis 1950, un domaine de 34 ha implanté sur les hauteurs de l'appellation côtes-de-bourg. Sylvie Giresse, qui était aux commandes depuis 1986, a transmis en 2014 l'exploitation à son fils Cyril qui représente la 4e génération.

Issue du merlot (60 %), de malbec (25 %) et de cabernet-sauvignon, cette cuvée s'exprime généreusement sur les fruits rouges, la cannelle, la muscade et la vanille. En bouche, elle se montre ample, soyeuse et très persistante, portée par des tanins encore un brin fougueux mais prometteurs. Un vin riche et structuré, au solide potentiel. ⧗ 2024-2032

EARL VIGNOBLES GIRESSE, 8, av. des Côtes-de-Bourg, 33710 Samonac, tél. 05 57 68 21 16, gravettes.samonac@orange.fr V r.-v.

VIEUX CH. GRENET 2019 ★

■	50 000	8 à 11 €

Après avoir travaillé 20 ans aux côtés de son père Alain Faure, d'une vieille lignée vigneronne du Bourgeais, Agnès Faure-Havart a repris en 2015 les propriétés (40 ha) que ce dernier avait achetées en 2004, notamment le Ch. Plaisance et le Ch. le Ferreau-Belair, en côtes-de-bourg, implantées non loin de la pittoresque « route verte », en corniche. La famille propose aussi des cuvées de négoce.

Le trio merlot-cabernet-malbec sur sol argilo-calcaire à l'œuvre dans ce vin profonde et complexe, ouvert sur les fruits rouges et noirs bien mûrs et un bon boisé toasté. Aromatique, long, dense, structuré, épaulé par des tanins soyeux, le palais affiche une belle puissance. ⧗ 2024-2030

SCE VIGNOBLES PLAISANCE, 3, Coubet, 33710 Villeneuve, tél. 05 57 64 93 99, christophe.havart@orange.fr V r.-v.

CH. DE GRISSAC 2019 ★

■	18 000		5 à 8 €

Le fort d'Arnaud de Grissac (XIVe s.) a fait place en 1652 au château actuel. Ici, Montesquieu rendait visite à son ami Pierre de Montalier, conseiller à la cour de Guyenne. Les 2 hommes discouraient sans doute des qualités de leurs vins respectifs. Le vignoble (20 ha) est conduit depuis 1977 par Bernadette Cottavoz.

Malbec (50 %), cabernet-sauvignon (30 %) et merlot composent ce 2019 irrigué de fruits compotés et de notes fumées et vanillées. Une attaque franche ouvre sur un palais souple, charnue et frais à la fois, enrichi de nuances florales et appuyé sur des tanins enrobés. ⧗ 2022-2028

BERNADETTE COTTAVOZ, Grissac, 2, chem. du Port-d'Espeau, 33710 Prignac-et-Marcamps, tél. 05 57 68 31 65, chateaudegrissac@aol.com V r.-v.

LE BORDELAIS

♥ CH. GROLEAU 2019 ★★

■ | 15000 | | 8 à 11 €

Les Raboutet cultivent la vigne à Berson depuis 5 générations. Didier et Sylvie, installés en 1983, ont donné le relais à leur fille Aurélie en 2018, rejointe par son mari en 2020, aujourd'hui à la tête d'un vignoble de 38 ha répartis entre les 20 ha argilo-calcaires du Ch. le Chay (Blayais) et les 18 ha argilo-graveleux du Ch. Groleau (Bourgeais), certifié HVE depuis 2018.

Le merlot (80 %) et le malbec à leur meilleur dans ce vin diablement séduisant dans sa robe violine, profonde et intense. Le nez, complexe, marie les baies noires mûres à une touche de fraîcheur mentholée et d'élégantes nuances boisées. À l'unisson, très long, le palais se révèle ample, riche, charnu, étayé par des tanins remarquablement soyeux et par un noble boisé. La marque d'un grand vin de garde. ⧗ 2025-2032

EARL VIGNOBLES RABOUTET, 1, le Chay, 33390 Berson, tél. 05 57 64 39 50, lechay@wanadoo.fr V r.-v.

CH. GROS MOULIN Les Lys du Moulin 2020 ★

■ | 12000 | | 5 à 8 €

Dominant la Dordogne, le domaine est dans la famille depuis 1757. À cette époque, un moulin et un seul petit hectare de vignes aux côtés de cultures diverses. Aujourd'hui, 32 ha de merlot, de malbec et de cabernet franc, sur un terroir argilo-calcaire. En 2010, la 11e génération – représentée par Rémy Eymas – s'est installée, perpétuant cette saga.

Senteurs d'agrumes, de fruits blancs et de fruits exotiques accompagnées de nuances florales, ce sauvignon donne envie d'aller plus loin. Très fraîche, souple et équilibrée, la bouche ajoute à cette palette bien typée une touche miellée et épicée très agréable. Un joli vin d'apéritif. ⧗ 2021-2024

SCEA DU CH. GROS MOULIN, 7, Gros-Moulin, 33710 Bourg, tél. 06 88 02 78 88, chateau.gros.moulin@orange.fr V r.-v.

CH. HAUT MOUSSEAU Prestige 2019 ★

■ | 7200 | | 8 à 11 €

Fils d'agriculteurs, Dominique Briolais a acquis en 1976 un vignoble de 3 ha en côtes-de-bourg. Épaulé par sa fille Aurore, il conduit aujourd'hui un vignoble de 35 ha (Ch. Haut Mousseau et Ch. Terrefort-Bellegrave) sur plusieurs communes de l'appellation. En 1991, il a traversé l'estuaire pour s'implanter sur la rive gauche, à Jau-Dignac-et-Loirac, en achetant le Ch. Pontac Gadet (11 ha) en AOP médoc.

Élevée 14 mois en barrique neuve, cette cuvée composée de deux tiers de merlot pour un tiers de cabernet-sauvignon convoque les fruits rouges et noirs sur une trame boisée-grillée. La bouche, ample et ronde, est bien structurée par un boisé savamment dosé et des tanins enrobés et veloutés ⧗ 2024-2030

SCEA VIGNOBLES BRIOLAIS, 220, rte des Vignobles, 33710 Teuillac, tél. 05 57 64 34 38, aurorebriolais@vignobles-briolais.com V *t.l.j. sf sam. dim. 8h30-12h 14h-17h30* 2 B

♥ CH. HOCLET Les Platanes 2018 ★★

■ | 20000 | 5 à 8 €

En 1926, Fernand Hoclet prend en métayage une petite ferme bordant la Gironde au lieu-dit Cheval-Blanc à Villeneuve, entre Bourg et Blaye, qu'il achète 10 ans plus tard. Après Gérard puis Vincent, Xavier Hoclet a pris en 2013 la tête de l'exploitation familiale et ses 21 ha de vignes.

Le merlot (80 %) et le cabernet sauvignon composent le duo classique à l'œuvre dans ce 2018. Mais le classicisme a parfois du bon à en juger par ce vin au nez délicat de fruits mûrs mâtiné de notes fumées et toastées. Des arômes qui se fondent dans un palais riche, soyeux et charnu, structuré par des tanins fermes mais élégants. Classique donc, et classieux. ⧗ 2025-2032

XAVIER HOCLET, lieu-dit Cheval-Blanc, 33710 Villeneuve, tél. 09 81 88 58 88, contact@chateauhoclet.fr V r.-v.

VERSION ORIGINALE DE L'HURBE 2019 ★★

■ | 16000 | | 8 à 11 €

Une propriété familiale de 30 ha exploitée depuis 3 générations par la famille Bousseau : Marc et son épouse Agnès depuis 1982, épaulés par leur fils Vincent depuis 2011. Le vignoble est dédiée aux appellations régionales (Ch. de l'Hurbe) et aux côtes-de-bourg (Ch. Sirac).

Ce 2019, sans sulfite ajouté, séduit par sa richesse aromatique autour des baies noires bien mûres et de notes de sous-bois. Le palais se distingue par son amplitude, ses saveurs intenses de cassis enrobées par un boisé fondu, ses tanins soyeux et sa fraîcheur. On frôle le coup de cœur. ⧗ 2023-2028

EARL VIGNOBLES MARC ET AGNÈS BOUSSEAU, 27, rte de l'Hurbe, 33240 Saint-Laurent-d'Arce, tél. 05 57 43 44 06, a-m.hurbe@orange.fr V *t.l.j. sf dim. 9h-12h 14h-19h*

CH. LACOUTURE Cuvée Adrien 2018 ★★

■ | 5900 | | 15 à 20 €

Romain Sou s'est installé en 2002 sur la propriété familiale, achetée en 1930 par son aïeul Gervais Sou et commandée par une bâtisse en partie construite au XVIes. par le chanoine Lacouture. Il conduit un vignoble de près de 12 ha en côtes-de-bourg. Ce passionné de bande dessinée organise sur son domaine, à chaque printemps, une manifestation « BD et vin ».

Merlot (50 %), cabernet-sauvignon (40 %) et malbec à l'œuvre dans ce 2018 élégant et intense, au nez très fruité (framboise, mûre, cassis), agrémenté de notes de cuir et de grillé. En bouche, il se révèle riche et gras, porté par des tanins tendres et une pointe de vivacité en finale. Un équilibre très assuré. ⧗ 2024-2030

ROMAIN SOU, 3, rte du Fronton, 33710 Gauriac, tél. 06 62 10 82 31, chateaulacouture@orange.fr V *r.-v.*

CH. LAMOTHE Grande Réserve 2018 ★

■ | 7000 | | 8 à 11 €

Un petit château et ses chais du XVIIIes. Il prospère au XIXes. sous l'impulsion d'un négociant bordelais. Le cru a été acquis en 1900 par un viticulteur de Lansac, l'arrière-grand-père d'Anne Pousse-Pessonnier, laquelle en a pris les rênes en 1991. Le vignoble couvre 22 ha.

Assemblage typique de l'appellation (merlot, cabernet-sauvignon et malbec), ce 2018 s'ouvre lentement sur la fraise, la cerise et la mûre accompagnées d'une touche vanillée. La bouche se montre ronde, suave et savoureuse, soutenue par des tanins présents mais délicats. La finale longue et fraîche conclut harmonieusement la dégustation. ⧗ 2023-2028

EARL VIGNOBLES CH. LAMOTHE, 1, Ch. Lamothe, 33710 Lansac, tél. 06 08 46 32 91, chateaulamothe@yahoo.fr V *r.-v.*

CH. DU LUC 2019 ★

■ | 102665 | | - de 5 €

En 1992, Lionel Lorente a racheté 1,5 ha de vignes qui appartenait à sa grand-mère. Au fil des ans, il a constitué un vignoble qui s'étend aujourd'hui sur 14 ha conduits en agriculture biologique. Le nom du Château vient du nom du lieu-dit où se situent les vignes : Le Luc.

Ce 2019 offre un bouquet puissant et complexe de fruits rouges et noirs confiturés, de fruits secs et de réglisse. La bouche n'est pas en reste : ample, suave et charnue, fruitée, vanillée et chocolatée, elle s'adosse à des tanins caressants et veloutés. Un profil généreux et gourmand. ⧗ 2022-2027

CH. DU LUC, 17, rue de l'Ancien Bourg, 33710 Gauriac, tél. 05 57 64 93 38, sceaduluc@orange.fr V *t.l.j. sf dim. 9h-12h 14h-17h*

CH. LA MONGE Cuvée Malbec 2019 ★★

■ | 20000 | | - de 5 €

Des ancêtres Bourdillas « laboureurs » (agriculteurs) dans la même région à l'époque de la Révolution, une exploitation transmise de génération en génération depuis le XIXes. Les parents des propriétaires actuels, de vieille souche vigneronne, portent sa surface à 110 ha. En 1980, leurs 4 fils Philippe, François, Vincent et Bernard, s'associent pour conduire le vignoble : 50 ha en Blaye-côtes-de-bordeaux (Ch. Jussas), côtes-de-bourg (Mayne de Bernard) et bordeaux supérieur (Beausoleil). En 2016, les 4 frères ont décidé de confier la gestion des vignobles à 4 cousins : Marie, Nicolas, Cédric et Gaël. Certification HVE depuis 2018.

Ce pur malbec ouvert et flatteur révèle des arômes de fruits gorgés de soleil (framboise, myrtille, mûre) agrémentés de notes de girofle, de garrigue et de violette. Dominé par le cassis et les fruits rouges, le palais se montre souple et ample, avec une structure tannique affinée en soutien. ⧗ 2023-2027

VIGNOBLES BOURDILLAS, 7, chem. du Meine-Bernard, 33710 Tauriac, tél. 05 57 68 43 22, vignobles-bourdillas@orange.fr V *r.-v.*

♥ CH. MONTFOLLET Altus 2019 ★★

■ | 22000 | | 8 à 11 €

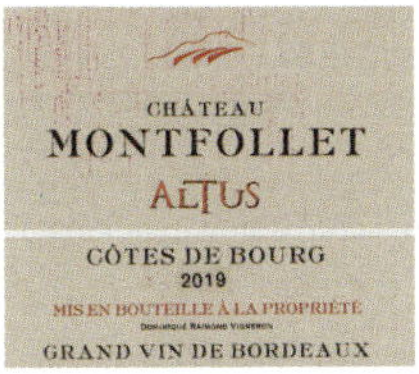

Le Ch. Montfollet, l'un des fers de lance du Blayais et du Bourgeais, est conduit depuis 1991 par Dominique Raimond, également propriétaire de plusieurs châteaux : Haut Lalande, Graulet, Merigot, Haut Grela et Puy d'Amour. Dominique Raimond fait partie de la coopérative de Cars (1937), rebaptisée en 2011 « Châteaux solidaires », qui vinifie séparément les vendanges d'une dizaine de châteaux adhérents, sélectionnés très rigoureusement.

Née du merlot et d'une larme de malbec (5 %), cette cuvée a impressionné le jury, et ce n'est pas la première fois. Un nouveau coup de cœur pour ce grand classique de l'appellation dont le nez raffiné et expressif est un enchantement. Il associe avec délicatesse les fruits rouges et noirs juste cueillis à des notes torréfiés et une touche rafraîchissante de minéralité. Ce savoureux bouquet trouve un long écho dans un palais puissant et onctueux, étayé par des tanins soyeux et un boisé parfaitement intégré. Complexité, générosité, finesse, cet Altus a tout bon. ⧗ 2025-2032

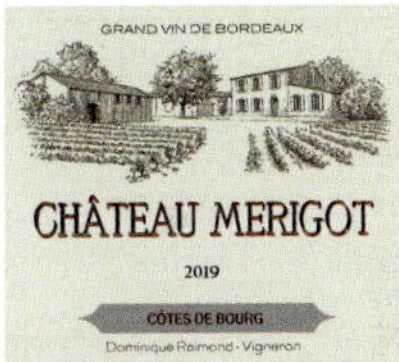

■ **Ch. Merigot 2019** ★★ (8 à 11 €; 30500 b.) ♥ Merlot (95 %) et un peu de malbec pour ce 2019 enthousiasmant, qui s'exprime sans réserve sur les fruits noirs cuits (cassis, mûre, prune) mâtinés de violette. D'un équilibre irréprochable et très expressif, le palais se montre rond, intense et dense, adossé à des tanins veloutés. La finale, très fruitée, est d'une longueur remarquable. Un vin à la fois puissant et d'une grande finesse. ⧗ 2024-2030

SARL VIGNOBLES RAIMOND (CH. HAUT GRELA), 9, le Piquet, 33390 Cars, tél. 05 57 42 13 15, d.raimond@chateaux-solidaires.com V *t.l.j. sf sam. dim. 9h-12h 14h-18h*

CH. MOULIN DE GUIET Cuvée Prestige 2019 ★

■ | 45800 | | 8 à 11 €

Alliance Bourg, regroupement des coopératives de Pugnac, de Tauriac, de Lansac et d'Aubie, propose une gamme étendue de vins dans les AOP du Blayais et du Bourgeais, ainsi qu'en appellations régionales.

Le merlot (69 %) et les 2 cabernets composent cette cuvée qui s'exprime avec délicatesse sur des notes de fruits rouges, de cuir et de savoureuses nuances briochées. Le palais, ample et rond, est adossé à des tanins boisés encore assez vigoureux mais élégants. Une note de réglisse apporte une jolie touche de vivacité en finale. ⧗ 2024-2030

SCV ALLIANCE BOURG, 42, rte de la Cave, BP 17, 33710 Pugnac, tél. 05 57 68 93 56, accueil@alliancebourg.com V t.l.j. 9h-12h 14h-18h

CH. LE MOULIN DE LA MARZELLE 2018 ★

| 7000 | | 11 à 15 € |

Domaine viticole historique de Tauriac traversé par le ruisseau de la Marzelle, ce château doit son nom à l'ancien moulin à eau situé au bas de la propriété. En 2017, il a été acquis par la famille Corporandy, qui a immédiatement entamé sa conversion vers l'agriculture biologique.

Élevé 16 mois en fût, ce 2018 distille d'agréables arômes de fruits noirs et rouges confits agrémentés de fines notes boisées. Souple, ample et longue, la bouche est bien équilibrée, portée par des tanins fondus et prolongée par une finale légèrement épicée. ⧗ 2023-2027

CH. LE MOULIN DE LA MARZELLE, Impasse des Gombauds, 33710 Tauriac, tél. 06 15 36 26 69, info@vinscoporandy.com r.-v.

CH. MOULIN DES RICHARDS 2019 ★

| 502130 | | - de 5 € |

Gilbert Dupuy regroupe en 1956 des parcelles familiales pour former un vignoble de 8 ha. Aujourd'hui, une belle unité de 66 ha, conduite depuis 1982 par Joël, rejoint en 2010 par son fils Damien, et 2 crus souvent très remarqués, Laroche Joubert et Labadie.

À l'olfaction, ce vin s'ouvre sans réserve sur des arômes gourmands de fruits rouges mâtinés d'amande et d'un trait poivré. Intense, riche, suave et rond, le palais s'appuie sur des tanins denses mais enrobés. De l'harmonie et de la générosité. ⧗ 2023-2028

VIGNOBLES DUPUY, 1, Cagna, 33710 Mombrier, tél. 05 57 64 23 84, contact@vignobles-dupuy.com

♥ CH. NODOZ 2019 ★★

| 30000 | | 8 à 11 € |

Cru déjà connu avant la Révolution, reconstitué au XIXes. par un négociant amateur de Bordeaux et racheté en 1930 par la famille Magdeleine. Jean-Louis, installé en 1979, a conforté sa réputation avant de passer le relais en 1999 à sa fille Sandrine et à son gendre Jean-François Cénac, aujourd'hui à la tête de la propriété. Nodoz, valeur sûre du Bourgeais, couvre aujourd'hui 40 ha à Tauriac, Lansac et Bourg. Autre vin : Ch. Galau.

Élevé en barrique neuve pendant 15 mois, ce 100 % merlot s'habille d'une élégante robe grenat frangée de nuances bleutées. Passé les premières notes de cacao, le nez s'exprime progressivement sur les fruits noirs (cassis, myrtille). La bouche achève de convaincre : du gras, de la puissance, de la suavité mais aucune lourdeur, des tanins veloutés et une longueur impressionnante. On applaudit. ⧗ 2025-2032 ■ **Ch. Galau Elevé en fût de chêne 2019 ★★ (8 à 11 €; 66700 b.)** Un merlot au nez fin et friand de fruits rouges compotés (cerise) et de café torréfiées. La bouche est intense et onctueuse, charpentée par des tanins présents mais délicats et par un noble boisé. Une belle bouteille de garde. ⧗ 2024-2030

EARL CH. NODOZ, 18, chem. de Nodoz, 33710 Tauriac, tél. 05 57 68 41 03, chateau.nodoz@orange-business.fr V t.l.j. 8h30-12h30 13h30-18h30

CH. PERTHUS 2019 ★★

| 20736 | | 5 à 8 € |

Terres bordelaises est une filiale du groupe Les Grands Chais de France, qui diffuse une vaste gamme de domaines girondins, parmi lesquels Bastor-Lamontagne, Saint-Robert, Faizeau, Haut-Mouleyre, Laubès.

Ce 2019 s'exprime délicatement sur les fruits mûrs, la réglisse, le menthol et le cacao. Généreuse en fruit, longue, dense, ample et grasse, charpentée par des tanins soyeux mais plus serrés en finale, la bouche signe un beau vin de garde. ⧗ 2024-2031

SCEA TERRES BORDELAISES, Ch. Bastor Lamontagne, 33210 Preignac, tél. 05 57 98 07 20, vcachau@lgcf.fr

CH. PLAISANCE 2019 ★★

| 60000 | | 8 à 11 € |

Après avoir travaillé 20 ans aux côtés de son père Alain Faure, d'une vieille lignée vigneronne du Bourgeais, Agnès Faure-Havart a repris en 2015 les propriétés (40 ha) que ce dernier avait achetées en 2004, notamment le Ch. Plaisance et le Ch. le Ferreau-Belair, en côtes-de-bourg, implantées non loin de la pittoresque «route verte», en corniche. La famille propose aussi des cuvées de négoce.

Le nez frais et complexe convoque les petits fruits noirs et les notes de sous-bois. D'une belle complexité également, la bouche se montre ample, suave et longue, irriguée par un délicieux mariage des fruits noirs et du moka et soutenu par des tanins fermes qui invitent à la garde. ⧗ 2024-2028

SCE VIGNOBLES PLAISANCE, 3, Coubet, 33710 Villeneuve, tél. 05 57 64 93 99, christophe.havart@orange.fr V r.-v.

CH. PUYBARBE 2018 ★★

| 22200 | | 11 à 15 € |

Acquis en 2018 par Anna et Riku Vaananen, ce domaine régulièrement en vue dans ces pages appartenait à la famille Orlandi depuis 1952. Il est situé sur le point culminant de l'appellation côtes-de-bourg. Le vignoble de 36 ha, certifié HVE, est cultivé sans herbicides ni fertilisants chimiques.

Deux tiers de merlot pour un tiers de cabernet-sauvignon et une goutte de malbec (3 %) dans cette cuvée élevée 18 mois en fût. À l'aération, des arômes subtils de fruits rouges et noirs bien mûrs se marient à un léger boisé toasté et épicé. Le palais se montre riche et dense, équilibré par une fine acidité et soutenu par des tanins soyeux et fins. Le mariage de la force et de l'élégance. Le coup de cœur fut mis aux voix. ⧗ 2025-2032 ■ **Le Roc de Ch. Puybarbe 2018 ★ (8 à 11 €; 13800 b.)** Un nez complexe associant les fruits noirs, le pruneau et le caramel, et une bouche dense, corpulente, structurée par des tanins fermes, dessinent un bon vin de garde. 2024-2030

SAS CH. PUYBARBE, 6, Puybarbe, 33710 Mombrier, tél. 09 67 64 52 49, contact@chateaupuybarbe.com V r.-v.

CH. PUY D'AMOUR Grain de Folie 2019 ★★

■	25000		11 à 15 €

Le Ch. Montfollet, l'un des fers de lance du Blayais et du Bourgeais, est conduit depuis 1991 par Dominique Raimond, également propriétaire de plusieurs châteaux : Haut Lalande, Graulet, Merigot, Haut Grela et Puy d'Amour. Dominique Raimond fait partie de la coopérative de Cars (1937), rebaptisée en 2011 « Châteaux solidaires », qui vinifie séparément les vendanges d'une dizaine de châteaux adhérents, sélectionnés très rigoureusement.

Élevé en amphore et en barrique pendant 12 mois, ce 2019 issu du merlot (85 %) et du malbec exhale un agréable bouquet fruité, boisé et minéral. Une attaque chaleureuse introduit un palais suave, velouté, très long, dynamisée par une finale fraîche aux tonalités d'eucalyptus. Proche du coup de cœur, cette cuvée charmeuse et originale n'usurpe pas son nom. 2025-2032

SARL VIGNOBLES RAIMOND (CH. HAUT GRELA), 9, le Piquet, 33390 Cars, tél. 05 57 42 13 15, d.raimond@chateaux-solidaires.com V *t.l.j. sf sam. dim. 9h-12h 14h-18h*

CH. PUY DESCAZEAU Cuvée Cardinal Elevé en fût de chêne 2019 ★

■	8000		8 à 11 €

En aval de Bourg, sur la corniche girondine, ce domaine d'environ 12 ha est commandé par une élégante chartreuse en pierre calcaire blonde de Bourg. Ses chais sont alimentés en eau par un ancien puits maçonné de 35 m de profondeur. Les actuels propriétaires, Martine et Jean-Marc Médio, l'ont acquis en 1998 et l'exploitent en famille.

Le bouquet, délicat, évoque les fruits rouges mûrs agrémentés de notes pâtissières et d'un fin boisé. Vive à l'attaque, la bouche affiche un fruité généreux, de la densité, de la corpulence et une légère sucrosité équilibrée par une agréable touche saline en finale. 2023-2027

SCEA VIGNOBLES MÉDIO, 23, rte des Vignobles, 33710 Gauriac, tél. 06 12 47 75 75, jmmedio@club-internet.fr V *r.-v.*

CH. RELAIS DE LA POSTE Cuvée Malbec 2019 ★

■	14300		8 à 11 €

Un domaine de 25 ha en Blayais et en Bourgeais, constitué autour d'un ancien relais de poste datant de 1750. Régulier en qualité, il est conduit par Bruno Drode depuis 1985.

Ce pur malbec ouvert et généreux déploie des arômes de fruits noirs, des notes boisées et pâtissières et une touche herbacée. Sur la même ligne aromatique, la bouche se révèle ample, suave et chaleureuse, soutenue par des tanins affinés. 2024-2028

VIGNOBLES DRODE, Relais de la Poste, 3, chem. des Blais, 33710 Teuillac, tél. 05 57 64 37 95, brunodrode@hotmail.fr V *r.-v.*

CH. DE REYNAUD La Volière 2019 ★★

■	6000		8 à 11 €

Après avoir exercé le métier de journalistes en région parisienne, Sandrine et Bernard Capdevielle se sont établis en 1999 à Bourg, non loin de la rivière, sur une surface à taille humaine (5,5 ha) afin de tout maîtriser, élaboration et commercialisation. La reconversion est réussie.

Le nez complexe et élégant s'ouvre sur les fruits noirs mûrs et le bourgeon de cassis accompagnés de touches fumées et toastées. Généreuse dès l'attaque, la bouche se montre ample, dense et riche, avec en finale un trait d'amertume épicée (cannelle, clou de girofle). Une cuvée atypique au solide potentiel de garde. 2025-2032 ■ **2019** ★ (5 à 8 €; **15000 b.**) Au nez, des fruits mûrs et des touches vanillées et pâtissières. Le palais offre de la rondeur, de l'amplitude, de la douceur et du gras, étayé par des tanins fondus. 2022-2026

BERNARD CAPDEVIELLE, Ch. de Reynaud, 1, lieu-dit Reynaud, 33710 Bourg-sur-Gironde, tél. 05 57 68 44 13, chateau.reynaud@wanadoo.fr V *r.-v.*

CH. LE SABLARD Prestige 2018 ★

■	10000		8 à 11 €

Ce cru familial « à taille humaine » (10 ha) est conduit depuis 2001 par Catherine et Thomas Buratti-Berlinger. Le domaine est certifié en agriculture biologique depuis 2020.

Net et intense à l'olfaction, ce vin élevé 14 mois en fût de chêne libère des arômes de fruits rouges mûrs (fraise, framboise) accompagnées de nuances florales et d'un fin boisé. D'une longueur appréciable, la bouche se montre dense et onctueuse, adossée à des tanins fondus et prolongée par une finale sur la fraîcheur. De bonne garde assurément. 2025-2032

SCEA JACQUES BURATTI, 7, Le Rioucreux, 33920 Saint-Christoly-de-Blaye, tél. 05 57 42 57 67, chateau.le.sablard@orange.fr V *t.l.j. 8h30-12h 14h-18h. sam. dim. sur. r.-v.*

CH. SAUMAN Cuvée Tradition 2019 ★★

■	22500		5 à 8 €

Surplombant l'estuaire de la Gironde, ce cru et ses 23 ha de vignes sont situés au nord de l'appellation côtes-de-bourg. Ancien lieu de villégiature de la famille Sinan-Braud depuis un siècle et demi, c'est Louise Sinan qui a fait de cet endroit une propriété viticole à part entière à la fin du XIXe s. Une histoire que Véronique Braud continue d'écrire depuis 1989.

Cette cuvée dévoile un nez riche et complexe associe les fruits mûrs à des nuances boisées vanillées et fondues. Tout aussi friand et d'une belle longueur, ample et gras, le palais s'adosse à des tanins bien enrobés et déploie de fins amers en finale. Un vin puissant et expressif, au joli potentiel de garde. 2024-2030

VIGNOBLES BRAUD, Le Sauman, 33710 Villeneuve, tél. 05 57 42 16 64, dir.sauman@adefresidences.com V *t.l.j. 9h-12h 13h30-17h; sam. dim. sur r.-v.*

CH. TERREFORT-BELLEGRAVE 2019 ★★

■ | 2600 | | 11 à 15 €

Fils d'agriculteurs, Dominique Briolais a acquis en 1976 un vignoble de 3 ha en côtes-de-bourg. Épaulé par sa fille Aurore, il conduit aujourd'hui un vignoble de 35 ha (Ch. Haut Mousseau et Ch. Terrefort-Bellegrave) sur plusieurs communes de l'appellation. En 1991, il a traversé l'estuaire pour s'implanter sur la rive gauche, à Jau-Dignac-et-Loirac, en achetant le Ch. Pontac Gadet (11 ha) en AOP médoc.

Élevée 18 mois en barrique, cette cuvée née du merlot et d'une goutte de cabernet-sauvignon (1 %) exhale un savoureux parfum de sorbet aux fruits rouges légèrement toasté. En accord avec l'olfaction, le palais se montre à la fois puissant et délicat, ample et frais, fruité et croquant, soutenu par une fine structure tannique. ⧗ 2025-2032

SCEA VIGNOBLES BRIOLAIS, 220, rte des Vignobles, 33710 Teuillac, tél. 05 57 64 34 38, aurorebriolais@vignobles-briolais.com V *t.l.j. sf sam. dim. 8h30-12h 14h-17h30* ❷ Ⓑ

Ⓑ CH. LES TOURS SEGUY
L'Esprit de Seguy 2018 ★★

■ | 1800 | | 11 à 15 €

Mentionné à la fin du XVIII^e^s., puis dans le Féret de 1868, un domaine de 13,5 ha, entré dans la famille de Jean-François Breton en 1842. Ce dernier l'exploitait depuis 1998 et en a fait une valeur sûre des côtes-de-bourg, avant de le céder en 2015 à Frédéric Veron.

Cabernet franc (65 %), merlot (28 %) et malbec sont unis pour le meilleur dans ce vin au bouquet subtil et complexe de fruits rouges et noirs rehaussés de notes épicées et boisées. La bouche se révèle ample et suave, étayée par des tanins à la fois fermes et fins. Un vin aussi élégant que puissant. ⧗ 2025-2032

SCEA CH. LES TOURS SEGUY, 1, Le Seguy, 33710 Saint-Ciers-de-Canesse, tél. 06 30 52 19 81, scea.tourseguy@gmail.com r

CH. LA TUILIÈRE Les Armoiries 2018 ★

■ | 20000 | | 11 à 15 €

Un domaine acquis en 2017 par Messieurs Dumont, Dorland et Clauzel qui disposent d'un vignoble de 13 ha planté sur les 2 versants opposés d'un même coteau.

Le nez complexe et délicat séduit par ses notes de fruits confiturés mâtinées de nuances grillées et épicées. Persistante et généreuse sur le fruit, la bouche déploie une matière ronde, ample, soyeuse et légèrement suave, adossée à une structure tannique et un boisé bien en place. ⧗ 2024-2028

DUMONT, DORLAND ET CLAUZEL, Ch. la Tuilière, 33710 Saint-Ciers-de-Canesse, tél. 05 57 64 80 90, contact@vignes-secretes.com V *t.l.j. 9h-18h* ❺

CH. VIEUX LANSAC
Parcelle Grand Puy Jaubert 2019 ★

■ | 6000 | | 8 à 11 €

Depuis 4 générations, ce domaine familial exploite un terroir de graves, d'argiles et de calcaire, sur des parcelles entourant les anciennes tours du Ch. de Lansac, édifié au XIII^e^s. Majoritairement consacré au merlot, l'encépagement de 14 ha est complété par un peu de cabernet franc et de cabernet sauvignon.

Ce 100 % merlot associe les fruits rouges et des parfums de sous-bois à des notes minérales et torréfiées. Une attaque fraîche introduit une bouche ronde, friande, fruitée, de belle longueur, aux tanins élégants et soyeux, mais un brin plus serrés en finale. ⧗ 2023-2026

SARL VIGNOBLES DURAND, 3, rue des Tuileries, 33710 Lansac, tél. 06 07 72 55 58, les-vignobles-durand@orange.fr V *r.-v.*

➧ LE LIBOURNAIS

▶ CANON-FRONSAC ET FRONSAC

Bordé par la Dordogne et l'Isle, le Fronsadais offre des paysages tourmentés, avec 2 tertres atteignant 60 et 75 m, d'où la vue est magnifique. Point stratégique, cette région joua un rôle important, notamment au Moyen Âge – une puissante forteresse, aujourd'hui disparue, y fut construite à l'époque de Charlemagne –, puis lors de la Fronde de Bordeaux. Le Fronsadais a gardé de belles églises et de nombreux châteaux. Très ancien, le vignoble produit sur 6 communes des vins de caractère, à la fois corsés, fins et distingués. Toutes ces localités peuvent revendiquer l'appellation fronsac, mais Fronsac et Saint-Michel-de-Fronsac sont les seules à avoir droit, pour les vins produits sur leurs coteaux (sols argilo-calcaires sur banc de calcaire à astéries), à l'appellation canon-fronsac.

CANON-FRONSAC

Superficie : 300 ha / Production : 16 200 hl

CH. BARRABAQUE Prestige 2018 ★

■ | 10000 | | 15 à 20 €

Les canon-fronsac de Barrabaque font référence; le cru se défend aussi en fronsac. Un domaine créé au XVIII^e^s., dans la famille Noël depuis son acquisition en 1936 par le grand-père ch'ti, brasseur et négociant en vins. Sa fille Nicole a pris la suite jusqu'en 2004, année de l'arrivée aux commandes de Caroline Noël-Barroux, aujourd'hui à la tête de 9,2 ha de vignes. Incontournable.

Aussi intense au nez qu'en bouche, ce vin n'est qu'aux prémices de son évolution. Ses arômes de fruits noirs mêlés d'épices et d'une légère touche vanillée se fondent dans une bouche de parfaite maturité, encore cadrée par des tanins fermes et imposants mais appelés à se fondre. C'est un vin dense, structuré, puissant, bâti pour une longue garde, qui devrait contenter les amateurs de viande grillée. ⧗ 2024-2032 ■ **Hugo 2018 ★ (8 à 11 €; 6000 b.)** D'un potentiel prometteur, ce rouge encore juvénile présente des notes florales, de fraise au sucre et de cerise noire très engageantes. La bouche reste ferme, avec des tanins présents, mais soutenue par une belle maturité du fruit. Un vin en devenir, à attendre quelques années avant de l'apprécier à table. ⌛ 2025-2032

SCEV NOËL, 4, lieu-dit Barrabaque, 33126 Fronsac, tél. 06 07 46 08 08, barrabaque@gmail.com V r.-v.

CH. CANON LA VALADE 2018 ★

■	13500		15 à 20 €

En 2005, Hervé Roux a pris la suite de son père à la tête de l'exploitation familiale dominant la vallée de l'Isle, sur le versant sud-est des coteaux de Fronsac. Son domaine compte 18 ha de vignes.

Ce 100 % merlot joue la carte de l'équilibre et du confort. Le nez, fin et floral, donne le ton et la bouche suit ce registre apaisé, de grande mesure. L'élevage sous bois est parfaitement ajusté, laissant toute sa place au fruit et aux tanins qui ne sont pas durcis. L'ensemble est très agréable, suave et frais. Un très joli vin, gracieux, à réserver sur une viande blanche d'ici 3 à 5 ans. ⌛ 2024-2028

EARL VIGNOBLES J. B. ROUX ET FILS, 2, La Valade, 33126 Fronsac, tél. 06 98 89 30 08, chateaulavalade@orange.fr V *t.l.j. 8h-12h 14h-19h30*

CH. CANON PÉCRESSE 2018 ★

■	10000		20 à 30 €

La famille Pécresse, ancienne propriétaire des châteaux Grand Corbin et Trotanoy, préside depuis 4 générations aux destinées de ce cru. Un domaine de 4,2 ha, connu jusqu'en 2003 sous le nom de Vray Canon Bodet-la-Tour, aujourd'hui dirigé par Francis et son fils Jean-Francis.

Voilà un joli classique de son appellation, s'exprimant autour de notes de fruits noirs et d'épices. La bouche, avenante, bien équilibrée et assez souple, montre dans ce millésime solaire une belle harmonie d'ensemble. Déjà agréable aujourd'hui, il gagnera à attendre 2 à 3 ans de plus pour accommoder un rôti de veau aux cèpes ou une côte de cochon au jus. ⌛ 2022-2026

SC DES GRANDS CRUS DU LIBOURNAIS, Ch. Canon Pécresse, 33126 Saint-Michel-de-Fronsac, tél. 05 57 24 98 67, canon@pecresse.fr V *r.-v.*

B CH. CANON SAINT-MICHEL 2018 ★★

■	n.c.		11 à 15 €

Un cru régulier en qualité, constitué dans les années 1950 par Jean Garnier, mis en fermage entre 1979 et 1998, jusqu'à l'arrivée du petit-fils Jean-Yves Millaire qui en a repris la gestion directe. Le vignoble (30 ha aujourd'hui) est conduit en bio et en biodynamie (certification en 2009 et en 2012 respectivement).

Tout en finesse et en élégance, ce vin est une très belle réussite. Calé sur de jolies notes de fruits rouges et de violette, avec un léger accent toasté apporté par son élevage, il joue de souplesse et de raffinement sans se départir d'un côté bien en chair. C'est un vin complet, déjà très appréciable aujourd'hui et qui pourra encore patienter 2 à 3 ans de plus sans problème. ⌛ 2022-2026

SCEA VIGNOBLE MILLAIRE, 21, Gazeau Lamarche, 33126 Fronsac, tél. 06 08 33 81 11, bureau@vins-millaire.fr V *t.l.j. 9h-12h 14h-18h30*

CH. COUSTOLLE 2018 ★

■	60000		11 à 15 €

Xavier Roux possède 2 propriétés. Acquis en 1940, le Ch. Coustolle étend son vignoble en forme de cirque sur 20 ha. Le merlot (70 % de l'encépagement) domine sur les plateaux argilo-calcaires, le cabernet franc (28 % du vignoble) sur le grès du vallon central, le malbec sur le plateau devant la bâtisse. Acquis en 1969, le Ch. Capet Bégaud (4 ha de l'appellation) est un ancien relais de poste sur la route de Saint-Jacques de Compostelle, qui fut un temps visité et occupé par Hugues Capet.

Marqué par une légère note de vanille et de caramel au nez, ce rouge a du tempérament ; les tanins sont mûrs, la trame est vivace, l'ensemble gourmand. Les fruits rouges ressortent nettement à la dégustation, avec une touche acidulée qui porte le vin dans la fraîcheur. Un canon-fronsac plaisant et qui ne manque pas de complexité. ⌛ 2022-2027

SCEA VIGNOBLES ALAIN ROUX ET FILS, 33126 Fronsac, tél. 05 57 51 31 25, coustolle.fronsac@wanadoo.fr V *t.l.j. sf sam. dim. 8h30-12h30 14h30-19h*

CH. GRAND RENOUIL 2018 ★★

■	4545		20 à 30 €

Les Ponty, d'origine corrézienne, sont établis à Fronsac depuis le début du XXe s. et propriétaires du Ch. Pavillon depuis 1925 et du Ch. Grand Renouil depuis 1938. Michel Ponty, installé en 1986, propose aussi des vins en AOC régionale avec le Clos Virolle et le blanc de Grand Renouil.

Pur merlot, ce vin débonnaire fera consensus ! De bon volume, dense et fondant, il distille ses beaux parfums de fruits rouges parfaitement mûrs dans une trame soyeuse, de grande ampleur. Voilà un vin de grande harmonie, déjà tellement séduisant. Les plus patients pourront l'attendre encore, les autres le passeront en carafe pour le servir sur des paupiettes de veau à la sauge. ⌛ 2022-2030

EARL VIGNOBLES PONTY, 3, rue du Port-de-Fronsac, 33126 Fronsac, tél. 05 57 51 29 57, info@vignoblesponty.com V *r.-v.*

B CH. LAMARCHE CANON 2018 ★★

■	n.c.		15 à 20 €

Un cru régulier en qualité, constitué dans les années 1950 par Jean Garnier, mis en fermage entre 1979 et 1998 jusqu'à l'arrivée du petit-fils Jean-Yves Millaire qui en a repris la gestion directe. Le vignoble (30 ha aujourd'hui) est conduit en bio et en biodynamie (certification en 2009 et en 2012 respectivement).

Intense et profond, ce vin est un bon représentant de son appellation. Le nez s'ouvre sur une note très mûre, entre cerise à l'eau-de-vie et fraise écrasée. La bouche prolonge ce registre de fruits confiturés autour de tanins soyeux et d'une trame assez souple. La finale vive répond à la gourmandise de l'ensemble. Une belle matière à attendre encore un peu pour en apprécier le plein potentiel. ⌛ 2023-2030

SCEA VIGNOBLE MILLAIRE, 21, Gazeau Lamarche, 33126 Fronsac, tél. 06 08 33 81 11, bureau@vins-millaire.fr V *t.l.j. 9h-12h 14h-18h30*

CH. MAUSSE 2018 ★

■ | 20 000 | | 8 à 11 €

Maison de négoce fondée en 1898 par Jean Janoueix, d'origine corrézienne, dirigée depuis 1973 par Guy Janoueix, propriétaire de plusieurs crus du Libournais : Mausse (canon-fronsac), Grate-Cap (pomerol), Petit Clos Figeac et Grand Fortin (saint-émilion).

Ce joli 2018 impose son équilibre, l'expression de son fruit et sa souplesse. L'élevage d'un an en barriques est judicieusement dosé et laisse toute sa place au fruit, notamment des notes de groseille croquante et acidulée. Il y a beaucoup de tendreté dans ce vin en bouche, des tanins de velours, une touche florale et de la fraîcheur. C'est une bouteille d'évidence qui devrait plaire au plus grand nombre et que l'on peut servir en début de repas, sur des salaisons, ou bien sur une volaille fine à la broche. ⧗ 2022-2028

SCEA GUY JANOUEIX, 124, av. Georges-Clemenceau, 33500 Libourne, tél. 05 57 51 27 97, contact@guy-janoueix.com V r.-v.

CH. MAZERIS 2018 ★★

■ | 60 000 | | 11 à 15 €

Un domaine fondé en 1769 par la famille de Cournuaud. Neuf générations s'y sont succédé, avec Patrick depuis 1994, rejoint par ses fils Jean et Matthieu. Le vignoble, d'un seul tenant, couvre 17 ha sur les hauteurs de Saint-Michel-de-Fronsac.

Voilà un vin tout à fait plaisant, au fruité mûr et disert, à la bouche charnue et bien proportionnée. Les tanins sont soyeux, l'ensemble très agréable, de bonne dimension, avec un bon fruit. La fraîcheur finale porte le vin sur la longueur et lui donne de l'appétence. Une petite garde lui conviendra, sauf à décider de l'accommoder dès aujourd'hui sur une belle côte de bœuf. ⧗ 2022-2027

EARL DE COURNUAUD, 5, Ch. Mazeris, 33126 Saint-Michel-de-Fronsac, tél. 05 57 24 96 93, contact@chateau-mazeris.com V r.-v.

♥ CH. ROULLET Merlot 2018 ★★

■ | 4 600 | | 15 à 20 €

Fondés en 1870 dans le Fronsadais, les vignobles Dorneau couvrent 25 ha et 3 crus : La Croix, le domaine d'origine (10 ha), Roullet, acquis en 1946 (2,8 ha), et Pontus (10 ha), acquis en 1960, ancienne propriété du peintre animalier Princeteau, auxquels s'ajoute un fermage sur le Château Haut Gros Bonnet. Patrick Dorneau est aux commandes depuis 1993.

Largement dominé par le merlot, à hauteur de 95 %, ce vin a séduit le jury qui lui décerne un coup de cœur. Le nez généreux, marqué par les fruits noirs et la confiture de mûre, accompagné d'une petite touche boisée, augure un vin racé, au solide potentiel. Très expressif, franc et puissant, le palais confirme cette impression et se révèle parfaitement équilibré. Une belle garde en perspective. ⧗ 2024-2032

SCEA DORNEAU ET FILS, 10, La Croix Gandineau, 33126 Fronsac, tél. 05 57 51 31 28, scea-dorneau@wanadoo.fr V r.-v.

♥ VINEA 2018 ★★

■ | 4 900 | | 11 à 15 €

Situé dans le Fronsadais, le Ch. Haut-Peychez est un petit cru de 3,3 ha établi sur un plateau calcaire offrant une belle vue sur la vallée de l'Isle. Dans la même famille depuis 1853, il est depuis 2008 dirigé par Éric Ravat, qui exploite aussi un petit hectare en canon-fronsac (Vinea).

Après un coup de cœur dans l'édition précédente pour sa cuvée Marius 2017, Éric Ravat fait aussi bien avec son 2018. Gourmand et frais, ce pur merlot est un très beau vin, aux notes de framboise fraîche et de cerise bien mûre, à la trame souple et soyeuse. L'ensemble est de bonne mesure, très ajusté, sans aucune dureté ni dans les tanins ni dans l'élevage. On apprécie sa rondeur, son volume et son caractère avenant, avec une finale acidulée qui ramène de la fraîcheur. Dès aujourd'hui, il sera parfait sur une viande grillée ou une terrine de campagne, mais son avenir en cave est aussi assuré. ⧗ 2022-2028

ÉRIC RAVAT, 2, Peychez, 33126 Fronsac, tél. 06 77 74 22 20, christian.ravat@wanadoo.fr V r.-v.

FRONSAC

Superficie : 830 ha / Production : 44 400 hl

CH. BARRABAQUE Tradition 2018 ★

■ | 12 000 | | 8 à 11 €

Les canon-fronsac de Barrabaque font référence; le cru se défend aussi en fronsac. Un domaine créé au XVIIIes., dans la famille Noël depuis son acquisition en 1936 par le grand-père ch'ti, brasseur et négociant en vins. Sa fille Nicole a pris la suite jusqu'en 2004, année de l'arrivée aux commandes de Caroline Noël-Barroux, aujourd'hui à la tête de 9,2 ha de vignes. Incontournable.

Tout en harmonie, ce 2018 joue la carte de la souplesse et de la simplicité. Notes de fruits rouges, tanins soyeux, chair juteuse et tendre : tous les voyants d'un vin immédiatement accessible sont au vert. Une bouteille à découvrir sur des grillades ou une belle poêlée de cèpes. ⧗ 2021-2026

SCEV NOËL, 4, lieu-dit Barrabaque, 33126 Fronsac, tél. 06 07 46 08 08, barrabaque@gmail.com V r.-v.

CH. BEAUSÉJOUR 2018 ★

■ | 40 000 | | 8 à 11 €

Remontant à 1868, la propriété appartient à la famille Sudrat depuis 1914. Le vignoble est réparti entre

les AOC pomerol (Ch. Bel-Air, 913 ha) et fronsac (Ch. Beauséjour, 23 ha).

Allant crescendo, ce vin débute timidement, par un nez discret aux arômes de fruits rouges et de fruits à noyau assez délicats. La bouche s'affirme davantage, avec une belle présence tannique, une touche boisée due à l'élevage en barriques et une bonne harmonie d'ensemble. Laissez-lui encore quelques années pour s'assouplir, il n'en sera que meilleur. ⧗ 2023-2027 ■ **Cuvée Prestige 2018 ★ (11 à 15 €; 18600 b.)** Voilà un pur merlot onctueux, aux tanins bien enrobés, qui revendique un style avenant et confortable. Tout ici semble maîtrisé, le fruit frais et gourmand, la trame de bon volume et bien structurée. Une belle réalisation à apprécier sur un bœuf bourguignon ou une épaule d'agneau cuite longuement au four. ⧗ 2022-2027

SCEA VIGNOBLES SUDRAT-MELET, 5, chem. de la Cabanne, 33500 Pomerol, tél. 05 57 51 02 45, vignsudrat-melet@wanadoo.fr V r.-v.

CH. BEAU SITE DE LA TOUR 2018 ★

■	50000		8 à 11 €

Établie à Saint-Émilion, la famille La Tour du Fayet exploite plusieurs crus en Libournais, autour de la cité médiévale et en Fronsadais : Ch. Canset de la Tour et son second vin Ch. Tour Lescours (12 ha en saint-émilion grand cru et saint-émilion), Ch. Gueyrot (8 ha en saint-émilion grand cru), Dom. du Fayet (3 ha en AOC régionales), Clos Lagüe et Ch. Beau Site de la Tour (respectivement 2 et 10 ha en fronsac).

Ce vin bien construit et équilibré devrait rencontrer un large public qui appréciera ses arômes nuancés et sa gourmandise. Le nez de fruits mûrs, légèrement réglissé, est particulièrement intense et engageant ; la bouche suit sur le même registre d'efficacité, entre tanins veloutés, matière fraîche et sève agile. Le vin pour tous par excellence. ⧗ 2022-2026

CH. BEAU SITE DE LA TOUR, 4, lieu-dit Lague, 33126 Fronsac, tél. 05 57 51 78 49, gillescuisinier@gmail.com V r.-v.

♥ CH. DE CARLES Haut-Carles 2018 ★★

■	31000		15 à 20 €

Un domaine commandé par un château des XVe et XVIe s., construit sur le tertre de Fronsac par les Carles, puissante dynastie de la noblesse parlementaire de Bordeaux. Il est depuis 1900 dans la famille Chastenet de Castaing, dont descend Constance Droulers, installée en 1983 avec son mari Stéphane. Le couple a fait du vignoble (15 ha) un haut lieu des vins du Fronsadais. Haut-Carles, sélection parcellaire lancée en 1994, collectionne les étoiles et les coups de cœur dans le Guide.

Réussite inconditionnelle de son appellation, ce vin remporte tous les suffrages. Il faut dire que le merlot, fortement majoritaire, joue d'élégance et de gourmandise dans un superbe équilibre. Les notes toastées de l'élevage se fondent agréablement et laissent toute sa place au fruit, bien calé dans une bouche de grand volume, structurée par des tanins soyeux, à la finale fraîche et longiligne. Voilà une bouteille d'avenir, à la garde assurée. ⧗ 2023-2030

SCEV CH. DE CARLES, lieu-dit Carles, 33141 Saillans, tél. 05 57 84 32 03, contact@hautcarles.com V r.-v.

CH. CARLMAGNUS 20th Anniversary 2018 ★

■	60000		15 à 20 €

Petit-fils d'Ernest Roux, qui possédait de nombreux crus en Fronsadais, Arnaud Roux-Oulié, ancien champion de France d'escrime, exploite depuis 1998 plusieurs crus dans ce secteur : Lagüe, Montcanon, Vincent et Carlmagnus, domaine au nom inspiré par l'empereur Charlemagne, qui serait passé par Fronsac, où il aurait fait construire une forteresse.

Riche, cossue, cette cuvée anniversaire du château impose un style ambitieux. Marquée par les fruits noirs bien mûrs, elle déroule un jus puissant, de grand volume, entouré de tanins savoureux. C'est un vin profond dédié à la garde, qui ne demande qu'un peu de temps pour se fondre. L'amateur de vin structuré sera récompensé. ⧗ 2023-2030

SARL MAISON ROUX-OULIÉ, Ch. Lagüe, 33126 Fronsac, tél. 05 57 51 24 68, arnaud.rouxoulie@gmail.com V r.-v.

♥ CH. DALEM 2018 ★★

■	100000		30 à 50 €

L'un des plus anciens crus du Fronsadais, créé en 1610, et sans doute l'un des plus qualitatifs. Dominant la vallée de l'Isle, le vignoble se répartit entre le Ch. Dalem (12 ha), l'étiquette phare, et le Ch. de la Huste (8 ha). Dans la même famille pendant 3 siècles avant d'être vendu en 1955 à Michel Rullier, il est depuis 2020 dirigé par la fille de ce dernier, Brigitte Rullier-Loussert.

Réunissant tous les attributs du grand vin, cette cuvée pousse l'intégralité des curseurs au maximum : fruit abondant et parfaitement mûr, intensité des parfums, trame riche et complexe, appuyée par des tanins enrobés et frais, longueur superbe. Il y a de la chair et du goût dans ce vin, une magnifique persistance de saveurs et surtout un grand style, à la fois élégant et charnu. Après les millésimes 2014, 2015 et 2016, le domaine décroche son quatrième coup de cœur en 5 éditions ! ⧗ 2023-2030

SCEA VIGNOBLES BRIGITTE RULLIER, 1, Dalem, 33141 Saillans, tél. 05 57 84 34 18, contact@chateaudalem.fr V r.-v.

LE BORDELAIS

CH. DE LA DAUPHINE 2018 ★

■ | 87000 | | 20 à 30 €

Un bel écrin de 53 ha converti au bio, commandé par un château du XVIIIᵉs., qui doit son nom à un séjour de Marie-Josèphe de Saxe, dauphine de Louis XV. L'industriel Jean Halley, qui l'avait acquis auprès de Jean-Pierre Moueix en 2000, a cédé le cru en 2015 à la famille Labrune.

Parfait ambassadeur de son appellation, ce rouge de bonne structure séduit par son équilibre, ses notes de fruits noirs et d'herbes aromatiques, ses tanins frais et sa belle allonge. Un très joli vin à servir carafé ou à garder quelques temps pour une entrecôte béarnaise ou un onglet aux échalotes. ⌛ 2022-2026

SASU CH. DE LA DAUPHINE, 5, rue Poitevine, 33126 Fronsac, tél. 05 57 74 06 61, contact@chateau-dauphine.com V r.-v.

CH. FONTAINE-SAINT-CRIC 2018 ★

■ | 12000 | | 11 à 15 €

Un cru de poche (1,5 ha) implanté sur les coteaux de Saint-Aignan, acquis en 2002 par des associés et amis de différentes nationalités.

Voilà un pur merlot à boire dès à présent, offrant une aromatique épicée et fruitée très engageante, une belle structure aux tanins abondants et une belle tenue d'ensemble. Un joli fronsac qui devrait plaire au plus grand nombre, à servir sur une viande rouge mijotée ou grillée. ⌛ 2021-2024

SA CH. FONTAINE-SAINT-CRIC, 13, Saint-Cric, 33126 Saint-Aignan, tél. 06 75 01 29 74, xavier.grassies@laposte.net V r.-v.

CH. FONTENIL 2018 ★★

■ | 58000 | | 20 à 30 €

Consultants de réputation internationale, Michel et Dany Rolland mettent aussi à profit leurs techniques de vinification sur leur propre exploitation. Acquise en 1986, leur propriété de Saillans, 9 ha implantés sur des coteaux exposés au sud, dans la vallée de l'Isle, fait référence en Fronsadais.

Cette cuvée détaille toute la virtuosité d'un 100 % merlot élevé 18 mois en barriques. Fruits noirs parfaitement dégagés, attaque puissante, trame de grand volume, relief et complexité se lient pour former un vin qui dépasse les standards de son appellation. Il faudra encore l'attendre, voire le carafer, pour en apprécier tout le potentiel. Un vin pour retour de chasse, gibiers à plumes et ragoûts. ⌛ 2023-2030

SARL ROLLAND COLLECTION (CH. FONTENIL), Cardeneau-Nord, 33141 Saillans, tél. 05 57 51 52 43, contact@rollandcollection.com V r.-v.

CH. GEORGE 7 Prince de George 7 2018 ★★★

■ | 2000 | | 11 à 15 €

D'origine britannique mais vivant en France depuis plus de 25 ans, Sally Evans a quitté le monde du conseil pour la vigne en fondant son domaine (3 ha) en 2017 à Saillans.

C'est le premier millésime de ce domaine nouvellement créé et un premier succès : pour un coup d'essai, c'est un coup de maître. Intense, parfaitement mûr, calé sur un fruit noir abondant, avec une pointe de toasté et de vanille de l'élevage, ce fronsac défend tous les plus beaux attributs de son appellation. On y trouve le volume et la puissance nécessaires sans dureté ni arrogance, une belle persistance finale et surtout un équilibre majeur. ⌛ 2024-2030 ■ **2018 ★★ (15 à 20 €; 7000 b.)** Ce 100 % merlot trouve un parfait équilibre entre structure et élégance. L'élevage de 18 mois en barrique est parfaitement ajusté et ne contraint pas le vin ; la trame puissante, les tanins élégants, la maturité d'ensemble forment un vin de belle maîtrise, appelé à la garde. Une belle découverte, d'un style et d'un terroir. ⌛ 2024-2030

CH. GEORGE 7, 1, le Bergey, 33141 Saillans, tél. 06 81 52 24 80, sally@chateaugeoge7.com V r.-v.

CH. HAUCHAT LA ROSE 2018 ★

■ | 10000 | | 11 à 15 €

Vignerons depuis le XVIIIᵉs. et 9 générations, les Saby – depuis 1997 les frères Jean-Christophe et Jean-Philippe, tous deux œnologues comme leur père Jean-Bernard – possèdent plusieurs crus dans le Libournais et exploitent un ensemble de 70 ha.

Souple et agréable, ce vin réunit tous les critères de réussite que l'on est en droit d'attendre d'un bon fronsac. Intensité de parfums, notes de cerise noire, de cassis et d'épices, attaque ample et trame ciselée, portée par des tanins soyeux, un fruit mûr et une saine fraîcheur. Idéal dès aujourd'hui avec des côtelettes d'agneau au gril ou des travers de porc. ⌛ 2021-2025

EARL VIGNOBLES JEAN-BERNARD SABY ET FILS, Ch. Rozier, 33330 Saint-Laurent-des-Combes, tél. 05 57 24 73 03, ets.saby@orange.fr V r.-v. B

CH. HERVÉ LAROQUE 2018 ★

■ | 30000 | | 11 à 15 €

Moulin Haut-Laroque, aujourd'hui 16 ha, a été créé par la famille Hervé, dont l'ancêtre, marin breton, s'était installé à Saillans en 1607. La première mise en bouteilles remonte à 1890. Le domaine est l'un des porte-drapeaux de l'appellation fronsac, avec nombre d'étoiles et de coups de cœur à son actif. Il est conduit depuis 1977 par Jean-Noël Hervé, rejoint en 2012 par son fils Thomas.

Ce beau vin, ample et fruité, fait honneur à sa catégorie. On apprécie d'emblée son nez intense marqué par le cassis, souligné d'un boisé-grillé avenant et pas superlatif. La bouche, souple et ronde, est de bonne dimension fruitée, cernée par des tanins mûrs, une finale persistante et de la fraîcheur. Un classique de son appellation. ⌛ 2022-2026

SARL JEAN-NOËL HERVÉ, 1, Le Moulin, 33141 Saillans, tél. 05 57 84 32 07, contact@moulinhautlaroque.com V r.-v.

CH. LABORY 2018 ★★

■ | 8000 | | 8 à 11 €

Une propriété acquise à l'époque de Louis XIII, en 1628. Une époque à laquelle le Duc de Richelieu possédait sa « Folie » à Fronsac et fit connaître les

vins du Fronsadais à la Cour de Versailles. Le domaine est toujours dans la famille Trocard, avec 2 étiquettes à la carte : Ch. Labory et Ch. Barbey.

Ce vin présente tous les codes du bon vin accessible, élevé uniquement en cuve ; le fruit est ainsi largement présent, affranchi de tout effet boisé. L'attaque souple, les tanins fondus, la belle résonance aromatique entre fruits frais et notes florales forment un ensemble ravissant, pur et sans artifice. Une simplicité gagnante. ⧗ 2021-2024 ■ **Ch. Barbey Nec Pluribus Impar 2018 ★ (11 à 15 €; 2000 b.)** Forgé dans une matière dense et colorée, ce rouge se veut « à nul autre pareil ». Il en prend le chemin, porté par une aromatique intense, où dominent les fruits rouges, la cerise notamment. La bouche, tout en étant puissante et solide, reste encadrée par de jolis tanins, fins et élégants, un boisé discret et une finale sur les fruits mûrs. Une belle interprétation de l'appellation à conserver en cave. ⧗ 2023-2028

DENIS TROCARD, Ch. Labory, 33141 Saillans, tél. 05 57 84 40 58, levigneron@sfr.fr V r.-v.

CH. MAGONDEAU Passion de Magondeau 2018 ★★

■ | 5300 | | 20 à 30 €

Maître Puiffe de Magondeau, notaire à Libourne et ancien propriétaire, a donné son nom à ce cru de Saillans, entré en 1934 dans la famille d'Olivier Goujon. Ce dernier, représentant la 3e génération, s'est installé en 1989 à la tête d'un vignoble de 19 ha.

Ce pur merlot est un vin soigné, parfaitement servi par son élevage en barrique. On apprécie d'emblée son intensité de parfums, sur les fruits noirs, les épices et la réglisse, sa trame charnue, ses tanins soyeux et sa belle persistance. Un vin cossu et structuré à laisser vieillir encore un peu avant de l'apprécier avec une viande mijotée, un petit gibier ou une daube provençale. ⧗ 2023-2028

SCEV VIGNOBLES GOUJON ET FILS, 1, Le Port, 33141 Saillans, tél. 05 57 84 32 02, vignoblesgoujon@gmail.com V r.-v. E

CH. MAYNE-VIEIL Cuvée Aliénor 2018 ★★

■ | 19000 | | 11 à 15 €

Bertrand et Marie-Christine Sèze conduisent Mayne-Vieil depuis 1989. Un cru fronsadais de 47 ha régulier en qualité, dans leur famille depuis 1918 (la vente en bouteilles date du père, Roger, et des années 1960). Un hectare est dédié à l'AOC bordeaux et au Ch. Buisson-Redon.

Portée par son élevage en barrique, cette cuvée ambitieuse ne déçoit pas ; fruits mûrs légèrement confiturés au nez liés à quelques touches de baies rouges, bouche ronde et veloutée, structure puissante sans excès et finale dynamique composent une jolie bouteille à la garde certaine. Une belle ambassadrice de Fronsac. ⧗ 2024-2030 ■ **2018 ★★★ (8 à 11 €; 130000 b.)** Ce pur merlot, élevé uniquement en cuve, tient ses promesses de souplesse et d'accessibilité. Dans sa catégorie de prix, il offre un plaisir immédiat, sans sophistication. C'est un vin simple et avenant, au fruit rouge léger, à la trame bien enrobée, avec une bonne longueur. De quoi satisfaire tout le monde sans détour. ⧗ 2021-2024

SCEA DU MAYNE-VIEIL, 4, rte de Saillans, 33133 Galgon, tél. 05 57 74 30 06, maynevieil@aol.com V *t.l.j. 9h-12h 14h-17h30*

CH. MOULIN HAUT-LAROQUE 2018 ★

■ | 60000 | | 20 à 30 €

Moulin Haut-Laroque, aujourd'hui 16 ha, a été créé par la famille Hervé, dont l'ancêtre, marin breton, s'était installé à Saillans en 1607. La première mise en bouteilles remonte à 1890. Le domaine est l'un des porte-drapeaux de l'appellation fronsac, avec nombre d'étoiles et de coups de cœur à son actif. Il est conduit depuis 1977 par Jean-Noël Hervé, rejoint en 2012 par son fils Thomas.

Liant puissance et maturité dans un belle vivacité, ce vin s'arroge tous les codes de la réussite. Son nez intensément fruité sur la mûre et la griotte augure une belle suite et la bouche ne déçoit pas ; riche et veloutée à la fois, servie par de beaux tanins fondus, elle livre un vin harmonieux, suave et équilibré. Une bouteille vouée à la garde, à réserver pour une grande occasion. ⧗ 2023-2030

SARL JEAN-NOËL HERVÉ, 1, Le Moulin, 33141 Saillans, tél. 05 57 84 32 07, contact@moulinhautlaroque.com V r.-v.

CH. PLAIN-POINT 2018 ★

■ | 233000 | | 20 à 30 €

Plain-Point est une altération de Plein Poing, signifiant « au sommet », ce château était jusqu'à la fin du XVes. une place forte dominant les vallées de l'Isle et de la Dordogne, dont il ne reste aujourd'hui que la chapelle. Un domaine de 100 ha, dont 40 consacrés à la vigne.

Armé pour la garde, ce vin affiche ses ambitions avec assurance. Couleur intense, nez hautement parfumé entre mûre, griotte et liqueur de cassis, bouche riche et suave, portée par des tanins fondus et civilisés. Voilà un fronsac d'envergure, où le boisé reste discret, qui gagnera à vieillir car il en a la capacité. Une belle découverte à privilégier sur un bon civet de lièvre ou une entrecôte maître d'hôtel. ⧗ 2024-2030

SAS CH. PLAIN-POINT, Plain-Point, 33126 Saint-Aignan, tél. 05 57 24 96 55, plainpoint.bertrand@hotmail.com V r.-v.

CH. RENARD Mondésir 2018 ★

■ | 12000 | | 11 à 15 €

En 1955, le Corrézien Amédée Chassagnoux acquiert le Ch. Jean Voisin à Saint-Émilion. Son fils Pierre prend la suite, puis Xavier, le petit-fils, qui s'installe en 1978 dans le Fronsadais, au Ch. Renard (7 ha), dont Renard Mondésir est le premier vin et le bordeaux supérieur Ch. Virecourt une sélection parcellaire.

Voilà un bon classique de son appellation, un pur merlot luxueusement élevé en barrique qui libère un fruit noir bien mûr et des notes toastées. La bouche est assez souple, de bonne tenue, affranchie de son élevage à la faveur de son fruit. Bien équilibré, agréable et frais, ce vin constitue une jolie bouteille à boire ou à garder. ⧗ 2021-2026

XAVIER CHASSAGNOUX, 1, Renard, 33126 La Rivière, tél. 06 80 70 67 82, contact@chateaurenardmondesir.com V r.-v.

CH. DE LA RIVIÈRE 2018 ★

■ | 215000 | | 20 à 30 €

Créé au XVIes. et remanié au XIXes. par Viollet-le-Duc, ce château a été cédé en 2013 au groupe

LE BORDELAIS

chinois Bolian. Un vaste cru de 65 ha alternant plateaux et coteaux argilo-calcaires, qui abrite 8 ha de carrières où sont élevés des vins qui font référence dans le Fronsadais. Il est aujourd'hui dirigé par Xavier Buffo, ingénieur agronome et œnologue arrivé sur le domaine en 1997.

Porté par un fruit bien dégagé, entre notes de baies noires, de réglisse et d'amande torréfiée, ce vin affiche un bon classicisme, une bouche fruitée avec de la tenue et un fruit très mûr. On peut encore l'attendre afin qu'il affine son style et ses tanins ; il sera parfait sur un plat de viande en sauce aux épices. ⧗ 2023-2027

SCA CH. DE LA RIVIÈRE, Ch. de la Rivière, 33126 La Rivière, tél. 05 57 55 56 56, info@chateau-de-la-riviere.com V r.-v. 5

CH. LES ROCHES DE FERRAND Grande Sélection 2018 ★★

■ | 16000 | | 11 à 15 €

Originaires du Fronsadais, ces producteurs ont étendu leur vignoble sur l'autre rive de l'Isle, en appellation lalande. Rémy Rousselot, installé en 1986 sur le domaine familial, exploite 21 ha et propose 4 vins : Châteaux Vray Houchat, Les Roches de Ferrand (fronsac), Pont de Guestres et au Pont de Guîtres (lalande).

Tout en équilibre, ce vin réjouit par son fruit pur (baies noires), de réglisse et d'épices. La bouche livre cette même expression d'équilibre et de fraîcheur, autour de tanins fondus, d'un grand volume et d'une finale très harmonieuse, de belle persistance. Une superbe bouteille où brille l'éclat du fruit. ⧗ 2022-2027 ■ **2018 ★** (8 à 11 €; **70000 b.**) Tout en fruit croquant et en vivacité, ce vin combine souplesse et explosivité. C'est un panier de fruits rouges, couplé à une légère touche florale, qui prend tout le palais et entraîne dans son sillage une trame mûre à souhait, suave et nerveuse, de belle longueur. Une très belle bouteille, à réserver sur des grillades ou un magret de canard aux airelles. ⧗ 2021-2025

RÉMY ROUSSELOT, 6, Signat, 33126 Saint-Aignan, tél. 05 57 24 95 16, vignobles.rousselot@outlook.fr V r.-v.

CH. LA ROUSSELLE 2018 ★★

■ | 9900 | | 20 à 30 €

Commandé par une grande demeure du XVIIIe s., ce cru de Fronsac domine la vallée de la Dordogne. Il a été racheté, puis restauré en 1970 par la famille Davian, qui a commercialisé ses premières bouteilles en 1986. Le vignoble de 4,5 ha est établi au-dessus d'anciennes carrières de pierre.

Ce vin réunit tous les superlatifs. Nez intense, entre cassis, mûre, notes de tabac blond, de cèdre et de toasté apportées par l'élevage, bouche profonde et harmonieuse, de grande complexité. Parfait reflet de son appellation, ce vin puissant et raffiné, de grande élégance, fait déjà forte impression. On ne saurait trop vous conseiller de l'attendre : il devrait épanouir davantage tous ses éléments d'arômes et de structure, pour le plus grand plaisir des gastronomes. ⧗ 2023-2030

SAS ENZO IDE (LUCIA), Ch. la Rousselle, 33126 La Rivière, tél. 05 57 51 83 31, lucia33@orange.fr V r.-v.

CH. SAINT-VINCENT Cuvée Intensité 2018 ★

■ | 5389 | | 20 à 30 €

Un domaine transmis de père en fils depuis 4 générations, situé sur le plus haut plateau de Fronsac, à 100 m d'altitude. Installé en 2001, Nicolas Chevalier y conduit 8 ha de vignes.

Porté par des fruits noirs bien mûrs, des notes de prune, de toasté et de vanille, ce vin séduit d'emblée, dès le nez. La bouche est du même acabit, portée par de fins arômes et laissant un sillage corsé, complexe, de parfait équilibre. C'est un vin bien présent, structuré sans excès, de juste mesure. ⧗ 2022-2026

CH. SAINT-VINCENT, 11, lieu-dit Vincent, 33126 Saint-Aignan, tél. 05 57 24 02 21, sarl.odsv@gmail.com V r.-v.

CH. TESSENDEY 2018 ★

■ | 45000 | | 11 à 15 €

La famile d'Arfeuille, présente depuis le XVIIIe s. dans le Libournais, a acquis le Ch. Tessendey en 1972. Depuis 2011, Arnaud d'Arfeuille gère la propriété de 8 ha située sur le plateau de Saillans, ainsi que le domaine familial du Ch. La Serre, en saint-émilion grand cru classé.

Coloré et intense, marqué par les fruits noirs, ce vin plaît pour sa souplesse, ses tanins fondus, son élégance d'ensemble, sans aspérités. On aime sa finale aiguisée, sur les épices, et son équilibre. Une juste adéquation entre structure et finesse, souplesse et complexité. ⧗ 2021-2026

SCEP BERNARD D' ARFEUILLE, Ch. Tessendey, 33141 Saillans, tél. 06 82 44 10 97, contact@chateautessendey.com V r.-v.

♥ CH. LA VALADE L'Intime 2018 ★★

■ | 2500 | | 20 à 30 €

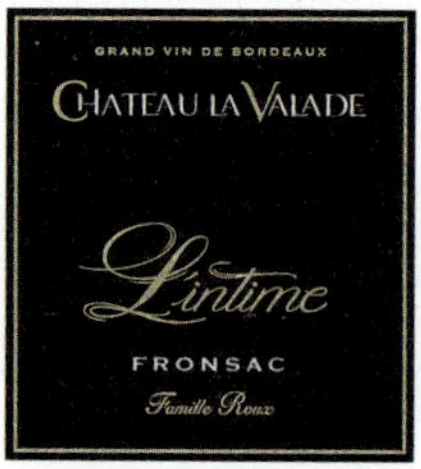

En 2005, Hervé Roux a pris la suite de son père à la tête de l'exploitation familiale dominant la vallée de l'Isle, sur le versant sud-est des coteaux de Fronsac. Son domaine compte 18 ha de vignes.

Issu de vieilles vignes de merlot, ce très joli vin impressionne. Magnifiquement construit autour de notes fruitées élégantes, servies par un élevage en barriques ultra ajusté, il délivre la quintessence de son cépage et de son terroir. Harmonieux, onctueux, raffiné, il vise une belle garde et saura d'ici là convenir à une poularde de Bresse aux girolles. ⧗ 2022-2030 ■ **2018 ★★** (11 à 15 €; **20000 b.**) Élevé sans apport de bois, ce vin joue d'emblée la carte du fruit et de l'accessibilité. Pari tenu puisque ses notes de myrtille, de cerise noire et de mûre séduisent au prime abord. Le palais poursuit sur ce registre tendre et élégant, avec une touche épicée bienvenue en finale, mais aussi beaucoup de matière en cœur de bouche. Un vin facile à boire, qui ne renie pas son potentiel, à partager sur un osso bucco. ⧗ 2021-2025

EARL VIGNOBLES J. B. ROUX ET FILS, 2, La Valade, 33126 Fronsac, tél. 06 98 89 30 08, chateaulavalade@orange.fr V t.l.j. 8h-12h 14h-19h30

CH. LA VIEILLE CROIX 2018 ★

■	22600		15 à 20 €

Situées dans le vallon de Charlemagne, les vignes du domaine La Vieille Croix, propriété de 9 ha, ont une moyenne d'âge de 40 ans et sont composées à 80 % de merlot et 20 % de cabernet franc. Deux vins sont produits sur la propriété : Ch. La Vieille Croix et Ch. Lormenat.

De belle structure, ce fronsac est marqué par les fruits mûrs et les épices à l'olfaction. Il déploie une bouche ample et complexe, aux tanins encore saillants, avec une expression fruitée évidente. Bâti pour la garde, il gagnera à être attendu avant d'accompagner une daube de sanglier ou des rognons de veau aux cèpes. ⧗ 2023-2028

SARL CH. LA VIEILLE CROIX, 1, La Croix, 33141 Saillans, tél. 05 56 23 71 92, vignoblesinvindia@invindia.fr V r.-v.

CH. VILLARS Grand Vin 2018 ★

■	78000		15 à 20 €

Revenu en 1991 sur le domaine familial dont il a pris les rênes en 1998, après avoir exercé la profession d'œnologue-conseil dans le Blayais, Thierry Gaudrie a, depuis, beaucoup contribué à faire de ce cru de 30 ha – dans sa famille depuis 2 siècles – une référence en fronsac. Le vignoble est installé sur des coteaux dominant la vallée de l'Isle.

Tout en explosion de saveurs, ce fronsac se livre sans détour, assumant sa franchise et son immédiateté. L'élevage en barriques de chêne est parfaitement ajusté, ne masquant pas le fruit, et laisse une bouche ample, opulente, aux notes poivrées, de belle élégance. Un vin friand et équilibré. ⧗ 2022-2027

SCEV VIGNOBLE JEAN-CLAUDE GAUDRIE ET FILS, Ch. Villars, 33141 Saillans, tél. 05 57 84 32 17, chateau.villars@wanadoo.fr V t.l.j. sf sam. dim. 9h-12h 13h30-17h

POMEROL

Superficie : 785 ha / Production : 40 500 hl

Pomerol est l'une des plus petites appellations girondines et l'une des plus discrètes sur le plan architectural. Au XIXᵉs., la mode des châteaux du vin, d'architecture éclectique, ne semble pas avoir séduit les Pomerolais, qui sont restés fidèles à leurs habitations rurales ou bourgeoises. Néanmoins, l'aire d'appellation possède quelques demeures élégantes comme le Ch. de Sales (XVIIᵉs.), sans doute l'ancêtre de toutes les chartreuses girondines, ou le Ch. Beauregard, l'une des plus charmantes constructions du XVIIIᵉs., reproduite par les Guggenheim dans leur propriété new-yorkaise de Long Island.

Cette modestie du bâti sied à une AOC dont l'une des originalités est de constituer une sorte de petite république villageoise où chaque habitant cherche à conserver l'harmonie et la cohésion de la communauté; un souci qui explique pourquoi les producteurs sont toujours restés réservés quant au bien-fondé d'un classement des crus.

La qualité et la spécificité des terroirs auraient pourtant justifié une reconnaissance officielle du mérite des vins de l'appellation. Comme tous les grands terroirs, celui de Pomerol est issu du travail d'une rivière, l'Isle, née dans le Massif central. Le cours d'eau a commencé par démanteler la table calcaire pour y déposer des nappes de cailloux, travaillées ensuite par l'érosion. Il en résulte un enchevêtrement de graves ou de cailloux roulés. La complexité des terrains semble inextricable : toutefois, il est possible de distinguer 4 grands ensembles : au sud, vers Libourne, une zone sablonneuse; près de Saint-Émilion, des graves sur sables ou argiles (terroir proche de celui du plateau de Figeac); au centre de l'AOC, des graves sur ou parfois sous des argiles (Petrus); enfin, au nord-est et au nord-ouest, des graves plus fines et plus sablonneuses.

Cette diversité n'empêche pas les pomerol de présenter une analogie de structure. Très bouquetés, ils allient la rondeur et la souplesse à une réelle puissance, ce qui leur permet d'être de longue garde tout en pouvant être bus assez jeunes. Ce caractère leur ouvre une large palette d'accords gourmands, aussi bien avec des mets sophistiqués qu'avec des plats très simples.

B CH. BEAUREGARD 2018 ★★

■	34000		50 à 75 €

Commandé par une superbe chartreuse du XVIIᵉs., Beauregard compte 17,5 ha de vignes en bordure sud-est du plateau de Catusseau, complétés de 11 ha en lalande (Pavillon Beauregard) conduits en agriculture biologique. Un cru très régulier, dont la gestion est confiée à Vincent Priou. Propriété depuis 1991 du Crédit Foncier, il a été vendu en juillet 2014 aux familles Moulin (groupe Galeries Lafayette) et Cathiard (Ch. Smith Haut Lafitte). Un nouveau cuvier a été aménagé, et l'agriculture biologique adoptée.

Un pomerol racé, à la fois élégant et charnu, qui sous ses notes encore boisées promet une belle évolution. L'attaque ample et soutenue, la belle structure tannique, la chair onctueuse cernée par un fruit noir et mûr, sa longue finale, tout en élégance, œuvrent à sa réussite. ⧗ 2024-2032

SCEA CH. BEAUREGARD, 73, rue de Catusseau, 33500 Pomerol, tél. 05 57 51 13 36, contact@petit-village.com V r.-v. 5

B CH. BELLEGRAVE 2018 ★

■	45000		30 à 50 €

Vigneron-tonnelier à Arveyres, Jean Bouldy a traversé la Dordogne en 1951 pour s'établir sur les graves du secteur de René, dans la partie sud-ouest de l'appellation pomerol, au nord de Libourne. Son fils, Jean-Marie, a repris l'exploitation en 1980 (11 ha aujourd'hui) et l'a convertie à l'agriculture biologique (certification en 2012).

Dégageant une aromatique très agréable, autour de notes florales et de fruits rouges légèrement confits, ce vin se présente sous son meilleur jour. On appréciera sa bouche ronde et charnue, tout en souplesse, sa plénitude de fruit bien mûr et sa finale de bonne tension. ⧗ 2023-2028

EARL VIGNOBLES J.M. BOULDY, lieu-dit René, 33500 Pomerol, tél. 05 57 51 20 47, contact@bellegrave-pomerol.com V r.-v.

CH. BONALGUE 2018 ★★

■ | 35000 | | 30 à 50 €

L'un des crus de la famille Bourotte, bien implantée dans le Libournais. Un domaine de 9,5 ha né en 1926 de la réunion de 3 parcelles au cœur du plateau de Pomerol, près de l'église du village, et agrandi depuis.

Pur merlot, ce pomerol séduit d'emblée par son joli nez de fruits rouges frais (cerise juteuse), avec une pointe de violette et de menthol. La bouche est tout aussi charmante, parfaitement équilibrée et poursuivant sur cette palette aromatique à la fois mûre et fraîche. Un ensemble séduisant et consistant, à la finale dynamique. Un très beau vin bâti pour la garde. ⧗ 2024-2032

SAS PIERRE BOUROTTE, 35, quai du Priourat, BP 79, 33502 Libourne Cedex, tél. 05 57 51 62 17, contact@jbaudy.fr V r.-v.

♥ CH. LE BON PASTEUR 2018 ★★

■ | 20000 | | 75 à 100 €

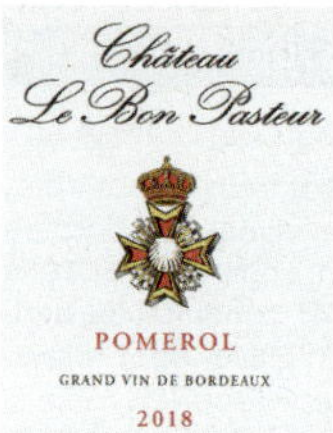

Michel Rolland possédait plusieurs crus dans le Libournais, avec pour fleuron Le Bon Pasteur, dans la famille depuis les années 1920 : à peine 7 ha morcelés en 23 parcelles, aux confins nord-est de Pomerol. Bertineau Saint-Vincent (5,6 ha en lalande) et Rolland-Maillet (3,3 ha en saint-émilion) complètent la propriété, passée en 2013 sous pavillon chinois (le groupe Golding basé à Hong-Kong); l'équipe technique est restée en place.

Cuvée luxueuse, portée par un élevage cossu totalement assumé, cette étiquette prestigieuse continue, millésime après millésime, de se distinguer. Grand volume de bouche, notes de fruits noirs intenses et d'épices, finale persistante, ce vin a tout d'un grand. Il faudra l'attendre pour qu'il intègre son bois jusqu'au bout. ⧗ 2025-2040

SAS LE BON PASTEUR, 10, chem. Maillet, 33500 Pomerol, tél. 05 57 24 52 58, contact@chateaulebonpasteur.com V r.-v.

CH. LA CABANNE 2018 ★

■ | 32000 | | 30 à 50 €

Les Estager, négociants et propriétaires d'origine corrézienne, sont établis depuis 1912 dans le Libournais. Côté vignobles, conduits par Michèle Estager et son fils François, 4 appellations : pomerol (La Cabanne, Plincette, Haut-Maillet), saint-émilion (Gourdins), lalande (Gachet) et montagne (La Papeterie).

Parfait candidat de son appellation, ce pomerol souple et agile se distingue par son élégance et ses arômes frais. Fruits rouges, framboise notamment, baies sauvages, à peine doublés d'une pointe boisée composent un nez flatteur. La bouche est tout aussi joyeuse et affable, avec un tanin frais et soyeux, et une bonne sapidité d'ensemble. Le voilà prêt à accompagner une volaille rôtie ou une pièce de veau. ⧗ 2022-2028

SCEA VIGNOBLES JEAN-PIERRE ESTAGER, 35, rue de Montaudon, 33500 Libourne, tél. 05 57 51 04 09, estager@estager.com r.-v.

CLOS BEAUREGARD 2018 ★

■ | 38851 | | 30 à 50 €

La Société fermière des Grands Crus de France est la structure spécialisée dans le Bordelais du groupe Grands Chais de France. Son œnologue Vincent Cachau vinifie le fruit de 15 propriétés représentant quelque 500 ha dans les différentes appellations bordelaises.

Encore sur la retenue, ce cru prometteur s'appuie sur une belle aromatique de fruits noirs, de fleurs d'été et d'épices, une bouche grasse et enrobée, aux tanins soyeux et à la longue finale. Il devrait parfaitement évoluer avec le temps et s'accorder à une pièce de bœuf. ⧗ 2023-2028

SCEA SOCIÉTÉ FERMIÈRE DES GRANDS CRUS DE FRANCE, Ch. Cantin, 33330 Saint-Christophe-des-Bardes, tél. 05 57 98 07 20, vcachau@lgcf.fr

LE CLOS DU BEAU-PÈRE 2018 ★★

■ | 20000 | | 30 à 50 €

C'est l'un des crus de Jean-Luc Thunevin, l'homme de Valandraud (1er grand cru classé de Saint-Émilion) : 18 ha de vignes acquis en 2006. Virginie est la fille de Jean-Luc Thunevin.

Ce minuscule cru pomerolais porte la patte Thunevin : complexe, puissant avec un fruit noir dominant, il montre ses muscles et son ambition. C'est un vin dense, élégant, de grand volume mais encore très jeune qu'il conviendra d'attendre. La patience sera récompensée ! ⧗ 2023-2030

SAS THUNEVIN, 6, rue Guadet, 33330 Saint-Émilion, tél. 05 57 55 09 13, thunevin@thunevin.com V r.-v.

CLOS L'ÉGLISE 2018 ★★

■ | n.c. | | 75 à 100 €

Sylviane Garcin, née Cathiard, est propriétaire de plusieurs crus en pessac-léognan (Haut-Bergey, Branon) et depuis 2000 du Ch. Barde-Haut, cru de Saint-Émilion, qui a été classé en 2012. Acquis par la famille en 1997, le Clos l'Église (un peu moins de 6 ha en pomerol), planté par les Hospitaliers, remonte au XIIes. et formait une unité de 14 ha au XVIIIes., scindée à une époque postérieure. C'est maintenant Hélène Garcin-Lévêque, fille de Sylviane, qui gère ce cru avec son époux.

Toute la rondeur et la suavité d'un beau merlot mûr à point sont ici réunies. Le nez enchante avec son aromatique fruitée de cassis, de baies rouges et de raisins parfaitement mûris. La bouche est tout aussi savoureuse, tout en délicatesse, avec des tanins élégants et soyeux. Fondu, équilibré, voilà un excellent pomerol parfaitement servi par un élevage très maîtrisé. ⧗ 2024-2032

SC CLOS L'ÉGLISE, 1, Clinet, 33500 Pomerol, tél. 05 57 25 72 55, info@chateaubardehaut.com V r.-v.

CLOS VIEUX TAILLEFER 2018 ★

■ | 2500 | | 30 à 50 €

Un cru de 3,8 ha, propriété de la famille Robin (Ch. de Laussac en castillon, Rol Valentin en saint-émilion grand cru) depuis plusieurs générations, repris en 2008, à la suite du grand-père, par Alexandra et Nicolas Robin.

Ce 100 % merlot né de terres sableuses mêlées de crasse de fer propose une définition classique du pomerol, avec de la présence et des saveurs franches. L'élevage en fût marque légèrement le nez et se fond bien en bouche, encadrant une matière assez structurée, de bon potentiel. ⧗ 2024-2030

SAS VIGNOBLES ROBIN, 4, chem. de Laussac, 33350 Saint-Magne-de-Castillon, tél. 05 57 40 13 76, contact@vignoblesrobin.com V r.-v.

CH. LA COMMANDERIE 2018 ★

■ | 11000 | | 50 à 75 €

Un vignoble de près de 6 ha en pomerol. Il a été acquis en 2013 par Andrew et Melody Kuk, un jeune couple de Chinois originaires de Singapour, passionnés par le vin et la culture française. Une activité prospère dans l'immobilier à Hong Kong leur a permis d'investir dans ce cru dont les chais ont été modernisés. Les vignes, du merlot (72 %) et du cabernet franc, sont implantées sur des terrains sablo-graveleux.

C'est un pomerol affirmé, marqué par un élevage encore bien présent. Les notes de suie, de prune et de fruits noirs marquent le nez, parfaitement relayées en bouche. Le tanin généreux, la trame consistante restent soutenues par cette présence boisée, qui s'apaisera avec le temps. Le bon équilibre d'ensemble laisse confiant. ⧗ 2024-2032 ■ **Esprit de la Commanderie 2018 ★ (20 à 30 €; 7000 b.)** Le second vin du château compte presqu'à parts égales merlot et cabernet franc, et connaît un élevage sous bois beaucoup plus allégé. Dans un style plus souple que son aîné, c'est un joli vin, frais, élégant, marqué par les fruits sauvages et la violette, qui ne manque ni de volume ni d'allonge. Un vin complet, équilibré, au beau potentiel. ⧗ 2023-2028

SAS CH. LA COMMANDERIE, 4, chem. de la Commanderie, 33500 Pomerol, tél. 05 57 51 79 03, contact@lcpomerol.com V r.-v.

DOM. DE COMPOSTELLE 2018 ★

■ | 6600 | | 20 à 30 €

Les Estager, négociants et propriétaires d'origine corrézienne, sont établis depuis 1912 dans le Libournais. Côté vignobles, conduits par Michèle Estager et son fils François, 4 appellations : pomerol (La Cabanne, Plincette, Haut-Maillet), saint-émilion (Gourdins), lalande (Gachet) et montagne (La Papeterie).

Seulement 1,4 ha de merlot compose ce pomerol riche et complexe, qui exprime un fruit mûr intense, pas du tout fardé par un élevage sous bois assez court. Les notes de fraise et de prune se dégagent nettement, relayées par une bouche onctueuse et chaleureuse, de belle maîtrise. Parfait avec une côte de veau aux morilles. ⧗ 2023-2028

SCEA VIGNOBLES JEAN-PIERRE ESTAGER, 35, rue de Montaudon, 33500 Libourne, tél. 05 57 51 04 09, estager@estager.com r.-v.

CH. LA CROIX 2018 ★

■ | 60000 | | 30 à 50 €

Négociants-éleveurs et producteurs d'origine corrézienne, les Janoueix sont propriétaires de nombreux crus dans le Libournais. Leur histoire débute en 1898 quand Jean Janoueix fonde son commerce de vin, aidé de ses 4 fils. Joseph acquiert son propre domaine (Haut Sarpe) en 1930 et crée sa maison de négoce en 1932. Jean-François est aujourd'hui aux commandes de ce vaste ensemble.

Bon classique de son secteur, ce pomerol affiche de la densité, une matière lisible, des notes de fruits noirs, légèrement mentholés. C'est un ensemble rond, affable, soyeux, de bonne longueur, qui trouvera une voie d'accord idéale avec une entrecôte sauce au vin ou un tajine de mouton au lard et aux pruneaux. ⧗ 2023-2030

SC CH. LA CROIX, 37, rue Pline-Parmentier, BP 192, 33506 Libourne Cedex, tél. 05 57 51 41 86, info@j-janoueix-bordeaux.com V r.-v.

CH. CROIX DES ROUZES 2018 ★★

■ | 15000 | | 20 à 30 €

Propriétaire en saint-émilion depuis 1880 (Ch. Panet, à Saint-Christophe-des-Bardes, au nord-est de l'appellation), la famille Carles a développé son vignoble après 1945 aux environs (Clos la Rose, Haut-Fonrazade, Coudert, Clos Jacquemeau). Elle a aussi hérité en 1994 d'une parcelle de 3 ha en pomerol qu'elle a baptisé Ch. Croix des Rouzes. À la tête de ces domaines depuis 1999, Jérôme Carles.

Ce n'est pas le plus emblématique de Pomerol par sa solide carrure, mais ce vin a fait une excellente bonne impression. Ses notes intenses de fruits noirs, d'épices, de cacao et de grillé forment un nez élégant et engageant. Cette palette aromatique se poursuit en bouche, accompagnant une trame riche, puissante, assez démonstrative, autour de tanins bien mûrs. Pour amateurs de vins tanniques. ⧗ 2025-2035

SAS VIGNOBLES CARLES, Panet, 33330 Saint-Christophe-des-Bardes, tél. 05 57 24 78 92, contact@vignobles-carles.fr V r.-v.

CH. LA CROIX SAINT-GEORGES 2018 ★

■ | 19300 | 50 à 75 €

Ce cru de 4,5 ha est la propriété de Jean-Philippe Janoueix, qui possède également le domaine du Sacré Coeur, toujours à Pomerol, mais également les châteaux La Confession et Haut Pontet à Saint-Emilion et sur Georges-Saint-Emilion, les crus Cap d'Or et Cap Saint George.

Très agréable, ce pomerol offre une bonne lecture de son appellation. Son nez très expressif, aux notes de fruits noirs et rouges et de vanille douce, la bouche ronde, ample et bien structurée portent ce vin dans une dimension hédoniste. On pourra l'apprécier dans ses jeunes années avec une viande blanche ou des paupiettes de veau lardées, ou le laisser vieillir. ⧗ 2023-2030

CH. LA CROIX, La Croix-Catusseau, 33500 Pomerol, tél. 05 57 48 13 13, jpj@jpjdomaines.com V r.-v.

CH. DU DOM. DE L'ÉGLISE 2018 ★★

■	23000		50 à 75 €

Philippe Castéja, qui dirige la maison Borie-Manoux, est très présent dans le Libournais. À l'ombre du clocher de Pomerol, ce cru de 7 ha, cité dès 1589, est un ancien bien ecclésiastique, acquis en 1973 par la famille Castéja. Ses sols de graves et d'argiles sont plantés à plus de 90 % de merlot.

On frôle la perfection sur ce millésime. Ce vin a fait forte impression lors de sa dégustation et a séduit par son fruit percutant, mêlé d'une touche de caramel au lait et d'épices, et par sa bouche ample et savoureuse. Le tanin est somptueux, serré mais fin, sans rudesse, ponctuant une matière riche, généreuse, très dense. Un supplément de fraîcheur l'aurait porté encore plus loin. ⧗ 2025-2035

INDIVISION CASTÉJA-PREBEN-HANSEN, 5, rte de Saint-Jacques de Compostelle, 33500 Pomerol, tél. 05 56 00 00 70, domaines@borie-manoux.fr

CH. L'EVANGILE 2018 ★★

■	19000		+ de 100 €

Né vers le milieu du XVIIIe s., époque où il porte le nom de Fazilleau, le cru est rebaptisé L'Évangile au début du XIXe s. Il s'étend alors sur 13 ha, une superficie proche de sa taille actuelle (15 ha). Le premier tournant de son histoire se situe sous le Second Empire avec son achat par Paul Chaperon, qui fait bâtir le château et contribue à asseoir rapidement sa renommée en exploitant les qualités d'un terroir à la fois fortement typé et bien équilibré avec des argiles, des sables et des graves très pures, sur un sous-sol riche en crasse de fer. L'Évangile est vendu aux Rothschild en 1990, second tournant majeur pour ce cru qui bénéficie alors d'investissements importants et des compétences de son directeur Charles Chevallier, qui a passé la main en 2015 à Éric Kohler.

De grand volume, dense et savoureux, voilà un pomerol qui affiche ses ambitions de longévité. Porté par un élevage qui sait se faire oublier, il profile des notes de fruits rouges et noirs, d'épices et de violette, qui prennent place dans une bouche à la fois riche, puissante et élégante, portée par des tanins soyeux. Un vin intense et complexe, à privilégier sur un mets de goût, comme un bœuf tendre de Bazas ou de Kobe. ⧗ 2025-2040

■ **Blason de l'Evangile Blason de l'Evangile 2018 ★ (50 à 75 €; 16500 b.)** Seconde étiquette du domaine, ce vin affiche une immédiateté réjouissante. On aime ses notes de fruits noirs complexes aux nuances florales et épicées. La bouche est souple en attaque, équilibré et bien structurée dans son développement, avec une grande élégance. Un très beau pomerol à découvrir avec une épaule d'agneau confite. ⧗ 2024-2032

CH. L' ÉVANGILE, 33500 Pomerol, tél. 05 57 55 45 56, dbr@lafite.com r.-v.

CH. LA FLEUR-PÉTRUS 2018 ★★★

■	n.c.		+ de 100 €

Implanté sur le plateau de Pomerol, contigu à Lafleur à l'ouest et à Petrus au sud, c'est le plus vaste des crus pomerolais (18,7 ha) de la famille Moueix, acquis dès 1953; il a été agrandi en 1994 grâce à l'acquisition d'une butte graveleuse du Ch. le Gay. Un château réputé pour l'élégance de ses vins.

On frôle le coup de cœur avec ce vin de grand caractère. C'est une puissance tranquille, un pomerol à la fois structuré et élégant, au volume impressionnant, servi par un élevage majestueux parfaitement ajusté. Les notes de cerise juteuse, de figue fraîche et d'épices viennent en contrepoint servir cette grande carrure aux tanins soyeux. De la force, de l'élégance, un raffinement suprême : au sommet de la hiérarchie pomerolaise ! ⧗ 2025-2040

ÉTS JEAN-PIERRE MOUEIX (CH. LA FLEUR-PÉTRUS), 54, quai du Priourat, BP_129, 33502 Libourne Cedex, tél. 05 57 51 78 96, info@jpmoueix.com

CH. FRANC-MAILLET 2018 ★

■	14671		20 à 30 €

À son retour de la Grande Guerre, Jean-Baptiste Arpin achète 1 ha à Pomerol, dans le secteur du Maillet. Aujourd'hui, ses petits-fils et arrière-petits-fils Gérard et Gaël exploitent 40 ha en pomerol (Franc-Maillet), saint-émilion (La Fleur Chantecaille), montagne (Gachon) et lalande (Vieux Château Gachet), et proposent régulièrement de très bons vins.

Il n'est pas prêt tout de suite. Ce pomerol de grande garde voit loin et offre aujourd'hui beaucoup de matière et une puissance tannique serrée, dense, sous un fruit noir riche et complexe. Ne pas hésiter à le carafer et à l'associer à une viande mijotée, en sauce ou légèrement épicée. ⧗ 2025-2035

SCEA CHÂTEAUX G. ARPIN, Chantecaille, 33330 Saint-Émilion, tél. 09 71 58 23 49, contact@chateaux-g-arpin.fr V r.-v. 3

CH. GAZIN 2018 ★

■	63000		75 à 100 €

L'un des domaines les plus réputés de Pomerol, ancienne propriété des Hospitaliers de Saint-Jean-de-Jérusalem, entré dans la famille Bailliencourt en 1918. L'un des plus étendus aussi, 26 ha d'un seul tenant sur un superbe terroir argilo-graveleux, où naissent des pomerol d'un grand classicisme.

Encore serré par son élevage à ce stade de jeunesse, ce vin offre un bon potentiel de vieillissement. Aujourd'hui, ses notes de fruits, de groseille et de cassis notamment, se mêlent aux accents grillés et vanillés du bois. La bouche reste riche et ferme, encore sur la réserve. Il faudra l'attendre pour l'apprécier à son meilleur. ⧗ 2025-2035

SCEA CH. GAZIN, 1, chem. de Chantecaille, 33500 Pomerol, tél. 05 57 51 07 05, contact@gazin.com r.-v.

CH. LA GRAVE 2018 ★

■	n.c.		30 à 50 €

Longtemps appelé La Grave Trigant de Boisset (du nom d'un ancien propriétaire), ce domaine de 9 ha est établi sur le versant ouest du plateau de Pomerol, sur des terrains graveleux. Il est entré dans le giron des établissements Moueix en 1971.

Un pomerol sur l'élégance et l'équilibre, qui reste suave et frais de bout en bout. C'est une très belle découverte qui plaira pour ses notes florales, de fruits mûrs et d'épices douces, sa bouche distinguée aux tanins fins et fondus. Un style apaisant et très frais. ⧗ 2023-2030

ÉTS JEAN-PIERRE MOUEIX (CH. LA GRAVE), 54, quai du Priourat, BP_129, 33502 Libourne Cedex, tél. 05 57 51 78 96, info@jpmoueix.com

CH. HOSANNA 2018 ★★

■ | n.c. | | + de 100 €

Bordé par de prestigieux domaines – Petrus à l'est, Vieux Château Certan au sud, Lafleur au nord –, ce cru de 4,5 ha est né du partage du Ch. Certan-Giraud. L'encépagement comprend 30 % de cabernet franc aux côtés du merlot. Acquis et rebaptisé par la famille Moueix en 1999, Hosanna est une valeur sûre de l'appellation.

Au plus haut de Pomerol. Ce cru vedette de l'appellation profite pleinement de ce millésime riche. Servi par un fruit intense, très mûr, il se livre dans une bouche complexe, puissante, encore serrée certes, mais hautement prometteuse. La chaleur et la force du millésime se lient pour l'avenir. Patience... ⧗ 2025-2040

ÉTS JEAN-PIERRE MOUEIX (CH. HOSANNA), 54, quai du Priourat, BP_129, 33502 Libourne Cedex, tél. 05 57 51 78 96, info@jpmoueix.com

CH. LAFLEUR-GAZIN 2018 ★

■ | n.c. | | 30 à 50 €

Cette petite propriété de 8,5 ha établie sur les pentes douces qui regardent la Barbanne, dans la partie nord du plateau de Pomerol, s'inscrit entre les châteaux Lafleur et Gazin, comme son nom l'indique. Propriété de Madame Delfour-Borderie, elle est exploitée en métayage par les établissements Moueix depuis 1976.

Assis sur un merlot bien mûr, ce vin rond et généreux trouve une voie d'équilibre entre une structure tannique imposante, une matière riche et une pointe fraîche bienvenue. Le fruit est lui aussi très mûr, avec une pointe de cuir en appoint, et suit cette trame chaleureuse. Pour une belle côte de bœuf. ⧗ 2025-2032

ÉTS JEAN-PIERRE MOUEIX (CH. LAFLEUR-GAZIN), 54, quai du Priourat, BP_129, 33502 Libourne Cedex, tél. 05 57 51 78 96, info@jpmoueix.com

CH. LATOUR À POMEROL 2018 ★★

■ | n.c. | | 50 à 75 €

Un petit domaine de 7,9 ha entourant l'église de Pomerol, installé sur des terroirs variés, majoritairement argileux et graveleux. Acheté en 1917 par Edmonde Loubat (Petrus) et légué par sa nièce Mme Lacoste au Foyer de Charité de Châteauneuf-de-Galaure, il est exploité en fermage depuis 1963 par la société Jean-Pierre Moueix.

Pomerol de caractère, tannique et racé, ce 2018 impose son volume et son étoffe. Ses notes de fruits noirs se mêlent aux saveurs de l'élevage sous bois, avec une pointe torréfiée et toastée présente dès le nez. La trame reste dominée par sa structure tannique, avec des tanins fermes et une très belle longueur. Le temps fera son œuvre ! ⧗ 2023-2030

ÉTS JEAN-PIERRE MOUEIX (CH. LATOUR À POMEROL), 54, quai du Priourat, BP_129, 33502 Libourne Cedex, tél. 05 57 51 78 96, info@jpmoueix.com

♥ CH. MONTVIEL 2018 ★★

■ | 22000 | | 50 à 75 €

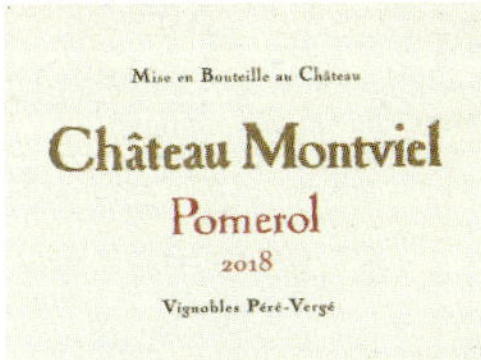

Grande figure de Pomerol disparue en 2013, Catherine Péré-Vergé, héritière des cristalleries d'Arques, exploitait 3 domaines pomerolais qu'elle a portés au sommet : Montviel, acquis en 1985, Le Gay et La Violette, complétés par La Gravière en lalande. Un ensemble conduit aujourd'hui par son fils Henri Parent.

Avec 17 parcelles établies sur les différents terroirs de Pomerol et un nouveau chai sorti de terre en 2019, ce cru d'élite continue sa course en tête dans un style somptueux d'équilibre et de volume. Encore une fois, son fruit séveux et intense, sa bouche charnue, ample et fraîche, aux tanins veloutés, convainquent pleinement. Un pomerol d'ores et déjà diablement savoureux, dont on se régalera très longtemps. ⧗ 2024-2040 ■ **Ch. le Gay 2018 ★★ (+ de 100 €; 20000 b.)** Vinifié intégralement en barrique neuve, ce cru ambitieux trouve une parfaite voie d'expression. On est admiratif de cet élevage cossu qui laisse toute sa place au fruit qui, agrémenté de notes florales et de sève fraîche, s'exprime sans entrave dans une bouche ample, dense, charnue, très élégante. Un beau potentiel se profile pour qui saura attendre. ⧗ 2025-2035 ■ **Manoir de Gay 2018 ★ (30 à 50 €; 20000 b.)** Ce pur merlot affiche un bon fruité, mûr et noir, et un beau boisé aux notes de cacao. La bouche s'appuie sur ce registre aromatique avec une belle puissance, de l'étoffe et de l'ampleur. Voilà un pomerol bien exécuté, à laisser fondre tranquillement. ⧗ 2024-2030

SCEA VIGNOBLES PÉRÉ-VERGÉ, 11, rue du Grand-Moulinet, 33500 Pomerol, tél. 05 57 25 34 34, communication@montviel.com V r.-v.

CH. LE MOULIN 2018 ★

■ | 9000 | | 30 à 50 €

La famille Querre possède plusieurs vignobles en Libournais. Propriété de Michel Querre depuis 1997, Le Moulin (appelé autrefois Vieux Château Cloquet) est un petit domaine pomerolais de 2,4 ha situé au nord de l'appellation, au bord de la Barbanne, près du moulin de Lavaud (racheté aussi par la famille).

Ce vin de bonne consistance, porté au nez par les notes de son élevage sous bois, entre vanille et épices, reste bien affirmé en bouche. Le tanin ferme, le fruit de noyau, la tension forment un joli classique du cru. À déguster avec un bœuf bourguignon. ⧗ 2023-2028

SCEA LE MOULIN DE POMEROL, Moulin-de-Lavaud, 33500 Pomerol, tél. 05 57 55 19 60, contact@moulin-pomerol.com V r.-v.

CH. NÉNIN 2018 ★★

■ | 30000 | | 50 à 75 €

Commandé par une belle demeure du XVIIIe s., ce cru de 32 ha, situé au sud de l'appellation, à l'entrée du village

de Catusseau, est l'un des plus importants de Pomerol. Sa surface lui permet d'accéder à la plupart des terroirs de l'AOC. En 1997, Jean-Hubert Delon (Léoville Las Cases à Saint-Julien) et sa sœur Geneviève d'Alton l'ont acheté et ont entrepris d'importants travaux de restructuration; ils ont augmenté la part du cabernet franc par rapport au merlot, qui reste dominant.

Un beau pomerol chaleureux et épicé, très bien servi par des notes d'épices et de fruits noirs et par une bouche ample, soyeuse, aux tanins fondus, dynamisée par beaucoup de fraîcheur. C'est un vin parfaitement équilibré, long, puissant certes, mais jamais dans l'excès, toujours dans le respect du fruit. Une priorité pour les amateurs de pomerol bien né. ⧗ 2025-2035

CH. NÉNIN, 66, rte de Montagne, 33500 Pomerol, tél. 05 56 73 25 26, contact@leoville-las-cases.com V r.-v.

CH. PETIT-VILLAGE 2018 ★

■	30000		75 à 100 €

Les familles Moulin et Cathiard, déjà propriétaires du Ch. Beauregard à Pomerol, ont acquis cette belle propriété, jusque-là détenue par Axa Millésimes. Ce cru réputé, qui doit son nom aux anciens bâtiments qui formaient un petit hameau, est bien situé sur la partie la plus haute du plateau de Pomerol; son vignoble, désormais certifié en agriculture biologique, compose un triangle de 10,5 ha d'un seul tenant sur graves profondes enrobées d'argiles.

Avec une bonne densité, du volume et des tanins veloutés, voilà un pomerol à la fois élégant, racé et généreux. On aime aussi son expression aromatique complexe autour des fruits à noyau, du cuir frais et des épices. S'il procure beaucoup de plaisir, ce 2018 peut attendre patiemment en cave pour un fondu parfait. ⧗ 2024-2030 ■ **Jardin du Petit-Village 2018 ★ (75 à 100 €; n.c.)** Second vin de la propriété, 100 % merlot, ce pomerol ne manque pas d'attraits. Notes de fruits noirs et d'épices douces, attaque franche, bouche corsée et plaisante associant vigueur, fraîcheur et tanins soyeux, voilà de quoi satisfaire les amateurs du cru, sans trop attendre. ⧗ 2023-2028

CH. PETIT-VILLAGE, 126, rte de Catusseau, 33500 Pomerol, tél. 05 57 51 21 08, contact@petit-village.com V r.-v.

♥ CH. PETRUS 2018 ★★★

■	n.c.		+ de 100 €

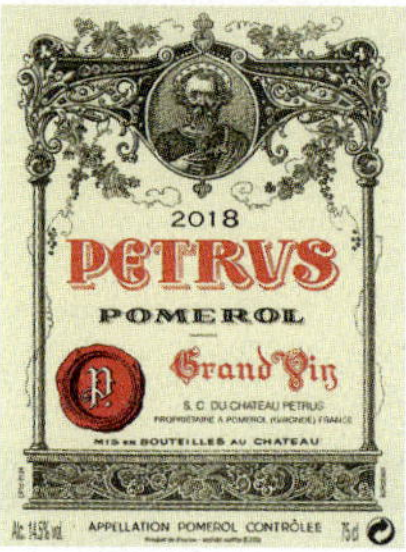

Presque une maison de poupée, un chai à peine plus grand et un vignoble modeste (11,5 ha), et pourtant un cru devenu mythe. Déjà réputé à la fin du XIXe s., sous la conduite de la famille Arnaud, il assoit sa notoriété grâce à Edmonde Loubat, dite «Tante Lou». Cette hôtelière libournaise débordante d'énergie, qui a acheté des parts en 1925 (seule propriétaire en 1945), va notamment conquérir Londres en envoyant du Petrus aux fiançailles d'Élisabeth d'Angleterre. Autre élément décisif, son association avec le négociant Jean-Pierre Moueix (propriétaire unique en 1964), qui va organiser la vente et créer le mythe : Petrus devient notamment le vin préféré des Kennedy. Un succès qui s'explique aussi – et surtout – par un terroir d'exception : la fameuse «boutonnière», une argile bleue en surface qui se gonfle aux premières pluies, devient totalement imperméable et assure une alimentation régulière de la plante. Un terroir magnifié pendant 45 ans par un vinificateur hors pair, Jean-Claude Berrouet, qui a laissé sa place en 2007 à son fils Olivier – la direction générale étant assurée depuis 2014 par Jean Moueix, petit-fils de Jean-Pierre; cette année 2014 est aussi celle de l'inauguration d'un chai refait à neuf et d'une grande sobriété, dessiné par Jean-Pierre Errath.

C'est un mythe et, sur ce millésime généreux, le géant ne faillit pas. Sa complexité d'arômes frappe au prime abord, livrant des notes de fruits noirs, d'épices orientales et de rose de grande élégance. La bouche reste sur ce registre, profonde et fraîche, avec une dimension magistrale de finesse et d'évidence. Les tanins juteux et délicats feraient presque oublier le volume du cru et sa générosité, qui s'imposent sans forcer, dans un équilibre souverain. Un vin unique et éternel, à déguster au moins une fois dans sa vie. ⧗ 2028-2050

SC DU CH. PETRUS, 3, rte de Lussac, 33500 Pomerol

CH. PIERHEM 2018 ★

■	11000		30 à 50 €

Jean Janoueix est l'un de ces nombreux Corréziens fondateurs de maisons en Libournais. Créée en 1898, la sienne s'est séparée en plusieurs branches. Pierre-Emmanuel, l'un de ses arrière-petits-fils, fort d'un diplôme d'ingénieur, a pris en main en 2000 les vignobles familiaux : les châteaux La Bastienne (15 ha en montagne-saint-émilion), Pierhem (1,8 ha à Pomerol) et Vieux Doumayne (80 ares en saint-émilion grand cru).

Voilà un pomerol de bon aloi, souple et agréable, qui se livre sans ambages. On apprécie ses notes de cacao, de fruits mûrs et de framboise fraîche, et sa bouche fondante, aux tanins présents sans excès. Il faudra le carafer avant de le servir sur une entrecôte sauce béarnaise. ⧗ 2023-2028

SARL VIGNOBLES PIERRE-EMMANUEL JANOUEIX, La Bastienne, 1, rte du Gué, 33570 Montagne, tél. 05 57 74 53 18, pej@pejanoueix.com V r.-v.

CH. PLINCE 2018 ★★

■	56153		30 à 50 €

Situé à l'est de Libourne, vers Saint-Émilion, voisin de Nénin et de La Pointe, ce cru, entré dans la famille Moreau dans les années 1930, étend son vignoble sur 8,6 ha d'un seul tenant, sur sables et argiles à crasse de fer.

Mûr et frais, cet élégant pomerol a fait l'unanimité. Avec mesure, il livre un fruit pur, légèrement toasté, dominé par le cassis et la prune. La bouche charnue, tout en rondeur, offre une belle puissance sans surenchère et l'on apprécie particulièrement sa tension finale. Un vin plein d'éclat et de charme. ⧗ 2023-2030

SCEV MOREAU, 37, chem. de Plince, 33500 Libourne, tél. 05 57 51 68 77, chateauplince@gmail.com V t.l.j. sf sam. dim. 8h-16h

CH. ROUGET 2018 ★★

45000 | 50 à 75 €

En 1992, les Labruyère, originaires du Beaujolais (moulin-à-vent) et aujourd'hui propriétaires en Bourgogne (Jacques Prieur) et en Champagne, ont acquis ce domaine réputé dès le XVIIIes. Ils l'ont hissé parmi les grands de Pomerol, grâce à des vins d'une remarquable régularité, nés de 18 ha de vignes établies en pente douce sur le plateau de Pomerol.

C'est un pomerol au fruit mûr et explosif qui s'impose par sa carrure et son volume de bouche. Les notes de prune, d'épices et de boisé finement grillé et toasté marquent le nez et la bouche. Cette dernière reste fraîche, de grande amplitude, servie par un bel élevage et un millésime généreux. Un très bel ensemble à suivre au cours des prochaines années ⌛ 2025-2032

SAS SGVP, 4-6, rte de Saint-Jacques-de-Compostelle, 33500 Pomerol, tél. 05 57 51 05 85, info@chateau-rouget.com V r.-v.

♥ CH. TROTANOY 2018 ★★★

n.c. | + de 100 €

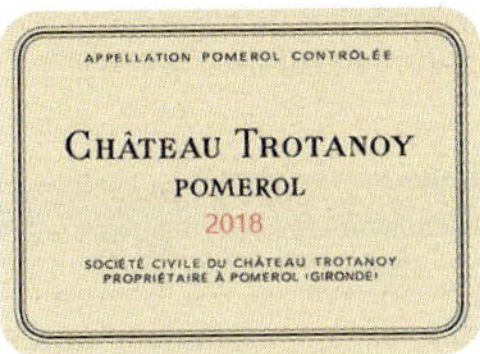

Difficile à cultiver, le sol riche en argiles (graves sur argiles et argiles noires profondes sur crasses de fer) a donné son nom à ce cru de 7,2 ha : *trop anoi* (« trop ennuie » en vieux français). La maison Jean-Pierre Moueix en tire le meilleur depuis 1953. Un pilier de l'appellation.

Toujours au sommet, ce pomerol de pur merlot impressionne une fois encore. Ses parfums d'encens, de fruits noirs, d'eucalyptus et de fleurs annoncent le niveau de complexité. La bouche suit sur ce registre exotique et flamboyant, avec un volume magnifique, un développement tannique intense, beaucoup de mâche, de suavité et de dynamisme. C'est un grand vin, puissant et généreux, qui trouve dans son intensité une fraîcheur magique. ⌛ 2026-2040

ÉTS JEAN-PIERRE MOUEIX (CH. TROTANOY), 54, quai du Priourat, BP_129, 33502 Libourne Cedex, tél. 05 57 51 78 96, info@jpmoueix.com

CH. LA TRUFFE 2018 ★

15000 | 20 à 30 €

Issu d'une longue lignée vigneronne, Jean-Paul Garde a conduit entre 1974 et 2014 les vignes familiales (31 ha aujourd'hui), réparties dans 3 appellations libournaises : lalande, montagne et pomerol. Son fils Frédéric, qui travaillait à ses côtés depuis 1996, a pris les rênes de l'exploitation.

Frais, agréable et harmonieux, voilà un pomerol de belle facture, qui plaît immédiatement. Son fruit bien mûr, expressif et saillant, sa trame charnue, intense et généreuse trouvent un parfait équilibre. Un beau classique de l'appellation. ⌛ 2023-2028

SCEA VIGNOBLES JEAN-PAUL GARDE, 1, les Cruzelles, 33500 Néac, tél. 05 57 51 40 43, contact@jpgarde.com V r.-v.

♥ CH. LA VIOLETTE 2018 ★★

5100 | + de 100 €

Grande figure de Pomerol disparue en 2013, Catherine Péré-Vergé, héritière des cristalleries d'Arques, exploitait 3 domaines pomerolais qu'elle a portés au sommet : Montviel, acquis en 1985, Le Gay et La Violette, complétés par La Gravière en lalande. Un ensemble conduit aujourd'hui par son fils Henri Parent.

Avec seulement 1,8 ha, ce cru minuscule, vinifié au château Le Gay, peut se targuer de techniques de pointe. Les grappes de ce pur merlot sont ainsi entièrement égrainées à la main et les sélections se révèlent drastiques. Le résultat est impressionnant, avec un pomerol riche et corsé, aux notes florales et de fruits frais. On retient surtout son équilibre, sa fraîcheur et son amplitude, avec une finale longue qui le porte à l'infini. Un grand pomerol paré pour une très longue garde. ⌛ 2026-2040

SCEA VIGNOBLES PÉRÉ-VERGÉ, 11, rue du Grand-Moulinet, 33500 Pomerol, tél. 05 57 25 34 34, communication@montviel.com V r.-v.

B CH. VRAY CROIX DE GAY 2018 ★

5500 | 75 à 100 €

La famille Guichard était propriétaire depuis 1832 de plusieurs crus en Libournais : son fief et fleuron, Ch. Siaurac en lalande, Vray Croix de Gay en pomerol et Le Prieuré en saint-émilion grand cru. Un ensemble ensuite dirigé par Paul Goldschmidt de 2004 à 2014, jusqu'à la prise de participation par Artémis Domaines (groupe Pinault, détenteur par ailleurs de Ch. Latour). En 2020, les Terroirs de Suravenir (groupe Arkéa, déjà propriétaire de Calon Ségur à Saint-Estèphe) sont devenus les nouveaux propriétaires. Ils s'appuient sur l'expertise de Pénélope Godefroy, directrice technique formée à la biodynamie, et de Jean-Claude Berrouet, éminent conseiller. L'agriculture biologique est de mise sur l'ensemble des propriétés.

Union de 2 parcelles à proximité immédiate des célèbres crus Lafleur et Trotanoy, ce vin a bénéficié de soins méticuleux. En résulte un pomerol gourmand, qui offre un beau développement autour de tanins généreux et présents, mais parés à se fondre. Les fruits noirs et la puissance tannique restent encadrés par un élevage ajusté qui porte le vin dans la longueur. ⌛ 2024-2030

SC CH. SIAURAC AND CO, Ch. Siaurac, Ciorac, 33500 Néac, tél. 05 57 51 64 58, info@siaurac.com V r.-v.

LE BORDELAIS

LALANDE-DE-POMEROL

Superficie : 1 130 ha / Production : 61 400 hl

Créé, comme celui de Pomerol qu'il jouxte au nord, par les Hospitaliers de Saint-Jean-de-Jérusalem (à qui l'on doit aussi l'église de Lalande qui date du XIIes.), ce vignoble produit, à partir des cépages classiques du Bordelais, des vins rouges colorés, puissants et bouquetés qui jouissent d'une bonne réputation, les meilleurs pouvant rivaliser avec les pomerol et les saint-émilion.

CH. DE BEL-AIR 2018 ★

■ | 46 000 | | 20 à 30 €

Voilà tout juste 10 ans que Christel et Michel de Laet Derache ont repris les 19 ha du Château Bel-Air. Passionnés par la vigne, ils ont pris le temps d'étudier chaque parcelle de leur vignoble, menant une étude des sols complète. En 2016, un chai ultra moderne a vu le jour, permettant des vinifications parcellaires au plus juste. Thomas Duclot, œnologue réputé du Bordelais, conseille le domaine, qui a pris un tournant ambitieux.

Ouvrant sur un nez aux parfums subtils de fruits rouges et de fleur d'acacia, ce rouge se profile avec subtilité et élégance. La bouche le confirme, avec des tanins soyeux, une belle rondeur et beaucoup de velouté dans la texture. Un concentré de fruits, où la cerise domine, et une bonne tenue pour cette jolie bouteille à associer à un bœuf bourguignon ou une volaille aux cèpes. ⧗ 2022-2028

SCEA CH. DE BEL-AIR, rte de Bel-Air, 33500 Lalande-de-Pomerol, tél. 09 67 05 40 07, contact@chateaudebelair.com V r.-v. 5 E

CH. BERTINEAU SAINT-VINCENT 2018 ★

■ | 15 000 | | + de 100 €

Michel Rolland possédait plusieurs crus dans le Libournais, avec pour fleuron Le Bon Pasteur, dans la famille depuis les années 1920 : à peine 7 ha morcelés en 23 parcelles, aux confins nord-est de Pomerol. Bertineau Saint-Vincent (5,6 ha en lalande) et Rolland-Maillet (3,3 ha en saint-émilion) complètent la propriété, passée en 2013 sous pavillon chinois (le groupe Golding basé à Hong-Kong); l'équipe technique est restée en place.

Nuances fruitées et réglissées, tanin délicat et frais, fruit expressif, plutôt mûr et confituré : ce vin équilibré et soyeux, élevé 15 mois en fût, livre une bonne équation entre puissance et élégance. La mesure est de mise, le boisé bien géré, et l'on prendra plaisir à le servir sur une belle entrecôte. ⧗ 2022-2028

SAS LE BON PASTEUR, 10, chem. Maillet, 33500 Pomerol, tél. 05 57 24 52 58, contact@chateaulebonpasteur.com V r.-v.

CH. BOUQUET DE VIOLETTE 2018 ★★

■ | 9 400 | | 20 à 30 €

Les vignerons normands existent : Jean-Jacques Chollet, ancien commercial dans une maison de négoce à Libourne, vit aujourd'hui dans le département de la Manche, mais il ne perd pas de vue son petit vignoble en lalande (moins de 3 ha), acquis avec son épouse Sylvie à Néac en 1986.

Porté par un millésime chaud où les merlots ont bien mûri, ce lalande affiche des notes de fruits noirs soulignées par une touche d'élevage. La bouche reste fraîche et équilibrée malgré une matière assez puissante, avec du gras, de la gourmandise et une finale longue et racée. ⧗ 2022-2026 ■ **Vieux Clos Chambrun Vieux Clos Chambrun 2018 ★ (30 à 50 €; 2800 b.)** La maturité et la puissance sont de mise sur cette cuvée plutôt démonstrative. Les notes de cerise noire, de fruits rouges confiturés et de tabac blond de l'élevage lui confèrent une certaine suavité, avec de la fraîcheur, des tanins présents et une longue finale sapide. ⧗ 2022-2028

JEAN-JACQUES CHOLLET, 15, la Chapelle, 50210 Camprond, tél. 06 07 69 59 57, cholletvin@gmail.com V r.-v.

CLOS DES TUILERIES 2018 ★

■ | 8 000 | | 8 à 11 €

Nicolas Merlet s'est installé en 2008 sur le domaine familial constitué à partir de 1920 dans la vallée de l'Isle, au nord de Lalande-de-Pomerol. Si la majeure partie de ses 13 ha de vignes sont situés en appellation régionale (bordeaux supérieur), 3 ha sont implantés sur graves en AOC lalande.

Voilà un pur merlot qui propose un concentré de parfums frais et fruités dans un jus concentré. Les notes de fruits rouges et de fleurs se glissent dans une matière de bonne tenue, sans artifice, offrant un bon équilibre. ⧗ 2021-2025

SCEA VIGNOBLES FRANCIS MERLET ET FILS, 46, rte de l'Europe, 33910 Saint-Denis-de-Pile, tél. 06 43 13 48 45, francis-merlet@dbmail.com V r.-v.

CLOS L'HERMITAGE 2018 ★

■ | 18 000 | | 11 à 15 €

Les Bertin sont vignerons dans le Libournais depuis 1742. Leur vignoble – 42 ha répartis sur plusieurs appellations (bordeaux supérieur, lalande et montagne) – est conduit depuis 2008 par Sarah Vital, œnologue et petite-fille d'Yvette Bertin, l'actuelle propriétaire.

Ce vin de bonne intensité séduit par ses notes de fruits mûrs et d'épices particulièrement bien marqués et par sa bouche équilibrée. Celle-ci se montre riche, servie par une bonne rondeur et un fruité gourmand et persistant. Un lalande qui pourra encore se conserver ou se déguster jeune après un passage en carafe. ⧗ 2021-2026

SCEA ROBERT BERTIN, 8, rte de Lamarche, 33910 Saint-Denis-de-Pile, tél. 05 57 84 21 17, contact@vignoblesbertin.com V r.-v.

♥ LA CROIX DE BOURSEAU Vieilles Vignes 2018 ★★

■ | 2 000 | | 20 à 30 €

Véronique Gaboriaud-Bernard exploite depuis 1976 le Ch. Bourseau, cru de 14 ha acquis par sa famille en 1962, devenu l'une des bonnes références de l'AOC lalande. L'autre domaine familial, le Ch. Matras,

grand cru de Saint-Émilion, a été cédé à Canon en 2011.

Puissant et doté d'un corps très athlétique, ce lalande profond vise la garde. Ses notes intenses de fruits noirs et d'épices, sa trame opulente parfaitement ajustée à un boisé sans ostentation et à des tanins bien en place mais aimables composent un vin ambitieux. Une bouteille à réserver à une viande en sauce. ⧗ 2023-2030

SARL VIGNOBLES VÉRONIQUE GABORIAUD-BERNARD, 2, rue de Viaud, 33500 Lalande-de-Pomerol, tél. 05 57 51 52 39, contact@vignoblesgaboriaud.com V *t.l.j. sf dim. 9h-12h 14h-18h*

CH. LA CROIX DE LA CHENEVELLE 2018 ★

	15000		11 à 15 €

On trouve de nombreuses croix dans cette région du Bordelais, lieu de passage des pèlerins de Saint-Jacques-de-Compostelle. Celle-ci devait d'après son nom se trouver près de vieux chênes. Monique Bedrenne y cultive les 14 ha de la vigne familiale depuis 2005, accompagnée de son fils Rémi.

Ample, riche et fruité, ce vin concentre un maximum d'attributs, sans excès. Avec des notes de vanille et de cacao apportées par l'élevage, de fruits rouges et noirs, de zeste d'agrumes, il se montre expressif au nez, puis droit et charnu en bouche. Un bon représentant de l'appellation ⧗ 2021-2026

EARL VIGNOBLES BEDRENNE (CH. LA CROIX DE LA CHENEVELLE), 3, rue du 8-Mai-1945, 33500 Lalande-de-Pomerol, tél. 05 57 51 46 75, vigobles.bedrenne@orange.fr V *t.l.j. sf dim. 9h-12h 14h-18h*

CH. LA CROIX DES MOINES L'Ambroisie 2018 ★★

	3000		50 à 75 €

Les Trocard sont établis dans le Libournais depuis 1628. Leurs domaines ont connu un formidable essor au lendemain de la Seconde Guerre mondiale. Aux commandes depuis 1976, Jean-Louis Trocard, épaulé par ses enfants Benoît et Marie, a porté le vignoble à près de 100 ha répartis dans plusieurs crus et appellations.

C'est une cuvée ambitieuse de pur merlot, vinifiée intégralement 18 mois en fût neuf. Cet élevage luxueux produit ses effets : intensité de parfums, sur les fruits rouges soulignés par un boisé blond bien fondu, sans ostentation. La trame est consistante, les tanins fermes et bien présents, l'ensemble solide et prêt à affronter les années. À mettre en cave. ⧗ 2023-2030

SCEA DES VIGNOBLES JEAN-LOUIS TROCARD, 1175, rue Jean-Trocard, 33570 Les Artigues-de-Lussac, tél. 05 57 55 57 90, contact@trocard.com V *r.-v.*

CH. LA FLEUR DE BOÜARD 2018 ★

	130000		30 à 50 €

S'il veille précieusement sur Angelus, premier grand cru classé A à Saint-Émilion, Hubert de Boüard a aussi investi en 1998 en lalande-de-pomerol, où il possède cet important domaine de plus de 34 ha à Néac. Dans son nouveau chai, les cuves tronconiques suspendues étonnent toujours, à tel point qu'on les appelle les « ovnis ».

Fidèle à son caractère riche et opulent, luxueusement élevé en barriques, ce cru profite à plein de ce millésime chaud. Notes de toast, de fruits noirs et d'épices, bouche puissante, charnue et très intense, tanins solides et grande persistance : voilà un vin complexe, de longue garde, qui a du caractère. ⧗ 2024-2032

SC CH. LA FLEUR SAINT-GEORGES, BP 7, 33500 Pomerol, tél. 05 57 25 25 13, contact@lafleurdebouard.com V *r.-v.*

CH. FOUGEAILLES 2018 ★

	17000		15 à 20 €

Les Estager, d'origine corrézienne, sont établis depuis 4 générations dans le Libournais, comme négociants et producteurs. Claude et son fils Charles conduisent aujourd'hui 3 crus, en pomerol (Lafleur Grangeneuve), en lalande (Fougeailles) et en montagne-saint-émilion (La Papeterie).

Associant à bon escient élevage en cuve et en fût, ce lalande reste mesuré, déjà appréciable grâce à ses notes de fruits noirs bien mûres, sa chair souple et son tanin énergique. C'est une bouteille très bien exécutée, parfaite sur des grillades ou une volaille rôtie. ⧗ 2021-2026

SAS CHARLES ESTAGER ET FILS, 1, Foujailles, 33500 Néac, tél. 05 57 51 35 09, contact@estager-vin.com V *r.-v.*

CH. GRAND ORMEAU 2018 ★

	30000		20 à 30 €

L'une des valeurs sûres de l'AOC lalande. Un cru d'un peu plus de 13 ha situé sur la partie haute de la commune, acquis en 1987 par le fondateur d'Orangina, Jean-Claude Beton (décédé en 2013), qui a beaucoup investi dans sa rénovation et en a confié la direction à sa fille Françoise en 2007.

Mêlant joliment les fruits et les épices, ce vin se montre assez charmeur au nez. L'attaque tendre, la bouche bien en chair, marquée par la cerise, avec des tanins présents, confirment cette sensation de plénitude. Un joli vin pour une épaule d'agneau confite. ⧗ 2022-2028

SCEA CH. GRAND ORMEAU, 2, rte du Grand-Ormeau, 33500 Lalande-de-Pomerol, tél. 05 57 25 30 20, contact@chateaugrandormeau.com V *r.-v.*

CH. LE GRAVILLOT 2018 ★

	6700		15 à 20 €

D'origine corrézienne, la famille Brunot s'intéresse à la vigne depuis la fin du XIX[e]s. Elle exploite plusieurs crus dans le Libournais et l'Entre-deux-Mers : Piganeau en saint-émilion grand cru, Le Gravillot en lalande, minuscule cru d'un peu plus d'un hectare, Tour de Grenet en lussac et Maledan en bordeaux supérieur. Vincent Brunot, ingénieur agricole et œnologue, a succédé en 1998 à son père Jean-Baptiste à la tête des vignobles familiaux.

Ce pur merlot de sols graveleux et sablonneux est l'incarnation parfaite du vin de plaisir. Il livre un jus gourmand, ponctué de fines notes de cerise, de fleurs blanches et de prune, sans aspérité aucune, avec des tanins arrondis formant une trame structurée sans excès. ⧗ 2021-2025

LE BORDELAIS

SCEA J.-B. BRUNOT ET FILS, 1, Jean-Melin, 33330 Saint-Émilion, tél. 05 57 55 09 99, chateau.piganeau@vignobles-brunot.fr V r.-v.

CH. HAUT-GOUJON 2018 ★

15000 | 20 à 30 €

Ce cru dispose d'un vignoble de 18 ha en lalande-de-pomerol et en montagne-saint-émilion. La famille Garde y est installée depuis 4 générations ; la dernière est représentée par Corinne, Mickaël et Vincent, qui ont pris la suite de leur père Henri en 1995.

Marqué par un élevage sous bois encore présent, avec des notes empyreumatiques et des tanins saillants, ce vin a du potentiel. Structuré, racé, puissant, il se fondra avec le temps et trouvera la voie d'une belle entrecôte béarnaise ou d'une daube provençale. ⌛ 2023-2028

SCEA GARDE ET FILS (CH. HAUT-GOUJON), 50, Goujon, 33570 Montagne, tél. 05 57 51 50 05, contact@chateauhautgoujon.fr V t.l.j. sf dim. 9h-12h 14h-18h

LUCANIACUS 2018 ★

4000 | 20 à 30 €

Vignerons depuis le XVIIIe s. et 9 générations, les Saby – depuis 1997 les frères Jean-Christophe et Jean-Philippe, tous deux œnologues comme leur père Jean-Bernard – possèdent plusieurs crus dans le Libournais et exploitent un ensemble de 70 ha.

C'est un cocktail de fruits noirs et d'épices qui s'invite dès le nez, avec une pointe mentholée. La bouche reprend ce registre et développe une matière tendre et souple, tout en velouté et en parfums. Voilà de quoi satisfaire bien des amateurs autour d'une viande cuisinée. ⌛ 2021-2025

EARL VIGNOBLES JEAN-BERNARD SABY ET FILS, Ch. Rozier, 33330 Saint-Laurent-des-Combes, tél. 05 57 24 73 03, ets.saby@orange.fr V r.-v.

CH. MARCADIS 2018 ★

51010 | 15 à 20 €

La Société fermière des Grands Crus de France est la structure spécialisée dans le Bordelais du groupe Grands Chais de France. Son œnologue Vincent Cachau vinifie le fruit de 15 propriétés représentant quelque 500 ha dans les différentes appellations bordelaises.

L'élevage sans bois lui est propice : ce vin joue la carte du tendre, avec des notes florales, de framboise et de cerise juteuse, sans ostentation. Il évolue parfaitement entre finesse et fraîcheur en bouche, avec un bon équilibre et de la souplesse. On le verrait bien sur un rôti de porc à la sauge. ⌛ 2021-2025 **Ch. Sergant 2018 ★ (20 à 30 €; 75961 b.)** Fruits noirs, structure et allonge constituent les attraits de ce vin qui reste un très bon classique de son appellation. Il est encore marqué, à ce stade de jeunesse, par sa prise de bois, qui lui apporte un joli relief, renforcé par des tanins virils. ⌛ 2023-2027

SCEA SOCIÉTÉ FERMIÈRE DES GRANDS CRUS DE FRANCE, Ch. Cantin, 33330 Saint-Christophe-des-Bardes, tél. 05 57 98 07 20, vcachau@lgcf.fr

CH. PAVILLON BEAUREGARD 2018 ★

22000 | 20 à 30 €

Commandé par une superbe chartreuse du XVIIe s., Beauregard compte 17,5 ha de vignes en bordure sud-est du plateau de Catusseau, complétés de 11 ha en lalande (Pavillon Beauregard) conduits en agriculture biologique. Un cru très régulier, dont la gestion est confiée à Vincent Priou. Propriété depuis 1991 du Crédit Foncier, il a été vendu en juillet 2014 aux familles Moulin (groupe Galeries Lafayette) et Cathiard (Ch. Smith Haut Lafitte). Un nouveau cuvier a été aménagé, l'agriculture biologique adoptée.

Solide et bien construit, avec des notes de fruits noirs très mûrs, de café et de vanille, ce vin affiche à la fois du caractère et une belle harmonie autour de tanins bien présent mais soyeux et d'une finale aimable. Parfaitement dans le ton de son appellation. ⌛ 2023-2028

SCEA CH. BEAUREGARD, 73, rue de Catusseau, 33500 Pomerol, tél. 05 57 51 13 36, contact@petit-village.com V r.-v.

CH. LA PENSÉE Arthus 2018 ★★

1200 | 20 à 30 €

La famille Mingot exploite depuis 4 générations un vignoble de 22 ha sur la commune de Savignac-de-l'Isle avec son Ch. Maréchaux. Vignoble complété en 2012 par le Ch. la Pensée, un petit cru de moins de 2 ha, connu jusqu'alors sous le nom de Ch. Coudreau.

Cette cuvée est une sélection rigoureuse de raisins parmi les vignes du domaine, sur 50 ares. Élevée en barriques de 500 l, elle livre un superbe palais, solidement structuré et très expressif, calibré par les fruits noirs bien mûrs d'une grande persistance et par des tanins fermes. Un vin de grand caractère, promis à la garde. ⌛ 2023-2030

EARL VIGNOBLE MINGOT, 1, les Maréchaux, 33910 Savignac-de-l'Isle, tél. 05 57 84 22 29, julien@vignoblemingot.fr V r.-v.

PETIT CLOS DES CHAMPS 2018 ★

1800 | 15 à 20 €

Issu d'une vieille famille saint-émilionnaise, Vincent Duffau-Lagarrosse dirige d'importants domaines viticoles dans le Libournais, notamment la propriété familiale, premier grand cru classé de Saint-Émilion. Comme beaucoup, il tient aussi à élaborer son propre vin. Dans ce but, il a acquis en 2001 une petite vigne en lalande, dans le secteur de Musset.

Se présentant sous les meilleurs auspices, ce lalande au nez fruité et intense révèle en bouche une très jolie trame. Les fruits noirs abondent, la texture est à la fois veloutée et charnue, appuyée par des tanins bien fondus. Un beau représentant de son secteur que l'on aura plaisir à déguster sur un rôti de bœuf en croûte d'herbes. ⌛ 2022-2028

VINCENT DUFFAU-LAGARROSSE, Musset, 33500 Lalande-de-Pomerol, tél. 05 57 51 11 40, vdl9@orange.fr

CH. AU PONT DE GUITRES 2018 ★

■	23000		15 à 20 €

Originaires du Fronsadais, ces producteurs ont étendu leur vignoble sur l'autre rive de l'Isle, en appellation lalande. Rémy Rousselot, installé en 1986 sur le domaine familial, exploite 21 ha et propose 4 vins : Châteaux Vray Houchat, Les Roches de Ferrand (fronsac), Pont de Guestres et au Pont de Guîtres (lalande).

Il y a du soleil et de la gourmandise dans ce vin. Tout en fruit, avec des accents de fraise, de framboise et une pointe de réglisse, il apparaît ample, souple et très gourmand en bouche. Pour une viande blanche grillée ou des salaisons. ⧗ 2021-2025 ■ **Dom. Pont de Guestres 2018 ★ (20 à 30 €; 6000 b.)** Le merlot est roi et porte l'assemblage dans un vin plein, chaleureux, parsemé de notes de framboise, de cassis et d'épices. Un lalande équilibré, fruité de bout en bout, très affable. ⧗ 2021-2025

RÉMY ROUSSELOT, 6, Signat, 33126 Saint-Aignan, tél. 05 57 24 95 16, vignobles.rousselot@outlook.fr V r.-v.

DOM. DES SABINES 2018 ★

■	30000		20 à 30 €

C'est l'un des crus de Jean-Luc Thunevin, l'homme de Valandraud (1er grand cru classé de Saint-Émilion) : 18 ha de vignes acquis en 2006. Virginie est la fille de Jean-Luc Thunevin.

Bien équilibré entre le fruit et la sucrosité du bois, ce vin luxueusement élevé reste sûr de son propos. Le tanin est mûr, le fruit noir saillant et bien expressif tout du long, la trame structurée sans excès. Un vin de belle facture, à privilégier sur une viande goûtue, une épaule d'agneau confite par exemple. ⧗ 2023-2028

SAS THUNEVIN , 6, rue Guadet, 33330 Saint-Émilion, tél. 05 57 55 09 13, thunevin@thunevin.com V r.-v.

CH. SAINT-JEAN DE LAVAUD 2018 ★

■	1860		15 à 20 €

Installés en 2000 au Ch. de Lussac, Griet Van Malderen, fille d'un industriel flamand, et son mari Hervé Laviale, ancien journaliste, ont investi dans plusieurs vignobles libournais, où ils associent viticulture et œnotourisme. Ils ont acquis Vieux Maillet (pomerol) en 2004, 8,65 ha dans le secteur du Maillet – complétés par une petite vigne en lalande, Saint-Jean de Lavaud (1,10 ha). Entre 2005 et 2018, ils étaient également les propriétaires de Franc Mayne (cru classé de Saint-Émilion).

Un jardin de 1,10 ha où le merlot domine. Ce petit terroir offre une jolie bouteille marquée par les fruits mûrs, la cerise et la myrtille notamment. La bouche est ample et généreuse, avec du gras, un accent de vanille de l'élevage, de beaux tanins fondus et une finale longue et enrobée. De quoi satisfaire tout le monde autour d'une belle côte de bœuf. ⧗ 2022-2028

SCEA CH. VIEUX MAILLET, 16, chem. de Maillet, 33500 Pomerol, tél. 05 57 74 56 58, info@chateaudelussac.com r.-v.

CH. VIEILLE DYNASTIE 2018 ★

■	45000		11 à 15 €

Les Borderie exploitent 48 ha : en bordeaux supérieur avec Les Gravières de la Brandille, créées en 1963 dans le secteur de Coutras, au nord du Libournais; en lussac et en bordeaux avec Les Combes, dans la famille depuis la fin du XIXes.; et en lalande, avec le Ch. Vieille Dynastie, acquis en 2011. Frédéric Borderie est aux commandes depuis 2005.

Porté par un millésime chaud, ce vin affiche des notes de fruits bien mûrs, de griotte notamment, soulignées par un boisé torréfié et vanillé. L'ensemble est dense, structuré, avec une grande masse tannique qui devra se fondre. ⧗ 2023-2028

EARL VIGNOBLES BORDERIE, 117-119, rue de la République, 33230 Saint-Médard-de-Guizières, tél. 05 57 69 83 01, jpborderie@wanadoo.fr V *t.l.j. sf dim. 9h-11h30 13h30-18h*

▶ SAINT-ÉMILION ET SAINT-ÉMILION GRAND CRU

Établi sur les pentes d'une colline dominant la vallée de la Dordogne, Saint-Émilion (3 300 habitants) est une petite ville viticole charmante et paisible. C'est aussi une cité chargée d'histoire. Étape sur le chemin de Saint-Jacques-de-Compostelle, ville forte pendant la guerre de Cent Ans et refuge des députés girondins proscrits sous la Convention, elle possède de nombreux vestiges évoquant son passé. La légende fait remonter le vignoble à l'époque romaine et attribue sa plantation à des légionnaires. Mais il semble que sa véritable origine se situe au XIIIes. Quoi qu'il en soit, Saint-Émilion est aujourd'hui le centre de l'un des plus célèbres vignobles du monde qui, en 1999, a été incrit au patrimoine mondial de l'Unesco. L'aire d'appellation, répartie sur 9 communes, comporte une riche gamme de sols. Tout autour de la ville, le plateau calcaire et la côte argilo-calcaire (d'où proviennent de nombreux crus classés) donnent des vins d'une belle couleur, corsés et charpentés. Aux confins de Pomerol, les graves produisent des vins d'une très grande finesse (cette région possédant aussi de nombreux grands crus). Mais l'essentiel de l'appellation est représenté par les terrains d'alluvions sableuses descendant vers la Dordogne, qui produisent de bons vins. Pour les cépages, on note une nette domination du merlot, complété par le cabernet franc, appelé bouchet dans cette région, et, dans une moindre mesure, par le cabernet-sauvignon.

L'appellation saint-émilion peut être revendiquée par tous les vins produits dans la commune et dans 8 autres villages environnants. La seconde appellation, saint-émilion grand cru, ne correspond pas à un terroir défini, mais à des critères d'élaboration plus exigeants : rendements plus faibles, élevage de 17 mois minimum, mise en bouteilles à la propriété obligatoire. C'est parmi les saint-émilion grand cru que sont choisis les châteaux qui font l'objet d'un classement. Ce dernier constitue l'une des originalités de la région de Saint-Émilion. Assez récent (il ne date que de 1955), il est régulièrement et systématiquement revu. La première révision a eu lieu en 1958; la dernière, en 2006, a été contestée devant les tribunaux pour être, à l'issue d'une longue procédure, annulée par le tribunal administratif de Bordeaux. Pour mettre fin au vide juridique, le Parlement a voté

en mai 2009 un article de loi rétablissant l'ancien classement de 1996 auquel s'ajoutent les promus de 2006, classement valable jusqu'à la récolte 2011 incluse.
Pour les saint-émilion grand cru, la dégustation Hachette s'est faite en distinguant les classés (y compris les premiers) des non-classés. Les étoiles et commentaires correspondent donc à ces 2 critères.

SAINT-ÉMILION

Superficie : 5 400 ha (grands crus inclus)
Production : 51 000 hl

CH. BELLEGRAVE 2018 ★

■ | 2710 | ▮ | 8 à 11 €

Originaire de Champagne, Yvette et Bernard Gonzales ont acheté en 1981 un petit vignoble sur le terroir sablo-graveleux de Saint-Sulpice-de-Faleyrens, au sud de la juridiction. Il a été repris en 2002 par leur fils Patrick qui exploite 25 ha de vignes (du merlot à 90 %).

Ce vin offre un joli nez de fruits mûrs et d'épices, et une bouche ample et harmonieuse, tout en rondeur. L'élevage uniquement en cuves préserve le fruit et accompagne les tanins. Avec du volume et une bonne longueur, voilà de quoi accompagner une belle entrecôte. ⧗ 2021-2025

SCEV GONZALES FRÈRES, Ch. Gessan, Lieu-dit Canton de Bert, 33330 Saint-Sulpice-de-Faleyrens, tél. 06 23 61 42 63, chateaugessan@gmail.com V r.-v.

B CH. BEYNAT Terre Amoureuse 2018 ★★

■ | 6000 | ◖◗ | 15 à 20 €

Nathalie Boyer et Alain Tourenne ont repris en 2008 ce cru créé en 1917 par Léonard Nebout, quincaillier de son état; ils ont converti au bio, puis en biodynamie depuis 2015, les 25 ha de vignes dédiés aux castillon, saint-émilion et bordeaux dans les 3 couleurs. Un domaine très régulier en qualité, désormais conduit en solo par Alain Tourenne.

Très original pour le secteur avec ses cabernets dominants l'assemblage, ce vin bien structuré séduit d'emblée. Ses fruits noirs bien mûrs, sa trame ronde et souple, ses tanins soyeux, son élevage sous bois de bonne mesure qui ne farde pas l'ensemble, composent un beau vin, sur la délicatesse. ⧗ 2021-2026

SCEA CH. BEYNAT, 23 bis, rue de Beynat, 33350 Saint-Magne-de-Castillon, tél. 05 57 40 01 14, atourenne@gmail.com V t.l.j. 9h-18h D

CH. DESPAGNET 2018 ★

■ | 1700 | ▮ | 15 à 20 €

Cette propriété familiale de 1 ha appartient à la famille Fanon, également propriétaire du Ch. Despagnet en saint-émilion (7 ha) et des Châteaux L'Hermitage Mirande et Saint-Louis en montagne.

Vinifié en cuves avec staves (douelles immergées pour aromatiser), ce vin est bien exécuté. Les fruits rouges acidulés ressortent bien au nez et en bouche; l'attaque est vive, la trame ronde et bien équilibrée, avec du gras et du volume. Il y a aussi de la fraîcheur dans ce vin, de la droiture et de la longueur. ⧗ 2021-2025

EARL FANON-FLORET, 1, chem. du Caillou, 33570 Montagne, tél. 06 07 89 84 54, juliette.fanon@orange.fr V r.-v.

CH. JACQUES NOIR 2018 ★

■ | 48400 | ◖◗ | 15 à 20 €

Depuis 1858, la famille Ducourt a constitué un vignoble de 450 ha autour de 14 châteaux dans l'Entre-deux-Mers et le Libournais. Trois crus dans ce dernier : le Ch. Plaisance à Montagne (17,5 ha), le Ch. des Demoiselles (31 ha en castillon) et le Ch. Jacques Noir (5,6 ha en saint-émilion).

Ce pur merlot sur argiles élevé en fût est bien servi par son fruit ample et profond. La bouche est quant à elle structurée par des tanins encore saillants. L'ensemble offre une bonne expression du secteur. ⧗ 2022-2026

SCEA LES DEMOISELLES, 18, rte de Montignac, 33760 Ladaux, tél. 05 57 34 54 00, ducourt@ducourt.com V r.-v.

CH. JUPILLE CARILLON 2018 ★

■ | 4600 | ◖◗ | 11 à 15 €

La famille Visage s'investit dans la vigne depuis 3 générations sur ce domaine constitué en 1920. Isabelle Visage est aujourd'hui aux commandes d'un peu plus de 10 ha sur les sables et graves de Saint-Sulpice-de-Faleyrens, au sud de Saint-Émilion, pour deux crus (Jupille Carillon en saint-émilion et Jucalis en grand cru).

Voilà un vin carré, soutenu par son élevage sous bois, qui demande encore un peu de temps pour se fondre. La présence d'un fruit mûr s'accompagne de notes toastées. La bouche, persistante, garde cette empreinte boisée et la présence tannique en impose. ⧗ 2023-2027

SCEA DES VIGNOBLES VISAGE, 193, Jupile, 33330 Saint-Sulpice-de-Faleyrens, tél. 06 87 07 61 54, chateau.jupille.jucalis@orange.fr V r.-v.

CH. LE MAINE 2018 ★

■ | 8000 | ◖◗ | 15 à 20 €

En 2014, cette propriété de 12 ha a changé de mains et a été agrandie. Elle est maintenant constituée en groupement foncier viticole et accueille de multiples associés amoureux du vin. La gérance est assurée par Jean-Noël Doublet.

Parfums de cassis, de mûre et de fleurs blanches, bouche puissante et généreuse : ce saint-émilion montre les muscles et devra encore être attendu, mais son fruit expressif et franc s'étire d'ores et déjà longuement. ⧗ 2022-2026

CH. LA RENOMMÉE, Au Bois de l'Or, BP_111, 33330 Saint-Émilion, tél. 05 57 24 65 93, info@larenommee.fr V r.-v. E

CH. QUEYRON PINDEFLEURS Le Jardin 2018 ★

■ | 13000 | ▮ | 11 à 15 €

Un cru de 14 ha situé au pied des coteaux sud de Saint-Émilion. Dans la famille Fillon depuis 1937, il est dirigé depuis 2010 par Chantal et Peter Watts.

Vinifié sans apport de bois, ce pur merlot est une belle illustration d'un vin porté par le fruit et les épices, de bon volume, avec des tanins mûrs et veloutés. Il saura se garder ou s'apprécier dès aujourd'hui avec une andouillette. ⧗ 2021-2025

SCE VIGNOBLES FILLON (CH. QUEYRON PINDEFLEURS), 3, lieu-dit Queyron, 33330 Saint-Émilion, tél. 05 57 50 31 45, contact@queyronpindefleurs.com V r.-v.

CH. VIEUX LONGA 2018 ★

	4600		8 à 11 €

Une propriété familiale créée en 1930 au sud-ouest de Saint-Émilion : 5 ha d'un seul tenant sur sols sablo-graveleux, conduits depuis 1998 par Éric et Isabelle Veyssière. Deux étiquettes : Ch. Vieux Longa (5 ha en saint-émilion) et Ch. Barrail du Patient (1 ha en bordeaux).

De la simplicité, un fruit expressif et une trame ample et souple : que demander de plus à ce niveau de prix ? Voilà un bon exemple de vin structuré sans excès, qui offre un plaisir immédiat. ⧗ 2021-2024

SCEA CH. VIEUX LONGA, 192, Le Longa, 33330 Saint-Sulpice-de-Faleyrens, tél. 05 57 24 74 31, contact@chateau-vieux-longa.fr V *t.l.j. sf sam. dim. 9h-12h 14h-19h*

CH. LE VIEUX PRESSOIR 2018 ★

	7702		15 à 20 €

Ce petit vignoble de 8 ha est exploité par la même famille depuis 4 générations. Thierry et Anne Mallo travaillent leurs vignes situées au pied du coteau de Saint-Émilion depuis 1996.

Le fruit mûr, les épices, la bouche de bonne structure avec ses tanins présents forment un vin de bonne mâche et équilibré. Un bel ensemble à boire sur une pièce de bœuf grillée. ⧗ 2021-2024

SCEA MALLO PÈRE ET FILS, 3, lieu-dit Grand-Sable, 33330 Saint-Hippolyte, tél. 05 57 24 62 17, chateaulevieuxpressoir@orange.fr V r.-v.

SAINT-ÉMILION GRAND CRU

Superficie : 5 400 ha / Production : 72 000 hl

AURELIUS 2018 ★

Gd cru	25000		20 à 30 €

Créée en 1931, la coopérative de Saint-Émilion est un acteur incontournable du Libournais, et ses cuvées – vins de marque (Aurélius, Galius) ou de domaines (une cinquantaine de propriétés apportent leur vendange à la « coop ») – sont régulièrement au rendez-vous du Guide.

Sélection parcellaire en série limitée, élevée en barrique de chêne neuve, cette cuvée structurée affiche une grande consistance. Le nez de vanille, de pralin et de fruits confiturés, laisse place à une bouche puissante et complexe, soutenue par un boisé présent, dotée d'une longue finale. L'ensemble reste équilibré et vise la garde. ⧗ 2025-2033

UNION DE PRODUCTEURS DE SAINT-ÉMILION, Lieu-dit Haut-Gravet, BP_27, 33330 Saint-Émilion, tél. 05 57 24 70 71, contact@udpse.com V r.-v.

♥ CH. BADETTE 2018 ★★

	32000		20 à 30 €

La propriété appartenait en 1770 au comte de Carle. Elle connut un âge d'or à la fin du XIXᵉ s. À sa mort, en 2002, son propriétaire William Arreaud avait légué sa propriété viticole à la commune de Saint-Émilion. Le cru a été racheté en 2012 à l'entrepreneur belge Marc Vandenbogaerde, grand amateur de vin, qui a restructuré le vignoble (10 ha) et fait construire un nouveau cuvier et un chai à barriques.

C'est un vin d'avenir qui se dessine, tout en structure mais forgé par un équilibre et une complexité magiques. Dès le nez, l'ambition s'affiche, entre fruits noirs et boisé puissant mais de qualité. La bouche trouve ce même écho généreux, portée par des saveurs grillées, des tanins massifs et une présence particulièrement affirmée. Il faudra l'attendre et lui laisser tout le loisir de s'affiner, pour le servir avec une viande juteuse, de type épaule d'agneau confite. ⧗ 2025-2033

CH. BADETTE, Lieu-dit Badette, 33330 Saint-Christophe-des-Bardes, tél. 06 08 30 86 13, chateaubadette@orange.fr V r.-v.

♥ CH. BEAU-SÉJOUR BÉCOT 2018 ★★

1er gd cru clas. B	90000		75 à 100 €

Déjà planté de vigne à l'époque romaine, ce cru de 19 ha situé au sommet du plateau calcaire de Saint-Émilion conserve ses vins dans d'anciennes carrières de 7 ha creusées par les moines au Moyen Âge. Acquis en 1969 par Michel Bécot, il est aujourd'hui dirigé par ses fils Dominique (à la vigne) et Gérard (à la cave), épaulés par Juliette, la fille de ce dernier.

Tout en finesse et en raffinement de texture, ce cru affiche une fraîcheur supérieure. On apprécie grandement cette équation idéale de puissance et de soyeux, qui porte le vin dans une haute dimension. Les saveurs s'inscrivent parfaitement dans cette trame gourmande, libérant un fruit mûr et juteux ponctué d'épices. Une grande bouteille au style délié, pour amateurs de finesse. ⧗ 2023-2035

CH. BEAU-SÉJOUR BÉCOT, 33330 Saint-Émilion, tél. 05 57 74 46 87, contact@beausejour-becot.com V r.-v.

CH. DE BÉCHAUD 2018 ★

	22400		15 à 20 €

Créée en 1931, la coopérative de Saint-Émilion est un acteur incontournable du Libournais, et ses cuvées – vins de marque (Aurélius, Galius) ou de domaines (une cinquantaine de propriétés apportent leur vendange à la « coop ») – sont régulièrement au rendez-vous du Guide.

CLASSEMENT DES GRANDS CRUS DE SAINT-ÉMILION

Les 2015 dégustés cette année sont régis par ce classement révisé en 2012.

SAINT-ÉMILION PREMIERS GRANDS CRUS CLASSÉS

A

Château Angelus

Château Ausone

Château Cheval Blanc

Château Pavie

B

Château Beauséjour (héritiers Duffau-Lagarrosse)

Château Beau-Séjour-Bécot

Château Bélair-Monange

Château Canon

Château Canon la Gaffelière

Château Figeac

Clos Fourtet

Château la Gaffelière

Château Larcis Ducasse

La Mondotte

Château Pavie Macquin

Château Troplong Mondot

Château Trottevieille

Château Valandraud

SAINT-ÉMILION GRANDS CRUS CLASSÉS

Château l'Arrosée
Château Balestard la Tonnelle
Château Barde-Haut
Château Bellefont-Belcier
Château Bellevue
Château Berliquet
Château Cadet-Bon
Château Cap de Mourlin
Château le Châtelet
Château Chauvin
Château Clos de Sarpe
Château la Clotte
Château la Commanderie
Château Corbin
Château Côte de Baleau
Château la Couspaude
Château Dassault
Château Destieux
Château la Dominique
Château Faugères
Château Faurie de Souchard
Château de Ferrand
Château Fleur Cardinale
Château La Fleur Morange
Château Fombrauge
Château Fonplégade
Château Fonroque
Château Franc Mayne
Château Grand Corbin
Château Grand Corbin-Despagne
Château Grand Mayne
Château les Grandes Murailles
Château Grand-Pontet
Château Guadet
Château Haut-Sarpe
Clos des Jacobins
Couvent des Jacobins
Château Jean Faure
Château Laniote
Château Larmande
Château Laroque
Château Laroze
Clos la Madeleine
Château la Marzelle
Château Monbousquet
Château Moulin du Cadet
Clos de l'Oratoire
Château Pavie Decesse
Château Peby Faugères
Château Petit Faurie de Soutard
Château de Pressac
Château le Prieuré
Château Quinault l'Enclos
Château Ripeau
Château Rochebelle
Château Saint-Georges-Côte-Pavie
Clos Saint-Martin
Château Sansonnet
Château la Serre
Château Soutard
Château Tertre Daugay
Château la Tour Figeac
Château Villemaurine
Château Yon-Figeac

Cette propriété fondatrice de la coopérative, comptant à peine 10 ha, propose un vin corsé, typé saint-émilion. Le nez profond, bien équilibré entre les fruits noirs, le cuir frais et les notes empyreumatiques et vanillées de l'élevage, invite à la dégustation. La bouche chaleureuse, délicatement épicée, soutenue par un tanin puissant et bien modelé, préserve de la finesse et ce beau potentiel aromatique. Un vin taillé pour la garde ⧗ 2023-2030

UNION DE PRODUCTEURS DE SAINT-ÉMILION, Lieu-dit Haut-Gravet, BP_27, 33330 Saint-Émilion, tél. 05 57 24 70 71, contact@udpse.com V r.-v.

CH. BELAIR-MONANGE 2018 ★★

1er gd cru clas. B	n.c.		+ de 100 €

Acquis en 2008 par les établissements Jean-Pierre Moueix, ce cru de 12,5 ha, anciennement Ch. Belair, fut alors rebaptisé Belair-Monange en l'honneur de l'épouse de Jean Moueix (grand-père de Christian, l'actuel dirigeant), Anne-Adèle Monange, première femme de la famille établie à Saint-Émilion en 1931. Un vaste programme de replantation sur 20 ans a été engagé depuis lors. À partir du millésime 2012, le domaine intègre les 11 ha du Ch. Magdelaine et accède au rang suprême de 1er grand cru classé B.

D'une grande harmonie, ce 1er cru classé tient parfaitement son rang. Le nez floral et fruité, délicatement épicé, s'impose tout en élégance, avec un boisé discret et habilement posé. La bouche poursuit dans cet élan raffiné, avec une attaque soyeuse et fraîche, des tanins veloutés, une chair tendre qui n'empêche pas une matière généreuse. Un équilibre souverain. ⧗ 2025-2040

ÉTS JEAN-PIERRE MOUEIX (CH. BELAIR-MONANGE), 54, quai du Priourat, 33502 Libourne Cedex, tél. 05 57 51 78 96, info@jpmoueix.com

BELLEVUE MONDOTTE 2018 ★

	4000		+ de 100 €

Véritablement constitué au XIXe s., Pavie étend son vaste vignoble de 37 ha sur la côte éponyme, l'un des berceaux de la viticulture locale au IVe s. Son terroir unique en 3 parties (le plateau calcaire, sa côte d'argiles denses et profondes, son pied de côte sablo-argileux légèrement graveleux) justifie son intégration en 2012 au gotha des 1ers grands crus classés A. Une élévation due aussi aux investissements considérables de son propriétaire depuis 1998, Gérard Perse, homme d'affaires ayant fait fortune dans la grande distribution. Inauguré en 2013, un nouveau chai signé Alberto Pinto, décorateur de palais et de palaces, consacre la montée au firmament du cru et permet des vinifications encore plus précises.

Ce cru vinifié par les équipes de Pavie bénéficie des mêmes soins que le 1er cru classé. Plus souple que son prestigieux «cousin», il garde cette empreinte de plénitude autour d'un fruit parfaitement mûr, avec une pointe d'épices et de cerise juteuse. La bouche se montre puissante et racée, sans arrogance, et profile un saint-émilion de très belle facture, qui évoluera bien. ⧗ 2024-2030

SCA CH. PAVIE, Dom. de Pavie, 33330 Saint-Émilion, tél. 05 57 55 43 43, contact@vignoblesperse.com V r.-v.

CH. LES CABANNES 2018 ★★

	5600		15 à 20 €

Producteurs en saint-émilion, saint-émilion grand cru et en AOC régionales, Peter et Brigitte Kjellberg sont œnologues, le premier étant d'origine canadienne. Ils ont acquis en 1997 ce domaine de 7 ha situé au sud de l'appellation.

De bonne intensité de fruit, ce vin plaît d'emblée par ses tanins glissants, sa trame de demi-corps et son harmonie. Dans une catégorie de prix accessible, il offre de belles saveurs de cerise noire juteuse, de cacao et de vanille, relayées par une bouche fraîche et épicée. Une bouteille à servir avec une cuisine légèrement relevée ou une côte de veau épaisse au jus. ⧗ 2023-2030

EARL VIGNOBLES KJELLBERG-CUZANGE, Les Cabannes, 33330 Saint-Sulpice-de-Faleyrens, tél. 05 57 24 62 86, kjellberg.cuzange@orange.fr V r.-v.

CH. CADET-BON 2018 ★

Gd cru clas.	23000		30 à 50 €

Au XIVe s., Jacques Bon, dit le Cadet, planta une vigne au nord-est de Saint-Émilion, sur un coteau nommé depuis Butte du Cadet. Célèbre au XVIIIe s., ce cru d'à peine 6 ha a été acquis en 2001 par Michèle et Guy Richard, anciens producteurs de cognac, qui ont entrepris de nombreux travaux de rénovation à la vigne comme au chai.

De pleine intensité de saveurs et de corps, ce 2018 offre un nez plaisant de cassis et de fruits rouges bien mûrs. La bouche suit ce registre fruité dans une matière de grand volume, aux tanins fins. Du caractère et de la saveur, à réserver sur une joue de bœuf aux carottes. ⧗ 2022-2028

SCEV CH. CADET-BON, 1, Le Cadet, 33330 Saint-Émilion, tél. 05 57 74 43 20, chateau.cadet.bon@orange.fr V r.-v.

CH. CADET-SOUTARD 2018 ★

	6100		20 à 30 €

Brigitte Darribéhaude est, depuis 1985, à la tête des 3 propriétés familiales : en saint-émilion grand cru, Tour des Combes, 12,5 ha à Saint-Laurent-des-Combes; acquis en 1849 par sa famille, et Cadet Soutard, petit cru de 1 ha planté de merlot, voisin immédiat des châteaux Soutard et Cadet-Bon, auxquels les vignes appartenaient au XIXe s.; en castillon-côtes-de-bordeauxle Dom. des Rochers, 5 ha.

Voilà un pur merlot de grande structure, long et complexe, marqué par d'intenses notes de fruits rouges et d'épices. Son volume de bouche, ses tanins souples, sa longue finale et son équilibre d'ensemble en font un parfait représentant du cru. On peut commencer à le boire sur une poitrine de veau lardée. ⧗ 2022-2028

SCE DES VIGNOBLES DARRIBÉHAUDE, 1, lieu-dit au Sable, 33330 Saint-Laurent-des-Combes, tél. 05 57 24 70 04, bd-nd@orange.fr V r.-v.

CH. DE CANDALE 2018 ★★

	15585		20 à 30 €

Cette propriété de 6 ha est située sur la combe argilo-calcaire de Saint-Laurent. Magali et Thibaut

Decoster, installés depuis 2004 au Clos des Jacobins et au Ch. La Commanderie, reprennent les exploitations du Ch. Roc de Candale et Candale en février 2017. Avec ces 2 nouveaux crus, un restaurant et une boutique, les nouveaux propriétaires conjuguent leurs 2 passions : vignobles et art de vivre.

Judicieusement élevé en cuve puis en barrique pendant 1 an, ce vin préserve un fruit concentré et mûr ainsi parfaitement mis en valeur. Les nuances d'épices, de vanille et de cacao du bois ne prennent pas le dessus et laissent une bouche chaleureuse, portée par des tanins juteux et un fruit débonnaire. On sent tout le potentiel de ce joli vin, à déguster sur une entrecôte sauce marchand de vin. ⧗ 2023-2030

CH. DE CANDALE, BP_67, 33330 Saint-Émilion, tél. 05 57 51 19 91, contact@mtdecoster.com V *r.-v.*

CH. CANON 2018 ★

■ 1er gd cru clas. B | 80000 | | + de 100 €

Grand cru fondé en 1760 par le capitaine de frégate et corsaire Jacques Kanon, qui y développa la monoculture de la vigne, élevé au rang de 1er cru classé dès 1954. La famille Fournier, installée ici en 1919, céda le domaine au groupe Chanel en 1996. Niché contre la cité médiévale, le cru est idéalement implanté au sud du plateau calcaire de Saint-Émilion. Il recèle en sous-sol d'immenses caves creusées pendant des siècles pour bâtir Libourne et Bordeaux. Après John Kolasa, parti à la retraite, c'est Nicolas Audebert (également aux commandes de Rauzan-Ségla en margaux, des mêmes propriétaires) qui dirige le vignoble : 34 ha, dont 12 provenant du grand cru classé Matras, acquis en 2011, qui alimente désormais le second vin, Croix Canon.

D'une élégance folle, ce cru floral, structuré et élégant joue une partition singulière. Sur ce millésime généreux, il affiche une texture de grand raffinement, avec des tanins serrés mais élégants, de la chair et surtout une superbe fraîcheur. Saluons son soyeux, son harmonie et son port racé. ⧗ 2025-2035

CH. CANON, lieu-dit Saint-Martin, rte du Milieu, 33330 Saint-Émilion, tél. 05 57 55 23 45, contact@chateau-canon.com

CH. CANTIN 2018 ★

■ | 60632 | | 20 à 30 €

La Société fermière des Grands Crus de France est la structure spécialisée dans le Bordelais du groupe Grands Chais de France. Son œnologue Vincent Cachau vinifie le fruit de 15 propriétés représentant quelque 500 ha dans les différentes appellations bordelaises.

Puissant, rond et équilibré, ce 2018 dévoile un jus gras et charpenté, où le fruit se mêle aux notes d'épices et d'élevage. On tient là un vin tannique mais agréable, qui sera parfait sur un agneau de sept heures ou un tajine aux épices et pruneaux. ⧗ 2023-2028 ■ **Vieux Ch. des Combes Vieux Château des Combes 2018 ★ (15 à 20 €; 123110 b.)** Uniquement élevé en cuve, ce saint-émilion exhibe un fruit intact, sur les baies noires, mâtiné de violette et de pain d'épices. On apprécie aussi sa bouche ronde à la puissance mesurée et sa jolie finale. ⧗ 2022-2026

SCEA SOCIÉTÉ FERMIÈRE DES GRANDS CRUS DE FRANCE, Ch. Cantin, 33330 Saint-Christophe-des-Bardes, tél. 05 57 98 07 20, vcachau@lgcf.fr

CH. CAP DE MOURLIN 2018 ★

■ Gd cru clas. | n.c. | | 30 à 50 €

L'un des 3 crus classés (avec Cap de Mourlin et Petit Faurie de Soutard) de Jacques Capdemourlin, issu d'une famille déjà établie à Saint-Émilion au XVIIes. Balestard la Tonnelle étend ses 10,6 ha de vignes sur un coteau argilo-calcaire, aux portes de la cité médiévale. Son nom associe celui du chanoine Balestard, ancien propriétaire des lieux, à une tour de guet érigée au cœur du vignoble. Un cru de très ancienne notoriété, connu dès le XVes., témoins les vers de François Villon inscrits sur l'étiquette : *Ici-bas, puisqu'il n'est permis/ De boire ce divin nectar/ Qui porte nom de Balestard...*

Chaleureux, rond et plein, ce saint-émilion campe un classique du cru, autour d'un merlot bien mûr bien respecté par la barrique. Ses saveurs riches et puissantes et ses tanins denses forment un vin de bon potentiel, à privilégier sur une viande rouge mijotée. ⧗ 2023-2028

SCEA CAP DE MOURLIN, 5, rte de Labatut, 33330 Saint-Émilion, tél. 05 57 74 62 06, info@vignoblescapdemourlin.com V *r.-v.*

CH. CAPET-GUILLIER 2018 ★

■ | 12000 | | 30 à 50 €

En 1902, le Corrézien Antoine Moueix, amoureux des vins de Saint-Émilion et de Pomerol, fonde sa maison de négoce en 1902. Outre ses propriétés (Grand Renom, Capet Guillier), l'affaire propose côté négoce une large gamme de vins de la rive droite (Libournais, AOC régionales). Dans le giron du groupe Advini depuis 2006.

Ce bel ensemble fruité, avec une pointe de pain grillé, trouve une voie médiane intéressante entre puissance et suavité. La bouche est bien construite autour de tanins présents, cadencée par un fruit mûr et une finale persistante. Un bon classique. ⧗ 2023-2028

CH. CAPET-GUILLIER, rte du Milieu, 33330 Saint-Émilion, tél. 05 57 55 37 95, chrystel.meunier@amoueix.fr

♥ CH. CHEVAL BLANC 2018 ★★★

■ 1er gd cru clas. A | n.c. | | + de 100 €

À l'origine simple métairie de Figeac, Cheval Blanc devient une propriété indépendante en 1832 quand le président du tribunal de Libourne, Jean-Jacques Ducasse, l'achète et fait construire le château actuel. Ses descendants entreprennent des travaux importants, notamment de drainage, et dès la fin du Second Empire, le cru atteint ses dimensions actuelles (39 ha) et se situe parmi les plus renommés de Saint-Émilion. Son terroir, de type pomerolais avec des graves et des

sables anciens sur argiles, explique l'originalité de son encépagement à dominante de cabernet franc, complété par le merlot. Les descendants du président Ducasse restent à la tête du cru jusqu'à son rachat en 1998 par Bernard Arnault (LVMH) et Albert Frère. Ces derniers placent Pierre Lurton à la direction générale et dotent le château en 2011 d'un nouveau chai, dessiné par Christian de Portzamparc.

Les millésimes se suivent, et Cheval Blanc reste au sommet. Encore une démonstration de son éclat sur ce millésime 2018 qui profite pleinement à ses cabernets : nez intense de fruits mûrs soulignés d'une touche florale et d'épices, attaque fraîche, ample et croquante, trame veloutée, portée par des tanins de grand raffinement et finale somptueuse, qui s'étire à l'infini. La classe absolue, d'une harmonie incroyable. Tout est déjà savamment aligné, orchestré par un élevage parfaitement maîtrise. Un vin époustouflant, tout simplement, que le temps regardera passer. ⧗ 2025-2040

■ **Le Petit Cheval 2018 ★★ (+ de 100 €; n.c.)** Second vin de Cheval Blanc, ce cru n'est pas son faire-valoir. C'est un vin qui prend toute sa part de succès dans une identité quelque peu différente de son aîné, avec davantage de merlot. Sa réussite s'illustre en 2018 avec une amabilité qui force le respect : arômes charmeurs de fruits noirs, d'épices et de fleurs, bouche suave et corsée à la fois, posée sur de beaux tanins déjà bien fondus. C'est un ensemble ample et charmeur, à l'équilibre irréprochable. ⧗ 2024-2032

SC DU CHEVAL BLANC, Ch. Cheval Blanc, 33330 Saint-Émilion, tél. 05 57 55 55 55, contact@chateau-chevalblanc.com

CH. CHEVAL NOIR Cuvée Le Fer 2018 ★

■ | 13 000 | | 30 à 50 €

Un nom qui renvoie aux puissants chevaux noirs utilisés au XIXe s. pour les vendanges, et qui deviendra une marque en 1895, la plus vieille du Bordelais. Elle fut reprise en 1937 par la vénérable maison de négoce Mähler-Besse, fondée en 1892 et co-propriétaire du château Palmer à Margaux. La propriété compte 4,5 ha.

Tout en souplesse et en séduction, ce pur merlot offre un plaisir immédiat et de riches saveurs de fruits noirs, d'épices et de cacao. Son attaque suave, stimulée par une fraîcheur mentholée, ouvre sur une bouche soyeuse, aux tanins friands et délicats. Un parfait représentant de l'appellation. ⧗ 2022-2028

SARL CH. CHEVAL NOIR, Lieu-dit Berthommeau, 33330 Saint-Émilion, tél. 05 24 07 87 07

CH. CLOS DE SARPE 2018 ★

■ | 8 000 | | 50 à 75 €

Ce petit vignoble de 3,7 ha d'un seul tenant, bien situé sur le plateau argilo-calcaire de Saint-Christophe-des-Bardes, au nord-est de la juridiction de Saint-Émilion, a été acheté en 1923 par la famille Beyney au baron de Bogeron. Installé en 1983, Jean-Guy Beyney, incarnant la 3e génération, a vu son domaine accéder au rang de cru classé avec le classement de 2012. Les vins sont certifiés en bio à partir du millésime 2020.

Porté par une aromatique intense, autour de notes de fruits noirs, de cacao, de vanille et de torréfaction, ce vin ample, puissant et parfaitement mûr se montre bien équilibré. Il faudra le dédier en priorité à une viande rouge de type paleron de bœuf sauce bordelaise. ⧗ 2025-2032

CH. CLOS DE SARPE, Saint-Christophe-des-Bardes, 33330 Saint-Émilion, tél. 05 57 24 72 39, chateau@clos-de-sarpe.com V r.-v.

CLOS DES BAIES 2018 ★

■ | 3 000 | | 30 à 50 €

Philippe Baillarguet dispense ses talents de maître de chai pour le compte de la famille Vauthier (Ch. Ausone). En 2006, il prend un petit fermage de 30 ares pour créer son propre vin, puis acquiert 92 ares en 2010, sur le coteau sud de Saint-Laurent-des-Combes.

C'est un vin tout en harmonie, en soyeux et en rondeur, profilé par de jolies notes de fruits cuits, un boisé bien fondu et une finale agréable. Accessible, il pourra être ouvertl dans sa jeunesse sur une volaille rôtie aux champignons, mais aussi l'attendre quelques années. ⧗ 2022-2027

EARL CLOS DES BAIES, 3, Puyblanquet, 33330 Saint-Étienne-de-Lisse, philippe.baillarguet@orange.fr r.-v.

CLOS DUBREUIL 2018 ★★

■ | 14 000 | | + de 100 €

Les Trocard sont établis dans le Libournais depuis 1628. Leurs domaines ont connu un formidable essor au lendemain de la Seconde Guerre mondiale. Aux commandes depuis 1976, Jean-Louis Trocard, épaulé par ses enfants Benoît et Marie, a porté le vignoble à près de 100 ha répartis dans plusieurs crus et appellations.

Ce petit cru d'à peine 7 ha se livre pleinement sur ce millésime de belle envergure. On le découvre tout en carrure et en parfums, avec beaucoup de gourmandise et de plénitude. Cerise noire, menthol, cacao, résine de pin se mêlent au nez et en bouche, accompagnant une trame ronde épaulée par un tanin racé et charmeur. Un vin bâti pour la garde, équilibré et intense. ⧗ 2025-2032

CLOS DUBREUIL, 11, lieu-dit Jean-Guillot, 33390 Saint-Christophe-des-Bardes, tél. 05 57 55 57 90, bt@trocard.com

CLOS FOURTET 2018 ★

■ 1er gd cru clas. B | 55 000 | | + de 100 €

Cet illustre grand cru est un vrai clos ceint de murs (20 ha), établi à l'emplacement d'un fortin romain (« un fourtet »), face à la collégiale de Saint-Émilion, sur le fameux plateau calcaire à astéries de la cité. Il a souvent changé de mains, toujours celles d'authentiques familles bordelaises, comme les Ginestet et les Lurton. Ces derniers l'ont considérablement amélioré, avant de le céder en 2001 à Philippe Cuvelier et son fils Matthieu (Ch. Poujeaux à Moulis), qui, avec l'appui de Stéphane Derenoncourt et de Jean-Claude Berrouet, maintiennent haut cette exigence de qualité et ont entrepris un travail de fond toujours en cours sur le vignoble. La biodynamie est pratiquée sur 15 ha.

Magistral de finesse et d'onctuosité, avec un confort de bouche remarquable, ce 2018 se hisse sur la plus haute marche du millésime. Le nez intense, sur des notes chaudes d'épices et de bois précieux, de fruits noirs et de violette, se montre riche et élégant à la fois et donne le ton. La bouche suit sur ce registre profond, avec une attaque fraîche et soyeuse, des tanins veloutés, une texture ultra onctueuse, presque «matelassée» tant elle a de relief. Un grand vin associant savamment puissance, corps et raffinement. ⧗ 2025-2038

CLOS FOURTET, 1, Châtelet-Sud, 33330 Saint-Émilion, tél. 05 57 24 70 90, closfourtet@closfourtet.com V r.-v.

♥ CLOS LARDIÈRE 2018 ★★

■ | 1758 | | 20 à 30 €

Après 10 ans dans le Médoc, Christophe Lardière rejoint Valandraud à Saint-Emilion. En parallèle, il développe son propre vignoble à partir de 2015 en redonnant vie à une ancienne propriété sur Saint-Sulpice-de-Faleyrans : un cru de poche de 1,4 ha en saint-émilion grand cru, cultivé comme un jardin et labellisé «Bee Friendly» attestant du travail engagé autour de la biodiversité.

Ce cru offre une réussite totale pour un prix très raisonnable en regard de son rang. On tient là une très belle affaire, portée par un élevage luxueux, avec des notes de fruits mûrs et une chair consistante. Sa plénitude n'occulte ni la gourmandise ni l'élégance et l'on pourra choisir de le boire aujourd'hui ou de l'attendre encore en cave. ⧗ 2022-2032

CLOS LARDIÈRE, 8, rue de la poste, 33330 Saint-Sulpice-de-Faleyrens, tél. 06 63 39 06 49, closlardiere@gmail.com V r.-v.

B CLOS SAINT-JULIEN 2018 ★

■ | 1500 | | 30 à 50 €

Le plus petit des 3 crus saint-émilionnais (Gaillard, Petit Gravet Ainé) de Catherine Papon-Nouvel, installée en 1998 à la suite de son père à la tête des vignobles familiaux et par ailleurs propriétaire en castillon-côtes-de-bordeaux (Ch. Peyrou). La vigne couvre 1,5 ha (en bio certifié) sur un terroir de roche calcaire.

Marqué par l'élevage à ce stade, le nez dévoile des notes de caramel et de vanille, avec un fruité qui pour l'heure reste discret. La bouche se montre charnue, ample, puissante mais sans jamais perdre l'équilibre. Un ensemble bien construit auquel on pourra associer un gibier ou une viande rouge en sauce. ⧗ 2024-2030

CLOS SAINT-JULIEN, Clos Saint-Julien, 33330 Saint-Émilion, tél. 05 57 24 72 44, chateau.gaillard@wanadoo.fr

CLOS SAINT-MARTIN 2018 ★★

■ Gd cru clas. | 5000 | | 50 à 75 €

Petit vignoble (1,3 ha) enclavé entre les premiers grands crus classés Angelus, Canon, Beauséjour Duffau et Beau-Séjour Bécot, le Clos Saint-Martin, ancienne «vigne du curé» de la paroisse, appartient à la famille Reiffers depuis 1850. En 2013, la famille Cuvelier (Clos Fourtet) a pris une participation dans la propriété, mais Sophie Fourcade (née Reiffers), aux commandes depuis 1998, reste l'actionnaire majoritaire. Les autres crus de la famille Reiffers (Les Grandes Murailles et Côte De Baleau) sont quant à eux passés entièrement dans le giron des Cuvelier.

Vinifié intégralement en jarre et en barrique neuve, ce cru de poche se démarque par son charme et sa finesse extrême. C'est une friandise, avec un velouté de tanins hors pair, beaucoup de volume et des notes très soyeuses de fruits rouges et de boisé fondu, le tout souligné par une fine fraîcheur. Un excellent vin, racé, d'une grande élégance. Il ira loin. ⧗ 2025-2035

CLOS SAINT-MARTIN, BP_20017, 33330 Saint-Émilion, tél. 05 57 24 71 09, clossaintmartin.saintemilion@gmail.com r.-v.

CH. LA CONFESSION 2018 ★★

■ | 35000 | | 30 à 50 €

Fils de Jean-François Janoueix, Jean-Philippe Janoueix s'est d'abord installé à Lalande (Ch. Chambrun, vendu à Silvio Denz) avant de créer en 2001 le Ch. la Confession en saint-émilion grand cru, réunion des châteaux Barreau et Haut-Pontet. Il produit aussi du bordeaux supérieur (Croix Mouton), du saint-georges-saint-émilion (Cap Saint-Georges) et du pomerol (Sacré Cœur, en fermage, La Croix Saint-Georges).

Un superbe vin, complexe et intense, qui séduit par son équilibre souverain. Il semble déjà tout avoir : nez de fruits noirs et d'épices, avec quelques notes torréfiées de l'élevage, puis en bouche une trame de grand volume, structurée, soutenue par des tanins veloutés et une longue finale. La fraîcheur l'accompagne sans discontinu. L'avenir est radieux. ⧗ 2024-2033

CH. LA CONFESSION, lieu-dit Haut-Pontet, 33330 Saint-Émilion, tél. 05 57 48 13 10, contact@jpjdomaines.com V r.-v.

♥ CH. CORBIN 2018 ★★

■ Gd cru clas. | 66000 | | 30 à 50 €

Tous deux issus d'anciennes familles bordelaises, Anabelle Cruse-Bardinet, épaulée par son mari Sébastien, a repris en 1999 le vignoble familial acquis par ses arrière-grands-parents en 1924 et transmis par les femmes depuis 4 générations. Un cru fort ancien – les fondations du bâtiment principal remontent au XVes. – dont on dit qu'il fut l'un des fiefs du Prince noir («corbin» pour la couleur corbeau de son armure). Le vignoble couvre 13 ha, implanté en partie sur des sables anciens, en partie sur des argiles.

Associant pour la première fois un élevage en cuve ciment et en barrique neuve, afin de laisser davantage de place au fruit, le 2018 du Ch. Corbin transforme parfaitement l'essai ! Effectivement, le fruit explose dès le nez, notamment le cassis et la groseille. Un fruit repris avec la même intensité par une bouche ample, chaleureuse, séveuse, ourlée par de beaux tanins soyeux et enrobés. Un vin de caractère et d'avenir. ⧗ 2024-2033

SC CH. CORBIN, Ch. Corbin, 33330 Saint-Émilion, tél. 05 57 25 20 30, contact@chateau-corbin.com V r.-v.

CH. CÔTE DE BALEAU 2018 ★★

Gd cru clas.	33 000		20 à 30 €

Les «grandes murailles», l'un des emblèmes de la cité médiévale de Saint-Émilion, sont les vestiges d'un cloître bénédictin du XIIe s. Le petit vignoble attenant (2 ha plantés du seul merlot) appartenait à la famille Reiffers depuis 1643, de même que La Côte de Baleau (11 ha d'un seul tenant aux portes du village). Deux crus classés que Sophie Fourcade (née Reiffers), aux commandes depuis 1998, a hissé au rang de valeurs sûres de l'appellation, et qui ont été rachetés en 2013 par Philippe Cuvelier, propriétaire du Clos Fourtet.

Ce millésime 2018 lui va à ravir. Paré d'un bel écrin boisé, où les notes torréfiées se mêlent aux fruits rouges et à la cerise à l'eau-de-vie, le vin offre une bouche solide, ample, dense, généreuse mais toujours équilibrée et de bonne longueur. Une bouteille pleine de promesses. ⧗ 2025-2032

SCEA CH. CÔTE DE BALEAU, Ch. Côte de Baleau, 33330 Saint-Émilion, tél. 05 57 24 71 09, contact@cotedebaleau.com r.-v.

COUVENT DES JACOBINS 2018 ★

Gd cru clas.	30 000		30 à 50 €

Jusqu'à la Révolution française, le couvent des Jacobins abritait des moines dominicains, qui ont contribué à l'épanouissement du vignoble saint-émilionnais. Ce cru de 10,7 ha, établi au cœur de Saint-Émilion sur de très anciennes caves souterraines (XIIIe et XIVe s.), appartient à la famille Joinaud-Borde depuis 1902. L'actuelle propriétaire, Rose-Noëlle Borde, associée depuis 2010 à Xavier Jean, a confié la direction technique à Denis Pomarède. Avec l'appui de Thomas Duclot, œnologue qui conseille le cru depuis 2018, il a amorcé la conversion à l'agriculture biologique en 2020.

Augurant d'une très belle garde, ce vin concentré et parfumé (fruits noirs à maturité, boisé noble) affiche une belle richesse, sans ostentation. Sa vinosité est parfaitement équilibrée par la fraîcheur, les tanins sont mûrs et veloutés, la finale se révèle persistante et alerte. Il sera sage de l'attendre avant de l'associer à une viande goûteuse. ⧗ 2025-2033

SCEV JOINAUD-BORDE, 10, rue Guadet, 33330 Saint-Émilion, tél. 05 57 24 70 66, couventdesjacobins@dbmail.com

CH. LA CROIX CAPEROT 2018 ★

	6000		15 à 20 €

Deux beaux-frères, Éric Duffau et Luc Merit conduisent cette propriété d'à peine 4 ha depuis 2014, située sur un beau terroir de sables de Saint-Emilion. Ils privilégient une récolte assez tardive pour obtenir des raisins bien mûrs.

Avec du volume, de l'équilibre et de la fraîcheur, ce vin contente largement dans sa catégorie de prix. On aime son fruit pur, agrémenté de délicates notes florales, sa mâche savoureuse et sa longue finale. Un vin que l'on pourra apprécier sans ses jeunes années. ⧗ 2022-2026

SCEA VIGNOBLES DUFFAU (CH. LA CROIX CAPEROT), 2692, rte de Moulon, 33420 Génissac, tél. 05 57 24 49 12, chateau.lacroixcaperot@gmail.com V r.-v.

CH. CROIX DE LABRIE 2018 ★★

	12 000		+ de 100 €

Dans le début des années 1990 nait l'expression «vins de garage» qui désigne non sans humour les vins de Saint-Émilion produits en toute petite quantité «dans un garage au lieu d'un chai». Ch. Croix de Labrie est de ceux-là. Son vignoble de 5,7 ha, cultivé en bio, est installé sur le plateau de Saint-Christophe-des-Bardes, juste à côté de Pavie. Il est la propriété d'Axelle et Pierre Courdurié.

Encore sur la réserve, ce vin est taillé pour une longue garde. Ses parfums de baies noires et de framboise sur fond de boisé fondu se montrent discrets mais prometteurs. La trame longiligne et fuselée restitue parfaitement le caractère crayeux des calcaires qui ont vu naître ce vin. Ici, le terroir parle, et lorsque l'élevage s'effacera davantage, on prendra la pleine mesure du caractère complet et de l'élégance de ce grand cru. ⧗ 2025-2033

CH. CROIX DE LABRIE, 8 bis, Peymouton-Sud, 33330 Saint-Christophe des Bardes, tél. 06 20 68 90 24, pierre@chateau-croix-de-labrie.fr V r.-v.

CH. LA DOMINIQUE 2018 ★

	73 500	50 à 75 €

Un cru d'ancienne notoriété, auquel un riche marchand, propriétaire des lieux au XVIIIe s., aurait donné le nom d'une île des Caraïbes. La famille de Baillencourt, établie ici depuis 1933, le cède en 1969 au puissant capitaine d'industrie Clément Fayat, également propriétaire des Châteaux Fayat (pomerol) et Clément-Pichon (haut-médoc). Le vignoble de 25 ha, situé au nord-ouest de Saint-Émilion, au voisinage de Pomerol, est établi sur un beau terroir de sables anciens au sous-sol argileux. Un nouveau chai aux lignes contemporaines, signé Jean Nouvel, est sorti de terre avec le millésime 2013.

Voici une très belle expression de ce secteur de Saint-Emilion bordant Pomerol. C'est un vin sapide et élégant, doté d'une belle aromatique, sur les baies rouges et noires et le merrain de belle extraction. Un vin tout en délicatesse en bouche, qui déroule un jus soyeux, avec de la chair et une bonne longueur. Un classique qui vieillira bien. ⧗ 2025-2033

SAS VIGNOBLES CLÉMENT FAYAT, 30, av. du Ch.-Pichon, 33330 Saint-Émilion, tél. 05 56 35 23 79, contact@vignobles.fayat.com V r.-v.

CH. FIGEAC 2018 ★★

1er gd cru clas. B	120 000		+ de 100 €

Le plus vaste domaine de Saint-Émilion (41 ha de vignes plantées sur 3 croupes de graves gunziennes), situé à l'ouest de la cité, en bordure de Pomerol. Un vignoble

atypique, à l'accent médocain – 70 % de cabernets, répartis à parts égales entre franc et sauvignon –, adapté à son terroir de graves. Un haut lieu de l'appellation façonné par la famille Manoncourt, propriétaire depuis 1892, et notamment par Thierry, décédé en 2010, à qui l'on doit le «style Figeac» et cet encépagement original. Son épouse et ses 4 filles en ont confié en 2013 la co-gérance à Jean-Valmy Nicolas (cogérant de La Conseillante à Pomerol) et la direction générale à Frédéric Faye, son ancien directeur technique. Depuis le millésime 2012, Michel Rolland est l'œnologue-conseil de ce 1er grand cru classé B depuis 1955.

Unique, Figeac l'est par son encépagement, porté par des cabernets hors pair. Il l'est aussi par sa personnalité et sa constitution, toujours assuré d'une garde légendaire. En 2018, le cru tient son rang, charmeur dès le nez de fruits noirs, d'épices douces et de violette, agrémenté d'une pointe de réglisse. L'attaque énergique, très fraîche, place d'emblée le vin dans une posture de grande intensité; la trame déroule parfaitement, dans une classe absolue, sans entrave, soutenue par des tanins accomplis, d'une grande finesse. Complet et complexe, mesuré dans sa puissance et doté d'une maîtrise de l'élevage modèle, Figeac reste un absolu. ⧗ 2025-2040 ■ **Petit Figeac 2018 ★ (50 à 75 €; 44 000 b.)** Comme son aîné, le second vin reste dominé par les cabernets. Identitaire, mené dans le respect du fruit, ce 2018 propose une version plus immédiate du grand terroir, avec un équilibre parfait entre la fraîcheur du fruit et la présence tannique. L'élégance est de mise, aucune brusquerie n'apparaît et ce Petit Figeac ne peut que séduire. ⧗ 2024-2030

CH. FIGEAC, Ch. de Figeac, 33330 Saint-Émilion, tél. 05 57 24 72 26, chateau-figeac@chateau-figeac.com

CH. FLEUR CARDINALE 2018 ★★

■	120 000		30 à 50 €

Dominique et Florence Decoster ont acquis en 2001 le Ch. Fleur Cardinale, domaine de 23,5 ha établi sur l'un des points hauts de l'AOC, à l'est de Saint-Émilion. Leurs investissements ont rapidement porté leurs fruits : le cru, en progression constante, est entré en 2006 dans le cercle des «classés», classement confirmé en 2012. La propriété s'est agrandie de 4 ha en 2011 avec le rachat du vignoble voisin de la Croix Cardinale. Ludovic Decoster a rejoint la propriété en 2015 et occupe le poste de directeur d'exploitation.

Voilà qui illustre à merveille la suavité et l'élégance d'un merlot mûr à point, sans surenchère d'élevage ou d'extraction. Ce vin très harmonieux trouve en effet un juste équilibre entre fruit, volume et harmonie, livrant de belles notes de fruits rouges dans une grande élégance. Tout ici respire la maîtrise et la mesure, et l'on se réjouit de cette alliance réussie entre puissance et velouté. ⧗ 2025-2035

SCEA CH. FLEUR CARDINALE, 7, lieu-dit le Thibaud, 33330 Saint-Étienne-de-Lisse, tél. 05 57 40 14 05, contact@fleurcardinale.com r.-v.

CH. LA FLEUR CHANTECAILLE 2018 ★

■	7900		20 à 30 €

À son retour de la Grande Guerre, Jean-Baptiste Arpin achète 1 ha à Pomerol, dans le secteur du Maillet. Aujourd'hui, ses petits-fils et arrière-petits-fils Gérard et Gaël exploitent 40 ha en pomerol (Franc-Maillet), saint-émilion (La Fleur Chantecaille), montagne (Gachon) et lalande (Vieux Château Gachet), et proposent régulièrement de très bons vins.

Gourmand et plaisant, ce vin se livre sans détour. Ses notes de cerise juteuse et de confiture de fraise mâtinées d'une touche toastée séduisent dès le nez. La bouche déroule des tanins fondus, tout en souplesse, avec une légère touche de truffe noire. Un grand cru déjà savoureux, qui le sera plus encore avec une canette aux airelles ou un rôti de veau aux cèpes ⧗ 2023-2028

SCEA CHÂTEAUX G. ARPIN, Chantecaille, 33330 Saint-Émilion, tél. 09 71 58 23 49, contact@chateaux-g-arpin.fr V r.-v. 3

CH. LA FLEUR PLAISANCE 2018 ★

■	19 500		11 à 15 €

Ce cru, connu depuis 1881, est situé au bord de la route reliant Saint-Émilion à Branne, au sud de la juridiction. Le terroir de 4 ha mêle des graves aux sables et aux argiles. Derek Egan en est le propriétaire depuis 2006.

À ce niveau de prix, ce vin constitue une bonne affaire. On appréciera son fruit bien mûr, centré sur le cassis et la myrtille relevés d'épices douces, et sa bouche ronde, ample et charnue, dotée d'un bon équilibre et d'une belle longueur. Une bouteille qui pourra s'apprécier dans ses jeunes années. ⧗ 2022-2027

CH. PLAISANCE, 256, Plaisance, 33330 Saint-Sulpice-de-Faleyrens, tél. 05 57 24 78 85, sonia@chateauplaisance.info

B CH. FONPLÉGADE Fleur de Fonplégade 2018 ★

■	11 000	30 à 50 €

De rachats en successions, l'histoire du cru débute réellement en 1852 avec Jean-Pierre Beylot, à l'origine de la maison de maître et des bâtiments d'exploitation. Un cru passé en 1863 dans les mains du duc de Morny, demi-frère de Napoléon III, et de sa sœur la comtesse de Gabard. Le négociant libournais Armand Moueix reprend le domaine en 1953, jusqu'à l'arrivée en 2004 de Denise et Stephen Adams. Ces derniers ont entrepris une rénovation de fond des installations techniques et du vignoble : 18,5 ha sur le coteau sud du plateau de Saint-Émilion, en bio certifié depuis 2013.

Second vin du château Fonplégade, ce rouge à dominante merlot constitue une jolie bouteille. Le nez est intense et complexe, sur les fruits rouges et noirs, suivi d'une bouche de même acabit, très portée par un fruit expressif et bien mis en valeur. Les tanins présents mais fondus et la chair dense n'entravent ni sa fraîcheur ni sa souplesse. ⧗ 2022-2026

CH. FONPLÉGADE, 1, Fonplégade, 33330 Saint-Émilion, tél. 05 57 74 43 11, chateaufonplegade@fonplegade.fr V r.-v.

CH. FRANC MAYNE 2018 ★

■ Gd cru clas.	30 000		30 à 50 €

Franc-Mayne, cru classé depuis l'origine (1959), au vignoble de 7 ha totalement renové et bien situé sur le plateau calcaire de Saint-Émilion, a été repris en 2018 par la famille Savare qui s'est adjoint l'aide

de l'œnologue Thomas Duclot, valeur montante du conseil bordelais. L'œnotourisme, autre spécialité du domaine, demeure une priorité pour la nouvelle équipe menée par Sophie Mage, avec l'ouverture de cinq chambres d'hôtes au printemps 2019. Le domaine est en conversion bio depuis une année.

Ce vin dense et puissant demande à être carafé pour se livrer pleinement. C'est alors qu'il révélera tous ses parfums pour l'heure naissants de baies rouges et noires et affinera sa structure serrée. Patience, il est en devenir, cerné par des tanins denses, une finale persistante et de la fraîcheur de bout en bout. ⧗ 2025-2033

CH. FRANC MAYNE, 14, la Gomerie, 33330 Saint-Émilion, tél. 05 57 24 62 61, info@chateaufrancmayne.com V r.-v. 5

GRACIA 2018 ★

■	n.c.		75 à 100 €

Gracia, Les Angelots de Gracia et de Nerville : 3 étiquettes pour ce petit domaine familial constitué à partir d'une parcelle de vignes héritée en 1994, qui dispose d'un chai «lilliputien» au cœur de Saint-Émilion, dans une bâtisse du XIIIe s. Le propriétaire, Michel Gracia, entrepreneur-tailleur de pierre, s'est converti à la vigne et a forgé l'un des premiers «vins de garage», en 1997, ouvrant la voie à une longue tradition. Ses filles Marina et Caroline ont pris la relève avec la même philosophie.

Ce vin issu de 1,84 ha est une étiquette recherchée des amateurs. Bien conduit, élevé à la fois en cuve et en fût, le 2018 explore toute la dimension de son fruit, entre notes de cassis, de vanille et d'épices. La bouche, charnue et dense, reste élégante et s'étire longuement. Un vin de grand potentiel de vieillissement, à destiner à une belle côte de bœuf, tout simplement. ⧗ 2025-2033

MICHEL, MARINA ET CAROLINE GRACIA, rue du Thau, BP_8, 33330 Saint-Émilion, tél. 05 57 24 77 98, michelgracia@wanadoo.fr r.-v.

CH. GRAND MAYNE 2018 ★★

■ Gd cru clas.	31600		50 à 75 €

Ce cru, dans la famille Nony depuis 1934, a conservé son ancien nom (« grand domaine » en vieux français) : au XIXe s., il constituait, avec près de 300 ha, la plus vaste propriété de Saint-Émilion. Aujourd'hui, les vignes couvrent les pentes douces à l'ouest du plateau, sur 17 ha.

De la matière, du fruit, de la persistance : ce grand cru conjugue l'excellence à la perfection. Les notes bien mûres du merlot, entre groseille et cassis, respectées par un beau boisé blond, glissent dans une bouche puissante, aux tanins bien enrobés. C'est un grand saint-émilion de corps et de plénitude paré pour la garde. ⧗ 2025-2033

CH. GRAND MAYNE, 33330 Saint-Émilion, tél. 05 57 74 42 50, contact@grand-mayne.com V r.-v.

B CH. GRAND PEY LESCOURS 2018 ★

■	17000		15 à 20 €

Une exploitation créée en 1953 par la famille Escure. Aujourd'hui, la 3e génération possède un important vignoble de 26 ha avec son Ch. Grand Pey Lescours, établi sur les graves sablonneuses de Saint-Sulpice, au sud-ouest de l'appellation. Elle exploite aussi, côté est, sur les sols argilo-calcaires de Saint-Laurent-des-Combes, un petit cru de 3,5 ha, le Ch. Bellisle Mondotte, certifié en bio depuis 2014.

D'une belle intensité aromatique, porté par un fruité complexe entre mûre, cassis, cerise et notes boisées de l'élevage, ce cru est un bon classique du secteur. Sa bouche fraîche et ample, avec des tanins encore fermes, propose une belle suite tout en équilibre. À déguster avec un Saint-Nectaire ou une côtelette d'agneau au thym. ⧗ 2024-2030

HÉRITIERS ESCURE, 103, Grand-Pey, 33330 Saint-Sulpice-de-Faleyrens, tél. 05 57 74 41 17, heritiers.escure@wanadoo.fr V r.-v.

CH. GRANGEY 2018 ★

■	6000		30 à 50 €

Dans la famille depuis 1953, ce cru discret, situé au nord-est de Saint-Émilion, a confié durant un demi-siècle sa production à la coopérative. Arrivé à la tête de l'exploitation en 2009, Franck Mio est sorti de la coopérative et, après de nombreuses rénovations, a vinifié son premier millésime au domaine en 2013. Le vignoble (6 ha) est implanté sur des sols argilo-calcaires à flanc de coteau.

Issu d'un parcellaire de 1,5 ha, le grand vin de la propriété arbore de belles notes de fruits noirs, d'épices et de réglisse. La bouche est bien encadrée par des tanins fermes, bien épaulés par l'élevage. C'est un vin bien bâti, au corps puissant et persistant. Il faudra lui associer une viande en sauce, un paleron de bœuf aux carottes par exemple. ⧗ 2024-2030

CH. GRANGEY, Lieu-dit Grangey, 33330 Saint-Christophe des Bardes, tél. 05 57 84 24 29, contact@chateau-grangey.com V r.-v.

CH. LES GRAVIÈRES 2018 ★

■	25000		20 à 30 €

Denis Barraud, œnologue, s'est installé en 1971 à la tête du vignoble familial, constitué à la fin du XIXe s. Un bel ensemble de 36 ha répartis sur les 2 rives de la Dordogne et sur plusieurs crus – 7 ha en saint-émilion et saint-émilion grand cru (Les Gravières, Lynsolence) et 29 ha en AOP régionales (La Cour d'Argent) – et des vins qui retiennent régulièrement l'attention des dégustateurs.

Avec du volume et de la chair, un fruit de qualité, ce pur merlot s'exprime dans un profil classique. L'attaque est franche, les notes de cacao agréables, en soutien du fruit, la finale de bonne persistance. À déguster sur une viande grillée. ⧗ 2023-2027

SCEA DES VIGNOBLES DENIS BARRAUD, 355, port de Branne, 33330 Saint-Sulpice-de-Faleyrens, tél. 06 08 32 26 04, denis.barraud@wanadoo.fr V r.-v.

CH. LA GREZOLLE 2018 ★★

■	21000		20 à 30 €

La Grezolle est un vignoble de 4 ha situé à Saint-Sulpice de Faleyrens au sud-ouest de Saint-Émilion.

Le terroir sablo-graveleux bénéficie de la richesse des alluvions de la Dordogne et repose sur un matelas argileux idéal pour le merlot. C'est la 3e génération de Decazes, représenté par Philippe Decazes, qui est aujourd'hui à la tête du domaine.

Ce pur merlot luxueusement élevé en barriques pendant un an et demi a tout pour plaire. Son boisé élégant le porte sans le contraindre, laissant les fruits rouges s'exprimer dans une bouche de grande chair. C'est un vin riche, complet et complexe, souligné par une longue finale. ⧗ 2024-2030

CH. LA GREZOLLE, rue de la Dordogne, 33330 Saint-Sulpice-de-Faleyrens, tél. 06 71 63 14 99, philippe.decazes@gmail.com V r.-v.

CH. HAUT-FILIUS 2018 ★★

12000 | 11 à 15 €

La famille Querre possède plusieurs vignobles en Libournais (Aiguilhe-Querre en castillon-côtes-de-bordeaux, Le Moulin à Pomerol, Brun Despagne en bordeaux). Patris, créé en 1967 par Michel Querre, étend son vignoble de 11,3 ha sur le versant sud des coteaux de Saint-Émilion, dans le prolongement du Ch. Angelus.

Ce pur merlot se distingue par un élevage exclusivement en cuves, sans apport de bois. Le fruit est bien présent, notamment les notes de cerise et de mûre, l'attaque est franche et déliée, le cœur de bouche reste souple et les tanins soyeux. À déguster avec un rôti de bœuf. ⧗ 2022-2026

SCEA CH. PATRIS, chem. du Moulin-de-Lavaud, 33500 Pomerol, tél. 05 57 55 19 60, contact@chateau-patris.com V r.-v.

CH. HAUT LA GRÂCE DIEU 2018 ★★

5000 | 20 à 30 €

Vignerons depuis le XVIIIe s. et 9 générations, les Saby – depuis 1997 les frères Jean-Christophe et Jean-Philippe, tous deux œnologues comme leur père Jean-Bernard – possèdent plusieurs crus dans le Libournais et exploitent un ensemble de 70 ha.

Suave et intense, ce très beau saint-émilion offre une chair pleine et savoureuse, infusée de fruits rouges et rouges légèrement épicés, avec une touche de cacao. Il présente beaucoup de matière, des tanins présents sans rugosité et une belle persistance. Un joli vin à privilégier avec une entrecôte bordelaise. ⧗ 2024-2030

EARL VIGNOBLES JEAN-BERNARD SABY ET FILS, Ch. Rozier, 33330 Saint-Laurent-des-Combes, tél. 05 57 24 73 03, ets.saby@orange.fr V r.-v. B

CH. HAUT-SEGOTTES La Dame 2018 ★

2800 | 30 à 50 €

Propriété familiale depuis 1850, Danielle Meunier représente la 4e génération et maintient la tradition. D'une superficie de 9 ha, le vignoble est situé sur le plateau de Saint-Émilion, sur des sols argilo-calcaires à proximité de Figeac et de Cheval Blanc avec lesquels il partage une forte proportion de cabernet franc (40 %) dans l'encépagement, aux côtés du merlot.

Cette sélection parcellaire de 40 ares représente la quintessence du savoir-faire de la propriété. Classiquement vinifié et élevé en barrique de chêne, le vin offre un bon fruit aux notes confiturées, une trame sérieuse, ample et charnue, encadrée de tanins fermes qu'il faudra encore attendrir. Patience donc avant de l'ouvrir sur une côte de veau aux champignons. ⧗ 2024-2030

SCEA DANIELLE MEUNIER, Ch. Haut-Segottes, 1, Gadette, 33330 Saint-Émilion, tél. 06 88 98 29 18, hautsegottes@wanadoo.fr V r.-v.

♥ CH. HAUT VEYRAC 2018 ★★

25000 | 15 à 20 €

Situé dans la partie orientale de l'appellation Saint-Émilion, ce domaine de 10 ha d'un seul tenant est la propriété depuis 6 générations des familles Claverie et Castaing. La dernière, représentée par Caroline, Guillaume et Olivia Claverie, a pris les commandes de la propriété en 2013. Elle a adopté une technique de vinification sans soufre ajouté qui utilise la bioprotection.

Champion du rapport qualité-prix, ce grand cru procure un plaisir immédiat. Les fruits rouges et noirs sont parfaitement exprimés au nez comme en bouche. Cette dernière se révèle ample et pulpeuse, dotée de tanins seyants et consistants, épaulés par un boisé élégant, jamais démonstratif. La puissance est de mise, il y a de la race et de l'intention dans ce vin. Une bouteille de grande stature qui saura contenter un large public. ⧗ 2024-2032 ■ **Versus 2018 ★★** (11 à 15 € ; n.c.) Ce pur merlot sans sulfites ajoutés pendant la vinification combine gourmandise et légèreté. Avec très peu de bois à l'élevage et des tanins soyeux, il développe un style concis, efficace et fruité, et affiche beaucoup d'équilibre. Une jolie introduction à Saint-Emilion à un niveau de prix modeste pour l'appellation. ⧗ 2022-2027

CH. HAUT VEYRAC, Saint-Étienne-de-Lisse, 33330 Saint-Émilion, tél. 05 57 40 02 26, contact@chateau-haut-veyrac.com V r.-v.

CH. JUCALIS 2018 ★

1700 | 20 à 30 €

La famille Visage s'investit dans la vigne depuis 3 générations sur ce domaine constitué en 1920. Isabelle Visage est aujourd'hui aux commandes d'un peu plus de 10 ha sur les sables et graves de Saint-Sulpice-de-Faleyrens, au sud de Saint-Émilion, pour deux crus (Jupille Carillon en saint-émilion et Jucalis en grand cru).

Ces 50 ares de merlot isolés dans le parcellaire de la propriété bénéficient d'un long élevage en barrique. Ils livrent un vin puissant, aux notes de confiture de cerise noire, de vanille et de cacao, prolongés pars une bouche ronde, agréable, aux beaux tanins veloutés. Parfait avec un carré d'agneau. ⧗ 2023-2028

SCEA DES VIGNOBLES VISAGE, 193, Jupile, 33330 Saint-Sulpice-de-Faleyrens, tél. 06 87 07 61 54, chateau.jupille.jucalis@orange.fr V r.-v.

CH. LAFORGE 2018 ★

24 000 | 30 à 50 €

C'est l'une des plus grandes propriétés de l'appellation avec 58 ha de vignes. Ce cru a été acheté en 2005 par Jonathan Maltus, Anglais originaire d'Afrique. Arrivé à Saint-Émilion dans les années 1990 pendant la période des vins de garage, il y produit depuis le Ch. Le Dôme, Vieux Château Mazérat, les Astéries et Laforge, tous quatre en saint-émilion grand cru, ainsi qu'un bordeaux blanc sec : Le Nardian.

Voilà un joli vin avec de la matière et une aimable sucrosité apportée par le long élevage en barriques. On y ajoute des tanins fondus et des notes gourmandes de confiture de fruits rouges et de vanille, et on obtient un bon classique de l'appellation, mûr et savoureux, à réserver pour une viande en sauce. ⌛ 2023-2028

SCE CH. TEYSSIER, 1, lieu-dit Teyssier, Vignonet, 33330 Saint-Émilion, tél. 05 57 84 64 22, info@maltus.com r.-v.

CH. LARCIS DUCASSE 2018 ★★

1er gd cru clas. | 28 800 | 50 à 75 €

Propriété de la famille Gratiot qui en a confié la gestion depuis 2002 à Nicolas Thienpont et David Suire, ainsi qu'aux équipes de Stéphane Derenoncourt, Larcis-Ducasse est un cru qui compte à Saint-Emilion, renouant avec sa splendeur d'antan. En effet, après de nombreux efforts consentis tant aux vignes qu'au chai, il a été élevé au rang de 1er grand cru classé en 2012. Ce vignoble de 11,15 ha est situé sur la commune de Saint-Laurent-des-Combes, dans le périmètre historique du plateau et de la grande côte de Saint-Emilion, au bout de la fameuse Côte Pavie.

Belle structure, parfait équilibre entre fruit et matière tannique, fraîcheur et finesse : ce cru conjugue au présent (et au futur) tous les attributs d'un vin très abouti. Le fruit discret mais régulier ponctue une bouche de belle tenue, sensuelle et d'une grande élégance. Un style tout en raffinement, qui ne joue pas la puissance mais propose une autre voie plus subtile. Une grande garde se profile. ⌛ 2025-2035

CH. LARCIS DUCASSE, 1, Grottes-d'Arsis, 33330 Saint-Laurent-des-Combes, contact@larcis-ducasse.com t.l.j. sf sam. dim. 9h-16h

CH. LAROZE 2018 ★

45 000 | 30 à 50 €

Héritier d'une lignée au service du vin remontant à 1610, Georges Gurchy a fondé le domaine en 1882. Ses descendants, les Meslin, sont toujours aux commandes : Guy a succédé à son père Georges en 1990 à la tête de la propriété. Classé depuis 1955, le cru dispose d'un important vignoble couvrant 27 ha sur des sables argileux, à l'ouest de Saint-Émilion.

Largement dominé par les cabernets et élevé en cuves Inox et béton, sans apport de bois, ce cru se distingue par son style large et opulent. Le fruit reste bien apparent, la bouche est riche, puissante, vigoureuse, avec beaucoup de chair et de sucrosité. Long et cossu, c'est un vin moderne et original, qui devrait plaire au plus grand nombre. ⌛ 2024-2030

SCE CH. LAROZE, BP_61, 33330 Saint-Émilion, tél. 05 57 24 79 79, info@laroze.com r.-v.

CH. DES LAUDES 2018 ★

4 200 | 30 à 50 €

Propriétaire d'une belle unité de 40 ha dédiée au bordeaux supérieur (Ch. Guillaumette), Bernard Artigue et son fils Antoine ont repris en 2009 ce petite vignoble de 3,8 ha implanté sur le terroir argilo-calcaire de Saint-Christophe-des-Bardes.

Tout en muscles, ce vin s'exprime encore sur la retenue, mais il n'en est qu'au début de sa course. Le fruit est présent, soutenu par une tonalité boisée et épicée. La bouche est dense, serrée, avec une longue finale. Il faut l'attendre impérativement pour délivrer cette concentration et assouplir son tanin. ⌛ 2024-2030

GFA VIGNOBLES BERNARD ARTIGUE, Ch. des Laudes, rte de Pineuilh, 33330 Saint-Christophe-des-Bardes, tél. 05 56 72 48 93, b-artigue@wanadoo.fr r.-v.

LYNSOLENCE 2018 ★

8 400 | 30 à 50 €

Denis Barraud, œnologue, s'est installé en 1971 à la tête du vignoble familial, constitué à la fin du XIXe s. Un bel ensemble de 36 ha répartis sur les 2 rives de la Dordogne et sur plusieurs crus – 7 ha en saint-émilion et saint-émilion grand cru (Les Gravières, Lynsolence) et 29 ha en AOP régionales (La Cour d'Argent) – et des vins qui retiennent régulièrement l'attention des dégustateurs.

Ce pur merlot dévoile un profil solide et concentré avec sa matière imposante, servie par des tanins puissants et des notes de réglisse, de grillé et de fruits noirs. Homogène et équilibré, il ne demande qu'à se détendre, ce que le temps lui permettra. ⌛ 2024-2030

SCEA DES VIGNOBLES DENIS BARRAUD, 355, port de Branne, 33330 Saint-Sulpice-de-Faleyrens, tél. 06 08 32 26 04, denis.barraud@wanadoo.fr r.-v.

CH. MANGOT 2018 ★

90 000 | 20 à 30 €

Les vignobles fondés en 1951 par Jean Petit regroupent 37 ha d'un seul tenant en saint-émilion grand cru, sur un terroir riche en calcaire à astéries (Mangot, cru ancien mentionné dès 1510), et 16 ha en castillon (La Brande), conduits avec rigueur depuis 1989 par Jean-Guy et Anne-Marie Todeschini, rejoints en 2008 par leurs fils Karl et Yann. Le vignoble est intégralement certifié bio depuis 2020 et en conversion à la biodynamie.

Bouquet de baies concentrées soulignées d'un beau boisé toasté, bouche fraîche, minérale, fruitée, longiligne, charpentée et un rien austère, encadrée par de solides tanins, ce cru joue la carte de la tradition et vise la garde : une stratégie gagnante. ⌛ 2025-2032

CH. MANGOT, Vignobles Jean Petit, 2, Mangot, 33330 Saint-Étienne-de-Lisse, tél. 05 57 40 18 23, contact@chateaumangot.fr t.l.j. sf sam. dim. 8h30-12h 13h30-17h30

CH. MILENS 2018 ★

■ | 27000 | | 30 à 50 €

En 1998, Albert Bogé, alors dirigeant d'une société de négoce, a acquis 6 ha de vignes dans la partie sud-est de l'appellation saint-émilion (Milens et Tour de Sème), complétés en 2014 par 10 ha en castillon-côtes-de-bordeaux (La Comédie et Fleur de Sème). En 2006, il en a confié la direction à ses amis Valérie et Ludovic Martin. L'ensemble est certifié HVE.

Ce vin structuré et de bon équilibre trahit un raisin parfaitement mûr et sain, aux notes intenses de fruits rouges, de framboise notamment. L'attaque souple, les tanins soyeux, la corpulence signent un bon saint-émilion grand cru, sans rudesse et avec de la fraîcheur. À servir avec un rôti de veau aux cèpes. ⧗ 2023-2028

CH. MILENS, Lieu-dit Le-Sème, 33330 Saint-Hippolyte, tél. 05 57 55 24 45, chateau.milens@wanadoo.fr V *r.-v.*

CH. DE MILLERY 2018 ★

■ | 5600 | | 30 à 50 €

Le château de Millery est le jardin secret de la famille Manoncourt, propriétaire de Figeac, 1er Grand Cru Classé de Saint-Emilion. Cela fait pourtant 80 ans que ce domaine lui appartient mais la discrétion est de mise ! Tandis que le célèbre Grand Cru est posé sur des graves, les 81 ares de cette lentille saint-émilionnaise sont situés sur des terres argilo-calcaires bien différentes. De quoi explorer toutes les expressions du cabernet franc, ici aussi largement représenté dans l'encépagement. Peu de bouteilles sont produites et restent très prisées des amateurs avertis, et convertis !

Avec une forte proportion de cabernet franc (59 % sur ce millésime), ce cru de poupée choyé par les équipes de Figeac bénéficie des mêmes traitements de pointe. En résulte une matière élégante, portée par un fruit très pur, des tanins frais et énergiques, et une belle assise tannique. Tous les éléments sont réunis dans une fraîcheur salutaire et ne demandent qu'à grandir. ⧗ 2023-2030

CH. DE MILLERY, Château de Figeac, 33330 Saint-Émilion, tél. 05 57 24 72 26, chateau-figeac@chateau-figeac.com

CH. MOULIN BELLEGRAVE 2018 ★

■ | 65000 | | 15 à 20 €

Antoine Mabileau, héritier d'une famille vigneronne du Val de Loire, présente à Saint-Nicolas-de-Bourgueil, a repris cette propriété du sud de Saint-Emilion en 2012 avec le projet d'y engager une viticulture plus respectueuse des sols et la plus naturelle possible. En 2019, les 16 ha amorcent la conversion du domaine en bio.

De très bon potentiel, encore serré par son élevage et son caractère juvénile, ce vin dispose d'un grand fond. Le volume de bouche, les tanins amples et enveloppants, les notes de menthol et de réglisse liés aux fruits noirs et à la prune composent un vin puissant et bien rythmé. On pourra l'oublier en cave quelques années. ⧗ 2024-2030

CH. MOULIN BELLEGRAVE, 8, la Grave, 33330 Vignonet, tél. 06 61 12 10 78, moulinbellegrave@gmail.com V *t.l.j. sf sam. dim. 8h-12h 13h30-17h30*

CH. MOULIN DE LAGNET 2018 ★

■ | 6000 | | 15 à 20 €

En 1984, Pierre et Anne-lise Lagnet reprennent une partie des terres familiales situées en pied de côte de Saint-Emilion et les baptisent Moulin de Lagnet. Depuis, les générations suivantes continuent de perpétuer la tradition viticole ; désormais, ce sont Audrey Carraretto et Olivier Chatenet qui choient les 9 ha, menés en agriculture biologique depuis déjà vingt ans.

Sans rudesse, ce cru s'exprime en toute franchise, sur un fruit bien dégagé de confiture de cerise, avec une touche de pain grillé, d'eucalyptus et de réglisse. On apprécie son élégance et son équilibre, sa matière fondue, de bonne intensité, et sa longueur. Un bon ensemble de pleine fraîcheur qui pourra se boire dans sa jeunesse. ⧗ 2022-2028

CH. MOULIN DE LAGNET, 1, Lieu-dit Larguet, 33330 Saint-Christophe-des-Bardes, tél. 05 57 40 40 06, contact@moulindelagnet.fr V *r.-v.*

♥ CH. MOULIN DU CADET 2018 ★★

■ Gd cru clas. | 12300 | | 30 à 50 €

Un petit cru de 2,85 ha situé le plateau argilo-calcaire du Cadet, établi sur les vestiges d'un ancien moulin. Il a été acquis en 2015 par les Lefévère, déjà propriétaires sur l'appellation des châteaux Sansonnet, Soutard-Cadet et Harmonie.

Ce pur merlot issu de sols argilo-calcaires séduit d'emblée avec sa robe profonde, bien colorée, et son nez intense de fruits noirs et de fraise des bois, complétés d'une touche épicée et sa trame juteuse. Le charme se poursuit dans une bouche concentrée, ample et bien fondue, voluptueuse et consistante, dotée de tanins veloutés. Une version idéale d'un grand saint-émilion, qui convainc pleinement. ⧗ 2025-2032

CH. SANSONNET, 1, Lieu-dit Sansonnet, 33330 Saint-Émilion, tél. 09 60 12 95 17, contact@chateau-sansonnet.com

MOULIN GALHAUD 2018 ★

■ | 14800 | | 30 à 50 €

Une famille de vieille souche saint-émilionnaise connue notamment grâce à Léon Galhaud, un aïeul pépiniériste, qui aménagea le manoir et les caves au cœur de la cité médiévale. Martine Galhaud conduit depuis 1996 le vignoble familial (6,84 ha) établi sur les graves et les sables de Vignonet, au sud de l'appellation.

Diaboliquement gourmand, ce cru aligne de belles notes de fruits mûrs, très intenses, et une trame de grande élégance, soyeuse et bien construite. Tout ici conte l'évidence et l'équilibre, avec des tanins subtils et une belle présence de fruit. Un très beau vin qui régalera largement. ⧗ 2023-2028

⊶ *VIGNOBLES MOULIN-GALHAUD, Ch. La Rose Brisson, Le Manoir, 33330 Saint-Émilion, tél. 05 57 24 64 24, jfgalhaud@galhaud.com* V *t.l.j. 10h-19h*

CH. PAILHAS 2018 ★

■	30 000		15 à 20 €

Vignoble familial né en 1956 de l'union des Robin, négociants et tonneliers à Castillon depuis le XVIIIe s., et des Lafugie, vignerons à Saint-Émilion. Les vignes (25 ha) sont situées dans les 2 aires d'appellation : les Châteaux Pailhas et Billeron Bouquey côté Saint-Émilion, le Ch. Tour Grand Mayne côté castillon. Dernière acquisition de la famille, en 2014 : le Ch. la Devise en appellation puisseguin. Inès, fille de Michel Robin, et son époux Dominique Fugier, qui officie au chai, sont aux commandes.

Tout en fraîcheur et en souplesse, ce vin propose une version accessible et immédiate d'un grand cru. Le joli boisé est perceptible au nez, mais n'entrave pas une bouche franche, aux tanins fondus, marquée par les fruits rouges. Une belle bouteille de charme, que l'on pourra déguster dans ses jeunes années, sur une viande blanche par exemple. ⧗ 2022-2028

⊶ *VIGNOBLES ROBIN-LAFUGIE, Pailhas, 33330 Saint-Hippolyte, tél. 05 57 24 93 38, robin.lafugie@gmail.com* V *r.-v.*

CH. PAS DE L'ANE Le Petit Pas 2018 ★★

■	12 000		15 à 20 €

Créé en 1999 à partir de 1 ha, ce cru au vignoble dispersé atteint aujourd'hui près de 8 hectares, propriété de Renaud Pereira qui en a confié la direction à Nicolas Baptiste. Merlot et cabernet franc sont pratiquement à parité, ce qui est une particularité de ce secteur de Saint-Émilion.

Un petit pas qui a tout d'un grand. Ce vin tout en équilibre et en fraîcheur livre des arômes intenses et harmonieux de fruits noirs et d'épices mâtinés d'une touche de boisé blond qui fondent sur une matière franche et fruitée, non dénuée de puissance. On le verrait bien avec une volaille farcie. ⧗ 2023-2027 ■ **2018 ★ (30 à 50 €; 6000 b.)** La belle proportion de cabernet franc (45 %) marque ce vin d'une belle fraîcheur, avec un côté graphite et poivron autour de notes de cerise et plus boisées. La bouche se montre puissante, le fruit croquant, l'ensemble équilibré et élégant, mais paré pour la garde. ⧗ 2024-2030

⊶ *SARL PAS DE L'ÂNE, lieu-dit Le Cros, 33330 Saint-Émilion, tél. 09 62 18 10 87, chateaupasdelane@orange.fr* V *t.l.j. 8h-18h*

CH. DE PASQUETTE 2018 ★

■	12 000		15 à 20 €

Petit cru de 3,14 ha situé au sud de la juridiction, Pasquette est un vignoble historique de Saint-Emilion, déjà signalé en 1762 sur la carte de Belleyme, cartographe du roi. Il était un peu tombé dans l'oubli, mais en 2009 Marc et Laurence Vincent – qui exploitent aussi, avec talent, 35 ha de vignes dans le Saumurois avec le Dom. Paleine – l'ont acheté à la famille Jabiol, également propriétaire du cru classé Cadet-Piola.

Ce vin force l'admiration par sa très grande fraîcheur. Porté par des cabernets rayonnants et parfaitement mûrs, il affiche de belles notes de graphite et de poivron, traçant en bouche une trame ample et minérale, de grande droiture, pas du tout impacté par le bois malgré un long élevage de deux ans. Ce profil longiligne plaira aux amateurs de finesse et de vins... ligériens. ⧗ 2023-2030

⊶ *CH. DE PASQUETTE, Lieu-dit Pasquette, 33330 Saint-Sulpice-de-Faleyrens, chateaudepasquette@hotmail.fr* V *r.-v.*

PASSE TEMPS 2018 ★★

■	300		50 à 75 €

En 2008, Sébastien Xans a racheté quelques arpents de vieux merlots plantés par son arrière-grand-père maternel sur la commune du Vignonet. Il les a complétés par une autre parcelle, plantée par son arrière-grand-père paternel sur les sables et les graves de Saint-Sulpice-de-Faleyrens. Soit un vignoble de seulement 1,3 ha qui permet l'élaboration de 2 cuvées : Entre amis et Passe-Temps.

Du merlot, un peu de carménère et de malbec, de vieilles vignes travaillées le week-end, sur le reste du temps, une vinification sans soufre dans un sablier à retournement... Ce vin singulier est une vraie réussite. Corsé et chaleureux, il offre une matière imposante parcourue d'un fruit pur, disert et complexe. Les épices, le cassis et le toasté du bois fondent en escadrille et l'ensemble reste frais, travaillé dans un équilibre parfait malgré une structure puissante. ⧗ 2025-2032

⊶ *SÉBASTIEN XANS, 335, Bois-Grouley, 33330 Saint-Sulpice-de-Faleyrens, tél. 06 87 93 92 29, sebastien.xans@orange.fr* V *r.-v.* 3

CH. PAVIE 2018 ★★

■ 1er gd cru clas. A	95 000		+ de 100 €

Véritablement constitué au XIXe s., Pavie étend son vaste vignoble de 37 ha sur la côte éponyme, l'un des berceaux de la viticulture locale au IVe s. Son terroir unique en 3 parties (le plateau calcaire, sa côte d'argiles denses et profondes, son pied de côte sablo-argileux légèrement graveleux) justifie son intégration en 2012 au gotha des 1ers grands crus classés A. Une élévation due aussi aux investissements considérables de son propriétaire depuis 1998, Gérard Perse, homme d'affaires ayant fait fortune dans la grande distribution. Inauguré en 2013, un nouveau chai signé Alberto Pinto, décorateur de palais et de palaces, consacre la montée au firmament du cru et permet des vinifications encore plus précises.

Sculptural, toujours doté d'un élevage consistant marqué par le bois neuf, Pavie reste l'un des crus les plus puissants du secteur. Sur ce millésime entier et solaire, il confirme son statut et se dresse tout en épices, en notes chocolatées et en fruits noirs bien mûrs. La bouche est intense, maple, généreuse, la matière tannique imposante, mais de parfaite maîtrise. C'est un vin de longue garde, que l'on servira avec un civet de chevreuil ou un lièvre à la royale. ⧗ 2026-2040 ■ **Arômes de Pavie 2018 ★ (75 à 100 €; 60 000 b.)** Vinifiée avec les mêmes soins que le grand vin, le « second » de la propriété offre une lecture plus immédiate et plus accessible de ce même terroir. Porté par une belle intensité aromatique (cerise confite, fruits noirs, vanille), il livre davantage de souplesse avec des tanins plus fondus. Le velouté de bouche reste omniprésent dans le pur style Pavie. ⧗ 2023-2028

SCA CH. PAVIE, Dom. de Pavie, 33330 Saint-Émilion, tél. 05 57 55 43 43, contact@vignoblesperse.com r.-v.

CH. PAVIE DECESSE 2018 ★

Gd cru clas. | 5000 | + de 100 €

Acquis par Gérard Perse en 1997, ce cru de 3,65 ha a été détaché de Pavie en 1885 par son propriétaire de l'époque, Ferdinand Bouffard. Il a depuis longtemps acquis une personnalité propre, née d'un terroir spécifique, intégralement situé sur le haut de la côte Pavie mêlé d'argiles, et d'un encépagement largement dominé par le merlot (90 %, pour 10 % de cabernet franc).

D'un profil encore juvénile, marqué par l'élevage en barriques, ce vin associe des parfums de fruits rouges, de pain grillé et de vanille. Arômes prolongés par une bouche imposante et mûre, dotée de beaux tanins onctueux et d'une longue finale. Un saint-émilion moderne qu'il faudra attendre. ⧗ 2025-2033

SCA CH. PAVIE (CH. PAVIE DECESSE), Dom. de Pavie, 33330 Saint-Émilion, tél. 05 57 55 43 43, contact@vignoblesperse.com

CH. PAVIE MACQUIN 2018 ★

1er gd cru clas. B | 66000 | 50 à 75 €

Pavie-Macquin, Beauséjour-Duffau et Larcis-Ducasse en saint-émilion grand cru (1ers crus classés), Charmes-Godard, Puygueraud, La Prade en francs-côtes-de-bordeaux, Alcée en castillon-côtes-de-bordeaux, Nicolas Thienpont est un nom qui compte dans le Libournais. Le nom de la propriété vient d'Albert Macquin (1852-1911), grand-père des propriétaires actuels, à qui Saint-Émilion doit l'usage du plant greffé qui devait sauver le vignoble ruiné par la crise phylloxérique. Vignoble de 15 ha d'un seul tenant, exceptionnellement situé sur le plateau argilo-calcaire, il est entouré des trois 1ers crus classés Troplong Mondot, Pavie et Trottevielle.

Entier et complet, ce cru trouve sur ce beau millésime une intensité à sa hauteur. Le fruit scintillant, centré sur des baies rouges bien mûres, est parfaitement cerné par l'élevage qui apporte une touche toastée subtile au nez. Ce registre parfumé s'étire dans une bouche tonique, de grande chair, portée par un tanin fin et racé. ⧗ 2025-2035

SCEA CH. PAVIE MACQUIN, 1, Peygenestau, 33330 Saint-Emilion, tél. 05 57 24 74 23, contact@pavie-macquin.com r.-v.

LA PERLE DU BRÉGNET Élevé en fûts de chêne 2018 ★

| 8000 | 11 à 15 €

David Coureau exploite depuis 1970 un vignoble familial de 16 ha, dont il consacre la moitié au saint-émilion, 1,5 ha au grand cru La Perle du Brégnet et le reste au Ch. l'Ancien Orme en appellation bordeaux. La partie dédiée au grand cru est située à la limite sud de la juridiction, sur un terroir de sables et de graves à dominante de merlot.

Comme promis, ce vin bénéficie d'un élevage en barrique non dissimulé. La tonalité boisée s'invite au nez comme en bouche, serrant quelque peu une matière qui demandera un peu de temps encore pour s'ouvrir. Reste une assise tannique réelle, des notes confiturées gourmandes et une belle finale. Avec un cuissot de chevreuil ou un rôti de bœuf saignant à cœur. ⧗ 2024-2030

EARL VIGNOBLES COUREAU, 204, Le Brégnet, 33330 Saint-Sulpice-de-Faleyrens, tél. 05 57 24 76 43, clos-le-bregnet@wanadoo.fr t.l.j. sf dim. 9h-18h30

CH. PETIT BOUQUEY 2018 ★

| 5000 | 15 à 20 €

Acquis par la famille des actuels propriétaires au début du XXe s., ce domaine de 10 ha apporte ses raisins à la coopérative de Saint-Émilion depuis 1950. En 2010, Éric Bordron, installé en 1982, en est sorti partiellement, vinifiant désormais 4,85 ha en saint-émilion et saint-émilion grand cru. La conversion à l'agriculture biologique est en cours.

En totale cohérence avec l'appellation et le millésime, ce vin est une bonne surprise. Ses notes très agréables de fruits à noyau et de grillé mâtiné d'un léger menthol, et sa bouche corsée sans excès, bien équilibrée entre vinosité et fraîcheur, offrent d'ores et déjà une bouteille plaisante à boire, qui accompagnera une volaille rôtie ou un carré de veau. ⧗ 2022-2027

BORDRON, Ch. Petit Bouquey, 2, Petit-Bouquey, 33330 Saint-Hippolyte, tél. 06 82 15 20 16, chateau.petit.bouquey@gmail.com t.l.j. 9h-12h 14h-18h; f. fin août

CH. PETIT GRAVET AINÉ 2018 ★

| 16000 | 30 à 50 €

L'un des 3 crus saint-émilionnais (avec Ch. Gaillard et Clos Saint Julien) de Catherine Papon-Nouvel, également propriétaire en castillon (Ch. Peyrou). Elle conduit depuis 2000, à la suite de son père, ce petit domaine de 2,5 ha (en bio certifié) établi en pied de côtes, sur un terroir de sables profond, atypique par sa forte proportion (80 %) de cabernet franc.

Ce cru singulier cultive un style à part. Les amateurs de vins puissants et alertes apprécieront. Celui-ci offre de beaux arômes de fruits noirs, de cannelle et d'épices, une fraîcheur intense, le tout dans un équilibre charmeur, parfaitement servi par un élevage précis et concis. Une très belle bouteille, déjà excellente à boire. ⧗ 2023-2030

SCEA VIGNOBLES NOUVEL (CH. PETIT GRAVET AÎNÉ), lieu-dit Gaillard, 33330 Saint-Hippolyte, tél. 05 57 24 72 44, chateau.gaillard@wanadoo.fr r.-v.

CH. PIERRE 1ER 2018 ★

| 55000 | 15 à 20 €

Le Ch. Croix Figeac, dont l'existence est attestée depuis 1888, a dû faire peau neuve en 2013 en changeant de nom et d'étiquette et est ainsi devenu

Ch. Pierre 1er en hommage au père du propriétaire Jean Dutruilh, Pierre Dutruilh. Le vignoble de 13 ha est implanté non loin du Ch. Cheval Blanc.

Ce beau vin propose une belle intensité aromatique autour des fruits noirs et des épices douces, et d'une trame ample et corsée, aux tanins encore fermes mais bien enrobés par une belle rondeur. On le verrait bien en compagnie d'une viande fondante, une joue de bœuf au vin rouge par exemple. ⧗ 2023-2028

CH. PIERRE 1ER, lieu-dit Bellevue, 33330 Saint-Émilion, tél. 06 73 89 18 13, jdgammes@wanadoo.fr r.-v.

CH. PIPEAU 2018 ★

■	140 000		20 à 30 €

Valeur sûre de l'appellation, ce domaine établi au pied des combes de Saint-Laurent est entré dans la famille Mestreguilhem en 1929. Les 7 ha de l'époque sont devenus 26 aujourd'hui. La propriété est conduite depuis 1983 par Richard Mestreguilhem, rejoint en 2014 par son fils Jean, ingénieur agronome, désormais à la direction technique.

Tout en fruit bien mûr et en générosité, ce vin est encore marqué par son élevage sous bois. Rond, plein, assez dense, porté par des tanins fermes il ne manque pourtant ni de dynamisme ni de maîtrise. Bien construit, il vieillira sereinement. ⧗ 2023-2028

EARL MESTREGUILHEM, 12, Barbeyron, 33330 Saint-Laurent-des-Combes, tél. 05 57 24 72 95, chateau.pipeau@wanadoo.fr V t.l.j. sf dim. 8h-12h 14h-18h; sam. sur r.-v.

POESIA 2018 ★★

■	25 000		20 à 30 €

Hélène Garcin-Lévêque, propriétaire de Barde-Haut (Saint-Emilion) et de Clos l'Eglise (Pomerol), possède également, depuis 2013, ce vignoble de près de 9 ha situé sur le plateau argilo-calcaire de Saint-Emilion.

Voici un grand vin fruité, puissant et dynamique. Les notes de fruits mûrs, de cassis et de cerise juteuse s'intègrent parfaitement dans une matière ample et savoureuse, de très bonne concentration. Le vin garde de la fraîcheur et de la vivacité tout du long et se déploie dans une longue finale. Du style et de l'élégance. ⧗ 2024-2030

POESIA, Ch. Haut-Villet-POESIA, 33330 Saint-Étienne-de-Lisse, helenegarcin@vignoblesgarcin.com V t.l.j. 9h-12h 14h-18h

CH. DE PRESSAC 2018 ★★

■ Gd cru clas.	103 000		30 à 50 €

Un cru classé (depuis 2012), vaste (36 ha) et historique à double titre : il fut le cadre en 1453 de la reddition des Anglais après la bataille de Castillon et, au XVIIIe s., le seigneur du lieu introduisit le cépage appelé auxerrois, puis noir de Pressac et finalement malbec. Il a été acquis en 1997 et entièrement rénové par Jean-François Quenin, ancien cadre du groupe Darty et ancien président du Conseil des vins de Saint-Émilion.

S'affichant dans un profil corsé, ce vin de grande matière vise la garde, assurément. Ses parfums encore juvéniles de fruits rouges et noirs couverts par une note toastée et vanillée demandent à s'épanouir encore. La bouche se montre ample, dense, généreuse, persistante, un rien austère mais fort prometteuse. ⧗ 2025-2032 ■ **Ch. Tour de Pressac 2018 ★ (20 à 30 €; 96 000 b.)** Tout en rondeur et en équilibre, ce vin trace les contours d'un saint-émilion de bonne tenue, qui pourra vieillir sans problème. À ce stade, il pose un fruit mûr, légèrement confituré, sur une matière riche et onctueuse, servie par de beaux tanins et un grand volume. ⧗ 2023-2028

CH. DE PRESSAC, Ch. de Pressac, 33330 Saint-Étienne-de-Lisse, tél. 05 57 40 18 02, contact@chateaudepressac.com V r.-v.

CH. LE PRIEURÉ 2018 ★★

■ Gd cru clas.	6 284		50 à 75 €

La famille Guichard était propriétaire depuis 1832 de plusieurs crus en Libournais : son fief et fleuron, Ch. Siaurac en lalande, Vray Croix de Gay en pomerol et Le Prieuré en saint-émilion grand cru. Un ensemble ensuite dirigé par Paul Goldschmidt de 2004 à 2014, jusqu'à la prise de participation par Artémis Domaines (groupe Pinault, détenteur par ailleurs de Ch. Latour). En 2020, les Terroirs de Suravenir (groupe Arkéa, déjà propriétaire de Calon Ségur à Saint-Estèphe) sont devenus les nouveaux propriétaires. Ils s'appuient sur l'expertise de Pénélope Godefroy, directrice technique formée à la biodynamie, et de Jean-Claude Berrouet, éminent conseiller. L'agriculture biologique est de mise sur l'ensemble des propriétés.

Tout en retenue, en charme et en élégance, ce vin propose une lecture raffinée de Saint-Émilion, sans jouer de puissance. Son fruit pur, précis et encadré par une touche de vanille et de grillé, séduit dès le nez, sans emphase. La bouche se livre pareillement, franche, légèrement épicée, de grande fraîcheur, équilibrée, d'une parfaite maîtrise. Un grand cru délicat, qui s'impose en toute évidence. ⧗ 2024-2030

CH. LE PRIEURÉ, Chemin de Fongaban, 33330 Saint-Émilion, tél. 05 57 51 64 58, info@sauriac.com V r.-v.

CH. QUINAULT-L'ENCLOS 2018 ★

■ Gd cru clas.	n.c.		30 à 50 €

Cet important domaine (20 ha) peut à juste titre mentionner L'Enclos sur son étiquette : son vignoble clos de murs est enserré dans l'agglomération libournaise. En 2008, il a changé de mains : le Dr Alain Raynaud l'a cédé au baron Frère et à Bernard Arnault (LVMH). Il est conduit par les équipes de Pierre Lurton, qui suivent aussi le Ch. Cheval Blanc et ont engagé sa conversion à l'agriculture biologique en 2009. Les soins portés au cru se sont traduits par sa promotion lors du dernier classement des saint-émilion, en 2012.

Dans un style équilibré et de bonne concentration, ce cru choyé par les équipes de Cheval Blanc livre le meilleur de lui-même sur ce millésime très complet. Richesse de parfums, entre fruits noirs, épices et touche florale, trame complexe forgée autour de tanins bien présents mais frais, finale vive et tendue, encore assez serrée. Un vin en devenir. ⧗ 2024-2030

SC DE CHEVAL BLANC (CH. QUINAULT L'ENCLOS), 30, rue Videlot, 33500 Libourne, tél. 05 57 55 55 55, chaiquinault@orange.fr

CH. QUINTUS 2018 ★

■ | n.c. | | + de 100 €

Quintus, référence à la coutume gallo-romaine consistant à prénommer ainsi leur 5e enfant, est le dernier-né des vignobles Clarence Dillon (Haut-Brion). Un bel ensemble de 28 ha associant un domaine acquis en 2011 à l'extrémité sud-ouest du plateau de Saint-Émilion et son voisin Ch. L'Arrosée, racheté en 2013.

Associant adroitement générosité et finesse, ce cru profile un saint-émilion moderne, paré d'un fruit très mûr et de notes boisées assez luxueuses. La bouche est dense, avec une solide présence tannique mais non dénuée de fraîcheur. Un vin bien construit, puissant et encore serré à ce stade, qui vieillira avec bonheur car l'équilibre est au rendez-vous. ⧗ 2025-2033

CH. QUINTUS, 1, Larosé, 33330 Saint-Émilion, tél. 05 57 24 69 44, info@chateau-quintus.com r.-v.

CH. LA RÉVÉRENCE 2018 ★★

■ | 5000 | | 20 à 30 €

Agriculteur en Eure-et-Loire, François Petit acquiert Tournefeuille en 1998, pièce maîtresse (17,5 ha à Néac) d'un vignoble familial étendu aussi sur Pomerol (Lécuyer) et Saint-Émilion (La Révérence), aujourd'hui conduit par son fils Émeric.

Ce petit cru de 3 ha associant à parts égales cabernet franc et merlot séduit largement. C'est un vin très complet, de pur plaisir, qui charme d'emblée par ses parfums profonds et très ouverts de fruits mûrs. La bouche ample et persistante reste dominée par ce fruit intègre, jusqu'à la finale longue et fraîche. Déjà très engageant aujourd'hui, ce vin offre aussi un réel potentiel de garde. ⧗ 2022-2030

SCEA PETIT LÉCUYER, 26, rue de l'Église, 33500 Néac, tél. 05 57 51 18 61, epetit@chateau-tournefeuille.com V r.-v. G A

♥ CH. ROCHEBELLE 2018 ★★

■ Gd cru clas. | 17000 | | 30 à 50 €

Propriété des Faniest depuis 1847, Rochebelle doit son nom aux roches que l'on extrayait de ses carrières au XVIIIe s. Conduit aujourd'hui par Philippe Faniest et sa fille Émilie, œnologue, ce petit domaine de 3 ha est situé au-dessus du Château Pavie, face à la cité de Saint-Émilion. Petit train, caves monolithes, jeux de lumière : le concept d'œnotourisme est ici bien rodé, et les visiteurs sont légion. Ses vins, réguliers en qualité, lui ont valu d'être promu en 2012 au rang de cru classé.

Avec ses parfums subtils et complexes de fruits secs et de grillé, sa sève ample et intense, d'un équilibre parfait et surtout de grande envergure, ce vin offre un concentré du meilleur de Saint-Emilion. L'harmonie et l'élégance semblent le définir et l'on se réjouit de pouvoir l'apprécier déjà ou bien de pouvoir le conserver encore de longues années en cave. ⧗ 2023-2033

CH. ROCHEBELLE, Le Bourg, 33330 Saint-Laurent-des-Combes, tél. 05 57 51 30 71, faniest@orange.fr V *t.l.j. 10h-13h 14h-18h*

CH. LA ROSE PINEY 2018 ★

■ | 2000 | | 15 à 20 €

Petit-fils de tonnelier et fils de vigneron, Pierre Lavau s'est installé en 2002 sur des vignes familiales en castillon-côtes-de-bordeaux (9 ha) avec La Tuque Bel-Air et Fourquet, et en saint-émilion grand cru (5 ha) avec Petit Fombrauge et La Rose Piney.

Disposant d'un fruit ouvert, bien défini et d'une bouche de bonne concentration mais sans excès, ce vin reste souple et agile, immédiatement accessible. On apprécie d'ores et déjà son support tannique fondu, son fruit noir bien présent et sa finale fraîche, le tout porté par un élevage qui sait rester discret. ⧗ 2022-2028

CH. PETIT FOMBRAUGE, Lieu-dit Fombrauge, 33330 Saint-Christophe-des-Bardes, tél. 05 57 24 77 30, contact@chateaupetitfombrauge.com V r.-v.

CH. SANCTUS 2018 ★

■ | 12000 | | 30 à 50 €

Né de la fusion de 2 propriétés voisines, ce domaine de 15 ha, établi sur le plateau argilo-calcaire de Saint-Christophe-des-Bardes, au nord-est de Saint-Émilion, appartient depuis 1990 aux familles Duval-Fleury et Corneau. Anciennement Ch. La Bienfaisance, ce cru a changé de nom en 2015 pour devenir Ch. Sanctus – nom du 1er vin issu des meilleures parcelles, La Bienfaisance de Sanctus devenant le 2e vin. Aux commandes du chai depuis 2012, Caroline Gaullier.

De longue suite, ce saint-émilion conjugue puissance et finesse avec brio. Dès le nez, ses parfums engageants de cerise juteuse, de vanille, de menthol et de grillé se détachent avec beaucoup de nuances. La bouche est très étirée sur des tanins frais, équilibrés et soyeux, avec beaucoup de structure et une belle chair tannique. Persistant et solide, voilà un très joli vin à réserver sur une viande mijotée. ⧗ 2024-2030

CH. SANCTUS, 39, Le Bourg, 33330 Saint-Christophe-des-Bardes, tél. 05 57 24 65 83, contact@chateau-sanctus.fr

CH. SARPE GRAND JACQUES 2018 ★★

■ | 1200 | | 20 à 30 €

Reprenant la propriété familiale en 1984, Anne-Lise Goujon et Pierre Chatenet font passer sa surface de 3 à 15 ha et engagent la conversion bio. Leur fils Olivier arrive en 2008 sur l'exploitation et adopte la biodynamie. Le vignoble s'étend sur les sols argilo-sableux de Saint-Christophe-des-Bardes, au nord-est de la juridiction de Saint-Émilion.

Ce pur merlot offre un saint-émilion rayonnant, croquant et disert. Ses notes d'épices, de réglisse et de fruits noirs se glissent dans une matière dense et séveuse, aux tanins suaves et fondus, d'une grande élégance. Harmonieux, ce vin gourmand et tout en fruit s'apprécie déjà. ⧗ 2022-2028

CHATENET-GOUJON, 1, lieu-dit Le Grand-Jacques, 33330 Saint-Christophe-des-Bardes, tél. 05 57 74 40 06, contact@moulindelagnet.fr V r.-v.

CH. SOUTARD 2018 ★

■ Gd cru clas. | 52 000 | 50 à 75 €

AG2R La Mondiale possède 2 importants grands crus classés, situés à environ 1 km au nord de la cité médiévale : les châteaux Soutard et Larmande. Cru ancien (les premières mentions remontent à 1513), Soutard a été acquis en 2006 par le groupe d'assurances, qui a entrepris d'importants travaux de rénovation. En 2012, le rachat (et la fusion) du cru classé Cadet Piola porte le vignoble à 30 ha d'un seul tenant, sur le plateau argilo-calcaire de Saint-Émilion, avec quelques hectares en pied de côte sableux et en coteaux argileux. Aux commandes du chai, Véronique Corporandy.

Ferme, corsé et imposant, ce vin vise la garde et s'en donne tous les moyens. Un fruit cossu, un élevage luxueux et encore très présent, une bouche riche et fraîche, aux tanins serrés, avec des notes de fruits à noyau et d'amande, le placent dans une optique de long vieillissement. Tous les éléments sont là pour lui assurer cet avenir prometteur. Il faut juste être patient. ⧗ 2025-2035

⊶ CH. SOUTARD, Lieu-dit Soutard, 33330 Saint-Émilion, tél. 05 57 24 71 41, contact@soutard.com r.-v. ⑤

CH. TOUR BALADOZ 2018 ★★

■ | 25 000 | ◑ | 20 à 30 €

Le Belge Émile De Schepper a investi dans le vignoble bordelais à partir de 1950. En plus de sa maison de négoce (De Mour), la famille exploite aussi aujourd'hui une cinquantaine d'hectares en propre : en Médoc, le Ch. Haut-Breton Larigaudière (margaux), le Ch. Tayet et le Ch. Lacombe Cadiot (bordeaux supérieur); en saint-émilion, Tour Baladoz et La Croizillle.

Tout en puissance et en arômes complexes, ce cru porte tous les attributs du grand vin. Fruits noirs, épices du bois et clou de girofle composent une aromatique engageante, qui s'étire dans une bouche ample, dense, corsée, aux tanins serrés et à la longue finale. Un vin parfaitement structuré, servi par des parfums de grande élégance. ⧗ 2025-2033 ■ **Ch. la Croizille 2018 ★ (50 à 75 €; 21 000 b.)** Encore sur la réserve, ce vin n'a pas encore livré son plein potentiel. Mais déjà l'essentiel est en place : fruit complexe, palais ample et bien structuré autour de tanins solides et massifs, finale de grande persistance. ⧗ 2025-2033 ■ **Ch. Roquettes 2018 ★ (15 à 20 €; 18 000 b.)** Ce vin se livre dès à présent autour d'une belle présence de fruits noirs et d'épices, une structure tannique serrée mais fondue, une finale persistante et pleine de fraîcheur. Puissance et finesse s'équilibrent dans un ensemble charmeur. ⧗ 2022-2028

⊶ CH. TOUR BALADOZ, Lieu-dit Tour-Baladoz, 33330 Saint-Laurent-des-Combes, tél. 05 57 88 94 17, contact@demour.com V *r.-v.*

CH. TOUR DE YON 2018 ★★

■ | 6 600 | ◑ | 20 à 30 €

Créée en 1931, la coopérative de Saint-Émilion est un acteur incontournable du Libournais, et ses cuvées – vins de marque (Aurélius, Galius) ou de domaines (une cinquantaine de propriétés apportent leur vendange à la «coop») – sont régulièrement au rendez-vous du Guide.

Cette sélection d'à peine 5 ha au cœur de l'appellation propose une belle lecture de Saint-Emilion. Les vieilles vignes le portent dans la profondeur, avec des arômes intenses de fruits noirs et une légère pointe boisée. La bouche est bien constituée, avec de la mâche, de l'équilibre, un raisin mûr et un bon équilibre d'ensemble. Un joli classique ⧗ 2023-2028

⊶ UNION DE PRODUCTEURS DE SAINT-ÉMILION, Lieu-dit Haut-Gravet, BP_27, 33330 Saint-Émilion, tél. 05 57 24 70 71, contact@udpse.com V *r.-v.*

CH. LA TOUR FIGEAC 2018 ★

■ Gd cru clas. | 42 000 | ◑ | 50 à 75 €

Ce cru classé, séparé du Ch. Figeac en 1879, doit son nom à une tour érigée au milieu des vignes aujourd'hui disparue. Otto Rettenmaier l'a acquis en 1973 ; son fils Otto Max a pris le relais en 1995 ; à la tête de 14,6 ha de vignes établies sur une croupe de graves et de sables sur argiles, à la limite de Pomerol, il conduit son domaine en biodynamie, sans certification.

Concentré et séveux, ce vin riche et luxueusement élevé vise une longue garde. Auréolé d'un fruit très mûr, de cerise notamment, et de notes boisées, il déroule une trame ample et serrée, aux tanins présents. ⧗ 2024-2030

⊶ CH. LA TOUR FIGEAC, 1, la Tour Figeac, 33330 Saint-Émilion, tél. 05 57 51 77 62, latourfigeac@orange.fr V *r.-v.*

CH. TOUR SAINT CHRISTOPHE
Les Terrasses de Saint Christophe 2018 ★

■ | 20 000 | ◑ | 11 à 15 €

L'achat de vignobles bordelais par des investisseurs asiatiques n'est pas nouveau. En 1997, le Taïwanais Peter Kwok a acquis, avec sa fille Elaine, le Ch. de Haut-Brisson et ses 20 ha de vignes implantées sur les sables et graves de Vignonet, au sud de l'appellation. En 2011, il a étendu son portefeuille en reprenant, avec sa fille Karen, le Ch. Tour Saint-Christophe (20 ha aujourd'hui), situé à Saint-Christophe-des-Bardes, avant d'acquérir en 2015 les 12,6 ha du Ch. Tourans à Saint-Étienne-de-Lisse. Il est aussi propriétaire en pomerol et en lalande.

Ce bon saint-émilion assure l'essentiel. Ses arômes de fruits bien mûrs, de tabac, d'épices douces et de toasté fondent dans une bouche ample et gourmande, bien équilibrée entre vinosité et fraîcheur. La finale, bien tendue, lui donne un regain de dynamisme. ⧗ 2023-2028

⊶ CH. TOUR SAINT-CHRISTOPHE, 1, Cassevert, 33330 Saint-Christophe-des-Bardes, tél. 05 57 24 77 15, contact@vignoblesk.com V *r.-v.*

CH. TROTTEVIEILLE 2018 ★

■ 1er gd cru clas. B | 25 000 | ◑ | + de 100 €

L'un des fleurons de la maison Borie-Manoux. La légende raconte qu'une vieille dame habitant autrefois le domaine allait s'enquérir des nouvelles auprès de la diligence passant par là, en trottinant... Aujourd'hui administré par Philippe Castéja, ce cru de 12 ha, situé sur le coteau est du plateau

de Saint-Émilion, offre un encépagement original, à parité entre le merlot et les cabernets.

Toujours austère dans sa jeunesse, ce cru bénéficie d'un long élevage et ne révèle le potentiel de son terroir qu'au bout d'un long vieillissement. Ses cabernets francs (une petite partie plantée avant le phylloxera) et ses argiles denses posées sur le plateau calcaire ont donné naissance à un vin dans la plus pure tradition saint-émilionnaise. Le boisé, racé, domine encore, les tanins sont serrés mais la matière est là, avec une longue finale et beaucoup de potentiel. Patience. ⧗ 2025-2035

CH. TROTTEVIEILLE, 33330 Saint-Émilion, tél. 05 56 00 00 70, domaines@borie-manoux.fr r.-v.

CH. VALANDRAUD 2018 ★★

1er gd cru clas. B | 34 000 | + de 100 €

Valandraud n'est plus le «vin de garage» qui a fait la réputation de Jean-Luc Thunevin dans les années 1990. Les 60 ares acquis en 1989 dans le vallon de Fongaban, entre Pavie-Macquin et La Clotte, sont devenus un cru à part entière : un peu moins de 9 ha aujourd'hui, essentiellement sur Saint-Étienne-de-Lisse. La consécration est arrivée en 2012 avec l'accession au rang de 1er grand cru classé B, sans passer par la case «classé».

Longuement élevé pendant 2 ans en barrique, ce cru assume sa richesse et sa constitution virile. Mais à la recherche de matière répond une onctuosité imparable, des notes savoureuses de fruits noirs parfaitement mûrs et une très grande fraîcheur. Les tanins, solides, restent soyeux et superbement imbriqués ; on sent là une grande maîtrise et une grande application. Un style affirmé pour une bouteille de confiance. ⧗ 2025-2040

CH. VALANDRAUD, 6, rue Guadet, 33330 Saint-Émilion, tél. 05 57 55 09 13, thunevin@thunevin.com V r.-v. 5

CH. VIEUX LAVERGNE 2018 ★★

40 000 | 15 à 20 €

En 2012, Antoine Mabileau, fils de vigneron du Val de Loire (la famille est installée à Saint-Nicolas-de-Bourgueil), a repris les 16 ha de vignes de Florian Perier, implantés sur les graves et les sables de Vignonet, au sud de l'appellation. La conversion en agriculture biologique est amorcée depuis 2019.

Ce vin est une grande réussite et son prix devrait encourager sa découverte. Sobrement élevé en barrique et en cuve, il laisse une grande place au fruit, détaillant de belles notes de myrtille mâtinées de vanille et de réglisse. La bouche est ample, suave, de bonne puissance, parfaitement cadrée par des tanins veloutés. Un vin très agréable, long et persistant. ⧗ 2023-2028

ANTOINE MABILEAU, 8, La Grave, 33330 Vignonet, tél. 06 61 12 10 78, moulinbellegrave@gmail.com V t.l.j. sf sam. dim. 8h-12h 13h30-17h30

CH. VILLEMAURINE 2018 ★

Gd cru clas. | 34 779 | 30 à 50 €

Propriétaire dans le Médoc (Branas Grand Poujeaux en AOC moulis), Justin Onclin a investi en saint-émilion en faisant l'acquisition en 2007 de ce domaine de 11 ha adossé aux douves de la cité médiévale, qu'il a entièrement rénové à la vigne et au chai.

Un beau saint-émilion en pleine adéquation avec son appellation. Richement constitué mais sans démesure, porté par des notes de groseille et de cassis mûrs, avec une pointe boisée de qualité en appoint, ce cru reste très frais et affiche sa puissance avec beaucoup d'énergie et de saveurs. Un bel ensemble apte à vieillir longuement ou à carafer dans sa jeunesse avant de l'associer à des filets de canette au poivre. ⧗ 2024-2033

CH. VILLEMAURINE, lieu-dit Villemaurine, 33330 Saint-Émilion, tél. 05 57 74 47 30, contact@villemaurine.com V r.-v.

CH. VIRAMIÈRE 2018 ★★

31 300 | 15 à 20 €

Créée en 1931, la coopérative de Saint-Émilion est un acteur incontournable du Libournais, et ses cuvées – vins de marque (Aurélius, Galius) ou de domaines (une cinquantaine de propriétés apportent leur vendange à la «coop») – sont régulièrement au rendez-vous du Guide.

Au pied de la côte sud de Saint-Emilion, ce cru de près de 15 ha propose un très beau représentant de son appellation. Complet à tous les niveaux, il associe à la perfection un raisin bien mûr aux accents de fruits confiturés et de fruits à noyau, une bonne structure tannique, de l'équilibre et de la fraîcheur. Tension et générosité se lient tout du long. ⧗ 2023-2028

UNION DE PRODUCTEURS DE SAINT-ÉMILION, Lieu-dit Haut-Gravet, BP_27, 33330 Saint-Émilion, tél. 05 57 24 70 71, contact@udpse.com V r.-v.

CH. JEAN VOISIN 2018 ★

31 942 | 20 à 30 €

Ce cru de 15 ha en saint-émilion grand cru tire son nom de Jean Voysin, édile de Saint-Émilion, qui acheta ces terres en 1583. Acquis en 1955 par le Corrézien Amédée Chassagnoux, il a été exploité ensuite par son fils Pierre et par son petit-fils Xavier, avant d'être vendu en 2016 à un trio réunissant un vigneron et 2 anciens cadres venus du monde de l'automobile. Jean-Paul Vitrac, le gérant, s'appuie sur Laurence Chassagnoux au chai.

Pur merlot, ce saint-émilion profite pleinement de ce beau millésime pour livrer un vin très abouti, complet, riche et onctueux. Sa belle matière est mise en valeur par une bonne présence de fruits noirs, des tanins fins et élégants, beaucoup de jutosité et une finale fraîche et alerte. Un classique du secteur à découvrir avec une viande mijotée ou grillée. ⧗ 2023-2028

SCEA CH. JEAN VOISIN, 1, lieu-dit Jean-Voisin, 33330 Saint-Émilion, tél. 05 57 24 70 40, contact@chateaujeanvoisin.fr V r.-v.

CH. LA VOÛTE 2018 ★★

8 200 | 30 à 50 €

Gaëtan Moreau exploite un petit vignoble sur le plateau argilo-calcaire de Saint-Étienne-de-Lisse, à l'est de l'appellation. Pour son grand cru, il sélectionne 1,42 ha de vieux merlots qu'il vendange à la main.

Ce micro-cru issu exclusivement de merlot est un vin élégant et équilibré qui mérite d'être découvert. Il séduit par sa rondeur, son fruit confituré et épicé, sa trame souple et avenante et sa finale persistante. Un charme immédiat qui ne manque ni de complexité ni de structure. ⧗ 2023-2030

CH. LA VOÛTE, Bel-Air, 33330 Saint-Étienne-de-Lisse, tél. 06 11 51 85 89, moreaulavoute@gmail.com V r.-v.

▶ LES AUTRES APPELLATIONS DE LA RÉGION DE SAINT-ÉMILION

Plusieurs communes, limitrophes de Saint-Émilion et placées jadis sous l'autorité de sa jurade, sont autorisées à faire suivre leur nom de celui de leur célèbre voisine. Toutes sont situées au nord-est de la petite ville, dans une région pleine de charme, rythmée par des collines dominées par de prestigieuses demeures historiques et des églises romanes. Les sols sont très variés et l'encépagement est le même qu'à Saint-Émilion; aussi la qualité des vins est-elle proche de celle des saint-émilion.

LUSSAC-SAINT-ÉMILION

Superficie : 1 440 ha / Production : 85 000 hl

Lussac-saint-émilion est l'une des aires du Libournais les plus riches en vestiges gallo-romains. Au centre et au nord de l'AOC, le plateau est composé de sables du Périgord alors qu'au sud le coteau argilo-calcaire forme un arc de cercle bien exposé.

ALTEA 2018 ★

■	6 824		15 à 20 €

Créée en 1938, la très qualitative cave des producteurs réunis de Puisseguin-Lussac-Saint-Émilion s'illustre régulièrement dans ces pages. Elle représente aujourd'hui quelque 160 adhérents et 1 200 ha de vignes.

Cette cuvée ne peut renier les typicités du merlot (98 % de l'assemblage, avec une goutte de cabernet franc) : couleur grenat foncé, nez généreux de fruits noirs mûrs, rondeur en bouche et saveurs goûteuses à l'unisson du bouquet. Ce vin plaira en outre pour son équilibre et sa finale vivifiante, nantie de beaux amers qui appelle une confrontation avec des plats en sauce. ⧗ 2022-2026

VIGNERONS DE PUISSEGUIN-LUSSAC-SAINT-ÉMILION, 1, Durand-D17, 33570 Puisseguin, tél. 05 57 55 50 40, contact@vplse.com V *t.l.j. sf dim. mar. 9h-12h 14h-18h*

CH. BEL-AIR 2018 ★

■	130 000		8 à 11 €

Un domaine de 21 ha d'un seul tenant, dans la même famille depuis plus d'un siècle. Jean-Noël Roi est aux commandes depuis 1978.

Assemblage adapté au millésime (merlot à 70 %, accompagné par les deux cabernets) et un élevage pour 70 % en cuve pour ce lussac ouvert sur les fruits rouges et noirs mûrs mâtinés d'épices douces, bien équilibré en bouche, rond et fruité, épaulé par des tanins soyeux. Une belle plénitude. ⧗ 2023-2027

SAS VIGNOBLES ROI (CH. BEL-AIR), 1, Bel-Air, 33570 Lussac, tél. 05 57 74 60 40, jean.roi@wanadoo.fr V *r.-v.*

CH. DU BOIS DUMAS Le Bois Dumas 2018 ★

■	15 000		11 à 15 €

Un domaine familial conduit par Joël Dumas, représentant la 3e génération vigneronne sur ces terres de Lussac-Saint-Emilion. La certification HVE3 est acquise.

« Au bois d'mon cœur, y a des petites fleurs... », chantonnait Georges Brassens. Point d'arômes de petites fleurs dans ce Bois Dumas, mais une parade aromatique fruitée, intense, qui évolue crescendo sur un équilibre assuré. Une aromatique que l'on retrouve dans une bouche harmonieuse, suave et ronde, dotée de tanins bien en place mais sans dureté. ⧗ 2023-2026

JOËL DUMAS, 4, Guimberteau, 33570 Lussac, tél. 06 82 69 48 72, chateau.jd33570@gmail.com V *r.-v.*

B CH. CHOUTEAU 2018 ★★

■	14 000		8 à 11 €

L'histoire de cette propriété familiale débute à l'orée du XXe s., avec une petite vigne de 2 ha. Le vignoble s'étend aujourd'hui sur près de 15 ha, conduits en agriculture biologique depuis 1970. Aux commandes du domaine : Florent et Muriel Rogerie, aidés de leurs 3 filles (Manon, Romane et Clarisse). Deux étiquettes : Ch. Chouteau (lussac) et Clos le Mas (bordeaux rouge et blanc).

Le coup de cœur a été mis aux voix pour ce 2018 à l'olfaction à la fois puissante et fraîche, où les fruits rouges et noirs mâtinés d'épices douces jouent la carte de la séduction. Une palette aromatique à laquelle fait écho une bouche ample, ronde, caressante, sans manquer de fraîcheur, dotée de tanins soyeux et élégants. ⧗ 2023-2028

SCEA ROGERIE PÈRE ET FILS, Ch. Chouteau, 7, Chouteau, 33570 Petit-Palais, tél. 05 57 74 55 22, scea.rogerie@orange.fr V *r.-v.*

CH. LA CLAYMORE 2018 ★

■	49 000		11 à 15 €

Établie au Château de Faise, la famille Devaud s'est construit un patrimoine viticole d'envergure dans le Saint-Émilionnais. Grand Barail et Flaunys en montagne, Puymouton en saint-émilion grand cru, la Claymore et la Haute Calymore en lussac, Faise et Cilorn en bordeaux supérieur, ses vins sont souvent mentionnés dans ces pages.

Un joli doublé pour ce cru régulièrement présent dans ces pages. Ce 2018, né de merlot (75 %), de cabernet franc (10 %) et d'un apport de malbec, se présente dans une robe sombre, pourpre frangé de violine. Le nez, gourmand, évoque les fruits rouges (la cerise fraîche notamment). La structure est bien enrobée par le fruit, bâtie sur des tanins souples et fins. Un bon classique de l'appellation. ⧗ 2022-2027

CH. CLAYMORE, Ch. la Claymore, Maison-Neuve, 33570 Lussac, tél. 05 57 74 67 48, contact@laclaymore.fr r.-v.

CH. CROIX DU CHOUTEAU 2018 ★

■ | 3600 | | 5 à 8 €

Un domaine familial de 32 ha développé dans les années 1970 par Serge Coudroy. Aux commandes depuis 2008, son fils Antoine y produit du lussac (Ch. Croix de Chouteau), du puisseguin (Borie de l'Anglais) et du bordeaux rouge (Dom. du Calvaire).

Un tuilé discret, signe avant-coureur de son évolution, vient franger la robe pourpre de ce lussac issu de merlot (75 %) et des 2 cabernets. La recherche du fruit a été privilégiée. La bouche, ronde et équilibrée, vient confirmer ces intentions. Un vin agréable dont la souplesse et le fruit devraient satisfaire les amoureux de gouleyantes sensations. ⧗ 2021-2025

SERGE COUDROY, 130, imp. des Chais, 33570 Petit-Palais, tél. 05 57 74 67 73, scoudroy@aol.com r.-v.

VIGNOBLES DUMON Emilia 2018 ★

■ | 8000 | | 8 à 11 €

Une exploitation familiale depuis 4 générations, qui étend son vignoble sur 35 ha et produit du lussac-saint-émilion et du bordeaux supérieur.

Fruit d'une sélection de vieux merlots enracinés sur un sol argilo-calcaire, ce 2018 a connu à un long élevage en cuve (18 mois) visant à privilégier le fruit. Une belle réussite, intense et pulpeuse, que l'on apprécie dès le bouquet, fruité à souhait. La bouche affiche avec gourmandise ce même fruité fringant, mais aussi beaucoup de matière, soutenue par des tanins fermes qui appellent la garde. ⧗ 2023-2027

SCEA VIGNOBLES DUMON, 9, Malydure-Bourseau, 33570 Lussac, tél. 06 86 52 37 74, info@vignobles-dumon.com r.-v.

CH. LA GRANDE CLOTTE Cuvée Rendez-Vous 2018 ★

■ | 36000 | | 11 à 15 €

Ce petit vignoble se situe au cœur de l'appellation lussac-saint-émilion. Confié en fermage à partir de 1992 à Michel Rolland par la famille Malaterre; il a été repris en 2016 par Julie et Mathieu Mercier. Originalité du domaine : outre ses 7,5 ha dédiés aux vins rouges, une micro-parcelle de 1 ha est réservée aux cépages blancs à l'origine d'un confidentiel bordeaux sec.

Avec sa profonde tenue grenat et son intense olfaction fruitée, l'approche est séduisante. Le charme continue d'opérer dans une bouche ronde, longue et fruitée, aux tanins affinés. Pour amateurs de vins pulpeux. ⧗ 2022-2025 ■ **Cuvée l'Envolée 2018 ★ (15 à 20 €; 2800 b.)** 100 % merlot et 100 % fût pour cette cuvée qui évoque la vanille et les fruits mûrs à l'olfaction. La bouche se montre suave, ronde, généreuse, tout en étant bien structurée. ⧗ 2023-2027

SCEA CH. LA GRANDE CLOTTE, lieu-dit la Clotte, 33570 Lussac, tél. 06 49 77 23 97, julie.mercier@lagrandeclotte.com r.-v.

CH. DE LA GRENIÈRE Cuvée de la Chartreuse 2018 ★

■ | 15000 | | 11 à 15 €

Au XVIIe s., les moines de la proche abbaye de Faize venaient s'approvisionner au Dom. de la Grenière, déjà réputé pour la qualité de ses vins. Depuis 1914, c'est la famille Dubreuil (aujourd'hui Jean-Pierre et son épouse Évelyne) qui gère ce cru de 15 ha régulier en qualité, implanté sur des terres argilo-graveleuses et certifié HVE.

Intense et profond, le pourpre de sa robe prélude à une olfaction centrée sur les fruits rouges agrémentés d'épices douces. Une attaque franche ouvre sur un palais ample, riche, doté d'une trame tannique ferme et encore un peu serrée. À encaver pour plus de fondu. ⧗ 2024-2028 ■ **2018 ★ (8 à 11 €; 32000 b.)** Porteur d'un fruité tonique au nez comme en bouche, avec en arrière-plan un boisé discret et fondu, ce lussac sans artifice et fort goûteux joue la carte de la souplesse et de la rondeur. ⧗ 2022-2025

EARL VIGNOBLES DUBREUIL (CH. LA GRENIÈRE), 14, La Grenière, 33570 Lussac, tél. 05 57 24 16 87, contact@chateaudelagreniere.fr r.-v.

CH. HAUT-GAZEAU 2018 ★★

■ | 32000 | | 11 à 15 €

Situé sur le haut d'un plateau argilo-calcaire dénommé «Gazeau», ce cru de 12 ha couvre 2 AOC : 8,5 ha en lussac-saint-émilion avec Haut-Gazeau et 3 ha en bordeaux supérieur avec La Gadette. Il a été repris en 2008 par Julien Juzan. Certifié HVE.

En bouche, ce beau lussac, souple en attaque, associe avec justesse les tanins fins et veloutés du merlot au boisé ajusté d'un élevage de 12 mois en barrique ainsi qu'aux notes de fruits rouges mûrs déjà perçues à l'olfaction. Il joue de bout en bout une élégante partition inspirée par la rondeur d'un millésime solaire. ⧗ 2023-2027

EARL DOM. JUZAN, 10, lieu-dit Michel-de-Vert, 33570 Lussac, tél. 06 80 70 68 79, hautgazeau@gmail.com r.-v.

♥ CH. DES LANDES Luccianus Amphore 2018 ★★

■ | 2000 | | 15 à 20 €

Conducteur de fours dans une tuilerie locale, Paul Lassagne achète en 1952 un petit vignoble (2 ha) à Lussac et fonde le Ch. des Landes; son fils Daniel l'agrandit et crée en 1985 le Ch. des Arnauds (4 ha); il transmet en 2012 la propriété à Nicolas, qui dispose de 48 ha en lussac-saint-émilion (Ch. des Landes), en lalande-de-pomerol (Ch. Maltus) et en bordeaux (Ch. des Arnauds).

Voilà un coup de cœur vibrant des intensités du cabernet-franc, audacieusement présent à 100 % et élevé 15 mois en amphore de grès et de terre cuite.

Un hommage au fondateur romain de Lussac et, surtout, un vin éclatant, qui offre à l'olfaction un fruité large, agrémenté de subtils parfums épicés. À l'unisson du bouquet, la bouche se révèle riche, ample, généreuse, longue, étayée par des tanins veloutés. Déjà savoureux, et pour longtemps. ⧗ 2022-2028 ■ **Cuvée Prestige 2018 ★★ (11 à 15 €; 21475 b.)** Une cuvée élevée 16 mois en fût, dont les fraîches expressions fruitées se mêlent à un boisé racé, cacaoté et toasté. La bouche offre beaucoup de volume et de matière, soutenue par des tanins fermes mais au grain fin. Du caractère et du potentiel. ⧗ 2024-2030

EARL VIGNOBLES CH. DES LANDES, 5, La Grenière, 33570 Lussac, tél. 05 57 74 68 05, info@chateau-des-landes.fr V *t.l.j. sf dim. 8h30-12h 14h-18h*

CH. MAYNE BLANC Cuvée Spéciale 2018 ★★

■ | 50 000 | | 11 à 15 €

Un domaine de 21 ha établi au nord-est de Lussac, sur les hauteurs de l'appellation, acquis en 2014 par un investisseur chinois. Autre vin : le château Julien (bordeaux), produit sur la commune voisine d'Abzac.

Peu s'en fallut qu'il ne décrochât un coup de cœur, ce Mayne Blanc dont le joli nez s'ouvre sur une sensation de fruits rouges à maturité, stimulés de fines notes épicées et mentholées. L'attaque, souple, offre aux papilles une véritable corbeille de fruits, avant un palais suave, riche et charnu, épaulé par des tanins gracieux. Un lussac cossu et très harmonieux. ⧗ 2023-2028

CH. MAYNE BLANC, Ch. Mayne Blanc, 33570 Lussac-Saint-Emilion, tél. 05 57 74 60 56, elioussa@baltzer@the3thinkers.com V *r.-v.*

CH. MILONBLANC 2018 ★

■ | 7000 | | 8 à 11 €

Un domaine de 35 ha propriété de la famille d'Anglade depuis 1796, commandé par un château construit en 1663 et classé aux Monuments historiques.

Ce 2018 issu de merlot et d'un soupçon (10 %) de cabernet-sauvignon est un vin harmonieux, élevé 1 an au contact du chêne. Drapé de grenat brillant, il offre un agréable bouquet de fruits noirs où viennent s'insinuer de subtiles notes de café. La bouche riche, ronde, gorgée d'un imposant fruité et soutenue par un boisé encore dominateur mais de qualité, reste équilibrée. « Il y a du vin ! » conclut, charmé, un dégustateur. ⧗ 2024-2028

CH. D' ABZAC, Ch. d' Abzac, 33230 Abzac, tél. 06 81 93 21 82, chateau.abzac@orange.fr V *r.-v.*

CH. DU MOULIN NOIR 2018 ★★

■ | 26 000 | | 11 à 15 €

Propriétaire dans le Médoc depuis la fin du XIXe s. (Ch. Lescalle, Ch. Maucamps), la famille Tessandier a acheté en 1989 à un ancien coopérateur ce vignoble de 4,5 ha dont elle a porté la superficie à 17 ha, répartis entre les appellations montagne et lussac-saint-émilion.

L'un des prétendants au coup de cœur. Ce lussac issu de merlot (85 %) et de cabernet franc séduit d'emblée par l'ampleur de son olfaction fruitée (mûre, cassis, cerise noire) et finement boisée. La bouche apparaît ample, puissante, dense et gourmande à la fois, persistante et équilibrée, renforcée par de soyeux tanins. Remarquable en tous points. ⧗ 2023-2030

SC CH. DU MOULIN NOIR, Lescalle, 33460 Macau, tél. 05 57 88 07 64, vitigestion@vitigestion.com V *r.-v.*

CH. MUNCH Cuvée de l'Art 2018 ★

■ | 900 | | 20 à 30 €

Patrick Munch et son épouse Sylvie quittent la région parisienne en 2008 pour s'installer dans le Bordelais, à la tête de ce petit vignoble de 4 ha situé au lieu-dit Bertineau, entre Lussac et Néac. Conseillés par Hubert de Boüard, ils se sont rapidement imposés comme une belle référence en lussac.

Née de merlots enracinés sur 25 ares de sols argilo-sableux reposant sur soubassement calcaire, cette cuvée livre un nez engageant, fruité et épicé, qui a parfaitement intégré son long contact de 24 mois avec le chêne. La bouche, ferme mais sans agressivité, offre une belle envergure et un équilibre assuré entre densité, fraîcheur, tanins et boisé. ⧗ 2024-2030

EARL VIGNOBLES MUNCH, lieu-dit Bertineau, 33570 Montagne, tél. 06 08 89 36 32, patrickmunch@hotmail.com V *r.-v.*

♥ CH. PERRIÈRE 2018 ★★

■ | 15 000 | | 8 à 11 €

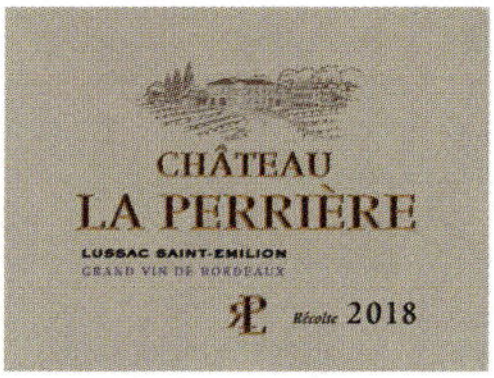

Jean-Luc Sylvain, tonnelier réputé du Libournais, exerce son talent non seulement sur le contenant mais aussi sur le contenu, à travers 2 domaines : le Ch. la Perrière à Lussac, un cru de 14 ha d'origine monastique acquis en 2003 (en conversion bio), et le Clos les Grandes Versannes, grand cru de Saint-Émilion, une petite vigne (1 ha) plantée sur les sables et les graves de Saint-Sulpice-de-Faleyrens, dans sa famille depuis trois générations.

Coup de cœur avec le Rose Perrière 2017, Jean-Luc Sylvain fait le doublé avec un 2018 admirable en tous points. Passé un puissant assaut de fruits rouges mûrs relevés d'épices à l'olfaction, on découvre en bouche un vin dense, riche, pulpeux, sans manquer de fraîcheur, épaulé par des tanins soyeux et fins. Un lussac construit sur la générosité et taillé pour la garde. ⧗ 2024-2030 ■ **Ch. Rose Perrière 2018 ★ (15 à 20 €; 54 500 b.)** Un 2018 sombre et dense, ouvert sur un fruité mûr et un boisé généreux. La bouche se révèle ample, longue, puissante, équipée d'athlétiques tanins enrobés d'un beau fruité. Pour la cave assurément. ⧗ 2024-2030

VIGNOBLES JEAN-LUC SYLVAIN, Ch. La Rose Perrière, 33570 Lussac, tél. 05 57 55 14 64, mail@vignobles-jlsylvain.com V *r.-v.* 5

LE BORDELAIS

MONTAGNE-SAINT-ÉMILION

Superficie : 1 600 ha / Production : 91 600 hl

Montagne dispose d'un riche patrimoine architectural et d'une église romane (Saint-Martin) qui constitue l'un des joyaux de la région. Ses terroirs sont variés : argilo-calcaires ou graves. Le visiteur pourra apprécier la vocation viticole du village dans l'écomusée du Libournais.

CH. BELLEVUE DE BONNEAU 2018 ★

■	8000		8 à 11 €

Après avoir œuvré dans plusieurs domaines bordelais, Gonzague Maurice s'est installé en 2006 à Montagne dans un domaine commandé par une folie du XVIIIᵉs., ancienne garçonnière du seigneur local. Travaillant dans l'esprit bio, il produit du vin dans les appellations montagne-saint-émilion, puisseguin et castillon.

Limpide et brillante, la robe de ce montagne attire l'œil. Le nez fleure bon la vendange mûrie à point et le boisé toasté bien mené. Mais c'est en bouche qu'il révèle sa vraie personnalité : un vin ample, charnu, structuré par des tanins soyeux, qui se fait charmeur jusqu'au terme d'une finale avenante qui enrobe le palais. La garde devrait le rendre encore plus séduisant. ⧗ 2023-2028

DOM. GONZAGUE MAURICE, 2, imp. de Larue, 33570 Montagne, tél. 06 61 77 77 33, gonzaguemaurice@hotmail.com V r.-v.

CH. LA COURONNE Réserve 2018 ★

■	28000		11 à 15 €

Le vignoble du Château la Couronne (11 ha plantés en merlot), orienté plein sud, fait face au village de Saint-Émilion. En 1994, l'autodidacte Thomas Thiou a racheté ces terres à vignes qui produisaient déjà du vin au début du XIXᵉs.

Une cuvée 100 % merlot qui avait fait chavirer le cœur de nos dégustateurs dans sa version 2017. Le 2018 les intéresse au plus haut point et les surprend (agréablement) par son nez original de fleurs séchées et de foin coupé. La bouche ? On y perçoit un côté « tisane » déconcertant, de la fraîcheur, du volume, de beaux tanins fermes et une longue finale dynamique. Un vin qui sort des sentiers battus et demande à se patiner. ⧗ 2023-2028

CH. LA COURONNE, 5, Grand-Rue, 33570 Montagne, tél. 05 57 74 66 62, thomas@chateaulacouronne.fr V r.-v.

CH. CROIX BEAUSÉJOUR Cuvée Référence 2018 ★

■	8723		11 à 15 €

Les Laporte, aujourd'hui Clément et Rémi, sont établis depuis 5 générations sur cette exploitation de 9,5 ha (en conversion bio) située au lieu-dit Arriailh, à 3 km de Pomerol et de Saint-Émilion. Ils proposent 2 étiquettes : Croix-Beauséjour et Clos La Croix d'Arriailh.

Révérence méritée pour cette cuvée Référence parée d'une belle robe rouge enluminée de reflets violacés, à l'olfaction flatteuse, sur les fruits rouges (framboise, fraise) titillés par des touches de torréfaction. L'attaque vive, portée par d'élégants tanins, prépare les papilles à la rencontre d'une bouche ronde, d'une corpulence de bon aloi, un peu plus stricte en finale. Un vin d'un agréable classicisme. ⧗ 2023-2027

CH. CROIX BEAUSÉJOUR, 5, rte d'Arriailh, 33570 Montagne, tél. 05 57 74 59 21, contact@croixbeausejour.com V *t.l.j. sf sam. dim. lun. 9h-12h 14h-17h* ③

♥ CH. FAIZEAU 2018 ★★

■	50396		20 à 30 €

Terres bordelaises est une filiale du groupe Les Grands Chais de France, qui diffuse une vaste gamme de domaines girondins, parmi lesquels Bastor-Lamontagne, Saint-Robert, Faizeau, Haut-Mouleyre, Laubès.

Ce château, une ancienne « faize » (abbaye) bénédictine, exploite 11 ha sur les sols argilo-calcaires de Montagne-Saint-Emilion. Il en tire ce vin épatant de bout en bout, d'emblée aguicheur par sa robe intense et profonde, comme par ses arômes généreux de fruits mûris par le soleil de 2018. La bouche s'engage moins sur la voie de la puissance que sur celle de la finesse. De la chair, de la rondeur, des tanins veloutés et fondus, un fruité précis agrémenté d'un soupçon de réglisse, un boisé ajusté, une longueur remarquable. Autant de qualités que la garde valorisera sans nul doute. ⧗ 2023-2030

SCEA TERRES BORDELAISES, Ch. Bastor Lamontagne, 33210 Preignac, tél. 05 57 98 07 20, vcachau@lgcf.fr

CH. GRAND BARAIL 2018 ★★

■	19200		8 à 11 €

Établie au Château de Faise, la famille Devaud s'est construit un patrimoine viticole d'envergure dans le Saint-Émilionnais. Grand Barail et Flaunys en montagne, Puymouton en saint-émilion grand cru, la Claymore et la Haute Calymore en lussac, Faise et Cilorn en bordeaux supérieur, ses vins sont souvent mentionnés dans ces pages.

Grand Barrail propose ici un gourmand 2018 qui s'est hissé jusqu'à la finale des coups de cœur. Un montagne né de merlot (80 %) et de cabernet franc, et d'une vendange mûrie à point, si l'on en juge par ses arômes de fruits rouges et noirs gorgés du soleil de 2018, accompagné de notes de rose fanée et de boisé toasté. Une belle complexité que prolonge un palais souple, rond, tendre, aux tanins soyeux, porté sur la longueur par une finale tout en fraîcheur. Un ensemble harmonieux de bout en bout. ⧗ 2023-2028

CH. CLAYMORE, Ch. la Claymore, Maison-Neuve, 33570 Lussac, tél. 05 57 74 67 48, contact@laclaymore.fr V r.-v.

CH. GUILLOU 2018 ★★

■	35000		8 à 11 €

Vignerons depuis le XVIIIᵉs. et 9 générations, les Saby – depuis 1997 les frères Jean-Christophe et

Jean-Philippe, tous deux œnologues comme leur père Jean-Bernard – possèdent plusieurs crus dans le Libournais et exploitent un ensemble de 70 ha.

Le coup de cœur fut mis aux voix pour ce beau représentant de la très sérieuse maison Saby, maintes fois représentée ici. Ce 2018 est une force tranquille qui a su extraire du merlot élevé 12 mois en fût un fruité puissant et généreux (fruits noirs), agrémenté de fines notes vanillées. Aussi bien au nez qu'en bouche, ce vin impose cette intensité aromatique. Tannique mais sans excès, dense et long, le palais reste équilibré. ⧗ 2024-2030

EARL VIGNOBLES JEAN-BERNARD SABY ET FILS, Ch. Rozier, 33330 Saint-Laurent-des-Combes, tél. 05 57 24 73 03, ets.saby@orange.fr V *r.-v.*

♥ CH. HAUT MUSSET 2018 ★★

■ | 40 000 | | 11 à 15 €

Dans le Saint-Émilionnais, le nom Corbin apparaît dès le Moyen Âge : il s'agit de l'ancienne seigneurie de Montagne, où la famille Rambeaud cultivait déjà la vigne avant la Révolution. Une propriété de 37 ha aujourd'hui, qui produit en saint-georges-saint-émilion (Clos Albertus) et en montagne-saint-émilion (Haut Musset), avec Jacques Rambeaud à sa tête depuis 2010.

Des vignes de merlot et de cabernet franc idéalement exposées plein sud, face au coteau nord de Saint-Émilion, enracinées sur des terres argilo-limoneuses sont à l'origine de ce très beau montagne vinifié sans soufre. Une magnifique robe grenat aux reflets violacés et un nez de fruits rouges caressés des notes vanillées héritées de 14 mois de barriques composent une entrée en matière des plus engageantes. La bouche déploie un fruité large et une matière opulente, ronde et suave, soutenue par des tanins veloutés et fins qui poussent loin la finale. Du charme à revendre. ⧗ 2023-2028

SCEA FRANÇOIS RAMBEAUD, 22, rte de Libourne, 33570 Montagne, tél. 05 57 74 62 41, info@vins-rambeaud.fr V *r.-v.*

CH. DE MALENGIN Ève 2018 ★

■ | 13 078 | | 15 à 20 €

Edmond de Rothschild – arrière-petit-fils de James, qui fit entrer Lafite dans la famille en 1868 – a acquis en 1973 le Ch. Clarke, en listrac, et le Ch. Malmaison, en moulis, avant de fonder la Compagnie vinicole Baron Edmond de Rothschild, propriétaire de plusieurs crus en Bordelais et dans le Nouveau Monde.

Ève est l'une des 4 filles de Benjamin et Ariane de Rothschild. Elle a pris part au renouveau de ce cru dont les origines remontent au XIVe s. et accole donc son prénom à cette cuvée affinée une année en amphores. Discrète, l'olfaction délivre à l'aération des arômes de fruits rouges et noirs. La bouche apparaît ferme, appuyée sur des tanins vigoureux et sur une ligne de vivacité qui lui donne du nerf. Une belle bouteille en devenir. ⧗ 2024-2030

EXPLOITATION VINICOLE BENJAMIN DE ROTHSCHILD, Ch. des Laurets, 1, Laurets, 33570 Puisseguin-St-Émilion, tél. 05 56 58 38 00, contact@edrh-wines.com V *r.-v.*

CH. NEGRIT 2018 ★

■ | 120 000 | | 8 à 11 €

Au lendemain de la guerre de 1914, Pierre Lagardère acquiert 1 ha de vignes dans le secteur de Maillet, à Pomerol. Ses petits-fils et arrière-petits-fils, Jean-Claude et Gaël, conduisent aujourd'hui un vignoble de 17 ha à Montagne (Ch. Négrit et Ch. Rocher Calon) et de 2 ha à Pomerol (Ch. Tour Maillet).

Il possède un côté fédérateur ce Négrit 2018 issu du seul merlot. D'un long élevage en cuve se sont extraites ces classiques gourmandises « merlotées » qu'une micro-oxygénation sous marc a exaltées : les fruits rouges bien mûrs, confiturés, s'en donnent à cœur joie. Ils s'invitent également dans une bouche ronde et sincère, avec une fine acidité qui amène une fraîcheur équilibrante. Une jolie friandise que l'on pourra savourer dans ses jeunes années. ⧗ 2022-2026

SCEV LAGARDÈRE, 19, rte de Négrit, 33570 Montagne, tél. 05 57 74 61 63, vignobleslagardere@wanadoo.fr V *t.l.j. 8h-12h 14h-19h*

CH. LA PAPÈTERIE 2018 ★

■ | 18 000 | | 11 à 15 €

Les Estager, d'origine corrézienne, sont établis depuis 4 générations dans le Libournais, comme négociants et producteurs. Claude et son fils Charles conduisent aujourd'hui 3 crus, en pomerol (Lafleur Grangeneuve), en lalande (Fougeailles) et en montagne-saint-émilion (La Papeterie).

Sis au bord de la Barbanne, ruisseau frontière entre Saint-Emilion et ses « satellites », ce cru est établi sur l'emplacement d'un ancien moulin de pâte à papier. Dans le verre, un vin à l'équilibre abouti, dans lequel le boisé est présent sans pour autant contrarier une belle expression de fruits mûrs (fraise compotée). La bouche est croquante et fraîche, lisse et aromatique. ⧗ 2022-2026

SAS CHARLES ESTAGER ET FILS, 1, Foujailles, 33500 Néac, tél. 05 57 51 35 09, contact@estager-vin.com V *r.-v.*

♥ CH. TOUR BAYARD L'Angelot 2018 ★★

■ | 4 000 | | 20 à 30 €

Julien Richard a pris la suite de Fanny en 2013 à la tête de ce cru de 24 ha acquis par la famille en 1956, sur lequel sont dispensés des soins raisonnés (compost naturel, vendanges manuelles) pour proposer des vins souvent en bonne place dans ces pages. Trois étiquettes ici : Ch. Tour Bayard (montagne-saint-émilion), Ch. Pontet Bayard et Ch. la Croix Guillotin (puisseguin-saint-émilion).

Né d'un assemblage audacieux de malbec (95 % de malbec) avec un soupçon de merlot, ce montagne vinifié sans soufre et passé une année en fût a fait forte impression. Il se présente dans une sombre tenue. Réservé dans un premier temps, il s'ouvre, souverain, à l'agitation sur un déploiement large et puissant d'arômes de fruits noirs, frais et épicés. Un fruité épicé que l'on retrouve dans une bouche ample, dense, structurée, d'une superbe intensité, magnifiée par de fins tanins et par une longue finale sur le fruit. Un seigneur. ⧗ 2024-2030 ■ **2018 ★ (11 à 15 €; 90 000 b.)** La cuvée principale du domaine emprunte la voie du classicisme dans son assemblage (merlot à 80 %, le solde en cabernet franc). Il propose une belle maturité de fruit au nez comme en bouche et une bonne structure pour bien évoluer. ⧗ 2023-2027

EARL VIGNOBLES RICHARD ET FILS, Bayard, 33570 Montagne, tél. 07 86 03 30 91, vignoblesrichard@gmail.com V r.-v.

CH. TREYTINS 2018 ★

■	8500		15 à 20 €

La famille Nony, d'origine corrézienne, possédait depuis 1939 le Ch. Garraud, valeur sûre en lalande, et, depuis 1997, le Ch.Treytins, à cheval sur les AOC lalande et montagne. En 2019, elle les a cédés à la famille Esnée, qui a immédiatement engagé la conversion bio.

C'est un montagne tout en finesse qui est proposé ici. La couleur rubis de sa robe donne envie de plonger le nez dans le verre, qui déploie des parfums d'une jolie fraîcheur fruitée. Un fruit frais auquel fait écho une bouche soyeuse, fluide, longue, aux tanins affinés. ⧗ 2022-2026

SASU CH. GARRAUD-TREYTINS, 3, les Garrauderies, 33500 Néac, tél. 05 57 55 58 58, vln@vln.fr V r.-v.

VIEUX CH. BAYARD L'Intégrale 2018 ★★

■	2400		20 à 30 €

Les Latorre conduisent la vigne depuis 1806 en Libournais ; des vignes transmises par les femmes depuis cette date et exploitées aujourd'hui par Marie-Laure, à la tête d'un vignoble de 18 ha depuis 2011.

Issue en totalité de merlot, cette Intégrale vinifiée en fût a séduit d'emblée par sa robe pourpre striée d'éclairs violines et par la générosité de son nez de fruits rouges et noirs (cerise, mûre) relevés d'épices. Ample, dense et corpulente, la bouche, soutenue par des tanins actifs mais sans rugosité et par une belle fraîcheur jusqu'en finale, arbore l'élégance des vins de haute expression. ⧗ 2024-2030 ■ **Ch. d'Arvouet 2018 ★ (8 à 11 €; 10 000 b.)** Un joli vin aromatique (fruits rouges mûrs), rond et charnu en attaque, puis structuré dans son développement : il faudra lui laisser le temps d'apprivoiser des tanins un brin accrocheurs. ⧗ 2024-2030

SCEA VIEUX BAYARD, 7, imp. Bayard, 33570 Montagne, tél. 05 56 71 54 51, mllatorre@netcourrier.com V r.-v.

VIEUX CH. DES ROCHERS Cuvée Prestige 2018 ★★

■	8750		11 à 15 €

Technicien d'élevage dans un organisme professionnel, Jean-Claude Rocher a repris en 1995 la propriété familiale fondée par son père Abel en 1964 – un domaine qui s'étend sur 5 ha de vieilles vignes à dominante de merlot en appellation montagne-saint-émilion.

Le coup de cœur fut mis aux voix pour cette Cuvée Prestige puissante et charnue, issue du seul merlot, marquée au nez par des arômes de fruits noirs égayés d'une discrète présence empyreumatique héritée de la barrique. La bouche se révèle ample, onctueuse, fruitée, nantie de fins tanins et d'une longue finale où l'on retrouve le boisé. Un vin complet et d'avenir. ⧗ 2024-2030

VIEUX CHÂTEAU DES ROCHERS, 13-15, imp. de Mirande, 33570 Montagne, tél. 06 80 64 49 75, vieuxchateaudesrochers@gmail.com V r.-v.

VIEUX CH. GOUJON 2018 ★★

■	9050		11 à 15 €

Issu d'une longue lignée vigneronne, Jean-Paul Garde a conduit entre 1974 et 2014 les vignes familiales (31 ha aujourd'hui), réparties dans 3 appellations libournaises : lalande, montagne et pomerol. Son fils Frédéric, qui travaillait à ses côtés depuis 1996, a pris les rênes de l'exploitation.

Il a frôlé le coup de cœur, ce Vieux Ch. Goujon dont le soyeux en bouche a impressionné les dégustateurs. De sa limpide robe carmin s'exhalent des parfums élégamment fruités (fraise, violette). Rond, ample, doté de tanins fondus et veloutés, le palais affiche un côté aérien qui renforce son harmonieuse finesse. ⧗ 2023-2027

SCEA VIGNOBLES JEAN-PAUL GARDE, 1, les Cruzelles, 33500 Néac, tél. 05 57 51 40 43, contact@jpgarde.com V r.-v.

PUISSEGUIN-SAINT-ÉMILION

Superficie : 745 ha / Production : 43 000 hl

La plus orientale des appellations voisines de Saint-Émilion est implantée sur des sols à dominante argilo-calcaire, avec quelques secteurs d'alluvions graveleux. Le vignoble est exposé au sud-sud-est.

1938 2018 ★

■	12000		15 à 20 €

Créée en 1938, la très qualitative cave des producteurs réunis de Puisseguin-Lussac-Saint-Émilion s'illustre régulièrement dans ces pages. Elle représente aujourd'hui quelque 160 adhérents et 1 200 ha de vignes.

Cette cuvée bien connue des lecteurs se présente dans une brillante tenue rouge vif, le nez ouvert sur les fruits rouges de belle maturité, aux limites du compoté. La bouche se montre fougueuse, dotée de solides tanins qui demandent encore à s'assouplir. Une attente de quelques années ne pourra que bonifier ce vin un peu strict pour l'instant. ⧗ 2024-2028

VIGNERONS DE PUISSEGUIN-LUSSAC-SAINT-ÉMILION, 1, Durand-D17, 33570 Puisseguin, tél. 05 57 55 50 40, contact@vplse.com V *t.l.j. sf dim. mar. 9h-12h 14h-18h*

CH. BEAUSÉJOUR Cuvée Spéciale 2018 ★

■	30 000		15 à 20 €

La présence des Dupuy sur les terres de Puisseguin remonte au Moyen Âge. Gérard, diplômé d'œnologie, a repris en 1991 ce cru (19 ha) acquis par sa famille en 1864 et conduit sans traitements chimiques dès 1947 et l'arrivée de son père sur le domaine. Ses fils Victor et Manuel l'ont rejoint.

Dix-huit mois d'élevage en fût n'ont pas entamé le potentiel fruité de cette Cuvée spéciale, aisément repérable à l'olfaction. La bouche, équilibrée, ampleet charnue, révèle une matière concentrée, animée de notes de réglisse et de tanins lissés.

GÉRARD DUPUY, Ch. Beauséjour, 33570 Puisseguin, tél. 05 57 74 52 61, chateau.beausejour@orange.fr V r.-v.

CH. LE BERNAT 2018 ★

■	16 800		11 à 15 €

Commandé par une Girondine du XVIIe s., ce cru de 5 ha a été acquis et rénové en 1999 par Pierre-Jean et Liliane Le Roy, professeurs à la retraite. Il a été acquis en 2016 par un investisseur chinois.

Ce 2018 séducteur, au style moderne, issu d'un assemblage de merlot (70 %) et de cabernet-sauvignon, est porteur de senteurs fruitées, prolongées par une bouche franche, d'une pimpante fraîcheur, soutenue par d'élégants tanins. ⧗ 2024-2027

SARL CH. LE BERNAT, 1, Champ-des-Boys, 33570 Puisseguin, tél. 05 57 74 49 47, elioussa.baltzer@the3thinkers.com

CH. BERNON BÉCOT 2018 ★

■	24 000		11 à 15 €

En 2015, Caroline et Pierre Bécot, 4e génération de la famille Bécot (propriétaire du Ch. Beau-Séjour Bécot, 1er grand cru classé de saint-émilion), ont acquis ces 9 ha de vignes plus que trentenaires plantées sur le plateau de Puisseguin.

Joliment drapé d'une robe sombre, ce puisseguin a bien négocié sa rencontre de 15 mois avec la barrique. Le nez, finement toasté, le rappelle. La bouche, ample, généreuse, suave, joue une belle partition fruitée (fruits noirs mûrs) relevée d'épices douces, avec en soutien un boisé fondu et des tanins soyeux. ⧗ 2023-2028

SCEA BERNON BÉCOT, Ch. Bernon Bécot, lieu-dit Bernon Ouest, 33570 Puisseguin, tél. 06 79 11 36 65, bernon.becot@gmail.com V r.-v.

CH. CLARISSE Vieilles Vignes 2018 ★★

■	3 600		30 à 50 €

Détenu pendant plus d'un siècle par la famille Estager, ce cru de 20 ha, établi sur les hauteurs argilo-calcaires du plateau de Puisseguin, est depuis 2009 la propriété d'Olivia et Didier Le Calvez (figure de l'hôtellerie de luxe), qui l'ont renommé du prénom de leur fille. Le vignoble est en conversion bio depuis 2016.

Présente à la finale qui réunit les prétendants aux coups de cœur, cette cuvée élevée 16 mois en barrique dévoile une tonique expression du fruit, agrémentée de légères notes mentholées et boisées. En bouche, des tanins bien domestiqués se font complices d'une palette aromatique expressive à l'unisson du bouquet. Un vin harmonieux et complet. ⧗ 2024-2030

SAS LE CALVEZ-MATHÉ, Ch. Clarisse, lieu-dit Croix-de-Justice, 33570 Puisseguin, tél. 06 49 92 65 99, csimon@chateau-clarisse.com V r.-v.

CLOS DES RELIGIEUSES 2018 ★★

■	15 000		8 à 11 €

La famille Leynier est propriétaire depuis 1952 du Clos des Religieuses, qui dépendait des Ursulines de Saint-Émilion au XVIIe s. Thierry Leynier et sa sœur Sabine y exploitent 10 ha de vignes en puisseguin et en tirent 2 cuvées : le Clos des Religieuses et le Ch. Saint-Pierre l'Eglise. Ils possèdent aussi des vignes en montagne-saint-émilion (Ch. notre-Dame) et en castillon-côtes-de-bordeaux (Ch. Le Baradis).

Ce 2018 d'un beau rouge sombre dévoile à l'olfaction de délicats arômes de fruits rouges et noirs sur fond de notes de sous-bois et de torréfaction. En bouche, il se révèle souple et frais en attaque, toujours bien fruité, épaulé par des tanins tout en finesse et un boisé savamment dosé. Un puisseguin élégant et très équilibré. ⧗ 2023-2028

SCEA CLOS DES RELIGIEUSES, 9, rue Alcide-Masseron, 33570 Puisseguin, tél. 06 24 50 10 86, clos.des.religieuses@wanadoo.fr V *t.l.j. 8h-12h30 13h30-19h; sam. dim. sur r.-v.*

CLOS DU PAVILLON 2018 ★

■	8 000		11 à 15 €

Après avoir œuvré dans plusieurs domaines bordelais, Gonzague Maurice s'est installé en 2006 à Montagne dans un domaine commandé par une folie du XVIIIe s., ancienne garçonnière du seigneur local. Travaillant dans l'esprit bio, il produit du vin dans les appellations montagne-saint-émilion, puisseguin et castillon.

Extrait du seul merlot, ce vin élevé une année en fût développe au nez des notes de cerise confite et d'eucalyptus. On retrouve ces arômes agrémentés de cacao dans un palais chaleureux, riche, ample, corpulent. ⧗ 2023-2028

DOM. GONZAGUE MAURICE, 2, imp. de Larue, 33570 Montagne, tél. 06 61 77 77 33, gonzaguemaurice@hotmail.com V r.-v.

CH. DUBARD BEL-AIR 2018 ★★

■	50 000		11 à 15 €

Installés dans le Périgord depuis les années 1970, les Dubard conduisent un vaste ensemble viticole. Outre leur fleuron du Bergeracois, le Ch. Laulerie, ils exploitent aussi plusieurs crus dans le Libournais.

Ce puissegeuin s'ouvre sur un fruité généreux et gourmand, légèrement confit, accompagné d'un boisé bien intégré. Un fruité qui, relevée de notes poivrées, anime aussi longuement une bouche ronde, riche, suave, corpulente, dotée de tanins soyeux et délicats. Un vin rayonnant, et pour longtemps. ⧗ 2024-2030

SCEA DUBARD-BEL-AIR, 1bis, rue des Écoles, Bel-Air, 33570 Puisseguin, tél. 05 53 82 48 31, contact@vignoblesdubard.com

CH. LANBERSAC Cuvée Vieilles Vignes 2018 ★

■ | 15000 | | 15 à 20 €

Issue d'une famille d'agriculteurs du nord de la France, Françoise Lannoye a souhaité retourner à la terre, préférant les vins de Bordeaux aux céréales. La famille a acquis des vignes en Libournais. D'abord en puisseguin (Ch. Lanbersac), puis en castillon-côtes-de-bordeaux (Ch. Moulin de la Clotte et Ch. Lamour, 13 ha) et enfin en saint-émilion grand cru (Ch. Ambe Tour Pourret).

Pas si vieilles ces vignes de merlot : 35 ans. Elles ont donné naissance à un vin expressif, entre fruits noirs et boisé toasté, volumineux en bouche, bien charpenté et frais. Il demande encore à s'assouplir. ⧗ 2024-2028

SCEV LANNOYE (CH. MOULIN DE CLOTTE), Lieu-dit la Clotte, 33350 Les Sables-de-Castillon, tél. 05 57 55 23 28, contact@vignobles-lannoye.com V *r.-v.*

CH. LAPLAGNE 2018 ★

■ | 20000 | | 5 à 8 €

La famille Duvergnon exploite la vigne sur les terres de Puisseguin depuis au moins le XVIIe s. Estelle, quant à elle, est installée depuis 1997 à la tête des 2 domaines familiaux : Ch. Lapgane (6 ha en puisseguin) et Ch. Grand Bersan (9 ha en lussac).

Expressif dès l'olfaction, orientée vers un pimpant fruité, ce 2018 dévoile unebouche tout aussi fruitée, souple, fraîche et longue, étayée par des tanins soyeux et fins. Un vin franc, net, sans artifice. ⧗ 2023-2028

SCEV DUVERGNON, 1, Laplagne, 33570 Puisseguin, tél. 06 83 56 81 37, estelle.duvergnon@orange.fr V *r.-v.*

♥ CH. DES LAURETS Baron Sélection Parcellaire 2018 ★★

■ | 20000 | | 30 à 50 €

Edmond de Rothschild – arrière-petit-fils de James, qui fit entrer Lafite dans la famille en 1868 – a acquis en 1973 le Ch. Clarke, en listrac, et le Ch. Malmaison, en moulis, avant de fonder la Compagnie vinicole Baron Edmond de Rothschild, propriétaire de plusieurs crus en Bordelais et dans le Nouveau Monde.

Détenteur de maints coups de cœur, le Ch. des Laurets persiste... et signe ici un superbe puisseguin, né de 5 ha de merlot sur argilo-calcaire. Un merlot qui déploie tous ses charmes dans ce vin d'un rouge intense et profond, ouvert sur de puissants arômes de fruits noirs bien mûrs, mêlés à un boisé ajusté. Le prélude à une bouche ample, ronde, généreuse, dotée d'un fruité juteux et dont le soyeux se trouve sublimé par des tanins veloutés et par un boisé parfaitement domestiqué. De l'élégance, du caractère, de la complexité et un solide potentiel. ⧗ 2024-2032

EXPLOITATION VINICOLE BENJAMIN DE ROTHSCHILD, Ch. des Laurets, 1, Laurets, 33570 Puisseguin-St-Émilion, tél. 05 56 58 38 00, contact@edrh-wines.com V *r.-v.*

LES TROIS MEUNIÈRES DU MOULIN DES LAURETS 2018 ★★

■ | 2620 | | 11 à 15 €

Dirigé depuis 1976 par Lionel Mounet, issu d'une très vieille famille vigneronne, le Moulin des Laurets est implanté sur de beaux sols argilo-calcaires (12 ha) qui donnent tout naturellement la faveur au merlot.

Une toute nouvelle cuvée pour le domaine, pour laquelle plusieurs modalités d'élevage furent testées afin d'obtenir un boisé délicat en harmonie avec les élégances fruitées du merlot. C'est une très belle réussite. Intense, le nez évoque les fruits mûrs (la cerise noire notamment) et des accents cacaotés. Quant à la bouche, raffinée, ronde, soyeuse, elle développe après une attaque sur le fruit, un toasté gourmand. La finale, équilibrée, se fait fondante et longue. ⧗ 2024-2030

LIONEL MOUNET, 3, Moulin des Laurets, 33570 Puisseguin, tél. 05 57 55 09 33, contact@moulindeslaurets.com V *r.-v.*

CH. ROC DE BOISSAC 2018 ★

■ | 4800 | | 11 à 15 €

Constitué au XVIIIes., un vignoble de 40 ha implanté sur l'un des sites les plus élevés du Saint-Émilionnais, et réparti entre les AOC puisseguin (Roc de Boissac, 31,5 ha) et lalande-de-pomerol (Ch. la Croix). Propriété d'un groupe coopératif, il est géré par Cécile Piéderrière, œnologue. Les vins sont élevés dans des caves monolithiques creusées dans le calcaire.

Ce 2018 livre une olfaction harmonieuse de fruits rouges et noirs agrémentés de boisé fumé. Ronde d'un bon volume, portée par des tanins souples et « bienveillants », la bouche s'épanouit sur une jolie finale pleine de fraîcheur. ⧗ 2023-2027

SAS ROC DE BOISSAC, Pleniers-de-Boissac, 33570 Puisseguin, tél. 05 57 74 61 22, commercial@vignoblesauger.fr V *r.-v.*

♥ CH. DE ROQUES 2018 ★★

■ | 60000 | | 11 à 15 €

La château est établi sur le site d'une ancienne villa gallo-romaine, dont il reste un aqueduc souterrain du IIes. Pendant la Révolution, le domaine fut saisi et vendu par lots aux paysans locaux. Depuis plusieurs générations, la famille de Grégoire Sublett s'attache à lui redonner son unité originelle. Ce dernier, installé en 2017, est aux commandes d'un vignoble de 45 ha.

Une très belle surprise que ce 2018 issu de 70 % de merlot et 30 % de cabernet franc. Le nez, aussi envoûtant que complexe, met en valeur un fruité large et mûrs, épaulé par un boisé toasté très assuré. On retrouve la richesse du fruit dans une bouche ferme, puissante, mais sans agressivité grâce au soyeux de ses tanins et à un boisé parfaitement pondéré. Un équilibre souverain qui emporte l'adhésion. ⧗ 2024-2030

SCEA VIGNOBLES CH. DE ROQUES, 2, Roques, 33570 Puisseguin, tél. 05 57 74 69 56, chateauderoques@orange.fr V t.l.j. 9h-16h30; f. jan.

SAINT-GEORGES-SAINT-ÉMILION

Superficie : 200 ha / Production : 11 500 hl

Séparé du plateau de Saint-Émilion par la rivière Barbanne, le terroir de l'appellation saint-georges présente une grande homogénéité avec des sols presque exclusivement argilo-calcaires.

CH. CAP D'OR 2018 ★

■	136 930		15 à 20 €

Outre ses propriétés en saint-émilion grand cru (Haut-Pontet et La Confession) et en bordeaux supérieur (Croix Mouton), Jean-Philippe Janoueix tient bon la barre de 2 châteaux de l'appellation saint-georges-saint-émilion : Ch. Cap Saint-George et Ch. Cap d'Or.

Un vin solaire paré d'un intense rubis, dont l'olfaction associe de stimulantes notes d'épices à un fruité opulent. La bouche, dotée de fins tanins, prolonge ces saveurs avec une belle persistance. Un ensemble harmonieux. ⧗ 2023-2027

SCEA CH. CAP SAINT-GEORGES, lieu-dit Cap d'Or, 33570 Saint-Georges-Saint-Émilion, tél. 05 57 48 13 10, contact@jpjdomaines.com V r.-v.

CLOS ALBERTUS 2018 ★

■	8 000		15 à 20 €

Dans le Saint-Émilionnais, le nom Corbin apparaît dès le Moyen Âge : il s'agit de l'ancienne seigneurie de Montagne, où la famille Rambeaud cultivait déjà la vigne avant la Révolution. Une propriété de 37 ha aujourd'hui, qui produit en saint-georges-saint-émilion (Clos Albertus) et en montagne-saint-émilion (Haut Musset), avec Jacques Rambeaud à sa tête depuis 2010.

Né d'une petite parcelle argilo-limoneuse de 2 ha où le merlot et les 2 cabernets se répartissent équitablement, ce vin dévoile un nez intense et vineux de fruits noirs mûrs sur fond boisé. Arômes prolongés par une bouche ample et solidement structurée qui appelle la garde. La version 2016 fut un coup de cœur. ⧗ 2024-2030

SCEA FRANÇOIS RAMBEAUD, 22, rte de Libourne, 33570 Montagne, tél. 05 57 74 62 41, info@vins-rambeaud.fr V r.-v.

CH. SAINT-ANDRÉ CORBIN 2018 ★

■	55 000		11 à 15 €

Vignerons depuis le XVIII^e^s. et 9 générations, les Saby – depuis 1997 les frères Jean-Christophe et Jean-Philippe, tous deux œnologues comme leur père Jean-Bernard – possèdent plusieurs crus dans le Libournais et exploitent un ensemble de 70 ha.

D'un joli rouge carmin, ce saint-georges propose une olfaction fraîche et fruitée, sur la framboise. En bouche, le millésime prend la parole à travers des tanins veloutés qui mettent en valeur un fruité élancé et savoureux. ⧗ 2023-2026

EARL VIGNOBLES JEAN-BERNARD SABY ET FILS, Ch. Rozier, 33330 Saint-Laurent-des-Combes, tél. 05 57 24 73 03, ets.saby@orange.fr V r.-v.

CH. TROQUART 2018 ★

■	6 000		8 à 11 €

Créé dans les années 1950, ce domaine est acquis par Jean-Guy Grégoire en 1999. C'est aujourd'hui son fils Étienne qui conduit cette propriété de 5,5 ha, dont les coteaux argilo-calcaires sont orientés au sud-ouest.

Après 1 an d'élevage en fût, ce 2018 (70 % de merlot) revêt une robe pourpre profond et déploie une olfaction bien fruitée sur fond d'épices douces. Toniques, les tanins de la barrique renforcent une bouche vineuse et vigoureuse. De belle garde assurément. ⧗ 2024-2030

SCEA DU CH. TROQUART, 16, rte de Troquart, 33570 Montagne, tél. 05 57 74 62 45, chateautroquart@gmail.com V r.-v.

CASTILLON-CÔTES-DE-BORDEAUX

Superficie : 3 000 ha / Production : 160 000 hl

Située à l'est du vignoble de Saint-Émilion et de ses satellites, l'appellation (anciennement bordeaux-côtes-de-castillon puis côtes-de-castillon) jouxte à l'ouest les vignobles périgourdins. Elle s'étend sur les 9 communes de Belvès-de-Castillon, Castillon-la-Bataille, Saint-Magne-de-Castillon, Gardegan-et-Tourtirac, Sainte-Colombe, Saint-Genès-de-Castillon, Saint-Philippe-d'Aiguilhe, Les Salles-de-Castillon et Monbadon. Les vins ont bénéficié en 1989 d'une appellation à part entière, les viticulteurs s'engageant à respecter des normes de production plus sévères, notamment en ce qui concerne les densités de plantation, fixées à 5 000 pieds par hectare.

CH. ALCÉE 2018 ★

■	14 025		20 à 30 €

Charmes-Godard et Puygueraud en francs-côtes-de-bordeaux, Pavie Macquin et Larcis Ducasse en saint-émilion grand cru, Vieux Château Certan en pomerol, Nicolas Thienpont est un nom qui compte dans le Libournais. Il a aussi fait de La Prade, petit cru de 6 ha acquis en 2000, une valeur sûre de l'appellation.

Complexe, riche et onctueux, bien marqué par les fruits noirs, ce vin reste un très beau classique de son appellation. Le merlot largement majoritaire lui offre un velouté de texture exquis, qui saura se tenir dans le temps. Un très beau style. ⧗ 2022-2027

NICOLAS THIENPONT, Lauriol, 33570 Saint-Cibard, tél. 05 57 56 07 47, contact@charmes-godard.com V r.-v.

CH. BEYNAT Cuvée des Lyres 2018 ★

■	1 800		20 à 30 €

Nathalie Boyer et Alain Tourenne ont repris en 2008 ce cru créé en 1917 par Léonard Nebout, quincaillier de son état; ils ont converti au bio, puis en biodynamie depuis 2015 les 25 ha de vignes dédiés aux castillon, saint-émilion et bordeaux dans

les 3 couleurs. Un domaine très régulier en qualité, désormais conduit en solo par Alain Tourenne.

Ce pur merlot issu de sols d'argiles et de silex est un joli vin tout en arômes de fruits noirs et en intensité. Le volume de bouche et la puissance sont bien équilibrés par la fraîcheur du fruit, préservée par un élevage en cuves. Un parfait rouge de plats mijotés. ⧗ 2021-2027

⊶ SCEA CH. BEYNAT, 23 bis, rue de Beynat, 33350 Saint-Magne-de-Castillon, tél. 05 57 40 01 14, atourenne@gmail.com V t.l.j. 9h-18h

CH. LA BRANDE 2018 ★

■	55 000		11 à 15 €

Les vignobles fondés en 1951 par Jean Petit regroupent 37 ha d'un seul tenant en saint-émilion grand cru, sur un terroir riche en calcaire à astéries (Mangot, cru ancien mentionné dès 1510), et 16 ha en castillon (La Brande), conduits avec rigueur depuis 1989 par Jean-Guy et Anne-Marie Todeschini, rejoints en 2008 par leurs fils Karl et Yann. Le vignoble est intégralement certifié bio depuis 2020 et en conversion à la biodynamie.

Nerveux, franc et agréable, ce cru issu d'un terroir argilo-calcaire veiné de silex, bien exposé, a tout pour plaire. C'est un vin juteux, croquant et intense, servi par un fruit bien mûr, des tanins glissants et une belle persistance. De total équilibre. ⧗ 2022-2027

⊶ CH. MANGOT, Vignobles Jean Petit, 2, Mangot, 33330 Saint-Étienne-de-Lisse, tél. 05 57 40 18 23, contact@chateaumangot.fr V *t.l.j. sf sam. dim. 8h30-12h 13h30-17h30*

CH. DE BRÉHAT Le B de Bréhat 2019 ★

■	3 170		11 à 15 €

Propriété de la même famille depuis le XVIIIᵉs., conduite depuis 2010 par Jérôme et Béatrice de Monteil : 7 ha en saint-émilion grand cru (Haut Rocher) et saint-émilion (Pavillon), 5 ha en castillon (Bréhat).

Aromatique, fruité et souple, ce vin à vocation simple réussit son pari parfaitement. Accessible, sobrement élevé en cuves, il exhale un fruit pur, franc et intense. Du plaisir tout de suite. ⧗ 2021-2024

⊶ CH. HAUT ROCHER, 1, Haut-Rocher, 33330 Saint-Étienne-de-Lisse, tél. 05 57 40 18 09, info@haut-rocher.com V *r.-v.*

CH. BRISSON 2018 ★

■	6 000		8 à 11 €

Les Valade sont établis dans le Castillonnais depuis 1878. Installé en 1979 et aujourd'hui épaulé par son fils Cédric, Paul Valade propose 2 étiquettes – Brisson et Peyrat – bien connues des lecteurs. La famille a aussi mis un pied à Saint-Émilion, en 2007, avec le château… Valade, dirigé par Cédric. En 2015, le tandem a construit un chai à Saint-Christophe-des-Bardes.

Tout en promesse, ce rouge invite à l'attendre et offre déjà quelques belles notes de fruits mûrs, de cerise et de confiture de myrtille qui ne demandent qu'à s'épanouir. Vineux, assez puissant, servi par un élevage sous bois bien mené, il constitue un bon classique de l'appellation. ⧗ 2022-2027

⊶ EARL P. L. VALADE (CH. BRISSON), 1, Le Plantey, 33350 Belvès-de-Castillon, tél. 06 84 80 03 39, paul.valade@orange.fr V *r.-v.*

CH. CAP DE FAUGÈRES 2018 ★★

■	115 000		15 à 20 €

Silvio Denz a acheté ce cru (castillon-côtes-de-bordeaux) à la famille Guisez en 2005, en même temps que le Ch. Faugères en saint-émilion. L'homme d'affaires suisse a fait également bénéficier ce domaine de ses investissements. Cap de Faugères dispose aujourd'hui d'un vignoble de 46 ha et d'un chai bâti sur les plans de Jean de Gastines et de Patrick Dillon.

Complexe, équilibré, avec un bon retour de fruits noirs, ce vin bien épaulé par un élevage en fût constitue un des beaux spécimens de son terroir. Cassis, mûre, épices se mêlent au nez et en bouche, accompagnant une trame charnue, de bon volume, avec une structure tannique imposante. Un beau potentiel se profile. ⧗ 2023-2028

⊶ CH. CAP DE FAUGÈRES, Faugères, 33350 Sainte-Colombe, tél. 05 57 40 34 99, info@vignobles-silvio-denz.com V *r.-v.*

B CH. DE CHAINCHON Valmy Dubourdieu-Lange 2018 ★★

■	10 000		11 à 15 €

Ancien maître de chai d'un cru classé de Saint-Émilion, Patrick Érésué exploite depuis 1996 en castillon-côtes-de-bordeaux le Ch. de Chainchon (24 ha), dans sa famille depuis 1846. En hommage à son arrière-grand-père, il a créé la cuvée Valmy Dubourdieu Lange, fleuron du domaine et l'une des valeurs sûres de l'appellation, et obtenu la certification bio du domaine en 2013.

Voilà un vin de caractère, 100 % merlot, marqué par d'intenses notes de fruits noirs et d'épices. Dense, équilibré, il ne demande qu'à vieillir et à s'arrondir, mais procure déjà une belle saveur, du volume et une longue finale. ⧗ 2022-2028

⊶ SCEA DES VIGNOBLES ÉRÉSUÉ, Ch. de Chainchon, 33350 Castillon-la-Bataille, tél. 06 08 85 19 58, chainchon@wanadoo.fr V *r.-v.*

CLOS LUNELLES 2018 ★

■	23 000		15 à 20 €

Propriétaire depuis 1998 du Ch. Pavie, célèbre 1er grand cru classé A de Saint-Émilion, et d'autres crus prestigieux de la même appellation (Monbousquet, Pavie Decesse, Bellevue-Mondotte), Gérard Perse a acquis en 2001 le Ch. Lapeyronie, rebaptisé Clos Lunelles : 8,5 ha en castillon, au point culminant de l'appellation, sur le plateau argilo-calcaire de Sainte-Colombe, qui prolonge celui de Saint-Émilion.

C'est un vin ambitieux, à l'élevage sous bois prolongé pendant 20 mois, annonciateur d'un bon vieillissement. Voluptueux, équilibré, persistant, ce castillon porte tous les attributs du vin de garde, que l'on pourra carafer si l'on souhaite y goûter dès à présent. ⧗ 2022-2028

⊶ SCA SAINTE-COLOMBE, 65, av. Gal-de-Gaulle, 33350 Saint-Magne-de-Castillon, tél. 05 57 55 43 43, contact@vignoblesperse.com

♥ CLOS VÉDÉLAGO Merlot 2018 ★★

■ | 3400 | | 15 à 20 €

Un domaine de poche (47 ares à l'origine, 72 aujourd'hui) acquis en 2005 par Jean-Paul Védélago, ancien artisan charpentier-couvreur, qui réalise son rêve : faire son vin. Vendangés à la main, ces vieux merlots couvrant le plateau argilo-calcaire de Saint-Philippe d'Aiguilhe (castillon-côtes-de-bordeaux) bénéficient de soins méticuleux dignes d'un grand cru.

Petites notes de cerise griotte et d'épices douces, touche toastée légère... Ce vin s'annonce par un nez très charmeur et confirme en bouche son potentiel. Son volume et sa puissance tannique en imposent, mais il est aussi très bien équilibré, long, suave, parti pour une belle garde. De l'harmonie à tous les étages. ⧗ 2024-2030

JEAN-PAUL VÉDÉLAGO, 10, rue du Mayne, 33570 Puisseguin, tél. 06 77 22 11 05, contact@clos-vedelago.fr V

CH. LA CROIX LARTIGUE 2018 ★★

■ | 13580 | | 15 à 20 €

Cette propriété de 8 ha appartient depuis 2016 à la Maison Kavaklidere, la première entreprise privée et familiale de production de vins en Turquie, possédant plus de 650 hectares dans différentes régions du pays. Autre acquisition : le Ch. Claud Bellevue, cru de 10 ha en castillon. Aujourd'hui, le domaine est accompagné par les équipes de Derenoncourt Consultants.

Original avec un assemblage dominé par le cabernet franc (60 %), ce vin convainc bien au-delà de ses cépages. Puissant, épicé, concentré, il offre beaucoup d'étoffe, de caractère et de style, appuyé sur un élevage intelligent entre cuves et barriques de chêne. Un équilibriste complexe et séduisant bâti pour la garde. ⧗ 2024-2030 ■ **Ch. Claud Bellevue 2018 ★ (11 à 15 €; 10367 b.)** Dominé par le merlot, dans un style avenant et rond, ce vin offre une version immédiate de son terroir. Fruits noirs, demi-puissance, équilibre, il constitue une bouteille très aimable, que l'on peut commencer à boire. ⧗ 2021-2024

SCEA LA CROIX LARTIGUE, 321, route de Lartigue, 33350 Belvès-de-Castillon, tél. 07 89 32 38 74, olivier.verdier@lacroixlartigue.com V *r.-v.*

CH. DES DEMOISELLES Réserve de Famille 2018 ★

■ | 4300 | | 15 à 20 €

Depuis 1858, la famille Ducourt a constitué un vignoble de 450 ha autour de 14 châteaux dans l'Entre-deux-Mers et le Libournais. Trois crus dans ce dernier : le Ch. Plaisance à Montagne (17,5 ha), le Ch. des Demoiselles (31 ha en castillon) et le Ch. Jacques Noir (5,6 ha en saint-émilion).

Porté par la joliesse de ses merlots, ce vin mêle rondeur et générosité avec efficacité. C'est un rouge abordable, à l'élevage mesuré, ample, fruité et équilibré. Que demander de plus ? Avec un filet mignon de porc ou une volaille rôtie. ⧗ 2021-2026

SCEA LES DEMOISELLES, 18, rte de Montignac, 33760 Ladaux, tél. 05 57 34 54 00, ducourt@ducourt.com V *r.-v.*

CH. FONTBAUDE
Malbec by Château Fontbaude 2019 ★★

■ | 5000 | | 11 à 15 €

Aux origines du domaine, 4 ha acquis en 1968 par François Sabaté, fils d'un réfugié espagnol. Ses fils, Christian (à la vigne) et son frère Yannick (au chai), qui l'a réjoint en 2000, ont porté le vignoble à une vingtaine d'hectares, certifiés bio depuis le millésime 2012, et en ont fait l'une des bonnes références de l'appellation.

Vinifié sans soufre ajouté, élevé uniquement en cuve, ce rouge de pur malbec ou presque (99 %) se distingue sur le fond et la forme. Moderne jusque dans l'habillage, juteux, ample et fondu, il offre un maximum de fruit et de souplesse. Du plaisir sans attendre. ⧗ 2021-2024

GAEC SABATÉ, 34, rue de l'Église, 33350 Saint-Magne-de-Castillon, tél. 05 57 40 06 58, chateau.fontbaude@wanadoo.fr V *r.-v.*

CH. HAUTE-TERRASSE 2018 ★

■ | 16700 | | 8 à 11 €

Pascal Bourrigaud, héritier de 8 générations de vignerons saint-émilionnais, a acquis en 1999 le Ch. Haute Terrasse, domaine de 4 ha en castillon, et le Ch. Champion, d'une superficie de 7 ha en saint-émilion grand cru.

Tout en souplesse, ce vin déploie un fruit frais, encore juvénile, porté par des tanins ronds et avenants. Sans être le plus complexe, il aborde un style simple et efficace avec réussite. Un bon rapport qualité-prix de son appellation. ⧗ 2021-2024

SCEA BOURRIGAUD ET FILS (CH. HAUTE TERRASSE), Ch. Champion, 33330 Saint-Émilion, tél. 06 09 53 53 48, info@chateau-champion.com V *r.-v.*

♥ CH. MANOIR DU GRAVOUX
Cuvée la Violette 2018 ★★

■ | 16000 | | 11 à 15 €

Philippe et Séverine Émile exploitent depuis 1997 près de 25 ha en castillon côtes-de-bordeaux. Leur cuvée phare est la cuvée la Violette qui, selon eux, libère ces fragrances printanières typiques du merlot, cépage majoritaire (80 %) de leur domaine, aux côtés du cabernet franc.

Ce vin sort du lot et se distingue par sa profondeur, la qualité de son fruit et de ses tanins. Servi par un élevage parfaitement ajusté en fût, il s'affranchit de tout excès et pose avec rigueur et affabilité tous les attributs d'un style ample, puissant et savoureux. Une réussite totale. ⧗ 2022-2028

PHILIPPE ÉMILE, 5, Le Gravoux, 33350 Saint-Genès-de-Castillon, tél. 06 72 10 53 75, manoirdugravoux.emile@gmail.com V r.-v.

CH. MOULIN DE CLOTTE Arion 2018 ★

	15000		11 à 15 €

Issue d'une famille d'agriculteurs du nord de la France, Françoise Lannoye a souhaité retourner à la terre, préférant les vins de Bordeaux aux céréales. La famille a acquis des vignes en Libournais. D'abord en puisseguin (Ch. Lanbersac), puis en castillon-côtes-de-bordeaux (Ch. Moulin de la Clotte et Ch. Lamour, 13 ha) et enfin en saint-émilion grand cru (Ch. Ambe Tour Pourret).

Voilà un pur merlot de bonne tenue, agréablement fruité, souple, équilibré, sans autre ambition que de régaler sans détour. Un bon représentant de son secteur à prix calibré, que l'on peut servir sans attendre sur des côtelettes de porc braisées ou une pintade aux champignons. ⧗ 2021-2024

SCEV LANNOYE (CH. MOULIN DE CLOTTE), Lieu-dit la Clotte, 33350 Les Sables-de-Castillon, tél. 05 57 55 23 28, contact@vignobles-lannoye.com V r.-v.

CH. LE PEYRAT 2018 ★

	75000	5 à 8 €

Les Valade sont établis dans le Castillonnais depuis 1878. Installé en 1979 et aujourd'hui épaulé par son fils Cédric, Paul Valade propose 2 étiquettes – Brisson et Peyrat – bien connues des lecteurs. La famille a aussi mis un pied à Saint-Émilion, en 2007, avec le château... Valade, dirigé par Cédric. En 2015, le tandem a construit un chai à Saint-Christophe-des-Bardes.

Dans la veine des réussites de l'appellation, ce vin se détache par son prix modeste. Pour autant, il ne perd rien au passage, affichant, un fruit intense, du volume, une bonne structure et de la maturité. Parfait avec un magret de canard ou une belle entrecôte sauce au poivre. ⧗ 2021-2024

EARL P. L. VALADE (CH. BRISSON), 1, Le Plantey, 33350 Belvès-de-Castillon, tél. 06 84 80 03 39, paul.valade@orange.fr V r.-v.

B **CH. PEYROU** 2018 ★

	25000		11 à 15 €

Fille et petite-fille de viticulteurs, œnologue, Catherine Papon-Nouvel, bien connue pour ses saint-émilion grands crus souvent remarquables (Clos Saint-Julien, Petit Gravet Aîné, Gaillard), a acquis en 1989 ce domaine de 10 ha, l'a converti au bio et en a fait l'une des références en castillon.

Ce pur merlot joue la carte de la souplesse et de l'équilibre sans forcer. On aime sa trame arrondie, ses tanins fondus, la pointe toastée et vanillée de l'élevage qui apporte du relief. Un classique de son secteur, déjà prêt à boire. ⧗ 2021-2026

CATHERINE PAPON, 6, chem. de Peyrou, 33350 Saint-Magne-de-Castillon, tél. 06 11 91 03 54, chateau.gaillard@wanadoo.fr V r.-v.

CH. LE REY Les Rocheuses 2018 ★★

	13000		20 à 30 €

Composée de 12 ha d'un seul tenant sur les sols argilo-calcaires de la rive droite de la Dordogne, cette belle propriété, située à Saint-Colombe, appartient à la famille Roque depuis l'époque de Louis XIII. Le dernier descendant de cette famille, Philippe Le Roy a passé la main en 2016 au désormais célèbre trio d'amis Peter Kwok, Philippe Lambrecht et Jean-Christophe Meyrou, le local de l'étape.

Ambitieux et corsé, ce vin de beau volume joue dans la cour des grands sans céder aux excès. L'élevage en fût reste sage et fondu, les tanins arrondis et veloutés, l'ensemble équilibré, long et juteux. Une très belle réussite. ⧗ 2022-2028

CH. LE REY, 1, Cassevert, 33330 Saint-Christophe-des-Bardes, tél. 05 57 24 24 15, contact@vignoblesk.com V r.-v.

CH. ROQUE LE MAYNE 2019 ★★

	70000		8 à 11 €

Jean-François Meynard est un producteur bien connu de l'AOC castillon : 15 ha à Roque le Mayne, son fleuron, et 20 ha à La Bourrée, son domaine « historique » et son lieu d'habitation. Il s'est étendu en 2009 sur Saint-Émilion avec L'Étoile de Clotte, petit cru de 3,5 ha situé à Saint-Étienne-de-Lisse.

Porté par un très joli millésime d'équilibre, ce vin agréable et séduisant devrait plaire au plus grand nombre. Son fruit précis et sa trame digeste le rendent déjà très accessible. Dans sa gamme de prix, il constitue une belle affaire. ⧗ 2021-2024 ■ **Ch. la Bourrée Château La Bourrée 2019 ★ (5 à 8 €; 60000 b.)** Petit prix mais maximum de plaisir. Fruité, intense, équilibré, ce vin réunit tous les atouts ; il se veut simple et accessible et y parvient sans faute. ⧗ 2021-2024

SCEA VIGNOBLES MEYNARD, 10, av. de la Bourrée, 33350 Saint-Magne-de-Castillon, tél. 05 57 40 17 32, contact@vignobles-meynard.com V *t.l.j. 9h-12h30 15h-17h30*

CH. LA ROSE PONCET Mon Ange 2018 ★

	2200		20 à 30 €

Élisabeth Rousseau-Rodriguez a repris en 1999 ce domaine de 10 ha, dans sa famille depuis 2 siècles, qui avait été mis en fermage pendant 20 ans par son père; elle le restructure petit à petit à la vigne comme au chai.

Encore marqué par son élevage à ce stade, ce vin mérite d'attendre pour s'ouvrir et fondre sa masse tannique. On profitera alors de son caractère affirmé et de son fruit noir intense sur une viande de goût, un bourguignon par exemple ou une daube à la provençale. ⧗ 2023-2028

GFA DE PEY-ORIOL, 3, Peyoriolle, 33350 Gardegan-et-Tourtirac, tél. 05 57 40 25 99, peyoriol@orange.fr V r.-v.

CH. TOUR GRAND-MAYNE Mathusalem 2018 ★★

	10000		8 à 11 €

Vignoble familial né en 1956 de l'union des Robin, négociants et tonneliers à Castillon depuis le XVIII[e]s.,

et des Lafugie, vignerons à Saint-Émilion. Les vignes (25 ha) sont situées dans les 2 aires d'appellation : les Châteaux Pailhas et Billeron Bouquey côté Saint-Émilion, le Ch. Tour Grand Mayne côté castillon. Dernière acquisition de la famille, en 2014 : le Ch. la Devise en appellation puisseguin. Inès, fille de Michel Robin, et son époux Dominique Fugier, qui officie au chai, sont aux commandes.

Sélection de vieilles vignes de merlot judicieusement élevées en cuves, sans apport de bois, ce rouge a toutes les qualités. Fruit expressif, trame souple, tanins soyeux, longueur appréciable et... petit prix ! Tout ce que l'on attend d'un bon bordeaux. ⧗ 2021-2026

VIGNOBLES ROBIN-LAFUGIE, Pailhas, 33330 Saint-Hippolyte, tél. 05 57 24 93 38, robin.lafugie@gmail.com V r.-v.

FRANCS-CÔTES-DE-BORDEAUX

Superficie : 535 ha
Production : 28 125 hl (99 % rouge)

S'étendant à 12 km à l'est de Saint-Émilion, sur les communes de Francs, Saint-Cibard et Tayac, le vignoble de l'appellation (anciennement bordeaux-côtes-de-francs) bénéficie d'une situation privilégiée sur des coteaux argilo-calcaires et marneux parmi les plus élevés de la Gironde.

CH. DE FRANCS Les Cerisiers 2018 ★

■	130 000		11 à 15 €

Une ancienne place forte tenue par les Anglais pendant la guerre de Cent Ans et un beau vignoble. Deux propriétaires de Saint-Émilion, Dominique Hébrard (un des anciens propriétaires de Cheval Blanc) et Hubert de Boüard (Angelus), ont repéré dès 1985 le potentiel viticole de cette appellation alors méconnue et ont acquis la même année le Ch. de Francs et ses 36 ha de vignes. Le Guide s'est fait le témoin de la qualité de leurs vins.

Porté par une belle présence tannique, ce pur merlot impose un style franc, au nez intense, entre clou de girofle, confiture de mûre, épices douces et léger toasté. Voilà un vin puissant, robuste, tendu vers la garde, qui demande encore un peu de temps pour affiner parfaitement sa trame. ⧗ 2023-2028

SCEA CH. DE FRANCS, 604, rue des Francs, 33570 Francs, tél. 05 57 40 65 91, contact@chateau-de-francs.com V r.-v.

CH. GODARD BELLEVUE 2018 ★

■	60 000		11 à 15 €

Un arrière-grand-père, Armand Puyanché, créa le domaine au début du siècle dernier, mais il fut tué au Chemin des Dames en 1917. Bernadette et Joseph Arbo ont repris les vignes familiales en 1988 et sont sortis de la coopérative. Ils cultivent aujourd'hui 30 ha en francs-côtes-de-bordeaux (Godard Bellevue, Puyanché) et 10 ha en castillon-côtes-de-bordeaux (Moulins de Coussillon), et signent des vins souvent en très bonne place dans le Guide.

Agréable, rond et fondu, ce 2018 affiche tous les codes de la réussite. L'ensemble est parfaitement mûr, bien mené, sobrement élevé. À déguster après un peu d'attente en cave ou un passage en carafe. ⧗ 2022-2026

EARL ARBO, 119, route de Godard, 33570 Francs, tél. 06 10 46 48 25, earl.arbo@orange.fr V r.-v.

CH. LAURIOL 2018 ★

■	36 000		8 à 11 €

Les Charmes-Godard, Puygueraud, La Prade, Pavie Macquin, Larcis Ducasse, Nicolas Thienpont est un nom qui compte dans le Libournais. C'est sur les terres de Puygueraud, berceau bordelais de cette famille originaire des Flandres – la propriété fut acquise par son père Georges en 1946 – qu'il a fait ses premiers pas de vigneron.

Ce pur merlot élevé sans bois se veut accessible et immédiat. Pari tenu : on apprécie ses saveurs intenses de fruits frais, de prune et de fruits au sirop, sa jolie trame bien gainée, sa finale sapide et gourmande. Son petit prix achèvera de convaincre. ⧗ 2021-2024

SCEA CH. DE PUYGUERAUD, Ch. Puygueraud, 33570 Saint-Cibard, tél. 05 57 56 07 47, secretariat@puygueraud.com V r.-v.

CH. LA PRADE 2018 ★

■	27 000		15 à 20 €

Charmes-Godard et Puygueraud en francs-côtes-de-bordeaux, Pavie Macquin et Larcis Ducasse en saint-émilion grand cru, Vieux Château Certan en pomerol, Nicolas Thienpont est un nom qui compte dans le Libournais. Il a aussi fait de La Prade, petit cru de 6 ha acquis en 2000, une valeur sûre de l'appellation.

Tout en équilibre et en gourmandise, ce cru refuge de l'appellation ne démérite pas avec ce vin à la fois frais et charnu. Ses notes de fraise au sucre et de fruits noirs glissent dans une bouche de bon volume, bien structurée, de grande fraîcheur. Une valeur sûre. ⧗ 2022-2027

NICOLAS THIENPONT, Lauriol, 33570 Saint-Cibard, tél. 05 57 56 07 47, contact@charmes-godard.com V r.-v.

CH. PUYANCHÉ 2019 ★

■	12 000		8 à 11 €

Un arrière-grand-père, Armand Puyanché, créa le domaine au début du siècle dernier, mais il fut tué au Chemin des Dames en 1917. Bernadette et Joseph Arbo ont repris les vignes familiales en 1988 et sont sortis de la coopérative. Ils cultivent aujourd'hui 30 ha en francs-côtes-de-bordeaux (Godard Bellevue, Puyanché) et 10 ha en castillon-côtes-de-bordeaux (Moulins de Coussillon), et signent des vins souvent en très bonne place dans le Guide.

Rare blanc de l'appellation, ce vin à dominante de sauvignon ne dépare pas. Notes de fleurs blanches, d'agrumes et de fruits blancs bien mûrs, bouche vive, énergique, aromatique, finale persistante : voilà un bon classique du genre parfaitement exécuté. À réserver à l'apéritif ou sur un beau poisson au four. ⧗ 2021-2023

EARL ARBO, 119, route de Godard, 33570 Francs, tél. 06 10 46 48 25, earl.arbo@orange.fr V r.-v.

ENTRE GARONNE ET DORDOGNE

ENTRE-DEUX-MERS

Superficie : 1 480 ha / Production : 59 050 hl

L'appellation entre-deux-mers ne correspond pas exactement à l'Entre-deux-Mers géographique, puisque, regroupant les communes situées entre Dordogne et Garonne, elle en exclut celles qui disposent d'une appellation spécifique. Il s'agit d'une appellation de vins blancs secs dont la réglementation n'est guère plus contraignante que pour l'appellation bordeaux. Mais, dans la pratique, les viticulteurs cherchent à réserver pour cette appellation leurs meilleurs vins blancs. Aussi la production est-elle volontairement limitée. Le cépage le plus important est le sauvignon qui communique aux entre-deux-mers un arôme particulier très apprécié, surtout lorsque le vin est jeune. Sémillon et muscadelle complètent l'encépagement.

B CH. LES ARROMANS 2020 ★

| | 25000 | | 5 à 8 € |

À la retraite de ses parents, qui ont mis en bouteilles à partir de 1970, Joël Duffau a repris une partie de leur vignoble du Ch. les Arromans, venant compléter ainsi le Ch. la Mothe du Barry qu'il avait créé en 1985. Il commande aujourd'hui un ensemble de 40 ha converti au bio. Ses deux étiquettes sont incontournables en bordeaux et en entre-deux-mers.

Composée des deux sauvignons complétés par 10 % de sémillon, cette cuvée déploie un nez intense d'agrumes, de fleurs blanches, de pêche blanche, d'abricot et d'herbes fraîches. On retrouve ce bouquet dans une bouche équilibrée, légère en attaque puis ample et croquante, bien tendue par une fine acidité citronnée jusqu'à la finale. ⧗ 2021-2024

JOËL DUFFAU, 490, rte du Pont-Riveau, 33420 Moulon, tél. 05 57 74 93 98, vignobles.jduffau@orange.fr V *t.l.j. sf dim. 8h-12h 14h-19h* 5

CH. DE BEAUREGARD-DUCOURT 2020 ★★

| | 72257 | | 5 à 8 € |

En 1858, la famille Ducourt s'établit au château des Combes, à Ladaux, petit village au sud-est de Bordeaux. C'est sous l'impulsion d'Henri Ducourt, installé en 1951 et relayé depuis par ses enfants et petits-enfants, que le vignoble familial prend son essor, pour atteindre aujourd'hui 450 ha répartis sur 13 châteaux dans l'Entre-deux-Mers et le Saint-Émilionnais. Un ensemble dirigé par Philippe Ducourt depuis 1980.

Cette cuvée issue du sauvignon blanc (64 %) et du sémillon distille des senteurs de fruits exotiques (fruit de la Passion, ananas, mangue), d'agrumes (orange, citron) et quelques nuances d'acacia. Vif en attaque, le palais déploie sur une belle longueur un fruité croquant et acidulé porté par les agrumes. Un très joli classique, plein d'énergie. ⧗ 2021-2024

SC VIGNOBLES DUCOURT, 18, rte de Montignac, 33760 Ladaux, tél. 05 57 34 54 00, ducourt@ducourt.com V *r.-v.*

CH. BONNET 2020 ★

| | 53000 | 5 à 8 € |

André Lurton, disparu en 2019, conduisait depuis 1953 le Ch. Bonnet (et sa déclinaison Tour de Bonnet), un fief historique qui était aussi son lieu de naissance et le premier cru acquis par son grand-père Léonce Récapet en 1897. Un domaine de 300 ha, valeur sûre en entre-deux-mers et bordeaux, qui entre dans un vaste « empire » de 600 ha, dont 260 en pessac-léognan, l'autre « patrie » d'André Lurton (Couhins-Lurton, La Louvière...). Les sept enfants d'André Lurton poursuivent son œuvre, avec Jacques à la présidence des vignobles.

Sous une robe cristalline, cette cuvée propose un nez expressif et complexe qui mêle senteurs florales (rose, acacia) et fruitées (poire, fruit de la Passion, ananas). Fraîche et gourmande, la bouche offre une belle matière et de la douceur. Savoureux. ⧗ 2021-2024 **Ch. Tour de Bonnet 2020 ★ (- de 5 €; 100000 b.)** Ce vin s'ouvre progressivement sur la pêche blanche, les agrumes et l'acacia. On retrouve cette belle expression dans une bouche fraîche, souple et longue, dynamisée jusqu'à la finale par une fine amertume citronnée. ⧗ 2021-2023

SAS LES VIGNOBLES ANDRÉ LURTON, Ch. Bonnet, 33420 Grézillac, tél. 05 57 25 58 58, andrelurton@andrelurton.com V *r.-v.*

CH. BRONDEAU DU TERTRE 2020 ★

| | 10000 | | 5 à 8 € |

Un vaste domaine de 50 ha de vignes et 60 ha de forêts et prairies, commandé par un château du XVIIIe s. construit selon les plans de Victor Louis et propriété des Glotin depuis 1930. Plusieurs étiquettes ici, en graves-de-vayres et entre-deux-mers : Goudichaud, Haut Bessac, Fage, Haut Beaumard, Brondeau du Tertre, La Fleur des Graves.

Élevée 3 mois en fût de chêne, cette cuvée dominée par le sauvignon (80 %) dévoile un nez intense et élégant de rhubarbe, de fleurs blanches et de buis. Une attaque fraîche introduit un palais complexe, gras et aromatique, sur l'abricot, le miel et l'amande. La finale acidulée apporte l'équilibre à cette cuvée puissante et charnue qui vieillira sereinement. ⧗ 2021-2025

EARL CH. GOUDICHAUD, 17, chem. de Goudichaud, 33750 Saint-Germain-du-Puch, tél. 05 57 24 57 34, contact@chateaugoudichaud.fr V *t.l.j. sf sam. dim. 9h-12h 13h30-18h*

CH. BRUNI 2020 ★★

| | 53334 | | 5 à 8 € |

Bordeaux Families regroupe les caves coopératives Louis Vallon et Sauveterre-Blasimon-Espiet, composant ainsi un vaste ensemble de 300 membres et 500 ha de vignes, dont 280 ha en bio.

Un assemblage de sauvignon (55 %) et de sémillon qui s'ouvre sans réserve sur les fleurs blanches, les agrumes, le buis et la rhubarbe. Une complexité que l'on retrouve dans une bouche ample, longue, équilibrée, à la fois douce et fraîche, qui mêle fruits blancs, agrumes et nuances florales. ⧗ 2021-2024 ■ **Ch. de Beaulieu 2020 ★ (5 à 8 €; 41334 b.)** Au nez, des senteurs d'agrumes (pamplemousse, citron, mandarine) et de fleur d'oranger. Friande et fraîche, la bouche offre de la longueur et un bel équilibre entre la douceur fruitée de la pêche et l'acidulé des notes citronnées. ⧗ 2021-2023

⊶ BORDEAUX FAMILIES, 15, Bourrassat, 33540 Sauveterre-de-Guyenne, p.mondin@bordeauxfamilies.fr V 🚶 🍷 *t.l.j. sf dim. lun. 9h-12h 13h30-18h15*

CH. CANTELOUDETTE 2020 ★★

■	28 900	🍾	- de 5 €

Fondée en 1933, la coopérative de Rauzan, dans l'Entre-deux-Mers, a fusionné en 2008 avec la cave de Grangeneuve (Romagne), puis en 2016 avec celle de Nérigean pour constituer les Caves de Rauzan : pas moins de 400 adhérents, de 65 châteaux et 3 500 ha de vignes. Des appellations régionales et de l'entre-deux-mers.

Sauvignon (53 %), sémillon (24 %) et colombard (23 %) sont associés dans cette cuvée qui libère à l'olfaction d'intenses arômes de pamplemousse, de fruits exotiques, d'abricot, de fleurs blanches et d'amande. On retrouve ce bouquet complexe dans une bouche ample, riche et gourmande, tendue par une fine acidité citronnée. Du relief et de l'harmonie. ⧗ 2021-2024 ■ **Pierre Chanau 2020 ★ (- de 5 €; 120 000 b.)** Au nez, de délicates senteurs de fleurs blanches, de pêche de vigne et d'herbe fraîche mâtinées de notes muscatées. En bouche, de la vivacité, un bon volume et une jolie puissance aromatique. ⧗ 2021-2023

⊶ LES CAVES DE RAUZAN, L'Aiguilley, 33420 Rauzan, tél. 05 57 84 13 22, patricia.aniello@cavesderauzan.com V 🚶 🍷 *r.-v.*

CH. CHANTELOUVE 2020 ★

■	34 000	🍾	- de 5 €

Deux étiquettes, en entre-deux-mers et en bordeaux, sont produites sur ce domaine familial de 50 ha : Ch. Chantelouve et Ch. Roc de Lavergne.

Sauvignon, sémillon et muscadelle composent cette cuvée ouverte sur les fruits exotiques (ananas, fruit de la Passion), les agrumes (pamplemousse, citron) et les fleurs blanches agrémentés d'un léger brioché. Le palais se montre souple et frais en attaque, puis plus rond, soyeux et gras. Une cuvée de belle tenue, aux arômes fondus et qui conserve une jolie fraîcheur. ⧗ 2021-2023

⊶ EARL J.C. LESCOUTRAS ET FILS, 22, le Bourg, 33760 Faleyras, tél. 05 56 23 90 87, laurent.lescoutras@wanadoo.fr V 🚶 🍷 *r.-v.* 🏠 D

CH. CHATAGNAU 2020 ★

■	26 000	🍾	- de 5 €

À l'origine orienté vers l'élevage de bœufs, ce domaine familial s'est tourné définitivement vers la vigne dans les années 1970. C'est aujourd'hui la troisième génération qui est aux commandes avec Nathalie et Jérôme Limouzin, installés en 2010. Certifié HVE3 depuis 2019.

Une belle expression fruitée (agrumes, fruits exotiques) anime cette cuvée. Frais, gras et long, porté par un fruité juteux et une fine amertume, le palais est bien équilibré. Une élégante simplicité. ⧗ 2021-2023

⊶ GAEC CHATAGNAU, 18, le Bourg, 33410 Mourens, tél. 06 80 38 06 93, gaecdechatagnau@gmail.com V 🚶 🍷 *r.-v.*

CH. LES DAMES DE LA RENARDIÈRE 2020 ★★

■	8 600	🍾	5 à 8 €

Le Ch. Les Dames de La Renardière et ses 30 ha de vignes ont été repris et restaurés en 1988 par la famille Dupuy, négociants en vins depuis le XIXe s. et originaires du Libournais.

Les deux sauvignons font jeu égal dans cette cuvée qui mêle les fruits exotiques (litchi, fruit de la Passion) aux agrumes (pamplemousse, citron) et à une touche anisée. L'attaque est fraîche et acidulée, puis la bouche se fait douce, fruitée, croquante sur les fruits exotiques. Des nuances florales accompagnent la longue finale. ⧗ 2021-2024

⊶ SCEA LA RENARDIÈRE, 1029, rte de Haux, 33670 La Sauve, tél. 05 56 23 37 08, scea.renardiere@wanadoo.fr V 🚶 🍷 *r.-v.*

CH. DE FONTENILLE 2020 ★★

■	100 000	🛢	8 à 11 €

En 1290, le site de Fontenille, dans l'Entre-deux-Mers, possédait déjà des vignes. Alors rattaché à l'abbaye de la Sauve-Majeure, ce domaine au terroir argilo-siliceux est devenu autonome au XVIIes. Depuis 1998, il est conduit par Stéphane Defraine, à la tête de 49 ha de vignes dont 17 en blanc et 32 en rouge.

Sauvignon blanc, sauvignon gris, muscadelle et sémillon composent cette cuvée qui a frisé le coup de cœur. Intense, complexe, le nez dévoile des senteurs de fleurs blanches, d'abricot confit, d'ananas et de pain d'épice. La bouche se révèle ample, charnue, fruitée (fruits jaunes, fruits exotiques) et s'étire dans une longue finale florale et pleine de fraîcheur. ⧗ 2021-2024 ■ **La Coucoute de Fontenille Je suis gris 2020 ★ (8 à 11 €; 4 000 b.)** À un nez intense et frais de fruits exotiques (mangue, ananas), d'agrumes, de pêche blanche et de rose répond un palais tout aussi fruité, frais sans manquer de rondeur et de douceur, dynamisé par une pointe d'amertume et des nuances de buis en finale. ⧗ 2021-2023

⊶ SC CH. DE FONTENILLE, 1315, rte de Grimard, 33670 La Sauve, tél. 05 56 23 03 26, contact@chateau-fontenille.com V 🚶 🍷 *r.-v.*

GOURMET PÈRE ET FILS Fruits de mer 2020 ★

■	50 000	🍾	8 à 11 €

Un domaine propriété de la famille Despagne, productrice de vins bien connus dans l'Entre-deux-Mers.

Habillée d'une robe jaune paille animée de reflets dorés, cette cuvée s'exprime sans réserve sur des nuances florales (géranium, acacia) et végétales (buis). En bouche, l'attaque est fraîche, s'installent ensuite, portée par des notes végétales et un zeste de fleur d'oranger, la rondeur et la vivacité ciselée par l'acidulé du pamplemousse et du citron. Un blanc léger et frais parfait pour l'apéritif. ⧗ 2021-2023

*CRUS ET DOMAINES DE FRANCE,
1925, rte de Coudannes, 33720 Landiras,
tél. 05 57 98 07 20, mdesaintjan@lgcf.fr*

CH. GRAVEYRES
Jade 2020 ★

8000 | 5 à 8 €

Avocate de formation, Chantal Larnaudie a repris en 2004 la propriété familiale acquise par son père Nicolas Benito en 1994. Elle y conduit ses 29 ha de vignes en conversion bio, sur les hauteurs de Cardan, plaisant village de l'Entre-deux-Mers blotti autour de son église du XIIe s. et proche du monastère du Broussey.

Composée de sauvignon blanc (60 %) et de muscadelle, cette cuvée s'ouvre à l'aération sur le citron, l'eucalyptus, le miel et des nuances florales. Vive à l'attaque, la bouche offre un bon fruité (agrumes, abricot, pêche), de la longueur et un bel équilibre entre la puissance et l'acidité. ⧗ 2021-2023

*SARL VIGNOBLES BENITO (CH. SAINT-NICOLAS),
1, le Videau, 33410 Cardan, tél. 05 56 76 72 37,
c.larnaudie@vignoblesbenito.com* V r.-v.

CH. HAUT-GARRIGA
2020 ★★

20000 | - de 5 €

La famille Barreau cultive la vigne depuis 1782 et la plantation des premiers pieds de vignes au lieu-dit Garriga. La sixième génération est aujourd'hui à la tête d'un coquet vignoble de 75 ha, répartis entre les châteaux Haut-Garriga, le fief historique, et Courteau. Une famille qui s'invite avec une grande régularité dans les chapitres bordeaux rosé, bordeaux sec et entre-deux-mers du Guide.

Cette cuvée issue de sauvignon, sémillon et muscadelle exhale des senteurs de fruit de la Passion, de litchi, de pamplemousse, de bourgeon de cassis et de buis. La bouche se développe en finesse autour d'un joli fruité et d'une vivacité bien dosée, avant une délicate finale citronnée. ⧗ 2021-2024

*EARL VIGNOBLES C. BARREAU ET FILS,
459, rte de Garriga, 33420 Grézillac, tél. 05 57 74 96 63,
chateau-haut-garriga@wanadoo.fr* V r.-v.

CH. LANDEREAU 2020 ★

180000 | 5 à 8 €

Henri Baylet et son fils Michel ont acquis le Ch. Landereau en 1959, puis le Ch. de l'Hoste Blanc en 1980. Installé en 1988, Bruno Baylet, troisième du nom, exploite aujourd'hui 80 ha dans l'Entre-deux-Mers.

Sauvignon blanc, sauvignon gris, sémillon et muscadelle pour ce vin au nez frais et fruité. Après une attaque franche, le palais se montre rond, suave et gourmand, centré sur des saveurs de fruits confits finement poivrées et mentholées. La finale, pleine de vivacité, apporte un regain d'énergie. ⧗ 2021-2023

*SC DES VIGNOBLES BAYLET, Ch. Landereau,
RD 671, 33670 Sadirac, tél. 05 56 30 64 28,
vignoblesbaylet@free.fr* V *t.l.j. sf dim. 8h30-12h
13h30-17h30*

♥ CH. LESTRILLE 2020 ★★

44000 | 5 à 8 €

Fondé en 1901, ce domaine familial de 44 ha est une des valeurs sûres des AOC régionales. Il est conduit depuis 2006 par Estelle Roumage (revenue au domaine en 2001), qui a succédé, avec le même talent, à son père Jean-Louis et revendique des vins fruités nés d'une «viticulture durable» (sans certification bio).

Du sauvignon blanc (84 %) complété par le sauvignon gris, la muscadelle et le sémillon ont enfanté cette cuvée de haute volée, aux élégantes nuances dorées. Le nez s'ouvre discrètement sur les agrumes, la pêche blanche, la fleur d'oranger et le buis. Aromatique et savoureuse, la bouche apparaît ample, riche, parfaitement équilibrée par une vivacité saline en finale. Une élégance et un équilibre irréprochables. ⧗ 2021-2024

*EARL J.-L. ROUMAGE (CH. LESTRILLE),
15, rte de Créon, 33750 Saint-Germain-du-Puch,
tél. 05 57 24 51 02, contact@lestrille.com* V r.-v.

FLEUR DE NINON 2020 ★

16000 | - de 5 €

Un domaine commandé par une girondine de la fin du XIXe s., qui étend ses 29,5 ha de vignes sur les communes de Grézillac, Lugaignac et Daignac, au cœur de l'Entre-deux-Mers. Installé en 2001, Frédéric Roubineau a pris la suite de son père Pierre en 2010.

Un assemblage de sauvignon blanc (60 %), sauvignon gris, sémillon et muscadelle. Le cépage principal imprime sa marque à un nez bien typé de buis, de pamplemousse, de citron vert et de fruit de la Passion. Passé une attaque franche et alerte, le palais affiche de la rondeur et du gras autour d'un fruité croquant de pêche et de fruits exotiques. La finale acidulée et citronnée renoue avec la fraîcheur. ⧗ 2021-2023

*FRÉDÉRIC ROUBINEAU (CH. NINON),
322, rte de Tenot, 33420 Grézillac, tél. 05 57 84 62 41,
chateau.ninon@aliceadsl.ffr* V r.-v.

CH. PEYRINES Haut-Benauge 2020 ★★

8000 | 5 à 8 €

Du château médiéval, il ne reste que quelques pierres, dont celles qui portent le blason des comtes de Peyrines, devenu celui du domaine. Un domaine viticole fondé en 1825 autour d'un vignoble de 38 ha aujourd'hui, conduit depuis trois générations par la famille Behaghel.

Assemblage de sémillon, sauvignon et muscadelle, cette cuvée déploie un bouquet discret mais élégant de fruits blancs (pêche, poire). Les agrumes viennent s'ajouter à ces arômes dans une bouche délicate, fruitée et fraîche. Un vin harmonieux et gouleyant. ⧗ 2021-2023

*SCEA BEHAGHEL (CH. PEYRINES),
Ch. Peyrines, 33410 Mourens, tél. 05 56 61 98 05,
contact@chateau-peyrine.com* V *t.l.j. 9h-12h30
14h-19h*

CH. LE PRIEUR 2020 ★

	13000		5 à 8 €

Les Garzaro sont établis depuis le début du XXᵉs. sur la commune de Baron au Ch. le Prieur, ancienne dépendance de l'abbaye de la Sauve. Pierre-Étienne, Jean David et Silvain conduisent aujourd'hui un ensemble de 70 ha dans l'Entre-deux-Mers et 10 ha dans le Libournais, répartis sur plusieurs crus et sept AOC.

Le sauvignon (85 %) s'illustre pleinement dans cette cuvée ouverte sur des arômes typiques d'agrumes, de fruits exotiques et de fleurs blanches. Fraîche dès l'attaque, la bouche se montre vive et bien fruitée de bout en bout. Un bon classique. ⧗ 2021-2023

SARL VIGNOBLES GARZARO, 39-43, rte de Branne, 33750 Baron, tél. 05 56 30 16 16, contact@vignoblesgarzaro.com V *t.l.j. 9h-12h 14h-17h*

DOM. DU ROUCHET Millésime 2020 ★

	20000		8 à 11 €

Situé au cœur de l'Entre-deux-Mers, ce domaine vieux de cinq siècles a été repris par la famille Millet-Onillon depuis six générations. La conversion vers l'agriculture biologique est en cours.

Élevé 12 mois en fût de chêne, cette cuvée composée de sauvignon (70 %), de sémillon et de colombard présente un nez élégant et complexe de fruits légèrement confiturés (pomme, poire, pêche) agrémentés d'un trait fumé. Centré sur ces mêmes arômes gourmands, le palais affiche un profil gras et suave. Délicieusement atypique. ⧗ 2021-2024

EARL VIGNOBLES MILLET ONILLON, Dom. du Rouchet, 33760 Escoussans, tél. 06 78 33 32 98, earl.vignobles.millet.onillon@gmail.com V *r.-v.*

CH. ROUGIER 2020 ★

	100000		5 à 8 €

Après ses études d'œnologie, Jean-Christophe Lobre s'est installé en 1995 à la tête du vignoble créé en 1974 par ses parents Jean-Pierre et Paulette. Il conduit aujourd'hui, avec son épouse Andréa depuis 2010, un vaste domaine de 70 ha et poursuit ainsi une tradition familiale qui remonte à 1735.

Au nez, ce vin s'exprime sans réserve sur les agrumes, la mangue, le fruit de la Passion et le buis. Souple et légère à l'attaque, la bouche se montre bien équilibrée, fraîche sans manquer de rondeur, fruitée et persistante. Du classique, mais du bon classique. ⧗ 2021-2023

EARL VIGNOBLES J.-C. LOBRE, Jamin, 33580 Rimons, tél. 05 56 71 55 10, contact@vins-lobre.com V *r.-v.*

CH. TURCAUD 2020 ★

	128000		5 à 8 €

Un cru de 50 ha fondé en 1973 par Simone et Maurice Robert, conduit avec le même talent depuis 2009 par leur fille Isabelle et son époux Stéphane Le May. Abandon progressif du désherbage chimique, rendements limités, approche parcellaire pour chaque cuvée, certification Terra Vitis : un travail de précision au service des AOP régionales et des entre-deux-mers.

Sauvignon blanc, sauvignon gris, sémillon et une goutte de muscadelle pour cette cuvée qui s'ouvre sans réserve sur les fleurs blanches (tilleul, troène, acacia) et les agrumes (pomélo, citron). Du fruit, de la fraîcheur, une douceur mesurée pour enrober le tout, du volume, une finale plus chaleureuse, la bouche affiche un profil gourmand et généreux. ⧗ 2021-2023

EARL VIGNOBLES ROBERT, 1033, rte de Bonneau, 33670 La Sauve, tél. 05 56 23 04 41, chateau-turcaud@wanadoo.fr V *t.l.j. sf dim. 8h30-12h30 14h30-18h*

CH. VIGNOL 2020 ★★

	70000		5 à 8 €

Descendants de marins, les Doublet sont enracinés dans le vignoble bordelais depuis la fin du XVIIIᵉs. et depuis 1975 au Ch. Vignol, ancienne propriété de Montesquieu dans l'Entre-deux-Mers, passée entre les mains d'armateurs bordelais au XIXᵉs. En 1987, ils ont traversé la Garonne pour investir à Beautiran, dans les Graves du nord, avec le Ch. Tour de Calens, puis en saint-émilion grand cru avec le Ch. Saint-Ange en 2009.

Sauvignon blanc, sauvignon gris, sémillon et muscadelle composent cette cuvée qui s'exprime sur les fruits exotiques, les agrumes et les fleurs blanches. Une attaque vive prélude à une bouche expressive, longue et harmonieuse, associant la douceur des fruits exotiques à la fraîcheur acidulée des agrumes. Une bien jolie gourmandise. ⧗ 2021-2023

SCEA BERNARD ET DOMINIQUE DOUBLET, Ch. Vignol, 33750 Saint-Quentin-de-Baron, tél. 05 57 24 12 93, info@famille-doublet.fr V *r.-v.*

GRAVES-DE-VAYRES

Superficie : 660 ha
Production : 35 300 hl (85 % rouge)

Malgré l'analogie du nom, cette région viticole, située sur la rive gauche de la Dordogne, non loin de Libourne, est sans rapport avec la zone viticole des Graves. Les graves-de-vayres correspondent à une enclave relativement restreinte de terrains graveleux, différents de ceux de l'Entre-deux-Mers. Cette dénomination a été utilisée dès le XIXᵉs., avant d'être officialisée en appellation en 1937. Initialement, elle correspondait à des vins blancs secs ou moelleux, mais la production des vins rouges, qui peuvent bénéficier de la même appellation, est devenue majoritaire. Une part importante des vins rouges est cependant commercialisée sous l'appellation régionale bordeaux.

CH. LES ARTIGAUX
L'Art des Artigaux 2018 ★

	3000		15 à 20 €

Créé en 1901, le Ch. les Artigaux porte le nom d'une de ses parcelles de vignes. Le domaine s'étend sur 17 ha, une large part étant dédiée aux cépages rouges. Bruno Baudet est aux commandes depuis 1998. Une valeur sûre des graves-de-vayres.

Une cuvée bien connue des lecteurs, en rouge comme en blanc, qui a connu un élevage ambitieux de 18 mois

LE BORDELAIS

en fût de chêne. Et c'est sans surprise une sensation de boisé, fumé et épicé, qui domine le premier nez, avant que n'apparaissent les fruits noirs. La bouche se montre puissante, bien structurée par le merrain sans jamais perdre l'équilibre, soulignée par une agréable fraîcheur. ⧗ 2024-2030

EARL BAUDET, Ch. les Artigaux, 12, rue du Sudre, 33870 Vayres, tél. 06 08 16 55 45, baudet.bruno@wanadoo.fr V t.l.j. 9h-18h

♥ CH. BARRE GENTILLOT Vieilles Vignes 2019 ★★

■ | 110000 | | 5 à 8 €

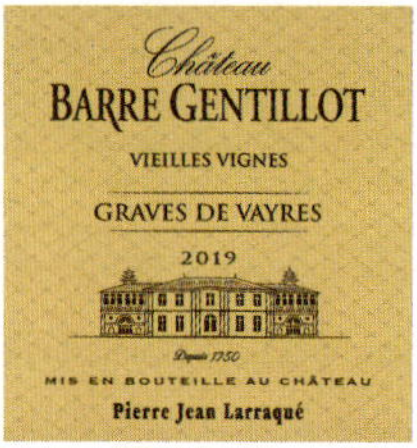

Exploitées depuis sept générations par la même famille, les 48 ha de vignes de ce domaine constituent la troisième propriété des vignobles Pierre-Jean Larraqué, et s'étendent autour d'une bâtisse du XVII[e]s., aux allures de cathédrale. Un domaine qui s'engage dans une démarche environnementale (certification HVE3, installation de ruches).

Vieilles vignes ? 25 ans n'est pas vraiment un âge canonique... Mais nous le savons depuis Corneille, « Aux âmes bien nées, la valeur n'attend point le nombre des années ». Une valeur qui ne fait aucun doute avec ce vin qui se présente avec intensité dans une robe sombre, le nez dominé par un élégant boisé aux senteurs de cendre froide et d'épices douces. L'aération libère le fruit, noir et confituré, agrémenté de notes réglissées. Mêmes sensations dans une bouche aussi large que longue, riche et charnue, épaulée par des tanins fermes. Du caractère et du potentiel. ⧗ 2024-2030

SCEA BARRE GENTILLOT, Ch. de Barre, 33500 Arveyres, tél. 05 57 24 80 26, vianney.bappel@groupe-lvi.com

CH. CANTELAUDETTE Cuvée Prestige 2019 ★

■ | 100000 | | 5 à 8 €

Longtemps exploité en polyculture, ce cru fondé en 1870 par l'aïeul de Jean-Michel Chatelier est désormais dédié à la vigne seule (55 ha), à l'origine de graves-de-vayres et de bordeaux très réguliers en qualité et proposés sous plusieurs étiquettes.

Double coup de cœur l'an dernier en rouge 2018 et en blanc 2019 avec cette même cuvée, Cantelaudette signe un rouge 2019 de belle facture. Un pur merlot ouvert sur les fruits mûrs et le boisé cacaoté, consistant et chaleureux en bouche, cadré par des tanins soyeux et prolongé par une jolie finale réglissée. ⧗ 2023-2028

JEAN-MICHEL CHATELIER, 1, Cantelaudette, 33500 Arveyres, tél. 05 57 24 84 71, jm.chatelier@orange.fr V r.-v.

CH. GOUDICHAUD 2019 ★★

■ | 80000 | | 5 à 8 €

Un vaste domaine de 50 ha de vignes et 60 ha de forêts et prairies, commandé par un château du XVIIIe s. construit selon les plans de Victor Louis et propriété des Glotin depuis 1930. Plusieurs étiquettes ici, en graves-de-vayres et entre-deux-mers : Goudichaud, Haut Bessac, Fage, Haut Beaumard, Brondeau du Tertre, La Fleur des Graves.

Le coup de cœur fut mis aux voix pour ce 2019. Ses atouts ? Une seyante robe foncée qui donne envie de poursuivre ; un nez où le boisé grillé de la barrique vient envelopper un fruité mûr des plus gourmands ; une bouche consistante, aux tanins bien en place mais sans dureté, rafraîchie en finale par des notes d'anis étoilé et de silex chaud. Complexe et complet. ⧗ 2023-2028

■ **Ch. Haut-Beaumard 2019 ★ (5 à 8 €; 35000 b.)** Au nez, des notes de vanille fraîche, de pain d'épice, de cacao et de confiture de cerises. En bouche, un profil tendre, suave, autour de tanins fins et veloutés. Un ensemble harmonieux, gourmand et flatteur qui pourra s'apprécier dans ses jeunes années. ⧗ 2022-2026

■ **Ch. Fleurs de Graves 2020 ★ (8 à 11 €; 6000 b.)** Un joli blanc expressif, ouvert sur des notes poivrées et mentholées, puis sur les agrumes confits, les fruits exotiques et la fleur d'oranger. La bouche apparaît vive dès l'attaque, se développe en finesse et en fraîcheur jusqu'à une finale plus empyreumatique et chaude. ⧗ 2021-2024

EARL CH. GOUDICHAUD, 17, chem. de Goudichaud, 33750 Saint-Germain-du-Puch, tél. 05 57 24 57 34, contact@chateaugoudichaud.fr V *t.l.j. sf sam. dim. 9h-12h 13h30-18h*

CH. PANCHILLE 2019 ★

■ | 12000 | | 5 à 8 €

En 1981, trois ans après le décès de son père, Pascal Sirat reprenait à vingt-trois ans l'exploitation familiale : 5 ha, dont le produit était livré à la coopérative. Premier chai en 1985, sortie de la coopérative en 1992. Aujourd'hui, 19 ha sur la rive gauche de la Dordogne et un domaine certifié HVE3.

Avec ce 2019, Pascal Sirat signe sa 38e vinification avec ce rouge plutôt réservé au nez, qui s'ouvre doucement après aération : fruits rouges très mûrs, presque confits, notes grillées du bois. Même sensation de discrétion aromatique en bouche, mais ce vin « en a sous le coude » avec une matière ample et des tanins bien en place qui laissent imaginer une belle évolution. ⧗ 2023-2028

SCEA VIGNOBLES SIRAT, 1 bis, Panchille, 33500 Arveyres, tél. 06 17 49 77 63, info@chateaupanchille.com V r.-v.

♥ CH. PICHON BELLEVUE 2020 ★★

■ | 4000 | | 5 à 8 €

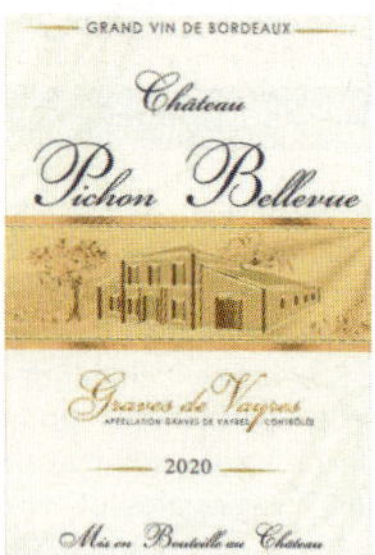

Un domaine de 50 ha au cœur de l'aire d'appellation graves-de-vayre, très ouvert à l'œnotourisme et conduit depuis 1880 par une famille qui descend de l'écrivain-géographe Élisée Reclus, un brillant intellectuel acquis aux mêmes idées républicaines que le grand Victor Hugo. Depuis 1992, son héritier Laurent Reclus est aux commandes.

Ce graves-de-vayres délicat, raffiné dans sa brillante tenue or pâle, s'inscrit dans un registre voluptueux. Le nez révèle des arômes de mangue, de cire d'abeille et de pêche mûre qui donnent à penser que la vendange s'est effectuée à pleine maturité. La bouche se montre voluptueuse, chaleureuse, gourmande, sur des tonalités mûres et fruitées, soulignée par une fine acidité qui lui apporte du nerf et de l'équilibre. ⧗ 2021-2024 ■ **2019 ★ (5 à 8 €; 60000 b.)** Au nez, de jolies notes de violette, d'amande et de fruits noirs. En bouche, de la fraîcheur, de la souplesse, des tanins affinés. Un ensemble friand et harmonieux. ⧗ 2022-2025

CH. PICHON BELLEVUE, 23, av. du Stade, 33870 Vayres, tél. 05 57 74 84 08, chateaupichonbellevue@orange.fr V r.-v.

SAINTE-FOY-BORDEAUX

Superficie : 370 ha
Production : 17 250 hl (90 % rouge)

À l'extrémité orientale de l'Entre-deux-Mers et aux portes du Périgord, sur les rives de la Dordogne, la bastide médiévale de Sainte-Foy-la-Grande a donné son nom à un vignoble qui propose des rouges marqués par le merlot ainsi que quelques blancs, surtout secs.

♥ CH. BABY 2019 ★★

■ | n.c. | | 8 à 11 €

Un domaine entré en 2013 dans le giron du groupe chinois Lamont-Financière, propriétaire de plusieurs crus bordelais, dont le Ch. l'Enclos dans la même appellation sainte-foy-bordeaux.

Hautement parfumé, avec ses notes de cassis, de mûre et de framboise, ce sainte-foy fait grande impression. La trame est du même acabit, équilibrée et parfaitement glissante, sans aucune austérité. C'est un vin ample et corpulent, tout en fraîcheur et en saveurs, qui offre par ailleurs un très beau potentiel de garde. Le Graal. ⧗ 2022-2027

CH. BABY, Ch. Baby, Lieu-dit Thébot, 33220 Saint-André-et-Appelles, tél. 05 57 33 09 68, contact@lamontfinanciere.fr

CH. DES CHAPELAINS
Prélude Sec 2020 ★

■ | 15000 | | 5 à 8 €

Pierre Charlot est un vigneron qui compte dans l'AOC sainte-foy. Depuis 1991, il redonne ses lettres de noblesse à ce domaine de 48 ha, dans sa famille depuis le XVIIe s., dont il tire des cuvées qui laissent rarement indifférent et visent avant tout l'expression du fruit. L'une de ses devises : *Life is too short to drink bad wine.*

Blanc épuré et avenant, mêlant les cépages traditionnels de l'appellation, ce vin a de quoi réjouir en regard de son prix. Ses belles notes d'agrumes et de pêche, son caractère friand et savoureux, sa fraîcheur de bout en bout ne déparent pas. ⧗ 2021-2023 ■ **Les Temps Modernes 2018 ★ (8 à 11 €; 15000 b.)** Bien équilibré, tout en fruit juteux et en parfums, ce vin a de quoi plaire. Les tanins sont bien intégrés, servis par un élevage mesuré sous bois, sans dureté, et l'ensemble se montre cohérent. À boire ou à garder. ⧗ 2021-2025

CH. DES CHAPELAINS, 1, les Chapelains-Rambaux, 33220 Saint-André-et-Appelles, tél. 05 57 41 21 74, chateaudeschapelains@wanadoo.fr V *t.l.j. sf sam. dim. 8h-12h 14h-18h*

CH. GALOUCHEY
Cuvée Jean 2018 ★

■ | 4000 | | 11 à 15 €

Les vignobles Valpromy-Deffarge constituent un bel ensemble de 74 ha, conduit par la même famille depuis trois générations. Trois étiquettes ici : les châteaux Galouchey, Trois Fonds et Tour de Goupin.

Sans prétention, ce vin affiche un fruité enjôleur, savoureux, posé sur une trame simple mais bien souple, mûre et équilibrée. C'est un vin plaisir qui rencontrera l'adhésion autour d'une viande grillée. ⧗ 2021-2024

EARL VALPROMY-DEFFARGE, 1, Goupin, 33890 Gensac, tél. 05 57 47 40 76, valerie@vignobles-deffarge.fr

♥ CH. HOSTENS-PICANT
2018 ★★

■ | 53000 | | 20 à 30 €

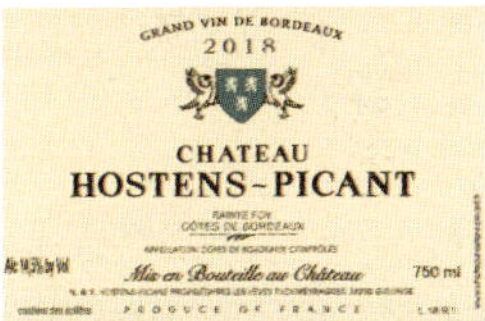

Rouge ou blanc, sec ou moelleux, ce domaine de 42 ha, régulièrement présent dans ces pages, joue pour toutes ses cuvées la carte de l'appellation sainte-foy-bordeaux. À sa tête, Yves et Nadine Hostens-Picant, installés en 1986 (premières vinifications en 1990, date de la construction du chai), aujourd'hui épaulés par leurs filles Charlotte et Valentine.

Toujours bien placée parmi les ténors de son appellation, cette cuvée prend toute sa part sur le beau millésime 2018. Fruit intense, structure serrée mais parfaitement servie par un élevage sous bois complet, équilibre et profondeur : ce vin porte tous les attributs du grand vin. Il tiendra parfaitement la distance. ⧗ 2023-2028 ■ **Cuvée Lucullus 2018 ★ (30 à 50 €; 28000 b.)** Merlot accentué, élevage prolongé : la grande cuvée du château s'arroge tous les codes du vin de luxe sans ostentation. Encore juvénile, marqué par les épices, le cassis et la cerise, il profile un corps sculpté, juteux, au fruit croquant parfaitement dessiné. Un vin d'avenir. ⧗ 2023-2030

CH. HOSTENS-PICANT, Grangeneuve-Nord, 33220 Les Lèves-et-Thoumeyragues, tél. 05 57 46 38 11, chateauhp@gmail.com V *r.-v.* E

B CH. LES MANGONS Saxo 2018 ★★

■	26000		15 à 20 €

Un domaine de 20 ha, propriété de Michel et Brigitte Comps depuis 1990, qui exploitent leur vignoble en biodynamie depuis 2004 et en bio certifié depuis 2010.

Vin de pur fruit sobrement élevé en cuves pour en préserver toutes les saveurs (prune, cerise, cassis), agrémentées de notes florales, ce 2018 séduit par son charme immédiat. Ses jolis tanins, sa maturité et sa consistance le rendent ultra fédérateur. ⧗ 2021-2024
■ **Piccolo 2018 ★ (11 à 15 €; 26000 b.)** B Modernité assumée, fruit explosif, simplicité : ce vin adopte tous les codes du vin plaisir. C'est un joli représentant de son appellation, à vocation immédiate, marqué par un bon équilibre, des tanins suaves et un fruité pur et saillant. ⧗ 2021-2024

CH. LES MANGONS, Les Mangons 3, 33220 Pineuilh, tél. 05 57 46 17 27, info@chateaulesmangons.com V *r.-v.*

CH. MARTET Réserve de Famille 2018 ★

■	128625		30 à 50 €

Propriétaire de l'une des plus anciennes et importantes maisons de négoce belge (1886), Patrick de Coninck conduit depuis 1991 ce cru de 32 ha, ancienne maison hospitalière sur le chemin de Compostelle. Après avoir entièrement restructuré le vignoble (90 % arrachés et replantés du seul merlot), il en a fait l'une des références incontournables de l'appellation sainte-foy.

Porté par un élevage ambitieux en barriques de chêne, ce pur merlot affiche un fruit pur, entre cerise fraîche et cassis, mâtiné d'une touche florale très agréable. La bouche est charnue, structurée mais très ronde et confortable, sans rudesse. L'équilibre est ici le maître-mot. ⧗ 2022-2027

CH. MARTET, 376, rte de Martet, 33220 Eynesse, tél. 05 57 41 00 49, chai.martet@gmail.com V *r.-v.*

CH. TROIS FONDS 2020 ★

■	20000		5 à 8 €

Les vignobles Valpromy-Deffarge constituent un bel ensemble de 74 ha, conduit par la même famille depuis trois générations. Trois étiquettes ici : les châteaux Galouchey, Trois Fonds et Tour de Goupin.

Tout en intensité de saveurs, ce blanc pimpant affiche un fruit croquant, au caractère exotique très plaisant. C'est un vin de plaisir spontané, parfaitement équilibré et frais. À servir sur des crevettes, des fruits de mer ou des fromages de chèvre secs. ⧗ 2021-2023

EARL VALPROMY-DEFFARGE, 1, Goupin, 33890 Gensac, tél. 05 57 47 40 76, valerie@vignobles-deffarge.fr

CADILLAC-CÔTES-DE-BORDEAUX

Superficie : 2 975 ha / Production : 112 425 hl

L'appellation (anciennement premières-côtes-de-bordeaux rouges) s'étend sur une soixantaine de kilomètres le long de la rive droite de la Garonne, des portes de Bordeaux jusqu'à Verdelais. Les vignobles sont implantés sur des coteaux qui dominent le fleuve et offrent de magnifiques points de vue. Les sols y sont très variés : en bordure de la Garonne, ils sont constitués d'alluvions récentes; sur les coteaux, on trouve des sols graveleux ou calcaires; l'argile devient de plus en plus abondante au fur et à mesure que l'on s'éloigne du fleuve. Les vins ont acquis depuis longtemps une réelle notoriété. Ils sont colorés, corsés, puissants; produits sur les coteaux, ils ont en outre une certaine finesse. Les vins blancs de cette zone, moelleux ou liquoreux, continuent d'être revendiqués en appellation premières-côtes-de-bordeaux.

B DOM. LES CARMELS Les Vendanges 2018 ★

■	5000		20 à 30 €

Sophie Lavaud et son mari Yorick ont acquis cette petite propriété en 2010 : 5 ha cultivés en bio sur un mamelon graveleux caractéristique des premières côtes et de sa «terre amoureuse» comme l'on dit ici, une terre qui «colle aux bottes».

Paré d'une robe d'un rubis frais et intense, ce vin développe un bouquet puissant dont les notes fruitées s'affirment rapidement. Bien qu'encore un peu dominée par le bois, la bouche se montre riche, puissante, dotée de solides tanins et d'une longue finale sur la fraîcheur qui se portent garants du potentiel de ce vin. ⧗ 2024-2028

SCEA LES CARMELS, 1 ter, imp. Martindoit, 33550 Langoiran, tél. 06 32 24 35 79, info@lescarmels.com V *r.-v.*

CH. CHATARD 2019 ★

■	12000		5 à 8 €

Après avoir acheté une maison et quelques parcelles en 2008, Anne et Jean-Rémi Larrat, originaires de Touraine, ont constitué un cru de 6,5 ha sur un joli terroir de graves sur argiles.

Le merlot (60 %) et les deux cabernets à parts égales sont assemblés dans ce vin élégant, ouvert sur de discrets mais subtils arômes de petits fruits noirs, au palais fin et soyeux, adossé à des tanins fondus. Un 2019 sur le fruit et la délicatesse plutôt que la puissance. ⧗ 2022-2026

JEAN-RÉMI LARRAT, Chatard, 33490 Saint-Germain-des-Graves, tél. 06 61 32 46 72, jr.larrat@chateau-chatard.com V *r.-v.*

CH. PASCOT Cuvée Vineola 2018 ★

■	2000		15 à 20 €

Un petit vignoble de 3,5 ha déjà recensé au XVIIIe s. et acquis en 1990 par Nicole et Frédéric Doermann, retraités de l'Éducation nationale; leur fils Franck, biologiste et œnologue, jusqu'alors en charge des vinifications, est aux commandes depuis 2019.

Régulier en qualité, le cru est fidèle au rendez-vous avec cette cuvée Vineola, dont les versions 2015 et 2016 décrochèrent un coup de cœur. Merlot (50 %), malbec (40 %) et cabernets ont donné naissance à un 2018 d'un beau grenat soutenu, au nez généreux de notes confites, épicées et boisées, ample, riche et rond en bouche, et dont la longue finale confirme les bonnes dispositions. ⧗ 2024-2030

FRANCK DOERMANN (CH. PASCOT), 16, chem. du Moulin-de-Rambal, 33360 Latresne, tél. 06 76 75 48 27, chateaupascot33@gmail.com V r.-v.

♥ CH. PRIEURÉ CANTELOUP 2019 ★★

20000 | 8 à 11 €

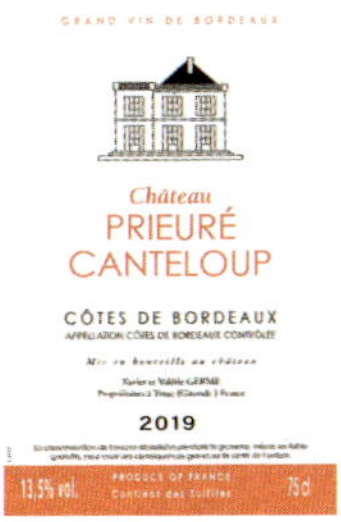

Authentique propriété familiale depuis plus de 80 ans, ce domaine, au joli terroir de côtes en conversion bio depuis 2018, est conduit depuis 1991 par Xavier et Valérie Germe.

Ce 2019 d'une réelle élégance a fait d'emblée forte impression, par sa robe intense et profonde, d'un beau rouge sombre, comme par son bouquet harmonieux de fruits noirs, de violette et d'épices douces. La séduction continue d'opérer en bouche : une attaque souple et fruitée, puis un développement solide autour de tanins fins et veloutés, garants du bon potentiel de cette cuvée. ⧗ 2024-2028

SE GERME (DOM. DE CANTELOUP), 63, hem. du Loup, 33370 Yvrac, tél. 05 56 02 63 32, contact@chateauprieurecanteloup.com V r.-v.

CARAT DE CH. DE RÉAUT 2018 ★

12000 | 20 à 30 €

Un projet atypique : en 2012, douze viticulteurs (six Bordelais et six Bourguignons) ont décidé de s'unir pour acheter ce vignoble de 26 ha à cheval sur un coteau argilo-calcaire et une terrasse de graves. À leur projet se sont joints 430 amateurs (de 20 pays) qui ont investi dans l'entreprise. La conversion bio est engagée.

Les cabernets ont la part belle (80 %) aux côtés du merlot dans ce vin bien ouvert sur les fruits noirs mûrs. La bouche se révèle ample, généreuse, puissante, tannique : lui laisser du temps pour qu'elle s'affine, le potentiel est là. ⧗ 2024-2028

SAS CH. RÉAUT, 14, Thibeau-Ouest, 33410 Rions, tél. 05 56 62 66 54, contact@chateau-reaut.com V r.-v.

♥ CH. DE RICAUD 2018 ★★

5800 | 15 à 20 €

Alain Thiénot (groupe CVGB, Canard-Duchêne) a repris en 1980 ce domaine commandé par un vrai château de conte de fées (tours crénelées, gargouilles) datant du XV^e^s. et restauré au XIX^e^s. par Viollet-le-Duc. Depuis 2007, les équipes de la maison Dourthe, intégrée au groupe Thiénot, sont en charge des vins. Un cru de 56 ha (certifié HVE3) souvent en vue pour ses loupiac.

Coup de cœur sur le millésime 2016, Ricaud fait aussi bien avec son 2018, dominé par le cabernet-sauvignon (66 %), avec le merlot (29 %) et le petit verdot en appoint. La qualité de ce vin apparaît dès l'examen visuel avec une intense et superbe robe rubis à liseré violet. Une intensité que l'on retrouve dans un bouquet complexe de mûre, de fruits rouges et de boisé toasté, et dans une bouche ample, riche, concentrée, équilibrée par une fine acidité et adossée à de beaux tanins fermes qui réclament un peu de patience. ⧗ 2024-2030

VIGNOBLES DOURTHE (CH. DE RICAUD), 5, Ricaud, rte de Sauveterre, 33410 Loupiac, tél. 05 56 35 53 00, contact@dourthe.com r.-v.

DOM. DE SAINT-AMAND 2019 ★

16000 | 11 à 15 €

Ancienne ferme du XVII^e^s., ce château commande un petit vignoble de 3,2 ha dominant la vallée de la Garonne avec un beau point de vue sur les Landes. Il a été acquis en 2018 par une jeune vigneronne, Sarah Simon.

Second millésime pour Sarah Simon et une nouvelle belle réussite avec ce vrai « vin plaisir », ouvert sur des arômes aussi élégants que gourmands de fruits rouges frais. La bouche est franche, souple, équilibrée, d'une bonne ampleur, dotée de tanins bien fondus. ⧗ 2022-2025

SCEA DOM. DE SAINT-AMAND, Saint-Amand, 33880 Cambes, tél. 06 30 49 00 13, contact@domainedesaintamand.fr V r.-v.

CH. SAINT-NICOLAS 2019 ★★

21000 | 11 à 15 €

Avocate de formation, Chantal Larnaudie a repris en 2004 la propriété familiale acquise par son père Nicolas Benito en 1994. Elle y conduit ses 29 ha de vignes en conversion bio, sur les hauteurs de Cardan, plaisant village de l'Entre-deux-Mers blotti autour de son église du XIIe s. et proche du monastère du Broussey.

Pas besoin d'avocat pour défendre ce vin vinifié sans soufre, d'un beau grenat expressif et prometteur. Un peu plus discret, le bouquet est néanmoins fort séduisant par la fraîcheur de ses arômes de petits fruits rouges. Franc et d'un bon volume dès l'attaque, le palais affiche beaucoup de finesse, de la complexité (fruits rouges et noirs, épices) et un équilibre très assuré autour de tanins délicats. ⧗ 2024-2028

SARL VIGNOBLES BENITO (CH. SAINT-NICOLAS), 1, le Videau, 33410 Cardan, tél. 05 56 76 72 37, c.larnaudie@vignoblesbenito.com V r.-v.

CÔTES-DE-BORDEAUX-SAINT-MACAIRE

Superficie : 53 ha / Production : 1 010 hl

Cette appellation, qui prolonge vers le sud-est celle des premières-côtes-de-bordeaux, produit des vins blancs secs et liquoreux.

♥ CH. MAJOUREAU
La petite Dorée 2018 ★★

■ | 1600 | | 11 à 15 €

L'une des belles étiquettes en saint-macaire, également présente en appellations régionales. Un cru de 38 ha, propriété des Delong depuis cinq générations, en polyculture jusqu'en 1981, date de la première mise en bouteilles. Mathieu, désormais épaulé par sa sœur Émeline, est aux commandes depuis 2002.

Une richesse superbe, d'intenses notes de pain d'épices, de caramel et de fruits secs, de coing et de noisette grillée... Ce liquoreux ne cache pas ses ambitions et dévoile une bouche concentrée, onctueuse, qui tapisse tout du long. La fraîcheur reste de mise et tiendra le vin dans le temps. À ouvrir sur une pâte persillée en début de repas ou bien une tarte au citron meringuée. ⧗ 2021-2028 ■ **Ch. Parralot Cuvée Prestige 2018 ★★ (8 à 11 €; 2000 b.)** Ce blanc liquoreux impose ses parfums de coing, de pêche blanche et de fruits compotés en toute quiétude. La bouche est savoureuse, complexe et équilibrée, cernée de notes de noisette et de fruits bien mûrs. Un grand charmeur à associer à une salade de fruits frais ou une belle volaille rôtie pour plus d'originalité. ⧗ 2021-2026

SCEA VIGNOBLES DELONG, 1, Majoureau, 33490 Caudrot, tél. 05 56 62 81 94, familledelong@hotmail.com V *t.l.j. 9h-12h 13h30-17h30, sam. dim. rv*

CÔTES-DE-BORDEAUX

Définie en 2009, c'est l'appellation générique de tous les vins rouges de côtes (Bourg excepté), d'abord connus par leurs dénominations géographiques complémentaires : Blaye, Cadillac, Castillon et Francs. La superficie théorique de l'AOC couvre 13 500 ha, mais une grande partie des raisins est destinée aux « côtes » assortis d'une dénomination géographique complémentaire (castillon-côtes-de-bordeaux, par exemple). Tous ces vignobles occupent des pieds ou des pentes de coteaux, ou encore les proches plateaux. Les sols à dominante argilo-calcaire favorisent le merlot, qui domine les assemblages.

CH. LA CLYDE
Hédoné Elevé en fût de chêne 2018 ★

■ | 5400 | | 15 à 20 €

Un domaine de poche (1,8 ha) repris en 2016 par les Jouny, ingénieurs de métier et passionnés de vin, qui rêvaient d'avoir leur propre domaine et un projet pour leur retraite. Un cru « travaillé comme un grand jardin », en cours de conversion à l'agriculture biologique.

Comme l'annonce l'intensité de la robe, entre rubis et grenat, ce vin est doté d'un bouquet harmonieux, sur les fruits noirs frais et un boisé brioché, ainsi que d'une bouche suave et ample, portée par des tanins bien enrobés. La promesse d'une bonne évolution. ⧗ 2023-2026

FLORENCE JOUNY, 55, pl. Miatte, 33550 Tabanac, tél. 06 14 27 66 83, laclyde@orange.fr V *r.-v.*

♥ CH. CRABITAN-BELLEVUE
Cuvée Spéciale 2018 ★★

■ | 13300 | | 5 à 8 €

Belle unité de 35 ha implantée sur les coteaux sud dominant la rive droite de la Garonne, le Ch. Crabitan Bellevue est propriété de la famille Solane (Nicolas depuis 1994). Il est présent dans plusieurs appellations avec différents types de vins, mais son cœur bat pour le sainte-croix-du-mont. Autre étiquette : Ch. Grand Dousprat.

Une cuvée vraiment spéciale que cette version 2018 à forte dominante de cabernet-sauvignon (95 %, avec 5 % de merlot en appoint). Son bouquet aux fines notes de fruits rouges confiturés et de pain grillé s'accorde à une matière riche, charnue, suave et à la fois bien charpentée, pour former un ensemble des plus goûteux, aussi puissant qu'élégant. Et tout cela à prix très doux. ⧗ 2025-2030

GFA BERNARD SOLANE ET FILS, Crabitan, 33410 Sainte-Croix-du-Mont, tél. 05 56 62 01 53, crabitan.bellevue@orange.fr V *t.l.j. 8h30-12h 13h30-18h. dim. sur r.-v.*

♥ CH. DUDON
Cuvée Jean-Baptiste Dudon 2019 ★★

■ | 6600 | | 5 à 8 €

En 1975, Jean Merlaut (Ch. Gruaud-Larose, à Saint-Julien) a repris en main le Ch. Dudon, dans sa famille depuis 1961 et commandé par une chartreuse construite au XVIIIᵉ s. par Jean-Baptiste Dudon. Il a assuré sa rénovation, à la vigne et aux chais, et étoffé sa surface en 2009 en achetant les vignes du Ch. Laroche. L'ensemble couvre aujourd'hui 70 ha.

Une très belle présentation pour cette bouteille dont l'intensité de la robe violine n'a d'égal que la profondeur du bouquet, ouvert sur les fruits bien mûrs et les notes de sous-bois. Rond, chaleureux et puissant, le palais s'appuie sur de solides tanins et s'agrémente de belles saveurs épicées. Un très joli vin de garde. ⧗ 2025-2030

SARL DUDON, 45, rte de Dudon, 33880 Baurech, tél. 05 57 97 77 35, infos@chateau-dudon.com V *r.-v.*

CH. DE GARBES
Cuvée Spéciale Fût de Chêne 2019 ★★

■ | 40000 | | 5 à 8 €

La famille David est propriétaire du Ch. de Garbes depuis 1900 et six générations. Aujourd'hui, c'est une belle unité de 63 ha (certifiée HVE3) sur les coteaux de la Garonne, conduite par Jean-Luc et Annie David et leurs trois enfants. Autre étiquette : Dom. de la Gravette.

Cette bouteille de belle garde méritera un peu de patience comme l'annonce sa robe qui met en confiance. Soutenu par un bois bien dosé, torréfié, le bouquet confirme ces promesses par ses doux parfums de baies mûres un peu confiturées. Chaleureuse et puissante sans manquer de rondeur, la bouche poursuit dans le même esprit. ⧗ 2025-2030

SARL VIGNOBLES DAVID GARBES, 1, Garbes, 33410 Gabarnac, tél. 05 56 62 92 23, contact@garbes.fr V t.l.j. sf dim. 8h-12h 13h30-18h; sam. sur r.-v.

CH. GARBES CABANIEU 2019 ★

■ | 27066 | | - de 5 €

Un domaine de 47 ha dans la famille d'Hervé David depuis six générations. Ce dernier y a pris la suite de son père en 1979, épaulé par son épouse Marinette au commercial, son fils Thomas à la vigne et au chai, ainsi que sa fille Laure et son gendre Miguel. Un travail en famille donc.

Un vin de côte bien construit, sur le fruit relevé d'épices douces. En bouche, un bon volume, de la concentration, de la générosité et des tanins solides, encore un peu stricts en finale. Tout le potentiel nécessaire pour bien évoluer à la garde ⧗ 2023-2027

SAS VIGNOBLES HERVÉ DAVID, Ch. Garbes-Cabanieu, 1, le Boucher, 33410 Monprimblanc, tél. 05 56 62 97 59, garbes-cabanieu@wanadoo.fr V t.l.j. sf dim. 8h-12h 13h30-17h30. lun. sam. sur r.-v.

CH. LAFITTE 2019 ★★

■ | 165000 | | 8 à 11 €

Propriété achetée en 1763 par le négociant Raymond Lafitte, qui lui a légué son nom, ce cru est une belle unité de 30 ha possédant un terroir argilo-graveleux de qualité, dirigée depuis 1995 par Philippe Mengin.

Un fort joli vin que ce pur merlot passé 16 mois en barrique, tant par sa robe d'un seyant grenat vif que par son bouquet fruité, épicé et subtilement crayeux. Rond et doux, le palais se montre charmeur et gourmand avant de monter en puissance, avant de déployer une longue finale, élégante et fraîche. ⧗ 2025-2030

CH. LAFITTE, 6, rte de la Lande, 33360 Camblanes-et-Meynac, tél. 05 56 20 77 19, info@chateaulafitte.fr V r.-v.

CH. LAGRANGE
Tête de Cuvée Vieilli en fût de chêne 2018 ★★

■ | 50000 | | 5 à 8 €

Les aïeux d'Alain Bastide ont acheté en 1886 cette maison qui aurait été jadis un relais de chasse du duc d'Épernon. Le vignoble couvre aujourd'hui 40 ha répartis sur plusieurs appellations : des AOC régionales, cadillac et cadillac-côtes-de-bordeaux. Alain Bastide, à sa tête depuis 1990, a été rejoint en 2009 par son fils Nicolas, œnologue.

De beaux arômes de fruits mûrs (myrtille et framboise) mêlés de nuances de pain grillé ouvrent la dégustation de ce 2018 qui a connu 12 mois de fût. Suave, rond, généreux, porté par des tanins mûrs et bien enrobés, le palais séduit tout autant et s'étire dans une longue finale sur l'amande grillée et la vanille. ⧗ 2024-2028 ■ **L'Enclos 2018 ★★ (15 à 20 €; 1500 b.)** Une petite cuvée par le volume, élevée 16 mois en barrique. Si le bouquet est un peu discret, la bouche est splendide, ample, puissante sans dureté, riche, et s'épanouit autour de beaux arômes de fruits rouges mâtinés d'un élégant boisé. ⧗ 2025-2030

SCEA BASTIDE ET FILS, Bourdieu-Lagrange, 33410 Monprimblanc, tél. 05 56 62 98 86, sceabastide@hotmail.fr V r.-v.

B CH. MAUBERT 2019 ★★

■ | 70000 | | 5 à 8 €

Le Ch. de Suau est l'ancien pavillon de chasse du duc d'Épernon (1554-1642), puis propriété de la famille Suau au XVIIe s. Après avoir souvent changé de mains au XXe s., il est entré en 1985 dans la famille Bonnet, avant d'être repris en 2014 par Bacchus Investments. Le vignoble couvre 66 ha, conduits en bio. Autre étiquette : Ch. Maubert.

Annonçant sa jeunesse par les reflets violacés de sa profonde robe grenat, ce 2019 dévoile un beau bouquet de fruits rouges, de cerise notamment, relevés de poivre et d'herbes aromatiques. En bouche, il possède le volume, la fraîcheur et la matière tannique nécessaires pour affronter avec bonheur la garde qui permettra à sa finale de s'arrondir. ⧗ 2025-2028 ■ **Ch. Suau 2019 ★ (8 à 11 €; 150000 b.)** B Un vin de caractère, généreux, soutenu par de solides tanins. ⧗ 2025-2030

SCEA DU DOM. DU CH. SUAU, 600, Suau, 33550 Capian, tél. 05 56 72 19 06, contact@chateausuau.com V t.l.j. sf sam. dim. 8h30-12h 13h-17h30

CH. DE POTIRON
2018 ★

■ | 18800 | | 15 à 20 €

Marlène Schmidt s'est installée en 2001 à la tête de ce domaine d'une vingtaine d'hectares situé à Capian et conduit de façon très raisonnée.

Un élevage luxueux de 24 mois pour ce vin qui reste encore un peu discret dans son développement aromatique pour l'heure. La bouche apparaît ample, dense, bien structurée par les tanins du raisin comme par ceux du bois. Un bon potentiel d'évolution. ⧗ 2025-2030

CH. DE POTIRON, Lieu-dit Potiron, 33550 Capian, tél. 05 56 72 19 76, contact@chateau-de-potiron.com V r.-v.

JEAN QUEYRENS ET FILS
Alt. 120 mètres 2019 ★

■ | 10000 | | 8 à 11 €

Famille au service du vin depuis un siècle. En 1964, Jean et Yvette Queyrens acquièrent leur première

vigne au lieu-dit Pilet, puis reprennent les domaines de leurs parents (Ch. du Pin-Franc et Ch. des Graves du Tich) et débutent la vente en bouteilles. Aujourd'hui, leurs fils Patrick et Christophe, avec à leurs côtés Jean-Yves, le petit-fils, exploitent un vignoble de 70 ha dans l'Entre-deux-Mers, certifié HVE.

Vrai vin de côte, riche et puissant, ce 2019, né comme son nom l'indique d'une parcelle située à 120 m d'altitude, allie une belle expression aromatique mariant les fruits rouges et le bois à une solide structure tannique. L'ensemble est encore un peu austère à ce stade mais promis à une bonne évolution. ⧗ 2025-2030

SC VIGNOBLES JEAN QUEYRENS ET FILS, 3, Grand-Village-Sud, 33410 Donzac, tél. 05 56 62 97 42, scvjqueyrens@orange.fr V r.-v.

CH. TOUR DE VIDEAU 2019 ★

| | 21000 | | 5 à 8 € |

Avocate de formation, Chantal Larnaudie a repris en 2004 la propriété familiale acquise par son père Nicolas Benito en 1994. Elle y conduit ses 29 ha de vignes en conversion bio, sur les hauteurs de Cardan, plaisant village de l'Entre-deux-Mers blotti autour de son église du XIIe s. et proche du monastère du Broussey.

Après 18 mois de cuve, ce vin présente un bouquet ouvert sur les fruits rouges mûrs, les épices et la vanille. Souple et ronde, la structure est un peu plus discrète, mais les tanins de la finale viennent rappeler son potentiel d'évolution. ⧗ 2024-2027

SARL VIGNOBLES BENITO (CH. SAINT-NICOLAS), 1, le Videau, 33410 Cardan, tél. 05 56 76 72 37, c.larnaudie@vignoblesbenito.com V r.-v.

LA RÉGION DES GRAVES

GRAVES

Superficie : 3 420 ha
Production : 138 835 hl (75 % rouge)

CH. D'ARGUIN Vinifié en fût de chêne 2019 ★

| | 6277 | | 11 à 15 € |

Basé à Bordeaux et spécialisé dans le service et le conseil aux entreprises, le groupe Pouey International a investi dans le vin. Il détient dans les Graves le Ch. d'Arguin et le Dom. du Reys, à Saint-Selve, près de la Brède.

Ce graves à forte dominante de sémillon (69 %) se présente dans une jolie robe à reflets brillants et livre un bouquet élégant de fruits mûrs et d'agrumes. Souple, bien équilibré, boisé avec mesure, généreux et long, le palais laisse le souvenir d'un blanc gourmand. ⧗ 2021-2024

SA POUEY INTERNATIONAL, 21, chem. de Gaillardas, BP 50, 33650 La Brède, tél. 05 56 78 49 10, blacampagne@pouey-international.fr V r.-v.

CH. LE BOURDILLOT Tentation 2018 ★★

| | 30000 | | 5 à 8 € |

Originaire d'Arras, Jules Haverlan a acquis en 1906 un vignoble installé sur des graves profondes, qui appartenait en 1818 au comte de Lynch : le Ch. le Bourdillot, une propriété de 21 ha (certifiée HVE) qui propose majoritairement des graves rouges ; une valeur sûre complétée en 1956 par le Dom. des Lucques, à Portets. L'ensemble est dirigé depuis 1991 par Patrice Haverlan, petit-fils de Jules, et sa fille Valentine.

Équilibré et complexe, ce fort joli vin ne se contente pas d'une belle tenue grenat. Frais et intense, son bouquet accompagne le cassis de notes de violette et d'épices. Puissant dès l'attaque, suave et long, le palais révèle un beau volume et des solides tanins, le tout agrémenté d'une belle expression aromatique. ⧗ 2025-2030 **Séduction 2019 ★ (5 à 8 € ; 30000 b.)** D'une bonne complexité aromatique (fruits noirs, épices douces), ce vin se montre souple, frais et équilibré. ⧗ 2022-2025

EARL PATRICE HAVERLAN, 11, rue de l'Hospital, 33640 Portets, tél. 05 56 67 11 32, patrice.haverlan@gmail.com V r.-v.

CAPRICE DE BOURGELAT 2019 ★★

| | 4800 | | 8 à 11 € |

Un domaine remontant au XVIIIe s. Arrivé à sa tête en 1980, Dominique Lafosse a passé en 2013 le relais à son fils Antoine, qui représente la septième génération. Implanté à Cérons, le vignoble de 14 ha privilégie le cépage sémillon. À sa carte, des cérons, et surtout des graves, majoritairement blancs.

Une cuvée souvent en vue dans ces pages, qui fait la part belle au sémillon (80 %). D'une jolie couleur jaune à reflets verts, elle fait preuve d'intensité par son bouquet floral, minéral (pierre à fusil) et boisé. Une intensité à laquelle fait écho une bouche ample, dense, riche et enrobée par un boisé pour l'heure dominant mais racé. Un blanc de garde et de gastronomie. ⧗ 2022-2026

EARL DOMINIQUE LAFOSSE, 4, Caulet-Sud, 33720 Cérons, tél. 05 56 27 01 73, domilafosse@wanadoo.fr V r.-v.

CH. BRONDELLE 2020 ★

| | 4000 | | 11 à 15 € |

À la tête du Ch. Brondelle situé dans la partie sud des Graves et acquis par son grand-père en 1927, Jean-Noël Belloc a étendu son vignoble dans cette appellation (Ch. Andréa), ainsi qu'en pessac-léognan (Ch. d'Alix) et en AOC régionales. En sauternes, il a acquis les 4 ha du Ch. Fontaine à Fargues-de-Langon.

Doté d'un joli bouquet qui donne libre cours aux parfums de fruits mûrs, ce vin se développe franchement au palais. Souple et frais, celui-ci conclut la dégustation par une finale citronnée d'une bonne longueur. ⧗ 2021-2024

EARL VIGNOBLES BELLOC, 32, rte de Pasquire, Brondelle, 33210 Langon, tél. 05 56 62 38 14, chateau.brondelle@wanadoo.fr V r.-v.

CH. DE BUDOS
Vieilli en fût de chêne 2018 ★

30200 | 5 à 8 €

Aux portes du Sauternais, un château clémentin (forteresse construite au XIVe s. par des parents du pape Clément V, originaire de Budos). Tout autour, un vignoble de 25 ha acquis en 1920 par la famille Boireau. À sa tête depuis 1994, Bernard Boireau a été rejoint en 2002 par Laurent Persan, architecte paysagiste.

L'élevage en fût a sensiblement renforcé l'expression aromatique, qui fait la part belle aux fruits noirs mâtinés de notes torréfiées et mentholées. La bouche apparaît bien équilibrée entre fraîcheur, rondeur, tanins bien extraits et boisé ajusté. Un ensemble homogène et apte à une bonne garde. ⧗ 2025-2030

SCEA BOIREAU-PERSAN, 3, les Marots-Ouest, 33720 Budos, tél. 05 56 62 51 64, contact@chateau-de-budos.fr V t.l.j. 8h-12h 14h-19h; dim. 9h-12h

CH. DE CALLAC Cuvée Prestige 2018 ★

56000 | 11 à 15 €

Ancien consultant, Mathieu Gufflet a changé de vie en achetant en 2007 ce cru de 38 ha commandé par une demeure de 1775, non loin de Cérons et de Barsac. Le terroir argilo-calcaire et argilo-graveleux a dicté l'encépagement, qui privilégie le merlot.

La robe d'un grenat profond et brillant met en confiance. D'un abord plutôt discret, le bouquet s'ouvre à l'aération sur les fruits rouges mûrs et le toasté de la barrique. Des arômes prolongés par une bouche d'un bon volume, suave, soyeuse et longue. Une bouteille déjà agréable et qui évoluera bien. ⧗ 2022-2027

SARL CALLAC MG, Callac, 33720 Illats, tél. 06 32 91 09 64, callac-mg@orange.fr V r.-v.

♥ CH. DE CASTRES 2019 ★★

16000 | 11 à 15 €

Un pavillon du XVIIIe s., un parc, un arboretum : avec le Ch. de Castres (graves), José Rodrigues-Lalande, ingénieur et œnologue, a acquis en 1996 un beau quartier général. Il s'est agrandi en 2012 dans cette même AOP en achetant le Ch. Beau-Site, après s'être implanté en pessac-léognan en 2004, avec l'acquisition des 18 ha du Ch. Roche-Lalande. En 2013, il a encore acquis en pessac-léognan le Ch. Pont Saint-Martin. Pas moins de 40 ha pour cette exploitation familiale. L'ensemble est certifié HVE3.

Une belle pluie d'étoiles et un coup de cœur pour les vignobles Rodrigues-Lalande. Ce 2019, assemblage complexe de sauvignon blanc (45 %), sémillon (48 %), sauvignon gris et muscadelle, brille de mille feux dans sa robe jaune clair. Il séduit aussi par la diversité de son bouquet (prune mûre, agrumes, fleurs blanches, boisé fondu), avant de déployer les charmes d'une matière savoureuse, souple, ronde, parfaitement équilibrée par une ligne de fraîcheur. Sa longue finale laisse le souvenir de beaux arômes de fruits blancs. ⧗ 2022-2026 ■ **Ch. Lalande-Poitevin 2018 ★ (8 à 11 €; 60000 b.)** Le merlot (48 %) et les cabernets (45 %) sont associés à une larme de petit verdot (2 %) dans ce rouge très aromatique (fruits mûrs, épices chaudes), ample et bien structuré en bouche. Prometteur. ⧗ 2024-2028 ■ **Ch. de Beau-Site 2019 ★ (11 à 15 €; 70000 b.)** Bien servi par un bouquet aussi intense que complexe (fruits mûrs, boisé élégant), ce vin se montre plein, tannique, charnu et frais à la fois. Un ensemble bien équilibré. ⧗ 2025-2030

EARL VIGNOBLES RODRIGUES-LALANDE, 33640 Castres-sur-Gironde, tél. 05 56 67 51 51, contact@chateaudecastres.fr V r.-v. 5

CH. DE CÉRONS 2019 ★

36000 | 15 à 20 €

Le Ch. de Cérons est une superbe chartreuse bâtie à la fin du XVIIIe s. par le marquis de Calvimont. Son vignoble de 25 ha environ (certifié HVE3) est implanté sur un plateau de graves dominant la Garonne. Aux commandes depuis 2012 de cette propriété familiale, Xavier et Caroline Perromat ont entrepris un important travail de rénovation (restructuration du vignoble, cuverie, nouveau chai à barriques). Autre étiquette : Ch. Calvimont (graves).

Animée par de jolis reflets pourpres, la robe est expressive, de même que le bouquet qui marie harmonieusement les arômes fruités et boisés. La même harmonie se dégage du palais, ample, charnu, soutenu par des tanins imposants, de belle longueur. ⧗ 2024-2030 ■ **Ch. Calvimont 2020 ★ (8 à 11 €; 25000 b.)** Un vin expressif (agrumes, ananas mûr), bien équilibré entre gras et acidité en bouche, dynamisé par une finale nerveuse. ⧗ 2021-2024

SAS XC PERROMAT DOMAINES, Ch. de Cérons, 33720 Cérons, tél. 05 56 27 01 13, perromat@chateaudecerons.com V t.l.j. sf dim. 10h-17h

CH. DE CHANTEGRIVE 2018 ★★

115000 | 15 à 20 €

Constitué ex nihilo en 1967 par le courtier Henri Lévêque, ce cru qui couvrait 2 ha à l'origine est aujourd'hui une belle unité de près de 100 ha (certifiés HVE3), qu'exploite aujourd'hui la fille du fondateur, Marie-Hélène Lévêque, conseillée depuis 2006 par Hubert de Boüard. Une valeur sûre des Graves, avec de nombreux coups de cœur à son actif.

Fidèle au rendez-vous, Chantegrive propose un 2018 d'un abord discret, qui s'affirme à l'aération en révélant une bonne complexité autour de parfums de fruits noirs mûrs et de café. Au palais, aussi large que long, à la fois rond et frais, il s'appuie sur des tanins soyeux et fins. ⧗ 2025-2030

SAS VIGNOBLES LÉVÊQUE, 44, cours Georges-Clemenceau, 33720 Podensac, tél. 05 56 27 17 38, courrier@chateau-chantegrive.com V t.l.j. sf dim. 9h-12h30 13h30-17h

CH. CHANTE L'OISEAU
2019 ★

5300 | 8 à 11 €

La famille Barron exploite la vigne depuis 7 générations avec ses châteaux Méric et Chante L'Oiseau, en

LE BORDELAIS

AOC graves. L'ensemble est conduit, en agriculture biologique, par Aurélie Barron depuis 2018.

Jaune d'or à reflets verts, la robe est aussi séduisante que prometteuse. Le bouquet, gourmand avec ses jolies notes de miel et de fruits, trouve un bel écho dans une bouche charnue, chaleureuse et longue, tonifiée par une pointe de fraîcheur. ⧗ 2021-2024

SCEA VIGNOBLES BARRON, 20, av. Georges-Hébert, 33650 La Brède, tél. 05 56 78 45 05, contactmeric@gmail.com V *t.l.j. 9h30-12h30 14h30-18h30; sam. dim. sur r.-v.*

CH. CHERET PITRES Sélection parcellaire 2019 ★

| 12 000 | 8 à 11 € |

Situé dans un méandre de la Garonne un peu à l'écart du bourg de Portets, ce domaine commandé par une belle maison de maître possède un vignoble 14 ha établi sur un terroir mêlant des sables à des graves profondes. Il a été repris en 2017 par Aurore et Nicolas Deswarte, la première venant du monde de la santé, le second du commerce.

La robe est fraîche et légère, le bouquet généreux et montant, sur les fruits rouges mûrs et le toasté. Rond en attaque, le palais révèle un bon volume autour de tanins affinés et d'un boisé bien dosé, qui laisse les fruits s'exprimer. Une bouteille que l'on pourra apprécier dans sa jeunesse. ⧗ 2022-2025

EARL DE CHERET PITRES, Pitres, 33640 Portets, tél. 06 13 15 60 63, contact@chateaucheretpitres.fr V *t.l.j. sf dim 9h-18h*

CLOS FLORIDÈNE 2019 ★

| 79 800 | 20 à 30 € |

Valeur sûre des Graves, ce cru, créé en 1982, dans le giron des domaines Denis Dubourdieu (135 ha), couvre aujourd'hui 33 ha sur le plateau calcaire de Pujols-sur-Ciron, près de Barsac, avec quelques parcelles sur les terrasses caillouteuses d'Illats. Son nom évoque les prénoms de ses fondateurs : Florence et Denis Dubourdieu, ce dernier professeur d'œnologie célèbre pour ses travaux sur les arômes, disparu en 2016. À sa tête, leurs fils Fabrice et Jean-Jacques.

Suivant une robe très pâle, le bouquet se montre assez discret avant de libérer de belles notes de fleurs blanches, de noisette et d'amande. Des arômes qui se prolongent dans une bouche bien équilibrée, à la fois fraîche et ronde, bien enrobée par le bois. ⧗ 2021-2024

EARL DOMAINES DENIS DUBOURDIEU, 15, Gravas, 33720 Barsac, tél. 05 56 62 96 51, contact@denisdubourdieu.fr V *r.-v.*

CH. DE COURBON 2018 ★★

| 12 000 | 11 à 15 € |

Les Boyer sont établis depuis quatre générations au Ch. du Cros, sur les hauteurs de Loupiac. Un cru étroitement lié à l'histoire du duché anglo-gascon d'Aquitaine au Moyen Âge, dirigé depuis 2004 par Catherine Boyer, à la tête d'un vignoble de 90 ha sur les deux rives de la Garonne, produisant des vins de qualité, notamment en blanc. Autres propriétés de la famille : le Ch. de Courbon (acquis en 1994 à Toulenne) et le Ch. Haut-Mayne (acquis en 1972 à Cérons).

Ce vin, d'un beau pourpre profond tirant sur le noir, marie avec bonheur les fruits noirs à des notes fumées et toastées. Une attaque fraîche ouvre sur un palais rond, caressant, fruité à souhait et long, soutenu par des tanins bien enrobés. ⧗ 2024-2028

SA VIGNOBLES MICHEL BOYER, Ch. du Cros, 33410 Loupiac, tél. 05 56 62 99 31, info@chateauducros.com V *t.l.j. sf sam. dim. 9h-12h30 13h30-18h*

CH. CRABITEY 2018 ★★

| 90 000 | 11 à 15 € |

Ancien orphelinat et vignoble créés en 1872 par les franciscaines sur le plateau de Portets. En 1985, l'ordre fait appel à Jean-Ralph de Butler, ingénieur agronome, pour moderniser le domaine, et finit par le lui céder en 2008. Arnaud de Butler a pris le relais en 1999. Le cru compte 31 ha sur graves garonnaises. Autre étiquette : Ch. Trébiac

De belle origine (le plateau de graves garonnaises de Portets), ce 2018 montre qu'il en a parfaitement tiré profit. Par sa robe, d'un rouge soutenu et limpide, comme par son bouquet, aux notes de fruits rouges mûrs et d'épices. Frais de l'attaque à la finale, ample, très équilibré, long, structuré par de fins tanins, le palais est au diapason. Un beau graves élégant et de garde. ⧗ 2025-2030

SARL VIGNOBLES DE BUTLER, 63, rte du Courneau, 33640 Portets, tél. 05 56 67 18 64, contact@debutler.fr V *t.l.j. 8h30-12h30 13h30-16h30*

CH. DOMS 2019 ★★

| 90 000 | 8 à 11 € |

Une chartreuse du XVIIe s., des bâtiments monastiques transformés en chai, un vignoble transmis de mère en fille depuis cinq générations (28 ha aujourd'hui). Aux commandes, Hélène Durand (depuis 1998) et sa fille Amélie (depuis 2015). Ingénieur agronome et œnologue, la seconde fait le vin.

Comme le laisse deviner la profondeur de la robe, ce vin joue la carte de la puissance ; tant dans son expression aromatique, complexe à souhait avec des notes de fruits noirs, d'épices et de réglisse, que par sa bouche ample, riche, concentrée, soutenue par des tanins soyeux. ⧗ 2023-2030

SCE VIGNOBLES PARAGE, 10, chem. de Lagaceye, 33640 Portets, tél. 06 74 94 69 38, chateau.doms@wanadoo.fr V *r.-v.*

♥ CH. DORLÉAC 2019 ★★

| 7 000 | 8 à 11 € |

Christian Labat a fondé le Ch. des Arroucats en 1938, qui dispose d'un coquet vignoble de 49 ha, dont 23 ha à Sainte-Croix-du-Mont, son berceau, complétés par des vignes dans les

Graves (Ch. Dorléac), sur l'autre rive de la Garonne, à Portets. L'ensemble est conduit depuis 2000 par Virginie Barbe, petite-fille du fondateur.

La complicité entre le beau terroir de Portets et le merlot (97 % de l'assemblage, complété par une larme de petit verdot et de cabernet-sauvignon) trouve une parfaite expression dans ce 2019 à l'impressionnante robe noire. L'intensité et la complexité du bouquet, dominé par les fruits confiturés, comme la puissance, le volume, l'élégance et la longueur du palais garantissent une garde fructueuse à ce vin de haute expression. ⧗ 2025-2030

SARL DES VIGNOBLES LABAT-LAPOUGE, 3, Vilate-Sud, 33410 Sainte-Croix-du-Mont, tél. 05 56 62 07 37, chateau_arroucats@hotmail.com V r.-v.

CH. FERNON DUMEZ 2018 ★★

■	55000		8 à 11 €

En 1991, Frédéric Boudat et son épouse Françoise Cigana ont abandonné leur profession dans le secteur médical pour reprendre les vignes de la famille Cigana. Ils ont aménagé un chai (1998) et agrandi le vignoble. Aujourd'hui, les Vignobles Boudat-Cigana totalisent 120 ha. Ils ont leur siège dans l'Entre-deux-Mers, au Ch. de Viaut, et proposent du bordeaux supérieur, du sainte-croix-du-mont et des graves.

Bien typé graves par son équilibre entre la finesse et la puissance, ce vin alerte et élégant associe un bouquet frais de noyau et de noisette à une structure tannique ferme, que soutient un apport du bois bien dosé. ⧗ 2023-2028

SARL VIGNOBLES BOUDAT-CIGANA, Ch. de Viaut, 33410 Mourens, tél. 05 56 61 31 31, fboudat@orange.fr V r.-v.

CH. FERRANDE 2018 ★★

■	552000		15 à 20 €

Fondé à Bordeaux en 1949 par 9 frères et sœurs, le groupe Castel a connu une croissance considérable, devenant le premier producteur de vin en France, le troisième dans le monde, avec un empire qui s'étend de Bordeaux au continent africain. Outre ses nombreuses marques, il possède une vingtaine de propriétés sur l'ensemble du vignoble français.

Un vaste cru de 97 ha, propriété du groupe Castel depuis 1992, établi à Castres-Gironde. Paré d'une seyante robe d'un rubis profond et brillant, ce vin déploie un bouquet généreux de fruits confiturés relevés d'épices. En bouche, il se montre rond, soyeux, gras, dense, épaulé par des tanins bien serrés. Un graves aussi harmonieux que puissant, à laisser mûrir en cave. ⧗ 2025-2032 ■ **2019 ★ (8 à 11 €; 61000 b.)** Un vin très élégant, expressif et charmeur, ouvert sur de beaux arômes de fruits blancs frais, de fleurs et d'agrumes. ⧗ 2021-2024

SAS CASTEL FRÈRES, 21, rue Georges-Guynemer, 33290 Blanquefort, tél. 05 56 95 54 00, contact@castel-freres.com

CH. HAUT CANTIROY 2018 ★★

■	25000		8 à 11 €

La famille Daubas a pour fief le Ch. Tour Bicheau, qui doit son nom à une tour carrée et crénelée construite à la fin du XIXe s. par le premier de la lignée, négociant en vins. Avec Patrick Daubas, installé en 2007, c'est la cinquième génération qui assure la continuité de cette exploitation de 26 ha implantée sur le plateau du haut Portets, en conversion bio depuis 2019. Autres étiquettes : Haut Cantiroy et Arc Saint-Pierre.

D'un rouge carmin intense et profond, la robe est aussi attrayante que le bouquet, où les fruits noirs s'associent à des notes de toast et de café. Porté par une solide structure tannique, le palais tient toutes les promesses de la présentation pour terminer par une note épicée. Un beau graves de garde. ⧗ 2025-2030 ■ **Ch. l'Arc Saint-Pierre 2018 ★★ (8 à 11 €; 20000 b.)** Un vin de caractère, au nez intense de fruits noirs mûrs et d'épices douces, profond, ample, offrant beaucoup de matière. ⧗ 2025-2030

SCEA DES VIGNOBLES DAUBAS ET FILS, 8, rte du Cabernet, 33640 Portets, tél. 05 56 67 37 75, vignoblesdaubas@bbox.fr V *t.l.j. sf sam. dim. 9h-11h30 13h30-17h*

CH. HAUT-REYS Vieilles Vignes 2018 ★★

■	20000		8 à 11 €

Créé en 1977 par regroupement de plusieurs petites propriétés, ce cru des Graves a été racheté en 1997 par Isabelle et Grégoire Gabin, enfants de viticulteurs et d'agriculteurs, qui ont restructuré et agrandi, construit un chai et élargi sa gamme de vins. Il compte aujourd'hui 20 ha.

Bien qu'encore naissant, le bouquet de ce superbe graves affirme déjà sa forte personnalité par sa concentration et sa complexité (fruits noirs mûrs, Zan, épices douces). Chaleureux, ample, corsé, fruité et réglissé, le palais s'appuie sur une très belle charpente tannique, à la fois ferme et fine, épaulée par un boisé parfaitement dosé. Un bel avenir en perspective. ⧗ 2024-2030

EARL GABIN, 18, allée Perrucade, 33650 La Brède, tél. 05 56 20 38 29, gabin.earl@orange.fr V *t.l.j. sf dim. 10h-12h 14h30-18h30*

CH. HAUT SELVE 2019 ★

■	13333		11 à 15 €

Un vignoble de 45 ha créé en 1993 par Arnaud et Denis Lesgourgues, Le chai a été conçu par l'architecte Sylvain Dubuisson.

Bien équilibré, séduisant, le bouquet offre une jolie expression de la diversité des cépages (sémillon, sauvignon blanc et sauvignon gris) : agrumes, fleurs blanches, touche fumée, avec un soutien discret du bois. Dense, vineux et long, le palais ne manque pas pour autant de fraîcheur. ⧗ 2021-2024

SCA DU CH. HAUT SELVE, 3, chem. du Port, 33650 Saint-Selve, tél. 05 57 94 09 22, m.burgaud@maisonleda.fr r.-v.

CH. LASSALLE Quintessence 2018 ★

■	2700		15 à 20 €

Une propriété des Graves de 16,5 ha, où le château ressemble à une ferme. Mais elle ne manque pas

de lettres d'ancienneté, car elle appartient depuis 1770 à la même famille. Fabien Lalanne, qui a succédé à son oncle en 2005, représente la huitième génération.

Issu du seul cabernet-sauvignon, ce vin affiche son origine par la touche réglissée qui marque son bouquet aux intenses notes fruitées. Il la confirme par sa bouche solidement structurée et riche. ⧗ 2025-2030

⊶ SCEA LABBE LALANNE (CH. LASSALLE), 2, allée Lassalle, 33650 La Brède, tél. 05 56 78 49 65, contact@chateaulassalle.com V t.l.j. 9h-12h 14h-18h; sam. dim. sur r.-v.

CH. LÉHOUL
2020 ★★

8000 | 8 à 11 €

Le 9 ventôse an VI (1798), Georges Lehoult vend un vignoble à un aïeul d'Éric Fonta. Le cru est établi sur une belle croupe de graves et de sables, à l'orée de la forêt, au sud de l'appellation, étendu sur 9 ha. Il a été repris en 2019 par Jean-Philippe Le Guillou et Nicolas Dorronsoro. Une valeur sûre des Graves.

Changement de mains au domaine, mais pas d'incidence sur la qualité à en juger par ce superbe graves blanc, qui fait suite à un coup de cœur l'an dernier pour la version 2019 élevée en fût et qui accompagne de belle manière celui obtenu cette année par le graves supérieur. Pas de bois dans ce 2020 très élégant dans son développement centré sur les fruits exotiques, l'abricot et la pêche. Une élégance à laquelle fait écho une bouche ronde, ample, dynamisée par une finale saline. ⧗ 2021-2024

⊶ SCEA VIGNOBLES GRUSSON (CH. LÉHOUL), Grusson, 33210 Coimères, tél. 06 50 31 33 52, chateaulehoul@gmail.com V r.-v.

♥ CH. MAGNEAU Classic 2018 ★★

25000 | 11 à 15 €

Vignerons paisibles travaillant sérieusement loin de l'agitation médiatique, Jean-Louis et Bruno Ardurats sont les héritiers d'une lignée de viticulteurs remontant au règne d'Henri IV. L'encépagement de leur vignoble de 33 ha privilégie les blancs (25 ha).

De jeunes vignes de 15 ans sont à l'origine de ce magnifique 2018 qui, dès l'examen visuel, affiche sa jeunesse par sa teinte d'un rouge cerise intense. Délicatement appuyé par le bois, le bouquet se montre diablement charmeur par ses arômes de baies noires bien mûres. Au palais, la palette aromatique s'enrichit de notes de cuir et de réglisse qui accompagnent une chair ronde, soyeuse, et des tanins extraits en finesse. L'ensemble laisse sur une impression d'équilibre. ⧗ 2024-2030

⊶ EARL DES CABANASSES ARDURATS ET FILS, 12, chem. Maxime-Ardurats, 33650 La Brède, tél. 05 56 20 20 57, ardurats@chateau-magneau.com V t.l.j. 9h-12h 14h-18h; sam. dim. sur r.-v.

CH. MARTIGNAC
Cuvée Prestige 2018 ★★

48000 | 8 à 11 €

Les vignobles Labuzan ont été fondés en 1847, au Ch. des Gravières. C'est depuis 1991 la septième génération, représentée par Denis (le viticulteur) et Thierry (l'œnologue), qui est aux commandes d'un vignoble de 60 ha. Trois autres étiquettes ici : Ch. du Barrailh, Ch. Pontet la Gravière et Ch. Martignac

D'un grenat soutenu et profond, la robe annonce le potentiel de cette bouteille. Frais, intense et complexe, le bouquet séduit par ses parfums d'épices, de mûre et de cassis. Soyeuse, riche et fraîche à la fois, la bouche, remarquablement équilibrée et longue, se porte garante d'une heureuse évolution. ⧗ 2025-2030 ■ **Ch. du Barrailh Cuvée Collection Prestige 2018 ★ (8 à 11 €; 80000 b.)** Un vin sombre, ouvert sur les fruits rouges et noirs mâtinés de boisé toasté, frais en bouche, épaulé par des tanins veloutés. ⧗ 2024-2028

⊶ EARL VIGNOBLES LABUZAN, 6 C, rue du Mirail, 33640 Portets, tél. 05 56 67 15 70, contact@vignobles-labuzan.fr V r.-v.

CH. MARTIN
2018 ★★

60000 | 11 à 15 €

Ancienne propriété du comte de Ravez, garde des Sceaux de Louis-Philippe, cette vaste unité (80 ha aujourd'hui) a été achetée en1962 par la famille Solorzano, d'origine espagnole (Rioja). Essentiellement située dans les Graves, elle regroupe les châteaux Prieuré-les-Tours, Martin et Millet

Entre rubis et pourpre, la robe est d'une intensité qui fait naître de beaux espoirs. Ils ne sont pas déçus par la suite. Aux frais arômes de cerise noire, d'épices et de vanille succède une structure tannique aussi soyeuse que riche. Tout annonce un beau potentiel. ⧗ 2025-2030 ■ **Ch. Prieuré-les-Tours 2018 ★★ (11 à 15 €; 160000 b.)** Aussi expressif par sa robe pourpre que par son bouquet généreux mariant les fruits mûrs aux épices, ce vin possède une bouche concentrée, étayée par des tanins fermes. ⧗ 2025-2030

⊶ SARL DOMAINES DE LA METTE, 17, rte de Mathas, 33640 Portets, tél. 05 56 67 18 18, domainesdelamette@wanadoo.fr V r.-v.

CH. MOUTIN
2018 ★

12000 | 15 à 20 €

Établis à Loupiac depuis huit générations, les Darriet exploitent plusieurs crus (68 ha en tout) sur les deux rives de la Garonne. Leurs rouges sont de qualité, mais ils possèdent aussi un réel savoir-faire en matière de vin blanc, doux comme sec – Philippe Darriet, l'œnologue, est chercheur à la faculté de Bordeaux et spécialiste du sauvignon.

D'un beau rouge rubis, la robe affiche une jeunesse qui se retrouve dans le bouquet naissant de fruits rouges, d'amande et de noisette. Tout aussi élégant, le palais séduit par ses tanins fins, ses saveurs de noyaux et sa longue finale. ⧗ 2023-2028

SC J. DARRIET, Ch. Dauphiné-Rondillon, 33410 Loupiac, tél. 05 56 62 61 75, contact@vignoblesdarriet.fr V *t.l.j. sf sam. dim. 8h30-12h30 13h30-18h*

CH. PEDEBAYLE 2019 ★★

■ | 10 000 | | 11 à 15 €

Situé au sud des Graves, sur des coteaux dominant la Garonne, ce vignoble est commandé par une chartreuse du XVIIIᵉs. bâtie par Jean de Majence, conseiller au parlement de Bordeaux. Dès la fin de ce même siècle, les propriétaires prospectaient les États-Unis pour y vendre leurs vins. Leurs descendants, les Guillot de Suduiraut d'Antras, sont à la tête de 55 ha d'un seul tenant et en conversion bio.

Agrumes, fruit de la Passion, litchi, silex, menthe verte… la complexité aromatique de ce 2019 vinifié en barriques de 400 l s'accorde parfaitement avec le palais, ample et frais, pour composer un ensemble des plus savoureux. Une vraie réussite. ⧗ 2021-2025

SCEA CH. MAGENCE, Ch. Magence, 33210 Saint-Pierre-de-Mons, tél. 05 56 63 07 05, magence@magence.com V *r.-v.*

CH. PEYRON BOUCHÉ 2019 ★

■ | 107 000 | | 8 à 11 €

Ancien architecte, Michel Pélissié a racheté en 2008, au sud des Graves, le Ch. de Landiras. Un domaine historique, ancienne demeure de Jeanne de Lestonnac, nièce de Montaigne, sainte patronne de la ville de Bordeaux et fondatrice de la Compagnie de Marie-Notre-Dame. Aujourd'hui, une belle unité renforcée par les châteaux La Ouarde et Peyron-Bouché : plus de 80 ha en tout, conduits par François Puerta.

L'élevage en fût a fortement marqué le bouquet, où percent à l'agitation des notes de fruits rouges mûrs.Celles-ci s'épanouissent pleinement dans une bouche ample, riche, longue, dotée de tanins croquants. ⧗ 2022-2026

SCA DOM. LA GRAVE, Ch. de Landiras, 33720 Landiras, tél. 05 56 76 76 61, chateau.landiras@orange.fr V *t.l.j. sf sam. dim. 9h-12h30 13h30-17h*

CH. PIRON
Terre d'Aurore 2018 ★★

■ | 6 000 | | 8 à 11 €

Ce domaine des Graves est dans la même famille depuis la fin du XVIIᵉs., mais sa vocation viticole est plus récente. Depuis 1999, il est géré par Lionel Boyreau, qui ne ménage pas les investissements. Sur ses 20 ha, les cépages blancs sont légèrement majoritaires.

Très élégant dans sa robe intense aux reflets rubis, ce très beau 2018 se montre particulièrement généreux dans son développement aromatique, faisant la part belle aux fruits noirs, agrémentés de notes de sous-bois. En bouche, il apparaît frais, ample, tannique, bâti pour durer. ⧗ 2025-2030

EARL FAMILLE BOYREAU (CH. PIRON), 310, rte de Cabanac, 33650 Saint-Morillon, tél. 05 56 20 22 94, muriel.boyreau@chateau-piron.com V *t.l.j. sf dim. 9h-12h 14h-19h*

CH. DE PORTETS
2018 ★

■ | 175 000 | | 8 à 11 €

Ancienne baronnie de Gascq, lit-on sur l'étiquette. Au Moyen Âge, une forteresse dominant la Garonne, remplacée par un élégant château, avec une façade Renaissance, une tour de Gascq du XIVᵉs. et un parc aux arbres centenaires. Le cru (72 ha dans les Graves), repris en 1956 par Jules Théron, ingénieur agronome rapatrié d'Algérie, est aujourd'hui conduit par sa petite-fille Marie-Hélène Yung-Théron.

Encore un peu sur la réserve, le bouquet joue la carte de la finesse avec de délicates notes fruitées relevées d'épices. Plus expressif, doté de tanins souples et fins, le palais offre un bon volume et de la longueur. ⧗ 2023-2026

SCEA THÉRON-PORTETS, Ch. de Portets, 33640 Portets, tél. 05 56 67 12 30, contact@chateaudeportets.fr V *r.-v.*

♥ CH. RAHOUL
2019 ★★

■ | 22 100 | | 20 à 30 €

Le chevalier Rahoul construisit dans les Graves une belle chartreuse en 1646. Devenu viticole dès le XVIIIᵉs., développé au siècle suivant par une famille d'armateurs, le cru (certifiés HVE3) couvre environ 40 ha. Il est passé entre plusieurs mains avant son acquisition en 1986 par le négociant champenois Alain Thiénot, qui le confie en 2007 aux équipes de la maison Dourthe. Une valeur sûre.

Ce cru n'en est pas à son premier coup de cœur pour ses blancs. Le 2019 s'affirme d'emblée par les reflets jeunes et verdoyants de sa robe et par ses beaux parfums d'agrumes, de fleurs blanches, de chèvrefeuille et de fruits secs. Une expression élégante à laquelle fait écho une bouche ample, d'une grande fraîcheur tout en affichant beaucoup de matière, épaulée par un boisé impeccable et dynamisée par de fins amers en finale. Un vin complet et complexe. ⧗ 2021-2026 ■ **2018 ★ (15 à 20 €; 153 000 b.)** Rond, riche, fruité et épicé, ce vin équilibré et solidement constitué se voit prolongé par une longue finale sur la fraîcheur. Un potentiel certain pour la garde. ⧗ 2025-2030

SARL CH. RAHOUL, 4, rte du Courneau, 33640 Portets, tél. 05 56 35 53 00, contact@dourthe.com *r.-v.*

CH. DE ROLLAND 2020 ★

■ | 1 200 | | 8 à 11 €

Ancienne possession des chartreux, ce cru abrite un grand pigeonnier du XVᵉs., sauvé in extremis en 2008. Pendant trois siècles (de 1492 à 1797), il a appartenu à la famille Rolland qui lui a laissé son nom. En 1971, les Guignard ont pris les rênes du domaine, dont le

LE BORDELAIS

vignoble couvre 20 ha en graves, sauternes et barsac. Romain Garcia, aux commandes depuis 2020, a engagé la conversion bio.

Largement majoritaire avec 70 % de l'assemblage, le sauvignon apporte sa marque au vin avec une fraîche dominante des notes de citron. Arômes que l'on retrouve dans un palais aussi expressif que bien équilibré, alerte et fin. ⧗ 2021-2023

EARL VIGNOBLES GARCIA GUIGNARD, 3, Ch. de Rolland, 33720 Barsac, tél. 05 56 27 15 02, romain@chateauderolland.com t.l.j. sf sam. dim. 9h-12h 14h-17h30

♥ CH. ROQUETAILLADE LA GRANGE
2018 ★★

100 000 | 15 à 20 €

Les frères Guignard, Bruno, œnologue, Dominique, ingénieur agronome, et Pascal, fort d'une expérience en Afrique du Sud, perpétuent l'œuvre des générations précédentes. Établis dans le sud des Graves à proximité de l'imposant château de Roquetaillade, construit pour un neveu du pape gascon Clément V, ils exploitent plusieurs crus.

Ce beau vin de garde dominé par le cabernet-sauvignon (60 %) s'affirme d'emblée par sa robe intense, noire à reflets violines. Une intensité que l'on retrouve dans un bouquet généreux de baies noires appuyé par des notes boisées très bien dosées, fumées et épicées. Corsé, séveux, dense, solidement charpenté, souligné par une fine fraîcheur qui lui donne du tonus, le palais se révèle aussi puissant que savoureux. ⧗ 2025-2032 ■ **Ch. de Carolle 2018 ★ (8 à 11 €; 150 000 b.)** Un graves fruité, discrètement boisé, frais, souple et porté par des tanins fins et fondus. ⧗ 2022-2026

GAEC GUIGNARD FRÈRES, La Grange, 33210 Mazères, tél. 05 56 76 14 23, contact@vignobles-guignard.com r.-v.

CH. SAINT-ROBERT
Poncet-Deville 2018 ★★

19 503 | 11 à 15 €

Terres bordelaises est une filiale du groupe Les Grands Chais de France, qui diffuse une vaste gamme de domaines girondins, parmi lesquels Bastor-Lamontagne, Saint-Robert, Faizeau, Haut-Mouleyre, Laubès.

Si la robe est aussi rutilante que fraîche, le bouquet reste encore un peu fermé, mais intéressant par ses notes gourmandes de fruits noirs et de vanille. Rond en attaque, le palais révèle la présence de tanins épicés. Assez puissants et bien enrobés, ils se portent garants de la bonne évolution de cette jolie bouteille. ⧗ 2023-2028

SCEA TERRES BORDELAISES, Ch. Bastor Lamontagne, 33210 Preignac, tél. 05 57 98 07 20, vcachau@lgcf.fr

♥ CH. SIMON
Empreinte 2019 ★★★

1400 | 11 à 15 €

La famille Dufour cultive la vigne dans les Graves et en Sauternais depuis 1814 au Ch. Simon, qui tire son nom d'un hameau de Barsac. Trois générations – la dernière étant Anne-Laure Dufour, arrivée en 2011 – œuvrent aujourd'hui de concert sur les 38 ha du domaine. Autre étiquette : Ch. de Rieufret.

Un rien aristocratique dans sa robe jaune paille légèrement doré, ce superbe vin se montre grand seigneur par la générosité de son bouquet où le fruit de la Passion est souligné de délicates notes mentholées et fruitées (abricot mûr). Charmeur et gourmand par sa rondeur caressante, fruité à souhait, boisé avec élégance, le palais est un modèle d'harmonie, et pour longtemps. ⧗ 2022-2026

EARL DUFOUR, Ch. Simon, 33720 Barsac, tél. 05 56 27 15 35, contact@chateausimon.fr t.l.j. 8h30-12h30 13h30-17h30; sam. dim. sur r.-v.

CH. TOUMILON
2019 ★

1800 | 8 à 11 €

Un vignoble de 15 ha que Damien Rochet, ingénieur électricien de formation et fils de viticulteur, a rejoint en 2016, avant de l'acquérir en 2020.

Un vin d'une belle tenue, tant par sa robe d'une jolie couleur profonde et brillante que par son bouquet aux fines notes boisées. Le palais, souple, frais, bien équilibré et d'une bonne longueur, ne laisse pas non plus insensible. ⧗ 2023-2027

SARL TOUMILON WINES, Toumilon, 33210 Saint-Pierre-de-Mons, tél. 06 73 37 83 38, toumilon.wines@gmail.com r.-v. 3

CH. TOURTEAU CHOLLET
Le Pin 2018 ★★

74 066 | 11 à 15 €

Propriété constituée en 1760 par Étienne Tourteau, notaire royal à Portets. La maison Mestrezat l'a vendue en 2001 à Maxime Bontoux, ancien expert-comptable reconverti dans le vin, qui a restructuré le vignoble (hautes densités) et modernisé le chai. Situé dans le sud de l'appellation, le cru, certifié HVE, couvre 63 ha.

Sombre, profonde et limpide, la robe est prometteuse. Un peu timide au début, le bouquet s'ouvre à l'aération sur de belles notes de fruits noirs confits et de vanille. Ample, suave, dense et longue, la bouche est adossée à des tanins bien enrobés et à un boisé ajusté qui garantissent une bonne évolution à la garde. ⧗ 2024-2030

SC DU CH. TOURTEAU CHOLLET, 3, chem. de Chollet, 33640 Arbanats, tél. 05 56 67 47 78, commercial@vitisvintage.com r.-v.

♥ VIEUX CH. GAUBERT
2018 ★★

■ | 60000 | (fût) | 15 à 20 €

Dominique Haverlan, fils de viticulteurs, a su rassembler de beaux terroirs de graves sur une centaine d'hectares, à travers plusieurs domaines : Vieux Ch. Gaubert, son fer de lance (une quarantaine d'hectares constitué au cours des années 1980), Haut-Pommarède (33 ha acquis en 2010), et Ch. Grand Bourdieu (22 ha). Une valeur sûre.

Une fois encore, Dominique Haverlan nous prouve que la réputation du terroir de Portets en matière de vins rouges n'est pas usurpée. Mi-merlot mi-cabernet-sauvignon, ce 2018 en impose d'emblée avec ses arômes intenses et complexes de fruits rouges, de tabac, de cèdre et de camphre. Une attaque pleine de fraîcheur ouvre sur une bouche puissante, ample, riche et longue, qui a parfaitement intégré l'apport du bois. De l'harmonie à tous les étages. ⧗ 2025-2032 ■ **Ch. Haut-Pommarède 2019 ★★ (8 à 11 €; 50000 b.)** Une dominante de cabernet-sauvignon dans ce graves ouvert sans réserve sur les fruits noirs, concentré, suave et intense en bouche, étiré dans une longue finale vanillée et fumée. Un beau vin de garde. ⧗ 2024-2030

GFA DES DOMAINES HAVERLAN, 35, rue du 8-Mai-1945, 33640 Portets, tél. 05 56 67 18 63, contact@vignobleshaverlan.com V r.-v.

CH. VILLA BEL-AIR
2018 ★★

■ | 180000 | (fût) | 15 à 20 €

Commandé par une remarquable chartreuse du XVIII[e]s. construite pour un conseiller au parlement de Bordeaux, ce cru (43 ha aujourd'hui) a été repris en 1988 par Jean-Michel Cazes (Ch. Lynch Bages, cru classé à Pauillac), puis en 2017 par Armand Ballande.

Des fruits frais (groseille et cassis) aux notes fumées, en passant par les épices, la palette aromatique est aussi large qu'intense. La complexité et l'élégance du bouquet se retrouvent dans un palais ample et frais, soutenu par des tanins fondus et soyeux. La longue finale épicée confirme le potentiel de ce vin très réussi. ⧗ 2024-2030

SCEA DU CH. BEL-AIR, 1186, rte de Castres, Bel-Air, 33460 Macau, tél. 05 56 20 29 35, aurelie.ballande@villabelair.com

CH. DE VIMONT
2019 ★

■ | 20058 | (fût) | 8 à 11 €

Les Ateliers Saint-Joseph, créés en 1967 par Magdeleine de Vimont, sont devenus en 1986 un ESAT (établissement et service d'aide par le travail), structure destinée à l'insertion des personnes handicapées. Le centre est couplé avec un vignoble de 16 ha acquis en 2009.

Classique dans sa robe jaune paille à reflets verts, ce 2019 monte en puissance au cours de la dégustation. D'abord un peu discret, le bouquet s'ouvre à l'aération sur de vives notes d'agrumes. Arômes agrémentés de nuances mentholées et salines, que prolonge une bouche élégante et tonique. ⧗ 2021-2024

ESAT MAGDELEINE DE VIMONT, 1, rue des Lilas, 33640 Castres-sur-Gironde, tél. 05 56 67 39 60, contact@chateaudevimont.fr V r.-v.

GRAVES SUPÉRIEURES

♥ CH. LÉHOUL
Élevage en fût de chêne 2019 ★★★

■ | 1200 | (fût) | 15 à 20 €

Le 9 ventôse an VI (1798), Georges Lehoult vend un vignoble à un aïeul d'Éric Fonta. Le cru est établi sur une belle croupe de graves et de sables, à l'orée de la forêt, au sud de l'appellation, étendu sur 9 ha. Il a été repris en 2019 par Jean-Philippe Le Guillou et Nicolas Dorronsoro. Une valeur sûre des Graves.

Les graves supérieures se font rares, et plus encore au sommet de l'affiche. Celui-ci vient nous rappeler que l'on produit sur ces terres de graves et de sables de superbes vins doux. Ce pur sémillon séduit d'emblée par l'élégance de sa robe, d'une délicate couleur or pâle. Élégance qui trouve un beau prolongement dans un bouquet complexe évoquant le nid d'abeilles, le citron confit et les fleurs blanches. Tout aussi riche, le palais présente un équilibre parfait entre liqueur, arômes confits, fine acidité et boisé parfaitement fondu. Un liquoreux savoureux en diable, et pour longtemps.

SCEA VIGNOBLES GRUSSON (CH. LÉHOUL), Grusson, 33210 Coimères, tél. 06 50 31 33 52, chateaulehoul@gmail.com V r.-v.

PESSAC-LÉOGNAN

Superficie : 1 610 ha
Production : 71 145 hl (80 % rouge)

Correspondant à la partie nord des Graves (appelée autrefois Hautes-Graves), la région de Pessac et de Léognan constitue depuis 1987 une appellation communale, inspirée de celles du Médoc. Sa création, qui aurait pu se justifier par son rôle historique (c'est l'ancien vignoble périurbain qui produisait les clarets médiévaux), s'explique par l'originalité de son sol. Les terrasses que l'on trouve plus au sud cèdent la place à une topographie plus accidentée. Le secteur compris entre Martillac et Mérignac est

constitué d'un archipel de croupes graveleuses qui présentent d'excellentes aptitudes vitivinicoles par leurs sols, composés de galets très mélangés, et par leurs fortes pentes garantissant un excellent drainage. L'originalité des pessac-léognan a été remarquée par les spécialistes bien avant la création de l'appellation. Ainsi, lors du classement impérial de 1855, Haut-Brion fut le seul château non médocain à être classé (1er cru). Puis, lorsqu'en 1959 seize crus de graves furent classés, tous se trouvaient dans l'aire de l'actuelle appellation communale.

Les vins rouges possèdent les caractéristiques générales des graves, tout en se distinguant par leur bouquet, leur velouté et leur charpente. Quant aux blancs secs, ils se prêtent à l'élevage en fût et au vieillissement qui leur permet d'acquérir une très grande richesse aromatique, avec de fines notes de genêt et de tilleul.

LES CRUS CLASSÉS DES GRAVES

NOM DU CRU CLASSÉ	VIN CLASSÉ	NOM DU CRU CLASSÉ	VIN CLASSÉ
Ch. Bouscaut	■ ■	Ch. Latour-Martillac	■ ■
Ch. Carbonnieux	■ ■	Ch. Malartic-Lagravière	■ ■
Dom. de Chevalier	■ ■	Ch. La Mission Haut-Brion	■
Ch. Couhins	■	Ch. Olivier	■ ■
Ch. Couhins-Lurton	■	Ch. Pape Clément	■
Ch. Fieuzal	■	Ch. Smith-Haut Lafitte	■
Ch. Haut-Bailly	■	Ch. La Tour-Haut-Brion	■
Ch. Haut-Brion	■		

♥ CH. BOUSCAUT 2019 ★★

■ Cru clas. | 21187 | | 30 à 50 €

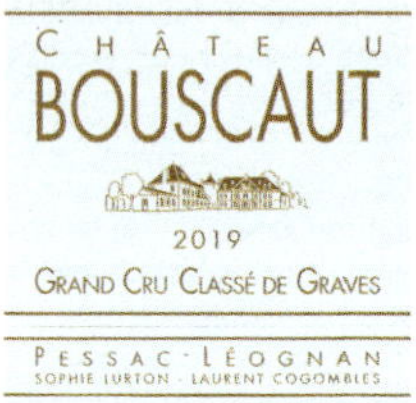

Disposant d'un vignoble de 50 ha d'un seul tenant bordant la route de Toulouse, ce cru est commandé par une superbe demeure du XVIII[e]s. entourée d'un parc aux arbres centenaires. Acquis en 1979 par Lucien Lurton, propriétaire de nombreux crus, notamment dans le Médoc, il est conduit depuis 1992 par sa fille Sophie et son gendre Laurent Cogombles et est certifié Haute Valeur Environnementale niveau 3 depuis 2018.

L'élégance de ce blanc apparaît dès la présentation avec une limpidité exemplaire. Aussi fin qu'intense, le bouquet se distingue lui aussi par l'élégance de ses délicates notes de beurre frais, de fleurs blanches, d'abricot et d'agrumes sur fond de boisé fumé. Ample, rond, gras, opulent mais sans excès, bien soutenu par une fine acidité sous-jacente, le palais prolonge cette sensation d'harmonie et annonce un beau potentiel. ⧗ 2024-2030 ■ **Cru clas. 2018 ★ (30 à 50 €; 64 032 b.)** Si le bois est encore très présent à l'olfaction, avec des notes de pain grillé et de bacon fumé, l'équilibre se rétablit au palais avec une belle charpente de tanins denses, du volume, de la suavité et une longue finale. ⧗ 2025-2030

SAS CH. BOUSCAUT, 1477, av. de Toulouse, 33140 Cadaujac, tél. 05 57 83 12 20, cb@chateau-bouscaut.com V r.-v.

♥ CH. BROWN 2019 ★★

■ | 17 673 | | 30 à 50 €

Commandé par une élégante chartreuse et son pigeonnier du XVIII[e]s., ce vaste cru (60 ha dont 35 ha en vignes) doit son nom à un marchand de biens écossais, John Lewis Brown, propriétaire au XIX[e]s. Après quelques années difficiles, le domaine revit à la suite de son rachat en 1994 par Bernard Barthe; efforts perpétués depuis fin 2004 par les familles Mau et Dirkzwager. Le cru est dirigé par Jean-Christophe Mau et le vignoble est certifié Haute Valeur Environnementale niveau 3 depuis 2018.

2012, 2013, 2014, 2015, 2017 et désormais 2019 : Brown ajoute une nouveau coup de cœur à un palmarès époustouflant ! Quelle régularité dans l'excellence ! Dans le verre, un pessac lumineux, au sens propre comme au sens figuré. Si la robe, d'un doré somptueux, est très élégante, c'est au nez qu'éclate la forte personnalité de ce vin d'une impressionnante complexité aromatique (citron, fruits blancs, vanille, épices, touche miellée). Tout aussi expressif, le palais se révèle ample, charnu, soyeux, souligné de bout en bout par une fine acidité qui l'étire dans une longue finale pleine d'énergie. Ce blanc coche toutes les cases du grand vin. ⧗ 2024-2030 ■ **2018 ★ (30 à 50 €; 48 730 b.)** Un joli bouquet mariant le café et les épices aux fruits noirs, un palais ample, frais, droit, bien structuré, le rouge du domaine a tous les atouts pour vieillir sereinement. ⧗ 2025-2032

SCEA CH. BROWN, 5, allée John-Lewis-Brown, 33850 Léognan, tél. 05 56 87 08 10, contact@chateau-brown.com V r.-v.

CH. LE BRUILLEAU
2018 ★

| 45 000 | | 11 à 15 €

Dans la famille Bédicheau depuis quatre générations, ce petit cru étend son vignoble sur une dizaine d'hectares situés dans le sud de l'appellation, près de La Brède et du château de Montesquieu.

Flatteur avec ses arômes gourmands de cannelle, d'écorce d'orange et de fruits confits, ce vin séduit d'emblée. Une opération séduction qui se poursuit avec un palais consistant, tendre, soyeux et mûr, épaulé par des tanins veloutés. 2023-2028

SCEA BÉDICHEAU, 12, chem. du Bruilleau, 33650 Saint-Médard-d'Eyrans, tél. 05 56 72 70 45, chateau.lebruilleau@orange.fr V r.-v.

CH. CANTELYS
2018 ★

| 24 000 | | 15 à 20 €

Outre Smith Haut Lafitte, leur navire amiral, les Cathiard possèdent plusieurs vignobles dans l'appellation pessac-léognan, dont ce cru de 20 ha créé en 1987 par Dominique Lurton et acquis en 1995.

Des arômes de pruneaux, d'épices et de thym pour composer un bouquet plein de nuances. Au palais, une attaque vive et des tanins serrés et consistants laissent entrevoir un bon potentiel de garde. 2024-2028

SAS D. CATHIARD, Ch. Cantelys, 62, av. du Site-Montesquieu, 33650 Martillac, tél. 05 57 83 11 22, c.meyrou@smith-haut-lafitte.com V r.-v.

CH. CARBONNIEUX
2018 ★★

Cru clas. | 150 000 | | 30 à 50 €

Un cru très ancien, déjà exploité au XIIIᵉs., ancienne dépendance du monastère de l'abbaye de Sainte-Croix au XVIIᵉs. Occupant sur les hauteurs de Léognan une belle croupe de graves garonnaises, son vaste vignoble couvre 92 ha. Anthony Perrin l'a acquis après le grand gel de 1956, replanté, réhabilité et transmis à ses fils Éric et Philibert.

À la fois sombre et brillante, la robe introduit avec force la dégustation. Elle se poursuit avec élégance par des notes de fruits mûrs, de fruits secs et de boisé toasté. Le palais, bâti sur des tanins bien enrobés, affiche de la puissance, de la générosité et de la mâche. Un très beau vin en devenir. 2025-2032 **Cru clas. 2019 ★ (30 à 50 €; 130 000 b.)** Largement majoritaire avec 76 % de l'encépagement, le sauvignon impose sa marque dans un bouquet bien ouvert sur les agrumes, le buis et les fleurs blanches, mâtiné d'un discret boisé vanillé. On retrouve ces arômes dans une bouche bien équilibrée, fine, élégante, très fraîche, sans manquer de rondeur et d'onctuosité. 2023-2028

SCEA A. PERRIN ET FILS, Ch. Carbonnieux, 33850 Léognan, tél. 05 57 96 56 20, info@chateau-carbonnieux.fr V r.-v.

CH. COUHINS
2018 ★

| 32 053 | | 20 à 30 €

Classé en blanc, ce cru de 32 ha situé aux portes de Bordeaux appartint à la famille Gasqueton, longtemps propriétaire de Calon Ségur (saint-estèphe), avant d'être acquis par l'INRA en 1968, qui en a fait sa vitrine en matière de recherches vitivinicoles. La conversion bio est engagée.

Encore jeune dans sa jolie robe rubis qu'animent des reflets violets, ce vin harmonieux développe un bouquet discret mais élégant de fruits noirs et d'épices, agrémenté d'une note briochée. La bouche se révèle ample, droite, fraîche, bien structurée par des tanins serrés. 2024-2028 **La Dame de Couhins 2018 ★ (15 à 20 €; 21 009 b.)** Un bouquet expressif de fruits noirs et d'épices, une bouche fraîche et souple en attaque, plus ferme et ample dans son développement : un pessac de bonne constitution. 2023-2027

SAS CH. COUHINS, chem. de la Gravette, 33140 Villenave-d'Ornon, tél. 05 56 30 77 61, couhins-bordeaux@inra.fr V r.-v.

CH. DE FRANCE
2018 ★

| 78 000 | | 20 à 30 €

Commandé par une belle maison de maître du XVIIIᵉs., ce cru a été acheté en 1971 par Bernard Thomassin, ancien distillateur venu de la région parisienne, qui l'a restauré. Son fils Arnaud est aux commandes depuis 1996. Son vignoble de 44 ha, entièrement restructuré, est situé sur une croupe de graves profondes, l'un des plus hauts coteaux de la terrasse de Léognan.

Profonde et soutenue, la robe rubis foncé met en confiance, comme le bouquet, intense et complexe (fruits rouges et noirs, épices, biscuit). Sur le fruit, la bouche se montre fraîche, équilibrée, bien constituée autour de tanins fermes mais bien enrobés par une chair ronde et soyeuse. 2024-2030 **2019 ★★ (20 à 30 €; 9 000 b.)** D'une belle complexité (fruits blancs, citron, note beurrée, touche crayeuse), ce blanc séduit aussi par son palais bien équilibré, gras, dense, soyeux, frais et tonique. 2022-2026

SAS THOMASSIN, 98, av. du Mont-de-Marsan, 33850 Léognan, tél. 05 56 64 75 39, contact@chateau-de-france.com V r.-v.

CH. LA GARDE 2018 ★

| 164 000 | | 20 à 30 €

À l'élégance très bordelaise de sa chartreuse du XVIIIᵉs., ce cru de 50 ha d'un seul tenant (certifié HVE3), propriété de la maison Dourthe depuis 1990, ajoute un bel environnement et une vue panoramique, avec trois croupes et un plateau de graves sur le point culminant de la commune de Martillac. Les sols se caractérisent par leur diversité : graves, calcaires, argiles.

Paré d'une robe intense et profonde, ce 2018 livre à l'olfaction des parfums harmonieux d'épices et de fruits noirs mâtinés d'une touche mentholée. La bouche se montre souple en attaque avant de monter en puissance et en volume autour de tanins élégants et fondus, bien épaulés par un boisé aux saveurs de cèdre et de toast. ⧗ 2025-2030

⊶ *SC DU CH. LA GARDE, 1, chem. de la Tour, 33650 Martillac, tél. 05 56 35 53 00, contact@dourthe.com* r.-v.

CH. HAUT-BAILLY 2018 ★★

■ Cru clas. | 60000 | | + de 100 €

Créé en 1630 par un financier parisien, Firmin Le Bailly, ce cru situé aux portes de Bordeaux acquiert sa notoriété au XIXᵉs. sous l'impulsion d'Alcide Bellot des Minières. Un prestige renforcé à partir de 1955 par la famille Sanders, puis par le banquier américain Robert G. Wilmers. Son fils Chris Wilmers a repris la gouvernance, toujours avec Véronique Sanders aux commandes. Le vignoble, intégralement voué aux cépages rouges, couvre 33 ha d'un seul tenant.

D'un beau pourpre profond, la robe annonce la couleur. Le nez, riche et complexe, conjugue en toute harmonie des notes de tabac, de pain brioché, de réglisse, d'épices douces et de fruits rouges et noirs mûrs. En bouche, le vin se montre dense, volumineux, étayé par des tanins veloutés et fins, et par une fraîcheur stimulante. Le mariage parfait de la force et de l'élégance. ⧗ 2026-2033

⊶ *SAS CH. HAUT-BAILLY, 103, av. de Cadaujac, 33850 Léognan, tél. 05 56 64 75 11, mail@haut-bailly.com* r.-v.

Ⓑ CH. HAUT-BERGEY 2018 ★

■ | 65613 | | 20 à 30 €

Pomerol, saint-émilion grand cru, pessac-léognan, Sylviane Garcin-Cathiard détient des vins dans des AOC prestigieuses du Bordelais. En pessac, elle exploite les châteaux Haut-Bergey, 37 ha acquis en 1991 (certifiés en bio et biodynamie), et Branon, petit cru de notoriété ancienne acheté en 1996, 6 ha au cœur de Léognan. Son fils Paul est désormais aux commandes.

S'annonçant par une robe d'une jolie couleur rubis, ce vin se montre assez discret dans sa première expression aromatique, avant de livrer de beaux arômes de fruits mûrs et d'amande douce à l'aération. En bouche, il déroule une matière tendre et ronde, épaulée par des tanins de qualité qui laissent deviner un bon potentiel de garde. ⧗ 2024-2028

⊶ *SAS CH. HAUT-BERGEY, 69, cours Gambetta, 33850 Léognan, tél. 05 56 64 05 22, info@haut-bergey.fr* V r.-v.

♥ CH. HAUT-BRION 2018 ★★★

■ 1ᵉʳ cru clas. | n.c. | + de 100 €

Créé par Jean de Pontac en 1525, le premier véritable château du vin bordelais a joué un rôle majeur dans l'apparition de la notion de cru et de bordeaux moderne – il connut la célébrité en Grande-Bretagne dès le XVIIᵉs. grâce à Arnaud de Pontac. Seul cru des Graves intégré au classement de 1855, Haut-Brion a été acquis en 1935 par le banquier américain Clarence Dillon. Son descendant le prince Robert de Luxembourg en est l'actuel propriétaire. Aujourd'hui enclavé dans l'agglomération bordelaise, le domaine continue d'entretenir sa légende, sous la conduite de son directeur Jean-Philippe Delmas, grâce à son terroir particulier, fait de graves blanches sur argiles profondes.

D'un rouge intense et profond qui laisse peu de doute sur le caractère imposant du vin, le Haut-Brion 2018 dévoile d'emblée un bouquet très racé de fruits noirs mûrs, d'épices (curry, cardamone) et de menthol, agrémenté de douces notes pâtissières. Une complexité à laquelle fait écho une bouche très énergique et fraîche en attaque, d'un volume et d'une densité impressionnants, avec en soutien des tanins d'une grande finesse, bien pris dans une chair soyeuse. Et quelle longueur ! ⧗ 2027-2045 ■ **Ch. Haut-Brion 2019 ★★ (+ 100 €; n.c.)** D'un seyant jaune pâle aux reflets argentés, le blanc 2019 livre un bouquet bien sauvignonné mais assez discret de buis et d'agrumes, puis le fruit se développe à l'aération (poire mûre, fruits exotiques), agrémenté d'une touche minérale, crayeuse et fumée. Une attaque profonde et vive ouvre sur un palais ample, net, à la texture fine et veloutée, enrobée par un gras délicat. La finale ramène de la fraîcheur, renforcée par de beaux amers sur fond de boisé fondu. ⧗ 2025-2035 ■ **Le Clarence de Haut-Brion 2018 ★ (+ de 100 €; n.c.)** Le second vin de Haut-Brion, nommé ainsi en hommage à l'acquéreur du château en 1935. Il a remplacé Les Bahans Haut-Brion à partir du millésime 2008. Au nez, de généreux parfums de fruits rouges à l'alcool. En bouche, une attaque souple et fraîche, une matière dense et riche qui enrobe des tanins fins, serrés, et un boisé bien ajusté. De beaux amers viennent stimuler la finale. ⧗ 2026-2033

⊶ *CH. HAUT-BRION, 135, av. Jean-Jaurès, 33608 Pessac Cedex, tél. 05 56 00 29 30, info@haut-brion.com* r.-v.

CH. HAUT-LAGRANGE 2018 ★

■ | 33000 | | 15 à 20 €

S'il est de création récente (1989, par Francis Boutemy), ce cru est l'héritier d'une longue histoire. Son vignoble est déjà présent en 1764 sur la carte de Belleyme. Couvrant aujourd'hui 8,5 ha, il est exploité par Ghislain Boutemy, œnologue et agronome.

Le bouquet de ce vin s'ouvre sur une note de cuir en complément des fruits rouges mûrs, puis apparaissent à l'aération des senteurs typées d'âtre de cheminée. Passé une attaque souple, la bouche apparaît bien concentrée, structurée par des tanins fermes. ⧗ 2024-2028

⊶ *SAS CH. HAUT-LAGRANGE, 89, av. de la Brède, 33850 Léognan, tél. 05 56 64 09 93, contact@hautlagrange.com* V *t.l.j. 9h-12h 13h-17h; sam. dim. sur r.-v.*

CH. HAUT-PLANTADE
2019 ★

| 5 000 | | 20 à 30 €

Un ancêtre était vigneron en Corrèze au XVIIIes. La famille s'est consacrée au négoce des vins vers la Belgique, puis a acquis une vieille bergerie entourée de terres à vignes et de crus célèbres (Chevalier, Fieuzal, Malartic-Lagravière). Créé dans les années 1970, ce domaine de 10,5 ha est conduit depuis 1991 par Vincent Plantade.

Ce 2019 annonce son caractère dès la présentation avec une robe vive et brillante. Il confirme ces bonnes dispositions par un bouquet bien sauvignonné de genêt et de buis sur fond de boisé vanillé. Sa fraîcheur aux tonalités salines, son volume et sa densité lui ouvrent les portes d'une bonne garde. ⧗ 2022-2025

SCEA PLANTADE PÈRE ET FILS, 4 bis allée de Gazin, 33850 Léognan, tél. 06 03 01 15 34, hautplantade@wanadoo.fr V *t.l.j. sf dim. 8h-12h30 13h30-19h*

CH. HAUT-VIGNEAU
2018 ★

| 150 000 | | 11 à 15 €

Planté à partir du milieu des années 1980 sur des terres graveleuses qui appartenaient au XVIIIes. à Montesquieu, ce vignoble est conduit par Éric Perrin, qui gère également Carbonnieux.

Plus que sur la puissance, c'est sur la finesse et l'élégance que s'appuie ce vin pour séduire. À la fraîcheur de ses arômes fruités et mentholés répond une bouche franche, alerte, d'un bon volume, dotée de tanins bien affinés. ⧗ 2024-2028

GFA DU CH. HAUT-VIGNEAU, 20, rue Jules-Guesde, 33850 Léognan, tél. 05 57 83 01 24, secretariat.lm.hu@gmail.com

CH. LAFONT MENAUT
2019 ★★

| 22 000 | | 11 à 15 €

Jouxtant le Ch. de Rochemorin, dont il faisait partie au XVIIIes., ce cru de 20 ha comptait jadis parmi les vignobles de Montesquieu. Acquis en 1991 par Philibert Perrin (Ch. Carbonnieux), il bénéficie depuis les années 1990 d'un ambitieux programme de valorisation.

Un blanc dans la meilleure tradition du cru par son élégance. Celle-ci s'exprime d'emblée à travers une robe pâle et brillante et par un bouquet harmonieux de fruits exotiques, de fleurs blanches et d'agrumes sur fond de boisé toasté et fumé. Elle se prolonge dans un palais frais, tonique, expressif, à l'unisson du nez. ⧗ 2022-2025 ■ **2018 ★ (11 à 15 € ; 80 000 b.)** Un vin expressif et complexe (cacao, fruits secs, fruits rouges mûrs), gras, plein, onctueux en bouche, bâti sur des tanins solides qui lui confèrent une belle mâche. ⧗ 2025-2030

PHILIBERT PERRIN, Ch. Lafont Menaut, 164, av. de Montesquieu, 33650 Martillac, tél. 05 57 83 01 24, secretariat.lm.ho@gmail.com

CH. LARRIVET HAUT-BRION
2019 ★★

| 23 000 | | 30 à 50 €

Château de Canolle, La Rivette, Brion-Larrivet, Haut-Brion Larrivet, le cru a changé plusieurs fois de nom (et de propriétaires) avant de prendre, en 1949, celui de Larrivet Haut-Brion. Une belle unité de 75 ha, propriété de Philippe et Christine Gervoson depuis 1987.

À l'image de la robe, d'une belle couleur jaune à reflets verts, ce vin fort réussi joue la carte de la finesse. Dans son bouquet d'abord, avec des notes de fleurs et de fruits blancs, de buis et de bon boisé toasté ; au palais ensuite, car il se montre souple en attaque, ample, frais et long. ⧗ 2022-2026

SAS CH. LARRIVET HAUT-BRION, 84, av. de Cadaujac, 33850 Léognan, tél. 05 56 64 75 51, secretariat@larrivethautbrion.fr V *r.-v.*

CH. LATOUR-MARTILLAC
2018 ★

■ Cru clas. | 128 000 | | 30 à 50 €

Si beaucoup de grands noms du négoce bordelais ont choisi de s'implanter dans le Médoc, les Kressmann ont opté pour les Graves et ce cru acquis en 1930, qui doit son nom à une tour ornant sa cour, vestige d'un château bâti au XIIes. par des ancêtres de Montesquieu. Une belle unité de 50 ha réputée autant pour ses blancs que pour ses rouges.

S'il reste un peu timide dans sa présentation, ce vin s'ouvre à l'aération sur des parfums de fruits noirs et rouges rehaussés d'épices. Souple à l'attaque, le palais se révèle onctueux, rond, charnu, étayé par des tanins fondus et prolongé par une agréable finale crayeuse. ⧗ 2024-2028

SAS VIGNOBLES JEAN KRESSMANN, 8, chem. Latour, 33650 Martillac, tél. 05 57 97 71 11, chateau@latourmartillac.com V *r.-v.*

CH. LA LOUVIÈRE 2019 ★

| 52 000 | | 20 à 30 €

Non classé, Ch. la Louvière, limitrophe de Carbonnieux et Haut-Bailly, n'en est pas moins un cru emblématique de Pessac-Léognan – par l'élégance de son château classé monument historique, par l'ancienneté de son vignoble (XIVes.), par le rôle de son propriétaire (André Lurton, décédé en 2019) dans la naissance de l'AOP et par la qualité constante de ses vins. Les sept enfants Lurton poursuivent désormais l'œuvre de leur père avec Jacques à la présidence des vignobles.

Jaune clair à reflets verts et dorés, la robe est d'une belle élégance. Discret mais plaisant, le bouquet dévoile de séduisants parfums de fleurs blanches que rejoignent à l'aération des notes citronnées et vanillées. Souple, équilibrée, fraîche et dynamique, la bouche est au diapason. ⧗ 2022-2026

SAS LES VIGNOBLES ANDRÉ LURTON, 149, av. de Cadaujac, 33850 Léognan, tél. 05 56 64 75 87, lalouviere@andrelurton.com V *r.-v.*

CH. MALARTIC-LAGRAVIÈRE 2018 ★

Cru clas. | 120 000 | 30 à 50 €

Sur l'étiquette, trois mâts en l'honneur du comte de Malartic, amiral sous le règne de Louis XV, dont la famille fut propriétaire du cru au XVIIIᵉs. Depuis son rachat en 1996 par les Bonnie, d'origine belge, ce vignoble de 53 ha implanté sur une belle croupe de graves a bénéficié d'un vaste plan de rénovation, à la vigne et au chai. Une valeur sûre de l'appellation, dans les deux couleurs, codirigée depuis 2013 par Jean-Jacques Bonnie et sa sœur Véronique.

Ce 2018 séduit d'emblée par son bouquet gourmand de pruneau, de réglisse, de vanille et de cacao. Arômes que l'on retrouve dans un palais généreux, dense, tendre et soyeux, aux tanins veloutés et d'une bonne longueur. ⧗ 2025-2030 **Cru clas. 2019 ★ (30 à 50 €; 20 000 b.)** Largement majoritaire avec 76 % de l'encépagement, le sauvignon impose sa marque dans un bouquet bien ouvert sur les agrumes, le buis et les fleurs blanches, mâtiné d'un discret boisé vanillé. On retrouve ces arôme dans une bouche bien équilibrée, fine, élégante, très fraîche, sans manquer de rondeur et d'onctuosité. ⧗ 2023-2027

SC DU CH. MALARTIC-LAGRAVIÈRE, 43, av. de Mont-de-Marsan, 33850 Léognan, tél. 05 56 64 75 08, malartic-lagraviere@malartic-lagraviere.com V *r.-v.*

CH. LA MISSION HAUT-BRION 2018 ★★

Cru clas. | n.c. | + de 100 €

Séparé du château Haut-Brion juste par la RN 250 et uni à lui depuis son acquisition en 1983 par les Domaines Clarence Dillon, ce cru s'individualise par son histoire. Celle-ci est liée à la puissante famille de Lestonnac jusqu'en 1682, puis, jusqu'à la Révolution, aux pères lazaristes de Saint-Vincent, qui identifièrent les qualités remarquables de son terroir graveleux aujourd'hui planté de 29 ha de vignes, dont 3,6 ha en blanc.

D'un rouge foncé aux reflets violines, ce 2018 s'ouvre sur des arômes profonds et complexes de fruits cuits, de boisé fumé, d'épices, de tabac et d'encens. En bouche, il apparaît franc et alerte en attaque, volumineux, dense, doté de tanins bien présents mais au grain soyeux, avec de bout en bout le soutien d'une grande fraîcheur qui étire la finale. Un grand et beau classique. ⧗ 2026-2040 **2019 ★★ (+ de 100 €; n.c.)** Très claire aux reflets argentés, la robe est limpide, lumineuse et élégante. Élégance que l'on retrouve dans un bouquet de fruits blancs frais et d'orange amère agrémentés de notes florales, fumées et crayeuses. Une attaque dynamique ouvre sur une bouche ample, soyeuse, tendre, délicatement briochée, enrobée par un gras bien dosé, étirée dans une finale longue, très fraîche, fruitée et anisée. Il se dégage un grand équilibre de ce blanc racé et cohérent. ⧗ 2024-2031

CH. LA MISSION HAUT-BRION, 67, rue Peybouquey, 33400 Talence, tél. 05 56 00 29 30, info@haut-brion.com *r.-v.*

♥ CH. PAPE CLÉMENT 2018 ★★

Cru clas. | 100 000 | + de 100 €

La première pièce et l'une des plus illustres de la collection de Bernard Magrez, «l'homme aux quarante châteaux», propriétaire des lieux depuis les années 1980. L'une des plus anciennes aussi : ce cru appartint à la fin du XIIIᵉs. à Bertrand de Goth, noble d'Aquitaine qui devint pape d'Avignon sous le nom de Clément V. Le vignoble resta ensuite longtemps rattaché à l'archevêché de Bordeaux; classé en rouge, il s'étend aujourd'hui sur 63 ha.

Dense, imposante et animée de beaux reflets violines de jeunesse, Pape Clément 2018 possède une élégance et une profondeur qui se retrouvent à l'olfaction : fruits frais et confits, vanille, épices, âtre de cheminée, thé fumé. Large, longue, puissante, très fraîche, d'une grande énergie, la bouche fait preuve, elle aussi, d'un remarquable sens de l'équilibre, bien soutenue par des tanins à la fois fermes et fins, et par un boisé savamment dosé. ⧗ 2026-2033 **2019 ★ (+ de 100 €; 38 000 b.)** À un nez intense et complexe, floral, citronné, vanillé et épicé, répond une bouche tout aussi expressive, ample, mûre et dense. La finale minérale et fruitée se prolonge durablement. ⧗ 2023-2028

SASU CH. PAPE CLÉMENT, 216, av. du Dr-Nancel-Penard, 33600 Pessac, tél. 05 57 26 38 38, accueil@pape-clement.com V *r.-v.* 5

CH. DE ROCHEMORIN 2019 ★

| 37 000 | 11 à 15 €

Ancienne ferme fortifiée de style périgourdin ayant appartenu à Montesquieu, ce château a failli perdre son vignoble au début du XXᵉs., les propriétaires de l'époque préférant la sylviculture à la viticulture. Racheté en 1973 par André Lurton (disparu en mai 2019), il dispose aujourd'hui d'un vaste vignoble et de chais ultramodernes.

D'un beau jaune soutenu, ce vin bien équilibré dévoile des parfums intenses de vanille, d'épices, de citron et de fruits blancs mûrs. Arômes auxquels fait écho une bouche ample, dense, suave et tendre, soutenue par un boisé bien intégré. ⧗ 2023-2027

ANDRÉ LURTON (CH. DE ROCHEMORIN), chem. du Carrosse, 33650 Martillac, tél. 05 56 64 75 87, lalouviere@andrelurton.com

CH. DE ROUILLAC 2018 ★

| 38 000 | 20 à 30 €

Ancien footballeur devenu chef d'entreprise, Laurent Cisneros a vendu l'entreprise familiale et quitté la Charente pour acquérir en 2010 ce cru de 28,5 ha, ancienne propriété du baron Haussmann. Il a aussitôt entrepris d'importants travaux pour améliorer la

qualité du vin (cuvier HQE), tout en raisonnant les pratiques viticoles.

Sombre, presque noire, la robe ne laisse planer aucun doute sur son intensité. Intensité que partage le bouquet, d'une bonne complexité, ouvert sur les fruits rouges mûrs agrémentés d'un fin boisé toasté et vanillé. La bouche se révèle généreuse, charnue, puissante, adossée à des tanins fermes et serrés. ⧗ 2025-2030

SCEA CH. DE ROUILLAC, 12, chem. du 20-août-1949, 33610 Canéjan, tél. 05 57 12 84 63, info@chateauderouillac.com V r.-v.

♥ CH. SEGUIN 2018 ★★

■	59 000		20 à 30 €

Bordé par le chemin de Saint-Jacques – les pèlerins passaient devant la croix de Seguin, toujours sur la propriété – ce domaine viticole ancien tombé dans l'oubli a été entièrement reconstitué depuis 1987 par les Darriet. Le vignoble, composé de deux belles croupes de graves, couvre aujourd'hui 31 ha.

Ce cru d'une belle régularité, déjà coup de cœur à plusieurs reprises, est à nouveau à son plus haut niveau avec ce superbe 2018. D'une belle profondeur de robe, il développe un bouquet riche et complexe de fruits rouges et noirs confits, de pain d'épices, de cuir et de suie. Le palais se révèle ample, consistant, généreux, puissant et long, étayé par des tanins charnus et un boisé noble. Tout annonce une garde des plus fructueuses. ⧗ 2026-2033

SC DOM. DE SEGUIN, chem. de la House, 33610 Canéjan, tél. 05 56 75 02 43, contact@chateauseguin.com V r.-v.

CH. SMITH HAUT LAFITTE 2018 ★★

■ Cru clas.	120 000		75 à 100 €

Ce cru ancien fondé en 1365 doit son nom au navigateur écossais George Smith, installé ici au XVIIIe s. Lui succéderont M. Duffour-Dubergier, maire de Bordeaux, puis Louis Eschenauer, grande figure du négoce bordelais. En 1990, Florence et Daniel Cathiard acquièrent le domaine et lancent de grands travaux : création de deux chais souterrains, reprise du travail du sol sans désherbant, intégration de leur propre tonnellerie, développement de l'œnotourisme avec Les Caudalies, complexe hôtelier et centre de vinothérapie. Le vignoble couvre aujourd'hui 78 ha sur une belle croupe de graves.

Après un coup de cœur dans le pourtant difficile millésime 2017, Smith Haut Lafitte revient avec un très séduisant 2018. Alliance aboutie des notes fruitées (fraise et cerise mûres) et boisées (vanille, toast), le bouquet est aussi expressif que la présentation, d'un beau rouge sombre et profond. Le palais poursuit dans le même esprit avec une attaque franche et séveuse, une solide structure tannique, un volume conséquent, une longue finale poivrée et une fine acidité sous-jacente. Le gage d'un excellent potentiel de vieillissement. ⧗ 2026-2032

■ Ch. Smith Haut Lafite 2019 ★ (+ de 100 € ; 25 000 b.) Élégant et tout en finesse, le bouquet convoque les fleurs blanches, le buis et la vanille. Le palais se montre ample, suave et gras, avant une longue finale pleine de fraîcheur. ⧗ 2022-2028

SAS D. CATHIARD, Route Jean de Ramon, 33650 Martillac, tél. 05 57 83 11 22, c.meyrou@smith-haut-lafitte.com V r.-v. 5

CH. LE THIL 2018 ★

■	18 000		20 à 30 €

En 2012, Florence et Daniel Cathiard ont acquis les 11,6 ha (3 ha de blanc et 8,6 ha de rouge) du Ch. le Thil Comte Clary, commandé par une chartreuse du XVIIIe s. et voisin de leur emblématique Ch. Smith Haut-Lafitte.

Il doit presque tout au merlot (95 %) ce pessac au bouquet dominé par les notes fruitées, accompagnées de notes réglissées, vanillées et épicées. Le charme se poursuit dans une bouche aussi large que longue, généreuse, riche et bien structurée. Autant d'éléments qui rassurent sur ses possibilités de garde. ⧗ 2026-2030

SC D. CATHIARD (CH. LE THIL COMTE CLARY), 35, chem. le Thil, 33650 Martillac, tél. 05 57 83 11 22, c.meyrou@smith-haut-lafitte.com V r.-v.

➜ LE MÉDOC

MÉDOC

Superficie : 5 700 ha / Production : 300 000 hl

L'ensemble du vignoble médocain a droit à l'appellation médoc, mais en pratique celle-ci n'est utilisée que dans le nord de la presqu'île, à proximité de Lesparre, les communes situées entre Blanquefort et Saint-Seurin-de-Cadourne pouvant revendiquer celle de haut-médoc ou des communales, dans le cadre de leurs zones délimitées spécifiques. Malgré cela, l'appellation médoc est la plus importante en superficie et en volume.

Les médoc se distinguent par une couleur très soutenue. Avec un pourcentage de merlot plus important que dans les vins du haut-médoc et des appellations communales, ils possèdent souvent un bouquet fruité et beaucoup de rondeur en bouche. Certains, provenant de croupes graveleuses isolées, associent aussi une grande finesse et une certaine richesse tannique.

CH. BEAUVILLAGE 2018 ★

■ Cru bourg.	65 000		11 à 15 €

Propriété familiale remontant à 1925, ce cru bourgeois de 24 ha (certifié HVE3) est constitué de plusieurs parcelles réparties sur trois communes. Il est rattaché au Ch. la Croix du Breuil.

Les promesses de la robe aux jolis reflets rubis sont largement tenus d'abord par le bouquet, frais, fruité et délicatement vanillé. Une touche de menthol s'ajoute à cette palette dans un bouche chaleureuse et solidement structurée sans manquer de finesse. De belle garde assurément. ⧗ 2025-2030

SCF DES CHÂTEAUX LA CROIX DU BREUIL ET BEAUVILLAGE, 6, rue du Hagnac, 33340 Couquèques, tél. 05 56 41 39 76, contact@chateaubeauvillage.com V t.l.j. sf dim. 9h-12h30 14h-19h

CH. BELLEVUE
2018 ★★

Cru bourg. | 90 000 | | 8 à 11 €

Bénéficiant d'un vignoble de 27,5 ha planté sur les terres hétérogènes des croupes de la Gironde, ce domaine familial, classé cru bourgeois depuis 1978, est conduit depuis 1997 par Régis Lassalle.

Très bien équilibré, ce fort joli vin dévoile un bouquet intense de fruits rouges et noirs soutenus par de fines notes boisées. Le palais se révèle ample, rond, riche, généreux, porté des tanins mûrs et souligné par une pointe de fraîcheur qui apporte de l'équilibre et du nerf. ⧗ 2025-2030

EARL LASSALLE ET FILS (CH. BELLEVUE), 10, rue du 8-Mai-1945, 33340 Valeyrac, tél. 05 56 41 52 17, earl.lassalle@wanadoo.fr V t.l.j. sf sam. dim. 8h-12h30 13h30-17h

CH. BLAIGNAN
2018 ★

Cru bourg. | 350 000 | | 5 à 8 €

Autrefois connue sous le nom de Taffard de Blaignan, cette vaste propriété située dans le nord du Médoc ne fait pas dans la demi-mesure avec ses 100 ha de vignes. Le Crédit Agricole en est propriétaire depuis 2004.

S'annonçant par une couleur intense et de généreux arômes de fruits rouges confits et de pruneau, ce vin déploie une matière dense et suave, adossée à des tanins affinés et ronds. ⧗ 2024-2028

SCEA CH. BLAIGNAN, 33250 Pauillac, tél. 05 56 59 00 40, contact@cagrandscrus.fr

♥ CH. BOIS CARRÉ
2018 ★★

| 10 000 | | 11 à 15 €

Commencée en 1870, la construction du château – en réalité une maison bourgeoise – s'arrêta pour cause de phylloxéra et ne fut achevée qu'en 2001 après dix ans de travaux. David Renouil y conduit depuis 1999 un petit vignoble de 6 ha sur argilo-calcaires, qui doit son nom au site gallo-romain situé sur la commune de Saint-Yzans-de-Médoc.

D'emblée, sa belle teinte rouge bordeaux affiche la jeunesse insolente de ce vin. Tout aussi expressif, le bouquet déploie d'élégants parfums de fruits rouges qui se fondent dans un boisé savamment dosé. Ample, corsée, séveuse et longue, charpentée par des tanins fermes, la bouche laisse deviner le solide potentiel de cette bouteille parfaitement typée médoc. ⧗ 2026-2032

DAVID RENOUIL (CH. BOIS CARRÉ), 1, rue de Mazails, 33340 Saint-Yzans-de-Médoc, tél. 06 08 68 45 61, chateauboiscarre@outlook.fr V t.l.j. 8h-12h 14h-18h

CH. BOIS DE ROC
Cuvée Prestige 2018 ★

| 3 000 | | 11 à 15 €

Une petite propriété de 9,5 ha située en plein cœur du Médoc, propriété de la famille Cazenave depuis quatre générations.

S'il reste un peu discret dans sa présentation, il libère à l'aération des notes de fruits rouges sur fond de boisé fondu. Le palais se montre frais et bien équilibré, étayé par des tanins bien présents mais sans dureté. De bonnes perspectives en cave. ⧗ 2024-2028

GAF DOM. BUTTE DU TAILLANET (CH. BOIS DE ROC), 2, rue des Sarments, 33340 Saint-Yzans-de-Médoc, tél. 06 76 84 11 98, contact@boisderoc.com V r.-v.

CH. LA BRANNE 2018 ★

Cru bourg | 141 000 | | 11 à 15 €

Passer de 6 à 30 ha en un quart de siècle, c'est très bien ; le faire en maintenant la qualité, c'est mieux. Voilà ce qu'ont réussi Philippe et Fabienne Videau, installés en 1986 sur cette propriété familiale (classée cru bourgeois supérieur en 2020) et sortis de la cave coopérative en 1999.

Encore sous l'emprise d'un solide boisé, ce 2018 n'a pas encore trouvé sa pleine expression, mais derrière les intenses notes toastées et fumées se dévoile une belle structure tannique et des arômes fruités qui promettent un ensemble harmonieux d'ici quelques années. ⧗ 2024-2028

EARL FABIENNE ET PHILIPPE VIDEAU (CH. LA BRANNE), 2, rte de Peyrere, 33340 Bégadan, tél. 05 56 41 55 24, labranne@wanadoo.fr V t.l.j. sf dim. 9h-12h 14h-18h

♥ CH. CAMPILLOT 2018 ★★

Cru bourg. | 43 860 | | 11 à 15 €

Ce « petit champ » (« campillot ») de 9 ha a été repris en 2005 par deux amis de longue date, Tristan Roze des Ordons et Jean-Dominique Videau.

Parfaitement adapté au terroir argilo-calcaire avec sa dominante de merlot, l'encépagement du cru trouve sa pleine expression dans ce très joli millésime qui associe une réelle complexité (cuir, vanille, fruits noirs, eucaylptus, poivre...) à une bouche aussi large que longue, puissante sans manquer de finesse, étayée par des tanins veloutés, extraits avec élégance. Une longue finale saline et très fraîche parachève cet ensemble des plus harmonieux. ⧗ 2025-2032

SCEA VIDEAU-ROZE DES ORDONS (CH. CAMPILLOT), 4, rte de Miqueu, 33340 Saint-Germain-d'Esteuil, tél. 06 03 01 13 04, info@chateaucampillot.fr V r.-v.

CH. CASTERA 2018 ★

Cru bourg.	136 600		20 à 30 €

Le Ch. Castera, classé cru bourgrois supérieur, étend ses 63 ha de vignes sur les communes de Saint-Germain d'Esteuil et d'Ordonnac. Il est la propriété de Thomas Press, deuxième génération de la famille à la tête du domaine. Autre propriété : Ch. Bois Mondont Saint-Germain.

Authentique vin gourmand, ce 2018 se développe en finesse. D'un abord discret avec un bouquet fruité et toasté, il s'affirme plus pleinement en bouche, autour de tanins soyeux et d'une jolie finale aux senteurs de sous-bois. ⧗ 2023-2027

SARL PRESTOM, rue du Bourg, 33340 Saint-Germain-d'Esteuil, tél. 05 56 73 20 60, chateau@castera.fr V r.-v.

CH. CHANTEMERLE 2018 ★

Cru bourg.	160 000		11 à 15 €

Ayant leur siège à Gaillan à une quinzaine de kilomètres de l'océan, les vignobles Cruchon comportent un vaste ensemble de crus, s'étendant au total sur quelque 170 ha.

À l'intensité de la robe rouge répond celle du bouquet, bien ouvert sur des notes de fruits rouges et d'épices. On découvre ensuite un palais souple en attaque, plus musculeux dans son développement mais porté par des tanins bien enrobés et par une longue finale poivrée. ⧗ 2024-2030

SCEA VIGNOBLES CRUCHON ET FILS, 2, rte de Vendays, 33340 Gaillan-en-Médoc, tél. 05 56 41 69 71, contact@vignoblescruchon.fr V *t.l.j. sf sam. dim. 8h-12h 14h-18h*

CLOS MANOU 2018 ★★

	66 000		20 à 30 €

En 1998, Stéphane Dief et son épouse Françoise louent 12 ares pour créer leur vignoble. D'achats de parcelles en acquisitions de petits crus soigneusement sélectionnés, leur propriété s'étend aujourd'hui sur 17 ha, avec quelques vignes très anciennes, notamment une petite parcelle de merlot pré-phylloxérique plantée en 1850. Elle est devenue une référence en médoc.

Un bel ensemble qui met d'emblée en valeur un bouquet intense et très harmonieux de fruits rouges et noirs bien mûrs sur fond de boisé grillé. La bouche se montre fraîche et souple en attaque, puis développe une belle structure portée par un boisé savamment dosé et par des tanins veloutés et fins. Un médoc d'une grande élégance. ⧗ 2025-2032

SARL SOGEVITI (CLOS MANOU), 7, rue du 19-Mars-1962, 33340 Saint-Christoly-Médoc, tél. 05 56 41 54 20, commerciale@clos-manou.com V *r.-v.*

CH. LA FRANCE DELHOMME 2018 ★★

Cru bourg.	44 800		11 à 15 €

Issu d'une lignée de viticulteurs médocains, Patrick Bouey, à la tête d'un négoce familial basé à Ambarès, acquiert en 1998 les châteaux La France Delhomme (28 ha), Maison Blanche (31 ha) et Lestruelle (27 ha aujourd'hui) sur le plateau de Saint-Yzans et d'Ordonnac, complétés en 2015 par le Ch. du Mont.

Bordeaux avec des reflets améthyste de jeunesse, la robe séduit et laisse entrevoir un joli vin de garde. Impression confirmée par un nez puissant et concentré de baies noirs, de poivre et de boisé torréfié. Chaleureux, dense et corsé, le palais affiche beaucoup de volume et de présence autour de tanins vigoureux mais fins. La longue finale épicée achève de convaincre. ⧗ 2025-2032

SARL FAMILLE BOUEY GRANDS VINS ET CHÂTETAUX, 1, rue de Lamena, 33340 Saint-Yzans-de-Médoc, tél. 05 56 09 05 01, contact@bouey-maisonblanche.fr V *r.-v.*

GRAND SAINT-BRICE 2018 ★

	58 000		5 à 8 €

Créée en 1934 à Saint-Yzans, la cave Saint-Brice est l'une des plus anciennes coopératives du Médoc. Elle regroupe aujourd'hui plus de 100 ha appartenant à une soixantaine de coopérateurs.

Aussi intense dans sa couleur que dans ses arômes, ce vin dévoile d'engageants parfums de fruits rouges mûrs et de toasté. Une palette prolongée par une bouche ample, riche sans manquer de fraîcheur, avec une extraction bien menée des tanins. ⧗ 2024-2028

SCV CAVE SAINT-BRICE, 10, rue de la Colonne, 33340 Saint-Yzans-de-Médoc, tél. 05 56 09 05 05, saintbrice@orange.fr V *t.l.j. sf dim. 8h-12h 14h-18h*

CH. HAUT BARRAIL 2018 ★★

Cru bourg.	66 000		11 à 15 €

Le moulin qui subsiste sur le domaine et le frontispice de la bâtisse représentant des gerbes de blé témoignent du passé céréalier de ce domaine ancien (XIVe s.). Aujourd'hui, la vigne règne en maître, merlot en tête, sur 15 ha. Propriétaire depuis 1987, la famille Gillet (Cyril depuis 1997) a restauré le domaine et signé son premier millésime en 1995.

D'un joli rouge brillant et scintillant, la robe met en confiance. Le bouquet frais et fruité, à dominante de griotte, confirme cette bonne première impression. La bouche ne déçoit pas : ample, ronde, charnue, elle affiche une belle présence autour de tanins fermes mais fins, épaulés par une agréable fraîcheur. ⧗ 2025-2030

GFA DES VIGNOBLES GILLET, 8 rue Maquis-des-Vignes-Oudides, 33340 Bégadan, tél. 05 57 75 11 91, chateau.hautbarrail@orange.fr V *t.l.j. 8h-12h30 14h-18h; sam. dim. sur r.-v.*

CH. LABADIE 2018 ★

Cru bourg.	300 000		11 à 15 €

Yves Bibey acquiert le Ch. Labadie en 1970, 4 ha à la pointe du Médoc; aujourd'hui, le vignoble de ce cru bourgeois d'une régularité notable dans la qualité couvre 70 ha. Autre étiquette ici (également cru bourgeois) : le Ch. Pontet Barrail et ses 17 ha de vignes. L'ensemble est conduit par Jérôme, fils d'Yves, qui a pris les rênes en 1999 après une expérience en Australie.

Le bouquet, d'un abord fermé, s'ouvre doucement à l'aération sur un boisé rélgissé et des notes de fruits rouges.

LE BORDELAIS

Le palais attaque en douceur, puis monte sensiblement en puissance et en volume, porté par des tanins fermes mais sans dureté. ⌛ 2024-2028

⊶ GFA JÉRÔME BIBEY, 1, rte de Chassereau, 33340 Bégadan, tél. 05 56 41 55 58, chateau.labadie@wanadoo.fr V *t.l.j. sf sam. dim. 9h-12h 13h30-17h30*

CH. LAUJAC 2018 ★★

Cru bourg. | 100 000 | | 15 à 20 €

Superbe édifice néoclassique acheté en 1852 par Herman Cruse, le Ch. Laujac commande un très vaste domaine de quelque 430 ha comprenant des prés, des forêts et des vignes. Il dispose également d'un vaste cheptel de bovins limousins et de chevaux de selle dont le fumier sert d'engrais depuis deux siècles. L'ensemble a été repris en 2012 par Vanessa Cruse et son mari René-Philippe Duboscq.

D'un profond grenat, la robe témoigne de la jeunesse de ce vin. Au nez, les fruits rouges se mêlent à un bon boisé et à d'agréables notes végétales qui renforcent sa fraîcheur. Une attaque fine ouvre sur une bouche ample, riche, généreuse et longue, bien épaulée par l'élevage et par des tanins vifs qui se portent garants du potentiel de garde de ce médoc de caractère. ⌛ 2025-2030

⊶ SAS DOMAINES LAUJAC, 56, rte de Laujac, 33340 Bégadan, tél. 05 56 41 50 12, accueil@chateaulaujac.com V *r.-v.*

♥ LOUDENNE LE CHÂTEAU 2018 ★★

| 200 000 | | 20 à 30 €

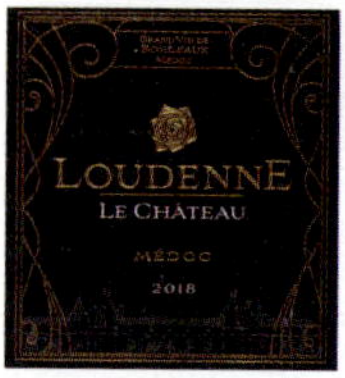

Une chartreuse rose du XVIIe s., un chai et un petit port du XIXe s., une collection de roses anciennes, le « Pink Château », comme on le surnomme (il est recouvert de crépi rose), est un haut lieu touristique du Médoc. C'est aussi un beau terroir de 130 ha (dont 62 ha de vignes) établi sur une croupe de graves en bordure de l'estuaire. Passé en 2013 des Lafragette au groupe chinois de spiritueux Moutai.

Ce cru très régulier en qualité se distingue avec un 2018 mi-merlot mi-cabernet-sauvignon remarquable de bout en bout. Frais, fuité et complexe dans son expression aromatique, boisé avec discernement, il révèle une bouche ample et longue, structurée par des tanins fermes mais au grain très fin. Un médoc bâti pour durer. ⌛ 2025-2032

⊶ SAS CH. LOUDENNE, Ch. Loudenne, 33340 Saint-Yzans-de-Médoc, tél. 05 56 73 17 88, contact@chateau-loudenne.com V *t.l.j. sf dim. lun. 10h-13h 14h-18h; nov.-mars sur r.-v.*

CH. LOUSTEAUNEUF 2018 ★

Cru bourg. | 60 000 | | 11 à 15 €

Acquis par Danielle et Serge Segond à leur retour d'Algérie en 1962, ce cru de 28 ha s'est doté en 1993 d'un chai à l'initiative de Bruno Segond, qui a quitté la coopérative de Bégadan pour créer son propre vin. Depuis 2017, des amphores sont également utilisées au chai.

L'intensité du bouquet, ouvert sur les fruits noirs et la vanille, répond à celle de la robe. Une intensité aromatique qui trouve un bel écho dans une bouche ample et dense, structurée par de solides tanins qui assurent son avenir. ⌛ 2025-2030

⊶ EARL CH. LOUSTEAUNEUF, 2, rte de Lousteauneuf, 33340 Valeyrac, tél. 05 56 41 52 11, chateau.lousteauneuf@wanadoo.fr V *r.-v.*

CH. MOULIN DE CANHAUT 2018 ★★

Cru bourg. | 44 000 | | 11 à 15 €

Cru de 45 ha au nord de l'appellation, acquis dans les années 1950 par René Poitevin et sorti de la coopérative en 1991 par Guillaume, petit-fils de l'acquéreur. Un bon ambassadeur des médoc avec Poitevin, le grand vin, Lamothe Pontac, issu de parcelles plus jeunes, et Moulin de Canhaut, dernier-né sur 6 ha.

Mi-merlot mi-cabernet-sauvignon, ce médoc bien né dévoile un beau mariage du fruit et du merrain à l'olfaction. Une harmonie prolongée par une bouche souple en attaque, qui prend de la vigueur par la suite, portée sur la longueur par des tanins fermes et une fine fraîcheur. Dynamique et ferme, ce vin vieillira sereinement. ⌛ 2025-2030

⊶ EARL POITEVIN, 16, rue du 19-Mars-1962, 33590 Jau-Dignac-Loirac, tél. 05 56 09 45 32, contact@chateau-poitevin.com V *t.l.j. sf sam. dim. 8h-12h 13h30-17h30*

CH. NOAILLAC 2018 ★

Cru bourg. sup. | n.c. | | 11 à 15 €

Belle unité de 56 ha bénéficiant d'un terroir de qualité (une croupe de graves garonnaises), ce cru a été acheté en 1982 par Marc Pagès, également à la tête du Ch. la Tour de By. Après une première expérience dans un cru classé de Margaux, son petit-fils Damien a rejoint l'exploitation, dont il a pris les commandes en 2009.

La robe aux reflets d'améthyste et l'élégant bouquet naissant affichent la jeunesse de ce vin, qui affirme ensuite son bon potentiel de garde dans un palais concentré, riche, corsé et bien équilibré. ⌛ 2025-2030

⊶ SCA CH. NOAILLAC, 6, chem. du Sable-des-Pins, 33590 Jau-Dignac-et-Loirac, tél. 05 56 09 52 20, noaillac@noaillac.com V *t.l.j. sf sam. dim. 9h-12h30 13h30-17h*

CH. PATACHE D'AUX 2018 ★

Cru bourg. | 200 | | 20 à 30 €

Céréalier rapatrié de Tunisie, Claude Lapalu rachète en 1964 à la famille Delon le Ch. Patache d'Aux en Médoc, puis le Ch. Leboscq. Son fils Jean-Michel, œnologue, lui succède en 1992 et poursuit son œuvre, constituant autour de Patache d'Aux un petit empire de crus bourgeois sur plus de 250 ha et plusieurs étiquettes (Liversan, Lieujan, Fonpiqueyre, Plagnac…). L'ensemble a été repris en 2016 par les vignobles Antoine Moueix.

Drapé dans une belle robe aux reflets rubis, ce vin séduit par la fraîcheur de son bouquet ouvert sur les fruits rouges et la vanille agrémentés de notes mentholées. Puissante, ample, dotée de tanins fermes et d'un boisé encore assez présent, la bouche affine une belle profondeur. ⧗ 2025-2030 ■ **Les Chevaux de Patache d'Aux 2018 ★ (5 à 8 €; 300 000 b.)** À un nez discret de fruits noirs et d'épices douces succède un palais dense, frais, aux tanins serrés. Le gage d'une saine évolution. ⧗ 2024-2028

SC CH. PATACHE D'AUX, rte de Saint-Saturnin, 33340 Bégadan, tél. 05 56 41 50 18, chrystel.meunier@amoueix.fr

CH. PEY DE PONT 2018 ★

■ Cru bourg. | 104 871 | 8 à 11 €

Au XIXe s., Pey de Pont était déjà une importante propriété viticole. Acquis en 1950 par Jean Reich, le domaine est sorti de la coopérative en 1997 avec l'installation des petits-fils Olivier et Laurent, à la tête aujourd'hui de près de 43 ha sur les communes de Bégadan et de Civrac.

Paré d'une robe sombre, ce médoc dévoile un bouquet profond et frais de baies noires et rouges. En bouche, il attaque en souplesse, puis se fait ample, rond, velouté, gourmand, avec en soutien des tanins soyeux et enrobés. ⧗ 2024-2030

SCEA HENRI REICH ET FILS (CH. PEY DE PONT), 3-5, rte Port-de-Goulée, Trembleaux, 33340 Civrac-en-Médoc, tél. 05 56 41 52 80, cht.pey-de-pont@wanadoo.fr V t.l.j. sf dim. 9h-12h 14h-17h30; sam. sur r.-v.

CH. PIERRE DE MONTIGNAC 2018 ★★

■ Cru bourg. | 140 000 | 11 à 15 €

D'abord exploité en polyculture-élevage, ce cru familial régulier en qualité s'est orienté en 1988 vers la vigne (25 ha aujourd'hui et 30 ha de céréales) sous la conduite de José (décédé en 2015) et Lucette Sallette. Aux commandes depuis 2003, leur fils Romain perpétue l'exploitation, en cours de converion bio.

Ce médoc joue résolument la carte de l'élégance, tant dans sa robe d'un rouge brillant que dans son bouquet délicat de fraise et de cerise. Une élégance à laquelle fait écho une bouche ample et suave, étayée par des tanins fins et un boisé subtil et bien dosé. ⧗ 2024-2028

EARL DE MONTIGNAC, 1, rte de Montignac, 33340 Civrac-en-Médoc, tél. 05 56 41 58 93, pierredemontignac@free.fr V 3

CH. POTENSAC 2018 ★★

■ | 200 000 | 20 à 30 €

Belle unité située sur l'un des points culminants du nord du Médoc et transmise de génération en génération par les femmes, ce cru réputé conduit par Jean-Hubert Delon (Léoville Las Cases) étend l'essentiel de ses 84 ha sur des croupes argilo-graveleuses au sous-sol calcaire et à forte proportion de graves, un terroir proche de celui de Saint-Estèphe. Incontournable.

Très élégant dans son expression aromatique, le 2018 de Potensac s'ouvre sans réserve sur des notes de fruits rouges mûrs. Une maturité que l'on retrouve dans une bouche ample, onctueuse, étayée par des tanins fins et soyeux. ⧗ 2024-2030 ■ **Chapelle de Potensac 2018 ★ (15 à 20 €; 95 000 b.)** Ce second vin affiche un bouquet fruité relayé par une bouche suave et d'une bonne concentration, un peu plus stricte en finale toutefois. ⧗ 2024-2028

SCEA CH. POTENSAC, 33340 Ordonnac, tél. 05 56 73 25 26, contact@leoville-las-cases.com V r.-v.

CH. RICAUDET 2018 ★★

■ Cru bourg. | 110 000 | 8 à 11 €

Uni-Médoc est le premier producteur de vins de l'appellation médoc. La cave rassemble quelque 160 viticulteurs qui exploitent 1 000 ha, essentiellement sur les communes de Bégadan, Ordonnac, Prignac et Queyrac.

Une belle pluie d'étoiles pour Uni-Médoc sur ce solaire millésime 2018. Honneur à ce magnifique Ch. Ricaudet, qui fait exploser un véritable feu d'artifice d'arômes à l'olfaction : fruits rouges et noirs bien mûrs, épices douces, réglisse, pivoine... Ample, longue, tannique, séveuse et élégante à la fois, la bouche établit un équilibre des plus savoureux entre la puissance et la finesse. ⧗ 2024-2030 ■ **Tradition des Colombiers Élevé en fût de chêne 2018 ★★ (5 à 8 €; 11 799 b.)** Un vin complet, à la fois dense, suave, corpulent et très frais, porté par des tanins et un boisé nobles. Déjà harmonieux et promis à un bel avenir. ⧗ 2023-2030 ■ **Ch. Moulin de Cabanieu Élevé en fût de chêne 2018 ★★ (5 à 8 €; 68 000 b.)** Élégant, ample, riche, charnu, un très beau médoc promis à un avenir radieux. ⧗ 2025-2030 ■ **Ch. le Genestras 2018 ★★ (5 à 8 €; 127 200 b.)** Fruits rouges et noirs, tanins serrés en soutien d'une bouche ferme, longue et volumineuse, ce médoc est loin d'avoir dit son dernier mot. ⧗ 2025-2030

LES VIGNERONS D' UNI-MÉDOC, 14, rte de Soulac, 33340 Gaillan-en-Médoc, tél. 05 56 41 03 12, cave@uni-medoc.com V t.l.j. 8h30-12h30 14h-18h

♥ ROCK GRAVE 2018 ★★

■ | 8 500 | 5 à 8 €

Le Ch. Roquegrave et son vignoble de 27 ha (certifié HVE3) sont situés sur l'un des points les plus élevés de la commune de Valeyrac. Il appartient à la famille de Pierre-Yves Joannon depuis 1965. Ce dernier est aux commandes depuis 2016.

Un retour en grâce pour ce domaine avec une cuvée qui joue une partition très rythmée. Robe sombre, dense, intense, nez gourmand et généreux de fruits rouges mûrs sur fond de boisé fumé : les premières notes donnent le ton. La bouche suit le même tempo soutenu : un volume imposant, une solide trame tannique, du gras, de la mâche et une grande longueur. Ce vin a de l'avenir, mais il s'exprime déjà avec conviction. À savourer « en boucle ». ⧗ 2024-2030

SA CH. ROQUEGRAVE, 5, rue Villeneuve, 33340 Valeyrac, tél. 05 56 41 52 02, vignoblesgm@gmail.com V t.l.j. sf sam. dim. 9h-12h 14h-16h

CH. ROLLAN DE BY 2018 ★★

■	400000		15 à 20 €

Rollan de By, implanté sur les graves argileuses de Bégadan (2 ha lors de son acquisition en 1989, 52 ha aujourd'hui), est la première pièce du vaste ensemble de crus médocains constitué par Jean Guyon, ancien décorateur d'intérieur, complété depuis par les châteaux Haut Condissas (une valeur sûre de l'appellation médoc), Tour Seran, La Clare, Greysac, de By et du Monthil. Au total, une belle unité de 180 ha singularisée par une forte proportion de merlot dans l'encépagement.

Ce vin sait se présenter dans sa belle robe grenat profond. Au nez, il déploie des arômes très mûrs qui signent ce millésime solaire. Une maturité et une générosité que l'on retrouve dans une bouche large, longue, riche, dense, puissante, bâtie pour la garde. ⧗ 2026-2032 ■ **Ch. Haut-Condissas Prestige 2018 ★★ (50 à 75 €; 20000 b.)** Un vin d'une grande intensité aromatique, sur les fruits noirs et rouges mûrs, généreux, gras, intense en bouche, mais sans jamais perdre en élégance, bien épaulé par des tanins fermes mais d'une réelle finesse. ⧗ 2026-2030 ■ **Ch. la Clare 2018 ★ (11 à 15 €; 50000 b.)** Un vin bien constitué entre un bouquet riche, vanillé et fruité (cassis, fraise), et une bouche ample, grasse, aux tanins serrés. ⧗ 2025-2030

SASU LA HAUTE COUTURE DU VIN BY JEAN GUYON, rte de By, 33340 Bégadan, tél. 05 56 41 58 59, infos@rollandeby.com V t.l.j. 9h-12h 14h-17h

CH. ROSE VICTORIA 2018 ★

■	2000		15 à 20 €

Un tout jeune domaine créé en 2018 par Eva Goirand à partir d'une petite vigne confiée en fermage par son père : 1,34 ha sur argilo-calcaire à Blaignan-Prignac

Une belle entrée dans le Guide pour Eva Goirand avec un vin né de jeunes vignes de 10 ans. S'annonçant par une robe d'un rouge très foncé, ce médoc joue ensuite la carte de la finesse avec de jolis arômes fruités relevés d'une discrète note fumée apportée par l'élevage. Souple à l'attaque, le palais révèle une bonne présence tannique et une agréable fraîcheur. Un ensemble bien équilibré. ⧗ 2024-2028

EVA GOIRAND, 2, rue des Colombes, 33340 Blaignan, tél. 06 78 08 24 24, goviandeva@outlook.fr V r.-v.

CH. SAINT-HILAIRE 2018 ★★

■ Cru bourg.	80000		11 à 15 €

Adrien Uijttewaal, né dans le Limousin et fils d'éleveurs laitiers hollandais, a créé à partir de 1983 le Ch. Saint-Hilaire, à cheval entre Jau, Queyrac et Gaillan, établi essentiellement sur des croupes de graves dominant l'estuaire. En 2006, il a acquis le Ch. Gémeillan, à Queyrac, dont il a doublé la surface en 2013 (59 ha aujourd'hui) en ajoutant des vignes à Valeyrac. Un troisième cru, le Ch. Lalande Villeneuve, a été acquis en 2011 et entièrement restructuré avec l'aide de sa fille Elise.

L'intensité de la robe se retrouve dans le bouquet, bien ouvert sur les fruits mûrs mâtinés d'un boisé élégant. À cette présentation généreuse répond une bouche suave, ample, puissante, dotée de jolis tanins à la fois fermes et fins et d'une longue finale pleine de fraîcheur. ⧗ 2025-2030 ■ **Cru bourg. Ch. Gémeillan Élevé en fût de chêne 2018 ★★ (8 à 11 €; 80000 b.)** Un médoc bien bouqueté (fruits, épices, coco), charnu, volumineux et bien structuré en bouche. Un beau vin de garde. ⧗ 2025-2030 ■ **Ch. Lalande Villeneuve 2018 ★ (8 à 11 €; 30000 b.)** Un vin goûteux, dense, serré et bien équilibré, qui n'a pas connu le bois et qui préserve donc le fruit, agréablement relevé d'épices. ⧗ 2024-2028

EARL A. ET F. UIJTTEWAAL, 13, rue de la Rivière, 33340 Queyrac, tél. 05 56 59 80 88, contact@chateau.st.hilaire.com V r.-v.

CH. LA TOUR DE BY
Cuvée Beau Rivage de By 2018 ★★

■	35000		8 à 11 €

La Tour de By est un cru de 95 ha situé au bord de l'estuaire, célèbre par sa tour construite en 1825 sur les ruines d'un moulin qui servit de phare pour le port de Bordeaux. Un vignoble ancien (1500) acquis en 1961 par des rapatriés d'Afrique du Nord, dont Marc Pagès, unique propriétaire à partir de 1999 (disparu en 2007). Son petit-fils Frédéric Le Clerc lui a succédé en 2005 et est également à la tête du Ch. la Valière, acquis en 2011 : 15 ha sur Saint-Christoly.

Contrastant avec la robe d'un grenat soutenu, le bouquet commence dans la discrétion, puis il monte en puissance à l'aération, libérant de fins arômes de fruits noirs mûrs accompagnés de notes épicées. Soutenu par de solides tanins et un boisé bien ajusté, le palais s'achève par une longue finale. Du potentiel. ⧗ 2025-2030

SC VIGNOBLES MARC PAGÈS (CH. LA TOUR DE BY), 5, rte de la Tour-de-By, 33340 Bégadan, tél. 05 56 41 50 03, servicepro@latourdeby.fr V t.l.j. sf sam. dim. 9h-12h 13h30-18h

CH. TOUR PRIGNAC 2018 ★★

■ Cru bourg.	698000		8 à 11 €

Propriété de la famille Castel depuis 1973, le Ch. Tour Prignac est l'un des plus vastes crus de l'appellation avec ses 300 ha de vignes, de bois et de prés, le tout commandé par une ancienne maison forte du XVIIe flanquée de deux tours.

Entre les fruits et le bois, le bouquet touve un bon équilibre qui se renouvelle au palais, où des notes toastées viennent s'associer à une structure ample sans être asséchante. L'ensemble est très agréable et frais. ⧗ 2024-2030

SAS CH. TOUR PRIGNAC, Tartuguière, 33340 Prignac-en-Médoc, tél. 05 56 95 54 00, contact@chateaux-castel.com

VIEUX CH. LANDON Petit Landon 2018 ★★

■	100296		8 à 11 €

Établi au cœur de l'appellation, au sud-est de Bégadan, ce domaine dont l'origine remonte à 1607, compte quelque 40 ha de vignes sur des sols argilo-calcaires, avec un encépagement classique à dominante

de cabernet-sauvignon. Il est la propriété de la société Laton depuis 2012.

Fruits noirs, chocolat, prune, vanille, café, poivre... : la richesse aromatique de ce vin séduit d'emblée. Un charme qui se prolonge dans une bouche ample, tendre, bien équilibrée et d'une bonne longueur. ⧗ 2023-2027

■ **2018 ★ (11 à 15 €; 17300 b.)** Un vin encore un peu marqué par le bois mais qui possède la structure nécessaire pour s'arrondir sereinement en cave. ⧗ 2025-2030

SCEA LATON (VIEUX CH. LANDON), 6, rte du Ch. Landon, 33340 Bégadan, tél. 05 56 41 57 10, contact@francefortress.fr V r.-v.

HAUT-MÉDOC

Superficie : 4 600 ha / Production : 255 000 hl

Le territoire spécifique de l'appellation haut-médoc serpente autour des appellations communales. Cette AOC est la seconde en importance de la presqu'île médocaine. Ses vins jouissent d'une grande réputation, due en partie à la présence de cinq crus classés dans l'aire d'appellation, les autres se trouvant dans les appellations communales.

En Médoc, le classement des vins a été réalisé en 1855, soit près d'un siècle avant celui des graves. Cette antériorité s'explique par l'avance prise par la viticulture médocaine à partir du XVIIIe s.; car c'est là que s'est en grande partie produit « l'avènement de la qualité », lié à la découverte des notions de terroir et de cru, c'est-à-dire à la prise de conscience de l'existence d'une relation entre le milieu naturel et la qualité du vin.

Les haut-médoc se caractérisent par leur générosité, mais sans excès de puissance. D'une réelle finesse au nez, ils présentent généralement une bonne aptitude au vieillissement. Ils devront être bus chambrés et iront très bien avec les viandes blanches, les volailles ou le gibier à plume. Bus plus jeunes et servis frais, ils pourront aussi accompagner certains poissons.

DOM. ANDRON 2018 ★

■	29000		15 à 20 €

Remontant au XVIIIe s., ce cru longtemps propriété des Thorp, importante famille d'avocats parisiens, a reçu la visite de personnalités comme Pierre Mendès-France. Il a été acquis en 2013 par Yang Ming, producteur de légumes en Chine et aussi aux Pays-Bas qui n'a pas lésiné sur les moyens pour produire un bon vin sur les 7 ha de vignes implantées sur un beau terroir de graves regardant l'estuaire.

Une robe encourageante par son intensité, un bouquet original par ses notes exotiques associées aux fruits noirs et au toasté de la barrique, ce vin sait se présenter. Des arômes prolongés par une bouche suave et riche, bien représentative de ce millésime solaire, avec de bons tanins en soutien. ⧗ 2023-2027

SCEA DOM. ANDRON, 24, rue Georges-Mandel, 33180 Saint-Seurin-de-Cadourne, tél. 05 56 59 57 17 V r.-v.

CH. BARREYRES 2018 ★

■ Cru bourg.	527000		8 à 11 €

La demeure du XIXe s. entièrement restaurée, avec son parc et son étang, est la propriété de Pierre Castel. Pas moins de 105 ha de vignes sur sols de graves pyrénéennes, argileux et gravelo-sableux sont cultivées et un chai cathédrale accueille les vins.

Très élégant dans sa tunique rubis, ce vin offre un séduisant bouquet aux fines notes de fruits rouges et de vanille, avant de faire preuve d'un réel équilibre au palais où l'attaque souple et plaisante laisse la place à des tanins bien fondus et soyeux. ⧗ 2023-2026

CHÂTEAUX ET DOMAINES CASTEL (CH. BARREYRES), rte du Port, 33460 Arcins, tél. 05 56 95 54 00, contact@chateaux-castel.com V

CH. BEAUMONT 2018 ★

■ Cru bourg.	365000		11 à 15 €

Si certains « châteaux du vin » du Second Empire ne brillent pas par leur élégance, ce n'est pas le cas de Beaumont qui marie avec harmonie les styles Renaissance et classique. Défriché à la fin du XVIIIe s., planté au début du XIXe s., le cru est passé entre de nombreuses mains avant d'être acheté en 1986 par les Grands Millésimes de France, détenus par Castel et Suntory. Le vaste domaine couvre 115 ha.

La fraîcheur du bouquet, ouvert sur de jolis parfums de fruits rouges, se retrouve dans une bouche puissante et dense. Encore un peu stricts en finale, les tanins appellent la garde. Du caractère et un bon potentiel. ⧗ 2024-2028

SCE CH. BEAUMONT, 28, rue Beaumont-Nord, 33460 Cussac-Fort-Médoc, tél. 05 56 58 92 29, beaumont@chateau-beaumont.com V r.-v.

CH. BELGRAVE 2018 ★★

■ 5e cru clas.	226000		30 à 50 €

Un ancien pavillon de chasse au XVIIe s. Le nom de Bellegrave apparaît en 1845, lorsque Bruno Devès, négociant à Bordeaux, restructure la propriété et bâtit la demeure, les chais et les cuviers. Classé en 1855, ce cru situé à la lisière de Saint-Julien étend ses 59 ha sur des croupes de graves et de galets au soubassement argileux. Propriété de la maison Dourthe depuis 1979. Certifié HVE3.

Bien dans l'esprit médocain, ce vin fait preuve d'une bonne aptitude à la garde. À une robe d'une intensité qui témoigne de sa jeunesse répond un bouquet expressif de boisé toasté et de baies noires concentrées. La bouche est dans le ton : puissante, corpulente, riche, chaleureuse et longue. Un cru classé complet. ⧗ 2025-2032

VIGNOBLES DOURTHE (CH. BELGRAVE), Ch. Belgrave, 33112 Saint-Laurent-Médoc, tél. 05 56 35 53 00, contact@dourthe.com r.-v.

CH. BELLE-VUE 2018 ★

■ Cru bourg.	102000		15 à 20 €

L'homme d'affaires Vincent Mulliez, disparu en 2010, avait acheté en 2004 dans la partie sud du Médoc les châteaux Bolaire (bordeaux supérieur), Belle-Vue et Gironville (haut-médoc) devenus des valeurs sûres. Ses héritiers ont repris le flambeau.

Un assemblage des cinq cépages médocains dans ce 2018 : cabernet-sauvignon, merlot, petit verdot et une larme de carménère et de cabernet franc. Le résultat est

LE BORDELAIS

concluant : une belle couleur rubis, un bouquet élégant de fruits rouges et de boisé soutenu, une bouche ample, grasse, ronde, persistante, soutenue par des tanins bien lissés. ⧗ 2024-2028

SC DE LA GIRONVILLE, 103, rte de Pauillac, 33460 Macau, tél. 05 57 88 19 79, contact@chateau-belle-vue.fr V r.-v.

CH. BERNADOTTE 2018 ★★

■ Cru bourg. | 210 000 | | 15 à 20 €

Une destinée peu commune pour ce cru. Il doit son nom à Germaine Bernadotte, qui épousa en 1615 un certain Jeandou du Pouey dont le fils garda le nom de Bernadotte (il est l'ancêtre du maréchal d'Empire et des actuels souverains de Suède). Proche de Pauillac, le domaine (55 ha) a appartenu au Ch. Pichon Comtesse à partir de 1997, pour être finalement vendu en 2012 au groupe asiatique King Power. Certifié HVE3.

Ce très joli millésime associe une larme de petit verdot au duo classique cabernet-sauvignon et merlot. D'un beau rouge foncé, vif et intense, il séduit par l'harmonie de son bouquet associant les fruits noirs mûrs à un boisé toasté et de sa structure, et par sa bouche puissante, charnue, ample et persistante. ⧗ 2025-2032

CH. BERNADOTTE, 2, rte du Fournas, 33250 Saint-Sauveur, tél. 05 56 59 57 04, bernadotte@chateau-bernadotte.com V r.-v.

LE CLASSEMENT DE 1855 REVU EN 1973

Classement	Nom du domaine	Appellation
Premiers crus	Ch. Haut-Brion	Pessac-Léognan
	Ch. Lafite-Rothschild	Pauillac
	Ch. Latour	Pauillac
	Ch. Margaux	Margaux
	Ch. Mouton-Rothschild	Pauillac
Deuxièmes crus	Ch. Brane-Cantenac	Margaux
	Ch. Cos-d'Estournel	Saint-Estèphe
	Ch. Ducru-Beaucaillou	Saint-Julien
	Ch. Durfort-Vivens	Margaux
	Ch. Gruaud-Larose	Saint-Julien
	Ch. Lascombes	Margaux
	Ch. Léoville-Barton	Saint-Julien
	Ch. Léoville-Las-Cases	Saint-Julien
	Ch. Léoville-Poyferré	Saint-Julien
	Ch. Montrose	Saint-Estèphe
	Ch. Pichon-Longueville-Baron	Pauillac
	Ch. Pichon-Longueville Comtesse-de-Lalande	Pauillac
	Ch. Rauzan-Gassies	Margaux
	Ch. Rauzan-Ségla	Margaux
Troisièmes crus	Ch. Boyd-Cantenac	Margaux
	Ch. Calon-Ségur	Saint-Estèphe
	Ch. Cantenac-Brown	Margaux
	Ch. Desmirail	Margaux
	Ch. Ferrière	Margaux
	Ch. Giscours	Margaux
	Ch. d'Issan	Margaux
	Ch. Kirwan	Margaux
	Ch. Lagrange	Saint-Julien
	Ch. La Lagune	Haut-Médoc
	Ch. Langoa Barton	Saint-Julien
	Ch. Malescot-Saint-Exupéry	Margaux
	Ch. Marquis d'Alesme-Becker	Margaux
	Ch. Palmer	Margaux
Quatrièmes crus	Ch. Beychevelle	Saint-Julien
	Ch. Branaire-Ducru	Saint-Julien
	Ch. Duhart-Milon-Rothschild	Pauillac
	Ch. Lafon-Rochet	Saint-Estèphe
	Ch. Marquis de Terme	Margaux
	Ch. Pouget	Margaux
	Ch. Prieuré-Lichine	Margaux
	Ch. Saint-Pierre	Saint-Julien
	Ch. Talbot	Saint-Julien
	Ch. La Tour Carnet	Haut-Médoc
Cinquièmes crus	Ch. d'Armailhac	Pauillac
	Ch. Batailley	Pauillac
	Ch. Belgrave	Haut-Médoc
	Ch. Camensac	Haut-Médoc
	Ch. Cantemerle	Haut-Médoc
	Ch. Clerc Milon	Pauillac
	Ch. Cos-Labory	Saint-Estèphe
	Ch. Croizet-Bages	Pauillac
	Ch. Dauzac	Margaux
	Ch. Grand-Puy-Ducasse	Pauillac
	Ch. Grand-Puy-Lacoste	Pauillac
	Ch. Haut-Bages-Libéral	Pauillac
	Ch. Haut-Batailley	Pauillac
	Ch. Lynch-Bages	Pauillac
	Ch. Lynch-Moussas	Pauillac
	Ch. Pédesclaux	Pauillac
	Ch. Pontet-Canet	Pauillac
	Ch. du Tertre	Margaux

CH. LE BOURDIEU VERTHEUIL 2018 ★

Cru bourg. | 31330 | | 15 à 20 €

Spécialiste de la distribution du vin, notamment auprès des hôtels et restaurants, depuis 1892, la famille Richard a acquis des domaines en Beaujolais, dans la vallée du Rhône et en Bordelais, où elle a pris pied en 1950. En haut-médoc, elle a acquis en 1990 le Ch. Bourdieu-Vertheuil, 40 ha sur un plateau graveleux, et le Ch. Victoria, 20 ha sur sols argilo-sableux.

Un vin issu d'une majorité de merlot (80 % dans le 2018) planté sur sables argilo-calcaires. Il livre un bouquet harmonieux, fruité (fruits noirs mûrs), toasté et délicatement rehaussé d'épices (poivre, cumin). Le palais se révèle très élégant, frais et finement tannique. ⧗ 2023-2030

SC CH. LE BOURDIEU VERTHEUIL, Ch. le Bourdieu Vertheuil, 33180 Vertheuil, tél. 05 56 41 98 01, chateau.lebourdieu-vertheuil@wanadoo.fr V t.l.j. sf sam. dim. 8h30-12h 14h-17h

CH. CANTEMERLE 2018 ★★

5e cru clas. | 260000 | | 30 à 50 €

Ce cru tire son nom des seigneurs de Cantemerle, dont l'existence est attestée au XIIes. Si, selon un écrit de 1354, ces nobles payaient la dîme avec un tonneau de clairet, la production viticole n'a pris son essor qu'à partir du XVIes., sous l'égide des Villeneuve de Durfort. Classé en 1855, ce vaste domaine était tombé à une vingtaine d'hectares en 1981, année de son rachat par l'actuel propriétaire, une société d'assurances. Aujourd'hui, un magnifique parc de 28 ha et un vignoble de 98 ha implanté sur de belles graves.

Intense et complexe avec de belles notes de fruits rouges et de vanille, le bouquet est aussi élégant que la robe rubis. Franc et souple à l'attaque, le palais monte ensuite en puissance pour développer un corps imposant et charnu, étayé par des tanins fins et veloutés et un boisé savamment dosé. ⧗ 2024-2032 **Les Allées de Cantemerle 2018 ★ (15 à 20 €; 137000 b.)** Un second vin séduisant par son fin bouquet de violette, de poivre et de vanille, et par sa bouche bien bâtie autour d'une trame tannique ferme et sans dureté. ⧗ 2024-2028

SC CH. CANTEMERLE, 1, chem. de Guittot, 33460 Macau, tél. 05 57 97 02 82, cantemerle@cantemerle.com V r.-v.

CH. CHARMAIL 2018 ★

Cru bourg. | 140000 | | 15 à 20 €

Établis au XVIIes. dans le Médoc, les Trevey de Charmail ont légué leur nom à ce cru, déjà réputé au siècle suivant : une belle unité d'une trentaine d'hectares dominant l'estuaire à Saint-Seurin-de-Cadourne, au nord de Saint-Estèphe. Ingénieur agronome, Olivier Sèze l'a dirigé pendant plus de trente ans. Il l'a vendu en 2008 à Bernard d'Halluin qui a réalisé son rêve au terme d'une carrière d'homme d'affaires dans le nord de la France. La conversion bio est engagée.

S'il est encore un peu jeune et fougueux, ce vin sait montrer qu'il possède un bon potentiel d'évolution. Par sa robe d'un rubis sombre, par son bouquet dense et bien fruité, mais aussi et surtout par sa structure portée de puissants tanins et par sa finale goûteuse et fraîche. ⧗ 2024-2028

SCA CH. CHARMAIL, chem. de Bardis, 33180 Saint-Seurin-de-Cadourne, tél. 05 56 59 70 63, charmail@chateau-charmail.fr V r.-v.

CH. CLÉMENT PICHON 2018 ★

Cru bourg. | 150000 | | 15 à 20 €

Situé aux portes de Bordeaux, l'un des plus fastueux châteaux du XIXes. en Gironde, riche d'une histoire multiséculaire. Ses origines remontent au XIVes. et il connut son heure de gloire sous la tutelle de la famille Pichon (1601-1880). Détruite par un incendie, la bâtisse fut reconstruite en 1881 par la famille Durand-Dassier. Depuis 1976, un autre constructeur, Clément Fayat (propriétaire des châteaux Fayat à Pomerol et La Dominique à Saint-Émilion), est aux commandes de ce vignoble de 40 ha et lui a redonné ses lettres de noblesse.

Un joli vin encore un peu marqué par l'élevage mais déjà expressif par ses beaux arômes de baies sauvages, d'écorce d'orange et de toast. Son développement au palais séduit également par son côté juteux, ses tanins denses et son bon boisé. ⧗ 2024-2030

SAS VIGNOBLES CLÉMENT FAYAT, 30, av. du Ch.-Pichon, 33330 Saint-Émilion, tél. 05 56 35 23 79, contact@vignobles.fayat.com V r.-v.

CH. CORCONNAC 2018 ★★

Cru bourg. | 34000 | | 15 à 20 €

Au début des années 1990, Fabienne et Philippe Pairault ont abandonné leur entreprise de communication en région parisienne pour s'installer en Médoc, où ils ont acquis les 8 ha du Ch. Corconnac (haut-médoc) et les 13 ha des Ch. Teynac et Les Ormes en saint-julien. Leur fille Héléonore les a rejoint.

S'annonçant par une jolie robe rubis, ce haut-médoc déploie un bouquet de bonne intensité, sur les fruits rouges mâtinés de notes de pain d'épices. En bouche, il se révèle aimable, souple et rond. Un vin que l'on pourra apprécier dans ses jeunes années. ⧗ 2023-2026

EARL CH. TEYNAC ET CORCONNAC, Grand-Rue, 33250 Saint-Julien-Beychevelle, tél. 05 56 59 93 04, philetfab3@wanadoo.fr V r.-v.

CH. DASVIN-BEL-AIR 2018 ★

Cru bourg. | 47000 | | 11 à 15 €

Giscours, Cantemerle, il suffit de nommer les voisins de ce cru macalais pour deviner qu'il possède un terroir de choix. De fait, celui-ci (33 ha) est composé de belles graves garonnaises. D'origine aristocratique, la propriété, constituée au XVIIIes., appartient à la famille Tessandier depuis 1954.

La robe d'un beau rouge cardinal met en confiance, comme le bouquet aux notes de fruits rouges mûrs. Puissant, gras, vineux mais bien équilibré, le palais tient les promesses de la présentation. ⧗ 2025-2030

SARL CH. MAUCAMPS, 19, av. de la Libération, 33460 Macau, tél. 05 57 88 07 64, maucamps@wanadoo.fr V r.-v.

B CH. DEVISE D'ARDILLEY 2018 ★★

Cru bourg. | 24000 | | 11 à 15 €

La commune de Saint-Laurent, à l'ouest de l'AOC saint-julien, possède de beaux terroirs de graves

à matrice argileuse. C'est ce qui a incité Jacques Philippe, ancien ingénieur passionné de vins, et son épouse Madeleine, d'origine bordelaise, à racheter en 2000 cette propriété de près de 17 ha constituée en 1991 et conduite en bio.

Un haut-médoc élevé en fût et en amphores (10 % du volume). Foncée, presque noire et bordée par un liseré rubis, la robe s'accorde avec l'intensité et la complexité du bouquet (fruits rouges et noirs mûrs, épices douces, violette) pour donner un réel éclat à la présentation. Le palais, superbe, conjugue avec un équilibre très assuré puissance, rondeur, fraîcheur, tanins souples et soyeux. ⧗ 2025-2030

SAS VIGNOBLES VIMES-PHILIPPE (CH. DEVISE D'ARDILLEY), Le Plateau, 33112 Saint-Laurent-Médoc, tél. 05 57 75 14 26, devise.dardilley@sfr.fr V *t.l.j. sf dim. 10h-12h 14h-18h*

CH. FONTESTEAU 2018 ★

■ Cru bourg. | 100 000 | | 15 à 20 €

Des tours crénelées dans un écrin de verdure au cœur d'une vaste propriété (100 ha, dont 22 dédiés à la vigne) : ici le terme château n'est pas usurpé. Le cru est situé à Saint-Sauveur, à l'ouest de Pauillac. Son terroir de qualité (des gravilles sur une dalle calcaire) est propice au cabernet-sauvignon comme au merlot, assez présent dans l'encépagement. Certifié HVE3, le domaine a engagé la conversion bio en 2018.

Ce vin séduit d'emblée par son bouquet gourmand de fruits rouges mûrs, de cuir, de tabac et de toasté. Le charme opère aussi dans une bouche équilibrée, ample et dense, dotée de tanins fins et fondus. ⧗ 2023-2027

SARL CH. FONTESTEAU, Fontesteau, 33250 Cissac, tél. 05 56 59 52 76, info@fontesteau.com V *r.-v.*

♥ CH. LES GRAVILLES Renaissance 2018 ★★

■ | 10 000 | | 15 à 20 €

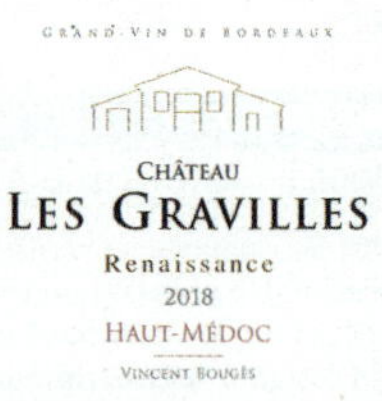

Gérard Bougès a fondé en 1988 le Ch. La Fon du Berger, un cru bourgeois respectueux des traditions médocaines par son encépagement diversifié autour du cabernet-sauvignon, du merlot, du cabernet franc et du petit verdot. Son fils Vincent, qui lui a succédé, y a ajouté le Ch. Les Gravilles, créé en 2015 par la réunion d'une mosaïque de parcelles appartenant à des vignerons adhérents de la cave coopérative de Saint-Sauveur, disparue en 2016.

Une entrée fracassante dans le Guide pour Vincent Bougès avec ce 2018 épatant de bout en bout. À la profondeur de la robe, tirant vers le noir, répond l'intensité du bouquet parfaitement équilibré entre notes fruitées et boisées. Riche, plein, charnu et long, le palais est porté par des tanins puissants mais au grain soyeux qui se portent garants de l'avenir de cette très belle bouteille. ⧗ 2025-2032 ■ **Cru bourg. Ch. la Fon du Berger 2018 ★ (11 à 15 €; 68 000 b.)** Ce cru bourgeois séduit par son nez de fruits noirs mûrs et de boisé vanillé, puis par sa bouche à la fois ronde, veloutée et fraîche étayée par des tanins fermes. ⧗ 2024-2028

EARL DES VIGNOBLES BOUGÈS (CH. LA FON DU BERGER), 5, rte du Fournas, 33250 Saint-Sauveur, tél. 05 56 59 51 43, vignoblesdouges@lafonduberger.com V *t.l.j. sf sam. dim. 9h-12h 14h-18h*

CH. HAUT BRIGNOT 2018 ★★

■ | 20 676 | | 11 à 15 €

Derrière le Marquis de Saint-Estèphe et la Châtellenie de Vertheuil, une coopérative résultant de la fusion en 2002 des caves de ces communes, fondées au milieu des années 1930. Elle réunit environ soixante-dix viticulteurs, qui exploitent 40 ha en AOC saint-estèphe et 45 ha en haut-médoc.

D'une belle intensité tant par sa robe grenat que par son bouquet, mariage heureux de notes fruitées et toastées, ce vin révèle toute sa puissance au palais, où se déploient une matière ample et riche, un boisé noble et des tanins denses et serrés très prometteurs, même s'ils restent encore un peu austères pour l'heure. Patience. ⧗ 2025-2032

SCA MARQUIS DE SAINT-ESTÈPHE ET CHÂTELLENIE DE VERTHEUIL, 2, rue du Médoc, 33180 Saint-Estèphe, tél. 05 56 73 35 30, marquis.st.estephe@wanadoo.fr V *t.l.j. sf sam. dim. 8h30-12h 13h30-16h30*

CH. LAMOTHE BERGERON 2018 ★★

■ Cru bourg. | 60 000 | | 15 à 20 €

Ce cru bourgeois supérieur produit du vin depuis le Moyen Age. Il doit son nom à l'agronome Jacques de Bergeron, qui mit au point une méthode de greffe au début du XIXᵉs. Commandé par une bâtisse du XIXᵉs., le vignoble couvre 65 ha. Propriété des maisons de cognac H. Mounier et Hardy, ce domaine certifié HVE a été repris en 2019 par la caisse de prévoyance CAPSSA, qui a nommé Charles Lemoine à sa direction.

Promis à un bel avenir, ce 2018 très réussi se distingue d'emblée par l'élégance de son bouquet ouvert sur la mûre et un beau boisé toasté et vanillé. Un mariage harmonieux du fruit et du merrain que l'on retrouve dans une bouche ronde, suave, tendre, étayée par des tanins bien présents mais veloutés. ⧗ 2025-2030

SCEA LAMOTHE BERGERON, 49, chem. des Graves, 33460 Cussac-Fort-Médoc, tél. 05 56 58 94 77, contact@lamothebergeron.fr V *r.-v.*

CH. MAGNOL 2018 ★

■ Cru bourg. | 170 000 | | 15 à 20 €

En 1725, le jeune Irlandais Thomas Barton crée son affaire à Bordeaux. En 1802, son petit-fils Hugh fonde avec l'armateur Daniel Guestier une firme de négoce, qui propose aujourd'hui des vins de plusieurs régions viticoles françaises. Barton et Guestier est le plus ancien négoce du Bordelais, également propriétaire de crus.

Frais et délicat avec son bouquet de fruits rouges, ce haut-médoc déploie une attaque ronde et souple, puis monte en puissance, porté par de solides tanins et un boisé bien ajusté. Du potentiel. ⧗ 2024-2030

SASU BARTON ET GUESTIER, 87, rue du Dehez, 33290 Blanquefort, tél. 05 56 95 48 00, marine.mezzavilla@barton-guestier.com

CH. MALESCASSE 2018 ★★

Cru bourg. | 39000 | | 20 à 30 €

Huit fenêtres avec huit carreaux : le nombre huit régit l'architecture du château. Édifié en 1824 sur le point le plus élevé de Lamarque, ce cru bourgeois exceptionnel commande un vignoble de 40 ha implanté sur une croupe de graves blanches, entre Margaux et Saint-Julien-Beychevelle. Il a été racheté en 2012 à la famille Tesseron par l'entrepreneur Philippe Austruy et son groupe Gema Viticole.

Complexe et élégant avec ses arômes de fruits noirs et d'épices, le bouquet donne le ton. Au palais se développe une très belle structure reposant sur des tanins denses et racés. Une longue finale réglissée clôt la dégustation en beauté. De longue garde assurément. 2025-2032

SARL CH. MALESCASSE, 6, chem. du Moulin-Rose, 33460 Lamarque, tél. 05 56 58 90 09, contact@chateau-malescasse.com V r.-v.

SEQUOIA DE MAUVESIN BARTON 2018 ★

| 30000 | | 11 à 15 €

Commandé par un château néo-Louis XIII de 1853, ce cru constitue une belle unité de 220 ha d'un seul tenant dont 58 de vignes. En août 2011, le domaine a été acheté par Lilian et Michel Barton-Sartorius dont la famille possédait déjà les châteaux Lalande et Langoa à Saint-Julien.

Plus que sur la puissance, c'est sur l'équilibre et l'élégance que s'appuie ce vin. Il dévoile un joli bouquet fruité et floral (pivoine), agrémenté d'une douce note de réglisse, et une bouche souple et fraîche, dotée de tanins affinés. 2023-2026

SCEA DU CH. MAUVESIN BARTON, 33480 Moulis-en-Médoc, tél. 05 56 58 41 81, chateau@mauvesin-barton.com V r.-v.

CH. MURET 2018 ★

Cru bourg. | 130000 | | 8 à 11 €

Ce cru bourgeois fondé en 1932 était tombé en désuétude, jusqu'à ce que la famille Bouffllerd la reprenne en main à partir de 1986. Le vignobe couvre 25,5 ha d'un seul tenant.

Assez timide dans sa robe cerise, ce vin le demeure par son bouquet délicat de fruits rouges. Après une attaque souple et fraîche, se développe un palais très plaisant par son fruité soutenu, son boisé bien fondu et ses tanins affinés. 2023-2027

SCA DE MURET, 1, rte de Muret, 33180 Saint-Seurin-de-Cadourne, tél. 05 56 59 38 11, chateau.muret@sfr.fr V r.-v.

CH. PEY MALLET 2018 ★

Cru artisan | 13000 | | 11 à 15 €

Petite exploitation de 3 ha située entre Margaux et Moulis, fondée en 1992 par Michelle Albouy, ce cru bénéficie d'un terroir de graves pyrénéennes et d'un encépagement diversifié se répartissant équitablement entre merlot et cabernet-sauvignon avec un complément en petit verdot.

Ce vin développe un délicat bouquet de fruits rouges à peine marqué par le merrain. En bouche, il se montre frais, droit, fruité, bien équilibré, étayé par des tanins fins et un élevage très bien maîtrisé. 2023-2027

MICHELLE ALBOUY (CH. PEY MALLET), 1, chem. de Gassiot, 33480 Avensan, tél. 05 56 58 21 91, m.albouy@pey-mallet.com r.-v.

CH. PEYRABON 2018 ★

Cru bourg. | 99279 | | 11 à 15 €

Ce cru déjà mentionné en 1766 sur la carte de Belleyme fut maintes fois racheté au fil des siècles : dix-neuf propriétaires jusqu'à son acquisition en 1998 par Patrick Bernard, P-D.G. de Millésima, qui a beaucoup investi à la vigne et au chai. Le vignoble s'étend sur une cinquantaine d'hectares, 41 ha en AOC haut-médoc (Peyrabon) et 7 ha en pauillac (Fleur Peyrabon).

L'intensité de la robe, d'un beau rubis profond, se reflète dans celle du bouquet, ouvert sur des arômes un peu sauvages de ronces adoucis par des notes de fruits noirs et de caramel. Rond en attaque puis riche, corsé, épicé, le palais est aussi chaleureux que savoureux, étayé par des tanins bien enrobés par la chair. 2024-2028

SAS CH. PEYRABON, rte de Fournas, Vignes-de-Peyrabon, 33250 Saint-Sauveur, tél. 05 56 59 57 10, contact@chateau-peyrabon.com V r.-v.

HAUT DE POUJEAUX 2018 ★

| 18000 | | 11 à 15 €

À la suite d'une redélimitation de l'aire d'appellation moulis, une parcelle de graves de 4 ha appartenant au Ch. Poujeaux est située désormais dans l'aire du haut-médoc.

Soutenue et dense, la robe est prometteuse, comme la progression du bouquet, discret au début, puis d'une bonne complexité autour des fruits rouges, de la violette et d'un bon boisé. Une impression d'élégance qui se retrouve dans un palais frais, ample, doté de tanins serrés et croquants. Un haut-médoc bien typé. 2025-2030

SCEA CH. POUJEAUX (HAUT DE POUJEAUX), 450, av. de la Gironde, 33480 Moulis-en-Médoc, tél. 05 56 58 02 96, contact@chateaupoujeaux.com V r.-v.

CH. RAMAGE LA BATISSE 2018 ★★

Cru bourg. | 386 | | 15 à 20 €

Créé avec 6 ha en 1962, le Ch. Ramage la Batisse, commandé par une chartreuse entourée d'une garenne, couvre aujourd'hui 75 ha, sur des terrains sablo-graveleux, qui englobent aussi les parcelles du Ch. Tourteran. Depuis 1996, ces deux propriétés appartiennent à la MACIF.

Authentique vin de garde, ce cru bourgeois supérieur n'annonce pas tout de suite la couleur, sa robe étant assez discrète. Mais le bouquet révèle une belle expression aromatique, élégante et complexe : fruits mûrs, pruneau, épices douces, sous-bois. Le palais convainc pleinement : du volume, de la puissance, de la suavité, des tanins bien serrés, de la longueur. ⧗ 2025-2030

SCI CH. RAMAGE LA BATISSE, Tourteran, 33250 Saint-Sauveur, tél. 05 56 59 57 24, ramagelabatisse@wanadoo.fr V r.-v.

CH. REYSSON 2018 ★

■ Cru bourg. | 210000 | 15 à 20 €

Ce cru bourgeois supérieur de 54 ha (certifié HVE3) est implanté à Vertheuil, près de Saint-Estèphe, sur un site ayant livré des vestiges médiévaux et gallo-romains. Propriété du groupe de vins et spiritueux nippon Mercian à partir de 1988, il a été acheté en 2014 par la maison Dourthe qui le gérait depuis 2001. Le terroir argilo-calcaire y favorise le merlot.

Classique dans sa robe bordeaux, ce vin porte la marque du merlot (87 %) dans son bouquet aux senteurs de cuir, de sous-bois et de fruits rouges mûrs. Frais et velouté, le palais s'appuie sur un boisé de qualité et des tanins bien enrobés, qui toutefois se resserrent en finale. De bonne garde assurément. ⧗ 2025-2030

VIGNOBLES DOURTHE (CH. REYSSON), 33180 Vertheuil, tél. 05 56 35 53 00, contact@dourthe.com r.-v.

CH. SAINT-AHON 2018 ★

■ Cru bourg. | 55650 | 11 à 15 €

Héritier d'une maison noble remontant au Moyen Âge, ce cru bourgeois de 40 ha, aujourd'hui cerné par la banlieue bordelaise, a appartenu à Montesquieu. Reconstruit sous Napoléon Ier, le château a pris en 1875 son visage actuel, de style Louis XIII. Acheté en 1985 par le comte de Colbert (descendant direct du ministre), il appartient aujourd'hui à sa fille et son gendre, les Chodron de Courcel qui y vivent et en ont fait un pôle de l'oenotourisme.

Une robe entre rubis et pourpre, un bouquet aux jolies notes fruitées et épicées, ce haut-médoc se présente bien. La suite ne déçoit pas : du volume, de la concentration, de la densité, des tanins bien en place et une bonne longueur. ⧗ 2025-2030

SCEA CH. SAINT-AHON, 57, rue de Saint-Aho, 33290 Blanquefort, tél. 05 56 35 06 45, info@saintahon.com V *t.l.j. sf dim. 10h-12h 14h-19h*

CH. DE SAINTE-GEMME 2018 ★

■ | 52000 | 11 à 15 €

« Pierre précieuse » (gemme), c'est ainsi que ce terroir de graves garonnaises est considéré. La famille Bouteiller, également propriétaire du Ch. Lanessan, a racheté ce domaine en 1962.

Fidèle à ses habitudes, le cru propose un vin charmeur. Dans sa présentation d'abord, avec une robe foncée aux reflets brillants et un bouquet fruité où les cerises mûres se taillent la part du lion. En bouche, il se montre chaleureux, rond et suave, porté par des tanins soyeux qui mettent en valeur une belle expression aromatique. ⧗ 2024-2028

SAS DOMAINES BOUTEILLER (CH. SAINTE-GEMME), 113, Lanessan, 33460 Cussac-Fort-Médoc, tél. 05 56 58 94 80, infos@lanessan.com V r.-v.

CH. SÉNÉJAC 2018 ★★

■ | 155000 | 15 à 20 €

Commandé par une demeure du XVIIe s. avec de superbes communs, ce cru aux portes de Bordeaux intéressera les passionnés d'histoire et de patrimoine, mais aussi ceux du mystérieux, car jadis ce château avait la réputation d'être hanté… Un domaine resté longtemps aux mains de la famille Comte de Guignié, de 1860 à 1999, date d'acquisition par les Cordier (Ch. Talbot), toujours aux commandes. Le vignoble couvre 40 ha.

Très expressif, ce haut-médoc bien né dévoile un bouquet ouvert sur d'intenses parfums de fruits rouges mûrs sur fond de boisé fondu. Sapide et gourmande, l'attaque prélude à un palais charnu, tendre, suave et long, épaulé par des tanins fins et soyeux. Déjà savoureux, ce vin affiche aussi un bon potentiel. ⧗ 2024-2030

SAS CH. SÉNÉJAC, allée Saint-Seurin, 33290 Le Pian-Médoc, tél. 05 56 70 20 11, chateau@senejac.com V *t.l.j. 8h30-12h 14h-16h30*

♥ CH. SOCIANDO-MALLET 2018 ★★

■ | 326902 | 30 à 50 €

Au XVIIe s., une terre noble appartenant à une famille basque, les Sossiando. Confisquée à la Révolution, elle a connu plusieurs propriétaires. À la fin du siècle dernier, Jean Gautreau a mis en lumière son potentiel. Courtier chez Miailhe, il crée sa société à la fin des années 1950 pour vendre des vins dans le Benelux. Un client le charge de trouver une propriété avec un beau terroir. Il découvre Sociando-Mallet : dominant l'estuaire, une superbe croupe de graves sur sous-sol argileux. Le client ne donnant pas suite, il l'achète pour lui en 1969, le restructure, l'agrandit (à l'origine 5 ha, aujourd'hui 82), bâtit un chai. Non classé, c'est un des crus qui compte dans l'appellation, conduit désormais par Sylvie, fille de Jean Gautreau, décédé en 2019.

Un haut-médoc d'une grande élégance, qui fait la part belle au merlot (66 %). Il séduit d'emblée dans sa robe rubis. Le charme se poursuit dans un bouquet d'une grande complexité (fruits noirs mûrs, vanille, cèdre, notes florales, touche fumée). Ample, intense, dense, d'une rondeur savoureuse, le palais s'adosse à des tanins soyeux et fins et s'étire dans une longue finale, fraîche et nette. Un grand classique. ⧗ 2026-2032

SCEA JEAN GAUTREAU (CH. SOCIANDO-MALLET), rte de Mapon, 33180 Saint-Seurin-de-Cadourne, tél. 05 56 73 38 80, contact@sociandomallet.com V r.-v.

CH. LA TOUR CARNET 2018 ★

■ 4e cru clas. | 667 951 | | 20 à 30 €

La rencontre d'une tour et de douves médiévales avec un logis du siècle des Lumières aurait pu aboutir à un mélange étrange. Bien au contraire, il en résulte un ensemble fort harmonieux. Depuis 2000, ce château et son vaste vignoble (118 ha) établi sur un splendide terroir de graves est l'un des quatre crus classés de Bernard Magrez, homme d'affaires collectionneur de vignobles.

Si le bois est encore présent dans le bouquet avec d'intenses notes vanillées, sa marque reste suffisamment discrète pour ne pas étouffer les arômes de fruits rouges. Passé une attaque souple, la bouche déploie un beau volume autour de tanins serrés et d'un boisé de qualité. ⌛ 2025-2030

SC BERNARD MAGREZ (CH. LA TOUR CARNET), rte de Beychevelle, 33112 Saint-Laurent-Médoc, tél. 05 56 73 30 90, latour@latour-carnet.com V t.l.j. 10h-12h 14h-18h 5

CH. TOUR SAINT-JOSEPH 2018 ★

■ Cru bourg. | 78 400 | | 8 à 11 €

Propriétaire de nombreux crus et acteur majeur du négoce bordelais à travers différentes marques (Chai de Bordes, Pierre Dumontet), Cheval Quancard a été fondé par Pierre Quancard en 1844, sous le nom de Quancard et Fils. La maison est toujours dirigée par ses descendants.

Dense, foncée et nuancée, la couleur de ce 2018 aiguise la curiosité. Ouvert sur des baies sauvages et des épices, le bouquet séduit, tout autant que la bouche, ample, rond et riche, étayée par des tanins serrés. Un bon potentiel de garde en perspective. ⌛ 2024-2030

SA CHEVAL QUANCARD, 2I, La Mouline, 4, rue du Cabourney, 33565 Carbon-Blanc Cedex, tél. 05 57 77 88 88, chevalquancard@chevalquancard.com V r.-v.

CH. VALENTIN 2018 ★

■ | 10 200 | | 11 à 15 €

Si à Margaux beaucoup de petits crus ont disparu, rachetés par des classés, certains vignobles familiaux résistent, comme celui-ci, très ancien (1730), qui s'étend sur 16 ha à Soussans. Il est conduit depuis 1972 par Jean Sorge, épaulé par la 5ème génération (ses filles Sylvie et Christelle). Un domaine qui se singularise par un encépagement diversifié.

Élégant dans sa présentation avec une robe rouge brique à reflets grenat, ce haut-médoc dévoile un joli bouquet de cerise, de fraise, de réglisse et de fumée. Le palais se montre plaisant par sa fraîcheur, ses tanins affinés et son équilibre. ⌛ 2024-2028

SCEA VIGNOBLES JEAN SORGE (CH. VALENTIN), 1, rue Valentin-Deyrem, 33460 Soussans, tél. 05 57 88 35 70, contact@chateau-deyrem-valentin.com V r.-v.

CH. DE VILLEGEORGE 2018 ★

■ | 21 900 | | 20 à 30 €

Œnologue, Marie-Laure Lurton a repris en 1992 la tête de trois domaines médocains de son père Lucien : La Tour de Bessan (margaux), Duplessis (moulis) et Villegeorge (haut-médoc). Ce dernier, réputé dès le XVIIIe s., a été acquis en 1973 par Lucien Lurton. Il couvre aujourd'hui 12 ha sur un terroir de graves profondes à Avensan, au sud de Moulis.

Vive, ample et solidement constituée avec des tanins serrés, la bouche de ce haut-médoc s'accorde avec un bouquet intense, ouvert sur les fruits noirs et les épices. Voilà qui annonce un bon potentiel d'évolution pour ce beau classique de l'appellation. ⌛ 2024-2030

VIGNOBLES MARIE-LAURE LURTON, 1, chem. de la Tuilerie, 33480 Avensan, tél. 05 56 58 22 01, contact@marielaurelurton.com V r.-v.

LISTRAC-MÉDOC

Superficie : 635 ha / Production : 25 205 hl

Correspondant exclusivement à la commune éponyme, listrac-médoc est l'appellation communale la plus éloignée de l'estuaire. Original, son terroir correspond au dôme évidé d'un anticlinal, où l'érosion a créé une inversion de relief. À l'ouest, à la lisière de la forêt, se développent trois croupes de graves pyrénéennes, dont les pentes et le sous-sol souvent calcaire favorisent le drainage naturel des sols. Le centre de l'AOC, le dôme évidé, est occupé par la plaine de Peyrelebade, aux sols argilo-calcaires. Enfin, à l'est s'étendent des croupes de graves garonnaises.

Le listrac est un vin vigoureux; toutefois, contrairement au style d'autrefois, sa robustesse n'implique plus aujourd'hui une certaine rudesse. Si certains vins restent un peu durs dans leur jeunesse, la plupart contrebalancent leur force tannique par leur rondeur. Tous offrent un bon potentiel de garde, jusqu'à quinze ans dans les grands millésimes.

CH. CAPDET 2018 ★★

■ Cru bourg. | 43 000 | | 15 à 20 €

Pendant longtemps, la cave de Listrac, fondée en 1935, a été choisie par la prestigieuse Compagnie internationale des Wagons-Lits pour figurer sur la carte des vins des voitures-restaurants. Cela a valu une réelle célébrité à la coopérative qui, par sa production (40 adhérents, 160 ha) et par les crus indépendants qu'elle vinifie, joue encore son rôle de locomotive dans l'appellation. Elle propose aussi des moulis.

Une légère dominante de merlot (56 %) pour ce vin, complété de 42 % de cabernet-sauvignon et d'une larme de petit verdot. L'intensité de la couleur, d'un rouge soutenu, se retrouve au nez à travers de généreuses notes de fruits mûrs sur fond de boisé vanillé. Rond en attaque puis ample, tannique et gras, le palais donne une réelle impression d'harmonie. Un beau vin de garde. ⌛ 2026-2032

SCA VIGNERONS ASSOCIÉS MOULIS, LISTRAC ET CUSSAC-FORT-MÉDOC, 21, av. de Soulac, 33480 Listrac-Médoc, tél. 05 56 58 03 19, contact@vigneronsassocies.fr V t.l.j. 8h30-12h 14h-18h

CH. CAP LÉON VEYRIN 2018 ★★

■ Cru bourg. sup. | 80 000 | | 15 à 20 €

Authentique famille médocaine enracinée dans la région depuis 1810, les Meyre figurent parmi les

pionniers du tourisme vitivinicole (on ne parlait pas encore d'œnotourisme à l'époque dans la presqu'île). En 2010, Nathalie et Julien Meyre ont repris les crus familiaux (55 ha) : le Ch. Cap Léon Veyrin, berceau familial en listrac-médoc, et les châteaux Julien et Bibian, en haut-médoc, acquis à la fin des années 1980.

Parfaitement équilibré, ce vin réussit l'alliance de l'élégance et de la puissance. La première s'exprime à travers le bouquet dont le côté fruité est épaulé par des notes de vanille bien dosées. La seconde apparaît au palais avec une forte densité de tanins. Une longue finale épicée clôt la dégustation. ⧗ 2025-2030

SCE VIGNOBLES ALAIN MEYRE, 54, rte de Donissan, 33480 Listrac-Médoc, tél. 05 56 58 07 28, contact@vignobles-meyre.com V *t.l.j. sf sam. dim. 9h-17h* 2

CH. CLARKE 2018 ★★

■	145 000		30 à 50 €

Plantée au Moyen Âge par des cisterciens dépendant de l'abbaye de Vertheuil, la vigne est fort ancienne sur ce cru situé dans la plaine de Peyrelebade. Acquis en 1973 par le Baron Edmond de Rothschild, qui y a entrepris de très importants travaux de rénovation, il dispose d'un vignoble de 55 ha établi sur un terroir calcaire et argilo-calcaire, qui se distingue par son encépagement à forte proportion de merlot (70 %). Un pilier de l'appellation listrac.

Une fois encore, le cru tient son rang avec ce vin d'une belle tenue, tant par sa couleur soutenue que par son puissant bouquet de fruits mûrs et de sous-bois. Le palais s'inscrit dans la même logique avec une matière dense, du volume, un boisé racé et des tanins serrés qui s'affirment de l'attaque à la finale. ⧗ 2025-2030

SAS EXPLOITATION VINICOLE BARON EDMOND DE ROTHSCHILD, Ch. Clarke, 1, rte de Listrac, 33480 Listrac-Médoc, tél. 05 56 58 38 00, contact@edrh-wines.com V *t.l.j. sf sam. dim. 9h-12h 14h-17h*

CH. LALANDE 2018 ★

■ Cru bourg.	17 500		8 à 11 €

Cette propriété familiale fondée en 1819 est établie dans le quartier de Mayne-de-Lalande, à Listrac, d'où son nom. Son vignoble de 9 ha (certifié HVE) est planté sur des graves pyrénéennes et des sols argilo-calcaires.

Fraîche, souple et longue, la bouche de ce 2018 met en valeur un joli bouquet qui associe harmonieusement les notes florales (rose), épicées et fruitées au cuir, marque du merlot. Un listrac que l'on pourra apprécier dans ses jeunes années. ⧗ 2022-2025

EARL DARRIET-LESCOUTRA, 15, rte du Mayne-de-Lalande, 33480 Listrac-Médoc, tél. 05 56 58 19 45, contat@chateaulalande.fr V *r.-v.*

CH. LESTAGE 2018 ★★

■ Cru bourg. exc.	110 000		15 à 20 €

Les Chanfreau, viticulteurs rapatriés d'Algérie, possèdent plusieurs crus dans le Médoc, gérés par la nouvelle génération depuis 2020 : Guillaume et Loïc Chanfreau. Encadrant la route de Soulac, un peu avant le bourg de Listrac en arrivant de Bordeaux, les domaines de Fonréaud et Lestage sont commandés par deux châteaux de style Napoléon III (de l'architecte Garros pour le premier). Les deux crus, de même que le Clos des Demoiselles, acquis en 1962, possèdent un beau terroir de graves pyrénéennes, avec des calcaires et argilo-calcaires pour Lestage. En 1981, les Chanfreau ont également acquis le Ch. Caroline en AOC moulis-en-médoc (6 ha).

S'il possède une très longue finale, ce vin n'attend pas d'être arrivé à ce stade pour livrer ses charmes. Sa robe, d'un rubis profond et brillant, et son puissant bouquet de fruits rouges sur fond de boisé torréfié et vanillé laissent deviner qu'il possède du caractère. Ce que confirme le palais par son volume, sa densité, son gras et ses solides tanins.

SC CH. LESTAGE, 33480 Listrac-Médoc, tél. 05 56 58 02 43, contact@vignobles-chanfreau.com V *t.l.j. 9h-12h 14h-17h; sam. dim. sur r.-v.*

CH. MARTINHO 2018 ★

■	7 128		15 à 20 €

D'origine portugaise, Miguel Martinho Afonso a travaillé dans plusieurs grands crus médocains avant de créer en 2001 son entreprise de travaux viticoles et d'acquérir sept ans plus tard une petite vigne (1,5 ha) à Listrac qu'il exploite en parallèle de son activité de prestataire pour les grands crus médocains. Quelque peu agrandi (2,8 ha), le cru s'est doté en 2018 d'un nouveau chai et a lancé la conversion bio.

Subtil dans son expression aromatique avec d'agréables parfums de fruits rouges, de cassis et de boisé fondu, ce vin se distingue aussi par son développement au palais, où il se montre frais en attaque, ample, rond et élégant, avec des tanins fermes mais fins en soutien. ⧗ 2024-2030

MIGUEL MARTINHO AFONSO, 13, rte du Port, 33460 Lamarque, tél. 05 56 58 95 81, contact@chateaumartinho.com V *r.-v.*

CH. MAYNE LALANDE 2018 ★★

■	46 000		20 à 30 €

Issu d'une famille d'agriculteurs de Listrac, Bernard Lartigue a créé le Ch. Mayne Lalande en 1982; un domaine qui s'étend aujourd'hui sur 15 ha à l'ouest de la commune, à l'orée de la pinède, complété depuis par les 5 ha de vignes du Ch. Myon de l'Enclos dans l'appellation « sœur », moulis-en-médoc.

Fidèle à sa tradition et à l'esprit médocain, ce cru propose un vin jouant à fond la carte de l'élégance à travers une seyante robe rouge soutenu et un joli bouquet de fruits rouges mûrs, de cassis, de pruneau et de toasté. Mais élégance ne veut pas dire faiblesse : la puissance de la structure, épaulée par des tanins soyeux, se charge de prouver le contraire. Un savant mariage de la finesse et de la force. ⧗ 2026-2032

SAS LES CINQ SENS DU CH. MAYNE LALANDE, 7, rte du Mayne, 33480 Listrac-Médoc, tél. 05 56 58 27 63, blartigue2@wanadoo.fr V *t.l.j. sf sam. dim. 9h-12h30 14h-17h30* 5

MARGAUX

Superficie : 1 490 ha / Production : 60 900 hl

Margaux est le seul nom d'appellation à être aussi un prénom féminin. Est-ce un hasard? Si les margaux présentent une excellente aptitude à la garde, ils se distinguent des autres grandes appellations communales médocaines par leur délicatesse que soulignent des arômes fruités d'une agréable finesse. Ils constituent l'exemple même des bouteilles tanniques généreuses et suaves.

Leur originalité tient à de nombreux facteurs. Les aspects humains ne sont pas à négliger. À l'écart de Saint-Julien, de Pauillac et de Saint-Estèphe, les viticulteurs margalais ont moins privilégié le cabernet-sauvignon : tout en restant minoritaire, le merlot prend ici une importance accrue. Par ailleurs, l'appellation, la plus vaste des communales du Médoc, s'étend sur le territoire de cinq communes : Margaux et Cantenac, Soussans, Labarde et Arsac. Dans chacune d'elles, seuls les terrains présentant les meilleures aptitudes vitivinicoles font partie de l'AOC. Le résultat est un terroir homogène composé d'une série de croupes de graves. Celles-ci s'articulent en deux ensembles : à la périphérie se développe un système faisant penser à une sorte d'archipel continental, dont les «îles» sont séparées par des vallons, ruisseaux ou marais tourbeux; au cœur de l'appellation, dans les communes de Margaux et de Cantenac, s'étend un plateau de graves blanches, d'environ 6 km sur 2, découpé en croupes par l'érosion. C'est dans ce secteur que sont situés nombre des 21 grands crus classés de l'appellation.

CH. D'ARSAC Margaux 2018 ★

■ Cru bourg. exc.	221 600	◫	20 à 30 €

Vaste domaine de 150 ha dont plus 100 ha de vignes, le Ch. d'Arsac est aussi l'un des plus anciens du Médoc, héritier d'une seigneurie du XIIᵉs. ayant appartenue au frère de Montaigne.

Derrière une robe profonde hésitant entre le rubis et le grenat, on découvre un vin résolument fruité, au nez comme en bouche. Le palais est souple et fin, étayé par un boisé et des tanins bien fondus. Une bouteille que l'on pourra apprécier dans ses jeunes années. ⧗ 2023-2026

⊶ PHILIPPE RAOUX, Ch. d'Arsac, 1, allée du Comte, 33460 Arsac, tél. 05 56 58 83 90, contact@chateau-arsac.com V r.-v.

CH. BOYD-CANTENAC 2018 ★

■ 3ᵉ cru clas.	38 000	◫	50 à 75 €

Un beau terroir de graves siliceuses maigres (17 ha), un encépagement diversifié, intégrant le petit verdot, et une famille aux solides racines médocaines, les Guillemet (propriétaires depuis 1932). Ces derniers ne sacrifient pas aux modes et visent l'équilibre et la finesse dans leurs vins. Un grand cru authentique, créé en 1754 par un négociant de Belfast, conduit depuis 1996 par l'œnologue et agronome Lucien Guillemet.

Si la robe, d'un grenat intense, met en confiance, la suite de la dégustation ne la dément pas. Le bouquet est fort plaisant avec ses notes de cassis et de petits fruits rouges sur fond de boisé affiné, chocolaté et épicé. Après une attaque en souplesse se développe une solide structure, reposant sur des tanins bien extraits, à la fois fermes et fins, et débouchant sur une longue finale. Un beau classique, entre force et délicatesse. ⧗ 2025-2032

⊶ CH. BOYD-CANTENAC, 11, rte de Jean-Fauré, 33460 Cantenac, tél. 05 57 88 90 82, contact@boyd-cantenac.fr V r.-v.

CH. CANTENAC BROWN 2018 ★

■ 3ᵉ cru clas.	120 000	◫	50 à 75 €

Commandé par un imposant château de style néo-Tudor construit au XIXᵉs. par le peintre animalier écossais John Lewis Brown, ce domaine – 48 ha plantés sur de belles graves au cœur de l'appellation – a connu une seconde jeunesse d'abord grâce au groupe Axa, et, depuis 2006, sous l'impulsion de la famille Halabi, qui en a confié la direction à José Sanfins.

D'emblée, la robe sombre et profonde donne le ton : ce vin a du caractère, comme le confirme son bouquet mariant les arômes de fruits rouges mûrs et de pruneau aux apports d'un élevage de grande qualité et très bien maîtrisé. Au palais se déploie une très belle matière, ample, ronde, chaleureuse, puissante et complexe, bâtie sur des tanins d'une grande finesse. Un ensemble déjà très savoureux et qui le restera pendant longtemps. ⧗ 2025-2035

⊶ CH. CANTENAC BROWN, 33460 Margaux, tél. 05 57 88 81 81, contact@cantenacbrown.com V r.-v.

CH. CHANTELUNE 2018 ★

■	n.c.	◫	30 à 50 €

José Sanfins, directeur et vinificateur du Ch. Cantenac Brown, cru classé de Margaux, a constitué un petit vignoble personnel : 1 ha en haut-médoc (Ch. du Moulin) et environ 2,50 ha en margaux (Ch. Chantelune).

Après un beau coup de cœur il y a deux ans, ce petit cru (par la taille) offre à nouveau un fort joli vin qui se distingue par son mariage très réussi entre la force et l'élégance. Une bouche dense, fraîche, solide mais sans dureté, bâtie sur des tanins soyeux, met en valeur de fins arômes de fruits rouges déjà perçus à l'olfaction. ⧗ 2024-2030

⊶ SCEA CH. CHANTELUNE, 14, chem. du Vieux-Chêne, 33460 Lamarque, sanfinsjose@gmail.com r.-v.

CH. DESMIRAIL 2018 ★★

■ 3ᵉ cru clas.	53 300	◫	30 à 50 €

S'ouvrant sur la route des Châteaux, au cœur du bourg de Cantenac, par un majestueux portail de marbre rose, une élégante chartreuse du XVIIIᵉs. commande ce cru ancien (XVIIᵉs.), classé en 1855. Un domaine acquis en 1980 par Lucien Lurton, qui l'a transmis à son fils Denis en 1992 lors du partage entre ses enfants de son immense patrimoine viticole.

Si le bouquet révèle une influence encore marquante de l'élevage, sa complexité montre que la personnalité de ce margaux ne se limite pas à ce seul aspect : aux côtés de nuances de caramel et de toast se déploient de généreuses notes de fruits rouges mûrs et de pruneau.

Le palais confirme son potentiel. Frais en attaque, rond et corsé, il affiche beaucoup de volume et un grand équilibre autour de tanins puissants mais très bien maîtrisés. ⧗ 2024-2032

DENIS LURTON (CH. DESMIRAIL), 28, av. de la Vᵉ-République, 33460 Cantenac, tél. 05 57 88 34 33, contact@desmirail.com V r.-v.

CH. DEYREM VALENTIN 2018 ★★

■ Cru bourg. sup. | 76080 | | 20 à 30 €

Si à Margaux beaucoup de petits crus ont disparu, rachetés par des classés, certains vignobles familiaux résistent, comme celui-ci, très ancien (1730), qui s'étend sur 16 ha à Soussans. Il est conduit depuis 1972 par Jean Sorge, épaulé par la 5ème génération (ses filles Sylvie et Christelle). Un domaine qui se singularise par un encépagement diversifié.

La jeunesse et l'intensité de la robe se retrouvent dans le développement aromatique, centré sur de fraîches notes fruitées et épicées. Arômes qui, complétés d'un noble boisé torréfié, trouvent un long écho dans une bouche ample et puissante, aux tanins vigoureux qui attestent de la vocation de grande garde de ce margaux racé. ⧗ 2025-2032

SCEA VIGNOBLES JEAN SORGE (CH. VALENTIN), 1, rue Valentin-Deyrem, 33460 Soussans, tél. 05 57 88 35 70, contact@chateau-deyrem-valentin.com V r.-v.

CH. D'ISSAN 2018 ★

■ 3ᵉ cru clas. | 120000 | | 50 à 75 €

Dans son château fort médiéval d'un côté, manoir du XVIIᵉs. de l'autre, ce cru classé marie les styles et les époques avec une réelle harmonie, que l'on retrouve dans le chai et sa charpente en forme de carène de navire. Aux commandes depuis 1945, la famille Cruse – associée depuis 2013 à Jacky Lorenzetti, déjà solidement implanté en Médoc – conduit un vignoble de 55 ha planté sur un beau terroir argilo-graveleux au cœur de l'appellation.

Un assemblage de 60 % de cabernet-sauvignon et de 40 % de merlot pour le 2018 d'Issan. Au nez, une présence marquée de tabac blond voisine avec un fruité intense. Souple et fraîche, l'attaque annonce un palais fin et élancé, soutenu par d'élégants tanins. Un margaux délié et énergique. ⧗ 2025-2030

SC CH. D' ISSAN, chem. de la Ménagerie, BP_5, 33460 Margaux-Cantenac, tél. 05 57 88 35 91, issan@chateau-issan.com V r.-v.

CH. LARRIEU-TERREFORT 2018 ★

■ | 24000 | | 15 à 20 €

Située à Labarde, cette propriété, acquise en 1970 par la famille de Thierry Durousseau, est établie à cheval sur les appellations margaux et haut-médoc. Outre son vignoble, replanté à partir de 1989 (9 ha), elle comporte de nombreux prés où paissent des vaches de race limousine, élevées pour leur viande.

Fidèle à la tradition du cru, Thierry Durousseau propose un vin élégant. Dans sa présentation avec une robe d'un bordeaux de bonne intensité et un bouquet sur le fruit rehaussé d'épices douces. Au palais ensuite, avec une structure fraîche et tannique, encore un peu boisée mais prometteuse. ⧗ 2025-2030

SCEA CH. LARRIEU-TERREFORT, 2, av. Georges-Johnston, 33460 Labarde, tél. 06 12 25 03 40, chateau-larrieu-terrefort@hotmail.fr V r.-v.

CH. LASCOMBES 2018 ★★

■ 2ᵉ cru clas. | 300000 | | 75 à 100 €

Fondé au XVᵉs. par le chevalier Antoine de Lascombes, acquis en 1952 par Alexis Lichine, puis par le négoce Bass & Charrington en 1971, ce cru s'est assoupi jusqu'à son rachat en 2001 par le fonds d'investissement américain Colony Capital. Un grand programme a été mis en place sous la conduite de Dominique Befve, ancien des domaines Rothschild, pour rénover ce vaste vignoble de 130 ha très morcelé. Lascombes, racheté en 2011 par la MACSF, a aujourd'hui retrouvé son rang.

Impressionnant dans sa robe d'un grenat sombre, ce margaux développe un bouquet complexe, certes dominé par un élevage encore très présent, mais noble, torréfié et épicé, avec en arrière-plan un fruité de qualité. Après une attaque tout en souplesse, le palais se révèle ample, consistant et intense, bâti sur des tanins charnus enrobés par de savoureuses notes de fruits mûrs. ⧗ 2025-2032

CH. LASCOMBES, 1, cours de Verdun, 33460 Margaux, tél. 05 57 88 70 66, contact@chateau-lascombes.fr V r.-v.

CH. MALESCOT SAINT-EXUPÉRY 2018 ★

■ 3ᵉ cru clas. | 110200 | | 50 à 75 €

Un nom double et prestigieux pour ce cru, la première partie faisant référence à Simon Malescot, conseiller de Louis XIV et propriétaire du domaine à la fin du XVIIᵉs., et la seconde à l'arrière-grand-père du célèbre aviateur. Doté d'un beau terroir de graves épaisses, jouxtant ceux des châteaux Margaux et Palmer, le vignoble (28 ha) est, depuis 1955, la propriété des Zuger, originaires de Suisse, qui lui ont redonné sa grandeur d'antan.

Une profonde robe grenat habille ce margaux élégant. Le bouquet, encore un peu timide à ce stade, dévoile à l'aération un fruité prometteur (petits fruits rouges) mâtiné de notes de sous-bois. Souple en attaque, le palais se développe en finesse, porté par des tanins soyeux. Un ensemble bien équilibré. ⧗ 2024-2030

SCEA CH. MALESCOT SAINT-EXUPÉRY, 16, rue Georges-Mandel, 33460 Margaux, tél. 05 57 88 97 20, malescotsaintexupery@malescot.com V r.-v.

♥ CH. MARGAUX 2018 ★★★

■ 1ᵉʳ cru clas. | n.c. | | + de 100 €

Un mythe dressé au bout d'une longue allée de platanes. La majesté de la demeure de style néopalladien (bâtie en 1810), qui a succédé à une

ancienne maison forte appartenant à de grandes familles de la région, a contribué à sa renommée. Le domaine est constitué à la fin du XVIe s., et le vignoble créé à la fin du siècle suivant par un parent des Pontac. Passé entre plusieurs mains au fil des siècles, il est acquis en 1977 par André Mentzelopoulos (Felix Potin). Drainage, replantations, tonnellerie intégrée... une vaste rénovation du domaine est engagée, à la vigne, au chai et au château, et fait entrer le cru dans l'ère moderne. Le nouveau chai, œuvre de Norman Foster, a été inauguré en 2015. Le vignoble de 99 ha doit aussi sa qualité à son terroir d'exception, une vaste et superbe dalle calcaire recouverte de graves fines. Il est conduit depuis 1980 par Corinne Mentzelopoulos, fille d'André, qui a pu compter pendant plus de 30 ans sur Paul Pontallier, entré en 1983 au château et devenu directeur en 1990 : une carrière qui s'est hélas achevée prématurément en mars 2016. Ingénieur agronome, Philippe Bascaules, qui a travaillé 20 ans au château avant de diriger un grand domaine californien, le remplace en 2017.

Année très chaude, 2018 le fut particulièrement de la fin juin au mois d'août. De plus, après un début d'année bien arrosé et des orages en juillet qui ont déclenché une attaque de mildiou, les trois mois d'été ont souffert d'un manque d'eau avec seulement 48 mm de pluie de la mi-juillet à la fin septembre. Les vendanges ont été assez tardives, du 17 septembre au 13 octobre, mais sous de bons auspices, le seul point noir étant la faiblesse des rendements. L'assemblage est centré sur le cabernet-sauvignon (90 %), que complètent le merlot (4 %), le cabernet franc (4 %) et le petit verdot (2 %). La concentration du vin apparaît dès l'examen visuel avec une profonde robe rubis à reflets noirs. Également d'une grande intensité, le bouquet fait la part belle à la cerise noire confite, agrémentée d'élégantes nuances de violette et de bois de santal. Plein, rond, charnu et soutenu par des tanins d'un soyeux et d'une finesse de grain magnifiques, le palais est admirable par son équilibre très assuré entre la puissance, la fraîcheur (malgré ce millésime solaire) et l'élégance. Une bouteille de grande classe. ⧗ 2027-2042

SCA DU CH. MARGAUX, BP 31, 33460 Margaux, tél. 05 57 88 83 33, chateau-margaux@chateau-margaux.com

PAVILLON ROUGE DU CH. MARGAUX 2018 ★★

■	n.c.		+ de 100 €

Le second vin de Ch. Margaux. Apparu au XIXe s., il prend son nom définitif en 1908 et n'est plus produit à partir des années 1930 jusqu'à l'arrivée d'André Mentzelopoulos en 1977. Il n'a cessé de croître afin d'améliorer la qualité du « premier » : il est issu des vins non retenus, lors des assemblages, pour le grand vin. Depuis quelques années, la sélection d'un troisième vin vient renforcer la qualité du Pavillon.

Si le cabernet-sauvignon reste majoritaire dans l'encépagement (69 %), la place du merlot, sensible au mildiou, a légèrement reculé, tombant à 19 %. En revanche, le petit verdot a fortement progressé (9 %). Flamboyant dans sa robe d'un rouge grenat brillant, le vin affiche sa jeunesse par l'intensité de ses parfums de fruits noirs et d'épices. Frais et tonique en attaque, le palais se révèle charmeur, velouté et rond, tout en montrant un sérieux potentiel de garde grâce à la présence de tanins précis et onctueux. ⧗ 2026-2035

SCA DU CH. MARGAUX (PAVILLON ROUGE), BP_31, 33460 Margaux, tél. 05 57 88 83 83, chateau-margaux@chateau-margaux.com

CH. MARQUIS D'ALESME 2018 ★★

■ 3e cru clas.	50000		50 à 75 €

Commandé par un vaste château de style néo-Louis XIII se dressant au cœur de Margaux, ce domaine de 15 ha est le cru phare des vignobles Perrodo, également propriétaires de Labégorce. Acquis en 2006, il est dirigé par Nathalie Perrodo (fille d'Hubert, décédé l'année du rachat) et Marjolaine de Coninck, directrice générale (ancienne responsable de Fonplégade à Saint-Émilion).

Comme le laisse deviner la profondeur de sa robe, d'un grenat sombre, ce 2018 est une vraie bouteille de garde. Encore boisé, le bouquet laisse deviner un solide potentiel avec ses notes de fruits noirs mûrs et d'épices. Son aptitude au vieillissement se confirme avec une bouche au volume imposant, dense, tannique et longue. ⧗ 2025-2032

SC CH. MARQUIS D'ALESME, 7, rue de la Tremoille, 33460 Margaux, tél. 05 57 81 13 20, contact@marquis.wine V r.-v.

CH. MARQUIS DE TERME 2018 ★★

■ 4e cru clas.	100000		30 à 50 €

À cheval sur les communes de Margaux et de Cantenac, ce cru fondé en 1762 est propriété de la famille Sénéclauze depuis 1935. Aux commandes du vignoble de 40 ha, un nouveau directeur depuis 2009, Ludovic David, ingénieur agronome qui a fait ses armes dans le Libournais, chez Bernard Magrez. En 2019, un restaurant s'est ouvert en complément des activités touristiques proposées.

Si le bois est encore très présent au nez comme en bouche, l'intensité des arômes de fruits rouges et noirs mûrs du premier, l'amplitude et la solide matière tannique de la seconde ne laissent planer aucun doute sur la qualité et le potentiel de cette belle bouteille de garde. ⧗ 2025-2032

CH. MARQUIS DE TERME, 3, rte de Rauzan, 33460 Margaux, tél. 05 57 88 30 01, mdt@chateau-marquis-de-terme.com V r.-v.

CH. MOUTTE BLANC 2018 ★

■ Cru artisan	2700		20 à 30 €

À la tête d'un petit domaine de 5,5 ha dans le Haut-Médoc, en amont de Margaux, Patrice de Bortoli a un faible pour le petit verdot, cépage exclusif de sa cuvée Moisin en bordeaux supérieur, bien présent également dans sa cuvée principale. On retrouve aussi régulièrement le domaine en haut-médoc. Depuis 2007, date du classement d'une petite parcelle de 50 ares de merlot, le vigneron propose aussi du margaux.

S'il a fière allure dans sa belle robe rubis sombre à reflets violets, ce vin se montre plus discret dans son expression aromatique fruitée. Souple à l'attaque, le palais révèle une belle matière, subtile et élégante, portée par des tanins soyeux. ⌛ 2023-2028

CH. MOUTTE BLANC, 6, imp. de la Libération, 33460 Macau, tél. 06 03 55 83 38, moutteblanc@wanadoo.fr V *r.-v.*

♥ CH. PALMER
2018 ★★

■ 3e cru clas. | 72 000 | + de 100 €

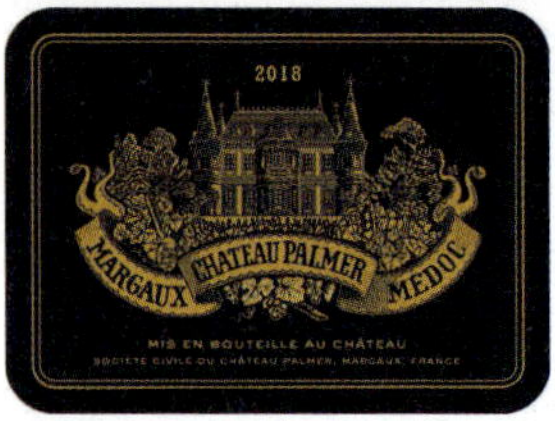

L'histoire veut que le général britannique Charles Palmer ait, lors d'un voyage en France en 1814, succombé au charme de Marie de Gascq, qui cherchait preneur pour son cru médocain. Palmer était né. Suivent en 1853 les frères Pereire, banquiers influents qui édifient le château actuel et développent le vignoble, puis, à partir de 1938, les familles Mähler-Besse, Sichel, Miailhe et Ginestet (ne restent plus que les deux premières). Géré depuis 2004 par Thomas Duroux, ce 3e cru classé, souvent considéré comme un « super-second », étend ses 66 ha sur les moutonnements de Cantenac.

S'annonçant par une teinte particulièrement foncée, cette grande bouteille de garde dévoile un bouquet aussi intense que complexe, dont la palette s'étend des fruits noirs au toast grillé, en passant par les épices douces. La bouche, fraîche et souple à l'attaque, gagne ensuite en puissance et en richesse tant sur le plan aromatique que dans la vigueur de ses tanins. Un équilibre très abouti entre la force et la finesse, qui trouve sa pleine expression dans une finale ample et longue. ⌛ 2026-2036

SC DU CH. PALMER, Lieu-dit Issan, 33460 Margaux, tél. 05 57 88 72 72, chateau-palmer@chateau-palmer.com *r.-v.*

CH. PAVEIL DE LUZE
2018 ★

■ Cru bourg. exc. | 208 000 | 20 à 30 €

Remontant au XVIIes., un vaste château possédant une roseraie et un vignoble de 32 ha d'un seul tenant, implanté sur les graves garonnaises du plateau de Soussans. Le baron Alfred de Luze a acquis en 1862 la propriété, gérée depuis 2016 par une de ses descendantes, Marguerite de Luze.

D'une élégance classique dans sa robe rubis, ce vin se montre timide mais agréable dans son expression aromatique, centrée sur les petits fruits rouges mûrs. Au palais, son développement prend de l'ampleur avec une belle matière tannique, ample et serrée, qui ne demande qu'à vieillir encore un peu. ⌛ 2024-2030

SC CH. PAVEIL, 3, chem. du Paveil, 33460 Soussans, tél. 09 75 64 57 97, contact@chateaupaveildeluze.com V *r.-v.*

♥ CH. RAUZAN-SÉGLA
2018 ★★

■ 2e cru clas. | n.c. | + de 100 €

L'un des crus les plus anciens de Margaux, créé en 1661 par Pierre de Rauzan. Cet ancien fief de la seigneurie de Ch. Margaux fut scindé en deux sous la Révolution, donnant Rauzan-Gassies et Rauzan-Ségla. Quelque peu endormi au cours du XXes., le cru classé (une mosaïque de 70 ha aujourd'hui) s'est « réveillé » à partir de 1994, date de sa reprise par la famille Wertheimer (Chanel), qui a beaucoup investi, tant au château qu'à la vigne et au chai. Depuis, Rauzan-Ségla a retrouvé son rang, d'abord sous la direction de John Kolasa, aujourd'hui à la retraite, puis sous celle de Nicolas Audebert, revenu d'Argentine et du Cheval des Andes (LVMH) pour s'occuper des vignobles du groupe Chanel.

À Rauzan-Ségla, les vendanges 2018 ont pris beaucoup de temps, notamment pour les merlots. Et le résultat est plus que probant, avec un grand margaux de garde. Encore un peu discret, le bouquet s'annonce prometteur par l'élégance de ses fines notes fruitées et florales et la noblesse du boisé. Reposant sur de beaux tanins fins et enrobés, le développement au palais révèle une superbe progression autour d'une matière ample, dense et riche, qui ouvre de très jolies perspectives de garde. ⌛ 2026-2036 ■ **Ségla 2018 ★ (30 à 50 €; n.c.)** À un bouquet élégant et complexe répond une bouche bien typée margaux par son équilibre et ses tanins soyeux. ⌛ 2023-2030

CH. RAUZAN-SÉGLA, rue Alexis-Millardet, 33460 Margaux, tél. 05 57 88 82 10, contact@rauzan-segla.com

♥ CH. LA TOUR DE BESSAN 2018 ★★

■ | 52 950 | 20 à 30 €

Œnologue de formation, Marie-Laure Lurton a pris la tête en 1992 de trois domaines médocains de son père Lucien : Villegeorges (haut-médoc), Duplessis (moulis) et La Tour de Bessan (margaux). Ce dernier, acquis en 1972 et situé à Soussans, doit son nom à une tour du XIIIes.

Encore assez fougueux, ce beau margaux de garde dévoile un bouquet puissant dans lequel cohabitent des arômes de fruits noirs confiturés et de fines notes boisées. La bouche se montre elle aussi vigoureuse, concentrée, volumineuse, chaleureuse, mais aussi d'une grande fraîcheur, avec en soutien des tanins fermes qui laissent serein sur le solide potentiel de ce vin. ⌛ 2025-2032

⊶ CH. LA TOUR DE BESSAN, 45, rte d'Arsac, 33480 Cantenac, tél. 05 56 58 22 01, contact@marielaurelurton.com V 🚶 🍷 *r.-v.*

MOULIS-EN-MÉDOC

Superficie : 630 ha / Production : 23 830 hl

Ruban de 12 km de long sur 300 à 400 m de large, moulis est la moins étendue des appellations communales du Médoc. Elle offre pourtant une large palette de terroirs.
Comme à Listrac, ceux-ci forment trois ensembles. À l'ouest, près de la route de Bordeaux à Soulac, le secteur de Bouqueyran présente une topographie variée, avec une crête calcaire et un versant de graves anciennes (pyrénéennes). Au centre, une plaine argilo-calcaire prolonge celle de Peyrelebade (voir listrac-médoc). Enfin, à l'est et au nord-est, près de la voie ferrée, se développent des croupes de graves du Günz (graves garonnaises) qui constituent un terroir de choix. C'est dans ce dernier secteur que se trouvent les buttes réputées de Grand-Poujeaux, Maucaillou et Médrac.
Charnus, les moulis se caractérisent par leur caractère suave et délicat. Tout en étant de garde (sept à huit ans), ils peuvent s'épanouir un peu plus rapidement que les vins des autres appellations communales.

CH. BISTON-BRILLETTE 2018 ★★

■ Cru bourg. sup. | 111 500 | 🛢🍾 | 15 à 20 €

Né en 1827, ce cru fut démembré pendant la crise des années 1930. En 1963, la marque et 5 ha de vignes sont achetés par la famille Lagarde, dont les héritiers, Christiane et Michel Barbarin, sont toujours aux commandes. La superficie du vignoble est aujourd'hui de 26,50 ha. Depuis 2015, le cru est certifié HVE3 et s'est engagé dans la démarche SME (système de management environnemental).

Ce fort joli vin, mi-merlot mi-cabernet-sauvignon, se révèle discrètement mais finement bouqueté autour des fruits noirs. Il se montre suave et chaleureux en bouche, étayé par des tanins soyeux et enrobés, et s'étire dans une longue et élégante finale fruitée. ⌛ 2024-2030

⊶ EARL CH. BISTON-BRILLETTE, 91, rte de Tiquetorte, 33480 Moulis-en-Médoc, tél. 05 56 58 22 86, contact@chateaubistonbrillette.com V 🚶 🍷 *t.l.j. sf dim.; sam. matin*

CH. BRANAS GRAND POUJEAUX 2018 ★

■ | 35 000 | 🛢 | 30 à 50 €

Ce cru confortablement établi sur 17 ha de graves garonnaises, entre les prestigieux châteaux Chasse-Spleen et Poujeaux, a été repris en 2002 par Justin Onclin (également propriétaire de Villemaurine à Saint-Émilion). Ce dernier, aussi méticuleux à la vigne qu'au chai, y a beaucoup investi et en a fait un domaine très régulier en qualité. En 2020, il a acquis le Ch. Granins Grand Poujeaux et s'est associé à Hindrik Gommer, homme d'affaires hollandais, et Arjen Pen, nommé directeur après avoir travaillé pour diverses compagnies aériennes.

Un vin au bon potentiel comme l'annoncent sa belle robe pourpre et son élégant bouquet floral, fruité et vanillé. La bouche se révèle ample, riche, ronde, épaulée par des tanins soyeux et par un boisé bien ajusté. Sa longue finale plus sévère annonce les prédispositions de cette bouteille à la garde. ⌛ 2024-2028

⊶ SCEA CH. BRANAS GRAND POUJEAUX, 23, chem. de la Raze, 33480 Moulis-en-Médoc, tél. 05 56 58 93 30, contact@branasgrandpoujeaux.com V 🚶 🍷 *r.-v.*

CH. CHASSE-SPLEEN 2018 ★

■ | 190 662 | 🛢 | 30 à 50 €

Premier cru acquis par Jacques Merlaut (1976), cofondateur du groupe Taillan, Chasse-Spleen doit sa notoriété en partie à son nom, suggéré, dit-on, au propriétaire de l'époque par le peintre bordelais Odilon Redon, illustrateur des *Fleurs du mal*, ou par Lord Byron, amateur du vin de la propriété, « qui n'a pas son pareil pour chasser les idées noires »... Mais la renommée de ce vaste domaine (102 ha) tient aussi, et surtout, à l'ancienneté de sa vocation viticole (1865) et à la qualité de ses vins, nés sur un terroir de graves garonnaises. Le cru possède également 21 ha dans l'appellation haut-médoc. Le vin s'est appelé Ermitage de Chasse Spleen jusqu'en 2000, avant d'être rebaptisé L'Héritage de Chasse-Spleen. Aux commandes de l'ensemble depuis 2000, Céline Villars-Foubet, petite-fille de Jacques Merlaut.

Une belle robe pourpre intense habille le 2018 du cru. Au nez se dévoilent d'élégantes notes de fruits noirs, de boisé exotique et d'épices douces. Le palais séduit par son attaque nette et fraîche, puis par son développement ample et ferme, soutenu par des tanins à la fois solides et fins. ⌛ 2024-2030

⊶ SAS CH. CHASSE-SPLEEN, 32, chem. de la Raze, 33480 Moulis-en-Médoc, tél. 05 56 58 02 37, info@chasse-spleen.com V 🚶 🍷 *r.-v.* 🏠 5

CH. GUITIGNAN 2018 ★

■ Cru bourg. | 47 000 | 🛢🍾 | 15 à 20 €

Pendant longtemps, la cave de Listrac, fondée en 1935, a été choisie par la prestigieuse Compagnie internationale des Wagons-Lits pour figurer sur la carte des vins des voitures-restaurants. Cela a valu une réelle célébrité à la coopérative qui, par sa production (40 adhérents, 160 ha) et par les crus indépendants qu'elle vinifie, joue encore son rôle de locomotive dans l'appellation. Elle propose aussi des moulis.

D'un beau rouge foncé, ce moulis dévoile un nez encore dominé par le bois, mais par un bon bois, derrière lequel commence à poindre le fruit. Un boisé qui vient aussi en soutien d'une bouche puissante, avec des tanins qui s'affirment fortement en finale. Le gage d'un solide potentiel. ⌛ 2026-2032 ■ **Ch. Violette 2018** ★ **(8 à 11 €; 20 777 b.)** Une bonne complexité aromatique (fruits noirs frais, boisé noble) et une trame tannique soyeuse et élégante sont les atouts de cette jolie bouteille. ⌛ 2024-2028

⊶ SCA VIGNERONS ASSOCIÉS MOULIS, LISTRAC ET CUSSAC-FORT-MÉDOC, 21, av. de Soulac, 33480 Listrac-Médoc, tél. 05 56 58 03 19, contact@vigneronsassocies.fr V 🚶 🍷 *t.l.j. 8h30-12h 14h-18h*

CH. MALMAISON Baronne Nadine de Rothschild 2018 ★★

■	138 000		20 à 30 €

Edmond de Rothschild – arrière-petit-fils de James, qui fit entrer Lafite dans la famille en 1868 – a acquis en 1973 le Ch. Clarke, en listrac, et le Ch. Malmaison, en moulis, avant de fonder la Compagnie vinicole Baron Edmond de Rothschild, propriétaire de plusieurs crus en Bordelais et dans le Nouveau Monde.

S'annonçant par une belle robe d'un grenat profond, ce vin se développe avec générosié à l'olfaction, à travers des arômes de fruits noirs à l'eau-de-vie. En bouche, il se montre bien équilibré entre le fruit, le bois et des tanins mûrs et souples. ⧗ 2023-2028

SAS EXPLOITATION VINICOLE BARON EDMOND DE ROTHSCHILD, Ch. Malmaison, 33480 Listrac-Médoc, tél. 05 56 58 38 00, contact@edrh-wines.com V *t.l.j. sf sam. dim. 9h-12h 14h-17h*

CH. MAUCAILLOU 2018 ★

■	244 900		20 à 30 €

Un cru phare de Moulis, fondé en 1875 aux lieux-dits Caubet et Maucaillou – « mauvais caillou », une croupe de graves impropre à la culture céréalière pour les paysans du Moyen Âge, mais propice à la vigne. Fief de la famille Dourthe depuis 1929, ce domaine est passé de 3,5 ha à cette époque à 90 ha aujourd'hui. Philippe Dourthe, l'actuel propriétaire, en a confié la gestion à ses trois enfants.

Frais et friand dans son expression aromatique aux jolies notes fruitées, ce vin développe un palais ample, généreux et suave, épaulé par des tanins veloutés et un bon boisé affiné. ⧗ 2025-2030

SAS CH. MAUCAILLOU, quartier de la Gare, 33480 Moulis-en-Médoc, tél. 05 56 58 01 23, chateau@maucaillou.com V *r.-v.* 5

CHARME LA MOULINE 2018 ★★

■	20 000		8 à 11 €

De 4,7 ha en 1920, année de l'achat du domaine au vicomte de Courcelles par Ismaël Lasserre (dont les descendants sont toujours aux commandes), le vignoble est passé aujourd'hui à 22 ha, répartis sur la pente sud de deux croupes, l'une argilo-calcaire, l'autre à base de graves pyrénéennes.

Ample et gourmande, cette fort jolie bouteille se montre flatteuse tout au long de la dégustation. D'une très belle couleur pourpre, elle offre un bouquet complexe mariant des notes épicées (poivre noir) et empyreumatiques (moka et toast). Fraîche, ample, concentrée et longue, la bouche repose sur des tanins bien fondus. ⧗ 2025-2030 ■ **Cru bourg. Ch. la Mouline 2018 ★ (15 à 20 €; 60 000 b.)** D'une élégante rondeur, ample et généreux, ce vin développe une jolie structure qui met en valeur son bouquet gourmand mariant les fruits mûrs un peu confits à la vanille et aux épices. ⧗ 2024-2028

SAS JLC COUBRIS, chem. du Puy-de-Minjean, 33480 Moulis-en-Médoc, tél. 05 56 17 13 17, cedric.coubris@chateaulamouline.com V *t.l.j. sf sam. dim. 9h-12 14h-17h*

CH. MOULIS 2018 ★

■	5 000		20 à 30 €

La famille Guillot dirige deux crus en appellation moulis-en-médoc : le Ch. Graveyron Poujeaux (5 ha), acquis en 2013, et le Ch. Moulis, acheté en 2015 (3 ha).

Une belle robe pourpre foncé habille ce vin. Discret mais complexe, le bouquet déploie une large palette d'arômes allant des fruits noirs aux épices et au toast pour composer un ensemble élégant. Rond, concentré, ample et gras, le palais s'adosse à des tanins fermes qui assurent un solide avenir à ce moulis. ⧗ 2025-2030

SCEA CH. MOULIS, 19, av. de la Gironde, 33480 Moulis-en-Médoc, tél. 06 82 12 90 10, contact@chateaumoulis.com V *r.-v.*

CH. MYON DE L'ENCLOS 2018 ★★

■ Cru bourg.	32 000		15 à 20 €

Issu d'une famille d'agriculteurs de Listrac, Bernard Lartigue a créé le Ch. Mayne Lalande en 1982; un domaine qui s'étend aujourd'hui sur 15 ha à l'ouest de la commune, à l'orée de la pinède, complété depuis par les 5 ha de vignes du Ch. Myon de l'Enclos dans l'appellation « sœur », moulis-en-médoc.

Comme son cousin listracais Mayne Lalande, ce vin harmonieux et bien constitué joue à la fois la carte de l'élégance, avec son bouquet de fruits mûrs, café et cacao, et celle de la puissance avec sa bouche ample, tannique et généreuse. ⧗ 2025-2030

SAS LES CINQ SENS DU CH. MAYNE LALANDE, 7, rte du Mayne, 33480 Listrac-Médoc, tél. 05 56 58 27 63, blartigue2@wanadoo.fr V *t.l.j. sf sam. dim. 9h-12h30 14h-17h30* 5

♥ CH. POUJEAUX 2018 ★★

■	290 000		30 à 50 €

Oublié du classement de 1855, Moulis étant resté longtemps un pays de céréaliculture, ce cru figure néanmoins parmi les plus réputés du Médoc. Ancienne seigneurie dépendante de Latour Saint-Maubert, futur Ch. Latour, il connaît un essor dans les années 1920 avec la famille Theil, qui unifia le vignoble – aujourd'hui 68 ha d'un seul tenant sur le beau terroir de graves de Grand-Poujeaux – et porta le domaine au sommet de l'appellation. Depuis 2008, il appartient à Philippe Cuvelier, propriétaire du Clos Fourtet (1er grand cru classé de Saint-Émilion), qui maintient haut l'exigence de qualité.

Le cru propose un très beau 2018, qui s'impose par son équilibre et son ampleur. Même s'il reste un peu sur la réserve, le bouquet fait apparaître à l'aération un mariage heureux de fruits noirs mûrs et de boisé fondu. Solidement bâti sur des tanins soyeux, le palais se montre aussi large que long, riche, généreux et très élégant à la fois. ⧗ 2025-2032

SCEA CH. POUJEAUX, 450, av. de la Gironde, 33480 Moulis-en-Médoc, tél. 05 56 58 02 96, contact@chateaupoujeaux.com V *r.-v.*

PAUILLAC

Superficie : 1 215 ha / Production : 53 215 hl

À peine plus peuplé qu'un gros bourg rural, Pauillac est une vraie petite ville, agrémentée d'un port de plaisance sur la route du canal du Midi. C'est un endroit où il fait bon déguster, à la terrasse des cafés sur les quais, les crevettes fraîchement pêchées dans l'estuaire. C'est aussi, et surtout, la capitale du Médoc viticole, tant par sa situation géographique au centre du vignoble, que par la présence de trois 1ers crus classés (Lafite, Latour et Mouton) complétés par une liste assez impressionnante de quinze autres crus classés. La commune compte aussi une coopérative qui assure une production importante.

L'aire d'appellation est coupée en deux en son centre par le chenal du Gahet, petit ruisseau séparant les deux plateaux qui portent le vignoble. Celui du nord, qui doit son nom au hameau de Pouyalet, se distingue par une altitude légèrement plus élevée (une trentaine de mètres) et par des pentes plus marquées.

Détenant le privilège de posséder deux 1ers crus classés (Lafite et Mouton), il se caractérise par une parfaite adéquation entre sol et sous-sol, que l'on retrouve aussi dans le plateau de Saint-Lambert, au sud du Gahet. Ce dernier bénéficie de la proximité du vallon du Juillac, petit ruisseau marquant la limite méridionale de la commune, qui assure un bon drainage, et de ses graves de grosse taille, particulièrement remarquables sur le terroir du 1er cru de ce secteur, Château Latour.

Provenant de croupes graveleuses très pures, les pauillac allient la puissance et la charpente à l'élégance et à la délicatesse de leur bouquet. Comme ils évoluent très heureusement au vieillissement (jusqu'à vingt-cinq ans), il convient de les attendre.

CH. D'ARMAILHAC 2018 ★★

■ 5e cru clas. | n.c. | | 50 à 75 €

Ce cru ancien – on en trouve la trace dès le XVIIes. – dispose d'un vaste vignoble de 73 ha au nord de Pauillac, sur trois groupes de parcelles. Voisin de Mouton Rothschild, ce qui ne l'empêche pas d'affirmer sa propre personnalité, il appartient lui aussi à la société Baron Philippe de Rothschild, depuis 1933.

Ce pauillac séduisant dévoile un généreux bouquet ouvert sur d'intenses notes de fraise cuite et de pruneau. Le palais se développe en douceur et avec une grande élégance autour d'un élevage encore présent mais racé et de solides tanins. De quoi voir venir sereinement. ⧗ 2025-2032

SA BARON PHILIPPE DE ROTHSCHILD (CH. D'ARMAILHAC), 10, rue de Grassi, 33250 Pauillac, tél. 05 56 73 20 20, webmaster@bpdr.com

CH. FONBADET 2018 ★

■ | n.c. | | 30 à 50 €

Ce cru à la notoriété ancienne, déjà planté de vignes au XVIIIes., couvre 20 ha au nord de Saint-Lambert ; le vignoble est assez morcelé, au milieu de grands crus classés (Mouton Rothschild, Latour, Lynch Bages...). La famille Peyronie (Pascale, aujourd'hui), établie à Pauillac depuis au moins 1700, l'a acquis dans les années 1970.

Une belle présentation pour ce vin qui déploie une seyante robe rubis à reflets brillants et un bouquet de fruits mûrs agrémentés d'un zeste de vanille et d'épices signant un élevage savamment dosé. Après une attaque ample et goûteuse, le palais se révèle bien concentré, porté par des tanins fermes. ⧗ 2025-2030

SCEA DOMAINES PEYRONIE, 47, rte des Châteaux, 33250 Pauillac, tél. 05 56 59 02 11, contact@chateaufonbadet.com V r.-v.

CH. GRAND-PUY DUCASSE 2018 ★★

■ 5e cru clas. | 130 000 | | 30 à 50 €

Constituée pour l'essentiel au XVIIIes. par l'avocat Arnaud Ducasse, la propriété a pris son nom actuel en 1932. Le château regardant la Gironde date, lui, de 1820. Trois grandes parcelles de graves forment ce cru de 40 ha, propriété de CA Grands Crus (groupe Crédit Agricole) depuis 2004.

Harmonieux de bout en bout, ce beau pauillac issu d'un vignoble où le cabernet-sauvignon et le merlot font presque jeu égal porte la marque du second dans son bouquet délicieusement fruité, agrémenté de fines notes boisées et épicées. Au palais, le cabernet prend toute sa place à travers une charpente tannique puissante et dense, soulignée par une agréable fraîcheur en finale. ⧗ 2026-2032 ■ **Prélude à Grand-Puy Ducasse 2018 ★ (15 à 20 €; 90 000 b.)** Un vin fruité et épicé au nez, long et ample en bouche, bâti fermement sur une jolie trame tannique. ⧗ 2024-2030

SC CH. GRAND-PUY DUCASSE, 4, quai Antoine-Ferchaud, 33250 Pauillac, tél. 05 56 59 00 40, contact@cagrandscrus.fr

CH. HAUT BAGES MONPELOU 2018 ★

■ | 42 000 | | 15 à 20 €

Le navire amiral de la maison Borie Manoux, vénérable maison de négoce fondée en 1870 par les Castéja, l'une des plus anciennes familles de Pauillac, propriétaire du cru depuis 1932. Une belle unité de 55 ha à l'extrémité sud-ouest de l'appellation, qui devrait son nom à une bataille s'étant déroulée sur ces terres en 1453.

Un vin léger mais plaisant dans son expression aromatique, centrée sur de délicates notes fruitées mâtinées d'épices douces. La bouche suit la même ligne déliée, dévoilant une trame tannique affinée et fondue qui débouche sur une longue et élégante finale. ⧗ 2024-2028

SC CH. BATAILLEY, 33250 Pauillac, tél. 05 56 00 00 70, domaines@borie-manoux.fr r.-v.

CH. HAUT-BATAILLEY 2018 ★

■ 5e cru clas. | n.c. | | 50 à 75 €

La famille Cazes, propriétaire du Ch. Lynch-Bages, a acquis en 2017 ce cru classé auprès de la famille Des Brest-Borie, qui en était propriétaire depuis 1932. Une belle unité d'une quarantaine d'hectares à l'extrémité sud-ouest de l'appellation, qui devrait son nom à une bataille s'étant déroulée sur ces terres en 1453.

C'est au XVIIᵉs. que des vignes y ont été plantées, tandis que le parc du château est dû au paysagiste de Napoléon III, Barillet-Deschamps.

Bien construit, ce vin se présente avec élégance et intensité dans une profonde robe rouge et déploie un bouquet frais, fruité, épicé et chocolaté. Une expression aromatique qui se prolonge dans une bouche ample, chaleureuse et puissante, portée par des tanins fermes et serrés, avec en finale une pointe de fraîcheur bienvenue. ⧗ 2025-2032 ■ **Verso 2018 ★ (20 à 30 €; n.c.)** Seconde étiquette du domaine, ce Verso se montre frais, souple, fruité, délicat et bien équilibré, étayé par des tanins fins. Il permettra d'attendre avec plaisir le grand vin. ⧗ 2024-2028

SASU CH. HAUT-BATAILLEY, Ch. Haut-Batailley, 33250 Pauillac, tél. 05 56 73 24 00, contact@jmcazes.com

♥ CH. HAUT DE LA BÉCADE
2018 ★★

■ | 5000 | | 15 à 20 €

La Rose Pauillac est une petite coopérative fondée en 1933 par une trentaine de propriétaires. Elle propose quatre cuvées avec, pour fer de lance, le Ch. Haut de la Bécade, domaine personnel de Sylvie Rainaud, présidente de la cave : 7 ha encerclés de crus classés dans le hameau de Bages, au sud de l'appellation.

Régulier en qualité, le cru atteint parfois des sommets. C'est le cas de son 2018, qui séduit dès le premier regard par la jeunesse de sa robe. L'opération séduction se poursuit dans un bouquet complexe et frais, à la fois fruité, floral et finement épicé, agrémenté de notes de sous-bois, d'humus et de cigare. Souple en attaque, le palais monte ensuite en puissance et en volume, édifié sur une charpente tannique aussi solide qu'élégante. Une grande bouteille de caractère et de garde. ⧗ 2026-2035 ■ **La Rose Pauillac La Rose pourpre Élevé en fût de chêne 2018 ★ (15 à 20 €; 4000 b.)** Un bouquet tentateur de fruits mûrs (cerise, framboise, prune) et d'épices, relayé par un palais tout aussi goûteux, soyeux et rond, doté de tanins élégants. ⧗ 2024-2028

SCV LA ROSE PAUILLAC, 44, rue du Mal-Joffre, BP 14, 33250 Pauillac, tél. 05 56 59 26 00, larosepauillac@wanadoo.fr V t.l.j. sf dim. 8h-12h 14h-18h

CH. JULIA
2018 ★

■ | 4350 | | 30 à 50 €

Un petit cru de 5 ha bien situé entre les châteaux Latour et Lynch-Bages : six parcelles cultivées «comme des jardins» par Sophie Martin, héritées en 2002 de ses aïeux coopérateurs à la Rose Pauillac – cave dont elle est sortie en 2009.

Toujours prépondérant dans l'encépagement (80 %), le merlot apporte sa marque à un bouquet naissant mais déjà intense, à dominante fruitée, agrémenté de fines nuances épicées et boisées. Souple et rond à l'attaque, le palais se montre ensuite plus corsé, étayé par de beaux tanins serrés. ⧗ 2025-2030

SOPHIE MARTIN, 5, rte des Machines, Sémignan, 33112 Saint-Laurent-Médoc, tél. 06 18 00 79 22, chateau.julia@gmail.com V *r.-v.*

LES FORTS DE LATOUR
2018 ★★

■ | n.c. | | + de 100 €

Le second vin du Ch. Latour, élaboré généralement avec une plus forte proportion de merlot et à partir de parcelles extérieures à l'Enclos (et des jeunes vignes de celui-ci), cœur historique du vignoble réservé au grand vin.

Se présentant dans une belle robe foncée aux reflets brillants, le second vin du château se montre un peu discret au premier nez, avant que l'aération ne libère des notes fraîches de cerise et de cassis sur un fond boisé bien fondu. Ronde, séveuse et d'une grande richesse tannique, la bouche se révèle solide, mais aussi très agréable par son fruité juteux et croquant. Un ensemble très harmonieux. ⧗ 2026-2035

SARL CH. LATOUR DIFFUSION (CH. LES FORTS DE LATOUR), Saint-Lambert, 33250 Pauillac, tél. 05 56 73 19 80, s.guerlou@chateau-latour.com

♥ B CH. LATOUR
2018 ★★★

■ 1ᵉʳ cru clas. | n.c. | | + de 100 €

Maison forte, dite de Saint-Maubert, commandant une importante seigneurie au Moyen Âge et protégeant l'accès à Bordeaux, le site de Latour fit l'objet d'une bataille pendant la guerre de Cent Ans. Toutefois, l'événement marquant de son histoire fut l'unification du domaine par Arnauld de Mullet à la fin du XVIᵉs. Elle a permis au cru de posséder très tôt un vignoble homogène (65 ha aujourd'hui), établi sur une belle croupe de grosses graves claires, dont le cœur – le terroir dit de l'Enclos (47 ha) – donne naissance au grand vin. Autre atout, la stabilité : la propriété est restée entre les mains des descendants des Ségur, illustre famille du vignoble médocain, jusqu'en 1962. Après un passage «sous pavillon britannique» (groupe Pearson), le cru a été acquis en 1993 par l'industriel François Pinault, qui a beaucoup investi à la vigne (arrachages et replantations) et à la cave (nouveau chai souterrain, rénovation du cuvier).

Record absolu de pluies en hiver, nouvel épisode pluvieux début juillet, avec un développement du mildiou, l'année 2018 n'a pas épargné les équipes de Latour pour le premier millésime certifié bio du cru. Mais un gros travail de tri pendant les vendanges a permis d'élaborer un vin hors normes, concentré et puissant, déjà impressionnant dans sa belle robe grenat foncé à reflets noirs. Intense et diablement charmeur, le bouquet se distingue par sa complexité : cuir, fruits rouges mûrs, tabac, cassis frais, pointe empyreumatique, la palette est sans fin. Aussi généreuse qu'élégante, l'attaque amorce un développement particulièrement harmonieux. Énergique, ample, puissant et très frais, mais aussi savoureux avec ses arômes de fruits cuits, le palais s'étire dans une finale interminable et majestueuse aux saveurs de cacao et d'épices. Du grand art. ⌛ 2030-2045

SARL CH. LATOUR DIFFUSION (CH. LATOUR), Saint-Lambert, 33250 Pauillac, tél. 05 56 73 19 80, s.guerlou@chateau-latour.com

CH. LYNCH-BAGES 2018 ★

5e cru clas.	n.c.		+ de 100 €

Le nom de ce cru associe celui des négociants irlandais propriétaires au XVIIIe s. et celui d'un hameau situé aux portes sud de Pauillac. Son succès résulte, depuis les années 1930, du travail continu de trois générations de Cazes : Jean-Charles, André et Jean-Michel. La part de ce dernier, qui a passé la main à son fils Jean-Charles, est essentielle. Sa réussite est liée à la qualité des vins, nés d'un vaste vignoble de 100 ha, et aussi à une vraie stratégie de développement, incluant un négoce et des infrastructures touristiques (hôtel-restaurant, commerces).

Très profonde, presque noire, la robe manifeste sa jeunesse par un liseré vif. Encore un peu fermé, le bouquet annonce sa future complexité par des notes de fruits mûrs, de rose, d'épices douces et de sous-bois. La bouche apparaît ample, corsée, riche, étayée par des tanins veloutés et par une fine fraîcheur qui étire la finale. Force et élégance. ⌛ 2026-2033 ■ **Écho de Lynch-Bages 2018 ★ (30 à 50 €; n.c.)** Une belle harmonie dans cette seconde étiquette entre une intense expression aromatique (fruits noirs mûrs, boisé chocolaté et épicé) et une structure bien en place autour de tanins à la fois fins et puissants. ⌛ 2025-2030

SAS CH. LYNCH-BAGES, Ch. Lynch-Bages, 33250 Pauillac, tél. 05 56 73 24 00, contact@jmcazes.com V r.-v.

CH. LYNCH-MOUSSAS 2018 ★

5e cru clas.	192 000		30 à 50 €

Propriété depuis le XVIIIe s. du comte Lynch, jusqu'à sa division en deux, donnant Lynch Moussas et Lynch-Bages. Émile Castéja, entré dans la famille en 1919, reprend ce domaine en 1969 et restructure vignes et chai. Son fils Philippe est aux commandes depuis 2001 de ce cru de 35 ha, proche de Batailley, également propriété des Castéja.

Le bouquet, élégant, convoque les fruits rouges et noirs et les épices sur fond de boisé toasté. Ample et dense, la bouche s'appuie sur de puissants tanins et déploie une belle finale pleine de fraîcheur. Un caractère affirmé et une bonne garde en perspective. ⌛ 2025-2030

SC CH. LYNCH-MOUSSAS, Ch. Lynch-Moussas, 33250 Pauillac, tél. 05 56 00 00 70, domaines@borie-manoux.fr r.-v.

♥ CH. MOUTON ROTHSCHILD 2018 ★★★

1er cru clas.	n.c.		+ de 100 €

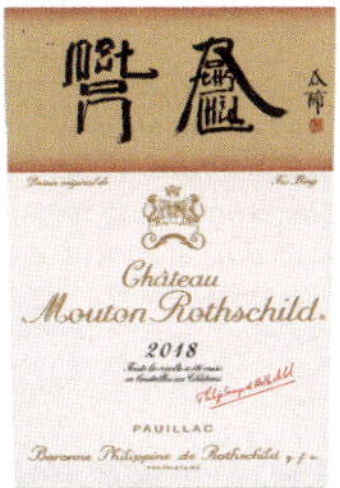

Acquis en 1853 par la famille Rothschild, Ch. Mouton Rothschild est fortement lié à la personnalité du baron Philippe. Arrivé à la tête du cru en 1922, ce dernier lui redonne ses lettres de noblesse en le modernisant (construction du célèbre «grand chai», notamment) – un travail qui aboutit en 1973 à la révision du classement de 1855 et à l'accession de Mouton au rang de 1er cru classé. Le baron Philippe a aussi fait du domaine le socle d'un petit empire comprenant d'autres vignobles et une maison de négoce. Il a également joué un rôle important dans l'histoire du vin en étant l'un des premiers à pratiquer la mise en bouteilles au château, dès 1926, et en faisant illustrer ses étiquettes par des artistes. À partir de 1988, sa fille Philippine, disparue en 2014, a poursuivi son œuvre. Les enfants de cette dernière, Camille et Philippe Sereys de Rothschild et Julien de Beaumarchais de Rothschild, lui ont succédé. Philippe Dhalluin est le directeur depuis 2003. À sa disposition, un vignoble de 84 ha situé pour l'essentiel sur une croupe de graves très profondes dite «Plateau de Mouton» et un tout nouveau cuvier sorti de terre en 2013.

Comme tous les crus bordelais, Mouton a connu en 2018 des heures difficiles du fait des contrastes climatiques, notamment l'humidité du premier semestre. Mais l'ensoleillement de l'été a permis une excellente maturité des baies, avec toutefois des rendements assez faibles. Dans le verre, un 2018 dont l'élégance apparaît d'emblée avec une robe dense et éclatante. Le bouquet confirme avec des arômes intenses et complexes de café au lait, d'épices, de cassis, de cerise cuite et de menthol. Dotée de tanins veloutés remarquablement extraits, ample, concentrée, crémeuse, très longue, la bouche se développe avec autant de puissance que de finesse. Un très grand pauillac en devenir. ⌛ 2027-2042 ■ **Le Petit Mouton de Mouton Rothschild 2018 ★ (+ de 100 €; n.c.)** Un très beau pauillac que le second vin de Mouton. On retrouve dans le bouquet les notes de café du grand vin, agrémentées de fruits rouges mûrs, de réglisse et d'épices douces. Le palais se montre bien étoffé, généreux, charnu, dense, épaulé par des tanins à la fois fins et fermes, bien pris dans un fruité croquant. ⌛ 2026-2032

SA BARON PHILIPPE DE ROTHSCHILD (CH. MOUTON ROTHSCHILD), lieu-dit le Pouyalet, 33250 Pauillac, tél. 05 56 73 20 20, webmaster@bpdr.com V r.-v.

CH. PÉDESCLAUX 2018 ★

5e cru clas.	152 745		30 à 50 €

Françoise et Jacky Lorenzetti ont vendu leur réseau d'agences immobilières (Foncia) et acheté ce château en 2009 à la famille Jugla. Ils ont entrepris de gros travaux à la vigne et à la cave (construction d'un nouveau chai par Jean-Michel Wilmotte) pour redorer

le blason de ce cru fondé en 1810, dont le vignoble couvre environ 50 ha aujourd'hui après l'acquisition de nouvelles parcelles.

Bien que minoritaire, le merlot est le premier cépage à s'exprimer dans le bouquet naissant avec une note marquée de cuir. Puis apparaissent à l'aération des arômes de fruits mûrs, d'épices et de vanille. La bouche se révèle tendre, suave et veloutée, épaulée par des tanins ronds et une fine fraîcheur qui vient stimuler la finale. ⧗ 2024-2030

SCEA CH. PÉDESCLAUX, rte de Pédesclaux, 33250 Pauillac, tél. 05 56 59 22 59, contact@chateau-pedesclaux.com V *r.-v.*

CH. PICHON-LONGUEVILLE BARON 2018 ★★

2e cru clas.	159800		+ de 100 €

Le vignoble originel fut constitué au XVIIes. par Jacques de Pichon, baron de Longueville. Divisé en deux en 1850, le cru revient en partie à Raoul de Pichon-Longueville (l'autre devenant Pichon Comtesse), qui y fait édifier le château actuel. Inspiré de celui d'Azay-le-Rideau, le bâtiment contraste avec les lignes horizontales du chai construit après le rachat du domaine en 1987 par Axa Millésimes. L'assureur y a entrepris d'importants travaux de rénovation, sous la conduite de Jean-Michel Cazes, puis de Christian Seely, Jean-René Matignon assurant la direction technique. Depuis 2001, la politique de sélection a été intensifiée : ne sont désormais utilisés pour le grand vin que 40 ha sur les 73 que compte ce terroir d'exception, fait de belles graves garonnaises, voisin immédiat de Latour.

Belle illustration du grand vin de garde, ce 2018 des plus aboutis ne se contente pas pour s'exprimer d'une bouche impressionnante de puissance et de densité, soutenue par des tanins virils mais bien enrobés et par une fraîcheur remarquable. La richesse, la concentration et la complexité de son bouquet participent pleinement à l'expression de sa forte personnalité, avec des notes intenses de baies noires, de pruneau, d'épices, de truffe, de cigare et de toast grillé. Et quelle longueur ! ⧗ 2026-2036 ■ **Les Tourelles de Longueville 2018 ★★ (30 à 50 €; 73100 b.)** À la douceur des arômes fruités et floraux du bouquet répond une bouche au caractère généreux et velouté, dotée de tanins ronds et soyeux. ⧗ 2024-2030 ■ **Les Griffons de Pichon Baron 2018 ★★ (30 à 50 €; 91800 b.)** L'intensité de la robe grenat, la richesse du bouquet de fruits noirs bien mûrs et le palais chaleureux, charnu et concentré composent un vin au joli potentiel. ⧗ 2025-2030

SE PICHON-LONGUEVILLE, Ch. Pichon Baron, 33250 Pauillac, tél. 05 56 73 17 17, contact@pichonbaron.com V *r.-v.*

CH. PICHON-LONGUEVILLE COMTESSE DE LALANDE 2018 ★

2e cru clas.	n.c.		+ de 100 €

Fondé à la fin du XVIIes., ce cru n'a connu en trois siècles que trois familles à sa tête. En 1850, Virginie de Pichon Longueville, comtesse de Lalande par son mariage, hérite avec ses deux sœurs des trois cinquièmes du vignoble de leur père, le reste allant aux fils (Pichon Baron). Le domaine restera dans la famille jusqu'à son rachat en 1925 par Édouard et Louis Miailhe. À partir de 1978, May-Éliane de Lencquesaing, fille du premier, donne une renommée internationale à ce cru de 90 ha, dont la singularité tient aux 11 ha situés sur la commune de Saint-Julien et à l'importance donnée au merlot (35 %) dans son encépagement. Une renommée et un esprit « féminin » (jusque dans le grand vin) perpétués depuis 2007 par une autre famille, les Rouzaud, propriétaires du champagne Roederer.

À l'attrait d'une seyante robe d'un rouge profond s'ajoute celui d'un bouquet de baies rouges et noires bien mûres et de violette agrémenté d'un boisé fin, fumé et toasté. Une maîtrise de l'élevage que l'on retrouve dans une bouche bâtie sur des tanins fermes, bien pris dans une chaire goûteuse, suave et veloutée. ⧗ 2026-2032

SCI DU DOM. DE CH. PICHON-LONGUEVILLE COMTESSE DE LALANDE, Route des Châteaux, 33250 Pauillac, tél. 05 56 59 19 40, contact@pichon-comtesse.com *r.-v.*

CH. PLANTEY 2018 ★

Cru bourg.	104000		15 à 20 €

Ce cru bourgeois d'une taille respectable (30 ha) est l'une des propriétés médocaines de la famille Meffre. Le merlot, légèrement majoritaire, et le cabernet-sauvignon font pratiquement jeu égal dans son encépagement.

Frais et complexe, le bouquet déploie une jolie palette allant des fruits noirs au toast grillé, en passant par les épices et la vanille. Il trouve un écho harmonieux dans une bouche élégante, ronde et fondue, étayée par des tanins bien affinés. ⧗ 2025-2030

SCE CH. PLANTEY, rte du Plantey, 33250 Pauillac, tél. 05 56 59 32 30, claudemeffre@orange.fr V *r.-v.*

♥ CH. TOUR PIBRAN 2018 ★★

	23580		20 à 30 €

Ce cru constitué au début du XXes. est propriété d'Axa Millésimes depuis 1987. Entièrement restructuré après l'acquisition du voisin Tour Pibran en 2001 par la compagnie d'assurances, ce domaine se hisse maintenant au niveau des plus grands. À sa disposition, un vignoble de 17 ha établi sur la belle croupe de graves de Pontet Canet et d'Armailhac, au nord de l'appellation, et l'expertise de l'équipe de Pichon-Longueville Baron, également propriété d'Axa Millésimes.

La qualité du terroir, le sérieux de l'équipe de Pibran et l'aide de ses collègues de Pichon Baron prouvent pleinement leur efficacité avec ce superbe 2018. Sa forte personnalité apparaît dès le premier regard sur sa robe d'un beau grenat profond. La concentration et la complexité du bouquet, mariage parfait des fruits rouges mûrs et du bois issu d'un élevage très bien dosé (épices douces, léger grillé), confirment les promesses de la présentation. Le palais affiche le même équilibre très assuré : ample, dense, riche mais aussi très frais, il s'appuie sur des tanins puissants, bien pris dans la chair. ⧗ 2026-2035 ■ **Ch. Pibran 2018 ★★ (30 à 50 €; 25 200 b.)** Un vin encore assez austère, mais prometteur par sa puissante charpente et son volume qui lui assurent un solide potentiel. ⧗ 2026-2032

⊶ SCI TOUR PIBRAN, Ch. Pibran, 33250 Pauillac, tél. 05 56 73 17 17, contact@pichonbaron.com

CH. TOUR SIEUJAN Alchima 2018 ★★★

■	1000	⦀	50 à 75 €

Conduit depuis 2002 et sorti de la coopérative de Pauillac par Stéphane Chaumont et son épouse Catherine Lopez, ce cru se distingue par une tour carrée et trapue d'origine médiévale. Autre originalité, c'est l'un des derniers petits domaines familiaux de l'appellation, qui se transmet depuis quatre générations et qui dispose aujourd'hui de 9 ha en pauillac et en haut-médoc.

Issue d'une petite parcelle de graves garonnaises plantée du seul cabernet-sauvignon, cette micro-cuvée a bénéficié d'un travail de haute précision tant à la vigne qu'au chai. Le résultat est admirable, perceptible dès la robe, intense et profonde. La richesse du bouquet, alliance parfaite du merrain (épices douces, toast grillé) et des fruits rouges et noirs bien mûrs, enchante. On applaudit l'harmonie du palais, ample, dense, riche mais toujours frais, porté par des tanins fermes et bien enrobés. Une grande bouteille de garde assurément. ⧗ 2026-2036

⊶ EARL DES VIGNOBLES LOPEZ, 11, rte de Pauillac, 33112 Saint-Laurent-Médoc, tél. 05 56 59 46 03, tour-sieujean@orange.fr V r.-v.

SAINT-ESTÈPHE

Superficie : 1 230 ha / Production : 54 200 hl

À quelques encablures de Pauillac et de son port, Saint-Estèphe affirme un caractère terrien avec ses rustiques hameaux pleins de charme. Correspondant (à l'exception de quelques hectares compris dans l'appellation pauillac) à la commune elle-même, l'appellation est la plus septentrionale des six AOC communales médocaines. L'altitude moyenne est d'une quarantaine de mètres et les sols sont formés de graves légèrement plus argileuses que dans les appellations plus méridionales. L'appellation compte cinq crus classés, et les vins qui y sont produits portent la marque du terroir. Celui-ci renforce nettement leur caractère, avec, en général, une acidité des raisins plus élevée, une couleur plus intense et une richesse en tanins plus grande que pour les autres vins du Médoc. Très puissants, ce sont d'excellents vins de garde.

CH. BEAU-SITE HAUT-VIGNOBLE 2018 ★

■	99 000	⦀	20 à 30 €

Avec quarante-cinq parcelles réparties sur l'ensemble de la commune de Saint-Estèphe et un terroir de graves argileuses très représentatif de l'appellation, ce cru familial de 22 ha possède de beaux atouts.

Derrière une robe légère se développe un bouquet de fruits mûrs agrémentés d'une note de caramel. Un équilibre fruité-boisé que l'on retrouve dans une palais ample et bien structuré par des tanins en place. Un ensemble bien proportionné. ⧗ 2025-2030

⊶ EARL BRAQUESSAC, 10, rte du Vieux-Moulin, 33180 Saint-Estèphe, tél. 05 56 59 30 40, earl.braquessac@sfr.fr V r.-v.

CH. CALON SÉGUR 2018 ★★

■ 3e cru clas.	90 000	⦀	+ de 100 €

Maison noble portant le nom de la paroisse de Saint-Estèphe au Moyen Âge (Calones), ce cru est l'un des plus anciens de la région. Entre 1659 et 1681, il passe entre les mains des Ségur, qui développent ce vignoble auquel ils sont très attachés : « Je fais du vin à Lafite et à Latour, mais mon cœur est à Calon », disait Nicolas-Alexandre. Adossé au bourg de Saint-Estèphe, le vignoble, d'un seul tenant, entièrement clos par un mur, couvre 55 ha – la même surface que lors du classement de 1855 –, plantés sur une épaisse couche de graves reposant sur des argiles. Propriété de la famille Gasqueton de 1894 à 2012, Calon appartient aujourd'hui à la société Suravenir, filiale du groupe Crédit Mutuel, qui a engagé un vaste programme de rénovation, avec la construction d'un nouveau cuvier.

Un assemblage de 65 % de cabernet-sauvignon, 17 % de merlot, 7 % de cabernet franc et 2 % de petit verdot pour Calon-Ségur 2018. Paré d'une robe profonde, le vin déploie un bouquet fin et frais de fruits rouges et de menthol. Une fraîcheur qui irrigue de bout en bout une bouche souple en attaque, puis plus corsée, plus ferme, plus tannique, étirée dans une longue finale nerveuse et serrée. Du potentiel à revendre. ⧗ 2026-2036

⊶ SCEA CH. CALON SÉGUR, Dom. de Calon, 33180 Saint-Estèphe, tél. 05 56 59 30 08, calon-segur@calon-segur.fr r.-v.

CH. CLAUZET 2018 ★

■	24 000	⦀	20 à 30 €

L'entrepreneur belge Chris Cardon a acquis (et agrandi : 20 ha aujourd'hui) le Ch. la Haye en 2012, un cru détenu par la famille Bernard pendant plus de trois siècles. Une porte datée de 1557 rappelle qu'ici l'histoire s'écrit en siècles. Les lettres D et H entrelacées qui ornent les pierres du château et l'étiquette du vin rappellent quant à elles que le lieu aurait servi de rendez-vous galant à Diane de Poitiers et à Henri II. Un ensemble complété en 2018 par le Ch. Clauzet et ses 30 ha de vignes.

Si les tanins sont un peu sévères en finale, l'ensemble de la structure reste souple, rond et bien équilibré. L'harmonie qui s'en dégage met en valeur l'attrait et la fraîcheur du bouquet, dont le côté fruité est bien soutenu par un bois savamment dosé. ⧗ 2025-2030

⊶ SC CH. LA HAYE, 46, rue du Médoc, Leyssac, 33180 Saint-Estèphe, tél. 05 56 59 32 18, info@chateaulahaye.com V r.-v.

COS D'ESTOURNEL 2018 ★★

■ 2e cru clas.	200 000	⦀	+ de 100 €

Perché au sommet du coteau de graves dominant le vallon du chenal du Lazaret et la départementale 2,

la célèbre route des vins, Cos d'Estournel surprend le visiteur arrivant de Pauillac et Bordeaux par son architecture, mélange de pagode orientale et de néoclassicisme. Le plus étonnant est que ce palais n'est pas un château mais un chai. Il est dû au « maharadjah de Saint-Estèphe », Louis-Gaspard d'Estournel, fondateur du domaine au début du XIXe s. Propriété de Michel Reybier depuis 2000, Cos d'Estournel a été doté d'un chai exclusivement gravitaire en 2008. Le vignoble couvre une centaine d'hectares sur une multitude de parcelles.

Un assemblage de 74 % de cabernet-sauvignon, 23 % de merlot, 2 % de cabernet franc et 1 % de petit verdot pour Cos d'Estournel 2018. Dans le verre, un vin très élégant dans sa robe d'un rubis intense. Une élégance qui se prolonge dans un bouquet complexe, où l'on perçoit des notes de fruits rouges, de rose, de réglisse, de poivre et de tabac. Le palais affiche beaucoup d'énergie, de puissance mais aussi de délicatesse autour de tanins fins et veloutés, avec de bout en bout une fraîcheur magnifique. Un saint-estèphe de grande envergure. ⌛ 2026-2038

SA DOMAINES REYBIER, Cos d'Estournel, 33180 Saint-Estèphe, tél. 05 56 73 15 50, estournel@estournel.com r.-v.

CH. COS LABORY 2018 ★

5e cru clas.	72250		30 à 50 €

Un authentique domaine familial, encore habité, fait rare, par ses propriétaires. Dans la même famille depuis 1922, Cos Labory est le lieu de résidence de Bernard Audoy, actuel président de l'appellation saint-estèphe. Le cru a été uni à Cos d'Estournel jusqu'en 1810, année de son achat par François Labory. D'une superficie assez modeste pour un classé (18 ha), son vignoble se répartit entre 3 grands ensembles, dont un en forme de croissant, à l'ouest du château. Tous sont composés de graves, mais sur des socles plus ou moins argileux.

Un assemblage de 54 % de cabernet-sauvignon, 38 % de merlot et 8 % de petit verdot. Comme l'annonce sa robe, intense et profonde, ce vin affiche une forte personnalité et un solide potentiel. Une aptitude à la garde confirmée par la richesse et la complexité du bouquet : fruits rouges frais, cassis, pivoine, clou de girofle, âtre de cheminée, réglisse ou encore boîte à cigares. La bouche se révèle ferme, puissante, voire austère, bâtie sur des tanins très serrés, avec beaucoup de fraîcheur en soutien. ⌛ 2026-2032

CH. COS LABORY, 33180 Saint-Estèphe, tél. 05 56 59 30 22, contact@cos-labory.com V r.-v.

CH. LE CROCK 2018 ★

Cru bourg.	91700		30 à 50 €

Fait rare, ce château, construit à la fin du XVIIIes., agrémenté d'un parc de 6 ha et d'une pièce d'eau, est tourné vers le sud, et non vers le fleuve. Connu autrefois sous le nom de Bastérot-Ségur, son vignoble s'étend aujourd'hui sur 32 ha, sur le haut de la croupe de Marbuzet. Depuis 1903, il appartient à la famille Cuvelier (Léoville-Poyferré à Saint-Julien).

Plutôt timide dans sa présentation avec sa robe rubis léger, ce 2018 séduit par la fraîcheur de son bouquet fruité et mentholé. Il gagne en volume et en intensité avec une bonne présence tannique en bouche, renforcée par une finale encore assez sévère à ce stade. ⌛ 2026-2031

SC DOMAINES CUVELIER, 1, rue Paul-Amilhat, 33180 Saint-Estèphe, tél. 05 56 59 73 05, chateaulecrock@orange.fr V *r.-v.*

CH. HAUT-MARBUZET 2018 ★

	300000		30 à 50 €

Dans l'après-guerre, Hervé Duboscq était sous-chef de gare à Langon. Pour améliorer l'ordinaire, il s'est établi représentant en bouchons. De voies en vin, il s'installe marchand de vin. Puis, de vin en vignes, il acquiert en 1952 7 ha de l'ancien cru des Mac Carthy, Irlandais émigrés à Saint-Estèphe, dont les héritiers avaient découpé le domaine pour le revendre. Cinquante ans durant, les Duboscq père et fils ont rassemblé les pièces éparses et reconstitué le puzzle (65 ha). Henri Duboscq a pris la suite de son père en 1973 ; ses fils Bruno et Hughes l'ont suivi. Le domaine est aujourd'hui l'une des références de l'appellation.

Paré d'une seyante robe rubis, le 2018 du domaine présente un bouquet élégant de fruits noirs mûrs, d'épices et de violette. La bouche se révèle souple et fraîche en attaque, puis ample et riche, étayée par des tanins fins et soyeux. Un ensemble très harmonieux. ⌛ 2025-2030

SCEA H. DUBOSCQ ET FILS, Ch. Haut-Marbuzet, 33180 Saint-Estèphe, tél. 05 56 59 30 54, henri.dubosq@haut-marbuzet.net V *r.-v.*

CH. LAVILLOTTE 2018 ★

	24887		15 à 20 €

Jacques Pedro et son fils Hervé conduisent un bel ensemble composé de trois propriétés : Ch. le Meynieu, 22 ha en haut-médoc, Ch. Lavillotte, 11 ha en saint-esptèphe, complétés par les 3 ha contigus du domaine de la Ronceray. Deux autres étiquettes sont produites ici : Ch. Aillan (saint-estèphe) et Ch. la Gravière (haut-médoc).

Une très belle présentation grenat soutenu pour ce vin charmeur, qui séduit aussi par sa large palette aromatique : fraise, myrtille, réglisse, vanille, boîte à cigares. Tout aussi complexe, le palais se montre ample, dense et très frais, épaulé par des tanins fermes et épais. Un bon potentiel de garde en perspective. ⌛ 2025-2031

SCEA DES DOMAINES PEDRO, 8, rue Lamartine, 33180 Vertheuil, tél. 05 56 73 32 10, lesdomainespedro@orange.fr V *t.l.j. sf sam. dim. 9h-12h 14h-17h*

CH. LILIAN LADOUYS
La Devise de Lilian 2018 ★

	126485		11 à 15 €

Au XIVes., La Doys était une métairie de Lafite. Après avoir connu son heure de gloire à la charnière des XIX^eet XXes., sous le nom de Ch. Ladouys, ce cru avait pratiquement disparu. Il a été ressuscité (et rebaptisé du nom de son épouse) par Christian Thiéblot dans les années 1980, puis par la Natexis à partir de 1989. En 2008, nouveau changement de propriétaires avec Jacky et Françoise Lorenzetti (Pédesclaux à Pauillac),

qui ont vendu leur réseau d'agences immobilières pour investir dans la vigne. Ils ont entrepris un vaste programme de restructuration des 45 ha de vignes.

Seconde étiquette de Lilian Ladouys, ce vin tire son charme de son expression aromatique centrée sur le menthol, les fruits mûrs et la vanille. Il plaît aussi par sa bonne progression au palais avec une attaque souple, puis un milieu de bouche plus corpulent et une finale bien serrée, voire sévère, qui promettent une saine évolution en cave. ⧗ 2025-2030

SAS CH. LILIAN LADOUYS, Blanquet, 33180 Saint-Estèphe, tél. 05 56 59 22 59, contact@chateau-lilian-ladouys.com V r.-v.

CH. LINOT
2018 ★

■	4 560		15 à 20 €

Au décès de son grand-père en 2009, viticulteur à Cos d'Estournel, Yohan Juste, ancien menuisier et meilleur ouvrier de France, a repris sa micropropriété de 60 ares en saint-estèphe, qui doit son nom aux linots, petits oiseaux siffleurs qu'il observait dans sa jeunesse sur le domaine.

D'abord encore un peu austère dans son développement aromatique, avec une dominante boisée, ce vin se fait plus expressif à l'aération avec des notes de fruits surmûris et de fruits à l'eau-de-vie. En bouche, il se montre ample, chaleureux, riche et charnu, étayé par des tanins fondus. ⧗ 2025-2031

YOHAN JUSTE, 11, rue du Chasselas, 33180 Saint-Estèphe, tél. 06 84 49 31 27, yohan.juste@chateau-linot.com V r.-v.

CH. BERNARD MAGREZ
2018 ★★

■	24 034		30 à 50 €

Petit vignoble acquis par Bernard Magrez en 2016, ce cru est situé dans le quartier de Leyssac, au cœur de l'appellation saint-estèphe, sur un terroir graveleux et argilo-calcaire qui bénéficie d'un bon drainage.

Une première dans le Guide pour ce cru. La qualité du terroir et le savoir-faire des équipes de Joséphine Duffau-Lagarrosse trouvent une très belle expression dans ce vin pourpre à liseré vif, qui se distingue par son homogénéité ; tant dans le bouquet, alliance parfaite du fruit et du bois, qu'au palais, bien structuré, suave et long. ⧗ 2025-2030

SC BERNARD MAGREZ, Leyssac, 27, chem de Saint-Afrique, 33180 Saint-Estèphe, tél. 06 31 44 73 72, j.duffau-lagamosse@pape-clement.com

PRIEUR DE MEYNEY
2018 ★

■	90 000		15 à 20 €

Ancien prieuré des Couleys, couvent de l'ordre des Feuillants au XVIIe s., développé successivement par les familles Luetkens et Cordier, ce cru de 51 ha régulier en qualité, voisin de Montrose, serait l'un des berceaux de la viticulture stéphanoise. Il est depuis 2004 dans le giron de CA Grands Crus (groupe Crédit Agricole), propriétaire entre autres de Grand-Puy Ducasse (pauillac).

Le second vin du cru se présente dans une intense robe rubis, le nez bien ouvert sur un fruit qui épouse harmonieusement le bois. Un fruit qui irrigue aussi une bouche ample, riche, chaleureuse, épaulée par des tanins solides. De bonne garde assurément. ⧗ 2026-2031

SC CH. MEYNEY, 4, quai Antoine-Ferchaud, 33180 Saint-Estèphe, tél. 05 56 59 00 40, contact@cagrandscrus.fr

♥ CH. MONTROSE
2018 ★★

■ 2e cru clas.	n.c.		+ de 100 €

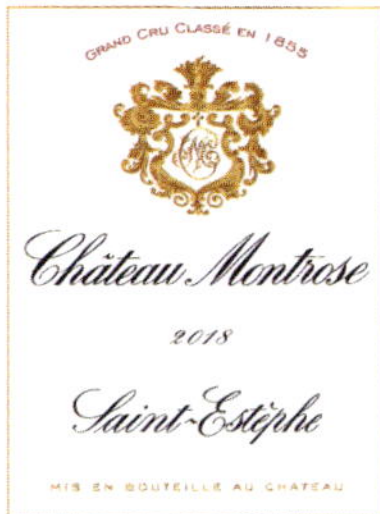

Entouré de 95 ha de vignes d'un seul tenant, Montrose a pour seul horizon l'estuaire de la Gironde. Autrefois, ses sols très pauvres, essentiellement des graves sur argiles, étaient des pâturages couverts de bruyères, qui formaient d'immenses plaques roses lors de la floraison. Ce qui a valu son nom au domaine, transformé en vignoble à la fin du Premier Empire par Étienne-Théodore Dumoulin, développé par Mathieu Dolfuss à partir de 1866 et par les Charmolüe après 1896. Ces derniers ont maintenu intacts le prestige et la qualité de Montrose à travers tout le XXe s., avant de céder le cru en 2006 à Martin et Olivier Bouygues, qui en ont confié en 2012 la direction à Hervé Berland et ont entrepris un vaste programme de rénovation.

Fidèle à sa renommée et à sa tradition, ce cru propose un vin de caractère qui s'affirme d'abord par une profonde robe rubis à reflets violets. Le nez est d'une grande complexité : fruits noirs, notes mentholées, réglisse, boîte à cigares, épices douces. Ample, dense, gras, charnu, avec une juste touche d'acidité et des tanins fermes en soutien, le palais affiche un équilibre très assuré. ⧗ 2026-2032

CH. MONTROSE, Ch. Montrose, 33180 Saint-Estèphe, tél. 05 56 59 30 12, chateau@chateau-montrose.com r.-v.

CH. ORMES DE PEZ
2018 ★

■	n.c.		30 à 50 €

Si Lynch-Bages, à Pauillac, est le navire amiral des Domaines Jean-Michel Cazes, ce n'est pas le premier cru acquis par la famille Cazes. Ce titre revient aux Ormes de Pez, situé au nord de l'appellation saint-estèphe, acheté par Jean-Charles Cazes en 1940. Le vignoble couvre 40 ha sur un terroir typique de graves garonnaises.

Régulier en qualité, le cru propose un millésime 2018 très abouti, paré d'une élégante robe rubis. Le nez, d'une belle complexité, associe les fruits rouges, la réglisse et un bon boisé frais. Le palais se révèle ample, gras équilibré, avec en soutien des tanins bien serrés. ⧗ 2026-2032

SASU CH. ORMES DE PEZ, rte des Ormes, 33180 Saint-Estèphe, tél. 05 56 73 24 00, contact@jmcazes.com V r.-v. 5

CH. DE PEZ 2018 ★★

■ | n.c. | | 30 à 50 €

Vignoble de 45 ha d'un seul tenant situé à l'ouest de Saint-Estèphe, le Ch. de Pez est l'un des plus anciens de l'appellation, ayant appartenu aux familles Pontac et Lawton. Il est depuis 1995 la propriété de la maison champenoise Louis Roederer, qui propose aussi une autre étiquette, le Ch. Haut-Beauséjour.

Ce superbe saint-estèphe, d'un beau rubis intense, livre un bouquet délicat de petits fruits rouges bien mariés à un boisé noble et savamment dosé. La bouche dégage beaucoup d'harmonie entre une attaque souple et fraîche, un développement ample et tannique, et une finale longue et puissante. Bâti pour durer. ⧗ 2026-2032

SC LA SALLE SAINT-ESTÈPHE (CH. DE PEZ), 33180 Saint-Estèphe, tél. 05 56 59 30 26, contact@champagne-roederer.com r.-v.

CH. PHÉLAN SÉGUR 2018 ★

■ | 180000 | | 30 à 50 €

Situé sur le plateau à côté du bourg de Saint-Estèphe, ce cru allie un impressionnant ensemble de bâtiments néo-classiques à un terroir de premier choix : 70 ha de graves argileuses. Et aussi des propriétaires de renom. Bernard Phélan, possédant déjà le Dom. de Garamey, acheta en 1810 des terres venant de Joseph-Marie de Ségur, comte de Cabanac (qui n'avait qu'une simple homonymie avec les Ségur de Lafite et Calon). Puis, pendant longtemps, les Delon, une référence en Médoc, Xavier Gardinier à partir de 1985 et enfin Philippe Van de Vyvere depuis 2018.

Premier millésime pour le nouveau maître des lieux, Philippe Van de Vyvere. Et une très belle réussite avec ce 2018 d'une bonne intensité dans sa couleur comme dans son bouquet, ouvert sur les fruits rouges et noirs bien mûrs et les épices douces. La bouche se révèle aussi large que longue, corpulente, fruitée et fraîche, consolidée par des tanins fermes. ⧗ 2026-2032

SCEA CH. PHÉLAN SÉGUR, rue des Écoles, 33180 Saint-Estèphe, tél. 05 56 59 74 00, phelan@phelansegur.com V r.-v.

SAINT-JULIEN

Superficie : 920 ha / Production : 41 775 hl

Pour l'une saint-julien, pour l'autre Saint-Julien-Beychevelle, saint-julien est la seule appellation communale du Haut-Médoc à ne pas respecter scrupuleusement l'homonymie entre les dénominations viticole et municipale. La seconde, il est vrai, a le défaut d'être un peu longue, mais elle correspond parfaitement à l'identité humaine et au terroir de la commune et de l'aire d'appellation, à cheval sur deux plateaux aux sols caillouteux et graveleux.

Situé exactement au centre du Haut-Médoc, le vignoble de Saint-Julien constitue, sur une superficie assez réduite, une harmonieuse synthèse entre margaux et pauillac. Il n'est donc pas étonnant d'y trouver onze crus classés, dont cinq seconds. À l'image de leur terroir, les vins offrent un bon équilibre entre les qualités des margaux (notamment la finesse) et celles des pauillac (la puissance). D'une manière générale, ils possèdent une belle couleur, un bouquet fin et typé, du corps, une grande richesse et de la sève. Mais, bien entendu, les quelque 6 millions de bouteilles produites en moyenne chaque année en saint-julien sont loin de se ressembler toutes, et les dégustateurs les plus avertis noteront les différences qui existent entre les crus situés au sud – plus proches des margaux – et ceux du nord – plus près des pauillac –, ainsi qu'entre ceux qui sont à proximité de l'estuaire et ceux qui se trouvent plus à l'intérieur des terres, vers Saint-Laurent.

♥ CH. BEYCHEVELLE 2018 ★★

■ 4ᵉ cru clas. | 255700 | | + de 100 €

Le « Versailles bordelais ». Beychevelle est un petit bijou d'architecture classique. Son prestige lui vient aussi des puissantes familles qui en furent propriétaires. Son nom viendrait d'ailleurs d'un grand amiral de France, duc d'Épernon sous Henri III, qui exigeait que les navires passant devant son château « baissent voiles » en signe d'allégeance. Né au XVIIᵉs. et développé au XVIIIᵉs., son vignoble (90 ha) a beaucoup évolué, ce qui explique sa dispersion actuelle sur toute l'AOP. Il s'est équipé en 2017 d'un nouveau chai sur les plans d'Arnaud Boulain. Appartenant depuis 2011 aux groupes Suntory et Castel, il est dirigé par Philippe Blanc.

Impressionnant dans sa tenue noire à reflets brillants, ce grand vin l'est aussi par l'opulence et l'élégance de sa palette aromatique : fruits rouges confits, chocolat, épices, torréfaction. Plus qu'expressif, le palais est explosif. Puissant, riche, concentré, mais aussi très fin et d'une grande fraîcheur, il dévoile un ensemble au potentiel étonnant, bâti sur des tanins onctueux et un noble boisé aux tonalités vanillées et cacaotées. Stratosphérique. ⧗ 2027-2040 ■ **Amiral de Beychevelle 2018 ★★ (30 à 50 €; 230230 b.)** Un joli bouquet de fruits noirs et de boisé grillé, une bouche pleine de fraîcheur, ample, corpulente, portée par une solide présence tannique : l'Amiral affiche un profil sérieux mais aussi très séduisant, et pour longtemps. ⧗ 2026-2032 ■ **Les Brulières de Beychevelle 2018 ★★ (20 à 30 €; 30150 b.)** Encore un peu discret dans son expression aromatique, dominée par un beau boisé torréfié et toasté, ce vin s'impose en bouche : de la densité, des tanins très fins, une grande fraîcheur aux accents mentholés, une superbe longueur. Le mariage de la puissance et l'élégance. ⧗ 2026-2032

SC CH. BEYCHEVELLE, 33250 Saint-Julien-Beychevelle, tél. 05 56 73 20 70, beychevelle@beychevelle.com V r.-v.

♥ CH. BRANAIRE-DUCRU 2018 ★★

■ 4e cru clas. | 180 000 | 50 à 75 €

Château (Directoire) et orangerie (XVIIIe s.) aux lignes épurées, les amateurs d'architecture néo-classique seront comblés par la visite de ce bel ensemble qui s'élève sur le coteau au-dessus de Beychevelle. Composé de graves, celui-ci constitue un terroir de choix, dont l'intérêt viticole a été perçu dès la fin du XVIIe s., époque de l'achat du domaine par Jean-Baptiste Braneyre. Fort d'un vignoble de 60 ha, le cru appartient depuis 1988 à la famille Maroteaux, qui a réalisé d'importants investissements pour redonner à la propriété son lustre d'antan.

Presque timide dans sa robe d'un discret grenat, ce magnifique saint-julien se fait subtil par son développement aromatique aux belles notes fruitées, avec en vedette la groseille et le cassis. Moelleuse, caressante, étayée par des tanins soyeux et délicats et par une superbe fraîcheur, la bouche s'étire dans une longue et douce finale de velours qui laisse le souvenir d'un ensemble à la fois puissant et charmeur. Irrésistible. ⧗ 2026-2040 ■ **Duluc de Branaire-Ducru 2018 ★ (20 à 30 €; 120 000 b.)** Un vin sur la réserve à l'olfaction, mais très équilibré en bouche, séveux et frais, avec un jolie structure tannique en soutien et une longue finale sur les fruits rouges. ⧗ 2024-2030

SC CH. BRANAIRE-DUCRU, 1, chem. du Bourdieu, 33250 Saint-Julien-Beychevelle, tél. 05 56 59 25 86, branaire@branaire.com V r.-v.

CLOS DU MARQUIS 2018 ★★

■ | 55 000 | 50 à 75 €

Souvent considéré comme le second vin de Léoville Las Cases, le Clos du Marquis, créé en 1902, est en réalité un cru à part entière. Son vignoble, planté sur un terroir de graves du Mindel très homogène, est situé au nord-ouest du village de Saint-Julien, le grand clos étant quant à lui au nord-est.

D'un rouge profond, à la limite du noir, ce vin exprime d'emblée sa forte personnalité. Elle se manifeste aussi à travers une large palette de parfums : fraise, myrtille, réglisse, vanille, toast, bois de santal. Ample, gras, suave, d'une concentration remarquable, le palais s'adosse à des tanins denses mais sans rudesse, bien pris dans la chair et qui épousent parfaitement le bois. ⧗ 2026-2035 ■ **La Petite Marquise du Clos du Marquis 2018 ★ (20 à 30 €; 20 000 b.)** Plein, concentré, long, frais, porté par des tanins serrés qui composent une belle mâche, un saint-julien à la fois solide et très élégant, qui séduit aussi par son bouquet complexe de myrtille mûre, de fruits rouges et d'orange. ⧗ 2025-2032

SC DU CH. LÉOVILLE LAS CASES (CLOS DU MARQUIS), 33250 Saint-Julien-Beychevelle, tél. 05 56 73 25 26, contact@leoville-las-cases.com r.-v.

CH. LA FLEUR LAUGA 2018 ★

■ | 6 000 | 30 à 50 €

Ancien Ch. Capdet, ce cru a été acheté en 2015 par Charles Brun, déjà propriétaire du Ch. Lauga à Cussac (haut-médoc), et un groupe d'investisseurs, qui l'ont baptisé La Fleur Lauga.

Si la robe d'un grenat foncé annonce un vin au beau potentiel, le bouquet reste un peu sur la réserve, délivrant à l'aération des arômes de fruits rouges frais et de violette. Une belle fraîcheur en attaque, une matière tendre et suave, des tanins affinés, le palais laisse une plaisante sensation de velouté. ⧗ 2025-2030

CH. DE LAUGA, 13, chem. de la Rue, 33460 Cussac-Fort-Médoc, tél. 06 16 55 14 90, chateau@lauga.com V *t.l.j. sf dim. 9h-12h30 13h30-18h*

CH. GLORIA 2018 ★

■ | 240 000 | 30 à 50 €

Ce cru, qui s'étend aujourd'hui sur 50 ha, a été constitué ex nihilo à partir de 1942 par l'une des grandes figures du vignoble, Henri Martin, qui pendant des années a acheté des parcelles provenant de grands crus classés, au centre de Beychevelle, ainsi qu'à l'ouest et au nord de l'appellation. Sa fille Françoise et son mari Jean-Louis Triaud, qui dirigeaient Gloria et l'ensemble des Domaines Martin, ont transmis en 2016 les commandes de leurs propriétés à leur fils Jean.

Derrière une robe grenat particulièrement expressive avec ses reflets violets et ses larmes bien marquées, ce vin se montre plus discret par son bouquet fruité et floral. Après une attaque ronde et souple, le palais monte en puissance pour révéler un corps à la fois massif et d'une réelle finesse, bâti sur des tanins fermes. Un saint-julien sans artifice, net et droit. ⧗ 2026-2032 ■ **Esprit de Gloria 2018 ★ (15 à 20 €; 50 000 b.)** Au nez, des fruits très mûrs et des arômes de café. En bouche, un vin frais, charnu et puissant, bien dans l'esprit de l'appellation et du millésime par sa maturité de fruit. ⧗ 2024-2028

SC DOMAINES HENRI MARTIN (CH. GLORIA), 2-4, rue Marie-Amélie, 33250 Saint-Julien-Beychevelle, tél. 05 56 59 08 18, contact@domaines-henri-martin.com V r.-v.

♥ CH. LAGRANGE 2018 ★★

■ 3e cru clas. | 249 600 | 50 à 75 €

Un nom modeste pour une vaste propriété (280 ha, dont 118 de vignes) et un château néoclassique agrémenté d'un campanile aux allures toscanes. Le vignoble d'un seul tenant, établi sur deux buttes de graves, est l'héritier d'une longue histoire, la Grange désignant souvent au Moyen Âge un grand domaine avec église, habitations et bâtiments d'exploitation. Propriété du groupe japonais Suntory

depuis 1983, le cru, longtemps dirigé par Marcel Ducasse, figure de la viticulture médocaine, puis par son ancien adjoint Bruno Eynard, a recruté Matthieu Bordes en 2013.

Si la robe presque noire à reflets brillants met en confiance, ce 2018 affiche clairement sa personnalité à travers un bouquet d'une belle complexité, qui fait se succéder les notes de fruits mûrs (cerise, cassis), d'épices (poivre, cumin) et de tabac. Le palais, tout aussi intense et complexe, agrémenté de notes mentholées, suave, crémeux et très long, déploie des tanins fins et serrés qui laissent serein sur l'avenir de ce saint-julien. ⧗ 2026-2035

SAS CH. LAGRANGE, Beychevelle, 33250 Saint-Julien-Beychevelle, tél. 05 56 73 38 38, contact@chateau-lagrange.com r.-v.

CH. LALANDE
2018 ★

■ | 84 000 | | 15 à 20 €

Comme son nom l'indique, le terroir de ce cru détaché du Ch. Lagrange en 1964, situé à Saint-Julien-Beychevelle en bordure de la route « des grands vins » qui longe la Gironde, est assez pauvre. Un inconvénient pour toutes les autres cultures, mais un avantage pour la vigne de qualité. Acquis en 1982, l'un des domaines bordelais de la famille Meffre.

Le bouquet, discret mais élégant, s'ouvre doucement à l'aération sur les fruits noirs. Ce vin droit et bien équilibré trouve sa pleine expression au palais, porté par une solide structure tannique et par une agréable fraîcheur qui lui confère une belle allonge. ⧗ 2025-2030

GFA VIGNOBLES MEFFRE (CH. LALANDE), 5, Le Glana, 33250 Saint-Julien-Beychevelle, contact@chateau-du-glana.com V r.-v.

CH. LANGOA BARTON
2018 ★

■ 3e cru clas. | 95 000 | | 50 à 75 €

Commandé par une belle chartreuse du XVIIIe s., ce cru est depuis 1821 la propriété des Barton (Ch. Léoville Barton), famille d'origine irlandaise, l'un des rares domaines à être resté entre les mains de la même famille depuis le classement de 1855. Une tradition que perpétue Lilian Barton depuis 2006, à la tête d'un vignoble de 20 ha réparti en 4 grandes parcelles situées entre les villages de Saint-Julien et Beychevelle.

Élégant dans sa livrée aux vifs reflets violets, ce joli vin dévoile un bouquet généreux de fruits noirs et de cerise très mûre. La bouche apparaît bien équilibrée, souple, charnue, épaulée par des tanins fondus et soyeux et par une pointe de fraîcheur bienvenue. ⧗ 2024-2028

CH. LANGOA BARTON, 33250 Saint-Julien-Beychevelle, tél. 05 56 59 06 05, chateau@barton-family-wines.com

CH. LÉOVILLE BARTON
2018 ★★

■ 2e cru clas. | 150 000 | | 75 à 100 €

Si l'Irlandais Thomas Barton a installé aux Chartrons son affaire de négoce en 1725, ce n'est qu'en 1821 que son petit-fils Hugh acquiert le château Langoa, puis en 1826 une partie de l'ancien domaine de Léoville, propriété née au début du XVIIe s. et scindée en plusieurs parties à la Révolution. Un domaine resté depuis lors dans la famille Barton (Lilian Barton Sartorius depuis 2006), dont les quelque 50 ha de vignes s'étendent au sud du bourg de Saint-Julien. Pas de demeure ni de chai ici, vinifications et élevages se déroulent à Langoa.

D'un rouge profond orné de beaux reflets violines, la robe exprime une fraîcheur que l'on retrouve dans un bouquet élégant et complexe (cassis, mûre, réglisse, toast, vanille). Franc, net, ample et long, le palais bénéficie d'une solide présence tannique et d'un excellent équilibre entre le fruit et le bois. ⧗ 2026-2035 ■ **La Réserve de Léoville Barton 2018 ★ (30 à 50 €; 52 000 b.)** Le bouquet expressif, sur les fruits rouges mûrs et les épices douces, trouve un bel écho dans une bouche volumineuse, puissante, structurée par des tanins fermes et serrés. De longue garde assurément. ⧗ 2025-2031

CH. LÉOVILLE BARTON, 33250 Saint-Julien-Beychevelle, tél. 05 56 59 06 05, chateau@barton-family-wines.com

♥ GRAND VIN DE LÉOVILLE DU MARQUIS DE LAS CASES 2018 ★★★

■ 2e cru clas. | n.c. | | + de 100 €

Las Cases ne se contente pas de posséder, avec 98 ha, les trois cinquièmes de l'ancien domaine de Léoville – divisé entre 1826 et 1846 pour aboutir aux trois Léoville connus aujourd'hui –, le cru possède le cœur historique du vignoble, le Grand Clos. Près de 60 ha plantés sur de belles graves reposant en profondeur sur des graves argilo-sableuses, au voisinage de Latour et de la Gironde, complétés par l'actuel Clos du Marquis. À cet avantage s'ajoute celui d'être géré depuis 1900 par la même famille, les Delon (aujourd'hui Jean-Hubert), qui l'ont doté, notamment depuis 2002, d'équipements à la pointe du progrès.

Issu très majoritairement de cabernets (80 % de cabernet-sauvignon et 9 % de franc), Léoville impressionne d'emblée avec sa robe rouge sang tirant vers le noir, qui affiche sa jeunesse par de vifs reflets violines. D'abord un peu sur la réserve, le bouquet monte progressivement en puissance pour révéler toute sa complexité et même son originalité : des parfums de cire d'abeille s'associent aux fruits noirs, aux épices douces et au cuir de Russie. Ample, dense, carrée, très fraîche, la bouche ne cache rien de sa puissance, bâtie sur des tanins à la fois serrés et soyeux. Et quelle longueur ! Incomparable. ⧗ 2027-2040 ■ **Le Petit Lion du Marquis de Las Cases 2018 ★★ (50 à 75 €; 80 000 b.)** Fruits noirs, réglisse et épices, le bouquet est intense et complexe. La bouche se révèle ample, longue, veloutée, portée par des tanins extraits en finesse et un boisé parfaitement ajusté. ⧗ 2026-2032

SC DU CH. LÉOVILLE LAS CASES, 33250 Saint-Julien-Beychevelle, tél. 05 56 73 25 26, contact@leoville-las-cases.com

CH. LÉOVILLE POYFERRÉ 2018 ★★

2e cru clas.	185400		75 à 100 €

Comme les deux autres crus nés de l'ancien domaine de Léoville, Poyferré – du nom du comte de Poyferré, issu d'une maison noble d'Armagnac, qui hérita du vignoble par son épouse lors de la scission – bénéficie d'un terroir de choix. Celui-ci, d'une superficie de 80 ha, se répartit sur toute la commune de Saint-Julien : à l'est, près de la Gironde, des graviers et galets bruns; à l'ouest, des sables noirs. Des atouts mis en valeur depuis 1979 par Didier Cuvelier, dont la famille, d'anciens négociants en vins à Lille, acquit la propriété en 1920.

D'une belle densité, ornée de beaux reflets violets, la robe est riche de promesses, que se charge de tenir le bouquet, complexe, bien ouvert sur les fruits noirs (mûre, myrtille) et les épices douces. Le palais n'est pas en reste : attaque d'une grande douceur, développement ample, gras, généreux, porté par des tanins fins et par un boisé qui n'écrase pas le fruit, longue finale suave. ⌛ 2026-2035 ■ **Ch. Moulin Riche 2018 ★★ (30 à 50 €; 95480 b.)** Un joli nez fruité sur fond de boisé toasté, une bouche large, dense, ronde et tendre, étayée par des tanins aussi élégants et veloutés : de la soie de bout en bout. ⌛ 2025-2032

SC CH. LÉOVILLE POYFERRÉ, 38, rue Saint-Julien, 33250 Saint-Julien, tél. 05 56 59 08 30, lp@leoville-poyferre.fr V r.-v.

CH. SAINT-PIERRE 2018 ★★

4e cru clas.	73000		50 à 75 €

Ce cru ancien (XVIIe s.) a connu des heures sombres, ayant été totalement dispersé à la suite de plusieurs successions. Henri Martin le reconstitua à partir de 1982. Le vignoble couvre 17 ha, planté sur un beau terroir de graves reposant sur une couche argilo-sablonneuse. La fille d'Henri Martin, Françoise, et son mari Jean-Louis Triaud, qui le conduisaient, ont passé la main en 2016 à leur fils Jean.

Très élégant dans sa robe grenat à reflets violets, ce 2018 porte encore la marque de l'élevage dans son bouquet, les notes boisées rivalisant d'intensité avec les fruits rouges. Délicat dans son attaque, le palais déploie ensuite une structure puissante bien prise dans une chair dense, ample et fruitée. Un solide potentiel en perspective pour ce saint-julien au caractère bien trempé. ⌛ 2026-2035 ■ **Esprit de Saint-Pierre 2018 ★ (20 à 30 €; 18000 b.)** Au nez, des notes d'encens, de fumée et fruits noirs confits. En bouche, de la droiture, du volume, un fruité soutenu par un boisé bien dosé, de la fraîcheur et des tanins en place : ce second vin ne manque de rien. ⌛ 2025-2030

SC DOMAINES HENRI MARTIN (CH. SAINT-PIERRE), 2-4 rue Marie-Amélie, 33250 Saint-Julien-Beychevelle, tél. 05 56 59 08 18, contact@domaines-henri-martin.com V r.-v.

CH. TALBOT 2018 ★★

4e cru clas.	280000		50 à 75 €

Portant le nom du connétable gouverneur de la Guyenne anglaise battu à Castillon-la-Bataille en 1453, ce château situé sur une croupe de graves, au centre de l'appellation saint-julien, se donne modestement des airs de grosse maison bourgeoise raffinée et confortable, sans souci ostentatoire. Tout autour se déploie un vaste vignoble de 106 ha d'un seul tenant, à l'origine de saint-julien élégants et bien typés, d'une grande régularité dans la qualité. Un cru acquis par Désiré Cordier en 1917, conduit aujourd'hui par son arrière-petite-fille Nancy et son mari Jean-Paul Bignon, qui en ont confié la direction générale à Jean-Michel Laporte.

S'il semble un timide dans sa présentation, ce vin est marqué par une belle progression tout au long de la dégustation. Frais et très engageant avec ses arômes de baies sauvages et souple dans son attaque, il développe ensuite une belle matière, ample, fraîche, nette, équilibrée, soutenue par des tanins fermes. Un saint-julien franc, sans artifice, "très naturel", conclut le jury. ⌛ 2026-2035 ■ **Connétable Talbot 2018 ★ (20 à 30 €; 230000 b.)** Un second vin très épanoui, au bouquet séducteur de fruits rouges et noirs sur fond de boisé torréfié et vanillé, et à la bouche suave, tendre, dotée de tanins délicats. Un saint-julien gracieux et harmonieux. ⌛ 2025-2030

SAS CH. TALBOT, 33250 Saint-Julien-Beychevelle, tél. 05 56 73 21 50, talbot@chateau-talbot.com r.-v.

CH. TEYNAC 2018 ★

	32000		30 à 50 €

Au début des années 1990, Fabienne et Philippe Pairault ont abandonné leur entreprise de communication en région parisienne pour s'installer en Médoc, où ils ont acquis les 8 ha du Ch. Corconnac (haut-médoc) et les 13 ha des Ch. Teynac et Les Ormes en saint-julien. Leur fille Héléonore les a rejoint.

D'un abord discret, ce vin s'ouvre à l'aération sur les fruits noirs mûrs et un léger toasté. La bouche apparaît souple en attaque, puis se fait plus dense, riche et puissante, portée par un bon boisé maîtrisé et des tanins de qualité. ⌛ 2025-2030

EARL CH. TEYNAC ET CORCONNAC, Grand-Rue, 33250 Saint-Julien-Beychevelle, tél. 05 56 59 93 04, philetfab3@wanadoo.fr V r.-v.

LES VINS BLANCS LIQUOREUX

CADILLAC

Superficie : 128 ha / Production : 6 000 hl

Ennoblie par son splendide château du XVIIe s., surnommé le « Fontainebleau girondin », la bastide de Cadillac est souvent considérée comme la capitale des Premières-Côtes. Elle est aussi, depuis 1980, une appellation de vins liquoreux.

♥ CLOS CARMELET Tabanac 2018 ★★

1500 | 8 à 11 €

Un petit cru familial de 3 ha conduit depuis 2004 par Gilles Hébrard (troisième génération) : un ensemble de parcelles situées sur les coteaux de la rive droite de la Garonne, voisin du château Carmelet. Les vins sont élevés et conservés dans une ancienne carrière d'extraction de pierre de taille.

Très harmonieux dans sa robe dorée à reflets brillants, ce 2018 poursuit dans le même esprit d'élégance avec son bouquet expressif aux senteurs d'écorce d'orange appuyées par un élevage bien dosé. Cet équilibre se poursuit dans un palais ample, onctueux, riche, chaleureux, mais aussi très frais et croquant. Savoureux. ⧗ 2024-2030

GILLES HÉBRARD, 103, rte de Rouquey, 33550 Tabanac, tél. 06 64 38 03 00, clos-carmelet@hotmail.fr V *r.-v.*

CH. DE GARBES
Cuvée Grains Nobes 2017 ★

3900 | 8 à 11 €

La famille David est propriétaire du Ch. de Garbes depuis 1900 et six générations. Aujourd'hui, c'est une belle unité de 63 ha (certifiée HVE3) sur les coteaux de la Garonne, conduite par Jean-Luc et Annie David et leurs trois enfants. Autre étiquette : Dom. de la Gravette.

Entre ambre et vieil or, la robe est aussi expressive que le bouquet, d'une belle complexité : fruits confits, miel d'acacia et pain d'épices sur fond boisé. Onctueux, puissant et souligné par une fine fraîcheur, le palais affiche un bel équilibre. ⧗ 2023-2027

SARL VIGNOBLES DAVID GARBES, 1, Garbes, 33410 Gabarnac, tél. 05 56 62 92 23, contact@garbes.fr V *t.l.j. sf dim. 8h-12h 13h30-18h; sam. sur r.-v.*

CH. HAUT-MOULEYRE 2019 ★

6730 | 11 à 15 €

Terres bordelaises est une filiale du groupe Les Grands Chais de France, qui diffuse une vaste gamme de domaines girondins, parmi lesquels Bastor-Lamontagne, Saint-Robert, Faizeau, Haut-Mouleyre, Laubès.

Ce vin développe une élégante expression aromatique autour de discrètes notes de pêche, d'abricot et de fleurs blanches. Arômes prolongés par une bouche harmonieuse, à la fois ronde, suave et fraîche. Déjà plaisant, il pourra aussi affronter la garde. ⧗ 2022-2028

SCEA TERRES BORDELAISES, Ch. Bastor Lamontagne, 33210 Preignac, tél. 05 57 98 07 20, vcachau@lgcf.fr

CH. DE TESTE 2018 ★

n.c. | 15 à 20 €

Basé à Monprimblanc, à cheval sur l'Entre-deux-Mers et les Côtes de Bordeaux, Laurent Réglat peut jouer sur plusieurs appellations et types de vins, ayant même un pied dans les Graves. Souvent en vue pour ses liquoreux (cadillac, sainte-croix-du-mont), il ne néglige pas pour autant les vins rouges (cadillac-côtes-de-bordeaux, graves).

Portant beau dans sa robe d'or, ce vin sait se rendre aussi fort séduisant par l'intensité et la complexité de son bouquet, ouvert sur les fruits confits et exotiques. Tout aussi expressif, le palais se montre à la fois élégant, charnu et puissant, sans manquer de fraîcheur. ⧗ 2023-2030

EARL VIGNOBLES LAURENT RÉGLAT, Ch. de Teste, 33410 Monprimblanc, tél. 06 07 30 43 83, vignobles.l.reglat@wanadoo.fr V *r.-v.*

LOUPIAC

Superficie : 350 ha / Production : 12 550 hl

Entre Cadillac à l'ouest et Sainte-Croix-du-Mont à l'est, ce vignoble très ancien couvre les côtes de la rive droite de la Garonne, en face de Sauternes. Par son orientation, ses terroirs et son encépagement, il est très proche de celui de Sainte-Croix-du-Mont. Toutefois, comme sur la rive gauche, les vins produits vers le nord ont souvent un caractère plus moelleux que liquoreux.

CH. DU CROS 2018 ★★

26000 | 15 à 20 €

Les Boyer sont établis depuis quatre générations au Ch. du Cros, sur les hauteurs de Loupiac. Un cru étroitement lié à l'histoire du duché anglo-gascon d'Aquitaine au Moyen Âge, dirigé depuis 2004 par Catherine Boyer, à la tête d'un vignoble de 90 ha sur les deux rives de la Garonne, produisant des vins de qualité, notamment en blanc. Autres propriétés de la famille : le Ch. de Courbon (acquis en 1994 à Toulenne) et le Ch. Haut-Mayne (acquis en 1972 à Cérons).

Majestueux dans sa robe dorée, ce vin se fait charmeur en exhalant un bouquet intense et racé de miel, d'écorce d'orange et de pain d'épices. Ample, riche, concentrée et longue, la bouche est déjà plaisante tout en affichant une solide aptitude à la garde. ⧗ 2022-2030

SA VIGNOBLES MICHEL BOYER, Ch. du Cros, 33410 Loupiac, tél. 05 56 62 99 31, info@chateauducros.com V *t.l.j. sf sam. dim. 9h-12h30 13h30-18h*

CH. DE LOUPIAC 2018 ★★

70000 | 8 à 11 €

Cette exploitation familiale de Loupiac est née avec l'acquisition en 1870 du Ch. Pontac, complétée par l'achat du Ch. de Loupiac en 1919. Installé en 1995 et rejoint par son neveu Daniel Sanfourche, Marc Ducau exploite 30 ha sur des coteaux dominant la Garonne et propose des loupiac sous différentes étiquettes (Ch. de Loupiac et Ch. Loupiac-Gaudet notamment).

Fidèles au rendez-vous, les Sanfourche signent un très joli liquoreux. Outre une belle expression aromatique, à la fois fine et puissante (miel, abricot et écorce d'orange), ce loupiac développe une bouche ample, dense, riche sans excès, élégante et parfaitement équilibrée qui le destine à la garde. ⧗ 2023-2030

SCEA MARC DUCAU, Ch. Loupiac-Gaudiet, 52, rte de Saint-Macaire, 33410 Loupiac, tél. 05 56 62 99 88, ml@loupiacgaudiet.com V *t.l.j. 9h-12h 14h-18h. sam. dim. sur r.-v.*

SAINTE-CROIX-DU-MONT

Superficie : 400 ha / Production : 15 000 hl

Un site de coteaux abrupts dominant la Garonne, trop peu connu en dépit de son charme, et un vin ayant trop longtemps souffert (à l'égal des autres appellations de liquoreux de la rive droite, loupiac et cadillac) d'une réputation de vin de noces ou de banquets.

Pourtant, cette aire d'appellation située en face de Sauternes mérite mieux : à de bons terroirs, en général calcaires, avec des zones graveleuses, elle ajoute un microclimat favorable au développement du botrytis. Quant aux cépages et aux méthodes de vinification, ils sont très proches de ceux du Sauternais. Les vins, autant moelleux que véritablement liquoreux, offrent une plaisante impression de fruité.

CH. DES ARROUCATS Sélection du Château 2019 ★

■	5000		8 à 11 €

Christian Labat a fondé le Ch. des Arroucats en 1938, qui dispose d'un coquet vignoble de 49 ha, dont 23 ha à Sainte-Croix-du-Mont, son berceau, complétés par des vignes dans les Graves (Ch. Dorléac), sur l'autre rive de la Garonne, à Portets. L'ensemble est conduit depuis 2000 par Virginie Barbe, petite-fille du fondateur.

Animée de jolis reflets dorés, la robe annonce l'élégance du bouquet, ouvert sur des notes de miel et de fleurs blanches. Frais, riche et rond, le palais n'est pas en reste et possède un bel équilibre qui fait ressortir ses notes rôties bien marquées. ⧗ 2024-2030

SARL DES VIGNOBLES LABAT-LAPOUGE, 3, Vilate-Sud, 33410 Sainte-Croix-du-Mont, tél. 05 56 62 07 37, chateau_arroucats@hotmail.com V *r.-v.*

CH. CRABITAN-BELLEVUE 2018 ★★

■	30000		5 à 8 €

Belle unité de 35 ha implantée sur les coteaux sud dominant la rive droite de la Garonne, le Ch. Crabitan Bellevue est propriété de la famille Solane (Nicolas depuis 1994). Il est présent dans plusieurs appellations avec différents types de vins, mais son cœur bat pour le sainte-croix-du-mont. Autre étiquette : Ch. Grand Dousprat.

Derrière une robe de belle facture se développe un bouquet qui ne l'est pas moins avec ses notes de fruits confits (orange), de miel et de fleurs blanches. Ample, frais et délicat, le palais se montre lui aussi très expressif et déploie une longue finale qui achève de convaincre. ⧗ 2024-2031 ■ **Ch. Grand Dousprat 2018 ★★ (5 à 8 € ; 34000 b.)** Ample, gras, bien équilibré et expressif, avec de belles saveurs confites, un vin encore en devenir mais fort prometteur ⧗ 2023-2027

GFA BERNARD SOLANE ET FILS, Crabitan, 33410 Sainte-Croix-du-Mont, tél. 05 56 62 01 53, crabitan.bellevue@orange.fr V *t.l.j. 8h30-12h 13h30-18h. dim. sur r.-v.*

♥ CH. DU MONT Cuvée Pierre 2019 ★★

■	6000		11 à 15 €

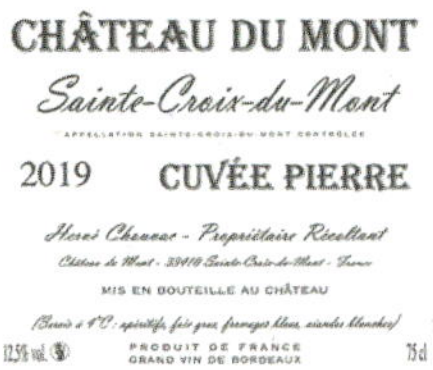

Paul Chevassier a constitué le vignoble du Ch. du Mont au début du XXᵉ s., à Sainte-Croix-du-Mont. Son gendre Pierre Chouvac et, depuis 2000, son petit-fils Hervé l'ont développé sur les deux rives de la Garonne, dans les Graves et le Sauternais (25 ha aujourd'hui), mais Sainte-Croix est resté le cœur du domaine, dont il est l'un des porte-drapeaux. Autre étiquette : Ch. Valentin.

Une cuvée très souvent en vue dans ces pages, et souvent aux meilleures places. La version 2019 fait mouche par la complexité de son bouquet et l'intensité de son palais. Au nez, se dévoile une large et puissante palette aromatique autour de notes de pomme confite, d'abricot sec, de miel et de pain d'épices. Arômes prolongés par une bouche parfaitement équilibrée, qui allie volume imposant, richesse, densité, fine fraîcheur et longueur. De quoi voir l'avenir avec sérénité. ⧗ 2025-2032

CH. DU MONT, lieu-dit Pascaud, 33410 Sainte-Croix-du-Mont, tél. 06 89 96 54 73, chateau-du-mont@wanadoo.fr V *r.-v.*

♥ CH. LA RAME 2019 ★★

■	30000		11 à 15 €

Implantée à Sainte-Croix depuis huit générations, la famille Armand fait partie des institutions locales pour ses liquoreux renommés. Elle y conduit deux crus (labellisés Haute Valeur Environnementale) : la Caussade et la Rame, son fleuron, dont les vins étaient déjà réputés au XIXᵉ s. Angélique et Grégoire Armand ont pris la suite de leur père Yves en 2009.

D'une belle couleur dorée, ce vin se montre à la hauteur de la réputation du cru par l'intensité et la complexité du bouquet, aux notes confites (coing, fruits jaunes et blancs), comme par son développement au palais. À la fois ample, dense, riche et très frais, celui-ci se révèle aussi très séduisant par le caractère expressif de ses arômes de fruits mûrs soutenus par un boisé bien dosé. ⧗ 2026-2032 ■ **Ch. la Caussade 2019 ★ (8 à 11 € ; 56000 b.)** L'intensité de la robe, dorée et cristalline, se retrouve dans le bouquet frais, riche et complexe, mariant harmonieusement les fleurs blanches, les épices douces et les fruits confits. Rond et puissant, le palais appelle un peu de patience pour se préparer à une belle garde. ⧗ 2024-2030

⊶ GFA CH. LA RAME, La Rame, 33410 Sainte-Croix-du-Mont, tél. 05 56 01 01 50, dgm@wanadoo.fr V *t.l.j. sf dim. 9h-12h30 13h30-17h30; sam. sur r.-v.*

CÉRONS

Superficie : 49 ha / Production : 1 335 hl

Enclavés dans les graves (appellation à laquelle ils peuvent aussi prétendre, à la différence des sauternes et des barsac), les cérons assurent une liaison entre les barsac et les graves supérieures, moelleuses. Là ne s'arrête pas leur originalité, qui réside aussi dans une sève particulière et une grande finesse.

MOULIN DE VALÉRIEN 2018 ★

| 2900 | | 15 à 20 €

En 1976, Valérien Ducau, issu d'une famille de viticulteurs, achète des vignes en graves. Il appelle son petit domaine Clos Graouères (graves, en gascon). En blanc, il propose notamment du cérons sous l'étiquette Moulin de Valérien. Autres étiquettes : le Cru des Sescassots et Porte Pères.

S'annonçant par une belle robe dorée, limpide et brillante, ce 2018 séduit par son joli bouquet de miel, de pollen et de fruits blancs. En bouche, il se révèle élégant et tout aussi expressif, développant des arômes de fruits confits et une liqueur délicate. ⧗ 2023-2028

⊶ SCEA VIGNOBLES DUCAU, RD 1113, 33720 Podensac, tél. 05 56 27 16 80, vignobles.ducau@wanadoo.fr V *r.-v.*

BARSAC

Superficie : 480 ha / Production : 6 870 hl

Tous les vins de l'appellation barsac peuvent bénéficier de l'appellation sauternes. Barsac s'individualise cependant par un moindre vallonnement et par les murs de pierre entourant souvent les exploitations. Ses vins ont un caractère plus légèrement liquoreux que les sauternes mais ils appellent les mêmes accords gourmands. Comme les sauternes, ils peuvent être servis de façon classique avec un dessert ou, comme cela se fait de plus en plus, en entrée, sur du foie gras, ou bien en accompagnement de fromages bleus de type roquefort.

CH. DOISY DAËNE 2018 ★

2e cru clas. | 35000 | | 30 à 50 €

Si Doisy Daëne possède un beau terroir (18,2 ha) de sables rouges et de graviers, c'est plus encore par ses méthodes de travail que le cru se distingue, ce depuis son acquisition par Georges Dubourdieu en 1924. De 1945 à 2000, Pierre, son fils, rêvant d'un vin sans soufre, a multiplié les expérimentations. Depuis 2000, Denis, troisième du nom, professeur à la faculté de Bordeaux et consultant de renommée internationale, disparu en 2016, a orienté ses recherches, tant universitaires que personnelles, sur les arômes et notamment les précurseurs d'arômes. Ses fils Fabrice et Jean-Jacques ont pris la relève.

Fidèle au rendez-vous, Doisy-Daëne signe un grand vin sur ce terroir de Barsac dont les Dubourdieu connaissent les moindres subtilités. Tout le printemps s'exprime dans la belle robe bouton d'or éclatante de pureté. Au nez, on apprécie la vivacité des arômes de pêche et d'abricot frais. Le fruit domine encore dans une bouche aussi large que longue, d'une harmonie parfaite. Un sauternes typique du terroir de Barsac alliant avec bonheur concentration et fraîcheur. ⧗ 2025-2040

⊶ CH. DOISY DAËNE, 15, Gravas, 33720 Barsac, tél. 05 56 62 96 51, contact@denisdubourdieu.fr V *t.l.j. sf sam. dim.*

CH. DE ROLLAND 2018 ★

| 2000 | | 20 à 30 €

Ancienne possession des Chartreux, ce cru possède un grand pigeonnier du XVe s., sauvé *in extremis* en 2008. Pendant trois siècles (de 1492 à 1797), il a appartenu à la famille Rolland qui lui a laissé son nom. En 1971, les Guignard ont pris les rênes du domaine, dont le vignoble couvre 18 ha en graves, sauternes et barsac.

Le terroir de Barsac parle et nous offre un vin tout en finesse. La robe bouton d'or est printanière, reflet de la jeunesse de ce vin au joli bouquet de fleurs blanches et de pâte de coing. Fin et élégant en bouche, c'est un vin bien équilibré et homogène, sans lourdeur ni richesse excessive, dont on apprécie aussi la délicatesse finale. ⧗ 2025-2032

⊶ SCA CH. DE ROLLAND, 3, Ch. de Rolland, 33720 Barsac, tél. 05 56 27 15 02, info@chateauderolland.com V *t.l.j. sf sam. dim. 9h-12h 14h-17h*

SAUTERNES

Superficie : 1 735 ha / Production : 34 260 hl

Si vous visitez un château à Sauternes, vous saurez tout sur ce propriétaire qui eut un jour l'idée géniale d'arriver en retard pour les vendanges et de décider, sans doute par entêtement, de faire ramasser les raisins surmûris malgré leur aspect peu engageant. Mais si vous en visitez cinq, vous n'y comprendrez plus rien, chacun ayant sa propre version, qui se passe évidemment chez lui. En fait, nul ne sait qui « inventa » le sauternes, ni quand ni où.

Si en Sauternais, l'histoire se cache toujours derrière la légende, la géographie, elle, n'a plus de secret. Chaque caillou des cinq communes constituant l'appellation (dont Barsac, qui possède sa propre appellation) est recensé et connu dans toutes ses composantes.

Il est vrai que c'est la diversité des sols (graveleux, argilo-calcaires ou calcaires) et des sous-sols qui donne un caractère à chaque cru, les plus renommés étant implantés sur des croupes graveleuses. Obtenus avec trois cépages – le sémillon (de 70 à 80 %), le sauvignon (de 20 à 30 %) et la muscadelle –, les sauternes sont dorés, à la fois onctueux et délicats. Leur bouquet « rôti » se développe et gagne en complexité avec le temps : miel, noisette et orange confite enrichissent sa palette. Les plus grandes bouteilles vivent des décennies. Il est à noter que

les sauternes sont les seuls vins blancs à avoir été classés en 1855.

CH. D'ARCHE 2018 ★

2e cru clas.	24 000		30 à 50 €

Bien situé au sommet d'une colline dominant le Ciron, ce cru fort ancien fut constitué au XVIIIe s. par les comtes d'Arche. Il est aujourd'hui la propriété d'un groupe d'investisseurs, qui ont nommé en 2020 un nouveau directeur, Didier Galhaud, ainsi qu'un nouveau maître de chai, Matthieu Arroyo. Un domaine qui s'est doté d'un nouveau chai éco-certifié en 2019 et qui mise sur d'ambitieux projets oenotouristiques avec la construction d'un hôtel haut de gamme. Le passage en bio est par ailleurs dans le viseur sur les 10 ha du Ch. Padouën, dans le giron du Ch. d'Arche.

Les projets ambitieux engagés ici sont autant de signes du dynamisme retrouvé de cette belle propriété, qui revient également en pleine forme dans le Guide. Un dynamisme retrouvé aussi dans la bouteille donc, avec un beau 2018 paré d'une élégante robe dorée et brillante. Encore assez retenu dans son expression aromatique, il s'éveille à l'aération sur de délicates saveurs confites, tonifiées dans une bouche ample, tendre et suave par une belle vivacité, gage d'une longue garde. ⧗ 2026-2035 ■ **2e cru clas. Soleil d'Arche 2018 ★ (15 à 20 €; 20 000 b.)** Un vin de moyenne concentration, privilégiant l'expression aromatique et l'élégance à la richesse. On apprécie son joli nez de fruits confits, d'épices et de vanille, et sa vivifiante fraîcheur en bouche. Un parfait sauternes d'apéritif. ⧗ 2022-2027

SA CH. D' ARCHE, 33210 Sauternes, tél. 05 56 76 66 55, contact@chateau-arche.com V r.-v. ⑤

CH. D'ARMAJAN DES ORMES 2018 ★★

	13 000		20 à 30 €

Issus d'une longue lignée vigneronne de l'Entre-deux-Mers et des Graves, les Perromat exploitent trois crus dans le Sauternais : Le Juge (5 ha), acquis en 1992 et commandé par un château du XVIIes. habité après la Révolution par un juge de paix; son voisin Armajan des Ormes (10 ha), anobli en 1565 par la visite de Charles IX et Catherine de Médicis; le Ch. Ladonne, petit enclos de 4 ha commandé par une élégante chartreuse du XVIIIes.

Ce cru de Preignac produit avec une belle régularité des sauternes de qualité empreint de classicisme. La robe d'un or soutenu annonce un vin bien dans la tradition, ouvert sur des arômes non moins classiques de fruits confits et de miel d'acacia. Onctueux et souple en attaque, le palais monte ensuite en puissance et en richesse dans une harmonie de saveurs confites. Du classique donc, mais du très bon classique, à apprécier sur des fromages de caractère. ⧗ 2026-2035 ■ **Ch. le Juge 2018 ★ (15 à 20 €; 13 000 b.)** Ce vin possède toutes les qualités de vivacité du millésime 2018. Des arômes d'aubépine flattent le nez, agrémentées à l'aération de notes confites de pomme caramélisée. Pain d'épices et miel apportent à la bouche une onctuosité élégamment rafraîchie par la tonicité du millésime. ⧗ 2025-2032

EARL JACQUES ET GUILLAUME PERROMAT, Ch. d'Armajan, 33210 Preignac, tél. 05 56 63 58 21, gperromat@mjperromat.com V *r.-v.*

Ⓑ CH. BASTOR-LAMONTAGNE 2019 ★

	15 365		20 à 30 €

Terres bordelaises est une filiale du groupe Les Grands Chais de France, qui diffuse une vaste gamme de domaines girondins, parmi lesquels Bastor-Lamontagne, Saint-Robert, Faizeau, Haut-Mouleyre, Laubès...

D'un or pâle, la robe est scintillante. Le bouquet, frais et floral, se révèle quant à lui assez discret. On retrouve la fraîcheur et le fruit avec plus d'intensité dans un palais délicat et aérien. Précurseur des sauternes «modernes», Bastor-Lamontagne propose ici un vin élégant, à la concentration mesurée, parfait pour les apéritifs et les plats aux saveurs épicées. ⧗ 2025-2032 ■ **Ch. Bordenave 2019 ★ (15 à 20 €; 9150 b.)** Ⓑ Une robe brillante, un nez discret mais très floral, qui doit beaucoup à la présence de sauvignon gris dans l'assemblage, une bouche déliée et élégante : un sauternes bien dans le style maison. ⧗ 2024-2030

SCEA TERRES BORDELAISES, Ch. Bastor-Lamontagne, 33210 Preignac, tél. 05 57 98 07 20, vrachau@lgcf.fr

CH. CAILLOU 2018 ★★

2e cru clas.	4 000		30 à 50 €

Une gentilhommière flanquée de deux tourelles pointues commande le vignoble barsacais (17 ha) de ce cru classé, propriété acquise en 1909 par Joseph Ballan et conduite aujourd'hui par la quatrième génération (Sébastien et Jean-Noël).

Ce vin de belle expression, paré d'une seyante robe ambre dorée, livre un bouquet exubérant, de raisins confits, d'orange et de miel. En bouche, l'équilibre est parfait : ample, dense, chaleureux et généreux sans être jamais lourd, le vin déploie une large palette de fruits discrètement soutenue par de subtils accents boisés signant un élevage de qualité et affiche une longueur remarquable propre aux grands vins de Sauternes. ⧗ 2026-2036

SC CH. CAILLOU, 9, Caillou, 33720 Barsac, tél. 05 56 27 16 38, contact@chateaucaillou.com V *t.l.j. 9h-18h; sam. dim. sur r.-v.*

CLOS HAUT-PEYRAGUEY 2018 ★★

1er cru clas.	13 000		30 à 50 €

Séparé d'Yquem par un petit val, ce cru est né en 1879 quand les propriétaires du Ch. Peyraguey vendirent la partie la plus élevée de leur propriété à un pharmacien parisien nommé Grillon. En 1914, le cru, devenu Clos Haut-Peyraguey, est acheté par les Pauly et les Ginestet. Seuls propriétaires à partir de 1937, les premiers l'ont gardé jusqu'en 2012, année de son acquisition par Benard Magrez. Le terroir (21 ha) est de premier choix, avec des graves sableuses bien drainées reposant sur des argiles.

L'un des plus grands terroirs de Sauternes ne saurait mentir et nous en avons ici la preuve. Des arômes gourmands et généreux de marmelade et d'abricot sec participent à l'attrait de ce vin couleur vieil or. Ample, gras, riche, doté d'une savoureuse texture crémeuse, le palais est soutenu de bout en bout par une dynamique vivacité contribuant à son grand équilibre. Équilibre renforcé par une longue finale aérienne aux fines saveurs boisées. ⧗ 2026-2040

SC BERNARD MAGREZ (CLOS HAUT-PEYRAGUEY), 33210 Bommes, tél. 05 56 76 61 53, closhautpeyraguey@pape-clement.com V r.-v.

♥ CH. DELMONT 2018 ★★★

■ | 55000 | | 15 à 20 €

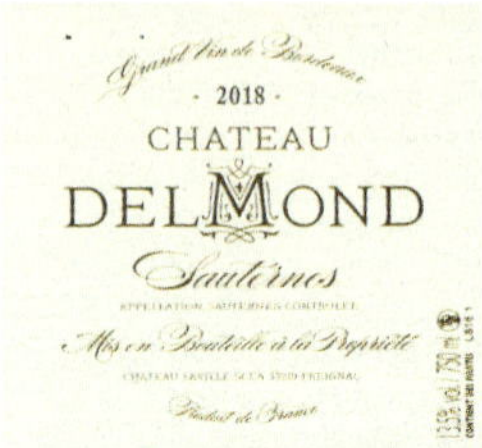

Propriété très ancienne, le Ch. Laville fut dans les années 1900 l'un des pionniers de la mise en bouteilles au château. Aujourd'hui augmenté du Ch. Delmond, un vignoble voisin, ce domaine de 37 ha très régulier en qualité produit en sauternes et en graves (Ch. Mouras). Aux commandes depuis 1997, Jean-Christophe Barbe, œnologue et maître de conférences à Bordeaux Sciences Agro.

Un nouveau coup de cœur pour cette propriété qui produit chaque année des vins de grande personnalité. Des parfums de rose, de litchi et d'orange confite s'allient pour composer un bouquet très expressif. En bouche, on retrouve un vin massif bien dans le style du cru et emblématique du classicisme de Sauternes. Un vin d'une grande richesse aromatique, sur des saveurs de prune cuite, de datte et d'abricot sec, ample, puissant, opulent, mais aussi soyeux et voluptueux, souligné par une finale longue et fraîche qui apporte équilibre et dynamisme. ⧗ 2026-2038 ■ **Ch. Laville 2019 ★★ (20 à 30 €; 12000 b.)** Dans le même esprit que Delmond, ce cru ne déçoit jamais les adeptes de sauternes classiques. Des notes de fruits confits (figues, dattes) composent un bouquet encore timide. Le palais apparaît ample et généreux, irrigué d'agréables saveurs de sucre d'orge rafraîchies par une aimable vivacité. L'harmonie entre la richesse et la tonicité est très réussie. ⧗ 2026-2035

SCEA CH. LAVILLE, Ch. Laville, 33210 Preignac, tél. 05 56 63 59 45, chateaulaville@hotmail.com V r.-v.

DELOR Héritage 1864 2019 ★

■ | 30000 | | 8 à 11 €

Dans le giron du groupe CVBG (Alain Thiénot), cette maison de négoce fondée en 1864 par Alphonse Delor est l'une des plus anciennes sur la place de Bordeaux.

Au bouquet intense de fruits frais succède une bouche souple et déliée. Ce vin élégant et équilibré doit toutefois encore mûrir un peu pour livrer toutes ses saveurs dans un style très agréable et facile à aimer. ⧗ 2024-2028

MAISON DELOR, 35, rue de Bordeaux-Parempuyre, CS 80004, 33295 Blanquefort Cedex, tél. 05 56 35 53 00, contact@delor-bordeaux.com

CH. DE FARGUES 2017 ★★

■ | 15000 | | + de 100 €

Forteresse ruinée par un incendie en 1687, dont les solides murailles se dressent encore sur une hauteur, au milieu des ceps, Fargues est le berceau des Lur-Saluces depuis 1472, illustre famille propriétaire pendant plusieurs siècles du Ch. d'Yquem; un exemple sans doute unique en Bordelais de longévité patrimoniale. Le vignoble, 20 ha aujourd'hui, est complanté de sémillon (80%) et de sauvignon. Il est dirigé depuis 1968 par Alexandre de Lur-Saluces.

Pêche blanche et notes de vanille animent le bouquet de ce vin à la robe jaune d'or étonnamment pâle. En bouche, il se révèle riche, ample, dense, complet, avec un fruit blanc très expressif et finement souligné par des saveurs boisées vanillées. Ce sauternes bénéficie d'un long élevage de 30 mois en barriques lui conférant une capacité de garde exceptionnelle : la patience est donc de mise pour en apprécier toute la richesse et la complexité. ⧗ 2026-2040

SCEA DU CH. DE FARGUES, 8, rte des Écoles, 33210 Fargues, tél. 05 57 98 04 20, fargues@chateaudefargues.com V r.-v.

♥ CH. FILHOT 2018 ★★

■ 2e cru clas. | 22000 | | 20 à 30 €

Un château aux allures de palais, du XVIIIe s. pour le bâtiment central, de 1850 pour les ailes : un vaste ensemble de 2 ha. Le cru se distingue aussi par le prestige de ses propriétaires : les Filhot, établis ici en 1709, grande famille de la noblesse bordelaise dès le XVe s., puis les Lur-Saluces, dont descendent les propriétaires actuels, les Vaucelles. Un cru qui se singularise enfin par la superficie du vignoble (62 ha certifiés HVE3), par la place du sauvignon dans l'encépagement (autour d'un tiers) et par le choix d'une vinification à basse température, en cuves Inox.

Ce cru classé nous offre un remarquable 2018 plein de charme et d'élégance, à l'image de la propriété. Derrière une magnifique robe jaune paille se dévoile un bouquet intense de fruits frais (clémentine, prune) et d'angélique. Ces délicates saveurs se retrouvent, ponctuées par de fines nuances boisées, dans un palais ample, dense, puissant, mais à l'équilibre très assuré, allongé et rafraîchi par une longue finale acidulée aux accents d'orange confite. ⧗ 2025-2035

SCEA DU CH. FILHOT, Ch. Filhot, 33210 Sauternes, tél. 05 56 76 61 09, filhot@filhot.com V *t.l.j. sf sam. dim. 9h-12h 14h-17h*

CH. HAUT-BERGERON 2019 ★★

■ | 16000 | | 20 à 30 €

Propriété de l'une des plus anciennes familles de viticulteurs du Sauternais, les Lamothe – présents ici depuis le XVIIIe s. –, le Ch. Haut-Bergeron dispose d'un vignoble de 37 ha à cheval sur les communes de Sauternes (graves et argiles) et de Barsac (calcaires). De nombreuses parcelles sont contiguës à celles d'Yquem, de Lafaurie-Peyraguey et de Climens. Certifié HVE3.

Vieil or, la couleur de la robe est déjà évoluée. Le bouquet est «explosif», alliant des parfums de pomme cuite et de caramel au lait. Le palais impressionne par son volume, et de beaux arômes de fruits confits (abricot et coing) participent à la richesse de ce vin gras, généreux et puissant. Archétype du sauternes traditionnel auquel la famille Lamothe donne depuis plusieurs générations ses lettres de noblesse, ce 2018 tient son rang dans la longue liste des millésimes réussis. ⧗ 2026-2036 ■ **Ch. Fontebride 2018 ★ (15 à 20 €; 15000 b.)** Robe jaune d'or brillante, bouquet qui se révèle à l'aération sur les fruits confiturés (coing, abricot, pêche), palais riche et puissant aux notes de fruits secs soulignées par un discret boisé vanillé : un bon classique. ⧗ 2024-2031

SCEA CH. HAUT-BERGERON, 3, Piquey, 33210 Preignac, tél. 05 56 63 24 76, info@chateaubergeron.com V *t.l.j. sf sam. dim. 8h30-12h 14h-17h30*

CH. LAFAURIE-PEYRAGUEY 2018 ★★

■ 1er cru clas.	23000		50 à 75 €

Célèbre par l'originale architecture hispano-byzantine de son château, ce cru classé à la réputation fort ancienne doit son nom au toponyme Peyraguey, «promontoire» en occitan : voisin de Ch. d'Yquem, il est établi à 70 m sur la haute terrasse de graves du Sauternais. Le vignoble s'étend sur 36 ha, avec les parcelles de L'Enclos et des Maisons Rouges pour cœur historique. Longtemps propriété du groupe GDF Suez, qui avait entièrement rénové le cru, il a été acquis en 2014 par l'homme d'affaires Silvio Denz (Ch. Faugères à Saint-Emilion, patron de Lalique), qui mise sur l'œnotourisme avec hôtel et restaurant de luxe; un luxe que l'on retrouve aussi dans le flacon, orné depuis le millésime 2013 par une gravure de René Lalique.

Ce magnifique terroir exprime toutes les qualités d'un grand sauternes mêlant volupté et délicatesse. Les nuances citronnées de la robe transparaissent aussi dans les arômes confits du bouquet, frais et intense, agrémenté de senteurs délicates d'acacia et d'aubépine. En bouche, on découvre un vin ample, riche et dense certes, mais surtout soyeux et aérien, tout en fruit et en fraîcheur. Un sauternes très harmonieux, d'une scintillante élégance. ⧗ 2026-2040 ■ **La Chapelle de Lafaurie-Peyraguey 2018 ★★ (20 à 30 €; 7000 b.)** La seconde étiquette du cru a tout d'un grand sauternes. Les fruits confits sont omniprésents. Au nez, ils sont finement soulignés d'une note vanillée; en bouche, ils se déploient harmonieusement, lui conférant beaucoup de richesse et puissance. ⧗ 2025-2035

SARL CH. LAFAURIE-PEYRAGUEY, 1, Peyraguey, 33210 Bommes, tél. 05 56 76 60 54, secretariat@vignobles-silvio-denz.com V *r.-v.*

CH. LAMOTHE 2017 ★

■ 2e cru clas.	3000		20 à 30 €

Ce petit cru de 7,5 ha d'un seul tenant résulte d'une division du château Lamothe en 1961. L'autre partie deviendra vingt ans plus tard le château Lamothe-Guignard. Guy Despujols est aux commandes depuis 1989.

Quelques reflets verts scintillent dans la robe dorée, le signe d'une belle vivacité. Le nez est marqué par de légères notes d'agrumes soutenues par un bon caractère boisé. En bouche, on retrouve des notes vanillées offrant au vin beaucoup de rondeur et de charme. Un peu de temps lui permettra d'atteindre un parfait équilibre. ⧗ 2025-2032

SCEA DU CH. LAMOTHE-DESPUJOLS, 19, rue Principale, 33210 Sauternes, tél. 05 56 76 67 89, lamothe.sauternes@gmail.com V *r.-v.*

CH. LAMOTHE-GUIGNARD 2018 ★

■ 2e cru clas.	19000		20 à 30 €

Situé sur l'une des croupes argilo-graveleuses les plus élevées de la commune de Sauternes, ce cru (31 ha) est issu d'un partage du château de Lamothe d'Assault, à la suite de querelles familiales au XIXes. En 1981, il a été acquis par les Guignard, l'une des plus anciennes familles de viticulteurs du Sauternais, également producteurs dans les Graves avec le Clos du Hez à Pujols-sur-Ciron.

Établi au cœur des meilleurs terroirs de Sauternes, ce cru d'une grande régularité signe un 2018 très élégant dans sa robe vieil or foncé qui annonce la couleur : voilà un sauternes traditionnel. Le bouquet confirme cette impression avec ses arômes de fruits confits et miellés piqués de notes de sous-bois. Encore un peu fermé en attaque, le palais se réveille ensuite et fait apprécier son volume, sa richesse mesurée, son équilibre et sa persistance. ⧗ 2025-2033

GAEC PHILIPPE ET JACQUES GUIGNARD, Ch. Lamothe-Guignard, 33210 Sauternes, tél. 05 56 76 60 28, chateau-lamothe-guignard@orange.fr V *t.l.j. sf sam. dim. 8h-12h 14h-18h*

CH. DE MYRAT 2018 ★

■ 2e cru clas.	20000		20 à 30 €

Sans Jacques et Xavier de Pontac (de la même famille que Jean de Pontac, fondateur de Haut-Brion), ce cru classé aurait disparu, leur père Max ayant fait arracher le vignoble au milieu des années 1970 face aux difficultés qu'il rencontrait pour vendre ses sauternes. Ses fils ont tout replanté en 1988. Conduit aujourd'hui par les filles de Jacques et leur oncle Xavier, le domaine a retrouvé son lustre d'antan et sa vingtaine d'hectares de vignes.

Le terroir de Barsac sur sous-sol calcaire s'exprime brillamment dans ce cru à la fois frais et concentré : des arômes de pêche rehaussés d'une touche vanillée dominent un bouquet aux arômes printaniers. Nerveuse, la bouche s'inscrit dans la même harmonie et la longue finale aux notes épicées de gingembre donne au vin toute son ampleur. ⧗ 2025-2032

JEANNE DE PONTAC (CH. DE MYRAT), 1, Myrat-Sud, 33720 Barsac, tél. 05 56 27 09 06, myrat@chateaudemyrat.fr V *r.-v.*

CH. PARTARRIEU 2018 ★★

■	12000		15 à 20 €

Philippe Mercadier a acquis pendant 25 ans son savoir-faire à la direction du Ch. Suduiraut, acheté en 1940 par son père Léopold et revendu en 1992 à Axa Millésimes. Une expérience qui a profité à ses trois crus sauternais, conduits aujourd'hui par son fils

Paul : les châteaux Haut Coustet, Veyres et Tuyttens. Autre étiquette : Ch. Partarrieu, rattaché à Tuyttens.
Cire d'abeille et senteurs de pinède composent la palette aromatique de ce vin d'un classicisme absolu. Ample et opulent, le palais se développe sur des saveurs de prune subtilement épicées (clou de girofle). Confite et discrètement boisée, la finale n'est pas dénuée de fraîcheur. ⧗ 2025-2030

VIGNOBLES MERCADIER, 8, rte de Villandraut, 33210 Fargues, tél. 06 24 03 90 18, emercadier@vignoblesmercadier.com V r.-v.

CH. DE RAYNE VIGNEAU 2017 ★

1er cru clas.	30000		30 à 50 €

Célèbre pour les cailloux multicolores de son terroir de graves argileuses et surtout pour ses sauternes, ce cru classé de 84 ha fut propriété de la famille de Pontac – Catherine de Pontac devenue Madame de Rayne lui a donné son nom au XIX[e]s. –, puis entra dans le giron du négoce Cordier-Mestrezat, avant d'être acquis en 2004 par le Crédit Agricole. Finalement, ce dernier a cédé en 2015 la majorité de ses participations au distributeur Trésor du patrimoine, spécialiste de la vente à distance.
À l'image de son étiquette, ce cru classé étincelle dans sa belle robe d'or. Agrumes confits, zeste d'orange, fines notes miellées et fleurs d'acacia composent un bouquet aussi riche qu'élégant. Dès l'attaque, le palais se révèle ample, tendre, rond, sans aspérité ni tension, irrigué par d'agréables saveurs de pâte d'amande et d'épices douces. Un sauternes très harmonieux et caressant. ⧗ 2026-2036 **Madame de Rayne 2018 ★ (20 à 30 €; 40000 b.)** Tout le vieil or de Sauternes chatoie dans la robe de cette cuvée. Intense et riche, le bouquet dévoile des senteurs de fruits confits et de miel d'acacia. Arômes qui se déploient dans une bouche fraîche et alerte, soutenue en finale par une tonique vivacité. ⧗ 2024-2032 **Clos l'Abeilley 2019 ★ (15 à 20 €; 30000 b.)** Ce vin explore l'univers des nouveaux sauternes tout en fraîcheur et en délicatesse. Des fleurs d'acacia et des arômes d'agrumes dominent le bouquet, intense et fringant. Arômes prolongés par un palais très plaisant, aérien, frais et harmonieux. À déguster dans sa jeunesse. ⧗ 2023-2028

SC CH. DE RAYNE VIGNEAU, 4, le Vigneau, 33210 Bommes, tél. 05 56 76 61 63, chateau@raynevigneau.fr V *t.l.j. 10h-12h 14h-18h*

CH. SIGALAS-RABAUD 2019 ★★

1er cru clas.	15000		30 à 50 €

Constitué au XVII[e]s. par une famille de magistrats au parlement de Bordeaux, le Ch. Rabaud, acquis par Henri Sigalas, devient Sigalas-Rabaud en 1863. En 1903, son fils Pierre cède à la famille Promis 30 ha pour ne garder que « le bijou du terroir », soit les 14 ha actuels, plantés sur une croupe de graves sur argiles. L'histoire sera ensuite mouvementée (mise en fermage, regroupements, divisions), jusqu'à la reprise des terres familiales en 1951 par Marie-Antoinette de Lambert des Granges, née Sigalas, dont la petite-fille, Laure de Lambert Compeyrot, assure aujourd'hui la direction.
Derrière une robe brillante étonnamment claire, se dévoile un nez enjôleur d'une grande finesse, sur les fruits confits, les fleurs blanches et un caractère boisé et vanillé assez présent mais racé. Le palais affiche un beau volume et une réelle élégance autour d'une large palette aromatique mêlant agrumes, vanille et cannelle. Un vin riche et concentré, certes, mais surtout d'une grande délicatesse. ⧗ 2025-2035

SAS CH. SIGALAS-RABAUD, Rabaud-Sigala, 33210 Bommes, tél. 05 57 31 07 45, chateausigalasrabaud@gmail.com V *r.-v.* 5

LIONS DE SUDUIRAUT 2018 ★

	36400		20 à 30 €

Sous le règne d'Henri IV, Suduiraut était un château fort et se nommait « cru du Roy ». Incendié pendant la Fronde, il a été reconstruit en 1670 par le comte Blaise de Suduiraut, donnant le magnifique château Grand Siècle que nous connaissons aujourd'hui, entouré de jardins imaginés plus tard par Le Nôtre. Le vignoble, reconstitué lui aussi au XVII[e]s., couvre aujourd'hui 91 ha plantés sur un sol sablo-graveleux. Depuis 1992, le domaine est dans le giron d'Axa Millésimes (Pichon Baron à Pauillac, entre autres), qui en a confié la direction à Christian Seely.
Seconde étiquette du 1er cru classé, ce Lion encore timide ne rugit pas pleinement, même si l'on perçoit dans son bouquet naissant les promesses d'une belle palette aromatique où se côtoient le raisin confit et de fines nuances boisées. En bouche, on découvre un joli classique, avec une belle opulence et une concentration aromatique dignes des bons représentants de l'appellation. ⧗ 2025-2032

SAS CH. SUDUIRAUT, Ch. Suduiraut, 33210 Preignac, tél. 05 56 63 61 92, contact@suduiraut.com V *r.-v.*

CH. LA TOUR BLANCHE 2018 ★

1er cru clas.	28000		30 à 50 €

On pourrait croire que le nom du cru vient de la tour blanche (en fait, un pigeonnier autrefois) se trouvant sur le domaine. En réalité, il dérive du nom d'un ancien propriétaire, monsieur de Latourblanche, trésorier général de Louis XVI. Légué à l'État en 1909 par le mécène Daniel Iffla, dit Osiris, ce cru classé est aussi un lycée viticole, où les futurs professionnels trouvent un beau terrain d'apprentissage (42 ha de vignes) pour s'initier aux subtilités du Botrytis cinerea. Aux commandes du chai, Philippe Pelicano.
Jaune bouton d'or, la robe est séduisante. Le bouquet, encore jeune et mouvant, laisse percer à l'aération des arômes de fruits blancs bien mûrs rehaussés d'une touche épicée. Mais le caractère fruité explose dans une bouche riche, dense et d'une belle amplitude, qui s'achève avec plénitude sur une longue finale aux saveurs de raisins confits. ⧗ 2026-2036

CH. LA TOUR BLANCHE, 1 ter, Tour Blanche, 33210 Bommes, tél. 05 57 98 02 73, tour-blanche@tour-blanche.com V *r.-v.*

CH. VOIGNY 2019 ★

	24000		11 à 15 €

La famille Bon exploite la vigne à Preignac depuis 1948 et trois générations au Ch. Voigny (aujourd'hui

Pierre-Antoine et Émilie). Commandé par une belle demeure du XVIIIes., qui reçut la visite du duc d'Anjou, petit-fils de Louis XIV, le vignoble couvre 25 ha jusqu'aux rives de la Garonne.

Si la robe d'or est intense, le bouquet se révèle plus discret, laissant deviner à l'aération d'agréables notes de miel et de fleurs blanches. Franc et bien équilibré, le palais est fondu, avec un plaisant caractère boisé et une finale d'une belle tension. ⧗ 2023-2032

SCEA VIGNOBLES BON, 70, rue de la République, 33210 Preignac, tél. 05 56 63 28 29, vignobles.bon@orange.fr V *t.l.j. 10h-12h 14h-19h*

♥ CH. D'YQUEM 2017 ★★★

1er cru clas. sup. | n.c. | | + de 100 €

Superbe manoir fortifié du XVIIes. entouré de vignes, établi au sommet des coteaux dominant la vallée de la Garonne, le château d'Yquem est, fait unique pour un grand cru, resté dans la même famille, les Sauvage puis les Lur-Saluces, pendant près de quatre cents ans. Un domaine devenu dès le XVIIIes. le fleuron du Sauternais. Outre sa stabilité, il a pour atout de bénéficier d'un terroir d'une grande variété, tout en nuances, composé d'une multitude de petites collines, avec des vignes en haut de plateau et d'autres en milieu et bas de pente. Une diversité qui permet de s'adapter aux caprices du climat et qui fait la grande complexité du vin d'Yquem. Classé premier cru supérieur en 1855 – le seul dans sa catégorie –, il appartient depuis 1999 au groupe LVMH, qui en a confié la direction en 2004 à Pierre Lurton. La conversion en bio a été engagée en 2019.

2017 a été marqué par un débourrement précoce de la vigne qui n'a pas été entamé par le terrible épisode de gel de fin avril, une gelée comme on n'en avait plus connu depuis 1991. Heureusement, seuls quelques rangs de bordure furent touchés à Yquem, sans conséquence sur la récolte. Un grand beau temps s'installe en mai, avec des pluies régulières, avant un été caniculaire, l'un des plus chauds depuis... 1897. La maturité des raisins s'en ressent et début août, les degrés sont au sommet. La campagne de vendange débute le 16 août pour l'Y, record absolu au domaine. Fin août, le vignoble est mûr et les pluies bénites de début septembre engendrent un botrytis très homogène. Entre le 26 septembre et le 9 octobre, les vendangeurs s'activent pour cueillir un raisin d'une richesse et d'une concentration hors normes. Dans le verre, un très grand 2017. La robe est d'un somptueux doré clair et brillant. Au nez, le vin se livre avec parcimonie mais avec une élégance rare sur les fruits exotiques, l'orange amère, les fleurs blanches et la crème brûlée, rafraîchis par des notes de menthol. Une attaque intense ouvre sur un palais riche, opulent, au volume impressionnant, mais aussi et surtout d'une fraîcheur admirable au regard du millésime, renforcée par une longue finale zestée. Un équilibre souverain pour un sauternes intemporel. ⧗ 2030-2050 **1er cru clas. sup. 2018 ★★ (+ de 100 €; n.c.)** Un millésime stressant et quasi « tropical », marqué par une pluviométrie en berne et des températures bien supérieures à la normale (+ 2,7 °C !), et aussi par un sévère épisode de grêle en juillet et par un mildiou virulent. Au final, un cœur de vendanges entre le 22 et le 27 octobre et des raisins bien botrytisés à l'origine d'un vin puissant et expressif, ouvert sur les fruits très mûrs (pêche, prune, ananas) et l'amande fraîche mâtinés d'un boisé bien intégré. En bouche, un sauternes riche, corpulent, crémeux, velouté, dominé par un rôti intense, avec en finale une fine acidité qui vient relever l'ensemble. Un Yquem solaire. ⧗ 2030-2050

SA DU CH. D' YQUEM, 33210 Sauternes, tél. 05 57 98 07 07, info@yquem.fr *r.-v.*

LES CRUS CLASSÉS DU SAUTERNAIS EN 1855

PREMIER CRU SUPÉRIEUR
Ch. d'Yquem
PREMIERS CRUS
Ch. Climens
Clos Haut-Peyraguey
Ch. Coutet
Ch. Guiraud
Ch. Lafaurie-Peyraguey
Ch. Rabaud-Promis
Ch. Rayne-Vigneau
Ch. Rieussec
Ch. Sigalas-Rabaud
Ch. Suduiraut
Ch. La Tour-Blanche

SECONDS CRUS
Ch. d'Arche
Ch. Broustet
Ch. Caillou
Ch. Doisy-Daëne
Ch. Doisy-Dubroca
Ch. Doisy-Védrines
Ch. Filhot
Ch. Lamothe (Despujols)
Ch. Lamothe (Guignard)
Ch. de Malle
Ch. Myrat
Ch. Nairac
Ch. Romer
Ch. Romer du Hayot
Ch. Suau

BOURGOGNE
BOURGOGNE

La Bourgogne
selon Margot

Quand j'ai débuté dans le monde du vin, la Bourgogne me fascinait – j'imagine comme beaucoup d'amateurs – avec ses appellations prestigieuses, ses domaines illustres et, surtout, ses *climats* si complexes. J'ai eu la chance de goûter de grands vins, mais, hélas, pas souvent en raison des prix qui montent très vite. C'est alors que j'ai découvert l'autre visage de la Bourgogne : celui des petits domaines qui se lancent, encore accessibles ; celui du Sud qui regorge de bons plans, de la Côte chalonnaise à la Côte mâconnaise ; celui des jeunes aussi, qui reprennent la propriété familiale et innovent dans une viticulture engagée. Non, la Bourgogne n'est pas figée : elle bouge lentement mais sûrement. Il me faudrait une vie pour la connaître bien, et c'est ce qui fait l'intérêt du métier. La Bourgogne m'a appris l'art de la patience, de prendre le temps, de voir à long terme, de relativiser… Bref, si vous voulez prendre de la distance sur ce que vous faites, allez voir les Bourguignons.

• **Ma reco œnotourisme**
Tous à vélo et en week-end à Beaune. Le bon plan, c'est de partir de Beaune et de sillonner la route des grands crus jusqu'à Santenay (22 km). On traverse les villages de Pommard, Volnay, Meursault, Puligny-Montrachet et Chassagne-Montrachet.

Le bonheur est dans la vigne

Vignerons des Terres secrètes Vieilles Vignes 2019 (saint-véran)
Un collectif de vignerons qui travaillent super bien l'approche parcellaire de ces beaux terroirs du Mâconnais, toujours avec précision, et qui parviennent à sortir une gamme à prix imbattable.

Isabelle et Denis Pommier Grain de survie 2019 (irancy)
Un couple que j'ai rencontré et que je n'oublierai jamais. Tout est en bio ici. Denis en assume les risques et a même écrit un livre à ce sujet : saisissant !

Château de Chamirey La Mission 2018 blanc (mercurey)
Une valeur sûre du Mâconnais, avec ici un mercurey blanc tout en finesse et en élégance.

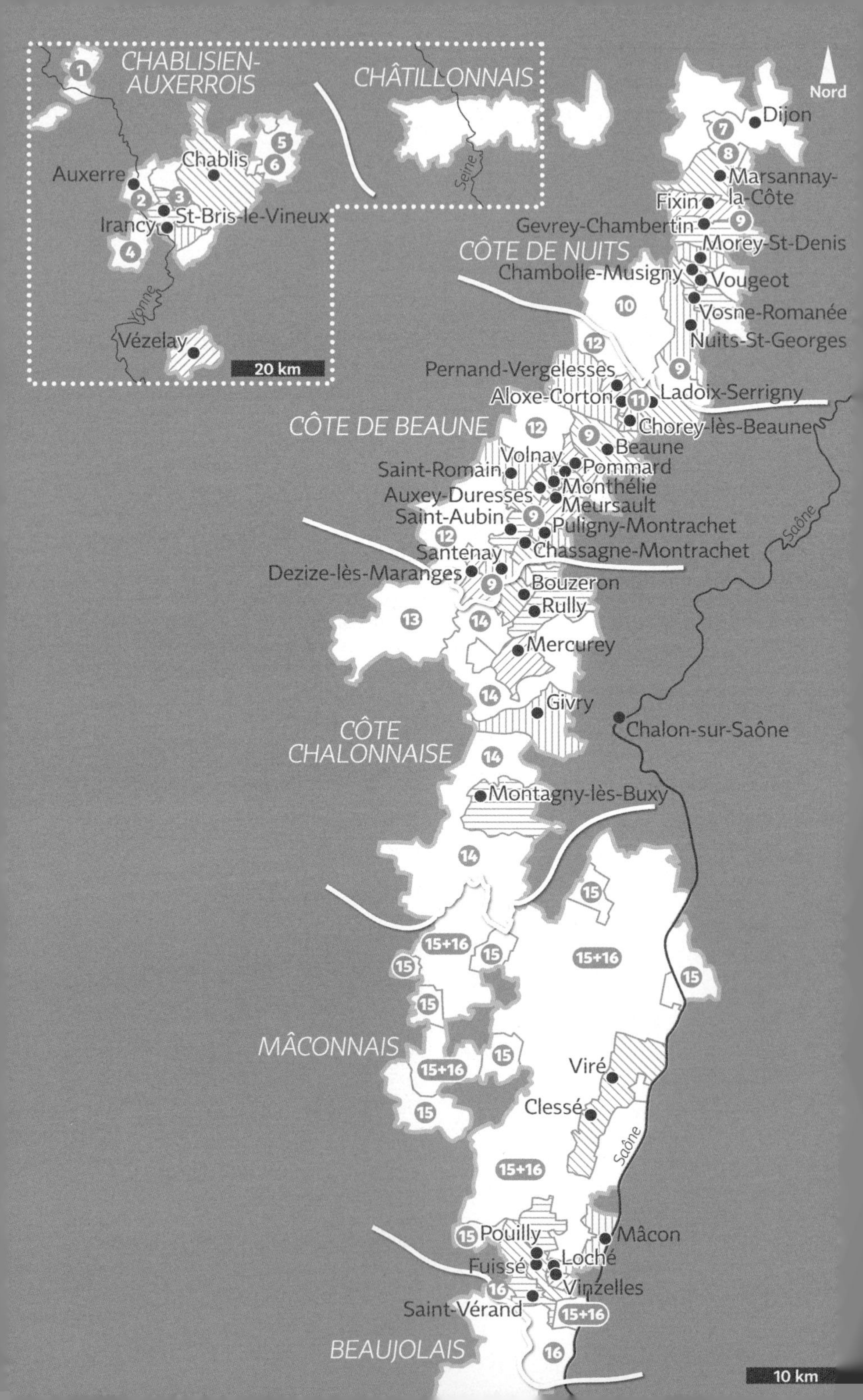

CHABLISIEN-AUXERROIS
CHÂTILLONNAIS
Nord
Dijon
Auxerre
Chablis
Irancy
St-Bris-le-Vineux
Vézelay
Yonne
Seine
20 km
Marsannay-la-Côte
Fixin
Gevrey-Chambertin
Morey-St-Denis
CÔTE DE NUITS
Chambolle-Musigny
Vougeot
Vosne-Romanée
Nuits-St-Georges
Pernand-Vergelesses
Aloxe-Corton
Ladoix-Serrigny
CÔTE DE BEAUNE
Chorey-lès-Beaune
Beaune
Volnay
Pommard
Saint-Romain
Monthélie
Auxey-Duresses
Meursault
Saint-Aubin
Puligny-Montrachet
Santenay
Chassagne-Montrachet
Dezize-lès-Maranges
Bouzeron
Rully
Mercurey
Givry
Chalon-sur-Saône
Saône
CÔTE CHALONNAISE
Montagny-lès-Buxy
MÂCONNAIS
Viré
Clessé
Pouilly
Mâcon
Fuissé
Loché
Vinzelles
Saint-Vérand
BEAUJOLAIS
10 km
1 2 3 4 5 6 7 8 9 10 11 12 13 14 15 16 15+16

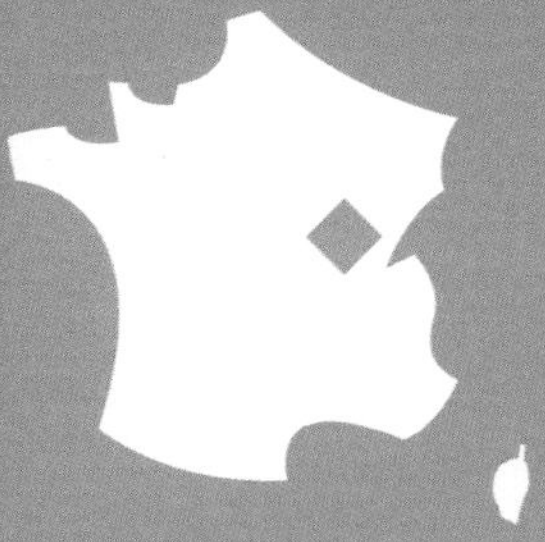

MÂCONNAIS **Sous-région viticole**

AOC communales

AOC régionales de Bourgogne

bourgogne, coteaux bourguignons, crémant-de-bourgogne, bourgogne-aligoté, bourgogne-passetoutgrain (ces AOC peuvent être produites sur l'ensemble du vignoble)

Dénominations géographiques complémentaires de l'AOC bourgogne

1. bourgogne Côte Saint-Jacques
2. bourgogne Côtes d'Auxerre
3. bourgogne Chitry
4. bourgogne Coulanges-la-Vineuse
5. bourgogne Épineuil
6. bourgogne Tonnerre
7. bourgogne Montrecul
8. bourgogne Le Chapitre
9. bourgogne Côte-d'Or
10. bourgogne-hautes-côtes-de-nuits
11. bourgogne La Chapelle Notre-Dame
12. bourgogne-hautes-côtes-de-beaune
13. bourgogne Côtes du Couchois
14. bourgogne-côte-chalonnaise

AOC régionales du Mâconnais

15. mâcon
16. mâcon-villages

LA BOURGOGNE

Un vignoble historique, l'un des plus anciens de France, modelé au Moyen Âge par les moines, puis les ducs de Bourgogne, et riche de domaines aux apparences souvent modestes mais de grand prestige. Inscrit en 2015 au patrimoine mondial de l'Unesco, il n'occupe guère que 4 % du vignoble planté en France, mais ne compte pas moins de 84 appellations, un record.

Ses deux principaux cépages, le pinot noir et le chardonnay, qui y règnent en maître, sont à l'origine de vins fins et de crus si célèbres qu'ils ont acquis une réputation mondiale. À la simplicité de l'encépagement s'oppose l'extrême variété de micro-terroirs, appelés localement *climats* (plus de 600), qui détermine l'immense déclinaison des vins bourguignons.

Une variété qui se répartit sur plusieurs ensembles viticoles : du nord au sud, les vignobles de l'Yonne (Chablisien), la Côte de Nuits et la Côte de Beaune (qui toutes deux forment la Côte d'Or), le Mâconnais et la Côte chalonnaise.

Reflet de ce vignoble morcelé, la hiérarchisation des vins bourguignons, qui peut paraître complexe, est d'une grande logique et définit 4 niveaux : les appellations régionales (plus de 50 % de la production), les appellations communales, dits aussi *villages* (plus de 30 % de la production), les premiers crus (environ 10 % de la production) et, en haut de la pyramide, les grands crus.

Le **Bourgogne** en un clin d'œil

Types de vins

Principaux **cépages**

- Pinot noir
- Gamay noir à jus blanc
- César (rare)
- Chardonnay
- Aligoté
- Sauvignon (à Saint-Bris)
- Sacy (rare)
- Melon (rare)

Hiérarchie des vins

Grands crus
(romanée-conti, corton, etc.)

1ers crus
(beaune 1er cru, volnay 1er cru, etc.)

AOC communales ou *villages*
(beaune, volnay, etc.)

AOC régionales
régionales (bourgogne, crémant-de-bourgogne, etc.)

Un peu d'**histoire**

- **Ier-IIe s. :** les Gallo-Romains plantent des vignes.
- **312 :** Eumène, président de l'université d'Autun, défend la qualité du terroir bourguignon dans un discours adressé à l'empereur Constantin Auguste.
- **909 :** fondation de l'ordre monastique de Cluny et essor chalonnais et mâconnais.
- **1098 :** fondation de l'ordre monastique de Cîteaux (Clos de Vougeot).
- **XIIe s. :** l'abbé Bernard de Clairveaux instaure les règles de vie cistercienne. Essor du vignoble et des méthodes de vinification.
- **XIVe-XVe s. :** les ducs de Bourgogne développent le vignoble.
- **1395 :** ordonnance de Philippe le Hardi : le cépage gamay est banni au profit du pinot noir.
- **1429 :** création de l'ordre de la Toison d'Or par Philippe le Bon : le vin de Bourgogne est le vin des chevaliers.
- **1443 :** construction des hospices de Beaune par Nicolas Rolin, dotés de vignobles.
- **1693 :** ordonnance de Fagon, le vin de Bourgogne est prescrit à Louis XIV. Essor de sa consommation à la cour.
- **XVIIIe :** apparition des négociants-éleveurs.
- **1728 : :** l'abbé Claude Arnoux publie le 1er livre sur les crus de Bourgogne.
- **1789 :** Révolution, vente des biens de l'église comme biens nationaux, démembrement du vignoble entre plusieurs propriétaires.
- **1855 :** hiérarchisation des vins bourguignons par le docteur Lavalle.
- **1875-1888 :** crise du phylloxéra et replantation du vignoble à partir de greffage sur des plants américains.
- **1923 :** création de la 1re cave coopérative dans l'Yonne (La Chablisienne). Le mouvement se généralise dans le sud de la Bourgogne.
- **1932 :** création de la Paulée de Meursault
- **1934 :** création de la Confrérie des Chevaliers du Tastevin.
- **1938 :** 1re Saint-Vincent tournante.
- **2015 :** les *climats* sont inscrits au patrimoine mondial de l'humanité.

Les **appellations** régionales de la Bourgogne

Production : 770 000 hl

51 % Blancs
27 % Rouges
1 % Rosés
21 % Effervescents

Surface : 14 400 ha

Types de vins

Rouges

Blancs secs

Rosés

Effervescents

Principaux **cépages**

- Pinot noir
- Gamay noir à jus blanc
- Chardonnay
- Aligoté
- Pinot gris (pour les rosés)
- Melon de Bourgogne
- Pinot blanc
- Sacy

La base de la pyramide des AOC

Les AOC régionales, qui occupent la base de la pyramide des appellations bourguignonnes, peuvent être produites dans les communes viticoles des département de l'Yonne, de la Côte-d'Or, de la Saône-et-Loire et dans le canton de Villefranche-sur-Saône (département du Rhône). Elles incluent donc le Beaujolais.

Des appellation extensives

Compte tenu de la dispersion géographique de cette aire, l'AOC bourgogne est parfois associée à un nom de lieu-dit, de commune ou de terroir (ex. : bourgogne Montrecul, bourgogne Chitry, bourgogne Épineuil, bourgogne Côtes d'Auxerre...). Les AOC régionales se déclinent aussi en AOC coteaux-bourguignons (la plus générale et la plus extensive, qui remplace les bourgogne-grand-ordinaire), bourgogne-passetoutgrain, bourgogne-aligoté et crémant-de-bourgogne. Sur les hauteurs, en arrière de la Côte d'Or, les AOC bourgogne-hautes-côtes-de-nuits et bourgogne-hautes-côtes-de-beaune, ainsi que, dans le Mâconnais, les vastes AOC mâcon, mâcon + nom de commune et mâcon-villages sont également de niveau régional.

Le **Chablisien** en un clin d'œil

Production : 275 000 hl*

*Villages, 1ers crus et grands crus

Surface : 6 000 ha*

Types de vins

Rouges

Blancs secs

Rosés

Principaux cépages

Pinot noir (irancy)

César (irancy)

Chardonnay (appelé aussi beaunois)

Hiérarchie des vins

- **Chablis grand cru**
- **Chablis 1er cru**
- **AOC communales** (irancy, saint-bris, petit-chablis et chablis)
- **AOC régionales + dénomination** (Auxerre, Chitry, Vézelay, Tonnerre, etc.)
- **AOC régionales**

Un terroir calcaire propice au chardonnay

Cette sous-région inclut les territoires de la commune de Chablis et de 19 communes voisines. Le terroir se distingue par des coteaux en forte pente qui longent les deux rives du Serein, affluent de l'Yonne : des sols calcaires de marnes jurassiques (kimméridgien, portlandien) propices à l'expression délicate du chardonnay, ce qu'avaient déjà perçus, au XIIe siècle, les moines cisterciens de la toute proche abbaye de Pontigny.

La minéralité, concept très chablisien

Le climat continental et le sous-sol calcaire confèrent aux blancs chablisiens une minéralité très typique, associée à des arômes de silex, de caillou mouillé, de mine de crayon, et aux sensations de tension, de droiture, de vivacité.

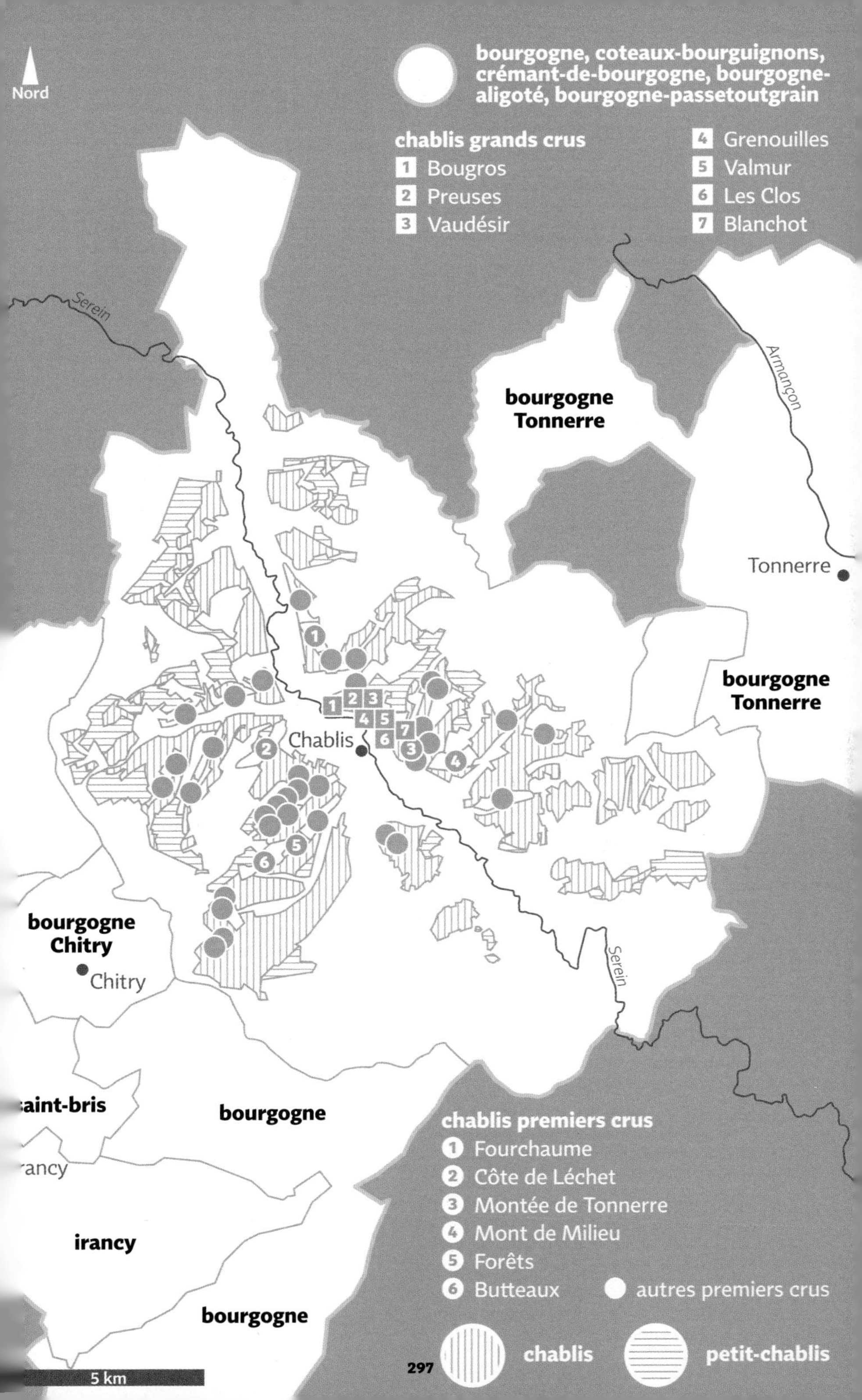
Nord
bourgogne, coteaux-bourguignons, crémant-de-bourgogne, bourgogne-aligoté, bourgogne-passetoutgrain
chablis grands crus
1 Bougros
2 Preuses
3 Vaudésir
4 Grenouilles
5 Valmur
6 Les Clos
7 Blanchot
Serein
Armançon
bourgogne Tonnerre
Tonnerre
bourgogne Tonnerre
Chablis
bourgogne Chitry
Chitry
Serein
saint-bris
bourgogne
rancy
irancy
bourgogne
chablis premiers crus
1 Fourchaume
2 Côte de Léchet
3 Montée de Tonnerre
4 Mont de Milieu
5 Forêts
6 Butteaux
autres premiers crus
chablis
petit-chablis
5 km

La **Côte de Nuits** en un clin d'œil

Production : 72 500 hl*

Surface : 1 800 ha*

*Villages, 1ers crus et grands crus

Types de vins

Rouges

Blancs secs

Rosés

Principaux **cépages**

Pinot noir

Chardonnay

Un terroir favorable au pinot noir

Au sud de Dijon, entre Marsannay et Corgoloin, la Côte de Nuits s'étire en une côte étroite (quelques centaines de mètres seulement), coupée de combes de style alpestre, avec des bois et des rochers. Le climat continental y est plus froid qu'en Côte de Beaune, marqué par des vents froids et secs. Elle se présente comme une façade de coteaux orientés plein sud, en pente douce, avec les grands crus à mi-hauteur, entourés des 1ers crus autour, les AOC communales et régionales occupant le haut et le creux des bas de pentes. Le terroir est un millefeuille de couches calcaires ni trop maigre ni trop épais favorable au pinot noir.

Hiérarchie des vins

- **Grands crus** (voir carte ci-contre)
- **1ers crus**
- **AOC communales ou *villages*** (ex. : gevrey-chambertin, chambolle-musigny, vosne-romanée, nuits-saint-georges…)
- **AOC sous-régionale bourgogne-hautes-côtes-de-nuits**
- **AOC régionales**

Le royaume du pinot noir et des grands crus

Les vins rouges sont ici largement dominants (90 %), avec les blancs et de très rares rosés en complément. Le pinot noir y produit les vins les plus structurés de toute la Bourgogne, aptes à de longues gardes. La Côte de Nuits est aussi la patrie des grands crus (24, contre 7 en Côte de Beaune), répartis autour de 7 villages : Gevrey-Chambertin, Morey-Saint-Denis, Chambolle-Musigny, Vougeot, Flagey-Echézeaux, Vosne-Romanée et Nuits-Saint-Georges).

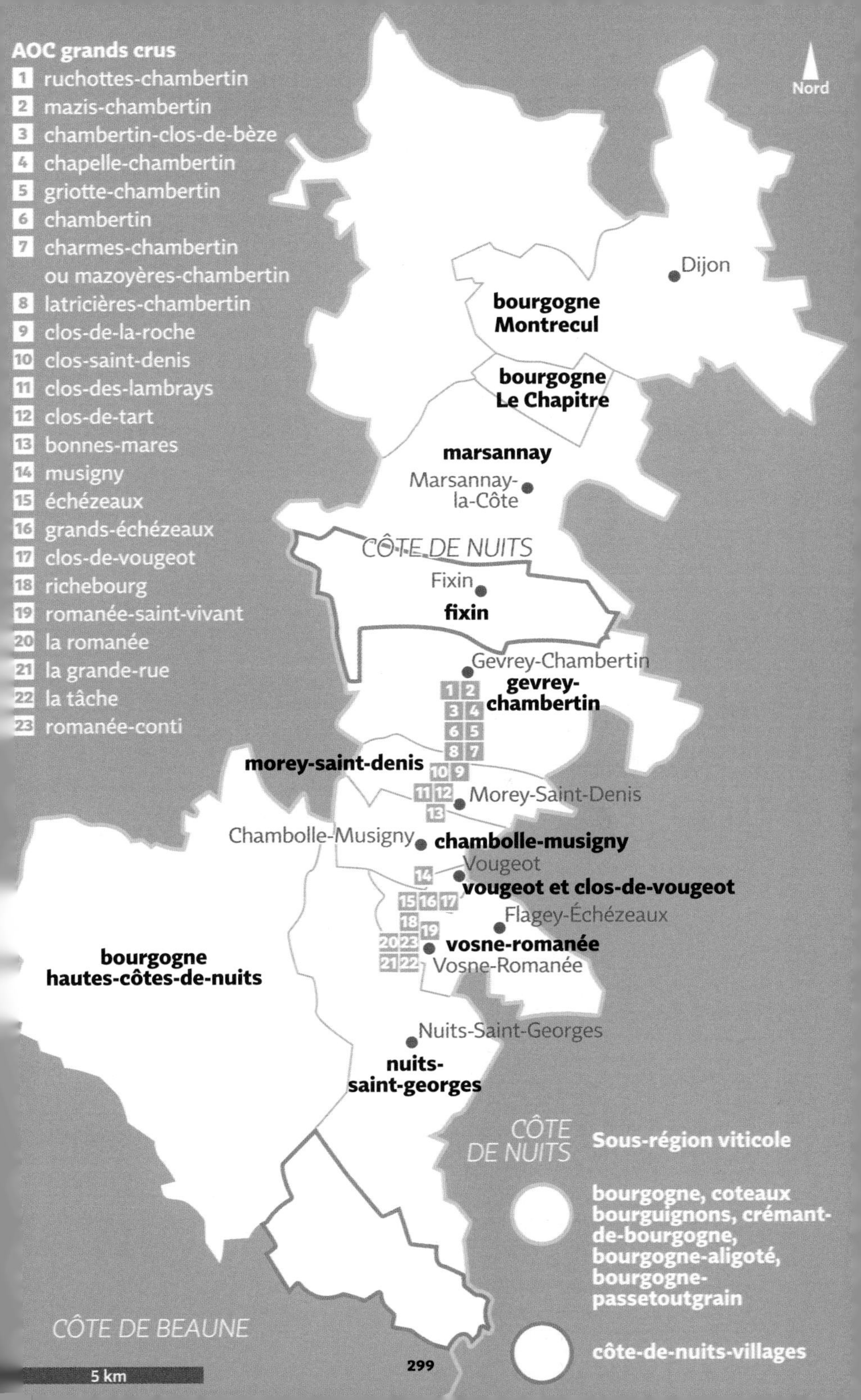
AOC grands crus
1 ruchottes-chambertin
2 mazis-chambertin
3 chambertin-clos-de-bèze
4 chapelle-chambertin
5 griotte-chambertin
6 chambertin
7 charmes-chambertin ou mazoyères-chambertin
8 latricières-chambertin
9 clos-de-la-roche
10 clos-saint-denis
11 clos-des-lambrays
12 clos-de-tart
13 bonnes-mares
14 musigny
15 échézeaux
16 grands-échézeaux
17 clos-de-vougeot
18 richebourg
19 romanée-saint-vivant
20 la romanée
21 la grande-rue
22 la tâche
23 romanée-conti
Nord
Dijon
bourgogne Montrecul
bourgogne Le Chapitre
marsannay
Marsannay-la-Côte
CÔTE DE NUITS
Fixin
fixin
Gevrey-Chambertin
gevrey-chambertin
morey-saint-denis
Morey-Saint-Denis
Chambolle-Musigny
chambolle-musigny
Vougeot
vougeot et clos-de-vougeot
Flagey-Échézeaux
vosne-romanée
Vosne-Romanée
bourgogne hautes-côtes-de-nuits
Nuits-Saint-Georges
nuits-saint-georges
CÔTE DE NUITS Sous-région viticole
bourgogne, coteaux bourguignons, crémant-de-bourgogne, bourgogne-aligoté, bourgogne-passetoutgrain
côte-de-nuits-villages
CÔTE DE BEAUNE
5 km

La **Côte de Beaune** en un clin d'œil

Production : 160 000 hl*

*Villages, 1ers crus et grands crus

Surface : 3 900 ha*

Types de vins

Blancs secs — Rouges — Rosés

Principaux **cépages**

Chardonnay — Pinot noir

Hiérarchie des vins

AOC grands crus
(voir carte ci-contre)

AOC communales 1ers crus

AOC communales ou *villages*
(ex. : beaune, maranges, auxey-duresses, saint-aubin, meursault…)

AOC sous-régionale bourgogne-hautes-côtes-de-beaune

AOC régionales

Un terroir varié, favorable aux blancs comme aux rouges

La Côte de Beaune prolonge celle de Nuits entre Ladoix-Sérgigny et Cheilly-lès-Maranges, sur une bande de vignobles large de 1 ou 2 km. Le climat tempéré est soumis à des vents humides, ce qui entraîne une plus grande précocité dans la maturation. Elle présente un paysage de coteaux arrondis et coupés de larges combes, comme celle, imposante, de Saint-Romain. Le terroir, plus varié qu'en Côte de Nuits, est fait de calcaires divers et de terrains marneux souvent propices au chardonnay. Néanmoins, si la Côte de Beaune est réputée pour ses grands blancs riches, onctueux et de grande garde, notamment autour de la colline du Montrachet au sud, elle produit aussi de grands vins rouges, au nord, autour de la colline de Corton et ses terres profondes et colorées.

Les « montagnes » aux grands crus

La Côte de Beaune possède 7 grands crus qui se concentrent sur les deux « montagnes » de Corton et de Montrachet. Pernand-Vergelesses, Ladoix-Sérigny et Aloxe-Corton se partagent la 1re avec ses 2 grands crus corton en rouge (et un peu blanc) et corton-charlemagne (blanc). À cheval sur Puligny et Chassagne, le Montrachet (« mont chauve ») abrite 5 grands crus exclusivement blancs.

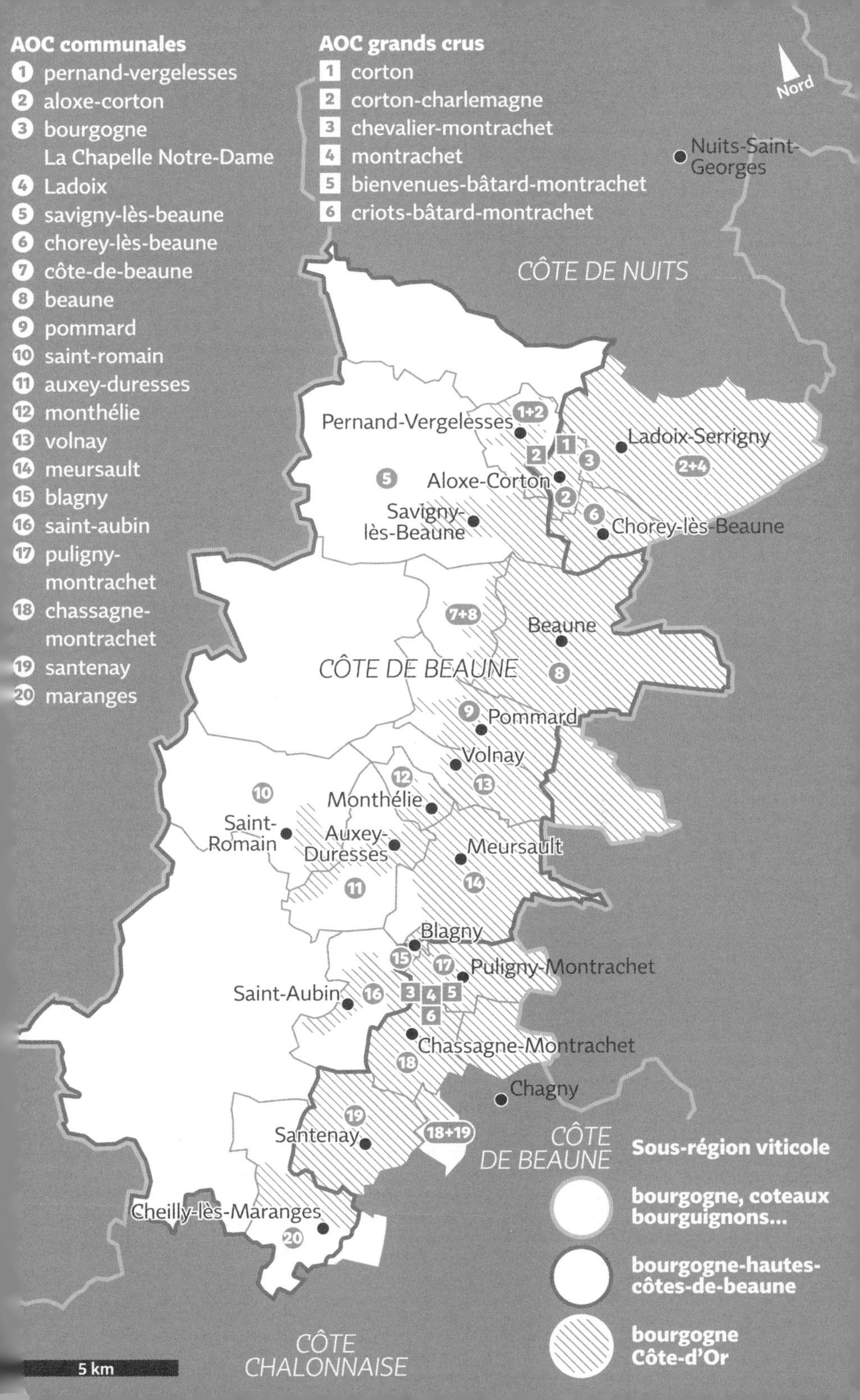
AOC communales
1 pernand-vergelesses
2 aloxe-corton
3 bourgogne La Chapelle Notre-Dame
4 Ladoix
5 savigny-lès-beaune
6 chorey-lès-beaune
7 côte-de-beaune
8 beaune
9 pommard
10 saint-romain
11 auxey-duresses
12 monthélie
13 volnay
14 meursault
15 blagny
16 saint-aubin
17 puligny-montrachet
18 chassagne-montrachet
19 santenay
20 maranges
AOC grands crus
1 corton
2 corton-charlemagne
3 chevalier-montrachet
4 montrachet
5 bienvenues-bâtard-montrachet
6 criots-bâtard-montrachet
Nord
Nuits-Saint-Georges
CÔTE DE NUITS
Pernand-Vergelesses
1+2
Ladoix-Serrigny
2+4
Aloxe-Corton
Savigny-lès-Beaune
Chorey-lès-Beaune
7+8
Beaune
CÔTE DE BEAUNE
Pommard
Volnay
Monthélie
Saint-Romain
Auxey-Duresses
Meursault
Blagny
Puligny-Montrachet
Saint-Aubin
Chassagne-Montrachet
Chagny
Santenay
18+19
Cheilly-lès-Maranges
CÔTE DE BEAUNE
Sous-région viticole
bourgogne, coteaux bourguignons…
bourgogne-hautes-côtes-de-beaune
bourgogne Côte-d'Or
CÔTE CHALONNAISE
5 km

La **Côte chalonnaise** en un clin d'œil

Production : 72 500 hl

Surface : 1 800 ha

Types de vins

Blancs secs

Rouges

Rosés

Principaux **cépages**

Chardonnay

Aligoté (bouzeron)

Pinot noir

Hiérarchie des vins

1ers crus
(présents dans toutes les AOC communales sauf en bouzeron)

AOC communales
(mercurey, givry, rully, bouzeron, montagny)

AOC sous-régionale bourgogne-côte-chalonnaise

AOC régionales
(souvent associées à la dénomination Côtes du Couchois)

Une région autant favorable aux rouges qu'aux blancs

Située entre Chagny et Saint-Genoux-le-National, la Côte chalonnaise étend son vignoble au sud de la Côte de Beaune, sur des collines de faible altitude, à l'ouest de la vallée de la Saône. Son climat continental tempéré et son terroir calcaire (et marneux par endroits) plaisent autant au pinot noir qu'au chardonnay, ainsi qu'à l'aligoté, spécialité de Bouzeron.

Cinq villages viticoles

Ce vignoble, longtemps dans l'ombre de la Côte d'Or, a beaucoup progressé. Il se répartit autour de 5 villages donnant lieu à des AOC communales : bouzeron (blancs), rully, mercurey, givry (rouges et blancs) et montagny (blancs). À noter également, l'importance des crémants (AOC régionale) dans la région, historiquement nés à Rully.

L'importance des coopératives

La Côte chalonnaise s'adosse à des caves coopératives importantes qui, alliées à celles du Mâconnais, assurent quasiment la moitié de la production.

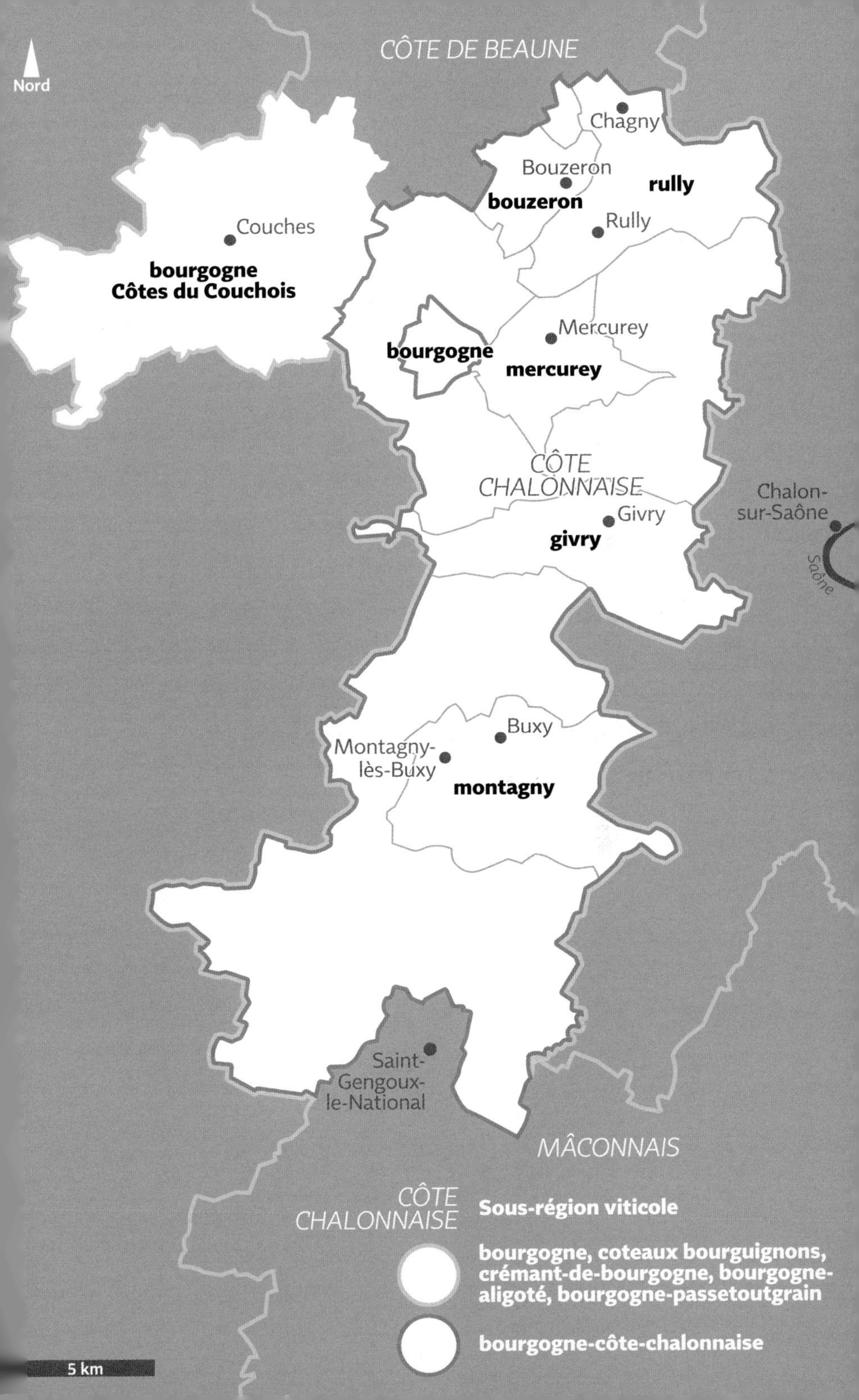

Nord
CÔTE DE BEAUNE
Chagny
Bouzeron
rully
bouzeron
Rully
Couches
bourgogne
Côtes du Couchois
Mercurey
bourgogne
mercurey
CÔTE
CHALONNAISE
Chalon-
sur-Saône
Givry
givry
Saône
Buxy
Montagny-
lès-Buxy
montagny
Saint-
Gengoux-
le-National
MÂCONNAIS
CÔTE
CHALONNAISE
Sous-région viticole
bourgogne, coteaux bourguignons, crémant-de-bourgogne, bourgogne-aligoté, bourgogne-passetoutgrain
bourgogne-côte-chalonnaise
5 km

Le **Mâconnais** en un clin d'œil

Production : 101 500 hl

Surface : 2 100 ha

Types de vins

- Blancs secs
- Rouges
- Rosés

Principaux **cépages**

- Chardonnay
- Pinot noir
- Gamay noir à jus blanc

Hiérarchie des vins

- **AOC communales** (pouilly-fuissé, pouilly-loché, pouilly-vinzelles, saint-véran, viré-clessé)
- **AOC mâcon-villages** (dédiée aux seuls blancs)
- **AOC mâcon** (dans les 3 couleurs)
- **AOC régionales**

Des roches emblématiques pour un blanc prestigieux

Emblèmes de la région, les versants bien exposés des spectaculaires roches jumelles de Solutré et Vergisson, aux sols calcaires, sont le berceau des plus prestigieux vins blancs du Mâconnais avec l'AOC pouilly-fuissé.

De rares liquoreux

Il est à noter que les villages de Viré et de Clessé défendant une longue tradition de vins liquoreux, favorisés par la proximité de la Saône et son brouillard matinal qui offre les bonnes conditions pour la pourriture noble. La production demeure néanmoins très confidentielle.

Un terroir favorable aux vins blancs

Entre Tournus et Mâcon, le Mâconnais, surnommé le « grenier à vins de la Bourgogne » (il représente ¼ de la production bourguignonne), est l'incarnation de la Bourgogne sudiste avec son climat continental aux airs méridionaux qui favorise une maturité plus précoce qu'en Côte d'Or. Le paysage propose un jeu de collines aux sols sédimentaires calcaires et marneux favorables au chardonnay (85 % de la production).

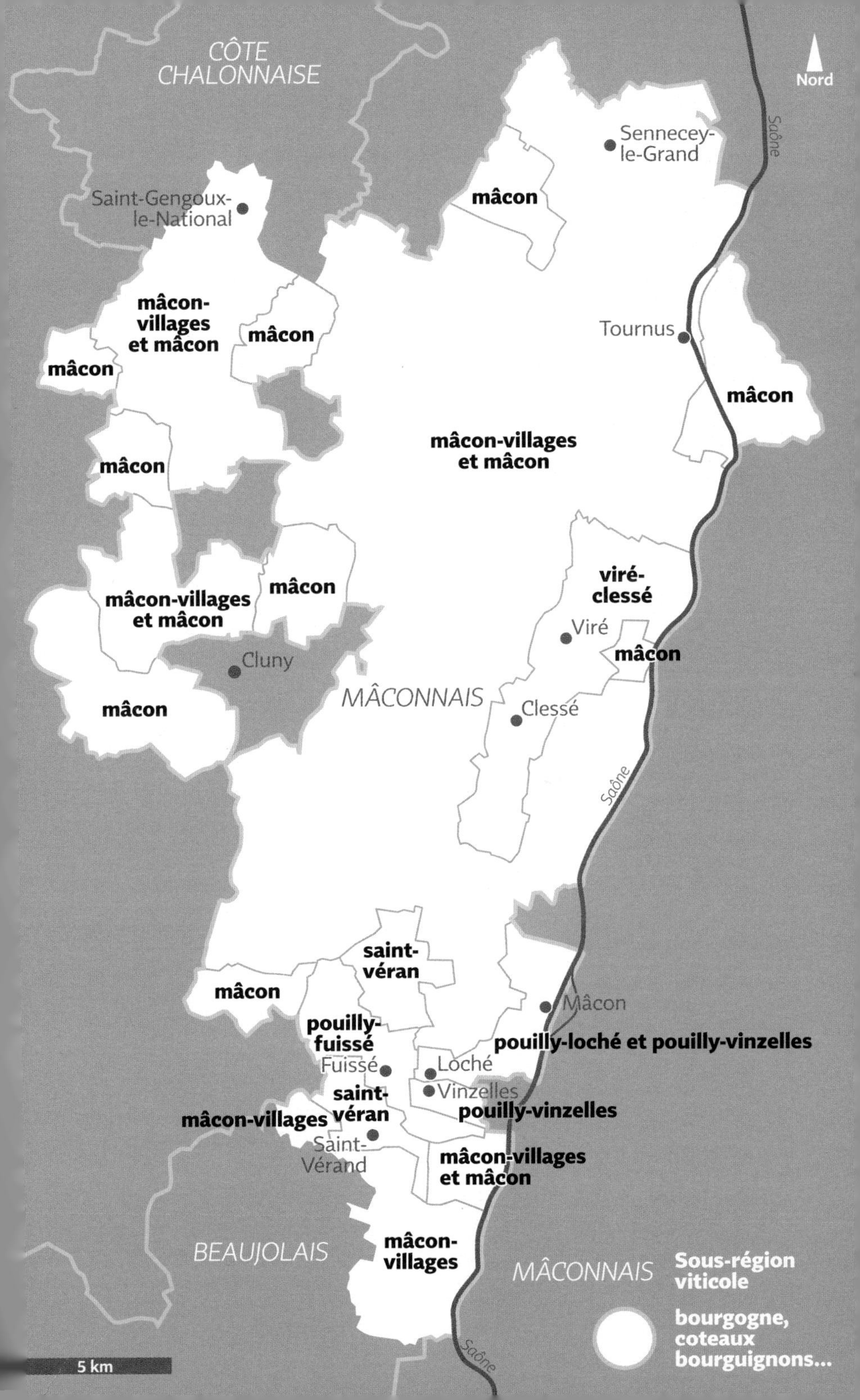

CÔTE CHALONNAISE
Nord
Saône
Sennecey-le-Grand
mâcon
Saint-Gengoux-le-National
mâcon-villages et mâcon
mâcon
mâcon
Tournus
mâcon
mâcon-villages et mâcon
mâcon
viré-clessé
mâcon-villages et mâcon
mâcon
Viré
mâcon
Cluny
mâcon
MÂCONNAIS
Clessé
Saône
saint-véran
mâcon
Mâcon
pouilly-fuissé
pouilly-loché et pouilly-vinzelles
Fuissé
Loché
Vinzelles
saint-véran
mâcon-villages
pouilly-vinzelles
Saint-Vérand
mâcon-villages et mâcon
BEAUJOLAIS
mâcon-villages
MÂCONNAIS
Sous-région viticole
bourgogne, coteaux bourguignons...
Saône
5 km

Les **vignerons** de l'année

Thierry et Vincent **Beaumont**

(Dom. des Beaumont)

Le domaine des Beaumont a vu huit vins du millésime 2019 sélectionnés, dont trois coups de cœur. Thierry et Vincent Beaumont, à la tête d'un peu plus de 5 ha seulement, revendiquent une approche artisanale du métier de vigneron. Une approche qui leur réussit pleinement.

• Artisanat, instinct et expérience

Voilà presque une dizaine d'années que le Domaine des Beaumont justifie pleinement l'emploi du pluriel pour le désigner. Après avoir repris l'exploitation familiale en 1991, Thierry Beaumont est, depuis 2012, épaulé par son frère Vincent. Le premier est en charge de la vigne et de la vinification, le second se consacre à la commercialisation et à la communication. Pluriel mais de petite taille, le domaine se limite à 5,5 ha sur trois communes de la Côte de Nuits : Morey-Saint-Denis – siège de l'exploitation – Gevrey-Chambertin et Chambolle-Musigny. Une superficie modeste et une production limitée qui permettent aux deux frères de revendiquer une approche très artisanale de leur métier. « C'est une valeur qui nous anime. Cela s'oppose à un modernisme trop poussé. Thierry utilise beaucoup son instinct, son expérience de 38 millésimes pour vinifier. Nous analysons davantage que nos aïeux, les cuves sont équipées de sondes de température, mais c'est avant tout la dégustation qui lui permet de faire des choix, de s'adapter à l'année », développe Vincent Beaumont. « Artisan, aussi, parce que tout passe par nos mains, chaque bouteille, chaque fût, chaque carton. À partir du moment où le vin est entonné, il n'y a pas de salarié entre nous et nos clients. »

• Objectifs 2019 : la fraîcheur et la finesse

En 2019, leur principale préoccupation était de garder les raisins frais après la récolte et de les triturer le moins possible. « Nous avons laissé les grappes au frais pendant 4 ou 5 heures dans nos bâtiments bien isolés avant de procéder à une macération à froid, sur 5 jours, surveillée très attentivement. Nous avons également un nouvel égrappoir qui respecte parfaitement les fruits. Enfin, nous avons très peu pratiqué de pigeages. Les vinifications ont été moins poussées qu'en 2018 et, au final, les vins ont davantage de finesse et d'élégance », poursuit le vigneron.

• Usage de tout, abus de rien

Pas moins de trois cuvées ont reçu un coup de cœur dans ce millésime. Le gevrey Vieilles Vignes est un assemblage de 5 parcelles, dont deux principales sur les *climats* Les Reniard et La Platière. Les vignes sont âgées en moyenne de 67 ans pour un 1,12 ha, soit la plus importante cuvée du domaine. Le morey-saint-denis 1er cru Les Ruchots provient d'un *climat* en contrebas du grand cru clos-de-tart. « Nous sommes près des maisons du village. Les terres y sont épaisses. Il donne un vin large et puissant. » Le charmes-chambertin est issu d'une petite parcelle, 0,3 ha, dans le bas de l'appellation. « Les sols sont peu épais avec beaucoup de cailloux en surface. C'est un secteur très calcaire. Les vins sont toujours très fins. » Pour conclure, Vincent Beaumont tient à rappeler l'adage de son frère dès lors qu'il s'agit de vignes et de vins : « Usage de tout, abus de rien. » Un pragmatisme qui fait ses preuves.

Les coups de cœur

- **Charmes-chambertin 2019**
- **Gevrey-chambertin Vieilles Vignes 2019**
- **Morey-saint-denis 1er cru Les Ruchots 2019**

Rodolphe **Demougeot**

Inspiré par ses grands-parents vignerons, qu'il accompagnait souvent sur le terrain, Rodolphe Demougeot a créé son domaine en 1992. Il exploite des parcelles sur Pommard, Beaune, Monthelie ou encore Meursault, où Rodolphe est installé. Il obtient deux Coups de cœur avec son beaune Les Beaux Fougets et son bourgogne Côte d'Or. Deux cuvées du millésime 2019.

• Pourquoi vous êtes-vous tourné vers ce métier ?
Mes parents n'étaient pas vignerons, mais propriétaires de vignes. En 1992, j'ai pu récupérer l'exploitation des parcelles de ma mère. Elles étaient jusqu'alors exploitées par son frère et sa sœur. J'ai pu agrandir ensuite grâce à des achats ou des fermages, des métayages. C'est un métier très complet. Faire du vin est l'aboutissement d'un cycle qui dure deux ans à partir de la taille des ceps de vignes jusqu'à la commercialisation de la bouteille.

• Quels sont vos principes de viticulture ?
On ne met plus de désherbants depuis une vingtaine d'années, plus d'engrais chimique. Je n'ai pas de certification particulière. L'esprit, c'est d'être bio le plus possible mais, plutôt que de me faire certifier, je veux être libre notamment les années difficiles, comme on en a tous les 5 ou 6 ans. Cela permet d'éviter de faire marche arrière.

• Comment s'opèrent les vendanges et les vinifications ?
La récolte est manuelle, en petite caisse, avec un premier tri des raisins à la vigne. Un deuxième tri s'opère à la cuverie. Sur des cuvées comme beaune ou pommard, une partie des raisins, entre 10 et 30 % selon le millésime, n'est pas égrappée. Ensuite, l'idée est d'intervenir le moins possible : pas de levurage. L'élevage se fait avec 10 à 40 % de fût neuf pour les rouges, sur une durée d'un an, puis de deux mois en cuve pour terminer.

• Comment définir le millésime 2019 ?
C'était une année relativement facile, avec peu de raisins à trier. Il nous a seulement manqué un peu d'eau pendant l'été. Les rendements n'ont pas été très généreux. Les vins sont équilibrés malgré des fortes maturités, les acidités sont plus élevées qu'en 2018. Ce sont des vins typés.

• Quelles sont les caractéristiques des terroirs des deux coups de cœur ?
Les Beaux Fougets est un *climat* à la limite avec Pommard, juste en dessous du Clos des Mouches. Ma parcelle fait 0,5 ha sur des sols argileux qui donnent des vins charnus plus typés pommard que savigny. Les vignes sont âgées de 40 à 60 ans. Les vins se gardent une dizaine d'années sans problème. Le bourgogne Côte d'Or provient de 2 ha à Chassagne-Montrachet, en limite de l'appellation *village*, côté Santenay. La plupart des vignes ont une soixantaine d'années, mais j'ai commencé à replanter la parcelle. Je vinifie cette cuvée en douceur, avec très peu de fût neuf, pour rechercher surtout de la finesse, la gourmandise.

Les coups de cœur

- **Beaune Les Beaux Fougets 2019**
- **Bourgogne Côte d'Or 2019**

➡ LES APPELLATIONS RÉGIONALES DE BOURGOGNE

COTEAUX BOURGUIGNONS

Superficie : 120 ha
Production : 5 000 hl (75 % rouge et rosé)

L'appellation bourgogne-grand-ordinaire, qui signifiait le « bourgogne du dimanche », tombée en désuétude en raison de son nom devenu peu commercial, a été remplacée par les coteaux bourguignons (mais les deux mentions coexistent toujours pour l'heure). À la base de la hiérarchie des AOC bourguignonnes, elle s'étend sur l'ensemble de la Bourgogne viticole et produit des rouges, des clairets, des rosés et des blancs. Elle peut faire appel à tous les cépages de la région, y compris à des variétés locales en voie de disparition, comme le tressot et le melon (le cépage du muscadet). En blanc, les principaux cépages sont le chardonnay et l'aligoté ; en rouge et en rosé, le pinot noir et surtout le gamay.

LA BURGONDIE 2020 ★★

■ | 25000 | | 5 à 8 €

En 2015, les Caves Bailly Lapierre de l'Yonne et les Vignerons de Buxy fondent la Compagnie de Burgondie, une union de coopératives regroupant leurs moyens commerciaux, marketing et logistique. En septembre 2016, l'Alliance des Vignerons Bourgogne Beaujolais (AVB) a rejoint cette entité.

Ce 2020 met en valeur un gamay né sur un terroir de granite. Paré d'une robe pourpre aux reflets violets, il dévoile un nez intense, tout en fruit, et une bouche fraîche, ample et structurée, marquée par la violette. Un vin de caractère qui s'affinera après quelques années en cave. ⧗ 2022-2025

LA COMPAGNIE DE BURGONDIE, 3, quai de l'Yonne, hameau de Bailly, CS 10003, 89530 Saint-Bris-le-Vineux, tél. 03 86 34 96 38, commercial@burgondie.info V *t.l.j. 9h-12h 14h-18h*

CHARLES PÈRE & FILLE 2019 ★

■ | 5000 | | 8 à 11 €

Pascal Charles et sa fille Pauline exploitent un domaine familial de 14 ha, dont 10 ha en hautes-côtes-de-beaune et 4 ha en volnay, pommard, meursault et beaune. Ils proposent également d'autres appellations bourguignonnes issus de leur activité de négoce fondée en 2016.

Douze mois de fût pour cette cuvée issue de la partie négoce. Au nez, un bon bois se marie harmonieusement aux fruits rouges. En bouche, même unité cépage-merrain et une structure bien en place, sans excès. ⧗ 2022-2025

SAS MAISON CHARLES PÈRE ET FILLE, 9, rue de Pichot, 21190 Nantoux, tél. 03 80 26 02 87, domaine.charles@gmail.com V *r.-v.* 5

JACQUES CHARLET Phalangère 2019 ★

■ | 15000 | | 8 à 11 €

Au moment où la ligne de chemin de fer du Paris-Lyon-Marseille se construisait, les 2 négociants Loron et Charlet ont eu l'idée de s'installer dans des bâtiments communs au bord de la voie ferrée. Ils ont fusionné et ont marié leurs enfants respectifs. Aujourd'hui encore, cette maison à taille humaine propose les terroirs historiques du Beaujolais et des vins du Mâconnais.

Ce gamay dévoile un nez franc et expressif, de cerise et de cassis relevées d'une pointe d'épices, qui laisse place à une bouche souple et fruitée, à l'attaque franche et aux tanins fondus. Un vin harmonieux et facile à aimer. ⧗ 2021-2023

SAS MAISON JACQUES CHARLET, Pontanevaux, 71570 La Chapelle-de-Guinchay, tél. 03 85 36 81 20, contact@jacques-charlet.fr

JEAN LORON Duc de Belmont 2020 ★

■ | 35000 | | 8 à 11 €

Aux origines de la maison, Jean Loron, vigneron né dans le Beaujolais en 1711. Son petit-fils Jean-Marie fonda en 1821 un commerce d'expédition de vins. Aujourd'hui dirigée par la 8e génération, ce négoce est aussi propriétaire de plusieurs domaines, comme le Ch. de la Pierre (régnié, brouilly), ceux de Fleurie, de Bellevue (morgon), les domaines des Billards (saint-amour) et de la Vieille Église (juliénas).

Or à reflets verts, ce vin s'ouvre sur un nez fruité à dominante d'agrumes. Sa bouche à la fois fraîche et tendre fait preuve d'harmonie et d'une réelle gourmandise. Un vin de plaisir à boire sur la jeunesse. ⧗ 2021-2023

SAS MAISON JEAN LORON, Pontanevalux 1846, D 906, 71570 La-Chapelle-de-Guinchay, tél. 03 85 36 81 20, vinloron@loron.fr V *t.l.j. sf dim. 10h-12h30 14h-18h; f. début août*

DOM. DE ROTISSON De l'Amour et du Vin 2018 ★

■ | 12000 | | 8 à 11 €

Un domaine créé en 1920 et acquis en 1998 par Didier Pouget. Couvrant 20 ha (certifiés HVE et en conversion bio) dans le pays des Pierres dorées, il fait preuve de régularité, en rouge et en blanc, et propose non seulement des beaujolais, mais aussi les AOP régionales bourguignonnes.

Un gamay de 50 ans est à l'origine de cette cuvée née l'année de mariage de Didier Pouget. Un vin placé sous le signe de l'amour donc, mais aussi du fruit, un fruit généreux et bien mûr, reflet du soleil de 2018. En bouche, du fruit toujours et une belle structure de tanins fermes. Un amour durable. ⧗ 2022-2025

SCEA DOM. DE ROTISSON, 363, chem. de Conzy, 69210 Saint-Germain-Nuelles, tél. 04 26 00 36 58, didier.pouget@domaine-de-rotisson.com V *t.l.j. 9h-12h30 14h-17h30; dim. sur r.-v.*

SORIN COQUARD Cuvée Antique César 2018 ★★

■ | 7000 | | 8 à 11 €

Domaine familial associant le Bourguignon Pascal Sorin, qui a pris la suite de 2 générations, et son épouse Christine, viticultrice champenoise, installés en 1999. Leur fils Pierre s'apprête à les rejoindre. Le vignoble familial, certifié HVE3, couvre 25 ha dans l'Yonne.

Le césar, cépage emblématique d'Irancy, à l'honneur avec cette cuvée née de vignes de 25 ans, fruit d'un élevage long de 18 mois en cuve. Au nez se dévoilent de puissants arômes de fruits rouges et noirs, de violette et d'épices. La bouche offre un fruité tout aussi intense autour d'une chair suave enrobant des tanins présents sans rugosité. ⧗ 2022-2026

EARL SORIN COQUARD, 17, rue de Grisy, 89530 Saint-Bris-le-Vineux, tél. 06 13 38 42 30, domaine.sorin.coquard@wanadoo.fr V t.l.j. sf dim. 10h-13h 14h-18h

BOURGOGNE

Superficie : 3 200 ha
Production : 154 500 hl (65 % rouge)

L'appellation s'étend sur presque toute la superficie du vignoble régional : de l'Yonne et du Châtillonnais, au nord, au Mâconnais, au sud. Elle comprend même, en théorie, la zone des crus du Beaujolais, la plupart des appellations communales beaujolaises pouvant se « replier » en AOC bourgogne (ces bourgognes sont alors issus de gamay). Ceux qui sont produits en Bourgogne au sens strict naissent en rouge du pinot noir et en blanc du chardonnay (appelé autrefois beaunois dans l'Yonne). À côté des rouges et des blancs, l'appellation fournit de petits volumes de rosés et de clairets.
L'étendue du vignoble et la tradition régionale d'individualiser la production des terroirs et de *climats* ont conduit à compléter le nom de « bourgogne » de ceux d'aires historiques beaucoup plus restreintes, toujours délimitées : lieux-dits (Le Chapitre à Chenôve, Montrecul à Dijon, La Chapelle Notre-Dame à Serrigny, La Côte Saint-Jacques à Joigny), villages ou zones plus étendues. Les coteaux de l'Yonne produisent ainsi le bourgogne Chitry, Épineuil, Tonnerre, Coulange-la-Vineuse, Côtes d'Auxerre, Vézelay (ce dernier en blanc). Quant au bourgogne Côtes du Couchois, c'est un vin rouge provenant de 6 communes à l'extrémité nord de la Côte chalonnaise.
Les bourgognes offrent les arômes de leurs cépages, avec des nuances liées à leurs origines : fleurs blanches, fruits secs, agrumes, notes beurrées, parfois grillées et miellées dans les blancs, fruits rouges et noirs dans les rouges. Plus souples et moins complexes que les *villages* et les crus, ils sont de petite ou moyenne garde (2 à 5 ans).

DOM. DE L'ASTE 2019 ★

■ (rouge)	3500		11 à 15 €

David Moreau s'est installé en 2009 à la tête des 6 ha plantés par ses grands-parents. Ce jeune vigneron se flatte d'être plus interventionniste à la vigne qu'à la cave. Il a lui-même greffé les sélections massales de ses vignes où il pratique aussi labour et enherbement.
Dix mois de fûts et six en cuve pour ce vin ouvert sur les petits fruits rouges (framboise en tête) rehaussé de poivre blanc. Une attaque ronde, des tanins présents mais fins, une bonne persistance aromatique : la bouche ne manque de rien. ⧗ 2022-2025

SARL DAVID MOREAU, 2, rue de la Bussière, 21590 Santenay, tél. 06 85 96 30 28, domaine.aste@gmail.com V *r.-v.*

CHRISTIAN BELLANG ET FILS
Sous la Velle 2019 ★

■ (blanc)	2100		11 à 15 €

Implantée à Meursault, non loin du Clos de Mazeray, cette propriété de 9 ha est née de la réunion des 2 domaines des grands-parents. Elle est conduite depuis 2009 par Christophe Bellang, fils de Christian.
Sur 80 ares, Christophe Bellang exploite ce *climat* issu des « bas de Meursault », comme on dit en Bourgogne. Le nez livre des parfums d'agrumes et de fleurs blanches. Ample et ronde dès l'attaque, la bouche évolue sur une saveur miellée et fruitée du meilleur effet. Pour la table. ⧗ 2022-2025

EARL CHRISTIAN BELLANG ET FILS, 2 bis, rue de Mazeray, 21190 Meursault, tél. 03 80 21 22 61, domaine.bellang@orange.fr V *r.-v.*

DOM. RAPHAËL BERTRAND 2019 ★★

■ (blanc)	693		8 à 11 €

La famille Bertrand cultive la vigne de père en fils depuis 1911 dans la Côte chalonnaise, 10 ha aujourd'hui. Après des expériences en France et à l'étranger, Raphaël Bertrand (4e génération) a pris la suite de son père Patrick en octobre 2020, avec à ses côtés sa compagne et future œnologue Catarina Pinto.
Une entrée remarquée dans le Guide avec ce premier millésime pour Raphaël Bertrand. Un blanc brillant dans sa robe d'or clair, ouvert sur des parfums gourmands d'abricot et de pêche mûre. Un fruit que l'on retrouve, persistant et tout aussi savoureux, dans une bouche ample, riche et concentrée. ⧗ 2022-2025

EARL DOM. RAPHAËL BERTRAND, 2, rue Verger, 71640 Barizey, comm_domainebertrand@orange.fr V *r.-v.*

PASCAL BOUCHARD
Réserve Saint-Pierre 2018 ★

■ (rouge)	61772		11 à 15 €

Une maison de négoce établie à Chablis et spécialisée depuis le début du XXe s. dans les vins de l'Yonne. Elle est entrée dans le giron du groupe Albert Bichot en 2015.
Né sur des terres d'argile et de chaux, ce vin a été élevé pour 30 % en fût de chêne. Mais c'est le fruit qui s'impose à l'olfaction, à travers des arômes « très pinot » de cerise. Un fruité qui irrigue aussi une bouche dotée de tanins francs et d'une acidité bien sentie. Le gage d'une bonne conservation. ⧗ 2023-2026

SAS PASCAL BOUCHARD, 3, rue du Pressoir, 89800 Chablis, tél. 03 86 42 18 64, info@pascalbouchard.com V *t.l.j. sf sam. dim. 8h30-12h30 13h30-17h*

PHILIPPE BOUZEREAU Côte-d'Or 2019 ★★

■ (blanc)	10000		11 à 15 €

Héritier de 9 générations de vignerons, Philippe Bouzereau a pris en 2006 la direction du Ch. de Cîteaux, 18 ha de petites parcelles réparties sur 6 villages de la Côte de Beaune, qu'il exploite avec le

BOURGOGNE

moins d'interventions possible à la vigne et au chai. Il a également développé une activité de négoce sous son nom propre et complète ainsi la belle gamme du domaine familial.

Le coup de cœur fut mis au voix pour ce bourgogne épatant. Au nez, de fines notes florales de jasmin se marient à une note plus corsée de poivre. Franc et droit en bouche, mais aussi ample et charnu, étiré dans une longue finale saline, ce vin affiche un beau relief, du caractère et une harmonie des plus abouties. ⧗ 2021-2025

SARL PHILIPPE BOUZEREAU,
7, pl. de la République, 21190 Meursault,
tél. 03 80 21 20 32, contact@philippe-bouzereau.com
V r.-v.

DOM. RENÉ CACHEUX ET FILS
Côte-d'Or Les Champs d'Argent 2018 ★★

■ | 2700 | | 20 à 30 €

En 2005, après avoir travaillé sur d'autres exploitations viticoles, Gérald Cacheux a succédé à ses parents à la tête de ce petit domaine familial (3,26 ha), fondé en 1966. Il exploite des vignes sur Vosne-Romanée et Chambolle-Musigny.

Né de vignes relativement jeunes d'une vingtaine d'années, ce vin séduit d'emblée par ses parfums soutenus et gourmands de groseille et de cerise. Les fruits persistent, agrémentés de nuances épicées, dans une bouche ronde, soyeuse et tendre, épaulée par des tanins fondus. Déjà agréable, mais de bonne garde également. ⧗ 2021-2026

EARL DOM. RENÉ CACHEUX ET FILS,
28, rue de la Grand-Velle, 21700 Vosne-Romanée,
tél. 03 80 61 28 72, contact@domaine-cacheux.com
V r.-v.

MARC CAMERON Épineuil Sagara 2019 ★

■ | 2600 | | 8 à 11 €

Un domaine «de poche» (1,2 ha) créé par Marc et Sonia Cameron dans les communes d'Épineuil et de Molosmes.

Petite quantité mais une belle qualité gustative avec ce pinot noir qui séduit déjà par sa belle robe rubis. Des notes poivrées sur fond de fruits rouges (groseille) titillent le nez. La bouche conjugue fraîcheur et puissance. Les tanins bien arrondis contribuent à l'équilibre de cette cuvée. ⧗ 2022-2026

MARC CAMERON, 8, Grande-Rue,
89290 Augy, tél. 03 86 42 85 14, marc.cameron895@orange.fr V r.-v.

♥ DOM. EDMOND CHALMEAU ET FILS
Chitry Les Trameures 2019 ★★

■ | 5060 | | 11 à 15 €

Une ancienne famille vigneronne installée au cœur de Chitry : Franck Chalmeau a pris la suite de son père Edmond en 1991, avant d'être rejoint par son frère Sébastien. Un domaine passé peu à peu de la polyculture à la seule viticulture (17 ha) et devenu une référence pour ses bourgogne Chitry.

Une parcelle réputée, un élevage en fût, un assemblage en cuve, il n'en faut pas plus à la famille Chalmeau pour produire cette cuvée remarquable. Le nez, intense et légèrement fumé, s'épanouit sur les fruits noirs. La bouche est au diapason. Une belle acidité mais aussi de la rondeur, du volume, des tanins soyeux et bien fondus, une jolie touche vanillée qui signe un boisé doux et mesuré : tout y est. ⧗ 2021-2025

EARL EDMOND CHALMEAU ET FILS,
20, rue du Ruisseau, 89530 Chitry, tél. 03 86 41 42 09,
domaine.chalmeau@wanadoo.fr V r.-v.

♥ DOM. DES CŒURIOTS Vézelay 2019 ★★

■ | 16400 | | 11 à 15 €

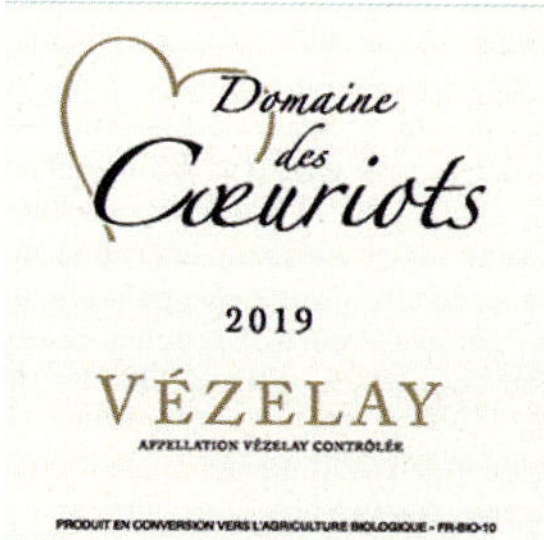

Agriculteurs à 2 km de Vézelay, Claudette et Joël Defert ont planté en 1990 du chardonnay sur leurs parcelles classées en AOC. Ils livraient leur vendange à la coopérative jusqu'à l'installation en 2012 de leur fils Yoann, qui s'est orienté vers la vente directe. Le nom de leur domaine rappelle des fossiles en forme de cœur présents dans les sols argilo-calcaires de leur vignoble. En conversion bio depuis 2018.

Coup de cœur dans son millésime 2015, cette cuvée fait aussi bien dans sa version 2019. Le nez, très expressif, convoque les fleurs blanches et des notes citronnées sur fond de pierre à fusil. En bouche, la tension minérale traverse la rondeur du fruit et accompagne une acidité mesurée. Un Vézelay frais, alerte, aérien et harmonieux. ⧗ 2021-2024

SCEV DOM. DES CŒURIOTS,
37, rue du Pont, 89450 Saint-Père, tél. 06 72 34 65 12,
defert.claudette@orange.fr V r.-v.

VIGNERONS DE LA COLLINE ÉTERNELLE
2019 ★★

■ | 5518 | | 8 à 11 €

Cette coopérative a été créée en 1989. Moteur du vignoble vézelien, elle a largement contribué à sa renaissance; elle représente aujourd'hui un tiers de la production (80 % en blanc) et regroupe 11 adhérents pour une superficie de 34 ha.

Produit sur 1,56 ha et de ceps de 35 ans, ce bourgogne se présente dans une seyante robe rubis aux reflets roses. Le nez, profond, évoque le sous-bois et les fruits noirs. La bouche conjugue fine acidité, texture fondue et soyeuse, tanins apaisés, fruité persistant. Que demander de plus ? ⧗ 2021-2025

SCA HENRY DE VEZELAY, 4, rte de Nanchèvres,
89450 Saint-Père, tél. 03 86 33 29 62, amelie@henrydevezelay.fr V r.-v.

♥ RODOLPHE DEMOUGEOT
Côte-d'Or Pinot noir 2019 ★★

6400 | 11 à 15 €

Établi à Meursault depuis 1992, Rodolphe Demougeot exploite aujourd'hui un vignoble de 7,8 ha, dont 6 ha de pinot noir, entre Savigny et Chassagne. Labours au cheval, refus des désherbants et des engrais chimiques, l'orientation est résolument biologique, et la vinification peu interventionniste.

Des ceps de 50 ans ont enfanté ce magnifique bourgogne brillant comme un rubis. Le nez, «explosif» associent en toute harmonie d'intenses notes de fruits rouges à une pointe de toast venue des 10 mois passés sous bois. Parfaitement équilibrée, la bouche se révèle souple, tendre, fine, épurée, adossée à des tanins veloutés. Diablement gourmand. ⧗ 2022-2026

EARL DOM. RODOLPHE DEMOUGEOT, 2, rue du Clos-de-Mazeray, 21190 Meursault, tél. 03 80 21 28 99, rodolphe.demougeot@orange.fr V r.-v.

DOM. EYPERT Vézelay 2019 ★

4000 | 8 à 11 €

Créé par Hervé Eypert en 2011, ce domaine de poche (1,5 ha) a produit son premier millésime en 2014. Situé à Tharoiseau, il surplombe la vallée de la Cure et offre un joli panorama sur Vézelay et sa basilique.

Un élevage court (6 mois en cuve) mais déjà beaucoup d'assurance et de subtilité. Le nez intense est dominé par les arômes d'abricot et d'amande. Le fruit est bien présent en bouche, avec beaucoup de fraîcheur, une tension mesurée et une finale énergique. ⧗ 2021-2024

EARL DOM. EYPERT, 27, Grande-Rue, 89450 Tharoiseau, tél. 06 72 90 08 84, domaine.eypert@orange.fr V r.-v.

♥ DOM. FÉLIX
Côtes d'Auxerre Cuvée Saint-André 2018 ★★

2200 | 11 à 15 €

Ancien fonctionnaire, Hervé Félix, cédant à un vieil atavisme, reprend en 1987 avec son épouse Marie-Claire l'exploitation où les siens se sont succédé de père en fils depuis le XVIIe s. Établi à Saint-Bris, gros village viticole de l'Yonne, il propose de nombreux types de vins. En 2016, après une solide expérience dans de grands groupes industriels, Olivier (en charge de la vigne et du chai) a rejoint ses parents sur ce domaine de 29 ha, conduit de manière «très raisonnée», proche du bio.

Un coup de cœur comme un clin d'œil aux ancêtres pour cette cuvée Saint-André, André étant le prénom de l'arrière grand-père d'Hervé Félix. Dans le verre, un vin remarquable pour son harmonie. Au nez, un léger boisé soutient des arômes de fruits frais. La bouche n'est que gourmandise, avec une matière soyeuse, ronde, tendre, soulignée par juste ce qu'il faut d'acidité. ⧗ 2021-2025

SCEA FÉLIX ET FILS, 17, rue de Paris, 89530 Saint-Bris-le-Vineux, tél. 03 86 53 33 87, domaine.felix@wanadoo.fr V r.-v.

DOM. FOURNILLON
Épineuil Les Fauconniers 2018 ★

2300 | 8 à 11 €

Conduit depuis 2004 par Pascal Fournillon, ce domaine familial couvre 23 ha sur les coteaux du Chablisien, d'Épineuil et de Bernouil dans le Tonnerrois. Fierté des Fournillon, la «Vigne de l'Empereur», parcelle de chardonnay préphylloxérique, plantée en 1835, est toujours présente sur la propriété.

Beaucoup de caractère dans ce pinot noir élevé en fût pendant 11 mois. Le nez complexe s'ouvre sur des arômes de fruits rouges (framboise, groseille). Des arômes que l'on retrouve avec des notes de pain d'épices dans une bouche puissante qui ne manque pas de finesse. ⧗ 2022-2026

SCEA DOM. FOURNILLON, 34, Grande-Rue, 89360 Bernouil, tél. 03 86 55 50 96, contact@domaine-fournillon.com V *t.l.j. 8h-12h30 13h30-19h*

ÉRIC ET CATHERINE GIROUD
Les Jeandières Chardonnay 2020 ★

16000 | 5 à 8 €

Éric et Catherine Giroud ont créé en 1990 ce domaine de 16 ha implanté à Uchizy, petite bourgade du Tournugeois, au nord de l'appellation. Les premières vinifications datent de 2000.

Un tout jeune 2020 né sur 3,6 ha, qui n'a connu qu'un court passage de 5 mois en cuve. Il en ressort avec des senteurs d'acacia et de fruit jaunes qui restent présente dans une bouche longue et fraîche. Harmonieux, expressif et dynamique. ⧗ 2021-2024

EARL DES TILLES (DOM. GIROUD), 145, rue du Quart, 71700 Uchizy, tél. 03 85 40 52 24, domaine.giroud71@gmail.com V r.-v.

DOM. GRAND ROCHE
Côtes d'Auxerre La Pierre 2018 ★★

2000 | 11 à 15 €

Érick Lavallée, comptable devenu céréalier, a planté en 1987 un vignoble de 10 ha à Saint-Bris. Il en a porté la superficie à 22 ha et produit du bourgogne Côtes d'Auxerre, du bourgogne-aligoté, du saint-bris et du chablis 1er cru.

Un remarquable pinot noir issu d'une parcelle qui donne de petits raisins très concentrés en arômes et en couleur. L'élevage mixte (cuve et fût) fait le reste pour aboutir à un vin précis et très plaisant, au nez intense de fruits rouges, ample et tout aussi fruité en bouche, étayé par des tanins bien fondus. Très harmonieux. ⧗ 2022-2025

ÉRICK LAVALLÉE (DOM. GRAND ROCHE), 6, rte de Chitry, 89530 Saint-Bris-le-Vineux, tél. 03 86 53 84 07, domaine@grandroche.fr V r.-v.

DOM. DOMINIQUE GRUHIER Tonnerre 2019 ★

7700 | 11 à 15 €

Ancien cellier à vins de l'abbaye cistercienne de Quincy fondée en 1212, ce domaine a retrouvé sa vocation viticole à partir de 1990, sous l'impulsion de Dominique Gruhier, qui dispose des plus belles caves de la région. Aujourd'hui, 28 ha en conversion bio et l'une des valeurs sûres du finage d'Épineuil.

Un tiers de fût et deux tiers de cuve dans l'élaboration de ce chardonnay agréable à souhait. Le nez frais donne le ton avec ses senteurs de fleurs blanches (aubépine) et d'agrumes (citron). Des notes citronnées qui renforcent la vivacité en bouche. Un équilibre assuré entre matière et acidité. ⧗ 2021-2024

SARL DOMINIQUE GRUHIER, rue du Clos-de-Quincy, 89700 Épineuil, tél. 03 86 55 32 51, vin@bourgognevin.com V r.-v. 5

♥ JEAN-MICHEL GUILLON ET FILS
Cuvée du Roi Pinot noir 2019 ★★

3900 | 15 à 20 €

Établi à Gevrey, Jean-Michel Guillon a débuté en 1980 sur un domaine de 2,3 ha, dont il a porté la superficie à plus de 15 ha répartis dans de nombreuses appellations (mazis, gevrey, morey, clos-de-vougeot). Il vient de passer la main à son fils Alexis après 40 millésimes et des vins d'une grande régularité dans le Guide.

Royale en effet, cette cuvée de haut lignage. Issu de vénérables ceps de 75 ans plantés sur Gevrey-Chambertin, ce pinot noir dévoile un nez intense de cerise noire sur fond de boisé torréfié (12 mois d'élevage en fût). Un élevage qui soutient également les fruits noirs confits dans une bouche ample, soyeuse et souple. Une vraie gourmandise. ⧗ 2021-2025

SAS DOM. JEAN-MICHEL GUILLON ET FILS, 33, rte de Beaune, 21220 Gevrey-Chambertin, tél. 03 80 51 83 98, contact@domaineguillon.com V r.-v. D

CLOS DU CH. DE LACHASSAGNE 2020 ★

42586 | 8 à 11 €

Les origines de ce domaine établi au cœur du pays des Pierres dorées remontent à 1535. Celui-ci resta propriété des Rochechouart-Mortemart et des Laguiche jusqu'à son rachat en 1977. Aujourd'hui, 62 ha ceints de murs entourent le château, qui date de 1810-1830, et 26 ha sont dévolus au vignoble. L'exploitation est dirigée depuis 2007 par Olivier Bosse-Platière et son épouse Véronique.

Produit au sein d'un clos de 4,69 ha, ce bourgogne dévoile d'agréables parfums de rose, de lys et de mûre. En bouche, il déploie une belle fraîcheur et des tanins bien présents. Un bon potentiel de vieillissement en perspective. ⧗ 2023-2026

SARL CH. DE LACHASSAGNE, 416, rue du Château, 69480 Lachassagne, tél. 04 74 67 00 57, contact@chateaudelachassagne.com V r.-v.

DANIEL LARGEOT 2018 ★

3500 | 15 à 20 €

Un domaine familial créé en 1925. Marie-France, fille de Daniel Largeot installée en 2000, et son mari Rémy Martin, arrivé en 2003, conduisent un vignoble de 13 ha; Marie-France est au chai, Rémy, à la vigne.

Plus souvent en vue pour ses chorey ou ses aloxe-corton, les Largeot s'illustrent aussi avec leur «simple» bourgogne. Simple ne veut pas dire simpliste. Ici, un vin très expressif, centré sur les fruits rouges, la fraise et la cerise notamment, souple, frais et fluide en bouche. ⧗ 2021-2024

EARL DOM. DANIEL LARGEOT, 5, rue des Brenots, 21200 Chorey-lès-Beaune, tél. 03 80 22 15 10, domainedaniellargeot@orange.fr V r.-v.

OLIVIER LEFLAIVE Les Sétilles 2019 ★

n.c. | 20 à 30 €

Négociant-éleveur établi à Puligny-Montrachet depuis 1984, Olivier Leflaive, l'une des références de la Côte de Beaune, collectionne les étoiles, côté cave (négoce et domaine) et côté hôtellerie : 4 pour son hôtel de Puligny. Au chai, l'œnologue Franck Grux et son complice Philippe Grillet.

Pas moins de 70 parcelles issues des villages de Puligny, Meursault et des Hautes Côtes de Beaune composent cette cuvée. Fruits jaunes acidulés et boisé forment un nez flatteur. La bouche affiche une belle vivacité avant de libérer un fruité bien concentré sur fond de boisé fondu. Déjà en place, mais un bon potentiel en cave aussi. ⧗ 2021-2025

SA OLIVIER LEFLAIVE FRÈRES, pl. du Monument, 21190 Puligny-Montrachet, tél. 03 80 21 37 65, contact@olivier-leflaive.com V r.-v. 5

DOM. LEJEUNE Les Grandes Carelles 2019 ★

8000 | 11 à 15 €

Domaine transmis par les femmes depuis 1850, mais administré et vinifié par les hommes : François Jullien de Pommerol, ancien professeur à la «Viti» de Beaune décédé en 2017, rejoint en 2005 par son gendre Aubert Lefas, qui en assure aujourd'hui la direction. Vinifications en grappes entières et longs élevages sous bois sont leur signature, notamment pour les pommard, le cœur de leurs 10 ha, complétés par une activité de négoce. Le domaine est en conversion biologique depuis 2017, et pratique la biodynamie.

Issu du cône de déjection de la combe de Pommard, sur une belle surface de 2,7 ha, ce vin convoque les fruits rouges croquants à l'olfaction. On les retrouve dans une bouche souple et équilibrée. Un pinot noir facile à aimer. ⧗ 2021-2024

SCEV DOM. LEJEUNE, 1, pl. de l'Église, 21630 Pommard, tél. 03 80 22 90 88, commercial@domaine-lejeune.fr V t.l.j. sf dim. lun. 9h-12h 14h-18h

DOM. LEMOULE
Coulanges-la-Vineuse Cuvée Pt'i Pierre 2019 ★

10000 | 11 à 15 €

Une exploitation familiale transmise de père en fils depuis 1950. Depuis 2002, c'est Steve Lemoule qui est à la tête de ce domaine qui compte 22 ha de vignes,

mais aussi 20 ha de cerisiers, jadis nombreux dans cette région.

Bien charpenté, il a du caractère ce pinot noir, mais cela n'efface pas son élégance. Le nez est prometteur avec ses arômes de fruits rouges (cassis). Un fruité qui explose en bouche, soutenu par des tanins qui ne demandent qu'à s'arrondir. ⧗ 2023-2026

⊶ EARL LEMOULE, chem. du Tuyau-des-Fontaines, 89580 Coulanges-la-Vineuse, tél. 03 86 42 26 43, domaine.lemoule@orange.fr V *t.l.j. 9h-12h 14h-18h; dim. sur r.-v.*

CATHERINE ET CLAUDE MARÉCHAL
Côte-d'Or Cuvée Antoine 2019 ★

	1764		20 à 30 €

Installé dans la plaine de Pommard depuis 1981, le couple Maréchal fait partie des valeurs sûres de la Côte de Beaune. Il conduit, avec minutie et dans un esprit bio (pas de désherbants chimiques, levures indigènes, limitation du soufre), un vignoble de 12,5 ha offrant une large gamme d'appellations.

Antoine est le fils des Maréchal. Dans le verre, des senteurs séduisantes d'amande amère, de bergamote et de vanille. Passé une attaque vive et acidulée, la bouche délivre des saveurs de fruits jaunes avant de déployer une jolie finale pleine de fraîcheur. Un bourgogne alerte. ⧗ 2021-2024

⊶ EARL CATHERINE ET CLAUDE MARÉCHAL, 6, rte de Chalon, 21200 Bligny-lès-Beaune, tél. 03 80 21 44 37, marechalcc@orange.fr V *r.-v.*

B DOM. ALAIN MATHIAS
Épineuil Côte de Grisey 2019 ★★

	11000		15 à 20 €

En 1982, Alain Mathias, géomètre, devient vigneron, plante dans l'Yonne et participe à la renaissance du vignoble d'Épineuil. Il adopte graduellement la démarche bio et obtient la certification en 2015. Cette même année, son fils Bastien et sa belle-fille Carole, tous deux œnologues, ont pris les rênes de la propriété, qui couvre 13 ha à Épineuil et en Chablisien. Une petite structure de négoce complète l'activité depuis 2015.

Parcelle emblématique du domaine, la Côte de Grisey fait honneur à sa réputation, avec ce vin dont la robe rouge rubis donne le ton. Le nez, intense, navigue entre les sous-bois et des notes plus florales. Quant à la bouche, elle croque dans le fruit. Charnue, veloutée, elle repose sur un bel équilibre et s'étire dans une longue finale. ⧗ 2022-2026

⊶ SCEV DOM. ALAIN MATHIAS, rte de Troyes, 89700 Épineuil, tél. 03 86 54 43 90, mail@domainealainmathias.com V *t.l.j. sf dim. lun. 9h-12h 14h-18h*

DOM. DE MAUPERTHUIS
Grande Réserve 2019 ★★

	2000		8 à 11 €

Installés en Tonnerrois depuis 1992, Laurent et Marie-Noëlle Ternynck conduisent un vignoble de 14 ha, complété par une structure de négoce en 2014. Ils signent des vins très souvent en bonne place dans le Guide, notamment en appellations régionales. La conversion bio est engagée.

Né sur 4 ha de sol kimmeridgien, ce pinot livre des senteurs gourmandes de confiture de fruits rouges. Un fruit qui irrigue aussi une bouche souple et tendre, épaulée par des tanins soyeux. À boire dans ses jeunes années. ⧗ 2021-2024

⊶ EARL MAUPERTHUIS, 3, Grande-Rue-de-Chablis, 89800 Préhy, tél. 03 86 41 42 70, contact@chablismarronier.com V *t.l.j. sf sam. dim. 8h30-12h30 13h30-17h30*

OLIVIER MORIN Chitry Olympe 2019 ★

	30000		15 à 20 €

Ici, on cultive la vigne depuis le XVIIIᵉs. et l'on récolte les étoiles avec une belle constance. Olivier Morin, après 10 années dans les médias et la musique, est revenu au domaine familial en 1992, prenant la suite de son père Michel. Il exploite un vignoble de 14 ha dans l'Yonne, complété par une activité de négoce.

Toute la finesse des chardonnays d'Olivier Morin dans ce millésime élevé en fût pendant 18 mois. La fraîcheur s'exprime déjà au nez sur des notes citronnées. En bouche, si la rondeur et le soyeux sont de mise, une fine tension minérale apporte l'équilibre et une belle alonge. Un vin racé et énergique. ⧗ 2021-2024 ■ **Chitry Vau du Puits 2018 ★ (15 à 20 €; 10000 b.)** Un pinot délicat tant au nez, avec son bouquet de fruits frais, qu'en bouche où l'équilibre est assuré entre la matière, l'acidité et les tanins. ⧗ 2021-2025

⊶ SARL OLIVIER MORIN, 2, chem. de Vaudu, 89530 Chitry, tél. 03 86 41 47 20, chitry@olivier-morin.fr V *r.-v.*

DOM. DE NOËLLE 2019 ★

	2000		5 à 8 €

À l'origine de ce domaine (8,5 ha) créé en 1983, il y a Michel Segard. À son départ à la retraite en 2001, Valérie Segard a pris le relais, associée à Sébastien en 2003.

Un élevage de 9 mois en cuve pour ce pinot icaunais né d'une vigne de 20 ans. Au nez, des parfums généreux de fruits rouges bien mûrs, presque compotés. La bouche est souple, toute en finesse, dotée de tanins soyeux et d'une belle fraîcheur qui respire le terroir. ⧗ 2022-2026

⊶ SEGARD, 25, rue de Vaucharmes, 89800 Préhy, tél. 03 86 41 45 26, domaine.de.noelle@orange.fr V *t.l.j. sf dim. 9h-12h 13h30-18h30*

LAURENT ET CÉLINE NOTTON
Chitry Pinot noir 2019 ★

	1800		5 à 8 €

Laurent Notton et son épouse Céline se sont installés en 2005 sur les terres de Chichée, avec 2,5 ha de vignes. Ils se sont progressivement agrandis et conduisent aujourd'hui un vignoble de 16 ha.

Un pinot noir bien structuré qui tient sa finesse de sa jeunesse. Le nez intense butine les fruits rouges bien mûrs. La bouche s'exprime sur la fraîcheur, trouvant l'équilibre entre l'acidité et le moelleux, sur fond de tanins bien maîtrisés. ⧗ 2021-2025

⊶ EARL LAURENT ET CÉLINE NOTTON, 4, imp. Saint-Paul, 89800 Chichée, tél. 06 81 03 98 66, domaine.notton@gmail.com V *r.-v.*

DOM. PARENT Côte-d'Or 2018 ★★

	29 440		15 à 20 €

Fondé en 1803, ce domaine historique de Pommard possède une belle collection de *villages* et de 1ers crus dans cette appellation, dont il est l'une des valeurs sûres. Il est dirigé depuis 1998 par Anne Parent et Catherine Pagès-Parent, filles de Jacques, qui disposent de 10 ha de vignes (en bio certifié et en biodynamie sans certification), complétés par une activité de négoce.

Une parcelle de 3,85 ha sur Pommard est à l'origine de cette cuvée fort bien née, passée à un souffle du coup de cœur. Derrière une belle robe rouge profond se dégagent des notes de fruits mûrs, de torréfaction et d'épices. Souple en attaque, le palais monte ensuite en puissance et en volume, porté par des tanins fermes et par un boisé savamment dosé. Du caractère et un solide potentiel. ⧗ 2024-2030

SAS DOM. PARENT, 3, rue de la Métairie, 21630 Pommard, tél. 03 80 22 15 08, contact@domaine-parent.com V r.-v.

CHRISTOPHE PERRIN 2019 ★★

	2 551		11 à 15 €

Grand gaillard et ancien rugbyman, Christophe Perrin a travaillé pendant 11 ans dans un domaine à Vosne-Romanée avant de s'installer en 2007 sur ce petit bout de terre aux confins du Clunysois : 3 ha au départ, 7 ha aujourd'hui. Premières vinifications en 2011.

Cette cuvée issue de vignes plantées il y a 39 ans a été vinifiée avec 10 % de raisins entiers. La robe limpide est aussi légère que le nez, qui s'ouvre discrètement sur le noyau de cerise. Un fruité qui prend de l'ampleur dans une bouche délicieusement ronde et tendre, fine et en élégante. Un pinot qui joue clairement la carte de l'amabilité. ⧗ 2021-2025

CHRISTOPHE PERRIN, Chazeux, 71460 Chissey-lès-Mâcon, tél. 06 20 69 83 11, domaine.christopheperrin@orange.fr V t.l.j. 9h-12h 14h-19h

GÉRARD PERSENOT Côtes d'Auxerre 2019 ★

	18 000		8 à 11 €

Un domaine familial icaunais conduit de père en fils depuis 1858. Gérard Persenot en a pris les commandes en 1978.

Discret mais élégant, le nez de ce Côtes d'Auxerre convoque la cerise. Un caractère «très pinot» qui se prolonge dans une bouche vive à l'attaque, puis plus ronde et charnue, étayée par des tanins affinés. ⧗ 2021-2025

SARL GÉRARD PERSENOT, 8, rte de Chitry, 89530 Saint-Bris-le-Vineux, tél. 03 86 53 61 46, gerard@persenot.com V r.-v.

ROMUALD PETIT Héritage 2019 ★

	2 000		8 à 11 €

Après des études de «viti-œno» qui l'ont conduit dans différents vignobles en France, Romuald Petit revient en 2005 sur ses terres du Mâconnais pour créer un domaine couvrant aujourd'hui 14 ha en saint-véran, en morgon, en saint-amour et en chiroubles.

Des chardonnays du Mâconnais âgés de 30 ans sont à l'origine de ce vin ouvert sur les agrumes et les fleurs à l'olfaction. Le palais se montre bien équilibré entre rondeur, fine fraîcheur, fruité persistant et boisé fondu. ⧗ 2021-2024

ROMUALD PETIT, Les Dîmes, 71570 Saint-Vérand, tél. 06 61 14 94 99, petitromuald@yahoo.fr V t.l.j. sf dim. 8h-19h

DOM. LAURENT ET ROMAIN PILLOT 2019 ★

	5 900		8 à 11 €

Laurent Pillot et son fils Romain incarnent les 5e et 6e générations de vignerons sur ce domaine de 17 ha, implanté à Mellecey, au sud de Mercurey.

Né sur 2 ha, en Côte chalonnaise, ce bourgogne n'a pas connu le mois (10 mois de cuve) et c'est tout le fruit du pinot qui est mis en avant, ici cerise et mûre. Un fruité que prolonge une bouche souple, fraîche et ronde, dotée de tanins fins. un équilibre très assuré. ⧗ 2021-2025

EARL DOM. LAURENT ET ROMAIN PILLOT, 47, rue des Vendangeurs, 71640 Mellecey, tél. 03 85 45 20 48, contact@pillot-mellecey.com V r.-v.

DOM. NICOLAS RASPILLER Les Graviers 2019 ★

	550		8 à 11 €

Après avoir œuvré pendant une quinzaine d'année chez d'autres vignerons bourguignons et champenois, Nicolas Raspiller a créé son domaine en 2017 à Chaux dans les Hautes Côtes de Nuits. Il a d'emblée engagé la conversion bio de son vignoble, avec pour philosophie de «soigner la vigne par les plantes».

Première vinification et première étoile pour Nicolas Raspiller avec ce joli vin né de ceps de 35 ans, qui porte beau dans sa robe carmin sombre Au nez, une petite note amylique accompagne la mûre et un fin boisé. Riche, ample, de bonne densité, étayée par des tanins fermes, la bouche affiche un profil sérieux et de garde. ⧗ 2023-2027

NICOLAS RASPILLER, 11, rue du Monument-du-Canon, 21700 Chaux, tél. 07 69 45 83 19, raspiculteur@gmail.com V r.-v.

DOM. ARMELLE ET BERNARD RION La Croix Blanche Vieilles Vignes 2019 ★

	7 350		11 à 15 €

Un domaine fondé en 1896 et transmis de père en fils depuis 5 générations; de père en fille aujourd'hui, Alice (avec son mari Louis) ayant rejoint ses parents Armelle et Bernard Rion en 2008. Elle vinifie, avec le moins d'interventions possibles à la vigne et au chai, le fruit de 8,5 ha de vignes, du simple bourgogne au grand cru. Revenue en 2018 sur ses terres natales, Mélissa, sœur d'Alice, a en charge le développement œnotouristique de la propriété (certifiée HVE3).

Un *climat* situé entre les villages de Vosne-Romanée et Nuits-Saint-Georges à l'origine de ce vin expressif qui associe le fruité acidulé de la framboise aux notes de café de l'élevage. Une attaque ronde ouvre sur une bouche ample et bien structurée par des tanins fermes mais sans dureté. Un bon potentiel en perspective. ⧗ 2023-2027

EARL DOM. ARMELLE ET BERNARD RION, 8, rte Nationale, 21700 Vosne-Romanée, tél. 03 80 61 05 31, rion@domainerion.fr V t.l.j. sf dim. 9h-18h

B DOM. ROSSIGNOL-FÉVRIER PÈRE ET FILS
2018 ★★

■ | 7000 | | 11 à 15 €

Un domaine familial ancien avec ses 5 siècles de présence vigneronne à Volnay. Une longue histoire perpétuée depuis 2000 par Fréderic Rossignol, aujourd'hui à la tête d'un vignoble de 7 ha cultivé en biodynamie.
Cette cuvée fait honneur au village de Volnay. Un bel hectare de ceps de 30 ans et 30 % de vendange entière pour ce vin limpide, qui exhale des arômes intenses de fruits rouges et noirs. La bouche se révèle très souple, fine et fraîche, portée par des tanins et un boisé bien fondus. Le coup de cœur fut mis aux voix. ⧗ 2022-2026

EARL DOM. ROSSIGNOL-FÉVRIER PÈRE ET FILS, 7, rue de Mont, 21190 Volnay, tél. 06 82 18 62 06, contact@rossignol-fevrier.com V r.-v.

DOM. SAINT-PANCRACE
Côtes d'Auxerre La Côte-d'Or 2019 ★★

■ | 2500 | | 8 à 11 €

Xavier Julien, l'un des rares vignerons installés à Auxerre, a planté ses premiers ceps en 1997; il exploite aujourd'hui 5 ha de vignes. Le domaine tient son nom d'une tour fortifiée, propriété de la famille.
L'Auxerrois Xavier Julien signe ici une très belle cuvée élevée en fût pendant 12 mois. Un vin remarquable par son nez intense de fruits noirs sur fond chocolaté et par sa bouche ample, soyeuse, gourmande et tout aussi expressive, mêlant cassis, cacao et saveurs grillées. ⧗ 2022-2027 ■ **Côtes d'Auxerre Terroir de Vaux 2019 ★ (5 à 8 €; 1500 b.)** Nez intense de fruits rouges légèrement grillés, bouche associant harmonieusement rondeur, vivacité et tanins souples : un joli vin de plaisir. ⧗ 2021-2024 ■ **Côtes d'Auxerre La Côte-d'Or 2019 ★ (8 à 11 €; 4000 b.)** Un chardonnay très plaisant avec son nez floral et acidulé et sa bouche ample, minérale et citronnée. Un vin d'une grande fraîcheur. ⧗ 2021-2023

XAVIER JULIEN (DOM. SAINT-PANCRACE), 17, rue Rantheaume, 89000 Auxerre, tél. 03 86 51 69 71, domaine.saintpancrace@wanadoo.fr V r.-v.

VIGNOBLE DE SOMMÉRÉ Le Clos 2019 ★

■ | 3500 | | 8 à 11 €

Établi dans le hameau de Sommeré, aux portes de Mâcon, Hervé Santé représente la 5e génération de vignerons sur ce vignoble de 10 ha. Installé en 1996, il revient à la récolte manuelle dès les vendanges 2000.
Un vin en provenance du Mâconnais, né dans un clos de 90 ares. Robe légère et brillant, nez de fruits rouges et de rose, bouche souple, fluide, fraîche, équilibrée : un pinot noir facile à aimer, et plutôt dans sa jeunesse. ⧗ 2021-2024

EARL HERVÉ SANTÉ (VIGNOBLE DE SOMMERÉ), 32, montée de Monceau, 71960 La Roche-Vineuse, tél. 03 85 37 80 57, herve.sante@orange.fr V r.-v.

SORIN COQUARD Côtes d'Auxerre 2019 ★

■ | 30000 | | 8 à 11 €

Domaine familial associant le Bourguignon Pascal Sorin, qui a pris la suite de 2 générations, et son épouse Christine, viticultrice champenoise, installés en 1999. Leur fils Pierre s'apprête à les rejoindre. Le vignoble familial, certifié HVE3, couvre 25 ha dans l'Yonne.
Une robe claire qui tire vers le rosé, un nez floral qui voyage dans les sous-bois, une bouche bien équilibrée entre la fraîcheur et la rondeur, telle est cette cuvée assez atypique mais facile d'accès. Un joli "vin de copains". ⧗ 2021-2024

EARL SORIN COQUARD, 17, rue de Grisy, 89530 Saint-Bris-le-Vineux, tél. 06 13 38 42 30, domaine.sorin.coquard@wanadoo.fr V t.l.j. sf dim. 10h-13h 14h-18h

DOM. DES TERRES DE VELLE Côte-d'Or 2018 ★

■ | 7883 | | 11 à 15 €

Un domaine créé en 2009 par Fabrice Laronze, avec Sophie, son épouse, et Junji Hashimoto, leur bras droit japonais. Établis dans un ancien moulin au bord de la Velle, ces derniers exploitent une petite «mosaïque à la bourguignonne» de 7 ha répartis sur plusieurs AOP de la Côte de Beaune, dont 2 parcelles en corton-charlemagne.
Des senteurs gourmandes de fruit noirs confiturés s'exhalent du verre. Ample et puissant, le palais s'appuie sur des tanins veloutés et déploie une agréable pointe d'amertume en finale. Prometteur. ⧗ 2023-2027

SARL DOM. DES TERRES DE VELLE, 2, chem. de Sous-la-Velle, 21190 Auxey-Duresses, tél. 03 80 22 80 31, info@terresdevelle.fr V r.-v.

DOM. TRUCHETET
Les Chaillots Vieilles Vignes 2019 ★★

■ | 6800 | | 15 à 20 €

Domaine établi à Premeaux-Prissey, le village aux 2 églises, celle de Premeaux et celle de Prissey. Jean-Pierre Truchetet s'est installé en 1980 avec son épouse Sylvie et exploite 5,3 ha. La 6e génération, les 2 enfants du vigneron, Morgan et Julie, ont pris en main en 2019 le domaine (en conversion bio) et créé une structure de négoce pour élargir leur gamme.
En Bourgogne, les chailles sont des cailloux calcaires nés de l'argile et de limon. Un sol sur lequel ces vieilles vignes de pinot noir semblent avoir trouvé un beau terrain de jeu. Au nez, des parfums francs et intenses de fruits rouges et noirs mûrs. Un fruité qui irrigue aussi une bouche ample et ferme, dotée de tanins présents mais fins. ⧗ 2023-2026

EARL TRUCHETET, 5, rue des Masers, 21700 Premeaux-Prissey, tél. 06 25 85 03 39, morgantruchetet@gmail.com V r.-v.

DOM. DU CH. DU VAL DE MERCY
Coulanges-la-Vineuse Pinot noir 2018 ★★

■ | 4000 | | 8 à 11 €

En 1680, les vins étaient produits par le Clos du Château du Val de Mercy. Établi à Chitry, le nouveau propriétaire du domaine (30 ha) perpétue la tradition viticole au-delà de ses terres pour fournir des vins du Chablisien, de l'Auxerrois et de la Côte de Beaune. Une activité de négoce complète la gamme de la propriété.
La puissance alliée à l'élégance dans ce remarquable pinot noir mis en valeur par un élevage de 15 mois en fût, après une macération en cuve béton. Le nez évoque un panier de cerises noires avec des notes fumées

BOURGOGNE

pour ajouter de l'intensité. L'attaque se fait sur le fruit rouge, puis se dévoile une matière ample, gourmande, épaulée par des tanins bien fondus. Équilibre parfait. ⧗ 2022-2026

SCEA DOM. DU CH. DU VAL DE MERCY, 8, prom. du Tertre, 89530 Chitry, tél. 03 80 22 77 34, roy@valdemercy.com V r.-v.

VENON ET FILS 2019 ★★

	2000		8 à 11 €

Un jeune domaine créé ex nihilo en 2014 par Jérémy Venon, qui exploite aujourd'hui un petit vignoble de 3 ha en chablis et petit-chablis.

Ce jeune domaine continue de s'affirmer, témoin cette belle cuvée finaliste des coups de cœur. Une robe couleur cerise, un nez gourmand de fruits rouges confiturés, une bouche souple et veloutée, dotée de tanins soyeux et bien fondus, une finale très longue : ce pinot noir a tout bon. ⧗ 2021-2026

SAS JÉRÉMY VENON ET FILS, 10, rue des Prégirots, 89800 Fleys, tél. 06 60 38 87 08, celine.jeremy@wanadoo.fr V r.-v.

DOM. VERRET Côtes d'Auxerre 2019 ★

	32500		8 à 11 €

La famille Verret cultive la vigne depuis 2 siècles et demi dans l'Yonne. Pionnier dans le vignoble de l'Auxerrois pour la mise en bouteilles et la commercialisation directe pratiquées dès les années 1950, ce vaste domaine (60 ha) demeuré familial fréquente très régulièrement les pages du Guide, notamment pour ses irancy, saint-bris, bourgognes Côtes d'Auxerre et bourgogne-aligoté.

Toute l'expression minérale d'un bon chardonnay dans cette cuvée. Certes, le nez discret peine à s'ouvrir, livrant à l'aération quelques senteurs de fleurs blanches et de noisette grillée. Droite, vive, énergique, minérale et fruitée, la bouche est plus directe. ⧗ 2021-2024

GAEC DOM. VERRET, 14, rte de Champs, 89530 Saint-Bris-le-Vineux, tél. 03 86 53 31 81, dverret@domaineverret.com V *t.l.j. sf dim. 9h-12h 14h-18h* E

ALAIN ET JULIEN VIGNOT
Côte Saint-Jacques Les Ronces 2018 ★

	14500		8 à 11 €

Viticulteur du Jovinien, tout au nord du vignoble bourguignon, Alain Vignot est l'héritier d'une lignée remontant au début du XVIIes. Arrivé sur le domaine familial en 1977, il diversifie une production jusqu'alors centrée sur les vins gris, étend les surfaces. Son fils Julien le rejoint en 2006. L'exploitation s'étend sur 13 ha, dont 10 consacrés à la Côte Saint-Jacques.

Un an d'élevage en fût pour ce pinot noir récolté sur les coteaux argilo-calcaire de Joigny. Derrière sa robe rouge carmin, on découvre les senteurs de la cerise noire. En bouche, le vin se montre franc, frais, tendu, soutenu par des notes épicées et vanillées. Direct et expressif. ⧗ 2021-2025

SCEA DOM. ALAIN ET JULIEN VIGNOT, 16, rue des Prés, 89300 Paroy-sur-Tholon, tél. 03 86 91 03 06, alain-vignot@wanadoo.fr V *t.l.j. sf dim. 9h-18h30*

DOM. FABRICE VIGOT
Les Maladières 2019 ★★

	750		15 à 20 €

Fabrice Vigot est installé depuis 1990 à la tête d'un petit domaine de 6,5 ha constitué à partir de vignes familiales, en vosne-romanée pour l'essentiel, dont il est devenu l'une des bonnes références, de même qu'en échezeaux et en nuits-saint-georges.

Une petite parcelle de 11 ares dans la Côte de Nuits à l'origine d'un vin de très belle facture, pressenti pour un coup de cœur. Ses arguments : une élégante robe rubis limpide, un nez intense de cassis et de fruits rouges mûrs, une bouche tout aussi expressive, bien fruitée (cerise noire), aux tanins consistants. Un bourgogne de caractère et de bonne garde assurément. ⧗ 2023-2028

EARL FABRICE VIGOT, 20, rue de la Fontaine, 21700 Vosne-Romanée, tél. 03 80 61 13 01, fabrice.vigot@orange.fr V r.-v.

DOM. VINCENT WENGIER Chardonnay 2019 ★

	2600		8 à 11 €

Un domaine familial de 25 ha (certifié HVE) situé dans le village de Préhy, au cœur du vignoble chablisien, repris en 1998 par Vincent Wengier et son épouse Sophie. La conversion bio est engagée depuis 2020.

Ce bourgogne se distingue d'emblée par son joli bouquet floral et minéral. Il plaît aussi par sa bouche ronde, charnue et longue, équilibrée et stimulée par une finale plus fraîche et alerte. ⧗ 2021-2023

SCEA DOM. VINCENT WENGIER, 45, Grande-Rue-de-Chablis, 89800 Prehy, tél. 06 51 22 77 39, dwengier@orange.fr V r.-v.

BOURGOGNE-ALIGOTÉ

Superficie : 1 590 ha / Production : 96 000 hl

Le cépage aligoté donne des vins plus vifs et plus précoces que le chardonnay, mais le terroir influe sur lui autant que sur les autres cépages. Il y a ainsi autant de profils d'aligotés que de zones où on les élabore. Les aligotés de Pernand étaient connus pour leur souplesse et leur nez fruité (avant de céder la place au chardonnay); ceux des Hautes-Côtes sont recherchés pour leur fraîcheur et leur vivacité; ceux de Saint-Bris dans l'Yonne semblent emprunter au sauvignon quelques traces de sureau, sur des saveurs légères. Le bourgogne-aligoté constitue un excellent vin d'apéritif. Associé à de la liqueur de cassis, il devient alors le célèbre « kir ». L'appellation a trouvé ses lettres de noblesse dans le petit village de Bouzeron près de Chagny (Saône-et-Loire), où elle est devenue en 2001 une appellation *village*.

VIGNOBLE ANGST L'Aligoté 2019 ★

	2000		8 à 11 €

Un domaine de création récente (2014), installé dans l'Yonne à Pontigny, village célèbre pour son abbaye cistercienne. Le vignoble de 11,8 ha est conduit par un jeune couple, Céline et Antoine Angst, qui ne sont pas issus du monde viticole. Un vignoble certifié HVE et en cours de conversion bio.

Le nez, ouvert et frais, évoque les fleurs blanches, la poire, les agrumes et la pomme verte. Une attaque nette prélude à une bouche tendue, minérale et citronnée, sans manquer de chair et de rondeur. Un aligoté bien ciselé et équilibré. 2021-2023

SARL VIGNOBLE ANGST, 1, rue Pasteur, 89230 Pontigny, tél. 06 68 36 27 75, vignobleangst@orange.fr V r.-v.

PASCAL BOUCHARD
Réserve Saint-Pierre 2020 ★

	35000		8 à 11 €

Une maison de négoce établie à Chablis et spécialisée depuis le début du XXᵉs. dans les vins de l'Yonne. Elle est entrée dans le giron du groupe Albert Bichot en 2015.

Cet aligoté cristallin développe de francs arômes de fleurs blanches et d'agrumes (citron, pamplemousse). Arômes prolongés par une bouche souple, fraîche, minérale, un peu plus chaleureuse en finale. 2021-2023

SAS PASCAL BOUCHARD, 3, rue du Pressoir, 89800 Chablis, tél. 03 86 42 18 64, info@pascalbouchard.com V t.l.j. sf sam. dim. 8h30-12h30 13h30-17h

♥ DOM. DE CARDON
Vieilles Vignes 2019 ★★

	890		5 à 8 €

Un domaine familial situé au cœur de la Côte chalonnaise, dont le vignoble, démantelé lors de successions, a été réhabilité à partir de 2013 par Frédérique de Cardon de Sandrans, héritière d'une famille implantée depuis la moitié du XIXᵉs. à Dracy-le-Fort. Le vignoble, associée à son ami d'enfance Thierry Bied. Le vignoble couvre près de 15 ha dans la Côte chalonnaise, la Côte du Couchois et le Beaujolais.

Une première dans le Guide et quelle première ! Un vin né de vignes de 45 ans, au nez diablement flatteur et gourmand de miel, de fleurs blanches, d'amande et d'abricot. Une attaque vive et tonique ouvre sur une bouche soyeuse et ample, dynamisée par une longue finale saline. Un aligoté à pleine maturité, qui joue avec brio la carte du tendre. 2021-2024

SCEV DOM. DE CARDON, 9, pl. de la Mairie, 71640 Dracy-le-Fort, tél. 06 69 72 08 65, pierrebouget@domaine-de-cardon.com V r.-v.

EDMOND CHALMEAU ET FILS 2019 ★

	6600		5 à 8 €

Une ancienne famille vigneronne installée au cœur de Chitry : Franck Chalmeau a pris la suite de son père Edmond en 1991, avant d'être rejoint par son frère Sébastien. Un domaine passé peu à peu de la polyculture à la seule viticulture (17 ha) et devenu une référence pour ses bourgogne Chitry.

Bien ouvert, élégant, le nez de cet aligoté associe les fleurs blanches et les fruits jaunes et l'ananas mûrs à une touche iodée. En bouche, on sent une vendange bien mûre à travers un bon fruité confit et une matière concentrée, riche, consistante, relevé par une pointe épicée (gingembre) en finale. 2021-2023

EARL EDMOND CHALMEAU ET FILS, 20, rue du Ruisseau, 89530 Chitry, tél. 03 86 41 42 09, domaine.chalmeau@wanadoo.fr V r.-v.

CHARLES PÈRE ET FILLE 2019 ★

	5000		8 à 11 €

Pascal Charles et sa fille Pauline exploitent un domaine familial de 14 ha, dont 10 ha en hautes-côtes-de-beaune et 4 ha en volnay, pommard, meursault et beaune. Ils proposent également d'autres appellations bourguignonnes issus de leur activité de négoce fondée en 2016.

Une cuvée issue du négoce qui séduit par son bouquet élégant et très fruité de poire, de pêche et d'orange. Ample, fraîche, et même incisive en finale, la bouche signe un aligoté en tension, bien dans le ton de l'appellation. 2021-2023

SAS MAISON CHARLES PÈRE ET FILLE, 9, rue de Pichot, 21190 Nantoux, tél. 03 80 26 02 87, domaine.charles@gmail.com V r.-v.

DOM. COLBOIS 2019 ★

	7000		5 à 8 €

Rejoint en 2009 par son fils Benjamin, Michel Colbois est établi depuis 1970 à Chitry-le-Fort. Ses blancs sont souvent en bonne place dans le Guide, qu'ils proviennent du chardonnay ou de l'aligoté. Son vignoble couvre 20 ha.

Une robe cristalline, un bouquet alerte et frais de pamplemousse, d'orange et de bourgeon de cassis : l'approche donne le ton. Même sensations de fraîcheur en bouche, renforcée par une minéralité de bon aloi en finale. Du classique, mais du bon classique. 2021-2023

SC DOM. COLBOIS, 69, Grande-Rue, 89530 Chitry, tél. 03 86 41 43 48, contact@colbois-chitry.com V r.-v.

♥ DOM. NICOLAS FÈVRE 2019 ★★

	1000		8 à 11 €

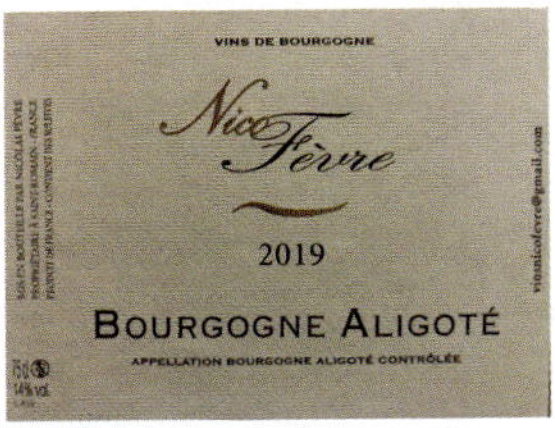

Si l'activité principale de Nicolas Fèvre est le conseil en œnologie, il a créé son propre petit domaine en reprenant en 2014 une partie des vignes familiales jusqu'alors exploitées en fermage, en saint-romain, en auxey-duresses et en bourgogne-aligoté.

Ouvert et intense, le nez de ce superbe aligoté né de ceps de 40 ans convoque les fleurs blanches (chèvrefeuille), la vanille et la noisette. Une aromatique des plus gourmandes enrichie de notes briochées dans une bouche large, ronde et longue, soulignée par une juste acidité et un élevage en fût (12 mois) savamment dosé. Du relief et beaucoup de tenue. ⧗ 2021-2024

NICOLAS FÈVRE, 7, Petite-Rue, 21190 Saint-Romain, tél. 06 60 72 31 02, domaine.nicolas.fevre@orange.fr V r.-v.

DOM. ANNE ET ARNAUD GOISOT 2019 ★

	10000		5 à 8 €

Installé depuis 1981 à Saint-Bris dans une maison bourgeoise du XIXe s., au milieu d'un parc arboré, ce couple de vignerons est aujourd'hui à la tête de 26 ha certifiés HVE et s'illustre régulièrement avec ses Côtes d'Auxerre. La 5e génération prend progressivement le relai.

D'une belle intensité olfactive, cet aligoté livre un joli bouquet floral, fruité (citron, pomme acidulée) et épicé (poivre blanc). Vif en attaque, le palais ne lâche plus cette vivacité jusqu'en finale, qui vient soutenir une matière ample et fine. ⧗ 2021-2023

EARL ANNE ET ARNAUD GOISOT, Caves, 4 bis, rte de Champs, 89530 Saint-Bris-le-Vineux, tél. 03 86 53 32 15, aa.goisot@wanadoo.fr V *t.l.j. sf dim. 8h30-12h 13h30-18h30*

DOM. JEANSON-PARIGOT 2019 ★

	2200		8 à 11 €

Un jeune domaine fondé à Pommard en 2019 par Florent Jeanson et son épouse Anaïs à partir des vignes familiales du domaine Alexandre Parigot.

Une belle entrée dans le Guide pour ce domaine avec un aligoté expressif, bien ouvert sur les fleurs blanches (acacia) et la pêche. La bouche affiche un équilibre assuré entre un fruité soutenu, une fine acidité et une aimable rondeur. ⧗ 2021-2023

EARL DOM. JEANSON-PARIGOT, 18, rte d'Autun, 21630 Pommard, tél. 06 89 54 54 13, contact@domaine-jeanson-parigot.com V *t.l.j. 9h-18h* E

DOM. PETITJEAN 2019 ★

	2200		5 à 8 €

Au cœur du village de Saint-Bris-le-Vineux, dans un dédale de rues étroites, cette cave a été créée en 1950. Romaric et Mathias Petitjean ont repris l'exploitation familiale, qui compte aujourd'hui 21 ha de vignes.

Cet aligoté dévoile un nez délicat de feuille de cassis, de fleurs, d'agrumes et de fruits blancs. Une palette aromatique confirmée par une bouche fraîche, dynamique, prolongée par une jolie finale minérale. Parfait pour tenir compagnie à des escargots. ⧗ 2021-2023

SCEA DOM. PETITJEAN, 16, rue Basse, 89530 Saint-Bris-le-Vineux, tél. 06 29 73 66 04, domainepetitjean@orange.fr V *r.-v.* E

B CH. DE SASSANGY 2018 ★

	4600		11 à 15 €

Situé dans l'arrière-pays vallonné de Chalon-sur-Saône, ce domaine est dans la famille Musso depuis plus de 3 siècles : une vaste propriété de 300 ha commandée par un château édifié en 1740 sur les vestiges d'une place forte des Xe et XIIe s. Installés en 1979, Jean Musso et son épouse Geno ont redonné vie à ce vignoble endormi depuis la crise du phylloxéra (50 ares à leur arrivée), qui s'étend aujourd'hui sur 45 ha, conduit en bio.

Un élevage mixte en fût (70 % du vin) et en cuve pour cet aligoté expressif. Citron et notes de noisette grillée s'associent au nez. En bouche, un équilibre assuré se manifeste entre rondeur briochée et fraîcheur acidulée. Du relief et du charme. ⧗ 2021-2024

JEAN ET CÉCILE MUSSO (CH. DE SASSANGY), Le Château, 71390 Sassangy, tél. 03 58 09 73 66, mussojean71@gmail.com V *r.-v.* C

DOM. VINCENT WENGIER 2019 ★

	2600		5 à 8 €

Un domaine familial de 25 ha (certifié HVE) situé dans le village de Préhy, au cœur du vignoble chablisien, repris en 1998 par Vincent Wengier et son épouse Sophie. La conversion bio est engagée depuis 2020.

De jeunes vignes de 15 ans sont à l'origine de ce vin de bonne intensité : biscuits, agrumes, touche amylique. En bouche, on aime son attaque vive, son développement sur une fraîcheur mesurée et sa finale sur la coquille d'huître. Un joli classique. ⧗ 2021-2023

SCEA DOM. VINCENT WENGIER, 45, Grande-Rue-de-Chablis, 89800 Prehy, tél. 06 51 22 77 39, dwengier@orange.fr V *r.-v.*

CRÉMANT-DE-BOURGOGNE

Superficie : 1 935 ha / Production : 125 850 hl

Comme toutes les régions viticoles françaises, ou presque, la Bourgogne avait son appellation pour les vins mousseux élaborés sur l'ensemble de son aire géographique. La qualité n'était pas très homogène et ne correspondait pas, la plupart du temps, à la réputation de la région, sans doute parce que les mousseux se faisaient à partir de vins trop lourds. Reconnue en 1975, l'appellation crémant-de-bourgogne a remplacé l'AOC bourgogne mousseux en 1984. Elle impose des conditions de production aussi strictes que celles de la région champenoise et calquées sur celles-ci. Elle connaît actuellement un bon développement. Un crémant-de-bourgogne peut être un blanc de blancs élaboré généralement par un assemblage de chardonnay et d'aligoté, ou il peut assembler des cépages blancs avec le pinot noir et/ou le gamay vinifiés en blanc. Il existe aussi des rosés.

BAILLY-LAPIERRE Chardonnay ★

	n.c.		8 à 11 €

Aujourd'hui, 430 vignerons apportent leurs raisins à la cave de Bailly-Lapierre, qui fut à l'origine du crémant-de-bourgogne. Principal élaborateur d'effervescents de la région, la coopérative propose une vaste gamme de crémants de qualité, qui reposent dans les immenses galeries souterraines

d'une ancienne carrière calcaire. Elle fournit aussi des vins tranquilles. Une valeur sûre.

Une bulle fine et persistante anime ce crémant d'un bel or pâle. Au nez, de délicats arômes de fleurs et fruits blancs mâtinés d'épices. En bouche, de la fraîcheur en attaque, sur les agrumes, puis une aimable rondeur, avant une finale minérale. Un ensemble harmonieux et complet. ⧗ 2021-2022 ● **Pinot Noir ★ (8 à 11 €; 500 000 b.)** Au nez, de discrets arômes de petits fruits rouges et d'agrumes. En bouche, de la vivacité, du fruit et une finale plus douce. ⧗ 2021-2022

SCA CAVES BAILLY-LAPIERRE, quai de l'Yonne, 89530 Saint-Bris-le-Vineux, tél. 03 86 53 77 77, home@bailly-lapierre.fr V r.-v.

JEAN-CHARLES BOISSET JCB N°21 ★

● | 40 000 | | 15 à 20 €

Une maison de négoce développée par Jean-Charles Boisset, fils de Jean-Claude, négociant et propriétaire réputé de la Côte de Nuits.

Une base de chardonnay (50 %) complétée par du pinot noir, du gamay et de l'aligoté dans ce crémant expressif, citronné et amylique, stimulé par une bulle fine et active. La bouche se montre légère, fraîche, fruitée, de bonne longueur. ⧗ 2021-2022

SASU BOISSET EFFERVESCENCE (JEAN-CHARLES BOISSET), 5, quai Dumorey, 21700 Nuits-Saint-Georges, tél. 03 80 62 61 00, info@imaginarium-bourgogne.com V t.l.j. 10h-13h 14h-18h. dim. lun. mar. 14h-18h.

DOM. BOUHÉLIER Cuvée Tradition ★

● | 40 000 | | 8 à 11 €

Sylvain Bouhélier s'est installé, hors du cadre familial, dans un petit village du Châtillonnais, aux portes de la Champagne, sur la route touristique des crémants, dont il se fait une spécialité. Il y a planté ses premiers pieds de vigne en 1988 et conduit aujourd'hui un vignoble de 6 ha. Son fils Paul assure les vinifications depuis 2019.

Pinot noir, chardonnay et pinot blanc unis dans ce crémant aux bulles fines et abondantes. Au nez, les agrumes sont à la fête, enrobés par une touche beurrée. En bouche, c'est frais, fruité, harmonieux. ⧗ 2021-2022

SARL DOM. BOUHÉLIER, 1, pl. Saint-Martin, 21400 Chaumont-le-Bois, tél. 03 80 81 95 97, contact@bouhelier.com V r.-v.

LOUIS BOUILLOT Grande Réserve ★

● | 40 000 | | 8 à 11 €

Une maison de négoce spécialiste des crémants fondée en 1877 à Nuits-Saint-Georges par Louis Bouillot, dans le giron du groupe Boisset depuis 1997. Une valeur sûre.

Chardonnay (50 %) pinot noir, gamay et aligoté pour ce crémant à la bulle fine et abondante. Le nez, discret mais élégant, associe les fruits frais à une touche beurrée. La bouche apparaît mûre et ronde, avec une bonne acidité en filigrane. ⧗ 2021-2022 ● **Perle d'Aurore ★ (8 à 11 €; 40 000 b.)** Un rosé à la bulle discrète mais fine, au joli nez de griotte mûre et de jasmin, souple, frais et fruité (abricot, fruits rouges) en bouche. ⧗ 2021-2022

SARL MAISON LOUIS BOUILLOT, Passage Montgolfier, 21700 Nuits-Saint-Georges, tél. 03 80 61 61 44, info@louis-bouillot.com V t.l.j. 10h-13h 14h-18h; dim. lun. mar. 14h-19h

CAVES FOURNILLON 2018 ★

● | 4 200 | | 8 à 11 €

Conduit depuis 2004 par Pascal Fournillon, ce domaine familial couvre 23 ha sur les coteaux du Chablisien, d'Épineuil et de Bernouil dans le Tonnerrois. Fierté des Fournillon, la «Vigne de l'Empereur», parcelle de chardonnay préphylloxérique, plantée en 1835, est toujours présente sur la propriété.

Une dominante de pinot noir (80 %) et du chardonnay à l'origine de cette bulle élégante, animée par de fines bulles. Une élégance qui caractérise aussi le nez, discret mais délicat, floral et fruité. La bouche est dans le ton, offrant de la fraîcheur et une texture crémeuse et soyeuse. ⧗ 2021-2022

SCEA DOM. FOURNILLON, 34, Grande-Rue, 89360 Bernouil, tél. 03 86 55 50 96, contact@domaine-fournillon.com V t.l.j. 8h-12h30 13h30-19h

♥ CLAUDE GHEERAERT Pinot noir 2018 ★★

● | 30 000 | | 5 à 8 €

Claude Gheeraert a créé en 1991 cette petite exploitation familiale de 7 ha, située au cœur du Châtillonnais et spécialisée dans l'élaboration de crémant-de-bourgogne.

Ce blanc de noirs se présente dans une seyante robe pâle et brillante, parcourue par une bulle très fine et persistante. Au nez, les petits fruits rouges se mêlent harmonieusement à la pêche blanche. La bouche, stimulée par une effervescence active, associe grande fraîcheur, fruité soutenu, à l'unisson du bouquet, volume et longueur. Du caractère et de l'élégance. ⧗ 2021-2023

EARL DES VIGNES DE JOURS, 1, rue Haute, 21400 Mosson, tél. 03 80 93 71 67, claude.gheeraert@nordnet.fr V t.l.j. sf dim. 10h30-18h

CAVE DE JULIENAS CHAINTRÉ ★

● | 10 000 | | 5 à 8 €

La cave de Juliénas-Chaintré résulte de l'union, en 2013, des coopératives de Juliénas (Beaujolais) et de Chaintré (Mâconnais), fondées respectivement en 1961 et en 1928, et situées à 6 km l'une de l'autre. La nouvelle entité compte 290 ha de vignes, chaque cave gardant sa structure de vinification et son identité propres. Le siège social de la cave est établi au château du Bois de la Salle, un ancien prieuré du XVIe s.

BOURGOGNE

Ce pur chardonnay d'un beau jaune soutenu livre un bouquet non moins intense de fleurs blanches, de citron, de cannelle et de miel. En bouche, il se montre frais, alerte, bien fruité, avec une agréable amertume en finale. ⧗ 2021-2022

CAVE DE JULIÉNAS CHAINTRÉ, Ch. du Bois de la Salle, 69840 Juliénas, tél. 04 74 04 41 66, contact@julienaschaintre.fr V t.l.j. 9h-12h 14h-18h

CH. DE LACHASSAGNE ★★

●	6271		8 à 11 €

Les origines de ce domaine établi au cœur du pays des Pierres dorées remontent à 1535. Celui-ci resta propriété des Rochechouart-Mortemart et des Laguiche jusqu'à son rachat en 1977. Aujourd'hui, 62 ha clos de murs entourent le château, qui date de 1810-1830, et 26 ha sont dévolus au vignoble. L'exploitation est dirigée depuis 2007 par Olivier Bosse-Platière et son épouse Véronique.

Chardonnay et pinot noir unis pour le meilleur dans ce crémant à la bulle fine et régulière. Au nez, les fleurs (acacia, genêt) et les agrumes se mêlent à une touche minérale. On retrouve cette harmonie aromatique dans une bouche ample, crémeuse et ronde, soulignée par une belle fraîcheur. ⧗ 2021-2023

SARL CH. DE LACHASSAGNE, 416, rue du Château, 69480 Lachassagne, tél. 04 74 67 00 57, contact@chateaudelachassagne.com V r.-v.

Ⓑ CH. DE LAVERNETTE Brut nature ★★

●	5000		11 à 15 €

Ancienne propriété des moines de Tournus, le domaine, aux confins du Mâconnais et du Beaujolais, a été acquis par la famille en 1596. Descendant des Lavernette, Bertrand de Boissieu quitte la coopérative en 1988; son fils Xavier prend le relais en 2007. Il pratique la biodynamie depuis 2005 (certifiée en 2010). Sur ses 13 ha de vignes, il produit des vins du Beaujolais, du bourgogne d'appellations régionales et des pouilly-fuissé.

Ce brut nature né du seul chardonnay a frôlé le coup de cœur. Mousse crémeuse, bulles fines, robe joliment dorée, l'approche est engageante. Au nez, l'aubépine, le chèvrefeuille et les fruits blancs se mâtinent d'épices douces. Beaucoup de fraîcheur se dégage du palais, mais aussi une pointe de suavité qui enrobe le tout. Un crémant épanoui. ⧗ 2021-2023

EARL CH. DE LAVERNETTE, 70, chem. de la Vernette, 71570 Leynes, tél. 03 85 35 63 21, chateau@lavernette.com V r.-v.

LOUIS LORON & FILS Impérial ★

●	9000		8 à 11 €

Maison de négoce familiale fondée à Fleurie en 1932 qui, outre ses vins tranquilles du Beaujolais et du Mâconnais, s'est fait une spécialité du crémant-de-bourgogne.

D'un beau jaune marqué, cette cuvée dévoile un joli bouquet de fleurs blanches, de miel et de vanille. La bouche affiche du volume, de la souplesse et une fraîcheur nette et saline. Un crémant pur et droit. ⧗ 2021-2022 ● **Prestige ★ (8 à 11 €; 106 474 b.)** Épices, citron, thym, touche minérale, le nez est élégant et prometteur. La bouche ne déçoit pas, offrant beaucoup de fraîcheur et de dynamisme. ⧗ 2021-2022 ● **Tradition ★ (5 à 8 €; 61 490 b.)** Bulles fines et abondantes, nez ouvert sur les fruits exotiques, les fleurs blanches et une touche minérale, bouche souple, fraîche et fruitée : un crémant harmonieux et élégant. ⧗ 2021-2022

SAS LOUIS LORON ET FILS, 75, passage du Vivier, 69820 Fleurie, tél. 04 74 04 10 22, fernand.loron@wanadoo.fr V t.l.j. sf dim. 8h30-12h 14h-18h; sam. 9h-13h.

DOM. PIERRE ROUSSEAU ★

●	2084		8 à 11 €

Un petit domaine de 5 ha (certifié HVE) fondé en 1985 sur les hauteurs de Molesme, dans le Chatillonnais. Francis Rousseau est aux commandes depuis 2013.

Ce pinot noir d'un beau rose soutenu livre un bouquet agréable de petits fruits rouges et de bonbon anglais. Arômes agrémentés d'une touche minérale dans une bouche ample et très fraîche. ⧗ 2021-2022

DOM. PIERRE ROUSSEAU, Sur les Petites Vignes, 21330 Molesmes, tél. 06 86 87 31 37, domainepierrerousseau@gmail.com V r.-v.

CH. DE SASSANGY Grand Éminent 2014 ★

●	4000		11 à 15 €

Situé dans l'arrière-pays vallonné de Chalon-sur-Saône, ce domaine est dans la famille Musso depuis plus de 3 siècles : une vaste propriété de 300 ha commandée par un château édifié en 1740 sur les vestiges d'une place forte des Xᵉ et XIIᵉs. Installés en 1979, Jean Musso et son épouse Geno ont redonné vie à ce vignoble endormi depuis la crise du phylloxéra (50 ares à leur arrivée), qui s'étend aujourd'hui sur 45 ha, conduit en bio.

Ce pinot noir se présente dans une robe légèrement cuivrée, animée par un fin cordon de bulles. Au nez, il convoque des arômes intense de café torréfié, de caramel et de pâtisserie. Arômes qui irriguent également une bouche ample, riche et ronde, soutenu par un bon boisé. Un crémant puissant, pour amateurs avertis. ⧗ 2021-2023

JEAN ET CÉCILE MUSSO (CH. DE SASSANGY), Le Château, 71390 Sassangy, tél. 03 58 09 73 66, mussojean71@gmail.com V r.-v.

ALBERT SOUNIT Grande Cuvée Grands Eminents 2016 ★

●	2707		20 à 30 €

Fondée en 1851 par Flavien Jeunet, cette maison de négoce, qui possède aussi 16 ha de vignes en propre, a été reprise dans les années 1930 par la famille Sounit, qui l'a cédée à son importateur danois en 1993. L'une des valeurs sûres de la Côte chalonnaise, en vins tranquilles comme en effervescents.

Des bulles persistantes irriguent la robe limpide et brillante de ce chardonnay. Au nez, les fruits sont à la fête : orange, citron, pomme verte, pêche. Un fruité qui infuse aussi une bouche très fraîche, très tonique, soulignée en finale par une touche minérale. ⧗ 2021-2022

MAISON ALBERT SOUNIT,
5, pl. du Champ-de-Foire, 71150 Rully, tél. 03 85 87 20 71, albert.sounit@wanadoo.fr V *r.-v.*

♥ VEUVE AMBAL Blanc de blancs ★★

●	100000		8 à 11 €

Vénérable négoce spécialisé en crémant, fondé en 1898 par Marie Ambal et conduit depuis 1988 par son descendant Éric Piffaut. Né à Rully, établi à Beaune depuis 2005, il est le plus important élaborateur de bulles bourguignonnes, issues pour une large part de son vaste vignoble de 250 ha.

Veuve Ambal fait mouche avec ce blanc de blancs couvert par une mousse onctueuse et animée par une bulle fine et régulière. Au nez, les fruits jaunes et les fleurs blanches s'unissent délicatement. La bouche conjugue en toute harmonie texture fine, fine fraîcheur, aimable rondeur et sucrosité bien dosée. ⧗ 2021-2023 ● **Millésime 2018 ★ (8 à 11 €; 400000 b.)** Robe or mat, nez gourmand de beurre frais, de crème meringuée et de fleurs blanches, bouche souple, fine, fraîche, aérienne : un millésime charmeur en diable. ⧗ 2021-2022 ● **Grande Cuvée ★ (5 à 8 €; 600000 b.)** À un joli nez de fruits rouges, de fraise notamment, fait écho une bouche fine, fraîche, bien équilibrée. Harmonieux. ⧗ 2021-2022 ● **Tradition ★ (5 à 8 €; 250000 b.)** Un nez ouvert sur les fruits exotiques et la pâte de fruits mâtinés d'une touche minérale, une bouche tout aussi fruitée, nette et alerte, avec une finale plus enrobée. ⧗ 2021-2022

SAS LES PETITS-FILS DE VEUVE AMBAL,
Le Pré-Neuf, 21200 Montagny-lès-Beaune,
tél. 03 80 25 01 70, contact@veuve-ambal.com
V *t.l.j. 10h-18h*

➡ LE CHABLISIEN

PETIT-CHABLIS

Superficie : 780 ha / Production : 46 000 hl

Cette appellation constitue la base de la hiérarchie bourguignonne dans le Chablisien et provient des parcelles installées à la périphérie des appellations plus prestigieuses. Moins complexe que le chablis, le petit-chablis possède une acidité un peu plus élevée. Autrefois consommé en carafe, dans l'année, il est maintenant mis en bouteille. Victime de son nom, il a eu de la peine à se développer, mais il semble qu'aujourd'hui le consommateur ne lui tienne plus rigueur de son adjectif dévalorisant.

♥ VIGNOBLES DES 5 ARCHES 2019 ★★

■	7200		11 à 15 €

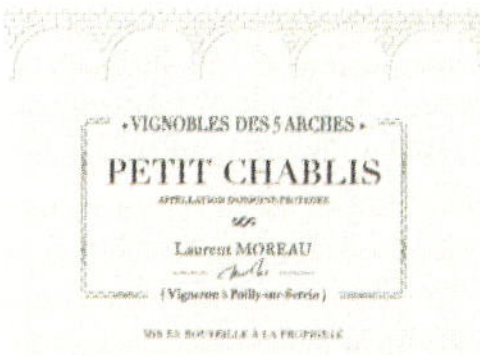

Issu d'une famille bien connue dans le Chablisien, enracinée dans la région depuis le XVIIes., Benjamin Laroche, après avoir travaillé à la direction commerciale de plusieurs maisons, entre Bourgogne, Rhône et Languedoc, a créé en 2014 sa maison de négoce à Chablis.

Benjamin Laroche est un explorateur en quête de pépites dans le vignoble chablisien, afin d'élaborer des vins tout en finesse, exprimant à la fois tension et minéralité. Exercice plus que réussi avec ce remarquable 2019. Le nez, intense, convoque les fruits mûrs à point. Le prélude gourmand à une bouche ample et généreuse qui croque dans les agrumes et qui déploie tout du long une fine acidité apportant fraîcheur, longueur et équilibre. ⧗ 2021-2024

SAS BENJAMIN LAROCHE,
40, rte d'Auxerre, 89800 Chablis, tél. 03 86 32 19 50, contact@lamanufacture-vins.fr V *r.-v.*

DOM. GUY ET OLIVIER ALEXANDRE 2019 ★

■	30000		8 à 11 €

Une exploitation familiale qui se transmet depuis 3 générations, dirigée depuis 2012 par Olivier Alexandre, fils de Guy. Le vignoble de 13 ha (certifié HVE 3) est réparti sur 4 communes.

Toute la fraîcheur et la vivacité de l'appellation dans ce millésime 2019. Le nez élégant hésite entre le fruit et les fleurs blanches. Minérale et acidulée, la bouche est souple et très bien équilibrée. Un vrai vin de plaisir. ⧗ 2021-2024

SCEA DOM. GUY ET OLIVIER ALEXANDRE,
36, rue du Serein, 89800 La Chapelle-Vaupelteigne,
tél. 03 86 42 44 57, info@chablis-alexandre.com
V *t.l.j. sf lun. dim. 9h-12h 14h-18h*

VIGNOBLE ANGST 2019 ★

■	3000		8 à 11 €

Un domaine de création récente (2014), installé dans l'Yonne à Pontigny, village célèbre pour son abbaye cistercienne. Le vignoble de 11,8 ha est conduit par un jeune couple, Céline et Antoine Angst, qui ne sont pas issus du monde viticole. Un vignoble certifié HVE et en cours de conversion bio.

Ce 2019 fait la part belle à son terroir. Il propose un joli nez floral (acacia) et quelques zestes d'agrumes. La bouche apparaît souple et ronde, soutenue par la minéralité et prolongée par une finale persistante et dynamique. Très harmonieux. ⧗ 2021-2024

SARL VIGNOBLE ANGST,
1, rue Pasteur, 89230 Pontigny, tél. 06 68 36 27 75, vignobleangst@orange.fr V *r.-v.*

BOURGOGNE

BARDET ET FILS 2019 ★

| 8910 | | 8 à 11 € |

Les frères Bardet, Philippe et Michel, exploitent des vignes depuis 1991 à Préhy, mais leur caveau de dégustation est situé dans la petite cité de Noyers-sur-Serein. Leurs fils respectifs, Damien et Alexandre, ont rejoint le domaine familial de 9 ha, complété par une activité de négoce en 2009.

Une belle harmonie entre la bouche et le nez dans cette cuvée d'une grande fraîcheur minérale. Au nez, les arômes de fleurs blanches s'épanouissent sur un fond minéral. La bouche est franche, gourmande d'agrumes, tendue et persistante. Très chablisien. ⧗ 2021-2024

SCEA DE LA BORDE (DOM. BARDET ET FILS), Ferme de la Borde, 89310 Noyers-sur-Serein, tél. 07 70 97 46 40, vins.bardet@free.fr V r.-v.

DOM. DE LA CORNASSE 2019 ★

| 20000 | | 11 à 15 € |

Nathalie, fille aînée d'Alain Geoffroy, producteur bien connu de Beine, a créé son propre vignoble en 2000. Aujourd'hui, elle est aidée de ses 2 sœurs, Sylvie et Aurélie, qui l'ont rejointe sur ce domaine de 6 ha très régulier en qualité. Les cuvées sont vinifiées en cuve pour préserver la fraîcheur typique des vins de Chablis.

Seulement 5 mois d'élevage en cuve, mais déjà une belle maturité. Le nez, charmeur, associe un fruité soutenu à des senteurs délicates de fleurs blanches. La bouche s'exprime sur la rondeur du fruit sans négliger la vivacité, avec une pointe d'amertume qui vient stimuler la finale. ⧗ 2021-2024

SCEA DOM. DE LA CORNASSE, 4, rue de l'Équerre, 89800 Beine, tél. 03 86 42 43 76, info@chablis-geoffroy.com V *t.l.j. sf sam. dim. 8h-12h 13h30-17h30*

DOM. JEAN-CLAUDE COURTAULT 2019 ★

| 25000 | | 8 à 11 € |

Originaire de Touraine, Jean-Claude Courtault arrive dans le Chablisien en 1984 et s'installe à Lignorelles pour fonder son domaine, qui couvre 22 ha aujourd'hui (dont 1 ha de bourgogne Épineuil), complété par une activité de négoce. Sa fille Stéphanie a pris la relève en 2019. Avec son mari Vincent Michelet, elle a aussi créé en parallèle sa propre exploitation (Dom. Michelet) : les 2 domaines travaillent en synergie, en mutualisant leurs moyens.

Fraîcheur, finesse, harmonie : ces 3 termes pourraient suffire pour résumer cette agréable cuvée. Aérien et délicat, le nez se concentre sur les fleurs blanches. La bouche ample et ronde est soulignée par un trait de minéralité qui ajoute ce qu'il faut de vivacité pour assurer l'équilibre. ⧗ 2021-2024

EARL COURTAULT-MICHELET, 1, rte de Montfort, 89800 Lignorelles, tél. 03 86 47 50 59, contact@chablis-courtault-michelet.com V r.-v.

DOM. SÉBASTIEN DAMPT Terroir de Fyé 2019 ★

| 3000 | | 8 à 11 € |

Installé à Chablis, Sébastien Dampt, fils de Daniel Dampt, vigneron à Milly, conduit depuis 2007 son propre domaine de 8,5 ha. Sous l'enseigne « Maison Dampt », il a ouvert une maison de négoce qu'il dirige avec son frère Vincent.

Des vignes proches du village de Fyé et un élevage en cuve pendant 8 mois pour aboutir à cette cuvée classique. Le nez s'ouvre sur les fleurs blanches et des notes citronnées. La bouche est tendue, vive et fruitée. Un vin droit, d'une grande fraîcheur. ⧗ 2021-2024

SÉBASTIEN DAMPT, 23 C, rue du Château, 89800 Milly, tél. 03 86 18 96 50, sebastien@sebastien-dampt.com V *r.-v.*

DOM. JEAN DAUVISSAT PÈRE ET FILS 2018 ★

| 1000 | | 8 à 11 € |

Cette exploitation familiale de 22 ha, qui propose des petit-chablis, des chablis et cinq 1ers crus, avait cessé de commercialiser sa production dans les années 1990. L'arrivée de Fabien Dauvissat à la tête de la propriété a remis ce domaine sur le devant de la scène chablisienne. La conversion bio est engagée depuis 2019.

Vif, fruité, très aromatique, voici un chardonnay idéal pour l'apéritif. Le nez élégant navigue entre les senteurs de fleurs blanches et d'agrumes. La bouche est longue, droite, avec un bon équilibre entre un fruit gourmand et la minéralité, avec une jolie finale citronnée en conclusion. ⧗ 2021-2024

EARL DOM. JEAN DAUVISSAT PÈRE ET FILS, 11-13, rue de Léchet, 89800 Milly, tél. 03 86 42 12 23, fabien@jeandauvissat.com V *r.-v.*

GAUTHERON 2019 ★

| 1800 | | 11 à 15 € |

Vignerons de père en fils depuis 1809, les Gautheron sont établis à l'est de Chablis. Alain, installé en 1977, représente la 6e génération et Cyril, arrivé en 2001, la 7e. Le père et le fils exploitent un domaine qui s'est agrandi (il est passé de 8 à 30 ha entre 1977 et aujourd'hui) et modernisé. Une belle régularité en chablis et en petit-chablis.

Un vin bien typé, élégant dans sa robe jaune clair. Le nez complexe s'exprime sur le fruit jaune mâtiné de notes beurrées. Derrière une attaque vive, la bouche prend de l'amplitude, se fait soyeuse et laisse le fruit exploser sur la longueur. ⧗ 2021-2024

SCEV DOM. ALAIN ET CYRIL GAUTHERON, 18, rue des Prégirots, 89800 Fleys, tél. 03 86 42 44 34, vins@chablis-gautheron.com V *t.l.j. 8h-12h 13h30-17h; sam. dim. sur r.-v.*

DOM. DE GRILLOT Séduction 2018 ★★

| 8200 | | 8 à 11 € |

Établi dans le petit village de Collan, James Haigre s'est installé en 1996. Il y produit du petit-chablis et du chablis.

Beurré, légèrement épicé sur fond de fleurs blanches et d'agrumes, le nez est une invitation au voyage. La bouche prolonge le plaisir olfactif par sa fraîcheur et son équilibre : elle est droite, vive, bien ciselée, l'acidité se fondant dans les arômes d'abricot, avec une longue finale pleine d'énergie qui emporte l'adhésion. ⧗ 2021-2024

JAMES HAIGRE (DOM. DE GRILLOT), 16, rue de l'Ancien-Presbytère, 89700 Collan, tél. 06 07 62 64 08, domainedegrillot@gmail.com V r.-v.

DOM. DOMINIQUE GRUHIER Sur les Clos 2019 ★

7700 | 11 à 15 €

Ancien cellier à vins de l'abbaye cistercienne de Quincy fondée en 1212, ce domaine a retrouvé sa vocation viticole à partir de 1990, sous l'impulsion de Dominique Gruhier, qui dispose des plus belles caves de la région. Aujourd'hui, 28 ha en conversion bio et l'une des valeurs sûres du finage d'Épineuil.

Moitié cuve, moitié fût pour l'élevage de ce petit-chablis issu d'une sélection parcellaire. Un vin bien équilibré qui se distingue d'emblée par son joli nez de fleurs blanches sur fond de minéralité. Minéralité que l'on retrouve dans une bouche droite, tendue, d'une grande fraîcheur. Du classique, mais du bon classique. 2021-2024

SARL DOMINIQUE GRUHIER, rue du Clos-de-Quincy, 89700 Épineuil, tél. 03 86 55 32 51, vin@bourgognevin.com V r.-v. 5

♥ DOM. HAMELIN 2019 ★★

70000 | 8 à 11 €

Héritier d'au moins 7 générations de vignerons, Charles Hamelin et son père Thierry conduisent un vignoble de 37 ha sur les communes de Lignorelles, Beine et Poinchy.

Ce petit-chablis à la fois gras et minéral a tout d'un grand. Le nez, très élégant, associe harmonieusement les fruits jaunes à de fines notes poivrées. La bouche est un exemple d'équilibre. Ample, concentrée sur le fruit frais (pêche, abricot), d'une belle finesse de t exture, soyeuse, elle s'étire avec droiture et fraîcheur jusqu'en finale. 2021-2024

SCEA DOM. HAMELIN, 6, rte de Bleigny, 89800 Lignorelles, tél. 03 86 47 54 60, domaine.hamelin@orange.fr V *t.l.j. sf sam. dim. 8h-12h 13h30-18h*

CHARLY NICOLLE 2019 ★

10000 | 11 à 15 €

Les arrière-grands-parents de Charly Nicolle cultivaient déjà la vigne. À la suite des générations précédentes, le jeune vigneron s'est lancé dans l'aventure. Installé à Fleys, à l'est de Chablis, il a créé son propre domaine en 2011, choyant ses 17 ha de chardonnay, et s'est imposé comme une valeur sûre du Chablisien. Il conduit aussi en parallèle le domaine familial de La Mandelière.

Au nez, les premières senteurs toastées sont rapidement rattrapées par des arômes de fruits jaunes et de fleurs blanches. La bouche est élégante et s'exprime avec franchise autour d'une attaque souple, de fines notes citronnées pour soutenir la rondeur et une pointe d'amertume en finale. 2021-2024

CHARLY NICOLLE, 17, rue des Pré-Girots, 89800 Fleys, tél. 09 54 94 40 83, contact@chablis-charlynicolle.com V r.-v.

DOM. PASSY LE CLOU 2020 ★

90000 | 11 à 15 €

La famille Patrice a créé le Dom. Patrice dans les années 1950. En 2017, Gérard Patrice a cédé le domaine aux Descombe (également propriétaire dans le Beaujolais et la vallée du Rhône), qui le renomme alors Dom. Passy le Clou.

Seulement 6 mois d'élevage en cuve pour ce petit-chablis qui a la fraîcheur de sa jeunesse. Mais pas que. Le nez séduit aussi par sa finesse, développant des arômes de fleurs blanches et de fruits. La bouche va dans le même sens et offre un bel équilibre entre la rondeur et la vivacité. 2021-2024

SCEA LE CLOU (DOM. PASSY LE CLOU), 5, rue des Fossés, 89800 Beines, tél. 06 73 88 78 03, info@passyleclou.com

BOURGOGNE

ISABELLE ET DENIS POMMIER Hautérivien 2019 ★

45000 | 11 à 15 €

Établis à Chablis, Isabelle et Denis Pommier exploitent un domaine de 18 ha créé en 1990 et très régulier en qualité. Après avoir conduit 15 ans leur vignoble en lutte raisonnée, ils ont obtenu la certification bio en 2014.

Un vin très expressif qui repose sur 2 piliers : le fruit mûr et la minéralité. Les fruits jaunes sont associés aux fleurs blanches dans un nez très élégant. En bouche, c'est l'acidité qui prend la main et donne la réplique aux agrumes. Une cuvée équilibrée, bien typée, avec beaucoup de fraîcheur. 2021-2024

SCEV POMMIER, 31, rue de Poinchy, 89800 Chablis, tél. 03 86 42 83 04, isabelle@denis-pommier.com V r.-v.

DOM. SÉGUINOT-BORDET 2019 ★

15000 | 11 à 15 €

Une des plus anciennes familles du Chablisien, établie à Maligny sur la rive droite du Serein. Jean-François Bordet a repris en 1998 l'exploitation de son grand-père Roger Séguinot. Le domaine couvre aujourd'hui 15 ha, complété par une activité de négoce en 2002.

Un élevage en cuve horizontale, sur lies fines, pour aboutir à cette cuvée racée, d'une grande fraîcheur minérale. Le nez évoque un bouquet de fleurs blanches associé aux agrumes. En bouche, le fruité est soutenu par une belle tension et déploie en finale d'agréables notes de réglisse. 2021-2024

EARL DOM. SÉGUINOT-BORDET, 8, chem. des Hâtes, 89800 Maligny, tél. 03 86 47 44 42, contact@seguinot-bordet.fr V r.-v.

DOM. YVON ET LAURENT VOCORET 2019 ★

16600 | 8 à 11 €

Héritier d'une lignée remontant à 1713, conteur patoisant, bon vivant et pilier chablisien, Yvon Vocoret est une figure du vignoble. À la tête depuis 1980 du domaine familial (25 ha), situé à Maligny, il a aujourd'hui passé le relais à son fils Laurent.

Les fondamentaux de l'appellation se retrouvent dans ce millésime élégant et bien équilibré. La finesse du nez parsemé de fleurs blanches précède la vivacité de la bouche. Un vin droit, tendu, avec un fruité soyeux. 2021-2024

EARL DOM. YVON ET LAURENT VOCORET, 9, chem. de Beaune, 89800 Maligny, tél. 03 86 47 51 60, domaine.yvon.vocoret@wanadoo.fr t.l.j. sf dim. 8h-12h 13h30-18h

CHABLIS

Superficie : 3 150 ha / Production : 187 000 hl

Le chablis doit à son sol ses qualités inimitables de fraîcheur et de légèreté. Les années froides ou pluvieuses lui conviennent mal, son acidité devenant alors excessive. En revanche, il conserve lors des années chaudes une fraîcheur et une minéralité que n'ont pas les vins blancs de la Côte-d'Or, également issus du chardonnay. On le boit jeune, mais il peut vieillir jusqu'à dix ans et plus, gagnant ainsi en complexité.

VIGNOBLE ANGST 2019 ★

20000 | 11 à 15 €

Un domaine de création récente (2014), installé dans l'Yonne à Pontigny, village célèbre pour son abbaye cistercienne. Le vignoble de 11,8 ha est conduit par un jeune couple, Céline et Antoine Angst, qui ne sont pas issus du monde viticole. Un vignoble certifié HVE et en cours de conversion bio.

Un chablis jeune mais déjà séduisant, droit, précis, porté par la minéralité du terroir. Délicat au nez avec des notes mentholées, il est bien équilibré en bouche, la rondeur du fruit donnant la réplique à la vivacité. 2021-2024

SARL VIGNOBLE ANGST, 1, rue Pasteur, 89230 Pontigny, tél. 06 68 36 27 75, vignobleangst@orange.fr r.-v.

BARDET ET FILS Vieilles Vignes 2019 ★

1930 | 11 à 15 €

Les frères Bardet, Philippe et Michel, exploitent des vignes depuis 1991 à Préhy, mais leur caveau de dégustation est situé dans la petite cité de Noyers-sur-Serein. Leurs fils respectifs, Damien et Alexandre, ont rejoint le domaine familial de 9 ha, complété par une activité de négoce en 2009.

Onze mois d'élevage en cuve pour ce chablis classique issu de vignes de 45 ans. Le nez apparaît aérien avec ses arômes de fleurs blanches largement épanouies. En bouche, c'est le fruit qui domine, soutenu par une pointe d'acidité. Un vin tendre et plaisant. 2021-2024

SCEA DE LA BORDE (DOM. BARDET ET FILS), Ferme de la Borde, 89310 Noyers-sur-Serein, tél. 07 70 97 46 40, vins.bardet@free.fr r.-v.

DOM. BILLAUD-SIMON Tête d'Or 2019 ★★

30000 | 20 à 30 €

Un domaine historique de Chablis, fondé en 1815, qui a connu un grand développement après 1945 (première mise en bouteille à la propriété en 1954). Aujourd'hui, 17 ha et toute la hiérarchie des AOP du Chablisien, avec un bel éventail de 1ers crus et de grands crus prestigieux. En 2014, la propriété a été vendue à la maison nuitonne Faiveley. Une valeur sûre du Guide.

Elle n'est pas passée loin du coup de cœur cette cuvée Tête d'Or. Un chablis remarquable, d'une grande richesse aromatique. Le nez charmeur vous accueille avec son bouquet de fleurs blanches. Côté bouche, c'est la droiture, la précision, avec une vivacité qui transporte le fruit vers une finale doucement boisée. 2022-2026

2019 ★★ (15 à 20 €; 140000 b.) Un très beau classique de l'appellation, séduisant avec son nez complexe allant des fleurs blanches aux arômes d'agrumes, et sa bouche ample, tendue, vive, tapissée de fruits exotiques. 2022-2026

SARL DOM. BILLAUD-SIMON, 1, quai de Reugny, 89800 Chablis, tél. 03 86 42 10 33, contact@billaud-simon.com

CH. DE CHEMILLY 2019 ★

16500 | 11 à 15 €

Un domaine fondé par les frères Vilain en 1973, anciennement nommé Guette-Soleil, repris et rebaptisé en 2013 par les enfants de l'un d'eux : Yannick et Loïc, à la tête aujourd'hui d'un vignoble de 27 ha.

Un vin brillant et pas seulement au niveau de sa robe jaune paille. On aime la finesse du nez, qui se promène entre les fleurs blanches et les fruits jaunes, et la bouche, d'une belle longueur et bien équilibrée entre le gras de la matière et la fraîcheur minérale. 2021-2025

SCEA CH. DE CHEMILLY, 20, rue du Pont, 89800 Chemilly-sur-Serein, tél. 03 86 42 16 91, chablis@chateaudechemilly.fr r.-v.

DOM. COLBOIS Vieilles Vignes 2019 ★★

7500 | 8 à 11 €

Rejoint en 2009 par son fils Benjamin, Michel Colbois est établi depuis 1970 à Chitry-le-Fort. Ses blancs sont souvent en bonne place dans le Guide, qu'ils proviennent du chardonnay ou de l'aligoté. Son vignoble couvre 20 ha.

Du tempérament et une grande élégance : c'est ce qui émerge des commentaires concernant cette cuvée remarquable. L'élevage en fût est à peine perceptible tant les agrumes se sont emparés du nez. La tension minérale apporte de la vivacité et de l'énergie à une bouche croquante, saline, mais aussi souple et soyeuse. 2022-2026

SC DOM. COLBOIS, 69, Grande-Rue, 89530 Chitry, tél. 03 86 41 43 48, contact@colbois-chitry.com r.-v.

AGNÈS ET DIDIER DAUVISSAT 2019 ★★★

8000 | 11 à 15 €

Installés à Beine, Agnès et Didier Dauvissat, qui ont créé leur domaine en 1987, ont compris que l'amélioration de la qualité passait aussi par le travail dans les vignes. C'est ainsi qu'ils sont revenus au labour de leurs 13 ha pour préserver le terroir. Leur fils Florent les a rejoints en 2012. À leur carte, du petit-chablis,

chablis, chablis 1er cru, du bourgogne rouge et du crémant.

Ce vin est magnifique dans l'ensemble de sa composition. Le nez frais et citronné excite les papilles. Le fruit et la minéralité font le reste au cœur d'une bouche ample, puissante, droite, tendue, d'une belle longueur. Un modèle du genre. ⧗ 2022-2026 **Les Petits Vignerons 2018 ★ (11 à 15 €; 3000 b.)** La cuvée des 3 enfants de la famille se distingue d'emblée par son nez mentholé et légèrement épicé. En bouche, la minéralité et le boisé se fondent harmonieusement dans la rondeur du fruit. ⧗ 2021-2025

EARL AGNÈS ET DIDIER DAUVISSAT, chem. de Beauroy, 89800 Beine, tél. 03 86 42 46 40, agnes-didier.dauvissat@wanadoo.fr t.l.j. 10h-12h 14h-18h

DOM. GÉRARD DUPLESSIS 2019 ★

12000 | 11 à 15 €

Les Duplessis cultivent la vigne depuis 5 générations à Chablis. C'est aujourd'hui Lilian qui conduit le domaine et ses 8 ha de vignes répartis en une vingtaine de parcelles et certifiés bio depuis 2013.

Une belle expression du terroir dans cette cuvée. La minéralité est très présente sur toute la longueur. Au nez, elle se mêle aux senteurs de fleurs blanches. En bouche, elle apporte de la tension et évolue en harmonie avec une matière souple et généreuse. ⧗ 2021-2025

SCEV DUPLESSIS PÈRE ET FILS, 5, quai de Reugny, 89800 Chablis, tél. 03 86 42 10 35, contact@chablis-duplessis.com r.-v.

GARNIER ET FILS 2019 ★

65000 | 15 à 20 €

Ce domaine est né la même année que le Guide : 1985. Première cuverie en 1992. Aujourd'hui 24 ha, conduits par Xavier et Jérôme Garnier. Ici, la priorité est donnée au fruit et au terroir, et l'on a plutôt tendance à laisser faire la nature. Pas de levurage, mais des fermentations longues; pas de filtration non plus.

Une cuvée généreuse et délicate, encore réservée au premier nez, qui s'exprime avec finesse après aération sur la minéralité. Minéralité qui est le fil conducteur d'une bouche vive, tendue, bien équilibrée et d'une belle longueur. ⧗ 2021-2024

SARL GARNIER ET FILS, chem. de Méré, 89144 Ligny-le-Châtel, tél. 03 86 47 42 12, info@chablis-garnier.com

DOM. DES GENÈVES 2019 ★

13000 | 8 à 11 €

La famille Aufrère cultive la vigne depuis 5 générations. Le domaine actuel a été constitué en 1986 par Dominique Aufrère à partir de vignes familiales et il couvre aujourd'hui 21 ha. Stéphane, l'un de ses 2 fils, l'a rejoint en 1993, et conduit désormais la propriété.

Une robe dorée et brillante et un nez qui se décline en de multiples nuances (florales, fruitées, minérales), l'approche est séduisante. Les saveurs d'agrumes s'emparent d'une bouche ample, tendre et ronde, qui reste fraîche grâce au soutien d'une fine acidité. ⧗ 2021-2025

SCEA DOM. DES GENÈVES, 3, rue des Fourneaux, 89800 Fleys, tél. 03 86 42 10 15, domainegeneves@wanadoo.fr r.-v.

♥ DOM. ALAIN GEOFFROY Signature 2019 ★★

6000 | 20 à 30 €

Perpétuant une tradition viticole remontant à 1850, Alain Geoffroy, figure du vignoble chablisien, conduit un important domaine de 55 ha dont le siège est à Beine, village de la rive gauche du Serein, à l'ouest de Chablis. Pour la vinification, il privilégie l'élevage en cuve afin de préserver la fraîcheur des chablis.

Issue d'une sélection parcellaire, cette cuvée vise à restituer la pureté et l'expression minérale du terroir chablisien : exercice parfaitement réussi. Le nez séduit d'emblée par sa finesse florale. Mais c'est en bouche que le charme opère pleinement : une bouche ample, tendue, précise et vive, où la minéralité épouse longuement le fruit. ⧗ 2022-2027

SAS ALAIN GEOFFROY, 4, rue de l'Équerre, 89800 Beine, tél. 03 86 42 43 76, info@chablis-geoffroy.com t.l.j. sf sam. dim. 8h-12h 13h30-17h30

DOM. ANNE ET ARNAUD GOISOT 2019 ★★

10000 | 8 à 11 €

Installé depuis 1981 à Saint-Bris dans une maison bourgeoise du XIXe s., au milieu d'un parc arboré, ce couple de vignerons est aujourd'hui à la tête de 26 ha certifiés HVE et s'illustre régulièrement avec ses Côtes d'Auxerre. La 5e génération prend progressivement le relai.

Au nez, se dévoilent des parfums de fruits jaunes bien mûrs et de fleurs blanches. Une intensité aromatique à laquelle fait écho une bouche tout en fraîcheur, mais qui ne manque pas pour autant de rondeur. L'attaque est soyeuse, l'acidité subtile et l'équilibre parfait. Une cuvée aussi généreuse qu'harmonieuse. ⧗ 2022-2026

EARL ANNE ET ARNAUD GOISOT, Caves, 4 bis, rte de Champs, 89530 Saint-Bris-le-Vineux, tél. 03 86 53 32 15, aa.goisot@wanadoo.fr t.l.j. sf dim. 8h30-12h 13h30-18h30

B DOM. PHILIPPE GOULLEY 2019 ★

10000 | 15 à 20 €

Domaine en bio créé en 1991 par Philippe Goulley, exploitant alors en parallèle le Dom. Jean Goulley, converti à l'agriculture biologique plus tard et transmis à sa fille Maud en 2013. Le vignoble couvre 5 ha aux environs de la Chapelle-Vaupelteigne, au nord-ouest de Chablis.

Le domaine a fêté ses 30 ans de certification bio en 2021 et, inlassablement ses cuvées restituent la typicité de son terroir avec la minéralité comme fil conducteur. Le nez floral s'ouvre aussi sur les fruits secs et sur

BOURGOGNE

des notes citronnées. La bouche est vive, tendue et ne manque ni de matière, ni de fruit (agrumes), ni de longueur, pour finir sur la salinité. ⧗ 2021-2025

PHILIPPE GOULLEY, 11 bis, vallée des Rosiers, 89800 La Chapelle-Vaupelteigne, tél. 03 86 42 40 85, phil.goulley@orange.fr V r.-v.

B CORINNE ET JEAN-PIERRE GROSSOT 2019 ★

	50 000		11 à 15 €

Fondée en 1920 par les grands-parents des actuels vignerons, cette exploitation familiale est conduite depuis 1980 par Jean-Pierre et Corinne Grossot, rejoints par leur fille Ève. Elle dispose d'une belle cave voûtée et de 18 ha de vignes conduites en bio et réparties dans plusieurs terroirs du Chablisien.

Issu d'un long élevage en cuve (14 mois), ce chablis se distingue par sa finesse et sa fraîcheur. Le nez légèrement épicé s'exprime sur des arômes d'agrumes et de pomme verte. La bouche est tendue, précise, portée par une minéralité qui se fond dans les saveurs citronnées. ⧗ 2021-2025

EARL CORINNE ET JEAN-PIERRE GROSSOT, 4, rte de Mont-de-Milieu, 89800 Fleys, tél. 03 86 42 44 64, info@chablis-grossot.com V r.-v.

DOM. HEIMBOURGER 2019 ★

	15 000		8 à 11 €

Installée dans l'Yonne, la famille Heimbourger cultive la vigne depuis 3 générations. Le domaine a été constitué en 1960 par Pierre Heimbourger et repris en 1994 par son fils Olivier. Il couvre 17 ha dans les appellations bourgogne, irancy et chablis.

Jaune doré et brillant, ce chablis dévoile un nez d'une belle complexité aromatique autour des senteurs florales et de la minéralité. La bouche, centrée sur les agrumes, séduit par son équilibre entre une aimable rondeur et une vivacité typique de l'appellation, avec beaucoup de fraîcheur en finale. ⧗ 2021-2025

SCEA DOM. HEIMBOURGER, 5, rue de la Porte-de-Cravant, 89800 Saint-Cyr-les-Colons, tél. 06 19 58 54 84, heimbourger@wanadoo.fr V r.-v.

DOM. LONG-DEPAQUIT 2019 ★★

	97 000		15 à 20 €

Propriété de la maison Albert Bichot depuis 1968, ce domaine de près de 44 ha abrite un château du XVIIIes., en plein cœur de Chablis : un cadre idéal pour valoriser ses vins et plus particulièrement ses grands crus.

Un élevage en cuve court (6 mois) pour aboutir à ce vin typique et séduisant, situé dans le haut de gamme du millésime. Le nez, vif et puissant, se concentre sur les fleurs blanches. La bouche apparaît ample, droite, tendue, mais aussi ronde et gourmande. Un équilibre des plus aboutis. ⧗ 2021-2026

SCEA DOM. LONG-DEPAQUIT, 45, rue Auxerroise, 89800 Chablis, tél. 03 86 42 11 13, chateau-long-depaquit@albert-bichot.com V *t.l.j. sf dim. 9h-12h30 14h-18h*

DOM. MAGARIAN-MINOTTE Tradition 2019 ★

	20 245		8 à 11 €

Un père, Bernard Dampt, vigneron à Collan de 1980 à 1998, comme 3 générations avant lui; 3 frères, Éric, Emmanuel et Hervé; plusieurs exploitations : une pour chaque frère, une pour la fratrie. Les frères sont indissociables, mais chacun a son rôle à jouer, et tous font leurs propres vins.

Sous l'identité Magarian-Minotte, les frères Dampt produisent un vin casher. Une cuvée qui porte bien son nom, classique et bien typique de l'appellation. Le nez, d'abord floral, évolue ensuite sur des notes minérales très pures. La bouche se révèle ample et vive, bien équilibrée entre la douceur des agrumes et une acidité mesurée. Un chablis élégant. ⧗ 2021-2025

SARL VIGNOBLE DAMPT, rue de Fleys, 89700 Collan, tél. 03 86 55 29 55, vignoble@dampt.com V *t.l.j. sf dim. 9h-12h30 13h30-18h*

DOM. DES MARRONNIERS 2019 ★★

	60 000		8 à 11 €

Créé en 1976 par Marie-Claude et Bernard Légland, ce domaine (21 ha) a été repris en 2013 par un autre couple, Marie-Noëlle et Laurent Ternynck. Ce ne sont pas des inconnus puisqu'ils sont déjà à la tête du Dom. de Mauperthuis, à Massangis, avec lequel ils collectionnent les étoiles du Guide.

Toute l'opulence et la vivacité d'un bon chardonnay dans cette magnifique cuvée issue d'un élevage de 12 mois en cuve. Le nez intense et concentré dévoile des arômes de fruits jaunes bien mûrs. En attaque, les agrumes envahissent un palais large et long, puis une fine acidité vient trancher dans la rondeur pour apporter équilibre et fraîcheur. Un vin très harmonieux. ⧗ 2022-2026

Les Malantes Vieilles Vignes 2018 ★ (11 à 15 €; 21 000 b.) Une jolie cuvée dont la fraîcheur est liée à une minéralité bien présente aussi bien au nez qu'en bouche. Ample et aérien. ⧗ 2021-2024

SCEV DOM. DES MARRONNIERS, 3, Grande-Rue-de-Chablis, 89800 Préhy, tél. 03 86 41 42 70, contact@chablismarronniers.com V *t.l.j. sf sam. dim. 8h30-12h30 13h30-17h30*

STÉPHANIE ET VINCENT MICHELET Vieilles Vignes 2019 ★

	5 000		11 à 15 €

Vincent Michelet n'est pas né au pied d'un tonneau : il a travaillé dans d'autres vignobles, puis épousé Stéphanie, fille du Chablisien Jean-Claude Courtault. Tout en aidant au domaine familial, le jeune couple a créé en 2008 sa propre exploitation : 7 ha, essentiellement en petit-chablis.

Un petit passage en fût pour cet agréable chablis élevé essentiellement en cuve Inox. Le nez franc et floral séduit par sa finesse et s'enrichit d'arômes de fruits jaunes bien mûrs à l'aération. La bouche se montre vive et souple, avec une pointe d'acidité qui stimule les agrumes. Un joli vin de plaisir. ⧗ 2021-2024

VINCENT MICHELET, 1, rte de Montfort, 89800 Lignorelles, tél. 03 86 47 50 59, contact@chablis-courtault-michelet.com V *r.-v.*

DOM. MOSNIER Vieilles Vignes 2019 ★

13000 | 11 à 15 €

D'abord professeur de mécanique, Sylvain Mosnier, petit-fils de vignerons, a repris en 1978 les vignes de son grand-père et agrandi son domaine autour de Beine. Sa fille Stéphanie a quitté son métier d'ingénieure pour revenir en 2005 sur l'exploitation, qui compte aujourd'hui 19 ha. Elle vinifie depuis 2007 et dirige le domaine depuis 2013 et la retraite de son père.

D'une grande droiture, cette cuvée est bâtie sur le fruit. Les agrumes légèrement confits prennent possession du nez avant de se développer avec intensité dans une bouche généreuse, soutenue par une belle tension minérale qui apporte du nerf et de l'allonge. ⧗ 2022-2025

EARL SYLVAIN MOSNIER, 36, rte Nationale, 89800 Beine, tél. 03 86 42 43 96, contact@chablis-mosnier.com V *r.-v.*

♥ DOM. DE LA MOTTE Vieilles Vignes 2019 ★★

26000 | 11 à 15 €

Henri Michaut a planté les premières vignes en 1947 et a été longtemps coopérateur à La Chablisienne. À sa suite, sa famille s'est lancée avec succès dans la vinification; aujourd'hui conduit par Adrien Michaut, le domaine couvre plus de 52 ha et s'est imposé comme une valeur sûre du Chablisien.

Il faut bien des pieds de vignes cinquantenaires pour que les racines puissent restituer toute la spécificité de ce sous-sol kimméridgien. C'est le cas de ce remarquable chablis qui n'en pas à son premier coup de cœur. Un vin puissant, minéral et d'une grande finesse, qui débute son opération séduction dès le nez, élégant bouquet de fleurs blanches associé à des arômes d'agrumes. La bouche se révèle ample, ronde, gourmande, finement boisée et soutenue de bout en bout par l'acidité. Irrésistible. ⧗ 2022-2027

SCEA DOM. DE LA MOTTE, 35, rue du Ruisseau, 89800 Beine, tél. 03 86 42 49 61, domainemotte@chablis-michaut.fr V *t.l.j. sf dim. 10h30-18h30*

CHARLY NICOLLE Ante MCMLXXX 2019 ★

7500 | 11 à 15 €

Les arrière-grands-parents de Charly Nicolle cultivaient déjà la vigne. À la suite des générations précédentes, le jeune vigneron s'est lancé dans l'aventure. Installé à Fleys, à l'est de Chablis, il a créé son propre domaine en 2011, choyant ses 17 ha de chardonnay, et s'est imposé comme une valeur sûre du Chablisien. Il conduit aussi en parallèle le domaine familial de La Mandelière.

Ne cherchez pas, cette cuvée signifie « avant 1980 », l'année de naissance de Charly Nicolle, ce qui revient à dire qu'elle est issue de vieilles vignes. Bénéficiant d'un élevage mixte (cuve et fût), elle se montre riche et harmonieuse, dévoilant un joli nez citronné, acidulé, prélude à une bouche ronde et gourmande de fruits, soutenue par beaucoup de vivacité. ⧗ 2022-2026 **Per Aspera 2019 ★ (11 à 15 €; 55000 b.)** Per Aspera ? Comprenez « par les chemins ardus »; locution latine qui se complète par « ad astra » (jusqu'aux étoiles). Dans le verre, on est bien à Chablis et l'étoile est atteinte. La finesse du nez, floral et légèrement beurré, et la vivacité minérale de la bouche sont conformes à l'appellation. ⧗ 2021-2025

CHARLY NICOLLE, 17, rue des Pré-Girots, 89800 Fleys, tél. 09 54 94 40 83, contact@chablis-charlynicolle.com V *r.-v.*

DOM. DE OLIVEIRA LECESTRE 2019 ★

80000 | 8 à 11 €

Un vaste domaine de près de 55 ha créé en 1955. Aujourd'hui, c'est la fille de Lucien de Oliveira qui est à la tête de cette exploitation familiale. Pour conduire le vignoble, elle a trouvé du renfort en la personne de sa propre fille.

Un grand classique de l'appellation, gourmand et raffiné. Le nez intense est marqué par les agrumes sur un fond de miel. On est aussi séduit par la rondeur de la bouche, par sa souplesse et par cette fine pointe d'acidité qui apporte fraîcheur et longueur. Très plaisant. ⧗ 2021-2025

GAEC DE OLIVEIRA LECESTRE, 11, rue des Chenevières, 89800 Fontenay-près-Chablis, tél. 03 86 42 40 78, gaecdeoliveira@wanadoo.fr V *r.-v.*

DOM. PAGNIER Vieilles Vignes 2019 ★

873 | 8 à 11 €

Jean-Pierre Pagnier est installé depuis 1985 sur ce domaine familial établi dans le village entouré de vignes qu'est Béru.

Ce chablis à la robe dorée ornée de reflets verts dévoile au nez des arômes harmonieux de fleurs blanches et de menthol. La bouche se fait ronde mais aussi suffisamment vive pour trouver son équilibre. Beaucoup de tendresse. ⧗ 2021-2025

SCEV DOM. PAGNIER, 2, av. Sébastien-Rigout, 89700 Béru, tél. 03 86 75 94 61, contact@pagnier-chablis.fr V *r.-v.*

DOM. PINSON FRÈRES 2019 ★

22300 | 15 à 20 €

Établis dans le Chablisien dès 1640, les Pinson exportaient du vin aux États-Unis en 1880. Louis Pinson constitue son domaine en 1983. Ses fils Laurent et Christophe portent sa superficie de 4 à 14 ha. Charlène Pinson, fille de Laurent, les rejoint en 2008. Complétés par une gamme de négoce depuis 2013, les vins de la propriété sont régulièrement mentionnés dans le Guide.

De la vivacité à tous les étages, au nez comme en bouche. Un chablis racé, typé avec ses arômes de fleurs blanches qui s'épanouissent à l'olfaction. Rond, ample, stimulé par la minéralité et des saveurs d'agrumes, le palais est persistant, avec un surcroît de fraîcheur en finale. ⧗ 2021-2025

⊶ SCEA DOM. PINSON, 5, quai Voltaire, 89800 Chablis, tél. 03 86 42 10 26, pinson@domaine-pinson.com V t.l.j. 8h-12h 13h30-17h30; sam. dim. sur r.-v.

LOUIS ROBIN 2019 ★

| | 13500 | | 8 à 11 € |

La famille Robin est établie à Chichée depuis 1888 et 8 générations. Après avoir longtemps livré ses raisins à la coopérative, elle produit son propre vin depuis 1999, sous la conduite de Didier et Thierry, à la tête aujourd'hui de 30 ha de vignes.

Intense, le nez de ce chablis associe la vivacité du citron et de la pomme verte à des notes épicées. À l'unisson, la bouche ajoute de la rondeur à cette trame vive, acidulée; rondeur renforcée par fond légèrement beurré qui apporte du moelleux à ce vin bien équilibré. ⧗ 2021-2025

⊶ SARL LOUIS ROBIN, Grande-Ruelle-du-Gain, 89800 Chichée, tél. 03 86 42 80 49, dadarobin@orange.fr V r.-v.

DOM. SÉGUINOT-BORDET 2019 ★

| | 100000 | | 11 à 15 € |

Une des plus anciennes familles du Chablisien, établie à Maligny sur la rive droite du Serein. Jean-François Bordet a repris en 1998 l'exploitation de son grand-père Roger Séguinot. Le domaine couvre aujourd'hui 15 ha, complété par une activité de négoce en 2002.

Sol calcaire de petits cailloux et élevage en cuve pour ce chablis bien typé, qui restitue son terroir. Le nez convoque les fleurs blanches et des notes de biscuit sur fond iodé. La bouche, ample et soyeuse, est transportée par la fraîcheur minérale et des saveurs d'agrumes. Un bel équilibre. ⧗ 2021-2025

⊶ EARL DOM. SÉGUINOT-BORDET, 8, chem. des Hâtes, 89800 Maligny, tél. 03 86 47 44 42, contact@seguinot-bordet.fr V r.-v.

SIMONNET-FEBVRE D 1840 2019 ★★

| | 7500 | | 15 à 20 € |

Reprise en 2003 par Louis Latour, cette maison de négoce-éleveur fondée en 1840 est une référence en Chablisien. Une solide renommée qui dépasse largement les frontières de France, 85 % de la production partant à l'export.

Le nom de cette cuvée correspond tout simplement la date de création de la maison Simonnet-Febvre. Dans le verre, un chablis remarquable, racé, d'une réelle complexité aromatique. À un nez à la fois floral et minéral succède une bouche ample, à la fois ronde et tendue, qui finit sur des saveurs persistantes de pierre à fusil et de agrumes. Très long, parfaitement équilibré et surtout très gourmand. ⧗ 2022-2027

⊶ SAS SIMONNET-FEBVRE, 30, rte de Saint-Bris, 89530 Chitry-le-Fort, tél. 03 86 98 99 00, caveau@simonnet-febvre.com V r.-v.

♥ B GUILLAUME VRIGNAUD 2019 ★★

| | 35371 | | 11 à 15 € |

Les Vrignaud ont planté leurs premières vignes en 1955. Ils ont débuté en 1999 la vente en bouteilles avec l'arrivée de Guillaume à la tête du domaine et de ses 27 ha de vignes.

D'une belle couleur dorée à reflets verts, cette magnifique cuvée dévoile un nez fin et délicat qui invite à un voyage exotique et fruité. La bouche regorge aussi de belles sensations avec un gras équilibré par la minéralité du terroir et une finale ample et chaleureuse qui persiste longuement sur le fruité. Un chablis d'une grande harmonie. ⧗ 2022-2027

⊶ SARL GUILLAUME VRIGNAUD, 10, rue de Beauvoir, 89800 Fontenay-près-Chablis, tél. 03 86 42 15 69, guillaume@domaine-vrignaud.com V r.-v.

CHABLIS PREMIER CRU

Superficie : 770 ha / Production : 43 900 hl

Le chablis 1er cru provient d'une trentaine de lieux-dits sélectionnés pour leur situation et la qualité de leurs produits. Il diffère du précédent moins par une maturité supérieure du raisin que par un bouquet plus complexe et plus persistant, où se mêlent des arômes de miel d'acacia, un soupçon d'iode et des nuances végétales. Le rendement est limité à 50 hl à l'hectare. Tous les vignerons s'accordent à situer l'apogée du chablis 1er cru vers la cinquième année, lorsqu'il « noisette ». Les *climats* les plus complets sont Montée de Tonnerre, Fourchaume, Mont de Milieu, Forêt ou Butteaux, et Côte de Léchet.

BESSON Mont de Milieu 2018 ★

| | 4500 | | 15 à 20 € |

Petit-fils de tonnelier, fils de vigneron, Alain Besson a pris en main en 1981 le domaine familial constitué par les 2 générations précédentes. Après l'avoir agrandi, il dispose de 21 ha qu'il exploite avec ses enfants Camille et Adrien. La première, œnologue, élabore les vins, et le second se charge des vignes.

Un vin très droit et d'une grande fraîcheur minérale. Fleurs blanches et agrumes se partagent les arômes d'un nez très élégant. À la finesse du bouquet s'ajoute la richesse d'une bouche généreuse en fruits, soulignée par une acidité subtile qui apporte longueur et équilibre. ⧗ 2023-2028

⊶ SCEA DOM. BESSON, 8, chem. de Valvan, 89800 Chablis, tél. 03 86 42 40 88, contact@domaine-besson.com V r.-v.

SAMUEL BILLAUD Montmains 2019 ★★

| 3500 | | 20 à 30 € |

Après 20 années passées sur la propriété familiale (le réputé Dom. Billaud-Simon, vendu à Faiveley en 2014), Samuel Billaud a créé en 2010 sa propre maison de négociant-vinificateur, qui propose un éventail de cuvées à partir de sélections parcellaires.

Un 1er cru de la rive gauche du Serein très typé et séduisant. Du verre jaillissent des senteurs fruitées très élégantes et intenses, agrémentées de touches florales (aubépine). La bouche prolonge le plaisir : une attaque franche sur le fruit blanc, beaucoup d'amplitude et une minéralité qui apporte de la fraîcheur. Un vin très harmonieux. ⧗ 2024-2030 **Les Fourneaux 2019 ★ (20 à 30 €; 90000 b.)** Ce 2019 élevé en cuve se montre plus expressif en bouche (agrumes, pierre à fusil, fleurs blanches) qu'au nez et plaît par son profil droit et minéral. ⧗ 2023-2028

SAMUEL BILLAUD, 8, bd Tacussel, 89800 Chablis, tél. 06 37 52 50 32, samuel.billaud@orange.fr V r.-v.

LA CHABLISIENNE Montée de Tonnerre 2018 ★★

| 3775 | | 20 à 30 € |

Cave coopérative fondée en 1923 regroupant près de 300 vignerons et représentant un quart du vignoble de Chablis, La Chablisienne a fêté ses 90 ans en 2013. Une structure moderne et performante qui contribue largement à la notoriété de l'appellation. Le grand cru Grenouilles est une de ses têtes d'affiche.

Élevé pendant 12 mois sur lies fines en cuve et en fût, ce Montée de Tonnerre propose un superbe nez évoquant les fruits exotiques (ananas) sur fond de notes discrètement boisées. Un boisé bien fondu qui s'exprime aussi en bouche, sur des tonalités vanillées, où il est associé avec bonheur aux saveurs citronnées. L'équilibre est trouvé entre la rondeur du fruit et l'acidité minérale. Très prometteur. ⧗ 2024-2030

SCA LA CHABLISIENNE, 8, bd Pasteur, 89800 Chablis, tél. 03 86 42 89 89, chab@chablisienne.fr V *t.l.j. 9h-12h 14h-18h*

DOM. DU CHARDONNAY Les Lys 2019 ★

| 2000 | | 20 à 30 € |

Installés à partir de 1987 sur 35 ha, Étienne Boileau, William Nahan et Christian Simon ont fait de ce domaine une des valeurs sûres du vignoble chablisien. En 2019, ils ont passé la main à Arnaud Nahan, fils de William, et à son associé Thomas Labille.

C'est le premier millésime vinifié par Thomas Labille qui a rejoint Arnaud Nahan au domaine. Un 1er cru très agréable, bien que le nez soit discret. Des arômes de fruits frais émergent après aération. Une attaque souple ouvre sur une bouche ample, fraîche et soyeuse, aux saveurs de fruits frais. ⧗ 2024-2028 **Vosgros 2019 ★ (15 à 20 €; 10000 b.)** Un joli nez de fleurs blanches, teinté de vanille, et une bouche généreuse qui trouve son équilibre avec l'acidité sur un fond légèrement boisé : ce 2019 ne manque de rien. ⧗ 2024-2028

SCEV DOM. DU CHARDONNAY, rue Laffitte, 89800 Chablis, tél. 03 86 42 48 03, info@domaine-du-chardonnay.fr V r.-v.

DOM. DE CHAUDE ÉCUELLE Vaillons 2018 ★

| 2493 | | 11 à 15 € |

La famille Vilain est installée dans le Chablisien depuis plusieurs générations, sur 33 ha. « Chaude Écuelle » est un lieu-dit où sont plantées certaines vignes du domaine. Ces parcelles, éloignées des habitations, obligeaient jadis les vignerons à emporter leur repas, qu'ils réchauffaient sur place dans des écuelles de terre cuite.

Des raisins récoltés sur de vieilles vignes et un long élevage en cuves Inox de 23 mois ont enfanté cette cuvée bien ancrée dans son terroir. Le nez, très élégant, libère des senteurs florales et quelques touches briochées. En bouche, c'est la minéralité qui sert de guide à cet ensemble frais, souple et bien équilibré. ⧗ 2023-2028

SCEV DOM. DE CHAUDE ÉCUELLE, 35, Grande-Rue, 89800 Chemilly-sur-Serein, tél. 03 86 42 40 44, chaudeecuelle@wanadoo.fr V r.-v.

DOM. COLBOIS Côte de Jourdan 2019 ★

| 6000 | | 11 à 15 € |

Rejoint en 2009 par son fils Benjamin, Michel Colbois est établi depuis 1970 à Chitry-le-Fort. Ses blancs sont souvent en bonne place dans le Guide, qu'ils proviennent du chardonnay ou de l'aligoté. Son vignoble couvre 20 ha.

Autrefois appelé Les Landes et Verjuts, la Côte de Jouan n'est pas le plus connu des 1ers crus. Pour autant, cette cuvée classique ne manque pas d'arguments : un nez intense qui papillonne entre les fleurs blanches et des notes citronnées, et une bouche à la fois tendre et vive, persistante, soutenue par une belle minéralité. ⧗ 2023-2028

SC DOM. COLBOIS, 69, Grande-Rue, 89530 Chitry, tél. 03 86 41 43 48, contact@colbois-chitry.com V r.-v.

B **JEAN COLLET ET FILS**
Montée de Tonnerre 2019 ★★

| 12500 | | 20 à 30 € |

La famille Collet piochait déjà le kimméridgien en 1792. Romain, le petit dernier d'une dynastie de vignerons chablisiens (fils de Gilles, petit-fils de Jean), est depuis 2009 aux commandes de l'exploitation familiale : 40 ha en conversion bio.

Il n'est pas passé loin de la distinction suprême, ce magnifique 1er cru, implanté à proximité des grands crus. Très charmeur avec sa pureté minérale, il vous embarque dès l'examen olfactif avec son nez délicat de fleurs blanches. Très ronde autour de notes beurrées, ample, chaleureuse, la bouche est portée de bout en bout par une fine tension minérale et finit sur une grande fraîcheur. ⧗ 2024-2030 **Vaillons 2019 ★ (20 à 30 €; 30000 b.)** Ce Vaillons propose un nez fin et floral, prolongé par une bouche persistante et alerte, soutenue par une acidité plaisante. ⧗ 2023-2028

SARL JEAN COLLET ET FILS, 15, av. de la Liberté, 89800 Chablis, tél. 03 86 42 11 93, collet.chablis@orange.fr V *t.l.j. sf dim. 9h-12h 13h30-18h*

BOURGOGNE

DOM. DU COLOMBIER Fourchaume 2019 ★

20000 | 15 à 20 €

Cette exploitation familiale de 54 ha, qui se transmet de père en fils depuis 1887, est dirigée par 3 frères, Jean-Louis, Thierry et Vincent Mothe. Le domaine fait partie des incontournables du vignoble de Chablis, quelle que soit l'appellation.

Une robe jaune pâle à reflets verts pour taper dans l'œil. Un nez élégant, mêlant les arômes d'agrumes et de fleurs blanches pour poursuivre la séduction. Enfin, une bouche à la fois ample, riche, acidulée et fraîche pour tenir les papilles en éveil. Bref, une agréable cuvée bien typée chablis. ⧗ 2023-2028

GAEC DOM. DU COLOMBIER, 42, Grand-Rue, 89800 Fontenay-près-Chablis, tél. 03 86 42 15 04, domaine@chabliscolombier.com V t.l.j. sf sam. dim. 8h-12h 14h-17h

DANIEL DAMPT ET FILS Les Vaillons 2019 ★

13000 | 15 à 20 €

Issu d'une lignée enracinée dans l'Yonne depuis un siècle et demi, Daniel Dampt a créé son domaine en 1985 conjointement avec Jean Defaix, son beau-père. Il l'a repris à son compte en 1992 avant de bénéficier du renfort de ses 2 fils, Vincent en 2002 et Sébastien en 2005. Le vignoble couvre 35 ha.

Ce vin élégant dans sa robe brillante dévoile un nez très expressif, sur l'acacia et le tilleul agrémentés de notes d'herbe fraîche. La bouche affiche une dominante minérale associée aux fruits secs et aux fruits à chair blanche, avec des notes épicées. Un vin qui offre beaucoup de fraîcheur. ⧗ 2023-2028 **Beauroy 2019 ★ (15 à 20 €; 3000 b.)** Le nez exotique est enveloppé de saveurs épicées. La bouche s'exprime avant tout sur la vivacité, renforcée par une jolie finale saline. ⧗ 2023-2027

SCEV DANIEL DAMPT - JEAN DEFAIX, 1, chem. des Violettes, Milly, 89800 Chablis, tél. 03 86 42 47 23, domaine.dampt.defaix@wanadoo.fr V r.-v.

B DAMPT FRÈRES Les Fourneaux 2019 ★★

2240 | 15 à 20 €

Un père, Bernard Dampt, vigneron à Collan de 1980 à 1998, comme 3 générations avant lui; 3 frères, Éric, Emmanuel et Hervé; plusieurs exploitations : une pour chaque frère, une pour la fratrie. Les frères sont indissociables, mais chacun a son rôle à jouer, et tous font leurs propres vins.

Une cuvée élevée exclusivement en cuve Inox pendant 11 mois. Un 1er cru remarquable dont l'élégance se révèle dès l'olfaction, centrée sur des arômes beurrés et des senteurs de fleurs blanches. Le palais offre du gras et une belle acidité renforcée par une tension minérale qui épouse un fruité tendre et légèrement confit. Un régal. ⧗ 2024-2030 **Vaucoupin 2019 ★ (11 à 15 €; 11010 b.)** Un nez minéral, une bouche tendue et citronnée offrant beaucoup de fraîcheur, ce Vaucopin est un bon classique. ⧗ 2023-2028 **Fourchaume 2019 ★ (15 à 20 €; 8763 b.)** Un élevage mixte (cuve et fût) pour un vin au nez discret mais à la bouche puissante, ronde, épicée et bien structurée. Du caractère. ⧗ 2024-2030

SARL VIGNOBLE DAMPT, rue de Fleys, 89700 Collan, tél. 03 86 55 29 55, vignoble@dampt.com V t.l.j. sf dim. 9h-12h30 13h30-18h

DOM. JEAN DAUVISSAT PÈRE ET FILS Fourchaume 2018 ★★

5145 | 20 à 30 €

Cette exploitation familiale de 22 ha, qui propose des petit-chablis, des chablis et cinq 1ers crus, avait cessé de commercialiser sa production dans les années 1990. L'arrivée de Fabien Dauvissat à la tête de la propriété a remis ce domaine sur le devant de la scène chablisienne. La conversion bio est engagée depuis 2019.

Si cette magnifique cuvée s'affiche timidement dans sa robe jaune pâle, elle prend rapidement des couleurs, ou plutôt des saveurs. À l'olfaction, on imagine les abeilles qui butinent sur les fleurs de tilleul. En bouche, se mêlent en tout harmonie la générosité d'une chair ronde et tendre et la vivacité du terroir. Un vin à la fois droit, ample et soyeux. ⧗ 2024-2030 **Montmains 2018 ★ (15 à 20 €; 6312 b.)** Deux ans d'élevage en cuve pour ce Montmains très minéral au nez, gras et persistant en bouche, avec des notes citronnées et beurrées et une belle fraîcheur en finale. ⧗ 2023-2028

EARL DOM. JEAN DAUVISSAT PÈRE ET FILS, 11-13, rue de Léchet, 89800 Milly, tél. 03 86 42 12 23, fabien@jeandauvissat.com V r.-v.

♥ BERNARD DEFAIX Fourchaume 2019 ★★

2400 | 30 à 50 €

La maison Defaix est un domaine (converti au bio) ayant pignon sur rue à Milly, repris par Sylvain et Didier Defaix, les fils de Bernard. C'est aussi une maison de négoce créée en parallèle, qui travaille dans le même esprit que le domaine.

Ce sublime Fourchaume élevé en fût pendant 12 mois déploie au nez de délicates senteurs de petites fleurs blanches et des notes citronnées qui ajoutent fraîcheur et finesse. Mais c'est en bouche que cette cuvée explose, libérant une rondeur fruitée et une vivacité minérale avec précision et élégance. Un équilibre admirable et beaucoup de classe. ⧗ 2024-2032

SAS BERNARD DEFAIX, 17, rue du Château, Milly, 89800 Chablis, tél. 03 86 42 40 75, contact@bernard-defaix.com V r.-v.

♥ JEAN-PAUL ET BENOÎT DROIN Fourchaume 2019 ★★

2100 | 20 à 30 €

Chez les Droin, on est vigneron de père en fils depuis 1620. Si Jean-Paul Droin est devenu l'historien du vignoble de Chablis, son fils Benoît a apporté sa patte à cette exploitation de 26 ha à partir de 2002. Un domaine d'une admirable régularité, qui collectionne les coups de cœur, notamment dans les grands crus.

Plus souvent habitué aux coups de cœur en grand cru, c'est avec un 1er cru que Benoît Droin s'illustre cette année : le 19e coup de cœur pour le domaine depuis l'édition 2001 ! Ce superbe Fourchaume harmonieux et élégant séduit d'emblée avec ses arômes vanillés et beurrés associés aux agrumes. Du fruit, du gras, un fond minéral qui épouse les notes boisées, beaucoup de volume et de longueur, la bouche est parfaitement ciselée. Un 1er cru majuscule. ⧗ 2024-2030 ■ **Vosgros 2019 ★ (15 à 20 €; 4000 b.)** Un vin élevé en cuve, très floral et délicat au nez, à la fois rond et minéral en bouche, frais et bien équilibré. ⧗ 2023-2028 ■ **Vaillons 2019 ★ (15 à 20 €; 20000 b.)** Un joli nez d'agrumes agrémenté de notes mentholées précède une bouche ample, vive et généreuse qui ne manque de rien. ⧗ 2024-2028

SC JEAN-PAUL ET BENOÎT DROIN, 14 bis, rue Jean-Jaurès, BP 19, 89800 Chablis, tél. 03 86 42 16 78, benoit@jeanpaulbenoit-droin.fr

DOM. NATHALIE ET GILLES FÈVRE
Vaulorent 2019 ★

■ | 8000 | | 30 à 50 €

Dix générations de vignerons depuis le XVIIIes. et des coopérateurs de père en fils depuis 1923. En 2004, Nathalie et Gilles Fèvre, tous deux œnologues, ont pris la décision de valoriser leur propre production en bouteilles. Ils sont désormais à la tête d'un domaine de 50 ha, en conversion vers l'agriculture biologique.

Il faut être patient avec ce nez discret, mais la patience est récompensée : après aération, il libère une étonnante palette aromatique autour du flan pâtissier, de la compote de pommes, des fleurs blanches et de la noisette. Quant à la bouche, elle est un exemple de droiture, avec beaucoup de vivacité et de tonus. ⧗ 2023-2028

SARL DOM. NATHALIE ET GILLES FÈVRE, rte de Chablis, 89800 Fontenay-près-Chablis, tél. 03 86 18 94 47, domaine@nathalieetgillesfevre.com V *r.-v.*

GAUTHERON L'Homme mort 2019 ★★

■ | 1800 | | 20 à 30 €

Vignerons de père en fils depuis 1809, les Gautheron sont établis à l'est de Chablis. Alain, installé en 1977, représente la 6e génération et Cyril, arrivé en 2001, la 7e. Le père et le fils exploitent un domaine qui s'est agrandi (il est passé de 8 à 30 ha entre 1977 et aujourd'hui) et modernisé. Une belle régularité en chablis et en petit-chablis.

Quelle palette de 1ers crus présentés par le domaine Gautheron ! Honneur à cette cuvée élégante et très harmonieuse. Le nez tout en finesse évoque un bouquet de fleurs blanches. Après une attaque énergique sur le fruit, se développe une bouche à la fois soyeuse, minérale et saline sur un fond crayeux. Un vin précis et très aromatique. ⧗ 2024-2030 ■ **Montmains Vieilles Vignes 2019 ★★ (15 à 20 €; 3000 b.)** Un léger boisé souligne le nez de fruits frais. La bouche est ample, onctueuse, étirée par une acidité plaisante aux saveurs iodées. ⧗ 2023-2028 ■ **Montée de Tonnerre 2019 ★ (20 à 30 €; 1300 b.)** Une vinification traditionnelle en fût pour cette cuvée marquée au nez par un boisé vanillé, à la bouche à la fois vive, ronde et gourmande. ⧗ 2024-2028 ■ **Vaucoupin 2019 ★ (15 à 20 €; 8000 b.)** Un élevage en cuve uniquement pour ce vin classique avec son nez floral et sa bouche ample, ronde et saline en finale. ⧗ 2023-2028

SCEV DOM. ALAIN ET CYRIL GAUTHERON, 18, rue des Prégirots, 89800 Fleys, tél. 03 86 42 44 34, vins@chablis-gautheron.com V *t.l.j. 8h-12h 13h30-17h; sam. dim. sur r.-v.*

DOM. DES GENÈVES Mont de Milieu 2019 ★

■ | 5000 | | 11 à 15 €

La famille Aufrère cultive la vigne depuis 5 générations. Le domaine actuel a été constitué en 1986 par Dominique Aufrère à partir de vignes familiales et il couvre aujourd'hui 21 ha. Stéphane, l'un de ses 2 fils, l'a rejoint en 1993, et conduit désormais la propriété.

Le nez, élégant, ajoute des notes briochées aux senteurs de fleurs blanches. Une attaque franche et vive laisse place à une bouche qui trouve son équilibre entre la rondeur du fruit (agrumes) et une fine tension minérale. ⧗ 2023-2028

SCEA DOM. DES GENÈVES, 3, rue des Fourneaux, 89800 Fleys, tél. 03 86 42 10 15, domainegeneves@wanadoo.fr V *r.-v.*

♥ DOM. LYDIE HEIMBOURGER
Beauregard Premier Secret 2019 ★★

■ | 3000 | | 15 à 20 €

Lydie Heimbourger cultive 8 ha de vieilles vignes sur les communes de Courgis, Préhy et Chablis, à partir desquels elle propose du petit-chablis, du chablis et des chablis 1ers crus Beauregard et Montmain.

Lydie Heimbourger a plus d'un secret dans ses caves de Saint-Cyr-les-Colons, mais c'est celui de son 1er cru Beauregard que nos dégustateurs ont percé avec le plus de plaisir. Ce vin interpelle d'emblée avec sa robe jaune paille aux reflets gris, puis séduit sans réserve avec son nez aux senteurs florales mariées aux agrumes frais. Il achève de convaincre avec sa bouche ample, longue, franche et précise, pleine de fruit et soutenue par une fine minéralité. Une harmonie parfaite. ⧗ 2024-2030 ■ **Montmains Premier Secret 2019 ★ (15 à 20 €; 3000 b.)** Un vin rond et frais à la fois, bien équilibré en somme, qui s'exprime sur le fruit avant de rencontrer la minéralité. Ce Montmains coche toutes les cases du bon 1er cru. ⧗ 2023-2028

SCEA DOM. LYDIE HEIMBOURGER, 5, rue de la Porte-de-Cravant, 89800 Saint-Cyr-les-Colons, tél. 06 35 26 49 44, heimbourger@wanadoo.fr V *r.-v.*

LAMBLIN ET FILS Vaillon 2019 ★★

■ | 6000 | | 15 à 20 €

Le village de Maligny se situe au nord de l'aire d'appellation chablis. La famille Lamblin y est établie depuis plus de 3 siècles et 12 générations. Autant dire que cette maison de négoce fait partie des incontournables du vignoble chablisien.

Tout le terroir est remonté dans ce 1er cru élevé en cuve pendant 10 mois. Un vin typé, racé, très expressif, aussi bien au nez qu'en bouche. Les senteurs florales contribuent à son élégance. Au palais, se mêlent harmonieusement la générosité et la vivacité sur un fond citronné qui

BOURGOGNE

renforce son caractère tonique. Un vin d'une étonnante fraîcheur. ⧗ 2024-2030

⊶ SA LAMBLIN ET FILS, rue Marguerite-de-Bourgogne, 89800 Maligny, tél. 03 86 98 22 00, infovin@lamblin.com V t.l.j. sf dim. 8h-12h30 14h-17h

ROLAND LAVANTUREUX Vau de Vey 2019 ★★

	5900		20 à 30 €

Valeur sûre du Guide, cette exploitation est située à Lignorelles, aux confins nord du Chablisien. Après un stage au fameux Clos des Lambrays, Arnaud Lavantureux a rejoint son père Roland sur le domaine de 21 ha où il assure depuis 2010 les vinifications. Son frère David gère quant à lui le développement commercial. Une structure de négoce complète la production.

« Il y a de la joie et du terroir », souligne un dégustateur conquis par ce splendide 1er cru de la commune de Beines. Le nez séduit d'emblée avec ses senteurs de fleurs blanches et ses notes citronnées. À la fois rond et tendre, vif et tendu, le palais affiche un équilibre irréprochable. Tout est fraîcheur et volupté dans ce vin très représentatif de l'appellation. ⧗ 2024-2030

⊶ SCEA DOM. ROLAND LAVANTUREUX, 4, rue Saint-Martin, 89800 Lignorelles, tél. 07 65 15 12 12, domaine.lavantureux@gmail.com V *r.-v.*

OLIVIER LEFLAIVE Montée de Tonnerre 2018 ★

	n.c.		30 à 50 €

Négociant-éleveur établi à Puligny-Montrachet depuis 1984, Olivier Leflaive, l'une des références de la Côte de Beaune, collectionne les étoiles, côté cave (négoce et domaine) et côté hôtellerie : 4 pour son hôtel de Puligny. Au chai, l'œnologue Franck Grux et son complice Philippe Grillet.

Ce vin délicat se présente avec élégance dans sa robe dorée aux reflets jaune pâle. Une délicatesse que l'on retrouve dans un nez qui s'épanouit sur les fleurs d'acacia. La bouche est à la fois vive et gourmande de fruits (abricot), enrobée par des notes beurrées et un boisé bien fondu. Très plaisant. ⧗ 2024-2028

⊶ SA OLIVIER LEFLAIVE FRÈRES, pl. du Monument, 21190 Puligny-Montrachet, tél. 03 80 21 37 65, contact@olivier-leflaive.com V *r.-v.* 5

DOM. LONG-DEPAQUIT Montmains 2019 ★★

	1842		20 à 30 €

Propriété de la maison Albert Bichot depuis 1968, ce domaine de près de 44 ha abrite un château du XVIIIes., en plein cœur de Chablis : un cadre idéal pour valoriser ses vins et plus particulièrement ses grands crus.

De la matière, de l'acidité et un boisé maîtrisé, cette cuvée bien structurée rassemble tous les ingrédients de la réussite. Le nez intense se concentre sur les arômes de fleurs blanches et d'agrumes. En bouche, la fraîcheur minérale donne la réplique à la saveur des agrumes (citron, pamplemousse). La finale est tendue et d'une belle longueur. ⧗ 2024-2028

⊶ SCEA DOM. LONG-DEPAQUIT, 45, rue Auxerroise, 89800 Chablis, tél. 03 86 42 11 13, chateau-long-depaquit@albert-bichot.com V *t.l.j. sf dim. 9h-12h30 14h-18h*

DOM. MAGARIAN-MINOTTE Beauroy 2019 ★★

	8468		11 à 15 €

Un père, Bernard Dampt, vigneron à Collan de 1980 à 1998, comme 3 générations avant lui ; 3 frères, Éric, Emmanuel et Hervé ; plusieurs exploitations : une pour chaque frère, une pour la fratrie. Les frères sont indissociables, mais chacun a son rôle à jouer, et tous font leurs propres vins.

L'expression du terroir se concentre dans ce vin issu d'un élevage mixte. Beaucoup d'élégance et de finesse se dégagent du nez, où les arômes d'agrumes et de fleurs blanches se fondent dans la minéralité. Minéralité qui apporte aussi sa vivacité à un palais enchanteur par sa richesse et sa pureté, sa rondeur et sa fraîcheur. Très délicat. ⧗ 2024-2030

⊶ SARL DOM. MAGARIAN-MINOTTE, 25, rue de Bréchain, 89800 Chablis r.-v.

DOM. DES MALANDES Côte de Léchet 2019 ★

	9000		20 à 30 €

Une valeur sûre du vignoble chablisien, qui collectionne les coups de cœur du Guide. Un domaine créé en 1949 par André Tremblay, couvrant aujourd'hui 30 ha. Lyne Marchive, fille du fondateur, l'a dirigé seule de 1972 à 2018, date de la reprise par ses enfants Richard Rottiers (à la direction) et Amandine Marchive (au commercial), qui entendent développer une viticulture plus respectueuse de l'environnement (désherbage mécanique, labour à cheval).

Un caractère minéral affirmé dans ce 1er cru de la rive gauche, élevé en cuve pendant 10 mois. Un vin racé, typique du terroir et très élégant. Le nez délicat s'ouvre sur des arômes de fruits exotiques. La bouche est ample, droite, portée par une belle acidité, entre silex et pomme verte. ⧗ 2024-2030

⊶ SARL LES MALANDES, 11, rte d'Auxerre, 89800 Chablis, tél. 03 86 42 41 37, contact@domainedesmalandes.com V *r.-v.* 4

DOM. DE LA MANDELIÈRE Les Fourneaux 2018 ★★

	20000		15 à 20 €

Située à Fleys, cette exploitation de 16 ha est issue de la réunion, en 1978, des vignes de Josette Laroche et Robert Nicolle, tous deux enfants de viticulteurs. C'est désormais Charly Nicolle qui est à la tête du domaine dont il vinifiait déjà les vins.

Un vin concentré sur les raisins mûrs, très persistant et parfaitement équilibré. Le nez délicat et intense libère des arômes d'abricot et de fruits secs mêlés à des senteurs florales. La bouche se révèle ample, gourmande, soutenue par une fine tension minérale. ⧗ 2024-2030

⊶ SCEA DE LA MANDELIÈRE, 17, rue des Prégirots, 89800 Fleys, tél. 03 86 42 19 30, mandeleire@gmail.com V *r.-v.*

DOM. JEAN-CLAUDE MARTIN Montmains 2019 ★

	2400		15 à 20 €

Un domaine familial fondé en 1981 par Jean-Claude Matin à Courgis, 14 ha conduits depuis 2017 par ses enfants Claudia et Frédéric.

Tout en finesse ce 1er cru de Claudia et Frédéric Martin. Un joli nez de pêche jaune et d'amandes grillées, une bouche citronnée qui s'exprime sur la fraîcheur malgré un boisé encore présent, ce Montmains a tout ce qu'il faut pour s'épanouir sereinement. ⧗ 2024-2028

SCEA DOM. JEAN-CLAUDE MARTIN, 5, rue de Chante-Merle, 89800 Courgis, tél. 03 86 41 40 33, domainejcmartin@orange.fr V *r.-v.*

DOM. MAUPA Adroit de Vaucopins 2019 ★

■	1300	▮	11 à 15 €

Consacré essentiellement à l'appellation chablis, ce domaine, transmis de père en fils depuis 6 générations, est situé dans le joli village de Chichée, au sud-est de Chablis. Bruno Maurice est aux commandes depuis 1996, rejoint en 2020 par ses deux enfants.

Un «descendant» du 1er cru Vaucoupin sur la commune de Chichée. Élevé en cuve pendant 8 mois, ce vin est un classique de l'appellation : un nez très expressif, floral et miellé, et une bouche ronde et gourmande, rafraîchie par les saveurs citronnées. Un ensemble soyeux et bien équilibré. ⧗ 2023-2027

EARL DU MAUPA, 6, rte de Chablis, 89800 Chichée, tél. 06 35 55 02 74, domainemaupa@yahoo.com V *r.-v.*

J. MOREAU ET FILS Mont de Milieu 2018 ★

■	7200	◍ ▮	20 à 30 €

Difficile de s'y retrouver à Chablis entre toutes les familles Moreau. Fondé en 1814 par Jean-Joseph Moreau, ce négoce, le plus ancien du Chablisien et d'une régularité sans faille, est devenu propriété du groupe Boisset en 1997.

Richesse et de puissance aromatique pour ce 2018. Le boisé est encore bien marqué aussi bien, sans pour autant nuire à son élégance. Agrumes confits, notes poivrées et vanillées s'emparent du nez. La bouche se révèle ample et généreuse, centrée sur le fruit confit, mais avec des notes citronnées et une fine acidité agréable qui apportent la fraîcheur. ⧗ 2024-2030 ■ **Vaucoupin 2018 ★ (15 à 20 €; 11 100 b.)** Un vin bien typé qui trouve son équilibre entre un joli fruité, une minéralité tendue et un fond boisé légèrement toasté. ⧗ 2024-2028

J. MOREAU ET FILS, 15, rte d'Auxerre, 89800 Chablis, tél. 03 86 42 88 00, depuydt.l@jmoreau-fils.com V

MOREAU-NAUDET Vaillons 2018 ★

■	12 000	◍ ▮	30 à 50 €

Des ancêtres vignerons au XVIIe s., un aïeul, Alfred Naudet, chargé des délimitations de l'appellation. Le domaine naît du mariage, en 1950, de Marie Naudet avec René Moreau. En 1991, Stéphane Moreau arrive sur l'exploitation. Il porte la superficie du vignoble de 7 à 25 ha. Après son décès (2016), c'est Virginie, sa femme, qui dirige l'exploitation.

Un long élevage de 22 mois avec un tiers de fût et deux tirs de cuve pour ce Vaillons très expressif. Derrière un nez floral, légèrement grillé et beurré, se dévoile une bouche dont la fine vivacité minérale répond à une aimable rondeur fruitée. Un vin harmonieux, précis et d'une belle persistance aromatique. ⧗ 2024-2030

SAS MOREAU-NAUDET, 4, chem. de la Vallée-de-Valvan, 89800 Chablis, tél. 03 86 42 14 83, moreau.naudet@wanadoo.fr

DOM. MOSNIER Côte de Léchet 2019 ★

■	3000	▮	15 à 20 €

D'abord professeur de mécanique, Sylvain Mosnier, petit-fils de vignerons, a repris en 1978 les vignes de son grand-père et agrandi son domaine autour de Beine. Sa fille Stéphanie a quitté son métier d'ingénieure pour revenir en 2005 sur l'exploitation, qui compte aujourd'hui 19 ha. Elle vinifie depuis 2007 et dirige le domaine depuis 2013 et la retraite de son père.

La vivacité minérale et la rondeur du fruit forment un beau couple dans cette cuvée bien équilibrée, élevée uniquement en cuve. La typicité du terroir se révèle au nez sur des senteurs de fleurs blanches. La bouche ne manque pas d'élégance avec son gras soyeux soutenu par une belle acidité. ⧗ 2023-2028

EARL SYLVAIN MOSNIER, 36, rte Nationale, 89800 Beine, tél. 03 86 42 43 96, contact@chablis-mosnier.com V *r.-v.*

DOM. DE LA MOTTE Vauligneau 2019 ★★

■	20 000	◍	15 à 20 €

Henri Michaut a planté les premières vignes en 1947 et a été longtemps coopérateur à La Chablisienne. À sa suite, sa famille s'est lancée avec succès dans la vinification; aujourd'hui conduit par Adrien Michaut, le domaine couvre plus de 52 ha et s'est imposé comme une valeur sûre du Chablisien.

Le nez, d'une grande richesse, associe les fleurs blanches aux agrumes avec un léger boisé en toile de fond. Ample et vive, la bouche conjugue fraîcheur en attaque, puis rondeur beurrée en son milieu et une acidité bienveillante pour finir. L'équilibre est assuré et le plaisir déjà là. ⧗ 2022-2027

SCEA DOM. DE LA MOTTE, 35, rue du Ruisseau, 89800 Beine, tél. 03 86 42 49 61, domainemotte@chablis-michaut.fr V *t.l.j. sf dim. 10h30-18h30*

CHARLY NICOLLE Les Fourneaux 2018 ★

■	15 000	◍ ▮	15 à 20 €

Les arrière-grands-parents de Charly Nicolle cultivaient déjà la vigne. À la suite des générations précédentes, le jeune vigneron s'est lancé dans l'aventure. Installé à Fleys, à l'est de Chablis, il a créé son propre domaine en 2011, choyant ses 17 ha de chardonnay, et s'est imposé comme une valeur sûre du Chablisien. Il conduit aussi en parallèle le domaine familial de La Mandelière.

D'un beau jaune pâle, ce vin livre au nez des parfums élégants de fleurs blanches sur un fond de minéralité. En bouche, c'est le fruit qui s'installe, enrobé de notes miellées et soutenu par une belle acidité. Un vin rond et soyeux, très plaisant. ⧗ 2023-2028 ■ **Mont de Milieu 2019 ★ (15 à 20 €; 11 000 b.)** L'élégance des fleurs blanches et la fraîcheur du fruit s'unissent avec harmonie dans ce joli Mont de Milieu persistant et salin en bouche. ⧗ 2023-2027 ■ **Les Fourneaux Ante MCMLXXX 2019 ★ (15 à 20 €; 5000 b.)** Un vin riche

BOURGOGNE

en fruits bien mûrs, qui offre de la rondeur en bouche, équilibrée par une minéralité stimulante. ⧗ 2023-2027

⊶ *CHARLY NICOLLE, 17, rue des Pré-Girots, 89800 Fleys, tél. 09 54 94 40 83, contact@chablis-charlynicolle.com* V *r.-v.*

LAURENT ET CÉLINE NOTTON
Vaucoupin 2019 ★

| 1500 | | 11 à 15 € |

Laurent Notton et son épouse Céline se sont installés en 2005 sur les terres de Chichée, avec 2,5 ha de vignes. Ils se sont progressivement agrandis et conduisent aujourd'hui un vignoble de 16 ha.

Une robe dorée à reflets verts, un nez dominé par des notes végétales, ce Vaucoupin se révèle surtout en bouche où il exprime ce qui fait l'originalité de son terroir : une minéralité soutenue qui accompagne le fruit, un joli gras et une finale saline. ⧗ 2023-2027

⊶ *EARL LAURENT ET CÉLINE NOTTON, 4, imp. Saint-Paul, 89800 Chichée, tél. 06 81 03 98 66, domaine.notton@gmail.com* V *r.-v.*

DOM. DE OLIVEIRA LECESTRE
Fourchaume 2019 ★

| 30 000 | | 11 à 15 € |

Un vaste domaine de près de 55 ha créé en 1955. Aujourd'hui, c'est la fille de Lucien de Oliveira qui est à la tête de cette exploitation familiale. Pour conduire le vignoble, elle a trouvé du renfort en la personne de sa propre fille.

D'une grande discrétion, le nez consent à libérer quelques senteurs de fleurs blanches après aération. Si sa finesse est indéniable, il faut attendre la bouche pour bien le juger. Et là, c'est la fraîcheur qui s'installe autour du fruit, avec persistance et droiture. ⧗ 2023-2027

⊶ *GAEC DE OLIVEIRA LECESTRE, 11, rue des Chenevières, 89800 Fontenay-près-Chablis, tél. 03 86 42 40 78, gaecdeoliveira@wanadoo.fr* V *r.-v.*

♥ DOM. OUDIN Vaucoupins 2019 ★★★

| 2134 | | 20 à 30 € |

Dans cette exploitation familiale où les filles ont pris la mesure de l'héritage, Nathalie Oudin a été la première à s'investir en 2007. Sa sœur Isabelle l'a rejointe en 2012. Leur domaine couvre 9 ha.

Ce 1er cru emblématique de la commune de Chichée joue dans la cour des grands. Nathalie et Isabelle Oudin signent en effet un Vaucoupins exceptionnel d'élégance, de richesse, de pureté, bâti sur 2 piliers : la rondeur du fruit et la vivacité minérale. Un joyau parfaitement ciselé, parfaite expression de son terroir. ⧗ 2024-2030 **Vaugiraut 2019 ★ (20 à 30 €; 2341 b.)** Un nez légèrement acidulé d'agrumes et une bouche en harmonie, à la fois très délicate, vive et friande composent un Vaugiraut d'une belle tenue. ⧗ 2023-2027

⊶ *EARL DOM. OUDIN, 5, rue du Pont, 89800 Chichée, tél. 06 03 24 48 93, domaine.oudin@wanadoo.fr* V *r.-v.*

CHRISTOPHE PATRICE Beauregard 2019 ★

| 14 000 | | 11 à 15 € |

Originaire de Beine, Christophe Patrice travaille dans le domaine familial auprès de son père et de ses oncles depuis 1996. En 2006, il s'établit en solo sur un vignoble de 5 ha et acquiert en 2011 le Dom. Daniel Roblot. À sa disposition aujourd'hui, un vignoble de 19 ha.

Un élevage court (6 mois) en cuve Inox pour obtenir ce vin typique et séduisant. Le nez de fruits mûrs évolue sur le minéral à l'aération. La bouche, bien structurée et d'une belle longueur, allie la vivacité à la rondeur de sa chair. ⧗ 2023-2027 **Beauroy 2019 ★ (11 à 15 €; 5500 b.)** À un nez de fruits blancs mâtiné de touches iodées succède une bouche généreuse, ronde et gourmande, centrée sur les agrumes bien mûrs. ⧗ 2022-2026

⊶ *SARL CHRISTOPHE PATRICE, 52, rte Nationale, 89800 Beine, tél. 06 60 23 37 52, christophe.patrice@orange.fr* V *t.l.j. 8h-12h 14h-18h*

DOM. GUY ROBIN
Montée de Tonnerre Vieilles Vignes 2019 ★

| 12 000 | | 15 à 20 € |

Denise et Guy Robin, 2 figures du vignoble chablisien, ont passé la main en 2007. Leur fille Marie-Ange a quitté les bureaux pour revenir à la terre. Celle de l'exploitation familiale, fondée en 1954, avec ses 20 ha et de nombreux grands crus dans une cave riche de quelque 120 fûts de chêne.

Un élevage en fût sur lies puis en cuve et, à l'heure de la dégustation, un vin harmonieux qui séduit dès l'approche olfactive avec son nez de fleurs blanches et de pierre à fusil. La bouche, franche et directe, déploie un trait de minéralité qui souligne le fruit sur toute la longueur. Très plaisant et bien équilibré. ⧗ 2024-2028 **Vaillons Vieilles Vignes 2019 ★ (15 à 20 €; 7700 b.)** Un Vaillons délicat au nez, sur les fleurs blanches, les agrumes et un fin boisé, puis qui affiche une belle rondeur et de la puissance en bouche. ⧗ 2024-2028

⊶ *EARL DOM. GUY ROBIN, 13, rue Berthelot, 89800 Chablis, tél. 03 86 42 12 63, contact@domaineguyrobin.com* V *r.-v.*

DOM. ROY Vaulorent 2019 ★★

| 3100 | | 15 à 20 € |

Héritier d'une lignée de vignerons remontant à l'Empire, Fernand Roy crée ce domaine en 1920, sur la rive droite du Serein, au nord de Chablis. Aujourd'hui, l'exploitation compte 18 ha; elle est conduite par les 3e et 4e générations : Claude Roy, épaulé par David et Karine.

L'élégance de ses arômes de fleurs blanches et la fraîcheur de sa touche minérale légèrement anisée font toute la subtilité de ce nez très délicat. La bouche n'est pas en reste en matière de fraîcheur et de finesse. Concentrée sur le fruit, elle séduit par sa droiture et sa précision. Un vin énergique et très harmonieux. ⧗ 2023-2028

SCEA DOM. ROY, 71, Grand-Rue, 89800 Fontenay-près-Chablis, tél. 03 86 42 10 36, domaine.roy@orange.fr V *t.l.j. sf dim. 8h-12h 14h-18h*

FRANCINE ET OLIVIER SAVARY Vaillons 2019 ★

	5000		20 à 30 €

Installés dans le Chablisien en 1984 sur un domaine de poche (1 ha), Francine et Olivier Savary conduisent aujourd'hui un coquet vignoble de 20 ha.

D'abord discret, le nez de ce Vaillons s'épanouit sur des senteurs de fleurs blanches délicatement beurrées. La bouche exprime d'emblée une belle acidité, avec des notes citronnées, en harmonie avec la rondeur du fruit. Une cuvée pleine de tendresse, vive et généreuse à la fois. ⧗ 2023-2028

SARL FRANCINE ET OLIVIER SAVARY, 4, chem. des Hâtes, 89800 Maligny, tél. 03 86 47 42 09, contact@chablis-savary.com V *t.l.j. sf dim. 8h-12h 14h-17h30*

CAMILLE ET LAURENT SCHALLER Vaucoupin 2019 ★

	1300		15 à 20 €

De 1980 à 2014, ce domaine vendait ses moûts à la coopérative. L'arrivée de Camille, fils de Laurent Schaller, change la donne et le premier vin élaboré à la propriété sort la même année de la toute nouvelle cuverie.

Elevage sur lies fines, 80 % en cuve et 20 % en fût, pour aboutir à cette cuvée agréable et très cohérente. Le nez très floral (tilleul, acacia) est supporté par une fine minéralité. La bouche, franche et directe, associe vivacité minérale et fraîcheur des agrumes avant une jolie finale saline. ⧗ 2024-2028

SCEV DOM. CAMILLE ET LAURENT SCHALLER, 20, Grande-Rue-de-Chablis, 89800 Préhy, tél. 06 81 85 07 95, domaine@chablis-schaller.com V *r.-v.* E

SÉGUINOT-BORDET Vaillons 2019 ★

	6600		15 à 20 €

Une des plus anciennes familles du Chablisien, établie à Maligny sur la rive droite du Serein. Jean-François Bordet a repris en 1998 l'exploitation de son grand-père Roger Séguinot. Le domaine couvre aujourd'hui 15 ha, complété par une activité de négoce en 2002.

Toute la finesse et l'élégance d'un Vaillons dans cette cuvée très délicate, élevée en cuve pendant 10 mois. Le nez séduit avec ses senteurs florales mêlées aux arômes de fruits. La bouche est ronde, gorgée d'agrumes, soutenue par une belle acidité et finit sur des notes citronnées. Tout est fraîcheur dans ce vin. ⧗ 2023-2027

EARL DOM. SÉGUINOT-BORDET, 8, chem. des Hâtes, 89800 Maligny, tél. 03 86 47 44 42, contact@seguinot-bordet.fr V *r.-v.*

DOM. SOUPÉ Mont de Milieu 2019 ★★

	2100		20 à 30 €

Un domaine familial de 15 ha conduit par les frères Soupé depuis 2012. À la carte, toutes les appellations chablisiennes, du petit-chablis aux grands crus.

Un remarquable 1er cru qui évoque toute la richesse et la complexité de son terroir. Le nez très délicat surfe sur les arômes de fleurs blanches et de fruits mûrs. La bouche est ample, ronde, généreuse, gorgée de fruits à maturité, la minéralité apportant la tension nécessaire à son équilibre. ⧗ 2024-2030

SCEV DOM. SOUPÉ, 1, rue de la Paix, ZA des Violettes, 89800 Chablis, tél. 06 86 52 79 50, contact@domainesoupe.com V *r.-v.*

DOM. GÉRARD TREMBLAY Fourchaume 2019 ★

	20000		15 à 20 €

Gérard Tremblay s'est longtemps partagé entre les vignes héritées de ses parents et les voitures de rallye, son autre passion. Avec son épouse Hélène, ils ont passé le relais en 2014 à leurs enfants Éléonore et Vincent.

Adossé à la côte des grands crus, le Fourchaume est le 1er cru phare du domaine. Des vignes de 40 ans et un passage en fût mesuré sont à l'origine de ce vin généreux, au nez légèrement boisé, beurré et fruité (poire, mirabelle). La bouche se révèle ample et charnue, soulignée par une acidité et un boisé fondus. ⧗ 2024-2028

SAS GÉRARD TREMBLAY, 12, rue de Poinchy, 89800 Chablis, tél. 03 86 42 40 98, gerard.tremblay@wanadoo.fr V *t.l.j. sf sam. dim. 8h-12h 13h30-17h*

OLIVIER TRICON Montmains 2019 ★

	10000		20 à 30 €

Un négociant chablisien renommé en France comme à l'étranger. Après avoir travaillé dans différents vignobles français et comme maître de chai sur le domaine familial, il a créé son affaire et racheté à sa famille l'important Dom. de Vauroux (46 ha avec des parcelles dans des 1ers crus réputés et en grand cru).

Si le premier nez se montre plutôt timide, l'aération révèle de jolis arômes de fleurs et de fruits. La bouche est bien structurée, de grande ampleur et très goûteuse. Un vin droit, sans détour, à la fois vif et onctueux, porté par une belle acidité qui renforce sa longueur. ⧗ 2024-2030

SARL MAISON OLIVIER TRICON, rte d'Avallon, 89800 Chablis, tél. 03 86 42 10 37, commercial.tricon@gmail.com V *t.l.j. sf ven. sam. dim. 8h30-12h 13h30-17h*

DOM. DES TROIS V Vaucoupin 2018 ★

	3280		15 à 20 €

Issue d'une lignée d'agriculteurs, Marjorie Molusson a repris en 2013 une partie de l'exploitation familiale, jusqu'alors dédiée aux céréales et à quelques hectares de vignes. Elle abandonne l'activité céréalière pour se consacrer, avec l'aide de son oncle Claude et de sa fille Theresa, entièrement au vignoble : près de 20 ha aujourd'hui, avec des parcelles dans les 1ers crus Vaucoupin, Vosgros et Vaugiraut, les trois « V » du domaine.

Des trois V vinifiés par Marjorie Molusson, c'est le premier nommé qui obtient la palme pour son millésime 2018. Un vin très délicat avec son nez envahi par les fruits : pêche, abricot, citron, ananas. La bouche est du même tonneau : très fruitée donc, mais aussi

BOURGOGNE

riche, gourmande, avec un trait d'acidité qui apporte dynamisme et longueur. ⧗ 2023-2027

SCEA DOM. DES TROIS V, 5, allée des Tilleuls, 89800 Chichée, marjorie.molusson@domaine-des-trois-v.fr V r.-v.

DOM. VENTOURA Mont de Milieu 2019 ★★

	1300		15 à 20 €

Ancien coopérateur, Thomas Ventoura a décidé de vinifier lui-même à partir du millésime 2014. À sa disposition, un vignoble de 11 ha qu'il conduit de manière bio mais sans certification.

Du haut de gamme et toute l'expression du terroir dans ce superbe 1er cru élevé en fût et sur lies fines pendant 12 mois. Le nez interpelle par sa fraîcheur à travers des parfums de fleurs et de fruits. Le silex remonte en bouche pour équilibrer une matière généreuse, gorgée de fruits exotiques. Un vin très harmonieux, tendu, nerveux, mais qui ne manque ni de volume ni de gras, avec quelques notes iodées venant parfaire la finale. ⧗ 2024-2030 **Fourchaume 2019 ★★ (15 à 20 €; 5000 b.)** Un Fourchaume très élégant, ouvert sur un nez très aromatique qui passe des agrumes à la fleur d'oranger. La bouche se révèle ample, concentrée, soyeuse et minérale. ⧗ 2024-2030

EARL VENTOURA, 3, rue des Puits, 89800 Fontenay-près-Chablis, tél. 06 08 92 40 00, contact@ventoura.com V *r.-v.*

BRUNO VERRET Beauroy 2019 ★

	32500		15 à 20 €

La famille Verret cultive la vigne depuis 2 siècles et demi dans l'Yonne. Pionnier dans le vignoble de l'Auxerrois pour la mise en bouteilles et la commercialisation directe pratiquées dès les années 1950, ce vaste domaine (60 ha) demeuré familial fréquente très régulièrement les pages du Guide, notamment pour ses irancy, saint-bris, bourgognes Côtes d'Auxerre et bourgogne-aligoté.

Par ses senteurs de fleurs blanches teintées de vanille et de nuances fruitées, le nez de cette cuvée est particulièrement charmeur. En bouche, le fruité acidulé (citron, pomme verte) se fond dans la minéralité pour donner un vin droit, tendu, d'une belle longueur. ⧗ 2024-2028

SARL BRUNO VERRET, 13, rte de Champs, 89530 Saint-Bris-le-Vineux, tél. 03 86 53 31 81, dverret@domaineverret.com V *t.l.j. sf dim. 9h-12h 14h-18h*

B GUILLAUME VRIGNAUD Fourchaume 2019 ★

	8726		20 à 30 €

Les Vrignaud ont planté leurs premières vignes en 1955. Ils ont débuté en 1999 la vente en bouteilles avec l'arrivée de Guillaume à la tête du domaine et de ses 27 ha de vignes.

Toute la subtilité d'un chardonnay élevé en cuve dans ce vin très frais. Au nez, les nuances de pierre à fusil accompagnent avec justesse les arômes de fleurs blanches et de fruits. Beaucoup de rondeur se dévoile en bouche pour donner la réplique à une fine acidité renforcée par des saveurs d'agrumes. En prime, une belle longueur. ⧗ 2024-2028

SARL GUILLAUME VRIGNAUD, 10, rue de Beauvoir, 89800 Fontenay-près-Chablis, tél. 03 86 42 15 69, guillaume@domaine-vrignaud.com V *r.-v.*

CHABLIS GRAND CRU

Superficie : 103 ha / Production : 5 200 hl

Issu des coteaux les mieux exposés de la rive droite, divisés en sept lieux-dits – Blanchot, Bougros, Les Clos, Grenouilles, Les Preuses, Valmur, Vaudésir –, le chablis grand cru possède à un degré plus élevé toutes les qualités des précédents, la vigne se nourrissant d'un sol enrichi par des colluvions argilo-pierreuses. Quand la vinification est réussie, un chablis grand cru est un vin complet, à forte persistance aromatique, auquel le terroir confère un tranchant qui le distingue de ses rivaux de la Côte-d'Or. Sa capacité de vieillissement stupéfie, car il peut exiger 8 à 15 ans pour s'apaiser, s'harmoniser et acquérir un inoubliable bouquet de pierre à fusil, voire, pour Les Clos, de poudre à canon !

DOM. BILLAUD-SIMON Les Preuses 2019 ★

	1500		50 à 75 €

Un domaine historique de Chablis, fondé en 1815, qui a connu un grand développement après 1945 (première mise en bouteille à la propriété en 1954). Aujourd'hui, 17 ha et toute la hiérarchie des AOP du Chablisien, avec un bel éventail de 1ers crus et de grands crus prestigieux. En 2014, la propriété a été vendue à la maison nuitonne Faiveley. Une valeur sûre du Guide.

Un grand cru uniquement élevé en cuve Inox et on y retrouve toute la typicité du terroir. Le nez subtil s'ouvre sur les fleurs d'acacia et des notes citronnées. La bouche est tout aussi délicate. Ample, persistante, avec une finale iodée, salivant, elle multiplie les plaisirs dans un bel exercice d'équilibre. Savoureux. ⧗ 2024-2030 **Vaudésir 2019 ★ (50 à 75 €; 1900 b.)** Ce Vaudésir dévoile un nez intense d'agrumes confits agrémenté de notes mentholées. La bouche, ample et riche, évolue entre le fruit et la minéralité. ⧗ 2024-2030 **Les Blanchots 2019 ★ (75 à 100 €; 300 b.)** Derrière un nez floral mais discret, la bouche révèle un vin riche et gras, avec une belle expression minérale qui apporte l'équilibre. ⧗ 2024-2030

SARL DOM. BILLAUD-SIMON, 1, quai de Reugny, 89800 Chablis, tél. 03 86 42 10 33, contact@billaud-simon.com

B JEAN COLLET ET FILS Valmur 2018 ★★

	3500		50 à 75 €

La famille Collet piochait déjà le kimméridgien en 1792. Romain, le petit dernier d'une dynastie de vignerons chablisiens (fils de Gilles, petit-fils de Jean), est depuis 2009 aux commandes de l'exploitation familiale : 40 ha en conversion bio.

Une vinification en fût et une signature boisée pour ce remarquable grand cru, riche et persistant. Le boisé n'échappe pas au nez et se mêle avec finesse à des arômes originaux de thym et d'épices. La même palette de saveurs soutient une bouche ample et souple, dotée d'une belle fraîcheur et d'une longue finale saline. ⧗ 2024-2032

SARL JEAN COLLET ET FILS, 15, av. de la Liberté, 89800 Chablis, tél. 03 86 42 11 93, collet.chablis@orange.fr V *t.l.j. sf dim. 9h-12h 13h30-18h*

DAMPT FRÈRES Bougros 2019 ★★

	3006		20 à 30 €

Un père, Bernard Dampt, vigneron à Collan de 1980 à 1998, comme 3 générations avant lui; 3 frères, Éric, Emmanuel et Hervé; plusieurs exploitations : une pour chaque frère, une pour la fratrie. Les frères sont indissociables, mais chacun a son rôle à jouer, et tous font leurs propres vins.

Ce n'est pas le plus réputé des grands crus mais ce Bougros fait honneur à l'appellation. Un vin délicat, fin, très minéral, qui ne renie pas son identité chablisienne. Certes, le nez est discret mais tellement fin, libérant à l'aération des senteurs de fleurs blanches. La bouche attaque sur l'acidité avant que le gras du fruit ne prenne le relais et enrobe le tout. Une longue finale saline et iodée vient parfaire l'équilibre. ⧗ 2024-2032 **Les Preuses 2019 ★ (20 à 30 €; 8753 b.)** Ces Preuses livrent un nez puissant et citronné, relayé par une bouche qui s'exprime sur la vivacité. Bien typé. ⧗ 2024-2030

SARL VIGNOBLE DAMPT, rue de Fleys, 89700 Collan, tél. 03 86 55 29 55, vignoble@dampt.com V *t.l.j. sf dim. 9h-12h30 13h30-18h*

BERNARD DEFAIX Vaudésir 2019 ★

	1000		50 à 75 €

La maison Defaix est un domaine (converti au bio) ayant pignon sur rue à Milly, repris par Sylvain et Didier Defaix, les fils de Bernard. C'est aussi une maison de négoce créée en parallèle, qui travaille dans le même esprit que le domaine.

Le bois est encore bien présent dans ce vin jeune qui ne manque pas de potentiel. Le temps lui permettra de s'exprimer pleinement. Le nez intense est dominé par les fruits confits et un boisé soutenu. Quant à la bouche, elle allie rondeur et fraîcheur dans un bel équilibre. Soyez patient. ⧗ 2025-2030

SAS BERNARD DEFAIX, 17, rue du Château, Milly, 89800 Chablis, tél. 03 86 42 40 75, contact@bernard-defaix.com V *r.-v.*

JEAN-PAUL ET BENOÎT DROIN Vaudésir 2019 ★★

	5000		30 à 50 €

Chez les Droin, on est vigneron de père en fils depuis 1620. Si Jean-Paul Droin est devenu l'historien du vignoble de Chablis, son fils Benoît a apporté sa patte à cette exploitation de 26 ha à partir de 2002. Un domaine d'une admirable régularité, qui collectionne les coups de cœur, notamment dans les grands crus.

À un beau nez expressif, qui s'ouvre sur des arômes de vanille et de fleurs de tilleul, répond une bouche plus typée, racée, restituant pleinement le terroir. Franche, ample, elle se nourrit de fruits blancs et de fruits secs et s'appuie sur une minéralité subtile qui apporte fraîcheur et équilibre. Un vin tendu et bien ciselé. ⧗ 2024-2032 **Les Clos 2019 ★ (30 à 50 €; 5000 b.)** Un vin très élégant avec son nez floral, bien structuré en bouche entre la rondeur du fruit (agrumes), la persistance minérale et une belle finale saline. ⧗ 2024-2030

SC JEAN-PAUL ET BENOÎT DROIN, 14 bis, rue Jean-Jaurès, BP 19, 89800 Chablis, tél. 03 86 42 16 78, benoit@jeanpaulbenoit-droin.fr

ROLAND LAVANTUREUX Vaudésir 2019 ★

	5900		20 à 30 €

Valeur sûre du Guide, cette exploitation est située à Lignorelles, aux confins nord du Chablisien. Après un stage au fameux Clos des Lambrays, Arnaud Lavantureux a rejoint son père Roland sur le domaine de 21 ha où il assure depuis 2010 les vinifications. Son frère David gère quant à lui le développement commercial. Une structure de négoce complète la production.

Un grand cru harmonieux et bien structuré issu d'un élevage mixte. Le nez s'éveille sur une large palette de fruits jaunes bien mûrs associés à des arômes de tilleul, d'acacia et de vanille. La bouche se montre puissante et gorgée de fruits, avec un boisé encore dominant et une bonne longueur. ⧗ 2024-2030

SCEA DOM. ROLAND LAVANTUREUX, 4, rue Saint-Martin, 89800 Lignorelles, tél. 07 65 15 12 12, domaine.lavantureux@gmail.com V *r.-v.*

DOM. LONG-DEPAQUIT Les Clos 2019 ★★

	4530		30 à 50 €

Propriété de la maison Albert Bichot depuis 1968, ce domaine de près de 44 ha abrite un château du XVIII^e^s., en plein cœur de Chablis : un cadre idéal pour valoriser ses vins et plus particulièrement ses grands crus.

La minéralité chablisienne s'affirme avec force dans cette remarquable cuvée, offrant une grande fraîcheur qui contraste avec l'austérité habituelle des Clos. Le nez s'exprime tout en finesse sur des arômes de fruits exotiques et de fleurs blanches. En bouche, le mariage est parfait entre le fruit mûr et une fine acidité minérale. Un équilibre auquel contribue un boisé bien fondu et une finale saline. ⧗ 2024-2032

SCEA DOM. LONG-DEPAQUIT, 45, rue Auxerroise, 89800 Chablis, tél. 03 86 42 11 13, chateau-long-depaquit@albert-bichot.com V *t.l.j. sf dim. 9h-12h30 14h-18h*

DOM. DE OLIVEIRA LECESTRE Les Clos 2019 ★

	2000		20 à 30 €

Un vaste domaine de près de 55 ha créé en 1955. Aujourd'hui, c'est la fille de Lucien de Oliveira qui est à la tête de cette exploitation familiale. Pour conduire le vignoble, elle a trouvé du renfort en la personne de sa propre fille.

Charmeur, délicat, ce grand cru coche toutes les cases de l'appellation. Son joli nez convoque les fruits jaunes, les fleurs blanches et, discrètement, les épices. Les fruits mûrs s'emparent d'une bouche ronde et soyeuse, soulignée par une fine minéralité. Un ensemble très harmonieux. ⧗ 2024-2030

GAEC DE OLIVEIRA LECESTRE, 11, rue des Chenevières, 89800 Fontenay-près-Chablis, tél. 03 86 42 40 78, gaecdeoliveira@wanadoo.fr V *r.-v.*

BOURGOGNE

DOM. PINSON FRÈRES Les Clos 2019 ★

	8800		30 à 50 €

Établis dans le Chablisien dès 1640, les Pinson exportaient du vin aux États-Unis en 1880. Louis Pinson constitue son domaine en 1983. Ses fils Laurent et Christophe portent sa superficie de 4 à 14 ha. Charlène Pinson, fille de Laurent, les rejoint en 2008. Complétés par une gamme de négoce depuis 2013, les vins de la propriété sont régulièrement mentionnés dans le Guide.

Un peu de fûts neufs dans la vinification de cette cuvée encore marquée par le bois. Pour autant, le nez reste élégant avec ses arômes de vanille et de pierre à fusil. En bouche, l'attaque se fait sur le fruit et des notes toastées, puis se déploie une belle minéralité jusqu'en finale. ⧗ 2024-2030

SCEA DOM. PINSON, 5, quai Voltaire, 89800 Chablis, tél. 03 86 42 10 26, pinson@domaine-pinson.com V *t.l.j. 8h-12h 13h30-17h30; sam. dim. sur r.-v.*

DOM. GUY ROBIN Vaudésir 2019 ★★

	2240		30 à 50 €

Denise et Guy Robin, 2 figures du vignoble chablisien, ont passé la main en 2007. Leur fille Marie-Ange a quitté les bureaux pour revenir à la terre. Celle de l'exploitation familiale, fondée en 1954, avec ses 20 ha et de nombreux grands crus dans une cave riche de quelque 120 fûts de chêne.

Elle sait faire parler son terroir Marie-Ange Robin. Ce Vaudésir, à la fois sec et minéral, puissant et bien en chair, en est la preuve. Le nez floral et minéral exprime l'élégance. En bouche, on croque les agrumes avec délice. La rondeur est soulignée par une acidité subtile et un boisé bien fondu pour arriver à l'équilibre. ⧗ 2024-2030

EARL DOM. GUY ROBIN, 13, rue Berthelot, 89800 Chablis, tél. 03 86 42 12 63, contact@domaineguyrobin.com V *r.-v.*

SIMONNET-FEBVRE Les Clos 2019 ★★

	3500		50 à 75 €

Reprise en 2003 par Louis Latour, cette maison de négoce-éleveur fondée en 1840 est une référence en Chablisien. Une solide renommée qui dépasse largement les frontières de France, 85 % de la production partant à l'export.

Un long élevage en fûts mais un boisé bien maîtrisé dans ce superbe grand cru. Il se manifeste au nez sur des notes fumées qui ne masquent pas les senteurs minérales et fruitées (agrumes). Une minéralité qui apporte de la tension et de la fraîcheur à une bouche ample et généreuse. Un vin très harmonieux. ⧗ 2024-2032

SAS SIMONNET-FEBVRE, 30, rte de Saint-Bris, 89530 Chitry-le-Fort, tél. 03 86 98 99 00, caveau@simonnet-febvre.com V *r.-v.*

DOM. VOCORET ET FILS Les Clos 2019 ★

	6200		30 à 50 €

Les Vocoret se succèdent depuis 4 générations. Installé dans les locaux de l'ancienne coopérative laitière de Chablis, leur domaine (38 ha) a pour originalité d'élever ses vins dans des foudres et des demi-muids. De grands contenants qui permettent d'arrondir le boisé.

Une jolie robe brillante et dorée, un nez intense de fruits bien mûrs et de fleurs blanches (aubépine, acacia) sur un fond toasté et vanillé, l'approche est engageante. La bouche ne déçoit pas : du fruit sur des notes citronnées, de la minéralité apportant de la fraîcheur, du gras, de l'ampleur. Un vin très bien équilibré. ⧗ 2024-2030

SCEA DOM. VOCORET ET FILS, 40, rte d'Auxerre, 89800 Chablis, tél. 03 86 42 12 53, contact@domainevocoret.com V *t.l.j. sf dim. 8h-12h 14h-18h; sam. 9h-12h30 14h-18h*

IRANCY

Superficie : 165 ha / Production : 6 800 hl

Ce petit vignoble situé à une quinzaine de kilomètres au sud d'Auxerre a vu sa notoriété confirmée, devenant AOC communale. Les vins d'Irancy ont acquis une réputation en rouge, grâce au césar (ou romain), cépage local datant peut-être du temps des Gaules. Ce dernier est assez capricieux : lorsqu'il a une production faible à normale, il imprime un caractère particulier au vin et, surtout, lui apporte un tanin permettant une très longue conservation. Lorsqu'il produit trop, il donne difficilement des vins de qualité; c'est la raison pour laquelle il n'a pas fait l'objet d'une obligation dans les cuvées. Le pinot noir, principal cépage de l'appellation, donne sur les coteaux d'Irancy un vin de qualité, très fruité, coloré. Les caractéristiques du terroir sont surtout liées à la situation topographique du vignoble, qui occupe essentiellement les pentes formant une cuvette au creux de laquelle se trouve le village. Le terroir déborde sur les deux communes voisines de Vincelotte et de Cravant, où les vins de la Côte de Palotte sont particulièrement réputés.

BAILLY-LAPIERRE 2019 ★

	76000		8 à 11 €

Aujourd'hui, 430 vignerons apportent leurs raisins à la cave de Bailly-Lapierre, qui fut à l'origine du crémant-de-bourgogne. Principal élaborateur d'effervescents de la région, la coopérative propose une vaste gamme de crémants de qualité, qui reposent dans les immenses galeries souterraines d'une ancienne carrière calcaire. Elle fournit aussi des vins tranquilles. Une valeur sûre.

Un classique de l'appellation avec sa robe rubis et son nez de fruits rouges. Quelques pointes d'épices et des senteurs de violette contribuent aussi à éveiller les sens. En bouche, les petits fruits bien mûrs flattent les papilles, avec en soutien des tanins souples et une sensation de fraîcheur en finale. ⧗ 2021-2025

SCA CAVES BAILLY-LAPIERRE, quai de l'Yonne, 89530 Saint-Bris-le-Vineux, tél. 03 86 53 77 77, home@bailly-lapierre.fr V *r.-v.*

P.-L. ET J.-F. BERSAN Cuvée Marianne 2018 ★

	2400		15 à 20 €

Ce domaine (20 ha de vignes), aussi maison de négoce, a été restructuré en 2010 par Pierre-Louis

Bersan et son père Jean-François, issus d'une famille implantée à Saint-Bris depuis 1453 et 22 générations. Depuis, leurs vins fréquentent régulièrement ces pages.

Un an d'élevage en fût pour aboutir à cet irancy puissant et concentré. Les fruits rouges bien mûrs s'emparent du nez. La bouche, bien équilibrée, s'adosse à des tanins soyeux qui soulignent un fruit toujours présent. La longueur est soutenue par une acidité assez marquée. ⧗ 2023-2028

⊶ SCEA DOM. JEAN-FRANÇOIS ET PIERRE-LOUIS BERSAN, 5, rue du Dr-Tardieux, 89530 Saint-Bris-le-Vineux, domainejfetplbersan@orange.fr V r.-v.

BENOÎT CANTIN La Grande Côte 2019 ★

■ | 35000 | | 11 à 15 €

Établie depuis 1950 à Irancy, cette exploitation familiale est dédiée au pinot noir, en particulier à l'irancy. À sa tête depuis 1993, Benoît Cantin fait partie des valeurs sûres de l'appellation. Son domaine couvre 16 ha.

Une belle robe pourpre pour donner le ton de ce vin très élégant et bien structuré. Le nez complexe butine entre la cerise et la framboise. Des notes épicées et chocolatées s'ajoutent à la palette d'arômes. La bouche, tout en souplesse, convoque le fruit frais, épaulé par un léger boisé. ⧗ 2021-2025

⊶ BENOÎT CANTIN, 35, chem. des Fossés, 89290 Irancy, tél. 06 68 42 11 66, cantin.benoit@orange.fr V r.-v. D

EDMOND CHALMEAU ET FILS Eugénie 2019 ★★

■ | 1700 | | 15 à 20 €

Une ancienne famille vigneronne installée au cœur de Chitry : Franck Chalmeau a pris la suite de son père Edmond en 1991, avant d'être rejoint par son frère Sébastien. Un domaine passé peu à peu de la polyculture à la seule viticulture (17 ha) et devenu une référence pour ses bourgogne Chitry.

Peu de quantité pour cette cuvée élevée en fût puis assemblée en cuve. La qualité en revanche est bien au rendez-vous. Une jolie robe rubis à reflets violets, un nez qui vagabonde entre la framboise et la violette, avec quelques notes épicées, une bouche qui allie puissance et souplesse pour terminer sur un joli boisé : tout est en place, et pour longtemps. ⧗ 2023-2028

⊶ EARL EDMOND CHALMEAU ET FILS, 20, rue du Ruisseau, 89530 Chitry, tél. 03 86 41 42 09, domaine.chalmeau@wanadoo.fr V r.-v.

MAISON DE LA CHAPELLE Les Bâtardes 2019 ★★

■ | 2000 | | 20 à 30 €

Un tout jeune négoce créé en 2015 par Delphine et Grégory Viennois. La première est issue d'une famille de vignerons et a travaillé dans de grandes maisons de Bourgogne. Le second, Bourguignon également et diplômé d'œnologie, présente un beau CV : il a appris le métier avec Nadine Gublin (Dom. Jacques Prieur) et Jean-Pierre de Smet (Dom. de l'Arlot), a vinifié au Ch. Smith-Haut-Lafitte, a été directeur technique de Michel Chapoutier et directeur général de Ferraton Père & Fils. Depuis 2011, il est directeur technique du Dom. Laroche à Chablis et suit comme consultant depuis 2006 la Quinta Do Monte d'Oiro au Portugal.

Dix-huit mois d'élevage en fût, ça vous forge le caractère. Et ce millésime 2019, bien charpenté et élégant, n'en manque pas. Le nez n'est que concentration de fruits noirs (cassis, mûre), avec quelques notes de café. Des saveurs qui explosent dans une bouche ample et soyeuse, dotée de tanins élégants, bien arrondis, avec en finale une grande fraîcheur. ⧗ 2023-2030

⊶ SAS MAISON DE LA CHAPELLE, 24, rue du Serein, 89800 La Chapelle-Vaupelteigne, tél. 06 98 45 22 10, contact@vins-maisondelachapelle.fr V r.-v.

♥ **VICOMTE JEAN-PIERRE COLINOT** Les Mazelots 2018 ★★

■ | 22000 | | 15 à 20 €

Un domaine de référence à Irancy, étendu sur 14 ha en propre. Aux commandes, Anita Colinot et son chef de cave Thomas Carré, qui vinifie les lieux-dits les plus connus d'Irancy (Palotte, Les Mazelots, Côte du Moutier, Les Cailles, Boudardes…).

Une cuvée en tout point remarquable. Racé, corsé, cet irancy est fidèle à son appellation : une étonnante robe rubis tirant sur le noir, un nez puissant et élégant de petits fruits rouges et noirs relevés d'épices, une bouche ample, charnue, gourmande de fruits et légèrement épicée, qui finit en beauté sur une grande fraîcheur. Un ensemble parfaitement équilibré et très friand. ⧗ 2022-2027 ■ **Palotte 2018 ★ (15 à 20 €; 1000 b.)** Si le nez hésite entre la violette et les fruits rouges, la bouche se nourrit pleinement de cerise, avec en soutien des tanins qui demandent à s'assouplir. ⧗ 2023-2028

⊶ EARL ANITA ET JEAN-PIERRE COLINOT, 1, rue des Chariats, 89290 Irancy, tél. 06 87 15 47 29, earlcolinot@orange.fr V r.-v.

♥ **STÉPHANIE COLINOT** Les Cailles 2019 ★★

■ | 3400 | | 15 à 20 €

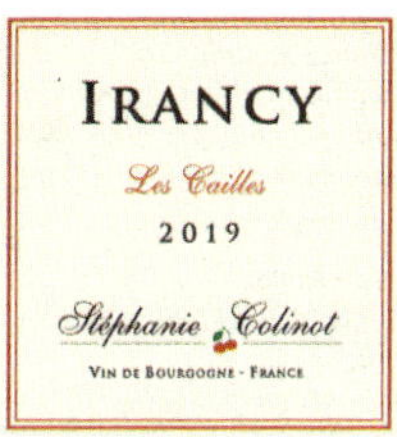

Après avoir vinifié 16 millésimes au domaine familial de son père Jean-Pierre, Stéphanie Colinot s'est installée en sol sur un petit domaine de 3,5 ha à partir duquel elle produit de l'irancy et des appellations régionales de l'Yonne.

Après 10 mois d'élevage en cuve, ce vin restitue parfaitement la typicité de son terroir. Harmonieux et très élégant, il a fait chavirer le cœur du jury. Très concentré, le nez explose sur des arômes de petits fruits rouges mêlés de notes de cacao. La bouche est droite, gourmande, d'une grande pureté, avec des tanins bien fondus qui contribuent à l'équilibre, le tout sur un fond de fraîcheur. Irrésistible. ⧗ 2023-2027 ■ **La Comme 2019 ★ (15 à 20 €; 3300 b.)** Un nez de fruits rouges et de réglisse sur fond de sous-bois, une bouche charnue et soyeuse, soutenue par l'acidité, cet irancy a tout pour plaire. ⧗ 2022-2026 ■ **Côte du Moutier 2019 ★ (20 à 30 €; 1530 b.)** Du fruit, encore du fruit, au nez comme en bouche, avec des épices pour corser une matière friande et beaucoup de fraîcheur. ⧗ 2022-2026

SASU STÉPHANIE COLINOT, 3, rue Reine-de-Sicile, 89144 Ligny-le-Châtel, tél. 06 81 27 08 32, colinotstephanie@gmail.com V *r.-v.*

CLOTILDE DAVENNE Paradis 2018 ★

■	3000		15 à 20 €

Cette vigneronne œnologue a travaillé chez Jean-Marc Brocard avant de créer en 2005 son exploitation au sud de Chablis : une mosaïque de 24 ha plantés de tous les cépages bourguignons. Elle privilégie les élevages en cuve, quel que soit le cépage, pour préserver la subtilité du terroir. Une activité de négoce complète la gamme de vins issus de la Bourgogne septentrionale.

Un peu de cépage césar associé au pinot noir : un assemblage qui ajoute du caractère à un irancy qui ne manque pas, pour autant, d'élégance. Au nez intense, dominé par les petits fruits rouges, succède une bouche souple et soyeuse, épaulée par des tanins bien fondus. Un vin bien équilibré et très plaisant. ⧗ 2022-2027

SARL CLOTILDE DAVENNE, 3, rue de Chantemerle, 89800 Préhy, tél. 03 86 41 46 05, serviceclient@clotildedavenne.fr V *t.l.j. sf dim. 9h-12h30 13h30-17h30*

DOM. FÉLIX La Grande Côte Est 2018 ★

■	9000		15 à 20 €

Ancien fonctionnaire, Hervé Félix, cédant à un vieil atavisme, reprend en 1987 avec son épouse Marie-Claire l'exploitation où les siens se sont succédé de père en fils depuis le XVIIes. Établi à Saint-Bris, gros village viticole de l'Yonne, il propose de nombreux types de vins. En 2016, après une solide expérience dans de grands groupes industriels, Olivier (en charge de la vigne et du chai) a rejoint ses parents sur ce domaine de 29 ha, conduit de manière «très raisonnée», proche du bio.

Élevage mixte, cuve et fût de chêne, pour aboutir à cet irancy typique de l'appellation. Une belle robe rouge carmin, brillante, un nez dominé par les arômes de cerise noire, une bouche ample qui se nourrit de fruits mûrs : au final, un vin bien charpenté qui demande de la patience. ⧗ 2023-2027

SCEA FÉLIX ET FILS, 17, rue de Paris, 89530 Saint-Bris-le-Vineux, tél. 03 86 53 33 87, domaine.felix@wanadoo.fr V *r.-v.*

DOM. FERRARI Le Paradis 2018 ★★

■	3000		15 à 20 €

À l'occasion des vendanges 1981, Christophe Ferrari a une révélation : il sera vigneron. Le temps de terminer ses études, il s'installe en 1987 à Irancy comme jeune viticulteur. Il exploite aujourd'hui 21 ha en irancy et en chablis, épaulé par ses fils James et Nicolas, arrivés respectivement en 2012 et 2013.

Quel fruit ! « On a l'impression de croquer les cerises noires », souligne un dégustateur. Ce vin séduisant et très harmonieux dévoile en effet un nez légèrement épicé qui se concentre sur les fruits noirs. La bouche est franche et généreuse, suffisamment tannique et d'une grande fraîcheur. Un gros potentiel. On ne s'en lasse pas. ⧗ 2023-2030 ■ **Les Mazelots 2018 ★ (15 à 20 €; 9000 b.)** Le nez intense se promène dans les sous-bois. La bouche, d'une belle longueur, est dominée par les tanins, sur fond animal. Un irancy de caractère, qui demande à vieillir. ⧗ 2024-2030

EARL FERRARI, 7, chem. des Fossés, 89290 Irancy, tél. 03 86 42 33 43, contact@irancy-ferrari.com V *t.l.j. sf dim. 10h-12h 14h-18h*

B GUILHEM ET JEAN-HUGUES GOISOT Les Mazelots 2018 ★

■	2500		15 à 20 €

Une valeur sûre de l'Auxerrois que ce domaine installé dans une ancienne place forte de Saint-Bris abritant un corps de garde. Jean-Hugues Goisot et son fils Guilhem exploitent en bio et biodynamie un vignoble de 28 ha et élèvent leurs vins dans de vénérables caves des XIe et XIIes.

Il a le potentiel pour devenir grand mais il va falloir être patient pour apprécier les promesses nées de la dégustation. Floral et fruité, le nez est déjà très agréable. En revanche, la bouche est encore très serrée par les tanins. Pour autant, elle dégage une matière riche, dense et une grande vivacité. De belles promesses. ⧗ 2024-2030

SCEV GUILHEM ET JEAN-HUGUES GOISOT, 30, rue Bienvenu-Martin, 89530 Saint-Bris-le-Vineux, tél. 03 86 53 35 15, domaine.jhg@goisot.com V *r.-v.*

DOM. CÉLINE ET FRÉDÉRIC GUEGUEN Les Mazelots 2018 ★

■	7000		11 à 15 €

Frédéric Gueguen et son épouse Céline, fille de Jean-Marc Brocard, ont d'abord travaillé pour le compte de ce dernier, notamment au Dom. des Chenevières, avant de décider de voler de leurs propres ailes en 2013. Ils conduisent aujourd'hui un vignoble de 25 ha dans le Chablisien et l'Auxerrois, dont ils ont engagé la conversion bio.

Dix mois d'élevage en cuve pour ce vin de plaisir qui restitue bien son terroir. Le nez élégant s'attarde sur les arômes de fruits rouges. La bouche offre beaucoup d'intensité et d'équilibre autour d'une matière riche soutenue par des tanins bien fondus. ⧗ 2022-2026

SARL CÉLINE ET FRÉDÉRIC GUEGUEN, 31, Grande-Rue-de-Chablis, 89800 Préhy, tél. 06 08 74 63 85, contact@chablis-gueguen.fr V *t.l.j. sf dim. 10h-12h 13h-17h*

DOM. HEIMBOURGER 2019 ★

■	18000		8 à 11 €

Installée dans l'Yonne, la famille Heimbourger cultive la vigne depuis 3 générations. Le domaine a été constitué en 1960 par Pierre Heimbourger et repris en

1994 par son fils Olivier. Il couvre 17 ha dans les appellations bourgogne, irancy et chablis.

Un joli pinot noir bien équilibré, rehaussé par 5 % de césar. Le nez, très expressif, s'ouvre sur des arômes de fruits rouges bien mûrs et quelques notes épicées. Les tanins et le bois, bien maîtrisés, se fondent dans une bouche souple et fruitée. Un vin friand et très agréable. ⧗ 2021-2025

SCEA DOM. HEIMBOURGER, 5, rue de la Porte-de-Cravant, 89800 Saint-Cyr-les-Colons, tél. 06 19 58 54 84, heimbourger@wanadoo.fr V r.-v.

DOM. DE MAUPERTHUIS Palottes 2019 ★★

■	850		20 à 30 €

Installés en Tonnerrois depuis 1992, Laurent et Marie-Noëlle Ternynck conduisent un vignoble de 14 ha, complété par une structure de négoce en 2014. Ils signent des vins très souvent en bonne place dans le Guide, notamment en appellations régionales. La conversion bio est engagée.

Ce millésime 2019 est un exemple d'harmonie. Élevé pendant 18 mois en fûts anciens, il parle de son terroir tout au long de la dégustation. Le nez, très élégant, associe des senteurs florales aux arômes de fruits frais. Très présent en bouche, le fruit (cerise) s'appuie sur une belle structure tannique. Droit, précis, bien équilibré, ce vin est un régal. ⧗ 2023-2028 ■ **Veaupessiot 2019 ★ (11 à 15 €; 2000 b.)** Une belle expression de fruits rouges tant au nez qu'en bouche, une acidité prononcée et une grande fraîcheur jusqu'à la finale, agrémentée d'une note de réglisse, cet irancy séduit par son énergie. ⧗ 2023-2027

EARL MAUPERTHUIS, 3, Grande-Rue-de-Chablis, 89800 Préhy, tél. 03 86 41 42 70, contact@chablismarronier.com V *t.l.j. sf sam. dim. 8h30-12h30 13h30-17h30*

ISABELLE ET DENIS POMMIER
Grain de survie 2019 ★

■	3000		15 à 20 €

Établis à Chablis, Isabelle et Denis Pommier exploitent un domaine de 22 ha créé en 1990 et très régulier en qualité. Après avoir conduit 15 ans leur vignoble en lutte raisonnée, ils ont obtenu la certification bio en 2014.

Voici un pinot noir qui interpelle par sa complexité aromatique : on y perçoit la cerise, bien sûr, mais aussi le cuir et les sous-bois. La bouche se montre souple, ample, tendre, avec des saveurs bien fondues et légèrement mentholées et une finale légèrement boisée, offrant aussi beaucoup de fraîcheur. Très plaisant. ⧗ 2023-2027

SARL MAISON POMMIER, 31, rue de Poinchy, 89800 Chablis, tél. 03 86 42 83 04, isabelle@denis-pommier.com V *r.-v.*

Ⓑ **GABIN ET FÉLIX RICHOUX** Les Cailles 2018 ★

■	10500		15 à 20 €

Cette famille de vignerons est établie à Irancy depuis le XVIᵉs. Elle a misé sur la viticulture dès le milieu des années 1970. Gabin et Félix, les 2 enfants de Thierry et Corine Richoux, ont pris les rênes du domaine en 2015, avec à leur disposition un vignoble de 21,5 ha converti au bio (certifié) et à la biodynamie (non certifiée).

Une vendange égrappée suivie d'un long élevage partagé entre la cuve et le fût, et on obtient ce vin à la fois généreux et soyeux. D'abord discret, le nez s'exprime sur les fruits noirs et des notes mentholées à l'aération. La bouche ample et gourmande de fruits s'adosse à des tanins encore un peu sévères. Pour autant l'équilibre est réussi et la fraîcheur au rendez-vous. ⧗ 2023-2027

EARL RICHOUX, 73, rue Soufflot, 89290 Irancy, tél. 03 86 42 21 60, irancy.richoux@orange.fr V *t.l.j. sf dim. 9h-12h 14h-18h*

SIMONNET-FEBVRE 2019 ★

■	38000		11 à 15 €

Reprise en 2003 par Louis Latour, cette maison de négoce-éleveur fondée en 1840 est une référence en Chablisien. Une solide renommée qui dépasse largement les frontières de France, 85 % de la production partant à l'export.

Un soupçon de césar pour corser le pinot noir. De quoi donner du caractère à cette cuvée légèrement épicée au nez. La bouche, généreuse, est soutenue par une solide structure tannique, ce qui n'enlève rien à sa fraîcheur, ni à son élégance. Le fruit noir en est le fil conducteur. Un vin de garde assurément. ⧗ 2024-2028

SAS SIMONNET-FEBVRE, 30, rte de Saint-Bris, 89530 Chitry-le-Fort, tél. 03 86 98 99 00, caveau@simonnet-febvre.com V *r.-v.*

PHILIPPE TUPINIER 2018 ★★

■	3000		11 à 15 €

Philippe Tupinier, de formation horticole, a travaillé pendant une décennie dans un domaine du Chablisien avant de s'installer en 2007 comme jeune agriculteur. Il exploite 6,3 ha et propose aussi des vins de négoce.

Neuf mois d'élevage en cuve pour ce pinot noir qui exprime toute la typicité de l'appellation, mais aussi du millésime. Séduisant dans sa belle robe pourpre, il rivalise d'élégance au nez avec ses arômes fruités et épicés. Autant de saveurs qui se prolongent dans une bouche délicate, soyeuse, concentrée, portée jusqu'en finale par des tannins d'une grande finesse. ⧗ 2023-2028

SARL PHILIPPE TUPINIER, 7, Petite-Rue, 89230 Bleigny-le-Carreau, tél. 03 86 41 85 23, domainetupinier@orange.fr V *r.-v.*

DOM. VERRET Âme du domaine 2018 ★

■	6300		15 à 20 €

La famille Verret cultive la vigne depuis 2 siècles et demi dans l'Yonne. Pionnier dans le vignoble de l'Auxerrois pour la mise en bouteilles et la commercialisation directe pratiquées dès les années 1950, ce vaste domaine (60 ha) demeuré familial fréquente très régulièrement les pages du Guide, notamment pour ses irancy, saint-bris, bourgognes Côtes d'Auxerre et bourgogne-aligoté.

Un grand classique avec cette cuvée Ame du Domaine. Tout y est : l'élégance, la puissance et la vivacité. Le nez, intense, s'exprime sur une large palette d'arômes : fruits rouges, violette, menthe, épices. La bouche repose sur

BOURGOGNE

une structure tannique qui souligne le fruit mûr, le tout dans un équilibre très assuré. ⧗ 2023-2028

GAEC DOM. VERRET, 14, rte de Champs, 89530 Saint-Bris-le-Vineux, tél. 03 86 53 31 81, dverret@domaineverret.com V *t.l.j. sf dim. 9h-12h 14h-18h*

SAINT-BRIS

Superficie : 133 ha / Production : 7 950 hl

VDQS (1974) puis AOC (2001), les saint-bris proviennent essentiellement de la commune du même nom. L'appellation est réservée au sauvignon. Ce cépage est surtout planté sur les plateaux calcaires, où il atteint toute sa puissance aromatique. Contrairement aux vins de sauvignon de la vallée de la Loire ou du Sancerrois, le saint-bris fait généralement sa fermentation malolactique, ce qui lui confère une certaine souplesse.

P.-L. ET J.-F. BERSAN Sauvignon 2019 ★

| 20000 | 11 à 15 €

Ce domaine (20 ha de vignes), aussi maison de négoce, a été restructuré en 2010 par Pierre-Louis Bersan et son père Jean-François, issus d'une famille implantée à Saint-Bris depuis 1453 et 22 générations. Depuis, leurs vins fréquentent régulièrement ces pages.

Un sauvignon très expressif, avec de l'ampleur. D'abord discret, le nez consent à s'ouvrir, après aération, sur de jolies senteurs de fleurs blanches (aubépine). La bouche est un concentré d'épices, de notes anisées et de réglisse, le tout porté par une belle acidité. Surprenant mais très plaisant. ⧗ 2021-2024

SCEA DOM. JEAN-FRANÇOIS ET PIERRE-LOUIS BERSAN, 5, rue du Dr-Tardieux, 89530 Saint-Bris-le-Vineux, domainejfetplbersan@orange.fr V *r.-v.*

JEAN COLLET ET FILS Sauvignon 2019 ★

| 2600 | 11 à 15 €

La famille Collet piochait déjà le kimméridgien en 1792. Romain, le petit dernier d'une dynastie de vignerons chablisiens (fils de Gilles, petit-fils de Jean), est depuis 2009 aux commandes de l'exploitation familiale : 40 ha en conversion bio.

Avide d'expériences, le Chablisien Romain Collet ajoute le sauvignon à sa gamme de vins. En petite quantité mais avec succès, si l'on en juge par cette cuvée au joli nez de pamplemousse, teinté d'épices. Côté bouche, c'est plutôt la pomme verte acidulée qui domine et l'on y perçoit plus de gras que d'acidité. Du caractère. ⧗ 2021-2025

SARL JEAN COLLET ET FILS, 15, av. de la Liberté, 89800 Chablis, tél. 03 86 42 11 93, collet.chablis@orange.fr V *t.l.j. sf dim. 9h-12h 13h30-18h*

DOM. FÉLIX Sauvignon 2018 ★

| 34600 | 8 à 11 €

Ancien fonctionnaire, Hervé Félix, cédant à un vieil atavisme, reprend en 1987 avec son épouse Marie-Claire l'exploitation où les siens se sont succédé de père en fils depuis le XVIIᵉs. Établi à Saint-Bris, gros village viticole de l'Yonne, il propose de nombreux types de vins. En 2016, après une solide expérience dans de grands groupes industriels, Olivier (en charge de la vigne et du chai) a rejoint ses parents sur ce domaine de 29 ha, conduit de manière « très raisonnée », proche du bio.

Tout en finesse, le nez s'ouvre sur des arômes de fleurs et de fruits blancs. L'élégance se prolonge en bouche avec une belle acidité, des saveurs citronnées et une finale acidulée. Un sauvignon typique de l'appellation, plein d'énergie et de fraîcheur. ⧗ 2021-2024

SCEA FÉLIX ET FILS, 17, rue de Paris, 89530 Saint-Bris-le-Vineux, tél. 03 86 53 33 87, domaine.felix@wanadoo.fr V *r.-v.*

DOM. FILLON 2018 ★

| 8000 | 8 à 11 €

Propriété familiale reprise en cogérance par Hervé Fillon et sa sœur Frédérique en 1995 (3ᵉ génération). Établis dans le joli village de Saint-Bris-le-Vineux, les Fillon exploitent un vignoble de 37 ha dédié aux appellations régionales et aux AOP du Chablisien.

Bourgeon de cassis, pâte de coing, fruits blancs, le nez est dans le verger et il ne manque ni de complexité ni d'élégance. La bouche poursuit ce voyage à travers les fruits sur un fond de fraîcheur minérale. Un vin de plaisir, bien équilibré. ⧗ 2021-2023

EARL LA PORTE DE SAINT-VRIS (DOM. FILLON), 53, rue Bienvenu-Martin, 89530 Saint-Bris-le-Vineux, tél. 03 86 53 30 26, domaine.fillon@gmail.com V *r.-v.*

♥ B GUILHEM ET JEAN-HUGUES GOISOT La Ronce 2018 ★★

| 3700 | 11 à 15 €

Une valeur sûre de l'Auxerrois que ce domaine installé dans une ancienne place forte de Saint-Bris abritant un corps de garde. Jean-Hugues Goisot et son fils Guilhem exploitent en bio et biodynamie un vignoble de 28 ha et élèvent leurs vins dans de vénérables caves des XIᵉ et XIIᵉs.

Toute la puissance aromatique d'un sauvignon bien né se retrouve dans cette remarquable cuvée élevée en cuve et en fût pendant 15 mois. Un vin élégant, bien ancré dans son terroir. Le nez intense se promène entre la poire, les fruits secs et des notes végétales. Ample, riche, généreuse, gourmande et longue, la bouche est soutenue de bout en bout par une fraîcheur savamment dosée et un boisé parfaitement fondu. Un modèle d'équilibre. ⧗ 2021-2025

SCEV GUILHEM ET JEAN-HUGUES GOISOT, 30, rue Bienvenu-Martin, 89530 Saint-Bris-le-Vineux, tél. 03 86 53 35 15, domaine.jhg@goisot.com r.-v.

♥ J. MOREAU ET FILS 2019 ★★

	30000		8 à 11 €

Difficile de s'y retrouver à Chablis entre toutes les familles Moreau. Fondé en 1814 par Jean-Joseph Moreau, ce négoce, le plus ancien du Chablisien et d'une régularité sans faille, est devenu propriété du groupe Boisset en 1997.

D'entrée, ce sauvignon joue la carte de la séduction avec sa robe étincelante aux reflets verts et dorés. La suite tient les promesses. Ce vin remarquable a tout pour plaire : un nez teinté d'exotisme qui navigue entre les fleurs blanches et les agrumes, et surtout une bouche gourmande de fruits (citron, pamplemousse), soyeuse, bien ciselée, soulignée par un trait de minéralité. Un régal pour les papilles. ⧗ 2021-2024

J. MOREAU ET FILS, 15, rte d'Auxerre, 89800 Chablis, tél. 03 86 42 88 00, depuydt.l@jmoreau-fils.com

DOM. TERNYNCK 2019 ★

	6000		8 à 11 €

Une structure de négoce fondée en 2014 par la famille Ternynck. Les vinifications se font avec des levures indigènes et un minimum d'intervention.

Séduisant au nez avec ses arômes complexes de fleurs blanches, d'agrumes et de pomme verte, ce sauvignon porte les mêmes saveurs en bouche, avec une acidité soutenue en soutien, gage de fraîcheur et de longueur. ⧗ 2021-2023

SAS FAMILLE TERNYNCK, 3, Grande-Rue-de-Chablis, 89800 Préhy, tél. 03 86 21 42 70, contact@chablismarronniers.com t.l.j. sf sam. dim. 8h30-12h30 13h30-17h30

DOM. DU CH. DU VAL DE MERCY Sauvignon 2018 ★

	2500		8 à 11 €

En 1680, les vins étaient produits par le Clos du Château du Val de Mercy. Établi à Chitry, le nouveau propriétaire du domaine (30 ha) perpétue la tradition viticole au-delà de ses terres pour fournir des vins du Chablisien, de l'Auxerrois et de la Côte de Beaune. Une activité de négoce complète la gamme de la propriété.

Une cuvée très plaisante qui surfe sur la minéralité et la fraîcheur. Le nez, typique de l'appellation, s'exprime avec beaucoup de finesse sur les notes florales, légèrement végétales. La bouche est franche et ample, gourmande de fruits blancs. Un bel équilibre. ⧗ 2021-2023

SCEA DOM. DU CH. DU VAL DE MERCY, 8, prom. du Tertre, 89530 Chitry, tél. 03 80 22 77 34, roy@valdemercy.com r.-v.

DOM. DES VAUX MARQUIS 2019 ★

	1996		5 à 8 €

En 2007, François Courtet a créé le domaine des Vaux Marquis avec son neveu Guillaume Ribeiro. Ils conduisent ensemble un vignoble de 20 ha en conversion à l'agriculture biologique.

Un grand classique qui exprime son terroir. Un vin droit et bien ciselé avec son nez élégant qui s'ouvre sur des arômes d'agrumes. La bouche est franche et puissante, avec une belle acidité qui donne de la longueur. ⧗ 2021-2023

EARL DOM. DES VAUX MARQUIS, 9, rue de Tubie, 89290 Champs-sur-Yonne, tél. 06 62 84 05 25, courtet-francois@orange.fr r.-v.

BOURGOGNE

➜ LA CÔTE DE NUITS

BOURGOGNE-HAUTES-CÔTES-DE-NUITS

Superficie : 657 ha
Production : 28 750 hl (80 % rouge)

L'appellation s'applique à des vins rouges, rosés et blancs nés dans 16 communes de l'arrière-pays, ainsi que sur les parties de communes situées au-dessus des appellations communales et des crus de la Côte de Nuits. Cette production a augmenté notablement depuis 1970, date avant laquelle ce secteur proposait des vins plus régionaux, bourgogne-aligoté essentiellement. C'est à cette époque que des terrains, plantés avant le phylloxéra, ont été reconquis. La reconstitution du vignoble s'est accompagnée d'un effort touristique, avec en particulier la construction d'une Maison des Hautes-Côtes où l'on peut découvrir les productions locales – dont les liqueurs de cassis et de framboise.
Les coteaux les mieux exposés donnent certaines années des vins qui peuvent rivaliser avec des parcelles de la Côte, notamment en blanc : le chardonnay, d'un millésime à l'autre, donne des vins d'une meilleure régularité que le pinot noir.

DOM. BONNARDOT 2019 ★

	3450		8 à 11 €

Un domaine de 21 ha situé à Villers-la-Faye, charmant petit village au cœur des Hautes-Côtes de Nuits. Quatre générations de vignerons s'y sont succédé. Danièle Bonnardot a pris la suite fin 2008.

Un hautes-côtes élaboré avec une petite proportion (10 %) de pinot beurot, un cépage plus connu sous le nom de pinot gris. Au nez, d'intenses notes florales, de chèvrefeuille notamment, et du zeste d'orange. Gras dès l'attaque, rond et souple, le palais montre aussi une bonne longueur en finale. ⧗ 2022-2025

EARL DOM. BONNARDOT,
1, rue de l'Ancienne-Cure, 21700 Villers-la-Faye,
tél. 03 80 62 91 27, domaine.bonnardot@wanadoo.fr
V *t.l.j. sf dim. 9h-12h 14h-18h*

DOM. BOUHEY ET FILS 2018 ★★

4 550 | 5 à 8 €

Créé il y a 3 générations, ce domaine est conduit par Jean-Claude Bouhey depuis 1990. Outre sa présence dans les Hautes-Côtes (de Nuits et de Beaune), il s'est enrichi des appellations beaune, ladoix et nuits-saint-georges.

La parcelle compte 89 ares de chardonnay d'une vingtaine d'années. Élevée en fût pendant 14 mois, cette cuvée présente de fines notes de noisette grillée, d'agrumes et de pêche. Une expression aromatique intense qui accompagne aussi une bouche très équilibrée, nette et fraîche de bout en bout. ⧗ 2022-2025

EARL DOM. BOUHEY ET FILS,
5, rte de Magny-les-Villers, 21700 Villers-la-Faye,
tél. 03 80 62 95 79, domaine-bouhey@orange.fr
V *r.-v.*

DOM. CORNU-CAMUS 2019 ★★

8 000 | 8 à 11 €

Un domaine de 12 ha créé par Pierre Cornu et sa femme Bernadette Camus en 1981. Après un master en biologie et un BTS en viticulture-œnologie, leur fille Lydia est devenue cogérante en 2008. Christophe Pertuzot, le mari de cette dernière a rejoint l'exploitation familiale en 2009.

Deux étoiles pour le 2017, un coup de cœur pour le 2018, le hautes-côtes du domaine continue de vendanger les étoiles. Au chai, une vinification en raisin totalement égrappés et un élevage à durée égale entre cuve et fût. Dans le verre, des arômes de fruits noirs et rouges et de vanille, et une bouche ample et longue, construite sur des tanins soyeux et élégants. ⧗ 2024-2027

EARL PIERRE CORNU-CAMUS,
2, rue Varlot, 21420 Échevronne, tél. 03 80 21 57 23,
pierre@domainecornucamus.fr V *r.-v.*

GLANTENET PÈRE ET FILS 2019 ★

20 218 | 8 à 11 €

La famille Glantenet cultive la vigne depuis le XVIIIe s. et commercialise ses vins depuis 1997. À la frontière entre hautes-côtes-de-beaune et hautes-côtes-de-nuits, le domaine, conduit par Jean-François Glantenet, s'étend sur 30 ha répartis sur 5 communes autour de Magny-lès-Villers.

Un hautes-côtes-de-nuits épanoui, à la palette aromatique typique d'un joli pinot noir : mûre, cassis, framboise, agrémentés des notes de réglisse et de pain d'épice. La bouche est souple, fraîche, dotée de tanins bien fondus. Un vin d'équilibre pour se faire plaisir sans attendre. ⧗ 2021-2025

SCE DOM. GLANTENET PÈRE ET FILS,
16, rue de l'Aye, 21700 Magny-lès-Villers,
tél. 03 80 62 91 61, glantenet@orange.fr
V *r.-v.*

♥ DOM. HOFFMANN-JAYER 2018 ★★

7 403 | 15 à 20 €

La reprise du Dom. Jayer-Gilles par André Hoffmann en 2017 a donné naissance à cette exploitation de 10 ha. Avec une prédominance de rouges, notamment ceux de la Côte de Nuits, la gamme va des AOP régionales (bourgogne-hautes-côtes-de-beaune et bourgogne-hautes-côtes-de-nuits) au grand cru échezeaux.

Avec 2,37 ha de vignes mobilisés, il s'agit d'un cuvée phare pour le domaine. Des raisins totalement égrappés et un élevage long de 15 mois en fûts de chêne (dont 30 % neufs) ont façonné ce superbe hautes-côte d'une belle complexité et d'un équilibre très assuré. L'expression aromatique sur les fruits noirs à haute maturité reflète une bonne concentration. La bouche se révèle ample, riche, soyeuse, dotée de tanins fins et d'une longue finale caressante. ⧗ 2024-2030

SCEA DOM. HOFFMANN-JAYER,
1, rue du Meix-Grenot, 21700 Magny-lès-Villers,
tél. 03 80 62 91 79, domaine@hoffmann-jayer.com
V *r.-v.*

CH. DE LABORDE K 2019 ★★

4 000 | 15 à 20 €

Après avoir vécu au Canada, Hervé Kerlann a acheté le Ch. de Laborde aux Hospices de Beaune en 1998. Il y élève et vinifie patiemment ses vins, en bonne partie produits à partir d'un vignoble qu'il exploite directement. Le château, datant de plus de 3 siècles, renoue ainsi avec son passé viticole. Une activité de négoce complète la gamme.

Une cuvée porte-drapeau de la maison, une nouvelle fois approuvée par le jury. Sa palette aromatique évoque avec élégance des notes florales et citronnées. D'une belle ampleur et d'une agréable complexité, marquée par un boisé assez présent, la bouche fait aussi preuve d'une bonne longueur. ⧗ 2023-2026

CH. DE LABORDE, 1, rte de Géanges,
Laborde-au-Château, 21200 Meursanges,
tél. 03 80 26 59 68, contact@herve-kerlann.com
V *r.-v.*

DOM. MAREY Les Jamées 2019 ★★

25 000 | 11 à 15 €

Initialement voué à la production de petits fruits, ce domaine familial (certifié HVE3) couvre 21 ha de vignes aujourd'hui. Il a son siège dans les Hautes-Côtes de Nuits, non loin de Nuits-Saint-Georges. Une nouvelle cuverie a été inaugurée avec le millésime 2015.

Le domaine exploite 6 ha de pinot noir sur le lieu-dit Les Jamées. Une cuvée élaborée après éraflage complet des grappes et un élevage d'un an en fût. D'une subtile expression aromatique, où dominent la cerise et quelques notes boisées, elle développe une bouche puissante dotée de tanins bien présents et d'une belle acidité donnant à l'ensemble une persistance et un volume conséquents. ⧗ 2024-2028

EARL DOM. MAREY, 12-14, rue Gabriel-Bachot, 21700 Meuilley, tél. 03 80 61 12 44, contact@domaine-marey.com V *r.-v.*

B DOM. DU MEIX PERTHUS
La Roche Jeannot 2018 ★

| | 1200 | | 15 à 20 € |

Un domaine créé récemment par Antoine Delaunay : 2,5 ha de vignes majoritairement familiales et certifiées en agriculture biologique depuis 2013. Le vigneron souhaite avant tout s'inscrire dans une démarche artisanale.

Vinifiée avec peu de soufre et élevée longuement (18 mois) en fût, cette cuvée campe sur de solides tanins. Son expression aromatique aux notes de réglisse et de fruits rouges, son ampleur, ainsi que sa longueur en bouche forment un ensemble prometteur. Un peu de patience devrait être récompensée. ⧗ 2024-2028

ANTOINE DELAUNAY (DOM. DU MEIX PERTHUIS), 1, rue du Perthuis, 21220 Bévy, tél. 06 20 93 68 01, domaine.perthuis@gmail.com V *r.-v.*

♥ DOM. THÉVENOT-LE BRUN 2019 ★★

| | 13000 | | 11 à 15 € |

Un vaste domaine de 30 ha au cœur des Hautes-Côtes de Nuits, créé en 1960 par Maurice Thévenot-Le Brun, l'un des pères fondateurs des hautes-côtes modernes. À sa tête depuis 2010, son petit-fils Nicolas, qui a succédé à son père Daniel et à son oncle Jean.

Fidèle au rendez-vous (ses hautes-côtes sont très réguliers en qualité), Nicolas Thévenot-Le Brun signe ici un 2019 de haute expression. Une cuvée qui a la particularité d'être majoritairement composée de pinot blanc (60 %), le solde en chardonnay. Le nez s'exprime sur des parfums frais de citron et de pamplemousse agrémentées de notes délicatement grillées (élevage en fût pendant 9 mois). Après une attaque ample et ferme, la bouche se déploie avec onctuosité et finesse, avant une longue finale saline qui ajoute à son caractère et à son élégance. ⧗ 2021-2025 **Clos du Vignon 2019 ★★ (11 à 15 €; 6000 b.)** Cette cuvée emblématique du domaine provient d'un clos de la commune de Marey-lès-Fussey. Le nez développe avec intensité des notes d'agrumes et de fleurs blanches. La bouche est harmonieuse et élégante, soutenue par une vivacité citronnée. Une belle présence. ⧗ 2022-2025 **Les Renardes 2019 ★ (11 à 15 €; 12000 b.)** Particulièrement convainquant sur les blancs, Nicolas Thévenot sait aussi susciter l'adhésion sur les rouges. Ici, un vin complexe, sur les fruits mûrs et la violette, dense et bien charpenté en bouche. De bonne garde assurément. ⧗ 2024-2030

SCEV DOM. THÉVENOT-LE BRUN, 36, Grande-Rue, 21700 Marey-lès-Fussey, tél. 03 80 62 91 64, thevenot-le-brun@wanadoo.fr V *t.l.j. sf sam. dim. 9h-12h 14h-18h*

MARSANNAY

Superficie : 227 ha
Production : 9 650 hl (85 % rouge et rosé)

Les géographes discutent encore sur les limites nord de la Côte de Nuits car, au XIXᵉs., un vignoble couvrant les communes situées de part et d'autre de Dijon constituait la Côte dijonnaise. Aujourd'hui, à l'exception de quelques vestiges comme les Marcs d'Or et les Montreculs, l'urbanisation a chassé les ceps de Dijon et de la commune voisine de Chenôve. Marsannay, puis Couchey ont longtemps approvisionné la ville de grands ordinaires et manqué en 1935 le coche des AOC communales. Petit à petit, les viticulteurs ont replanté ces terroirs en pinot, et la tradition du rosé – vendu sous l'appellation « bourgogne rosé de Marsannay » – s'est développée. Puis ils ont de nouveau proposé des vins rouges et blancs comme avant le phylloxéra et, après plus de 25 ans d'efforts et d'enquêtes, l'AOC marsannay a été reconnue en 1987.

L'appellation se décline en « marsannay rosé » et « marsannay » (vins rouges et vins blancs). Le rosé peut être produit sur une aire plus extensive, dans le piémont sur les graves, tandis que rouges et blancs doivent provenir uniquement du coteau des 3 communes de Chenôve, Marsannay-la-Côte et Couchey.

Les marsannay rouges sont charnus, un peu sévères dans leur jeunesse; il faut les attendre quelques années. Peu répandus dans la Côte de Nuits, les vins blancs sont ici particulièrement recherchés pour leur finesse et leur solidité. Il est vrai que le chardonnay, mais aussi le pinot blanc, trouvent dans des niveaux marneux propices leur terroir d'élection.

DOM. COLLOTTE Le Clos de Jeu 2019 ★

| | 4100 | | 15 à 20 € |

Depuis l'âge de 16 ans, l'autodidacte Philippe Collotte insuffle son énergie au domaine familial, épaulé depuis 2014 par sa fille Isabelle. Une exploitation qui a bien grandi : les 3 ha d'origine (1981) sont passés à 17 ha aujourd'hui. Ses vins sont régulièrement au rendez-vous du Guide, notamment ceux de son fief d'origine, Marsannay, mais aussi ses fixin et ses chambolle-musigny.

Un *climat* du sud de l'appellation qui rappelle le passé médiéval de Marsannay, lieu de tournois chevaleresques. Philippe Collotte en tire une cuvée harmonieuse, élevée en fût pendant 12 mois, conjuguant les notes de fruits rouges (cerise, griotte) et une note toastée. La bouche est tout aussi équilibrée, d'un bon volume, dotée de tanins fondus et d'une finale stimulée par une pointe de vivacité. ⧗ 2024-2028

EARL COLLOTTE, 44, rue du Carré, 21160 Marsannay-la-Côte, tél. 03 80 52 24 34, domaine.collotte@orange.fr V *r.-v.*

DEREY FRÈRES 2019 ★

| | 4500 | | 15 à 20 € |

Les Derey possèdent un titre envié depuis les ducs de Bourgogne : celui de métayers – depuis 1981 – de la ville de Dijon sur le Clos des Marcs d'or. L'exploitation,

établie à Couchey, l'une des communes de l'AOP marsannay, dispose de 20 ha de vignes. En 2013, le fils de Pierre et Suzanne Derey a rejoint ses parents au domaine.

Un vin spontanément expressif évoquant avec complexité des arômes de fruits frais, citron en tête. L'élevage en bois de 12 mois est légèrement perceptible mais respectueux du fruit. La bouche affiche concentration et équilibre. Une longue finale conclut la dégustation. ⧗ 2023-2027

⊶ EARL DEREY FRÈRES,
1, rue Jules-Ferry, 21160 Couchey, tél. 03 80 52 15 04, derey-freres@wanadoo.fr V t.l.j. sf dim. 10h-12h 14h-18h

♥ DOM. JEAN FOURNIER
Les Longeroies 2018 ★★

■	4500	◖◗	20 à 30 €

Les Fournier sont vignerons à Marsannay depuis le XVII^e^s. Laurent a repris en 2003 les rênes du domaine familial, aujourd'hui une vingtaine d'hectares conduits en bio depuis 2008. Ce vigneron talentueux évite la surextraction et les maturités extrêmes, préférant exprimer le potentiel du terroir et du millésime.

Valeur (très) sûre de l'appellation, Laurent Fournier dispose de 90 ares de chardonnay dans ce terroir qui court sur une large partie du coteau nord de l'appellation. Des ceps enracinés dans du calcaire de Prémeaux qui ont donné un vin expressif et complexe, ouvert sur les fruits à pleine maturité et un boisé fondu. Une cuvée vinifiée en demi-muid pendant un an qui se distingue aussi par sa concentration, son volume et sa persistance en bouche. ⧗ 2023-2027 ■ **Clos du Roy 2018 ★ (20 à 30 €; 12000 b.)** Un vin élaboré avec 50 % de raisins entiers mis en cuvaison pendant une quinzaine de jours. Il développe des arômes de griotte fraîche, puis des notes de fruits à grande maturité, de poivre et de menthe. En bouche, les tanins sont fondus et soutenus par une bonne acidité. ⧗ 2024-2028

⊶ EARL DOM. JEAN FOURNIER,
29, rue du Château, 21160 Marsannay-la-Côte, tél. 03 80 52 24 38, domaine.jean.fournier@orange.fr V r.-v.

CH. DE MARSANNAY
Les Champs Perdrix 2019 ★

■	4500	◖◗	20 à 30 €

Le domaine du Ch. de Marsannay s'étend sur près de 40 ha, en conversion bio. Il est présent aussi bien en appellations villages, 1ers crus que grands crus de la Côte de Nuits. Il appartient depuis 2012 à la famille Halley, également propriétaire du Ch. de Meursault. De nombreux investissements qualitatifs ont été menés.

Des chardonnays âgés de 25 ans, plantés sur ce terroir du sud de l'appellation, livrent un séduisant marsannay. Son expression à la fois florale et minérale met en évidence une belle élégance. La bouche allie puissance et tension, accompagnée par une note boisée (élevage de 1 an en fût) en finale. ⧗ 2023-2026

⊶ SC CH. DE MARSANNAY, 2, rue des Vignes, 21160 Marsannay-la-Côte, tél. 03 80 51 71 11, domaine@chateau-marsannay.com V r.-v.

♥ Ⓑ DOM. DU VIEUX COLLÈGE
Le Clos du Roy 2018 ★★

■	3000	◖◗	20 à 30 €

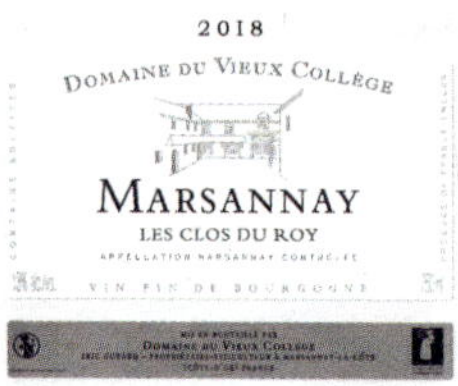

Installé en 2006 sur le domaine familial, Éric Guyard exploite 27 ha en bio. Le domaine s'étend sur les communes de Marsannay, Fixin et Gevrey-Chambertin. Le respect de l'expression des terroirs a conduit le vigneron à multiplier les cuvées parcellaires afin d'illustrer leur grande diversité.

Un terroir à l'extrême nord de l'appellation, implanté sur la commune de Chenôve, sur lequel Eric Guyard dispose d'un demi-hectare. Ce vin a connu un élevage de 1 an en fût et demande de l'aération pour déployer toute sa complexité aromatique : les notes de cerise et de torréfaction se mêlent alors aux épices et à une touche d'eucalyptus. La bouche, à la fois souple, ample et concentrée, bâtie sur des tanins fins, affiche les qualités pour un vieillissement harmonieux. ⧗ 2024-2030 ■ **Les Vignes Marie 2019 ★★ (15 à 20 €; 18000 b.)** ♥ Ⓑ Un coup de cœur dans les 2 couleurs pour Eric Guyard qui récompense une belle maîtrise, souvent en vue dans ces pages. Nous sommes ici sur un terroir de mi-coteau, argileux, où le domaine dispose de chardonnay d'une trentaine d'années sur 2,5 ha. Dans le verre, une cuvée énergique, aux élégantes notes mentholées et d'agrumes. La bouche fait preuve d'un grand équilibre, de finesse dans sa texture, de fraîcheur, autour d'une agréable minéralité, et d'une longueur remarquable. ⧗ 2023-2027 ■ **La Charme aux Prêtres 2018 ★ (20 à 30 €; 6000 b.)** Ⓑ Un *climat* situé au cœur de l'appellation et sur une bonne largeur du coteau. Un marsannay solide et complexe, ouvert sur des notes empyreumatiques, de cerise et de menthe poivrée, et doté de tanins fermes qui devraient s'assouplir avec la garde. ⧗ 2024-2030

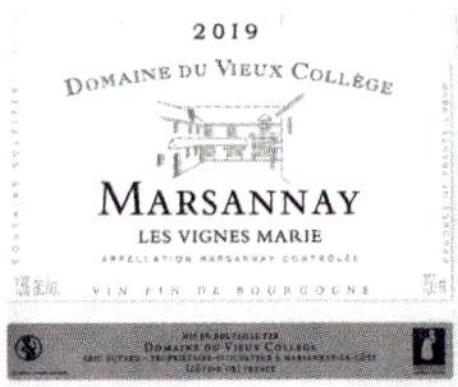

⊶ EARL DOM. DU VIEUX COLLÈGE, 4, rue du Vieux-Collège, 21160 Marsannay-la-Côte, tél. 03 80 52 12 43, contact@domaineduvieuxcollege.com V r.-v.

FIXIN

Superficie : 95 ha
Production : 3 960 hl (95 % rouge)

Après avoir admiré les pressoirs des ducs de Bourgogne à Chenôve et dégusté le marsannay,

on rencontre Fixin, qui donne son nom à une AOC où l'on produit surtout des vins rouges. Les fixin sont solides, charpentés, souvent tanniques et de bonne garde. Ils peuvent également revendiquer, au choix, à la récolte, l'appellation côte-de-nuits-villages.
Les *climats* Hervelets, Arvelets, Clos du Chapitre et Clos Napoléon, tous classés en 1ers crus, sont parmi les plus réputés, mais c'est le Clos de la Perrière qui en est le chef de file puisqu'il a même été qualifié de «cuvée hors classe» par d'éminents écrivains bourguignons et comparé au chambertin; ce clos déborde un tout petit peu sur la commune de Brochon. Autre lieu-dit : Le Meix-Bas.

DOM. BERTHAUT-GERBET Les Crais 2019 ★

4000 | 20 à 30 €

En 2013, Amélie Berthaut a repris les vignes paternelles (Denis Berthaut à Fixin), complétées par une partie de celles de sa mère, Marie-Andrée Gerbet (Dom. François Gerbet à Vosne-Romanée). L'ensemble couvre 18 ha.

Un *climat* placé en contrebas du village de Fixin, composé en partie d'alluvions, en plus de l'argile et du calcaire communément rencontré en Bourgogne. Le vin d'Amélie Berthaut exhale des arômes de fruits noirs, de vanille et de pain grillé. Intense et fraîche, la bouche offre une matière soyeuse et tendre, étayée par des tanins bien en place. Une cuvée vinifiée avec 30 % de vendanges entières et élevée pour 20 % en fûts neufs pendant 15 mois. ⧗ 2024-2030

EARL AMÉLIE BERTHAUT, 9, rue Noisot, 21220 Fixin, tél. 03 80 52 45 48, contact@berthaut-gerbet.com V *r.-v.*

♥ CLOS SAINT-LOUIS Clos Entre-Deux-Velles Monopole 2019 ★★

10000 | 20 à 30 €

Succédant à ses parents, Philippe et Martine, Virginie Bernard a pris la tête du domaine en 2016. Elle mène un vignoble de 19 ha, répartis sur 3 finages : Marsannay, Gevrey-Chambertin et Fixin. Un domaine créé en 1910, dont la vigneronne représente la 5e génération.

Ce terroir situé entre les villages de Fixin et de Fixey démontre une nouvelle fois sa capacité à livrer des vins structurés et de garde. Exploités en monopole par la famille Bernard, les 2 ha de vignes ont donné une cuvée d'une superbe fraîcheur au nez, autour des fruits rouges à bonne maturité accompagnés d'un léger boisé à la tonalité cacaotée. Le charme continue d'opérer dans une bouche suave et élégante, enrobée dans de fines notes boisées et portée par des tanins fermes mais d'une réelle finesse de grain. ⧗ 2024-2032

EARL DOM. DU CLOS SAINT-LOUIS, 4, rue des Rosiers, 21220 Fixin, tél. 03 80 52 45 51, closstlouis@orange.fr V *t.l.j. 8h-18h30*

DEREY FRÈRES Vieilles Vignes 2019 ★

4500 | 20 à 30 €

Les Derey possèdent un titre envié depuis les ducs de Bourgogne : celui de métayers - depuis 1981 - de la ville de Dijon sur le Clos des Marcs d'or. L'exploitation, établie à Couchey, l'une des communes de l'AOP marsannay, dispose de 20 ha de vignes. En 2013, le fils de Pierre et Suzanne Derey a rejoint ses parents au domaine.

De vénérables vignes de 60 ans, plantées sur une jolie superficie de plus de 3 ha, sont mobilisées pour produire cette cuvée. Plutôt discret, le nez s'ouvre à l'aération sur des notes de petits fruits rouges frais, de vanille et de pâtisserie. La bouche fait la part belle à l'équilibre et à la finesse plutôt que la puissance. ⧗ 2023-2027

EARL DEREY FRÈRES, 1, rue Jules-Ferry, 21160 Couchey, tél. 03 80 52 15 04, derey-freres@wanadoo.fr V *t.l.j. sf dim. 10h-12h 14h-18h*

DOM. PIERRE GELIN Les Hervelets 2018 ★

1er cru | 2800 | 30 à 50 €

Fondée en 1925 par Pierre Gelin, cette propriété familiale exploite un vignoble de 13 ha sur les communes de Fixin et de Gevrey-Chambertin. Elle est conduite aujourd'hui par Pierre-Emmanuel Gelin, qui porte un soin particulier à la méthode culturale : les vignes sont labourées, les désherbants bannis et la conversion à l'agriculture biologique est engagée. Un domaine souvent en vue pour ses fixin.

Pierre Emmanuel Gelin a procédé à une vinification avec 30 % de vendanges entières, suivie d'un élevage long en fût de chêne (20 mois). Le résultat est un 1er cru présentant des notes harmonieuses de fruits rouges et de caramel. À la fois riche et frais, le palais se révèle ample, dense, bien structuré et doté d'une belle finale. ⧗ 2024-2030

SAS DOM. PIERRE GELIN, 22, rue de la Croix-Blanche, 21220 Fixin, tél. 03 80 52 45 24, info@domaine-pierregelin.fr V *r.-v.*

DOM. ALAIN JEANNIARD En Combe Roy 2019 ★

1200 | 20 à 30 €

Après une carrière dans l'industrie, Alain Jeanniard est revenu à ses racines vigneronnes (qui remontent au XVIIIe s.) pour reprendre en 2000 le Dom. de Morey : 0,5 ha à l'époque, 4,5 ha aujourd'hui. Il a également créé une affaire de négoce en 2003.

Alain Jeanniard propose ici un fixin au caractère bien trempé. Le nez développe, avec une tonalité confiturée, des notes de cerise, de coing et de mûre. La bouche se distingue par sa solide structure tannique en soutien d'une matière serrée mais harmonieuse et par sa longue finale. Un vin qui gagnera en finesse avec le temps. ⧗ 2024-2032

SCEA DOM. ALAIN JEANNIARD, 4, rue aux Loups, 21220 Morey-Saint-Denis, tél. 03 80 58 53 49, domaine.ajeanniard@wanadoo.fr V *r.-v.*

♥ JEAN-PHILIPPE MARCHAND
Les Damnés 2019 ★★

■ | 3000 | | 15 à 20 €

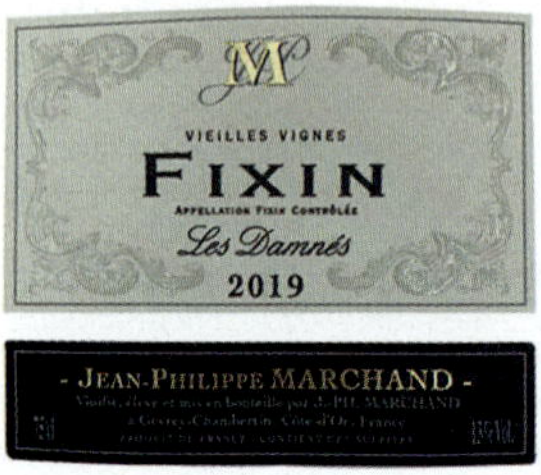

Les vignobles Marchand ont été fondés en 1813 à Morey et agrandis en 1983 par l'achat d'une vigne à Gevrey-Chambertin. Héritier de 6 générations, Jean-Philippe Marchand gère, depuis 1984, le domaine familial – installé dans une ancienne fabrique de confitures de Gevrey –, ainsi qu'une affaire de négoce.

La parcelle à l'origine de ce superbe fixin est située sur les hauts de la colline de Vergy. Bien exposée, elle produit des raisins toujours bien mûrs et concentrés selon Jean-Philippe Marchand. C'est ce que confirme ce 2019 ouvert sans réserve sur des arômes généreux de fruits noirs confiturés. Une grande maturité qui ne l'empêche pas de faire preuve d'élégance et d'harmonie. Une belle structure tannique se déploie au palais et se prolonge par une finale fruitée bien tenue. ⧗ 2024-2032

SA JEAN-PHILIPPE MARCHAND, 4, rue Souvert, BP_41, 21220 Gevrey-Chambertin, tél. 03 80 34 33 60, contact@marchand-jph.fr
V r.-v.

Ⓑ ARMELLE ET JEAN-MICHEL MOLIN 2019 ★

■ | 6000 | | 15 à 20 €

Armelle et Jean-Michel Molin ont créé en 1987 ce domaine, qui couvre aujourd'hui 7 ha. Après l'arrivée de leur fils Alexandre (en 2004) sur l'exploitation, la conversion bio a été engagée et la certification obtenue en 2010. La propriété est régulièrement sélectionnée pour ses fixin.

Alexandre Molin mobilise 2 ha pour élaborer cette cuvée. Dans le verre, un fixin harmonieux qui se distingue par son expression délicatement fruitée, comme un pinot noir bien élaboré sait en livrer. Il plaît aussi par son attaque acidulée et alerte, son ampleur en bouche et sa longue finale. ⧗ 2024-2028 ■ **Les Chenevières 2019 ★ (20 à 30 €; 2500 b.)** Ⓑ Un terroir sablonneux du bas de l'appellation sur lequel le domaine exploite 60 ares. Il livre un vin au fruité subtil dominé par la cerise, appuyé par un boisé fin qui accompagne aussi une solide structure en bouche. La finale un peu austère invite à la garde. ⧗ 2024-2030

EARL DOM. ARMELLE ET JEAN-MICHEL MOLIN, 54, rte des Grands-Crus, 21220 Fixin, tél. 03 80 52 21 28, domaine.molin@wanadoo.fr V r.-v.

GEVREY-CHAMBERTIN

Superficie : 410 ha / Production : 17 280 hl

Au nord de Gevrey, 3 appellations communales sont produites sur la commune de Brochon : fixin sur une petite partie du Clos de la Perrière, côte-de-nuits-villages sur la partie nord (lieux-dits Préau et Queue-de-Hareng) et gevrey-chambertin sur la partie sud. En même temps qu'elle constitue l'appellation communale la plus importante en volume, la commune de Gevrey-Chambertin abrite des 1ers crus tous plus grands les uns que les autres. La combe de Lavaux sépare la commune en deux parties. Au nord, on trouve, entre autres *climats*, les Évocelles (sur Brochon), les Champeaux, la Combe aux Moines (où allaient en promenade les moines de l'abbaye de Cluny qui furent au XIIIe s. les plus importants propriétaires de Gevrey), les Cazetiers, le Clos Saint-Jacques, les Varoilles, etc. Au sud, les crus sont moins nombreux, presque tout le coteau étant en grand cru; on peut citer les *climats* de Fonteny, Petite-Chapelle, Clos-Prieur, entre autres. Les vins de cette appellation sont solides et puissants dans le coteau, élégants et subtils dans le piémont. À ce propos, il y a lieu de réfuter une opinion erronée selon laquelle l'appellation gevrey-chambertin s'étendrait jusqu'à la ligne de chemin de fer Dijon-Beaune, dans des terrains qui ne le mériteraient pas. Cette information, qui fait fi de la sagesse des vignerons de Gevrey, nous donne l'occasion d'apporter une explication : la Côte a été le siège de nombreux phénomènes géologiques, et certains de ses sols sont constitués d'apports de couverture, dont une partie a pour origine les phénomènes glaciaires du quaternaire. La combe de Lavaux a servi de « canal », et à son pied s'est constitué un immense cône de déjection dont les matériaux sont semblables à ceux du coteau. Dans certaines situations, ils sont simplement plus épais, donc plus éloignés du substratum. Essentiellement constitués de graviers calcaires plus ou moins décarbonatés, ils donnent ces vins élégants et subtils dont nous parlions précédemment.

DOM. CHARLES AUDOIN 2018 ★

■ | 2500 | | 30 à 50 €

Cyril Audoin (5e génération) a repris en 2001 le domaine familial, après des stages à Petrus (Pomerol), puis en Californie. Le vignoble couvre 14 ha, dont 12 ha plantés dans le village d'élection du domaine : Marsannay. Il est en conversion à la viticulture biologique.

Un gevrey *village*, structuré et puissant, tel que les amateurs de l'appellation les apprécient le plus souvent. Plutôt discret au premier abord, il développe à l'aération des notes de fruits rouges à haute maturité. La bouche se montre chaleureuse et solidement charpentée. Quelques années de garde devrait lui permettre d'atteindre son meilleur niveau. ⧗ 2024-2030

EARM DOM. CHARLES AUDOIN, 7, rue de la Boulotte, 21160 Marsannay-la-Côte, tél. 03 80 52 34 24, contact@domaine-audoin.fr V r.-v.

♥ DOM. DES BEAUMONT Vieilles Vignes 2019 ★★

■ | 4000 | | 30 à 50 €

Thierry Beaumont (7e génération) a créé son domaine en 1991 en reprenant les vignes familiales et commercialise son vin en bouteille, sous son patronyme, depuis 1999. Le

vignoble couvre 5,5 ha à Morey, Chambolle et Gevrey. Les cuvées de ce vigneron peu interventionniste à la vigne et au chai, qui a investi dans un outil de travail moderne, sont chaque année au rendez-vous du Guide.

Quelle année pour le domaine avec un 3e coup de cœur dans cette même édition, avec charmes-chambertin 2019, morey-saint-denis Les Ruchots 2019 et donc ce gevrey 2019 de haute lignée ! Une cuvée née de vénérables ceps de 70 ans sur une superficie de plus d'un hectare et demi, qui laisse percevoir une belle profondeur dès l'olfaction avec ses notes fruitées (cerise macérée) et balsamiques. Puis une texture savoureuse, enrobée par un boisé présent mais maîtrisé, vient tapisser un palais ample et dense, aux tanins soyeux. L'ensemble donne un gevrey expressif et croquant. ⧗ 2024-2030 ■ **1er cru Les Cherbaudes 2019 ★★ (50 à 75 €; 1500 b.)** Un 1er cru d'une belle consistance s'exprimant sur des notes de fruits confits et de vanille au premier nez, puis s'ouvrant sur la myrtille, la mûre et le cassis frais. En bouche, des tanins fondus accompagnent une belle vivacité et un boisé doux. Un ensemble harmonieux qui saura bien vieillir. ⧗ 2025-2032 ■ **1er cru Aux Combottes 2019 ★★ (50 à 75 €; 1100 b.)** Une réussite de plus pour le domaine avec cette fois un 1er cru situé à l'extrême sud de l'appellation. Des vignes d'une cinquantaine d'années qui ont donné un vin expressif (fruits rouges mûrs, vanille), charnu, volumineux, structuré avec élégance par des tanins ronds et un bon boisé. ⧗ 2025-2032

SASU DOM. DES BEAUMONT, 9, rue Ribordot, 21220 Morey-Saint-Denis, tél. 03 80 51 87 89, contact@domaine-des-beaumont.com V r.-v.

♥ DOM. BELLEVILLE Creux Brouillard 2018 ★★

■	1800	◼	50 à 75 €

Né à Rully au début du XXes., ce domaine compte 18 ha de vignes, en conversion bio depuis 2017, année d'acquisition de la propriété par un couple d'Américains passionnés d'art de vivre à la française et leur associé, Jean-Luc Vitoux. Ensemble, ils ont également repris une petite maison de négoce à Meursault, Les Parcellaires de Saulx, ainsi que le Château et le Clos de la Commaraine à Pommard.

Un terroir situé dans le bas du village qui livre un vin ample et puissant, bien représentatif de l'appellation. L'expression aromatique, généreuse et complexe, évoque la groseille, la framboise et la mûre à haute maturité, presque confites. la bouche se révèle aussi large que longue, dense, intense, dotée de tanins bien présents mais soyeux et d'une pointe d'acidité qui ajoute ce qu'il faut de fraîcheur. Un *village* qui illustre magnifiquement le caractère solaire du millésime ⧗ 2024-2030

SCEA DOM. BELLEVILLE, 6, ZA Les Champs-Rouges, 71150 Rully, tél. 03 85 91 06 00, contact@domainebelleville.com V r.-v.

♥ CHANSON 2018 ★★

■	14400	◼	50 à 75 €

L'une des plus anciennes maisons de négoce de Bourgogne, fondée en 1750, reprise en 1999 par le Champagne Bollinger. En plus de ses achats de raisins, elle dispose d'un important vignoble de 45 ha et de l'expertise de Jean-Pierre Confuron, son œnologue-conseil. Un style reconnaissable grâce à ses vinifications en grappes entières. Son fief est situé autour de Beaune, mais Chanson propose aussi des appellations en Côte de Nuits.

Le nez s'ouvre à l'aération sur des notes de petits fruits rouges bien mûrs, de vanille et de menthe poivrée. Une expression tout en finesse et qui se confirme dans une bouche souple en attaque, subtile, fraîche, longue, très équilibrée, soutenue par des tanins serrés et racés, qui s'affineront encore après quelques années de garde. Un gevrey qui privilégie l'élégance sans manquer de puissance et de volume. ⧗ 2024-2030

SA CHANSON PÈRE ET FILS, 10, rue Paul-Chanson, 21200 Beaune, tél. 03 80 25 97 97, chanson@domaine-chanson.com V r.-v.

DOM. CLÉMANCEY
Aux Corvées Vieilles Vignes 2019 ★

■	1300	◼	20 à 30 €

Marie-Odile Barçon-Clémancey a pris la tête de ce domaine familial en 1996. Un travail soigné à la vigne (labours, ébourgeonnage...) permet de tirer le meilleur parti de ses terroirs. Le domaine, basé à Couchey dans une maison datant des XVIIIe et XIXes., exploite 8 ha de vignes, très majoritairement plantés en rouge.

Les vieilles en question ont 70 ans et s'étendent sur une petite superficie : 20 ares. Un terroir dont le nom pourrait décourager un vigneron mais pas l'amateur de bonne bouteille. Ce dernier appréciera ce vin au joli nez floral, balsamique et épicé, agrémenté d'une note de bourgeon de cassis. La bouche est bien fondue, équilibrée et réhaussée par une bonne tension en finale. ⧗ 2024-2028

EARL DOM. CLÉMANCEY, 33, rue Jean-Jaurès, 21160 Couchey, tél. 03 80 59 87 41, domaine.clemancey@wanadoo.fr V r.-v.

B CLOS SAINT-LOUIS Etelois 2019 ★

■	10000	◼	30 à 50 €

Succédant à ses parents, Philippe et Martine, Virginie Bernard a pris la tête du domaine en 2016. Elle mène un vignoble de 19 ha, répartis sur 3 finages : Marsannay, Gevrey-Chambertin et Fixin. Un domaine créé en 1910, dont la vigneronne représente la 5e génération.

Ce terroir est situé en bas de coteaux, à proximité de la zone centrale des grands crus. Il a donné un 2019 avec une certaine suavité mais non dénué d'élégance. Des tanins particulièrement fondus se font les supports d'un fruité délicat, mâtiné de notes florales. ⧗ 2023-2027

EARL DOM. DU CLOS SAINT-LOUIS, 4, rue des Rosiers, 21220 Fixin, tél. 03 80 52 45 51, closstlouis@orange.fr V t.l.j. 8h-18h30

BOURGOGNE

♥ DOM. FAIVELEY Les Cazetiers 2019 ★★

■ 1er cru | 10 000 | 🛢 | + de 100 €

Ce domaine fondé à Nuits-Saint-Georges en 1825 est un nom qui compte en Bourgogne, depuis 7 générations. À sa tête depuis 2005, Erwan Faiveley, qui a succédé à son père François. Aujourd'hui, c'est l'un des plus importants propriétaires de vignes en Bourgogne : 120 ha du nord de la Côte de Nuits au sud de la Côte chalonnaise, dont 10 ha en grand cru et près de 25 ha en 1er cru.

Un terroir du nord de l'appellation, bien exposé au débouché de la combe Lavaux. Le domaine y est l'heureux propriétaire d'un peu plus de 4 ha, à l'origine d'un 1er cru souvent en vue dans ces pages. La version 2019 fait mouche avec un vin un peu sur la réserve en première approche, puis qui déploie à l'aération des notes complexes de fruits noirs, de pierre à fusil, de boisé fumé et de clou de girofle. La bouche est un modèle d'harmonie entre un fruit parfaitement préservé, des tanins soyeux à souhait et une fine acidité. Un gevrey parfaitement abouti, au très bon potentiel de garde. ⧗ 2025-2032

SAS CVVB (DOM. FAIVELEY), 8, rue du Tribourg, 21700 Nuits-Saint-Georges, tél. 03 80 61 04 55, contact@domaine-faiveley.com

CAMILLE GIROUD
Lavaut Saint-Jacques 2018 ★

■ 1er cru | 130 | 🛢 | 75 à 100 €

Fondée en 1865, cette vénérable maison beaunoise, discrète mais reconnue des amateurs, est propriété d'investisseurs américains depuis 2002. Autrefois spécialiste de la commercialisation de vieux vins, elle vit aujourd'hui avec son temps, et c'est Carel Voorhuis qui assure les vinifications. Elle présente à sa carte de nombreux grands crus, régulièrement sélectionnés dans ces pages, et aussi de « simples » 1ers crus.

Un 1er cru du nord de l'appellation qui figure parmi les terroirs à fort potentiel sur Gevrey-Chambertin. Le nez s'ouvre lentement sur l'eucalyptus, la rose et la menthe poivrée. La finesse et la longueur répondent présents dans une bouche fraîche, fruitée, dotée de tanins mesurés. ⧗ 2023-2027

SAS CAMILLE GIROUD, 3, rue Pierre-Joigneaux, 21200 Beaune, tél. 03 80 22 12 65, contact@camillegiroud.com V 🚶 🍷 *r.-v.*

♥ DOM. LE GUELLEC-DUCOUET 2019 ★★

■ | 2400 | 🛢 | 20 à 30 €

Un domaine de 3,5 ha créé en 2018 par Michel Le Guellec suite à la reprise de vignes familiales en fermage. Le vignoble s'étend sur 35 ha en appellations gevrey-chambertin, côtes-de-nuits-villages et bourgogne régional.

Une entrée en fanfare dans le Guide pour ce jeune domaine avec ce gevrey admirable. Une cuvée vinifiée avec une volonté d'intervenir le moins possible, notamment en laissant les levures indigènes opérer. Le nez s'ouvre sur une palette de fruits noirs : cassis, mûre, myrtille. Des touches d'épices, de vanille, de réglisse et une note de violette ajoutent à sa complexité. Des tanins souples et veloutés, un peu plus présents en finale, viennent en soutien d'une matière charnue qu'une bonne vivacité dynamise et qu'un élevage en fût de 15 mois a permis d'affiner. ⧗ 2024-2030

EARL LE GUELLET-DUCOUET, 1, rue du Tilleul, 21220 Brochon, tél. 06 77 76 91 78, domaine@leguellec-ducouet.com V 🍷 *r.-v.*

HUGUENOT 2019 ★

■ | 15 000 | 🛢 | 30 à 50 €

Depuis 1790, 10 générations se sont succédé sur ce domaine de 21 ha, réputé pour ses marsannay, ses gevrey et ses fixin. Philippe Huguenot a pris la suite de son père Jean-Louis en 1996 et lancé la conversion bio de son vignoble (certification en 2013).

Une cuvée conséquente pour ce domaine des plus recommandables puisqu'elle représente 3,72 ha. Bâtie sur des tanins fondus et soyeux, elle fait preuve d'une grande finesse de structure. Les notes de cassis et de petits fruits rouges associés à un boisé bien intégré rendent l'ensemble particulièrement harmonieux et déjà agréable à déguster. ⧗ 2022-2028

SCEA HUGUENOT PÈRE ET FILS, 7, ruelle du Carron, 21160 Marsannay-la-Côte, tél. 03 80 52 11 56, contact@domainehuguenot.com V 🚶 🍷 *r.-v.*

ALAIN JEANNIARD 2019 ★

■ | 2580 | 🛢 🍾 | 30 à 50 €

Après une carrière dans l'industrie, Alain Jeanniard est revenu à ses racines vigneronnes (qui remontent au XVIIIes.) pour reprendre en 2000 le Dom. de Morey : 0,5 ha à l'époque, 4,5 ha aujourd'hui. Il a également créé une affaire de négoce en 2003.

Les quelques premières notes boisées estompées, le nez s'ouvre sur la violette, le cassis et la réglisse. Une bonne expression d'un pinot noir de Côte de Nuits bien né qui s'accompagne d'une structure ronde et équilibrée. Quelques années de garde lui permettront sans doute de gagner encore en finesse. ⧗ 2024-2028

SCEA DOM. ALAIN JEANNIARD, 4, rue aux Loups, 21220 Morey-Saint-Denis, tél. 03 80 58 53 49, domaine.ajeanniard@wanadoo.fr V 🚶 🍷 *r.-v.*

DOM. LIPPE BOILEAU 2019 ★

■ | 977 | 🛢 | 30 à 50 €

Respectivement fille de viticulteur et maître tonnelier, Caroline Lippe et Julien Boileau ont repris des vignes familiales en 2017. Installés à Brochon, ils sont à la tête de 3 ha et 20 parcelles sur les appellations bourgogne Côte d'Or, côte-de-nuits-villages, fixin et gevrey-chambertin.

Une première dans le guide pour le couple Lippe-Boileau avec ce vin né de ceps vieux de 80 ans. Un gevrey spontanément séduisant, qui s'ouvre sur des notes de fruits noirs confits, de cerise et de vanille. Une matière ample et concentrée prend place en bouche, épaulée par des tanins fondus et une agréable fraîcheur. Une jolie finale toastée conclut la dégustation. ⧗ 2023-2028

EARL DOM. LIPPE BOILEAU, 18, rte des Grands-Crus, 21220 Brochon, tél. 06 21 31 35 52, domainelippeboileau@gmail.com V r.-v.

DOM. MAREY La Justice 2019 ★

■	7000		20 à 30 €

Initialement voué à la production de petits fruits, ce domaine familial (certifié HVE3) couvre 21 ha de vignes aujourd'hui. Il a son siège dans les Hautes-Côtes de Nuits, non loin de Nuits-Saint-Georges. Une nouvelle cuverie a été inaugurée avec le millésime 2015.

Une vinification en raisins entièrement éraflés et un élevage d'un an en fût ont donné naissance à une cuvée d'une belle longueur et à la texture gourmande. Le nez évoque la griotte, et le fruit gagne en intensité dans une bouche souple, aux tanins fondus. Le tout dessine un vin offrant spontanément du plaisir, mais qui saura aussi vieillir harmonieusement ⧗ 2022-2027

EARL DOM. MAREY, 12-14, rue Gabriel-Bachot, 21700 Meuilley, tél. 03 80 61 12 44, contact@domaine-marey.com V r.-v.

DOM. QUIVY Les Corbeaux 2019 ★★

■ 1er cru	1000		75 à 100 €

Installé en 1981 dans une belle maison du XVIIIe s. (inscrite aux Monuments historiques), Gérard Quivy conduit un petit vignoble de 7 ha et propose une gamme étendue de vins de Gevrey et de Brochon, des *villages*, 1ers et grands crus (chapelle et charmes) souvent en très bonne place dans le Guide.

En provenance d'un *climat* situé près du grand cru mazis-chambertin, ce vin se distingue une nouvelle fois dans le Guide après le coup de cœur obtenu pour le millésime précédent. On aime sa profondeur et son équilibre, son nez riche et appétant de cassis, de fraise et de torréfaction, sa matière veloutée, parfaitement ajustée entre tanins élégants, boisé fondu et fine acidité, ainsi que sa longue finale. ⧗ 2024-2032 ■ **Les Évocelles 2018 ★ (30 à 50 €; 1500 b.)** Un terroir situé sur la commune de Brochon, au nord de Gevrey, où le domaine dispose de 34 ares. Ce *village* fait preuve d'une certaine opulence et d'une longueur notable. Le nez évoque le cassis, la rose et les fruits rouges. La petite pointe de fermeté tannique se patinera avec le temps. ⧗ 2024-2030

SCEA DOM. QUIVY, 7, rue Gaston-Roupnel, 21220 Gevrey-Chambertin, tél. 03 80 34 31 02, gerard.quivy@wanadoo.fr V t.l.j. 9h-12h 14h-18h

CH. DE SANTENAY Champerrier du Dessus 2019 ★

■	1750		50 à 75 €

Ce majestueux château aux tuiles vernissées, aussi appelé «château Philippe le Hardi», fut propriété du premier duc de la grande Bourgogne (1342-1404). Dans le giron du Crédit Agricole depuis 1997, il étend son vaste vignoble sur 95 ha certifiés HVE3 répartis dans plusieurs AOP beaunoises et chalonnaises, sous la houlette de Jean-Philippe Archambaud depuis 2019.

Champerrier est un *climat* situé au nord de l'appellation, non loin du village. Le domaine y cultive 56 ares de pinot noir. Les raisins ont été entièrement éraflés et ont donné ce vin d'une belle fraîcheur, ouvert sur de notes de griotte et de violette. Un peu marqué par le boisé à ce stade, la bouche demeure toutefois souple et tendre, et déploie une finale persistante. ⧗ 2023-2027

SCEA CH. DE SANTENAY, 1, rue du Château, 21590 Santenay, tél. 03 80 20 61 87, contact@chateau-de-santenay.com V t.l.j. 10h-12h30 13h30-18h

TAUPENOT-MERME 2018 ★★

■	8366		50 à 75 €

En 1963, Jean Taupenot, de Saint-Romain, épouse Denise Merme et se fixe à Morey. Aujourd'hui, leurs enfants Romain et Virginie conduisent, en bio non certifié, un vignoble de 13 ha avec un pied en Côte de Nuits et l'autre en Côte de Beaune. Un domaine constant en qualité. Romain a développé par ailleurs, sous son nom, une petite structure de négoce.

Le caractère solaire du millésime 2018 était un atout pour obtenir des vins riches. C'est le cas ici, mais l'élégance n'est pas pour autant laissée pour compte. Le nez, tout en finesse, évolue sur des notes de petits fruits rouges (groseille, cerise), de cassis et d'épices. La bouche, ample et bien fruitée, s'adosse à des tanins raffinés qui poussent loin la finale. ⧗ 2024-2030

SC DOM. TAUPENOT-MERME, 33, rte des Grands-Crus, 21220 Morey-Saint-Denis, tél. 03 80 34 35 24, accueil@taupenot-merme.com V r.-v.

DOM. TRAPET-ROCHELANDET
Les Champs Chenys 2018 ★★

■	1500		30 à 50 €

Laurent Trapet-Rochelandet, 6e génération de viticulteur, a pris la tête du domaine familial en 2015. Il cultive près de 7 ha de vignes, avec notamment le grand cru ruchottes-chambertin à la gamme. Cette dernière compte aussi les *climats* Petite Chapelle, Champs-Chenys ou encore Bel Air.

Les Champs Chenys est un *climat* situé sous le grand cru charmes-chambertin. Le domaine y exploite 24 ares de pinots cinquantenaires qui donnent un gevrey déjà en vue sur les 2 millésimes précédents. Le 2018 se distingue par son élégante expression florale, sur la rose et la violette, agrémentée de notes de fruits noirs (cassis, myrtille), et par sa bouche souple, fraîche, cohérente et persistante. ⧗ 2023-2027

EARL DOM. TRAPET-ROCHELANDET, 9 bis, rue du Chambertin, 21220 Gevrey-Chambertin, tél. 06 62 12 99 26, domaine-trapet@bbox.fr V r.-v. 4

DOM. FABRICE VIGOT Les Crais 2019 ★

■	1200		20 à 30 €

Fabrice Vigot est installé depuis 1990 à la tête d'un petit domaine de 6,5 ha constitué à partir de vignes familiales, en vosne-romanée pour l'essentiel, dont il est devenu l'une des bonnes références, de même qu'en échezeaux et en nuits-saint-georges.

La groseille, le cassis et le poivre se dévoilent au nez après quelques notes boisées. Une expression aromatique généreuse qui participe au plaisir immédiat qu'offre ce vin par ailleurs rond et soyeux en bouche, doté de tanins. Un ensemble harmonieux et bien construit. ⧗ 2023-2028

EARL FABRICE VIGOT, 20, rue de la Fontaine, 21700 Vosne-Romanée, tél. 03 80 61 13 01, fabrice.vigot@orange.fr V r.-v.

CHARMES-CHAMBERTIN

Superficie : 29 ha / Production : 1 115 hl

♥ DOM. DES BEAUMONT 2019 ★★

Gd cru | 2100 | | + de 100 €

Thierry Beaumont (7e génération) a créé son domaine en 1991 en reprenant les vignes familiales et commercialise son vin en bouteilles, sous son patronyme, depuis 1999. Le vignoble couvre 5,5 ha à Morey, Chambolle et Gevrey. Les cuvées de ce vigneron peu interventionniste à la vigne et au chai, qui a investi dans un outil de travail moderne, sont chaque année au rendez-vous du Guide.

Une cuvée très régulièrement étoilée dans le Guide, qui avait même été auréolée d'un coup de cœur sur un autre millésime solaire : 2015. Ce grand cru de bas de coteau, dans la partie sud de Gevrey-Chambertin, donne le plus souvent des vins en finesse et flatteurs. Charmeur, ce 2019 l'est bien par son intensité aromatique sur les fruits rouges, les épices et des nuances de torréfaction. La bouche apparaît ample, dense, puissante, structurée par des tanins fermes mais fins et par un boisé racé bien présent. Et quelle finale tout en longueur ! De grande garde bien sûr. ⧗ 2025-2035

SASU DOM. DES BEAUMONT, 9, rue Ribordot, 21220 Morey-Saint-Denis, tél. 03 80 51 87 89, contact@domaine-des-beaumont.com V r.-v.

DOM. CASTAGNIER 2019 ★

Gd cru | 1350 | | 75 à 100 €

Installé depuis 2004 sur le domaine familial de Morey-Saint-Denis, Jérôme Castagnier exploite un vignoble de 4 ha en Côte de Nuits (en biodynamie non certifiée). Ses grands crus, notamment ses clos-de-vougeot, clos-de-la-roche et clos-saint-denis, lui permettent de s'illustrer avec une réelle constance. Il a également développé une activité de négoce à son nom pour compléter sa gamme, toujours en Côte de Nuits.

La recette habituelle pour le charmes de Jérôme Castagnier : un élevage pendant 16 mois en fûts (neufs pour près de 40 %). Le résultat est, comme souvent, très réussi, avec un grand cru qui joue la carte de l'élégance. Au nez, les petits fruits rouges et le cassis se mêlent à un boisé racé. La bouche, suave, persistante et longue, légèrement poivrée et vanillée, offre un beau relief autour de tanins fins et soyeux. ⧗ 2025-2035

SCEA DOM. CASTAGNIER, 20, rue des Jardins, 21220 Morey-Saint-Denis, tél. 03 80 34 31 62, jeromecastagnier@yahoo.fr V r.-v.

MAZIS-CHAMBERTIN

Superficie : 8,8 ha / Production : 275 hl

MARCHAND-TAWSE 2018 ★

Gd cru | 2500 | | + de 100 €

Le Québécois Pascal Marchand, ancien vinificateur du comte Armand et de La Vougeraie et fondateur d'un micro-négoce en 2006, s'est associé en 2010 avec Moray Tawse, propriétaire réputé du Niagara (Canada), pour créer une nouvelle marque pour laquelle il sélectionne de petits lots de vignes souvent cultivées en bio ou biodynamie. Il a acquis aussi des vignes en propre depuis 2010.

Des vignes de 50 ans sont à l'origine de ce mazis de caractère. Au nez, les 18 mois d'élevage en fût se font sentir à travers des notes de cannelle, de toasté et de torréfaction qui épousent les fruits rouges. Une attaque épicée ouvre sur une bouche puissante et longue, étayée par des tanins solides mais au grain fin. La finale, tout en fraîcheur, apporte un surcroît de dynamisme. ⧗ 2025-2035

SARL MARCHAND-TAWSE, 9, rue Julie-Godemet, 21700 Nuits-Saint-Georges, tél. 03 80 20 37 32, contact@marchandtawse.com V r.-v.

MOREY-SAINT-DENIS

Superficie : 96 ha
Production : 3 822 hl (95 % rouge)

Entre Gevrey-Chambertin et Chambolle-Musigny, Morey-Saint-Denis constitue l'une des plus petites appellations communales de la Côte de Nuits. Outre d'excellents 1ers crus (en majorité rouges), la commune possède 5 grands crus ayant une appellation d'origine contrôlée particulière : clos-de-tart, clos-saint-denis, bonnes-mares (en partie), clos-de-la-roche et clos-des-lambrays. Les vins rouges de cette commune apparaissent comme intermédiaires entre les puissants gevrey et les délicats chambolle. Les vignerons présentent au public les morey-saint-denis, et uniquement ceux-ci, le vendredi précédant la vente des Hospices de Nuits (3e semaine de mars) lors d'un Carrefour de Dionysos à la salle des fêtes communale.

♥ DOM. DES BEAUMONT Les Ruchots 2019 ★★

1er cru | 450 | | 50 à 75 €

Thierry Beaumont (7e génération) a créé son domaine en 1991 en reprenant les vignes familiales et commercialise son vin en bouteille, sous son patronyme, depuis 1999. Le vignoble couvre 5,5 ha à Morey, Chambolle et Gevrey. Les cuvées de ce vigneron peu interventionniste à la vigne et au

chai, qui a investi dans un outil de travail moderne, sont chaque année au rendez-vous du Guide.

Les Ruchots est un 1er cru situé tout au sud de l'appellation, voisin de Chambolle-Musigny. On a connu pire voisin de palier, et la finesse de ce vin semble nous le rappeler : une matière croquante et fraîche se développe dans une bouche ample et délicate, tapissée de fruits, d'épices et d'une touche cacaotée (arômes déjà perçus au nez), avec en soutien des tanins soyeux à souhait. Du charme à revendre, et pour longtemps. ⧗ 2024-2032 ■ **1er cru Les Millandes 2019 ★ (50 à 75 €; 1200 b.)** Le coup de patte que l'on connaît bien à Thierry Beaumont fait une nouvelle fois mouche avec cette cuvée d'une gourmandise immédiate par ses arômes de poivre et de fruits rouges; arômes prolongés par une bouche fine, fraîche, aux tanins veloutés. ⧗ 2024-2030 ■ **2019 ★ (30 à 50 €; 1200 b.)** Une vingtaine d'ares et de jeunes vignes de chardonnay permettent de démontrer que l'appellation sait aussi produire des blancs dignes d'intérêt, à l'image de ce vin expressif (coing, fleurs blanches, vanille), riche et rond en bouche. ⧗ 2022-2026

SASU DOM. DES BEAUMONT, 9, rue Ribordot, 21220 Morey-Saint-Denis, tél. 03 80 51 87 89, contact@domaine-des-beaumont.com V r.-v.

ANNE ET SÉBASTIEN BIDAULT Les Porroux 2019 ★

■	600		30 à 50 €

Sébastien et Anne Bidault se sont installés en 2000, cultivant alors un micro-vignoble de 5 ares de gevrey-chambertin; ils exploitent 1,3 ha aujourd'hui, sur 5 appellations (gevrey, morey, chambolle-musigny, aloxe-corton et clos-de-la-roche).

Une parcelle du sud de l'appellation plantée de vignes d'une quarantaine d'années. Elle a permis au domaine d'élaborer une cuvée fort plaisante, ouverte sur des notes de griotte et de poivre. D'un très bel équilibre, la bouche conjugue harmonieusement longueur, volume et douceur. ⧗ 2023-2028

ANNE ET SÉBASTIEN BIDAULT, 9, rue des Jardins, 21220 Morey-Saint-Denis, tél. 06 73 84 03 34, annebidault@yahoo.fr V r.-v.

DOM. CASTAGNIER Aux Chéseaux 2019 ★

■ 1er cru	800		50 à 75 €

Installé depuis 2004 sur le domaine familial de Morey-Saint-Denis, Jérôme Castagnier exploite un vignoble de 4 ha en Côte de Nuits (en biodynamie non certifiée). Ses grands crus, notamment ses clos-de-vougeot, clos-de-la-roche et clos-saint-denis, lui permettent de s'illustrer avec une réelle constance. Il a également développé une activité de négoce à son nom pour compléter sa gamme, toujours en Côte de Nuits.

Un 1er cru situé au nord de l'appellation, à la frontière avec Gevrey-Chambertin, où le domaine dispose d'une petite parcelle de 14 ares. Le vin, déjà très harmonieux mais qui vieillira bien, est bâti sur des tanins d'une belle finesse, enrobés par une matière soyeuse et gourmande qui exprime des notes de fruits rouges, de clou de girofle et de cacao. ⧗ 2024-2030

SCEA DOM. CASTAGNIER, 20, rue des Jardins, 21220 Morey-Saint-Denis, tél. 03 80 34 31 62, jeromecastagnier@yahoo.fr V r.-v.

DOM. A.-F. GROS 2019 ★★

■	1660		50 à 75 €

Vinificateur de talent des vins de son épouse Anne-Françoise Gros (Dom. A.-F. Gros à Pommard), François Parent a longtemps élaboré aussi ceux de son vignoble familial, complété par une structure de négoce à son nom. Leurs enfants Caroline et Mathias conduisent désormais le vignoble de 14 ha dans les 2 Côtes (et récemment aussi en moulin-à-vent), pour lequel on ne compte plus les coups de cœur. Incontournable.

Une cuvée qui joue avec beaucoup de réussite la carte de la fraîcheur et de la délicatesse. Et ce d'emblée avec des notes de fruits rouges croquants qui donnent, dès le nez, un caractère appétant. La bouche souple et soyeuse s'adosse à des tanins d'une grande finesse et déploie une longue finale relevée par des notes de poivre. Un beau mariage de l'intensité et de l'élégance. ⧗ 2024-2030

SAS FRANÇOIS PARENT, 1, pl. de l'Europe, 21630 Pommard, tél. 03 80 22 61 85, contact@af-gros.com V r.-v.

♥ RÉMI JEANNIARD Vieilles Vignes 2019 ★★★

■	4450		20 à 30 €

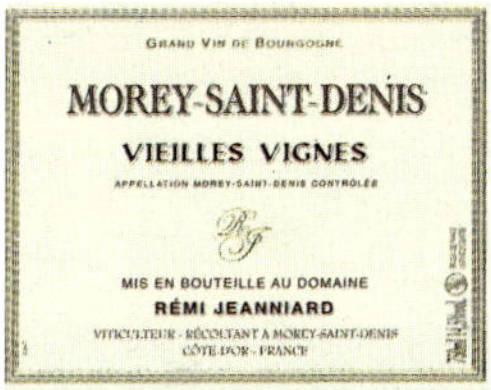

Après avoir travaillé près de 20 ans avec son père, Rémi Jeanniard a repris une partie des vignes familiales en 2004 et s'est construit une nouvelle cuverie. Il exploite aujourd'hui 5,8 ha, à Morey-Saint-Denis principalement.

Un morey *village* unanimement salué pour son équilibre et tout simplement le plaisir qu'il offre dès aujourd'hui. Le nez convoque des arômes très harmonieux de pivoine, de caramel et de fruits rouges et noirs qui ajoutent à son caractère particulièrement flatteur. Richesse, volume, élégance, tanins veloutés et fins, longueur finale se donnent rendez-vous en bouche. Une parfaite maîtrise. ⧗ 2022-2028

RÉMI JEANNIARD, 19-21, rue de Cîteaux, 21220 Morey-Saint-Denis, tél. 03 80 58 52 42, remijeanniard@orange.fr V r.-v.

ALAIN JEANNIARD Vieilles Vignes 2019 ★

■	2580		30 à 50 €

Après une carrière dans l'industrie, Alain Jeanniard est revenu à ses racines vigneronnes (qui remontent au XVIIIe s.) pour reprendre en 2000 le Dom. de Morey : 0,5 ha à l'époque, 4,5 ha aujourd'hui. Il a également créé une affaire de négoce en 2003.

Issue de très vénérables vignes de 90 ans, cette cuvée sait trouver le juste équilibre entre la force du corps et l'expression du fruit, explique le vigneron. Une description que confirme le jury : le vin se distingue par son bouquet fruité (fruits rouges, cassis) relevé de poivre et par sa structure bien charpentée qui laisse confiant sur l'avenir de cette bouteille. ⧗ 2024-2030

BOURGOGNE

SCEA DOM. ALAIN JEANNIARD, 4, rue aux Loups, 21220 Morey-Saint-Denis, tél. 03 80 58 53 49, domaine.ajeanniard@wanadoo.fr V r.-v.

DOM. TORTOCHOT
Cuvée Renaissance 2019 ★★

1er cru | 1210 | | 30 à 50 €

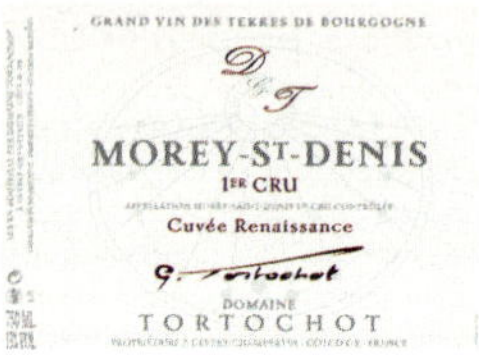

Fondé à Gevrey en 1865, ce domaine est régulièrement sélectionné pour ses gevrey et ses mazis-chambertin. En 1997, Chantal Michel-Tortochot (4e génération), ancienne contrôleuse de gestion dans l'industrie bourguignonne, a repris les vignes familiales, un beau parcellaire de 12 ha (dont 10 % de grands crus et autant de 1ers crus), certifiés bio depuis 2014.

Un vin issu de deux *climats* : Le Clos des Ormes et le Clos Baulet, pour une superficie totale de 45 ares plantés de vignes cinquantenaires. Un morey qui a fait forte impression par la finesse de son expression aromatique «très pinot», centrée sur la griotte fraîche, et par sa bouche aussi large que longue, concentrée mais délicate, adossée à des tanins soyeux et caressants. Un vin qui saura vieillir harmonieusement. ⧗ 2024-2030

SARL DOM. TORTOCHOT, 12, rue de l'Église, 21220 Gevrey-Chambertin, tél. 03 80 34 30 68, contact@tortochot.com V r.-v.

CLOS-DE-LA-ROCHE

Superficie : 13,4 ha / Production : 450 hl

DOM. CASTAGNIER 2019 ★

Gd cru | 1700 | | 75 à 100 €

Installé depuis 2004 sur le domaine familial de Morey-Saint-Denis, Jérôme Castagnier exploite un vignoble de 4 ha en Côte de Nuits (en biodynamie non certifiée). Ses grands crus, notamment ses clos-de-vougeot, clos-de-la-roche et clos-saint-denis, lui permettent de s'illustrer avec une réelle constance. Il a également développé une activité de négoce à son nom pour compléter sa gamme, toujours en Côte de Nuits.

La plus grande partie des 60 ares que Jérôme Castagnier exploite dans le grand cru sont situés dans le lieu-dit Les Mochamps, en bas du Clos. À l'instar de ces autres grands crus, il élève cette cuvée en fûts neufs pour 40 %. Un vin taillé pour la garde, qui formule de belles promesses. Le nez se livre sur des notes de fruits noirs et rouges accompagnés d'un boisé toasté de qualité. La bouche est ample, dense, franche et structurée par des tanins bien présents mais harmonieux. À noter que le 2018 fut coup de cœur. ⧗ 2025-2035

SCEA DOM. CASTAGNIER, 20, rue des Jardins, 21220 Morey-Saint-Denis, tél. 03 80 34 31 62, jeromecastagnier@yahoo.fr V r.-v.

DOM. CHANTAL RÉMY 2018 ★

Gd cru | 1200 | | + de 100 €

Florian, le fils de Chantal Remy, est arrivé en 2011 dans cette jeune exploitation créée par sa mère en 2009. Ils sont à la tête de vignes héritées du Dom. Louis Rémy. Le domaine exploite 3 grands crus et le Clos des Rosiers, monopole de Morey-Saint-Denis.

Le domaine exploite 40 ares dans la partie centrale du Clos, celle qui a donné son nom à ce grand cru. La famille Rémy en propose ici une version à la carrure superlative. Le nez s'exprime sur les épices, la cerise et les fruits noirs. La bouche affiche une concentration remarquable autour de tanins certes musclés mais harmonieux, qui permettront à ce vin de passer les années sans difficulté et de gagner encore en finesse. ⧗ 2025-2035

SAS HÉRITIÈRE LOUIS RÉMY, 1, pl. du Monument, 21220 Morey-Saint-Denis, tél. 03 80 34 32 59, domaine.chantal.remy@orange.fr V r.-v. 4

CLOS-SAINT-DENIS

Superficie : 6 ha / Production : 200 hl

DOM. BERTAGNA 2018 ★

Gd cru | 2398 | | + de 100 €

Ce domaine de 17 ha rayonne sur un beau patrimoine de 5 grands crus. Il est dirigé depuis 1982 par la famille Reh, originaire de la Moselle allemande, et depuis 1988 par Eva Reh-Siddle. Une valeur sûre, notamment pour ses vougeot et son monopole le Clos de la Perrière.

La parcelle du domaine, d'un peu plus d'un demi-hectare, est voisine du village de Morey-Saint-Denis au nord. Le lieu-dit porte le nom de Maison brûlée. La cuvée a été vinifiée avec une proportion importante de vendanges entières : 30 à 50 % et élevée en totalité en fûts de chêne neufs. Une forte proportion de bois neuf qui n'empêche pas le fruit de s'exprimer avec une bonne intensité et une certaine fraîcheur : il évoque les fruits rouges, agrémentés de notes de pivoine. La bouche se montre ample, dense, équilibrée, avec en soutien des tanins bien extraits. ⧗ 2025-2035

SARL DOM. BERTAGNA, 16, rue du Vieux-Château, 21640 Vougeot, tél. 03 80 62 86 04, contact@domainebertagna.com V *t.l.j. sf jeu. dim. 10h-12h30 13h30-17h30*

DOM. CASTAGNIER 2019 ★

Gd cru | 1700 | | 75 à 100 €

Installé depuis 2004 sur le domaine familial de Morey-Saint-Denis, Jérôme Castagnier exploite un vignoble de 4 ha en Côte de Nuits (en biodynamie non certifiée). Ses grands crus, notamment ses clos-de-vougeot, clos-de-la-roche et clos-saint-denis, lui permettent de s'illustrer avec une réelle constance. Il a également développé une activité de négoce à son nom pour compléter sa gamme, toujours en Côte de Nuits.

Une cuvée qui figure très souvent parmi les plus raffinées de la gamme du domaine. La version 2019 ne déçoit pas. Le nez évoque la cerise, la mûre et la vanille.

La bouche est puissante, ample, concentrée et soyeuse à la fois. Le boisé demande encore à se fondre à ce stade, mais tous les éléments sont réunis pour parier sur un vieillissement prospère. ⧗ 2025-2035

SCEA DOM. CASTAGNIER,
20, rue des Jardins, 21220 Morey-Saint-Denis,
tél. 03 80 34 31 62, jeromecastagnier@yahoo.fr
r.-v.

CHAMBOLLE-MUSIGNY

Superficie : 152 ha / Production : 6 050 hl

Commune de grande renommée malgré sa petite étendue, Chambolle-Musigny doit sa réputation à la qualité de ses vins et à la notoriété de ses 1ers crus, dont le plus connu est le *climat* des Amoureuses. Tout un programme! Mais Chambolle a aussi ses charmes, chabiots, cras, fousselottes, groseilles et autres lavrottes... Le petit village aux rues étroites et aux arbres séculaires abrite des caves magnifiques (domaine des Musigny).
Toujours rouges, les chambolle sont élégants et subtils. Ils allient la force des bonnes-mares à la finesse des musigny, à l'image d'un pays de transition dans la Côte de Nuits.

DOM. DES BEAUMONT Les Chardannes 2019 ★

■	1600		30 à 50 €

Thierry Beaumont (7e génération) a créé son domaine en 1991 en reprenant les vignes familiales et commercialise son vin en bouteille, sous son patronyme, depuis 1999. Le vignoble couvre 5,5 ha à Morey, Chambolle et Gevrey. Les cuvées de ce vigneron peu interventionniste à la vigne et au chai, qui a investi dans un outil de travail moderne, sont chaque année au rendez-vous du Guide.

La parcelle à l'origine de cette cuvée est située au nord du vignoble de Chambolle-Musigny, sur un demi-hectare. Une nouvelle fois, Thierry Beaumont fait mouche avec un vin qui fait une démonstration de générosité tout au long de la dégustation. Le nez s'ouvre sans réserve sur les fruits rouges et noirs à haute maturité, accompagnés par un boisé vanillé bien présent. La bouche affiche un beau volume autour de tanins fondus et soyeux. ⧗ 2024-2030

SASU DOM. DES BEAUMONT, 9, rue Ribordot,
21220 Morey-Saint-Denis, tél. 03 80 51 87 89,
contact@domaine-des-beaumont.com r.-v.

JEAN-CLAUDE BOISSET Les Charmes 2018 ★★

■ 1er cru	1787		50 à 75 €

Un important négoce créé en 1961 par Jean-Claude Boisset qui, installé à Nuits-Saint-Georges dans l'ancien couvent des Ursulines, est propriétaire de vignes dans toute la Bourgogne, et aussi dans d'autres vignobles en France et à l'étranger. Depuis 2002, Grégory Patriat, le vinificateur, s'attache à élaborer des cuvées haut de gamme, dans une approche « domaine ».

Cette cuvée fait partie des références de la maison et le confirme une nouvelle fois. Grégory Patriat a procédé à une vinification à 50 % en vendanges entières et sans soufre. Le nez offre d'élégantes notes florales et de fruitées. La bouche, riche et charnue, développe une texture suave, épaulée par des tanins qui se raffermissent en finale. Du caractère et du potentiel. ⧗ 2024-2030

SARL MAISON JEAN-CLAUDE BOISSET,
chem. des Plateaux, 21700 Nuits-Saint-Georges,
tél. 03 80 62 61 61, guilloteau.l@jeanclaudeboisset.fr
r.-v.

Ⓑ DOM. ANTONIN GUYON Clos du Village Monopole 2018 ★

■	2200		50 à 75 €

Ce domaine s'est constitué à partir des années 1960 un vaste vignoble de 48 ha (en bio certifiée), principalement en 1ers et grands crus, allant de Gevrey-Chambertin à Meursault. Une exploitation régulière en qualité, conduite par Dominique Guyon, fils d'Antonin.

Des vignes de 40 ans, plantées sur 44 ares plantées à proximité immédiate du village de Chambolle-Musigny, ont donné ce vin élégant, ouvert sur la mûre, le cassis et la cerise mâtinés d'un bon boisé grillé. La bouche se montre ample, dense, riche, épaulée par de solides tanins encore dans la fougue de leur jeunesse. Un chambolle consistant et de longue garde. ⧗ 2025-2032

SC DOM. ANTONIN GUYON,
21420 Savigny-lès-Beaune, tél. 03 80 67 13 24,
domaine@guyon-bourgogne.com r.-v.

DOM. MICHEL NOËLLAT 2019 ★

■	3300		30 à 50 €

Sophie Noëllat (fille d'Alain) et Sébastien (fils de Jean-Marc Noëllat) ont pris, en 2018, la relève sur ce vaste domaine de 27 ha. Une 6e génération qui entend rester une valeur sûre de la Côte de Nuits, notamment pour ses vosne-romanée.

Un chambolle-musigny plein, ample, généreux, qui se distingue aussi par sa longueur. Une belle p résence soulignée par des tanins fins, bien typés de l'appellation, et par une expression aromatique intense sur la griotte, la mûre et un caractère floral. ⧗ 2024-2028

SCEA DOM. MICHEL NOËLLAT, 5, rue de la Fontaine,
21700 Vosne-Romanée, tél. 03 80 61 36 87, contact@
domaine-michel-noellat.com r.-v.

DOM. ARMELLE ET BERNARD RION Bernard Héritage Vieilles Vignes 2019 ★

■ 1er cru	1100		50 à 75 €

Un domaine fondé en 1896 et transmis de père en fils depuis 5 générations; de père en fille aujourd'hui, Alice (avec son mari Louis) ayant rejoint ses parents Armelle et Bernard Rion en 2008. Elle vinifie, avec le moins d'interventions possibles à la vigne et au chai, le fruit de 8,5 ha de vignes, du simple bourgogne au grand cru. Revenue en 2018 sur ses terres natales, Mélissa, sœur d'Alice, a en charge le développement œnotouristique de la propriété (certifiée HVE3).

Une cuvée qui regroupe 2 *climats* voisins, Gruenchers et Lavrottes, pour un total de 31 ares. Des vignes acquises il y a 30 ans par Bernard Rion. En subtilité davantage qu'en générosité, le nez monte toutefois en puissance à l'aération sur le cassis et les fruits rouges. La bouche ? La délicatesse et le soyeux qui caractérisent l'appellation sont ici à l'honneur. ⧗ 2024-2028

BOURGOGNE

EARL DOM. ARMELLE ET BERNARD RION, 8, rte Nationale, 21700 Vosne-Romanée, tél. 03 80 61 05 31, rion@domainerion.fr V *t.l.j. sf dim. 9h-18h*

CLOS-DE-VOUGEOT

Superficie : 50 ha / Production : 1 630 hl

Tout a été dit sur le Clos ! Comment ignorer que plus de 70 propriétaires se partagent ses quelque 50 ha ? Un tel attrait n'est pas dû au hasard ; c'est bien parce que le célèbre Clos produit du bon vin et que tout le monde en veut ! Il faut faire la différence entre les vins « du dessus », ceux « du milieu » et ceux « du bas », mais les moines de Cîteaux, lorsqu'ils ont élevé le mur d'enceinte, avaient tout de même bien choisi leur lieu… Fondé au début du XIIᵉs., le Clos atteignit très rapidement sa dimension actuelle ; l'enceinte d'aujourd'hui est antérieure au XVᵉs. Quant au château, construit aux XIIᵉ et XVIᵉs., il mérite qu'on s'y attarde un peu. La partie la plus ancienne comprend le cellier, de nos jours utilisé pour les chapitres de la Confrérie des Chevaliers du Tastevin, actuelle propriétaire des lieux, et la cuverie, qui abrite à chaque angle 4 magnifiques pressoirs d'époque.

DOM. CASTAGNIER 2019 ★★

■ Gd cru | 1700 | | 75 à 100 €

Installé depuis 2004 sur le domaine familial de Morey-Saint-Denis, Jérôme Castagnier exploite un vignoble de 4 ha en Côte de Nuits (en biodynamie non certifiée). Ses grands crus, notamment ses clos-de-vougeot, clos-de-la-roche et clos-saint-denis, lui permettent de s'illustrer avec une réelle constance. Il a également développé une activité de négoce à son nom pour compléter sa gamme, toujours en Côte de Nuits.

La parcelle du domaine est l'une des plus au sud, tout près du mur qui sépare le Clos Vougeot des Grands-Echézeaux. Jérôme Castagnier a procédé à un élevage de 16 mois en fûts, dont environ 40 % neufs. D'une expression aromatique intense, ce grand cru séduit aussi par sa complexité autour de la rose, la framboise et les fruits rouges. Structuré par des tanins denses mais fins, le palais se montre représentatif à la fois de son terroir et du millésime. L'harmonie est au rendez-vous. ⧗ 2025-2035

SCEA DOM. CASTAGNIER, 20, rue des Jardins, 21220 Morey-Saint-Denis, tél. 03 80 34 31 62, jeromecastagnier@yahoo.fr V *r.-v.*

♥ DOM. FAIVELEY 2019 ★★

■ Gd cru | 5700 | | + de 100 €

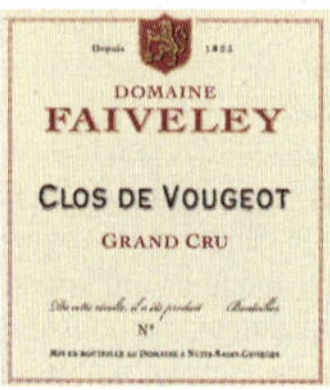

Ce domaine fondé à Nuits-Saint-Georges en 1825 est un nom qui compte en Bourgogne, depuis 7 générations. À sa tête depuis 2005, Erwan Faiveley, qui a succédé à son père François. Aujourd'hui, c'est l'un des plus importants propriétaires de vignes en Bourgogne : 120 ha du nord de la Côte de Nuits au sud de la Côte chalonnaise, dont 10 ha en grand cru et près de 25 ha en 1ᵉʳ cru.

Le domaine possède 3 parcelles dans le Clos, acquises à différentes époques, symboles à elles seules de la complexité de la Bourgogne. Deux d'entres elles se situent en bas du Clos et la 3ᵉ s'étend au milieu du grand cru, près du château. Dans le verre, un vin qui associe avec classe les notes de cerise, de rose, de poivre et de cassis à un boisé racé. La bouche se distingue par son volume, par la grande finesse et le soyeux de ses tanins et par sa remarquable longueur. Quelques années de garde lui permettront d'intégrer au mieux son boisé. ⧗ 2026-2035

SAS CVVB (DOM. FAIVELEY), 8, rue du Tribourg, 21700 Nuits-Saint-Georges, tél. 03 80 61 04 55, contact@domaine-faiveley.com

DOM. OLIVIER GUYOT 2018 ★

■ | 900 | | + de 100 €

Olivier Guyot a repris le domaine familial en 1990. Il exploite, dans un esprit bio et biodynamiste, 15 ha répartis en de nombreuses petites parcelles, dans la partie nord de la Côte de Nuits, entre Marsannay et Gevrey. Son fils David l'a rejoint en 2018.

Le nez se révèle complexe et délicat. Les fruits (framboise, cerise), les épices (réglisse) et une subtilité toute florale (violette) s'y répondent harmonieusement. La bouche se révèle riche, ample et chaleureuse, avec un boisé pour l'heure encore prononcé et des tanins d'une belle souplesse. ⧗ 2025-2030

EARL DOM. OLIVIER GUYOT, 39, rue de Mazy, 21160 Marsannay-la-Côte, tél. 03 80 52 39 71, contact@domaineguyot.fr V *r.-v.*

DOM. MICHEL NOËLLAT 2019 ★

■ | 1044 | | + de 100 €

Sophie Noëllat (fille d'Alain) et Sébastien (fils de Jean-Marc Noëllat) ont pris, en 2018, la relève sur ce vaste domaine de 27 ha. Une 6ᵉ génération qui entend rester une valeur sûre de la Côte de Nuits, notamment pour ses vosne-romanée.

La parcelle de près de 1/2 ha à l'origine de ce vin est située sur la partie haute du Clos et légèrement au sud. Expressif, tonique et d'une notable longueur, ce 2019 a le profil d'un vin immédiatement plaisant. Un charme qui se manifeste d'emblée par des notes de violette, de menthol et de cassis. Et qui se poursuit dans une bouche à la texture délicate et d'une puissance maîtrisée. ⧗ 2024-2030

SCEA DOM. MICHEL NOËLLAT, 5, rue de la Fontaine, 21700 Vosne-Romanée, tél. 03 80 61 36 87, contact@domaine-michel-noellat.com V *r.-v.*

ÉCHÉZEAUX

Superficie : 35 ha / Production : 1 235 hl

CAPITAIN-GAGNEROT En Orveaux 2019 ★

■ Gd cru | 1300 | | + de 100 €

Vénérable domaine familial de 15 ha fondé en 1802 et implanté à Ladoix-Serrigny. Depuis 2010, Pierre-François Capitain (8ᵉ génération) est seul maître à

bord - son père Patrice et son oncle Michel restant à l'écoute. Propriété en vue notamment pour ses ladoix, aloxe et échézeaux. 2021 sera le premier millésime bio certifié du domaine.

Les vignes du domaine sont situées dans le secteur voisin de Chambolle-Musigny, au débouché d'une combe qui porte le même nom. Une cuvée récompensée par un coup de cœur avec le millésime 2018 dans la dernière édition du Guide et qui confirme la capacité de Pierre-François Capitain à tirer le meilleur parti de ce terroir. Ce grand cru, vinifié en vendange totalement égrappée et élevé 18 mois en fût, n'impressionne pas par sa puissance mais séduit par son élégance et sa subtilité. Au nez, il exhale de fines notes de violette, de rose et de poivre blanc. En bouche, il se révèle tendre, soyeux, doté de tanins raffinés et d'une longue finale minérale. ⧗ 2025-2032

SAS CAPITAIN-GAGNEROT, 38, rte de Dijon, 21550 Ladoix-Serrigny, tél. 03 80 26 41 36, contact@capitain-gagnerot.com V r.-v.

JÉRÔME CASTAGNIER 2019 ★★

Gd cru | n.c. | | + de 100 €

Installé depuis 2004 sur le domaine familial de Morey-Saint-Denis, Jérôme Castagnier exploite (en biodynamie non certifiée) un vignoble de 4 ha en Côte de Nuits. Ses grands crus, notamment ses clos-de-vougeot, clos-de-la-roche et clos-saint-denis, lui permettent de s'illustrer avec une réelle constance. Il a également développé une activité de négoce à son nom pour compléter sa gamme, toujours en Côte de Nuits.

Un grand cru issu de la partie négoce, qui s'affirme avec une grande classe, déroulant des tanins fins et des notes délicates de fruits rouges, de rose et d'épices. On aime aussi sa longue finale saline. Une cuvée qui se singularise davantage par sa distinction et son soyeux que par sa puissance. Elle ravira les amateurs de grands pinots noirs subtils, comme le secteur de Vosne-Romanée sait en produire. ⧗ 2025-2032

SARL JÉRÔME CASTAGNIER, 20, rue des Jardins, 21220 Morey-Saint-Denis, tél. 06 08 06 67 79, jeromecastagnier@yahoo.fr V r.-v.

DOM. HOFFMANN-JAYER Échézeaux du dessus 2018 ★

Gd cru | 1560 | | + de 100 €

La reprise du Dom. Jayer-Gilles par André Hoffmann en 2017 a donné naissance à cette exploitation de 10 ha. Avec une prédominance de rouges, notamment ceux de la Côte de Nuits, la gamme va des AOP régionales (bourgogne-hautes-côtes-de-beaune et bourgogne-hautes-côtes-de-nuits) au grand cru échezeaux.

Comme précisé sur l'étiquette, la parcelle de 54 ares à l'origine de ce vin est située dans la partie supérieure du grand cru, mais d'autres lieux-dits sont toutefois placés encore plus en hauteur. Ici, des vignes de 60 ans ont donné un 2018 très élégant, qui évoque spontanément les fruits rouges, la myrtille ou encore la fraise. Un raffinement que l'on retrouve dans un palais ample, charnu et rond, étayé par des tanins veloutés et prolongé par une jolie finale épicée. ⧗ 2025-2030

SCEA DOM. HOFFMANN-JAYER, 1, rue du Meix-Grenot, 21700 Magny-lès-Villers, tél. 03 80 62 91 79, domaine@hoffmann-jayer.com V r.-v.

LOUIS LATOUR 2019 ★

Gd cru | 1060 | | + de 100 €

Une maison familiale toujours indépendante, fondée en 1797 et conduite successivement par 10 générations de Latour. Un acteur incontournable de la Bourgogne viticole et le plus important propriétaire de grands crus de la Côte-d'Or (28 ha sur les 48 que compte son vignoble). Les raisins sont vinifiés à Aloxe-Corton, berceau de la famille, et la maison possède sa propre tonnellerie.

Particulièrement convainquant l'an dernier avec le millésime 2018, l'échezeaux de la maison s'illustre à nouveau. D'une texture soyeuse dès l'attaque, la bouche dévoile des tanins fondus qui participent à une impression générale d'élégance. Des arômes de fraise des bois, de framboise, de rose et de vanille accompagnent l'ensemble. Il lui faudra toutefois quelques années de garde pour arrondir la petite pointe d'austérité perceptible en finale. ⧗ 2024-2030

SA MAISON LOUIS LATOUR, 18, rue des Tonneliers, 21200 Beaune, tél. 03 80 24 81 00, contact@louislatour.com

♥ DOM. MONGEARD-MUGNERET 2018 ★★

Gd cru | 8000 | | + de 100 €

Vieux cépage bourguignon, le pinot Mongeard était une variété très fine et peu productive, baptisé en l'honneur d'un aïeul de la famille. Vincent Mongeard a succédé à Jean, personnalité marquante du vignoble, et veille sur un beau domaine de 30 ha bien connu des lecteurs du Guide.

Le soleil de l'été 2018 n'a pas été avare de ses bienfaits pour la vigne. Les grappes ont atteint des maturités comme la Bourgogne en avait rarement connues. Ce grand cru en témoigne avec ses senteurs intenses de figue, de pruneau ou encore de fraise confite. La bouche se montre souple en attaque, puis se fait ample et riche tout en affichant beaucoup d'harmonie et d'élégance autour de tanins d'une grande finesse et d'une longue finale saline. La preuve que le terroir ne s'efface pas si facilement derrière l'effet millésime. ⧗ 2025-2035

SAS DOM. MONGEARD-MUGNERET, 16, rue de la Fontaine, 21700 Vosne-Romanée, tél. 03 80 61 11 95, info@mongeard.com V r.-v.

DOM. MICHEL NOËLLAT 2019 ★

| 2500 | | + de 100 €

Sophie Noëllat (fille d'Alain) et Sébastien (fils de Jean-Marc Noëllat) ont pris, en 2018, la relève sur ce vaste domaine de 27 ha. Une 6e génération qui entend rester une valeur sûre de la Côte de Nuits, notamment pour ses vosne-romanée.

Un échezeaux qui ne se départit pas de son élégance naturelle tout au long de la dégustation. Issue de vignes de 70 ans plantées sur 80 ares, il traduit avec une belle persistance ce que les vins de l'appellation peuvent offrir aux amateurs de vins de Bourgogne : harmonie, tanins soyeux, fraîcheur et intensité aromatique. Des notes d'épices douces, de cerise fraîche et des touches florales montent au nez. Un digne représentant de son terroir. ⧗ 2024-2030

SCEA DOM. MICHEL NOËLLAT, 5, rue de la Fontaine, 21700 Vosne-Romanée, tél. 03 80 61 36 87, contact@domaine-michel-noellat.com V r.-v.

♥ B DOM. NUDANT 2019 ★★

Gd cru	1200		+ de 100 €

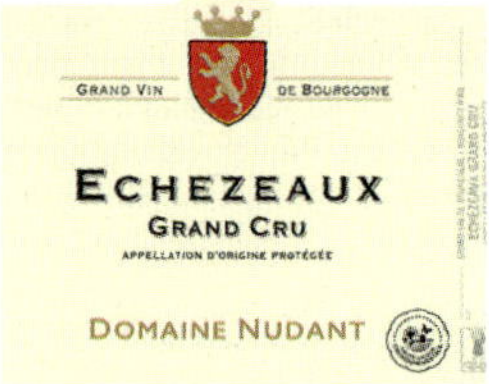

Un Guillaume Nudant d'Aloxe-Corton était déjà vigneron en 1453. Son descendant, Guillaume également, a rejoint en 2003 son père Jean-René sur le domaine familial de 16 ha (certifié HVE), planté pour l'essentiel autour de la montagne de Corton, complété par une activité de négoce.

Déjà créditée d'une étoile dans la précédente édition du Guide, avec le millésime 2017, cette cuvée décroche cette fois un coup de cœur. Il récompense un vin à l'expression aromatique flatteuse et intense, laissant percevoir une grande variété de fruits à haute maturité (prune, cerise, myrtille), des notes de violette, de rose et de poivre. Après une attaque fraîche et ample, la bouche déploie une charpente tannique à la fois dense et élégante et une longue finale saline et fraîche. Un vin au caractère affirmé et d'une grande complexité, qui saura patienter en cave et gagner en harmonie sans craindre les outrages du temps. ⧗ 2025-2035

SAS DOM. NUDANT, 11, rte de Dijon, 21550 Ladoix-Serrigny, tél. 03 80 26 40 48, domaine.nudant@wanadoo.fr V *t.l.j. sf dim. 8h30-12h 13h30-17h30; sam. sur r.-v.*

VOSNE-ROMANÉE

Superficie : 150 ha / Production : 5 955 hl

Là aussi, la coutume bourguignonne est respectée : le nom de Romanée est plus connu que celui de Vosne. Quel beau tandem ! Comme Gevrey-Chambertin, cette commune est le siège d'une multitude de grands crus; mais il existe à proximité des *climats* réputés, tels les 1ers crus Suchots, Les Beaux-Monts, Les Malconsorts et bien d'autres.

ARNAUD BAILLOT Les Suchots 2019 ★

1er cru	600		+ de 100 €

Un jeune domaine complété par une structure de négoce, créé en 2016 par Arnaud Baillot et son épouse Laure Hudelot-Noellat. À la carte, une gamme allant des AOP régionales aux grands crus.

Le jeune vigneron exploite 15 ares dans ce *climat* situé au nord du village. Il en a tiré un 2019 ample et généreux tant dans son expression aromatique que dans sa structure. Au nez, se dévoilent des notes de fruits noirs et rouges bien mûrs, de pivoine et de poivre. La bouche apparaît ample et riche, étayée par des tanins présents mais sans agressivité. ⧗ 2024-2030

SCEA HAUT TARTRE, ZA Les Bonnes-Filles, 21200 Levernois, tél. 06 20 02 62 16, contact@arnaudbaillot.com V r.-v.

DOM. RENÉ CACHEUX ET FILS Les Suchots 2018 ★

1er cru	2700		75 à 100 €

En 2005, après avoir travaillé sur d'autres exploitations viticoles, Gérald Cacheux a succédé à ses parents à la tête de ce petit domaine familial (3,26 ha), fondé en 1966. Il exploite des vignes sur Vosne-Romanée et Chambolle-Musigny.

Avec près de 1 ha, cette cuvée est la plus importante en superficie au domaine. Déjà auréolée d'une étoile dans la précédente édition du Guide, elle se voit attribué la même récompense avec le millésime 2018. Un vin expressif, qui mêle des notes complexes de fruits rouges, d'épices douces et de violette, charnu, ample, corpulent et d'une belle concentration en bouche, bâti sur un boisé racé et des tanins fermes. ⧗ 2025-2032

EARL DOM. RENÉ CACHEUX ET FILS, 28, rue de la Grand-Velle, 21700 Vosne-Romanée, tél. 03 80 61 28 72, contact@domaine-cacheux.com V r.-v.

DOM. A.-F. GROS Aux Réas 2019 ★

	5340		50 à 75 €

Le domaine a été créé en 1988 par Anne-Françoise Gros et son mari François Parent à Pommard. Leurs enfants Caroline et Mathias conduisent aujourd'hui un vignoble de 15 ha dans les 2 Côtes, mais aussi en Beaujolais (moulin-à-vent). Un domaine incontournable qui collectionne les coups de cœur.

Le domaine dispose de près de 1,5 ha de ce *climat* situé au sud de l'appellation. Le nez développe des notes de fruits noirs bien mûrs, de poivre et de boisé torréfié. On retrouve ces arômes bien mariés dans une bouche aux tanins fondus et fins, prolongée par une jolie finale fraîche et élégante. ⧗ 2024-2030

SAS A.-F. GROS, 1, pl. de l'Europe, 21630 Pommard, tél. 03 80 22 61 85, contact@af-gros.com V r.-v.

DOM. JOANNET 2019 ★

	3200		30 à 50 €

Les Joannet, Michel le père et Fabien le fils, sont installés en plein cœur des Hautes-Côtes de Nuits. Ils exploitent 21 ha de vignes répartis en un vaste éventail allant de Pernand-Vergelesses à Vosne-Romanée, dont près de la moitié est dédiée aux hautes-côtes.

Des vignes de 55 ans plantées sur une parcelle de 77 ares et des raisins vinifiés longuement : ce sont les « ingrédients » de cette cuvée qui présente une belle complexité aromatique autour des fruits noirs (myrtille et cassis) et du poivre, l'ensemble s'exprimant avec une certaine fraîcheur. Fraîcheur que l'on retrouve dans une bouche franche en attaque, souple et élégante dans son développement, portée par des tanins fins. ⧗ 2023-2028

EARL DOM. MICHEL JOANNET, 76, Grande-Rue, 21700 Marey-lès-Fussey, tél. 03 80 62 90 58, domaine-michel.joannet@wanadoo.fr V r.-v.

LOUIS LATOUR Les Chaumes 2018 ★

■ 1er cru	1500		50 à 75 €

Une maison familiale toujours indépendante, fondée en 1797 et conduite successivement par 10 générations de Latour. Un acteur incontournable de la Bourgogne viticole et le plus important propriétaire de grands crus de la Côte-d'Or (28 ha sur les 48 que compte son vignoble). Les raisins sont vinifiés à Aloxe-Corton, berceau de la famille, et la maison possède sa propre tonnellerie.

Ce *climat* jouxte le 1er cru Malconsorts au sud du village. La maison Latour en propose une version chaleureuse et fine à la fois, élevée à 40 % en fûts neufs. Au nez se dévoilent des notes de pivoine, d'épices et de griotte. En bouche, le vin offre du gras, de la densité, du volume autour de tanins souples et affinés. ⧗ 2023-2028

SA MAISON LOUIS LATOUR, 18, rue des Tonneliers, 21200 Beaune, tél. 03 80 24 81 00, contact@louislatour.com

B DOM. NUDANT 2019 ★★

■	4500		30 à 50 €

Un Guillaume Nudant d'Aloxe-Corton était déjà vigneron en 1453. Son descendant, Guillaume également, a rejoint en 2003 son père Jean-René sur le domaine familial de 16 ha (certifié HVE), planté pour l'essentiel autour de la montagne de Corton, complété par une activité de négoce.

Une cuvée issue d'un vignoble d'un peu moins d'un hectare et vinifiée avec une traditionnelle macération préfermentaire à froid. Le résultat donne un vin très équilibré. De beaux tanins fondus et un boisé parfaitement intégré, aux tonalités torréfiées, forment un support harmonieux à des notes de fruits noirs et de cerise sans en amoindrir la fraîcheur. De l'élégance et du potentiel. ⧗ 2024-2030

SAS DOM. NUDANT, 11, rte de Dijon, 21550 Ladoix-Serrigny, tél. 03 80 26 40 48, domaine.nudant@wanadoo.fr V *t.l.j. sf dim. 8h30-12h 13h30-17h30; sam. sur r.-v.*

DOM. DES PERDRIX 2018 ★

■	5900		50 à 75 €

Ce domaine incontournable de la Côte de Nuits (12 ha dont 6 en grands et 1ers crus) a été pris en main en 1995 par la famille Devillard (Ch. de Chamirey à Mercurey et Dom. de la Ferté à Givry). Il doit son nom au 1er cru Aux Perdrix, l'une des plus belles parcelles de Nuits-Saint-Georges possédée en quasi-monopole.

Une cuvée qui a connu un élevage long de 16 mois en fût puis de 3 en cuve pour affiner une matière bien structurée, ample et serrée, bâtie sur de solides tanins. Cette richesse s'accompagne de notes poivrées, torréfiées et fruitées (myrtille, griotte) bien mariées. Un *villages* de garde. ⧗ 2025-2032

SC DOM. DES PERDRIX (B. ET C. DEVILLARD), rue des Écoles, 21700 Premeaux-Prissey, tél. 03 85 45 21 61, contact@domaines-devillard.com V *r.-v.* 4

ROMANÉE-SAINT-VIVANT

Superficie : 9,3 ha / Production : 240 hl

B DOM. DE L'ARLOT 2019 ★

■ Gd cru	1100		+ de 100 €

Un domaine fondé au XVIIIes., réputé pour ses nuits-saint-georges et propriété d'Axa Millésimes depuis 1987. L'œnologue Géraldine Godot, ancienne régisseuse de la maison Alex Gambal, a pris en 2015 la relève de Jacques Devauges (ex-Vougeraie et Frédéric Magnien). Le domaine, sous la direction générale de Christian Seely, étend son vignoble sur 15 ha (aujourd'hui cultivé en biodynamie), dont 2 monopoles en nuits-saint-georges 1er cru : le Clos des Forêts et le Clos de l'Arlot.

Une parcelle située juste en dessous de la Romanée-Conti où le domaine exploite 25 ares. Dans le verre, un vin distingué, comme attendu de ce grand cru, qui s'ouvre sur d'élégantes notes florales, fruitées (fraise, cerise), minérales et vanillées. D'une belle fraîcheur en attaque, la bouche évolue ensuite vers plus de structure, autour d'un beau boisé, et d'une trame tannique qui se resserre jusqu'en finale. Un ensemble prometteur qui donnera sa pleine mesure dans quelques années. ⧗ 2025-2035

SCEA DOM. DE L' ARLOT, 14, RD 974, 21700 Premeaux-Prissey, tél. 03 80 61 01 92, contact@arlot.fr *r.-v.*

NUITS-SAINT-GEORGES

Superficie : 306 ha
Production : 12 030 hl (97 % rouge)

Cette bourgade de 5 500 habitants est l'une des plus petites capitales du vin de Bourgogne. Elle accueille le siège de nombreuses maisons de négoce et de liquoristes qui produisent le cassis de Bourgogne, ainsi que d'élaborateurs de vins mousseux qui furent à l'origine du crémant-de-bourgogne. Elle a également son vignoble des Hospices, avec vente aux enchères annuelle de la production le dimanche précédant les Rameaux, et abrite le siège administratif de la confrérie des Chevaliers du Tastevin.
La cité donne son nom à l'appellation communale la plus méridionale de la Côte de Nuits. Cette dernière, qui déborde au sud sur la commune de Premeaux, n'engendre pas de grands crus comme ses voisines du nord, mais elle compte de très nombreux 1ers crus réputés, aux caractères fort divers selon leur situation au nord ou au sud de Nuits. Tous ces vins ont en commun une grande richesse tannique qui leur confère un solide potentiel de garde (de 5 à 15 ans).
Parmi les 1ers crus, les plus connus sont les Saint-Georges, dont on dit qu'ils portaient déjà des vignes

BOURGOGNE

en l'an mil, les Vaucrains, les Cailles, les Champs-Perdrix, les Porrets, sur la commune de Nuits, et les Clos de la Maréchale, des Argillières, des Forêts-Saint-Georges, des Corvées, de l'Arlot, sur Premeaux.

AMBROISE
Les Terres Blanches 2019 ★★

1er cru | 380 | 30 à 50 €

Si la famille Ambroise cultive la vigne depuis le XVIIIe s., elle n'en vit que depuis les années 1960. Installé depuis 1987, Bertrand Ambroise laisse la place à ses enfants Ludivine et François, à la tête d'un vignoble de 21 ha (en bio certifié depuis 2013), complété par une activité de négoce-élevage.

La production de blanc représente moins de 4 % du volume élaboré à Nuits-Saint-Georges. Une proportion marginale qui n'empêche pas d'y déguster de remarquables cuvées. C'est le cas de ce 1er cru en provenance d'un terroir situé sur les hauteurs sud de l'appellation. Les chardonnays y ont donné un vin à l'aromatique délicate mêlant l'acacia, l'aubépine et l'amande, et à la bouche riche et puissante. Un seul défaut à cette cuvée : sa confidentialité. ⧗ 2023-2028 **2019 ★ (20 à 30 €; 3600 b.)** Une cuvée vinifiée après égrappage à 100 % des raisins, puis élevée pour 60 % en fûts de chêne neufs. Au nez, les fruits (griotte, mûre) sont mis en valeur par un beau boisé. La bouche se distingue par son ampleur, son côté charnu, ses tanins soyeux et sa fine acidité. ⧗ 2023-2028

SAS MAISON AMBROISE,
8, rue de l'Église, 21700 Premeaux-Prissey,
tél. 03 80 62 30 19, contact@ambroise.com
V r.-v.

♥ DOM. DE L'ARLOT
Clos de l'Arlot Monopole 2019 ★★

1er cru | 2200 | 75 à 100 €

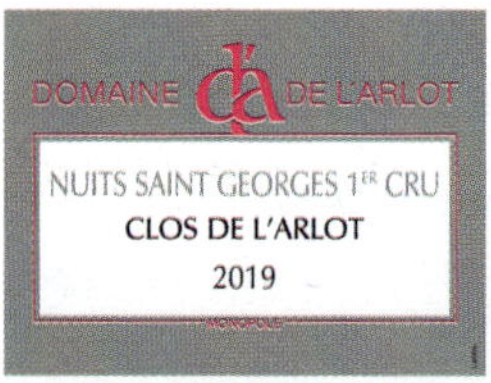

Un domaine fondé au XVIIIe s., réputé pour ses nuits-saint-georges et propriété d'Axa Millésimes depuis 1987. L'œnologue Géraldine Godot, ancienne régisseuse de la maison Alex Gambal, a pris en 2015 la relève de Jacques Devauges (ex-Vougeraie et Frédéric Magnien). Le domaine, sous la direction générale de Christian Seely, étend son vignoble sur 15 ha (aujourd'hui cultivé en biodynamie), dont 2 monopoles en nuits-saint-georges 1er cru : le Clos des Forêts et le Clos de l'Arlot.

Régulièrement en vue, cette cuvée est issue d'un *climat* très pentu, caillouteux et favorable à une bonne maturation des raisins. Un terroir qui accueille sur 95 ares du chardonnay et du pinot beurot donnant généralement un vin séducteur et riche. Ce millésime ne déroge pas à la règle : il exhale d'intenses notes de fleurs blanches, d'amande grillée et de vanille, prolongées par une bouche ample, profonde, généreuse et dense, faisant preuve d'une grande persistance en finale. ⧗ 2023-2030 **1er cru Clos des Forêts Saint-Georges Monopole 2019 ★ (75 à 100 €; 18400 b.)** C'est l'autre Clos monopole du domaine, 10 % rouge celui-ci, et sur par moins de 7,2 ha. Le nez évoque la réglisse et le boisé dans un premier temps, puis libère le fruit après aération. La bouche, ample et riche, campe sur de solides tanins. Pour la cave. ⧗ 2024-2032

SCEA DOM. DE L'ARLOT, 14, RD 974,
21700 Premeaux-Prissey, tél. 03 80 61 01 92,
contact@arlot.fr r.-v.

MAISON CHANDESAIS 2019 ★★

1500 | 20 à 30 €

Un négoce familial fondé en 1933 par Émile Chandesais, sur la commune de Fontaine, au cœur de la Côte chalonnaise. Il prospère au fil des ans en assurant la vinification, l'élevage et la commercialisation de ses vins de Bourgogne. En 1993, Émile Chandesais cède sa société à la Compagnie Vinicole de Bourgogne, filiale du groupe Picard Vins et Spiritueux.

La maison a sélectionné un nuits-saint-georges d'un équilibre irréprochable et savoureux. Un vin qui présente une matière d'une belle rondeur, structurée par des tanins fins et mise en valeur par une acidité tonifiante. L'ensemble remplit le palais avec d'autant plus de plaisir que le fruit répond aussi à l'appel. ⧗ 2023-2028

SA COMPAGNIE VINICOLE DE BOURGOGNE,
rte de Saint-Loup-de-la-Salle, 71150 Chagny,
tél. 03 85 87 51 33, david.fernez@m-p.fr

DOM. JEAN CHAUVENET 2019 ★★

13500 | 20 à 30 €

Christine et Christophe Drag ont repris la propriété familiale en 1994 à la suite du départ à la retraite de Jean Chauvenet, père de Christine et fondateur du domaine en 1969. Ils exploitent aujourd'hui un vignoble de 9,18 ha et s'imposent comme une valeur sûre de l'appellation nuits-saint-georges.

Un *village* qui représente une belle proportion du domaine : 2,5 ha. C'est aussi et surtout un remarquable ambassadeur de son appellation : sa solide structure tannique et sa complexité aromatique en attestent. Des notes de cerise, de mûre, de cassis et d'amande séduisent spontanément au nez. En bouche, on apprécie son onctuosité, sa solidité donc, mais sans rudesse, son équilibre et sa longueur ⧗ 2024-2030

SC DOM. JEAN CHAUVENET,
6, rue de Gilly, 21700 Nuits-Saint-Georges,
tél. 03 80 61 00 72, domaine-jean.chauvenet@orange.fr
V r.-v.

DOM. CHEVILLON-CHEZEAUX
Aux Bousselots 2019 ★

1er cru | 1600 | 30 à 50 €

Représentant la 5e génération, Claire Chevillon et son époux Philippe Chezeaux ont repris en 2000 le domaine familial (anciennement Dom. Michel Chevillon) créé en 1887. Ils exploitent aujourd'hui près de 8 ha, dont 90 % de rouge, avec des parcelles dans une demi-douzaine de *climats* de Nuits-Saint-Georges.

Issu de l'un des plus beaux terroirs de l'appellation, cette cuvée est un remarquable exemple d'harmonie entre une expression aromatique de fruits frais (groseille, cerise, cassis) et un boisé fondu. La bouche est à la fois franche, ample et élégante. Elle s'appuie sur une bonne concentration, des tanins «tapissants» et une finale d'une persistance notable. ⧗ 2024-2030 ■ **1er cru Les Porrets Saint-Georges 2019 ★ (30 à 50 €; 1300 b.)** Un autre terroir remarquable de l'appellation qui livre ici un vin alliant gourmandise et caractère. Le nez, intense, convoque le cassis, la cerise et la vanille. La bouche, épaulée par des tanins veloutés, ne manque ni de fraîcheur ni de rondeur. Le soleil du millésime 2019 a été bien dompté. ⧗ 2023-2030 ■ **1er cru Les Saint-Georges 2019 ★ (50 à 75 €; 1150 b.)** Une cuvée qui a bénéficié d'une vinification en raisin totalement égrappé et d'un élevage en fûts de chêne à 20 % neufs. Une utilisation modérée du bois neuf qui respecte un joli fruité (cassis, groseille) et qui met en avant la finesse et l'équilibre de la structure, épaulée aussi par une belle fraîcheur. ⧗ 2023-2030

EARL DOM. CHEVILLON-CHEZEAUX, 41, rue Henri-de-Bahèzre, 21700 Nuits-Saint-Georges, tél. 03 80 61 23 95, chevillon.chezeaux@orange.fr V r.-v.

♥ DOM. DÉSERTAUX-FERRAND
Les Saints-Georges 2019 ★★

■ 1er cru	806		75 à 100 €

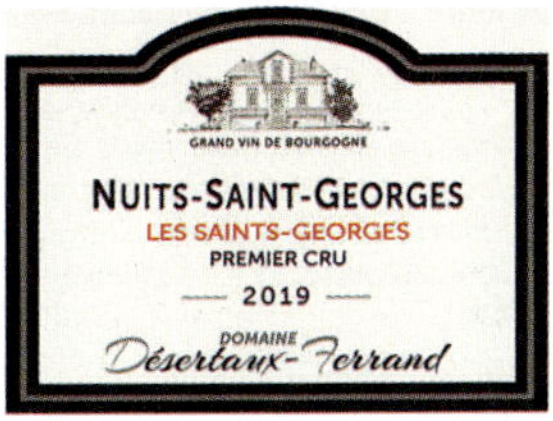

Ce domaine familial de 19,5 ha implanté à Corgoloin, village-frontière entre les 2 Côtes, celle de Nuits et celle de Beaune, est conduit depuis 1995 par Vincent Désertaux, son épouse Geneviève et sa sœur Christine. Souvent en vue pour ses côtes-de-nuits-villages.

Plus souvent en vue pour ses côte-de-nuits-villages (coup de cœur l'an dernier avec son Perrières 2018), les Désertaux signent un nuits-saint-georges qui fait honneur à l'appellation. Un 1er cru qui a donné son nom à la commune et qui pourrait être son futur grand cru. Ce vin réussit le tour de force d'exprimer la maturité et la générosité de ce millésime solaire et précoce, mais aussi de conserver la fraîcheur et la subtilité du pinot noir, particulièrement lorsqu'il s'épanouit sur les pentes de la Côte de Nuits. Notes de pivoine et de fruits rouges, bouche ample, charnue, aux tanins fins et soyeux, longue finale pleine de dynamisme : il coche toutes les cases. ⧗ 2024-2032

EARL DOM. DÉSERTAUX-FERRAND, 135, Grande-Rue, 21700 Corgoloin, tél. 03 80 62 98 40, contact@desertaux-ferrand.com V r.-v.

DOM. GUY ET YVAN DUFOULEUR
Clos des Perriers 2018 ★

■ 1er cru	4800		50 à 75 €

Les Dufouleur perpétuent une tradition vigneronne qui remonte à la fin du XVIes. Le domaine actuel est né de la fusion en 2007 de 2 domaines familiaux. Guy Dufouleur étant décédé, le vignoble (30 ha) est aujourd'hui dirigé par son fils aîné Yvan, épaulé à la gérance par Xavier, frère de Guy.

Les Perrières désignent en Bourgogne d'ancienne carrière. Ce *climat* est situé en haut de côteau, dans la partie sud de l'appellation. Les vignes d'une cinquantaine d'années ont donné naissance à une cuvée offrant de généreuses notes de fruits rouges, de cerise notamment, associées un boisé fin. À la fois fraîche, minérale et fermement structurée, la bouche signe un vin de caractère. ⧗ 2024-2030

SCEA DOM. GUY ET YVAN DUFOULEUR, 15, rue Thurot, BP 80138, 21700 Nuits-Saint-Georges, tél. 03 80 61 09 35, gaelle.dufouleur@21700-nuits.com V *t.l.j. sf dim. 9h30-12h30 14h-18h30*

DOM. FAIVELEY
Les Porêts-Saint-Georges 2019 ★

■ 1er cru	6800		50 à 75 €

Ce domaine fondé à Nuits-Saint-Georges en 1825 est un nom qui compte en Bourgogne, depuis 7 générations. À sa tête depuis 2005, Erwan Faiveley, qui a succédé à son père François. Aujourd'hui, c'est l'un des plus importants propriétaires de vignes en Bourgogne : 120 ha du nord de la Côte de Nuits au sud de la Côte chalonnaise, dont 10 ha en grand cru et près de 25 ha en 1er cru.

Le domaine dispose d'une belle superficie de ce terroir du sud de l'appellation : 1,69 ha. Les raisins ont été vinifiés pendant une vingtaine de jours avec un pigeage quotidien. Le résultat est un vin complexe, floral, fruité et toasté, ample, riche et charnu en bouche, bien équilibré par une pointe de fraîcheur en finale. ⧗ 2023-2028

SAS CVVB (DOM. FAIVELEY), 8, rue du Tribourg, 21700 Nuits-Saint-Georges, tél. 03 80 61 04 55, contact@domaine-faiveley.com

PHILIPPE GAVIGNET Les Pruliers 2019 ★

■ 1er cru	2700		30 à 50 €

Installé en 1979 à la suite de son père Michel, Philippe Gavignet, qui incarne la 4e génération à la tête du domaine familial, est le premier à se consacrer pleinement à la vigne. Son fils Benoît et sa fille Élodie travaillent dorénavant à ses côtés. Ce spécialiste des nuits-saint-georges exploite aujourd'hui 14 ha.

Un terroir situé au sud et à proximité de Nuits-Saint-Georges. Le domaine y dispose d'un demi-hectare planté de vignes de 45 ans. Le vin fait preuve d'une belle complexité, exhalant des notes de fraise des bois, de fruits noirs et de vanille. La bouche est riche, charnue, chaleureuse, construite sur des tanins veloutés. Une belle longueur agrémente la finale. ⧗ 2024-2030 ■ **1er cru Les Chabœufs 2019 ★ (30 à 50 €; 5400 b.)** D'une expression aromatique franche et nette, ce vin bien né associe fruits rouges et noirs et notes cacaotées. La bouche est dense, généreuse, bien structurée : les caractéristiques d'un vin en devenir. ⧗ 2024-2030

EARL DOM. PHILIPPE GAVIGNET, 36, rue du Dr-Louis-Legrand, 21700 Nuits-Saint-Georges, tél. 03 80 61 09 41, contact@domaine-gavignet.fr V *t.l.j. 9h-12h 14h-17h30; sam. dim. sur r.-v.*

BOURGOGNE

DOM. MICHEL GROS 2018 ★★

■ | 5000 | ◍ | 30 à 50 €

Michel, l'aîné de la famille Gros, Anne-Françoise (A.-F. Gros), et Bernard (Gros Frère et Sœur) ont chacun leur domaine. Michel a depuis 2019 passé la main à son fils Pierre. Débutée en 1979 avec 2 ha en Hautes-Côtes, l'exploitation atteint aujourd'hui 23 ha et s'illustre régulièrement avec ses vosne-romanée, ses nuits-saint-georges et ses hautes-côtes.

Quatre parcelles entrent traditionnellement dans la composition de cette cuvée. Toutes sont localisées au nord de la commune de Nuits, côté Vosne. Le vin fait la synthèse entre la structure généralement prononcée des cuvées typiques de l'appellation et l'élégance que l'on attribue aux vosne-romanée. Au final, un 2018 expressif (framboise, boisé grillé), à la fois bien charpenté, rond et fin. ⌛ 2024-2030

⊶ SARL DOM. MICHEL GROS, 7, rue des Communes, 21700 Vosne-Romanée, tél. 03 80 61 04 69, contact@domaine-michel-gros.com V 🍷 *r.-v.*

JEAN-PHILIPPE MARCHAND
Aux Herbues 2019 ★

■ | 2400 | ◍ | 20 à 30 €

Les vignobles Marchand ont été fondés en 1813 à Morey et agrandis en 1983 par l'achat d'une vigne à Gevrey-Chambertin. Héritier de 6 générations, Jean-Philippe Marchand gère, depuis 1984, le domaine familial – installé dans une ancienne fabrique de confitures de Gevrey –, ainsi qu'une affaire de négoce.

Un nuits à la matière franche et généreuse, qui développe des notes de cassis accompagné par un boisé bien intégré aux accents cacaotés. Les saveurs s'équilibrent aussi harmonieusement dans une bouche généreuse, ample et bien bâtie, renforcée par une finale ferme et persistante qui laisse envisager une bonne longévité. ⌛ 2024-2030

⊶ SA JEAN-PHILIPPE MARCHAND, 4, rue Souvert, BP_41, 21220 Gevrey-Chambertin, tél. 03 80 34 33 60, contact@marchand-jph.fr V 🚶 🍷 *r.-v.*

MARCHAND-TAWSE 2018 ★

■ | 3418 | ◍ | 30 à 50 €

Le Québécois Pascal Marchand, ancien vinificateur du comte Armand et de La Vougeraie et fondateur d'un micro-négoce en 2006, s'est associé en 2010 avec Moray Tawse, propriétaire réputé du Niagara (Canada), pour créer une nouvelle marque pour laquelle il sélectionne de petits lots de vignes souvent cultivées en bio ou biodynamie. Il a acquis aussi des vignes en propre depuis 2010.

Un vin qui conjugue harmonieusement puissance et équilibre. Le nez dévoile les notes de fruits rouges propres aux pinots noirs bien menés. Des tanins présents mais fins et déjà bien patinés soutiennent une bouche ronde et généreuse. Un ensemble accompagné d'une agréable touche épicée. ⌛ 2024-2030

⊶ SARL MARCHAND-TAWSE, 9, rue Julie-Godemet, 21700 Nuits-Saint-Georges, tél. 03 80 20 37 32, contact@marchandtawse.com V 🚶 🍷 *r.-v.*

DOM. MAREY Les Poisets 2019 ★

■ | 1200 | ◍ 🍾 | 20 à 30 €

Initialement voué à la production de petits fruits, ce domaine familial (certifié HVE3) couvre 21 ha de vignes aujourd'hui. Il a son siège dans les Hautes-Côtes de Nuits, non loin de Nuits-Saint-Georges. Une nouvelle cuverie a été inaugurée avec le millésime 2015.

Sur cette parcelle de 20 ares, Frédéric Marey a réintroduit le travail du cheval. Au chai, les raisins ont été en totalité éraflés et vinifiés en vue de donner un vin de garde. Les tanins sont de fait présents mais sans agressivité, accompagnés par une bonne acidité qui équilibre la suavité de la matière. Le tout porte une agréable aromatique de fruits rouges frais et de poivre. ⌛ 2024-2030

⊶ EARL DOM. MAREY, 12-14, rue Gabriel-Bachot, 21700 Meuilley, tél. 03 80 61 12 44, contact@domaine-marey.com V 🍷 *r.-v.*

DOM. ALEXANDRE PARIGOT Les Damodes 2019 ★

■ 1er cru | 1500 | ◍ 🍾 | 30 à 50 €

Un domaine de 20 ha fondé en 1983 par Régis Parigot, qui valorise avec talent les terroirs bourguignons, témoins les nombreux coups de cœur obtenus pour ses vins de la Côte de Beaune et des Hautes-Côtes. En 2008, le fils Alexandre a pris les commandes avec la même réussite.

Un *climat* situé côté Vosne-Romanée, qui se distingue bien souvent par le caractère élégant de ses vins. Cette cuvée confirme bien cette typicité. Une belle palette de fruits noirs et rouges s'ouvre au nez. Après une attaque suave et souple, la bouche, ample et délicate, dévoile des tanins fins. ⌛ 2023-2028

⊶ SAS DOM. ALEXANDRE PARIGOT, 8, rte de Pommard, 21190 Meloisey, tél. 03 80 26 01 70, domaine.parigot@orange.fr V 🚶 🍷 *r.-v.*

DOM. ARMELLE ET BERNARD RION
Marcel Héritage Vieilles Vignes 2019 ★★

■ 1er cru | 3000 | ◍ | 30 à 50 €

Un domaine fondé en 1896 et transmis de père en fils depuis 5 générations; de père en fille aujourd'hui, Alice (avec son mari Louis) ayant rejoint ses parents Armelle et Bernard Rion en 2008. Elle vinifie, avec le moins d'interventions possibles à la vigne et au chai, le fruit de 8,5 ha de vignes, du simple bourgogne au grand cru. Revenue en 2018 sur ses terres natales, Mélissa, sœur d'Alice, a en charge le développement œnotouristique de la propriété (certifiée HVE3).

Cette magnifique cuvée, qui porte le prénom du grand-père d'Alice Rion, provient de 2 *climats* voisins du nord de l'appellation (Meurgers et Chaignots). Les vignes y sont âgées de 75 ans. Elles ont livré un vin complexe et élégant comme le sont souvent les vins de cette partie du vignoble de Nuits-Saint-Georges. Le fruit et le bois se marient parfaitement au nez. La bouche est nette, ample, longue, étayée par des tanins d'une grande finesse. À un souffle du coup de cœur. ⌛ 2023-2030

■ **Dame Marguerite Vieilles Vignes 2019 ★★ (30 à 50 €; 3200 b.)** Un hommage à la grand-mère de Bernard Rion. Une cuvée issue de vignes de 90 ans qui se distingue par son joli nez de griotte, de groseille et de boisé vanillé, et par sa bouche pleine de fruit, volumineuse, ronde et longue. ⧗ 2023-2028

⊶ EARL DOM. ARMELLE ET BERNARD RION, 8, rte Nationale, 21700 Vosne-Romanée, tél. 03 80 61 05 31, rion@domainerion.fr V t.l.j. sf dim. 9h-18h

DOM. TRUCHETET Vieilles Vignes 2019 ★

■	2400		30 à 50 €

Domaine établi à Premeaux-Prissey, le village aux 2 églises, celle de Premeaux et celle de Prissey. Jean-Pierre Truchetet s'est installé en 1980 avec son épouse Sylvie et exploite 5,3 ha. La 6e génération, les 2 enfants du vigneron, Morgan et Julie, ont pris en main en 2019 le domaine (en conversion bio) et créé une structure de négoce pour élargir leur gamme.

Cette cuvée (côté domaine) résulte d'un assemblage de 2 parcelles situées au sud de la l'appellation (Premeaux-Prissey). Pour l'une de ces parcelles, les vignes sont bientôt centenaires, pour l'autre, elles approchent les 70 ans. Le vin se distingue par son nez harmonieux de mûre à belle maturité, de torréfaction et d'épices, et par sa bouche fraîche, fine et fruitée, épaulée par des tanins extraits sans dureté. ⧗ 2023-2028 ■ **Morgan Truchetet Aux Saints-Juliens 2019 ★ (30 à 50 €; 600 b.)** Une cuvée issue d'achat de raisin vinifiée par Morgan Truchetet après éraflage et peu de pigeage. Le nez s'ouvre sur des notes de cassis et de fruits rouges. La bouche est bâtie sur de solides tanins mais sans aspérité et soutenue par une trame fraîche. Voilà qui incite à la patience. ⧗ 2024-2030

⊶ EARL TRUCHETET, 5, rue des Masers, 21700 Premeaux-Prissey, tél. 06 25 85 03 39, morgantruchetet@gmail.com V *r.-v.*

CÔTE-DE-NUITS-VILLAGES

Superficie : 148 ha
Production : 6 345 hl (95 % rouge)

Cette appellation associe 5 communes situées aux 2 extrémités de la Côte de Nuits : au nord, Fixin (qui a aussi sa propre appellation) et Brochon (dont une partie du vignoble est classée en gevrey-chambertin); au sud, aux portes de la Côte de Beaune, Premeaux, Prissey (commune fusionnée avec la précédente), Comblanchien, réputée pour son « marbre », une pierre calcaire extraite de son coteau, et enfin Corgoloin, qui marque la limite sud de l'appellation tout comme celle de la Côte de Nuits, au niveau du Clos des Langres. Dans ce dernier village, la « montagne » diminue d'altitude et le vignoble s'amenuise; sa largeur ne dépasse guère 200 m. Rouges le plus souvent, les côtes-de-nuits-villages sont d'un bon niveau qualitatif et assez abordables.

MAISON CHANDESAIS 2019 ★

■	3200		11 à 15 €

Un négoce familial fondé en 1933 par Émile Chandesais, sur la commune de Fontaine, au cœur de la Côte chalonnaise. Il prospère au fil des ans en assurant la vinification, l'élevage et la commercialisation de ses vins de Bourgogne. En 1993, Émile Chandesais cède sa société à la Compagnie Vinicole de Bourgogne, filiale du groupe Picard Vins et Spiritueux.

En provenance d'une parcelle de 70 ares, ce vin a tiré le meilleur parti du solaire millésime 2019. Il se montre expressif, sur des notes de mûre, de cerise et d'épices. Après une attaque franche, des tanins fins et harmonieux viennent tapisser un palais généreux en fruit. ⧗ 2022-2026

⊶ SA COMPAGNIE VINICOLE DE BOURGOGNE, rte de Saint-Loup-de-la-Salle, 71150 Chagny, tél. 03 85 87 51 33, david.fernez@m-p.fr

CLOS SAINT-LOUIS 2018 ★★

■	10000		15 à 20 €

Succédant à ses parents, Philippe et Martine, Virginie Bernard a pris la tête du domaine en 2016. Elle mène un vignoble de 19 ha, répartis sur trois finages : Marsannay, Gevrey-Chambertin et Fixin. Un domaine créé en 1910, dont la vigneronne représente la 5e génération.

Deux hectares de vignes sur la commune de Brochon, au nord de la Côte de Nuits, ont vu naître cette cuvée complexe et concentrée. Les raisins ont été totalement égrappés et l'élevage s'est effectué pour 25 % en fûts neufs. Le nez convoque les fruits rouges compotés, la vanille et une pointe grillée. Expressive et généreuse, la bouche fait une démonstration de richesse. ⧗ 2022-2026

⊶ EARL DOM. DU CLOS SAINT-LOUIS, 4, rue des Rosiers, 21220 Fixin, tél. 03 80 52 45 51, closstlouis@orange.fr V *t.l.j. 8h-18h30*

DOM. CLUNY Les Créoles 2019 ★★

■	1900		15 à 20 €

Un domaine familial basé au nord de Gevrey-Chambertin (à Brochon). La famille Cluny, représentée aujourd'hui par Camille et Léa, cultive la vigne depuis le début du XXes. Les viticultrices sont à la tête de 7 ha à Gevrey mais aussi en appellations chambolle-musigny, côte-de-nuits-villages, etc.

Déjà remarquée dans la dernière édition du Guide avec 2 étoiles, cette cuvée se met une nouvelle fois en évidence. Les pinots noirs de 60 ans du domaine ont été égrappés et livrent un vin bien ouvert sur des notes de cerise, de cassis et de mûre. La bouche se distingue par sa solide structure, sa grande concentration et sa fraîcheur. Le coup de cœur fut mis aux voix. ⧗ 2023-2028

⊶ SARL HERVÉ CLUNY, 9, rue du Rapitot, 21220 Brochon, tél. 06 88 76 60 99, domainecluny@gmail.com V *r.-v.*

OLIVIER DEFRANCE La Croix Violete 2018 ★

■	2450		11 à 15 €

Issu d'une ancienne famille implantée depuis 1610 à Fixin, Olivier Defrance, 5e génération, a repris en 2012 le flambeau de son père Michel sur ce domaine (4 ha) qui porte désormais son nom.

Le domaine exploite 1/2 ha sur La Croix Violette, un terroir situé sur la commune de Brochon, au nord de Gevrey-Chambertin. D'intenses notes de cassis, de fraise et de grenadine s'expriment au nez. La bouche se révèle ronde, concentrée et mûre, relevée par une petite

BOURGOGNE

pointe d'acidité en finale. Un vin harmonieux et bien représentatif du solaire millésime 2018. ⧗ 2023-2027

OLIVIER DEFRANCE, 38, rte des Grands-Crus, 21220 Fixin, tél. 03 80 52 47 21, defrance.olivier21@gmail.com V t.l.j. sf dim. 9h30-11h30 14h30-17h30 2

DOM. DÉSERTAUX-FERRAND 2019 ★★

| 11900 | | 11 à 15 €

Ce domaine familial de 19,5 ha implanté à Corgoloin, village-frontière entre les 2 Côtes, celle de Nuits et celle de Beaune, est conduit depuis 1995 par Vincent Désertaux, son épouse Geneviève et sa sœur Christine. Souvent en vue pour ses côtes-de-nuits-villages.

Un assemblage de pinot blanc (30 %) et de chardonnay est à l'origine de ce blanc expressif et frais, qui développe d'intenses notes de fruits jaunes, d'amande et de fleurs blanches. Après une attaque tout en rondeur, une belle vivacité se manifeste. Un vin équilibré, au bon potentiel de garde. ⧗ 2022-2026

EARL DOM. DÉSERTAUX-FERRAND, 135, Grande-Rue, 21700 Corgoloin, tél. 03 80 62 98 40, contact@desertaux-ferrand.com V r.-v. E

♥ DOM. XAVIER DURAND Le Vaucrain 2019 ★★

| 1393 | | 15 à 20 €

Xavier Durand a repris en 2009 l'exploitation familiale, vieille de 4 générations. Il conduit aujourd'hui un vignoble de 7 ha composé de vignes de 35 à 80 ans sur les communes de Ladoix, Aloxe-Corton, Comblanchien et Nuits-Saint-Georges, tout en agriculture raisonnée.

Un lieu-dit voisin du Clos de la Maréchale, 1er cru de Nuits-Saint-Georges. Xavier Durand y exploite 60 ares. Après un élevage prolongé de 16 mois, le nez mêle en toute harmonie des notes de toasté, de noyau de cerise, de cassis et de mûre. La bouche apparaît ample, ronde, concentrée, dotée de tanins fins, sans agressivité. De la dentelle. ⧗ 2023-2028 **2018 ★★ (15 à 20 €; 1294 b.)** Un blanc magnifique né d'une petite parcelle de 17 ares sur un terroir argileux. Après pressurage, la vinification s'est déroulée en fût pour une mise en bouteille 14 mois plus tard après élevage sous bois. Le résultat est emballant avec un vin généreux et complexe, ouvert sur les fruits mûrs et le tilleul, avec un boisé délicat en appoint. Une palette prolongée par une bouche ample, à la fois puissant, intense et soyeux, à l'équilibre tout aussi assuré entre le bois et le fruit. ⧗ 2023-2027 **VI 2018 ★★ (15 à 20 €; 3764 b.)** Une cuvée hommage au grand père de Xavier Durand, qui a acquis cette vigne aujourd'hui âgée de 70 ans. Dans le verre, un vin puissant et intense issu d'une cuvaison d'un mois et un passage de 16 mois en fût. Aux notes empyreumatiques et fruitées (cassis, fruits rouges) de l'olfaction répond une bouche très équilibrée, aux tanins souples et fins. ⧗ 2023-2027

XAVIER DURAND, 25, Grande-Rue, 21700 Comblanchien, tél. 06 73 50 63 95, domainedurandxavier@gmail.com V r.-v.

B DOM. FÉRY ET FILS Clos de Magny 2019 ★★

| 3780 | | 20 à 30 €

Un domaine familial des Hautes-Côtes de Beaune créé en 1890 et développé dans les années 1990 par Jean-Louis Féry : aujourd'hui, 15 ha en bio certifié (depuis 2011) en Côte de Nuits et en Côte de Beaune (25 appellations). Depuis 2016, Frédéric Féry, fils de Jean-Louis, assure la gestion du domaine, avec notamment l'appui de Laurence Danel, œnologue.

Un terroir situé sur la commune de Corgoloin, en limite avec la Côte de Beaune. Les vignes sont jeunes, une dizaine d'années, mais visiblement très bien menées. Elles donnent un vin élevé 12 mois en fût à l'expression intense et flatteuse de fruits rouges, de griotte en particulier, sur fond de boisé parfaitement fondu. Un fruité que l'on retrouve dans une bouche souple, ronde, onctueuse, aux tanins fondus. Une cuvée qui offre déjà beaucoup de plaisir immédiat mais qui saura aussi vieillir harmonieusement. Le coup de cœur fut mis aux voix. ⧗ 2022-2027

SARL DOM. JEAN FÉRY ET FILS, 1, rte de Marey, 21420 Échevronne, tél. 03 80 21 59 60, laurence@fery-vin.fr V t.l.j. 8h30-12h 14h-17h

DOM. GACHOT-MONOT Les Chaillots 2019 ★

| 7904 | | 15 à 20 €

Depuis 1993, Damien Gachot est à la tête de ce domaine familial créé il y a 5 générations. Après une expérience viticole de 10 mois en Californie, le jeune vigneron s'était associé à sa mère pour donner à l'exploitation sa configuration actuelle. Celle-ci compte 18 ha de vignes, principalement sur les appellations nuits-saint-georges, chambolle-musigny et côte-de-nuits-villages.

Ce terroir du sud de la Côte de Nuits, qui doit son nom à de petits cailloux, a déjà valu un coup de cœur au domaine, sur le millésime 2013. La version 2019 est de belle facture. Onctueuse et chaleureuse au palais, elle ne manque pas pour autant de vivacité. Une densité veloutée qui s'accompagne de notes de cerise, de mûre et d'une touche chocolatée. À l'évidence, les raisins ont été récoltés à haute maturité et vinifiés avec soin. ⧗ 2023-2027

EARL DOM. GACHOT-MONOT, 3, rue de la Bretonnière, 21700 Corgoloin, tél. 03 80 62 93 03, domaine@gachot-monot.com V r.-v.

CHRISTOPHE JOLIVET Aux Montagnes 2018 ★

| 975 | | 15 à 20 €

Christophe Jolivet s'est reconverti en 2016 dans la production de vin en achetant du raisin ou des moûts issus de l'agriculture biologique. Il a débuté dans ce qu'il est convenu d'appeler un «*wine studio*» (sur le concept californien) : un lieu où tout l'équipement est laissé à la disposition des vignerons ou négociants débutants.

Le nez s'ouvre doucement mais sûrement sur des notes de petits fruits rouges comme la griotte et la framboise. La bouche, structurée par des tanins présents mais raffinés, offre du volume et de l'équilibre, et s'étire dans une finale corsée et épicée. Un côte-de-nuits-villages taillé pour bien vieillir. ⧗ 2024-2028

SAS CHRISTOPHE JOLIVET, 14, Grande-Rue le Château, 21200 Bligny-lès-Beaune, tél. 06 64 02 81 30, vins-christophe.jolivet@hotmail.com V r.-v.

➧ LA CÔTE DE BEAUNE

BOURGOGNE-HAUTES-CÔTES-DE-BEAUNE

Superficie : 815 ha
Production : 39 500 hl (85 % rouge)

Cette appellation est située sur une aire géographique comprenant une vingtaine de communes et débordant sur le nord de la Saône-et-Loire. Comme celui des hautes-côtes-de-nuits, ce vignoble s'est développé depuis les années 1970-1975.
Le paysage est pittoresque et de nombreux sites méritent une visite, comme Orches, La Rochepot et son château, Nolay et ses halles. Enfin, les Hautes-Côtes, qui étaient autrefois une région de polyculture, sont restées productrices de petits fruits destinés à alimenter les liquoristes de Nuits-Saint-Georges et de Dijon. Cassis et framboise servent à élaborer des liqueurs et des eaux-de-vie d'excellente qualité. L'eau-de-vie de poire des Monts de Côte-d'Or trouve également ici son origine.

DOM. BOURGOGNE-DEVAUX La Dalignère 2019 ★

■ | 2870 | | 11 à 15 €

Sylvie Bourgogne a repris en 1986 le domaine créé en 1899 par son arrière-grand-père. Contrainte de vendre la production en raisin et de réduire le vignoble (3,6 ha aujourd'hui), elle a vinifié son premier hautes-côtes-de-beaune en 2012. En 2015, elle a transmis l'exploitation à ses 2 fils, Luc, également chargé d'affaires dans la banque, et Fabrice, formé à la « viti-oeno » de Beaune.
Né d'une terre rouge nourrie de cailloux fins, cette Dalignère à la robe sombre dévoile des arômes de cerise et de groseille. Sa matière riche est structurée par des tanins fondus et réveillée par une finale épicée. « C'est du vin ! », lâche un juré enthousiaste. ⧗ 2023-2026

SAS DOM. BOURGOGNE-DEVAUX, 2, chem. de Mavilly, 21190 Meloisey, tél. 06 03 65 65 40, domaine.bourgogne@gmail.com V r.-v.

DOM. JEAN-FRANÇOIS BOUTHENET Au Paradis Vieilles Vignes 2019 ★

■ | 4500 | | 8 à 11 €

Jean-François Bouthenet est établi à Cheilly-lès-Maranges, dans le hameau de Mercey qui domine la vallée de la Dheune, vers le Couchois. À la tête de 11 ha de vignes, il fut l'un des premiers à proposer du maranges blanc. Sa fille Marie l'a rejoint sur le domaine cette année.
Sous une robe grenat limpide apparaissent des arômes gourmands de fruits rouges et noirs mûrs. Après une attaque vive sur la groseille, des tanins fermes se manifestent, laissant en finale des notes poivrées. ⧗ 2022-2025

SCEV DOM. JEAN-FRANÇOIS BOUTHENET, 4, rue du Four, 71150 Cheilly-lès-Maranges, tél. 03 85 91 14 29, bouthenetjf@free.fr V r.-v.

CARRÉ-REGAZZONI 2018 ★

■ | 3500 | | 8 à 11 €

Installé depuis 2000 à Meloisey, petit village des Hautes-Côtes de Beaune, Bernard Carré est à la tête de 6 ha, tout en étant vigneron des Hospices de Beaune.
Ce vin à la robe rubis révèle de discrètes notes de fruits rouges. Sa bouche plaît par sa gourmandise autour d'un fruité bien ouvert et franc, et les tanins plus fermes perceptibles en finale sont une promesse de bonne garde. ⧗ 2022-2025

EARL CARRÉ-REGAZZONI, 4, rue du Puits-Bouret, 21190 Meloisey, tél. 03 80 26 07 76, bernard.carreregazzoni@sfr.fr V r.-v. B

CHARLES PÈRE ET FILLE La Combotte 2019 ★

■ | 8000 | | 11 à 15 €

Pascal Charles et sa fille Pauline exploitent un domaine familial de 14 ha, dont 10 en hautes-côtes-de-beaune et 4 en volnay, pommard, meursault et beaune. Ils proposent également d'autres appellations bourguignonnes issues de leur activité de négoce fondée en 2016.
Cette parcelle de 1 ha est dominée par une cabane de vigne en pierres sèches appelée localement « cabotte ». Le nez, complexe, associe la fleur de sureau, la rose et la framboise à une touche de cacao. La bouche est concentrée, dotée de tanins soyeux et d'une juste fraîcheur qui lui assure un bon équilibre. De bonne garde. ⧗ 2022-2026

SAS MAISON CHARLES PÈRE ET FILLE, 9, rue de Pichot, 21190 Nantoux, tél. 03 80 26 02 87, domaine.charles@gmail.com V r.-v. 5

♥ DOM. DE LA CONFRÉRIE 2018 ★★

■ | 13000 | | 8 à 11 €

Depuis 1991, Christophe Pauchard est installé dans les Hautes-Côtes, à Cirey, au-dessus du village de Nolay; un secteur verdoyant, aux allures de hameau d'alpage. Son vignoble de 10 ha s'étend depuis 2005 jusqu'à Meursault, où le vigneron a acquis une parcelle.
Les hautes-côtes du domaine sont régulièrement en vue, dans les 2 couleurs. Honneur au rouge ici, avec un 2018 qui fait forte impression et décroche l'unique coup de cœur de l'appellation. Un vin d'un beau rubis intense, marqué au nez par les fruits rouges et la cerise noire. Les tanins, fins et veloutés, se fondent dans une matière charnue et soyeuse offrant une très belle mâche. Déjà savoureuse, cette cuvée a de beaux jours devant elle. ⧗ 2022-2027

EARL CHRISTOPHE PAUCHARD (DOM. DE LA CONFRÉRIE), 37, rue Perraudin, 21340 Nolay, tél. 06 87 39 29 07, info@domaine-pauchard.fr V r.-v.

DOM. CORNU-CAMUS 2019 ★

■ | 10000 | | 8 à 11 €

Un domaine de 12 ha créé par Pierre Cornu et sa femme Bernadette Camus en 1981. Après un master en biologie et un BTS en viticulture-œnologie, leur fille Lydia est devenue cogérante en 2008. Christophe

BOURGOGNE

Pertuzot, le mari de cette dernière, a rejoint l'exploitation familiale en 2009.
Cette cuvée a bénéficié d'un éraflage total, de 6 mois d'élevage en fût puis 6 en cuve. En résulte une robe grenat soutenu et un nez expressif de petits fruits noirs (mûre et cassis). D'attaque franche, la bouche est concentrée, structurée par des tanins fins et harmonieux. Un bel équilibre d'ensemble. La petite pointe d'acidité finale est de bon augure pour la garde. ⧗ 2023-2027

⊶ EARL PIERRE CORNU-CAMUS, 2, rue Varlot, 21420 Échevronne, tél. 03 80 21 57 23, pierre@domainecornucamus.fr V ⚑ ■ *r.-v.*

CH. DU CRAY 2019 ★

■ | 5500 | ◍ | 11 à 15 €

Ce château établi à Buxy depuis 1798, aux commandes d'un vignoble de 25 ha, a été repris en 2016 par la famille Goichot.
Ce hautes-côtes né de vignes de 40 ans et élevé 12 mois en fût présente une robe rubis brillant et un nez de fruits presque confits, soutenus par un léger boisé. La bouche se montre souple, tendre, centrée sur le cassis et relevée par une pointe de vanille, avant une finale sur la douceur. À apprécier dans sa jeunesse. ⧗ 2021-2024

⊶ SCEA DU CH. DU CRAY, Le Cray, 71390 Buxy, tél. 07 80 91 91 30, adrien.goichot@goichotsa.com

DOM. DEMANGEOT
Cuvée Delphine Saint-Ève 2019 ★

■ | 6021 | ◍ | 11 à 15 €

Originaire de Sampigny-lès-Maranges, cette famille vigneronne est bien enracinée dans les Hautes-Côtes : elle ne s'est déplacée que de 4 km en... 4 siècles (elle cultive la vigne de père en fils depuis le XVII[e]s.). Jean-Luc Demangeot s'est installé en 1982 sur le domaine, qui couvre aujourd'hui un peu plus de 10 ha. Son fils Alexandre l'a rejoint en 2019.
Hommage à la grand-mère du vigneron, cette cuvée dorée aux reflets verts déploie des senteurs de fleurs blanches agrémentées d'une touche de pin. Vive en attaque, sa texture fraîche offre en finale une saveur acidulée de bonbon très agréable. ⧗ 2021-2024

⊶ SCE DU DOM. DEMANGEOT, 6, rue de Santenay, 21340 Change, tél. 03 85 91 11 10, contact@demangeot.fr V ⚑ ■ *r.-v.*

FRANÇOIS ET SYLVIE GERBEAUT 2018 ★

■ | 1300 | ◍ | 11 à 15 €

Fils de vignerons de Pommard, François Gerbeaut s'est installé à Meursault en 2006, d'où il conduit un domaine de 6,5 ha en lutte raisonnée.
Au nez, ce vin dévoile des parfums gourmands de fruits rouges mûrs, presque confits. En bouche, il se montre riche et charnu, avec un caractère légèrement animal, avant une longue finale sur les fruits rouges frais. Un hautes-côtes au bon potentiel de vieillissement. ⧗ 2023-2027

⊶ EARL DOM. FRANÇOIS ET SYLVIE GERBEAUT, 12, rue de la Goutte-d'Or, 21190 Meursault, tél. 06 29 40 87 79, domainefsgerbeaut@wanadoo.fr V ⚑ ■ *r.-v.*

DOM. GRACHET-DUCHEMIN
La Croix d'Hélios 2019 ★

■ | 600 | ◍ | 8 à 11 €

Marion Duchemin et Arnaud Grachet ont crée ce domaine en 2018 sur une surface de 14 ha répartis dans différentes appellations. Les vignes sont conduites en lutte raisonnée.
Un 2019 né de ceps de 35 ans. Les dégustateurs vantent sa robe paille d'un grand éclat et sa palette associant les fruits (poire et pêche) à un léger boisé, héritage d'une année en barrique. Riche mais sans lourdeur, le palais fait preuve d'un bel équilibre et charme par ses notes florales. ⧗ 2022-2025

⊶ SCEV DOM. GRACHET-DUCHEMIN, 7, Grande-Rue, 71150 Sampigny-lès-Maranges, tél. 06 99 19 04 65, domainegrachetduchemin@gmail.com V ⚑ ■ *t.l.j. sf dim. 8h-12h 14h-19h*

HENRI LATOUR ET FILS 2019 ★

■ | 11400 | ◍ | 11 à 15 €

Les Latour cultivent la vigne depuis 7 générations à Auxey-Duresses. Installé en 1992, François Latour exploite, avec son fils Sylvain, un domaine de 15 ha dont l'essentiel est implanté dans sa commune d'origine, le reste à Saint-Romain et à Meursault.
Ce domaine exploite pas moins de 4,75 ha de hautes-côtes, ce qui représente le tiers de ses vignes. Au nez, les petits fruits des bois évoluent vers des notes de réglisse et de cuir. La bouche est vive, alerte, équilibrée, et les tanins bien présents lui apportent du relief. ⧗ 2022-2025

⊶ EARL HENRI LATOUR ET FILS, 51, rte de Beaune, 21190 Auxey-Duresses, tél. 03 80 21 65 49, h.latour.fils@wanadoo.fr V ⚑ ■ *r.-v.*

DOM. NICOLAS En château 2019 ★

■ | 4400 | ◍ | 11 à 15 €

Un domaine familial de 18 ha établi sur les hauteurs de Nolay, dans les Hautes-Côtes beaunoises, et conduit depuis 1987 par Alain Nicolas, représentant la 5e génération. En 2019, ses enfants Mylène et Benoit l'ont rejoint sur l'exploitation.
Cette cuvée a connu un élevage complet en fûts, dont 20 % de neufs. Le nez s'ouvre sur la confiture de fruits noirs, puis évolue vers des notes boisées. La bouche affiche de la souplesse en attaque, puis une bonne concentration et un fruité gourmand et persistant qui enrobe des tanins soyeux jusqu'à la longue finale. ⧗ 2022-2025

⊶ EARL NICOLAS, 38, rte de Cirey, 21340 Nolay, tél. 03 80 21 82 92, contact@domaine-nicolas.fr V ⚑ ■ *t.l.j. sf dim. 9h-12h 13h30-18h*

DOM. JOËL REMY Le Roncin 2019 ★

■ | n.c. | ◍ | 11 à 15 €

Un domaine fondé en 1853 au sud-est de Beaune, repris en 1988 par Joël Remy (5e génération), qui met en valeur avec son épouse Florence et leur fils Maxime, arrivé en 2015, un vignoble de 12 ha répartis dans plusieurs appellations de la Côte de Beaune.
La fraîcheur aromatique des fleurs blanches s'allie au boisé et à une touche mentholée pour créer un nez intense. C'est un vin alerte et équilibré qui se révèle au

palais : le bois est certes marqué, mais il laisse le cépage s'exprimer. ⧗ 2021-2024

SARL DOM. REMY, 4, rue du Paradis, 21200 Sainte-Marie-la-Blanche, tél. 03 80 60 60 80, domaine.remy@wanadoo.fr V r.-v.

DOM. SAINT-MARC Paris 1243 2019 ★

■	4000		11 à 15 €

Un domaine de 7,5 ha situé à la limite des Maranges, dans les Hautes-Côtes de Beaune. Il a été créé en 1980 à partir de 40 ares de vignes par Jean-Claude Mitanchey, rejoint en 2011 par son fils Arnaud. Ils ont agrandi et modernisé la cuverie et se sont offerts, en 2015, un nouveau chai de vieillissement.

1243 ? L'acte de naissance de la commune de Paris-l'Hôpital où réside les Mitanchey. D'une belle couleur rubis, cette cuvée charme par son bouquet fruité au léger boisé, que relève une pointe de poivre. La bouche apparaît ronde, généreuse, centrée sur des notes de fruits confits, avant de déployer une jolie finale épicée. ⧗ 2022-2026

SARL DOM. SAINT-MARC, 1, rue de Nolay, 71150 Paris-L'Hôpital, tél. 03 85 91 13 14, domaine@saint-marc.fr V r.-v.

LADOIX

Superficie : 94 ha
Production : 4 065 hl (75 % rouge)

Porte de la Côte de Beaune, cette appellation mériterait d'être mieux connue. Elle porte le nom d'un des 3 hameaux de la commune de Ladoix-Serrigny, les 2 autres étant Serrigny, près de la ligne de chemin de fer, et Buisson. Ce dernier est situé exactement à la frontière géographique des Côtes de Nuits et de Beaune, marquée par la combe de Magny. Au-delà commence la montagne de Corton, aux grandes pentes à intercalations marneuses, constituant avec toutes ses expositions, est, sud et ouest, l'une des plus belles unités viticoles de la Côte.
Ces différentes situations contribuent à la variété des ladoix rouges, auxquels s'ajoute une production de vins blancs mieux adaptés aux sols marneux de l'argovien; c'est le cas des Gréchons, par exemple, *climat* situé sur les mêmes niveaux géologiques que les corton-charlemagne, plus au sud, et qui donnent des vins très typés.
Autre particularité : bien que jouissant d'une classification favorable donnée par le Comité de viticulture de Beaune en 1860, Ladoix ne possédait pas de 1ers crus, omission qui a été réparée par l'INAO en 1978 : La Micaude, La Corvée et Le Clou d'Orge, aux vins de même caractère que ceux de la Côte de Nuits, Les Mourottes (basses et hautes), de tempérament sauvage, Le Bois-Roussot, Sur la Lave, sont les principaux de ces 1ers crus.

MAISON JEAN-CLAUDE BOISSET
Les Hautes Mourottes 2018 ★

■	1271		30 à 50 €

Un important négoce créé en 1961 par Jean-Claude Boisset qui, installé à Nuits-Saint-Georges dans l'ancien couvent des Ursulines, est propriétaire de vignes dans toute la Bourgogne, et aussi dans d'autres vignobles en France et à l'étranger. Depuis 2002, Grégory Patriat, le vinificateur, s'attache à élaborer des cuvées haut de gamme, dans une approche « domaine ».

Le front de taille d'anciennes carrières ont donné son nom à ce *climat* situé sur les hauteurs de Ladoix et d'Aloxe-Corton. Les jurés s'accordent sur l'élégance de sa robe rubis intense et de son nez mêlant fruits rouges (cerise) et noirs (cassis). Ils ont aimé aussi sa bouche ronde et fruitée, dotée de tanins fondus et soyeux et d'une belle finale sur la fraîcheur. ⧗ 2024-2028

SARL MAISON JEAN-CLAUDE BOISSET, chem. des Plateaux, 21700 Nuits-Saint-Georges, tél. 03 80 62 61 61, guilloteau.l@jeanclaudeboisset.fr V r.-v.

DOM. CACHAT-OCQUIDANT Les Buis 2018 ★

■	3500		15 à 20 €

À la tête de 12 ha de vignes répartis tout autour de la montagne de Corton, Jean-Marc Cachat et son fils David figurent en bonne place dans le Guide, surtout pour leurs rouges, majoritaires dans leur carte des vins.

Les Buis sont l'un des onze 1ers crus de la colline de Ladoix qui marque la fin de la Côte de Beaune par le nord. Dans le verre, un vin rubis profond, ouvert sur les fruits noirs (cassis et mûre), ferme et intense dès l'attaque, avant qu'une agréable suavité vienne enrober la finale et arrondir les angles. ⧗ 2024-2030

EARL DOM. CACHAT-OCQUIDANT ET FILS, 3, pl. du Souvenir, Cidex 1, 21550 Ladoix-Serrigny, tél. 03 80 26 45 30, domaine.cachat@wanadoo.fr V r.-v.

CAPITAIN-GAGNEROT
Les Gréchons et Foutrières 2019 ★

1er cru	3800		20 à 30 €

Vénérable domaine familial de 15 ha fondé en 1802 et implanté à Ladoix-Serrigny. Depuis 2010, Pierre-François Capitain (8e génération) est seul maître à bord; son père Patrice et son oncle Michel restant à l'écoute. Propriété en vue notamment pour ses ladoix, aloxe et échézeaux. 2021 sera le premier millésime bio certifié du domaine.

Ce vin né d'une vigne de 40 ans fait honneur à la notoriété de ce *climat* réputé pour la qualité de ses chardonnay. Une belle robe couleur citron, un nez intense de fruits blancs et d'amande, une bouche aussi consistante que gourmande, étirée dans une finale fraîche malgré la chaleur du millésime : ce ladoix a tout bon. ⧗ 2023-2027

SAS CAPITAIN-GAGNEROT, 38, rte de Dijon, 21550 Ladoix-Serrigny, tél. 03 80 26 41 36, contact@capitain-gagnerot.com V r.-v.

DOM. CHEVALIER PÈRE & FILS La Corvée 2018 ★

■ 1er cru	8000		20 à 30 €

Installé en 1994 sur ce domaine créé en 1850 par son arrière-grand-père Émile, Claude Chevalier exploite avec 3 de ses filles – Chloé à la vigne et au chai, Julie au commercial et Anaïs à la comptabilité – un vignoble de 15 ha situé au pied et sur les pentes de la montagne de Corton. Une valeur sûre de la Côte de Beaune.

Avec 7,14 ha, ce *climat* est de loin le plus grand des 1ers crus de Ladoix; avec 1,85 ha, les sœurs Chevalier en exploitent une bonne partie. Au nez, les fruits noirs s'expriment avec franchise. On les retrouve dans une bouche souple et soyeuse, épaulé par des tanins fins et une jolie finale fraîche. ⧗ 2023-2028 ■ **2019 ★ (15 à 20 €; 10 865 b.)** Cette cuvée délivre un nez finement boisé et fruité. Soyeuse et équilibrée, la bouche offre de la richesse mais aussi de la fraîcheur. ⧗ 2023-2027 ■ **2019 ★ (20 à 30 €; 9 867 b.)** Ce blanc évoque les fleurs blanches agrémentées d'un zeste d'orange. Une attaque bien fruitée ouvre sur un palais équilibré, soutenu par un fin boisé. ⧗ 2022-2026

SCEA CHEVALIER PÈRE ET FILS, 2, Grande-Rue-de-Buisson, Cidex 18, 21550 Ladoix-Serrigny, tél. 03 80 26 46 30, contact@domaine-chevalier.fr V r.-v.

EDMOND CORNU ET FILS Le Bois Roussot 2018 ★

■ 1er cru	n.c.		n.c.

Edmond Cornu, à la retraite, a laissé en 1985 la conduite des 16,5 ha du domaine familial à son fils Pierre, épaulé par son épouse Édith et son cousin Emmanuel. Installée à Ladoix, la famille Cornu exploite ses vignes en HVE, en adaptant ses pratiques viticoles et œnologiques dans le respect de la biodiversité, de la faune et de la flore.

Une cuvée régulièrement en vue dans ces pages, issue d'un *climat* calé à mi-coteau bénéficiant d'une exposition idéale. Égrappé aux deux tiers, ce pinot dévoile un nez élégant, floral et fruité. Passé une attaque souple, la bouche monte en puissance, portée par des tanins musculeux. Un bon vin de garde aux épaules carrées. ⧗ 2024-2028

GAEC EDMOND CORNU ET FILS, Le Meix-Gobillon, 6, rue du Bief, 21550 Ladoix-Serrigny, tél. 03 80 26 40 79, domaine@cornu-edmond-et-fils.fr V *r.-v.*

DOM. FAIVELEY Les Marnes Blanches 2019 ★

■	18 000		20 à 30 €

Ce domaine fondé à Nuits-Saint-Georges en 1825 est un nom qui compte en Bourgogne, depuis 7 générations. À sa tête depuis 2005, Erwan Faiveley, qui a succédé à son père François. Aujourd'hui, c'est l'un des plus importants propriétaires de vignes en Bourgogne : 120 ha du nord de la Côte de Nuits au sud de la Côte chalonnaise, dont 10 ha en grand cru et près de 25 ha en 1er cru.

Cette importante cuvée élaborée sur une surface de 3 ha dévoile un nez flatteur à la fois fruité (poire), floral et boisé (12 mois de fût). Un élevage qui accompagne aussi une bouche intense, ample et ferme, étirée dans une longue finale plus fraîche. ⧗ 2022-2026

SAS CVVB (DOM. FAIVELEY), 8, rue du Tribourg, 21700 Nuits-Saint-Georges, tél. 03 80 61 04 55, contact@domaine-faiveley.com

DOM. DE LA GALOPIÈRE 2019 ★

■	3 000		15 à 20 €

Après avoir enseigné l'œnologie pendant 4 ans, Gabriel Fournier s'est installé en 1982 sur le domaine familial. Il exploite, avec son épouse Claire et, depuis 2015, avec son fils Vincent, 11 ha de vignes réparties dans plusieurs appellations de la Côte de Beaune, de Chassagne-Montrachet à la colline de Corton.

Si le chardonnay est en minorité sur l'appellation, il en représente tout de même un petit tiers. Il donne ici un ladoix associant à l'olfaction le boisé grillé de ses 11 mois d'élevage à une touche de miel. La bouche se révèle ample, souple et consistante sans manquer de fraîcheur. ⧗ 2022-2026

EARL DOM. DE LA GALOPIÈRE, 6, rue de l'Église, 21200 Bligny-lès-Beaune, tél. 03 80 21 46 50, contact@domainedelagalopiere.com V r.-v.

DOM. NUDANT La Corvée 2019 ★

■ 1er cru	3 900		20 à 30 €

Un Guillaume Nudant d'Aloxe-Corton était déjà vigneron en 1453. Son descendant, Guillaume également, a rejoint en 2003 son père Jean-René sur le domaine familial de 16 ha (certifié HVE), planté pour l'essentiel autour de la montagne de Corton, complété par une activité de négoce.

Coup de cœur 2 ans de suite avec ses Gréchons 2017 et 2018, Guillaume Nudant se distingue avec ce joli 1er cru rouge. Derrière une robe rubis apparaissent des arômes généreux de fruits rouges et noirs mûrs, agrémentés d'une pointe de tabac blond. Une attaque franche ouvre sur un palais ferme, aux tanins bien en place mais soyeux. ⧗ 2023-2028

SAS DOM. NUDANT, 11, rte de Dijon, 21550 Ladoix-Serrigny, tél. 03 80 26 40 48, domaine.nudant@wanadoo.fr V *t.l.j. sf dim. 8h30-12h 13h30-17h30; sam. sur r.-v.*

DOM. PETITOT Vieille vigne 2019 ★

■	3 000		15 à 20 €

Installés à Corgoloin dans un bâtiment du XIIIes., Nathalie (œnologue) et Hervé Petitot ont repris en 2002 le domaine familial. Adeptes d'une viticulture très raisonnée, ils recherchent l'équilibre dans leurs vins comme dans leurs vignes. Des vins qu'ils veulent élégants et fins, capables de bien vieillir également.

De vénérables ceps de 60 ans sont à l'origine de cette cuvée ouverte sur les petits fruits rouges, la cerise notamment, épaulés par un boisé fondu. Un caractère «très pinot» que prolonge une bouche aimable, suave et ronde, étayée par des tanins croquants. Un ladoix que l'on pourra apprécier dans ses jeunes années. ⧗ 2022-2026

EARL DOM. JEAN PETITOT ET FILS, 26, pl. de la Mairie, 21700 Corgolain, tél. 03 80 62 98 21, domaine.petitot@wanadoo.fr V *r.-v.*

DOM. GASTON RAVAUT La Corvée 2018 ★

■ 1er cru	6 000		20 à 30 €

Un domaine implanté à Ladoix-Serrigny, qui étend ses vignes sur 7,5 ha, conduit par Pierre et Anne-Sophie Ravaut. À la carte, une large gamme de vins rouges et blancs, pour la plupart issus de la colline de Corton.

Vincent Ravaut n'a que quelques mètres à faire pour aller travailler cette vigne proche de sa maison. Il en tire une Corvée au nez très expressif de mûre et de fraise.

Un fruité auquel fait écho une bouche riche et concentrée, mais qui reste fraîche grâce à la pointe d'acidité qui vient stimuler la finale ⧗ 2023-2027 ■ **1er cru Le Bois Roussot 2018 ★ (20 à 30 €; 6000 b.)** Derrière un nez fin de fruits noirs se dévoile une bouche ample et harmonieuse, bien structurée par des tanins fermes mais sans dureté. ⧗ 2024-2029

DOM. GASTON RAVAUT, Le Clos-Royer, 2, rte de Beaune, 21550 Ladoix-Serrigny, tél. 03 80 21 42 32, contact@pierre-ravaut.fr V *t.l.j. 9h-12h 14h-17h; sam. dim. sur r.-v.*

ALOXE-CORTON

Superficie : 118 ha
Production : 4 380 hl (98 % rouge)

Encerclé par les vignes, Aloxe-Corton est l'un des 3 villages établis au pied de la montagne de Corton, à l'extrémité nord de la Côte de Beaune. Les terroirs les plus réputés sont situés sur la pente, en grand cru (corton et corton-charlemagne) et en 1er cru, sur des terrains marneux et calcaires. Parmi ces derniers, Les Maréchaudes, Les Valozières, Les Lolières (Grandes et Petites) sont les plus connus. Plusieurs châteaux aux tuiles vernissées méritent le coup d'œil.

DOM. ARNOUX PÈRE ET FILS
Les Chaillots 2019 ★

■ | 4900 | | 20 à 30 €

Créée en 1950, cette exploitation familiale, installée à Chorey-lès-Beaune, est dirigée depuis 2008 par Pascal Arnoux, 3e du nom à la tête du domaine. Au menu, une large gamme de vins de la Côte de Beaune (une vingtaine d'appellations sur plus de 20 ha entre Beaune et Corton), souvent en vue dans ces pages.

Situé au piémont de la colline de Corton, ce *climat* possède la particularité d'être planté sur 4 ha en *village* et sur 4,63 ha en 1er cru. Pascal Arnoux en tire un vin grenat profond, ouvert sur les petits fruits noirs, la mûre notamment, avec une touche de cacao en appoint. La bouche se montre riche, corsée, persistante, épaulée par des tanins fermes et de garde. ⧗ 2025-2030

SCEA ARNOUX PÈRE ET FILS, 5, rue de Ley, 21200 Chorey-lès-Beaune, tél. 03 80 22 57 98, contact@arnoux-pereetfils.com V *r.-v.*

JEAN-BAPTISTE BOUDIER
Les Combes 2018 ★

■ | 3500 | | 20 à 30 €

Après des expériences viticoles en France, dans des domaines renommés (Haut-Brion, Gauby, Rossignol, Vieux Télégraphe) et en Nouvelle-Zélande, Jean-Baptiste Boudier s'est installé à Pernand-Vergelesses en 2015, sur 4 ha.

Distingué l'an dernier par la version blanche (et rare) de ce *climat*, Jean-Baptiste Boudier s'illustre cette année avec le rouge, produit à partir d'un hectare de vénérables ceps de 75 ans. Cette cuvée livre un nez expressif de fruits à noyaux légèrement épicés. La bouche est ronde, tendre, gourmande, dotée de tanins souples et dynamisée par une finale acidulée. « Une version contemporaine de l'appellation », conclut le jury, que l'on pourra apprécier jeune. ⧗ 2023-2026

JEAN-BAPTISTE BOUDIER, 1, rue de Pralot, 21420 Pernand-Vergelesses, tél. 06 19 37 81 48, jb.boudier@gmail.com V *r.-v.*

♥ COMTE SENARD Jules 2018 ★★

■ | 6000 | | 20 à 30 €

Un domaine réputé pour ses corton, fondé en 1857 à partir du Clos des Meix, toujours monopole de la famille. Le vignoble couvre 10 ha, conduits depuis 2005 par Lorraine Sénard, qui élève ses vins dans des caves créées au XIVes. par les bénédictins de l'abbaye de Sainte-Marguerite.

Lorraine Senard a donné le nom du fondateur du domaine à cette cuvée issue d'un important assemblage de vignes (un tiers du vignoble). Et ce Jules le lui rend bien ! Un vin d'un beau rubis lumineux, qui lie la framboise, la fraise et la griotte dans un bouquet très élégant et bien ouvert; un fruité que prolonge avec intensité et persistance un palais ample et tendre, doté de tanins soyeux. Un aloxe distingué et harmonieux, haute expression de l'appellation. ⧗ 2024-2030

SCE DOM. COMTE SENARD, 1, rue des Chaumes, 21420 Aloxe-Corton, tél. 03 80 26 40 73, office@domainesenard.com V *r.-v.*

♥ DOM. DE LA GALOPIÈRE 2019 ★★

■ | 2910 | | 20 à 30 €

Après avoir enseigné l'œnologie pendant 4 ans, Gabriel Fournier s'est installé en 1982 sur le domaine familial. Il exploite avec son épouse Claire et, depuis 2015, avec son fils Vincent 11 ha de vignes réparties dans plusieurs appellations de la Côte de Beaune, de Chassagne-Montrachet à la colline de Corton.

Avec ses 89,71 ha, le niveau communal représente 70 % des vins de l'appellation. Un coup de cœur des plus représentatifs donc que cet aloxe issu d'une vigne d'un demi-siècle. Un âge vénérable pour un vin qui ne l'est pas moins. On l'apprécie de bout en bout : pour le pourpre brillant de sa robe, pour sa fraîcheur aromatique autour de la framboise, pour sa bouche souple, ronde, veloutée, longuement imprégnée d'une saveur confiturée. Savoureux. ⧗ 2023-2028 ■ **1er cru Les Valozières 2019 ★ (20 à 30 €; 601 b.)** Ce vin propose à l'olfaction de généreuses notes de fruits rouges mûrs, relayées par une bouche ronde, suave, équilibrée et persistante sur le fruit. ⧗ 2024-2028

EARL DOM. DE LA GALOPIÈRE, 6, rue de l'Église, 21200 Bligny-lès-Beaune, tél. 03 80 21 46 50, contact@domainedelagalopiere.com V *r.-v.*

BOURGOGNE

FRANÇOIS GAY ET FILS 2018 ★

■	4 038	◍	20 à 30 €

Établies dans la plaine de Chorey, 7 générations de vignerons ont porté ce nom depuis 1880. Pascal Gay, fils de François, a pris les commandes de l'exploitation familiale en 1998.

Vinifiée en macération à froid, cette importante cuvée communale dévoile des parfums discrets de fraise écrasée et de pivoine en fleur. La bouche est riche, solide, soutenue par des tanins fermes, encore un peu anguleux mais prometteur. La cave est son chemin, pour 3 hivers au moins. ⧗ 2024-2030

EARL FRANÇOIS GAY ET FILS, 9, rue des Fiètres, 21200 Chorey-lès-Beaune, tél. 03 80 22 69 58, dom.gay.francois.fils@orange.fr V r.-v.

DOM. JEAN-PIERRE MALDANT
Les Maréchaudes 2019 ★

■ 1er cru	1800	◍	20 à 30 €

Jean-Pierre Maldant est le dernier d'une lignée de vignerons aux Hospices de Beaune. Il a quitté cette fonction en 1998 pour se consacrer pleinement à son domaine de 8,6 ha. Son fils Pierre-François (5e génération), qui assurait les vinifications depuis 2010, a pris officiellement les rênes de l'exploitation en 2014.

Un important drainage a permis à cet ancien marais proche des sources de la Lauve de devenir une terre à vigne. Pierre-François Maldant en extrait ce vin grenat limpide, qui recèle d'agréables parfums de mûre et de cassis avec une touche de vanille héritée de l'élevage. La bouche s'équilibre en douceur autour de tanins fins et harmonieux, et déploie une finale gourmande sur le pruneau. ⧗ 2024-2028

SCEA DOM. JEAN-PIERRE MALDANT, 30, rte de Beaune, Cidex 29 bis, 21550 Ladoix-Serrigny, tél. 06 87 18 06 97, jean.pierre.maldant@wanadoo.fr V r.-v.

DOM. MARATRAY-DUBREUIL 2018 ★

■	9 500	◍	20 à 30 €

Domaine de Ladoix-Serrigny fondé en 1935 lorsque le père de Maurice Maratray préféra réinvestir ses gains dans l'achat de vignes plutôt que dans son entreprise de travaux publics. Maurice Maratray épousa la fille de Pierre Dubreuil, figure de Pernand. Aujourd'hui, l'exploitation couvre 18 ha; elle est dirigée depuis 1997 par François-Xavier Maratray et sa sœur Marie-Madeleine.

Drapé dans une belle robe foncée, cet aloxe passé 17 mois en fût dévoile des arômes généreux de fruits rouges mûrs et de vanille douce. Arômes prolongés par une bouche ronde, ample, bien structurée, avec une agréable fraîcheur en soutien. ⧗ 2023-2027

EARL DOM. MARATRAY-DUBREUIL, 5, pl. du Souvenir, 21550 Ladoix-Serrigny, tél. 03 80 26 41 09, contact@domaine-maratray-dubreuil.com V *t.l.j. sf sam. dim. 8h-12h 13h30-17h30*

DOM. MAREY Les Bruyères 2019 ★

■	2100	◍	20 à 30 €

Initialement voué à la production de petits fruits, ce domaine familial (certifié HVE3 depuis 2020) couvre 21 ha de vignes aujourd'hui. Il a son siège dans les Hautes-Côtes de Nuits, non loin de Nuits-Saint-Georges. Une nouvelle cuverie a été inaugurée avec le millésime 2015.

Dans ce *climat* situé dans le bas du village, autrefois planté de bruyère et voué au pâturage, les Marey exploitent 36 ares à l'origine d'un aloxe-corton expressif et d'une bonne complexité avec ses arômes de bourgeon de cassis, de framboise, de sous-bois et d'épices. En bouche, des tanins fins accompagnent une matière fraîche et équilibrée jusque dans sa finale acidulée. ⧗ 2024-2028

EARL DOM. MAREY, 12-14, rue Gabriel-Bachot, 21700 Meuilley, tél. 03 80 61 12 44, contact@domaine-marey.com V *r.-v.*

DOM. MEUNEVEAUX 2019 ★★

■ 1er cru	2000	◍	20 à 30 €

Un domaine familial fondé au début du XXes. et conduit depuis 1990 par Didier et Yvonne Meuneveaux, rejoints en 2009 par leur fils Freddy et leur belle-fille Daisy, œnologue. Le vignoble s'étend sur 6 ha, essentiellement à Aloxe-Corton.

Les Meuneveaux sont régulièrement en vue avec cette cuvée, dont la version 2019, très aboutie, flirte avec le coup de cœur. La robe est sombre, couleur cerise burlat, et le nez, intense et généreux, sur les fruits noirs cuits. Un fruité mûr qui vient aussi tapisser une bouche chaleureuse, vineuse, dotée de bons tanins fermes, taillés pour la garde. ⧗ 2025-2032

EARL DOM. MEUNEVEAUX, jardin des Brunettes, 9, rue Boulmeau, 21420 Aloxe-Corton, tél. 06 27 95 95 25, domaine.meuneveaux@gmail.com V *r.-v.*

DOM. MONIOT-NIE
Les Moutottes 2019 ★★

■ 1er cru	1230	◍	30 à 50 €

En 2013, Romain Moniot, tout juste sorti de sa formation viticole, a rejoint ses parents Françoise et Laurent sur le domaine familial. Avec lui, la surface du vignoble est passée en peu de temps de 4 à 8,5 ha et les ventes en bouteilles ont nettement progressé.

Issue du plus petit des *climats* d'Aloxe-Corton, classé pour moitié en grand cru corton, pour moitié en 1er cru, cette cuvée a été pressentie pour le coup de cœur. Des arômes gourmands de fruits noirs compotés et de pruneau impriment leur marque à l'olfaction, avec une touche boisée en appoint. Un profil mûr et généreux auquel fait écho une bouche puissante mais équilibrée, offrant une bonne mâche autour de tanins bien extraits. Du caractère et du potentiel. ⧗ 2024-2030

EARL BOURGOGNE MONIOT, 44, Grande-Rue, 21590 Santenay, tél. 03 80 20 60 52, bourgognemoniot@wanadoo.fr V *t.l.j. sf dim. 9h-12h 14h-18h* 3

MANUEL OLIVIER
Les Citernes 2018 ★★

■	4 000	◍	30 à 50 €

Installé en 1990, Manuel Olivier, fils d'agriculteurs, a commencé par cultiver les vignes et les petits fruits

dans les Hautes-Côtes-de-Nuits. Aujourd'hui spécialisé en viticulture, il exploite un vignoble de 13 ha, complété depuis 2007 par une structure de négoce qui lui a permis de mettre un pied en Côte de Beaune.

En limite avec Pernand-Vergelesses, ce *climat* est situé à la sortie de la combe. La vigne à l'origine de ce vin affiche 35 ans. Elle a donné un aloxe au nez bien balancé entre arômes généreux de framboise mûre et senteurs délicates de rose. Ample, riche, charnue, dotée de tanins mûrs et soyeux, la bouche penche du côté de la générosité, relevée en finale par une touche épicée. Il n'a pas disputé la finale des coups de cœur par hasard. ⧗ 2024-2030

SARL MANUEL OLIVIER, 7, rue des Grandes-Vignes, hameau de Corboin, 21700 Nuits-Saint-Georges, tél. 03 80 62 39 33, contact@domaine-olivier.com

V r.-v.

LES PARCELLAIRES DE SAULX
Les Boutières 2018 ★

■	1200		30 à 50 €

Le Manoir Murisaltien a été acquis en 2017 par un couple d'Américains passionnés d'art de vivre à la française. Propriétaires également du Dom. de Belleville à Rully et du Ch. le Clos de la Commaraine à Pommard, ainsi que de la maison de champagne Leclerc Briant, ils ambitionnent de vinifier une gamme de vins très qualitative dans leur cave de Meursault. Sur cette base est née la maison Les Parcellaires de Saulx.

Du latin *buttis* («récipient à vin»), on serait arrivé à « boutes », soit une outre de vin en peau de chèvre contenant environ 50 l. Les charmes de la toponymie bourguignonne... Du charme aussi dans le verre avec ce 2018 bien ouvert sur les fruits rouges, prolongés par une bouche harmonieuse, ample, aimable et ronde, aux tanins fondus. ⧗ 2023-2027

LES PARCELLAIRES DE SAULX, 4, rue du Clos-de-Mazerays, 21190 Meursault, tél. 03 80 21 21 83, contact@de-saulx.com

V r.-v.

DOM. GEORGES ROY ET FILS
Les Cras 2019 ★

■	1950		15 à 20 €

Vincent Roy, le vinificateur, installé en 1998, et sa sœur Claire, arrivée quelques années plus tard, conduisent un domaine familial de 9 ha, établi dans la plaine de Chorey-lès-Beaune, en vue notamment pour ses chorey et ses aloxe-corton. Alors que la propriété vendait sa production au négoce, ils ont développé la vente directe.

Les Roy se sont faits les ambassadeurs de ce *climat* au sol calcaire varié, sur lequel ils exploitent 32 ares à l'origine d'une cuvée souvent en vue. Cassis, mûre et touche de vanille venue de 12 mois de fût, le nez de ce 2019 est expressif et engageant. La bouche se révèle bien équilibrée entre tanins souples et fondus et notes de fruits noirs. Jolie finale sur la fraîcheur. ⧗ 2023-2027

EARL DOM. GEORGES ROY ET FILS, 20, rue des Moutots, 21200 Chorey-lès-Beaune, tél. 03 80 22 16 28, domaine.roy-fils@wanadoo.fr

V r.-v.

PERNAND-VERGELESSES

Superficie : 135 ha
Production : 5 640 hl (52 % rouge)

Situé à la jonction de 2 vallées, exposé plein sud, le village de Pernand est sans doute le plus « vigneron » de la Côte. Rues étroites, caves profondes, vignes de coteaux, hommes de grand cœur et vins subtils lui ont fait une solide réputation, à laquelle de vieilles familles bourguignonnes ont largement contribué. Il possède le bois de Corton, ainsi qu'une partie des terroirs en grand cru de la célèbre « montagne ». Parmi les 1ers crus, le plus réputé est l'Île des Vergelesses, qui donne des vins tout en finesse.

BOURGOGNE

DOM. FRANÇOISE ANDRÉ
Sous Frétille 2018 ★★

1er cru	3189		30 à 50 €

Un domaine de 11 ha (en bio certifié depuis 2012), créé en 1983 par Françoise André, l'un des derniers à avoir ses caves derrière les remparts de Beaune. Auparavant confiée au Comte Sénard, la gestion est assurée depuis 2009 par Lauriane André, belle-fille de la propriétaire.

Ce 1er cru d'altitude (entre 300 et 4008 m) trouve ici une digne expression de son rang. Après 14 mois passé en fût, il développe de beaux parfums torréfiés et briochés. S'ajoutent à cette palette des saveurs gourmandes de pêche blanche compotée dans une bouche ample, riche et ronde, rafraîchie par de subtils amers en finale. ⧗ 2023-2027

SC DOM. FRANÇOISE ANDRÉ, 7, rempart Saint-Jean, 21200 Beaune, tél. 06 24 66 38 86, andre.lauriane@domainefa.fr

V r.-v.

MAISON CHAMPY
En Caradeux 2019 ★

1er cru	5000		30 à 50 €

Fondée en 1721, la plus ancienne maison de négoce bourguignonne, établie dans le centre historique de Beaune, est désormais propriété du seul Pierre Beuchet, auparavant associé à Pierre Meurgey. Sous la direction de l'œnologue Dimitri Bazas, elle exploite 28 ha de vignes en propre, essentiellement en Côte de Beaune, mais s'approvisionne aussi plus au nord.

Coup de cœur l'an dernier avec son 2018, la maison Champy revient avec ce même 1er cru en bonne forme dans sa version 2019. Un pernand né de vignes de 45 ans, ouvert sur les fruits secs et les agrumes. Une attaque nette et franche introduit une bouche fraîche, alerte, étirée dans une jolie finale minérale. ⧗ 2022-2026

SASU CHAMPY, 3-5, rue du Grenier-à-Sel, 21200 Beaune, tél. 03 80 25 09 99, contact@maisonchampy.com V *t.l.j. 10h-12h30 14h-19h*

♥ DOM. CHANSON Les Vergelesses 2018 ★★

1er cru | 16500 | | 30 à 50 €

L'une des plus anciennes maisons de négoce de Bourgogne, fondée en 1750, reprise en 1999 par le Champagne Bollinger. En plus de ses achats de raisins, elle dispose d'un important vignoble de 45 ha et de l'expertise de Jean-Pierre Confuron, son œnologue-conseil. Un style reconnaissable grâce à ses vinifications en grappes entières. Son fief est situé autour de Beaune, mais Chanson propose aussi des appellations en Côte de Nuits.

Sans doute le *climat* le plus réputé de l'appellation, qui a déjà valu nombre de sélections à la maison Chanson. Cette version 2018 fait mouche. Un pernand très expressif et flatteur, ouvert sur la griotte et la framboise mûres. Une maturité de fruit à laquelle fait écho une bouche ample, dense, riche, consistante, dotée de tanins élégants et fins et d'une longue finale épicée. ⧗ 2024-2030

SA CHANSON PÈRE ET FILS, 10, rue Paul-Chanson, 21200 Beaune, tél. 03 80 25 97 97, chanson@domaine-chanson.com V r.-v.

DOM. DENIS PÈRE ET FILS Sous Frétille 2019 ★

1er cru | 3500 | | 20 à 30 €

En 1940, Raoul Denis, vigneron des Hospices de Beaune comme l'étaient son père et son grand-père, reprend le vignoble familial (14 ha aujourd'hui). Christophe tient le flambeau depuis 1992.

Ce *climat* fort réputé dans sa version chardonnay donne ici naissance à un vin harmonieux, au nez élégant d'amande et de fleurs blanches. La bouche apparaît à la fois ronde et fraîche, prolongée par une finale pleine d'énergie. ⧗ 2022-2026

EARL DOM. DENIS PÈRE ET FILS, 4, chem. des Vignes-Blanches, 21420 Pernand-Vergelesses, tél. 03 80 21 50 91, contact@domaine-denis.com V r.-v.

DOM. DOUDET-NAUDIN Les Pins 2018 ★

| 2000 | | 20 à 30 €

Fondée en 1849 par Albert Brenot et acquise par la famille Doudet en 1933, la maison de négoce Doudet-Naudin propose des cuvées issues de terroirs restreints. Elle est depuis 2014 la propriété de Christophe Rochet, épaulé à la direction technique par François Lay. La maison Doudet possède aussi son propre domaine : 12 ha entre Beaune et Pernand, conduits en lutte raisonnée par Isabelle Doudet avec des expérimentations en bio.

Au sommet de Pernand, entre 300 et 400 m, sur un peu plus de 9 ha, des pins furent plantés après la crise du phylloxéra. La vigne a repris possession des lieux, mais le nom est resté. Dans le verre, un 2018 jaune vif, dominé par des arômes de fleurs blanches à l'olfaction, centré sur les fruits mûrs en bouche, avant une agréable finale minérale. ⧗ 2022-2026

SAS DOUDET-NAUDIN ET CIE, 3, rue Henri-Cyrot, 21420 Savigny-lès-Beaune, tél. 03 80 21 51 74, contact@doudetnaudin.com V r.-v.

DOM. DUBREUIL-FONTAINE Ile des Vergelesses 2018 ★

1er cru | 3000 | | 30 à 50 €

La famille Dubreuil est installée à Pernand-Vergelesses depuis 1879. Incarnant la 5e génération, Christine Dubreuil, œnologue, a pris la tête du domaine en 1991 (20 ha sur une vingtaine d'appellations).

Ce *climat* étend ses 9,4 ha entre deux 1ers crus, Les Basses Vergelesses et Les Vergelesses. Sa position émergeante à mi-coteau lui a donné son nom. Dans le verre, un pernand-vergelesses de caractère, d'un seyant rouge profond, doté de tanins puissants et d'une matière riche, dense et vineuse. Pour la cave. ⧗ 2025-2030

DOM. DUBREUIL-FONTAINE, 18, rue Rameau-Lamarosse, 21420 Pernand-Vergelesses, tél. 03 80 21 55 43, domaine@dubreuil-fontaine.com V r.-v.

B JEAN FÉRY ET FILS Île des Vergelesses 2018 ★★

1er cru | 2000 | | 30 à 50 €

Un domaine familial des Hautes-Côtes de Beaune créé en 1890 et développé dans les années 1990 par Jean-Louis Féry : aujourd'hui, 15 ha en bio certifié (depuis 2011) en Côte de Nuits et en Côte de Beaune (25 appellations). Depuis 2016, Frédéric Féry, fils de Jean-Louis, assure la gestion du domaine, avec notamment l'appui de Laurence Danel, œnologue.

Le *climat* qui a accolé son nom à Pernand. Le domaine en propose une version très aboutie, d'un seyant grenat soutenu, au joli nez de fruits rouges et à la bouche fort aimable, tendre, équilibrée et d'une belle longueur, portée par des tanins veloutés et fins. Le coup de cœur fut mis aux voix. ⧗ 2023-2027

SARL DOM. JEAN FÉRY ET FILS, 1, rte de Marey, 21420 Échevronne, tél. 03 80 21 59 60, laurence@fery-vin.fr V t.l.j. 8h30-12h 14h-17h

LOÏC FORIN 2019 ★★

| n.c. | | 20 à 30 €

Natif de Pernand et petit-fils de vigneron, Loïc Forin a monté en 2017 son micro-négoce. Installé au Ch. de Bligny, il travaille ses cuvées en étant le moins interventionniste possible, pour que le vin exprime naturellement la richesse son terroir.

Deuxième apparition pour ce jeune négoce avec un vin certes discret au premier nez, mais qui se fait plus volubile à l'aération autour d'arômes bien mariés de fruits secs et de fruits exotiques. Le prélude savoureux à une bouche élégante, fraîche et fruitée, étirée dans une longue finale. ⧗ 2022-2026

SARL LOÏC FORIN, Ch. de Bligny, 14, Grande-Rue, 21200 Bligny-lès-Beaune, tél. 06 82 40 36 67, maisonloicforin@outlook.fr r.-v.

DOM. DOMINIQUE GUYON
Vergelesses 2018 ★★

1er cru | 3600 | 30 à 50 €

Dominique Guyon a de la ressource dans les Hautes-Côtes. Cela remonte aux années 1970, alors qu'il cherche à compléter la gamme du domaine familial, il repère à Meuilley un coteau en friche exposé plein sud. Après bien des efforts, il réussit à fusionner 350 parcelles pour créer un vignoble de 23 ha d'un seul tenant.

Une vigne de 30 ans et 17 mois en fût ont façonné cette cuvée qui porte beau dans sa robe violine. Le nez, expressif, convoque les classiques fruits rouges soulignés d'un fin boisé. Des saveurs fruitées que prolonge une bouche ample, dense, bien structurée par des tanins présents mais fins. De l'harmonie à tous les étages. ⧗ 2023-2028

DOM. DOMINIQUE GUYON, 2, rue de Chorey, 21420 Savigny-lès-Beaune, tél. 03 80 67 13 24, domaine@guyon-bourgogne.com r.-v.

LOUIS LATOUR En Caradeux 2018 ★

1er cru | 12500 | 30 à 50 €

Une maison familiale toujours indépendante, fondée en 1797 et conduite successivement par 10 générations de Latour. Un acteur incontournable de la Bourgogne viticole et le plus important propriétaire de grands crus de la Côte-d'Or (28 ha sur les 48 que compte son vignoble). Les raisins sont vinifiés à Aloxe-Corton, berceau de la famille, et la maison possède sa propre tonnellerie.

L'ancienne voie romaine qui relie Beaune à Vergy et qui longe ce 1er cru était empruntée par des chars à bœufs devenus au fil des siècles « caradeux ». Dans le verre, des parfums intenses et élégants d'acacia, puis une bouche ferme, tonique et minérale. Un joli blanc de garde. ⧗ 2023-2027

SA MAISON LOUIS LATOUR, 18, rue des Tonneliers, 21200 Beaune, tél. 03 80 24 81 00, contact@louislatour.com

♥ DOM. PAVELOT En Caradeux 2019 ★★

1er cru | 4300 | 20 à 30 €

Un domaine de près de 9 ha implanté au pied d'une des pentes de la montagne de Corton, transmis de père en fils depuis le XIXe s. et conduit depuis 2002 par Luc Pavelot et sa sœur Lise.

On se souvient du coup de cœur obtenu dans l'édition 2020 avec un autre 1er cru, le Sous Frétille 2017. Place au rouge avec ce En Caradeux né de pinots noirs de vénérables ceps de 60 ans. Robe d'un beau rubis soutenu, bouquet expressif de fruits rouges compotés, bouche ample, ronde, généreuse, « sensuelle » selon le jury, épaulée par des tanins fins et veloutés, longue et large finale : ce pernand a tout bon, et pour longtemps. ⧗ 2024-2030

EARL DOM. PAVELOT, 6, rue du Paulant, 21420 Pernand-Vergelesses, tél. 03 80 26 13 65, domaine.pavelot@orange.fr r.-v.

DOM. POISOT PÈRE ET FILS 2018 ★

1523 | 15 à 20 €

Après 25 ans dans la Marine, Rémi Poisot a repris en 2010 le vignoble familial, 2 ha hérités en 1902 par Marie Poisot, fille de Louis Latour : un 1er cru en pernand et 3 grands crus (corton, corton-charlemagne et romanée-saint-vivant).

On le sait depuis que Pierre Corneille a fait dire à Don Rodrigue, dans *Le Cid* : « Je suis jeune, il est vrai, mais aux âmes bien nées, la valeur n'attend point le nombre des années ». Une très jeune vigne de 5 ans a enfanté ce beau vin couleur paille, au nez fin d'agrumes et de vanille, à l'équilibre très assuré en bouche entre fraîcheur acidulée et rondeur généreuse. ⧗ 2022-2025

SARL DOM. POISOT PÈRE ET FILS, 8, rue des Corton, 21420 Aloxe-Corton, tél. 03 80 21 16 91, contact@domaine-poisot.fr r.-v.

DOM. ROLLIN PÈRE ET FILS 2018 ★★

10000 | 15 à 20 €

Longtemps modestes vignerons au service d'autres exploitations, les Rollin (aujourd'hui Rémi et Simon) se sont mis peu à peu à leur compte ; ils exploitent depuis 1932 et 4 générations un domaine de 14 ha à Pernand-Vergelesses, appellation dans laquelle leurs vins brillent régulièrement, dans les 2 couleurs.

La famille Rollin, incontournable dans l'appellation, est fidèle au rendez-vous et ajoute 2 étoiles à son palmarès déjà bien fourni avec ce *village* bien né. Robe cerise noire, nez intense de griotte sur un fond boisé fondu, bouche tout aussi fruitée, mûre, généreuse, dotée de tanins fermes mais sans dureté : ce pernand coche toutes les cases. ⧗ 2023-2027 **2018 ★ (15 à 20 € ; 13000 b.)** Une importante cuvée produite sur 2,19 ha, qui se distingue aussi par sa qualité. Nez élégant de fleurs blanches et miel, bouche soyeuse et expressive, centrée sur les fruits jaunes mûrs, finale fraîche et longue : un blanc qui évoluera sereinement en cave. ⧗ 2022-2026

EARL ROLLIN PÈRE ET FILS, 49, rte des Vergelesses, 21420 Pernand-Vergelesses, tél. 03 80 21 57 31, contact@domaine-rollin.com r.-v.

HENRI DE VILLAMONT Les Belles Filles 2019 ★

n.c. | 30 à 50 €

Ce propriétaire (10 ha : 6 en savigny, 4 en Côte de Nuits) et négociant-éleveur, dans le giron du groupe suisse Schenk depuis 1964, élève ses vins dans une cuverie spectaculaire créée entre 1880 et 1888 à Savigny-lès-Beaune par Léonce Bocquet, alors unique propriétaire du Clos de Vougeot.

Ces Belles filles s'étaient déjà distinguées l'an passé en obtenant 2 étoiles. Elles reviennent en bonne forme avec ce 2019 ouvert sur des arômes suaves et gourmands de framboise et de fraise mûres, prolongés par une bouche bien équilibrée entre gras et acidité, tanins ronds et fin boisé. ⧗ 2023-2027 **1er cru Sous Frétille 2018 ★ (30 à 50 € ; 900 b.)** Noisette, poire et craie, le nez se fait

BOURGOGNE

charmeur. Du charme aussi en bouche avec du volume, de la rondeur, un bon fruité et une juste acidité en soutien. ⧗ 2022-2025

HENRI DE VILLAMONT, rue du Dr-Guyot, 21420 Savigny-lès-Beaune, tél. 03 80 21 50 59, contact@hdv.fr V r.-v.

CORTON

Superficie : 95 ha / Production : 2 985 (95 % rouge)

Au nord de la Côte de Beaune, la « montagne de Corton » est constituée, du point de vue géologique, de différents niveaux auxquels correspondent plusieurs types de vins. Couronnées par le bois qui pousse sur les calcaires durs du rauracien (oxfordien supérieur), les marnes argoviennes laissent apparaître sur plusieurs dizaines de mètres des terres blanches propices aux vins blancs. Elles recouvrent la « dalle nacrée », calcaire en plaquettes qui recèle de nombreuses coquilles d'huîtres de grande dimension ; sur cette formation ont évolué des sols bruns propices au pinot noir.

L'appellation corton peut produire du vin blanc, mais elle est surtout connue en rouge. Les Bressandes naissent sur des terres rouges et allient la puissance à la finesse. En revanche, dans la partie haute des Renardes, des Languettes et du Clos du Roy, les terres blanches donnent en rouge des vins charpentés qui, en vieillissant, prennent des notes animales sauvages que l'on retrouve dans Les Mourottes de Ladoix. Le corton est le grand cru le plus important en volume.

DOM. VINCENT BOUZEREAU Les Fiètres 2018 ★

Gd cru	900		50 à 75 €

Issu d'une ancienne famille de vignerons et installé dans l'ancien prieuré du château de Meursault, dont l'un de ses ancêtres était propriétaire, Vincent Bouzereau a pris la suite de son père en 1990 à la tête de ce domaine de 10 ha, souvent en vue pour ses meursault.

Le nom « Fiètres » vient de « fierte », qui veut dire... cercueil. La vigne était sûrement un ancien cimetière sur Aloxe-Corton. Le nez, intense, convoque la vanille et les fruits rouges agrémentés de nuances florales. Les tanins sont présents dès l'attaque et structurent fermement une bouche riche et puissante. Un vin destiné à la cave. ⧗ 2025-2032

EARL VINCENT BOUZEREAU, 25, rue de Mazeray, 21190 Meursault, tél. 03 80 21 61 08, vincent.bouzereau@wanadoo.fr V r.-v.

CAPITAIN-GAGNEROT Les Grandes Lolières 2019 ★

Gd cru	1400		50 à 75 €

Vénérable domaine familial de 15 ha fondé en 1802 et implanté à Ladoix-Serrigny. Depuis 2010, Pierre-François Capitain (8e génération) est seul maître à bord ; son père Patrice et son oncle Michel restant à l'écoute. Propriété en vue notamment pour ses ladoix, aloxe et échézeaux. 2021 sera le premier millésime bio certifié du domaine.

Pierre-François Capitain exploite 71 ares de ce *climat* situé à l'extrémité de l'appellation. Il en tire ce corton bien ouvert sur les fruits noirs associés au grillé d'un long élevage en fût (17 mois). La bouche se révèle tendre et fruitée (petits fruits noirs), étayée par des tanins fins. ⧗ 2023-2028

SAS CAPITAIN-GAGNEROT, 38, rte de Dijon, 21550 Ladoix-Serrigny, tél. 03 80 26 41 36, contact@capitain-gagnerot.com V r.-v.

MAURICE ET ANNE-MARIE CHAPUIS Perrières 2018 ★

Gd cru	3500		50 à 75 €

Un domaine familial fondé en 1872 par un ancêtre ouvrier viticole à Aloxe-Corton. Maurice Chapuis et son épouse Anne-Marie, aux commandes depuis 1985, ont cédé la place à leur fils Pierre en 2018, à la tête aujourd'hui d'un vignoble de 11 ha, complété par une activité de négoce.

Les Chapuis exploitent un hectare de ce terroir, autrefois une ancienne carrière de pierres. Au nez, les fruits rouges s'associent au toasté et aux épices (poivre, cannelle). En bouche, les tanins répondent présents mais en restant soyeux, bien pris dans le fruit mûr, presque confituré. Une pinte de vivacité bienvenue arrive en finale. ⧗ 2023-2028

EARL DOM. MAURICE CHAPUIS, 3, rue de Boulmeau, 21420 Aloxe-Corton, tél. 03 80 26 40 99, info@domainechapuis.com V r.-v.

DOM. COMTE SENARD Clos du Roi 2018 ★

Gd cru	2100		+ de 100 €

Un domaine réputé pour ses corton, fondé en 1857 à partir du Clos des Meix, toujours monopole de la famille. Le vignoble couvre 10 ha, conduits depuis 2005 par Lorraine Sénard, qui élève ses vins dans des caves créées au XIVe s. par les bénédictins de l'abbaye de Sainte-Marguerite.

Le plus corton des corton, situé au cœur de l'appellation. Lorraine Sénard y exploite 62 ares à l'origine de grand cru lumineux, qui s'exprime au travers de fines notes de groseille et d'épices (réglisse, poivre). À une attaque fraîche et tendue succède une bouche ample, généreuse, d'une belle longueur, avec des tanins soyeux en soutien. Un bel avenir en perspective. ⧗ 2024-2030

SCE DOM. COMTE SENARD, 1, rue des Chaumes, 21420 Aloxe-Corton, tél. 03 80 26 40 73, office@domainesenard.com V r.-v.

♥ EDMOND CORNU & FILS Bressandes 2018 ★★

Gd cru	1800		75 à 100 €

Edmond Cornu, à la retraite, a laissé en 1985 la conduite des 16,5 ha du domaine familial à son fils Pierre, épaulé par son épouse Édith et son cousin Emmanuel. Installée à Ladoix, la famille Cornu exploite ses vignes en HVE, en adaptant ses pratiques viticoles et œnologiques dans le respect de la biodiversité, de la faune et de la flore.

On raconte que 3 demoiselles Bressand venues de la Saône-et-Loire voisine étaient propriétaires à cet endroit d'une carrière qui fut remblayée et plantée en vigne. Une autre version, plus plausible, évoque les broussailles et buissons qui colonisaient autrefois la colline. Les pinots noirs de cette jolie parcelle de 56 ares auront passé pas moins de 18 mois en tonneau. En résulte ce magnifique corton qui s'ouvre en finesse sur les petits fruits rouges, le cacao, le poivre et la cannelle. La bouche apparaît ample, riche, généreuse et dense, étayée par des tanins fermes et rafraîchie par une pointe d'acidité bien sentie en finale. Un grand cru noble qui vieillira avec élégance. ⧗ 2025-2032

GAEC EDMOND CORNU ET FILS, Le Meix-Gobillon, 6, rue du Bief, 21550 Ladoix-Serrigny, tél. 03 80 26 40 79, domaine@cornu-edmond-et-fils.fr V r.-v.

B DOM. ANTONIN GUYON Bressandes 2018 ★

Gd cru	3300		75 à 100 €

Ce domaine s'est constitué à partir des années 1960 un vaste vignoble de 48 ha (en bio certifié), principalement en 1ers et grands crus, allant de Gevrey-Chambertin à Meursault. Une exploitation régulière en qualité, conduite par Dominique Guyon, fils d'Antonin.

Le plus grand des *climats* de l'appellation. Dominique Guyon y exploite 86 ares à l'origine de ce vin profond, ouvert sur des parfums intenses de petits fruits mûrs et d'autres plus acidulés. La bouche se fait ample, ronde, soyeuse sans manquer de vivacité, avec en finale des tanins qui montrent les muscles. De bonne garde assurément. ⧗ 2025-2032

SC DOM. ANTONIN GUYON, 21420 Savigny-lès-Beaune, tél. 03 80 67 13 24, domaine@guyon-bourgogne.com r.-v.

DOM. MAILLARD PÈRE ET FILS
Les Renardes 2019 ★

Gd cru	4200		30 à 50 €

Représentant la 10e génération de viticulteurs sur le domaine (1766), Pascal Maillard (au chai) et son frère Alain (à la vigne) exploitent un vignoble constitué par leur père Daniel à partir de 1952. Aujourd'hui, pas moins de 19 ha répartis dans 7 communes aux environs de la montagne de Corton, ainsi qu'à Pommard et à Volnay. Une valeur sûre, notamment en corton et en chorey.

Ce *climat* du haut de la colline, sous le lieu-dit Corton, est parmi les plus réputés de Corton. Son nom viendrait des terriers de renard, abondants près des bois. Les Maillard en cultivent une belle parcelle de 10 ares plantée de vignes de 70 ans, qui ont donné ce vin au nez de fruits frais, rouges et noirs, sur fond de boisé mentholé. Le palais apparaît ample, fruité (griotte), velouté, de bonne densité et d'une longueur appréciable. ⧗ 2024-2030

SAS DOM. MAILLARD PÈRE ET FILS, 2, rue Joseph-Bard, 21200 Chorey-lès-Beaune, tél. 03 80 22 10 67, contact@domainemaillard.com V r.-v.

DOM. JEAN-PIERRE MALDANT
Les Grandes Lolières 2019 ★★

Gd cru	1160		30 à 50 €

Jean-Pierre Maldant est le dernier d'une lignée de vignerons aux Hospices de Beaune. Il a quitté cette fonction en 1998 pour se consacrer pleinement à son domaine de 8,6 ha. Son fils Pierre-François (5e génération), qui assurait les vinifications depuis 2010, a pris officiellement les rênes de l'exploitation en 2014.

Pierre-François Maldant cultive 27 ares sur Les Grandes Lolières. Il en tire ce corton superbe, passé à un souffle du coup de cœur. Le rubis soutenu de sa robe est accompagné d'un parfum à la fois floral et fruité. La bouche associe le volume à la finesse, et la minéralité du terroir s'invite en finale, apportant du nerf, de la fraîcheur et de la longueur. ⧗ 2025-2032

SCEA DOM. JEAN-PIERRE MALDANT, 30, rte de Beaune, Cidex 29 bis, 21550 Ladoix-Serrigny, tél. 06 87 18 06 97, jean.pierre.maldant@wanadoo.fr V r.-v.

BOURGOGNE

DOM. MICHEL MALLARD ET FILS
Les Renardes 2017 ★

Gd cru	3900		75 à 100 €

Michel Mallard agrandit dans les années 1950 le domaine familial, repris depuis par son fils Patrick et son petit-fils Michel. Un domaine de 12 ha aujourd'hui, qui se distingue régulièrement pour ses ladoix, aloxe et corton.

Le nom de ce *climat* viendrait des tanières de renards qui occupaient autrefois cette terre. Autre origine possible : le nom de famille Renard, très présent en Bourgogne. Quoiqu'il en soit, les Mallard en ont tiré un corton de très belle facture, qui fleure bon la rose, les fruits rouges et le sous-bois. Équilibré dès l'attaque, la bouche est enveloppée par le fruit et les tanins sont bien pris dans la chair, avec une agréable fraîcheur en soutien. ⧗ 2024-2030

EARL DOM. MICHEL MALLARD ET FILS, 43, rte de Dijon, 21550 Ladoix-Serrigny, tél. 03 80 26 40 64, domainemallard@hotmail.fr V r.-v.

MARCHAND-TAWSE 2018 ★

Gd cru	1185		75 à 100 €

Le Québécois Pascal Marchand, ancien vinificateur du comte Armand et de La Vougeraie et fondateur d'un micro-négoce en 2006, s'est associé en 2010 avec Moray Tawse, propriétaire réputé du Niagara (Canada), pour créer une nouvelle marque pour laquelle il sélectionne de petits lots de vignes souvent cultivées en bio ou biodynamie. Il a acquis aussi des vignes en propre depuis 2010.

Sous un rouge intense qui confine au noir, on perçoit des arômes gourmands de petits fruits rouges légèrement confiturés. On retrouve cette maturité du fruit agrémentée d'une touche de violette dans un palais souple et onctueux, aux tanins veloutés. Un corton solaire. ⧗ 2024-2030

SARL MARCHAND-TAWSE, 9, rue Julie-Godemet, 21700 Nuits-Saint-Georges, tél. 03 80 20 37 32, contact@marchandtawse.com V r.-v.

CH. DE MEURSAULT 2018 ★

Gd cru	2636		+ de 100 €

L'emblématique Ch. de Meursault, haut-lieu du tourisme bourguignon et du folklore vineux – on y célèbre la fameuse Paulée le lendemain de la vente des Hospices de Beaune –, a souvent changé de mains : famille de Pierre de Blancheton jusqu'à

la Révolution; famille Serre au XIXe s.; famille du comte de Moucheron; famille Boisseaux (maison Patriarche) à partir de 1973. En décembre 2012, nouveau changement : la famille Halley achète le domaine. Ce sont aujourd'hui 65 ha de vignes en conversion biologique. Aux commandes du chai : Emmanuel Escutenaire.

Distingué l'an passé par un coup de cœur, le corton du Ch. de Meursault confirme sa qualité avec un 2019 élégant, au nez fin de cassis, de myrtille et de fleurs. Très équilibrée, la bouche associe rondeur, fraîcheur, fruits bien mûrs et tanins fondus et onctueux. ⧗ 2024-2030

SCEV DOM. DU CH. DE MEURSAULT, rue du Moulin-Foulot, 21190 Meursault, tél. 03 80 26 22 75, domaine@chateau-meursault.com V r.-v.

♥ DOM. TAUPENOT-MERME Rognet 2018 ★★

Gd cru | 2050 | | + de 100 €

En 1963, Jean Taupenot, de Saint-Romain, épouse Denise Merme et se fixe à Morey. Aujourd'hui, leurs enfants Romain et Virginie conduisent, en bio non certifié, un vignoble de 13 ha avec un pied en Côte de Nuits et l'autre en Côte de Beaune. Un domaine constant en qualité. Romain a développé par ailleurs, sous son nom, une petite structure de négoce.

Sur 8,57 ha, ce *climat* de la commune d'Aloxe bénéficie d'une exposition sud-est, sur un terroir de calcaire et de marnes appelé « dalle nacrée ». Dans le verre, un superbe corton grenat sombre, qui déploie de fines senteurs confiturées de groseille sur fond de boisé vanillé. Une attaque toute en souplesse ouvre sur une bouche large, dense, puissante mais sans jamais perdre en élégance, avec en soutien des tanins soyeux et une fine amertume qui étire longuement la finale. ⧗ 2025-2032

SC DOM. TAUPENOT-MERME, 33, rte des Grands-Crus, 21220 Morey-Saint-Denis, tél. 03 80 34 35 24, accueil@taupenot-merme.com V r.-v.

CORTON-CHARLEMAGNE

Superficie : 52 ha / Production : 2 240 hl

Le grand cru corton-charlemagne provient de la partie haute de la «montagne de Corton», propice au chardonnay – cépage qui a aujourd'hui totalement remplacé l'aligoté, autorisé jusqu'en 1948. Il tire son nom de l'empereur carolingien qui, dit-on, aurait fait planter ici des vignes blanches pour ne pas tacher sa barbe. La plus grande partie de la production vient des communes de Pernand-Vergelesses et d'Aloxe-Corton. Vins de garde, les corton-charlemagne atteignent leur plénitude après 5 à 10 ans.

♥ DOM. FRANÇOISE ANDRÉ 2018 ★★

Gd cru | 1490 | | + de 100 €

Un domaine de 11 ha (en bio certifié depuis 2012), créé en 1983 par Françoise André, l'un des derniers à avoir ses caves derrière les remparts de Beaune. Auparavant confiée au Comte Sénard, la gestion est assurée depuis 2009 par Lauriane André, belle-fille de la propriétaire.

Le domaine cultive une parcelle de 35 ares dans le grand cru. Il en a extrait un vin magnifique, drapé dans une scintillante robe doré clair. Au nez se dévoilent des parfums très élégants et complexes de minéralité, de menthe et de fleurs blanches sur fond de boisé vanillé. Cette même palette s'étire longuement dans une bouche avenante, riche, dense, opulente même, mais sans jamais perdre en finesse et en fraîcheur. ⧗ 2025-2030

SC DOM. FRANÇOISE ANDRÉ, 7, rempart Saint-Jean, 21200 Beaune, tél. 06 24 66 38 86, andre.lauriane@domainefa.fr V r.-v.

♥ DOM. ANTONIN GUYON 2018 ★★

Gd cru | 3900 | | + de 100 €

Ce domaine s'est constitué à partir des années 1960 un vaste vignoble de 48 ha (en bio certifié), principalement en 1ers et grands crus, allant de Gevrey-Chambertin à Meursault. Une exploitation régulière en qualité, conduite par Dominique Guyon, fils d'Antonin.

Une appellation dans laquelle les Guyon se sentent particulièrement à l'aise, et leur corton-charlemagne n'en est pas à son premier coup de cœur. Le 2018, né de ceps de 35 ans, s'affiche avec élégance dans une robe brillante et intense, et s'ouvre sur de délicats arômes de fleurs blanches, de poire fraîche, d'épices douces et de beurre. La bouche ajoute beaucoup de fraîcheur et de minéralité à cette palette complexe et déploie une texture soyeuse et tendre qui emporte l'adhésion. ⧗ 2024-2030

SC DOM. ANTONIN GUYON, 21420 Savigny-lès-Beaune, tél. 03 80 67 13 24, domaine@guyon-bourgogne.com r.-v.

DOM. JEAN-PIERRE MALDANT 2019 ★

Gd cru | 770 | | 50 à 75 €

Jean-Pierre Maldant est le dernier d'une lignée de vignerons aux Hospices de Beaune. Il a quitté cette fonction en 1998 pour se consacrer pleinement à son domaine de 8,6 ha. Son fils Pierre-François (5e génération), qui assurait les vinifications depuis 2010, a pris officiellement les rênes de l'exploitation en 2014.

Le domaine cultive 33 ares dans le grand cru, dont il a tiré un vin limpide de robe, expressif au nez, bien ouvert sur les fleurs blanches, la vanille et un beurré doux. Une attaque souple prélude à un palais ample et gras, soutenu par une fine acidité qui lui confère une belle longueur. ⧗ 2024-2030

SCEA DOM. JEAN-PIERRE MALDANT, 30, rte de Beaune, Cidex 29 bis, 21550 Ladoix-Serrigny, tél. 06 87 18 06 97, jean.pierre.maldant@wanadoo.fr V r.-v.

B DOM. NUDANT 2019 ★★

Gd cru | 1000 | | 75 à 100 €

Un Guillaume Nudant d'Aloxe-Corton était déjà vigneron en 1453. Son descendant, Guillaume également, a rejoint en 2003 son père Jean-René sur le domaine familial de 16 ha (certifié HVE), planté pour l'essentiel autour de la montagne de Corton, complété par une activité de négoce.

Pour cette cuvée, le coup de cœur fut mis aux voix. Une robe brillante et dorée, un nez intense et généreux de fruits jaunes mûrs et de fleurs blanches, l'approche est engageante. Riche, gras, puissant, soutenu par un boisé racé et une acidité savamment dosée, le palais signe un corton-charlemagne au caractère bien trempé. ⧗ 2025-2032

SAS DOM. NUDANT, 11, rte de Dijon, 21550 Ladoix-Serrigny, tél. 03 80 26 40 48, domaine.nudant@wanadoo.fr V *t.l.j. sf dim. 8h30-12h 13h30-17h30; sam. sur r.-v.*

SAVIGNY-LÈS-BEAUNE

Superficie : 350 ha
Production : 13 350 hl (85 % rouge)

Au nord de Beaune, Savigny est un village vigneron par excellence. L'esprit du terroir y est entretenu, et la confrérie de la Cousinerie de Bourgogne est le symbole de l'hospitalité bourguignonne. Les Cousins jurent d'accueillir leurs convives « bouteilles sur table et cœur sur la main ».
« Nourrissants, théologiques et morbifuges » selon la tradition, les savigny sont souples, tout en finesse, fruités, agréables jeunes tout en vieillissant bien. Parmi les 1ers crus, on citera Aux Clous, Aux Serpentières, Les Hauts Jarrons, Les Marconnets, Les Narbantons.

DOM. JONATHAN BONVALOT 2019 ★

| 1800 | | 15 à 20 €

En 2011, le jeune Jonathan Bonvalot a repris la petite vigne plantée « pour le plaisir » par son père Daniel en 1976 : 1 ha à l'origine, 3,4 aujourd'hui, sur 6 appellations.

Né d'une vigne de 50 ans, ce savigny d'un rubis profond et éclatant libère des parfums soutenus de fruits rouges mûrs agrémentés d'une pointe d'épices. Une palette qui trouve un bel écho dans une bouche souple, ample et persistante, étayée par des tanins fondus. ⧗ 2023-2026

JONATHAN BONVALOT, 35, rue de Bully, 21420 Pernand-Vergelesses, tél. 06 23 80 09 41, domainebonvalot@gmail.com V *r.-v.*

B DOM. LOUIS CHENU PÈRE ET FILLES
Les Saucours 2018 ★

| 4500 | | 20 à 30 €

Établies à Savigny, Juliette et Caroline, les 2 filles de Louis Chenu, perpétuent la tradition vinicole familiale depuis 1997 (2003 pour la seconde). Elles ont depuis converti la totalité de leur vignoble (9,5 ha) à l'agriculture biologique.

Longeant le Rhoin, ce *climat* est un dérivé du mot « soco » qui désignait autrefois un lieu planté de saules. Ne vous fiez pas à son apparente pâleur, ce vin a du répondant avec son nez complexe de fleurs blanches et de menthol et sa bouche ample, suave sans lourdeur, bien équilibrée par une juste fraîcheur. ⧗ 2022-2025

EARL LOUIS CHENU PÈRE ET FILLES, 12, rue Joseph-de-Pesquidoux, 21420 Savigny-lès-Beaune, tél. 03 80 26 13 96, juliette@louischenu.com V *r.-v.*

♥ DOM. BERNARD DUBOIS & FILS 2019 ★★

| 3500 | | 15 à 20 €

Cette famille de Chorey exploite la vigne de père en fils depuis 1850. Le vignoble s'étend aujourd'hui sur 13 ha. Régulier en qualité, notamment pour ses aloxe et ses savigny.

Une vigne de 35 ans est à l'origine de ce savigny magnifique dans sa robe dorée aux reflets verts. Le prélude élégant à un nez non moins distingué et délicat d'aubépine, d'amande et de fleur d'oranger. Le charme continue d'opérer dans une bouche parfaitement équilibrée, à la fois ample, ronde, soyeuse et très fraîche, très énergique, très longue. ⧗ 2021-2025

BERNARD DUBOIS ET FILS, 14, rue des Moutots, 21200 Chorey-lès-Beaune, tél. 06 29 74 46 75, domaine@dubois-bernard.fr V *r.-v.*

♥ DOM. DE LA GALOPIÈRE 2019 ★★

| 2900 | | 15 à 20 €

Après avoir enseigné l'œnologie pendant 4 ans, Gabriel Fournier s'est installé en 1982 sur le domaine familial. Il exploite, avec son épouse Claire et, depuis 2015, avec son fils Vincent, 11 ha de vignes réparties dans plusieurs appellations de la Côte de Beaune, de Chassagne-Montrachet à la colline de Corton.

Déjà primé d'un coup de cœur en aloxe-corton, Gabriel Fournier fait le doublé avec ce savigny de haut vol, né de vignes de 50 ans et qui a parfaitement su dompter ce millésime solaire. La robe d'un beau rouge foncé annonce l'intensité aromatique du nez, ouvert sur les fruits rouges cuits saupoudrés de vanille. La bouche se révèle volumineuse, opulente, dense mais toujours en équilibre autour de tanins soyeux et d'une fine fraîcheur qui prend des tonalités réglissées en finale. Savoureux et pour longtemps. ⧗ 2024-2030

EARL DOM. DE LA GALOPIÈRE, 6, rue de l'Église, 21200 Bligny-lès-Beaune, tél. 03 80 21 46 50, contact@domainedelagalopiere.com r.-v.

JEAN-MICHEL GIBOULOT
Aux Gravains 2019 ★

1780 | n.c.

Un domaine familial créé en 1935, conduit depuis 1996 par Jean-Michel Giboulot, à la tête d'un vignoble de 12 ha. En agriculture biologique depuis 2010.

Ce Gravains (dérivatif de « Grèves ») tire son nom du sol : le cône de déjection de la combe d'Orange, au nord-est du village, qui a apporté d'abord des cailloux puis du sable. Dans le verre, un vin sombre, ouvert sur le cassis et la vanille. La violette s'ajoute à cette palette dans une bouche élégante, qui se distingue par sa finesse de son fruit et ses tanins. ⧗ 2023-2027

EARL DOM. JEAN-MICHEL GIBOULOT, 27, rue du Gal-Leclerc, 21420 Savigny-lès-Beaune, tél. 03 80 21 52 30, jean-michel.giboulot@wanadoo.fr

♥ DOM. PHILIPPE GIRARD
Vieilles Vignes 2019 ★★

24 000 | n.c.

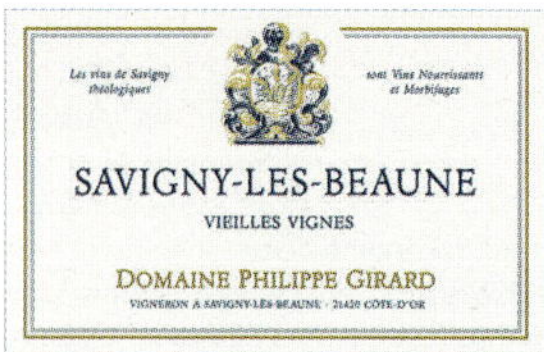

Ici, on est vigneron de père en fils depuis 1530. Arnaud Girard a rejoint en 2011 son père Philippe à la tête des 11 ha de vignes, disséminées de Nuits-Saint-Georges à Savigny-lès-Beaune.

Née d'une vigne de 50 ans entièrement éraflée, cette cuvée offre une belle reconnaissance à ce « régional de l'étape », très régulier en qualité dans son appellation phare. Derrière une robe couleur cerise noir se dévoile un bouquet complexe mêlant cassis, myrtille et vanille. Une attaque ferme, puis des tanins bien en place mais soyeux et fondus, un fruité gourmand qui rappelle le nez, une longue finale épicée : la bouche signe un vin complet et très abouti. ⧗ 2023-2028 ■ **Les Narbantons 2019 ★ (20 à 30 €; 2500 b.)** Un vin gourmand, rond et généreux, ouvert sur des parfums de fruits rouges (framboise notamment) et soutenu par des tanins fins. ⧗ 2023-2027

PHILIPPE GIRARD, 37, rue du Gal-Leclerc, 21420 Savigny-lès-Beaune, tél. 03 80 21 57 97, contact@domaine-philippe-girard.com r.-v.

DOM. PIERRE GUILLEMOT
Dessus des Golardes 2018 ★★

3600 | 15 à 20 €

Les Guillemot œuvrent dans la viniculture depuis 8 générations. La première déclaration de récolte de Pierre date de 1946. Le domaine (8,2 ha), conduit en lutte intégrée, est dirigé par son fils Jean-Pierre depuis 1988.

Une cuvée qui met régulièrement en vue ce *climat* peu connu de haut de coteau, favorable au chardonnay. Après 15 mois passés en fût, ce vin distille des arômes de fleurs et de fruits blancs sur un fond boisé discret. La bouche se montre ample et bien équilibrée entre rondeur et fraîcheur minérale. ⧗ 2022-2025

DOM. PIERRE GUILLEMOT, 11, pl. Fournier, 21420 Savigny-lès-Beaune, tél. 03 80 21 50 40, domaine.pierre.guillemot@orange.fr r.-v.

DOM. JEANSON-PARIGOT Les Peuillets 2019 ★★

2500 | 15 à 20 €

Un jeune domaine fondé à Pommard en 2019 par Florent Jeanson et son épouse Anaïs à partir des vignes familiales du domaine Alexandre Parigot.

Premier millésime pour Florent Jeanson et premières étoiles. Une entrée remarquable et remarquée dans le Guide avec ce *village* dense de robe et délicat au nez avec ses arômes délicats et frais de rose et de framboise. Une élégance que prolonge un palais ample et persistant, étayé par des tanins présents mais fins. ⧗ 2024-2028

EARL DOM. JEANSON-PARIGOT, 18, rte d'Autun, 21630 Pommard, tél. 06 89 54 54 13, contact@domaine-jeanson-parigot.com t.l.j. 9h-18h

DOM. DANIEL LARGEOT 2018 ★

4600 | 15 à 20 €

Un domaine familial créé en 1925. Marie-France, fille de Daniel Largeot, installée en 2000, et son mari Rémy Martin, arrivé en 2003, conduisent un vignoble de 13 ha; Marie-France est au chai, Rémy, à la vigne.

Ce producteur de Chorey exploite près de 1 ha sur Savigny. Il signe ici un vin brillant aux reflets rubis et au nez complexe de fruits rouges et noirs mâtinés d'une touche de grillé. La bouche se fait ample et bien charpentée, étirée dans une belle finale poivrée. ⧗ 2023-2028

EARL DOM. DANIEL LARGEOT, 5, rue des Brenots, 21200 Chorey-lès-Beaune, tél. 03 80 22 15 10, domainedaniellargeot@orange.fr r.-v.

DOM. PIERRE ET JEAN-BAPTISTE LEBREUIL
2019 ★

8000 | 15 à 20 €

Un domaine fondé en 1935 à partir de 2 ha, développé au cours des années 1960 par Pierre Lebreuil, repris en 2000 par son fils Jean-Baptiste, aujourd'hui à la tête de 13,5 ha en Côte de Beaune. Régulièrement en vue pour ses savigny.

Pas moins de 2 ha pour cette cuvée née de raisins entièrement égrappés avant le pressurage et l'entonnage, avant de passer 12 mois en fût. Robe rubis soutenu, nez bien fruité à dominante de framboise, bouche fraîche et élégante, dotée de tanins souples et affinés : un savigny des plus harmonieux, que l'on boire dans ses jeunes années. ⧗ 2023-2026

EARL PIERRE ET JEAN-BAPTISTE LEBREUIL, 17, rue Chanson-Maldant, 21420 Savigny-lès-Beaune, tél. 03 80 21 52 95, domaine.lebreuil@wanadoo.fr r.-v.

DOM. PAVELOT Aux Gravains 2018 ★

1er cru | n.c. | 20 à 30 €

Installés à Savigny-lès-Beaune, Jean-Marc et Hugues Pavelot comptent parmi les fidèles du Guide et

s'illustrent très régulièrement avec leurs savigny. En 2000, Hugues a rejoint son père sur l'exploitation familiale qui s'étend aujourd'hui sur 13 ha.

Ce terroir situé dans le cône de déjection de la combe d'Orange fait parler les petits cailloux qui lui ont donné son nom. Derrière la brillance de son jus carmin, il développe des senteurs de fruit noirs et d'épices, comme le poivre blanc. Sa texture concentrée légèrement mentholée laisse un tanin souple jusque dans sa terminaison. Ce coup de cœur est un vin de garde. ⧗ 2027-2032

JEAN-MARC ET HUGUES PAVELOT, 21, rue Chanson-Maldant, 21420 Savigny-lès-Beaune, tél. 03 80 21 55 21, hugues.pavelot@wanadoo.fr V r.-v.

DOM. RAPET PÈRE ET FILS Aux Fourneaux 2018 ★

1er cru	5700		n.c.

Ce domaine ancien (1765) et incontournable de Pernand-Vergelesses est conduit par Vincent Rapet depuis 1985. S'il se passionne pour sa commune natale, ce dernier travaille les appellations voisines avec le même soin, sur un vignoble de 20 ha. Une valeur sûre de la Côte de Beaune.

Coup de cœur l'année passée avec le 2017, cette cuvée tient son rang sur le millésime 2018. La robe brille par son intensité. Le nez, finement toasté par 15 mois de fût, fait de la place aux fruits noirs, à la myrtille notamment. S'il débute sur la rondeur, le palais déploie ensuite plus de fermeté autour de tanins vifs et serrés. À encaver quelques années pour plus de fondu. ⧗ 2024-2028

SAS DOM. RAPET PÈRE ET FILS, 2, pl. de la Mairie, 21420 Pernand-Vergelesses, tél. 03 80 21 59 94, vincent@domaine-rapet.com V r.-v.

DOM. SERRIGNY La Dominode 2018 ★

1er cru	3100		20 à 30 €

Les sœurs Francine et Marie-Laure Serrigny ont pris la suite de leur père à son décès, en 1995, sur un domaine d'environ 7 ha, dans la famille depuis la fin du XIXes.

Un *climat* froid car exposé au nord-ouest sur 6,71 ha et enclavé dans Les Jarrons. Les sœurs Serrigny y cultivent une vénérable vigne de 80 ans à l'origine d'un savigny expressif, sur les fruits rouges frais au nez comme en bouche, suave et tendre en bouche, soutenu par des tanins ronds et fondus. Une bouteille que l'on pourra apprécier dans ses jeunes années. ⧗ 2022-2026

FRANCINE ET MARIE-LAURE SERRIGNY, 4, rue du Bouteiller, 21420 Savigny-lès-Beaune, tél. 03 80 26 11 75, domaine.serrigny@orange.fr V r.-v.

CH. DU VAL DE MERCY 2018 ★

	870		11 à 15 €

En 1680, les vins étaient produits par le Clos du Ch. du Val de Mercy. Établi à Chitry, le nouveau propriétaire du domaine (30 ha) perpétue la tradition viticole au-delà de ses terres pour fournir des vins du Chablisien, de l'Auxerrois et de la Côte de Beaune. Une activité de négoce complète la gamme de la propriété.

Une micro-cuvée d'un beau rouge pivoine, qui charme d'emblée par son nez de framboise très mûre agrémenté d'une pointe de vanille. La bouche, à l'unisson du bouquet, plaît par son équilibre, son bon volume, ses tanins bien en place et sa longueur. De quoi bien vieillir. ⧗ 2024-2028

SCEA DOM. DU CH. DU VAL DE MERCY, 8, prom. du Tertre, 89530 Chitry, tél. 03 80 22 77 34, roy@valdemercy.com V r.-v.

HENRI DE VILLAMONT Le Village 2018 ★

	n.c.		20 à 30 €

Ce propriétaire (10 ha : 6 en savigny, 4 en Côte de Nuits) et négociant-éleveur, dans le giron du groupe suisse Schenk depuis 1964, élève ses vins dans une cuverie spectaculaire créée entre 1880 et 1888 à Savigny-lès-Beaune par Léonce Bocquet, alors unique propriétaire du Clos de Vougeot.

Quand volume rime avec qualité. Ce savigny a connu une cuvaison de 25 jours qui lui confère une belle robe rubis profond. Les fruits rouges et noirs composent une aromatique engageante et franche, relayée par une bouche équilibrée, qui conjugue la rondeur généreuse propre au millésime et une fine fraîcheur acidulée, le tout adossé à des tanins bien en place. ⧗ 2024-2028

HENRI DE VILLAMONT, rue du Dr-Guyot, 21420 Savigny-lès-Beaune, tél. 03 80 21 50 59, contact@hdv.fr V r.-v.

CHOREY-LÈS-BEAUNE

Superficie : 134 ha
Production : 5 240 hl (95 % rouge)

Situé dans la plaine, près de Savigny-lès-Beaune et d'Aloxe-Corton, en face du cône de déjection de la combe de Bouilland, le village produit une majorité de vins rouges friands et faciles d'accès.

DOM. EDMOND CORNU & FILS Les Bons Ores 2018 ★

	n.c.		11 à 15 €

Edmond Cornu, à la retraite, a laissé en 1985 la conduite des 16,5 ha du domaine familial à son fils Pierre, épaulé par son épouse Édith et son cousin Emmanuel. Installée à Ladoix, la famille Cornu exploite ses vignes en HVE, en adaptant ses pratiques viticoles et œnologiques dans le respect de la biodiversité, de la faune et de la flore.

Le vocable « ores » vient de l'ancien français *hortus* (jardin) : une noble reconversion pour cette bonne terre sur laquelle les Cornu exploitent une grande parcelle de 2 ha. Dans le verre, un chorey rubis frangé de rose, mêlant cerise et épices douces à l'olfaction. La cerise noire ressort dans une bouche ample, longue et fraîche, adossée à de bons tanins de garde. ⧗ 2024-2028

GAEC EDMOND CORNU ET FILS, Le Meix-Gobillon, 6, rue du Bief, 21550 Ladoix-Serrigny, tél. 03 80 26 40 79, domaine@cornu-edmond-et-fils.fr V r.-v.

MAISON JOSEPH DROUHIN 2018 ★

	67340		20 à 30 €

Créée en 1880, cette maison beaunoise travaille une large palette d'AOC bourguignonnes : de Chablis

(38 ha sous l'étiquette Drouhin-Vaudon) à la Côte chalonnaise (3 ha), en passant par les Côtes de Beaune et de Nuits (32 ha). On peut y ajouter les vignes américaines du Dom. Drouhin en Oregon (90 ha) et de Roserock Vineyard (112 ha) dans la région des Eola-Amity Hills. Ce négoce d'envergure grâce à ce vaste domaine de 73 ha – développé par Robert Drouhin à partir de 1957 et désormais géré par ses 4 enfants – est aussi le plus important propriétaire de vignes cultivées en biodynamie. Incontournable.

Ce chorey à la parure grenat exhale des senteurs plaisantes et harmonieuses de fruits rouges et de boisé torréfié (15 mois d'élevage en fût). Au palais, il associe l'élégance à la rondeur du fruit, bien soutenu par des tanins fins. ⧗ 2023-2027

SA MAISON JOSEPH DROUHIN, 7, rue d'Enfer, 21200 Beaune, tél. 03 80 24 68 88, christellehenriot@drouhin.com V r.-v.

MICHEL GAY ET FILS 2018 ★

20000		15 à 20 €

Les Gay sont plusieurs à Chorey. Ici, c'est le domaine des fils de Michel : Sébastien, installé en 2000, et Laurent, l'œnologue, qui l'a rejoint en 2010. Incarnant la 4e génération, ils disposent de 15 ha à Chorey et dans les communes voisines.

Dans le chaleureux millésime 2018, les Gay récoltent une nouvelle étoile pour leur chardonnay après celle obtenue sur le 2017. Un chorey qui dévoile un boisé élégant aux côtés des fleurs blanches et de notes pâtissières, et qui offre un volume agréable dans une bouche associant le soyeux à la fraîcheur. ⧗ 2022-2025

DOM. MICHEL GAY ET FILS, 1B, rue des Brenots, 21200 Chorey-lès-Beaune, tél. 03 80 22 22 73, michelgayetfils@orange.fr V r.-v.

DOM. MICHEL MARTIN
Les Bons Ores 2018 ★

2600		15 à 20 €

À la suite de ses grands-parents, puis de ses parents, Michel Martin a repris en 2003, avec son épouse Chantal, la direction de l'exploitation familiale sur une surface de 4,5 ha.

Un *climat* qui marque la limite avec l'appellation voisine d'Aloxe-Corton. Les Martin en ont tiré ce chorey élégant dans sa robe rubis intense comme par un bouquet de griotte finement fumé. On retrouve les fruits, rouges et acidulés, dans une bouche souple en attaque, plus ferme mais sans dureté dans son développement, étiré dans une finale longue et fraîche. ⧗ 2024-2027

CHANTAL ET MICHEL MARTIN, 4, rue d'Aloxe-Corton, 21200 Chorey-lès-Beaune, tél. 03 80 24 26 57, info@domainemartin.fr V r.-v. E

BEAUNE

Superficie : 410 ha
Production : 15 650 hl (85 % rouge)

En termes de superficie, l'appellation beaune est l'une des plus importantes de la Côte. Beaune, ville d'environ 23 000 habitants, est aussi et surtout la capitale vitivinicole de la Bourgogne. Siège d'un important négoce, centre d'un nœud autoroutier, la cité possède un patrimoine architectural qui attire de nombreux touristes. La vente des vins des Hospices est devenue un événement mondial et représente l'une des ventes de charité les plus illustres. Les vins, essentiellement rouges, sont pleins de force et de distinction. La situation géographique a permis le classement en 1er cru d'une grande partie du vignoble : Les Bressandes, Le Clos du Roy, Les Grèves, Les Teurons et Les Champimonts figurent parmi les plus prestigieux.

♥ B DOM. FRANÇOISE ANDRÉ
Belissand 2018 ★★

1er cru	2114	30 à 50 €

Un domaine de 11 ha (en bio certifié depuis 2012), créé en 1983 par Françoise André, l'un des derniers à avoir ses caves derrière les remparts de Beaune. Auparavant confiée au Comte Sénard, la gestion est assurée depuis 2009 par Lauriane André, belle-fille de la propriétaire.

C'est l'unique blanc de l'appellation dans cette sélection, mais quel blanc ! C'est également le premier millésime du domaine dans ce 1er cru situé au pied de la montagne de Beaune, qui doit son nom à la « très rayonnante » déesse gauloise Belisama. Et c'est dans une robe or pâle et brillante que le vin se présente, ouvert sur des notes de fruits secs, de fleurs blanches, de brioche et une touche vanillée. D'une belle amplitude, gras sans lourdeur aucune, floral et fruité, le palais intègre parfaitement le bois avant une finale rafraîchie par une pointe saline. Un beaune rayonnant en effet. ⧗ 2022-2025

SC DOM. FRANÇOISE ANDRÉ, 7, rempart Saint-Jean, 21200 Beaune, tél. 06 24 66 38 86, andre.lauriane@domainefa.fr V r.-v.

♥ DOM. ARNOUX PÈRE ET FILS
En Genêt 2019 ★★

1er cru	4900	20 à 30 €

Créée en 1950, cette exploitation familiale, installée à Chorey-lès-Beaune, est dirigée depuis 2008 par Pascal Arnoux, 3e du nom à la tête du domaine. Au menu, une large gamme de vins de la Côte de Beaune (une vingtaine d'appellations sur plus de 20 ha entre Beaune et Corton), souvent en vue dans ces pages.

Une cuvée souvent en vue dans ces pages, qui fait mouche avec sa version 2019. Un 1er cru intense et ouvert, qui déploie des arômes soutenus de mûre, de lilas et de vanille. Une attaque souple prélude à une bouche ample, dense et longue, étayée par des tanins fins et soyeux, centrée sur les fruits rouges à maturité. Un vin taillé pour la garde. ⧗ 2024-2030

SCEA ARNOUX PÈRE ET FILS, 5, rue de Ley, 21200 Chorey-lès-Beaune, tél. 03 80 22 57 98, contact@arnoux-pereetfils.com V r.-v.

CH. DE LA CHARRIÈRE Les Epenotes 2019 ★

3600 | 11 à 15 €

Issu de la division en 1981 des vignes paternelles entre les 4 enfants Girardin, le Dom. Yves Girardin comptait 3 ha à ses débuts. L'acquisition en 2004 du Ch. de la Charrière a porté à 21 ha la superficie de cette propriété qui a son siège dans le hameau de Santenay-le-Haut.

Partagé entre les niveaux *village* et les 1er cru, ce *climat* marque la frontière avec Pommard. Le vin dévoile un joli bouquet d'églantine et de réglisse agrémenté d'une pointe de vanille. Dominé par le fruit et structuré en douceur par des tanins souples et soyeux, le palais se révèle harmonieux. Une bouteille qui pourra encore vieillir quelques années afin de livrer tout son potentiel. ⌛ 2023-2027

EARL DOM. YVES ET BENOÎT GIRARDIN, 1, rte de Dezize-lès-Maranges, 21590 Santenay, tél. 03 80 20 64 36, yves.girardin-domaine@orange.fr V r.-v.

B DOM. CLOS DE LA CHAPELLE Les Teurons 2018 ★

1138 | 30 à 50 €

Le Clos de la Chapelle faisait partie à l'origine de la Bousse d'Or, dont une parcelle était la propriété de la confrérie du Saint-Sacrement et une seconde, propriété des Carmélites de Beaune. Après la Révolution, il entre dans la famille Pinard, avant d'être repris par Victor Boillot puis Louis Boillot. En 2011, 3 partenaires – Philippe Remoissenet, Pierre Meurgey et Mark M. O'Connell – ont acquis ce domaine de poche : 1,25 ha conduits en biodynamie et en conversion bio.

Un *climat* réputé, en forme de tertre au milieu de la colline de Beaune. Dans le verre, un vin grenat d'une belle concentration, qui dévoile des arômes de fruits rouges relevés de notes résineuses et poivrées. Dans le prolongement, la bouche apparaît ronde, aimable, soyeuse, dotée de tanins fondus. ⌛ 2023-2026

SAS DOM. CLOS DE LA CHAPELLE, 14, Grande-Rue, 21200 Bligny-lès-Beaune, tél. 09 81 83 29 04, info@closchapelle.com V r.-v.

♥ RODOLPHE DEMOUGEOT Les Beaux Fougets 2019 ★★

2000 | 20 à 30 €

Établi à Meursault depuis 1992, Rodolphe Demougeot exploite aujourd'hui un vignoble de 7,8 ha, dont 6 ha de pinot noir, entre Savigny et Chassagne. Labours au cheval, refus des désherbants et des engrais chimiques, l'orientation est résolument biologique, et la vinification peu interventionniste.

Ce *climat* de 5,24 ha, voisin des 1ers crus Epenotes et Boucherottes, côté Pommard, tire son nom des hêtres qui y poussaient autrefois. Rodolphe Demougeot en exploite un demi-hectare planté il y a 55 ans. Il en tire un beaune *village* épatant, d'un seyant grenat, au nez de cerise légèrement vanillé par 12 mois en fût. La bouche est ample, profonde, dotée de tanins fermes mais fins, rafraîchie par une pointe d'acidité, avant de s'étirer dans une longue finale réglissée. Du caractère et un solide potentiel. ⌛ 2024-2030

EARL DOM. RODOLPHE DEMOUGEOT, 2, rue du Clos-de-Mazeray, 21190 Meursault, tél. 03 80 21 28 99, rodolphe.demougeot@orange.fr V r.-v.

FRANÇOIS GAY ET FILS Clos des Perrières 2018 ★

1er cru | 1732 | 20 à 30 €

Établies dans la plaine de Chorey, 7 générations de vignerons ont porté ce nom depuis 1880. Pascal Gay, fils de François, a pris les commandes de l'exploitation familiale en 1998.

Les 38 ares de vignes de cette parcelle ont pris leurs racines dans les terres argilo-calcaires et pierreuses du bas de la colline de Beaune. Les 18 mois passés en fût sont perceptibles au nez, où le toasté s'associe sans fausses notes aux fruits rouges. Gourmande, ronde, dotée de tanins souples, la bouche séduit aussi par ses notes fruitées presque acidulées. Un 1er cru déjà fort aimable, qui pourra aussi patienter en cave. ⌛ 2023-2027

EARL FRANÇOIS GAY ET FILS, 9, rue des Fiètres, 21200 Chorey-lès-Beaune, tél. 03 80 22 69 58, dom.gay.francois.fils@orange.fr V r.-v.

BAPTISTE GUYOT Les Teurons 2018 ★★

1er cru | 1000 | 20 à 30 €

Baptiste Guyot a repris en 2010 le domaine familial qui avait cessé sa production en bouteilles au milieu des années 1990. Très vite, il en a augmenté la superficie cultivée jusqu'à atteindre 9 ha aujourd'hui.

Né des terres rouges de l'Oxfordien du milieu de la colline de Beaune, ce vin d'une belle teinte grenat s'ouvre sur un nez très harmonieux et appétant de groseille et de violette. La bouche se montre ample, ronde et soyeuse, épaulée par des tanins veloutés et fondus qui poussent loin la finale, pleine de fraîcheur. Le coup de cœur fut mis aux voix. ⌛ 2024-2030

SARL BAPTISTE GUYOT, 48, rue du Faubourg-Saint-Martin, 21200 Beaune, tél. 06 69 08 76 62, baptiste.guyot@wanadoo.fr V r.-v. 4

DOM. LA JOLIVODE Lulune 2018 ★★

2200 | 15 à 20 €

Dans le pittoresque village de Nantoux, dans les Hautes-Côtes de Beaune, Christian Menaut fait du vin depuis 1968, aujourd'hui épaulé par son fils Pascal.

Un *climat* peu connu mais d'une qualité régulière, exposé au sud-est, sur les hauteurs en bordure de Pommard. Il donne ici un beaune grenat intense, qui évoque les fruits des bois sur fond de boisé toasté et torréfié. La bouche, diablement gourmande, est soutenue en douceur par des tanins soyeux qui lui apportent un beau relief et portent loin la finale, large et réglissée. ⌛ 2024-2028

BOURGOGNE

⊶ EARL CHRISTIAN ET PASCAL MENAUT, rue Chaude, 21190 Nantoux, tél. 06 70 61 60 63, pascal.menaut@orange.fr V r.-v.

PIERRE MEURGEY Les Valières 2018 ★

1er cru	576		30 à 50 €

Né en 1959 aux Hospices de Beaune, Pierre Meurgey est issu d'une longue lignée de régisseurs de domaines viticoles, œnologues et courtiers en vins bourguignons. Après avoir racheté la maison Champy en 1990, il a fondé en 2013 une activité de négoce sous son nom pour les vins de la Côte d'Or et lancé en 2014 la marque Meurgey-Croses, spécialisée en vins du Mâconnais – sa mère est originaire d'Uchizy.

Un rubis léger colore le verre. Au nez, le vin exhale des notes florales et fruitées, agrémentées de touches toastées et mentholées. La bouche ronde et réglissée présente des tanins encore crayeux qui s'affineront avec la garde. ⧗ 2025-2027

⊶ SARL PIERRE MEURGEY, 25, bd Clemenceau, 21200 Beaune, tél. 09 81 83 29 04, mmeurgey@pierremeurgey.com V r.-v.

DOM. PASCAL MURE
Les Beaux Fougets 2019 ★

	900		15 à 20 €

Installé à Volnay depuis 1987, Pascal Mure, rejoint par son fils Fabien, poursuit l'histoire familiale sur ce domaine de près de 9 ha. Il fait partie de ces vignerons discrets qui, dans l'ombre des « locomotives » du cru, s'appliquent à valoriser leur appellation.

Ce climat classé en communal est situé entre les 1ers crus Boucherottes et Épenotes, à la frontière de Pommard. Il donne naissance à une cuvée aux reflets violets, au nez gourmand de confiture de myrtille et aux légères notes toastées. La groseille s'ajoute à cette palette dans une bouche ronde mais fraîche, structurée par des tanins fermes. ⧗ 2023-2025

⊶ EARL PASCAL MURE, 2, Grande-Rue, 21190 Volnay, tél. 03 80 21 61 15, contact@domaine-mure.com V r.-v.

DOM. THIERRY PINQUIER
Les Chaumes Gauffriots 2019 ★

	1900		11 à 15 €

En 1994, Thierry Pinquier a pris la relève de ses parents Colette et Maurice, ouvriers vignerons fondateurs du domaine en 1954. Aujourd'hui, le vignoble compte 6 ha.

Une cuvée régulièrement en vue dans ces pages, née d'un *climat* des hauteurs culminant à 383 m d'altitude au sommet de la colline de Beaune, d'anciens champs et des friches aujourd'hui couverts de vignes. De ses 40 ares, Thierry Pinquier produit un vin rubis clair, au nez intense de fruits rouges. L'attaque est souple, le tanin fin et soyeux, le boisé bien intégré et l'ensemble bien représentatif de l'appellation. ⧗ 2022-2026

⊶ THIERRY PINQUIER, imp. des Belges, 5, rue Pierre-Mouchoux, 21190 Meursault, tél. 06 80 02 57 84, domainepinquier@orange.fr V *t.l.j. 9h-12h 13h30-18h30; dim. 9h-12h* 3

DOM. JACQUES PRIEUR
Clos de la Féguine Monopole 2018 ★★

1er cru	7200		50 à 75 €

Ce domaine de belle notoriété, établi de longue date à Meursault (fin du XVIIIe s.), dispose de 22 ha de vignes pour 22 appellations, exclusivement des 1ers et des grands crus (hormis son meursault Clos de Mazeray, conduit en monopole). Entré dans le capital en 1988, Jean-Pierre Labruyère en est devenu l'actionnaire principal en 2006 et son fils Édouard en est l'actuel directeur général. La famille Labruyère est également propriétaire à Pomerol (Ch. Rouget), dans le Beaujolais, son fief d'origine (Dom. Labruyère), et en Champagne. Elle peut s'appuyer sur le talent sans faille de Nadine Gublin, l'œnologue maison depuis 1990 en charge de la direction technique depuis 2009. Une structure de négoce (Labruyère-Prieur Sélection) a été créée en 2013 pour étendre la gamme bourguignonne.

Cette vigne monopolistique (1,59 ha au sein du lieu-dit des Coucherias) produit régulièrement de très beaux vins, en rouge mais aussi en blanc. Le millésime 2018 en offre une version très aboutie. D'un rouge profond, ce vin affiche un nez intense de fruits noirs. Une attaque souple ouvre sur une bouche ample et riche, soutenue par des tanins soyeux, à laquelle des notes confites de cerise noire et de cassis apportent un relief gourmand et généreux, pimenté par une touche poivrée en finale. ⧗ 2024-2032

⊶ SCEA DOM. JACQUES PRIEUR, 6, rue des Santenots, 21190 Meursault, tél. 03 80 21 23 85, info@prieur.com

DOM. RAPET PÈRE ET FILS
Grèves 2018 ★★

1er cru	2474		30 à 50 €

Ce domaine ancien (1765) et incontournable de Pernand-Vergelesses est conduit par Vincent Rapet depuis 1985. S'il se passionne pour sa commune natale, ce dernier travaille les appellations voisines avec le même soin, sur un vignoble de 20 ha. Une valeur sûre de la Côte de Beaune.

Toujours bien en vue dans le Guide, cette cuvée issue du plus vaste *climat* de l'appellation a frôlé le coup de cœur. De sa robe grenat s'échappent des notes de fruits rouges et d'épices douces. L'attaque souple laisse place à une bouche ronde, généreuse, légèrement boisée et bien épaulée par des tanins fondus et veloutés. Un vin des plus harmonieux et déjà fort savoureux. ⧗ 2022-2026

⊶ SAS DOM. RAPET PÈRE ET FILS, 2, pl. de la Mairie, 21420 Pernand-Vergelesses, tél. 03 80 21 59 94, vincent@domaine-rapet.com V r.-v.

DOM. JOËL REMY
Les Cent Vignes 2019 ★★

1er cru	n.c.		20 à 30 €

Un domaine fondé en 1853 au sud-est de Beaune, repris en 1988 par Joël Remy (5e génération), qui met en valeur avec son épouse Florence et leur fils Maxime, arrivé en 2015, un vignoble de 12 ha répartis dans plusieurs appellations de la Côte de Beaune.

Le coup de cœur fut mis aux voix pour cette cuvée née d'un vaste *climat* qui tire son nom de Sanvignes, un hameau de Beaune aujourd'hui disparu. Une année de barrique ajoute un boisé parfaitement ajusté à une palette riche en fruité (framboise, mûre et cassis). La bouche affiche beaucoup d'amplitude, de suavité et de profondeur autour de tanins soyeux à souhait et d'une longue finale, fraîche et intense. Un superbe classique. ⧗ 2023-2028

SARL DOM. REMY, 4, rue du Paradis, 21200 Sainte-Marie-la-Blanche, tél. 03 80 60 60 80, domaine.remy@wanadoo.fr V r.-v.

SEGUIN-MANUEL
Champimonts 2018 ★

■	1500		30 à 50 €

Thibaut Marion a repris en 2004 cette maison fondée à Savigny en 1824 et aujourd'hui basée à Beaune. En parallèle de son activité de négoce, il exploite un domaine (certifié bio en 2015) dont il a porté la superficie de 3,5 à 8,5 ha, essentiellement en Côte de Beaune. Une valeur sûre, notamment pour ses savigny.

Pimont vient du mot «piémont», là où le « pied du mont » est en pente douce; pente qui s'accentue sur le *climat* Montée rouge situé au-dessus. Issu de 33 ares de vignes, ce 1er cru s'ouvre sur un nez de fruits rouges relevés d'une pointe d'épices et de cuir. Le palais se développe harmonieusement, avec une attaque souple, des tanins modérés et une finale rectiligne, fruitée et réglissée. ⧗ 2023-2027

SARL SEGUIN-MANUEL, 2, rue de l'Arquebuse, 21200 Beaune, tél. 03 80 21 50 42, contact@seguin-manuel.com V r.-v.

POMMARD

Superficie : 320 ha / Production : 12 900 hl

C'est l'appellation bourguignonne la plus connue à l'étranger, sans doute en raison de sa facilité de prononciation... Les formations de calcaires tendres sont particulièrement favorables au pinot noir qui produit des vins colorés, solides, tanniques et de garde (jusqu'à 10 ans). Les meilleurs *climats* sont classés en 1ers crus, dont les plus connus sont Les Rugiens et Les Épenots.

DOM. MICHEL ARCELAIN
La Combotte 2018 ★

■	2218		15 à 20 €

Ce domaine famililal implanté à Pommard depuis 1889 exploite 4 ha de vignes en Bourgogne, Beaune et Pommard.

Ce vin a extrait de beaux attraits de vignes de 60 ans implantées sur un terroir argilo-calcaire parfaitement exposé : un jus dense couleur grenat, un nez expressif de cerise mûre et de rose, une bouche soyeuse, opulente, structurée par des tanins fermes mais raffinés, qui s'allonge sur des notes fruitées et épicées. Un vin taillé pour la garde. ⧗ 2025-2032

SCEA DOM. MICHEL ARCELAIN, 9, rue Mareau, 21630 Pommard, tél. 06 03 73 05 40, michel.arcelain@orange.fr r.-v.

DOM. DE L'ASTE
Vieilles Vignes 2019 ★★

■	600		30 à 50 €

David Moreau s'est installé en 2009 à la tête des 6 ha plantés par ses grands-parents. Ce jeune vigneron se flatte d'être plus interventionniste à la vigne qu'à la cave. Il a lui-même greffé les sélections massales de ses vignes où il pratique aussi labour et enherbement.

Né, et bien né, de vénérables ceps de 65 ans, ce pommard peut réellement revendiquer sa dénomination « Vieilles Vignes ». Passé par la case «finale des coups de cœur», il met en avant les fruits rouges mûrs et un fin boisé à l'olfaction. En bouche, il affiche beaucoup de fraîcheur et d'équilibre autour de tanins parfaitement ciselés. ⧗ 2025-2030

SARL DAVID MOREAU, 2, rue de la Bussière, 21590 Santenay, tél. 06 85 96 30 28, contact@bourgogne-david-moreau.com V r.-v.

DOM. BOURGOGNE-DEVAUX
Les Vignots 2019 ★★

■	1818		30 à 50 €

Sylvie Bourgogne a repris en 1986 le domaine créé en 1899 par son arrière-grand-père. Contrainte de vendre la production en raisin et de réduire le vignoble (3,6 ha aujourd'hui), elle a vinifié son premier hautes-côtes-de-beaune en 2012. En 2015, elle a transmis l'exploitation à ses 2 fils, Luc, également chargé d'affaires dans la banque, et Fabrice, formé à la «viti-oeno» de Beaune.

Avec ses 15,44 ha, ce *climat* est le plus vaste de l'appellation au niveau communal. Il donne naissance ici à un 2019 à la robe de velours sombre. Le nez est une explosion de saveurs et mêle la violette, la gelée de mûre, le café et un léger toasté. En bouche se découvre un solide pommard, puissant dès l'attaque, ample, dense, charnu, doté de tanins soyeux et souligné par une acidité bien présente. ⧗ 2025-2032 ■ **2019 ★ (20 à 30 €; 2161 b.)** Un vin au nez gourmand de cerise à l'eau-de-vie et de vanille, puissant et ferme en bouche, d'un bon équilibre entre tanins et acidité. Il peut attendre. ⧗ 2024-2030

SAS DOM. BOURGOGNE-DEVAUX, 2, chem. de Mavilly, 21190 Meloisey, tél. 06 03 65 65 40, domaine.bourgogne@gmail.com V r.-v.

DOM. BUISSON-BATTAULT
Les Combes 2018 ★

■	2300		20 à 30 €

Installé sur l'exploitation familiale depuis 1991, François Buisson exploite 8,5 ha. Le siège de son domaine est installé dans une ancienne moutarderie, qui rappelle cette autre spécialité bourguignonne.

Né de vignes de 40 ans, ce vin à la robe rubis s'ouvre progressivement sur des notes de fruits rouges frais et de menthol. La bouche aromatique, souple en attaque, minérale en finale, se montre ample et d'une belle persistance sur le fruit. Les tanins fermes et bien présents se fondront avec les années. ⧗ 2025-2032

SCEA A. BUISSON-BATTAULT ET FILS, 5, rue du 11-Novembre, 21190 Meursault, tél. 06 11 37 19 83, buisson-battault@club-internet.fr V r.-v.

BOURGOGNE

DOM. CLOS DE LA CHAPELLE
Les Chanlins 2018 ★★

1er cru | 1550 | | 50 à 75 €

Le Clos de la Chapelle faisait partie à l'origine de la Bousse d'Or, dont une parcelle était la propriété de la confrérie du Saint-Sacrement et une seconde, propriété des Carmélites de Beaune. Après la Révolution, il entre dans la famille Pinard, avant d'être repris par Victor Boillot puis Louis Boillot. En 2011, 3 partenaires – Philippe Remoissenet, Pierre Meurgey et Mark M. O'Connell – ont acquis ce domaine de poche : 1,25 ha conduits en biodynamie et en conversion bio.

Ce superbe vin issu de vieilles vignes de 80 ans s'affiche dans une seyante robe rubis. Il charme aussi par son nez chaleureux mêlant les fruits mûrs à une touche caramélisée. Les 17 mois de fût amènent un boisé vanillé à une bouche riche et ample, structurée par des tanins raffinés et une fine vivacité. La finale s'allonge sur une note fruitée. Un pommard promis à un grand avenir. ⧗ 2025-2032

SAS DOM. CLOS DE LA CHAPELLE, 14, Grande-Rue, 21200 Bligny-lès-Beaune, tél. 09 81 83 29 04, info@closchapelle.com V *r.-v.*

DOM. DE LA GALOPIÈRE
Les Combes Dessus 2019 ★

| 1168 | | 30 à 50 €

Après avoir enseigné l'œnologie pendant 4 ans, Gabriel Fournier s'est installé en 1982 sur le domaine familial. Il exploite avec son épouse Claire et, depuis 2015, avec son fils Vincent 11 ha de vignes réparties dans plusieurs appellations de la Côte de Beaune, de Chassagne-Montrachet à la colline de Corton.

Un terroir de 2,78 ha situé en bordure de Volnay est à l'origine de ce pommard au bouquet intense et généreux de fruits rouges très mûrs. On retrouve ce fruité solaire dans un palais ample et riche, qui évolue vers une finale minérale et fraîche. ⧗ 2024-2030 ■ **2019 ★ (20 à 30 €; 876 b.)** Un nez fruité qui se dévoile progressivement, complété par des notes boisées dans une bouche ample, dense, bien structurée et longue. ⧗ 2024-2028

EARL DOM. DE LA GALOPIÈRE, 6, rue de l'Église, 21200 Bligny-lès-Beaune, tél. 03 80 21 46 50, contact@domainedelagalopiere.com V *r.-v.*

VINCENT GIRARDIN Vieilles Vignes 2018 ★

| 6000 | | 30 à 50 €

Une maison de grande qualité créée en 1984 par Véronique et Vincent Girardin, cédée en 2012 à leur partenaire historique la Compagnie des Vins d'Autrefois, dirigée par Jean-Pierre Nié. Les équipes techniques et commerciales sont restées les mêmes, et les vins sont toujours vinifiés à Meursault par Éric Germain, bras droit de Vincent Girardin pendant 10 ans.

Cette cuvée à la robe intense délivre des arômes de fruits rouges et noirs et une note épicée apportée par 14 mois de fût. Structuré par des tanins serrés et sévères, c'est un pommard sérieux et volumineux qui s'affinera après un long séjour en cave. ⧗ 2026-2032

SAS VINCENT GIRARDIN, 5, imp. des Lamponnes, 21190 Meursault, tél. 03 80 20 81 00, vincent.girardin@vincentgirardin.com

DOM. HUBER-VERDEREAU
Les Vaumuriens Hauts 2019 ★★

| 2200 | | 20 à 30 €

Alsacien d'origine et formé à la sommellerie, Thiébaud Huber a repris en 1994 les terres familiales longtemps exploitées en fermage. Il cultive en bio depuis 2001 et en biodynamie depuis 2005 ses 9,2 ha de vignes, répartis sur 7 communes de la Côte de Beaune, complétés en 2011 par un petit négoce.

Si vous vous promenez dans le vignoble de Pommard, l'étroite route qui sépare les Vaumuriens Hauts des Vaumuriens Bas ne laisse circuler qu'une voiture. Des vignes de 70 ans ont donné naissance à un vin à la robe rubis et au nez discret qui s'ouvre progressivement sur des notes de cerise noire, de bourgeon de cassis et de fumée. Une attaque souple et fraîche ouvre sur une bouche ferme, dotée de tanins vifs et d'une finale légèrement saline. ⧗ 2025-2032

SAS DOM. HUBER-VERDEREAU, 23, RD 974, 21190 Meursault, tél. 03 80 21 64 37, contact@huber-verdereau.com V *r.-v.*

DOM. LA JOLIVODE 2018 ★

| 3700 | | 20 à 30 €

Dans le pittoresque village de Nantoux, dans les Hautes-Côtes de Beaune, Christian Menaut fait du vin depuis 1968, aujourd'hui épaulé par son fils Pascal.

Parée d'une robe sombre, tirant vers le noir, cette cuvée dévoile un parfum intense de cerise et de fleurs soulignées par des notes boisées instillées par 12 mois de barrique. Une attaque ample laisse place à une matière concentrée, structurée par des tanins patinés et un boisé bien présent. Un vin qui a su dompter un millésime chaud et qui gagnera en harmonie avec le temps. ⧗ 2025-2032

EARL CHRISTIAN ET PASCAL MENAUT, rue Chaude, 21190 Nantoux, tél. 06 70 61 60 63, pascal.menaut@orange.fr V *r.-v.*

DOM. LEJEUNE Les Trois Follots 2019 ★

| 4000 | | 30 à 50 €

Domaine transmis par les femmes depuis 1850, mais administré et vinifié par les hommes : François Jullien de Pommerol, ancien professeur à la « Viti » de Beaune décédé en 2017, rejoint en 2005 par son gendre Aubert Lefas, qui en assure aujourd'hui la direction. Vinifications en grappes entières et longs élevages sous bois sont leur signature, notamment pour les pommard, le cœur de leurs 10 ha, complétés par une activité de négoce. Le domaine est en conversion biologique depuis 2017, et pratique la biodynamie.

Ce *climat* au terroir humide situé à proximité du ruisseau de l'Avant Dheune tirerait son nom de feux follets qui y auraient un jour été aperçus. Parée d'une robe très foncée, cette cuvée révèle des notes de petits fruits rouges et noirs soulignées par un boisé délicat. Des arômes que l'on retrouve dans une bouche ample, charnue mais fraîche, aux tanins soyeux et à la finale tendre. Un bon classique de l'appellation. ⧗ 2025-2030

SCEV DOM. LEJEUNE, 1, pl. de l'Église, 21630 Pommard, tél. 03 80 22 90 88, commercial@domaine-lejeune.fr V *t.l.j. sf dim. lun. 9h-12h 14h-18h*

DOM. ALAIN ET GILLES MONTCHOVET 2019 ★

■ | 4000 | | 15 à 20 €

Établi dans le pittoresque village de Nantoux, dans les Hautes-Côtes, au fond d'un vallon qui débouche sur Pommard, Gilles Montchovet (4e génération) a pris en 2006 la suite de son père Alain. Il est à la tête d'un vignoble de 14 ha.

Produit à partir de 69 ares, ce 2019 offre un nez ouvert de framboise et de groseille agrémentés par un boisé élégant. La bouche est adossée à des tanins ronds et fondus et à une fine acidité qui lui donne une belle allonge. À apprécier dans ses jeunes années. ⧗ 2022-2026

EARL DOM. ALAIN ET GILLES MONTCHOVET, 6, rue Rocault, 21190 Nantoux, tél. 03 80 26 03 26, domainemontchovetaetg@gmail.com V *r.-v.*

MANUEL OLIVIER Les Arvelets 2018 ★

■ 1er cru | 1200 | | 50 à 75 €

Installé en 1990, Manuel Olivier, fils d'agriculteurs, a commencé par cultiver les vignes et petits fruits dans les Hautes-Côtes-de-Nuits. Aujourd'hui spécialisé en viticulture, il exploite un vignoble de 13 ha, complété depuis 2007 par une structure de négoce qui lui a permis de mettre un pied en Côte de Beaune.

Manuel Olivier cultive 15 ares de ce *climat* donc le nom est dérivé du latin «*arvum* , « terres en labour ». Dans le verre, un vin intense et élégant, au nez franc de cerise fraîche et d'épices. Le palais fait preuve d'un bel équilibre entre une agréable acidité et des tanins bien présents mais fins. Un joli potentiel de garde en perspective. ⧗ 2025-2032

SARL MANUEL OLIVIER, 7, rue des Grandes-Vignes, hameau de Corboin, 21700 Nuits-Saint-Georges, tél. 03 80 62 39 33, contact@domaine-olivier.com V *r.-v.*

♥ DOM. PILLOT-HENRY Les Charmots 2019 ★★

■ 1er cru | 2900 | | 20 à 30 €

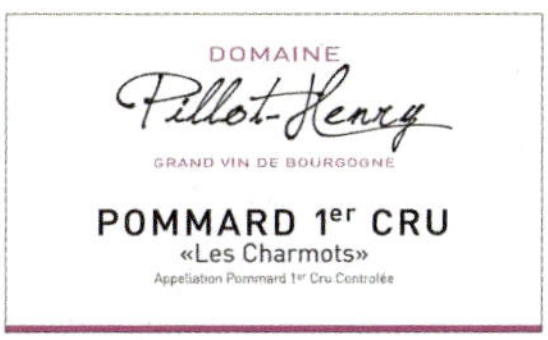

Fils d'un vigneron propriétaire de quelques ares de pommard 1er cru Les Charmots, Thomas Henry, après avoir travaillé pendant 10 ans comme technicien en viticulture, a repris un domaine à Comblanchien en 2007 (le caveau est à Pommard) et exploite aujourd'hui 10,5 ha de vignes entre Nuits-Saint-Georges et Pommard.

Un 1er cru bien connu des amateurs : un *climat* argilo-calcaire parfaitement exposé, dont le nom désigne des champs retournés à la friche. Dans le verre, un superbe pommard à la robe carminée et au nez gourmand de fruits rouges frais, de cerise kirschée et de cassis. On retrouve ces arômes dans une bouche franche en attaque, ample et puissante dans son développement, portée par des tanins fermes et une acidité parfaitement dosée. Déjà savoureux, ce vin gagnera à s'affiner encore quelques années en cave. ⧗ 2023-2030

EARL PILLOT-HENRY, 7, rue Nouvelle, 21700 Comblanchien, tél. 06 28 29 73 97, earl.pillot-henry@orange.fr V *r.-v.*

♥ DOM. MICHEL REBOURGEON Cuvée William 2018 ★★

■ | 1658 | | 20 à 30 €

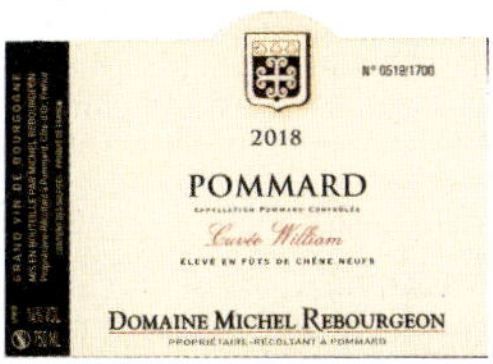

Ce domaine établi au cœur de Pommard a pris le nom de Dom. Michel Rebourgeon en 1964 avec les parents de Delphine Whitehead. Cette dernière est aux commandes depuis 1996 avec son mari Stephen et exploite un petit vignoble de 4,25 ha en AOP beaune, pommard et volnay. Leur fils William les rejoint en 2017.

Cette cuvée créée pour célébrer la naissance du fils né en 1998, déjà récompensée l'an dernier, obtient un nouveau coup de cœur : un joli cadeau pour les 20 ans de William, et pour les œnophiles ! Le nez très aromatique associe le cassis et les fruits rouges à la vanille et aux épices apportées par 18 mois d'élevage en fût. La bouche se montre longue, ample, généreuse, riche, dense et parfaitement équilibrée de bout en bout, avec des tanins veloutés à souhait en soutien. ⧗ 2025-2032

■ 1er cru Les Rugiens 2018 ★ (50 à 75 €; 1140 b.) Un parfum frais et puissant « très pinot », une bouche «explosive» qui délivre un fruit fondu et suave souligné par un joli boisé : un pommard gourmand et savoureux. ⧗ 2024-2028

EARL MICHEL REBOURGEON, 7, pl. de l'Europe, 21630 Pommard, tél. 06 03 52 42 32, michel.rebourgeon@wanadoo.fr V *r.-v.*

DOM. REBOURGEON-MURE Clos des Charmots 2019 ★

■ 1er cru | 1100 | | 30 à 50 €

Un ancêtre s'installe à Pommard en 1552 et prend à bail pour 99 ans des vignes de l'abbaye Sainte-Marguerite-de-Bouilland. Aujourd'hui, les Rebourgeon-Mure conduisent 7,5 ha et s'illustrent régulièrement avec leurs pommard et leurs volnay. Le domaine est certifié Terra Vitis depuis 2019.

Un demi-hectare de ce 1er cru exposé plein sud a donné naissance à un vin au rouge ambré et au nez de réglisse et de cassis relevé d'une note de cèdre. Les tanins fermes encadrent une bouche souple, à la belle matière et à la finale fraîche et poivrée. ⧗ 2025-2030

BOURGOGNE

*SCEA DOM. REBOURGEON-MURE,
6, Grande-Rue, 21630 Pommard, tél. 03 80 22 75 39,
rebourgeon.mure@orange.fr* V *r.-v.*

♥ CHRISTOPHE VAUDOISEY
Les Chanlins 2019 ★★

■ 1er cru | 1500 | | 30 à 50 €

Fondé en 1804, ce domaine a vu passer 8 générations de vignerons. Secondé par son fils Pierre, Christophe Vaudoisey, souvent en vue pour ses volnay, est installé depuis 1985 à la tête de 12 ha en volnay donc, en pommard et en meursault.

Un domaine souvent distingué dans ces pages, et déjà coup de cœur avec cette cuvée dans l'édition 2019. Le *climat* le plus élevé des 1ers crus de Pommard donne ici un vin qui prend de la hauteur. La robe est si foncée qu'elle en paraît presque noire. Le nez, intense, convoque la framboise et le cassis soulignés par des notes boisées et épicées. Après une attaque fraîche, la bouche affiche un volume impressionnant, beaucoup de densité et de longueur, portée par des tanins soyeux et fins. ⧗ 2026-2032

*SCEV CHRISTOPHE VAUDOISEY,
1, rue de la Barre, 21190 Volnay, tél. 03 80 21 20 14,
christophe.vaudoisey@wanadoo.fr* V *r.-v.*

VAUDOISEY-CREUSEFOND Charmots 2018 ★★

■ 1er cru | 3000 | | 20 à 30 €

Héritier d'une longue lignée vigneronne, Alexandre Vaudoisey, arrivé en 2011, a pris la suite de son père Henri en 2017. Il exploite 8 ha répartis entre Pommard, leur fief, Auxey-Duresses, Meursault et Volnay, pratique l'enherbement et vinifie avec des levures indigènes.

Une robe rouge intense aux nuances violacées habille ce 1er cru ouvert sur des saveurs de groseille, de fleurs et d'épices. Une bouche ample, des tanins raffinés, « en dentelle », un boisé bien intégré et une longue finale réglissée en font un vin remarquable d'élégance. ⧗ 2025-2032

*EARL VAUDOISEY-CREUSEFOND,
16, rte d'Autun, 21630 Pommard, tél. 03 80 22 48 63,
vaudoisey-creusefond@wanadoo.fr* V *r.-v.*

DOM. VIRELY-ROUGEOT
Les Chanlins Bas 2019 ★★

■ 1er cru | 2017 | | 30 à 50 €

Heureuse ascendance – rouge par le père, vigneron de Pommard, blanc par la mère, originaire de Meursault – pour Patrick Virely, à la tête de 8 ha constitués dans les années 1990 à partir d'apports familiaux multiples et de plantations.

De Pommard, l'auteur bourguignon Jean-François Bazin disait : « Qu'il emplit à lui tout seul le verre et la bouche. » C'est bien le cas pour cette cuvée qui présente au nez des parfums intenses de vanille, de cassis, de myrtille et une touche de sous-bois. Une attaque souple prélude à une bouche volumineuse, riche et élégante, centrée sur des notes « très pinot » de cerise et adossée à des tanins fermes mais fins. ⧗ 2025-2032 ■ **1er cru Clos des Arvelets 2019 ★★ (30 à 50 €; 3311 b.)** Un nez ouvert de framboise à l'alcool et de confiture de mûre, un palais ample, gras, bien structuré, équilibré par une bonne acidité : ce vin coche toutes les cases du bon pommard de garde. ⧗ 2025-2030

*SCEA DOM. VIRELY-ROUGEOT,
7, rue Notre-Dame, 21630 Pommard, tél. 03 80 24 96 70,
contact@domaine.virely-rougeot.fr* V *t.l.j. sf mer.
9h30-12h 14h-18h*

VOLNAY

Superficie : 207 ha / Production : 7 735 hl

Blotti au creux du coteau, le village de Volnay évoque une jolie carte postale bourguignonne. Moins connu que Pommard son voisin, le vignoble n'a rien à lui envier. Ses vins sont tout en finesse; ils vont de la légèreté des Santenots, situés sur la commune voisine de Meursault, à la solidité et à la vigueur du Clos des Chênes ou des Champans. Nous ne citerons pas tous ses trente 1ers crus, de peur d'en oublier... Le Clos des Soixante Ouvrées y est également très connu et donne l'occasion de définir cette mesure : 4 ares et 28 centiares, unité de base des terres viticoles, correspondant à la surface travaillée à la pioche par un ouvrier au Moyen Âge dans sa journée.

DOM. BITOUZET-PRIEUR Caillerets 2018 ★

■ 1er cru | 660 | | 50 à 75 €

Aux origines du domaine, 2 familles, l'une de Volnay, l'autre de Meursault. Aujourd'hui, 13,5 ha de vignes (pas d'herbicides, compost, travail du sol) et des vins, de Beaune à Puligny, en passant par Meursault et Volnay, mis en musique depuis 2008 par François Bitouzet, seul aux commandes depuis 2012. Un domaine souvent en vue pour ses volnay.

Né d'une vénérable vigne de 60 ans et d'un terroir réputé, ce 1er cru de haute lignée apparaît dans une belle robe grenat profond, ouvert sur des parfums gourmands de fruits noirs et de pâtisseries. La bouche, riche, généreuse, dense, centrée sur les fruits confiturés, s'adosse à des tanins fermes qui doivent encore se fondre. ⧗ 2024-2028

*BITOUZET-PRIEUR, 19, rue de la Combe,
21190 Volnay, tél. 03 80 21 62 13,
contact@bitouzet-prieur.com* V *r.-v.*

Ⓑ DOM. Y. CLERGET
Carelle sous la Chapelle 2019 ★★

■ 1er cru | 1800 | | 30 à 50 €

Les Clerget sont établis dans le vignoble bourguignon depuis le... XIIIe s. ! Thibaud, lui, s'est installé en 2015 à la tête du domaine, avec à sa disposition 6 ha de vignes de Meursault jusqu'au Clos Vougeot.

Un *climat* peu connu, calé à mi-coteau en contrebas de la chapelle et du cimetière de Volnay. Thibaud Clerget y cultive une vénérable vigne de 50 ans à l'origine d'un très beau 1er cru. Robe intense, pourpre soutenu, nez généreux et charmeur de cerise et de cassis mûrs : l'approche est prometteuse. La séduction se prolonge dans une bouche ample, suave, profonde, dotée de tanins soyeux et d'une élégante finale pleine de fraîcheur et de dynamisme. Pour un plaisir longue durée. ⧗ 2025-2032

SCEV DOM. YVON CLERGET, 12, rue de la Combe, 21190 Volnay, tél. 03 80 21 61 56, thibaud@domaine-clerget.com r.-v.

DOM. CLOS DE LA CHAPELLE
En Carelle 2018 ★

1er cru	1575		50 à 75 €

Le Clos de la Chapelle faisait partie à l'origine de la Bousse d'Or, dont une parcelle était la propriété de la confrérie du Saint-Sacrement et une seconde, propriété des Carmélites de Beaune. Après la Révolution, il entre dans la famille Pinard, avant d'être repris par Victor Boillot puis Louis Boillot. En 2011, 3 partenaires – Philippe Remoissenet, Pierre Meurgey et Mark M. O'Connell – ont acquis ce domaine de poche : 1,25 ha conduits en biodynamie et en conversion bio.

Ce 2018 d'un seyant violine, produit à partir de 36 ares de pinot noir, libère des senteurs gourmandes de fruits noirs et de pâtisserie. De prime abord souple et rond, le palais montre ensuite un peu plus les muscles, porté par des tanins fermes, avant de revenir à plus de douceur en finale, sur des notes confiturées. Un volnay solaire et intense. ⧗ 2024-2030

SAS DOM. CLOS DE LA CHAPELLE, 14, Grande-Rue, 21200 Bligny-lès-Beaune, tél. 09 81 83 29 04, info@closchapelle.com V r.-v.

DIDIER DELAGRANGE Santenot 2018 ★★

1er cru	900		50 à 75 €

Didier Delagrange possède une petite activité de négoce en complément de son domaine familial. La production se répartit dans différentes AOC de la Côte de Beaune.

S'il existe des divergences sur l'origine du nom de ce *climat* il n'y pas de doute sur la qualité de ce 1er cru situé sur la commune de Meursault qui, quand il est planté de pinot noir, devient vin de Volnay. On aime sa robe rubis et ses arômes intenses et harmonieux de cassis et de sous-bois, sa bouche allègre et veloutée, aux tanins fondus et soyeux : il a tout bon ce volnay, et pour encore quelques années. ⧗ 2023-2028

SARL DIDIER DELAGRANGE, 7, cours François-Blondeau, 21190 Volnay, tél. 03 80 21 64 12, didier@domaine-henri-delagrange.com V r.-v.

DOM. GUY ET YVAN DUFOULEUR
En Vaut 2018 ★

	3000		20 à 30 €

Les Dufouleur perpétuent une tradition vigneronne qui remonte à la fin du XVIes. Le domaine actuel est né de la fusion en 2007 de 2 domaines familiaux. Guy Dufouleur étant décédé, le vignoble (30 ha) est aujourd'hui dirigé par son fils aîné Yvan, épaulé à la gérance par Xavier, frère de Guy.

Ce *climat* est situé tout en haut du village, entre 300 et 400 m, sous le bois de chêne, dans une combe vallonée qui lui a donné son nom. Ce domaine nuiton nous en propose une version épanouie, d'un beau grenat à reflets roses, ouvert sur le cassis et un boisé bien dosé, épaulé par des tanins souples et fondus jusque dans une finale toute en finesse. ⧗ 2023-2028

SCEA DOM. GUY ET YVAN DUFOULEUR, 15, rue Thurot, BP 80138, 21700 Nuits-Saint-Georges, tél. 03 80 61 09 35, gaelle.dufouleur@21700-nuits.com V *t.l.j. sf dim. 9h30-12h30 14h-18h30*

DOM. GEORGES GLANTENAY
Les Santenots 2018 ★★

1er cru	2300		50 à 75 €

Ce domaine de 8 ha est conduit depuis 4 siècles par la famille Glantenay, qui a accueilli en 2012 une nouvelle génération : Guillaume et sa sœur Fanny, enfants de Pierre. Les vignes sont situées sur Volnay, Pommard, Monthélie, Meursault et Chambolle-Musigny.

Le coup de cœur fut mis au voix pour ce vin. Ses arguments ? Une robe limpide et brillante; un bouquet intense de fruits rouges et noirs agrémentés d'une touche florale; une bouche à la fois consistante et élégante, soutenue par des tanins fins. « La matière alliée à la typicité de l'appellation », conclut le jury, sous le charme. ⧗ 2024-2030 ■ **2018 ★★ (30 à 50 €; 8000 b.)** Un *village* de caractère, généreux, corsé, ample et racé, doté de tanins mûrs. À attendre. ⧗ 2024-2028

SCE DOM. GEORGES GLANTENAY ET FILS, 16, chem. de la Cave, 21190 Volnay, tél. 03 80 21 61 82, domaineglantenay@gmail.com V r.-v.

CH. DE MEURSAULT Clos des Chênes 2018 ★★

1er cru	9120		50 à 75 €

L'emblématique Ch. de Meursault, haut-lieu du tourisme bourguignon et du folklore vineux – on y célèbre la fameuse Paulée le lendemain de la vente des Hospices de Beaune – a souvent changé de mains : famille de Pierre de Blancheton jusqu'à la Révolution; famille Serre au XIXes.; famille du comte de Moucheron; famille Boisseaux (maison Patriarche) à partir de 1973. En décembre 2012, nouveau changement : la famille Halley achète le domaine. Ce sont aujourd'hui 65 ha de vignes en conversion biologique. Aux commandes du chai : Emmanuel Escutenaire.

Avec 2,63 ha, le Ch. de Meursault est le plus gros exploitant du plus vaste des 1ers crus de Volnay. Personne ne s'en plaindra sur la foi de ce Clos des Chênes très abouti. Les 15 mois d'élevage sous bois ont marqué le nez tout en laissant le fruit, la groseille notamment, prendre sa place. La bouche se révèle ample, charnue, très racée, d'une finesse extrême qui se ressent jusque dans sa longue finale. ⧗ 2024-2032

SCEV DOM. DU CH. DE MEURSAULT, rue du Moulin-Foulot, 21190 Meursault, tél. 03 80 26 22 75, domaine@chateau-meursault.com V r.-v.

♥ DOM. MONTHELIE-DOUHAIRET-PORCHERET
En Champans 2018 ★★

1er cru	4000		30 à 50 €

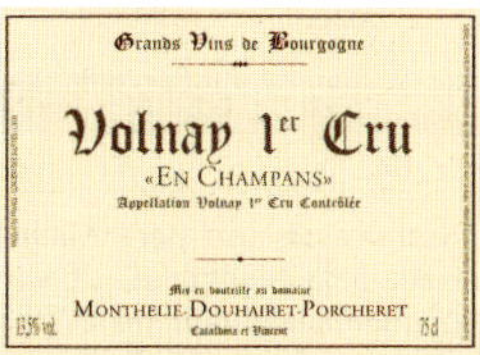

Longtemps régisseur des Hospices de Beaune, André Porcheret acquit en 1989 avec Armande Monthelie-Douhairet ce domaine fondé il y a plus de 3 siècles.

BOURGOGNE

Sa petite-fille Cataldina Lippo l'a rejoint en 2004 et conduit désormais le vignoble, qui compte 6,5 ha.
Double coup de cœur dans l'édition précédente en monthélie et meursault, ce domaine se maintient en haut de l'affiche avec ce volnay majuscule, issu de l'un des *climats* les plus vastes de l'appellation, à mi-hauteur d'un coteau qui monte en pente douce. Un *climat* réputé donner des vins tout en finesse, très représentatifs de l'appellation. Né d'une vénérable vigne de 80 ans, ce 2018 a tout bon et y ajoute le caractère solaire du millésime : seyante robe grenat de belle densité, nez intense de fruits noirs mûrs et de pâtisserie, bouche aussi ample que soyeuse et délicate, sur les fruits confiturés, avec des tanins veloutés en soutien. Déjà savoureux, et pour longtemps. ⧗ 2024-2030

SCE MONTHELIE-DOUHAIRET-PORCHERET, 1, rue Cadette, 21190 Monthelie, tél. 03 80 21 63 13, contact@domainemontheliedouhairet.com r.-v.

HUGUES PAVELOT 2018 ★

■ | 1500 | | 20 à 30 €

Parallèlement au domaine géré en famille (Dom. Jean-Marc et Hugues Pavelot), Hugues Pavelot a fondé en 2014 sa structure de négoce, à partir de laquelle il produit du chorey-les-beaune et du pernand-vergelesse.
À Volnay, avec 46 % d'occupation des sols, l'appellation communale est minoritaire par rapport aux 1ers crus; ce qui n'empêche pas les *villages* de se distinguer par des caractères similaires. Ici, un vin au nez intense de cassis, de framboise et d'épices, au palais bien en chair, généreux, doté de tanins fins et d'une jolie finale sur les épices. ⧗ 2024-2028

SARL MAISON HUGUES PAVELOT, 21, rue Chanson-Maldant, 21420 Savigny-lès-Beaune, tél. 03 80 21 55 21, hugues.pavelot@wanadoo.fr r.-v.

FERNAND ET LAURENT PILLOT 2019 ★

■ | 3500 | | 20 à 30 €

Installé en 1993, Laurent Pillot, fils de Fernand, représente la 4e génération de vignerons sur cette propriété de Chassagne-Montrachet; la 5e (Adrien) a rejoint le domaine en 2016 après avoir parcouru le monde de cave en cave et signe aujourd'hui les vinifications. L'exploitation, qui s'est étendue sur Pommard grâce à la reprise des vignes Pothier-Rieusset, approche aujourd'hui les 15 ha.
Plus souvent en vue pour leurs chassagne-montrachet, les Pillot s'illustrent ici avec un volnay abouti, né d'une parcelle de 73 ares. Derrière une robe rubis intense se dévoile un vin expressif et généreux, sur la prune et la figue, signes de maturité, avec en bouche des tanins serrés qui encadrent un fruit goûteux. Un peu de cave est conseillé. ⧗ 2024-2028

EARL FERNARD ET LAURENT PILLOT, 3, rue du Puits-Merdreau, 21190 Chassagne-Montrachet, tél. 03 80 21 99 83, contact@vinpillot.com r.-v.

DOM. POULLEAU PÈRE ET FILS 2018 ★★

■ | 2495 | | 20 à 30 €

Depuis le départ à la retraite de son père Michel en 1996, Thierry Poulleau (à la technique) et son épouse Florence (au commercial) gèrent les 8,3 ha du domaine familial créé par le grand-père Gaston et signent des vins souvent en vue, notamment des volnay, des chorey et des côte-de-beaune.
Ce superbe *village* s'annonce dans une belle robe grenat brillant, mêlant au nez notes florales et petits fruits rouges, la framboise notamment. La bouche apparaît riche, tendre, veloutée, construite sur des tanins élégants et fins, avec en point d'orgue une finale pure et longue. Candidat au coup de cœur. ⧗ 2024-2030

SCEA DOM. MICHEL POULLEAU PÈRE ET FILS, 7, rue du Pied-de-la-Vallée, 21190 Volnay, tél. 03 80 21 26 52, domaine.poulleau@wanadoo.fr r.-v.

♥ DOM. STÉPHANE DE SOUSA
Les Pasquiers 2018 ★★

■ | 400 | | 20 à 30 €

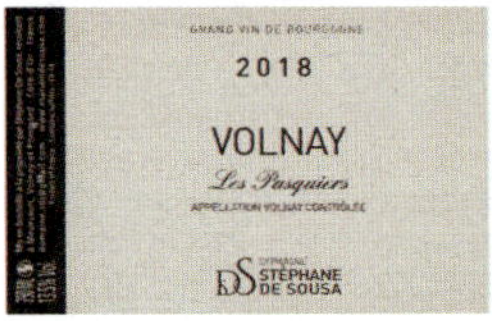

Après 10 ans dans le médical et les biotechnologies, Stéphane de Sousa, fils de vignerons de Meursault, est revenu à ses racines vigneronnes : il a créé son négoce en 2012 dans la cuverie de son grand-père maternel et acquis sa première vigne en 2013, avant de reprendre le domaine paternel en 2015 (sur Meursault, Volnay et Pommard).
Un premier coup de cœur pour Stéphane de Sousa avec un *climat* peu connu de Volnay. Un vin né d'une vigne de 60 ans située le long de la nationale, sur un terroir qui monte en douceur à l'assaut de la colline. D'une belle brillance, il dévoile un nez « explosif » de griotte, de mûre et de myrtille. En bouche, il propose une texture soyeuse et tendre, soutenue par des tanins fins et caressants. Un volnay ample et élégant, que votre cave sera honorée d'accueillir. ⧗ 2024-2030

STÉPHANE DE SOUSA, 25, RD 974, 21190 Meursault, tél. 06 50 21 73 13, domaine.sds@gmail.com r.-v.

♥ CHRISTOPHE VAUDOISEY 2019 ★★

■ | 6000 | | 20 à 30 €

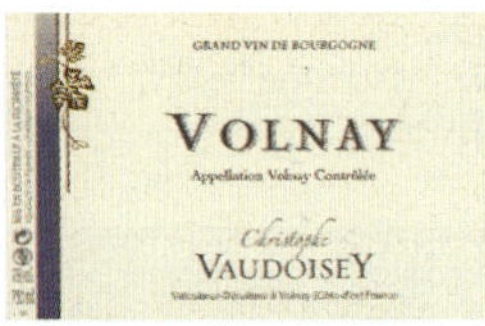

Fondé en 1804, ce domaine a vu passer 8 générations de vignerons. Secondé par son fils Pierre, Christophe Vaudoisey, souvent en vue pour ses volnay, est installé depuis 1985 à la tête de 12 ha en volnay donc, en pommard et en meursault.
Deux ans après son dernier coup de cœur (un volnay Clos des Chênes 2017), la famille Vaudoisey récidive avec un *village* produit à partir de ceps de 50 ans plantés sur pas moins de 3 ha. Le pourpre prononcé de la robe attire l'œil. Puis, le nez est charmé par des parfums intenses et élégants de cerise noire et de réglisse. En bouche, le vin attaque en souplesse, avant de délivrer une matière ample, suave et tendre, portée par des tanins délicats. Du velours. ⧗ 2024-2032

SCEV CHRISTOPHE VAUDOISEY, 1, rue de la Barre, 21190 Volnay, tél. 03 80 21 20 14, christophe.vaudoisey@wanadoo.fr r.-v.

MONTHÉLIE

Superficie : 120 ha
Production : 4 745 hl (85 % en rouge)

Moins connu que ses voisins, Volnay au nord et Meursault au sud, le village de Monthelie est installé à l'entrée de la combe de Saint-Romain qui sépare les terroirs à rouges des terroirs à blancs; ses coteaux exposés au sud donnent des vins d'excellente qualité.

B DOM. CHANGARNIER Pierrefitte 2019 ★

■	2100		20 à 30 €

Complété par une activité de négoce, un domaine régulier en qualité, dans la famille Changarnier depuis le XVIIes., repris en 2004 par les frères Claude et Antoine, avec Fabrice Groussin aux commandes de la cave depuis 2012. Le vignoble couvre près de 5 ha, en conversion bio avec des pratiques biodynamiques.

Un menhir ou une pierre allongée gisait autrefois dans ce *climat* de 2,39 ha situé à la limite de Volnay. Le domaine en exploite 46 ares qui ont donné ce vin bien ouvert sur les fruits frais. Un fruité que l'on retrouve dans une bouche bien équilibrée, d'un bon volume, aux tanins affinés, dynamisée par une finale fraîche et persistante. ⧗ 2023-2027

SCEA DOM. CHANGARNIER, pl. du Puits, 21190 Monthelie, tél. 03 80 21 22 18, infos@domainechangarnier.com V r.-v.

DOM. DUBUET-MONTHELIE
Les Champs-Fulliot 2019 ★★

■ 1er cru	2500		20 à 30 €

L'essentiel des vignes de ce domaine de 8 ha, régulier en qualité, est à Monthelie. Guy Dubuet - Monthelie était le nom de sa mère - a cédé la place en 2004 à son fils David, qui perpétue les labours sur l'ensemble de la propriété.

Sur ce *climat* « frontière » avec Volnay, 1er cru réputé et le plus vaste de l'appellation, David Dubuet exploite 42 ares à l'origine d'un vin d'un grenat intense. Le nez balance entre fruits noirs et rouges confits. À la fois souple et puissante, la bouche reste élégante et alerte grâce à sa fraîcheur préservée. ⧗ 2023-2027 ■ **Clos de la Jolie 2019 ★ (15 à 20 €; 1600 b.)** Au nez, un boisé suave accompagne les fruits rouges et noirs. En bouche, de la rondeur, des tanins tendres et un boisé fondu. ⧗ 2022-2026

EARL DOM. DUBUET-MONTHELIE, 1, rue Bonne-Femme, 21190 Monthelie, tél. 06 64 46 10 17, david.dubuet@orange.fr V r.-v.

DOM. DUJARDIN Les Vignes Rondes 2018 ★

■ 1er cru	3000		20 à 30 €

À leur départ à la retraite en 2007, les Bouzerand ont confié les clés du domaine (7 ha) et de ses caves cisterciennes des XIIe et XVes. à Ulrich Dujardin, installé ici depuis 1990. Le vigneron a lancé sa maison de négoce en 2014.

Autrefois, les vignes n'étaient pas palissées. Elles étaient plantées « en foule » et suivaient l'arrondi du coteau. Les 2,72 ha de ce *climat* qui longe la route montant au village côté Volnay forment ainsi un cercle. Y est né ce vin limpide, expressif, dans le registre des fruits rouges et de l'églantine. La bouche apparaît nette, elle aussi bien fruitée, persistante, avec en soutien des tanins francs et fins. ⧗ 2023-2027

SCEA DOM. DUJARDIN, 1, Grande-Rue, 21190 Monthelie, tél. 03 80 21 20 08, domaine-dujardin@orange.fr V r.-v.

DOM. FLORENT GARAUDET
Les Riottes 2018 ★

■	1500		30 à 50 €

Florent Garaudet a vinifié dans l'aire du Pic Saint-Loup puis à Pomerol avant de se construire en 2008 un petit vignoble de 3 ha à Monthélie, Meursault et Puligny-Montrachet. Il fait partie de la jeune garde de la commune.

Comme à Pommard ou à Morey-Saint-Denis, ce nom de *climat* désigne une résurgence d'eau formant des ruisseaux au sein de la vigne. Dans le verre, un 1er cru qui, après 12 mois de fût, présente un bouquet élégant mêlant notes fumées, nuances florales et fruits rouges et noirs. La bouche se révèle souple et persistante, épousant une trame subtile de tanins fins. ⧗ 2023-2028

FLORENT GARAUDET, 3, rue du Château-Gaillard, 21190 Monthelie, tél. 06 87 77 01 28, florentgaraudet@orange.fr V *t.l.j. sf sam. dim. 8h-12h 14h-18h*

PAUL GARAUDET
Les Champs-Fulliot 2018 ★★

■	1000		20 à 30 €

Un domaine de 8 ha conduit par Paul Garaudet, quatrième du nom à la tête de cette propriété régulièrement sélectionnée en monthélie.

Le plus grand des 1ers crus de Monthélie accueille aussi 60 ares en appellation communale. Y est né ce beau chardonnay élevé 14 mois en fût, ouvert sur un élégant boisé grillé qui laisse s'exprimer le fruit (jaune et gourmand). On aime aussi son équilibre en bouche entre richesse et fraîcheur. Très harmonieux. ⧗ 2022-2025

PAUL GARAUDET, imp. de l'Église, 21190 Monthelie, tél. 03 80 21 28 78, paul.garaudet@orange.fr V r.-v.

GILBERT ET PHILIPPE GERMAIN 2019 ★

■	11500		11 à 15 €

Gilbert Germain a créé l'exploitation en 1962 avec son épouse Bernadette dans le pittoresque village de Nantoux, en Hautes-Côtes. Philippe, le fils, a repris le flambeau en 1995, débuté la vente en bouteilles et développé le parcellaire : son vignoble couvre aujourd'hui 20 ha.

Ce monthélie expressif dévoile au nez des arômes intenses de fruits noirs relevés d'épices. De la bouche, on retient une attaque souple et juteuse, un développement à l'unisson, fluide et croquant sur le fruit, avec un joli retour épicé en finale. ⧗ 2023-2026

EARL GILBERT ET PHILIPPE GERMAIN, rue du Vignoble, 21190 Nantoux, tél. 03 80 26 05 63, germain.vins@wanadoo.fr V r.-v.

BOURGOGNE

♥ DOM. LEJEUNE En Remagnien 2019 ★★

■	3000		15 à 20 €

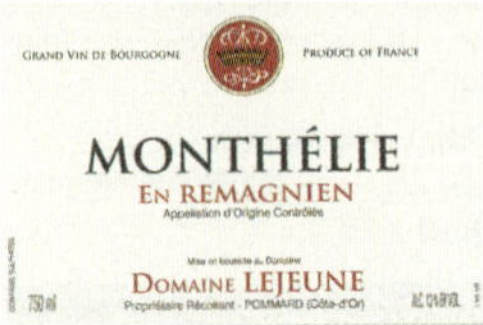

Domaine transmis par les femmes depuis 1850, mais administré et vinifié par les hommes : François Jullien de Pommerol, ancien professeur à la «Viti» de Beaune décédé en 2017, rejoint en 2005 par son gendre Aubert Lefas, qui en assure aujourd'hui la direction. Vinifications en grappes entières et longs élevages sous bois sont leur signature, notamment pour les pommard, le cœur de leurs 10 ha, complétés par une activité de négoce. Le domaine est en conversion biologique depuis 2017, et pratique la biodynamie.

Ce nom de *climat* (situé au centre de la combe de Monthélie) mérite une explication. Construit sur le vocable «roman», signifiant « cours d'eau », il désigne un endroit humide. On l'orthographie aussi « Romagniens ». Il est à l'origine du meilleur vin de cette sélection. Un monthélie limpide au sens propre comme au sens figuré, ouvert sur des senteurs de cerise noire mariées sans fausse note à un boisé fondu provenant de 14 mois d'élevage. La bouche, gorgée de fruits mûrs, s'adosse à des tanins soyeux et fins, et s'étire dans une longue finale ample et fraîche. Une bouteille qui fera honneur à votre cave. ⧗ 2023-2028

SCEV DOM. LEJEUNE, 1, pl. de l'Église, 21630 Pommard, tél. 03 80 22 90 88, commercial@domaine-lejeune.fr V *t.l.j. sf dim. lun. 9h-12h 14h-18h*

MONTHELIE-DOUHAIRET-PORCHERET
Clos du Meix Garnier Monopole 2018 ★

■	8200		20 à 30 €

Longtemps régisseur des Hospices de Beaune, André Porcheret acquit en 1989 avec Armande Monthelie-Douhairet ce domaine fondé il y a plus de 3 siècles. Sa petite-fille Cataldina Lippo l'a rejoint en 2004 et conduit désormais le vignoble, qui compte 6,5 ha.

Un monopole de 1,36 ha entouré d'habitations («meix» désignait autrefois une vigne fermée à l'aplomb d'une maison). Dans le verre, un joli vin au nez élégant de griotte. Un caractère bien «pinot» que l'on retrouve dans une version kirschée dans une bouche souple en attaque, plus large et ferme dans son développement. ⧗ 2024-2028

SCE MONTHELIE-DOUHAIRET-PORCHERET, 1, rue Cadette, 21190 Monthelie, tél. 03 80 21 63 13, contact@domainemontheliedouhairet.com V *r.-v.*

DOM. THIERRY PINQUIER
Les Sous-Roches 2019 ★

■	2100		11 à 15 €

En 1994, Thierry Pinquier a pris la relève de ses parents Colette et Maurice, ouvriers vignerons fondateurs du domaine en 1954. Aujourd'hui, le vignoble compte 6 ha.

Si le chardonnay est largement supplanté par le pinot dans l'appellation (environ 15 %), et le plus souvent planté au niveau communal, il donne de jolis vins, à l'image de ce 2019 aux arômes discrets de cannelle et de fleurs blanches. La bouche se montre fraîche, tonique, accompagnée jusqu'en finale par un bon fruité aux tonalités exotiques. Un beau potentiel de garde. ⧗ 2022-2026

THIERRY PINQUIER, imp. des Belges, 5, rue Pierre-Mouchoux, 21190 Meursault, tél. 06 80 02 57 84, domainepinquier@orange.fr V *t.l.j. 9h-12h 13h30-18h30; dim. 9h-12h* ❸

DOM. LAURENT ET ROMAIN PRUNIER
Les Champs-Fulliot 2019 ★

■ 1er cru	1700		15 à 20 €

Un domaine de 11 ha conduit depuis 1992 par Laurent Prunier, rejoint en 2019 par son fils Romain (6e génération). Une valeur sûre en auxey-duresses et en monthélie.

Coup de cœur l'an passé avec leur 1er cru Les Vignes Rondes 2018, le duo Prunier s'illustre cette année avec cet autre 1er cru. Un vin né d'une vigne de 55 ans, qui livre des parfums de mûre et une bouche soyeuse, dotée de tanins fondus et d'une jolie finale acidulée apportant un surcroît de tonus. ⧗ 2023-2027

EARL DOM. LAURENT ET ROMAIN PRUNIER, 1, rue Traversière, 21190 Auxey-Duresses, tél. 03 80 21 27 51, domaine.prunier@wanadoo.fr r.-v.

DOM. SAINT-FIACRE 2019 ★

■	10000		15 à 20 €

Établis dans la plaine de Tailly et héritiers de plusieurs générations de vignerons, Aline et Joël Patriarche ont pris la tête de ce domaine familial de 5 ha de vignes en 1987.

Avec 70 % de surface plantée, le niveau communal est majoritaire dans l'appellation, comme le pinot noir qui représente 90 % des vins. Celui-ci embaume les petits fruits rouges, avec une dominante de groseille. De la bouche, nos jurés aiment le fondu des tanins et la souplesse de la texture. Une bouteille idéale pour découvrir le monthélie. ⧗ 2022-2026

SCEA DOM. SAINT-FIACRE, 27, rue de la Boutière, 21190 Tailly, tél. 03 80 26 84 38, domaine.stfiacre@orange.fr V *r.-v.*

AUXEY-DURESSES

Superficie : 135 ha
Production : 5 840 hl (65 % rouge)

Le village d'Auxey-Duresses se niche dans un vallon qui conduit vers les Hautes-Côtes. Son vignoble couvre les 2 versants de la combe et se répartit en trois îlots : sur la pente nord, il prolonge le terroir de Monthelie et porte des 1ers crus rouges exposés au midi, comme les Duresses ou le Val, fort réputés; au fond de la combe, il jouxte des parcelles de Saint-Romain; sur le versant de Meursault, au sud, il produit d'excellents vins blancs.

DOM. BAROLET-PERNOT PÈRE ET FILS
Les Clous 2019 ★

■	1480		20 à 30 €

André Barolet s'installe sur le domaine en 1947 et épouse Huguette Pernot 10 ans plus tard. En 1985,

Didier rejoint l'exploitation, et ensemble ils développent la vente de bouteilles aux particuliers, tout en créant un caveau de dégustation. En 2015, Romain, le fils de Didier, les rejoint sur un domaine qui compte désormais 14 ha répartis sur six appellations.

À la sortie du hameau du Petit-Auxey, longeant le ruisseau des Clous, ce *climat* formé d'éboulis s'étend sur un peu plus de 5 ha. Il donne naissance à un vin qui allie au nez l'élégance des fleurs à l'intensité des épices et du boisé. Une attaque vive ouvre sur une bouche fraîche, ample, consistante, bien équilibrée par une fine acidité. À garder en cave pour encore plus de complexité. ⧗ 2023-2027

EARL DOM. BAROLET-PERNOT PÈRE ET FILS, 2, rue de Poillange, 21190 Saint-Romain, tél. 03 80 21 20 88, baroletromain@gmail.com V r.-v.

CARRÉ-REGAZZONI Les Closeaux 2018 ★

■ | 600 | | 11 à 15 €

Installé depuis 2000 à Meloisey, petit village des Hautes-Côtes de Beaune, Bernard Carré est à la tête de 6 ha, tout en étant vigneron des Hospices de Beaune.

Avec ses 6,76 ha, Les Closeaux est l'une des plus grandes parcelles au niveau communal. Issu de 30 ares de pinot, ce vin arbore une belle robe violacée et un nez subtil de fraise. La bouche agréable, ronde, souple, soyeuse, reste sur cette note de fruit rouge. Harmonieux et facile à aimer. ⧗ 2023-2027

EARL CARRÉ-REGAZZONI, 4, rue du Puits-Bouret, 21190 Meloisey, tél. 03 80 26 07 76, bernard.carreregazzoni@sfr.fr V r.-v. B

B CLOS DU MOULIN AUX MOINES Monopole 2019 ★

■ | 3500 | | 30 à 50 €

Un domaine historique, propriété de l'abbaye de Cluny au Xᵉs., puis de Cîteaux pendant 6 siècles. Une très longue histoire rythmée par plusieurs propriétaires, par la famille Andrieu depuis 2008. Le vignoble s'étend sur 15 ha (en bio), dont quatre parcelles en monopole.

Sur les 2,80 ha de ce monopole, 80 ares sont plantés en chardonnay. Ils ont donné naissance à cet auxey doré limpide et d'une belle intensité, qui s'épanouit sur des notes de fruits exotiques. Une attaque nette et franche annonce une bouche longue, bien équilibrée et tonique, à l'acidité stimulante. ⧗ 2022-2025

SCEA CLOS DU MOULIN AUX MOINES, Moulin-aux-Moines, 21190 Auxey-Duresses, tél. 03 80 21 60 79, info@moulinauxmoines.com V r.-v.

DOM. DICONNE Les Duresses 2018 ★

■ 1er cru | 2500 | | 15 à 20 €

Christophe Diconne s'est installé en 2005 sur le domaine familial d'Auxey-Duresses (10,2 ha), succédant à son grand-père Paul et à son père Jean-Pierre. Souvent en vue pour ses auxey-duresses, dans les 2 couleurs.

Coup de cœur l'an passé avec sa cuvée Vieilles Vignes 2017 blanc, Christophe Diconne s'illustre cette année avec son rouge, né de vignes centenaires. Le nez évoque les fruits très mûrs, presque confiturés. Dans la même tonalité solaire, à l'image du millésime, la bouche se montre charnue et concentrée, soutenue par des tanins soyeux. Un vin prometteur, qui demande encore un peu de patience. ⧗ 2024-2030

EARL DOM. JEAN-PIERRE DICONNE, 5, rue de la Velle, 21190 Auxey-Duresses, tél. 03 80 21 25 60, contact@domaine-diconne.fr V r.-v.

MAISON JAFFELIN Les Duresses 2018 ★★

■ 1er cru | 2840 | | 20 à 30 €

Cette maison de négoce-éleveur implantée à Beaune depuis 1816 appartient à la galaxie des vins Boisset. Elle conserve son autonomie d'achat avec Marinette Garnier à sa tête depuis 2011. En vue notamment pour ses pernand-vergelesses et ses auxey-duresses.

Parmi les 9 *climats* classés en 1ers crus du village, c'est celui-ci qui a donné son nom à la commune. Cette cuvée, d'un beau rouge dense et profond, demande un peu d'aération pour révéler son bouquet de fruits rouges confits. Bien structurée par des tanins affinés, la bouche se révèle ample, dense et longue. À conserver encore un peu en cave. ⧗ 2024-2027

MAISON JAFFELIN, 2, rue Paradis, 21200 Beaune, tél. 03 80 22 12 49, jaffelin@maisonjaffelin.com V r.-v.

♥ CH. LABOURÉ-ROI Climat du Val 2018 ★★

■ 1er cru | 5140 | | 20 à 30 €

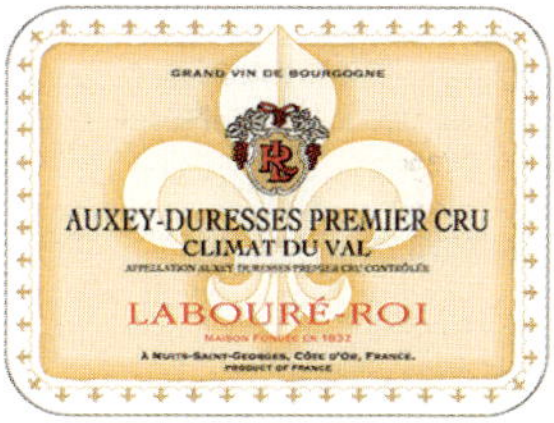

Situé à Nuits-Saint-Georges, la maison de négoce Labouré-Roi a été fondée en 1832. Elle s'est notamment fait connaître depuis de nombreuses années en fournissant des compagnies aériennes et de navires de croisières. Aux commandes techniques, Brigitte Putzu est en place depuis 2015.

Seul coup de cœur de l'appellation, ce vin né du plus vaste des 1ers crus de cette appellation se présente dans une très belle robe rouge intense. Il propose un nez certes discret mais agréablement fruité et boisé. C'est en bouche qu'il s'impose pleinement, offrant beaucoup de matière, de volume, de densité, autour de fines notes réglissées et poivrées et de tanins veloutés. ⧗ 2023-2028

SASU MAISON LABOURÉ-ROI (NICOLAS POTEL), 13, rue Lavoisier, 21700 Nuits-Saint-Georges, tél. 03 80 62 64 00, contact@laboure-roi.com V r.-v.

DAVID MORET 2019 ★

■ | 5000 | | 20 à 30 €

David Moret a créé en 1999 sa maison de négoce, établie derrière les remparts de Beaune. Cet adepte des élevages longs s'est fait une spécialité de la

vinification « haute couture » des blancs de la Côte de Beaune.

Une robe jaune pâle pour cette cuvée dont palette aromatique oscille entre les notes florales, fruitées et un boisé bien présent (12 mois d'élevage). La bouche, dotée d'une acidité franche, est dominée par les fruits jaunes qui s'attardent longuement en finale. Un auxey tendu et expressif. ⧗ 2022-2026

SARL DAVID MORET, 1, rue Émile-Goussery, 21200 Beaune, tél. 03 80 24 00 70, davidmoret.vins@orange.fr V r.-v.

AGNÈS PAQUET 2018 ★★

	20000		20 à 30 €

Agnès Paquet a créé son domaine en 2000 à partir d'une parcelle acquise par sa famille dans les années 1950. Installée dans les Hautes-Côtes de Beaune, elle exploite 13 ha de vignes, dont une grande partie à Melin, hameau d'Auxey-Duresses. La conversion bio est engagée.

Il ne cacha pas son année passée en fût cet auxey au caractère boisé, auquel s'ajoutent d'agréables notes florales et fruitées. Une belle tension, une texture soyeuse, du volume, de la longueur, la bouche signe un *village* prometteur. ⧗ 2023-2028

SARL AGNÈS PAQUET, 10, rue du Puits-Bouret, 21190 Meloisey, tél. 03 80 26 07 41, contact@vinpaquet.com V r.-v. 3 E

DOM. LAURENT ET ROMAIN PRUNIER Climat du Val 2019 ★

1er cru	1450		15 à 20 €

Un domaine de 11 ha conduit depuis 1992 par Laurent Prunier, rejoint en 2019 par son fils Romain (6e génération). Une valeur sûre en auxey-duresses et en monthélie.

Ce vin se présente avec élégance dans une robe pivoine et déploie un bouquet harmonieux de mûre, de cerise et de violette. La bouche se montre suave et délicate, épaulée par des tanins fondus et une fine acidité. Simple et de (très) bon goût. ⧗ 2023-2027

EARL DOM. LAURENT ET ROMAIN PRUNIER, 1, rue Traversière, 21190 Auxey-Duresses, tél. 03 80 21 27 51, domaine.prunier@wanadoo.fr r.-v.

DOM. VINCENT PRUNIER 2018 ★★

	6600		11 à 15 €

Au départ, en 1988, 2,5 ha de vignes hérités des parents, non viticulteurs; le vignoble couvre 12,5 ha aujourd'hui, et Vincent Prunier s'est imposé comme l'une des valeurs sûres de la Côte de Beaune. En complément de son domaine, il a créé une petite structure de négoce en 2007.

Issue d'un hectare de vignes de 45 ans, cette cuvée rouge sombre dévoile un nez intense de fruits mûrs délicatement boisé par 12 mois d'élevage en fût. Une attaque franche laisse place à une belle matière, structurée par des tanins bien présents mais soyeux qui poussent loin la finale. ⧗ 2024-2028

EARL DOM. VINCENT PRUNIER, 53, rte de Beaune, 21190 Auxey-Duresses, tél. 03 80 21 27 77, domaine.prunier.vincent@wanadoo.fr V r.-v.

DOM. MICHEL PRUNIER ET FILLE 2018 ★

	3228		15 à 20 €

Les Prunier sont vignerons à Auxey depuis 5 générations. Michel, installé en 1968, transmet progressivement à sa fille Estelle un domaine de 12 ha souvent en vue pour ses auxey-duresses.

Des vignes de 50 ans sont à l'origine de ce vin paré d'une robe dense, qui révèle un nez de fruits rouges mûrs. Un fruité que prolonge un palais souple, frais, délicatement acidulé, de bonne longueur. ⧗ 2022-2025

EARL DOM. MICHEL PRUNIER ET FILLE, 18, rte de Beaune, 21190 Auxey-Duresses, tél. 03 80 21 21 05, domainemichelprunier-fille@wanadoo.fr V r.-v.

DOM. TAUPENOT-MERME 2018 ★

1er cru	3400		20 à 30 €

En 1963, Jean Taupenot, de Saint-Romain, épouse Denise Merme et se fixe à Morey. Aujourd'hui, leurs enfants Romain et Virginie conduisent, en bio non certifié, un vignoble de 13 ha avec un pied en Côte de Nuits et l'autre en Côte de Beaune. Un domaine constant en qualité. Romain a développé par ailleurs, sous son nom, une petite structure de négoce.

Ce 2018 d'une jolie couleur cerise affiche un subtil parfum de fraise et de violette. La bouche, riche, ample, racée, épaulée par des tanins élégants, fait preuve d'un bel équilibre et de longueur. Un vin taillé pour la garde. ⧗ 2024-2028

SC DOM. TAUPENOT-MERME, 33, rte des Grands-Crus, 21220 Morey-Saint-Denis, tél. 03 80 34 35 24, accueil@taupenot-merme.com V r.-v.

SAINT-ROMAIN

Superficie : 96 ha
Production : 3 900 hl (55 % blanc)

À l'ouest de Meursault, le site mérite une excursion : le village de Saint-Romain se blottit au fond d'une combe, adossé à de superbes falaises. Son vignoble est situé dans une position intermédiaire entre la Côte et les Hautes-Côtes. Les vins rouges sont fruités et gouleyants; les terrains argileux, avec des bancs marno-calcaires, conviennent bien au chardonnay.

♥ DOM. BAROLET-PERNOT PÈRE ET FILS 2019 ★★

	6000		15 à 20 €

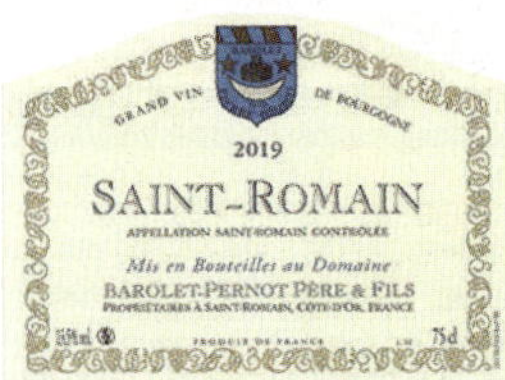

André Barolet s'installe sur le domaine en 1947 et épouse Huguette Pernot 10 ans plus tard. En 1985, Didier rejoint l'exploitation, et ensemble ils développent la vente de bouteilles aux particuliers, tout en créant un caveau de dégustation. En 2015, Romain, le fils de Didier, les

rejoint sur un domaine qui compte désormais 14 ha répartis sur six appellations.

Étoilée l'an passé, cette cuvée issue d'un assemblage de parcelles représentant 3,50 ha fait mieux encore dans sa version 2019 et décroche un coup de cœur. Le nez, très élégant, balance entre le boisé de l'élevage (40 % de fûts neufs) et des senteurs d'agrumes. La bouche se révèle ample, riche, généreuse et trouve dans sa longue finale acidulée une fraîcheur salutaire. Une harmonie remarquable. ⧗ 2023-2027

EARL DOM. BAROLET-PERNOT PÈRE ET FILS, 2, rue de Poillange, 21190 Saint-Romain, tél. 03 80 21 20 88, baroletromain@gmail.com V r.-v.

DOM. GERMAIN PÈRE ET FILS
Sous le Château 2019 ★★

30 000 | 15 à 20 €

Un domaine créé en 1955 par Bernard Germain, rejoint en 1976 par son fils Patrick, avec lequel il lance la mise en bouteilles. En 2010, Arnaud, le petit-fils, s'installe sur l'exploitation. Il conduit 16 ha en HVE niveau 3 depuis 2018, complétés par une activité de négoce à son nom.

Depuis son promontoire rocheux sous les ruines de l'ancien château, ce *climat* est visible de loin. Le domaine en extrait des cuvées souvent en vue dans ces pages. Ici, un 2019 bien ouvert sur des senteurs florales, fruitées et épicées. À la fois fraîche et fruitée, très équilibrée, la bouche délivre une belle longueur, portée par des tanins affinés. ⧗ 2023-2027

DOM. GERMAIN PÈRE ET FILS, 34, rue de la Pierre-Ronde, 21190 Saint-Romain, tél. 03 80 21 60 15, contact@domaine-germain.com V *t.l.j. sf dim. 8h30-12h 13h30-18h* 2

MAISON JAFFELIN 2019 ★

1211 | 20 à 30 €

Cette maison de négoce-éleveur implantée à Beaune depuis 1816 appartient à la galaxie des vins Boisset. Elle conserve son autonomie d'achat avec Marinette Garnier à sa tête depuis 2011. En vue notamment pour ses pernand-vergelesses et ses auxey-duresses.

Cette maison beaunoise signe une cuvée expressive, sur le beurre frais et les agrumes. Suivant la même ligne aromatique, la bouche se montre à fois riche et fraîche, bien stimulée par une finale acidulée. À boire sur la jeunesse. ⧗ 2021-2024

MAISON JAFFELIN, 2, rue Paradis, 21200 Beaune, tél. 03 80 22 12 49, jaffelin@maisonjaffelin.com V *r.-v.*

CHRISTOPHE JOLIVET La Perrière 2019 ★

1382 | 20 à 30 €

Christophe Jolivet s'est reconverti en 2016 dans la production de vin en achetant du raisin ou des moûts issus de l'agriculture biologique. Il a débuté dans ce qu'il est convenu d'appeler un *wine studio* (sur le concept californien) : un lieu où tout l'équipement est laissé à la disposition des vignerons ou négociants débutants.

Un des terroirs préférés des producteurs de l'appellation car son altitude, son exposition et la pauvreté de son sol riche en calcaire « font bon » comme on dit ici. Ce 2019 propose un nez frais qui associe les agrumes et le silex. Une fraîcheur fruitée et minérale qui se prolonge dans une bouche très alerte. « Un vin de caillou », conclut le jury, qui lui promet un bel avenir. ⧗ 2023-2027

SAS CHRISTOPHE JOLIVET, 14, Grande-Rue le Château, 21200 Bligny-lès-Beaune, tél. 06 64 02 81 30, vins-christophe.jolivet@hotmail.com V *r.-v.*

DOM. SÉBASTIEN MAGNIEN
Sous le Château 2019 ★★

1500 | 20 à 30 €

Sébastien Magnien, originaire des Hautes Côtes, a créé en 2004 son domaine à partir des vignes maternelles, 13 ha aujourd'hui. Il se dit très interventionniste à la vigne pour les travaux manuels (ce qui permet de limiter les intrants), beaucoup moins au chai (macérations longues, pas de surextraction, usage modéré de fûts neufs).

Un saint-romain très abouti, né de ceps de 60 ans. Le nez révèle à l'aération de belles notes boisées venues de 12 mois passés en fût, bien mariées aux fleurs blanches. Une heureuse association à laquelle fait écho une bouche fine, douce et soyeuse, dynamisée par des saveurs plus vives de pomme dans une longue finale. ⧗ 2023-2026

EARL DOM. SÉBASTIEN MAGNIEN, 6, rue Pierre-Joigneaux, 21190 Meursault, tél. 03 80 21 28 57, domainesebastienmagnien@orange.fr V *r.-v.*

DOM. NICOLAS En Chevrot 2019 ★

1400 | 15 à 20 €

Un domaine familial de 18 ha établi sur les hauteurs de Nolay, dans les Hautes-Côtes beaunoises, et conduit depuis 1987 par Alain Nicolas, représentant la 5e génération. En 2019, ses enfants Mylène et Benoit l'ont rejoint sur l'exploitation.

Un petit terroir de 30 ares niché au fond de la vallée a donné naissance à ce vin jaune pâle, au nez exotique et intense d'ananas et de fruit de la Passion. Bien balancé entre gras et acidité des agrumes, le palais déploie une jolie finale ciselée par la fraîcheur. Énergique et harmonieux. ⧗ 2022-2025

EARL NICOLAS, 38, rte de Cirey, 21340 Nolay, tél. 03 80 21 82 92, contact@domaine-nicolas.fr V *t.l.j. sf dim. 9h-12h 13h30-18h*

♥ **DOM. VINCENT PRUNIER** 2018 ★★

1er cru | 2700 | 30 à 50 €

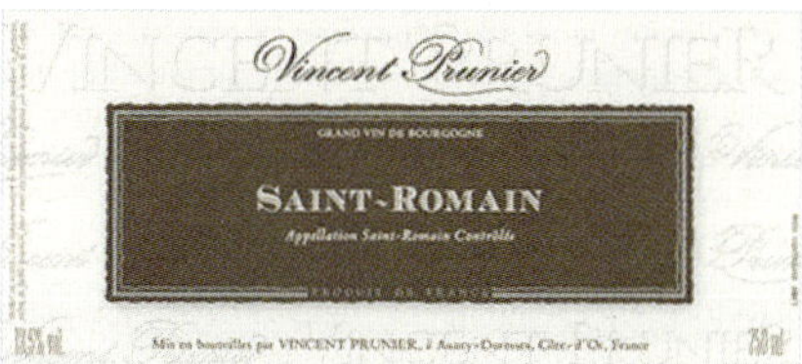

Au départ, en 1988, 2,5 ha de vignes hérités des parents, non viticulteurs; le vignoble couvre 12,5 ha aujourd'hui, et Vincent Prunier s'est imposé comme l'une des valeurs sûres de la Côte de Beaune.

En complément de son domaine, il a créé une petite structure de négoce en 2007.

Plus souvent en vue pour ses saint-romain rouges, Vincent Prunier s'illustre cette année avec ce superbe blanc issu de l'activité de négoce. Un vin limpide et doré, au nez très élégant et harmonieux de fleurs blanches mariées à une touche grillée. La bouche, qualifiée de « carrée » se révèle ample, riche et fraîche à la fois, étirée dans une longue finale sur les agrumes. ⧗ 2023-2027

EARL DOM. VINCENT PRUNIER, 53, rte de Beaune, 21190 Auxey-Duresses, tél. 03 80 21 27 77, domaine.prunier.vincent@wanadoo.fr V r.-v.

DOM. DE LA ROCHE AIGÜE 2019 ★★

2900 | 11 à 15 €

Florence et Éric Guillemard, établis à la sortie d'Auxey-Duresses depuis 1995, conduisent un vignoble de 14 ha en auxey-duresses, saint-romain, meursault, pommard et hautes-côtes. Leur fille Lucie les a rejoints en 2016.

Proche du coup de cœur, cette cuvée née de respectables vignes de 55 ans se présente dans une élégante robe grenat, le nez emprunt de senteurs délicates de griotte, de pivoine et d'épices douces. La bouche se montre parfaitement équilibrée entre fruits noirs confiturés, boisé bien dosé et tanins finement ciselés. Une bouteille qui ne craindra pas les affres du temps, bien au contraire. ⧗ 2024-2030

EARL LA ROCHE AIGUË, 145, rte de Beaune, Melin, 21190 Auxey-Duresses, tél. 03 80 21 28 33, contact@domainedelarocheaigue.com V r.-v.

MEURSAULT

Superficie : 395 ha
Production : 18 540 hl (98 % blanc)

La commune chevauche une vallée qui prolonge celle d'Auxey-Duresses et marque une sorte de frontière : avec Meursault commence la véritable production de grands vins blancs. Certains de ses 1ers crus sont mondialement réputés : Les Perrières, Les Charmes, Les Poruzots, Les Genevrières, Les Gouttes d'Or… Ils allient la subtilité à la force, la fougère à l'amande grillée, l'aptitude à être consommés jeunes au potentiel de garde. Si Meursault est bien la « capitale des vins blancs de Bourgogne », elle n'en fournit pas moins quelques vins rouges, issus des terroirs voisins de Volnay, au nord. Ses « petits châteaux » attestent une opulence ancienne. La Paulée, qui a pour origine le nom du repas pris en commun à la fin des vendanges, est devenue une manifestation qui clôt en novembre les « Trois Glorieuses », journées au cours desquelles se déroule la vente des Hospices de Beaune.

PHILIPPE BOUZEREAU Charmes 2018 ★

1er cru | 1500 | 50 à 75 €

Héritier de 9 générations de vignerons, Philippe Bouzereau a pris en 2006 la direction du Ch. de Cîteaux, 18 ha de petites parcelles réparties sur 6 villages de la Côte de Beaune, qu'il exploite avec le moins d'interventions possible à la vigne et au chai. Il a également développé une activité de négoce sous son nom propre et complète ainsi la belle gamme du domaine familial.

Ce Charmes n'usurpe pas son nom. Paré d'une seyante robe dorée, il déploie au nez des arômes harmonieux et élégants de boisé fondu, de fleurs blanches et de beurre. On retrouve ce mariage heureux dans une bouche riche, alliant puissance et finesse. Un meursault solaire. ⧗ 2023-2028

SARL PHILIPPE BOUZEREAU, 7, pl. de la République, 21190 Meursault, tél. 03 80 21 20 32, contact@philippe-bouzereau.com V r.-v.

DOM. VINCENT BOUZEREAU Les Narvaux 2018 ★

2400 | 30 à 50 €

Issu d'une ancienne famille de vignerons et installé dans l'ancien prieuré du château de Meursault, dont l'un de ses ancêtres était propriétaire, Vincent Bouzereau a pris la suite de son père en 1990 à la tête de ce domaine de 10 ha, souvent en vue pour ses meursault.

Les Narvaux est un *climat* situé en hauteur de l'appellation, au-dessus des 1ers crus. Paré d'une robe aux reflets dorés, ce vin offre des arômes intenses de mirabelle et un joli beurré. Les 18 mois de fût amènent un boisé bien intégré à une bouche ample, riche mais harmonieuse. On pourra l'apprécier dès maintenant. ⧗ 2021-2026

EARL VINCENT BOUZEREAU, 25, rue de Mazeray, 21190 Meursault, tél. 03 80 21 61 08, vincent.bouzereau@wanadoo.fr V r.-v.

♥ DOM. HUBERT BOUZEREAU-GRUÈRE ET FILLES Charmes 2019 ★★

1er cru | 3300 | 30 à 50 €

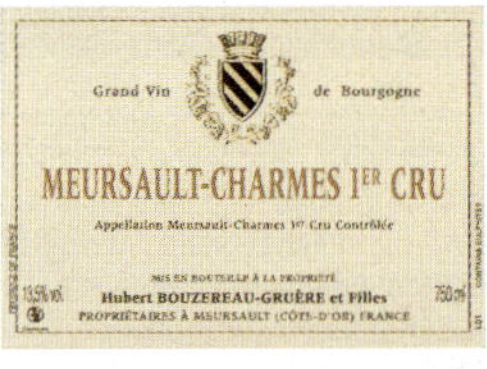

Installé en 1965, Hubert Bouzereau exploite avec ses filles Marie-Laure et Marie-Anne un vignoble de 10 ha réparti sur 6 villages de la Côte de Beaune. Un domaine souvent en vue pour ses meursault, puligny et chassagne. Anecdote bien connue des œnophiles bourguignons : le vigneron a figuré en tant que pompier de Meursault dans le cultissime *La Grande Vadrouille* de Gérard Oury, un sujet de conversation savoureux au caveau.

Déjà coup de cœur pour le millésime 2017 et 2016, ce Charmes a de nouveau conquis nos jurés. Une seyante robe dorée aux reflets vert et un nez complexe de tilleul et d'acacia sur fond vanillé composent une entrée en matière des plus séduisantes. La suite est tout aussi emballante avec une bouche souple, ronde, riche, centrée sur les fruits secs, mais aussi très fraîche. Et quelle longueur ! De grande garde assurément. ⧗ 2024-2032

Limozin 2019 ★ (20 à 30 €; 3000 b.) Une parcelle de 73 ares située au bas du côteau des 1ers crus a donné naissance à ce vin aromatique (fruits jaunes, fruits secs) et harmonieux, bien balancé entre gras et fine acidité, qui vieillira avec grâce. ⧗ 2023-2027

EARL DOM. HUBERT BOUZEREAU-GRUÈRE ET FILLES, 22 A, rue de la Velle, 21190 Meursault, tél. 03 80 21 20 05, contact@bouzereaugruere.com r.-v. 3

DOM. FABIEN COCHE Les Chevalières 2018 ★

5000 | 30 à 50 €

Fabien Coche est à la tête du domaine familial (Coche-Bizouard) depuis 1997 : 12 ha répartis sur Meursault, Pommard, Auxey-Duresses, Monthelie, Saint-Romain, Saint-Aubin, Puligny-Montrachet. Il a développé en 2003 une activité négoce sous son nom.

Ce *climat* proche d'Auxey-Duresses rappelle que l'on y gardait autrefois les chevaux. Il donne ici naissance à un vin épanoui, où se mêlent des notes florales et beurrées soulignées par un léger boisé. La bouche apparaît ronde et grasse, réveillée par une bonne minéralité et par la fraîcheur de la finale . ⧗ 2022-2026 **2018 ★ (30 à 50 €; 10000 b.)** Cette cuvée allie les fleurs blanches à des parfums gourmands de pâtisserie. Vive en attaque, elle s'épanouit dans une bouche ample et élégante, avant une finale fraîche. ⧗ 2022-2025

EARL ALAIN COCHE BIZOUARD, 5, rue de Mazeray, 21190 Meursault, tél. 06 09 84 23 45, contact@fabiencoche.com r.-v.

COMTE SENARD 2018 ★

300 | 30 à 50 €

Un domaine réputé pour ses corton, fondé en 1857 à partir du Clos des Meix, toujours monopole de la famille. Le vignoble couvre 10 ha, conduits depuis 2005 par Lorraine Sénard, qui élève ses vins dans des caves créées au XIVᵉs. par les bénédictins de l'abbaye de Sainte-Marguerite.

Ce vin or pâle s'ouvre sur un nez expressif d'agrumes et de fruits blancs réhaussés par une note mentholée. La bouche ample et riche présente la même palette aromatique agrémentée d'une touche minérale qui apporte fraîcheur et équilibre. Une belle expression du terroir de Meursault. ⧗ 2023-2027

SCE DOM. COMTE SENARD, 1, rue des Chaumes, 21420 Aloxe-Corton, tél. 03 80 26 40 73, office@domainesenard.com r.-v.

DOM. DE LA CONFRÉRIE 2018 ★

2400 | 20 à 30 €

Depuis 1991, Christophe Pauchard est installé dans les Hautes-Côtes, à Cirey, au-dessus du village de Nolay; un secteur verdoyant, aux allures de hameau d'alpage. Son vignoble de 10 ha s'étend depuis 2005 jusqu'à Meursault où le vigneron a acquis une parcelle.

D'une couleur jaune pâle aux reflets dorés, ce vin développe un intense nez fruité et brioché souligné par une note de pierre à fusil. La bouche ample et riche, mais sans lourdeur, est structurée par une trame fraîche et minérale. ⧗ 2023-2027

EARL CHRISTOPHE PAUCHARD (DOM. DE LA CONFRÉRIE), 37, rue Perraudin, 21340 Nolay, tél. 06 87 39 29 07, info@domaine-pauchard.fr r.-v.

VINCENT GIRARDIN Charmes Dessus 2018 ★

1ᵉʳ cru | 1200 | 75 à 100 €

Une maison de grande qualité créée en 1984 par Véronique et Vincent Girardin, cédée en 2012 à leur partenaire historique la Compagnie des Vins d'Autrefois, dirigée par Jean-Pierre Nié. Les équipes techniques et commerciales sont restées les mêmes, et les vins sont toujours vinifiés à Meursault par Éric Germain, bras droit de Vincent Girardin pendant 10 ans.

Les Charmes s'étendent sur 31 ha, presque un quart de la surface des 1ᵉʳˢ crus de l'appellation. Avec sa robe or aux reflets verts, ce vin séduit par son nez discret mais élégant de fleurs blanches. La bouche fraîche et minérale fait preuve d'un bel équilibre et d'une longueur appréciable. ⧗ 2023-2027

SAS VINCENT GIRARDIN, 5, imp. des Lamponnes, 21190 Meursault, tél. 03 80 20 81 00, vincent.girardin@vincentgirardin.com

♥ PATRICK JAVILLIER Les Clousots 2018 ★★★

2000 | 11 à 15 €

Après des études d'œnologie, Patrick Javillier a repris l'exploitation familiale de Meursault et vinifié ses premières cuvées en 1974. Il conduit aujourd'hui un vignoble de 11 ha répartis sur 5 communes de la Côte de Beaune, de Puligny-Montrachet à Pernand-Vergelesses.

Les Clous et les Crotots donnent les Clousots : deux *climats* pour le prix d'un ! Et dans le verre, un meursault 3 étoiles qui s'épanouit avec beaucoup de délicatesse sur des notes florales. La bouche s'oriente vers des tonalités minérales et affiche un superbe équilibre entre rondeur, gras et fine acidité. Un vin tout en finesse qui a encore de belles années devant lui. ⧗ 2024-2030

GFA JAVILLIER, 9, rue des Forges, 21190 Meursault, tél. 03 80 21 27 87, contact@patrickjavillier.com *lun. ven. sam. 10h-12h 14h-18h30*

DOM. SÉBASTIEN MAGNIEN Grands Charrons 2019 ★★

1200 | 30 à 50 €

Sébastien Magnien, originaire des Hautes Côtes, a créé en 2004 son domaine à partir des vignes maternelles, 13 ha aujourd'hui. Il se dit très interventionniste à la vigne pour les travaux manuels (ce qui permet de limiter les intrants), beaucoup moins au chai (macérations longues, pas de surextraction, usage modéré de fûts neufs).

Ce *climat* doit son nom à une ancienne voie romaine sur laquelle passaient les chars à bœufs et à chevaux venant de Puligny. Il produit ici un vin au nez discret mais délicat d'acacia, d'aubépine et de fruits blancs. La bouche se révèle bien équilibrée, légèrement beurrée et citronnée, et déploie une belle finale sur la noisette. Un meursault fin et élégant. ⧗ 2023-2027

EARL DOM. SÉBASTIEN MAGNIEN, 6, rue Pierre-Joigneaux, 21190 Meursault, tél. 03 80 21 28 57, domainesebastienmagnien@orange.fr V r.-v.

CH. DE MEURSAULT
Les Charmes Dessus 2018 ★★

1er cru	20 524		75 à 100 €

L'emblématique Ch. de Meursault, haut-lieu du tourisme bourguignon et du folklore vineux – on y célèbre la fameuse Paulée le lendemain de la vente des Hospices de Beaune – a souvent changé de mains : famille de Pierre de Blancheton jusqu'à la Révolution; famille Serre au XIXe s.; famille du comte de Moucheron; famille Boisseaux (maison Patriarche) à partir de 1973. En décembre 2012, nouveau changement : la famille Halley achète le domaine. Ce sont aujourd'hui 65 ha de vignes en conversion biologique. Aux commandes du chai : Emmanuel Escutenaire.

Le Château de Meursault possède 3,03 ha des 14,27 ha de ce *climat* de haute renommée. Il en tire une cuvée cristalline qui séduit d'emblée par ses notes élégantes d'aubépine, d'acacia, de fruits blancs et son boisé élégant. La bouche, parfaitement équilibrée entre la fraîcheur du fruit et une matière ronde et charnue, s'étire dans une longue finale sur la noisette. 2023-2030

1er cru Perrières 2018 ★ (75 à 100 €; 7 372 b.) Un 1er cru né de ceps de 40 ans, au nez de fruits secs et de fleurs blanches, qui marie avec élégance la puissance et la finesse en bouche. 2024-2030

SCEV DOM. DU CH. DE MEURSAULT, rue du Moulin-Foulot, 21190 Meursault, tél. 03 80 26 22 75, domaine@chateau-meursault.com V r.-v.

DOM. RENÉ MONNIER
Les Chevaliers 2019 ★

	13 429		30 à 50 €

Ce domaine murisaltien fondé en 1723, propriété de Xavier Monnot, répartit ses 17 ha entre plusieurs AOC beaunoises. Il est régulièrement distingué dans le Guide, notamment pour ses beaune et ses meursault.

À une époque où les tracteurs n'existaient pas, les chevaux venaient brouter l'herbe de ce lieu-dit. Dans le verre, un meursault jaune brillant, qui associe au nez les agrumes au tilleul et à un léger boisé. Une attaque vive annonce une bouche fraîche et citronnée, soulignée de notes de noisette grillée. Un vin harmonieux et expressif. 2023-2028

SARL DOM. RENÉ MONNIER, 6, rue du Dr-Rolland, 21190 Meursault, tél. 03 80 21 29 32, domaine-rene-monnier@wanadoo.fr V r.-v.

DOM. JEAN MONNIER ET FILS
Les Rougeots 2018 ★

	1748		30 à 50 €

Issus d'une longue lignée de vignerons murisaltiens remontant à 1720, Jean-Claude Monnier et son fils Nicolas sont aujourd'hui à la tête d'une exploitation de 15 ha produisant à parts égales (ce qui n'est pas commun) des vins blancs et rouges de la Côte de Beaune.

La terre rouge de ce *climat* de 3,13 ha est la même que celle des Rugiens à Pommard. Elle a donné naissance à ce vin lumineux, qui développe un joli bouquet de fleurs blanches et de mirabelle agrémenté de légères notes beurrées. La bouche affiche un fruit très pur et beaucoup d'énergie, renforcée par une longue finale pleine de fraîcheur. 2023-2028

SCEA DOM. JEAN MONNIER ET FILS, 20, rue du 11-Novembre, 21190 Meursault, tél. 03 45 63 17 43, contact@domaine-jeanmonnier.com V *t.l.j. 10h-12h 14h-18h*

DAVID MORET Narvaux 2019 ★

	1000		30 à 50 €

David Moret a créé en 1999 sa maison de négoce, établie derrière les remparts de Beaune. Cet adepte des élevages longs s'est fait une spécialité de la vinification « haute couture » des blancs de la Côte de Beaune.

Ce lieu-dit de mi-coteau est, avec ses quelque 17 ha, le plus grand *climat* communal de l'appellation. David Moret en tire un meursault au bouquet frais d'agrumes, soutenu par un léger boisé. Arômes rejoints par des notes de fleurs blanches et de fruits secs dans une bouche souple, ample et ronde, qui laisse place en finale à une fraîcheur mentholée. 2023-2028

SARL DAVID MORET, 1, rue Émile-Goussery, 21200 Beaune, tél. 03 80 24 00 70, davidmoret.vins@orange.fr V r.-v.

B **DOM. PIERRE MOREY** 2018 ★

	7100		30 à 50 €

Régisseur du domaine d'Anne-Claude Leflaive à Puligny de 1988 à 2008, Pierre Morey, vigneron réputé de Meursault, est aussi depuis 1971 son propre maître en ses vignes, 10 ha en biodynamie depuis 1998. Sa fille Anne est à ses côtés depuis cette date.

Les 20 mois passés en barrique ont laissé une empreinte marquée avec des notes grillées qui s'associent à des nuances beurrées. Un boisé qui épouse une chair ronde et riche dans une bouche ample et d'une belle longueur. De bonne garde assurément. 2024-2030

DOM. PIERRE MOREY, 9, rue Comte-Lafon, 21190 Meursault, tél. 03 80 21 21 03, contact@morey-meursault.fr V r.-v.

JEAN-RENÉ NUDANT 2019 ★

	1800		30 à 50 €

Un Guillaume Nudant d'Aloxe-Corton était déjà vigneron en 1453. Son descendant, Guillaume également, a rejoint en 2003 son père Jean-René sur le domaine familial de 16 ha, planté pour l'essentiel autour de la montagne de Corton, complété par une activité de négoce.

Issue de l'activité de négoce du domaine, cette cuvée a passé 12 mois dans le chêne, instillant de jolies notes vanillées à un nez complexe de fruits jaunes et de fleurs blanches. Le palais gras et beurré est équilibré par une finale fraîche. Du classique, mais du bon classique. 2024-2028

SAS JEAN-RENÉ NUDANT, 11, rte de Dijon, 21550 Ladoix-Serrigny, tél. 03 80 26 40 48, domaine.nudant@wanadoo.fr V r.-v.

MAX ET ANNE-MARYE PIGUET-CHOUET
Les Narvaux 2019 ★

	2500		30 à 50 €

Un domaine de 12 ha, 100 % familial et 100 % beaunois, né en 1981 de l'union de Max Piguet-Chouet (6e génération de vignerons) avec Anne-Marye (issue de la plus ancienne famille vigneronne de Meursault), rejoints par leurs fils Stéphane et William en 2004. Souvent en vue pour ses auxey-duresses et ses meursault. Depuis 2019, ce sont Stéphane et Anne-Marye qui sont aux commandes.

Issu d'une parcelle de 1,33 ha, ce vin charme d'emblée par sa robe jaune limpide. À un nez discret d'agrumes et de fleurs légèrement boisé succède une bouche acidulée, minérale, très fraîche, dominée par le citron vert et les amandes grillées, avec une agréable pointe d'amertume qui vient stimuler la finale. Un meursault énergique qui vieillira bien. ⧗ 2024-2028

EARL MAX ET ANNE-MARYE PIGUET-CHOUET ET FILS, 16, rte de Beaune, 21190 Auxey-Duresses, tél. 03 80 21 25 78, piguet.chouet@wanadoo.fr V r.-v.

♥ PROSPER MAUFOUX
La Pièce sous le Bois 2018 ★★

1er cru	5844	50 à 75 €

Constitué en 1860, le négoce Prosper Maufoux est une institution à Santenay, installé dans l'hôtel particulier bâti en 1838 pour Jacques-Marie Duvault, alors unique propriétaire de la Romanée-Conti. Il a été repris en 2010 par Éric Piffaut et la maison André Delorme, spécialiste des vins de la Côte chalonnaise : la fusion des 2 entités a donné la Maison des Grands crus. En 2020, la maison s'installe au Ch. de Saint-Aubin, entre Chassagne et Puligny.

Particularité toute bourguignonne, si cette parcelle avait été plantée en pinot noir, elle ne serait pas classée en meursault mais en blagny. Honneur au chardonnay ici, avec un vin éclatant dans sa robe dorée, qui déploie des arômes élégants et délicats d'amande, de noisette et de chèvrefeuille. La bouche dense et puissante est irriguée de bout en bout par une fine acidité qui lui apporte un équilibre très assuré et beaucoup d'allonge. Le temps sera son allié. ⧗ 2025-2032

MAISON PROSPER MAUFOUX, 3, rue des Lanières, 21190 Saint-Aubin, tél. 03 80 20 68 71, contact@prosper-maufoux.com V r.-v. 5

ROUX PÈRE ET FILS Les Charmes 2019 ★

1er cru	1000		75 à 100 €

Créée en 1885, cette maison associant domaine et négoce, gérée par Christian Roux et ses fils Sébastien et Matthieu, est à la tête d'un vaste ensemble de 70 ha répartis sur 15 villages de la Côte-d'Or et de la Côte chalonnaise. Elle propose une vaste gamme de vins, souvent en vue, notamment en saint-aubin, puligny, chassagne et meursault.

Le mot « calmis », venu du latin médiéval, évoque un plateau rocailleux. De ce 1er cru réputé, la famille Roux a extrait un vin d'un seyant jaune brillant. Les 24 mois d'élevage, dont 18 en fût, ajoutent une note fumée à un nez marqué par les agrumes et une touche mentholée. Ces arômes se retrouvent dans une bouche de belle longueur et bien équilibrée, à la fois fraîche et charnue. ⧗ 2024-2028

SARL DOM. ROUX PÈRE ET FILS, 42, rue des Lavières, 21190 Saint-Aubin, tél. 03 80 21 32 92, france@domaines-roux.com V r.-v. E

BLAGNY

Superficie : 4,8 ha
Production : 32 hl en *villages*; 183 hl en 1er cru

Situé à cheval sur les communes de Meursault et de Puligny-Montrachet, un vignoble homogène s'est développé autour du hameau de Blagny. On y produit des vins rouges remarquables portant l'appellation blagny, mais la plus grande superficie est plantée en chardonnay pour donner, selon la commune, du meursault 1er cru ou du puligny-montrachet 1er cru.

DOM. LAMY-PILLOT
La Pièce sous le Bois 2018 ★

1er cru	960		30 à 50 €

René et Thérèse Lamy ont créé en 1973 ce domaine, valeur sûre en chassagne et en saint-aubin. Leurs filles Florence (depuis 1997) et Karine (depuis 2004) conduisent aujourd'hui les 15 ha de vignes avec leurs époux respectifs, Sébastien Caillat (à la vigne) et Daniel Cadot (au commercial).

Avec un peu plus de 11 ha, ce *climat* est de loin le plus grand de cette micro-appellation. Il donne ici un vin à la robe rubis profonde, qui associe au nez un boisé bien fondu aux fruits rouges et noirs bien mûrs. La bouche ample et concentrée dévoile des tanins bien présents mais équilibrés, qui donnent confiance en l'avenir. ⧗ 2024-2028

SCEA DOM. LAMY-PILLOT, 31, rte de Santenay, 21190 Chassagne-Montrachet, tél. 03 80 21 30 52, contact@lamypillot.fr V r.-v.

PULIGNY-MONTRACHET

Superficie : 208 ha
Production : 10 850 hl (99 % blanc)

Centre de gravité des vins blancs de Côte-d'Or, serrée entre ses 2 voisines Meursault et Chassagne, cette petite commune tranquille ne représente en surface de vignes que la moitié de Meursault, ou les deux tiers de Chassagne, mais se console en possédant les plus grands crus blancs de Bourgogne, dont le montrachet (en partage avec Chassagne). La position géographique de ces grands crus, selon les géologues de l'université de Dijon, correspond à une émergence de l'horizon bathonien, qui leur confère plus de finesse, plus d'harmonie et plus de subtilité aromatique qu'aux vins récoltés sur les marnes avoisinantes. Les autres *climats* et 1ers crus de la commune exhalent fréquemment des senteurs

BOURGOGNE

végétales à nuances résineuses ou terpéniques qui leur donnent beaucoup de distinction.

DOM. BRIGITTE BERTHELEMOT
Les Folatières 2019 ★

1er cru | 2400 | ◖◗ | 50 à 75 €

Un domaine créé par Brigitte Berthelemot en 2006 avec la reprise des vignes de Jean Garaudet et d'Yves Darviot : 15 ha aujourd'hui (certifiés HVE) dans plusieurs communes de la Côte de Beaune et dans les Hautes-Côtes, administrés avec Marc Cugney. Un duo complémentaire, à en juger par sa régularité depuis son installation.

Comme l'an passé avec le millésime 2018, ce domaine murisaltien se distingue avec ce 1er cru des hauteurs, qui tient son nom des zones de brouillard qui parfois s'y dévoilent, appelés « follots ». Au nez, la pêche jaune et l'abricot s'associent à un boisé encore soutenu. En bouche, de la rondeur, du fruit et du bois, à l'unisson du bouquet, puis une fraîcheur bien sentie se déploie jusqu'en finale, apportant équilibre et longueur. ⧗ 2024-2028

SCE DOM. BRIGITTE BERTHELEMOT, 24, rue des Forges, BP 30008, 21190 Meursault, tél. 03 80 21 68 61, contact@domaineberthelemot.com V r.-v.

JEAN CHARTRON Le Cailleret 2019 ★

| 2543 | ◖◗ | 50 à 75 €

Créé en 1859 par le tonnelier Jean-Édouard Dupard, ce domaine d'une grande constance, bien implanté dans les grands crus de Puligny, étend son vignoble sur 14,5 ha – dont 90 % de chardonnay et 3 monopoles (Clos de la Pucelle et Clos du Cailleret en puligny, Clos des Chevaliers en chevalier-montrachet) conduits en bio non certifié. Jean-Michel Chartron est aux commandes depuis 2004 et épaulé depuis 2015 par sa sœur Anne-Laure ; l'un de ses credo : « Du bois, oui, mais pas trop ». Une valeur sûre.

Cette cuvée est issue d'un clos en monopole de 99 ares qui produit aussi du rouge. Un puligny qui a fourni bon nombre d'étoiles et quelques coups de cœur au domaine. Ici, un chardonnay en robe pâle, ouvert sur un nez frais et expressif de fleurs blanches et d'agrumes, ample, rond et charnu en bouche, avant une longue finale pleine de fraîcheur. ⧗ 2023-2027

JEAN CHARTRON, 8 bis, Grande-Rue, 21190 Puligny-Montrachet, tél. 03 80 21 99 19, info@jeanchartron.com V *jeu.-dim. 10h-12h 14h-18h; f. déc.-avril*

DOM. DE LA CHOUPETTE
Vieilles Vignes 2019 ★

| 4000 | ◖◗ | 30 à 50 €

Les frères jumeaux Jean-Christophe (à la vigne) et Philippe Gutrin (au chai) ont créé leur domaine en 1992. Le vignoble couvre aujourd'hui environ 13 ha répartis en une quinzaine de *climats* dans les communes de Santenay, Chassagne et Puligny-Montrachet.

Cette parcelle de 42 ares est plantée de vignes de 50 ans. Elle donne naissance à ce puligny en robe claire et brillante, qui délivre des parfums flatteurs de fleurs et d'abricot agrémentés d'une note toastée. La bouche se montre ample et ronde, avec une fine acidité qui l'équilibre et l'accompagne sur la longueur. ⧗ 2023-2027

EARL DOM. DE LA CHOUPETTE (GUTRIN FILS), 2, pl. de la Mairie, 21590 Santenay, tél. 06 81 46 71 13, gutrinfils@orange.fr V *r.-v.*

♥ DOM. DUPONT FAHN
Les Grands Champs 2019 ★★

| 1500 | ◖◗ | 20 à 30 €

Depuis le cœur de Monthelie, ce producteur installé en 1987 exploite 4 ha de vignes toutes situées en Côte de Beaune. Une originalité : il produit aussi en IGP Pays d'Oc.

Un *climat* situé sous le 1er cru Clavaillon dont ce domaine extrait régulièrement de bonnes cuvées, et plus que bonne dans sa version 2019. Un pligny qui s'affiche dans une robe aussi limpide que brillante, le nez bien ouvert sur la pêche et la poire. Ronde, séveuse, soyeuse, boisée avec mesure, équilibrée par une fine acidité et stimulée de beaux amers en finale, la bouche ne manque de rien. Une bouteille qui peut affronter le temps avec sérénité. ⧗ 2024-2028

MICHEL DUPONT-FAHN, Les Toisières, 21190 Monthelie, tél. 06 08 51 15 13, domaine.dupontfahn@gmail.com

LES HÉRITIERS SAINT-GENYS
Les Referts 2018 ★★

1er cru | n.c. | ◖◗ | n.c.

Créée en 2012 à Chassagne-Montrachet sous l'impulsion de Patrice du Jeu associé à des proches et aux anciens propriétaires des vignes, cette structure exploite 13,5 ha entre Côte de Beaune et Côte chalonnaise complétés d'une activité de négoce. La société a restructuré le domaine et rénové la cuverie. Aux commandes des vinifications, Jean-Baptiste Alinc.

Le coup de cœur fut mis aux voix pour cette cuvée, comme lors de notre précédente édition. Une valeur sûre donc. Le jury a salué son nez floral et citronné, puis sa bouche à la fois vive et concentrée, droite et ample, pure et élégante. De quoi voir venir. ⧗ 2024-2030

SARL HÉRITIERS SAINT-GENYS, 1, pl. de l'Église, 21190 Chassagne-Montrachet, tél. 03 80 24 72 63, contact@saint-genys.fr V *r.-v.*

♥ OLIVIER LEFLAIVE Les Referts 2018 ★★

1er cru | n.c. | ◖◗ | 75 à 100 €

Négociant-éleveur établi à Puligny-Montrachet depuis 1984, Olivier Leflaive, l'une des références de la Côte de Beaune, collectionne les étoiles, côté cave (négoce et domaine) et côté hôtellerie : 4 pour son

hôtel de Puligny. Au chai, l'œnologue Franck Grux et son complice Philippe Grillet.

La maison Leflaive nous offre ici une belle occasion de faire connaissance avec ce 1er cru qui n'est pas le plus connu de l'appellation, sans doute du fait de sa petite surface (5,52 ha). Un *climat* qui tire son nom de « rêfe » qui désignait autrefois un terrain parsemé de friches et de roches. Derrière une robe éclatante aux reflets verts se déploient des parfums élégants et complexes d'agrumes, de fruits blancs, d'acacia et de menthol. Une palette qui s'enrichit en bouche d'un beau boisé épousant une chair tendre et soyeuse, irriguée par une fine minéralité qui signe le terroir. ⧗ 2023-2030 ■ **2018 ★ (50 à 75 €; n.c.)** Un *village* frais et plein d'énergie associant tension fruitée et minéralité. L'élégance et la finesse du puligny bien représentées ici. ⧗ 2022-2027

SA OLIVIER LEFLAIVE FRÈRES, pl. du Monument, 21190 Puligny-Montrachet, tél. 03 80 21 37 65, contact@olivier-leflaive.com V r.-v. 5

DOM. VINCENT PRUNIER La Garenne 2018 ★

1er cru	2700	30 à 50 €

Au départ, en 1988, 2,5 ha de vignes hérités des parents, non viticulteurs; le vignoble couvre 12,5 ha aujourd'hui, et Vincent Prunier s'est imposé comme l'une des valeurs sûres de la Côte de Beaune. En complément de son domaine, il a créé une petite structure de négoce en 2007.

Un *climat* situé au-dessus du grand cru montrachet, l'un des plus vastes 1ers crus de l'appellation, dont le nom renvoie à un lieu de chasse au Moyen Âge. En exploiter 37 ares, ce n'est pas énorme certes, mais ce n'est pas rien non plus. Les heureux propriétaires d'une bouteille de ce puligny apprécieront sa robe dorée de grande intensité, ses fines fragrances de fleur d'oranger et de pamplemousse, son palais bien équilibré entre gras et minéralité. ⧗ 2023-2027

EARL DOM. VINCENT PRUNIER, 53, rte de Beaune, 21190 Auxey-Duresses, tél. 03 80 21 27 77, domaine.prunier.vincent@wanadoo.fr V r.-v.

CH. DU VAL DE MERCY 2018 ★

	600		30 à 50 €

En 1680, les vins étaient produits par le Clos du Château du Val de Mercy. Établi à Chitry, le nouveau propriétaire du domaine (30 ha) perpétue la tradition viticole au-delà de ses terres pour fournir des vins du Chablisien, de l'Auxerrois et de la Côte de Beaune. Une activité de négoce complète la gamme de la propriété.

Cette micro-cuvée née de 15 ares de vignes séduit d'emblée par sa robe couleur or pâle et par ses arômes élégants de muguet, de miel et d'agrumes. L'opération séductions se poursuit dans une bouche ample et énergique, soutenue par une acidité marquée. Un puligny de belle garde assurément. ⧗ 2024-2030

SCEA DOM. DU CH. DU VAL DE MERCY, 8, prom. du Tertre, 89530 Chitry, tél. 03 80 22 77 34, roy@valdemercy.com V r.-v.

CHEVALIER-MONTRACHET

Superficie : 7,5 ha / Production : 310 hl

PHILIPPE COLIN 2018 ★

Gd cru	1750		+ de 100 €

Philippe Colin, après 16 ans passés sur le domaine familial Michel Colin-Deleger, s'est installé en solo en 2004 sur un vignoble de 14 ha planté autour du village de Chassagne.

Ce domaine exploite 24 ares sur les 7,47 haque compte ce grand cru. Robe limpide et brillante, nez délicat de fleurs blanches et de fruits secs (amande et noisette), bouche très équilibrée, offrant du gras, de la densité mais aussi beaucoup de fraîcheur autour d'une fine minéralité et de saveurs d'agrumes : ce chevalier respecte parfaitement son rang. ⧗ 2024-2030

SARL PHILIPPE COLIN, ZA Le Haut-des-Champs, 21190 Chassagne-Montrachet, tél. 03 80 21 90 49, contact@philippe-colin.fr

LOUIS LATOUR Les Demoiselles 2019 ★

Gd cru	1220		+ de 100 €

Une maison familiale toujours indépendante, fondée en 1797 et conduite successivement par 10 générations de Latour. Un acteur incontournable de la Bourgogne viticole et le plus important propriétaire de grands crus de la Côte-d'Or (28 ha sur les 48 que compte son vignoble). Les raisins sont vinifiés à Aloxe-Corton, berceau de la famille, et la maison possède sa propre tonnellerie.

Exposé au levant et au midi entre 265 et 290 m, il est le plus élevé des grands crus du Montrachet. Né d'une vigne de 40 ans, ce vin est à la hauteur. La robe est élégante, limpide, bien dorée. Le nez convoque le citron, les fleurs blanches et un bon boisé grillé. La bouche se définit par sa fraîcheur, son fruit, sa fine minéralité et sa longue finale étirée sur de beaux amers. De la forme et du fond. ⧗ 2024-2030

SA MAISON LOUIS LATOUR, 18, rue des Tonneliers, 21200 Beaune, tél. 03 80 24 81 00, contact@louislatour.com

CHASSAGNE-MONTRACHET

Superficie : 300 ha
Production : 15 660 hl (65 % blanc)

Le village de Chassagne est situé au sud de la Côte de Beaune, entre Puligny, Montrachet et Santenay. Exposé est-sud-est, le vignoble se partage entre pinot noir et chardonnay. La combe de Saint-Aubin, parcourue par la RN 6, forme à peu près la limite méridionale de la zone des vins blancs. Les Clos Saint-Jean et Morgeot, qui donnent des vins solides et vigoureux, sont les 1ers crus les plus réputés de la commune.

VINCENT BACHELET Les Benoites 2019 ★

	12 000		20 à 30 €

Originaire d'une vieille famille vigneronne des Maranges (il est fils de Bernard Bachelet), Vincent

BOURGOGNE

Bachelet a travaillé avec ses frères avant de s'installer, en 2008, à Chassagne-Montrachet, dans les anciens chais du négociant de Marcilly. Il exploite 20 ha, essentiellement dans la Côte de Beaune.

Née d'une vénérable vigne de 60 ans, cette cuvée arbore une jolie couleur rubis. Au nez, la groseille domine pleinement. On la retrouve dans une bouche élégante et légère, aux tanins délicats et affinés. Un chassagne harmonieux et fin. ⧗ 2022-2025

EARL VINCENT BACHELET, 27, rte de Santenay, 21190 Chassagne-Montrachet, tél. 06 19 77 51 87, contact@vincent-bachelet.com V *r.-v.*

DOM. BACHEY-LEGROS
Les Plantes Momières Vieilles Vignes 2018 ★

■	3500		20 à 30 €

Régulièrement mentionnés dans le Guide, les Bachey-Legros - Christiane et ses fils Samuel et Lénaïc - sont les 5e et 6e générations à œuvrer sur ce domaine de 19 ha auquel s'est ajoutée une activité de négoce en 2008. En 2017, la propriété s'est équipée d'une nouvelle cuverie.

Le domaine propose ici une cuvée issue de très vénérables vignes de 75 ans. Le nez mêle agréablement les fleurs, la fraise et la mûre. Une bonne trame tannique, ferme sans excès, vient en soutien d'une bouche ample et équilibrée. Ce vin s'épanouira après quelques années de cave. ⧗ 2023-2027

EARL DOM. BACHEY-LEGROS, 12, rue de la Charrière, 21590 Santenay, tél. 06 07 43 00 76, samuel@bachey-legros.fr V *r.-v.*

♥ CHRISTIAN BERGERET ET FILLE
2018 ★★

■	2895		11 à 15 €

Un domaine dans la même famille depuis plusieurs générations. Comptable de formation, professeure pendant quelques années, Clotilde Brousse-Bergeret en a pris la direction en 2001 à la suite de son père Christian. L'exploitation compte aujourd'hui 12,5 ha répartis sur plusieurs communes de la Côte de Beaune et des Hautes-Côtes. Depuis 2020, un nouveau caveau a été aménagé pour l'accueil des visiteurs.

Plus souvent en vue pour ses chassagne blancs, cette famille des Hautes Côtes s'illustre cette année avec un superbe pinot noir. Robe rubis net et franc, nez délicatement vanillé par 13 mois de fûts, l'approche est engageante. Le charme continue d'opérer dans un bouche soyeuse, tendre et longue, épaulée par des tanins veloutés et fins. Un charme indéniable. ⧗ 2023-2027

SCEA DOM. CHRISTIAN BERGERET ET FILLE, 2, cour Michaud, 21340 Nolay, tél. 06 58 52 41 48, vins.bergeret@outlook.fr V *r.-v.*

PIERRE BRISSET
Abbaye de Morgeot 2019 ★

■ 1er cru	600		50 à 75 €

Propriétaire de vignes en chassagne-montrachet, en 1er cru Abbaye de Morgeot, Pierre Brisset a créé une maison de négoce en 2014 pour étendre sa gamme sur toute la Côte d'Or. Les locaux sont situés dans le château de Bligny au sein du *Wine Lab* créé par Dominique Lafon et Pierre Meurgey.

L'un des 55 premiers crus de Chassagne, qui regroupe en son sein 20 lieux-dits pouvant être revendiqués avec ou sans la mention Morgeot. Ici, un vin au nez complexe de fleurs blanches, de pêche et d'agrumes. Cette expression aromatique domine également la bouche tout en finesse et bien équilibrée, à la fois ronde et fraîche. La longueur est un autre de ses atouts. ⧗ 2022-2028

PIERRE BRISSET, Ch. de Bligny, 14, Grande-Rue, 21200 Bligny-lès-Beaune, tél. 06 77 17 49 54, contact@pierrebrisset.com V *r.-v.*

CH. DE CHASSAGNE-MONTRACHET
2018 ★★

■	18000		30 à 50 €

En 1919, Charles Bader, négociant en vin à Paris, épouse Élise Mimeur, de Chassagne-Montrachet. Leurs héritiers exploitent près de 8 ha, et 98% des vignes du Ch. de Chassagne. Ingénieur de formation, Alain Fossier veille depuis 1993 sur le domaine, notamment sur les 5 ha du clos du château. Sa fille Nathalie Bernard l'a rejoint en 2017 et opère à la vigne et au chai.

D'un bel éclat jaune pâle, cette cuvée s'ouvre sur des arômes de poire, de pêche et une touche grillée, avant de révéler à l'aération des notes florales et d'agrumes. Souple en attaque, la bouche se montre ample et d'une belle longueur, épaulée par un boisé bien intégré. De la délicatesse et déjà beaucoup de plaisir pour ce chassagne qui vieillira sereinement. Le coup de cœur fut mis aux voix. ⧗ 2022-2027

SARL BADER-MIMEUR, 1, chem. du Château, 21190 Chassagne-Montrachet, tél. 03 80 21 30 22, info@bader-mimeur.com V *r.-v.*

DOM. DE LA CHOUPETTE Morgeot 2019 ★

■ 1er cru	900		30 à 50 €

Les frères jumeaux Jean-Christophe (à la vigne) et Philippe Gutrin (au chai) ont créé leur domaine en 1992. Le vignoble couvre aujourd'hui environ 13 ha répartis en une quinzaine de *climats* dans les communes de Santenay, Chassagne et Puligny-Montrachet.

Cette petite parcelle de 25 ares a donné naissance à cette cuvée expressive, qui exhale des senteurs de fruits blancs, de miel et de brioche. Sa texture agréable met en valeur un fruit frais, puis s'allonge sur une note minérale en finale. ⧗ 2022-2025

EARL DOM. DE LA CHOUPETTE (GUTRIN FILS), 2, pl. de la Mairie, 21590 Santenay, tél. 06 81 46 71 13, gutrinfils@orange.fr V *r.-v.*

MARC COLIN ET SES FILS
En Cailleret 2018 ★

| 2500 | | 30 à 50 € |

Marc Colin et son épouse Michèle ont créé ce domaine à la fin des années 1970, à partir de 6 ha. Leurs 3 enfants Joseph, Caroline et Damien ont longtemps conduit ensemble le domaine familial, qui comptait 19 ha. En 2017, le premier a pris son indépendance, si bien qu'il reste à Caroline et à Damien 12 ha disséminés sur les communes de Saint-Aubin, Chassagne, Puligny et Santenay. Une valeur sûre de la Côte de Beaune.

Un *climat* emblématique de l'appellation, qui tire son nom de petites pierres blanches parsemant le terrain. Un 1er cru réputé pour ses vins fins, minéraux et longs. Réputation qui n'est pas usurpée ici, avec un vin au nez complexe de fruits blancs, de fleurs et de noisette grillée. La bouche, élégante et riche, associe sans fausses notes saveurs de miel et de bois, avant de s'étirer dans une belle finale minérale aux tonalités de pierre à fusil. ⧗ 2022-2026

SARL MARC COLIN ET SES FILS, 9, rue de la Chatenière, 21190 Saint-Aubin, tél. 03 80 21 30 43, contact@marc-colin.com
r.-v.

DUCHESSE DE MAGENTA
Abbaye de Morgeot 2018 ★★

| 1er cru | 2284 | | 50 à 75 € |

Le vignoble de l'abbaye de Morgeot, planté par les moines de Cîteaux au XIIe s., a été racheté en 1967 par le marquis Philippe de Mac-Mahon, 4e duc de Magenta, héritier du 3e président de la République française. Le domaine, et ses 9,06 ha de vignes, est dirigé depuis 2002, année du décès de son mari, par la duchesse de Magenta.

Plus du tiers du domaine est situé sur ce *climat* qui jouxte le chai : 3,58 ha plantés de ceps de 37 ans à l'origine de ce superbe 1er cru. Le nez, intense et élégant, convoque la pomme et les agrumes (pamplemousse, zeste d'orange). Une belle expression aromatique à laquelle fait un long écho une bouche ample et énergique, soutenue par une fine acidité. Un vin déjà harmonieux, plein de charme, et pour longtemps. ⧗ 2022-2027

SARL MARQUIS DE MAC-MAHON, Dom. des Ducs de Magenta, Abbaye de Morgeot, 21190 Chassagne-Montrachet, tél. 03 80 21 30 77, info.abbayedemorgeot@gmail.com V r.-v.

DOM. FLEUROT-LAROSE
Clos de la Roquemaure Monopole 2018 ★

| 3300 | | 30 à 50 € |

Entreprise familiale créée en 1872, le Dom. Fleurot-Larose est établi à Santenay, au Ch. du Passe-Temps. Un château construit en 1843 par Jacques-Marie Duvault, figure de la viticulture bourguignonne au XIXe s. – propriétaire de la Romanée-Conti à partir de 1869 –, passé dans les mains de la famille Fleurot en 1912 et dans celles de Nicolas en 1991.

Ce clos de 62 ares est un monopole situé au sein du *climat* Morgeot qui entoure l'abbaye du même nom. Il donne naissance à un joli vin doré, au nez expressif de beurre, de fleurs blanches et d'agrumes. La bouche ample, riche et charnue est équilibrée par une belle acidité et s'étire en longueur sur une note boisée. Un vin qui pourra encore évoluer en cave. ⧗ 2024-2028

EARL DOM. FLEUROT-LAROSE (RENÉ FLEUROT ET FILS), 7, rte de Chassagne, 21590 Santenay, tél. 03 80 20 61 15, fleurot.larose@wanadoo.fr
V r.-v.

♥ VINCENT ET FRANÇOIS JOUARD
Les Chenevottes 2019 ★★

| 1er cru | 1200 | | 30 à 50 € |

Les frères Vincent et François Jouard (5e génération) se sont établis en 1990 sur le domaine familial de Chassagne, à la tête d'un vignoble de 11 ha.

Ce *climat* de 11 ha est un ancien champs de chanvre converti à la culture de la vigne. Les frères Jouard y cultivent des ceps de 30 ans à l'origine d'un superbe chassagne d'une belle limpidité dans sa robe jaune claire. Au nez se déploient de délicates notes d'aubépine, d'acacia et de fruits blancs. Le prélude à une bouche ample, suave, soyeuse, équilibrée et allongée par une finale pleine de fraîcheur. ⧗ 2023-2027

EARL DOM. VINCENT ET FRANÇOIS JOUARD, 2, pl. de l'Église, 21190 Chassagne-Montrachet, tél. 03 80 21 30 25, domaine.jouardvf@orange.fr
V r.-v.

♥ LABRUYÈRE-PRIEUR
Morgeot 2018 ★★

| 1er cru | 6000 | | 50 à 75 € |

Ce domaine de belle notoriété, établi de longue date à Meursault (fin du XVIIIe s.), dispose de 22 ha de vignes pour 22 appellations, exclusivement des 1ers et des grands crus (hormis son meursault Clos de Mazeray, conduit en monopole). Entré dans le capital en 1988, Jean-Pierre Labruyère en est devenu l'actionnaire principal en 2006 et son fils Édouard en est l'actuel directeur général. La famille Labruyère est également propriétaire à Pomerol (Ch. Rouget), dans le Beaujolais, son fief d'origine (Dom. Labruyère), et en Champagne. Elle peut s'appuyer sur le talent sans faille de Nadine Gublin, l'œnologue maison depuis 1990 en charge de la direction technique depuis 2009. Une structure de négoce (Labruyère-Prieur Sélection) a été créée en 2013 pour étendre la gamme bourguignonne.

Le plus célèbre et le plus vaste 1er de Chassagne, situé autour des vestiges de l'abbaye de Morgeot. Après 21 mois de fût, la version proposée par le négoce de Jacques Prieur se présente dans une seyante robe carminée, le nez ouvert sur de délicats arômes de petits fruits rouges et de boisé bien fondu. Une aromatique que prolonge une bouche ample, soyeuse, tendre, veloutée, étayée par des tanins mûrs, d'une grande finesse. ⧗ 2023-2028

SAS LABRUYÈRE-PRIEUR SÉLECTION, 6, rue des Santenots, 21190 Meursault, tél. 03 80 21 23 85, info@prieur.com

DOM. LOUIS LEQUIN ET FILS Morgeot 2018 ★

1er cru | 860 | 30 à 50 €

Les premières vignes furent acquises à Santenay au début du XVIIes. et des ancêtres furent vignerons des hospices d'Autun. Leurs lointains héritiers Antoine et Quentin Lequin, fils de Louis, conduisent aujourd'hui un vignoble de 7 ha en lutte raisonnée.

De 13 ares de Morgeot, plus vaste *climat* de l'appellation classé en 1er cru, en blanc essentiellement, les Lequin ont extrait un rouge couleur carmin, au nez franc de petits fruits rouges à peine teintés de boisé. Souple en attaque, la bouche monte en puissance, soutenue par des tanins fermes. Un passage en cave recommandé. ⧗ 2024-2030

EARL DOM. LOUIS LEQUIN ET FILS, 2, rue du Pasquier-de-Pont, 21590 Santenay, tél. 03 80 20 63 82, louis.lequin@wanadoo.fr V r.-v.

MESTRE PÈRE ET FILS
Tonton Marcel Monopole 2019 ★

1er cru | 800 | 50 à 75 €

Cinq générations de viticulteurs se sont succédé ici depuis 1887. Des Maranges à Ladoix en passant par Chassagne et Aloxe, les frères Mestre (Gilbert, Gérard et Michel) exploitent un vignoble de 17 ha.

Ce *climat* de 25 ares doit son nom à une pierre levée de 1,50 m de haut sur 1 m de large. On raconte qu'un vieux vigneron répondant au nom de Marcel aimait s'y reposer... Dans le verre, un vin au nez intense de pêche et de fruits confits. Souple, juteux et rond, le palais s'épanouit sur des notes d'ananas avant une finale plus vive et épicée. ⧗ 2022-2025

SCE MESTRE PÈRE ET FILS, 12, pl. du Jet-d'Eau, 21590 Santenay, tél. 03 80 20 60 11, contact@mestre-pere-et-fils.fr V *t.l.j. sf dim. 10h-12h30 14h30-18h*

♥ DAVID MORET
Vieilles Vignes 2019 ★★

3000 | 30 à 50 €

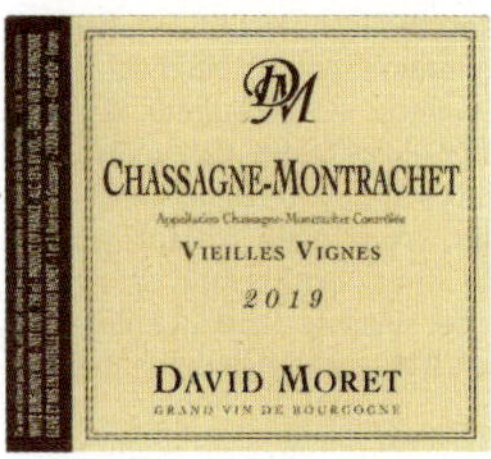

David Moret a créé en 1999 sa maison de négoce, établie derrière les remparts de Beaune. Cet adepte des élevages longs s'est fait une spécialité de la vinification «haute couture» des blancs de la Côte de Beaune.

Le 1er cru Les Folatières 2018, les Vieilles Vignes 2017, les Vieilles Vignes 2019 : David Moret signe son 3e coup de cœur en 3 éditions dans l'appellation. Dans le verre, un chassagne d'une belle teinte dorée, qui mêle dans une harmonie sans faille des notes de fleurs blanches et d'agrumes relevées d'une touche de poivre. Rond, plein, généreux, épaulé par un boisé parfaitement intégré, le palais affiche une belle concentration et beaucoup de volume. Un vin d'une grande richesse, au caractère affirmé, bâti pour durer. ⧗ 2023-2028

SARL DAVID MORET, 1, rue Émile-Goussery, 21200 Beaune, tél. 03 80 24 00 70, davidmoret.vins@orange.fr V *r.-v.*

DOM. CHRISTIAN REGNARD 2019 ★

1800 | 20 à 30 €

En 2010, Florian Regnard a rejoint son père Christian sur le domaine familial situé à Sampigny, l'un des 3 villages de l'AOP maranges. Parcelle après parcelle, il agrandit le vignoble (aujourd'hui 12 ha dans la partie sud de la Côte de Beaune et dans les Hautes-Côtes) et fait bouger les lignes en matière de culture, de vinification et de commercialisation.

Ce *village* revêt une robe limpide et distille un fruité généreux (fruits blancs) mâtiné de nuances florales (acacia). La bouche, centrée sur les agrumes, se révèle ample, bien texturée, fraîche et longue. Un équilibre très assuré. ⧗ 2023-2026

EARL CHRISTIAN REGNARD, 14, rte de Cheilly, 71150 Sampigny-lès-Maranges, tél. 03 85 45 51 29, florian.regnard@hotmail.fr V *t.l.j. 8h-18h30; dim. 9h-12h* E

SAINT-AUBIN

Superficie : 162 ha
Production : 8 265 hl (75 % blanc)

Saint-Aubin est dans une position topographique voisine des Hautes-Côtes; mais une partie de la commune joint Chassagne au sud et Puligny et Blagny à l'est. Le 1er cru Les Murgers des Dents de Chien se trouve même à faible distance des Chevalier-Montrachet et des Caillerets. Le vignoble s'est un peu développé en rouge, mais c'est en blanc qu'il atteint le meilleur.

CHRISTIAN BERGERET ET FILLE
Sur Gamay 2019 ★

1er cru | 1194 | 15 à 20 €

Un domaine dans la même famille depuis plusieurs générations. Comptable de formation, professeure pendant quelques années, Clotilde Brousse-Bergeret en a pris la direction en 2001 à la suite de son père Christian. L'exploitation compte aujourd'hui 12,5 ha répartis sur plusieurs communes de la Côte de Beaune et des Hautes-Côtes. Depuis 2020, un nouveau caveau a été aménagé pour l'accueil des visiteurs.

Nouvelle cuvée de la famille Bergeret, ce Sur Gamay arbore des reflets dorés et un nez discret de tilleul. L'attaque soyeuse laisse place à une bouche bien équilibrée entre rondeur et fraîcheur. Un vin léger et floral qui pourra encore évoluer. ⧗ 2022-2026

SCEA DOM. CHRISTIAN BERGERET ET FILLE, 2, cour Michaud, 21340 Nolay, tél. 06 58 52 41 48, vins.bergeret@outlook.fr V *r.-v.*

PIERRE BRISSET
Sous Roche Dumay 2019 ★

1er cru | 1500 | | 30 à 50 €

Propriétaire de vignes en chassagne-montrachet, en 1er cru Abbaye de Morgeot, Pierre Brisset a créé une maison de négoce en 2014 pour étendre sa gamme sur toute la Côte d'Or. Les locaux sont situés dans le château de Bligny au sein du *Wine Lab* créé par Dominique Lafon et Pierre Meurgey.

Vingt-cinq ares d'une vigne de 60 ans ont donné naissance à ce vin au bouquet charmant de pêche, d'abricot et de fleurs blanches. Souple en attaque, la bouche tendre et harmonieuse s'étire sur une fine note d'églantine. ⧗ 2022-2026

PIERRE BRISSET, Ch. de Bligny, 14, Grande-Rue, 21200 Bligny-lès-Beaune, tél. 06 77 17 49 54, contact@pierrebrisset.com V *r.-v.*

JEAN CHARTRON Perrières 2019 ★

1er cru | 1216 | | 30 à 50 €

Créé en 1859 par le tonnelier Jean-Édouard Dupard, ce domaine d'une grande constance, bien implanté dans les grands crus de Puligny, étend son vignoble sur 14,5 ha – dont 90% de chardonnay et 2 monopoles (Clos de la Pucelle, Clos des Chevaliers en chevalier-montrachet) –, conduits en bio non certifié. Jean-Michel Chartron est aux commandes depuis 2004, épaulé depuis 2015 par sa sœur Anne-Laure; l'un de ses credo : «Du bois, oui, mais pas trop.» Une valeur sûre.

Ancienne carrière dont on tirait de minces dalles de calcaires, les Perrières s'étendent sur 5,24 ha. Sur 30 ares, le domaine y produit un vin foral au parfum délicat. Une attaque franche prélude à une bouche ample, fraîche, tendue, dominée par les agrumes. Un vin bien défini, qui s'arrondira après quelques années de cave. ⧗ 2023-2027

EURL JEAN CHARTRON, 8 bis, Grande-Rue, 21190 Puligny-Montrachet, tél. 03 80 21 99 19, info@jeanchartron.com V *r.-v.*

CH. PHILIPPE LE HARDI
En Vesveau 2018 ★★

| 26000 | | 20 à 30 €

Ce majestueux château aux tuiles vernissées, aussi appelé «château Philippe le Hardi», fut propriété du 1er duc de la grande Bourgogne (1342-1404). Dans le giron du Crédit Agricole depuis 1997, il étend son vaste vignoble sur 95 ha certifiés HVE3 répartis dans plusieurs AOP beaunoises et chalonnaises, sous la houlette de Jean-Philippe Archambaud depuis 2019.

Issue de 4 ha implantés dans la vallée du hameau de Gamay, cette cuvée à la robe brillante et limpide charme par son nez élégant d'acacia et de beurre. Les 12 mois de fût ont imprimé un boisé bien intégré à une bouche ronde et fruitée. Un vin facile à aimer. ⧗ 2022-2026

SCEA CH. DE SANTENAY, 1, rue du Château, 21590 Santenay, tél. 03 80 20 61 87, contact@chateau-de-santenay.com V *t.l.j. 10h-12h30 13h30-18h*

MAISON JANOTSBOS En Créot 2018 ★★

1er cru | 2100 | | 20 à 30 €

Cette maison de négoce conduite par Thierry Janots, un Bourguignon issu du monde du vin, et par Richard Bos, un restaurateur néerlandais, s'est installée à Meursault en 2005 d'où elle exporte une large part de sa production.

Coup de cœur dans l'édition précédente, cette cuvée nous revient en pleine forme dans son millésime 2018, année solaire. Au nez, des fruits jaunes mûrs, des agrumes et des fleurs blanches. En bouche, du gras, de la rondeur, un fruit croquant épaulé par un bon boisé. À oublier en cave au moins 2 ou 3 ans. ⧗ 2023-2027

SARL JANOTSBOS, 2, pl. de l'Europe, 21190 Meursault, tél. 06 72 16 92 04, richard@janotsbos.eu V *r.-v.*

DOM. GILLES LABRY Les Pucelles 2019 ★

| 3193 | | 11 à 15 €

Gilles Labry s'est installé en 1984 sur le domaine familial qui couvre 8 ha et qui a son siège dans une ferme fortifiée au sud des Hautes-Côtes de Beaune. À sa carte, des appellations régionales, des hautes-côtes et les AOC bourgogne-aligoté, crémant, saint-aubin, auxey-duresses et mercurey.

Avec ses 6,06 ha, ce *climat* est le second plus important classé en *village*. Il produit ici un vin rubis limpide, qui s'ouvre sur les fruits noirs et rouges soutenus par un léger boisé. Des arômes que l'on retrouve dans une bouche ronde, équilibrée par une fine fraîcheur et soutenue par des tanins bien affinés. ⧗ 2023-2027

EARL GILLES LABRY, ferme de la Tour-de-Sivry, 4, rue de la Tour, 71360 Saisy, tél. 06 50 30 10 23, labrygilles@orange.fr V *r.-v.*

♥ DOM. SYLVAIN LANGOUREAU
Sur Gamay 2019 ★★

1er cru | 2500 | | 20 à 30 €

Représentant la 5e génération, Sylvain Langoureau s'est installé en 1988 à la tête du domaine familial, dont les bâtiments datent de 1647. Fort de 10 ha, le vignoble est régulièrement en vue pour ses saint-aubin blancs.

L'incontournable Sylvain Langoureau obtient un nouveau coup de cœur pour ce superbe 1er cru né de 43 ares sur les hauteurs du hameau éponyme : du chardonnay sur Gamay ou les charmes de la toponymie bourguignonne. Le nez s'ouvre sur une note vanillée puis évolue vers les agrumes et une pointe beurrée à l'aération. Passé une attaque très tonique, la bouche fait preuve d'un grand équilibre entre vivacité, minéralité et un côté miellé qui arrondit bien les angles. Savoureux. ⧗ 2023-2027

SCEA DOM. SYLVAIN LANGOUREAU, 20, rue de la Fontenotte, 21190 Saint-Aubin, tél. 03 80 21 39 99, domainesylvainlangoureau@orange.fr V *r.-v.*

AU PIED DU MONT CHAUVE
Le Charmois 2018 ★★

1er cru | 8000 | 30 à 50 €

Maison de négoce-éleveur créée en 1951 par Louis-Félix Picard. Francine, sa petite-fille, a pris la suite de son père Michel en 2008 avec son frère Gabriel et a rebaptisé en 2011 la société, créant la marque Au Pied du Mont Chauve. Elle dispose de l'imposant château de Chassagne-Montrachet et de ses caves médiévales, et exploite en propre 130 ha de vignes (dont 110 en biodynamie), entre la Côte chalonnaise et la Côte de Beaune.

Les Picards exploitent 2,8 ha de ce *climat* planté en chardonnay et en pinot. Ici, honneur au versant rouge avec un joli vin rubis profond, au nez élégant de fraise des bois, de vanille et de moka. La bouche, franche en attaque, se révèle ensuite ronde, bien fruitée (fruits rouges) et longue, épaulée par des tanins soyeux. Un saint-aubin qui met en valeur la finesse de l'appellation. ⧗ 2024-2028

DOMAINES ET MAISON FAMILLE PICARD, 5, rue du Château, 21190 Chassagne-Montrachet, tél. 03 80 21 98 57, francine.picard@domainesfamillepicard.com V *t.l.j. 10h-18h*

DOM. VINCENT PRUNIER Les Combes 2018 ★

1er cru | 3050 | 15 à 20 €

Au départ, en 1988, 2,5 ha de vignes hérités des parents, non viticulteurs; le vignoble couvre 12,5 ha aujourd'hui, et Vincent Prunier s'est imposé comme l'une des valeurs sûres de la Côte de Beaune. En complément de son domaine, il a créé une petite structure de négoce en 2007.

Des ceps de 63 ans ont donné naissance à ce 2018 grenat nuancé de violet. Les 12 mois de fût amènent de légères notes torréfiées à un nez dominé par les fruits noirs mûrs, agrémentés d'une touche animale. On retrouve ces arômes dans une bouche riche, d'un bon volume, épaulée par des tanins fermes. Un vin taillé pour la garde. ⧗ 2025-2030

EARL DOM. VINCENT PRUNIER, 53, rte de Beaune, 21190 Auxey-Duresses, tél. 03 80 21 27 77, domaine.prunier.vincent@wanadoo.fr V *r.-v.*

ROUX PÈRE ET FILS Les Cortons 2019 ★

1er cru | 7500 | 30 à 50 €

Créée en 1885, cette maison associant domaine et négoce, gérée par Christian Roux et ses fils Sébastien et Matthieu, est à la tête d'un vaste ensemble de 70 ha répartis sur 15 villages de la Côte-d'Or et de la Côte chalonnaise. Elle propose une vaste gamme de vins, souvent en vue, notamment en saint-aubin, puligny, chassagne et meursault.

Des plants de vigne du plus célèbre des *climats* d'Aloxe-Corton ont été plantés là et ont donné leur nom à cette parcelle qui regarde l'ouest. Dans le verre, un saint-aubin jaune pâle, au nez complexe de pêche, d'agrumes et d'aubépine. Vive en attaque, la bouche se montre tendue, fraîche, minérale et développe des notes d'écorce d'orange. Un chardonnay alerte et harmonieux. ⧗ 2023-2026

SARL DOM. ROUX PÈRE ET FILS, 42, rue des Lavières, 21190 Saint-Aubin, tél. 03 80 21 32 92, france@domaines-roux.com V *r.-v.* E

♥ DOM. GÉRARD THOMAS & FILLES
Champ Tirant 2019 ★★

| 5880 | 11 à 15 €

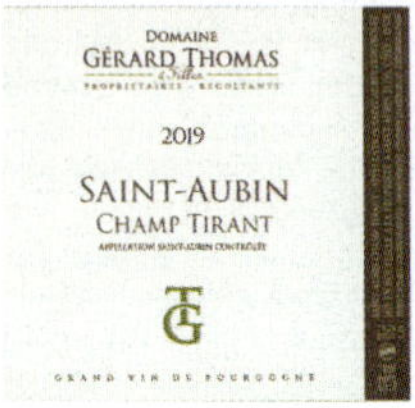

Isabelle et Anne-Sophie sont désormais aux commandes du domaine créé par leur père Gérard Thomas dans les années 1990. Le vignoble couvre 11 ha en saint-aubin (principalement) ainsi qu'en meursault, chassagne et puligny.

Un *climat* qui s'étire sur près de 6 ha le long de la route qui mène à La Rochepot. Isabelle et Anne-Sophie Thomas en ont extrait ce magnifique saint-aubin qui, après 10 mois de fût, livre un nez finement toasté. Ce boisé prend des tonalités vanillées dans une bouche vive, ample et longue, et vient souligner avec élégance des notes d'abricot et d'écorce d'orange. Les années assagiront le bois et révèleront plus encore la complexité de ce vin au solide potentiel. ⧗ 2023-2027

1er cru La Chatenière 2019 ★ (20 à 30 €; 4250 b.) Un nez de fleurs blanches et de fumée et une bouche aromatique et intense composent un vin harmonieux, qui vieillira sereinement. ⧗ 2023-2026

EARL DOM. GÉRARD THOMAS, 6, rue des Perrières, 21190 Saint-Aubin, tél. 03 80 21 32 57, domaine.gerard.thomas@orange.fr V *r.-v.*

SANTENAY

Superficie : 330 ha
Production : 14 040 hl (85 % rouge)

Dominé par la montagne des Trois-Croix, le village de Santenay est devenu, grâce à sa « fontaine salée » aux eaux les plus lithinées d'Europe, une ville d'eau réputée… C'est donc un village polyvalent, puisque son terroir produit également d'excellents vins. Les Gravières, La Comme, Beauregard en sont les crus les plus connus. Comme à Chassagne, le vignoble présente la particularité d'être souvent conduit en cordon de Royat, élément qualitatif non négligeable.

FRANÇOIS D'ALLAINES 2018 ★

| n.c. | 15 à 20 €

Après l'école hôtelière, François d'Allaines crée son négoce en 1990 à la frontière entre Saône-et-Loire et Côte-d'Or, puis son domaine en 2009. Cet adepte des élevages longs en fût est souvent au rendez-vous du Guide.

Produite à partir de 60 ares, cette cuvée communale associe à l'olfaction la cerise noire à des notes florales et poivrées. D'un abord souple, puis ample et déliée, la bouche développe une fine trame tannique et une belle longueur. ⧗ 2022-2026

SARL FRANÇOIS D' ALLAINES, 2, imp. du Meix-du-Cray, 71150 Demigny, tél. 03 85 49 90 16, francois@dallaines.com r.-v.

♥ DOM. BACHEY-LEGROS
Clos des Gravières 2019 ★★

1er cru	3 576		30 à 50 €

Régulièrement mentionnés dans le Guide, les Bachey-Legros – Christiane et ses fils Samuel et Lénaïc – sont les 5e et 6e générations à œuvrer sur ce domaine de 19 ha auquel s'est ajoutée une activité de négoce en 2008. En 2017, la propriété s'est équipée d'une nouvelle cuverie.

Ce clos de 70 ares pousse au milieu d'un *climat* de 29 ha et bénéficie d'une exposition idéale à mi-coteau. De jeunes ceps (10 ans) ont donné ce superbe vin, très élégant dans sa robe or vert. Le nez, tout en finesse, convoque les fleurs blanches et les agrumes sur un fond toasté discret. La bouche se révèle ample et riche, parfaitement équilibrée par une ligne de fraîcheur aux tonalités citronnées. Un noble santenay que le temps affinera plus encore. ⧗ 2024-2030 ■ **1er cru Clos des Hâtes 2018 ★ (20 à 30 €; 8 600 b.)** Fruits rouges mûrs et nuances épicées, bouche longue, ample, charnue et solidement charpentée : ce Clos des Hâtes vise la garde. ⧗ 2025-2031

EARL DOM. BACHEY-LEGROS, 12, rue de la Charrière, 21590 Santenay, tél. 06 07 43 00 76, samuel@bachey-legros.fr r.-v.

DOM. BATTAULT Beauregard 2018 ★

1er cru	2 000		20 à 30 €

Un domaine familial de 14 ha transmis depuis plusieurs générations qui, jusqu'à l'arrivée de Jean-Marc Battault vendait son vin en vrac, à la pièce, et qui a désormais engagé la commercialisation en bouteilles.

Ce *climat*, le plus haut des 1ers crus de Santenay, étagé entre 350 et 400 m au-dessus des Gravières, l'un des plus vastes aussi, offre une vue unique sur le vignoble du sud de la Côte de Beaune, d'où son nom. Dans le verre, une jolie couleur rubis limpide et des arômes élégants de mûre et de chocolat. Au palais, une belle attaque, intense et large, puis une matière compacte qui enrobe des tanins fermes et bien en place : ce santenay est bâti pour la garde. ⧗ 2025-2030

DOM. BATTAULT, rue du Lavoir, 71150 Dezize-lès-Maranges, tél. 03 85 91 11 57, dom.battautjeanmarc@wanadoo.fr

DOM. ALINE BEAUNE Les Gravières 2019 ★

1er cru	800	30 à 50 €

Aline Beauné s'est installée en 2018 sur les vignes familiales, dont les raisins étaient jusqu'alors portés à la cave coopérative de Buxy. À la tête de 5 ha, elle n'en vinifie que 1,5 ha, le reste étant vendu en moût.

Le plus vaste des 1ers crus de Santenay a donné naissance à cette cuvée d'un seyant grenat, qui développe des parfums généreux de fruits rouges compotés et de cannelle. La cerise à l'eau-de-vie s'invite dans un palais solide, cadré par des tanins fermes et encore assez austères. Patience... ⧗ 2025-2030

SAS ALINE BEAUNÉ, 4, rue des Fossés, 71150 Paris-L'Hôpital, tél. 06 75 01 85 39, contact@alinebeaune.fr r.-v.

DOM. ROGER BELLAND Charmes 2019 ★★

■	6 000		20 à 30 €

Un domaine ancien, dont on trouve trace au XVIIIe s., couvrant aujourd'hui 24 ha. À sa tête, Roger Belland, installé en 1981, sa fille Julie, arrivée en 2003 et chargée des vinifications et leur nouveau collaborateur Martin Boyer. Pas de bio certifié ici, mais une viticulture raisonnée et maîtrisée (enherbement total du vignoble, pas de désherbants), et des vins d'une grande constance.

Deux étoiles l'an passé, deux cette année, cette cuvée est à l'image de son producteur : une valeur sûre de l'appellation. Des épices et des notes grillées venues de son élevage en fût dominent le nez. C'est en bouche que ce santenay prend son envol autour de tanins soyeux et fins qui lui confèrent une mâche tendre et gourmande et beaucoup d'élégance. ⧗ 2024-2028

DOM. ROGER BELLAND, 3, rue de la Chapelle, 21590 Santenay, tél. 03 80 20 60 95, belland.roger@wanadoo.fr r.-v.

CHRISTIAN BERGERET ET FILLES 2018 ★★

■	2 370		11 à 15 €

Un domaine dans la même famille depuis plusieurs générations. Comptable de formation, professeure pendant quelques années, Clotilde Brousse-Bergeret en a pris la direction en 2001 à la suite de son père Christian. L'exploitation compte aujourd'hui 12,5 ha répartis sur plusieurs communes de la Côte de Beaune et des Hautes-Côtes. Depuis 2020, un nouveau caveau a été aménagé pour l'accueil des visiteurs.

Si le nez est vu comme discret par nos jurés, la robe de ce beau santenay l'est moins et brille d'un beau grenat. Plus prolixe, la bouche convoque d'intenses et généreux arômes de cerise mûre qui accompagnent des tanins veloutés, moelleux, et un boisé subtil. Déjà très savoureux. ⧗ 2022-2026

SCEA DOM. CHRISTIAN BERGERET ET FILLE, 2, cour Michaud, 21340 Nolay, tél. 06 58 52 41 48, vins.bergeret@outlook.fr r.-v.

BOURGOGNE MONIOT
Le Clos des Gravières 2019 ★★

■	1 500		20 à 30 €

En 2013, Romain Moniot, tout juste sorti de sa formation viticole, a rejoint ses parents Françoise et Laurent sur le domaine familial. Avec lui, la surface du vignoble est passée en peu de temps de 4 à 8,5 ha et les ventes en bouteilles ont nettement progressé.

Un 1er cru réputé surtout pour ses rouges. Le chardonnay y donne toutefois de belles choses, à l'image de ce vin passé à un souffle du coup de cœur. Une couleur or vert intense, un parfum délicat de fleurs blanches mâtiné d'un boisé subtil et fondu, une bouche longue, fraîche et fine : ce santenay a tout bon. ⧗ 2023-2028

BOURGOGNE

EARL BOURGOGNE MONIOT, 44, Grande-Rue, 21590 Santenay, tél. 03 80 20 60 52, bourgognemoniot@wanadoo.fr t.l.j. sf dim. 9h-12h 14h-18h

DOM. MAURICE CHARLEUX ET FILS
Clos Rousseau 2019 ★★

1er cru | 3090 | 15 à 20 €

Un domaine régulier en qualité ; 60 ares au temps de Ferdinand Charleux, en 1894, 10 ha aujourd'hui, en maranges et en santenay. Maurice, figure des Maranges, ayant pris sa retraite en 2008, Vincent, l'aîné de ses trois fils, qui travaille depuis 1999 sur l'exploitation, l'a relayé.

Les 7,92 ha du Grand Clos Rousseau, un climat voisin des Maranges, représentent la moitié de la surface du Clos Rousseau. Les charmes insondables de la géographie bourguignonne... Paré d'une robe rubis limpide, ce santenay distille à l'olfaction d'agréables notes de fleurs et de fruits rouges relevées d'une pointe épicée. En bouche, il convoque la cerise à l'eau-de-vie qui s'infuse dans une matière tendre et suave, épaulée par des tanins fermes. De bonne garde assurément. ⧗ 2025-2030

DOM. MAURICE CHARLEUX ET FILS, 1, Petite-Rue, 71150 Dezize-lès-Maranges, tél. 03 85 91 15 15, domaine.charleux@wanadoo.fr r.-v.

FRANÇOISE ET DENIS CLAIR
Clos des Mouches 2019 ★

1er cru | 3000 | 20 à 30 €

Créé par Françoise et Denis Clair en 1986 à partir de 5 ha, ce domaine souvent en vue pour ses saint-aubin et ses santenay couvre aujourd'hui 14 ha, avec une petite activité de négoce en complément. Le fils Jean-Baptiste, arrivé en 2000, assure les vinifications depuis 2011.

Avec ses 2,78 ha, ce clos est le plus petit des onze 1ers crus que compte Santenay. Teinté d'un rubis limpide, ce Clos des Mouches exhale des senteurs de fruits rouges et de mûre. On retrouve le fruit dans une bouche souple et ronde, relevé par une finale légèrement poivrée. ⧗ 2022-2026

FRANÇOISE ET DENIS CLAIR, 14, rue de la Chapelle, 21590 Santenay, tél. 03 80 20 61 96, fdclair@orange.fr r.-v.

CH. DE LA CRÉE
Clos Faubard 2018 ★★

n.c. | n.c.

Grace et Ken Evenstad, propriétaires du Dom. Serene en Oregon, ont racheté en 2015 ce vignoble de 10 ha répartis dans 7 communes de la Côte de Beaune. Une activité de négoce, créée en 2008 par leur prédécesseur Nicolas Ryhiner, complète la gamme, avec la marque « Les Tourelles de la Crée ».

Le domaine dispose de 70 ares sur l'un des plus petits 1ers crus de l'appellation. Derrière une robe couleur bigarreau se dévoilent des parfums délicats de fleurs et de fruits rouges. La bouche se fait ample, dense et charnue, adossée à des tanins bien en place. Un beau mariage de la force et de l'élégance. ⧗ 2025-2032

CH. DE LA CRÉE, 11, rue Gaudin, 21590 Santenay, tél. 03 80 20 63 36, lara@lacree.fr t.l.j. sf sam. dim. 9h-12h 14h-18h

JUSTIN GIRARDIN Beauregard 2018 ★

1er cru | 6200 | 20 à 30 €

Après avoir obtenu en 2013 son BTS « viti-œno » à Beaune et suivi plusieurs stages à Pomerol, Maury et jusqu'en Tasmanie, le jeune Justin Girardin (13e génération) a rejoint en 2013 ses parents Jacques et Valérie sur le domaine familial établi à Santenay-le-Haut (17 ha). Il a créé dans la foulée une activité de négoce en son nom pour compléter la gamme.

Un bon ambassadeur que ce cru des hauteurs déjà étoilé dans notre précédente édition. La brillance de sa robe couleur fuchsia se combine à des parfums de fruits frais et de boisé provenant d'un passage de 15 mois en fût. Arômes que prolonge une bouche intense, onctueuse et charnue. ⧗ 2023-2027

SAS JUSTIN GIRARDIN, 13, rue de Narosse, 21590 Santenay, tél. 03 80 20 60 12, justin.girardin@gmail.com r.-v.

MESTRE PÈRE ET FILS Clos Faubard 2018 ★

1er cru | 3700 | 20 à 30 €

Cinq générations de viticulteurs se sont succédé ici depuis 1887. Des Maranges à Ladoix en passant par Chassagne et Aloxe, les frères Mestre (Gilbert, Gérard et Michel) exploitent un vignoble de 17 ha.

Coup de cœur l'an passé avec leur Beaurepaire 2018 blanc, les frères Mestre voient rouge cette année avec un joli vin né d'une belle parcelle de 70 ares. Robe rubis brillante, parfum de fruits rouges et d'épices, bouche fruitée, légère et équilibrée, dotée de tanins souples : un santenay que l'on pourra apprécier dans ses jeunes années. ⧗ 2022-2025

SCE MESTRE PÈRE ET FILS, 12, pl. du Jet-d'Eau, 21590 Santenay, tél. 03 80 20 60 11, contact@mestre-pere-et-fils.fr t.l.j. sf dim. 10h-12h30 14h30-18h

♥ DOM. DAVID MOREAU
Beauregard 2019 ★★

1er cru | 1500 | 30 à 50 €

David Moreau s'est installé en 2009 à la tête des 6 ha plantés par ses grands-parents. Ce jeune vigneron se flatte d'être plus interventionniste à la vigne qu'à la cave. Il a lui-même greffé les sélections massales de ses vignes où il pratique aussi labour et enherbement.

Ce vaste *climat* (18 ha) se distingue particulièrement dans cette édition, et David Moreau nous en propose une version haut de gamme. Un vin né d'une vigne de 40 ans, qui s'ouvre sans réserve sur les fruits noirs et rouges. Un fruité intense qui irrigue aussi une bouche, ample, dense, généreuse, concentrée, arrimée à des tanins soyeux. Un santenay solaire, qui n'a pas fini de rayonner. ⧗ 2025-2030 **1er cru Clos des Mouches**

2019 ★ (30 à 50 €; 3500 b.) Un vin né des calcaires durs veinés de rose de ce *climat* bien connu de Santenay. Au nez, des fruits rouges et des épices. En bouche, des tanins bien présents mais soyeux qui laissent une impression de souplesse. ⧗ 2024-2028

SARL DAVID MOREAU, 2, rue de la Bussière, 21590 Santenay, tél. 06 85 96 30 28, contact@bourgogne-david-moreau.com V r.-v.

DOM. CLAUDE NOUVEAU Le Chainey 2019 ★★

1er cru	5900	15 à 20 €

Souvent en vue pour ses maranges et ses santenay, ce domaine établi dans le hameau de Marcheseuil, dans les Hautes-Côtes de Beaune, s'étend sur 14 ha. En 2010, Claude Nouveau en a confié les rênes à son gendre Stéphane Ponsard, rejoint en 2015 par son épouse Aline.

L'an passé, un coup de cœur récompensait le Grand Clos Rousseau 2018 rouge du domaine. Stéphane Ponsard fait presque aussi bien avec ce Chainey blanc. Le doux parfum de l'aubépine s'associe aux fruits jaunes et au toasté de la barrique. Une attaque franche et vive ouvre sur une bouche très équilibrée entre une chair tendre et ronde et une fraîcheur bien sentie aux tonalités d'agrumes qui persistent jusqu'en finale. ⧗ 2023-2028

DOM. CLAUDE NOUVEAU, Marcheseuil, 21340 Change, tél. 03 85 91 13 34, domaine@claudenouveau.com V r.-v.

DOM. PIGUET-GIRARDIN
Clos Rousseau 2019 ★★

1er cru	2000	20 à 30 €

Issus de familles vigneronnes, Anne-Marie Girardin (Santenay) et Dominique Piguet (Auxey-Duresses) s'unissent en 1985 et créent le domaine à leur nom. Avec 6 ha au départ, ils sont aujourd'hui à la tête d'environ 12 ha répartis sur 18 appellations de la Côte de Beaune, de Pommard aux Maranges en passant par Meursault, Auxey-Duresses, Puligny-Montrachet, Chassagne-Montrachet et Santenay. Depuis fin 2016, Damien, leur fils, prend progressivement la relève.

Un *climat* situé en limite de l'appellation maranges. Les Piguet-Girardin en ont extrait un fort joli santenay, intense, corsé, épicé et vanillé au nez. À la rondeur gourmande de l'attaque succède un palais corpulent, dense, bien charpenté par des tanins fermes mais fins et souligné de bout en bout par une saine fraîcheur. Du caractère et du potentiel. ⧗ 2025-2032

DOM. PIGUET-GIRARDIN, rue du Meix, 21190 Auxey-Duresses, tél. 03 80 21 60 26, piguet.girardin@orange.fr V r.-v.

DOM. PONSARD CHEVALIER
Les Charmes 2019 ★★

	3800	15 à 20 €

Reprise en 1977 par Michel Ponsard et Danielle Chevalier qui l'avaient cultivée en fermage pendant plusieurs années, et désormais dirigée par leur fille Coralie, cette exploitation familiale couvre 6,16 ha. Comme nombre de propriétés établies à Santenay, elle dispose aussi de vignes dans trois 1ers crus des Maranges.

Un vaste *climat* (13,72 ha) situé côté Maranges. Ces anciennes chaumes devenues « charmes » lors de leur conversion à la culture de la vigne sont exploitées sur 90 ares par ce vigneron du cru. La luminosité de la robe séduit d'emblée, tout comme le nez, ouvert sur les fruits compotés et un boisé bien intégré. Quant à la bouche, elle affiche beaucoup de volume et de matière autour d'une solide trame tannique. Un vin de caractère qui se patinera sereinement en cave. À un souffle du coup de cœur. ⧗ 2025-2030

DOM. PONSARD-CHEVALIER, 2, rue des Tilles, 21590 Santenay, tél. 03 80 20 60 87, contact@ponsard-chevalier.fr V r.-v.

♥ J.CLAUDE REGNAUDOT ET FILS
Clos Rousseau 2019 ★★

1er cru	1200	15 à 20 €

Installés au cœur du village de Dezize, Jean-Claude et Didier Regnaudot cultivent avec talent 6,75 ha de vignes entre Maranges et Santenay. Leurs vins parlent pour eux : le domaine a plusieurs coups de cœur à son actif. Une valeur (très) sûre.

Si le Clos Rousseau change d'orthographe en passant des Maranges (Clos Roussots) à Santenay, il est une chose invariable : la qualité des santenay des Regnaudot père et fils. Un vin magnifique, né d'une vigne de 50 ans, qui dévoile un nez charmeur de cassis et de mûre sur fond de boisé fondu. La bouche affiche une grande concentration et une sensation de puissance autour de tanins fermes, bien pris dans une chair soyeuse. De grande garde assurément. ⧗ 2025-2032 ■ **2019 ★★ (11 à 15 €; 1500 b.)** Ce *village* a aussi disputé le titre de coup de cœur. Ses arguments : des arômes intenses de fruits noirs bien mariés au bois, une bouche « en relief », ample, dense mais veloutée, épaulée par de solides tanins. Longue garde assurée. ⧗ 2025-2030

JEAN-CLAUDE REGNAUDOT ET FILS, 6, Grande-Rue, 71150 Dezize-lès-Maranges, tél. 03 85 91 15 95, regnaudot.jc-et-fils@orange.fr V r.-v.

CH. DE SASSANGY 2019 ★

	3000	11 à 15 €

Situé dans l'arrière-pays vallonné de Chalon-sur-Saône, ce domaine est dans la famille Musso depuis plus de 3 siècles : une vaste propriété de 300 ha commandée par un château édifié en 1740 sur les vestiges d'une place forte des Xe et XIIe s. Installés en 1979, Jean Musso et son épouse Geno ont redonné vie à ce vignoble endormi depuis la crise du phylloxéra (50 ares à leur arrivée), qui s'étend aujourd'hui sur 45 ha, conduit en bio.

Entièrement éraflé, ce *village* n'a qu'un seul soutirage et aucun collage après 8 mois passés en fût. Il en ressort avec une robe brillante, couleur rubis, un nez associant boisé fin et fruits rouges, et une bouche fluide, souple, soutenues par des tanins fins et fondus et relevée par une finale poivrée. ⧗ 2023-2027

JEAN ET CÉCILE MUSSO (CH. DE SASSANGY), Le Château, 71390 Sassangy, tél. 03 58 09 73 66, mussojean71@gmail.com r.-v.

DOM. SORINE Vieilles Vignes 2019 ★

■ 1er cru | 3500 | | 11 à 15 €

Originaires de Santenay, les Sorine font du vin depuis 1929. Christian s'est installé en 1990 à la tête des 12 ha familiaux, rejoint en 2009 par sa femme Emma, enseignante formée à l'œnologie. Ils ont aussi développé une petite activité de négoce pour élargir leur gamme.

Soixante ans, un bel âge pour produire des raisins riches. Raisins qui ont enfanté ce joli santenay couleur pourpre soutenu, parfumé de fruits rouges et noirs avec une touche de grillée venue d'une année en fût. Il plaît aussi par sa bouche soyeuse et ronde, soulignée avec mesure par un boisé et des tanins fondus. ⧗ 2023-2026

DOM. SORINE, 1, pl. de la Poste, 71150 Cheilly-lès-Maranges, tél. 03 85 87 18 07, christian.sorine@orange.fr r.-v.

MARANGES

Superficie : 170 ha
Production : 7 450 hl (95 % rouge)

Situé en Saône-et-Loire, à l'extrémité sud de la Côte de Beaune, le vignoble des Maranges regroupe les 3 communes de Chailly, Dezize et Sampigny-lès-Maranges qui avaient leur propre appellation jusqu'en 1989. Il comporte six 1ers crus. Les vins rouges ont droit également à l'AOC côte-de-beaune-villages. Fruités, corpulents et charpentés, ils peuvent vieillir de 5 à 10 ans.

DOM. ALEXANDRE Les Clos Roussots 2019 ★★

■ 1er cru | 1500 | | n.c.

Ce domaine s'appuie sur un vignoble de 12 ha. Il réunit caves et exploitation au centre du village de Remigny, dans la plaine qui fait face aux collines de Santenay.

Avec 28,20 ha répartis entre Cheilly et Sampigny, c'est le plus vaste des 1ers crus de l'appellation. Après 12 mois d'élevage, ce maranges se présente dans une intense robe couleur burlat, bien ouvert sur le cassis et la myrtille. Un fruit qui irrigue aussi une bouche ample, riche, suave, bâtie sur des tanins fermes. À encaver quelques années pour plus de fondu. ⧗ 2024-2028

EARL DOM. ALEXANDRE PÈRE ET FILS, 1, pl. de la Mairie, 71150 Remigny, tél. 06 18 92 46 72, domalexandre@orange.fr r.-v.

DOM. MAURICE CHARLEUX ET FILS
La Fussière 2019 ★★

■ 1er cru | 9590 | | 15 à 20 €

Un domaine régulier en qualité ; 60 ares au temps de Ferdinand Charleux, en 1894, 10 ha aujourd'hui, en maranges et en santenay. Maurice, figure des Maranges, ayant pris sa retraite en 2008, Vincent, l'aîné de ses 3 fils, qui travaille depuis 1999 sur l'exploitation, l'a relayé.

Ce grand terroir résume à lui seul l'esprit des vins rouges des Maranges. Cette cuvée qui « pèse » au domaine avec ses 1,58 ha était proche du coup de cœur. Elle se présente dans une robe d'un rubis soutenu et dévoile au nez des arômes délicats de violette et de groseille. En bouche, elle affiche un beau volume, de la longueur et une solide charpente de tanins fermes. Bâtie pour durer. ⧗ 2025-2030 ■ **Les Clos Roussots 2019 ★ (15 à 20 € ; 9000 b.)** Une belle structure tannique et de l'ampleur pour ce maranges expressif, bien équilibré entre fruits mûrs et boisé. Du caractère et un bon potentiel. ⧗ 2024-2028 ■ **1er cru Vieilles Vignes 2019 ★ (11 à 15 € ; 11500 b.)** Des ceps de 65 ans à l'origine de ce vin riche et puissant, qui prend des accents fumés et épicés après 12 mois d'élevage. De bonne garde. ⧗ 2024-2028

DOM. MAURICE CHARLEUX ET FILS, 1, Petite-Rue, 71150 Dezize-lès-Maranges, tél. 03 85 91 15 15, domaine.charleux@wanadoo.fr r.-v.

DOM. CHEVROT ET FILS Sur le Chêne 2018 ★

■ | 1000 | | 15 à 20 €

Depuis sa création, l'exploitation est passée de 5 ha à 18 ha. Les fils de Fernand et Catherine Chevrot, Pablo et Vincent, tous 2 œnologues, se sont installés au début de ce siècle et ont engagé la conversion bio de la propriété. Le cheval est revenu labourer la vigne comme à l'époque de Paul et Henriette, fondateurs du domaine en 1930.

Cette cuvée « signature » des frères Chevrot se voit à nouveau distinguée. Elle provient d'une vigne de 52 ans, plantée sur les hauteurs de Cheilly. Habillée d'un rubis intense et limpide, elle présente un nez tout en discrétion de petits fruits rouges. Plus loquace, sur le fruit mâtiné d'un fin boisé, la bouche est épaulée par des tanins de qualité qui lui assureront une bonne tenue en cave. ⧗ 2023-2026

EARL DOM. CHEVROT ET FILS, 19, rte de Couches, 71150 Cheilly-lès-Maranges, tél. 03 85 91 10 55, contact@chevrot.fr r.-v.

♥ **CH. DE LA CRÉE** En Goty 2018 ★★

■ | n.c. | | 30 à 50 €

Grace et Ken Evenstad, propriétaires du Dom. Serene en Oregon, ont racheté en 2015 ce vignoble de 10 ha répartis dans 7 communes de la Côte de Beaune. Une activité de négoce, créée en 2008 par leur prédécesseur Nicolas Ryhiner, complète la gamme, avec la marque « Les Tourelles de la Crée ».

La présence d'une source (« goty » est dérivé du mot « goutte ») dans cette parcelle située à Cheilly a donné son nom à ce *climat* peu connu. Voilà donc une belle occasion de partir sa découverte. Une vigne de 45 ans plantée sur une parcelle de 36 ares est à l'origine de ce vin d'un beau rubis, ouvert sur les fruits rouges et noirs mâtinés d'une touche gourmande de cacao. Serrée, dense, ample, portée par des tanins fermes, la bouche affiche beaucoup de relief et de caractère. Un maranges bâti pour durer. ⧗ 2025-2030

CH. DE LA CRÉE, 11, rue Gaudin, 21590 Santenay, tél. 03 80 20 63 36, lara@lacree.fr V *t.l.j. sf sam. dim. 9h-12h 14h-18h*

DOM. DUCHEMIN Les Clos Roussots 2018 ★

1er cru	2100		11 à 15 €

Éric Duchemin s'est installé en 1991 à Sampigny-lès-Maranges sur un domaine qui compte aujourd'hui 9,5 ha (en AOC maranges, santenay et hautes-côtes-de-beaune) et qui tire son nom d'un énorme pressoir du XVIIe s. utilisé jusqu'en 1939.

Paré d'une robe grenat aussi intense que limpide, ce Clos Roussots est né d'une honorable vigne d'une cinquantaine d'années. S'en dégagent des parfums riches de fruits rouges mûrs, de groseille notamment, et de vanille. Arômes que prolonge une bouche ronde et soyeuse, soulignée par une agréable fraîcheur mentholée. ⧗ 2023-2026

EARL ÉRIC DUCHEMIN, Dom. du Vieux Pressoir, 16, Grande-Rue, 71150 Sampigny-lès-Maranges, tél. 03 85 91 12 71, domaine.vieux.pressoir@wanadoo.fr V *r.-v.*

DOM. RENÉ MONNIER Clos de la Fuissière 2019 ★

1er cru	5339		20 à 30 €

Ce domaine murisaltien fondé en 1723, propriété de Xavier Monnot, répartit ses 17 ha entre plusieurs AOC beaunoises. Il est régulièrement distingué dans le Guide, notamment pour ses beaune et ses meursault.

Un clos de 90 ares en monopole situé sur Dezize, au sein du 1er cru La Fussière. Au nez se dévoilent des arômes riches de cassis, de mûre et de tabac. En bouche, une attaque suave fait place à une matière ronde et suave, étayée par des tanins veloutés et fondus. ⧗ 2023-2027

SARL DOM. RENÉ MONNIER, 6, rue du Dr-Rolland, 21190 Meursault, tél. 03 80 21 29 32, domaine-rene-monnier@wanadoo.fr V *r.-v.*

DOM. EDMOND MONNOT ET FILS
Clos des Loyères 2018 ★

1er cru	6500		15 à 20 €

Installé en 2000, Stéphane Monnot représente la 3e génération sur ce domaine créé en 1928 : 9,5 ha, principalement en appellation maranges. L'installation d'une cuverie moderne permet un travail du raisin par gravité.

Ce 1er cru doit son nom aux loups qui venaient autrefois s'abreuver dans la rivière locale, la Cozanne. il donne régulièrement de bons maranges, à l'image de ce 2018 de belle intensité, qui s'exprime sur la cerise confite. Un fruité mûr auquel fait écho une bouche croquante et souple, dotée de tanins fondus. Une bouteille qui pourra s'apprécier dans sa jeunesse. ⧗ 2022-2025

DOM. EDMOND MONNOT ET FILS, 11, rue de Borgy, 71150 Dezize-lès-Maranges, tél. 03 85 91 16 12, domaineedmondmonnot@gmail.com V *r.-v.*

DOM. DAVID MOREAU 2019 ★

	3000		20 à 30 €

David Moreau s'est installé en 2009 à la tête des 6 ha plantés par ses grands-parents. Ce jeune vigneron se flatte d'être plus interventionniste à la vigne qu'à la cave. Il a lui-même greffé les sélections massales de ses vignes où il pratique aussi labour et enherbement.

Une vénérable vigne de 75 ans a enfanté ce maranges ouvert sur des parfums de mûre et de myrtille teintés d'épices. La bouche, à la fois riche souple, met en avant un caractère fruité qui épouse un tanin fin et fondu. À boire dans ses jeunes années. ⧗ 2022-2025

SARL DAVID MOREAU, 2, rue de la Bussière, 21590 Santenay, tél. 06 85 96 30 28, contact@bourgogne-david-moreau.com V *r.-v.*

DOM. REGNARD
Les Clos Roussots 2019 ★

1er cru	2800		15 à 20 €

En 2010, Florian Regnard a rejoint son père Christian sur le domaine familial situé à Sampigny, l'un des trois villages de l'AOP maranges. Parcelle après parcelle, il agrandit le vignoble (aujourd'hui 12 ha dans la partie sud de la Côte de Beaune et dans les Hautes-Côtes) et fait bouger les lignes en matière de culture, de vinification et de commercialisation.

Ce 1er cru réputé tient son nom de Rousseau, un patronyme fréquent en Bourgogne, qui s'orthographie aussi Roussot. Robe pourpre aux reflets brillants de ce vin accroche le regard, joli nez fruité de cassis et de framboise, bouche suave et ronde, dotée de tanins souples : ce maranges bien né s'appréciera dans sa jeunesse. ⧗ 2022-2025 **2019 ★ (15 à 20 €; 1800 b.)** Un blanc de belle facture, expressif, florale (fleurs blanches) et fruité (agrumes) au nez comme en bouche, porté de bout en bout par une agréable fraîcheur. ⧗ 2021-2025

EARL CHRISTIAN REGNARD, 14, rte de Cheilly, 71150 Sampigny-lès-Maranges, tél. 03 85 45 51 29, florian.regnard@hotmail.fr V *t.l.j. 8h-18h30; dim. 9h-12h*

BERNARD ET FLORIAN REGNAUDOT
La Fussière 2019 ★

1er cru	2100		11 à 15 €

Installé en 1996, le discret mais talentueux Bernard Regnaudot, d'ascendance vigneronne (père et grand-père), a transmis le vignoble familial – 8 ha plantés de vieilles vignes – à son fils Florian en 2015. Un domaine qui s'illustre régulièrement dans son fief des Maranges et qui signe aussi de belles cuvées du village voisin de Santenay.

Parmi les onze 1ers crus des Maranges, La Fussière est le plus connu des amateurs. Les Regnaudot en exploitent un tiers d'hectare, à l'origine d'un maranges ouvert sur les fruits des bois mêlés à la violette, à la bouche ronde et tendre, appuyée sur des tanins fins et veloutés et stimulé par une finale énergique. ⧗ 2023-2027

BERNARD ET FLORIAN REGNAUDOT, 14, rte de Nolay, 71150 Dezize-lès-Maranges, tél. 03 85 91 14 90, regnaudot.bernardetflorian@orange.fr V *r.-v.*

BOURGOGNE

DOM. J.-C. REGNAUDOT ET FILS
Les Clos Roussots 2019 ★

1er cru	3300		15 à 20 €

Installés au cœur du village de Dezize, Jean-Claude et Didier Regnaudot cultivent avec talent 6,75 ha de vignes entre Maranges et Santenay. Leurs vins parlent pour eux : le domaine a plusieurs coups de cœur à son actif. Une valeur (très) sûre.

Une étoile de plus pour cette cuvée déjà fortement récompensée. Passé un nez floral mariant le musc et la ronce il charme la bouche par sa souplesse de jus. Avec son volume de chair et sa terminaison épicée, il plaît déjà, mais il pourra aussi attendre. ⧗ 2023-2025

2019 ★ (11 à 15 €; 4500 b.) Une cuvée communale au fruité souple et équilibré. À ouvrir dans l'année qui vient pour découvrir l'appellation. ⧗ 2021-2022

JEAN-CLAUDE REGNAUDOT ET FILS, 6, Grande-Rue, 71150 Dezize-lès-Maranges, tél. 03 85 91 15 95, regnaudot.jc-et-fils@orange.fr V r.-v.

DOM. SARRAZIN ET FILS 2019 ★

	8000		11 à 15 €

La généalogie de ce domaine, toujours dans la même famille quelques siècles plus tard, remonte à 1671. Régulièrement distingués dans le Guide, les frères Sarrazin, Guy et Jean-Yves, savent tirer la quintessence des cépages bourguignons et des sols argilo-calcaires de Givry, leur fief d'origine. Le domaine est certifié HVE3 depuis 2019. Incontournable.

Une des rares cuvées de blanc distinguée cette année. Un vin or pâle et limpide qui libère au nez des parfums engageants de noisette et de beurre. La bouche convoque quant à elle les agrumes et affiche un équilibre assuré entre acidité et rondeur. Un bon classique. ⧗ 2022-2025

SARL MICHEL SARRAZIN ET FILS, 26, rue de Charnailles, 71640 Jambles, tél. 03 85 44 30 57, sarrazin2@wanadoo.fr V

DOM. SORINE
Vieilles Vignes 2019 ★

	2500		11 à 15 €

Originaires de Santenay, les Sorine font du vin depuis 1929. Christian s'est installé en 1990 à la tête des 12 ha familiaux, rejoint en 2009 par sa femme Emma, enseignante formée à l'œnologie. Ils ont aussi développé une petite activité de négoce pour élargir leur gamme.

Une cuvée née d'un assemblage de 3 parcelles. La robe, limpide, tire vers le grenat. Les fruits des bois bien mûrs arrivent à l'aération. Si la bouche débute en douceur, elle monte vite en puissance, portée par des tanins fermes mais fins. Un potentiel de garde certain. ⧗ 2024-2028

DOM. SORINE, 1, pl. de la Poste, 71150 Cheilly-lès-Maranges, tél. 03 85 87 18 07, christian.sorine@orange.fr V r.-v.

LA CÔTE CHALONNAISE

BOURGOGNE-CÔTE-CHALONNAISE

Superficie : 460 ha
Production : 24 150 hl (75 % rouge et rosé)

Située entre Chagny et Saint-Gengoux-le-National (Saône-et-Loire), la Côte chalonnaise possède une identité qui lui a permis d'être reconnue en AOC en 1990. L'appellation produit une majorité de rouges assez fermes dans leur jeunesse, quelques rosés et des blancs de style léger.

B DOM. DE VILLAINE
La Digoine Monopole 2019 ★

	6072		15 à 20 €

Ce domaine situé à Bouzeron exploite 36 ha de vignes en culture biologique, répartis dans les diverses appellations de la Côte chalonnaise. Aubert de Villaine (copropriétaire de la Romanée-Conti) et son épouse Pamela en ont confié la gestion à leur neveu Pierre de Benoist depuis 2001.

Ce monopole à la réputation séculaire est situé en pied de coteau, là où le sol est plus profond. Il donne en 2019 un vin intense et dynamique, bien ouvert sur les fruits rouges sur fond de boisé bien fondu. La bouche se montre ample, charnue et fraîche, épaulée par des tanins à la fois fermes et fins. ⧗ 2023-2028

SAS DOM. DE VILLAINE, 2, rue de la Fontaine, 71150 Bouzeron, tél. 03 85 91 20 50, contact@de-villaine.com V r.-v.

BOUZERON

Superficie : 47 ha / Production : 2 450 hl

Petit village situé entre Chagny et Rully, Bouzeron est de longue date réputé pour ses vins d'aligoté. Cette variété occupe la plus grande partie du vignoble communal. Planté sur des coteaux orientés est-sud-est, dans des sols à forte proportion calcaire, ce cépage à l'origine de vins blancs vifs s'exprime particulièrement bien, donnant naissance à des vins complexes et d'une « rondeur pointue ». Les vignerons du lieu, après avoir obtenu l'appellation bourgogne-aligoté-bouzeron en 1979, ont réussi à hisser l'aire de production au rang d'AOC communale.

JOCELYNE CHAUSSIN
La Fortune 2019 ★

	2850		5 à 8 €

Jocelyne Chaussin assure depuis 1988 la continuité de cette petite exploitation familiale (1,33 ha) ancrée depuis 3 générations à Bouzeron. Respectueuse de la nature, elle travaille la vigne comme « dans l'ancien temps », sans produit chimique.

D'un or blanc lumineux, ce vin libère d'abord de délicates senteurs de fruits exotiques comme la mandarine et le kiwi, puis après aération des notes minérales. Sa belle structure de bouche, souple et friande, s'appuie sur une salinité rafraîchissante et une chair fruitée. Un vin doté d'une jolie personnalité. ⌛ 2021-2024

⊶ *JOCELYNE CHAUSSIN, 3, rue des Dames, 71150 Bouzeron, tél. 06 82 85 38 46, jeanlouis.chaussin@orange.fr* V r.-v.

DOM. LAURENT DUFOULEUR 2019 ★

| 6000 | | 11 à 15 €

La maison de négoce Tramier, fondée en 1842 et installée à Mercurey, est aussi propriétaire de vignes en Côte chalonnaise et en Côte de Nuits. Elle a été reprise dans les années 1960 par la famille de Laurent Dufouleur; ce dernier est aux commandes depuis 2014. Il a créé son domaine (17 ha) en 2019 par adjonction des parcelles familiales et de celles reprises récemment sur Mercurey et Bouzeron, venant compléter l'offre du négoce.

Élevé en fût de chêne, ce 2019 se pare d'une robe jaune d'or brillante et étincelante. Il diffuse d'intenses parfums fruités rappelant l'orange et l'ananas, le tout souligné de vanille et de grillé. Au palais, on retrouve l'empreinte fruitée, ainsi que des arômes de fleurs blanches et d'agrumes. Un vin cossu, encore légèrement sous l'empreinte du bois d'élevage. ⌛ 2022-2025

⊶ *SAS MAISON L. TRAMIER ET FILS, rue de Chamerose, 71640 Mercurey, tél. 03 85 45 10 83, info@maison-tramier.com* V *t.l.j. sf dim. 9h-12h 14h-18h*

DOM. DES MOIROTS 2019 ★

| 3000 | | 8 à 11 €

Le domaine est une affaire de famille : celle des Denizot. En 1990, Christophe a rejoint son père Lucien à la tête de l'exploitation (15 ha), qu'il gère en compagnie de sa sœur Muriel et de son cousin Patrice.

Une vendange manuelle et un élevage de presque une année en cuve ont abouti à ce vin qui s'exprime joliment sur les fleurs et la pierre à fusil. La bouche, au fruité généreux, dévoile des nuances gourmandes de pêche et de noix de coco qui apportent de la matière à ce bouzeron complexe et puissant, étiré dans une finale épicée. ⌛ 2021-2024

⊶ *EARL DOM. DES MOIROTS, 14, rue des Moirots, 71390 Bissey-sous-Cruchaud, tél. 03 85 92 16 93, domainedesmoirots@orange.fr* V *r.-v.*

RULLY

Superficie : 357 ha
Production : 16 050 hl (65 % blanc)

La Côte chalonnaise assure la transition entre le vignoble de Côte-d'Or et celui du Mâconnais. L'appellation rully déborde de sa commune d'origine sur celle de Chagny, petite capitale gastronomique. Nés sur le jurassique supérieur, les rully sont aimables et généralement de bonne garde. Certains lieux-dits classés en 1er cru ont déjà accédé à la notoriété.

DOM. BELLEVILLE La Crée 2018 ★

| 8540 | | 20 à 30 €

Né à Rully au début du XXe s., ce domaine compte 18 ha de vignes, en conversion bio depuis 2017, année d'acquisition de la propriété par un couple d'Américains passionnés d'art de vivre à la française et leur associé, Jean-Luc Vitoux. Ensemble, ils ont également repris une petite maison de négoce à Meursault, Les Parcellaires de Saulx, ainsi que le Château et le Clos de la Commaraine à Pommard.

Une cuvée joliment teintée d'or pâle, au premier nez fin et discret, légèrement grillé, qui s'ouvre après aération sur des senteurs de camomille et de chèvrefeuille. Le palais, fin et précis s'étire longuement sur des saveurs minérales. Déjà très agréable. ⌛ 2021-2025

⊶ *SCEA DOM. BELLEVILLE, 6, ZA Les Champs-Rouges, 71150 Rully, tél. 03 85 91 06 00, contact@domainebelleville.com* V *r.-v.*

♥ DOM. MICHEL BRIDAY La Pucelle 2019 ★★

1er cru | 2500 | | 20 à 30 €

Les Briday sont vignerons de père en fils : Stéphane, le fils de Michel, est installé depuis 1989 à la tête de ce domaine qui s'étend sur 15 ha implantés au cœur du village de Rully. Une valeur sûre.

Or blanc éclatant nuancé de reflets verts, ce rully fleure bon le sureau, la menthe fraîche, le citron et la craie, avec un boisé subtil qui n'efface pas la minéralité du terroir. Une attaque mentholée est suivie d'une bouche ample, pleine de saveurs et parfaitement équilibrée. Sa finale vive et ferme lui confère de la puissance et une persistance rare. Vin de gastronomie par excellence, il n'attend plus qu'un mets de fête comme une volaille de Bresse à la crème ou un homard. ⌛ 2022-2026 **2019 ★ (15 à 20 €; 12 000 b.)** Un rully volumineux, puissant, gras, généreux, que vous pourrez servir dès maintenant, sur un fromage affiné comme un époisses par exemple, ou attendre quelques années. ⌛ 2021-2025

⊶ *EARL STÉPHANE BRIDAY (DOM. MICHEL BRIDAY), 31, Grande-Rue, 71150 Rully, tél. 03 85 87 07 90, domainemichelbriday@orange.fr* V *t.l.j. 9h-12h 14h-17h; sam. dim. sur r.-v.*

DOM. DOMINGOS FERREIRA CAMPOS Plante Moraine 2019 ★

| 3700 | | 11 à 15 €

Fils de salariés viticoles, Domingos décide de poursuivre ses études à la « Viti » de Beaune. Après quelques années d'apprentissage chez différents vignerons, il s'installe en 2005 sur 30 ares de vignes en location. Son domaine compte aujourd'hui 10 ha de vignes en mercurey, rully et bourgogne-côte-chalonnaise.

Ce 2019 déploie un nez exubérant et intense de beurre frais, de boisé, de litchi et de miel d'acacia. En bouche, on découvre un vin ample et puissant, de très bonne tenue, prolongé par des saveurs torréfiées. ⌛ 2022-2026

⊶ *DOMINGOS FERREIRA-CAMPOS, 18, rue de Geley, 71150 Rully, tél. 06 76 38 14 04, ferreira-campos@orange.fr* V *r.-v.*

DOM. DE LA FOLIE
Cuvée Marey du Clos de Bellecroix 2019 ★★

■	9500		15 à 20 €

Le Dom. de la Folie jouit d'un panorama exceptionnel de toute la Côte chalonnaise jusqu'à Nuits-Saint-Georges. Il appartient depuis 1870 à la famille Noël-Bouton. La 5ᵉ génération – Baptiste (ingénieur) et Clémence Dubrulle (ancienne attachée de presse) – a repris les commandes des 12 ha de vignes familiales en 2010.

Ces pinots noirs plantés à la fin des années 1960 ont donné un vin lumineux à la couleur pourpre. D'intenses notes de confiture de mûres, de cerises noires et de cassis composent le nez. Tout aussi concentré, le palais s'appuie sur une matière ample et suave, équilibrée par une trame tannique élégante. ⧗ 2023-2028 ■ **1ᵉʳ cru Clos Saint-Jacques Monopole 2019 ★ (20 à 30 €; 7000 b.)** Un 1ᵉʳ cru raffiné et dynamique, ouvert sur un joli nez floral (tilleul, acacia et aubépine), au palais élégant et très frais. ⧗ 2022-2025

SCV DOM. DE LA FOLIE, chem. de la Folie, 71150 Chagny, tél. 03 85 87 18 59, contact@domainedelafolie.fr V r.-v.

Ⓑ DOM. JAEGER-DEFAIX
Clos du Chapitre 2019 ★★

■ 1ᵉʳ cru	6500		30 à 50 €

Épouse de Bernard Defaix, vigneron à Chablis, Hélène Jaeger a repris en 2005 l'exploitation de sa grande-tante Henriette Niepce. Elle a engagé la conversion bio dans la foulée.

Le nez fin et racé est marqué par les petits fruits rouges et le boisé. Une attaque souple et soyeuse avec un retour de la framboise introduit un palais ample et dense, bien construit autour d'une trame tannique élégante. Le jury conseille de le boire dans quelques années sur un civet de lièvre. ⧗ 2023-2028 ■ **1ᵉʳ cru Préaux 2019 ★★ (30 à 50 €; 1500 b.)** Ⓑ Un 1ᵉʳ cru très plaisant, au caractère délicatement fruité et épicé, étayé par des tanins fins et fondus. ⧗ 2023-2026

SARL DOM. JAEGER-DEFAIX, 20, rue des Buis, 71150 Rully, tél. 03 86 42 40 75, contact@jaeger-defaix.com V r.-v.

JAFFELIN 2019 ★

■	1465		15 à 20 €

Cette maison de négoce-éleveur implantée à Beaune depuis 1816 appartient à la galaxie des vins Boisset. Elle conserve son autonomie d'achat avec Marinette Garnier à sa tête depuis 2011. En vue notamment pour ses pernand-vergelesses et ses auxey-duresses.

Récoltés manuellement fin septembre, ces chardonnays ont donné un vin drapé d'or, au nez discrètement boisé, qui dévoile des nuances de feuillage et de fruits mûrs à l'aération. À ce stade, le bois prend encore beaucoup de place dans son palais rond et généreux. Indéniablement, ce vin a du potentiel, et quelques années de garde l'aideront à digérer l'élevage. ⧗ 2023-2027

MAISON JAFFELIN, 2, rue Paradis, 21200 Beaune, tél. 03 80 22 12 49, jaffelin@maisonjaffelin.com V r.-v.

♥ DOM. NINOT Chaponnière 2019 ★★

■	5634		15 à 20 €

Les Ninot sont tonneliers et vignerons depuis le XIVᵉ s. Le grand-père a largement contribué à la naissance et à la renommée de l'appellation. Au décès de ce dernier, la propriété fut divisée entre les 5 enfants. L'un d'eux a tout fait pour maintenir cet héritage dans la famille, mais il n'a pu sauver que sa part et a dû tout recommencer. Depuis 2003, c'est sa fille Erell, rejointe par son frère Flavien en 2013, qui gère les 13 ha du domaine.

Ce 2019 vinifié et élevé en fût de chêne s'habille d'une robe dorée aux reflets verts tendres. Au premier nez, marqué par la fraîcheur minérale (pierre à fusil), succèdent d'élégants arômes de fleurs et fruits blancs (poire et pêche). La bouche, d'une grande densité aromatique, se montre parfaitement équilibrée entre matière et acidité. On devine un solide potentiel dans ce rully racé et de haute expression. ⧗ 2023-2027

EARL DOM. NINOT, Le Meix Guillaume, 2, rue de Chagny, 71150 Rully, tél. 03 85 87 07 79, vin@domaineninot.com V r.-v.

DOM. ROIS MAGES
Les Cailloux 2018 ★

■	9000		15 à 20 €

Anne-Sophie Debavelaere crée son domaine à Rully en 1984. Elle est rejointe plus tard par son fils Félix, alors jeune œnologue fraîchement diplômé. Ensemble, ils gèrent aujourd'hui 11 ha sur plusieurs appellations.

Une cuvée saluée pour son élégance, qui développe un joli nez fruité (pêche, citron et pamplemousse), agrémenté de notes de verveine. La bouche, elle aussi toute en finesse, se distingue par sa souplesse et sa fraîcheur. ⧗ 2021-2024

EARL DEBAVELAERE (DOM. ROIS MAGES), 21, rue des Buis, 71150 Rully, tél. 03 85 48 65 64, as.debavelaere@gmail.com V r.-v.

CH. DE RULLY Pucelle 2019 ★★

■ 1ᵉʳ cru	7000		20 à 30 €

Fondée en 1875, la maison Antonin Rodet, négoce établi en Côte chalonnaise, propose une vaste gamme de vins de toute la Bourgogne. Elle possède aussi les châteaux de Mercey (45 ha au sud de la Côte de Beaune et en Côte chalonnaise) et de Rully (32 ha en rully), ainsi que le Dom. de la Bressande. Depuis 2010, elle appartient au groupe Boisset.

Au nez, on perçoit avec un plaisir non dissimulé des notes de fleurs blanches, de bonbon anglais et de coing, mâtinées de nuances de foin fraîchement coupé. La bouche séduit par sa fraîcheur saline et citronnée dès l'attaque, qui se poursuit jusqu'à la finale, irriguant une matière volumineuse. Tout indiqué pour les fruits de mer. ⧗ 2021-2025 ■ **Dom. de la Bressande**

Saint-Jacques 2019 ★ (15 à 20 €; 9800 b.) Une cuvée appréciée pour ses arômes purs et intenses de mirabelle et de beurre frais, ainsi que pour son opulence et son volume en bouche. ⧗ 2022-2026

⊶ CH. DE RULLY ET DE LA BRESSANDE, 55, Grande-Rue, 71640 Mercurey, tél. 03 85 98 12 12, contact@rodet.com V *t.l.j. sf lun. mar. 10h-12h 14h-17h*

ALBERT SOUNIT
Les Raclots 2018 ★

1er cru	3952		20 à 30 €

Fondée en 1851 par Flavien Jeunet, cette maison de négoce, qui possède aussi 16 ha de vignes en propre, a été reprise dans les années 1930 par la famille Sounit, qui l'a cédée à son importateur danois en 1993. L'une des valeurs sûres de la Côte chalonnaise, en vins tranquilles comme en effervescents.

Ce vin doré à l'or fin livre un bouquet fin et complexe mariant les petites fleurs blanches au citron, le miel aux notes boisées. La bouche, opulente, développe une chair grasse et aromatique, avec juste ce qu'il faut d'acidité. ⧗ 2021-2025

⊶ MAISON ALBERT SOUNIT, 5, pl. du Champ-de-Foire, 71150 Rully, tél. 03 85 87 20 71, albert.sounit@wanadoo.fr V *r.-v.*

MERCUREY

Superficie : 645 ha
Production : 27 700 hl (80 % rouge)

Situé à 12 km au nord-ouest de Chalon-sur-Saône, Mercurey jouxte au sud le vignoble de Rully. C'est l'appellation communale la plus importante en volume de la Côte chalonnaise. Le vignoble s'étage entre 250 et 300 m d'altitude autour de Mercurey (fusionnée avec Bourgneuf-Val-d'Or) et de Saint-Martin-sous-Montaigu. Plus charpentés sur marnes, plus fins sur sols caillouteux, les vins sont en général solides et aptes à la garde (jusqu'à 6 ans, voire davantage). Parmi 32 *climats* classés en 1ers crus, on citera Les Champs Martin, Clos des Barrault ou encore Clos l'Évêque.

DOM. BELLEVILLE
Champ Ladoy 2018 ★★

■	9930		20 à 30 €

Né à Rully au début du XXes., ce domaine compte 18 ha de vignes, en conversion bio depuis 2017, année d'acquisition de la propriété par un couple d'Américains passionnés d'art de vivre à la française et leur associé, Jean-Luc Vitoux. Ensemble, ils ont également repris une petite maison de négoce à Meursault, Les Parcellaires de Saulx, ainsi que le Château et le Clos de la Commaraine à Pommard.

Ce 2018, vinifié et élevé 12 mois en fût sur lies fines présente une belle teinte rubis clair et une palette aromatique fruitée : groseille, cerise et cassis. Après une attaque tout en vivacité, le palais s'arrondit autour d'une chair riche et dense, structurée par des tanins fermes, et s'étire dans une longue finale rappelant le fruit du nez. Une belle illustration de ce millésime solaire. ⧗ 2024-2028

⊶ SCEA DOM. BELLEVILLE, 6, ZA Les Champs-Rouges, 71150 Rully, tél. 03 85 91 06 00, contact@domainebelleville.com V *r.-v.*

GUILLAUME BOUTHENET 2019 ★

■	6000		15 à 20 €

Guillaume Bouthenet acquiert en 2010 un vignoble de 4.5h a sur la Côte chalonnaise. Cinquième génération d'une famille de vigneron, il créé sa propre maison de négoce en 2015. Celle-ci vinifie et commercialise l'ensemble des vins de la propriété.

Se dégage du verre un boisé graphité, relayé après aération par des parfums de caramel, de cerise noire et de mûre sauvage. Le palais, d'une grande amplitude, est encore sous l'emprise du bois, mais on distingue derrière une belle structure qui permettra de digérer sereinement l'élevage. Du potentiel et de l'enveloppe. ⧗ 2025-2030

⊶ SARL VIGNOBLES DES FOURNEAUX (GUILLAUME BOUTHENET), 23, rue Saint-Vincent, 71150 Cheilly-lès-Maranges, tél. 07 87 77 75 50, guillaume.bouthenet@laposte.net V *r.-v.*

CH. DE CHAMIREY La Mission 2018 ★

1er cru	11850		30 à 50 €

Propriété de la famille Devillard, ce domaine emblématique a développé son activité viticole dans les années 1930, sous l'impulsion du marquis de Jouennes. Les héritiers de ce dernier, Bertrand Devillard et ses enfants Amaury et Aurore, conduisent aujourd'hui un vaste vignoble de 37 ha.

Un 2018 bien construit, paré d'une robe jaune d'or limpide et brillante, qui offre un bouquet complexe d'abord fruité (poire et pêche blanche), puis finement floral (acacia, tilleul). Des notes boisées titillent une bouche à la fois consistante et fraîche, qui se prolonge longuement sur des saveurs citronnées. ⧗ 2022-2026

⊶ SC DOM. DU CH. DE CHAMIREY, rue du Château, 71640 Mercurey, tél. 03 85 45 21 61, contact@domaines-devillard.com V *r.-v.* 4

MAISON CHANZY Clos les Bussières 2018 ★★

	1500		15 à 20 €

Implanté à Bouzeron, dont il possède à lui seul la moitié des vignes, ce domaine de 66 ha (en Côte chalonnaise, avec un pied en Côte de Beaune et en Côte de Nuits) est exploité depuis 2013 par Xavier Badinand, le directeur général, et Max Blondelle, le maître de chai. Une maison de négoce complète la propriété.

Ce 2019 doré à l'or fin se montre élégant tout au long de la dégustation. Au nez, il affiche une belle complexité sur des notes de toast, de pêche blanche, de poire William, d'aubépine et de tilleul. Le palais, bien équilibré, repose sur une matière fraîche et fruitée, dynamisée par une finale acidulée. ⧗ 2021-2024

⊶ SARL MAISON CHANZY, 6, rue de la Fontaine, 71150 Bouzeron, tél. 03 85 87 23 69, reception@chanzy.com V *r.-v.*

BOURGOGNE

♥ DOM. LAURENT DUFOULEUR
Vigne de Maillonge 2019 ★★

■ | 2800 | | 15 à 20 €

La maison de négoce Tramier, fondée en 1842 et installée à Mercurey, est aussi propriétaire de vignes en Côte chalonnaise et en Côte de Nuits. Elle a été reprise dans les années 1960 par la famille de Laurent Dufouleur; ce dernier est aux commandes depuis 2014. Il a créé son domaine (17 ha) en 2019 par adjonction des parcelles familiales et de celles reprises récemment sur Mercurey et Bouzeron, venant compléter l'offre du négoce.

Née de ceps de 40 ans sur un terroir de marnes blanches, puis élevée en en fût de 500 l pendant 10 mois, cette cuvée a fait forte impression. Sous une teinte or pâle s'échappent de nombreuses fragrances d'acacia, d'aubépine et d'amande fraîche, nuancées de notes d'agrumes. En bouche, le gras et la fraîcheur se fondent parfaitement dans une matière dense, longuement irriguée par des saveurs fruitées (abricot et pêche). Un mercurey déjà irrésistible, mais il le sera plus encore après quelques années de garde. ⧗ 2023-2030

⊶ SAS MAISON L. TRAMIER ET FILS, rue de Chamerose, 71640 Mercurey, tél. 03 85 45 10 83, info@maison-tramier.com V t.l.j. sf dim. 9h-12h 14h-18h

CH. D'ETROYES 2019 ★★

■ 1er cru | 4600 | | n.c.

Le Château d'Etroyes, enraciné dans le sol de Mercurey, fait partie de l'histoire de la Bourgogne. Ce domaine familial, propriété des Protheau depuis 1720, a été transmis en 2018 à un fond d'investissement, qui poursuit et développe la démarche qualitative engagée. Le vignoble s'étend sur 50 ha principalement à Mercurey et Rully, dont deux monopoles en mercurey 1er cru : les Clos des Noiterons et le Clos l'Evêque (en blanc).

Ce remarquable 2019, d'un rubis étincelant, évoque à l'olfaction la groseille, la framboise, la fougère et la fumée. Riche et dense, la bouche dévoile un fruit «explosif» qui perdure longuement, bien épaulée par des tanins fermes et par juste ce qu'il faut de vivacité. Du caractère et du potentiel. ⧗ 2024-2028

⊶ SCEA DU CH. D'ETROYES, 16, rue des Varennes, 71640 Mercurey, tél. 03 85 45 10 84, contact@chateau-etroyes.fr V t.l.j. sf dim. 9h-12h 14h-18h

DOM. PATRICK GUILLOT
Clos des Montaigu Cuvée Les 3 Louves 2019 ★

■ 1er cru | 850 | | 30 à 50 €

Représentant la 3e génération à conduire la propriété familiale, fondée en 1942, Patrick Guillot, installé depuis 1988, exploite près de 6 ha de vignes situés principalement à Mercurey.

Ce 2019 a séduit le jury par son nez complexe de cassis, de poivre noir, de mûre, de café et de chocolat. Ces arômes poursuivent leur opération de charme dans une bouche souple en attaque, soyeuse, ronde et longue, étayée par des tanins encore un peu accrocheurs en finale. Patience. ⧗ 2023-2028

⊶ EARL DOM. PATRICK GUILLOT, Chamirey-le-Bon, 9 A, rue de Vaugeailles, 71640 Mercurey, tél. 03 85 45 27 40, domaine.pguillot@orange.fr V r.-v.

DOM. JEANNIN-NALTET 2019 ★

■ | 1925 | | 15 à 20 €

Après une carrière de 10 ans en tant qu'ingénieur en optimisation industrielle et après une formation à la «Viti» de Beaune, Benoît Eschard, neveu de Thierry Jeannin-Naltet, a repris les rênes en 2013 de ce domaine familial de 8,6 ha créé en 1858.

Le nez, gourmand, évoque des parfums de petit déjeuner (brioche, pain grillé, beurre frais), agrémentés de fruits confits. La bouche se révèle équilibrée, fine et croquante, étirée dans une jolie finale légèrement acidulée. ⧗ 2023-2027 ■ **1er cru Le Clos l'Évêque 2019 ★ (20 à 30 €; 3950 b.)** Un 1er cru juteux, séveux, dense et long, bien structuré par des tanins fermes mais fins. ⧗ 2024-2028

⊶ SCEV DOM. JEANNIN-NALTET, 4, rue de Jamproyes, 71640 Mercurey, tél. 03 85 45 13 83, domaine@jeannin-naltet.fr V r.-v.

DOM. MICHEL JUILLOT
Les Champs Martins 2019 ★

■ 1er cru | 2500 | | 20 à 30 €

Fondé par Louis Juillot, développé par son fils Michel et conduit depuis la fin des années 1990 par son petit-fils Laurent, ce domaine emblématique de la Côte chalonnaise couvre 31 ha essentiellement en AOC mercurey, avec des parcelles en Côte de Beaune.

Le nez offre des senteurs subtiles d'aubépine, de noix et de brioche. Des notes de noisette torréfiée et d'abricot s'invitent ensuite dans une bouche généreuse et ample, qui ne manque ni de fraîcheur ni d'équilibre. Harmonieux. ⧗ 2021-2025

⊶ SCEA DOM. MICHEL JUILLOT, 59-59A, Grande-Rue, 71640 Mercurey, tél. 03 85 98 99 89, infos@domaine-michel-juillot.fr V t.l.j. sf dim. 9h-12h 14h-18h

B DOM. LOUIS MAX Vieilles Vignes 2018 ★

■ | 15508 | | 30 à 50 €

Maison de négoce fondée en 1859 par Evgueni-Louis Max, émigré de Géorgie. Depuis 2007, elle est la propriété de Philippe Bardet, un amateur de vin genevois qui a confié en 2014 à David Duband, célèbre vigneron de la Côte de Nuits, la responsabilité de la vinification et de l'élevage des vins de la maison. Elle dispose, en plus de ses achats de raisins, d'un vignoble en propre de 20 ha à Mercurey et de 165 ha dans les Corbières. Sur les flacons, des étiquettes reconnaissables entre toutes, dessinées par Pierre Le Tan.

Un élevage traditionnel de 11 mois sous bois, dont 20 % de fûts neufs, pour ce 2018 d'un beau jaune franc, duquel s'échappent de nombreux parfums : beurre frais, vanille, noisette torréfiée, fleurs blanches. La bouche riche et volumineuse s'inscrit dans la typicité de l'appellation et du millésime, avec une fraîcheur bienvenue en soutien. ⧗ 2022-2025

⊶ SA LOUIS MAX, 6, rue de Chaux, 21700 Nuits-Saint-Georges, tél. 03 80 62 43 00, n.lanier.garde@louis-max.fr

DOM. MEIX-FOULOT 2019 ★

1er cru | 5500 | 20 à 30 €

En 1996, Agnès Dewé de Launay, après 4 années passées aux États-Unis, a repris ce domaine de 20 ha à la suite de son père Paul; un domaine dans sa famille depuis plus de 2 siècles.

Ces pinots noirs issus d'argilo-calcaire ont été vinifié avec les levures indigènes et élevé 12 mois en fût. D'un rubis lumineux se dégagent d'abord des notes empyreumatiques (feu de bois), puis des senteurs de fruits rouges et noirs bien mûrs, presque confits. Une attaque vive et tonique laisse place à une bouche bien structurée par des tanins fins et élégants, enrobés de fruits rouges. ⧗ 2023-2028

⊶ EARL LE MEIX-FOULOT, 11, rue du Clos-du-Roy, 71640 Mercurey, tél. 03 85 45 13 92, lemeixfoulo@gmail.com V r.-v.

DOM. MENAND Les Croichots 2019 ★

1er cru | 2000 | 20 à 30 €

Installé en 1997 sur le domaine familial, Philippe Menand oriente rapidement son vignoble vers la culture biologique, puis la vinification biologique sans intrants. La certification est acquise pour ses 6 ha de vignes.

Un mercurey agréablement bouqueté autour de senteurs de fruits rouges et noirs et de notes végétales. Une attaque ferme introduit une bouche solidement bâtie sur une trame tannique dense, enrobée par des arômes de cassis et de framboise. Un vin qui demande du temps pour s'apaiser. ⧗ 2024-2028

⊶ DOM. MENAND, 8, rue des Combins, 71640 Mercurey, tél. 03 85 45 19 19, domaine-menand@orange.fr V r.-v.

DOM. LAURENT ET ROMAIN PILLOT 2019 ★★

2500 | 11 à 15 €

Laurent Pillot et son fils Romain incarnent les 5e et 6e générations de vignerons sur ce domaine de 17 ha, implanté à Mellecey, au sud de Mercurey.

D'un bel éclat violine, ce 2019 livre un nez puissant de cassis, de compote de pruneau et de cerise burlat. Dans la continuité, la bouche se montre complexe, bien structurée mais fondue, ronde et fraîche à la fois. Cette bouteille enthousiasmante témoigne d'un excellent mariage entre le vin et le fût. ⧗ 2024-2030

⊶ EARL DOM. LAURENT ET ROMAIN PILLOT, 47, rue des Vendangeurs, 71640 Mellecey, tél. 03 85 45 20 48, contact@pillot-mellecey.com V r.-v.

LES HÉRITIERS SAINT-GENY Clos Marcilly Monopole 2018 ★

1er cru | 14340 | 20 à 30 €

Créée en 2012 à Chassagne-Montrachet sous l'impulsion de Patrice du Jeu, associé à des proches et aux anciens propriétaires des vignes, cette structure exploite 13,5 ha entre Côte de Beaune et Côte chalonnaise complétés d'une activité de négoce. La société a restructuré le domaine et rénové la cuverie. Aux commandes des vinifications, Jean-Baptiste Alinc.

Couleur lingot à reflets verts, ce mercurey exprime des notes de poire, de pêche et de fruits plus exotiques associées aux senteurs de rose et chèvrefeuille, le tout enrobé d'un boisé léger et délicat. Après une attaque très fine et juteuse, le palais se révèle rond et sapide. Une bouteille toute en finesse et délicatesse, à savourer dès maintenant à l'apéritif. ⧗ 2021-2024

⊶ SARL HÉRITIERS SAINT-GENYS, 1, pl. de l'Église, 21190 Chassagne-Montrachet, tél. 03 80 24 72 63, contact@saint-genys.fr V r.-v.

♥ MICHEL SARRAZIN La Perrière 2019 ★★★

7500 | 15 à 20 €

La généalogie de ce domaine, toujours dans la même famille quelques siècles plus tard, remonte à 1671. Régulièrement distingués dans le Guide, les frères Sarrazin, Guy et Jean-Yves, savent tirer la quintessence des cépages bourguignons et des sols argilo-calcaires de Givry, leur fief d'origine. Le domaine est certifié HVE3 depuis 2019. Incontournable.

Un nouveau coup de cœur pour les Sarrazin avec ce 2019 d'un beau pourpre profond et velouté. Le bouquet séduit par ses multiples senteurs de cerise, de myrtille, de violette et de poivre noir, accompagnées de notes gourmandes de clafoutis. La bouche, d'une rare ampleur, ronde et soyeuse, dévoile une belle charpente de tanins fins et fondus et une très longue finale sur des saveurs de framboise confiturée. Un pur régal. ⧗ 2023-2028

⊶ SARL MICHEL SARRAZIN ET FILS, 26, rue de Charnailles, 71640 Jambles, tél. 03 85 44 30 57, sarrazin2@wanadoo.fr V

♥ ALBERT SOUNIT Vieilles Vignes 2018 ★★

7904 | 20 à 30 €

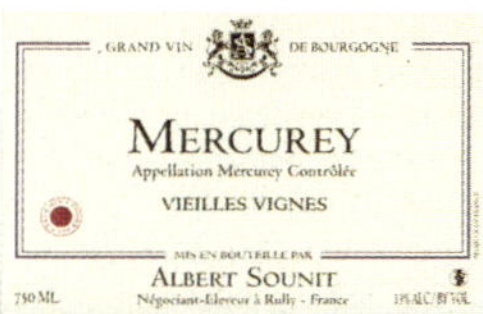

Fondée en 1851 par Flavien Jeunet, cette maison de négoce, qui possède aussi 16 ha de vignes en propre, a été reprise dans les années 1930 par la famille Sounit, qui l'a cédée à son importateur danois en 1993. L'une des valeurs sûres de la Côte chalonnaise, en vins tranquilles comme en effervescents.

Bien plus souvent en vue pour ses blancs, la maison Sounit prouve ici qu'elle s'y entend parfaitement en rouge et ajoute un nouveau coup de cœur à une collection déjà bien étoffée. Ce 2018 couleur encre rouge déploie un bouquet intense marqué par le fruit mûr (cerise et cassis) et l'élevage (vanille et grillé). Un mariage heureux que l'on retrouve dans une bouche ample, dense, riche, dotée de tanins puissants mais au grain très fin. Un grand mercurey, profond, intense et harmonieux. ⧗ 2024-2030 ■ **Noblesse 2018 ★★ (30 à 50 €; 608 b.)** Un fort joli vin aux arômes de fruits noirs et d'épices douces. Le palais charnu et puissant s'étire dans une longue finale fraîche, fruitée et épicée. Une bouteille à conserver encore quelques années. ⧗ 2023-2028

MAISON ALBERT SOUNIT, 5, pl. du Champ-de-Foire, 71150 Rully, tél. 03 85 87 20 71, albert.sounit@wanadoo.fr V r.-v.

DOM. DE SUREMAIN En Sazenay 2018 ★

1er cru	3772		20 à 30 €

Situé au cœur de Mercurey, le Ch. du Bourgneuf est le fief de la famille de Suremain depuis 7 générations. Un domaine né en 1870 du regroupement de différentes métairies familiales. La mise en bouteilles date de 1947. Installés en 1979, Yves et Marie-Hélène de Suremain, rejoints en 2005 par leur fils aîné Loïc, exploitent aujourd'hui un vignoble de 19 ha.

Cette cuvée dévoile des parfums élégants et complexes de fleurs blanches (acacia et aubépine) et de fruits mûrs (pêche et pomme). En bouche, elle se montre ample et ronde, tout en affichant une belle fraîcheur, bienvenue dans ce millésime solaire. Fraîcheur renforcée par une finale harmonieuse et longue, sur les fruits exotiques. ⧗ 2022-2026

EARL DOM. DE SUREMAIN, Ch. du Bourgneuf, 71, Grande-Rue, 71640 Mercurey, tél. 03 85 98 04 92, contact@domaine-de-suremain.com V *t.l.j. 8h30-12h30 13h30-17h30; sam. dim. sur r.-v.*

DOM. THEULOT JUILLOT Les Croichots 2018 ★★

1er cru	5500		20 à 30 €

Nathalie et Jean-Claude Theulot dirigent depuis 1986 le domaine créé par leurs grands-parents au début du siècle dernier. Ils ont progressivement étendu le vignoble de 5,5 ha à 12 ha aujourd'hui, comprenant le fameux 1er cru La Cailloute, en monopole.

Le nez flatteur s'exprime sur des notes de fruits rouges mêlées au beurre frais de l'élevage sous bois. La bouche, magistrale, riche, étayée par des tanins fins, offre un déferlement de fruits (griotte et framboise) et une pointe de poivre noir. Un beau vin, racé et puissant. ⧗ 2024-2030

EARL NATHALIE ET JEAN-CLAUDE THEULOT (DOM. THEULOT JUILLOT), 4, rue de Mercurey, 71640 Mercurey, tél. 03 85 45 13 87, contact@theulotjuillot.eu V *t.l.j. 8h-12h 13h30-18h; sam. dim. sur r.-v.*

DOM. TUPINIER-BAUTISTA En Sazenay 2019 ★

1er cru	5000		20 à 30 €

Manuel Bautista exploite depuis 1997 la propriété (10 ha aujourd'hui) de sa belle-famille, les Tupinier, vignerons à Mercurey depuis 1770. Une affaire de négoce a été créée pour l'achat de raisins de la Côte chalonnaise et de la Côte de Beaune.

Un vin complet et flatteur. Le nez, subtilement beurré, laisse poindre des notes de compote de fruits blancs. La bouche se montre ronde, suave et gourmande, rafraîchie par une fine minéralité aux tonalités crayeuses. ⧗ 2021-2024 ■ **Clos de Touches 2019 ★ (30 à 50 €; 5000 b.)** Un vin fin et délicat, dont l'olfaction rappelle les petits fruits rouge et noirs et la muscade, tandis que la bouche s'avère croquante, fraîche et souple. ⧗ 2021-2025

EARL DOM. TUPINIER-BAUTISTA, 30 ter, rue du Liard, 71640 Mercurey, tél. 03 85 45 26 38, tupinier.bautista@wanadoo.fr V *r.-v.*

GIVRY

Superficie : 270 hl
Production : 12 580 hl (80 % rouge)

À 6 km au sud de Mercurey, cette petite bourgade typiquement bourguignonne est riche en monuments historiques. Le givry rouge, la production principale, aurait été le vin préféré d'Henri IV. Mais le blanc intéresse aussi. L'appellation s'étend principalement sur la commune de Givry, mais « déborde » aussi légèrement sur Jambles et Dracy-le-Fort.

RENÉ BOURGEON En Choué 2019 ★★

1er cru	3600		11 à 15 €

Jambles, où vous ne manquerez pas de visiter l'église Saint-Bénigne, compte de nombreuses belles maisons vigneronnes, telle celle de René Bourgeon. Ce dernier a été rejoint par son fils Jean-François qui s'apprête à prendre seul la relève.

Né sur le terroir d'En Choué, proche du hameau de Russilly sur les hauteurs de Givry, ce 1er cru dégage des notes discrètes de fruits rouges et de vanille. Le palais s'inscrit dans le même registre, avec des saveurs fruitées, une matière dense soutenue par une structure tannique qui enrobe bien les papilles. Des notes de cerise noire tout en finesse lui confèrent de la longueur. Une bouteille de grande classe à apprécier sur un mets de caractère. ⧗ 2023-2028

SCEA RENÉ BOURGEON, 8, ru des Charnailles, 71640 Jambles, tél. 06 80 37 83 04, gaec.renebourgeon@wanadoo.fr V *t.l.j. 8h-19h; dim. sur r.-v.*

DOM. CHOFFLET La Pièce 2019 ★★

	2500		15 à 20 €

Après avoir conduit depuis 1988 ce vieux vignoble créé en 1710, Denis Valdenaire a confié, en 2019, ses 14 ha de vignes à son gendre Jonathan Brunot. Une nouvelle cuverie est prévue pour 2021.

Ce 2019 a fière allure dans sa robe pourpre profond. Il offre un nez fruité (framboise compotée, mûre, cassis) et empyreumatique. Le palais se révèle très équilibré, rond, gourmand, épaulé par des tanins soyeux. Sa finale sur le caramel au beurre salé et la réglisse est digne des plus grands. Noble et racé, déjà très agréable, il fera un compagnon parfait à un magret de canard aux cerises. ⧗ 2022-2027

SCEV CHOFFLET, Russilly, 71640 Givry, tél. 06 18 78 56 18, contact@domaine-chofflet.com V *r.-v.*

DOM. DELIANCE Clos Charlé 2018 ★

■ 1er cru | 6000 | | 15 à 20 €

Créée en 1947 par Marcel Deliance, cette maison a fondé sa réputation sur ses vins effervescents mais propose aussi de jolis vins tranquilles. Les générations suivantes (ajourd'hui 4 cousins) ont prolongé l'aventure et agrandi le vignoble, qui compte 17 ha aujourd'hui.

Après une vendange manuelle, ces jeunes pinots noirs sont égrappés puis vinifiés en fût de chêne et élevés pendant 12 mois. Dans le verre, des senteurs de cassis et de cerise couronnées par des parfums boisés. Le palais puissant et volumineux est encore serré et laisse présager une longue garde. ⧗ 2025-2030

SARL DOM. DELIANCE, 24, le Buet, 71640 Dracy-le-Fort, tél. 03 85 44 40 59, contact@domaine.deliance.com V *t.l.j. sf dim. 8h30-12h 14h-18h*

DIDIER ERKER
Les Grands Prétants 2018 ★★

■ | 3000 | | 11 à 15 €

Héritier de plusieurs générations vigneronnes, Didier Erker s'est installé en 1996 en terre givrotine, à la tête du domaine familial, avec à sa disposition un vignoble de 6,3 ha.

Brillant dans sa somptueuse robe rubis ourlée de violine, ce givry développe un nez franc et net de framboise, de cassis et de cerise bien mûre. La bouche, en grande cohérence avec l'olfaction, se révèle ample et ronde, soutenue par une belle vivacité et par des tanins souples et fins. La longue finale sur la groseille enchante les papilles. ⧗ 2023-2028

DIDIER ERKER, 7 bis, bd Saint-Martin, 71640 Givry, tél. 03 85 44 39 62, domaine@erker.fr V *t.l.j. sf dim. 9h-12h 14h-18h*

DOM. MICHEL GOUBARD ET FILS
La Grande Beryl 2018 ★

■ 1er cru | 6000 | | 15 à 20 €

Vignerons de père en fils depuis 1600, les Goubard sont très bien implantés en Côte chalonnaise, avec pas moins de 37 ha de vignes à leur disposition. Michel a aujourd'hui passé le relais à ses fils Pierre-François et Vincent.

Une vinification très traditionnelle avec pigeage et remontage pendant environ 10 jours, puis un élevage en fût de chêne d'une année. Rouge soutenu, ce vin allie avec élégance des arômes de cerise et de cassis à des nuances kirschées. La bouche se révèle ample, riche et fruitée, épaulée par une charpente tannique encore très présente. Un givry puissant, rectiligne et droit. ⧗ 2023-2028

EARL MICHEL GOUBARD ET FILS, 6, rue de Bassevelle, 71390 Saint-Désert, tél. 03 85 47 91 06, earl.goubard@wanadoo.fr V *r.-v.*

DOM. LAURENT MOUTON Clos Jus 2019 ★★

■ 1er cru | 8300 | | 20 à 30 €

Cette exploitation familiale, installée depuis 4 générations à Givry, dispose aujourd'hui de 12 ha de vignes répartis entre appellations régionales, communales et 1ers crus. Elle est menée par Laurent Mouton.

Le jury a été conquis par ce 1er cru ouvert sur les fruits frais rappelant la framboise et la mûre, harmonieusement mariés à des notes minérales. Le palais enchante par son aromatique fruitée et par l'équilibre parfait entre ses tanins encore bien présents et sa chair enveloppante. Bien structuré, il est armé pour une garde de quelques années, même si on peut déjà l'apprécier sur une côte de bœuf par exemple. ⧗ 2022-2028 ■ **1er cru Les Grands Prêtans 2019 ★★ (20 à 30 €; 2500 b.)** Un 1er cru juteux, fruité, épicé, dense et bien structuré, qui sera à attendre plusieurs années pour atteindre un équilibre abouti. ⧗ 2023-2028

SCEA DOM. MOUTON PÈRE ET FILS, 6, rue de l'Orcène, 71640 Givry, tél. 03 85 44 37 99, contact@domainelaurentmouton.com V *r.-v.*

♥ **PARIZE PÈRE ET FILS** Champ Nalot 2019 ★★

■ 1er cru | 2126 | | 15 à 20 €

L'histoire de la famille Parize en terre givrotine remonte à 1896, lorsque les aïeux de Laurent s'installent à Poncey, alors commune indépendante. Le domaine compte aujourd'hui 8 ha. Une valeur sûre de l'appellation givry.

Habillé d'or blanc étincelant, ce superbe givry allie les fruits frais (abricot) et compotés (pomme et poire) à des notes originales de crème fraîche et de fenouil sauvage. Une attaque gourmande ouvre sur une bouche ample, consistante, étirée dans une longue finale citronnée qui lui apporte de la fraîcheur et de l'élégance. Un vin velouté et délicat, à savourer avec un mets fin, un homard grillé par exemple. ⧗ 2023-2027

EARL PARIZE PÈRE ET FILS, 18, rue des Faussillons, 71640 Givry, tél. 06 72 93 36 31, l.parize@wanadoo.fr V *t.l.j. 9h-18h*

PIGNERET FILS 2019 ★

■ | 8700 | | 11 à 15 €

Installés du côté de Givry (en 2001), les frères Éric et Joseph Pigneret, quatrièmes du nom à conduire le domaine familial (30 ha), ont créé la marque de négoce Pigneret Fils pour enrichir leur gamme. Ils achètent ainsi des raisins et des moûts qu'ils vinifient et élèvent dans leur chai.

Ce 2019 éclatant, ourlé d'or vert, offre un nez d'une belle intensité, mariant fleurs blanches et agrumes à un soupçon de verveine. Savoureuse et croquante, la bouche se révèle équilibrée et gracieuse. Une belle bouteille à partager à l'apéritif avec un jambon persillé ou des huîtres. ⧗ 2021-2024

EARL DOM. PIGNERET FILS, Vingelles, 71390 Moroges, tél. 03 85 47 15 10, domainepigneretfils@pigneret.com V *t.l.j. 9h-12h 14h-19h; dim. 9h-12h*

BOURGOGNE

DOM. RAGOT Clos Jus 2019 ★

1er cru | 5 000 | 20 à 30 €

En 2003, Nicolas Ragot, incarnant la 5e génération, rejoint son père, Jean-Paul, à la tête de ce domaine familial de quelque 9 ha, établi au cœur de Givry et certifié HVE3. Il en reprend seul les commandes en 2008.

Ce 1er cru exprime des arômes de griottes au kirsch, d'herbes fraîches et de sous-bois. Un nez complexe qui fait voyager et se déploie encore après 10 minutes d'aération… Derrière une bonne attaque, la bouche se révèle souple, longue et savoureuse, construite autour d'une structure tannique fine et légère. Un vin gourmand et très polyvalent. ⧗ 2021-2025

EARL DOM. RAGOT, 4, rue de l'École, 71640 Givry, tél. 03 85 44 35 67, vin@domaine-ragot.com V *t.l.j. sf dim. 8h-19h*

♥ MICHEL SARRAZIN ET FILS
Les Bois Gauthiers 2019 ★★

1er cru | 10 500 | 15 à 20 €

La généalogie de ce domaine, toujours dans la même famille quelques siècles plus tard, remonte à 1671. Régulièrement distingués dans le Guide, les frères Sarrazin, Guy et Jean-Yves, savent tirer la quintessence des cépages bourguignons et des sols argilo-calcaires de Givry, leur fief d'origine. Le domaine est certifié HVE3 depuis 2019. Incontournable.

Comme à son habitude, la famille Sarrazin finit sur la plus haute marche du podium et ajoute un nouveau coup de cœur à son impressionnante collection. Le remarquable velours couleur amarante de ce 1er cru annonce un bouquet intense et complexe de fruits mûrs mêlés de fines notes boisées. L'élégance se poursuit en bouche, dans un parfait équilibre naturel, avec des tanins fermes mais très fins et une persistance qui rappelle la cerise charnue. Un seigneur de l'appellation qui aura sa place sur une table de fête. ⧗ 2023-2030

SARL MICHEL SARRAZIN ET FILS, 26, rue de Charnailles, 71640 Jambles, tél. 03 85 44 30 57, sarrazin2@wanadoo.fr V

MONTAGNY

Superficie : 310 ha / Production : 17 000 hl

Entièrement vouée aux blancs, Montagny est l'appellation la plus méridionale de la Côte chalonnaise et annonce déjà le Mâconnais. Ses vins peuvent être produits sur 4 communes : Montagny, Buxy, Saint-Vallerin et Jully-lès-Buxy. Plusieurs 1ers crus (les Coères, les Burnins, les Platières…) sont délimités sur la commune de Montagny. Assez subtils, avec des arômes d'agrumes et une touche de minéralité, de bonne garde, les montagny mériteraient d'être mieux connus.

ALINE BEAUNÉ 2019 ★

5 000 | 20 à 30 €

Aline Beauné s'est installée en 2018 sur les vignes familiales, dont les raisins étaient jusqu'alors portés à la cave coopérative de Buxy. À la tête de 5 ha, elle n'en vinifie que 1,5, le reste étant vendu en moût.

Ce 2019 a fière allure dans sa robe brillante nuancée de vert. Le nez élégant et aromatique rappelle combien le chardonnay, quand il est mûr et bien soigné, apprécie un séjour en fût de chêne (12 mois ici). La bouche, dense et fruitée, est soulignée de bout en bout par une fine minéralité. Déjà agréable, ce montagny vieillira sereinement. ⧗ 2021-2025

SAS ALINE BEAUNÉ, 4, rue des Fossés, 71150 Paris-L'Hôpital, tél. 06 75 01 85 39, contact@alinebeaune.fr V *r.-v.*

DOM. BERNOLLIN Les Chaniots 2017 ★

1er cru | 4 620 | 20 à 30 €

Fondée en 1851 par Flavien Jeunet, cette maison de négoce, qui possède aussi 16 ha de vignes en propre, a été reprise dans les années 1930 par la famille Sounit, qui l'a cédée à son importateur danois en 1993. L'une des valeurs sûres de la Côte chalonnaise, en vins tranquilles comme en effervescents.

Pierre Bernollin reçut ce domaine de son père en héritage (1957). Prenant une retraite bien méritée à 74 ans, il céda ses vignes à la maison Albert Sounit en 2005. Cette cuvée plébiscitée pour son élégance et sa noblesse se pare d'une étoffe dorée. À cette jolie robe répond un nez intense et complexe sur l'orange confite, la pierre à feu, la pêche et la pomme. La bouche charme par son onctuosité, sa vivacité et ses saveurs d'orange amère. ⧗ 2021-2025

MAISON ALBERT SOUNIT, 5, pl. du Champ-de-Foire, 71150 Rully, tél. 03 85 87 20 71, albert.sounit@wanadoo.fr V *r.-v.*

DOM. BERTHENET
Saint Morille 2019 ★★

9 600 | 15 à 20 €

Vigneron depuis 1974, Jean-Pierre Berthenet quitte la cave coopérative de Buxy en 2002 pour vinifier sa propre production, le fruit d'une vingtaine d'hectares. Son fils François l'a rejoint en 2009. L'une des valeurs sûres de l'appellation montagny.

Issue de calcaires et élevée sur lies fines pendant 12 mois, cette cuvée délivre des parfums intenses de fleurs blanches, de bourgeon de cassis et de buis. Un équilibre remarquable caractérise la bouche, à la fois volumineuse et acidulée. Un très joli vin de plaisir, élégant et frais. ⧗ 2021-2025 **1er cru François Berthenet Les Bonneveaux 2018 ★ (20 à 30 €; 5000 b.)** Doré « plein phare », ce 1er cru laisse apparaître un boisé bien travaillé avec des touches sucrées de pollen. Gras et enveloppant, il caresse la bouche dans le sens des papilles. Une excellente bouteille pour la garde. ⧗ 2023-2027

EARL DOM. BERTHENET, 2, rue du Lavoir, 71390 Montagny-lès-Buxy, tél. 09 65 38 99 03, contact@vinsberthenet.com V *t.l.j. sf sam. dim. 9h-12h 13h30-17h30*

♥ DOM. FEUILLAT-JUILLOT
Cuvée Les Grappes d'Or 2019 ★★

1er cru	14000		15 à 20 €

Françoise Feuillat-Juillot, fille d'une illustre famille vigneronne de Mercurey, a posé ses valises en 1989 en s'associant avec un vigneron de Montagny à la tête alors de 8 ha de vignes. Après le décès de ce dernier, elle rachète l'intégralité du domaine, étendu aujourd'hui sur 14,5 ha, dont treize 1ers crus. En 2021, sa fille Camille arrive sur le domaine, après un apprentissage en Californie et en Languedoc-Roussillon.

Cette magnifique cuvée rejoint Les Crêts 2017 au palmarès des coups de cœur du domaine. Un montagny paré d'or clair et de lumineux reflets verts, qui dévoile une palette aromatique complexe alliant les fruits jaunes, les herbes fraîches et l'orange. Une complexité que l'on retrouve dans un palais énergique, très frais, minéral et long, épaulé par un boisé parfaitement intégré. ⧗ 2022-2028 **Cuvée Camille 2019 ★★ (11 à 15 €; 8000 b.)** Une cuvée hautement appréciée pour son olfaction complexe mêlant la sève de pin, la noisette, la compote de pêche et la mangue. La bouche, elle aussi, offre une explosion de saveurs (poivre noir, ananas, agrumes, abricot) et séduit par son équilibre très abouti entre concentration, opulence et fraîcheur. ⧗ 2022-2028 **1er cru Les Coères 2019 ★★ (20 à 30 €; 14000 b.)** Un 1er cru tendre, rond, gras sans lourdeur et gourmand de fruits. Un montagny bien typé et facile à aimer. ⧗ 2021-2025

SCEV DOM. FEUILLAT-JUILLOT, 11, rte de Montorge, 71390 Montagny-lès-Buxy, tél. 06 80 22 73 61, domaine@feuillat-juillot.com V r.-v.

DOM. LES GUIGNOTTES
Les Resses Monopole 2019 ★★

1er cru	6500		15 à 20 €

Un jeune domaine fondé en 2015 par la maison de négoce André Goichot, au lieu-dit Les Guignottes : 10 ha dans la Côte chalonnaise, mais aussi 3 ha dans les appellations maranges et hautes-côtes-de-beaune.

Né de jeunes vignes (25 ans) et élevé 1 an en fût de chêne, ce 1er cru se révèle d'excellente facture. D'un superbe doré lumineux, il livre des parfums intenses de fruits blancs mêlés aux notes vanillées de l'élevage. En bouche, il s'impose par une fraîcheur dynamique, une mâche minérale et une finale épicée. ⧗ 2022-2026

SCEV DOM. LES GUIGNOTTES, Les Guignottes, 71390 Saint-Vallerin, tél. 07 76 64 64 20, agoichot@goichotsa.com

JANOTSBOS Les Coères 2018 ★★

1er cru	1200		15 à 20 €

Cette maison de négoce conduite par Thierry Janots, un Bourguignon issu du monde du vin, et par Richard Bos, un restaurateur néerlandais, s'est installée à Meursault en 2005 d'où elle exporte une large part de sa production.

Habillé d'or, net et limpide, ce 1er cru offre un nez expressif entre floral, minéral et boisé. En bouche, il se pose bien, avec encore un peu de réserve pour l'heure, mais sa matière fine et élégante, sa fraîcheur finale et sa longueur en font un très beau représentant de l'appellation. Un vin racé, à laisser vieillir quelques années. ⧗ 2023-2028

SARL JANOTSBOS, 2, pl. de l'Europe, 21190 Meursault, tél. 06 72 16 92 04, richard@janotsbos.eu V r.-v.

DOM. DES MOIROTS Le Vieux Château 2019 ★★

1er cru	16200		15 à 20 €

Le domaine est une affaire de famille : celle des Denizot. En 1990, Christophe a rejoint son père Lucien à la tête de l'exploitation (15 ha), qu'il gère en compagnie de sa sœur Muriel et de son cousin Patrice.

Assemblage de terroirs calcaires et argileux, cette cuvée mêle avec intensité et élégance les fruits du verger aux parfums du fût : toast beurré, vanille. La bouche se révèle ample, bien équilibrée entre richesse et acidité, longuement parcourue des saveurs de poire William bien mûre. Un modèle d'équilibre. ⧗ 2022-2027

EARL DOM. DES MOIROTS, 14, rue des Moirots, 71390 Bissey-sous-Cruchaud, tél. 03 85 92 16 93, domainedesmoirots@orange.fr V r.-v.

PIGNERET FILS Champ Toizeau 2019 ★

1er cru	7300		11 à 15 €

Installés du côté de Givry (en 2001), les frères Éric et Joseph Pigneret, quatrièmes du nom à conduire le domaine familial (30 ha), ont créé la marque de négoce Pigneret Fils pour enrichir leur gamme. Ils achètent ainsi des raisins et des moûts qu'ils vinifient et élèvent dans leur chai.

Teinté d'un doré clinquant comme une feuille d'or, ce montagny livre à l'aération des notes d'orange, de pamplemousse, d'amande et de noisette. La bouche, centrée sur la pêche bien mûre, se montre puissante, ronde, riche, « dodue » mais jamais lourde, bien équilibrée par une fine acidité. ⧗ 2022-2026

EARL DOM. PIGNERET FILS, Vingelles, 71390 Moroges, tél. 03 85 47 15 10, domainepigneretfils@pigneret.com V *t.l.j. 9h-12h 14h-19h; dim. 9h-12h*

➡ LE MÂCONNAIS

MÂCON ET MÂCON-VILLAGES

L'aire de production est assez vaste : du nord au sud, de la région de Tournus jusqu'aux environs de Mâcon, une cinquantaine de kilomètres sur une quinzaine de kilomètres d'est en ouest. À la diversité des situations répond celle des vins. Les appellations mâcon ou mâcon suivi de la commune d'origine sont utilisées pour les rouges, rosés et blancs. Les 2 premiers sont le plus souvent issus de gamay, les troisièmes de chardonnay. Les vins blancs peuvent aussi s'appeler mâcon-villages.

BOURGOGNE

DOM. DES AS Péronne 2019 ★

900 | 5 à 8 €

Situé au cœur du Mâconnais, le Dom. des As a été fondé en 1984 par François Grenot, rejoint par son épouse Christiane en 1992. Dirigé par leur fils Maxime depuis 2011, il s'étend sur 11,5 ha de vignes en cours de conversion en agriculture biologique. Le vignoble, exposé au sud, offre un joli panorama sur les collines du Mâconnais.

Une robe profonde, couleur cerise burlat, un nez intense de fruits rouges et noirs : l'approche est engageante. Des arômes que l'on retrouve dans une bouche juteuse et gourmande, épaulée par des tanins fins et harmonieux. Un mâcon rouge bien fait, facile à aimer et à un tarif doux. 2021-2025

EARL DES AS, 1045, rte des As, 71260 Péronne, tél. 06 80 41 25 98, domaine.des.as@orange.fr V r.-v.

AUVIGUE Solutré 2019 ★

20500 | 8 à 11 €

C'est en 1946 que Francis Auvigue s'associe avec 3 autres amis producteurs pour créer une petite maison de négoce spécialisée en pouilly-fuissé. Jean-Pierre et Michel, petits-fils de Francis, prennent la relève dans les années 1970-75 et développent les autres appellations du Mâconnais. En 2017, la société reprend un domaine de 7 ha de vignes et s'installe dans l'ancienne église de Fuissé, réhabilitée en lieu de vinification et de dégustation-vente. Aujourd'hui, ce sont Sylvain Brenas, arrière-petit-fils de Francis, et Céline Hirsh qui sont aux commandes.

Ce mâcon Solutré séduit d'emblée par son bouquet frais et citronné. Le charme opère également dans une bouche bien équilibrée, ronde et vive à la fois et qui tient sur la longueur. 2021-2024

SARL MAISON AUVIGUE, 100, pl. Saint-Germain, 71960 Fuissé, tél. 03 85 34 17 36, contact@auvigue.fr V *t.l.j. sf dim. 10h-12h 14h-18h30*

♥ CAVE D'AZÉ Azé Sélection Prestige 2018 ★★

15000 | 8 à 11 €

Fondée en 1927, la cave d'Azé vinifie aujourd'hui 275 ha de vignes sous la houlette de Denis Charlot. Elle s'est taillé une belle réputation pour ses vins blancs, sans négliger ses pinots noirs et ses effervescents, sans oublier non plus sa cuvée originale de liquoreux.

L'excellente «coop» d'Azé enrichit un palmarès déjà bien étoffé d'étoile et de coups de cœur avec cette cuvée Prestige. Sous une robe or clair brillante et limpide, des senteurs de raisins mûrs et d'épices flattent délicatement le nez. Une belle concentration aromatique qui s'invite également dans une bouche riche, ample, dense et parfaitement équilibrée, soulignée de bout en bout par une fine acidité bien dosée. 2021-2026 **Reflets d'ambre Vieilles Vignes 2018 ★ (8 à 11 €; 9000 b.)** Une sélection des plus vieilles parcelles de chardonnay de la cave. Robe cristalline, nez riche et puissant de fleurs blanches, de pêche de vigne, de citron et de coing, palais frais et charnu à a fois, long et finement poivré en finale : ce mâcon ne manque de rien. 2021-2024

SCA CAVE COOPÉRATIVE D'AZÉ, 513, rue Basse, 71260 Azé, tél. 03 85 33 30 92, contact@caveaze.com V *t.l.j. 9h-12h 14h-18h30*

DOM. BOURDON 2019 ★

6400 | 8 à 11 €

Ce domaine de 17,5 ha possède 2 caves : un chai moderne au cœur du hameau de Pouilly et une magnifique cave voûtée en pierre à Vergisson. À sa tête, Sylvie et François Bourdon représentent la 5e génération. Leurs enfants Antoine et Benoît les ont rejoints en 2019.

Vêtu d'une étoffe dorée, scintillante d'éclats argentés, ce 2019 s'anime au nez sur les fleurs blanches (aubépine et chèvrefeuille) et sur des notes de pâtisserie. La bouche, concentrée et puissante, déploie une trame minérale qui lui apporte de la fraîcheur. 2022-2025

EARL BOURDON ET FILS, rue de la Chapelle, Pouilly, 71960 Solutré-Pouilly, tél. 03 85 35 81 44, francoisbourdon2@wanadoo.fr V *r.-v.*

DOM. DES CARMES Lugny Les Bordes 2019 ★★

2450 | 8 à 11 €

Un domaine familial de 17,5 ha fondé dans les années 1970 par le grand-père de Thomas Rattez. Ce dernier est aux commandes depuis 1998. Vignoble certifié HVE depuis 2019.

Ce 2019 a séduit le jury par son élégance et sa finesse. La classe de la robe dorée trouve un écho dans un bouquet fleurant bon la minéralité, la fougère, le menthol, les petites fleurs des haies et le miel d'acacia. Souple et fine tout en affichant une belle acidité, la bouche offre une longue finale aromatique sur l'amande fraîche. La garde lui apportera l'harmonie. 2022-2026

THOMAS RATTEZ (DOM. DES CARMES), 1, rte de Mâcon, 71260 Bissy-la-Macônnaise, tél. 06 86 38 35 91, domainedescarmes@orange.fr V *r.-v.*

♥ DOM. DES CHENEVIÈRES Les Saints-Jean 2019 ★★

2500 | 8 à 11 €

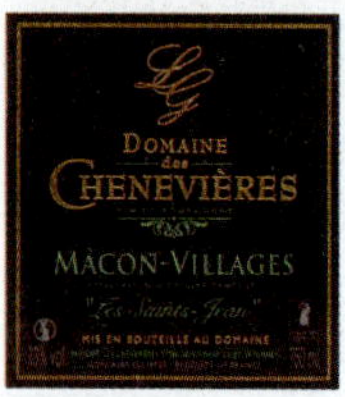

Ce domaine de 45 ha situé à l'ouest de Mâcon est exploité par la même famille depuis 6 générations. Il s'est forgé une solide réputation avec ses bourgognes d'appellations régionales et ses cuvées de mâcon, souvent en vue dans ces pages. Aujourd'hui, Vincent et Nicolas Lenoir, aidés de leurs épouses et de leurs enfants, sont aux commandes.

Un nouveau coup de cœur pour les Lenoir avec ce vin issu d'un terroir argilo-calcaire et élevé 10 mois en fût de chêne. Sous une robe jaune clair à reflets pistache, il dévoile des parfums de fleurs blanches, de miel d'acacia et d'agrumes. La bouche, fraîche en attaque, évolue sur une matière ample et charnue irriguée de saveurs persistantes de fruits blancs. Un vin déjà diablement gourmand et facile à aimer. ⌛ 2021-2026

⊶ EARL LES CHENEVIÈRES, 230, rte d'Azé, 71260 Saint-Maurice-de-Satonnay, tél. 03 85 33 31 27, domaine.chenevieres@orange.fr V 🚶 🍷 *t.l.j. sf dim. 9h-12h 14h-18h*

Ⓑ DOMINIQUE CORNIN
Fuissé Les Bruyères 2019 ★

	2100	🍾	15 à 20 €

À l'origine, les vignes du domaine (11 ha aujourd'hui) étaient récoltées à la machine et les raisins confiés à la coopérative de Chaintré. En 1995, Dominique Cornin se retire de la cave, opte pour la vendange manuelle et s'oriente peu à peu vers le bio, jusqu'à la certification obtenue en 2009. Son fils Romain l'a rejoint en 2012.

Ce vin, discret de prime abord, laisse échapper des petites touches minérales et des notes de pamplemousse à l'agitation. Une attaque ferme, une chair fraîche et acidulée, et une finale douce rappelant l'abricot et la pâte d'amande composent un palais harmonieux. Un très beau vin de garde. ⌛ 2023-2028

⊶ EARL DOMINIQUE CORNIN, 339, rue de Savy-le-Haut, 71570 Chaintré, tél. 03 85 32 90 87, domaine@cornin.net V 🚶 🍷 *r.-v.*

MARCEL COUTURIER
Loché Les Longues Terres 2019 ★

	15000	🛢 🍾	15 à 20 €

Installé en cave particulière depuis 2005 après avoir été apporteur à la cave coopérative des Grands Crus à Vinzelles, Marcel Couturier revendique une viticulture proche de l'agrobiologie. Son vignoble couvre 12 ha (en cours de conversion bio).

D'un jaune soutenu, ce 2019 propose un bouquet expressif de pamplemousse, de mandarine et de fleur d'oranger qui invite à la découverte. En bouche, les agrumes éclatent en attaque, puis laissent la place aux notes épicées (girofle) dans un enveloppe veloutée et bien équilibrée. ⌛ 2021-2025

⊶ EARL DOM. MARCEL COUTURIER, 730, rte de Fuissé, 71960 Fuissé, tél. 03 85 35 63 27, domainemarcelcouturier@orange.fr V 🚶 🍷 *r.-v.*

JOSEPH DROUHIN Bussières Les Clos 2019 ★★

	54100	🛢 🍾	11 à 15 €

Créée en 1880, cette maison beaunoise travaille une large palette d'AOC bourguignonnes : de Chablis (38 ha sous l'étiquette Drouhin-Vaudon) à la Côte chalonnaise (3 ha), en passant par les Côtes de Beaune et de Nuits (32 ha). On peut y ajouter les vignes américaines du Dom. Drouhin en Oregon (90 ha) et de Roserock Vineyard (112 ha) dans la région des Eola-Amity Hills. Ce négoce d'envergure grâce à ce vaste domaine de 73 ha – développé par Robert Drouhin à partir de 1957 et désormais géré par ses 4 enfants – est aussi le plus important propriétaire de vignes cultivées en biodynamie. Incontournable.

Un élevage mixte de 6 mois a donné naissance à ce vin à la robe éclatante et lumineuse. Après un premier nez légèrement réduit, des notes de jasmin, de citronnelle et de pamplemousse arrivent en fanfare dans le verre. Le mariage réussi du bois et du vin se poursuit dans une bouche ample, concentrée mais toujours souple, étirée dans une longue finale saline. ⌛ 2022-2027

⊶ SA MAISON JOSEPH DROUHIN, 7, rue d'Enfer, 21200 Beaune, tél. 03 80 24 68 88, christellehenriot@drouhin.com V 🚶 🍷 *r.-v.*

DOM. FICHET
Igé Climat Chateau London 2019 ★★

	30000	🛢 🍾	11 à 15 €

Les Fichet cultivent la vigne depuis… 25 générations et un certain Stéphanus Fichet au XIVᵉs. Plus près de nous, le domaine a été sorti de la cave coopérative d'Igé par Francis Fichet en 1976. Ses fils Pierre-Yves et Olivier, aux commandes depuis 1999, exploitent aujourd'hui 35 ha de vignes, à partir desquels ils produisent une quinzaine de cuvées différentes nées des 4 cépages de Bourgogne. Une valeur sûre du Mâconnais, complétée en 2006 par une petite structure de négoce.

Paré d'une robe lamée d'or, cet Igé dévoile un premier nez délicat de fleurs de cerisier et de prunier, puis viennent l'orange et la mandarine. La noisette grillée et le girofle s'invitent dans une bouche concentrée et fraîche, étirée en longueur par de beaux amers en finale. Beaucoup de relief et un équilibre parfait. ⌛ 2022-2027

⊶ SARL FICHET, 651, rte d'Azé, 71960 Igé, tél. 03 85 33 30 46, contact@domainefichet.fr V 🚶 🍷 *t.l.j. sf dim. 8h-12h 13h-18h30*

DOM. GAILLARD 2019 ★

	3030	🍾	5 à 8 €

En 1981, Roger Gaillard s'installe avec 1 ha de pouilly-fuissé à Davayé. Sa femme Véronique le rejoint en 1988 et, au fil des années, ils développent l'exploitation en ajoutant de nouvelles appellations (saint-véran, mâcon, crémant-de-bourgogne) à leur escarcelle. Ils ont été rejoints en 2015 par leur fils Romain et leur domaine compte désormais 11 ha.

Après un élevage de 11 mois en cuve, ce vin se présente revêtu de ses plus beaux atours : robe jaune pâle à reflets pistache, nez discret mais délicat de fleurs blanches, de fruits à noyau et de menthol, bouche tout en fruit (poire, pomme, pêche et mirabelle), dotée d'une finale doucement miellée. ⌛ 2021-2024

⊶ EARL DOM. GAILLARD, 420, rue des Plantes, 71960 Davayé, tél. 06 08 35 42 11, contact@domainegaillard.com V 🚶 🍷 *t.l.j. sf dim. 8h-12h 13h30-18h30*

DOM. DE LA GARENNE Azé 2019 ★

	19500	🍾	15 à 20 €

Implantés à Mercurey, Amaury Devillard et sa sœur Aurore ont fait le pari en 2005 de reprendre la totalité de la distribution des différents domaines de la famille : Ch. de Chamirey et Dom. de la Ferté (Côte chalonnaise), Dom. des Perdrix (Côte de Nuits) et Dom. de la Garenne (Mâconnais).

Élevé 10 mois en cuve, ce vin se présente dans une robe dorée limpide et brillante. L'olfaction rappelle le minéral crayeux du terroir mêlé de senteurs briochées et citronnées. La bouche, d'abord vive et anisée, se révèle concentrée, ample et énergique. La finale sur le poivre blanc et la gentiane lui donne un surcroît de caractère. Beaucoup de peps et d'expression. ⏳ 2021-2024
■ **Solutré 2019 ★ (15 à 20 €; 3352 b.)** Un Solutré passé en barrique, intense et corsé, dominé par de puissantes notes de fruits jaunes très mûrs et rafraîchi par des zestes d'agrumes. ⏳ 2022-2025

SCV DOM. DE LA GARENNE, rte de Péronne, 71260 Péronne, tél. 03 85 45 21 61, carole@domaines-devillard.com V r.-v. 4

DOM. GONON Bussières 2019 ★

■	6200		8 à 11 €

Situé à Vergisson au pied de la célèbre roche de Solutré, ce domaine de 14 ha, propriété des Gonon depuis 5 générations, produit bon nombre des AOC du Mâconnais : pouilly-fuissé, saint-véran, bourgogne rouge… et même le très rare mâcon rosé.

Ce vin exhale des parfums de floraux et de mandarine. La bouche, gourmande et savoureuse, rappelle le pamplemousse rose dans un écrin soyeux et long. Un vin harmonieux et délicat que l'on verrait bien sur un saumon gravlax. ⏳ 2021-2024

EARL GONON, En Caremantrant, 1, chem. de la Renardière, 71960 Vergisson, tél. 06 11 42 61 04, vins.gonon@gmail.com V r.-v.

DOM. DU CH. DE MESSEY Cruzille 2019 ★

■	7000		8 à 11 €

Anciennement propriétaires du Manoir Murisaltien, maison de négoce de Meursault, et du Ch. de Belleville à Rully, revendus en 2017 à un couple d'Américains passionnés d'art de vivre à la française, les Dumont (Marc, Vinciane et leur fils Patrick) se concentrent sur le Ch. de Messey, propriété acquise en 1988 : 10,5 ha sur Ozenay et Cruzille. La direction a été confiée à Frédéric Servais, qui a engagé la conversion bio du vignoble.

Ce mâcon affiche une robe étincelante, couleur d'or à reflets verts. Le nez, puissant, rappelle les fruits exotiques et le citron. On retrouve les notes exotiques dans une bouche ample, ronde et charnue, mais aussi très fraîche. Prometteur. ⏳ 2022-2025

GFA DU CH. DE MESSEY, Ch. de Messey, 71700 Ozenay, tél. 06 70 66 32 51, frederic.servais@demessey.com V *t.l.j. sf sam. dim. 9h-12h 13h30-17h30* 4 D

CH. DE MIRANDE 2019 ★

■	18000		11 à 15 €

Jean Loron, vigneron né dans le Beaujolais en 1711, vinifiait les lieux-dits de sa région et du Mâconnais. En 1821, son petit-fils Jean-Marie développe la maison en fondant un commerce d'expédition de vins. Aujourd'hui, l'entreprise familiale, également propriétaire de plusieurs domaines (châteaux de la Pierre, de Fleurie, de Bellevue, de Mirande, domaines des Billards, de la Vieille Église…), est dirigée par la 8e génération.

Le Château de Mirande est une ancienne dépendance de l'Abbaye de Cluny et un haut lieu de la viticulture en Mâconnais. Dans le verre, un vin couleur ivoire, qui affiche une belle complexité autour de la poire, du citron et des fleurs blanches. Le palais, d'une belle rondeur, se montre aussi très énergique avec ses saveurs fraîches d'agrumes. Tout indiqué pour l'apéritif. ⏳ 2021-2024

SAS DOM. DE LA GRANGE MAGNIEN, La Bouthière, 71390 Chenoues, tél. 03 85 36 81 20, vinloron@loron.fr

SYLVAIN ET ALAIN NORMAND La Roche-Vineuse Vieilles Vignes 2019 ★

■	9060		11 à 15 €

Alain Normand s'est installé en 1993 à la tête de 13 ha. En 2010, le domaine s'est agrandi considérablement avec le vignoble du père de Sylvaine. Aujourd'hui, 32 ha de vignes répartis sur Solutré, Chaintré, Prissé et La Roche-Vineuse.

Ce blanc se pare d'or paille et laisse échapper à l'olfaction des parfums subtils d'abricot, de poire, de citron et de chèvrefeuille. En bouche, il se fait souple, rond, bien équilibré par une pointe de fraîcheur. ⏳ 2021-2024

SARL SYLVAINE ET ALAIN NORMAND, 10, allée En-Darèze, 71960 La Roche-Vineuse, tél. 03 85 36 61 69, vins@domaine-normand.com V *t.l.j. sf sam. dim. 9h-12h 14h-18h*

DOM. LA PASCERETTE DES VIGNES Milly-Lamartine Cuvée Claude et Alphonsine 2019 ★

■	3100		8 à 11 €

Ce domaine de 6 ha se situe entre Mâcon et Cluny, sur le village de Sologny, dans les hauteurs du Val Lamartinien. Le terme «pascerette» signifie «petite bergère» et désigne aussi la «cadole», l'abri du vigneron. Par ce nom, Céline Robergeot-Cienki, installée en 2013, tient à souligner la tradition d'élevage du Mâconnais et à indiquer sa double activité d'éleveuse de moutons et de vigneronne.

De vieux chardonnays de 80 ans plantés sur un sol à dominante calcaire ont donné un vin profond, qui marie subtilement le citron et la pomme aux notes plus végétales de fougère et de bouton d'or. Ample et croquante en attaque, la bouche s'étire longuement sur des saveurs d'abricot et de miel d'acacia. Un joli représentant de l'appellation. ⏳ 2021-2024

CÉLINE ROBERGEOT-CIENKI, Les Bois, 71960 Sologny, tél. 06 87 28 32 07, robergeot.sologny71@orange.fr V r.-v. C

CH. DE PÉRONNE Péronne 2019 ★

■	13000		11 à 15 €

Établie à l'extrémité sud du Mâconnais, la maison de négoce Colin-Bourisset a pignon sur rue depuis 1821. Elle sélectionne des cuvées parmi les appellations mâconnaises et beaujolaises. Elle est aujourd'hui très implantée sur les marchés lointains, comme la Chine. Elle possède aussi le Ch. de Péronne, datant de 1830 mais bâti sur une ancienne forteresse médiévale, avec un vignoble de 8,5 ha à sa disposition.

Ce mâcon séduit d'emblée par son nez intense de fruits jaunes mûrs. Rond et frais à la fois, le palais monte en puissance, portée par une fine trame acidulée et citronnée. Un vin flatteur que l'on imagine très bien à l'apéritif. 2021-2024

COLLIN-BOURISSET, Pontanevaux, 71570 La-Chapelle-de-Guinchay, tél. 03 85 36 81 27, bienvenue@collinbourisset.com t.l.j. sf sam. dim. 9h-12h 14h-17h; f. août

♥ CHRISTOPHE PERRIN
Bray Les Essards 2019 ★★

1811 | 11 à 15 €

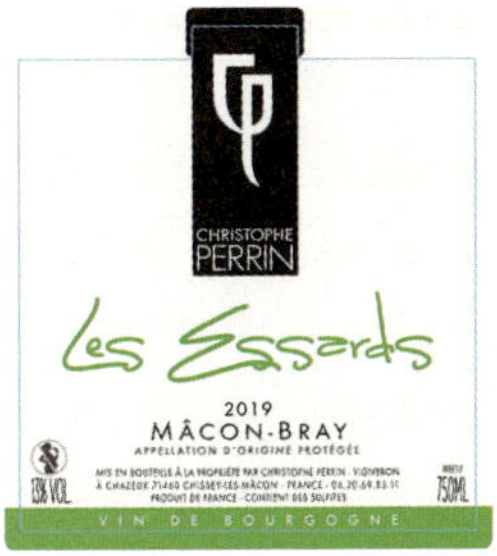

Grand gaillard et ancien rugbyman, Christophe Perrin a travaillé pendant 11 ans dans un domaine à Vosne-Romanée avant de s'installer en 2007 sur ce petit bout de terre aux confins du Clunysois : 3 ha au départ, 7 ha aujourd'hui. Premières vinifications en 2011.

Vendangé à la main, vinifié avec les levures indigènes et élevé en fût de chêne, ce 2019 éclatant dans sa robe jaune serin se révèle discret à l'approche. Après aération, il développe de jolies senteurs de fleurs blanches capiteuses et de cidre nuancées d'amande fraîche et de pain d'épices. Puissant, riche et dense, le palais développe des saveurs de cannelle et d'anis étoilé, bien épaulé par une fine trame minérale rappelant le silex. Un vin racé, à la personnalité bien affirmée. 2023-2027
Chapaize 2019 ★ (11 à 15 €; 4232 b.) Un vin apprécié pour ses arômes de mûre et de myrtille, et pour sa bouche concentrée et très bien charpentée. Un vin au solide potentiel, que l'on n'hésitera pas à garder quelques années en cave avant de l'accorder à une épaule d'agneau confite. 2024-2028

CHRISTOPHE PERRIN, Chazeux, 71460 Chissey-lès-Mâcon, tél. 06 20 69 83 11, domaine.christopheperrin@orange.fr t.l.j. 9h-12h 14h-19h

DOM. ALEXIS POLLIER
Milly-Lamartine 2019 ★★

2600 | 8 à 11 €

Représentant la 5e génération de vignerons, Alexis Pollier s'est installé en 2015 avec à sa disposition près de 6,5 ha de vignes.

Cette cuvée, passée à un souffle du coup de cœur, n'a pas vu de bois. Il en résulte un superbe vin couleur de paille, limpide et brillant, qui présente un nez très complexe de fruit (poire) et d'épices (poivre blanc) mâtinés de sève de pin et de menthe fraîche. La bouche affiche un volume ample, tendue par une une belle acidité et irriguée de saveurs de fruits jaunes mûrs (mirabelle et pêche) qui lui apportent de la douceur et de la générosité. Un mâcon de haute expression, à la fois intense et délicat. 2021-2026

DOM. ALEXIS POLLIER, 141, chem. des Vernay, 71960 Fuissé, tél. 06 34 65 49 04, domainealexispollier@gmail.com r.-v.

PROSPER MAUFOUX
Igé Grand Terroir 2019 ★

13047 | 11 à 15 €

Constitué en 1860, le négoce Prosper Maufoux est une institution à Santenay, installé dans l'hôtel particulier bâti en 1838 pour Jacques-Marie Duvault, alors unique propriétaire de la Romanée-Conti. Il a été repris en 2010 par Éric Piffaut et la maison André Delorme, spécialiste des vins de la Côte chalonnaise : la fusion des 2 entités a donné la Maison des Grands crus. En 2020, la maison s'installe au Ch. de Saint-Aubin, entre Chassagne et Puligny.

Or vert d'une belle transparence, ce vin offre un nez ouvert dans lequel on distingue des notes de foin, d'agrumes, de fruits blancs et d'herbe fraîchement coupée, enrobées de miel d'acacia. En bouche, sa rondeur et son acidité se conjuguent harmonieusement, tandis que la finale s'étire sur des arômes de confiture de pêche et poivre blanc. 2022-2026

MAISON PROSPER MAUFOUX, 3, rue des Lanières, 21190 Saint-Aubin, tél. 03 80 20 68 71, contact@prosper-maufoux.com r.-v. 5

JACQUES SAUMAIZE
Bussières Montbrison 2019 ★

3500 | 11 à 15 €

Un domaine familial fondé en 1982 par Nathalie et Jacques Saumaize, tous les 2 issus du Mâconnais. Le vignoble couvre 3,4 ha en pouilly-fuissé, 4,55 ha en saint-véran et 55 ares en mâcon Bussières.

Un petite production mais très qualitative de ce mâcon de caractère, aux senteurs agréables d'agrumes, de pomme et de fleurs d'acacia, soulignées de notes de vanille et de clou de girofle. À la fois puissant, chaleureux et souligné par une agréable vivacité, le palais affiche un équilibre assuré et une belle longueur. 2023-2027

EARL JACQUES SAUMAIZE, 746, rte des Bruyères, 71960 Vergisson, tél. 03 85 35 82 14, jacquessaumaize@orange.fr r.-v.

JEAN-PIERRE SÈVE Solutré 2019 ★

10000 | 8 à 11 €

Ce domaine de 7,5 ha (20 parcelles) est situé sur les hauteurs du village de Solutré, au pied de la célèbre roche. En sortant du caveau de dégustation, on découvre un beau panorama allant du vignoble de Pouilly-Fuissé au massif du Mont-Blanc, en passant par la plaine de la Saône. Jean-Pierre Sève y est installé, à la suite de son père, depuis 1981. Ses enfants Mathilde et Antoine ont pris la relève en 2020.

Or pâle limpide et brillant, ce vin dévoile au nez des notes de fruits blancs légèrement compotés et des petites touches de fleurs blanches. Le palais évolue sur la rondeur, rafraîchi par des saveurs bien fruitées d'abricot et de zeste d'agrumes. 2021-2025

EARL FAMILLE SÈVE, rue Adrien-Arcelin, 71960 Solutré-Pouilly, tél. 03 85 35 80 19, domaine@vins-seve.com t.l.j. sf dim. 9h-19h

DOM. SIMONIN
Vergisson Les Courthelongs 2019 ★

2000 | 8 à 11 €

Vergisson, paisible village viticole blotti au pied des Roches, mérite un détour pour son panorama époustouflant sur la vallée de la Saône et la chaîne des Alpes. Jacques Simonin y possède 7 ha de chardonnay (certifiés HVE en 2020), qu'il travaille de façon traditionnelle.

Ce 2019 issu de jeunes vignes a séduit d'emblée le jury par sa robe d'un jaune profond et son bouquet intense de fleurs et de fruits blancs. Rond, consistant, aromatique, à l'unisson du nez, mais aussi bien frais, le palais affiche un bel équilibre. ⧗ 2021-2024

⊶ JACQUES SIMONIN, 94, rue Froide, 71960 Vergisson, tél. 03 85 35 84 72, domsimonin.ja@wanadoo.fr V r.-v.

Ⓑ DOM. DE LA VERPAILLE
Vieilles Vignes 2019 ★

22000 | 11 à 15 €

Estelle et Baptiste Philippe s'installent sur l'exploitation familiale en 2004. Ils convertissent l'ensemble du vignoble (20 ha) à l'agriculture biologique, et la certification est acquise en 2009.

Cette cuvée est issue d'une vigne plantée en 1921 qui produit toujours de petits raisins au goût unique. La mention « Vieilles Vignes » n'est pas usurpée. Robe d'un or éclatant, nez complexe d'agrumes, d'aubépine, de miel et de compotée d'abricots, bouche ample, longue, fraîche, citronnée : un très beau vin qui évoluera bien. ⧗ 2022-2026

⊶ EARL BAPTISTE ET ESTELLE PHILIPPE (DOM. DE LA VERPAILLE), 70, rue Marcel-Laurencin, 71260 Viré, tél. 03 85 33 14 47, domainedelaverpaille@gmail.com V r.-v.

VIRÉ-CLESSÉ

Superficie : 390 ha / Production : 22 000 hl

Appellation communale récente née en 1998, viré-clessé a de solides ambitions en matière de vins blancs. Elle a fait disparaître les dénominations mâcon-viré et mâcon-clessé avec le millésime 2002.

DOM. ALEXIS GONDARD 2019 ★

20000 | 8 à 11 €

Alexis, le fils de Cécile et Laurent Gondard, s'installe en 2015 à Viré, à la tête d'un vignoble de 8 ha planté de chardonnay.

Une entrée très réussie dans le Guide pour ce jeune vigneron avec un 2019 plaisant tout au long de la dégustation. Une robe nette et claire, un nez discret mais délicatement floral, une bouche plus « explosive », sur la fleur, le fruit mûr et les agrumes, consistante et riche, bien équilibrée par une fraîcheur minérale : on tient là un beau vin gastronomique ⧗ 2022-2026

⊶ ALEXIS GONDARD, 7, rue En-Boclot, 71260 Viré, tél. 06 48 07 83 65, laurent.gondard071@orange.fr V *t.l.j. 9h-12h 14h-18h30; dim. sur r.-v.*

DOM. GONDARD-PERRIN La Foretille 2018 ★

3500 | 11 à 15 €

Implanté au cœur de Viré, Pierre et Mylène Gondard livraient auparavant la totalité de leur récolte à la cave coopérative du village. Depuis 2008, ils signent leurs propres vins à partir de leur vingtaine d'hectares. En 2015, leur fils Franz-Ludwig les a rejoints.

Ce 2018 lumineux déploie un bouquet intense de fruits mûrs, de coing et de poire notamment. Arômes que l'on retrouve dans une bouche tout en rondeur et en douceur, soutenue par une agréable fraîcheur finale. Un vin gourmand, à boire sur le fruit. ⧗ 2021-2024

⊶ EARL PIERRE GONDARD, 4, rue René-Boudier, 71260 Viré, tél. 03 85 33 12 47, mylene.gondard@gmail.com V *t.l.j. sf dim. 9h-12h 14h-18h*

♥ DOM. MONTBARBON
Quintaine La Chapelle Saint-Trivier 2018 ★★

4100 | 11 à 15 €

Martine et Jacky Montbarbon, vignerons adhérents à la cave coopérative de Viré depuis 1981, s'installent en 2008 en cave particulière et commencent à vinifier leurs 13 ha de vignes. Ils privilégient désormais un entretien du sol le plus naturel possible (labours, sarclages, semis d'engrais vert). Une valeur sûre.

Devenus incontournables du Guide, les Montbarbon signent un remarquable viré-clessé né d'une vendange mûre à point, puis vinifié avec des levures indigènes et élevé 11 mois sur lies fines en cuve Inox. D'une belle couleur blé d'or, il propose au nez un mariage complexe d'épices douces, d'iris, de pomme et de craie. La bouche, ample et harmonieuse, s'équilibre parfaitement entre richesse et fraîcheur, et déploie une longue finale sur les fruits jaunes. ⧗ 2022-2027 **La Petite Condemine 2019 ★★ (8 à 11 €; 1900 b.)** Une cuvée séduisante en diable avec son élégant nez de fleurs blanches et sa bouche ample, longue, fraîche et délicate. ⧗ 2022-2026

⊶ SCEV DOM. MONTBARBON, 3, chem. des Vignes, 71260 Viré, tél. 03 85 33 16 98, jacky.montbarbon@orange.fr V *r.-v.*

DOM. DES TERRES DE CHATENAY
Terroir de Quintaine 2019 ★

8000 | 8 à 11 €

Jean-Claude et Marie-Odile Janin sont un couple de vignerons installé depuis 2006 à Péronne, village situé à l'ouest des coteaux de Viré et de Clessé. Leur vignoble couvre 10 ha, en cours de conversion bio.

Ces chardonnays de Quintaine, âgés de 60 ans, cueillis mûrs, ont donné cette cuvée dorée, ouverte sur d'intenses parfums de fruits jaunes d'été et de chèvrefeuille. Tout en rondeur, ample et charnue, la bouche affiche un profil généreux mais équilibré par une pointe de fraîcheur bienvenue. ⧗ 2021-2025 **Fontenay 2019 ★ (8 à 11 €; 3200 b.)** Au nez, des arômes délicats d'acacia et de jasmin, prolongés par une bouche élégante et raffinée. ⧗ 2021-2025

⊶ EARL JEAN-CLAUDE ET MARIE-ODILE JANIN, 135, rue du Four, 71260 Péronne, tél. 06 87 99 49 13, janinmojc@wanadoo.fr V r.-v.

B DOM. DE LA VERPAILLE
Harmonie 2019 ★

■	25000		15 à 20 €

Estelle et Baptiste Philippe s'installent sur l'exploitation familiale en 2004. Ils convertissent l'ensemble du vignoble (20 ha) à l'agriculture biologique, et la certification est acquise en 2009.

Le nez s'exprime, d'abord timidement, sur des notes d'acacia et d'aubépine, avant de s'ouvrir plus nettement sur des nuances fruitées de poire et de citron. La bouche se fait moelleuse, rafraîchie et équilibrée par une fine vivacité aux tonalités citronnées et par une finale saline. ⧗ 2021-2024

⊶ EARL BAPTISTE ET ESTELLE PHILIPPE (DOM. DE LA VERPAILLE), 70, rue Marcel-Laurencin, 71260 Viré, tél. 03 85 33 14 47, domainedelaverpaille@gmail.com V r.-v.

CAVE DE VIRÉ En Long Champ 2018 ★

■	16000		8 à 11 €

Cette coopérative est née en 1928 pour faire face aux difficultés économiques engendrées par la Première Guerre mondiale et le phylloxera. Une cave réputée depuis toujours pour ses vins blancs, précurseur en matière de commerce puisqu'elle fut la première à vendre au détail en litre et à développer son commerce à l'export. Elle compte 145 adhérents pour 250 ha de vignes.

Ce viré-clessé d'un beau jaune doré livre des parfums complexes alliant les agrumes et le coing aux fleurs blanches. Dans la continuité, la bouche se montre onctueuse, sans lourdeur, rafraîchie et allongée par une finale minérale de grande intensité. ⧗ 2021-2024

⊶ SCA CAVE DE VIRÉ, 1, rue de la Cave, 71260 Viré, tél. 03 85 33 10 57, chai@cavedevire.com V *t.l.j. sf sam. dim. 9h-12h30 14h-18h*

DOM. LE VIROLYS
Élevé en fût de chêne 2019 ★★

■	3500		8 à 11 €

Laurent Gondard a créé sa cave de vinification en 2008; auparavant, il avait longtemps livré ses raisins à la cave coopérative du village, comme l'avaient fait avant lui ses ancêtres. À la vigne (22 ha), seuls les engrais produits par l'exploitation sont utilisés, et les sols sont labourés.

Bouton d'or, brillant de mille feux, viré-clessé offre un éventail aromatique aussi large qu'élégant dans lequel on retrouve la mirabelle, le fruit de la Passion, les agrumes, l'acacia et la fleur d'oranger. Tout aussi complexe, le palais, ample, mûr et riche, rappelant la chaleur du millésime, est rafraîchi par une fine acidité aux saveurs exotiques. Un vin gourmand, dans un style opulent, mais qui reste équilibré. ⧗ 2023-2027 ■ **Quintaine 2019** ★ **(8 à 11 €; 5000 b.)** Un beau vin de caractère que ce Quintaine d'une grande amplitude, long, riche sans manquer de fraîcheur, irrigué de bout en bout de saveurs fruitées. ⧗ 2022-2026

⊶ SCEA LAURENT GONDARD (DOM. LE VIROLYS), 9, rue En-Baclot, 71260 Viré, tél. 03 85 33 91 11, laurent.gondard071@orange.fr V *t.l.j. 9h-12h 14h-18h30; dim. sur r.-v.*

POUILLY-FUISSÉ

Superficie : 760 ha / Production : 39 150 hl

Le profil des roches de Solutré et de Vergisson s'avance dans le ciel comme la proue de deux navires; à leur pied, le vignoble le plus prestigieux du Mâconnais, celui du pouilly-fuissé, se développe sur les communes de Fuissé, de Solutré-Pouilly, de Vergisson et de Chaintré. Les pouilly-fuissé ont acquis une très grande notoriété, notamment à l'exportation, et leurs prix ont toujours été en compétition avec ceux des chablis. Ils sont vifs, pleins de sève et complexes. Élevés en fût de chêne, ils acquièrent avec l'âge des arômes d'amande grillée ou de noisette.

DOM. DU BOIS ROSIER
2019 ★★

■	10515		15 à 20 €

Georges Dubœuf, décédé début 2020, a créé en 1964 un négoce-éleveur qui a largement contribué à la notoriété du Beaujolais. Aujourd'hui sous la conduite de son fils Franck, la société travaille avec de nombreux vignerons et coopératives et réalise 75 % de son chiffre d'affaires à l'international. Georges Dubœuf fut aussi pionnier en matière d'œnotourisme avec son Œnoparc (Hameau Georges Dubœuf) aménagé en 1993 dans l'ancienne gare de Romanèche-Thorins.

D'une grande élégance dans sa robe or jaune à reflets verts, ce 2019 livre des parfums intenses d'aubépine et de pin mêlées aux notes minérales du terroir. La bouche affiche beaucoup de richesse dès l'attaque, de volume et d'intensité. Un vin de caractère, à l'avenir prometteur. ⧗ 2023-2027

⊶ SA LES VINS GEORGES DUBŒUF, 208, rue de Lancié, 71570 Romanèche-Thorins, tél. 03 85 35 34 20, gduboeuf@duboeuf.com V *t.l.j. 10h-18h*

DOM. BOURDON 2019 ★★

■	6900		15 à 20 €

Ce domaine de 17,5 ha possède 2 caves : un chai moderne au cœur du hameau de Pouilly et une magnifique cave voûtée en pierre à Vergisson. À sa tête, Sylvie et François Bourdon représentent la 5e génération. Leurs enfants Antoine et Benoît les ont rejoints en 2019.

Une vendange manuelle début septembre, suivie d'un élevage d'une année en cuve ont donné un vin à la robe primevère, étincelante. Au nez se déploient de superbes parfums de mangue, d'ananas victoria, de fleurs blanches et d'agrumes. La bouche longue, ample et dynamique suggère un berceau de naissance solaire et caillouteux. Un superbe pouilly, digeste et plein, qui plaira dès aujourd'hui. ⧗ 2021-2025

BOURGOGNE

EARL BOURDON ET FILS, rue de la Chapelle, Pouilly, 71960 Solutré-Pouilly, tél. 03 85 35 81 44, francoisbourdon2@wanadoo.fr V r.-v.

MARCEL BRUBACH Les Diablotins 2019 ★

	1500		15 à 20 €

Originaire d'Alsace, Marcel Brubach se fait la main dans de nombreux domaines du Mâconnais et du Beaujolais. Il désire avoir sa propre exploitation, un domaine à taille humaine. Cela se concrétise en 2015 avec 1 ha en fermage. En 2018, l'exploitation s'agrandit de 4 ha. Le domaine produit aujourd'hui en appellation mâcon Solutré et pouilly-fuissé.

Sous une robe or vert, cette cuvée dévoile un nez frais, délicat et tendre, qui mêle la pêche, l'abricot, le miel d'acacia, le tout soulignés de fines touches vanillées. Le palais apparaît ample, dense, long, fruité et bien équilibré. Une belle bouteille de garde. 2023-2028

MARCEL BRUBACH, rue de la Chapelle, 71960 Solutré-Pouilly, tél. 06 32 83 19 02, marcel.brubach@orange.fr V r.-v.

DOM. CARRETTE Les Crays 2018 ★★

	6210		15 à 20 €

Vignerons de père en fils depuis plusieurs générations, l'histoire du domaine est marquée par l'achat en 1980 d'une grande maison avec cave voûtée au pied de la roche de Vergisson. C'est aujourd'hui Hervé et Nathalie qui, depuis 2003, sont à la tête de ce vignoble de 15 ha, en conversion bio.

Ce vin, issu d'une vigne de 40 ans, se présente dans une robe or pâle aux fines larmes. Le nez, d'abord discret, s'ouvre à l'aération sur de subtiles notes de tilleul, de pêche blanche et d'agrumes. En bouche, après une attaque vive, un développement onctueux et riche se met en place, avant une finale plus fraîche sur le pamplemousse. 2021-2026 **2019 ★ (11 à 15 €; 10 290 b.)** Au nez, un bel éventail de petites fleurs des haies (acacia, chèvrefeuille). En bouche, du volume, de la corpulence mais aussi beaucoup d'équilibre. 2022-2026

EARL DOM. CARRETTE, 39, rte des Crays, 71960 Vergisson, tél. 03 85 59 02 74, contact@domaine-carrette.fr V r.-v.

MAISON CHANDESAIS 2019 ★★

	8000		11 à 15 €

Un négoce familial fondé en 1933 par Émile Chandesais, sur la commune de Fontaine, au cœur de la Côte chalonnaise. Il prospère au fil des ans en assurant la vinification, l'élevage et la commercialisation de ses vins de Bourgogne. En 1993, Émile Chandesais cède sa société à la Compagnie Vinicole de Bourgogne, filiale du groupe Picard Vins et Spiritueux.

Vinifié en cuve, ce superbe 2019 dévoile des parfums « explosifs » de litchi, de rose ancienne et de framboise qui attisent les papilles. En bouche, son fruit large et impressionnant laisse ensuite place à la minéralité du terroir, qui dépose un voile de fraîcheur sur la finale. 2022-2026

CVB (MAISON CHANDESAIS), rte, de Saint-Loup-de-la-Salle, 71150 Chagny, tél. 03 85 87 51 33, david.fernez@m-p.fr t.l.j. sf sam. dim. 9h-12h 14h-16h

CLOS DE LA CHAPELLE Pouilly 2019 ★

	1350		20 à 30 €

La marque « Dom. de la Chapelle » fut déposée en 1904, mais elle n'appartenait pas à l'époque à la famille Rollet. En 2005, Catherine et Pascal Rollet ont acquis les vignes (7,5 ha aujourd'hui) qu'ils travaillaient en métayage depuis 1982. La chapelle en question date du XVe s., elle est située au cœur de la propriété mais ne lui appartient pas.

De très vénérables ceps de 98 ans sont à l'origine de ce vin de caractère, vinifié sans soufre et élevé en fût de chêne. Vêtu d'une robe paille à reflets d'ambre, il dévoile un bouquet complexe de pomme mûre, d'églantine, de beurre frais et de menthol. En bouche, il se révèle franc, net, puissant, sans jamais manquer de fraîcheur. Un beau vin, à servir dans quelques années sur une table de fête. 2023-2030

EARL PASCAL ROLLET, rue de la Chapelle, 71960 Solutré-Pouilly, tél. 03 85 35 81 51, rolletpouilly@wanadoo.fr V *t.l.j. 9h-12h 14h-18h*

DOM. CORDIER Vieilles Vignes 23019 ★

	15 000		20 à 30 €

Basé à Fuissé, Christophe Cordier a pris la tête de ce vignoble de 30 ha à la suite de son père Roger. Il a élargi sa gamme en créant une affaire de négoce sous son nom. Une référence en Mâconnais, avec les deux casquettes, également présent en Beaujolais.

Le nez, tout en discrétion, rappelle les petites fleurs blanches des haies et le citron. Une attaque franche et nette ouvre sur une matière à la fois souple et riche, soutenue par une belle vivacité qui culmine en finale. 2022-2026

SARL CHRISTOPHE CORDIER, Les Molards, 71960 Fuissé, tél. 03 85 35 62 89, domaine.cordier@wanadoo.fr V r.-v.

B **DOM. DOMINIQUE CORNIN**
Les Plessys 2018 ★

	3500		20 à 30 €

À l'origine, les vignes du domaine (11 ha aujourd'hui) étaient récoltées à la machine et les raisins confiés à la coopérative de Chaintré. En 1995, Dominique Cornin se retire de la cave, opte pour la vendange manuelle et s'oriente peu à peu vers le bio, jusqu'à la certification obtenue en 2009. Son fils Romain l'a rejoint en 2012.

Ce vin offre un nez puissant de pêche jaune, de fleurs blanches et de menthol. Un même festival d'arômes, où l'on distingue le litchi et la mangue, s'invite dans une bouche longue, souple et bien équilibrée entre fraîcheur et rondeur. 2021-2025

EARL DOMINIQUE CORNIN, 339, rue de Savy-le-Haut, 71570 Chaintré, tél. 03 85 32 90 87, domaine@cornin.net V r.-v.

CH. DES CORREAUX 2019 ★

	650		15 à 20 €

L'histoire vigneronne de la famille Bernard a débuté en 1803. Située aux confins du Beaujolais et du Mâconnais, cette exploitation était connue des lecteurs du Guide sous le nom de Ch. de Leynes. En 2002, Jean Bernard a reconstitué le domaine, étendu sur 15 ha, relayé en 2014 par son fils Germain.

Une robe d'un or lumineux et un nez à dominante florale, souligné d'un soupçon de bonbon anglais, composent une sympathique entrée en matière. Rond dès l'attaque, le palais enrobe bien les papilles de saveurs fruitées et acidulées. Un vin harmonieux et bien typé. ⧗ 2022-2025

EARL GERMAIN BERNARD (CH. DES CORREAUX), 282, rte des Correaux, 71570 Leynes, tél. 03 85 35 11 59, contact@chateaudescorreaux.com V r.-v.

DOM. CORSIN Aux Chailloux 2017 ★★

	3200		20 à 30 €

Ce domaine prestigieux, et toujours familial, existe depuis plus d'un siècle. Précurseur dans la vente en bouteilles, il est aujourd'hui entre les mains expertes de Gilles Corsin et de son neveu Jérémy.

Brillante et limpide, ornée de reflets bronze, la robe de ce 2017 séduit. Expressif, le bouquet convoque les fruits blancs, le miel et le sirop de fruits exotiques. Une attaque ronde laisse la place à une bouche fraîche et de belle ampleur, soulignée par de beaux amers en finale. « Un vin de longue garde, qui goûte bien, avec une forte identité de terroir ! », conclut le jury. ⧗ 2024-2030

SCEA DOM. CORSIN, 404, rue des Plantes, 71960 Davayé, tél. 03 85 35 83 69, contact@domaine-corsin.com V r.-v.

DOM. JOËL CURVEUX ET FILS
En Recepey 2019 ★

	5300		15 à 20 €

Vignerons de père en fils depuis quatre générations, les Curveux conduisent une petite propriété familiale située sur la commune de Fuissé – 8 ha de vignes, principalement en pouilly-fuissé – aujourd'hui dirigée par Joël et son fils Guillaume.

Ce vin s'ouvre sur des notes séveuses (pin), boisées (vanille) et fruitées (pêche blanche). La bouche se montre ronde et étoffée, teintée d'une touche fraîche de menthol et structurée par une charpente boisée encore un peu présente. Patience. ⧗ 2024-2030

EARL DOM. JOËL CURVEUX ET FILS, 100, rue Cache-Poupons, 71960 Fuissé, tél. 07 86 74 02 24, domaine.curveux@sfr.fr V r.-v.

CH. FUISSÉ Tête de cuvée 2018 ★★

	120000		20 à 30 €

Ce domaine emblématique de Fuissé exploite aujourd'hui 40 ha de chardonnay sur les meilleurs terroirs de l'appellation. La famille Vincent en est propriétaire depuis 1862 et Antoine, ingénieur agronome et œnologue, depuis 2003. Des caves du XVe s. sortent des vins à la renommée internationale : 80 % sont vendus à l'export.

Habitué du Guide, ce domaine signe une magnifique Tête de Cuvée, élégante dans sa robe dorée comme par son bouquet d'agrumes et de fleurs d'acacia. La bouche se révèle ample, fraîche et fine, étirée dans la longueur sur des notes de pamplemousse. Un noble pouilly-fuissé, à la fois délicat et intense, que l'on peut boire dès aujourd'hui, mais qui traversera sereinement les années. ⧗ 2021-2028

SCEA DU CH. DE FUISSÉ, 419, rue du Plan, 71960 Fuissé, tél. 03 85 35 61 44, domaine@chateau-fuisse.fr V r.-v.

DOM. GAILLARD Harmony 2018 ★★

	600		20 à 30 €

En 1981, Roger Gaillard s'installe avec 1 ha de pouilly-fuissé à Davayé. Sa femme Véronique le rejoint en 1988 et, au fil des années, ils développent l'exploitation en ajoutant de nouvelles appellations (saint-véran, mâcon, crémant-de-bourgogne) à leur escarcelle. Ils ont été rejoints en 2015 par leur fils Romain et leur domaine compte désormais 11 ha.

D'abord exubérant par ses notes muscatées, le nez de ce très beau 2018 s'affine ensuite autour d'arômes de fruits jaunes, de zeste de citron et de verveine. La bouche, ample, ronde et acidulée à la fois, affiche un superbe équilibre et déploie une longue finale aux saveurs de menthol et de beurre frais. ⧗ 2023-2028

EARL DOM. GAILLARD, 420, rue des Plantes, 71960 Davayé, tél. 06 08 35 42 11, contact@domainegaillard.com V *t.l.j. sf dim. 8h-12h 13h30-18h30*

DOM. DES GERBEAUX Les Crays 2019 ★

	1600		15 à 20 €

Ce vignoble familial fut créé en 1896 par Jacques Charvet, l'arrière-grand-père de Jean-Michel Drouin. Il compte aujourd'hui 16,5 ha de chardonnay répartis en mâcon, saint-véran et pouilly-fuissé. Une valeur sûre, avec des coups de cœur réguliers dans cette dernière appellation. En 2016, Xavier a pris les commandes, épaulé par son père Jean-Michel.

Or vert à l'œil avec des larmes glycérinées, ce 2019 propose un éventail aromatique plutôt floral (œillet et aubépine), souligné de fruits blancs. La bouche, ample et veloutée, offre une finale savoureuse sur la pêche blanche et d'ananas compotés. ⧗ 2022-2027

SCEV DOM. DES GERBEAUX, rue des Gerbeaux, 71960 Solutré-Pouilly, tél. 03 85 35 80 17, j-michel.drouin.gerbeaux@wanadoo.fr V r.-v.

ROGER LASSARAT Racines 2018 ★

	2382		20 à 30 €

Roger Lassarat s'est installé en 1969 entre les roches de Vergisson et de Solutré, avec quelques ares de vignes. Il conduit aujourd'hui avec son fils Pierre-Henri un vignoble de 19 ha, dont 2 ha dans le Beaujolais en AOC moulin-à-vent, acquis avec son ami humoriste Laurent Gerra.

Des vignes de 90 ans et 11 mois d'élevage en cuve et fût ont donné un vin expressif, sur la fleur blanche, la minéralité et les fruits bien mûrs. Une très belle fraîcheur

BOURGOGNE

caractérise la bouche, elle aussi florale et fruitée avec une touche minérale et citronnée en finale. Un vin alerte et très équilibré. ⧗ 2022-2026

SARL VIGNOBLES ROGER LASSARAT, 121, rue du Martelet, 71960 Vergisson, tél. 03 85 35 84 28, info@roger-lassarat.com V r.-v.

CH. DE LAVERNETTE
Cuvée Jean-Jacques de Boissieu 2018 ★

3840 | 20 à 30 €

Ancienne propriété des moines de Tournus, le domaine, aux confins du Mâconnais et du Beaujolais, a été acquis par la famille en 1596. Descendant des Lavernette, Bertrand de Boissieu quitte la coopérative en 1988; son fils Xavier prend le relais en 2007. Il pratique la biodynamie depuis 2005 (certifiée en 2010). Sur ses 13 ha de vignes, il produit des vins du Beaujolais, du bourgogne d'appellations régionales et des pouilly-fuissé.

Ce vin dégage de jolis arômes de pêche blanche, d'abricot et d'amande fraîche, le tout souligné d'un trait de citron. Le palais apparaît ample, long, très fruité et (un peu) floral, bien équilibré par la fraîcheur, chose pas facile à obtenir sur ce millésime solaire. ⧗ 2022-2026

EARL CH. DE LAVERNETTE, 70, chem. de la Vernette, 71570 Leynes, tél. 03 85 35 63 21, chateau@lavernette.com V r.-v.

JESSICA LITAUD La Simplexité 2019 ★★

11245 | 20 à 30 €

Jessica Litaud a «roulé sa bosse» à travers le monde avant de revenir en 2018 s'installer à Vergisson, son village de naissance. Elle y a repris une partie des vignes familiales, en les travaillant de façon «naturelle» : désherbage mécanique, piochage, cisaillage manuel, aucun produit chimique de synthèse, et la conversion bio est envisagée. À la cave, « du pur jus de raisin, sans aucun ajout, excepté une faible dose de SO_2 pour la conservation », précise-t-elle.

Une entrée convaincante dans le Guide pour ce vin en robe légère, orné de reflets topaze, qui surprend agréablement par la finesse et la complexité (ou la «simplexité» ?) de son bouquet déclinant toutes les facettes du chardonnay : aubépine, acacia, pêche de vigne, beurre frais, brioche. On retrouve la même palette de saveurs dans une bouche ample, riche et puissante. Une vigneronne à suivre de très près. ⧗ 2023-2028

JESSICA LITAUD, Les Nambrets, 71960 Vergisson, tél. 07 85 98 08 39, jessica.litaud@gmail.com V r.-v.

DOM. MATHIAS En Cénan 2019 ★

5000 | 20 à 30 €

La famille Mathias produit des vins à Chaintré depuis 1894, Béatrice et Gilles depuis 1992, à partir de 10 ha de vignes conduits en bio depuis 2010.

Ce blanc à la teinte d'or et aux reflets argentés brille de mille feux. Les fleurs blanches mariées au coing et aux notes minérales forment un nez avenant et agréable. Harmonieux dès l'attaque, le palais conjugue une sensation de fraîcheur à des saveurs plus mûres de fruits à chair blanche. ⧗ 2022-2026 **Tradition 2019 ★ (15 à 20 €; 5000 b.)** Une cuvée appréciée pour sa souplesse, sa fraîcheur, sa finesse et son élégance. Un vin charmeur, à déguster dès à présent. ⧗ 2021-2024

EARL DOM. MATHIAS, 225, rue Saint-Vincent, 71570 Chaintré, tél. 03 85 27 00 50, contact@domaine-mathias.fr V r.-v.

♥ **DOM. GILLES NOBLET** Les Champs 2019 ★★

1732 | 15 à 20 €

Cette exploitation de plus de 11 ha, transmise de génération en génération depuis 1936, est située au cœur de Fuissé. En juillet 2017, Mylène Noblet Durand succède à ses parents.

Mylène Noblet Durand se classe parmi les sommités de l'appellation avec cet épatant 2019, qui séduit sans détour avec son étincelante robe dorée et son nez diablement engageant rappelant l'ananas, la pâte d'amande, la bergamote et la noix fraîche, le tout dans une harmonie parfaite. La bouche se révèle puissante mais bien équilibrée entre sensations de rondeur et de vivacité, longuement parcourue de notes fruitées et beurrées en osmose avec l'olfaction. Un pouilly-fuissé aussi intense que subtil et gracieux. On applaudit. ⧗ 2023-2030 **Collonge 2019 ★ (11 à 15 €; 4328 b.)** Un pouilly-fuissé ample, gras, puissant et généreux, qui évoluera favorablement en cave. ⧗ 2023-2028

SCEV GILLES NOBLET, 135, rue En-Collonge, 71960 Fuissé, tél. 03 85 35 63 02, gillesnoblet@wanadoo.fr V r.-v.

FAMILLE PAQUET
Les Crays 2018 ★

2400 | 20 à 30 €

Fervent défenseur de l'appellation saint-véran, Michel Paquet a toujours eu à cœur de produire des vins de qualité, à forte personnalité. En 2016, il a transmis à ses trois fils ce joli domaine de près de 12 ha. L'année 2018 marque un tournant important puisqu'une partie du vignoble est en conversion à l'agriculture biologique. Une valeur sûre.

Derrière une robe d'or, on découvre un nez très frais, marqué par le citron, le menthol, les fleurs blanches et la minéralité du terroir. Après une attaque acidulée, le palais se révèle gras, rond et finement fumé. Un pouilly-fuissé bien né et bien typé. ⧗ 2022-2027

SARL PAQUET FRÈRES, 314, rue des Valanges, 71960 Davayé, tél. 03 79 35 00 10, marion.girard@paquet-montagnac.com V r.-v.

DOM. CHRISTOPHE PERRATON
L'Excellence 2018 ★

2600 | 15 à 20 €

Depuis le haut de la colline argilo-calcaire de Chaintré sur laquelle est implanté ce domaine de 12 ha en bio,

on peut admirer la vallée de la Saône et, par temps clair, le massif du Mont-Blanc. Autrefois associé avec son frère Franck, Christophe Perraton est depuis 2018 le seul gérant de l'exploitation.

Sous une robe jaune d'or, cette cuvée dévoile un nez puissant de pêche et d'abricot souligné de fines notes florales et citronnées. L'attaque ample et généreuse ouvre sur une matière ample, longue et saline, relevée par une pointe d'épices. ⧗ 2022-2026

EARL DOM. CHRISTOPHE PERRATON, 163, rue du Paradis, 71570 Chaintré, tél. 03 85 35 67 45, domaine@vinsperraton.fr V *r.-v.*

DOM. DU CH. DE PIERRECLOS 2019 ★★

	9960		15 à 20 €

Ce domaine est le fruit de la fusion du domaine de la Tour Vayon, créé en 1995 par Anne-Françoise et Jean-Marie Pidault, avec le majestueux château de Pierreclos, édifice médiéval emblématique du Mâconnais qu'ils ont acquis en 2008. Le vignoble couvre près de 9 ha certifiés bio.

L'intensité de la robe topaze de ce 2019 annonce celle du bouquet, complexe, ouvert sur le beurre frais légèrement vanillé, la tourbe, la papaye et l'abricot confit associés dans un subtil équilibre. Une harmonie que l'on retrouve dans un palais d'un volume et d'une densité remarquables, crémeux et voluptueux à souhait. Un grand pouilly-fuissé déjà très savoureux, et pour longtemps. ⧗ 2022-2028

SCEV DOM. DU CH. DE PIERRECLOS, 144, chem. du Château, 71960 Pierreclos, tél. 03 85 35 73 73, contact@chateaudepierreclos.com V *t.l.j. sf sam. dim. 10h-18h* 5

♥ CH. POUILLY Cuvée 1551 2019 ★★

	13000		20 à 30 €

Perché sur le mont Pouilly, à la sortie du hameau, ce château se dresse fièrement depuis 1551 au milieu de ses 7 ha de vignes. À sa tête depuis 1981, Mme Canal du Comet vise à redonner son prestige à ce domaine protagoniste des Expositions universelles entre 1862 et 1912. Les traditions sont ici respectées, de la vigne à la bouteille (vinification de 12 mois, assemblage avant mise, élevage long en bouteilles).

Une grande cuvée qui fait écho au coup de cœur obtenu dans le millésime 2016. Un pouilly-fuissé unanimement apprécié pour son bouquet puissant de fruits blancs (pêche et poire), d'épices et d'agrumes, comme pour son palais tout aussi intense et complexe, remarquable de générosité, de volume, d'équilibre, de profondeur et de longueur. Un vin au caractère très affirmé, d'un relief impressionnant, qui célèbre la première vendange au château, il y a près de 5 siècles ! ⧗ 2024-2032

GFA CH. POUILLY, rue du Château, 71960 Solutré-Pouilly, tél. 06 71 77 21 41, gerald.saunier@chateaupouilly.fr V *r.-v.*

DOM. SANGOUARD-GUYOT Quintessence 2019 ★

	12000		15 à 20 €

Pierre-Emmanuel Sangouard s'est installé en 1997 sur l'exploitation familiale alors tenue par son grand-père et, en 2000, a repris les vignes de ses beaux-parents (Dom. Guyot) : le Dom. Sangouard-Guyot est né (12 ha aujourd'hui). Ici, les traitements sont raisonnés et limités au strict nécessaire, les vignes labourées et les vendanges manuelles. Le vignoble est certifié HVE depuis 2019 et le soufre banni de la vinification.

Ce 2019 affiche une belle intensité avec sa robe jaune d'or tirant sur le vert et son nez floral et fruité ponctué d'une pointe boisée. La bouche, franche et nette, se développe dans un équilibre très bien tenu entre volume et fraîcheur. Le fruit se fait plus précis, mais il est vite rattrapé par la nuance vanillée de l'élevage. Une bouteille de garde. ⧗ 2023-2028

EARL PIERRE-EMMANUEL SANGOUARD (DOM. SANGOUARD-GUYOT), 83, rue du Repostère, 71960 Vergisson, tél. 03 85 35 89 45, domaine@sangouard-guyot.fr V *r.-v.*

DOM. JEAN-PIERRE SÈVE Aux Chailloux 2019 ★

	9000		15 à 20 €

Ce domaine de 7,5 ha (20 parcelles) est situé sur les hauteurs du village de Solutré, au pied de la célèbre roche. En sortant du caveau de dégustation, on découvre un beau panorama allant du vignoble de Pouilly-Fuissé au massif du Mont-Blanc, en passant par la plaine de la Saône. Jean-Pierre Sève y est installé, à la suite de son père, depuis 1981. Ses enfants Mathilde et Antoine ont pris la relève en 2020.

Ce pouilly-fuissé doré à l'or fin offre des senteurs agréables de fruits blancs et d'agrumes. Un joli grain de fruit caractérise également la bouche, croquante et harmonieuse. À découvrir dès aujourd'hui, pourquoi pas sur une lotte à l'armoricaine ? ⧗ 2021-2025

EARL FAMILLE SÈVE, rue Adrien-Arcelin, 71960 Solutré-Pouilly, tél. 03 85 35 80 19, domaine@vins-seve.com V *t.l.j. sf dim. 9h-19h*

DOM. SIMONIN Les Amonites 2019 ★

	900		20 à 30 €

Vergisson, paisible village viticole blotti au pied des Roches, mérite un détour pour son panorama époustouflant sur la vallée de la Saône et la chaîne des Alpes. Jacques Simonin y possède 7 ha de chardonnay (certifiés HVE en 2020), qu'il travaille de façon traditionnelle.

Issu d'un terroir argilo-calcaire classé en 1er cru Sur la Roche à partir de la récolte 2020, ce vin livre au premier nez des senteurs de bois séveux et de fruits jaunes. Après une légère aération, on distingue également des notes minérales. Cette palette aromatique complexe se prolonge dans une bouche d'abord nerveuse, puis ample et longue. Un vin en devenir, pour des quenelles au brochet ou un fromage de Cîteaux affiné. ⧗ 2023-2028

JACQUES SIMONIN, 94, rue Froide, 71960 Vergisson, tél. 03 85 35 84 72, domsimonin.ja@wanadoo.fr V *r.-v.*

LA SOUFRANDISE
Clos Marie 2019 ★

| 9000 | 15 à 20 € |

La maison de maître où sont logées les caves de ce domaine a été bâtie en 1831 par un lieutenant-colonel de la garde de Napoléon 1er. En 1853, le domaine est racheté par les ancêtres de Nicolas Melin, l'actuel propriétaire, des négociants en vins à Bercy originaires de la région. Le vignoble couvre aujourd'hui 7,5 ha répartis sur une vingtaine de parcelles au cœur de l'appellation pouilly-fuissé.

Ce pouilly-fuissé jaune pâle et brillant offre un très joli nez de fleurs blanches, de pêche de vigne et de vanille. Une attaque ronde laisse la place à une belle fraîcheur d'agrumes qui lui confère dynamisme et longueur. Un beau représentant de l'appellation, dans un style fin et élégant. ⧗ 2022-2027

EARL DOM. LA SOUFRANDISE, 462, Rouette-du-Clos, 71960 Fuissé, tél. 03 85 35 64 04, la-soufrandise@wanadoo.fr V *r.-v.*

DOM. THIBERT Héritage 2018 ★

| 41500 | 20 à 30 € |

Issus d'une dynastie de vignerons forte de 8 générations, Andrée et René Thibert créent leur propre domaine en 1967, sur 2,5 ha. Aujourd'hui, leurs enfants Sandrine et Christophe sont cogérants d'un vignoble de 20 ha. Une valeur (très) sûre du Mâconnais.

Parée d'une étoffe or pâle à reflets bronze, cette cuvée issue de plusieurs parcelles du terroir de Fuissé offre un bouquet complexe de jasmin, de chèvrefeuille et de fougère. Le palais, bien équilibré, associe rondeur et vivacité dans un écrin de fruits à chair blanche. La tension qui articule ce vin s'harmonisera parfaitement à un plateau de fruits de mer. ⧗ 2021-2025

SARL DOM. THIBERT PÈRE ET FILS, 20, rue Adrien-Arcelin, 71960 Fuissé, tél. 03 85 27 02 66, info@domaine-thibert.com V *r.-v.*

DOM. DES TROIS DAMES
Les Crays 2018 ★★

| 500 | 20 à 30 € |

Un jeune domaine créé par Simon Ravaud en 2014, hors cadre familial, par la reprise d'un peu plus de 5 ha de différents propriétaires. Le vignoble est conduit de manière intégrée en limitant les applications de pesticides, en fonction de la pression parasitaire.

Vendangée les premiers jours de septembre, cette parcelle plantée de chardonnay de 60 ans a donné un vin à la robe légère, aux arômes intenses et généreux de vanille, de miel et de truffe rappelant ce millésime solaire que fut 2018. Une puissance que l'on retrouve dans un palais riche, mais équilibré par une fine acidité et un fruité «explosif». Un vin ambitieux et corpulent. ⧗ 2023-2030

SIMON RAVAUD (DOM. DES TROIS DAMES), pl. Antoine-Ducrost, 71960 Solutré-Pouilly, tél. 06 15 30 41 82, ravau.s@gmail.com V *r.-v.*

♥ DOM. DU CH. DE VERGISSON
Sur la Roche 2019 ★★

| 1600 | 15 à 20 € |

Stéphanie Saumaize et Pierre Desroches sont à la tête de ce domaine de 10 ha situé au pied de la roche de Vergisson. Depuis 2012, ils vinifient leur récolte dans les fameuses caves voûtées et superposées du château de Vergisson.

Drapée de bronze aux reflets argentés, cette cuvée évolue dans le registre de la discrétion et de la subtilité avec son olfaction finement fruitée, associant l'abricot, l'acacia, l'amande fraîche et le citron. La bouche se révèle ample, riche et longue, rafraîchie et équilibrée par une ligne minérale et citronnée. Un vin déjà abouti, mais qui prendra pleinement son envol d'ici quelques années. Réservez-lui un mets de choix, comme un homard bleu par exemple. ⧗ 2023-2030

EARL PIERRE DESROCHES (DOM. DU CH. DE VERGISSON), 101, rue du Château-de-France, 71960 Vergisson, tél. 06 80 71 68 18, pierredesroches@hotmail.fr V *r.-v.*

BARON VEYRON LA CROIX
Clos Reyssier 2019 ★

| 1200 | 20 à 30 € |

Ce vénérable domaine viticole remontant au XIVes., commandé par un château des XIVe et XVIIIes. flanqué de 3 tours en poivrière, a été repris en 1999 par Jean-Marc Veyron La Croix et Jacky Martinon. Les 11 ha de vignes sont labellisés HVE (labour, griffage, amendement naturel...).

Paré d'une robe or paille intense, ce pouilly-fuissé, issu d'achat de raisins, offre un bouquet complexe de pomme, de poire, de camomille, de menthol et de pain grillé. La bouche riche et mûre est équilibrée par un trait minéral bien ciselé qui lui confère un surcroît d'énergie. ⧗ 2021-2025

SARL CH. DE CHASSELAS, 161, rue du Château, 71570 Chasselas, tél. 03 85 35 12 01, contact@chateauchasselas.fr V *t.l.j. sf dim. 10h-12h 14h-18h*

POUILLY-LOCHÉ

Superficie : 32 ha / Production : 1 500 hl

MARCEL COUTURIER Le Bourg 2019 ★

| 2240 | 20 à 30 € |

Installé en cave particulière depuis 2005 après avoir été apporteur à la cave coopérative des Grands Crus à Vinzelles, Marcel Couturier revendique une viticulture proche de l'agrobiologie. Son vignoble couvre 12 ha (en cours de conversion bio).

Délicatement floral et fruité, le nez de ce 2019 est pur et fin. La bouche reflète toute la méridionalité du Mâconnais : elle se montre solaire, riche et ronde, tout en préservant une touche finale minérale et fraîche. Un ensemble friand et harmonieux. ⧗ 2022-2026

EARL DOM. MARCEL COUTURIER, 730, rte de Fuissé, 71960 Fuissé, tél. 03 85 35 63 27, domainemarcelcouturier@orange.fr r.-v.

POUILLY-VINZELLES

Superficie : 52 ha / Production : 1 700 hl

DOM. MARC JAMBON ET FILS 2019 ★

1280 | 11 à 15 €

Établi à Pierreclos depuis 1752, le Dom. Jambon est dirigé depuis 2017 et la retraite de Marc par son fils Pierre-Antoine et Michel Prudhon. Un domaine de 12 ha réparti sur Pierreclos et Vinzelles, conduit dans un esprit très proche du bio et qui signe de belles cuvées avec une réelle constance.

Ce pouilly-vinzelle paré d'une belle robe lumineuse et intense dévoile un nez fruité (fruits exotiques, agrumes) et finement floral (fleurs blanches), agrémenté d'une touche beurrée. Arômes prolongés par une bouche ample, bien équilibrée entre une aimable rondeur et une fine fraîcheur saline. Un ensemble harmonieux. ⧗ 2022-2026

EARL DOM. MARC JAMBON ET FILS, 38, imp. de la Roche, 71960 Pierreclos, tél. 06 25 68 80 61, contact@domainemarcjambon.fr r.-v.

SAINT-VÉRAN

Superficie : 680 ha / Production : 37 500 hl

Implantée surtout sur des terroirs calcaires, l'appellation, reconnue en 1971, constitue la limite sud du Mâconnais, entre les AOC pouilly-fuissé, pouilly-vinzelles et beaujolais. Elle est réservée aux vins blancs produits dans huit communes de Saône-et-Loire. Légers, élégants et fruités, les saint-véran accompagnent bien les débuts de repas. Ils sont intermédiaires entre les pouilly-fuissé et les mâcon suivis d'un nom de village.

DOM. CORDIER 2018 ★

12 000 | 15 à 20 €

Basé à Fuissé, Christophe Cordier a pris la tête de ce vignoble de 30 ha à la suite de son père Roger. Il a élargi sa gamme en créant une affaire de négoce sous son nom. Une référence en Mâconnais, avec les 2 casquettes, également présent en Beaujolais.

Ce vin exhale des senteurs florales d'acacia et d'aubépine mâtinées d'un soupçon d'amande grillée et d'agrumes. La bouche ample et suave, imprégnée de miel, est équilibrée par des saveurs citronnées qui reviennent en force en finale. Une cuvée bien réalisée, à carafer avant de la servir avec des ris de veau. ⧗ 2021-2025

SARL CHRISTOPHE CORDIER, Les Molards, 71960 Fuissé, tél. 03 85 35 62 89, domaine.cordier@wanadoo.fr r.-v.

♥ CH. DES CORREAUX
Clos des Juillys 2018 ★★

6000 | 8 à 11 €

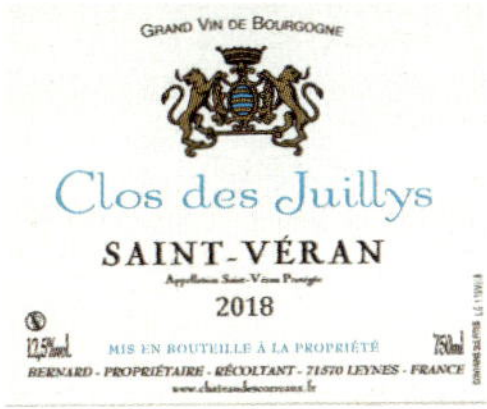

L'histoire vigneronne de la famille Bernard a débuté en 1803. Située aux confins du Beaujolais et du Mâconnais, cette exploitation était connue des lecteurs du Guide sous le nom de Ch. de Leynes. En 2002, Jean Bernard a reconstitué le domaine, étendu sur 15 ha, relayé en 2014 par son fils Germain.

On appréciera d'abord le brillant de la robe or jaune, ainsi que les intenses senteurs d'aubépine, d'ananas, de pamplemousse et de pêche de vigne. Après une attaque légèrement suave typique de ce millésime chaud, le palais se révèle bien fruité, rond, charnu, équilibré et rafraîchi par une fine tension minérale. Des saveurs d'abricot et d'amande fraîche prolongent le plaisir en finale. Un saint-véran d'ores et déjà savoureux. ⧗ 2021-2025

EARL GERMAIN BERNARD (CH. DES CORREAUX), 282, rte des Correaux, 71570 Leynes, tél. 03 85 35 11 59, contact@chateaudescorreaux.com r.-v.

DOM. CORSIN Vieilles Vignes 2018 ★

38 800 | 11 à 15 €

Ce domaine prestigieux, et toujours familial, existe depuis plus d'un siècle. Précurseur dans la vente en bouteilles, il est aujourd'hui entre les mains expertes de Gilles Corsin et de son neveu Jérémy.

Ce 2018 à la robe cousue d'or blanc associe au nez les fruits jaunes charnus au bonbon anglais. Riche, généreuse et mûre, centrée sur des saveurs de raisins de Corinthe, la bouche est bien dans le ton de ce millésime solaire. ⧗ 2021-2025

SCEA DOM. CORSIN, 404, rue des Plantes, 71960 Davayé, tél. 03 85 35 83 69, contact@domaine-corsin.com r.-v.

MARCEL COUTURIER
La Cour du Vallon 2019 ★

3000 | 15 à 20 €

Installé en cave particulière depuis 2005 après avoir été apporteur à la cave coopérative des Grands Crus à Vinzelles, Marcel Couturier revendique une viticulture proche de l'agrobiologie. Son vignoble couvre 12 ha (en cours de conversion bio).

Ce 2019 élevé 10 mois en barrique livre un joli bouquet fruité de pêche et de pomme. Frais en attaque, le palais se révèle bien construit, enrobé des mêmes fruits perçus à l'olfaction, pour finir sur une note acidulée qui l'équilibre. Séduisant, il se laissera volontiers associer à des saint-jacques snackées au beurre d'algues. ⧗ 2021-2025

EARL DOM. MARCEL COUTURIER, 730, rte de Fuissé, 71960 Fuissé, tél. 03 85 35 63 27, domainemarcelcouturier@orange.fr V r.-v.

DEUX ROCHES Terres noires 2019 ★

	18 000		15 à 20 €

L'aventure au domaine commence en 1928 avec les premières vignes que Joanny Collovray possède autour de Davayé, à l'ouest de Mâcon. Deux générations plus tard, les Collovray ont rencontré les Terrier et s'associent au sein du Dom. des Deux Roches qui naît en 1986. Aujourd'hui, ce sont Julien Collovray et Pierre-Alexis Terrier qui sont aux commandes des 60 ha de vignes, en conversion bio deouis 2020. Une valeur sûre du Mâconnais, qui œuvre aussi dans le Languedoc.

Le premier nez, tout en discrétion, s'étoffe après quelques secondes en laissant s'échapper des arômes de fleurs blanches, de vanille et de fruits à coques. Après une attaque acidulée, les saveurs de vétiver, de menthe et de poire William éclatent dans une bouche tendre et ronde. ⧗ 2021-2025

SARL CHRISTIAN COLLVRAY ET JEAN-LUC TERRIER, rue du Château, 11190 Antugnac, tél. 03 85 35 86 51, info@collovrayterrier.com V r.-v.

DOM. DE LA FEUILLARDE Cuvée Tradition 2019 ★★

	20 000		8 à 11 €

Créé en 1934 par Jean-Marie Thomas, ce domaine familial est géré depuis 1988 par son petit-fils Lucien, actif défenseur de l'appellation saint-véran. Les 20 ha du vignoble entourent la propriété située à Prissé, ancien bourg fortifié du Mâconnais.

Ce 2019 séduit d'emblée par sa robe jaune clair aux reflets dorés intenses. La palette aromatique oscille entre le citron, l'acacia et la poire William. La bouche, ample, ronde sans manquer de fraîcheur et très expressive, prolonge cette palette aromatique en y ajoutant de fines notes de verveine. De l'harmonie à tous les étages. ⧗ 2022-2026

EARL DOM. DE LA FEUILLARDE, La Feuillarde, 71960 Prissé, tél. 06 20 87 02 11, contact@domaine-feuillarde.com V *t.l.j. 8h-12h30 13h30-18h; sam. dim. sur r.-v.*

DOM. DE FUSSIACUS 2019 ★

	9 500		11 à 15 €

Jean-Paul Paquet est à la tête de cette propriété familiale depuis 1978. Ce domaine porte le nom du seigneur romain Fussiacus qui s'installa à Fuissé. Un domaine très régulier en qualité.

Ce saint-véran lumineux s'ouvre progressivement sur des nuances d'abord fruitées (pêche et abricot), puis sur des notes crémeuses et beurrées apportées par le bois. La bouche se révèle à la fois onctueuse, soyeuse, minérale et fruitée, étirée dans une jolie finale plus vive. ⧗ 2021-2025

SAS JEAN-PAUL PAQUET ET FILS (DOM. DE FUSSIACUS), imp. des Ganges, 71960 Fuissé, tél. 03 85 27 01 06, domainespaquet@gmail.com V r.-v.

DOM. GONON 2018 ★

	3 200		8 à 11 €

Situé à Vergisson au pied de la célèbre roche de Solutré, ce domaine de 14 ha, propriété des Gonon depuis cinq générations, produit bon nombre des AOC du Mâconnais : pouilly-fuissé, saint-véran, bourgogne rouge... et même le très rare mâcon rosé.

Ce saint-véran mêle habilement le chèvrefeuille au citron à l'olfaction. En bouche, il se révèle tendre et fruité dans un environnement minéral si typique de l'appellation. Un bel ensemble de facture classique, à déguster sur le fruit avec un brochet au beurre blanc. ⧗ 2021-2024

EARL GONON, En Caremantrant, 1, chem. de la Renardière, 71960 Vergisson, tél. 06 11 42 61 04, vins.gonon@gmail.com V r.-v.

DOM. GUEUGNON RÉMOND 2019 ★★

	8 000		11 à 15 €

Établis à Charnay-lès-Mâcon, Véronique, la fille, et Jean-Christophe, le gendre, ont repris en 1997 ce domaine familial de 14 ha créé dans les années 1980 au bord de la voie Verte, très courue des Mâconnais et des touristes en quête de grand air. La certification HVE a été acquise en 2018.

En robe dorée ornée de reflets jade, ce saint-véran distille d'intenses senteurs de fleurs blanches, d'abricot et de vanille. Le palais se révèle fin et bien équilibré, souligné et allongé par une trame minérale. Tout indiqué pour l'apéritif. ⧗ 2021-2024

EARL V. ET J.-C. RÉMOND, 117, chem. de la Cave, 71850 Charnay-lès-Mâcon, tél. 03 85 29 23 88, vinsgueugnonremond@free.fr V r.-v.

JESSICA LITAUD Les Pommards 2019 ★

	11 245		15 à 20 €

Jessica Litaud a « roulé sa bosse » à travers le monde avant de revenir en 2018 s'installer à Vergisson, son village de naissance. Elle y a repris une partie des vignes familiales, en les travaillant de façon « naturelle » : désherbage mécanique, piochage, cisaillage manuel, aucun produit chimique de synthèse, et la conversion bio est envisagée. À la cave, « du pur jus de raisin, sans aucun ajout, excepté une faible dose de SO_2 pour la conservation », précise-t-elle.

Seuls 89 ares d'argile et de calcaire sont dévolus à cette cuvée d'un beau jaune pâle. Le premier nez, discret, évoque le santal, puis les fleurs blanches font leur apparition. La bouche ne se révèle pas immédiatement, mais avec un peu d'attente elle dévoile des arômes de pêche et de bois noble et s'étire dans une longue finale. « Loin d'un saint-véran "de batterie", il est issu d'un élevage noble et soigné », conclut un dégustateur sous le charme. ⧗ 2022-2026

JESSICA LITAUD, Les Nambrets, 71960 Vergisson, tél. 07 85 98 08 39, jessica.litaud@gmail.com V r.-v.

DOM. GAËL MARTIN Les Champs Ronds Cuvée Prestige 2019 ★

	8 000		8 à 11 €

Installé en 2004 à l'âge de 19 ans sur le domaine familial, Gaël Martin (4e génération) est établi en Mâconnais,

aux confins du Beaujolais. Son vignoble de 22 ha est à cheval sur les 2 régions, si bien qu'il propose aussi bien du bourgogne blanc et du saint-véran que du juliénas, du saint-amour, du chiroubles et du chénas.

Cette cuvée d'un bel or profond dévoile un nez ouvert sur la pêche jaune à belle maturité et le citron confit. Une attaque ample et fraîche ouvre sur une bouche consistante, équilibrée et allongée par une fine acidité. Un vin fringant et harmonieux. ⧗ 2022-2026 ■ **Clos du Bois de Fée 2019 ★ (15 à 20 €; 4000 b.)** Une cuvée à l'empreinte boisée encore insistante, ample, riche et ronde en bouche, avec une juste acidité en soutien. À attendre. ⧗ 2023-2027

GAËL MARTIN, 42, rte de Pruzilly, 71570 Saint-Vérand, tél. 03 85 40 64 22, gaelmartin.vins@outlook.fr V r.-v.

ROMUALD PETIT Champs Ronds 2019 ★

■	6000		11 à 15 €

Après des études de «viti-œno» qui l'ont conduit dans différents vignobles en France, Romuald Petit revient en 2005 sur ses terres du Mâconnais pour créer un domaine couvrant aujourd'hui 14 ha en saint-véran, en morgon, en saint-amour et en chiroubles.

Ce vin d'un beau jaune cristallin associe le beurre frais, le menthol et le pamplemousse rose à l'olfaction. Une attaque fraîche prélude à une bouche énergique et minérale, d'une longueur appréciable. Un joli représentant de l'appellation. ⧗ 2022-2025

ROMUALD PETIT, Les Dîmes, 71570 Saint-Vérand, tél. 06 61 14 94 99, petitromuald@yahoo.fr V *t.l.j. sf dim. 8h-19h*

DOM. G. SAUMAIZE En Pommard 2018 ★★

■	3400		15 à 20 €

Touché dès son plus jeune âge par le virus de la viticulture en accompagnant ses parents dans les vignes, Guy Saumaize s'est naturellement orienté vers le métier de vigneron; il a également créé une pépinière reconnue et fréquentée par de nombreux producteurs de la région. Annie, son épouse, a repris le flambeau à sa disparition en 2013. Depuis 2018, c'est leur fils Guillaume qui est aux commandes de ce domaine de 15 ha dont il a changé le nom : le Dom. des Maillettes est devenu le Dom. G. Saumaize.

Une petite parcelle de 47 ares vendangée manuellement, une vinification et un élevage en fûts de chêne pendant 11 mois sont à l'origine de ce vin brillant de mille feux, au bouquet intense d'abricot, de sève de pin et de confiture de vieux garçon. La bouche se montre riche, ample, généreuse, centrée sur les fruits jaunes mûrs. ⧗ 2022-2026

SCEA DOM. G. SAUMAIZE, 600, rue des Maillettes, 71960 Davayé, tél. 06 25 52 47 42, domainegsaumaize@gmail.com V *r.-v.*

DOM. SAUMAIZE-MICHELIN 2019 ★

■	4000		15 à 20 €

Respect du terroir et de la plante, tel est le credo de Christine, Roger et Vivien Saumaize, qui exploitent un domaine de 11 ha sur la magnifique commune de Vergisson.

Élevé sur lies fines en fût de chêne durant 12 mois, ce vin affiche un or paille profond. Le nez délivre une palette complexe de fruits secs (raisin, noisette) et de fleurs blanches. La bouche se montre d'une rondeur généreuse et voluptueuse, jusque dans sa finale mêlant saveurs sirupeuses de fruits mûrs et notes citronnées plus fraîches. ⧗ 2022-2026

ROGER SAUMAIZE, Le Martelet, 51, imp. du Puits, 71960 Vergisson, tél. 03 85 35 84 05, domaine@saumaize-michelin.com V *r.-v.*

DOM. SIMONIN Terroir 2019 ★

■	3800		11 à 15 €

Vergisson, paisible village viticole blotti au pied des Roches, mérite un détour pour son panorama époustouflant sur la vallée de la Saône et la chaîne des Alpes. Jacques Simonin y possède 7 ha de chardonnay (certifiés HVE en 2020), qu'il travaille de façon traditionnelle.

Doté d'un discret mais délicat d'amande amère et de citron, ce vin séduit par son bouche tendre et vive à la fois, aux saveurs de miel d'acacia et de bonbon anglais. Sa finale saline lui apporte un regain d'énergie très agréable. ⧗ 2021-2025

JACQUES SIMONIN, 94, rue Froide, 71960 Vergisson, tél. 03 85 35 84 72, domsimonin.ja@wanadoo.fr V *r.-v.*

VIGNERONS DES TERRES SECRÈTES Vieilles Vignes 2019 ★

■	46000		8 à 11 €

Les Vignerons des Terres secrètes sont les héritiers du mouvement coopératif qui s'est constitué au début du XXes. en Mâconnais. Cette association, née de la fusion des caves coopératives de Prissé, Sologny et Verzé, exploite aujourd'hui près de 950 ha de vignes (pour 120 coopérateurs), principalement de chardonnay.

Ce 2019 séduit par sa robe dorée limpide et brillante et par son nez intense d'aubépine et de citron vert. On retrouve les agrumes bien présents dans une bouche fraîche, d'une belle tonicité. ⧗ 2021-2024

SCA LES VIGNERONS DES TERRES SECRÈTES, 158, rue des Grandes-Vignes, 71960 Prissé, tél. 03 85 37 88 06, contact@terres-secretes.fr *t.l.j. 9h-12h30 13h30-18h30*

DOM. DES TROIS DAMES 2018 ★

■	8000		11 à 15 €

Un jeune domaine créé par Simon Ravaud en 2014, hors cadre familial, par la reprise d'un peu plus de 5 ha de différents propriétaires. Le vignoble est conduit de manière intégrée en limitant les applications de pesticides, en fonction de la pression parasitaire.

Ce 2018 affiche une jolie teinte dorée, tandis que sa palette aromatique associe le citron, l'orange pressée et l'aubépine. Équilibrée, ample et bien étoffée, la bouche présente des saveurs d'agrumes soulignées de vanille et de cire d'abeille. Un vin atypique et surprenant pour un accord osé et engagé avec un magret de canard à l'orange. ⧗ 2022-2026

SIMON RAVAUD (DOM. DES TROIS DAMES), pl. Antoine-Ducrost, 71960 Solutré-Pouilly, tél. 06 15 30 41 82, ravau.s@gmail.com V *r.-v.*

BOURGOGNE

CHAMPAGNE

LA CHAMPAGNE

C’est dans le vignoble le plus septentrional du pays qu’a été mise au point la méthode champenoise, à l’origine d’un des vins les plus prestigieux du monde, le vin des rois devenu celui de toutes les fêtes. Un vin unique, nulle autre production ne pouvant usurper ce nom.

Poids lourd de l’agriculture française, il représente plus de 4,5 milliards d’euros de chiffre d’affaires, dont la moitié à l’export. En valeur, il contribue à environ un tiers des exportations de vins. Son élaboration particulière sur plusieurs années (en moyenne 3 ans) oblige à un stockage supérieur à 1,4 milliard de bouteilles.

Le vignoble s’étend dans les départements de la Marne (70 %), de l’Aisne et de l’Aube, avec de modestes extensions en Seine-et-Marne et en Haute-Marne. Un même paysage de coteaux se révèle dans tout le vignoble, où l’on distingue cependant plusieurs régions (et donc des styles différents) : la Montagne de Reims ; la Côte des Blancs ; la vallée de la Marne (la zone proche d’Épernay, sur la rive droite, étant appelée « Grande Vallée de la Marne ») ; enfin, à l’extrême sud-est, le vignoble de l’Aube.

Le socle crayeux du terroir est à l’origine de la finesse des vins de la Champagne ; il a également facilité le percement des galeries où mûrissent longuement des millions de bouteilles.

La Champagne
selon Margot

Rouge aux Lèvres

Ah, la Champagne ! Rien que son nom me fait pétiller ! Comme tout le monde, j'ai commencé par les grandes maisons et leurs caves légendaires. Puis j'ai découvert l'autre visage de la région : celle des « petits », des vignerons, des artisans du goût qui façonnent la Champagne d'aujourd'hui. Moi qui la pensais guindée derrière ses bulles, sans trop d'innovation et d'ouverture, je me suis largement trompée. La Champagne, ce sont à la fois des grandes maisons de négoce et des petits vignerons qui se bougent énormément, qui se remettent en question, qui font le choix d'une viticulture plus saine et souvent de dosages plus légers. Revalorisation des cépages oubliés, travail parcellaire, bio ou HVE, extra-brut ou zéro dosage, le champagne adopte un nouveau style, plus contemporain et *punchy* : ça fait du bien.

Le bonheur est dans la vigne

Lombard Extra-brut

Une maison qui a le vent en poupe. Avec l'arrivée du jeune et ambitieux Thomas Lombard, 28 ans, la maison se renouvelle grâce à une approche pointue du parcellaire, à de faibles dosages et à un approvisionnement de qualité (en majeur partie en grands et 1ers crus). Et les prix restent très sages.

De Saint-Gall Extra-brut Blanc de blancs

Ça bouge bien du côté des caves coop ! La preuve, De Saint-Gall, marque de l'Union Champagne, qui regroupe plus de 2 000 vignerons et vigneronnes. Découverte de cette année, la majeure partie du vignoble (1 348 ha) se distingue avec ses 90 % en grands et 1ers crus. Bien établie dans la Côte des Blancs, la réputation de ce groupement de coopératives n'est plus à faire pour ses blancs de blancs.

Tarlant Brut nature Bam !

Une révélation, cette cuvée ! Mélanie Tarlant et son frère Benoît ont réussi à faire connaître leur terroir de la Marne grâce à un engagement fort dans des méthodes culturales plus naturelles et une recherche constante de défis. BAM est un hommage aux cépages oubliés de la Champagne (pinot blanc, arbanne, petit meslier). Un style unique, tout en finesse et en tension.

Cyril **Brun**

(Charles Heidsieck)

Sésame qui donne accès aux idées de bonheur jusque dans l'espace le plus éloigné de la planète, le champagne est un vin de dilection. Un vin à propos duquel Voltaire, admirant « la mousse pressée » qui « de la bouteille avec force élancée / comme un éclair fait sauter le bouchon », écrivait que son « écume pétillante » était « de nos Français l'image brillante ». Depuis ce temps, on n'a guère trouvé mieux que le champagne pour évoquer les idées de luxe et de volupté. Un « miracle de la craie » qui perdure grâce à de grandes maisons comme Charles Heidsieck qui, après le coup de cœur obtenu pour son sublime Blanc des millénaires 2006, en décroche deux cette année avec le blanc de blancs et le rosé 2008.

• Innovations à petits pas

Charles Heidsieck se revendique négociant-manipulant depuis le milieu du XIXe s., 1851 précisément et la fondation de la maison par Charles-Camille Heidsieck, petit-neveu de Florens Louis, qui avait créé un siècle plus tôt la « structure mère » de toutes les maisons Heidsieck. Et comme Piper Heidsieck, la marque appartient depuis 2011 au groupe EPI, détenteur de marques haut de gamme. Une maison qui entretient avec ses fournisseurs (250 familles réparties sur environ 800 ha) des rapports de complicité pour mettre en lumière le « style maison ». Mais Charles Heidsieck possède également ses propres vignes, une soixantaine d'hectares. Champ d'expériences et de futures innovations, labellisées HVE, ces vignes admettent de plus en plus des essais de viticulture bio. « Nous avançons. Peut-être à petits pas pour certains, mais avec méthode. Nos observations, pragmatiques, ne s'effectuent pas à grande échelle. La conviction s'acquiert par l'expérience », précise Cyril Brun, le chef de cave maison qui a pris la suite de Thierry Roset, disparu en 2014.

• Suivre la nature pas à pas

Conscient que les certitudes d'hier sont bousculées, ce serait folie que de vouloir apporter des réponses immédiates. « Nous vivons quelque chose de brutal avec le changement climatique. En 25 ans, nous avons changé plus de choses qu'en plusieurs siècles. » L'impatience étant plutôt contre-productive, une démarche s'impose : comprendre, puis convaincre, avant d'agir. « Pas de réponse courte sur des cycles longs. Ce pourrait être suicidaire et il convient, avant tout, de suivre la nature pas à pas. Nous dépendrons toujours de sa bonne ou mauvaise qualité. » Paroles empreintes de sagesse qui rappellent aux amateurs d'effervescences champenoises que la présence des vins de réserve de qualité peut porter secours lors de mauvais millésimes et affirmer ainsi un style maison prisé du consommateur averti. Pour autant, Charles Heidsieck n'écarte pas la perspective de changements. « Nos chardonnays et pinots noirs se répartissent à égalité. Quant au pinot meunier, nous ne le dédaignons pas, au contraire. C'est le cépage qui, qualitativement, a le plus progressé en une vingtaine d'années », souligne Cyril Brun. Charles Heidsieck n'a pas fini d'étonner ses aficionados.

Les coups de cœur

- Champagne rosé 2008
- Champagne Blanc de blancs

Nord
Laon
Rethel
Aisne
Soissons
Aisne
champagne
et coteaux-champenois
Reims
1
2
3
4
5
6
MONTAGNE
DE REIMS
7
8
9
10
11
12
13
14
15
16
17
Dormans
Château-
Thierry
VALLÉE DE
LA MARNE
Épernay
Marne
Charly-sur-Marne
La Ferté-
sous-Jouarre
CÔTE
DES BLANCS
Châlons-en-Champagne
champagne
et coteaux-champenois
Sézanne
Vitry-le-François
Marne
Lac du
Der-Chantecoq
Aube
champagne
et coteaux-
champenois
Nogent-sur-Seine
Romilly-
sur-Seine
Seine
Lac d'Auzon-Temple
Montgueux
Troyes
champagne
et coteaux-champenois
Lac d'Orient
Sens
Seine
Bar-sur-Aube
champagne
et coteaux-champenois
Bar-sur-Seine
CÔTE
DES BAR
Celles-sur-Ource
Les Riceys
rosé-
des-riceys
Yonne
Châtillon-sur-Seine
Auxerre
20 km

CÔTE DES BAR **Sous-région viticole**

AOC champagne grand cru

pour les vins issus de raisins récoltés sur le territoire des communes suivantes :

1 Puisieulx
2 Sillery
3 Beaumont-sur-Vesle
4 Mailly-Champagne
5 Verzenay
6 Verzy
7 Louvois
8 Bouzy
9 Ambonnay
10 Tours-sur-Marne
11 Aÿ
12 Chouilly
13 Oiry
14 Cramant
15 Avize
16 Oger
17 Le Mesnil-sur-Oger

AOC champagne premier cru

Échelle des crus

Le prix du kilo de raisin payé aux viticulteurs, en Champagne, est fixé en fonction de la qualité des grappes, elle-même liée à leur provenance. Il a servi d'étalon pour le classement en crus : les communes viticoles ont été placées sur une échelle variant de 100 à 80 % : 100 % pour les 17 grands crus, 99 à 90 % pour les 1ers crus et 89 à 80 % pour les autres. Les crus champenois ne prennent donc pas en compte la parcelle, comme en Bourgogne, mais la commune. Les mentions « grand cru » et « premier cru » indiquent que les raisins proviennent exclusivement de communes classées respectivement en grand cru ou en premier cru.

Cépages

Le pinot noir est surtout cultivé sur les coteaux de la Montagne de Reims et de l'Aube, le meunier sur ceux de la Marne, tandis que le chardonnay a donné son nom à la Côte des Blancs.

La **Champagne** en un clin d'œil

Production : 2 00 000 hl

Surface : 33 800 ha

Structure du vignoble

Les neuf dixièmes des superficies appartiennent à des viticulteurs, mais le négoce assure près des trois quarts du chiffre d'affaires et plus de 80 % des exportations. On compte 300 maisons de négoce.

Le statut professionnel du producteur

RM, récoltant-manipulant* : vigneron qui élabore ses cuvées à partir du raisin de son domaine uniquement.

NM, négociant-manipulant* : s'approvisionne en raisin dans tout le vignoble, possède aussi des vignes en propre et élabore ses champagnes.

CM, coopérative de manipulation* : s'approvisionne dans tout le vignoble, possède aussi parfois des vignes en propre. Elle élabore le champagne et le commercialise sous sa marque ou le rétrocède au vigneron qui y appose son nom.

RC, récoltant-coopérateur : confie tout ou partie de l'élaboration à une coopérative.

SR, société de récoltants qui s'unissent pour vinifier et commercialiser.

MA, marque d'acheteur : désigne un champagne acheté par une structure qui ne le fabrique pas (restaurant, enseigne de supermarché…).

*« Manipuler » signifie « élaborer ».

Types de vins

Effervescents blancs — **Effervescents rosés** — **Rouges** (coteaux-champenois) — **Blancs secs** (coteaux-champenois) — **Rosés** (coteaux-champenois rosé-des-riceys)

Principaux **cépages**

- Pinot noir (38 %)
- Pinot meunier (31 %)
- Chardonnay (31 %)
- Pinot blanc
- Pinot gris
- Arbane
- petit meslier (très rare)

Hiérarchie des vins

3 AOC

Champagne (dont 17 grands crus et 44 1ers crus)

Coteaux-champenois (rouges et blancs tranquilles)

Rosé-des-riceys (rosés tranquilles)

Un peu d'**histoire**

- **IIIe s. apr. J.-C. :** les Romains plantent la vigne.
- **À partir du Ve s. :** développement du vignoble sous l'impulsion des abbayes comme Hautvillers ou Saint-Thierry. Les vins produits sont des rouges et des blancs tranquilles. Le sacre des rois à Reims fait connaître la production.
- **Fin du XVIIe s. :** les vins, vendus en tonneaux, sont mis en bouteilles à leur arrivée en Angleterre (invention de la bouteille industrielle en 1825 outre-Manche).
- **1728 :** le conseil du roi autorise le transport du vin en bouteilles.
- **1729 :** la première maison de vin de négoce est fondée : Ruinart.
- **1743 :** la maison de vin de négoce Moët est fondée.
- **XIXe s. :** création de la plupart des grandes maisons ; perfectionnement de l'élaboration du champagne et apparition de différents styles de champagnes. Les vins sont vendus aux États-Unis et en Russie.
- **1804 :** Mme Clicquot lance le 1er champagne rosé.
- **1860 :** Mme Pommery lance les champagnes « bruts », à l'encontre du goût majoritaire de l'époque pour les doux.
- **1870 :** 1ers champagnes millésimés.
- **1884 :** Raymond Abelé invente le banc de dégorgement à la glace.
- **1887 :** arrêt réservant aux producteurs de la région le terme de « champagne ».
- **Début XXe s. :** la crise du phylloxéra, puis la Première Guerre ravagent les vignobles.
- **1927 :** protection juridique de l'appellation contre les usurpations et à la délimitation de l'aire de production.

CHAMPAGNE

Production : 2 640 000 hl

ALLOUCHERY-DEGUERNE ★★

1er cru | 1000 | | 15 à 20 €

Domaine familial fondé en 1998 à Chamery, village de la Montagne de Reims tout proche de la Cité des Sacres et classé en 1er cru. Nicolas Allouchery a pris la direction en 2015 de ce vignoble, qui s'étend sur plusieurs communes des environs. La propriété est certifiée HVE. (RM)

Les 3 cépages champenois de la récolte 2018 (60 % de pinot noir, dont 6 % de vin rouge, meunier et chardonnay à 20 % chacun) contribuent à cette cuvée à la robe rose franc animée de bulles fines. Framboise, groseille, fraise des bois, le nez est un panier de petits fruits rouges juste cueillis, nuancés d'une touche florale. Gourmand et onctueux, le palais bénéficie d'une finale acidulée. Apéritif ou salade de fruits ? 2021-2024

ALLOUCHERY-DEGUERNE, 9, rue du Château-Rouge, 51500 Chamery, tél. 06 18 83 29 16, champagne@allouchery-deguerne.com V r.-v.

ALLOUCHERY-PERSEVAL La Réserve ★

1er cru | 7000 | | 20 à 30 €

De souche vigneronne, Émilien Allouchery s'est installé en 2006 après ses études à Avize et à Beaune, suivies d'expériences en Afrique du Sud et en Nouvelle-Zélande. Implanté sur la Montagne de Reims, à Écueil, aux portes de la Cité des Sacres, le domaine familial couvre 8 ha. Certifié HVE, il a engagé sa conversion bio en 2020. (RC)

Ce brut assemble du pinot noir majoritaire (60 %) et du chardonnay, des raisins de la récolte 2015 avec des vins de réserve de l'année précédente. Subtilement floral au nez comme en bouche, il laisse une impression plaisante de légèreté. 2021-2024 **1er cru Blanc de noirs Le Tradition ★ (15 à 20 €; 30000 b.)** Du pinot noir des récoltes 2017 à 2015 pour ce champagne au nez de petits fruits bien mûrs. Consistant, fondu, frais et long, le palais dévoile des arômes d'acacia et de pêche. Parfait pour l'apéritif. 2021-2024

CHAMPAGNE ALLOUCHERY-PERSEVAL, 11, rue de l'Église, 51500 Écueil, tél. 03 26 49 74 61, contact@alloucheryperseval.com V r.-v.

AMYOT Sec ★

| 21300 | | 15 à 20 €

Domaine aubois fondé en 1930. Les premières bouteilles ont été commercialisées par le grand-père en 1936; le fils a agrandi l'exploitation qu'il a transmise en 1997 à la 3e génération. Certifiée HVE, la propriété dispose de 20 ha de vignes réparties sur 4 communes de la Côte des Bar. (RM)

Un rosé original, tant par son assemblage (20 % de pinot blanc en appoint du pinot noir) que par son dosage : il est « sec » (apport de sucres ajoutés après dégorgement compris entre 17 et 32 g/l, ici 18 g). Cet adjectif, qui date de l'époque où nombre de champagnes étaient moelleux, s'applique à un vin suave. Pour rester équilibrées, de telles cuvées doivent avoir du peps, et c'est bien le cas ici. Les petits fruits rouges, au nez comme en bouche, sont frais, et un soupçon d'amertume tonifie la finale. Un rosé de dessert. 2021-2024 **Carte Or ★ (11 à 15 €; 46421 b.)** Floral au nez, expressif, gourmand, puissant, de bonne longueur, un bon blanc de noirs issu du pinot noir. 2021-2024

AMYOT, 32, rue René Quinton, 10110 Loches-sur-Ource, tél. 03 25 29 63 19, champagne.amyot@orange.fr V *t.l.j. sf dim. 9h-12h 14h-18h*

ANGELLIS Tradition ★

| 10000 | | 15 à 20 €

Trélou est situé au cœur de la vallée de la Marne, du côté de Dormans et en amont de Château-Thierry. Pierre-Louis Fleury était déjà vigneron dans ce village au milieu du XIXes. Son descendant Marcel crée la marque Fleury-Gille en 1955. Installé en 2000, Bertran exploite 8 ha aux environs avec sa sœur Christine (cette dernière officie à la cave). Autre étiquette : Angellis. (RM)

Prépondérant dans le secteur, le meunier (80 %) est assemblé au pinot noir pour obtenir cette cuvée, un blanc de noirs. Pain grillé, fruits secs et touches épicées se partagent le nez. Plus fruitée, avec un côté crayeux, équilibrée, de bonne longueur, la bouche déploie des arômes flatteurs d'agrumes puis de fruits rouges. 2021-2024

EARL FLEURY ET FILS, 23, rue Pascal, Courcelles, 02850 Trélou-sur-Marne, tél. 06 25 48 18 91, contact@champagne-fleury-gille.fr V r.-v.

JEAN-ANTOINE ARISTON
Blanc de noirs Ass-Noir 2016 ★★

| 2100 | | 20 à 30 €

Récoltant-manipulant établi dans un minuscule village de la vallée de l'Ardre, à l'ouest de Reims, Bruno Ariston exploite le domaine familial (7,5 ha), épaulé à la cave par son fils Charles-Antoine. (RM)

Il offre le profil pédagogique du blanc de noirs (meunier 70 % et pinot noir) : robe or rose à reflets orangés, nez expansif, s'ouvrant sur la réglisse puis sur un fruité complexe et généreux, entre pêche jaune, abricot sec et cerise, avec une touche toastée, palais gourmand, tout aussi fruité. Une belle fraîcheur ainsi qu'une légère amertume en finale donnent à ce champagne beaucoup d'élégance et de relief. Un beau reflet d'un millésime où les pinots semblent avoir tiré leur épingle du jeu. 2021-2025

SCEV CHAMPAGNE JEAN-ANTOINE ARISTON, 4, rue Haute, 51170 Brouillet, tél. 03 26 97 47 02, contact@champagnearistonja.com V r.-v.

ASPASIE Réserve ★

| 20000 | | 20 à 30 €

À la tête de 12 ha de vignes dans la vallée de l'Ardre, Paul-Vincent Ariston a pris en 2011 la suite de son père Rémi sur l'exploitation, dont les origines remontent à 1794. Il commercialise ses champagnes sous la marque Aspasie, créée en hommage à une aïeule. Certifié HVE, le domaine est en conversion bio. (RM)

Né des 3 cépages champenois (chardonnay 40 %), ce brut expressif et équilibré, au nez intense et frais, bien ouvert sur les agrumes, allie la vivacité des raisins blancs et la rondeur étoffée des pinots, qui lui lèguent aussi une note de petits fruits rouges. ⧗ 2021-2024

CHAMPAGNE ASPASIE, 4, Grande-Rue, 51170 Brouillet, tél. 03 26 97 43 46, contact@champagneaspasie.com V *r.-v.*

♥ VINCENT D'ASTRÉE Équinoxe 2005 ★★★

1er cru | 5000 | | 30 à 50 €

Marque de la coopérative de Pierry, près d'Épernay, fondée en 1956. La cave dispose des 80 ha de ses adhérents qui cultivent leur vignoble dans cette commune ou celle, voisine, de Moussy. (CM)

Le chardonnay à l'origine de ce brut millésimé a séjourné 10 mois en fût de chêne. Il a été vinifié sans fermentation malolactique pour préserver sa fraîcheur. Après un repos de plus de 10 ans en cave, notes beurrées, chocolatées, fruits secs, fruits confits ou au sirop s'élèvent au-dessus du verre, reflets d'un élevage sous bois et d'une heureuse évolution. Ces arômes s'épanouissent en bouche, alliés à une vivacité surprenante qui porte loin la finale, teintée d'une noble amertume. Conjuguant maturité et dynamisme, un champagne de repas. ⧗ 2021-2025

VINCENT D' ASTRÉE, 1, rue Carnot, 51530 Pierry, tél. 03 26 54 66 33, celliers@champagne-vincentdastree.com V *t.l.j. sf dim. 9h-12h30 14h-17h30*

PAUL AUGUSTIN ★

| n.c. | | 15 à 20 €

Repris en 1990 par Éric Ammeux et son épouse Isabelle, ce vignoble familial d'environ 4 ha se partage entre Jonquery, dans un vallon entre Ardre et Marne, et Fontaine-sur-Aÿ, près d'Épernay. Les raisins de Jonquery donnent naissance au champagne Auguste Huiban, ceux de Fontaine-sur-Aÿ à la marque Paul Augustin, lancée en 2005 par Isabelle. Propriété certifiée HVE. (RM)

Ce brut sans année assemble meunier et chardonnay à parts égales. Si son dosage apparaît généreux à certains palais, on apprécie l'intensité et la franchise de son expression fruitée et vanillée, ainsi que la vinosité de sa bouche aux arômes de mangue. ⧗ 2021-2024

CHAMPAGNE PAUL AUGUSTIN, 1, rue de la Barbe-aux-Cannes, 51700 Jonquery, tél. 03 26 58 10 55, info@champagne-maison-huiban.fr V *t.l.j. 9h-11h30 13h30-18h; sam. dim. sur r.-v.*

JEAN BAILLETTE-PRUDHOMME Héritage ★

1er cru | 1500 | | 20 à 30 €

Un domaine familial de 5 ha situé aux portes sud-est de Reims. Depuis la disparition en 2005 de Jean Baillette, son épouse Marie-France et ses filles Laureen et Justine élaborent le champagne. Elles sont attachées au pressoir traditionnel et au remuage manuel. (RM)

Ce chardonnay élevé 12 mois en fût et en foudre de chêne est un must de la propriété. Cette version se présente avec discrétion dans une robe or vert, dévoilant un nez subtilement minéral et floral, plus mûr à l'aération. Intense en bouche, elle mêle un boisé épicé flatteur et des notes miellées. On apprécie aussi son gras, allié à une belle acidité qui lui permettra de bien évoluer. ⧗ 2021-2026 **1er cru Memoris ★ (20 à 30 €; 2500 b.)** Du pinot noir de l'année assemblé à 1/3 de vins tirés d'une réserve perpétuelle. Un blanc de noirs gourmand, frais et harmonieux, de bonne longueur, mêlant au nez notes grillées, briochées et fruits secs, tandis que la bouche laisse percevoir les notes de fruits rouges charnus des raisins noirs. ⧗ 2021-2024

EARL JEAN BAILLETTE ET SES FILLES, 4, rue de la Gare, 51500 Trois-Puits, tél. 06 83 01 62 77, champagnejbp@gmail.com V *r.-v.*

ALAIN BAILLY Prestige ★

| 4955 | | 15 à 20 €

Six générations de viticulteurs. Premières bouteilles vers 1940, création de l'actuel domaine en 1962 par Alain Bailly, installation de Franck en 1993. Avec ses sœurs, ce dernier exploite un vignoble de 13 ha composé de 83 parcelles dans la vallée de l'Ardre, ainsi qu'à Sacy et Villedommange, près de Reims. Son fils Maxime, qui officie en cave, s'apprête à prendre la relève. Propriété certifiée HVE, parcelles de chardonnay en conversion bio. (RM)

Ce brut doit presque tout au chardonnay (90 %) et ressemble beaucoup à un blanc de blancs : robe jaune pâle à reflets verts, nez intense, entre silex, notes végétales, chèvrefeuille, citron et mandarine, bouche fruitée, vive et acidulée, teintée en finale de la note un rien amère du zeste d'agrumes. Le passage partiel sous bois n'est guère perceptible aromatiquement. Parfait pour l'apéritif et les fruits de mer. ⧗ 2021-2024

CHAMPAGNE ALAIN BAILLY, 3, rue du Tambour, 51170 Serzy-et-Prin, tél. 03 26 97 41 58, champagne.bailly@wanadoo.fr V *t.l.j. sf dim. 9h-17h*

CYRILL BANCHET Blanc de blancs ★★

Gd cru | 11493 | | 15 à 20 €

Petit-fils et fils de vignerons, ce récoltant-manipulant conduit le domaine familial depuis 2005. Son domaine est exigu, mais fort bien situé à Chouilly, grand cru du nord de la Côte des Blancs. Il est donc planté pour l'essentiel de chardonnay, les 44 ares de meunier étant vendus au négoce. (RM)

Une robe or brillant à reflets verts animée de trains de bulles fines pour ce chardonnay de noble origine, qui associe la récolte 2017 avec les 3 années antérieures. Complexe, le nez mêle le beurre et la brioche au coing et aux fruits compotés, complétés à l'aération de notes grillées qui s'affirment au palais. Vive en attaque, ronde et persistante, la bouche est dosée avec justesse. Une heureuse maturité qui fera merveille à table. ⧗ 2021-2023

CYRILL BANCHET, 8, rue du Pont, 51530 Chouilly, tél. 06 09 55 62 50, cyril.banchet@sfr.fr V *r.-v.*

CLAUDE BARON Topaze 2010 ★★

| 10000 | | 15 à 20 €

Fondée en 1947 par Albert Baron, reprise en 1972 par 3 de ses fils (Claude, Gilbert et Gervais) puis par ses

3 petites-filles, Claire, Lise et Aline (ces dernières œnologues), la maison de négoce Baron Albert s'appuie sur un important vignoble (55 ha) dans la vallée de la Marne, aux environs de Château-Thierry. Plusieurs marques : Baron Albert, Claude Baron, Régine Baron, Jean de La Fontaine, Eugénie Bezard, Jean Duclerc. Maison certifiée HVE. (NM)

Millésimée, la cuvée Topaze assemble pinot noir et chardonnay majoritaire (60 %). Après un 2009 élu coup de cœur, le 2010 ne démérite pas. Si le nez compoté s'exprime avec discrétion, la bouche séduit par sa puissance, sa fraîcheur et sa persistance. Complexe, elle mêle le beurre, la mirabelle, les épices et le sous-bois. Un champagne dans sa plénitude, à marier avec une viande blanche ou un poisson en sauce. ⧗ 2021-2024 **Régine Baron Blanc de Blancs Pierre de Lune ★ (15 à 20 €; 10 000 b.)** Un chardonnay de la vallée de la Marne. Des bulles fines et foisonnantes dans une robe or pâle, une palette caractéristique des blancs de blancs (agrumes, fleurs blanches, beurre, viennoiserie), une bouche crémeuse en attaque, ample, fraîche et longue où l'on retrouve les agrumes. Jeunesse et élégance. ⧗ 2021-2024

CHAMPAGNE BARON ALBERT, 1, rue des Chaillots, Le Grand-Porteron, 02310 Charly-sur-Marne, tél. 03 23 82 02 65, contact@champagnebaronalbert.fr t.l.j. sf dim. 8h-12h 13h30-17h45; sam. sur r.-v.

SOPHIE BARON Grande Réserve ★★

5000 | 20 à 30 €

La maison Baron-Fuenté est née en 1967 du mariage de Gabriel Baron, vigneron champenois, avec Dolorès Fuenté, originaire d'Andalousie. Elle est gérée depuis 1993 par leurs enfants, Sophie et Ignace, qui s'appuient sur un domaine de 38 ha à l'ouest de Château-Thierry. Plusieurs étiquettes : Baron-Fuenté, Sophie Baron, Monthuys Père et Fils, Consulat-Palace. (NM)

Un rosé de noirs issu des 2 pinots (meunier surtout). Sa robe colorée tend vers le rouge, son nez vineux vers le cassis et la confiture de griottes. Le prélude à un palais ample, charpenté, kirsché et épicé, qui bénéficie d'une longue finale acidulée, teintée de l'amertume du pomelo. Un champagne de caractère qui pourra accompagner un repas. ⧗ 2021-2023 **Baron-Fuenté Tradition ★★ (15 à 20 €; 500 000 b.)** Du meunier majoritaire (70 %), complété par le chardonnay, pour ce brut au nez grillé, floral et fruité (pêche), vif en attaque, ample et persistant. De la finesse. ⧗ 2021-2024

BARON-FUENTÉ, 21, av. Fernand-Drouet, 02310 Charly-sur-Marne, tél. 03 23 82 01 97, accueil@baronfuente.com t.l.j. sf dim. 8h-18h

BAUDIN FILS Tradition ★★

28 000 | 11 à 15 €

Établie à Cormoyeux, minuscule village proche de la vallée de la Marne, en lisière de la forêt de Hautvillers, la famille Baudin travaille la vigne depuis la fin du XVIIIes. Patrice Baudin, investi sur le domaine dès l'âge de 16 ans, a lancé son champagne en 1991 et transmis son exploitation à son fils Pierre qui l'épaulait depuis 2016. (RM)

Complété par le chardonnay et le pinot noir, le meunier (80 %) donne son caractère à ce brut associant la récolte 2017 aux 3 années précédentes. Un champagne or intense, au nez tout en fruits jaunes et à la bouche plus complexe, puissante, équilibrée et longue. ⧗ 2021-2024

EARL BAUDIN FILS, 9, rue des Gouttes-d'Or, 51480 Cormoyeux, tél. 03 26 58 65 01, champagnebaudinfils@orange.fr r.-v.

BAUSER ★

14 800 | 15 à 20 €

Après avoir constitué son vignoble dans les années 1960, René Bauser, ancien salarié viticole, a quitté la coopérative et lancé sa marque en 1970. La famille dispose aujourd'hui de 20 ha. Cépage roi des Riceys, le pinot noir est à l'honneur dans les cuvées du domaine, que ce soit en champagne ou en vins tranquilles (coteaux champenois et rosé-des-riceys). (RM)

Ce rosé de noirs affiche une robe tendre, saumon pâle, et s'ouvre sur des notes délicates de fruits rouges et d'épices. Un champagne séducteur par sa fraîcheur, de l'attaque nette à la finale teintée d'une légère amertume. Finesse, précision et élégance. ⧗ 2021-2024

CHAMPAGNE BAUSER, 36, rue de la Voie-Pouche, 10340 Les Riceys, tél. 03 25 29 37 37, contact@champagne-bauser.com t.l.j. sf dim. 8h-12h 15h-18h

BENOIT BEAUFORT Prestige 2012 ★★

Gd cru | 2000 | 20 à 30 €

Installé en 1995, Benoît Beaufort représente la 6e génération sur l'exploitation familiale. Il conduit 4 ha de vignes fort bien situées à Ambonnay, l'un des villages les plus anciens du flanc sud de la Montagne de Reims, classé en grand cru et réputé pour son pinot noir. (RC)

Belle année et grand cru, pinot noir dominant (60 %) et chardonnay. Dans le verre, un champagne or jaune animé d'une belle effervescence, au nez expansif et complexe, entre agrumes, poire, fruits secs et pâte d'amande, avec des touches pâtissières et grillées. Ces arômes se prolongent dans un palais fondu, harmonieux et persistant, à la fois crémeux et très frais. L'élégance même. ⧗ 2021-2024

CHAMPAGNE BENOÎT BEAUFORT, 40, bd des Bermonts, 51150 Ambonnay, tél. 03 26 57 03 91, beaufort.benoit@wanadoo.fr t.l.j. 9h-18h

♥ BEAUMONT DES CRAYÈRES Grande Réserve ★★

146 220 | 20 à 30 €

Fondée en 1955, la coopérative de Mardeuil vinifie 85 ha de vignes, principalement implantées sur les coteaux proches d'Épernay. Elle apparaît avec régularité dans les sélections du Guide, sous différentes marques : Beaumont des Crayères, Comte Stanislas, Charles Leprince, Jacques Lorent. (CM)

Ce champagne privilégie le meunier (60 %, avec 15 % de pinot noir et 25 % de chardonnay) et assemble les vendanges 2017 aux 2 années précédentes. Généreux de son or, de ses perles abondantes, de ses parfums (fleurs, griotte, léger vanillé), intense, gourmand et persistant, dosé avec justesse, il conjugue rondeur et fraîcheur dans un remarquable équilibre et laisse un long sillage d'agrumes. Harmonie et caractère. ⧗ 2021-2024 ● **Grand Rosé ★ (30 à 50 €; 21130 b.)** Issu des 3 cépages champenois (avec 75 % de noirs), un rosé saumoné-tuilé, au nez de fruits rouges franc et délicat et au palais généreux, riche avec élégance, tout en fraise, griotte et meringue. ⧗ 2021-2024

SCV CHAMPAGNE BEAUMONT DES CRAYÈRES, 64, rue de la Liberté, 51530 Mardeuil, tél. 03 26 55 29 40, contact@champagne-beaumont.com V *t.l.j. sf sam. dim. 8h30-12h 13h30-17h*

Ⓑ ALBERT BEERENS Brut nature ★

●	3000		20 à 30 €

Les origines de ce domaine proche de Bar-sur-Aube remontent à 1862. Anne-Laure Beerens en a pris la tête en 2005 et l'a développé avec Olivier Desfossé. La propriété dispose d'un espace de travail modernisé et d'un vignoble de 7 ha planté de 5 cépages : outre le pinot noir, le meunier et le chardonnay, ainsi que le pinot blanc et le pinot gris. Les vins sont élevés en foudres de chêne et en jarres. Avec Marie-Eve, la 6e génération rejoint l'exploitation. (RM)

Issu de pinot noir majoritaire (90 %), ce blanc de noirs non dosé assemble la vendange 2016 aux 2 années précédentes. Les vins de réserve ont été élevés en foudre. Discrètement floral au nez, plus expressif en bouche, il dévoile des arômes gourmands de pêche et de poire dans une matière étoffée, d'une belle finesse. ⧗ 2021-2024 ● **Cuvée Signature ★ (30 à 50 €; 9000 b.)** Ⓑ Pinot noir (65 %), chardonnay (25 %) et meunier s'allient dans ce brut sans année qui comprend 50 % de vins de réserve élevés en foudre. Ses atouts : un nez élégant, minéral et fruité, et une bouche vive, aux arômes d'aubépine et de fruits blancs. ⧗ 2021-2024

CHAMPAGNE ALBERT BEERENS, 37, rue Blanche, 10200 Arrentières, tél. 03 25 27 11 88, contact@champagnebeerens.com V *t.l.j. 10h-17h*

BELIN Belle de saignée ★

●	n.c.		20 à 30 €

L'exploitation familiale s'est tournée vers la viticulture vers 1960, et la première cave date de 1975. Olivier, œnologue, a repris en 1997 le domaine familial qui couvre 8 ha autour d'Essômes-sur-Marne, en aval de Château-Thierry. Les coteaux environnants sont plantés majoritairement de meunier. Le vigneron presse et vinifie en parcellaire, en séparant les types de sols. Exploitation certifiée HVE. (RM)

À la carte des vins du domaine, 2 rosés, l'un issu d'assemblage, et l'autre, de la macération du seul meunier, en provenance de ceps plantés il y a 60 ans sur une seule parcelle. Intense et coloré, ce rosé de saignée s'ouvre à l'aération sur la rose et le cassis. Les fruits noirs s'allient à la groseille dans une bouche nerveuse en attaque, équilibrée et persistante. Un rosé de repas. ⧗ 2021-2023

SCEV CHAMPAGNE BELIN, 30_A, rue Jean-Moulin, hameau l'Aulnois, 02400 Essômes-sur-Marne, tél. 03 23 70 88 43, info@champagne-belin.fr V *r.-v.*

L. BÉNARD-PITOIS Carte blanche ★

● 1er cru	32652		15 à 20 €

Aux commandes depuis 1991, Laurent Bénard représente la 3e génération sur le domaine familial. Il exploite 11 ha de vignes répartis dans deux grands crus et un 1er cru de la Côte des Blancs et dans trois 1ers crus de la Grande Vallée de la Marne. Il vinifie ses vins de base en petite cuve ou en fût pour réaliser des assemblages précis. (RM)

Carte blanche ? La couleur de l'étiquette de ce brut sans année qui privilégie les noirs (du pinot noir presque exclusivement, avec 20 % de chardonnay). Sa robe jaune doré animée de bulles fines, ses arômes gourmands de fruits jaunes, discrets au nez, plus affirmés en bouche, assortis d'une touche grillée, sa rondeur reflètent la forte présence des pinots. ⧗ 2021-2024

CHAMPAGNE L. BÉNARD-PITOIS, 23, rue Duval, Mareuil-sur-Aÿ, 51160 Aÿ-Champagne, tél. 03 26 52 60 28, benard-pitois@wanadoo.fr V *t.l.j. sf sam. dim. 10h30-12h 14h-17h*

CHAMPAGNE

ALAIN BERGÈRE Réserve ★

●	20000		15 à 20 €

La tradition vigneronne remonte ici au XVIIes. Installé en 1986 à la tête de la structure familiale, Alain Bergère s'appuie sur 13,5 ha de vignes dispersés autour d'Étoges et dans la vallée de la Marne, près de Château-Thierry. (NM)

Chardonnay (60 %), pinot noir et meunier (à parité) composent cette cuvée or pâle partagée au nez entre les fruits blancs, des notes beurrées et réglissées et la cerise héritée des raisins noirs. La bouche reprend ces arômes, dans un registre patiné (la cerise confite, au sirop), rond avec élégance, affiné par une belle fraîcheur qui lui donne de l'allonge. Un brut « sans ostentation » et tout de même charmeur. ⧗ 2021-2024

ALAIN BERGÈRE, 81, Grande-Rue, 51270 Étoges, tél. 03 26 59 35 90, champagne.alain.bergere@wanadoo.fr V *r.-v.*

PIERRE BERTRAND Brut nature 100 % Pinot noir Cuvée Emmanuel Soullié 2013 ★

●	1000		30 à 50 €

Pierre Bertrand crée son vignoble à partir de 1946 et devient récoltant-manipulant. Il a 9 enfants dont beaucoup de garçons, mais c'est sa fille Thérèse qui lui succède en 1982. Bertrand Deparnay, son petit-fils, a pris la relève en 2010. Il exploite 6 ha dans la Grande Vallée de la Marne, autour de Cumières, 1er cru connu pour sa précocité. Domaine en conversion bio. (RM)

En hommage au vigneron qui creusa, sous le règne de Louis-Philippe, la cave obscure dans la craie blanche, une belle cuvée, vieillie sous liège, à l'ancienne. Non dosée – pourtant, un 2013, année tardive, humide. Oui, mais ici, les coteaux sont plein sud. Dans le verre, une robe or rose, typée blanc de noirs. Au nez comme en bouche, du fruit rouge, et aussi de l'agrume confit, du pamplemousse, des notes mentholées. De la matière, de la longueur, avec de l'acidité : la fraîcheur de l'année ? ⧗ 2021-2025

PIERRE BERTRAND, 166, rue Louis-Dupont, 51480 Cumières, tél. 03 26 54 08 24, bertrand.pierre7@wanadoo.fr V r.-v.

BESSERAT DE BELLEFON Blanc de blancs ★★

Gd cru	70 000		30 à 50 €

Originaire de Hautvillers, Edmond Besserat a fondé en 1843 sa maison (devenue en 1920 Besserat de Bellefon) qui, après plusieurs changements de sièges et de propriétaires, appartient à la maison Burtin d'Épernay, aujourd'hui dans l'orbite de Lanson-BCC. Elle dispose d'un vignoble de 25 ha. Nathalie Doucet préside depuis 2020 la société, qui a modernisé son image, en mettant en avant ses initiales évocatrices, BB. Chef de cave, Cédric Thiébault veille au style maison : des champagnes vinifiés sans fermentation malolactique et tirés à petite mousse, avec une moindre quantité de liqueur de tirage pour obtenir des bulles très fines. (NM)

La cuvée des Moines, dans son nouvel habillage. À l'aveugle, le contenu du flacon donne le même plaisir. Des bulles fines et abondantes s'élèvent dans une robe or pâle à reflets d'argent. Subtil, le nez apparaît délicatement floral, zesté, épicé et torréfié (poivre blanc, fève tonka). On retrouve les épices, avec les agrumes et les fruits blancs, dans une bouche ample avec légèreté, tendue par un trait d'acidité saline et marquée en finale par le retour tonique, un rien amer, de l'écorce d'agrumes. ⧗ 2021-2026

BESSERAT DE BELLEFON, 22, rue Maurice-Cerveaux, 51200 Épernay, tél. 03 26 78 52 16, info@besseratdebellefon.com V r.-v.

BIARD-LOYAUX Rosé de saignée ★★

	1 000		15 à 20 €

Créé en 1947 et conduit depuis 2005 par Laurent Biard et sa sœur Dominique, ce domaine de 11 ha est implanté sur la rive droite de la Marne, à une vingtaine de kilomètres en amont de Château-Thierry. (RM)

Le récoltant ajoute à sa gamme un nouveau rosé, né de la macération du pinot noir suivie d'une « saignée » de la cuve. Un champagne saumon foncé, aux parfums puissants « cassis-fraise », à la bouche franche, tonique et longue, dans un registre plus compoté que le nez. La finale est marquée par la petite touche tannique que l'on peut trouver dans les rosés de macération. Parfait à l'apéritif ou sur une soupe de fraises. ⧗ 2021-2024 **Prestige ★ (15 à 20 €; 4 000 b.)** Un assemblage à parts égales de pinots (noir et meunier à 25 % chacun) et de chardonnay, ce dernier élevé en fût. Dans le verre, un brut ample, persistant, soutenu par une belle acidité, aux arômes de fruits jaunes, de beurre, de brioche et de fruits secs. ⧗ 2021-2024

CHAMPAGNE BIARD-LOYAUX, 1, rue du Château, 02850 Passy-sur-Marne, tél. 03 23 70 35 66, jbiard@wanadoo.fr V r.-v.

BERNARD BIJOTAT Blanc de noirs ★★

	5 000		20 à 30 €

Une propriété créée par le grand-père de l'actuel récoltant et développée par son père Bernard, disparu en 2020. Sébastien Bijotat, qui travaillait sur l'exploitation depuis 2003, perpétue le domaine, fort de 10 ha de vignes à l'ouest de Château-Thierry. (RM)

« Mes champagnes cultivent la fraîcheur et le fruité », écrit le vigneron. Nos dégustateurs, à l'aveugle, valident son affirmation, après avoir goûté ce brut issu du meunier et du pinot noir à parts égales (récolte 2016). Le fruit gourmand est bien là, au nez comme en bouche. Un fruit jaune juteux, bien mûr, signature du blanc de noirs, mais avec une fraîcheur élégante. Et du caractère. ⧗ 2021-2024

BERNARD BIJOTAT, 2, Route-Nationale, 02310 Romeny-sur-Marne, tél. 03 23 70 12 51, champagne@bijotat.fr V r.-v.

BILLY BRIFFOTEAUX Grande Réserve ★★

	20 000		15 à 20 €

Installé à La Neuville-aux-Larris, petit village niché dans le vallon du Belval, Jean-Pierre Billy a pris les rênes en 1987 du domaine familial : 4,85 ha sur la rive droite de la Marne. Il élabore ses cuvées à la coopérative de Belval-sous-Châtillon. (RC)

Les 3 cépages champenois (meunier 43 %, chardonnay 42 %, pinot noir 15 %) composent cette cuvée qui comprend 45 % de vins de réserve. Un brut loué pour son expression gourmande, entre fleurs blanches, miel, touches beurrées et fruits jaunes. Les agrumes s'ajoutent à cette palette dans une bouche fraîche, de belle tenue, à la finale acidulée. De la délicatesse. ⧗ 2021-2024

CHAMPAGNE BILLY BRIFFOTEAUX, 26, rue de Paradis, 51480 La Neuville-aux-Larris, tél. 03 26 58 14 49, champagne.billy@orange.fr V r.-v.

CH. DE BLIGNY Grande Réserve ★

	20 000		20 à 30 €

Proche de Bar-sur-Aube, ce domaine de 30 ha est commandé par l'un des rares « châteaux du vin » en Champagne, construit à la fin du XVIIIes. par le marquis de Dampierre, propriétaire d'une verrerie à Bligny. Il appartient depuis 1999 à la famille Rapeneau. (RM)

Une fois de plus apprécié, ce brut mi-blancs mi-noirs (pinot noir) est facile à aimer. Flatteur, il emprunte au chardonnay ses arômes de fleurs blanches, sa subtilité, sa fraîcheur et son élégance. Des raisins noirs, il tire son fruité (la prune et les fruits jaunes qui se dévoilent à l'aération et qui s'épanouissent en bouche) et quelques rondeurs, équilibrées par une acidité bienvenue et par une effervescence délicate. 2021-2024 ⧗ 2021-2024

CHAMPAGNE CH. DE BLIGNY, Ch. de Bligny, 10200 Bligny, tél. 03 25 27 40 11, vl@champagnemartel.com

R. BLIN ET FILS Grande Tradition ★

	n.c.	20 à 30 €

Située dans le massif de Saint-Thierry, au nord-ouest de Reims, cette exploitation de 13 ha, fondée par Robert Blin en 1960, vinifie depuis 1988. Gilles Blin a passé la main à son fils Maxime en 2004. Deux marques : R. Blin et Fils et, depuis 2000, Maxime Blin. En conversion bio. (RM)

Composé pour l'essentiel de chardonnay (pinot noir 10 %), un brut régulier en qualité. Il demande un peu d'aération avant de dévoiler une palette complexe, minérale, briochée et fruitée (citron, pêche et poire). Le fruit prend des tons confits dans une bouche vineuse, à la structure imposante, tonifiée par une finale longue et nette, un rien amère. Plutôt pour le repas. ⧗ 2021-2024

CHAMPAGNE R. BLIN ET FILS, 11, rue du Point-du-Jour, 51140 Trigny, tél. 03 26 03 10 97, contact@blinetfils.com V r.-v.

BOIZEL Extra-brut Grand Vintage 2012 ★★

n.c. | 50 à 75 €

Fondée en 1834, cette maison sparnacienne très régulière en qualité a vu se succéder 6 générations. Évelyne Roques-Boizel, qui la dirigeait depuis 1973 avec son mari Christophe Roques, a passé le relais en 2019 à ses fils Lionel et Florent. Tout en restant familiale, la société a rejoint en 1994 le groupe créé par Philippe Baijot et Bruno Paillard, devenu Lanson-BCC. (NM)

Né des 3 cépages champenois (pinot noir 50 %, chardonnay 40 %, meunier 10 %), cet extra-brut offre une expression aboutie d'un millésime coté. La robe? « Jaune d'or 2012 ! » Le nez? Profond, subtilement biscuité, torréfié (la meringue sortant du four), avec de la minéralité, du fruit blanc et du fruit exotique acidulé. Après une attaque élégante et tonique sur les agrumes confits, le palais monte en puissance pour finir sur des notes de pralin et de cacao. Un champagne généreux avec délicatesse. ⧗ 2021-2024 **Blanc de blancs ★ (30 à 50 €; n.c.)** Issu de grands et 1ers crus de la Côte des Blancs, un chardonnay puissant et évolué, dominé par des arômes empyreumatiques (grillé, fruits secs). Frais et minéral en attaque, puis ample et fruité, un rien amer en finale, il est fort bien construit. ⧗ 2021-2024

CHAMPAGNE BOIZEL, 46, av. de Champagne, 51200 Épernay, tél. 03 26 55 21 51, boizelinfo@boizel.fr V *t.l.j. 10h-18h*

BOLLINGER La Grande Année 2012 ★★

n.c. | + de 100 €

Célèbre maison fondée en 1829 par Joseph Bollinger, négociant originaire du Wurtemberg. Elle est restée familiale, même si, depuis 2008, elle est présidée par une personne extérieure à la famille (Charles-Armand de Belenet en 2017, après Jérôme Philipon). Forte d'un vignoble de 174 ha à dominante de pinot noir (60 %) et d'un atelier de tonnellerie, elle veille au maintien de son style, fondé sur des assemblages savants de vins vinifiés séparément en fût de chêne (de réemploi pour éviter un boisé dominateur) et en cuve de petite capacité. Quant aux vins de réserve, ils sont conservés en magnum sous «petite mousse». Le tirage se fait sous bouchage liège. Entré dans l'entreprise en 2003, Gilles Descôtes a succédé en 2013 à 6 chefs de cave. (NM)

La Grande Année affirme ses qualités et son évolution. Elle marie 65 % de pinot noir et 35 % de chardonnay de 21 crus, dont 2 grands crus de noirs et autant de la Côte des Blancs, et vieillit sous liège. Elle affiche une robe jaune dorée parcourue de bulles très fines et délivre des senteurs élégantes et complexes : beurre et fleurs blanches, accompagnés de nuances plus mûres de miel, de cire d'abeille, d'amande, de touches toastées et mentholées. Le sous-bois et l'eau-de-vie de fruit propres aux vins patinés s'ajoutent à cette palette dans une bouche puissante et persistante, affinée par une belle acidité. Un champagne dans sa plénitude. ⧗ 2021-2025

CHAMPAGNE BOLLINGER, 16, rue Jules-Lobet, 51160 Aÿ-Champagne, tél. 03 26 53 33 66, contact@champagne-bollinger.fr V r.-v.

BONNAIRE
Cramant Vintage Blanc de blancs 2013 ★

Gd cru | 12000 | 30 à 50 €

Comme plus d'un viticulteur champenois, l'arrière-grand-père des vignerons actuels a pris son indépendance vis-à-vis du négoce à la suite de la crise de 1929 et s'est lancé dans la manipulation en 1932. Aujourd'hui, le domaine s'étend sur 25 ha, principalement dans la Côte des Blancs. Il est conduit depuis 2012 par Jean-Emmanuel et Jean-Étienne Bonnaire, fils de Jean-Louis, disparu en 2015. (RM)

Originaire de Cramant, haut lieu du blanc de blancs, il prend la succession du 2012, loué l'an dernier pour sa puissance. Né d'une année tardive et humide en septembre, le 2013 apparaît lui aussi complexe, mêlant notes toastées et mentholées au fruit exotique acidulé. Cette acidité se confirme dans un palais tonique, sur les agrumes frais, qui dévoile aussi du gras. Parfait sur le poisson ou sur un chaource crémeux. ⧗ 2021-2024

CHAMPAGNE BONNAIRE, 120, rue d'Épernay, 51530 Cramant, tél. 03 26 57 50 85, contact@bonnaire.com V r.-v.

BONNET-LECONTE Prestige ★★

7002 | 15 à 20 €

Dans les années 1950, la famille possédait son propre pressoir et quelques ares de vignes. Aujourd'hui, les frères Florian et Enguerran Bonnet, établis sur la rive gauche de la Marne, cultivent 9 ha. En 2019, ils ont changé d'étiquette et lancé la marque Bonnet-Leconte en hommage à leur père Gérard Bonnet. (RM)

Chacun des 3 cépages champenois, assemblés à parts égales, joue sa partition dans ce champagne intense et harmonieux. Le chardonnay, en particulier, imprime son élégance dans un nez ouvert sur le citron un rien confit, puis dans une bouche nette, fraîche et longue, délicatement florale, briochée et grillée. ⧗ 2021-2024 **Cuvée spéciale ★ (15 à 20 €; 19969 b.)** Issu de meunier majoritaire, partiellement vieilli en foudre, un blanc de noirs plutôt floral, consistant, de bonne longueur et bien construit, rond en attaque et frais en finale. ⧗ 2021-2024

CHAMPAGNE BONNET-LECONTE, 3, rue des Grèves-Bouquigny, 51700 Troissy, tél. 06 88 48 94 02, bonnet-leconte@orange.fr V r.-v.

CH. BONNEVIE-BOCART
Extra- brut L'Inédite 2009 ★

1er cru | 1714 | 30 à 50 €

Béatrice Bocart s'est installée en 1992 sur l'exploitation de ses parents avec son époux Éric Bonnevie. Au départ à la retraite de la génération précédente, en 2007, le couple a lancé son étiquette. Leurs 5 ha de

vignes se trouvent autour de Billy-le-Grand (1er cru), sur le versant sud-est de la Montagne de Reims, dans la vallée de la Marne et dans celle de l'Ardre. Certifiée HVE depuis 2015, la propriété est en conversion bio. (RM)

Le chardonnay, très présent dans ce secteur de la Montagne de Reims, compose 80 % de cette cuvée millésimée, complété par le pinot noir. Pour cette année solaire, un faible dosage. Dans le verre, une robe or intense animée d'un cordon de bulles fines, une expression riche et évoluée : fruits jaunes, agrumes confits, notes pâtissières, café torréfié et pain grillé. Le prélude à une bouche puissante et ronde, à l'unisson du nez. Un champagne à son apogée, pour le repas. ⧗ 2021-2023

⊶ CHAMPAGNE BONNEVIE-BOCART, 10, rue du midi, 51400 Billy-Le-Grand, tél. 03 26 67 95 67, champagne-bocart@orange.fr V 🚶 ! *t.l.j. 10h-12h 14h-18h sam.dim. sur r.v.*

FRANCK BONVILLE Blanc de blancs ★

● Gd cru | 67 000 | 🍾 | 30 à 50 €

Vers 1900, Alfred Bonville achète près d'Oger des terres à vignes dévastées par le phylloxéra, puis, avec son fils Franck, une maison, une cave et un pressoir à Avize, en 1936. Gilles modernise la cuverie dans les années 1970. En 1996, le petit-fils de Franck, Olivier, œnologue, s'installe à ses côtés. Il met aujourd'hui en valeur 15 ha dans 3 grands crus de la Côte des Blancs : Avize, Cramant et Oger. Ferdinand Ruelle-Dudel l'a rejoint à la direction administrative et commerciale de la propriété. (RM)

Du chardonnay d'Avize et d'Oger, des récoltes 2018 et 2015. Un nez discret, entre minéralité de la pierre à fusil, fleurs blanches, notes briochées et nougat, une bouche vineuse et équilibrée, tonifiée par une finale fraîche teintée d'agrumes. ⧗ 2021-2024 ● **Gd cru Cuvée Prestige ★ (30 à 50 €; 26 000 b.)** Du chardonnay d'Avize, des vendanges 2016 et 2014. Une expression intense (minéralité, agrumes mûrs, grillé) pour ce champagne puissant et très frais. ⧗ 2021-2025

⊶ CHAMPAGNE FRANCK BONVILLE, 9, rue Pasteur, 51190 Avize, tél. 03 26 57 52 30, contact@champagnebonville.fr V 🚶 ! *r.-v.*

JEAN-PHILIPPE BOSSER 2012 ★★

● 1er cru | 3 000 | 🍾 | 20 à 30 €

Établie à Hautvillers, 1er cru de la Grande Vallée de la Marne célèbre par son abbaye où officia dom Pérignon, la propriété élabore son champagne depuis 1933. Jean-Philippe Bosser a pris dans les années 1970 la suite de 3 générations de vignerons. En 2019, il a transmis le domaine à sa fille Christelle. (RM)

Un brut millésimé issu du pinot noir (60 %) et de chardonnay. On aime son expression riche et gourmande, à la fois mûre et fraîche, grillée, toastée, miellée et meringuée, avec de la poire, des fleurs blanches et, au palais, les notes acidulées de la groseille blanche et du citron. C'est en bouche que ce champagne dévoile sa plus grande qualité : une vivacité préservée qui lui confère de l'énergie et une réelle élégance. ⧗ 2021-2024 ● **1er cru Blanc de blancs ★ (20 à 30 €; 3000 b.)** Des arômes suaves de pâtisserie et d'agrumes confits pour ce chardonnay équilibré, fondu, frais sans rien de mordant. ⧗ 2021-2024

⊶ CHAMPAGNE JEAN-PHILIPPE BOSSER, 36, rue de la Hubarde, 51160 Hautvillers, tél. 03 26 57 23 53, champagne-jp-bosser@orange.fr V ! *t.l.j. sf. mar. 10h-17h*

LE STYLE EMMANUEL BOUCANT
Rosé de saignée 2013 ★

● | 2 500 | 🍾 | 30 à 50 €

Emmanuel Boucant a lancé des étiquettes à son nom. Il gère depuis 2007 le domaine familial agrandi dans les années 1970, qui élabore ses champagnes depuis 1993. Son vignoble (7 ha aujourd'hui) domine l'un des plus jolis méandres de la Marne, en aval de Château-Thierry. En conversion bio. (RM)

Issu de la macération du pinot meunier, il offre bien le profil d'un rosé de saignée : une robe colorée, rose franc, un nez sur la cerise et les fruits noirs, assez poivré, une bouche puissante, structurée et fraîche, aux arômes de cassis et de réglisse. L'étoffe d'un rosé de repas. ⧗ 2021-2023

⊶ CHAMPAGNE BOUCANT-THIÉRY, 10, rte de Crogis, Mont-de-Bonneil, 02400 Bonneil, tél. 06 78 14 31 18, champagne@boucantthiery.fr V 🚶 ! *r.-v.*

BOUCHÉ PÈRE ET FILS Extra-brut Cuvée Saphir ★

● | 10 000 | 30 à 50 €

Créée en 1920, cette maison établie à la porte sud d'Épernay a commercialisé ses premières cuvées en 1945. Elle est dirigée par la 4e génération, représentée par Nicolas Bouché, ingénieur agricole et œnologue. Ce dernier dispose d'un important vignoble de 30 ha, disséminé sur 11 crus différents. Tous les champagnes de la propriété restent au minimum 4 ans en cave. (NM)

Née des plus vieilles vignes de la maison (65 ans), cette cuvée peu dosée assemble les bonnes années, ici 2002 et 2004, et met en avant le chardonnay (75 %, avec 20 % de pinot noir et un soupçon de meunier). Après un repos de 10 ans en cave, elle montre encore une robe pâle et libère des parfums intenses de fleurs blanches et de fruits à noyau. Tout aussi expressive, la bouche est franche et bien équilibrée. ⧗ 2021-2023

⊶ CHAMPAGNE BOUCHÉ PÈRE ET FILS, 10, rue du Général-de-Gaulle, 51530 Pierry, tél. 03 26 54 12 44, info@champagne-bouche.fr V 🚶 ! *t.l.j. sf dim. 8h30-13h 14h-17h; f. sam. en janv.-fév.*

BOULACHIN CHAPUT 2008 ★

● | 1 500 | 🍾 | 15 à 20 €

Depuis 8 générations, des Boulachin et des Chaput cultivent la vigne dans la région de Bar-sur-Aube. Après une carrière militaire, Albert Boulachin, marié à Sylvette Chaput, reprend en 1986 une partie du vignoble familial et lance la marque Boulachin-Chaput 10 ans plus tard. En 2012, après un parcours dans le commerce des vins, Geoffrey, l'un de ses 2 fils, le rejoint à la cave. En 2020, il hérite d'une partie du vignoble familial, soit 3,8 ha. (NM)

Provenant d'une année réputée en Champagne, ce brut millésimé assemble les 3 cépages champenois à parts sensiblement égales. Représentatif du millésime, son nez mêle la noisette, le beurre, le miel, la vanille et les fruits confits. Les fruits blancs et le zeste de citron s'ajoutent à cette palette dans une bouche encore fraîche, qui laisse une impression de légèreté. ⧗ 2021-2024

BOULACHIN-CHAPUT, 21, rue Michelot, 10200 Arrentières, tél. 06 80 70 47 11, contact@champagneboulachin.com V t.l.j. 9h-12h 14h-18h. dim. sur r.v.

OLIVIER ET BERTRAND BOUVRET
La Perle ★

● | 3500 | | 15 à 20 €

Un jeune domaine aubois de 3 ha environ, implanté dans la région de Bar-sur-Seine. 1986, installation d'Olivier Bouvret et premières plantations. 2001, arrivée de son frère Bertrand, suivie de la construction de la cave. Premières vinifications en 2002. (RM)

Majoritaire dans le Barséquanais, le pinot noir (80 %) s'allie au chardonnay dans ce brut associant l'année 2015, solaire, et 2014, plus fraîche. Or très clair, ce champagne s'exprime avec discrétion sur des notes de cire d'abeille et de blé mûr. Ce registre aromatique se confirme dans une bouche miellée et équilibrée. ⧗ 2021-2024

CHAMPAGNE OLIVIER ET BERTRAND BOUVRET, 39, rue de l'Église, 10110 Merrey-sur-Arce, tél. 06 30 60 81 93, champagnebouvret@gmail.com V *r.-v.*

M. BRISMONTIER-HUET ★

● | n.c. | 15 à 20 €

Domaine constitué en 1922 sur la rive droite de la Marne par Edmond Olivier. La marque Veuve Olivier Fils a été lancée en 1955 par sa fille et son petit-fils. C'est aujourd'hui l'arrière-petite-fille du fondateur, Sandrine Charpentier-Olivier, qui met en valeur le coquet vignoble familial (18 ha). Elle exploite aussi la marque M. Brismontier-Huet, issue du vignoble des Brismontier, propriétaires à Trélou-sur-Marne. (MA)

Né de chardonnay et de pinot noir assemblés à parts égales, ce rosé tire d'un apport de 10 % de vin rouge sa teinte saumon tendre et ses arômes délicats de fruits rouges, alliés en bouche à la mirabelle. Le pinot noir lègue son ampleur, son étoffe, le chardonnay sa finesse et sa fraîcheur. Du fruit, de l'élégance et de la longueur. ⧗ 2021-2024 ● **Blanc de blancs ★ (15 à 20 €; n.c.)** Une robe or jaune pour ce chardonnay frais en attaque, puis assez rond et suave, à l'expression beurrée et toastée. Il pourra accompagner une viande blanche. ⧗ 2021-2024

CHAMPAGNE VEUVE OLIVIER ET FILS, 10, rte de Dormans, 02850 Trélou-sur-Marne, tél. 03 23 70 24 01, info@champagne-veuve-olivier.com V *t.l.j. sf sam. dim. 9h-12h 14h-17h sam. sur r.-v.*

JEAN-YVES DE CARLINI Extra-brut ★

● 1er cru | 6000 | | 15 à 20 €

Roger de Carlini commercialise les premiers champagnes en 1955. Jean-Yves s'installe en 1970, lance sa marque en 1984, devient vigneron indépendant en 1995 et passe le relais en 2009 à sa fille Aude Krantz. Le vignoble couvre 6,5 ha autour de Verzenay, grand cru de noirs dans la Montagne de Reims. (RM)

Un assemblage de pinot noir dominant (75 %) et de chardonnay. Discret au nez, plutôt floral, ce champagne faiblement dosé séduit par son attaque vive, ouvrant sur un palais ample, servi par une finale nette et longue. Cette fraîcheur fera merveille à l'apéritif ou avec des entrées marines. ⧗ 2021-2024

CHAMPAGNE JEAN-YVES DE CARLINI, 13, rue de Mailly, 51360 Verzenay, tél. 03 26 49 43 91, champagne.decarlini@orange.fr V *r.-v.*

CLAUDE CAZALS
Extra-brut Blanc de blancs Cuvée vive ★

● Gd cru | 5000 | | 20 à 30 €

Un nom du Midi : Ernest Cazals, le fondateur du domaine, tonnelier de son état, quitta l'Hérault pour venir s'installer en 1897 au Mesnil-sur-Oger. Olivier lui succéda, puis Claude, inventeur du gyropalette. Depuis 1996, c'est sa fille Delphine qui dirige l'exploitation : 9 ha environ, sur la Côte des Blancs. (RC)

Très peu dosé (3 g/l), un chardonnay d'Oger et du Mesnil, construit sur une année fraîche. Or vert, il attire par l'élégance de son nez floral et minéral, qui laisse aussi découvrir des nuances de miel de sapin, de pêche blanche et d'agrumes. Une touche de noisette s'ajoute à cette palette dans une bouche vive dès l'attaque. Cette agréable fraîcheur porte loin les arômes et laisse une impression de finesse. ⧗ 2021-2026

CHAMPAGNE CLAUDE CAZALS, 28, rue du Grand-Mont, 51190 Le Mesnil-sur-Oger, tél. 03 26 57 52 26, contact@champagne-cazals.fr V *r.-v.*

CHARLES DE CAZANOVE Vieille France ★

● | 100000 | | 20 à 30 €

Fondée en 1811 par Charles Gabriel de Cazanove, héritier d'une lignée de maîtres verriers, cette maison de négoce rémoise est restée dans la famille jusqu'au milieu du XXes. Depuis 2004, elle fait partie du groupe Rapeneau. Quant à la marque Vieille France, elle a été acquise par les Rapeneau l'année précédente. (NM)

Les champagnes de cette ancienne marque de la Côte des Blancs sont logés dans des bouteilles inspirées des flacons du XVIIIes. Le brut privilégie le chardonnay (64 %), complété par le pinot noir et le meunier. Finesse des bulles, élégance et complexité de l'expression aromatique (fleurs blanches, agrumes, notes beurrées, briochées et épicées), l'approche est séduisante. Vive en attaque, la bouche dévoile une ampleur soulignée par le dosage. Un brut gourmand et flatteur. ⧗ 2020-2024

CHAMPAGNE CHARLES DE CAZANOVE, 8, pl. de la République, 51100 Reims, tél. 03 26 88 53 86, boutique@decazanove.com V *t.l.j. 10h-13h 14h-19h*

CHANOINE FRÈRES Réserve Privée 2014 ★★

● | n.c. | | 20 à 30 €

Dès 1730, les frères Chanoine creusent leur cave à Épernay. Leur maison, la plus ancienne après Ruinart, a subi une éclipse après la guerre, avant de renaître grâce à son intégration dans le groupe appelé aujourd'hui Lanson-BCC (1991), qui l'a doté d'une vaste cave moderne, hors sol, à Reims. Elle a créé la

CHAMPAGNE

marque Tsarine en souvenir de Catherine II, grande amatrice de champagne. Depuis 2001, Isabelle Tellier officie à la cave. (NM)

Créée en 2013, cette gamme privilégie le pinot noir. Le brut millésimé 2014, année fraîche, comprend 39 % de chardonnay, aux côtés du pinot noir (48 %) et du meunier. Un champagne gourmand et appétant, mêlant au nez miel, abricot, notes briochées et toastées. Dans le même registre, le palais, vif en attaque, montre puissance, rondeur et longueur. Parfait pour une viande blanche ou une volaille. ⧗ 2021-2024 ● **Réserve Privée ★ (20 à 30 €; n.c.)** Le brut de cette gamme met en avant les noirs (80 %, du pinot noir pour l'essentiel). Un champagne subtil et élégant, remarqué tant pour sa présence aromatique (fruits blancs, mirabelle, citron confit) que pour sa bouche à l'unisson du nez, fruitée, gourmande et acidulée, de belle longueur. ⧗ 2021-2024

CHAMPAGNE CHANOINE FRÈRES, allée du Vignoble, 51100 Reims, tél. 03 26 36 61 60, contact@champagnechanoine.com

CHANOIR-FRESNE Blanc de blancs Élégance ★

● | 2500 | | 20 à 30 €

À la suite de générations, Dominique Chanoir exploite depuis 1992 un vignoble de 3 ha autour de Ville-Dommange, joli village dominant la Cité des Sacres, sur les pentes de la Montagne de Reims. Domaine certifié HVE. (RC)

Cette cuvée de chardonnay comprend des vins de réserve issus d'une solera (réserve perpétuelle renouvelée par des soutirages réguliers et par l'apport des vins de l'année) de 20 ans. Elle a vieilli 5 ans sur lattes. Elle s'ouvre avec discrétion sur la fleur blanche, la bergamote, les fruits secs et un léger grillé. Les agrumes s'allient aux fruits blancs et à la brioche dans un palais vif en attaque, à la fois généreux et fringant. «Élégant», conclut un juré. ⧗ 2021-2024 ● **Extra-brut ★ (20 à 30 €; 2500 b.)** Né des 3 cépages champenois (avec une assez forte présence du chardonnay, 45 %), vieilli 4 ans sur lattes et faiblement dosé, un champagne beurré et brioché, bien équilibré entre fraîcheur et rondeur. ⧗ 2021-2024

CHAMPAGNE CHANOIR-FRESNE, 1, rue de la Prévôté, 51390 Ville-Dommange, tél. 06 08 60 95 05, contact@chanoir-fresne.fr V r.-v.

DENIS CHAPUT
Extra-brut Blanc de noirs Noir de jade ★

● | 4000 | | 20 à 30 €

Implanté du côté de Bar-sur-Aube, un domaine familial fondé en 1862. Le premier champagne a été commercialisé en 1934 (sous une autre marque). Aujourd'hui, Xavier et Nicolas Chaput cultivent leurs 26 parcelles en lutte raisonnée et élèvent leurs cuvées 4 à 10 ans. Équipés d'une cuverie moderne régulée par un système de géothermie, ils reçoivent les visiteurs dans une maison templière du XIVᵉs. (RM)

Construit sur la récolte 2014, ce pur pinot noir or rose mêle au nez la mie de pain à des nuances délicates d'acacia et de pêche. La fleur miellée, le fruit et le coulis de fruits s'épanouissent dans une bouche équilibrée entre fraîcheur et rondeur, qui finit sur une touche mentholée. Du caractère et de l'élégance. ⧗ 2021-2025

CHAMPAGNE DENIS CHAPUT, 8, rue de la Souche, 10200 Arrentières, tél. 03 25 27 10 28, contact@champagne-denischaput.com V r.-v.

GUY CHARBAUT
Extra-brut Rosé de saignée 2015 ★

● 1ᵉʳ cru | 4147 | | 30 à 50 €

André Charbaut achète et plante les premières vignes, toujours choyées par son petit-fils, et lance son champagne en 1936. Ses deux fils, dont Guy, agrandissent le domaine, lancent la marque. Avec Xavier, la 3ᵉ génération est arrivée en 1996 sur l'exploitation, dont elle a pris les commandes en 2010. Le vignoble couvre près de 20 ha répartis sur plusieurs communes, majoritairement situées en 1ᵉʳ cru. Maison certifiée HVE. (NM)

En 2015, année solaire, les pinots ont bien mûri. Xavier Charbaut, qui propose un rosé de saignée, issu de la macération du pinot noir, l'a dosé très faiblement (3 g/l). Après un long séjour en cave, cet extra-brut affiche une robe rose foncé aux reflets orangés et livre des arômes élégants de griotte, de framboise et de grenadine, rejoints en bouche par des nuances pâtissières (clafoutis et pâte d'amande). Un rosé gourmand, d'une grande fraîcheur. ⧗ 2021-2024

XAVIER CHARBAUT, 12, rue du Pont, 51160 Mareuil-sur-Aÿ, tél. 03 26 52 60 59, contact@champagne-guy-charbaut.com V *t.l.j. sf dim. lun. 9h-12h 14h-17h* 4

ERIC CHARBONNIER
Blanc de noirs Cuvée Émotion ★

● | 3237 | | 11 à 15 €

Bligny est un village d'une centaine d'habitants niché dans la vallée de l'Ardre. L'exploitation familiale conduite par Éric Charbonnier depuis 2000 est, elle aussi, modeste par sa superficie (moins de 2 ha). Une surface cependant suffisante pour permettre à ce vigneron de lancer son champagne. (RM)

Pinot noir et meunier font jeu égal dans ce blanc de noirs mariant les récoltes 2016 et 2015. Un champagne équilibré et frais, aux arômes exubérants de pêche jaune, d'abricot et de miel. ⧗ 2021-2024 ● **Cuvée Complaisance ★ (15 à 20 €; 1066 b.)** Privilégiant le chardonnay (60 %), complété par le meunier, un brut étoffé, frais et élégant, dosé avec mesure, minéral et aérien au nez (fleurs blanches, beurre frais, note anisée), fruité en bouche (fruits blancs et abricot). ⧗ 2021-2024

ÉRIC CHARBONNIER, 29, rue de la Barbe-aux-Cannes, 51170 Bligny, tél. 03 26 49 77 28, eric.charbonnier0124@orange.fr V r.-v.

CHARPENTIER Zéro Dosage Pinot Meunier ★★

● | 6500 | | 30 à 50 €

Au milieu du XIXᵉs., un ancêtre vigneron, et aubergiste, fournissait en vins (alors sans bulles) les cochers qui hâlaient les péniches sur la Marne. Aux commandes depuis 1988, Jean-Marc Charpentier exporte 30 % de ses champagnes. Il exploite 24 ha aux environs de Château-Thierry. À signaler : la forte présence du chardonnay, rare dans le secteur, dans l'encépagement du vignoble, et la conversion bio du

domaine, cultivé depuis 1989 en biodynamie, sans certification. (NM)

Située à Charly-sur-Marne, une seule parcelle de 1 ha plantée de vieux meunier est à l'origine de ce superbe blanc de noirs, construit sur la difficile année 2017. Ce champagne a connu en partie le bois, et il n'a vu aucun sucre ajouté après le dégorgement (Zéro dosage). Ses atouts : des bulles fines et régulières dans une robe dorée, un nez vineux avec délicatesse, entre fruits mûrs et pain grillé, une bouche à l'unisson, complexe, structurée et fraîche, à la fois puissante et élégante. ⧗ 2021-2024

CHAMPAGNE CHARPENTIER, 11, rte de Paris, 02310 Charly-sur-Marne, tél. 03 23 82 10 72, info@champagne-charpentier.com r.-v.

J. CHARPENTIER Brut nature Origine ★★

	6000	20 à 30 €

En 1874, Léonidas Charpentier, fermier, plante des vignes. Dans les années 1920, Pierre Charpentier fournit le négoce et produit du vin rouge. Les mauvaises années, le tonneau vaut plus cher que le vin. Installé en 1970, son petit-fils Jacky lance sa marque 4 ans plus tard, développe le domaine et les ventes. Il est aujourd'hui épaulé par Jean-Marc, œnologue, également diplômé en droit et en marketing. Le vignoble couvre 15 ha dans la vallée de la Marne. Propriété certifiée HVE. (RM)

Aucun sucre n'a été ajouté après dégorgement (brut nature) à ce champagne qui doit tout aux raisins noirs (pinot noir et meunier à parts presque égales). Un blanc de noirs au nez intensément floral et fruité, bien prolongé par un palais persistant, d'une fraîcheur séduisante, aux arômes de fruits jaunes et d'agrumes. ⧗ 2021-2024 **Tradition ★ (15 à 20 €; 60000 b.)** Un peu discret dans son expression fruitée et minérale, le brut signature de la maison, 100 % meunier, est agréable par sa fraîcheur. ⧗ 2021-2023

CHAMPAGNE J. CHARPENTIER, 88, rue de Reuil, 51700 Villers-sous-Châtillon, tél. 03 26 58 05 78, info@jcharpentier.fr V *t.l.j. sf dim. 9h-12h 14h-17h30*

GUY DE CHASSEY Blanc de noirs ★★

1er cru	3600		15 à 20 €

Sept générations se sont succédé sur cette propriété forte de 9,5 ha dans la Montagne de Reims (à Bouzy et Louvois, en grand cru, et à Tauxières-Mutry, en 1er cru). Aux commandes, Marie-Odile de Chassey et sa fille Ingrid, qui officie en cave. Attachée au pressoir traditionnel et au remuage manuel, cette dernière vinifie sans fermentation malolactique. Domaine certifié HVE. Autre étiquette : Nicolas d'Olivet. (RM)

Construit sur la vendange 2016, ce blanc de noirs 100 % pinot noir de la Montagne de Reims s'ouvre sur des arômes frais et fruités. On respire au-dessus du verre la cerise et la framboise typées pinot, et aussi l'écorce d'orange, avec une touche d'épices. Une attaque vive et élégante ouvre sur un palais structuré, frais et salin, où l'on retrouve le zeste d'agrumes. La finale persistante est marquée par une pointe tonique d'amertume. ⧗ 2021-2024

CHAMPAGNE GUY DE CHASSEY, 1, pl. de la Demi-Lune, Louvois, 51150 Louvois, tél. 03 26 57 04 45, info@champagne-guy-de-chassey.com V r.-v.

FRANÇOIS CHAUMONT Blanc de blancs 2016 ★★

Gd cru	2000		20 à 30 €

En 1994, François Chaumont reprend un vignoble familial de 5 ha à Puisieulx, grand cru de la Montagne de Reims. Le savoir-faire et les installations de son épouse Marie-Hélène Littière, vigneronne à Œuilly (Champagne Michel Littière), lui permettent de quitter la coopérative en 2008. Domaine certifié HVE. (RM)

Sur les basses pentes de la Montagne de Reims, Puisieulx, au sud-est de la Cité des Sacres, a conservé à peine plus de 18 ha de vignes. Le chardonnay occupe environ 1/3 des superficies et François Chaumont en cultive 2 ha. Dans une année compliquée, il a élaboré un blanc de blancs puissant et élégant, au nez complexe, plutôt empyreumatique (pain grillé, café torréfié, foin), et au palais gras, acidulé et persistant. ⧗ 2021-2023

CHAMPAGNE FRANÇOIS CHAUMONT, rue des Murs-Chenots, 51480 Œuilly, tél. 06 17 96 20 33, contact@champagne-francois-chaumont.fr V r.-v.

CHAUMUZART-GÉ Blanc de blancs ★

	1000		15 à 20 €

Créée en 1984, cette exploitation familiale d'un peu plus de 2 ha est établie à Cuchery, village proche de la vallée de la Marne. Damien Chaumuzart et son frère ont rejoint en 2007 leurs parents et s'apprêtent à prendre leur succession. (RC)

Un blanc de blancs né de la récolte 2014. Sa robe or pâle, couronnée d'une mousse abondante, son nez acidulé et vivifiant, entre pomme verte et citron, sa bouche nerveuse en attaque, fondue et fraîche, aux arômes d'aubépine, de pêche blanche et d'agrumes, reflètent le cépage. ⧗ 2021-2024

CHAUMUZART, 11, rte de Menicourt, 51480 Cuchery, tél. 06 75 22 36 11, champagne.chaumuzart-ge@orange.fr V r.-v.

A. CHAUVET Cachet rouge 2009 ★

Gd cru	3000		30 à 50 €

Créée en 1848 par un tonnelier et dirigée par la famille Paillard-Chauvet, apparentée au fondateur, cette maison établie à l'est d'Épernay dispose de 8,7 ha de vignes réparties dans 4 grands crus (Verzy Verzenay, Bouzy, Ambonnay) et un 1er cru (Bisseuil) de la Montagne de Reims.Du pinot noir et du chardonnay exclusivement. (NM)

Issus des grands crus familiaux, ce brut millésimé favorise évidemment le pinot noir (80 %, avec du chardonnay en appoint), cépage roi de la Montagne de Reims et gagnant de ce millésime solaire. Or soutenu, il mêle au nez notes beurrées, poire compotée et fruits macérés. Le côté beurré et toasté prédomine en bouche, où l'équilibre penche vers la rondeur. Un champagne gourmand. ⧗ 2021-2024 **1er cru Carte blanche ★ (15 à 20 €; 12000 b.)** Né d'un assemblage de pinot noir (60 %) et de chardonnay, un brut sans année équilibré et flatteur, à l'expression florale, fruitée et miellée. ⧗ 2021-2024

CHAMPAGNE A. CHAUVET, 41, av. de Champagne, 51150 Tours-sur-Marne, tél. 03 26 58 92 37, contact@champagnechauvet.fr V r.-v.

CHAMPAGNE

MARC CHAUVET Initiales 2012 ★

5000 | 20 à 30 €

Une famille enracinée depuis le XVIe s. à Rilly-la-Montagne, au sud de Reims. Aujourd'hui, Nicolas (à la vigne) et sa sœur Clotilde, œnologue (à la cave), installés en 1996, cultivent 13 ha de vignes, perpétuant le domaine créé en 1964 par leur père Marc. Leurs vins sont vinifiés sans fermentation malolactique. Exploitation certifiée HVE. (RM)

Une première impression engageante pour ce brut millésimé d'une année cotée, né de pinot noir majoritaire (70 %) et de chardonnay : une effervescence généreuse anime sa robe or pâle et ses parfums de mimosa et de fruits jaunes sont d'une grande délicatesse. L'amande s'ajoute à cette palette dans une bouche qui a gardé une belle fraîcheur. ⧗ 2021-2024

CHAMPAGNE MARC CHAUVET, 3, rue de la Liberté, 51500 Rilly-la-Montagne, tél. 03 26 03 42 71, champagnemarcchauvet@gmail.com r.-v.

HENRI CHAUVET Réserve ★

n.c. | 15 à 20 €

Le fondateur du domaine, Henri Chauvet, était un viticulteur et pépiniériste qui cultivait vers 1900 les plants greffés nécessaires à la reconstitution du vignoble dévasté par le phylloxéra. Depuis 1987, Damien, son arrière-petit-fils, exploite avec Mathilde 8 ha dans la Montagne de Reims. Propriété certifiée HVE. (RM)

« Élégance », le mot revient sur les fiches de dégustation pour résumer ce brut sans année mariant à parts égales chardonnay et pinot noir. Bien ouvert et frais, le nez associe agrumes, pêche blanche, fruits secs, touches épicées et mentholées. Souple en attaque, puis d'une belle vivacité, le palais bénéficie d'un dosage subtil et d'une finale acidulée, marquée par l'amertume tonique du zeste d'agrumes. ⧗ 2021-2024

CHAMPAGNE HENRI CHAUVET, 6, rue de la Liberté, 51500 Rilly-la-Montagne, tél. 03 26 03 42 69, contact@champagne-chauvet.com r.-v.

ÉTIENNE CHÉRÉ ★

6000 | 15 à 20 €

Au sud-ouest de la Côte des Blancs, la vigne, qui formait jusque-là un ruban continu, s'éparpille en petits îlots. C'est dans cette zone, sur les coteaux du Petit Morin et aux environs des marais de Saint-Gond, que Damien Chéré exploite depuis 2003 le domaine de 6 ha créé en 1975 par la génération précédente. (RM)

Une macération suivie d'une saignée de pinot noir vendangé en 2018 a permis d'obtenir ce rosé au nez puissant et vineux, sur les fruits rouges compotés, et au palais ample et chaleureux, de belle longueur. ⧗ 2021-2024

CHAMPAGNE ÉTIENNE CHÉRÉ, 1, rue des Vignes-Basses, 51270 Courjeonnet, tél. 06 14 15 24 84, champagnechere@yahoo.fr r.-v.

J. CLÉMENT Cuvée spéciale 2013 ★★

2000 | 20 à 30 €

Premières vignes en 1920, premières bouteilles en 1954. James Clément porte la surface du domaine de 4 à 9 ha et lance une étiquette à son nom. Il transmet en 2004 à son fils Fabien la propriété, implantée pour l'essentiel dans la vallée de la Marne. (RM)

Mi-blancs, mi-noirs (pinot noir et meunier à parts égales), ce brut millésimé se montre frais, floral et fruité au nez. En bouche, il allie l'ampleur et la corpulence des raisins noirs à la fraîcheur acidulée des blancs, qui donne finesse et précision. Sa palette aromatique marie elle aussi les fruits rouges un peu macérés des pinots à des notes plus fraîches de pomme et d'agrumes. Un champagne structuré qui laisse une impression de jeunesse et de légèreté. ⧗ 2021-2025 **Prestige ★ (15 à 20 €; 15000 b.)** Issu de chardonnay majoritaire (70 %) et de pinot noir, un brut accessible et harmonieux, au nez intense et frais, sur le beurre et les agrumes, et au palais fruité, tonique et persistant. ⧗ 2021-2024

CHAMPAGNE J. CLÉMENT, 16, rue des Vignes, 51480 Reuil, tél. 06 10 46 76 59, contact@champagne-clement.fr r.-v.

BENOÎT COCTEAUX Brut nature Blanc de blancs L'Origine ★

5000 | 20 à 30 €

Héritiers l'un comme l'autre de lignées vigneronnes remontant à 1650, Hélène et Benoît Cocteaux sont établis à Montgenost, sur les coteaux sud du Sézannais, où Benoît a pris la suite de son père en 1992. Leur vignoble de 10 ha comprend de nombreuses parcelles, non seulement dans ce secteur, mais aussi dans la Côte des Blancs (Cramant, Chouilly), la vallée de la Marne et l'Aube. Propriété certifiée HVE. (RM)

Cette cuvée met en œuvre des chardonnays du berceau familial, qui plongent leurs racines dans la craie du Sézannais. Quatre années de récoltes, et l'expression du cépage sans artifice, puisque aucun sucre n'est ajouté après le dégorgement. Discret et délicat, le nez associe la mirabelle, le raisin sec, le fruit confit et la pomme mûre. Le fruit jaune confit se confirme dans une bouche fine et fraîche. ⧗ 2021-2024

CHAMPAGNE BENOÎT COCTEAUX, 11, rue du Château, 51260 Montgenost, tél. 03 26 81 80 30, contact@champagnebenoitcocteaux.com r.-v.

LAURENT COLLET 100 % Chardonnay Cuvée Laurent Collet ★

15000 | 15 à 20 €

Un arrière-grand-père, charron-forgeron à Vertus, a fabriqué les roues du véhicule tiré par 24 bœufs chargé de convoyer le fût géant de Mercier à l'exposition universelle de 1889. L'autre fierté de la famille, c'est le domaine de 11 ha constitué à partir de 1945 dans le Sézannais par 3 générations. Certifié HVE, il est géré depuis 2008 par Christophe et Florence Richomme, rejoints par Laurent Collet, le beau-frère. Deux étiquettes : Laurent Collet et G. Richomme. (SR)

Une cuvée qui doit tout au cépage majoritaire du Sézannais, des récoltes 2016 et 2015. Le nez mêle beurre, miel, fruits confits, foin séché et notes grillées. Une palette qui annonce la texture onctueuse du palais. Une attaque vive et un dosage discret (à la limite de l'extra-brut) assurent l'équilibre de ce blanc de blancs, qui s'accordera avec une viande blanche. ⧗ 2021-2024

CHAMPAGNE G. RICHOMME, 6, rue de la Brèche, 51120 Barbonne-Fayel, tél. 03 26 80 20 33, champagne.richomme@orange.fr V r.-v.

DOM. RENÉ COLLET Fons Dionisii 2014 ★

●	3200		30 à 50 €

Au début du XXᵉs., les Collet vendent leurs raisins au négoce. René Collet, coopérateur, lance son champagne en 1973. Ses 3 fils, Thomas, Vincent et Florent, s'installent entre 2001 et 2011, et décident d'élaborer leurs cuvées. Ils disposent de 6 ha de vignes dans le Sézannais. (RM)

Le nom latin du village de Fontaine-Denis, dans le Sézannais, pour la première cuvée millésimée élaborée par le domaine. Cet extra-brut privilégie le chardonnay (80 %, le pinot noir en appoint), cépage majoritaire dans le secteur. Ces raisins blancs lèguent leurs arômes de beurre, de citron confit, de vanille et une vivacité qui vient ciseler et étirer une bouche ample et structurée. Les pinots apportent leur étoffe et viennent poser une touche de fruits rouges sur une palette complexe et fraîche. ⧗ 2021-2025

DOM. COLLET-CHAMPAGNE, 6, ruelle de Louche, 51120 Fontaine-Denis, tél. 03 26 80 22 48, info@domaine-collet-champagne.fr V r.-v.

COMTE DE CHEURLIN
Brut nature Blanc de noirs ★★

●	6700		50 à 75 €

Descendant d'une lignée de vignerons aubois remontant au XVIIIᵉs. et fort d'un vignoble d'environ 20 ha implanté sur les coteaux de l'Ource, près de Bar-sur-Seine, Thomas Cheurlin, aux commandes depuis 2000, a créé en 2012 une maison de négoce. Sa propriété est certifiée HVE. Deux étiquettes : Cheurlin-Dangin et Comte de Cheurlin. (NM)

Du pinot noir issu d'une parcelle de vieilles vignes, élaboré sans ajout de sucres après dégorgement (brut nature). Complexe et subtil, de belle longueur, il conjugue l'ampleur d'un blanc de noirs avec la vivacité d'un vin non dosé. Un champagne de caractère qui accompagnera un repas. ⧗ 2021-2024 ● **Cheurlin-Dangin Cuvée Spéciale ★ (15 à 20 €; 41000 b.)** Mi-pinot noir, mi-chardonnay, un brut minéral, citronné et grillé au nez, riche et gourmand en bouche, aux arômes de citron confit et de pain grillé, marqué en finale par une touche d'amertume. ⧗ 2021-2024

SARL LE SUCHOT, 5, rue des Jardins, 10110 Celles-sur-Ource, tél. 03 25 38 50 26, contact@cheurlin-dangin.fr V *t.l.j. sf dim. 9h-12h 14h-17h30; f. 9-15 août*

CONSULAT-PALACE Cuvée Prestige ★

●	300000		15 à 20 €

La maison Baron-Fuenté est née en 1967 du mariage de Gabriel Baron, vigneron champenois, avec Dolorès Fuenté, originaire d'Andalousie. Elle est gérée depuis 1993 par leurs enfants, Sophie et Ignace, qui s'appuient sur un domaine de 38 ha à l'ouest de Château-Thierry. Plusieurs étiquettes : Baron-Fuenté, Sophie Baron, Monthuys Père et Fils, Consulat-Palace. (NM)

Marque créée par la maison Baron-Fuenté en 2010. La cuvée Prestige assemble le meunier (60 %) et le chardonnay. Le premier laisse sa marque dans les reflets rosés de la robe comme dans la palette aromatique (framboise, cassis, pêche de vigne). Minérale et fraîche, la bouche est marquée en finale par un soupçon d'amertume. ⧗ 2021-2024

BARON-FUENTÉ, 21, av. Fernand-Drouet, 02310 Charly-sur-Marne, tél. 03 23 82 01 97, accueil@baronfuente.com V *t.l.j. sf dim. 8h-18h*

COPIN-CAUTEL Tradition ★★

●	5000		15 à 20 €

Philippe Copin a pris en 1996 la suite de 3 générations et lancé son champagne en 2010 en associant à son patronyme le nom de jeune fille de son épouse selon la tradition champenoise. Établi dans la vallée de la Marne, il exploite un vignoble de 4 ha, qui comprend quelques parcelles dans la Côte des Blancs, ainsi qu'à Mareuil et à Aÿ. Domaine certifié HVE. (RC)

Après un millésimé fort remarqué l'an dernier, voici un brut sans année composé des 3 cépages champenois, chardonnay et meunier faisant jeu égal (40 % environ). Un champagne intense, harmonieux, frais et long, qui plaît aussi par son expression fruitée : pêche, fruits jaunes et fruits exotiques. Parfait pour l'apéritif. ⧗ 2021-2024

CHAMPAGNE COPIN-CAUTEL, 21, rue Bailly, 51700 Vandières, tél. 06 85 74 53 58, champagne.copincautel@orange.fr V r.-v.

CHARLES COQUET Dandy ★

● Gd cru	5000		30 à 50 €

Né en 1883, Charles Coquet, viticulteur dans la montagne de Reims, lança son champagne dans les années 1920. Son arrière-petit-fils Patrick Renaux, fort de son expérience de 20 ans dans le domaine de sa belle-famille à Ambonnay, a décidé de faire revivre cette marque un siècle après sa création. Il s'appuie sur le vignoble de ses ascendants et sur celui de sa belle-famille, (bien) situés dans 3 grands crus : Louvois, Bouzy et Ambonnay (RM)

Pinot noir (52 %) et chardonnay sont presque à parité dans cette cuvée. D'abord discret, le nez s'ouvre à l'aération sur la fleur blanche et le miel. Des notes briochées et fruitées marquent le palais qui conjugue la puissance des raisins noirs et la finesse des blancs. Un champagne équilibré, de belle longueur. ⧗ 2021-2025

CHARLES COQUET, 3, rue de Crilly, 51150 Ambonnay, tél. 03 26 57 07 87, contact@champagne-charlescoquet.com V *t.l.j. sf sam. dim. 9h-12h 13h30-17h*

CORDEUIL PÈRE ET FILLE Cuvée Bio 2015 ★

●	3500		20 à 30 €

Domaine aubois fondé en 1950 dans la Côte des Bar. La première génération plante les vignes et élabore ses champagnes à partir de 1971. Gilbert Cordeuil s'installe peu après, prenant la tête de l'exploitation en 1985. En 2017, il transmet à sa fille l'exploitation familiale. L'ensemble du domaine (5 ha aujourd'hui) est certifié bio depuis 2019. (RM)

Le premier champagne bio de la propriété. Un pinot noir d'un millésime solaire. Les reflets orangés de la robe sont typés blancs de noirs. Au nez, une touche de cuir marque une certaine évolution. Le fruit mûr et confit du pinot s'affirme en bouche, nuancé de vanille et de noisette. Soutenu par une belle acidité, plutôt long, marqué en finale par une pointe d'amertume, ce champagne montre de la personnalité. ⧗ 2021-2024

CHAMPAGNE CORDEUIL PÈRE ET FILLE, 2, rue de Fontette, 10360 Noé-Les-Mallets, tél. 07 86 56 38 17, contact@champagnecordeuil-perefille.com V r.-v.

COTTET-DUBREUIL
Clair de siècle Vintage 2009 ★★

●	3660		20 à 30 €

Parisien passionné de botanique, Alain Cottet tombe amoureux de la vallée de la Seine et de Claudie Dubreuil, issue d'une vieille famille de viticulteurs de Courteron (Côte des Bar). Premières acquisitions et plantations dans les années 1980, fondation de la maison en 1985. En 2016, Claire, la fille du couple, a pris les rênes de la société, forte de 6 ha de vignes et certifiée HVE. (NM)

Pinot noir et chardonnay (55 %, dont 1/3 vinifié en fût) font presque jeu égal dans ce brut millésimé. Une robe jaune doré couronnée de fines bulles ; un nez associant légère minéralité, notes pâtissières et fruits mûrs (citron, pomme et coing), qui prend à l'aération des tons confits, une bouche ronde, onctueuse, beurrée, fruitée et miellée, servie par une finale fraîche et longue sur la mandarine et le pain grillé : le reflet harmonieux d'un millésime solaire. ⧗ 2021-2024

CHAMPAGNE COTTET-DUBREUIL, 49, Grande rue, 10250 Courteron, tél. 03 25 38 23 24, contact@cottet-dubreuil.com V r.-v.

FABRICE COURTILLIER Prestige ★

●	2500	15 à 20 €

Fils et petit-fils de coopérateurs, Fabrice Courtillier, installé en 1997, a investi dans un pressoir pour devenir récoltant-manipulant. Il exploite 6,5 ha de vignes au nord-est de Bar-sur-Aube. (RM)

Son expression délicate (acacia, pomme, poire) au nez comme en bouche, sa fraîcheur fruitée, sa finale saline, tonique et citronnée, traduisent la forte proportion de chardonnay (70 %, avec un appoint de pinot noir) dans cette cuvée. Idéale pour l'apéritif, le poisson et les viandes blanches. ⧗ 2021-2024 ● **Pur Blanc ★ (15 à 20 € ; 1500 b.)** Un chardonnay très remarqué l'an dernier. Pour cette version, un assemblage de la vendange 2019 avec les 2 récoltes précédentes. On y retrouve ampleur, structure et générosité. ⧗ 2021-2024

CHAMPAGNE FABRICE COURTILLIER, chem. des Écrières, 10200 Colombé-la-Fosse, tél. 06 09 97 07 99, lux.courtillier@orange.fr V r.-v.

COUSTHEUR-BONNARD Blanc de blancs ★

●	5000		20 à 30 €

Quatre générations se sont succédé sur cette exploitation située au pied du mont de Berru, à 10 km à l'est de Reims. Constitué en 1960, et planté à 85 % de chardonnay, le domaine viticole compte 3 ha. Il est conduit depuis 2015 par Adrien Cousheur, qui confie sa récolte à la coopérative de Nogent l'Abbesse. (RC)

Un assemblage de la récolte 2016 avec les 2 années précédentes. Le champagne vieillit au moins 3 ans en cave. Son nez élégant de brioche, de fruits jaunes et d'agrumes, prend des tons compotés traduisant une certaine évolution. Des notes de fruits secs, des touches minérales et épicées s'ajoutent en bouche à cette palette. Un blanc de blancs patiné mais encore très frais, harmonieux, de bonne longueur. ⧗ 2021-2024

CHAMPAGNE COUSTHEUR-BONNARD, 337, rue Derrière-l'Abbaye, 51420 Nogent-l'Abbesse, tél. 06 83 88 78 44, champagnecoustheur.bonnard@hotmail.com V r.-v.

A. D. COUTELAS Cuvée Louis Victor ★★

●	30000		20 à 30 €

Héritier d'une lignée vigneronne remontant à 1809, Damien Coutelas représente la 8e génération. Installé en 2005, il exploite 7 ha dans la vallée de la Marne et a pris le statut de négociant. Selon la tradition familiale, il vinifie ses vins en foudre, sans fermentation malolactique. (NM)

Pinot noir, meunier et chardonnay sont assemblés par tiers pour obtenir un champagne au nez intense et flatteur, bien ouvert sur les fruits mûrs, avec une touche de cerise. Souple en attaque, le palais dévoile une fraîcheur acidulée qui étire la finale. On y trouve une certaine mâche et une amertume tonique. ⧗ 2021-2024

CHAMPAGNE A.D. COUTELAS, 557, av. du Gal-Leclerc, 51530 Dizy, tél. 06 89 42 23 76, contact@champagne-adcoutelas.com V r.-v.

DAVID COUTELAS
Extra-brut Cuvée César 2014 ★★

●	5000		30 à 50 €

Héritiers d'une lignée de viticulteurs remontant à 1813, Séverine et David Coutelas ont pris les rênes en 1997 de l'exploitation familiale : 7,4 ha sur les coteaux bordant la rive droite de la Marne. Le vigneron est attaché aux pratiques de ses ancêtres, notamment aux vinifications en fût – sans fermentation malolactique, pour préserver la vivacité de ses cuvées. (RM)

Hommage à l'arrière-grand-père, ce champagne millésimé et peu dosé est un must du domaine. Il naît de 2/3 de chardonnay pour 1/3 de pinot noir et séjourne en fût. Complexe et flatteur, le nez mêle tilleul, fleur d'oranger, abricot sec, brioche, amande grillée et vanille. Dans le même registre aromatique, la bouche structurée brille par sa finesse, sa fraîcheur et sa longueur. Le boisé est perceptible mais bien fondu. Un heureux mariage du chêne et du raisin. ⧗ 2021-2026

CHAMPAGNE DAVID COUTELAS, 8, rue du Parc, 51700 Villers-sous-Châtillon, tél. 06 07 57 69 23, david.coutelas@wanadoo.fr V r.-v.

COUVREUR PHILIPPART ET FILS Les Laytis ★

●	2817		20 à 30 €

Situé au pied de la Montagne de Reims, Rilly-la-Montagne est un ancien village classé en 1er cru, proche de la cité des Sacres. Jacques et Élisabeth

Couvreur-Phillipart y ont fondé en 1974 leur domaine et l'ont transmis en 1990 à leur fils Emmanuel ; le vignoble compte 8 ha. (RM)

Provenant d'une seule parcelle de 49 ares de vignes presque centenaires, vendangée en 2019, ce rosé est issu d'une courte macération (12 h) du pinot noir. Si la robe est foncée, grenadine, le nez est léger, subtil et élégant. Le fruit rouge s'affirme en bouche sur des notes de groseille, de framboise et de fraise écrasée. De la couleur et de la finesse. ⧗ 2021-2024

EMMANUEL COUVREUR, 12, rue de Reims, 51500 Rilly-la-Montagne, tél. 03 26 03 40 05, couvreur.philippart@orange.fr V r.-v.

CRÉTÉ-CHAMBERLIN
Extra-brut Chardonnay Les Mazaux 2014 ★★

1er cru	2000		30 à 50 €

Un ancêtre cultivateur en 1683, premiers champagnes dès 1887. Installé un siècle plus tard, Mathieu Crété et sa sœur Blandine (15e génération) ont relancé la première marque de la famille, Crété-Chamberlin. Avec 8 ha de vignes disséminées dans 11 villages (Côte des Blancs, vallée de la Marne, coteaux sud d'Épernay), le domaine, qui vinifie par commune et lieu-dit, dispose d'une palette variée de terroirs. (RM)

Dans la partie sud de la Côte des Blancs se niche Villeneuve-Renneville, classé en 1er cru. Dans ce petit village, une parcelle de 40 ares de chardonnay, vendangée en année fraîche. La vinification a été menée de façon à exalter la vivacité : absence de fermentation malolactique, faible dosage. Dans le verre, un blanc de blancs tonique et soyeux, minéral et long, dont on salue la palette complexe, mêlant agrumes, brioche, fruits jaunes et notes toastées. ⧗ 2021-2025

DOMINIQUE CRÉTÉ ET FILS, 99, rue des Prieurés, 51530 Moussy, tél. 03 26 54 52 10, contact@cretechamberlin.com V *t.l.j. sf dim. 9h-12h 14h-18h dim. sur r.-v.*

G.X. CROCHET Rosé de saignée Extrait de noirs ★

	1280		20 à 30 €

De vieille souche vigneronne, Xavier Crochet rencontre Gaëlle en 2003 au cours de leurs études. Le couple travaille d'abord sur le domaine familial du premier avant de fonder en 2014 sa propre exploitation. Les 8,9 ha du vignoble sont dispersés dans de nombreux secteurs de la Champagne : coteaux du Petit Morin, Côte des Blancs, Sézannais, vallée de la Marne. Xavier, œnologue, élabore les cuvées. (RM)

Un rosé né d'une parcelle de vieux meunier nichée dans l'îlot viticole de Bergères-sous-Montmirail, dans la vallée du Petit Morin. Issu de macération de raisins noirs, c'est un rosé de saignée typique : robe foncée, tirant sur le rouge, expression intensément fruitée – au nez comme en bouche, un panier de petites baies rouges et noires – , bouche ample et dense, affinée par une fraîcheur tonique qui donne de l'allonge. ⧗ 2021-2023 **Harmonie 3.8 ★ (15 à 20 € ; 11 256 b.)** Le meunier majoritaire (66 %), associé au chardonnay, lui lègue sa rondeur, renforcée par un dosage sensible, et son fruité vraiment flatteur, entre petits fruits des bois et fruits jaunes suaves, comme la mirabelle. ⧗ 2021-2024

CHAMPAGNE G.X. CROCHET, 10, rue du Château, L'Echelle le Franc, 51210 Montmirail, tél. 03 26 81 32 38, contact@champagnegxcrochet.fr V *r.-v.*

F. CUCHET-CEZ Vieilles Vignes Adonis 2008 ★★

	1500		20 à 30 €

Héritier d'une lignée vigneronne remontant au XVIIe s., François Cuchet s'est installé en 1977 et a été rejoint par sa fille Adeline. Il se passionne pour la géologie, la viticulture et les techniques, se livrant à de nombreux essais. Implanté sur la rive gauche de la Marne, non loin de Boursault et de son château, son vignoble couvre 5 ha. Propriété certifiée HVE. (RC)

Adonis ? Le nom d'un arrière-grand-père. Pour élaborer cette cuvée, de vieilles vignes de 50 ans : du pinot noir, du meunier et du chardonnay assemblés par tiers. Le millésime, coté, est de bon augure, et la dégustation ne déçoit pas : robe jaune doré, bulle fine, nez délicat, bien ouvert sur la griotte compotée, le miel et la vanille, attaque ronde mettant en valeur des arômes de poire confite et de fruits jaunes, finale fraîche et longue aux accents d'agrumes. ⧗ 2021-2024

FRANÇOIS CUCHET-CEZ, 18, rue de Champagne, Montvoisin, 51480 Œuilly, tél. 03 26 58 08 82, champagnecuchetcez@sfr.fr V *t.l.j. sf dim. 10h-13h 14h-19h*

DAUBY MÈRE ET FILLE Réserve ★

1er cru	12500		15 à 20 €

Francine Dauby (depuis 1990) et sa fille Flore (arrivée en 2007) ont conduit plus de 10 ans ensemble cette exploitation constituée au début du XXe s., qui a commercialisé son champagne à partir de 1956. Après la disparition de la seconde, en 2018, c'est son époux, Teddy Samato, qui gère le domaine. Le vignoble couvre 8 ha autour d'Aÿ, célèbre grand cru de noirs. (RM)

Née d'un assemblage de pinot noir (60 %) et de chardonnay, cette cuvée comprend 50 % de vins de réserve élevés en foudre et en fût de chêne. Le bois ne transparaît guère dans l'expression ce champagne très équilibré, agréablement floral au nez, intense en bouche, aux arômes de fruits jaunes. ⧗ 2021-2023

CHAMPAGNE DAUBY, 22, rue Jeanson, 51160 Aÿ, tél. 03 26 54 96 49, champagne.dauby@orange.fr V *t.l.j. sf dim. 9h-12h 14h-17h f. Août*

AURÉLIEN DAUVERGNE Extra-brut Évidence ★★

Gd cru	2000		15 à 20 €

La famille cultive la vigne depuis 1703, fait du champagne depuis les années 1920. Après Fernand, René et François, ce sont Aurélien (depuis 2001) et Maxime (depuis 2004) qui élaborent les cuvées, chacun les signant de son prénom. Ils mettent en valeur 2,5 ha situés dans 3 grands crus de noirs de la Montagne de Reims, à Bouzy pour l'essentiel, ainsi qu'à Louvois et à Ambonnay. (RC)

Un champagne vieilli plus de 4 ans en cave. Évidence du pinot noir, présent à 80 % dans cette cuvée, avec du chardonnay en appoint. Le cépage majoritaire lègue à cet extra-brut au nez fruité et toasté sa belle structure et sa rondeur. Le faible dosage souligne sa vivacité qui confère au palais fraîcheur et allonge. Du dynamisme

CHAMPAGNE

pour l'apéritif et de l'étoffe pour le repas. ⧗ 2021-2025

● **Gd cru Maxime Dauvergne ★ (15 à 20 €; 5500 b.)** Mi-chardonnay mi-pinot noir, il tire de l'apport de bouzy rouge sa teinte œil-de-perdrix et ses parfums de fraise des bois. Le fruit rouge acidulé (groseille) s'allie au bonbon et à la pomme mûre dans une bouche tonique et persistante, teintée en finale d'amande fraîche. ⧗ 2021-2024

MAXIME DAUVERGNE, 12, rue Jeanne-d'Arc, 51150 Bouzy, tél. 03 26 57 01 83, champagne.dauvergne@orange.fr V r.-v.

SÉBASTIEN DAVIAUX Blanc de blancs ★★

Gd cru	10 000	15 à 20 €

Fils et petit-fils de récoltants de la Côte des Blancs (voir Champagne Ph. Daviaux-Quinet), Sébastien Daviaux a lancé son propre champagne en 2014. Il exploite des vignes familiales bien situées dans des grands crus de la Côte des Blancs, à Chouilly notamment. (RM)

Issu de vieux chardonnays (50 ans) et vieilli 4 ans sur lattes, un blanc de blancs de grande origine. Discrètement citronné à l'approche, il s'affirme au palais. Ses arômes d'agrumes sont soulignés par une attaque vive, relayée par une ampleur élégante. Un champagne harmonieux servi par un dosage juste. La pointe d'amertume tonique en finale le fera apprécier à l'apéritif, avec des fruits de mer et du poisson grillé. ⧗ 2021-2024

CHAMPAGNE SÉBASTIEN DAVIAUX, 4, rue de la Noue-Coutard, 51530 Chouilly, tél. 06 27 04 04 06, champagnedaviaux@gmail.com V r.-v.

ALAIN DAVID 100 % Chardonnay Bulles dorées ★

	1500		15 à 20 €

Quatre générations se sont succédé sur ce domaine implanté sur la rive gauche de la Marne. Alain David, installé en 1992, décide de commercialiser ses champagnes, et agrandit son vignoble (de 2,5 à 4,7 ha). Adhérent au Centre vinicole de la Champagne (N. Feuillatte) jusqu'en 2013, il élabore aujourd'hui ses cuvées. (RM)

Une robe or vert couronnée d'une belle mousse pour ce blanc de blancs bien typé, aromatique et gourmand. Très frais, le nez mêle fleurs blanches, agrumes et pomme verte. La bouche séduit par son équilibre, sa longueur, la justesse de son dosage et par l'agrément de sa palette aromatique où l'amande et la brioche viennent compléter les notes fruitées. ⧗ 2021-2024

ALAIN DAVID, 2, rue de Boursois, 51480 Boursault, tél. 07 87 25 14 71, champagne.a.david@orange.fr V t.l.j. 8h30-12h 14h-18h 4

CHARLES DEBELLOY Zéro Dosage ★

1er cru	2000		30 à 50 €

L'arrière-grand-père de Guillaume Leclère travaillait quelques vignes sur les coteaux d'Écueil, village de la Montagne de Reims classé en 1er cru, à quelques kilomètres au sud de la cité des Sacres. Ce dernier a pris en 2012 les rênes de l'exploitation familiale, qui compte 9 ha répartis dans 7 villages différents. Domaine certifié HVE. (RC)

Aucun sucre n'a été ajouté après dégorgement (zéro dosage) dans cette cuvée issue de pinot noir majoritaire et de la vendange 2014, complétée par 20 % de vins de 2012. Le nez apparaît élégamment floral et citronné, la bouche fruitée, beurrée, biscuitée, minérale et fraîche. À la fois puissante et subtile, elle bénéficie d'une finale très longue. Le sucre du raisin et son acidité se conjuguent dans un bel équilibre. ⧗ 2021-2024

CHAMPAGNE CHARLES DEBELLOY, 3, Grande-Rue, 51500 Écueil, tél. 06 84 98 87 94, champagnecharlesdebelloy@orange.fr V r.-v.

MARCEL DEHEURLES ET FILS 2014 ★

	7000		20 à 30 €

Créé en 1970 dans l'Aube, au cœur de la Côte des Bar, ce domaine s'est lancé dans la manipulation au cours de la décennie suivante. Installé en 2002, Benoît Deheurles exploite 7,5 ha répartis sur 5 communes. Outre le chardonnay et le pinot noir, il cultive le pinot blanc, présent dans l'Aube. Propriété certifiée HVE. (RM)

Mariant pinot noir et chardonnay à parts égales, ce brut millésimé issu d'une année plutôt fraîche a vieilli au moins 5 ans en cave. Sa robe or jaune est parcourue d'un fin cordon, sa palette aromatique mêle au nez comme en bouche notes grillées, amande et fruits confits. Sans excès de puissance, l'ensemble séduit par son élégance. ⧗ 2021-2024

CHAMPAGNE BENOÎT DEHEURLES, 3, rue de l'École, 10110 Celles-sur-Ource, tél. 03 25 38 55 06, contact@champagne-deheurles.fr V r.-v. A

DELAGNE & FILS Tradition Grande Cuvée ★

	150 000	20 à 30 €

Propriétaire de vignes autour de Cerseuil, dans la vallée de la Marne, et de caves à Épernay, la famille Mansard a cédé sa marque, Mansard-Baillet, qui fait désormais partie du groupe Rapeneau. Deux étiquettes : Mansard et Delagne & Fils. (NM)

Un rosé d'assemblage issu des 3 cépages champenois. On aime sa robe rose tendre couronnée d'une belle mousse, son nez intense, tout en petits fruits rouges, son palais conjuguant caractère et finesse. ⧗ 2021-2023

CHAMPAGNE MANSARD-BAILLET, 9, av. Paul-Chandon, CS 31011, 51318 Épernay, tél. 03 26 54 18 55, contact@champagnemansard.com r.-v.

DELAHAIE Prestige ★

1er cru	26 000		20 à 30 €

Jacques Brochet a repris en 1991 la marque Delahaie et son vignoble, qui appartenaient à son oncle, et créé une gamme de champagnes. Ses cuvées sont souvent remarquées par les dégustateurs. (NM)

Le pinot noir (60 %) s'associe au chardonnay dans ce brut jaune pâle à la mousse légère, au nez floral et épicé, qui dévoile une bouche plutôt souple, aux arômes de fraise confiturée, de fruits confits et de fruits secs. ⧗ 2021-2023

CHAMPAGNE DELAHAIE, 16, allée de la Côte-des-Blancs, 51200 Épernay, tél. 03 26 54 08 74, champagne.delahaie@wanadoo.fr V r.-v.

DELAMOTTE Blanc de blancs 2012 ★★

●	80 000		50 à 75 €

L'une des plus anciennes maisons de Champagne, née en 1760. Elle a conservé le nom de son fondateur, conseiller échevin de Reims marié à une riche propriétaire de vignes à Aÿ. Depuis 1988, elle est rattachée au groupe Laurent-Perrier. Société sœur du mythique Salon, elle est établie au Mesnil-sur-Oger, au cœur de la Côte des Blancs. Vinifiée dans la même cuverie que les champagnes Salon, elle possède sa propre cave. Le chardonnay est très présent dans ses cuvées. (NM)

Plus ou moins vif, minéral ou puissant, chacun des 5 grands crus de chardonnay, assemblés dans ce grand millésime, joue sa partition pour donner un superbe champagne, résumé de la Côte des Blancs. Ce 2012 aux bulles fines et dynamiques n'a rien perdu de son éclat. À la fois envoûtant et délicat, il déploie des effluves de fleurs blanches, de pain frais, de miel, de fruits jaunes, teintés de notes minérales et grillées. L'attaque vive ouvre sur un palais ample, à l'unisson du nez, à la finale minérale et tonique, sur le zeste d'agrumes. Du charme et de la droiture. ⧗ 2021-2030

CHAMPAGNE DELAMOTTE, 7, rue de la Breche d'Oger, 51190 Le Mesnil-sur-Oger, tél. 03 26 57 51 65, champagne@salondelamotte.com V *t.l.j. sf ven. sam. dim. 9h-12h 14h-17h*

MARLÈNE DELONG Extra-brut Instant boisé ★

●	1080		30 à 50 €

En 1966, Gérard Delong, ouvrier, loue des terres, y plante des vignes, puis achète des parcelles. Premières vendanges en 1970, acquisition d'un pressoir en 1980 : premières cuvées au domaine. Aujourd'hui, 9 ha dans le Sézannais. À la tête de l'exploitation depuis 2001, Marlène Delong vinifie sans levurage ni filtration, laisse ses cuvées au moins 3 ans en cave et les dose peu. Propriété certifiée HVE, en conversion bio. (RM)

Construite sur la récolte 2014 et élevée 8 mois en fût de chêne, cette cuvée issue des 3 cépages champenois donne un léger avantage au chardonnay (57 %). Or intense, vineuse au nez comme en bouche, elle mêle les fruits mûrs à des notes beurrées et biscuitées. Sa rondeur est équilibrée par une finale fraîche aux accents d'agrumes. Pour l'apéritif, avec des copeaux de fromage à pâte dure, ou pour une viande blanche. ⧗ 2021-2024

MARLÈNE DELONG, 2, ruelle du Larry, 51120 Allemant, tél. 03 26 80 58 73, info@champagne-delong-marlene.com V *r.-v.*

DELOT ★★★

●	6716		20 à 30 €

En 2006, Vincent Delot, vigneron de Celles-sur-Ource (Aube), à la tête d'une maison créée en 1933, se retire et cède son domaine à la maison Paul Dangin, fondée en 1947 dans la même commune, charge à elle de perpétuer son nom et ses méthodes de travail. Jean-Baptiste Dangin est alors nommé responsable de la gestion de cette exploitation. (RM)

Né de pur pinot noir, ce rosé a enchanté nos dégustateurs. Ses atouts? Une robe intense, saumonée et cuivrée, un nez expressif et gourmand, très pinot, entre cerise mûre, notes kirschées et fraise compotée, une bouche à l'unisson, longue et épicée, qui concilie rondeur, structure et élégance grâce à sa fraîcheur acidulée. ⧗ 2021-2024 ● **Extra-brut Blanc de noirs 2017 ★ (20 à 30 €; 4015 b.)** Discrètement floral et grillé, il a pour lui sa structure, sa générosité, sa mâche, son côté crayeux, sa belle acidité, sa longue finale. Il devrait s'ouvrir. ⧗ 2021-2026

CHAMPAGNE DELOT, 3, pl. de l'Église, 10110 Celles-sur-Ource, tél. 03 25 38 50 12, contact@champagne-delot.com V *r.-v.*

DELOUVIN-BAGNOST 2014 ★★

●	15 000		15 à 20 €

Une famille enracinée à Vandières (vallée de la Marne) depuis le XVIIe s., qui commercialise son vin depuis les années 1930. La marque est née en 1975 du mariage des parents de Jérôme Delouvin, installé en 2005. Ses 10 ha de vignes font la part belle au meunier. Domaine certifié HVE. (RM)

Un brut millésimé 2014 généreux et gourmand, dominé par les pinots (85 %, meunier surtout) qui ont pourtant dû affronter un été frais. Sa robe or jaune, son nez sur les agrumes, enrichi à l'aération de notes de fruits secs et de tarte Tatin, sa bouche ample et fruitée, partagée entre la suavité de la mirabelle et les sensations acidulées de la compote de quetsches reflètent le cépage majoritaire. Un champagne «confortable», d'une rondeur renforcée par le dosage, tonifié par une fraîcheur sous-jacente. ⧗ 2021-2024

CHAMPAGNE DELOUVIN-BAGNOST, 20, rue Bailly, 51700 Vandières, tél. 06 75 20 82 26, contact@champagnedelouvinbagnost.com V *r.-v.*

BERNARD DEPOIVRE Origin ★

●	12 000	11 à 15 €

Descendant de plusieurs générations de viticulteurs, Sébastien Depoivre a repris en 2000 le domaine constitué par ses parents en 1972. Il exploite près de 3 ha de vignes sur les coteaux du Sézannais, dans la partie sud-ouest du département de la Marne. (RM)

Chardonnay (50 %) et pinot noir sont assemblés dans cette cuvée qui comprend 25 % de vins de réserve. Un brut apprécié pour son élégance, qu'il s'agisse de sa palette aromatique (fleurs blanches, notes de fournil, mirabelle et abricot frais) ou de son équilibre en bouche, où il se montre à la fois ample, soyeux et tonique. ⧗ 2021-2024

CHAMPAGNE BERNARD DEPOIVRE, 2, rue de la Tuilerie, 51120 Vindey, tél. 03 26 80 56 34, champagne.depoivrebernard@wanadoo.fr V *t.l.j. 9h-18h*

E. DÉSAUTEZ ET FILS Tradition ★★

● Gd cru	21 000		15 à 20 €

Fondé en 1905 par Émile Désautez, ce domaine est géré depuis 1974 par sa petite-fille et son gendre Patrick Deibener, qui a construit une nouvelle cave, modernisé la cuverie et développé la vente à la propriété. Il dispose de près de 4 ha dans les grands crus de la Montagne de Reims : Verzenay, Verzy et Mailly-Champagne. (RM)

CHAMPAGNE

Mettant en avant le pinot noir (85 %, avec du chardonnay en appoint), un brut régulier en qualité, qui vieillit 4 ans en cave. Cette version assemble la récolte 2017 et les 2 années antérieures. D'un or pâle parcouru de cordons de bulles fines, elle dévoile un nez minéral et délicatement fruité, entre noisette, pêche blanche et litchi. Dans le même registre, la bouche se montre puissante, fraîche, crayeuse et persistante. ⧗ 2021-2024

CHAMPAGNE DÉSAUTEZ ET FILS, 22, rue de Mailly, 51360 Verzenay, tél. 03 26 49 40 59, desautezetfils@orange.fr V r.-v.

A. DESMOULINS ET CIE Cuvée Prestige ★★

●	15000	20 à 30 €

Fondée en 1908, cette maison de négoce sise à Épernay est gérée par Jean et Virginie Bouloré, petit-fils et arrière-petite-fille d'Albert Desmoulins. (NM)

Cette maison discrète ne semble guère encline à révéler les secrets de ses assemblages. Quoi qu'il en soit, ce brut sans année, qui marie les récoltes 2018 et 2017, a obtenu une belle étoile, tant pour la complexité de son expression aromatique (vanille et autres épices, agrumes, fruits jaunes) que pour son élégance et sa fraîcheur en bouche. ⧗ 2021-2024

CHAMPAGNE A. DESMOULINS ET CIE, 44, av. du Mal-Foch, 51200 Épernay, tél. 03 26 54 24 24, champagne.desmoulins@orange.fr V r.-v.

DEUTZ ★★

●	180000		50 à 75 €

Originaires d'Aix-la-Chapelle, William Deutz et Pierre-Hubert Geldermann, négociants en vins, ont fondé en 1838 cette prestigieuse maison. Longtemps demeurée familiale, la société est entrée en 1993 dans le groupe Roederer. Réputée pour ses assemblages minutieux (30 à 40 crus différents pour son brut Classic), elle dispose de 46 ha en propre et s'approvisionne dans un rayon restreint de 30 km autour du grand cru Aÿ, dans la Grande Vallée de la Marne. Michel Davesne est le chef de cave. (NM)

Cette année, honneur à un brut sans année. Largement disponible, ce rosé offre pleinement les caractères recherchés par le chef de cave dans toutes ses cuvées : pureté, précision et fruit. Ce sont justement des termes qu'on lit sur toutes les fiches à propos de ce champagne saumon pâle à la bulle menue et vive. Nos jurés louent d'emblée son nez tout en finesse et en fraîcheur, partagé entre notes florales et fruits rouges frais. Une subtilité et des arômes qui se prolongent dans un palais salué pour son étoffe consistante, sa fraîcheur acidulée, sa netteté et sa persistance. ⧗ 2021-2024

CHAMPAGNE DEUTZ (AŸ), 16, rue Jeanson, 51160 Aÿ, tél. 03 26 56 94 00, france@champagne-deutz.fr V r.-v.

DEVAUX Blanc de noirs Cœur des Bar ★★

●	n.c.		30 à 50 €

Les frères Jules et Auguste Devaux fondent en 1846 une maison de champagne qui a pignon sur rue à Épernay et que la dernière génération, sans héritier, cède en 1987 à l'Union auboise, importante coopérative créée en 1967. Sous la marque Veuve Devaux (ou Devaux), la cave « habille » son haut de gamme : des champagnes vieillis au moins 3 ans. (CM)

Cépage le plus cultivé dans la Côte des Bar, le pinot noir règne sans partage dans cette cuvée issue de vignes en conversion bio, construite sur la récolte 2017 et vieillie au moins 3 ans en cave. Ce blanc de noirs séduit, tant par ses arômes élégants de fruits rouges et de coing que par son palais aussi rond que long, dynamisé en finale par une belle acidité. ⧗ 2021-2024 ● **Cuvée D ★★ (30 à 50 €; n.c.)** Pinot noir (55 %) et chardonnay font jeu presque égal dans cette cuvée vieillie 5 ans, née d'un assemblage savant (récolte 2012 et vins de réserve d'une quinzaine d'années antérieures élevés pour partie en foudre). Ses atouts : un nez riche, floral, vanillé, beurré, brioché, confit et une bouche aussi intense qu'élégante, acidulée et citronnée, remarquable de persistance. ⧗ 2021-2024

CHAMPAGNE VEUVE A. DEVAUX, Hameau de Villeneuve, 10110 Bar-sur-Seine, tél. 03 25 38 30 65, contact@champagne-devaux.fr V t.l.j. sf dim. 10h-12h30 13h30-18h

PASCAL DEVILLIERS 2008 ★★★

● 1er cru	n.c.		30 à 50 €

Implantée à Ville-Dommange, joli village de la Petite Montagne de Reims, avec vue sur la cité des Sacres, cette modeste exploitation familiale (moins de 2 ha) est conduite depuis 1993 par Florence et Pascal Devilliers, qui représentent la 3e génération. Le vignoble s'étend sur des coteaux en 1er cru. (RM)

Mi-chardonnay mi-pinot noir, un brut millésimé vinifié sans fermentation malolactique, pour lui garder sa fraîcheur, et remué manuellement, à l'ancienne. 2008 se montre sous son plus beau jour dans cette cuvée restée jeune, témoin sa robe or clair parcourue de bulles fines et alertes, son nez aérien, entre fleurs blanches, beurre, pomme et tarte aux poires, bien prolongé par une bouche consistante, soyeuse, tonique et persistante, où l'on retrouve ces notes délicates de poire nuancées d'amande. L'élégance même. ⧗ 2021-2024

PASCAL DEVILLIERS, 8, rue de Saint-Lié, 51390 Villedommange, tél. 03 26 49 26 08, contact@champagne-devilliers.com V r.-v.

REINE DHUICQ Blanc de blancs ★

●	n.c.		20 à 30 €

Avant 1914, Léon Tribaut, un arrière-grand-père, cultivait quelques vignes et vendait ses légumes. Son fils Roger, qui fit carrière comme chef de vignoble chez Lanson, agrandit le domaine familial sur les coteaux de Romery. Romain Tribaut, déjà membre d'un groupement de propriétaires-récoltants et attaché à la maison Philippe Lamarlière, a créé en 2016 sa propre maison, aménagé cuverie et chai à barriques. Il propose des cuvées monocépages. Deux étiquettes : Romain Tribaut et Reine Dhuicq. (NM)

Un chardonnay mariant les récoltes 2015 et 2014. Si sa robe est claire, ses parfums intenses de mangue, d'amande et de café grillé expriment la maturité. La bouche, à l'unisson du nez, se déploie avec richesse et rondeur, sur des notes de fruits jaunes. Parfait pour un apéritif dînatoire, un poisson en sauce ou une viande blanche. ⧗ 2021-2024

CHAMPAGNE ROMAIN TRIBAUT, 16, rue des Mésanges, 51480 Romery, tél. 03 26 58 61 57, romain.tribaut@gmail.com V r.-v.

DIDIER-DUCOS La Rosée ★

●	8000	15 à 20 €

Un domaine fondé en 1950 par Adrien Didier et Yvonne Ducos, conduit depuis 2001 par leur petit-fils Nicolas Didier et son épouse Clothilde. Le vignoble couvre 8 ha sur les coteaux d'Épernay. Propriété certifiée HVE. (RM)

Elle a changé de nom, mais pas de composition, cette cuvée rose tuilée, assemblage des 3 cépages champenois (chardonnay 60 %, pinot noir 30 %, le solde en meunier), aux arômes de fruits rouges légèrement briochés. La forte proportion de blancs lui lègue une belle vivacité qui fera merveille à l'apéritif ou sur des fruits rouges acidulés. ⧗ 2021-2024

DIDIER-DUCOS, 9_bis, rue Julien-Ducos, 51530 Saint-Martin-d'Ablois, tél. 03 26 59 93 39, contact@champagnedidierducos.com V r.-v.

DOM CAUDRON
Sublimité 50/50 2010 ★★

●	2000		50 à 75 €

Cette marque de la coopérative de Passy-Grigny rend hommage au curé de ce village de la vallée de la Marne. Un bon vivant qui appuya, par un don de 1 000 F, la fondation de la cave en 1929. Cette dernière vinifie 130 ha cultivés par ses adhérents. Le meunier est le cépage majoritaire. (CM)

Mariant à parts égales du meunier élevé en cuve et du chardonnay élevé en fût, cette cuvée millésimée séduit encore cette année. Encore plus apprécié que le 2009, le 2010 est loué pour la complexité et pour l'heureuse maturité de sa palette aromatique (fruits blancs bien mûrs, fruits secs, notes pâtissières, boisé vanillé, épices) que l'on retrouve dans un palais ample, structuré, tendu et long. Du caractère et de l'élégance. ⧗ 2021-2024

CHAMPAGNE DOM CAUDRON, 10, rue Jean-York, 51700 Passy-Grigny, tél. 03 26 52 45 17, champagne@domcaudron.fr V r.-v.

PIERRE DOMI
Blanc de blancs Les Hautes Roualles ★

● 1er cru	4000	20 à 30 €

Créée en 1947, cette exploitation familiale, conduite depuis 1995 par Stéphane et Thierry Lutz, les petits-fils de Pierre Domi, a son siège à Grauves, village surplombé par des falaises, à l'ouest de la Côte des Blancs. Le vignoble de 8,5 ha s'éparpille sur les coteaux sud d'Épernay. Ici, on pratique encore le remuage sur pupitres et le dégorgement à la volée. (RM)

Cette cuvée provient d'une seule parcelle de chardonnay vendangée en 2015. Après un vieillissement sur lattes de 5 ans, elle affiche une robe or jaune et s'ouvre sur la pêche et la poire mûres, complétées à l'aération de notes de beurre, de pain grillé et de fruits confits. On retrouve le côté beurré et grillé dans une bouche plutôt souple et ronde, tout en montrant équilibre et longueur. Parfait pour des saint-jacques poêlées. ⧗ 2021-2023

CHAMPAGNE PIERRE DOMI, 10, rue Bruyère, 51190 Grauves, tél. 03 26 59 71 03, contact@champagne-domi.com V r.-v.

♥ DOM PÉRIGNON Vintage 2012 ★★

●	n.c.	+ de 100 €

Le champagne de prestige par excellence, nommé en hommage au «père du champagne». Chargé du vignoble et de la cave de l'abbaye de Hautvillers, dom Pérignon, à qui la tradition attribue l'invention de la méthode champenoise, montra cette maîtrise de l'art de l'assemblage qui fait les grandes cuvées. Après 28 ans dans la maison et 15 millésimes, son lointain successeur, le Vertusien Richard Geoffroy, a passé la main en 2019 à Vincent Chaperon, qui travaillait à ses côtés depuis 13 ans. Le Dom Pérignon est toujours millésimé. Sa composition reste secrète et chaque millésime est une création. Tout au plus sait-on qu'il met en œuvre du chardonnay et du pinot noir des grands crus de la Côte des Blancs et de la Montagne de Reims, ainsi que de Hautvillers (1er cru), en souvenir de dom Pérignon. (NM)

Dans ce grand millésime champenois, pinot noir (51 %) et chardonnay font jeu égal. Parcourue de bulles fines et actives, la robe montre des reflets verts. Le nez, presque pétrolé, traduit une réduction flatteuse et délivre à l'aération des nuances complexes : fleurs blanches, notes briochées, amande douce, noisette grillée, avec un côté salin. Dans le droit-fil, le palais, beurré et minéral, intense, gras et solaire, brille par sa fraîcheur préservée et par sa longue finale teintée d'une noble amertume. Une réelle élégance. ⧗ 2021-2028 ● **Plénitude 2 2003 ★★ (+ de 100 €; n.c.)** Comme son nom l'indique, cette gamme est dédiée aux vieux millésimes dans leur plénitude. Associant 62 % de pinot noir et 38 % de chardonnay 2003, né du premier été caniculaire du siècle, ce 2003 réussit l'exploit d'offrir la générosité et l'ampleur de l'année, sans lourdeur ni mollesse. Sa bulle reste dynamique et son expression évoluée (la rose fanée, le miel d'acacia, le zeste d'agrumes, la torréfaction) s'accompagne d'une minéralité intense, un rien pétrolée, et d'une belle fraîcheur. ⧗ 2021-2026

DOM PÉRIGNON, 9, av. de Champagne, 51200 Épernay, tél. 03 26 51 20 20, idesmonstiers@moethennessy.com

DORÉ Blanc de blancs 2013 ★

● 1er cru	3000		20 à 30 €

Sous Louis XV, les Monmarthe étaient déjà propriétaires de vignes. En 1930, Ernest élabore les premières bouteilles de champagne. Son arrière-petit-fils, Jean-Guy, s'installe en 1989 à la tête du domaine (17 ha, pour l'essentiel situé dans la Montagne de Reims). En 2014, il prend la succession de Gérard Doré (propriété de 4 ha fondée en 1928 dans le même village de Ludes), dont il conserve la marque. Exploitation certifiée HVE. (RM)

Les cuvées millésimées 2013 privilégient souvent le chardonnay, comme celle-ci, bien typée blanc de blancs par sa robe or pâle et par son nez aérien, qui s'ouvre sur le pain, l'acacia et les fruits blancs, nuancés de miel et d'amande. Agrumes confits, hydromel, pâte de fruits, fruits secs grillés, l'évolution se dessine dans un palais

CHAMPAGNE

droit, vif et équilibré. ⧗ 2021-2024 ● **1er cru Cuvée Origine ★ (15 à 20 €; 20000 b.)** Mi-blancs mi-noirs (les 2 pinots), ce brut équilibré, frais, de bonne longueur développe au nez comme en bouche des arômes de petit-déjeuner (beurre, miel, pain grillé), d'amande et de fruits confits. ⧗ 2021-2024

CHAMPAGNE G. DORÉ, 32, rue Victor-Hugo, 51500 Ludes, tél. 03 26 61 12 67, contact@ V r.-v.

♥ B DIDIER DOUÉ
Extra-brut Le Truchat ★★

●	3500		20 à 30 €

Didier Doué s'est installé en 1975 sur le domaine familial et s'est équipé d'un pressoir cinq ans plus tard. Établi à 10 km à l'ouest de Troyes, il cultive 5 ha sur le coteau de Montgueux, dont les sols crayeux sont propices au chardonnay. Il a engagé en 2009 la conversion bio de son vignoble (aujourd'hui certifié) et travaille dans l'esprit de la biodynamie, produisant en outre son électricité. (RM)

Issu d'une sélection parcellaire, ce chardonnay extra-brut (dosage à 3 g/l) offre un remarquable reflet d'un beau millésime champenois. Sa robe or pâle s'anime d'un fin cordon de bulles. Minérale, florale, briochée et fruitée (agrumes et fruits jaunes), son expression retenue brille par sa subtilité et par sa complexité. On retrouve cette complexité dans une bouche ronde en attaque, soyeuse, fraîche, acidulée et longue. Premier millésime bio du domaine. ⧗ 2021-2025 ● **Zéro Dosage Chardonnay 2010 ★ (20 à 30 €; 3600 b.)** Un millésime frais, pas vraiment faste en Champagne, qui a pourtant offert quelques bonnes cuvées, notamment en blanc de blancs. Celui-ci n'a pas eu besoin de sucre ajouté pour offrir un nez agréable, minéral et frais, nuancé de notes de mirabelle et de viennoiserie, prélude à un palais vineux, équilibré par une fraîcheur acidulée aux accents d'agrumes. ⧗ 2021-2024

DIDIER DOUÉ, 3, voie des Vignes, 10300 Montgueux, tél. 03 25 79 44 33, doue.didier@wanadoo.fr V r.-v.

DRAPPIER Millésime Exception 2012 ★★

●	n.c.		50 à 75 €

Une maison auboise de renom fondée en 1808. Son actuel propriétaire, Michel Drappier, rejoint par ses enfants Charline, Hugo et Antoine, conduit un vignoble de 62 ha (dont 1/3 en bio) aux environs de Bar-sur-Aube, mais il s'approvisionne aussi dans d'autres secteurs auprès de viticulteurs. À la cave, les sulfitages et les dosages sont mesurés. Les bouteilles de prestige, notamment les grands formats, vieillissent dans les vénérables caves creusées en 1152 par les moines de la proche abbaye de Clairvaux, les autres reposant à Reims dans des caves aménagées dans d'anciennes crayères. (NM)

Le pinot noir (60 %) laisse une belle place au chardonnay dans ce millésime réputé. L'élevage des vins de base s'est déroulé pour moitié en foudre, le dosage est faible pour un brut. Dans le verre, un champagne or jaune à la palette mûre (fruits plutôt confits, miel, brioche, foin sec, accompagnés d'une note mentholée). Avec sa bouche puissante et onctueuse, tonifiée en finale par de fins amers, il donne aux jurés envie de passer à table, et de la savourer avec une volaille. ⧗ 2021-2024

CHAMPAGNE DRAPPIER, 14, rue des Vignes, 10200 Urville, tél. 03 25 27 40 15, info@champagne-drappier.com V r.-v.

DRIANT-VALENTIN
Extra-brut L'Origine Grande Réserve ★★

●	4000		20 à 30 €

Grauves se niche dans un vallon voisin de la Côte des Blancs ceinturé de coteaux pentus couronnés de bois. Émile Driant a fondé le domaine viticole en 1920. Installé en 2005, son arrière-petit-fils David cultive 8 ha de vignes aux environs, ainsi qu'à Aÿ, et développe l'accueil. En 2018, il a aménagé une nouvelle cuverie qui lui permet de proposer des champagnes en quantités limitées. (RM)

L'Origine? Une évocation des champagnes de l'arrière-grand-père qui, à l'encontre de ses contemporains, dosait peu ses cuvées. Cet extra-brut à majorité de chardonnay (80 %, avec le pinot noir en appoint) assemble la récolte 2010, année fraîche, et l'année précédente, solaire. Structuré et puissant, beurré et brioché, il accompagnera volontiers foie gras poêlé, poisson à la crème et viandes blanches. ⧗ 2021-2025

CHAMPAGNE DRIANT-VALENTIN, 4, imp. de la Ferme, 51190 Grauves, tél. 03 26 59 72 26, contact@champagne-driant-valentin.com V r.-v. G

HERVÉ DUBOIS Tradition ★

●	8000		15 à 20 €

Transporteur de vins, Paul Dubois achète en 1920 des terres à Avize pour y semer du fourrage. Après 1930, il devient cultivateur et vigneron; son fils Jean spécialise l'exploitation et son petit-fils Hervé lance son champagne en 1981. Avec Nina, la 4e génération se prépare à prendre la relève. Le domaine dispose de 7 ha, dont 4,5 ha sur la Côte des Blancs. (RM)

Avec ce brut mi-blancs mi-noirs (les 2 pinots), dosé avec mesure, assemblant l'année 2017 à une réserve perpétuelle, le vigneron a voulu « faire un champagne qui parle à tout le monde». Objectif atteint : on loue son élégance, sa fraîcheur et sa présence aromatique, florale et intensément fruitée (fruits jaunes, fruits exotiques, clémentine). Avec sa texture crémeuse et sa finale incisive, finement amère, sur le zeste d'agrumes, cette cuvée laisse une impression de légèreté qui conviendra à l'apéritif. ⧗ 2021-2024

HERVÉ DUBOIS, 67, rue Ernest-Vallé, 51190 Avize, tél. 03 26 57 52 45, champagne.dubois@gmail.com V r.-v. E

DUC D'ARMONVILLE ★

● 1er cru	150000		15 à 20 €

Maison de négoce créée en 1905 par Charles-Émile Ellner, remueur devenu élaborateur. Les générations

successives ont agrandi peu à peu le vignoble, qui compte aujourd'hui 50 ha. Jean-Pierre Ellner, petit-fils du fondateur, est aux commandes, épaulé par ses deux filles et ses deux neveux. Autres étiquettes : Charles de Floricourt, Duc d'Armonville. (NM)

Né d'un assemblage de chardonnay (60 %) et de pinot noir, vinifié sans fermentation malolactique, ce brut séduit par son nez bien ouvert sur les fruits mûrs et par sa bouche fine, fraîche et longue, où l'on retrouve les fruits mûrs, mariés aux agrumes. ⧗ 2021-2024 ● **1er cru ★ (20 à 30 €; 40 000 b.)** Le chardonnay est à l'honneur (75%, avec du pinot noir en appoint) dans cette cuvée vinifiée de façon à obtenir un champagne tout en fraîcheur. Fraîcheur du nez sur le citron vert, le zeste d'agrumes, bouche à l'unisson, acidulée et longue. ⧗ 2021-2024

CHARLES ELLNER, 6, rue Côte-Legris, 51200 Épernay, tél. 03 26 55 60 25, info@champagne-ellner.fr V r.-v.

DUMÉNIL Réserve 21 ★

● 1er cru	n.c.		20 à 30 €

Le fondateur (1874), Émile-Paul Duménil était vigneron et cafetier à Chigny-les-Roses. Avec Frédérique et son mari Hugues Poret, la 5e génération exploite aujourd'hui 8 ha dans cette commune, ainsi que dans les villages voisins de Ludes, Sacy et Rilly, autres 1ers crus de la Montagne de Reims. Domaine certifié HVE. (RM)

Trois 1ers crus et les 3 cépages champenois assemblés par tiers composent cette cuvée vieillie 3 ans, issue d'une réserve perpétuelle (solera, de 1996 à 2016, soit 21 années). Or pâle, elle offre une expression très fruitée (fruits jaunes, fruits exotiques) et une bouche harmonieuse, vive en attaque puis généreuse et ronde, tonifiée en finale par une délicate amertume. ⧗ 2021-2024

CHAMPAGNE DUMÉNIL, 38, rue du Puits, 51500 Sacy, tél. 03 26 03 44 48, contact@champagne-dumenil.com V r.-v.

DANIEL DUMONT Prestige 2015 ★

● 1er cru	15 000		20 à 30 €

Située à proximité de la cité des Sacres, sur la Montagne de Reims, cette exploitation fondée en 1970 par Daniel Dumont et doublée d'une pépinière viticole est conduite depuis 1992 par deux frères et une sœur, secondés par la génération suivante. Elle dispose d'une cave voûtée datant de 1850 et de 11 ha de vignes réparties entre quatre villages de la Montagne, deux communes du Sézannais et une autre de la vallée de la Marne. (RM)

Une robe or pâle animée d'une bulle foisonnante pour ce millésime qui privilégie le pinot noir (70 %, avec un appoint de chardonnay). Réservé au nez, il s'ouvre à l'aération sur des notes florales. Structuré et long en bouche, il révèle une minéralité et une grande vivacité qui souligne ses arômes de fruits acidulés (groseille) et d'agrumes. ⧗ 2021-2025

DANIEL DUMONT, 11, rue Gambetta, 51500 Rilly-la-Montagne, tél. 03 26 03 40 67, info@champagne-danieldumont.com V r.-v.

B DURDON-BOUVAL Brut nature Blanc de blancs Candide ★★

●	3 000		30 à 50 €

Ludovic et Sandie Durdon ont pris en 2005 la suite de 3 générations sur le domaine familial implanté dans la vallée de la Marne. Ils ont engagé la conversion bio de leurs 3 ha de vignes; la certification a été acquise en 2013 pour le chardonnay et en 2015 pour les pinots. Avec l'arrivée du fils Antoine, le vignoble s'est agrandi (6,42 ha). En 2021, un pressoir et une nouvelle cuverie permettront d'effectuer à la propriété l'intégralité de la vinification confiée auparavant à la coopérative locale. (RC)

Candide comme un chardonnay qui ne s'est pas encombré de sucres ajoutés après vinification : un brut nature – et bio. La cuvée assemble les récoltes 2018 et 2017. L'élevage partiel en fût ne transparaît guère dans ce blanc de blancs discret, frais et salivant, aux arômes d'aubépine et de groseille blanche acidulée. ⧗ 2021-2025

CHAMPAGNE DURDON-BOUVAL, 11, rue de Verdun, 51700 Vincelles, tél. 06 33 51 49 04, contact@champagne-durdonbouval.com V r.-v. E

B DUVAL-LEROY Biologique ★★★

●	49 826		30 à 50 €

Forte d'un vignoble de 200 ha et de 5 centres de pressurage, cette maison fondée en 1859 à Vertus par un vigneron associé à un négociant est la plus importante de la Côte des Blancs. Dirigée depuis 1991 par Carol Duval-Leroy, rejointe par ses fils Julien, Charles et Louis, elle est restée dans le giron familial. Arrivée la même année que la présidente, Sandrine Logette, œnologue, est chef de cave. La plupart des cuvées sont construites sur le chardonnay. (NM)

La maison se flatte d'avoir été la première à proposer des champagnes bio. Mi-blancs mi-noirs, né des récoltes 2016 et 2015, celui-ci, vinifié pour moitié en fût, a enchanté nos dégustateurs par sa présence et par son originalité. Sa bulle est fine et légère, son nez intense allie un boisé vanillé, des notes florales, crayeuses et minérales. On retrouve cette expression aromatique complexe, florale et boisée, dans un palais puissant, tendu et long, à la finale mentholée. Une cuvée qui trouvera sa place à table, avec une volaille par exemple. ⧗ 2021-2024

DUVAL-LEROY, 69, av. de Bammental, 51130 Blancs-Coteaux, tél. 03 26 52 10 75, ch.duval-leroy@duval-leroy.com V r.-v.

CHARLES ELLNER Grande Réserve ★

●	200 000		20 à 30 €

Maison de négoce créée en 1905 par Charles-Émile Ellner, remueur devenu élaborateur. Les générations successives ont agrandi peu à peu le vignoble, qui compte aujourd'hui 50 ha. Jean-Pierre Ellner, petit-fils du fondateur, est aux commandes, épaulé par ses deux filles et ses deux neveux. Autres étiquettes : Charles de Floricourt, Duc d'Armonville. (NM)

Une cuvée très souvent présente dans le Guide et un assemblage habituel dans les champagnes de la maison : du chardonnay majoritaire (60 %) complété par

CHAMPAGNE

le pinot noir. Construit sur la récolte 2012, ce brut sans année s'ouvre sur les épices et la torréfaction. Équilibré et franc, de bonne longueur, teinté en finale d'une pointe d'amertume tonique, il sera parfait à l'apéritif ou sur les produits de la mer. ⌛ 2021-2024 ● **1er cru Charles de Floricourt ★ (20 à 30 €; 40000 b.)** Saumon tendre, un rosé d'assemblage mobilisant chardonnay et pinot noir à parts égales. Ses atouts : une expression discrète mais agréable, entre fruits rouges, notes florales et pâtissières, et un palais séduisant par sa fraîcheur. ⌛ 2021-2024

CHARLES ELLNER, 6, rue Côte-Legris, 51200 Épernay, tél. 03 26 55 60 25, info@champagne-ellner.fr V *r.-v.*

PASCAL ETIENNE Grande Cuvée ★★

● | 5000 | | 15 à 20 €

Après avoir travaillé jusqu'en 1993 avec son père Jean-Marie, Pascal Étienne lui a succédé sur le domaine familial : 5 ha à Cumières, Hautvillers et Damery. Il signe ses cuvées depuis 2010 et a une salle de réception offrant une vue panoramique sur la vallée de la Marne. Pascal Étienne est aussi un pilote expérimenté qui propose aux touristes un survol de la Champagne en ULM ou en gyrocoptère. (RM)

Ce brut sans année met en avant le chardonnay (80-%), complété par le pinot noir. Le cépage majoritaire lui fait un nez beurré, brioché et fruité. Tout aussi intense, plus florale, la bouche séduit par son équilibre et par sa finesse. Une belle présence. ⌛ 2021-2024

PASCAL ÉTIENNE, 39, rte Nationale, 51530 Mardeuil, tél. 03 26 54 49 60, champagne@pascal-etienne.com V *r.-v.*

CHRISTIAN ETIENNE 2012 ★

● | 14000 | | 15 à 20 €

Installé en 1978, à 17 ans, non loin de Bar-sur-Aube, Christian Étienne et son épouse Anne mettent en valeur 10 ha de vignes, secondés par leur œnologue Laurent Achddou. Leurs 2 fils se préparent à prendre la relève. S'il dispose de vastes équipements modernes, Christian, formé à Beaune, apprécie les élevages en pièce de chêne. (RM)

Né de chardonnay et de pinot noir à parts égales, voici un beau reflet d'un millésime coté. Le nez subtil s'ouvre sur la mie de pain, puis délivre des notes minérales, grillées, miellées et pâtissières (charlotte à la poire selon un dégustateur), avec une touche d'hydromel. Ces arômes traduisant une heureuse évolution s'épanouissent dans un palais ample, minéral et persistant, qui finit sur des nuances suaves de fleurs blanches et de sucre d'orge. ⌛ 2021-2024

CHAMPAGNE CHRISTIAN ÉTIENNE, 12, rue de la Fontaine, 10200 Meurville, tél. 03 25 27 46 66, champagnesperance@orange.fr V *r.-v.*

EUGÈNE III Blanc de blancs ★

● | 23219 | | 20 à 30 €

Voisine de l'abbaye cistercienne de Clairvaux, la coopérative de Baroville et des environs (Aube), fondée en 1962, a pour marques De Barfontarc et Eugène III, gamme plus récente qui garde le souvenir d'un compagnon de saint Bernard devenu pape au XIIe s. La cave vinifie les récoltes de 120 ha. Le pinot noir, largement dominant dans le secteur de Bar-sur-Aube, est très présent dans les assemblages. (CM)

Sa robe or blanc à reflets verts est la signature du chardonnay, comme son nez partagé entre fleurs blanches et pêche, bien prolongé par une bouche onctueuse, équilibrée, de bonne persistance. Un blanc de blancs expressif et gourmand. ⌛ 2021-2024

CHAMPAGNE EUGÈNE III, 18, rue de Bar-sur-Aube, 10200 Baroville, tél. 03 25 27 07 09, champagne@barfontarc.com V *t.l.j. sf dim. 9h-12h 13h30-17h30*

EVE DES RÊVES Dry Obsession ★

● | n.c. | 20 à 30 €

En 1976, Camus Bernard et Lucette Ledernez s'installent à Sauvigny, sur la rive gauche de la Marne, avec 25 ares de vignes, 2 ha de cerisiers et 7 ha de cultures. En 2004, ils transmettent à leur fille Eve Bertoni et à leur gendre Gérard un vignoble agrandi et des terres. Aujourd'hui, un domaine viticole de 3 ha (certifié HVE) sur les deux rives de la Marne et 27 ha dédiés à l'élevage de leurs chevaux. (RC)

Issu des 3 cépages champenois (meunier 60 %, chardonnay 30 %, pinot noir 10 %) un champagne « dry » ou « sec ». Peu sucré ? Pas du tout, 24 g de sucres sont ajoutés à la liqueur de dosage : il tire vers le moelleux, pas loin du demi-sec. Très expressif, miellé et grillé, suave en attaque, il est harmonieux grâce à une belle fraîcheur qui lui donne équilibre et allonge. Une cuvée destinée à ceux qui débouchent le champagne au dessert. ⌛ 2021-2024

CHAMPAGNE EVE DES RÊVES, 2, rue de la Brisserie, 02850 Reuilly-Sauvigny, tél. 06 68 97 73 25, ebertoni@wanadoo.fr r.-v.

J. & H. FAGOT Chardonnay ★

● 1er cru | 4721 | | 15 à 20 €

Une lignée de vignerons remontant à 1850, premiers champagnes Fagot en 1928. Hubert Fagot travaille depuis les années 1980 sur l'exploitation familiale dont il a pris la tête en 2000. Certifié HVE, son domaine compte 11,5 ha de vignes implantées pour l'essentiel à Rilly-la-Montagne, village classé en 1er cru et situé à une dizaine de kilomètres de la cité des Sacres, sur le versant nord de la Montagne de Reims. (RC)

Une robe or pâle à reflets verts, un nez expressif, subtil et tonique, entre fleurs blanches, citron, pamplemousse et notes beurrées, un palais puissant, frais et long où l'on retrouve les arômes beurrés et toastés composent un blanc de blancs typé, bien présent et très équilibré. ⌛ 2021-2024

CHAMPAGNE J. & H. FAGOT, 1, allée Dom Pérignon, 51500 Rilly-la-Montagne, tél. 03 26 03 45 22, contact@champagne-hj-fagot.com V *t.l.j. sf dim. 9h-12h 14h-18h*

♥ MICHEL FAŸ
Éclat de rose ★★

| 3 500 | | 20 à 30 € |

Héritier d'une lignée vigneronne remontant à 1695, Stéphane Faÿ a pris en 1997 la succession de son père Michel, qui avait débuté en 1975 la vente à la propriété. Sa sœur Murielle, œnologue, a rejoint en 2007 l'exploitation. Le tandem dispose d'un vignoble de 9,5 ha dominant un méandre de la vallée de la Marne, aux confins de l'Aisne et de la Marne. Domaine certifié HVE. (RM)

Construit sur la récolte 2018, le rosé haut de gamme de la propriété a fait l'unanimité. Il assemble du pinot noir (45 %) et du meunier (35 %) macérés à du chardonnay. Sa robe colorée aux reflets grenadine évoque un rosé de saignée. Le nez monte en puissance sur des notes de griotte. On retrouve cette dernière, alliée aux fruits confits dans une bouche vive en attaque, charnue, consistante, suave et longue. Un rosé harmonieux, assez étoffé pour accompagner une volaille. ⧗ 2021-2024 **Extra-brut Pur Meunier ★ (20 à 30 €; 1500 b.)** Récolté en 2018, le cépage emblématique de la vallée de la Marne a permis d'obtenir un champagne peu dosé, à la fois rond et frais, élégant et persistant, aux arômes de pêche et de petits fruits rouges, marqué en finale par l'amertume agréable du noyau. ⧗ 2021-2024

CHAMPAGNE MICHEL FAŸ, 21, rue Pasteur, 02850 Barzy-sur-Marne, tél. 03 23 70 21 44, contact@champagne-fay.fr V *r.-v.*

FAŸ-BERJOT Cuvée Félicien ★★

| 15 000 | | 11 à 15 € |

Cinq générations se sont succédé sur cette propriété de la vallée de la Marne. Félicien Faÿ installe pressoir et cuverie en 1922. Le domaine actuel est constitué en 1966. Rejoints récemment par Chloé et Solenne, Philippe et Thierry Faÿ conduisent depuis 1991 l'exploitation familiale, forte de 19 ha de vignes sur les coteaux dominant le méandre de Barzy. (RM)

En hommage au fondateur, ce brut or pâle fait la part belle au chardonnay (70 %), complété par le meunier. Tout au long de la dégustation, il se distingue par son élégance. Frais et subtilement floral au nez, il dévoile de riches arômes de fruits mûrs dans un palais ample et persistant, aussi puissant qu'harmonieux. Du fruit, de la matière, de la finesse, tout est là. ⧗ 2021-2024

SCEV FAŸ-BERJOT, 2-4, pl. Dom Pérignon, Hameau de Rosay, 02850 Barzy-sur-Marne, tél. 03 23 70 21 53, champagne.fay-berjot@orange.fr V *r.-v.*

JEAN MARIE FÉVRIER Sélection ★

| 48 200 | | 15 à 20 € |

Un domaine aubois implanté au sud de Bar-sur-Seine. Installé à sa tête en 1971, Jean-Marie Février représente la 3e génération de viticulteurs. Il a commercialisé ses premières bouteilles en 1985. Épaulé depuis 1995 par ses fils Arnaud et Stéphane, il cultive 22 ha et a pris le statut de négociant. (NM)

Reflet de l'encépagement du Barséquanais, l'assemblage fait la part belle au pinot noir (90 %, avec un appoint de chardonnay). Or pâle, ce brut au nez minéral, floral et fruité déploie des arômes de pêche, de coing et de viennoiserie dans une bouche élégante, à la finale vive. Parfait pour l'apéritif. ⧗ 2021-2024

CHAMPAGNE FÉVRIER, 5, rue des Vignes, 10250 Gyé-sur-Seine, tél. 03 25 38 23 93, champagne-fevrier@orange.fr V *t.l.j. 8h-12h 13h-19h*

BERNARD FIGUET Cuvée de réserve ★

| 20 000 | | 15 à 20 € |

Créé au début du XXe s. dans la vallée de la Marne, en aval de Château-Thierry, le domaine des Figuet a élaboré ses premiers champagnes en 1947 et couvre aujourd'hui 14 ha. Aux commandes depuis 1992, Éric Figuet, œnologue, a été rejoint en 1999 par son épouse Isabelle et en 2018 par leur fils Maxime, qui représente la 4e génération. (RM)

Mi-blancs mi-noirs, ce brut issu des 3 cépages champenois a pour atout son expression complexe, qui met en avant fleurs blanches et zeste d'agrumes confit. Ces arômes se prolongent dans un palais tendu, de belle persistance, à la finale acidulée. ⧗ 2021-2024

BERNARD FIGUET, 144, rte Nationale, 02310 Saulchery, tél. 03 23 70 16 32, champagne.bfiguet@wanadoo.fr V *t.l.j. 9h-12h 14h-18h*

FLEURY-GILLE
Blanc de blancs Cuvée Pierre Louis 2011 ★

| 2 500 | | 20 à 30 € |

Trélou est situé au cœur de la vallée de la Marne, du côté de Dormans et en amont de Château-Thierry. Pierre-Louis Fleury était déjà vigneron dans ce village au milieu du XIXe s. Installé en 2000, son descendant Bertrand exploite avec Christine 8 ha aux environs. (RM)

Le chardonnay est souvent mis en avant dans les cuvées millésimées 2011, année précoce mais fraîche. Récolté dès le 1er septembre, celui-ci a séjourné en fût de chêne. L'élevage apporte un peu d'étoffe au palais (avec quelques tanins). Il ajoute ses notes boisées et empyreumatiques à la palette fruitée et miellée de ce champagne équilibré, de belle longueur. ⧗ 2021-2024

FLEURY-GILLE, 23, rue Pascal, Courcelles, 02850 Trélou-sur-Marne, tél. 06 25 48 18 91, contact@champagne-fleury-gille.fr V *r.-v.*

FLUTEAU Blanc de noirs ★

| 30 000 | | 15 à 20 € |

À l'origine, une maison de négoce créée en 1935 par Émile Hérard, vigneron, associé à son gendre Georges Fluteau, fils d'un courtier en vins. Installé en 1996, Thierry Fluteau, lui, a préféré le statut de récoltant-manipulant. Avec son épouse américaine Jennifer et leur fils Jérémy, qui élabore les cuvées, il conduit dans l'Aube 9 ha de vignes au sud de la Côte des Bar. Domaine certifié HVE. (RM)

CHAMPAGNE

Une nouvelle fois apprécié, ce brut sans année doit tout au pinot noir, cépage majoritaire de la Côte des Bar. Il reste 36 mois en cave. Expressif, riche et évolué, le nez évoque les fruits secs et les épices. La brioche et la framboise s'ajoutent à cette palette dans un palais très équilibré, à la fois ample, gras et frais. ⧗ 2021-2024

CHAMPAGNE FLUTEAU, 5, rue de la Nation, 10250 Gyé-sur-Seine, tél. 03 25 38 20 02, champagne.fluteau@orange.fr V r.-v.

FOISSY-JOLY Réserve ★★

●	18000		11 à 15 €

Noé-les-Mallets : un village aubois au bord du ru Noé, entouré d'un amphithéâtre couvert de vignes, dans la région de Bar-sur-Seine. Installé en 2003 à la suite de 3 générations, Frédéric Joly y conduit le domaine familial (7,5 ha). Il a lancé sa propre étiquette. (RM)

Le pinot noir (90 %, complété par le chardonnay) lègue à ce brut ses reflets or rose. Suave, le nez associe l'aubépine, la vanille et les agrumes. Les fruits jaunes s'invitent dans une bouche vive en attaque, bien structurée et longue, allégée par une fine acidité qui laisse une impression de délicatesse. ⧗ 2021-2024 ● **Grande Cuvée ★ (15 à 20 €; 10000 b.)** Né de pinot noir majoritaire (70-%) et de chardonnay, un brut flatteur, au nez floral et au palais tout en finesse, à la fois suave et frais. ⧗ 2021-2024

CHAMPAGNE FOISSY-JOLY, 4, rue de Chatet, 10360 Noé-les-Mallets, tél. 03 25 29 65 24, contact@champagne-foissy-joly.com V *t.l.j. 9h-12h 14h-17h; sam. 9h-12h; dim. sur r.-v.*

FOREST-MARIÉ Extra-brut Cuvée Saint-Crespin ★★

● 1er cru	7240		15 à 20 €

Thierry Forest, de Trigny (massif de Saint-Thierry, au nord-ouest de Reims), et Gracianne Marié, d'Écueil (1er cru de la Montagne de Reims au sud de la cité des Sacres), ont uni leur destinée et leurs vignes en 1992 et installé un pressoir dans le village du premier. Rejoints par leurs enfants Louis et Marthe, ils exploitent 86 parcelles réparties dans les deux secteurs. (RM)

Souvent remarquée, cette cuvée portant le nom du saint patron d'Écueil provient du pinot noir, cépage roi de ce village. Elle séjourne en foudre de chêne et vieillit au moins 5 ans sur ses lies. Cette version, qui associe les récoltes 2014 et 2013, affiche une robe or rose et libère des arômes de framboise et de bonbon acidulé. Avec son attaque souple et sa finale fraîche, de belle longueur, elle laisse une impression d'harmonie. ⧗ 2021-2024

FOREST-MARIÉ, 20, rue de la Chapelle, 51140 Trigny, tél. 03 26 03 13 23, champagne-forest-marie@orange.fr V *r.-v.*

MICHEL FORGET Blanc de blancs ★

● Gd cru	2000	20 à 30 €

Perpétuant une tradition vigneronne transmise depuis 6 générations, Michel Forget crée la maison Forget-Brimont en 1978. Il s'associe en 2000 à Frédéric Jorez, fils d'un vigneron de son village. Le tandem exploite sur le flanc nord de la Montagne de Reims un vignoble de plus de 19 ha classé en grand cru et en 1er cru. (NM)

Une très belle étoile pour ce chardonnay de la Côte des Blancs construit sur la vendange 2014 complétée de vins de réserve des 3 années précédentes. Il a séjourné partiellement en fût et a vieilli 5 ans sur lattes. L'élevage sous bois transparaît dans les nuances toastées et vanillées du nez, associées au beurre, à la fleur blanche et au sous-bois. Les fruits confits et le miel traduisent la maturité de ce blanc de blancs minéral, net, frais et long, qui finit sur une touche d'amertume. ⧗ 2021-2024 ● **1er cru De Corvette Blanc de blancs ★ (20 à 30 €; 25000 b.)** Brioché au nez, crémeux, gourmand, acidulé et long, d'une belle complexité, il accompagnera volontiers un poisson ou une viande blanche. ⧗ 2021-2024

FORGET-BRIMONT, 11, rte de Louvois, 51500 Craon-de-Ludes, tél. 03 26 61 10 45, contact@champagne-forget-brimont.fr V *r.-v.*

MARIE FORGET ★

● 1er cru	4000	20 à 30 €

Installé en 1991, Thierry Forget, œnologue, représente la 4e génération sur l'exploitation familiale, qui couvre 14 ha répartis sur 11 crus et 60 parcelles de la Montagne de Reims, de la vallée de la Marne et de celle de l'Ardre. Domaine certifié HVE. Deux étiquettes : Forget-Chemin et Marie Forget. (RM)

Issue de pinot noir, meunier et chardonnay assemblés par tiers, cette cuvée or jaune assemble 4 récoltes (2017 et les 3 années précédentes). Son nez complexe libère des arômes de torréfaction, de noisette, puis des senteurs fruitées à l'aération. On retrouve les fruits secs, alliés au pain grillé, dans une bouche souple, de bonne longueur, tonifiée en finale par une légère amertume. Un champagne riche et élégant. ⧗ 2021-2024

CHAMPAGNE FORGET-CHEMIN, 15, rue Victor-Hugo, 51500 Ludes, tél. 06 80 13 15 18, champagne.forget.chemin@gmail.com V *t.l.j. 9h-12h30 13h30-17h; sam. dim. sur r.-v.*

JEAN FORGET Cuvée X 2007 ★

● 1er cru	1000		20 à 30 €

Installé en 2000 sur le vignoble familial, Christian Forget est établi à Ludes, dans la Montagne de Reims. Son vignoble, en 1er cru et en grand cru, se répartit entre ce secteur et la Côte des Blancs. (RM)

Déjà goûté en 2019, ce brut millésimé assemble chardonnay et pinot noir à parts égales. Couleur or jaune de la robe, nuances compotées et briochées du nez, mâtinées de pain d'épice, de tabac et, en bouche, de fruits jaunes et de fruits secs, ampleur, vinosité et onctuosité du palais soulignées par le dosage confirment l'évolution de ce 2007. Un champagne de repas. ⧗ 2021-2024

JEAN FORGET, 2, rue Nationale, 51500 Ludes, tél. 06 52 03 14 18, champagnejforget@aol.com V *r.-v.*

PHILIPPE FOURRIER Sélection ★

●	40000	11 à 15 €

Fondée en 1847, cette structure familiale est présente depuis 5 générations dans la Côte des Bar (Aube) et

élabore ses champagnes depuis le début du XXᵉs. Elle a son siège à Baroville, le plus gros village viticole de la région de Bar-sur-Aube, et dispose de 18 ha en propre. Maison certifiée HVE. (NM)

Un air de jeunesse pour ce pinot noir à la robe pâle, qui libère à l'aération de discrets effluves de fleurs blanches et d'agrumes. Plus intense en bouche, persistant, il dévoile des arômes d'orange sanguine soulignés par une belle fraîcheur. De la finesse. ⧗ 2021-2024

CHAMPAGNE PHILIPPE FOURRIER, 39, rue de Bar-sur-Aube, 10200 Baroville, tél. 03 25 27 13 44, contact@champagne-fourrier.fr V *t.l.j. sf dim. 9h-12h 13h30-17h30*

FRÈREJEAN FRÈRES
Extra-brut Cuvée des Hussards 2012 ★★

1er cru | 10 000 | | + de 100 €

Les frères Guillaume, Rodolphe et Richard Frèrejean-Taittinger ont créé en 2005 leur propre maison à Avize, en association avec Didier Pierson, héritier d'une vieille famille vigneronne de la Côte des Blancs. Leur objectif : élaborer des cuvées haut de gamme, exclusivement issues de vignes de 1ers ou grands crus, et vieillies de 5 à 12 ans. (NM)

Cette cuvée millésimée de la Côte des Blancs suscite bien des compliments. Faiblement dosée, elle met en avant le chardonnay (85 %, de vieilles vignes de Cramant, Chouilly, Avize et Grauves), le pinot noir de Vertus faisant l'appoint. Le dégorgement est tardif. Robe or pâle, palette aromatique élégante et fraîche (fleur d'oranger, agrumes confits, noisette fraîche, fruits blancs, amande grillée, épices douces), bouche à l'unisson du nez, structurée, ample et tendue, acidulée et mentholée : une grande finesse. ⧗ 2021-2026 **Irène 100 % Chardonnay Secret d'Irène ★ (30 à 50 €; 3000 b.)** Issu de vieilles vignes, un blanc de blancs associant des vins de réserve vinifiés en fût. Équilibré, de bonne longueur, il mêle au nez comme en bouche boisé vanillé, notes beurrées-briochées, miel, fruits jaunes et fruits exotiques. ⧗ 2021-2024

FRÈREJEAN FRÈRES, 66, rue Pasteur, 51190 Avize, tél. 09 84 39 73 42, aureliehermant@frerejeanfreres.com V *r.-v.*

LAURENT FRESNET ★

Gd cru | 5000 | | 20 à 30 €

Œnologue, chef de cave de la maison Mumm & Cie, Laurent Fresnet veille aussi sur les 2,5 ha transmis par ses parents (Champagne Fresnet-Baudot), un vignoble situé sur les pentes de la Montagne de Reims (Mailly-Champagne, Sillery et Verzy). Il a lancé fin 2014 une marque à son nom – 2 cuvées issues d'une sélection des plus vieilles parcelles du domaine. Il brille dans les concours internationaux, désigné deux fois de suite, en 2015 et 2016, chef de cave de l'année par l'*International Wine Challenge*. (RM)

Pinot noir (60 %) et chardonnay de noble origine composent cette cuvée construite sur la récolte 2012, grande année champenoise. Peu dosé pour un brut, un champagne harmonieux, expressif, net et fruité, qui semble avoir l'avenir devant lui. ⧗ 2021-2026

CHAMPAGNE LAURENT FRESNET, 5, rue du 8-Mai, 51500 Mailly-Champagne, tél. 03 26 49 11 74, laurent.fresnet@orange.fr V *r.-v.*

♥ DENIS FRÉZIER Trois Crus ★★★

| 11 115 | 15 à 20 €

Le premier des Frézier vignerons naquit en 1799. Alfred Frézier commença la commercialisation des champagnes en 1935. Depuis 2001, c'est son petit-fils Sébastien, fils de Denis, qui gère l'exploitation : près de 6 ha, répartis dans autant de villages, entre coteaux d'Épernay, Côte des Blancs et Grande Vallée de la Marne. Certifiée HVE, la propriété est en conversion bio. (RM)

Ce vigneron dispose d'une large palette de terroirs qu'il travaille différemment. Assemblage des 3 crus historiques de la famille, sur les coteaux sud d'Epernay, ce brut vieilli 3 ans en cave associe meunier majoritaire (70 %) et chardonnay. Une bulle alerte dans une robe jaune pâle; un nez engageant, beurré et toasté; une bouche ample, structurée et longue, aux arômes gourmands de poire, de pêche et d'abricot bien mûrs, tonifiée en finale par un trait de vivacité : le jury est conquis. ⧗ 2021-2025

SCEV CHAMPAGNE DENIS FRÉZIER, 50, rue Gaston-Poittevin, 51530 Monthelon, tél. 03 26 59 70 16, contact@champagne-frezier.com V *t.l.j. 10h-12h 14h-17h30, dim. 10h-12h*

FROMENT-GRIFFON Grande Réserve ★

Gd cru | 7000 | | 20 à 30 €

Marie et Mathias Froment, œnologues diplômés, exploitent depuis 2002 les 6,6 ha du vignoble créé par l'arrière-grand-père de Mathias dans la Montagne de Reims, à Sermiers, commune classée en 1er cru. Mathias est aussi le vice-président de la coopérative de ce village, où il apporte ses raisins; le couple intervient dans les assemblages. Propriété certifiée HVE. (RC)

Mi-blancs mi-noirs, ce brut sans année issu des 3 cépages champenois et vieilli 3 ans en cave prend ses habitudes dans le Guide. Cette version assemble la vendange 2017 et les 3 précédentes. D'un or intense, la robe est parcourue d'un joli cordon de bulles fines. Discret mais flatteur, le nez évoque la pâtisserie. Des arômes de fruits mûrs s'épanouissent dans une bouche puissante, vineuse et ample. Une belle fraîcheur aux accents d'agrumes apporte en finale dynamisme et longueur. ⧗ 2021-2024

CHAMPAGNE FROMENT-GRIFFON, 2, rue du Clos-des-Moines, 51500 Sermiers, tél. 03 26 46 94 36, contact@champagne-froment-griffon.com V *r.-v.*

MICHEL FURDYNA
Extra-brut 4 Blancs Étincelles 2016 ★★★

| 800 | | 30 à 50 €

Les parents de Michel Furdyna ont constitué peu à peu dans la Côte des Bar un vignoble de 9 ha repris par ce dernier en 1976. La première bouteille a été commercialisée 2 ans plus tard. Depuis une vingtaine d'années, Michel transmet sa passion à Matthieu Beroux, qui conduit le vignoble et élabore les cuvées. Propriété certifiée HVE. (RM)

CHAMPAGNE

Un blanc de blancs rare et original : il associe le chardonnay (16 %) à des cépages champenois oubliés, le petit meslier (37 %), le pinot blanc et l'arbane, vinifiés en fût. Jaune pâle à reflets verts, il séduit d'emblée par sa palette aromatique : la fraîcheur délicate des fleurs blanches et de notes mentholées s'allie aux nuances d'amande grillée et de toast apportées par l'élevage. Ce léger boisé, complexe et bien intégré, se prolonge dans un palais intense, vif, citronné, salin et persistant. ⧗ 2021-2024

CHAMPAGNE MICHEL FURDYNA, 13, rue du Trot, 10110 Celles-sur-Ource, tél. 03 25 38 54 20, contact@champagne-furdyna.com r.-v.

GALLIMARD PÈRE ET FILS
Extra-brut Blancs de noirs Les Meurgers ★

10 000 | 20 à 30 €

Des Gallimard qui rencontrent souvent les éditions Hachette. Cette famille des Riceys, important village viticole de la Côte des Bar (Aube), a élaboré ses premiers champagnes en 1930. Installé sur l'exploitation en 1983, Didier Gallimard conduit 12 ha plantés majoritairement de pinot noir. (NM)

Les Meurgers ? Des pierres ramassées dans les vignes et entassées au bord des champs. Un nom de lieu-dit fréquent en Bourgogne, région voisine de l'Aube, qui cultive comme la Champagne le pinot noir, seul à l'œuvre dans cet extra-brut d'une belle finesse. Les raisins noirs transparaissent dans les reflets rosés de la robe et dans les parfums de petits fruits (fraise, cassis) qui prennent en bouche des nuances confites assez évoluées, avec un côté tarte aux fraises. ⧗ 2021-2024

CHAMPAGNE GALLIMARD PÈRE ET FILS, 18, rue Gaston-Cheq, 10340 Les Riceys, tél. 03 25 29 32 44, champ-gallimard@wanadoo.fr r.-v.

GASMAR Précieuse ★

4 000 | 15 à 20 €

Gasmar, comme Gaston et Marius, les fils d'Audrey, diététicienne de formation, et de Thomas Berger, ingénieur en packaging, fort d'une expérience au service de grands groupes de cosmétiques. En 2011, retour au pays et aux sources pour le couple qui reprend près de 6,8 ha de vignes dans la vallée de la Marne et dans la Côte des Blancs. Exploitation certifiée HVE. (RC)

Chardonnay et pinot noir assemblés à part égales ont permis d'élaborer un brut sans année au nez léger et minéral, tandis que la bouche se partage entre fruits blancs et notes briochées. Un champagne flatteur, rond et gourmand, équilibré par ce qu'il faut de fraîcheur. ⧗ 2021-2024

CHAMPAGNE GASMAR, 11 B., rue des Sablons, 51700 Troissy, tél. 06 38 83 32 98, champagnegasmar@orange.fr r.-v.

GATINOIS Aÿ Grand Cru 2012 ★★

Gd cru | 5 000 | 30 à 50 €

Des ancêtres viticulteurs à Aÿ en 1696, du vivant de dom Pérignon, une famille enracinée au cœur du vignoble depuis 12 générations. Le nom Gatinois apparaît sur les étiquettes entre les deux guerres. Depuis 2010, Louis Cheval-Gatinois, géologue de formation, perpétue un domaine de 7 ha, implanté dans un grand cru réputé pour son pinot noir. (RM)

Grand cru, grand millésime. Le vigneron lui réserve ses plus belles parcelles de pinot noir (90 %) et de chardonnay. Paré d'une robe or jaune parcourue de fines bulles, le champagne apparaît discret au nez, suave, floral et confit. C'est en bouche qu'il révèle sa richesse, déployant avec une rare persistance des arômes gourmands de fruits rouges, nuancés d'une touche meringuée. ⧗ 2021-2026

CHAMPAGNE GATINOIS, 7, rue Marcel-Mailly, 51160 Aÿ, tél. 03 26 55 14 26, contact@champagnegatinois.com r.-v.

BERNARD GAUCHER Prestige 2017 ★★

15 000 | 15 à 20 €

Le premier de la lignée, fils de forgeron, épouse à la fin du XIXe s. une fille de vignerons d'Arconville, près de Bar-sur-Aube. La famille cultive aussi des céréales. Georges Gaucher développe l'exploitation viticole au sortir de la Seconde Guerre mondiale. Son fils Bernard lance son champagne en 1985. En 2017, Guillaume a rejoint l'exploitation, qui couvre 22 ha. Deux étiquettes : Bernard Gaucher et Michel Jacquot. (RM)

Un des rares brut millésimé 2017 : après leur repos en cave de 3 ans minimum, ces vins en sortent à peine. Né au sud du vignoble, de pinot noir (60 %) et de chardonnay, celui-ci dévoile une image fort harmonieuse d'une année difficile. Il s'ouvre sur les fruits rouges et la prune, puis s'oriente vers la verveine et le chèvrefeuille. Des notes pâtissières et vanillées s'ajoutent à cette palette dans une bouche puissante et longue, tendue par une fraîcheur acidulée. ⧗ 2021-2025

CHAMPAGNE GAUCHER, 27, rue de la Croix-de-l'Orme, 10200 Arconville, tél. 03 25 27 87 31, champagnebernardgaucher@gmail.com *t.l.j. sf sam. dim. 9h-12h 14h-18h*

♥ GAUDINAT-BOIVIN Grand Rosé ★★

6 000 | 15 à 20 €

La famille cultive la vigne depuis 5 générations. Aujourd'hui, les frères Hervé et David Gaudinat sont installés sur la rive gauche de la Marne et exploitent 12,5 ha à Festigny, Leuvrigny, Nesles-le-Repons et Œuilly. La famille élabore ses champagnes depuis les années 1950 – sous la marque Gaudinat-Boivin depuis 1970. Domaine certifié HVE. (RM)

Issu des 3 cépages champenois, ce rosé fait la part belle au meunier. Il assemble la vendange 2018 (50 %) à des vins de réserve de l'année précédente élevés en fût et en foudre et incorpore 10 % de vin rouge 2018. D'un rose lumineux, il offre un nez d'une grande délicatesse, tout en fruits rouges frais. Ces fruits gourmands et acidulés se prolongent dans une bouche vive et élégante, associant une belle mâche et une grande finesse. Un rosé plein de charme. ⧗ 2021-2024 **Grande Réserve ★ (15 à 20 € ; 10 000 b.)** Du meunier, du pinot noir et du chardonnay (40 %) de la récolte 2016 (60 %) complétée par des vins de réserve. Un brut délicatement floral au nez, plus fruité en bouche (poire et pêche), équilibré et frais, servi par une finale agréable. ⧗ 2021-2024

CHAMPAGNE GAUDINAT-BOIVIN, 6, rue des Vignes, Le Mesnil-le-Huttier, 51700 Festigny, tél. 03 26 58 01 52, ch.gaudinat.boivin@wanadoo.fr V r.-v.

MICHEL GENET
Chardonnay MG BB Vintage 2014 ★

Gd cru	7000	30 à 50 €

Michel Genet a lancé son champagne en 1965. Ce sont maintenant ses enfants, Vincent et Antoine, qui perpétuent l'exploitation. Leur vignoble s'étend sur plus de 10 ha, dont 8 implantés en grand cru de la Côte des Blancs, à Chouilly pour l'essentiel. À la vigne, ils pratiquent la confusion sexuelle contre les ravageurs de la grappe et l'émission d'ondes contre le développement de l'esca; à la cave, la vinification parcellaire. (RM)

Le millésime 2014 a favorisé le chardonnay, ici de noble origine. Après un séjour en cave d'au moins 5 ans, ce blanc de blancs or clair présente un nez bien ouvert sur la pomme verte et la pêche. Rond en attaque, expressif, soyeux, salin, frais et long, il laisse une impression de délicatesse. ⧗ 2021-2026

MICHEL GENET, 27-29, rue des Partelaines, 51530 Chouilly, tél. 03 26 55 40 51, champagne.genet.michel@wanadoo.fr V r.-v.

GEORGES DE LA CHAPELLE Extra Brut ★

	6000		20 à 30 €

Établis entre Côte des Blancs et Sézannais, au nord des marais de Saint-Gond, Yveline et Alain Prat ont constitué à partir de 1975 un coquet domaine de plus de 14 ha, avec du chardonnay à Congy et dans le Sézannais, du meunier dans la vallée de la Marne et du pinot noir dans la Côte des Bar. En 2015, leur fils Alexandre les a rejoints à la cave. Deux étiquettes : Yveline Prat et Georges de la Chapelle. Propriété certifiée HVE. (RM)

Issu des 3 cépages champenois à parts sensiblement égales, il assemble la vendange 2016 avec les 3 années précédentes. Faiblement dosé (extra-brut), il n'en laisse pas moins une impression de richesse sans céder à la lourdeur. Puissant et miellé au nez comme au palais, de belle longueur, il déploie en bouche des arômes de fruits frais, avec une note d'orange en finale. Un champagne harmonieux et flatteur. ⧗ 2021-2024

PRAT, 9, rue des Ruisselots, 51130 Vert-Toulon, tél. 03 26 52 12 16, info@champagneprat.com V *t.l.j. sf dim. 8h-17h30*

PIERRE GIMONNET & FILS
Extra-brut Spécial Club Grands Terroirs de chardonnay 2014 ★

	2487		50 à 75 €

La lignée des Gimonnet de Cuis remonte au XVIIIes. Le champagne naît dans les années 1920, avec Pierre. Son fils Michel introduit précocement la vinification parcellaire. Arrivés sur l'exploitation dans les années 1980, ses petits-fils Didier et Olivier ont pris le relais en 1996. Ils conduisent dans la Côte des Blancs un vaste domaine (29 ha) en grand cru et en 1er cru. À leur carte, des blancs de blancs, rosé excepté. (RM)

Issu d'un millésime frais, cette cuvée vieillie sur lies plus de 4 ans provient des plus vieux chardonnays de la propriété et assemble ses meilleurs terroirs : 59 % de chardonnays de Cramant, 25 % de Chouilly (grands crus), 16 % de Cuis (1er cru). Le nez complexe mêle fleurs blanches, miel, fruits jaunes, amande et nuances pâtissières. On retrouve ces dernières dans une bouche riche, à la fois vineuse et tonique, vivifiée en finale par la note acidulée des agrumes. ⧗ 2021-2024

PIERRE GIMONNET ET FILS, 1, rue de la République, 51530 Cuis, tél. 03 26 59 78 70, info@champagne-gimonnet.com V r.-v.

GIMONNET-GONET L'Accord ★★

	20000		20 à 30 €

L'un comme l'autre issus de lignées bien connues de la Côte des Blancs, Philippe Gimonnet et son épouse Anne Gonet lancent leur champagne en 1986 et agrandissent leur domaine : 15 ha aujourd'hui, répartis entre Côte de Blancs et vallée de la Marne. Leur fils Charles a pris les rênes de la propriété en 2012, rejoint en 2020 par sa sœur jumelle Anne-Sophie. (RM)

Un bel accord entre le chardonnay de la Côte des Blancs et le pinot noir de la vallée de la Marne, présents à parts égales dans ce brut né de la récolte 2018 assemblée à des vins des 2 années précédentes. Ce champagne déploie une palette aromatique riche et évoluée (miel, fruits secs et fruits confits au nez, fruits jaunes en bouche), tout en gardant au palais une fraîcheur qui équilibre sa rondeur. ⧗ 2021-2024

CHAMPAGNE GIMONNET-GONET, 39, Grande Rue, 51190 Le Mesnil-sur-Oger, tél. 09 82 29 93 15, contact@champagne-gimonnet-gonet.com V r.-v.

DOM. B. GIRARDIN
Brut nature Point d'Orgue 2008 ★

	6000		20 à 30 €

Bernard Girardin a étendu son vignoble sur les coteaux sud d'Épernay et dans le Vitryat, construit ses caves, acheté son pressoir et créé sa marque en 1971. Sa fille Sandrine Girardin a pour passion le champagne et la musique. Elle aime le jazz, joue du piano et aide son père dans les vignes et à la cave. En 1991, elle opte pour les bulles et rejoint l'exploitation. En 1994, elle compose sa première cuvée : Vibrato. Propriété certifiée HVE. (RM)

Le chardonnay (50 %) et les pinots (pinot noir et meunier), qui s'équilibrent dans ce brut d'un beau millésime, avaient une richesse suffisante pour que le champagne puisse se passer de sucre ajouté après dégorgement (brut nature). Si l'expression aromatique a pris des nuances d'évolution (notes de torréfaction évoquant le chocolat noir, le tabac et l'amande grillée), le palais gras, marqué en finale par une pointe d'amertume, a gardé une belle vivacité. ⧗ 2021-2024 **Appoggiature ★ (15 à 20 €; 13600 b.)** Reflet de l'encépagement du domaine, un brut composé de 60 % de chardonnay, complété par les meunier (30 %) et pinot noir. Partagé au nez entre agrumes et fruits blancs, fruité et réglissé en bouche, il séduit par son équilibre et par sa finale fraîche et citronnée. ⧗ 2021-2024

DOM. B. GIRARDIN, 14, Grande-Rue, 51530 Mancy, tél. 06 11 63 06 41, info@champagne-bgirardin.com V r.-v. 4

CHAMPAGNE

PIERRE GOBILLARD Authentique ★

●	n.c.	🍾	15 à 20 €

Fondée en 1947, cette maison de négoce est établie dans la vallée de la Marne à l'entrée du village d'Hautvillers, le « berceau du champagne » où officia dom Pérignon. Hervé et Florence Gobillard, à sa tête depuis 1990, transmettent l'exploitation à leurs enfants Pierre-Alexis et Chloé. Le chardonnay est devenu très présent dans leurs cuvées, et l'élevage en cuve est privilégié. (NM)

Chacun des 3 cépages champenois, assemblés par tiers, joue sa partition dans ce brut au nez franc et agréable, mêlant la pêche, le miel et les épices. En bouche, l'ampleur et la générosité suave léguées par les raisins noirs sont équilibrées par un trait de fraîcheur aux accents d'agrumes qui donne beaucoup de tonus à l'ensemble. ⧗ 2021-2024

PIERRE GOBILLARD, 341, rue des Côtes-de-l'Héry, 51160 Hautvillers, tél. 03 26 59 45 66, info@champagne-gobillard-pierre.com V ⚲ ▮ *t.l.j. 9h-12h 13h30-17h30*

J.-M. GOBILLARD & FILS Grande Réserve ★★

● 1er cru	200 000	🍾	15 à 20 €

Sandrine, Jean-François, Philippe et Thierry Gobillard sont les petits-enfants de Gervais et les enfants de Jean-Marie Gobillard. Le premier créa le vignoble en 1945, le second lança sa marque 10 ans plus tard. Les vignes en propre couvrent 25 ha autour d'Hautvillers, village de la vallée de la Marne où officia dom Pérignon. Deux étiquettes : Gervais et J.-M. Gobillard. (NM)

Les raisins blancs et les raisins noirs (pinot noir et meunier à 25 % chacun) composent à parité cette cuvée qui comprend au moins 35 % de vins de réserve et qui vieillit 3 ans en cave. Un nez sur les agrumes, une bouche ronde en attaque, tendue par une vivacité citronnée : de la présence, de la fraîcheur, de l'équilibre et de la finesse. ⧗ 2021-2024 ● **Tradition ★ (15 à 20 €; 600 000 b.)** Chardonnay, pinot noir et meunier sont assemblés par tiers dans ce brut mariant la vendange de 2018 avec celle de l'année précédente. Minéral et floral au nez, plus fruité en bouche, avec ses notes de fruits rouges et de noisette, un champagne à la fois vineux et frais, d'une belle élégance. ⧗ 2021-2024

CHAMPAGNE J.-M. GOBILLARD ET FILS, 38, rue de l'Église, 51160 Hautvillers, tél. 03 26 51 00 24, caveau@champagne-gobillard.com V ▮ *t.l.j. 8h-12h 14h-17h30. sam.dim. 10h-12h30 14h-17h30*

PAUL GOERG Blanc de blancs ★

● 1er cru	80 000	30 à 50 €

À l'origine, une coopérative, la Goutte d'or, créée en 1950 par 8 familles à Vertus, village du sud de la Côte des Blancs, classé en 1er cru. En 1985, la cave a lancé sa marque en hommage à un ancien maire de la commune. Elle dispose d'un vignoble de 120 ha planté de chardonnay pour l'essentiel. La maison de négoce Ch. et A. Prieur, achetée en 2005 par la coopérative, assure la commercialisation. (NM)

Du chardonnay de Vertus pour un blanc de blancs typique, tant par l'élégance et la fraîcheur de son nez d'agrumes (pamplemousse et citron vert) que par la tension et la droiture un peu stricte de son palais aux arômes de fruits blancs, marqué en finale par une amertume tonique. Parfait pour l'apéritif, les produits de la mer ou encore un fromage crémeux. ⧗ 2021-2024

PAUL GOERG, 30, rue du Gal-Leclerc, Vertus, 51130 Blancs-Côteaux, tél. 03 26 52 15 31, info@champagne-goerg.com V ▮ *t.l.j. sf sam. dim. 9h-12h 13h30-17h*

MICHEL GONET Extra-brut Blanc de blancs Le Mesnil-sur-Oger 2012 ★★

● Gd cru	30 000	🍾	30 à 50 €

Maison créée en 1802, développée par Michel Gonet (né en 1935) et dirigée par sa fille Sophie Signolle et ses deux frères Charles-Henri et Frédéric. Aujourd'hui, un vignoble de 36 ha avec des parcelles bien situées dans la Côte des Blancs (Le Mesnil-sur-Oger, Oger, Vertus), dans l'Aube et le Sézannais. Par ailleurs, la famille a acquis 6 châteaux dans le Bordelais, en pessac-léognan notamment. (RM)

Un grand millésime champenois et un grand cru : cette cuvée provient d'un lieu-dit du Mesnil-sur-Oger. Très peu dosée (2 g/l), elle a vieilli 7 ans sur lattes. Or pâle à reflets verts, la robe est jeune, typée blanc de blancs. Subtilement brioché et floral, le nez apparaît très frais, avec ses effluves de pamplemousse. Gourmand et complexe, le palais ajoute à cette palette des touches grillées. Rond en attaque, il brille par sa texture, par sa vivacité et par sa finale minérale. ⧗ 2021-2025

CHAMPAGNE MICHEL GONET, 196, av. Jean-Jaurès, 51190 Avize, tél. 03 26 57 50 56, info@gonet.fr V ⚲ ▮ *r.-v.*

GONET-SULCOVA Extra-brut Cuvée Gaïa ★★

● Gd cru	9 500	🛢	30 à 50 €

Domaine créé au début du XXe s. par Charles Gonet et développé par son fils Jacques. Vincent Gonet et son épouse Davy Sulcova en ont pris les rênes en 1985, lancé leur marque et se sont installés à Épernay. Leurs enfants Yan-Alexandre et Karla leur ont succédé en 2006. Ils exploitent 14,5 ha dans la Côte des Blancs et à Montgueux, dans l'Aube. (RM)

Très remarqué il y a 4 ans, un blanc de blancs de prestige, issu de parcelles de chardonnay bientôt centenaires du Mesnil-sur-Oger. Construit sur l'année 2010 (fraîche), il a été vinifié en fût pendant 12 mois avec bâtonnage, sans fermentation malolactique. Très présent, le fût a apporté de la complexité, ajoutant à une palette florale des notes vanillées et torréfiées (café, cacao) qui s'imposent en finale. Puissant et long, le palais a gardé sa fraîcheur. ⧗ 2021-2024

CHAMPAGNE GONET-SULCOVA, 13, rue Henri-Martin, 51200 Épernay, tél. 03 26 54 37 63, jagonet@wanadoo.fr V ⚲ ▮ *r.-v.*

GOSSART Le Rosé de Robert ★★★

●	n.c.	🍾	20 à 30 €

À partir de 2008, Mathias Gossart a repris des vignes appartenant à sa famille et à sa belle-famille. Au total, 7 ha, situés à Chouilly, grand cru de la Côte des Blancs ainsi que dans la vallée de la Marne, à Venteuil. En 2018, il a lancé une étiquette à son nom, qui succède à celle de René Gué, grand-père de son épouse. (RM)

En hommage au grand-père du vigneron, un rosé issu de la récolte 2018, qui tire sa couleur œil-de-perdrix et ses fins arômes de garriguette d'un apport de vin rouge de la vallée de la Marne. Toutefois, le chardonnay de Chouilly représente 95 % de la cuvée. Il lègue des touches fraîches de menthe et d'eucalyptus au nez, des arômes de tilleul en bouche, ainsi que sa fraîcheur, exaltée par une effervescence bien présente. Du gras, de la vivacité, de la longueur : un champagne séducteur. ⧗ 2021-2024 ● **Gd cru Le Blanc de Blancs de René ★ (15 à 20 €; 4000 b.)** Construit sur la récolte 2018, ce chardonnay de Chouilly s'ouvre sur de belles notes biscuitées et dévoile une bouche gourmande, assez longue, fraîche sans rien de mordant. ⧗ 2021-2024

CHAMPAGNE GOSSART, 9, rue de la Croix Bleue, 51530 Chouilly, tél. 06 83 51 80 73, matthias.gossart51@gmail.com V r.-v.

Ⓑ GUSTAVE GOUSSARD Respect N°16-15 ★

●	5330	20 à 30 €

Héritier de deux générations de vignerons, Didier Goussard, diplômé de la faculté d'œnologie de Dijon, élabore des champagnes depuis une trentaine d'années. Installé dans la vallée de la Sarce (Aube), il a créé en 1989 un premier domaine en association familiale avant de constituer en 2007 une autre exploitation et lancé en 2014 la marque Gustave Goussard. Ses vignes en propre sont certifiées bio depuis la récolte 2014. (NM)

Un blanc de noirs (pinot noir) bio issu principalement de l'année 2015, asemblée à des vins de 2014 et tiré (mis en bouteilles) en 2016 (d'où le nom de la cuvée). Paré d'une robe or jaune, ce brut au nez floral et minéral s'ouvre sur des notes évoluées de framboise macérée ou en marmelade, et montre une rondeur harmonieuse en bouche. Déjà patiné, un champagne gourmand et généreux. ⧗ 2021-2024

DIDIER GOUSSARD, SARL du Val-de-Sarce, 2, chem. Saint-Vincent, 10340 Avirey-Lingey, tél. 03 25 29 30 03, gustave.goussard@orange.fr V r.-v.

THIERRY GRANDIN Éclat noir 2015 ★★

●	1er cru	2600		20 à 30 €

Né en 1689 du vivant de dom Pérignon, un ancêtre acquit à Villedommange les premières parcelles. La famille commercialise son vin dès la fin du XIXe s. Fils de Thierry Grandin, Pierre Grandin, président de la coopérative de La Neuville-aux-Larris, élabore les cuvées de la cave et celle de sa marque, lancée en 1982. Il s'appuie sur 5,5 ha de vignes, dans la Montagne de Reims et dans la vallée de la Marne. Autre étiquette, Constantine, depuis 2019. (RC)

Les noirs ont brillé d'un éclat particulier en 2015, année solaire. Ici du meunier (60 %) et du pinot noir, vinifiés sous bois. Le fût, aux nuances plutôt fumées, est très présent au nez. Les raisins noirs et la chaleur de juillet s'affirment en bouche, où se déploient des arômes de marmelade et de fruits caramélisés, mâtinés d'une touche de cuir. Une belle acidité affermit, allège et allonge le palais. ⧗ 2021-2024 ● **Prestige 2012 ★ (15 à 20 €; 3000 b.)** Mi-blancs mi-noirs (avec pinot noir et meunier à parité), un brut millésimé or jaune, patiné, puissant et rond, avec ce qu'il faut de fraîcheur. Au nez comme en bouche, il déploie des arômes évolués de miel, de cire d'abeille, de fruits cuits, avec une note de kirsch. ⧗ 2021-2024

CHAMPAGNE THIERRY GRANDIN, 10, rue de la Mairie, 51480 Champlat, tél. 03 26 58 11 71, grandin.constant@orange.fr V *t.l.j. sf dim. 9h-12h 14h-18h*

GRANZAMY PÈRE ET FILS
Cuvée spéciale ★

●	50000		15 à 20 €

Reprise par Béatrice et Raphaël Lamiraux au début des années 2000, cette structure familiale établie à Venteuil dans la vallée de la Marne a commercialisé ses premières bouteilles en 1907. La maison s'approvisionne dans la vallée de la Marne et en Côte des Blancs. Trois étiquettes : Granzamy Père et Fils, R. Lamiraux et Georges Fremy. (NM)

Une fois de plus appréciée, cette cuvée met en avant le meunier (70 %), avec le chardonnay en complément. Construite sur la récolte 2018, cette version obtient une belle étoile, tant pour l'intensité et la fraîcheur de ses arômes de fruits rouges que pour sa structure : elle montre la rondeur et la puissance des raisins noirs, équilibrée par une acidité qui étire la finale teintée d'agrumes. ⧗ 2021-2024

CHAMPAGNE GRANZAMY PÈRE ET FILS, 15, rue de Champagne, 51480 Venteuil, tél. 03 26 58 60 62, champ.granzamy@orange.fr V r.-v.

GRATIOT ET CIE
Extra-brut Blanc de noirs Almanach N°4 2013 ★

●	6000	20 à 30 €

Au tournant du XXe s., Désiré Gratiot, né en 1868, qui cultive 1,5 ha de vignes, remporte un prix du Concours agricole de Paris pour son vin blanc. Son petit-fils Gérard lance son champagne en 1970. Rémy Gratiot, arrière-petit-fils de Désiré, prend en 2002 les rênes de la maison : 18 ha dans la vallée de la Marne, en aval de Château-Thierry. Il se veut l'ambassadeur du principal cépage local : le meunier. (NM)

Meunier (65 %) et pinot noir sont à l'origine de cette cuvée vieillie 9 ans sur lattes et très faiblement dosée. Un blanc de noirs or rose à la palette aromatique élégante, minérale, florale et suave (datte, confiserie). Typée des raisins noirs, la griotte ressort dans une bouche ronde, équilibrée par un trait de fraîcheur qui donne de l'allonge à la finale. Une expression harmonieuse d'un millésime difficile. ⧗ 2021-2026

CHAMPAGNE GRATIOT ET CIE, 27, av. Fernand-Drouet, 02310 Charly-sur-Marne, tél. 03 23 82 06 89, contact@champagne-gratiot.fr V *t.l.j. sf sam. dim. 9h-12h 14h-18h*

GRUET Sélection ★

●	403200		11 à 15 €

Les Gruet cultivaient déjà la vigne sous Louis XIV dans la Côte des Bar, mais c'est Claude Gruet qui a constitué le domaine, se lançant dans l'élaboration du champagne en 1975. Il a transmis à son fils Pierre-Charles un vignoble de 20 ha complété par une structure de négoce. (NM)

Né des 3 cépages champenois et des récoltes 2018 et 2017, ce brut s'ouvre avec discrétion sur les agrumes (bergamote) et la prunelle. En bouche, les raisins noirs ressortent dans une matière corpulente, tendue par une belle acidité. De bonne longueur, la finale est marquée par une légère amertume plutôt agréable. ⧗ 2021-2024

CHAMPAGNE GRUET, 48, Grande-Rue, 10110 Buxeuil, tél. 03 25 38 54 94, contact@champagne-gruet.com V *t.l.j. 8h-12h 13h30-17h30 ; sam. dim. sur r.-v. ; f. sem. du 15 août*

G. GRUET ET FILS
Blanc de blancs Esprit d'Or 2013 ★

	1200		50 à 75 €

L'Union viticole des Coteaux de Bethon a choisi pour marque le nom de son fondateur, Gilbert Gruet. Créée en 1967, cette coopérative regroupe une centaine d'adhérents qui apportent le produit de 115 ha de vignes. Au sud du Sézannais, à l'extrémité méridionale de l'aire d'appellation, le secteur de Bethon est propice au chardonnay. (CM)

Une cuvée créée en 2017 pour célébrer le 50e anniversaire de la cave. Selon le producteur, elle est « typique des chardonnays du Sud-Ouest marnais de l'année 2013 ». Selon nos dégustateurs, c'est un blanc de blancs puissant et gras, qui montre au nez comme en bouche les arômes beurrés, pâtissiers, grillés et torréfiés (noisette, amande, pain toasté, chocolat) caractéristiques d'un beau chardonnay à son apogée. ⧗ 2021-2023

COOP. U.V.C.B., 5, rue des Pressoirs, 51260 Bethon, tél. 03 26 80 48 19, champagne.g.gruetetfils@wanadoo.fr V *t.l.j. sf dim. 9h-12h 13h30-17h30*

MAURICE GRUMIER
Extra-brut Les Plates Pierres 2012 ★

	7500		30 à 50 €

Héritier d'une lignée remontant à 1743, Amand Grumier commercialise ses premières bouteilles en 1928. Fabien arrive sur le domaine en 1999 et en prend les rênes en 2006. Avec son épouse Hélène, il exploite 8,5 ha dans la vallée de la Marne. Domaine certifié HVE. (RM)

Issu d'une parcelle de 1 ha, plantée de pinot noir (60 %) et de chardonnay, ce champagne d'un grand millésime a été vinifié en cuve et en fût. Après un long repos en cave et un dosage minimal (3 g/l), il affiche une robe vieil or animée d'une bulle toujours vive et libère des senteurs de pêche, puis de brioche. Sa complexité se révèle en bouche, où il se montre droit, minéral et persistant. « C'est bien un millésimé », conclut un juré, qui loue sa belle tenue dans le temps. ⧗ 2021-2026

CHAMPAGNE MAURICE GRUMIER, 13, rte d'Arty, 51480 Venteuil, tél. 03 26 58 48 10, champagnegrumier@wanadoo.fr V *r.-v.*

GUYOT-GUILLAUME
Extra-brut N°6 Vinifié en fût de chêne ★

	1000		30 à 50 €

Premiers champagnes Guyot en 1954, plantations entre 1960 et 1980 dans la vallée de l'Ardre. Installé en 1975, Dominique Guyot a ajouté le nom de son épouse sur l'étiquette. En 2016, il a transmis le domaine de 5 ha à Agathe et Thomas, ce dernier œnologue. Adhérents à la coopérative, les Guyot assurent l'élaboration après la prise de mousse. Propriété certifiée HVE. (RC)

La 6e cuvée de la propriété privilégie le chardonnay (67 %), associé au meunier, ce dernier vinifié en fût. Elle assemble la récolte 2012 avec des vins des 3 années antérieures. Le champagne est salué pour l'élégance de son expression aromatique, entre minéralité crayeuse, fleurs blanches et agrumes, avec une touche beurrée. Une élégance et une jeunesse que l'on retrouve dans une bouche ronde en attaque, qui finit sur la fraîcheur des agrumes et sur une note grillée. ⧗ 2021-2024

CHAMPAGNE GUYOT-GUILLAUME, 9, rue des Sablons, 51390 Méry-Prémecy, tél. 03 26 03 65 25, contact@champagneguyot-guillaume.fr V *r.-v.*

GUYOT-POUTRIEUX Blanc de blancs ★

1er cru	6400		15 à 20 €

Cédric Guyot obtient un diplôme de sommellerie, puis reprend en 2002 le domaine familial fondé en 1920 par son arrière-grand-mère Élise dans la Côte des Blancs. Hommage est rendu à l'aïeule avec la gamme « Les Vertus d'Élise ». Autre marque : Guyot-Poutrieux. (RC)

Une nouvelle fois apprécié, ce chardonnay a vieilli 4 ans sur lattes. Bien typé blanc de blancs, son nez associe les fleurs blanches à des nuances pâtissières de beurre frais et de tarte au citron meringué. Ce délicat côté beurré s'agrémente en bouche de notes de fruits blancs et de bergamote. Généreux, structuré, charnu, le palais bénéficie en finale d'une fraîcheur acidulée qui souligne sa longueur. Parfait sur du poisson et une viande à la crème ou encore sur du chaource. ⧗ 2021-2024 **1er cru Sélection ★ (15 à 20 €; 4000 b.)** Vieilli 3 ans en cave, un brut sans année très régulier, à dominante de vieux chardonnay (60 %, avec du pinot noir en appoint). Assez complexe (brioche, fruits secs), il se montre rond, gourmand et bien équilibré. ⧗ 2021-2024

SCEV LES VERTUS D'ÉLISE, 12, rue du Dr-Bonnet, Vertus, 51130 Blancs-Coteaux, tél. 06 70 72 84 87, guyot.poutrieux@gmail.com V *r.-v.*

JEAN-NOËL HATON Extra-brut Pure ★

Gd cru	7000		30 à 50 €

Fondé en 1928 par Octave Haton, l'un des pionniers de la manipulation à Damery, ce négoce est dirigé par Jean-Noël Haton depuis 1971; son fils Sébastien officie en cave. La famille s'approvisionne sur 110 ha et détient un vignoble de 20 ha. À la cuverie, plus de cent cuves, permettant de vinifier les crus séparément, et des fûts utilisés pour certains vins de réserve.(NM)

Mi-blancs mi-noirs (pinot noir), une cuvée faiblement dosée au nez expressif, suave et élégant. À la fois puissante et fine, elle mêle la minéralité de la pierre à fusil et les agrumes, et finit sur une note légèrement fumée. Un champagne parfait pour l'apéritif ou les fruits de mer. ⧗ 2021-2024 **Extra ★ (30 à 50 €; 30000 b.)** Il naît des 3 cépages champenois (chardonnay 45 %, pinot noir 35 %, meunier 20 %), vinifiés en partie sous bois. Rose tendre, floral au nez, un champagne élégant, légèrement boisé, tendu et long. ⧗ 2021-2024

CHAMPAGNE JEAN-NOËL HATON, 5, rue Jean-Mermoz, 51480 Damery, tél. 03 26 58 40 45, contact@champagne-haton.com V *r.-v.*

♥ CHARLES HEIDSIECK 2008 ★★★

●	22 500	75 à 100 €

La saga des Heidsieck débute avec Florens Louis, originaire d'Allemagne, qui crée en 1785 une structure à l'origine de toutes les maisons Heidsieck. Celle-ci est fondée en 1851 par son petit-neveu Charles-Camille. Ce dernier achète à Reims 47 crayères remontant à l'Antiquité pour entreposer les nombreuses cuvées qu'il entend écouler et part à la conquête des États-Unis, où il se fait l'ambassadeur de la maison. Le vignoble en propre s'étend sur une soixantaine d'hectares. Comme Piper Heidsieck, la marque appartient depuis 2011 au groupe EPI, détenteur de marques haut de gamme. Après Thierry Roset, disparu en 2014, Cyril Brun est le chef de cave. (NM)

Pour élaborer ce rosé, plus faiblement dosé que les millésimes antérieurs, la maison assemble 11 grands crus ou 1ers crus, du pinot noir majoritaire (63 %, dont 9 % de vin rouge) et du chardonnay. Après 10 ans de repos en cave, ce rosé tuilé au teint diaphane et aux bulles fines s'impose par la richesse de son nez un rien fumé. On retrouve cette richesse et cette complexité dans une bouche gourmande à souhait, briochée, pâtissière et mentholée, qui impressionne par sa puissance, sa vivacité et sa longueur. De la tenue, de la classe, des arômes de maturité alliés à une fraîcheur préservée : coup de cœur. ⧗ 2021-2026

● Blanc de blancs ★★ (50 à 75 € ; n.c.) ♥ Deux coups de cœur pour la maison grâce à cette cuvée issue de chardonnay d'Oger et de Vertus, qui comprend 25 % de vins de réserve de 5 ans d'âge. Ses atouts : un nez flatteur, qui monte en puissance sur des notes florales, toastées, vanillées et noisetées ; une bouche dans le droit-fil, qui conjugue une texture crémeuse et une tension qui porte loin la finale. ⧗ 2021-2026

⊶ CHAMPAGNE CHARLES HEIDSIECK, 12, allée du Vignoble, 51100 Reims, tél. 03 26 84 43 00, stephanie.lebrun@charlesheidsieck.com

HÉNIN-DELOUVIN Extra-brut Imagination ★

● Gd cru	776	◍	50 à 75 €

Christine Delouvin et son mari Jacky Hénin, qui ont regroupé leurs vignobles et lancé leur marque en 1990, ont été rejoints par leurs fils Julien et Guillaume, ce dernier œnologue. Certifié HVE, leur domaine couvre 6,6 ha répartis dans 7 communes, notamment à Aÿ (grand cru de pinot noir), à Chouilly (grand cru de blancs) et dans la vallée de la Marne. (RM)

Construite sur la vendange 2015, cette cuvée privilégie le chardonnay (65 %), complété par le pinot noir. Les vins ont été vinifiés 10 mois en fût, sans filtration ni passage au froid. Après un repos d'au moins 3 ans en cave et un faible dosage, le champagne présente un nez attirant, entre fruits jaunes et boisé élégant. Les agrumes s'ajoutent à cette palette dans un palais suave, harmonieux, de belle longueur, au boisé fumé bien intégré. ⧗ 2021-2024

⊶ JACKY HÉNIN, 22, quai du Port, 51160 Aÿ, tél. 03 26 54 01 81, champagne-henin-delouvin@orange.fr V *t.l.j. sf dim. 9h-12h 14h-18h*

MARC HENNEQUIÈRE 100 % Chardonnay ★

●	3 550	🍾	20 à 30 €

Un domaine récent : vigneron autodidacte, Marc Hennequière a planté à 18 ans les premiers rangs de vignes en 1980 (75 ares, près de 3 ha aujourd'hui) et s'est lancé dans l'élaboration du champagne en 1999 avec son épouse Marie-Nelly, rencontrée lors de vendanges. Clothilde, fille du couple, est arrivée sur l'exploitation. La propriété est située à Avirey-Lingey, non loin des Riceys, dans l'Aube. (RM)

Dans la Côte des Bar, le chardonnay est minoritaire, sans que l'on puisse parler pour autant de merle blanc (environ 10 % de l'encépagement). Il est à l'origine de ce blanc de blancs or pâle à reflets verts, qui s'ouvre sur des notes grillées puis sur la poire. On retrouve le fruit blanc dans une bouche équilibrée et fraîche, vive en attaque et marquée en finale par une pointe d'amertume. ⧗ 2021-2024

⊶ MARC HENNEQUIÈRE, 1, rte de Pargues, 10340 Avirey-Lingey, tél. 03 25 29 85 32, champagne.hennequiere@gmail.com V *r.-v.*

PHILIPPE HENRY 2015 ★

●	n.c.	🍾	15 à 20 €

Installé en 1990 à la suite de 2 générations sur environ 3 ha, Philippe Henry a agrandi son vignoble qui couvre aujourd'hui près de 6 ha sur les 2 rives de la Marne, à Dormans et à Verneuil. Ses cuvées sont vinifiées à la coopérative de Verneuil. Propriété certifiée HVE. (RC)

À la robe jaune doré répond un nez riche et évolué, sur le beurre, la confiture de mirabelles et les fruits secs. La frangipane et des notes toastées s'ajoutent à cette palette dans une bouche riche, tonifiée par une pointe de fraîcheur et par une légère amertume en finale. ⧗ 2021-2024

⊶ CHAMPAGNE PHILIPPE HENRY, 26, rue du Bois-Lecomte, 51700 Verneuil, tél. 03 26 52 94 57, champagne.philippehenry@orange.fr V *r.-v.*

HERBELET ★

● Gd cru	1150	🍾	20 à 30 €

Installés dans une maison champenoise typique avec ses parements de brique, Grégoire et Valérie Herbelet conduisent depuis 2005 ce domaine familial de 9 ha, très bien situé à Oger, grand cru de la Côte des Blancs. Les champagnes de la propriété reposent au moins 4 ans en cave. Adresse du caveau : 15, rue du Gué, à Oger. (RM)

Comme tous les rosés originaires de la Côte des Blancs, celui-ci privilégie le chardonnay (86 %). Le pinot noir lègue au champagne sa teinte rose tuilé, ses arômes intenses de cerise, de grenadine et de kirsch et une certaine ampleur. Les raisins blancs apportent netteté et fraîcheur. Un rosé bien fruité, au dosage juste. ⌛ 2021-2024

⊶ *CHAMPAGNE HERBELET, 4, rue de Chastillon, 51190 Oger, tél. 03 26 52 24 75, gregoire.herbelet@wanadoo.fr* V r.-v.

STÉPHANE HERBERT Extra-brut 100 % Meunier Perfectum ★

● 1er cru	300		75 à 100 €

Héritier de plusieurs générations de vignerons, Stéphane Herbert a lancé sa marque en 2000, 4 ans après son installation. Il exploite 4,5 ha autour de Rilly-la-Montagne, 1er cru de la Montagne de Reims proche de la cité des Sacres. Ses vins de base sont vinifiés en fût. Propriété en conversion bio depuis 2020. (RC)

Le meunier s'affiche aujourd'hui sur les étiquettes de cuvées de prestige comme cette microcuvée vinifiée 10 mois en fût, au nez complexe et mûr (miel, fruits à l'alcool, notes briochées, toastées, vanillées, caramel au lait). Dans le même registre évolué, la bouche se montre riche et vineuse avec élégance. ⌛ 2021-2024

⊶ *CHAMPAGNE STÉPHANE HERBERT, 11, rue Roger-Salengro, 51500 Rilly-la-Montagne, tél. 03 26 03 49 93, champagneherbert@wanadoo.fr* V *r.-v.*

CHARLES HESTON Sélection Chardonnay ★

●	18000		15 à 20 €

Lancée en 2010, Charles Heston est la marque de la coopérative Les Six Coteaux, fondée en 1951 dans le massif de Saint-Thierry, au nord-ouest de Reims : plus de cent adhérents y apportent la récolte de leurs 110 ha. (CM)

Déjà apprécié l'an dernier, ce brut or pâle à reflets verts offre tout ce que l'on attend d'un blanc de blancs : une expression aromatique fraîche, sur les agrumes et les fruits exotiques, une bouche vive, minérale et droite, de bonne longueur, laissant une impression de finesse. ⌛ 2021-2024

⊶ *CHAMPAGNE CHARLES HESTON, 20, rte de Thil, 51220 Villers-Franqueux, tél. 03 26 03 08 78, coop6coteaux@orange.fr* V *t.l.j. 9h-13h 14h-19h;*

FRANÇOIS HEUCQ Réserve ★

●	30000		11 à 15 €

François Heucq a pris en 1974 la suite de 3 générations. Il a agrandi le domaine familial et installé en 1978 un pressoir pour devenir récoltant-manipulant. Il exploite aujourd'hui avec son fils Guillaume un vignoble aux environs de Fleury-la-Rivière, village proche d'Épernay, situé sur la rive droite de la Marne. (RM)

De nouveau apprécié, ce brut met en avant les noirs (meunier 50 %, pinot noir 20 %, chardonnay 30 %). Né de la récolte 2017 complétée des 2 années précédentes, il comprend un petit apport de vins élevés en fût. Ses atouts : un nez intense, sur les agrumes et l'amande fraîche, une bouche bien construite, fraîche en attaque puis onctueuse, à la finale longue et citronnée, un dosage juste et mesuré. ⌛ 2021-2024 ● **Valériane ★** (11 à 15 €; 2000 b.) Assemblage comparable à celui du brut Réserve (meunier 50 %, pinot noir 20 %, chardonnay 30 %, petit apport sous bois), avec des vins plus anciens (2014 à 2012). Un brut bien équilibré entre rondeur et vivacité, aux arômes d'amande et de fruits frais. ⌛ 2021-2024

⊶ *CHAMPAGNE FRANÇOIS HEUCQ, 3, imp. de l'École, 51480 Fleury-la-Rivière, tél. 03 26 58 60 20, champagne.francoisheucq@gmail.com* V *r.-v.*

HOUSSART Blanc de noirs ★

●	600		15 à 20 €

Fraîchement diplômé d'œnologie, Romain Houssart reprend en 2007 l'exploitation de ses grands-parents à Chamery, 1er cru de la Montagne de Reims. Sa démarche : vinification sans fermentation malolactique, élevages longs sur lies fines, en cuve Inox ou en fût, conservation des vins de réserve en demi-muid. (RM)

Dominé par le meunier (80 %), il assemble la récolte 2017 avec 50 % de vins tirés d'une réserve perpétuelle. La vinification pour moitié en fût transparaît au nez et en finale. Le trait marquant de ce blanc de noirs est sa vivacité (peut-être liée à la vinification). Une fraîcheur en harmonie avec des arômes de citron, de zeste d'agrumes et de fruit de la Passion, nuancés d'une touche de violette. ⌛ 2021-2024

⊶ *ROMAIN HOUSSART, 7, rue de l'Église, 51500 Chamery, tél. 06 84 38 39 66, champagnehoussart@hotmail.fr* V *r.-v.*

HUGUENOT TASSIN Blanc de noirs Signature ★

●	25000		20 à 30 €

Bien que l'arrière-grand-père d'Édouard Huguenot, déjà élaborateur, ait été à l'origine du premier pressoir communal de Celles-sur-Ource (Aube), la famille ne vit totalement de la vigne que depuis 2 générations. Installé en 2008 après ses études à Beaune et des expériences en Afrique du Sud et en Australie, Édouard Huguenot exploite 6 ha en lutte raisonnée dans la région de Bar-sur-Seine. (RM)

Mi-cuve mi-fût, ce brut assemble du pinot noir vendangé en 2017 à une réserve perpétuelle comprenant 14 années. Pourtant, ce blanc de noirs apparaît très jeune avec ses arômes de fruits rouges acidulés et sa bouche nerveuse à l'attaque, fraîche et longue. ⌛ 2021-2025

⊶ *ÉDOUARD HUGUENOT, 4, rue du Val-Lune, 10110 Celles-sur-Ource, tél. 03 25 38 54 49, contact@huguenot-tassin.com* V *r.-v.*

HUMBLOT

●	1503		15 à 20 €

Gérald Humblot avait grandi en Champagne, mais il n'avait pas de vignes. Pari un peu fou, il décida d'en acquérir pour élaborer son champagne. À son décès brutal à 34 ans, en 2011, Stéphanie, sa veuve, soutenue par des proches, décide de poursuivre le rêve du disparu. Située dans l'Aube, aux confins méridionaux du vignoble, la propriété compte 2,6 ha. (RM)

Un rose franc pour cette cuvée issue de pur pinot noir. Le nez apparaît marqué par des notes de fruits secs et de grillé traduisant une certaine évolution. Plus florale, bien équilibrée entre rondeur et fraîcheur, la bouche laisse une impression d'élégance. Pour l'apéritif ou pour un dessert aux fruits rouges. ⌛ 2021-2023

CHAMPAGNE HUMBLOT, 7, ruelle Jeanne, 10360 Verpillières-sur-Ource, tél. 06 94 43 92 67, champagnehumblot@gmail.com r.-v.

LOUIS HUOT Carte Noire ★

●	30000		15 à 20 €

En 1950, Louis Huot, héritier d'une lignée de viticulteurs, lance son champagne. En 2000, ses arrière-petits-enfants, Virginie et son frère Olivier Huot, reprennent le domaine : 7,6 ha sur les coteaux sud d'Épernay. Le vigneron incorpore dans ses champagnes 15 à 20 % de vins de réserve élevés en foudre de bois de 40 hl. Propriété certifiée HVE. (RM)

Issu des 3 cépages champenois, ce brut privilégie les noirs (78 %, avec du meunier majoritaire). Or intense, il s'ouvre avec discrétion sur les fleurs blanches et les fruits secs. Plus fruitée, florale et légèrement beurrée, marquée en finale par une pointe d'amertume, la bouche montre un très bel équilibre entre rondeur et vivacité. ⧗ 2021-2024

CHAMPAGNE LOUIS HUOT, 27 rue Julien-Ducos, 51530 Saint-Martin-d'Ablois, tél. 03 26 59 92 81, champagne.huot@wanadoo.fr V *r.-v.*

HUTASSE & FILS Tradition ★

● 1er cru	28000		15 à 20 €

Rudy Hutasse et Nathalie Tornay-Hutasse ont mis en commun les domaines hérités de leurs familles respectives : 21 ha situés autour de Bouzy, grand cru de la Montagne de Reims réputé pour son pinot noir. Ils ont gardé à leur carte les cuvées élaborées par les deux familles : Bernard Tornay et Fernand Hutasse. (RM)

Pinot noir majoritaire (70 %) et chardonnay contribuent à ce brut or rose qui met en œuvre les années 2009 à 2006. D'abord floral, le nez s'ouvre sur les fruits jaunes bien mûrs, les fruits secs, des notes briochées et grillées. Le fruit de la Passion s'invite dans une bouche fraîche et persistante. ⧗ 2021-2024

CHAMPAGNE TORNAY, rue du Haut-Petit-Chemin, 51150 Bouzy, tél. 03 26 57 08 58, info@champagne-tornay.fr V *r.-v.*

YVES JACQUES Cuvée Gisèle 2012 ★

●	6194	15 à 20 €

Originaires de la Brie, les Jacques s'établissent en 1932 à Baye, au nord de la vallée du Petit Morin et se lancent dans la viticulture. Yves s'installe en 1955, agrandit le domaine et commercialise ses premiers champagnes en 1962. Son fils Rémy, qui a pris le relais en 1985, exploite avec son épouse Valérie et ses fils Quentin et Bastien un vignoble dans le Sézannais, la Côte des Blancs, la vallée de la Marne et l'Aube, agrandi en 2020 de 2 ha en grand cru, à Chouilly et à Aÿ : 19 ha en tout. (RM)

Le fleuron de la gamme met en avant le chardonnay (70 %), complété par le pinot noir. Le jury a apprécié son nez partagé entre minéralité un peu fumée, viennoiserie et miel, teinté d'un soupçon de torréfaction. Les agrumes confits et la quetsche s'ajoutent à cette palette dans une bouche fraîche en attaque, marquée par une légère amertume en finale. Un bel équilibre entre finesse et vinosité. ⧗ 2021-2024

CHAMPAGNE YVES JACQUES, 1, rue de Montpertuis, 51270 Baye, tél. 03 26 52 80 77, champagne.yvesjacques@wanadoo.fr V *r.-v.*

GILBERT JACQUESSON Rosé de meunier Cuvée Eugénie ★★

●	3000		15 à 20 €

Henri Michel s'est lancé dans l'élaboration du champagne en 1926. Installé en 2004, son descendant Jean-Baptiste Jacquesson représente la 4e génération de récoltants-manipulants. Établi sur la rive gauche de la Marne, il exploite 6,8 ha de vignes. Certifiée HVE, l'exploitation a engagé une conversion bio partielle. (RM)

Un rosé monocépage mariant plusieurs années, élevé en cuve (sans fermentation malolactique) et assemblé à du vin rouge élevé en tonneau. D'une teinte saumonée, il déploie une palette riche et variée de fruits rouges très mûrs qui se prolonge au palais. Tonique en attaque, ample, structuré et persistant, puissant avec élégance, dosé avec justesse, il laisse une impression d'harmonie. Du caractère et du style. ⧗ 2021-2024

CHAMPAGNE GILBERT JACQUESSON, 6, rue de l'Avenir, 51700 Troissy, tél. 03 26 52 70 69, jb.jacquesson@orange.fr V *t.l.j. sf mar. dim. 9h-12h 14h-17h* ❸

JACQUESSON BERJOT 2015 ★

●	2000	20 à 30 €

Loïc et Véronique Jacquesson exploitent 5,5 ha dans la vallée de la Marne. Ils ont lancé en 1992 leur champagne, dont ils confient l'élaboration au Centre vinicole Nicolas Feuillatte à Chouilly. (RC)

Vieilli 4 ans en cave, ce brut millésimé d'une année solaire met en œuvre les 3 cépages champenois (avec du chardonnay et du pinot noir à 40 % chacun). Chacun joue sa partition avec justesse pour donner un champagne d'une belle complexité (fruits rouges compotés, coing, pain et brioche), aussi rond que long, qui laisse une impression de finesse. ⧗ 2021-2024

LOÏC JACQUESSON, 6, rue de Troissy, 51700 Nesle-le-Repons, tél. 03 26 58 38 92, loic.jacquesson@wanadoo.fr V *t.l.j. 9h-19h*

MICHEL JACQUOT ★★

●	7000		11 à 15 €

Le premier de la lignée, fils de forgeron, épouse à la fin du XIXes. une fille de vignerons d'Arconville, près de Bar-sur-Aube. La famille cultive aussi des céréales. Georges Gaucher développe l'exploitation viticole au sortir de la Seconde Guerre mondiale. Son fils Bernard lance son champagne en 1985. En 2017, Guillaume a rejoint l'exploitation, qui couvre 22 ha. Deux étiquettes : Bernard Gaucher et Michel Jacquot. (RM)

Né de pur pinot noir, ce rosé saumon foncé séduit d'emblée par la finesse et la fraîcheur de son nez mêlant fraise et groseille à une touche de menthol. L'expression au palais, plus mûre et gourmande, évoque le clafoutis aux cerises, le fruit rouge confit. Légèrement vineux

CHAMPAGNE

sans excès de richesse, le champagne reste longtemps en bouche. ⧗ 2021-2024

CHAMPAGNE MICHEL JACQUOT, 27, rue de la Croix-de-l'Orme, 10200 Arconville, tél. 03 25 27 87 31, champagnemicheljacquot@gmail.com V t.l.j. sf sam. dim. 9h-12h 14h-18h

HERVÉ JAMEIN Blanc de blancs ★★

	750		20 à 30 €

À 3 km au nord-est de Reims, le mont Berru culmine à 267 m au milieu de la plaine. Portant des vignes avant le phylloxéra, cette colline a été replantée à partir des années 1960. Rejoint par son fils Clément, Hervé Jamein cultive 2,65 ha sur ses flancs - des raisins vinifiés par la coopérative de Nogent-l'Abbesse. Il cultive aussi 70 ha de blé et de betterave. (RC)

Ce blanc de blancs vinifié en foudre a pour seul défaut son volume confidentiel. Dommage, car au nez comme en bouche, il offre une expression complexe et mûre du chardonnay (fruits blancs, amande et miel, notes grillées), avec finesse et longueur. ⧗ 2021-2024

CHAMPAGNE HERVÉ JAMEIN, 7, rue de Sillery, 51420 Cernay-les-Reims, tél. 06 15 64 15 49, champagne.herve.jamein@gmail.com V r.-v.

JEAUNAUX-ROBIN Fil de brume ★★

	8000		30 à 50 €

Le grand-père, maréchal-ferrant, cultivait quelques vignes. Michel Jeaunaux et Marie-Claude Robin se lancent dans la manipulation dans les années 1970, à partir des vignes familiales. Cyril, le fils, installé en 1999, exploite en biodynamie près de 6 ha, situés pour l'essentiel à l'entrée de la vallée du Petit Morin, avec 1 ha près de Bar-sur-Aube. Première vendange certifiée bio en 2018. (RM)

Évoquant les brumes sur la vallée du Petit Morin, un nom poétique pour cette cuvée de prestige. Vinifiée en partie sous bois et dosée avec mesure, à la limite de l'extra-brut, elle met en avant le chardonnay (80 %), complété par le pinot noir. Nez intense et frais, floral et végétal, légèrement épicé, bouche harmonieuse, souple en attaque, vive et longue, aux arômes de petits fruits, d'agrumes et d'amande grillée : un assemblage net et franc. ⧗ 2021-2024

CHAMPAGNE JEAUNAUX-ROBIN, 1, rte de Bannay, 51270 Talus-Saint-Prix, tél. 03 26 52 80 73, cyril@champagne-jr.fr V r.-v.

RENÉ JOLLY Blanc de noirs ★

	30000		15 à 20 €

Créé au XVIIIe s. dans la vallée de l'Ource (Aube), ce domaine familial de 14 ha est conduit depuis 2000 par Pierre-Éric Jolly. Ce dernier, s'il est fidèle aux traditions (pressoir Coquard, dégorgement à la volée, élevage en fût), est aussi soucieux d'innovation, et a mis au point un muselet à 3 branches. Diplômé de commerce international, il exporte plus de la moitié de ses bouteilles. Propriété certifiée HVE. (RM)

La cuvée principale du domaine doit tout au pinot noir. Assemblant la récolte 2017 avec des vins des 2 années antérieures, elle joue sur la finesse et la fraîcheur, avec son nez complexe et tonique, entre pamplemousse et fruits exotiques, et sa bouche nette et très fruitée. Parfait pour l'apéritif. ⧗ 2021-2023 **Editio ★ (75 à 100 €; 2600 b.)** Mi-blancs mi-noirs (pinot noir), passé en fût de chêne, longuement vieilli sous liège avec agrafes à l'ancienne, dégorgé à la volée, un brut persistant, à la fois vineux et frais, complexe et évolué (cerise à l'eau-de-vie, fruits cuits, mirabelle). ⧗ 2021-2023

CHAMPAGNE RENÉ JOLLY, 10, rue de la Gare, 10110 Landreville, tél. 03 25 38 50 91, champagne@renejolly.com V r.-v.

BERTRAND JOREZ Sélection ★

	n.c.	15 à 20 €

Domaine familial de 5 ha établi depuis 3 générations à Ludes, sur le versant nord de la Montagne de Reims. Installé en 1980, Bertrand Jorez a lancé son champagne la même année. (RM)

Les 3 cépages champenois (meunier et chardonnay surtout) de la vendange 2016 composent ce brut vieil or à l'expression aromatique puissante, complexe et mûre, mêlant fruits à noyau, beurre, brioche et frangipane. Dans le même registre que le nez, le palais dévoile une belle vivacité en attaque, relayée par une rondeur généreuse. Un champagne charnu et gourmand. ⧗ 2021-2024

CHAMPAGNE BERTRAND JOREZ, 13, rue de Reims, 51500 Ludes, tél. 06 19 64 92 34, bertrand.jorez@wanadoo.fr V r.-v.; *f. en août*

JOREZ-LE BRUN Réserve ★★

	7000	11 à 15 €

Prenant la suite de 8 générations de vignerons, Denis et Sandrine Jorez se sont installés en 1990 sur l'exploitation familiale implantée à Ludes, dans la Montagne de Reims. Leur domaine de plus de 6 ha comprend des parcelles dans ce secteur, ainsi que dans la vallée de l'Ardre, sur les coteaux sud d'Épernay et sur la Côte des Blancs. (RC)

Né des 3 cépages champenois (meunier et chardonnay à parts presque égales, pinot noir en appoint) et construit sur la récolte 2015, ce brut s'ouvre à l'aération sur les fruits secs. La pâte d'amande s'épanouit dans une attaque gourmande, avant une finale tonique et longue. Un champagne harmonieux, à la fois vineux et frais. ⧗ 2021-2024

EARL JOREZ-LE BRUN, 39, rue Victor-Hugo, 51500 Ludes, tél. 03 26 61 13 32, jorez-lebrun@orange.fr V t.l.j. 9h-12h 14h-18h

JOSEPH PERRIER Cuvée Joséphine 2012 ★★

	n.c.		+ de 100 €

À la fin du XIXe s., les vignes entourant Châlons-en-Champagne, qui ont aujourd'hui cédé la place à la ville, étaient réputées et la cité comptait une dizaine de maisons de champagne. Seule subsiste celle-ci, fondée en 1825 par Joseph Perrier, fils de négociant. À la tête de la vénérable maison, un jeune directeur, Benjamin Fourmon, qui asuccédé en 2019 à son père Jean-Claude. Des descendants de Paul Pithois qui avait pris le contrôle de l'affaire en 1888. L'entreprise possède un vignoble de 23 ha dans le cœur historique de la Champagne, aux alentours de Cumières et de Hautvillers. Nathalie Laplaige est chef de cave. (NM)

La cuvée de prestige de la maison assemble chardonnay (55 %) et pinot noir à parts presque égales. Après un repos de 7 ans sur lattes, ce brut millésimé, paré d'une robe dorée animée de bulles fines, offre une image très élégante de cette belle année champenoise. Intense et complexe, le nez évoque l'acacia, le miel, la brioche et la frangipane. D'une rondeur flatteuse, la bouche allie la fraîcheur des agrumes et la maturité du miel et de la cire d'abeille. Un champagne tout en finesse. ⧗ 2021-2024

● **Brut nature Cuvée royale ★★ (30 à 50 €; n.c.)** Issu des 3 cépages champenois à parts sensiblement égales, vieilli 6 ans en cave, ce champagne sans sucre ajouté après dégorgement brille par sa droiture, sa finesse et son élégance. Sa palette aromatique mêle les agrumes confits et la viennoiserie à de multiples nuances de grillé (noisette, praliné) ; sa finale est fraîche, minérale, un rien poivrée. ⧗ 2021-2024

JOSEPH PERRIER FILS ET CIE, 69, av. de Paris, 51000 Châlons-en-Champagne, tél. 03 26 68 29 51, contact@josephperrier.fr V r.-v.

J.M. LABRUYÈRE Extra-brut Prologue ★

● Gd cru	30 000		30 à 50 €

Héritier d'une lignée vigneronne établie à Verzenay, grand cru de la Montagne de Reims, Luc Busin (Champagne Christian Busin) a cédé son domaine en 2012 à la famille Labruyère, propriétaire en Bourgogne (maison Jacques Prieur), à Pomerol (Ch. Rouget) et dans le Beaujolais, son fief d'origine, qui prend ainsi pied en Champagne. Après la certification HVE obtenue en 2017, l'exploitation a engagé sa conversion bio en 2020. (RM)

Très remarquée dans des versions précédentes, cette cuvée intéresse de nouveau nos jurés. Issue de Verzenay, elle privilégie sans surprise le pinot noir (75 %), complété par le chardonnay; elle assemble la récolte de 2014 et des vins de 2013. Dosage minimal (1,6 g/l), vieillissement de 5 ans sur lies. Un champagne vif et gourmand, bien ouvert sur les fleurs blanches et les agrumes, encore dans sa jeunesse. ⧗ 2021-2026

● **Gd cru Extra-brut Anthologie ★ (30 à 50 €; 3 500 b.)** Du pinot noir (72 %) et du chardonnay de la récolte 2015 et des 2 précédentes, 5 % de Bouzy rouge, un faible dosage pour ce rosé saumon pâle, net, frais et élégant, aux arômes subtils de framboise et de groseille. ⧗ 2021-2024

J.-M. LABRUYÈRE, 1, place Carnot, 51360 Verzenay, tél. 03 26 49 40 63, info@champagne-labruyere.com V r.-v.

LACROIX Grande Réserve ★

●	17 000	15 à 20 €

Constituée de toutes pièces sur la rive droite de la Marne, à partir de 1968, cette propriété a commercialisé ses premières bouteilles en 1974. Installés en 2010, Anthony et Céline Lacroix disposent de 10 ha de vignes; ils ont aménagé une nouvelle cuverie et une salle de dégustation. (RM)

Pinot noir (50 %) et meunier (25 %), complétés par le chardonnay, donnent à ce brut une teinte or jaune. Discret mais délicat, le nez s'ouvre sur les fruits blancs et les agrumes. Dans le même registre, la bouche séduit par son attaque élégante, par son acidité mûre, dénuée de mordant, et par sa finale saline. Un champagne subtil et accessible, parfait pour l'apéritif et les entrées marines. ⧗ 2021-2024

CHAMPAGNE LACROIX, 4, rue des Genêts, 51700 Montigny-sous-Châtillon, tél. 03 26 58 35 17, champlacroix2@wanadoo.fr V r.-v.

LACUISSE FRÈRES
Brut nature 100 % Meunier Saint-Symphorie ★

● 1er cru	3 000		20 à 30 €

Si la famille cultivait déjà des vignes au début du siècle dernier, c'est seulement en 1960 que le domaine actuel a été créé par Julien Lacuisse et ses fils. Il a connu une croissance considérable. Aujourd'hui, 17 ha autour de Sermiers, village de la Montagne de Reims proche de la cité des Sacres, classé en 1er cru. Les vendanges sont confiées à la coopérative locale et les cuvées vieillissent 4 ans minimum. Propriété certifiée HVE. (RC)

Un pur meunier, sans sucre ajouté après dégorgement. Portant le nom d'une parcelle, la cuvée met en œuvre la récolte 2016 complétée de vins de réserve issus d'une solera (réserve perpétuelle remontant à 2010). Le nez déploie avec délicatesse des arômes bien typés du cépage : fruits jaunes puis petits fruits rouges, nuancés de tilleul et de pain grillé. Harmonieux, fruité et floral, le palais finit sur la fraîcheur tonique, un rien amère, du pamplemousse. ⧗ 2021-2024

CHAMPAGNE LACUISSE FRÈRES, 13, rte de Damery, 51500 Sermiers, tél. 03 26 97 64 97, champagne-lacuisse-freres@orange.fr t.l.j. 8h-12h 13h15-17h. f. les week-ends d'octobre à mai.

PHILIPPE LAMARLIÈRE Grande Réserve ★★

●	100 000		15 à 20 €

Fondée en 1929 par les familles Tribaut et Schloesser, cette structure de négoce se niche dans un vallon tributaire de la Marne, à l'orée de la forêt d'Hautvillers. Valentin et Sébastien Tribaut, qui ont pris la suite de Jean-Marie à la tête de l'affaire, disposent de 20 ha de vignes. Deux étiquettes : Tribaut-Schloesser et Philippe Lamarlière – cette dernière créée en hommage à un ouvrier fin dégustateur qui travailla trente ans au service de la maison. (NM)

Une fois de plus remarqué par nos jurés, ce brut met en avant les noirs (80 %, pinot noir et meunier à parité). Il comprend 10 % de vins de réserve élevés en foudre de chêne. Agréable par sa finesse, le nez fait ressortir des arômes d'amande grillée. Dans le même registre, le palais séduit par son ampleur, son équilibre, sa suavité et sa longueur. ⧗ 2021-2024

CHAMPAGNE PHILIPPE LAMARLIÈRE, 8, rue des Gais-Hordons, 51480 Romery, tél. 03 26 58 64 21, contact@svromery.fr

LAMIABLE
Extra-brut Souffle d'étoiles ★

● Gd cru	15 000	20 à 30 €

Installée à Tours-sur-Marne depuis 8 générations, la famille plante des vignes dans les années 1950, tandis que les frères Lamiable creusent les caves à la pioche pendant plus de vingt hivers. Jean-Pierre Lamiable, installé en 1972, développe les ventes et prend le statut de négociant. En 2006, il a laissé les

CHAMPAGNE

rênes de la maison à Ophélie Lapie-Lamiable, l'une de ses filles. Propriété certifiée HVE. (NM)
Un faible dosage (extra-brut) pour ce champagne qui assemble pinot noir (60 %) et chardonnay de la récolte 2017, complétée par des vins d'une réserve perpétuelle. Subtil, le nez mêle des notes fraîches et évoluées : fleurs blanches, pomme verte acidulée et nuances beurrées-briochées. Équilibrée, de belle longueur, la bouche conjugue rondeur et fraîcheur. ⧗ 2021-2024

LAMIABLE, 8, rue de Condé, 51150 Tours-sur-Marne, tél. 03 26 58 92 69, lamiable@champagnelamiable.fr V r.-v.

GUY LAMOUREUX
Extra-brut L'Ermitage 2015 ★

● | 1002 | | 20 à 30 €

Les Lamoureux sont installés de longue date aux Riceys (Aube), important village de la Champagne méridionale connu pour son rosé tranquille. Depuis 1996, Stéphane Lamoureux exploite le vignoble familial (7 ha) et la marque créée en 1970 par son père Guy Lamoureux. Propriété certifiée HVE. (RM)
Une parcelle de 25 ares de chardonnay a permis d'obtenir ce blanc de blancs qui, vendangé en année solaire, n'a eu besoin que d'un très faible dosage pour exprimer ses qualités. Discrètement floral et minéral, le nez s'ouvre sur l'amande, la brioche et les fruits jaunes. On retrouve la brioche, alliée au coing, dans un palais rond, tonifié par une pointe de fraîcheur en finale. ⧗ 2021-2024

MAISON LAMOUREUX GUY, 10, rue de Frolle, 10340 Les Riceys, tél. 03 25 29 34 39, contact@champagneguylamoureux.fr V r.-v.

JEAN-JACQUES LAMOUREUX
Réserve ★★

● | 75 000 | | 11 à 15 €

René Lamoureux a planté ses premières vignes en 1947 aux Riceys, relayé en 1978 par Jean-Jacques qui a lancé son champagne en 1985. Son fils Vivien, œnologue, officie aujourd'hui en cave. Certifié HVE, le domaine couvre 12 ha. Il propose les 3 appellations champenoises : outre le champagne, les coteaux-champenois et le rosé-des-riceys. (RM)
Cépage majoritaire de la Côte des Bar, le pinot noir compose 75 % dans ce brut, complété par du chardonnay et par une goutte de meunier. La cuvée met en œuvre la récolte 2019 et les 2 années précédentes. Les reflets orangés de la robe suggèrent la forte présence des noirs. À la fois puissant et délicat, le nez associe notes florales, orange et citron. On retrouve cette fraîcheur d'agrumes dans un palais net, intense et long. Parfait pour l'apéritif et pour les produits de la mer. ⧗ 2021-2024

CHAMPAGNE JEAN-JACQUES LAMOUREUX, 27_bis, rue du Gal-de-Gaulle, 10340 Les Riceys, tél. 03 25 29 11 55, champlamoureux@orange.fr V t.l.j. sf dim. 10h-12h 14h-18h

LANCELOT FILS
Extra-brut Les Gros Mont 2016 ★★

● Gd cru | 1512 | | 20 à 30 €

Bouilleur de cru, Jean Lancelot hérite de vignes à Cramant et commercialise son champagne dès les années 1930. La 2e génération étend le vignoble et creuse la cave, la 3e lance son champagne. Depuis 2012, Hubert Lancelot assure la pérennité de l'exploitation (4,4 ha sur la Côte des Blancs, à Épernay, Hautvillers et dans l'Aube) en imprimant sa marque : certification HVE, vinifications privilégiant la fraîcheur, sans fermentation malolactique. (RM)
Issue d'une parcelle de 28 ares de chardonnay âgé d'un demi-siècle, une cuvée millésimée faiblement dosée (extra-brut). Or pâle, elle révèle d'emblée toute la fraîcheur des raisins blancs dans ses arômes discrets d'agrumes et d'ananas. On retrouve ce fruité acidulé dans une bouche tonique, minérale et longue. ⧗ 2021-2025

CHAMPAGNE LANCELOT FILS, 30, rue Ernest-Vallé, 51190 Avize, tél. 06 77 75 91 31, lancelot.hubert@hotmail.fr V t.l.j. 10h-12h 14h-19h

LANSON Sec Le White Label ★

● | n.c. | | 30 à 50 €

Maison fondée dès 1760 par François Delamotte, propriétaire de vignes à Cumières. Jean-Baptiste Lanson prend le contrôle de l'affaire en 1837, lui donne son nom et sa dimension internationale en commerçant vers l'Europe du Nord. Dans l'orbite du groupe BCC depuis 2006, la marque dispose de 57 ha en propre, complété d'apports de raisins qui lui permettent d'avoir accès à plus d'une centaine de crus différents. Le style maison, perpétué par Hervé Dantan, chef de cave : une grande fraîcheur due à des vinifications sans fermentation malolactique. (NM)
Ceux qui servent le champagne au dessert pourraient brutaliser leur palais avec l'acidité de certains bruts. Né de pinot noir (50 %), de chardonnay (35 %) et de meunier, ce sec est fait pour eux. L'adjectif ne doit pas induire en erreur : le « sec » effervescent n'est pas sec. Avec ses 28 g/l de sucre ajouté après dégorgement, celui-ci est suave (moins moelleux que le « demi-sec »), floral et flatteur. Le sucre apparaît bien fondu et le vin trouve son équilibre dans une finale très fraîche. ⧗ 2021-2024

CHAMPAGNE LANSON, 66, rue de Courlancy, 51100 Reims, tél. 03 26 78 50 50, info@lanson.com V r.-v.

GUY LARMANDIER ★★

● 1er cru | n.c. | 15 à 20 €

Récoltants-manipulants depuis plusieurs générations, les Larmandier sont bien connus dans la Côte des Blancs. La marque a été lancée en 1961. Depuis le décès de Guy, Colette Larmandier, associée à ses enfants, Marie-Hélène et François, conduit le domaine : 9 ha à Vertus, Chouilly et Cramant. (RM)
Cette cuvée doit presque tout au chardonnay, complété par le pinot noir (10 %). Intensément fruitée au nez, sur la pêche blanche, elle allie en bouche une grande fraîcheur à une texture soyeuse et déploie des arômes de fruits blancs, dans le droit-fil de l'olfaction. Élégante et subtile, elle sera parfaite à l'apéritif et sur des entrées marines. ⧗ 2021-2025 ● **Gd cru Blanc de blancs Vieilles Vignes Signé François ★ (30 à 50 €; n.c.)** Issu de la vendange 2010, un chardonnay patiné à l'expression riche et évoluée, entre miel, hydromel, beurre, fruits confits, notes toastées et torréfiées. Vif en attaque, rond avec élégance, il fait preuve d'une belle longueur. ⧗ 2021-2024

CHAMPAGNE GUY LARMANDIER, 30, rue du Gal-Kœnig, Vertus, 51130 Blancs-Coteaux, tél. 03 26 52 12 41, guy.larmandier@orange.fr V *r.-v.*

JEAN LAURENT
Blanc de blancs La Griffe de l'Ource 2006 ★★

●	5323		20 à 30 €

Athanas Laurent s'établit en 1850 dans la Côte des Bar (Aube) et fournit les maisons de négoce. Installé en 1996, son lointain successeur, Jean, élabore ses champagnes. Il privilégie les cuvées monocépage. Ses installations sont autonomes énergétiquement grâce à des panneaux solaires et il récupère l'eau de pluie pour traiter les vignes et laver les sols. (RM)

Un blanc de blancs patiné originaire d'une terre de pinot noir. Après un repos de plus de 10 ans en cave, ce champagne peu dosé (5 g/l), dégorgé en 2021, se pare d'une robe dorée et libère des arômes de café torréfié caractéristiques des vieux champagnes. Cet univers empyreumatique se retrouve au palais, avec du fruit mûr et des notes beurrées-briochées. Un millésimé puissant, droit et long, qui pourra s'apprécier seul ou avec du foie gras. ⧗ 2021-2023

JEAN LAURENT, 5, rue des Craies, 10110 Celles-sur-Ource, tél. 03 25 38 56 02, champagne.jean.laurent@gmail.com V *t.l.j. sf sam. dim. 9h-12h 13h30-17h30; f. 5-20 août*

PAUL LAURENT
Blanc de blancs Cuvée du Fondateur ★

●	80000		15 à 20 €

Lorsque Gilbert Gruet et son épouse Danielle créent la maison Gruet en 1952, les coteaux du Sézannais, dans le sud-ouest de la Marne, ne portent que peu de ceps. Depuis, la viticulture s'est fortement développée dans ce secteur de Bethon, au sud de Sézanne. La société Gruet est devenue Champagne Paul Laurent en 1993. Les 4 enfants du couple fondateur gèrent l'affaire, dont le vignoble en propre est certifié HVE. (NM)

Or pâle à reflets verts, ce chardonnay libère avec discrétion des parfums de fruits jaunes (pêche et nectarine). La rondeur de son attaque, soulignée par un dosage généreux, est équilibrée par une longue finale sur l'orange et le pamplemousse, qui donne tonus et finesse à l'ensemble. ⧗ 2021-2024

CHAMPAGNE PAUL LAURENT, 4, rue des Pressoirs, 51260 Bethon, tél. 03 26 81 91 11, champagne.paul.laurent@wanadoo.fr V *t.l.j. sf sam. dim. 9h-12h 14h-17h*

LAURENT-GABRIEL Grande Réserve ★

● 1er cru	2000		15 à 20 €

Une marque créée par Daniel Laurent en 1982. Depuis 2007, Marie-Marjorie Laurent, sa fille, exploite les 3 ha du domaine répartis dans la Grande Vallée de la Marne et dans la Côte des Blancs. (RM)

Ce brut met en avant le pinot noir (70 %), complété par le chardonnay et par une goutte de meunier. Vinifié sans fermentation malolactique, il assemble dans cette version la récolte 2013 à 50 % de vins tirés d'une réserve perpétuelle. Des arômes acidulés de citron et d'ananas, des notes florales, miellées, boisées et épicées se partagent le nez et se prolongent en bouche. Rond en attaque, avec de la mâche, le palais se montre droit et persistant. ⧗ 2021-2024

CHAMPAGNE LAURENT-GABRIEL, 25, rue Chanzy, 51160 Avenay-Val-d'Or, tél. 03 26 52 32 69, email@laurent-gabriel.com V *r.-v.*

PAUL LEBRUN Blanc de blancs 2012 ★★

●	49895		15 à 20 €

Établie au cœur de la Côte des Blancs, une famille dans la viticulture depuis plus de 10 générations. Première marque en 1902. En 1931, Paul Lebrun lance son champagne. Aujourd'hui, ses petits-enfants Nathalie et Jean Vignier cultivent 16 ha de chardonnay autour de Cramant et dans le Sézannais. (RM)

Ce chardonnay d'une belle année mêle au nez de frais arômes d'aubépine, de fruits blancs et de bergamote à des notes toastées plus évoluées. Le fruit confit s'ajoute à cette palette dans un palais harmonieux, particulièrement frais et long. ⧗ 2021-2026

CHAMPAGNE PAUL LEBRUN, 65, rue Nestor-Gaunel, 51530 Cramant, tél. 03 26 57 54 88, champagne.vignier-lebrun@wanadoo.fr V *r.-v.*

LE BRUN DE NEUVILLE
Extra-brut La Croisée des chemins ★

●	14530		30 à 50 €

Coopérative créée en 1963 par une vingtaine de producteurs des coteaux sud de Sézanne, alors peu plantés en vignes. La structure s'est développée au gré des plantations : aujourd'hui 150 ha, à dominante de chardonnay, pour 170 adhérents. Les cuvées restent au moins 4 ans en cave. (CM)

Le pinot noir (30 %) vient compléter le chardonnay dans cette cuvée peu dosée qui comprend 31 % de vins de réserve vinifiés pour une petite partie en fût. Un champagne loué pour sa complexité (beurre, miel, épices, boisé vanillé, abricot confit), pour sa longueur et pour son équilibre entre ampleur et fraîcheur acidulée. Du caractère et de la finesse. ⧗ 2021-2025

CHAMPAGNE LE BRUN DE NEUVILLE, rte de Chantemerle, 51260 Bethon, tél. 03 26 80 48 43, commercial@lebrundeneuville.fr V *t.l.j. 9h-12h 14h-18h*

LE BRUN SERVENAY Mélodie en C. ★

● Gd cru	21260		20 à 30 €

Patrick Le Brun, qui conduisait depuis 1996 le vignoble familial (près de 7 ha situés pour la majeure partie au cœur de la Côte des Blancs), l'a transmis en 2017 à son fils Gauthier, qui représente la 5e génération sur le domaine. Les cuvées de la propriété ne font pas leur fermentation malolactique et sont faiblement dosées. (RM)

Vieilli 3 ans sur lies, ce chardonnay apparaît discret dans son expression aromatique, minéral et beurré. Très frais, de belle longueur, il offre un côté crayeux typique de la Côte des Blancs. ⧗ 2021-2024 ● **Gd cru Extra-brut Vieilles Vignes 2011 ★ (30 à 50 €; 6650 b.)** Les vieilles vignes ont plus de 80 ans. Précoce mais fraîche, l'année 2011 a favorisé le chardonnay. Après un vieillissement sur lies de plus de 9 ans, celui-ci montre une belle tension et des arômes d'acacia, de pomme golden, d'amande grillée et de figue sèche. ⧗ 2021-2024

CHAMPAGNE LE BRUN SERVENAY, 14, pl. Léon-Bourgeois, 51190 Avize, tél. 03 26 57 52 75, contact@champagnelebrun.com V t.l.j. sf dim. 9h-12h30 14h-17h30; sam. sur r.-v.; f. août

DANIEL LECLERC ET FILS Tradition ★

43000 | 11 à 15 €

Daniel Leclerc plante sa première vigne en 1975 à Polisot, au sud de Bar-sur-Seine, et se lance en 1990 dans l'élaboration du champagne, avec 2 ha. Ses enfants Alexandre et Raphaëlle le rejoignent en 1999 et prennent le relais en 2011; ils exploitent aujourd'hui 8 ha. (RM)

Très remarqué l'an dernier, ce brut sans année est un blanc de noirs (pinot noir), comme le montre sa robe or ambré. Cette nouvelle version associe la récolte 2016 et les 2 années précédentes. Son expression est discrète, plutôt empyreumatique, son palais équilibré, d'une rondeur avenante. ⧗ 2021-2024

CHAMPAGNE DANIEL LECLERC, Maison-Rouge, 10110 Polisot, tél. 03 25 38 51 12, champagne.daniel.leclerc@orange.fr V r.-v.

EMILE LECLÈRE Réserve ★

50000 | 15 à 20 €

Situé à Mardeuil, village voisin d'Épernay, le domaine a son siège dans une imposante demeure, qui abritait au XVIII^e^s. une laiterie appartenant à l'abbaye d'Hautvillers. Émile Leclère l'a racheté en 1880. À la tête de 12 ha de vignes, son descendant Vincent Delouvin poursuit l'activité familiale depuis 1999. (RM)

Le meunier majoritaire (80 %) et un appoint de chardonnay composent ce brut sans année qui séduit par son nez floral et minéral, prélude à une bouche fraîche et élégante. ⧗ 2021-2024

ÉMILE LECLÈRE, 15, rue Victor-Hugo, 51530 Mardeuil, tél. 03 26 55 24 45, info@champagne-leclere.com V t.l.j. sf sam. dim. 9h-12h 13h30-17h30; sam. sur r.-v.

LECLÈRE-POINTILLART Tradition ★★

1er cru | 35000 | 11 à 15 €

Quatre générations se sont succédé sur ce domaine implanté à Écueil, village en 1er cru de la Montagne de Reims, au sud de la cité des Sacres. Installé en 1979, Patrice Leclère a passé le relais à son fils Guillaume, qui exploite 9 ha de vignes répartis dans 7 villages des environs. Propriété certifiée HVE. (RC)

Très cultivé à Écueil, le pinot noir est majoritaire dans ce domaine, et il règne sans partage dans cette cuvée à reflets cuivrés. Floral et frais au nez, vanillé en bouche, aussi rond que long, ce blanc de noirs est affiné par une douce acidité qui laisse une impression de légèreté. ⧗ 2021-2024

CHAMPAGNE LECLÈRE-POINTILLART, 3 Grande-Rue, 51500 Écueil, tél. 03 26 49 77 47, guileclere@orange.fr V r.-v.

♥ DIDIER LEFÈVRE Blanc de blancs 2012 ★★★

Gd cru | 2000 | 20 à 30 €

On trouvera Didier Lefèvre à Épernay, sur les bords de la Marne. Héritier de 4 générations de vignerons, il cultive un vignoble réparti entre Côte des Blancs (Oger), coteaux ouest d'Épernay, Sézannais et rive droite de la Marne, dont il livre la récolte à l'une des coopératives d'Avize, appartenant au groupement Union Champagne. (RC)

Le millésime 2012 avait mal commencé, en raison d'un printemps froid propice aux maladies, mais les grappes restantes se sont concentrées sous le soleil d'août. De quoi donner d'excellents champagnes, comme ce blanc de blancs aussi élégant au nez qu'en bouche, mêlant notes toastées, épicées, viennoiserie et agrumes confits. Généreux et charnu, énergique et pur tout à la fois, il bénéficie d'une finale longue et acidulée. ⧗ 2021-2025

DIDIER LEFÈVRE, 13, quai de la Villa, 51200 Épernay, tél. 03 26 54 57 16, champagne.d.lefevre@orange.fr V r.-v.

SÉBASTIEN LEFÈVRE Extra-brut Blanc de blancs Constellation 2014 ★★

1000 | 20 à 30 €

Sébastien Lefèvre a pris en 1997 la suite de 2 générations à la tête du domaine familial. Il cultive 6,6 ha aux environs de Vert-Toulon, dans la vallée du Petit Morin, au sud de la Côte des Blancs. Il confie ses vendanges à la coopérative locale. (RC)

Un millésime frais, assez favorable au chardonnay. Issu des parcelles les plus favorisées par l'année, ce blanc de blancs présente un nez bien ouvert, mûr et complexe, dominé par des notes beurrées et grillées. Onctueux en attaque, énergique et minéral, il offre une finale élégante et longue, sur le citron confit. De la générosité, du tonus et de la finesse. ⧗ 2021-2025

CHAMPAGNE SÉBASTIEN LEFÈVRE, 10, rue de Presles, 51130 Vert-Toulon, tél. 06 86 92 04 95, sebastien-lefevre2@orange.fr V r.-v.

LE GALLAIS Cuvée du Manoir ★

15000 | 20 à 30 €

1927 : l'arrière-grand-père de l'actuel récoltant achète des terres du célèbre château de Boursault, sur la rive gauche de la Marne. 1998 : Hervé Le Gallais commercialise ses premiers champagnes. En 2015, il transmet à sa fille Charlotte un petit vignoble de 4 ha, clos de murs. Propriété certifiée HVE. (RM)

Né d'un assemblage des 3 cépages champenois dominé par les noirs (90 %, pinot noir et meunier à parité), vieilli 4 ans sur ses lies, un brut sans année léger et vif au nez, acidulé et frais au palais, marqué en finale par une pointe tonique d'amertume. Un champagne d'apéritif. ⧗ 2021-2023

CHAMPAGNE LE GALLAIS, 2, rue Maurice-Gilbert, 51480 Boursault, tél. 06 25 01 73 69, clg@champagnelegallais.com V t.l.j. sf mer. dim. 10h-13h 14h-18h

♥ LEGOUGE-COPIN Réserve ★★★

● | 6000 | 🍾 | 15 à 20 €

Viticulteur comme les générations qui l'ont précédé, Serge Copin crée sa marque en 1962. Sa fille aînée, Jocelyne, épouse de Jean-Marc Legouge, reprend en 1992 l'exploitation, forte d'un vignoble de 5 ha dans la vallée de la Marne et l'Aube. Ces récoltants-coopérateurs font vieillir toutes leurs cuvées 4 ans. Domaine certifié HVE. (RC)

Mi-blancs mi-noirs, ce brut, qui assemble la vendange 2016 avec des vins de l'année précédente, a enchanté nos dégustateurs. Complexe, il mêle des notes beurrées, briochées et grillées avec des arômes de miel d'acacia et de citron. Gourmand et fruité en bouche, il allie l'ampleur et l'étoffe du pinot noir à la vivacité du chardonnay et fait preuve d'une rare longueur. ⧗ 2021-2024 ● **À fleur de note 2012 ★★ (20 à 30 €; 2000 b.)** Un blanc de blancs qui confortera l'excellente réputation du millésime 2012, avec sa robe encore jeune animée d'une bulle active, son nez frais, de belle intensité, déployant toute une gamme d'arômes (notes beurrées, pâtissières, noisette grillée, épices, tabac blond, touches mentholées), et sa bouche gourmande, très vive, sur le fruit blanc, le zeste de citron, la mandarine et le pain d'épice. ⧗ 2021-2026

⊶ CHAMPAGNE LEGOUGE-COPIN, 6, rue de l'Abbé-Bernard, 51700 Verneuil, tél. 03 26 52 96 89, boutique@champagne-legouge-copin.fr V 🚶 🍷 *r.-v.*

ÉRIC LEGRAND Réserve ★

● | 80000 | 🍾 | 15 à 20 €

Rejoint par son fils Édouard en 2014, Éric Legrand cultive depuis 1982 la propriété familiale qui couvre 13 ha dans les vallées de l'Ource et de la Seine (Aube). En 2017, après 4 ans passés en Chine, son second fils, Valentin, est revenu sur l'exploitation pour développer l'export. Deux étiquettes : Éric Legrand et Legrand Frères. (RM)

La maison réunit des sommeliers pour réaliser l'assemblage de ce brut souvent apprécié. La cuvée met en œuvre du pinot noir majoritaire (80 %) et du chardonnay, des années 2017 et 2016 pour cette version. Discrète au nez, elle dévoile en bouche la matière étoffée du pinot, avec de la fraîcheur, du fruit et une légère amertume tonique en finale. ⧗ 2021-2024

⊶ CHAMPAGNE ÉRIC LEGRAND, 39, Grande-Rue, 10110 Celles-sur-Ource, tél. 03 25 38 55 07, eric@champagne-legrand.com V 🚶 🍷 *t.l.j. sf sam. dim. 9h-12h 14h-17h30*

LEGRAS ET HAAS
Chouilly Blanc de blancs 2012 ★★

● Gd cru | 19700 | 🍾 | 50 à 75 €

Brigitte Haas s'établit en Champagne dans les années 1960, fonde une maison en 1983. Elle s'associe avec François Legras, héritier de 4 siècles de tradition vigneronne, pour créer en 1991 cette structure de négoce à Chouilly (grand cru de la Côte des Blancs), transmise à leurs fils Olivier, Rémi et Jérôme. Le vignoble ne compte pas moins de 38 ha, dont 18 à Chouilly, 12 dans le Vitryat et plus de 6 aux Riceys, complété par des achats de vendanges de la vallée de la Marne. (NM)

Dans la lignée du 2008, comme lui riche et frais, avec une bulle généreuse qui anime la robe dorée. Intense et très fin, le nez libère de délicates notes toastées. Plus florale, expressive et nette, la bouche conjugue puissance et finesse et offre une longue finale fraîche et saline. Pour l'apéritif comme pour la table. ⧗ 2021-2026

⊶ LEGRAS ET HAAS, 9, Grande-Rue, 51530 Chouilly, tél. 03 26 54 92 90, info@legras-et-haas.com V 🚶 🍷 *r.-v.*

LÉGUILLETTE ROMELOT
Le Clos du Montdorin 2015 ★★

● | 500 | 🍾 | 50 à 75 €

Laboureurs dans la vallée de la Marne, les Romelot plantent leurs premiers ceps en 1705. Le domaine actuel prend naissance en 1972, après le mariage d'un Léguillette et d'une Romelot, issus de familles de récoltants-coopérateurs. Géré depuis 2017 par Christine Léguillette et certifié HVE, il couvre 8 ha autour de Charly-sur-Marne. (RM)

Issue d'un clos planté en 2007 de petit meslier, de pinot blanc et d'arbanne, cépages champenois d'autrefois, cette cuvée n'a qu'un défaut, ses volumes confidentiels. Intense, mûr, élégant, le nez déploie un large éventail aromatique : la torréfaction, le pain grillé la noisette, le beurre, la crème anglaise, le tabac blond… On retrouve le côté beurré-brioché dans une bouche soyeuse, à la fois onctueuse et acidulée, servie par une longue finale saline et fraîche, sur les agrumes. ⧗ 2021-2025

⊶ LÉGUILLETTE-ROMELOT, Le Mont-Dorin, 15, rte de Villiers, 02310 Charly-sur-Marne, tél. 03 23 82 03 79, info@champagne-leguillette-romelot.com V 🚶 🍷 *t.l.j. sf dim. 10h-12h 14h-17h30;*

PATRICE LEMAIRE 2013 ★★

● | 3000 | 🍾 | 15 à 20 €

Louis Lemaire élabore les premiers champagnes dans les années 1920, avant d'être relayé par Claude en 1950. Patrice, installé en 1987 sur ce domaine situé rive gauche de la Marne est secondé par son fils Aurélien. Il commercialise ses bouteilles sous son nom ou sous celui de son père. Propriété certifiée HVE et pour partie en conversion bio. (RM)

En cette année tardive, humide et fraîche, les chardonnays ont tiré leur épingle du jeu. Vinifié sans levurage et vieilli plusieurs années en cave, ce blanc de blancs s'ouvre sur la vanille, la pêche et la fleur blanche, laissant apparaître un début d'évolution. Dans le même registre, le palais allie une texture soyeuse à une vivacité minérale qui lui donne beaucoup d'allonge. ⧗ 2021-2025 ● **Blanc de blancs Élevé en fût de chêne ★ (20 à 30 €; 4000 b.)** Une cuvée élevée 9 mois en barrique avec bâtonnage, sans filtration. Perceptible en finale, le boisé délicat du fût apporte de la complexité à ce blanc de blancs au nez de fleurs blanches, de citron et de fruit de la Passion, au palais beurré et fruité, bien équilibré entre rondeur et fraîcheur. ⧗ 2021-2025

⊶ CLAUDE LEMAIRE, 9, rue Croix-Saint-Jean, 51480 Boursault, tél. 06 72 45 93 14, champagne.lemaire@wanadoo.fr V 🚶 🍷 *r.-v.*

CHAMPAGNE

FERNAND LEMAIRE 2012 ★★

Gd cru	n.c.	20 à 30 €

Fernand Lemaire devient vigneron en 1903 à Hautvillers, berceau du champagne où officia dom Pérignon. Après Robert, Frédéric lui a succédé en 1984, rejoint par sa fille Hélène. L'exploitation couvre 6,3 ha. (RM)

Né à Hautvillers, ce chardonnay a connu les conditions de maturation optimales de cette année mémorable. Après un repos en cave de plus de 6 ans, il mêle au nez les fleurs blanches, la mangue et des nuances plus mûres, beurrées et toastées, rafraîchies d'une touche mentholée. Du végétal noble et de l'agrume confit s'ajoutent à cette palette dans une bouche d'une grande finesse, fringante et longue. «Il n'a pas pris une ride», conclut un dégustateur. ⧗ 2021-2024

CHAMPAGNE FERNAND LEMAIRE, 88, rue des Buttes, 51160 Hautvillers, tél. 03 26 59 40 44, champagne-lemaire@wanadoo.fr V r.-v.

LEMAIRE PÈRE ET FILS Extra-brut ★

	32000		30 à 50 €

Maison de négoce familiale fondée en 1885 dans le massif de Saint-Thierry, très ancien secteur du vignoble au nord-ouest de Reims. Nicolas Lemaire l'exploite depuis 1993 avec son frère Antoine. Le tandem a ouvert un hôtel et dispose de 14 ha de vignes. Propriété certifiée HVE. (NM)

Les 3 cépages champenois collaborent à cette cuvée peu dosée, qui met en avant les pinots (70 %, dont 55 % de pinot noir) et qui met en œuvre la vendange 2016 et la précédente. Après un repos de 3 ans sur lies, ce champagne séduit par la complexité de sa palette mêlant fruits exotiques (ananas, mangue), pamplemousse, brioche, noisette et tabac blond. Moins expressif en bouche, il conjugue une matière étoffée et une vivacité acidulée. ⧗ 2021-2024

CHAMPAGNE LEMAIRE, 8, rue du Mont-d'Hor, 51220 Saint-Thierry, tél. 03 26 03 12 42, info@mhchampagne.com V r.-v.

MICHEL LENIQUE 2008 ★★

	1600		20 à 30 €

Un Alexandre Lenique, fils d'un chef de cave, fonde le domaine en 1768. Michel Lenique lance son champagne en 1960. Il a passé le relais en 2000 à son fils Alexandre et à sa fille Corinne. La maison a son siège à Pierry, premier village viticole au sud d'Épernay, et le vignoble couvre 7 ha sur la Côte des Blancs et dans la vallée de la Marne. (NM)

Issu de chardonnay majoritaire (70 %) et de pinot noir, ce brut millésimé d'une belle année champenoise avait été dégusté il y a 4 ans. Confirmant son potentiel, il s'est épanoui et garde la fraîcheur caractéristique de l'année. Le nez associe la pêche jaune aux agrumes et à l'ananas. On retrouve les fruits jaunes dans une bouche crémeuse et tonique tout à la fois, à la finale aérienne. L'élégance même. ⧗ 2021-2025 **Blanc de réserve ★ (15 à 20 €; 10000 b.)** Un blanc de blancs juvénile, aux arômes de beurre et de pomme Granny, pomme verte que l'on retrouve dans une bouche équilibrée, à la finale nerveuse. ⧗ 2021-2024

CHAMPAGNE MICHEL LENIQUE, 20, rue du Gal-de-Gaulle, 51530 Pierry, tél. 03 26 54 03 76, contact@champagne-lenique.fr V r.-v.

LEPREUX-PENET La Vie en rose 2014 ★

Gd cru	5000		30 à 50 €

Descendant d'une lignée remontant au règne de Louis XIV, Gilbert-Louis Penet est poussé par la crise des années 1930 à élaborer et commercialiser son champagne. En 2008, la 4e génération, représentée par Virginie Lepreux et François Barbosa, a pris les rênes du domaine : 8 ha à Verzy et Verzenay, 2 grands crus de la Montagne de Reims. (RM)

Rose tendre, un rosé issu du bon pinot noir de la Montagne de Reims et d'une année fraîche qui semble lui avoir réussi : le nez, gourmand et délicat, mêle nuances florales, cerise confite et agrumes; de belle longueur, droite et énergique, la bouche aux arômes de citron et de pamplemousse finit sur une pointe saline. Son côté tonique fera merveille à l'apéritif, ou encore avec des crustacés, du saumon et des viandes blanches. ⧗ 2021-2024

EARL CHAMPAGNE LEPREUX-PENET, 18-20, rue de Villers, 51380 Verzy, tél. 03 26 97 95 52, champagne@lepreux-penet.com V r.-v.

CHARLES LEPRINCE Grande Réserve ★

	100000	15 à 20 €

Fondée en 1955, la coopérative de Mardeuil vinifie 85 ha de vignes, principalement implantées sur les coteaux proches d'Épernay. Elle apparaît avec régularité dans les sélections du Guide, sous différentes marques : Beaumont des Crayères, Comte Stanislas, Charles Leprince, Jacques Lorent. (CM)

Une belle présence pour ce champagne or soutenu, mariant les 3 cépages champenois (meunier 60 %, chardonnay 25 %, pinot noir 15 %) issu de 3 années. Flatteur au nez, assez complexe, fruité et toasté, il se montre gourmand et charnu en bouche, où il déploie des notes de poire, de mirabelle et d'amande. Le dosage lui va bien. ⧗ 2021-2023

CHARLES LEPRINCE, 64, rue de la Liberté, 51530 Mardeuil, tél. 03 26 55 29 40, contact@champagne-beaumont.com V r.-v.

LEQUEUX-MERCIER Extra-brut G4.2 ★

	25000		20 à 30 €

En aval de Dormans, le coteau de Passy-sur-Marne domine les premiers méandres de la rivière à son entrée dans le département de l'Aisne. Rémy Lequeux représente la 4e génération sur le domaine familial qui couvre 7 ha. (RM)

Cette cuvée faiblement dosée (extra-brut) est un blanc de noirs, assemblage de meunier majoritaire et de pinot noir issus de la vendange 2011. Sa robe or rose est parcourue de bulles énergiques qui laissent monter des arômes de chèvrefeuille, de fraise des bois et de menthe. Équilibrée et fruitée, la bouche finit sur une note poivrée. ⧗ 2021-2024

CHAMPAGNE LEQUEUX-MERCIER, 13, rue de Champagne, 02850 Passy-sur-Marne, tél. 03 23 70 35 32, info@champagnelequeuxmercier.fr V r.-v.

LÉTÉ-VAUTRAIN 2013 ★

●	8 000	🍾	20 à 30 €

Exploitation créée dans les années 1960 par Robert Lété et Liliane Vautrain dans la vallée de la Marne, en aval de Château-Thierry. En 2011, leur fils Frédéric a vendu à la maison Baron-Fuenté le domaine, qui couvre 7,5 ha. Propriété certifiée HVE. (RM)

Raisins blancs et raisins noirs (pinot noir et meunier à 25 % chacun) contribuent à parts égales à cette cuvée millésimée. Les seconds apportent des touches de prune et de cerise dans une palette teintée par les premiers de fleurs blanches, de pomme et d'amande douce, le tout complété d'une note de cuir. Le chardonnay (et peut-être la fraîcheur de l'année) contribue à la vivacité du palais, aux arômes d'agrumes et à l'amertume élégante de la finale. ⧗ 2021-2023

⊶ LÉTÉ-VAUTRAIN, 21, av. Fernand-Drouet, 02310 Charly-sur-Marne, tél. 03 23 82 01 97, accueil@baronfuente.com V *t.l.j. sf dim. 8h-18h*

LHEUREUX PLÉKHOFF ★

● Gd cru	n.c.	20 à 30 €

Née en 2002 de l'union de Georges Lheureux et de Stéphanie Plékhoff, cette maison a son siège à Mutigny, près d'Épernay. Elle s'appuie sur un vignoble en propre de 14 ha, exploité pour partie en bio, situé dans une quinzaine de crus différents, dans la Grande Vallée de la Marne, la Montagne de Reims et la Côte des Blancs. (NM)

Des pinots noirs de la Montagne de Reims pour les 2/3, complétés par des chardonnays de la Côte des Blancs. La robe or soutenu, le nez miellé, toasté et évolué, tout comme la bouche flatteuse, dans le même registre, laissent transparaître la forte présence dans l'assemblage de raisins noirs et de champagnes patinés. ⧗ 2021-2024

⊶ CHAMPAGNE LHEUREUX PLÉKHOFF, manoir de Montflambert, rte de Montflambert, 51160 Mutigny, tél. 03 26 52 33 21, contact@manoirdemontflambert.fr V *r.-v.* 5 A

MICHEL LITTIÈRE ★

●	3 500	🍾	15 à 20 €

Marie-Hélène Chaumont a rejoint son père Michel Littière en 1991 avant de prendre en 2004 les rênes de l'exploitation familiale, qui couvre plus de 5 ha sur la rive gauche de la vallée de la Marne. (RM)

Un rosé d'assemblage dominé par le pinot noir (55 %) et le meunier (35 %), avec du chardonnay en appoint. Un apport de vin rouge (16 %) lui donne sa teinte saumon et son expression gourmande, florale (rose) et fruitée, avec une touche fraîche de bourgeon de cassis et une note de bonbon à la fraise. Un champagne vineux et généreux, allégé par une finale acidulée. ⧗ 2021-2023

⊶ MICHEL LITTIÈRE, 15, rue Saint-Vincent, 51480 Œuilly, tél. 03 26 58 30 25, champagne-michel-littiere@orange.fr V *r.-v.*

LOCRET-LACHAUD Cuvée spéciale ★

● 1er cru	10 021	🍾	15 à 20 €

La famille cultivait déjà la vigne en 1750 à Hautvillers, le village où officia dom Pérignon. En 1920, Gaston Locret se lance dans l'élaboration de ses champagnes. Après Jean-Émile et Philippe, Charlotte Locret a pris en 2000 les rênes de l'exploitation, qui compte 7 ha. (RM)

Une robe tendre, saumonée, pour ce rosé d'assemblage qui marie les 3 cépages champenois à parts sensiblement égales (28 % de chardonnay). Discret, le nez s'ouvre à l'aération sur les fruits noirs et les épices. Rejoints par la griotte, les fruits noirs s'affirment dans une bouche nette, vive et élégante, de bonne longueur, teintée en finale d'une pointe d'amertume. ⧗ 2021-2024

⊶ CHAMPAGNE LOCRET-LACHAUD, 40, rue Saint-Vincent, 51160 Hautvillers, tél. 03 26 59 40 20, champagne.locret.lachaud@wanadoo.fr V *t.l.j. 10h-12h 14h-17h; dim. sur r.-v.*

YVES LOISON Réserve ★

●	5 000	🍾	20 à 30 €

La famille cultive la vigne depuis la fin du XIXe s. La marque a été lancée en 1978 par Yves Loison, représentant la 4e génération. Aujourd'hui, son épouse Geneviève, rejointe en 2013 par Clovis, perpétuent l'exploitation, qui dispose de 5 ha de vignes à Prouilly (massif de Saint-Thierry) et à Vandeuil, à l'ouest de Reims. (RC)

Les 3 cépages champenois à parts égales composent cette cuvée qui assemble 3 années, 2015 à 2013. D'abord réservé, le nez s'ouvre sur l'acacia et sur la pêche blanche. Ces arômes s'allient au citron dans une bouche équilibrée et fraîche, marquée en finale par une légère amertume de bon aloi. ⧗ 2021-2024

⊶ CHAMPAGNE YVES LOISON, 22, Grande Rue, 51140 Prouilly, tél. 03 26 48 24 06, champagne.yves.loison@gmail.com V *r.-v.*

LOMBARD Extra-brut ★★

● 1er cru	n.c.	🍾	30 à 50 €

Née en 1925, cette maison de négoce familiale a connu une belle croissance dans les années 1960 avec Philippe Lombard. Elle poursuit son développement depuis 1980 avec Thierry Lombard, petit-fils du fondateur. Sa spécialité : les 1ers et les grands crus, élevés au moins 4 ans en cave, aux dosages faibles.(NM)

Complétés par le chardonnay, les pinots (pinot noir et meunier à parité) représentent 60 % de cette cuvée or pâle. Un champagne à l'expression aromatique flatteuse, beurrée et florale, auquel les raisins noirs prêtent leur structure et leur rondeur, tandis que les blancs lui lèguent leur fraîcheur et leur finesse, sans doute renforcées par un dosage faible. Son élégance fera merveille à l'apéritif ou sur les produits de la mer. ⧗ 2021-2024

⊶ CHAMPAGNE LOMBARD, 1, rue des Cotelles, 51200 Épernay, tél. 03 26 59 57 40, info@champagne-lombard.com V *t.l.j. sf sam. dim. 8h-12h 13h30-17h30*

BERNARD LONCLAS 2013 ★

●	9 200	20 à 30 €

Bernard Lonclas a planté ses premiers ceps en 1974 dans le jeune vignoble de Vitry-le-François, à l'est du département de la Marne, et lancé sa marque en 1976.

Avec sa fille Aurélie, qui l'a rejoint en 2002, il exploite 10 ha de vignes, essentiellement du chardonnay. (NM)
La maison propose souvent des cuvées millésimées de ce brut qui met en avant le chardonnay, complété par 10 % de pinot noir. Les raisins noirs posent une touche de fruits frais et acidulés comme la groseille dans la palette aromatique de ce champagne. Beurré et rond en attaque, net et droit, le palais bénéficie d'une finale fraîche. ⧗ 2021-2024

⊶ CHAMPAGNE BERNARD LONCLAS, chem. de Travent, 51300 Bassuet, tél. 03 26 73 98 20, contact@champagne-lonclas.com V *t.l.j. sf dim. 9h-12h30 13h30-19h*

JACQUES LORENT 2013 ★★

●	29960	20 à 30 €

Fondée en 1955, la coopérative de Mardeuil vinifie 85 ha de vignes, principalement implantées sur les coteaux proches d'Épernay. Elle apparaît avec régularité dans les sélections du Guide, sous différentes marques : Beaumont des Crayères, Comte Stanislas, Charles Leprince, Jacques Lorent. (CM)
Le chardonnay compose presque la moitié (45 %) de cette cuvée 2013, complété par autant de pinot noir et par un appoint de meunier. La robe or vert est parcourue d'un élégant cordon. Complexe, gourmand et évolué, le nez mêle des nuances pâtissières, beurrées et toastées. La bouche, dans le droit-fil, ajoute à cette palette des notes compotées. Sa délicatesse, son dosage juste, sa finale fraîche et longue laissent une impression d'élégance. ⧗ 2021-2024

⊶ SCV CHAMPAGNE BEAUMONT DES CRAYÈRES, 64, rue de la Liberté, 51530 Mardeuil, tél. 03 26 55 29 40, contact@champagne-beaumont.com V *t.l.j. sf sam. dim. 8h30-12h 13h30-17h*

GÉRARD LORIOT Tradition ★

●	23698		15 à 20 €

Issu d'une lignée vigneronne remontant à plus de quatre générations, Représentant la 4e génération de récoltants, Gérard Loriot s'est installé en 1981 et a porté le vignoble familial à 8 ha, répartis sur 52 parcelles dans la vallée de la Marne. En 2009, Florent Loriot, son fils, l'a rejoint. Le domaine s'est équipé d'une nouvelle cuverie en 2014. (RM)
Fort de son élection parmi les *Jeunes Talents du champagne* 2020, catégorie pinot, Florent Loriot a présenté ce brut issu de pur meunier. Nos dégustateurs ont beaucoup apprécié l'élégance et l'intensité de son nez fruité et épicé. Avec sa rondeur chaleureuse et ses arômes de fruits blancs et jaunes compotés, nuancés de notes torréfiées, la bouche, typée du cépage, est plus classique. Un champagne de repas. ⧗ 2021-2023

⊶ CHAMPAGNE GÉRARD LORIOT, 10, rue Saint-Vincent, Le Mesnil-le-Huttier, 51700 Festigny, tél. 03 26 58 35 32, champagne-gerard.loriot@wanadoo.fr V *t.l.j. sf dim. 8h30-12h 13h30-18h*

YVES LOUVET
Extra-brut Millésime d'Anaïse 2015 ★

● 1er cru	3000		15 à 20 €

Une lignée de vignerons qui remonte au XIXes. Installé sur le flanc sud-est de la Montagne de Reims, Frédéric Louvet a succédé en 2004 à son père Yves. Il exploite 12 ha dans 4 villages des environs (dont les grands crus de noirs Bouzy et Louvois), ainsi que dans la Côte des Blancs. (RM)
Reflet d'un millésime solaire et de pinot noir prépondérant (75 %, avec le chardonnay en appoint), cette cuvée en hommage à une aïeule affiche une robe or soutenu et s'ouvre sur les fruits confits, mâtinés à l'aération d'amande et d'herbe sèche. La mirabelle compotée s'invite dans une bouche puissante à la finale saline, fraîche et persistante. Parfait avec des copeaux de parmesan ou avec une volaille. ⧗ 2021-2025

⊶ CHAMPAGNE YVES LOUVET, 21, rue du Poncet, 51150 Tauxières, tél. 03 26 57 03 27, yves.louvet@orange.fr V *r.-v.*

DE LOZEY Blanc de blancs vinifié sous bois ★

●	5000		30 à 50 €

Quatre générations de Cheurlin se sont succédé depuis qu'Edmond a acheté et planté les premières parcelles à la fin du XIXes. Après lui, Raymond (premiers champagnes), Daniel et Philippe. Ce dernier lance la marque De Lozey dans les années 1980. Certifiée HVE, la maison possède 12 ha de vignes en propre dans la Côte des Bar (Aube). (NM)
La vinification sous bois n'écrase pas le chardonnay qui libère des fragrances de fleurs blanches et de miel, nuancées de verveine et d'eucalyptus. La bouche dévoile une belle richesse, en harmonie avec de délicates notes de citron meringué et avec un dosage assez généreux. Une belle fraîcheur d'agrumes en finale apporte équilibre et tonus. Ce champagne harmonieux conviendra aussi bien à l'apéritif qu'à la table. ⧗ 2021-2024

⊶ CHAMPAGNE DE LOZEY, 72, Grande-Rue, 10110 Celles-sur-Ource, tél. 03 25 38 51 34, philippe@delozey.com V *r.-v.*

LUTUN Invitation ★

●	3000		15 à 20 €

Au XVIIIes., on cultivait la vigne à Courtagnon, minuscule village niché près des sources de l'Ardre, dans la Montagne de Reims. En 1952, Fernand Lutun y achète des terres, y reconstitue un vignoble sur un coteau plein sud (6 ha aujourd'hui). Toujours la seule récoltante de la commune, sa petite-fille Aude, ingénieur agricole comme son mari Vincent, l'a repris en 2000. Elle confie sa récolte à la coopérative de Sermiers. Domaine certifié HVE. (RC)
Le chardonnay (60 %), le meunier (30 %) et le pinot noir composent ce brut qui met en œuvre la vendange 2014 et les 2 années antérieures. Un nez frais, entre bergamote et citron vert, et une bouche vive, minérale et longue donnent à ce champagne un profil juvénile. ⧗ 2021-2024

⊶ CHAMPAGNE LUTUN, Ferme du Château, 51480 Courtagnon, tél. 03 26 59 41 33, aude.lutun@wanadoo.fr V *r.-v.*

PASCAL MACHET
Rosé sous bois 2007 ★★

● 1er cru	700		30 à 50 €

Propriété familiale constituée à partir de 1840. Elle dispose d'un vignoble de 3,9 ha implanté à Vaudemange, village situé sur une avant-butte de

la Montagne de Reims, ainsi que dans le secteur de Vitry-le-François et dans l'Aube. Elle commercialise ses bouteilles depuis 1980. Après un parcours dans l'industrie, Landry Machet l'a reprise en 2012. (RC)

Une cuvée confidentielle, assemblage de pinot noir (62 %, dont 20 % vinifié en rouge) et de chardonnay; 40 % des vins séjournent en fût. Trois mots pour résumer ce rosé orangé? Maturité, complexité, équilibre. Au nez, de la cerise kirschée, du fruit noir confituré, des touches acidulées et du tabac blond. En bouche, de l'orange amère et des notes d'élevage (moka, pain d'épice). L'attaque est vive, la finale fraîche et longue, marquée par la touche tonique du pomelo. ⌛ 2021-2024

CHAMPAGNE PASCAL MACHET, 4, rue de Micaillé, 51380 Vaudemange, tél. 03 26 67 96 10, contact@champagnepascalmachet.com V r.-v.

E

MAILLY GRAND CRU Nature 2013 ★

Gd cru	17 950		30 à 50 €

Le terroir pour enseigne, telle est la démarche de cette coopérative fondée en 1929. Pour en être adhérent, on doit obéir à une exigence de taille : n'apporter que des raisins de l'aire de Mailly, grand cru du flanc nord de la Montagne de Reims, où prospère le pinot noir. La cave regroupe 80 viticulteurs qui cultivent 70 ha. (CM)

Un millésime frais et tardif, des vendanges le 8 octobre. La cave en a tiré un brut nature, sans sucres ajoutés après dégorgement. Le pinot noir domine, comme de juste (75 %). Après plus de 6 ans de cave, ce champagne or jaune s'ouvre sur des arômes de maturité, grillés, cacaotés, miellés et balsamiques (résine de pin), avec des touches d'orange confite. Équilibrées par une acidité apaisée, son ampleur et sa générosité justifient l'absence de dosage. ⌛ 2021-2024 **Gd cru Réserve ★ (30 à 50 €; 300 000 b.)** Du pinot noir (75 %) et du chardonnay, 30 à 40 % de vins de réserve. Au nez comme en bouche, une expression séduisante, très fruitée (pêche, mirabelle) et légèrement torréfiée, de la franchise, une agréable minéralité en finale. ⌛ 2021-2025

CHAMPAGNE MAILLY GRAND CRU, 28, rue de la Libération, 51500 Mailly-Champagne, tél. 03 26 49 41 10, contact@champagne-mailly.com V *t.l.j. sf sam. dim. 9h-12h 14h-17h; sam. dim. mai-déc. 11h-17h*

ÉRIC MAÎTRE Sélection ★

	20 000		15 à 20 €

Installé en 1985, Éric Maître perpétue une exploitation familiale qui remonte à 1869. Son vignoble s'étend sur 8,5 ha dans la Côte des Bar, secteur de l'Aube où le pinot noir est roi. (RM)

Un blanc de noirs souvent remarqué. Mariant la vendange 2017 aux 2 années précédentes, cette version offre au nez comme en bouche une belle palette d'arômes légèrement évolués : fruits mûrs, fruits secs et notes pâtissières. Elle séduit par son bel équilibre entre ampleur et fraîcheur. ⌛ 2021-2024

ÉRIC MAÎTRE, 32, Grande-Rue, 10110 Celles-sur-Ource, tél. 03 25 38 58 69, champagne.ericmaitre@orange.fr V *t.l.j. sf sam. dim. 9h-12h 13h30-17h*

B MALARD Extra-brut Cuvée Bio 2016 ★

	10 000		30 à 50 €

Originaire d'Épernay, Jean-Louis Malard a créé sa maison à Aÿ en 1996. Le siège est à Aÿ, tandis que la vaste cuverie et les caves sont situées à Oiry, dans la Côte des Blancs. Ce négoce privilégie les dosages faibles et laisse ses cuvées au minimum 3 ans en cave. (NM)

Les faibles dosages sont bien dans l'esprit «bio». Pour ce millésime «sauvé» par son arrière-saison, les raisins noirs sont majoritaires (pinot noir 50 %, meunier 20 %). Un champagne séduisant par sa vivacité, sa finesse et sa belle expression aromatique : fleur d'oranger, fruits jaunes et exotiques, brioche, complétés en bouche de touches d'amande grillée. ⌛ 2021-2025

CHAMPAGNE MALARD, 23, rue Jeanson, 51160 Aÿ, tél. 03 26 32 40 11, n.nyamsi@marquesetdomaines.com V r.-v.

FRÉDÉRIC MALÉTREZ Réserve ★★

1er cru	68 000		15 à 20 €

Héritier d'une lignée vigneronne remontant au XVIIe s., Frédéric Malétrez reprend l'exploitation familiale en 1982 et commence la vinification deux ans plus tard. Il a porté de 5 à 12,5 ha la superficie de son vignoble qui s'étend autour de Chamery, un 1er cru de la Petite Montagne de Reims, au sud de la cité des Sacres. (RM)

Pinot noir, meunier et chardonnay (36 % pour ce dernier) composent ce brut mariant la vendange 2016 aux 4 années antérieures. Ses atouts : une minéralité perceptible au nez comme en bouche, une fraîcheur tonique, en harmonie avec des arômes de fleurs blanches et d'agrumes. ⌛ 2021-2024

FRÉDÉRIC MALÉTREZ, 11, rue de la Bertrix, 51500 Chamery, tél. 03 26 97 63 92, champagne.maletrez.f@orange.fr V r.-v.

MALLOL-GANTOIS Blanc de blancs Grande Réserve ★

Gd cru	5 000		15 à 20 €

En 2016, Grégory Mallol a pris la suite des 3 générations précédentes, succédant à son père Bernard. Son vignoble de 7 ha est très bien situé, implanté pour l'essentiel à Cramant et à Chouilly, grands crus de la Côte des Blancs, et à Mareuil-sur-Aÿ, 1er cru, où il cultive du pinot noir. Deux étiquettes : Mallol-Gantois et Bernard Gantois. (RM)

Une cuvée souvent appréciée. Pour cette version, la vendange 2016 et la précédente. Reflet d'une évolution flatteuse, sa palette aromatique mêle agrumes confits, miel, touches beurrées, briochées et grillées, complétés au palais de notes de fruits secs, de tisane et de pomme très mûre. Un blanc de blancs puissant et équilibré. ⌛ 2021-2024

MALLOL-GANTOIS, 290, rue du Gal-de-Gaulle, 51530 Cramant, tél. 03 26 57 96 14, champagne.mallol@wanadoo.fr V r.-v.

MANDOIS Blanc de noirs 2015 ★

	32 000		30 à 50 €

En 1735, Jean Mandois devient propriétaire de vignes près d'Épernay. Victor, son arrière-petit-fils, fonde en 1860 la maison dirigée aujourd'hui par la

9e génération. Les Mandois disposent en propre de 37 ha sur les coteaux d'Épernay, la Côte des Blancs et dans le Sézannais. Leurs caves ont été creusées à la fin du XVIIes. sous l'église de Pierry où repose le frère Jean Oudard, qui œuvra comme dom Pérignon dans le vignoble. (NM)

Le pinot noir, seul à l'œuvre dans cette cuvée millésimée, a bénéficié d'un été solaire. Le dosage est mesuré pour un brut. Dans le verre, les reflets orangés d'un blanc de noirs, un nez largement ouvert sur la pêche, la mirabelle et la cerise, puis sur la noisette et l'amande, une bouche à l'unisson, complexe et longue, à la fois crémeuse et fraîche, teintée d'une agréable amertume en finale. ⧗ 2021-2024

⊶ CHAMPAGNE MANDOIS, 66, rue du Gal-de-Gaulle, 51530 Pierry, tél. 03 26 54 03 18, info@champagne-mandois.fr V r.-v.

D. MARC Brut nature ★

●	10000		15 à 20 €

Les Marc sont plusieurs à Fleury-la-Rivière, où leurs ancêtres cultivaient la vigne au début du XVIIes. Installé en 1982, Didier Marc perpétue la tradition, rejoint en 2017 par sa fille Émeline sur les 4 ha du vignoble familial. Il vinifie sans fermentation malolactique pour garder à ses vins beaucoup de fraîcheur et garde ses champagnes au moins 3 ans en cave. Domaine certifié HVE. (RM)

Issue de meunier majoritaire (70 %, avec le chardonnay et le pinot noir en appoint), une cuvée sans sucre ajouté après le dégorgement. Cette version, assez discrète au nez, associe la netteté et la fraîcheur recherchées dans ce style de champagne avec des arômes de petits fruits rouges légèrement compotés signalant la présence des noirs. La finale est marquée par une pointe tonique d'amertume. ⧗ 2021-2024

⊶ CHAMPAGNE DIDIER MARC, 11, rue Dom-Pérignon, 51480 Fleury-la-Rivière, tél. 06 86 76 05 60, champagnedidiermarc@free.fr V *t.l.j. sf dim. 9h-12h 14-18h* B

MICHEL MARCOULT Extra-brut Blanc de blancs Authentique Les Macrêts ★★

●	1000		30 à 50 €

Domaine fondé en 1967 par Michel Marcoult. En 2004, Julien, le petit-fils, a rejoint son père Francis. Leur exploitation couvre près de 10 ha : plus de la moitié dans le Sézannais où la propriété a son siège, le reste dans le secteur de Vitry-le-François et dans la Côte des Bar (Aube). Propriété certifiée HVE. (RM)

Un chardonay né d'une seule parcelle et de la récolte d'une unique année. Ici, 2012, qui fait aussi bien que la vendange précédente. L'élevage en fût des vins de base imprime sa marque, tout comme le faible dosage. À la fois boisée, mûre et fraîche, la palette aromatique mêle l'orange sanguine et les fruits secs (noisette torréfiée, touche de noix). Dans le même registre, le palais apparaît structuré, ample et long, vivifié en finale par une fraîcheur teintée d'agrumes. ⧗ 2021-2024

⊶ CHAMPAGNE MICHEL MARCOULT, 12, rte de Queudes, 51120 Barbonne-Fayel, tél. 03 26 80 20 19, contact@marcoult.com V *r.-v.* B

JEAN MARNIQUET Grande Réserve ★

● 1er cru	32682		15 à 20 €

Fondateur de la marque en 1922, Jean Marniquet fut dans les années 1920 l'un des pionniers de l'aviation, d'où les ailes dorées sur les étiquettes. Son petit-fils, Brice Marniquet, a pris le relais en 1995; il pilote un domaine de 6,5 ha dans la Montagne de Reims, la Grande Vallée de la Marne et la Côte des Blancs. (RM)

Ce brut, qui privilégie le pinot noir (70 %, avec le chardonnay en complément) assemble la vendange 2017 et 50 % de vins de réserve. Sa robe paille dorée est animée de bulles persistantes; son nez flatteur s'ouvre sur des arômes de fruits jaunes que l'on retrouve dans une bouche fraîche et longue. Pour l'apéritif comme pour la table. ⧗ 2021-2024

⊶ CHAMPAGNE JEAN MARNIQUET, 12, rue Pasteur, 51160 Avenay-Val-d'Or, tél. 03 26 52 32 36, contact@marniquet.fr V *r.-v.*

MARQUIS DE POMEREUIL Sélection ★

●	50000		15 à 20 €

L'une des plus anciennes coopératives de la Champagne, fondée en 1922 au village des Riceys, dans l'Aube. Elle dispose des 82 ha de ses adhérents. La marque Marquis de Pomereuil a été lancée dans les années 1970. (CM)

Pinot noir, meunier et chardonnay sont assemblés à parts égales dans ce brut mariant la vendange 2014 à 25 % de vins de réserve. Expressif et bien construit, ce brut s'ouvre d'emblée sur une gamme variée d'arômes : fruits secs (noisette), pain grillé, beurre, fruits noirs, et notes mentholées. Ample, consistant et onctueux, il bénéficie d'une finale fraîche et dynamique. ⧗ 2021-2023

⊶ MARQUIS DE POMEREUIL, 3-5, rte de Gyé, 10340 Les Riceys, tél. 03 25 29 32 24, marquis.de.pomereuil@hexanet.fr V *t.l.j. sf dim. 8h30-12h 14h-18h*

OLIVIER ET LAËTITIA MARTEAUX 2013 ★

●	6800		20 à 30 €

Petit-fils d'un viticulteur et pépiniériste viticole, fils d'un récoltant, Olivier Marteaux s'est installé sur une partie de la propriété familiale en 1998. À la tête de 7,5 ha de vignes réparties sur 8 communes à l'ouest de Château-Thierry, il a créé sa marque en 2009 avec son épouse. (RM)

Ce brut 2013 reçoit la même note que le 2012. Sa composition est identique : 50 % de meunier, 30 % de chardonnay, 20 % de pinot noir. Dans ce champagne équilibré, au dosage très mesuré, on retrouve l'empreinte des noirs : robe jaune doré, nez fruité à souhait (pêche confite, poire, mirabelle, note de fruits à l'eau de vie...), bouche à l'unisson, d'une belle ampleur, à la finale grillée, rafraîchie d'un trait citronné. ⧗ 2021-2024

⊶ CHAMPAGNE OLIVIER ET LAËTITIA MARTEAUX, 6, rte de Bonneil, 02400 Azy-sur-Marne, tél. 06 71 47 26 02, contact@champagnemarteaux.com V *r.-v.*

GUILLAUME MARTEAUX Excellence ★

●	5000		20 à 30 €

À la suite de 4 générations de vignerons, Guillaume Marteaux, petit-fils de pépiniéristes viticoles, s'est

installé en 2003 sur le domaine familial : 8 ha sur le coteau de Bonneil, bel amphithéâtre de vignes dans la vallée de la Marne, en aval de Château-Thierry. La propriété est en conversion bio. À la cave, le minimum de sulfites, pas de fermentation malolactique pour permettre de longs vieillissement et un repos sur lies de 5 ans au moins. (RM)

Les 3 cépages champenois jouent leur partition dans cette cuvée qui associe la récolte 2014 à des vins tirés d'une réserve perpétuelle. Après 6 ans de repos sur lies, ce brut s'ouvre sur des notes de fruits blancs, d'agrumes et de pâtisserie (tarte amandine aux poires) qui s'épanouissent en bouche. Bien équilibré entre rondeur et fraîcheur, de bonne longueur, il est marqué en finale par l'amertume agréable du pamplemousse. ⧗ 2021-2024

EARL GUILLAUME MARTEAUX, 71, Grande-Rue, 02400 Bonneil, tél. 03 23 82 44 25, contact@champagne-mg.fr V r.-v.

P.LOUIS MARTIN ★

	29000		20 à 30 €

Un domaine de 10 ha fondé à Bouzy en 1864 par Paul-Louis Martin, président fondateur de la coopérative de ce village. Si la marque appartient aujourd'hui à la famille Rapeneau, le siège de l'exploitation, où Francine Martin-Rapeneau, descendante du fondateur, et son fils Vincent sont toujours actifs, est toujours dans ce grand cru de la Montagne de Reims. (RM)

Pinot noir (49 %), chardonnay (43 %) et un petit appoint de meunier concourent à cette cuvée au nez charmeur, finement fruité, et à la bouche soyeuse et très fraîche, aux arômes de fruits confits. La finale nerveuse et persistante laisse une impression d'élégance. ⧗ 2021-2024

CHAMPAGNE PAUL LOUIS MARTIN, 3, rue d'Ambonnay, 51150 Bouzy, tél. 03 26 57 01 27, gd@champagneplmartin.com V *t.l.j. sf dim. lun. 10h-12h 14h-18h*

ALBIN MARTINOT
Brut nature Hommage 2012 ★★

	2000		30 à 50 €

Installé en 2005 sur 1,3 ha près de Bar-sur-Seine, Albin Martinot a quitté la coopérative 5 ans plus tard. Il a agrandi le vignoble familial, dont les premiers arpents avaient été achetés par son arrière-grand-père, qui était tonnelier, et dispose à présent de 4,5 ha. (RM)

Un bel hommage au grand-père qui a transmis au vigneron la parcelle de pinot noir à l'origine de ce brut nature né d'un grand millésime. L'ajout de sucre après dégorgement aurait été superflu, à en juger par la structure et la belle tenue de ce 2012. Un champagne vieil or à l'expression gourmande, entre brioche et fruits secs. Ample, vineux et frais à la fois, il laisse une impression de légèreté. « Remarquablement jeune pour un 2012. » ⧗ 2021-2024

CHAMPAGNE ALBIN MARTINOT, Les Roussets, Faubourg-de-Champagne, 10110 Bar-sur-Seine, tél. 06 70 38 15 37, champagne.albin.martinot@gmail.com V r.-v.

D. MASSIN
100 % Pinot noir Cuvée spéciale ★

	30000		15 à 20 €

Les Massin se succèdent sur la propriété depuis 5 générations. Dominique et Rachel lancent leur champagne en 1975. En 2009, Tristan Massin, œnologue diplômé, s'installe aux côtés de sa mère, rejoint en 2013 par sa sœur Céline. Établie dans la Côte des Bar, la structure, certifiée HVE, dispose d'un vignoble de 12 ha principalement composé de pinot noir. Les cuvées vieillissent au moins 3 ans en cave. (NM)

Ce brut assemble la vendange 2017 à des vins de l'année précédente. Le nez apparaît minéral, torréfié et un rien fumé, puis les petites baies du pinot noir fruits rouges, cassis) s'invitent dans une bouche charpentée, gourmande et fraîche, de bonne longueur. Avec sa légère pointe d'acidité, ce champagne sera parfait pour l'apéritif et pourrait accompagner du poisson. ⧗ 2021-2024

CHAMPAGNE D. MASSIN, 2, rue Coulon, 10110 Ville-sur-Arce, tél. 03 25 38 74 97, contact@dominique-massin.com t.l.j. sf dim. 10h-16h

THIERRY MASSIN
Brut nature Blanc vrai La Chevêtrée ★★

	1696		20 à 30 €

Affluent de la Seine, l'Arce suit un cours sinueux dans la Côte des Bar (Aube). Sur ses coteaux, Thierry et Dominique Massin, frère et sœur, cultivent depuis 1974 un vignoble qui compte aujourd'hui 12 ha, dont 9,5 sont consacrés au pinot noir. Thibault et Violaine, leurs enfants respectifs, les ont rejoints. (RM)

« Blanc vrai », ou l'autre nom du pinot blanc, encore cultivé dans l'Aube. Issu d'une seule parcelle de 50 ares vendangée en 2017, il a permis d'obtenir une cuvée non dosée après dégorgement. Un champagne salué pour son expression fraîche et gourmande, sur la pomme et les agrumes, un rien toastée, en harmonie avec une bouche de belle tenue, tonique et fine. ⧗ 2021-2025

Extra-brut Instant M ★ (15 à 20 €; 7767 b.) Issu de pinot noir majoritaire, un blanc de noirs construit sur la vendange 2017 associée aux 2 années précédentes. Nez entre fleurs blanches, pêche et agrumes, bouche sur les fruits jaunes. Un faible dosage lui confère un surcroît de fraîcheur et de finesse. ⧗ 2021-2024

CHAMPAGNE THIERRY MASSIN, 6, rte des Deux-Bar, 10110 Ville-sur-Arce, tél. 03 25 38 74 01, contact@champagnethierrymassin.com V *t.l.j. sf dim. 9h-12h 14h-18h*

RÉMY MASSIN ET FILS Prestige ★

	13800		20 à 30 €

Louis-Aristide Massin, né en 1865, plante les premiers ceps. Rémy lance son champagne en 1974 et transmet le domaine à ses enfants Florence et Sylvère. Avec Cédric arrivé en 2002, rejoint en 2017 par Marion, œnologue, une nouvelle génération de récoltants-manipulants prend le relais et développe l'export. Forte de 20 ha dans les vallées auboises de l'Arce et de l'Ource, l'exploitation est certifiée HVE. (RM)

Assemblés à parts égales, pinot noir et chardonnay ont permis d'obtenir un brut de belle tenue, aux arômes de pêche, de poire et de mirabelle teintés de miel, au palais structuré, frais en attaque, rond et crémeux dans son développement, épicé en finale. Un champagne très équilibré et d'une bonne complexité. ⧗ 2021-2024

CHAMPAGNE RÉMY MASSIN ET FILS, 34, Grande-Rue, 10110 Ville-sur-Arce, tél. 03 25 38 74 09, contact@champagne-massin.com V r.-v.

LOUIS MASSING
Extra-brut Blancs de blancs
Cuvée Terranum ★

Gd cru | 15 000 | | 75 à 100 €

Héritière d'une tradition vigneronne remontant au début du XXᵉs., Estelle Massing, mariée à Jean-Bernard Moroy, est la petite-fille de Louis Massing, fondateur de la maison de négoce. Rejoint par Julien, le fils, le couple dispose en propre de plus de 11 ha dans la Côte des Blancs. (NM)

Ce chardonnay de noble origine a été vinifié pour moitié dans le bois. Le fût apporte de la complexité, ajoutant des notes empyreumatiques (grillées) à sa palette florale (acacia) et fruitée (fruits blancs). La palais charnu tire de son faible dosage une élégance et une finesse aériennes. ⧗ 2021-2024

SAS DEREGARD-MASSING, 118, allée Jules-Lucotte, 51190 Avize, tél. 03 26 57 52 92, champagne.louismassing@wanadoo.fr V r.-v.

MATHELIN Réserve ★

| 50 000 | | 20 à 30 €

L'aventure viticole de la famille Mathelin a débuté en 1791 sur la rive gauche de la Marne. La marque remonte à 1960. Aujourd'hui, Cédric et Aurélien gèrent en famille une exploitation qui couvre 15 ha. Un domaine certifié HVE. (RM)

Réservé aux cavistes et aux distributeurs, ce brut or jaune, issu de noirs majoritaires (meunier 60 %, pinot noir et chardonnay 20 % chacun), montre une bonne tenue dans le temps : bulle toujours active, palette aromatique complexe, reflet d'une évolution élégante (agrumes confits, amande grillée, notes pâtissières, touche de résine), palais charnu et fruité, généreux et long, plutôt dosé mais flatteur. ⧗ 2021-2023

CHAMPAGNE MATHELIN, 4, rue des Gibarts, Village Cerseuil, 51700 Mareuil-le-Port, tél. 03 26 52 73 58, mathelin.champagne@orange.fr V *t.l.j. 9h-12h 13h30-17h30 sam. dim. sur r.-v.* E

MATHIEU-PRINCET
Blanc de Chardonnay ★★

1ᵉʳ cru | 8 000 | | 20 à 30 €

Grauves est situé entre la Côte des Blancs et les coteaux sud d'Épernay. C'est dans ce village que Michel Mathieu et Françoise Princet ont débuté en 1960 leur carrière vigneronne avec à peine 1 ha. En 40 ans, ils ont constitué un domaine d'environ 9 ha. Ils ont réalisé leur projet d'élaborer leurs champagnes et sont aujourd'hui épaulés par leurs filles Sylvie et Véronique, ainsi que par Patrick Lefebvre, responsable d'exploitation. (RM)

«On voit la patte du chef de cave», «dans l'esprit d'un millésimé» : ce blanc de blancs a bénéficié d'un long repos (4 à 6 ans). Or soutenu, il s'ouvre sur un léger grillé et monte en puissance sur des notes de noisette, puis de fruits à l'alcool. Après une attaque vive, il affiche sa richesse et une rondeur soyeuse. Fruits secs grillés, fruits au sirop, les arômes prolongent bien le nez et restent en bouche. Belle alliance en perspective avec une volaille ou du chaource. ⧗ 2021-2024

CHAMPAGNE MATHIEU-PRINCET, 21, rue Bruyère, 51190 Grauves, tél. 03 26 59 73 72, info@mathieuprincet.fr V *r.-v.*

GUY MÉA La Tradition ★

1ᵉʳ cru | 35 000 | | 15 à 20 €

Implantée dans un village de la Montagne de Reims où le marquis de Louvois, ministre de Louis XIV, fit construire par Mansard un château aujourd'hui en grande partie détruit, cette propriété agrandie par Guy Méa élabore du champagne depuis plus d'un demi-siècle. Évelyne Méa-Milesi, qui en avait pris les commandes en 1982, a passé le relais en 2012 à sa fille Sophie Milesi-Moussié, qui officie en cave. Certifié HVE, le domaine couvre 9 ha, notamment à Bouzy et à Louvois. (RM)

Fille de vigneronne devenue elle aussi «champagneuse» (comme elle disait enfant), Sophie Moussié propose une cuvée construite sur la récolte 2017, issue de pinot noir majoritaire (70 %) avec le chardonnay en appoint. Réservé au nez, ce champagne offre tout ce que l'on attend d'un brut sans année : des arômes de fruits frais, un bel équilibre entre rondeur et vivacité et une bonne longueur. Un champagne d'apéritif. ⧗ 2021-2024

GUY MÉA, 8, allée des Dames de France, 51150 Louvois, tél. 06 87 77 72 45, champagne.guy.mea@orange.fr V *r.-v.*

ALAIN MERCIER
Blanc de noirs BLCK ★★

| 3 000 | | 20 à 30 €

Les Mercier se transmettent depuis 4 générations cette exploitation située dans le secteur ouest de la vallée de la Marne : Romain, fils d'Alain, s'est installé en 2010, cent ans après la fondation du domaine. Il cultive un vignoble de 9 ha, avec 3 ha pour chacun des cépages champenois, et commercialise ses cuvées sous plusieurs marques. Ses cuvées vieillissent au moins 3 ans. (RM)

Alors que le meunier domine l'encépagement du secteur, le pinot noir règne sans partage dans ce blanc de noirs or clair, au nez floral, fruité et brioché, qui s'impose en bouche par son équilibre entre rondeur et fraîcheur, par sa longueur et par sa palette aromatique d'une belle richesse : brioche, épices douces, poire, mirabelle, miel et notes kirschées. ⧗ 2021-2024

CHAMPAGNE ALAIN MERCIER ET FILS, 14, rte du Champagne, 02850 Passy-sur-Marne, tél. 03 23 70 35 48, contact@champagne-alain-mercier.fr V *r.-v.*

MERCIER
Blanc de noirs ★★

| n.c. | 20 à 30 €

Maison fondée en 1858 par Eugène Mercier, alors âgé de 20 ans. Pionnier du marketing et de la publicité, il démocratisa le champagne en regroupant plusieurs maisons pour bénéficier de volumes suffisants. Il fit creuser à Épernay un immense réseau de 18 km de galeries que l'on visite à bord d'un petit train. En 1970, Mercier a fusionné avec Moët et Chandon, avant de

rejoindre le groupe LVMH. La maison dispose d'un vaste vignoble de 249 ha. Christophe Bonnefond est son chef de cave. (NM)

Pinot noir majoritaire (80 %) et meunier contribuent à ce brut très régulier en qualité. Un blanc de noirs «consensuel, accessible et pédagogique» selon un dégustateur : bulles fines et énergiques dans une robe or jaune, nez très fruité, entre fruits rouges, pêche, mangue et ananas, bouche généreuse, plus confite que le nez, rappelant la salade de fruits et la pâte de fruits rouges. «Un champagne qui se mange», tant il est gourmand. Une volaille lui irait bien, ou un dessert aux fruits rouges. ⧗ 2021-2024 ● **★ (20 à 30 €; n.c.)** Une robe soutenue à reflets tuilés pour ce rosé issu des 2 pinots. Structuré, riche, gourmand et frais, il rappelle le blanc de noirs par sa présence fruitée. Panier de fruits rouges au nez, il prend des tons plus compotés, confits et pâtissiers en bouche. ⧗ 2021-2024

⊶ MERCIER, 68-70, av. de Champagne, 51200 Épernay, tél. 03 26 51 22 22, contacts@champagnemercier.com V ⚑ ▮ *t.l.j. 9h30-12h 14h-16h30; f. janv.-fév.*

LE MESNIL
Extra-brut Héritage ★★

● Gd cru	n.c.	+ de 100 €

Cette marque appartient à l'Union des propriétaires récoltants, structure coopérative fondée en 1937 au Mesnil-sur-Oger, grand cru de la Côte des Blancs. La récolte, issue de 320 ha, est pressée sur place. Les cuvées restent plus de 3 ans en cave. (CM)

Un blanc de blancs de haute origine, cuvée de prestige en quantité limitée. Il assemble 7 millésimes entre 2007 et 2015. Dans le verre, des reflets dorés et une bulle fine. Complexe et évolué, minéral, le nez d'abord s'ouvre sur le citron confit et les épices, puis s'oriente vers l'univers de la brioche beurrée, du caramel, du toast et de la vanille. Cette palette se confirme dans un palais puissant, minéral et vif, d'une belle élégance. Pour les amateurs de champagnes patinés. ⧗ 2021-2024 ● **Gd cru Mesnil Blanc de blancs ★ (20 à 30 €; n.c.)** Du fruit jaune au nez, une certaine rondeur en attaque, équilibrée par une vivacité qui étire la finale teintée d'agrumes : un blanc de blancs bien construit, offrant la fraîcheur et la finesse attendues de ce type de champagne. ⧗ 2021-2024

⊶ LE MESNIL, 19, rue Charpentier-Laurain, 51190 Le Mesnil-sur-Oger, tél. 03 26 57 53 23, lemesnil@upr.coop V ▮ *r.-v.*

MÉTÉYER PÈRE ET FILS Harmonie rose ★★

●	5000	▮	20 à 30 €

Représentant la 5e génération sur le domaine, constitué en 1860 à partir de 1 ha de vignes, Franck Météyer est installé depuis 1998. Son aïeul a été le premier récoltant de Trélou-sur-Marne à installer son propre pressoir en 1929 et l'actuel récoltant développe l'œnotourisme. Son vignoble s'étend sur la rive droite de la rivière. Les vins de la propriété sont vinifiés sans fermentation malolactique. Exploitation certifiée HVE. (RM)

Meunier, pinot noir et chardonnay assemblés par tiers contribuent au succès de ce rosé décoré de 2 étoiles. Un champagne rose soutenu, au nez subtil et gourmand, panier de framboises, fraises et groseilles, prolongé par un palais élégant, ample et croquant, où les arômes de fruits rouges s'épanouissent avec persistance, soulignés par une finale vive. ⧗ 2021-2024

⊶ MÉTÉYER PÈRE ET FILS, 39, rue de l'Europe, 02850 Trélou-sur-Marne, tél. 03 23 70 26 20, contact@champagne-meteyer.com V ⚑ ▮ *r.-v.*

GUY MICHEL & FILS 2005 ★★

●	8500	20 à 30 €

La famille Michel est installée depuis 1847 au sud d'Épernay, à Pierry. Guy Michel est devenu récoltant-manipulant en 1959. Son fils Benoît, qui lui a succédé en 2004 comme élaborateur, vinifie dans la commune voisine de Moussy. Son vignoble (20 ha) est implanté sur les coteaux sud d'Épernay. (RM)

Pinot noir, meunier et chardonnay (30 % pour ce dernier) composent ce brut millésimé or jaune à l'effervescence fine et au nez fruité et évolué, entre pêche, fruits jaunes confits et cire d'abeille. La brioche s'ajoute à cette palette dans un palais gourmand et vineux. On verrait bien ce champagne à l'apéritif avec des feuilletés au foie gras, une viande blanche ou un poisson en sauce. ⧗ 2021-2023 ● **G. Michel & Fils Cuvée du Connaisseur ★ (50 à 75 €; 2000 b.)** Les raisins ont été pressés il y a 40 ans ! Vendanges 1981, 1982, 1983 (mieux a priori qu'un trio 1991, 1992, 1993), les 3 cépages champenois, vinifiés sans fermentation malolactique, et sans aucun dosage (brut nature). Les dégustateurs ont remarqué le jaune prononcé de la robe, la finesse de la bulle, l'évolution de la palette, très beurrée, briochée et grillée, mâtinée d'une note de cuir. Ils ont apprécié l'équilibre de la bouche, sa franchise. Pour les amateurs de vieux champagnes. ⧗ 2021-2023

⊶ SCEV BENOÎT MICHEL, 31, rue des Prieurés, 51530 Moussy, tél. 06 75 20 78 36, patricia-benoit.michel@orange.fr V ⚑ ▮ *r.-v.*

PIERRE MIGNON
Brut Prestige ★

●	275120	▮	20 à 30 €

Pierre et Yveline Mignon dirigent depuis 1970 le domaine familial implanté dans la vallée du Surmelin, affluent de la Marne, sur la rive gauche. Leur vignoble (pas moins de 18 ha dans la vallée de la Marne, sur les coteaux d'Épernay et la Côte des Blancs) ne suffit pas à leur dynamisme commercial. À l'arrivée de Jean-Charles et Céline, en 2000, la propriété a pris le statut de négociant. Elle a ouvert à Épernay une boutique avec des ateliers «Mets et Vins». (NM)

Deux tiers de noirs (dont 55 % de meunier) pour un tiers de blancs composent ce brut souvent décrit dans ces pages. Sa robe or jaune est animée d'une bulle active, son nez monte en puissance sur des notes fruitées, miellées et briochées, sa bouche montre une ampleur et une générosité soulignées par le dosage, avec une belle fraîcheur pour équilibrer le tout. ⧗ 2021-2024

⊶ CHAMPAGNE PIERRE MIGNON, 5, rue des Grappes-d'Or, 51210 Le Breuil, tél. 03 26 59 22 03, info@pierre-mignon.com V ▮ *t.l.j. sf sam. dim. 9h-12h 13h30-16h45*

JEAN MILAN
Blanc de blancs Symphorine Sélection 2017 ★

● Gd cru | 3000 | | 30 à 50 €

Établis depuis 1864 à Oger, grand cru de la Côte des Blancs, les Milan élaboraient déjà leurs champagnes au XIXᵉs. Caroline et Jean-Charles Milan ont rejoint en 2007 la maison, dont ce dernier a pris les rênes en 2015. Le vignoble en propre compte 5 ha. (NM)

«Zailleux, Beaudure, Barbettes et Chenêts», des noms rustiques pour les 4 parcelles ensoleillées d'Oger où le chardonnay s'est bien tiré d'un millésime compliqué. Encore timide, le nez dévoile une complexité naissante : on respire au-dessus du verre des senteurs grillées, torréfiées, briochées, assorties de notes minérales, mentholées et fumées. L'attaque vive ouvre sur un palais gras et long, marqué en finale par la fraîcheur de l'orange. ⧗ 2021-2025

CHAMPAGNE JEAN MILAN, 8, rue d'Avize-Oger, 51190 Blancs Coteaux, tél. 03 26 57 50 09, info@champagne-milan.com V *oui*

ERIC MILET-GOVIN Tradition ★

● | 13000 | 15 à 20 €

Installé en 2003 sur les vignes familiales, Éric Milet exploite 3,5 ha dans le massif de Saint-Thierry, au nord-ouest de Reims et du vignoble champenois. Il livre sa récolte à la coopérative de Pouillon. Propriété certifiée HVE. (RC)

Les cépages noirs (75 %), meunier en tête (50 %) impriment leur marque sur ce brut construit sur la vendange 2018 : robe or jaune, nez complexe dominé par les fruits mûrs, bouche ronde et équilibrée. Un champagne flatteur et polyvalent, pour l'apéritif comme pour la table. ⧗ 2021-2023

CHAMPAGNE ÉRIC MILET-GOVIN, 25, rue Haute, 51220 Pouillon, tél. 03 26 03 18 26, champmiletgovin@hotmail.fr V *r.-v.*

ALBERT DE MILLY 2013 ★

● | 38000 | | 15 à 20 €

Fils d'Albert Demilly, modeste viticulteur de Mareuil-sur-Aÿ, Alain Demilly crée une entreprise de services, dont les revenus lui permettent d'agrandir son vignoble (12 ha aujourd'hui) et de lancer son champagne en 1994. Il a été rejoint par ses enfants Thomas et Aline. La maison est installée à Bisseuil, à la croisée de la Montagne de Reims, de la vallée de la Marne et de la Côte des Blancs. Ses cuvées vieillissent au moins 4 ans. (NM)

Une cuvée issue des 3 cépages champenois (avec 30 % de chardonnay). Si les dégustateurs y trouvent des arômes évolués de poire mûre, voire macérée dans l'eau-de-vie, ils remarquent aussi la minéralité iodée du premier nez, la consistance du palais, sa vivacité élégante et sa longueur. Une belle image d'un millésime frais. ⧗ 2021-2026

ALBERT DE MILLY, La Maladrie, RD_N°_1, 51150 Aÿ-Champagne, tél. 03 26 52 33 44, contact@demilly.com V *t.l.j. 9h-12h 14h-18h sam. dim. sur r.-v.*

♥ MOËT ET CHANDON
Extra-brut Grand Vintage 2013 ★★★

● | n.c. | 50 à 75 €

L'une des plus anciennes maisons de Champagne, fondée en 1743 par Claude Moët, propriétaire de vignes. Au début du XIXᵉs., son petit-fils Jean-Rémy donne à la société une dimension internationale, avec la complicité de son gendre Pierre-Gabriel Chandon de Briailles. Leurs héritiers ont conforté le succès de la marque, devenue la plus connue et la plus vendue au monde. Aujourd'hui, Moët et Chandon, riche de 1 800 ha de vignes dans 234 crus (dont 50 % en grand cru) et de 28 km de caves, continue son expansion au sein du puissant groupe LVMH. Ses ambitions se sont concrétisées par l'inauguration en 2012, sur le site du Mont Aigu, à Oiry, au bas de la Côte des Blancs, d'une vaste cuverie de style contemporain, qui s'ajoute à ses installations historiques d'Épernay. Benoît Gouez est depuis 2005 le chef de cave. (NM)

Ce rosé millésimé a été plébiscité. Il assemble pinot noir (44 %), meunier (21 %) et chardonnay (35 %). Après un long repos en cave et un faible dosage (extra-brut, 5 g/l), il se pare d'un rose orangé éclatant et libère une palette d'arômes intenses et complexes, où les fruits rouges s'accompagnent de notes toastées et torréfiées évoquant le café, le cacao et les feuilles de thé. Une attaque appétante ouvre sur un palais compoté, toasté et légèrement fumé, dans le droit-fil du nez. Structuré, croquant et persistant, un superbe reflet de ce millésime frais. ⧗ 2021-2024 ● **Rosé Impérial ★★ (30 à 50 €; n.c.)** Le brut non millésimé en rosé naît des 3 cépages champenois, avec un peu plus de raisins noirs. Pour être sans année, ce champagne rose tuilé n'est pas sans caractère. Son expression complexe et originale mêle notes fruitées, fumées et animales. Puissant et consistant, avec de la mâche, il accompagnera un repas. ⧗ 2021-2024

MOËT ET CHANDON, 20, av. de Champagne, 51200 Épernay, tél. 03 26 51 20 20, idesmonstiers@moethennessy.com V *t.l.j. 9h30-11h30 14h-16h30*

PIERRE MONCUIT Blanc de blancs 2008 ★

● Gd cru | 30000 | 30 à 50 €

La lignée remonte à 1889 et l'élaboration du champagne a commencé en 1928 avec Pierre Moncuit. Les enfants de ce dernier, Nicole Moncuit (à la vigne et au chai) et Yves, secondés par Valérie Charpentier, fille de Nicole, dirigent cet important domaine (20 ha). Implantée au cœur de la Côte des Blancs, au Mesnil-sur-Oger, la propriété fait la part belle au chardonnay. (RM)

Après un blanc de blancs 2010 extra-brut, un chardonnay 2008. Un très bon millésime champenois, sauvé par une belle arrière-saison ensoleillée aux nuits fraîches, qui a donné des raisins concentrés et dotés d'une belle acidité. Après de longues années passées en cave et un dosage très mesuré pour un brut, ce blanc de blancs se distingue par son intensité aromatique et par sa vivacité préservée. ⧗ 2021-2024

CHAMPAGNE PIERRE MONCUIT, 11, rue Persault-Maheu, 51190 Le Mesnil-sur-Oger, tél. 03 26 57 52 65, contact@pierre-moncuit.fr V r.-v.

MONDET Tradition ★

● | 10 000 | | 15 à 20 €

Jules Mondet commence à vinifier en 1926. La maison est aujourd'hui gérée par la 4e génération. Elle dispose de 10 ha de vignes, principalement dans les villages de Romery et de Cormoyeux, blottis dans un vallon proche de la vallée de la Marne, non loin d'Hautvillers. (NM)

Pinot noir (80 %) majoritaire et chardonnay des récoltes 2015 et 2014 composent un brut équilibré et flatteur, au nez discret mais agréable, partagé entre abricot confit et notes plus fraîches d'agrumes. Tout aussi fruitée, la bouche montre une souplesse accueillante en attaque, relayée par une fraîcheur acidulée aux accents d'ananas et d'agrumes. Droiture et élégance. ⧗ 2021-2024

CHAMPAGNE MONDET, 2, rue Dom-Pérignon, 51480 Cormoyeux, tél. 03 26 58 64 15, champagne.mondet@wanadoo.fr V *t.l.j. 9h-12h 14h-17h30; dim. sur r.-v.; f. 5-28 août*

SYLVIE MOREAU Racines ★

● | 8 500 | | 15 à 20 €

En 1962, André et Micheline Moreau commencent à replanter des coteaux à Saint-Euphraise, sur le versant nord de la Montagne de Reims proche de la vallée de l'Ardre et de la cité des Sacres. Premiers champagnes en 1973. En 1991, Sylvie Moreau reprend le vignoble. Aujourd'hui, un domaine de 3 ha, certifié HVE, en conversion bio, et une étiquette à son nom. Les cuvées sont vinifiées (séparément) par la coopérative de Courmas, dont le mari de la vigneronne est président. (RC)

Ce brut met en œuvre les 3 cépages champenois en faisant la part belle aux raisins noirs (70 %), meunier en tête (50 %). Les reflets cuivrés de la robe reflètent leur proportion notable. On découvre ensuite un champagne gourmand, charnu, tonique et expressif, sur les fruits jaunes et les agrumes, avec des notes pâtissières. De la franchise et de la présence. ⧗ 2021-2024

CHAMPAGNE SYLVIE MOREAU, 9 ter, rue des tilleuls, 51390 Sainte-Euphraise, tél. 03 26 49 21 69, champagne.sylviemoreau@wanadoo.fr V r.-v.

ODIL MORET
Cuvée Désiré Élevé en fût de chêne 2014 ★★

● | 852 | | 20 à 30 €

Fils et petit-fils de viticulteurs, Odil Moret devient récoltant-manipulant en 1976 à Baye, village proche de la vallée du Petit Morin, entre Côte des Blancs et Sézannais. Son fils Julien l'a rejoint en 1999 et a pris les rênes dix ans plus tard des 5 ha de l'exploitation, qui compte plus de 5 ha. (RM)

Un bel hommage à l'arrière-grand-père qui acquit les vignes, car ce champagne millésimé vinifié en fût, né d'un assemblage de chardonnay (40 %), de pinot noir 40 %) et de meunier, est fort loué. Sa palette complexe reflète un mariage harmonieux du bois et du raisin (fruits secs, boisé vanillé, légères touches toastées, beurre, notes pâtissières, pâte d'amande, fruits blancs confits). Gourmand et précis, le palais tient les promesses du nez, jusqu'à la longue finale teintée d'orange confite. ⧗ 2021-2024

CHAMPAGNE ODIL MORET, 1, rte de Congy, 51270 Baye, tél. 03 26 52 81 65, odil.moret@wanadoo.fr V r.-v.

CORINNE MOUTARD
Cuvée Symphonie 2009 ★

● | 1 500 | | 20 à 30 €

Héritière d'une lignée de viticulteurs bien connue dans l'Aube, Corinne Moutard-Dangin s'est installée en 1985 et commercialise depuis 1998 sa propre marque. Ses champagnes sont élaborés dans l'exploitation familiale située non loin des Riceys. (NM)

Ce brut millésimé reflète avec grâce son année solaire et les pinots noirs, qui représentent les 4/5 de l'assemblage, avec le chardonnay en appoint. D'un or jaune lumineux, il s'ouvre sur la minéralité, puis déploie à l'aération de multiples nuance : mirabelle et abricot confiturés, marmelade d'agrumes, brioche, épices douces. Un rien toastée en finale, la bouche adopte le même registre. Elle bénéficie d'une texture soyeuse et d'une belle fraîcheur acidulée. Un 2009 élégant. ⧗ 2021-2024

CHAMPAGNE CORINNE MOUTARD, 49, Grande-Rue, 10110 Polisy, tél. 03 25 38 52 47, champagnecorinnemoutard@wanadoo.fr V *t.l.j. sf sam. dim. 9h-12h 14h-18h*

MOUTAUX Carte blanche ★★

● | 10 580 | | 15 à 20 €

Installés à Bligny, village niché à mi-chemin entre Bar-sur-Aube et Bar-sur-Seine, Christine et Renaud Fischer ont pris la suite en 2007 de 4 générations de vignerons. Leur domaine couvre 13 ha. (RM)

Ce brut privilégie le chardonnay (79 %, avec le pinot noir en appoint). Deux mots pour le résumer : force et finesse. Le nez tout en fraîcheur mêle fleurs blanches, orange et citron. Gras et suave en attaque, le palais est équilibré par une acidité bien fondue qui donne à l'ensemble élégance et allonge. Apéritif, poissons..., ce champagne aura l'usage d'un blanc de blancs. ⧗ 2021-2024

CHAMPAGNE MOUTAUX, 1, rue des Ponts, 10200 Bligny, tél. 03 25 27 40 25, contact@champagne.moutaux.com V r.-v.

NÉRET-VÉLY
Brut nature Pur chardonnay
La Fûtée Élevé en fût de chêne ★

● | 760 | | 20 à 30 €

Une exploitation familiale constituée en 1945 et transmise en 1980 aux parents de Carole Néret (Néret-Vély). En 2019, Carole Néret a succédé à son père Alain. Son vignoble (5,35 ha) est situé à Festigny, sur la rive gauche de la Marne. Ici, on a parfois recours au cheval pour le travail du sol. (RM)

Très remarqué l'an dernier, un blanc de blancs fermenté et élevé 7 mois sur lies en fût. Aucun sucre n'a été ajouté après le dégorgement (brut nature). La vinification sous bois a ajouté des arômes flatteurs d'amande et d'épices à une gamme florale et fruitée (poire, touche de violette et fruits jaunes en bouche). Rond en attaque, bien structuré, ce champagne formera un bel accord avec un poisson fin cuisiné et avec certains fromages. ⧗ 2021-2025

CHAMPAGNE NÉRET-VÉLY, 333, rue des Sources, Fontaine-au-Bron, 51210 Vauchamps, tél. 03 26 81 66 59, neretvelychamp@orange.fr V *r.-v.*

NICOLO ET PARADIS Cuvée Manoir 2014 ★★★

● | 3700 | | 20 à 30 €

Héritier de 3 générations de vignerons, David Nicolo a pris les rênes en 2011 de l'exploitation familiale fondée en 1951 et repris peu de temps après la maison Camille Paradis et Fils. Sa cave est établie non loin de Bar-sur-Aube, et son vignoble couvre 17 ha dans le village proche de Colombé-le-Sec. (RM)

Né de pinot noir et de chardonnay assemblés à parts égales, ce brut millésimé charme par sa robe lumineuse animée de bulles alertes et surtout par son expression aromatique intense et complexe : aubépine, poire et pêche compotées, épices se rencontrent au-dessus de verre et se prolongent dans un palais alliant puissance et finesse. Soulignée par un trait d'acidité, la finale est d'une rare persistance. De la vivacité pour l'apéritif, et de la matière pour le repas. ⧗ 2021-2024

CHAMPAGNE NICOLO ET PARADIS, 6, rue du Désert, 10200 Arsonval, tél. 03 25 27 30 57, champagne.np@gmail.com V *r.-v.*

CAROLE NOIZET Perle noire ★

● | 7500 | | 15 à 20 €

En 500, saint Thierry fonda au nord-ouest de Reims une abbaye qui fut l'un des berceaux du vignoble champenois et qui donna son nom au village où Carole Noizet est aujourd'hui établie. La récoltante, installée en 2000, représente la 3e génération sur un domaine couvrant environ 7 ha. Elle élabore ses cuvées. (RM)

Or jaune, un pur pinot noir. Plus discret que dans certaines versions antérieures, ce blanc de noirs s'ouvre sur l'acacia et le fruit blanc, arômes que l'on retrouve dans un palais gourmand et frais, de belle longueur. ⧗ 2021-2024 ● **Blanc de blancs ★ (15 à 20 €; 4500 b.)** Un nez aérien, floral et légèrement végétal, «comme des bourgeons qui commencent à fleurir», une bouche flatteuse, un peu ronde. Un style de chardonnay souple et suave qui pourrait se marier avec un plat sucré-salé, voire avec un dessert fruité peu sucré. ⧗ 2021-2024

CAROLE NOIZET, 1, rte de Thil, D330bis, 51220 Saint-Thierry, tél. 03 26 97 77 45, champagnenoizetcarole@gmail.com V *r.-v.* 3

YANICK OLIVIER Blanc de blancs Digitale ★

● Gd cru | 1000 | | 15 à 20 €

Installé en 2002 avec Magali sur l'exploitation familiale, Yanick Olivier a débuté la commercialisation de ses champagnes en 2011. Œnologue, il élabore ses cuvées et se flatte d'être en «artisan vigneron». De fait, il cultive à peine 80 ares - des vignes bien situées, pour l'essentiel à Avize, grand cru de la Côte des Blancs. (RC)

La Coopérative Les Viticulteurs d'Avize vinifie à part des parcelles de récoltants. C'est ainsi que Yanick Olivier, qui œuvre dans cette cave, élabore des cuvées à partir de ses vignes - les cuvées Digitale, avec son empreinte sur l'étiquette, pour signifier qu'il «met la main à la pâte». Ici, un chardonnay mariant la récolte 2016 à des vins des 3 années antérieures. Un blanc de blancs élégant, dosé avec justesse, à la finale fraîche et fruitée, aux arômes de fleurs blanches et d'agrumes. ⧗ 2021-2024 ● **Extra-brut Rosé de saignée Digitale ★ (20 à 30 €; 300 b.)** Du meunier (de Mancy) macéré et assemblée à du chardonnay, une vinification en fût pour ce rosé confidentiel. Ses atouts : un nez mûr, sur le noyau, la cerise au kirsch, la baba au rhum; une bouche tout en fruits rouges frais, d'une agréable vivacité soulignée par le faible dosage. ⧗ 2021-2024

CHAMPAGNE YANICK OLIVIER, 12, rue d'Anjou, 51190 Avize, tél. 06 46 73 53 19, champagne-yolivier@orange.fr V *t.l.j. sf lun. mar. merc. 10h-12h 14h-19h*

CHARLES ORBAN ★

● | 4000 | | 20 à 30 €

Les Orban sont établis dans la vallée de la Marne depuis le XVIIIe s. Vers la fin des années 1950, Charles Orban quitte la coopérative et lance sa marque. L'exploitation (5 ha) est passée en 1997 dans le giron de la famille Rapeneau. (RM)

Issu de raisins noirs majoritaires, dont une partie vinifiée en rouge (pinot noir 55 %, meunier 25 %, chardonnay 20 %), ce rosé saumon foncé affiche sa puissance tout au long de la dégustation : parfums intenses de myrtille et de grenadine, attaque vive, sur les agrumes confits, ouvrant sur un palais structuré de belle longueur. Les arômes gourmands de cerise cuite sont en harmonie avec un dosage généreux. Parfait pour le dessert. ⧗ 2021-2023

CHAMPAGNE CHARLES ORBAN, 44, rte de Paris, 51700 Troissy, tél. 03 26 52 70 05, contact@champagnecharlesorban.com

LUCIEN ORBAN Carte d'or ★

● | 10000 | | 11 à 15 €

À la tête de plus de 6 ha de vignes dans la vallée de la Marne, Hervé Orban dirige depuis 1991 l'exploitation fondée par son grand-père; ses champagnes portent l'étiquette créée par son père Lucien. (RM)

Un blanc de noirs qui met en avant le meunier (90 %). Le cépage majoritaire imprime sa marque dans ce brut à l'expression discrète mais agréable, bien fruitée (pomme, poire, fruits jaunes au nez, avec de l'agrume en bouche), florale et un rien anisée. Frais en attaque, puis plutôt rond, voilà un champagne facile qui séduit par sa netteté et par son dosage parfait. ⧗ 2021-2024 ● **Carte d'or Cuvée de réserve ★ (15 à 20 €; 5000 b.)** Un rosé de noirs à dominante de meunier (90 %). Robe tuilée, nez intense, tout en fruits rouges (cerise), bouche à la fois ample, riche, nette et fraîche. ⧗ 2021-2024

CHAMPAGNE LUCIEN ORBAN, 11, rue du Gal-de-Gaulle, 51700 Cuisles, tél. 03 26 58 16 11, herve.orban@wanadoo.fr V *r.-v.*

♥ BRUNO PAILLARD
NPU Nec Plus Ultra 2008 ★★★

● | 18142 | | + de 100 €

Maison de négoce indépendante créée en 1981 par Bruno Paillard et dirigée depuis 2019 par sa fille Alice. Le fondateur a constitué patiemment un vignoble (environ 30 ha aujourd'hui, répartis dans 16 crus parmi les plus recherchés de la région, tels Le Mesnil-sur-Oger, Oger, Cumières, Verzenay…) et s'est équipé d'une cuverie «hors sol». Il a mis d'emblée l'accent sur le caractère septentrional et crayeux de la Champagne. Toutes les cuvées comptent au moins 20 % de vins vinifiés en fût, leur dosage est très réduit (extra-brut), leur bulle très fine. Le temps d'élevage est 2 à 4 fois plus long que le minimum requis par l'appellation. Le chef de cave est Laurent Guyot. (NM)

Son nom dit l'ambition de cette cuvée de prestige. Née de chardonnay et de pinot noir grands crus à parité, elle fermente en petits fûts de chêne anciens où elle passe 10 mois, puis reste plus de 10 ans sur ses lies. «Quelle délicatesse!» s'exclame un dégustateur après avoir respiré encore et encore ce millésime or à reflets verts. Et d'énumérer ces parfums de pâte d'amande, de praline, d'épices, de réglisse, ces notes balsamiques alliées à des nuances fraîches de bergamote, toute une gamme scellant le mariage du vin et d'un subtil boisé. À l'unisson du nez, la bouche conjugue un gras remarquable et une incroyable énergie. Un champagne de repas pour les amateurs de grands millésimes. ⧗ 2021-2026 ● **Extra-brut Première Cuvée ★★ (30 à 50 €; n.c.)** Une robe saumon pastel pour ce rosé issu de pinot noir (majoritaire) et de chardonnay, avec une forte proportion de vins de réserve, élevé 3 ans sur lies et 5 mois après dégorgement. Au nez, des petits fruits des bois et des notes évoluées de croûte de pain; en bouche, des petits fruits rouges et des nuances florales. Un champagne vif, puissant et long, dont le dynamisme et la finesse sont soulignés par le faible dosage. À servir de l'apéritif au dessert (pourvu que ce dernier soit acidulé, au citron ou la groseille). ⧗ 2021-2025

CHAMPAGNE BRUNO PAILLARD, av. de Champagne, 51100 Reims, tél. 03 26 36 20 22, info@brunopaillard.com

♥ PALMER & CO Blanc de blancs ★★

● | n.c. | | 30 à 50 €

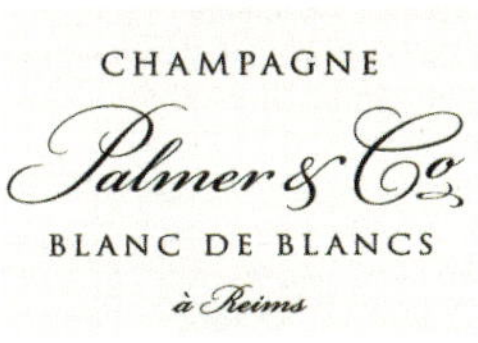

Fondée à Avize en 1947 par 7 vignerons, cette coopérative aujourd'hui installée à Reims a connu un bel essor dans les années 1980. Elle tire son approvisionnement de 430 ha répartis dans une quarantaine de crus – pour l'essentiel situés dans la Montagne de Reims. Palmer est sa marque. Les cuvées vieillissent 3 ans au minimum. (CM)

Élégant, fin, complexe, net et frais, un modèle de blanc de blancs. Il assemble la vendange 2014 aux 2 années précédentes, de bons raisins de la Montagne de Reims et du Sézannais. Animée de bulles persistantes, la robe or pâle est bien typée chardonnay. D'une rare finesse, le nez déploie une gamme fraîche de fruits exotiques (litchi, fruit de la Passion), de fruits blancs et de citron. Papaye, mangue, d'autres fruits tropicaux charnus et un côté beurré s'ajoutent à cette palette dans une bouche franche et longue, qui finit sur l'amertume tonique des agrumes. On rêve d'un plateau de fruits de mer. ⧗ 2021-2024

CHAMPAGNE PALMER & CO, 67, rue Jacquart, 51100 Reims, tél. 03 26 07 35 07, contact@champagnepalmer.fr V r.-v. 5

PANNIER ★

● | 50000 | | 30 à 50 €

En 1899, Louis-Eugène Pannier crée une maison de négoce qui s'installe à Château-Thierry, dans la vallée de la Marne. En 1974, ses héritiers cèdent la marque à la Covama (un groupement de producteurs), ainsi que d'impressionnantes galeries, anciennes carrières creusées au XIIᵉs. Depuis 2010, la coopérative dispose de 730 ha de vignes. Elle s'approvisionne non seulement dans la vallée de la Marne, mais aussi dans la Montagne de Reims et dans la Côte des Blancs. (CM)

Pinot noir (50 %) et meunier (20 %) dominent l'assemblage de ce rosé, où le chardonnay joue aussi sa partition. Après un séjour de 3 ans en cave, ce champagne rose tendre libère des arômes élégants de fruits rouges qui se teintent de nuances plus évoluées de mûre et de pruneau. Une attaque vive ouvre sur un palais fruité de bout en bout, où l'on retrouve l'élégance du nez. ⧗ 2021-2023

CHAMPAGNE PANNIER, 23, rue Roger-Catillon, 02400 Château-Thierry, tél. 03 23 69 51 30, champagnepannier@champagnepannier.com V r.-v.

MICHEL PATOUR Héritage ★★

● | 15000 | | 11 à 15 €

Après Maurice et avant Éric, qui élabore aujourd'hui les cuvées, Michel Patour a conduit (entre 1961 et 1994) l'exploitation familiale établie dans la Côte des Bar depuis plus d'un siècle. Si son fils a lancé un champagne à son nom, certaines cuvées portent le nom de Michel Patour. (SR)

Un assemblage bien aubois : du pinot noir (60 %) et du pinot blanc, ce dernier remplaçant parfois le chardonnay dans la Côte des Bar. Or intense, ce brut s'ouvre largement sur le beurre et les fruits mûrs. Le prélude à une bouche ample et ronde en attaque, fruitée et florale, tendue par une acidité citronnée qui porte loin la finale. Un champagne bien construit et frais. ⧗ 2021-2024

MICHEL PATOUR, 1, rue des Huguenots, 10110 Celles-sur-Ource, tél. 03 25 38 25 33, michel.patour@orange.fr V r.-v.

ERIC PATOUR Cuvée de réserve ★

● | 10000 | | 15 à 20 €

En 1911, les arrière-grand-parents du récoltant manifestent pour que l'Aube soit admise dans l'aire d'appellation champagne. Premiers champagnes Patour

CHAMPAGNE

dans les années 1940. Sur les étiquettes, Maurice, puis Michel, et aujourd'hui Éric, à la tête de l'exploitation depuis 1994. Son vignoble est implanté dans la Côte des Bar. Les marques de Michel et de son fils coexistent. (RM)

Pinot noir et chardonnay se partagent équitablement cette cuvée qui comprend environ 30 % de vins de réserve. Le nez d'abord minéral (pierre à fusil) s'ouvre sur les fruits rouges frais (fraise des bois) du pinot, qui se prolongent en bouche. Les raisins noirs lèguent aussi au palais leur structure et leur rondeur veloutée, tandis que les raisins blancs apportent de la vivacité. Un champagne à la fois intense et subtil. ⧗ 2021-2024

ÉRIC PATOUR, 11, rue du Vivier, 10110 Celles-sur-Ource, tél. 03 25 38 25 33, eric-patour@orange.fr V *r.-v.*

DENIS PATOUX
Cuvée Prestige 2015 ★

● | 3200 | | 20 à 30 €

Viticulteurs depuis plus d'un siècle sur la rive droite de la Marne, les Patoux ont commencé à élaborer du champagne en 1945. Installé en 1976, Denis Patoux dispose d'un vignoble de 8,5 ha qui s'est beaucoup agrandi ces vingt dernières années grâce à des plantations nouvelles. Domaine certifié HVE. (RM)

Il succède au 2012, très remarqué, et n'est pas mal du tout. L'assemblage du 2015 comporte plus de pinot noir (60 %) et un peu moins de chardonnay (30 %), le meunier faisant l'appoint. D'abord discret, le nez s'ouvre sur la brioche, les fruits blancs ou jaunes, dans des tons confits. On retrouve le fruit jaune dans un palais vif en attaque, bien structuré, servi par une finale fraîche et assez longue, aux accents d'agrumes confits. ⧗ 2021-2025

CHAMPAGNE DENIS PATOUX, 1, rue Bailly, 51700 Vandières, tél. 03 26 58 36 34, denis.patoux@wanadoo.fr V *r.-v.*

GHISLAIN PAYER ET FILLE
Extra-brut 2013 ★★

● | 2500 | | 20 à 30 €

Viticulteurs depuis 1854, établis dans un vallon proche de la vallée de la Marne, les Payer se flattent de figurer parmi les vingt-quatre fondateurs de la Coopérative régionale des vins de Champagne en 1962, qui élabore encore deux de leurs cuvées, même s'ils sont devenus récoltants-manipulants. Ghislain Payer a transmis en 2019 le vignoble de 4 ha à sa fille Élise. (RM)

Le 2008 de cet extra-brut millésimé avait obtenu un coup de cœur. Le 2013 est comme son devancier : mi-blancs mi-noirs (avec 41 % de pinot noir et 9 % de meunier). Chaque cépage joue sa partition dans ce champagne complexe, au nez minéral (pierre à fusil), fruité et évolué (pêche et abricot confits, miel, pain toasté). On retrouve en bouche la marque des pinots dans des notes gourmandes de fruits rouges et celle du chardonnay dans une belle vivacité qui étire la finale teintée d'agrumes confits. ⧗ 2021-2024

CHAMPAGNE GHISLAIN PAYER ET FILLE, 18, rue des Longs-Champs, 51480 Fleury-la-Rivière, tél. 06 30 44 66 11, contact@champagne-ghislain-payer.com V *r.-v.*

CHRISTIAN PÉLIGRI Réserve ★

● | 25000 | | 11 à 15 €

Colombey-les-Deux-Églises, où séjourna et mourut le général de Gaulle, est un des lieux de mémoire du pays. On sait moins que cette commune de la Haute-Marne est incluse dans l'aire d'appellation champagne (il n'y en a que deux dans ce département). Christian et Sylvie Péligri se sont installés en 1988 dans l'ancienne coopérative laitière du village qu'ils ont transformée en cave. Au fil des ans, le domaine s'est agrandi. Il compte aujourd'hui 13 ha. (RM)

Le chardonnay règne sans partage dans ce brut qui assemble la récolte 2019 avec des vins de l'année précédente. Deux belles vendanges pour un champagne très fruité, structuré et équilibré, de belle longueur, au dosage assez généreux. ⧗ 2021-2025

CHRISTIAN PÉLIGRI, 60, RD_619, 52330 Colombey-les-Deux-Églises, tél. 03 25 01 52 74, christian.peligri@wanadoo.fr V *t.l.j. 9h-18h; dim. sur r.-v.*

JEAN-MICHEL PELLETIER
Blanc de blancs Cuvée confidentielle ★

● | 1000 | | 20 à 30 €

Héritier de 3 génération de vignerons, Jean-Michel Pelletier a pris en location en 1982 des vignes familiales dans la vallée de la Marne et porté la superficie de son domaine à près de 5 ha. Œnologue diplômé, il participe aux assemblages à la coopérative de Passy-Grigny où sont élevés ses champagnes. (RC)

À Passy-Grigny, le chardonnay est le cépage le moins cultivé, d'où le nom de cette cuvée, qui mobilise la vendange 2015 et 30 % de vins de réserve. Un blanc de blancs bien typé. Or pâle, il mêle au nez fleurs blanches, beurre et agrumes, avec des nuances de brioche et de poire au sirop. Frais en attaque, puis ample et rond avec élégance, sur des notes de miel et de fruits secs, il est marqué en finale par une amertume tonique. De la matière et de la finesse. ⧗ 2021-2024

JEAN-MICHEL PELLETIER, 22, rue Bruslard, 51700 Passy-Grigny, tél. 03 26 52 65 86, champagnejmpelletier@wanadoo.fr V *r.-v.*

ALEXANDRE PENET Extra-brut Ex Ante ★★

● | 100000 | | 20 à 30 €

Ingénieur et œnologue descendant d'une lignée de vignerons remontant à quatre siècles, Alexandre Penet conduit depuis 2009 l'exploitation familiale : 6 ha de vignes implantées sur les coteaux de Verzy et de Verzenay, grands crus de la Montagne de Reims. Il a lancé en 2011 une activité de négoce. Toutes ses cuvées sont nature ou extra-brut. Deux étiquettes : Alexandre Penet et Penet-Chardonnet. (NM)

« Ex ante » ? « Avant, au préalable », en latin. Le nom choisi par Alexandre Penet pour cette cuvée, qu'il destine à l'apéritif. Un brut sans année issu des 3 cépages champenois, meunier en tête (40 %, avec les pinot noir et chardonnay à parité). À la robe or intense répondent des arômes riches et gourmands de fruits bien mûrs et de cerise confite que l'on retrouve dans une bouche ample et puissante, aussi ronde que longue. Harmonieux, vineux et complexe, un champagne parfait pour un apéritif dînatoire. ⧗ 2021-2023 ● **Gd cru**

Penet-Chardonnet Extra-brut TerroirEscence ★ (30 à 50 €; 10 000 b.) Un champagne issu d'une sélection parcellaire dans les vignes en propre de la maison (Verzenay et Verzy) et né de pinot noir majoritaire (70 %, avec le chardonnay en appoint). Vinifié en fût et vieilli au moins 6 ans en cave, il est salué pour sa complexité (fruits exotiques, fruits confits, agrumes, léger boisé toasté, noisette grillée). Ample et structuré, à la fois chaleureux et vif, il pourra accompagner un repas. 2021-2025

CHAMPAGNE ALEXANDRE PENET, 12, rue Gambetta, 51380 Verzy, tél. 03 51 00 28 80, contact@lamaisonpenet.com V *r.-v.*

JEAN PERNET
Blanc de blancs Prestige ★

Gd cru	5112	20 à 30 €

Un ancêtre de Christophe et de Frédéric Pernet cultivait la vigne au début du XVII^e^s. Le tandem dirige aujourd'hui une petite maison de négoce forte d'un vignoble de 16 ha répartis entre Côte des Blancs, vallée de la Marne et coteaux d'Épernay. Deux étiquettes : Jean Pernet et Camille Jacquet. (NM)

Du chardonnay de noble origine (Le Mesnil-sur-Oger), resté 48 mois sur ses lies puis 6 mois en cave après dégorgement. Assez discret dans son expression aromatique, un brin évolué, un blanc de blancs plutôt suave, dont on apprécie la texture fondue et la finale bien fraîche. 2021-2024

CHAMPAGNE JEAN PERNET, 6, rue de la Brèche-d'Oger, 51190 Le Mesnil-sur-Oger, tél. 03 26 57 54 24, champagne.pernet@orange.fr V *r.-v.*

PERRIER-JOUËT Belle Epoque 2012 ★

n.c.		+ de 100 €

Maison fondée sous le Premier Empire (1811) par Pierre-Nicolas Perrier, bouchonnier d'Épernay propriétaire de vignes, et par Adèle Jouët. Leur fils, Charles, développa l'affaire, notamment vers l'Angleterre où elle devint fournisseur de la reine Victoria. La maison se flatte d'avoir élaboré le premier champagne brut (1854) et figure aussi parmi les précurseurs en matière de vins millésimés. Devenue en 2005 l'un des fleurons du géant Pernod-Ricard, elle s'appuie sur un vignoble de 65 ha (à Cramant et à Avize, en Côte des Blancs à Mailly dans la Montagne de Reims, à Aÿ et à Dizy dans la Grande Vallée de la Marne). Le chardonnay est très présent dans ses cuvées. Sérigraphiées sur la bouteille, les anémones Art nouveau dessinées en 1902 par Émile Gallé ornent depuis 1964 la cuvée millésimée Belle Époque. Hervé Deschamps a laissé les clés de la cave en 2020 à Séverine Frerson qui travaillait déjà à ses côtés. (NM)

La cuvée de prestige de la maison. Pour le 2012, le chardonnay (45 %) laisse la préséance au pinot noir (50 %) – des raisins issus de grands crus (avec une goutte de meunier). Après un repos de plus de 6 ans, ce champagne ne ternira pas la réputation du millésime. Parcourue de bulles fines et actives, la robe or montre encore des reflets verts. Le nez élégant déploie des notes fruitées, vanillées et pâtissières, nuancées d'arômes plus mûrs de sous-bois, d'éclair au café et de cacao. Cette complexité se retrouve dans une bouche concentrée, dense et généreuse, pleine de mâche, tendue par une fine acidité. Déjà harmonieux, ce 2012 devrait évoluer avec grâce. 2021-2026

CHAMPAGNE PERRIER-JOUËT, 28, av. de Champagne, 51200 Épernay, tél. 03 26 53 38 00, bastyem-vandrille@pernod-ricard.com r.-v.

DANIEL PERRIN 2008 ★★★

14 380		15 à 20 €

Daniel Perrin reprend en 1957 le vignoble familial et devient récoltant-manipulant. Aujourd'hui, son fils cadet Christian exploite 14 ha à Urville, près de Bar-sur-Aube. (RM)

Le domaine s'est signalé par de très bons bruts millésimés. Mi-chardonnay mi-pinot noir, le 2008 a particulièrement charmé les dégustateurs. Sa robe or jaune s'anime de cordons persistants formant une mousse fine. Son nez dévoile à l'aération une gamme d'arômes complexes : fleurs blanches, fruits à noyau, notes briochées et toastées, épices douces. Le fruit jaune s'invite dans une bouche structurée, ample sans lourdeur, acidulée et persistante. De la finesse et de la jeunesse. 2021-2026

CHAMPAGNE DANIEL PERRIN, 40, rue des Vignes, 10200 Urville, tél. 03 25 27 40 36, info@champagne-perrin.fr V *r.-v.*

PERROT-BATTEUX ET FILLES
Blanc de blancs Hélixe 2013 ★

1er cru	3 296		20 à 30 €

En 1985, Gervais et Maryline Perrot-Batteux font l'acquisition d'un pressoir et commencent à commercialiser leur récolte. Après avoir travaillé pour plusieurs maisons, leur fille Cynthia Vigneron-Perrot les rejoint en 2006 et reprend le domaine en 2013; sa sœur Céline collabore à la promotion. La famille exploite 5 ha dans la partie sud de la Côte des Blancs. (RM)

Tardif et frais, un millésime compliqué, plutôt favorable au chardonnay. Ce blanc de blancs libère au nez des nuances de grillé, tandis qu'il se montre plus fruité (pomme verte), beurré et vanillé au palais. On apprécie sa fraîcheur saline qui porte loin la finale. 2021-2024

CHAMPAGNE PERROT-BATTEUX ET FILLES, 62, av. des Comtes-de-Champagne, 51130 Bergères-lès-Vertus, tél. 09 66 91 96 75, perrot.batteux@orange.fr V *r.-v.*

BRUNO ET GRÉGOIRE PERSEVAL
Grande Cuvée 2013 ★

1er cru	2 000		15 à 20 €

Héritier d'une lignée remontant à 1625, Bruno Perseval a pris les rênes en 1988 du domaine familial. Il exploite avec son fils Grégoire un vignoble de 2,6 ha entièrement situé à Sacy, dans la partie ouest de la Montagne de Reims, à deux pas de la Cité des Sacres. Propriété certifiée HVE. (RM)

Issue de pinot noir et de chardonnay à parité – des raisins vendangés en 2013 – cette cuvée reste 5 ans en cave. Elle retire de ce long séjour une expression aromatique complexe (fruits mûrs, noisette, vanille, tabac blond) qui témoigne d'une heureuse évolution. La figue, le coing, l'abricot sec, le cacao et des touches fumées viennent compléter cette gamme généreuse dans une bouche structurée à la texture veloutée. On verrait bien ce champagne avec une volaille de fête. 2021-2024

BRUNO PERSEVAL, 13, rue des Sources, 51500 Sacy, tél. 03 26 49 23 84, bruno.perseval@champagne-perseval.fr V r.-v.

TH. PETIT Extra-brut Cuvée Prestige 2008 ★★★

Gd cru	1500	30 à 50 €

Pour échapper aux ravages de la crise de 1929, Théophile Petit commercialise son champagne. Son fils André prend la relève en 1948 et, profitant des Trente Glorieuses, porte le vignoble de 1 à 6,3 ha. Sa nièce Bénédicte Bérard-Meuret gère depuis 1995 le domaine situé dans la Montagne de Reims. Si elle confie sa vendange à l'Union Champagne, elle a commencé en 2018 à élaborer des cuvées. (RC)

Septembre 2008 en flacon, ses journées radieuses et ses nuits fraîches. Du chardonnay et du pinot noir à parité, 1 500 bouteilles remuées sur pupitre, à l'ancienne. Or pâle, ce champagne offre au nez comme au palais une expression encore jeune, entre acacia et fruits blancs, nuancés de toast beurré et d'amande grillée. Consistant, net et vif, énergique avec élégance, marqué en finale par une pointe d'amertume tonique, il reflète la fraîcheur du millésime, mise en valeur par un faible dosage. ⧗ 2021-2025

CHAMPAGNE TH. PETIT, 11, rue Colbert, 51150 Ambonnay, tél. 06 83 17 53 46, champagneth.petit@wanadoo.fr V r.-v.

DANIEL PÉTRÉ ET FILS
Sur Mont Coppée L'Atypique 2018 ★

	1292		30 à 50 €

Héritier de 7 générations de vignerons, Etienne Pétré a pris en 2012 la suite de Daniel et de Marie-Christine. Il est devenu récoltant-manipulant. Avec ses employés, il travaille en fonction des rythmes lunaires. Il exploite plus de 18 ha à Ville-sur-Arce et à Essoyes, dans l'Aube. (RM)

Étienne Pétré revendique la qualité de «vigneron artisan». Il introduit la musique dans l'élaboration de ses vins et n'hésite pas à vinifier des cépages anciens, comme dans cette cuvée les pinot blanc (40 %), pinot gris (33 %), petit meslier (19 %) et arbanne issus d'un lieu-dit. Autre originalité, le millésime, un 2018 (belle année), tout juste sorti de cave, après les 3 ans requis pour un millésimé. Un blanc de blancs «atypique», juvénile dans son expression (fleurs blanches, amande verte, agrumes, fruits blancs, fruits exotiques, beurre léger), frais et aromatique au palais, à la finale saline. ⧗ 2021-2024

DANIEL PÉTRÉ ET FILS, 2, chem. de la Voie-aux-Chèvres, 10110 Ville-sur-Arce, tél. 03 25 38 77 23, contact@champagne-petre.com V *t.l.j. 9h-12h 14h-17h*

JACQUES PICARD Extra-brut Art de Vigne 2007 ★

	5000		30 à 50 €

En 1950, Roger Picard plante des vignes sur les flancs du mont de Berru, qui s'élève dans la plaine, à l'est de Reims. Son fils Jacques lance son champagne. Sylvie et Corinne, filles de Jacques, José Lievens, son gendre, rejoints par Fiona Lefebvre, 4e génération, conduisent aujourd'hui la propriété, en conversion bio : 17 ha, à Berru, Avenay-Val-d'Or et Montbré. Plusieurs étiquettes : Jacques Picard, Corinne Picard, Henri de Berr. (RM)

Majoritaire dans le mont de Berru, le chardonnay compose 60 % de cette cuvée, complété par les 2 pinots à parts égales. «Une expression fidèle à 2007, pour les amateurs de champagnes vigoureux», écrit-on à propos de ce millésime vinifié en fût de chêne. Robe vieil or, parcourue d'une bulle toujours alerte, nez riche, entre notes briochées et fruits exotiques bien mûrs, bouche vive en attaque, généreuse et persistante, d'une belle complexité, mise en valeur par le faible dosage. ⧗ 2021-2024

CHAMPAGNE JACQUES PICARD, 12, rue du Luxembourg, 51420 Berru, tél. 03 26 03 22 46, champagnepicard@aol.com V *t.l.j. 9h-12h 14h-17h30: sam. dim. sur r.-v.*

SERGE PIERLOT Prestige 2012 ★

Gd cru	3000		20 à 30 €

Créé dans les années 1930 dans la commune d'Ambonnay, grand cru situé sur le flanc sud de la Montagne de Reims, ce domaine de 4 ha est aujourd'hui conduit par Agnès Pierlot et ses filles Lucie et Marie, qui représentent les 3e et 4e générations de récoltants-coopérateurs. (RC)

Une belle année et de beaux terroirs (grand cru) pour ce brut millésimé qui tire d'une forte proportion de pinot noir (61 %, avec du chardonnay en complément) ses arômes de griotte, de cassis et de mûre confiturés, nuancés de brioche, et sa bouche puissante et structurée, plutôt suave, rafraîchie en finale par un trait de zeste d'orange. ⧗ 2021-2024

CHAMPAGNE SERGE PIERLOT, 10, rue Saint-Vincent, 51150 Ambonnay, tél. 03 26 57 01 11, champagne.serge.pierlot@wanadoo.fr V *r.-v.* 4 E

PIÈTREMENT-RENARD
Raisons Vieilles Vignes 2013 ★★

	4000	30 à 50 €

Domaine créé en 1919 par Fernand Renard sur les bords du Petit Morin, entre Côte des Blancs et Sézannais, repris en 1992 par son descendant Emmanuel Piétrement, également président de la coopérative locale. Le vignoble s'étend sur 10 ha à Villevenard et sur différents coteaux du Sézannais. Propriété certifiée HVE. (RC)

Les cuvées du domaine ont été rebaptisées. Celle-ci est un brut millésimé qui assemble à parts égales pinot noir, meunier et chardonnay. Fleurs blanches et fruits mûrs composent un nez flatteur, complexe et gourmand. On retrouve les fruits mûrs dans une bouche précise, structurée et longue, à la fois riche et saline. Pour l'apéritif comme pour la table. ⧗ 2021-2024

CHAMPAGNE PIÉTREMENT-RENARD, 30, rue des Hauts-de-Saint-Loup, 51270 Villevenard, tél. 03 26 52 83 03, contact@champagne-pietrement-renard.com V *t.l.j. sf dim. 9h-12h 14h-18h*

PINOT-CHEVAUCHET Brut nature ★

	3000		20 à 30 €

Comptable dans une première vie, Didier Chevauchet exploitait l'hectare et demi familial en parallèle. Au milieu des années 2000, il quitte son emploi salarié,

achète des vignes, en loue d'autres et s'installe sur 4 ha, près d'Épernay. Sa récolte est pressée en coopérative et ses bouteilles sont commercialisées après un vieillissement de 5 ans minimum. Propriété certifiée HVE. (RC)

Non dosé, issu des récoltes 2012 et 2011, ce rosé comporte une forte proportion (50 %) de chardonnay, complété par le meunier et le pinot noir. Il laisse d'emblée une impression agréable de légèreté, avec sa teinte pâle, œil-de-perdrix, son nez mariant notes beurrées briochées, chèvrefeuille, bergamote et de pêche blanche et son palais dans le droit fil, délicat et tonique, entre subtilité florale et fraîcheur d'agrumes. Il pourra accompagner poisson et crustacés. ⧗ 2021-2024

CHAMPAGNE PINOT-CHEVAUCHET, 2, rue Prelot, 51530 Moussy, tél. 06 88 33 52 32, pinot.chevauchet@orange.fr V r.-v.

PIPER-HEIDSIECK 2014 ★

● | n.c. | | 30 à 50 €

À l'origine de cette marque, Florens Louis Heidsieck. Arrivant en Champagne en 1777 de sa Westphalie natale pour faire fortune dans le commerce de la laine, il s'intéresse bien vite à l'autre richesse locale, appelée à un avenir plus durable, et fonde son négoce de vins en 1785. La maison est à l'origine de toutes les maisons Heidsieck de Champagne, notamment Charles Heidsieck, la société sœur. Quant à la maison Piper-Heidsieck, elle résulte de l'association de Christian Heidsieck, neveu du fondateur, avec Henri-Guillaume Piper. Le groupe EPI, spécialisé dans le luxe, est aujourd'hui le propriétaire de ces négoces prestigieux. (NM)

Le 2014 associe pinot noir (55 %) et chardonnay à parts sensiblement égales. Ses atouts sont nombreux : une robe or intense parcourue de bulles dynamiques, un nez bien ouvert et agréable sur des notes fruitées, briochée, toastées et grillées (amande, noisette et sésame), nuancées d'une touche de zeste d'agrumes, une attaque vive et tonique, saline, ouvrant sur un palais fondu, légèrement beurré, frais de bout en bout, aux arômes persistants d'agrumes. ⧗ 2021-2026

CHAMPAGNE PIPER-HEIDSIECK, 12, allée du Vignoble, 51100 Reims, tél. 03 26 84 43 00, contact.piperheidsieck@champagnes-ph-ch.com

GASTON POITTEVIN ★

● 1er cru | 12648 | | 11 à 15 €

Entre les deux guerres, un Gaston Poittevin fut député de la Marne et président du Syndicat des vignerons. Son arrière-petit-fils, prénommé lui aussi Gaston, exploite 5,8 ha à Cumières, 1er cru de la Grande Vallée de la Marne. Dans sa cave, on pratique encore le remuage à la main. (RM)

Issu de la vendange 2015 complétée par des vins de l'année précédente, ce 1er cru est un blanc de noirs issu de pinot noir majoritaire. Sans être d'une grande corpulence, il a tiré des raisins noirs une expression fruitée gourmande (fruits jaunes) et une rondeur flatteuse. Pour l'apéritif ou le début du repas. ⧗ 2021-2024

CHAMPAGNE GASTON POITTEVIN, 129, rue Louis-Dupont, 51480 Cumières, tél. 03 26 55 38 37, gaston.poittevin@wanadoo.fr V r.-v.

CHRISTOPHE POMMELET Grande Réserve ★★

● | 1000 | | 15 à 20 €

Installé en 1988 sur les 5,5 ha de l'exploitation familiale située dans la vallée de la Marne, Christophe Pommelet représente la 4e génération sur le domaine. Son fils l'a rejoint en 2010. (RM)

Salué l'an dernier, ce brut Grande Réserve plaît toujours autant. Le chardonnay (80 %) et le meunier, issus pour cette version des années 2016 et 2015, composent un brut à l'expression intense, dominée par les fruits jaunes, et à l'équilibre remarquable entre rondeur et fraîcheur. ⧗ 2021-2024 ● **★★ (15 à 20 €; 11000 b.)** Pour le brut sans année de la propriété, du meunier dominant (80 %) assemblé au chardonnay, la récolte 2017 complétée par des vins de la vendange précédente. Robe or blanc, nez minéral, salin, bouche fraîche et longue, aux arômes gourmands de fruits blancs. De l'élégance. ⧗ 2021-2024

CHAMPAGNE CHRISTOPHE POMMELET, 5, rue Cuirasse-Bretagne, 51480 Fleury-la-Rivière, tél. 03 26 58 62 34, champchristophe.pommelet@gmail.com V r.-v.

POTEL-PRIEUX Grande Réserve ★

● | 20000 | | 15 à 20 €

Charles Potel, qui vivait en 1640, semble être le premier vigneron d'une lignée qui aboutit à François Potel, à la tête du domaine entre 1997 et 2016. Depuis cette date, Béatrice Lamiraux gère la propriété située sur la rive droite de la Marne. (RM)

Les 3 cépages champenois (pinot noir 50 %, chardonnay 30 %, meunier 20 %) composent ce brut harmonieux. À la robe vieil or répondent les arômes de fruits jaunes mûrs, de miel et de torréfaction du nez. La suavité du caramel au lait s'ajoute à cette gamme dans un palais ample et rond, équilibré par une fraîcheur bienvenue. ⧗ 2021-2024

CHAMPAGNE POTEL-PRIEUX, 10, rue de Champagne, 51480 Venteuil, tél. 06 80 62 78 07, potel.prieux@wanadoo.fr V r.-v.

YANNICK PRÉVOTEAU Héritage ★

● | 25000 | | 15 à 20 €

Transmise depuis 5 générations, une exploitation familiale établie à Damery, sur la rive droite de la Marne, non loin d'Épernay. Depuis 1996, Yannick Prévoteau met en valeur le domaine : 10 ha de vignes réparties dans 9 terroirs et 63 parcelles. Propriété certifiée HVE. (RM)

Les 3 cépages champenois (chardonnay 30 %) font presque jeu égal dans ce brut né de la récolte 2018 complétée par 40 % de vins de l'année précédente. Il en résulte une robe très dorée et une palette plutôt évoluée – fleurs jaunes, notes beurrées briochées et, au palais, fruits secs grillés – et une bouche puissante, vineuse et longue, marquée en finale par la torréfaction. Parfait pour une viande blanche ou pour un poisson en sauce. ⧗ 2021-2024 ● **La Perle des treilles ★ (20 à 30 €; 15000 b.)** Un brut composé de pinot noir majoritaire (60 %) et de chardonnay, issu de 4 années de récolte, avec beaucoup de vins de réserve, vieilli sur lattes plus de 4 ans. Un champagne au nez élégant (aubépine, pêche blanche, agrumes, avec un côté beurré en bouche), à la fois vif et généreux, de belle persistance. ⧗ 2021-2026

CHAMPAGNE

CHAMPAGNE YANNICK PRÉVOTEAU, 4_bis, av. de Champagne, 51480 Damery, tél. 03 26 58 41 65, yannick.prevoteau@orange.fr t.l.j. sf dim. 9h-12h 14h-17h

PHILIPPE PRIÉ Archange Or ★

15 000 | 20 à 30 €

Mariée à Philippe Prié, viticulteur aubois héritier d'une tradition vigneronne remontant au XVIIIe s., Fabienne Prié a repris en 1999, après la disparition de son époux, l'exploitation familiale qui couvre près de 17 ha sur la rive droite de la Seine, dans la Côte des Bar. Elle signe ses cuvées depuis 2012. Autres étiquettes proposées par sa structure de négoce : Philippe Prié, de Montenelle. (RM)

Mariant pinot noir (60 %) et chardonnay, ce brut or pâle mêle au nez la prune et la torréfaction. Soulignée par une effervescence foisonnante, sa vivacité porte loin des arômes de fruits blancs, pomme verte en tête. Tout indiqué pour l'apéritif. 2021-2024

CHAMPAGNE FABIENNE PRIÉ, 108, Grande-Rue, 10250 Neuville-sur-Seine, tél. 03 25 38 21 51, contact@champagne-prie.com t.l.j. sf sam. dim. 9h-12h 14h-18h; f. mi-août

ROGER PRIOUX ★★

2000 | 15 à 20 €

Commune de la Montagne de Reims dominant la Cité des Sacres, Villedommange fut pendant plusieurs siècles un lieu de pèlerinage grâce aux reliques de saint Lié, patron des bergers. C'est dans ce village que Cédric Prioux s'est installé en 2005, reprenant les 2,3 ha de vignes du domaine familial, fondé en 1947. (RM)

Ce rosé de noirs (pinot noir et meunier à parité) assemble la vendange 2018 à des vins de l'année précédente. De couleur saumonée, il enchante par la profondeur de son nez floral (rose) et bien fruité (fraise, fruits noirs, fruits secs). Vif en attaque, il déploie des arômes de cerise noire épicée dans une bouche ample, structurée, généreuse et persistante. Un rosé harmonieux, assez consistant pour accompagner un repas. 2021-2024 **Extra-brut 7 cépages ★ (50 à 75 €; 600 b.)** Outre les 3 cépages classiques de la Champagne, il comprend du pinot blanc, du pinot gris, du petit meslier et de l'arbanne, des raisins récoltés en 2018. Discrètement fruité au nez (fruits blancs), plus expressif en bouche, floral, fruité et toasté, il montre un bel équilibre entre rondeur et fraîcheur. 2021-2026

CHAMPAGNE PRIOUX, 3, rue du Gré-d'Argent, 51390 Villedommange, tél. 06 77 79 07 19, champagneprioux@orange.fr r.-v.

J.H. QUENARDEL Blanc de noirs ★

3000 | 15 à 20 €

Premiers champagne familiaux avec Henri Quenardel, qui lance sa marque en 1906. Avec Jean-Charles, qui a pris les rênes en 2015 de la propriété, c'est la 4e génération qui conduit le vignoble, implanté autour de Ludes, sur le versant nord de la Montagne de Reims, à quelques kilomètres de la cité des Sacres. (RC)

Pinot noir (55 %) et meunier issus de 3 vendanges (2018 et les 2 années antérieures) ont permis d'obtenir un blanc de noirs or intense, au nez séducteur (fruits exotiques, notes pâtissières, nuances florales) et à la bouche à la fois onctueuse, puissante et fraîche, où l'on retrouve les fruits tropicaux. Un très bel équilibre. 2021-2024

CHAMPAGNE J.H. QUENARDEL, 5, rue de Reims, 51500 Ludes, tél. 03 26 61 10 52, contact@champagne-jh-quenardel.com t.l.j. sf sam. dim. 9h-12h 14h-17h

DIDIER RAIMOND Tradition ★

3500 | 15 à 20 €

Didier Raimond a travaillé comme œnologue, tout en constituant à partir de 1984 un domaine sur les hauteurs d'Épernay, en plantant des vignes sur d'anciens vergers. Disposant au bout d'une décennie de 7 ha (jusque dans l'Aube), il a lancé son champagne en 1994. Certifiée HVE, l'exploitation est en conversion bio depuis 2020. (RM)

Le chardonnay, majoritaire (75 %) lègue à ce brut d'un jaune éclatant, construit sur la récolte 2015, sa finesse et sa légèreté. Pinot noir et meunier apportent de la complexité à un nez beurré, vanillé et fruité, bien ouvert sur des notes de pêche, d'abricot et de raisins secs qui se prolongent en bouche. 2021-2024

CHAMPAGNE DIDIER RAIMOND, 39, rue des Petits-Prés, 51200 Épernay, tél. 06 80 20 98 00, champagnedidier.raimond@wanadoo.fr r.-v.

ERNEST RAPENEAU ★★

15 000 | 20 à 30 €

Ernest-Louis Rapeneau fonde en 1901 une société de négoce en vins. Ses descendants, notamment Bernard Rapeneau au cours de la seconde moitié du siècle dernier, en ont fait un groupe important en Champagne, avec les marques Ernest Rapeneau, G.-H. Martel et P. Louis Martin. (NM)

Les raisins noirs représentent les 4/5 de l'assemblage (pinot noir 45 %, meunier 34 %). Ils s'affichent dans une robe intense et se révèlent dans la puissance de ce brut au nez expansif et évolué, sur les fruits compotés, le zeste d'agrumes, le miel et la cire d'abeille, et à la bouche ample, suave sans excès, généreuse et longue, rafraichie par une pointe acidulée. Pour l'apéritif comme pour la table. 2021-2024

CHAMPAGNE G.H. MARTEL & Cº, CS_31011, 51318 Épernay cedex, tél. 03 26 51 06 33, vl@champagnemartel.com t.l.j. 10h-13h 14h-19h; f. noël

♥ RARE 2006 ★★

n.c. | + de 100 €

En 2018, la cuvée Rare de Piper Heidsieck est devenue une marque à part entière, Rare Champagne, avec un chef de cave dédié, Régis Camus. Elle trouve son origine en 1885 dans une cuvée élaborée pour célébrer le centenaire du champagne offert par la maison à la Reine

Marie-Antoine. Fabergé, joaillier du tsar Alexandre III, imagina le modèle du flacon, Van Cleef & Arpels le réalisa pour le 1976, premier millésime du XXᵉs. Le flacon noir et or de Rare Champagne, aux épaules asymétriques, reproduit un modèle du XVIIIᵉ s. Il s'agit toujours de champagnes millésimés, élaborés lors d'années exceptionnelles, en séries limitées. Leur assemblage privilégie le chardonnay, assemblé au pinot noir, tous ces raisins issus de la Montagne de Reims. (NM)

Le 9ᵉ millésime de la marque. Été orageux, pluvieux, l'année 2006 paraissait mal engagée. Mais grâce au retour de la chaleur au moment des vendanges, elle a donné des cuvées millésimées. Issue de chardonnay majoritaire (70 %) et de pinot noir, celle-ci rayonne d'un bel éclat dans sa robe or soutenu encore parcourue de bulles alertes. Intense et gourmand, le nez déploie de multiples nuances toastées traduisant une heureuse évolution. Ces notes pâtissières, briochées et confites s'épanouissent dans une bouche souple en attaque, puissante, d'une rare longueur. Nos dégustateurs le serviraient bien lors d'un repas de fête, avec des saint-jacques et lentillons de Champagne, par exemple. ⧗ 2021-2025 ● **2008 ★★ (+ de 100 €; n.c.)** Le 2ᵉ rosé de la marque, né d'une belle année pourtant chaotique, sauvée par un septembre radieux aux nuits fraîches, qui a livré des raisins riches et dotés d'une belle acidité. Assemblage de chardonnay (60 %) et de pinot noir, ce rosé affiche une robe tuilée aux reflets or, animée de bulles légères. Complexe, subtil et frais au nez, il ajoute à la gamme fruitée toute une palette toastée. On retrouve ces nuances grillées et pâtissières dans une bouche où la vivacité s'allie à une grande ampleur. Élégance et originalité. ⧗ 2021-2025

⊶ RARE, 12, rue du Vignoble, 51100 Reims, tél. 03 26 84 43 60

CHAMPAGNE DU RÉDEMPTEUR Les Almanachs ★

● | 10 000 | | 20 à 30 €

Vignoble créé en 1911 par Edmond Dubois, qui prit cette même année la tête de la révolte vigneronne contre la fraude de certains négociants, ce qui lui valut d'être surnommé « Le Rédempteur » par ses pairs. En 2010, Claude Dubois, petit-fils d'Edmond, a transmis l'exploitation à sa fille Claudy Dubois-Michaux et à son gendre Patrick, rejoints par leurs fils Cédric et Vincent. Certifié HVE, le domaine compte 7 ha dans la vallée de la Marne. Ici, les vins sont élevés en fût et le remuage se fait à la main. (RM)

Les Almanachs? Un lieu-dit de Venteuil, d'où provient ce rosé issu d'une seule et vaste (3 ha) parcelle de vieux pinot noir. Les vins de base ont été vinifiés et élevés en foudre, contenant qui ne semble guère avoir marqué aromatiquement ce rosé saumoné-cuivré, aux arômes gourmands de fruits rouges et de coing, qui prennent des accents compotés dans une bouche chaleureuse et persistante. Son étoffe lui permettra d'accompagner un repas. ⧗ 2021-2024

⊶ EARL DU RÉDEMPTEUR DUBOIS P & F, 30, rte d'Arty, Les Almanachs, 51480 Venteuil, tél. 03 26 58 48 37, contact@redempteur.com V t.l.j. sf dim. 10h-12h 14h-17h

BERNARD RÉMY Carte blanche ★

● | 200 000 | | 11 à 15 €

Installé dans le Sézannais, Bernard Remy achète des parcelles en 1968, plante ses premiers pieds de vignes 2 ans plus tard, construit sa cave et lance son champagne en 1983. Arrivé sur l'exploitation en 1996, son Rudy a pris en 2009 la tête de la maison, qui a adopté le statut de négociant. Il exploite en propre 14 ha et exporte une bonne partie de sa production. (NM)

Le brut Carte blanche est « noirs », pour les 2/3 (pinot noir 65 %, meunier 5 %); cette version assemble la récolte 2017 avec la précédente. Un champagne consensuel. Discret mais très équilibré, il laisse une impression de légèreté et de finesse qui fera merveille à l'apéritif. ⧗ 2021-2023

⊶ CHAMPAGNE BERNARD REMY, 19, rue des Auges, 51120 Allemant, tél. 03 26 80 60 34, info@champagnebernardremy.com V t.l.j. sf dim. 9h-12h 14h-18h

REMY-BERTIN Tradition ★

● | 20 000 | | 15 à 20 €

Marque d'un vignoble planté autour de Verneuil (vallée de la Marne) par Henry Remy et Jeanine Bertin, relancée en 2018 par Sandie Durdon, petite-fille des fondateurs, avec son mari Ludovic. C'est la coopérative H. Blin, fondée en 1947 dans le village voisin de Vincelles, qui élabore et distribue leurs champagnes. (ND)

Cépage majoritaire de la vallée de la Marne, le meunier compose 80 % de ce brut, avec le chardonnay en appoint. Un champagne au nez floral, plus fruité en bouche, équilibré et de bonne longueur, qui porte la marque des raisins noirs dans sa robe or intense et dans sa rondeur. ⧗ 2021-2024

⊶ CHAMPAGNE REMY-BERTIN, 13, rue de Verdun, 51700 Vincelles, tél. 06 37 41 51 91, contact@champagne-remy-bertin.fr V r.-v.

F. RÉMY-COLLARD Blanc de blancs Élevé en fût de chêne ★★

● | n.c. | | 30 à 50 €

Issus l'un comme l'autre de familles vigneronnes depuis 4 générations, Fabrice Rémy et Sophie Collard ont mis en commun leur nom et leur savoir-faire pour créer leur marque en 2006. Ils exploitent 11 ha répartis dans 13 villages, dans la vallée de la Marne (principalement) ainsi que dans la Montagne de Reims et dans le Vitryat. Leurs vins sont vinifiés sans fermentation malolactique et vieillis en foudre de chêne. (RM)

Un chardonnay né de la récolte 2013. Si la robe montre des reflets verts, le nez dévoile des nuances évoluées, compotées, dans sa palette élégante et complexe (vanille du bois, beurre, pâtisserie, agrumes). On retrouve les agrumes dans une bouche encore jeune, à la fois ronde et fraîche, consistante et fine, servie par une longue finale acidulée et grillée. De la présence et du charme. ⧗ 2021-2024

⊶ CHAMPAGNE F. RÉMY-COLLARD, 1, rue Aristide-Briand, 51700 Villers-sous-Châtillon, tél. 03 26 59 44 56, remy-collard@orange.fr V r.-v.

CHAMPAGNE DE LA RENAISSANCE
Extra-brut Blanc de blancs 2009 ★

Gd cru	3000		20 à 30 €

Située au cœur de la Côte des Blancs, cette propriété a été fondée en 1974 par Nelly Dhondt, native d'Oger, fille d'apporteurs de raisins. Cette dernière l'a transmise en 2014 à son fils Michel Bernard. Fort de près de 9 ha de vignes dans 7 grands crus de la Côte des Blancs ainsi qu'à Aÿ et en Sézannais, ce récoltant élabore des cuvées parcellaires. (RM)

«Chaque millésime est unique [...] Le millésime, on l'aime, on l'aime moins, on l'adore!» écrit le vigneron. Le 2009? Un peu «moins», un petit cran en dessous du superbe 2008 décrit dans l'édition 2020. Cependant, ce grand cru or jaune, issu de vieux chardonnays d'Oger mûris en année solaire, aux arômes évolués de coing et de prune séchée, ne manque pas de «plus», à commencer par sa fraîcheur préservée, soulignée par le faible dosage. Foie gras? Poulet aux morilles? ⧗ 2021-2024

CHAMPAGNE DE LA RENAISSANCE, 2, rue d'Avize, 51190 Oger, tél. 03 26 57 53 90, champagne.renaissance@orange.fr V *r.-v.*

DELPHINE RÉVILLON Brut secret ★

	50000		30 à 50 €

Marque de négoce créée en 2015 par Delphine Revillon associée à l'œnologue Richard Dailly, devenu dirigeant d'une structure de conseil après un long parcours comme responsable des relations vignoble puis comme chef de cave à la CRVC (Castelnau). La maison travaille en partenariat avec des vignerons qui élaborent des cuvées destinées notamment à de grands noms du luxe. (MA)

Le secret de ce brut est désormais divulgué: la coopérative d'Aÿ l'a élaboré à partir de plusieurs dizaines de crus, avec beaucoup de meunier (50 %), un appoint de pinot noir et 31 % de chardonnay. Construit sur la récolte 2014, ce champagne obtient une belle étoile pour l'élégance et la complexité de son nez floral et pâtissier (frangipane) et pour sa bouche harmonieuse, aromatique (pomme, pêche, notes florales), de bonne longueur. Pour l'apéritif ou pour un dessert fruité. ⧗ 2021-2025 ● **Extra Brut ★ (30 à 50 €; 30000 b.)** Élaboré par J. de Telmont, un rosé œil-de-perdrix qui tire sa fraîcheur aérienne d'une forte présence du chardonnay (77 %, avec un appoint de pinot noir) et d'un faible dosage. Parfait pour l'apéritif. ⧗ 2021-2024

CHAMPAGNE DELPHINE RÉVILLON, rue de l'industrie, 51160 Aÿ, tél. 0782 39 79 07, dr@champagne.delphine-revillon.com

ANDRÉ ROBERT
Extra-brut Blanc de blancs Les Jardins du Mesnil ★

Gd cru	20000		30 à 50 €

Domaine créé en 1962 par André Robert, fils de viticulteur, au cœur de la Côte des Blancs. Depuis 2018, c'est la petite-fille du fondateur, Claire Robert, et son mari Jean-Baptiste Denizart qui gèrent l'exploitation, forte d'un vignoble de près de 14 ha. Ici, les vins de base sont souvent élevés en barrique et toutes les cuvées reposent en cave au moins 3 ans. Propriété certifiée HVE. (RM)

Les chardonnays proviennent du Mesnil-sur-Oger; pour l'essentiel de la récolte 2015, complétée par celle de 2014, année plus fraîche. Les vins de base ont été élevés pour moitié sur lies, en barrique, sans fermentation malolactique. D'un jaune doré, un blanc de blancs aux arômes suaves et mûrs de fruits jaunes, de frangipane et de grillé, qui se prolongent dans une bouche intense et gourmande, teintée d'amertume en finale. ⧗ 2021-2024

CHAMPAGNE ANDRÉ ROBERT, 15, rue de l'Orme, 51190 Le Mesnil-sur-Oger, tél. 03 26 57 59 41, info@champagne-andre-robert.com V *r.-v.*

BERNARD ROBERT ★

	8600		15 à 20 €

En 1945, Marie-Madeleine Dosne, issue d'une famille de producteurs de vins rouges, et son mari Bernard Robert, ancien coiffeur, récoltent de quoi élaborer 300 bouteilles de champagne. Trois de leurs sept enfants suivent leurs traces et construisent des caves. Aujourd'hui, la 3e génération est arrivée sur le domaine, qui ne compte pas moins de 30 ha répartis sur 7 communes de la Côte des Bar, en Champagne méridionale – de Bar-sur-Aube à Villenauxe-la-Grande. Propriété certifiée HVE. (NM)

Un rosé aubois. On s'attendrait à une forte présence du pinot noir, alors qu'il s'agit d'un chardonnay (85 %) assemblé à 15 % de pinot noir vinifié en rouge. Il est vrai que le domaine exploite aussi des vignes aux confins du Sézannais. Un champagne rose tuilé, au nez gourmand de fruits rouges, nuancé d'une touche de pomme-cannelle, et à la bouche intense et généreuse, tonifiée par une finale vive. ⧗ 2021-2024

CHAMPAGNE BERNARD ROBERT, 22, rue de l'Orme, 10200 Voigny, tél. 03 25 27 11 53, contact@champagnebernardrobert.com V *t.l.j. 8h-12h 13h30-17h sam. dim. sur r.-v.*

ROBERT-ALLAIT
100 % Pinot noir Cuvée Chromie Cœur de cuvée ★★

	4008		30 à 50 €

De vieille souche vigneronne, Sylvie et Régis Robert ont repris en 1979 l'exploitation familiale sise à Villers-sous-Châtillon. Avec l'aide de leur fille Stéphanie et de son mari Aurélien, ils cultivent 14 ha de vignes dans 6 communes de la vallée de la Marne. Domaine certifié HVE. (RM)

Déjà goûté en 2018, ce pinot noir de la vallée de la Marne a gagné en expression. Paré d'une robe or jaune traversée d'un cordon de bulles fines, il s'ouvre avec générosité sur toute une palette d'arômes évolués: brioche, miel, torréfaction, herbe et fleurs séchées, fruits bien mûrs, confits ou macérés dans l'alcool, cuir. À l'unisson du nez, la bouche se déroule avec suavité, rondeur et longueur. ⧗ 2021-2024

CHAMPAGNE ROBERT-ALLAIT, 6, rue du Parc, 51700 Villers-sous-Châtillon, tél. 03 26 58 37 23, champagne.allait@wanadoo.fr V *t.l.j. sf dim. 9h-11h30 14h-17h; f. août*

ROGGE-CERESER Réserve ★★

	30000		11 à 15 €

Créée en 1982 sur la rive droite de la Marne, cette exploitation familiale a lancé son champagne en 1997.

Le fils, Benjamin Rogge, a rejoint en 2000 le domaine, qui couvre 11 ha. (RM)

Un champagne d'une agréable fraîcheur, aux arômes de fleurs blanches miellées et de citron. Majoritaires dans l'assemblage les raisins noirs (90 %, dont 60 % de meunier) lui donnent de l'étoffe. Son ampleur est équilibrée par un trait de fraîcheur acidulée qui porte loin la finale. De l'élégance. ⧗ 2021-2025 ● **Rosé de saignée ★ (15 à 20 €; 3000 b.)** Il doit tout à la macération de raisins noirs, du meunier pour l'essentiel. Un rosé discret au nez, intense en bouche, tout en fruits rouges (cerise, framboise, groseille), rouge jusque dans sa robe colorée, qui évoque presque celle d'un clairet. Pour accompagner un dessert fruité. ⧗ 2021-2023

CHAMPAGNE ROGGE-CERESER, 1, imp. des Bergeries, 51700 Passy-Grigny, tél. 03 26 52 96 05, info@rogge-cereser.fr V r.-v. 3

OLIVIER ROUSSEAUX Tradition ★

● Gd cru	13123		15 à 20 €

Petit-fils d'un tonnelier viticulteur, Olivier Rousseaux a succédé à son père en 1985, à l'âge de 19 ans. À la tête d'environ 5 ha de vignes, il est installé à Verzenay, grand cru de la Montagne de Reims, non loin du célèbre moulin. Certifiée HVE, l'exploitation n'utilise ni désherbant ni insecticide. (RM)

Il met en vedette le bon pinot noir de Verzenay (90 %), complété par le chardonnay, assemble la récolte 2017 avec 50 % de vin de réserve des 2 années précédentes. Dans le verre, des reflets rosés signent la forte présence des noirs, comme les arômes de fruits rouges, teintés en bouche de nuances florales et poivrées. Vif en attaque, de bonne longueur, le palais montre un équilibre très agréable. ⧗ 2021-2024

OLIVIER ROUSSEAUX, 21, rue de Mailly, 51360 Verzenay, tél. 03 26 49 40 50, orousseaux@orange.fr V r.-v.

RICHARD ROYER Blanc de noirs Caractère ★★

●	6921		20 à 30 €

Ingénieur agronome et œnologue, Richard Royer a repris en 2007 un domaine cultivé par sa famille depuis au moins deux siècles dans la Côte des Bar (Aube), qui couvre aujourd'hui 13 ha. Il a lancé son étiquette en 2008. (RM)

Il doit tout au cépage roi de la Côte des Bar, le pinot noir, et assemble la récolte 2018 avec des vins de réserve élevés en foudre. Avec son expression complexe, suave et élégante, sur la poire cuite, la pêche jaune et le melon, sa bouche harmonieuse et persistante, il montre une belle présence, un heureux caractère. ⧗ 2021-2024 ● **Réserve ★★ (20 à 30 €; 13121 b.)** Une fois de plus apprécié, un brut de caractère, issu de pinot noir majoritaire (80 %, avec un appoint de chardonnay). Un nez sur le fruit rouge frais, mâtiné de nuances acidulées de pomme verte et de bonbon anglais, une bouche à l'unisson, ample, puissante et longue. Pour le repas ou pour un dessert aux fruits rouges. ⧗ 2021-2024

CHAMPAGNE RICHARD ROYER, 14, Grande rue, 10110 Balnot-sur-Laignes, tél. 03 25 29 33 23, richard-royer@hotmail.fr V r.-v.

ROYER PÈRE ET FILS Prestige ★★

●	12586		15 à 20 €

Les Royer sont plusieurs à Landreville, petit village aubois des bords de l'Ource, près de Bar-sur-Seine. Franck et Jean-Philippe sont les petits-fils de Georges Royer, le fondateur de l'exploitation en 1960. Dans leur vignoble de plus de 28 ha, le pinot noir trouve une large place. Domaine certifié HVE. (RM)

Ce brut privilégie le chardonnay (80 %), complété par le pinot noir, et assemble la récolte 2016 avec des vins de l'année précédente. Frais et élégant, il s'ouvre sur les fruits jaunes, que l'on retrouve dans une bouche consistante et vive, d'une grande longueur. Apéritif, poisson, viande blanche, fromage, il fera l'usage d'un blanc de blancs. ⧗ 2021-2024

CHAMPAGNE ROYER PÈRE ET FILS, 120, Grande-Rue, 10110 Landreville, tél. 03 25 38 52 16, infos@champagne-royer-pf.com V r.-v.

DOM RUINART Blanc de blancs 2009 ★★★

●	n.c.		+ de 100 €

La doyenne des maisons de champagne. On pourrait la classer monument historique, comme le sont ses caves creusées dans la craie pendant la période gallo-romaine, inscrites depuis 2015 au patrimoine mondial de l'Unesco. Le fondateur de l'affaire, Nicolas Ruinart, ajouta le négoce en vin en 1729 à son activité de marchand drapier – une autre industrie florissante dans la région à l'époque, bientôt abandonnée. La société est restée familiale jusqu'à son absorption par Moët et Chandon en 1963. Son champagne de prestige tire son nom du moine dom Ruinart, érudit contemporain de dom Pérignon. Au cœur des cuvées Ruinart depuis 1947, le chardonnay, pour un style privilégiant la fraîcheur. Frédéric Panaïotis est le chef de cave depuis 2007. (NM)

Un été radieux et sec a permis une maturation régulière des chardonnays assemblés dans ce blanc de blancs, tous issus de grands crus de la Côte des Blancs et de la Montagne de Reims. Après un repos d'au moins 8 ans sur lies et un dosage faible (4 g/l), on découvre un champagne superbe, auquel il n'a manqué que peu de voix pour obtenir un coup de cœur (comme le 2007) : une robe or pâle aux bulles fines formant une mousse crémeuse ; un nez minéral, bien ouvert sur les fruits jaunes, le miel, la crème pâtissière et le zeste d'agrumes, avec une pointe saline et, en bouche, de l'acacia ; une bouche vive en attaque, d'une onctuosité gourmande, à la finale longue, tendue et crayeuse. ⧗ 2021-2026 ● **Ruinart ★★ (50 à 75 €; n.c.)** Le chardonnay (45 %) fait presque jeu égal avec le pinot noir (environ 18 % vinifiés en rouge) dans ce brut qui offre tout ce que l'on attend d'un champagne rosé : une robe rose franc aux reflets tuilés, un nez gourmand, compoté, prélude à une bouche ample, consistante, suave et ronde, équilibrée par une belle vivacité. Carré d'agneau, spécialités exotiques, ce rosé a suffisamment d'étoffe pour accompagner un repas. ⧗ 2021-2024

CHAMPAGNE RUINART, 4, rue des Crayères, 51100 Reims, tél. 03 26 77 51 51, aaubry@ruinart.com V r.-v.

RENÉ RUTAT Blanc de blancs ★★

● 1er cru | 30 000 | | 15 à 20 €

Les arrière-grands-parents de Flavien et de Baptiste Rutat apportaient leur récolte à la coopérative de Vertus, village situé dans la partie sud de la Côte des Blancs. Leur grand-père paternel, René, devint récoltant-manipulant. Chef d'exploitation depuis 1985, Michel a modernisé l'outil de travail. Après l'arrivée de la 4e génération, la famille a engagé la conversion bio de l'exploitation, achevée en 2019. (RM)

Les chardonnays les plus jeunes de l'exploitation (20 ans tout de même), 2 années d'assemblage (récolte 2017 et la précédente), un vieillissement de 3 ans sur lattes. Dans le verre, un blanc de blancs or très pâle, au nez subtil et aérien, au palais très floral, citronné, frais et long : un champagne juvénile, pour l'apéritif et le poisson. ⧗ 2021-2024

CHAMPAGNE RENÉ RUTAT, 27, av. du Gal-de-Gaulle, Vertus, 51130 Blancs-Coteaux, tél. 03 26 52 14 79, champagne-rutat@wanadoo.fr V r.-v.

♥ DE SAINT-GALL Extra-brut Blanc de blancs ★★

● Gd cru | n.c. | 30 à 50 €

Marque réservée aux linéaires d'Auchan. Les cuvées sont élaborées par Union Champagne, groupement de coopératives créé en 1966, qui a son siège à Avize dans la Côte des Blancs : plus de 2 300 adhérents apporteurs de raisins, 15 centres de production, 1 350 ha de vignes implantées en grand cru et en 1er dans la Côte des Blancs et dans la Montagne de Reims. S'il a sa propre marque (De Saint-Gall), une part non négligeable de sa production est mise sur le marché sous différentes marques de distributeurs. (MA)

Or brillant à la bulle vive, ce blanc de blancs de noble origine n'a eu besoin que d'un faible dosage (5 g/l) pour révéler ses qualités : un nez puissant et mûr, qui décline toute une gamme torréfiée (praliné, noisette, pain grillé…), avec une nuance de raisin sec ; un palais dans le même registre, harmonieux, d'une remarquable longueur, encore jeune. Le blanc de blancs par excellence, pour l'apéritif, le poisson et les produits de la mer et, avec un peu de patine, pour le foie gras. ⧗ 2021-2026 ● **Gd cru Blanc de blancs Orpale 2008 ★★ (+ de 100 €; 67 000 b.)** Proche du coup de cœur, dans la lignée des 2004 et 2002, la cuvée de prestige de la cave. « On ne s'en lasse pas », écrit une dégustatrice, notant les multiples nuances d'un nez profond : café torréfié, noisette, caramel, pain toasté, brioché… Le fruit confit s'ajoute à cette palette dans un palais aussi rond que long. Complexe et généreux, raffiné, ce champagne pourra accompagner poisson en sauce, volaille et foie gras. ⧗ 2021-2024

UNION CHAMPAGNE, 7, rue Pasteur, 51190 Avize, tél. 03 26 57 94 22, info@union-champagne.fr r.-v.

DENIS SALOMON Meunier Histoire de famille ★

● | 18 092 | | 20 à 30 €

Un domaine implanté sur la rive droite de la Marne, à Vandières, derrière les remparts du village. Créé en 1974 par Denis Salomon, il élabore ses champagnes depuis 1996. Il a été repris en 2004 par son fils Nicolas, qui s'est équipé d'une cuverie adaptée à la vinification parcellaire et d'un pressoir Coquard. Le vignoble couvre aujourd'hui 4,8 ha. Certifiée HVE, l'exploitation est en conversion bio depuis août 2020. (RM)

Du meunier de 2018 pour les ¾, complété par des vins tirés d'une réserve perpétuelle, une vinification sans fermentation malolactique. De quoi obtenir un brut équilibré, frais au nez comme en bouche, à l'expression élégante, plutôt complexe (fruit confits, pain et viennoiserie). ⧗ 2021-2024

CHAMPAGNE DENIS SALOMON, 5, rue Principale, 51700 Vandières, tél. 03 26 58 05 77, info@champagne-salomon.com V r.-v. D

♥ SALON Le Mesnil Blanc de blancs 2007 ★★★

● | 60 000 | | + de 100 €

Aimé Salon, fils de charron, naît en 1867 à Pocancy, village de la plaine, à quelques kilomètres de la Côte des Blancs. Ses parents veulent faire de lui un instituteur. Il choisit les affaires et commence sa carrière en ramassant, à bicyclette, des peaux de lapin pour une entreprise de fourrures de la capitale qu'il finit par diriger. Épicurien, il revient dans son pays natal pour créer un champagne de rêve. Avec l'aide de son beau-frère, chef de cave, il choisit le terroir : Le Mesnil-sur-Oger; les meilleures parcelles : celles du haut de l'église; son premier millésime, 1905, est réservé à sa consommation personnelle. La maison (dans l'orbite du groupe Laurent-Perrier depuis 1988) naît en 1920. Elle est célèbre pour ne proposer qu'une cuvée de blanc de blancs millésimé élaborée seulement les bonnes années et exclusivement issue du Mesnil-sur-Oger, grand cru de la Côte des Blancs. Michel Fauconnet est le chef de cave. (NM)

Le rêve d'Aimé Salon s'accomplit dans ce flacon, qui renferme « un grand vin de garde », selon la conclusion de nos dégustateurs. Goûté plusieurs fois, ce 2007 or pâle à la bulle alerte et fine ne prend pas une ride et déploie tous ses agréments, ce qui lui vaut la note maximale. Son nez délicat s'ouvre sur la fleur blanche, le tilleul, nuancés de fines notes beurrées et d'évocations de crème pâtissière. Le fruit exotique, le fruit blanc et le citron légèrement confiturés s'allient à un côté crayeux dans un palais ample, crémeux, fondu à souhait, tendu par un beau trait de fraîcheur acidulée qui porte loin la finale. ⧗ 2021-2030

CHAMPAGNE SALON, 5, rue de la Brèche-d'Oger, 51190 Le Mesnil-sur-Oger, tél. 03 26 57 51 65, champagne@salondelamotte.com

FRANÇOIS SECONDÉ ★

Gd cru | 21000 | | 15 à 20 €

La production de Sillery, grand cru de la Montagne de Reims, approvisionne surtout les maisons de champagne. François Secondé était le seul récoltant à proposer du sillery grand cru. Ancien ouvrier viticole, il avait acheté sa première vigne en 1972 et constitué un domaine de 5,5 ha dans 4 grands crus. Après son décès en 2018, Jérôme Groslambert, qui travaillait à ses côtés, cogère l'exploitation et élabore les cuvées. (RM)

Issu de pinot noir majoritaire (66 %) et de chardonnay, ce brut or pâle comporte 30 % de vins tirés d'une réserve perpétuelle. On apprécie la subtilité de son nez aux nuances d'agrumes, prélude à un palais élégant, frais, de belle persistance, où les agrumes s'allient aux fleurs blanches. ⧗ 2021-2024

CHAMPAGNE FRANÇOIS SECONDÉ, 6, rue des Galipes, 51500 Sillery, tél. 03 26 49 16 67, grandcru@champagnefrancoisseconde.com V t.l.j. sf sam. dim. 8h-12h 13h-17h

NATHALIE SÉLÈQUE Cuvée spéciale ★

1er cru | 5000 | | 15 à 20 €

Fille de Jean Sélèque, disparu en 2015, Nathalie Sélèque-Ciosek a lancé en 2020 son étiquette, tout en conservant l'étiquette de son père pour certaines cuvées. (ND)

Les 3 cépages champenois (avec chardonnay et pinot noir à 40 % chacun) jouent leur partition dans ce brut or pâle, au nez minéral, beurré, floral et fruité (fruits blancs). Ils contribuent à l'équilibre de ce champagne fruité et subtil, un rien épicé. La finale fraîche et longue, sur la noisette, laisse un très bon souvenir. ⧗ 2021-2024

CHAMPAGNE NATHALIE SÉLÈQUE, 12, rue du l'égalité, 51530 Pierry, tél. 06 80 38 66 32, champagnenathalieseleque@orange.fr V r.-v.

JEAN SÉLÈQUE Comédie 2010 ★

| 3000 | | 30 à 50 €

Arrière-grand-père de l'actuelle récoltante, Jean Bagnost, fondateur de la coopérative de Pierry et maire de la commune, plante avec son gendre Henry Sélèque les premiers ceps à la fin des années 1960. Jean Sélèque commence à vendre du champagne. Sa fille Nathalie, installée en 2011, a lancé la marque au nom de son père 2 ans plus tard, ainsi qu'un champagne à son nom. Son vignoble de 5 ha est implanté sur différents coteaux aux environs d'Épernay. (RC)

Pinot noir (55 %) et chardonnay font presque jeu égal dans ce brut millésimé. Robe or clair animée de fines bulles, expression délicate, d'une belle complexité, sur les agrumes, bouche riche, gourmande, tonique et longue. Sa fraîcheur conservée permettra à ce champagne d'être débouché à l'apéritif. Il pourra aussi accompagner une viande blanche. ⧗ 2021-2025

CHAMPAGNE JEAN SÉLÈQUE, 12, rue de l'Égalité, 51530 Pierry, tél. 06 80 38 66 32, champagnejeanseleque@orange.fr V r.-v.

JACQUES SONNETTE Tradition ★

| 46000 | | 11 à 15 €

La famille Sonnette élabore son champagne depuis 1976. Elle est installée au Grand Porteron, hameau de Charly-sur-Marne dominant un méandre de la rivière. Elle exploite 8 ha de vignes. (RM)

S'il comprend un appoint de chardonnay et de pinot noir, ce brut or soutenu, issu de la récolte 2017 et des 2 années précédentes, fait la part belle au meunier (88 %), très cultivé dans le secteur. Le nez s'ouvre sur des notes beurrées et briochées, sur la poire et les fleurs blanches. Le fruit jaune se déploie dans une bouche équilibrée et crémeuse, qui conjugue puissance et vivacité, marquée par une légère amertume tonique en finale. ⧗ 2021-2024

CHAMPAGNE JACQUES SONNETTE, 2, rue du Port-Picard, Grand-Porteron, 02310 Charly-sur-Marne, tél. 03 23 82 05 71, contact@champagne-sonnette.fr V r.-v.

SORET-DEVAUX Blanc de noirs ★

| 1200 | | 30 à 50 €

Petit-fils d'agriculteurs et fils de viticulteurs, Loïc et Romaric Soret se sont perfectionnés dans leur métier, en Bourgogne pour le premier et à Avize pour le second. Ils élaborent leurs champagnes depuis 2000. Leur domaine s'étend sur plus de 8 ha dans la région de Bar-sur-Aube, dans la partie la plus méridionale du vignoble. (RM)

À la fois généreux et frais, de belle longueur, ce pur pinot noir séduit par son expression aromatique : litchi et nuances plus évoluées de pâte de fruits. Ce fruité se confirme en bouche, où l'abricot s'allie aux fruits exotiques. L'élevage partiel en fût des vins de base n'écrase pas le vin : il se traduit par de subtiles nuances d'épices et de pâtisserie. ⧗ 2021-2024

CHAMPAGNE SORET-DEVAUX, 1, rue de Rizaucourt, 10200 Colombé-le-Sec, tél. 03 25 27 12 55, contact@champagnesoretdevaux.com V t.l.j. 10h-18h dim. 10h-13h D

PATRICK SOUTIRAN Cuvée Mattis 2015 ★

| 2000 | | 30 à 50 €

Vigneron bien connu, Gérard Soutiran a eu plusieurs fils. Patrick Soutiran, installé en 1970, cultive avec sa fille Estelle (depuis 2007) et son fils Fabrice (depuis 2013) un vignoble de 3 ha implanté à Ambonnay et à Trépail, deux villages voisins de la Montagne de Reims, classés respectivement en grand cru et en 1er cru. Propriété certifiée HVE. (RM)

Reflet d'un été sec et chaud et du pinot noir, majoritaire (20 % de chardonnay), ce brut millésimé au nez expansif et complexe mêle les fruits rouges, les fruits confits et le miel. Tout aussi complexe, bien équilibrée entre sucres et acidité, la bouche laisse une impression de richesse. Un champagne adapté au repas. ⧗ 2021-2024

CHAMPAGNE PATRICK SOUTIRAN, 2, rue des Tonneliers, 51150 Ambonnay, tél. 03 26 57 08 18, contact@champagnesoutiran.fr V r.-v.

CHAMPAGNE

TANNEUX-MAHY Brut nature Les 100 ans ★

2000	30 à 50 €

Domaine fondé en 1921 par Maurice Tanneux, premiers champagnes quelques années plus tard (alors sous la marque Tanneux-Collard). Prenant la suite des 4 générations précédentes, Christophe et Katia Tanneux se sont installés sur l'exploitation en 2009. Proche d'Épernay, leur vignoble couvre 8,5 ha sur les deux rives de la Marne. Domaine certifié HVE. (RM)

Élaborée sans sucre ajouté après dégorgement, cette cuvée anniversaire des 100 ans du domaine assemble 5 années de meunier (2018 et les 4 récoltes précédentes), cépage exclusivement cultivé ici il y a un siècle. La vinification partielle en fût lui donne une belle expression (fruits blancs confits, notes biscuitées et vanillées). Le cépage lègue une rondeur élégante à la bouche, marquée en finale d'une amertume tonique. Un blanc de noirs que l'on verrait bien avec des gambas. ⧗ 2021-2024

CHAMPAGNE TANNEUX-MAHY, 2, rue Jean-Jaurès, 51530 Mardeuil, tél. 03 26 55 24 57, champagne.tanneux@orange.fr V t.l.j. sf dim. 9h-12h 13h30-18h; f. août

TARLANT Brut nature Bam! ★

900		+ de 100 €

Enracinés en Champagne, les Tarlant cultivaient déjà la vigne à l'époque de dom Pérignon. Constitution du domaine à partir de 1780 dans la vallée de la Marne, premier champagne livré en 1929. Aujourd'hui, un vignoble de 14 ha et un style reconnu. Aux commandes depuis 1999, Benoît et Mélanie, les enfants de Jean-Mary Tarlant, qui préside la maison. À la cave, Benoît vinifie en petite cuve ou en barrique par «climat», sans fermentation malolactique, élève sur lies les vins de réserve et privilégie les dosages faibles (extra-brut) ou absents (brut zéro). En conversion bio. (RM)

Un nom de cuvée qui décoiffe! BAM pour (pinot) blanc, arbanne, (petit) meslier, ces «cépages oubliés». L'onomatopée vise à avertir de l'acidité tranchante de ces variétés autochtones. La vendange 2010, fermentée spontanément en fût, a été assemblée à des vins tirés d'une réserve perpétuelle. Un repos 9 ans et 8 mois en cave n'aura pas manqué d'apaiser la nervosité des vins. Ce BAM montre bien une tension soulignée par l'absence de dosage, mais équilibrée par une belle ampleur. Sa palette élégante mêle la fleur blanche, le citron, la noisette et des notes beurrées, toastées et vanillées, tandis qu'une minéralité crayeuse marque le palais. Un vin de caractère, puissant, frais et long. ⧗ 2021-2027

CHAMPAGNE TARLANT, 21, rue de la Coopérative, 51480 Œuilly, tél. 03 26 58 30 60, champagne@tarlant.com V r.-v.

♥ **ÉRIC THERREY** Carte blanche ★★

25000	11 à 15 €

La ville de Troyes est dominée à l'ouest par la butte calcaire de Montgueux où excelle le chardonnay. Apporteur de raisins pour de grandes maisons, Jacky Therrey y a planté les premières vignes dans les années 1960 et lancé son champagne en 1978. Après 25 ans de collaboration familiale, son fils Éric a pris en 2006 la direction du domaine et rajeuni l'outil de production en 2011. Rejoint par sa fille Morgane, il cultive 8 ha à Montgueux et à Celles-sur-Ource. (RM)

Un chef de cave d'une grande maison a surnommé le «montrachet de la Champagne» la colline de Montgueux. Cette édition consacre ce terroir de 180 ha. Sous l'étiquette du père, la cuvée Carte blanche, issue de blancs majoritaires (80 %) avait déjà été couronnée dans l'édition 2005. Elle vaut au domaine son 3e coup de cœur. Dans la robe or vert, une mousse généreuse et persistante exalte la fraîcheur de ce vin puissant, acidulé et élégant. Le pinot noir vient poser une agréable touche de cerise kirschée dans la palette beurrée du chardonnay. ⧗ 2021-2026

CHAMPAGNE ÉRIC THERREY, 6, rte de Montgueux, 10300 Montgueux, tél. 03 25 70 30 25, contact@champagne-therrey.fr V t.l.j. sf dim. 9h-12h 14h-18h30

THÉVENET-DELOUVIN Réserve ★★

10000		15 à 20 €

Issus l'un comme l'autre de familles vigneronnes, Isabelle et Xavier Thévenet mettent leurs compétences agronomiques au service d'une viticulture durable depuis le début des années 1990 (exploitation certifiée HVE depuis 2016). Leur vignoble s'étend sur les 2 rives de la Marne. (RM)

Bien connu de nos fidèles lecteurs, un brut construit sur le meunier (65 %) et le chardonnay (30 %) complétés d'un soupçon de pinot noir. Cette version assemble la récolte 2018 et l'année antérieure. Robe or brillant, nez sur les fleurs blanches et la viennoiserie, bouche plus fruitée, élégante et bien construite, fraîche en attaque, puissante dans son développement, longue et dynamique. Un champagne assez étoffé pour accompagner un repas. ⧗ 2021-2024

CHAMPAGNE THÉVENET-DELOUVIN, 28, rue Bruslard, 51700 Passy-Grigny, tél. 03 26 52 91 64, xavier.thevenet@wanadoo.fr V r.-v. E

DIOGÈNE TISSIER ET FILS Cuvée de réserve ★

20000		15 à 20 €

Diogène Tissier, le fondateur de la maison en 1931, eut 9 enfants, dont 3 suivirent ses traces. Rejoint en 2016 par Margaux, Vincent Huber, son petit-fils, exploite 9 ha à Chavot-Courcourt, au sud d'Épernay. Maison certifiée HVE. (NM)

Complété par les 2 pinots, le chardonnay domine (60 %) dans ce brut issu de la vendange 2016 complétée des 2 années précédentes. Les vins de réserve ont été élevés en fût. La robe or jaune est parcourue de trains de bulles rapides qui laissent monter des arômes intenses d'abricot sec et de pêche, avec une note florale. On retrouve la pêche mûre, alliée à la tarte Tatin, dans un palais très équilibré, vivifié par une acidité citronnée qui étire la finale. ⧗ 2021-2023

DIOGÈNE TISSIER ET FILS, 10, rue du Gal-Leclerc, 51530 Chavot-Courcourt, tél. 03 26 54 32 47, diogenetissier@hexanet.fr V r.-v.

MICHEL TIXIER Les 9 crus ★

●	13200	20 à 30 €

Le vignoble familial remonte aux années 1920. En 1963, Michel Tixier s'installe et lance sa marque. Benoît, son fils, prend le relais en 1998. Son domaine de 5 ha comprend 36 parcelles réparties dans 9 villages, dans la Montagne de Reims, la Côte des Blancs et la vallée de la Marne. Domaine certifié Haute valeur environnementale. Propriété certifiée HVE. (RM)

Les 9 crus ? Les 9 villages où le domaine détient des parcelles. Ce brut issu de la récolte 2018 assemblée à des vins de l'année précédente est donc un résumé de la propriété. On parierait que le meunier (60 %) est issu de la vallée de la Marne; quant au pinot noir et au chardonnay (à parité), ils pourraient provenir respectivement de la Montagne de Reims et de la Côte des Blancs. Le cépage majoritaire donne une belle générosité à cette cuvée à la bulle abondante, à l'expression flatteuse, qui sait faire aussi preuve de finesse. ⧗ 2021-2024

CHAMPAGNE MICHEL TIXIER, 8, rue des Vignes, 51500 Chigny-les-Roses, tél. 03 26 03 42 61, champ.michel.tixier@wanadoo.fr V r.-v.

ANDRÉ TIXIER ET FILS 2015 ★

● 1er cru	3195		20 à 30 €

André Tixier constitue son vignoble à l'aube des années 1920. À la naissance de son fils Robert en 1926, il débute l'élaboration et la commercialisation de son propre champagne. En 2011, son arrière-petit-fils Julien a pris la direction du domaine : 5 ha répartis dans 4 villages du versant nord de la Montagne de Reims (tous 1ers crus). Propriété certifiée HVE. (RM)

Mi-blancs mi-noirs (avec pinot noir et meunier), ce brut millésimé d'une année solaire a été vinifié pour 25 % en fût. Après un repos sur lies de 5 ans, il dévoile un nez plutôt discret mais flatteur mêlant fleurs blanches, miel, brioche et fruits rouges mûrs. Quant à la bouche, elle séduit par sa précision, sa persistance et par le bel équilibre entre suavité, acidité et amers. Pour l'apéritif comme pour la table. ⧗ 2021-2024

CHAMPAGNE ANDRÉ TIXIER ET FILS, 9, rue Saint-Eloi, 51500 Chigny-les-Roses, tél. 06 77 67 37 89, julien@champagne-andre-tixier.fr V t.l.j. 9h-18h sam. dim. sur r.-v.

G. TRIBAUT Grande Cuvée spéciale ★

● 1er cru	n.c.	20 à 30 €

Gaston Tribaut s'est installé en 1935 à Hautvillers, « berceau du champagne », où officia dom Pérignon. Ses 2 fils sont devenus récoltants-manipulants en 1975. Aux commandes depuis 1992, Vincent et Valérie Coudrain, petits-enfants du fondateur, viennent de recevoir le renfort de Gauthier, fils de la seconde, et d'aménager une salle de dégustation panoramique. Leur vignoble couvre 13 ha. (NM)

Déjà apprécié l'an dernier, ce brut sans année assemble chardonnay majoritaire (70 %) et pinot noir. Or pâle, il demande un peu d'aération pour s'exprimer et révèle ses qualités en bouche, où il apparaît intense, citronné et long. Un champagne équilibré, malgré un dosage perceptible au moment de la dégustation. ⧗ 2021-2024

CHAMPAGNE G. TRIBAUT, 88, rue d'Eguisheim, 51160 Hautvillers, tél. 03 26 59 40 57, contact@champagne-tribaut-hautvillers.com V t.l.j. 10h-12h 14h-17h30; f. dim. janv.-fév.

ALFRED TRITANT Mes Racines ★

● Gd cru	24257		20 à 30 €

Installé sur le versant sud de la Montagne de Reims, Alfred Tritant devient récoltant-manipulant en 1930. Depuis 2000, Jean-Luc Weber-Tritant est aux commandes. Son vignoble a une superficie restreinte (2,95 ha), mais il est très bien situé à Bouzy et à Ambonnay, grands crus fiefs du pinot noir. Certifiée HVE depuis 2018, l'exploitation est en conversion bio. (RM)

L'assemblage du fondateur : 65 % de pinot noir, 35 % de chardonnay. Pour cette dernière version, la récolte 2017 complétée par des vins des 3 années antérieures. Un brut à la robe jaune clair animée de bulles foisonnantes. Minéral et fin au nez, il conjugue une rondeur suave en attaque et une vivacité soulignée par une effervescence dynamique. Une fraîcheur qui donne équilibre, finesse et allonge. ⧗ 2021-2024

CHAMPAGNE ALFRED TRITANT, 23, rue de Tours, 51150 Bouzy, tél. 03 26 57 01 16, accueil@champagne-tritant.fr V r.-v.

JEAN VALENTIN Tradition ★

● 1er cru	20000		15 à 20 €

Ancien ingénieur viticole au CIVC (Comité interprofessionnel des vins de Champagne), Gilles Valentin est établi à Sacy, aux portes de la cité des Sacres. Il dirige depuis 1995 le domaine fondé en 1922 par sa grand-mère. Le vignoble de 5 ha est situé dans la Montagne de Reims. (RM)

Issu de la vendange 2017 et des 2 années précédentes, ce brut met en avant les noirs (meunier 50 %, pinot noir 30 %). Son nez minéral, beurré et grillé (cacahouète et autres fruits secs) montre une évolution élégante, qui se confirme dans une bouche fraîche en attaque, généreuse et gourmande, à la finale longue et saline. ⧗ 2021-2024

● **1er cru Blanc de blancs Saint-Avertin ★ (15 à 20 €; 5000 b.)** Du chardonnay de Sacy souvent apprécié (ici, récoltes 2018 et 2017). Joli nez bien typé, entre notes beurrées-briochées et nuances plus fraîches (fougère, thé vert, citron vert), bouche tonique et gourmande, sur les agrumes. ⧗ 2021-2024

CHAMPAGNE JEAN VALENTIN, 9, rue Saint-Rémi, 51500 Sacy, tél. 03 26 49 21 91, givalentin@wanadoo.fr V r.-v.

JEAN-CLAUDE VALLOIS Extra-brut Blanc de blancs 2014 ★

●	4000		20 à 30 €

Établi à Cuis, l'un des premiers villages de la Côte des Blancs, au nord, Jean-Guy Vallois représente la 5e génération sur le domaine familial. Il s'est installé en 2011 et cultive un coquet vignoble de 11 ha. Propriété certifiée HVE. (RM)

Avec son été frais, le millésime 2014 a été plus favorable au chardonnay. Celui-ci n'a eu besoin que d'un faible dosage pour donner un blanc de blancs avenant, au

CHAMPAGNE

nez discret mais subtil, entre amande grillée et salade de fruits. Gourmande et harmonieuse, plutôt souple, la bouche aux arômes pâtissiers est vivifiée par une finale saline, acidulée et fruitée. ⧗ 2021-2024

CHAMPAGNE JEAN-CLAUDE VALLOIS,
7, rue de la République, 51530 Cuis, tél. 06 07 69 22 88, vallois.jeanguy@orange.fr V r.-v.

VAN GYSEL-LIÉBART 2015 ★

●	2000		15 à 20 €

Succédant à trois générations de viticulteurs, Valérie et Benoît Van Gysel se sont installés en 1996 sur le domaine familial avant de commercialiser leurs cuvées trois ans plus tard. Ils cultivent 4 ha sur la rive gauche de la Marne. (RC)

Ce brut 2015 donne une courte majorité de chardonnay (55 %) assemblé au meunier. «Gourmand et nature», écrit un dégustateur. Entendez d'une belle intensité fruitée (fruits blancs et pêche), assez complexe, bien structuré et persistant. ⧗ 2021-2024 ● **Esprit Rosé ★ (15 à 20 €; n.c.)** Un rosé mariant pinot noir majoritaire (85 %) et chardonnay. Intensément fruité et brioché au nez, vif en attaque, il dévoile une belle ampleur et une finale agréable. ⧗ 2021-2024

CHAMPAGNE VAN GYSEL-LIÉBART,
3, rue des Bons-Vivants, Cerseuil, 51700 Mareuil-le-Port, tél. 03 26 51 78 46, champagne.vangysel-liebart@orange.fr V r.-v.

M. VANZELLA Blanc de noirs 2016 ★

● Gd cru	750		30 à 50 €

Domaine constitué en 1950 par Marius Vanzella, exploité depuis 1987 par Alain Gérin, marié à Sophie, petite-fille du fondateur, rejoints par la 4e génération. Leur vignoble couvre 9,5 ha entre Montagne de Reims et vallée de la Marne. Ces récoltants confient leurs raisins à la coopérative Les Clos à Mailly, mais ils réalisent les assemblages et font vieillir leurs champagnes au moins 3 ans dans leur cave. Exploitation certifiée HVE. (RC)

Seul à l'œuvre dans cette cuvée, le pinot noir a bien mûri en 2016, millésime marqué par une fin d'été chaude et sèche. Il a légué à ce champagne une robe doré intense, des arômes de fruits blancs bien mûrs, voire confits, nuancés de notes beurrées et biscuitées, de touches de fruits secs, et une bouche à l'unisson, ronde, crémeuse et bien fondue, de bonne longueur, teintée d'une touche d'amertume en finale. De la délicatesse. ⧗ 2021-2024

CHAMPAGNE M. VANZELLA,
7, rue Joliot-Curie, 51500 Mailly-Champagne, tél. 03 26 49 41 67, champagne.vanzella@wanadoo.fr V r.-v.

VARRY-LEFÈVRE Sélection ★

● 1er cru	2000		15 à 20 €

Établie dans la Montagne de Reims, près de la cité des Sacres, cette propriété (4,6 ha) a commercialisé ses premières cuvées en 1948. À sa tête depuis 2009, Christophe Lefèvre confie les vinifications à la coopérative d'Écueil, mais il effectue les assemblages, la mise en bouteilles et le dégorgement. (RC)

Le bon pinot noir d'Écueil est très présent dans les cuvées du domaine. Il ne cède que 5 % au chardonnay dans ce brut flatteur issu de la vendange 2017 et des 2 années précédentes. Le fruit rouge perce dans un nez floral, brioché et toasté et se confirme dans une bouche souple et équilibrée, dont la suavité est soulignée par le dosage. ⧗ 2021-2023

CHAMPAGNE VARRY-LEFÈVRE,
17, Grande-Rue, 51500 Écueil, tél. 03 26 49 74 47, champagnelefevre@wanadoo.fr V r.-v.

♥ JEAN VELUT Premier Temps ★★

●	15000		15 à 20 €

Avec ses sols crayeux propices au chardonnay, la colline de Montgueux, à l'ouest de la plaine de Troyes, fait figure d'exception dans un vignoble aubois acquis au pinot noir. C'est sur ces pentes que Jean Velut, agriculteur des environs, a constitué son domaine (7,7 ha aujourd'hui) et réalisé sa première mise en bouteilles en 1976. Il l'a transmis en 1972 à Denis, qui a passé le relais en 2016 à son fils Benoit. Propriété certifiée HVE. (RM)

Ce coup de cœur confirme l'excellence du terroir de Montgueux. Le chardonnay règne presque sans partage dans cette cuvée (5 % de pinot noir, vendanges 2016 complétée des 2 années précédentes). Or pâle à reflets verts, la couleur est celle d'un blanc de blancs. Minéral, floral et fruité (prune et pêche blanche), le nez charme par sa finesse et par sa complexité; la bouche, un rien acidulée, par sa structure, sa texture crémeuse et sa belle acidité. Harmonie et légèreté. ⧗ 2021-2024 ● **Rosé ★ (20 à 30 €; 3000 b.)** Du pinot noir aubois d'une année solaire, 2018 (vendanges 21 août !) Dans le verre, une couleur rose foncé aussi intense que le nez; des arômes de noyau, de cerise noire et de framboise qui se prolongent dans une bouche puissante, structurée, fraîche et persistante, marquée par une touche d'amertume en finale. ⧗ 2021-2024

CHAMPAGNE JEAN VELUT,
9, rue du Moulin, 10300 Montgueux, tél. 03 25 74 83 31, domaine@champagne-velut.fr V r.-v.

VÉLY-PRODHOMME Marquise des Anges 2014 ★★

● 1er cru	4420		20 à 30 €

À deux pas de Reims, Séverine Vély et son conjoint Jean-Marie Di Girolamo ont pris la suite en 2003 de quatre générations. Ils confient pour le pressurage la récolte de leurs 4 ha de vignes à la coopérative d'Écueil. Ils se chargent ensuite des assemblages et de la commercialisation. (RC)

Le chardonnay est majoritaire dans ce brut millésimé (60 %), complété par le pinot noir. Il imprime sa marque dans ce champagne au nez complexe et frais, entre fleurs blanches et agrumes, et à la bouche précise, tonique et longue. ⧗ 2021-2024 ● **1er cru Tradition ★ (15 à 20 €; 4500 b.)** Un fruité agréable (poire, abricot et autres fruits jaunes) et un très bel équilibre entre rondeur et fraîcheur pour ce brut gourmand avec finesse, construit sur la récolte 2016 et issu aux 4/5 des pinots (80 %, pinot noir surtout). ⧗ 2021-2024

CHAMPAGNE VÉLY-PRODHOMME, 5, rue de Chamery, 51500 Écueil, tél. 03 26 49 74 52, contact@champagne-vely-prodhomme.fr V t.l.j. 9h-12h 13h-19h

J.-L. VERGNON
Extra-brut Blanc de blancs MSNL 2011 ★

Gd cru | 4000 | | 50 à 75 €

Issu d'une famille de négociants du Mesnil-sur-Oger, Jean-Louis Vergnon reconstitue en 1950 le vignoble familial et commence à élaborer ses champagnes en 1985. Conduite aujourd'hui par Didier Vergnon et son fils Clément, appuyés par l'œnologue Julian Goût, l'exploitation dispose de 5 ha très bien situés dans la Côte des Blancs. La maison évite la fermentation malolactique et choie les cuvées peu ou non dosées. Propriété certifiée HVE. (NM)

Aussi apprécié que le 2010 l'an dernier, il est issu de parcelles du Mesnil-sur-Oger, très faiblement dosé (extra-brut, ici 3 g/l de sucres), et reste 7 ans sur ses lies. Ses atouts : une expression fruitée intense et complexe, sur les fruits blancs, la mirabelle, le brugnon et les agrumes, avec un côté pâtissier que l'on retrouve en bouche (belles évocations de tarte au citron); un palais charnu, gourmand et incisif tout à la fois, une finale saline sur le zeste d'agrumes. De la personnalité. ⧗ 2021-2024 **1er cru Brut nature Blanc de blancs Murmure 2016 ★ (20 à 30 €; 5000 b.)** Aucun sucre ajouté après dégorgement pour ce chardonnay non millésimé mais récolté sous le soleil radieux du 1er septembre 2016. Frais, minéral, iodé au nez, un blanc de blancs tendu, ciselé, crayeux et persistant. ⧗ 2021-2024

CHAMPAGNE J.-L. VERGNON, 1, Grande-Rue, 51190 Le Mesnil-sur-Oger, tél. 03 26 57 53 86, contact@champagne-jl-vergnon.com V r.-v.

VEUVE MAITRE-GEOFFROY Rosé de saignée ★

1er cru | 2000 | | 20 à 30 €

Thierry Maitre a transmis en 2020 à son fils Maxime l'exploitation fondée en 1878 par leur aïeule devenue veuve. Situé dans la Grande Vallée de la Marne, le domaine s'est agrandi, passant de 12 à 18 ha entre 2018 et 2020. Certifié HVE, il a son siège à Cumières, un 1er cru réputé pour sa précocité. (RM)

Le domaine propose les 2 styles de rosés champenois : un rosé d'assemblage, né de pinot noir et chardonnay vinifiés en blanc et d'un apport du vin rouge, et celui-ci, issu de la macération de pinot noir (80 %) et de meunier. Avec sa robe soutenue tirant sur le pourpre, ses parfums puissants de framboise et de grenadine, et sa bouche puissante sur les fruits rouges et le cassis, il offre tout à fait le profil d'un rosé de saignée. Sa suavité le destine au dessert. ⧗ 2021-2024

CHAMPAGNE VEUVE MAITRE-GEOFFROY, 116, rue Gaston-Poittevin, 51480 Cumières, tél. 03 26 55 29 87, th.maitre@wanadoo.fr V *t.l.j. sf dim. 10h-12h 14h-17h; f. août*

VEUVE OLIVIER & FILS Secret de cave ★★

| 20000 | | 15 à 20 €

Domaine constitué en 1922 sur la rive droite de la Marne par Edmond Olivier. La marque Veuve Olivier Fils a été lancée en 1955 par sa fille et son petit-fils. C'est aujourd'hui l'arrière-petite-fille du fondateur, Sandrine Charpentier-Olivier, qui met en valeur le coquet vignoble familial (18 ha). Elle exploite aussi la marque M. Brismontier-Huet, issue du vignoble des Brismontier, propriétaires à Trélou-sur-Marne. (MA)

Cette cuvée or jaune, qui assemble pinot noir, meunier et chardonnay, est issue pour les ¾ de raisins noirs. Mariant la récolte 2012 avec 40 % de vins de réserve de l'année précédente, elle reste longtemps en cave. Le nez monte en puissance à l'aération sur des notes beurrées et briochées. On retrouve au palais cette tonalité évoluée dans des arômes de miel, de sous-bois et de fruits secs. Un champagne charnu, à la fois gras et frais, de bonne longueur. ⧗ 2021-2024 **Grande Réserve ★ (15 à 20 €; 15000 b.)** Mi-blancs mi-noirs (chardonnay 50 %, meunier 40 %, pinot noir 10 %), cette cuvée assemble la vendange 2015 avec 40 % de vins de 2014. Un champagne délicat par son expression aromatique (fleurs blanches, poire, agrumes) et par sa finesse en bouche. ⧗ 2021-2024

CHAMPAGNE VEUVE OLIVIER ET FILS, 10, rte de Dormans, 02850 Trélou-sur-Marne, tél. 03 23 70 24 01, info@champagne-veuve-olivier.com V *t.l.j. sf sam. dim. 9h-12h 14h-17h sam. sur r.-v.*

MARCEL VÉZIEN Lumières de l'Aube ★

| 20000 | | 20 à 30 €

Armand Vézien plante les premiers pieds de vigne à la fin du XIXes. Son petit-fils Marcel élabore les premières cuvées en 1956. Aujourd'hui, Jean-Pierre Vézien gère une affaire de négoce, forte de 20 ha dans l'Aube. (NM)

Un assemblage très aubois : du pinot noir majoritaire (85 %), le solde en «cépages blancs», une goutte de pinot blanc venant compléter le chardonnay. Après près de 4 ans sur lattes, ce brut déploie au nez comme en bouche une palette gourmande et pâtissière, sur la frangipane, le pralin et la noisette, en harmonie avec une bouche ample et tendre, assez généreusement dosée mais flatteuse. ⧗ 2021-2024

MARCEL VÉZIEN ET FILS, 68, Grande-Rue, 10110 Celles-sur-Ource, tél. 03 25 38 50 22, marcelvezien@champagne-vezien.com V *r.-v.*

FLORENT VIARD 2012 ★★★

1er cru | 2500 | | 15 à 20 €

Une exploitation fondée en 1842. En s'installant en 1994 avec Karine sur le domaine familial à Vertus (Blancs-Coteaux), Florent Viard a commencé à signer les champagnes de la propriété. Il cultive près de 5 ha dans la Côte des Blancs et confie sa récolte à la coopérative de la Goutte d'Or à Vertus. Domaine certifié HVE. (RC)

Ce 1er cru de Vertus est un blanc de blancs. Vieilli au moins 5 ans en cave, il reflète le bel été 2012. Paré d'une robe dorée traversée de cordons de bulles fines, il offre un nez complexe, mêlant minéralité, notes briochées et fruits blancs très mûrs, voire confits. Riche et harmonieuse, à l'unisson du nez, la bouche est tendue par une fine acidité qui fait ressortir la minéralité et porte loin la finale. Un équilibre parfait. ⧗ 2021-2024 **1er cru Extra-brut Absolu ★ (15 à 20 €; 2000 b.)** Pratiquement un

CHAMPAGNE

brut nature (dosage 1 g/l), un blanc de blancs issu de 3 récoltes (2013 et les 2 années précédentes). Un nez pâtissier aussi puissant qu'élégant, une bouche fraîche, aromatique (aubépine, pêche blanche, beurre et brioche), à la finale citronnée et longue. De la finesse. ⧗ 2021-2024

⊶ FLORENT VIARD, 35, av. Saint-Vincent, Vertus, 51130 Blancs-Coteaux, tél. 03 26 51 60 82, champagne.florent.viard@orange.fr
V r.-v.

VIGNON PÈRE ET FILS
Brut nature Blanc de noirs
Les Espérances 2016 ★★★

Gd cru	900		30 à 50 €

Ce domaine familial a lancé sa marque en 1946. Il couvre près de 7 ha dans la Montagne de Reims. D'abord caviste, Stéphane Vignon s'est installé en 2013. Fidèle à la tradition familiale, il élève ses vins de base en fût, avec bâtonnage; à l'instar de René Muré, vigneron d'Alsace chez qui il s'est formé, il intervient le moins possible en cave : pas de levurage ni de collage, pas de filtration ou de passage au froid. (RM)

À Verzenay, le blanc de noirs naît du pinot noir. Issu d'une sélection parcellaire, celui-ci a été élevé 9 mois en fût de chêne - de Verzenay, et n'a reçu aucun dosage. Or rose, la robe porte la signature des raisins noirs. Intense et suave, le nez s'ouvre sur les fruits exotiques (ananas, litchi) et les fruits confits, avec une touche mentholée. Les fruits tropicaux s'allient aux épices du bois dans une bouche à la fois généreuse, fraîche et minérale, d'une rare longueur. Complexe et harmonieux, un superbe reflet du millésime. ⧗ 2021-2026 ● **Blanc de noirs 2015 ★ (30 à 50 €; 750 b.)** Élevé en fût, ce pinot noir aux arômes de tilleul, d'aubépine et de fruits blancs montre de la charpente et de la puissance. Jeune dans son expression, il devrait montrer une belle tenue dans le temps. ⧗ 2021-2026

⊶ CHAMPAGNE VIGNON PÈRE ET FILS, 10, rue Collet, 51360 Verzenay, tél. 03 26 49 80 39, vignon.marquises@orange.fr V r.-v.

VILMART ET CIE Émotion 2012 ★

1er cru	5300		75 à 100 €

Domaine fondé en 1890 par Désiré Vilmart au pied de la Montagne de Reims, non loin de la cité des Sacres. Un siècle plus tard, son arrière-arrière-petit-fils, Laurent Champs, en a pris les rênes, rejoint par sa fille Morgane. Il exploite à Rilly-la-Montagne 11 ha, plantés de chardonnay (majoritaire) et de pinot noir. À la cave, il évite la fermentation malolactique et, comme les vignerons du XVIes. représentés sur les stalles de l'église de Rilly, il est resté fidèle au bois pour l'élevage de ses vins. (NM)

Un rosé millésimé original. Il assemble 60 % de pinot noir macéré et 40% de chardonnay et connaît le bois. D'un rose à reflets orangés, il mêle au nez le noyau, le cassis et les agrumes confits. Des arômes d'orange sanguine agrémentent la bouche fraîche, saline et longue, teintée d'une légère amertume en finale. ⧗ 2021-2024

⊶ VILMART ET CIE, 5, rue des Gravières, 51500 Rilly-la-Montagne, tél. 03 26 03 40 01, patricia@champagnevilmart.fr V r.-v.

A. VIOT ET FILS
Zéro dosage Brut nature ★

●	8000		20 à 30 €

Au lendemain de la Première Guerre mondiale, Armand Viot, héritier d'une lignée de viticulteurs, commence à vinifier en 2021. Premiers champagnes dès l'inclusion de l'Aube dans l'aire d'appellation, en 1927. Julien Viot, qui représente la 4e génération, dirige depuis 2005 le domaine, aujourd'hui certifié HVE. Il exploite 8 ha de vignes et commercialise ses bouteilles après au moins 4 ans de vieillissement en cave. (RM)

Né des 3 cépages champenois (pinot noir 50 %, chardonnay 40 %,), ce brut, qui assemble 2 années plutôt solaires (2016 et 2015), ne contient pour tout sucre que celui des raisins. Sa bulle fine est foisonnante, son expression intense, florale et fruitée, plus grillée en bouche; son effervescence active renforce son côté tonique. ⧗ 2021-2024

⊶ CHAMPAGNE A. VIOT ET FILS, 67, Grande-Rue, 10200 Colombé-la-Fosse, tél. 03 25 27 02 07, contact@champagne-viot.com
V *t.l.j. 10h-12h 14h-18h; dim. 14h-18h*

ROLAND VIZENEUX ET FILS ★

●	5900		11 à 15 €

Apporteur de raisins pour le négoce, Roland Vizeneux a lancé son champagne en 1953. Son fils Daniel a travaillé avec ses parents avant de prendre les rênes du domaine en 1981, qu'il exploite avec son épouse Sylvie Mimin et, depuis 2015, avec Romain, le fils du couple, qui élabore les cuvées. La propriété dispose de 6,7 ha dans la vallée de la Marne. (RM)

Ce rosé tire son caractère du meunier (90 %, complétés par une goutte de pinot noir et de chardonnay). Un apport de 17 % de vin rouge lui donne une teinte rose franc, une agréable palette de fruits rouges, avec une nuance florale et une bouche ronde, tonifiée en finale par une belle vivacité. ⧗ 2021-2024

⊶ CHAMPAGNE ROLAND VIZENEUX ET FILS, 18, rue du Tilleul, 51700 Baslieux-sous-Châtillon, tél. 03 26 58 15 33, champagne.vizeneuxfils@wanadoo.fr

VOIRIN-DESMOULINS
Cuvée Prestige 2015 ★

Gd cru	2600		20 à 30 €

Aidée de son mari Sébastien pour le vignoble et de son cousin Laurent à la cave, Pascale Voirin exploite depuis 1997 le domaine et la marque créés en 1960 par ses parents, Bernard Voirin et Nicole Desmoulins. Le vignoble (9 ha) se partage entre la Côte des Blancs (Chouilly) et la vallée de la Marne, non loin de Château-Thierry. (RM)

Ce brut millésimé doit tout au chardonnay, mûri sous le soleil de 2015. Beurré et balsamique au nez, avec des nuances de tabac et de sous-bois, il se distingue par sa structure et par sa longueur. ⧗ 2021-2025

⊶ VOIRIN-DESMOULINS, 24, rue des Partelaines, 51530 Chouilly, tél. 03 26 54 50 30, champagne.voirin.desmoulins@wanadoo.fr

♥ VOLLEREAUX Réserve ★★

● | 120000 | | 20 à 30 €

Établie aux portes sud d'Épernay, la famille Vollereaux cultive la vigne dès 1805 et commercialise ses premières bouteilles en 1923. Aujourd'hui, c'est une structure de négoce forte d'un important domaine (40 ha). Pierre Vollereaux a passé en 2012 le relais à son fils Franck qui commercialise ses cuvées sous plusieurs marques : Vollereaux, A. Chamberlain et H. de Choiseul. (NM)

Vieilli 4 ans en cave, il marie à parts égales pinot noir, meunier et chardonnay. La robe à reflets dorés est parcourue de trains de bulles fines. Complexe, riche avec délicatesse, le nez mêle les fruits confits, la poire et la prune à l'eau-de-vie. On retrouve cette tonalité évoluée dans un palais étoffé, puissant et persistant au dosage adapté et bien fondu. Ce brut d'excellente facture trouvera sa place à l'apéritif comme à table, avec une viande blanche. ⧗ 2021-2024 ● **Gd cru H de Choiseul ★ (20 à 30 €; 34000 b.)** Pinot noir et chardonnay (10 %) dans ce brut au nez frais (fleurs, fruits secs) et à la bouche ronde, plus tonique et citronnée en finale. ⧗ 2021-2024

CHAMPAGNE VOLLEREAUX,
48, rue Léon-Bourgeois, 51530 Pierry, tél. 03 26 54 03 05, contact@champagne-vollereaux.fr V *t.l.j. sf dim. 9h-12h 14h-18h*

♥ WARIS-HUBERT Extra-brut Blanc de blancs Fût de chêne Sophos 2014 ★★

● Gd cru | 3000 | | 50 à 75 €

Installés à Avize, grand cru de la Côte des Blancs, Olivier Waris et son épouse Stéphanie conduisent depuis 1997 un vignoble de 11,5 ha implanté dans ce secteur, ainsi que dans le Sézannais, la vallée de l'Ardre et la Côte des Bar. Succédant à 3 générations de viticulteurs, le couple s'est lancé dans l'élaboration du champagne. Il privilégie les cuvées monocépage et les faibles dosages. Après quelques expériences à l'étranger, Antonin, le fils, a rejoint l'exploitation. (RM)

Du chardonnay d'Avize, de l'année 2014, plutôt fraîche et propice aux blancs, vinifié et élevé 2 ans en fût. Après un long vieillissement en cave, il montre des reflets dorés et déploie une palette complexe mêlant les arômes du vin et ceux du bois : genêt, fleurs blanches, citron confit, notes beurrées, vanillées, grillées et fumées. À l'unisson du nez, la bouche brille par son ampleur, sa puissance et par sa finale fraîche et longue, sur les agrumes. Alliant finesse et énergie, ce blanc de blancs accompagnera avec bonheur viandes blanches et nobles crustacés. ⧗ 2021-2025 ● **Extra-brut Rosé de saignée Ercanbald ★ (30 à 50 €; 2000 b.)** Issu d'une seule parcelle de Merrey-sur-Arce (Côte des Bar), un pinot noir récolté en 2014, macéré 2 jours et faiblement dosé, ce qui n'est pas très courant pour un rosé. Une robe cuivrée, de beaux arômes d'évolution (abricot sec, rose fanée), une bouche vineuse et longue. Parfait sur de la volaille ou des fromage vieux à pâte dure. ⧗ 2021-2023

CHAMPAGNE WARIS-HUBERT,
14, rue d'Oger, 51190 Avize, tél. 03 26 58 29 93, contact@champagne-waris-hubert.fr V *t.l.j. 10h-12h 14h-17h30*

WARIS-LARMANDIER Racines de Trois ★★

● | 6500 | 20 à 30 €

Marie-Hélène Waris-Larmandier, aujourd'hui associée avec ses 3 enfants, exploite le domaine. Son frère François et son fils aîné Jean-Philippe, arrivé sur l'exploitation en 2010, se chargent de l'élaboration des cuvées, pour l'essentiel une gamme de blancs de blancs provenant d'un vignoble de 5 ha situé dans la Côte des Blancs. Avec l'arrivée de la nouvelle génération, le domaine a engagé sa conversion bio. (RM)

Un assemblage de 3 cépages (chardonnay 60 %, pinot noir 30 % et meunier) et de 3 terroirs (Montagne de Reims, Côte des Blancs et Côte des Bar), une démarche biodynamique. Dans le verre, un brut doré intense, au nez expressif et tonique, entre fleurs blanches et fruits frais. Les fleurs se mêlent au sous-bois dans un palais à la fois gras, soyeux et vif, à la finale teintée d'agrumes. L'harmonie même. ⧗ 2021-2024

CHAMPAGNE WARIS-LARMANDIER,
608, rempart du Nord, 51190 Avize, tél. 06 83 45 80 07, earlwarislarmandier@wanadoo.fr V *r.-v.*

COTEAUX-CHAMPENOIS

Production : 550 hl

Appelés à l'origine «vins nature de Champagne», ils devinrent AOC en 1974 et prirent le nom de coteaux-champenois. Tranquilles, souvent rouges, plus rarement blancs ou rosés, ils sont la survivance de temps antérieurs à la naissance du champagne. Comme ce dernier, ils peuvent naître de raisins noirs vinifiés en blanc (blanc de noirs), de raisins blancs (blanc de blancs) ou encore d'assemblages. Le coteaux-champenois rouge le plus connu porte le nom de la célèbre commune de Bouzy (grand cru de pinot noir). Dans cette commune, on peut découvrir l'un des deux vignobles les plus étranges au monde (l'autre est situé à Aÿ) : de «vieilles vignes françaises préphylloxériques», conduites en foule, selon une technique immémoriale abandonnée partout ailleurs. Tous les travaux sont exécutés artisanalement, à l'aide d'outils anciens. C'est la maison Bollinger qui entretient ce joyau destiné à l'élaboration d'un rare champagne. Les coteaux-champenois se boivent jeunes, à 7-8 °C pour les blancs, à 9-10 °C pour les rouges que l'on pourra, pour quelques années exceptionnelles, laisser vieillir.

PAUL CLOUET Bouzy 2016 ★

■ | 1500 | | 20 à 30 €

Domaine fondé en 1907 à Bouzy par Paul Clouet et conduit depuis 1992 par Marie-Thérèse Bonnaire,

CHAMPAGNE

sa petite-fille : 5 ha entre Bouzy, grand cru de noirs, et Chouilly, grand cru de blancs. Les cuvées sont élaborées par Jean-Étienne Bonnaire, le fils de cette dernière, également récoltant à Cramant (Champagne Bonnaire). Propriété certifiée HVE. (RM)

Favorisé par une arrière-saison propice, le pinot noir a bien mûri en septembre 2016. Il a donné naissance à ce coteaux au nez discret mais flatteur, entre cuir, nuances florales et fruits rouges épicés. La mise en bouche révèle un vin charmeur : une attaque acidulée, sur la groseille et la griotte, des tanins soyeux et une belle fraîcheur. ⧗ 2021-2025

CHAMPAGNE PAUL CLOUET, 1, pl. André-Tritant, 51150 Bouzy, tél. 03 26 57 50 85, contact@bonnaire.com V r.-v. ⑤

R. DUMONT ET FILS La voie de Chanay 2018 ★★

	1000		20 à 30 €

Installés dans un petit village des environs de Bar-sur-Aube, les Dumont perpétuent une tradition viticole qui remonte au XVIIIes. La dernière génération a constitué un coquet vignoble (23 ha) et fait construire un chai moderne inspiré de l'architecture locale avec ses parements de brique. (RM)

Une cuvée née de vieux pinots plantés sur le point culminant du vignoble champenois. En 2018, année précoce, les raisins ont été récoltés en surmaturité, le 15 septembre. Après foulage à l'ancienne, au pied, encuvage en grappes entières sans sulfites ni levurage, élevage sur lies et mise en bouteilles sans collage ni filtration, on obtient un vin à la robe profonde, qui s'ouvre sur des notes fraîches de fleurs, de groseille et de fruits noirs, teintées de touches réglissées et mentholées. On retrouve cette fraîcheur fruitée dans une bouche structurée et longue, assez tannique en finale. ⧗ 2022-2025

R. DUMONT ET FILS, 8, rue de Champagne, 10200 Champignol-lez-Mondeville, tél. 03 25 27 45 95, rdumontetfils@wanadoo.fr V r.-v.

LES DOM. JEEPER 20 Cube ★

	n.c.		15 à 20 €

Fils de vignerons de Faverolles-et-Coëmy, François Dubois vend du champagne dès le XVIIIes. Nicolas, son descendant, crée en 1999 une structure de négoce qui connaît une forte croissance (40 ha de vignes en propre, des pressoirs, puis une cuverie qui permet de vinifier 200 ha) et rachète la maison Jeeper. En 2013, il continue à la gérer, alors que Michel Reybier (propriétaire du Ch. Cos d'Estournel, cru classé de Saint-Estèphe) a pris le contrôle de la maison. Propriété certifiée HVE. (NM)

Ni rouge, ni blanc, rosé! Sans doute le 1er «coteaux» de cette couleur dans le Guide. Du pinot noir (80 %) et du meunier macérés : pas de vin blanc dans les rosés tranquilles. Le nom de la cuvée est mystérieux si l'on ne voit pas le flacon cubique, comme pour un parfum. Nos dégustateurs, qui ont découvert ce vin dans un verre classique, ont noté : robe saumonée à reflets orangés, bouche fraîche, croquante et acidulée, sur les fruits rouges, légère amertume en finale. De la finesse. ⧗ 2021-2022

LES DOMAINES JEEPER, 3, rue de Savigny, 51170 Faverolles-et-Coëmy, tél. 03 26 05 08 98, info@champagne-jeeper.com V *t.l.j. sf sam. dim. 8h-12h 14h-18h*

VINCENT LAMOUREUX Les Riceys 2019 ★

	300		15 à 20 €

Ce domaine est né en 1987 de l'union de Sylviane Vincent et de Jean-Michel Lamoureux. Ces récoltants cultivent 8 ha sur les coteaux des Riceys, dans l'Aube, et proposent les trois AOC de la Champagne, dont le confidentiel rosé-des-riceys. Propriété certifiée HVE. (RM)

Dans les sélections du Guide, les coteaux-champenois blancs représentent moins de 10 % des cuvées. Celle-ci est d'autant plus originale qu'elle provient d'un fief du pinot noir et qu'elle incorpore 10 % de pinot blanc aux côtés du chardonnay. Si elle a séjourné 6 mois dans le bois, sa palette aromatique met en avant la pêche blanche, l'aubépine et le beurre. En bouche, son expression délicate, très florale, s'harmonise avec une structure aérienne. ⧗ 2021-2023

VINCENT-LAMOUREUX, 2, rue du Sénateur-Lesaché, 10340 Les Riceys, tél. 03 25 29 39 32, lamoureux-vincent@wanadoo.fr V r.-v.

DOM. DE MONDEVILLE La voie de Chanay 2019 ★★

	1000	20 à 30 €

Récoltant dans la Côte des Bar, aux environs de Bar-sur-Aube, Bernard Dumont (Dom. R. Dumont et Fils) s'est associé en 2019 avec son neveu Laurent pour fonder le Dom. de Mondeville, exploité en biodynamie. En conversion bio. (RM)

Le 1er millésime du domaine, et l'un des 1ers 2019 de la Champagne dans cette sélection. Un vin tranquille (forcément), issu d'un lieu-dit situé en altitude (369 m), vinifié en grappe entière et dans l'esprit «nature», sans sulfites. Discret au nez, il séduit par la finesse et la fraîcheur de ses arômes floraux et fruités (groseille et fraise écrasée). La framboise s'ajoute à cette palette dans une bouche persistante, à la fois ronde et acidulée. ⧗ 2021-2023

DOM. DE MONDEVILLE, 9, rue de Champagne, 10200 Champignol-lez-Mondeville, tél. 03 25 27 52 78, contact@champagnedumont.com r.-v.

TARLANT Grand Picou Rouge 2018 ★★

	883		50 à 75 €

Enracinés en Champagne, les Tarlant cultivaient déjà la vigne à l'époque de dom Pérignon. Constitution du domaine à partir de 1780 dans la vallée de la Marne, premier champagne livré en 1929. Aujourd'hui, un vignoble de 14 ha et un style reconnu. Aux commandes depuis 1999, Benoît et Mélanie, les enfants de Jean-Mary Tarlant, qui préside la maison. À la cave, Benoît vinifie en petite cuve ou en barrique par «climat», sans fermentation malolactique, élève sur lies les vins de réserve et privilégie les dosages faibles (extra-brut) ou absents (brut zéro). En conversion bio. (RM)

Grand Picou (lieu-dit), petite cuvée (en volume) et grande qualité. Du vieux pinot noir implanté sur un coteau de Saint-Agnan. Les vendanges la 2e semaine de septembre 2018 laissent supposer une belle maturité, car en 2018, les sécateurs étaient entrés en action en août. Fermenté et élevé 20 mois en tonneau, le vin affiche une robe profonde et jeune. Il mêle au nez minéralité, fruité pimpant (groseille) et notes vanillées, grillées et fumées. Cerise, fruits noirs et fleurs se marient aux arôme de l'élevage dans une bouche généreuse et persistante. ⧗ 2022-2027

⊶ CHAMPAGNE TARLANT, 21, rue de la Coopérative, 51480 Œuilly, tél. 03 26 58 30 60, champagne@tarlant.com V *r.-v.*

ROSÉ-DES-RICEYS

Production : 360 hl

Les trois villages des Riceys (Haut, Haute-Rive et Bas) sont situés à l'extrême sud de l'Aube, non loin de Bar-sur-Seine. La commune accueille les trois appellations : champagne, coteaux-champenois et rosé-des-riceys. Ce dernier est un vin tranquille, l'un des meilleurs rosés de France. Déjà apprécié par Louis XIV, il aurait été apporté à Versailles par les canats, spécialistes réalisant les fondations du château, originaires des Riceys.
Ce rosé est issu de la vinification par macération courte de pinot noir, dont le degré alcoolique naturel ne peut être inférieur à 10 % vol. Il faut interrompre la macération – saigner la cuve – à l'instant précis où apparaît le « goût des Riceys » (un goût d'amande et de fruits rouges) qui, sinon, disparaît. Ne sont labellisés que les rosés marqués par ce goût spécial. Élevé en cuve, le rosé-des-riceys se boit jeune, à 8-9 °C, à l'apéritif ou en entrée ; élevé en pièce, il mérite d'attendre entre trois et cinq ans, et on le servira alors à 10-12 °C pendant le repas.

JEAN-JACQUES LAMOUREUX
Valigné 2018 ★★

3750 | 11 à 15 €

René Lamoureux a planté ses premières vignes en 1947 aux Riceys, relayé en 1978 par Jean-Jacques qui a lancé son champagne en 1985. Son fils Vivien, œnologue, officie aujourd'hui en cave. Certifié HVE, le domaine couvre 12 ha. Il propose les 3 appellations champenoises : outre le champagne, les coteaux-champenois et le rosé-des-riceys. (RM)
Corail éclatant, il s'ouvre sur la fraise des bois, la framboise et les fruits compotés. La bouche poursuit avec franchise sur cette ligne fruitée, tout en montrant une belle charpente. La finale se teinte d'une nuance de quetsche généreuse et acidulée. Parfait avec une viande blanche ou une volaille. ⧗ 2021-2024

⊶ CHAMPAGNE JEAN-JACQUES LAMOUREUX, 27_bis, rue du Gal-de-Gaulle, 10340 Les Riceys, tél. 03 25 29 11 55, champlamoureux@orange.fr V *t.l.j. sf dim. 10h-12h 14h-18h*

MARQUIS DE POMEREUIL 2015 ★

1508 | 15 à 20 €

L'une des plus anciennes coopératives de la Champagne, fondée en 1922 au village des Riceys, dans l'Aube. Elle dispose des 82 ha de ses adhérents. La marque Marquis de Pomereuil a été lancée dans les années 1970. (CM)
Avec son été chaud, 2015 a souri aux pinots. Des reflets cuivrés dans la robe saumonée montrent l'évolution de ce millésime aux arômes flatteurs de fraise des bois et de mûre. La cerise perce en bouche dans une tonalité compotée, associée à une fraîcheur préservée. Apéritif, viandes blanches, fromages doux conviendront à ce riceys. ⧗ 2021-2023

⊶ MARQUIS DE POMEREUIL, 3-5, rte de Gyé, 10340 Les Riceys, tél. 03 25 29 32 24, marquis.de.pomereuil@hexanet.fr V *t.l.j. sf dim. 8h30-12h 14h-18h*

IGP HAUTE-MARNE

LE MUID MONTSAUGEONNAIS
Chardonnay 2020 ★

45 000 | 5 à 8 €

Après un long sommeil dû à la crise phylloxérique de la fin du XIXᵉs., le vignoble de la Haute-Marne renaît de ses cendres depuis la fin des années 1980 grâce à l'action d'une poignée d'hommes du terroir, à l'image de Dominique Bernard, à la tête depuis 1989 d'un vignoble de près de 13 ha établi sur les coteaux du Montsaugeonnais. (RM)
D'un abord discret, ce vin s'ouvre doucement mais sûrement sur des notes de fleurs blanches, d'abricot et de citron. On retrouve les fruits dans une bouche équilibrée, à la fois délicatement veloutée et rafraîchie par une fine acidité. ⧗ 2021-2023

⊶ SA LE MUID MONTSAUGEONNAIS, 23, av. de Bourgogne, 52190 Le Montsaugeonnais, tél. 03 25 90 04 65, muidmontsaugeonnais@orange.fr V *r.-v.*

RATAFIA CHAMPENOIS

VINCENT D'ASTRÉE ★

5000 | 15 à 20 €

Marque de la coopérative de Pierry, près d'Épernay, fondée en 1956. La cave dispose des 80 ha de ses adhérents qui cultivent leur vignoble dans cette commune ou celle, voisine, de Moussy. (CM)
Composé de moûts de pinot noir et de meunier mutés à l'alcool, un ratafia de bonne facture et qui n'a rien de confidentiel. Le séjour de 3 ans sous bois lui a donné une couleur orangé limpide aux reflets bruns et a enrichi sa palette de notes évoluées et de nuances d'élevage : boisé vanillé, fruits confits, mandarine et orange amère. Concentré et fondu, souple, onctueux et miellé, le palais finit sur un retour du boisé. Une belle complexité.

⊶ VINCENT D' ASTRÉE, 1, rue Carnot, 51530 Pierry, tél. 03 26 54 66 33, celliers@champagne-vincentdastree.com V *t.l.j. sf dim. 9h-12h30 14h-17h30*

DANIEL ÉTIENNE ★

500 | 11 à 15 €

Depuis 4 générations, la famille Étienne cultive 7 ha de vignes autour de Cumières, dans la Grande Vallée de la Marne. Exposé au sud, son vignoble est connu

CHAMPAGNE

pour sa précocité et fournit, outre des champagnes en 1er cru, des vins rouges réputés. Après le père, Jean-Marie, déjà présent dans le Guide, Daniel, le fils, signe la production depuis 2009. (RM)

Issu de moût de pinot noir muté à la fine de Marne distillée par le vigneron, ce ratafia avait obtenu un coup de cœur l'année dernière. Cette nouvelle version, élaborée avec du moût de 2017 et vieillie 2 ans en fût de chêne, se défend bien : robe jaune orangé brillant, nez intense et raffiné, d'une belle complexité, mêlant les fruits jaunes à la vanille et aux épices de l'élevage, attaque alerte ouvrant sur un palais aux arômes d'abricot et de miel, d'un beau volume équilibré par une fine acidité. L'alcool est présent mais bien intégré, plus marqué en finale. Puissance et élégance. ⧗ 2021-2024

DANIEL ÉTIENNE, 166, rue de Dizy, 51480 Cumières, tél. 03 26 55 14 33, champagne.etiennedaniel@wanadoo.fr V *r.-v.* 4

DENIS FRÉZIER ★★

	302		20 à 30 €

Le premier des Frézier vignerons naquit en 1799. Alfred Frézier commença la commercialisation des champagnes en 1935. Depuis 2001, c'est son petit-fils Sébastien, fils de Denis, qui gère l'exploitation : près de 6 ha, répartis dans autant de villages, entre coteaux d'Épernay, Côte des Blancs et Grande Vallée de la Marne. Certifiée HVE, la propriété est en conversion bio. (RM)

Une nouvelle fois apprécié, ce ratafia assemble du moût de meunier (récolte 2016) et de la fine de la Marne (obtenue par distillation de vins du vignoble champenois). Après un séjour de 3 ans en fût, sa robe a pris une teinte doré soutenu et son nez miellé déploie de multiples nuances d'élevage : notes grillées, noisette, caramel, pruneau, vieux fût. La pâtisserie (tarte aux pommes) s'ajoute à cette palette dans une bouche alerte en attaque, souple et douce dans son développement, avec une belle fraîcheur pour contrebalancer le sucre. La finale à la fois acidulée et chaleureuse évoque la fine. « Ratafia à l'ancienne » certes... mais complexe et très équilibré. ⧗ 2021-2024

SCEV CHAMPAGNE DENIS FRÉZIER, 50, rue Gaston-Poittevin, 51530 Monthelon, tél. 03 26 59 70 16, contact@champagne-frezier.com V *t.l.j. 10h-12h 14h-17h30, dim. 10h-12h*

CHARLES HESTON Chardonnay ★

	3234		11 à 15 €

Lancée en 2010, Charles Heston est la marque de la coopérative Les Six Coteaux, fondée en 1951 dans le massif de Saint-Thierry, au nord-ouest de Reims : plus de cent adhérents y apportent la récolte de leurs 110 ha. (CM)

À la carte des vins de la cave, pas moins de 4 cuvées de ratafia. Celui-ci assemble distillat de vin et moût de chardonnay. Doré soutenu, il séduit par la richesse de sa palette aromatique, qui mêle abricot sec, miel, chocolat, fruits compotés, pruneau et kirsch. Dans le même registre, le palais s'impose par son onctuosité et sa puissance. Une finale suave, chaleureuse et longue conclut la dégustation. Cette bouteille de caractère, d'une belle complexité, accompagnera foie gras et fromage bleus. ⧗ 2020-2023

CHAMPAGNE CHARLES HESTON, 20, rte de Thil, 51220 Villers-Franqueux, tél. 03 26 03 08 78, coop6coteaux@orange.fr V *t.l.j. 9h-13h 14h-19h;*

PAUL SADI ★

	285		15 à 20 €

Après avoir travaillé une quinzaine d'années comme salarié de Virgile Portier, l'entreprise familiale gérée par ses parents, Jérôme Portier a lancé en 2011 sa maison et son champagne, qui porte le nom de son grand-père. Il dispose en propre de près de 3 ha de vigne. (NM)

Pour cette microcuvée, Jérôme Portier a muté du moût de pinot noir (récolte 2017) à l'alcool vinique et a élevé l'assemblage dans 3 fûts différents, pendant 3 ans. La robe a pris des tons de cuivre rouge. Discret, évolué, le nez évoque le cuir et le tabac. De belles notes d'orange confite et de confiture d'abricots se déploient dans un palais bien fondu, servi par une finale longue et élégante aux accents de tilleul. De la générosité et de la finesse. ⧗ 2021-2023

CHAMPAGNE PAUL SADI, 21_bis, RN, 51360 Beaumont-sur-Vesle, tél. 03 26 40 25 18, paul.sadi@orange.fr V *r.-v.*

LA VILLESENIÈRE Vieilli en fût de chêne ★

	340		20 à 30 €

Descendants d'apporteurs de raisins, les parents de Laurence Michez deviennent récoltants-coopérateurs en 1973. Installée en 1999, cette dernière décide avec son mari Cyrille Chenevotot de se lancer dans l'élaboration du champagne. Principalement situé autour de Boursault, sur la rive gauche de la Marne, leur vignoble (4,2 ha) est en conversion bio. Deux étiquettes : Claude Michez et La Villesenière, cette dernière dédiée à des cuvées issues d'une seule récolte et de sélections parcellaires, vinifiées et élevées en barrique. (RM)

Vieillie 3 ans en fût, une microcuvée issue de moût de la vendange 2015. D'un jaune orangé, elle dévoile un nez boisé et évolué, mêlant la vanille à une touche de curry. En bouche, l'abricot et toute une gamme de fruits jaunes s'épanouissent aux côtés de notes d'élevage bien fondues dans une matière très équilibrée. Encore un peu chaleureux en finale, ce ratafia n'en laisse pas moins une impression de finesse grâce à sa vivacité. ⧗ 2021-2024

CHAMPAGNE CLAUDE MICHEZ, 3, rue du Chêne, 51480 Boursault, tél. 06 77 95 90 02, claude.michez@orange.fr V *r.-v.*

VILMART ET CIE Chardonnay ★

	8 000		20 à 30 €

Domaine fondé en 1890 par Désiré Vilmart au pied de la Montagne de Reims, non loin de la cité des Sacres. Un siècle plus tard, son arrière-arrière-petit-fils, Laurent Champs, en a pris les rênes, rejoint par sa fille Morgane. Il exploite à Rilly-la-Montagne 11 ha, plantés de chardonnay (majoritaire) et de pinot noir. À la cave, il évite la fermentation malolactique et, comme les vignerons du XVIes. représentés sur les stalles de l'église de Rilly, il est resté fidèle au bois pour l'élevage de ses vins. (NM)

Vendangé en 2013, le chardonnay a été muté à la fine de Champagne. Après un séjour de 7 ans en pièces et foudre de chêne, on obtient un ratafia d'un jaune clair lumineux, au premier nez boisé, partagé entre miel et fruits secs, et au caractère tonique : frais en attaque, il offre un développement acidulé, presque amylique. Sa richesse bien présente est équilibrée par une agréable fraîcheur. Le boisé vanillé rappelle le long élevage. ⧗ 2021-2025

VILMART ET CIE, 5, rue des Gravières, 51500 Rilly-la-Montagne, tél. 03 26 03 40 01, patricia@champagnevilmart.fr V r.-v.

WARIS-HUBERT Thesä ★

■	n.c.		30 à 50 €

Installés à Avize, grand cru de la Côte des Blancs, Olivier Waris et son épouse Stéphanie conduisent depuis 1997 un vignoble de 11,5 ha implanté dans ce secteur, ainsi que dans le Sézannais, la vallée de l'Ardre et la Côte des Bar. Succédant à 3 générations de viticulteurs, le couple s'est lancé dans l'élaboration du champagne. Il privilégie les cuvées monocépage et les faibles dosages. Après quelques expériences à l'étranger, Antonin, le fils, a rejoint l'exploitation. (RM)

Après pressurage, du moût de pinot noir d'Aÿ (pour cette version, de la vendange 2014) est muté à l'alcool et à la fine. Après un repos de 3 ans en fût de chêne, on obtient un ratafia d'un jaune doré, à l'expression à la fois chaleureuse et raffinée, entre boisé vanillé, orange confite, figue sèche, complétés au palais par des notes d'amande grillée. Équilibrée, douce sans excès ni lourdeur, marquée par une heureuse évolution, la bouche offre une longue finale fruitée. De l'élégance.

CHAMPAGNE WARIS-HUBERT, 14, rue d'Oger, 51190 Avize, tél. 03 26 58 29 93, contact@champagne-waris-hubert.fr V *t.l.j. 10h-12h 14h-17h30*

JURA

Le Jura
selon Margot

C'est l'un des vignobles les plus dynamiques de France, qui me fascine par le style de ses vins et par son paysage. Rendez-vous compte : nous sommes dans la plus petite région viticole de France, avec à peine 20 000 ha de vignes. Ce que j'adore, ce sont les cépages autochtones travaillés de différentes façons. En rouge, ma préférence va au trousseau et au poulsard qui produisent des vins légers, fruités et épicés. Ce sont indéniablement de bonnes alternatives au pinot noir. En blanc, ma révélation, c'est le savagnin. En mode ouillé, il est sec et fruité. En mode non ouillé, version vin jaune ou « sous voile » (qui se nomme « tradition » en assemblage avec le chardonnay), il prend des nuances de noix et de miel. En version liquoreux avec le vin de paille, les arômes n'en finissent plus : fruits secs, fruits confits, coing, prune, coing. Sans oublier le macvin (vin muté) complexe et intense, parfait à l'apéritif.

• **Ma reco œnotourisme**

Balade dans les vignes en famille. Le Jura est seulement à 2 h 30 de Paris. Avec www.jura-tourism.com, on peut faire des balades à la *cool* en famille sur des circuits de 3 à 7 km. Avec les cartes interactives à télécharger sur le site Internet ou à récupérer dans les offices de tourisme, on a des explications riches et détaillées pour découvrir le vignoble, des sites historiques, des vignerons... Bref, pas besoin de chaussure de rando ou de sac de trekking.

Le bonheur est dans la vigne

Domaine Maire et Fils Chardonnay Grand Minéral 2020 (côtes-du-jura)
Un acteur incontournable du Jura qui possède une large gamme bien construite et cohérente, à prix sages. *Big crush* pour ce chardonnay fruité et sec, emblématique des très bons blancs secs du Jura.

Domaine Berthet-Bondet Savagnin 2016 (côtes-du-jura)
Un des plus grands domaines de Château-Chalon. Le couple, qui a repris le vignoble en 1985, travaille avec précision, bien épaulé par sa fille Hélène.

Domaine Rolet Trousseau 2018 (arbois)
Un domaine qui est une valeur sûre du Jura, grâce à des vins d'équilibre et de finesse. Ce trousseau offre une démonstration remarquable du style du cépage, tout en nuances et épicé comme j'aime.

LE JURA

Faisant le pendant de celui de la Bourgogne, de l'autre côté de la vallée de la Saône, ce vignoble à la géologie tourmentée et au climat plus continental, est d'une superficie bien plus restreinte. Il occupe les pentes qui descendent du premier plateau des monts du Jura vers la plaine : une bande de 80 km de long, traversant tout le département du Jura, de Salins-les-Bains, au nord, à Saint-Amour, au sud. Les terroirs les plus favorables se situent en coteaux entre 250 et 400 m d'altitude. Ils voient naître des vins atypiques, à l'image du célèbre vin jaune, du vin de paille ou encore du macvin.

Les cépages locaux sont parfaitement adaptés aux terrains argileux du Jura. On trouve ainsi le poulsard, cépage rouge peu tannique à l'origine de rosés et de rouges légers. Le trousseau, autre cépage local, donne des vins rouges plus colorés et riches en tanins. Le pinot noir est souvent associé au trousseau dans les rouges et dans les effervescents blancs de noirs. Autre cépage bourguignon, le chardonnay apporte son riche bouquet aux vins blancs, secs et effervescents. Le savagnin, cépage blanc local, donne naissance au célèbre vin jaune, autre spécialité jurassienne avec le vin de paille.

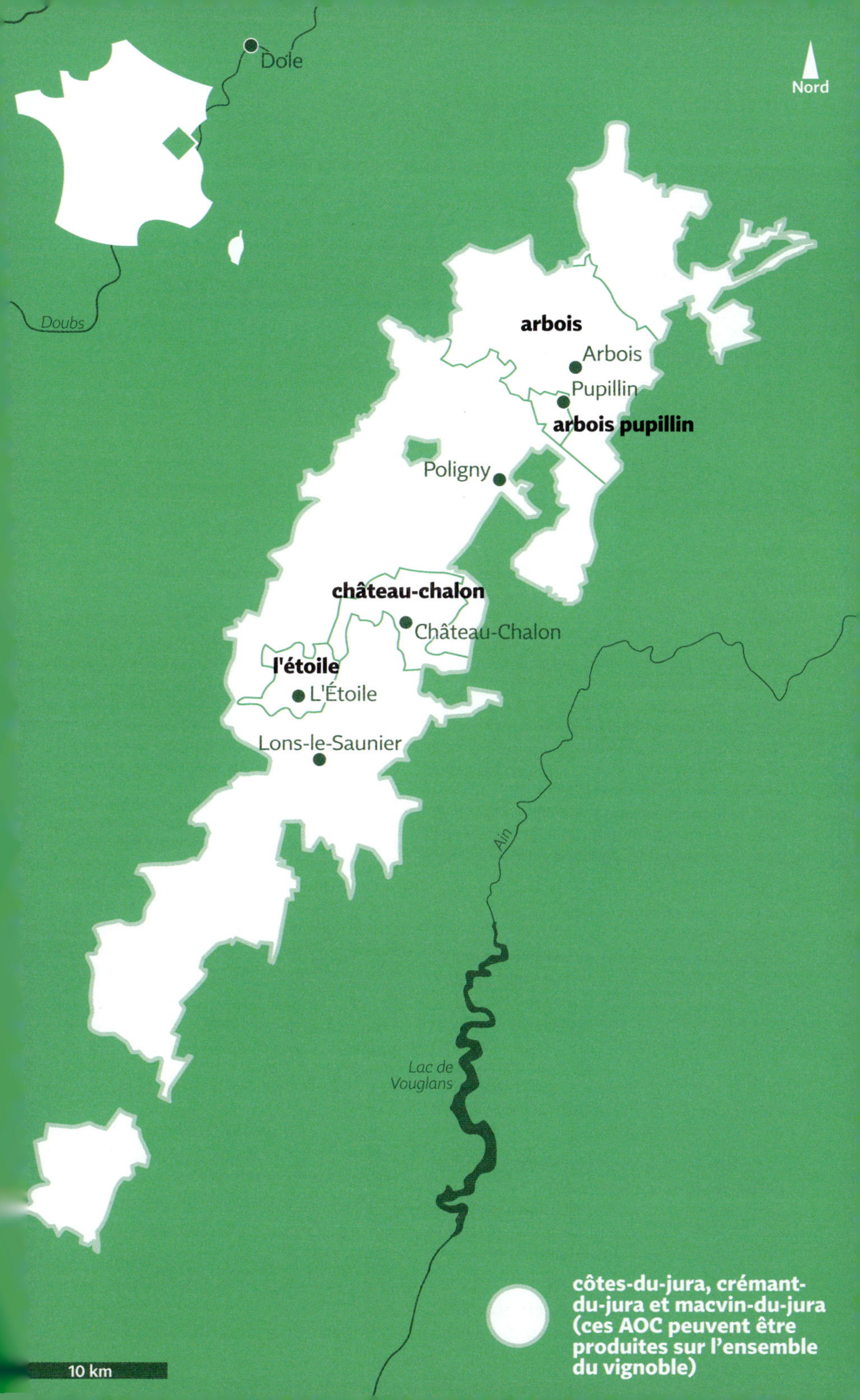
Dole
Nord
Doubs
arbois
Arbois
Pupillin
arbois pupillin
Poligny
château-chalon
Château-Chalon
l'étoile
L'Étoile
Lons-le-Saunier
Ain
Lac de Vouglans
côtes-du-jura, crémant-du-jura et macvin-du-jura (ces AOC peuvent être produites sur l'ensemble du vignoble)
10 km

Le **vigneron** de l'année

Hélène **Berthet-Bondet**

(Dom. Berthet-Bondet)

Le domaine, créé en 1985 par Chantal et Jean Berthet-Bondet (en bio depuis 2010), a été pris en main par leur fille Hélène. Coup de cœur dans la précédente édition, avec un assemblage chardonnay-savagnin 2016, elle récidive cette année avec un pur savagnin élevé sous voile, dans le même millésime. Un vin typé comme ce secteur du Jura en a le secret.

• Qu'est-ce qui vous a conduit à reprendre le domaine en 2018 à la suite de vos parents ?

C'est une reconversion professionnelle : j'ai été traductrice à Bruxelles pendant 10 ans et, en 2013, j'ai décidé de revenir au domaine. Cela a commencé à me titiller entre 25 et 30 ans. J'aimais de plus en plus déguster, parler du vin et en entendre parler. Je rendais service à mon père en allant à des salons, en effectuant des voyages à l'export, etc. Cela m'a permis de rencontrer le milieu vigneron et de faire mûrir tout cela dans ma tête. C'était également un projet familial de retour à la campagne pour élever mes enfants ici.

• Comment souhaitez-vous faire évoluer le domaine ?

Quelques nouveautés vont arriver avec le millésime 2020 : une cuvée de rouge 100 % pinot noir élevée en fût, avec l'idée de la faire passer un deuxième hiver en cave. Je crois que le Jura peut donner des pinots noirs un peu plus ambitieux. Je prépare aussi un savagnin ouillé élevé en fût d'acacia pour explorer une autre expression de ce cépage. J'ai aussi élaboré du rosé en 2018 et en 2019.

• Quelles sont les caractéristiques de ce côtes-du-jura Savagnin 2016 ?

C'est un assemblage de différentes parcelles sur Château-Chalon. Le terroir est constitué de marnes grises avec un peu d'éboulis calcaires.

• Qu'est-ce qui distingue ce côtes-du-jura de votre cuvée Tradition qui a reçu un coup de cœur sur ce même millésime l'an dernier ?

La cuvée Tradition, avec 80 % de chardonnay, est vraiment un vin d'initiation pour les gens qui découvrent les cuvées oxydatives. Le chardonnay arrondit les angles du savagnin, avec son côté fruité. Je parle volontiers d'une texture crémeuse. Alors que le savagnin est plus vif, mordant, sur les zestes d'agrumes. Les gens qui repartent avec des bouteilles de savagnin ont déjà une connaissance des vins oxydatifs du Jura.

• Vous évoquez une garde de 30 ans pour un savagnin. Vous confirmez ?

Oui, complétement, surtout pour un millésime comme 2016. On parle beaucoup du changement climatique, mais il y a quand même quelques exceptions comme 2013 et 2016. Le temps était difficile, mais nous aimons bien avoir des maturités plus tardives et de belles acidités.

• Le suivi de la vinification doit-il être particulièrement méticuleux sur ces vins élevés sous voile ?

Oui. C'est un gros travail en cave. Tout nos vins sous voile sont analysés deux fois par an pour savoir si nous poursuivons l'élevage ou si nous mettons en bouteille un peu plus tôt que prévu. Nous goûtons, examinons les voiles, etc. Nous avons beaucoup de fûts anciens, d'une vingtaine d'années en moyenne.

Le coup de cœur

Côtes-du-jura Savagnin 2016

Le **Jura** en un clin d'œil

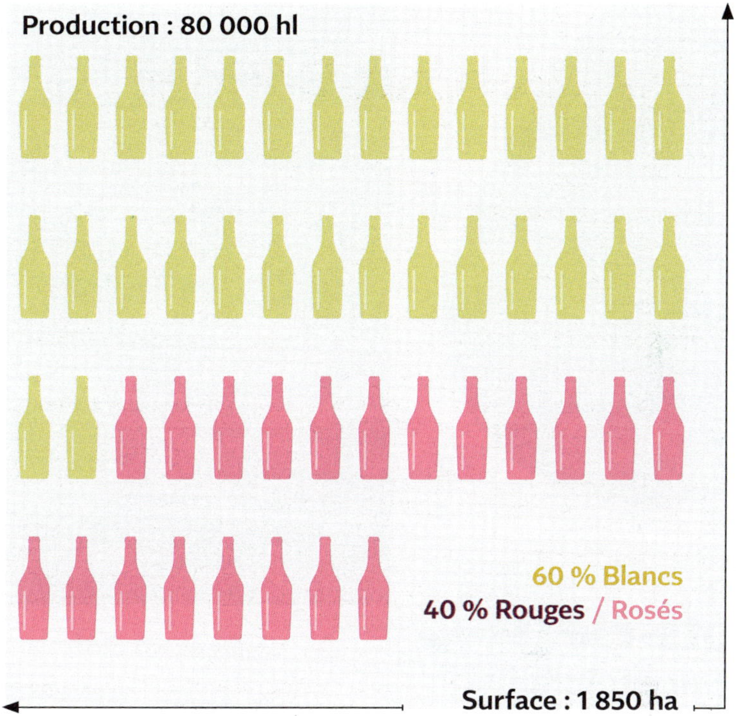

Types de vins

Principaux **cépages**

Hiérarchie des vins

4 AOC viticoles dites « géographiques » : arbois, côtes-du-jura, l'étoile et château-chalon

2 AOC dites « produits » : macvin-du-jura (vin de liqueur) et crémant-du-jura (effervescent)

Un peu d'histoire

- **I^er^s. apr. J.-C. :** Pline le Jeune évoque les vins du Jura.
- **Tournant du XX^e^s. :** la région compte 20 000 ha de vignes avant la crise phylloxérique et produit surtout des vins rouges.
- **1870-1892 :** Louis Pasteur étudie la fermentation alcoolique dans ses vignes d'Arbois.
- **1906 :** création de la coopérative d'Arbois.
- **1936 :** reconnaissance des AOC arbois, la plus ancienne appellation de France, et château-chalon.
- **1937 :** reconnaissance des AOC côtes-du-jura et l'étoile.
- **1991 :** reconnaissance de l'AOC macvin-du-jura.
- **1995 :** reconnaissance de l'AOC crémant-du-jura.

Mots-clé du Jura

1 Passerillage

Séchage des grappes de raisins sur claies de façon à obtenir un taux de sucre élevé.

2 Vin de paille

Vin liquoreux issu du raisin passerillé de savagnin, de poulsard, de chardonnay et de trousseau (AOC arbois, côtes-du-jura et l'étoile).

3 Vin jaune

Vin issu du savagnin élevé pendant un minimum de 6 ans et 3 mois sous voile de levures, dans des fûts non-ouillés, laissés en vidange, afin d'assurer une lente oxydation (AOC château-chalon, arbois, côtes-du-jura et l'étoile).

4 Vin de voile

Vin élevé dans des fûts non-ouillés, sous une couche de levures qui assurent une oxydation lente propice au développement des composants aromatiques.

ARBOIS

Superficie : 795 ha
Production : 30 000 hl (54 % rouge et rosé ; 45 % blanc et jaune ; 1 % vin de paille)

La plus connue des AOC du Jura s'applique à tous les types de vins produits sur douze communes de la région d'Arbois. Il faut rappeler l'importance des marnes triasiques dans cette zone, et la qualité toute particulière des « rosés » de poulsard qui sont issus des sols correspondants. Réputé justement pour ses vins de poulsard, le village de Pupillin peut faire figurer son nom sur les étiquettes à côté de celui d'Arbois.

FRUITIÈRE VINICOLE D'ARBOIS Love Chardonnay 2019 ★

	10160		11 à 15 €

Arbois, 1906 : après la crise phylloxérique, quelques vignerons décident de fonder cette coopérative, l'une des premières en France. La fruitière est toujours là, forte des apports de cent familles vigneronnes (pour 270 ha de vignes), de chais modernes au château Béthanie, acquis en 1969, et d'une gamme très complète. Ses vins figurent souvent en tête d'affiche dans le Guide.

Une vinification en fût de chêne français neufs et un élevage de 10 mois en barriques pour partie de l'assemblage et en cuve Inox pour l'autre partie. On ne s'étonnera donc pas du caractère boisé et grillé du nez, élégamment associé à des notes florales. La bouche, fruitée, à la vivacité bien maîtrisée et au boisé bien fondu, est délicatement beurrée. Un amour de chardonnay. ⧗ 2022-2024

⊶ *FRUITIÈRE VINICOLE D' ARBOIS, 2, rue des Fossés, 39600 Arbois, tél. 03 84 66 11 67, contact@chateau-bethanie.fr* V r.-v.

JÉRÔME ARNOUX Friandise 2019 ★★

	9100		11 à 15 €

Déjà tout petit, Jérôme Arnoux occupait son temps libre chez son voisin viticulteur en se disant qu'il serait plus tard vigneron. Après avoir été salarié dans plusieurs domaines d'Arbois, il devient caviste au Cellier des Tiercelines, puis actionnaire. Il possède aussi des vignes exploitées dans les alentours d'Arbois et vendues à cette petite société de négoce, ce qui lui permet de vinifier ses propres cuvées.

Chaque cépage rouge de l'appellation (poulsard, trousseau, pinot noir) rentre respectivement à hauteur de un tiers de cet assemblage couleur grenat. Jérôme Arnoux a baptisé cette cuvée Friandise car il voulait un caractère... friand, où le fruit serait l'objet du désir. Force est de constater que c'est parfaitement réussi : le fruité est omniprésent, autour des fruits rouges frais, avec l'apport de notes animales et d'une pointe d'épices. La bouche ? Gouleyante, légère, souple et... fruitée à souhait. ⧗ 2021-2024

⊶ *SARL CELLIER DES TIERCELINES, 23, rte de Villeneuve, 39600 Arbois, tél. 06 84 35 31 83, vins.colt@gmail.com* V r.-v.

B DOM. DE BRÉGAND 2020 ★

	20000		15 à 20 €

Le domaine Brégand, propriété de la société Henri Maire (groupe bourguignon Boisset), est conduit en agriculture biologique depuis 1997. Il est planté de pinot noir sur 8 ha. Les vignes sont âgées d'une trentaine d'années.

Très net, d'abord léger, puis plus intense à l'aération, le nez évoque le fruit, la vanille et les épices. La bouche s'avère très souple, portée par des tanins soyeux et fins, avec toujours une belle expression fruitée et une impression de fraîcheur, avant une finale un peu plus sévère. ⧗ 2022-2025

⊶ *DOM. BRÉGAND, Dom. Brégand, En Boichailles, 39600 Arbois, tél. 03 84 66 42 39, jhauller@henri-maire.fr*

CELLIER SAINT-BENOIT Pinot Noir Courbes Raies 2019 ★★

	2402		15 à 20 €

Denis Benoit s'est installé en 1989 et a d'abord livré en coopérative avant de créer sa cave sur la ferme de ses grands-parents (6,25 ha en lutte raisonnée) et vinifier lui-même ses raisins à partir de 2004. Benjamin, représentant la quatrième génération, est à l'œuvre depuis 2019.

Les raisins de ces vignes de 45 ans n'ont pas été éraflées et un vieillissement de 10 mois en fût a été opéré. Couleur grenat, ce pinot noir livre un nez subtil, fait de cacao, de poivre et de fruits rouges. La bouche, équilibrée, est particulièrement élégante. Les fruits rouges, la réglisse et la violette s'expriment avec entrain. Belle finale sur la fraîcheur. ⧗ 2022-2025 ■ **Trousseau Gryphées 2019 ★ (15 à 20 € ; 1633 b.)** Rubis avec quelques éclats de grenat, ce trousseau présente bien. Le nez répond bien aux attendus : fruits rouges, sous-bois et épices sont bien là même si l'ensemble est discret. Dotée d'une belle énergie, la bouche s'avère gouleyante. Fruits rouges et cacao s'expriment avec facilité. ⧗ 2021-2022

⊶ *CELLIER SAINT-BENOIT, 36, rue du Chardonnay, 39600 Pupillin, tél. 06 43 22 01 27, contact@celliersaintbenoit.com* V r.-v.

DOM. DUGOIS Vin de Paille 2015 ★

	1870		15 à 20 €

Daniel Dugois s'installe en 1974 et commercialise sa production au négoce. En 1982, il décide d'élaborer lui-même ses vins. Son fils, Philippe, le rejoint en 2007 après avoir vinifié à l'étranger. Il conduit seul le domaine (12 ha) depuis 2013 à la retraite de son père. En 2014, son épouse Mélanie le rejoint sur le domaine. La conversion vers l'agriculture biologique est engagée.

Le vin jaune de ce domaine figure régulièrement dans le Guide. Ici, c'est un vin de paille, issu de chardonnay (45 %), de trousseau (35 %), de savagnin (10 %) et de ploussard (10 %), qui affiche une couleur ambrée séduisante. Si le nez reste timide (quelques nuances épicées), la bouche est plus expressive, bien fruitée, entre gelée de coing et fruits secs, dans une belle longueur. ⧗ 2023-2030

⊶ *DOM. DANIEL DUGOIS, 4, rue de la Mirode, 39600 Les Arsures, tél. 03 84 66 03 41, daniel.dugois@orange.fr* V r.-v. B

JURA

♥ DOM. FORET
Trousseau Instant Flora Les Corvées 2018 ★★

■ | 5000 | | 15 à 20 €

Sur les 7,5 ha cultivés dans ce domaine, 3,5 ha sont situés au lieu-dit Les Corvées, qui appartenait avant la Révolution à une abbaye d'Arbois où les paysans faisaient «la corvée». Mais Frédéric Foret, artiste à ses heures, est aussi passionné de soudure. On lui doit le clavelin en métal géant et son verre que l'on ne peut rater à Arbois, au bord de la nationale 83.

Frédéric Foret signe ici une autre réalisation «monumentale» avec ce trousseau rubis aux reflets sombres, presque noirs. Le nez fait lui aussi percevoir cette nature très profonde, à travers des arômes diablement généreux de fruits noirs et de raisin cuit. Dans cette droite ligne, on ne s'étonnera pas d'une bouche imposante, riche, ample, sur les fruits très mûrs, voire confiturés, agrémentés d'épices. Mais jamais le vin ne perd l'équilibre, épaulé par une juste acidité et des tanins soyeux. Un vin de garde assurément. ⧗ 2023-2027

⊶ EARL DOM. FORET, 13, rue de la Faïencerie, 39600 Arbois, tél. 06 20 48 27 80, domaineforet@gmail.com V r.-v.

♥ DOM. DE LA GRANGE GRILLARD
Pinot noir Grande Côte de Grillard 2020 ★★★

■ | 10000 | | 11 à 15 €

La marque de négoce Michel Tissot et Fils, gérée depuis 1995 par Henri Maire (groupe Boisset), provient d'une maison fondée en 1896 dans le petit village de Névy-sur-Seille, au pied de Château-Chalon, où sont encore situées les caves.

Une macération de 15 jours et un élevage de 9 mois en fûts, dont 30 % de fûts neufs. Une belle extraction donne une robe rouge très foncée aux reflets violets. Puissant, le nez affiche un ton de griotte marqué, délicatement souligné d'un trait de violette. Concentrée, la bouche s'exprime dans la souplesse et la longueur. Il y a beaucoup de générosité et d'équilibre dans ce vin bien élevé. ⧗ 2023-2026

⊶ MICHEL TISSOT PÈRE ET FILS, Dom. de Boichailles, 39600 Arbois, tél. 03 84 66 42 39, jhauller@henri-maire.fr ⊶ SCV Dom.Maire et Fils

DOM. LIGIER Poulsard 2019 ★

■ | 2800 | | 8 à 11 €

Installée à Arbois, la famille Ligier a créé ce domaine de toutes pièces en 1986 – 10 ha aujourd'hui. Des investissements réguliers ont été faits, notamment la construction, en 2002, d'un chai adapté au vieillissement des vins jaunes. Une valeur sûre du vignoble jurassien, avec une femme de talent aux commandes de la vinification, Marie-Colette Vandelle.

Avenant à l'œil dans ses tons grenat, ce poulsard rentre tout à fait dans les canons de l'appellation : son nez associe le caractère épicé, les notes animales et les fruits rouges. Vibrante, la bouche associe matière et vivacité dans un bel équilibre. Il va falloir quelques mois pour que les tanins s'assouplissent, mais il y a un beau potentiel. ⧗ 2022-2025

⊶ DOM. LIGIER, 56, rue de Pupillin, 39600 Arbois, tél. 03 84 66 28 06, gaec.ligier@wanadoo.fr V *t.l.j. sf dim. 10h-18h30*

DOM. MARTIN-FAUDOT
Poulsard Vieilles Vignes 2019 ★

■ | 5000 | | 8 à 11 €

Louis Faudot obtint en 1896 de la part de la société de viticulture d'Arbois un diplôme d'honneur pour ses recherches concernant le greffage. Héritiers de ces savoir-faire, Michel Faudot et Jean-Pierre Martin sont à la tête d'un domaine familial de 12 ha.

Une belle robe rouge tendre aux reflets orangés habille ce vin au premier nez fruité, qui développe à l'aération d'agréables tons de sous bois. La bouche n'est pas très puissante, mais fraîche, alerte, équilibrée, exprimant bien le caractère fruité du cépage. ⧗ 2021-2024

⊶ DOM. MARTIN-FAUDOT, 19, rue Bardenet, 39600 Mesnay, tél. 03 84 66 29 97, info@domaine-martin.fr V *r.-v.*

LES CAVES DE LA MUYRE Pinot 2020 ★

■ | 10000 | | 5 à 8 €

Cette petite affaire dirigée par Nicolas Mieville est implantée au cœur du vignoble jurassien, au pied du célèbre vignoble de Château-Chalon.

Un nez intense où se mêle la réglisse, le cassis, le foin frais et le caramel. Une belle attaque sur les fruits rouges ouvre sur une bouche riche et dense, qui demande encore à se fondre, où s'affichent sans complexe les fruits rouges et les épices. ⧗ 2022-2025

⊶ LES CAVES DE LA MUYRE, 39210 Domblans, tél. 06 10 01 94 78, mieville.n@lescavesdelamuyre.fr

DOM. DES NOTES BLEUES Trousseau 2018 ★★

■ | 1000 | | 11 à 15 €

Un tout jeune domaine fondé en 2017 par Cédric Mottet, qui a quitté les travaux publics pour la vigne : 4 ha en conversion à l'agriculture biologique.

Une entrée remarquée dans le Guide avec ce trousseau issu de vieilles vignes, macéré 3 semaines et élevé pendant 12 mois pour moitié en cuve et pour moitié en fût. Intense, le nez associe les fruits rouges et noirs et les épices. Une attaque fraîche précède une bouche longue, riche, charpentée par des tanins fermes, où le cassis, la fraise et le cacao s'en donnent à cœur joie. Une belle partition s'annonce. ⧗ 2022-2025

⊶ DOM. DES NOTES BLEUES, 4, allée du Javel, 39600 Mesnay, tél. 06 70 80 78 09, dnb39@outlook.fr V *r.-v.*

DOM. DÉSIRÉ PETIT Vin de Paille 2011 ★

■ | 2000 | | 20 à 30 €

Désiré Petit a bâti dès 1932 ce domaine, qui compte aujourd'hui 27 ha. Ses fils Gérard et Marcel l'ont fait

prospérer à partir de 1970, et ce sont désormais les enfants de Marcel, Anne-Laure et Damien, qui en ont la responsabilité, confortant certains positionnements, comme les vendanges manuelles, mais explorant aussi de nouvelles voies, telle la cuvée sans soufre. Une valeur sûre du vignoble jurassien, qui a obtenu de nombreux coups de cœur. Une conversion à l'agriculture biologique a été engagée en 2019.

Huit ans d'élevage en fût pour ce vin de paille d'une belle couleur ambrée, issu de ploussard (40 %), de chardonnay (30 %) et de savagnin (30 %). D'abord pâte de fruit et coing, le nez évolue vers des notes chocolatées, dans une belle intensité. Un bel équilibre en bouche entre sucrosité, alcool et acidité. Les fruits confits s'expriment d'abord puis laissent la place aux fruits secs et enfin au cacao. ⧗ 2026-2031 **L'Essen'Ciel 2017 ★ (11 à 15 €; 4000 b.)** Un pur savagnin ouillé très « techno » au nez, au caractère fruité marqué à tendance exotique. Riche, mûr et miellé, il a aussi un côté bonbon anglais. Très amylique, la bouche suit la trajectoire aromatique du nez. Une cohérence de nature moderne, atypique mais agréable. ⧗ 2022-2024

DOM. DÉSIRÉ PETIT, 62, rue du Ploussard, 39600 Pupillin, tél. 03 84 66 01 20, contact@desirepetit.com V *t.l.j. 8h-12h 14h-18h; f. dim. en janv.*

FRUITIÈRE VINICOLE DE PUPILLIN
Vin de Paille 2016 ★

	3200		20 à 30 €

Fondée par quelques vignerons en 1909, cette coopérative couvre aujourd'hui 60 ha provenant d'une trentaine de sociétaires, pour une production d'environ 3500 hl. Située au cœur du village, dans un cadre régulièrement modernisé, elle allie les dernières techniques de vinification et le respect des usages traditionnels.

Composé de 50 % de ploussard, de 25 % de chardonnay et de 25 % de savagnin, ce vin de paille arbore une belle robe ambrée, bien soutenue. Du fruité se déploie à l'olfaction, mais aussi des notes grillées, torréfiées et miellées. Une attaque gourmande ouvre sur un palais suave, tempéré par une bonne fraîcheur. Le fruité en version confiture et pâte de fruits y trouve un ravissant terrain d'expression. ⧗ 2025-2032

FRUITIÈRE VINICOLE DE PUPILLIN, 35, rue du Ploussard, 39600 Pupillin, tél. 03 84 66 12 88, info@pupillin.com V *t.l.j. 9h-12h 14h-18h*

♥ DOM. ROLET Trousseau 2018 ★★★

	34000		11 à 15 €

Un domaine crée par Désiré Rolet dans les années 1940, puis géré par ses enfants des années durant et cédé à la famille Devillard en 2018. Les Bourguignons ont ainsi investi dans ce domaine de premier ordre, aujourd'hui encore l'une des plus importantes exploitations du Jura, dans les AOC arbois, côtes-du-jura, l'étoile et château-chalon.

Un trousseau rubis, de couleur claire, aux reflets orangés, bien dans le ton de l'appellation. Légèrement épicé et délicatement vanillé, le nez distille un joli fond fruité, discret mais très harmonieux. Souple et fraîche, l'attaque laisse la place à une bouche aux tanins soyeux, où la fraîcheur a toute sa place, de même que les petits fruits rouges et les épices. Un ensemble parfaitement équilibré. ⧗ 2023-2026

DOM. ROLET, rte de Dôle, 39600 Arbois, tél. 03 84 66 00 05, contact@domainerolet.com V *t.l.j. 10h-12h30 13h30-19h*

DOM. JACQUES TISSOT
Vin Jaune 2013 ★★

	3200		30 à 50 €

C'est en 1962 que Jacques Tissot crée son domaine avec une parcelle héritée de son père. La modernisation des chais est engagée en 1992 avec la création d'une surface de 2 000 m² au bord de la nationale 83. Aujourd'hui, la propriété, conduite désormais par les enfants, Philippe et Nathalie, compte 30 ha de vignes en culture raisonnée.

Bien typé, le nez de ce vin jaune doré à souhait est bien ouvert sur la noix. L'attaque est nette, bien ajustée, et la suite de la dégustation ne fait que conforter cette impression avec beaucoup d'équilibre, du volume, juste ce qu'il faut d'acidité, une belle intensité des arômes et de la longueur. Une valeur sûre. ⧗ 2025-2035 **Chardonnay Les Corvées sous Curon 2018 ★ (15 à 20 €; 3800 b.)** Le nez, sur l'acacia et le miel, est charmant. Fraîche, avec un coté minéral, d'un volume certain, la bouche traduit une belle maîtrise. Ce chardonnay qui « chardonne » a été fermenté et élevé en pièces, dont 60 % de fûts neufs, mais aucun côté ostentatoire à la dégustation. Au contraire, tout est fondu. ⧗ 2021-2024

DOM. JACQUES TISSOT, 39, rue de Courcelles, 39600 Arbois, tél. 03 84 66 24 54, courrierjt@yahoo.fr V *r.-v.*

JURA

CHÂTEAU-CHALON

Superficie : 50 ha / Production : 1 620 hl

Le plus prestigieux des vins du Jura est exclusivement du vin jaune, le célèbre vin de voile élaboré en quantité limitée selon des règles strictes. Le raisin est récolté sur les marnes noires du lias, dans un site remarquable : un vieux village établi sur des falaises. La mise en vente s'effectue six ans et trois mois après la vendange. Il est à noter que, dans un souci de qualité, les producteurs eux-mêmes ont refusé l'agrément en AOC pour les récoltes de 1974, 1980, 1984 et 2001.

DOM. GENELETTI 2014 ★

	9000		30 à 50 €

Le domaine, historiquement ancré dans l'appellation l'étoile, s'est agrandi dans les AOC château-chalon et arbois dont il est devenu l'une des belles références. Il compte désormais 15 ha, conduits depuis 1997 par David Geneletti, qui s'est installé à Château-Chalon, dans une ancienne maison d'Henri Maire.

La robe jaune dorée, intense, est bien limpide et brillante. Puissant, le nez tire sur l'abricot sec, l'écorce d'orange confite et même l'encaustique. Déjà assez évoluée, la bouche est souple et agréable. ⧗ 2024-2030

SCEV DOM. GENELETTI, 14, rue Saint-Jean, 39210 Château-Chalon, tél. 03 84 44 95 06, contact@domaine-geneletti.com V t.l.j. 9h-12h 14h-19h

DOM. FRÉDÉRIC LAMBERT
En Beaumont 2013 ★

| 900 | 30 à 50 € |

Œnologue de formation, Frédéric Lambert a commencé à acheter des vignes en production et des terrains dès 1993. L'installation s'est faite 10 ans plus tard, et l'exploitation compte désormais 11 ha, comprenant tous les cépages jurassiens, vendangés manuellement. La certification HVE a été obtenue en 2020 et Romain, le fils, a intégré l'exploitation familiale fin 2020.

Issu de vignes exposées plein sud, ce château-chalon présente un nez élégant et très expressif, sur le caramel, le café et la noix sèche. La trame acide est assez présente en bouche, avec une bonne puissance aromatique et une longueur intéressante. ⧗ 2026-2035

DOM. FRÉDÉRIC LAMBERT, 14, Pont-du-Bourg, 39230 Le Chateley, tél. 03 84 25 97 83, domainefredericlambert@orange.fr V r.-v.

DOM. MAIRE ET FILS 2013 ★★

| 1045 | 50 à 75 € |

La marque Tissot-Maire a été créée en référence à deux entreprises de négoce réputées du vignoble jurassien et passées sous la coupe de la société civile viticole domaines Maire.

Très expressif, le nez s'oriente vers les fruits jaunes bien mûrs et les fruits secs avec beaucoup de finesse et d'élégance. De l'équilibre en bouche, avec suffisamment d'acidité, un joli gras, du volume et une longueur remarquée, sur des notes torréfiées du meilleur effet. Un vin jaune des plus harmonieux. ⧗ 2026-2040

DOM. MAIRE ET FILS, En Boichailles, 39600 Arbois, tél. 06 64 40 14 54, jhauller@henri-maire.fr V t.l.j. sf dim. lun. 9h-12h 14h-18h

FRUITIÈRE VINICOLE DE VOITEUR
Vin Jaune de Grande Garde 2013 ★★

| 14 574 | 30 à 50 € |

Cette fruitière – une coopérative, au sens de la mise en commun du fruit du travail – a été créée assez récemment, en 1957, par rapport à de vénérables consœurs locales. Située au pied de Château-Chalon, elle offre un panorama intéressant sur le village et le vignoble. Elle regroupe 70 vignerons pour une surface plantée de 75 ha.

Un vin jaune doré au nez puissant, sur le caramel, le café et les épices. L'attaque est souple, la structure ample et bien équilibrée, et la finale sur les fruits secs fait preuve d'une belle persistance. Une harmonie impeccable et un beau potentiel en effet. ⧗ 2026-2040

FRUITIÈRE VINICOLE DE VOITEUR, 60, rue de Nevy, 39210 Voiteur, tél. 03 84 85 21 29, voiteur@fvv.fr V t.l.j. 9h-12h 13h30-18h; dim. 10h-12h 13h30-18h

CÔTES-DU-JURA

Superficie : 512 ha
Production : 20 540 hl (70 % blanc et jaune ; 28 % rouge et rosé ; 2 % vin de paille)

L'appellation englobe toute la zone du vignoble de vins fins et produit tous les types de vins jurassiens, à l'exception des effervescents.

♥ DOM. BADOZ
Trousseau Marnes Rouges 2019 ★★★

| 6000 | 11 à 15 € |

Dix générations de Badoz se sont succédé sur ce domaine de 10 ha, dont les caves sont situées dans la petite ville de Poligny, qui sait si bien marier production viticole et affinage de fromage de Comté. Benoît a pris la succession de son père en 2003 et le domaine est certifié en agriculture biologique depuis 2019.

Macération et fermentation se sont déroulées à basse température avec un an d'élevage en cuve Inox. Une belle robe rouge tendre, limpide et brillante, habille ce superbe trousseau. Le fruit frais s'annonce en maître dès le premier nez. Une fraîcheur qui va perdurer au sein d'une bouche avenante, ample et très fine, aux tanins délicats et soyeux. L'expression aromatique est magnifique mais sans prétentions, ce qui en fait un vin très accessible. On avait beaucoup aimé le 2018, mais son successeur fait encore mieux. ⧗ 2022-2025

Arrogance 2017 ★ (15 à 20 €; 4 500 b.) Cuvée phare du domaine, ce pur chardonnay a été élevé en fûts pendant 12 mois sur lies avec bâtonnage. Agrumes, fruits blancs et boisé se partagent le nez. La bouche est très éloignée, pour ne pas dire à l'opposé, de l'archétype des vins dits « typés », mais intéressante cependant, avec un joli côté agrumes et fruits exotiques. Le boisé est aussi assez présent. ⧗ 2022-2025

DOM. BENOÎT BADOZ, 3, av. de la Gare, 39800 Poligny, tél. 03 84 37 18 00, contact@domaine-badoz.fr V t.l.j. 8h30-12h30 14h-19h

DOM. BAUD GÉNÉRATION 9
Rouge Ancestral 2019 ★

| 4 950 | 8 à 11 € |

La neuvième génération Baud, formée de Clémentine et Bastien, a pris la suite d'Alain et Jean-Michel en 2016, perpétuant ainsi la tradition familiale depuis 1742. Acte de modernité symbolique, le domaine Baud Père et Fils est devenu le domaine Baud Génération 9. Berceau du domaine, le vignoble du Vernois fit l'objet d'un important remembrement dans les années 1960. Les 25 ha de l'exploitation sont implantés en côtes du-jura, l'étoile et château-chalon.

Le pinot noir, qui représente 70 % de l'assemblage, a été complanté sur la même parcelle à côté du trousseau. Récoltés ensemble, ces deux cépages parfaitement complémentaires ont subi une macération de 3 semaines avant un vieillissement d'un an en cuve Inox.

Dans le verre, un rouge tendre aux reflets pourpres illumine une robe limpide. Le premier nez allie fruits rouges et notes animales, alors que le deuxième nez, intense, s'oriente vers le côté fruité. Souple, fine, équilibrée, la bouche reste sur la fraîcheur. À apprécier sans qu'il soit besoin d'attendre. ⧗ 2021-2024

SCV BAUD GÉNÉRATION 9, 222, rte de Voiteur, 39210 Le Vernois, tél. 03 84 25 31 41, info@domainebaud.fr V *t.l.j sf dim. 8h-12h 14h-18h30. f. sem 52.*

♥ B DOM. BERTHET-BONDET Savagnin 2016 ★★

6000 | 20 à 30 €

Domaine créé en 1985 par Jean Berthet-Bondet, ancien maire de Château-Chalon et ingénieur agronome, tout comme son épouse. Conduit selon les règles de l'agriculture biologique, les 13 ha de vignes et les caves voûtées sont gérés depuis 2018 par leur fille Hélène.

Ce domaine a déjà obtenu un coup de cœur dans la précédente édition, pour le même millésime mais avec un assemblage chardonnay-savagnin. Ici, ce dernier cépage est à l'état pur, aux sens propre et figuré. Une expression sans faille qui débute par une robe jaune, dorée à souhait. Aucun doute sur l'élevage sous voile tant le caractère jurassien s'affiche avec intensité, dans une association splendide de noix et de curry. Très bien charpentée, la bouche est puissante, avec beaucoup de matière, mais aussi une grande finesse. Un ensemble très typé, imposant et qui ne peut laisser indifférent, à l'instar du petit village de Château-Chalon sur son nid d'aigle. ⧗ 2025-2032 **■ Trio 2019 ★★ (11 à 15 €; 6000 b.)** B Un assemblage des 3 cépages rouges du Jura : 60 % de trousseau, 30 % de poulsard et 10 % de pinot noir. Une macération à froid et 10 mois d'élevage en cuve Inox : on cherche le fruit... et on le trouve. Groseille et framboise se pressent dans un nez puissant mais harmonieux. Un côté aromatique décomplexé qui perdure au sein d'une bouche très fraîche et d'une belle longueur. Pour un pique-nique printanier en duo, trio, voire plus. ⧗ 2022-2025

DOM. BERTHET-BONDET, 7, rue de la Tour, 39210 Château-Chalon, tél. 03 84 44 60 48, domaine@berthet-bondet.com V *r.-v.*

ANDRÉ BONNOT Tradition 2918 ★

10 000 | 8 à 11 €

Située au cœur du village de Saint-Lothain, la maison André Bonnot est une petite affaire de négoce créée en 1936 par Xavier Bonnot.

Ce vin allie chardonnay (80 %) et savagnin vinifiés séparément puis assemblés, et a été vieilli sous voile pendant 20 mois. Le caractère oxydatif dû à la nature de l'élevage, qui doit-on le rappeler ne correspond pas à « oxydé », est bien présent au nez, avec la pomme reinette et la noix. Une belle alliance des deux cépages en bouche également, avec de la finesse et de l'expression. Une bonne porte d'entrée aux vins typés jurassiens. ⧗ 2023-2026 **Chardonnay 2019 ★ (5 à 8 €; 7600 b.)** Pas de fût pour ce chardonnay jaune pâle aux reflets d'or. Une vinification à basse température en cuve puis un élevage sur lies fines pendant 12 mois en cuve également. Une très belle fraîcheur nous accueille au nez, avec des senteurs de pêche et de pomme. La bouche joue aussi sur le côté frais, avec des notes d'agrumes, dans un bon équilibre. ⧗ 2021-2024

ANDRÉ BONNOT, 75, rte du Revermont, 39230 Saint-Lothain, tél. 03 84 37 10 89, vins-bonnot@orange.fr V *t.l.j. 8h-12h 14h-18h*

CAVEAU DES BYARDS 2020 ★

2700 | 8 à 11 €

Cette petite coopérative est relativement récente puisqu'elle a été créée en 1953. C'est une affaire à taille humaine : 44 ha de vignes seulement et 17 adhérents. Mais elle investit régulièrement et sa production figure souvent en bonne place dans le Guide, notamment en crémant, qui représente 50 % de sa production.

Une cuvée composée de 45 % de trousseau, 30 % de pinot noir et 25 % de poulsard, qui a été passée en cuve pendant 3 mois, puis vieillie en fût autant de temps. Elle affiche une très belle robe d'un rouge profond aux délicats reflets violets. Le nez demande encore à s'ouvrir, mais déjà pointe un sympathique fruité. La bouche est d'un abord facile et présente un bel équilibre. ⧗ 2022-2024

CAVEAU DES BYARDS, 265, rte de Voiteur, 39210 Le Vernois, tél. 03 84 25 33 52, info@caveau-des-byards.fr V *t.l.j. 9h-12h 14h-18h*

♥ MARCEL CABELIER La Côte 39 ★★

20 000 | 8 à 11 €

Sous cette dénomination œuvre un négociant-vinificateur qui s'est installé en 1986 et s'est fortement développé depuis quelques années dans le Jura en vendant ses vins sous la marque Marcel Cabelier. Les apports de 70 vignerons concernent toutes les appellations jurassiennes.

Cette cuvée, couleur d'or soutenue, figure régulièrement dans le Guide. Elle est composée de 80 % de savagnin élevé sous voile et de 20 % de chardonnay élevé en fûts ouillés. Sa particularité réside dans le fait qu'elle n'est pas millésimée. Le moins qu'on puisse dire est qu'il ne nous faut aucun effort pour monter cette côte ! C'est même un parcours de santé que de naviguer dans cet espace fruité pour déboucher sur une ligne d'arrivée épicée à souhait. De la puissance, de l'intensité, du volume, de l'équilibre : tout est réuni pour la course en tête. ⧗ 2024-2030 **Esprit 39 ★ (11 à 15 €; 15 000 b.)** Ce vin non millésimé est un pur savagnin. Le nez est intense, sur l'amande verte, les fruits secs et le curry, traduisant un élevage long sous voile (4 ans pour les meilleurs fûts). Une très belle expression

JURA

aromatique aussi en bouche, sur la noix verte, avec un chaud tempérament. ⧗ 2022-2027

⊶ SAS LA MAISON DU VIGNERON, 22, rte de Champagnole, Crançot, 39570 Hauteroche, tél. 03 84 87 61 30, rachel.gondol@maisonduvigneron.fr V *r.-v.*

DOM. DES CARLINES Poulsard 2019 ★

1450 | 20 à 30 €

Sophie et Patrick Ligeron ont eu l'opportunité de reprendre la location de 5 hectares de vignes en 2015 et ont produit leur premier millésime en 2016. Agrandi depuis, le domaine compte désormais 11 hectares répartis sur les villages de Château Chalon, Ménétru-le-Vignoble et Domblans.

Fermenté en cuve avec une cuvaison de 13 jours, ce poulsard a vieilli 8 mois en fûts de 500 litres. Il n'a été ni filtré ni collé. D'un rouge profond, légèrement tuilé, la robe est limpide et brillante. Une légère réduction apparaît au nez, mais disparaît à l'aération. La matière s'exprime bien au sein d'une bouche au caractère friand, offrant une belle longueur. ⧗ 2022-2025

⊶ DOM. DES CARLINES, 170, rue de la Fontaine, 39210 Menétru-le-Vignoble, patrick@domainedescarlines.com V *r.-v.*

DOM. GRAND Trousseau 2019 ★

2900 | 15 à 20 €

Chez les Grand, on est vigneron de père en fils depuis 1692. Après René Grand, Lothain et ses frères consacrent les années 1970 à 1990 à développer le domaine familial. Aujourd'hui, ce sont Emmanuel (fils de Lothain) et son épouse Nathalie qui conduisent les 9,5 ha de vignes, en AOC côtes-du-jura, château-chalon et arbois. Le vignoble est désormais en conversion à l'agriculture biologique. Une valeur sûre.

Les raisins de trousseau cueillis le 20 septembre 2019 ont macérés 2 mois. L'élevage d'un an s'est fait en cuve. Témoin d'une belle extraction, la robe limpide est d'un beau rouge sombre. Le nez de griotte est encore un peu fermé mais ne demande qu'à séduire ardemment dans quelques mois. L'attaque en bouche est souple, mais la finale se montre un peu austère et tannique. ⧗ 2022-2026

⊶ DOM. GRAND, 139, rue du Savagnin, 39230 Passenans, tél. 03 84 85 28 88, contact@domaine-grand.com V *r.-v.*

CH. GRÉA Savagnin 2017 ★

8000 | 11 à 15 €

Commandés depuis 1995 par Nicolas Caire et Alexandre Rousselot, les 20 ha du domaine sont situés dans la partie du vignoble dénommée sud Revermont. La vigne y domine la plaine de la Bresse et ses célèbres poulets qui se marient si bien avec le vin jaune.

Couleur or pâle, ce savagnin présente un nez très frais et agréable, où la noix ressort bien. Tout aussi aromatique, la bouche apparaît franche, toujours sur la fraîcheur et l'élégance, un peu fugace en finale certes, mais équilibrée et tonique. ⧗ 2023-2026

⊶ CH. GRÉA, 14, Froideville, 39190 Sainte-Agnès, tél. 03 84 25 05 47, nicolas.caire@aricia.fr

♥ DOM. JOLY Chardonnay 2018 ★★

2500 | 8 à 11 €

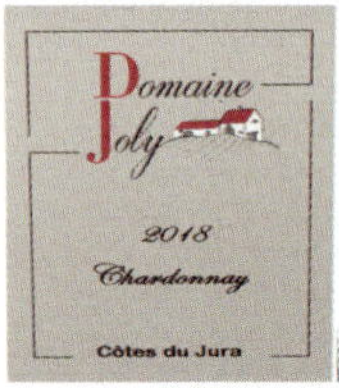

Cette société a été créée en 2000 à partir d'un domaine fondé à la fin des années 1960 par Claude Joly. Son fils Cédric en est aujourd'hui le gérant et conduit un vignoble de 7 ha.

Le chardonnay est élevé selon plusieurs méthodes dans le Jura. Ici, il a été conduit selon la technique du « sous voile » pendant 36 mois en fût après avoir fait 6 mois de cuve. Point besoin de le dire si on s'en tient à ce nez très typé joignant noix, curry et pomme. La signature est bien belle. Pas de doute sur la bouche non plus : l'oxydation ménagée a fait son œuvre, traduisant cette typicité jurassienne si particulière, dans un bel équilibre, où gras et fraîcheur se mêlent de façon heureuse. ⧗ 2023-2028 **Le Monceau 2018 ★★ (8 à 11 €; 4500 b.)** Le lieu-dit produit les deux cépages chardonnay et savagnin. Claude et Cédric Joly ont donc choisi de les assembler à hauteur respectives de 65 % et 35 %, avec un vieillissement de 48 mois, dont 42 sous voile. Pas de questionnement sur la nature de l'élevage : noix, curry, coing et pomme cuite envahissent le nez. Le savagnin semble dominant en bouche, avec un côté puissant, et le chardonnay plus en retrait, mais les amateurs de vins typés seront ravis. ⧗ 2023-2027

⊶ EARL CLAUDE ET CÉDRIC JOLY, 3, chem. des Pataruttes, 39190 Rotalier, tél. 03 84 25 04 14, contact@domainejoly.fr V *r.-v.*

DOM. FRÉDÉRIC LAMBERT Trousseau 2019 ★★★

3000 | 11 à 15 €

Œnologue de formation, Frédéric Lambert a commencé à acheter des vignes en production et des terrains dès 1993. L'installation s'est faite 10 ans plus tard, et l'exploitation compte désormais 11 ha, comprenant tous les cépages jurassiens, vendangés manuellement. La certification HVE a été obtenue en 2020 et Romain, le fils, a intégré l'exploitation familiale fin 2020.

Le parti pris de Frédéric Lambert, c'est d'exprimer le fruité du trousseau. Aussi fait-il une mise en bouteille assez précoce après juste 6 mois de vieillissement en fûts de chêne. Mais cette recherche de fruit n'est pas incompatible avec une ossature puissante. La robe est le premier témoin de cette force : rouge très sombre aux reflets marron, elle signe une belle extraction. Le nez poursuit ce caractère avec de la puissance, sur du fruit très mûr (prune, voire pruneau), la confiture de fruits rouges et les épices. Une très belle matière s'exprime en bouche, dans une longueur appréciable. La finale groseille couronne une harmonieuse dégustation. ⧗ 2023-2026

⊶ DOM. FRÉDÉRIC LAMBERT, 14, Pont-du-Bourg, 39230 Le Chateley, tél. 03 84 25 97 83, domainefredericlambert@orange.fr V *r.-v.*

DOM. LIGIER Cuvée des poètes Savagnin Ouillé 2019 ★

3300 | 11 à 15 €

Installée à Arbois, la famille Ligier a créé ce domaine de toutes pièces en 1986 – 10 ha aujourd'hui. Des

investissements réguliers ont été faits, notamment la construction, en 2002, d'un chai adapté au vieillissement des vins jaunes. Une valeur sûre du vignoble jurassien, avec une femme de talent aux commandes de la vinification, Marie-Colette Vandelle.

Ce sont des raisins de savagnin issus de vignes pas très âgées mais pas toute jeunes non plus (17 ans) qui ont été utilisés pour faire cette cuvée ouillée, à la robe claire. On ne s'attend donc pas à la palette aromatique des vins jurassiens dits « typés ». Effectivement, le nez est très frais, expressif, marqué par le côté agrumes. Légèrement perlante, la bouche présente une belle vivacité et un bon équilibre, avec toujours cette touche agrumes délicate. ⧗ 2022-2026

DOM. LIGIER, 56, rue de Pupillin, 39600 Arbois, tél. 03 84 66 28 06, gaec.ligier@wanadoo.fr
V t.l.j. sf dim. 10h-18h30

DOM. MAIRE ET FILS
Grand Minéral Chardonnay 2020 ★★

| | 20000 | | 8 à 11 € |

Né en 1917, Henri Maire fut le pionnier de la vente de vin grâce à laquelle il fit prospérer après-guerre sa petite maison de négoce. Également propriétaire de vignes, la société est depuis 2015 sous le contrôle de l'entreprise bourguignonne Boisset. Un acteur important du vignoble jurassien.

Cette cuvée avait été appréciée dans son millésime précédent. Toujours la même « recette » : débourbage à froid, fermentation à 20/22 °C, probablement pas de fermentation malolactique et vieillissement court en cuve (6 mois). Très aromatique au nez, ce pur chardonnay affiche toujours un caractère très « droit » : citron et fleurs blanches participent à un grand élan de fraîcheur. Promesse tenue en bouche : ce « grand minéral » affiche effectivement une belle minéralité. Une fraîcheur appréciée aussi dans une très belle finale entre fruité et bonbon anglais. ⧗ 2022-2025

SCV HENRI MAIRE, Ch. Boichailles, 39600 Arbois, tél. 03 84 66 12 34, jhauller@henri-maire.fr
t.l.j. sf lun. dim. 9h-12h 14h-18h

♥ DOM. ALEXANDRA MOSSU
Vin de Paille 2016 ★★

| | n.c. | 20 à 30 € |

Le grand père d'Alexandra Mossu était spécialisé dans la mirabelle, son père a replanté la propriété en vignes quand il s'est installé en 1986 et Alexandra « est tombée dedans ». Etudes en Bourgogne puis en Suisse et début de reprise des vignes familiales en 2015 dans le but de reprendre plus tard la totalité du domaine. Mais pour l'instant, les deux générations font un sage échange de savoirs.

Alors à qui revient ce coup de cœur ? Au père réputé justement pour ses vins de paille ou à la fille qui apporte technique et jeunesse ? Si c'est le père, c'est une juste récompense, si c'est la fille, cela place tout suite la barre haute. Il va falloir être à la hauteur sur les millésimes suivants ! On gagera que c'est le résultat de la conjugaison des talents. Poulsard, chardonnay et savagnin ont donné un vin ambré, au nez expressif, d'abord sur la pâte de fruits et le coing, puis évoluant sur la cire d'abeille et le miel. Suffisamment vive, la bouche est parfaitement équilibrée entre sucre, alcool et acidité. Un régal, entre fruits confits et miel. ⧗ 2026-2032

DOM. ALEXANDRA MOSSU, 3, rte de Menetru, 39210 Voiteur, tél. 06 82 07 46 67, alexandra.mossu@gmail.com V t.l.j. sf dim. 9h-12h 13h30-19h

Ⓑ DOM. JEAN-LUC MOUILLARD
Bas de la Chaux 2019 ★

| | 7900 | | 8 à 11 € |

Depuis 1991, Jean-Luc Mouillard élève dans ses belles caves voûtées de la fin du XVI[e]s. des vins des AOC l'étoile, côtes-du-jura, macvin-du-jura, crémant-du-jura et château-chalon. Un vigneron multi-appellations et une valeur sûre du vignoble jurassien.

Le début de fermentation de ce pur chardonnay a eu lieu en cuve, tandis que la fin s'est déroulée en fût, puis 18 mois d'élevage sur lie, avec ouillage. Le boisé est assez présent au nez, avec cependant l'apport du miel et des fleurs blanches. La bouche est équilibrée, d'une bonne longueur. Un vin généreux. ⧗ 2023-2026

JEAN-LUC MOUILLARD, 379, rue du Parron, 39230 Mantry, tél. 03 84 25 94 30, domainemouillard@hotmail.fr V t.l.j. 9h-12h 14h-18h30 ❷

XAVIER REVERCHON Vin Jaune 2013 ★

| | 1175 | | 30 à 50 € |

Xavier représente la quatrième génération de Reverchon sur ce domaine créé en 1900. Il s'est installé en 1978, appliquant un principe qui lui est cher et qui est pratiqué sur le domaine depuis 1901 : le labour des vignes. Il se fait fort aussi de n'employer, depuis 30 ans sur ses 6 ha de vignes, ni engrais ou désherbant chimiques, ni insecticide ou acaricide. Les vendanges sont manuelles. Une belle régularité, notamment en côtes-du-jura et en crémant.

Une robe d'or assez marquée et un nez qui rassure : noix et curry sont bien là, avec finesse et intensité. Ample, ronde et puissante, la bouche a cependant ce petit fond d'acidité constitutif des vins jaunes. Le niveau aromatique est tout à fait bon. Un vin fait pour la garde. ⧗ 2025-2045

XAVIER REVERCHON, 2, rue du Clos, 39800 Poligny, tél. 03 84 37 02 58, reverchon.chantemerle@wanadoo.fr
V t.l.j. sf dim. 9h-12h 14h-18h30

DOM. PIERRE RICHARD
Poulsard 2019 ★

| | 3000 | | 8 à 11 € |

Pierre Richard s'est installé en 1976 à la suite de son père. Son fils Vincent est revenu sur l'exploitation en 2009 et a pris les rênes de la propriété en 2017. Les 10 ha de vignes sont cultivés principalement dans le village du Vernois, dont le vignoble a fait l'objet d'un vaste remembrement dans les années 1960. Une conversion vers l'agriculture biologique a été engagée en 2018.

Pas de soufre dans cette cuvée de poulsard issue de vignes de 35 ans, élevée en cuve pendant 18 mois. La robe est d'une couleur soutenue et le nez puissant, très fruité. Concentrée, puissante, la bouche reste harmonieuse de bout en bout. Un beau potentiel de vieillissement. ⧗ 2024-2028

JURA

VINCENT RICHARD (DOM. PIERRE RICHARD), 136, rte de Voiteur, 39210 Le Vernois, tél. 03 84 25 33 27, domainepierrerichard@wanadoo.fr V *t.l.j. 9h-19h*

DOM. MICHEL THIBAUT Vin de Paille 2014 ★

630 | 20 à 30 €

Natif de Poligny, Michel Thibaut a multiplié les expériences professionnelles dans différents vignobles en France. Il est viticulteur dans le Jura depuis 1989 et exploite avec son épouse Catherine 10 ha en côtes-du-jura, sur les coteaux de Poligny. Hubert, le fils ainé, les a rejoint en 2018.

Le chardonnay représente 50 % de ce vin paille doré, complété par le savagnin (25 %), le poulsard (20 %) et le trousseau (5 %). Très expressif, le nez est aussi très frais, à en être presque étonnant pour ce type de vin. C'est donc un fruité axé sur la fraîcheur qui se développe. La bouche, très fruitée, n'affiche aussi aucune trace de lourdeur. Une jolie touche de chocolat enrobe la finale. ⧗ 2025-2032

DOM. MICHEL THIBAUT, 2, rue des Petites-Marnes, 39800 Poligny, tél. 06 85 57 56 15, domaine.michel.thibaut@orange.fr V *r.-v.*

FRUITIÈRE VINICOLE DE VOITEUR
Premium 2019 ★★

2 843 | 8 à 11 €

Cette fruitière – une coopérative, au sens de la mise en commun du fruit du travail – a été créée assez récemment, en 1957, par rapport à de vénérables consœurs locales. Située au pied de Château-Chalon, elle offre un panorama intéressant sur le village et le vignoble. Elle regroupe 70 vignerons pour une surface plantée de 75 ha.

Fermenté à basse température, ce pur savagnin a été élevé en cuve sur lies fines pendant 3 mois. L'idée de la coopérative était certainement de réaliser un vin gardant la fraîcheur et les arômes de fruits frais du savagnin. Pari réussi : les agrumes sont bien présents, avec une jolie touche d'épices dans un ensemble alerte. ⧗ 2022-2025 **Chardonnay vieilli en fût de chêne 2017 ★ (8 à 11 €; 14 772 b.)** Fermentation en cuve Inox suivie d'un élevage de 18 mois en fûts de chêne sous voile de levures sans ouillage. Cette méthode typiquement jurassienne trouve un bel écho dans cette bouteille où noix et curry règnent en maître. Le coté « oxydatif », typique de l'élevage sous voile, est bien présent, et la bouche s'avère chaleureuse mais équilibrée. ⧗ 2023-2026

FRUITIÈRE VINICOLE DE VOITEUR, 60, rue de Nevy, 39210 Voiteur, tél. 03 84 85 21 29, voiteur@fvv.fr V *t.l.j. 9h-12h 13h30-18h; dim. 10h-12h 13h30-18h*

CRÉMANT-DU-JURA

Superficie : 331 ha
Production : 19 700 hl (93 % blanc)

Reconnue en 1995, l'AOC crémant-du-jura s'applique à des mousseux élaborés selon les règles strictes des crémants (la méthode traditionnelle), à partir de raisins récoltés à l'intérieur de l'aire de production de l'AOC côtes-du-jura. Les cépages rouges autorisés sont le poulsard (ou ploussard), le pinot noir (appelé localement gros noirien) et le trousseau; les cépages blancs sont le chardonnay (appelé aussi melon d'Arbois ou gamay blanc), le savagnin (appelé localement naturé) et le pinot gris (rare).

♥ **CAVEAU DES BYARDS** Byards ★★

190 000 | 8 à 11 €

Cette petite coopérative est relativement récente puisqu'elle a été créée en 1953. C'est une affaire à taille humaine : 44 ha de vignes seulement et 17 adhérents. Mais elle investit régulièrement et sa production figure souvent en bonne place dans le Guide, notamment en crémant, qui représente 50 % de sa production.

Un blanc de blancs 100 % chardonnay d'une belle couleur jaune pâle aux reflets verts. Les bulles se pressent et nous aussi. Si le nez est discret, il n'en est pas moins d'une grande qualité aromatique : pomme, fruits blancs, notes grillées et briochées. Un bel acidulé égaye une matière riche. L'effervescence qui s'en dégage n'a d'égale que celle qui anime le dégustateur. ⧗ 2021-2023

CAVEAU DES BYARDS, 265, rte de Voiteur, 39210 Le Vernois, tél. 03 84 25 33 52, info@caveau-des-byards.fr V *t.l.j. 9h-12h 14h-18h*

DOM. CARTAUX-BOUGAUD
Blanc de blancs Paul Cartaux Réserve ★★

5 000 | 11 à 15 €

L'exploitation familiale a été créée en 1973. Co-exploitant en 1993, Sébastien Cartaux assure seul le devenir du domaine depuis 2010, secondé par son épouse Sandrine. Le vignoble, en convesion bio, couvre 16 ha, dont la moitié en AOC l'étoile.

De jolies bulles fines se déploient intensément dans une belle robe jaune dorée. Le nez, très agréable, évolue sur des notes de grillé, de pomme verte et d'agrumes. Un joli foisonnement se déploie en bouche, avec les fruits secs, le grillé et le vanillé qui s'expriment avec entrain et persistance. ⧗ 2021-2022

DOM. CARTAUX-BOUGAUD, 5, rue des Vignes, Juhans, 39140 Arlay, tél. 03 84 48 11 51, contact@vinscartaux.fr V *r.-v.*

DOM. DÉSIRÉ PETIT Cuvée Désirée 2018 ★

19 700 | 11 à 15 €

Désiré Petit a bâti dès 1932 ce domaine, qui compte aujourd'hui 27 ha. Ses fils Gérard et Marcel l'ont fait prospérer à partir de 1970, et ce sont désormais les enfants de Marcel, Anne-Laure et Damien, qui en ont la responsabilité, confortant certains positionnements, comme les vendanges manuelles, mais explorant aussi de nouvelles voies, telle la cuvée sans soufre. Une valeur sûre du vignoble jurassien, qui a obtenu de nombreux coups de cœur. Une conversion à l'agriculture biologique a été engagée en 2019.

Se faire désirer comme le grand-père des actuels propriétaires. C'est ce que réussit à faire ce joli blanc de blanc, jaune pâle aux reflets verts. La mousse est légère, le nez floral et vanillé, avec une pointe de grillé. Une belle bouche, ample et fruitée, qui sourit à la vie. ⧗ 2021-2022

DOM. DÉSIRÉ PETIT, 62, rue du Ploussard, 39600 Pupillin, tél. 03 84 66 01 20, contact@desirepetit.com V t.l.j. 8h-12h 14h-18h; f. dim. en janv.

FRUITIÈRE VINICOLE DE PUPILLIN Blanc Brut ★

28000 | 8 à 11 €

Fondée par quelques vignerons en 1909, cette coopérative couvre aujourd'hui 60 ha provenant d'une trentaine de sociétaires, pour une production d'environ 3500 hl. Située au cœur du village, dans un cadre régulièrement modernisé, elle allie les dernières techniques de vinification et le respect des usages traditionnels.

Le chardonnay est l'unique cépage de ce crémant jaune pâle aux senteurs d'acacia. Fraîcheur et équilibre caractérisent une bouche bien structurée, à la finale élégamment grillée. Un vin né pour l'apéritif. ⧗ 2021-2022

FRUITIÈRE VINICOLE DE PUPILLIN, 35, rue du Ploussard, 39600 Pupillin, tél. 03 84 66 12 88, info@pupillin.com V t.l.j. 9h-12h 14h-18h

XAVIER REVERCHON 2018 ★

1500 | 8 à 11 €

Xavier représente la quatrième génération de Reverchon sur ce domaine créé en 1900. Il s'est installé en 1978, appliquant un principe qui lui est cher et qui est pratiqué sur le domaine depuis 1901 : le labour des vignes. Il se fait fort aussi de n'employer, depuis 30 ans sur ses 6 ha de vignes, ni engrais ou désherbant chimiques, ni insecticide ou acaricide. Les vendanges sont manuelles. Une belle régularité, notamment en côtes-du-jura et en crémant.

Un assemblage peu courant : chardonnay pour 80 %, pinot noir pour 15 % et savagnin pour 5 %. Très pâle, avec de jolis reflets verts argentés, la robe est colonisée par de fines bulles. Le nez d'abord floral offre un beau développement sur le citronné. Une attaque fraîche, des arômes d'agrumes et une belle longueur en bouche. Un vin frais et plaisant. ⧗ 2021-2022

XAVIER REVERCHON, 2, rue du Clos, 39800 Poligny, tél. 03 84 37 02 58, reverchon.chantemerle@wanadoo.fr V t.l.j. sf dim. 9h-12h 14h-18h30

DOM. DE SAVAGNY ★

20000 | 8 à 11 €

Un domaine de 45 ha, créé en 1986 par Claude Rousselot-Pailley et acquis une quinzaine d'années plus tard par la Maison du Vigneron, affaire de négoce établie à Crançot, dans le giron des Grands Chais de France.

De fines bulles naissent dans une robe rosée claire aux reflets légèrement orangés, puis la quittent dans un long renouvellement. Le nez est franc, sur des senteurs de fruits rouges. Joliment structurée, la bouche se montre fraîche et équilibrée. ⧗ 2021-2022 ● ★ **(8 à 11 €; 3000 b.)** Un pur chardonnay franc et floral au nez, qui après une belle attaque, tient bien en bouche. Harmonieux. ⧗ 2021-2022

SCEA DOM. DE SAVAGNY, 22, rte de Champagnole, Crançot, 39570 Hauteroche, tél. 03 84 87 61 30, rachel.gondol@maisonduvigneron.fr V t.l.j. sf dim. 10h-12h30 13h30-18h

L'ÉTOILE

Superficie : 66 ha / Production : 2 345 hl

Le village doit son nom à des fossiles, segments de tiges d'encrines (échinodermes en forme de fleurs), petites étoiles à cinq branches. Son vignoble produit des vins blancs, jaunes et de paille.

DOM. MAIRE ET FILS Chardonnay 2019 ★

10000 | 11 à 15 €

Né en 1917, Henri Maire fut le pionnier de la vente de vin grâce à laquelle il fit prospérer après-guerre sa petite maison de négoce. Également propriétaire de vignes, la société est depuis 2015 sous le contrôle de l'entreprise bourguignonne Boisset. Un acteur important du vignoble jurassien.

De couleur jaune pâle, cette cuvée est assez aromatique au nez (fleurs blanches, vanille discrète). La bouche est vive mais fine, fruitée et légèrement boisée (14 mois d'élevage en fût). ⧗ 2022-2024

SCV HENRI MAIRE, Ch. Boichailles, 39600 Arbois, tél. 03 84 66 12 34, jhauller@henri-maire.fr t.l.j. sf lun. dim. 9h-12h 14h-18h

DOM. DE MONTBOURGEAU En Banode 2018 ★

4000 | 11 à 15 €

En 1920, Victor Gros, le grand-père de Nicole Deriaux, s'est installé à Montbourgeau. Le père, Jean Gros, conforta la renommée du domaine. À proximité des 11 ha de vignes se dévoile un lieu bucolique, bordé par une allée de tilleuls débouchant sur les chais qui entourent la maison familiale. Un domaine de référence de l'appellation l'étoile.

Jean Gros a complanté cette parcelle en chardonnay et en savagnin en 1970. Les deux cépages ont été récoltés et vinifiés ensemble en cuve Inox. Un vieillissement a ensuite été opéré en fûts de 500 litres pendant 2 ans. Bien typé, le nez évoque les arômes de vin jaune. La bouche, riche et ample, est bien équilibrée. Une belle longueur aussi. Un condensé du Jura pour un repas d'hiver. ⧗ 2022-2027

DOM. DE MONTBOURGEAU, 53, rue de Montbourgeau, 39570 L'Étoile, tél. 03 84 47 32 96, domaine@montbourgeau.com V r.-v.

♥ CH. DE QUINTIGNY Savagnin 2017 ★★

5000 | 11 à 15 €

L'exploitation familiale a été créée en 1973. Co-exploitant en 1993, Sébastien Cartaux assure seul le devenir du domaine depuis 2010, secondé par son épouse Sandrine. Le vignoble, en conversion bio, couvre 16 ha, dont la moitié en AOC l'étoile.

Après une fermentation en cuve, ce savagnin a été élevé en fût, sous voile, pendant 3 ans et demi. Dès le premier nez, on sent à qui on a affaire ; pas de doute, il s'agit d'un savagnin typé, quintessence de Quintigny : puissance et personnalité. Ample et ronde, la bouche est sculptée par l'élevage sous voile qui lui confère fraîcheur et puissance aromatique sous le signe du curry. Sa complexité lui fait frôler l'univers des vins jaunes. ⧗ 2023-2028

DOM. CARTAUX-BOUGAUD, 5, rue des Vignes, Juhans, 39140 Arlay, tél. 03 84 48 11 51, contact@vinscartaux.fr V *r.-v.*

♥ B DOM. PHILIPPE VANDELLE
Vin de Paille 2017 ★★★

■	7800		20 à 30 €

La famille Vandelle est arrivée à L'Étoile dans les années 1880. Philippe s'est installé en 2001, en bas du village. C'est avec Valentin, son fils qui l'a rejoint en 2021, qu'il exploite désormais les 16 ha de vignes de la propriété. Une valeur sûre de l'appellation l'étoile, très à l'aise aussi en crémant.

Toujours les mêmes bases (et de très bonnes bases) pour le vin de paille du domaine : le chardonnay, qui compose l'essentiel de la cuvée, avec le savagnin et le poulsard en appui. La robe est ambrée aux reflets rosés. D'abord sur les fruits frais, le nez évolue à l'aération sur des notes grillées et de fruits secs. Une belle attaque sur le fruit ouvre sur une bouche ample et longue, qui donne dans la pâte de fruits, le coing, le pain d'épices et les pruneaux. ⧗ 2024-2032

DOM. PHILIPPE VANDELLE, 186, rue Bouillod, 39570 L'Étoile, tél. 03 84 86 49 57, info@vinsphilippevandelle.com V *t.l.j. sf dim. 9h-12h 14h-19h* B

MACVIN-DU-JURA

Superficie : 88 ha
Production : 4 095 hl (92 % blanc)

Tirant probablement son origine d'une recette des abbesses de l'abbaye de Château-Chalon, l'AOC macvin-du-jura – anciennement maquevin ou marc-vin-du-jura – a été reconnue en 1991. C'est en 1976 que la Société de Viticulture engagea pour la première fois une démarche de reconnaissance en AOC pour ce produit très original. L'enquête fut longue. En effet, au cours du temps, le macvin, d'abord vin cuit additionné d'aromates ou d'épices, est devenu mistelle, élaboré à partir du moût concentré par la chaleur (cuit), puis vin de liqueur muté soit au marc, soit à l'eau-de-vie de vin. C'est cette dernière méthode, la plus courante, qui a été finalement retenue pour l'AOC. Vin de liqueur, le macvin met en œuvre du moût ayant subi un léger départ en fermentation, muté avec une eau-de-vie de marc de Franche-Comté à appellation d'origine issue de la même exploitation que le moût. Ce dernier doit provenir des cépages et de l'aire de production ouvrant droit à l'AOC. L'eau-de-vie doit être « rassise », c'est-à-dire vieillie en fût de chêne pendant dix-huit mois au moins. Après cette association réalisée sans filtration, le macvin doit « reposer » pendant un an en fût de chêne, puisque sa commercialisation ne peut se faire avant le 1er octobre de l'année suivant la récolte. Apéritif d'amateur, il rappelle les produits jurassiens à forte influence du terroir.

♥ DOM. FORET Chardonnay Les Corvées ★★

■	2000		15 à 20 €

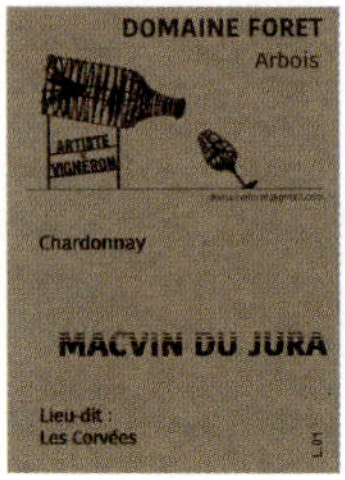

Sur les 7,5 ha cultivés dans ce domaine, 3,5 ha sont situés au lieu-dit Les Corvées, qui appartenait avant la Révolution à une abbaye d'Arbois où les paysans faisaient « la corvée ». Mais Frédéric Foret, artiste à ses heures, est aussi passionné de soudure. On lui doit le clavelin en métal géant et son verre que l'on ne peut rater à Arbois, au bord de la nationale 83.

Une robe éclatante, tout de doré vêtue, aux reflets ambrés. Un premier nez de noix, puis des notes florales d'acacia et enfin du fruité avec la poire. Magnifique composition qui précède une bouche qui pourrait décevoir tant la barre est mise haute sur le plan aromatique, mais qui relève parfaitement le défi. Fidèle au bouquet, elle persiste dans le fruité entre poire, prune et raisin. Un cheminement remarquable, une personnalité un peu atypique, mais totalement séduisante. ⧗ 2021-2025

EARL DOM. FORET, 13, rue de la Faïencerie, 39600 Arbois, tél. 06 20 48 27 80, domaineforet@gmail.com V *r.-v.*

DOM. FRÉDÉRIC LAMBERT ★★

■	3700		15 à 20 €

Œnologue de formation, Frédéric Lambert a commencé à acheter des vignes en production et des terrains dès 1993. L'installation s'est faite 10 ans plus tard, et l'exploitation compte désormais 11 ha, comprenant tous les cépages jurassiens, vendangés manuellement. La certification HVE a été obtenue en 2020 et Romain, le fils, a intégré l'exploitation familiale fin 2020.

Un moût de chardonnay (70 %) et de savagnin qui a bien tiré profit du mutage. Si le premier nez est assez fermé, il s'ouvre à l'aération, sur la noix. Fondue et fraîche, la bouche offre un fruité discret mais fin et une longue finale sur les fruits à coques. ⧗ 2022-2025

DOM. FRÉDÉRIC LAMBERT, 14, Pont-du-Bourg, 39230 Le Chateley, tél. 03 84 25 97 83, domainefredericlambert@orange.fr V *r.-v.*

DOM. PIERRE RICHARD ★

■	5000		15 à 20 €

Pierre Richard s'est installé en 1976 à la suite de son père. Son fils Vincent est revenu sur l'exploitation en 2009 et a pris les rênes de la propriété en 2017. Les 10 ha de vignes sont cultivés principalement dans le village du Vernois, dont le vignoble a fait l'objet d'un vaste remembrement dans les années 1960. Une conversion vers l'agriculture biologique a été engagée en 2018.

Né du mutage d'un moût de chardonnay, ce macvin doré clair est frais et subtil au nez. Un joli fruité s'en dégage, mais qui pourra encore s'épanouir. La bouche est aussi assez discrète mais élégante, sur un fruité de bon aloi. Un peu de vieillissement pourra permettre de densifier quelque peu une personnalité équilibrée et subtile. ⧗ 2022-2025

VINCENT RICHARD (DOM. PIERRE RICHARD), 136, rte de Voiteur, 39210 Le Vernois, tél. 03 84 25 33 27, domainepierrerichard@wanadoo.fr V *t.l.j. 9h-19h*

IGP FRANCHE-COMTÉ

♥ VIGNOBLE GUILLAUME
Chardonnay Collection Réservée 2019 ★★

	4 800		15 à 20 €

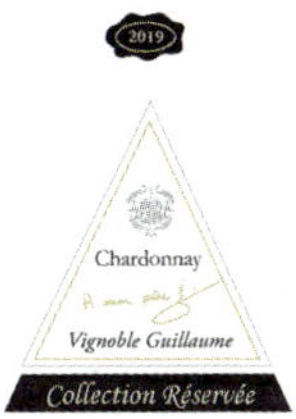

La famille Guillaume cultive la vigne depuis le XVIIIe s. sur les terres de Charcenne. Un long passé viticole, complété à la fin du XIXe s. par une activité de pépiniériste viticole. Autant dire que ce vaste domaine de 45 ha dispose d'un matériau de premier choix pour élaborer ses cuvées; cuvées signées depuis 1989 par Xavier Guillaume et très souvent remarquées, notamment celles issues de pinot noir.

Il a tout bon ce vin né de vignes de 55 ans, passé 11 mois en fût neuf. La robe est élégante, dorée et limpide. Le nez, tout en finesse et en discrétion, évoque les fruits blancs, le bois de santal et un léger vanillé. La bouche se montre onctueuse, caressante, presque crémeuse, avec en soutien un boisé bien présent mais qui n'étouffe pas le fruit (poire, agrumes). Un ensemble très harmonieux, à réserver pour la table. ⧗ 2022-2026 ■ **Pinot noir Vieilles Vignes 2019 ★ (11 à 15 €; 28 900 b.)** Ces «vieilles vignes» ont 30 ans, d'aucun diront que cela reste relativement jeune... Quoi qu'il en soit, elles ont donné un joli vin, passé par 11 mois de fût. Au nez, les fruits rouges se mêlent à un bon boisé vanillé. La bouche est charnue, persistante sur le fruit, avec en soutien ce même boisé ajusté et des tanins affinés, un brin plus stricts en finale. ⧗ 2023-2027 ■ **Chardonnay Vieilles Vignes 2019 ★ (11 à 15 €; 27 900 b.)** Un blanc élevé en fût, et cela se sent : vanille et notes torréfiées dominent le fruit pour l'heure. La bouche, au diapason du bouquet, se montre bien équilibrée, offrant de la rondeur, de la souplesse et de la fraîcheur. ⧗ 2022-2024 ■ **Pinot noir 2019 ★ (5 à 8 €; 39 500 b.)** Un pinot noir plaisant par sa robe limpide, par son bouquet de fruits rouges agrémentés d'une touche herbacée et par sa bouche fraîche, souple, minérale et fruitée, dotée de tanins fins. ⧗ 2022-2025

SCEA VIGNOBLE GUILLAUME, 32, Grande-Rue, 70700 Charcenne, tél. 03 84 32 77 22, vignoble@guillaume.fr V *r.-v.*

JURA

SAVOIE

LA SAVOIE ET LE BUGEY

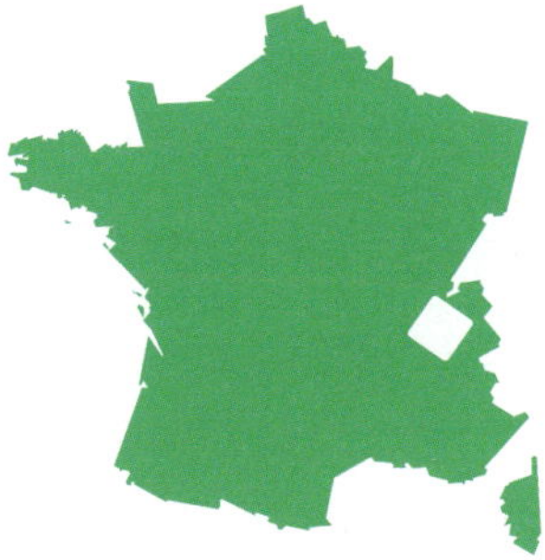

Du lac Léman à la rive droite de l'Isère, dans les départements de la Haute-Savoie, de l'Ain, de l'Isère et surtout de la Savoie, le vignoble savoyard s'éparpille en îlots le long des vallées, borde les lacs ou s'accroche aux basses pentes les mieux exposées des Préalpes. Il fournit surtout des vins friands à boire jeunes, blancs secs pour les deux tiers, mais les sélections du Guide montrent l'existence de vins de caractère, voire de garde.

Dans le département de l'Ain, le vignoble du Bugey connu pour ses effervescents rosés (Cerdon) occupe les basses pentes des monts du Jura, dans l'extrême sud du Revermont, de Bourg-en-Bresse à Ambérieu-en-Bugey, ainsi que celles qui, de Seyssel à Lagnieu, descendent vers la rive droite du Rhône.

Dans ces régions, l'encépagement épouse la diversité des terroirs avec des variétés locales comme la jacquère, l'altesse, la mondeuse, le poulsard jurassien (Cerdon) ou encore la molette, le gringet et le persan qui voisinent avec le chardonnay, le chasselas, le pinot noir et le gamay.

La Savoie
selon Margot

C'est un vignoble qui capte de plus en plus l'intérêt, et il peut compter sur des vignerons engagés. C'est ma prochaine destination de prédilection. Ici, les vignerons ont fait le choix de préserver leurs cépages locaux, même s'ils sont inconnus aux bataillons, voire mal aimés, et ça c'est révolutionnaire ! Sur les quelque 2 000 ha de ce vignoble de montagne, on trouve en blanc la délicieuse jacquère, la roussette (aussi appelée altesse), le chasselas, le gringet ou encore le bergeron. Issus de mondeuse, de gamay, de pinot noir et autre persan, les vins rouges sont aussi remarquables, pas trop tanniques et pleins de fraîcheur. Plus rares, ce sont les cépages mondeuse blanche, malvoisie ou encore molette qui produisent des bouteilles originales. Bref, toute une palette de vins insolites à découvrir d'urgence, avant que les prix grimpent.

• **Ma reco œnotourisme**

Chaque année, en octobre, un week-end est consacré à la rencontre de vignerons : « Le Fascinant week-end » (le titre est bien trouvé !). On crapahute dans les vignes et on découvre les spécialités culinaires savoyardes (bon, c'est tout au fromage ☺), lors de pique-niques très gourmands. Pour plus d'infos : vignobles.tourisme.coeurdesavoie.fr/fr/fascinant-week-end/animations-et-programme

Le **vigneron** de l'année

Raphaël
Saint-Germain

(Dom. Saint-Germain)

Dans le Parc naturel régional du massif des Bauges, Raphaël Saint-Germain, biologiste de formation, exploite en bio un vignoble d'une dizaine d'hectares, en majorité situé sur la commune de Saint-Pierre-d'Albigny. Parmi les… 22 cépages montagnards cultivés, les deux têtes de cordée sont la mondeuse et le persan. Ce dernier obtient un coup de cœur pour le millésime 2020. L'occasion de mettre en lumière ce cépage peu connu.

• Parlez-nous du persan, ce cépage savoyard si peu connu.
C'est un cépage originaire de Maurienne qui a été abandonné dans les années 1960. Mon grand-père l'a arraché, car il était trop capricieux, sensible au blackrot et de maturation tardive ; ça donnait des vins durs, austères, avec une forte acidité. Mais quand on sait le dompter, il donne le meilleur de lui-même. En 2002, j'en ai planté 1,5 ha sur des éboulis drainants exposés plein sud. Le persan, je l'adore car c'est le style des vins que je veux faire, à la fois toniques et expressifs, avec un parfait équilibre en bouche qui vous donne envie d'y revenir.

• Comment faites-vous pour obtenir un persan plein de fraîcheur et de fruit ?
Mise en cuve après égrappage, 10 jours de macération, puis pressurage ; pas de soufre à la vinification, le minimum à la fin des fermentations. Le but du jeu, c'est d'intervenir le moins possible, on laisse faire. C'est le plus difficile, car il faut une matière irréprochable. Ce n'est pas seulement mon œuvre, je tiens à le dire. J'ai la chance d'avoir une super équipe, très fidèle : ce sont « les petites mains » du domaine. La culture bio demande beaucoup d'attention, de présence, de réactivité. C'est un travail collectif où chacun apporte son savoir-faire et sa sensibilité.

• Un projet ?
Je me passionne pour les cépages alpins. J'en cultive déjà 22. Parmi les plus connus, la jacquère, l'altesse, la roussanne et la mondeuse rouge, mais aussi la mondeuse blanche et la petite arvine. J'ai l'intention de remettre à l'honneur les cépages qui ont été oubliés et je m'apprête à planter du bia, du hibou noir, du dousset. Tout cela, c'est grâce au travail acharné du Centre d'ampélographie alpine Pierre Galet, dont le siège est à Montmélian, au musée de la Vigne et du Vin. Encore une histoire de partage…

Un souhait ?
Oui, je pense aux jeunes vignerons savoyards, nombreux à s'être installés ces dernières années. À eux de se réapproprier ces anciens cépages pour porter haut l'image de la Savoie, en revendiquant l'appellation savoie.

Le coup de cœur
■ **Savoie Persan Princens 2020**

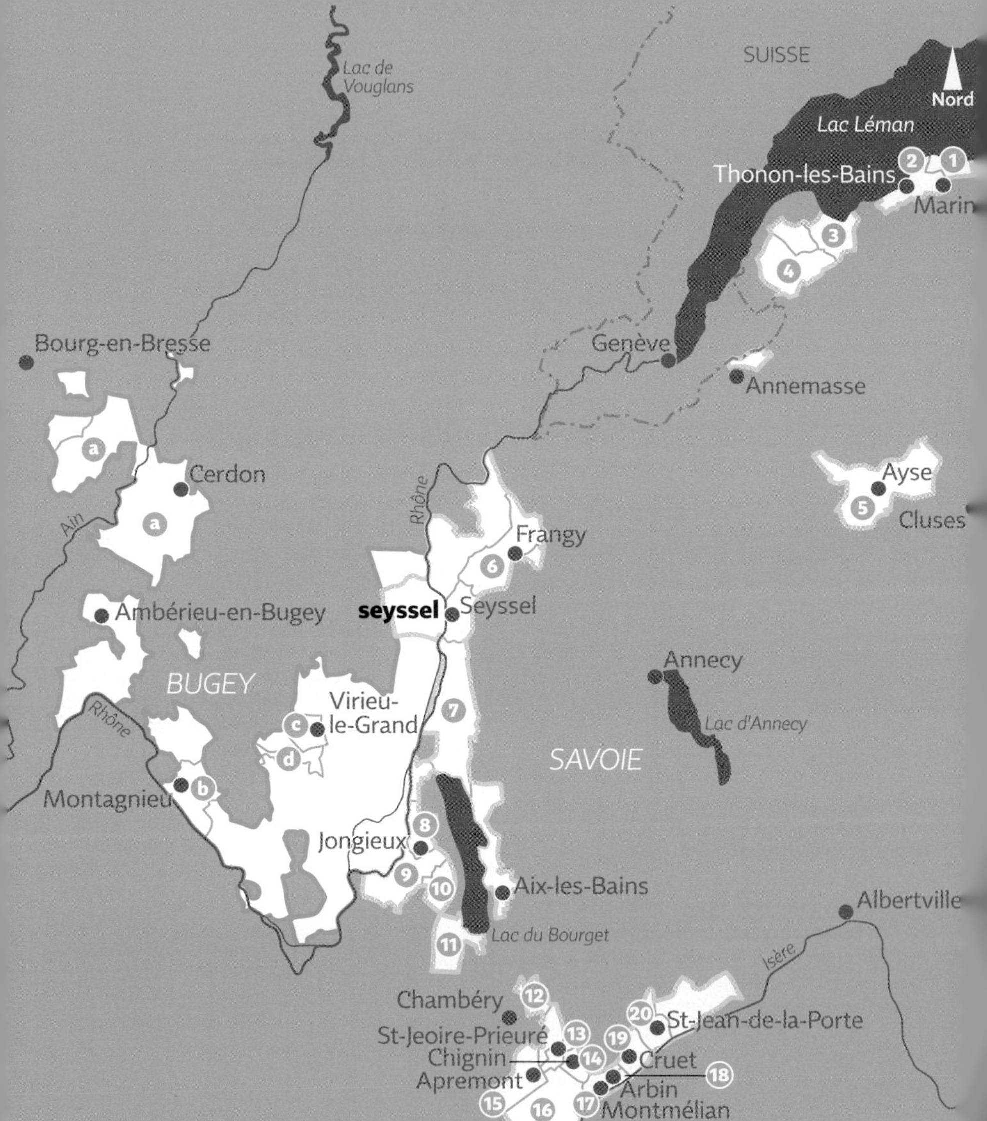

SUISSE
Nord
Lac Léman
Lac de Vouglans
Thonon-les-Bains
Marin
Bourg-en-Bresse
Genève
Annemasse
Cerdon
Ayse
Cluses
Ain
Rhône
Frangy
seyssel
Seyssel
Ambérieu-en-Bugey
Annecy
BUGEY
Virieu-le-Grand
Lac d'Annecy
SAVOIE
Montagnieu
Jongieux
Aix-les-Bains
Albertville
Lac du Bourget
Isère
Chambéry
St-Jeoire-Prieuré
Chignin
Apremont
St-Jean-de-la-Porte
Cruet
Arbin
Montmélian
20 km

SAVOIE Région viticole

bugey et roussette-de-bugey (ces AOC peuvent être produites sur l'ensemble du vignoble du Bugey)

Dénominations des AOC bugey et roussette-de-bugey

- a Cerdon
- b Montagnieu
- c Virieu-le-Grand
- d Manicle

vin-de-savoie et roussette-de-savoie (ces AOC peuvent être produites sur l'ensemble du vignoble de Savoie)

Dénominations des AOC vin-de-savoie et roussette-de-savoie

1. Marin
2. Ripaille
3. Marignan
4. Crépy
5. Ayze
6. Frangy
7. Chautagne
8. Marestel
9. Jongieux
10. Monthoux
11. Charpignat
12. Monterminod
13. Saint-Jeoire-Prieuré
14. Chignin et Chignin-Bergeron
15. Apremont
16. Abymes
17. Montmélian
18. Arbin
19. Cruet
20. Saint-Jean-de-la-Porte

La **Savoie** et le **Bugey** en un clin d'œil

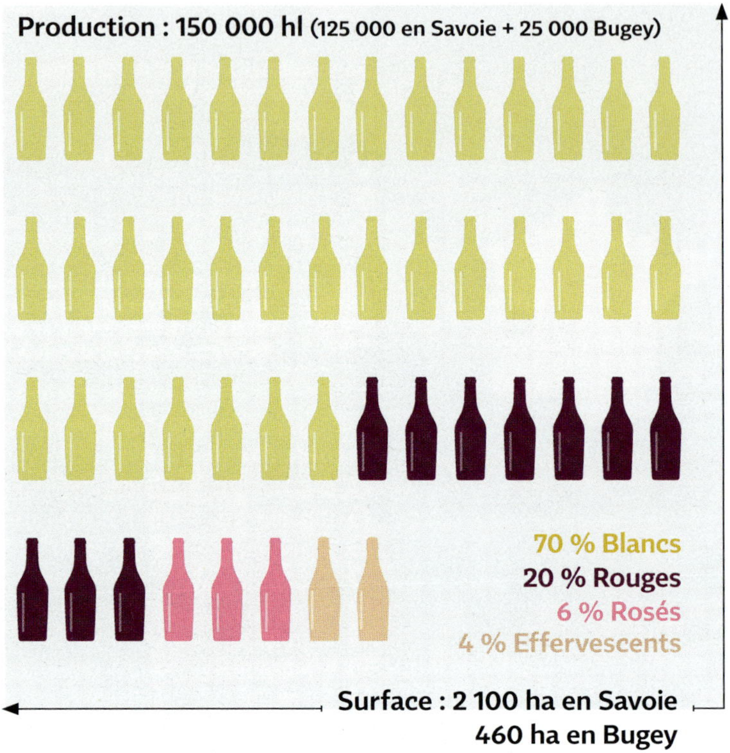

Types de vins

Principaux **cépages**

Jacquère (majoritaire)

Altesse (roussette)

Bergeron (roussanne)

Chasselas

Chardonnay

Molette

Gringet

Mondeuse

Gamay noir à jus blanc

Pinot noir

Persan

Poulsard (Cerdon)

Hiérarchie des vins

Savoie

4 AOC
savoie ou vins-de-savoie

(à laquelle sont rattachées 20 dénominations géographiques : voir carte), roussette-de-savoie, seyssel et crémant-de-savoie.

Bugey

2 AOC
bugey et roussette-du-bugey

(auxquelles sont rattachées 4 dénominations géographiques : voir carte)

Un peu d'**histoire**

- **I[er]s. apr. J.-C. :** le vignoble des Allobroges est cité par Pine et Columelle.
- **Moyen Âge :** les moines identifient des terroirs viticoles spécifiques pour la qualité des vins.
- **1559 :** édit d'Emmanuel Philibert qui instaure le ban des vendanges, afin de garantir la qualité du raisin.
- **XVIe-XVIII[e]s. :** le vignoble se développe et la production de vin augmente. Essor du métayage. Révolution : les terres du clergé, devenues biens nationaux, sont rachetées par des propriétaires privés.
- **1860 :** rattachement de la Savoie à la France
- **1877 :** crise phylloxérique. Replantation du vignoble avec des cépages plus résistants.
- **1930 :** les cépages locaux sont remis à l'honneur.
- **1942 :** reconnaissance de l'AOC seyssel.
- **1948 :** reconnaissance de l'AOC crépy.
- **1973 :** reconnaissance des AOC vin-de-savoie et roussette-de-savoie.
- **2015 :** reconnaissance de l'AOC crémant-de-savoie.

VIN-DE-SAVOIE

Superficie : 1 744 ha
Production : 93 372 hl (70 % blanc)

Le vignoble donnant droit à l'appellation est installé le plus souvent sur les anciennes moraines glaciaires ou sur des éboulis. La dispersion géographique s'ajoute à ce facteur géologique pour expliquer la diversité des vins savoyards, souvent consacrée par l'adjonction d'une dénomination locale à celle de l'appellation régionale (ex. : vin-de-savoie Apremont). Au bord du lac Léman, à Marin, Ripaille, Marignan et Crépy (ex-AOC), comme sur la rive suisse, c'est le chasselas qui règne. Il donne des vins blancs légers, à boire jeunes, souvent perlants. Les autres zones ont des cépages différents et, selon la vocation des sols, produisent des vins blancs ou des vins rouges. On trouve ainsi, du nord au sud, Ayze, au bord de l'Arve, et ses vins blancs pétillants ou mousseux, puis, au bord du lac du Bourget (et au sud de l'appellation seyssel), la Chautagne et ses vins rouges au caractère affirmé. Au sud de Chambéry, les bords du mont Granier recèlent des vins blancs frais, comme le cru Apremont et celui des Abymes, vignoble établi sur le site d'un effondrement qui, en 1248, fit des milliers de victimes. En face, Monterminod, envahi par l'urbanisation, a malgré tout conservé un vignoble qui donne des vins remarquables; il est suivi de ceux de Saint-Jeoire-Prieuré, de l'autre côté de Challes-les-Eaux, puis de Chignin, dont le bergeron a une renommée justifiée. En remontant l'Isère par la rive droite, les pentes sud-est sont occupées par les crus de Montmélian, Arbin, Cruet et Saint-Jean-de-la-Porte.

PHILIPPE BETEMPS Apremont 2020 ★★

	8000		5 à 8 €

Philippe Betemps s'est installé en 1990 à l'âge de dix-huit ans sur ce domaine établi sur le site d'une ancienne école communale. Ce spécialiste de l'Apremont conduit 10,5 ha de vignes sur les contreforts du mont Granier et sur les dalles calcaires de Saint-Baldoph.

Délicatesse et typicité caractérisent cette jacquère au nez de fleurs blanches, de poire et de sorbet aux agrumes. Un Apremont bien équilibré, à la finale salivante et minérale. ⧗ 2021-2023

EARL PHILIPPE BETEMPS, Saint-Pierre, 73190 Apremont, tél. 06 09 05 24 95, philippebetemps@orange.fr V r.-v. f. fin août.

CHEVALLIER-BERNARD
Jongieux Mondeuse 2019 ★★

	15000		8 à 11 €

Jean-Pierre Bernard, épaulé par son épouse Chantal, a apporté du Beaujolais sa connaissance du gamay quand il s'est installé en 1996 à Jongieux sur la petite exploitation de son beau-père, étendue aujourd'hui sur 12,5 ha. Il maîtrise aussi la vinification des blancs, comme en témoignent les sélections régulières de sa roussette-de-savoie. Son fils Antoine l'a rejoint en 2016.

Avec des arômes de griotte, de framboise et de violette, voici une mondeuse aux tanins souples, poivrée comme il se doit, bien faite, dense, vibrante et charnue. Fraîcheur et harmonie sont au rendez-vous. ⧗ 2021-2025

DOM. CHEVALLIER-BERNARD, Le Haut, 40, chem. de Vallières, 73170 Jongieux, tél. 04 79 44 00 33, cjpbernard@orange.fr V r.-v.

DOM. DU CLIMAT DE TORMERY
Chignin Mondeuse La Voie Romaine 2020 ★★★

	n.c.		15 à 20 €

Un tout jeune et micro domaine créé en 2020 par Guillaume Quénard : 2,4 ha en plein Coteau de Torméry qui n'ont pas été désherbés depuis 10 ans, en cours de conversion bio, avec une large part donnée à l'agroforesterie.

Issue d'une parcelle en conversion bio, située sur l'ancienne voie romaine, cette mondeuse de belle constitution, aux arômes bien typés de violette, apporte déjà beaucoup de plaisir avec sa bouche ample, gourmande et juteuse. Très peu sulfitée, élevée en foudre de chêne pendant 12 mois, elle signe une vinification parfaitement maîtrisée par Guillaume Quénard. Le coup de cœur fut mis aux voix. ⧗ 2021-2027 **Chignin Bergeron Les Ducs de Savoie 2020 ★ (15 à 20 €; n.c.)** Un élevage dans un œuf béton, dans une jarre de terre cuite et en cuve met en valeur cette séduisante roussanne, bien équilibrée entre rondeur et fraîcheur, ouverte sur des arômes de fruits jaunes et de fleurs blanches. ⧗ 2022-2025

GUILLAUME QUÉNARD, 1264, route du Côteau de Toméry, Torméry Cidex 2208, 73800 Chignin, tél. 06 07 70 03 54, guillaume.quenard@gmail.com V t.l.j. sf dim. 8h-11h30 14h-17h

DOM. DE L'IDYLLE
Mondeuse Le Tithonien 2020 ★★

	10000		8 à 11 €

Philippe et François Tiollier ont accueilli au domaine la jeune génération, en l'occurrence Sylvain, de retour pour les vendanges 2012 après des études d'œnologie sur cet important domaine de 23 ha. Depuis que Philippe a pris sa retraite en 2017, ce sont Sylvain et son oncle François qui gèrent l'exploitation.

À Cruet, la mondeuse se plaît sur les calcaires du Tithonien (3e étage du Jurassique supérieur). Nez complexe et délicat de fleurs blanches et de fruits rouges et noirs, tanins fins et harmonieux font de cette cuvée éraflée à 50 % et vinifiée sans sulfites une cuvée prometteuse et déjà gourmande. ⧗ 2022-2027

DOM. DE L' IDYLLE, 345, rue Croix-de-l'Ormaie, 73800 Cruet, tél. 04 79 84 30 58, tiollier.idylle@wanadoo.fr V t.l.j. sf dim. 9h-12h 14h-18h

DOM. EDMOND JACQUIN ET FILS
Jongieux 2020 ★

	8000		5 à 8 €

Patrice Jacquin, aujourd'hui président de la Chambre d'agriculture de Savoie, conduit avec son frère Jean-François et son fils Steven un coquet domaine de 38 ha fondé en 1850, dont une grande partie est dédiée à la roussette-de-savoie, avec des vins souvent en vue dans le Guide.

Le terroir de Jongieux donne à cette jacquère un caractère floral, printanier et fruité. Une attaque ample et ronde suivie de saveurs fraîches et minérales assure un bel équilibre. ⧗ 2021-2024

EARL EDMOND JACQUIN ET FILS, 106, chem. de Vallières, Jongieux Le Haut, 73170 Jongieux, tél. 04 79 44 02 35, jacquink@wanadoo.fr V t.l.j. 9h-12h 14h-19h. dim. 10h-12h 15h-18h. ❸

DOM. LABBÉ
Mondeuse L'Essentiel 2018 ★

■	3000		5 à 8 €

Depuis 2004, les cousins Jérôme et Alexandra Labbé exploitent 10 ha au pied du mont Granier.

Pour Alexandra Labbé, l'essentiel est que les arômes se retrouvent en bouche. Pari réussi avec cette mondeuse issue de macération carbonique, au nez de cerise noire, de framboise et de fleurs séchées; arômes qui se développent également en bouche, autour de tanins encore fermes. ⧗ 2023-2027

DOM. LABBÉ, 22, chem. Pré-la-Grange, 73800 Porte-de-Savoie, tél. 04 76 13 21 79, domainelabbe@free.fr V t.l.j. sf dim. 8h-12h 13h30-18h; sam. sur r.-v.

DOM. MARÉCHAL
Apremont Perle des Dames 2020 ★★★

■	16000		5 à 8 €

Jean-François Maréchal, secondé par son épouse Nathalie, a concrétisé son rêve d'enfant lorsqu'il a planté sa première vigne, avec l'aide de ses parents, à 14 ans! À 18 ans, il vendait ses premières bouteilles. Aujourd'hui, il exploite 10 ha (en conversion bio).

Proposé en coup de cœur, cet Apremont a séduit notre jury pour ses arômes de fruits à chair blanche (pêche et poire) et de fins agrumes (citron, orange), accompagnés de notes minérales, ainsi que pour sa bouche à la fois riche et fraîche, à la finale énergique. ⧗ 2021-2025

EARL LE P'TIOU VIGNERON, Les Belettes, 73190 Apremont, tél. 04 79 28 36 23, marechal.jf@free.fr V t.l.j. sf dim. 10h-12h 16h-19h ❷ Ⓔ

DOM. JEAN MASSON Cœur d'Apremont 2019 ★

■	3200		20 à 30 €

Transmis de père en fils depuis cinq générations, ce vignoble est enherbé à 100 % en coteaux et les vendanges récoltées en surmaturité et à la main. Jean-Claude Masson est aux commandes depuis 1984.

Conservée 11 mois sur fines lies, cette jacquère de garde présente des arômes complexes d'acacia, d'agrumes et d'infusion de verveine. La bouche ample, tonique et minérale s'achève sur le bel amer de la gentiane. ⧗ 2022-2025

DOM. JEAN MASSON ET FILS, Lieu-Dit Le Villard, 73190 Apremont, tél. 06 12 58 32 26, dom.jeanmassonetfils@wanadoo.fr V r.-v.

Ⓑ CH. DE MÉRANDE Le Saint-Jean 2019 ★★★

■	1000		11 à 15 €

En 2009, l'ensemble du domaine (12 ha) est passé en biodynamie, et la certification est à présent acquise. Daniel Genoux travaille principalement la roussette (1,2 ha) et l'Arbin (4 ha).

Après une courte macération, cette mondeuse, foulée au pied et élevée en cuve pendant 12 mois, offre de gourmands arômes de fruits noirs et d'épices douces. La bouche offre un toucher suave et poivré, soutenue par de jolis tanins qui demandent encore à se patiner. Proposée en coup de cœur. ⧗ 2023-2028 ■ **Arbin Mondeuse La Belle Romaine 2020 ★ (15 à 20 €; 10000 b.)** Ⓑ Éraflée partiellement, La Belle Romaine regorge de fruits (cerise et mûre), mis en évidence par les notes poivrées typiques du terroir d'Arbin. Sa bouche friande et croquante construite autour de tanins polis en fait un vin de plaisir immédiat. ⧗ 2021-2025

CH. DE MÉRANDE, chem. de Mérande, 73800 Arbin, tél. 04 79 65 24 32, domaine.genoux@orange.fr V r.-v. Ⓓ

FAMILLE MONTESSUIT
Ayze Méthode Traditionnelle 2019 ★★

●	23500		8 à 11 €

En 2007, Nicolas, Fabrice, Jacky et Gilles Montessuit se sont associés pour reprendre les vignes héritées du grand-père André, en conversion bio.

Les vignes cinquantenaires de gringet plantées sur un sol de molasses ont donné des notes épicées et fumées à cet effervescent élevé 15 mois sur lattes. Un vin équilibré et long, plein de fraîcheur et d'énergie, pour lequel le coup de cœur fut mis aux voix. ⧗ 2021-2024

EARL FAMILLE MONTESSUIT, 884, rte de Bonneville, 74130 Ayze, tél. 07 84 91 47 06, famille.montessuit@orange.fr V r.-v.

PASCAL PAGET Apremont 2020 ★★

■	4000		5 à 8 €

Depuis 2006, Pascal Paget conduit un petit vignoble qui a doublé sa surface depuis sa création. L'exploitation couvre aujourd'hui 3,5 ha à l'emplacement d'un ancien glacier dans le parc naturel des Bauges.

Issu de moraines plus argileuses que calcaires, cet Apremont aux arômes de poire, de pêche, d'agrumes et de thé blanc, offre en bouche des saveurs franches, rondes et délicates, ainsi qu'une finale dynamique, pleine de fraîcheur. Une belle jacquère de gastronomie. ⧗ 2022-2024

PASCAL PAGET, Chef-Lieu, 60, chem. des Bugnons, 73800 Chignin, tél. 06 68 09 23 26, pascal-paget2@wanadoo.fr V t.l.j. sf dim. 15h-18h

JEAN PERRIER ET FILS
Abymes Cuvée Gastronomie 2020 ★

■	30000		5 à 8 €

Les Perrier cultivent la vigne depuis 1853. Par la suite, l'entreprise (négoce et propriété) s'est largement développée, notamment sous la conduite de Gilbert Perrier dans les années 1960. Ce sont aujourd'hui ses fils Philippe, Christophe et Gilles qui conduisent le vignoble familial, lequel s'étend sur 60 ha, huit communes et plusieurs domaines.

SAVOIE

Une fraîcheur florale, fruitée au nez, une minéralité et une tension de bon aloi en bouche, autour d'arômes de pamplemousse, font de cette jacquère un vin plaisant et harmonieux. ⧗ 2021-2024 ■ **Chignin Bergeron Cuvée Gastronomie 2020 ★ (15 à 20 €; 20 000 b.)** Un nez gourmand d'amande douce enveloppé de notes anisées et citronnées prélude un palais rond et onctueux. Une belle expression de la roussanne. ⧗ 2021-2025

DOM. PERRIER PÈRE ET FILS, Saint-André, La Grue, 73800 Les Marches, tél. 06 11 09 54 22, info@vins-perrier.com V r.-v.

LA CAVE DU PRIEURÉ Jongieux 2020 ★★

■ | 25 000 | | 8 à 11 €

Pascal et Noël Barlet, épaulés par Julien (cinquième génération et fils du second), sont à la tête d'un vignoble d'une trentaine d'hectares sur les coteaux de Jongieux. Des vignerons aussi à l'aise en rouge qu'en blanc; en témoigne la présence régulière dans le Guide de leurs cuvées, désormais vinifiées par Julien.

Framboise écrasée, violette, nuancées de musc, bouche ample, dense et charnue, aux tanins soyeux, d'une belle longueur : voici une mondeuse déjà très équilibrée et promise à un bel avenir. ⧗ 2023-2028

R. BARLET ET FILS, 3447, rte des Vignobles, 73170 Jongieux, tél. 04 79 44 02 22, contact@cavedupriеure.fr V *t.l.j. sf dim. 9h-12h 14h-18h*

♥ ANDRÉ ET MICHEL QUÉNARD
Chignin Mondeuse Vieilles Vignes 2019 ★★

■ | 15 000 | | 8 à 11 €

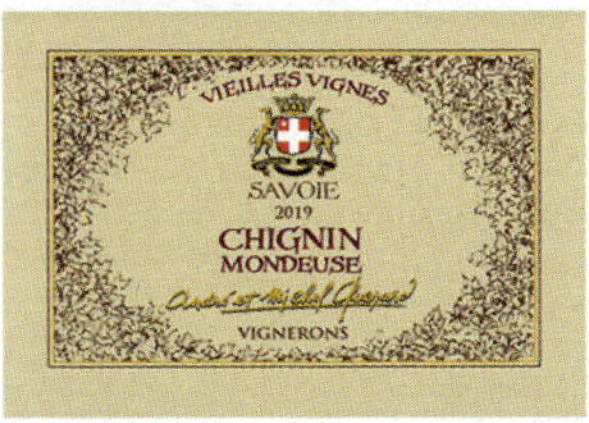

Michel Quénard s'est installé en 1976 à la tête du domaine familial, fondé par ses grands-parents. Son fils Guillaume l'a rejoint en 2009, après des études au lycée viticole de Beaune, puis à l'école d'ingénieurs de Changins (Suisse). Il assure aujourd'hui les vinifications aux côtés de son frère Romain, arrivé en 2013 après des études de viticulture. Aujourd'hui l'un des domaines les plus réputés de Savoie, très régulier en qualité, aussi bien en rouge qu'en blanc.

De vénérables vignes âgées de 70 ans, un égrappage total et un élevage de 10 mois en foudre et en cuve sont à l'origine de cette mondeuse taillée pour la garde. Un vin intense, aux arômes de fruits rouges et noirs (framboise, mûre), relevés de poivre de Sichuan. Du volume, de la profondeur, des tanins très fins, de la longueur, la bouche est remarquable. Un vin qui donne déjà beaucoup de plaisir, et pour longtemps. ⧗ 2023-2030

DOM. ANDRÉ ET MICHEL QUÉNARD, 1327, rte du Coteau-de-Torméry, Torméry Cidex 210, 73800 Chignin, tél. 04 79 28 12 75, am.quenard@orange.fr V *r.-v.*

♥ B DOM. PASCAL & ANNICK QUÉNARD
Mondeuse L'Étoile de Gaspard 2019 ★★★

■ | 2000 | | 20 à 30 €

Cette propriété familiale depuis quatre générations étend son vignoble sur 6,5 ha, qui met en valeur un patrimoine de vieilles vignes dont certaines plantées par l'arrière-grand-père en 1903. Partisan d'une viticulture peu interventionniste à la vigne et au chai, Pascal Quénard, aux commandes depuis 1987, a fait le choix en 2013 de la conversion bio.

Née sous une bonne étoile, comme Gaspard, le fils d'Annick et de Pascal, cette mondeuse cultivée en biodynamie, non sulfitée même à la mise en bouteille, remporte tous les suffrages. La quintessence du cépage s'exprime dans cette cuvée issue de macération carbonique à travers des arômes intenses de violette, de framboise et de mûre, de superbes tanins mûrs, ronds et élégants qui tapissent un palais ample et long. Une superbe expression de la mondeuse. ⧗ 2023-2027

DOM. PASCAL ET ANNICK QUÉNARD, 1, place du Lavoir. Le Villard, Cidex_4800, 73800 Chignin, tél. 04 79 28 09 01, pascal.quenard.vin@wanadoo.fr V *r.-v.*

DOM. JULIEN RENÉ Apremont 2020 ★★

■ | 4 000 | | 5 à 8 €

Cette exploitation a misé sur la viticulture à partir des années 1950. À sa tête depuis 2000, Julien René perpétue la tradition des trois générations précédentes sur 9 ha de vignes.

Avec son nez flatteur de pêche de vigne et d'agrumes, cet Apremont soigne son approche. Il présente ensuite une bouche fraîche, épurée, s'achevant sur une vivacité cristalline. Consensuel, facile à boire, à ouvrir et à partager. ⧗ 2021-2024

EARL JULIEN RENÉ, 9, chem. de Joyan, La Palud, 38530 Chapareillan, tél. 06 75 00 10 02, julien.rene66@sfr.fr V *r.-v.*

♥ B LE PERSAN DU DOM. SAINT-GERMAIN
Princens 2020 ★★★

■ | 6 700 | | 15 à 20 €

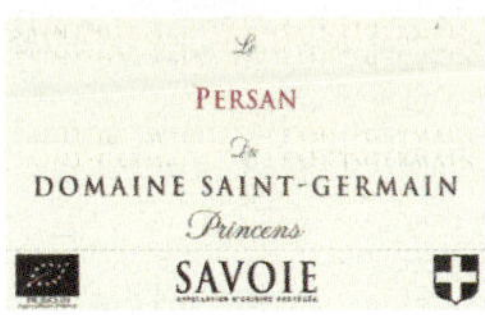

Étienne et Raphaël Saint-Germain conduisent en biodynamie leur domaine de 13,8 ha. Ils sont installés depuis 1999 à Saint-Pierre-d'Albigny, sur le côté « Bauges » du vignoble, exposé au sud-est et implanté sur le cône de déjection argilo-calcaire et caillouteux de la montagne.

L'un des plus vieux cépages savoyards trouve sa consécration dans cette cuvée « Princens » (selon la graphie originelle du persan). Des arômes alpins de myrtille, de mûre et de gentiane enrobés d'épices, une bouche suave et joliment tannique, très juteuse, avec beaucoup de fraîcheur et de fruit : «une infusion de bonheur», comme l'a résumé un dégustateur. Tant de plaisir déjà, mais un beau potentiel de garde : la signature des grands vins. ⧗ 2023-2030

DOM. SAINT-GERMAIN, 65, rte de Miolans, chai la Noiriat rte du col-du-Frêne, 73250 Saint-Pierre-d'Albigny, tél. 04 79 28 61 68, domainesaintgermainsavoie@gmail.com V *r.-v.*

FRUITIÈRE DES VIGNERONS DES TERROIRS DE SAVOIE
Apremont Château d'Apremont 2020 ★★★

11 000 | 8 à 11 €

En 1998, Philippe Viallet reprend la cave de Montmélian et décide de créer la Fruitière des Vignerons des Terroirs de Savoie regroupant 60 vignerons (pour un total de 300 ha de vignes) et produisant des vins en AOC et IGP.

Fruité, floral et minéral, cet Apremont complexe, pur, droit, net et ciselé offre une expression de jacquère perlante et minérale typique. « Le vin résonne en bouche jusqu'à la finale, parfaite et équilibrée, tout ce qu'on aime », résume un dégustateur. Proposé en coup de cœur. ⧗ 2022-2025

FRUITIÈRE DES VIGNERONS DES TERROIRS DE SAVOIE, rte de Myans, 73190 Apremont, tél. 04 79 28 33 29, ccheze@vins-viallet.com t.l.j. sf sam. dim. 8h-12h 13h30-16h

FABIEN TROSSET
Apremont Sous le Roc 2020 ★

7 000 | 8 à 11 €

Fabien Trosset a repris en 2011 le domaine familial à la suite du décès de son père : à l'époque, 7 ha à Arbin – un des crus consacrés à la mondeuse – et une vendange intégralement livrée en coopérative. Aujourd'hui, le vigneron vinifie à la propriété et a porté la surface plantée à 23 ha, dont 13 ha de mondeuse.

Cultivée au pied du Mont Granier, « sous le roc », sur un terroir d'éboulis argilo-calcaires, cette jacquère aux arômes de fleurs blanches, d'agrumes et de litchi présente une bouche cristalline, épurée, digeste et alerte. Une belle expression de fraîcheur alpine. ⧗ 2021-2024

FABIEN TROSSET, av. Gambetta, ZA d'Arbin, 73800 Arbin, tél. 04 79 79 98 50, contact@domainetrosset.com V *t.l.j. sf dim. 8h-12h 14h-18h; sam. sur r.-v.*

DOM. VENDANGE Mondeuse Le Coz 2019 ★

5 500 | 8 à 11 €

Après des études de viticulture et d'œnologie à Beaune, Benjamin Vendange est revenu en 2015 sur la propriété familiale et son vignoble de 10 ha, dont les raisins étaient jusqu'alors portés à la coopérative de Cruet. Avec sa compagne Diane Gounel, œnologue, il élabore aujourd'hui ses propres vins.

Joli travail effectué par Diane Gounel sur cette mondeuse éraflée à 80 %, cuvée 10 jours et élevée 12 mois, pour moitié en cuve Inox et pour moitié en fût de 3 vins : un nez de fruits noirs légèrement grillés et épicés, une bouche généreuse aux tanins encore fermes assureront à cette cuvée un bel avenir . ⧗ 2024-2030

EARL VENDANGE ET FILS, 132, rte du Clou, Miolanet, 73250 Saint-Pierre-d'Albigny, tél. 06 84 68 77 48, vendangeinfo@gmail.com V *r.-v.*

ADRIEN VEYRON Apremont 2020 ★

6 666 | 5 à 8 €

Ce domaine familial fondé en 1950 est conduit depuis 1979 par Adrien Veyron (quatrième génération), à la tête aujourd'hui de 14 ha de vignes à Apremont.

La fraîcheur des fleurs blanches et des agrumes caractérise cet Apremont flatteur, à la bouche souple et ronde, mais qui ne manque pas non plus de dynamisme et qui s'achève sur une fine amertume des plus agréables. ⧗ 2021-2024

DOM. ADRIEN VEYRON ET FILS, chem. de la Ratte, Rte d'Apremont, 73190 Apremont, tél. 04 79 28 20 20, veyron.vins.savoie@wanadoo.fr V *r.-v.; f. sem. 15 août.*

♥ DOM. JEAN VULLIEN & FILS
Chignin Bergeron Harmonie 2020 ★★

12 500 | 11 à 15 €

Olivier et David Vullien, les fils de Jean, sont, comme nombre de leurs collègues de Fréterive, à la fois vignerons et pépiniéristes. Ils exploitent 35 ha répartis sur les pentes de la combe de Savoie, de Fréterive à Montmélian.

Voici une cuvée de roussanne qui porte bien son nom. S'il existe des Bergerons exubérants et d'autres secs et sans fard, celui-ci présente un superbe équilibre : entre la fraîcheur des arômes (fruits blancs, noyau d'abricot, notes citronnées) et les saveurs d'une bouche tout en souplesse, mais aussi minérale et saline, ce vin d'une grande sapidité apporte déjà beaucoup de plaisir. Et ce n'est que le début... ⧗ 2022-2027

EARL DOM. JEAN VULLIEN ET FILS, 60, rue de la Soierie, 73250 Fréterive, tél. 04 79 28 61 58, contact@jeanvullien.com V *t.l.j. sf dim. 9h-12h 14h-18h; sam. 9h-12h*

ROUSSETTE-DE-SAVOIE

Superficie : 213 ha / Production : 10 600 hl

Issue aujourd'hui du seul cépage altesse, la roussette-de-savoie est produite à Frangy, le long de la rivière des Usses, à Monthoux et à Marestel, au bord du lac du Bourget. L'usage qui veut que l'on serve jeunes les roussettes de ce cru est regrettable, puisque, bien épanouies avec l'âge, elles font merveille sur du poisson, des viandes blanches ou encore avec le beaufort local.

DOM. G & G BOUVET Monterminod 2019 ★

9 000 | 11 à 15 €

Établi sur les versants sud du massif des Bauges, ce domaine étend son vaste vignoble sur 37 ha et une

soixantaine de parcelles qui lui permettent de proposer une large palette de cépages et de vins savoyards. Depuis 2017, c'est Philippe Viallet qui conduit l'exploitation.

De l'élégance et de la fraîcheur pour cette roussette de cru, aux arômes d'agrumes, de coing et d'épices qui se développent en bouche autour d'une fine amertume citronnée. ⧗ 2022-2027

DOM. G. ET G. BOUVET, Le Villard, 130, chem. des Pillettes, 73250 Fréterive, tél. 04 79 28 54 11, cave@domaine-bouvet.com r.-v.

MAISON CAVAILLÉ Monthoux Jean Canaillé 2018 ★

	1500		15 à 20 €

Fondée en 1949 par Jean Cavaillé, cette maison de négoce a son siège à Aix-les-Bains. Si elle diffuse aujourd'hui des vins de toute la France, elle veille particulièrement à ses vins de Savoie. Laurent Cavaillé représente la troisième génération.

Des arômes délicats d'agrumes et d'épices douces, une bouche bien équilibrée dévoilant une amertume rafraîchissante en finale : une plaisante expression d'altesse dans un cru confidentiel. ⧗ 2022-2026

LAURENT CAVAILLÉ, PAE Les Combaruches, 285, bd Jean-Jules-Herbert, 73100 Aix-les-Bains, tél. 04 79 61 04 90, web@cavaille.com V *t.l.j. sf dim. lun. 9h30-12h30 15h-19h*

DOM. DE L'IDYLLE Anne de Chypre 2020 ★

	20000		8 à 11 €

Philippe et François Tiollier ont accueilli au domaine la jeune génération, en l'occurrence Sylvain, de retour pour les vendanges 2012 après des études d'œnologie sur cet important domaine de 23 ha. Depuis que Philippe a pris sa retraite en 2017, ce sont Sylvain et son oncle François qui gèrent l'exploitation.

De jolis arômes de coing, de poire, d'ananas, de noisette et de beurre signent une roussette perlante et sapide, élaborée en hommage à Anne de Chypre : selon la légende, Anne de Lusignan, fille du roi de Chypre, aurait rapporté d'Orient le cépage altesse lors de son mariage avec un Duc de Savoie en 1432. ⧗ 2022-2024

DOM. DE L' IDYLLE, 345, rue Croix-de-l'Ormaie, 73800 Cruet, tél. 04 79 84 30 58, tiollier.idylle@wanadoo.fr V *t.l.j. sf dim. 9h-12h 14h-18h*

GUY JUSTIN Monthoux 2019 ★★

	1700		8 à 11 €

Emmanuelle Justin (quatrième génération) épaule son père Guy depuis 2008 au domaine : à lui, le tracteur et les vinifications (il a été initié à l'œnologie dès son plus jeune âge par sa tante Gabrielle), à elle, le commerce et les marchés. Le domaine est spécialiste de l'altesse, ce cépage occupant près des deux tiers de la superficie totale (12 ha).

Cette élégante altesse de cru offre une jolie suite de notes fruitées, confites et miellées. Des arômes également mis en évidence en bouche par une belle fraîcheur d'agrumes et par de beaux amers en finale. Une roussette complexe, alliant richesse et finesse. Le coup de cœur n'est pas passé loin. ⧗ 2022-2027 **Marestel 2019 ★ (8 à 11 €; 1800 b.)** Le lys, la pêche au sirop, le cédrat et le coing confits apportent beaucoup de séduction à cette roussette de cru, qui reste fraîche, harmonieuse et digeste en bouche. ⧗ 2021-2025

DOM. JUSTIN, Lieu-dit La Touvière, 73170 Jongieux, tél. 06 82 43 06 64, justin.emmanuelle@live.fr V *t.l.j. sf dim. 9h-12h 14h-19h*

NATHALIE & FRANCK MASSON
Roussette 2020 ★★★

	5000		5 à 8 €

Représentant la troisième génération, Franck Masson exploite depuis 1987 avec son épouse Nathalie un domaine familial de 6 ha : ils cultivent sept cépages et proposent une gamme de neuf vins de Savoie.

L'altesse se plaît beaucoup sur les coteaux argilo-calcaires de Chapareillan en Isère. Témoin cette magnifique roussette proposée en coup de cœur : un vin blanc flatteur et racé, aux arômes d'ananas, de poire, de coing et de poivre blanc. La bouche opulente reste élégante avec sa finale saline et ses beaux amers. ⧗ 2022-2026

FRANCK MASSON, chem. des Désertes, La Palud, 38530 Chapareillan, tél. 04 76 45 24 05, franck.nathalie.masson@gmail.com V *r.-v.*

DOM. JEAN MASSON & FILS
Cuvée Exceptionelle 2019 ★★

	2500		15 à 20 €

Transmis de père en fils depuis cinq générations, ce vignoble est enherbé à 100 % en coteaux et les vendanges récoltées en surmaturité et à la main. Jean-Claude Masson est aux commandes depuis 1984.

Cette roussette de Savoie a été récoltée à la main en surmaturité : voilà pourquoi Jean-Claude Masson en a fait une «cuvée exceptionnelle». Un vin expressif, aux arômes de poire, de coing, de céréales et d'épices. La sensation de douceur en bouche est compensée par une finale plus fraîche. Un bel équilibre. ⧗ 2022-2026

DOM. JEAN MASSON ET FILS, Lieu-Dit Le Villard, 73190 Apremont, tél. 06 12 58 32 26, dom.jeanmassonetfils@wanadoo.fr V *r.-v.*

DOM. JULIEN RENÉ Roussette 2019 ★

	10000		8 à 11 €

Cette exploitation a misé sur la viticulture à partir des années 1950. À sa tête depuis 2000, Julien René perpétue la tradition des trois générations précédentes sur 9 ha de vignes.

Plantée sur des moraines à Chapareillan, cette altesse a donné une roussette de Savoie classique, élégante, facile, fraîche et digeste, aux arômes de fleurs et de fruits jaunes croquants. ⧗ 2023-2025

EARL JULIEN RENÉ, 9, chem. de Joyan, La Palud, 38530 Chapareillan, tél. 06 75 00 10 02, julien.rene66@sfr.fr V *r.-v.*

B **DOM. SAINT-GERMAIN**
La Pierre Marquée 2020 ★★

	5600		11 à 15 €

Étienne et Raphaël Saint-Germain conduisent en biodynamie leur domaine de 13,8 ha. Ils sont installés depuis 1999 à Saint-Pierre-d'Albigny, sur le côté

« Bauges » du vignoble, exposé au sud-est et implanté sur le cône de déjection argilo-calcaire et caillouteux de la montagne.

Élégante, harmonieuse, plaisante, gourmande et ciselée : les qualificatifs ne manquent pas pour décrire cette belle roussette issue de culture bio, aux arômes frais d'ananas et d'abricot, ample, ronde et soyeuse en bouche. Prête à être dégustée, mais aussi à garder si vous résistez... ⧗ 2021-2026

DOM. SAINT-GERMAIN, 65, rte de Miolans, chai la Noiriat rte du col-du-Frêne, 73250 Saint-Pierre-d'Albigny, tél. 04 79 28 61 68, domainesaintgermainsavoie@gmail.com V r.-v.

♥ PATRICK TARDY 2019 ★★★

12000 | 8 à 11 €

Aujourd'hui à la tête d'un domaine de 17 ha, Patrick Tardy a démarré en 1987 avec 1 ha d'Apremont, avant de s'étendre sur neuf crus. En 2003, il a inauguré son nouveau chai et un caveau de vente flambant neuf en 2013. Il aime vendanger tard, vinifier à basse température et élever ses vins sur lies fines.

Reconnu pour ses cuvées d'Apremont, Patrick Tardy, installé au pied du mont Granier, signe ici une grande roussette-de-savoie, un modèle du genre. Vinifié classiquement avec un élevage sur fines lies d'un an, elle ne déparerait pas aux côtés des roussettes de cru tant elle est complexe. Ses arômes de fleur fraîche d'acacia, de truffe blanche, de fruit de la Passion, de mangue, d'abricot lui donnent un caractère très gourmand. La bouche se révèle à la fois ample, pure, suave, miellée et très longue, s'achevant sur une tension cristalline et de beaux amers qui lui apportent du nerf et de l'équilibre. Un vin sapide et racé. ⧗ 2021-2026

PATRICK TARDY, 230, chem. de la Grue, Saint-André, 73800 Les Marches, tél. 06 18 63 11 35, patrick@lesvinstardy.fr V *t.l.j. sf dim. 8h-12h 13h30-19h*

FABIEN TROSSET La Dévire 2020 ★

20000 | 11 à 15 €

Fabien Trosset a repris en 2011 le domaine familial à la suite du décès de son père : à l'époque, 7 ha à Arbin – un des crus consacrés à la mondeuse – et une vendange intégralement livrée en coopérative. Aujourd'hui, le vigneron vinifie à la propriété et a porté la surface plantée à 23 ha, dont 13 ha de mondeuse.

Des arômes élégants de petit fruits jaunes et de noisette avec une touche briochée caractérisent le nez de cette altesse. La bouche est souple et énergique, dotée d'une jolie finale épicée qui laisse une agréable sensation de fraîcheur. Une roussette en devenir. ⧗ 2022-2026

FABIEN TROSSET, av. Gambetta, ZA d'Arbin, 73800 Arbin, tél. 04 79 79 98 50, contact@domainetrosset.com V *t.l.j. sf dim. 8h-12h 14h-18h; sam. sur r.-v.*

SEYSSEL

Superficie : 73 ha / Production : 3 016 hl

Occupant les deux rives du Rhône entre Haute-Savoie et Ain, cette AOC produit des vins blancs tranquilles, à base du seul cépage altesse, et des vins mousseux associant cette variété à la molette; les effervescents sont commercialisés trois ans après leur prise de mousse. Les cépages locaux donnent au seyssel un fin bouquet aux nuances de violette.

MAISON GALLICE Méthode Traditionnelle ★★

10000 | 5 à 8 €

Créé en 1920, ce domaine familial produit, à l'origine, du vin et du lait. Dans les années 1960, la famille Gallice décide de se consacrer exclusivement à la viticulture (1,5 ha). Au fil des années, la propriété s'agrandit pour atteindre aujourd'hui 14 ha, conduits par Stéphane Gallice.

La molette est un cépage local idéal pour les vins effervescents auxquels elle confère finesse et vivacité. Elle est ici assemblée à l'altesse (30 %) qui lui donne arômes et volume. Voici une méthode traditionnelle très équilibrée, florale et fruitée, avec de la matière et de la fraîcheur. Proposée en coup de cœur. ⧗ 2021-2024

MAISON GALLICE, 236, rue des Peupliers, 01420 Corbonod, tél. 06 67 17 07 11, mgallice@orange.fr V *t.l.j. sf dim. 9h-12h 14h-18h; sur r.-v. dim.*

B DOM. GÉRARD LAMBERT Nuance d'Altesse Vinifié en amphore de grès 2019 ★★

3700 | 11 à 15 €

En 2008, Gérard Lambert, enfant du pays et passionné de vin, redonne vie au site de production de Royal Seyssel, dédié aux méthodes traditionnelles depuis 1901 et fermé en 2007. Toutes les cuvées sont millésimées et issues d'un long vieillissement de 30 à 84 mois pour la prise de mousse. Le domaine est certifié en bio et biodynamie.

L'orchidée abeille figurant sur l'étiquette pousse à nouveau dans les vignes d'altesse qui ont donné ce seyssel certifié bio. La vinification en amphore de grès donne à ce beau vin blanc sec un superbe équilibre et met en relief ses arômes de tilleul, de pêche et de poire bien mûrs. ⧗ 2021-2025

VINS ET DOM. GÉRARD LAMBERT, 30, rue de Montauban, 74910 Seyssel, tél. 04 50 56 21 59, gerardlambert60@gmail.com V *t.l.j. sf dim. lun. 9h-12h 14h-19h*

BUGEY

Superficie : 490 ha
Production : 30 335 hl (55 % rouge et rosé)

Dans le département de l'Ain, le vignoble du Bugey occupe les basses pentes des monts du Jura, dans l'extrême sud du Revermont, de Bourg-en-Bresse à Ambérieu-en-Bugey, ainsi que celles qui, de Seyssel à Lagnieu, descendent vers la rive droite du Rhône.

Autrefois important, il est aujourd'hui réduit et dispersé. En 2009, il a accédé à l'AOC. Il est établi le plus souvent sur des éboulis calcaires assez escarpés. L'encépagement reflète la situation de carrefour de la région : en rouge, le poulsard jurassien – limité à l'assemblage des effervescents de Cerdon – y voisine avec la mondeuse savoyarde et le pinot et le gamay de Bourgogne; de même, en blanc, la jacquère et l'altesse sont en concurrence avec le chardonnay – majoritaire – et l'aligoté, sans oublier la molette, cépage local surtout utilisé dans l'élaboration des vins effervescents. En 2011 a été reconnue l'appellation roussette-du-bugey.

B VÉRONIQUE ANTOINE
Cerdon Méthode ancestrale 2020 ★★★

● | 4650 | | 8 à 11 €

Véronique Antoine a créé son exploitation en 2005 après une reconversion professionnelle. Elle a débuté avec une petite vigne de 6 ares pour conduire aujourd'hui un vignoble de 2,7 ha qu'elle travaille.

À la fois intense et subtil, ce cerdon est issu d'un assemblage de gamay (90 %) et de poulsard. Cette méthode ancestrale offre au nez une corbeille de fruits rouges (groseille, framboise, fraise et cerise) qui explosent en bouche. De l'ampleur et du croquant : un vrai régal ! Proposé en coup de cœur. ⧗ 2021-2023

VÉRONIQUE ANTOINE, 281, en Reculet, 01250 Bohas-Meyriat-Rignat, tél. 06 67 13 00 86, vinpetillant.veroniqueantoine@gmail.com V *r.-v.*

DOM. DE BEL-AIR Pinot 2019 ★

■ | 2000 | | 8 à 11 €

Un domaine de 5,5 ha conduit depuis 2017 pour Régis Mollex et Pierre-Alain Vionnet, également propriétaires du Clos d'Arvières et de la Brune à Corbonod.

Un élevage de 12 mois en fût de chêne donne un caractère subtilement vanillé et réglissé à ce pinot par ailleurs très fruité et complexe : fraise, cassis et tapenade. Une belle expression du cépage. ⧗ 2021-2024

DOM. DE BEL-AIR, rue Albert-Férier, 01350 Culoz, tél. 04 79 42 75 21, sas.mollex.vionnet@gmail.com V *mer. jeu. ven. 15h-18h; sam. 10h-18h*

SANDRINE BIGOT
Cerdon Méthode ancestrale 2019 ★

● | 17300 | | 5 à 8 €

Initiée par son père, Sandrine Bigot a repris la petite exploitation familiale en 2003, qu'elle a entièrement restructurée : surface doublée (4,5 ha aujourd'hui), changement de technique culturale pour plus de respect de l'environnement et modernisation du matériel, construction d'une cave et d'un caveau de dégustation.

Avec ses arômes intenses de fraise et de bonbon anglais, voici un cerdon charmeur, à la sucrosité bien fondue, qui laisse une impression de fraîcheur en finale. Alléchant et harmonieux. ⧗ 2021-2023

SANDRINE BIGOT, Hameau de Cornelle, 2, rue des Vignerons, 01640 Boyeux-Saint-Jérôme, tél. 06 72 77 03 16, s.bigot-cerdon@orange.fr V *r.-v.*

CAVE SYLVAIN BOIS
Chardonnay Le Grand Colombier 2020 ★★

■ | 17100 | | 5 à 8 €

Sylvain Bois s'est établi en 2001, à vingt et un ans, sur les 1,5 ha de vignes plantées par son grand-père. Un domaine qu'il a agrandi progressivement sur Béon et les coteaux pentus de Talissieu. Il exploite aujourd'hui 5 ha exposés plein sud dans les éboulis de pierres du Grand Colombier et s'est imposé comme l'une des valeurs sûres du Bugey.

Issu du coteau accidenté du Grand Colombier, ce chardonnay onctueux, à la finale fraîche et acidulée, offre de fins arômes d'agrumes, de pêche et d'abricot. Ce vin bien représentatif du cépage, long en bouche et très plaisant, a été proposé en coup de cœur. ⧗ 2021-2024

SYLVAIN BOIS, 11, rte de Bourgogne, 01350 Béon, tél. 06 88 49 03 95, cavesylvainbois@yahoo.fr V *t.l.j. sf dim. 9h-12h 14h-18h f. du 01 au 20/08*

B MAISON BONNARD
Montagnieu Racine de mondeuse 2019 ★★

■ | 1500 | | 15 à 20 €

Ce domaine de 16 ha sur les coteaux de Montagnieu est mené par deux frères, Roland et Frédéric, rejoints par la nouvelle génération Romain, Anne-Sophie et Jean-Christophe. Les principes de la biodynamie ont été adoptés tant dans la vigne qu'en cave.

Connu pour sa roussette, Montagnieu est également un terroir à mondeuse, comme le prouve ce beau vin élevé 9 mois en cuve et 3 mois en demi-muid. Le nez discrètement fruité trouve un écho très agréable dans une bouche ample et ronde, dotée de tanins élégants et fondus. ⧗ 2021-2025

MAISON BONNARD, 78, rue de la Chapelle, 01470 Seillonnaz, tél. 06 85 11 60 75, bonnardfils@orange.fr V *r.-v.*

FRANCK BONNOD Cerdon 2020 ★★

● | 6600 | | 5 à 8 €

Installé en 1999, Franck Bonnod exploite une petite exploitation familiale de 2 ha créée en 1920 par son grand-père.

De vieilles vignes de gamay (50 ans) ont donné ce cerdon au nez de fleurs blanches, de bonbon anglais, de cerise et de fraise. Belle harmonie de saveurs à la fois fraîches, douces et fruitées. ⧗ 2022-2024

FRANCK BONNOD, 157, rue de la Chapelle, Poncieux, 01640 Boyeux-Saint-Jérôme, tél. 06 99 83 11 69, cerdonbonnod@yahoo.com V *r.-v.*

LE CAVEAU BUGISTE
Pinot Vieilles vignes 2019 ★★

■ | 15000 | | 8 à 11 €

Un incontournable du vignoble bugiste. Le Caveau Bugiste n'est pas une cave coopérative, mais une association de vignerons fondée en 1967 : quatre propriétaires (six au départ), tous issus de familles agricoles, qui exploitent ensemble 45 ha de vignes, à l'origine de la plus vaste gamme de vins du Bugey, complétée par une petite activité de négoce.

Ce pinot noir issu de vignes cinquantenaires a été partiellement élevé en fût (pour 10 %). Le nez légèrement animal demande un peu d'aération pour laisser place au fruit. Un fruit (cerise, orange sanguine) que l'on retrouve dans une bouche ample, longue, dotée de tanins serrés et épicés. À attendre pour une expression optimale. ⧗ 2023-2026 **Chardonnay Cuvée Tradition 2020 ★★ (5 à 8 €; 35 000 b.)** Un nez intense et complexe d'acacia, d'amande, de noisette avec une touche miellée et torréfiée, une bouche très ronde équilibrée par une fine amertume signent un chardonnay de belle maturité, élevé sur lies et avec la malolactique faite. ⧗ 2021-2024

SARL LE CAVEAU BUGISTE, 326, rue de la Vigne-du-Bois, 01350 Vongnes, tél. 04 79 87 92 32, contact@caveau-bugiste.fr V *t.l.j. 9h-12h 14h-19h* B

DOM. CLOS DE LA BIERLE
Frizant de Cerdon 2020 ★★

| | 65466 | | 75 à 100 € |

Le terroir du Clos de la Bierle est réputé depuis les années 1890. Le propriétaire de l'époque, médecin, avait élaboré une boisson légère et fruitée à base de raisins fermentés et la vendait contre l'anxiété et la «noirceur de l'esprit». Il mourut sans héritier, et le Clos fut laissé en friche, jusqu'à ce que Thierry Troccon le rachète en 1987.

Discret au nez, ce Cerdon explose d'arômes en bouche : fraise, framboise et cassis contenus par une belle acidité. On aime aussi son volume et sa finesse. Pour un plaisir immédiat. ⧗ 2021-2023

THIERRY TROCCON, 61, rue de la Chapelle, Leymiat, 01450 Poncin, tél. 04 74 37 25 55, bierle@orange.fr V *r.-v.*

DUBREUIL ET FILS
Cerdon Moulin d'Amont 2020 ★★

| | 3533 | | 8 à 11 € |

Pierre Dubreuil s'est lancé en 2004 en reprenant les vignes de sa grand-mère, complétées de quelques plantations et, plus récemment, de la propriété de ses parents. Il conduit aujourd'hui un vignoble de 7 ha sur les pentes escarpées de Cerdon.

Moulin d'Amont est le lieu-dit de la nouvelle cave de Pierre Dubreuil. C'est là que ce demi-sec a été vinifié. Les coteaux escarpés et calcaires de Cerdon ont conféré à cette méthode ancestrale une fraîcheur florale de pétale de rose et des saveurs croquantes de fruits rouges acidulés (groseille et framboise). Un vin alerte et expressif. ⧗ 2021-2023

PIERRE DUBREUIL, 56, rue de Balme, 01450 Cerdon, tél. 06 80 71 76 40, contact@dubreuiletfils.com V *r.-v.*

DOM. MONIN Manicle 2020 ★★

| | 5330 | | 15 à 20 € |

Vigneron et maître fromager, Charles Varin-Bernier a repris en 2015 le Dom. Monin, fondé en 1960, régulier en qualité. Le vignoble couvre 17 ha, dont 2 ha dédiés au cru Manicle.

Dans le terroir rocailleux de Manicle, le chardonnay exprime toute sa finesse. Vinifié et élevé en barriques, dont 25 % de bois neuf, il présente ici des arômes subtils de fleurs blanches, qui se développent aussi dans une bouche ronde, équilibrée par une belle tension. ⧗ 2022-2025

EARL DOM. MONIN, 255, chem. des Vignes, 01350 Vongnes, tél. 04 79 87 92 33, info@domaine-monin.fr V *t.l.j. 10h-12h 15h-18h*

B CAVEAU QUINARD
Brut Méthode traditionnelle 2017 ★★

| | 14 000 | | 5 à 8 € |

Situées sur les hautes rives de la vallée du Rhône, les vignes du Caveau Quinard sont exploitées par la même famille de viticulteurs depuis quatre générations. Certifié bio, le domaine s'étend sur 13 ha, dirigé par Julien Quinard depuis 2007, rejoint en 2017 par son frère Sébastien.

Elaboré à base de chardonnay (40 %) et de molette, cet effervescent doit sa finesse à son élevage sur lattes de 36 mois. Bien équilibré, il présente au nez des arômes de pignon de pin et de noisette grillée, d'abricot et d'agrumes, et une bouche consistante, fraîche et minérale. ⧗ 2021-2023

CAVEAU QUINARD, 201, rte du Lit-au-Roi, 01300 Massignieu-de-Rives, tél. 04 79 42 10 18, caveauquinard@orange.fr V *t.l.j. sf dim. 9h30-12h 14h30-18h30*

SAVOIE

ROUSSETTE-DU-BUGEY

La roussette-du-bugey a eu droit à une AOC spécifique en 2009. Comme la roussette-de-savoie, elle est dédiée aux vins blancs issus du cépage altesse (roussette est synonyme d'altesse). L'appellation possède deux crus : Montagnieu et Virieu-le-Grand. La roussette est plantée sur les sols les plus pentus.

♥ MAISON ANGELOT 2019 ★★

| | 6900 | | 5 à 8 € |

Philippe et Éric Angelot ont repris en 1987 le domaine familial, qu'ils ont agrandi à grands pas, en portant sa surface de 5 ha de vignes à 27 ha aujourd'hui.

Eric Angelot aime vinifier l'altesse, dont il sélectionne les jus. Une fermentation malolactique parfaitement maîtrisée a permis de contenir la vivacité naturelle du cépage et a conféré des notes beurrées et grillées à cette roussette par ailleurs pleine de fruits (pêche et ananas), miellée et chargée de minéralité (coquille d'huître). La finesse alliée à la puissance, le beau mariage de saveurs vives et riches, les arômes persistants : la bouche achève de convaincre. ⧗ 2021-2025

MAISON ANGELOT, 121, rue du Lavoir, 01300 Marignieu, tél. 04 79 42 18 84, contact@maison-angelot.com V *t.l.j. 9h-12h 14h-19h* 4

CAVEAU DUFOUR Altesse 2020 ★

| | 4400 | | 5 à 8 € |

Créé en 1955, le domaine se transmet de père en fils depuis trois générations. Depuis 1999, Laurent Dufour est à la tête de cette propriété de 7,5 ha située dans la commune de Massignieu-de-Rives.

Cette altesse déploie un joli nez de fleurs blanches et d'amande. Une palette aromatique qui se poursuit en bouche, agrémentée de saveurs vives et citronnées. Une belle roussette franche, tendue et persistante. ⧗ 2021-2025

⊶ EARL CAVEAU DUFOUR, 257, Montée-du-Bourg, 01300 Massignieu-de-Rives, tél. 04 79 42 10 98, gaecdufour@orange.fr V t.l.j. sf dim. 9h30-12h 14h30-19h

CAVEAU D'ONCIN Montagnieu 2019 ★

| | 2000 | | 8 à 11 € |

Benoît Dumont a repris en 1999 l'exploitation fondée par son arrière-grand-père, un vignoble de poche de 3,8 ha, sur lequel il produit quatre vins.

Issue de vignes cinquantenaires au très faible rendement (20 hl/ha), cette roussette aux arômes de fruit frais à chair blanche et de truffe d'Alba et à la bouche vive, saline et épicée exprime avec élégance le terroir de Montagnieu. ⧗ 2021-2025

⊶ BENOÎT DUMONT, rte d'Oncin, 01470 Montagnieu, tél. 04 74 36 72 23, caveau-oncin@wanadoo.fr V r.-v.

CAVEAU QUINARD 2019 ★

| | 6000 | | 5 à 8 € |

Situées sur les hautes rives de la vallée du Rhône, les vignes du Caveau Quinard sont exploitées par la même famille de viticulteurs depuis quatre générations. Certifié bio, le domaine s'étend sur 13 ha, dirigé par Julien Quinard depuis 2007, rejoint en 2017 par son frère Sébastien.

Avec ses arômes de jus d'ananas pressé, de pêche et de truffe blanche, voici une roussette classique, bien équilibrée, sans opulence, minérale, droite et fruitée. ⧗ 2021-2024

⊶ CAVEAU QUINARD, 201, rte du Lit-au-Roi, 01300 Massignieu-de-Rives, tél. 04 79 42 10 18, caveauquinard@orange.fr V t.l.j. sf dim. 9h30-12h 14h30-18h30

IGP DES ALLOBROGES

DOM. JEAN-PIERRE GRISARD ET FILS
Petite Arvine 2020 ★

| | 700 | | 11 à 15 € |

Vigneron mais aussi pépiniériste (une tradition familiale qui remonte à la crise phylloxérique de la fin du XIXᵉs.), Jean-Pierre Grisard exploite aujourd'hui dans la Combe de Savoie, un vignoble de 25 ha, exposé plein sud, sur des éboulis calcaires. Il propose une large gamme de vins (une quarantaine de cuvées), dont certains issus de cépages oubliés comme le persan.

Zestes d'agrumes, fruits blancs, poire, pomme, amande : cette petite arvine se révèle très expressive. En bouche, elle se montre ample et gourmande, équilibrée par une finale fraîche et saline. ⧗ 2021-2024

⊶ BENOIT GRISARD, 91, rue de la Tronche, 73250 Fréterive, tél. 04 79 28 54 09, gaecgrisard@aol.com V t.l.j. sf dim. 8h-12h 13h30-18h

DOM. SAINT-GERMAIN
Par-delà les versants 2019 ★★★

| | 2140 | | 20 à 30 € |

Étienne et Raphaël Saint-Germain conduisent en biodynamie leur domaine de 13,8 ha. Ils sont installés depuis 1999 à Saint-Pierre-d'Albigny, sur le côté « Bauges » du vignoble, exposé au sud-est et implanté sur le cône de déjection argilo-calcaire et caillouteux de la montagne.

Mozaïque espiègle de cépages valdôtains, valaisans et savoyards, ce vin blanc certifié bio, constitué de petite arvine (60 %), de roussanne (35 %) et d'altesse (5 %), est d'une remarquable complexité : cire, miel, poire, litchi, citronnelle au nez. La bouche, ample et délicate, offre une magnifique harmonie entre matière, gourmandise et salinité. Le coup de cœur fut mis aux voix. ⧗ 2022-2026

⊶ DOM. SAINT-GERMAIN, 65, rte de Miolans, chai la Noiriat rte du col-du-Frêne, 73250 Saint-Pierre-d'Albigny, tél. 04 79 28 61 68, domainesaintgermainsavoie@gmail.com V r.-v.

LANGUEDOC

Le Languedoc selon Margot

Rouge aux Lèvres

Fan, fan, fan ! C'est la région qui, à mes yeux, a le plus bougé ces dernières années. Quand j'ai débuté dans le monde du vin, il y a 10 ans, les vins me semblaient souvent chaleureux et rustiques. Aujourd'hui, rien à voir ! Les vignerons ont vraiment su travailler leurs formidables terroirs, préserver la fraîcheur dont ils peuvent bénéficier grâce aux microclimats, entre mer et montage, et valoriser les cépages locaux. Mention spéciale pour les appellations limoux et terrasses-du-larzac.

• **Ma reco œnotourisme**

Rendez-vous artistique incontournable de la saison estivale, le **Festival Jazz à l'Hospitalet** réserve chaque soir à 1 400 spectateurs privilégiés un concert unique dans la cour du château, propriété de l'incontournable Gérard Bertrand. Les plus grands artistes se produisent ainsi au milieu des vignes de l'appellation la clape, pour une soirée inoubliable. Avant le concert, profitez du grand dîner en plein air, puis terminez la fête dans la cave à jazz, en dégustant les vins du domaine. (www.jazzhospitalet.com/)

Le bonheur est dans la vigne

Ch. de Brasse 2019 (limoux)

Un groupe de vignerons très dynamique que la coopérative Anne de Joyeuse. Cette cave a su défendre l'appellation limoux, bien connue pour ses bulles et ses blancs secs, à l'image de ce superbe 2019. Les vins rouges sont aussi remarquables sur ce terroir.

Ch. des Crès Ricards Œnothera 2019 (terrasses-du-larzac)

Derrière ce domaine, un homme visionnaire et de grand talent, Jean-Claude Mas, fervent défenseur des terroirs du Languedoc qui fait des merveilles et, souvent, à prix mini. Une valeur sûre.

LE LANGUEDOC

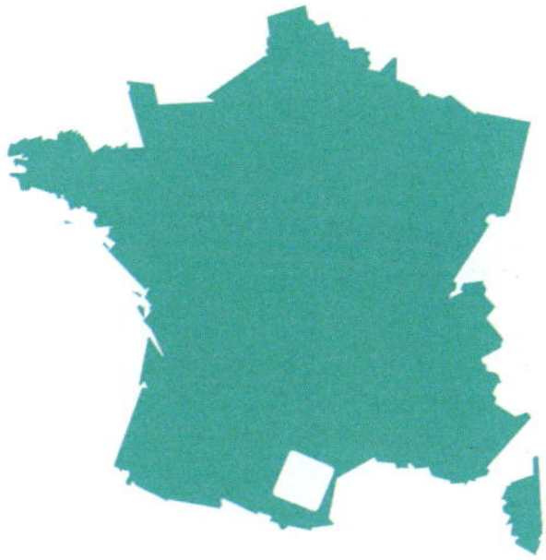

Ce vignoble immense s'étale le long du littoral méditerranéen, principalement sur trois départements, l'Aude, le Gard et l'Hérault, et s'étire vers les Pyrénées-Orientales avec l'aire de la vaste AOC régionale languedoc. Il offre une diversité de paysages et une mosaïque de terroirs entre mer et montagne, sous influence climatique méditerranéenne (parfois plus océanique vers les terres), qui vont de pair avec une large palette de cépages, dont 75 % de rouges.

Un vignoble très ancien aussi, avec plus de 2 000 ans d'histoire. Et pourtant, que de mutations ! Aucun vignoble de France n'a connu de tels bouleversements. Naguère symbole de la viticulture de masse, il a fait l'objet d'un renouveau constant depuis les années 1980. S'il fournit encore un tiers de la production française, en AOC et en IGP, il a su développer aussi de grands vins de garde et dynamiser ses appellations en individualisant des crus réputés (AOC terrasses-du-larzac, la clape…). Il représente aussi plus de 30 % du vignoble cultivé en bio dans l'Hexagone.

Au fil des années, le Guide a apporté la preuve de son ascension qualitative. Des vins rouges (très majoritaires) aux styles variés, tour à tour profonds, charpentés ou souples, épicés, suaves, fringants, aux arômes de cerise, de garrigue, de réglisse… Des vins blancs frais ou plus ronds, tranquilles et effervescents, et des rosés « tendance ». Quant aux vins doux naturels, ils demeurent une référence.

faugères
saint-chinian roquebrun
Faugères
saint-chinian berlou
Roquebrun
Berlou
LANGUEDOC
saint-chinian
Saint-Jean-de-Minervois
D
St-Chinian
minervois la livinière
Minerve
minervois
La Livinière
cabardès
minervois
Carcassonne
malepère
Narbonne
la clape
Boutenac
11
corbières-boutenac
Limoux
limoux
blanquette-de-limoux
crémant-de-limoux
corbières
fitou et corbières
fitou et corbières
Fitou
ROUSSILLON
20 km
Perpignan

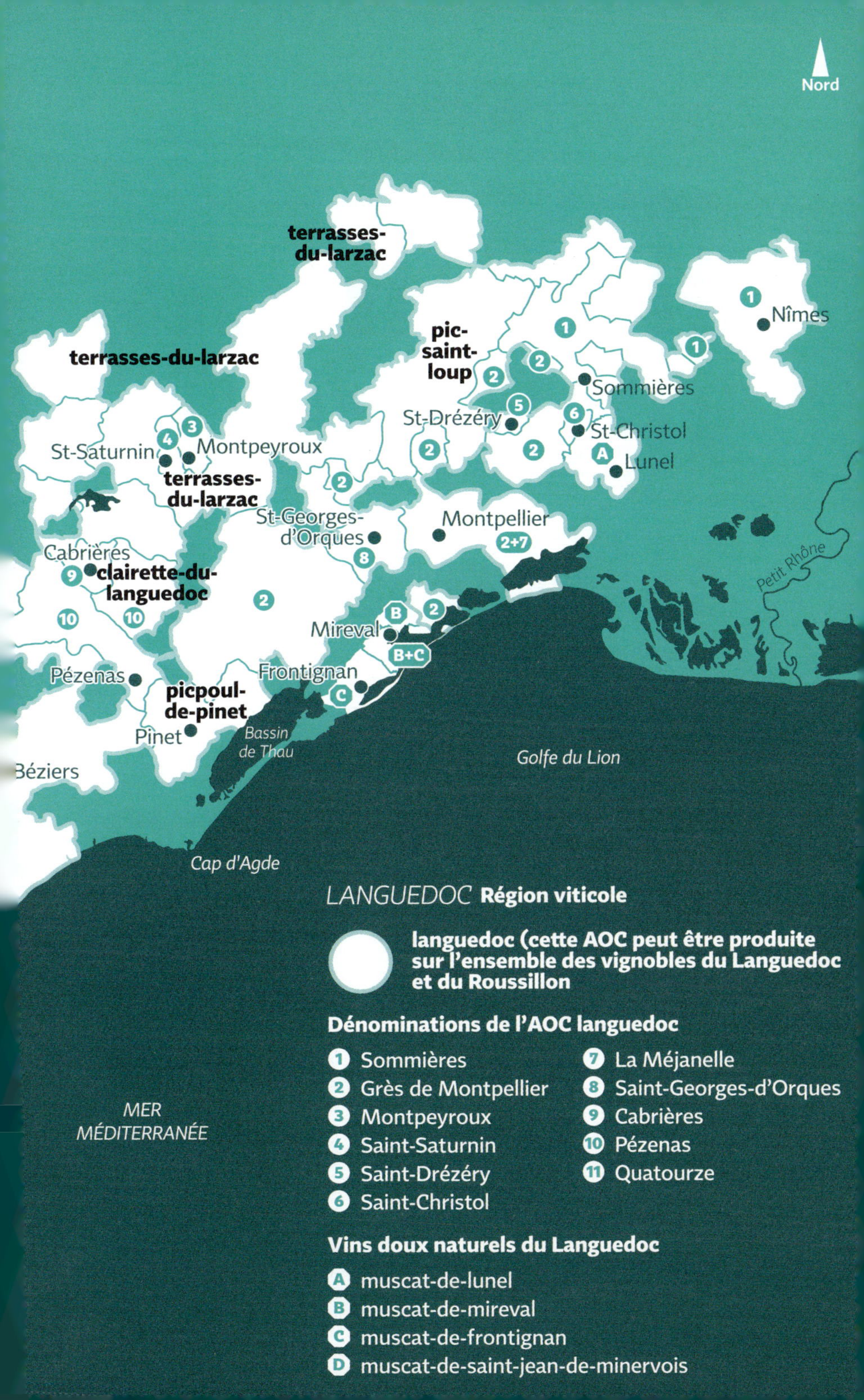
Nord
terrasses-du-larzac
terrasses-du-larzac
pic-saint-loup
Nîmes
Sommières
St-Drézéry
St-Christol
Lunel
St-Saturnin
Montpeyroux
terrasses-du-larzac
St-Georges-d'Orques
Montpellier
2+7
Petit Rhône
Cabrières
clairette-du-languedoc
Mireval
B+C
Frontignan
Pézenas
picpoul-de-pinet
Pinet
Bassin de Thau
Golfe du Lion
Béziers
Cap d'Agde
MER MÉDITERRANÉE
LANGUEDOC Région viticole
languedoc (cette AOC peut être produite sur l'ensemble des vignobles du Languedoc et du Roussillon
Dénominations de l'AOC languedoc
1 Sommières
2 Grès de Montpellier
3 Montpeyroux
4 Saint-Saturnin
5 Saint-Drézéry
6 Saint-Christol
7 La Méjanelle
8 Saint-Georges-d'Orques
9 Cabrières
10 Pézenas
11 Quatourze
Vins doux naturels du Languedoc
A muscat-de-lunel
B muscat-de-mireval
C muscat-de-frontignan
D muscat-de-saint-jean-de-minervois

Le **Languedoc** en un clin d'œil

Production : 12,7 Mhl (toutes catégories confondues)
1 245 000 hl (AOC Languedoc)

Surface : 246 000 ha

Types de vins

Hiérarchie des vins

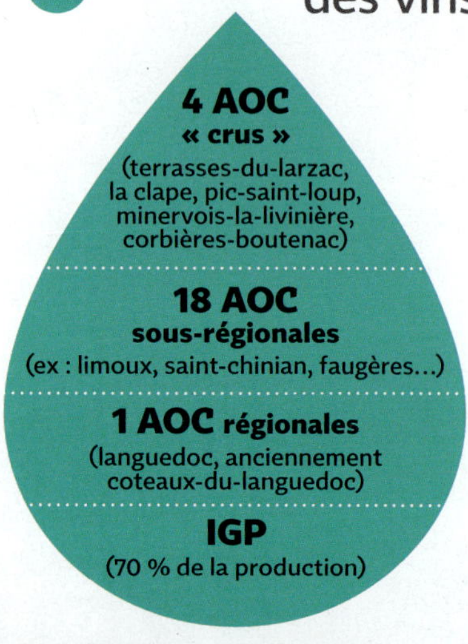

4 AOC
« crus »
(terrasses-du-larzac, la clape, pic-saint-loup, minervois-la-livinière, corbières-boutenac)

18 AOC
sous-régionales
(ex : limoux, saint-chinian, faugères…)

1 AOC régionales
(languedoc, anciennement coteaux-du-languedoc)

IGP
(70 % de la production)

Principaux **cépages**

- Grenache noir
- Syrah
- Carignan
- Mourvèdre
- Cinsault
- Cabernet-sauvignon
- Grenaches gris et blanc
- Macabeu
- Clairette
- Bourboulenc
- Vermentino (rolle)
- Muscat à petits grains
- Muscat d'Alexandrie
- Marsanne
- Roussanne
- Piquepoul
- Chardonnay
- Mauzac
- Chenin
- Ugni blanc

Un peu d'**histoire**

- **VIIIe s. av. J.-C. :** 1res traces de la culture de la vigne par les Grecs.
- **118 av. J.-C. :** les Romains arrivent dans la Narbonnaise.
- **IXe s. :** développement du vignoble sous l'impulsion des monastères (Lagrasse, Fontfroide, Valmagne, notamment).
- **XIVe - XVIIIe s. :** essor du commerce du vin grâce aux nouveaux réseaux de transports (1666 : création du port de Sète ; 1681 : ouverture du canal du Midi). Le vin de Frontignan est connu jusque dans le nord de l'Europe.
- **1850-1880 :** essor du chemin de fer et ouverture de nouveaux marchés urbains. Développement du vin de consommation courante.
- **1850 :** crise du mildiou dans les vignes.
- **1863 :** crise du phylloxéra, puis de l'oïdium.
- **1901 :** création de la coopérative de Maraussan (Biterrois), suivie par d'autres dans la région.
- **1907 :** dans un contexte de crise due à une pratique généralisée de vins frelatés, les vignerons manifestent. Leur révolte, menée par Marcelin Albert, cafetier audois, est réprimée par le gouvernement de Clemenceau.
- **1936 :** reconnaissance de l'AOC muscat-de-frontignan.
- **1949 :** création du statut de « vin de qualité supérieure », catégorie moins contraignante que l'AOC, qui permet aux vignobles languedociens de progresser par paliers jusqu'à l'accession à l'AOC.
- **1970-1976 :** nouvelle crise viticole due à la concurrence des vins italiens. Manifestations de Montredon, près de Narbonne.
- **1976 :** reconversion du vignoble vers la qualité grâce à un arrachage des plants communs (aramon, carignan), subventionné par l'Europe.
- **2007 :** création d'une appellation régionale languedoc.
- **2017 :** reconnaissance de l'AOC pic-saint-loup.

Le **vigneron** de l'année

Anne-Laure et Sébastien **Borras-Gauch**

(Dom. Le Nouveau Monde)

Établi au sud de Béziers et sous l'influence de la Méditerranée et d'un étang, ce vignoble d'une vingtaine d'hectares est certifié bio depuis 2020. L'aboutissement du long travail d'Anne-Laure et Sébastien Borras-Gauch. Respectivement en charge de la cave et de la vigne, ils obtiennent deux coups de cœur avec les cuvées L'Estanquier 2018 (languedoc) et Carabènes 2019 (IGP Pays d'Oc), qui succèdent au languedoc rouge Gabriel-Émile, coup de cœur dans l'édition précédente.

• 2018 sous le signe du mildiou

« Ce millésime 2018 nous a confortés dans nos choix. Nous avons réussi à récolter de beaux raisins malgré des pressions de mildiou très importante. C'était la première grosse épreuve après deux ans de conversion en bio », se remémore Anne-Laure Borras-Gauch. Le domaine a donc pu compléter sa démarche pour être officiellement certifié sur le millésime 2020. L'aboutissement d'une reprise entamée en 2003 par le couple Anne-Laure et Sébastien Borras-Gauch.

• La vigne en héritage

Le premier contact d'Anne-Laure avec la vigne et le vin date de son plus jeune âge. « Le domaine appartenait à mon grand-père maternel qui était médecin et faisait du vin pour son plaisir. C'était aussi sa maison secondaire. Pour moi, vivre au milieu des vignes et apprécier le vin était naturel. » Pour autant, Anne-Laure Borras ne s'imagine pas spontanément vigneronne. Elle s'engage dans des études de biologie. « Je n'avais pas forcément envie de reprendre car je connaissais toutes les difficultés inhérentes à ce métier, mais j'ai découvert que j'avais un amour viscéral pour la vigne et le vin lors de mes études. J'ai d'abord voulu faire mes armes ailleurs, à l'étranger, mais ma maman est tombée malade et décédée à la fin de mes études. Mon papa nous a accompagnés dans la transmission en restant à nos côtés. » Elle saute donc le pas avec Sébastien, son mari restaurateur et passionné de vins. « Le domaine était un peu plus grand, avec 27 ha ; lors de la reprise nous l'avons réduit à 20 ha. Étant seule à la cave et jeune maman, c'était un peu compliqué de tout gérer. Mon mari, lui, était encore novice à la vigne. »

• Maturités sans excès, finesse et fraîcheur

Outre son intérêt pour une viticulture plus respectueuse de l'environnement, le couple prête attention à la maturité des vendages, en évitant les excès d'alcool. Une recherche d'harmonie bien perceptible dans la cuvée L'Estanquier 2018 (en patois, « gardien de l'étang »). Issue de syrah et de mourvèdre implantés sur le plateau de Vendres, elle est le fruit d'un terroir profond composé de graves villafranchiennes. Elle a bénéficié également de l'influence rafraîchissante de la mer (la Méditerranée est à 6 km) et d'un étang. « C'est un terroir particulièrement adapté au mourvèdre, où ce cépage s'exprime avec beaucoup de finesse », précise Anne-Laure Borras-Gauch. Un deuxième coup de cœur est attribué à la cuvée Carabènes 2019, en IGP Pays d'Oc, issue d'une syrah vinifiée pour son fruit et sa souplesse. Deux vins du Sud élaborés avec un sens évident de l'équilibre et une volonté de préserver la fraîcheur.

Les coups de cœur

- **Languedoc L'Estanquier 2018**
- **IGP Pays d'Oc Carabènes 2019**

CABARDÈS

Superficie : 400 ha / Production : 18 000 hl

Rouges ou rosés, les cabardès proviennent de 18 communes situées au nord de Carcassonne et à l'ouest du Minervois. Implanté dans la partie la plus occidentale du Languedoc, le vignoble subit davantage l'influence océanique que les autres appellations. C'est pourquoi les cépages autorisés comprennent des cépages atlantiques, comme le merlot et le cabernet-sauvignon, à côté de variétés méditerranéennes comme le grenache noir et la syrah.

♥ CH. AUZIAS Instinct terrien 2018 ★★

■ | 15000 | | 11 à 15 €

À deux pas de la cité de Carcassonne et du canal du Midi, le Ch. de Paretlongue est fondé au XIIᵉs par les chanoines de Carcassonne à l'emplacement d'une villa gallo-romaine, puis passe entre les mains de plusieurs propriétaires nobles. Racheté en 1872 par les Auzias, négociants en vin, il est exploité par leurs descendants, Nathalie et Dominique Auzias, qui disposent après agrandissement de 160 ha d'un seul tenant.

Le duo cabernet franc et syrah en grande forme dans cette magnifique évocation de l'appellation, d'un classicisme très… girondin. Le nez marque le subtil usage du chêne qui accompagne le fruit bien mûr sans le trahir. Le long élevage de 16 mois a joliment affiné une bouche précise, droite, jamais austère, qui donne à croquer un fruit mûr, savoureux, complexe, idéalement cadré par de beaux tanins longilignes. L'ensemble dégage une singulière sensation d'équilibre et de bon goût. ⧗ 2022-2028

EARL CH. AUZIAS PARETLONGUE, Dom. Paretlongue, 11610 Pennautier, tél. 04 68 47 28 28, bastien@auzias.fr V t.l.j. sf dim. 9h-12h 14h-16h

DOM. DE CABROL Vent d'est 2018 ★★

■ | 25000 | | 15 à 20 €

Un pilier de l'appellation cabardès, avec nombre de coups de cœur à son actif. Le domaine s'étend sur 150 ha, mais la vigne n'occupe que 20 ha, à 300 m d'altitude sur le piémont de la Montagne Noire, dans un paysage de garrigue et de bois. Claude Carayol y est installé depuis 1987.

On loue la régularité de cette cuvée qui décroche les deux étoiles, comme les deux millésimes précédents. Derrière une robe sombre, un nez explosif, fièrement méditerranéen, saturé de fruits mûrs, de garrigue et de tapenade. Riche dès l'attaque, construite sur des tanins consistants, la bouche donne à croquer un fruit affriolant, nuancé de poivre. ⧗ 2022-2026 ■ **La Dérive 2018 ★ (15 à 20 €; 5000 b.)** Syrah et cabernet-sauvignon cofermentés et vinifiés en grappes entières, cela donne ce nez généreux marqué par le fruit mûr et la violette, et cette bouche non moins généreuse, savoureuse, pleine, bien structurée mais sans austérité. On peut l'ouvrir dès à présent. ⧗ 2021-2025

SCEA DOM. DE CABROL, D 118, 11600 Aragon, tél. 06 81 14 00 26, cc@domainedecabrol.fr V r.-v.

♥ LE CLOS DES NATICES 2019 ★★

■ | 8000 | | 8 à 11 €

Enfant du pays, fils de vigneron, Loïc Galy reprend en 2009, avec sa femme Mélanie, 10 ha de vignes situées au cœur de Cabardès sur des calcaires marins et lacustres riches en fossiles dont des natices, d'où le nom du domaine.

Un élevage en cuve et en fût pour cet assemblage de syrah et de cabernet franc qui a bien profité du soleil du millésime. Il en tire sa robe profonde et son nez ouvert, bien mûr, où les fruits rouges et noirs s'entichent de notes de truffe et de poivre. Cette palette fait aussi le charme d'une bouche bien proportionnée, ronde, pétrie d'épices et raffermie par de jeunes tanins qui donnent relief et tenue à ce cabardès accompli et bien typé. On le laisse un peu respirer en cave avant de l'ouvrir sur une belle viande rouge saignante. ⧗ 2023-2028

LOÏC GALY, hameau de Caunettes-Hautes, 11170 Moussoulens, tél. 06 72 02 16 31, loicgaly@hotmail.fr V *t.l.j. sf dim. 10h-12h 14h-18h*

DOM. GALY La Galynette 2019 ★★

■ | 3000 | | 5 à 8 €

Créé en 1907 par la famille Galy, ce grand domaine de Cabardès a quitté la coopérative en 2016. Au programme, vins (50 ha de vignes), œnotourisme et truffes (5 ha de truffières).

Un rouge convivial né de syrah, cabernet-sauvignon et merlot, et qui n'a pas vu de bois. On en retient le nez friand, intense, sur le fruit bien mûr et la garrigue, puis la bouche détendue, pleine, équilibrée, très juteuse. Un cabardès sincère, sans effet de manche, qui va droit au but : le fruit et encore le fruit. ⧗ 2021-2024

SCEA LA JOURDANNE (DOM. GALY), hameau Caunettes-Hautes, 11170 Moussoulens, tél. 06 45 77 26 73, camille@domaine-galy.com V *t.l.j. sf dim. 10h-12h 14h-19h*

CH. PARAZOLS-BERTROU Le Chant des pierres 2018 ★

■ | 15000 | | 5 à 8 €

Jean-Marie Bertrou et son épouse réunissent leur vignoble en 1998 et créent leur cave en 2003. Leur domaine de 45 ha situé au pied de la Montagne noire à une quinzaine de kilomètres de Carcassonne est à cheval sur les AOC minervois et cabardès.

Quatre cépages assemblés, vinifiés en douceur et élevés en cuve. Du nez montent de doux effluves de cassis, de figue fraîche et de datte. Les épices s'invitent à la fête dans une bouche gourmande, facile d'accès, qui a pour elle une souplesse de bon aloi. À ouvrir dans sa jeunesse. ⧗ 2021-2023

EARL DES PINS, Dom. de Parazols-Bertrou, 11600 Bagnoles, tél. 04 68 77 06 46, vinsparazolsbertrou@orange.fr V t.l.j. sf sam. dim. 8h-12h 14h-17h

CH. DE PENNAUTIER
L'Esprit de Pennautier 2018 ★

20000 | 20 à 30 €

Les Lorgeril possèdent 6 domaines familiaux en Languedoc-Roussillon, parmi lesquels le Ch. de Ciffre (70 ha en conversion bio, dont 37 ha de vignes) qui s'étend sur les appellations faugères, saint-chinian et languedoc. Nicolas et Miren de Lorgeril sont également à la tête d'une structure de négoce.

Un long élevage en fûts partiellement neufs pour cet assemblage dont le nez, d'abord discret, s'ouvre lentement sur les fruits rouges un peu confits et les épices. La bouche se montre plus volubile dès l'attaque, puissante, fraîche, étayée de beaux tanins bien pris dans un fruit qui a profité des chaleurs du millésime. À l'arrivée, un vin gourmand, structuré mais aimable. ⧗ 2022-2026

SAS VIGNOBLES LORGERIL (CH. DE CIFFRE), BP 4, 11610 Pennautier, tél. 04 68 72 65 29, contact@lorgeril.com V r.-v.

CH. SESQUIÈRES 2018 ★★

3500 | 8 à 11 €

Situé au pied de la Montagne Noire, le domaine appartenait aux moines de l'abbaye de Villelongue au XVIIes. Au XIXes, il vivait surtout de la vente de bois de chauffage et de fagots de bruyère aux villages alentour. Les premières vignes sont apparues ici au début du XXes. Depuis quatre générations, la famille Lagoutte exploite 20 ha dans la garrigue, sur un terroir calcaire exposé au sud.

Régulièrement en vue dans le Guide pour ses rosés, le domaine signe ici un rouge 2018 en pleine forme. On a aimé l'éclat de la robe et celui du nez, qui diffuse des senteurs de bonbon anglais, de fruits exotiques et de végétal frais. La bouche ? De la fraîcheur et encore de la fraîcheur. Efficace. ⧗ 2021-2022

EARL SESQUIÈRES, rte de Montolieu, 11170 Alzonne, tél. 06 08 45 96 83, lagouttegerard@wanadoo.fr V r.-v.

LES VIGNOBLES DE VENDÉOLE
Le vent se lève 2019 ★★

6000 | 8 à 11 €

Evoc est née en 2019 de la fusion des deux coopératives de l'Ouest audois : les caves de la Malepère et du Razès. La nouvelle entité regroupe 400 vignerons et 5 000 ha de vignes répartis sur quelque quarante communes.

Le jury a salué le bon goût et l'harmonie de cet assemblage de syrah et de cabernet-sauvignon élevé en cuve, au nez discret mais tonique et à la bouche ciselée, qui ne joue pas des coudes et privilégie la souplesse, la finesse des tanins, le croquant du fruit et la fraîcheur. Une épure. ⧗ 2021-2024

SCA LES VIGNOBLES DE VENDÉOLE, RD 623, 11240 Routier, tél. 04 68 69 02 71, mrobbins@vendeole.com V t.l.j. sf dim. 9h-12h 14h-18h

MAISON VENTENAC
Réserve de Georges 2019 ★

60000 | 8 à 11 €

Alain Maurel a créé ce domaine en 1973, plantant les vignes en haute densité (6 500 pieds/ha) pour privilégier des rendements faibles et une plus grande concentration des vins. Un beau patrimoine de 115 ha qu'il a transmis à ses enfants, dirigé depuis 2011 par son gendre Olivier Ramé. Une valeur sûre de l'appellation cabardès.

Pas de bois, pas de soufre ni de levures ajoutées dans ce cabardès fringant, plutôt pâle de robe, dont le nez déploie de fines nuances de fruits frais, de végétal et de menthol. Un profil que confirme une bouche gracile, toujours fraîche et adossée à des tanins fermes mais croquants. Élégant, il peut être bu ou gardé. ⧗ 2021-2025

SAS MAISON VENTENAC, 4, rue des Jardins, 11610 Ventenac-Cabardès, tél. 04 68 24 93 42, accueil@maisonventenac.fr V r.-v.

CLAIRETTE-DU-LANGUEDOC

Superficie : 60 ha / Production : 2 487 hl

Les vignes du cépage clairette sont cultivées dans 8 communes de la vallée moyenne de l'Hérault. Après vinification à basse température avec le minimum d'oxydation, on obtient un vin blanc généreux, à la robe jaune soutenu. Il peut être sec, demi-sec ou moelleux. En vieillissant, il acquiert un goût de rancio.

♥ LA CROIX CHAPTAL
Clairette blanche 2019 ★★★

6500 | 8 à 11 €

Créé au IXes. par les moines bénédictins de l'abbaye de Gellone, ce domaine se partage entre 11 ha de bois et 25 ha de vignes. Il revit depuis son rachat en 1999 par Charles-Walter Pacaud, qui l'avait découvert pendant ses études de viticulture-œnologie à Montpellier.

Une appellation confidentielle qui peut procurer de grandes émotions, telles celles offertes par ce grand blanc complexe, longuement élevé en fût et en cuve. Au nez, une oxydation ménagée a épanoui un nez profond qui évoque l'abricot confit, les fruits secs et les fleurs séchées. Une évolution qui contraste avec une bouche encore juvénile, à la fois ronde et fraîche, centrée sur un fruité fumé au fort accent minéral. Du caractère à revendre, une singularité qui passionnera les amateurs et un beau potentiel de garde. ⧗ 2021-2027

EARL PACAUD CHAPTAL, hameau de Cambous, 34725 Saint-André-de-Sangonis, tél. 06 82 16 77 82, lacroixchaptal@orange.fr V r.-v.

CORBIÈRES

Superficie : 13 000 ha / Production : 461 000 hl

VDQS depuis 1951, reconnus en AOC en 1985, les Corbières constituent une région typiquement viticole, et ce massif montagneux aride, qui sépare le bassin de l'Aude des plaines du Roussillon, n'offre guère d'autres possibilités de culture. Cette vaste appellation s'étend sur 87 communes. Les corbières rouges, majoritaires, ont en commun un côté chaleureux et souvent charpenté. Ils assemblent aux traditionnels carignan et grenache noir la syrah, le cinsault, le mourvèdre, le lladoner pelut… L'appellation produit aussi des rosés et des blancs; ces derniers mettent à contribution les cépages grenache, macabeu, bourboulenc, marsanne, roussanne et vermentino. Corbières maritimes au sud-est, hautes Corbières au sud, Corbières centrales faites de terrasses et de collines, montagne d'Alaric au nord-ouest… la région présente un relief très compartimenté et des terroirs divers par leur altitude, leurs sols, l'influence méditerranéenne plus ou moins dominante. Ce cloisonnement des sites a conduit à une réflexion sur les spécificités des terroirs de l'AOC, notamment ceux de Durban, Lagrasse et Sigean.

ABBAYE DE FONTFROIDE Ocellus 2020 ★

■	6600	▮	11 à 15 €

Fondée en 1093, l'abbaye bénédictine de Fontfroide fut rattachée à l'ordre cistercien au XII[e]s. Une puissance spirituelle et temporelle qui donna un pape à la chrétienté. Aujourd'hui, un site splendide, un domaine viticole (38 ha) depuis les années 1990 et une cave rénovée entre 2000 et 2005, sous l'impulsion de Laure d'Andoque et de Nicolas de Chevron Villette, installés en 2004.

Grenache blanc, roussanne et vermentino associés dans cet Ocellus (petite ouverture circulaire laissant passer l'air et la lumière). Au nez, de franches notes de pêche et de fleurs blanches, que l'on retrouve dans une bouche délicate, tendre et fraîche, enrichie d'une touche de fruits exotiques. On l'ouvre sans attendre. ⧗ 2021-2023

SARL LES VINS DE FONTFROIDE, RD 613, 11100 Narbonne, tél. 04 68 41 06 92, vin@fontfroide.com V *t.l.j. 10h-12h30 13h30-18h* E

CH. AIGUILLOUX Aventure 2018 ★

■	40000	▮	5 à 8 €

Fondé en 1860 sur le site d'une *villa* gallo-romaine, un domaine de 125 ha, dont 36 de vignes d'un seul tenant, traversé par un ruisseau du nom d'Aiguilloux. Né en Normandie, François Lemarié a parcouru le monde avant de se poser dans ce coin des Corbières en 1982. En 2018, il a transmis la propriété à son fils Georges. Ce dernier, fort d'une expérience de dix ans dans la restauration, allie vin et gastronomie sur le domaine.

Un nez flatteur et intense qui décline la griotte, la prune et les épices. Plus élégante que puissante, la bouche séduit par sa rondeur, sa fraîcheur, ses tanins un tantinet fermes et son fruit bien typé et chaleureux. À boire dans sa jeunesse. ⧗ 2021-2024

EARL LEMARIÉ (CH. AIGUILLOUX), Ch. Aiguilloux, 11200 Thézan-des-Corbières, tél. 04 68 43 32 71, aiguilloux@wanadoo.fr V *t.l.j. 10h-12h 14h-18h* G

CH. LE BOUÏS L'Envie en rouge 2018 ★

■	10000	▮	5 à 8 €

Appuyé aux contreforts du massif de La Clape, un ancien domaine de 50 ha. À l'horizon, le trait bleu de la mer; aux alentours, les pins et le vacarme reposant des cigales. Petite-fille d'un négociant sétois, Frédérique Olivié a été kiné à la Réunion. De retour en métropole avec ses enfants, elle a acheté d'abord quelques parcelles de la propriété et vinifié dans un garage. Aujourd'hui propriétaire de la totalité, elle s'implique dans le tourisme (musée, restaurant, activités œnotouristiques, etc.).

70 % de syrah dans ce rouge élevé en cuve. Des reflets orangés dans la robe montrent un début d'évolution, ce que confirme le nez déjà fondu et d'une jolie complexité, entre sous-bois, fruits en confiture, garrigue et menthol. Du palais, on retient son attaque soyeuse, son milieu de bouche confortable et ses tanins un rien fermes en finale. Une petite austérité qui disparaîtra à table. ⧗ 2021-2024

SCEA TERRE PATRIMOINES, rte Bleue, 11430 Gruissan, tél. 04 68 75 25 25, contact@chateaulebouis.com V *t.l.j. 9h-12h30 14h-18h* 3

B CH. LA BOUTIGNANE Révélation 2019 ★★

■	8316	◍▮	11 à 15 €

Les Domaines languedociens possèdent le Ch. la Boutignane et le Ch. de Fournas en AOC corbières, ainsi que le Dom. du Ch. d'Eau et le Dom. Saint-Paul en IGP Oc.

Une larme de carignan à l'appui de la syrah et du grenache noir dans ce 2019 accompli. De son passage en fût, le nez garde le souvenir de la réglisse sur un fond puissant de fruits mûrs et de violette. Riche, concentrée, la bouche a bien profité des chaleurs du millésime et livre une matière sérieuse, charnue, épaulée par des tanins enrobés par un élevage sur mesure. La longue finale comme la structure augurent une très belle évolution. ⧗ 2023-2028

SCEA DOMAINES LANGUEDOCIENS, Ch. la Boutignane, 11200 Fabrezan, tél. 04 67 39 29 41, domaine@labaume.com V *t.l.j. sf sam. dim. 9h-18h*

DOM. CALVEL Cuvée Gaston 2020 ★★

■	2000	◍	8 à 11 €

Pascale Calvel a repris l'exploitation familiale en 1996, s'est séparée de quelques vignes pour en planter de meilleures et a créé son chai, quittant la coopérative. Son domaine de 30 ha se trouve entre le massif de Fontfroide et les basses collines de Boutenac.

Roussanne et marsanne composent cette cuvée fermentée et élevée en fût. D'intenses notes de genêt et de miel parfument un nez résolument sudiste, où le chêne sait se faire discret. Un caractère que l'on retrouve dans une bouche riche, enveloppante, soulignée par une discrète vivacité qui donne ce qu'il faut d'énergie à l'ensemble. Long, généreux et taillé pour la table. ⧗ 2021-2024

PASCALE CALVEL, 3, enclos des Grillons, 11200 Saint-André-de-Roquelongue, tél. 06 88 76 89 10, domainecalvel@hotmail.fr V t.l.j. 9h-12h 15h-19h30

LES VIGNERONS DE CAMPLONG
Le C de Camplong 2018 ★

■ | 11265 | | 15 à 20 €

Fondée en 1932, la coopérative du village de Camplong (30 vignerons, 270 ha à 80 % en AOC corbières) bénéficie d'un excellent terroir, sur les pentes sud de l'Alaric. À l'origine, un seul vin rouge vendu en vrac; aujourd'hui, de larges gammes et des cuvées ambitieuses.

Derrière une robe sombre, montent du calice des notes de mûre et de violette sur un fond puissamment torréfié. Le chêne pose aussi sa patte sur une bouche bien composée, qui a tout pour le digérer : de la chair, de la densité et de beaux tanins serrés. De l'avenir donc. ⧗ 2023-2028 ■ **Demoiselle Chapeau 2019 ★ (8 à 11 €; 10000 b.)** Vanille, café, cassis, réglisse, la syrah et le passage en fût marquent le nez de ce 2019. Des arômes puissants qui infusent une bouche généreuse, charnue, tenue par des tanins conséquents. Il s'affinera en cave. ⧗ 2023-2028

SCAV LES VIGNERONS DE CAMPLONG, 25, av. de la Promenade, 11200 Camplong-d'Aude, tél. 04 68 43 50 86, secretariat.camplong@orange.fr V *t.l.j. sf dim. 8h-12h 14h-18h*

CH. CANOS 2020 ★★

■ | 40000 | | 5 à 8 €

Poursuivant le travail des quatre générations précédentes, Pierre Galinier s'est installé en 1986 sur le domaine familial, qui compte aujourd'hui 24 ha. Il a parié sur la vente en bouteille et, dès l'an 2000, sur le rosé, adaptant sa vigne et sa cave à l'élaboration des vins de cette couleur, qui représentent aujourd'hui plus de 70 % de sa production en appellation.

Excellent rosé d'été qui coche toutes les cases : une robe pâle, des arômes aussi fringants qu'expressifs, entre bonbon arlequin et agrumes, une bouche légère, tonique, friande, sans creux, qui livre jusqu'en finale ses notes croquantes de fruits frais et de confiserie. ⧗ 2021-2022

SCEA ANDRÉ ET PIERRE GALINIER (CANOS), rue de Canos, 11200 Luc-sur-Orbieu, tél. 06 85 10 23 19, chateau-canos@wanadoo.fr V *r.-v.*

B CH. DE CARAGUILHES
Les Gourgoules 2019 ★★

■ | 30000 | | 8 à 11 €

D'origine cistercienne, le domaine, commandé par des bâtiments imposants, est situé à flanc de coteau. Il domine le vaste vignoble de 95 ha d'un seul tenant qui s'étale tout autour en pente douce, entouré de 500 ha de garrigue. Un pionnier du bio – dès 1987. Propriétaire depuis 2007, Pierre Gabison reste sur cette ligne.

Un domaine qui soigne sa bonne réputation avec ce 2019 élevé en cuve, au nez subtil et gourmand de fruits bien mûrs, de tapenade et d'épices douces. Une attaque fraîche ouvre sur une bouche vinifiée en douceur, ronde, ourlée de tanins soyeux, qui libère en finale un fruit très typé. Du charme, de l'équilibre et une typicité irréprochable. ⧗ 2021-2025

SAS SOCIÉTÉ DU DOM. DU CH. DE CARAGUILHES, 11220 Saint-Laurent-de-la-Cabrerisse, tél. 04 68 27 88 99, chateau@caraguilhes.fr V *r.-v.*

CASTELMAURE Grande Cuvée 2018 ★

■ | 110000 | | 11 à 15 €

Cave fondée en 1921 dans les hautes Corbières, entre les communes de Durban et de Tuchan. Les inondations catastrophiques de 1999 furent l'occasion d'un nouveau départ, et la coopérative a investi dans des installations modernes. Après une restructuration des caves du secteur, elle intervient autant en fitou qu'en corbières. Une structure qui revendique haut et fort son statut de «vigneron».

Syrah et grenache noir égrappés puis élevés un an en fût, cela donne ce rouge intense, au nez de fruits noirs et de garrigue relevé de vanille. Le bois apparaît bien fondu dans une bouche d'une maturité accomplie, qui séduit par ses tanins fins et son harmonie sans fausse note. À boire ou à garder quelques années. ⧗ 2021-2025

SCV CASTELMAURE, 4, rte des Canelles, 11360 Embres-et-Castelmaure, tél. 04 68 45 91 83, vins@castelmaure.com V *t.l.j. 10h-12h 15h-18h*

♥ CELLIER DES DEMOISELLES
Blanc des Demoiselles 2020 ★★

■ | 20000 | | 5 à 8 €

Créée en 1914, la coopérative de Saint-Laurent-de-la-Cabrerisse, dans les Corbières centrales, a été nommée en hommage aux femmes qui l'ont maintenue en activité alors que les hommes étaient au front. À partir des années 2000, elle a développé sa production en bouteilles.

En vue l'année passée pour son chardonnay (IGP Oc), le Cellier décroche le coup de cœur avec un formidable corbières à dominante de grenache blanc. Pas de chêne au nez, mais des arômes très purs et délicats de pêche, de poire et de chèvrefeuille. Une note de fenouil s'invite dans une bouche tout aussi éclatante, suave et ronde à l'attaque, puis remarquable de tension et d'énergie. La longue finale parfumée, presque muscatée, met la dernière touche à cette composition parfaite. Un grand blanc à petit prix. ⧗ 2021-2024 ■ **Rosé des Demoiselles 2020 ★★ (5 à 8 €; 25000 b.)** Derrière une robe d'un rose soutenu, un nez centré sur les petits fruits rouges acidulés. En bouche, une légère sucrosité à l'attaque, un fruit gourmand, sans exubérance ni artifice, une fraîcheur impeccable : un rosé classique, harmonieux et efficace. ⧗ 2021-2022

SCV CELLIER DES DEMOISELLES, 5, rue de la Cave, 11220 Saint-Laurent-de-la-Cabrerisse, tél. 04 68 44 02 73 V *t.l.j. sf dim. 9h-12h15 14h-18h*

♥ LES CELLIERS D'ORFÉE
Cuvée L'Infernale 2019 ★★

	42 088		8 à 11 €

Créée en 1933, la cave d'Ornaisons a fusionné avec celle de Ferrals-les-Corbières. Son nom poétique réunit la première syllabe de ces deux villages. La coopérative dispose d'un vignoble de 1 000 ha répartis sur les AOC corbières et corbières-boutenac et, depuis 2017, d'un chai de stockage et de vieillissement flambant neuf.

Coup de cœur pour sa cuvée Sextant dans l'édition 2020, la cave récidive avec cette cuvée dominée par un grenache noir vendangé manifestement bien mûr. Le nez affriolant convoque les fruits rouges et noirs saupoudrés d'épices et de notes fumées. Une sucrosité très appétente émane d'une bouche généreuse, douce, élégante, pétrie de fraise et flanquée de tanins discrets et soyeux. Riche, gorgée de fruits, savoureuse : à se damner effectivement. ⧗ 2021-2025 ■ **Ego in Terra 2019 ★ (20 à 30 €; 7287 b.)** Un nez expansif, très mûr et généreusement toasté annonce une bouche puissante, grasse et solaire, qui a tout ce qu'il faut pour digérer un élevage encore marqué : de la chair, de la concentration et une structure à la mesure de l'ensemble. ⧗ 2023-2027

SCV LES CELLIERS D'ORFÉE, 53, av. des Corbières, 11200 Ornaisons, tél. 04 68 27 09 76, lydie.orfee@yahoo.fr t.l.j. sf dim. 8h-12h 14h-18h; sam. 9h-12h

B DOM. DU CERBIER Cuvée Lune de miel 2020 ★

	2400		8 à 11 €

Juriste de formation et néo-vigneronne, Carol Bloch achète en 2002 ses premières parcelles dans les hautes Corbières, avant d'aménager sa cave et de se lancer dans la vente en bouteilles. Elle exploite une quinzaine d'hectares aujourd'hui.

Paré d'une robe d'un jaune pâle, cet assemblage de grenache blanc et de marsanne déploie un nez séduisant et subtil, entre genêt, tilleul et pêche blanche. Une élégance que l'on retrouve dans une bouche harmonieuse, aussi fraîche que ronde, dont on aime la finale pleine et sans mollesse. ⧗ 2021-2023

CAROL BLOCH (DOM. DU CERBIER), 5, portail de la Trinité, 11200 Fabrezan, tél. 04 68 43 55 31, lecerbier@outlook.fr r.-v.

B CLOS DE L'ANHEL Les Terrassettes 2019 ★★

	20 000		11 à 15 €

Œnologue-conseil, Sophie Guiraudon n'a pu résister à l'appel de la vigne. Sans ancêtres dans le métier, elle s'installe en 2000 au sud de l'Alaric, dans une bergerie rénovée. Peu de surface, juste ce qu'il faut (12 ha) pour cultiver, vinifier, élever et vendre son vin, toute seule. En bio certifié.

Une belle illustration des charmes du carignan (70 %), élevé ici en cuve. D'abord discret, le nez monte lentement en puissance, libérant un bouquet complexe de fruits mûrs relevé de notes fumées, de réglisse et de plantes aromatiques. Les arômes montent encore d'un ton dans une bouche vinifiée avec goût, voluptueuse et déliée, dotée de tanins intégrés qui laissent longuement respirer le fruit. ⧗ 2021-2025

ANHEL, 2, rue Monts-Lauriers, 11220 Montlaur, tél. 06 77 09 65 48, anhel@wanadoo.fr r.-v.

DOM. DE LA COMBE GRANDE
Roc de l'Espère 2019 ★★

	3375		11 à 15 €

Selon la légende, les Wisigoths auraient enterré un trésor dans la montagne de l'Alaric. Ce relief, en tout cas, offre des terroirs propices. Sur ses pentes sud, Christophe Sournies et Delphine Tibie conduisent le domaine (80 ha) où leur famille est installée depuis 1890.

Assemblage de 4 cépages vinifiés en macération carbonique, élevé 7 mois en fût. On en retient le nez expressif et bien typé, entre fruits rouges mûrs et épices, et la bouche aussi intense que fraîche, « droite dans ses bottes », qui séduit franchement par la finesse des tanins et sa longue finale. Élégant, ciselé, un corbières exemplaire. On peut l'ouvrir ou l'attendre. ⧗ 2021-2026

SCEA DOM. DE LA COMBE GRANDE, chem. de Garrigue-Plane, 11200 Camplong-d'Aude, tél. 06 70 43 52 05, domaine.combegrande@orange.fr t.l.j. sf sam. dim. 8h-12h 14h-18h

CH. ÉTANG DES COLOMBES 2020 ★

	10 000		5 à 8 €

Propriété familiale depuis quatre générations, à l'est de Lézignan. Henri Gualco a commencé la mise en bouteilles au domaine dès 1973 et participé activement au développement de l'appellation avant de transmettre cette exploitation de 80 ha à son fils Christophe.

Fermentation à basse température, élevage en cuve, tout est fait pour préserver la fraîcheur et l'éclat du fruit. Un nez vivace, citronné et floral, une bouche allègre, tonique, à la rondeur aimable mais surtout croquante et d'une légèreté exemplaire : la mission est parfaitement remplie. ⧗ 2021-2024

SAS ÉTANG DES COLOMBES, 11200 Cruscades, tél. 04 68 27 00 03, christophe.gualco@wanadoo.fr t.l.j. sf sam. dim. 8h-12h 14h-18h

DOM. FAIRJAL 2019 ★

	3000		8 à 11 €

Serge Serris a repris en 1981 le domaine familial implanté dans le Minervois. Il exploite 35 ha sur des terrasses argilo-calcaires dominant le canal du Midi, au sud de l'AOP minervois (Ch. Pique Perlou) et en corbières (Dom. Fairjal).

Un caractère bien trempé dans ce rouge mi-grenache mi-syrah élevé 12 mois en fûts. On prend plaisir à humer ce nez languedocien, aux francs parfums de garrigue, d'épices et de fruits bien mûrs. Force et fraîcheur cohabitent dans une bouche ample, savoureuse, cadrée par de beaux tanins enrobés. On peut le boire ou le garder. ⧗ 2021-2026

EARL SERGE SERRIS, 12, av. des Écoles, 11200 Roubia, tél. 04 68 43 22 46, chateau.pique-perlou@wanadoo.fr t.l.j. 10h-12h 15h30-19h, sur r.-v. de nov. à mars

CH. FONTARÈCHE Tradition 2020 ★★

■ | 146000 | 5 à 8 €

C'est en 1682 que les ancêtres d'Édouard de Lamy ont acquis ce domaine. Son vignoble, implanté sur une haute terrasse graveleuse de l'Aude, couvre 140 ha d'un seul tenant, formant un carré parfait autour du château du XVIIes. Il est dirigé depuis 2008 par Vincent Dubernet, ingénieur en agriculture, œnologue et fils d'œnologue.

Un assemblage original dominé par le piquepoul noir à l'origine de ce rosé plus que convaincant. Une robe d'un rose étincelant et un nez plaisant, sans outrance, qui délivre de fines notes de fruits rouges frais. Beaucoup de naturel dans cette bouche tactile, riche et dynamique, qui diffuse longuement ce même fruité savoureux. Un rosé raffiné, sincère et d'un équilibre parfait. ⧗ 2021-2022 ■ **1682 2019 ★★ (11 à 15 €; 10000 b.)** Outre la touche vanillée issue d'un élevage en fût, le nez séduit par ses arômes très typés de garrigue, d'olive noire et de cerise. Volumineuse, appuyée sur des tanins mûrs, riche en saveurs, d'un équilibre abouti, la bouche enchante. ⧗ 2021-2025

⊶ SARL DES CHÂTEAUX FONTARÈCHE ET SAINT-EUGÈNE, RD 11, 11200 Canet, tél. 04 68 27 10 01, contact@fontareche.fr V ■ *r.-v.*

CH. DE FONTENELLES Renaissance Élevé en fûts de chêne 2019 ★★

■ | 33000 | ⫼ | 15 à 20 €

Domaine familial situé sur le versant nord de l'Alaric. En cinq générations, sa surface est passée de 7 à 40 ha. Aux commandes depuis 1993, Thierry et Nelly Tastu ont passé le flambeau à leur fils Terence en 2018.

Habitué aux honneurs, le domaine rafle la mise avec ce corbières dominé par la syrah, tout en fruit et bien élevé. Les notes d'épices douces issues du chêne se fondent dans un nez allègre centré sur les fruits rouges et noirs bien mûrs et le poivre. La même plénitude émane d'une bouche parfaitement composée, ronde à l'attaque, fraîche, appuyée sur des tanins extraits avec sagesse et dont la longue finale entre fruit et vanille achève de convaincre. Déjà irrésistible mais du potentiel en cave. ⧗ 2021-2027

⊶ EARL FONTENELLES, 76, av. des Corbières, 11700 Douzens, tél. 04 68 79 12 89, info@fontenelles.com V ■ ■ *r.-v.*

LES FRÊNES Héritage de Bonnafous 2019 ★

■ | 100000 | ⫼ | 8 à 11 €

Créée en 1921 dans le massif des Hautes Corbières et le Haut Fitou, à 20 km de la Méditerranée, la cave des Maîtres Vignerons de Cascastel rassemble une centaine d'adhérents qui cultivent 750 ha. À sa carte, des fitou, des corbières, des vins doux naturels et des vins en IGP.

Carignan, grenache noir et syrah composent ce jeune rouge à fort caractère. Le nez, sur la réserve, porte l'empreinte du merrain. La bouche puissante, concentrée, sérieuse, est cadrée pour l'heure par des tanins massifs. Un solide constitution qui réclame de la patience. ⧗ 2023-2028

⊶ SCV LES MAÎTRES VIGNERONS DE CASCASTEL, Grand-Rue, 11360 Cascastel, tél. 04 68 45 91 74, info@cascastel.com V ■ ■ *t.l.j. sf sam. dim. 8h-12h 14h-18h*

CH. GLÉON La Clef 2018 ★

■ | 20000 | ▮ | 8 à 11 €

Une propriété très ancienne, où l'on peut admirer une chapelle préromane du V^es. Resté pendant un millénaire dans la même famille, le château, qui gardait l'entrée des Hautes Corbières, a été vendu en 1861 par la dernière marquise de Gléon aux ancêtres des propriétaires actuels. Le domaine s'étend sur 300 ha, et son vignoble sur 50 ha.

Cinq cépages associés dans ce 2018. On aime le nez ouvert sur les fruits mûrs et les épices douces qui possède la dimension de fraîcheur du millésime. Le même dynamisme anime une bouche sérieuse, appuyée sur de beaux tanins fermes, mais dont on retient surtout le côté croquant du fruit et la finale très fraîche. Un corbières qui ne manque pas de relief. ⧗ 2022-2026

⊶ EARL CH. GLÉON, 11360 Villesèque-des-Corbières, tél. 04 68 48 28 25, info@gleon-montanie.com V ■ ■ *r.-v.*

CH. GRAND MOULIN Terres rouges 2018 ★★

■ | 30000 | ⫼ | 8 à 11 €

Son père, vendeur de bétail, possédait une petite vigne. Jean-Noël Bousquet décide à 8 ans qu'il sera vigneron, achète son premier hectare à 17 ans, s'installe comme jeune agriculteur en 1978 – en fermage – et fait l'acquisition de vignes en coteaux alors dédaignées (500 F l'hectare…). En 1988, à la tête de 24 ha, il installe sa cave dans un ancien moulin. Il a transmis en 2014 à son fils Frédéric 130 ha de vignes, en IGP, en corbières et en corbières-boutenac. Un domaine d'une louable régularité.

La syrah en vedette (80 %) dans ce 2018 issu d'une longue cuvaison et d'un élevage un an en fût. Derrière une robe opaque, un nez taiseux à ce stade. La bouche se montre autrement volubile : beaucoup d'onctuosité, une texture crémeuse, des tanins puissants pris dans la chair, un fruit qui monte en intensité sur des notes de cerise confite et de cacao, et une longue finale qui en dit beaucoup sur le pedigree de cette cuvée de belle garde. ⧗ 2023-2030

⊶ EARL FRÉDÉRIC BOUSQUET (CH. GRAND MOULIN), 6, av. Gallieni, 11200 Lézignan-Corbières, tél. 04 68 27 40 80, contact@chateaugrandmoulin.com V ■ ■ *t.l.j. sf dim. 9h-19h*

CH. HORTALA 2018 ★★

■ | 9000 | ▮ | 5 à 8 €

En l'an 985, à Cruscades, un Hortala faisait déjà du vin; une dizaine de siècles plus tard, en 2006, un de ses descendants, après avoir enseigné la gynécologie, devint viticulteur à 56 ans, en s'appuyant sur 21 associés de la famille, afin de perpétuer le domaine. Il confie la vinification aux Celliers d'Orfée, la coopérative d'Ornaisons.

Tout est croquant et de bon goût dans ce corbières vinifié au plus près du fruit. Au nez, des notes juteuses de fraise écrasée; en bouche, une jolie matière, tendre, souple, friande, dotée de tanins fins, qui s'enrichit d'un trait de violette en finale. Convivial, facile à aimer et universel. ⧗ 2021-2024

GFA HORTALA, 338, rue de la Poste, 11200 Cruscades, tél. 06 75 05 87 88, bernard.hedon@gmail.com V r.-v.

B VIGNOBLES JEANJEAN J'en fais le saerment 2019 ★

50 000 | - de 5 €

Entre étangs et marais de la petite Camargue, cet îlot d'une quarantaine d'hectares de vignes, propriété du groupe Jeanjean, entoure la chapelle de Pive, petit bijou d'architecture néo-romane. Encadré par des canaux, les roubines, le vignoble, certifié HVE, est exploité en bio.

Une robe légère et un nez qui ne l'est pas moins, sur des notes de fruits bien mûrs. Dans la lignée, la bouche n'offre pas une grosse concentration mais séduit indubitablement par ses tanins à peine esquissés, sa fluidité sans maigreur et son fruit teinté d'épices. Un corbières à boire sur son fruit. ⧗ 2021-2023

VIGNOBLES JEANJEAN, av. de l'Enclos, 34725 Saint-Félix-de-Lodez, tél. 04 67 88 80 00, contact@vignobles-jeanjean.com

CH. LALIS GR 36 2018 ★

15 000 | 8 à 11 €

Œnologue depuis 1995 et conseiller viticole, Philippe Estrade a repris en 2002 le domaine familial fondé un siècle plus tôt, qu'il a modernisé. Il exploite aujourd'hui 52 ha sur les pentes de l'Alaric et sur le terroir de Lagrasse.

Le GR 36 traverse le vignoble qui a enfanté ce 2018 à point. À une robe aux légers reflets tuilés, répond un nez épanoui, complexe et intense qui passe en revue les fruits noirs confits, le Zan, la violette et l'olive noire. Une attaque soyeuse ouvre sur un palais de bon volume, parfumé de bout en bout, ourlé de tanins fondus qui laissent le souvenir d'une rouge déjà à maturité. ⧗ 2021-2024

VIGNOBLES ESTRADE (CH. LALIS), 2, rue des Fleurs, 11220 Ribaute, tél. 04 68 43 19 50, lalis@orange.fr V 3 C

B CH. DE LASTOURS La Bergerie 2020 ★★

17 257 | 8 à 11 €

Dominant l'étang de Bages, cette propriété de 850 ha, rachetée en 2004 par des courtiers en assurances, offre des attraits variés : les sports mécaniques, l'œnotourisme... Les pistes tortueuses servent de pistes de rallye. On y trouve gîte et couvert. Le vin? Le vignoble couvre plus de 85 ha. D'importants investissements y ont été effectués, un chai moderne a été aménagé et le vignoble est certifié bio depuis 2020.

Un blanc fringant né de roussanne et de vermentino brièvement élevé en cuve et sur lies. Au nez, un grand bol de fruits jaunes et d'acacia. Le pamplemousse s'invite dans une bouche volubile, complète, bien ample à l'attaque et remarquable de tonicité et de fraîcheur derrière. La finale donne encore un peu plus de peps à l'ensemble. Irrésistible. ⧗ 2021-2024

FAMILLE P. ET J. ALLARD (CH. DE LASTOURS), Ch. de Lastours, 11490 Portel-des-Corbières, tél. 04 68 48 64 74, contact@chateaudelastours.com V 5 E

B DOM. MARTINOLLE-GASPARETS 2018 ★★

6 500 | 8 à 11 €

Aux origines de ce domaine, deux branches, les Martinolle de Lézignan, viticulteurs et charrons au XVIIIes., et les Salvet, vignerons à Gasparets, hameau de Boutenac. Toujours aux commandes, Pierre Martinolle, installé il y a cinquante ans, a été rejoint par son fils Jean-Pierre. La propriété (8,5 ha aujourd'hui), n'ayant jamais cédé au «tout chimique», s'est facilement convertie à l'agriculture biologique.

Pas de bois dans ce 2018, mais du fruit et de l'énergie. Le jury a apprécié la sincérité et l'intensité d'un nez qui fleure bon le cassis, la grenadine et la tomate confite. Le même charme opère dans une bouche douce et ample à l'attaque, appuyée sur des tanins fondus, qui livre sans retenue des flaveurs croquantes pétries de fruits frais. En un mot, gourmand. ⧗ 2021-2025

SCEA JEAN-PIERRE ET FRANÇOISE MARTINOLLE-GASPARETS, 27, av. Frédéric-Mistral, 11200 Lézignan-Corbières, tél. 06 11 42 09 88, pierre.martinolle@domaine-martinolle.com V t.l.j. 10h-19h30

CH. MAYLANDIE Les Férals 2019 ★★

5 300 | 8 à 11 €

Jacques Maymil, entrepreneur narbonnais, crée le domaine dans les années 1950; son fils Jean quitte la coopérative en 1987, après l'accession du corbières à l'AOC. La troisième génération, Delphine et son compagnon Éric Virion, a pris les rênes du vignoble en 2007 (27 ha aujourd'hui). La première, qui a d'abord travaillé dans la communication culturelle, oriente le domaine vers l'œnotourisme.

Coup de cœur l'an passé pour son rosé, le domaine signe un 2019 abouti qui tire le meilleur parti d'un assemblage dominé par le grenache noir. Mûr et frais, le nez soigne le fruit (cassis, mûre et fruits rouges), saupoudré d'une touche épicée. La bouche, harmonieuse, joliment dessinée, tendre, restitue cette palette perçue, délicatement structurée par des tanins fins et vivifiée par une fraîcheur remarquable. D'une séduction absolue. ⧗ 2021-2024

EARL MAYLANDIE, 18, av. de Lezignan, 11200 Ferrals-les-Corbières, tél. 06 61 93 01 33, contact@maylandie.fr V t.l.j. E

MONT TAUCH Héritage Hibrini 2019 ★

13 000 | 15 à 20 €

Locomotive des Hautes Corbières, cette coopérative fondée à Tuchan en 1913 regroupe quelque 200 vignerons et vinifie le fruit de 1 500 ha de vignes implantées sur un terroir rude et sec propice aux grands vins. À sa carte, des corbières, fitou, vins doux naturels et vins en IGP.

Le trio syrah, grenache noir et carignan à l'honneur dans ce rouge élevé un an en fûts de 300 l neufs. Le nez en tire ses accents vanillés et torréfiés sur fond de fruits rouges surmûris. Jeune, encore sous le joug de l'élevage et serrée par des tanins fermes, la bouche n'en reste pas moins convaincante et prometteuse. On le laisse reposer en cave. ⧗ 2023-2027

LANGUEDOC

SCA MONT TAUCH, 2, rue de la Cave, 11350 Tuchan, tél. 04 68 45 41 08, contact@mont-tauch.com t.l.j. sf dim. 9h-12h 14h-17h30

DOM. DU PECH SAINT-PIERRE
Yes, Week-end 2020 ★

| 2200 | | 5 à 8 € |

Ce domaine qui a vu le jour à la fin du XIXᵉs. est situé au centre de Saint-Pierre-des-Champs, village chargé d'histoire, ancienne halte sur la voie romaine qui traversait les Corbières. La famille Rivière a fait l'acquisition du domaine en 1934. Patrick Rivière y exploite aujourd'hui 14 ha en AOC Corbières.

Un assemblage de 5 cépages, élevé en cuve. On aime le nez fruité et expressif, entre melon et fruits jaunes, et la bouche charnue, grasse, bien du Sud, qui tire d'une franche acidité son équilibre sans fausse note. À table avec un poisson en sauce. 2021-2023

SCEA DOM. DU PECH SAINT-PIERRE, 9, rue du Pradel, 11220 Saint-Pierre-des-Champs, tél. 06 88 20 45 13, domainedupechsaintpierre@orange.fr r.-v.

♥ CH. PRAT DE CEST
Cuvée Ermengarde 2018 ★★

| 1600 | | 11 à 15 € |

Place fortifiée située sur l'antique voie Domitia, le château a été édifié à la fin du XIᵉs. pour défendre Narbonne. Dans le giron de la même famille depuis 1803, soit 9 générations, le château assume ses deux vocations : l'accueil (gîtes, réceptions, séminaires) et la viticulture. Le vignoble couvre 34 ha situés à flanc de colline sur des sols argilo-calcaires.

Cuvée hommage à Ermengarde, vicomtesse qui a fait bâtir le château, ce corbières marqué par la syrah (80 %), et élevé 9 mois en fût, a enthousiasmé le jury. Élégant, sudiste mais tonique, le nez décline la prune et le cassis sur fond de plantes aromatiques. Des notes mentholées et vanillées réhaussent une bouche confortable, ronde, ensoleillée mais remarquable de fraîcheur et cadrée en douceur par des tanins parfaitement intégrés. Harmonieux et déjà très charmeur, il est aussi de belle garde. 2022-2028

GUILLAUME ALLIEN, Ch. Prat de Cest, 11100 Bages, tél. 06 75 29 99 96, chateaupratdecest@hotmail.fr juil. à sept. tlj 8h-12h 14h-18h; oct. à juin sur r.-v.

DOM. RÉGAZEL Petites Mains 2020 ★

| 2640 | | 8 à 11 € |

Ancien coopérateur, Michel Moreno et son neveu Adrian se sont associés en 2012 pour proposer des vins de terroir. Désormais seul à la barre, Adrian exploite 5 ha de vignes couvrant les pentes nord de l'Alaric, entre garrigue, oliviers et chênes truffiers.

Vendangés à la main, le grenache blanc et la roussanne s'associent dans ce 2020 au nez ouvert et printanier, centré sur le chèvrefeuille. Le fruit s'invite dans une bouche ronde, fluide, tonifiée par une franche acidité. À l'arrivée, un blanc expressif et fringant qui peut être ouvert à l'apéritif. 2021-2023

EARL RÉGAZEL, 1, pl. de l'Église, 11700 Douzens, tél. 06 73 11 37 04, domaine.regazel@live.fr r.-v.

CH. DU ROC La Fleur 2019 ★★

| 5000 | | 8 à 11 € |

Dans la famille Bacou depuis dix générations, le domaine est situé à Montbrun, dans le nord des Corbières. Longtemps aux manettes, Jacques Bacou, à qui l'on doit les premières mises en bouteille au château dès 1972, a passé le flambeau à ses enfants, Marie et Bertrand. La propriété de 45 ha est en conversion bio.

Le grenache (80 %) à l'œuvre dans ce rouge gouleyant à souhait. Au nez, de franches notes de fruits rouges et de rose, qui parfument aussi une bouche fluide, tonique, d'une légèreté de bon aloi. Exemple abouti du parfait rouge « de soif » à ouvrir sur le fruit. 2021-2023

Excelsius 2018 ★ (11 à 15 €; 5000 b.) Les notes vanillées et fumées d'un élevage sous bois accompagnent des arômes de petits fruits rouges confits et de poivre. Dense, expressive, jeune et marquée par l'élevage, la bouche a tout pour faire une jolie bouteille après un peu de garde. 2022-2026

SARL VIGNOBLE JACQUES BACOU (CH. DU ROC), La Grange, 11700 Montbrun-des-Corbières, tél. 04 68 32 84 84, chateauduroc@sfr.fr t.l.j. 9h-12h 14h-17h

♥ LES CAVES ROCBÈRE Tamaroque 2020 ★★

| 3600 | | 5 à 8 € |

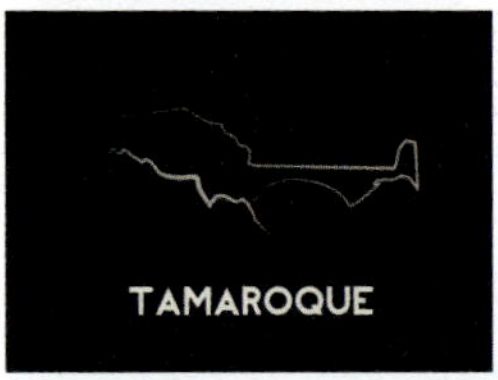

Fondées en 1930, les coopératives de Peyriac-de-Mer, Sigean et Portel se sont regroupées, devenant les Caves Rocbère en 1972. Aujourd'hui, le groupement rassemble 5 villages des Corbières maritimes, un peu moins de 200 viticulteurs et 1 500 ha de vignes, produisant 10 % de l'appellation.

Le duo vermentino-bourboulenc très complice dans ce blanc élevé en cuve. Le jury a aimé ce nez épanoui et charmeur où les fruits exotiques et la pêche blanche s'entichent de notes friandes de bonbon. Il s'est ensuite enthousiasmé pour une bouche volubile, franche, aussi ample que fraîche, qui diffuse un fruit immaculé d'une gourmandise insolente. Exemplaire à ce prix. 2021-2022

USCA LES CELLIERS DU SOLEIL (LES CAVES ROCBÈRE), 1, av. des Corbières, 11490 Portel-des-Corbières, tél. 04 68 48 28 05, a.ardite@rocbere.com t.l.j. sf lun. dim. 9h30-12h30 15h-18h30

ROQUE SESTIÈRE Vieilles Vignes 2020 ★

| 7500 | | 8 à 11 € |

Cette propriété familiale a produit en 1977 ses premières bouteilles : des corbières blancs. C'est dire son

originalité : deux tiers des vins sont ici de cette couleur. Arrivé en 1993 sur le domaine, Roland Lagarde a fait passer la superficie cultivée de 28 à 17 ha (sur 2 terroirs distincts) et construit un chai. En 2014, il a cédé l'exploitation à l'entrepreneur Thierry Fontanille. En mars 2016, l'exploitation a reçu le label Haute Valeur Environnementale.

Un nez d'abord discret qui s'éveille progressivement pour diffuser de fines notes florales, lactées et fruitées (pêche blanche). Très soyeuse, la bouche offre l'amplitude que l'on attend de vieilles vignes (57 ans) et y ajoute une vivacité très stimulante. Un blanc délicat et bien balancé entre rondeur et fraîcheur. 2021-2023

SCEA THIERRY FONTANILLE (DOM. ROQUE SESTIÈRE), 8, rue des Étangs, 11200 Luc-sur-Orbieu, tél. 04 68 27 18 00, roque.sestiere@orange.fr r.-v.

DOM. ROUÏRE-SÉGUR L'Air du temps 2018 ★★

5000 | 8 à 11 €

Domaine créé en 1910. Les 28 ha de vignes regardent la montagne d'Alaric alors que le chai se situe à Ribaute. Geneviève Bourdel et son fils Nicolas, arrivé en 2004, signent leurs bouteilles.

De vieilles vignes de grenache forge le caractère de ce 2018 aussi mûr que charmeur. Le jury a apprécié le nez détendu qui fleure bon la cerise confite relevée d'épices et de plantes aromatiques. Les épices douces imprègnent une bouche charnue, épanouie, qui intègre des tanins parfaitement fondus et rebondit en finale sur une touche tonifiante de menthol. Déjà à point. 2021-2024 **Tradition 2019 ★** (5 à 8 €; 5000 b.) Un nez fin et épicé qui trahit la forte proportion de syrah, une attaque intense, des tanins fermes, ce qu'il faut de chair et une fraîcheur remarquable tout au long de la dégustation : un rouge complet et vivant qui demande juste un peu de repos en cave. 2022-2025

SARL ROUÏRE-SÉGUR, 12, rue des Fleurs, 11220 Ribaute, tél. 04 68 27 19 76, genevievebourdel@orange.fr r.-v.

♥ CH. DE SAINT-EUTROPE Le Redoutable 2020 ★★

30000 | 8 à 11 €

Quatre générations se sont succédé sur ce domaine. Après avoir vinifié plus de 25 ans dans une coopérative, Olivier Verdale a repris en 2000 avec son frère Jean-Louis l'exploitation familiale : 47 ha de vieilles vignes sur le terroir réputé de Boutenac.

De cette saignée de syrah et de grenache, on retient la robe classiquement saumonée et le nez débridé qui fleure bon les petits fruits rouges acidulés, groseille et fraise en tête. Une pureté de fruit qui fait l'éclat d'une bouche irrésistible, franche, ronde à l'attaque et vite tonifiée par une belle acidité donnant encore plus de croquant et de dynamisme à l'ensemble. Redoutable de gourmandise effectivement. 2021-2022 **L'Instant 2020 ★** (8 à 11 €; 16000 b.) Un blanc dominé par la maccabeu dont on aime le nez retenu mais floral et la bouche bien composée, ronde, souple, dotée d'une petite sucrosité gourmande et d'un équilibre irréprochable. Il mérite une courte aération avant le service. 2021-2023

EARL CH. DE SAINT-EUTROPE, 31, rue de Fabrezan, 11220 Saint-Laurent-de-la-Cabrerisse, tél. 06 70 85 73 61, verdale.olivier@orange.fr r.-v.

CH. DE SAINT-LOUIS Prestige 2019 ★★

65000 | 5 à 8 €

Martine et Philippe Pasquier-Meunier ont conduit en viticulture raisonnée pendant près de trente ans ce vaste domaine familial connu des lecteurs sous le nom de Meunier-Saint-Louis. En 2012, ils ont cédé la propriété à un investisseur russe, Praskoveiskoe, lui-même à la tête de vignobles dans son pays et déjà présent en Languedoc au travers du Ch. Saint-Martin-de-la-Garrigue. Jean-François Farinet, ancien œnologue de Deutz puis de Delas, en a pris la direction. La cuverie a été refaite en 2014.

Une très convaincante illustration de l'appellation que ce 2019. Garrigue, fruits noirs, menthol, cannelle et tapenade, le nez nous fait voir du pays. Riche, sérieuse, certes cadrée par des tanins accrocheurs, la bouche n'en reste pas moins savoureuse et d'une longueur plus qu'honorable. Caractère et gourmandise. 2022-2026

SCEA CH. DE SAINT-LOUIS, Saint-Louis, 11200 Boutenac, tél. 04 68 27 09 69, contact@chateau-saintlouis.com r.-v.

CH. DE SÉRAME 2018 ★

5000 | 15 à 20 €

L'un des rares domaines de la région à garder l'imposante superficie des vignobles languedociens d'autrefois : plus de 210 ha. Il est aujourd'hui la propriété des vignobles Dourthe, et le négociant bordelais a fait aussi les choses en grand, en convertissant tout le vignoble au bio (certification en 2013).

Le domaine signe son retour dans le Guide avec ce rouge charmeur, ouvert sur des senteurs de fruits bien mûrs nuancés de chocolat. Un fruité qui se prolonge avec autant de gourmandise dans une bouche ronde, aimable et fraîche, dotée de tanins discrets. Un corbières souple qui soigne l'expression du fruit. 2021-2024

SAS FAMILLE D' EXÉA, Ch. de Sérame, 11200 Lézignan-Corbières, tél. 04 68 33 32 22, eugenia.clarke@familledexea.fr t.l.j. sf dim. 10h30-12h30 13h30-18h30

DOM. TART AVIZAT La Saline 2018 ★

2800 | 8 à 11 €

Associés à Yves Roumagnac, diplômé en œnologie et viticulture, Marthe et son fils Benjamin ont repris les vignes familiales en 2014 et recréé un chai à Peyriac-de-Mer, au bord de l'étang de Bages. Le vignoble de 16 ha est en conversion bio.

Des vignes cinquantenaires dans cet assemblage dominé par la syrah. Derrière une légère réduction, émergent du verre des notes de fruits rouges et d'épices douces. Le fruit et la garrigue gagnent en expression dans une bouche qui séduit par sa matière tendre, ses tanins fondants et sa fraîcheur très stimulante.

À l'arrivée, un corbières très aimable que l'on peut ouvrir sans attendre. ⧗ 2021-2024

GAEC LE CAMP DE LA VAL, 23, rue des Salins, 11440 Peyriac-de-Mer, tél. 06 23 16 72 99, vin@tartavizat.com V *t.l.j. sf mar. 10h30-12h30 15h-18h*

LES TERROIRS DU VERTIGE
Vertiges Cuvée Prestige 2019 ★

■ | 8000 | | 8 à 11 €

Les terroirs du Vertige, c'est la contrée, jalonnée de châteaux cathares, la plus en altitude des Corbières. C'est le nom d'une cave issue de la fusion de plusieurs petites coopératives communales. Elle regroupe 160 vignerons cultivant 1 200 ha dans une vingtaine de villages et dispose de ce fait de terroirs très variés.

De cette syrah (80 %) brièvement élevée en cuve, on retient le nez expressif, fruité (fraises, cerises) et floral, et la bouche allègre et veloutée, ourlée de tanins fermes mais fins, qui séduit par sa fraîcheur et par le croquant du fruit. À boire ou à garder quelques années. ⧗ 2021-2024 ■ **Fraîcheur 2020 ★ (5 à 8 €; 7000 b.)** Un rosé saumoné et un nez ouvert centré sur les petits fruits rouges frais. Attaque volubile, rondeur aimable, notes gourmandes de cerise fraîche et de grenadine, finale vivace : un rosé efficace et moderne. ⧗ 2021-2022

SCAV LES TERROIRS DU VERTIGE, 2, chem. des Vignerons, 11220 Talairan, tél. 04 68 44 02 17, anne@terroirsduvertige.fr V *t.l.j. 9h-12h 14h-18h*

♥ CH. VAUGELAS V 2019 ★★

■ | 150000 | | 8 à 11 €

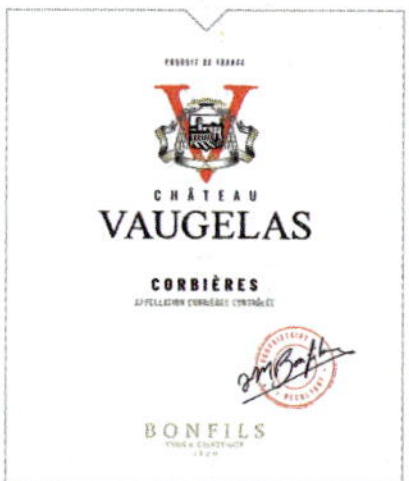

Créé par les bénédictins de l'abbaye de Lagrasse, cet ancien et vaste domaine (144 ha de vignes) est implanté sur quatre terrasses aux sols distincts. Repris en 2000 par la famille Bonfils, il est devenu une valeur sûre du Guide.

Deux étoiles et un coup de cœur de plus au palmarès déjà étoffé du domaine. De ce nez expansif, on retient la belle maturité du fruit (noir), le poivre et les notes toastées et caramélisées d'un élevage pour partie en fût. D'une séduction évidente, la bouche a tout pour plaire : une texture tendre et capiteuse, des tanins patinés bien pris dans la chair et un fruité savoureux infusé de chocolat et de cannelle qui s'éternise dans une longue finale sans accroc. On s'en régalera dès à présent, ou plus tard. ⧗ 2021-2027 ■ **Le Prieuré 2019 ★★ (5 à 8 €; 80000 b.)** Cerise, cassis, myrtille, réglisse, le nez ne manque pas de séduction. Sucrosité, fraîcheur, tanins mûrs, libre expression du fruit : aucune fausse note dans cette bouche exemplaire, civilisée et attendrie par un élevage sur mesure. De la classe et une superbe évocation des Corbières, encore plus à ce prix. ⧗ 2021-2025

SCEA CH. VAUGELAS, Ch. Vaugelas, 11200 Camplong-d'Aude, tél. 04 67 93 10 10, bonfils@bonfilswines.com V *r.-v.* D

CH. DU VIEUX PARC L'Air de rien 2020 ★

■ | 10600 | | 5 à 8 €

Fondé en 1880, un domaine familial proche de Lézignan-Corbières, qui a commencé la vente en bouteilles en 1975. Installé en 1987, Louis Panis – rejoint en 2006 par son fils Guillaume – a agrandi la propriété (68 ha aujourd'hui), rénové la cave et aménagé un chai à barriques.

Roussanne et vermentino à parts égales dans cette cuvée. Direct, sans artifice, le nez séduit par ses franches senteurs d'agrumes et de fruits jaunes mûrs. De la bouche, on retient son attaque ample, la douceur et la générosité de sa texture et sa finale très stimulante, ponctuée par une petite amertume saline du meilleur effet. Parfait avec un poisson à la crème. ⧗ 2021-2023

CH. DU VIEUX PARC, 1, av. des Vignerons, 11200 Conilhac-Corbières, tél. 04 68 27 47 44, contact@chateau-vieuxparc.fr V *t.l.j. 9h-12h 13h30-18h*

CORBIÈRES-BOUTENAC

Superficie : 245 ha / Production : 8 926 hl

Le terroir de Boutenac (10 communes de l'Aude) fait depuis 2005 l'objet d'une AOC à part entière pour des vins rouges comportant une proportion notable de carignan (30 à 50 %).

CH. AIGUILLOUX Infinity 2018 ★

■ | 3000 | | 15 à 20 €

Fondé en 1860 sur le site d'une *villa* gallo-romaine, un domaine de 125 ha, dont 36 de vignes d'un seul tenant, traversé par un ruisseau du nom d'Aiguilloux. Né en Normandie, François Lemarié a parcouru le monde avant de se poser dans ce coin des Corbières en 1982. En 2018, il a transmis la propriété à son fils Georges. Ce dernier, fort d'une expérience de dix ans dans la restauration, allie vin et gastronomie sur le domaine.

Les carignan et grenache (et une larme de grenache) vinifiés en macération carbonique et élevés un an en fûts, cela donne ce rouge allègre, au nez ensoleillé de fruits bien mûrs et à la bouche ronde, gourmande, épicée, relevée par une petite fermeté de tanins qui n'est qu'un excès de jeunesse. ⧗ 2021-2024

EARL LEMARIÉ (CH. AIGUILLOUX), Ch. Aiguilloux, 11200 Thézan-des-Corbières, tél. 04 68 43 32 71, aiguilloux@wanadoo.fr V *t.l.j. 10h-12h 14h-18h* G

GÉRARD BERTRAND
Cuvée d'Exception Élevé en barriques 2019 ★★

■ | 50000 | | 5 à 8 €

Enfant des Corbières, Gérard Bertrand est un important propriétaire et négociant du sud de la France, dont les cuvées apparaissent dans le Guide sous diverses appellations (corbières, fitou, minervois, languedoc, côtes-du-roussillon) et en IGP.

Un assemblage de 4 cépages élevé 6 mois en barriques. Du fruit mûr, de la garrigue, de la torréfaction, une touche plus fraîche : le nez ne manque pas de séduction. Généreusement boisée, la bouche, ronde à l'attaque, plus ferme en finale, séduit tout autant. Moderne et flatteur. ⧗ 2022-2028

SPH GÉRARD BERTRAND, Ch. l'Hospitalet, rte de Narbonne-Plage, 11100 Narbonne, tél. 04 68 45 28 50, vins@gerard-bertrand.com V *t.l.j. 9h-19h*

CELLIER DES DEMOISELLES
Messaline Élevé en barriques 2018 ★

■ | 15 000 | | 15 à 20 €

Créée en 1914, la coopérative de Saint-Laurent-de-la-Cabrerisse, dans les Corbières centrales, a été nommée en hommage aux femmes qui l'ont maintenue en activité alors que les hommes étaient au front. À partir des années 2000, elle a développé sa production en bouteilles.

Messaline (épouse de l'empereur Claude), épicurienne frénétique, est à l'honneur dans cette cuvée dominée par le carignan. Au nez, du fruit confit et les notes toastées et vanillées d'un séjour de 12 mois en fûts. En bouche, une attaque ronde et une matière ample bien cadrée par des tanins enrobés. De la séduction donc, mais un boisé marqué qui aura divisé le jury. ⧗ 2022-2028

SCV CELLIER DES DEMOISELLES, 5, rue de la Cave, 11220 Saint-Laurent-de-la-Cabrerisse, tél. 04 68 44 02 73 V *t.l.j. sf dim. 9h-12h15 14h-18h*

DOM. LE CHAMP DES MURAILLES
Via nòstra 2019 ★

■ | 30 000 | | 15 à 20 €

Bien connu pour son Ch. Ollieux Romanis, Pierre Bories a racheté en 2012 le Champ des Murailles, domaine en corbières-boutenac créé par François des Ligneris, ancien propriétaire du Ch. Soutard, grand cru classé de Saint-Émilion. Couvrant quelque 10 ha sur le flanc ouest du massif du Pinada, ce vignoble se caractérise par un microclimat plus frais que le Ch. Ollieux Romanis.

Les 4 cépages de l'appellation sont associés dans cette cuvée qui libère à l'aération un bouquet déjà épanoui de cerise à l'eau-de-vie, d'épices et de violette. Les notes fumées étirent encore la palette dans une bouche puissante, capiteuse, très ample et soutenue par de beaux tanins gras. Solaire et de belle garde. ⧗ 2023-2028

■ **Atal Sia Atal Sia 2018 ★ (20 à 30 €; 13 000 b.)** Une des cuvées phare du domaine, née de vignes vénérables (80 ans). La robe en tire son intensité et le nez sa profondeur, entre fruits noirs bien mûrs, épices et garrigue. Puissante, ample, la bouche est cadrée par des tanins virils qui «serrent» le vin à ce stade. Du caractère à revendre et du potentiel en cave. Patience. ⧗ 2023-2028

SCEA VIGNOBLES ROMANIS, Le Champ-des-Murailles, RD 212, chem. des Lègnes, 11200 Fabrezan, tél. 04 68 43 35 20, ollieux@artisans-partisans.com V *r.-v.*

B CH. FABRE GASPARETS 2018 ★

■ | 40 000 | | 15 à 20 €

Enracinée dans les Corbières depuis 1605, la famille Fabre exploite 360 ha répartis sur 4 domaines : le Ch. Fabre Gasparets (corbières-boutenac, le berceau), le Ch. Coulon, le Ch. de Luc et le Dom. de la Grande Courtade, sur le territoire de Béziers, dédié aux vins IGP. Ingénieur agronome et œnologue, Louis Fabre a pris en 1982 la tête de ces vignobles cultivés en bio dès 1991 (certification pour l'ensemble en 2014).

Une belle robe rubis et un nez distingué de fruits mûrs relevé de garrigue, de menthol et d'une touche de cuir à l'entame de ce 2018 qui aura séjourné un an en fût et cuve ovoïde. Une attaque volubile, une rondeur plaisante, des tanins finement extraits, un bois discret, une longueur honorable : aucune faute de goût dans ce rouge déjà savoureux. ⧗ 2021-2026

GFA DU VIGNOBLE FABRE, 1, rue du Château, 11200 Luc-sur-Orbieu, tél. 04 68 27 10 80, clemence@famille-fabre.com V *t.l.j. sf dim. 10h-19h*

♥ CH. GRAND MOULIN
Grès de Boutenac 2018 ★★

■ | 15 000 | | 11 à 15 €

Son père, vendeur de bétail, possédait une petite vigne. Jean-Noël Bousquet décide à 8 ans qu'il sera vigneron, achète son premier hectare à 17 ans, s'installe comme jeune agriculteur en 1978 – en fermage – et fait l'acquisition de vignes en coteaux alors dédaignées (500 F l'hectare…). En 1988, à la tête de 24 ha, il installe sa cave dans un ancien moulin. Il a transmis en 2014 à son fils Frédéric 130 ha de vignes, en IGP, en corbières et en corbières-boutenac. Un domaine d'une louable régularité.

Maintes fois étoilé, le domaine décroche un coup de cœur qui fait écho à celui obtenu sur le millésime 2016 avec cette même cuvée. Un assemblage original qui donne le premier rôle au mourvèdre, dont le vin tire sa robe résolument noire et son nez puissant, capiteux mais fin qui trahit la haute maturité du raisin. La même plénitude de fruit s'impose dans une bouche suave, riche, ample, finement élevée et appuyée sur des tanins puissants, à la mesure de l'ensemble. Un rouge sensuel, harmonieux et résolument languedocien. ⧗ 2023-2032

EARL FRÉDÉRIC BOUSQUET (CH. GRAND MOULIN), 6, av. Gallieni, 11200 Lézignan-Corbières, tél. 04 68 27 40 80, contact@chateaugrandmoulin.com V *t.l.j. sf dim. 9h-19h*

Y DU CH. JÉRÉMIE 2019 ★

■ | 12 528 | | 15 à 20 €

Constitués par la famille Gau, les Vignobles de la Ferrandière ont été rachetés en 2013 par Jean-Claude Mas (Dom. Paul Mas). Couvrant 100 ha de vignes (surtout) et de pommiers, le domaine est implanté sur l'étang asséché de Marseillette, une ancienne lagune, entre les Corbières et le Minervois, à 40 km de la Méditerranée. Les sols salés doivent être périodiquement inondés au printemps, ce qui permet aux vignes d'échapper au phylloxéra : de nombreux ceps sont ici francs de pied (non greffés).

Douze mois de fûts pour cet assemblage des 4 cépages de l'AOC : avec ses notes puissamment vanillées et torréfiées, le nez nous le rappelle. Le chêne insiste dans une bouche qui ne manque par ailleurs ni de volume ni de

LANGUEDOC

tenue, simplement d'un peu de temps pour digérer l'élevage. 2023-2028

SARL VIGNOBLES DE LA FERRANDIÈRE, Dom. de la Ferrandière, 11800 Aigues-Vives, tél. 04 67 90 16 10, info@paulmas.com

CH. LES PALAIS Cuvée Randolin 2018 ★

10 000 | 11 à 15 €

Fondé au XIIe s, cet ancien monastère jadis rattaché aux abbayes de Lagrasse et de Fontfroide est entré dans la famille Volontat en 1820. Aujourd'hui, Xavier de Volontat conduit 130 ha de vignes, aidé de sa fille Ludivine Pollet. L'ancienne chapelle du monastère est devenu un caveau de dégustation.

Un boutenac sur le versant de l'élégance, qui charme par sa robe éclatante, son nez de fruits bien mûrs, d'épices et d'herbe coupée, et par sa bouche plus délicate que puissante, souple, équilibrée et d'une fraîcheur pas si courante dans l'appellation. À boire sur son fruit de jeunesse. 2021-2025

SCEA DE VOLONTAT, Ch. les Palais, 11220 Saint-Laurent-de-la-Cabrerisse, tél. 04 68 44 01 63, chateaulespalais@orange.fr V *t.l.j. 9h-12h 14h-18h; sam. dim. sur r.-v.*

♥ CH. SAINT-ESTÈVE Ganymède 2019 ★★

4 000 | 20 à 30 €

Dans la famille Latham, on trouve Hubert, qui tenta le premier de traverser la Manche en avion, ou Henri de Monfreid, le célèbre explorateur et écrivain. Petit-fils du second, Éric Latham, après avoir exporté du café et du cacao de la Côte-d'Ivoire, a acquis en 1984 le Ch. Saint-Estève (120 ha aujourd'hui, en conversion bio) rattaché jadis à l'abbaye de Fontfroide. Ses enfants, David et Amélie, lui ont succédé.

2017, 2018, 2019 : la passe de trois pour Ganymède (l'échanson de Zeus), coup de cœur pour la troisième année consécutive, sans oublier le millésime 2015, lui aussi au sommet de l'appellation ! On retrouve avec enthousiasme les fondamentaux de la cuvée : un nez à la Cyrano, puissant, complexe, déclinant les épices, les fruits noirs et l'acacia sur un fond minéral et toasté ; une bouche impressionnante par son volume, sa densité, la qualité de ses tanins pris dans le fruit et par sa longueur interminable. Un jury dithyrambique et unanime. On applaudit. 2024-2032

GFA CH. SAINT-ESTÈVE, Ch. Saint-Estève, 11200 Thézan-des-Corbières, tél. 04 68 43 32 34, contact@chateau-saint-esteve.com V *t.l.j. 9h-19h*

CH. LA VOULTE-GASPARETS Cuvée Romain Pauc 2019 ★★

43 000 | 20 à 30 €

Six générations se sont succédé sur ce domaine couvrant aujourd'hui 60 ha, implanté sur une terrasse d'alluvions anciennes longue de 5 km, appuyée sur les collines gréseuses de Boutenac. Conduit avec brio depuis plus de 30 ans par Patrick Reverdy, aujourd'hui épaulé par son fils Laurent, il ne quitte pas le devant de la scène.

Deux étoiles de plus au compteur de la cuvée qui nous revient en grande forme après les trois étoiles de l'an passé. On retrouve avec plaisir ce nez distingué qui tire le meilleur parti de vieilles vignes vinifiées en macération carbonique : une infusion de fruits mûrs et d'épices saupoudrée de garrigue. Les épices insistent dans une bouche riche, ample, pulpeuse, soutenue par des tanins affinés grâce à un élevage millimétré qui sait rester discret. On peut l'ouvrir jeune ou attendre. 2022-2030

SAS CH. LA VOULTE-GASPARETS, 13, rue des Corbières, hameau de Gasparets, 11200 Boutenac, tél. 04 68 27 07 86, chateaulavoulte@wanadoo.fr V *t.l.j. 9h-12h 14h-18h*

FAUGÈRES

Superficie : 2 004 ha
Production : 68 733 hl (99 % rouge et rosé)

Reconnus en AOC depuis 1982, comme les saint-chinian leurs voisins, les faugères sont produits sur 7 communes situées au nord de Pézenas et de Béziers, et au sud de Bédarieux. Les vignobles sont plantés sur des coteaux à forte pente, d'une altitude relativement élevée (250 m), dans les premiers contreforts schisteux peu fertiles des Cévennes. Produits à partir des cépages grenache, syrah, mourvèdre, carignan et cinsault, les faugères rouges sont bien colorés, chaleureux, avec des arômes de garrigue et de fruits rouges. L'appellation produit aussi des rosés et de rares blancs.

B ABBAYE SYLVA PLANA La Closeraie 2019 ★

60 000 | 11 à 15 €

Une abbaye fondée en 1139 sous l'abbatiat de Desiderius. Elle dresse sa tour capitulaire au cœur des schistes de Faugères, où la tradition viticole inaugurée par les moines cisterciens se perpétue depuis plus de huit siècles. Nicolas Bouchard officie aujourd'hui sur les 54 ha de vignes du domaine, conduits en bio (certification en 2008).

Un assemblage de 4 cépages élevé en cuve a donné naissance à ce rouge délié, ouvert sur les fruits rouges, le cassis et les épices, qui a pour lui une bouche facile, tendre et ronde, soulignée de tanins fins. Un rouge fluide et fruité à boire dans sa jeunesse. 2021-2024

SARL ABBAYES ET CHÂTEAUX EN LANGUEDOC (ABBAYE SYLVA PLANA), 13, Ancienne-RN, 34480 Laurens, tél. 04 67 24 91 67, info@vignoblesbouchard.com V *t.l.j. sf sam. dim. 9h-12h 14h-17h* 4

CH. DES ADOUZES Frère et Sœur 2019 ★

2 500 | 15 à 20 €

Issus d'une longue lignée de vignerons languedociens, Jeanne et Olivier Coste ont acquis en 2018 ce domaine de 42 ha, dont l'âge moyen des vignes atteint les 90 ans.

Un élevage de 12 mois de fût pour ces Frère et Sœur (clin d'œil aux deux propriétaires) qui travaillent en bonne harmonie sur la foi de ce rouge épanoui et harmonieux, aux notes de framboises macérées et d'épices sur fond discret de chêne. Déjà assouplie, la bouche séduit par sa suavité, ses tanins affinés, sa fraîcheur préservée et son fruit qui s'entiche d'une touche réglissée en finale. Déjà très aimable. ⧗ 2021-2025 ■ **Le Tigre 2019 ★ (8 à 11 €; 65 000 b.)** Le nez encore timide libère de discrètes notes de fruits rouges et noirs et d'épices. Une belle fraîcheur émane d'une bouche bien ronde et charnue, mais sans outrance, dont les tanins gagneront à se détendre en cave. ⧗ 2022-2026

SCEA CH. DES ADOUZES, 8, imp. des Caves, 34320 Roquessels, tél. 04 67 98 63 33, contact@chateaudesadouzes.com r.-v.

DOM. FLORENCE ALQUIER
Moulin de Guingou 2018 ★★

■	1300		20 à 30 €

En 2017, cherchant un domaine dans l'appellation faugères, Frédéric Desplats rencontre Florence Alquier, qui vendait sa propriété de 10 ha. Les deux s'associent, ajoutent 10 ha dans la même appellation, restaurent cave et vignoble (certifié bio à partir du millésime 2020), et investissent dans des cuves plus petites pour vinifier par cépage et parcelle.

Une cuvée parcellaire dominée par le mourvèdre, élevée en barriques partiellement neuves. Le nez nous le rappelle avec ses senteurs de vanille et de cendre sur fond de thym et de fruits noirs. L'élevage a joliment attendri la texture et affiné les tanins d'une bouche dont on retient surtout l'intensité, l'harmonie et la complexité du fruit. Du potentiel en cave. ⧗ 2022-2027

SCEA DOMAINE ALQUIER-DESPLATS-DEGROS, 165, rte de Pézènes-les-Mines, 34600 Faugères, tél. 06 58 32 85 19, vinsdefaugeres@gmail.com V r.-v.

DOM. DE L'ARBUSSELE Révélation 2018 ★

■	1800		15 à 20 €

Œnologue diplômé, Sébastien Louge a fait ses classes dans divers vignobles de France et du monde avant de s'installer en 2014 comme jeune agriculteur sur le terroir schisteux de Faugères. Il a créé sa cave et exploite 10,5 ha en lutte raisonnée.

Les grenache noir, syrah et carignan forgent la forte personnalité de ce 2018 qui a patienté un an en fût. Une robe sombre annonce un nez riche de fruits rouges macérés, de Zan et de vanille, avec une touche végétale tonifiante. Ronde et généreuse à l'attaque, la bouche se resserre autour de beaux tanins patinés par l'élevage qui donnent ce qu'il faut de relief et de dynamisme à l'ensemble. Une digne évocation de l'appellation. ⧗ 2022-2026

SÉBASTIEN LOUGE (DOM. DE L'ARBUSSELE), 6, Le Moulenc, 34320 Fos, tél. 06 18 07 47 96, contact@domaine-larbussele.com V r.-v.

DOM. BALLICCIONI Orchis 2019 ★

■	6000		11 à 15 €

André et Véronique Balliccioni, après un changement de vie professionnelle, ont créé ce domaine en 1998. Ils conduisent aujourd'hui 17 ha de vignes selon les principes de l'agriculture raisonnée et se sont imposés comme l'une des bonnes références en faugères.

Le duo grenache noir-mourvèdre au menu de ce rouge délicat de bout en bout. Un nez expressif, gourmand, balsamique et fruité ouvre sur une bouche toute aussi croquante, fraîche dès l'attaque, qui déroule jusqu'en finale ses flaveurs toniques et minérales. Un faugères «de soif», digeste et fringant. ⧗ 2021-2024 ■ **Kallisté 2018 ★ (15 à 20 €; 6600 b.)** Les syrah et grenache noir vinifiés en grappes entières et élevés en fût, cela donne ce rouge enlevé, au nez tonique de fruits rouges, de cade, de tourbe et de menthol. La bouche est ample et juteuse, adossée à des tanins fermes, ciselés par un élevage au cordeau. Du potentiel. ⧗ 2022-2027

SARL DOM. BALLICCIONI, 1, chem. de Ronde, 34480 Autignac, tél. 04 67 90 20 31, contact@ballivin.fr V r.-v.

DOM. CAUVY Baie violine 2019 ★

■	5000		5 à 8 €

Emilien le grand-père, Pierre le père et aujourd'hui Philippe Cauvy, trois générations se sont succédé à la tête de ce vignoble de 20 ha situé au cœur de Faugères.

Le domaine fait son retour dans le Guide après une longue absence avec un assemblage GSM (grenache, syrah, mourvèdre) élevé en cuve. Après aération, le nez libère des notes de fruits bien mûrs et de garrigue avec une touche animale : bienvenue dans le Languedoc. La bouche insiste sur les fruits rouges et les épices dans un ensemble généreux, bien rond à l'attaque et raffermi par des tanins encore serrés. Une courte garde s'impose. ⧗ 2022-2025

SCEA DOM. CAUVY, 3, montée des Fontenelles, 34600 Caussiniojouls, tél. 06 72 62 23 20, cauvy.pezenas@wanadoo.fr V r.-v.

CH. CHÊNAIE
Les Ceps d'Émile 2019 ★★

■	3000		8 à 11 €

Un vrai château du XIIᵉs. : au Moyen Âge, un poste de guet sur le passage de la montagne du Carroux vers la plaine littorale. Établie du côté de Faugères depuis 5 générations, la famille Chabbert est propriétaire des 38 ha de vignes du domaine et a installé son chai à barriques et son caveau de dégustation dans l'imposant donjon.

Émile, le grand-père, a planté ces vignes de carignan (90 ans) qui forgent l'âme de cette cuvée élevée en amphore et infusée de fruits rouges. Fruits que l'on hume au nez et que l'on goûte dans une bouche à la rondeur caressante, dotée d'une agréable sucrosité. Un rouge aussi réjouissant que gouleyant, à servir sur un belle viande rouge saignante. ⧗ 2021-2024 ■ **Les Douves 2019 ★ (11 à 15 €; 5000 b.)** Les 12 mois de fût ajoutent un soupçon de vanille à un nez plus fin que puissant, centré sur les fruits noirs compotés et la réglisse. Le fruit s'impose plus intensément dans une bouche bien ronde, charnue, soyeuse, qui se resserre en finale autour de tanins qui demandent à se fondre. ⧗ 2023-2027

EARL ANDRÉ CHABBERT ET FILS (CH. CHÊNAIE), 1, rue du Carcan, 34600 Caussiniojouls, tél. 04 67 95 48 10, chateauchenaie@orange.fr V r.-v.

LANGUEDOC

♥ Ⓑ CH. DE CIFFRE Terroirs d'altitude 2019 ★★★

■ | 50400 | | 11 à 15 €

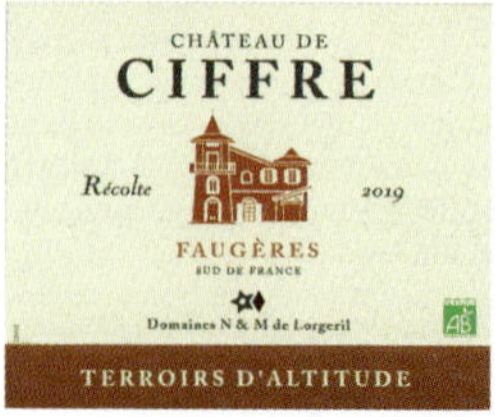

Les Lorgeril possèdent 6 domaines familiaux en Languedoc-Roussillon, parmi lesquels le Ch. de Ciffre (70 ha en conversion bio, dont 37 ha de vignes) qui s'étend sur les appellations faugères, saint-chinian et languedoc. Nicolas et Miren de Lorgeril sont également à la tête d'une structure de négoce.

Des terroirs d'altitude qui ont envoyé le jury au septième ciel ! Le fil conducteur : la fraîcheur. Elle perce dès le nez avec ce fond mentholé qui entoure un fruité très pur de cerise noire, de framboise et d'orange sanguine, discrètement souligné de chêne. Des tanins poudrés animent une bouche d'une fraîcheur immaculée, extraite avec sagesse, frétillante de fruits noirs juteux et d'une gourmandise à se damner. On peut l'ouvrir sans délai pour profiter de l'éclat du fruit ou l'attendre sagement pour plus de fondu. ⧗ 2021-2026

SAS VIGNOBLES LORGERIL (CH. DE CIFFRE), BP 4, 11610 Pennautier, tél. 04 68 72 65 29, contact@lorgeril.com V *r.-v.*

DOM. COTTEBRUNE Parole de berger 2019 ★★

■ | 1300 | | 15 à 20 €

Ce vignoble de 12 ha a été créé en 2007 par Pierre Gaillard, vigneron réputé de la vallée du Rhône nord (Dom. Pierre Gaillard), implanté aussi dans le Roussillon (Dom. Madeloc).

Grand spécialiste de la syrah, Pierre Gaillard lui dédie l'essentiel de ce faugères qui a patienté 15 mois en fût. Avec ses arômes grillés et toastés sur fond de fruits noirs et de thym, le nez en porte l'empreinte. La bouche également, mais elle possède tout pour le digérer : de l'ampleur, une belle fraîcheur et des tanins fermes mais sans aucune âpreté. Tout cela est de bon augure pour la suite. ⧗ 2023-2028

SARL PIERRE GAILLARD (DOM. COTTEBRUNE), 9, rte de la Chaudière, La Liquière, 34480 Cabrerolles, tél. 06 75 87 43 98, cottebrune@gaillard.vin V *r.-v.*

CH. GRÉZAN CG 2020 ★

■ | 5000 | | 20 à 30 €

Jadis *villa* romaine puis commanderie de Templiers, ce curieux château vaut le détour. On l'appelle le «petit Carcassonne du Biterrois» avec son mur d'enceinte fortifié et crénelé remanié au XIX^e^s. Côté vignes, 85 ha conduits par Rémy Fardel et Jean-Louis Pujol.

Un assemblage de roussanne et de vermentino élevé en cuve, fût et jarre. À l'arrivée, un nez détendu associant agrumes, fruits exotiques et fleurs blanches, le tout souligné d'une subtile minéralité. On retrouve avec plaisir cette plénitude d'arômes dans une bouche qui possède les deux vertus des bons blancs du Sud : de la chair et une fraîcheur préservée, autrement dit gras et tension. À l'arrivée, un blanc savoureux et éclatant. ⧗ 2021-2024

SAS VINO-TEC (FAMILLE CROS PUJOLS), Ch. Grézan, RD 909, 34480 Laurens, tél. 04 67 90 27 46, caveau@cg-fcp.com V *t.l.j. sf dim. 9h-12h 14h-18h*

♥ Ⓑ CH. DE LA LIQUIÈRE Cistus 2018 ★★

■ | 15000 | | 15 à 20 €

Depuis les années 1970, ce domaine en bio certifié est l'un des fleurons de l'appellation, présent dans le Guide avec une régularité sans faille. Doté d'un magnifique terroir de 70 petites parcelles de schistes (58 ha) qui sculptent le paysage, il bénéficie aujourd'hui du savoir-faire de la jeune génération, hérité du grand-père Jean et du père Bernard Vidal, l'un et l'autre anciens présidents de l'appellation.

Au rendez-vous du Guide sans interruption depuis au moins 20 ans, la Liquière renoue avec le coup de cœur. Un rouge voluptueux bien ancré dans son terroir, qui s'ouvre lentement mais sûrement pour déployer ses notes de fruits noirs bien mûrs, de thym et d'épices. De beaux tanins puissants mais fins cadrent une bouche riche, volumineuse, fièrement méditerranéenne, pétrie jusqu'au bout de garrigue et de réglisse et qui n'oublie pas de rester fraîche. On applaudit. ⧗ 2022-2028 ■ **Nos Racines 2019 ★★ (11 à 15 €; 7500 b.)** Ⓑ Fruits noirs, coulis de framboise, fève tonka, garrigue, le nez enchante. Une intensité de fruit qui explose dans une bouche diablement séduisante, généreuse mais fraîche, aux tanins totalement pris dans une chair ronde et absolument savoureuse. À un cheveu du deuxième coup de cœur. ⧗ 2021-2025

EARL CH. DE LA LIQUIÈRE, La Liquière, 12, rue de la Chapelle, 34480 Cabrerolles, tél. 04 67 90 29 20, info@chateaulaliquiere.com V *t.l.j. 9h-12h 14h-17h30*

MAS GABINÈLE 2019 ★

■ | 62000 | | 15 à 20 €

Petit-fils de vignerons, Thierry Rodriguez débute sa carrière dans l'exportation de vins du Languedoc, puis dans le négoce. Il redevint vigneron en achetant en 1997 ses premières parcelles en faugères à son ami Gabriel Mas, surnommé Gabinelle. *Gabinelà* désigne en occitan un cabanon de vignes, c'est le nom qu'il a choisi pour son domaine, qui couvre aujourd'hui 20 ha.

Quatre cépages assemblés et longuement macérés en cave au programme de ce rouge qui livre un nez très séduisant de fruits rouges et noirs, d'épices et de garrigue. Une attaque veloutée à l'entame d'un palais ample, parfumé, soutenu par des tanins fermes qui donnent ce qu'il faut d'assise et de tenue à l'ensemble. Un rouge complet, à l'accent du pays. ⧗ 2022-2026

SCEA MAS GABINÈLE, 1750, chem. de Bédarieux, 34480 Laurens, tél. 04 67 89 71 72, info@masgabinele.com V *t.l.j. sf sam. dim. 10h-12h 16h-18h*

B MAS ONÉSIME Paradis caché 2018 ★

| 5000 | | 15 à 20 € |

Ses grands-parents ont acquis des vignes après la Seconde Guerre mondiale. Ses parents ont apporté leurs raisins à la coopérative, puis agrandi le vignoble (12 ha aujourd'hui, en bio certifié avec une vue sur la biodynamie). Après ses études en œnologie et quelques escapades à travers le monde, Olivier Villaneuva s'est installé en 1999 sur le domaine et a débuté la mise en bouteilles à la propriété en 2011. Onésime? Le prénom du grand-père.

Cette cuvée parcellaire issue des schistes donne le premier rôle au mourvèdre, d'où la robe profonde et le nez de fruits noirs et d'épices, sur un fond vanillé issu d'un séjour en barrique de 500 l. Pulpeuse, charnue mais sans lourdeur, la bouche tire son équilibre de beaux tanins bien présents mais enrobés par le chêne. Harmonieux, on peut l'ouvrir sur une viande en sauce. ⧗ 2021-2026

EURL MAS ONÉSIME, La Liquière, 34480 Cabrerolles, tél. 04 67 93 63 58, olivier@masonesime.com V *r.-v.*

B DOM. OLLIER-TAILLEFER
Castel Fossibus 2017 ★

| 9000 | | 15 à 20 € |

Fos est un charmant village fleuri du haut Languedoc. Incarnant la cinquième génération, Luc et Françoise Ollier, frère et sœur natifs du cru, y conduisent un vignoble familial de 36 ha certifié bio depuis 2012. Sixième génération, Florent, fils de Luc, les a rejoint en 2020. Une valeur sûre de l'AOP faugères.

Déjà épanoui, le nez trahit un début d'évolution entre fruits cuits, cuir et notes chocolatées. La bouche opulente et ensoleillée le confirme avec ses tanins fondus, sans une once de rugosité, son toucher caressant et ses parfums épanouis et complexes. Le tout est relevé par une belle acidité en finale. Un vin à point. ⧗ 2021-2024

GAEC OLLIER-TAILLEFER, 11, rte de Gabian, 34320 Fos, tél. 04 67 90 24 59, ollier.taillefer@orange.fr V *t.l.j. sf dim. 11h-12h 14h30-18h; 16 oct.-14 avr. sur r.-v.* D

B CH. DES PEYREGRANDES 2020 ★★★

| 1900 | | 11 à 15 € |

Marie Boudal cultive avec un soin méticuleux ses vieilles vignes (24 ha en bio) de syrah, de grenache, de carignan et de mourvèdre (certaines sont âgées de plus de 70 ans) accrochées sur les flancs des coteaux escarpés de Roquessels, en appellation faugères. Elle a 2 étiquettes : Ch. des Peyregrandes et Dom. Bénézech-Boudal.

Roussanne-marsanne, un duo très «Rhône nord» qui a enfammé le jury. Un élevage neutre laisse s'exprimer des notes variétales, très florales et épicées. On les retrouve dans une bouche sensuelle, très pure, riche et ronde mais jamais pesante, infusée d'un fruit aussi éclatant que gourmand. Irrésistible. ⧗ 2021-2024

SCEA DOM. BÉNÉZECH-BOUDAL, 11, chem. de l'Aire, 34320 Roquessels, tél. 04 67 90 15 00, chateau-des-peyregrandes@wanadoo.fr V *r.-v.*

JÉRÔME RATEAU
Empreinte carbone 2018 ★

| 900 | | 20 à 30 € |

Jérôme Rateau, œnologue formé à Bordeaux et issu d'une famille champenoise, a repris ce vignoble de 15 ha en 2007 et installé sa cave dans un ancien relais de poste datant du XIXes.

Pas de soufre ajouté dans cette cuvée marquée par la syrah. De son long séjour en fût, elle garde le souvenir des épices, de la vanille et du cacao. L'attaque intense et capiteuse donne le ton d'une bouche puissante, solidement tannique, dotée d'une acidité à la mesure : une structure affirmée et un vin conçu pour durer. ⧗ 2023-2028

EARL VIGNOBLES JÉRÔME RATEAU (CH. HAUT-LIGNIÈRES), 188, rte de Pézenas, Bel-Air, 34600 Faugères, tél. 06 82 85 65 16, hautlignieres@yahoo.fr V *t.l.j. sf dim. 10h-13h 15h-18h*

DOM. DE LA REYNARDIÈRE
Cuvée Prestige 2020 ★★

| 3000 | | 5 à 8 € |

Situé sur les contreforts des Cévennes méridionales, ce vignoble de 64 ha disséminés dans 5 communes rassemble depuis 1987 les exploitations de Pierre et Jean-Michel Mégé et de Philippe Pons. Elle propose des vins en AOC (faugères, languedoc) comme en IGP, en rouge, en rosé et en blanc.

Classiquement vinifié en pressurage direct, ce rosé affriolant offre une teinte plus soutenue que la moyenne. Au nez, des arômes très purs et fringants de pamplemousse rose et d'orange sanguine. La grenadine et les petits fruits rouges frais se joignent à la noce dans une bouche immaculée mais généreuse, ample, bien structurée. Un grand rosé de table à la belle et forte personnalité. ⧗ 2021-2023

SCEA DOM. DE LA REYNARDIÈRE, 7, cours Jean-Moulin, 34480 Saint-Geniès-de-Fontedit, tél. 04 67 36 25 75, contact@reynardiere.fr V *t.l.j. sf dim. 10h-12h 14h-19h*

DOM. DU ROUGE-GORGE 2020 ★★

| 8000 | | 8 à 11 € |

Le vin est une vieille histoire de famille chez les Borda, qui se poursuit avec Alain, Monique et Philippe, à la tête d'un important vignoble de 122 ha établi sur les coteaux d'Autignac. Deux étiquettes : Dom. Affanies, exploité depuis 1964, en IGP et vins de France, et Dom. du Rouge-Gorge, quelque 40 ha en AOC faugères, créé en 1982 et conduit par Philippe Borda.

Une robe éclatante et un nez qui ne l'est pas moins avec ses arômes débridés de pêche et de fleurs blanches nuancés d'anis et de garrigue. Cette intensité trouve un heureux prolongement dans une bouche qui a tout pour séduire : le gras, la tension et l'expression sans filtre d'un fruit très plein et savoureux. Très harmonieux, il mérite de passer à table avec un beau poisson (bar, dorade) simplement grillé. ⧗ 2021-2024

SCEA ALAIN ET PHILIPPE BORDA, Les Affanis, 34480 Magalas, tél. 04 67 36 22 86, sceaborda@orange.fr V *r.-v.*

LANGUEDOC

DOM. SAINT-MARTIN D'AGEL
Le Pèlerin 2019 ★

■	9000		8 à 11 €

Propriété de la famille Lugagne Delpon depuis 1822, ce domaine de 32 ha entre vignes et oliviers, ancienne étape des pèlerins sur le chemin de Compostelle, est situé aux portes du Parc régional du Haut-Languedoc. Le vignoble, implanté sur plusieurs niveaux de terrasses de l'AOP Faugères, jouit d'une intéressante diversité de sols.

Friand de bout en bout, on aime le nez franc, direct, sans artifice, sur les fruits rouges et noirs mûrs rafraîchis de garrigue. On aime aussi sa bouche ronde, infusée de fruit et d'une vivacité parfaitement tonifiante. À croquer dès à présent sur des grillades aux herbes. ⧗ 2021-2024

SCEA SAINT-MARTIN D'AGEL, Dom. Saint-Martin d'Agel, 34480 Magalas, tél. 06 10 03 29 49, lugagne.delpon@wanadoo.fr V r.-v. E

DOM. LA SARABANDE
Les Espinasses 2019 ★

■	1176		30 à 50 €

Ce domaine situé à Laurens – l'une des 7 communes de l'appellation faugères – a été repris en 2009 par Paul Gordon, australien, et sa femme Isla, irlandaise. Ensemble, ils exploitent un petit vignoble de 6,5 ha en conversion bio.

Le mourvèdre (20 %) à l'appui de la syrah dans ce haut de gamme qui aura patienté 16 mois en fût avant de livrer ses arômes complexes et profonds : mûre, plantes aromatiques, piment d'Espelette et muscade. Les épices imprègnent une matière ample et concentrée, appuyée sur des tanins conséquents mais calibrés à cette bouche qui respire le Sud. Puissant et structuré, sa vocation est de séjourner longuement en cave. ⧗ 2023-2028

ISLA GORDON (DOM. LA SARABANDE), D 136, rte de la Liquière, 34480 Laurens, tél. 06 74 30 43 28, paul@sarabande-wines.com V r.-v.

FITOU

Superficie : 2 590 ha / Production : 90 023 hl

L'appellation fitou, la plus ancienne AOC rouge du Languedoc-Roussillon (1948), est située dans la zone méditerranéenne de l'aire des corbières; elle comprend à l'est le fitou maritime, qui borde l'étang de Leucate, séparé par un plateau calcaire du fitou de l'intérieur situé dans le massif des Corbières, à l'abri du mont Tauch. L'AOC s'étend sur 9 communes, qui ont également le droit de produire les vins doux naturels rivesaltes et muscat-de-rivesaltes. Le carignan trouve ici son terroir de prédilection. Il peut être complété par le grenache noir, le mourvèdre et la syrah. Élevé au moins 9 mois, le fitou affiche une couleur rubis foncé et un corps puissant et charpenté.

GÉRARD BERTRAND Réserve 2019 ★

■	100000		5 à 8 €

Enfant des Corbières, Gérard Bertrand est un important propriétaire et négociant du sud de la France, dont les cuvées apparaissent dans le Guide sous diverses appellations (corbières, fitou, minervois, languedoc, côtes-du-roussillon) et en IGP.

Macération carbonique pour le carignan et traditionnelle pour le grenache, ce fitou classique présente une robe grenat aux reflets pourpres. Le nez est fin et élégant, sur les fruits rouges, les épices douces et le boisé. La bouche offre des arômes de cerise et de toasté, épaulée par des tanins fondus et une fine fraîcheur. ⧗ 2022-2025

SPH GÉRARD BERTRAND, Ch. l'Hospitalet, rte de Narbonne-Plage, 11100 Narbonne, tél. 04 68 45 28 50, vins@gerard-bertrand.com V *t.l.j. 9h-19h*

B DOM. BERTRAND-BERGÉ
Cuvée Jean Sirven 2018 ★

■	2000		30 à 50 €

À l'instar de son aïeul Jean Sirven, qui vinifiait son vin à la fin du XIXᵉs., Jérôme Bertrand a quitté la coopérative en 1993 pour élaborer ses propres vins. Il a cru très tôt dans la qualité des terroirs rudes de Fitou, a élevé et valorisé les vins du cru, puis hissé son domaine (36 ha) parmi les grands. Depuis la récolte 2011, le vignoble est conduit en bio certifié.

La cuvée Jean Sirven est le fer de lance du domaine. La robe est intense, d'un rouge profond. Le nez dévoile des senteurs intenses, épicées et boisées. Une attaque ronde et charnue ouvre sur un palais à la fois dense et élégant, aux tanins fondus, bien extraits, ouvert sur des arômes profonds de fruits noirs agrémentés de notes empyreumatiques. ⧗ 2022-2027

SCEA DOM. BERTRAND-BERGÉ, 38, av. du Roussillon, 11350 Paziols, tél. 04 68 45 41 73, bertrand-berge@wanadoo.fr V *t.l.j. 9h-12h 14h-18h* G

VIGNOBLES CAP LEUCATE Le Belvédère 2019 ★★

■	8600		8 à 11 €

La coopérative du Cap Leucate, issue d'une fusion de plusieurs coopératives, est incontournable dans le Fitou maritime. Plus de 200 sociétaires y sont rassemblés, exploitant près de 1 400 ha de vignes. Un nouveau chai est sorti de terre en 2010.

Cette cuvée faisant la part belle au mourvèdre, cépage emblématique du fitou maritime, affiche une robe profonde aux nuances grenat. Le nez, complexe, associe les senteurs torréfiées de la barrique aux fruits rouges et noirs relevés de poivre. La bouche offre du volume et une certaine sucrosité autour de tanins soyeux, bien domptés par l'élevage. La finale s'étire sur des notes épicées. ⧗ 2022-2026 ■ **Dom. du Pas de l'Estradelle 2019 ★ (5 à 8 €; 75600 b.)** Au nez, se déploient d'intenses notes de garrigue, relayées par une bouche offrant une belle présence tannique et un boisé soutenu qui demande à se fondre. ⧗ 2022-2025 ■ **Dom. des Tamaris 2019 ★ (5 à 8 €; 46600 b.)** Un vin qui allie puissance et harmonie au nez comme en bouche, le tout sur des notes généreuses et gourmandes de fruits noirs, de réglisse et garrigue. ⧗ 2022-2025 ■ **Dame de Cézelly Cap 42° 2019 ★ (15 à 20 €; 20000 b.)** Un joli vin aux notes fraîches d'épices et d'agrumes, très gourmand en bouche, rond, suave, étiré dans une agréable finale réglissée. ⧗ 2022-2025

SCV LES VIGNERONS DU CAP LEUCATE, DE QUINTILLAN ET DE ROQUEFORT-DES-CORBIÈRES, Chai La Prade, 11370 Leucate, tél. 04 68 33 20 41, contact@cave-leucate.com V r.-v.

JEFF CARREL La Tire 2019 ★

■ | 28 674 | 🍾 | 8 à 11 €

Jeff Carrel décide en 1991 de changer de vie et devient œnologue en 1994. Il fait ensuite un tour de France des vignobles avant de se poser en Occitanie où il vinifie ses propres vins. Il crée des cuvées en partenariat avec des producteurs et en assure la commercialisation.

Cette cuvée est composée de carignan et de syrah plantés sur des sols de schistes. La robe est soutenue, couleur rubis. Le nez, complexe et intense, évoque la garrigue, les fruits noirs et les épices : la trilogie aromatique du fitou est bien présente. Une attaque ronde introduit une bouche aromatique, centrée sur les fruits noirs, et dotée de tanins jeunes et fougueux qui demandent encore un peu de patience. ⧗ 2023-2026

SAS JEFF CARREL, 12, quai de Lorraine, 11100 Narbonne, tél. 07 70 09 00 05, info@jeffcarrel.com E

LES MAÎTRES VIGNERONS DE CASCASTEL Les Cazals 2019 ★★★

■ | 110 000 | | 8 à 11 €

Créée en 1921 dans le massif des Hautes Corbières et le Haut Fitou, à 20 km de la Méditerranée, la cave des Maîtres Vignerons de Cascastel rassemble une centaine d'adhérents qui cultivent 750 ha. À sa carte, des fitou, des corbières, des vins doux naturels et des vins en IGP.

Comme dans l'édition précédente, cette cuvée provenant de sols de schistes purs est mise en avant. La robe est opaque, presque noire. Les plantes de la garrigue dominent le nez : ciste, romarin, accompagnées de fruits rouges et noirs mûrs. À une attaque franche succède un milieu de bouche gras et boisé offrant beaucoup de volume et des tanins encore très présents. Un fitou de caractère, à laisser vieillir en cave quelques années. ⧗ 2023-2028 ■ **Sélection Vieilles Vignes 2019 ★★ (8 à 11 €; 200 000 b.)** Un vin au caractère bien affirmé, ouvert des notes intenses d'épices, de fruits mûrs et de réglisse. La bouche, ample et riche, s'adosse à un bon boisé fondu et à des tanins encore jeunes. ⧗ 2022-2024 ■ **Ch. de Cascastel Cuvée Exception 2019 ★ (8 à 11 €; 95 000 b.)** Une belle expression aromatique se dégage de cette cuvée, sur des notes de fruits mûrs, prolongées par une bouche généreuse et persistante, aux tanins granuleux. ⧗ 2022-2025 ■ **L'Extravagant 2019 ★ (8 à 11 €; 95 000 b.)** Un nez ouvert sur les épices et les fruits rouges, une attaque souple, un volume agréable, de la fraîcheur, des tanins soyeux et de fines notes boisées en finale, ce vin ne manque de rien et plaît par son harmonie. ⧗ 2021-2024

SCV LES MAÎTRES VIGNERONS DE CASCASTEL, Grand-Rue, 11360 Cascastel, tél. 04 68 45 91 74, info@cascastel.com V *t.l.j. sf sam. dim. 8h-12h 14h-18h*

CH. CHAMP DES SŒURS Bel Amant 2018 ★★

■ | 10 000 | 🍾 | 11 à 15 €

Domaine de 15 ha situé dans la zone maritime de Fitou. Aux commandes, Laurent Maynadier, 14e génération de viticulteurs du cru, et Marie Valette, œnologue, installés dans une cave flambant neuve. Premières bouteilles en 1999.

Cette cuvée issue de carignan, de grenache et de mourvèdre est un classique du domaine. Elle revêt une robe grenat aux reflets violines. Le nez, intense et profond, évoque les baies rouges fraîches agrémentées de notes giboyeuses. La bouche se révèle onctueuse et gourmande, épaulée par des tanins fins, tout en retenue et néanmoins bien présents. Un bel équilibre pour ce vin qui s'étire dans une longue finale pleine de délicatesse. ⧗ 2022-2025

CH. CHAMP DES SŒURS, 19, av. des Corbières, 11510 Fitou, tél. 04 68 45 66 74, laurent.maynadier@orange.fr V *r.-v.*

B **CLOS PADULIS** L'âme de Padulis 2019 ★★

■ | 1500 | 🍾 | 20 à 30 €

Après un parcours en cave coopérative, Thierry Billès décide de créer son propre domaine en 1993. Il lui donne l'ancien nom de Paziols, village auquel il est très attaché. Il exploite 22 ha en conversion bio, auxquels s'ajoute une oliveraie de 2 ha.

Vinifiée en fût de 300 l, cette cuvée offre une robe presque noire. Le nez, très expressif, offre des notes fumées, épicées, fruitées (pruneaux) et réglissées intenses. La bouche se montre à la fois riche et fraîche, bâtie sur les fruits noirs et des tanins soyeux qui donnent de la profondeur à ce vin très équilibré et long. ⧗ 2022-2025 ■ **Sérénité 2019 ★ (11 à 15 €; 6 000 b.)** B Une belle matière pour ce vin ouvert sur des notes de fruits noirs et d'épices, long, ample et harmonieux en bouche, doté d'une belle finale sapide sur la réglisse. ⧗ 2022-2025

THIERRY BILLÈS, 7, chem. du Pont-Romain, 11350 Paziols, tél. 04 68 45 04 12, clospadulis@gmail.com V *r.-v.*

CH. LES FENALS 2019 ★★

■ | 2 000 | 🍾 | 8 à 11 €

Le domaine est un mas languedocien entre étangs littoraux et Corbières. Commandé par un château détenu par la maison d'Aragon au Moyen Âge, il fut administré par un neveu de Voltaire qui fit apprécier à la cour la « liqueur du Cap de Salses ». Racheté et restauré en 1970 par une sage-femme parisienne, il est aujourd'hui dirigé par sa fille Marion Fontanel qui le conduit avec Mickaël Moyer, venu de Touraine. Le vignoble de 13 ha est en conversion bio.

Ce vin a enchanté les dégustateurs avec sa robe légère aux reflets framboise et son nez subtil et aérien de rose et de réglisse. La bouche est fluide, gourmande, éclatante de fraîcheur, offrant une subtile harmonie entre les épices (cumin) et le fruit (framboise, cerise croquante), et une longue finale iodée et réglissée. Beaucoup de personnalité dans ce fitou. ⧗ 2022-2025

SCEA LES FENALS, lieu-dit Les Fenals, 11510 Fitou, tél. 04 68 45 71 94, les.fenals@wanadoo.fr V *t.l.j. sf dim. 9h-12h 14h30-18h30* D

DOM. GABINATO FRESQUET Sacré Bonhomme 2019 ★★★

■ | 1290 | 🍾 | 15 à 20 €

Isabelle et David Gabinato, accompagnés de leur fils Nathan, ont choisi de quitter en partie la cave

LANGUEDOC

coopérative du Mont Tauch pour consacrer leur vignoble d'une vingtaine d'hectares à l'élaboration de leurs propres vins. Des vignes plantées sur les hauteurs du pays Cathare, au pied du château Aguilar.

L'âge moyen des vignes à l'origine de ce Sacré Bonhomme est de 120 ans ! On touche au sacré avec ces vénérables ceps de carignan et de grenache. Le nez, d'une rare élégance, évoque les fruits mûrs, la fraise des bois et le cassis notamment. On retrouve ce fruité gourmand dans une bouche affichant beaucoup d'ampleur et de générosité, épaulée par des tanins d'une grande douceur qui poussent très loin la finale. Un équilibre parfait entre délicatesse et profondeur. Le coup de cœur fut mis aux voix. ⧗ 2023-2027
■ **Bonhomme de chemin 2018 ★★ (8 à 11 €; 3236 b.)** Le nez, charmeur, associe la violette, les fruits rouges et la minéralité. La bouche se montre suave et onctueuse, avec en soutien des tanins de qualité pleins de promesses. ⧗ 2022-2026

DOM. GABINATO FRESQUET, 17, chem. des Rebouls, 11350 Tuchan, tél. 06 33 84 88 49, isabelle.gabinato@orange.fr V r.-v.

(B) **CH. DE LA GRANGE** Domitius 2019 ★★

■ | 80000 | | 8 à 11 €

Implanté dans le Fitou maritime, le domaine des frères Dell'Ova vinifie en cave particulière depuis 1986. Traversé par la voie Domitienne, le vignoble, cultivé en bio depuis 2012, couvre aujourd'hui 65 ha sur le territoire de La Palme, dans une zone ventée bénéficiant de la fraîcheur des embruns.

Cette cuvée grenat aux reflets pourpres dévoile un nez plus délicat que puissant, sur les fruits des bois (myrtille, mûre), les épices (poivre, muscade) et la garrigue. L'attaque est franche et racée, ouvrant sur une belle intensité fruitée (cerise noire), épicée (poivre blanc) et florale (violette). Les tanins, bien présents, sont enrobés. ⧗ 2022-2025

DOM. DE LA GRANGE, Cabanes-de-la-Palme, 11480 La Palme, tél. 04 68 48 17 88, dellovafreres@orange.fr V *t.l.j. sf dim. 10h-12h 14h-18h*

DOM. JONES Vieilles Vignes 2019 ★

■ | 9300 | | 15 à 20 €

« *An English woman in Fitou* » : Katie Jones est tombée amoureuse de cette région aride et sèche, où elle a exercé dans le commerce du vin avant de se lancer dans la production en 2008. Elle s'est établie dans l'ancienne gare de Fitou, où elle vinifie ses 13 ha de vieux cépages.

La robe est sombre, grenat aux reflets rubis, et le nez, profond, associe les notes de garrigue et les fruits noirs à un élégant boisé toasté-vanillé qui ne domine pas. Une belle puissance se manifeste en bouche, avec une jolie fraîcheur en appoint et des arômes de petits fruits rouges puis de cassis qui accompagnent des tanins soyeux. Un bel avenir en perspective. ⧗ 2022-2025

SAS DOMAINES JONES, 15, chem. des Rebouls, 11350 Tuchan, tél. 06 86 67 94 68, katie@domainejones.com V *r.-v.*

DOM. LÉRYS Les Oumels 2019 ★★★

■ | 8000 | | 8 à 11 €

Domaine familial fondé en 1861 sur les terres schisteuses du Haut Fitou. Succédant à ses parents Alain et Maguy Izard, Alban Izard a repris cette propriété de 60 ha implantée sur un terroir de schistes. Il est fidèle à la conduite des vignes en gobelet et aux vendanges manuelles, et a engagé la conversion bio.

Nul besoin d'élevage en fût tant les schistes affinent les tanins. Cette sélection parcellaire, qui a frôlé le coup de cœur, dévoile un bouquet intense et élégant de cerise, de figue et de bourgeon de cassis associé à une note minérale camphrée très rafraîchissante. Une attaque ample ouvre sur un palais d'un volume impressionnant, aux tanins serrés de grande qualité et à l'aromatique intense, sur le cassis et la myrtille. La finale longue et sapide achève de convaincre. ⧗ 2022-2025

DOM. LÉRYS, 13, av. des Hautes-Corbières, 11360 Villeneuve-les-Corbières, tél. 06 32 94 09 84, anais@domainelerys.com V *t.l.j. sf dim. 10h-12h 13h30-18h*

♥ **MAS DE LA ROQUE**
Les petits cailloux 2019 ★★

■ | 7000 | | 5 à 8 €

Romain Vidal est la 3e génération de vigneron de la famille. Titulaire d'un diplôme d'œnologue, c'est en 2019 qu'il reprend les rênes de cette exploitation de 10 ha de vignes sur un terroir de schistes et argilo-calcaire aux environs du village de Fitou.

C'est un vin sur la finesse plutôt que sur la puissance que le grand jury a mis en haut de l'affiche. La robe est dense, grenat aux reflets cuivrés. Le nez, d'une grande élégance, associe les fruits rouges et noirs à une agréable touche végétale de maquis. Une attaque pleine de fraîcheur introduit une bouche au fruité large, dotée de tanins soyeux et d'une longue finale tout en délicatesse. Un équilibre parfait. ⧗ 2022-2025

ROMAIN VIDAL, 4, rue du Vigné, 11510 Fitou, tél. 06 28 45 07 90, romainvidal.ups@gmail.com V *t.l.j. sf lun. 12h-16h 20h-00h* 4

MAS DES CAPRICES ZE Fitou 2019 ★

■ | 15000 | | 11 à 15 €

Enfants de viticulteurs alsaciens, Mireille et Pierre Mann étaient restaurateurs avant de devenir artisans-vignerons en 2005. Premières bouteilles en 2009, premier succès. Aujourd'hui, 15 ha en biodynamie sur le plateau calcaire de Leucate et sur les contreforts schisteux des Corbières.

Ce fitou représente une autre idée de l'appellation, tout en gardant l'esprit de ces vins maritimes. La robe présente de beaux reflets cerise. Le nez demande un peu d'aération pour dévoiler ses arômes de pivoine, de cassis et de framboise. La bouche est fraîche, ponctuée de notes mentholées, et la finale s'étiole longuement sur des arômes de framboise agrémentés d'une touche originale de graphite. Un vin lumineux. ⧗ 2022-2025

GAEC DES CAPRICES, 5, imp. de la Menuiserie, 11370 Leucate, tél. 06 76 99 80 24, masdescaprices@free.fr V r.-v.

DOM. MAYNADIER Cuvée Sélection 2018 ★

■	5000		8 à 11 €

Une lignée vigneronne remontant au XVI[e]s. Aujourd'hui, Marie-Antoinette et sa fille Cécile vinifient dans la plus ancienne cave de Fitou, jadis relais de diligences datant de 1697, et exploitent un vignoble de 24 ha dans un esprit bio mais sans certification.

Cette cuvée fait preuve d'une grande régularité. La version 2018 est sombre aux reflets rubis. Le nez, d'une belle intensité, associe de discrètes notes de sous-bois et de vanille aux fruits rouges et noirs (griotte, cassis). En bouche, le grain de tanin est velouté, le boisé fondu et les fruits noirs nous accompagnent avec une jolie fraîcheur jusqu'à une finale plus chaleureuse. ⧗ 2022-2025 ■ **Cuvée de l'Ancêtre 2019 ★ (8 à 11 €; 6000 b.)** Un vin agréablement fruité, centré sur des notes de framboise et de myrtille agrémentées de nuances mentholées. La bouche se montre souple, fluide, dotée de tanins fondus. À boire sur le fruit. ⧗ 2021-2023

GAEC MAYNADIER, 45, RD 6009, 11510 Fitou, tél. 06 81 35 65 80, cecile@domainemaynadier.com V t.l.j. 9h-12h 14h-18h

MONT TAUCH Hommage 2019 ★★

■	14000		15 à 20 €

Locomotive des Hautes Corbières, cette coopérative fondée à Tuchan en 1913 regroupe quelque 200 vignerons et vinifie le fruit de 1 500 ha de vignes implantées sur un terroir rude et sec propice aux grands vins. À sa carte, des corbières, fitou, vins doux naturels et vins en IGP.

Élevée en fûts neufs de 300 l, cette cuvée s'affiche dans une robe pourpre, profonde et intense. Le nez, gourmand, évoque les fruits rouges et noirs, les épices douces, la violette et une discrète note toastée. En bouche, la cerise noire et les notes boisées sont en harmonie, soutenues par des tanins soyeux et enrobés. Un bel avenir pour ce fitou équilibré et persistant. ⧗ 2023-2027 ■ **Vieilles Vignes 2019 ★ (8 à 11 €; 213300 b.)** Plantés sur un sol argilo-calcaire, le carignan et le grenache expriment ici des notes de fruits noirs agrémentées d'une touche grillée apportée par le bois. Arômes prolongés par une bouche longue et équilibrée. ⧗ 2022-2025 ■ **Ch. de Ségure Cuvée Olivier de Termes 2019 ★ (11 à 15 €; 93700 b.)** Issue de sols schisteux, cette cuvée aux notes gourmandes de pruneaux, de fruits rouges et de boisé s'appuie sur des tanins fermes, qui doivent encore s'affiner. ⧗ 2023-2026

SCA MONT TAUCH, 2, rue de la Cave, 11350 Tuchan, tél. 04 68 45 41 08, contact@mont-tauch.com V t.l.j. sf dim. 9h-12h 14h-17h30

CH. DE NOUVELLES Gabrielle 2018 ★★

■	7500		15 à 20 €

Aux abords du col d'Extrême, le domaine tire son nom de Jacques Fournier de Novelli – pape sous le nom de Benoît XII au XIV[e]s. – qui eut ici un château. Propriété de la famille Daurat-Fort depuis 1834, il couvre 75 ha (en conversion bio). À sa tête, Jean-Rémy Daurat-Fort, qui succède à son père Jean, ancien président de l'appellation fitou, décédé en février 2021.

Gabrielle est une cuvée emblématique du domaine, alliant extraction et respect du terroir de schistes. La robe est d'un beau pourpre profond. Le nez, intense, associe la réglisse à de fines notes fines boisées. En bouche, on découvre une matière ample, épaulée par des tanins soyeux et par une fraîcheur salutaire qui vient souligner les fruits rouges tapissant la finale. Un fitou précis et élégant. ⧗ 2022-2026 ■ **Augusta 2018 ★ (8 à 11 €; 22500 b.)** Belle acidité pour ce vin aux notes de garrigue, très fruité et aux tanins soyeux et avenants. ⧗ 2022-2023

SCEA DAURA-FORT (CH. DE NOUVELLES), 11350 Tuchan, tél. 06 89 43 75 13, daurat-fort@chateaudenouvelles.fr V t.l.j. 8h-12h 13h30-18h

DOM. DE LA ROCHELIERRE Noblesse du temps 2019 ★

■	5000		20 à 30 €

Quatre générations se sont succédé sur ce domaine dirigé depuis 1998 par Jean-Marie Fabre, œnologue et président des Vignerons indépendants de l'Aude. Un producteur engagé qui, accompagné de sa fille Émilie depuis 2008, préserve son terroir de Fitou : ses vignes (15 ha) n'ont pas vu de produits chimiques depuis 1979 (méthode Cousinié) et sont labellisées HVE.

Cette cuvée, dégustée fort jeune, est destinée à vieillir : tout d'abord pour dompter le bois, qui lui-même doit dompter le mourvèdre. Le nez est pour l'heure fermé, mais on y devine des notes d'épices et de fruits noirs. En bouche, après aération, s'invitent des arômes de fruits rouges croquants et les tanins s'affirment avec intensité mais sans dureté, épaulés par un bon boisé racé. Un joli fitou de garde et de tradition. ⧗ 2025-2030

EARL DOM. DE LA ROCHELIERRE, 8, rue de la Noria, 11510 Fitou, tél. 04 68 45 70 52, la.rochelierre@orange.fr V t.l.j. 9h-12h 14h-19h B

DOM. SAINT-ROCH 2019 ★

■	27500		- de 5 €

Cette étiquette est dans le giron des Grands Chais de France, géant français du négoce de vins créé à la fin des années 1980 par Joseph Helfrich, aujourd'hui présent dans l'ensemble des régions viticoles françaises et dans le monde entier.

Ce fitou classique offre une robe grenat aux reflets rubis et un nez fin de fruits rouges, d'épices et de réglisse. L'attaque est franche, le développement bien équilibré, malgré des tanins encore jeunes. Jolie finale persistante qui rappelle l'olfaction. ⧗ 2022-2025

SAS LES GRANDS CHAIS DE FRANCE, 1, rue de la Division-Leclerc, 67290 Petersbach, tél. 04 67 39 29 47, carole.martin@lgcf.fr V r.-v.

DOM. SARRAT D'EN SOL Arménie 2018 ★

■	3500		15 à 20 €

Sur ce domaine, des vignes ancestrales entourent une bergerie datant du XIV[e]s. transformée en gîte.

Vigneron depuis près de 30 ans, Nicolas Brassou vinifie des raisins vendangés manuellement sur le terroir de Tuchan.

Une cuvée née de carignan, de grenache et de syrah plantés sur une mosaïque de sols argilo-calcaires, cépages qui expriment ici toute leur puissance teintée de finesse. Le nez s'exprime sur les fruits rouges et noirs, la violette et de fines senteurs empyreumatiques. En bouche, longueur et fraîcheur sont de mise, avec en soutien des tanins ronds et soyeux. ⧗ 2022-2025 ■ **2019 ★ (11 à 15 €; 6000 b.)** Ce vin s'exprime sur la réglisse et les fruits noirs à l'olfaction. En bouche, il déploie des tanins jeunes et fermes, qui demandent encore un peu de temps pour s'affiner. ⧗ 2022-2024

NICOLAS BRASSOU (DOM. SARRAT D'EN SOL), 4, chem. Sarrat-d'en-Sol, 11350 Tuchan, tél. 06 38 93 82 86, famille.brassou@wanadoo.fr V *r.-v.*

CH. VALFAURÈS Nomads 2019 ★

■	4000		8 à 11 €

Ancien directeur commercial de la cave de Fitou (disparue après fusion), Benoît Valery a ensuite travaillé pour diverses propriétés avant de rejoindre en tant que maître de chai ce domaine qui s'étend sur 25 ha dans le Fitou maritime, acquis en 2012 par Claude Boueilh.

La robe est très dense, tirant vers le noir, et le bouquet intense, profond, sur les fruits noirs, la tapenade d'olive et la truffe. À une attaque souple et élégante, succède un milieu de bouche plus tannique et boisé mais équilibré, avec en finale une belle fraîcheur mentholée qui apporte du tonus. ⧗ 2022-2024

SARL VALFAURÈS, 5, rue Gilbert-Salamo, 11510 Fitou, tél. 06 12 91 83 22, benoit.valery@hotmail.fr

LANGUEDOC

Superficie : 9 522 ha
Production : 398 780 hl (85 % rouge et rosé)

En 2007, l'appellation coteaux-du-languedoc s'est élargie et a pris le nom de languedoc. L'ancienne AOC était formée de terroirs disséminés en Languedoc, dans la zone des coteaux et des garrigues, entre Narbonne et Nîmes, du pied de la Montagne Noire et des Cévennes à la mer Méditerranée – d'anciennes aires VDQS promues en AOC en 1985. Elle a fait place à partir du millésime 2006 à une vaste appellation régionale incluant toutes les aires d'appellation du Languedoc et du Roussillon, jusqu'à la frontière espagnole – à l'exception de Malepère : près de 500 communes (122 dans les Pyrénées-Orientales, 195 dans l'Aude, 160 dans l'Hérault et 19 dans le Gard). Les AOC existantes (corbières, faugères, côtes-du-roussillon, etc.) subsistent. Quant au nom « coteaux-du-languedoc », il a pu figurer sur les étiquettes jusqu'en 2012 pour les vins provenant de l'aire historique de l'appellation.

6 cépages dominent la production des vins rouges (majoritaires) et des rosés : carignan et cinsault (limités à 40 %) complétés par les grenache noir, lladoner, mourvèdre et syrah; en blanc, grenache blanc, clairette, bourboulenc, marsanne, roussanne et vermentino sont les principaux cépages, le piquepoul étant également utilisé. Ce dernier, qui donne un vin vif, est la variété exclusive du picpoul-de-pinet, produit autour du bassin de Thau, promu au rang d'AOC avec le millésime 2013. Six autres dénominations géographiques correspondent à un terroir particulier et affichent des conditions de production plus restrictives que dans le reste de la région : le pic Saint-Loup pour les rouges et les rosés, les Grés de Montpellier, Pézenas et les Terrasses du Larzac pour les rouges, ainsi que Sommières depuis 2009. Les Terrasses du Larzac, La Clape et le pic Saint-Loup sont devenus des appellations à part entière. En outre, certaines dénominations liées à une renommée ancienne peuvent figurer sur l'étiquette des rouges et des rosés : Cabrières, célèbre pour ses rosés, Montpeyroux, Saint-Saturnin, Saint-Georges-d'Orques, La Méjanelle, Quatourze, Saint-Drézéry, Saint-Christol et Vérargues.

ALLEGRIA Dolce Farniente 2020 ★★

■	20000		11 à 15 €

Créé en 2008 sur les premières collines du Haut Languedoc, au nord de Pézenas, Allegria est le fruit d'une amitié franco-argentine entre Ghislain et Delphine d'Aboville et Roberto de la Mota (œnologue de renom). La nouvelle cave bioclimatique, implantée au pied du volcan des Baumes, est entourée d'un vignoble de 9 ha conduit en bio dès l'origine.

Une robe claire aux reflets argentés, un nez débridé aux franches notes de fruits exotiques et de pamplemousse, une bouche séduisante et fraîche qui se teinte de fruits rouges : aucune fausse note dans ce rosé exemplaire et expressif qui sent bon l'été et le farniente. ⧗ 2021-2022

EARL D' ABOVILLE DE LA MOTA, Dom. Allegria, lieu-dit Fontarêche, 34720 Caux, tél. 06 25 93 08 08, allegria@vinotinto.fr V *r.-v.*

BRUNO ANDREU Pézenas 2018 ★

■	5000		11 à 15 €

Issu d'une famille vigneronne et lui-même vigneron pendant 20 ans (Ch. la Condamine Bertrand), Bruno Andreu a créé sa propre marque en 2018. Il s'approvisionne auprès de vignerons et domaines languedociens et élève ses vins dans un chai datant de 1610, situé près de Montpellier.

Un 2018 dans la lignée du millésime précédent, déjà étoilé. Un élevage de 12 mois de fût pour cet assemblage syrah-grenache noir, mais ce sont les fruits rouges, les épices et le thym qui percent au nez. Une palette typiquement languedocienne que l'on retrouve dans une bouche conviviale, souple, épaulée par des tanins fermes. Irréprochable, déjà gourmand mais du potentiel en cave. ⧗ 2021-2026 ■ **Elixir 2018 ★ (11 à 15 €; 20000 b.)** Une base de syrah (84 %) pour cet Elixir au nez intense, mêlant fruits noirs mûrs, tabac et olives noires, à la bouche séduisante, dotée d'une sucrosité gourmande, de souplesse et de tanins pas loin d'être fondus. Le tout emballé par une belle fraîcheur. ⧗ 2021-2025

SAS BRUNO ANDREU, 53, av. de Béziers, 34290 Montblanc, tél. 04 67 31 58 48, contact@bruno-andreu.com V *t.l.j. 9h-12h 14h-17h*

B DOM. D'AUPILHAC La Boda 2019 ★★

	600		20 à 30 €

Descendant de 4 générations de vignerons, Sylvain Fadat a créé en 1989 ce domaine qui couvre 25 ha. Il travaille en agriculture biologique (biodynamie) ses 2 terroirs, argilo-calcaires et marnes bleues pour Aupilhac, en versant sud, et argilo-calcaire et vestiges volcaniques pour Cocalières, à 350 m d'altitude. Millésime après millésime, il continue à nous faire partager son savoir-faire.

La Boda (mariage en espagnol) célèbre l'union de deux terroirs, l'un argilo-calcaire, l'autre basaltique, peaufiné par un vigneron talentueux. Fleurs blanches, mirabelle, miel, encens, résine, brioche... le nez a fait parler. Attendrie par 14 mois de fût, la bouche déroule une chair tendre, fraîche, crémeuse, et renoue avec le fruit dans une longue et lumineuse finale. Un grand blanc qui mérite un peu de cave avant de passer à table sur un plat délicat et crémé. ⧗ 2022-2025 ■ **Montpeyroux Les Cocalières 2018 ★ (15 à 20 €; 15000 b.)** Cette cuvée (syrah, grenache et mourvèdre) affiche un caractère serré. Au nez, une touche discrète d'épices douces, des fruits rouges mûrs et de notes de plantes aromatiques. Un bouquet typé que l'on retrouve dans une bouche nerveuse, adossée à des tanins fermes ouvrant sur une longue finale. ⧗ 2022-2027

SCEA DOM. AUPILHAC, 32, rue du Plô, 34150 Montpeyroux, tél. 04 67 96 61 19, aupilhac@aupilhac.com V r.-v. E

B CH. BAS D'AUMELAS
Grès de Montpellier L'Égérie 2018 ★

	3300		20 à 30 €

Cette ferme du XIIe s. devint château au XVIe s., quand le seigneur Bonnet la préféra à son domaine ravagé par les guerres de Religion. Propriété depuis trois siècles de la famille d'Albenas, le domaine (17 ha) est exploité depuis 2001 par Geoffroy et Jean-Philippe, qui l'ont converti à l'agriculture biologique.

Très typé syrah (90 %), le nez diffuse de franches notes de fruits rouges et noirs écrasés réhaussées de pivoine et d'épices douces. Ample et chaleureuse à l'attaque, la bouche ne manque de rien : beaucoup de chair, des tanins puissants mais onctueux, ce qu'il faut de fraîcheur et une longue persistance sur les fruits mûrs. De belle garde. ⧗ 2023-2030 **Barathym 2020 ★ (5 à 8 €; 11500 b.)** 95 % de grenache blanc dans ce 2020 qui déploie de douces notes de jasmin, de violette et de fruits blancs frais. Aucune fausse note dans cette bouche élégante, d'un équilibre irréprochable entre rondeur et fraîcheur, qui s'attarde sur l'anis en finale. ⧗ 2021-2024

SARL VIGNOBLES D' ALBENAC, Ch. Bas d'Aumelas, 34230 Aumelas, tél. 04 30 40 60 29, contact@chateaubasaumelas.fr V r.-v.

B BORIE LA VITARÈLE Le Grand Mayol 2019 ★

	8000		11 à 15 €

Un domaine de 20 ha conduit depuis 1998 (en bio et biodynamie) par Jean-François Izarn, adepte des vinifications douces avec des levures indigènes, respectueuses de l'environnement et du terroir. Ce vigneron d'une grande valeur, reconnu et apprécié de ses pairs, a «quitté la scène» prématurément, en 2014. Sa femme Cathy poursuit aujourd'hui son œuvre, à laquelle elle a largement contribué. Une valeur sûre.

Une dominante de clairette et de vermentino dans cet assemblage né de sols calcaires. Une touche fumée anime un nez centré sur les fruits blancs et les agrumes. On les retrouve dans une bouche éclatante, ronde, sans outrance, portée par une acidité de bon aloi. Un blanc vinifié avec goût et qui soigne le fruit. ⧗ 2021-2024

SAS IZARN-PLANÈS, Borie-la-Vitarèle, 34490 Causses-et-Veyran, tél. 04 67 89 50 43, contact@borielavitarele.fr V *t.l.j. sf sam. dim. 9h-12h 14h-18h*

DOM. LES BRUYÈRES Réserve de Jules 2019 ★★

	1600		8 à 11 €

Petit-fils de viticulteurs pluri-actifs, lui-même engagé dans la production fruitière, Christophe Combaluzier a eu l'ambition de faire renaître un vignoble avec des amis. Après diverses acquisitions, son domaine de poche (1 ha environ) a vu le jour en 2010 autour de Sommières, cru gardois du Languedoc.

Syrah et grenache noir en très bonne harmonie dans ce 2019 élevé en cuve, sans fioriture. Avec ses notes débridées de fruits rouges et noirs frais, le nez nous le rappelle. Beaucoup de fruit et de fraîcheur à l'attaque d'une bouche charmeuse, dotée de tanins croquants et d'une sucrosité gourmande. Une touche d'épices met un point final à ce rouge franc et fruité. ⧗ 2021-2024

CHRISTOPHE COMBALUZIER, Dom. les Bruyères, 562, chem. du Château-d'Eau, 30260 Quissac, tél. 06 07 11 51 19, c.combaluz@orange.fr V *r.-v.*

B CH. LES BUGADELLES Bergerie 20 ★

	30000		11 à 15 €

Épaulé depuis 2013 par sa fille Béatrice, Jean-Claude Albert a repris en 2005 ce domaine établi sur le massif de la Clape : 400 ha d'oliviers, de chênes truffiers et de vignes. Ces dernières, étendues sur 45 ha, sont conduites en bio.

Le duo roussanne-grenache blanc très complice dans ce blanc tendre et épanoui élevé sur lies. Au nez, un fond pâtissier de brioche et de crème, nuancé d'acacia et d'écorce d'agrumes. En bouche, de l'onctuosité, une sucrosité gourmande, ce qu'il faut de fraîcheur pour alléger l'ensemble avant une longue finale fruitée et iodée. ⧗ 2021-2023

SA DE COURTAL NEUF (CH. LES BUGADELLES), rte de Saint-Pierre-la-Mer, 11560 Fleury-d'Aude, tél. 04 68 90 79 03, contact@maisonalbert.fr

B CAMP AUCELS Milan noir 2019 ★

	5000		8 à 11 €

Un nouvel élan depuis 2009 pour ce domaine dédié aux oiseaux : *Campaucels* signifie le «champ des oiseaux». Situé en zone Natura 2000, il est conduit en agriculture biologique certifiée par Cathy Do, œnologue.

LANGUEDOC

Les syrah et grenache noir assemblés à la cuve et élevés 18 mois ont enfanté ce rouge dont le nez énergique évoque les fruits rouges frais égayés de menthol et d'une nuance fumée. Une allégresse qui fait aussi le charme d'une bouche tonique, au fruité acidulé, privilégiant la fraîcheur à la puissance, avec une touche d'amertume pas désagréable en finale. ⧗ 2021-2024

⊶ EARL DOM. DE CAMPAUCELS, 34530 Montagnac, tél. 04 67 24 19 16, domainecampaucels@orange.fr V r.-v. E

JEFF CARREL Les Darons 2019 ★

■ | 420000 | | 8 à 11 €

Jeff Carrel décide en 1991 de changer de vie et devient œnologue en 1994. Il fait ensuite un tour de France des vignobles avant de se poser en Occitanie où il vinifie ses propres vins. Il crée des cuvées en partenariat avec des producteurs et en assure la commercialisation.

Un rouge stimulant dont le nez frais, pétri de fruits rouges et de garrigue, donne le ton d'une bouche enlevée, qui a tout pour séduire : de la chair et de la puissance comme il se doit dans la région, mais avec une fraîcheur préservée qui donne à l'ensemble un aspect à la fois plein et vivant. La finale un peu saline est du meilleur effet. Convaincant et convivial. ⧗ 2021-2024

⊶ SAS JEFF CARREL, 12, quai de Lorraine, 11100 Narbonne, tél. 07 70 09 00 05, info@jeffcarrel.com E

DOM. CASTAN Amètla 2018 ★

■ | 2000 | | 15 à 20 €

André Castan, qui tenait les rênes du domaine familial depuis 1993, l'avait orienté vers l'agriculture raisonnée avant d'obtenir la certification HVE. Ses enfants Guilhem et Valérie, qui ont pris le relais en 2016, ont obtenu la certification bio en 2020. Située près de Béziers, en bordure de l'appellation saint-chinian, l'exploitation dispose d'une cave centenaire et de 41 ha de vignes sur terroir argilo-calcaire de la période du Lias.

Un amandier centenaire («amètla» en occitan) planté sur la parcelle a donné son nom à ce 2018 peu démonstratif mais séduisant. Du nez, on retient ses arômes discrets de fruits rouges et d'épices, et de la bouche son attaque charnue, son acidité revigorante et sa finale un tantinet serrée. Il se détendra à table avec des grillades et autre chipolatas. ⧗ 2021-2024

⊶ EARL DOM. CASTAN, 26 bis, av. Jean-Jaurès, 34370 Cazouls-lès-Béziers, tél. 04 67 93 54 45, info@domainecastan.com V *t.l.j. sf dim. 10h-12h30 16h-19h30*

DOM. DE CASTELNAU Vieilles Vignes 2019 ★

■ | 6666 | | 5 à 8 €

À proximité de Pézenas et de l'étang de Thau, Castelnau-de-Guers, entre plaine et garrigue, est une commune viticole dont le terroir argilo-calcaire est propice à la production de vins de qualité. Le vaste Dom. de Castelnau (110 ha), dont les origines remontent au XIIe s. y cultive une multitude de cépages sous la conduite de Béatrice et Christophe Muret.

Derrière une robe violine, un nez plutôt discret et appétent de fruits rouges et d'épices. La garrigue s'invite dans une bouche souple, pas d'une grande richesse mais d'un équilibre agréable. Les tanins encore un peu accrocheurs en finale se détendront après un peu de cave. ⧗ 2022-2025

⊶ SARL DOM. DE CASTELNAU, 32, av. de Pezenas, 34120 Castelnau-de-Guers, tél. 04 67 98 16 19, castelnau1@wanadoo.fr V *t.l.j. sf sam. dim. 8h-12h 13h30-18h*

CH. DE CAUNETTES 2019 ★

■ | 27000 | | 5 à 8 €

Les Lorgeril possèdent 6 domaines familiaux en Languedoc-Roussillon, parmi lesquels le Ch. de Pennautier, un Versailles en Languedoc construit en 1620 à la gloire des seigneurs locaux, trésoriers des États du Languedoc; une valeur sûre de l'appellation cabardès. Nicolas et Miren de Lorgeril, qui représentent la 10e génération à conduire ce vaste ensemble de 180 ha, sont également à la tête d'une structure de négoce.

De ces vignes d'altitude, on garde le souvenir d'un rouge convivial aux francs arômes de fruits rouges et de réglisse. Arômes que l'on apprécie aussi dans une bouche souple, fraîche, gouleyante, sertie de tanins croquants et un rien serrés. ⧗ 2021-2024

⊶ SAS VIGNOBLES LORGERIL (CH. PENNAUTIER), BP 4, 11610 Pennautier, tél. 04 68 72 65 29, contact@lorgeril.com V *r.-v.* D

LE CHAI D'ÉMILIEN Espiègle 2018 ★

■ | 6500 | | 8 à 11 €

Les 5 générations précédentes ont agrandi le domaine et cultivé la vigne. Installé en 2014, Émilien Fournel perpétue cette tradition avec son épouse Ophélie tout en devenant récoltant. Il exploite 35 ha au nord-est de Montpellier.

Pas de bois dans ce 2018 bien nommé, dont le jury a apprécié le nez détendu et charmeur, sur les fruits rouges frais et le menthol. Il a aimé aussi la bouche, de bon volume, d'une souplesse conviviale, qui a pour elle un fruit bien typé par la garrigue et des tanins un tantinet fermes mais sans dureté. Parfait avec sur une viande rouge grillé. ⧗ 2021-2024

⊶ SCEA VIGNOBLE FOURNEL, Le Chai d'Émilien, 6, rte de Montpellier, 34160 Sussargues, tél. 06 99 50 45 38, contact@lechaidemilien.com V *r.-v.*

B DOM. CLAVEL Cascaille 2019 ★

■ | 7000 | | 15 à 20 €

Créé en 1986, le Dom. d'Estelle et Pierre Clavel est situé au cœur du Languedoc entre vignes et garrigues. Leur vignoble de 30 ha (en bio certifié, avec une démarche biodynamique) couvre deux terroirs : Pic Saint-Loup et Montpeyroux. Une référence du Languedoc viticole. Les clous représentés sur les étiquettes rappellent que les Clavel en fabriquaient avant de se consacrer entièrement à la vigne.

Coup de cœur dans le millésime 2016, cette cuvée aux 7 cépages, élevée sous bois pendant 14 mois, nous revient en forme dans sa version 2019. On aime l'élégance d'un nez qui laisse parler les fruits blancs et les plantes aromatiques, puis la bouche caressante, ample, bien élevée, fraîche et dynamisée par un trait de citron et d'iode en finale. ⧗ 2021-2024

SAS VINS PIERRE CLAVEL, Mas de Périé, rte de Sainte-Croix, 34820 Assas, tél. 04 99 62 06 13, info@vins-clavel.fr V t.l.j. sf dim. 14h-18h; sam. sur r.-v.

CLOS DE L'AMANDAIE Huis Clos 2018 ★

	6000		15 à 20 €

À Aumelas, village situé à l'ouest de Montpellier, hameaux et vignobles parsèment la garrigue. Autour d'un château du XIIes., parmi les chênes verts, de petites parcelles cachées dans les combes composent le domaine de Philippe Peytavy, soit 20 ha en conversion bio. Il dispose depuis 2020 d'un chai flambant neuf.

Une vinification en marc immergé pour ce duo syrah et grenache noir convaincant. La robe noire impressionne et annonce un nez puissant, riche, infusé de fruits noirs et d'épices. Ample, l'attaque ouvre sur un palais concentré, aux franches notes de réglisse et de garrigue, idéalement soutenu par de beaux tanins très enrobés. Finale suave sur le fruit. Un rouge fièrement languedocien, à fort potentiel en cave. 2023-2030

CLOS DE L'AMANDAIE, rte de Montpellier, 34230 Aumelas, tél. 06 86 68 08 62, closdelamandaie@free.fr V t.l.j. sf dim. 9h-12h 14h-18h

CLOS D'ELLE L'Entrecœur 2020 ★

	6000		8 à 11 €

Longtemps coopérateur, Claude Bousquet a réalisé son rêve avec le création de son domaine baptisé Clos d'Elle en l'honneur de sa fille. Il est aujourd'hui épaulé par ses deux fils. Le vignoble est en conversion bio depuis 2018.

Une touche de viognier à l'appui de la syrah et du grenache noir dans ce rosé pâle et saumoné, au nez ouvert sur les petits fruits rouges et la pêche blanche. Un fruit qui fait le charme d'une bouche ample et généreuse à l'attaque, puis plus fraîche, avec une petite amertume stimulante en finale. 2021-2022

CLAUDE BOUSQUET, ZA Cannabe, 34660 Cournonterral, tél. 06 85 90 07 48, leclosdelle@gmail.com V r.-v.

B LE CLOS D'ISIDORE Saint-Georges-d'Orques Les Sentiers pourpres 2018 ★

	1800		15 à 20 €

À Murviel-lès-Montpellier, on admire la fontaine romaine et l'oppidum d'Altimurium, vestiges datant du IIes. avant notre ère. Les 22 ha de vignes du domaine établi sur les coteaux caillouteux sont certifiés bio depuis 2013. Un chai flambant neuf est sorti de terre en 2018.

Un rouge sérieux, longuement élevé en fût (18 mois) et construit pour la garde. Le nez d'abord discret libère après aération des parfums de fruits bien mûrs et d'épices. Vigoureuse, fraîche à l'attaque, la bouche monte lentement en puissance et déploie sa chair réglissée fermement tenue par des tanins jeunes et serrés. Une austérité de bon aloi qui augure d'un bel avenir. 2023-2028

JOËL ANTHERIEU, 1, pl. Clément-Bécat, 34570 Murviel-lès-Montpellier, tél. 04 99 51 77 46, leclosdisidore34@gmail.com V t.l.j. sf mer. dim. 10h-12h 16h- 19h

B DOM. DU CLOS ROCA Lucie 2019 ★

	5800		8 à 11 €

Salarié dans l'industrie, Louis Aleman décide en 2009 de se convertir à la vigne et acquiert ce domaine d'une quinzaine d'hectares établi au lieu-dit Saint-Jean-de-Roca, à Nizas, dont le vignoble marie deux composantes majeures du terroir de Pézenas : basalte et terrasses villafranchiennes.

Une dominante de roussanne dans cette cuvée née de terrasses calcaires. Passé une pointe de réduction, montent du calice de doux effluves de fleurs blanches, de miel et de litchi sur un fond finement toasté. Un bouquet qui s'épanouit dans un palais qui ne manque ni ne mâche ni de fraîcheur. 2021-2024

EARL VIGNOBLES ALEMAN, Dom. du Clos Roca, D 124, 34320 Nizas, tél. 04 67 25 19 43, info.closroca@gmail.com V r.-v.

B DOM. COSTES-CIRGUES Le Château Vieilles Vignes 2018 ★

	2020		20 à 30 €

Originaire de Suisse alémanique, Béatrice Althoff a repris en 2003 ce domaine, mosaïque constituée d'une centaine de petites parcelles. Elle le conduit en agriculture biologique et biodynamique et vinifie sans sulfites ajoutés. Les fils de la vigneronne, David et Robin, prendront prochainement la relève.

Un habitué du Guide qui accroche un étoile de plus à son palmarès. Il le doit à ce rouge épanoui dont le nez axé sur les fruits confits, les épices et les olives noires montre un début d'évolution. Puissante et bien en chair, la bouche séduit par le velouté de sa texture et le fondu de ses tanins. Beaucoup de soleil et de volupté dans ce languedoc bien typé. 2021-2025

EARL COSTES-CIRGUES, 1531, rte d'Aubais, 30250 Sommières, tél. 04 66 71 83 85, info@costes-cirgues.com V t.l.j. sf dim. 9h-12h 14h-18h E

DOM. COSTES ROUGES Éric M. 2018 ★★

	1200		20 à 30 €

Éric Mauri, à la tête du Dom. Costes Rouges depuis 1988, a décidé de vinifier ses raisins à la propriété en 2007 et a engagé la conversion bio de ses 9 ha de vignes.

« Dédiée à moi-même » indique avec humour le producteur, la cuvée séduit franchement par son nez friand, de fraises compotées et de poivre, habilement soulignés de chêne. Surprenante de fraîcheur à l'attaque, la bouche monte lentement en puissance et déploie une chair infusée de Zan tenue par des tanins conséquents mais bien enrobés par l'élevage. Tout est en place pour un vieillissement prometteur. 2023-2029

ÉRIC MAURI, Dom. Costes Rouges, 9, rue du Potarouch, 34320 Neffiès, tél. 06 88 44 43 40, contact@costesrouges.fr V r.-v. C

DOM. LA COSTESSE Jean 2018 ★

	1600		20 à 30 €

Pâtissier de formation, Gilles Nougalliat a repris en 1999, à l'âge de 19 ans, l'exploitation familiale avant de créer en 2013 son propre domaine (18 ha), dont le nom

LANGUEDOC

signifie «légère pente» – le nom donné par le grand-père à la parcelle sur laquelle il a construit sa cave. Il a engagé en 2017 la conversion bio de sa propriété.

Jean, le grand-père maternel, à l'honneur dans ce rouge qui intègre 40 % de cinsault. Une nuance tuilée dans la robe indique un début d'évolution, ce que confirme le nez avec son bouquet de fruits confiturés et d'épices douces. Une attaque souple ouvre sur un palais dont on aime la sucrosité discrète, la fraîcheur préservée, les tanins fins et l'expression d'un fruit épanoui et très réglissé. ⧗ 2021-2024

GILLES NOUGALLIAT, Dom. la Costesse, 11, chem. des Cammaous, 34270 Vacquières, tél. 06 87 43 77 28, gilles.nougalliat@orange.fr V *r.-v.*

(B) VIGNOBLES COULET
Saint-Jean-de-Buèges Tour de Baulx 2020 ★

■	9500		8 à 11 €

En 2011, Benjamin Coulet a créé sa cave particulière à Saint-Jean-de-Buèges, un village médiéval où il a passé toute son enfance. Associé à son cousin Valentin Coeminne, il y cultive sur les fameux éboulis calcaires des coteaux de la Séranne 17 ha, certifiés bio depuis 2018, ayant appartenu à son grand-père et à son père et vinifie dans les locaux de l'ancienne «coop» locale.

Quatre cépages associés dans ce 2020 élevé 5 mois en cuve, au nez ouvert, intensément floral, avec des nuances de fruits à coque. L'intensité du fruit ne faiblit pas dans une bouche confortable où gras et fraîcheur se répondent harmonieusement. La longue finale laisse le souvenir d'un blanc expressif et gourmand. ⧗ 2021-2024

EARL VIGNOBLES COULET, rue du Château, 34380 Saint-Jean-de-Buèges, tél. 06 62 57 24 22, domaine.coulet@live.fr V *r.-v.* 2

LA CROIX GRATIOT Le Chant des Dolia 2019 ★★

■	3000		20 à 30 €

Orienté vers la culture de melon et apporteur en cave coopérative, le domaine a pris un virage important en 2004 avec la création d'un chai de vinification. En 2009, Anaïs Ricôme a rejoint son père Yves à la tête d'un vignoble de 35 ha, créé une nouvelle gamme et développé les ventes. Le domaine est en cours de conversion en bio.

Roussanne et vermentino à parité dans ce 2019 élevé en jarre. Peu expansif mais raffiné, le nez diffuse de subtiles nuances de crème, d'épices et de fruits blancs. La bouche se montre tactile, grasse et charnue, dotée d'une amertume de bon goût qui donne à l'ensemble ce qu'il faut d'énergie. Très convaincant, complexe, jamais démonstratif. ⧗ 2021-2024

EARL CROIX GRATIOT, Dom. de Sainte-Croix, 34530 Montagnac, tél. 04 67 25 27 88, croixgratiot@gmail.com V *t.l.j. sf dim. 9h-12h30 14h30-17h30; sam. sur r.-v.*

(B) DOM. DE LA DOURBIE Marius 2019 ★

■	10000		11 à 15 €

Créé en 1781, le domaine tire son nom de La Dourbie, petite rivière qui traverse le vignoble pour se jeter dans l'Hérault. Modernisé au début des années 2000, le domaine s'étend sur 32 ha de vignes cultivées en agriculture biologique.

Drapé d'une robe rubis clair qu'il tire d'une dominante de cinsault, Marius (le petit-fils) séduit dès l'entame avec son nez fragrant de fruits rouges nimbés de cacao et de notes torréfiées issues du chêne. La bouche convainc par sa légèreté, son fruité explosif et ses tanins fermes qui donnent ce qu'il faut de sérieux à l'ensemble. ⧗ 2022-2025

SAS LA DOURBIE, rte d'Aspiran, 34800 Canet, tél. 04 67 44 45 88, lgraell@ladourbie.fr V *t.l.j. sf sam. dim. 10h-18h*

CH. DE L'ENGARRAN
Grès de Montpellier Grenat Majeur 2018 ★

■	4000		15 à 20 €

Le Ch. de l'Engarran est une «folie» montpelliéraine du XVIII[e]s., classée à l'Inventaire national des Monuments historiques. Trois générations de femmes ont fait de ce domaine de 55 ha l'une des belles adresses des Grés de Montpellier et de Saint-Georges-d'Orques.

Un beau rouge marqué par le grenache élevé en cuve essentiellement. On en retiendra le nez détendu, fin, sur les framboises et les cerises, et la bouche suave, décontractée, épicée, ourlée de tanins fondants et rafraîchie en finale par un trait de menthol. Un languedoc allègre. ⧗ 2021-2024 ■ **Sainte-Cécile 2018 ★ (8 à 11 €; 15000 b.)** Un assemblage syrah-grenache élevé en cuve qui soigne l'expression du fruit : nez généreux de fruits rouges et noirs soulignés d'épices et de menthol; bouche dodue infusée des mêmes nuances et dotée de tanins doux. Gourmand. ⧗ 2021-2025

SCEA DU CH. DE L' ENGARRAN, Ch. de l'Engarran, 34880 Lavérune, tél. 04 67 47 00 02, lengarran@wanadoo.fr V *t.l.j. sf dim. 10h-13h 15h-19h*

DOM. DE FABRÈGUES Pézenas La Villa 2018 ★

■	40000		8 à 11 €

Les archéologues ont retrouvé là un four à amphores datant de l'époque romaine. Plus tard, ce domaine, entre Pézenas et Clermont-l'Hérault, fut une halte sur la route de Compostelle où les pèlerins faisaient ferrer leurs chevaux. Depuis 2005, Carine Pichot y conduit un vignoble de 35 ha.

Un long vieillissement de 2 ans en cuve et en fût a détendu ce rouge qui a charmé le jury par ses arômes francs et flatteurs de cassis, de framboise et de réglisse. Un fruité qui se prolonge avec autant de gourmandise dans une bouche souple, ronde, aux tanins veloutés, teintée de menthol en finale. ⧗ 2021-2025

EARL DOM. DE FABRÈGUES, rte de Péret, 34800 Aspiran, tél. 04 67 44 54 99, contact@domainefabregues.fr V *t.l.j. 8h-12h 14h-17h; sam. dim. sur r.-v.*

CH. FERRANDIÈRE Terre Blanche 2020 ★★

■	3000		5 à 8 €

Constitués par la famille Gau, les Vignobles de la Ferrandière ont été rachetés en 2013 par Jean-Claude Mas (Dom. Paul Mas). Couvrant 100 ha de vignes (surtout) et de pommiers, le domaine est implanté

sur l'étang asséché de Marseillette, une ancienne lagune, entre les Corbières et le Minervois, à 40 km de la Méditerranée. Les sols salés doivent être périodiquement inondés au printemps, ce qui permet aux vignes d'échapper au phylloxéra : de nombreux ceps sont ici francs de pied (non greffés).

Les grenache blanc et bourboulenc sont associés dans ce blanc né de sols argilo-calcaires. Le jury a salué un nez explosif de fruits blancs, d'agrumes et de bourgeon de cassis. Cette intensité ne faiblit pas dans une bouche vive, franche, dotée d'une sucrosité discrète qui ne fait qu'attiser la redoutable gourmandise de l'ensemble. ⧗ 2021-2024

SARL VIGNOBLES DE LA FERRANDIÈRE, Dom. de la Ferrandière, 11800 Aigues-Vives, tél. 04 67 90 16 10, info@paulmas.com

♥ FIGURE & CO
Grès de Montpellier Figure & Vous 2018 ★★

	1764		15 à 20 €

Six amis ont repris en 2016 ce petit vignoble situé sur la commune de Saint-Pargoire à 40 km à l'ouest de Montpelliers. Ils exploitent en bio 5 ha de vignes dans les appellations languedoc et languedoc Grès de Montpellier.

Une entrée en fanfare dans le Guide pour ce 2018 ébouriffant. Les notes grillées discrètes d'un élevage en fût donne un peu plus de cachet à un nez flatteur centré sur le cassis, la myrtille et la garrigue. Portée par de beaux tanins fermes mais disciplinés, la bouche enchante par sa puissance, la générosité du fruit, sa fraîcheur préservée et sa longue finale suave sur la réglisse et la cacao. un vin solide, harmonieux, complexe, qui a enflammé le jury. ⧗ 2023-2030

SCEA FIGURE & CO, Mas de Vedel, 34230 Saint-Pargoire, tél. 06 21 50 42 13, figure@figureandco.fr r.-v.

♥ FONJOYA Saint-Saturnin Lucian 2020 ★★

	20000		8 à 11 €

Née de la réunion des caves viticoles de Saint-Félix-Saint-Jean et de Saint-Saturnin, Fonjoya (« fontaine des joyaux» en latin) a vu le jour en décembre 2018. Le nouveau groupe fédère 160 coopérateurs pour 1000 ha de vignes en AOP (terrasses-du-larzac, languedoc) et IGP (Oc et Mont Baudile).

Derrière un assemblage tout ce qu'il y a de plus classique, un grand rosé volubile et délicat de bout en bout. Très pur, le nez frétille de fraîcheur, de framboise, de grenadine et de pêche blanche. Un grand bol de fruits que l'on croque avec enthousiasme dans une bouche élégante, sans outrance, d'un équilibre parfait entre rondeur et fraîcheur. Un apéritif de grande classe en perspective. ⧗ 2021-2022

SASU FONJOYA DELTA, 5, av. Noël-Calmel, 34725 Saint-Saturnin-de-Lucian, tél. 04 67 96 61 52, contact@fonjoya.com t.l.j. sf dim. 9h-12h 14h-18h

Ⓑ CH. DE GAURE 2019 ★

	13500		11 à 15 €

Issu d'une longue lignée de vignerons languedociens, Pierre Fabre, après une carrière dans d'autres métiers, a acheté cette propriété de 66 ha en 2005 s'empressant de la convertir au bio et à la biodynamie depuis 2018.

Les syrah, grenache et carignan vinifiés en levures indigènes et élevés en foudre ont enfanté ce rouge voluptueux dont le nez passe en revue la confiture de fruits noirs, la garrigue et le moka. La garrigue infuse et rafraîchit une bouche charnue, idéalement cadrée par de beaux tanins enrobés. Tout cela dessine un languedoc savoureux, complexe et bien typé. ⧗ 2021-2026

SAS CH. DE GAURE, 1, rte de Limoux, 11250 Rouffiac-d'Aude, tél. 06 74 44 64 23, commercial.gaure@gmail.com r.-v. 4

LA GRANGE Pézenas Castalides Icône 2018 ★★

	3000		30 à 50 €

Un domaine acquis en 2007 par Rolf et Renate Freund, anciens importateurs allemands de vins. Idéalement situé en bordure du parc naturel régional du Haut Languedoc, à une altitude de 250 m, son vignoble de 54 ha est cerné par la garrigue. Les raisins mûrissent entourés de thym et de romarin, puis sont vinifiés parcelle par parcelle dans une nouvelle cave en pierre à l'équipement neuf.

Une cuvée haut de gamme née de syrah et de mourvèdre, dont le nez s'éveille après aération, libérant de douces notes de fruits rouges et noirs mûrs, de sous-bois, d'olives noires et d'épices. Les épices douces parfument bien plus généreusement un palais conséquent, ample, qui s'adosse à des tanins fins, bien enrobés par l'élevage. La longue finale fraîche en dit long sur son potentiel. ⧗ 2023-2030

SARL LA GRANGE, rte de Fouzilhon, 34320 Gabian, tél. 04 67 24 69 81, compta@domaine-lagrange.com t.l.j. sf dim. 10h-12h 14h-16h Ⓔ

Ⓑ GRANGE DE BOUYS
Pézenas Saint-Andrieu 2018 ★

	3400		15 à 20 €

Stéphane et Florence Monmousseau ont redonné vie à partir de 2010 à ce domaine situé à Roujan, à 10 km de Pézenas. Sur les 40 ha de la propriété, 6 sont consacrés à la vigne, cultivées en bio et plantées d'une dizaine de cépages dont des variétés oubliées, telles l'aspiran ou le morrastel.

Syrah, grenache noir et cinsault au programme de ce 2018 qui livre après aération son bouquet bien typé d'épices, de thym et de fruits noirs, avec une touche animale en soutien. Un caractère languedocien que l'on retrouve dans une bouche souple et gourmande à l'attaque, puis bien structurée par des tanins encore serrés et par une acidité qui demande à s'intégrer. ⧗ 2021-2025

STÉPHANE MONMOUSSEAU (DOM. DE BOUYS), La Grange de Bouys, 34320 Roujan, tél. 06 15 47 02 42, stephane@grangdebouys.fr V r.-v.

LA GRAVETTE Gravetissime 2019 ★

blanc	2304	fût	11 à 15 €

Créée en 1939, la coopérative de Corconne, aujourd'hui appelée Cave La Gravette, regroupe une centaine d'adhérents cultivant environ 500 ha sur le territoire de quatre communes. Une partie importante du vignoble est en AOC languedoc-pic-saint-loup.

Le trio roussanne, marsanne et grenache blanc fermenté et élevé en fût, cela donne ce nez généreusement torréfié et vanillé. Riche, voluptueuse, marquée par les notes de caramel au lait, la bouche séduit par son ampleur et sa texture crémeuse. Un blanc résolument bâti pour la table. ⧗ 2021-2024

SCA CAVE COOP. LA GRAVETTE, rte de Montpellier, 30260 Corconne, tél. 04 66 77 32 75, contact@lagravette.fr V *t.l.j. 9h-12h30 14h-19h*

DOM. GUINAND Saint Christol Grande Cuvée 2018 ★★

rouge	11200	fût	11 à 15 €

C'est au cœur de Saint-Christol, village de culture taurine, que se trouve la cave de la famille Guinand (6e génération), qui a quitté la coopérative en 1993 pour créer ce domaine réputé de 60 ha. Le caveau de vente voûté est situé dans une bâtisse datant du XVIes. Ici, les vignes de syrah et de grenache trouvent leur expression sur un sol de galets.

Comme l'an passé, deux étoiles pour la Grande Cuvée, qui justifie donc son nom. Le jury a aimé l'intensité d'un nez centré sur les fruits rouges écrasés et les épices relevés d'une note fumée léguée par le chêne. Il a apprécié le fondant d'une bouche douce dès l'attaque, appuyée sur des tanins tout aussi ronds, et qui libère de doux effluves de fruits mûrs et réglissés. ⧗ 2021-2026

EARL DOM. GUINAND, 36, rue de l'Épargne, 34400 Saint-Christol, tél. 04 67 86 85 55, contact@domaineguinand.com V *t.l.j. sf dim. 9h-12h 14h-18h*

DOM. GUIZARD Saint-Georges-d'Orques Prestige 2018 ★

rouge	3300	fût	11 à 15 €

Installé dans les anciens communs du château de Lavérune, jadis résidence d'été des évêques de Montpellier, ce domaine appartient à la famille Guizard depuis le XVIes. Son vignoble de 38 ha s'étend sur une très ancienne terrasse au sol rouge et graveleux.

Ce 2018 séduit d'emblée par ses parfums soutenus de fruits noirs et d'épices relevés d'une délicate touche fumée. Un fruité charmeur qui se prolonge dans une bouche harmonieuse, friande, fraîche, appuyée sur des tanins serrés mais qui n'enlèvent rien à la gourmandise de l'ensemble. ⧗ 2021-2025

SCEA GUIZARD CONSORTS, 12, bd de la Mairie, 34880 Lavérune, tél. 04 67 27 86 59, vigneron@domaine-guizard.com V *t.l.j. sf sam. dim. 17h-19h*

CH. LALIS Choryphée 2020 ★

rosé	10000	cuve	8 à 11 €

Œnologue depuis 1995 et conseiller viticole, Philippe Estrade a repris en 2002 le domaine familial fondé un siècle plus tôt, qu'il a modernisé. Il exploite aujourd'hui 52 ha sur les pentes de l'Alaric et sur le terroir de Lagrasse.

Tout est de bon goût dans ce rosé à peine teinté, depuis le nez, fin, fruité (fraises, groseilles) et légèrement grillé, jusqu'à la bouche, tendre, épicée, tendue par une jolie acidité. Léger et gouleyant. ⧗ 2021-2022

VIGNOBLES ESTRADE (CH. LALIS), 2, rue des Fleurs, 11220 Ribaute, tél. 04 68 43 19 50, lalis@orange.fr V

DOM. DES LAURIERS Baptiste 2019 ★

blanc	5000	cuve	8 à 11 €

Jouxtant Pézenas, le domaine de Marc Cabrol s'étend sur 45 ha entre garrigue et pinèdes (22 ha pour la vigne), à Castelnau-de-Guers, l'une des 5 communes de l'appellation picpoul-de-pinet. Une valeur sûre.

Une cuvée dédiée au dernier né de la famille. Un assemblage original (vermentino et piquepoul) et convaincant, dont on aime le nez subtil, entre poire fraîche et fleurs séchées, et la bouche plus tendre que grasse, douce et saline en finale. ⧗ 2021-2024

EARL DOM. DES LAURIERS, 15, av. de Pézenas, 34120 Castelnau-de-Guers, tél. 04 67 98 18 20, contact@domaine-des-lauriers.com V *t.l.j. 9h30-12h 14h-18h*

DOM. MAGELLAN 2020 ★

blanc	8000	fût	11 à 15 €

Bruno Lafon a hérité de son père la passion du vin et la rigueur bourguignonne. Séduit par le terroir languedocien, il s'associe en 1999 avec Sylvie Legros pour restaurer ce domaine de 32 ha, conduit en agriculture biologique.

Grenache blanc et roussanne au menu de ce blanc élevé 5 mois en fût. Une touche d'évolution agréable donne une certaine complexité à un nez centré sur les fruits blancs très mûrs. Fraîche à l'attaque, la bouche, confortable, s'entiche d'une note toastée qui attise la gourmandise du fruit. Sa petite amertume finale disparaîtra à table. ⧗ 2021-2024

SARL DOM. MAGELLAN, 467, av. de la Gare, 34480 Magalas, tél. 04 67 36 20 83, contact@domainemagellan.com V *t.l.j. 9h-12h 13h30-17h30; sam. dim. sur r.-v.*

MARQUIS DE MONTLAUR 2018 ★

rouge	2658	cuve	5 à 8 €

Cette coopérative à taille humaine située entre Montpellier et le Pic Saint-Loup résulte de la fusion des caves de Sussargues et de Saint-Bauzille-de-Montmel. Elle fédère 70 viticulteurs pour quelque 600 ha de vignes dont 20 % sont en conversion bio.

Pas de bois dans cet assemblage syrah-grenache qui a séduit par son nez épicé et sa bouche très conviviale, souple, légère mais bien typée, dont les parfums intenses de garrigue nous font voir du pays. À boire sur le fruit. ⧗ 2021-2023

SCA CELLIER DU VAL DES PINS, 18, rue de Montlaur, 34160 Montaud, tél. 04 67 86 94 55, contact@valdespins.com V *t.l.j. sf lun. dim. 9h30-12h 15h30-19h*

CH. PAUL MAS Belluguette 2020 ★★

18 966 | 11 à 15 €

Vigneron-négociant, Jean-Claude Mas dispose d'un vaste vignoble de plus de 600 ha en propre constitué par 4 générations, auxquels s'ajoutent les apports des vignerons partenaires (1 300 ha). Le Ch. Paul Mas se compose de 25 ha à Conas, 27 ha à Moulinas, près de Pézenas, et 80 ha à Nicole, près de Montagnac. Côté négoce, plusieurs marques : Prima Perla, Forge Estate, Arrogant Frog, Côté Mas…

Le grenache blanc, le vermentino et la roussanne sont associés dans ce vin au nez printanier de fleurs blanches et de fruits frais. Tout aussi intense à l'attaque, discrètement enrobée par le chêne, tonifiée par un trait de citron et de pomme verte, la bouche laisse le souvenir d'un blanc fin, expressif, d'un équilibre magistral. Du potentiel en cave. ⧗ 2021-2026

SARL VIGNOBLES PAUL MAS ET FILS, Dom de Nicole, rte de Villeveyrac, 34530 Montagnac, tél. 04 67 90 16 10, info@paulmas.com V *r.-v.*
5

MAS BRUNET Cuvée Tradition 2020 ★★

6000 | 5 à 8 €

Le haut terroir du Causse-de-la-Selle, fait d'argiles rouges et de pierres dolomitiques sculptées par les ans, est l'un des plus septentrionaux de l'appellation. Représentant la 4e génération, Serge et Marc Coulet, désormais épaulés par Louis, le fils de Serge, œuvrent respectivement depuis 1988 et 1990 sur ce domaine de 28 ha implanté en pleine garrigue, en conversion bio depuis 2019.

Un rosé de saignée qui ne cède pas à la mode et qui a enthousiasmé le jury. Derrière une robe franchement rubis, un nez affriolant de bonbon anglais et de fruits rouges frais. Une pointe de vivacité vient titiller un palais cossu, charnu mais frétillant de fruits et d'une persistance qui force l'admiration. On frise le coup de cœur. ⧗ 2021-2022

GAEC DU DOM. DE BRUNET, rte de Saint-Jean-de-Bueges, 34380 Causse-de-la-Selle, tél. 04 67 73 10 57, brunet.vins.oc@domainedebrunet.com V *r.-v.*

B MAS COMBARÈLA Des si et des mi 2019 ★★

6500 | 11 à 15 €

Après une carrière dans le marketing international, Olivier Faucon, petit-fils d'agriculteur et amateur de vin, décide de devenir vigneron à la lecture de la bande dessinée *Les Ignorants* d'Étienne Davodeau. En 2012 et après une solide formation en Bourgogne, il jette son dévolu sur le Languedoc où il crée son domaine, 12 ha aujourd'hui, lance la conversion bio du vignoble et signe son premier millésime en 2016.

Derrière une robe violine montent du verre des arômes précis et raffinés de fruits noirs écrasés, d'épices et de garrigue. Rondeur conviviale, tanins fins pris dans la chair, fraîcheur impeccable, libre expression d'un fruit élégant et bien typé qui s'attarde très agréablement dans une finale détendue : de la grâce dans ce languedoc vinifié avec tact et bon goût. ⧗ 2021-2025

SCEA MAS COMBARÈLA, 1833, rte de Montpeyroux, 34150 Saint-Jean-de-Fos, tél. 06 19 42 07 00, contact@mas-combarela.com V *r.-v.*

♥ B MAS COSTEPLANE Pioch de l'Oule 2018 ★★

8212 | 11 à 15 €

Situé sur la bordure des Cévennes, à 15 km au nord de Sommières, ce domaine est une propriété familiale depuis 1450. Repris en 2019 par Loïc Manchec, le vignoble, conduit en biodynamie, s'étend sur 23,5 ha.

Une sélection parcellaire pour le duo syrah-grenache au meilleur de sa forme dans ce 2018 d'un charme fou. Rien de cuit dans ce nez intense qui libère progressivement de douces senteurs de mûre et de réglisse rafraîchies de garrigue. Des tanins fermes mais fins et une belle fraîcheur réhaussent une bouche charnue, savoureuse, au toucher soyeux, dont le fruit complexe, croquant et pétri de Méditerranée est une ode à la région. ⧗ 2021-2026

SAS COSTEPLANE, 5995, rte de Saint-Théodorit, 30260 Cannes-et-Clairan, tél. 04 66 77 85 02, contact@costeplane.com V *t.l.j. sf dim. 9h-16h30*

MAS D'ARCAŸ Grès de Montpellier 1779 2019 ★

16000 | 8 à 11 €

Jean Lacauste est issu d'une très longue lignée de vignerons qui débute en 1730. Il a acquis en 2010 cette ancienne propriété viticole de la fin du XIXe s., et exploite aujourd'hui 45 ha sur le terroir historique de Saint-Drézéry.

1779. L'année où l'aïeul de la famille a défriché cette parcelle aujourd'hui plantée de carignan, associé dans cette cuvée au grenache noir et au mourvèdre. Mûr mais sans outrance, le nez décline les fruits rouges et les épices. Un agréable bouquet qui fait le charme d'une bouche ronde, sans aspérité, d'une fraîcheur de bon aloi. ⧗ 2021-2024

EARL MAS D'ARCAŸ, 1080, rte de Beaulieu, 34160 Saint-Drézéry, tél. 06 76 04 21 11, contac@arcay.fr V *t.l.j. sf dim. 16h-19h ; sam. 10h-12h 14h-18h*

MAS DE BAYLE 2020 ★

5000 | 5 à 8 €

Céline Michelon, œnologue et ingénieur agronome, a repris en 2002 ce domaine de 20 ha acquis par son arrière-grand-père en 1907, situé sur les coteaux argilo-calcaires de Villeveyrac, entre Montpellier et Béziers.

LANGUEDOC

Derrière une robe à peine teintée, un nez guilleret et élégant de petits fruits rouges et d'agrumes, avec une touche iodée qui apporte un petit supplément d'âme. En bouche, gras et fraîcheur sont au service d'un fruit qui se teinte de groseille et de fleurs. Très tentateur et facile à boire. ⧗ 2021-2022

EARL MAS DE BAYLE, Mas de Bayle, 34560 Villeveyrac, tél. 06 62 75 03 88, contact@masdebayle.com r.-v.

♥ MAS DE CARRAT
Saint-Drézéry Joséphine 2018 ★★★

	1824		20 à 30 €

Maxime Mialanes a pris la succession de sa mère, Sandrine Mialanes, à la tête de ce vignoble de 16 ha situé au cœur du terroir de Saint-Drézéry, à 20 km au nord-est de Montpellier. Les vignes se répartissent sur les flancs d'une colline, sur des sols de galets roulés au sud et d'éboulis calcaires au nord.

Puissance et harmonie au programme de ce rouge impressionnant. La robe sombre annonce un nez puissant, dense, infusé de fruits noirs, d'humus et d'épices douces qui trahit la dominante de syrah et la présence subtile du chêne. La bouche est de la même trempe : luxuriante, riche, veloutée, structurée par de beaux tanins fondants, elle ne manque de rien et surtout pas de fraîcheur. Grand rouge du Sud, voluptueux, complet et d'une séduction irrésistible. ⧗ 2022-2030 ■ **Saint-Drézéry Décidément 2019 ★ (15 à 20 €; 4 515 b.)** Tout est élégant et fondant dans ce 2019 : le nez porté sur les fruits rouges bien mûrs nuancés d'épices et la bouche tendre dès l'attaque, qui déroule une chair ronde, sans une once de lourdeur, adossée à des tanins d'une grande douceur. Et de la longueur en plus. ⧗ 2021-2026

SARL CARRAT, Mas de Carrat, ancien chem. de Castries, 34160 Saint-Drézery, tél. 06 23 03 53 76, maxime.mialanes@mialanes.fr r.-v.

MAS DE FARJOU Les Hautes Terres 2020 ★★

	2100		11 à 15 €

Ancienne métairie seigneuriale du XVIIe s., le Mas de Farjou est la propriété de la famille Jean. Louis Jean, le grand-père, a été à l'origine de la naissance du cru pic-saint-loup en 1955. Ses fils et petit-fils conduisent aujourd'hui un vignoble de 15 ha.

Les grenache blanc, roussanne et viognier issus de vignobles d'altitude ont enfanté ce blanc très convaincant. Une belle robe clair aux reflets verts, un nez expressif sur le lilas et les agrumes : l'entame est de bon augure. Le fruit s'enrichit d'une soupçon de miel et de beurre frais dans une bouche souple, détendue, à la fois tendre et fraîche, d'un harmonie parfaite. ⧗ 2021-2025

EARL CHRISTIAN-LOUIS JEAN, chem. de Farjou, 34270 Claret, tél. 06 20 87 33 00, masdefarjou@hotmail.fr r.-v.

MAS DE FOURNEL Cuvée Marie-Anna 2019 ★

	1300		11 à 15 €

Bâti au XIVe s., le Mas de Fournel appartient à la famille Jeanjean depuis 1911. Après trente-cinq ans d'une vie de camionneur, Gérard Jeanjean s'est lancé dans l'aventure vigneronne en 1998 et il est aujourd'hui le doyen de l'AOC Pic Saint-Loup. À la tête de 27 ha de vignes, il dit rechercher avant tout l'aromatique dans le respect du terroir et a ainsi cessé l'élevage en fût dès 2006.

Quatre cépages associé dans ce blanc complet et abouti. Un nez volubile, très floral et brioché, une bouche à la fois grasse et tonique qui libère en finale des notes plus fruitées d'agrumes et de coing confit, avec une touche de fruits à coque : aucune fausse note dans ce blanc équilibré et bien du Sud. ⧗ 2021-2024

SCEA MAS DE FOURNEL, rte de Pompignan, 34270 Valflaunès, tél. 04 67 55 22 12, masdefournel.jeanjean@orange.fr r.-v.

MAS DE MARTIN
Grès de Montpellier Vénus 2018 ★

	2685		11 à 15 €

Le Mas de Martin est un îlot secret de 20 ha de vignes caché au milieu des garrigues et des pinèdes. Ancienne dépendance de l'abbaye de Saint-Germain et halte sur le chemin de Saint-Jacques de Compostelle, ce domaine mentionné dès le XIIe s. a été repris au printemps 2017 par Marie-Christine Florent, qui succède à Christian Mocci, son propriétaire pendant plus de 20 ans.

Une robe d'un rubis brillant, un nez gourmand pas avare en fruits mûrs et en épices, avec une touche de vanille et de cacao; une bouche convaincante, tout en mesure, souple, chaleureuse, nantie de tanins discrets : un languedoc délié et séduisant, à ouvrir dans ses jeunes années. ⧗ 2021-2024

MARIE-CHRISTINE FLORENT, Dom. de Martin, rte de Carnas, 34160 Saint-Bauzille-de-Montmel, tél. 04 67 86 98 82, contact@masdemartin.fr t.l.j. sf dim. 9h-18h

♥ MAS DES CABRES
Sommières Libres pensées 2018 ★★

	1800		15 à 20 €

Les Boutin sont présents à Aspères depuis 1724, et Florent est depuis 2003 à la tête du domaine familial et de ses 13 ha de vignes, dont il a engagé la conversion bio. Cet ingénieur agronome et œnologue est aussi le président du terroir Sommières AOP languedoc officiellement reconnu en 2011.

Coup de cœur l'an passée pour son Estive 2019 en blanc, le domaine récidive avec un rouge fièrement languedocien, issu d'un assemblage classique de syrah, carignan et grenache noir. Au nez, les épices et la réglisse assaisonnent des arômes ensoleillés de fruits noirs. La même sensation de plénitude et de maturité fait le charme d'une bouche puissante, ourlée de tanins fondus, dont on retient aussi la formidable fraîcheur. Complet, complexe et de belle garde. ⧗ 2023-2030

⊶ *FLORENT BOUTIN, Mas des Cabres, 12, Le Plan, 30250 Aspères, tél. 06 23 68 14 24, masdescabres@hotmail.fr* V r.-v.

MAS DU MINISTRE
La Méjanelle La Tentation du Pasteur Tête de cuvée 2019 ★

■ | 16000 | | 11 à 15 €

Aux portes de Montpellier, ce mas du XVIe s. dominant Petite Camargue et Méditerranée tire son nom d'un pasteur de l'Église réformée (le ministre du culte). Le vignoble est implanté sur le terroir de la Méjanelle, constitué de coteaux aux sols chauds de galets roulés qui bénéficie des brises marines. Denis Tissot l'exploite depuis 1994, avec la bio en ligne de mire.

Un 2019 qui en impose par son nez complexe, entre fruits mûrs, torréfaction, nuances animales et minérales. Les 80 % de grenache et l'élevage en fûts contribuent sans doute à la suavité d'une bouche bien veloutée, épaulée par de beaux tanins fondants et relevée par une fraîcheur préservée. Déjà aimable mais du potentiel en cave. ⧗ 2022-2028

⊶ *SCEA DOM. TISSOT, Mas du Ministre, chem. du Ministre, 34130 Mauguio, tél. 06 60 58 99 08, bh.chateauministre@gmail.com* V r.-v.

MAS GOULAMAS Lava 2019 ★★

■ | 3000 | | 11 à 15 €

Après avoir travaillé pendant 15 ans pour les autres, Vassil Cordonnier a repris en 2017 un domaine de 9 ha qu'il a restructuré et converti au bio. La gamme, en développement, couvre les AOP languedoc et languedoc Pézenas.

Des sols de schistes et de basalte à l'origine de cette cuvée régulièrement en vue et généreuse de bout en bout. Beaucoup de fruits noirs et de genévrier au nez comme une bouche, et une chair capiteuse, puissante, sertie de tanins fin et fondus : en un mot voluptueux. Tout indiqué pour une viande en sauce. ⧗ 2021-2025

⊶ *VASSIL CORONNIER (MAS GOULAMAS), 27, av. de Faugères, 34320 Gabian, tél. 06 95 34 64 24, contact@masgoulamas.com* V r.-v.

MAS GRANIER Sommières Les Grès 2018 ★★

■ | 15000 | | 11 à 15 €

Situé dans le Gard, ce domaine était autrefois une ferme du prieuré Saint-Pierre-d'Aspères, qui remonte au IXe s. pour ses parties les plus anciennes. Acquis par Marcel Granier dans l'après-guerre, il est depuis 1992 la propriété de ses 2 fils, Dominique et Jean-Philippe, qui conduisent aujourd'hui 40 ha de vignes en conversion biologique.

Les jurés ont salué ce rouge épanoui, élevé 12 mois en fût, à la robe profonde nuancée de grenat et au nez bien ouvert, gorgé de coulis de cassis et de vanille. Charnue, ample, la bouche délivre cette même qualité de fruit dans un ensemble savoureux, parfumé, bien tenu par des tanins fondants et une fraîcheur préservée. ⧗ 2021-2025

■ **Sommières Camp de l'Oste 2018 ★ (15 à 20 €; 3000 b.)** La syrah dominante dans ce 2018 au nez puissant, encore marqué par le toasté du fût. Une sucrosité flatteuse enrobe un palais sérieux, aux tanins serrés ouvrant sur une finale plus détendue et chaleureuse. Du caractère, de la concentration, il est paré pour vieillir avec grâce. ⧗ 2023-2030

⊶ *EARL GRANIER, Mas Granier-Mas Montel, 2, chem. du Mas-Montel, 30250 Aspères, tél. 04 66 80 01 21, contact@masmontel.fr* V *t.l.j. 9h30-12h30 14h-18h30* 5 E

B MAS PEYROLLE Nativo 2019 ★

■ | 1400 | | 15 à 20 €

Descendant d'une longue lignée de vignerons, Jean-Baptiste Peyrolle a réaménagé la cave de son arrière-grand-père à partir de 2002, après plusieurs aventures viticoles à l'étranger (Maroc, États-Unis, Nouvelle-Zélande, Australie). Il conduit aujourd'hui un vignoble de 11 ha en agriculture biologique.

Une cuvée qui a fait l'objet d'une fermentation en demi-muid, puis d'un élevage en œuf béton. Des notes fumées animent un nez qui diffuse des notes plus complexes que puissantes d'agrumes confits et de fruits blancs. Intense à l'attaque, complexe, la bouche est un subtil compromis entre rondeur et tension, avec une longueur qui ne trompe pas sur le pedigree de la cuvée. Un blanc harmonieux que l'on peut ouvrir ou laisser reposer en cave. ⧗ 2021-2024

⊶ *MAS PEYROLLE, 5, rte du Brestalou, 34270 Vacquières, tél. 06 12 29 53 91, jbpeyrolle@yahoo.fr* V r.-v.

DOM. DU MASSEREAU
Garrigue de la Roque 2019 ★

■ | 7000 | | 11 à 15 €

À 3 km de Sommières, les vignes de syrah et de grenache dominent le Vidourle et bordent le camping 5 étoiles de la famille Freychet, qui mise sur l'œnotourisme de standing. Arnaud Freychet dirige depuis 1993 ce domaine familial (50 ha), après un épisode coopératif durant un quart de siècle.

Une cuvée bien nommée qui libère effectivement des senteurs de garrigue et de menthol sur un fond de fruits rouges compotés. Le poivre et le camphre prennent le relais dans un palais consistant mais très tendre, aux tanins à peine perceptibles, Un rouge parfaitement détendu et sans mollesse grâce à une fraîcheur préservée. ⧗ 2021-2024

⊶ *GFA MASSEREAU, 1990, rte d'Aubais, 30250 Sommières, tél. 04 66 80 03 23, vin@massereau.com* V r.-v.

♥ B DOM. MIRABEL
Le Chant du Sorbier 2019 ★★★

■ | 2600 | | 15 à 20 €

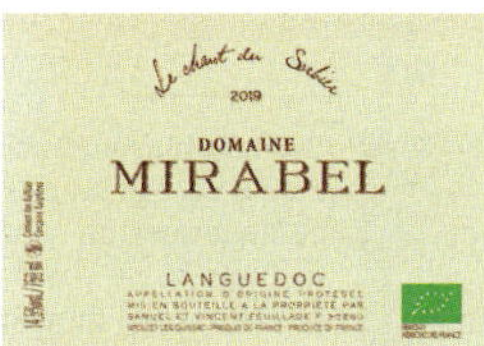

Les frères Feuillade, Samuel et Vincent, travaillent ensemble et en bio les quelque 15 ha du domaine. Les meilleures parcelles sont situées à la limite nord de l'aire d'appellation du pic Saint-Loup, sur un terroir d'éboulis d'éclats calcaires s'étalant entre Corconne et Brouzet-lès-Quissac.

Ce domaine d'une formidable constance a enchanté le jury avec ce 2019 de haute volée. Intense et riche, le nez laisse parler le soleil à travers les fruits très mûrs nuancés de garrigue et d'épices. Charnue dès l'entame, nantie de tanins patinés, la bouche ne faiblit pas d'un bout à l'autre de la dégustation, offrant un fruité puissant pétri de menthol et de Zan qui s'éternise en finale. Sensuel, gourmand et résolument languedocien. On applaudit. ⧗ 2022-2028

SARL FEUILLADE PÈRE ET FILS, Dom. Mirabel, 30260 Brouzet-lès-Quissac, tél. 06 22 78 17 47, domainemirabel@neuf.fr V r.-v.

B MOULIN DE LÈNE Clos Trinité 2019 ★

■	6443		11 à 15 €

Un domaine de 65 ha créé en 1998 par la famille Frayssinet. Il doit son nom aux vestiges d'un moulin à céréales et à la rivière La Lène qui traverse ses terres. On y trouve aussi un aqueduc souterrain datant de l'époque romaine, qui servait à alimenter en eau la ville de Béziers. Le Clos Trinité, une parcelle de 18 ha acquise en 2019, est certifié bio.

Des vignes de 30 ans sont à l'origine de ce vin au nez discret mais élégant, entre aubépine, abricot et coing. On retrouve ces tonalités dans une bouche riche mais sapide, distinguée, soulignée par une pointe de fraîcheur bien sentie. Un ensemble harmonieux, frais et d'une longueur plus qu'honorable. ⧗ 2021-2024

SCEA FAMILLE FRAYSSINET, Dom. Moulin de Lène, rte de Fouzilhon, 34480 Magalas, tél. 04 67 36 06 32, domaine@moulindelene.com V *t.l.j. sf sam. dim. 10h-12h 14h-17h*

NEFFIEZ Buffe vent 2020 ★★

■	5000		5 à 8 €

Née en 2009 de la fusion des coopératives d'Alignan-du-Vent et de Neffiès, la cave regroupe 140 viticulteurs et exploite un vignoble de 750 ha qui s'étend des contreforts de la Montagne Noire jusqu'au cœur des Côtes de Thongue.

Un pressurage direct de syrah et grenache, d'où la robe classiquement pâle de ce rosé fringant qui sent bon la framboise et la rose. Acidulée, d'une légèreté très estivale, la bouche offre tout ce que l'on attend d'un rosé moderne : un fruit sapide, une touche de rondeur et une fraîcheur pointue. ⧗ 2021-2022

SAS LES VIGNERONS D' ALIGNAN-DU-VENT - NEFFIÈS, 27, rue de la Guissaume, 34290 Alignan-du-Vent, tél. 04 67 24 91 31, info@cavecooperative.com V *t.l.j. sf dim. 9h-12h30 14h30-18h30*

♥ DOM. LE NOUVEAU MONDE L'Estanquier 2018 ★★

■	4000		11 à 15 €

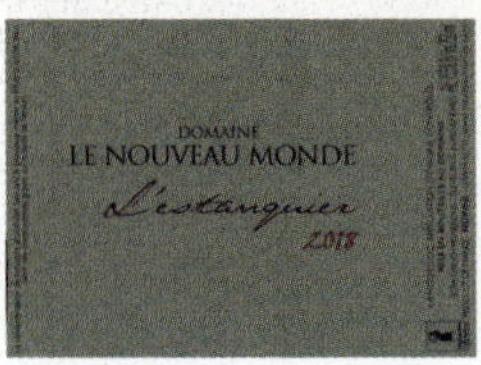

Ce vignoble de 20 ha, en bio certifié depuis 2020, établi au sud de Béziers, est la propriété de la famille Borras-Gauch depuis plusieurs générations. Il est situé entre mer et étang, sur une terrasse villafranchienne de galets roulés mêlés à l'argile rouge, et sous l'influence de la Méditerranée. Anne-Laure, œnologue, et Sébastien Borras, restaurateur, en ont pris les commandes en 2003.

L'Estanquier, le «gardien de l'étang» de Vendres, succède à la cuvée Gabriel-Émile, coup de cœur dans l'édition précédente. Syrah et mourvèdre issus des vignes surplombant l'étang ont enfanté ce rouge solaire à souhait, au nez aussi intense que profond déclinant les fruits noirs bien mûrs et le poivre noir. Dès l'attaque, une belle sucrosité enrobe une bouche luxuriante infusée de fruits et d'épices, large, généreuse, intégrant sans mal de beaux tanins bien patinés. Déjà irrésistible, ce vin le sera encore un peu plus après un séjour en cave. ⧗ 2022-2028 ■ **Le Monde en rose 2020 ★ (8 à 11 €; 1800 b.)** Une robe saumonée et limpide, un nez plutôt discret, sans artifice, qui livre son nuancier d'agrumes et de fruits rouges, une bouche très tendre et presque sucrée à l'attaque, vite relevée par une pointe de vivacité de bon goût en finale : beaucoup de relief et d'élégance dans ce rosé sans outrance. ⧗ 2021-2022

SCEA GAUCH, Dom. le Nouveau Monde, av. du Port, 34350 Vendres, tél. 04 67 37 33 68, info@nouveaumonde.com V *r.-v.*

PRIEURÉ SAINT-HIPPOLYTE 2020 ★

■	300 000		- de 5 €

La cave de Fontès a été créée en 1932 par une trentaine de vignerons. Aujourd'hui, cette coopérative, rebaptisée La Fontesole, en compte près de 160. Sur les premiers contreforts des Cévennes méridionales, les vignes recouvrent les coulées basaltiques de Fontès.

Derrière une robe pétale de rose, des arômes juteux de framboise, de cassis frais et d'agrumes. Le bonbon anglais s'invite dans une bouche ample et généreuse, sans une once de mollesse, dotée d'une petite amertume en finale. Un rosé de table. ⧗ 2021-2022

SCAV LA FONTESOLE, 16, bd Jules-Ferry, 34320 Fontès, tél. 04 67 25 14 25, cave@fontesole.fr V *t.l.j. sf dim. 9h-12h 15h-18h*

DOM. PUECH Grès de Montpellier Noémie 2018 ★★★

■	4500		11 à 15 €

Installé au cœur du village de Saint-Clément-de-Rivière, le domaine, versé depuis longtemps dans l'œnotourisme, est la propriété de la famille Puech. À sa tête, Christophe Puech, qui gère un vignoble de 17 ha situé dans et autour du village.

Noémie, la fille du vigneron, à l'honneur dans cette cuvée forgée par la syrah (80 %) et élevée un an en fût. Puissant, le nez dévoile des senteurs intensément florales (violette), fruitées et épicées. Les épices, muscade en tête, et le cacao montent d'un ton dans une bouche ample et parfaitement proportionnée : une belle chair ensoleillée cadrée par des tanins fermes mais parfaitement enrobés par l'élevage. De grandes promesses d'avenir. ⧗ 2023-2030 ■ **Grès de Montpellier 1913 2018 ★ (20 à 30 €; 1200 b.)** Les charmes d'un carignan (50 %) manifestement très mûr, vinifié en macération carbonique et élevé un an en fût dans ce 2018 ouvert sur la cerise noire, le cacao et la réglisse. Le jury a salué une «énorme» matière, onctueuse et charnue, pétrie d'épices douces et de chocolat. «Vrai vin d'hiver» résume le jury. ⧗ 2023-2030

EARL DOM. PUECH, 25, rue du Four, 34980 Saint-Clément-de-Rivière, tél. 04 67 84 12 31, contact@domainepuech.com V r.-v.

CH. PUECH-HAUT Prestige 2018 ★★

200 000 | 15 à 20 €

Dès 1985, Gérard Bru a relancé la notoriété du terroir historique de Saint-Drézéry et fait de Puech-Haut une valeur sûre. Son domaine s'étend aujourd'hui sur 175 ha répartis dans plusieurs dénominations de l'AOC languedoc. Dans la cave, des têtes de bélier sculptées dans la pierre soutiennent des cuves tronconiques en bois.

Tout est suave et ensoleillé dans ce duo grenache-syrah presque à parité : le nez qui exhale de douces senteurs de fruits noirs en confiture et de kirsch, et la bouche, presque sucrée à l'attaque, charnue, onctueuse, flanquée de tanins discrets, d'une maturité aboutie eux aussi. Solaire et très gourmand. ⧗ 2021-2024 **Tête de Bélier 2019 ★★ (20 à 30 €; 15 000 b.)** Un vin épanoui, très nord rhodanien dans son assemblage roussanne-marsanne. Le chêne neuf apporte ses touches vanillées fondues à un nez riche en fruits jaunes mûrs. Bien balancée entre gras et tension, la bouche restitue cette plénitude et témoigne d'un élevage ambitieux mais totalement maîtrisé. Un grand blanc de table qui tutoie le coup de cœur. ⧗ 2021-2025 **Tête de Bélier 2018 ★ (20 à 30 €; 30 000 b.)** Un rouge à dominante de syrah, intensément vanillé et toasté au nez (la marque de la barrique). La bouche est conséquente : de l'ampleur, des tanins bien enrobés et une longueur de bon augure pour la suite. ⧗ 2023-2028

SAS PUECH-HAUT, 2250, rte de Teyran, 34160 Saint-Drézéry, tél. 04 99 62 27 27, contact@puech-haut.com V *t.l.j. sf dim. 10h-12h 14h-19h*

CH. RICARDELLE Vignelacroix 2020 ★

4 850 | 8 à 11 €

Aux portes de Narbonne, le terroir de La Clape n'a plus de secret pour Bruno Pellegrini, œnologue de formation et originaire du Tyrol italien, installé ici depuis 1990. Une longue histoire précède le Ch. de Ricardelle (43 ha) puisque des parchemins font état de ses vignes dès 1696.

Une robe limpide et saumonée, un nez tonique et délicat, entre fleurs, agrumes et fruits exotiques, une bouche soyeuse à l'attaque, vite vivifiée par une très belle acidité qui ouvre sur une finale très tonique et saline : que demander de plus ? ⧗ 2021-2022

SARL RICARDELLE, rte de Gruissan, 11100 Narbonne, tél. 04 68 65 21 00, commercial.ricardelle@orange.fr V *t.l.j. 9h-12h30 14h-18h*

DOM. DE ROQUEMALE Grès de Montpellier Mâle 2018 ★★

5 000 | 20 à 30 €

Roquemale signifie «mauvaise roche» en langue d'Oc; la vigne y produit peu de raisin, mais un raisin de bonne maturité. Valérie et Dominique Ibanez, enfants de vignerons, ont entièrement créé ce domaine en 2001, séduits par ce terroir constitué de sols argilo-calcaires et de terres rouges : 12 ha aujourd'hui, en bio certifié.

Une étoile de mieux que l'année passée pour cette cuvée née de syrah (90 %) plantée sur des sols argilo-calcaires. Le nez s'ouvre lentement mais sûrement et déploie son nuancier de fruits noirs, de genièvre et de garrigue relevé d'une touche grillée. Chaleureuse mais élégante, très suave, ourlée de tanins soyeux, la bouche enchante et tire de sa finale mentholée ce trait de fraîcheur qui manquait. ⧗ 2022-2026

DOM. DE ROQUEMALE, 25, rte de Clermont, 34560 Villeveyrac, tél. 04 67 78 24 10, contact@roquemale.com V *t.l.j. sf lun. dim. 10h-12h 16h-19h*

CH. ROUMANIÈRES L'Instant 2019 ★★

25 000 | 8 à 11 €

Entre Gard et Hérault, au flanc sud du bois de Paris, le village de Garrigues porte bien son nom. Le Ch. Roumanières y compte 40 ha de vignes sur cailloutis calcaires à flanc de colline. Mathieu Gravegeal a pris le relais à la tête de l'exploitation familiale en 2008.

Pas de bois dans cet assemblage syrah et grenache qui soigne le fruit et l'élégance. On a aimé le nez épanoui qui fleure bon les fruits noirs, le graphite et le poivre. La bouche plaît aussi : généreuse, ample, dotée d'une structure alerte, entre grande fraîcheur et tanins à point. Beaucoup de relief et de gourmandise dans cette belle évocation du Languedoc. ⧗ 2021-2025 **Grès de Montpellier Le Chant des Pierres 2018 ★ (11 à 15 €; 46 000 b.)** Une syrah complétée de 20 % de mourvèdre, vinifiée en macération carbonique et longuement élevée en cuve, cela donne ce rouge au nez fringant de bourgeon de cassis, d'eucalyptus et de girofle. La bouche est un agréable compromis entre rondeur et fraîcheur malgré une petite fermeté de tanins. ⧗ 2021-2024

EARL CH. ROUMANIÈRES, 2, chem. des Verriers, 34160 Garrigues, tél. 06 78 00 24 62, vins.roumanieres@gmail.com V *r.-v.*

♥ CH. SAINTE-HÉLÈNE 2020 ★★

5125 | 5 à 8 €

Appelé à l'origine Mas Belles Eaux, ce domaine du XVII^e^s. devait son nom aux sources qui naissent sur ses terres pour rejoindre la vallée de la Peyne, au nord de Pézenas. Son vignoble (65 ha) est implanté à Caux, sur des terrasses anciennes de galets roulés, d'argiles rouges et de graviers de quartz. Propriété entre 2002 et 2015 d'Axa Millésimes, il a été revendu aux Grands Chais de France qui l'ont rebaptisé.

Un trio grenache blanc-vermentino-clairette élevé en fût et cuve, cela donne ce blanc accompli, à la robe scintillante et au nez fin et frais qui passe en revue l'aubépine, la poire et les agrumes. Une plénitude de fruit que l'on croque avec enthousiasme dans une bouche enlevée, ample, construite autour d'une belle acidité qui étire longuement les saveurs jusqu'à la finale, nette, poivrée et iodée. Un équilibre parfait qui a conquis le jury. ⧗ 2021-2025 ■ **Pézenas Vieilles Vignes 2019 ★★ (11 à 15 €; 10000 b.)** Des vieilles vignes de 60 ans à l'œuvre dans ce 2019 élevé en fûts. Nez bien balancé entre fruits mûrs et épices, bouche volubile, fraîche, déjà assouplie, ourlée de tanins soyeux et gorgée de fruit épicé : un vin très aimable et harmonieux. ⧗ 2021-2025 ■ **Ch. Belles Eaux Pézenas Carmin 2018 ★ (20 à 30 €; 33176 b.)** Carmin comme la robe de ce 2018 né de vieilles vignes et d'un élevage en fût. La syrah (62 %) imprègne un nez généreux de fruits noirs et d'épices sur un fond fumé. La bouche ? De la chair, de la largeur, des tanins fondus et un fruit à la fois mûr et frais qui s'attarde en finale. ⧗ 2021-2025

SARL DOM. DE LA BEAUME, lieu-dit Belles-Eaux, 34720 Caux, tél. 04 67 39 29 41, domaine@labaume.com V *t.l.j. sf sam. dim. 9h-18h*

CH. SAINT-MARTIN DE LA GARRIGUE
Bronzinelle 2019 ★

	12000		8 à 11 €

Au milieu des pins centenaires, le château d'inspiration Renaissance a conservé son esthétique classique en s'enrichissant des apports de ses propriétaires successifs : seigneurs et notables, hommes d'épée ou d'Église, investisseurs dont le dernier en date (2019) est norvégien. Depuis 2011, Jean-Luc Parret, assisté de Gilles Habit à la vinification, est responsable de ce domaine de 60 ha, planté de 17 cépages répartis sur des terroirs de grès rouges et de calcaires lacustres.

Un assemblage complexe de 5 cépages pour un blanc résolument sudiste. Pêche, abricot, fleurs blanches, miel et fruits à coque, le nez à inspiré le jury. Du gras et de la sucrosité à l'entame d'une bouche généreuse, gourmande, sans mollesse avec cette touche finale d'amertume plutôt stimulante. ⧗ 2021-2024 ■ **Bronzinelle 2018 ★ (8 à 11 €; 40000 b.)** 12 mois de fût pour ce rouge né de syrah, grenache et mourvèdre. Le nez généreux décline les fruits rouges mûrs et les épices. En bouche, du volume, de la séduction, des tanins bien intégrés et l'expression chaleureuse de raisins bien mûrs. Bienvenue dans le Languedoc. ⧗ 2022-2026

SCEA SAINT-MARTIN DE LA GARRIGUE, D 6113, 34530 Montagnac, tél. 09 71 05 68 67, contact@stmartingarrigue.com V *t.l.j. 8h-12h30 13h30-17h30; sam. dim. sur r.-v.*

B SAUTA ROC Codoliera 2019 ★

	8000		11 à 15 €

Sauta Roc, c'est un petit domaine de 9 ha en agriculture biologique, (re)créé en 2016 par Bertrand Quesne et Laura Borrelli, un couple de jeunes vignerons qui ont fait leurs armes en Toscane. Ils travaillent avec minutie leur domaine, adaptant leurs façons en fonction des parcelles. Au sein de leur chai aménagé dans une vieille bâtisse de leur village de Vailhan, ils vinifient en limitant les taux de sulfites.

Un premier nez timide qui se livre à son rythme, sur les fruits noirs et les épices. La bouche fait preuve de la même réserve, mais séduit par ses justes proportions : du volume, des tanins fins et fermes, ce qu'il faut de fraîcheur et une finale prometteuse. On le laisse se détendre en cave. ⧗ 2022-2025

EARL QUESNE BORRELLI, 3, rue de Trignan, 34320 Vailhan, tél. 04 34 45 90 88, contact@sauta-roc.com V *r.-v.*

DOM. DES SAUVAIRE Les Grazilles 2020 ★

	2000		5 à 8 €

Relais de poste du XVIe s., situé entre Sommières et Alès, le Mas de Reilhe, reconnaissable à sa tour carrée, est entré dans la famille Sauvaire en 1850. Installé en 1980 à la suite d'une lignée vigneronne, Hervé a quitté la coopérative huit ans plus tard et vinifie au domaine depuis 1999, rejoint par son fils en 2018. Son vignoble planté sur un terroir de calcaires et d'argiles s'étend aujourd'hui sur 25 ha.

Vermentino et grenache à parité dans ce blanc volubile, moderne, au nez exubérant de pêche blanche et de fleurs. Les fruits exotiques prennent le relais dans une bouche efficace, ronde comme il se doit dans le Sud, mais très vivace. Un blanc séduisant qui devrait ratisser large. ⧗ 2021-2023

EARL SAUVAIRE, Mas de Reilhe, 165, chem. du Mas-de-Reilhe, 30260 Crespian, tél. 04 66 77 89 71, earl@domaine-sauvaire.fr V *r.-v.*

LES VIGNERONS DU SOMMIÉROIS
Sommières Bois de Carelle 2019 ★

	5300		11 à 15 €

Fondée en 1923 à Sommières, dans la partie la plus orientale de l'appellation languedoc, cette cave coopérative dispose d'un vignoble de près de 700 ha répartis dans 7 communes gardoises, sur des terroirs variés : marnes, alluvions, terres rouges à silex, cailloux calcaires. Le pont romain de Sommières orne les étiquettes.

Tout est intense dans ce rouge qui fait la part belle à la syrah : la robe d'un rubis profond, le nez centré sur les fruits noirs généreusement saupoudrés de vanille, et la bouche ample et ronde à l'attaque, puis cadrée par des tanins musclés avant une longue finale sur les épices et le menthol. Il mérite un séjour en cave. ⧗ 2022-2026 ■ **Laura 2019 ★ (5 à 8 €; 26000 b.)** Un languedoc convivial qui n'a pas vu de bois. On a aimé le nez franc et expressif de fruits rouges, puis la bouche gironde, généreuse et souple qui brille par la fraîcheur de son fruit. Sans artifice, efficace et universel. ⧗ 2021-2024

SASU CAVEAU DES VIGNERONS DU SOMMIÉROIS, 2, rue de l'Arnède, 30250 Sommières, tél. 04 66 80 03 31, contact@vin-vds.com V *t.l.j. sf dim. 9h-12h30 15h-19h*

LE TARRAL Montpeyroux 2020 ★

	10550		8 à 11 €

Rebaptisée Castelbarry, la «coopérative artisanale» de Montpeyroux a été fondée en 1950 : c'est l'une des dernières caves créées en Languedoc (le grand boom coopératif se situant entre 1910 et 1929). Elle a bien grandi depuis sa création : 75 adhérents alors, de modestes propriétaires, 100 aujourd'hui. Le vignoble (450 ha) se partage entre trois entités toutes baignées de soleil : le causse, le piémont et la terrasse d'éboulis.

De l'élevage en fût, ce 2020 à base de grenache blanc garde le souvenir d'une note vanillée sur fond de fleurs blanches et d'orange amère. Une jolie matière ample et ronde, épanouie par le chêne, donne confort et amplitude à une bouche qui n'oublie pas de rester fraîche. À l'arrivée, un blanc séduisant, d'un équilibre irréprochable. ⧗ 2021-2024 ■ **Grand Tarral Montpeyroux 2018 ★ (15 à 20 €; 10 000 b.)** Syrah, mourvèdre et carignan associés dans ce Grand Tarral (autre nom de la tramontane), un rouge consistant passé 24 mois en fût. Au nez, des fruits rouges mûrs relevés d'épices et de violette. En bouche, de la chair, des tanins fermes mais enrobés et une belle richesse de fruit. ⧗ 2022-2027

SCA CASTELBARRY, 5, pl. François-Villon, 34150 Montpeyroux, tél. 04 67 96 61 08, contact@castelbarry.com V *t.l.j. sf dim. 9h30-12h 14h-18h; visite des caves sur r.-v.* 2

TERRES DES CAMBON
Pic Saint-Loup Dolia 2019 ★

| 4 000 | | 8 à 11 € |

Dans un vallon de vignes bordé de collines, sous le regard du Pic Saint-Loup, Jean-Pierre Girard s'est installé en 2016 sur cet îlot préservé de 22 ha.

Roussanne et vermentino à parité dans cette assemblage élevé en jarre de grès. Ténu mais élégant, le nez marie les fruits jaunes et les épices douces sur un fond crémeux et lacté. La bouche ample et grasse, sans une once de lourdeur, séduit par sa texture caressante, ses saveurs délicates et sa touche discrète d'amertume en finale qui donne à l'ensemble ce qu'il faut d'énergie. Beau blanc de table. ⧗ 2021-2024

SARL TERRES DES CAMBON, rte de la Chapelle Aleyrac, Lieu-dit Valcyre, 34270 Valflaunès, tél. 04 67 67 13 96, jp.girard@chateau-cambon-valcyre.fr V *t.l.j. sf lun. dim. 10h-12h 14h-18h* E

♥ TERRES DES GUILHEM
2020 ★★★

| 20 000 | | 5 à 8 € |

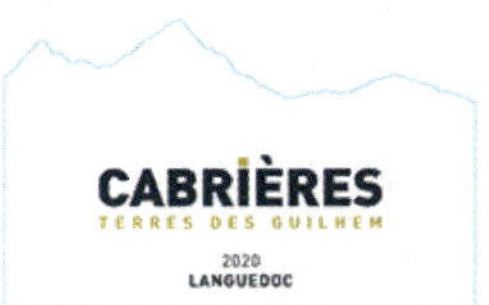

Coopérative fondée en 1937 et forte des 330 ha de ses adhérents, les caves de l'Estabel, réputées pour leurs rosés qui ont fait la gloire de Cabrières, présentent aussi une gamme de rouges dignes d'un vif intérêt. Elles produisent également de l'AOP clairette-du-languedoc, sur une vingtaine d'hectares de schistes, et, depuis 2018, une gamme de vins sans soufre. Le paysage dominé par le pic de Vissou, la richesse géologique et les sites archéologiques en font une étape obligée.

Tout est fringant et de bon goût dans ce rosé drapé d'un robe corail, au nez tonique saturé de fraise et de fleurs, avec une petite note poivrée et minérale qui le distingue. Une attaque vigoureuse ouvre sur un palais ample, généreux, mais aussi d'une fraîcheur immaculée. La longue finale sur le pamplemousse achève de convaincre. ⧗ 2021-2022

SCA L'ESTABEL, 20, rte de Fontes, 34800 Cabrières, tél. 04 67 88 91 60, contact@estabel.fr V *t.l.j. 9h-12h 14h-18h*

CH. VAUGELAS Les Falaises 2020 ★

| 120 000 | | 5 à 8 € |

Créé par les bénédictins de l'abbaye de Lagrasse, cet ancien et vaste domaine (144 ha de vignes) est implanté sur quatre terrasses aux sols distincts. Repris en 2000 par la famille Bonfils, il est devenu une valeur sûre du Guide.

Un blanc élégant de bout en bout. On aime la robe limpide, le nez discret mais séduisant, centré sur les fruits blancs frais, et la bouche ronde, caressante, fruitée, presque doucereuse en finale. Très charmeur. ⧗ 2021-2023

SCEA CH. VAUGELAS, Ch. Vaugelas, 11200 Camplong-d'Aude, tél. 04 67 93 10 10, bonfils@bonfilswines.com V *r.-v.* D

VILLA TEMPORA Rosé Bonheur 2020 ★

| 2 000 | | 11 à 15 € |

Agathe Dalisson, bordelaise, et Amaury Coste, bourguignon, se sont rencontrés à Kaboul et, de retour en France, ont repris en 2017 ce petit domaine familial constitué de parcelles en «biens de village» sur des terroirs de galets et de basaltes, travaillées en biodynamie.

Du caractère et de la couleur à revendre dans ce rosé mi-mourvèdre mi-syrah qui assume ses rondeurs. Un nez intense et floral ouvre sur un palais dont on retient la mâche, la vinosité, la structure affirmée et la belle finale rafraîchissante. Résolument de table. ⧗ 2021-2022

GAEC DOM. DE L'AURIBELLE, ancien chem. de Caux, 34120 Pézenas, tél. 06 68 02 85 62, contact@villatempora.com V *r.-v.* E

DOM. LA VOÛTE DU VERDUS
Cuvée Le Grand Saut 2018 ★★

| 4 000 | | 15 à 20 € |

Guilhem Bonnet et son épouse Sylvie ont repris en 1983 les vignes familiales (23 ha aujourd'hui). Coopérateurs, ils décident en 2011 d'en vinifier une part croissante. Leur fille Mélanie (à la vinification) et son mari Pierre Estival, œnologues, les accompagnent dans l'aventure. Au cœur de Saint-Guilhem-le-Désert, leur cave voûtée enjambe le ruisseau du Verdus qui traverse le village.

Le carignan et le mourvèdre dominant dans ce rouge abouti, issu du lieu-dit Le Grand Saut. Le temps a joliment épanoui le nez de ce 2018 qui fleure bon les épices douces et les fruits noirs en confiture. Il a aussi détendu la bouche, dont on aime l'aimable sucrosité, le fondu des tanins et la longue finale voluptueuse et épicée. Beaucoup de charme dans ce languedoc. ⧗ 2021-2026 ■ **2019 ★★ (8 à 11 €; 4 000 b.)** Une petite note fumée dans ce nez qui respire surtout la garrigue et les fruits rouges. Savoureuse, éclatante de fruits, adossée à des tanins fins et discrets, aiguillée par une belle acidité, la bouche laisse une singulière sensation de légèreté malgré la belle maturité des raisins. ⧗ 2021-2025

LANGUEDOC

GAEC DOM. LA VOÛTE DU VERDUS, 15, rue Descente-du-Portal, 34150 Saint-Guilhem-le-Désert, tél. 04 67 57 45 90, lavouteduverdus@gmail.com V r.-v.

TERRASSES-DU-LARZAC

Superficie : 470 ha / Production : 14 000 hl

Ancienne dénomination de l'AOC languedoc, les terrasses-du-larzac sont devenues en 2015 une appellation à part entière (vins rouges). L'aire est délimitée dans 32 communes au nord-ouest de Montpellier aux terroirs variés (terrasses de galets, argilo-calcaires, grès, schistes, ruffes...), tous pauvres et caillouteux. Éloignée de la mer, elle est limitée au nord du plateau du Larzac, avec pour repère le mont Baudile, qui culmine à 800 m. La bordure abrupte du causse abrite le vignoble des vents du nord, tout en maintenant une atmosphère fraîche. Elle favorise de fortes amplitudes thermiques entre le jour et la nuit (jusqu'à 20 °C en été), avec pour conséquence des maturations lentes et des récoltes plus tardives que près du littoral. Les vins en tirent une grande fraîcheur et une belle expression aromatique.

Les terrasses-du-larzac proviennent de l'assemblage d'au moins trois cépages, choisis parmi neuf variétés. Deux des variétés principales - syrah, grenache, mourvèdre et carignan - doivent entrer dans leur composition. Après un élevage d'au moins douze mois, ils apparaissent colorés, concentrés, structurés, profonds et frais. Complexe, leur palette aromatique mêle les fruits rouges et noirs, la réglisse, la violette, l'olive noire, la garrigue et les épices, auxquels peuvent s'ajouter avec le temps le cuir, le tabac et la truffe.

DOM. LES CAIZERGUES Les Amoriers 2018 ★

	5050		11 à 15 €

Au mois d'août 2017, Patricia et Robert Middleton, deux entrepreneurs britanniques amoureux du vin, ont repris les rênes de ce domaine situé à Brissac, au nord de Montpellier, sur les contreforts des Cévennes. Sur 33 ha de vignobles, en conversion bio, ils cultivent une large palette de cépages et signent des vins en AOP languedoc, en terrasses-du-larzac et en IGP.

Le carignan domine dans cet assemblage qui fleure bon la garrigue, les fruits mûrs et les épices. Rondeur et souplesse caractérisent une bouche aimable, à la sucrosité gourmande, relevée en finale par une agréable fraîcheur. Un style délié, facile d'accès et harmonieux. Prêt à passer à table. ⧗ 2021-2024

SCEA DOM. LES CAIZERGUES, lieu-dit Les Caizergues, 34190 Brissac, tél. 06 26 57 58 46, philippe.barral@domainelescaizergues.com V *t.l.j. lun. mer. ven. 9h-12h 13h-17h*

DOM. CAPDANIEL
Les Vendanges de Tom Vieilles Vignes 2018 ★

	3500		15 à 20 €

Domaine familial situé à Gignac, à 25 km à l'ouest de Montpellier, en lisière de garrigue et au cœur des Terrasses du Larzac. Depuis quatre générations, ce vignoble d'un seul tenant est cultivé par la famille Joullié.

Nouveau venu dans le Guide, le domaine signe un 2018 élégant à partir de vieilles vignes de syrah, carignan et grenache. Les 18 mois de fûts n'ont pas terni le fruit, qui s'exprime sur des notes de garrigue et de fruits rouges bien mûrs. De la bouche, on retient son attaque ample, sa douce sucrosité, ses tanins fondus et sa finale fraîche et enlevée. Un vin harmonieux qui soigne l'expression du fruit. ⧗ 2021-2025

SCEA CAPDANIEL, Mas de Capdaniel, 34150 Gignac, tél. 06 82 14 26 84, masdecapdaniel@hotmail.com V *r.-v.*

MAISON CASSAGNE ET VITAILLES
Combarels à la lumière 2019 ★

	5500		15 à 20 €

Né d'une solide amitié entre Matthieu Rollin et Nicolas Seffusatti, ce domaine a vu le jour en 2016 : 7,5 ha de vignes en sélection massale cultivées selon les principes de la biodynamie.

Assemblage classique de syrah, carignan et grenache, plus infusé qu'extrait, et élevé en cuve, ce 2019 s'ouvre lentement sur des senteurs de fruits surmûris, de garrigue, d'épices et de fumée. Pulpeuse, bien pleine, adossée à de jolis tanins fermes, la bouche diffuse ses mêmes saveurs chaleureuses dans un ensemble voluptueux et déjà à point. Parfait avec une viande en sauce. ⧗ 2021-2024

MAISON CASSAGNE ET VITAILLES, 575, rte de Saint-Étienne, 34150 Montpeyroux, tél. 06 98 46 09 83, floriane@m-c-v.fr

CLOS AGUILEM Maeve 2018 ★

	4000		11 à 15 €

En 2015, aidé financièrement par sa famille et des amis, l'ingénieur agronome et œnologue Jean-Charles Auffret a créé ce domaine de 7 ha, dont le parcellaire, en conversion bio, est réparti sur quatre communes (Saint-Saturnin-de-Lucian, Saint-Guiraud, Ceyras et Arboras) et présente une belle diversité de sols permettant des adaptations variées.

De la mesure dans ce joli rouge au nez tonique, subtilement vanillé, souligné de thym et de laurier. La même fraîcheur s'impose dans un palais bien plein à l'attaque, étayé de tanins fins et fermes qui ouvrent sur une finale dynamique. Finement sculpté, il gagnera en volume après un peu de garde. ⧗ 2022-2025

SCEA CLOS AGUILEM, 29, cours Grégoire, 34725 Saint-André-de-Sangonis, tél. 06 88 82 92 48, contact@closguilem.com V *r.-v.*

LE CLOS DES COMBALS L'Obstinée 2019 ★

	3800		11 à 15 €

Marie-Noëlle Tournes a créé en 2017 ce tout jeune domaine sur les terres familiales situées dans l'Hérault, à proximité du Pont du Diable, au sein de l'appellation Terrasses du Larzac. Elle exploite ici et à la main un vignoble de 5 ha (et 1 ha d'oliviers) qui offre une poignée de cuvées dans les appellations locales, IGP, terrasses-du-larzac et languedoc.

Entré dans le Guide il y a deux ans avec cette même cuvée mais en rosé, le domaine se distingue ici avec la version rouge, née des calcaires de l'appellation. Le jury a apprécié la fraîcheur d'un nez qui soigne le fruit et les épices, et le dynamisme d'une bouche gouleyante, encadrée de tanins fins, qui donne à croquer un fruit aussi mûr que mentholé. ⧗ 2021-2025

EARL LE CLOS DES COMBALS, 176, rte de Montpeyroux, 34150 Saint-Jean-de-Fos, tél. 06 87 44 83 52, contact@leclosdescombals.fr V *r.-v.*

LE CLOS ROUGE Babel 2019 ★

■ | 3800 | | 15 à 20 €

Né d'une histoire d'amitié entre Krystel Brot-Weissenbach et Joël Peyre, le Clos Rouge a été créé en 2013 sur les terres rouges des ruffes de Saint-Jean-de-la-Blaquière : 5 ha de vignes en conversion bio, entourés de garrigue et d'oliviers.

Bien que construit pour durer, ce 2019 livre déjà une joli palette au nez, entre fruits mûrs et épices. L'opulence de l'attaque est vite cadrée par des tanins sérieux qui tiennent en respect le fruit et invitent à la patience. On sera récompensé. Vin d'avenir. ⧗ 2023-2027

LE CLOS ROUGE, rue du Château, 34700 Saint-Jean-de-la-Blaquière, tél. 06 73 26 60 04, lesrouges34@gmail.com V *r.-v.*

B VIGNOBLES COULET La Sardagne 2019 ★★

■ | 3000 | | 11 à 15 €

En 2011, Benjamin Coulet a créé sa cave particulière à Saint-Jean-de-Buèges, un village médiéval où il a passé toute son enfance. Associé à son cousin Valentin Coeminne, il y cultive sur les fameux éboulis calcaires des coteaux de la Séranne 17 ha, certifiés bio depuis 2018, ayant appartenu à son grand-père et à son père et vinifie dans les locaux de l'ancienne « coop » locale.

Un peu de cinsault à l'appui du duo syrah-grenache dans cette cuvée parcellaire. Fruits mûrs, menthol et garrigue : bienvenue dans le Languedoc. Le jury a apprécié la retenue d'une bouche sans effet de manche ni chaleur, qui soigne l'équilibre et l'harmonie plus que la puissance. Du doigté et de la personnalité. À laisser reposer un peu en cave. ⧗ 2022-2026

EARL VIGNOBLES COULET, rue du Château, 34380 Saint-Jean-de-Buèges, tél. 06 62 57 24 22, domaine.coulet@live.fr V *r.-v.* 2

♥ CH. DES CRÈS RICARDS Œnothera 2019 ★★★

■ | 8208 | | 15 à 20 €

Colette et Gérard Foltran ont passé la main à Jean-Claude Mas en 2010. Ce domaine fondé en 1960 est situé au lieu-dit Les Crès Ricards, au cœur des Terrasses du Larzac, sur un terroir de schistes et de galets roulés. Agrandi, il compte une quarantaine d'hectares. Une valeur sûre.

Déjà encensée l'an passé, aux côtes de la cuvée Alexaume 2019 (coup de cœur), cette Œnothera rafle la mise en 2019. Ce qui a tant plu ? La robe sombre, le nez « top », profond, complexe, savant compromis entre chêne et expression juteuse du fruit (noir) et des épices. Puis le charme de la texture, la chair ample infusée de fruits et de chêne, les tanins enrobés, la longueur. Bref, pas une ombre au tableau dans ce grand rouge du Sud moderne et séducteur. ⧗ 2022-2028

SARL DOM. DES CRÈS RICARDS, Dom. Nicole, rte de Villeyrac, 34800 Ceyras, tél. 04 67 90 16 10, infio@paulmas.com V *t.l.j. sf dim. 10h-18h* 5

LA CROIX CHAPTAL Le Secret de Gellone 2018 ★

■ | 28 000 | | 11 à 15 €

Créé au IXes. par les moines bénédictins de l'abbaye de Gellone, ce domaine se partage entre 11 ha de bois et 25 ha de vignes. Il revit depuis son rachat en 1999 par Charles-Walter Pacaud, qui l'avait découvert pendant ses études de viticulture-œnologie à Montpellier.

Un long élevage en cuve a épanoui le nez de ce 2018, qui s'ouvre sur des nuances de fruits des bois et de plantes aromatiques. Les épices étirent la palette dans une bouche généreuse, ronde et d'ores et déjà très conviviale. Un vin aimable, prêt à passer à table. ⧗ 2021-2024

EARL PACAUD CHAPTAL, hameau de Cambous, 34725 Saint-André-de-Sangonis, tél. 06 82 16 77 82, lacroixchaptal@orange.fr V *r.-v.*

DOM. JORDY Révélation 2018 ★★

■ | 2000 | | 11 à 15 €

La famille Jordy est établie depuis fort longtemps au cœur du vieux village de Loiras-du-Bosc, dans l'aire des terrasses-du-larzac. Frédéric Jordy, installé en 1998, représente la 4e génération de vignerons sur ce domaine qui compte aujourd'hui 20 ha, certifiés bio depuis 2020.

Ce vin d'une beau rubis sombre dévoile un nez épanoui de fruits rouges et noirs bien mûrs, de cachou et d'olive noire. Tout aussi expressive, la bouche brille par sa matière ample, ses tanins bien enrobés et sa fraîcheur préservée qui confère à l'ensemble un éclat singulier. Complet, harmonieux et de bonne garde. ⧗ 2022-2027

FRÉDÉRIC JORDY, Loiras, 34700 Le Bosc, tél. 04 67 44 70 30, frederic.jordy@orange.fr V *t.l.j. sf dim. 9h-19h*

B CH. MALAVIEILLE Alliance 2019 ★★

■ | 6000 | | 15 à 20 €

Également propriétaire du Mas de Bertrand à Saint-Saturnin, Mireille Bertrand possède le vignoble du Ch. Malavieille, cultivé en biodynamie depuis 2007, près du lac du Salagou sur les fameux sols rouges lie-de-vin de « ruffes » et basaltes.

Le domaine fait son retour dans le Guide avec cette « alliance » de trois cépages (syrah, grenache et mourvèdre). Une petite touche minérale anime un nez centré sur les fruits noirs et les épices. On la retrouve dans une bouche bien assouplie, aux tanins fins, friande, vivace et fruitée de bout en bout. Un rouge allègre et très élégant. ⧗ 2021-2025

MIREILLE BERTRAND, Malavieille, 34800 Mérifons, domainemalavieille.merifons@wanadoo.fr V r.-v.

MAS BRUNET
Cuvée Prestige Élevé en fût de chêne 2018 ★

	7000		15 à 20 €

Le haut terroir du Causse-de-la-Selle, fait d'argiles rouges et de pierres dolomitiques sculptées par les ans, est l'un des plus septentrionaux de l'appellation. Représentant la 4e génération, Serge et Marc Coulet, désormais épaulés par Louis, le fils de Serge, œuvrent respectivement depuis 1988 et 1990 sur ce domaine de 28 ha implanté en pleine garrigue, en conversion bio depuis 2019.

Un élevage de 18 mois sous bois pour cette cuvée Prestige déjà à point, au nez fondu et fumé, qui montre une légère et agréable évolution. De la bouche, on retient son attaque ronde, ses saveurs chaleureuses de fruits mûrs et ses tanins un tantinet accrocheurs qui sauront se fondre à table avec une belle viande rouge. À ouvrir sans tarder. ⧗ 2021-2024

GAEC DU DOM. DE BRUNET, rte de Saint-Jean-de-Bueges, 34380 Causse-de-la-Selle, tél. 04 67 73 10 57, brunet.vins.oc@domainedebrunet.com V r.-v.

MAS DE L'ERME Les Petits Princes 2019 ★★

	6000		11 à 15 €

Créé en 2006 par Florence Milesi, œnologue et ingénieur agronome, et son mari Fabien, informaticien, fils et petit-fils de vignerons languedociens, ce domaine étend son vignoble sur 10 ha, convertis à l'agriculture biologique et à la biodynamie.

Les Petits Princes, les deux fils des propriétaires, à l'honneur dans cette cuvée élégante de bout en bout : nez délicat de petits fruits rouges et d'épices, bouche à la fois douce et fraîche qui rebondit sur de beaux tanins donnant à l'ensemble ce qu'il faut de vigueur et de relief. Raffiné et gourmand. On peut l'ouvrir sans attendre ou la garder quelques années en cave. ⧗ 2021-2025

FLORENCE ET FABIEN MILESI (MAS DE L'ERME), 261, rte de Saint-André, 34725 Jonquières, tél. 06 87 81 32 35, contact@masdelerme.fr V r.-v.

MAS DES QUERNES Les Ruches 2019 ★

	17400		15 à 20 €

Pari réussi pour Peter Riegel, négociant allemand, et Jean Natoli, œnologue, qui ont créé en 2009 ce domaine de 16 ha. Leur vignoble, établi sur un glacis de cailloutis calcaires converti au bio, orne les flancs d'un petit vallon secret sur le versant sud du Larzac.

On salue la constance de cette cuvée qui signe une passe de trois après les 2017 et 2018. On y retrouve les mêmes fondamentaux : un nez discret qui hésite entre garrigue et fruits rouges mûrs, et une bouche délicate qui soigne la légèreté, l'éclat du fruit et la finesse des tanins. La fraîcheur finale ne fait que renforcer le dynamisme de l'ensemble. ⧗ 2021-2026

SAS GENS ET PIERRES, 1 bis, imp. du Pressoir, 34150 Montpeyroux, tél. 06 61 08 22 02, pierre@mas-des-quernes.com V r.-v.

DOM. PLAN DE L'HOMME
Habilis 2019 ★★

	7391		15 à 20 €

Rémi Duchemin a repris en 2009 le Plan de l'Homme, à l'origine le Plan de l'Om. Après avoir brillé dans le Pic Saint-Loup, au Mas de Mortiès, c'est entre les collines rouges et les galets noir de basalte des Terrasses du Larzac qu'il a entrepris, avec succès, de produire sur 12 ha très morcelés et certifiés bio des vins hautement expressifs, tant en rouge qu'en blanc. En 2017, il a vendu sa propriété aux Grands Chais de France.

Le carignan domine dans cette cuvée élevée en cuve, peu diserte au nez mais qui prend son envol en bouche : attaque ronde, sucrosité, tanins finement extraits et longue finale qui libère les petits fruits rouges. Du tact et de l'élégance. « Vin plaisir », conclut le jury. ⧗ 2021-2024

SCEA DOM. DU JONCAS, 670, chem. des Saumailles, 34150 Montpeyroux, tél. 04 67 39 29 41, domaine@labaume.com V *t.l.j. sf sam. dim. 9h-18h*

DOM. DE LA RÉSERVE D'O Hissez O 2018 ★

	2200		20 à 30 €

Situées en altitude sur le causse d'Arboras, les vignes (12 ha) cherchent ici la terre sous les cailloux. Installés en 2005, Marie, la nouvelle présidente du syndicat Terrasses du Larzac, et Frédéric Chauffray travaillent en biodynamie et vinifient avec des méthodes douces (minimum de SO2, pas de levurage, ni de collage et de filtration) des vendanges où chaque grain est minutieusement choisi.

Un nez aussi intense que frais et un grand bol de violette et de fruits rouges confits à l'entame de cette cuvée longuement élevée en fût, mais où le chêne sait se faire discret. Une matière ample relevée d'épices et de réglisse, des tanins tendres, une longueur plus qu'honorable : harmonieux et déjà très séduisant. Du potentiel en cave cependant. ⧗ 2021-2026

MARIE CHAUFFRAY, Dom. de la Réserve d'O, rue du Château, 34150 Arboras , tél. 06 70 05 69 81, info@lareservedo.fr V r.-v.

TROIS TERRES La Minérale 2018 ★

	2300		11 à 15 €

Conduit par Graeme Angus, ancien hématologue au CHU de Londres passionné de vins, amateur de la région et de coins sauvages, ce vignoble de 6,5 ha cultivés sur trois types de sols est labellisé en agriculture biologique.

Cette cuvée met en avant la syrah (70 %) manifestement vendangée bien mûre. La robe en tire sa profondeur, et le nez ses arômes chaleureux et flatteurs de fruits noirs. Riche, pulpeuse et fondante, la bouche repose sur des tanins tout aussi veloutés. Un rouge caressant et sensuel qui donne déjà bien du plaisir. ⧗ 2021-2025

Le Saut du Diable 2019 ★ (11 à 15 €; 4500 b.) B
Des vieilles vignes de grenache (50 %) forgent le caractère affirmé de ce beau rouge aux effluves d'épices, de garrigue et d'eucalyptus. Puissante, riche, gouteuse, infusée de fruits mûrs, la bouche tire aussi de tanins serrés sa structure affirmée. On laissera donc cette forte personnalité reposer en cave. ⧗ 2022-2027

GRAEME ANGUS, Trois Terres, 18, rue de la Vialle, 34800 Octon, tél. 04 67 44 71 22, contact@trois-terres.com V r.-v.

PIC-SAINT-LOUP

Superficie : 980 ha / Production : 30 000 hl

Ce terroir réputé, ancienne dénomination géographique du Languedoc, est devenu en 2017 une appellation à part entière réservée aux vins rouges et aux rosés. À 20 km de Montpellier, dans la partie nord-est du Languedoc, l'AOC Pic-saint-loup s'étend sur 15 communes de l'Hérault et 2 du Gard, toutes dominées par la pointe acérée du pic Saint-Loup, l'un des sites les plus spectaculaires du vignoble languedocien.
Le vignoble du pic Saint-Loup, implanté sur des sols à dominante calcaire, s'inscrit dans un paysage de garrigue et de pinèdes, succession de crêtes et de combes, à l'écart de grandes vallées. Le climat y est plus frais et plus arrosé que dans le reste du Languedoc. Les pluies, qui tombent au printemps et en automne, permettent aux ceps d'éviter sécheresse et stress hydrique; elles autorisent des plantations à densité élevée, facteur de concentration. En août et septembre, l'amplitude thermique importante entre le jour et la nuit favorise l'expression aromatique et l'acidité. Ces conditions sont propices au cépage syrah, l'une des variétés principales de la nouvelle appellation, aux côtés du grenache et du mourvèdre, et de cépages accessoires (carignan, cinsault, counoise, morrastel, plus le grenache gris pour les rosés). Tant les rouges que les rosés doivent toujours assembler au moins deux cépages, la syrah étant mise en avant (50 % minimum pour les rouges et 30 % pour les rosés). Les vins rouges tirent de la syrah leur texture dense, leurs arômes intenses de fruits noirs et de réglisse et leur potentiel. Les rosés sont, eux aussi, toniques et fruités. Le climat donne à tous ces vins relief et fraîcheur.

BERGERIE DU CAPUCIN Larmanela 2018 ★

■	7000		20 à 30 €

Guilhem Viau, après dix ans passés en cave coopérative, s'est lancé en 2008 et a baptisé son domaine languedocien du nom du lieu-dit où se situaient les pâturages et la bergerie de son aïeule Jeanne. Il conduit aujourd'hui un vignoble de 15 ha au pied du pic Saint-Loup.

Larmanela, un lieu-dit où pâturaient les moutons, est désormais planté de syrah. Celle-ci est presque pure (99 %) dans cette cuvée séduisante. Au nez, des arômes de garrigue et de fruits rouges sur un fond torréfié issu du chêne. L'olive noire et la violette prennent le relais dans une bouche ronde, sans mollesse, relevée par des tanins un tantinet fermes à ce stade. Un rouge bien typé et prometteur. ⧗ 2022-2026 ■ **Dame Jeanne 2020 ★ (11 à 15 €; 5000 b.)** Un rosé moderne, pâle comme il se doit, au nez sans outrance qui dévoile progressivement ses notes de fraise et de groseille rafraîchies par un trait de pamplemousse. En bouche, rondeur et tension font bon ménage et dessinent un rosé séduisant, facile à boire, mais pas dépourvu de caractère. ⧗ 2021-2022

SAS BERGERIE DU CAPUCIN, 80, imp. Puech-Camp, 34270 Lauret, tél. 04 67 59 01 00, contact@bergerieducapucin.fr V r.-v.

DOM. CAMMAOUS Marie 2019 ★

■	6000		11 à 15 €

Viticulteur, Olivier Panchau travaillait en famille depuis 1985. Il s'est installé à son compte en 2000, baptisant son domaine du nom d'un lieu-dit de Vacquières, Cammaous. Il a créé sa cave et élaboré ses premiers vins en 2013.

Le fruit noir frais, la garrigue et les épices douces forment un bouquet très appétent et plutôt tonique. Ce que confirme la bouche, ample et aérienne, dotée d'une petite sucrosité gourmande, d'une franche acidité et de tanins fins et fermes qui donnent à l'ensemble ce qu'il faut de relief. Un «pic» friand, plus élégant que puissant, à ouvrir dans sa jeunesse. ⧗ 2021-2024

OLIVIER PANCHAU, Dom. Cammaous, 14, chem. des Cammaous, 34270 Vacquières, tél. 06 75 94 20 13, panchau.maxence@gmail.com V r.-v.

DOM. CAUSSARELLE Héritage 2019 ★

■	6000		15 à 20 €

Après une première carrière dans un bureau d'étude, Maxence Panchau, fils de vigneron, crée à 32 ans le Dom. Caussarelle, à Vacquières dans l'Hérault (là où il est né), grâce au financement participatif de Terra Hominis. Ses 116 «associés» lui ont permis d'acquérir 6 ha d'un seul tenant, plantés en cépages rouges uniquement et en conversion bio.

Grenache et syrah à parité dans ce 2019 qui a fait un bref séjour (6 mois) en cuve. Délicat, le nez libère progressivement ses parfums de fruits frais, de garrigue, de tapenade et de poivre vert. Le jury a aussi apprécié la fraîcheur de la bouche, le croquant du fruit, la structure légère et tonique d'un rouge vinifié en douceur, qui privilégie l'expression du fruit. En un mot : gouleyant. ⧗ 2021-2024

MAXENCE PANCHAU, Dom. Caussarelle, 14, chem. des Cammaous, 34270 Vacquières, tél. 06 75 94 20 13, panchau.maxence@gmail.com V r.-v.

B CH. DE CAZENEUVE Les Calcaires 2019 ★

■	25000		15 à 20 €

Le château de Cazeneuve, vieille bâtisse du IXᵉs., est établi au cœur du domaine acheté par André Leenhardt en 1988 après ses études d'agronomie. Replantations, sortie de la coopérative, conversion bio (certification en 2010) : André Leenhardt est aujourd'hui l'un des vignerons emblématiques du Pic Saint-Loup, à la tête d'un beau vignoble de 35 ha sur argilo-calcaires.

Une robe aussi limpide que le nez, qui se montre précis, friand, entre Zan, poivre et framboise. Très fraîche dès l'entame, la bouche déroule avec élégance et persistance ses saveurs infusées de fruits et de romarin, soutenues par des tanins soyeux, parfaitement calibrés à l'ensemble. Souple, raffiné, harmonieux, il peut passer à table. ⧗ 2021-2024

SCEA DE CAZENEUVE, Dom. de Cazeneuve, 34270 Lauret, tél. 04 67 59 07 49, chateaucazeneuve@orange.fr V r.-v.

B LE CHEMIN DES RÊVES L'Optimiste 2019 ★

■ | 23 000 | | 11 à 15 €

Pour Benoît Viot, ancien pharmacien et toujours passionné de biologie et de médecine, l'alchimie du vin n'a pas de secret. Après une première vie professionnelle, ce Tourangeau, qui revendique aujourd'hui une « vie de passion », a créé ex-nihilo en 2004 son domaine (aujourd'hui 21 ha en conversion bio).

Au Chemin des Rêves, on ne se laisse pas abattre par la grêle, d'où ce nom de cuvée qui n'a pas vu de bois. Fin, élégant, sur la cerise, le jus de viande et la garrigue, le nez nous fait voir du pays. Une promesse tenue dans une bouche douce, sapide, gourmande, ronde, d'une séduction de fruit immédiate. À déboucher dès à présent. ⧗ 2021-2024 ■ **Gueule de Loup 2018 ★ (15 à 20 €; 9000 b.)** B Coulis de mûre, thym, poivre, toast léger : le nez porte l'empreinte d'une syrah (70 %) élevée un an en fût. La bouche a tout pour séduire : une chair ronde, une sucrosité gourmande, des tanins finement extraits et soyeux, un élevage de bon goût qui teinte juste le fruit d'un grillé subtil. Déjà épanoui, facile à boire et de bonne garde néanmoins. ⧗ 2021-2026

SARL LE CHEMIN DES RÊVES, 218, rue de la Syrah, 34980 Saint-Gély-du-Fesc, tél. 04 99 62 74 25, contact@chemin-des-reves.com V *t.l.j. sf dim. 16h-19h*

B LES DÉESSES MUETTES Obsession 2019 ★

■ | 3 000 | | 20 à 30 €

Fondée en 1950, la cave coopérative de Saint-Mathieu-de-Tréviers, établie au pied du pic Saint-Loup, exploite un vaste vignoble de 800 ha qui couvre le tiers de l'appellation dont une partie en bio. La gamme est large et balaie, outre l'AOC pic-saint-loup, les terrasses-du-larzac et les IGP locales.

Une robe opaque donne le ton de ce rouge mi-syrah mi-grenache qui a bénéficié d'une vinification « intégrale », c'est-à-dire fermenté puis élevé en fût. Le nez, encore taiseux, libère de discrètes nuances de fruits rouges mûrs et de torréfaction. Bien plus volubile, la bouche en impose par sa mâche, sa sucrosité, ses tanins gras et bien mûrs et sa fraîcheur sous-jacente. Un rouge ambitieux et bien bâti qui s'affinera en cave. ⧗ 2022-2027 ■ **Les Coteaux du Pic Cuvée spéciale Élevée en fût de chêne 2019 ★ (11 à 15 €; 15 000 b.)** Moka, cachou, graphite, le nez porte la marque du chêne. Les épices douces insistent dans une bouche ronde à l'attaque, qui se raffermit sous l'effet de tanins jeunes avant une finale fraîche et mentholée. Un peu de cave lui fera le plus grand bien. ⧗ 2022-2026

SAS VIGNOBLES DES TROIS CHÂTEAUX, 140, av. des Coteaux-de-Montferrand, 34270 Saint-Mathieu-de-Tréviers, tél. 04 67 55 81 19, vignoble@coteaux-du-pic.com V *t.l.j. sf lun. dim. 9h30-12h30 14h-18h*

DOM. HAUT-LIRAC Les Costes 2019 ★

■ | 60 000 | | 15 à 20 €

Cinq générations se sont succédé sur ce domaine fondé en 1848 au pied du pic Saint-Loup et conduit par Jean-Pierre Rambier depuis 1990. Le vignoble s'étend sur 95 ha.

Les notes toastées et vanillées de l'élevage dominent le fruit à ce stade. Un fruit qui monte en puissance dans une bouche riche, volumineuse, appuyée sur de beaux tanins fondants, et qui préserve ce qu'il faut de fraîcheur. La longue finale laisse parler le fruit mûr et les épices. Voluptueux et déjà séducteur, mais du potentiel en cave. ⧗ 2021-2026

SARL JEAN-PIERRE RAMBIER ET FILS VIGNERON (DOM. HAUT-LIROU), Dom. Haut-Lirou, 34270 Saint-Jean-de-Cuculles, tél. 04 67 55 38 50, info@famillerambier.com V *r.-v.*

♥ **DOM. DE L'HORTUS** Grande Cuvée 2019 ★★

■ | 79 000 | | 20 à 30 €

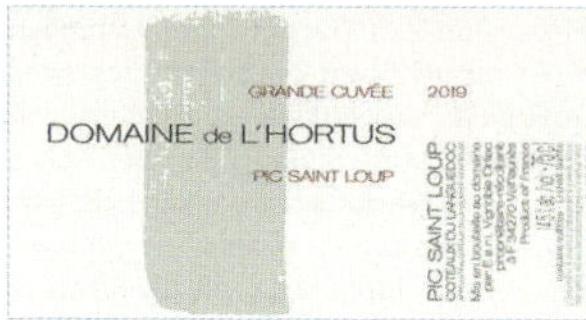

Entre le pic Saint-Loup et le causse de l'Hortus, dans la combe de Fambetou, ce domaine de référence s'étend sur 85 ha de terroirs variés. À partir de 1978, Jean et Marie-Thérèse Orliac ont défriché la garrigue, remis en état des terrasses, construit un chai, bâti une maison, puis installé leurs enfants désormais à leurs côtés.

Une Grande Cuvée qui n'usurpe pas son nom. Les 12 mois de fût n'ont fait qu'ajouter une subtile touche d'épices douces à un nez très pur et vibrant de petits fruits noirs et de framboise. La bouche offre toute la plénitude et l'équilibre des meilleurs vins de l'appellation : une rondeur qui ne pèse pas, une fraîcheur immaculée, des tanins fins et un fruité juteux et croquant qui se teinte de menthol et de garrigue. Une épure. ⧗ 2022-2027

EARL VIGNOBLES ORLIAC, Dom. de l'Hortus, 34270 Valflaunès, tél. 04 67 55 31 20, contact@domaine-hortus.fr V *t.l.j. sf dim. 9h-12h 13h-18h*

CH. LANCYRE Grande Cuvée 2018 ★

■ | 15 000 | | 15 à 20 €

Régis Valentin, œnologue et maître de chai, a repris en 2001 le domaine créé en 1960 par les familles Durand-Valentin. Il produit des vins sur 80 ha de vignes (en conversion bio depuis 2019) occupant un beau terroir de calcaires durs et d'argiles rouges.

Derrière une robe intense, des arômes qui s'ouvrent lentement mais sûrement sur des nuances de mûre, de violette, de poivre et de moka. L'intensité du fruit monte d'un cran dans un palais bien structuré par une belle acidité et par des tanins fermes bien enrobés par l'élevage. Au final, un pic-saint-loup classique, qui préserve la fraîcheur et le croquant de fruit que l'on attend du cru. ⧗ 2022-2027 ■ **D'ici on voit la mer... 2020 ★ (11 à 15 €; 6000 b.)** C'est une balade au sommet du Pic Saint-Loup qui a inspiré ce nom de cuvée. Une robe saumon, des arômes friands de grenadine, de fraise et de framboise, une bouche nerveuse, nette, avec cette petite rondeur gourmande apportée par l'élevage sur lies et le bâtonnage : un rosé exemplaire, sapide, équilibré et très apéritif. ⧗ 2021-2022

SCEA CH. LANCYRE, hameau de Lancyre, 34270 Valflaunès, tél. 04 67 55 32 74, contact@chateaudelancyre.com V *t.l.j. sf dim. 10h-12h30 14h30-18h30*

B CH. DE LASCAUX Carra 2019 ★

80 000 | 11 à 15 €

Jean-Benoît Cavalier, agronome de formation, a relancé le domaine familial au milieu des années 1980, marchant dans les pas de 14 générations de vignerons sur ce terroir de cailloutis calcaires mis en valeur par sa famille depuis 1554. Cette figure emblématique du pic Saint-Loup conduit son vignoble (85 ha aujourd'hui) en agriculture biologique et en biodynamie. Sur certaines parcelles, des moutons broutent l'herbe entre les ceps, labourent et apportent un engrais tout naturel. Une valeur sûre.

Chaque année au rendez-vous du Guide, le domaine place ce Carra (qui signifie «pierre»), clin d'œil aux calcaires du Pic. Au nez, la violette et le cassis s'entichent de notes de cade, de laurier et de chocolat noir. Juste raffermi par des tanins joliment affinés, le fruit coule en bouche avec fraîcheur, rondeur et grâce. Délicat et déjà plaisant, c'est une belle évocation du cru. ⧗ 2021-2025

SARL JEAN-BENOÎT CAVALIER, Ch. de Lascaux, rte du Brestalou, 34270 Vacquières, tél. 04 67 59 00 08, info@chateau-lascaux.com V *t.l.j. sf dim. 10h-12h 14h-18h*

♥ MAS D'AUZIÈRES Sympathie pour les Stones 2018 ★★

3 000 | 15 à 20 €

Entre vigne et garrigue, le Mas d'Auzières étend son vignoble d'une dizaine d'hectares sur un terroir très pierreux d'argiles à éclats calcaires et offre une vue imprenable sur le pic Saint-Loup. À sa tête, Irène Tolleret, dont les vins sont régulièrement en vue dans ces pages.

L'élégance est le maître-mot de cette cuvée admirable de bout en bout. Derrière une robe grenat, le nez ouvert et complexe passe en revue le fruit mûr, la garrigue, l'olive noire, avec des notes plus fraîches de pierre à fusil et d'écorce d'orange. Intense, ronde et caressante, ourlée de tanins fins, la bouche brille par sa mesure, son harmonie et par la gourmandise de son fruit. Déjà à point et à savourer en écoutant les Rolling Stones bien sûr : *Pleased to meet you hope you guess my name...* ⧗ 2021-2026

EARL MAS D'AUZIÈRES, 22, rue de la Benoire, 34270 Fontanès, tél. 06 25 45 16 60, auzieres@gmail.com

MAS DE FARJOU Les Lembrusques 2019 ★

19 000 | 11 à 15 €

Ancienne métairie seigneuriale du XVIIe s., le Mas de Farjou est la propriété de la famille Jean. Louis Jean, le grand-père, a été à l'origine de la naissance du cru pic-saint-loup en 1955. Ses fils et petit-fils conduisent aujourd'hui un vignoble de 15 ha.

La syrah sur les éboulis calcaires de l'appellation, cela donne ce nez typé qui passe en revue la garrigue, la mûre, la cerise noire et les épices douces. Une richesse de fruit que l'on retrouve dans un palais généreux, ample à l'attaque, tonifié par une belle acidité et cadré par des tanins encore saillants. Déjà harmonieux, il le sera un peu plus après une courte garde. ⧗ 2022-2026

EARL CHRISTIAN-LOUIS JEAN, chem. de Farjou, 34270 Claret, tél. 06 20 87 33 00, masdefarjou@hotmail.fr V *r.-v.*

MAS DE FOURNEL 2019 ★

13 300 | 11 à 15 €

Bâti au XIVe s., le Mas de Fournel appartient à la famille Jeanjean depuis 1911. Après trente-cinq ans d'une vie de camionneur, Gérard Jeanjean s'est lancé dans l'aventure vigneronne en 1998 et il est aujourd'hui le doyen de l'AOC Pic Saint-Loup. À la tête de 27 ha de vignes, il dit rechercher avant tout l'aromatique dans le respect du terroir et a ainsi cessé l'élevage en fût dès 2006.

Des raisins manifestement vendangés très mûrs font le charme d'un nez ouvert, éclatant, centré sur le cassis et la violette nuancés de laurier et de paprika. Gironde, capiteuse, d'une douceur de texture très séduisante, la bouche intègre des tanins discrets et soyeux, bien pris dans la chair. Ensoleillé, jamais fatigant et très gourmand. À ouvrir sans attendre. ⧗ 2021-2024

SCEA MAS DE FOURNEL, rte de Pompignan, 34270 Valflaunès, tél. 04 67 55 22 12, masdefournel.jeanjean@orange.fr V *r.-v.*

MAS DE JON 2019 ★

84 000 | 11 à 15 €

Le domaine est situé au pied du Pic Saint-Loup, entouré et protégé par des kilomètres de garrigue. Marion et Guillaume Gravegeal, sœur et frère, s'attachent à redonner vie à la propriété familiale, qui s'étend sur 63 ha.

Les 13 mois d'élevage en cuve ont porté bonheur au domaine qui fait son entrée dans le Guide avec ce 2019 charmeur et ouvert au nez, sur des notes de kirsch, d'épices et de pierre à fusil. Tout aussi aimable, la bouche diffuse une matière ronde, souple, ourlée de tanins fondus, s'étirant en finale sur le tabac blond. Intense et harmonieux. ⧗ 2021-2025

SCEA MAS DE JON, 20, ancien chem. d'Anduze, 34270 Fontanes, tél. 04 67 86 91 78, marim.gravegeal@yahoo.fr V *r.-v.*

♥ MAS GOURDOU Les Drailles 2020 ★★

2 000 | 8 à 11 €

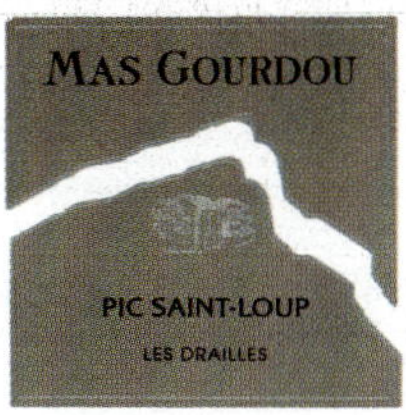

Domaine historique de l'appellation, le Mas Gourdou appartient à la famille de Jocelyne Thérond depuis la Révolution. Benoît, le fils, a pris en 2013 la tête de ce vignoble de 20 ha commandé par une bâtisse datant du XIIIe s. En 2015, un nouveau chai a été aménagé.

Plus souvent en vue pour ses languedoc et ses pic-saint-loup rouges, le Mas décroche un coup de cœur avec un rosé imparable. Le jury a apprécié la clarté de la robe, l'éclat et l'élégance du nez, qui décline le bonbon et les petits fruits rouges, et surtout ce compromis idéal entre rondeur, volume et fraîcheur. «Équilibre parfait», de «la classe», conclut ravi le jury. ⧗ 2021-2022 ■ **Divin venin 2018 ★★ (15 à 20 €; 6000 b.)** 24 mois d'élevage en fûts pour cette syrah (90 %) qui se livre lentement, sur des nuances de chêne et de fruits noirs. La cerise et le fruit noir s'expriment plus intensément dans une bouche ample, puissante, appuyée sur des tanins fins et fermes, et relevée par une belle acidité. Longue finale un peu saline du meilleur effet. Complet, élégant et de bonne garde. ⧗ 2022-2027

EARL MAS GOURDOU, Mas de Gourdou, 34270 Valflaunès, tél. 06 22 63 34 25, jtherond@masgourdou.com V *t.l.j. sf dim. 10h-12h 14h-18h*

MAS PAGÈS André 2019 ★★

■	5000		11 à 15 €

Ce tout jeune domaine (2018) est l'œuvre du non moins jeune vigneron Pierre Pagès, issue d'une longue lignée de viticulteurs. Ses 12 ha, sur la commune de Vacquières, sont en conversion bio.

André, le grand-père de Pierre Pagès, à l'honneur dans cet assemblage syrah et grenache, élevé en fût. On en retient le nez gourmand associant les fruits mûrs (framboise, mûre) et la garrigue à un fond torréfié et chocolaté. Puis la bouche ample, riche et élégante, qui tire de tanins fins et d'une fraîcheur de bon aloi son équilibre magistral. Le pic-saint-loup dans toute sa splendeur. ⧗ 2022-2026

PIERRE PAGÈS, Mas de Figuier, 34270 Vacquières, tél. 06 12 65 33 81, pagespierre34@gmail.com V *r.-v.*

B MAS PEYROLLE Vigne Miau 2018 ★

■	2500		20 à 30 €

Descendant d'une longue lignée de vignerons, Jean-Baptiste Peyrolle a réaménagé la cave de son arrière-grand-père à partir de 2002, après plusieurs aventures viticoles à l'étranger (Maroc, États-Unis, Nouvelle-Zélande, Australie). Il conduit aujourd'hui un vignoble de 11 ha en agriculture biologique.

Certes généreusement boisé, le nez laisse aussi filtrer une belle masse de fruits très mûrs et une touche rafraîchissante d'eucalyptus. Un contraste qui fait aussi le charme de la bouche : beaucoup d'ampleur, de chair, des tanins onctueux, mais une fraîcheur préservée qui allège l'ensemble. Du caractère à revendre et de belles promesses d'avenir. ⧗ 2022-2027

MAS PEYROLLE, 5, rte du Brestalou, 34270 Vacquières, tél. 06 12 29 53 91, jbpeyrolle@yahoo.fr V *r.-v.*

B DOM. MIRABEL Les Baucels 2019 ★

■	12000		11 à 15 €

Les frères Feuillade, Samuel et Vincent, travaillent ensemble et en bio les quelque 15 ha du domaine. Les meilleures parcelles sont situées à la limite nord de l'aire d'appellation du pic Saint-Loup, sur un terroir d'éboulis d'éclats calcaires s'étalant entre Corconne et Brouzet-lès-Quissac.

Une étoile de plus au palmarès déjà bien fourni du domaine avec cet assemblage de cinq cépages élevé en fût et cuve. Mûre, sous-bois, olive noire, épices douces : le nez ne manque pas de complexité. Une douce chaleur emplit un palais généreux, tapissé de tanins souples et relevé par un trait de fraîcheur bienvenu. Longueur très honorable sur le grillé et les épices. On patiente un peu avant de le déboucher. ⧗ 2022-2026

SARL FEUILLADE PÈRE ET FILS, Dom. Mirabel, 30260 Brouzet-lès-Quissac, tél. 06 22 78 17 47, domainemirabel@neuf.fr V *r.-v.*

DOM. DE LA PERRIÈRE As de Pic 2018 ★★

■	5300		15 à 20 €

Au Moyen Âge, les bénédictins de Saint-Chaffre du Monastier construisirent un prieuré, à la fin du XIe s., pour leurs pâturages d'hiver et leurs vins, dédiés aux comtes de Toulouse. La cave de Thierry Sauvaire l'occupe aujourd'hui.

Un As de Pic qui tutoie le coup de cœur. Le jury a apprécié le nez de garrigue, d'âtre de cheminée et de fruits surmûris, et s'est enthousiasmé pour cette bouche séveuse et très fraîche, cadrée en douceur par des tanins de soie. Finale interminable sur le thym et le cade. Un pic saint-loup dynamique et croquant, en un mot : irrésistible. ⧗ 2021-2026

THIERRY SAUVAIRE, Dom. de la Perrière, 975, rte de Saint-Vincent, 34820 Assas, tél. 04 67 59 61 75, domaine.perriere@free.fr V *r.-v.*

B CH. LA ROQUE La Cupa 2018 ★

■	10000		20 à 30 €

Acquis au XIIIe s. par la famille noble qui lui a donné son nom, ce domaine est resté aux mains de cette lignée jusqu'au XIXe s., et a gardé un pigeonnier médiéval qui témoigne de sa longue histoire. Acheté par Jacques Figuette en 2006, il a été revendu en 2015 à Bertrand Barascud, propriétaire d'un groupe immobilier, qui investit dans les chais tout en développant l'œnotourisme. La propriété compte 80 ha, dont 30 ha de vignes conduites en biodynamie.

«Cupa» pour *Cupa Numismae*, soit une pièce d'or frappée Jean le Bon trouvée au domaine. On aime son nez frétillant de groseille et d'autres petits fruits rouges relevé d'une touche de chêne fumé. La même fraîcheur et le même croquant de fruit animent une bouche mentholée, ample et tendre, ourlée de tanins déjà soyeux. Une vraie gourmandise que l'on peut déboucher sans attendre ou attendre. ⧗ 2021-2025

SCEA CH. LA ROQUE – LES DEUX TOURS, 2, chem. de Saint-Mathieu, 34270 Fontanès, tél. 04 67 55 34 47, contact@chateau-laroque.fr V *r.-v.*

CH. LA SALADE SAINT-HENRI Aguirre 2018 ★

■	5500		20 à 30 €

Sur ce domaine familial, qui doit son nom à un casque romain trouvé en ces lieux, les bâtiments datent du

Moyen Âge, et la vigne est cultivée depuis le début du XVIIIᵉs. Anne Donnadieu, pharmacienne de formation, est aux commandes depuis 2006, avec à sa disposition un vignoble de 35 ha qu'elle prépare à une future conversion bio.

Fruits noirs, épices, girofle, menthe poivrée, le nez donne le ton d'une bouche parfumée, veloutée, assise sur des tanins mûrs et fermes, et rafraîchie par une belle acidité. Un rouge complet, vivant et structuré qui gagnera en rondeur après un bref séjour en cave. ⧗ 2022-2026

SCA SCOLMAT, 1050, rte de Saint-Jean-de-Cuculles, 34270 Saint-Mathieu-de-Tréviers, tél. 06 12 62 03 71, annedonnadieu@gmail.com V *t.l.j. 11h-13h 17h-19h30*

CH. DE VALFLAUNÈS T'em t'em 2019 ★

■ | 14 400 | | 20 à 30 €

Fabien Reboul a installé son chai en 1998 au cœur du village de Valflaunès, à l'emplacement de l'ancienne ménagerie du baron Jean-Jacques Louis Durand, premier maire de Montpellier élu au XVIIIᵉs. Il exploite aujourd'hui, à la main et sans insecticides, un vignoble de 14 ha actuellement en conversion biologique.

Syrah et grenache noir au menu de cette cuvée haut de gamme, dont le nez porte la marque d'un long élevage en fût (18 mois). Le fruit (fruits rouges) et la violette s'expriment plus librement dans un palais de bon volume, bien structuré par des tanins fermes et rafraîchi par une touche d'eucalyptus en finale. On le laissera tranquillement digérer son élevage. ⧗ 2022-2026

EARL REBOUL, 128, rte de Trente-Loups, 34270 Valflaunès, tél. 04 67 55 76 30, chateaudevalflaunes@gmail.com V *t.l.j. sf lun. dim. 10h-12h 15h-18h* E

LA CLAPE

Superficie : 780 ha / Production : 23 900 hl

Cette ancienne dénomination géographique de l'appellation languedoc a été élevée en 2015 au rang d'appellation communale pour ses vins rouges (80 %) et aussi pour ses blancs. La Clape, en occitan, désigne un « tas de pierres ». Du IIᵉ jusqu'au XIVᵉs., ce massif calcaire forme une barrière séparant la côte de Narbonne. Favorisée dès la conquête romaine par l'importance de cette ville, capitale de la Narbonnaise, alors ouverte sur la Méditerranée, la vigne a colonisé ses contreforts et ses vallons, entre garrigue sauvage et pinède. Éclats calcaires, terres rouges, marnes, grès, les sols, très variés, expliquent la variété des cépages cultivés. Les vins bénéficient d'un climat méditerranéen très ensoleillé, presque semi-aride, de l'air maritime et de nombreux vents qui éloignent les pluies. L'appellation concerne sept communes, dont Narbonne. Les vins assemblent au moins deux variétés. En rouge, les principales sont les grenache, mourvèdre, syrah, adaptés à la chaleur. Parmi les onze cépages autorisés en blanc, le bourboulenc est le plus typé du lieu (40 % des surfaces). À la fois ronds et frais, les blancs sont floraux, fruités, minéraux et iodés. Les rouges sont profonds, amples et structurés, souvent marqués par des notes balsamiques.

ABBAYE DES MONGES
Le Chant des Pierres 2018 ★★

■ | 1905 | | 20 à 30 €

En 1202, fut fondée sur ce lieu une abbaye cistercienne tenue par des Bernardines dont il reste encore la chapelle Notre-Dame-des-Olieux, blottie au cœur du vignoble et inscrite aux Monuments historiques. Ce domaine de 30 ha en conversion bio est administré depuis 1997 par Paul de Chefdebien.

Intense au nez comme en bouche, on aime ses arômes de fruits noirs confits, de garrigue et d'épices douces, son attaque ample, sa chair mesurée soutenue par de beaux tanins veloutés et sa persistance sur les épices. Une belle mélodie et une grande harmonie pour ce Chant des Pierres vinifié avec goût et sans bois, à laisser reposer quelques temps en cave. ⧗ 2022-2026

ABBAYE DES MONGES, Ch. Abbaye des Monges, rte de Gruissan, 11100 Narbonne, tél. 04 68 32 26 61, info@abbaye-des-monges.com V *t.l.j. 9h-13h 14h30-18h* E

B CH. LES BUGADELLES
Cuvée Sandokhan 2019 ★★

■ | 10 000 | | 15 à 20 €

Épaulé depuis 2013 par sa fille Béatrice, Jean-Claude Albert a repris en 2005 ce domaine établi sur le massif de la Clape : 400 ha d'oliviers, de chênes truffiers et de vignes. Ces dernières, étendues sur 45 ha, sont conduites en bio.

Sandokhan, c'est le nom d'un pur sang élevé, comme les vins, sur le domaine : une sélection des meilleures parcelles, vinifiées partiellement en grappes entières et élevées 12 mois en fût. Le nez nous fait voir du pays : sudiste en diable, saturé de fruits noirs (mûre, cerise), de pruneau, de garrigue et d'épices. Une douce chaleur émane d'un palais voluptueux pétri de fruits confits, qui intègre de beaux tanins gras et fondants. Puissant mais d'une « élégance exceptionnelle », selon le jury, il tutoie le coup de cœur. Déjà savoureux mais de belles promesses d'avenir. ⧗ 2022-2028

SA DE COURTAL NEUF (CH. LES BUGADELLES), rte de Saint-Pierre-la-Mer, 11560 Fleury-d'Aude, tél. 04 68 90 79 03, contact@maisonalbert.fr

DOM. COMBE DES DUCS
Pierres de Mer 2019 ★★

■ | 5000 | | 8 à 11 €

Sur les pas de ses ancêtres, Gautier Fountic, installé en 2005, a longtemps dirigé ce beau domaine de 50 ha de vignes dans le massif de La Clape, essentiellement sur le flanc sud, entre mer et garrigue. Son gendre a pris la relève.

Des raisins bien mûrs, conformément à ce millésime solaire, ont enfanté ce rouge voluptueux, bien ouvert, au nez puissant qui passe en revue la confiture de cerises noires, le romarin, le poivre et la girofle. Beaucoup d'ampleur et de suavité à l'entame d'une bouche qui éblouit par son volume, ses tanins gras et enrobés, et la persistance d'un fruit aussi ensoleillé que chocolaté. Harmonie parfaite. Du Languedoc en bouteille. ⧗ 2022-2028

Pierres de Mer 2020 ★ (8 à 11 €; 6000 b.) Le bourboulenc domine dans cet assemblage élevé sur lies avec bâtonnage. Un nez élégant, très floral et réhaussé d'agrumes, ouvre sur une bouche gourmande, toute en rondeur, fruitée et ponctuée par une petite amertume saline stimulante. ⧗ 2021-2023

SAS COMBE DES DUCS, 24, bd du Gal-de-Gaulle, 11560 Fleury-d'Aude, tél. 04 68 33 90 04, combedesducs@orange.fr V r.-v. 5

CH. DE FIGUIÈRES Impetus 2017 ★

8000 | 11 à 15 €

Fondé en 1969, le Dom. de Figuières se niche au cœur de la garrigue odorante, à 150 m d'altitude, protégé par le massif calcaire de la Clape, entre Narbonne et la côte. Alain Bovis, industriel et galeriste, l'a acquis en 2008, et les équipes ont été renouvelées en 2015. L'exploitation de 22 ha produit dans la jeune AOC la-clape, tout en proposant des vins en IGP.

Le duo syrah-grenache en bonne harmonie dans ce 2017 à point, dont le nez laisse parler les épices, les fruits confits et une rafraîchissante note de menthol. Même profil à la fois mûr et frais en bouche : rondeur, tanins soyeux, gourmandise d'un fruit qui reste dynamique de bout en bout. On l'ouvre sans tarder. ⧗ 2021-2024

SCEA DOM. DE FIGUIÈRES, La Clape, 11100 Narbonne, tél. 06 80 85 06 76, audrey@chateaudefiguieres.fr V r.-v.

B CH. LAQUIROU Albus 2020 ★

10000 | 11 à 15 €

Repris par un couple suisse, Erika et Eckard Hug-Harke en 1993, le Ch. Laquirou («petit rocher rouge»), dont les origines remontent au XIVe s., est niché dans le creux d'une vaste vallée. Le vignoble, cultivé en bio, s'étend sur 35 ha, plantés d'une dizaine de cépages.

Derrière une robe pâle, des arômes discrets mais élégants de fleurs blanches, de fruits jaunes et exotiques. Une touche de pierre à fusil ajoute un peu de complexité à une bouche ronde, harmonieuse et gourmande, qui n'oublie pas la petite note saline en finale typique de l'appellation. ⧗ 2021-2023

GFA CH. LAQUIROU, rte de Saint-Pierre, 11560 Fleury-d'Aude, tél. 04 68 33 91 90, caveau.laquirou@wanadoo.fr V *t.l.j. 9h-12h 14h-19h*

CH. DE MARMORIÈRES
Marquis de Raymond 2019 ★

20000 | 15 à 20 €

Une chapelle romane datant du XIe s. semble veiller sur ce vaste domaine de 120 ha, le plus vaste (et le plus ancien) de La Clape, dans la même famille depuis 1826.

Beaucoup de fruit et de vitalité dans ce rouge au nez débridé qui convoque les fruits rouges et noirs à la fois mûrs et frais. Une sensation que l'on retrouve dans une bouche digeste, finement tannique, qui diffuse un fruit très juteux et séduisant. En un mot : gourmand. ⧗ 2021-2024

SCEA DE MARMORIÈRES, Ch. de Marmorières, rte de Fleury, 11110 Vinassan, tél. 04 68 45 23 64, marmorieres@orange.fr V *t.l.j. sf sam. dim. 9h-12h 14h-18h*

CH. MIRE L'ÉTANG
Cuvée des Ducs de Fleury 2019 ★★

30500 | 11 à 15 €

Depuis les hauteurs du domaine, face au soleil levant, on «mire les étangs», l'embouchure de l'Aude, la Méditerranée et le golfe du Lion. Le terroir caillouteux s'étale en terrasses, caressé par la brise marine. Acquis par la famille Chamayrac en 1972, le domaine comptait alors 36 ha de vignes; il s'étend sur 51 ha aujourd'hui. Un pilier de La Clape.

Le domaine entretient sa belle réputation avec ces Ducs nés de sols argilo-calcaires et d'un élevage en barriques d'un an. Mûre, cerise noire, fenouil, anis, olive, garrigue, réglisse... le nez a inspiré le jury. Le palais est tapissé d'une chair généreuse, gorgée d'épices et de chocolat, étayée de tanins onctueux et relevée par une belle fraîcheur finale. «Longueur infinie», conclut, ému, le jury. À un poil du coup de cœur. ⧗ 2022-2027 **Cuvée Aimée de Coigny 2020 ★ (8 à 11 €; 16000 b.)** Un court passage en cuve et un élevage sur lies pour ce jeune blanc, à la robe jaune vert, qui prend son temps pour libérer ses fines notes florales et minérales. On monte d'un ton en bouche : du gras, de l'amplitude et de la longueur. À l'arrivée : un équilibre irréprochable et un beau blanc de table. ⧗ 2021-2023

EARL CH. MIRE L'ÉTANG, rte des Vins, 11560 Fleury-d'Aude, tél. 04 68 33 62 84, chateau@mire-letang.fr V *t.l.j. sf dim. 9h-12h 15h-19h*

♥ CH. LA NÉGLY La Côte 2019 ★★

40000 | 8 à 11 €

Sur le versant sud du massif de La Clape, les brises marines estivales tempèrent la force du soleil et de la tramontane. Installé en 1996, Jean Paux-Rosset a replanté le vignoble qui couvre aujourd'hui 100 ha et qu'il exploite avec son fils Bastien et Claude Gros, célèbre œnologue narbonnais qui vient de rejoindre l'équipe.

Régulièrement au rendez-vous du Guide, le domaine signe un la clape ébouriffant. Cerise mûre, cacao, poivre noir, notes fraîches et mentholées, le nez ne manque ni d'intensité, ni de nuances, ni d'éclat. Un bouquet qui trouve un heureux prolongement dans une bouche ample et ronde, dont la sucrosité est rafraîchie par une belle acidité et cadrée par des tanins moelleux. La finale iodée ajoute une note minérale à un ensemble bluffant d'élégance et d'harmonie. La grande classe. ⧗ 2022-2028 **La Falaise 2019 ★ (15 à 20 €; 35000 b.)** Un nez qui se livre par paliers : notes juteuses de crème de mûres, cachou, âtre de cheminée et touche de chêne. De la bouche, on retient son volume, sa texture capiteuse, ses tanins veloutés, ses saveurs chaleureuses, sa fraîcheur préservée et sa longue finale sur la résine, la garrigue et la vanille. Déjà fin prêt à passer à table. 2021-2025

SARL CH. DE LA NÉGLY, rte des Vins, 11560 Fleury-d'Aude, tél. 04 68 32 41 50, marion@lanegly.fr *t.l.j. sf sam. dim. 10h-12h 14h-17h*

B CH. PECH REDON Épervier 2019 ★★

| 3600 | 15 à 20 €

Une route sinueuse mène au point culminant du massif de La Clape, le Coffre de Pech-Redon, qui donne son nom au domaine, situé au cœur du parc naturel. Christophe Bousquet y conduit, depuis 1988, ses 30 ha de vignes en agriculture biologique.

Tout le charme et le caractère des grands blancs de l'appellation dans cet assemblage de 6 cépages emmené par le grenache blanc. Un cours passage en fût a détendu le nez, qui décline le genêt et les fruits confits avec une touche d'oxydation ménagée du meilleur effet. Une complexité que l'on retrouve dans une bouche ample, puissante et fraîche, qui s'étire sur l'iode en finale. Un blanc typé et résolument de table, qui mérite un beau poisson en sauce crémée. 2021-2025

SCEA BOUSQUET, rte de Gruissan, chem. de la Couleuvre, 11100 Narbonne, tél. 04 68 90 41 22, chateaupechredon@orange.fr *t.l.j. 9h-12h30 14h-18h* D

B DOM. DE LA RAMADE
Grand Ramade 2018 ★★

| 3000 | 20 à 30 €

Un domaine de 16 ha entièrement situés sur le terroir de la Clape, cultivés en bio depuis 10 ans (certification en 2011), repris en 2007 par Jacques Ribourel, l'ancien propriétaire du Ch. L'Hospitalet.

Une entrée remarquée dans le Guide pour le domaine avec ce duo syrah-mourvèdre qui fonctionne en excellente harmonie sur la foi de ce nez aussi intense que complexe de cassis, de fruits rouges acidulés, de thym, de réglisse et d'eucalyptus. Les épices insistent dans une bouche ronde et séveuse à souhait, stimulante par ses tanins croquants et sa finale dynamique sur la garrigue. Élégant, à la fois fin et puissant. 2022-2026 **Meritum 2018 ★ (15 à 20 €; 3000 b.)** B Peut-être un ton en dessous de la Grande Ramade, mais tout de même très convaincant. Au nez, du fruit mûr, une touche de chêne et beaucoup de menthol et d'anis que l'on retrouve dans une bouche certes capiteuse et chaleureuse mais dynamique, souple à l'attaque puis resserrée sous l'effet de tanins encore juvéniles. Puissant, structuré, il a de l'avenir. 2022-2026

SCEA MERITUM, Dom. de la Ramade, rte de Narbonne-Plage, 11110 Armissan, tél. 04 68 41 31 15, domaine.ramade@gmail.com *r.-v.* 5

CH. RICARDELLE
Cuvée Vendredi XIII 2019 ★

| 3200 | 20 à 30 €

Aux portes de Narbonne, le terroir de La Clape n'a plus de secret pour Bruno Pellegrini, œnologue de formation et originaire du Tyrol italien, installé ici depuis 1990. Une longue histoire précède le Ch. de Ricardelle (43 ha) puisque des parchemins font état de ses vignes dès 1696.

Créée après la grêle dramatique du vendredi 13 juin 2014, la cuvée conjure le mauvais sort : un nez mesuré, plus subtil que puissant, qui décline les fruits noirs en confiture, la garrigue et la réglisse, et un palais concentré, à la sucrosité affirmée et aux tanins totalement pris dans le fruit. Un rouge voluptueux et gourmand qui patientera un peu en cave. 2022-2027

SARL RICARDELLE, rte de Gruissan, 11100 Narbonne, tél. 04 68 65 21 00, commercial.ricardelle@orange.fr *t.l.j. 9h-12h30 14h-18h* D

CH. ROUQUETTE-SUR-MER
Cuvée Amarante 2018 ★★

| 30000 | 8 à 11 €

Implantées sur les falaises de bord de mer du massif de La Clape, les vignes, disposées en îlots entourés de garrigues et de bois, regardent la mer, dont elles reçoivent les brises salutaires. Ancienne propriété de la vicomtesse de Narbonne au XVᵉs., le domaine appartient depuis 1970 à Jacques Boscary, à la tête aujourd'hui d'un vignoble de 50 ha.

Un élevage en barriques ajoute une touche d'épices douces à un nez bien sudiste et expressif de confiture de mûres, de garrigue et de graphite. S'ensuit un palais bien plein, confortable, ourlé de tanins déjà fondus, infusé jusqu'en finale de fruits mûrs et de cade. L'ensemble reste d'une fraîcheur exemplaire. Abouti et très séduisant. 2021-2025 **Cuvée L'Esprit Terroir 2019 ★ (8 à 11 €; 40000 b.)** Tout est de bon goût dans ce 2019 élevé en cuve : la robe d'un rubis limpide, le nez qui fait la part belle aux fruits rouges et à la violette, la bouche, mesurée, souple et très gourmande par sa légère sucrosité et ses tanins à peine esquissés. Élégant de bout en bout. 2021-2024 **Cuvée Arpège 2020 ★ (8 à 11 €; 20000 b.)** La passe de trois pour le domaine avec ce blanc dominé par le bourboulenc et élevé en cuve. Du nez on retient les notes fermentaires et citronnées, de la bouche, la vivacité, l'explosivité du fruit, l'équilibre et la longue finale iodée. Digeste, très estival, on peut l'ouvrir à l'apéritif. 2021-2023

SAS CH. ROUQUETTE-SUR-MER, rte Bleue, 11100 Narbonne-Plage, tél. 04 68 65 68 65, bureau@chateaurouquette.com *r.-v.* E

DOM. SARRAT DE GOUNDY
Le Marin 2020 ★

| 7000 | 8 à 11 €

Pour la famille Calix, Sarrat de Goundy est une aventure familiale démarrée en 2000. Claude, le père, a acquis sa première vigne en 1966 – le vignoble couvre 80 ha aujourd'hui (en conversion bio) sur le massif de la Clape – et présidé aux destinées de la cave coopérative d'Armissan. Puis il a voulu tirer profit de

LANGUEDOC

son terroir rocailleux pour signer ses propres vins, aidé par sa femme Rosy et rejoint par son fils Olivier, en 2003, actuellement à la tête de l'exploitation.

Un pressurage direct, une fermentation à température contrôlée, un court élevage en cuve, tout est fait, et bien fait, pour préserver la fraîcheur du fruit. Cela donne un nez éclatant, fruité et floral, et une bouche sapide, ronde, grasse mais jamais fatigante, qui finit, comme il se doit quand on s'appelle Marin, sur une note iodée. À boire dans sa jeunesse. ⧗ 2021-2023

⊶ SARL OLIVIER CALIX, 46, av. de Narbonne, 11110 Armissan, tél. 04 68 45 30 68, contact@secretariatsarrat.fr V *t.l.j. sf dim. 9h30-12h30 15h-19h*

PICPOUL-DE-PINET

Superficie : 250 ha

Couvrant six communes autour de l'étang de Thau, sur le littoral, entre Agde, Pézenas et Sète, cet ancien terroir délimité de l'appellation languedoc (il bénéficiait d'une dénomination complémentaire), dédié de longue date aux vins blancs, est devenu en 2013 une appellation à part entière. Déjà cité par Olivier de Serres au début du XVIIes., le cépage piquepoul donne des vins particulièrement vifs pour la région, aux arômes de fleurs blanches et d'agrumes, avec une note minérale. Des vins parfaits pour les huîtres, notamment celles de Bouzigues produites localement. Ils sont à apprécier jeunes, dans les trois ans.

BEAUVIGNAC 2020 ★★★

■	277 142	▮	5 à 8 €

Après les fusions avec la cave de Castelnau-de-Guers (2003), puis avec celle de Mèze (2007), la cave de Pomérols, fondée en 1932, regroupe aujourd'hui environ 400 viticulteurs en AOP picpoul-de-pinet, languedoc et en IGP Côtes de Thau. Elle gère un vignoble de 1 750 ha, qui couvre aussi bien le terroir de garrigue de Castelnau-de-Guers que le glacis d'épandage qui constitue le cœur historique de l'appellation picpoul-de-pinet.

Coup de cœur l'an passé, cette cuvée rafle les trois étoiles dans le millésime 2020. Intense, frais, saturé de fruits exotiques, d'agrumes et de fleurs blanches, le jury salue ce nez «envoûtant». Un beau prélude à une bouche aussi intense que fraîche, qui restitue toute la pureté de fruit perçue à l'olfaction et y ajoute une rondeur agréable. Simplement parfait. ⧗ 2021-2023

⊶ SCA CAVE COOPÉRATIVE LES COSTIÈRES DE POMÉROLS, 68, av. de Florensac, 34810 Pomérols, tél. 04 67 77 30 40, bureauvignoble@orange.fr V *t.l.j. sf dim. 8h30-12h30 14h-18h*

DOM. DE BELLE MARE 2020 ★

■	25 000	▮	5 à 8 €

Un domaine de 55 ha (dont 5 ha dédiés à l'AOP picpoul-de-pinet) établi tout au bord de l'étang de Thau, qui vivifie les vignes de son influence maritime.

Un picpoul bien typé qui s'ouvre sur un nez tonique, citronné et floral. Attaque légèrement perlante, rondeur agréable, fruité fringant sur le citron, longueur honorable ponctuée par une petite amertume nullement désagréable : il coche toutes les cases du bon blanc d'été. ⧗ 2021-2022

⊶ SA DOM. DE BELLE MARE, rte des Salins, D 18, 34140 Mèze, tél. 04 67 43 17 68, exploitation@belle-mare.com V *r.-v.*

CH. DE CASTELNAU 2020 ★

■	112 800	▮	5 à 8 €

À proximité de Pézenas et de l'étang de Thau, Castelnau-de-Guers, entre plaine et garrigue, est une commune viticole dont le terroir argilo-calcaire est propice à la production de vins de qualité. Le vaste Dom. de Castelnau (110 ha), dont les origines remontent au XIIe s. y cultive une multitude de cépages sous la conduite de Béatrice et Christophe Muret.

D'une robe soutenue émergent des arômes bien mûrs de pêche et de citron confit qui signent la belle maturité des raisins. Les agrumes montent en puissance dans une bouche qui enchante par son volume, sa plénitude et sa finale suffisamment fraîche et agréablement saline. Un picpoul généreux, taillé pour un beau poisson grillé. ⧗ 2021-2022

⊶ SARL DOM. DE CASTELNAU, 32, av. de Pezenas, 34120 Castelnau-de-Guers, tél. 04 67 98 16 19, castelnau1@wanadoo.fr V *t.l.j. sf sam. dim. 8h-12h 13h30-18h*

DOM. FÉLINES DE JOURDAN 2020 ★★

■	200 000	▮	5 à 8 €

Claude Jourdan a intégré le domaine familial en 1995, prenant la suite de sa mère Marie-Hélène. Ce vaste domaine de 100 ha se répartit en trois entités sur la zone de Picpoul-de-Pinet, en bordure de l'étang de Thau, à quelques mètres de la mer. Une situation géographique particulière qui confère aux vins blancs beaucoup de fraîcheur.

Tout est frais et fringant dans ce 2020, depuis la robe brillante, en passant par le nez, centré sur les agrumes, jusqu'à la bouche, délicate, vive, acidulée et très citronnée. Blanc de soif par excellence, pour fruits de mer. ⧗ 2021-2022

⊶ SCEA FÉLINES JOURDAN, 34140 Mèze, tél. 04 67 43 69 29, felines-jourdan@gmail.com V *r.-v.*

LES VIGNERONS DE FLORENSAC Sélection 2019 ★

■	3000	▮	11 à 15 €

Née en 1934, cette coopérative installée dans des bâtiments à l'architecture typique du Languedoc regroupe 150 adhérents et 700 ha de vignes. À sa carte, du picpoul-de-pinet et des vins IGP.

Un nez d'abord discret qui s'ouvre sur les fleurs blanches et les agrumes, une bouche délicate, ciselée, acidulée et très fraîche : une cuvée prestige qui tient son rang et représente dignement l'appellation. ⧗ 2021-2022

⊶ SCA LES VIGNERONS DE FLORENSAC, 5, av. des Vendanges, 34510 Florensac, tél. 04 67 77 00 20, caveau@vignerons-florensac.fr V *t.l.j. 9h30-17h30; sam. 9h30-17h*

DOM. GAUJAL Cuvée Ludovic Gaujal 2020 ★

	8000		8 à 11 €

La famille Gaujal est à Pinet depuis 1744. La rue dans laquelle se trouve leur cave porte même le nom de «Ludovic Gaujal», qui a largement contribué à la renommée du picpoul-de-pinet. Son fils Laurent a repris le flambeau en 2013 et conduit 30 ha de vignes en conversion bio.

Une jolie robe jaune pailletée de vert, un nez discret, frais, citronné et minéral, une bouche élégante, fluide, vive, avec un amer discret qui tonifie un peu plus en finale : un picpoul irréprochable, né pour les huîtres. ⧗ 2021-2022

SCEA GAUJAL, 1, rue Ludovic-Gaujal, 34850 Pinet, tél. 06 22 10 15 42, lg@gaujal.fr V *mar. jeu. 10h-12h 14h-18h*

DOM. LA GRANGETTE Poule de Pic 2020 ★★

	30000		5 à 8 €

Au Moyen Âge, les terres du domaine appartenaient à la seigneurie du Baron de Guers. Elles étaient plantées de luzerne et de céréales pour nourrir l'importante cavalerie du château, d'où le nom de «grangette» (petite grange). La vigne y était aussi cultivée, ce dont témoignent de très anciennes cuves de pierre. Elle s'étend aujourd'hui sur 10 ha, et produit du picpoul-de-pinet et des vins en IGP.

En vue pour ses blancs comme pour ses rouges, le domaine nous gratifie d'un picpoul idéal. On aime la brillance de la robe, la pureté d'un nez citronné et l'éclat d'une bouche sapide, tonifiante, croquante d'agrumes et très tonique en finale. Une pure gourmandise. ⧗ 2021-2022

SCEA DOM. LA GRANGETTE, 305, chem. du Picpoul, 34120 Castelnau-de-Guers, tél. 06 64 71 42 58, domainelagrangette@gmail.com V *r.-v.*

B HECHT & BANNIER 2020 ★

	15000		8 à 11 €

Grégory Hecht et François Bannier sont négociants-éleveurs à Aix-en-Provence. Ayant créé leur maison en 2002, ils se consacrent aux vins du sud de la France. Ils visitent chaque année plusieurs centaines de domaines pour sélectionner les vins correspondant à leur approche.

Après aération, ce 2020 livre ses parfums de fruits bien mûrs, entre pêche jaune et fruits exotiques. On retrouve cette maturité du fruit dans une bouche ample, ronde et généreuse, qui n'oublie pas de rester fraîche en finale. ⧗ 2021-2022

HECHT & BANNIER, 45, rue Roux-Alpheran, 13100 Aix-en-Provence, tél. 04 42 69 19 71, contact@hbselection.com V *r.-v.*

DOM. DES LAURIERS Prestige 2020 ★

	8000		5 à 8 €

Jouxtant Pézenas, le domaine de Marc Cabrol s'étend sur 45 ha entre garrigue et pinèdes (22 ha pour la vigne), à Castelnau-de-Guers, l'une des 5 communes de l'appellation picpoul-de-pinet. Une valeur sûre.

Une robe brillante habille cette cuvée Prestige convaincante. Notes florales, ananas, citron et pamplemousse, elle ne manque pas de nez. On retrouve cette palette séduisante dans une bouche qui associe gras, tension et longueur. Le parfait compromis entre rondeur et vivacité. ⧗ 2021-2022

EARL DOM. DES LAURIERS, 15, av. de Pézenas, 34120 Castelnau-de-Guers, tél. 04 67 98 18 20, contact@domaine-des-lauriers.com V *t.l.j. 9h30-12h 14h-18h*

DOM. DE LA MADONE 2020 ★

	72000		5 à 8 €

Cette étiquette est dans le giron des Grands Chais de France, géant français du négoce de vins créé à la fin des années 1980 par Joseph Helfrich, aujourd'hui présent dans l'ensemble des régions viticoles françaises et dans le monde entier.

Beaucoup de tonicité et de fruit dans ce 2020 très citronné au nez comme en bouche, dont on aime la netteté, la vivacité et l'équilibre irréprochable entre souplesse et fraîcheur. Tout indiqué pour l'apéritif. ⧗ 2021-2022

SAS LES GRANDS CHAIS DE FRANCE, 1, rue de la Division-Leclerc, 67290 Petersbach, tél. 04 67 39 29 47, carole.martin@lgcf.fr V *r.-v.*

♥ DOM. MORIN-LANGARAN 2020 ★★

	100000		5 à 8 €

Dominant le Bassin de Thau et longeant la Via Domitia, le domaine d'Albert Morin existe depuis 1330 et compte aujourd'hui 60 ha de vignes. En 2016, la nouvelle génération est arrivée avec Caroline, la fille.

Tout est intense (sauf le prix) et de bon goût dans ce picpoul élevé sur lies : la robe limpide aux reflets verts, le nez fringant et ouvert sur les fleurs blanches, la pêche et le fruit exotique, la bouche surtout, d'abord ronde puis stimulée par une acidité qui donne une gourmandise et un éclat redoutables au fruit. Longue finale immaculée. Un blanc mûr, frais, «explosif», qui a emporté le jury. ⧗ 2021-2023

EARL DOM. DE MORIN-LANGARIN, rte de Marseillan, 34140 Mèze, tél. 04 67 43 71 76, domainemorin-langaran@wanadoo.fr t.l.j. 9h-12h30 14h-18h30

♥ L'ORMARINE Duc de Morny 2020 ★★★

	130000		5 à 8 €

Coopérative fondée en 1922, L'Ormarine – à l'époque Association des producteurs de vins blancs de Pinet – est un acteur de poids dans la défense de l'AOP picpoul-de-pinet. Après la fusion avec les caves de Villeveyrac (2009) et de

Cournonterral (2014), puis en 2017 des caves de Saint-Hippolyte-du-Fort et de Vias, elle regroupe 500 coopérateurs et dispose de 2 500 ha, dont 520 dédiés au seul cépage piquepoul. Depuis 2018, 650 ha sont en Terra Vitis.

Fermentation à basse température, élevage en cuve : que du classique, mais de l'excellent classique. Les jurés ont apprécié la netteté d'une jeune robe aux reflets verts et la franchise d'un nez porté sur les agrumes, le pollen et les fleurs blanches. Ils se sont enthousiasmés pour cette bouche aussi ronde que vivace, traversée de part en part par des notes tonifiantes de citron qui laissent en finale un sillon d'amertume très stimulant. Redoutable de gourmandise et magnifique ambassadeur de l'appellation. ⧗ 2021-2023 ■ **Cuvée Prestige 2020 ★★ (5 à 8 €; 60000 b.)** Deux étoiles de plus au compteur de la cave avec ce blanc ouvert sur le végétal frais, la pêche blanche et l'iode. Les fruits exotiques et les agrumes prennent le relais dans une bouche où rondeur et vivacité se font écho, dessinant un picpoul savoureux et remarquable d'équilibre. ⧗ 2021-2022

SCA CAVE DE L' ORMARINE, 13, av. du Picpoul, 34850 Pinet, tél. 04 67 77 03 10, contact@caveormarine.com V *t.l.j. sf dim. 8h30-12h 14h-18h*

B CH. PETIT ROUBIÉ 2020 ★

■ | 170000 | | 5 à 8 €

Installé en 1980, Olivier Azan, en précurseur, pratique l'agriculture biologique depuis plus de trente ans sur un domaine situé au cœur de l'aire du picpoul-de-pinet, à proximité de l'étang de Thau : 70 ha de vignes, dont près d'une vingtaine dédiée à cette appellation de vins blancs. Il propose aussi des vins de cépage en IGP.

Une petite touche d'évolution n'entame pas l'agrément d'un nez exotique et floral. Tendre à l'attaque, la bouche se tend autour d'une belle acidité et de notes franchement acidulées qui lui donnent éclat et tenue. À l'arrivée, un grand bol de fraîcheur. ⧗ 2021-2022

EARL LES DOMAINES DE PETIT ROUBIÉ, 34850 Pinet, tél. 04 67 77 09 28, petitroubie@gmail.com V *t.l.j. sf sam. dim. 9h-12h 13h30-17h* E

DOM. SAVARY DE BEAUREGARD 2020 ★★

■ | 7000 | | 8 à 11 €

Cinq générations de Savary se sont succédé sur ce domaine familial typiquement méditerranéen bordant le bassin de Thau, doté de bâtiments du XVIIe et XIXes. Installé en 1982 à la suite de son grand-père, Christophe Savary y conduit un vignoble de 20 ha.

Élevé en cuve et sur lies, ce 2020 offre les arômes classiques d'un bon picpoul : acacia, agrumes et fruits jaunes. La bouche confirme ces bonnes dispositions : de la rondeur à l'attaque, une texture veloutée, beaucoup de peps et une finale dynamique citronnée et légèrement fumée. Éclatant, parfait sur des fruits de mer ou un fromage de chèvre. ⧗ 2021-2022

CHRISTOPHE SAVARY DE BEAUREGARD, D 613, La Vernazobres, 34530 Montagnac, tél. 06 20 28 09 93, contact@savarydebeauregard.com V *t.l.j. sf dim. 10h-19h; 10h-17h en hiver* E

▶ LES APPELLATIONS DE LIMOUX

BLANQUETTE MÉTHODE ANCESTRALE

AOP à part entière, la blanquette méthode ancestrale reste un produit confidentiel. Le principe d'élaboration réside dans une seule fermentation en bouteille. Aujourd'hui, les techniques modernes permettent d'élaborer un vin peu alcoolisé (autour de 6 % vol.), doux, provenant de l'unique cépage mauzac.

DOM. DE FOURN ★

● | 10000 | | 8 à 11 €

En 1937, Pierre Robert s'installe au domaine de Fourn pour y cultiver quelques arpents de mauzac, cépage traditionnel de la région. Aujourd'hui, ses deux petits-fils Jean-Luc et Bernard sont aux commandes de 40 ha de vignes, rejoints par la quatrième génération. Un haut-lieu de la bulle de Limoux.

Le jury a apprécié l'éclat de la robe, le nez sans exubérance mais précis et frais sur l'agrume et la pomme acidulée, puis la bouche tendre et veloutée tonifiée par un trait de citron en finale. Raffiné. ⧗ 2021-2022

SARL SOCIÉTÉ DES VINS ROBERT, Dom. de Fourn, 11300 Pieusse, tél. 04 68 31 15 03, robert.blanquette@wanadoo.fr V *t.l.j. 9h-12h 14h-19h*

B VIGNOBLE NICOLAS THEREZ Nature Tendre 2019 ★

● | 5200 | | 8 à 11 €

Nicolas Therez a repris les rênes en 2008 du domaine familial niché dans la haute vallée de l'Aude. Il a quitté la coopérative pour exploiter avec sa compagne Amandine Caruso les 20 ha de vignes de la propriété – en agriculture biologique – et signer ses blanquettes et crémant-de-limoux.

Derrière une robe jaune clair, un nez volubile qui décline toute la palette du cépage : pomme, pêche, mangue et notes florales. Ces arômes allègres font aussi le charme d'une bouche tendre, élégante, qui séduit par sa texture raffinée et par la pureté de son fruit. ⧗ 2021-2022

NICOLAS THEREZ, 2, rte d'Arques, 11190 Serres, tél. 06 47 28 44 39, contact@vignoble-nicolas-therez.fr V *t.l.j. sf mer. dim. 10h-12h 15h-18h*

BLANQUETTE-DE-LIMOUX

Ce sont les moines de l'abbaye Saint-Hilaire, commune proche de Limoux, qui, découvrant que leurs vins repartaient en fermentation, ont été les premiers élaborateurs de blanquette-de-limoux. Trois cépages sont utilisés pour son élaboration : le mauzac (90% minimum), le chenin et le chardonnay; ces deux derniers cépages introduits à la place de la clairette apportent à la blanquette acidité et finesse aromatique. La blanquette-de-limoux est élaborée

suivant la méthode de seconde fermentation en bouteille et se présente sous dosages brut, demi-sec ou doux.

♥ CH. ANTECH M le Mauzac 2016 ★★

● | 25300 | 🍾 | 15 à 20 €

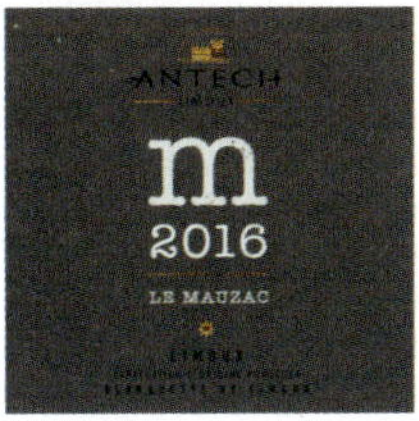

Propriétaire de vignes, une maison de négoce familiale depuis 6 générations, dirigée aujourd'hui par Françoise Antech, à la suite de son père Georges et de son oncle Roger. Une valeur sûre, spécialisée dans l'élaboration des bulles limouxines.

Un domaine en grande forme, comme chaque année. La palme va cette fois à son M Le Mauzac 2016, longuement affiné en cave. D'où cette bulle délicate et ce nez subtil où les agrumes se teintent de fruits secs et d'une fine touche minérale. Une entrée en bouche soyeuse, une texture caressante, une rondeur légère, une longue persistance du fruit : tout est ici fin et de bon goût. ⧗ 2021-2023 ● **Auzac Réserve 2019 ★★ (8 à 11 €; 100000 b.)** Derrière un robe limpide, un nez ouvert sur la poire, le coing et l'acacia. La pomme verte étire la palette dans une bouche gourmande, tendre et fraîche, sans aucune mollesse ni fausse note. ⧗ 2021-2022 ● **Antech M le Mauzac 3.0 2019 ★ (15 à 20 €; 9000 b.)** Une robe scintillante, un fin cordon de bulles, un nez énergique et gourmand de poire et de pomme, l'entame est de bon augure. Croquante, volubile, bien pleine, longue et suffisamment vivace en finale, la bouche ne déçoit pas. ⧗ 2021-2022 ● **Antech Grande Réserve 2019 ★ (8 à 11 €; 90000 b.)** Le jury a apprécié sa robe limpide, son nez subtil centré sur les fruits frais et sa bouche savoureuse, tendre, fraîche, d'un équilibre irréprochable. ⧗ 2021-2022

⊶ SAS MAISON ANTECH, Dom. de Flassian, 11300 Limoux, tél. 04 68 31 15 88, courriers@antech-limoux.com V 🍷 *t.l.j. sf sam. dim. 8h-12h 14h-18h*

J. LAURENS Le Moulin ★

● | 100000 | 🍾 | 8 à 11 €

Jacques Calvel, un enfant du pays de Sault, dans les Pyrénées audoises, est revenu aux sources après une carrière dans l'informatique aux États-Unis et en Suisse. En 2002, il a repris le Dom. Laurens, fondé dans les années 1980 par le Champenois Michel Dervin, l'a agrandi (30 ha aujourd'hui) et modernisé, secondé par son maître de chai Henri Albrus.

10 % de chardonnay en complément du mauzac dans cette cuvée très apéritive, qui libère de délicats arômes de fleurs blanches, de miel et de poire. On les retrouve dans une bouche qui charme par sa texture épanouie, sa légèreté et sa longue finale parfaitement tonifiante. Élégant de bout en bout. ⧗ 2021-2022

⊶ SARL J. LAURENS, Les Graimenous, rte de la Digne-d'Amont, 11300 La Digne-d'Aval, tél. 04 68 31 54 54, contact@jlaurens.fr V 🚶 🍷 *t.l.j. 9h-12h 13h30-18h; sam. dim. sur r.-v.*

DOM. ROSIER Cuvée Ma Maison 2019 ★★

● | 80000 | 🍾 | 5 à 8 €

En 1982, Michel Rosier a quitté sa Champagne natale pour venir s'implanter sur les terres d'altitude (300 à 450 m) de Villelongue-d'Aude, ancien village fortifié en circulade, situé dans la partie ouest de l'appellation limoux. Douceur du climat... et du foncier, les terres du Sud ont leurs attraits. Au programme, des bulles de blanquette et de crémant. En 1985, la maison s'est installée à Limoux. Michel Rosier est épaulé depuis 2010 par son fils Nicolas et 12 viticulteurs lui apportent leurs raisins.

Une robe lumineuse, un nez timide mais fin, très printanier, qui dispense ses nuances de fleurs et de fruits à chair jaune, un palais plein à l'attaque, vivace et titillé par une fine effervescence : une blanquette qui coche toute les cases du parfait blanc d'apéritif. ⧗ 2021-2022 ● **Blanc de blancs Cuvée Charme du soleil ★ (5 à 8 €; 80000 b.)** Un 100 % mauzac vinifié à partir des premiers jus du pressurage. Plus que le soleil, c'est la fraîcheur de cette cuvée que le jury a retenu. Un nez volubile et gourmand de fleurs blanches et de poire, souligné d'une note de silex, introduit une bouche bien balancée, très stimulante, croquante de fruit. ⧗ 2021-2022 ● **Maison Rosier Méthode traditionnelle Cuvée 1531 ★ (- de 5 €; 80000 b.)** Une robe limpide, une bulle fine, des arômes timides au nez, aux accents de pierre à fusil, qui montent en puissance dans une bouche stimulante, vivace, encore relevée d'un trait de citron acidulé en finale. ⧗ 2021-2022 ● **Méthode traditionnelle Demi-sec Cuvée Jean-Philippe ★ (5 à 8 €; 80000 b.)** 10 g/l de sucre résiduel dans ce demi-sec doré de robe, qui fleure bon les fruits jaunes, le miel et le jasmin. Une plénitude de fruit qui fait aussi le charme d'une bouche large à l'attaque, ample, à l'équilibre sucre-acide sans fausse note. Gouleyante, cette bulle «très jus de fruit» devrait plaire à tous. ⧗ 2021-2022

⊶ SAS DOM. ROSIER, ZI de Flassian, rue Farman, 11300 Limoux, tél. 04 68 31 48 38, domaine-rosier@wanadoo.fr V 🚶 🍷 *r.-v.*

CRÉMANT-DE-LIMOUX

Production : 30 000 hl

Reconnu seulement en 1990, le crémant-de-limoux n'en bénéficie pas moins de la solide expérience et de l'exigence des producteurs de la région en matière de vins effervescents. Les conditions de production de la blanquette étant déjà très strictes, les Limouxins n'ont eu aucune difficulté à adopter la rigueur de l'élaboration propre au crémant. Depuis déjà quelques années s'affinaient dans leurs chais des cuvées issues de subtils mariages entre la personnalité et la typicité du mauzac, l'élégance et la rondeur du chardonnay, la jeunesse et la fraîcheur du chenin. Depuis 2004, le mauzac, cépage traditionnel de la région, est désormais réservé à la blanquette et c'est le chardonnay qui règne en maître dans l'appellation crémant-de-limoux. Enfin, le pinot noir peut être utilisé en appoint dans l'élaboration des rosés.

ANTECH Expression 2019 ★

● | 50000 | 🍾 | 11 à 15 €

Propriétaire de vignes, une maison de négoce familiale depuis 6 générations, dirigée aujourd'hui par

Françoise Antech, à la suite de son père Georges et de son oncle Roger. Une valeur sûre, spécialisée dans l'élaboration des bulles limouxines.

Le chardonnay est classiquement accompagné de chenin et de mauzac dans ce 2019 élevé 12 mois sur lattes. On en retient le nez frais et intense qui décline l'acacia, le zeste de citron et le silex. Un sensation de tonicité que l'on retrouve dans une bouche conviviale, gourmande et d'une fraîcheur irréprochable. Très fédérateur. ⧗ 2021-2023 ● **Saint-Laurent 2019 ★★ (11 à 15 €; 18600 b.)** Une robe lumineuse teintée d'argent et un fin cordon de bulles, l'aspect est engageant. Le nez l'est tout autant avec ses notes débridées de fleurs grasses, de pêche jaune et de pomélo. En bouche, une agréable rondeur et ce qu'il faut de tension avec une finale vivace sur les agrumes. ⧗ 2021-2023 ● **Héritage 2019 ★ (11 à 15 €; 20000 b.)** Un nez discret, floral et crémeux introduit une bouche tendre, vanillée, qui gagne en fraîcheur et en dynamisme en finale. Facile d'accès. ⧗ 2021-2022 ● **Cuvée Eugénie 2019 ★ (11 à 15 €; 50000 b.)** Au nez, des notes de beurre frais, de pâte à pain et d'abricot. L'acidité se fait discrète dans une bouche ronde et douce, qui séduit par son amplitude et ses notes généreuses de fruits à noyau. ⧗ 2021-2022

SAS MAISON ANTECH, Dom. de Flassian, 11300 Limoux, tél. 04 68 31 15 88, courriers@antech-limoux.com V *t.l.j. sf sam. dim. 8h-12h 14h-18h*

CAPDEPON Révélation ★

● | 8000 | 🍾 | 11 à 15 €

L'arrière-grand-père a été pionnier dans la commercialisation de la blanquette de «propriétaires». Une production alors confidentielle. Depuis 1984, Régis et David conduisent le vignoble (80 ha) implanté à l'ouest de Limoux, entre chênes et garrigues, et mettent en avant leur mère Michèle sur leurs étiquettes. Si leur spécialité est la blanquette méthode ancestrale, ils proposent tous les styles de vins.

En vue pour ses blancs, le domaine se distingue cette année avec un rosé exemplaire. Derrière une robe saumon, des arômes de petits fruits rouges teintés de toast de de fleurs. En bouche, une belle fraîcheur, une texture tendre et une longue finale florale et savoureuse. Ciselé. ⧗ 2021-2023

SARL CAPDEPON, 4, chem. de l'Horto, 11300 Villelongue-d'Aude, tél. 04 68 69 51 81, domaine@capdepon.fr V *t.l.j. 9h-12h 14h-18h*

CÔTÉ MAS ★

● | 19016 | 🍾 | 11 à 15 €

Vigneron-négociant, Jean-Claude Mas dispose d'un vaste vignoble de plus de 600 ha en propre constitué par 4 générations, auxquels s'ajoutent les apports des vignerons partenaires (1 300 ha). Depuis 2003, il est le propriétaire de ce domaine de 50 ha (dont 25 dédiés à l'appellation limoux), créé en 1862 par Jean Astruc, cocher du fiacre au Ch. de Bourigeole.

Chardonnay, chenin et pinot noir associés dans ce rosé drapé d'une robe saumonée, dont le nez timide diffuse des notes subtiles de petits fruits rouges sur fond grillé. Pas très expansive mais délicate, la bouche séduit par sa retenue et son juste équilibre entre rondeur et tension. Parfait à l'apéritif. ⧗ 2021-2022

SARL PIERJACQ ASTRUC, 20, av. du Chardonnay, 11300 Malras, tél. 04 68 31 13 26, info@paulmas.com

♥ J. LAURENS
Blanc de blancs La Matte 2017 ★★★

● | 4989 | 🍾 | 11 à 15 €

Jacques Calvel, un enfant du pays de Sault, dans les Pyrénées audoises, est revenu aux sources après une carrière dans l'informatique aux États-Unis et en Suisse. En 2002, il a repris le Dom. Laurens, fondé dans les années 1980 par le Champenois Michel Dervin, l'a agrandi (30 ha aujourd'hui) et modernisé, secondé par son maître de chai Henri Albrus.

Excellent spécialiste de la bulle limouxine, le domaine décoche le coup de cœur avec ce blanc de blancs non dosé, qui assemble les trois cépages blancs de l'appellation et qui illustre tous les bienfaits d'un long vieillissement sur lattes : une bulle fine, un nez aussi discret qu'élégant diffusant de fines notes de fruits à coque et de fleurs, et une bouche très pure, subtilement attendrie par le temps et d'une fraîcheur immaculée. Irrésistible. ⧗ 2021-2023 ● **Le Clos des Demoiselles Tête de cuvée 2019 ★★ (11 à 15 €; 105700 b.)** Une robe limpide, un nez discret libérant de jolies nuances d'aubépine et de poire, une bouche élégante, plus souple que vive, adoucie par un dosage au cordeau et ponctuée par une légère amertume sans conséquence. Élégant. ⧗ 2021-2023 ● **Les Graimenous 2019 ★ (8 à 11 €; 215000 b.)** 12 mois de vieillissement pour cette bulle fraîche de bout en bout : au nez, des nuances discrètes de fruits secs et d'acacia, relayées en bouche par un trait de citron qui tonifie un peu plus un ensemble croquant et très vivace. ⧗ 2021-2023

SARL J. LAURENS, Les Graimenous, rte de la Digne-d'Amont, 11300 La Digne-d'Aval, tél. 04 68 31 54 54, contact@jlaurens.fr V *t.l.j. 9h-12h 13h30-18h; sam. dim. sur r.-v.*

CH. MARTINOLLES ★

● | 23040 | 🍾 | 11 à 15 €

Ancienne dépendance de l'abbaye voisine de Saint-Hilaire, où les moines élaboraient des vins effervescents dès 1531, le Ch. de Martinolles (80 ha aujourd'hui) a été racheté en 2010 à la famille Vergnes par Jean-Claude Mas, négociant et propriétaire de 9 domaines (plus de 600 ha) en Languedoc-Roussilon.

60 % de chardonnay dans cet assemblage de 4 cépages. Agrumes et pêche pour le fruit et la fraîcheur, notes grillées et de fruits à coque pour la complexité : le nez ne manque pas de nuances. Un bouquet que l'on retrouve dans une bouche revigorante, tendue comme un arc mais jamais agressive. Stimulant. ⧗ 2021-2023

SARL CH. MARTINOLLES, 11250 Saint-Hilaire, tél. 04 68 69 41 93, info@paulmas.com

CH. ROSIER Cuvée Ma Maison ★★

● | 80000 | 🍾 | 8 à 11 €

En 1982, Michel Rosier a quitté sa Champagne natale pour venir s'implanter sur les terres d'altitude (300 à 450 m) de Villelongue-d'Aude, ancien village fortifié

en circulade, situé dans la partie ouest de l'appellation limoux. Douceur du climat… et du foncier, les terres du Sud ont leurs attraits. Au programme, des bulles de blanquette et de crémant. En 1985, la maison s'est installée à Limoux. Michel Rosier est épaulé depuis 2010 par son fils Nicolas et 12 viticulteurs lui apportent leurs raisins.

Le jury a été conquis par ce rosé saumoné dont il a aimé le nez allègre et fringant, floral et citronné. Une énergie que l'on retrouve dans une bouche ample, gourmande, tendue comme il faut par une très belle acidité. Beaucoup d'éclat et de dynamisme dans ce parfait rosé d'apéritif. 2021-2022 **Dom. Rosier Terroir la Baume Saint-Paul ★ (8 à 11 €; 80000 b.)** 70 % de chardonnay dans ce crémant ouvert sur les fruits jaunes bien mûrs et les fleurs blanches. Généreusement dosée, tendre, la bouche séduit par sa souplesse et sa gourmandise. Facile d'accès. 2021-2022

SAS DOM. ROSIER, ZI de Flassian, rue Farman, 11300 Limoux, tél. 04 68 31 48 38, domaine-rosier@wanadoo.fr V *r.-v.*

♥ SIEUR D'ARQUES
Méthode traditionnelle Première Bulle ★★

45000 | 11 à 15 €

La cave coopérative Sieur d'Arques est un acteur incontournable du vignoble limouxin, où elle assure environ 60 % de la production. Fondée en 1946, elle fédère aujourd'hui quelque 205 adhérents et dispose d'un vaste vignoble de 1 800 ha éparpillés dans plus de 40 communes, ce qui lui permet d'opérer une sélection parcellaire rigoureuse sur une très large variété de terroirs. Sa vente aux enchères Toques et Clochers, instituée en 1990, a donné à Limoux un regain de notoriété et attiré l'attention sur ses vins tranquilles.

25 % de pinot noir dans ce rosé pâle au nez discret d'où émergent des notes grillées et toastées. Les petits fruits rouges se font plus présents et gourmands dans une bouche souple et tendre, portée par une belle acidité qui donne éclat au fruit. Long et stimulant. 2021-2023

SAS SIEUR D'ARQUES, av. du Languedoc, 11303 Limoux, tél. 04 68 74 63 00, contact@sieurdarques.com V *t.l.j. 9h30-12h30 14h-18h; dim. 10h-12h*

TAUDOU ★

4500 | 11 à 15 €

Héritier de plusieurs générations de vignerons, Jean-Pascal Taudou exploite depuis 2004 une trentaine d'hectares de vignes à Loupia, charmant village construit en circulade à l'ouest de l'appellation.

Trente-six mois d'élevage sur lattes pour ce crémant à point, dosé à 8 g/l. La robe en tire sa teinte dorée et le nez ses arômes épanouis de fruits jaunes, de crème et de miel. Un profil évolué que l'on retrouve dans une bouche d'abord ronde puis très vivace en finale. 2021-2022

EARL TAUDOU, 1, rue du Parc, 11300 Loupia, tél. 09 64 45 23 96, taudouvignerons@orange.fr V *r.-v.*

B VIGNOBLE NICOLAS THEREZ
Nature Trésor 2016 ★

5000 | 8 à 11 €

Nicolas Therez a repris les rênes en 2008 du domaine familial niché dans la haute vallée de l'Aude. Il a quitté la coopérative pour exploiter avec sa compagne Amandine Caruso les 20 ha de vignes de la propriété – en agriculture biologique – et signer ses blanquettes et crémant-de-limoux.

Une cuvée à peine dosée qui laisse apprécier un cordon élégant de bulles fines et un nez intense où les fleurs blanches côtoient la brioche et le beurre. En bouche, on retrouve ce même fruit légèrement évolué et une acidité incisive qui donne à l'ensemble ce qu'il faut de dynamisme. 2021-2022

NICOLAS THEREZ, 2, rte d'Arques, 11190 Serres, tél. 06 47 28 44 39, contact@vignoble-nicolas-therez.fr V *t.l.j. sf mer. dim. 10h-12h 15h-18h*

LIMOUX

Superficie : 194 ha
Production : 8 097 hl (60 % blanc)

L'appellation limoux nature, reconnue en 1938, désignait le vin de base destiné à l'élaboration de l'appellation blanquette-de-limoux et toutes les maisons de négoce en commercialisaient quelque peu. En 1981, cette AOP s'est vu interdire, au grand regret des producteurs, l'utilisation du terme *nature*, et elle est devenue limoux. Resté à 100 % mauzac, le limoux a décliné lentement, les vins de base de la blanquette-de-limoux étant alors élaborés avec du chenin, du chardonnay et du mauzac. Cette appellation renaît depuis l'intégration, pour la première fois à la récolte 1992, des cépages chenin et chardonnay, le mauzac restant toutefois obligatoire. La dynamique équipe limouxine voit ainsi ses efforts récompensés. Une particularité : la fermentation et l'élevage jusqu'au 1er mai, à réaliser obligatoirement en fût de chêne. Depuis 2004, l'AOP produit également des vins rouges à partir des cépages atlantiques (merlot surtout, cabernets et côt) et des cépages méditerranéens (syrah, grenache).

ALTUGNAC Las Gravas 2019 ★

2000 | 15 à 20 €

L'aventure au domaine commence en 1928 avec les premières vignes que Joanny Collovray possède autour de Davayé, à l'ouest de Mâcon. Deux générations plus tard, les Collovray ont rencontré les Terrier et s'associent au sein du Dom. des Deux Roches qui naît en 1986. Aujourd'hui, ce sont Julien Collovray et Pierre-Alexis Terrier qui sont aux commandes des 60 ha de vignes, en conversion bio deouis 2020. Une valeur sûre du Mâconnais, qui œuvre aussi dans le Languedoc.

Parcellaire argilo-calcaire, les Gravas s'habillent d'un beau jaune doré et livrent un nez classiquement beurré et brioché sur fond de fruits jaunes et d'un soupçon de miel. Une légère évolution que l'on retrouve dans une bouche dodue, charnue, longue mais relevée par une agréable fraîcheur et un amer léger plutôt stimulant. Un blanc de table. ⧗ 2021-2024 ■ **Garennes 2018 ★ (20 à 30 €; 1300 b.)** Un rouge vinifié comme les blancs, avec une vinification intégrale, dans des fûts roulés quotidiennement pendant 3 mois avant élevage. Au nez, des arômes fondus d'épices douces et de fruits rouges bien mûrs. Une douce chaleur émane d'une bouche qui charme par le fondu des tanins, le raffinement de sa texture et la parfaite intégration du chêne. Complexe et aimable. ⧗ 2021-2025

SARL CHRISTIAN COLLVRAY ET JEAN-LUC TERRIER, rue du Château, 11190 Antugnac, tél. 03 85 35 86 51, info@collovrayterrier.com r.-v. 4

♥ CH. ARROGANT FROG 2019 ★★★

■ | 8964 | | 8 à 11 €

Vigneron-négociant, Jean-Claude Mas dispose d'un vaste vignoble de plus de 600 ha en propre constitué par 4 générations, auxquels s'ajoutent les apports des vignerons partenaires (1 300 ha).

Deux fois étoilée dans le millésime 2017, la grenouille décroche le coup de cœur dans ce millésime chaud qui semble lui aller comme un gant. Peut-être atypique, mais furieusement séduisant. Tout y est au diapason de raisins (merlot, cabernet, syrah) vendangés à bonne maturité : la robe dense, le nez épanoui, éclatant de fruits rouges certes mûrs mais nullement confits, et la bouche ronde, charnue, charmeuse en diable, structurée mais détendue, épaulée comme il faut par de beaux tanins tendres. Irrésistible sur une viande rouge juteuse. ⧗ 2021-2027

SARL JEAN-CLAUDE MAS, Dom. de Nicole, rte de Villeveyrac, 34530 Montagnac, tél. 04 67 90 16 10, info@paulmas.com *t.l.j. sf dim. 10h-18h* 5

DOM. DE BARONARQUES 2018 ★★

■ | 89000 | | 30 à 50 €

Ancienne propriété de l'abbaye de Saint-Polycarpe au XVII[e]s., ce domaine (110 ha, dont 43 ha de vignes) a été acquis en 1998 par la baronne Philippine de Rothschild (Ch. Mouton-Rothschild à Pauillac) et ses deux fils, qui l'ont entièrement rénové, à la vigne et au chai, et en ont fait l'une des valeurs sûres de l'appellation.

Une dominante de merlot dans la cuvée haut de gamme du domaine, conçue pour durer. Plus délicat que puissant, le nez décline les fruits rouges bien mûrs avec une note végétale rafraîchissante sur fond d'épices douces du chêne. L'intensité du fruit monte d'un cran dans une bouche puissante, charnue et chaleureuse, cadrée par une structure à la mesure de l'ensemble. Pas une ombre au tableau et de bien belles promesses d'avenir. ⧗ 2023-2030

SASU DOM. DE BARONARQUES, 11300 Saint-Polycarpe, tél. 04 68 31 96 60, cfoucachon@domainedebaronarques.com *t.l.j. sf sam. dim. 9h-12h 14h-18h*

DOM. BERNATAS
La Petite Cordillère 2019 ★

■ | 6150 | | 15 à 20 €

Après des carrières dans le monde de la presse écrite, Jérôme et Stéphane Bernatas ont fait un retour aux sources en s'installant dans les environs de Limoux en 2019. Ils exploitent 6,5 ha d'un vignoble en coteaux, exposé au nord, entre 250 et 410 m d'altitude, en conversion bio et travaillé selon les principes de la biodynamie.

Un élevage en foudre et barrique pour ce 100 % chenin issu d'une parcelle très pentue. Imperceptible au nez, le chêne s'efface devant des notes vivifiantes et intensément fruitées de pomme verte. Nerveuse, tendue comme un arc, la bouche laisse le souvenir d'un blanc droit et salin, à la personnalité affirmée. ⧗ 2021-2024 ■ **L'Outreblanc 2019 ★ (15 à 20 €; 3750 b.)** Clin d'œil à l'Outrenoir de Pierre Soulages, ce chardonnay élevé en foudre a pour lui son nez élégant, floral et discrètement vanillé, et sa bouche tonique, précise, saline, au boisé fondu qui apporte une rondeur légère. Un ensemble dont on retient surtout l'élégance, la retenue et la fraîcheur. ⧗ 2021-2024

GAEC DOM. BERNATAS, 9, imp. du Pla, 11300 La Digne-d'Amont, tél. 04 68 69 24 37, domainebernatas@gmail.com r.-v.

♥ CH. DE BRASSE 2019 ★★★

■ | 20000 | | 15 à 20 €

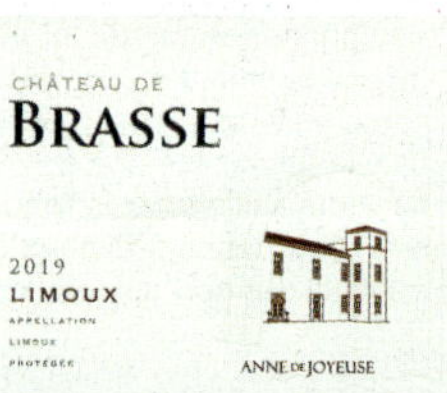

Fondée en 1929, la cave coopérative Anne de Joyeuse qui regroupe 370 vignerons s'est fait une spécialité de l'élaboration des vins rouges de Limoux et de la haute vallée de l'Aude issus de sélections parcellaires rigoureuses, sans pour autant négliger la production des vins blancs de l'appellation. À sa carte figurent aussi des vins en IGP.

Vendangé à la main, vinifié puis élevé en fûts pendant 10 mois, on s'en est donné du mal pour peaufiner ce chardonnay épaulé par un tiers de chenin. Et ça paie : derrière une robe limpide, jaune pâle, pointe un nez bourguignon où le chèvrefeuille et la pomme fraîche s'entichent de toast. Une texture douce, joliment patinée par l'élevage, fait le charme d'une bouche ample, concentrée mais sans lourdeur, délicatement vanillée et intensément florale en finale. Un très beau blanc de table. ⧗ 2021-2025 ■ **2019 ★ (15 à 20 €; 20000 b.)** Merlot, syrah et cabernet au menu de ce rouge encore ferme mais prometteur. Au nez, le chêne s'efface devant des notes bien mûres de fruits noirs et de cerise à l'eau-de-vie. Du palais, on retient sa solide structure, ses jeunes tanins serrés et l'intensité du fruit qui perce derrière. Il possède tout ce qu'il faut pour vieillir sereinement. ⧗ 2023-2028

SARL L'OUSTAL ANNE DE JOYEUSE, 34, promenade de Tivoli, 11300 Limoux, tél. 04 68 74 79 40, commercial.france@cave-adj.com V *t.l.j. sf dim. lun. 10h-12h 15h-19h*

LA COUME-LUMET Camin de Lumet 2019 ★★

	5500		11 à 15 €

Domaine créé en 2013 par Luc Abadie, ingénieur en informatique, conseillé par son beau-frère Mathieu Dubernet, œnologue de renom établi à Narbonne. Couvrant 54 ha d'un seul tenant, le vignoble est implanté à Cépie, au nord de Limoux, dans un site préservé classé Natura 2000.

Chardonnay et chenin à parité dans ce beau blanc vinifié et élevé en fût, qui décline une palette riche entre toast, noisette, pêche et poivre blanc. Intense dès l'attaque, le palais déploie une chair ample, imprégnée d'épices douces et vivifiée en finale par la belle acidité du chenin. Un élevage de très bon goût pour un vin harmonieux qui pourra patienter en cave. ⧗ 2021-2025 **Coume de Lumet 2019 ★ (15 à 20 €; 5000 b.)** Le chardonnay (80 %) majoritaire dans ce 2019 qui fleure bon les agrumes et les notes vanillées et toastées d'une vinification en fût. Les épices douces insistent dans une bouche généreuse, «tapissante», gourmande, dynamisée par un trait de citron en finale. Bien typé, équilibré, il peut passer à table. ⧗ 2021-2024

SCEA ABADIE-MALET, La Coume, 11300 Cépie, tél. 06 30 60 23 77, lacoumelumet@la-coume-lumet.com V *r.-v.*

B DOM. DE LA MÉTAIRIE D'ALON
Le Palajo 2019 ★

	6800		30 à 50 €

Issu d'une famille de producteurs et négociants bourguignons, Laurent Delaunay, œnologue, après avoir créé Badet Clément & Cie, a racheté en 2005 l'affaire fondée en 1996 par l'œnologue australienne Nerida Abbott, créant ainsi sous le nom d'Abbotts & Delaunay une société de négoce-vinificateur spécialisée dans les vins du Languedoc-Roussillon. En 2015, Laurent Delaunay a racheté à Jean-Louis Denois, vigneron bien connu de Limoux, le Dom. de la Métairie d'Alon et ses 25 ha cultivés en bio.

Un élevage ambitieux marque le nez de ce chardonnay d'une touche toastée et crémeuse relevée de menthol et de fleurs blanches. Caressante, bien arrondie par l'élevage, la bouche rebondit sur une acidité citronnée qui donne à l'ensemble ce qu'il faut de relief et de tonicité. L'ensemble gagnera en harmonie avec un peu de cave. ⧗ 2022-2026

ABBOTTS ET DELAUNAY, 32, av. du Languedoc, 11800 Marseillette, tél. 04 68 24 00 00, contact@abbottsetdelaunay.com V *r.-v.*

CH. RIVES-BLANQUES Dédicace 2019 ★★

	4000		11 à 15 €

Ce domaine de 30 ha (dont 20 de vignes en conversion bio) est établi dans une zone protégée Natura 2000, à la croisée des influences méditerranéennes et océaniques. Un couple anglo-hollandais, les Panman, a pris la suite en 2001 d'Érick Vialade, resté sur l'exploitation pour former le fils des nouveaux propriétaires, Jan Ailbe, arrivé aux commandes du chai en 2017.

Habitué aux honneurs, le domaine entretient une belle complicité avec le chenin. La preuve avec cette cuvée fermentée et élevée en fût. Du nez, on retient son éclat, ses notes de fruits verts et de fleurs et sa touche minérale. Une fraîcheur qui explose dans une bouche ciselée, où le bois s'efface devant la vitalité d'un fruit tonique et citronné. Minéral n'est pas un vain mot pour rendre compte de ce grand blanc du Sud à l'équilibre très nordique. On est pas loin du coup de cœur. ⧗ 2021-2025 **Odyssée 2019 ★ (11 à 15 €; 22000 b.)** Double tri des raisins, pressurage doux dont on ne retient que les premiers jus, fermentation et élevage sous bois, on ne s'est rien épargné pour tirer le meilleur parti de ce beau chardonnay à la robe cristalline, ouvert sur le pain grillé, la noisette et les agrumes. Puissante, charnue, finement toastée, la bouche ne manque pas non plus de fraîcheur. Complet et bien typé. ⧗ 2021-2025

SARL JAXA, Dom. Rives-Blanques, plaine de Roquefort, 11300 Cépie, tél. 04 68 31 43 20, info@rives-blanques.com V *r.-v.*

CH. SAINT-CERNIN N° 1 2018 ★

	10320		30 à 50 €

Chardonnay haute couture issue d'une sélection parcellaire pointue (Haute Vallée de Limoux et terroir océanique) et d'une vinification non moins pointue sous bois. Le nez, fin, élégant, intense, à la fois mûr et frais, introduit une bouche conséquente, riche, solidement structurée par une acidité à la mesure de l'ensemble. Certes puissant mais harmonieux, à ouvrir sur une viande blanche à la crème. ⧗ 2022-2027

SCEA LES VIGNERONS DU SIEUR D'ARQUES, av de Mauzac, 11300 Limoux, tél. 04 68 74 63 67, sales@maisonwessman-wines.com

TOQUES ET CLOCHERS Océanique 2018 ★

	59600		11 à 15 €

La cave coopérative Sieur d'Arques est un acteur incontournable du vignoble limouxin, où elle assure environ 60 % de la production. Fondée en 1946, elle fédère aujourd'hui quelque 205 adhérents et dispose d'un vaste vignoble de 1 800 ha éparpillés dans plus de 40 communes, ce qui lui permet d'opérer une sélection parcellaire rigoureuse sur une très large variété de terroirs. Sa vente aux enchères Toques et Clochers, instituée en 1990, a donné à Limoux un regain de notoriété et attiré l'attention sur ses vins tranquilles.

Chaque année au rendez-vous du Guide, la cave place ici sa cuvée Océanique qui provient de parcelles d'altitude de l'ouest de l'appellation. L'élevage pose sa patte sur un nez intensément vanillé. Les fleurs blanches et l'agrume percent dans une bouche volumineuse, dont on retient aussi la sucrosité gourmande et la finale tonique et salivante. Prêt à passer à table. ⧗ 2021-2024

SAS SIEUR D'ARQUES, av. du Languedoc, 11303 Limoux, tél. 04 68 74 63 00, contact@sieurdarques.com V *t.l.j. 9h30-12h30 14h-18h; dim. 10h-12h*

LANGUEDOC

DOM. DE TREILLE La Ferrande 2019 ★★

	3000		8 à 11 €

Ce vaste domaine de 250 ha, dont 28 ha de vignes en coteaux, a été racheté en 1997 par Pascal Eyt-Dessus, qui l'a replanté en merlot, syrah, cabernet franc et chardonnay et a aménagé une cave de vinification. À sa carte, des limoux et des vins en IGP Pays d'Oc. Didier Baldo est le régisseur et le maître de chai et Jacques Trannoy l'œnologue.

Coup de cœur dans le millésime 2016, cette cuvée nous revient en grande forme avec les mêmes fondamentaux. Ceux d'un chardonnay vendangé à belle maturité, dont l'élevage en fût marque le nez de notes complexes de cire d'abeille, de vanille et de miel. Une plénitude que l'on retrouve dans une bouche cossue, puissante, intensément toastée mais réveillée en finale par les agrumes et une acidité de très bon ton. Long et savoureux, c'est une belle évocation de l'appellation. ⧗ 2021-2025

SCEA DOM. DE TREILLE, 11250 Gardie, tél. 04 68 31 23 94, domainedetreille@orange.fr

MALEPÈRE

Superficie : 384 ha / Production : 18 521 hl

Longtemps AOVDQS côtes-de-la-malepère, ce vignoble a accédé à l'appellation d'origine contrôlée en 2007. Il s'étend sur le territoire de 39 communes de l'Aude. Sa situation au nord-ouest des hauts de Corbières limite les influences méditerranéennes pour le soumettre à des influences océaniques. Aussi les malepères, vins rouges ou rosés, ne privilégient-ils pas les cépages du Sud mais les variétés bordelaises. En rouge, le merlot doit constituer la moitié de l'assemblage, suivi du cabernet franc ou du côt (20 %). En rosé, c'est le cabernet franc qui joue le rôle majeur (50 %). Les cépages méditerranéens comme le grenache et le cinsault n'entrent dans les assemblages qu'à titre accessoire.

COINTES Marie-Anne 2019 ★

	6000		8 à 11 €

Consuls de Carcassonne au XVIIe s., les premiers châtelains ont légué leur nom à la propriété. Au siècle dernier, les grands-parents de François Gorostis y exploitaient les vignes (30 ha) pour le négoce. Ce dernier a repris avec Anne, son épouse, ce domaine devenu une valeur sûre du Guide.

Un assemblage merlot, cabernet franc et grenache qui a bien profité des chaleurs du millésime. Une robe profonde annonce un nez déjà épanoui, puissant, aux accents de fruits bien mûrs. La même amplitude s'impose dans une bouche généreuse, opulente, charnue à souhait, qui profitera d'un court passage en cave. ⧗ 2022-2025

CH. DE COINTES, 1, Dom. de Cointes, 11290 Roullens, tél. 04 68 26 81 05, chateaudecointes@wanadoo.fr V t.l.j. 10h30-12h30 17h30-19h D

DOM. LE FORT La Tour de Fort 2019 ★★

	6500		5 à 8 €

Une propriété familiale où siège une ancienne bâtisse fortifiée du XVIIe s., entourée de 35 ha de vignes et conduite depuis 1995 par Marc et Stéphanie Pagès, tous deux œnologues, qui ont parachevé la reconstruction du domaine.

Pas de bois dans cette cuvée dominée par le merlot, mais un fruit qui s'exprime sans fard, sur des notes de fruits rouges ensoleillés et d'épices. Charnue, concentrée mais ronde, bâtie sur des tanins bien mûrs, la bouche laisse le souvenir d'un malepère élégant, dont la petite austérité finale disparaîtra avec un peu de garde. ⧗ 2022-2025

SCEA DOM. LE FORT, Dom. le Fort, 11290 Montréal, tél. 06 81 03 02 16, info@domainelefort.com V t.l.j. sf dim. 10h-12h 14h30-18h30

B CH. GUILHEM Grand Vin 2019 ★★

	3500		15 à 20 €

Établi à Malviès, près de Carcassonne, ce domaine, commandé par un château construit à la fin du XVIIIe s. sur des vestiges gallo-romains, est dans la même famille depuis 1878 et 6 générations. Brigitte Gourdou-Guilhem, aux commandes pendant plus de 25 ans, a passé le relais en 2005 à Bertrand Gourdou. Aujourd'hui, ce dernier exploite 35 ha (en bio certifié depuis 2013). Une valeur sûre de l'appellation malepère.

Avec sa robe soutenue et son nez nuancé entre fruits noirs, menthol et touche vanillée, l'entame est de bon augure. Riche et bien charnue à l'attaque, épaulée par des tanins fermes, la bouche ne déçoit pas et dessine un malepère intense, harmonieux, déjà plaisant et de bonne garde. ⧗ 2021-2025 ■ **Prestige 2019 ★ (11 à 15 €; 52000 b.)** B Un nez généreux qui fleure bon les fruits rouges et la garrigue. La bouche suit le tempo et séduit par son volume, sa douce chaleur et ses tanins parfaitement pris dans le fruit. Généreux et gourmand. ⧗ 2021-2024

SAS CH. GUILHEM, 1, bd du Château, 11300 Malviès, tél. 04 68 31 14 41, contact@chateauguilhem.com V t.l.j. sf sam. dim. 9h-12h 14h-17h30 E

CH. DE SERRES 2019 ★★

	6600		11 à 15 €

Journaliste pendant 35 ans, Sabine Le Marié a quitté Paris en 1996, obtenu son diplôme d'œnologie à Dijon et repris les rênes de la propriété familiale, un beau château XVIe s. et ses 160 ha de terres. Épaulée par son fils Hugues, elle exploite 25 ha de vignes situées sur les terrasses graveleuses qui surplombent le canal du Midi.

Une sélection parcellaire de merlot et des deux cabernets a forgé le caractère très plein, savoureux et parfumé (fruits rouges) de ce 2019, dont on retient aussi la rondeur, l'équilibre et la longue finale épicée. Déjà à point, on l'ouvrira sur une viande rouge. ⧗ 2021-2024

SCEA DU DOM. DE SERRES, Ch. de Serres, 11000 Carcassonne, tél. 06 80 45 27 78, info@chateaudeserres.com V t.l.j. 10h-12h 15h-18h E

B CH. DE LA SOUJEOLE Grand Vin 2019 ★

	70000		20 à 30 €

Enfant des Corbières, Gérard Bertrand est un important propriétaire et négociant du sud de la France, dont les cuvées apparaissent dans le Guide sous diverses AOP (corbières, fitou, minervois, languedoc, côtes-du-roussillon) et en IGP.

Cet assemblage haut de gamme de cabernet franc, merlot et malbec aura séjourné 12 mois en fût. Le nez nous le rappelle avec ses notes vanillées sur fond de fruits noirs écrasés, avec une touche animale discrète. Ample et intense à l'attaque, la bouche est fermement structurée, puissante, marquée par le bois et par des tanins vigoureux. Un bel édifice qui invite à la patience. ⧗ 2022-2026

SPH GÉRARD BERTRAND, Ch. l'Hospitalet, rte de Narbonne-Plage, 11100 Narbonne, tél. 04 68 45 28 50, vins@gerard-bertrand.com t.l.j. 9h-19h; été t.l.j. 9h-20h

♥ DOM. DES SOULEILLES Le Chant de la Pierre 2019 ★★

■	3050		8 à 11 €

Très vieux hameau que celui de Pech-Salamou, aux maisons blotties en rond : il date de 970. Ancien aussi est ce domaine, fondé au XIVe s. Une propriété dans la famille Delaude depuis 9 générations. Installée en 2006, Sophie est à la tête d'un vignoble de 32 ha en collines et coteaux.

Souvent au rendez-vous du Guide, cette cuvée décroche le graal dans ce millésime généreux. Elle le doit à son nez volubile, gorgé d'épices et de fruits rouges bien mûrs, et à sa bouche puissante, concentrée mais très aimable par ses tanins tendres et sa chair pétrie de fruits et d'épices. Un rouge onctueux, d'un équilibre irréprochable, déjà d'une séduction évidente mais capable de tenir quelques années en cave. ⧗ 2021-2025

EARL DELAUDE, 2, rue des Fosses, 11240 Donazac, tél. 06 12 93 69 21, d.souleilles@orange.fr r.-v.

MINERVOIS

Superficie : 4 000 ha
Production : 120 000 hl (97 % rouge et rosé)

Le minervois est produit sur 61 communes, dont 45 dans l'Aude et 16 dans l'Hérault. Cette région plutôt calcaire, aux collines douces et aux revers exposés au sud, protégée des vents froids par la Montagne Noire, produit des vins blancs, rosés et rouges. Le vignoble du Minervois est sillonné de routes séduisantes; un itinéraire fléché constitue la route des Vins, bordée de nombreux caveaux de dégustation. Un site célèbre dans l'histoire du Languedoc, celui de l'antique cité de Minerve, où eut lieu un acte décisif de la tragédie cathare; de nombreuses chapelles romanes et les églises de Rieux et de Caune sont les atouts touristiques de la région.

CH. D'AGEL 2018 ★

■	3000		30 à 50 €

Sur son rocher dominant un méandre de la Cesse, Agel est établi sur la route Minervoise, à mi-chemin entre Béziers et Carcassonne. La vigne est implantée sur des terroirs d'altitude (180 m) aux sols formés d'éclats calcaires ou, en plaine, sur des galets roulés. Le domaine a été acquis en 2003 par une quarantaine d'amateurs fédérés par Robin Budowski, ingénieur agronome suisse.

Un nez discret mais bien typé syrah (80 %), sur les fruits rouges et noirs bien mûrs et les épices. Encore jeune, peu démonstrative, la bouche, vive à l'attaque, offre une amplitude prometteuse et une structure tannique de bon augure. Tout ceci demande à se fondre. ⧗ 2022-2027

SAS CH. D' AGEL, Les Crozes, 34210 Agel, tél. 04 68 91 37 74, contact@chateaudagel.com t.l.j. 9h-18h

CH. L'AMIRAL Cuvée Tradition 2018 ★

■	3000		11 à 15 €

Un domaine fondé en 1817 par l'amiral Gayde, commandé par de spectaculaires bâtiments en forme de fer à cheval, que l'on remarque par satellite. Dans ce cadre abrité des vents dominants, Bénédicte Gobé, arrière-petite-nièce de l'amiral, est aux commandes depuis 2008 d'un vignoble de 30 ha en conversion bio. À la carte du domaine, des minervois et des vins en IGP.

Un séjour de 6 mois en cuve pour cet assemblage emmené par le carignan et le grenache. Derrière un nez pimpant de cassis et de petits fruits rouges, une bouche ample et fraîche bien cadrée par des tanins serrés mais proportionnés et qui laissent longuement parler le Zan en finale. Juteux mais sérieux, on peut l'ouvrir ou le garder. ⧗ 2021-2026

BÉNÉDICTE GOBÉ, Ch. de l'Amiral, 14, av. de l'Amiral-Gayde, 11800 Aigues-Vives, tél. 06 83 51 68 88, contact@chateaulamiral.fr r.-v.

DOM. ANCELY La Muraille 2018 ★

■	6000		5 à 8 €

La propriété est née dans les années 1970 sur les coteaux de Siran, au pied de la Montagne Noire, quand les parents de Bernard et Nathalie Ancely firent l'acquisition des premières parcelles et y plantèrent syrah et grenache. Elle compte aujourd'hui 20 ha, en conversion biologique depuis 2019.

Un rouge dynamique, qui s'ouvre sans réserve sur des notes de fruits noirs frais relevés de garrigue et de menthol. Suave et séveuse, la bouche a tout pour séduire : de la chair, des tanins souples et fondus, un fruit expressif, bien typé et rafraîchi de menthol dans une longue finale. Déjà à point, c'est un rouge sudiste mais allègre. ⧗ 2021-2025

GAEC DOM. ANCELY, 17, av. du Minervois, 34210 Siran, tél. 06 33 17 29 41, domaineancelybernard@wanadoo.fr r.-v.

DOM. DE BARROUBIO Marie-Thérèse 2019 ★

■	6500		11 à 15 €

La famille est établie dans le Minervois depuis la fin du XVe s. Installé en 2000, Raymond Miquel exploite 60 ha, dont 31 sont dédiés à la vigne. Référence en muscat-de-saint-jean-de-minervois, le domaine propose aussi des rouges intéressants en AOP minervois.

Beaucoup de fruit et de soleil dans cette syrah (85 %) qui fleure bon le cassis et le kirsch. De la bouche, on retient sa générosité, ses senteurs chaudes de fruits macérés et ses tanins carrés qui serrent la finale. On les laissera s'arrondir en cave. ⧗ 2023-2027

RAYMOND MIQUEL, Dom. de Barroubio, 11, chem. des Jardins, 34360 Saint-Jean-de-Minervois, tél. 04 67 38 14 06, barroubio@barroubio.fr V t.l.j. 10h-12h 14h-18h

♥ CH. BEAUFORT Vieilles Vignes 2019 ★★

■ | 90000 | | 8 à 11 €

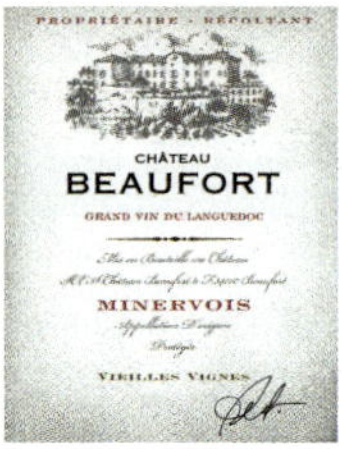

Installé en 1997, Jérôme Portal, qui exploite plusieurs propriétés en Minervois, non loin de la Serre d'Oupia, a pris ses marques dans le Guide. Il décline bon nombre de cuvées, sous différentes étiquettes : Ch. Beaufort, Ch. Molières, Ch. Artix, Ch. Portal, Ch. Sainte-Madeleine.

Deuxième coup de cœur consécutif pour Jérôme Portal après celui obtenu pour son Ch. Artix Les Murailles 2018. Il se distingue cette année avec ces vieilles vignes de syrah et de grenache vinifiées en macération carbonique. L'élevage en cuve a préservé l'intensité et la gourmandise d'un nez solaire, aussi fruité (cerise noire) que chocolaté. Pas une seule fausse note dans une bouche charmeuse, ample, concentrée comme il se doit pour des vieilles vignes, mais remarquable de fraîcheur et idéalement épaulée par des tanins jeunes et enrobés. Tout est donc en harmonie et d'une séduction insolente. Déjà du plaisir et pour longtemps. ⧗ 2022-2030 ■ **Ch. Molières Réserve 2019 ★★ (8 à 11 €; 60000 b.)** Un nez puissant, de coulis de cassis, de tilleul et d'épices. Une bouche volumineuse qui diffuse de doux effluves chaleureux de fruits en confiture, soutenus par une trame de tanins fins pris dans le fruit. Solaire et voluptueux. ⧗ 2021-2026 ■ **Ch. Artix Les Murailles 2019 ★ (8 à 11 €; 80000 b.)** Au nez, du fruit compoté et vanillé avec une once d'évolution. De la sucrosité, du gras, des tanins fondus qui donnent ce qu'il faut de relief, un fruit capiteux, persistant et chaleureux : bienvenue dans le Languedoc. ⧗ 2021-2025 ■ **Ch. Portal Réserve 2019 ★ (8 à 11 €; 30000 b.)** Une vinification en grains entiers et un élevage en cuve ont forgé le caractère de ce 2019 au nez exubérant de fruits noirs frais. La palette s'enrichit d'épices douces dans une bouche de bon volume, aux tanins présents mais aimables et d'une longueur très honorable. ⧗ 2021-2026

JÉRÔME PORTAL, Dom. d'Artix, 34210 Beaufort, tél. 04 68 91 28 28, ch-beaufort@wanadoo.fr V r.-v.

FRANK BÉNAZETH Aragonite 2019 ★★

■ | 45000 | | 11 à 15 €

Frank Bénazeth a suivi les traces de ses parents vignerons et repris en 1987 le domaine familial (32 ha), établi sur les contreforts de la Montagne Noire. Plus original, il élève depuis 1998 une cuvée en barrique sous les stalactites du gouffre géant de la Cabrespine.

Présente dans le Guide sans interruption depuis le millésime 2014, cette cuvée ne faiblit pas en 2019. On retrouve ce nez ouvert et complexe qui marie les épices à un fond généreux de fruits noirs mûrs mais frais. La fraîcheur et le croquant du fruit persistent dans une bouche aimable, sertie de tanins jeunes mais jamais rigoureux. Tout cela dessine un rouge harmonieux et très appétant. On peut l'ouvrir ou l'attendre. ⧗ 2021-2026

FRANK BÉNAZETH, 40, rte du Pont-Vieux, Le Moulin, 11160 Villeneuve-Minervois, tél. 06 30 61 30 01, benazeth.frank@orange.fr V t.l.j. 9h-12h 13h30-17h30

CH. BORIE NEUVE Marie 2020 ★★

■ | 6500 | | 11 à 15 €

Restaurateur, Bruno Correia a quitté la région parisienne pour s'installer avec sa famille sur un domaine ancien (1928) entre vignes et garrigue. En ligne de mire, un projet œnotouristique : tables et chambres d'hôtes, gîtes, aujourd'hui ouverts. Acquise en 2007, l'exploitation est située à 15 km au nord-est de Carcassonne, tout près du canal du Midi.

Une courte cuvaison pour ce rosé limpide de robe, qui prend son temps pour diffuser ses notes d'agrumes et de fruits rouges frais. Le pamplemousse monte en intensité dans une bouche volubile qui ne manque ni de chair ni de tension. À l'arrivée, un rosé expressif à l'équilibre idéal et qui saura passer sans sourciller de l'apéritif à la table. ⧗ 2021-2022

SARL LES VIGNOBLES PLAZA TEDALDI, Dom. Borie Neuve, 11800 Badens, tél. 04 68 79 28 62, info@chateauborieneuve.com V r.-v.

CH. CABEZAC Arthur 2018 ★

■ | 5000 | | 11 à 15 €

En 1997, Gontran Dondain, industriel dans l'agroalimentaire et grand amateur de vins, a racheté cette propriété dans le Minervois, dotée de chais vieux d'un siècle et de 78 ha de terres (65 ha de vignes aujourd'hui). Il a restructuré le vignoble et les installations et fait du Ch. Cabezac un complexe œnotouristique avec hôtel et restaurant gastronomique. En 2003, il a acquis le Mas Roc de Bo en minervois-la-livinière.

Une dominante de mourvèdre dans ce minervois d'une séduction immédiate. On aime le nez détendu et tonique, de fruits rouges et de fleurs, et la bouche onctueuse, sertie de tanins fondants, qui laisse s'exprimer sans réserve un fruit mûr, frais et poivré. ⧗ 2021-2025

SCEA CH. CABEZAC, 23, hameau de Cabezac, 11120 Bize-Minervois, tél. 04 68 46 23 05, info@chateaucabezac.com V t.l.j. sf sam. dim. 9h-12h 14h-17h

♥ DOM. CAILHOL-GAUTRAN La Table du Loup 2018 ★★

■ | 10000 | | 15 à 20 €

Quatre générations se sont succédé sur ce domaine fondé au début du XXᵉ s. En 1997, l'exploitation s'équipe d'une cave au hameau de Cailhol. En 2006, Jeanne et Christian Gautran transmettent le domaine à leur fils Nicolas et à son épouse Olivia qui l'ont doté d'un nouveau chai leur permettant de travailler avec peu ou pas de sulfites. En conversion bio, le vignoble couvre 55 ha dans le Causse du haut Minervois.

Un élevage savant qui intègre une part de jarre pour cet assemblage enthousiasmant de syrah, de carignan et de grenache. Le nez, volubile et d'une grande douceur, convoque les fruits rouges bien mûrs et le pain d'épices. La même douceur émane d'une bouche moelleuse et sensuelle à souhait, infusée de liqueur de fruits noirs et de garrigue, soutenue par des tanins bien patinés qui renforcent encore cette sensation de plénitude. Puissance et élégance, la quadrature du cercle. De belle garde. ⧗ 2023-2030

EARL OLIVIA ET NICOLAS GAUTRAN, Dom. de Cailhol-Gautran, 34210 Aigues-Vives, tél. 04 68 91 26 03, gautran@orange.fr V *t.l.j. 9h-12h 14h-18h*

DOM. DE CANTALAUZE Le Secret 2018 ★★

■	4300		11 à 15 €

Alors âgé de 37 ans, Thomas Sanane, a le coup de foudre pour ce domaine viticole situé aux portes de Carcassonne. En 2015, il quitte son métier et se fait vigneron en se formant sur le tas. Outre ses 5 ha de vignes, il cultive aussi la pistache, les poivres exotiques et le safran.

Thomas Sanane fait son entrée dans le Guide avec ce Secret qui se dévoile dès le nez, intense mais délicat, entre fruits rouges et notes fumées. Tout en équilibre, la bouche charme par son toucher soyeux, son fruit teinté d'eucalyptus et ses tanins savamment extraits qui donnent ce qu'il faut de relief à l'ensemble. Très élégant, sans outrance et de très bon goût. ⧗ 2021-2025

EARL LOISIRS CANTALAUZE, Dom. de Cantalauze, 11800 Trèbes, tél. 06 19 45 74 65, domainedecantalauze@gmail.com V *r.-v.*

B LES COMBES CACHÉES Combe Violon 2020 ★

■	2946		15 à 20 €

Ce domaine du Minervois a vu le jour grâce à trois amis du Lauragais, passionnés de viticulture : Michel Pousse, géographe de formation, Xavier Michelin, céréalier, et François Aumonier, agronome et chef d'entreprise. C'est avec David Ciry, œnologue conseil, et Christian Mignard, vigneron accompli, qu'ils ont élaboré leur premier millésime en 2015. Les vignes (15 ha), certifiées bio depuis 2018, sont éparpillées sur les communes de La Livinière, Siran et Cesseras.

Une adresse qui excelle dans les deux couleurs. Cette année, la palme va à son blanc qui fait la part belle au grenache blanc vinifié et élevé sur lies et en cuve. Acacia, sureau et fruits blancs, le nez ne manque pas d'intensité. Une aromatique élégante qui ne faiblit pas dans un palais cossu, ample et jamais pesant, ouvrant sur une finale d'une netteté irréprochable. Un minervois charmeur et élégant. ⧗ 2021-2024

EARL LES COMBES CACHÉES, 8, av. du Causse, 34210 Siran, tél. 06 72 88 65 10, lescombescachees@gmail.com V *r.-v.*

PIERRE CROS Le Clos 2019 ★★★

■	3000		50 à 75 €

Installé sur 25 ha de vignes, et au moins autant d'oliviers, d'amandiers et de chênes truffiers, Pierre Cros est un grand artiste vigneron, référence du Minervois, à en juger par son palmarès dans le Guide. Il se voit comme un « paysan » et dit tenir de ses père et grand-père, boulangers à Badens, son respect du client. Outre les cépages de l'appellation, Pierre Cros préserve de vieux ceps oubliés, voire « mal aimés » (comme l'aramon et le terret), et acclimate des variétés venues d'ailleurs.

Trois étoiles de plus au palmarès impressionnant de Pierre Cros. Il les doit à cette pure syrah élevée un an sous bois. Bien présente, la barrique n'éteint pas la complexité d'un nez qui décline les fruits noirs, la truffe et les plantes aromatiques. En bouche, une matière luxuriante, grasse, intégrant sans mal de beaux tanins enrobés par la barrique et pétrie d'épices douces et de menthol. Un rouge voluptueux, riche, démonstratif, qui a tout pour digérer son élevage ambitieux. De longue garde assurément. ⧗ 2024-2032 ■ **Les Aspres 2018 ★★ (30 à 50 €; 4800 b.)** Un nez puissant et chaleureux, sur le fruit confituré, qui trouve un heureux prolongement dans une bouche suave, séveuse, onctueuse, soutenue par des tanins déjà fondants et saturée de fruits ensoleillés. Riche, racé, capiteux et terriblement séduisant. Déjà du plaisir mais une longue garde en perspective. ⧗ 2022-2028

PIERRE CROS, 20, rue du Minervois, 11800 Badens, tél. 06 74 47 25 80, dom-pierre-cros@sfr.fr V *t.l.j. sf dim. 8h-12h 13h30-17h*

CH. GUÉRY Grès 2019 ★

■	17000		5 à 8 €

René-Henry Guéry représente la 8e génération d'une famille vigneronne enracinée à Azille, dans le Minervois. Avec son épouse Florence, venue du Lot, autre terre de vignes, il exploite depuis 1998 le domaine, qui compte 40 ha.

Le grenache est dominant dans ce 2019 plutôt discret au nez, centré sur les fruits rouges et noirs. En bouche, on retrouve la rondeur et le fruité épanoui du grenache, soutenus par des tanins croquants et sans austérité. Un vin convivial, simple mais bien fait, facile d'accès, conçu pour être débouché sans délais. ⧗ 2021-2024

EARL L' ERMITAGE, 4, av. du Minervois, 11700 Azille, tél. 04 68 91 44 34, chateau.guery@gmail.com V *r.-v.*

B DOM. DES HOMS Paul 2018 ★★

■	25000		11 à 15 €

À la croisée du vent marin et du cers, les vignes sont idéalement plantées sur des terrasses caillouteuses au pied de la Montagne Noire. Jean-Marc de Crozals a repris en 2000 l'exploitation familiale, qui compte aujourd'hui environ 20 ha (en bio depuis 2007). Il a replanté 90 % du vignoble et commencé la mise en bouteilles à la propriété.

80 % de syrah provenant des terrasses argilo-caillouteuses et un élevage de 9 mois sans bois, cela donne ce rouge encore peu causant au nez, mais bien plus volubile en bouche : du volume, de la richesse, des tanins fondus, un fruité mûr et fumé qui monte tranquillement en intensité et se prolonge dans une longue finale qui promet pour la suite. On patiente un peu. ⧗ 2022-2026

LANGUEDOC

EARL DU DOM. DES HOMS, hameau des Homs, 11160 Rieux-Minervois, tél. 04 68 78 10 51, jm.decrozals@free.fr V t.l.j. 10h-12h30 15h-19h30 G

♥ DOM. LES JALANS La Belle d'Henri 2018 ★★★

■ | 600 | | 11 à 15 €

En 2018, Jean-Michel Ripoll a doté ce domaine familial de 15 ha situé à Tourouzelle d'une cave de vinification et a vinifié la même année ses toutes premières cuvées.

Trois étoiles et un coup de cœur, une entrée dans le Guide fracassante pour ce jeune domaine qui signe ici son premier millésime. L'élevage en fût d'un an a saupoudré ce nez centré sur les fruits rouges et noirs bien mûrs d'une touche d'épices fumées. De la bouche, on retient sa rondeur mâtinée d'une juste fraîche, son fruit mûr et juteux, ses tanins fondus et sa longue finale veloutée et chaleureuse qui nous ramène dans le Languedoc. Un jury comblé et une magnifique évocation de l'appellation. On applaudit et on attend la suite. ⧗ 2022-2028

JEAN-MICHEL RIPOLL, Dom. les Jalans, 1, imp. du Foyer, 11200 Tourouzelle, tél. 06 11 45 21 55, jmripolllesjalans@gmail.com V r.-v. D

B LAURAIRE DES LYS Loriza 2019 ★★

■ | 8000 | | 11 à 15 €

En 2001, David Pamiès fonde avec son épouse Danielle Khalkhal un domaine sur le causse de Vialanove à la Caunette, dans la région natale du premier. Dans ces confins nord de l'appellation minervois, l'hiver est froid, l'été sec et venté, le sol calcaire très rocailleux. Le vignoble (15 ha aujourd'hui) est conduit en bio certifié.

10 % de grenache à l'appui de la syrah dans ce 2019 qui a bien pris le soleil du millésime. Une robe profonde annonce un nez puissant porté sur la violette, le poivre et le cacao. Les fruits noirs confits et une touche de caramel prennent le relais dans une bouche riche et soyeuse, où les tanins se font très discrets. Un rouge caressant, furieusement languedocien, qui donnera sa pleine mesure avec une viande longuement mijotée. ⧗ 2022-2028

LAURAIRE DES LYS, 9, rte du Sieuré, Vialanove, 34210 La Caunette, tél. 04 67 97 07 11, laurairedeslys@wanadoo.fr V r.-v.

DOM. MARCON Auzinel 2019 ★

■ | 4000 | | 5 à 8 €

Fils de viticulteur, Philippe Marcon, installé en 1989, fait ses premières gammes comme coopérateur et préside aux destinées de la cave pendant trois ans. En 2010, il décide de vinifier ses propres vins. Il dispose aujourd'hui de 15 ha de vignes. Si le caveau de dégustation se trouve à Saint-Chinian, le vignoble est implanté au hameau de Barroubio, à Saint-Jean-de-Minervois.

Passé une légère réduction, le nez déploie ses séduisantes senteurs de fruits rouges un peu confits et de plantes aromatiques. Le fruit s'entiche de poivre et de fruit plus acidulé dans une bouche bien composée, élégante, à la fois douce et fraîche, qui a soigné l'extraction des tanins. À l'arrivée, un rouge aussi détendu que séducteur, à ouvrir dans ses jeunes années. ⧗ 2021-2024

EARL DOM. PHILIPPE MARCON, hameau de Barroubio, 34360 Saint-Chinian, tél. 06 15 02 18 34, marconp@orange.fr V r.-v.

MAS PAUMARHEL Version blanc 2020 ★★

■ | 2300 | | 5 à 8 €

Ingénieur agronome et œnologue originaire du Tarn, Jean-Luc Dressayre s'est installé en Minervois en 2004 et a constitué peu à peu son domaine (10 ha aujourd'hui), dont le nom est un clin d'œil aux prénoms de ses trois filles (Pauline, Marion, Hélène). Il a vinifié ses premiers vins en cave particulière en 2007.

De ce blanc raffiné, on garde le souvenir d'un nez subtil et printanier, très floral, et d'une bouche tout en rondeur qui enchante par son élégance et son harmonie : douceur de la texture, précision et éclat du fruit, fraîcheur préservée et longue finale. Un travail d'orfèvre. Il serait dommage d'attendre. ⧗ 2021-2023

SASU MAS PAUMARHEL, 3, chem. de la Métairie, 34210 Azillanet, tél. 06 82 35 56 27, m.paumarhel@gmail.com V r.-v.

CH. MASSIAC Cuvée Espérance 2019 ★★

■ | 4000 | | 11 à 15 €

Productrice de vins depuis de nombreuses générations, la famille Boudouresques a repris en 1988 ce domaine à l'abandon construit sur le site d'un ancien château détruit à la Révolution. Jean-Baptiste Boudouresques a rejoint en 2018 son père sur l'exploitation et ses 26 ha de vignes produisant des vins en IGP et en minervois.

Un minervois qui soigne la légèreté et la gourmandise. Le nez exubérant tire tout le fruit d'une syrah vendangée à juste maturité. Le fruit se montre tout aussi volubile dans une bouche légère et savoureuse, dotée d'une petite sucrosité très séduisante et de tanins d'une finesse exemplaire. Finale fraîche et parfaitement salivante. « Une friandise », conclut un jury conquis. ⧗ 2021-2024

EARL CH. MASSIAC, Dom. de Massiac, 11700 Azille, tél. 06 38 01 18 14, massiac20@orange.fr V

B CH. MIGNAN Pech Quisou 2019 ★★

■ | 30000 | | 8 à 11 €

Domaine créé en 1956 par le grand-père de Christian Mignard sur les hautes terrasses argilo-calcaires de Siran et repris en 2002 par ce dernier. Aujourd'hui, 22 ha partagés entre les AOP minervois et minervois-la-livinière. L'actuel vigneron a construit sa cave et converti son vignoble au bio (certification en 2012).

Pech Quisou, un lieu-dit, qui nous revient en grande forme dans ce millésime généreux. Une longue extraction a enfanté un rouge dont la puissance se manifeste dès le nez : doux effluves de fruits rouges en confiture, de pruneau et de cannelle. Des tanins sérieux mais enrobés soutiennent une bouche impressionnante de volume, de richesse mais aussi de fraîcheur. Rien ne manque à ce grand rouge qui réclame seulement de la patience. ⧗ 2023-2030

SARL CH. MIGNAN, Puech-Quisou, 34210 Siran, tél. 06 74 23 33 54, christianmignard@icloud.com V r.-v.

CH. MILLEGRAND Cuvée Aurore 2019 ★★

■	26000		11 à 15 €

Rapatrié d'Algérie, Jean-Michel Bonfils a constitué un «empire» viticole : 17 propriétés en Languedoc, soit 1 600 ha, et même des vignes en Bordelais. La famille exploite notamment Millegrand, anciennes terres de l'abbaye de Lagrasse, propriété de l'évêché de Carcassonne jusqu'en 2003 : 200 ha sur un plateau graveleux le long du canal du Midi, non loin de la cité fortifiée.

Une rouge qui n'a pas laissé indifférent. Le nez, d'abord fermé, diffuse ensuite ses notes de fruits rouges teintées d'épices, d'une touche animale et de plantes aromatiques. Une légèreté singulière émane d'une bouche aérienne, tendre et fraîche, réhaussée par des tanins fins mais serrés et par une finale sur le poivre blanc et le bois de santal. Un minervois stimulant que l'on laissera reposer un peu en cave. ⧗ 2023-2027 ■ **Élevé en fût de chêne 2019 ★ (5 à 8 €; 60000 b.)** Un nez centré sur les fruits noirs cuits, cassis et mûre en tête, avec une touche d'évolution agréable. Bouche charmeuse, bien élevée, d'un équilibre irréprochable entre chair, structure et apport du chêne. Finale poivrée qui nous rappelle la forte proportion de syrah. Déjà fort aimable. ⧗ 2021-2025

SCEA CH. MILLEGRAND, Ch. Millegrand, 11800 Trèbes, tél. 04 67 93 10 10, bonfils@bonfilswines.com

CH. MIRAUSSE Le Grand Penchant 2019 ★

■	12000		11 à 15 €

Proche de Carcassonne, une ancienne terre du seigneur de Badens, émigré en Autriche à la Révolution, devenue bien national et achetée par un ancêtre de Raymond Julien. Ce dernier a pris les rênes de la propriété et sa vingtaine d'hectares en 1971. Viticulteur exigeant, fidèle à la vendange manuelle et aux vinifications en grains entiers, il a passé la main à ses deux enfants en 2021.

Un rouge aimable issu de la syrah complétée d'un quart de grenache. On en retient le nez qui libère après aération ses notes de fruits rouges frais et de plantes aromatiques, et la bouche souple, bien composée, au fruité plus expansif, encore un brin austère en finale. ⧗ 2021-2024

RAYMOND JULIEN, Dom. de Mirausse, 11800 Badens, tél. 06 87 77 81 53, julien.mirausse@wanadoo.fr V r.-v.

DOM. DE MONTAHUC Canyon de l'Église 2019 ★

■	13500		8 à 11 €

Repris en 2004 par Michel Poudou, œnologue consultant, et la famille Lopez, établie dans la région de Valence en Espagne, le vignoble est cultivée en bio depuis les années 1990. Rénové et agrandi récemment, le domaine est dirigé depuis 2020 par la nouvelle génération.

Une robe profonde, un nez puissant, fumé et bien mûr : l'entame est prometteuse. Avec ses tanins agréables et bien fondus, sa chair tendre et ses arômes chaleureux de fruits ensoleillés, la bouche ne déçoit pas. Un rouge bien typé. ⧗ 2022-2025

SCEA VIGNERONS POUDOU ET CHOZAS, Dom. de Montahuc, 11, rte de Bize, 11160 Rieux-Minervois, tél. 06 08 06 21 85, contact@domainedemontahuc.com V r.-v.

CH. D'OUPIA L'Inattendue 2019 ★★

■	485		50 à 75 €

De la forteresse médiévale des seigneurs d'Oupia, il ne reste que des pans de mur, vestiges de l'enceinte, et une tour. En 1860, Romain Iché achète le château qui échoit à son petit-fils André en 1970. Ce dernier entreprend de rénover le domaine et la cave, et fait de la propriété une référence de l'appellation minervois. Disparu en 2007, il a laissé l'œuvre de sa vie à sa fille Marie-Pierre.

Des petits rendements de vieilles vignes de syrah et de grenache et une vinification intégrale sont à l'origine de ce rouge haut de gamme et impressionnant dès le nez, qui se montre puissant, complexe et racé. Un «sacré jus», s'enthousiasme le jury, qui a apprécié la profondeur d'une bouche savoureuse, infusée de fruits mûrs et d'épices, à l'acidité millimétrée et aux tanins parfaitement enrobés. D'un équilibre magistral, déjà irrésistible, il vieillira avec grâce. ⧗ 2022-2030

EARL CH. D' OUPIA, 4, pl. du Château, 34210 Oupia, tél. 04 68 91 20 86, contact@chateauoupia.fr V r.-v.

CH. PARAZOLS-BERTROU L'Arbre aux Poètes 2019 ★

■	5000		5 à 8 €

Jean-Marie Bertrou et son épouse réunissent leur vignoble en 1998 et créent leur cave en 2003. Leur domaine de 45 ha situé au pied de la Montagne noire à une quinzaine de kilomètres de Carcassonne est à cheval sur les AOC minervois et cabardès.

Derrière une robe rubis foncé, montent du verre des senteurs chaudes de fruits rouges confits, de poivre noir, de réglisse avec une nuance plus végétale qui le rafraîchit. Charnue et ronde à l'attaque, la bouche déploie ses flaveurs capiteuses, tonifiée par une fraîcheur minérale de très bon ton. Une belle évocation de l'appellation. ⧗ 2021-2025

EARL DES PINS, Dom. de Parazols-Bertrou, 11600 Bagnoles, tél. 04 68 77 06 46, vinsparazolsbertrou@orange.fr V *t.l.j. sf sam. dim. 8h-12h 14h-17h*

DOM. PUJOL Au gré des grès 2019 ★★

■	8000		11 à 15 €

Le domaine résulte de l'association en 2000 de deux vieilles familles vigneronnes de Saint-Frichoux, village proche du canal du Midi : André Izard (aux vignes), ancien coopérateur, et Yves et Jean-Claude Pujol (le premier aux vignes et à la cave, le second à la gestion). Les deux exploitations réunies couvrent 110 ha. Emmanuel Pujol, fils de Jean-Claude, est le maître de chai.

Un rouge né de sous-sols de grès et de syrah (80 %) majoritaire. Très languedocien, le nez passe en revue les

LANGUEDOC

épices, le thym et le romarin sur fond de fruits rouges confiturés et de mûre. Tout aussi sudiste, la bouche séduit par sa générosité, la haute maturité du fruit, le fondu des tanins et sa longue finale sur la cardamome et le café. ⧗ 2023-2028 ■ **Les Ailes imaginaires 2019 ★ (8 à 11 €; 7200 b.)** Discrets au nez, sur des nuances de fruits rouges à la fois mûrs et acidulés, les arômes prennent leur envol dans une bouche dont on a aimé la gourmandise, l'amabilité des tanins et la texture généreuse mais sans lourdeur. ⧗ 2021-2024

DOM. PUJOL, 8 bis, av. de l'Europe, 11800 Saint-Frichoux, tél. 04 68 78 15 30, info@domainepujol.com V r.-v.

B DOM. LA REZE 2019 ★

■	20148		8 à 11 €

Le domaine a appartenu à la vicomtesse de Narbonne en 977, puis au clergé et, après divers changements de mains, est échu en 1982 au rugbyman Lucien Rogé. Il a enfin été racheté en 2011 par les Grands Chais de France, puissant groupe basé en Alsace qui détient quelque 350 ha en Languedoc-Roussillon. Aujourd'hui, 65 ha dont 49 plantés, exploités en bio.

Un minervois friand, vinifié avec douceur, qui soigne le fruit (cerise confite) au nez comme en bouche. Cette dernière se montre précise, sans effet de manche, soignant la souplesse des tanins et préservant une fraîcheur pas si courante dans le Sud. À l'arrivée, un vin tendre et croquant qui devrait séduire le plus grand nombre. ⧗ 2021-2024

SCEA DE THOLOMIES, 34210 La Livinière, tél. 04 67 39 29 41, domaine@labaume.com V *t.l.j. sf sam. dim. 9h-18h*

B LES RIVES D'ARGENS 2019 ★

■	20000		8 à 11 €

L'un des rares domaines de la région à garder l'imposante superficie des vignobles languedociens d'autrefois : plus de 210 ha. Il est aujourd'hui la propriété des vignobles Dourthe, et le négociant bordelais a fait aussi les choses en grand, en convertissant tout le vignoble au bio (certification en 2013).

Grenache noir, syrah et mourvèdre nés de de graves argilo-calcaires et élevés en cuve au programme de ce 2019 qui séduit d'emblée par son nez tonique de fruits rouges frais, de cerise notamment. Une fraîcheur de fruit prolongée par un palais plus élégant que puissant, mais doté d'une petite sucrosité sudiste gourmande qui enrobe des tanins encore juvéniles. Gourmand. ⧗ 2021-2024

SAS FAMILLE D' EXÉA, Ch. de Sérame, 11200 Lézignan-Corbières, tél. 04 68 33 32 22, eugenia.clarke@familledexea.fr V *t.l.j. sf dim. 10h30-12h30 13h30-18h30*

B ROUANET MONTCÉLÈBRE Alvéoline 2018 ★

■	5000		8 à 11 €

En 2012, Audrey Rouanet a repris la propriété que son père avait achetée en 1987, puis replantée : 22,5 ha de vignes sur les coteaux du Minervois, entre 200 et 300 m d'altitude. Elle a engagé la conversion bio du domaine.

Alvéoline ? Du nom des calcaires qui ont donné naissance à cette cuvée associant grenache et syrah. Une petite réduction se manifeste à l'entame d'un nez qui livre à l'aération ses notes de fruits rouges réglissés. Le palais très flatteur, est flanqué de tanins bien attendris et relevé par une fraîcheur tonifiante. Harmonieux et fringant, on l'ouvre dans sa jeunesse, sur des grillades. ⧗ 2021-2024

GAEC FAMILLE ROUANET, 2, rue de la Carretal, 34210 Cesseras, tél. 04 68 91 37 88, rouanetmontcelebre@gmail.com V *r.-v.*

DOM. SAINT-ANTOINE L'Aurore 2019 ★

■	948		11 à 15 €

Tombé sous le charme de la région, le couple Lehmann, berlinois d'origine, a posé ses valises dans le haut Minervois et acquis en 2011 le Dom. Saint-Antoine et ses 23 ha de vignes situées sur les communes de Rieux, Saint-Frichoux et Aigues-Vives.

Grenache noir, syrah et carignan associés dans ce rouge dont le nez diffuse des senteurs très plaisantes et élégantes de mûre et d'épices. Une touche balsamique réhausse le bouquet d'une bouche raffinée, extraite en douceur, qui privilégie la souplesse et l'expression du fruit. On l'ouvre dans sa jeunesse. ⧗ 2021-2024

SARL DOM. SAINT-ANTOINE, Dom. Saint-Antoine, 11160 Rieux-Minervois, tél. 07 77 46 56 59, franciosi@domaine-st-antoine.com V *r.-v.* E

CH. SAINTE-EULALIE Printemps d'Eulalie 2020 ★★★

■	30000		5 à 8 €

Créé en 1868 sur les coteaux de La Livinière aux sols calcaires, ce domaine de 38 ha est depuis 1996 la propriété d'Isabelle et de Laurent Coustal – ce dernier, œnologue. Si la maison de maître et le logement des employés sont typiques d'une « campagne » du Languedoc, les bâtiments sont aussi HQE (Haute Qualité Environnementale).

Un rosé issu de saignée et de pressurage qui, avec ses parfums débridés d'agrumes, se montre très flatteur au nez. On les retrouve dans une bouche qui ne manque de rien : ni de chair, ni de tension, ni de longueur, ni de finesse. Un rosé complet en somme et polyvalent, de l'apéritif à la table. ⧗ 2021-2022

SAS CH. SAINTE-EULALIE, Ch. Sainte-Eulalie, 34210 La Livinière, tél. 04 68 91 42 72, info@chateausainteeulalie.com V *r.-v.*

CH. SAINT-MÉRY Cuvée Exige 2019 ★★★

■	1500		11 à 15 €

Héritier de 8 générations de vignerons et petit-fils d'un viticulteur roussillonnais venu s'établir en Minervois, Richard Labène exploite 23 ha sur deux terroirs bien distincts, l'un sec et rocailleux, sur les coteaux de Tourouzelle, l'autre de galets roulés à Marseillette, près du canal du Midi, ce qui lui offre une belle richesse d'assemblage. Avec le mont Alaric

comme horizon lointain, il s'attache à marier la tradition au souffle neuf d'un jeune vigneron.

Un rouge ébouriffant qui tire le meilleur partie d'une vinification en grappes entières. Au nez, une subtile note de chêne donne un supplément de complexité à un nez très séduisant de framboise et de violette. Le kirsch et la vanille s'invitent dans une bouche confortable, certes riche et capiteuse mais élégante, ourlée de tanins soyeux et qui sait préserver ce qu'il faut de fraîcheur. Un grand vin solaire, dynamique, pétri de fruit, à déboucher sur une viande en sauce. ⧗ 2022-2028

⊶ RICHARD LABÈNE, Ch. Saint-Méry, rte de Puichéric, 11800 Marseillette, tél. 09 50 30 06 00, info@saintmery.com V r.-v.

B DOM. SIBILLE Terre de grès 2020 ★★

	3300		8 à 11 €

Un domaine qui avait arrêté la mise en bouteilles depuis 2011, repris en 2015 par les Alsaciens Barbara et Pierre Sibille, la première œuvrant dans la fonction publique, le second œnologue pendant 22 ans en cave coopérative à Ingersheim. Une nouvelle page méridionale au pied de la Montagne Noire à coups de pioche dans le vignoble (15 ha), de restauration du vendangeoir et de la cuverie, de réhabilitation des bâtiments… Au chai, peu de sulfites et pas d'élevage bois.

Le mourvèdre et les sols de grès à l'honneur dans ce rosé issu de pressurage direct. Le nez mûr et intense convie les fleurs blanches, les agrumes et les fruits à chair blanche. La bouche séduit par son volume, sa texture très élégante et ce petit trait de fraîcheur finale qui la maintient en équilibre. Un rosé complet plutôt taillé pour la table, qui restitue le caractère du mourvèdre. ⧗ 2021-2022

⊶ EARL DOM. SIBILLE, 3, av. des Bentoulades, 11800 Laure-Minervois, tél. 06 82 80 97 41, domainesibille@gmail.com V r.-v. E

DOM. DE SIESTOU Aujòls 2019 ★

	3000		8 à 11 €

«Le droit mène a tout…à condition d'en sortir», dicton que Jacques Brunel a pu vérifier en acquérant ce domaine situé à Laure Minervois, à l'aube des années 2000. Son fils, Alexis, poursuit l'aventure et conduit en bio (conversion en cours) un vignoble de 18 ha.

Hommage aux aïeux («aujòls» en occitan), cette cuvée associe syrah et grenache. Du nez, on retient les arômes de fruits noirs et de pierre à fusil, et de la bouche, la matière dense, cadrée par des tanins solides. Un vin sérieux mais prometteur, qui demande à se détendre en cave. ⧗ 2023-2026

⊶ ALEXIS BRUNEL, Dom. de Siestou, 11800 Laure-Minervois, tél. 06 30 91 87 49, alexis@lesiestou.fr V *t.l.j. 10h-19h* 4 E

DOM. TERRES GEORGES Et cetera 2019 ★

	18473		5 à 8 €

Trois semaines après avoir confié son bien, Georges s'est éteint, satisfait de savoir que ses vignes resteraient dans la famille. Anne-Marie, sa fille, et Roland Coustal ont quitté leur métier pour assurer la pérennité du domaine, qu'ils ont rebaptisé en 2001 Terres Georges en hommage au père. Ce dernier était coopérateur; les héritiers, adeptes de la méthode Cousinié, ont créé une cave et limité à 14 ha la surface de leur exploitation pour tout suivre de près.

Trois tiers de syrah, de grenache noir et de carignan composent ce 2019 qui profitera d'un passage en carafe pour épanouir un nez fermé. La bouche se montre bien plus expressive et gourmande avec son corps généreux et bien arrondi, ses tanins fins et son fruit assez complexe, mâtiné de poivre et de plantes aromatiques. On peut l'ouvrir. ⧗ 2021-2024

⊶ DOM. TERRES GEORGES, 2, rue des Jardins, 11700 Castelnau-d'Aude, tél. 06 30 49 97 73, info@domaineterresgeorges.com V r.-v. E

LA TOUR DU TOURRIL Les Cyprès 2020 ★★

	5500		8 à 11 €

Racheté dans les années 1990 par deux entrepreneurs, Ortwin Kandler et Philippe Espeluque, ce vignoble de 16 ha (conversion bio en cours) cerné par la garrigue est niché dans un cirque argilo-calcaire entre Carcassonne et le Canal du Midi. Il est dirigé depuis 2014 par Stephan Kandler.

À dominante de cinsault, ce rosé classiquement pâle diffuse des notes de fleurs blanches et d'agrumes aussi intenses que gourmandes. On les retrouve dans une bouche charnue, généreuse, fraîche et très volubile. Beaucoup de plaisir et de caractère dans ce rosé de gastronomie. ⧗ 2021-2022

⊶ SASU LA TOUR DU TOURRIL, chem. des Matelles, lieu-dit Tourril, 11200 Roubia, tél. 06 08 58 48 59, tourdutourril@gmail.com V r.-v.

LES TROIS BLASONS 2020 ★

	4000		- de 5 €

Marque de la coopérative d'Azillanet, qui fait désormais partie du vaste groupement Alliance Minervois après des fusions successives de caves (Homps, La Livinière, Rieux-Minervois, Vilalier…) en 2008 et 2012 : 600 adhérents, 3 000 ha, 49 communes.

Le duo nord rhodanien roussanne-marsanne à l'œuvre dans ce bon blanc, à la robe pâle et scintillante, dont on aime le nez expressif, floral et exotique. Une attaque ronde ouvre sur un milieu de bouche confortable, gras, vite tonifié par une belle acidité qui donne un peu plus de croquant au fruit. De la fraîcheur et de la matière, les deux vertus des bons blancs du Sud. Très harmonieux. ⧗ 2021-2023 **2020 ★ (- de 5 €; 3600 b.)** Un rosé au nez délicat centré sur les agrumes; notes que l'on retrouve dans une bouche souple, nette, qui manque seulement d'un soupçon de fraîcheur en plus pour décrocher la deuxième étoile. Très convaincant tout de même. ⧗ 2021-2022

⊶ SCA ALLIANCE MINERVOIS (LES TROIS BLASONS), av. Olonzac, 34210 Azillanet, tél. 04 68 91 22 61, contact@allianceminervois.com V *t.l.j. 9h-12h 14h-18h*

CH. VAISSIÈRE 2019 ★

	3150		11 à 15 €

Dans la famille depuis 1776, ce domaine du Minervois a trouvé un nouveau souffle après 1952 avec Paul

LANGUEDOC

Mandeville, qui a été le premier en 1961 à planter de la syrah en Languedoc. Depuis 1984, son fils Olivier est aux commandes, rejoint par ses deux enfants. Sur le domaine, une chapelle (IXe-Xes.).

Un élevage de 11 mois en fût pour ce 2019 qui assemble syrah et grenache, ce sont les fruits noirs frais qui s'imposent au nez. Le chêne se fait tout aussi imperceptible dans une bouche qui brille par sa souplesse, ses tanins fins et son fruité croquant et dynamique relevé d'une touche de cacao. Facile à boire et très digeste. ⧗ 2021-2024

OLIVIER MANDEVILLE-PEIRIÈRE, Dom. de Vaissière, 11700 Azille, tél. 04 68 78 19 95, vignobles.mandeville@me.com V r.-v.

CH. DE VENTENAC 2018 ★

■ | 6702 | | 5 à 8 €

C'est en 1938 que la coopérative s'est installée dans l'exceptionnelle cave «néo-médiévale» adjointe en 1880 au château de Ventenac-en-Minervois, dont les portes donnent directement sur le canal du Midi. Avec sa dizaine d'adhérents et ses 70 ha de vignes, elle est l'une des plus petites coopératives d'Occitanie.

Un nez friand saturé de fruits rouges relevés d'une touche poivrée, une bouche ronde et fraîche, aux tanins à peine perceptibles, qui donne à croquer de franches notes de framboise et de griotte nuancées de réglisse : un rouge gourmand de bout en bout, à ouvrir dans sa jeunesse. ⧗ 2021-2023

SCV CH. DE VENTENAC, 4, cour du Château, 11120 Ventenac-en-Minervois, tél. 04 68 43 25 10, chateaudeventenacminervois@wanadoo.fr V *t.l.j. 10h-12h30 14h30-19h*

MINERVOIS-LA-LIVINIÈRE

Superficie : 200 ha / Production : 7 000 hl

Reconnue en 1999, l'appellation minervois-la-livinière regroupe cinq communes des contreforts de la Montagne Noire. Elle produit des vins rouges issus de petits rendements.

DOM. DE LA BORIE BLANCHE Grand Vin 2019 ★

■ | 3878 | | 20 à 30 €

Les Lorgeril possèdent 6 domaines familiaux en Languedoc-Roussillon, parmi lesquels le Ch. de Ciffre (70 ha en conversion bio, dont 37 ha de vignes) qui s'étend sur les appellations faugères, saint-chinian et languedoc. Nicolas et Miren de Lorgeril sont également à la tête d'une structure de négoce.

Du nez, on retiendra la garrigue et le fruit ensoleillé, plus que le bois qui se fait fin et discret malgré un élevage en fûts neufs. La même harmonie émane d'une bouche finement sculptée, tendre, appuyée sur des tanins joliment polis par l'élevage. L'ensemble laisse le souvenir d'un 2019 élégant, tout en mesure et en équilibre. ⧗ 2021-2026

SAS VIGNOBLES LORGERIL (CH. DE CIFFRE), BP 4, 11610 Pennautier, tél. 04 68 72 65 29, contact@lorgeril.com V r.-v. E

♥ B GILLES CHABBERT Orycte 2019 ★★

■ | 10000 | | 11 à 15 €

C'est à Siran, sur le chemin des Aires, que se cachent le Clos de l'Escandil et le Dom. Aires Hautes de Gilles Chabbert. Fondée par le grand-père, alors éleveur, la propriété est devenue incontournable, avec plusieurs coups de cœur à son actif, en particulier grâce au Clos de l'Escandil. En 1995, Gilles a pris les commandes du domaine.

Un long vieillissement en cuve et fût a épanoui le nez de ce duo grenache-syrah qui aura inspiré le jury : cassis, myrtille, poivre noir, réglisse, pierre chaude.., la bouche l'a emballé. Onctueuse, patinée par l'élevage, d'un charme absolu, elle intègre de beaux tanins fins et fermes donnant à l'ensemble le sérieux qui sied à tout grand vin de garde. Longue finale complexe qui en dit long sur le pedigree de la cuvée. Magnifique évocation du cru. ⧗ 2023-2030 ■ **Dom. Aires Hautes Réserve 2019 ★★ (11 à 15 €; 45000 b.)** Une cuvée pas loin du coup de cœur. Un nez complexe, bien typé, entre fruits noirs, garrigue et épices douces, relevé d'une note plus fraîche de lavande. Riche, charnue, bien constituée, sérieusement structurée par de beaux tanins gras et fermes, la bouche ne manque ni de séduction ni d'avenir. ⧗ 2022-2028

SASU AIRES HAUTES, 12, rue du Couvent, 34210 Siran, tél. 04 68 91 54 40, gilles.chabbert@wanadoo.fr V *r.-v.*

CH. FAÎTEAU Cuvée Gaston 2018 ★

■ | 8000 | | 15 à 20 €

Le domaine offre une vue imprenable sur les Pyrénées. L'arrière-grand-père de Jean-Michel Arnaud a planté les premiers ceps vers 1920. Ce dernier a repris l'exploitation en 2000, toujours secondé à la vigne par son père Yves; il est sorti de la coopérative pour proposer ses cuvées : minervois et minervois-la-livinière, IGP Pays d'Oc.

Discrète au nez, cette cuvée monte en puissance dans une bouche opulente, voluptueuse à l'attaque, pétrie de fruits mûrs, agrémentée d'une touche discrètement vanillée et bâtie sur des tanins fondus qui laissent longuement s'exprimer le fruit en finale. Une belle évocation de l'appellation. ⧗ 2023-2027

JEAN-MICHEL ARNAUD, 17 bis, rte des Mourgues, 34210 La Livinière, tél. 06 15 90 89 48, contact@chateaufaiteau.com V *r.-v.*

CH. DE GOURGAZAUD Cuvée Mélanie 2018 ★★

■ | 25000 | | 11 à 15 €

Adossée aux premiers contreforts de la Montagne Noire, dans le Minervois, cette propriété viticole de 100 ha a été acquise en 1973 par Roger Piquet, fils d'un négociant en vins normand et lui-même fondateur de la société Chantovent, qui a développé la production de vins de pays en Languedoc. À sa disparition en 2005, ses filles Chantal Piquet et Annick Tiburce ont pris le relais.

Une touche de mourvèdre et de grenache à l'appui de la syrah dans cette cuvée qui a manifestement bien pris le soleil en 2018. Du nez émergent de chauds effluves de fruits sûrmuris, de torréfaction, d'âtre de cheminée et de caramel. Arômes que l'on retrouve dans une bouche puissante et voluptueuse qui ne manque de rien : ni de chair, ni de structure, ni de longueur. De la Méditerranée en bouteille. À boire ou à garder. ⧗ 2021-2027

SAS CH. DE GOURGAZAUD, Ch. de Gourgazaud, 34210 La Livinière, tél. 04 68 78 10 02, contact@gourgazaud.com V *t.l.j. sf sam. dim. 9h-11h30 14h-16h30*

MAS PAUMARHEL Le Mourel Rouge 2018 ★

■ | 5000 | | 11 à 15 €

Ingénieur agronome et œnologue originaire du Tarn, Jean-Luc Dressayre s'est installé en Minervois en 2004 et a constitué peu à peu son domaine (10 ha aujourd'hui), dont le nom est un clin d'œil aux prénoms de ses trois filles (Pauline, Marion, Hélène). Il a vinifié ses premiers vins en cave particulière en 2007.

Élevé 12 mois en fût, extrait en douceur, cet assemblage dominé par le mourvèdre séduit d'emblée par son nez gorgé de fruits noirs. La même qualité de fruit s'impose dans une bouche séduisante, grasse à l'attaque, qui déroule jusqu'en finale sa rondeur et ses saveurs juteuses de cassis. Moderne et savoureux. ⧗ 2021-2025

SASU MAS PAUMARHEL, 3, chem. de la Métairie, 34210 Azillanet, tél. 06 82 35 56 27, m.paumarhel@gmail.com V *r.-v.*

CH. MIGNAN Les Trois Clochers 2018 ★★

■ | 25000 | | 11 à 15 €

Domaine créé en 1956 par le grand-père de Christian Mignard sur les hautes terrasses argilo-calcaires de Siran et repris en 2002 par ce dernier. Aujourd'hui, 22 ha partagés entre les AOP minervois et minervois-la-livinière. L'actuel vigneron a construit sa cave et converti son vignoble au bio (certification en 2012).

Deux étoiles de plus au palmarès déjà étoffé de ce domaine d'une très louable régularité. La robe noire donne le ton d'une syrah (60 %) concentrée, vigoureusement extraite en cave, au nez ensoleillé de fruits très mûrs, d'épices et de vanille. Riche, grasse à l'attaque, fermement structurée par des tanins carrés, la bouche offre de bien belles promesses d'avenir. À laisser en cave. ⧗ 2023-2028

SARL CH. MIGNAN, Puech-Quisou, 34210 Siran, tél. 06 74 23 33 54, christianmignard@icloud.com V *r.-v.*

♥ DOM. DE L'OSTAL Grand Vin 2018 ★★

■ | 30000 | | 20 à 30 €

Jean-Michel Cazes, propriétaire du Ch. Lynch-Bages en pauillac, a acheté en 2002 au pied de la Montagne Noire 150 ha de terres. Le vignoble a été restructuré, et une ancienne tuilerie aménagée en cave. Aujourd'hui, 62 ha situés en partie sur le prestigieux terroir de La Livinière et formant l'Ostal Cazes, terme occitan qui signifie à la fois la famille et la maison.

Habitué aux honneurs et déjà coup de cœur dans l'édition précédente, le domaine récidive avec ce 2018 marqué par la syrah (75 %), d'un charme absolu. Tout y élégant et de bon goût : le nez à la fois mûr et fin, discrètement souligné d'une touche vanillée; la bouche surtout, ample, caressante, nantis de tanins fondants, qui s'étire longuement en finale sur les fruits mûrs et les épices. De la grâce et un jury conquis. Déjà irrésistible mais un solide potentiel en cave. ⧗ 2022-2030

SCEA DOM. DE L' OSTAL, Tuilerie Saint-Joseph, 34210 La Livinière, tél. 04 68 91 47 79, contact@jmcazes.com V *t.l.j. sf sam. dim. 10h-12h30 14h-19h*

B ROUANET MONTCÉLÈBRE Boréalis 2018 ★★

■ | 3500 | | 20 à 30 €

En 2012, Audrey Rouanet a repris la propriété que son père avait achetée en 1987, puis replantée : 22,5 ha de vignes sur les coteaux du Minervois, entre 200 et 300 m d'altitude. Elle a engagé la conversion bio du domaine.

Toute les épices et le charme d'une syrah (70 %) vendangée bien mûre dans ce 2018 qui n'a pas vu de bois. Du nez, on retient ses nuances de fruit très poivré, que l'on retrouve dans une bouche ronde à souhait, confortable, ourlée de tanins fins, tirant longuement sur la réglisse en finale. Vinifié avec goût ; il peut se reposer quelques temps en cave. ⧗ 2022-2026

GAEC FAMILLE ROUANET, 2, rue de la Carretal, 34210 Cesseras, tél. 04 68 91 37 88, rouanetmontcelebre@gmail.com V *r.-v.*

CH. SAINTE-EULALIE La Cantilène 2018 ★

■ | 50000 | | 15 à 20 €

Créé en 1868 sur les coteaux de La Livinière aux sols calcaires, ce domaine de 38 ha est depuis 1996 la propriété d'Isabelle et de Laurent Coustal – ce dernier, œnologue. Si la maison de maître et le logement des employés sont typiques d'une «campagne» du Languedoc, les bâtiments sont aussi HQE (Haute Qualité Environnementale).

Un nez épicé plus fin que puissant à l'entame de cette cuvée qui a pour elle une chair généreuse et ronde, une agréable sucrosité, des saveurs d'épices et de garrigue qui font voir du pays et une longueur très honorable. Facile d'accès et harmonieux. ⧗ 2021-2025

SAS CH. SAINTE-EULALIE, Ch. Sainte-Eulalie, 34210 La Livinière, tél. 04 68 91 42 72, info@chateausainteeulalie.com V *r.-v.*

CH. DE THOLOMIES La Chapelle 2018 ★

■ | 4800 | | 15 à 20 €

Le domaine a appartenu à la vicomtesse de Narbonne en 977, puis au clergé et, après divers changements de mains, est échu en 1982 au rugbyman Lucien Rogé. Il a enfin été racheté en 2011 par les Grands Chais de France, puissant groupe basé en Alsace qui détient quelque 350 ha en Languedoc-Roussillon. Aujourd'hui, 65 ha dont 49 plantés, exploités en bio.

Syrah et grenache à parité, complétés par une touche de carignan, dans cette cuvée lente à s'ouvrir, qui donne sa pleine meure en bouche : matière pulpeuse attendrie et arrondie par un long élevage en cuve et fût, tanins fins et pris dans le fruit, longueur sur les épices et le fruit bien mûr. En un mot, harmonieux. ⧗ 2021-2025

SCEA DE THOLOMIES, 34210 La Livinière, tél. 04 67 39 29 41, domaine@labaume.com V *t.l.j. sf sam. dim. 9h-18h*

SAINT-CHINIAN

Superficie : 3 261 ha
Production : 138 218 hl (99 % rouge et rosé)

Mentionnés dès 1300, les saint-chinian, promus en VDQS en 1945, sont en AOP depuis 1982. Implanté dans l'Hérault, au nord-ouest de Béziers, orienté vers la mer, le vignoble couvre 20 communes et s'étend sur des coteaux le plus souvent situés entre 100 et 300 m d'altitude. Il s'enracine dans les schistes, surtout dans la partie nord, et dans les cailloutis calcaires, vers le sud. Les vins sont surtout rouges, de 2 styles différents : empyreumatiques et souples dans la zone schisteuse ; fruités, gras et pus apes à la garde dans la zone argilo-calcaire. L'appellation produit aussi des rosés et de rares blancs.

DOM. DE L'ÂNE BLANC 2020 ★

■	20 000	🍾	5 à 8 €

Située à Cessenon à mi-chemin entre le massif de l'Espinouse et le littoral méditerranéen, créée en 1937, la coopérative fédère 150 vignerons pour 750 ha de vignes.

Grenache blanc et roussanne vendangés de nuit au menu de ce blanc élevé en cuve. Après aération, montent du verre des arômes discrets de fleurs blanches et d'agrumes. Ils gagnent en intensité dans une bouche éclatante, tendue mais confortable. Finale salivante, ce qui est toujours bon signe. On peut le passer en carafe. ⧗ 2021-2023

SCA VIGNERONS DE CESSENON, 37, av. de la Gare, 34460 Cessenon-sur-Orb, tél. 04 67 89 65 36, contact@vignerons-cessenon.com V *t.l.j. sf lun. dim. 9h-12h 14h-18h*

VIGNOBLE BELOT Best of Belot 2018 ★

■	5 000	🛢	15 à 20 €

Dans les années 1980, peu après la promotion en AOP du saint-chinian, Jacques Belot, instituteur, crée un vignoble de toutes pièces, défrichant, plantant des cépages nobles. Lionel, qui prend sa suite en 1997, acquiert, pour agrandir son domaine et installer sa cave, un ancien rendez-vous des chasses royales du XVIIe s., qui aurait reçu la visite de Louis XIV. Il cultive aujourd'hui 36 ha en saint-chinian, languedoc et IGP.

Cet assemblage syrah-grenache libère des arômes agréablement patinés : doux effluves de kirsch, de fruits rouges confits, d'épices et de caramel. Fraîche et intense à l'attaque, la bouche, construite sur des tanins fermes, déploie une matière consistante et s'attarde longuement sur le fruit mûr et épicé. Parfait avec une viande en sauce. ⧗ 2021-2025

EARL BELOT, Dom. du Tendon, 34360 Pierrerue, tél. 04 67 38 08 96, vignoble.belot@wanadoo.fr V *t.l.j. sf sam. dim. 9h-12h 14h-18h*

CH. BOISSEZON-GUIRAUD Terres Blanches 2018 ★★

■	6 000	🍾	5 à 8 €

Cette étiquette est dans le giron des Grands Chais de France, géant français du négoce de vins créé à la fin des années 1980 par Joseph Helfrich, aujourd'hui présent dans l'ensemble des régions viticoles françaises et dans le monde entier.

Pas de chêne mais beaucoup de fruit dans ce rouge qui fleure très bon les fruits rouges frais, le cassis et le menthol. Ample et sucrée à l'attaque, assise sur des tanins fondants, la bouche se déploie sans accroc jusqu'en finale, sur ces mêmes flaveurs dynamiques qui laissent le souvenir d'un rouge croquant à souhait. ⧗ 2021-2024

SAS LES GRANDS CHAIS DE FRANCE, 1, rue de la Division-Leclerc, 67290 Petersbach, tél. 04 67 39 29 47, carole.martin@lgcf.fr V *r.-v.*

DOM. DE CAMBIS Berlou Carnet de Voyage 2018 ★

■	1 500	🛢	20 à 30 €

En 2002, la famille Perolari a acquis ce domaine et engagé d'importants travaux de restructuration du vignoble. En 2004, elle est sortie de la coopérative et a signé ses premières cuvées. En 2019, le fils, Martin a pris les rênes de l'exploitation. La propriété compte aujourd'hui 17 ha en conversion bio depuis 2018.

L'élevage de 12 mois en demi-muid marque le nez de notes intensément torréfiées et vanillées. Un boisé que l'on retrouve dans une bouche qui a tout pour le supporter : beaucoup de chair, des tanins bien enrobés, une belle acidité qui allège l'ensemble et un fruit bien mûr qui perce derrière. On attendra que l'ensemble s'harmonise. De l'avenir. ⧗ 2023-2027

SC DOM. DE CAMBIS, Dom. de Cambis, rte de la Mausse, 34360 Berlou, tél. 06 20 79 78 93, contact@cambis.fr V *r.-v.* 4 E

CLOS BAGATELLE Au fil de soi 2018 ★

■	50 000	🛢	15 à 20 €

En 1623, un ancêtre, artisan drapier, s'établit à Saint-Chinian, au lieu-dit Bagatelle. Au XXe s., le domaine est transmis de mère en fille. Le vignoble est replanté dans les années 1960, avec une extension sur un terroir de muscat. Depuis 1993, ce sont Christine Deleuze (au commercial) et son frère Luc Simon (à la vigne) qui sont aux commandes des 60 ha de vignes familiales, à l'origine de saint-chinian et de muscat-de-saint-jean-de-minervois appréciés. Une valeur sûre.

Une étoile de plus au palmarès du domaine qu'il doit à cette cuvée produite depuis plus de 30 ans. Derrière les notes grillées du chêne, des arômes de fruits rouges confits et d'épices. L'élevage pose sa patte sur une bouche qui a tout pour l'intégrer : de la maturité, de la richesse, une belle acidité et des tanins à la mesure de l'ensemble. Il ne lui manque qu'un peu de temps en cave. ⧗ 2022-2027

EARL BAGATELLE, Clos Bagatelle, 34360 Saint-Chinian, tél. 04 67 93 61 63, closbagatelle@wanadoo.fr V *t.l.j. sf sam. dim. 8h-12h 13h-19h*

♥ CLOS LA RIVIÈRE 2018 ★★★

	12 900		8 à 11 €

Le grand-père de Jean-Philippe Madalle a planté de la syrah dès 1970. Ce dernier, œnologue, a repris en 2007 avec Carole le domaine familial établi dans un décor magnifique : de vieilles vignes (17 ha) cultivées en terrasses, à 300 m d'altitude.

Coup de cœur pour sa cuvée Pierres blanches 2017 blanc dans l'édition 2019 du Guide, Jean-Philippe Madalle récidive en rouge. Une cuvée parcellaire qui assemble une dominante de syrah aux plus vieilles vignes de grenache du domaine. Du nez, on retient les épices, le fruit noir frais et une subtile note toastée apportée par les 12 mois de fût. La belle maturité des raisins explose dans une bouche onctueuse mais fraîche, très épicée et ourlée de tanins parfaitement pris dans le fruit. Un jury dithyrambique pour ce rouge à la fois élégant, fondu, puissant et gourmand. Encore plus exceptionnel à ce prix. ⧗ 2021-2025 ■ **2020 ★ (5 à 8 €; 4000 b.)** Issu d'une saignée des cuves de rouge, ce rosé pâle égrène le bonbon, les fruits rouges acidulés, le pamplemousse et le végétal frais. Une petite sucrosité à l'attaque ne fait que renforcer la gourmandise d'une bouche par ailleurs bien vivace et acidulée. Plein, frais, fruité, il coche toutes les cases du bon rosé d'été. ⧗ 2021-2022

JEAN-PHILIPPE MADAMME (CLOS LA RIVIÈRE), 52, av. Jean-Jaurès, 34490 Causses-et-Veyran, tél. 06 76 29 26 34, madallejp@orange.fr D

DOM. COMPS Cuvée le Soleiller 2019 ★

	2 000		8 à 11 €

Défriché par un ancêtre venu des premiers contreforts du Massif central, le domaine est resté dans la même famille depuis 1870. Pierre Comps vend les premières bouteilles en 1975. En 1982, il est le premier à produire du saint-chinian à Puisserguier. Pierre-François Comps conduit aujourd'hui l'exploitation, à la suite de Jean-Christophe Martin. Le vignoble compte 17 ha.

Un assemblage classique à Saint-Chinian, dominé par une syrah bien mûre sur la foi de ce nez aux senteurs d'épices et de fruits noirs confits. La même sensation de maturité émane d'une bouche volumineuse, cadrée par des tanins serrés et relevée par ce qu'il faut de fraîcheur. Du soleil dans le verre mais de la tenue, et du potentiel en cave. ⧗ 2022-2026

SCEA MARTIN-COMPS, 23, rue Paul-Riquet, 34620 Puisserguier, tél. 06 08 75 77 38, contact@domainecomps.com V r.-v.

B CH. COUJAN Cuvée Bois joli 2019 ★★

	14 900		11 à 15 €

La famille Guy est propriétaire depuis 1868 de ce vaste domaine (plus de 140 ha cultivables) établi sur un îlot de corail fossilisé. Replanté par François Guy et exploité depuis 1990 par sa fille Florence, le vignoble, converti à l'agriculture biologique, couvre 55 ha et côtoie oliveraie, vergers et jardins peuplés de paons.

Le grenache, la roussanne et le rolle s'associent dans ce blanc épatant, au nez printanier de fleurs blanches et de fruits à noyau. Tonique, ample, délicatement enrobé par le chêne, avec un trait de pomelos qui rafraîchit un peu plus, ce blanc gourmand et éclatant a fait saliver (au sens propre) le jury. ⧗ 2021-2024

SAS FLORENCE GUY (CH. COUJAN), Ch. Coujan, 34490 Murviel-lès-Béziers, tél. 04 67 37 80 00, chateau-coujan@orange.fr V r.-v. E

CH. LA DOURNIE Élise 2017 ★

	8 000		11 à 15 €

Ce domaine de 45 ha d'un seul tenant, implanté sur les sols schisteux de Saint-Chinian, a vu se succéder 5 générations de femmes de la famille Étienne.

Derrière une robe sombre, des arômes épanouis de fruits noirs et d'épices et une touche de cuir et de tabac qui témoignent d'une agréable évolution. Toute aussi fondue, la bouche diffuse ces mêmes notes dans un ensemble à point, frais, voluptueux, appuyé sur des tanins soyeux. Beaucoup de charme. ⧗ 2021-2024

EARL CH. LA DOURNIE, La Dournie, 34360 Saint-Chinian, tél. 04 67 38 19 43, chateau.ladournie@wanadoo.fr V r.-v.

CH. FONTANCHE Les Souzes 2018 ★★

	3 000		15 à 20 €

Propriété de Frédéric Lornet, valeur sûre du vignoble jurassien, ce domaine a changé de mains en 2014, repris par Nathalie et Gilles Cantons. Le vignoble s'étend sur 18 ha à travers bois et vallons, sur un plateau sauvage situé à 200 m d'altitude. La conversion bio est engagée.

Des vieilles vignes de grenache et de syrah ont enfanté ce rouge coloré, aux arômes complexes fruités, épicés et balsamiques. Une palette que l'on retrouve dans une bouche qui ne manque de rien : de la chair, de la sucrosité, des tanins fin et fermes, une fraîcheur préservée et un fruit aussi ensoleillé que mentholé. Bien du Sud et vibrant : on l'ouvrira avec enthousiasme sur une belle viande rouge. ⧗ 2022-2027 ■ **Les Uyères 2019 ★ (11 à 15 €; 20 000 b.)** Des vieilles vignes de grenache majoritaires dans cet assemblage qui n'a pas vu de bois. On aime le nez nuancé de fruits noirs et de sous-bois, la bouche ample et douce, dotée de tanins fins et d'une sucrosité épicée très gourmande. Un rouge suave et bien typé. ⧗ 2022-2025

SAS CH. FONTANCHE, rte de Fontanche, 34310 Quarante, tél. 06 14 54 15 25, gilles.cantons@wanadoo.fr V r.-v.

DOM. LA LINQUIÈRE La Sentenelle 310 2019 ★★

	2 000		15 à 20 €

Le nom du domaine rappelle que le lin et le textile, avant la vigne, ont fait la prospérité de Saint-Chinian. Robert Salvestre sort de la coopérative en 2001 et reconstitue le vignoble familial, fondé au milieu du XIXe s. En 2010, il disparaît et ses fils Luc et Pierre

LANGUEDOC

poursuivent son œuvre. Le domaine, qui couvre 25 ha sur les trois terroirs de Saint-Chinian (schistes, calcaires et grès), s'est affirmé comme l'un des porte-drapeaux de l'appellation.

La Sentenelle, c'est une parcelle perchée à 310 m d'altitude. On lui doit ce rouge abouti et de garde, fruit d'un millésime solaire et du duo syrah-mourvèdre. Le vin en tire sa robe brillante et profonde et ses arômes chaleureux d'épices et de fruits noirs confiturés. Une très belle acidité illumine une bouche certes puissante, mais surtout savoureuse, complexe, charnue, idéalement épaulée par de beaux tanins corsés qui méritent de s'attendrir en cave. De bien belles promesses d'avenir. ⧗ 2023-2028 ■ **Le Chant des Cigales 2019 ★ (8 à 11 €; 14 000 b.)** Une robe d'un rubis limpide, un nez discret mais gourmand, entre fruit confituré et réglisse, une bouche d'abord ronde, qui se tend en finale sous l'effet de tanins encore rigoureux. On le laisse reposer un peu en cave. ⧗ 2022-2026

SCEA DOM. LA LINQUIÈRE,
12, av. de Béziers, 34360 Saint-Chinian,
tél. 04 67 38 25 87, linquiere@neuf.fr V
t.l.j. 9h-12h 14h30-19h; dim. 9h-12h

MAS D'ALBO Or Brun 2018 ★

■ | 2400 | | 11 à 15 €

Le domaine a confié pendant plusieurs décennies sa vendange à la cave coopérative. En 2004, Max Azema a décidé de créer ses propres vins. Dix ans plus tard, son fils Fabien, après une décennie passée dans le secteur du social, a pris la relève. Il est à la tête de 11 ha de vignes en saint-chinian, répartis sur une vingtaine de micro-parcelles.

Un nez qui s'ouvre lentement mais sûrement sur des notes de fruits rouges confiturés, de rhubarbe et de cacao. Une belle trame de tanins mûrs cadrent une bouche bien pleine, joufflue, infusée d'un fruit épicé aussi gourmand que chaleureux. Voluptueux, bien du Sud et déjà prêt à passer à table. ⧗ 2021-2024

FABIEN AZEMA (MAS D'ALBO),
hameau de Ceps, D 14, 34460 Roquebrun,
tél. 06 80 06 99 24, masdalbo@wanadoo.fr V *t.l.j. 9h-20h* E

CH. DU PRIEURÉ DES MOURGUES 2018 ★

■ | 14 000 | | 8 à 11 €

Bâti en 1820, le prieuré appartenait alors à l'évêché de Saint-Pons-de-Thomières, époque dont témoignent encore plusieurs calvaires. Installé en 1990, Jérôme Roger a souhaité reconstituer ce vignoble tel qu'il était au XIXᵉs. L'œuvre est achevée et les vignes couvrent aujourd'hui une surface de quelque 20 ha.

Troisième sélection en trois ans pour cette cuvée d'une louable régularité. Une touche discrète de chêne ajoute un brin de complexité à un nez centré sur la réglisse et les fruits noirs. De la bouche, on retient son attaque ronde, ses tanins bien enrobés, son fruit légèrement patiné et sa très agréable vivacité. Aucune faute de goût et un rouge prêt à passer à table. ⧗ 2021-2024

SARL VIGNOBLES ROGER,
Ch. du Prieuré des Mourgues, 34360 Pierrerue,
tél. 04 67 38 18 19, prieure.des.mourgues@wanadoo.fr
V *r.-v.* E

♥ CAVE DE ROQUEBRUN
Roquebrun Éclats de Schistes 2019 ★★

■ | 30 000 | | 15 à 20 €

Inclus dans l'aire AOC saint-chinian, le village de Roquebrun, à 30 km au nord de Béziers, bénéficie d'un microclimat permettant la culture des orangers et d'un terroir de schistes qui lui valent une dénomination particulière. La Cave de Roquebrun, créée en 1967, dispose de 650 ha de vignes. Exigeante, la coopérative pratique des sélections parcellaires selon les cépages, les vignobles et les maturités.

Habituée aux étoiles, la cave décroche cette année le Graal. Un élevage de 14 mois en fût pour cet assemblage classiquement dominé par la syrah, mais ce sont le fruit et la fraîcheur qui s'imposent aux nez : fruits noirs juteux, violette, garrigue et eucalyptus. Un bouquet qui s'enrichit de café torréfié et de vanille dans une bouche tendre, réhaussée de tanins fins et fermes, où tout est en harmonie. De la grâce, déjà beaucoup de gourmandise et du potentiel en cave. ⧗ 2021-2027 ■ **Roquebrun Baron d'Aupenac 2018 ★ (20 à 30 €; 10 000 b.)** Un nez parfumé, entre fruits noirs, plantes aromatiques et notes toastées de la barrique, une bouche mûre mais sans excès, d'une agréable fraîcheur d'arômes, appuyée sur des tanins encore carrés. On le laissera se détendre un peu en cave. ⧗ 2022-2026

SCAV CAVE DE ROQUEBRUN,
62, av. des Orangers, 34460 Roquebrun,
tél. 04 67 89 64 35, cave@cave-roquebrun.fr V *r.-v.*

TERRE DE LOUPS
Berlou Les Terrasses royales 2019 ★

■ | 15 000 | | 5 à 8 €

Créée en 1965 par Georges Dardé, cette coopérative regroupe la presque totalité des vignerons du village, soit une trentaine d'adhérents.

Le duo carignan-syrah à l'œuvre dans ce rouge gourmand, dont le nez laisse parler la garrigue, les fruits rouges frais et le cacao. Confortable mais tonique, la bouche donne à croquer ce même fruit allègre, bien épaulée par des tanins fermes. On le laisse patienter un peu en cave. ⧗ 2022-2025

SCA LES COTEAUX DE BERLOU,
1, av. des Mimosas, 34360 Berlou, tél. 04 67 89 58 58,
laura.stabarin@maison-jeanjean.com 2 G

CH. VEYRAN
Roquebrun Élevé en fût de chêne 2019 ★

■ | 9097 | | 11 à 15 €

Amis de longue date, Olivier Mignard, le Languedocien, et Raymond Roudaire, l'Auvergnat, se sont associés et ont acquis en 2019 le Ch. Veyran et, en 2020, le Ch. Jougrand. En tout, 88 ha de vignes répartis dans les AOC languedoc, saint-chinian et l'IGP Oc.

Syrah et grenache à parité dans ce 2019 brièvement élevé sous bois. Framboise, garrigue, touche toastée, le nez séduit, comme la bouche ample, tonique, adossée à des tanins fin et fermes et relevée par une fraîcheur bien sentie. Complet, élégant, typé, il n'a besoin que d'un peu de temps en cave. ⧗ 2022-2025

SCEA VIGNOBLES AUVERGNE LANGUEDOC, 20, hameau de Veyran, 34490 Causses-et-Veyran, tél. 07 69 53 13 17, alv.olivier34@free.fr r.-v.

♥ CH. VIRANEL Le V de Viranel 2018 ★★

	15 000		15 à 20 €

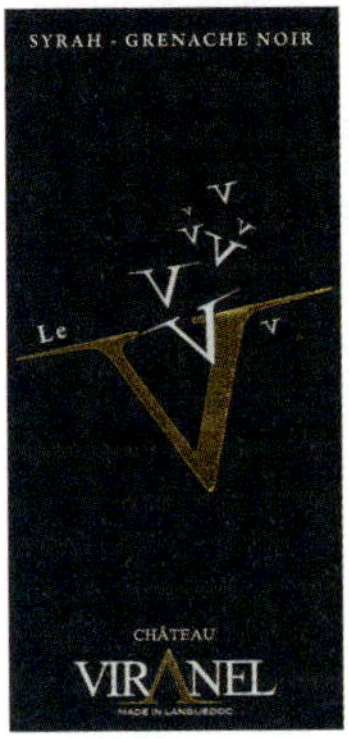

Histoire familiale et patrimoine se transmettent depuis 1551 sur cette propriété en terrasses dominant la vallée de l'Orb, dans l'aire du saint-chinian. Depuis 2012, la dernière génération, représentée par Arnaud et Nicolas Bergasse, conduit le vignoble qui couvre aujourd'hui 40 ha.

Puissance et harmonie, ce sont les deux mots-clés qui caractérisent cette cuvée impressionnante, dont la robe profonde annonce un nez intense de fruits noirs, de garrigue et d'épices. La bouche est de la même trempe : beaucoup de volume et de suavité dans la texture, des tanins totalement intégrés, un fruit volubile et frais qui se teinte de thym et de poivre jusqu'en finale. Un rouge onctueux, sérieux, magnifique évocation de l'appellation. ⧗ 2022-2027 **Intuition 2020 ★ (8 à 11 €; 30 000 b.)** Un nez exotique et floral, une bouche volumineuse, charnue, nuancée d'épices douces et de curcuma : un blanc résolument du Sud taillé pour la table. Avec une paëlla ou un risotto aux fruits de mer. ⧗ 2021-2024 **Intuition 2018 ★ (8 à 11 €; 36 000 b.)** Un nez bien typé de fruits noirs frais, de réglisse et de garrigue, une bouche ronde à l'attaque, fluide derrière, agréablement épicée et un tantinet serrée en finale. À l'arrivée, un rouge expressif qui privilégie la souplesse et l'expression du fruit. ⧗ 2021-2025

GFA DE VIRANEL, rte de Causses-et-Veyran, 34460 Cessenon-sur-Orb, tél. 04 67 89 60 59, secretariat@viranel.fr r.-v.

MUSCAT-DE-LUNEL

Superficie : 321 ha / Production : 8 206 hl

Implanté entre Nîmes et Montpellier, le vignoble est principalement installé sur des nappes de cailloutis de plusieurs mètres d'épaisseur à ciment d'argile rouge. Le seul muscat à petits grains est à l'origine de vins doux naturels qui doivent garder au minimum 110 g/l de sucre.

MAS DE BELLEVUE Lacoste 2020 ★

	10 000		8 à 11 €

Situé sur les hauteurs de Saturargues, le domaine porte bien son nom. La vue panoramique donne sur la mer au sud et la montagne au nord. Racheté aux époux Lacoste en 2010 par Nicolas Charrière, ancien directeur d'une coopérative ardéchoise, le Clos de Bellevue compte 19 ha. Le vigneron cultive du muscat dont il tire les vins les plus divers : outre le muscat-de-lunel, des vins hors appellation (muscats secs, pétillants, cartagènes...), il propose aussi des languedoc.

Derrière une robe limpide, montent du verre des arômes puissants de pêche et de fleurs blanches. On les retrouve dans une bouche grasse, sensuelle, pétrie de saveurs chaudes d'épices et de poire William, bien tenue par une amertume salutaire en finale. Très typé et riche en sensations. ⧗ 2021-2023

EARL LE CLOS DE BELLEVUE, Mas de Bellevue, 34400 Saturargues, tél. 04 67 83 24 83, leclosdebellevue@gmail.com t.l.j. sf dim. 9h-12h 15h-19h

DOM. SAINT-JEAN LALANNE Vendanges d'automne ★★

	3 000		11 à 15 €

Créée en 1957, la coopérative de Lunel réunit plus de 90 adhérents qui cultivent environ 350 ha sur grès et galets roulés, dont 70 % sont dédiés au muscat à petits grains à l'origine du muscat-de-lunel et le reste à des vins de pays et à des effervescents.

Une vendange de muscat surmûri a façonné une robe vieil or et un nez intrigant et complexe de fruits secs, d'écorce d'orange, de cire d'abeille et d'agrume confit. La palette s'étire encore et s'attarde sur le pruneau, la pâte de coing et la tourbe dans un palais voluptueux, riche et sirupeux mais jamais être pâteux. Un muscat de méditation et de longue garde. ⧗ 2021-2028

SCA CAVE COOPÉRATIVE DU MUSCAT DE LUNEL, rte de Lunel-Viel, 34400 Vérargues, tél. 04 67 86 00 09, commande@muscat-lunel.com t.l.j. sf dim. 9h-12h 14h-18h

♥ CH. TOUR DE FARGES ★★

	19 000		8 à 11 €

Créée en 1957, la coopérative de Lunel réunit plus de 90 adhérents qui cultivent environ 350 ha sur grès et galets roulés, dont 70 % sont dédiés au muscat à petits grains à l'origine du muscat-de-lunel et le reste à des vins de pays et à des effervescents.

En grande spécialiste du muscat, la cave nous régale d'un muscat épatant. Friand, élégant, sans exubérance, le nez passe en revue la poire William, l'abricot et la fleur de sureau. Une pureté de fruit qui fait le charme d'une bouche charnue comme il se doit dans l'appellation, mais aussi très subtile, souple, acidulée, laissant le souvenir d'un muscat aérien, frais et croquant. ⧗ 2021-2025

SCA CAVE COOPÉRATIVE DU MUSCAT DE LUNEL, rte de Lunel-Viel, 34400 Vérargues, tél. 04 67 86 00 09, commande@muscat-lunel.com t.l.j. sf dim. 9h-12h 14h-18h

LANGUEDOC

MUSCAT-DE-FRONTIGNAN

Superficie : 812 ha / Production : 19 666 hl

Reconnu en 1936, le frontignan a été le premier muscat à obtenir l'appellation d'origine contrôlée. Il naît entre Sète et Mireval. Le vignoble, exposé au sud-est, est abrité des vents du nord par le massif de la Gardiole. Il s'enracine dans des terrains secs, caillouteux, pierreux, issus de couches jurassiques, molassiques et d'alluvions anciennes – des sols ingrats pour toute autre culture. Autrefois appelé « muscat doré de Frontignan », le muscat à petits grains est le cépage exclusif de l'appellation. Avec un minimum de 110 g/l de sucre, les frontignan sont des vins doux naturels puissants; ils ne manquent pourtant jamais d'élégance.

MAS ROUGE 2020 ★

■ | 2000 | | 11 à 15 €

Un mas (rouge effectivement) entre Méditerranée et étangs, niché au cœur du bois des Aresquiers. Julien Cheminal, qui l'a acquis en 1997, en a restauré sans relâche le vignoble (35 ha), ainsi que le chai à l'imposante charpente. Il vinifie depuis 2002, montrant une belle régularité dans ses vins doux de muscat, en mireval et frontignan. Il développe aussi une production de vins secs en IGP.

Les amateurs de muscat seront comblés avec ce 2020 ouvert sur les fleurs blanches, l'abricot sec et les agrumes. Une plénitude de fruit que l'on retrouve dans une bouche classiquement riche et onctueuse, mais tonifiée par cette pointe discrète de fraîcheur mentholée en finale. ⧗ 2021-2024

SCEA LES ARESQUIERS, Mas Rouge, 34110 Vic-la-Gardiole, tél. 04 67 51 66 85, contact@domainedumasrouge.com V *t.l.j. sf dim. 10h-13h 15h-19h*

♥ CH. SIX TERRES 2020 ★★

■ | 70000 | | 8 à 11 €

Fondée dès 1904, la cave de Frontignan (devenue Frontignan Muscat) dispose aujourd'hui plus de 600 ha (dont plus de 540 en AOP) cultivés par 150 coopérateurs; elle fournit 85 % de l'AOP muscat-de-frontignan, tout en déclinant de multiples styles de vins à base de muscat à petits grains.

Deuxième coup de cœur en trois éditions pour cette cuvée drapée d'or, qui débute avec un nez discret de rose et de verveine. Pêche, citron confit, miel de garrigue, encens : le fruit monte en puissance dans une bouche riche à souhait, onctueuse, d'une volupté irrésistible et d'une pureté de fruit pas banale. ⧗ 2021-2024 ■ **Ch. de Rimbault 2020 ★ (8 à 11 €; 70 000 b.)** Un nez plutôt discret, floral et printanier, une bouche plus intensément parfumée, tirant sur les fruits exotiques, et dont on retient le velouté et la belle fraîcheur finale. ⧗ 2021-2023

SCA FRONTIGNAN MUSCAT, 14, av. du Muscat, BP 136, 34112 Frontignan, tél. 04 67 48 12 26, contact@frontignanmuscat.fr V *t.l.j. 9h30-12h30 14h30-18h*

MUSCAT-DE-MIREVAL

Superficie : 275 ha / Production : 6 211 hl

Ce vignoble est bordé par Frontignan à l'ouest, le massif de la Gardiole au nord et la mer et les étangs au sud. D'origine jurassique, les sols se présentent sous forme d'alluvions anciennes de cailloutis calcaires. Le cépage exclusif est le muscat à petits grains; le mutage est effectué assez tôt, car les vins doivent avoir un minimum de 110 g/l de sucre; ceux-ci sont fruités et liquoreux, avec onctuosité.

♥ B DOM. DE LA BELLE DAME
Verte printanière 2020 ★★

■ | 1800 | | 5 à 8 €

Jean-Luc Mazas a créé en 1996 ce domaine qui couvre 19 ha, cultivés en bio, situé dans un secteur classé en zone Natura 2000. Depuis 2007, il vinifie sa récolte et commercialise ses vins – secs, pétillants et VDN (muscat-de-mireval). Il propose aussi des produits du terroir. Il a engagé la conversion biodynamique de son exploitation.

Jean-Luc Mazas glane son troisième coup de cœur en 5 ans avec ce formidable muscat, né d'un sélection drastique de grappes provenant de plusieurs parcelles à très faibles rendements. Tilleul, jasmin, kiwi, fruits exotiques, agrumes, poire, menthol, le nez a inspiré le jury. Une complexité que l'on retrouve dans une bouche qui a tout pour elle : de l'amplitude et de la rondeur à l'attaque, une douceur jamais pesante relevée par une discrète vivacité et des notes rafraîchissantes d'agrumes, une longue finale douce amère parfaitement stimulante. Juste parfait. ⧗ 2021-2024 ■ **Irrésistible Baiser 2020 ★★ (5 à 8 €; 5400 b.)** Une sélection de vignes situées en bordure de l'étang de Thau à l'origine de ce Baiser que l'on ne refuse pas. Un nez discret et floral, une bouche souple et élégante qui convoque la poire et la mandarine, une sucrosité cadrée par ce qu'il faut de fraîcheur, avant une longue et chaleureuse finale ponctuée d'une touche poivrée. ⧗ 2021-2024

SCEA DOM. DE LA BELLE DAME, 135, chem. de la Tieulière, 34110 Mireval, tél. 06 62 24 10 10, contact@belledame.fr V *r.-v.* 3

MAS ROUGE 2020 ★

■ | 3000 | | 11 à 15 €

Un mas (rouge effectivement) entre Méditerranée et étangs, niché au cœur du bois des Aresquiers. Julien Cheminal, qui l'a acquis en 1997, en a restauré sans relâche le vignoble (35 ha), ainsi que le

chai à l'imposante charpente. Il vinifie depuis 2002, montrant une belle régularité dans ses vins doux de muscat, en mireval et frontignan. Il développe aussi une production de vins secs en IGP.

Fermenté à basse température, élevé 6 mois en cuve, ce muscat soigne l'élégance et la fraîcheur. Au nez, des senteurs de tilleul, de verveine et un nuances de fruits exotiques. Ces derniers, mangue et litchi en tête, montent en puissance dans une bouche tendre et ronde rafraîchie par une jolie acidité et un trait d'agrumes en finale. Allègre et harmonieux. ⧗ 2021-2023

SCEA LES ARESQUIERS, Mas Rouge, 34110 Vic-la-Gardiole, tél. 04 67 51 66 85, contact@domainedumasrouge.com V *t.l.j. sf dim. 10h-13h 15h-19h*

MUSCAT-DE-SAINT-JEAN-DE-MINERVOIS

Superficie : 185 ha / Production : 5 522 hl

Constitué de parcelles imbriquées dans la garrigue, le vignoble est perché à 200 m d'altitude. Il s'ensuit une récolte tardive – près de trois semaines environ après les autres appellations de muscat de l'Hérault. Seul cépage autorisé, le muscat à petits grains plonge ses racines dans des sols calcaires d'un blanc étincelant où apparaît parfois le rouge de l'argile. Les vins doivent avoir un minimum de 125 g/l de sucre. Ils sont très aromatiques, avec beaucoup de finesse, de fraîcheur et des notes florales caractéristiques.

♥ DOM. DE BARROUBIO Cuvée Bleue 2019 ★★

	4000		8 à 11 €

La famille est établie dans le Minervois depuis la fin du XVᵉs. Installé en 2000, Raymond Miquel exploite 60 ha, dont 31 sont dédiés à la vigne. Référence en muscat-de-saint-jean-de-minervois, le domaine propose aussi des rouges intéressants en AOP minervois.

Les années se suivent et se ressemblent pour le domaine qui signe à nouveau un muscat ébouriffant. Le jury a pris un grand plaisir à humer ce nez intense mais sans outrance qui restitue toute la pureté de fruit du muscat à petits grains : fruits exotiques, notes florales, agrumes et une touche de fruits secs. Soyeuse, intense, élégante, sans rien qui dépasse, ni sucre ni alcool, la bouche enchante par son équilibre, sa finesse et sa longue finale sur le fruit de la Passion. Irrésistible. ⧗ 2021-2025 **Carte noire 2019 ★ (8 à 11 €; 50000 b.)** D'un constance exemplaire, cette cuvée nous revient en grande forme dans ce millésime solaire : un nez plus fin que puissant qui décline le miel d'acacia et les agrumes, une bouche raffinée, tendre, d'un équilibre irréprochable, qui s'étire en longueur sur le citron. En un mot : harmonieux. ⧗ 2021-2024

RAYMOND MIQUEL, Dom. de Barroubio, 11, chem. des Jardins, 34360 Saint-Jean-de-Minervois, tél. 04 67 38 14 06, barroubio@barroubio.fr V *t.l.j. 10h-12h 14h-18h*

ÉCLAT BLANC 2020 ★

	8000		11 à 15 €

Fondée en 1955, la coopérative Le Muscat – autrement nommée Les Vignerons de Saint-Jean –, a contribué au renouveau de ce cépage traditionnel, qui n'occupait qu'une dizaine d'hectares au début du siècle dernier. Elle regroupe les 220 ha de ses adhérents et fournit la moitié des volumes de l'appellation muscat-de-saint-jean-de-minervois. Elle fournit aussi des minervois rouges et des IGP Oc.

Un nom de cuvée qui fait référence à la nature calcaire du terroir et qui trouve un heureux prolongement dans ce jeune muscat, encore discret au nez, mais énergique, croquant et d'une fraîcheur étonnante en bouche. À laisser s'épanouir quelques mois en cave. ⧗ 2021-2023

SCA CAVE LE MUSCAT, 2, pl. du Muscat, 34360 Saint-Jean-de-Minervois, tél. 04 67 38 03 24, lemuscat@wanadoo.fr V *t.l.j. 9h-12h 14h-18h*

DOM. MARCON Petit Grain 2020 ★

	7000		8 à 11 €

Fils de viticulteur, Philippe Marcon, installé en 1989, fait ses premières gammes comme coopérateur et préside aux destinées de la cave pendant trois ans. En 2010, il décide de vinifier ses propres vins. Il dispose aujourd'hui de 15 ha de vignes. Si le caveau de dégustation se trouve à Saint-Chinian, le vignoble est implanté au hameau de Barroubio, à Saint-Jean-de-Minervois.

Peut-être un ton en dessous de l'année passée, mais ne boudons pas notre plaisir et laissons-nous tenter par ce nez discret et abricoté et cette bouche bien plus volubile, florale, redoutable de gourmandise, qui finit sur une petite amertume de bon aloi. ⧗ 2021-2023

EARL DOM. PHILIPPE MARCON, hameau de Barroubio, 34360 Saint-Chinian, tél. 06 15 02 18 34, marconp@orange.fr V *r.-v.*

IGP AUDE

DOM. LA BASTIDE Viognier 2020 ★★★

	8900		8 à 11 €

Au nord-ouest de Lézignan-Corbières, un vaste domaine (180 ha) tourné vers l'exportation, acquis en 1987 par Anne-Marie et Guilhem Durand. Première en Languedoc-Roussillon. En 2015, il a été le premier en Languedoc à passer aux mains d'un groupe chinois, l'importateur BHC International Wine Assets Management. Proche du Minervois, le vignoble est installé sur une terrasse ancienne de l'Aude, riche en galets roulés.

Tous les charmes du viognier s'expriment dans ce blanc né de sols argilo-calcaires et d'un court élevage en cuve. Derrière une robe limpide, des arômes fringants et épanouis de fleurs blanches. Arômes qui montent en puissance dans une bouche riche à souhait, charnue, mais sans mollesse, restituant toute la plénitude du cépage. La finale fraîche et minérale met la dernière touche à ce tableau parfait. ⧗ 2021-2024

SCEA CH. LA BASTIDE, lieu-dit La Bastide, 11200 Escales, tél. 04 68 27 08 47, contact@chateaulabastide.com V *t.l.j. sf sam. dim. 8h-12h 14h-17h*

LANGUEDOC

CALMEL ET JOSEPH
Val de Dagne La Magdeleine 2018 ★

rouge	1500		30 à 50 €

Laurent Calmel, œnologue, s'est associé avec Jérôme Joseph pour fonder en 1995 une maison de négoce spécialisée dans les vins de terroir du Languedoc-Roussillon. Le duo a lancé son étiquette en 2007. Il sélectionne les parcelles, vinifie et élève les cuvées.
Un pinot noir haut de gamme brièvement élevé en fût qui cache bien ses origines languedociennes sous sa robe légère et avec son nez fin et complexe de griotte, de poivre blanc et de menthol. La même finesse émane d'un palais tendre, frais, nanti de tanins fondants. Il semble à point aujourd'hui mais vieillira bien. ⌛ 2021-2025

SARL CALMEL ET JOSEPH, chem. de la Madone, 11800 Montirat, tél. 04 68 72 09 88, contact@calmel-joseph.com V *r.-v.* E

B DOM. DE CAZABAN
Parti Pris Pinot noir 2019 ★★

rouge	3300		15 à 20 €

Créé en 2007, situé sur les premiers contreforts de la Montagne Noire, à quelques km au nord des remparts de Carcassonne, le domaine s'étend sur 22 ha de vignes conduites en agriculture biologique et biodynamique.
Un retour remarqué dans le Guide pour ce domaine à la réputation bien établie. Il le doit à ce pinot noir vinifié en douceur, pour partie en grappes entières. Un élevage en demi-muid n'a pas entamé l'expression du fruit qui se teinte au nez de cerise et de menthol. Suave, tendre, soutenue par des tanins de soie, la bouche s'étire en longueur et donne à croquer un fruit très pur, à peine teinté de chêne en finale. Beaucoup de charme et d'élégance. ⌛ 2021-2025

SARL DOM. DE CAZABAN, Dom. de Cazaban, 11600 Conques-sur-Orbiel, tél. 04 68 72 11 63, emmanuel@domainedecazaban.com r.-v. E

LAURENT MIQUEL Albarino 2020 ★★

blanc	100000		11 à 15 €

Henri Miquel, qui fut président de l'AOC saint-chinian, cultive avec son fils Laurent un vaste et ancien domaine de 140 ha, le plus grand de l'AOC : le Ch. Cazal Viel, propriété de l'abbaye de Fontcaude jusqu'à la Révolution française et entré dans la famille Miquel en 1791. Laurent a aussi acquis en 2009 le Dom. les Auzines dans les Corbières (170 h) et créé une structure de négoce en 2000, qui diffuse les vins de ces propriétés ainsi que d'autres domaines.
Ce grand cépage galicien est manifestement à son aise sous le soleil du Languedoc. On retrouve ce qui fait son charme dans ce 2020 élevé sur lies : une robe jaune clair, un nez affriolant de pêche, d'agrumes et de fleurs blanches, une bouche aussi ronde que fraîche, ponctuée d'une touche saline en finale. Beaucoup de séduction et d'équilibre. ⌛ 2021-2023 **Côte 238 Pech Gentille 2020 ★★ (11 à 15 €; 36000 b.)** Une robe à peine teintée, mais un nez volubile, très croquant, de pêche blanche avec une touche minérale un peu fumée. Délicate, sans gras, la bouche file droit, portée par son acidité et ses saveurs perçantes. Beaucoup de peps et de finesse dans ce blanc taillé pour les beaux jours. ⌛ 2021-2023

SAS LAURENT MIQUEL, hameau Cazal-Viel, 34460 Cessenon-sur-Orb, tél. 04 67 89 74 93, caroline@laurent-miquel.com V *t.l.j. sf sam. dim. 9h-12h 13h-17h; visite des caves sur r.-v.*

DOM. LA TASQUE Syrah 2018 ★

rouge	3000		11 à 15 €

Tout jeune domaine situé à Mailhac, il est la propriété d'un couple britannique installé en France depuis 2004, Juliet Bruce Jones, Master of Wine, et son mari Simon Ingman. Ils cultivent en bio (certification Ecocert en 2021) 3,5 ha de vignes plantées de carignan, syrah et grenache.
Une touche de carignan (4 %) pimente la syrah dans ce rouge qui a patienté presque 2 ans en cuve (et 20 % en fût). Du nez, on retient le fruit mûr, le poivre et les plantes aromatiques; de la bouche, sa vigueur, ses tanins fermes et son profil aromatique bien typé qui nous fait voir du pays. On le laisse se détendre en cave. ⌛ 2022-2025

ALISTAIR INGMAN (DOM. LA TASQUE), 13, chem. des Fonts, 11120 Mailhac, tél. 06 66 44 76 51, juliet@domainelatasque.com V *r.-v.*

IGP CÉVENNES

DOM. DE BERGUEROLLES
Épisode Cévenol 2020 ★

blanc	45000		5 à 8 €

Robert Saint Étienne acheta en 1967 ce domaine alors à l'abandon, qu'il restaura et transmit en 1991 à sa fille et à son gendre. En 2010, la 3e génération, représentée par Mathieu Manifacier, a pris les rênes de l'exploitation. Limité par un méandre de la Cèze, planté de 17 cépages, le vignoble s'étend sur 45 ha en IGP cévennes.
Tout est élégant dans ce blanc, depuis la robe pâle à reflets verts, en passant par le nez délicatement fruité (pêche), jusqu'à la bouche d'abord tendre et ronde, puis remarquable de fraîcheur en finale. Un blanc irréprochable et très alerte. ⌛ 2021-2023

SCA CAVE SAINT-ÉTIENNE, 109, chem. de Cambricou, 30500 Saint-Ambroix, tél. 04 66 24 01 84, contact@berguerolles.com V *t.l.j. sf dim. 9h-12h30 14h30-19h* 5

DOM. BOS DE CANNA Les Boréales Syrah 2019 ★

rouge	7700		5 à 8 €

Aurore Baniol a quitté avec enthousiasme les ressources humaines pour revenir en 2017 travailler une partie – 6 ha morcelés sur 3 communes gardoises – de la propriété familiale rebaptisée pour l'occasion : l'ancien domaine Serres Cabanis a pris le nom d'une cuvée, Bos de Canna. L'exploitation amorce aussi sa conversion bio. À la carte de la jeune vigneronne, des languedoc et des IGP cévennes.
Souplesse et légèreté au menu de cette syrah vinifiée en douceur et brièvement élevée en cuve. Elle a pour elle des arômes fringants de fruits rouges et de cassis et une bouche croquante, sertie de tanins fins et fraîche de bout en bout. Un rouge de grillades. ⌛ 2021-2023

⊸ EARL BANIOL, 88 A, rte des Vigneaux, 30350 Mauressargues, tél. 06 61 92 76 25, baniolaurore@yahoo.fr V t.l.j. 10h-13h 16h- 19h; dim. 10h- 13h

VIGNOBLE CHABRIER Chardonnay 2020 ★★★

24 000		5 à 8 €

Constitué en 1925 par Louis Chabrier, ce domaine a été repris en 1988 par les petits-fils du fondateur, Christophe et Patrick, qui ont créé la même année leur cave particulière. La propriété compte aujourd'hui 65 ha de vignes éparpillées en une mosaïque de terroirs. À sa carte, du duché-d'uzès et des IGP.

Robe pâle, d'un jaune vert, nez fringant déclinant les agrumes, les fruits exotiques et une note originale de garrigue, bouche enlevée, tonique et frétillante de fruits sur les mêmes tonalités. Aucune fausse note dans ce chardonnay exemplaire, harmonieux, sapide, d'une gourmandise irrésistible. Encore plus à ce prix. ⧗ 2021-2023

⊸ SCEA DOM. CHABRIER FILS, chem. du Grès, 30190 Bourdic, tél. 04 66 81 24 24, contact@chabrier.fr V t.l.j. 9h-12h 14h30-18h30

LES COLLINES DU BOURDIC Éclat de gris 2020 ★

80 000		5 à 8 €

Créée en 1928 grâce à la volonté d'une poignée de viticulteurs, la cave coopérative Les Collines du Bourdic, dans le Gard, compte aujourd'hui une centaine d'adhérents qui cultivent 1 700 ha. À sa carte, du duché-d'uzès et des vins en IGP.

Un pressurage direct et une fermentation à basse température à l'origine de ce rosé 100 % grenache aussi pâle de robe que parfumé au nez, avec de franches notes de fraise et de mirabelle que l'on croque dans une bouche gracile, raffinée, acidulée et très estivale. ⧗ 2021-2022

⊸ SCA LES COLLINES DU BOURDIC, chem. de Saint-Chaptes, 30190 Bourdic, tél. 04 66 81 20 82, contact@bourdic.fr V t.l.j. sf dim. 9h-12h30 14h-18h

DOM. LES LYS Caillasses 2017 ★★

2 000		20 à 30 €

Ce vignoble s'étend sur 21 ha de vignes à la frontière des Côtes-du-Rhône et des Cévennes. Marie-Hélène Veyrunes et Thomas Faure sont à la tête de cette exploitation en conversion bio.

Le seul grenache longuement macéré et élevé 18 mois en cuve a donné naissance à ce rouge épatant, au nez épanoui, élégant, qui diffuse de belles notes de fruits rouges surmûris et d'épices. La bouche, charnue, suave et capiteuse, est infusée de fruits compotés et de réglisse, et portée par des tanins onctueux bien pris dans le fruit. Sensuel, voluptueux, à ouvrir au cœur de l'hiver sur une belle viande mijotée. ⧗ 2021-2024

⊸ SARL LES LYS, rte d'Uzès, 30700 Blauzac, tél. 04 66 59 33 08, contact@les-lys.fr V t.l.j. sf sam. dim. 9h30-12h30 14h30-17h30

B MAS BRES Hélios 2020 ★

25 000		8 à 11 €

Prenant en 1983 les commandes de l'exploitation fruitière achetée par son père à la fin des années 1950, Maurice Barnouin développe un vignoble sur ces terres fraîches du piémont cévenol. Il mise sur les vins de cépage. Aujourd'hui, la famille dispose de 180 ha en deux exploitations : le Dom. de Gournier et, depuis 2009, le Mas Brès, 45 ha exploités en bio et plantés de 23 cépages différents.

Plus blanc que rosé à l'œil, discret au nez, l'excellent Hélios, dieu du Soleil, atteint son zénith en bouche : ample et frais à l'attaque, sans mollesse ni amertume, il déroule un fruit teinté de fleurs blanches et de notes exotiques, ponctué d'une fine touche minérale en finale. Un rosé subtil qui mérite de passer à table avec un beau poisson grillé. ⧗ 2021-2022

⊸ SCEA BARNOUIN, Dom. de Gournier, 59, rue de la Plaine, 30190 Boucoiran, tél. 04 66 83 30 91, domaine.gournier@wanadoo.fr V r.-v.

B MAS DES CABRES Estive 2020 ★★

12 000		5 à 8 €

Les Boutin sont présents à Aspères depuis 1724, et Florent est depuis 2003 à la tête du domaine familial et de ses 13 ha de vignes, dont il a engagé la conversion bio. Cet ingénieur agronome et œnologue est aussi le président du terroir Sommières AOP languedoc officiellement reconnu en 2011.

Récolte nocturne, pressurage délicat, fermentation à température contrôlée, tout est fait pour préserver la fraîcheur du fruit. Contrat rempli sur la base de ce nez allègre et printanier et de cette bouche ronde, friande, alerte, mêlant fruits frais, mangue et fleurs de montagne. « Du plaisir à chaque gorgée », commente le jury. ⧗ 2021-2023

⊸ FLORENT BOUTIN, Mas des Cabres, 12, Le Plan, 30250 Aspères, tél. 06 23 68 14 24, masdescabres@hotmail.fr V r.-v.

B MAS DES JUSTES 2019 ★★

6 500		8 à 11 €

Situé dans le Gard, aux portes de Saint-Just-et-Vacquières, ce vignoble de 13,5 ha conduit en bio et en biodynamie depuis 2021 appartient à ses sociétaires, soit quelques centaines d'actionnaires engagés dans l'économie solidaire.

Ce 100 % carignan séduit d'emblée par son nez volubile et puissant centré sur la griotte. Une richesse de fruit qui fait aussi le charme d'une bouche généreuse, très gourmande, aux tanins soyeux, d'une fermeté de bon aloi en finale. Il sera à point après un bref passage en cave. ⧗ 2022-2025

⊸ SUR LE CHEMIN DES CÉVENNES, Mas des Justes, 452, rte de Vacquières, 30580 Saint-Just-et-Vacquières, tél. 04 12 04 15 24, info@masdesjustes V r.-v.

MAS SEREN Mintaka 2019 ★

4 000		15 à 20 €

Ce domaine, créé en 2009 par Emmanuelle Schoch, ancienne technicienne viticole, étend son vignoble sur 6 ha perchés à 300 m d'altitude et entourés de garrigues et de bois de chênes, sur la commune de Monoblet dans le Gard, à proximité d'Anduze. Le domaine est conduit en bio et les travaux mobilisent le cheval.

LANGUEDOC

Centré sur les fruits noirs et rouges, le nez prélude à un palais conséquent, charnu, gorgé des mêmes arômes et épaulé par des tanins bien enrobés. C'est puissant, harmonieux et de bonne garde. ⧗ 2022-2026

SCEA MAS SEREN, 1820, rte de Saint-Jean-du-Gard, 30140 Anduze, tél. 06 79 41 13 29, mas.seren@orange.fr V r.-v.

DOM. REBOUL DES SAINT-PIERRE La Cuvée Fleury 2020 ★

(blanc)	9000	(cuve)	- de 5 €

Si les Reboul possèdent cette propriété depuis 1988, le domaine viticole a été officiellement créé en 2006, sur 40 ha de vignes, dont une partie en AOP et le reste en IGP. Le logo du domaine représente deux moutons se nourrissant d'une souche en clin d'œil à l'histoire de la propriété qui possédait initialement un troupeau de moutons.

On aime le nez frais, sur les fruits blancs et les fleurs blanches soulignés d'une touche de vanille, et la bouche franche, très vivace, qui donne à croquer des saveurs aussi nettes que gourmandes. Sans fard, direct, franc et universel. Le tout à petit prix. ⧗ 2021-2023

EARL DU BOUDRE (DOM. REBOUL DES SAINT-PIERRE), hameau de Vic, CD 18, 30190 Sainte-Anastasie, tél. 06 17 22 40 45, reboul.jeanmarie@sfr.fr V *t.l.j. sf dim. lun. 15h-19h*

B DOM. SAINT-ALBAN Le Mas 2019 ★★

(rouge)	20000	(cuve)	11 à 15 €

Représentant la 5e génération sur le domaine, Loïc Evesque a pris en 2016 la suite de Jean-Luc et Christine. L'exploitation dispose d'un chai de vinification depuis 1997 et de 30 ha de vignes sur éboulis calcaires, entre Saint-Privat-des-Vieux et Rousson, à l'est d'Alès.

Le trio grenache, syrah et merlot à l'œuvre dans ce rouge élevé en cuve, aux parfums débridés de violette et de fruits rouges. La bouche a tout pour plaire : de la rondeur, des tanins soyeux, ce qu'il faut de fraîcheur et un fruit très croquant. On l'ouvrira sans trop tarder sur une belle viande rouge. ⧗ 2021-2024

SARL DOM. DE SAINT-ALBAN, chem. de la Chapelle, 30340 Saint-Privat-des-Vieux, tél. 07 68 96 71 31, loic@famille-evesque.com V *t.l.j. sf dim. 9h-12h 14h-18h30*

DOM. SAINTE-OCTIME Les Grès 2018 ★★

(rouge)	4200	(fût)	11 à 15 €

Établi sur les premiers contreforts des Cévennes, ce domaine se transmet de père en fils depuis le XVes. Lionel Rampon, qui a repris le flambeau en 2007 avec sa compagne Élodie, représente la 16e génération. À la tête de 22 ha, en conversion biologique depuis 2018, il cultive de nombreux cépages sur des sols à dominante argilo-calcaire et développe l'enherbement, pour faire paître ses brebis et fumer le sol.

Beaucoup de personnalité dans cet assemblage entre syrah et cabernet-sauvignon passé 6 mois en fût. Au nez, des parfums puissants de violette et de fruits noirs. En bouche, une belle rondeur à l'attaque, vite cadrée par des tanins musclés qui demandent à se fondre. Du coffre et de l'avenir. ⧗ 2022-2026

EARL DOM. DES MOUCHÈRES, 20, chem. des Bois, rte de Sommières, 30260 Sardan, tél. 06 64 25 81 11, sainteoctime@orange.fr V *r.-v.*

B CAVE SAINT-MAURICE Climat 2020 ★

(rosé)	12800	(cuve)	5 à 8 €

Fondée en 1924 au pied des Cévennes, la Cave Saint-Maurice regroupe aujourd'hui 200 viticulteurs répartis sur 44 communes autour de Saint-Maurice-de-Cazevieille et quelque 2 000 ha de vignes (dont 10 % en bio), ce qui en fait la coopérative la plus importante du Gard septentrional.

Derrière une robe saumon aux reflets argentés, des arômes épanouis de pêche et de fruits rouges acidulés. On retrouve ces tonalités aromatiques dans une bouche très nette, tendre et ronde à l'attaque, puis d'une franche vivacité en finale. Un rosé classique, efficace, que l'on ouvre à l'apéritif et que l'on finit sur des sushis. ⧗ 2021-2022

SCA LES VIGNERONS DE SAINT-MAURICE, 370, montée de Pissevin, rte d'Uzès, 30360 Saint-Maurice-de-Cazevieille, tél. 04 66 83 26 85, adv@cavestmaurice.com V *t.l.j. sf dim. 9h-12h30 15h-19h30*

B VIGNERONS DE TORNAC Secret des chênes 2020 ★★

(rouge)	13200	(fût, cuve)	5 à 8 €

Implantée au pied des Cévennes, à 5 km d'Anduze, la cave coopérative de Tornac, fondée en 1924, s'est tournée vers la vente directe à partir de 1970. Elle dispose de près de 400 ha de vignes installées sur argilo-calcaires, marnes et sols caillouteux et mise sur l'agriculture biologique depuis 2002 : aujourd'hui, la majorité de la production est en bio certifié.

Le merlot (70 %) à l'honneur dans ce jeune rouge fraîchement sorti du fût. Un nez « explosif », à la fois mûr et frais de fruits confits, d'eucalyptus et de menthe poivrée, annonce une bouche volubile, bien charnue mais tonique, qui diffuse ce même fruit encore juvénile. Un peu de cave calmera ses ardeurs de jeunesse. ⧗ 2022-2027

SCA LES VIGNERONS DE TORNAC, 712, rte de Quissac, 30140 Tornac, tél. 04 66 61 81 31, contact@vignerons-tornac.com V *t.l.j. sf dim. 8h-12h 14h-18h*

B LA TOUR DE GÂTIGNE Merlot 2020 ★★

(rouge)	15000	(cuve)	5 à 8 €

En 1212, les Templiers élèvent une commanderie à Saint-Chaptes, sur les terres alluviales de la rive nord du Gardon. Huit cents ans après, le donjon des Templiers domine toujours les bâtiments du domaine. L'exploitation, dans la famille des actuels propriétaires depuis 1835, compte aujourd'hui 103 ha de vignes (certifiés en bio depuis 2020), en duché-d'uzès et en IGP. Jean-Michel Guibal en a pris les rênes en 1980.

De ce 100 % merlot, le jury a retenu le nez variétal mêlant les fruits rouges, le poivron et les épices, puis la bouche plus élégante que puissante, souple, adossée à de jolis tanins soyeux, qui séduit par la fraîcheur et le croquant du fruit. À boire sur sa jeunesse. ⧗ 2021-2023

EARL DE LA TOUR DE GÂTIGNE, rte de la Tour, D 18, 30190 Saint-Chaptes, tél. 04 66 81 26 80, latourdegatigne@gmail.com V t.l.j. sf dim. 9h-12h 14h-18h; sam. 9h-12h

LES VIGNES DE L'ARQUE
Saveur d'automne 2019 ★

■	8 000		8 à 11 €

Ce domaine du pays d'Uzège (Gard) porte le nom du château médiéval du IX[e]s. qui surplombe la cave. Il a été créé en 1994 par MM. Fabre et Rouveyrolles, deux anciens coopérateurs. Patrick, fils du premier, est responsable des vinifications. Le vignoble s'étend sur 85 ha dispersés dans 4 villages voisins; il produit du duché-d'uzès et des vins en IGP Cévennes et Pays d'Oc.

Une dominante de viognier (85 %) vendangé en octobre et 9 mois de fût au menu de ce blanc peu loquace au nez mais très tactile en bouche : une texture douce, un toucher caressant, de l'ampleur sans une once de lourdeur et une finale parfaitement dynamique. ⧗ 2021-2023 ■ **Alexia 2020 ★ (5 à 8 €; 30 000 b.)** Le muscat associé au sauvignon, cela donne ce banc pâle mais fringant, au nez gorgé de jasmin et de pamplemousse. Un fruit qui se fait tout aussi volubile dans une bouche nette, tonique, aiguisée par une belle et forte acidité. Le blanc « de soif » par excellence. ⧗ 2021-2022

SARL LES VIGNES DE L'ARQUE, rte d'Alès, 30700 Baron, tél. 04 66 22 37 71, vigne-de-larque@wanadoo.fr V t.l.j. 9h-12h 14h-18h

IGP CITÉ DE CARCASSONNE

DOM. SAINT-MARTIN Merci ! 2020 ★★

■	13 400		5 à 8 €

Situé en plein cœur du pays cathare, ce domaine, ancienne métairie du château de Leuc, au sud de Carcassonne, est entré dans la famille d'Henri Cases en 1919. Il doit son nom au célèbre évêque de Tours qui évangélisa les campagnes au IV[e]s. À sa tête depuis 2000, Henri Cases, 4e génération, exploite aujourd'hui un vaste ensemble de 150 ha.

Un bonne occasion de faire connaissance avec le marselan, longuement macéré, puis élevé en cuve. Bien sudiste, suave, le nez évoque le coulis de cassis et les épices. La bouche se montre tout aussi aimable, souple, sans aspérité, flanquée de tanins soyeux. Un rouge charmeur, prêt à passer à table avec une viande en sauce. ⧗ 2021-2024

SCEA LES PINÈDES DE SAINT-MARTIN, Dom. Saint-Martin, 11250 Leuc, tél. 06 85 80 91 03, henri.cases@domaine-saintmartin.fr V t.l.j. 9h-12h 14h-19h

DOM. DE SERRES Premières Gouttes 2020 ★

■	8 000		8 à 11 €

Journaliste pendant 35 ans, Sabine Le Marié a quitté Paris en 1996, obtenu son diplôme d'œnologie à Dijon et repris les rênes de la propriété familiale, un beau château XVI[e]s. et ses 160 ha de terres. Épaulée par son fils Hugues, elle exploite 25 ha de vignes situées sur les terrasses graveleuses qui surplombent le canal du Midi.

Un duo original, cabernet franc et grenache, à l'œuvre dans ce rosé au nez discret mais agréable, centré sur la cerise acidulée. Une note originale d'olive noire s'invite dans une bouche souple, tendre, précise, dont le jury a loué la finesse. Parfait pour accompagner une tapenade. ⧗ 2021-2022

SCEA DU DOM. DE SERRES, Ch. de Serres, 11000 Carcassonne, tél. 06 80 45 27 78, info@chateaudeserres.com V t.l.j. 10h-12h 15h-18h

IGP COTEAUX DE BÉZIERS

ALMA CERSIUS In vino érotico 2020 ★

■	80 000		5 à 8 €

Fondée en 1937, la coopérative de Cers, rebaptisée Alma Cersius, regroupe 3 communes aux portes de Béziers : outre Cers, Portiragnes et Villeneuve-les-Béziers. Elle dispose des 1 200 ha de ses adhérents et développe vente en bouteilles et gammes de cuvées.

Une robe couleur chair qui sied à ce rosé qui ne laisse pas indifférent. Le nez, plus élégant qu'intense, diffuse de subtiles notes de pêche et de fleurs, que l'on retrouve dans une bouche gracile, acidulée, jamais démonstrative et d'un goût sûr. En un mot, subtil. ⧗ 2021-2022

SAS ALMA CERSIUS, 3, av. de l'Égalité, 34420 Portiragnes, tél. 04 67 90 91 90, caveau.portiragnes@almacersius.com V t.l.j. sf dim. 9h-12h 14h-18h

DOM. LE NOUVEAU MONDE Carabènes 2020 ★

■	8 000		5 à 8 €

Ce vignoble de 20 ha, en bio certifié depuis 2020, établi au sud de Béziers, est la propriété de la famille Borras-Gauch depuis plusieurs générations. Il est situé entre mer et étang, sur une terrasse villafranchienne de galets roulés mêlés à l'argile rouge, et sous l'influence de la Méditerranée. Anne-Laure, œnologue, et Sébastien Borras, restaurateur, en ont pris les commandes en 2003.

Des roseaux (« carabènes » en patois) entourent cette parcelle plantée de syrah, ici longuement élevée en cuve, d'où ce nez intense de cassis et de fruits rouges confits. Le fruit s'exprime avec autant d'intensité dans un palais harmonieux, cossu et frais, intégrant des tanins détendus. Déjà charmeur mais du potentiel en cave. ⧗ 2021-2024

SCEA GAUCH, Dom. le Nouveau Monde, av. du Port, 34350 Vendres, tél. 04 67 37 33 68, info@nouveaumonde.com V r.-v.

DOM. PREIGNES LE NEUF
Chardonnay Prestige 2020 ★

■	25 000		5 à 8 €

Entre Agde et Béziers, un terroir mis en valeur depuis les Romains, un château fortifié et aujourd'hui un vignoble de 150 ha d'un seul tenant, qui s'étend en pente douce sur les coteaux du Libron. Le domaine a été acquis en 1905 par l'arrière-grand-père de la génération actuelle, ouvrier agricole enrichi par la distillation et le négoce du vin. Depuis 1990, il est conduit par Jérôme Vic, rejoint par Aurélie qui vinifie.

LANGUEDOC

Quatre mois de fût pour ce chardonnay au nez classique, floral, fruité et toasté. Le bois accompagne et attendrit une bouche puissante, suave mais sans mollesse, tonifiée par ce qu'il faut d'acidité en finale. Un chardonnay généreux et équilibré, taillé pour la table. ⌛ 2021-2024

SCEA DE PREIGNES LE NEUF, chem. de Preignes, 34450 Vias, tél. 04 67 21 51 48, contact@preignesleneuf.com V t.l.j. sf sam. dim. 8h-18h

IGP COTEAUX D'ENSÉRUNE

DOM. CASTAN Savignus Grenache 2019 ★★

■	5000		5 à 8 €

André Castan, qui tenait les rênes du domaine familial depuis 1993, l'avait orienté vers l'agriculture raisonnée avant d'obtenir la certification HVE. Ses enfants Guilhem et Valérie, qui ont pris le relais en 2016, ont obtenu la certification bio en 2020. Située près de Béziers, en bordure de l'appellation saint-chinian, l'exploitation dispose d'une cave centenaire et de 41 ha de vignes sur terroir argilo-calcaire de la période du Lias.

Un 100 % grenache, non égrappé et élevé en cuve, qui vise à extraire du cépage le fruit, et seulement le fruit. Contrat parfaitement rempli : un nez fringant de myrtille et de fraise, une bouche croquante, acidulée, épaulée par des tanins un peu serrés mais qui n'enlèvent rien au charme de l'ensemble. Rouge gourmand pour grillades à ouvrir dans sa jeunesse. ⌛ 2021-2023

EARL DOM. CASTAN, 26 bis, av. Jean-Jaurès, 34370 Cazouls-lès-Béziers, tél. 04 67 93 54 45, info@domainecastan.com V t.l.j. sf dim. 10h-12h30 16h-19h30

B CHAPELLE DE NOVILIS Évolus 2018 ★★★

■	3467		20 à 30 €

L'histoire de ce domaine débute en l'an 800; il fut la propriété de puissantes familles seigneuriales, dont une femme, Jeanne de Novilis, au XIVᵉs. Une autre femme, Nathalie Jeannot, issue de l'industrie pharmaceutique, est aux commandes depuis 2011. Établi à quelques kilomètres de l'oppidum d'Ensérune, le vignoble s'étend sur 15 ha.

La marsanne à l'honneur dans ce grand blanc du Sud élevé en cuve et fût. Les arômes printaniers, fruités et floraux perçus au nez montent en puissance dans une bouche « explosive », charnue mais juteuse, qui s'entiche de plantes aromatiques dans une finale d'une longueur exceptionnelle. Le jury est sous le charme de ce beau blanc de table qui mérite un turbot. ⌛ 2021-2024

EARL CHAPELLE DE NOVILIS, rte de Villenouvette, 34370 Maraussan, tél. 06 74 74 38 42, nathalie.jeannot@chapelledenovilis.com V t.l.j. sf dim. 14h-18h; sam 10h-18h

LA COMBE SAINT-PAUL Les Ouvrières 2020 ★★

■	3000		5 à 8 €

Représentant la 4ᵉ génération d'une famille de vignerons, Paul Maury, épaulé par son épouse Line, exploite 25 ha de vignes pour partie sur les bords du massif de la Clape, entre garrigue et pins, pour partie près de l'oppidum de Nissan-les-Ensérune.

Les attraits du vermentino dans ce jeune blanc élevé en cuve. Derrière une robe pâle aux reflets argentés, le nez subtil et sans outrance livre les parfums classiquement floraux du cépage. La pêche s'invite dans une bouche légèrement perlante, caressante, déliée, parfumée et d'une fraîcheur préservée. Élégant et charmeur de bout en bout. ⌛ 2021-2023

LA COMBE SAINT-PAUL, 34b, rue du Jeu-du-Mail, 11110 Salles-d'Aude, tél. 06 15 08 54 07, contact@lacombesaintpaul.com V r.-v.

LES VIGNOBLES FONCALIEU Ensedune 2019 ★

■	14900		5 à 8 €

Créée en 1967, cette union de caves coopératives du Languedoc propose des vins d'un très grand Sud qui s'étend de la Gascogne à la vallée du Rhône. Elle regroupe plus de 650 vignerons et dispose de 4 000 ha.

La marsanne et l'élevage en fût (6 mois) ont forgé un nez qui décline la pêche et l'abricot sur un fond discrètement torréfié. Le bois et le fruit entretiennent la même complicité dans une bouche bien composée, tendre, sans lourdeur, qui s'étire longuement sur le fruit en finale. En un mot : harmonieux. ⌛ 2021-2023

UNION DE COOPÉRATIVE FONCALIEU, Dom. de Corneille, 11290 Arzens, tél. 04 68 76 21 68, marketing@foncalieu.com V t.l.j. sf lun. dim. 10h-19h

DOM. DE SOUSTRES Les Parcelles Grand Carignan 2020 ★

■	4900		8 à 11 €

Créé par la famille Mamert dans les années 1970, dirigé par Anne-Sophie et Jean-Paul Mamert, le domaine est situé sur les coteaux d'Ensérune dont la vocation viticole remonte à l'Antiquité. Sur la centaine d'hectares que compte la propriété, un peu moins de la moitié est consacrée à la vigne et aux IGP locales.

Des vieilles vignes de carignan à l'honneur dans ce rouge fraîchement sorti des cuves. On a aimé le nez épanoui mais nullement confit de fruits rouges frais, puis la bouche souple et ronde, gorgée d'un fruit croquant nuancé de menthol. « Simple et efficace », conclut le jury. ⌛ 2021-2023

SCEA DOM. DE SOUSTRES, chem. de Soustres, 34310 Montady, tél. 04 67 93 43 75, contact@domaine-de-soustres.fr V t.l.j. sf dim. 10h-12h30 14h-18h30

IGP COTEAUX DE NARBONNE

DOM. LALAURIE Alliance 2019 ★

■	45000		- de 5 €

Transmis depuis 10 générations, ce vaste domaine familial de 50 ha a démarré la mise en bouteilles à la propriété en 1974, sous l'impulsion de Jean-Charles et Catherine Lalaurie, épaulés depuis 2007 par leurs filles jumelles, Camille et Audrey. À sa carte, des vins en IGP.

Des cépages bordelais alliés au marselan dans ce 2019 à tout petit prix. On en retient le nez ouvert sur les fruits rouges et le poivron, puis la bouche souple, sans accroc, nantie de tanins extraits avec justesse. Simple, décontracté, bien fait, à boire sur le fruit. ⧗ 2021-2023

SARL JEAN-CHARLES LALAURIE, 2, rue Le-Pelletier-de-Saint-Fargeau, 11590 Ouveillan, tél. 04 68 46 84 96, lalaurie@domaine-lalaurie.com V t.l.j. sf dim. 10h-12h30 15h-18h30

IGP CÔTES DE THAU

LES VIGNERONS DE FLORENSAC Mademoiselle 2020 ★★

rosé	13000	cuve	5 à 8 €

Née en 1934, cette coopérative installée dans des bâtiments à l'architecture typique du Languedoc regroupe 150 adhérents et 700 ha de vignes. À sa carte, du picpoul-de-pinet et des vins IGP.

Mi-cinsault mi-merlot, Mademoiselle se drape d'une jolie robe rose pâle et limpide. Délicat, sans outrance, le nez décline les fleurs blanches et le bonbon anglais. La palette s'étend à la framboise et aux épices dans une bouche complexe, ample à l'attaque et remarquable de fraîcheur dans son développement. Un rosé complet et polyvalent, de l'apéritif à la table. ⧗ 2021-2022

SCA LES VIGNERONS DE FLORENSAC, 5, av. des Vendanges, 34510 Florensac, tél. 04 67 77 00 20, caveau@vignerons-florensac.fr V t.l.j. 9h30-17h30; sam. 9h30-17h

DOM. IN VINHYS Pensée sauvage 2020 ★★★

blanc	7200	cuve	8 à 11 €

Sonia Médard, fille et petite-fille de vignerons apporteurs en cave coopérative, et Christophe Guirao ont décidé en 2014 de franchir le cap et de créer leur domaine. Tous deux œnologues, ils exploitent aujourd'hui 7 ha de vignes non loin de Pézenas.

Vendangés de nuit, le sauvignon et le viognier s'entendent comme larrons en foire dans ce blanc immaculé, élevé en cuve, qui a enthousiasmé le jury. Riche mais fin, le nez décline les fleurs blanches, la pêche de vigne et les agrumes. Un grand bol de fruits que l'on retrouve dans une bouche caressante à l'attaque, savoureuse et tonique. Un subtil compromis entre rondeur et fraîcheur qui laisse le souvenir d'un blanc d'une harmonie parfaite. ⧗ 2021-2023

SAS DOM. IN VINHYS, rte de Castelnau-de-Guers, 34510 Florensac, tél. 06 30 77 42 04, domaine@invinhys.com V r.-v.

RÉSERVE DE MONROUBY 2020 ★

blanc	100000	cuve	- de 5 €

Après les fusions avec la cave de Castelnau-de-Guers (2003), puis avec celle de Mèze (2007), la cave de Pomérols, fondée en 1932, regroupe aujourd'hui environ 400 viticulteurs en AOP picpoul-de-pinet, languedoc et en IGP Côtes de Thau. Elle gère un vignoble de 1 750 ha, qui couvre aussi bien le terroir de garrigue de Castelnau-de-Guers que le glacis d'épandage qui constitue le cœur historique de l'appellation picpoul-de-pinet.

Un assemblage original de terret et de colombard et un court passage en cuve ont donné naissance à ce blanc éclatant, gourmand dès l'entame par ses franches notes de pomélo et de fruits exotiques. Arômes qui font aussi le charme d'une bouche enlevée, précise, remarquable de fraîcheur et d'harmonie à ce prix. On l'ouvre à l'apéritif. ⧗ 2021-2023

SCA CAVE COOPÉRATIVE LES COSTIÈRES DE POMÉROLS, 68, av. de Florensac, 34810 Pomérols, tél. 04 67 77 30 40, bureauvignoble@orange.fr V t.l.j. sf dim. 8h30-12h30 14h-18h

RICHEMER Cap d'Agde Sentiments 2020 ★

rosé	17416	cuve	5 à 8 €

Cette cave située sur le quai du port de Marseillan, au bord de l'étang de Thau, a été longtemps intimement liée au commerce maritime du vin. En effet, son créateur, Henri Richet, fut surnommé Henri de Richemer en raison de la prospérité de son activité de négoce. Aujourd'hui, c'est une coopérative née de la fusion des caves de Marseillan et d'Agde qui regroupe 200 viticulteurs et 1 400 ha de vignes.

Ce rosé intègre une part de viognier, d'où ce nez intensément parfumé qui décline les agrumes et les fruits à chair blanche. Une plénitude d'arômes prolongés par une bouche cossue, qui a tout pour plaire : de l'amplitude, beaucoup de fraîcheur et une petite finale acidulée très stimulante. ⧗ 2021-2022

LES CAVES RICHEMER, 1, rue du Progrès, 34340 Marseillan, tél. 04 67 77 20 16, contact@richemer.fr V t.l.j. sf dim. 9h-12h30 14h-18h30

IGP CÔTES DE THONGUE

DOM. DE L'ARJOLLE Paradoxe 2018 ★★★

rouge	14600	fût	15 à 20 €

Situé à Pouzolles, ce très vaste domaine de 110 ha s'est réveillé en 1974 avec l'arrivée de la famille Teisserenc (7 associés), qui en a fait l'une des belles références des Côtes de Thongue.

Le Paradoxe, c'est celui d'un assemblage entre cépages languedociens et bordelais. Ils entretiennent ici une joyeuse complicité. Poivron rouge, fruits mûrs, eucalyptus, poivre, le nez passe des uns aux autres et ajoute les notes torréfiées d'un élevage en fût. L'attaque puissante et vive ouvre sur un palais concentré et gras, sérieusement structuré par des tanins corsés, à la mesure de l'ensemble. Une bien belle construction conçue pour défier les années. ⧗ 2023-2030 **Équinoxe Viognier Sauvignon 2019 ★★ (11 à 15 €; 22100 b.)** Récolté au moment de l'équinoxe et vinifié à la bourguignonne, c'est-à-dire fermenté et élevé en fût (et 30 % en cuve), ce beau blanc de table a pour lui un nez floral et fruité souligné de vanille et une bouche d'un équilibre idéal entre rondeur et fraîcheur. Finale racée et minérale qui donne à l'ensemble ce petit supplément d'âme qui signe les beaux blancs. ⧗ 2021-2024

SAS ARJOLLE, 7 bis, rue Fournier, 34480 Pouzolles, tél. 04 67 24 81 18, domaine@arjolle.com V t.l.j. sf dim. 9h-18h; sam. nov.-mars 9h-13h

LANGUEDOC

DOM. BALLICCIONI Orchis 2019 ★★

| 4000 | | 11 à 15 € |

André et Véronique Ballliccioni, après un changement de vie professionnelle, ont créé ce domaine en 1998. Ils conduisent aujourd'hui 17 ha de vignes selon les principes de l'agriculture raisonnée et se sont imposés comme l'une des bonnes références en faugères.

Souvent en vue dans le Guide pour ses rouges, le domaine place ce beau blanc issu du bourboulenc et du grenache blanc. Derrière une robe d'un jaune soutenu, un nez puissant qui fleure bon le coing et les fleurs blanches. Le coing insiste dans une bouche généreuse, gironde, longue et d'un équilibre irréprochable. « Très gourmand », résume le jury. ⧗ 2021-2024

SARL DOM. BALLICCIONI, 1, chem. de Ronde, 34480 Autignac, tél. 04 67 90 20 31, contact@ballivin.fr V r.-v.

LOU BELVESTIT La Maem 2019 ★

| 4000 | | 8 à 11 € |

Émilie Alauze a repris en 2011 le domaine familial créé par son grand-père, 6,4 ha de vignes greffées par ses soins sur place après sélection massale et travaillés avec le moins de mécanisation possible.

Une cuvée de pur carignan au nez flatteur, ouvert, pimpant de fruits rouges (framboise) et relevé de poivre et de café. Dans la continuité, la bouche offre un grand bol de fruits, une texture douce et une fraîcheur imparable. Le carignan au meilleur de sa forme dans ce vin croquant et savoureux. ⧗ 2021-2024

EARL ALAUZE, rte Fouziphon, D 174, 34480 Magalas, tél. 06 12 88 61 13, emilie.alauze@gmail.com V r.-v.

DOM. DESHENRY'S Elle & Lui 2019 ★★

| 4000 | | 8 à 11 € |

La famille Bouchard, par ailleurs propriétaire du Dom. de l'Abbaye Sylva Plana, est également à la tête, depuis 5 générations, de cette propriété dont le vignoble s'étend sur 53 ha. Elle doit son nom au prénom Henry donné aux différents responsables qui se sont succédé à sa tête.

Elle, c'est la syrah, et lui, le carignan, vinifiés en grappes entières. Un mariage heureux : un nez explosif gorgé de mûre, de cassis et de fruits rouges compotés, et une bouche toute aussi volubile qui soigne avant tout l'expression du fruit. Redoutable de gourmandise. À déboucher sur une belle viande rouge. ⧗ 2021-2024

SARL HF BOUCHARD ET FILS, 3, rue de Fraisse, 34290 Alignan-du-Vent, tél. 04 67 24 91 67, info@vignoblesbouchard.com V 4

DOM. LA GRANGE Tradition Combelles 2020 ★★

| 2700 | | 8 à 11 € |

Un domaine acquis en 2007 par Rolf et Renate Freund, anciens importateurs allemands de vins. Idéalement situé en bordure du parc naturel régional du Haut Languedoc, à une altitude de 250 m, son vignoble de 54 ha est cerné par la garrigue. Les raisins mûrissent entourés de thym et de romarin, puis sont vinifiés parcelle par parcelle dans une nouvelle cave en pierre à l'équipement neuf.

Syrah, cinsault, pas de soufre ajouté et un court élevage en cuve : on préserve au maximum l'éclat du fruit et c'est remarquable. Nez vibrant de fruits, de fleurs et d'épices, bouche douce à l'attaque qui déroule sans accroc une matière fluide et très intensément parfumée. Vin de fruit par excellence. On l'ouvre sans attendre. ⧗ 2021-2024

SARL LA GRANGE, rte de Fouzilhon, 34320 Gabian, tél. 04 67 24 69 81, compta@domaine-lagrange.com V t.l.j. sf dim. 10h-12h 14h-16h E

DOM. DE MONTMARIN 2020 ★★

| 20000 | | - de 5 € |

La famille Sarret est aux commandes de cette ancienne seigneurie royale depuis 13 générations, aujourd'hui un vaste domaine de 450 ha (dont 85 de vignes et autant de céréales) qui s'étend sur une ligne de coteaux dominant plein sud le Golfe du Lion.

Un robe pâle et limpide, un nez affriolant, très aromatique, vivace, sur les agrumes et les petits fruits rouges. Une bouche tendre et fraîche, sans aucune dureté qui donne à croquer un fruit acidulé et tonifiant. Sans artifice et très alerte. Remarquable à ce prix. ⧗ 2021-2022

GFA DE MONTMARIN, D 28, 34290 Montblanc, tél. 04 67 77 47 70, domainemontmarin@outlook.fr V t.l.j. sf sam. dim. 8h-12h 13h-17h

DOM. LOU PEIRIGAS Petram 2016 ★★★

| 2000 | | 20 à 30 € |

Brice Bagan a repris en 2015 une partie de l'exploitation familiale – 10 ha sur terrasses villafranchiennes, au sud-ouest de Pézenas – et a engagé d'entrée la conversion bio de son vignoble. Sa propriété tire son nom d'un lieu-dit qui signifie « le champ de pierres ».

Un jury enthousiaste et unanime pour dérouler le tapis rouge au haut de gamme du domaine. Il a tout aimé : la robe profonde, le nez, heureux mariage entre le merrain et les charmes d'une syrah vendangée à la juste maturité, et la bouche, très ronde, voluptueuse, délicieusement fruitée et finement grillée en finale. Un élevage de grande classe pour un vin majuscule. Une côte de bœuf à point lui ferait honneur. ⧗ 2021-2025

EARL DU PEIRIGAS, av. du Petit-Train, 34290 Valros, tél. 06 86 65 34 44, contact@domaineloupeirigas.com V r.-v.

DOM. SAINT-GEORGES D'IBRY Cuvée 1860 2019 ★★

| 6000 | | 15 à 20 € |

Fondé en 1860, ce domaine établi sur la commune d'Abeilhan, entre Agde et Pézenas, compte 40 ha. Michel Cros, à sa tête depuis 1985, a passé le relais à son fils Jean-Philippe en 2019.

Une touche de grenache en complément de la syrah dans cette cuvée élevée 12 mois en fût. Le nez nous le rappelle avec ses nuances vanillées sur fond de fruits noirs et de plantes aromatiques. Sphérique, veloutée, concentrée mais sans une once de lourdeur, la bouche rebondit sur des tanins joliment affinés qui ouvrent sur une finale fraîche et mentholée. Beau potentiel en cave. ⌛ 2022-2027 ■ **La Grande Vague 2020 ★★ (11 à 15 €; 2500 b.)** Un rosé à peine teinté, moderne, aux arômes de bonbon et de pamplemousse que l'on retrouve dans une bouche qui ne manque ni de volume ni de longueur. Du classique, mais du très bon classique. ⌛ 2021-2022

EARL DU DOM. SAINT-GEORGES D'IBRY, 34290 Abeilhan, tél. 04 67 39 19 18, info@saintgeorgesdibry.com V *t.l.j. sf dim. 9h-12h 14h-18h* D

IGP HAUTE-VALLÉE DE L'AUDE

B GÉRARD BERTRAND
L'Aigle Royal Pinot noir 2018 ★★

■	8272		30 à 50 €

Enfant des Corbières, Gérard Bertrand est un important propriétaire et négociant du sud de la France, dont les cuvées apparaissent dans le Guide sous diverses AOP (corbières, fitou, minervois, languedoc, côtes-du-roussillon) et en IGP.

Une robe rubis clair, de bon ton pour un pinot noir, et un nez épanoui, intense, agréable compromis entre l'éclat du fruit (rouge) et l'empreinte vanillée de la barrique. Une intensité fruitée qui ne faiblit pas dans une bouche plutôt ciselée, d'une légèreté de bon aloi, soutenue par des tanins de soie. Un pinot noir savoureux et raffiné. ⌛ 2021-2024 ■ **L'Indomptable de Cigalus 2019 ★ (11 à 15 €; 45000 b.)** B Pas moins de 8 cépages assemblés dans ce rouge chaleureux bien dans le ton du millésime. On retient sa robe rubis profond, son nez richement fruité et épicé et sa bouche opulente qui charme par sa rondeur capiteuse, ses tanins bien enrobés et ses chauds effluves de confiture de mûres et d'épices. ⌛ 2021-2026

SPH GÉRARD BERTRAND, Ch. l'Hospitalet, rte de Narbonne-Plage, 11100 Narbonne, tél. 04 68 45 28 50, vins@gerard-bertrand.com V *t.l.j. 9h-19h; été t.l.j. 9h-20h*

B J. L. DENOIS
Les Hauts de Magrie Pinot noir 2019 ★

■	8000		11 à 15 €

Après avoir voyagé dans les vignobles du Cap en Afrique du Sud, Jean-Louis Denois, fils d'une famille vigneronne de Cumières (1er cru de Champagne), s'est installé en 1989 dans la haute vallée de l'Aude. Ce vignoble de 15 ha planté entre 400 et 500 m d'altitude est l'un des plus élevés du Languedoc.

Réputé pour ses bulles, Jean-Louis Denois ne néglige pas ses vins tranquilles. En témoigne ce pinot noir vinifié en grappes entières, convaincant de bout en bout : un nez allègre qui laisse parler les fruits rouges et la violette, une bouche déliée, extraite en douceur, juste épaulée par des tanins fins. Belle finale croquante sur les fruits rouges et noirs. ⌛ 2021-2024

EURL JEAN-LOUIS DENOIS, Borde-Longue, 11300 Roquetaillade, tél. 04 68 31 39 12, jldenois@orange.fr B

♥ DOM. GARRABOU
Le Salsous Pinot noir 2019 ★★★

■	5000		15 à 20 €

Fils et petit-fils de coopérateurs, Frédéric Garrabou a repris l'exploitation familiale en 2014. Avant de s'installer sur ces terres fraîches de la haute vallée de l'Aude, dans l'aire du limoux, cet œnologue formé à Bordeaux a travaillé 10 ans dans des vignobles qui comptent de l'ancien et du nouveau monde, notamment en Bourgogne – aux domaines A.-F. Gros et Chanson –, en Australie, en Californie (Napa Valley) et en Nouvelle-Zélande. Il a engagé la conversion bio de ses 22 ha de vignes.

Des sols calcaires, une exposition nord, un peu l'altitude, voilà des conditions propices à l'épanouissement d'un grand pinot noir du Sud. Derrière les notes fumées subtiles d'un élevage en barrique percent les nuances de cerise et d'épices douces du cépage. Après une attaque confortable, la bouche se développe sans accroc, déroulant sa belle chair ourlée de tanins de grande classe et pétrie d'un fruité distingué où pointent le sous-bois et la réglisse. Un vin élégant, tactile, soyeux, qui pinote franchement. Les amateurs de Bourgogne apprécieront, les autres aussi. ⌛ 2021-2025

FRÉDÉRIC GARRABOU, 1, Pré de la Ville, 11250 Gardie, tél. 06 16 28 30 22, frederic.garrabou@hotmail.fr V *r.-v.*

DOM. D'O Pinot noir 2020 ★

■	12000		8 à 11 €

Commandé par une grande demeure du XIXes., ce domaine viticole en Minervois a été racheté en 2007 par les Néerlandais Floris et Victoria Lemstra. Aujourd'hui, 52 ha de vignes, 3 ha d'oliviers et 55 ha de champs et de pinèdes, un chai créé dans les écuries, ainsi que des gîtes aménagés dans les anciennes maisons des ouvriers vignerons.

Un pinot noir élevé en cuve (et 30 % en fût), qui joue la carte du fruit. Timides au nez, les arômes de griotte et de grenadine s'épanouissent bien plus intensément dans une bouche gracile, souple, dotée de tanins fins et croquants, vivifiée par une petite touche de perlant. ⌛ 2021-2023

SCEA CH. CANET, lieu-dit Ch. Canet, 11800 Rustiques, tél. 04 68 79 28 25, floris@chateaucanet.com V *r.-v.* B

DOM. LA ROLANDE
Prat de Rouyre Chardonnay 2020 ★★

■	7000		5 à 8 €

Un jeune domaine d'une quinzaine d'hectares, constitué petit à petit, à partir de 2013, par Kevin Alcaïdé, natif de Digne d'Amont, village situé à 5 km de Limoux. La première cuvée est sortie de sa cave en 2015.

Une entrée remarquée dans le Guide pour ce tout jeune domaine prometteur sur la foi de ce chardonnay qui n'a pas vu de bois. Du nez, on retient les notes débridées de fruits à chair jaune et de brioche; de la bouche, l'énergie et la belle acidité qui illumine un fruit croquant, vivace et finement minéral en finale. Fringant et dynamisant. On peut l'ouvrir à l'apéritif. ⧗ 2021-2024

KEVIN ALCAIDE (DOM. LA ROLANDE), 3, chem. la Rolande, 11300 La Digne-d'Amont, tél. 06 86 79 61 69, domainelarolande11300@gmail.com V *t.l.j. sf dim. 8h-12h 13h30-18h*

SIEUR D'ARQUES Chardo 2020 ★

	6000		- de 5 €

La cave coopérative Sieur d'Arques est un acteur incontournable du vignoble limouxin, où elle assure environ 60 % de la production. Fondée en 1946, elle fédère aujourd'hui quelque 205 adhérents et dispose d'un vaste vignoble de 1 800 ha éparpillés dans plus de 40 communes, ce qui lui permet d'opérer une sélection parcellaire rigoureuse sur une très large variété de terroirs. Sa vente aux enchères Toques et Clochers, instituée en 1990, a donné à Limoux un regain de notoriété et attiré l'attention sur ses vins tranquilles.

Fermentation à basse température, élevage en cuve, pas de sulfites ajoutés, tout a été pensé pour préserver le fruit. Objectif atteint : au nez des senteurs débridées de pêche, d'abricot et de fleurs blanches, que l'on croque aussi dans une bouche légèrement perlante, aussi fraîche que tonifiante. On l'ouvre sans attendre. ⧗ 2021-2023

SAS SIEUR D'ARQUES, av. du Languedoc, 11303 Limoux, tél. 04 68 74 63 00, contact@sieurdarques.com V *t.l.j. 9h30-12h30 14h-18h; dim. 10h-12h*

IGP PAYS D'HÉRAULT

B DOM. ALLEGRIA Carignan Gourmand 2019 ★

	3000		15 à 20 €

Créé en 2008 sur les premières collines du Haut Languedoc, au nord de Pézenas, Allegria est le fruit d'une amitié franco-argentine entre Ghislain et Delphine d'Aboville et Roberto de la Mota (œnologue de renom). La nouvelle cave bioclimatique, implantée au pied du volcan des Baumes, est entourée d'un vignoble de 9 ha conduit en bio dès l'origine.

Du fruit et encore du fruit pour ce pur carignan élevé 10 mois en cuve : de beaux arômes de compote de cerises rouges et noires parfument le nez et font les délices d'une bouche parfaitement croquante, souple, légère, appuyée sur des tanins très fins. Effectivement gourmand. À boire sur le fruit . ⧗ 2021-2024

EARL D' ABOVILLE DE LA MOTA, Dom. Allegria, lieu-dit Fontarêche, 34720 Caux, tél. 06 25 93 08 08, allegria@vinotinto.fr V *r.-v.* E

DOM. DU CHAPITRE Délice 2017 ★

	6386		8 à 11 €

Legs de la comtesse Sabatier d'Espeyran à l'école d'agronomie de Montpellier en 1968, le Dom. du Chapitre (35 ha) a désormais vocation pédagogique et expérimentale, sélectionnant de nouvelles variétés de vignes qu'il diffuse aux viticulteurs, à l'image du marselan, né sur ses terres. Il a conservé des bâtiments caractéristiques de l'architecture viticole languedocienne, qui abritent un ancien chai aux côtés de la cave de vinification rénovée en 2002.

Une légère évolution dans la robe; ce que confirme le nez, ouvert sur des senteurs de guimauve, de fruits macérés et de caramel. Fondue, la bouche a pour elle une texture arrondie, des tanins souples et de séduisantes notes tertiaires. À point et patiné. On le débouche sans tarder. ⧗ 2021-2023

INESAAE DOM. DU CHAPITRE, 170, bd du Chapitre, 34750 Villeneuve-lès-Maguelone, tél. 04 67 69 48 04, chapitre@supagro.inra.fr V *r.-v.*

DOM. COMBE BLANCHE
Le Four à chaux Roussanne 2020 ★

	900		15 à 20 €

Guy Vanlancker, ancien instituteur originaire de Wallonie, se trouva en 1981 parachuté par les hasards de la vie sur les hauts coteaux de Calamiac où il commença à planter sur des terroirs alors délaissés. D'abord régisseur dans des domaines voisins, il conduit depuis 2000 à plein temps son vignoble qui couvre 12 ha sur les coteaux de La Livinière.

Récoltée à la main, vinifiée et élevée en fûts de 400 l, cette roussanne diffuse un nez plus subtil que puissant, aux fines notes toastées et fumées sur fond de fruits jaunes. L'élevage a épanoui la texture sans trahir le fruit et donne cette bouche bien enrobée qui tire d'une très belle acidité son dynamisme et son éclat. Taillé pour un poisson en sauce crémée. ⧗ 2021-2024

SCEA LES COMBES, 3, ancien chem. du Moulin-Rigaud, 34210 La Livinière, tél. 06 80 43 40 61, contact@lacombeblanche.com V *r.-v.*

LA CROIX GRATIOT Désir blanc 2020 ★★

	25000		5 à 8 €

Orienté vers la culture de melon et apporteur en cave coopérative, le domaine a pris un virage important en 2004 avec la création d'un chai de vinification. En 2009, Anaïs Ricôme a rejoint son père Yves à la tête d'un vignoble de 35 ha, créé une nouvelle gamme et développé les ventes. Le domaine est en cours de conversion en bio.

Plus souvent en vue pour ses picpoul-de-pinet, le domaine ne néglige pas ses autres blancs. En témoigne ce 2020 à base de viognier, aux arômes juteux de fruits blancs et exotiques. Un éclat de fruit que l'on retrouve dans une bouche d'une harmonie parfaite entre rondeur et fraîcheur. C'est fin, parfumé et de très bon goût. ⧗ 2021-2023

EARL CROIX GRATIOT, Dom. de Sainte-Croix, 34530 Montagnac, tél. 04 67 25 27 88, croixgratiot@gmail.com V *t.l.j. sf dim. 9h-12h30 14h30-17h30; sam. sur r.-v.*

B LA FONT DES ORMES
Pays de Caux La Font de l'Oun 2019 ★

	7800		11 à 15 €

Sur un site qui porte les traces de peuplements d'hominidés très anciens, Guy Cazalis de Fondouce a redonné un nouvel élan à ce domaine familial typiquement languedocien et restauré de très belle façon

le chai et ses cuves semi-enterrées datant du XVII[e]s. pour les convertir en chai à barriques. Le vignoble de 20 ha est certifié en biodynamie depuis 2018.

Vinifié en douceur et élevé en cuve, cet assemblage emmené par le marselan et le grenache a pour lui sa robe profonde et violacée, son nez imprégné de cassis et d'épices, et sa bouche juvénile, parfumée, pas d'une grande consistance mais d'une agréable fluidité. ⧗ 2021-2024

SCEA DU DOM. DE LA FONT DES ORMES, rte de Nizas, 34720 Caux, tél. 07 62 73 90 75, contact@fontdesormes.fr V *r.-v.*

MAS DE DAUMAS GASSAC
Combe calcaire 2020 ★★

| 8000 | 8 à 11 €

Bel exemple de la percée des vins du Languedoc à travers les cinq continents, ce domaine fondé en 1971 par Aimé et Véronique Guibert a suscité l'étonnement il y a quelques années en proposant des vins de pays au même prix que des grands Bordeaux. Il est toutefois resté en haut de l'affiche avec des vins d'une qualité constante et d'un potentiel de garde remarquable. Une référence aujourd'hui dirigée par les fils des fondateurs.

Le court élevage en fût n'a pas éteint le fruit qui s'exprime dès le nez sur des notes délicates de fruits à noyau agrémentés de fleurs blanches. Ces mêmes arômes montent d'un ton dans une bouche «explosive», ronde à souhait et dotée d'une texture soyeuse et sensuelle. De l'éclat et de l'harmonie dans ce blanc abouti, très joliment élevé. ⧗ 2021-2024 ■ **Combe calcaire 2019 ★★ (8 à 11 €; 10000 b.)** Une cuvée qui assemble cépages bordelais et languedociens née de sols argilo-calcaires comme l'indique son nom. L'élevage en fût d'un an se fait discret et laisse parler le fruit. Au nez, de fringants et très frais arômes de cassis et de fruits rouges. Arômes que l'on croque avec entrain dans une bouche certes puissante, mais dont on retient avant tout la finesse des tanins et l'extrême douceur de texture. «Le petit Jésus en culotte de velours», conclut ravi le jury. ⧗ 2022-2026

SAS MOULIN DE GASSAC, Haute-Vallée-du-Gassac, 34150 Aniane, tél. 04 67 57 71 28, prives@daumas-gassac.com V *r.-v.*

MAS DES ROMPUDES
Les Hauts de Tabaussac 2019 ★★

| 1500 | 11 à 15 €

Après une première vie dans les sports automobiles, Patrice Coste, fils et petit-fils de viticulteurs, a repris des vignes familiales (12 ha) pour créer son domaine en 2014. S'il apporte une grande partie des raisins à la coopérative du village, il vinifie ses propres cuvées à partir d'une petite surface de 1,7 ha établie sur le plateau de Sainte-Bauzille-de-la-Sylve, à l'ouest de Montpellier.

Les dégustateurs ont été conquis par ce rouge allègre qui démarre sur les chapeaux de roue à travers des arômes très purs et dynamiques de cassis et de violette. La bouche est d'une rondeur caressante, ourlée de tanins fins, relevée par une très belle acidité avant une finale interminable qui laisse parler les épices. ⧗ 2022-2026

EARL MAS DES ROMPUDES, chem. des Peyroux, 34230 Saint-Bauzille-de-la-Sylve, tél. 06 79 02 19 64, masdesrompudes@orange.fr V *r.-v.*

MAS GABINÈLE Rarissime 2019 ★

| 2800 | 30 à 50 €

Petit-fils de vignerons, Thierry Rodriguez débute sa carrière dans l'exportation de vins du Languedoc, puis dans le négoce. Il redevint vigneron en achetant en 1997 ses premières parcelles en faugères à son ami Gabriel Mas, surnommé Gabinelle. *Gabinelà* désigne en occitan un cabanon de vignes, c'est le nom qu'il a choisi pour son domaine, qui couvre aujourd'hui 20 ha.

Moins de 3000 bouteilles pour cette cuvée haut de gamme qui met à l'honneur le grenache gris sur schistes vinifié à la bourguignonne, en fût avec bâtonnage. Le nez en tire des arômes séducteurs et prononcés de beurre frais, de viennoiseries sorties du four et de toast. Très bourguignon en somme. Les fruits jaunes complètent cette palette dans une bouche tendue à souhait, fraîche, vibrante et bien structurée. Un blanc ambitieux, fin, tonique et précis. ⧗ 2021-2025

SCEA MAS GABINÈLE, 1750, chem. de Bédarieux, 34480 Laurens, tél. 04 67 89 71 72, info@masgabinele.com V *t.l.j. sf sam. dim. 10h-12h 16h-18h*

B DOM. DES MONTÈZES 2e Gavach 2019 ★

| 5000 | 8 à 11 €

Depuis 2 générations, la famille Boisse de Black exploite un petit vignoble situé à Pégairolles-de-l'Escalette, certifié bio et cultivé en terrasses, entre 250 et 400 m d'altitude sur les éboulis calcaires du Causse du Larzac.

Quatre cépages assemblés dès la cuve composent ce 2019 à la robe pourpre et au nez discrètement fruité, dont on aime la bouche plus volubile (fruits noirs, violette, touche animale), riche mais souple, et relevée par une fraîcheur bien sentie. Il est prêt à passer à table. ⧗ 2021-2024

CHRISTIAN BOISSE DE BLACK, LD grange des Montèzes, 34800 Aspiran, tél. 06 22 08 46 59, contact@montezes.com V *r.-v.*

CAVE DE SAINT-CHINIAN
Le Malicieux 2020 ★

| 6000 | - de 5 €

Créée en 1937, la coopérative de Saint-Chinian est installée au cœur du village éponyme de l'appellation. Elle regroupe 175 adhérents cultivant 750 ha et se flatte d'être le premier fournisseur des vins de ce cru. Sa production (3,5 millions de bouteilles) se partage entre les saint-chinian (deux tiers) et les vins en IGP.

30 % de carignan blanc font l'originalité de cet assemblage fermenté à basse température et élevé en cuve. Au nez, une «explosion» de fruits exotiques, de fleurs et de pêche; en bouche, du tonus, ce qu'il faut de chair et un fruit qui se montre tout aussi expansif. Très séducteur et remarquable à ce prix. ⧗ 2021-2023

LANGUEDOC

SCA CAVE DE SAINT-CHINIAN, rte de Sorteilho, 34360 Saint-Chinian, tél. 04 67 38 28 48, export@vin-saintchinian.com

IGP PAYS D'OC

ALMA CERSIUS
Les Yeux dans les étoiles 2020 ★

30 000		- de 5 €

Fondée en 1937, la coopérative de Cers, rebaptisée Alma Cersius, regroupe 3 communes aux portes de Béziers : outre Cers, Portiragnes et Villeneuve-les-Béziers. Elle dispose des 1 200 ha de ses adhérents et développe vente en bouteilles et gammes de cuvées.

Pas moins de 5 cépages associés et un élevage très bref en cuve dans ce blanc accompli qui respire le Sud. Derrière un nez intrigant qui évoque le menthol et le camphre, une bouche pleine de charme, dodue, puissante, riche, infusée de plantes aromatiques, qui n'oublie pas de rester fraîche. Harmonie et caractère. 2021-2023

SAS ALMA CERSIUS, 3, av. de l'Égalité, 34420 Portiragnes, tél. 04 67 90 91 90, caveau.portiragnes@almacersius.com t.l.j. sf dim. 9h-12h 14h-18h

L'ARTISAN Le Grenache noir 2020 ★★

20 000		5 à 8 €

Vigneron-négociant, Jean-Claude Mas dispose d'un vaste vignoble de plus de 600 ha en propre constitué par 4 générations, auxquels s'ajoutent les apports des vignerons partenaires (1 300 ha).

Voilà une bonne occasion pour s'initier au charme du grenache noir, rarement vinifié seul. Le nez en tire des arômes généreux de fruits rouges et noirs confits nappés de caramel issu du chêne. Une douce chaleur émane d'un palais tendre et suave, au boisé flatteur, dont la petite sécheresse finale s'effacera à table, avec des côtelettes d'agneau par exemple. 2021-2024

SARL JEAN-CLAUDE MAS, Dom. de Nicole, rte de Villeveyrac, 34530 Montagnac, tél. 04 67 90 16 10, info@paulmas.com t.l.j. sf dim. 10h-18h

LES AUGUSTINS Merlot de Tino 2020 ★★

4200		5 à 8 €

Les cuvées du domaine évoquent chacune un membre de la famille : Sourire d'Odile, Secret de Monique, les deux Roger... Frédéric Mézy est à la manœuvre et travaille selon les préceptes de l'agriculture biodynamique et le calendrier lunaire.

Un 100 % merlot dédié à Tino, le fils. On aime le nez ouvert, qui hésite entre cassis, fruits rouges et cacao, et la bouche très généreuse, puissante mais aimable par sa douce sucrosité, qui s'enrichit de notes d'olives noires et de menthol. Les tanins encore fermes invitent à patienter ou à le servir sans attendre sur une viande goûteuse. 2022-2026

EARL LES AUGUSTINS, 2, rte de Sommières, 34270 Saint-Mathieu-de-Tréviers, tél. 04 67 54 73 45, contact@closdesaugustins.fr t.l.j. sf dim. 10h-12h30 14h-18h

LA BASTIDE DE VEYRAN Syrah 2020 ★★

5316		5 à 8 €

Amis de longue date, Olivier Mignard, le Languedocien, et Raymond Roudaire, l'Auvergnat, se sont associés et ont acquis en 2019 le Ch. Veyran et, en 2020, le Ch. Jougrand. En tout, 88 ha de vignes répartis dans les AOC languedoc, saint-chinian et l'IGP Oc.

Une syrah généreuse au nez bien typé de fruits rouges et noirs confiturés et de poivre. Le chocolat noir et le menthol étirent la palette dans une bouche consistante, solaire, cadrée par des tanins puissants mais bien extraits, avant une finale persistance et chaleureuse. Un rouge du Sud plein et savoureux. 2021-2024

SCEA VIGNOBLES AUVERGNE LANGUEDOC, 20, hameau de Veyran, 34490 Causses-et-Veyran, tél. 07 69 53 13 17, alv.olivier34@free.fr r.-v.

DOM. DE LA BAUME
Les Mariés Sauvignon blanc 2020 ★★

226 666		8 à 11 €

Appelé à l'origine Mas Belles Eaux, ce domaine du XVIIᵉs. devait son nom aux sources qui naissent sur ses terres pour rejoindre la vallée de la Peyne, au nord de Pézenas. Son vignoble (65 ha) est implanté à Caux, sur des terrasses anciennes de galets roulés, d'argiles rouges et de graviers de quartz. Propriété entre 2002 et 2015 d'Axa Millésimes, il a été revendu aux Grands Chais de France qui l'ont rebaptisé.

Les jurés ont pris beaucoup de plaisir à étalonner ce sauvignon fringant. Derrière une robe limpide, s'épanouissent les arômes bien typés du cépage : feuilles de cassis, végétal frais, agrumes et une petite note fumée du meilleur effet. Une gourmandise de fruit qui ne faiblit pas d'un pouce dans une bouche parfaite : vivace à l'attaque, bien en chair derrière, acidulée et très fraîche en finale. En un mot, éclatant. 2021-2023 **Elisabeth Viognier 2020 ★ (8 à 11 €; 368 266 b.)** Une robe brillante, un nez volubile centré sur le melon, la pêche et les fleurs blanches, une bouche à la fois ronde et fraîche, une finale salivante qui porte longuement le fruit : les amateurs de viognier seront comblés. 2021-2023

SARL DOM. DE LA BAUME, rte de Pézenas, 34290 Servian, tél. 04 67 39 29 41, domaine@labaume.com t.l.j. sf sam. dim. 9h-18h

CH. BEAUBOIS
Les Duos de Beaubois Marselan Mourvèdre 2020 ★

10 000		5 à 8 €

Un domaine fondé au XIIIᵉs. par les moines cisterciens de l'abbaye de Franquevaux, sur le versant sud des Costières, et propriété des Boyer depuis 4 générations. Installés en 2000, Fanny et son frère François conduisent avec talent un vignoble de 55 ha, conduit en bio et biodynamie.

Le duo marselan-mourvèdre très complice dans ce rouge délié, ouvert sur la framboise et la fraise fraîches. Caressante, portée par une douce chaleur et ourlée de tanins fins, la bouche insiste sur le fruit et laisse le souvenir d'un rouge suave et très plaisant. 2021-2024

SCEA CH. BEAUBOIS, Ch. Beaubois, RD 6572, 30640 Franquevaux, tél. 04 66 73 30 59, chateaubeaubois@orange.fr r.-v.

DOM. DE BELLE MARE Le Rivage 2020 ★

15000 | 5 à 8 €

Un domaine de 55 ha (dont 5 ha dédiés à l'AOP picpoul-de-pinet) établi tout au bord de l'étang de Thau, qui vivifie les vignes de son influence maritime.

Une robe logiquement intense dans ce rouge né de cabernet-sauvignon et de syrah. Les notes toastées d'un passage en fût réhaussent des arômes bien juteux de cassis. La fraîcheur et le fruit l'emportent dans une bouche assise sur des tanins crayeux, étirée en finale sur le chocolat et la réglisse. Un rouge expressif que l'on peut ouvrir sans attendre. ⧗ 2021-2024 **Duo 2020 ★★** (5 à 8 €; 33000 b.) Un Duo classique, grenache et cinsault, qui donne un rosé convaincant dont on retient le nez élégant, fruité (fruits blancs) et floral, et la bouche ronde, ample et gourmande. ⧗ 2021-2022

SA DOM. DE BELLE MARE, rte des Salins, D 18, 34140 Mèze, tél. 04 67 43 17 68, exploitation@belle-mare.com V *r.-v.*

GÉRARD BERTRAND L'Indomptable de Cigalus 2020 ★★

60000 | 11 à 15 €

Enfant des Corbières, Gérard Bertrand est un important propriétaire et négociant du sud de la France, dont les cuvées apparaissent dans le Guide sous diverses AOP (corbières, fitou, minervois, languedoc, côtes-du-roussillon) et en IGP.

Coup de cœur dans le millésime 2018, cette cuvée nous revient en grande forme. D'abord réservé, le nez diffuse les notes briochées et grillées d'une vinification et d'un élevage sous bois. Élevage qui accompagne une bouche ronde et grasse, aux franches notes de pâtisserie, vite rafraîchie par une acidité de bon ton. Un blanc moderne, structuré, de table, qui offre un bon potentiel en cave. ⧗ 2022-2026

SPH GÉRARD BERTRAND, Ch. l'Hospitalet, rte de Narbonne-Plage, 11100 Narbonne, tél. 04 68 45 28 50, vins@gerard-bertrand.com V *t.l.j. 9h-19h; été t.l.j. 9h-20h*

DOM. DU BÒSC Viognier 2020 ★★

35000 | 5 à 8 €

Ancien domaine des évêques d'Agde, le domaine du Bosc a été acquis en 1943 par la famille Besinet, dont l'ancêtre était originaire des hautes terres de Lodève. Implanté à 5 km de la mer, sur une butte de 25 m d'altitude, d'où l'on peut distinguer les Pyrénées et la montagne Noire, le vignoble est installé sur terroir original de cendres volcaniques : les cinérites du Bosc. À la tête de la propriété (90 ha), Pierre Bésinet passe le relais à sa fille Dominique Bésinet-Castillon.

Un viognier irréprochable dont on aime le nez épanoui qui fleure bon l'acacia, le jasmin et les fruits exotiques. Une qualité de fruit qui fait le charme d'une bouche bien balancée entre rondeur et fraîcheur, et qui livre sans faiblir les flaveurs généreuses du cépage. Très fédérateur. ⧗ 2021-2023

SCA DELTA DOMAINES, Dom. du Bosc, 1073, chem. de Montblanc, 34450 Vias, tél. 04 67 21 73 58, contact@delta-domaines.com V *t.l.j. sf dim 9h-18h; sam. 10h-13h*

♥ **LAURENT CABARET** Marselan 2020 ★★

8000 | - de 5 €

Le Cellier Lauran Cabaret est une coopérative fondée en 1929. Elle fournit 15 % de l'appellation minervois. À côté d'une gamme de vins rouges de tous les styles, elle s'illustre dans les autres couleurs, plus rares, du minervois.

Un marselan aussi enthousiasmant que croquant, encore plus à ce prix. Au nez, un grand bol de fruits (framboise et de myrtille) relevé d'épices et d'une note de végétal frais. La cannelle et le cacao étirent la palette dans une bouche qui a tout pour séduire : une sucrosité gourmande, de la consistance, des tanins doux et charnus, et une belle acidité qui relève le tout. Un « bonbon » résume le jury. ⧗ 2021-2023

SCA CELLIER LAURAN CABARET, 1, av. de la Cave-Coopérative, 11800 Laure-Minervois, tél. 04 68 78 64 00, direction@laurancabaret.fr V *t.l.j. sf dim. 8h-12h 14h-18h*

♥ **DOM. DE CASTELNAU** Étendoir des fées 2019 ★★

2666 | 15 à 20 €

À proximité de Pézenas et de l'étang de Thau, Castelnau-de-Guers, entre plaine et garrigue, est une commune viticole dont le terroir argilo-calcaire est propice à la production de vins de qualité. Le vaste Dom. de Castelnau (110 ha), dont les origines remontent au XIIes. y cultive une multitude de cépages sous la conduite de Béatrice et Christophe Muret.

Une sélection sévère de syrah, une vinification complexe, partiellement en grappes entières, avec les seules levures indigènes, puis un long élevage de 18 mois en fût : le résultat est à la mesure des efforts. Fruits rouges bien mûrs, chocolat, réglisse, le tout rafraîchi de garrigue et de menthol : le nez est magnifique. Attaque ronde, matière suave, tanins fermes mais soyeux, élevage discret qui nuance le fruit d'épices douces, longueur remarquable : la bouche enfonce le clou. C'est fin, long, d'une harmonie parfaite et très languedocien. ⧗ 2022-2028 **La Croix 2020 ★ (5 à 8 €; 4000 b.)** Un nez riche et capiteux, entre fleurs blanches, fruits jaunes et vanille, annonce une bouche confortable, ample, beurrée et grasse à l'attaque, vite relevée par une franche vivacité. De belles sensations pour ce blanc de table. ⧗ 2021-2023

SARL DOM. DE CASTELNAU, 32, av. de Pezenas, 34120 Castelnau-de-Guers, tél. 04 67 98 16 19, castelnau1@wanadoo.fr V *t.l.j. sf sam. dim. 8h-12h 13h30-18h*

M. CHAPOUTIER 2020 ★★

■ | n.c. | | 5 à 8 €

Cette vénérable (XIX[e]s.) et incontournable maison, mise sur orbite internationale par Michel Chapoutier à partir des années 1990, propose une large gamme issue de ses propres vignes (345 ha, en biodynamie) ou d'achats de raisin dans la plupart des appellations phares de la vallée du Rhône, et aussi en Roussillon et en Alsace.

Pas de bois dans cet assemblage grenache et syrah, mais du fruit et du tempérament. Au nez, des arômes puissants et concentrés de fruits rouges, de cassis et d'épices rafraîchis de végétal. En bouche, une attaque ample et ronde, un fruit débridé, puis des tanins sérieux qui resserrent la finale et méritent de se détendre un peu en cave. ⧗ 2022-2025

SA M. CHAPOUTIER, 18, av. du Dr-Paul-Durand, 26600 Tain-l'Hermitage, tél. 04 75 08 28 65, chapoutier@chapoutier.com V r.-v.

CIRY CATTANEO Sang neuf Malbec 2018 ★

■ | 1200 | | 15 à 20 €

David Ciry, œnologue conseil en France et à l'étranger, a créé son propre domaine en 2015 sur des parcelles d'altitude au-dessus de Siran et de La Livinière, auxquelles se sont ajoutées en 2019 des vignes situées sur la commune de Laure-Minervois. Il y produit sur 6,5 ha plusieurs microcuvées que l'on pourra déguster avec les chocolats spécialement imaginés par Marion Cattaneo, sa femme, ou avec les tapas servies dans le bar à vin inauguré en 2019. Les vignes sont cultivées en bio (certification pour l'essentiel à partir du millésime 2016).

Vendangé à la main, élevé en cuve et fût, le grand cépage de Cahors à son aise sous le soleil du Languedoc. Noir comme il se doit, la robe annonce un nez concentré, légèrement éthéré, mais surtout infusé de fruits noirs, de goudron et de notes balsamiques. Une forte sucrosité donne beaucoup d'ampleur à une bouche puissante, flanquée de tanins gras et enrobés et tonifiée par une forte et belle acidité. Du caractère à revendre dans ce rouge musculeux paré pour vieillir. ⧗ 2022-2027

SCEA DOM. CIRY CATTANEO, 9, av. de la Montagne-Noire, 11800 Laure-Minervois, tél. 06 70 36 36 37, cirycattaneo@gmail.com V r.-v.

DOM. CLAVEL Mon histoire 2019 ★

■ | 28000 | | 5 à 8 €

Les Clavel conduisent depuis plusieurs générations cette exploitation fondée en 1934 sur la rive droite du Rhône, dont la vaste superficie (80 ha) leur permet de proposer une large gamme de vins. Aujourd'hui, c'est Claire, épaulée par son père Denis, qui est aux commandes de ce domaine très régulier en qualité, souvent en vue avec ses côtes-du-rhône et ses *villages* Saint-Gervais.

Derrière une robe rubis limpide, un nez gourmand centré sur la fraise et la confiture du mûres. Pleine, souple, fraîche, croquante de fruit, la bouche confirme le profil résolument gourmand de ce très bon rouge « de soif ». À ouvrir sur le fruit. ⧗ 2021-2023

SCEA DOM. CLAVEL, rue du Pigeonnier, 30200 Saint-Gervais, tél. 04 66 82 78 90, claire@domaineclavel.com V r.-v.

COLLINES DU BOURDIC
Le Prestige Élevé en fût de chêne 2020 ★

■ | 40000 | | 5 à 8 €

Créée en 1928 grâce à la volonté d'une poignée de viticulteurs, la cave coopérative Les Collines du Bourdic, dans le Gard, compte aujourd'hui une centaine d'adhérents qui cultivent 1 700 ha. À sa carte, du duché-d'uzès et des vins en IGP.

Issu d'une sélection parcellaire, puis vinifié et élevé sous bois, ce chardonnay séduira forcément avec son nez crémeux et vanillé, son attaque ronde, sa bouche aussi ample que fraîche et ses notes d'épices douces qui s'entichent de fruits frais en finale. ⧗ 2021-2023

SCA LES COLLINES DU BOURDIC, chem. de Saint-Chaptes, 30190 Bourdic, tél. 04 66 81 20 82, contact@bourdic.fr V *t.l.j. sf dim. 9h-12h30 14h-18h*

COMTES DE LORGERIL
Les Amandiers Grande Cuvée Chardonnay Sauvignon Viognier 2020 ★

■ | 20000 | | 8 à 11 €

Les Lorgeril possèdent 6 domaines familiaux en Languedoc-Roussillon, parmi lesquels le Ch. de Pennautier, un Versailles en Languedoc construit en 1620 à la gloire des seigneurs locaux, trésoriers des États du Languedoc; une valeur sûre de l'appellation cabardès. Nicolas et Miren de Lorgeril, qui représentent la 10e génération à conduire ce vaste ensemble de 180 ha, sont également à la tête d'une structure de négoce.

Les chardonnay, sauvignon et viognier associés dans ce 2020 ouvert sur les fleurs blanches, les fruits exotiques et une touche de vanille qui nous rappelle l'élevage partiel sous bois. Bien ronde à l'attaque, la bouche gagne en fraîcheur et laisse le souvenir d'un blanc tendre et harmonieux. ⧗ 2021-2023

SAS VIGNOBLES LORGERIL (CH. PENNAUTIER), BP 4, 11610 Pennautier, tél. 04 68 72 65 29, contact@lorgeril.com V r.-v.

ESPRIT DE CRÈS RICARDS
Marsanne Roussanne 2020 ★

■ | 20418 | | 5 à 8 €

Colette et Gérard Foltran ont passé la main à Jean-Claude Mas en 2010. Ce domaine fondé en 1960 est situé au lieu-dit Les Crès Ricards, au cœur des Terrasses du Larzac, sur un terroir de schistes et de galets roulés. Agrandi, il compte une quarantaine d'hectares. Une valeur sûre.

Un assemble nord rhodanien (marsanne, roussanne) qui se livre en version fraîche dans ce 2020 convaincant. Le nez frais et floral ouvre sur une bouche tendre, élégante, tonique de bout en bout, avec une petite touche de noix verte du meilleur effet en finale. Un blanc harmonieux qui soigne l'élégance. ⧗ 2021-2023 ■ **Dom. des Crès Ricards Merlot 2020 ★ (5 à 8 €; 6600 b.)** Mûre, fruits rouges, menthol et notes grillées issues d'un élevage de 6 mois en fût, ce jeune merlot ne manque pas de nez. Souple, fruitée, nantie de tanins finement extraits, légèrement vanillée en finale, la bouche séduit tout autant. ⧗ 2021-2024

⊶ *SARL DOM. DES CRÈS RICARDS, Dom. Nicole, rte de Villeyrac, 34800 Ceyras, tél. 04 67 90 16 10, infio@paulmas.com* V *t.l.j. sf dim. 10h-18h* 5

VIGNOBLE DELONCA
Leçon n° 2 Chardonnay 2020 ★

	2 667		5 à 8 €

Un domaine implanté depuis 1884 aux portes de Béziers, dans le village de Cers. Olivier Delonca (5e génération) est aux commandes depuis 2015. Il produit des IGP Oc et Coteaux de Béziers.

Aucune fausse note dans ce chardonnay sur le fruit. On aime le nez franc et direct de pêche et d'abricot et l'équilibre d'une bouche sans fioriture, souple, fruitée, soutenue par ce qu'il faut de fraîcheur. ⧗ 2021-2023

⊶ *SCEA LE CHAMP DU ROY, 21, av. de la Condamine, 34420 Cers, tél. 06 18 09 13 58, contact@vignoble-delorca.com* V *r.-v.*

♥ DOM. DE LA FERRANDIÈRE
Grand blanc 2020 ★★

	13 620		8 à 11 €

Constitués par la famille Gau, les Vignobles de la Ferrandière ont été rachetés en 2013 par Jean-Claude Mas (Dom. Paul Mas). Couvrant 100 ha de vignes (surtout) et de pommiers, le domaine est implanté sur l'étang asséché de Marseillette, une ancienne lagune, entre les Corbières et le Minervois, à 40 km de la Méditerranée. Les sols salés doivent être périodiquement inondés au printemps, ce qui permet aux vignes d'échapper au phylloxéra : de nombreux ceps sont ici francs de pied (non greffés).

Un assemblage original (chardonnay, viognier, pinot gris) pour ce blanc convaincant de bout en bout. Le fût saupoudre le nez de notes toastées sur un fond dynamique d'agrumes et de fleurs. Le fruit et le bois fonctionnent en très bonne harmonie dans un palais dont on retient la belle chair, la rondeur un peu capiteuse et la finale briochée particulièrement gourmande. Un blanc moderne et d'une séduction évidente. ⧗ 2021-2024

⊶ *SARL VIGNOBLES DE LA FERRANDIÈRE, Dom. de la Ferrandière, 11800 Aigues-Vives, tél. 04 67 90 16 10, info@paulmas.com*

DOM. DE GOURGAZAUD
La vigne de ma mère 2020 ★★

	1200		20 à 30 €

Adossée aux premiers contreforts de la Montagne Noire, dans le Minervois, cette propriété viticole de 100 ha a été acquise en 1973 par Roger Piquet, fils d'un négociant en vins normand et lui-même fondateur de la société Chantovent, qui a développé la production de vins de pays en Languedoc. À sa disparition en 2005, ses filles Chantal Piquet et Annick Tiburce ont pris le relais.

Beaucoup de séduction dans ce viognier sensuel, fermenté et élevé dans des barriques âgées. Au nez, les fruits jaunes et les agrumes percent derrière de généreuses notes de vanille. Celles-ci insistent dans une bouche de belle intensité, riche sans lourdeur, qui offre l'amplitude et la puissance aromatique d'un viognier sérieux et généreux. ⧗ 2021-2024

⊶ *SAS CH. DE GOURGAZAUD, Ch. de Gourgazaud, 34210 La Livinière, tél. 04 68 78 10 02, contact@gourgazaud.com* V *t.l.j. sf sam. dim. 9h-11h30 14h-16h30*

GRAIN D'OC
Cabernet-sauvignon Merlot 2020 ★

	80 000		5 à 8 €

Fondé à Bordeaux en 1949 par 9 frères et sœurs, le groupe Castel a connu une croissance considérable, devenant le 1er producteur de vin en France, le 3e dans le monde, avec un empire qui s'étend de Bordeaux au continent africain. Outre ses nombreuses marques, il possède une vingtaine de propriétés sur l'ensemble du vignoble français.

Merlot et cabernet-sauvignon associés dans ce 2019 ouvert sur le cassis, le fruit rouge frais et le poivre. La bouche se révèle bien ronde, ourlée de tanins fins et mûrs, et libère ce même fruité fringant teinté de végétal frais. Un rouge croquant et souple, à ouvrir sur le fruit. ⧗ 2021-2023

⊶ *SAS CASTEL FRÈRES, 1, rue des Oliviers, 94320 Thiais* A

GRANDE NUIT Merlot 2020 ★

	120 000		5 à 8 €

La famille Skalli s'initia à la vigne et aux cépages méridionaux en Algérie, dans les années 1920. Francis et surtout son fils Robert ont œuvré pour implanter dans tout le sud de la France cette maison de négoce, lançant des marques comme Fortant de France (1987). Dans le giron du groupe bourguignon Boisset depuis 2011.

Des grappes de merlot vendangées de nuit ont enfanté ce rouge friand, pas compliqué, dont on aime le nez tout en fruits (groseille, framboise, myrtille) et la bouche franche, légère, lisse, aux tanins à peine perceptibles, qui restitue la gourmandise perçue au nez. À boire dans sa jeunesse. ⧗ 2021-2023

⊶ *SAS LES VINS SKALLI (FORTANT), 9, quai Paul-Riquet, 34200 Sète, tél. 04 67 80 90 90, contact@fortant.com*

GREG ET JUJU Terret Sauvignon 2020 ★

	70 000		5 à 8 €

Entre Agde et Béziers, un terroir mis en valeur depuis les Romains, un château fortifié et aujourd'hui un vignoble de 200 ha d'un seul tenant, qui s'étend en pente douce sur les coteaux du Libron. Le domaine a été acquis en 1905 par l'arrière-grand-père de la génération actuelle, ouvrier agricole enrichi par la distillation et le négoce du vin. Depuis 1990, il est conduit par Jérôme Vic, rejoint par Aurélie qui vinifie.

Greg et Juju, les enfants, à l'honneur dans ce blanc séduisant et variétal, dont on retient le nez de pierre à

LANGUEDOC

fusil et de sureau et la bouche nerveuse, croquante de fruit jusqu'à la finale, tendue et marquée par le pomélo. Un blanc stimulant et parfumé. ⧗ 2021-2023

SARL LES DOMAINES ROBERT VIC, Preignes-le-Vieux, 34450 Vias, tél. 04 67 21 67 82, contact@preignes.com V r.-v.

GRÉZAN Chardonnay 2020 ★

	200 000		8 à 11 €

Jadis *villa* romaine puis commanderie de Templiers, ce curieux château vaut le détour. On l'appelle le « petit Carcassonne du Biterrois » avec son mur d'enceinte fortifié et crénelé remanié au XIXᵉs. Côté vignes, 85 ha conduits par Rémy Fardel et Jean-Louis Pujol.

Un chardonnay de bon goût, au nez retenu mais tonique de fruits jaunes frais et d'ananas. Le même dynamisme anime une bouche tendre, souple et franchement gouleyante, qui donne à croquer un fruit mûr et sans lourdeur. Bien fait et efficace. ⧗ 2021-2023

SAS VINO-TEC (FAMILLE CROS PUJOLS), Ch. Grézan, RD 909, 34480 Laurens, tél. 04 67 90 27 46, caveau@cg-fcp.com V *t.l.j. sf dim. 9h-12h 14h-18h*

SERRE DE GUÉRY
Conseil Gewurztraminer 2020 ★

	8 000		5 à 8 €

René-Henry Guéry représente la 8ᵉ génération d'une famille vigneronne enracinée à Azille, dans le Minervois. Avec son épouse Florence, venue du Lot, autre terre de vignes, il exploite depuis 1998 le domaine, qui compte 40 ha.

Loin de chez lui, le gewurztraminer ne perd pas de sa séduction. La preuve avec ce 2020 très attendu dans ses arômes de rose et de litchi. On retrouve en bouche les fondamentaux du cépage : onctuosité, rondeur, parfums, acidité discrète avec, en plus, une petite amertume pas inutile pour donner un peu de fermeté à l'ensemble. ⧗ 2021-2023 **Intelligence Viognier 2020 ★ (5 à 8 €; 25 000 b.)** Une robe jaune paille, un nez expansif libérant de puissantes senteurs de fruits jaunes et de fruits exotiques, une bouche confortable, ample, ronde, un tantinet chaleureuse en finale : un bon viognier. ⧗ 2021-2023

EARL L' ERMITAGE, 4, av. du Minervois, 11700 Azille, tél. 04 68 91 44 34, chateau.guery@gmail.com V *r.-v.*

DOM. HAUT-BLANVILLE
Jardin des Légendes 2019 ★★

	1 000		20 à 30 €

À partir de 1997, Bernard Nivollet, après un long parcours dans le monde de la finance et de l'entreprise, réalise un projet de vie : constituer un domaine avec son épouse Béatrice. Il dispose aujourd'hui de 70 ha à l'ouest de Montpellier : 40 ha en languedoc Grés de Montpellier et 30 en IGP. Sa démarche vise à mettre en lumière des terroirs. Elle s'inspire aussi de la biodynamie.

Un jury enthousiaste pour ce viognier élevé en cuve et sur lies. Il a aimé l'intensité d'un nez précis qui décline des arômes bien typés de pêche et de fleurs blanches relevés d'épices douces et de tourbe. Avec sa rondeur légère, sa fraîcheur irréprochable et sa longueur splendide, la bouche a tout autant plu. ⧗ 2021-2023

SCEA DE BLANVILLE, Rieutort, rte de Gignac, 34230 Saint-Pargoire, tél. 04 67 25 22 53, info@blanville.com V *r.-v.*

HAUT DE SÉNAUX Viognier 2020 ★

	100 000		- de 5 €

Coopérative fondée en 1922, L'Ormarine – à l'époque Association des producteurs de vins blancs de Pinet – est un acteur de poids dans la défense de l'AOP picpoul-de-pinet. Après la fusion avec les caves de Villeveyrac (2009) et de Cournonterral (2014), puis en 2017 des caves de Saint-Hippolyte-du-Fort et de Vias, elle regroupe 500 coopérateurs et dispose de 2 500 ha, dont 520 dédiés au seul cépage piquepoul. Depuis 2018, 650 ha sont en Terra Vitis.

Un viognier simple, franc et efficace, vinifié à basse température et élevé en cuve, qui plaît par ses notes florales et citronnées et par sa bouche fluide, tendre, aromatique, légèrement lactée en finale. ⧗ 2021-2023

SCA CAVE DE L' ORMARINE, 13, av. du Picpoul, 34850 Pinet, tél. 04 67 77 03 10, contact@caveormarine.com V *t.l.j. sf dim. 8h30-12h 14h-18h*

B DOM. DE HOMS Viognier 2020 ★

	10 200		11 à 15 €

À la croisée du vent marin et du cers, les vignes sont idéalement plantées sur des terrasses caillouteuses au pied de la Montagne Noire. Jean-Marc de Crozals a repris en 2000 l'exploitation familiale, qui compte aujourd'hui environ 20 ha (en bio depuis 2007). Il a replanté 90 % du vignoble et commencé la mise en bouteilles à la propriété.

Un blanc né de terrasses caillouteuses et d'un vinification mixte en cuve et fût. Le nez, discret, en tire des nuances torréfiées sur fond de fleurs blanches et d'agrumes. La clémentine, la mangue et la vanille prennent le relais dans une bouche qui offre le gras et la rondeur d'un viognier ambitieux et expressif. ⧗ 2021-2024 **Chardonnay 2020 ★ (8 à 11 €; 10 500 b.)** Ananas, fruits jaunes frais et notes toastées, le nez est celui d'un chardonnay qui a vu le soleil et la barrique. Le chêne se fait discret dans une bouche dont on retient surtout la rondeur, l'équilibre préservée et le trait d'agrumes très vivifiant en finale. ⧗ 2021-2024

EARL DU DOM. DES HOMS, hameau des Homs, 11160 Rieux-Minervois, tél. 04 68 78 10 51, jm.decrozals@free.fr V *t.l.j. 10h-12h30 15h-19h30*

LES JAMELLES
La Lauze du Moulin Grenache gris 2020 ★

	3 120		15 à 20 €

Badet Clément est un important groupe de négoce viticole spécialisé dans les vins de marques et de domaines de Bourgogne, du Languedoc, de la Vallée du Rhône et de Provence, créé en 1995 par les œnologues Laurent et Catherine Delaunay.

Derrière une robe limpide, montent du verre des notes florales plus élégantes que puissantes. Des touches fumées issues du chêne et de fruits jaunes mûrs prennent le relais dans une bouche ample, à la rondeur agréable et qui n'oublie pas de rester fraîche. Joliment élevé, convivial, c'est une belle évocation du cépage. ⧗ 2021-2024

SAS BADET CLÉMENT, 1, rte de Corbières, 11800 Monze, tél. 03 80 61 46 31, contact@les-jamelles.com V r.-v.

VIGNOBLES JEANJEAN
Sage & Sauvage 2020 ★

	50000		5 à 8 €

L'une des 7 propriétés des Vignobles Jeanjean, le Mas Neuf est une presqu'île entourée d'eau, entre Méditerranée, étangs et marais, relié à la côte par une fine bande de terre; 42 ha conduits en bio, essentiellement dédiés à la culture du muscat à petits grains.

De cette cuvée, on retient le nez expressif, vif, aux arômes débridés de litchi, de poire et d'agrumes, et la bouche nerveuse à l'attaque, puis souple, savoureuse, titillée par un léger perlant. Léger et fringant. ⧗ 2021-2023 **L'Inédit Muscat Sauvignon 2020 ★ (8 à 11 €; 50000 b.)** Beaucoup de gourmandise dans ce moelleux issu de deux cépages aromatiques : au nez comme en bouche, des notes croquantes de fruits blancs, d'anis et de fleurs, une douceur légère, une texture tendre et une agréable fluidité. ⧗ 2021-2024

VIGNOBLES JEANJEAN, BP 1, 34725 Saint-Félix-de-Lodez, tél. 04 67 88 80 21, brigitte.barreiro@vignobles-jeanjean.com V

DOM. LALAURIE Marselan 2019 ★★

	9000		5 à 8 €

Transmis depuis 10 générations, ce vaste domaine familial de 50 ha a démarré la mise en bouteilles à la propriété en 1974, sous l'impulsion de Jean-Charles et Catherine Lalaurie, épaulés depuis 2007 par leurs filles jumelles, Camille et Audrey. À sa carte, des vins en IGP.

Pas de fût mais beaucoup de fruit et de caractère dans ce 2019 qui fleure bon les fruits rouges mûrs et le cassis relevés de notes fumées et balsamiques. Ample et suave à l'attaque, flanquée de tanins gras et enrobés, la bouche déroule ses flaveurs cossues, épicées et ensoleillés. Du caractère. ⧗ 2022-2026

SARL JEAN-CHARLES LALAURIE, 2, rue Le-Pelletier-de-Saint-Fargeau, 11590 Ouveillan, tél. 04 68 46 84 96, lalaurie@domaine-lalaurie.com V *t.l.j. sf dim. 10h-12h30 15h-18h30*

DOM. LÉVÉJEAN
Chardonnay 2020 ★

	5000		5 à 8 €

Un domaine fondé en 1947 sur l'ancien lit de l'Orb, sur un terroir de graves réchauffé par le soleil méditerranéen. La famille Prades y cultive la vigne depuis 3 générations, aujourd'hui Alban et Michèle, à la tête d'une vaste propriété de 120 ha certifiée HVE.

Une robe lumineuse et un nez friand et énergique sur les fruits frais et le chèvrefeuille. Portée par une belle acidité, la bouche séduit par sa légèreté et par l'expression franche et directe du fruit. On peut l'ouvrir à l'apéritif. ⧗ 2021-2023

GAEC DES PEYRALS, chem. de la Plaine, 34490 Thézan-lès-Béziers, tél. 04 99 47 86 11, contact@domainelevejean.com V *t.l.j. sf dim. 9h-12h 15h-18h*

LA MADELEINE SAINT-JEAN
Cuvée La Maison Blanche 2020 ★

	10000		5 à 8 €

Domaine familial de 32 ha situé sur le territoire de Marseillan, petit port sur l'étang de Thau, à l'est du cap d'Agde. Max et Daniel Banq ont restructuré le vignoble. La cave de vinification, le chai et le caveau ont été aménagés à l'arrivée de la nouvelle génération. Jérémy s'est installé en 2002 après avoir fait ses classes en Languedoc, en Côte-Rôtie et à Saint-Émilion.

Un blanc qui coche toutes les cases du bon viognier et d'un usage bien pensé du chêne. Au nez, les notes de fruits à chair blanche et de fleurs blanches s'associent à un boisé vanillé sans outrance. Ample et tendre, arrondie par l'élevage, la bouche diffuse ces mêmes notes dans un ensemble dont on retient l'harmonie et la gourmandise. ⧗ 2021-2024 **Viognier 2020 ★ (5 à 8 €; 35000 b.)** Une robe jaune à reflets verts, un nez volubile, entre pêche et jasmin, une bouche bien en chair, confortable, qui diffuse sans réserve un fruit séduisant, le tout sans mollesse : un excellent viognier. ⧗ 2021-2023

SARL BANQ FRÈRES ET FILS, Dom. la Madeleine Saint-Jean, rue Édouard-Adam, 34340 Marseillan, tél. 04 67 26 12 42, sarlbanq@orange.fr V *t.l.j. 9h30-12h30 14h30-19h*

DOM. MARIÉ Les Callades Rousses 2020 ★

	4500		8 à 11 €

Après un passage dans le monde des SSII, Pascal Marié a opté en 2010 pour la vigne en reprenant un domaine de 65 ha, dont l'essentiel des raisins est confié à une cave coopérative, hormis un îlot de 5 ha vinifié par ses propres soins.

Rousses comme la couleur des galets qui parsèment le vignoble. 10 % de roussanne à l'appui du chardonnay dans ce 2020 au nez franchement lacté et crémeux. En écho, des saveurs très pâtissières imprègnent une bouche dodue, très charmeuse et facile à aimer. ⧗ 2021-2023

PASCAL MARIÉ, av. Notre-Dame-de-Rouviège, 34230 Puilacher, tél. 06 86 76 37 64, contact@domainemarie.com V *r.-v.*

DOM. PAUL MAS 1892 2020 ★★

	20000		5 à 8 €

Vigneron-négociant, Jean-Claude Mas dispose d'un vaste vignoble de plus de 600 ha en propre constitué par 4 générations, auxquels s'ajoutent les apports des vignerons partenaires (1 300 ha).

Mourvèdre et syrah associés dans ce rosé de classe qui a mis le jury d'accord. Un nez affriolant, volubile, saturé de fraise fraîche et de pamplemousse, annonce une bouche tout aussi «explosive», qui ne manque ni de puissance ni de chair ni de tension. Un savoureux mélange qui en fait un beau rosé de gastronomie. On frise le coup de cœur. ⧗ 2021-2022 ■ **Jean-Claude Mas Le Pioch Viognier 2020 ★★ (- de 5 €; 100 000 b.)** Une robe éclatante, un nez élégant qui diffuse de subtiles notes de jasmin et de fruits blancs : l'entame est prometteuse. Légère, tonique, d'une rondeur discrète, avec un soupçon de vanille à l'appui du fruit, la bouche ne déçoit pas, encore plus à ce prix. Remarquable. ⧗ 2021-2023

SARL D. PAUL MAS, rte de Villeveyrac, 34530 Montagnac, tél. 04 67 90 16 10, info@paulmas.com V t.l.j. sf dim. 10h-18h

MAS DU NOVI Lou Blanc 2020 ★

■	8000		11 à 15 €

Halte sur le chemin de Saint-Jacques-de-Compostelle au XIe s. et ancien noviciat de l'abbaye de Valmagne, le Mas du Novi possède un calvaire portant l'inscription «*Siste et ora viator*» : (Assieds-toi et prie, voyageur). C'est aujourd'hui un domaine de 100 ha, dont 42 de vignes en bio (conversion achevée pour toutes les surfaces en 2017), établi dans une couronne de garrigue offrant une vue surprenante sur la mer et l'étang de Thau.

Derrière une robe lumineuse, se dévoile le nez franc et fruité aux accents de poire et de pêche d'un chardonnay qui n'a pas vu de bois. Riche, charnue, vivifiée par une touche de citron, la bouche en impose par son volume et sa longue finale chaleureuse. Un bon chardonnay du Sud qui assume parfaitement ses rondeurs. ⧗ 2021-2023

SAS SAINT-JEAN DU NOVICIAT, D 5, rte de Villeveyrac, 34530 Montagnac, tél. 04 67 24 07 32, contact@masdunovi.com V t.l.j. 10h-18h en hiver; 10h-19h (été)

DOM. DE LA MÉTAIRIE D'ALON Le Village Pinot noir 2019 ★

■	21 000		8 à 11 €

Issu d'une famille de producteurs et négociants bourguignons, Laurent Delaunay, œnologue, après avoir créé Badet Clément & Cie, a racheté en 2005 l'affaire fondée en 1996 par l'œnologue australienne Nerida Abbott, créant ainsi sous le nom d'Abbotts & Delaunay une société de négoce-vinificateur spécialisée dans les vins du Languedoc-Roussillon. En 2015, Laurent Delaunay a racheté à Jean-Louis Denois, vigneron bien connu de Limoux, le Dom. de la Métairie d'Alon et ses 25 ha cultivés en bio.

Né d'un vignoble d'altitude et de sols argilo-calcaires, ce pinot noir diffuse des notes discrètes de fruits rouges et de grenadine sur un fond généreusement boisé. Le fruit gagne en intensité dans une bouche plutôt ciselée, élégante et qui se tend en finale sous l'effet de tanins encore serrés. Un court séjour en cave devrait les attendrir. ⧗ 2022-2025

ABBOTTS ET DELAUNAY, 32, av. du Languedoc, 11800 Marseillette, tél. 04 68 24 00 00, contact@abbottsetdelaunay.com V r.-v.

LAURENT MIQUEL La Croix Lagrasse 2018 ★★

■	5308		15 à 20 €

Henri Miquel, qui fut président de l'AOC saint-chinian, cultive avec son fils Laurent un vaste et ancien domaine de 140 ha, le plus grand de l'AOC : le Ch. Cazal Viel, propriété de l'abbaye de Fontcaude jusqu'à la Révolution française et entré dans la famille Miquel en 1791. Laurent a aussi acquis en 2009 le Dom. les Auzines dans les Corbières (170 h) et créé une structure de négoce en 2000, qui diffuse les vins de ces propriétés ainsi que d'autres domaines.

Une cuvée parcellaire (lieu-dit La Croix) produite au compte-goutte qui met en avant les charmes d'un chardonnay élevé pour partie sous bois, sur lies et avec bâtonnage. Des notes fumées et iodées donnent beaucoup d'agrément à un nez marqué par les fruits verts. Les agrumes montent en puissance dans une bouche volubile, précise, effilée, très tonique, où l'élevage se fait discret. Fin, frais, d'un équilibre plutôt nordique, il frôle le coup de cœur. ⧗ 2021-2025

SAS LAURENT MIQUEL, hameau Cazal-Viel, 34460 Cessenon-sur-Orb, tél. 04 67 89 74 93, caroline@laurent-miquel.com V t.l.j. sf sam. dim. 9h-12h 13h-17h; visite des caves sur r.-v.

DOM. MIRABEL Loriot 2020 ★

■	5300		11 à 15 €

Les frères Feuillade, Samuel et Vincent, travaillent ensemble et en bio les quelque 15 ha du domaine. Les meilleures parcelles sont situées à la limite nord de l'aire d'appellation du pic Saint-Loup, sur un terroir d'éboulis d'éclats calcaires s'étalant entre Corconne et Brouzet-lès-Quissac.

Le petit manseng fait toute l'originalité de cet assemblage (viognier, roussanne) dont le nez diffuse des notes intenses de fleurs et de fruits jaunes. Bien ronde et riche à l'entame, enrichie d'une touche de fruits secs, la bouche ne faiblit pas et rebondit sur une pointe acidulée qui donne ce qu'il faut de tonus. Un blanc complet, bien du Sud, mais énergique. ⧗ 2021-2024

SARL FEUILLADE PÈRE ET FILS, Dom. Mirabel, 30260 Brouzet-lès-Quissac, tél. 06 22 78 17 47, domainemirabel@neuf.fr V r.-v.

MISS ANAÏS 2020 ★

■	200 000		- de 5 €

Le groupe Jean d'Alibert-Chantovent est une union de producteurs du Minervois constituée en 1993. Il regroupe 6 caves, ce qui représente 1 200 vignerons et 6 000 ha. À sa carte, des vins en AOP (minervois, languedoc) et en IGP. Jean d'Alibert? Un religieux de la région de Caunes-Minervois qui, au XVIe s., participa au développement des vignobles languedociens.

Drapée d'une robe légère, délicatement parfumée (fleurs blanches et agrumes), Miss Anaïs séduit par sa bouche franche et directe, au juste équilibre entre souplesse et fraîcheur. «Bien sous tout rapport», résume le jury. ⧗ 2021-2023

SA CHANTOVENT, quai du Port-au-Vin, 78270 Bonnières-sur-Seine, tél. 01 30 98 59 10, goudart@chantovent.fr

♥ DOM. LE NOUVEAU MONDE
Carabènes 2019 ★★

| 8000 | | 5 à 8 € |

Ce vignoble de 20 ha, en bio certifié depuis 2020, établi au sud de Béziers, est la propriété de la famille Borras-Gauch depuis plusieurs générations. Il est situé entre mer et étang, sur une terrasse villafranchienne de galets roulés mêlés à l'argile rouge, et sous l'influence de la Méditerranée. Anne-Laure, œnologue, et Sébastien Borras, restaurateur, en ont pris les commandes en 2003.

Carabènes ? «Roseaux» en patois, ceux qui entourent la parcelle dont provient cette syrah d'une gourmandise insolente. Derrière une robe violine, se dévoilent des senteurs toniques de violette, de menthol, de fruits frais et de poivre. Aucun creux dans une bouche qui ne faiblit pas d'un bout à l'autre de la dégustation : un corps consistant, très doux au toucher, flanqué de tanins croquants qui diffuse sans retenue ce fruit frais et très épicé. Harmonieux, fin, frais, long, sans une once d'austérité. ⧗ 2021-2025

SCEA GAUCH, Dom. le Nouveau Monde, av. du Port, 34350 Vendres, tél. 04 67 37 33 68, info@nouveaumonde.com V r.-v.

DOM. PREIGNES LE VIEUX
Prestige Petit Verdot 2019 ★★

| 12000 | | 5 à 8 € |

Entre Agde et Béziers, un terroir mis en valeur depuis les Romains, un château fortifié et aujourd'hui un vignoble de 200 ha d'un seul tenant (certifié HVE), qui s'étend en pente douce sur les coteaux du Libron. Le domaine a été acquis en 1905 par l'arrière-grand-père de la génération actuelle, ouvrier agricole enrichi par la distillation et le négoce du vin. Depuis 1990, il est conduit par Jérôme Vic, rejoint par Aurélie qui vinifie.

Ce vieux cépage bordelais affectionne le soleil du Languedoc. La preuve avec 2019 au nez détendu, d'une belle complexité, qui associe les fruits noirs bien mûrs à des nuances d'épices douces, d'humus et d'eucalyptus. Velouté, onctueux, le palais séduit franchement, tout comme les tanins parfaitement affinés qui renforcent encore la douceur de l'ensemble. Sensuel, infusé d'épices et de fruits noirs, rafraîchi par les plantes aromatiques, il a enthousiasmé le jury. On peut l'ouvrir sans attendre. ⧗ 2021-2025

SCEA PREIGNES LE VIEUX, Dom. Preignes le Vieux, 34450 Vias, tél. 04 67 21 67 82, contact@preignes.com V r.-v.

DOM. LA PROVENQUIÈRE
Peché Coquin 2020 ★

| 50000 | | 5 à 8 € |

Datant du XVᵉs. le domaine, situé près de Béziers, a été transformé dans son état actuel par Paul Teissonière, conseiller de Napoléon III, qui l'acquit en 1860. Depuis 1954 il est la propriété de la famille Robert qui veille sur un vignoble de 155 ha.

Le domaine fait son retour dans le Guide avec un rosé de bon goût à dominante de cinsault. Derrière une robe très légère, un nez élégant et floral, sans outrance. La même délicatesse de fruit s'épanouit dans une bouche à la fois bien en chair et acidulée. ⧗ 2021-2022

SCEA DOM. LA PROVENQUIÈRE, RD 39, 34310 Capestang, tél. 04 67 30 54 73, contact@provenquiere.com V t.l.j. sf dim. 9h-12h 14h-18h

Ⓑ DOM. RICARDELLE DE LAUTREC
Robert Nature 2019 ★★

| 5000 | | 11 à 15 € |

Longé par l'antique voie Domitienne, un domaine familial fondé en 1830 au carrefour des terroirs de la Clape, du Minervois et des Corbières. Après en avoir pris la tête en 1970, Lionel Boutie l'a converti à l'agriculture biologique en 1999. Son vignoble s'étend aujourd'hui sur 45 ha et produit des vins en IGP.

Pas de soufre ajouté dans ce caladoc (un croisement entre grenache noir et malbec) très gourmand. Au nez, des arômes de fruits rouges nuancés de poivre blanc et d'une touche discrètement animale. En bouche, de la rondeur, des tanins fins et un fruit généreux qui se teinte de notes florales. Convivial. ⧗ 2021-2024

SAS BOUTIÉ, Dom. Ricardelle de Lautrec, 11110 Coursan, tél. 06 12 48 00 27, ricardelledelautrec@gmail.com V t.l.j. sf dim. 8h-12h 13h-17h

DOM. RIVES-BLANQUES
Chardonnay 2020 ★

| 15000 | | 8 à 11 € |

Ce domaine de 30 ha (dont 20 de vignes en conversion bio) est établi dans une zone protégée Natura 2000, à la croisée des influences méditerranéennes et océaniques. Un couple anglo-hollandais, les Panman, a pris la suite en 2001 d'Érick Vialade, resté sur l'exploitation pour former le fils des nouveaux propriétaires, Jan Ailbe, arrivé aux commandes du chai en 2017.

Une larme de chenin (5 %) dans ce chardonnay brièvement élevé en cuve. Des notes mentholées animent un nez centré sur les fruits verts et frais. De la bouche, on retient son attaque tendre puis sa droiture, son fruit tonique et sa finale acidulée. ⧗ 2021-2023

SARL JAXA, Dom. Rives-Blanques, plaine de Roquefort, 11300 Cépie, tél. 04 68 31 43 20, info@rives-blanques.com V r.-v.

VILLA BLANCHE Viognier 2020 ★★

| 40000 | | 8 à 11 € |

Laurent Calmel, œnologue, s'est associé avec Jérôme Joseph pour fonder en 1995 une maison de négoce spécialisée dans les vins de terroir du Languedoc-Roussillon. Le duo a lancé son étiquette en 2007. Il sélectionne les parcelles, vinifie et élève les cuvées.

Tout est séduisant dans ce viognier qui ne souffre d'aucune mollesse : la robe aux reflets jaune paille, le nez ouvert sur les agrumes et les fleurs blanches qui laissent une singulière sensation de fraîcheur, la bouche généreuse et charnue, animée d'une note grillée, qui donne à croquer un fruit ample et savoureux. ⧗ 2021-2023

■ **Le Sentier Pinot noir 2019 ★ (11 à 15 €; 10 000 b.)** Ⓑ Un joli nez de pinot, sur la framboise et les épices douces réhaussées d'une note balsamique, une bouche détendue, souple, onctueuse, fraîche, raffermie par des tanins sans austérité : harmonieux, épicé, gourmand. ⧗ 2021-2024

SARL CALMEL ET JOSEPH, chem. de la Madone, 11800 Montirat, tél. 04 68 72 09 88, contact@calmel-joseph.com V r.-v. Ⓔ

♥ DOM. DE VIRANEL
Viognier 2020 ★★★

■	35 000		8 à 11 €

Histoire familiale et patrimoine se transmettent depuis 1551 sur cette propriété en terrasses dominant la vallée de l'Orb, dans l'aire du saint-chinian. Depuis 2012, la dernière génération, représentée par Arnaud et Nicolas Bergasse, conduit le vignoble qui couvre aujourd'hui 40 ha.

Premier coup de cœur pour ce domaine abonné au Guide. Il le doit à ce viognier brièvement élevé en cuve et sur lies. Une robe d'un jaune vif, un nez éclatant, aussi frais que fruité qui décline les notes classiques d'un viognier vendangé à juste maturité : l'entame séduit. L'acacia, les fruits jaunes et les agrumes infusent longuement une bouche qui brille par sa rondeur jamais pesante et par sa texture enveloppante. Un trait de fraîcheur met la dernière touche à cette composition parfaite. « Un régal », résume le jury. ⧗ 2021-2024

GFA DE VIRANEL, rte de Causses-et-Veyran, 34460 Cessenon-sur-Orb, tél. 04 67 89 60 59, secretariat@viranel.fr V r.-v.

DOM. LES YEUSES
L'Allée d'Oliviers 2019 ★★

■	7 000		8 à 11 €

Située entre le littoral et la garrigue méditerranéenne, cette propriété d'origine templière (XIIIe s.) doit son nom à une forêt de chênes verts (Yeuses) qui a aujourd'hui pratiquement disparu, remplacée par une allée d'oliviers menant à la cour du domaine. Dans la famille Dardé depuis 1977, elle couvre 80 ha. À sa tête, Jean-Paul et Michel Dardé, rejoints par leurs enfants Sylvain et Magali, proposent une large gamme de vins en IGP.

Un assemblage très rive droite (cabernet franc et merlot), dont le nez d'abord taiseux libère à l'aération de douces notes de fruits rouges surmûris et d'épices. On les retrouve plus détendues dans une bouche de bonne intensité, appuyée sur tanins sans dureté, qui soigne la rondeur, la souplesse et l'expression du fruit, et qui s'entiche d'une note de tabac et de chocolat. ⧗ 2021-2025

■ **Ô d'Yeuses 2019 ★★ (8 à 11 €; 15 000 b.)** Le marselan et le cabernet franc forgent le caractère de ce 2019 dont le nez marie les fruits noirs mûrs et les épices, girofle en tête, d'un passage en fût. La violette et le Zan s'invitent dans une bouche capiteuse, bien élevée, à la rondeur un peu sucrée, qui intègre sans mal des tanins de qualité. Un rouge intense, complet et harmonieux. ⧗ 2021-2025

GAEC DU DOM. LES YEUSES, rte de Marseillan, 34140 Mèze, tél. 04 67 43 80 20, contact@lesyeuses.fr

IGP SABLE DE CAMARGUE

♥ DUNE Gris de gris 2020 ★★★

■	900 000		5 à 8 €

En 1952, la cave particulière Les Sablons, située non loin des remparts d'Aigues-Mortes, devient cave coopérative et prend le nom de Sabledoc en 1987. Équipée d'un outil de vinification à la pointe de la technologie, elle vinifie le fruit de quelque 450 ha de vignes plantées sur des sables éoliens par une centaine de coopérateurs.

Une belle robe pâle saumonée typique de l'appellation à l'entame de cette dégustation qui aura pour le moins enthousiasmé le jury. Ce dernier a aimé la pureté d'un nez qui fleure bon les agrumes, les fruits exotiques et les petites baies rouges. Il s'est emballé pour une bouche tonique et très fraîche à l'attaque, qui déroule ensuite sa matière ample mais légère, infusée de fruits rouges jusqu'en finale. Irrésistible. ⧗ 2021-2022

SCA SABLEDOC, caveau Les Sablons, rte d'Arles, 30220 Aigues-Mortes, tél. 04 66 53 75 20, sabledoc@wanadoo.fr V *t.l.j. 9h-12h 14h-18h*

♥ Ⓑ DOM. DE MONTCALM
Prestige 2020 ★★

■	68 000		5 à 8 €

Après les graves attaques de phylloxéra dans le vignoble français, Louis Prat-Noilly, qui avait constaté que la maladie épargnait les terroirs sableux, racheta à la fin du XIXe s. cette ancienne propriété du marquis de Montcalm. En 1905, les vignes s'étendent alors sur une superficie de 305 ha. Aujourd'hui, le domaine compte une superficie de 60 ha conduits en agriculture biologique.

Un peu de merlot épaule le grenache et la syrah dans ce rosé porté au pinacle par les jurés. Nectarine, framboise fraîche, fleurs, ananas, bonbon anglais et poire, le nez a fait causer. Moins que la bouche cependant, qui offre toute la rondeur et l'amplitude que l'on attend des rosés de Camargue, mais avec cette noblesse de texture, cette fraîcheur immaculée et cette longue persistance qui font la différence. En un mot « remarquable ». ⧗ 2021-2022

SCEA VIGNOBLES JEANJACQUES, Dom. de Montcalm, 197, rue du Château, 30600 Montcalm, tél. 04 66 73 51 52, domainedemontcalm@hotmail.fr V *t.l.j. 8h-18h30*

DOM. DU PETIT CHAUMONT
Gris de gris 2020 ★★

| 120 000 | | 5 à 8 € |

Vignerons de père en filles, la famille Bruel a totalement reconstruit le vignoble et la cave du domaine, détruits et minés pendant la Seconde Guerre mondiale. Entre mer et étangs, le domaine s'étend sur 120 ha de vignes d'un seul tenant, entourant les bâtisses de la fin du XIXᵉs., et cultivés en bio.

Des reflets saumonés égayent la robe pâle de ce «gris» dont le nez fringant décline les agrumes et les fruits rouges acidulés. Une même fraîcheur anime une bouche légère, toute en vivacité, dont la petite amertume finale disparaîtra à table. ⧗ 2021-2022

GAEC BRUEL, Le Petit Chaumont, 30220 Aigues-Mortes, tél. 04 66 53 60 63, gaecbruel@nordnet.fr V t.l.j. sf dim. 9h-12h 15h-18h

DOM. TERRES DE SABLE
Nuits bleues 2020 ★★

| 20 600 | | 5 à 8 € |

Signalé sur les cartes dès 1809, c'est l'un des domaines les plus anciens de la petite Camargue. Il cultive en bio depuis 20 ans 27 ha de vignes entièrement situés sur les sables.

Une robe saumonée, un nez d'abord discret qui libère progressivement ses notes d'agrumes et d'acacia, une bouche ample, vive et gourmande qui se teinte de fruits blancs, prolongée par un trait de citron en finale : du classique, mais du très bon classique. ⧗ 2021-2022

SCEA TERRES DE SABLE, lieu-dit Corbière, 30220 Aigues-Mortes, domaine@terresdesable.com V r.-v.

IGP SAINT-GUILHEM-LE-DÉSERT

DOM. L'AIGUELIÈRE Pégase 2019 ★

| 4 200 | | 30 à 50 € |

Issu d'une ancienne famille de vignerons de Montpeyroux, Aimé et Auguste Commeyras rencontrent, il y a de cela plus de trente ans, le docteur Pierre-Louis Teissedre, actuellement professeur d'œnologie à l'Université de Bordeaux, avec qui ils créent ce domaine en 1986. Leurs héritiers Pierre-Louis Teissedre, Christine (la fille d'Aimé), Auguste (le frère cadet), son épouse Claude et le petit-fils Antoine sont aujourd'hui aux commandes de 18,5 ha de vignes, en conversion bio depuis 2018.

Une cuvée haut de gamme 100 % cabernet-sauvignon, élevée un an en fût. La robe en tire sa profondeur et le nez ses accents de fruits noirs compotés, de réglisse et de mine de crayon. Ronde à l'entame, la bouche dévoile une matière concentrée adossée à des tanins de belle facture, fermes mais parfaitement enrobés par l'élevage. De longue garde assurément. ⧗ 2024-2030

SCEA DOM. L' AIGUELIÈRE, 2, pl. du square Michel-Teisserenc, 34150 Montpeyroux, tél. 07 50 04 98 31, contact@aigueliere.com V t.l.j. 9h30-12h 14h-17h30; sam. dim. sur r.-v.

LA BERGERIE DE FENOUILLET
Val de Montferrand La Hulotte 2020 ★

| 1500 | | 8 à 11 € |

Après une longue carrière dans l'entreprise familiale de négoce, Toni Schuler a quitté la Suisse pour racheter en 1998 une vieille bâtisse du XIIᵉs. et ses 140 ha de terres. Depuis 2002, Michel Wack gère le domaine et son vignoble de 30 ha.

Un blanc éclatant qui associe 4 cépages. Fleurs blanches, nougat, touche muscatée, le nez volubile annonce une bouche explosive, tendre, vive, longue, parfumée de bout en bout et soulignée d'un touche minérale du meilleur effet. ⧗ 2021-2023

SARL BERGERIE DE FENOUILLET, 3, chem. de Fenouillet, 34270 Vacquières, tél. 06 20 77 61 76, bergeriedefenouillet@orange.fr V r.-v.

DOM. DE CAPION Cabernet-sauvignon 2018 ★★

| 2600 | | 20 à 30 € |

Dans la vallée du Gassac, entre Aniane et Gignac, sur un terroir de petits cailloutis calcaires entourés de bois et garrigues, le Ch. Capion exploite 35 ha de vignes en conversion vers l'agriculture biologique. Un domaine géré depuis 2016 par Philippe Morel, qui propose tout au long de l'année expositions, concerts et soirées thématiques.

Derrière une robe framboise, un nez de cerise compotée et de fruits confits qui montre la belle maturité du cabernet-sauvignon, seul à l'œuvre dans cette cuvée. S'ensuit une bouche intense, confortable, subtilement épicée par l'élevage en fût et cadrée en douceur par des tanins sans raideur. Du caractère et de l'élégance. ⧗ 2021-2025

SARL CH. CAPION, chem. de Capion, 34725 Aniane, tél. 04 67 57 71 37, contact@chateaucapion.com V t.l.j. sf lun. dim. 10h-12h 14h-17h

DOM. CAUSSARELLE
Val de Montferrand Tête de mule 2019 ★★

| 5000 | | 8 à 11 € |

Après une première carrière dans un bureau d'étude, Maxence Panchau, fils de vigneron, crée à 32 ans le Dom. Caussarelle, à Vacquières dans l'Hérault (là où il est né), grâce au financement participatif de Terra Hominis. Ses 116 «associés» lui ont permis d'acquérir 6 ha d'un seul tenant, plantés en cépages rouges uniquement et en conversion bio.

Ce merlot livre un nez original, expressif, aux tonalités sauvages de gibier et de garrigue sur fond de fruits noirs frais. La bouche ne perd rien en fruit et en fraîcheur et y ajoute de la chair, des tanins fins et fermes et une longueur remarquable. Délicieux dès à présent sur un carré d'agneau. ⧗ 2021-2024

MAXENCE PANCHAU, Dom. Caussarelle, 14, chem. des Cammaous, 34270 Vacquières, tél. 06 75 94 20 13, panchau.maxence@gmail.com V r.-v.

LYV Adimant 2020 ★★

| 46 066 | | 5 à 8 € |

Lyv est une marque de négoce centrée sur le Languedoc créée en 2016 par la maison Jeanjean (groupe Advini). Les vins sont vinifiés par Iain Munson, œnologue et Master of Wine.

LANGUEDOC

Un pressurage direct de grenache blanc et de sauvignon a donné naissance à ce blanc fringant et élégant, au nez printanier qui sent bon l'acacia. Très pure, parfumée, d'un équilibre parfait entre rondeur et fraîcheur, la bouche a enchanté le jury. Du travail soigné. On l'ouvre dans sa jeunesse pour profiter de l'éclat du fruit. ⧗ 2021-2023

SA ADVINI, av. de l'Enclos, 34725 Saint-Félix-de-Lodez, tél. 04 67 88 96 67, laura.stabarin@maison-jeanjean.com

DOM. DE MASSILLAN Premier regard 2020 ★

■	4500	▮	5 à 8 €

Ce domaine situé au nord-est de Montpellier, non loin du pic Saint-Loup, est dans la famille Reboul depuis 7 générations. Quelque 50 ha de vignes constituent une oasis de verdure aux portes de l'agglomération héraultaise.

Derrière une robe d'un jaune brillant, un nez ouvert sur les fleurs blanches, la pêche et les épices douces. On retrouve cette palette dans une bouche souple, douce et tonique, sans aucune faute de goût. Archétype du bon chardonnay (85 %) du Sud. ⧗ 2021-2023

SCEA DOM. DU MASSILLAN, D 67, 34920 Le Crès, tél. 04 67 04 46 76, guillaume@massillan.fr V *t.l.j. sf dim. 10h-12h 15h-19h*

VIGNOBLES DES TROIS CHÂTEAUX
Guillaume le Grand 2020 ★★

■	20000	▮	5 à 8 €

Fondée en 1950, la cave coopérative de Saint-Mathieu-de-Tréviers, établie au pied du pic Saint-Loup, exploite un vaste vignoble de 800 ha qui couvre le tiers de l'appellation dont une partie en bio. La gamme est large et balaie, outre l'AOC pic-saint-loup, les terrasses-du-larzac et les IGP locales.

Une assemblage bordelais (merlot, cabernet-sauvignon) en forme dans ce 2018 au nez typé, entre fruits rouges, prune et poivron rouge. Une touche d'épices douces enrichit cette palette dans une bouche souple et déliée, dotée d'une agréable vivacité et de tanins un brin fermes mais sans raideur. Un rouge énergique pour de belles grillades. ⧗ 2021-2024

SAS VIGNOBLES DES TROIS CHÂTEAUX, 140, av. des Coteaux-de-Montferrand, 34270 Saint-Mathieu-de-Tréviers, tél. 04 67 55 81 19, vignoble@coteaux-du-pic.com V *t.l.j. sf lun. dim. 9h30-12h30 14h-18h*

IGP TORGAN

B **DOM. BERTRAND-BERGÉ** Le Méconnu 2020 ★

■	4600	▮	8 à 11 €

À l'instar de son aïeul Jean Sirven, qui vinifiait son vin à la fin du XIXe s., Jérôme Bertrand a quitté la coopérative en 1993 pour élaborer ses propres vins. Il a cru très tôt dans la qualité des terroirs rudes de Fitou, a élevé et valorisé les vins du cru, puis hissé son domaine (36 ha) parmi les grands. Depuis la récolte 2011, le vignoble est conduit en bio certifié.

Une IGP confidentielle mais dignement représentée par ce muscat allègre. Au nez, des notes très croquantes de poire et de pêche; en bouche, une rondeur légère, un fruit très pur dont l'intensité ne faiblit pas et une fraîcheur préservée. L'archétype du bon vin blanc d'été. ⧗ 2021-2023

SCEA DOM. BERTRAND-BERGÉ, 38, av. du Roussillon, 11350 Paziols, tél. 04 68 45 41 73, bertrand-berge@wanadoo.fr V *t.l.j. 9h-12h 14h-18h* C

IGP VALLÉE DU PARADIS

DOM. HAUT GLÉON 2019 ★

■	2800	▮	8 à 11 €

De vieilles pierres bien restaurées, aujourd'hui destinées à l'hébergement des visiteurs, une piscine au milieu de 260 ha de garrigue : ce domaine, havre de paix à l'entrée de la vallée de Paradis, non loin de Durban-Corbières, a développé l'œnotourisme. Quelques oliviers, et surtout de la vigne (35 ha de vignes). La propriété a été rachetée en 2012 par les Vignobles Foncalieu.

Un domaine régulièrement présent dans le Guide, dans les trois couleurs. On retient cette année ce rouge classique, né de grenache et de syrah, qui a pour lui un nez solaire de fruits rouges bien mûrs et d'épices douces, et une bouche généreuse, charnue, appuyée sur des tanins fermes mais fins. Convivial mais sérieux, parfait sur une viande saignante. ⧗ 2021-2024

SASU CH. HAUT GLÉON, lieu-dit Gléon, 11360 Villesèque-des-Corbières, tél. 04 68 48 85 95, contact@hautgleon.com V 5

IGP VICOMTÉ D'AUMÉLAS

DOM. MARIÉ Les Rieux 2018 ★★

■	1900	◍ ▮	20 à 30 €

Après un passage dans le monde des SSII, Pascal Marié a opté en 2010 pour la vigne en reprenant un domaine de 65 ha, dont l'essentiel des raisins est confié à une cave coopérative, hormis un îlot de 5 ha vinifié par ses propres soins.

La puissance : le maître-mot de cette pure syrah issue de sols de graves et élevée 18 mois en fût. Au nez, des arômes intenses et très mûrs de fruits rouges en confiture et d'épices douces. En bouche, du corps, de l'ampleur, un fruit plus nettement marqué par le chêne (coco et vanille) et des tanins costauds mais bien proportionnés. Un gros et beau caractère qui devra s'assagir en cave. ⧗ 2023-2028

PASCAL MARIÉ, av. Notre-Dame-de-Rouviège, 34230 Puilacher, tél. 06 86 76 37 64, contact@domainemarie.com V *r.-v.* E

DOM. DE PUILACHER Ellipse 2015 ★★

■	2400	◍	20 à 30 €

Propriété de la famille Fages depuis le XVIe s., ce domaine de 38 ha doit son nom au village éponyme où il est établi.

Le charme de la maturité dans ce 2015 né de syrah et de carignan, au nez ouvert sur la cerise confite, le sous-bois et les épices douces. Un fruit compoté que l'on retrouve dans une bouche riche et fondue, joliment patinée par le temps mais nullement fatiguée. ⧗ 2021-2024

SCEA DOM. DE PUILACHER, 70, av. Notre-Dame-de-Rouviège, 34230 Puilacher, tél. 04 67 96 72 33, contact@domainedepuilacher.fr V *t.l.j. sf sam. dim. 9h-12h 14h-17h*

ROUSSILLON

Le Roussillon
selon Margot

Rouge aux Lèvres

Le vignoble des extrêmes. Entre mer et montagne, entre nouveaux et anciens vignerons, le Roussillon réunit en peu d'hectares une combinaison surprenante de cépages et de sols. Ce qui me plaît, c'est qu'il est encore possible de trouver des bons plans dans les trois couleurs. Mention spéciale pour les vins doux naturels : je suis fan des maury et des banyuls, au top en apéro ou avec un dessert au chocolat (mon péché mignon).

• Ma reco œnotourisme

Mon *trip* préféré est de parcourir la côte, sur la magnifique route de la Corniche, qui va de Collioure à Cerbère, en passant par Banyuls et Port-Vendres. Après avoir passé quelques heures, les pieds dans le sable, dans cette réserve naturelle sublime, une pause-dégustation est bienvenue au Clos des Paulilles. Incontournable.

Le bonheur est dans la vigne

Vignerons catalans Tautavel Signature 2018 (côtes-du-roussillon-villages)

Un collectif de vignerons dont j'aime la cohérence de la gamme proposée, l'effort de valorisation des terroirs et les prix sages. Ce très joli tautavel Signature en est un exemple.

Domaine Olivier Pithon Laïs 2019 (IGP côtes-catalanes)

Un vigneron mythique, engagé dans la biodynamie, qui a fait connaître le Roussillon comme une grande terre de vins. En rouge comme en blanc tout est délicieux !

Domaine de Vénus Passions 2015 (côtes-du-roussillon-villages)

Dès que je le vois à la carte d'un resto, je choisis sans hésiter ce vin tout en chair. Mais tous les vins de ce domaine méritent attention : l'élégance est leur point commun. Ils sont élaborés par une équipe de passionnés.

LE ROUSSILLON

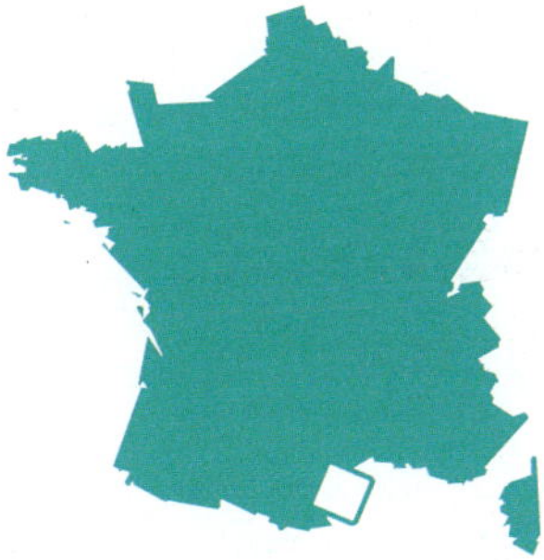

Le Roussillon viticole, qui correspond au département des Pyrénées-Orientales, est un vaste amphithéâtre aux terroirs multiples, cerné de massifs montagneux, une sorte d'île terrestre bordée au nord par les Corbières, par le massif du Canigou à l'ouest, par les Albères au sud et, à l'est, par la Côte Vermeille et ses vignobles plongeant dans la Méditerranée. Le tout balayé par la Tramontane.
Il est très proche du Languedoc voisin par son climat méditerranéen, son histoire, son encépagement très varié et les styles de vins. La différence est avant tout culturelle : le Roussillon est en majeure partie catalan.
La production du plus méridional des vignobles de France se partage entre de superbes vins doux naturels, qui ont fait sa réputation, et des vins secs : rouges aux multiples facettes, rosés généreux et, de plus en plus, blancs vifs.

Narbonne
Nord
LANGUEDOC
CORBIÈRES
Fitou
Étang de Leucate
1a
1
Maury
Tautavel
Lesquerde
1b
1
1c
Rivesaltes
1
Latour-de-France
côtes-du-roussillon
côtes-du-roussillon
MER MÉDITERRANÉE
Caramany
1d
1
1
Perpignan
ROUSSILLON
côtes-du-roussillon
Collioure
MASSIF DU CANIGOU
Banyuls-sur-Mer
ALBÈRES
banyuls
banyuls grand cr
et collioure
PYRÉNÉES
ROUSSILLON Région viticole
rivesaltes et muscat-de-rivesaltes
maury
1 côtes-du-roussillon-villages
1a Tautavel
1b Lesquerde
1c Latour-de-Franc
1d Caramany
ESPAGNE
20 km

Le **vigneron** de l'année

Thierry et Jean-Emmanuel **Parcé**

(Domaine de la Rectorie)

Bien connu des amateurs de vins du Roussillon, le Domaine de la Rectorie est mené avec brio et sensibilité par la famille Parcé. Il obtient un coup de cœur pour sa cuvée de collioure blanc L'Argile 2019. Une année qui a marqué le 10e millésime de Jean-Emmanuel Parcé, qui a rejoint son père Thierry à la co-gérance. Jean-Emmanuel revient sur son métier qui demande « d'avoir plusieurs cordes à son arc ».

• Le travail d'équipe, en famille, est un des points sur lequel le domaine insiste. Comment s'organise votre activité ?

Je partage mon temps entre la vigne, la cave et la vente. Mon père Thierry est un pro de la vigne et de la cave aussi. Mon cousin Clément travaille avec moi en cave. Mon oncle, Pierre, s'occupe de la vente aux particuliers. Nous avons dans l'équipe Emilio qui s'occupe de la vente à l'export et qui m'aide aussi en vinification. De plus, trois personnes travaillent à temps plein dans la vigne.

• Vous êtes co-gérant du domaine avec votre père. Quand avez-vous pris les commandes ?

En 2010, après un BTS en viticulture-œnologie et quelques stages. Auparavant, je me suis consacré pendant quelques années à mes activités de peintre et de sculpteur à Paris. J'avais très envie de replonger dans le monde du vin. Je « baigne » dans le domaine depuis que je suis tout petit.

• 2019 a donc été votre 10e millésime. Qu'est ce qui a évolué au domaine pendant cette période ?

J'ai d'abord souhaité suivre la même direction que mon père, sans faire de révolution. Mais j'ai pu apporter certaines choses avec la création de la cuvée Barlande, une cuvée parcellaire, ou encore Col de Perdigué, une cuvée de syrah, en isolant des terroirs particuliers. L'autre évolution, c'est la conversion bio. Nous adaptons nos parcelles dans ce sens notamment pour faire passer le cheval. Cela signifie aussi une réduction de notre surface pour pouvoir tout convertir en bio. Il nous faudra encore cinq ans pour y parvenir.

L'objectif est d'être à 20 ha, contre 34 aujourd'hui, pour bien maîtriser la vigne. Parallèlement, je m'occupe du domaine que j'ai créé en 2017 à Aniane, La Chapelle Saint-Mathieu, en bio.

• Quelles sont les caractéristiques de cette cuvée de collioure blanc L'Argile 2019 ? Et d'où vient son nom ?

Cette cuvée a été créée en 1993. Mon père a été l'un des précurseurs des collioure blancs secs. Il aime beaucoup les blancs bourguignons. Il s'est rendu compte qu'il y avait ici de bons terroirs à blancs de garde, notamment avec les grenaches gris, qui apportent de la tension. Nous récoltons mi-août et vinifions en barrique de 225 et 400 litres avec très peu de bois neuf. Nous procédons à des élevages sur lies. La cuvée est mise en bouteille au mois d'avril. À l'origine, elle provenait d'une seule parcelle au lieu-dit L'Argile, où il y avait pas mal d'argile. Aujourd'hui, d'autres parcelles entrent dans l'assemblage, avec une dominante de schiste. Les vignes sont âgées de 90 à 140 ans.

Le coup de cœur

Collioure L'Argile 2019

Le **Roussillon** en un clin d'œil

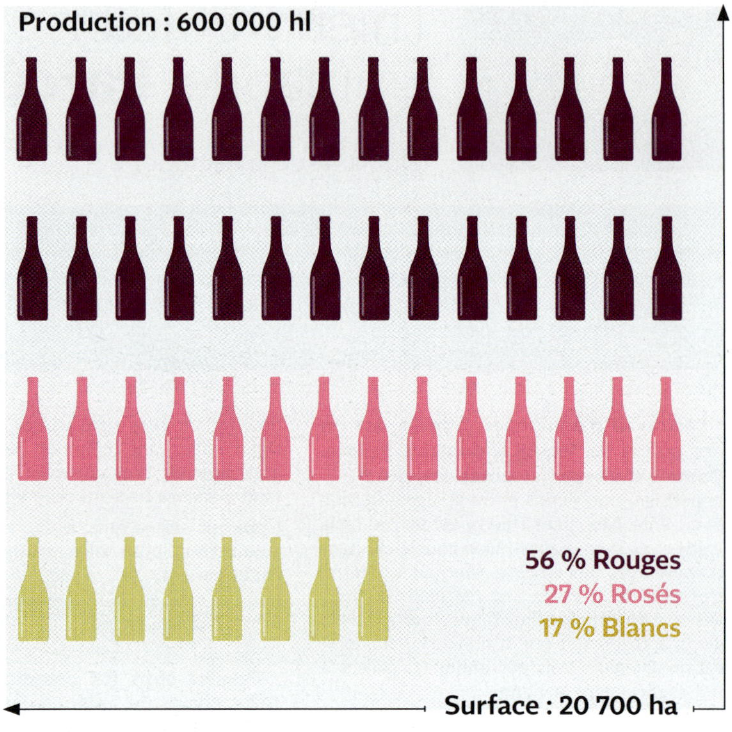

Types de vins

Principaux **cépages**

Grenache noir	Syrah	Carignan
Mourvèdre	Lledoner pelut	Grenaches gris et blanc
Macabeu	Malvoisie du Roussillon	Roussanne
Marsanne	Vermentino	Muscats à petits grains et d'Alexandrie

Hiérarchie des vins

1 AOC RÉGIONALE
(côtes-du-roussillon)

1 AOC SOUS-RÉGIONALE
(AOC côtes-du-roussillon-villages), éventuellement spécifiée par l'une des 5 dénominations (Tautavel, Lesquerde, Latour-de-France, Caramany, Les Aspres)

2 AOC COMMUNALES
(collioure, maury sec)

5 AOC VINS DOUX NATURELS
(rivesaltes, muscat-de-rivesaltes, maury, banyuls et banyuls grand cru)

3 IGP (côtes catalanes, côte vermeille, oc) : 40 % des volumes de vins secs produits

Un peu d'**histoire**

- **VIIe s. av. J.-C. :** implantation de la vigne sous l'impulsion des marins grecs attirés par les richesses minières de la côte.
- **XIIIe s. :** essor de la viticulture. Mise au point de la technique du mutage des vins à l'alcool par Arnaud de Villeneuve, médecin et professeur à l'université de Montpellier.
- **XIXe s. :** développement du vignoble.
- **1863 :** crise du phylloxéra, puis de l'oïdium. Le vignoble de plaine est détruit en partie. Nouvelles plantations en coteaux. Production de vins légers destinés au coupage avec les vins d'Afrique du Nord. Les vins doux naturels servent de matière première à l'élaboration d'apéritifs aromatisés.
- **1936 :** reconnaissance en AOC des vins doux naturels.
- **1971 :** reconnaissance de l'AOC collioure.
- **1977 :** reconnaissance de l'AOC côtes-du-roussillon et côtes-du-roussillon-villages.

▶ CÔTES-DU-ROUSSILLON ET CÔTES-DU-ROUSSILLON-VILLAGES

Ces deux appellations s'étendent dans les Pyrénées-Orientales – la région historique du Roussillon. L'aire la plus étendue, celle des côtes-du-roussillon, produit des vins dans les trois couleurs, tandis que les côtes-du-roussillon-villages sont toujours rouges. Les côtes-du-roussillon blancs sont produits principalement à partir des cépages macabeu et grenache blanc, complétés par le grenache gris, la malvoisie du Roussillon, la marsanne, la roussanne et le rolle, et vinifiés par pressurage direct. Bien méditerranéens, finement floraux (fleur de vigne), ils accompagnent les fruits de mer, les poissons et les crustacés. Les vins rosés et les vins rouges sont obtenus à partir d'au moins trois cépages, le carignan (50 % maximum), le grenache noir, la syrah et le mourvèdre constituant les cépages principaux. Tous ces cépages (sauf la syrah) sont conduits en taille courte à deux yeux. Souvent, une partie de la vendange est vinifiée en macération carbonique, notamment le carignan qui donne, avec cette méthode de vinification, d'excellents résultats. Les vins rouges sont fruités, épicés et riches. Les rosés, vinifiés obligatoirement par saignée, sont aromatiques, corsés et nerveux.

Au sud de Perpignan, depuis 2003, on produit des côtes-du-roussillon-les-aspres, une dénomination attribuée aux vins rouges après identification parcellaire.

Les côtes-du-roussillon-villages sont localisés dans la partie septentrionale du département des Pyrénées-Orientales; ils s'enrichissent de cinq dénominations reconnues pour leur terroir particulier : Caramany, Lesquerde, Latour-de-France Tautavel et Les Aspres. Gneiss, arènes granitiques et schistes confèrent aux vins une richesse et une diversité qualitatives que les vignerons ont bien su mettre en valeur. Les côtes-du-roussillon-villages varient selon la nature de leur terroir mais affichent toujours de beaux tanins, fins pour les terroirs acides, plus solides sur schistes et argilo-calcaires; certains peuvent se boire jeunes, d'autres gagnent à être gardés quelques années; ils développent alors un bouquet intense et complexe.

CÔTES-DU-ROUSSILLON

Superficie : 5 770 ha
Production : 215 500 hl (98 % rouge et rosé)

MAISON ALBERA Rosé des cimes 2020 ★

■ | 18 000 | 🍾 | 8 à 11 €

Installés à Argelès-sur-Mer au XIXe s., les ancêtres de Fabrice Rieu cultivaient déjà la vigne et les oliviers. Fabrice est revenu sur ces terres en 2001 et s'est allié à son ami Laurent de Besombes-Singla pour continuer l'aventure. Tous deux ont acquis un vignoble près de Tarerach, planté de cépages anciens.

L'altitude de 597 m est fièrement affichée, mais l'originalité réside également dans une dominante grenache gris sur les terres granitiques du piémont du Canigou. Un rose pâle tendance « feuille morte » qui se révèle très accueillant : rose, fleurs fraîches finement miellées et, pour le fruité, groseille. Minéralité et fraîcheur du terroir s'imposent au palais avec une belle continuité aromatique, donnant un ensemble original. ⧗ 2021-2022

⊶ SARL ALBERA, 1, rue des Faisans, 66700 Argelès-sur-Mer, tél. 04 68 64 14 33, vignes.albera@gmail.com V 🚶 🍷 *t.l.j. sf dim. 9h-12h30 14h-18h30*

ARNAUD DE VILLENEUVE N° 153 2020 ★★

■ | 24 600 | 🍾 | 5 à 8 €

Résultant de la fusion de 3 caves, cette coopérative porte le nom de l'inventeur des vins doux naturels, Arnaud de Villeneuve. Elle rassemble 320 viticulteurs de Salses, de Rivesaltes et de Pézilla-la-Rivière, qui cultivent quelque 1 600 ha de vignes (dont 125 ha en bio) répartis sur 26 communes et des terroirs variés.

Ce n'est pas compliqué, retenez « n° 153 » en millésime 2020 et vous avez le choix de la couleur. Le blanc se révèle tout en finesse sur des notes de fleurs blanches et de poire. Rondeur, volume, fraîcheur, présence aromatique en bouche, c'est un vin plaisir. ⧗ 2021-2023 ■ **N° 153 2020 ★ (5 à 8 €; 33 140 b.)** Un rosé frais, savoureux, aux notes de fruits exotiques. ⧗ 2021-2022 ■ **N° 153 2020 ★ (5 à 8 €; 26 000 b.)** Un 2020 rouge léger, mêlant petits fruits rouges et garrigue, et affichant un joli fondu. ⧗ 2022-2024 ■ **Côté nature 2019 ★ (5 à 8 €; 14 200 b.)** Ⓑ Grenat, ce 2019 livre d'intenses arômes de fruits rouges confits. Sa chair souple peut compter sur des tanins puissants et de qualité pour bien évoluer. La finale réglissée est typée. ⧗ 2022-2025

⊶ ARNAUD DE VILLENEUVE, 153, RD 900, 66600 Rivesaltes, tél. 04 68 64 06 63, contact@caveadv.com V 🚶 🍷 *t.l.j. sf dim. 9h30-12h30 14h30-18h30*

DOM. BISCONTE La Légende 2018 ★★

■ | 2 000 | 🍾 | 8 à 11 €

Créé en 1940, le domaine Bisconte compte 60 ha de vignes réparties sur trois terroirs distants de quelques kilomètres. En 2005, Pascale Jonca, docteure en pharmacie, et Manuel Vincent, hydrogéologue, l'ont repris, et c'est en 2016 qu'ils sont devenus vignerons indépendants.

Une belle robe grenat profond à reflets pourpres habille ce 2018 qui réserve bien des surprises à l'aération. Un nez puissant, très fruité, se manifeste, où domine la cerise confite accompagnée de notes poivrées et d'une touche de tapenade. Accompagnée du croquant d'un fruité noir (quelques senteurs de prune), la bouche surprend par sa structure enveloppée et par le grain savoureux des tanins. Un ensemble bien équilibré et à apprécier pour sa rondeur gourmande. ⧗ 2022-2024

⊶ EARL LE BISCONTE, chem. du Salitar, 66740 Saint-Génis-des-Fontaines, tél. 06 87 42 96 46, bisconte@wanadoo.fr V 🚶 🍷 *r.-v.* 🏠 Ⓒ

Ⓑ DOM. BOUDAU Le Clos 2020 ★

■ | 10 000 | 🍾 | 8 à 11 €

Véronique Boudau et son frère Pierre sont à la tête du domaine familial depuis 1993. Ils ont décidé de donner un nouveau souffle à la propriété, qui couvre quelque 50 ha sur d'excellents terroirs, à l'entrée de la vallée de l'Agly. Le pari est réussi : la totalité de la production est mise en bouteilles et commercialisée, notamment dans un réseau de restaurants et de cavistes. Une valeur sûre, qui a engagé la conversion

bio de son vignoble. La fille de Véronique vient de rejoindre l'aventure.

Une allure fragile, pâle, délicate, couleur pétale de rose légèrement nacré. Discret à l'approche, le fruit frais se dévoile prudemment, puis pêche blanche et fleurs d'agrumes s'imposent. Frais, souple, fin, assez ample, le palais présente une pointe de sucrosité en accompagnement d'arômes de cerise griotte, puis de pêche blanche et de pomelos en finale. ⧗ 2021-2022

SARL DOM. BOUDAU, 6, rue Marceau, 66600 Rivesaltes, tél. 04 68 64 45 37, contact@domaineboudau.fr V *t.l.j. sf dim. 10h-12h 15h-19h; hiver sam. 10h-12h*

CH. CAP DE FOUSTE Le Chant du coq 2020 ★★

■	10000		5 à 8 €

La vieille demeure catalane (construite en 1830) et son parc au charme délicieux sont situés aux portes de Perpignan, non loin du lac de Villeneuve de la Raho. Sébastien Balaguer a pris la suite de son oncle, Joseph Mas, en 2017. Le vignoble couvre aujourd'hui 90 ha.

Le souhait d'un vin destiné aux bons vivants a présidé au choix d'une base équilibrée de syrah et de grenache. Pari réussi avec ce 2020 rubis soutenu, dont les reflets violines soulignent la fraîcheur et la jeunesse. Après des notes de sous-bois et une touche aérienne d'eucalyptus, ce sont les petites baies des fruits rouges et les épices qui s'imposent. La bouche est franche dans le même registre, avec en fil conducteur beaucoup de fraîcheur. La finale apporte le velours d'un beau grain de tanins. ⧗ 2022-2025

SCI CH. CAP DE FOUSTE, 1, D 39, 66180 Villeneuve-de-la-Raho, tél. 04 68 55 91 04, capdefouste@free.fr V *t.l.j. sf dim. 9h-12h30 14h30-18h30*

Ⓑ DOM. CARLE-COURTY Camps Bernats 2019 ★

■	1400		11 à 15 €

En 1995, Frédéric Carle et son épouse, tous deux comptables, ont quitté la Champagne pour s'installer à Millas et acquérir quelques vignes. Aujourd'hui, il possèdent 12 ha en bio, plantés d'une dizaine de cépages.

Original cet équilibre entre roussanne et grenache dans un vin qui se joue du temps avec sa robe vive! L'expression hésite dès l'ouverture entre le floral et la poire William, puis un boisé très épicé s'impose. Une pointe d'amertume sapide, le volume du grenache, un profil tendu accompagné de la fraîcheur des épices, de la mangue et de la bergamote, voilà un 2019 fringant. ⧗ 2021-2023

FRÉDÉRIC CARLE, 6, rte de Corneilla, 66170 Millas, tél. 06 23 91 14 38, domaine.carlecourty@orange.fr V *t.l.j. 9h30-12h 14h30-19h* Ⓑ

M. CHAPOUTIER 2019 ★

■	n.c.		8 à 11 €

Cette vénérable (XIXe s.) et incontournable maison, mise sur orbite internationale par Michel Chapoutier à partir des années 1990, propose une large gamme issue de ses propres vignes (345 ha, en biodynamie) ou d'achats de raisin dans la plupart des appellations phares de la vallée du Rhône, et aussi en Roussillon et en Alsace.

Un vin qui fait le trait d'union entre la vallée du Rhône, avec marsanne-roussanne, et le pays catalan avec le grenache blanc. Choix judicieux qui permet d'allier la rondeur, la sucrosité, le volume du grenache avec la complexité aromatique des fruits frais (pêche, poire) et des fleurs blanches apportée par les cépages rhodaniens. Les fruits sont bien présents en bouche, et une vivacité minérale accompagne le moelleux. C'est harmonieux et persistant. ⧗ 2021-2023

SA M. CHAPOUTIER, 18, av. du Dr-Paul-Durand, 26600 Tain-l'Hermitage, tél. 04 75 08 28 65, chapoutier@chapoutier.com V *r.-v.*

Ⓑ CLOS DES VINS D'AMOUR Idylle 2020 ★

■	12000		11 à 15 €

Christine et Nicolas Dornier, tous deux œnologues, se sont associés à Christophe et Laurence Dornier pour reprendre en 2002 les vignes cultivées par la famille depuis 1860. Les 2 couples ont quitté la coopérative en 2004 pour créer le Clos des Vins d'amour. Leur domaine (26 ha en bio) s'étend sur les terroirs schisteux de Tautavel, de Maury et de Saint-Paul-de-Fenouillet.

La vinification et l'élevage en fût sont à l'origine des reflets dorés de la robe, et dès l'approche, de l'élégance d'une pointe de vanille. En bouche, c'est la douceur d'une touche de fleurs miellées et de cire qui apporte de la rondeur, alors que la vivacité structure le vin : c'est l'apport du grenache gris. ⧗ 2021-2024

SCEA VIGNOBLES DORNIER, 3, rte de Lesquerde, 66460 Maury, tél. 07 86 10 19 64, maury@closdesvinsdamour.fr V *r.-v.*

DOM. LA DIFFÉRENCE La Racine carrée 2020 ★

■	4000		11 à 15 €

Un domaine créé en 2007 par un groupe d'amis réunis autour du vigneron Charles Faisant, pour «faire la différence en Roussillon» : 12,5 ha de vignes sur le terroir de Tautavel.

La fraîcheur caractérise ce 2020 à la robe tendre, qui mêle senteurs de fleurs de garrigue, petits fruits frais et une touche d'agrumes citron-pomelos. Vif au palais, il possède cette pointe de structure caractéristique de l'apport du grenache gris. La touche citronnée très présente et plaisante le prédispose à accompagner un plateau de fruits de mer. ⧗ 2021-2023

SCEA LA DIFFÉRENCE, 1, av. Jean-Badia, 66720 Tautavel, tél. 04 68 66 89 38, contact@ladifference-roussillon.com V *r.-v.*

DOM BRIAL L'Etreinte 2019 ★★

■	10000		8 à 11 €

Suivi à la parcelle, maîtrise de la totalité de la chaîne d'élaboration, du raisin à la bouteille, démarche de développement durable… La cave de Baixas, fondée en 1923, compte 210 coopérateurs qui exploitent 2000 ha répartis dans une trentaine de commune.

La syrah apporte fraîcheur et fruité, le grenache rondeur, volume et sucrosité, le mourvèdre velouté des tanins et notes de poivre gris. Pour lier tout cela, l'ossature de vieux carignans qui, sur les terrasses d'argiles rouges et de galets roulés, se révèle au mieux. C'est beau visuellement dès l'approche. S'ensuit un fruité engageant, puis une suavité et une plénitude remarquables. ⧗ 2022-2024

⊶ *VIGNOBLES DOM BRIAL, 14, av. Mal-Joffre, 66390 Baixas, tél. 04 68 64 22 37, contact@dom-brial.com* V *t.l.j. sf dim. 9h-12h 14h-18h30*

CH. L'ESPARROU Mas Grand 2019 ★

■	20000		15 à 20 €

Construit à la fin du XIXᵉs. par l'architecte danois Petersen, comme ceux de Rey, de Valmy et d'Aubiry, un château noyé dans son parc, à deux pas des plages et de l'étang de Canet. Le vignoble (62 ha) occupe la pointe avancée d'un plateau viticole de galets roulés de haute expression. Longtemps propriété de la famille Rendu, il a été acquis en 2012 par Jean-Michel Bonfils, dont la famille détient de nombreux vignobles en Languedoc.

Entre mer et étangs, le plateau de galets roulés de l'Esparrou (l'éperon) s'isole, telle une île, occupé par les grenaches, syrah et carignan. Ce vin de couleur sombre aux légers reflets tuilés, tout en fruits mûrs et en notes de vanille, en est issu. Puissant, il est surprenant de souplesse et joue sur le velouté des tanins. ⧗ 2022-2025 ■ **Le Castell 2019 ★ (5 à 8 €; 80000 b.)** Un vin souple, au fruité très frais, épicé, dans l'attente des premiers cèpes de cet automne. ⧗ 2021-2024

⊶ *SCEA CH. DE L' ESPARROU, rte de Saint-Cyprien, 66140 Canet-en-Roussillon, tél. 04 67 93 10 10, bonfils@bonfilswines.com* V

CH. DES HOSPICES DE CANET Grande Terre 2019 ★★

■	2500		11 à 15 €

Depuis 5 générations, la famille Benassis est installée au cœur de Canet-en-Roussillon. La cave est abritée dans une bâtisse traditionnelle catalane datant de 1836. Le vignoble (50 ha) est implanté sur les terrasses de galets roulés entre le littoral et la ville de Perpignan. Aujourd'hui, 3 générations officient sur le domaine : Louis, le grand-père, Michel, le père et Marc, le petit-fils, ingénieur agronome.

Élégant dans une robe or pâle aux légers reflets dorés, ce vin l'est aussi par sa présence aromatique toute en finesse. Les fruits exotiques sur fond fumé-vanillé, ainsi que la touche locale d'abricot rouge du Roussillon s'accompagnent de notes d'acacia et de jasmin. La bouche est à l'avenant, ample, au fondu moelleux, au fruité mature. L'ensemble est porté par une juste fraîcheur qui accentue la note mentholée en finale. ⧗ 2021-2023 ■ **Grande Terre 2018 ★ (11 à 15 €; 5000 b.)** Un vin sur les fruits noirs, finement poivrés. Les tanins soyeux lui apportent une structure souple. ⧗ 2022-2024

⊶ *SCEA HOSPICES BENASSIS, 13, av. Joseph-Sauvy, 66140 Canet-en-Roussillon, tél. 04 68 80 34 14, contact@chateau-des-hospices.fr* V *r.-v.*

CH. DE JAU 2020 ★★

■	40000		5 à 8 €

Du bâtiment construit au XIIᵉs. par les moines cisterciens, il ne reste que la superbe tour épousant la roche. Jean et Bernard Dauré ont acheté le domaine en 1974. La magnanerie du milieu du XIXᵉs. abrite aujourd'hui l'Espace d'art contemporain, qui voisine avec l'un des premiers restaurants vignerons créés en France, ouvert l'été. Le vignoble, en conversion bio, couvre 90 ha.

Un vin discret dans une robe capucine pâle. Il laisse filtrer des senteurs estivales de fleurs de garrigue. Le plaisir est en bouche avec une surprenante vivacité, dès l'attaque, et une structure certainement due au mourvèdre. Un fruité hésitant entre pêche blanche et fraise s'accompagne d'une touche citronnée. Ample, élégant, frais et construit, nul doute, c'est un rosé de gastronomie. ⧗ 2021-2022

⊶ *SAS VIGNOBLES DAURÉ, Ch. de Jau, 66600 Cases-de-Pène, tél. 04 68 38 90 10, daure@wanadoo.fr* V *t.l.j. sf sam. dim. 9h30-12h30 13h30-16h*

DOM. JAUBERT Grande Cuvée 2020 ★

■	80000		5 à 8 €

Le domaine des frères Jaubert et de Roland Noury, l'un des pionniers des crus du Roussillon, apparaît tel un balcon donnant sur les Albères, la mer et le Canigou. Le vignoble s'étend sur 80 ha, dont une soixantaine d'un seul tenant autour d'une bâtisse catalane du XIXᵉs., sur le plateau de Planères.

Finesse, élégance, fraîcheur et gourmandise, tel est le résultat d'un joli travail autour de la trop rare malvoisie et d'un grenache qui contribue à l'équilibre grâce à sa sa sucrosité. Les fruits blancs sont à la fête, accompagnés par la vivacité de l'agrume. Pour un apéro réussi avec quelques couteaux grillés. ⧗ 2021-2023 ■ **Grande Cuvée 2020 ★ (5 à 8 €; 80000 b.)** Avec une belle pièce de viande, ce 2020 solide, bâti autour d'une dominante carignan, aura sans faillir du répondant. Ses arômes de fruits noirs seront un atout. ⧗ 2022-2025

⊶ *GAEC JAUBERT, 18, rue des Artisans, 66300 Saint-Jean-Lasseille, tél. 04 68 21 74 50, gilles.jaubert@orange.fr*

DOM. JONQUÈRES D'ORIOLA 1485 Cru d'exception 2019 ★

■	90000		5 à 8 €

Célèbre pour les exploits olympiques de Pierre en hippisme et de Christian en escrime, la famille Jonquères d'Oriola est installée depuis 1485 au Ch. de Corneilla bâti par les Templiers au XIIᵉs. et conduit 90 ha de vignes. William, qui a rejoint en 2010 son père Philippe après un «tour du monde œnologique», représente la vingt-septième génération de vignerons!

Un vin d'un rouge soutenu, qui révèle à l'aération des arômes de petits fruits des bois (myrtille et mûre) et d'épices (noix muscade). Le grenache apporte dès l'attaque de la rondeur et le plaisir du fruit charnu. L'ensemble est solide, structuré, encore jeune mais avec des tanins déjà bien fondus, avant une finale poivrée . ⧗ 2022-2025

⊶ *EARL JONQUÈRES D'ORIOLA, 3, rue du Château, 66200 Corneilla-del-Vercol, tél. 04 68 22 73 22, admin@jonqueresdoriola.fr* V *t.l.j. sf lun. dim. 10h-12h 15h-18h30*

CH. LAURIGA 2020 ★

■	12000		8 à 11 €

Vigneron-négociant, Jean-Claude Mas dispose d'un vaste vignoble de plus de 600 ha en propre constitué par quatre générations, auxquels s'ajoutent

les apports des vignerons partenaires (1 300 ha). Le Ch. Lauriga s'étend sur 60 ha dans les Aspres.

Un rosé élégant jouant sur la pêche blanche et le pamplemousse rose. Au palais, il se révèle franc et frais, toujours équilibré, avec en finale une pointe d'amertume appétante. ⧗ 2021-2022

SARL CH. LAURIGA, traverse de Ponteilla, RD 37, 66300 Thuir, tél. 04 68 53 26 73, info@paulmas.com t.l.j. sf sam. dim. 10h-18h

DOM. DE LA MADELEINE 2018 ★

1200 | 5 à 8 €

Situé entre Perpignan et la mer, sur l'ancien tracé de la via Domitia, un très ancien domaine, fondé au XVIIᵉs., qui tire son nom de la propriétaire qui l'acquit sous la Révolution. Résistant à l'urbanisation, le vignoble s'étend sur 75 ha sur les terrasses caillouteuses et arides de la Têt. Il a été repris en 1996 par Georges Assens, issu d'une lignée d'agriculteurs.

Seul vin sec du domaine commercialisé directement en bouteille, ce 2018 a conservé un joli fruité entre cerise et raisin mûr. Gras, souple, le palais convoque un fruit très présent de mûre et de myrtille, avec un fond de fraîcheur épicée. Les tanins sauront rapidement se fondre. ⧗ 2022-2024

SCEA DOM. DE LA MADELEINE, 25, chem. de Charlemagne, 66000 Perpignan, tél. 04 68 61 23 49, domainedelamadeleine@wanadoo.fr r.-v.

MAS BAUX Velours rouge 2019 ★★

4000 | 11 à 15 €

Serge Baux a changé de vie en 1998 pour devenir vigneron et reprendre ce domaine situé à quelques pas de la mer, entre Perpignan et Canet-en-Roussillon. La propriété couvre 20 ha, dont 12,5 ha de vignes sur un terroir de galets roulés, travaillés en bio (certification en 2013). La production est variée et valorise toutes les richesses des terroirs du Roussillon.

Le rouge est intense, brillant à reflets violines. Très aromatique, le vin joue sur des notes épicées et des arômes de fruits noirs : mûre, cassis et myrtille. Le velours est en bouche avec un beau fondu des tanins, un fruit charnu finement réglissé. L'ensemble affiche néanmoins une belle puissance. ⧗ 2022-2025 **Soleil rouge Élevé en fûts de chêne 2018 ★ (20 à 30 €; 3600 b.)** Un équilibre parfait entre un fruité mûr très épicé et des tanins soyeux qui laissent en finale des accents réglissés persistants. ⧗ 2022-2024

EARL MAS BAUX, voie des Coteaux, 66140 Canet-en-Roussillon, tél. 04 68 80 25 04, contact@mas-baux.com r.-v.

MAS CRÉMAT L'Envie 2019 ★

8000 | 8 à 11 €

Les terres de schistes noirs ont donné son nom au Mas Crémat (« brûlé » en catalan), repris en 2006 par une famille de vignerons bourguignons : Christine et Julien Jeannin, secondés par leur mère Catherine. Un superbe mas du XIXᵉs. et un vignoble de 26 ha labouré et conduit en fonction du cycle de la lune, en conversion bio.

Les terres noires de la vallée de l'Agly apportent la souplesse des tanins et la fraîcheur de notes balsamiques. Une touche méditerranéenne de romarin vient accompagner le fruité aérien de la framboise. L'ensemble est souple en attaque, aromatique, dominé par une juste fraîcheur. Un vin encore dans sa jeunesse, qui fait déjà envie, mais qui est construit pour durer comme en témoignent ses tanins. ⧗ 2022-2025

EARL JEANNIN-MONGEARD, Mas Crémat, 66600 Espira-de-l'Agly, tél. 04 68 38 92 06, mascremat@mascremat.com t.l.j. sf dim. 10h-12h 14h-18h

MAS CRISTINE 2019 ★

20000 | 11 à 15 €

Superbe mas installé depuis 1810 dans le massif des Albères, à la limite du cru banyuls, isolé au milieu du maquis ponctué de chênes-lièges. Les vignes dominent les pins qui descendent en pente douce vers la mer. Implanté sur des sols de schistes, de quartz et d'argile rouge, le domaine (25 ha aujourd'hui) a été acheté en 2007 à la famille Dauré (Jau) par Philippe Gard (Coume del Mas), Julien Grill (vigneron roussillonnais) et Andy Cook (œnologue britannique).

Un grenat profond, signature de la syrah majoritaire dans l'assemblage, invite à la découverte. Un brin sauvage à l'ouverture, la palette propose ensuite des arômes de fruits murs confiturés finement épicés aux accents de sous-bois. L'attaque est moelleuse, les tanins certes encore jeunes, mais la chair fruitée équilibre le caractère puissant et chaleureux. Une note fumée témoigne d'un passage en barrique bien maîtrisé. ⧗ 2022-2025

SARL DOM. DES DEUX PUITS (MAS CRISTINE), chem. de Saint-André, 66700 Argelès-sur-Mer, tél. 04 68 54 27 60, info@mascristine.com t.l.j. sf dim. 10h-12h30 14h-17h

MAS DE LA DEVÈZE Malice 2019 ★★

9000 | 8 à 11 €

Simon Hugues était agriculteur, Nathalie commerciale dans la filière viticole à l'export. Ils ont repris en 2012 au cœur du terroir de Maury une très ancienne propriété qui avait été démantelée dans les années 1980. Ils cultivent 30 ha de vignes, la plupart conduites en gobelet.

Voilà un vin qui parle avant sa mise en bouche et négliger cette étape serait une erreur ! Il conte fleurette dans sa robe or tendre et dans ses arômes de fleurs blanches : jasmin et verveine accompagnent le zeste de citron. Ensuite, la rondeur, le soyeux de l'attaque sont caractéristiques des schistes Le fruit est savoureux, agrémenté de la fraîcheur du pomélo en finale. ⧗ 2021-2023

NATHALIE HUGUES (MAS DE LA DEVÈZE), rte des Mas, 66720 Tautavel, tél. 06 52 38 57 36, contact@masdeladeveze.fr r.-v.

MAS PEYRE Promesse tenue 2020 ★

10000 | 8 à 11 €

La famille Bourrel a constitué son domaine en 1988. Elle a quitté la coopérative en 2003 pour créer sa cave. À l'arrivée de Baptiste, le fils aîné, en 2009, elle a engagé progressivement la conversion bio du

vignoble, 30 ha plantés sur les terroirs de schistes de la vallée des Fenouillèdes. Le jeune frère, César, gère la commercialisation.

La trilogie syrah-grenache-carignan, menée en culture bio au pied des châteaux cathares, nous donne une belle expression de ce terroir de schistes noirs, avec une robe profonde et des senteurs mêlées de fruits noirs et de maquis (ciste). L'attaque est ronde, non dénuée de fraîcheur. La chair parfumée de cerise noire enveloppe des tanins serrés encore jeunes. En finale, perce l'accent méditerranéen du romarin. ⧗ 2022-2024

SARL MAS PEYRE FILS ET FILLE, 39, av. du Gal-de-Gaulle, 66220 Saint-Paul-de-Fenouillet, tél. 06 18 70 62 24, maspeyre@orange.fr V *t.l.j. 9h30-19h30 f. janv.*

B MAS PUJOL 1785 2018 ★

■	5000		8 à 11 €

Domaine familial depuis 1785, le Mas Pujol est situé à l'entrée du village de Fourques. Les vignes y sont cultivées en bio depuis 1998.

La teinte est sombre, profonde, dense. Contre toute attente, l'expression est immédiate sur un fruité frais, aérien, et sur une note de sous-bois. Le fruit se croque d'entrée, avec toute la rondeur charnue de la cerise. Doté d'une charpente de carignan, il possède cependant de la souplesse et de la fraîcheur. Un vin de terroir. ⧗ 2022-2025 ■ **Terrissa Vinifié en jarre de terre cuite 2014 ★ (30 à 50 €; 800 b.)** Malgré son grand âge, ce vin sidère par son volume, sa souplesse, le soyeux des tanins et sa fraîcheur. ⧗ 2022-2024

SCEA PUJOL, 1, rue de la Rourède, 66300 Fourques, tél. 04 68 38 84 44, compagnie@maspujol.fr V *t.l.j. sf dim. 9h-12h 15h-18h*

CH. MONTNER 2020 ★

■	60000		5 à 8 €

Les Vignerons des Côtes d'Agly regroupent six caves coopératives dans la vallée de l'Agly. Ils sont 250 viticulteurs à cultiver des vignes (650 ha) à Estagel, Montner, Lesquerde, Saint-Paul-de-Fenouillet et Caudiès. Ils proposent la plupart des productions du Roussillon, en vins secs et en vins doux naturels.

Un vin travaillé, rose pâle à reflets saumonés, qui dévoile une palette amylique de la fraise et de fruits exotiques. La bouche est vive. S'y retrouve, en continuité du nez, un joli fruité enrichi d'une pointe de gingembre qui le prédispose à accompagner une cuisine épicée. ⧗ 2021-2022

SCAV LES VIGNERONS DES CÔTES D' AGLY, av. Louis-Vigo, 66310 Estagel, tél. 04 68 29 00 45, contact@agly.fr V *t.l.j. sf dim. 9h-12h 14h-18h*

CH. NADAL-HAINAUT Signum 2015 ★★

■	2000		20 à 30 €

Implanté sur les sols caillouteux de la vallée de la Têt, non loin de Perpignan, ce domaine a pour lointaine origine le prieuré cistercien de Santa Maria de l'Eule, dont il reste une chapelle. Les bâtiments datent du XVIIIes. et la propriété actuelle remonte au début du XIXes., achetée par Jean-Denis Hainaut – un ancêtre de Martine et Jean-Marie Nadal, qui président à ses destinées depuis 1977. Une quarantaine d'hectares sont dédiés à la vigne et conduits en bio certifié depuis 2013.

Présenter un 2015 est quelque peu surprenant ! Mais ce qui l'est encore plus, c'est la remarquable évolution et la qualité de ce produit vinifié et élevé en barrique. La robe grenat soutenue obtenu grâce à un pigeage manuel ne laisse rien percevoir de son âge. Riche et fin, tout en subtilité, le vin surprend encore par la force des arômes de fruits noirs confiturés (cerise) sur fond de sous-bois, de truffe et de tourbe. Ample et souple, épicé, empyreumatique, confituré, il peut compter sur des tanins fondus et une étonnante fraîcheur. ⧗ 2022-2024

JEAN-MARIE NADAL (CH. NADAL-HAINAUT), Mas de l'Eule, 66270 Le Soler, tél. 04 68 92 57 46, chateaunadalhainaut@gmail.com V *t.l.j. sf dim. 9h-12h 14h-18h*

B CH. DE L'OU 2020 ★

■	3000		11 à 15 €

Philippe Bourrier, agronome, et son épouse Séverine, œnologue, ont acheté en 1999 ce domaine dont le nom vient d'une résurgence dans un bassin en forme d'œuf (*ou* en catalan). Ils ont refait le chai et travaillé d'emblée en bio leur vignoble qui couvre 49 ha entre plaine du Roussillon et Fenouillèdes.

Un premier nez très fin, floral, cède le pas à des notes de petits fruits rouges parmi lesquels la fraise et la mûre. L'attaque est franche, fraîche, le cœur de bouche puissant et charnu. Des arômes d'orange sanguine s'y invitent, avant une finale chaleureuse qui ne trahit pas l'origine méditerranéenne. ⧗ 2021-2022

SARL CH. DE L' OU, rte de Villeneuve, 66200 Montescot, tél. 04 68 54 68 67, contact@chateau-de-lou.fr V *r.-v.*

DOM. PAGNON Jules 2020 ★★

■	5000		8 à 11 €

Un moulin à farine du XIIe s. est l'emblème de ce domaine familial où sont cultivés des oliviers, des abricotiers et des vignes. Marie Pagnon est aux commandes avec son frère depuis 2014.

Jules est un prénom lié à cinq générations, mais ici c'est au grand-père que l'hommage est rendu. Plutôt pâle, le vin est attrayant par sa gamme aromatique de fruits noirs, de framboise et une touche rappelant agrumes et fleurs de garrigue. Fruité, frais, épicé avec un joli fondu, il joue davantage sur la délicatesse que sur la puissance. Un futur compagnon d'un magret de canard. ⧗ 2022-2024

EARL DOM. PAGNON, 3, rue du Roussillon, 66440 Torreilles, tél. 06 17 56 35 92, marie.pagnon@hotmail.fr V *r.-v.*

CH. DE PENA 2020 ★★

■	40000		8 à 11 €

Le village de Cases-de-Pène tient son nom d'un ermitage du Xes. établi sur un roc (*pena* en catalan) calcaire qui ferme la vallée de l'Agly. Les terres noires schisteuses y alternent avec l'ocre des argilo-calcaires, formant deux superbes terroirs de 480 ha sur lesquels travaillent les 35 vignerons de la coopérative locale.

Un rosé d'expression qui se sert de la syrah et du grenache pour raconter son terroir : caractère souple des vins issus des schistes noirs, et matière, volume et puissance de ceux d'argilo-calcaires. Le producteur a su préserver l'expression aromatique de fleurs, de pêche blanche et d'ananas. L'équilibre se réalise pleinement entre la fraîcheur, la matière et une structure de qualité pour assurer l'avenir au-delà d'un été. ⧗ 2021-2022

SCV L' AGLY (CH. DE PENA), 2, bd Mal-Joffre, 66600 Cases-de-Pène, tél. 04 68 38 93 30, contact@chateau-de-pena.com V t.l.j. 9h30-12h30 14h30-19h

DOM. DE LA PERDRIX Encantat 2019 ★★

| 4000 | | 11 à 15 € |

À l'origine, en 1820, le vin était élaboré au village dans la vieille cave familiale. Installés en 1996, Virginie et André Gil décident d'élaborer leurs vins. Après avoir passé treize ans dans les anciens locaux, ils ont établi en 2009 un nouveau chai plus vaste au milieu des vignes, regardant le Canigou. Leur domaine couvre plus de 30 ha en plein cœur des Aspres. La perdrix? Un hommage au grand-père d'André, peintre catalan de renom, qui avait fait de l'animal l'un de ses sujets préférés.

L'Encantat, c'est d'abord un or vert lumineux, le jeu entre le floral et l'exotique, mais surtout un équilibre des saveurs remarquable. C'est riche, long, avec un boisé vanillé qui laisse toute expression au vin. ⧗ 2022-2024 **Cuvée Joseph-Sébastien Pons 2018 ★★ (15 à 20 €; 4000 b.)** Jouant sur la puissance des arômes de noisette, de pain grillé et d'agrumes confits, c'est un vin riche, gras et persistant, très gourmand. ⧗ 2021-2023 **Charakter 2017 ★ (20 à 30 €; 3000 b.)** Un vin de caractère, en effet, qui garde une fraîcheur étonnante dans son expression de fruits rouges épicés (laurier). Il gagnera à être aéré pour révéler sa matière ample et fondue. ⧗ 2022-2024 **Rêves 2019 ★ (8 à 11 €; 15000 b.)** Souple mais ample, cette cuvée exprime la fraîcheur de la framboise et bénéficie de tanins épicés et soyeux. ⧗ 2022-2024

SARL DOM. DE LA PERDRIX, traverse de Thuir, 66300 Trouillas, tél. 04 68 53 12 74, contact@domaine-perdrix.com V t.l.j. sf dim. 9h-12h 14h-17h45

CH. PEZILLA Premium 2020 ★

| 32600 | | 5 à 8 € |

Cette cave coopérative fondée en 1909 est inscrite dans l'histoire de la région. Elle représente pas moins de 1600 ha de vignoble, dont 125 ha conduits en agriculture biologique.

Très fleurs blanches et fruits exotiques, ce rosé couleur pêche développe une matière puissante et chaleureuse. ⧗ 2021-2022 **Premium 2020 ★ (5 à 8 €; 7000 b.)** Un joli nez d'agrumes fait tout l'agrément de ce vin de prime abord. Mais son équilibre est aussi à son avantage, entre rondeur et vivacité. La finale persiste agréablement. ⧗ 2021-2023

SCV LES VIGNOBLES DU RIVESALTAIS, 153, RD 900, 66600 Rivesaltes, tél. 04 68 64 06 63, contact@caveadv.com V t.l.j. sf dim. 9h30-12h30 14h30-18h30

DOM. PIQUEMAL Les Terres Grillées 2020 ★★

| 5000 | | 8 à 11 € |

Sous l'impulsion d'Annie et de Pierre Piquemal, ce domaine familial (48 ha) est devenu une référence du Roussillon. Tout en maintenant les pratiques traditionnelles, il dispose d'un chai très moderne, à l'extérieur du village. Un outil adapté pour exalter l'expression de chaque terroir (schistes feuilletés, argilo-calcaires, galets roulés). Les vinifications sont assurées par Marie-Pierre Piquemal.

Accord sur la robe lumineuse aux nuances saumon, puis au niveau aromatique. Le consensus se fait sur la complexité, la fraîcheur et l'élégance. Cela va de l'agrume tendance mandarine avec touche mentholée, à la pêche et à la fraise sur fond d'amande. En bouche, la cohabitation aromatique fait merveille. C'est vif et frais sans excès, le bâtonnage sur lie étant responsable d'une douceur légèrement lactée. Puis les épices prolongent le plaisir. ⧗ 2021-2022

EARL DOM. PIQUEMAL, RD 117, Km 7, Della-Lo-Rec, 66600 Espira-de-l'Agly, tél. 04 68 64 09 14, contact@domaine-piquemal.com V t.l.j. sf dim. 9h-12h 14h-18h

CH. PLANÈRES Prestige 2020 ★★

| 30000 | | 5 à 8 € |

Le domaine des frères Jaubert et de Roland Noury, l'un des pionniers des crus du Roussillon, apparaît tel un balcon donnant sur les Albères, la mer et le Canigou. Conduit par la quatrième génération, le vignoble s'étend sur 80 ha, dont une soixantaine d'un seul tenant autour d'une bâtisse catalane du XIXᵉs., sur le plateau de Planères.

Certainement l'unique vin du Roussillon élaboré sur une base de malvoisie et de vermentino. Il a été très remarqué pour son équilibre entre rondeur, finesse et tension. Au niveau aromatique, si l'agrume avec le citron Meyer domine, l'exotisme est présent avec le litchi mêlé à la finesse du jasmin. À la fois vif et gourmand, le vin s'attarde en bouche sur la fraîcheur sapide du pomélo. ⧗ 2021-2023 **Chantaïl 2020 ★ (5 à 8 €; 30000 b.)** Un rosé construit pour la table tant il a de volume. Il tire parti de la fraîcheur exotique de l'ananas et du gingembre. ⧗ 2021-2022

GIE JAUBERT-NOURY, Ch. Planères, 66300 Saint-Jean-Lasseille, tél. 04 68 21 74 50, gilles.jaubert@orange.fr V t.l.j. sf dim. 8h30-12h30 14h-18h

DOM. DE LA PRÉCEPTORIE Coume Marie 2019 ★

| 14000 | | 11 à 15 € |

Banyulenc et donc marin, ancré dans les schistes et les vignes de la Côte Vermeille, Joseph Parcé, fils de Marc (La Rectorie), débarque à Maury en 2007 comme maître de chai au Dom. de la Préceptorie, qui avait été créé en 2001. En 2017, la nouvelle génération, avec Martin, Augustin et Vincent, a rejoint Marc et prend le relais dans la gestion des 45 ha du vignoble.

L'attelage grenache-carignan, c'est du solide et fait pour durer. La cerise burlat bien mûre s'impose parmi les fruits noirs, accompagnée par une note de figue.

ROUSSILLON

La chair empreinte d'arômes de cerise apparaît mûre, le carignan lui apportant de la structure et le grenache de la rondeur. La finale sur la fraîcheur est agréable. ⧗ 2022-2025

SCEA LA PRÉCEPTORIE, 54, av. du Puig-del-Mas, 66650 Banyuls-sur-Mer, tél. 04 68 81 02 94, lapreceptorie@parce-freres.com V *r.-v.*

CH. DE REY Mine de Rey 2017 ★★

■ | 2800 | | 20 à 30 €

Dominant la Grande Bleue et les étangs, le Ch. de Rey, fondé en 1875, déroule ses 34 ha sur les galets et les sables de la «haute» terrasse de l'Agly culminant à 15 m. Un château très «fin XIXᵉ s.» à la tour élancée, des gîtes à 5 mn des plages. Aux commandes depuis 1996, Cathy et Philippe Sisqueille, héritiers de quatre générations de vignerons. Rémy les accompagne désormais pour convertir les vignes au bio.

Rares sont les vins en Roussillon élaborés sur une base de mourvèdre. Pourtant, quelle réussite, car sous une robe assez soutenue légèrement évoluée, les notes de sous-bois et de truffe typiques du cépage viennent en contrepoint des notes grillées et vanillées de l'élevage en fût. L'attaque est souple et ample. Cerise et myrte jouent avec des tanins au grain soyeux, puis le laurier et une touche poivrée s'invitent. Du volume, de la fraîcheur, ce vin est prêt pour accompagner un gibier et les premiers cèpes d'automne. ⧗ 2022-2026 ■ **Les Galets roulés 2018 ★ (15 à 20 €; 5302 b.)** Sur une base de carignan et de syrah, ce 2018 demande un peu d'aération pour dévoiler les arômes de fruits noirs. Sa structure de qualité assurera sa bonne tenue dans le temps et pourra dès lors se fondre. ⧗ 2022-2025

EARL CH. DE REY, rte de Saint-Nazaire, 66140 Canet-en-Roussillon, tél. 04 68 73 86 27, contact@chateauderey.com V *t.l.j. sf dim. 10h-12h 15h-18h* E

B DOM. RIÈRE CADÈNE Via Augusta 2020 ★

■ | 6600 | | 8 à 11 €

Fondé en 1904 par un arrière-grand-père opticien, ce domaine familial (30 ha aujourd'hui, cultivés en bio) s'étend sur 2 terroirs : les galets roulés des hautes terrasses de la Têt et les marnes et schistes de la vallée de l'Agly. Laurence et Jean-François Rière, installés en 1994, ont renoué avec les vinifications à la propriété. Ils ont été rejoints en 2015 par leur neveu Guillem. La cave est située à Perpignan même, dans un secteur agricole encore préservé, ce qui a permis l'aménagement de gîtes.

Un assemblage syrah-grenache issu de sols argilo-calcaires et des terrasses de la Têt. De couleur sombre, le vin affiche des arômes intenses de fruits (mûre, cerise) et de violette. Les tanins sont encore jeunes, mais la chair est assez dense, toute empreinte de cerise fraîche. Un vin bio qui tiendra ses promesses. ⧗ 2022-2025 ■ **Via Augusta 2020 ★ (8 à 11 €; 6600 b.)** Né sur marnes noires et schistes de l'Agly, ce blanc a été élevé sur lies. Dès lors, il offre des notes florales anisées et une matière voluptueuse. L'équilibre demeure. ⧗ 2021-2023

EARL RIÈRE CADÈNE, 808, chem. de Saint-Génis-de-Tanyères, 66000 Perpignan, tél. 04 68 63 87 29, contact@domainerierecadene.com V *r.-v.* G

B CH. ROMBEAU Le Rosé 2020 ★★

■ | 6250 | | 8 à 11 €

Le Dom. de Rombeau est dans la famille depuis 1810. Vigneron médiatique, restaurateur et hôtelier, Pierre-Henri de La Fabrègue, arrivé à sa tête en 1993, lui a donné un bel éclat. Des 90 ha de l'exploitation, dont 27 ha en bio, naissent des muscat-de-rivesaltes, des rivesaltes et des vins secs, en AOC et en IGP. Une production large et bien connue des lecteurs du Guide.

De la sensualité dès le premier regard sur la robe tendre aux reflets saumonés, puis à la perception de la fraîcheur des arômes de fruits blancs (pêche, poire William). Ces notes se retrouvent au palais, enrichies par un caractère épicé de litchi. Le vin se révèle ample, persistant, avec une jolie matière. Pour un risotto de saint-jacques. ⧗ 2021-2022 ■ **Andréa Vieilles Vignes 2019 ★ (11 à 15 €; 3250 b.)** Après un élevage en fût, ce 2019 offre un élégant boisé, de la rondeur et de la longueur, avec un fruité épicé. ⧗ 2022-2024

SCEA DOM. DE ROMBEAU, 2, av. de la Salanque, 66600 Rivesaltes, tél. 04 68 64 35 35, vin@rombeau.com V *r.-v.*

SAINT-ROCH Vieilles Vignes 2019 ★★★

■ | 60000 | | 5 à 8 €

Éliane et Jean-Marc Lafage ont vinifié pendant 10 ans dans l'hémisphère Sud, puis ont repris l'exploitation familiale en 1995, établie sur trois terroirs bien distincts du Roussillon : les terrasses de galets roulés proches de la mer; les Aspres et ses terres d'altitude; la vallée de l'Agly, vers Maury (depuis l'acquisition en 2006 du Ch. Saint-Roch). Aujourd'hui, quelque 180 ha cultivés à petits rendements. Un domaine très régulier en qualité, souvent en vue pour ses côtes-du-roussillon et ses muscats, complété par une activité de négoce.

Entre grenat et noir, cette cuvée libère volontiers ses arômes de fruits mûrs confiturés, légèrement réglissés. Elle s'avère capiteuse, structurée par des tanins veloutés en parfait accord avec un fruité charnu. C'est riche, plein et très harmonieux. ⧗ 2022-2025 ■ **Sélections parcellaires 2019 ★★ (5 à 8 €; 20000 b.)** Un vin à la robe sombre qui décline les arômes de cerise burlat et autres fruits noirs sur fond vanillé. Les tanins puissants, mais mûrs autorisent une dégustation dès à présent comme demain. ⧗ 2022-2025 ■ **Sélections parcellaires 2020 ★ (5 à 8 €; 20000 b.)** Des notes florales (acacia) et miellées et une bouche à la fois ample et fraîche sur l'ananas et le zeste d'agrumes. ⧗ 2021-2023 ■ **Dom. Lafage Authentique 2019 ★ (8 à 11 €; 30000 b.)** Une expression gourmande de fruits noirs vanillés et des tanins fondus garantissant une grande souplesse donnent à ce vin un caractère abordable. Les grillades lui iront bien. ⧗ 2022-2024

SARL FAMILLE LAFAGE, Mas Miraflors, rte de Canet, 66000 Perpignan, tél. 04 68 80 35 82, contact@domaine-lafage.com V *t.l.j. sf dim. 10h-12h15 14h45-18h30*

DOM. SOL PAYRÉ Albae 2020 ★★

■	4000	🍾	11 à 15 €

Le grand-père de Jean-Claude Sol, ouvrier agricole émigré d'Espagne en 1913, a reconstruit sa vie à l'abri de la cathédrale d'Elne, fondant un domaine qui s'est agrandi petit à petit pour atteindre 60 ha. Principalement implanté au sud du département, entre Perpignan et Collioure, le vignoble s'est étendu au nord, sur les sols acides des Fenouillèdes. Jean-Claude Sol a déménagé en 2016 le caveau de dégustation, qui se trouvait à Elne, sur les coteaux Saint-Martin, au cœur de la propriété.

Fleurs, poivre et fruits blancs se mêlent dans la palette de ce vin souple et de bon volume. En rétro-olfaction, la pêche blanche et la poire William en soulignent la fraîcheur harmonieuse. Sans doute doit-on au grenache gris le caractère épicé et la structure. Aileron de raie aux câpres ou homard papillote, les accords ne manqueront pas. ⧗ 2021-2023

EARL DOM. SOL PAYRÉ, rte de Saint-Martin, 66200 Elne, tél. 04 68 22 17 97, contact@sol-payre.com V t.l.j. 10h-18h

TERRA NOBILIS Vieilles Vignes 2020 ★

■	4000	🍾	8 à 11 €

Une société de négoce-éleveur fondée en 2019 et dirigée par David Loiret. De la sélection des raisins à la mise en bouteille, en passant par la vinification dans ses chais de Tautavel sous la conduite de son œnologue-conseil, elle suit tout le processus d'élaboration des vins. Elle possède également 15 ha de vignes en propre.

La recherche de la maturité s'exprime dans la couleur rouge soutenu, dense, flirtant avec le noir. Les arômes de mûre, puis de fruits rouges (cerise) sur fond de sous-bois et d'une touche de tourbe se dévoilent à l'aération. L'attaque est souple, fruitée (mûre, groseille), réglissée. Les tanins encore présents contribuent à une présence convaincante. ⧗ 2022-2024 ■ **Vieilles Vignes 2020 ★ (8 à 11 €; 10000 b.)** Ce rosé joue entre la rondeur des fruits rouges et fraîcheur des agrumes. Il propose une bouche ample, aromatique, plus vive et mentholée en finale. ⧗ 2021-2022

SAS TERRA NOBILIS WINE, 18, rue de la République, 66720 Tautavel, tél. 06 67 10 61 70, terranobiliswine@gmail.com V r.-v.

VIGNERONS DE TRÉMOINE DE RASIGUÈRES Tendance 2020 ★

■	13000	🍾	8 à 11 €

Les Vignerons de Trémoine : une coopérative fondée en 1919, regroupant quelque 80 vignerons qui cultivent 450 ha dans 4 villages situés dans la vallée de l'Agly : Planèzes, Rasiguères, Lansac et Cassagnes. L'histoire de la cave est liée au festival de musique classique créé en 1980 par la pianiste britannique Moura Lympany.

Rose pâle, technique de vinification privilégiant les arômes amyliques... C'est tendance! Mais le naturel est tenace et reprend ses droits en bouche avec un bel équilibre, de la présence autour de la touche acidulée de la syrah et de la sucrosité du grenache. Une pointe d'épices assure une finale appétante. ⧗ 2021-2022

SCA LES VIGNERONS DE TRÉMOINE, 5, av. de Caramany, 66720 Rasiguères, tél. 04 68 29 11 82, rasigueres@wanadoo.fr V t.l.j. sf dim. 8h-12h 14h-18h

DOM. DES TROIS ORRIS Euphorie 2018 ★★★

■	5700	🛢	20 à 30 €

Joep Graler était un homme attachant, venu de sa Hollande natale en 2003 pour cultiver des vignes entre 400 m et 600 m d'altitude à Tarerach. Ses 12 ha de vignes sont conduits en agriculture biologique depuis 2006 et travaillés dans les conditions extrêmes exigées par ses terroirs caillouteux. Mais si le courage n'a jamais manqué à ce vigneron, certains combats sont trop difficiles et il nous a quitté en 2015.

Dès le premier regard, on devine la recherche d'extraction : robe sombre presque noire. Le nez intense mêle fruits noirs confiturés et violette, poivre et notes réglissées. Au palais, le vin fait preuve de puissance et de rondeur, avec des épices omniprésentes et une structure solide de tanins veloutés représentatifs des terroirs granitiques d'altitude. Le boisé vanillé élégant accompagne sans dominer la longue finale à la fraîcheur réglissée. ⧗ 2022-2025

SCEA ORRIS ROUSSILLON (DOM. DES TROIS ORRIS), rte de Marcevol, 66320 Tarerach, tél. 06 72 01 96 70, domaine3orris@gmail.com V r.-v.

CH. VALMY 2019 ★

■	18520	🍾	11 à 15 €

Au pied des Albères, le Ch. Valmy, construit en 1888 par l'architecte danois Viggo Dorph Petersen, est entouré de quelque 26 ha de vignes. En 1998, Bernard Carbonnell et son épouse Martine ont fait renaître non seulement le vignoble et ses vins (réguliers en qualité), mais aussi le château en créant des chambres d'hôtes de luxe, complétées en 2014 par le restaurant *La Table de Valmy*, un projet conduit par les filles des propriétaires, Anaïs et Clara.

La robe profonde hésite entre rouge et noir. Pas d'hésitation au nez : la complexité aromatique s'impose. Cuir, clou de girofle, épices et douce figue se mêlent. Si d'entrée le moelleux s'affiche, rapidement la puissance et la générosité s'expriment, soutenues par des tanins présents mais enrobés. Se retrouvent en finale la noix muscade et le cuir. Un vin prêt pour un gibier. ⧗ 2022-2024

SARL CH. DE VALMY, chem. de Valmy, 66700 Argelès-sur-Mer, tél. 04 68 81 25 70, contact@chateau-valmy.com V t.l.j. sf dim. 10h-12h30 14h-18h 5

VIGNERONS CATALANS Élévation 2019 ★

■	30000	🍾	8 à 11 €

En 1964, une poignée de vignerons s'unissent parce qu'ils sont convaincus que «le groupe est meilleur que le meilleur du groupe». Aujourd'hui, les Vignerons Catalans rassemblent 7 caves

coopératives, 1 500 adhérents et une quarantaine de caves privées, soit plus de 10 000 ha.

Très tendre, l'or pâle est lumineux, attirant. Au nez, la minéralité accompagne un fruité mûr. La fraîcheur persiste en bouche, accentuée par la touche parfumée de fleur d'oranger qui prend le pas sur l'abricot rouge du Roussillon. Persistant, harmonieux, sur un équilibre très frais, ce vin laisse le souvenir d'une finale agréable. Pour une lotte grillée. ⌛ 2021-2023

VIGNERONS CATALANS, 1870, av. Julien-Panchot, 66000 Perpignan, tél. 04 68 85 04 51, regincos@vigneronscatalans.com

CÔTES-DU-ROUSSILLON-VILLAGES

Superficie : 2 270 ha / Production : 67 500 hl

LES VIGNERONS DES CÔTES D'AGLY
Tautavel Expression 2018 ★★

■ | 16000 | | 8 à 11 €

Les Vignerons des Côtes d'Agly regroupent six caves coopératives dans la vallée de l'Agly. Ils sont 250 viticulteurs à cultiver des vignes (650 ha) à Estagel, Montner, Lesquerde, Saint-Paul-de-Fenouillet et Caudiès. Ils proposent la plupart des productions du Roussillon, en vins secs et en vins doux naturels.

Les 18 mois d'élevage en cuve ont conservé au vin cette teinte brillante, cerise burlat. Pivoine et violette s'entourent de mûre, de poivre et de réglisse. Ample et généreux, le palais repose sur des tanins de qualité et persiste agréablement sur les épices. ⌛ 2022-2025 ■ **Mont d'Estagel 2017 ★ (11 à 15 €; 8000 b.)** Classiques de l'appellation, les arômes de chèvrefeuille, de fruits noirs et de poivre se conjuguent à un boisé léger. D'attaque ronde, le vin se révèle charnu tout en notes de cerise, puis de fruits confits. Douceur et harmonie. ⌛ 2022-2024 ■ **Émotions 2017 ★ (20 à 30 €; 2500 b.)** Généreux, rond et harmonieux, ce 2017 possède encore un boisé présent. Il est solide et concentré, très sud, jusque dans sa finale persistante. ⌛ 2021-2025

SCAV LES VIGNERONS DES CÔTES D' AGLY, av. Louis-Vigo, 66310 Estagel, tél. 04 68 29 00 45, contact@agly.fr V *t.l.j. sf dim. 9h-12h 14h-18h*

BRUNO ANDREU Caramany 2019 ★

■ | 2500 | | 20 à 30 €

Issu d'une famille vigneronne et lui-même vigneron pendant 20 ans (Ch. la Condamine Bertrand), Bruno Andreu a créé sa propre marque en 2018. Il s'approvisionne auprès de vignerons et domaines languedociens et élève ses vins dans un chai datant de 1610, situé près de Montpellier.

Une édition limitée pour ce joli vin sombre, élevé 12 mois en fût. Rond, le nez propose des notes de violette sur fond boisé. L'attaque épicée annonce un développement puissant sur des tanins fondus. Vin élégant à la finale équilibrée. ⌛ 2022-2026

SAS BRUNO ANDREU, 53, av. de Béziers, 34290 Montblanc, tél. 04 67 31 58 48, contact@bruno-andreu.com V *t.l.j. 9h-12h 14h-17h*

♥ DOM. ARGUTI Ugo 2019 ★★★

■ | 5300 | | 15 à 20 €

En 2004, Marie-Christine et Ugo Arguti ont posé leurs valises dans la vallée de l'Agly. Toscan d'origine, Bordelais d'adoption, le second a longtemps dirigé un grand château à Saint-Émilion. Il signe désormais ses propres cuvées à partir de 7,5 ha de vignes.

Vendange, tri et égrenage à la main, grenache noir, syrah et carignan sur schistes : telle est la clé du succès de ce remarquable vin. Grenat profond à reflets violines, il livre un bouquet gourmand de mûre, de cassis, de toasté, avec une touche d'eau-de-vie de fruit. Cette complexité se retrouve au palais. La chair est élégante et puissante, bâtie sur des tanins veloutés qui laissent en finale des accents épicés et réglissés. Un vin de gastronomie pour aujourd'hui ou dans quelques années. ⌛ 2022-2027

SCEA DOM. ARGUTI, 14, av. du 16-Août-1944, 66220 Saint-Paul-de-Fenouillet, tél. 06 73 85 17 93, contact@domainearguti.fr V *r.-v.* E

LES DOMAINES AURIOL
Caramany La Légende des Canons 2020 ★

■ | 150000 | | 5 à 8 €

Fille de Jean Vialade, vigneron bien connu des Corbières, Claude Vialade a dirigé le syndicat des corbières avant de reprendre et de restaurer en 1995 les propriétés familiales (Ch. Cicéron, Ch. Saint-Auriol, Ch. Vialade et Corbières Montmija), tout en créant une importante maison de négoce.

Pourpre intense à reflets violines, voici un Caramany frais et fin, qui évoque les fruits des bois sur un fin support d'épices. Après une attaque ronde, la bouche chaleureuse révèle, après aération, des arômes d'épices douces persistants. ⌛ 2022-2024

SAS LES DOMAINES AURIOL, 12, rue Gustave-Eiffel, 11200 Lézignan-Corbières, tél. 04 68 58 15 15, vin.prod@les-domaines-auriol.eu V D

GÉRARD BERTRAND
Tautavel Hommage aux vignerons 2019 ★★

■ | 13333 | | 20 à 30 €

Enfant des Corbières, Gérard Bertrand est un important propriétaire et négociant du sud de la France, dont les cuvées apparaissent dans le Guide sous diverses AOP (corbières, fitou, minervois, languedoc, côtes-du-roussillon) et en IGP.

Le nez est marqué par une note d'eau-de-vie de cerise, puis s'ouvre sur les fruits noirs. Équilibre et matière imposante, nuancée de cuir et de réglisse, sont au rendez-vous dans ce vin en devenir. ⌛ 2023-2027 ■ **Tautavel Tautavelissime 2019 ★ (5 à 8 €; 42000 b.)** Grenat violine, ce vin aux notes boisées apparaît ample et charpenté. Les notes empyreumatiques sont présentes. Un vin à garder en cave. ⌛ 2023-2027

SPH GÉRARD BERTRAND, Ch. l'Hospitalet, rte de Narbonne-Plage, 11100 Narbonne, tél. 04 68 45 28 50, vins@gerard-bertrand.com V *t.l.j. 9h-19h; été t.l.j. 9h-20h*

B DOM. BOUCABEILLE Monte Nero 2019 ★

■ | 20000 | | 15 à 20 €

Un domaine de 40 ha sur la colline schisteuse de Força Réal. Les vignes, situées à une altitude de 150 à 400 m, sont conduites en agriculture biologique depuis 2008. Côtes-du-roussillon-villages et rivesaltes y sont produits.

Au nez, les notes de thym sauvage, de mûre et de kirsch dominent. En bouche, ampleur et fraîcheur sont les premières sensations, suivies d'une impression de concentration, de boisé et de tanins bien présents. La finale évolue vers l'eau-de-vie. ⧗ 2022-2027

JEAN BOUCABEILLE, RD 614, Las Coumes Altès, 66550 Corneilla-la-Rivière, tél. 04 68 61 30 20, domaine@boucabeille.com V *r.-v.*

DOM. BOUDAU Padri 2019 ★

■ | 15000 | | 15 à 20 €

Véronique Boudau et son frère Pierre sont à la tête du domaine familial depuis 1993. Ils ont décidé de donner un nouveau souffle à la propriété, qui couvre quelque 50 ha sur d'excellents terroirs, à l'entrée de la vallée de l'Agly. Le pari est réussi : la totalité de la production est mise en bouteilles et commercialisée, notamment dans un réseau de restaurants et de cavistes. Une valeur sûre, qui a engagé la conversion bio de son vignoble. La fille de Véronique vient de rejoindre l'aventure.

Le mourvèdre dominant donne une teinte grenat brillant à reflets bleutés. Le nez évolue de la vanille à la réglisse, tandis que la bouche généreuse et équilibrée offre des tanins de qualité, aux notes d'épices grillées. Belle fraîcheur en finale. ⧗ 2022-2026

SARL DOM. BOUDAU, 6, rue Marceau, 66600 Rivesaltes, tél. 04 68 64 45 37, contact@domaineboudau.fr V *t.l.j. sf dim. 10h-12h 15h-19h; hiver sam. 10h-12h*

LES VIGNERONS DE CARAMANY Caramany Huguet de Caraman Élevé en fût de chêne 2018 ★

■ | 5000 | | 11 à 15 €

Caramany se niche dans la vallée de l'Agly, non loin d'un lac de retenue. Fondée en 1924, sa coopérative est au centre de la vie locale, proposant des journées d'animation au bord du lac. Les vignes en altitude de ses adhérents (200 ha) bénéficient de nuits fraîches et de terroirs de gneiss qui confèrent de la subtilité aux vins.

La robe est tout aussi intense que le nez. Puissantes, les notes d'épices et de cacao se mêlent aux fruits rouges mûrs et aux fruits secs. Le cœur de bouche dominé par les épices douces se structure autour de tanins affirmés qui laissent en finale des nuances boisées persistantes. ⧗ 2022-2027 ■ **Caramany Caramagnole 2018 ★ (8 à 11 €; 6700 b.)** Rubis soutenu à reflets tuilés, ce vin évoque la mûre et le cassis. Après une attaque franche, il offre des tanins enrobés et de jolis arômes de fruits secs et d'épices. Puissant, généreux et chaleureux. ⧗ 2022-2026

SCV LES VIGNERONS DE CARAMANY, 70, Grand-Rue, 66720 Caramany, tél. 04 68 84 51 80, contact@vigneronsdecaramany.com V *t.l.j. 9h-12h 14h-18h*

B DOM. CAZES Trilogy 2019 ★★

■ | 17350 | | 5 à 8 €

Fondation en 1895, premières mises en bouteilles en 1955 et une croissance continue. Aujourd'hui, un domaine de 220 ha entièrement conduit en biodynamie depuis 2005. À sa carte, toutes les AOC du Roussillon, des IGP, tous les styles de vin. Dans le giron du groupe Advini depuis 2004.

Grenat lumineux et profond, cette cuvée offre un premier nez net et frais de fruits rouges, ponctué de poivre. Ronde, elle est souple et équilibrée, la cerise et les épices enrobant des tanins présents, mais fins. Jolie finale. ⧗ 2022-2025 ■ **Dom. du Grand Chêne Les Aspres Pla del Rey 2019 ★ (11 à 15 €; 5460 b.)** Le domaine Grand Chêne (35 ha de vignes et 4 ha d'oliviers) a été acquis en 2018 par Cazes. Grenat intense. Nez sur des notes de sous-bois, de fruits confits, de pruneau et de vanille. Bouche puissante et généreuse, concentrée. Le boisé et une pointe de cacao amer s'expriment en finale avec harmonie, les tanins demeurent soyeux. ⧗ 2022-2026

SAS CAZES, 4, rue Francisco-Ferrer, 66600 Rivesaltes, tél. 04 68 64 08 26, info@cazes.com V *t.l.j. sf dim. 9h-12h 14h-18h30* 5

ROUSSILLON

DOM. CHEMIN FAISANT Le Petit Dernier 2018 ★★

■ | 18000 | | 8 à 11 €

En 2013, Charles Faisant et Jean-Noël Calmon ont mis en commun deux vignobles familiaux : l'un de 20 ha sur Opoul (appartenant à la famille Calmon depuis plusieurs générations), l'autre de la même superficie sur Tautavel (déjà exploité par le grand-père de Charles Faisant).

Un vin élevé en cuve, issu de grenache noir, de syrah et de carignan. Il en résulte un nez complexe, moderne, où s'entremêlent fruits mûrs, eau-de-vie légère et fenouil. La trame tannique fondue favorise la sensation de densité et de rondeur. Quelques notes de cacao typiques du grenache apportent de la délicatesse en finale. ⧗ 2022-2024 ■ **Tautavel Il était une fois 2018 ★ (8 à 11 €; 7500 b.)** La robe est profonde, avec ses reflets acajou, et le nez ouvert séduit par une pointe chaleureuse de torréfaction et de réglisse. Au palais, le vin apparaît franc et généreux, bâti sur des tanins puissants, mais soyeux. Capiteuse, la finale est généreuse. ⧗ 2022-2025

SAS DOM. CHEMIN FAISANT, av. du Verdouble, 66720 Tautavel, tél. 06 83 24 65 51, cave.faisant@gmail.com

DOM. DES CHÊNES L'Air du temps 2018 ★

■ | 6000 | | 8 à 11 €

Propriété créée au XVIIIe s, le domaine des chênes a vu se succéder plusieurs générations de la famille

Razungles. Les vins sont produits dans le pittoresque cirque des falaises de Vingrau. Aujourd'hui, Alain et sa fille Marion perpétuent la tradition familiale dans l'enceinte de ce vieux mas catalan.

Le grenache noir, la syrah et le carignan récoltés sur argilo-calcaires marquent un nez original où s'entremêlent garrigue, myrte, laurier et fruits mûrs. La trame tannique puissante demeure au service de l'équilibre et la minéralité s'exprime bien en finale. ⧗ 2022-2026 ■ **Tautavel Le Mascarou 2017 ★ (11 à 15 €; 6000 b.)** Aux premières notes de sous-bois et de mûre s'ajoutent des nuances plus évoluées de gibier. Ces nuances se retrouvent en bouche, agrémentées de notes de fruits confits et d'une touche de gingembre. Les tanins soyeux contribuent à une impression de rondeur chaleureuse et persistante. ⧗ 2022-2024

SCEA DOM. DES CHÊNES, 7, rue Mal-Joffre, 66600 Vingrau, tél. 04 68 29 40 21, domainedeschenes@wanadoo.fr V *r.-v.*

DOM. LA DIFFÉRENCE La Racine Carrée 2020 ★

■ | 35000 | | 11 à 15 €

Un domaine créé en 2007 par un groupe d'amis réunis autour du vigneron Charles Faisant, pour «faire la différence en Roussillon» : 12,5 ha de vignes sur le terroir de Tautavel.

Le nez expressif séduit par ses notes de cassis, de cerise, de violette avec une pointe de boisé et de fumé. Le vin prend de l'ampleur au palais, soutenu par des tanins enrobés qui laissent en finale des accents poivrés. ⧗ 2022-2025 ■ **Tautavel 2017 ★ (75 à 100 €; 1100 b.)** Pourpre brillant aux reflets acajou, voici un Tautavel complexe qui mêle le café, la nougatine et le toasté aux fruits en confiture. Souple, gourmand, soyeux, le palais révèle les épices douces, avec une longue évolution sur la réglisse. ⧗ 2022-2024

SCEA LA DIFFÉRENCE, 1, av. Jean-Badia, 66720 Tautavel, tél. 04 68 66 89 38, contact@ladifference-roussillon.com V *r.-v.*

♥ DOM. FONTANEL
Tautavel Prieuré 2017 ★★★

■ | 3500 | | 15 à 20 €

Les origines du domaine, où 6 générations se sont succédé, remontent à 1864. La propriété est forte d'un vignoble de 25 ha installé sur des terroirs variés. À sa tête depuis 1989, Pierre et Marie-Claude Fontaneil ont proposé pendant près de 30 ans des cuvées à forte personnalité, aussi bien en vins secs qu'en vins doux naturels. En 2017, ils ont cédé l'exploitation à un jeune couple de vignerons, Élodie et Matthieu Collet.

Un grenat profond et lumineux en harmonie avec des senteurs exquises de sous-bois, de mousse, de champignons et de réglisse. En bouche, on est surpris par la richesse des saveurs, l'équilibre et l'onctuosité de la matière empreinte de fruits noirs qui enrobe une structure tannique fondue. La finale persistante est un autre atout majeur. ⧗ 2022-2027 ■ **Tautavel Cistes 2018 ★★ (11 à 15 €; 5500 b.)** Habillé de grenat à reflets violines, ce vin charmeur arbore ses arômes d'eau-de-vie de framboise, ainsi que des notes toastées et fumées. Ample, généreux et puissant, il dispose d'un bel avenir. ⧗ 2022-2026

EARL COLLET, 25, av. Jean-Jaurès, 66720 Tautavel, tél. 06 11 07 01 22, contact@domainefontanel.fr V *t.l.j. sf dim. 15h-18h* E

CH. DE JAU Jaujau Ier 2018 ★

■ | 13400 | | 15 à 20 €

Du bâtiment construit au XII^e^s. par les moines cisterciens, il ne reste que la superbe tour épousant la roche. Jean et Bernard Dauré ont acheté le domaine en 1974. La magnanerie du milieu du XIX^e^s. abrite aujourd'hui l'Espace d'art contemporain, qui voisine avec l'un des premiers restaurants vignerons créés en France, ouvert l'été. Le vignoble, en conversion bio, couvre 90 ha.

Fruits noirs, grillé et touche de bâton de réglisse invitent à poursuivre la dégustation. Après une attaque souple et ample, au boisé fondu, ce sont des tanins au grain fin qui se révèlent dans une bonne matière, riche d'arômes de cerise noire et de pain grillé. Harmonie et finesse. ⧗ 2022-2026

SAS VIGNOBLES DAURÉ, Ch. de Jau, 66600 Cases-de-Pène, tél. 04 68 38 90 10, daure@wanadoo.fr V *t.l.j. sf sam. dim. 9h30-12h30 13h30-16h*

B MAS D'AGLY Tradition 2019 ★★

■ | 6000 | | 8 à 11 €

L'ancien domaine de Besombes-Singla, devenu domaine Singla. Au XVIII^e^s., la famille Singla s'installe en Roussillon pour développer un commerce vinicole entre l'Espagne et l'Afrique. Le commerce étant fructueux, elle s'installe à Rivesaltes pour exploiter dans la vallée de l'Agly un grand vignoble de 250 ha. En 2001, Laurent prend la tête de la propriété et en isole les meilleures parcelles : 50 ha conduits en bio certifié depuis 2006.

Tout en fraîcheur, voici un vin plaisir par excellence. Sa rondeur en bouche et ses arômes rémanents de petits fruits rouges type groseille en font le compagnon d'une planche de charcuteries catalanes. ⧗ 2021-2024 ■ **Dom. Singla Passe Temps 2019 ★ (11 à 15 €; 7000 b.)** B Grenat intense, cette cuvée évoque la garrigue et le thym. Dynamique et fraîche au palais, elle offre un joli fruité, mais ses tanins encore bien présents témoignent de son potentiel. ⧗ 2023-2027 ■ **Dom. Singla La Matine 2019 ★ (8 à 11 €; 8000 b.)** B Le premier nez, net, libère des notes de groseille et une pointe de réglisse. Dense en attaque, la bouche souple et charnue révèle certes du fruit, mais aussi une forte minéralité qui apporte finesse et fraîcheur. Ainsi règne l'harmonie. ⧗ 2022-2024

LAURENT DE BESOMBES SINGLA, 4, rue de Rivoli, 66250 Saint-Laurent-de-la-Salanque, tél. 09 67 30 77 90, laurent@domainesingla.com V *r.-v.*

MAS DE LA DEVÈZE Syrare 2019 ★★

■ | 1400 | | 30 à 50 €

Simon Hugues était agriculteur, Nathalie commerciale dans la filière viticole à l'export. Ils ont repris en 2012 au cœur du terroir de Maury une très

ancienne propriété qui avait été démantelée dans les années 1980. Ils cultivent 30 ha de vignes, la plupart conduites en gobelet.

Le nez tout en finesse évoque la mûre, le cassis et la cerise, puis s'ouvre sur le moka et la vanille. La bouche charnue, ronde et, cependant, fraîche séduit par des tanins au grain velouté. Le fruit et le menthol se mêlent très agréablement. ⧗ 2022-2025

NATHALIE HUGUES (MAS DE LA DEVÈZE), rte des Mas, 66720 Tautavel, tél. 06 52 38 57 36, contact@masdeladeveze.fr V r.-v.

MAS DES MONTAGNES Terroirs d'altitude 2018 ★★★

| 7600 | | 11 à 15 € |

Les Lorgeril possèdent plusieurs domaines familiaux en Languedoc-Roussillon : Ch. de Pennautier leur fief, un Versailles en Languedoc construit en 1620 à la gloire des seigneurs locaux, trésoriers des États du Languedoc, une valeur sûre en cabardès (120 ha), complété par les 25 ha du Ch. de Garille et les 15 ha du Ch. des Caunettes dans la même appellation ; le Ch. de Ciffre (70 ha) en faugères et saint-chinian ; le Dom. de la Borie Blanche en minervois, minervois-la-livinière et languedoc (16 ha) ; le Mas des Montagnes (19 ha) en côtes-du-roussillon, *villages* et maury. Un vaste ensemble conduit par Nicolas et Miren de Lorgeril, représentant la dixième génération, également à la tête d'une structure de négoce.

Grenat aux reflets violines, c'est un vin fin et élégant qui offre une corbeille de myrtilles, de fraises des bois et d'épices vanillées. Il est ample, structuré autour de tanins nobles et enrobés, et des notes grillées prolongent le plaisir en finale, accompagnées de réglisse et de fruits à l'eau-de-vie. ⧗ 2022-2025

SAS VIGNOBLES LORGERIL (CH. DE CIFFRE), BP 4, 11610 Pennautier, tél. 04 68 72 65 29, contact@lorgeril.com V r.-v. E

♥ CH. MONTANA Les Aspres L'Astre rouge 2018 ★★

| 8000 | | 15 à 20 € |

Depuis 1996, Patrick Saurel n'a pas chômé. Venu du monde du commerce, il a poussé sa passion pour la vigne jusqu'au bout : restructuration et agrandissement du domaine, création d'un nouveau chai, inauguration d'un musée du Vin, conduite raisonnée... Son exploitation couvre aujourd'hui 30 ha et est en cours de conversion biologique.

Sous une robe grenat à reflets rubis, ce 2018 révèle des notes de liqueur de framboise, d'épices et de garrigue. L'élégance de la bouche, la rondeur, la richesse et la finesse des tanins s'accompagnent du jeu persistant des arômes de mûre et de cassis. ⧗ 2022-2025

SCEA DOM. MONTANA, Mas Vidalou, 66300 Banyuls-dels-Aspres, tél. 04 68 37 54 84, chateaumontana@orange.fr V t.l.j. sf dim. 9h30-12h30 14h30-18h B

B CH. DE L'OU Compartir 2019 ★★★

| 7000 | | 30 à 50 € |

Philippe Bourrier, agronome, et son épouse Séverine, œnologue, ont acheté en 1999 ce domaine dont le nom vient d'une résurgence dans un bassin en forme d'œuf (*ou* en catalan). Ils ont refait le chai et travaillé d'emblée en bio leur vignoble qui couvre 49 ha entre plaine du Roussillon et Fenouillèdes.

Sous un robe violine profonde, le nez dévoile les fruits confits, les épices douces et la réglisse. De ce vin ample et charnu, on aime aussi les arômes de tapenade et de grillé persistants. La charpente solide est un gage d'avenir. ⧗ 2023-2027

SARL CH. DE L' OU, rte de Villeneuve, 66200 Montescot, tél. 04 68 54 68 67, contact@chateau-de-lou.fr V r.-v.

DOM. LA PART DES ANGES Caramany 2020 ★

| 10000 | | 11 à 15 € |

Un domaine de 7 ha créé en 2020 sur la commune de Caramany, dont les vignes dominent le lac, à 300 m d'altitude. David Loiret, issu d'une longue lignée de vignerons, est originaire du Muscadet.

Un premier Caramany qui ne laisse pas indifférent. Grenat sombre, brillant, il mêle les arômes de mûre et de cassis aux épices douces. Puissant et charnu au palais, il se révèle parfaitement équilibré grâce à des tanins présents, mais enrobés, puis s'étirent durablement en finale. ⧗ 2022-2025

SCEA DOM. LA PART DES ANGES, 18; rue de la République, 66720 Tautavel, tél. 06 67 10 61 70, david.loiret@gmail.com V r.-v.

ROUSSILLON

PIERRE PELOU Tautavel Elixsyr 2019 ★★★

| 10000 | | 11 à 15 € |

Dans la même famille depuis 1908, ce domaine de 22 ha, en conversion bio, est aussi connu sous le nom de Celler d'al Mouli. Il est implanté sur les argilo-calcaires de Tautavel, terroir particulièrement adapté au grenache noir. Jean-Pierre Pelou, « vigneron-kiné », a transmis ses vignes et son savoir-faire à son fils Pierre, œnologue, installé en 1997.

Une cuvée à dominante de syrah, d'un grenat profond. Elle livre des arômes intenses de cassis, de garrigue et de réglisse, puis se fait charmeuse au palais, tout en ayant de la structure. Un vin de terroir en devenir. ⧗ 2023-2028

EARL PIERRE PELOU, 9, rue de la République, 66720 Tautavel, tél. 06 16 96 49 61, pierre@pelou.eu V r.-v. C

CH. DE PÉNA L'ADN de Péna 2019 ★

| 4300 | | 11 à 15 € |

Le village de Cases-de-Pène tient son nom d'un ermitage du Xᵉs. établi sur un roc (*pena* en catalan) calcaire qui ferme la vallée de l'Agly. Les terres noires schisteuses y alternent avec l'ocre des argilo-calcaires, formant deux superbes terroirs de 480 ha sur lesquels travaillent les 35 vignerons de la coopérative locale.

Le nez conjugue puissance et finesse avec des notes de mûre, de framboise et une touche de myrtille. La bouche se montre franche, déjà gourmande et complexe. Porté par des tanins délicats, ce vin concentré et persistant mérite trois à cinq ans de garde. ⧗ 2024-2026 ■ **2020 ★ (8 à 11 €; 300 000 b.)** Un nez intense de violette et de fruits noirs intenses, suivi d'une bouche équilibrée, gourmande et fraîche. Un beau vin à découvrir. ⧗ 2022-2025

SCV L' AGLY (CH. DE PENA), 2, bd Mal-Joffre, 66600 Cases-de-Pène, tél. 04 68 38 93 30, contact@chateau-de-pena.com V *t.l.j. 9h30-12h30 14h30-19h*

CH. PEZILLA Élevé en fût de chêne 2019 ★

■ | 10 100 | | 8 à 11 €

Cette cave coopérative fondée en 1909 est inscrite dans l'histoire de la région. Elle représente pas moins de 1600 ha de vignoble, dont 125 ha conduits en agriculture biologique.

Sous une teinte grenat, à reflets violines se révèlent des arômes balsamiques, ainsi que des notes de café, de réglisse, de cacao et de bergamote. La bouche charnue à souhait s'appuie sur des tanins puissants et généreux, aux notes boisées. ⧗ 2022-2026

SCV LES VIGNOBLES DU RIVESALTAIS, 153, RD 900, 66600 Rivesaltes, tél. 04 68 64 06 63, contact@caveadv.com V *t.l.j. sf dim. 9h30-12h30 14h30-18h30*

CH. LES PINS 2015 ★★

■ | 60 000 | | 11 à 15 €

Suivi à la parcelle, maîtrise de la totalité de la chaîne d'élaboration, du raisin à la bouteille, démarche de développement durable… La cave de Baixas, fondée en 1923, compte 210 coopérateurs qui exploitent 2000 ha répartis dans une trentaine de commune.

Le vin déploie son charme et sa richesse autour de la myrtille, de la confiture de cassis, du zeste d'agrumes et du sous-bois. Fondu, puissant et rond, il bénéficie d'une trame tannique et d'un boisé maîtrisés aux accents grillés, respectueux des saveurs de fruits confits légèrement poivrés. Un 2015 élégant qui saura encore affronter la garde. ⧗ 2022-2025 ■ **Dom Brial Grande Tradition Élevé en fût de chêne 2016 ★ (8 à 11 €; 20 000 b.)** Robe sombre, reflets tuilés. Nez riche et solaire de figue sèche, de garrigue, d'épices, avec une touche de myrtille. Souplesse, tanins fondus et volume en finale. ⧗ 2022-2024

VIGNOBLES DOM BRIAL, 14, av. Mal-Joffre, 66390 Baixas, tél. 04 68 64 22 37, contact@dom-brial.com V *t.l.j. sf dim. 9h-12h 14h-18h30*

DOM. PIQUEMAL Pygmalion 2019 ★★

■ | 3 800 | | 15 à 20 €

Sous l'impulsion d'Annie et de Pierre Piquemal, ce domaine familial (48 ha) est devenu une référence du Roussillon. Tout en maintenant les pratiques traditionnelles, il dispose d'un chai très moderne, à l'extérieur du village. Un outil adapté pour exalter l'expression de chaque terroir (schistes feuilletés, argilo-calcaires, galets roulés). Les vinifications sont assurées par Marie-Pierre Piquemal.

Après neuf mois passés en fût, ce Pygmalion est d'un grenat profond et décline des notes de sous-bois. Ample dès l'attaque, il tire parti de tanins serrés qui soutiennent la matière ample et dense. La truffe, l'olive noire et la réglisse se retrouvent dans une finale remarquable de fraîcheur. ⧗ 2023-2028 ■ **Galatée 2020 ★ (15 à 20 €; 2 500 b.)** Grâce aux trois cépages emblématiques, grenache noir, syrah et carignan, et après un élevage court de six mois en cuve, ce sont les fruits frais et la fraîcheur qui dominent cette cuvée. Gourmandise et finesse sont au rendez-vous. ⧗ 2022-2025 ■ **Les Terres grillées 2020 ★ (11 à 15 €; 12 000 b.)** Ce 2020 brille de nuances violines et bleutées typiques de la jeunesse. Le nez fin de cassis, de mûre nuancé de romarin et de torréfaction est prometteur. Il en va de même au palais, souple, frais et gourmand, autour du fruit expressif. À déguster sans attendre. ⧗ 2021-2023

EARL DOM. PIQUEMAL, RD 117, Km 7, Della-Lo-Rec, 66600 Espira-de-l'Agly, tél. 04 68 64 09 14, contact@domaine-piquemal.com V *t.l.j. sf dim. 9h-12h 14h-18h*

CH. PLANÈRES Les Aspres La Romanie 2018 ★

■ | 60 000 | | 15 à 20 €

Le domaine des frères Jaubert et de Roland Noury, l'un des pionniers des crus du Roussillon, apparaît tel un balcon donnant sur les Albères, la mer et le Canigou. Conduit par la quatrième génération, le vignoble s'étend sur 80 ha, dont une soixantaine d'un seul tenant autour d'une bâtisse catalane du XIXe s., sur le plateau de Planères.

Grenat profond à reflets tuilés, ce 2018 est marqué par une note de gibier et s'ouvre sur la cerise à l'eau-de-vie et la liqueur de cassis. Chaleureux en attaque, autour de notes de truffe, il peut compter sur de bons tanins et une finale longue et généreuse. ⧗ 2023-2026

GIE JAUBERT-NOURY, Ch. Planères, 66300 Saint-Jean-Lasseille, tél. 04 68 21 74 50, gilles.jaubert@orange.fr V *t.l.j. sf dim. 8h30-12h30 14h-18h*

CH. PLANÈZES Latour de France 2018 ★★

■ | 15 000 | | 8 à 11 €

Les Vignerons de Trémoine : une coopérative fondée en 1919, regroupant quelque 80 vignerons qui cultivent 450 ha dans 4 villages situés dans la vallée de l'Agly : Planèzes, Rasiguères, Lansac et Cassagnes. L'histoire de la cave est liée au festival de musique classique créé en 1980 par la pianiste britannique Moura Lympany.

Noir intense, ce 2018 affiche un nez fin et profond de fruits en confiture, de cannelle et d'épices. La matière généreuse, riche, s'appuie sur des tanins au grain serré et offre une finale de réglisse et de poivre frais. Harmonieux et typé. ⧗ 2023-2027 ■ **Vignerons de Trémoine Rasiguères Lesquerde Cuvée Loubet de Sceaury 2020 ★ (5 à 8 €; 13 000 b.)** Pourpre à reflets violines, c'est une cuvée de bonne intensité mêlant la mûre et le cassis aux fruits secs. Ample et généreuse, elle se révèle parfaitement équilibrée sur des tanins fondus et laisse un souvenir durable de fruits noirs et de fruits secs. ⧗ 2022-2025 ■ **Vignerons de Trémoine Raziguières Capitelles 2020 ★ (5 à 8 €; 13 000 b.)** Sous une robe grenat brillant à reflets violines, le nez très frais évoque le bourgeon de cassis. Une attaque gourmande et souple laisse place à une bouche ronde, aux tons de fruits frais et de poivre vert, soutenue par une structure tannique de qualité. Bel équilibre final. À boire avec un carré d'agneau grillé au thym. ⌛ 2021-2024 ■ **Ch. Cuchous Caramany 2018** ★ **(8 à 11 €; 20000 b.)** La robe est tout aussi intense que le nez. Les épices et un boisé plaisant se mêlent aux notes de sous-bois. Le cœur de bouche marqué par les épices douces ne manque pas de fraîcheur, et les tanins sont de bon présage pour la garde. Pour un lièvre à la royale. ⌛ 2022-2026

SCA LES VIGNERONS DE TRÉMOINE, 5, av. de Caramany, 66720 Rasiguères, tél. 04 68 29 11 82, rasigueres@wanadoo.fr V *t.l.j. sf dim. 8h-12h 14h-18h*

CH. ROMBEAU Élise Vieilles Vignes 2019 ★

■ | 11600 | | 15 à 20 €

Le Dom. de Rombeau est dans la famille depuis 1810. Vigneron médiatique, restaurateur et hôtelier, Pierre-Henri de La Fabrègue, arrivé à sa tête en 1993, lui a donné un bel éclat. Des 90 ha de l'exploitation, dont 27 ha en bio, naissent des muscat-de-rivesaltes, des rivesaltes et des vins secs, en AOC et en IGP. Une production large et bien connue des lecteurs du Guide.

Un vin de velours noir qui déploie son charme autour de la garrigue, des notes de vanille, ainsi que du pruneau. Structuré, puissant, mais ample et charnu, il possède une trame tannique de bon augure. Le boisé prend d'agréables accents d'épices, de cacao et de café. ⌛ 2023-2027

SCEA DOM. DE ROMBEAU, 2, av. de la Salanque, 66600 Rivesaltes, tél. 04 68 64 35 35, vin@rombeau.com V *r.-v.*

CH. SAINT-ROCH Les Harpies 2019 ★★

■ | 10000 | | 11 à 15 €

Éliane et Jean-Marc Lafage ont vinifié pendant 10 ans dans l'hémisphère Sud, puis ont repris l'exploitation familiale en 1995, établie sur 3 terroirs bien distincts du Roussillon : les terrasses de galets roulés proches de la mer; les Aspres et ses terres d'altitude; la vallée de l'Agly, vers Maury (depuis l'acquisition en 2006 du Ch. Saint-Roch). Aujourd'hui, quelque 180 ha cultivés à petits rendements. Un domaine très régulier en qualité, souvent en vue pour ses côtes-du-roussillon et ses muscats.

Superbe robe noire aux reflets brillants. Nez intense de griotte et de violette qui évolue vers la garrigue et des notes vanillées. Soyeux et dense, le palais offre puissance et élégance, avec pour leitmotiv la cerise noire et le cassis. ⌛ 2023-2028

SCEA MAISON LAFAGE, Mas Miraflors, rte de Canet, 66000 Perpignan, tél. 04 68 80 35 82, contact@domaine-lafage.com V *t.l.j. sf dim. 10h-12h15 14h45-18h30*

B DOM. DES SCHISTES La Coumeilles Le Parcellaire 2019 ★★

■ | 3100 | | 15 à 20 €

La 5e génération officie dans cette exploitation de la vallée de l'Agly qui vinifie en cave particulière depuis 1989. Comme son nom l'indique, les marnes schisteuses dominent. À la vigne, Jacques et Michaël Sire sont pointilleux sur le travail du sol et leur domaine (plus de 45 ha) est conduit en bio. Une valeur sûre du Guide.

Quel joli nez fruité, à la fois subtil, précis et complexe : mûre, cerise, noix muscade et notes fumées se mêlent. La bouche veloutée et ample séduit tout autant par l'attaque fraîche et fruitée que la structure de tanins soyeux et la finale remarquablement persistante. ⌛ 2023-2027 ■ **Tautavel Caune d'en Joffre Le Parcellaire 2019** ★ **(15 à 20 €; 4000 b.)** B Le carignan domine dans cette cuvée alerte et fraîche. Le nez subtil et élégant révèle la fraise des bois. Tendre et gouleyant, équilibré, le palais offre un plaisir immédiat. Les tanins fondus et les notes épicées y contribuent. ⌛ 2021-2024

EARL DOM. DES SCHISTES, 1, av. Jean-Lurçat, 66310 Estagel, tél. 04 68 29 11 25, sire-schistes@wanadoo.fr V *r.-v.* B

DOM. SEMPER Lesquerde Voluptas 2019 ★★

■ | 10000 | | 11 à 15 €

Tradition, ce terme est omniprésent dans cette famille vigneronne. Après leurs parents Paul et Geneviève, Florent (à la vigne) et Mathieu (à la cave) perpétuent un travail authentique de la vendange. Sur leur domaine de 27 ha, ils peuvent jouer sur deux terroirs : les schistes noirs de Maury et les arènes granitiques de Lesquerde.

Noir intense et profond, aux nuances pourpre, ce 2019 livre sans hésiter ses arômes de mûre, de cassis et d'épices légères. Il en va de même au palais, dans un environnement rond, mais puissant, encadré par des tanins de qualité. La finale évoque la cerise avec délice. ⌛ 2022-2025

EARL DOM. SEMPER, 24, av. Jean-Jaurès, 66460 Maury, tél. 06 21 61 23 09, domaine.semper@wanadoo.fr V *t.l.j. sf dim. 10h30-12h 15h30-19h*

TERRA NOBILIS Caramany Vieilles Vignes 2020 ★★

■ | 10000 | | 8 à 11 €

Une société de négoce-éleveur fondée en 2019 et dirigée par David Loiret. De la sélection des raisins à la mise en bouteille, en passant par la vinification dans ses chais de Tautavel sous la conduite de son œnologue-conseil, elle suit tout le processus d'élaboration des vins. Elle possède également 15 ha de vignes en propre.

Une sélection de vignes en coteaux, syrah, carignan et grenache noir, a donné naissance à ce vin grenat profond, au nez de mûre, de cassis et d'épices. L'attaque est fraîche, les épices perceptibles. Autour de tanins présents mais enrobés, la bouche se déploie durablement. ⌛ 2022-2025

SAS TERRA NOBILIS WINE, 18, rue de la République, 66720 Tautavel, tél. 06 67 10 61 70, terranobiliswine@gmail.com V *r.-v.*

TERRASSOUS Les Aspres Summum 2018 ★

■ | 2328 | | 30 à 50 €

Les vignerons de Constance et Terrassous regroupent depuis 2009 trois caves des Aspres, dans la partie sud

ROUSSILLON

du Roussillon : 70 adhérents pour 680 ha de vignes. Un terroir de collines et de terrasses au pied du Canigou, lequel apporte avec ses schistes une palette supplémentaire de terroirs. La cave commercialise en tirage limité toute une gamme de splendides vins doux naturels, du 6 ans d'âge aux millésimes anciens.

Un long élevage en barrique de 18 mois a permis d'affiner ce vin pourpre profond, empreint de vanille et de réglisse. L'attaque est chaleureuse, la bouche souple, marquée par les fruits noirs et des tanins au grain fin. ⧗ 2022-2025

SCV LES VIGNOBLES DE CONSTANCE ET DU TERRASSOUS, 46, av. des Corbières, 66300 Terrats, tél. 04 68 53 02 50, contact@terrassous.com V *t.l.j. sf dim. 9h-12h 14h-18h30*

TERRES PLURIELLES Tautavel Cabrils 2018 ★

■ | 6568 | | 11 à 15 €

Depuis 2010, date de la fusion des trois caves de Tautavel et de Vingrau, les vignerons disposent de 1100 ha. Ils ont mis en place une nouvelle gamme afin d'affirmer leur identité propre et proposent, grâce à des sélections parcellaires, des vins à forte personnalité.

Certifiée bio, cette cuvée exprime la nature sauvage de la garrigue. La bouche gourmande et croquante rappelle la mûre, la confiture de cassis et la réglisse. Les tanins soyeux ajoutent au plaisir immédiat. ⧗ 2021-2023

SCV TERRES PLURIELLES (LES VIGNERONS DE TAUTAVEL VINGRAU), 24, av. Jean-Badia, 66720 Tautavel, tél. 04 68 29 12 03, contact@terresplurielles.com V *t.l.j. 9h-12h 14h-18h*

DOM. THUNEVIN-CALVET Les Dentelles 2018 ★

■ | 13000 | | 15 à 20 €

En 2001, Jean-Roger Calvet, son épouse et Jean-Luc Thunevin, propriétaire bien connu à Saint-Émilion (Ch. Valandraud), se sont associés pour créer ce domaine (60 ha). Depuis dix ans, les désherbants sont proscrits sur l'exploitation.

Cette cuvée joue sur le malt, le sous-bois, les fruits noirs et les notes viandées. Nul doute, elle est complexe. Le palais ne dément pas, ample, gras et velouté. Il y a de la mâche dans ce vin et un boisé léger évocateur de cannelle rappelle la qualité de l'élevage. La finale mentholée est un autre atout. ⧗ 2022-2025

EARL CALVET-THUNEVIN, 13, rue Pierre-Curie, 66460 Maury, tél. 04 68 51 05 57, contact@thunevin-calvet.fr

♥ DOM. LA TOUPIE Quatuor 2019 ★★★

■ | 9000 | | 11 à 15 €

Après 20 ans passés dans l'administration viticole, puis à parcourir le vignoble pour la coopérative du Mont Tauch, dans l'Aude, Jérôme Collas a franchi le pas et la «frontière» entre Languedoc et Roussillon, pour s'installer en 2012 sur 12 ha dans la vallée de l'Agly.

Beaucoup de charme dans cette cuvée à la robe grenat profond nuancée de reflets violines. Le nez ouvert mêle les notes de tabac blond, d'épices et une touche subtile de sarriette. Densité, générosité et puissance sont les premières sensations suivies d'une belle construction de tanins denses, mais soyeux. Un vin concentré et d'une franchise remarquable. ⧗ 2023-2027 ■ **Volte face 2019 ★ (20 à 30 €; 4000 b.)** Douze mois de fût et un nez intense de vanille, de torréfaction, de café, d'épices et de fruits noirs comme la mûre. Quelle richesse! D'attaque douce et fraîche à la fois, le palais cède tout au fruit sur la longueur. ⧗ 2022-2025

EARL DOM. LA TOUPIE, ZA Clos-de-la-Serre, 66460 Maury, tél. 07 86 28 99 52, contact@domainelatoupie.fr V *r.-v.*

DOM. DE VÉNUS Passions 2015 ★★

■ | 7400 | | 15 à 20 €

Un domaine constitué à partir de 2003 par des associés et amis, autour de Jean-Luc Coupet, spécialiste en fusions-acquisitions de domaines, de Jean-François Nègre, qui a quitté le domaine de l'Île Margaux, de Gilles Gavignaud, ancien propriétaire et aujourd'hui régisseur, de Nathalie Abet, au chai, et d'Alice Euvrard, au commercial. Situé dans le haut Agly, le vignoble est passé de 15 ha à 33 ha après l'achat en 2015 de parcelles en bio (les vignes d'origine étant en conversion).

Sous une robe grenat profond se révèlent des arômes de fruits en confiture et un soupçon de violette. Souple en attaque, la bouche charnue et ample séduit aussi par son évolution sur des notes fraîches et des tanins veloutés. La finale suave confirme le bel équilibre d'ensemble. ⧗ 2022-2025 ■ **Les Démons de Vénus 2015 ★★ (30 à 50 €; 2760 b.)** Robe profonde. Confiture, myrtille, eucalyptus, réglisse caractérisent la palette aromatique tout au long de la dégustation. Les tanins soyeux contribuent à la rondeur de ce vin qui se termine sur une délicieuse note de cerise. ⧗ 2022-2025

SARL DOM. DE VÉNUS, rte des Mas, 66460 Maury, tél. 06 03 03 56 20, domainedevenus66220@gmail.com V *t.l.j. sf sam. dim. 9h-17h*

VIGNERONS CATALANS Latour de France Les Terrasses 2019 ★★

■ | 6000 | | 5 à 8 €

En 1964, une poignée de vignerons s'unissent parce qu'ils sont convaincus que «le groupe est meilleur que le meilleur du groupe». Aujourd'hui, les Vignerons Catalans rassemblent 7 caves coopératives, 1 500 adhérents et une quarantaine de caves privées, soit plus de 10 000 ha.

Couleur cerise, limpide et brillant, ce vin parle de fruits rouges, puis évolue vers la violette et les épices douces. La bouche, ample et charpentée dès l'attaque, étonne par sa rondeur. Onctueux, riche et complet, le vin investit longuement le palais. ⧗ 2022-2025 ■ **Kar Magna 2020 ★★ (8 à 11 €; 20000 b.)** Grenat profond, ce vin offre quelques notes de lilas avant de délivrer ses notes de framboise et d'épices. Surprenant de fraîcheur, il procure un plaisir franc et s'avère typique de l'appellation. Frais, équilibré, doté de tanins enrobés, il se déguste dans sa jeunesse. ⧗ 2021-2023 ■ **Canigou Flama del Canigó**

2018 ★ (8 à 11 €; 15000 b.) Un assemblage de syrah et de grenache. Sous une teinte rubis profond apparaît un nez délicat de cassis nuancé de notes grillées et poivrées. Tout en finesse, l'attaque est souple. Les tanins à grains fins soutiennent avec élégance la chair empreinte de fruits noirs, d'épices et de réglisse, avant une finale sur l'eau-de-vie de fruit. ⧗ 2021-2023 ■ **Tautavel Signature 2018 ★★ (5 à 8 €; 5000 b.)** Les reflets acajou traduisent bien son âge. Mais ce 2018 demeure élégant et épanoui sur la mûre et la myrtille. Une pointe d'épices s'y ajoute en bouche. Un vin franc, souple, qui présente du volume et de l'équilibre. Un filet de canard aux figues sera le bienvenu. ⧗ 2022-2024 ■ **Torre del Far 2018 ★ (5 à 8 €; 17000 b.)** Aux premières notes sauvages de garrigue s'ajoutent les épices douces. La bouche est légère, tendre, gourmande grâce à des tanins fins. Un vin frais, tout en longueur. ⧗ 2021-2023 ■ **Latour de France Signature 2019 ★ (5 à 8 €; 15000 b.)** Dans le verre brillant de reflets violines, s'épanouissent des notes de fraise des bois. Tendre en attaque, gouleyant en bouche, le vin tire profit de tanins soyeux et s'enveloppe d'arômes de cassis et de réglisse. Elégant et expressif, il est prêt à boire. ⧗ 2021-2023 ■ **Les Aspres Signature 2019 ★ (5 à 8 €; 17000 b.)** Un Aspres profond à reflets rubis, aux notes d'eau-de-vie de framboise et de fraise. Au palais, il fait preuve d'élégance, en ajoutant à sa palette réglisse et épices douces; les tanins légers laissent une impression de rondeur savoureuse jusqu'en finale. ⧗ 2021-2023

⊸ VIGNERONS CATALANS, 1870, av. Julien-Panchot, 66000 Perpignan, tél. 04 68 85 04 51, regincos@vigneronscatalans.com

COLLIOURE

Superficie : 619 ha
Production : 19 930 hl (85 % rouge et rosé)

Portant le nom d'un charmant petit port méditerranéen, cette appellation couvre le même terroir que celui de l'appellation banyuls; il regroupe les quatre communes de Collioure, Port-Vendres, Banyuls-sur-Mer et Cerbère. Les collioures rouges et rosés assemblent principalement grenache noir, mourvèdre et syrah, le cinsault et le carignan entrant comme cépages accessoires. Issus de petits rendements, ce sont des vins colorés, chaleureux aux arômes de fruits rouges bien mûrs. Les rosés sont aromatiques, riches et néanmoins nerveux. Les colliours blancs, qui font la part belle aux grenaches blanc et gris, sont produits depuis le millésime 2002.

♥ ABBÉ ROUS Cornet et Cie 2020 ★★★

■ | 7128 | | 8 à 11 €

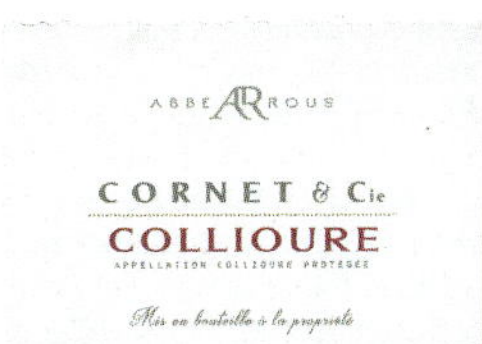

Devenu Terres des Templiers, l'ancien Cellier des Templiers est une coopérative créée en 1921. Elle revendique l'héritage de cet ordre militaire à qui l'on doit la mise en valeur des pentes schisteuses de Banyuls. Aujourd'hui, la cave dispose des 776 ha de ses 805 adhérents et, depuis la récolte 2011, du Mas Ventous, un vaste chai de vinification qui s'ajoute à la grande cave de 1964, réservée aux longs élevages. À sa carte, des colliours et des banyuls. La Cave de l'Abbé Rous appartient au même groupe coopératif : une cave créée en 1950 et nommée en hommage à l'abbé qui vers 1870 devint négociant-éleveur de vins de Banyuls pour financer l'agrandissement de l'église paroissiale sans faire appel à la générosité publique et qui se fit à l'occasion le mécène de Maillol.

Rose tendre étincelant aux reflets nacrés, ce 2020 offre un nez fin de fraise des bois, de cassis et de pomelos. En bouche, les notes acidulées et la pointe d'agrumes contribuent à la personnalité de ce vin remarquable de gourmandise et d'élégance. ⧗ 2021-2022 ■ **Cuvée des Peintres 2019 ★ (8 à 11 €; 22276 b.)** Pourpre à reflets framboise, cette cuvée s'ouvre sur des arômes concentrés de mûre, de cassis et d'épices poivrées. L'attaque franche est soulignée par la fraîcheur, puis on croque la cerise, avec en contrepoint une note finement iodée. Un vin élégant. ⧗ 2022-2024

⊸ GICB TERRES DES TEMPLIERS (CAVE DE L'ABBÉ ROUS), 8, rte du Mas-Reig, 66650 Banyuls-sur-Mer, tél. 04 68 88 72 72, contact@abberous.com

DOM. AUGUSTIN Adeodat 2020 ★★

■ | 4000 | | 20 à 30 €

Une nouvelle page s'est ouverte en 2015 dans l'histoire viticole de l'incontournable famille Parcé : Augustin, fils de Marc et neveu de Thierry, a créé son domaine, 7 ha de vignes en collioure. Avant cela, il avait œuvré sur le domaine familial de la Rectorie, puis a eu envie d'ailleurs : quelques années de compagnonnage chez Jean Thévenet à Quintaine, puis chez Frédéric Mugnier à Chambolle, et enfin chez Pierre Borie à Boutenac.

Remarquable grenache gris, or intense à reflets cuivrés. Intense, le nez décline des notes de noix fraîche et un léger boisé. Puis, la bouche puissante joue sur les fruits jaunes à noyau comme l'abricot. Beau potentiel. ⧗ 2022-2024

⊸ EARL AUGUSTIN PARCÉ,
54, av. du Puig-del-Mas, 66650 Banyuls-sur-Mer,
tél. 04 68 81 02 94, domaineaugustin@parce-freres.com
V r.-v.

DOM. BERTA-MAILLOL Barral 2018 ★

■ | 3000 | | 15 à 20 €

Ce domaine de Banyuls remonte à 1611! Jean-Louis Berta-Maillol en 1996, puis ses frères Michel et Georges, respectivement en 2003 et 2009, ont pris la suite de leur père. Leur 12 ha de vignes s'accrochent aux pentes schisteuses de la vallée de la Baillauri, aménagées en terrasses.

Grenat à reflets acajou, ce 2018 aux accents de framboise et de mûre, ainsi que de boisé s'exprime avec netteté et précision. La bouche fraîche bénéficie de tanins fins et soyeux, de sorte que c'est bien la gourmandise qui persiste durablement. ⧗ 2022-2025

⊸ EARL BERTA-MAILLOL, Mas Paroutet,
rte des Mas, 66650 Banyuls-sur-Mer,
tél. 04 68 88 00 54, domaine@bertamaillol.com
V t.l.j. 10h-12h 15h-19h

DOM. DE LA CASA BLANCA Lluminari 2019 ★★

	3000		15 à 20 €

L'enfant du pays, le terrien Laurent Escapa, a accueilli le marin Hervé Levano, puis Valérie Reig est venue compléter le trio pour œuvrer dans une des plus vieilles caves de Banyuls (1870). Sur ce petit domaine (6 ha), la mule et le treuil ont fait leur apparition pour éviter l'emploi de désherbant sur les terrasses accrochées aux collines banyulencques. En 2021, Casa Blanca s'est associée au domaine Nénu, créé en 2017 en AOC collioure.

Noir profond, c'est un vin intensément parfumé de fruits rouges. Flatteur en attaque, il revendique le cacao et la réglisse au palais, mais pas seulement... Des notes minérales complexes s'inscrivent dans une texture remarquablement équilibrée. ⧗ 2022-2025

EARL CASA BLANCA-NÉNU, 16, av. de la Gare, 66650 Banyuls-sur-Mer, tél. 06 52 38 58 38, domainedelacasablanca@orange.fr V r.-v.

CLOS SAINT-SÉBASTIEN Empreintes 2019 ★

	20000		15 à 20 €

Jacques Piriou et Romuald Peronne – l'œnologue – se sont associés pour racheter le Dom. Saint-Sébastien en 2008, rebaptisé Clos Saint-Sébastien en 2014 après le rachat du Clos Xatard. Ils sont entrés dans le Guide par la grande porte avec leurs cuvées de collioure. Ils gèrent à Banyuls un restaurant en terrasse face au port, *Le Jardin de Saint-Sébastien*, et proposent une promenade en bateau pour découvrir par la mer les 20 ha de leur vignoble en terrasses. À leur carte, du collioure et du banyuls exclusivement.

Le nez intense et généreux est en parfaite cohérence avec le palais suave mêlant réglisse et cerise. L'équilibre se réalise avec précision entre rondeur et fraîcheur. ⧗ 2022-2025

SCEA CLOS SAINT-SÉBASTIEN, 10, av. Pierre-Fabre, 66650 Banyuls-sur-Mer, tél. 04 68 88 30 14, contact@clos-saint-sebastien.com V r.-v.

COUME DEL MAS Schistes 2019 ★

	10000		15 à 20 €

Ingénieur agronome, Philippe Gard a d'abord travaillé à la chambre d'agriculture d'Auxerre, puis à celle de Bordeaux. Mais sa passion, c'est la vigne, et il a fini par se poser avec Nathalie en 1998 à Cosprons, près de l'anse de Paulilles, où il exploite aujourd'hui 15 ha en terrasses. Il lance son étiquette Coume del Mas en 2001. Intenses et raffinés, ses banyuls comme ses collioure ont d'emblée fait sensation.

Robe grenat, reflets brillants, nez de petits fruits rouges et pierre chaude. C'est typé... L'attaque toute en rondeur offre réglisse et cumin, puis le cœur de bouche révèle une puissance mesurée et des tanins soyeux. La finale se développe alors, tout en équilibre. ⧗ 2022-2025 **Folio 2019 ★ (20 à 30 €; 1200 b.)** Or pâle aux légers reflets vert, ce 2019 évolue du fruit blanc vers la brioche et le sous-bois au nez. Gras, ample et généreux, il dévoile un boisé bien présent, mais équilibré. ⧗ 2021-2023

SARL LES VIGNOBLES DE LA COUME DEL MAS, 3, rue Alphonse-Daudet, 66650 Banyuls-sur-Mer, tél. 06 86 81 71 32, philippe@coumedelmas.com V r.-v.

L'ÉTOILE Les Toiles fauves 2020 ★

	4000		11 à 15 €

Au cœur du village, la petite cave garde l'aspect rétro de l'époque de sa création. Fondée en 1921, c'est la plus ancienne coopérative de Banyuls. Connue pour ses vins doux naturels traditionnels hors d'âge, elle a su maintenir les traditions dans un esprit de famille. Les grands foudres, les demi-muids et les dames-jeannes accueillent des produits bien typés.

Or brillant, cette cuvée livre avec intensité ses arômes élégants d'agrumes et de fleurs. Du volume et de la générosité autour de la fraîcheur, voilà le secret de son équilibre. ⧗ 2021-2023 **Les Toiles fauves 2020 ★ (11 à 15 €; 13300 b.)** Pourpre à reflets framboise, ce 2020 décline avec franchise les notes de fruits des bois et de réglisse. Puissant en attaque, ils peut compter sur des tanins solides et une bonne fraîcheur pour affronter le temps. ⧗ 2023-2026 **Cuvée du centenaire 2019 ★ (15 à 20 €; 4000 b.)** Un vin riche d'arômes de fruits noirs et d'épices (poivre et girofle). Intense, suave et puissant au palais, il se structure autour de tanins fermes, tout en livrant un fruité rouge gourmand. ⧗ 2023-2027

SCV L'ÉTOILE, 26, av. du Puig-del-Mas, 66650 Banyuls-sur-Mer, tél. 04 68 88 00 10, julie@cave-letoile.com V *t.l.j. 9h30-12h30 14h30-18h*

FILIGRANE Les Terres calcinées 2019 ★

	600		11 à 15 €

Cette maison de négoce a été créée en 2018 par Emmanuel Parcé et Jun Xiao Parcé. Elle propose des vins dans les AOP côtes-du-roussillon, côtes-du-roussillon-villages, collioure, ainsi que dans les IGP côtes-catalanes et pays-d'oc.

Le grenache gris domine dans cette cuvée or jaune à reflets cuivrés. Les notes oxydatives de noix et d'amande préfigurent la palette aromatique du palais, dans le registre balsamique. Puissance, ampleur et gras sont les maîtres-mots de la dégustation. ⧗ 2021-2023

SAS FILIGRANE, 65, av. Puig-del-Mas, 66650 Banyuls-sur-Mer, tél. 06 03 36 50 10, contact@maisonfiligrane.fr V *t.l.j. sf dim. 10h-12h 16h-19h*

DOM. MADELOC Penya 2019 ★

	1200		20 à 30 €

Pierre Gaillard aime les côtes et les schistes. Producteur bien connu de la côte rôtie, il s'est tourné vers le sud et s'est intéressé à Faugères, avant de racheter en 2002 Madeloc en côte vermeille. Sa fille Élise, ingénieure agricole, conduit le domaine (18 ha environ) et vinifie avec brio. Sur certaines pentes, on a recours au treuil, comme dans la vallée du Rhône.

Or pâle, reflets argent. Nez vif et puissant. Rondeur, équilibre sur un joli support tannique. Finale harmonieuse sur les herbes fraîches. Un collioure blanc typé et de caractère, en somme. ⧗ 2021-2023 **Tremadoc 2020 ★ (15 à 20 €; 16000 b.)** Jaune or intense à reflets rose, cette cuvée flatte les sens par ses arômes de caramel et de vanille comme par sa rondeur et son volume, que soulignent les notes fruits secs puis la finale généreuse. ⧗ 2021-2023

SARL PIERRE GAILLARD (DOM. MADELOC), 1 bis, av. du Gal-de-Gaulle, 66650 Banyuls-sur-Mer, tél. 04 68 88 38 29, madeloc@gaillard.vin V *t.l.j. 9h30-12h30 14h-18h*

PARCÉ FRÈRES Le Petit Gus 2019 ★

■ | 7500 | | 11 à 15 €

Parcé Frères est la structure de négoce qui commercialise les vins du Dom. Augustin et du Dom. de la Préceptorie, propriété de la famille Parcé. La nouvelle génération est désormais aux commandes avec Martin, Augustin et Vincent.

Le nez « terroite » avec ses accents minéraux de schiste. Puis la bouche, souple et fraîche, fait la part belle aux arômes persistants de résine et de garrigue, nuancés de menthol. Un vin équilibré, à apprécier avec des aiguillettes de canard, sauce fruits rouges. ⧗ 2022-2025

SAS VINS PARCÉ FRÈRES, 54, av. du Puig-del-Mas, 66650 Banyuls-sur-Mer, tél. 04 68 81 02 94, contact@parce-freres.com V *r.-v.*

CH. PAULILLES 2019 ★

■ | 40 000 | | 15 à 20 €

Avec 100 ha d'un seul tenant (dont 63 plantés), c'est le plus vaste domaine des AOC collioure et banyuls, situé dans le site protégé de l'anse de Paulilles. Ancienne propriété de la famille Pams, puis pendant 35 ans des Dauré (Jau). Ces derniers l'ont vendue en 2013 à la famille Cazes, laquelle s'implante ainsi en Côte Vermeille. La cave a été totalement rénovée. Le restaurant *Les Pieds dans l'eau* est un des attraits du lieu.

Les trois cépages syrah, grenache et mourvèdre vinifiés dans une même cuve ont donné naissance à ce 2019 pourpre profond, dont le nez complexe évoque la mûre et la cerise. la bouche franche et fraîche donne la faveur au fruit et à des tanins mûrs qui ne perturbent pas la finale. À boire ou à garder. ⧗ 2022-2025

SCEA LES CLOS DE PAULILLES, Baie de Paulilles, 66660 Port-Vendres, tél. 04 68 64 08 26, info@cazes.com V *t.l.j. 10h-19h* 5

♥ DOM. PIC JOAN Insolence 2019 ★★

■ | 11 000 | | 11 à 15 €

Jean Solé et Laura Parcé ont fondé leur domaine en 2009 à partir de vignes familiales et créé leur cave avec seulement 2,3 ha. Aujourd'hui, ils exploitent plus de 14 ha en « artisans vignerons ». À leur carte, des collioure fort remarqués et de jeunes banyuls rimage.

Au nez franc et puissant de fruits noirs, de poivre et de muscade répond une bouche ample, souple et généreuse, non dénuée de fraîcheur grâce à des notes de zestes d'orange et de cerise croquante. Le tanins soyeux laissent en finale des accents persistants de réglisse. ⧗ 2022-2024 ■ **Dom. du Mas Blanc Signature 2019 ★★ (11 à 15 €; 4000 b.)** Sous une robe pourpre à reflets carmin apparaissent des notes fumées, de prune et de poivre noir. D'attaque souple et charnue, la bouche monte en puissance, structurée autour de tanins serrés. Des notes iodées apportent une belle fraîcheur jusqu'en finale. ⧗ 2023-2026 ■ **Insolence 2020 ★ (11 à 15 €; 5500 b.)** Or pâle, limpide, ce vin exprime volontiers des arômes d'agrumes et de fleurs fraîches. Une pointe de fenouil lui apporte un supplément de personnalité. Franc, élégant, il offre un joli volume et toujours ces notes anisées en finale. ⧗ 2021-2023

SARL DOM. PIC JOAN, 20, rue de l'Artisanat, 66650 Banyuls-sur-Mer, tél. 04 68 98 74 41, domainepicjoan@orange.fr V *t.l.j. sf dim. 10h-13h 15h-19h*

DOM. PIÉTRI-GÉRAUD L'Écume 2019 ★★

■ | 5130 | | 15 à 20 €

Établi au cœur de Collioure, dans une des plus petites rues de la cité, ce domaine est dirigé depuis 2006 par Laetitia Piétri-Clara, qui a pris la suite de sa mère Maguy. Appuyée par l'œnologue Hélène Grau, la vigneronne perpétue la tradition inaugurée à la fin du XIX^e^s. par son arrière-grand-père Étienne Géraud, médecin retourné aux vignes familiales. Le vignoble couvre 20 ha, essentiellement en AOC banyuls et collioure.

Subtil assemblage de grenache gris et blanc, de vermentino et de marsanne, cette cuvée or livre avec puissance des senteurs de fleurs blanches et de brioche vanillée. Ronde à souhait, mais dotée d'une juste fraîcheur, elle fera bel effet avec un plateau de fromages de chèvre. ⧗ 2021-2023 ■ **Le Moulin de la Cortine 2018 ★ (15 à 20 €; 3879 b.)** Belle présence des arômes de fruits noirs concentrés, d'épices et de muscade tout au long de la dégustation. La matière est structurée, pleine et fondue. Des notes de réglisse persistantes accompagnent l'expression des tanins soyeux. À garder. ⧗ 2023-2026 ■ **Sine Nomine 2019 ★ (11 à 15 €; 6894 b.)** Sous un robe grenat brillant, apparaît un nez frais et friand jouant autour de la fraise des bois. Franche et généreuse, la belle matière bénéficie de tanins fins et d'un fruité aussi frais que gourmand. ⧗ 2022-2025

SARL DOM. PIÉTRI-GÉRAUD, 22, rue Pasteur, 66190 Collioure, tél. 04 68 82 07 42, domaine.pietri-geraud@orange.fr V *r.-v.*

♥ DOM. DE LA RECTORIE L'Argile 2019 ★★★

■ | 10 000 | | 20 à 30 €

La famille Parcé avait renoncé à vinifier après la mort de l'arrière grand-père en 1913. Marc et son frère Thierry – rejoints par Jean-Emmanuel, fils de ce dernier – ont agrandi le domaine et sont sortis de la coopérative en 1984. À partir d'une trentaine de parcelles, Thierry, le vinificateur, propose des vins d'une régularité exemplaire en banyuls et en collioure.

ROUSSILLON

Grenache gris (90 %) et grenache blanc unis pour le meilleur dans ce collioure de grande envergure, fermenté et élevé en barriques, avec bâtonnage. Un vin puissant et généreux en arômes, qui joue sur les notes florales, grillées, beurrées et briochées. Une palette aromatique qui irrigue aussi un palais riche, dense, profond, d'un volume et d'une longueur impressionnants, équilibré de bout en bout par une fine ligne de fraîcheur. ⧗ 2022-2026 ■ **L'Oriental 2019 ★★ (15 à 20 €; 10000 b.)** Après 11 mois d'élevage en fût, cette cuvée issue majoritairement de grenache noir apparaît dans une robe grenat intense. Elle offre un nez frais et gourmand de groseille et d'épices. En bouche, les arômes de fruits en confiture explosent et les tanins se font velours. Ce vin mérite de figurer sur les tables des grands chefs, souligne un dégustateur. ⧗ 2023-2027 ■ **Côté Mer 2019 ★ (11 à 15 €; 40000 b.)** Robe grenat, reflets noirs. Nez intense, frais et fruité. Bouche ample et veloutée, pointe de minéralité et épices gourmandes. Tout contribue à l'harmonie. ⧗ 2022-2025

EARL DOM. DE LA RECTORIE,
28-65, av. du Puig-del-Mas, 66650 Banyuls-sur-Mer,
tél. 04 68 88 13 45, info@rectorie.fr V t.l.j. sf dim. 10h-12h 16h-19h

TERRE DES TEMPLIERS
Madeloc 2019 ★★

■ | 18858 | | 11 à 15 €

Devenu Terres des Templiers, l'ancien Cellier des Templiers est une coopérative créée en 1921. Elle revendique l'héritage de cet ordre militaire à qui l'on doit la mise en valeur des pentes schisteuses de Banyuls. Aujourd'hui, la cave dispose des 696 ha de ses 805 adhérents et, depuis la récolte 2011, du Mas Ventous, un vaste chai de vinification qui s'ajoute à la grande cave de 1964, réservée aux longs élevages. À sa carte, des collioure et des banyuls. La Cave de l'Abbé Rous appartient au même groupe coopératif : une cave créée en 1950 et nommée en hommage à l'abbé qui vers 1870 devint négociant-éleveur de vins de Banyuls pour financer l'agrandissement de l'église paroissiale sans faire appel à la générosité publique et qui se fit à l'occasion le mécène de Maillol.

Brillante, jaune clair à reflets verts, voici une cuvée engageante, fleurant bon la pivoine comme un bouquet de printemps. Ample, riche et délicate sur des notes d'amande et une touche de vivacité, elle offre en finale des accents persistants de noix fraîche. ⧗ 2021-2023 ■ **Cuvée de la Salette 2020 ★★ (8 à 11 €; 90996 b.)** Rose tendre à reflets violines, très brillant, ce 2020 combine la fraise, la framboise et le cassis avec finesse. Il est franc, frais et rond à la fois, de bon volume, de sorte qu'il accompagnera tout un repas. ⧗ 2021-2022 ■ **Premium 2019 ★★ (30 à 50 €; 24210 b.)** Sous une robe grenat brillant aux reflets framboise écrasée, se manifestent des arômes de garrigue (thym) intenses. Ample et puissant, le vin garde cette ligne épicée au palais, qui contribue à sa fraîcheur. Les tanins bien présents sont les garants d'une évolution favorable dans le temps. ⧗ 2022-2025 ■ **Terre des Oms 2019 ★ (20 à 30 €; 22728 b.)** Ⓑ Le nez franc, intense, décline les fruits des bois bien mûrs. Typé et ample en attaque, ce vin bénéficie de tanins fins et soyeux qui sauront assurer son avenir. ⧗ 2022-2025 ■ **Les Hauts de Roumani 2019 ★ (11 à 15 €; 31902 b.)** Entre minéralité (pierre de schiste) et fruits des bois, le nez évolue bientôt vers la réglisse. La chair ample dès l'attaque, structurée par des tanins puissants mais soyeux, reprend la même palette, en y ajoutant des accents de poivre. ⧗ 2023-2026

GICB TERRES DES TEMPLIERS,
8, rte du Mas-Reig, 66650 Banyuls-sur-Mer,
tél. 04 68 98 36 92, info@templers.com V t.l.j. 10h-19h30; 10h-13h 14h30-18h30 (hiver); f. janv.

DOM. LA TOUR VIEILLE
Les Canadells 2020 ★

■ | 8500 | | 15 à 20 €

Créé en 1982, ce domaine de 13 ha regroupe les vignes de Vincent Cantié (à Collioure) et celles de Christine Campadieu (à Banyuls), issus l'un comme l'autre de vieilles familles vigneronnes. L'exploitation domine la mer sur les hauteurs de Collioure. Elle montre une belle régularité, aussi bien en vins doux naturels qu'en vins secs.

Or soutenu, brillant et limpide, c'est un collioure riche d'arômes de fruits blancs (coing) et d'une rondeur charmante. La fraîcheur vient à point nommé pour assurer l'équilibre et la longueur en finale. ⧗ 2021-2023 ■ **Puig Ambeille 2019 ★ (15 à 20 €; 8000 b.)** Un 2019 grenat profond à reflets violines, dont le nez intense décline la mûre, la cerise, la prune et la figue. Encore jeune, il apparaît franc et puissant, fermement structuré par des tanins de qualité, aux accents réglissés en finale. En devenir. ⧗ 2023-2026

SCEA LA TOUR VIEILLE,
12, rte de Madeloc, 66190 Collioure, tél. 04 68 82 44 82, info@latourvieille.com V t.l.j. 9h-12h 14h-18h

DOM. VIAL-MAGNÈRES Armenn 2018 ★★

■ | 4000 | | 20 à 30 €

Bernard Sapéras, œnologue et chimiste de formation, arrivé en 1985 sur le domaine de son beau-père, avait donné un bel élan à la propriété et à l'appellation : c'est à lui que l'on doit le banyuls blanc, l'engouement pour le rancio, la réussite du collioure blanc et le chemin d'Anicet pour découvrir le cru. Après sa disparition en 2013, Olivier et Chrystel Sapéras sont les garants de l'avenir. En 2016, ils se sont associés à Laurent Dal Zovo pour gérer les 10 ha de vignes répartis en petites unités sur la façade maritime des communes de Banyuls et Port-Vendres.

Un subtil assemblage de grenache gris et blanc, puis un élevage en deux temps, un an en cuve et 18 mois en fût : c'est un vin de teinte soutenue qui se livre dans le verre. Le nez fondu décline les notes beurrées, grillées et vanillées. La bouche est ample, ronde et de belle évolution sur les fruits compotés. Une telle élégance vaut bien un accord avec une parillada de poissons. ⧗ 2022-2024

SCEA DOM. VIAL-MAGNÈRES,
14, rue Édouard-Herriot, 66650 Banyuls-sur-Mer,
tél. 04 68 88 31 04, info@vialmagneres.com V t.l.j. sf dim. 9h-12h 14h-18h ⑤

VIGNERONS CATALANS
Les Hauts de Consolation 2020 ★★

■ | 15000 | | 11 à 15 €

En 1964, une poignée de vignerons s'unissent parce qu'ils sont convaincus que «le groupe est

meilleur que le meilleur du groupe». Aujourd'hui, les Vignerons Catalans rassemblent 7 caves coopératives, 1 500 adhérents et une quarantaine de caves privées, soit plus de 10 000 ha.

Saumon à reflets nacrés, voici un rosé fin dans son expression aromatique : pêche, nectarine, melon et abricot. Frais et fruité, il l'est aussi au palais, en s'orientant vers la grenadine et le citron jusque dans une finale très enlevée. Pour une tarte à la tomate, au basilic et au fromage de chèvre. ⧗ 2021-2022

⊶ VIGNERONS CATALANS, 1870, av. Julien-Panchot, 66000 Perpignan, tél. 04 68 85 04 51, regincos@vigneronscatalans.com

MAURY SEC

Réservée à l'origine aux vins doux naturels, l'appellation maury est accordée à partir du millésime 2011 aux vins secs produits sur le même terroir (communes de Maury, Tautavel, Saint-Paul et Rasiguères). Les vignerons de cette aire d'appellation proposaient auparavant leurs vins secs en AOC côtes-du-roussillon-villages. Le grenache noir, emblématique de l'appellation, entre à hauteur de 60 % minimum (et 80 % maximum) dans les assemblages. Les vins bénéficient d'un élevage de six mois au minimum.

CASTELL D'AGLY 2018 ★

■ | 12700 | | 8 à 11 €

Fondation en 1895, premières mises en bouteilles en 1955 et une croissance continue. Aujourd'hui, un domaine de 220 ha entièrement conduit en biodynamie depuis 2005. À sa carte, toutes les AOC du Roussillon, des IGP, tous les styles de vin. Dans le giron du groupe Advini depuis 2004.

Grenat intense aux reflets carmin, ce 2018 révèle des arômes de fruits macérés complétés d'épices. La bouche souple et veloutée mêle les arômes de cèpe et de cuir à des tanins mûrs sans excès qui s'expriment en finale sous de frais accents réglissés. À déguster dans sa jeunesse. ⧗ 2021-2023

⊶ SAS CAZES, 4, rue Francisco-Ferrer, 66600 Rivesaltes, tél. 04 68 64 08 26, info@cazes.com V t.l.j. sf dim. 9h-12h 14h-18h30 5

♥ JEFF CARREL Sous la montagne 2017 ★★

■ | 5343 | | 11 à 15 €

Jeff Carrel décide en 1991 de changer de vie et devient œnologue en 1994. Il fait ensuite un tour de France des vignobles avant de se poser en Occitanie où il vinifie ses propres vins. Il crée des cuvées en partenariat avec des producteurs et en assure la commercialisation.

Grenache noir et mourvèdre sur schistes offrent cette robe sombre et dense. Le nez expressif est marqué par les notes d'évolution telles que le cuir, les épices, les fruits à l'eau-de-vie (kirsch). Au palais, la fraîcheur est préservée : notes mentholées, arômes d'encens et de prunes compotées se mêlent ainsi. Une belle cuvée complète et riche. ⧗ 2022-2026

⊶ SAS JEFF CARREL, 12, quai de Lorraine, 11100 Narbonne, tél. 07 70 09 00 05, info@jeffcarrel.com

B CLOS DES VINS D'AMOUR Un baiser 2016 ★★★

■ | 5000 | | 15 à 20 €

Christine et Nicolas Dornier, tous deux œnologues, se sont associés à Christophe et Laurence Dornier pour reprendre en 2002 les vignes cultivées par la famille depuis 1860. Les 2 couples ont quitté la coopérative en 2004 pour créer le Clos des Vins d'amour. Leur domaine (26 ha en bio) s'étend sur les terroirs schisteux de Tautavel, de Maury et de Saint-Paul-de-Fenouillet.

Grenat sombre et profond à reflets tuilés, ce Baiser s'ouvre sur des notes balsamiques, d'humus et de confiture de vieux garçon. La matière en bouche surprend par ses notes de cèpes et de laurier sauce. La structure de tanins fins séduit, de même que la finale de liqueur de cassis. Une garde de quelques années est conseillée. ⧗ 2023-2026

⊶ SCEA VIGNOBLES DORNIER, 3, rte de Lesquerde, 66460 Maury, tél. 07 86 10 19 64, maury@closdesvinsdamour.fr V r.-v.

MAS DE LA DEVÈZE 2019 ★★

■ | 6700 | | 15 à 20 €

Simon Hugues était agriculteur, Nathalie commerciale dans la filière viticole à l'export. Ils ont repris en 2012 au cœur du terroir de Maury une très ancienne propriété qui avait été démantelée dans les années 1980. Ils cultivent 30 ha de vignes, la plupart conduites en gobelet.

Sombre et profond, ce vin encore discret dévoile des notes de mûre et de prune. La bouche est franche, nette et suave, marquée par l'élevage sous bois bien intégré. La vanille, le cuir et la réglisse flattent le palais. Sensation de fraîcheur en finale. ⧗ 2022-2025

⊶ NATHALIE HUGUES (MAS DE LA DEVÈZE), rte des Mas, 66720 Tautavel, tél. 06 52 38 57 36, contact@masdeladeveze.fr V r.-v.

MAS DE LAVAIL Ego 2018 ★

■ | 5000 | | 11 à 15 €

Jean et Nicolas Batlle, père et fils, ont acquis ce joli mas du XIXᵉs. en 1999, à l'installation du second. À la tête de ce domaine de 80 ha de vieilles vignes, Nicolas poursuit le travail de 4 générations de vignerons sur les terres noires de Maury.

Le nez décline de petites touches de cerise et d'épices douces. Franc, charnu et rond, ce vin réussit à marier le fruit et le boisé au palais, puis laisse en finale des accents de bâton de réglisse. ⧗ 2022-2025

⊶ EARL DOM. DE LAVAIL, RD 117, 66460 Maury, tél. 06 31 33 59 19, info@masdelavail.com V t.l.j. sf dim. 10h-12h 14h-18h

LES VIGNERONS DE MAURY
Nature de Schiste 2019 ★★

| 13 000 | 11 à 15 € |

Fondée en 1910, la cave coopérative de Maury est aujourd'hui la plus ancienne du département encore en activité. Après les révoltes viticoles de 1907, elle regroupa plus de 130 propriétaires. Aujourd'hui, la cave dispose des 700 ha de ses adhérents; elle vit du grenache qui donne les traditionnels vins doux naturels et, depuis 2011, les maury secs.

Ce joli vin pourpre à reflets framboise se distingue par des notes de cerise fraîche, d'orange sanguine et une touche d'épices. En cœur de bouche, on croque le fruit. Un 2019 aux tanins élégants qui laisse en finale le souvenir de notes fraîches de menthe poivrée. 2022-2025

SCV LES VIGNERONS DE MAURY, 128, av. Jean-Jaurès, 66460 Maury, tél. 04 68 59 00 95, xavierhardy@vigneronsdemaury.com V t.l.j. 9h-12h30 14h-18h

DOM. DE LA PRÉCEPTORIE
Copain comme cochon 2019 ★

| 15 000 | 11 à 15 € |

Banyulenc et donc marin, ancré dans les schistes et les vignes de la Côte Vermeille, Joseph Parcé, fils de Marc (La Rectorie), débarque à Maury en 2007 comme maître de chai au Dom. de la Préceptorie, qui avait été créé en 2001. En 2017, la nouvelle génération, avec Martin, Augustin et Vincent, a rejoint Marc et prend le relais dans la gestion des 45 ha du vignoble, conduit en bio.

Robe grenat intense. Le nez impressionne par la qualité de ses notes de mûre, cerise et framboise. Une attaque fraîche, souple et gouleyante, une chair dense aux tanins discrets… Nul doute, c'est un vin subtil et savoureux. 2022-2025

SCEA LA PRÉCEPTORIE, 54, av. du Puig-del-Mas, 66650 Banyuls-sur-Mer, tél. 04 68 81 02 94, lapreceptorie@parce-freres.com V r.-v.

B DOM. DES SCHISTES
Devant le Mas Le Parcellaire 2019 ★

| 2 560 | 15 à 20 € |

La 5e génération officie dans cette exploitation de la vallée de l'Agly qui vinifie en cave particulière depuis 1989. Comme son nom l'indique, les marnes schisteuses dominent. À la vigne, Jacques et Michaël Sire sont pointilleux sur le travail du sol et leur domaine (plus de 45 ha) est conduit en bio. Une valeur sûre du guide.

La robe toute fraîche, cerise à reflets violines, annonce bien les arômes de fruits confits alliés aux épices. Le vin a pour atouts la franchise et la rondeur de sa structure, avec une finale gourmande évocatrice du coulis de framboise. À marier avec un foie gras de canard poêlé et réduction de maury grenat. 2022-2025

EARL DOM. DES SCHISTES, 1, av. Jean-Lurçat, 66310 Estagel, tél. 04 68 29 11 25, sire-schistes@wanadoo.fr V r.-v. B

DOM. SEMPER Clos Florent 2017 ★★

| 6 500 | 11 à 15 € |

Tradition, ce terme est omniprésent dans cette famille vigneronne. Après leurs parents Paul et Geneviève, Florent (à la vigne) et Mathieu (à la cave) perpétuent un travail authentique de la vendange. Sur leur domaine de 27 ha, ils peuvent jouer sur deux terroirs : les schistes noirs de Maury et les arènes granitiques de Lesquerde.

Le regard se porte naturellement sur la robe grenat profond à reflets tuilés. Ensuite, les arômes expressifs et nets séduisent par leurs notes de garrigue, de champignons puis de framboise croquante et fraîche. Déjà gourmand au nez, le vin n'est qu'harmonie et équilibre en bouche. Il est fluide et frais, bâti autour de tanins mûrs. Belle finale aux accents de pruneau et de cannelle. 2022-2025

EARL DOM. SEMPER, 24, av. Jean-Jaurès, 66460 Maury, tél. 06 21 61 23 09, domaine.semper@wanadoo.fr V t.l.j. sf dim. 10h30-12h 15h30-19h

B DOM. DES SOULANES
Les Salines Sélection parcellaire 2019 ★

| 3 000 | 11 à 15 € |

Avant de se mettre à son compte en 2002, Daniel Laffite a travaillé 15 ans pour une importante propriété, exploitée en agriculture biologique depuis 1972. Il en a racheté une partie et a aménagé sa cave. Il conduit aujourd'hui 17 ha avec sa femme Cathy.

Quelles jolies notes de mûre, de cassis, de prune, avec un soupçon de champignon de Paris et de garrigue. Après une attaque équilibrée entre douceur et fraîcheur, le cœur de bouche est croquant, évocateur de la cerise burlat. Mais les tanins encore fermes rappellent que la précipitation n'est pas bonne conseillère. Mieux vaut attendre. 2023-2026

DANIEL LAFFITE (DOM. DES SOULANES), Mas de Las Fredas, 66720 Tautavel, tél. 06 12 33 63 14, daniel.laffite@nordnet.fr V r.-v.

TERRA NOBILIS 2020 ★

| 4 000 | 11 à 15 € |

Une société de négoce-éleveur fondée en 2019 et dirigée par David Loiret. De la sélection des raisins à la mise en bouteille, en passant par la vinification dans ses chais de Tautavel sous la conduite de son œnologue-conseil, elle suit tout le processus d'élaboration des vins. Elle possède également 15 ha de vignes en propre.

Intense grenat à l'œil, nez typé grenache, de figue nuancée d'une pointe de fumé. Bouche expressive et soyeuse, qui laisse monter les arômes de mûre. Un vin élégant, long et de beau potentiel. 2022-2025

SAS TERRA NOBILIS WINE, 18, rue de la République, 66720 Tautavel, tél. 06 67 10 61 70, terranobiliswine@gmail.com V r.-v.

▶ LES VINS DOUX NATURELS

Dès l'Antiquité, les vignerons de la région ont élaboré des vins liquoreux de haute renommée. Au XIIIe s., Arnaud de Villeneuve découvrit le mariage miraculeux de la «liqueur de raisin et de

son eau-de-vie» : c'est le principe du mutage qui, appliqué en pleine fermentation sur des vins rouges ou blancs, arrête celle-ci en préservant ainsi une certaine quantité de sucre naturel. Les vins doux naturels d'appellation contrôlée se répartissent dans la France méridionale : Pyrénées-Orientales, Aude, Hérault, Vaucluse et Corse, jamais bien loin de la Méditerranée. Les cépages utilisés sont le grenache (blanc, gris, noir), le macabeu, la malvoisie du Roussillon, dite tourbat, le muscat à petits grains et le muscat d'Alexandrie. La taille courte est obligatoire. Les rendements sont faibles et les raisins doivent, à la récolte, avoir une richesse en sucre de 252 g minimum par litre de moût. L'agrément des vins est obtenu après un contrôle analytique. Ils doivent présenter un taux d'alcool acquis de 15 à 18 % vol., une richesse en sucre de 45 g minimum à plus de 100 g pour certains muscats et un taux d'alcool total (alcool acquis plus alcool en puissance) de 21,5 % vol. minimum. Certains sont commercialisés tôt (muscats), d'autres le sont après trente mois d'élevage. Vieillis sous bois de manière traditionnelle, c'est-à-dire dans des fûts, ils acquièrent parfois après un long élevage des notes très appréciées de rancio.

▶ BANYULS ET BANYULS GRAND CRU

Superficie : 1 160 ha
Production : 28 500 hl (90 % rouge)

Voici un terroir exceptionnel, comme il en existe peu dans le monde viticole : à l'extrémité orientale des Pyrénées, des coteaux en pente abrupte sur la Méditerranée. Seules les quatre communes de Collioure, Port-Vendres, Banyuls-sur-Mer et Cerbère bénéficient de l'appellation. Le vignoble s'accroche à des terrasses installées sur des schistes dont le substrat rocheux est, sinon apparent, tout au plus recouvert d'une mince couche de terre. Le sol est donc pauvre, souvent acide, n'autorisant que des cépages très rustiques, comme le grenache, au rendement extrêmement faible – souvent moins d'une vingtaine d'hectolitres à l'hectare. En revanche, le lieu bénéficie d'un microclimat particulier avec un ensoleillement optimisé par la culture en terrasses – culture difficile car manuelle, afin de protéger la terre qui ne demande qu'à être ravinée par le moindre orage – et par la proximité de la Méditerranée.

L'encépagement des rouges, majoritaires, est à base de grenache; ce sont surtout de vieilles vignes qui occupent le terroir. La vinification se fait par macération; le mutage intervient parfois sur le raisin, permettant ainsi une longue macération qui peut durer plus d'un mois; c'est la pratique de la macération sous alcool, ou mutage sur grains. Grenaches gris et blanc, macabeu, plus rarement muscat et malvoisie, entrent dans la composition des blancs.

L'élevage joue un rôle essentiel. En général, il tend à favoriser une évolution oxydative du produit, dans le bois (foudres, demi-muids) ou en bonbonnes exposées au soleil sur les toits des caves. Les différentes cuvées ainsi élevées sont assemblées avec le plus grand soin par le maître de chai pour créer les nombreux types que nous connaissons. Dans certains cas, l'élevage cherche à préserver au contraire le fruit du vin jeune en empêchant toute oxydation; on obtient alors des produits différents : ce sont les rimages. Pour l'appellation grand cru, l'élevage sous bois est obligatoire pendant trente mois.

BANYULS

ABBÉ ROUS
Cornet et Cie 2018 ★★

■	10 056		15 à 20 €

Devenu Terres des Templiers, l'ancien Cellier des Templiers est une coopérative créée en 1921. Elle revendique l'héritage de cet ordre militaire à qui l'on doit la mise en valeur des pentes schisteuses de Banyuls. Aujourd'hui, la cave dispose des 776 ha de ses 805 adhérents et, depuis la récolte 2011, du Mas Ventous, un vaste chai de vinification qui s'ajoute à la grande cave de 1964, réservée aux longs élevages. À sa carte, des collioure et des banyuls. La Cave de l'Abbé Rous appartient au même groupe coopératif : une cave créée en 1950 et nommée en hommage à l'abbé qui vers 1870 devint négociant-éleveur de vins de Banyuls pour financer l'agrandissement de l'église paroissiale sans faire appel à la générosité publique et qui se fit à l'occasion le mécène de Maillol.

Un banyuls or clair, à la fraîcheur florale et fruitée (agrumes et fruits blancs), dont l'élégance perdure au palais. La matière gourmande bénéficie d'un bon équilibre, grâce à la nuance mentholée et exotique des arômes. L'élégance. ⧗ 2022-2030 ■ **Ambré Cornet et Cie ★★ (15 à 20 €; 4 882 b.)** Fruits cuits ou en confiture composent la dominante de ce vin, avec des notes de caramel au lait. Le voici, riche au palais, qui expose son bel équilibre entre douceur et fraîcheur. Il plaira aux amateurs de rancios bien élevés. ⧗ 2022-2028 ■ **Rimage Cornet et Cie Mise précoce 2019 ★ (15 à 20 €; 2 790 b.)** Grenat à reflets violacés, ce 2019 cède tout aux fruits rouges (framboise). Il faudra, en revanche, lui donner le temps d'assouplir ses tanins et de fondre son caractère chaleureux. ⧗ 2023-2030

GICB TERRES DES TEMPLIERS (CAVE DE L'ABBÉ ROUS), 8, rte du Mas-Reig, 66650 Banyuls-sur-Mer, tél. 04 68 88 72 72, contact@abberous.com

DOM. DE LA CASA BLANCA
Rimage Roudoulère 2018 ★

■	3 600		15 à 20 €

L'enfant du pays, le terrien Laurent Escapa, a accueilli le marin Hervé Levano, puis Valérie Reig est venue compléter le trio pour œuvrer dans une des plus vieilles caves de Banyuls (1870). Sur ce petit domaine (6 ha), la mule et le treuil ont fait leur apparition pour éviter l'emploi de désherbant sur les terrasses accrochées aux collines banyulencques. En 2021, Casa Blanca s'est associée au domaine Nénu, créé en 2017 en AOC collioure.

La robe est très profonde. Les 10 mois de fût ont apporté à la palette de cassis et de cerise à l'eau-de-vie une touche élégante de cacao. Du volume, un fruité mûr, une belle continuité aromatique et une construction faite pour durer, ce vin va se patiner avec le temps. ⧗ 2023-2033

EARL CASA BLANCA-NÉNU, 16, av. de la Gare, 66650 Banyuls-sur-Mer, tél. 06 52 38 58 38, domainedelacasablanca@orange.fr V *r.-v.*

CLOS SAINT-SÉBASTIEN
Rimage Empreintes 2018 ★

■ 5000 15 à 20 €

Jacques Piriou et Romuald Peronne – l'œnologue – se sont associés pour racheter le Dom. Saint-Sébastien en 2008, rebaptisé Clos Saint-Sébastien en 2014 après le rachat du Clos Xatard. Ils sont entrés dans le Guide par la grande porte avec leurs cuvées de collioure. Ils gèrent à Banyuls un restaurant en terrasse face au port, *Le Jardin de Saint-Sébastien*, et proposent une promenade en bateau pour découvrir par la mer les 20 ha de leur vignoble en terrasses. À leur carte, du collioure et du banyuls exclusivement.

L'élevage uniquement en cuve avant mise en bouteille a permis de préserver les parfums de fruit typiques du grenache noir. Un rimage (rime = raisin) d'école, qui joue sur la souplesse, les tanin fins et les arômes doux de liqueur de framboise. La finale relevée par une note d'eau-de-vie de cerise appelle un accord avec du chocolat. ⌛ 2022-2028

SCEA CLOS SAINT-SÉBASTIEN, 10, av. Pierre-Fabre, 66650 Banyuls-sur-Mer, tél. 04 68 88 30 14, contact@clos-saint-sebastien.com V *r.-v.*

L'ÉTOILE Rimage 2020 ★★

■ 180 000 11 à 15 €

Au cœur du village, la petite cave garde l'aspect rétro de l'époque de sa création. Fondée en 1921, c'est la plus ancienne coopérative de Banyuls. Connue pour ses vins doux naturels traditionnels hors d'âge, elle a su maintenir les traditions dans un esprit de famille. Les grands foudres, les demi-muids et les dames-jeannes accueillent des produits bien typés.

À l'œil, la couleur grenat brille et invite à découvrir la complexité aromatique. D'abord, s'élèvent les senteurs de cerise et autres fruits rouges, puis perce le cassis, le pruneau et une note de cuir. Belle continuité aromatique en bouche. Le grenache noir très mûr apporte la puissance, des tanins épicés déjà veloutés, de la rondeur, mais la fraîcheur est toujours préservée. Un accord avec du chocolat noir sera des plus réussis. ⌛ 2022-2032 **■ Doré 2017 ★ (11 à 15 €; 13 000 b.)** Après quelques années de fût, ce banyuls traditionnel porte des reflets fauves, décline des arômes de réglisse autour du pruneau, et fait preuve de beaucoup de souplesse. La finale sur le cacao témoigne aussi d'une évolution bien maîtrisée. ⌛ 2022-2028

SCV L' ÉTOILE, 26, av. du Puig-del-Mas, 66650 Banyuls-sur-Mer, tél. 04 68 88 00 10, julie@cave-letoile.com V *t.l.j. 9h30-12h30 14h30-18h*

DOM. PIC JOAN 2019 ★★

■ 2000 15 à 20 €

Jean Solé et Laura Parcé ont fondé leur domaine en 2009 à partir de vignes familiales et créé leur cave avec seulement 2,3 ha. Aujourd'hui, ils exploitent plus de 14 ha en «artisans vignerons». À leur carte, des collioure fort remarqués et de jeunes banyuls rimage.

Au royaume du grenache noir, les blancs sont rares. De petites productions permettent d'apprécier l'élégance, la finesse, la rondeur et la fraîcheur du grenache blanc. Très aromatique, le vin offre ici des arômes complexes d'acacia avec une touche anisée, puis des senteurs de cire et de miel. Le volume est maîtrisé, de sorte que l'impression d'élégance demeure. À apprécier dès à présent, de l'apéritif au dessert. ⌛ 2022-2026 **■ Dom. du Mas Blanc Cuvée du Docteur Parcé ★ (20 à 30 €; 3000 b.)** Ce banyuls traditionnel, élevé entre trois et six ans en cuve, revêt une robe tuilée à reflets acajou. Il mêle la réglisse, le cacao, les fruits secs et les senteurs de vieux foudres, puis livre une chair souple, ronde, toute en générosité, malgré une légère austérité en finale. ⌛ 2022-2030

SARL DOM. PIC JOAN, 20, rue de l'Artisanat, 66650 Banyuls-sur-Mer, tél. 04 68 98 74 41, domainepicjoan@orange.fr V *t.l.j. sf dim. 10h-13h 15h-19h*

DOM. PIÉTRI-GÉRAUD Hors d'âge ★

■ 1000 30 à 50 €

Établi au cœur de Collioure, dans une des plus petites rues de la cité, ce domaine est dirigé depuis 2006 par Laetitia Piétri-Clara, qui a pris la suite de sa mère Maguy. Appuyée par l'œnologue Hélène Grau, la vigneronne perpétue la tradition inaugurée à la fin du XIXᵉs. par son arrière-grand-père Étienne Géraud, médecin retourné aux vignes familiales. Le vignoble couvre 20 ha, essentiellement en AOC banyuls et collioure.

Après une vingtaine d'année d'élevage, la robe est devenue ambrée. Merveille du temps qui apporte sa patine et confère au vin des notes savoureuses d'abricot sec, de figue et de fruits secs, une touche moka et des nuances douces de caramel. Souple, suave, le cœur de bouche s'affirme sur des tanins et un boisé bien présents, avant une finale de fruits à l'eau-de-vie, dans laquelle perce un discret rancio. ⌛ 2022-2035

SARL DOM. PIÉTRI-GÉRAUD, 22, rue Pasteur, 66190 Collioure, tél. 04 68 82 07 42, domaine.pietri-geraud@orange.fr V *r.-v.*

♥ TERRE DES TEMPLIERS
Rimage Prestige 2019 ★★

■ 2304 30 à 50 €

Devenu Terres des Templiers, l'ancien Cellier des Templiers est une coopérative créée en 1921. Elle revendique l'héritage de cet ordre militaire à qui l'on doit la mise en valeur des pentes schisteuses de Banyuls. Aujourd'hui, la cave dispose des 696 ha de ses 805 adhérents et, depuis la récolte 2011, du Mas Ventous, un vaste chai de vinification qui s'ajoute à la grande cave de 1964, réservée aux longs élevages. À sa carte, des collioure et des banyuls. La Cave de l'Abbé Rous appartient au

même groupe coopératif : une cave créée en 1950 et nommée en hommage à l'abbé qui vers 1870 devint négociant-éleveur de vins de Banyuls pour financer l'agrandissement de l'église paroissiale sans faire appel à la générosité publique et qui se fit à l'occasion le mécène de Maillol.

Habillé d'une robe pourpre sombre, ce banyuls livre des aromes intenses, témoins d'un élevage en fût remarquable : les fruits noirs et la cerise burlat s'imposent sur un fond d'épices. Puissance et plénitude au palais : le fruit y est mûr, gourmand, charnu. C'est riche, généreux, rien n'accroche. La longue finale épicée prend des accents de chocolat noir pour un grand moment de plaisir. ⧗ 2022-2030 ■ **Impertinence 2020 ★★ (15 à 20 €; 11784 b.)** Rose tendre brillant, ce 2020 emplit les sens de ses parfums de petits fruits rouges. Après une attaque fraîche, légèrement perlante, il apparaît parfaitement équilibré et toujours délicieusement fruité jusqu'en finale. ⧗ 2021-2026 ■ **Rimage Premium 2019 ★ (30 à 50 €; 3000 b.)** Des notes de clou de girofle se mêlent aux fruits rouges dans ce vin ample et souple. En finale, les longues notes vanillées ajoutent à son charme. ⧗ 2022-2028 ■ **Rimage Mise précoce 2019 ★ (15 à 20 €; 14466 b.)** Fruits noirs intenses et mûrs, évocateurs de liqueur de cassis, moelleux en attaque, tanins au grain fin, belle longueur : tout est en place pour une dégustation immédiate comme une garde de plusieurs années. ⧗ 2022-2030 ■ **Ambré Rédéris ★ (20 à 30 €; 19920 b.)** Les beaux arômes de miel, de cire, d'eau-de-vie et de boisé léger témoignent de la qualité de l'élevage. Le palais, mise tout sur la puissance et semble plus évolué. Un vin qui ne laisse pas indifférent. ⧗ 2022-2025

GICB TERRES DES TEMPLIERS, 8, rte du Mas-Reig, 66650 Banyuls-sur-Mer, tél. 04 68 98 36 92, info@templers.com V *t.l.j. 10h-19h30; 10h-13h 14h30-18h30 (hiver); f. janv.*

DOM. LA TOUR VIEILLE
Rimage Mise tardive 2018 ★

■	3500		15 à 20 €

Créé en 1982, ce domaine de 13 ha regroupe les vignes de Vincent Cantié (à Collioure) et celles de Christine Campadieu (à Banyuls), issus l'un comme l'autre de vieilles familles vigneronnes. L'exploitation domine la mer sur les hauteurs de Collioure. Elle montre une belle régularité, aussi bien en vins doux naturels qu'en vins secs.

Après une année passée en fût, la mise en bouteille a eu lieu. Le vin s'est ainsi assoupli sans perdre le fruité intense du grenache noir (framboise et cassis sur fond de sous-bois). Ample et suave dès la mise en bouche, il impose son volume et sa structure de tanins certes présents, mais au grain fin. Une note fraîche équilibre la finale longue et savoureuse rappelant la confiture de mûres. ⧗ 2022-2030

SCEA LA TOUR VIEILLE, 12, rte de Madeloc, 66190 Collioure, tél. 04 68 82 44 82, info@latourvieille.com V *t.l.j. 9h-12h 14h-18h*

CH. VIAL-MAGNÈRES
Rancio très vieux Al Tragou 1995 ★★

■	1800		50 à 75 €

Bernard Sapéras, œnologue et chimiste de formation, arrivé en 1985 sur le domaine de son beau-père, avait donné un bel élan à la propriété et à l'appellation : c'est à lui que l'on doit le banyuls blanc, l'engouement pour le rancio, la réussite du collioure blanc et le chemin d'Anicet pour découvrir le cru. Après sa disparition en 2013, Olivier et Chrystel Sapéras sont les garants de l'avenir. En 2016, ils se sont associés à Laurent Dal Zovo pour gérer les 10 ha de vignes répartis en petites unités sur la façade maritime des communes de Banyuls et Port-Vendres.

Une grande complexité caractérise ce pur produit d'élevage, choyé pendant 25 années dans des foudres et autres demi-muids du domaine. Fruits secs, fève de cacao, noisettes grillées, rancio (noix), moka, café... Chaque instant apporte une nouvelle découverte. Surprenant par sa tenue en bouche, avec un fondu remarqué entre fruit et futaille, le vin trouve un équilibre entre douceur et vivacité. Il est soyeux, élégant, charnu sur le pruneau, et pourtant une juste fraîcheur accompagne ce festival aromatique jusqu'au rancio final... interminable. ⧗ 2022-2040

SCEA DOM. VIAL-MAGNÈRES, 14, rue Édouard-Herriot, 66650 Banyuls-sur-Mer, tél. 04 68 88 31 04, info@vialmagneres.com V *t.l.j. sf dim. 9h-12h 14h-18h* 5

BANYULS GRAND CRU

ABBÉ ROUS Cuvée Christian Reynal 2002 ★★

■	6630		30 à 50 €

Devenu Terres des Templiers, l'ancien Cellier des Templiers est une coopérative créée en 1921. Elle revendique l'héritage de cet ordre militaire à qui l'on doit la mise en valeur des pentes schisteuses de Banyuls. Aujourd'hui, la cave dispose des 776 ha de ses 805 adhérents et, depuis la récolte 2011, du Mas Ventous, un vaste chai de vinification qui s'ajoute à la grande cave de 1964, réservée aux longs élevages. À sa carte, des collioure et des banyuls. La Cave de l'Abbé Rous appartient au même groupe coopératif : une cave créée en 1950 et nommée en hommage à l'abbé qui vers 1870 devint négociant-éleveur de vins de Banyuls pour financer l'agrandissement de l'église paroissiale sans faire appel à la générosité publique et qui se fit à l'occasion le mécène de Maillol.

À quasiment 20 ans, cette cuvée qui a patienté entre vieux foudres et demi- muids s'offre à nous dans une «débauche» aromatique à faire rougir l'abbé Rous. La couleur serait plutôt monacale avec ce brun acajou, mais les fruits secs, le soupçon de noix indiquant le rancio, les fleurs de maquis, le ciste, la douceur grillée des vieux foudres et des fèves de cacao se diffusent sans retenue. Ample, suave, très fondu et frais, ce vin affiche un réel équilibre et toujours cette palette aromatique persistante. ⧗ 2022-2045

GICB TERRES DES TEMPLIERS (CAVE DE L'ABBÉ ROUS), 8, rte du Mas-Reig, 66650 Banyuls-sur-Mer, tél. 04 68 88 72 72, contact@abberous.com

CLOS SAINT-SÉBASTIEN Le Cœur 1993 ★★

■	512		75 à 100 €

Jacques Piriou et Romuald Peronne – l'œnologue – se sont associés pour racheter le Dom. Saint-Sébastien en 2008, rebaptisé Clos Saint-Sébastien en 2014

après le rachat du Clos Xatard. Ils sont entrés dans le Guide par la grande porte avec leurs cuvées de collioure. Ils gèrent à Banyuls un restaurant en terrasse face au port, *Le Jardin de Saint-Sébastien*, et proposent une promenade en bateau pour découvrir par la mer les 20 ha de leur vignoble en terrasses. À leur carte, du collioure et du banyuls exclusivement.

Uniquement 512 cols en coffret bois, et 25 ans d'élevage en milieu oxydatif pour écouter battre le cœur des ceps noueux de grenache noir sur les terres schisteuses de ce bout de Pyrénées. Un Cœur généreux, alliant matière et structure tannique soyeuse. Il est surprenant d'y trouver encore la cerise à l'eau-de-vie aux côtés de la figue sèche, des fruits secs à coque, de la noix et de cette note douce et persistante de torréfaction de fèves de cacao. Tout ce qui fait un grand vin complexe, construit pour durer une vie. ⧗ 2022-2045

⊶ SCEA CLOS SAINT-SÉBASTIEN, 10, av. Pierre-Fabre, 66650 Banyuls-sur-Mer, tél. 04 68 88 30 14, contact@clos-saint-sebastien.com V r.-v.

♥ L'ÉTOILE Select Vieux 1991 ★★★

■	1220		30 à 50 €

Au cœur du village, la petite cave garde l'aspect rétro de l'époque de sa création. Fondée en 1921, c'est la plus ancienne coopérative de Banyuls. Connue pour ses vins doux naturels traditionnels hors d'âge, elle a su maintenir les traditions dans un esprit de famille. Les grands foudres, les demi-muids et les dames-jeannes accueillent des produits bien typés.

La robe dévoile la nuance vert olive typique du rancio. Superbe nez sur des fruits noirs confiturés accompagnés du rancio (cerneaux de noix), de torréfaction et de chocolat noir, prélude à la puissance de la bouche où café et épices se joignent à la fête. C'est riche, savoureux. Tanins, sucrosité, alcool, rien ne dépasse. Et c'est long et frais. ⧗ 2022-2045 ■ **Cuvée du Centenaire 2000 ★★★ (50 à 75 €; 4000 b.)** Une cuvée bâtie pour durer, mais qui offre déjà un vrai plaisir autour des fruits secs, du rancio, du café et du cacao. Elle allie la puissance à un fondu remarquable. ⧗ 2022-2045 ■ **2012 ★★ (20 à 30 €; 11000 b.)** Inscrit résolument dans le registre de la cerise encore charnue, ce 2012 invite aussi les fruits secs, le pruneau et le tabac blond. La matière puissante et dense n'en est pas moins élégante. ⧗ 2022-2045

⊶ SCV L'ÉTOILE, 26, av. du Puig-del-Mas, 66650 Banyuls-sur-Mer, tél. 04 68 88 00 10, julie@cave-letoile.com V *t.l.j. 9h30-12h30 14h30-18h*

TERRES DES TEMPLIERS La Serra 2012 ★

■	67398		20 à 30 €

Devenu Terres des Templiers, l'ancien Cellier des Templiers est une coopérative créée en 1921. Elle revendique l'héritage de cet ordre militaire à qui l'on doit la mise en valeur des pentes schisteuses de Banyuls. Aujourd'hui, la cave dispose des 696 ha de ses 805 adhérents et, depuis la récolte 2011, du Mas Ventous, un vaste chai de vinification qui s'ajoute à la grande cave de 1964, réservée aux longs élevages. À sa carte, des collioure et des banyuls. La Cave de l'Abbé Rous appartient au même groupe coopératif : une cave créée en 1950 et nommée en hommage à l'abbé qui vers 1870 devint négociant-éleveur de vins de Banyuls pour financer l'agrandissement de l'église paroissiale sans faire appel à la générosité publique et qui se fit à l'occasion le mécène de Maillol.

Le noir profond du grenache d'origine a cédé de sa profondeur pour s'enrichir d'acajou. Le voyage commence avec des senteurs de fruits macérés à l'eau-de-vie et de patine fumée de vieux foudres, puis s'oriente vers des arômes de fruits secs, de café et de fèves de cacao. Ample, généreux, le vin bénéficie de tanins fondus mais bien présents. Il présente une certaine fraîcheur et l'on découvre un joli fruit en cœur de bouche, avant une finale plus sèche, dominée par le cacao et la torréfaction. ⧗ 2022-2045

⊶ GICB TERRES DES TEMPLIERS, 8, rte du Mas-Reig, 66650 Banyuls-sur-Mer, tél. 04 68 98 36 92, info@templers.com V *t.l.j. 10h-19h30; 10h-13h 14h30-18h30 (hiver); f. janv.*

DOM. VIAL-MAGNÈRES Cuvée André Magnères 2009 ★★★

■	2250		30 à 50 €

Bernard Sapéras, œnologue et chimiste de formation, arrivé en 1985 sur le domaine de son beau-père, avait donné un bel élan à la propriété et à l'appellation : c'est à lui que l'on doit le banyuls blanc, l'engouement pour le rancio, la réussite du collioure blanc et le chemin d'Anicet pour découvrir le cru. Après sa disparition en 2013, Olivier et Chrystel Sapéras sont les garants de l'avenir. En 2016, ils se sont associés à Laurent Dal Zovo pour gérer les 10 ha de vignes répartis en petites unités sur la façade maritime des communes de Banyuls et Port-Vendres.

« Un grand vin », dixit le jury, qui a aimé ce concentré d'arômes et de saveurs. Très résistant au long élevage, le vin garde de la profondeur dans sa robe tuilée aux nuances café. Puis il livre volontiers des arômes de moka, de tourbe, de myrte et de plantes aromatiques méditerranéennes (thym, fenouil). La douceur et la minéralité des schistes pyrénéens trouvent leur pleine expression au palais, dans une chair ample, suave, riche, fondue. Les épices et la noix se distillent jusqu'à une finale « en queue de paon ». Ce vin aura pendant des années l'occasion de prouver ses qualités d'ambassadeur du cru. ⧗ 2022-2045

⊶ SCEA DOM. VIAL-MAGNÈRES, 14, rue Édouard-Herriot, 66650 Banyuls-sur-Mer, tél. 04 68 88 31 04, info@vialmagneres.com V *t.l.j. sf dim. 9h-12h 14h-18h* 5

VIGNERONS CATALANS Collection ★

■	12000		11 à 15 €

En 1964, une poignée de vignerons s'unissent parce qu'ils sont convaincus que «le groupe est meilleur que le meilleur du groupe». Aujourd'hui, les Vignerons Catalans rassemblent 7 caves coopératives, 1 500 adhérents et une quarantaine de caves privées, soit plus de 10 000 ha.

L'élevage en foudre a façonné cette robe mordorée à reflets acajou, ainsi que la palette de fruits mûrs et confiturés (pruneau), de fruits secs, de caramel et de réglisse. Noyau de cerise et abricot sec s'invitent au palais, dans une matière ronde, souple et persistante, subtilement épicée. ⧗ 2022-2045 ■ **Les Murets d'Esprades ★ (11 à 15 €; 20000 b.)** Un grand cru très structuré, aux arômes de fruits secs et de cacao. Il fait l'éloge de la pleine jeunesse. ⧗ 2022-2045

VIGNERONS CATALANS, 1870, av. Julien-Panchot, 66000 Perpignan, tél. 04 68 85 04 51, regincos@vigneronscatalans.com

RIVESALTES

Superficie : 5 180 ha
Production : 107 930 hl (55 % blanc)

Longtemps, rivesaltes fut la plus importante des appellations des vins doux naturels : elle couvrait 14 000 ha et produisait 264 000 hl en 1995. Puis la crise a frappé et après un Plan rivesaltes qui a permis la reconversion d'une partie de ce vignoble, la production de cette appellation se rapproche désormais en volume de celle du muscat-de-rivesaltes. Le terroir du rivesaltes s'étend en Roussillon et dans une toute petite partie des Corbières, sur des sols pauvres, secs, chauds, favorisant une excellente maturation. Quatre cépages sont autorisés : grenache, macabeu, malvoisie et muscat, les deux premiers étant largement dominants. La vinification se fait en blanc et en rouge. Les rivesaltes rouges proviennent principalement du grenache noir ; ce cépage subit alors souvent une macération, afin de donner le maximum de couleur et de tanins.
L'élevage des rivesaltes est fondamental pour la détermination de la qualité. Les blancs donnent les ambrés, et les rouges les tuilés, au terme de deux ans ou plus d'élevage. Selon l'élevage, en cuve ou dans le bois, ils développent des arômes bien différents. Le bouquet rappelle la torréfaction, les fruits secs, avec une note de rancio dans les vins les plus évolués. Certains rivesaltes rouges ne sont pas soumis à un élevage et sont mis très jeunes en bouteilles. Ce sont les grenats, caractérisés par des arômes de fruits frais : cerise, cassis, mûre. Les derniers cahiers des charges autorisent les rivesaltes rosés.

LES VIGNERONS DES CÔTES D'AGLY
Cuvée François Arago 2003 ★

■	10000		11 à 15 €

Les Vignerons des Côtes d'Agly regroupent six caves coopératives dans la vallée de l'Agly. Ils sont 250 viticulteurs à cultiver des vignes (650 ha) à Estagel, Montner, Lesquerde, Saint-Paul-de-Fenouillet et Caudiès. Ils proposent la plupart des productions du Roussillon, en vins secs et en vins doux naturels.

Après 15 années de fût, il semble que le bois ait déteint sur le vin, lui apportant des notes tuilées et des reflets acajou de vieille eau-de-vie. Ces longues années d'élevage ont contribué à lier le fruit confituré (pruneau) aux senteurs miellées de vieux foudre, de sous-bois, de champignon et à celles, vives, de vieil armagnac. La bouche est aérienne, un peu chaleureuse lorsque les arômes de pruneau, de figue et de fruits secs se mêlent au tabac brun avant la pointe de rancio finale. ⧗ 2022-2040

SCAV LES VIGNERONS DES CÔTES D' AGLY, av. Louis-Vigo, 66310 Estagel, tél. 04 68 29 00 45, contact@agly.fr V *t.l.j. sf dim. 9h-12h 14h-18h*

ARNAUD DE VILLENEUVE
Ambré Collection Élevé en fût de chêne 1965 ★★★

■	1400		75 à 100 €

Résultant de la fusion de 3 caves, cette coopérative porte le nom de l'inventeur des vins doux naturels, Arnaud de Villeneuve. Elle rassemble 320 viticulteurs de Salses, de Rivesaltes et de Pézilla-la-Rivière, qui cultivent quelque 1 600 ha de vignes (dont 125 ha en bio) répartis sur 26 communes et des terroirs variés.

Avec un âge aussi avancé, on le penserait pas loin de la retraite. Que nenni, il est prêt pour affronter le siècle entier ! Qui pourrait penser qu'il était d'un blanc limpide il y a… 55 ans ? Aujourd'hui, même l'ambre roux a viré au tuilé, au café à reflets cuivrés lumineux. S'attarder sur la palette aromatique, c'est découvrir les apports du temps, entre fleurs miellées, fruits confiturés (figue, pruneau) et fruits secs, épices, vieil armagnac, torréfaction du café, cacao, notes rancio (noix)… Ample, puissant, généreux, franc et suave, ce rivesaltes possède toute la structure nécessaire pour affronter le temps et sublimer l'aromatique de bouche. ⧗ 2022-2040 ■ **Ambré Collection 1980 ★★ (50 à 75 €; 1130 b.)** Un vin élégant, typé, sur les épices et la torréfaction. Il comblera les amateurs de rancio. ⧗ 2022-2040 ■ **Tuilé 5 ans d'âge ★ (8 à 11 €; 6000 b.)** Un tuilé prêt à déguster pour profiter d'arômes de confiture de griottes. Il a gardé une belle fraîcheur. ⧗ 2020-2030

ARNAUD DE VILLENEUVE, 153, RD 900, 66600 Rivesaltes, tél. 04 68 64 06 63, contact@caveadv.com V *t.l.j. sf dim. 9h30-12h30 14h30-18h30*

DOM. BOUDAU Grenat sur grains 2019 ★

■	9000		11 à 15 €

Véronique Boudau et son frère Pierre sont à la tête du domaine familial depuis 1993. Ils ont décidé de donner un nouveau souffle à la propriété, qui couvre quelque 50 ha sur d'excellents terroirs, à l'entrée de la vallée de l'Agly. Le pari est réussi : la totalité de la production est mise en bouteilles et commercialisée, notamment dans un réseau de restaurants et de cavistes. Une valeur sûre, qui a engagé la conversion bio de son vignoble. La fille de Véronique vient de rejoindre l'aventure.

La robe est d'un grenat soutenu, avec des airs de cerise bigarreau. Les arômes intenses de petits fruits noirs légèrement confiturés s'accompagnent de la nuance mentholée de l'alcool et d'une pointe d'épices. L'attaque est fraîche, puis le fruit noir apporte sa douceur pour équilibrer la structure tannique, avant une finale épicée généreuse. Un vin encore jeune, mais déjà idéal pour accompagner une coupe de fruits des bois. ⧗ 2022-2040

SARL DOM. BOUDAU, 6, rue Marceau, 66600 Rivesaltes, tél. 04 68 64 45 37, contact@domaineboudau.fr V *t.l.j. sf dim. 10h-12h 15h-19h ; hiver sam. 10h-12h*

DOM BRIAL Ambré 2011 ★

■	5000		8 à 11 €

Suivi à la parcelle, maîtrise de la totalité de la chaîne d'élaboration, du raisin à la bouteille, démarche de

développement durable… La cave de Baixas, fondée en 1923, compte 210 coopérateurs qui exploitent 2000 ha répartis dans une trentaine de commune.

Un élevage oxydatif d'une dizaine d'années, élevage mixte entre cuve et futaille, un assemblage dominé par le grenache blanc, mais où le macabeu joue des coudes pour s'affirmer, et voilà un bel ambré lumineux, tout en rondeur à l'image de son terroir de cailloux roulés. Souple, fin, soyeux au palais, il trouve un équilibre entre le moelleux de l'abricot sec et la vivacité des grains de raisin sous alcool. Une pointe de salinité originale contribue à la fraîcheur en finale. Ce vin n'attend plus qu'un fromage persillé. ⧗ 2022-2040

VIGNOBLES DOM BRIAL,
14, av. Mal-Joffre, 66390 Baixas, tél. 04 68 64 22 37, contact@dom-brial.com V *t.l.j. sf dim. 9h-12h 14h-18h30*

♥ CH. DES HOSPICES
Ambré Hors d'âge Petite Vermeille Solera ★★★

■	2000		15 à 20 €

Depuis 5 générations, la famille Benassis est installée au cœur de Canet-en-Roussillon. La cave est abritée dans une bâtisse traditionnelle catalane datant de 1836. Le vignoble (50 ha) est implanté sur les terrasses de galets roulés entre le littoral et la ville de Perpignan. Aujourd'hui, 3 générations officient sur le domaine : Louis, le grand-père, Michel, le père et Marc, le petit-fils, ingénieur agronome.

Surprenant ce que le temps, les fûts âgés, l'oxydation menée en solera peuvent apporter à un vin blanc d'origine. Le voilà devenu d'un ambre très soutenu, aux reflets de café ou de vieux rhum. Café, notes miellées, accents de vieux rhum : ce sont bien les références aromatiques qui viennent à l'esprit, accompagnées de torréfaction, de noisette grillée, de pruneau, de cuir, de cerneaux de noix, puis de la douceur lactée des vieux foudres. Cette gamme aromatique revient, avec un complément d'épices, en bouche, laquelle surprend par sa fraîcheur et sa puissance. La finale se prolonge sur les fruits secs (noix). ⧗ 2022-2045

SCEA HOSPICES BENASSIS,
13, av. Joseph-Sauvy, 66140 Canet-en-Roussillon, tél. 04 68 80 34 14, contact@chateau-des-hospices.fr V *r.-v.*

Ⓑ MAS PEYRE
Ambré La Rage du soleil 2013 ★★

■	4000		15 à 20 €

La famille Bourrel a constitué son domaine en 1988. Elle a quitté la coopérative en 2003 pour créer sa cave. À l'arrivée de Baptiste, le fils aîné, en 2009, elle a engagé progressivement la conversion bio du vignoble, 30 ha plantés sur les terroirs de schistes de la vallée des Fenouillèdes. Le jeune frère, César, gère la commercialisation.

D'ambre et d'or avec des reflets cuivrés, le vin est agréable et demande que l'on s'attarde un peu sur son originalité aromatique. Point d'abricot sec, mais un fruité marqué par les agrumes, le pruneau. Conséquence d'un élevage maîtrisé, s'invite une pointe d'épices, de tabac miellé et de cuir. Au palais, l'équilibre marqué par la sucrosité laisse augurer un bel avenir, alors que les arômes reviennent agréablement sur le pruneau à l'eau-de-vie et les agrumes confits. ⧗ 2022-2040

SARL MAS PEYRE FILS ET FILLE,
39, av. du Gal-de-Gaulle, 66220 Saint-Paul-de-Fenouillet, tél. 06 18 70 62 24, maspeyre@orange.fr V *t.l.j. 9h30-19h30 f. janv.* ③

CH. NADAL-HAINAUT Tuilé 2001 ★★

■	2500		15 à 20 €

Implanté sur les sols caillouteux de la vallée de la Têt, non loin de Perpignan, ce domaine a pour lointaine origine le prieuré cistercien de Santa Maria de l'Eule, dont il reste une chapelle. Les bâtiments datent du XVIIIᵉs. et la propriété actuelle remonte au début du XIXᵉs., achetée par Jean-Denis Hainaut – un ancêtre de Martine et Jean-Marie Nadal, qui président à ses destinées depuis 1977. Une quarantaine d'hectares sont dédiés à la vigne et conduits en bio certifié depuis 2013.

L'épreuve du temps et de l'élevage en milieu oxydatif est un enrichissement pour les vins doux solidement construits. Certes, au premier contact, on n'est plus sous le regard noir du grenache, mais sur une parure fauve, acajou à reflets café. Il faut s'attarder sur les senteurs de fruits confits, de pruneau, de tourbe, celles plus empyreumatiques et miellées des vieux fûts. Enfin, il faut goûter au plaisir procuré par l'équilibre entre la suavité et la fraîcheur. Les abricots secs et le pruneau jouent avec le tabac brun et la touche tourbée des vieilles eaux-de-vie de marc en finale. ⧗ 2022-2035

JEAN-MARIE NADAL (CH. NADAL-HAINAUT),
Mas de l'Eule, 66270 Le Soler, tél. 04 68 92 57 46, chateaunadalhainaut@gmail.com V *t.l.j. sf dim. 9h-12h 14h-18h* Ⓔ

PIERRE PELOU Grenat muté sur grains 2019 ★

■	4000		11 à 15 €

Dans la même famille depuis 1908, ce domaine de 22 ha, en conversion bio, est aussi connu sous le nom de Celler d'al Mouli. Il est implanté sur les argilo-calcaires de Tautavel, terroir particulièrement adapté au grenache noir. Jean-Pierre Pelou, « vigneron-kiné », a transmis ses vignes et son savoir-faire à son fils Pierre, œnologue, installé en 1997.

Toute la puissance et la douceur des argilo-calcaires se retrouvent dans ce grenat. Grenat profond aux reflets de cerise burlat, il s'exprime immédiatement sur la cerise noire, le cassis et des notes plus sourdes de tapenade, de sous-bois humide et de poivre vert. Au palais, il surprend par une attaque onctueuse mais sans lourdeur. La puissance tannique est totalement maîtrisée, au profit de l'expression des fruits noirs (mûre et myrtille). Dès à présent, ne pas hésiter à le savourer avec un dessert au chocolat ou bien attendre. ⧗ 2022-2035

EARL PIERRE PELOU, 9, rue de la République, 66720 Tautavel, tél. 06 16 96 49 61, pierre@pelou.eu V *r.-v.* Ⓒ

DOM. DE LA PERDRIX
Ambré Collection Hors d'âge ★★

| 4000 | | 20 à 30 € |

À l'origine, en 1820, le vin était élaboré au village dans la vieille cave familiale. Installés en 1996, Virginie et André Gil décident d'élaborer leurs vins. Après avoir passé treize ans dans les anciens locaux, ils ont établi en 2009 un nouveau chai plus vaste au milieu des vignes, regardant le Canigou. Leur domaine couvre plus de 30 ha en plein cœur des Aspres. La perdrix? Un hommage au grand-père d'André, peintre catalan de renom, qui avait fait de l'animal l'un de ses sujets préférés.

Quand le vieil or joue avec l'ambré, conséquence de la présence de grenache gris et d'un long élevage en tonneaux, c'est un ravissement pour l'œil. Certes, le premier nez est volatile, mais c'est la marque de l'élevage, et c'est ainsi que naissent les senteurs complexes d'agrumes, d'abricot sec, d'épices poivrées et de gingembre. D'une fraîcheur remarquée, le vin impressionne par son volume, sa suavité et cette longue finale mêlant épices, abricot sec et raisins de Corinthe. ⧗ 2022-2035

SARL DOM. DE LA PERDRIX, traverse de Thuir, 66300 Trouillas, tél. 04 68 53 12 74, contact@domaine-perdrix.com V t.l.j. sf dim. 9h-12h 14h-17h45

CH. PÉZILLA Ambré 5 ans d'âge ★★

| 3000 | | 8 à 11 € |

Cette cave coopérative fondée en 1909 est inscrite dans l'histoire de la région. Elle représente pas moins de 1600 ha de vignoble, dont 125 ha conduits en agriculture biologique.

Sous une teinte vieil or se révèle une palette complexe d'abricot sec, de verveine, de tabac blond et d'agrumes. Le palais ample bénéficie d'une fraîcheur remarquable qui tient l'expression aromatique pendant de nombreuses caudalies, avec une touche mentholée qui se mêle aux fruits secs en finale. ⧗ 2022-2035

SCV LES VIGNOBLES DU RIVESALTAIS, 153, RD 900, 66600 Rivesaltes, tél. 04 68 64 06 63, contact@caveadv.com V t.l.j. sf dim. 9h30-12h30 14h30-18h30

DOM. DE LA ROCHELIERRE
Grenat Carrément intense ! 2019 ★

| 2200 | | 11 à 15 € |

Quatre générations se sont succédé sur ce domaine dirigé depuis 1998 par Jean-Marie Fabre, œnologue et président des Vignerons indépendants de l'Aude. Un producteur engagé qui, accompagné de sa fille Émilie depuis 2008, préserve son terroir de Fitou : ses vignes (15 ha) n'ont pas vu de produits chimiques depuis 1979 (méthode Cousinié) et sont labellisées HVE.

Le grenat est profond, avec les reflets violines de la jeunesse. La signature de ce grenat, c'est la fraîcheur fruitée : petits fruits rouges et noirs (cerise, mûre et cassis). Le palais présente un équilibre moelleux avec des tanins déjà fondus et un fruit gourmand, avant une agréable fraîcheur épicée en finale. ⧗ 2022-2030

EARL DOM. DE LA ROCHELIERRE, 8, rue de la Noria, 11510 Fitou, tél. 04 68 45 70 52, la.rochelierre@orange.fr V t.l.j. 9h-12h 14h-19h

DOM. DES SCHISTES Solera ★

| 3000 | | 20 à 30 € |

La 5e génération officie dans cette exploitation de la vallée de l'Agly qui vinifie en cave particulière depuis 1989. Comme son nom l'indique, les marnes schisteuses dominent. À la vigne, Jacques et Michaël Sire sont pointilleux sur le travail du sol et leur domaine (plus de 45 ha) est conduit en bio. Une valeur sûre du guide.

Sur une base commencée en 1990, une génération de millésimes est venue, au fil des ans, compenser les volumes prélevés lors des mises en bouteilles. La robe a ainsi pris des reflets rancio et les arômes ont gagné en complexité : raisins secs, cire, miel toutes fleurs, pruneau et abricot sec. La bouche est ronde, mais fraîche, avec un joli caractère de miel qui équilibre l'acidité de l'abricot et la présence de l'alcool. Un vrai vin de solera apparenté aux vins jaunes. ⧗ 2022-2040

EARL DOM. DES SCHISTES, 1, av. Jean-Lurçat, 66310 Estagel, tél. 04 68 29 11 25, sire-schistes@wanadoo.fr V r.-v.

LES TERRASSES DE L'ARAGO
Ambré Soir d'ivresse 2011 ★

| 6000 | | 11 à 15 € |

Thomas Mangin a pris la tête du domaine en 2019, marchant sur les pas de Roger qui débuta son histoire dans les années 1980. Ce sont 35 ha de vignes, dont certaine plantées aux abords de la grotte de la Caune de l'Arago.

Cuve, fût, puis affinage en bouteille, le vin est prêt à consommer. Certes, il peut vieillir plusieurs années sans problèmes, mais ce serait se priver du plaisir immédiat d'un ambré élégant, aux arômes de fruits secs (raisin, abricot) et d'agrumes sur fond de torréfaction. On les retrouve en bouche avec la prédominance du duo abricot-orange amère, qui s'intègrent dans une matière ample, généreuse. La longueur finale célèbre le retour des fruits secs. ⧗ 2022-2030

SARL LES TERRASSES DE L'ARAGO, 16, rue de la Révolution, 66600 Vingrau, tél. 04 68 29 43 66, info@terrasses-arago.fr V r.-v.

TERRASSOUS Ambré Hors d'âge 18 ans ★★★

| 4376 | | 20 à 30 € |

Les vignerons de Constance et Terrassous regroupent depuis 2009 trois caves des Aspres, dans la partie sud du Roussillon : 70 adhérents pour 680 ha de vignes. Un terroir de collines et de terrasses au pied du Canigou, lequel apporte avec ses schistes une palette supplémentaire de terroirs. La cave commercialise en tirage limité toute une gamme de splendides vins doux naturels, du 6 ans d'âge aux millésimes anciens.

Un vin typique des rancios, une liqueur à consommer telle quelle (parole de dégustateur). Il serait dommage de passer à côté de cet ambré mordoré à reflets topaze. Un monde aromatique s'éveille, fait de fruits secs et de grillé, de moka, de café, de senteurs de vieux foudres et de noix. Ample, très puissant, le palais convie une note de zeste d'orange amère (quinquina), une touche fraîche de laurier et l'arôme de l'abricot. Puis quelques épices apparaissent et le cerneau de noix apporte à la finale un rancio persistant. ⧗ 2022-2040

ROUSSILLON

SCV LES VIGNOBLES DE CONSTANCE ET DU TERRASSOUS, 46, av. des Corbières, 66300 Terrats, tél. 04 68 53 02 50, contact@terrassous.com V t.l.j. sf dim. 9h-12h 14h-18h30

VIGNERONS CATALANS
Ambré Haute Coutume 1966 ★★

■	1200		75 à 100 €

En 1964, une poignée de vignerons s'unissent parce qu'ils sont convaincus que «le groupe est meilleur que le meilleur du groupe». Aujourd'hui, les Vignerons Catalans rassemblent 7 caves coopératives, 1 500 adhérents et une quarantaine de caves privées, soit plus de 10 000 ha.

C'était sous Charles de Gaulle, le dernier concert des Beatles et le début de la révolution culturelle de Mao! En 1966, se cueillaient aussi les grenaches qui allaient donner cet ambré roux à reflets bronze, dont l'âge à lui seul inspire le respect. Intense, il mêle fraîcheur de la gentiane, douceur des fruits confits, empyreumatique des fruits secs grillés ou du cacao, et rancio. Frais, ample et généreux en bouche, il recompose sans cesse la palette aromatique avant de se retirer longuement sur des notes d'amande amère et de noix. ⌛ 2022-2040 ■ **Ambré Haute Coutume 1986 ★★ (30 à 50 €; 2000 b.)** Les familles aromatiques fruitée et empyreumatique s'allient, tandis que se joue un subtil équilibre au palais entre fraîcheur et générosité, avec des notes de vieille eau-de-vie et de pain d'épices. ⌛ 2022-2040 ■ **Ambré Haute Coutume 1987 ★ (30 à 50 €; 3000 b.)** Un 1987 harmonieux, souple, qui fait la part belle au duo moka-fruits secs, puis laisse en finale la touche d'eau-de-vie attendue. ⌛ 2022-2040 ■ **Ambré Haute Coutume 1976 ★ (30 à 50 €; 7000 b.)** Un rivesaltes très charpenté, évocateur de fruits secs et doté des notes de patine des vieux foudres. ⌛ 2022-2040

VIGNERONS CATALANS, 1870, av. Julien-Panchot, 66000 Perpignan, tél. 04 68 85 04 51, regincos@vigneronscatalans.com

MUSCAT-DE-RIVESALTES

Superficie : 5 221 ha / Production : 106 765 hl

Le muscat-de-rivesaltes peut provenir de l'ensemble du terroir des appellations rivesaltes, maury et banyuls. Les deux cépages autorisés sont le muscat à petits grains et le muscat d'Alexandrie. Le premier, souvent appelé muscat blanc ou muscat de Rivesaltes, est précoce et préfère les terrains relativement frais et calcaires. Le second, appelé aussi muscat romain, est plus tardif et très résistant à la sécheresse. La vinification s'opère soit par pressurage direct, soit avec une macération plus ou moins longue. La conservation se fait obligatoirement en milieu réducteur, pour éviter l'oxydation des arômes primaires. Avec 100 g/l minimum de sucres, les vins sont liquoreux. Ils sont à boire jeunes, à une température de 9 à 10 °C.

CH. CAP DE FOUSTE 2020 ★

■	8000		8 à 11 €

La vieille demeure catalane (construite en 1830) et son parc au charme délicieux sont situés aux portes de Perpignan, non loin du lac de Villeneuve de la Raho. Sébastien Balaguer a pris la suite de son oncle, Joseph Mas, en 2017. Le vignoble couvre aujourd'hui 90 ha.

La robe est d'or clair à reflets verts. Au nez, les arômes intenses se déclinent en notes florales et en agrumes. Beaucoup d'élégance en bouche, les nuances végétales et de pêche blanche confèrent à ce vin un caractère plaisant immédiat. ⌛ 2021-2024

SCI CH. CAP DE FOUSTE, 1, D 39, 66180 Villeneuve-de-la-Raho, tél. 04 68 55 91 04, capdefouste@free.fr V t.l.j. sf dim. 9h-12h30 14h30-18h30

DOM. CARLE COURTY
Harmonie des Sens 2020 ★

■	1500		8 à 11 €

Implanté au pied de l'ermitage de Força Réal, d'où le panorama embrasse tout le Roussillon, le vignoble de Carle-Courty (3,5 ha au départ, 12 ha aujourd'hui) est cultivé en bio depuis 2002. Un choix de vie pour Frédéric Carle, comptable né en Champagne, installé depuis 1995 dans la vallée de la Têt, entre ceps de syrah et schistes bruns, vieilles vignes de carignan et de grenache, et cheminées de fées.

La robe est d'or brillant à reflets argentés. Les arômes puissants mêlent notes de raisin frais et de fruits à chair blanche. Après une attaque fraîche, la bouche évolue vers un moelleux agréable. Un vin élégant. ⌛ 2021-2025

FRÉDÉRIC CARLE, 6, rte de Corneilla, 66170 Millas, tél. 06 23 91 14 38, domaine.carlecourty@orange.fr V t.l.j. 9h30-12h 14h30-19h

DOM BRIAL 2020 ★

■	50000		8 à 11 €

Suivi à la parcelle, maîtrise de la totalité de la chaîne d'élaboration, du raisin à la bouteille, démarche de développement durable... La cave de Baixas, fondée en 1923, compte 210 coopérateurs qui exploitent 2000 ha répartis dans une trentaine de commune.

La robe est d'or pâle, lumineuse. Les arômes puissants prennent des nuances de fleurs blanches très odorantes. En bouche, quelques notes végétales et de poire mûre sont soutenues par une belle fraîcheur. ⌛ 2021-2025

VIGNOBLES DOM BRIAL, 14, av. Mal-Joffre, 66390 Baixas, tél. 04 68 64 22 37, contact@dom-brial.com V t.l.j. sf dim. 9h-12h 14h-18h30

DOM. FONTANEL 2020 ★★

■	2700		11 à 15 €

Les origines du domaine, où 6 générations se sont succédé, remontent à 1864. La propriété est forte d'un vignoble de 25 ha installé sur des terroirs variés. À sa tête depuis 1989, Pierre et Marie-Claude Fontaneil ont proposé pendant près de 30 ans des cuvées à forte personnalité, aussi bien en vins secs qu'en vins doux naturels. En 2016, ils ont cédé l'exploitation à un jeune couple de vignerons, Élodie et Matthieu Collet.

Sous une teinte jaune d'or brillant, les arômes apparaissent intenses et frais, aux notes de fruits exotiques (ananas) et de fleur d'amandier. En bouche l'attaque est gourmande, puis l'équilibre parfait entre fraîcheur et suavité. ⧗ 2021-2025

DOM. FONTANEL, 25 av. Jean-Jaurès, 66720 Tautavel, tél. 06 11 07 01 22, contact@domainefontanel.fr V *t.l.j. sf dim. 15h-18h*

DOM. LAFAGE Grain de Vigne 2020 ★★

| | 15 000 | | 11 à 15 € |

Éliane et Jean-Marc Lafage ont vinifié pendant 10 ans dans l'hémisphère Sud, puis ont repris l'exploitation familiale en 1995, établie sur 3 terroirs bien distincts du Roussillon : les terrasses de galets roulés proches de la mer; les Aspres et ses terres d'altitude; la vallée de l'Agly, vers Maury (depuis l'acquisition en 2006 du Ch. Saint-Roch). Aujourd'hui, quelque 180 ha cultivés à petits rendements. Un domaine très régulier en qualité, souvent en vue pour ses côtes-du-roussillon et ses muscats.

Des reflets verts mettent en valeur la couleur or de ce vin intensément aromatique et plein de charme : pêche blanche, citron, raisin frais. La bouche est tout en subtilité, fraîche et très bien équilibrée. ⧗ 2021-2025

SCEA MAISON LAFAGE, Mas Miraflors, rte de Canet, 66000 Perpignan, tél. 04 68 80 35 82, contact@domaine-lafage.com V *t.l.j. sf dim. 10h-12h15 14h45-18h30*

B DOM. MAS CREMAT 2020 ★

| | 2000 | | 8 à 11 € |

Les terres de schistes noirs ont donné son nom au Mas Crémat («brûlé» en catalan), repris en 2006 par une famille de vignerons bourguignons : Christine et Julien Jeannin, secondés par leur mère Catherine. Un superbe mas du XIXᵉs. et un vignoble de 30 ha labouré et conduit en bio et en fonction du cycle de la lune.

Or clair, brillant, voici un vin aux arômes complexes de chèvrefeuille, de fruits exotiques (mangue, litchi) et d'abricot mûr. L'équilibre en bouche est agréable, avec des notes végétales et florales. C'est le 1er millésime certifié bio. ⧗ 2021-2025

DOM. MAS CREMAT, Mas Crémat, 66600 Espira-de-l'Agly, tél. 04 68 38 92 06, mascremat@mascremat.com V *t.l.j. sf dim. 10h-12h 14h-18h*

♥ DOM. PIQUEMAL Coup de Foudre 2014 ★★★

| | 1400 | | 15 à 20 € |

Sous l'impulsion d'Annie et de Pierre Piquemal, ce domaine familial (48 ha) est devenu une référence du Roussillon. Tout en maintenant les pratiques traditionnelles, il dispose d'un chai très moderne, à l'extérieur du village. Un outil adapté pour exalter l'expression de chaque terroir (schistes feuilletés, argilo-calcaires, galets roulés). Les vinifications sont assurées par Marie-Pierre Piquemal.

La robe jaune d'or invite à découvrir les puissants arômes de pomme caramélisée, de vanille, de miel et de gelée d'agrumes. Un grand vin, gras et long, digne d'un dessert pâtissier type Bras de Vénus. ⧗ 2022-2025

Les Larmes d'Helios 2020 ★★ (8 à 11 €; 8000 b.)

Un muscat-de-rivesaltes léger et citronné, dont la fraîcheur sera appréciée avec des desserts aux fruits. ⧗ 2021-2025

EARL DOM. PIQUEMAL, RD 117, Km 7, Della-Lo-Rec, 66600 Espira-de-l'Agly, tél. 04 68 64 09 14, contact@domaine-piquemal.com V *t.l.j. sf dim. 9h-12h 14h-18h*

♥ CH. LA ROCA 2020 ★★

| | 10 000 | | 5 à 8 € |

Installée à Saint-Génis-des-Fontaines, la coopérative des vignerons des Albères regroupe une trentaine de viticulteurs et un vignoble de 440 ha. Elle propose une large gamme de vins rouges, rosés et blancs, sans oublier les vins doux naturels, et commercialise plusieurs étiquettes : le Prestige, Ch. la Roca, Ch. Montesquieu...

Or vert, très clair et brillant, ce 2020 a tout pour plaire. Au premier nez discret succèdent des notes puissantes de fruits exotiques, d'agrumes et de fleurs blanches. Un très léger perlant soutient les sensations en bouche : fraîcheur et élégance. La finale s'étire sur des notes de zeste d'agrumes. ⧗ 2022-2025

SCV LES VIGNERONS DES ALBÈRES, 9, av. des Écoles, 66740 Saint-Génis-des-Fontaines, tél. 04 68 89 81 12, vigneronsdesalberes@wanadoo.fr V *t.l.j. sf dim. 9h30-12h 15h-18h*

CH. ROMBEAU 2020 ★★

| | 1200 | | 8 à 11 € |

Le Dom. de Rombeau est dans la famille depuis 1810. Vigneron médiatique, restaurateur et hôtelier, Pierre-Henri de La Fabrègue, arrivé à sa tête en 1993, lui a donné un bel éclat. Des 90 ha de l'exploitation, dont 27 ha en bio, naissent des muscat-de-rivesaltes, des rivesaltes et des vins secs, en AOC et en IGP. Une production large et bien connue des lecteurs du Guide.

Un 2020 or vif et brillant, puissamment aromatique et varié : fleurs, agrumes et miel. L'équilibre en bouche est plaisant entre liqueur et fraîcheur. ⧗ 2021-2025

SCEA DOM. DE ROMBEAU, 2, av. de la Salanque, 66600 Rivesaltes, tél. 04 68 64 35 35, vin@rombeau.com V *r.-v.*

ROYAL 2020 ★★

| | 15 000 | | 8 à 11 € |

La coopérative du Cap Leucate, issue d'une fusion de plusieurs coopératives, est incontournable dans le Fitou maritime. Plus de 200 sociétaires y sont

ROUSSILLON

rassemblés, exploitant près de 1 400 ha de vignes. Un nouveau chai est sorti de terre en 2010.

La robe d'or clair à reflets verts annonce la fraîcheur aromatique. La rose et le pamplemousse dominent dans un vin d'un parfait équilibre, à la finale longue. Un bon classique. ⧗ 2021-2025

SCV LES VIGNERONS DU CAP LEUCATE, DE QUINTILLAN ET DE ROQUEFORT-DES-CORBIÈRES, Chai La Prade, 11370 Leucate, tél. 04 68 33 20 41, contact@cave-leucate.com V r.-v.

TRÉMOINE 2020 ★

	30000		8 à 11 €

Les Vignerons de Trémoine : une coopérative fondée en 1919, regroupant quelque 80 vignerons qui cultivent 450 ha dans 4 villages situés dans la vallée de l'Agly : Planèzes, Rasiguères, Lansac et Cassagnes. L'histoire de la cave est liée au festival de musique classique créé en 1980 par la pianiste britannique Moura Lympany.

La robe est très pâle, brillante, à reflets argentés. Au nez également, on perçoit une grande finesse : des notes de fleurs et de citron frais. Au palais, l'équilibre se réalise pleinement entre sucrosité et fraîcheur. ⧗ 2021-2025

SCA LES VIGNERONS DE TRÉMOINE, 5, av. de Caramany, 66720 Rasiguères, tél. 04 68 29 11 82, rasigueres@wanadoo.fr V t.l.j. sf dim. 8h-12h 14h-18h

DOM. DE VÉNUS La Gourmandise 2015 ★

	3000		15 à 20 €

Un domaine constitué à partir de 2003 par des associés et amis, autour de Jean-Luc Coupet, spécialiste en fusions-acquisitions de domaines, de Jean-François Nègre, qui a quitté le domaine de l'Île Margaux, de Gilles Gavignaud, ancien propriétaire et aujourd'hui régisseur, de Nathalie Abet, au chai, et d'Alice Euvrard, au commercial. Situé dans le haut Agly, le vignoble est passé de 15 ha à 33 ha après l'achat en 2015 de parcelles en bio (les vignes d'origine étant en conversion).

Beaucoup de finesse dans les arômes d'agrumes évoluant vers des notes de miel. L'ampleur de la matière est notable, bien équilibrée par la fraîcheur de fin de bouche qui porte loin les arômes exotiques d'ananas. ⧗ 2021-2025

SARL DOM. DE VÉNUS, rte des Mas, 66460 Maury, tél. 06 03 03 56 20, domainedevenus66220@gmail.com V t.l.j. sf sam. dim. 9h-17h

MAURY

Superficie : 280 ha
Production : 6 600 hl (85 % rouge)

Le vignoble recouvre la commune de Maury, au nord de l'Agly, et une partie des trois communes limitrophes. Encadré par des montagnes calcaires, les Corbières au nord et les Fenouillèdes au sud, il s'accroche à des collines escarpées aux sols de schistes noirs de l'aptien plus ou moins décomposés. Les maury rouges doivent leur caractère au grenache noir, cépage dominant. La vinification se fait souvent par de longues macérations, suivies d'un long élevage en fût – parfois en bonbonnes de verre – qui permet d'affiner des cuvées remarquables. D'un rouge profond lorsqu'ils sont jeunes, les maury prennent par la suite une teinte acajou. Au bouquet, ils évoquent d'abord les petits fruits rouges, avant d'évoluer vers le cacao, les fruits cuits et le café. Plus rares sont les blancs, élaborés à partir des grenaches blancs et gris et du macabeu.

LES VIGNERONS DES CÔTES D'AGLY Grenat 2018 ★

	10000		8 à 11 €

Les Vignerons des Côtes d'Agly regroupent six caves coopératives dans la vallée de l'Agly. Ils sont 250 viticulteurs à cultiver des vignes (650 ha) à Estagel, Montner, Lesquerde, Saint-Paul-de-Fenouillet et Caudiès. Ils proposent la plupart des productions du Roussillon, en vins secs et en vins doux naturels.

Le grenache noir travaillé à l'abri de l'oxydation pour l'élaboration de « grenat » prend des notes de cerise très marquées. On les retrouve ici, mais une mise en bouteille tardive, après 15 mois de cuve, a apporté aussi le bouquet de fruits noirs, myrtille, cassis, myrte, et la touche plus sourde de sous-bois. Un vin très en fruits, qui se révèle ample, généreux. La présence tannique trahit sa jeunesse, mais lui assure un avenir certain. De la fraîcheur en bouche sur une finale de cerise qui appelle le fondant au chocolat. ⧗ 2022-2040

SCAV LES VIGNERONS DES CÔTES D' AGLY, av. Louis-Vigo, 66310 Estagel, tél. 04 68 29 00 45, contact@agly.fr V t.l.j. sf dim. 9h-12h 14h-18h

CLOS DES VINS D'AMOUR Padrì Two 12 ans d'âge ★

	1500		20 à 30 €

Christine et Nicolas Dornier, tous deux œnologues, se sont associés à Christophe et Laurence Dornier pour reprendre en 2002 les vignes cultivées par la famille depuis 1860. Les 2 couples ont quitté la coopérative en 2004 pour créer le Clos des Vins d'amour. Leur domaine (26 ha en bio) s'étend sur les terroirs schisteux de Tautavel, de Maury et de Saint-Paul-de-Fenouillet.

Après un long élevage en fût, le grenat initial est oublié pour une approche très dépouillée, entre le tuilé et l'ambré. Café grillé, note plus douce de caramel au lait, plus aérienne de vieille eau-de-vie : l'élevage a fait son œuvre. L'empyreumatique (café torréfié et fruits secs grillés) marque l'entrée en bouche, puis la douceur miellée du tabac blond en équilibre avec la touche vive de l'abricot sec occupe le cœur de bouche. S'ensuit la rondeur d'eau-de-vie de noyau sur fond épicé de gingembre, avant une finale rancio. Une complexité rare pour un vin à partager avec les amoureux… de rancio. ⧗ 2022-2040

SCEA VIGNOBLES DORNIER, 3, rte de Lesquerde, 66460 Maury, tél. 07 86 10 19 64, maury@closdesvinsdamour.fr V r.-v.

♥ DOM. FONTANEL
Grenat Élevé en barriques 2019 ★★

■ | 3300 | | 15 à 20 €

Les origines du domaine, où 6 générations se sont succédé, remontent à 1864. La propriété est forte d'un vignoble de 25 ha installé sur des terroirs variés. À sa tête depuis 1989, Pierre et Marie-Claude Fontaneil ont proposé pendant près de 30 ans des cuvées à forte personnalité, aussi bien en vins secs qu'en vins doux naturels. En 2017, ils ont cédé l'exploitation à un jeune couple de vignerons, Élodie et Matthieu Collet.

Il faut prendre le temp de découvrir ce maury, en le laissant s'ouvrir dans le verre. Dès lors, montent en intensité les arômes de fruits rouges (cerise, fraise) et noirs (cassis), de myrte, nuancés de boisé vanillé et d'une touche de café. Le temps également de savourer le charnu du fruit, d'apprécier le soyeux des tanins, le volume, la rondeur et la maîtrise de la puissance. Le tout est porté par une belle fraîcheur et le boisé discret se fond dans le fruit. Le temps, enfin, de partager ce vrai plaisir. ⧗ 2022-2040

EARL COLLET, 25, av. Jean-Jaurès, 66720 Tautavel, tél. 06 11 07 01 22, contact@domainefontanel.fr t.l.j. sf dim. 15h-18h

MAS DE LA DEVÈZE 2019 ★

■ | 1200 | | 15 à 20 €

Simon Hugues était agriculteur, Nathalie commerciale dans la filière viticole à l'export. Ils ont repris en 2012 au cœur du terroir de Maury une très ancienne propriété qui avait été démantelée dans les années 1980. Ils cultivent 30 ha de vignes, la plupart conduites en gobelet.

Rares sont les maury blancs et plus rares encore ceux qui sont élaborés presque uniquement avec du macabeu. Un vin joliment travaillé, à l'abri de toute oxydation, pour obtenir cet or tendre, lumineux, et ces senteurs subtiles de fleurs fraîches, de feuille de verveine, ce soupçon d'agrumes sur fond légèrement amylique. Aromatique, frais, citronné au final, il joue sur la finesse. Un tel profil le prédispose, sans attendre, à accompagner un repas, de l'apéritif au bleu des Causses. ⧗ 2022-2030

NATHALIE HUGUES (MAS DE LA DEVÈZE), rte des Mas, 66720 Tautavel, tél. 06 52 38 57 36, contact@masdeladeveze.fr r.-v.

MAS PEYRE
Grenat La Rage du soleil 2018 ★

■ | 4000 | | 11 à 15 €

La famille Bourrel a constitué son domaine en 1988. Elle a quitté la coopérative en 2003 pour créer sa cave. À l'arrivée de Baptiste, le fils aîné, en 2009, elle a engagé progressivement la conversion bio du vignoble, 30 ha plantés sur les terroirs de schistes de la vallée des Fenouillèdes. Le jeune frère, César, gère la commercialisation.

Voici un grenat qui surprend par ses notes d'évolution. Ce ne sont plus le fruit rouge, ni la robe pourpre qui attirent, mais les reflets tuilés, ainsi que les arômes de pruneau à l'eau-de-vie, de fruits secs et la touche de cacao qui composent le bouquet. La bouche s'inscrit dans la continuité, chaleureuse, avec des tanins agréables, puis une finale sur le cacao. C'est souple, aromatique, agréable, mais avec un profil plus proche des tuilés que des grenats. Qu'importe finalement, pourvu qu'il y ait du chocolat. ⧗ 2022-2030

SARL MAS PEYRE FILS ET FILLE, 39, av. du Gal-de-Gaulle, 66220 Saint-Paul-de-Fenouillet, tél. 06 18 70 62 24, maspeyre@orange.fr t.l.j. 9h30-19h30 f. janv.

LES VIGNERONS DE MAURY
Tuilé Cuvée du Centenaire ★★★

■ | 4000 | | 20 à 30 €

Fondée en 1910, la cave coopérative de Maury est aujourd'hui la plus ancienne du département encore en activité. Après les révoltes viticoles de 1907, elle regroupa plus de 130 propriétaires. Aujourd'hui, la cave dispose des 700 ha de ses adhérents; elle vit du grenache qui donne les traditionnels vins doux naturels et, depuis 2011, les maury secs.

L'âge n'est pas défini, qu'importe! L'assemblage des cuvées est explicite dès l'approche. Au regard de la robe lumineuse, acajou-fauve et de cette nuance vert olive qui trahit le rancio, le vin a dû voir défiler quelques printemps du siècle dernier dans l'ombre des futailles. Douceur lactée, briochée, caramel, noix, crème de cacao, tabac miellé et senteurs de ciste révèlent bien la complexité aromatique. En bouche, tout est suave, souple, fondu, ample et pourtant frais. S'y retrouvent les fruits secs comme la noisette, le grillé de l'amande, l'amertume sapide du cerneau de noix, une fraîcheur épicée. ⧗ 2022-2040 ■ **Tuilé Vieille Réserve 2009 ★★★ (11 à 15 €; 8000 b.)** Cette cuvée offre, en plus du fruit confituré, des notes de cacao, de café, de fruits secs et une finale rancio. Puissante, elle n'en est pas moins parfaitement équilibrée. ⧗ 2022-2035 ■ **Grenat Récolte 2018 ★★ (11 à 15 €; 8000 b.)** Une cuvée de bonne sucrosité, ample, gourmande, aux tanins très veloutés. Elle propose la cerise burlat à croquer avec une surprenante note de truffe…. Future complice des truffes au chocolat. ⧗ 2022-2030

SCV LES VIGNERONS DE MAURY, 128, av. Jean-Jaurès, 66460 Maury, tél. 04 68 59 00 95, xavierhardy@vigneronsdemaury.com t.l.j. 9h-12h30 14h-18h

DOM. POUDEROUX
Vendange Mise tardive 2014 ★

■ | 3000 | | 15 à 20 €

Une remarquable régularité pour ce domaine de 20 ha niché au cœur du village de Maury. Une petite cave bien agencée et un joli jardin-terrasse où Robert et Cathy Pouderoux accueillent leurs visiteurs. À leur carte, le rouge est en vedette : du maury, bien sûr (doux ou sec), et aussi des

ROUSSILLON

côtes-du-roussillon-villages. Certifié bio sur une partie du vignoble, en conversion sur d'autres parcelles.

L'intérêt d'une mise en bouteille tardive est de préserver la fraîcheur du fruit, tout en cherchant de la rondeur dans le vin, avec un début d'évolution vers des fruits plus confiturés, teintés d'épices. Exercice réussi qui permet également d'offrir une couleur profonde, à peine nuancée d'acajou. Au fruit bien présent s'ajoutent des notes plus originales de genévrier et de laurier. L'évolution est ici peu marquée, le fondu en devenir, les tanins conservent leur puissance et garantissent une longévité certaine. Ce vin pourra accompagner une soupe de petits fruits rouges et noirs, nappée de chocolat. ⧗ 2022-2040

ROBERT POUDEROUX, 2, rue Émile-Zola, 66460 Maury, tél. 04 68 57 22 02, domainepouderoux@sfr.fr V t.l.j. 11h-18h; f. nov. à mars.

DOM. SEMPER
Grenat Viatge 2019 ★

■ | 13000 | | 11 à 15 €

Tradition, ce terme est omniprésent dans cette famille vigneronne. Après leurs parents Paul et Geneviève, Florent (à la vigne) et Mathieu (à la cave) perpétuent un travail authentique de la vendange. Sur leur domaine de 27 ha, ils peuvent jouer sur deux terroirs : les schistes noirs de Maury et les arènes granitiques de Lesquerde.

Élaboré à l'abri de l'air et de l'oxydation pour conserver au mieux le fruit croquant de la cerise bigarreau et la teinte grenat noir brillant, ce vin demande du temps pour se révéler après ouverture. C'est doucement qu'il s'ouvre, comme surpris d'être libéré après plus d'un an de confinement en cuve et bouteille. En bouche, dans un bel équilibre, la mûre rejoint la cerise kirsch. Le fruit est très présent, savoureux, les tanins finement granuleux. Tout le plaisir d'un grenat qui n'attend que le chocolat noir. ⧗ 2022-2030

EARL DOM. SEMPER, 24, av. Jean-Jaurès, 66460 Maury, tél. 06 21 61 23 09, domaine.semper@wanadoo.fr V t.l.j. sf dim. 10h30-12h 15h30-19h

TERRES PLURIELLES
Grenat Éclat 2019 ★★

■ | 3978 | | 8 à 11 €

Depuis 2010, date de la fusion des trois caves de Tautavel et de Vingrau, les vignerons disposent de 1100 ha. Ils ont mis en place une nouvelle gamme afin d'affirmer leur identité propre et proposent, grâce à des sélections parcellaires, des vins à forte personnalité.

Grenache très mûr, mutage sur grain, longue macération : c'est la recherche d'une extraction poussée pour faire parler ce terroir de Tautavel. Le résultat est une robe d'un grenat très dense, brillant, puis l'expression d'une corbeille de fruits mêlant cerise kirsch, cassis et framboise sur fond épicé. La puissance et le volume en bouche impressionnent; la cerise se croque, charnue, gourmande, et se couple à une note épicée très présente. Le vin conserve beaucoup de fraîcheur, ce qui le place dans un équilibre plus moelleux que doux. L'alliance de la finesse et de la puissance. ⧗ 2022-2035

SCV TERRES PLURIELLES (LES VIGNERONS DE TAUTAVEL VINGRAU), 24, av. Jean-Badia, 66720 Tautavel, tél. 04 68 29 12 03, contact@terresplurielles.com V t.l.j. 9h-12h 14h-18h

IGP CÔTES CATALANES

MAISON ALBERA
Lledoner pelut Vignes d'altitude 2019 ★★

■ | 5000 | | 8 à 11 €

Installés à Argelès-sur-Mer au XIXe s., les ancêtres de Fabrice Rieu cultivaient déjà la vigne et les oliviers. Fabrice est revenu sur ces terres en 2001 et s'est allié à son ami Laurent de Besombes-Singla pour continuer l'aventure. Tous deux ont acquis un vignoble près de Tarerach, planté de cépages anciens.

Cette cuvée est consacrée au trop rare lledoner pelut, cépage catalan cousin du grenache. Aux arômes de framboise, de pivoine et de fleurs de garrigue répond une bouche ronde, aux saveurs de petits fruits rouges, élégante en finale. ⧗ 2021-2023

SARL ALBERA, 1, rue des Faisans, 66700 Argelès-sur-Mer, tél. 04 68 64 14 33, vignes.albera@gmail.com V t.l.j. sf dim. 9h-12h30 14h-18h30

LES VIGNERONS DES ALBÈRES
Chardonnay 2020 ★

■ | 21000 | | - de 5 €

Installée à Saint-Génis-des-Fontaines, la coopérative des vignerons des Albères regroupe une trentaine de viticulteurs et un vignoble de 440 ha. Elle propose une large gamme de vins rouges, rosés et blancs, sans oublier les vins doux naturels, et commercialise plusieurs étiquettes : le Prestige, Ch. la Roca, Ch. Montesquieu…

Le chardonnay s'exprime bien sur les colluvions schisteuses des Albères. En témoigne ce vin jaune pâle, au nez discret et élégant de reine-claude et d'agrumes. La bouche, ample et charnue, offre un caractère minéral et une belle amertume en soutien de la finale. ⧗ 2021-2023 ■ **Grenache Vieilles Vignes 2020 ★ (5 à 8 €; 8000 b.)** Un bouquet de fruits noirs et de réglisse, puis une bouche suave et soyeuse, tout aussi fruitée. De l'élégance. ⧗ 2021-2024

SCV LES VIGNERONS DES ALBÈRES, 9, av. des Écoles, 66740 Saint-Génis-des-Fontaines, tél. 04 68 89 81 12, vigneronsdesalberes@wanadoo.fr V t.l.j. sf dim. 9h30-12h 15h-18h

ARNAUD DE VILLENEUVE
Stellaire Grenache 2020 ★★

■ | 9400 | | 8 à 11 €

Résultant de la fusion de 3 caves, cette coopérative porte le nom de l'inventeur des vins doux naturels, Arnaud de Villeneuve. Elle rassemble 320 viticulteurs de Salses, de Rivesaltes et de Pézilla-la-Rivière, qui cultivent quelque 1 600 ha de vignes (dont 125 ha en bio) répartis sur 26 communes et des terroirs variés.

La robe légère a des reflets litchi, tandis que le nez affiche des notes amyliques, des arômes de melon, de fruits à chair blanche et de fruits exotiques. La bouche est ronde et fraîche à la fois, dans le même registre que le bouquet, avant de s'orienter vers des accents citronnés en finale. ⧗ 2021-2022 ■ **Chardonnay Classic 2020 ★ (5 à 8 €; 28 000 b.)** Un chardonnay généreux en arômes de fruits à chair blanche, apprécié aussi pour sa rondeur présente dès l'attaque et ses arômes persistants de brioche beurrée. ⧗ 2021-2023

ARNAUD DE VILLENEUVE, 153, RD 900, 66600 Rivesaltes, tél. 04 68 64 06 63, contact@caveadv.com V *t.l.j. sf dim. 9h30-12h30 14h30-18h30*

LAURENT BATLLE Les Landes de Pierres 2020 ★★

■ | 3000 | | 11 à 15 €

Le domaine se compose de 4 ha situés sur les hautes terrasses caillouteuses de Baixas, Peyrestortes et Saint-Estève. Après avoir travaillé dans de grands domaines du Languedoc-Roussillon, Laurent Batlle, œnologue de formation, a repris, avec l'aide de son père, 5 ha de vignes (en conversion bio) et créé en 2019 son domaine.

Un grenache issu de galets roulés a donné naissance à ce 2020 au nez intense de chocolat et de boisé. Puissant et ample en bouche, il séduit par sa matière dense et sa longue finale réglissée. ⧗ 2022-2025

LAURENT BATLLE, 47, rue du Château-d'Eau, 66600 Peyrestortes, tél. 06 95 46 23 67, leslandesdepierres@gmail.com V *r.-v.*

Ⓑ LA BEILLE Syrah 2019 ★

■ | 2000 | | 11 à 15 €

La cave est située en plein cœur de Corneilla-la-Rivière, au pied du massif du pic de Força Réal. En attendant la future cave en projet, les Larrère perpétuent la tradition familiale avec une production de vins éclectiques, des cuvées monocépages aux classiques assemblages, en passant par la production de vins doux naturels et une certification en bio depuis 2014.

Une cuvée de syrah de teinte profonde, presque noire, à reflets grenat. Le bouquet est puissant, à dominante de fruits noirs et rouges avec des nuances confiturées. Sans surprise, mais avec plaisir, on découvre ensuite une bouche ronde, suave, onctueuse : si les tanins sont présents, ils se fondent au profit de l'expression durable des fruits noirs. ⧗ 2022-2025 ■ **Mourvèdre 2018 ★ (11 à 15 €; 2000 b.)** Ⓑ Un nez centré sur la mûre et les épices, une bouche ronde, mâtinée de notes de tabac et soulignée par une bonne fraîcheur : un rouge bien équilibré. ⧗ 2022-2025

AGATHE LARRÈRE (DOM. LA BEILLE), 18, rue Saint-Jean, 66550 Corneilla-la-Rivière, tél. 06 80 07 25 88, la-beille@neuf.fr V *r.-v.*

DOM. BISCONTE
Cuvée des Cabanes Macabeu 2020 ★★

■ | 3000 | | 5 à 8 €

Créé en 1940, le domaine Bisconte compte 60 ha de vignes réparties sur trois terroirs distants de quelques kilomètres. En 2005, Pascale Jonca, docteure en pharmacie, et Manuel Vincent, hydrogéologue, l'ont repris, et c'est en 2016 qu'ils sont devenus vignerons indépendants.

Le macabeu, c'est l'identité catalane. Cette cuvée présente un bouquet intéressant de fleur de sureau, d'amande amère et de miel d'acacia. Le palais se développe sur la fraîcheur et sur des nuances florales (sureau et acacia) accompagnées d'une touche fruitée (poire). Bel équilibre en finale, avec une certaine douceur et un long retour des notes florales. ⧗ 2021-2023 ■ **Cuvée des Cabanes 2019 ★ (5 à 8 €; 4000 b.)** Notes de garrigue au nez, rondeur en bouche, belle souplesse et finale acidulée : tout est réuni pour faire de cette cuvée un joli « vin plaisir ». ⧗ 2021-2024

EARL LE BISCONTE, chem. du Salitar, 66740 Saint-Génis-des-Fontaines, tél. 06 87 42 96 46, bisconte@wanadoo.fr V *r.-v.*

♥ Ⓑ DOM. BLANC PLUME
Rouge Béton 2019 ★★

■ | 4700 | | 20 à 30 €

Un domaine de 8 ha créé en 2019, au cœur du parc régional des Corbières Fenouillèdes. Ici, Raphaël Colin a opté pour le bio dès la vendange 2020.

C'est une entrée remarquable dans le Guide. Élevé 12 mois en cuves ovoïdes en béton, ce 2019 grenat à reflets prune possède un charme indéniable. Il séduit d'emblée par ses arômes de fruits rouges, d'orange sanguine et de poivre. Puis c'est une fraîcheur entraînante aux accents fruités qui souligne le palais, ample, long et très harmonieux, soutenu par des tanins soyeux et enrobés. Pour un quasi de veau en croûte d'amande. ⧗ 2022-2025 ■ **Blanc Plume 2020 ★★ (11 à 15 €; 3700 b.)** Ⓑ Un vin atypique issu en majorité de syrah vinifiée en blanc, complétée par du sauvignon. Après un nez de pêche de vigne et de poivre blanc, on découvre une matière ronde et fraîche à la fois, aux accents salins en finale. ⧗ 2021-2024

EARL DOM. BLANC PLUME, 41, av. du Languedoc, 66220 Caudies-de-Fenouillèdes, raphael.colin@domaineblancplume.fr V *r.-v.*

CH. CAP DE FOUSTE
Le Chant du Coq 2020 ★★

■ | 3000 | | 5 à 8 €

La vieille demeure catalane (construite en 1830) et son parc au charme délicieux sont situés aux portes de Perpignan, non loin du lac de Villeneuve de la Raho. Sébastien Balaguer a pris la suite de son oncle, Joseph Mas, en 2017. Le vignoble couvre aujourd'hui 90 ha.

Une cuvée qui met les muscats (d'Alexandrie et à petits grains) à l'honneur, avec une belle maîtrise. Derrière sa robe or pâle, elle offre un nez délicat et original de rose ancienne, de bergamote et de pêche de vigne. La bouche se révèle ronde et agréable, entre fruits et épices, avec une finale longue et sapide. Les fromages de chèvre lui iront très bien. ⧗ 2021-2024

ROUSSILLON

SCI CH. CAP DE FOUSTE, 1, D 39, 66180 Villeneuve-de-la-Raho, tél. 04 68 55 91 04, capdefouste@free.fr V t.l.j. sf dim. 9h-12h30 14h30-18h30

LES VIGNERONS DE CARAMANY
Cuvée Huguet de Caraman 2019 ★★

| 6000 | | 11 à 15 € |

Caramany se niche dans la vallée de l'Agly, non loin d'un lac de retenue. Fondée en 1924, sa coopérative est au centre de la vie locale, proposant des journées d'animation au bord du lac. Les vignes en altitude de ses adhérents (200 ha) bénéficient de nuits fraîches et de terroirs de gneiss qui confèrent de la subtilité aux vins.

Ce grenache gris se pare d'une robe or clair. Le nez délicat décline des senteurs florales (aubépine), citronnées et grillées. Les saveurs boisées dominent en bouche, soulignant la rondeur de la matière, puis les fruits exotiques se manifestent pleinement en finale. Un loup au fenouil sera de bonne compagnie. ⧗ 2022-2025 ■ **Face aux Pyrénées Syrah 2020 ★ (5 à 8 €; 10000 b.)** B Une syrah aux notes de fruits confiturés et d'épices, gouleyante, ronde et fondue en bouche. ⧗ 2021-2024 ■ **Les Amoureux du Sud 2020 ★ (5 à 8 €; 5000 b.)** Un rosé de grenache à la robe litchi, au nez de pêche, d'abricot et d'agrumes, frais et gouleyant. ⧗ 2021-2022

SCV LES VIGNERONS DE CARAMANY, 70, Grand-Rue, 66720 Caramany, tél. 04 68 84 51 80, contact@vigneronsdecaramany.com V *t.l.j. 9h-12h 14h-18h*

CLOS CÉRIANNE Ànfora 2019 ★★

| 2290 | | 15 à 20 € |

Si on cultive la vigne depuis au moins 6 générations dans la famille, Laurianne Garcia-Tournier et son père ont créé la cave particulière seulement en 2017. Le vignoble (2 ha) est certifié haute valeur environnementale depuis 2020.

Cette cuvée qui a frôlé le coup de cœur est composée du rare carignan blanc à 60 %. Or pâle, elle exprime des senteurs de bergamote, de fleur d'oranger et de fleurs blanches avec une grande finesse. L'attaque est tonique et fraîche, puis viennent des sensations minérales d'eau de roche, une amertume noble et une finale à la fois saline et réglissée. Pour un boudin blanc aux chanterelles. ⧗ 2021-2024 ■ **Carignan C 07 15 2019 ★ (15 à 20 €; 1190 b.)** Au nez, fruits rouges et noirs, en bouche de la mâche : ce vin fait preuve de puissance et de longueur. À laisser s'apaiser quelque temps. ⧗ 2023-2027

EARL TERRE DES ASPRES (CLOS CÉRIANNE), 25, av. de la Canterrane, 66300 Trouillas, tél. 06 76 84 91 65, laurianne.tournier@free.fr V *r.-v.*

CONSOLATION Red Socks 2019 ★

| 1500 | | 15 à 20 € |

Né des efforts conjugués de Philippe Gard et de l'œnologue Andy Cook, Consolation est une gamme de cuvées en IGP, issues des meilleures parcelles des domaines bien connus de la Coume del Mas et du Mas Cristine, exploités par le premier. Quelques barriques chaque année pour mettre en lumière l'association d'un cépage, d'un sol et d'un millésime. Pour découvrir les variétés du Roussillon.

Les chaussettes rouges (*red socks*, en anglais) correspondent à la couleur des pieds après avoir foulé ce carignan de 60 ans. La robe est d'ailleurs très intense, avec une nuance cerise burlat. Les fruits rouges (fraise des bois, framboise) composent le nez, nuancés de senteurs épicées. La bouche est ample, franche et pleine de fraîcheur dès l'attaque. Les arômes de fruits noirs apparaissent, la myrtille notamment, en accompagnement de la groseille, puis viennent les notes boisées en finale, sans outrance. ⧗ 2022-2025

SARL LES VIGNOBLES DE LA COUME DEL MAS (CONSOLATION), chem. de Saint-André, 66700 Argelès-sur-Mer, tél. 04 68 54 27 60, info@consolation.fr V *r.-v.*

DOM BRIAL Le Pot 2020 ★★

| 30000 | | 5 à 8 € |

Suivi à la parcelle, maîtrise de la totalité de la chaîne d'élaboration, du raisin à la bouteille, démarche de développement durable... La cave de Baixas, fondée en 1923, compte 210 coopérateurs qui exploitent 2000 ha répartis dans une trentaine de commune.

Grenache et syrah s'assemblent pour offrir une robe lumineuse. Petits fruits rouges et notes exotiques font de l'expression aromatique une bouffée de fraîcheur vivifiante. Le perlant apporte de la vivacité au palais, de même que la finale aux notes de citron et de pomélo. Une bouteille élégante. ⧗ 2021-2022 ■ **Le Pot 2020 ★ (5 à 8 €; 35000 b.)** Le muscat est l'emblème de la cave. Cette cuvée en est un bon représentant avec ses arômes de litchi et de rose, sa fraîcheur persistante et sa finale évocatrice de pamplemousse. ⧗ 2021-2023 ■ **Les Camines 2020 ★ (5 à 8 €; 50000 b.)** Un vin équilibré, ample, soyeux et généreux. Les fruits rouges et les épices emplissent le palais avec délicatesse et se prolongent agréablement jusqu'en finale. ⧗ 2021-2024

VIGNOBLES DOM BRIAL, 14, av. Mal-Joffre, 66390 Baixas, tél. 04 68 64 22 37, contact@dom-brial.com V *t.l.j. sf dim. 9h-12h 14h-18h30*

DOM. FONTANEL
Hominus sapanius 2019 ★

| 6700 | | 5 à 8 € |

Les origines du domaine, où 6 générations se sont succédé, remontent à 1864. La propriété est forte d'un vignoble de 25 ha installé sur des terroirs variés. À sa tête depuis 1989, Pierre et Marie-Claude Fontaneil ont proposé pendant près de 30 ans des cuvées à forte personnalité, aussi bien en vins secs qu'en vins doux naturels. En 2016, ils ont cédé l'exploitation à un jeune couple de vignerons, Élodie et Matthieu Collet.

Référence humoristique à l'homme de Tautavel, cette cuvée s'affiche dans une robe grenat. Le nez gourmand décline des notes de petits fruits rouges et de réglisse. Ces mêmes fruits explosent dans une bouche ample et riche, étayée par des tanins bien présents. La finale laisse une impression chaleureuse. Du caractère. ⧗ 2022-2026

DOM. FONTANEL, 25 av. Jean-Jaurès, 66720 Tautavel, tél. 06 11 07 01 22, contact@domainefontanel.fr V *t.l.j. sf dim. 15h-18h* E

DOM. DES HOSPICES Nova Ona 2020 ★★★

| 15000 | | 5 à 8 € |

Depuis 5 générations, la famille Benassis est installée au cœur de Canet-en-Roussillon. La cave est abritée dans une bâtisse traditionnelle catalane datant de 1836. Le vignoble (50 ha) est implanté sur les terrasses de galets roulés entre le littoral et la ville de Perpignan. Aujourd'hui, 3 générations officient sur le domaine : Louis, le grand-père, Michel, le père et Marc, le petit-fils, ingénieur agronome.

La robe rouge sombre est le prélude à une symphonie aromatique : après une introduction sur les fruits noirs compotés, s'ouvre la gamme épicée. L'attaque est nette et franche, le cœur de bouche soyeux, les tanins élégants et les fruits noirs accompagnent longuement la finale. Tout indiqué pour des *boles de picolat*. ⧗ 2022-2025 **Nova Ona 2020 ★ (5 à 8 €; 8000 b.)** Un nez puissant, sur les fleurs et l'abricot, puis une bouche ample et démonstrative, étirée dans une jolie finale saline : le profil d'un vin bien typé. ⧗ 2021-2024

SCEA HOSPICES BENASSIS, 13, av. Joseph-Sauvy, 66140 Canet-en-Roussillon, tél. 04 68 80 34 14, contact@chateau-des-hospices.fr V *r.-v.*

DOM. LAFAGE
Tessellae Carignan Vieilles Vignes 2019 ★

| 115000 | | 5 à 8 € |

Éliane et Jean-Marc Lafage ont vinifié pendant 10 ans dans l'hémisphère Sud, puis ont repris l'exploitation familiale en 1995, établie sur trois terroirs bien distincts du Roussillon : les terrasses de galets roulés proches de la mer; les Aspres et ses terres d'altitude; la vallée de l'Agly, vers Maury (depuis l'acquisition en 2006 du Ch. Saint-Roch). Aujourd'hui, quelque 180 ha cultivés à petits rendements. Un domaine très régulier en qualité, souvent en vue pour ses côtes-du-roussillon et ses muscats, complété par une activité de négoce.

Issu des marnes noires du terroir de Maury, ce carignan s'exprime pleinement sur des notes de fruits rouges compotés, avec un soupçon floral. La bouche, ronde et gourmande, bénéficie d'une belle fraîcheur et de tanins fondus. Les notes de garrigue et de réglisse dominent agréablement. Harmonieux. ⧗ 2022-2025 **Famille Lafage Côté floral 2020 ★ (5 à 8 €; 100000 b.)** Le muscat domine avec des notes de bergamote et d'abricot. En bouche, les sucres résiduels laissent une sensation suave et enrobante, puis la finale revient sur la fraîcheur. ⧗ 2021-2023

SARL FAMILLE LAFAGE, Mas Miraflors, rte de Canet, 66000 Perpignan, tél. 04 68 80 35 82, contact@domaine-lafage.com V *t.l.j. sf dim. 10h-12h15 14h45-18h30*

DOM. LAURIGA Le Gris 2020 ★★

| 7000 | | 5 à 8 € |

Vigneron-négociant, Jean-Claude Mas dispose d'un vaste vignoble de plus de 600 ha en propre constitué par quatre générations, auxquels s'ajoutent les apports des vignerons partenaires (1 300 ha). Le Ch. Lauriga s'étend sur 60 ha dans les Aspres.

De teinte claire à reflets chair, ce rosé exhale des senteurs de fleurs (glycine) et de confiserie. L'attaque est fraîche, puis les arômes de pêche et de petits fruits rouges s'invitent en milieu de bouche, avant que la finale ronde ne s'allonge sur une note réglissée. Pourquoi pas avec une cassolette de la mer aux calamars rouges ? ⧗ 2021-2022

SARL CH. LAURIGA, traverse de Ponteilla, RD 37, 66300 Thuir, tél. 04 68 53 26 73, info@paulmas.com V *t.l.j. sf sam. dim. 10h-18h*

MAS ALART
La Vigne de Madame Muscat sec 2020 ★★

| 2000 | | 5 à 8 € |

Fondé en 1897, ce domaine familial (17 ha) a longtemps été voué aux seuls vins doux naturels. En 1997, Frédéric Belmas a diversifié la production en proposant également des côtes-du-roussillon et des IGP côtes-catalane.

Cette cuvée est un hommage à l'arrière grand-mère du propriétaire actuel. Issue à 100 % de muscat à petits grains, elle tire sur le rose à l'œil, puis livre un nez intense de litchi, de rose, de pêche blanche et se fait ample et soyeuse jusqu'à la finale, rafraîchie par une touche mentholée. Les artichauts violets du Roussillon seront de bon ton avec cette bouteille. ⧗ 2021-2024

EARL MAS ALART, Mas Alart, rte de Cabestany, 66280 Saleilles, tél. 04 68 50 51 89, contact@masalart.com V *t.l.j. sf dim. 10h-12h 16h-18h*

MAS BAUX Le Baux Blond 2019 ★

| 6100 | | 11 à 15 € |

Serge Baux a changé de vie en 1998 pour devenir vigneron et reprendre ce domaine situé à quelques pas de la mer, entre Perpignan et Canet-en-Roussillon. La propriété couvre 20 ha, dont 12,5 ha de vignes sur un terroir de galets roulés, travaillés en bio (certification en 2013). La production est variée et valorise toutes les richesses des terroirs du Roussillon.

Le bouquet exprime pleinement le muscat à travers des notes d'abricot, de pêche et de citron confit. La bouche explose d'arômes divers : kumquat, rose, pêche... Intense et ronde, elle est aussi fraîche et présente en finale de beaux amers. Un équilibre bien assuré. Préparez une salade de pêches de vigne. ⧗ 2021-2023 **Rouge à lèvres 2020 ★ (11 à 15 €; 15000 b.)** Sous une robe rose léger apparaît un nez de petits fruits rouges et de pêche blanche. La bouche fraîche et épicée est de belle longueur. ⧗ 2021-2022

EARL MAS BAUX, voie des Coteaux, 66140 Canet-en-Roussillon, tél. 04 68 80 25 04, contact@mas-baux.com V *r.-v.*

DOM. DU MASCAREIL Clématis 2019 ★★

| 700 | | 20 à 30 € |

David Château a créé en 2018 ce domaine de 6 ha (en conversion bio), situé sur les premiers contreforts des Pyrénées, dont la vigne remonte aux années 1960.

Une cuvée née des grenaches blanc et gris habillée de jaune clair. Au nez, elle développe des parfums de foin, un léger boisé et des nuances beurrées. Au palais, elle se montre ample, fraîche et complexe autour de

ROUSSILLON

notes minérales persistantes sur fond de boisé fondu. Au menu : blanquette de la mer et riz rouge au rancio. ⧗ 2022-2025 ■ **Géode 2018 ★ (11 à 15 €; 4800 b.)** Un vin d'un beau pourpre, généreux dans son expression de cerise, de pruneau et de fumé comme dans sa matière concentrée et chaleureuse. ⧗ 2022-2026

DAVID CHÂTEAU (DOM. DU MASCAREIL), pl. de l'École, 66300 Castelnou, tél. 06 73 48 62 61, contact@mascareil.com V r.-v.

B DOM. MAS CRÉMAT
Sous les grands pins 2020 ★★

	2000		5 à 8 €

Les terres de schistes noirs ont donné son nom au Mas Crémat («brûlé» en catalan), repris en 2006 par une famille de vignerons bourguignons : Christine et Julien Jeannin, secondés par leur mère Catherine. Un superbe mas du XIXᵉs. et un vignoble de 30 ha labouré et conduit en bio et en fonction du cycle de la lune.

Une belle expression du muscat d'Alexandrie dans cette cuvée or clair. Le nez dévoile en effet des notes muscatées, d'abricot et de pêche, agrémentées de menthe poivrée. Franc et vif à l'attaque, le palais cède presque tout aux arômes de muscat, avec élégance, puis la finale, ample et longue, revient sur l'abricot mûr. ⧗ 2021-2024 ■ **Les Sales Gosses 2020 ★ (8 à 11 €; 2000 b.)** B Un mourvèdre sans sulfites ajoutés qui a pour atouts un nez de fruits très mûrs, de la fraîcheur au palais qui équilibre la chair généreuse, et des tanins affirmés. ⧗ 2022-2026

DOM. MAS CREMAT, Mas Crémat, 66600 Espira-de-l'Agly, tél. 04 68 38 92 06, mascremat@mascremat.com V *t.l.j. sf dim. 10h-12h 14h-18h*

MAS KAROLINA L'Enverre 2019 ★

	3000		20 à 30 €

Elle est allée vinifier aux États-Unis et en Afrique du Sud; elle connaît le Bordelais où elle a longtemps vécu et où elle a obtenu son diplôme d'œnologue; pourtant, c'est dans la vallée de l'Agly au charme sauvage que Caroline Bonville a posé ses valises en 2003. Elle conduit aujourd'hui un domaine de 18 ha, en bio certifié depuis 2021.

Dans quelques années, une côte de bœuf ira très bien avec ce 2019 grenat profond, dont le bouquet intense et complexe se compose de fruits rouges compotés, de truffe, de sous-bois et d'une note boisée discrète. Beaucoup de caractère en bouche : les tanins de qualité s'imposent encore, mais la chair est dense et les notes de confiture de cassis accompagnent la finale agréablement. ⧗ 2023-2027

EARL MAS KAROLINA, 29, bd de l'Agly, 66220 Saint-Paul-de-Fenouillet, tél. 06 20 78 05 77, mas.karolina@gmail.com V *t.l.j. 10h-12h 14h30-18h30*

B MAS LLOSSANES Pur Chasan 2019 ★

	3000		20 à 30 €

Après avoir géré pendant 10 ans un vignoble renommé de Toscane, Solenn (sommelière) et Dominique (agronome et œnologue) Génot ont eu un coup de cœur pour les 11 ha du Mas Llossanes qui constituent un îlot unique sur un terroir de schistes et d'arènes granitiques à 700 m d'altitude. Installés depuis 2016, ils pratiquent l'agriculture biologique et appliquent les préceptes de la biodynamie.

Ce chasan est une vraie réussite sur ces terroirs d'altitude. La robe est d'un seyant or pâle. Le nez s'ouvre progressivement sur des senteurs de fleur d'oranger, de genêt et de fenouil sauvage, agrémentées de notes discrètes beurrées et vanillées. La bouche, riche et dense, dévoile des arômes floraux qui se conjuguent harmonieusement à de doux amers en finale, le bois restant sagement en retrait. On pensera à des couteaux à la plancha au moment de mettre cette bouteille à table. ⧗ 2022-2025

SCEA MAS LLOSSANES, av. Roquefort, 66320 Tarérach, tél. 07 83 01 95 15, info@masllossanes.fr V *t.l.j. sf dim. 9h-12h 14h-18h*

MAS MOLINS Marsanne 2018 ★

	6500		8 à 11 €

En janvier 2012, une vingtaine de vignerons se sont réunis, venus d'horizons divers : des Catalans, certes, mais aussi cinq Parisiens, une Charentaise, un Bordelais, trois Montpelliérains, un Avignonnais et un Corse. C'est ainsi que le vieux Mas Molins a repris vie, autour de 5,50 ha de vignes.

Cette cuvée de marsanne est née d'un terroir d'arènes granitiques. Le bouquet est élégant, floral, anisé et nuancé d'amande. La bouche dévoile une belle matière, de la fraîcheur renforcée par de beaux amers et une jolie finale sur la réglisse. Pour un tartare de dorade au fenouil rôti. ⧗ 2021-2024

SAS MAS MOLINS, 86, bd Nungesser-et-Coli, 66000 Perpignan, tél. 06 80 40 68 79, gersanson@orange.r V *r.-v.*

B MAS PEYRE 1ères Soifs 2020 ★★

	4000		8 à 11 €

La famille Bourrel a constitué son domaine en 1988. Elle a quitté la coopérative en 2003 pour créer sa cave. À l'arrivée de Baptiste, le fils aîné, en 2009, elle a engagé progressivement la conversion bio du vignoble, 30 ha plantés sur les terroirs de schistes de la vallée des Fenouillèdes. Le jeune frère, César, gère la commercialisation.

Les reflets violets de la robe indiquent la jeunesse de ce vin, tout comme le nez frais de fruits rouges et noirs (mûre et cerise noire). L'attaque est ronde et gourmande, de même que le milieu de bouche, soutenu par des tanins soyeux et longuement irrigué d'arômes de fruits rouges qui évoluent élégamment vers une finale épicée. ⧗ 2022-2025

SARL MAS PEYRE FILS ET FILLE, 39, av. du Gal-de-Gaulle, 66220 Saint-Paul-de-Fenouillet, tél. 06 18 70 62 24, maspeyre@orange.fr V *t.l.j. 9h30-19h30 f. janv.* 3

LES VIGNERONS DE MAURY
Les Maurynates Grenache noir 2020 ★

	10000		5 à 8 €

Fondée en 1910, la cave coopérative de Maury est aujourd'hui la plus ancienne du département encore en activité. Après les révoltes viticoles de 1907, elle regroupa plus de 130 propriétaires. Aujourd'hui, la cave dispose des 700 ha de ses adhérents; elle vit

du grenache qui donne les traditionnels vins doux naturels et, depuis 2011, les maury secs.

Le grenache est dans son jardin à Maury. Il se révèle ici dans une robe vive à reflets violets, puis dans des senteurs de fruits rouges mûrs (griotte), de poivre et de romarin agrémentés d'une note de violette. En bouche, on retrouve son caractère rond, gras et chaleureux, ainsi que des tanins apaisés. ⧗ 2022-2025 **Les Maurynates Muscat sec 2020 ★ (5 à 8 €; 3500 b.)** Les fruits exotiques dominent le nez et la bouche de bout en bout. Un muscat équilibré et frais. ⧗ 2021-2023

SCV LES VIGNERONS DE MAURY, 128, av. Jean-Jaurès, 66460 Maury, tél. 04 68 59 00 95, xavierhardy@vigneronsdemaury.com V t.l.j. 9h-12h30 14h-18h

B DOM. MODAT Les Lucioles 2019 ★

	4200		20 à 30 €

D'origine catalane, Philippe Modat, magistrat, est un amateur de vin éclairé – comme son père, devenu lui aussi vigneron. Cette passion s'est concrétisée par la constitution en 2006 d'un domaine dans la vallée de l'Agly : 30 ha de vignes (en bio et en biodynamie) sur un plateau à 300 m d'altitude, et une cave de conception écologique, dotée de cellules photovoltaïques, inaugurée en 2008. Depuis 2016, Louis et Quentin sont aux commandes.

Après 10 mois de fût, cette cuvée or à reflets verts livre de légères notes boisées et surtout une belle minéralité, du fruit (abricot et fruits exotiques), et de délicieuses notes florales. Une attaque vive et citronnée ouvre sur une bouche tout aussi fraîche, empreinte d'agrumes, tandis que la finale s'allonge sur des notes d'amandes grillées. Un homard grillé semble un accord tout indiqué. ⧗ 2022-2025

SARL DOM. MODAT, Les Plas, 66720 Cassagnes, tél. 09 88 18 62 57, contact@domaine-modat.fr V r.-v.

CH. MONTANA La Soif des Hommes 2019 ★★★

	10000		8 à 11 €

Depuis 1996, Patrick Saurel n'a pas chômé. Venu du monde du commerce, il a poussé sa passion pour la vigne jusqu'au bout : restructuration et agrandissement du domaine, création d'un nouveau chai, inauguration d'un musée du Vin, conduite raisonnée... Son exploitation couvre aujourd'hui 30 ha et est en cours de conversion biologique.

Les cépages bordelais (merlot et cabernet) se plaisent aussi dans le Roussillon. En témoigne cette cuvée sombre à nuances grenat qui mêle des senteurs végétales à des notes de fruits rouges intenses (fraise écrasée et bigarreau) et à une pointe florale (violette). L'attaque est ample, grasse, puis la fraîcheur apparaît. Les tanins présentent un magnifique fondu, respectueux de l'expression des fruits rouges confiturés. Puis la finale persiste sur la violette. Tout indiqué pour un gigot d'agneau aux herbes. ⧗ 2022-2026

SCEA DOM. MONTANA, Mas Vidalou, 66300 Banyuls-dels-Aspres, tél. 04 68 37 54 84, chateaumontana@orange.fr V t.l.j. sf dim. 9h30-12h30 14h30-18h

B CH. DE L'OU
Syrah Secret de schistes... 2018 ★★★

	15000		30 à 50 €

Philippe Bourrier, agronome, et son épouse Séverine, œnologue, ont acheté en 1999 ce domaine dont le nom vient d'une résurgence dans un bassin en forme d'œuf (*ou* en catalan). Ils ont refait le chai et travaillé d'emblée en agriculture biologique leur vignoble qui couvre 65 ha entre plaine du Roussillon et Fenouillèdes.

Cette syrah s'est lentement épanouie sur de grands terroirs schisteux. La robe cerise burlat est profonde. Le nez, intense et racé, met en avant la violette, les fruits rouges et les olives noires. Une attaque tendre et ronde ouvre sur une bouche large et concentrée, parfaitement équilibrée entre le fruit et le bois. La finale épicée laisse une douce et persistante impression de sucrosité sans lourdeur. Irrésistible. ⧗ 2022-2026

SARL CH. DE L' OU, rte de Villeneuve, 66200 Montescot, tél. 04 68 54 68 67, contact@chateau-de-lou.fr V r.-v.

DOM. PAGNON Frisette 2020 ★★

	6000		5 à 8 €

Un moulin à farine du XIIe s. est l'emblème de ce domaine familial où sont cultivés des oliviers, des abricotiers et des vignes. Marie Pagnon est aux commandes avec son frère depuis 2014.

Ce rosé paré d'une belle robe corail cède tout à la fraise fraîche au nez. La bouche est plus complexe, ajoutant des arômes de cerise sauvage et de réglisse. Puissante et charnue, elle fait tout l'agrément de ce vin, de même que la finale longue et saline. ⧗ 2021-2022

EARL DOM. PAGNON, 3, rue du Roussillon, 66440 Torreilles, tél. 06 17 56 35 92, marie.pagnon@hotmail.fr V r.-v.

NINET DE PENA 2020 ★

	30000		5 à 8 €

Le village de Cases-de-Pène tient son nom d'un ermitage du Xes. établi sur un roc (*pena* en catalan) calcaire qui ferme la vallée de l'Agly. Les terres noires schisteuses y alternent avec l'ocre des argilo-calcaires, formant deux superbes terroirs de 480 ha sur lesquels travaillent les 35 vignerons de la coopérative locale.

Cette cuvée emblématique de la cave est séduisante dans sa robe rouge profond. Des arômes de marmelade de fruits rouges, de myrtille et de cerise noire composent un bouquet élégant et frais. La bouche, ample et fraîche dans son expression de fruits rouges, déploie des tanins fins et soyeux qui respectent l'équilibre. ⧗ 2022-2025 **2020 ★ (5 à 8 €; 15000 b.)** Abricot et pâte de coing font l'attrait de ce muscat sec à l'équilibre doux, mais bien relevé par une pointe d'amertume. Original. ⧗ 2021-2023

SCV L' AGLY (CH. DE PENA), 2, bd Mal-Joffre, 66600 Cases-de-Pène, tél. 04 68 38 93 30, contact@chateau-de-pena.com V t.l.j. 9h30-12h30 14h30-19h

B DOM. OLIVIER PITHON La D18 2018 ★★★

	6000		30 à 50 €

Un domaine de 20 ha créé en 2001, à 300 m d'altitude sur un terroir riche en argilo-calcaires, marnes et

ROUSSILLON

schistes. Le bio a été privilégié dès le début de l'aventure, puis Olivier Pithon, qui a fait ses armes dans le Bordelais, est passé à la biodynamie en 2010.

Les grenaches blancs et gris expriment leur terroir comme jamais dans cette cuvée or pâle élevée en cuves bois, dont le bouquet complexe et élégant parle de pollen, de fleur d'acacia et de beurre délicat. La bouche, ample, ronde et fraîche à la fois, développe durablement des arômes de fenouil et d'anis étoilée, puis trouve en finale une touche saline et minérale bien typée qui lui confère beaucoup de longueur et d'énergie. Un dégustateur gastronome conseille un médaillon de veau accompagné d'une purée de panais aux zestes d'agrumes. ⧗ 2022-2026 ■ **Le Coït d'en olby 2018 ★★ (30 à 50 €; 2000 b.)** Ⓑ Un parcellaire de grenache est à l'origine de ce 2018 au nez mentholé, ample et rond en bouche, étayé par des tanins fins et veloutés, irrigué par un fruité croquant et prolongé par une savoureuse finale réglissée. ⧗ 2022-2026 ■ **Laïs 2019 ★ (15 à 20 €; 25000 b.)** Ⓑ Un vin lumineux aux notes de fruits jaunes et d'amande fraîche. La bouche souple et ronde laisse le souvenir d'une agréable note anisée et d'une pointe saline en finale. Laïs ? La vache d'Olivier Pithon. ⧗ 2022-2025

SARL BCP (DOM. OLIVIER PITHON), chem. de Montner, 66600 Calce, tél. 04 30 44 85 71, olivierpithon@live.fr V r.-v.

P DE PLANÈRES Carignan 2020 ★

■	10000		5 à 8 €

Le domaine des frères Jaubert et de Roland Noury, l'un des pionniers des crus du Roussillon, apparaît tel un balcon donnant sur les Albères, la mer et le Canigou. Conduit par la quatrième génération, le vignoble s'étend sur 80 ha, dont une soixantaine d'un seul tenant autour d'une bâtisse catalane du XIXe s., sur le plateau de Planères.

Grenat brillant, ce carignan dévoile beaucoup d'épices de la garrigue et un fruit rouge croquant à l'olfaction. En attaque, des tanins fondus se révèlent, puis le vin se fait très souple et délié, porté jusqu'en finale par une juste vivacité et des arômes friands de petits fruits rouges. ⧗ 2021-2024

GIE JAUBERT-NOURY, Ch. Planères, 66300 Saint-Jean-Lasseille, tél. 04 68 21 74 50, gilles.jaubert@orange.fr V *t.l.j. sf dim. 8h30-12h30 14h-18h*

LA PRÉCEPTORIE
Coume Marie Blanc de Noirs 2020 ★

■	2000		11 à 15 €

Banyulenc et donc marin, ancré dans les schistes et les vignes de la Côte Vermeille, Joseph Parcé, fils de Marc (La Rectorie), débarque à Maury en 2007 comme maître de chai au Dom. de la Préceptorie, qui avait été créé en 2001. En 2017, la nouvelle génération, avec Martin, Augustin et Vincent, a rejoint Marc et prend le relais dans la gestion des 45 ha du vignoble.

Ce blanc de noirs (issu de grenache noir) se présente dans une robe jaune pâle. Après une légère aération, le nez s'ouvre sur des senteurs de beurre frais et d'amande agrémentées d'un léger vanillé. La bouche est riche et ample, dominée par des notes beurrées, avant que de beaux amers ne s'installent en finale. ⧗ 2022-2025

SCEA LA PRÉCEPTORIE, 54, av. du Puig-del-Mas, 66650 Banyuls-sur-Mer, tél. 04 68 81 02 94, lapreceptorie@parce-freres.com V *r.-v.*

DOM. ROMBEAU 2020 ★

■	11700		5 à 8 €

Le Dom. de Rombeau est dans la famille depuis 1810. Vigneron médiatique, restaurateur et hôtelier, Pierre-Henri de La Fabrègue, arrivé à sa tête en 1993, lui a donné un bel éclat. Des 90 ha de l'exploitation, dont 27 ha en bio, naissent des muscat-de-rivesaltes, des rivesaltes et des vins secs, en AOC et en IGP. Une production large et bien connue des lecteurs du Guide.

Si le premier nez est peu disert, l'aération favorise pleinement la montée des arômes de fruits rouges, de cassis et d'épices. La bouche apparaît fraîche et expressive, associant des saveurs de jus de cassis aux senteurs de la garrigue. Les tanins sont fermes, mais de qualité. ⧗ 2022-2026 ■ **Muscat sec 2020 ★ (8 à 11 €; 6200 b.)** Un nez délicieux de poire, de fruits blancs et d'agrumes. La bouche est fraîche, très florale, étirée dans une longue finale acidulée. ⧗ 2021-2023

SCEA DOM. DE ROMBEAU, 2, av. de la Salanque, 66600 Rivesaltes, tél. 04 68 64 35 35, vin@rombeau.com V *r.-v.*

DOM. SANAC
Portraits de femmes Marie-Thérèse 2020 ★

■	5000		8 à 11 €

Établie au pied du massif des Albères, la famille Sanac cultive la vigne depuis le XVIIe s. Installé en 1978, Michel – rejoint en 2010 par son fils Pierre – a largement renouvelé l'encépagement du domaine et débuté en 1984 la mise en bouteille à la propriété. Le vignoble (25 ha) est réparti sur deux terroirs : Saint-Génis-des-Fontaines et Trouillas.

Cette cuvée est un hommage aux femmes de la famille. Fruits noirs et rouges composent le bouquet, sous des accents de framboise et de myrtille. La bouche est souple et fraîche dès l'attaque, les fruits rouges demeurant bien présents. Un vin léger, délié et équilibré. ⧗ 2021-2023

SCEA SANAC, 3, rue Pasteur, 66740 Saint-Génis-des-Fontaines, tél. 04 68 89 80 61, domainesanac@orange.fr V *t.l.j. sf dim. 10h-12h 16h-19h*

DOM. SEMPER Regain 2019 ★

■	5500		11 à 15 €

Tradition, ce terme est omniprésent dans cette famille vigneronne. Après leurs parents Paul et Geneviève, Florent (à la vigne) et Mathieu (à la cave) perpétuent un travail authentique de la vendange. Sur leur domaine de 27 ha, ils peuvent jouer sur deux terroirs : les schistes noirs de Maury et les arènes granitiques de Lesquerde.

À Maury, le grenache est roi, même dans ses versions blanches et grises. En voici une bonne illustration avec cette cuvée or pâle, qui exprime des arômes de garrigue et de fleurs agrémentés d'une touche vanillée. Son volume et son gras en bouche en feront un compagnon de table apprécié (un saint-pierre aux épices, par exemple). ⧗ 2022-2025

EARL DOM. SEMPER, 24, av. Jean-Jaurès, 66460 Maury, tél. 06 21 61 23 09, domaine.semper@wanadoo.fr V t.l.j. sf dim. 10h30-12h 15h30-19h

♥ CH. SERRE ROMANI Providence 2020 ★★

4000 | 8 à 11 €

Laurent et Cylia Pratx se sont rencontrés lors de leurs études d'ingénieurs agronomes à Toulouse. Laurent a travaillé successivement pour le Ch. de Nages à Nîmes et pour la maison Gabriel Meffre à Gigondas. En 2008, le couple a fait l'acquisition de ce domaine de 25 ha répartis sur les communes d'Espira-de-l'Agly et de Maury, planté majoritairement de grenache. La propriété tire son nom (la « montagne aux romarins ») de celui de l'une des parcelles.

C'est encore la cuvée Providence, comme l'année dernière, qui tire son épingle du jeu, mais cette fois, elle décroche le coup de cœur. Ce grenache à la robe pâle présente un nez fruité (datte, pêche jaune) agrémenté de délicates touches florales et réglissées. La bouche se révèle longue, ample et soyeuse, soulignée de bout en bout par une très belle fraîcheur. Un vin de caractère qui appelle une gastronomie du même acabit. Des gambas sauce chorizo, cela vous tente ? ⧗ 2021-2024

EARL PRATX (SERRE ROMANI), Mas Parets, 66600 Espira-de-l'Agly, tél. 06 62 84 29 04, pratx.sr@gmail.com V t.l.j. 8h30-12h 14h-18h; sam. dim. sur r.-v.

TERRA NOBILIS Syrah Sélection 2020 ★★

10000 | 8 à 11 €

Une société de négoce-éleveur fondée en 2019 et dirigée par David Loiret. De la sélection des raisins à la mise en bouteille, en passant par la vinification dans ses chais de Tautavel sous la conduite de son œnologue-conseil, elle suit tout le processus d'élaboration des vins. Elle possède également 15 ha de vignes en propre.

Cette syrah est issue d'une macération de 30 jours. Il en résulte une robe presque noire à reflets violines et un bouquet intense de cassis, de mûre, de violette et d'épices. Les tanins puissants mais prometteurs encadrent une matière ample, riche et concentrée, empreinte d'arômes de violette avant une longue finale réglissée. ⧗ 2023-2028 **Vieilles Vignes 2020 ★ (8 à 11 €; 10000 b.)** Du moelleux et de la rondeur, des arômes de pêche blanche et une belle longueur : ce blanc séduit de bout en bout. ⧗ 2021-2023

SAS TERRA NOBILIS WINE, 18, rue de la République, 66720 Tautavel, tél. 06 67 10 61 70, terranobiliswine@gmail.com V r.-v.

DOM. LA TOUPIE Pirouette 2020 ★

6600 | 8 à 11 €

Après 20 ans passés dans l'administration viticole, puis à parcourir le vignoble pour la coopérative du Mont Tauch, dans l'Aude, Jérôme Collas a franchi le pas et la « frontière » entre Languedoc et Roussillon, pour s'installer en 2012 sur 12 ha dans la vallée de l'Agly.

Une couleur profonde caractérise cet assemblage de mourvèdre et de grenache. Au premier nez minéral succèdent des arômes de confiture de mûres et de myrtilles. L'attaque est fraîche, puis l'on perçoit beaucoup de délicatesse et de suavité. Ce bel équilibre est conforté par une longue finale sur la réglisse. ⧗ 2022-2025 **Solo Macabeu 2020 ★ (8 à 11 €; 3200 b.)** Joli bouquet de mangue, de papaye et de fleurs blanches. La bouche vive, tonique, avec une touche saline, s'inscrit dans la typicité du cépage. ⧗ 2021-2023

EARL DOM. LA TOUPIE, ZA Clos-de-la-Serre, 66460 Maury, tél. 07 86 28 99 52, contact@domainelatoupie.fr V r.-v.

DOM. TRILLES Incantation 2019 ★

2000 | 11 à 15 €

BTS en poche, Jean-Baptiste Trilles rejoint en 2000 le domaine familial (40 ha en conversion bio) dans les Aspres. Apporteur de raisins à la coopérative à ses débuts, il devient vinificateur en 2007, avant de construire une nouvelle cave à sa mesure en 2010, à Tresserre, au pays des « bruixes » (fées ou sorcières). Des sorcières qui ont inspiré le nom de ses cuvées.

Cette cuvée est une habituée du Guide. Elle est issue de grenache, de vermentino et de roussanne. Le 2019 présente un nez complexe : les notes d'élevage s'affirment accompagnées de senteurs de brioche et de fruits exotiques. Au palais, il laisse une impression gourmande et fraîche. Certes, les notes d'élevage demeurent présentes, mais elles s'accompagnent d'un florilège de nuances de fleurs et de fruits blancs. ⧗ 2022-2025

EARL DOM. TRILLES, chem. des Coulouminettes, 66300 Tresserre, tél. 06 15 46 64 71, contact@domainetrilles.fr V t.l.j. sf sam. dim. 10h-12h 15h-18h

B DOM. DES TROIS ORRIS Origine 2019 ★★

3100 | 8 à 11 €

Joep Graler était un homme attachant, venu de sa Hollande natale en 2003 pour cultiver des vignes entre 400 m et 600 m d'altitude à Tarerach. Ses 12 ha de vignes sont conduits en agriculture biologique depuis 2006 et travaillés dans les conditions extrêmes exigées par ses terroirs caillouteux. Mais si le courage n'a jamais manqué à ce vigneron, certains combats sont trop difficiles et il nous a quitté en 2015.

Schistes et granites ont servi d'écrin à de vieux carignans pour composer ce vin grenat à reflets violines. D'abord en retrait, le nez s'ouvre ensuite sur les fruits noirs mâtinés de notes fraîches d'eucalyptus et des accents minéraux. Le gras en attaque est vite équilibré par une juste fraîcheur et les tanins fondus confortent l'impression générale de rondeur. Une note réglissée s'invite durablement en finale. ⧗ 2022-2025

SCEA ORRIS ROUSSILLON (DOM. DES TROIS ORRIS), rte de Marcevol, 66320 Tarerach, tél. 06 72 01 96 70, domaine3orris@gmail.com V r.-v.

CH. DE VALMY Les Roses blanches 2019 ★★

	10 000		20 à 30 €

Au pied des Albères, le Ch. Valmy, construit en 1888 par l'architecte danois Viggo Dorph Petersen, est entouré de quelque 26 ha de vignes. En 1998, Bernard Carbonnell et son épouse Martine ont fait renaître non seulement le vignoble et ses vins (réguliers en qualité), mais aussi le château en créant des chambres d'hôtes de luxe, complétées en 2014 par le restaurant *La Table de Valmy*, un projet conduit par les filles des propriétaires, Anaïs et Clara.

Cette cuvée, vinifiée et élevée en fût pendant 9 mois, se présente dans une robe dorée brillante et avenante. Le nez est élégant avec ses notes de fruits jaunes et d'amande amère sur fond beurré et toasté. En bouche, l'élevage est perceptible, mais l'équilibre reste impeccable autour d'une matière ample et généreuse, soulignée en finale par une fine fraîcheur. ⧗ 2022-2025 ■ **Première Rose 2020 ★ (11 à 15 €; 24 992 b.)** Un joli nez minéral et fumé, puis une harmonie délicate en bouche, avec du soyeux et une finale sur le jasmin. ⧗ 2021-2022

SARL CH. DE VALMY, chem. de Valmy, 66700 Argelès-sur-Mer, tél. 04 68 81 25 70, contact@chateau-valmy.com V *t.l.j. sf dim. 10h-12h30 14h-18h* 5

VIGNERONS CATALANS Pink Maestro 2020 ★

	30 000		5 à 8 €

En 1964, une poignée de vignerons s'unissent parce qu'ils sont convaincus que « le groupe est meilleur que le meilleur du groupe ». Aujourd'hui, les Vignerons Catalans rassemblent 7 caves coopératives, 1 500 adhérents et une quarantaine de caves privées, soit plus de 10 000 ha.

Une robe saumon clair, un air de petits fruits rouges et d'abricot : c'est l'été ! En bouche, ce rosé équilibré évoque les fruits exotiques et l'ananas, et une légère amertume apporte du relief. Quant à la finale réglissée, elle nous convie à poursuivre la dégustation à table. ⧗ 2021-2022

VIGNERONS CATALANS, 1870, av. Julien-Panchot, 66000 Perpignan, tél. 04 68 85 04 51, regincos@vigneronscatalans.com

IGP RANCIO SEC

Le Roussillon est une province française de culture catalane correspondant à la plus grande partie du département des Pyrénées-Orientales. Bien avant la naissance des vins doux naturels, fierté des Catalans, on y produisait des vins secs à fort degré, élevés sans ouillage dans de vieux fûts de bois (élevage oxydatif). Au bout de longues années, ce vin prenait ce que l'on appelle des notes de rancio, arômes très complexes évoquant notamment la noix fraîche et les fruits secs, tandis que des reflets verts apparaissaient dans leur robe. Ces vins faillirent tomber dans l'oubli. Cependant, de nombreux vignerons en conservaient un tonneau au fond de leur cave, car ces rancios étanchaient la soif des anciens, coupés d'eau et, surtout, servaient à élaborer une cuisine typique. Aujourd'hui, cette saveur authentiquement catalane redevient à la mode et séduit un public de plus en plus nombreux.

Après les vignerons de l'IGP Côte Vermeille, qui ont été les premiers à disposer d'un cahier des charges, ceux de l'autre indication géographique protégée départementale, l'IGP Côtes catalanes, en ont défini en 2011, avec l'aide de l'INAO, le mode d'élaboration : ce cahier des charges impose cinq ans d'élevage minimum, liste les cépages autorisés, qui sont ceux de la région (grenaches, carignan, tourbat, macabeu…), et prévoit quelques variantes dans l'élaboration, ouvrant la possibilité d'un élevage sous voile ou en solera, système où les vins vieux reçoivent régulièrement un apport de vins plus jeunes. Les rancios secs accompagnent jambons bellota, anchois salés de Collioure, fromages très affinés ou simplement, pour les amateurs, un bon cigare.

DOM. COMELADE Côtes catalanes ★★★

	600		15 à 20 €

Lionel Comelade représente la cinquième génération à la tête du domaine familial (35 ha aujourd'hui), établi au pied des terres cathares de Quéribus. C'est dans cette splendide vallée de l'Agly où Estagel fait figure de capitale, qu'il joue sur les schistes noirs, les argiles rouges et les éboulis calcaires blancs.

Un nez typique de vin élevé sous voile : mousseron, noix et nuances boisées. Doux en attaque, puis ample, intense, expressif, le vin se développe avec un équilibre admirable, soutenu de bout en bout par une fraîcheur très appréciable. Le café et la noisette laissent en finale un souvenir durable. ⧗ 2022-2050

EARL DOM. COMELADE, 8, rue Fournalau, 66310 Estagel, tél. 04 68 29 16 40, domaine.comelade@wanadoo.fr V *r.-v.*

DOM. VIAL MAGNÈRES
Côte Vermeille Ranfio Cino ★

	2 000		15 à 20 €

Bernard Sapéras, œnologue et chimiste de formation, arrivé en 1985 sur le domaine de son beau-père, avait donné un bel élan à la propriété et à l'appellation : c'est à lui que l'on doit le banyuls blanc, l'engouement pour le rancio, la réussite du collioure blanc et le chemin d'Anicet pour découvrir le cru. Après sa disparition en 2013, Olivier et Chrystel Sapéras sont les garants de l'avenir. En 2016, ils se sont associés à Laurent Dal Zovo pour gérer les 10 ha de vignes répartis en petites unités sur la façade maritime des communes de Banyuls et Port-Vendres.

Au nez, ce rancio sec présente la note saline recherchée, bien accompagnée par des arômes de tabac et de tourbe. À l'unisson du bouquet, la bouche se révèle suave, large et très persistante. Tout est en place pour une longue vie. ⧗ 2022-2045

SCEA DOM. VIAL-MAGNÈRES, 14, rue Édouard-Herriot, 66650 Banyuls-sur-Mer, tél. 04 68 88 31 04, info@vialmagneres.com V *t.l.j. sf dim. 9h-12h 14h-18h* 5

POITOU
CHARENTES

LE POITOU ET LES CHARENTES

Prospères au Moyen Âge, quand le Poitou se rattachait à l'Aquitaine, les vignobles du Haut-Poitou furent très étendus jusqu'à la fin du XIXe s. Ils se réduisent aujourd'hui à des enclaves entre herbages et cultures, au nord et à l'est de Poitiers. Leurs vins appartiennent à la famille du Val de Loire tout en montrant des influences bordelaises. Les rouges sont généralement légers et frais, mais possèdent une bonne structure. Les rosés présentent un caractère assez proche. Les blancs sont vifs et bouquetés.

Si le Poitou n'a gardé que quelques ceps, les Charentes ont, depuis le XVIe s., fondé leur essor sur la distillation de vins blancs et la production du cognac, qui a fait la réputation de la région. Celui-ci est « l'esprit » du pineau-des-charentes, vin de liqueur qui résulte du mélange de moûts de raisins partiellement fermentés avec la fameuse eau-de-vie.

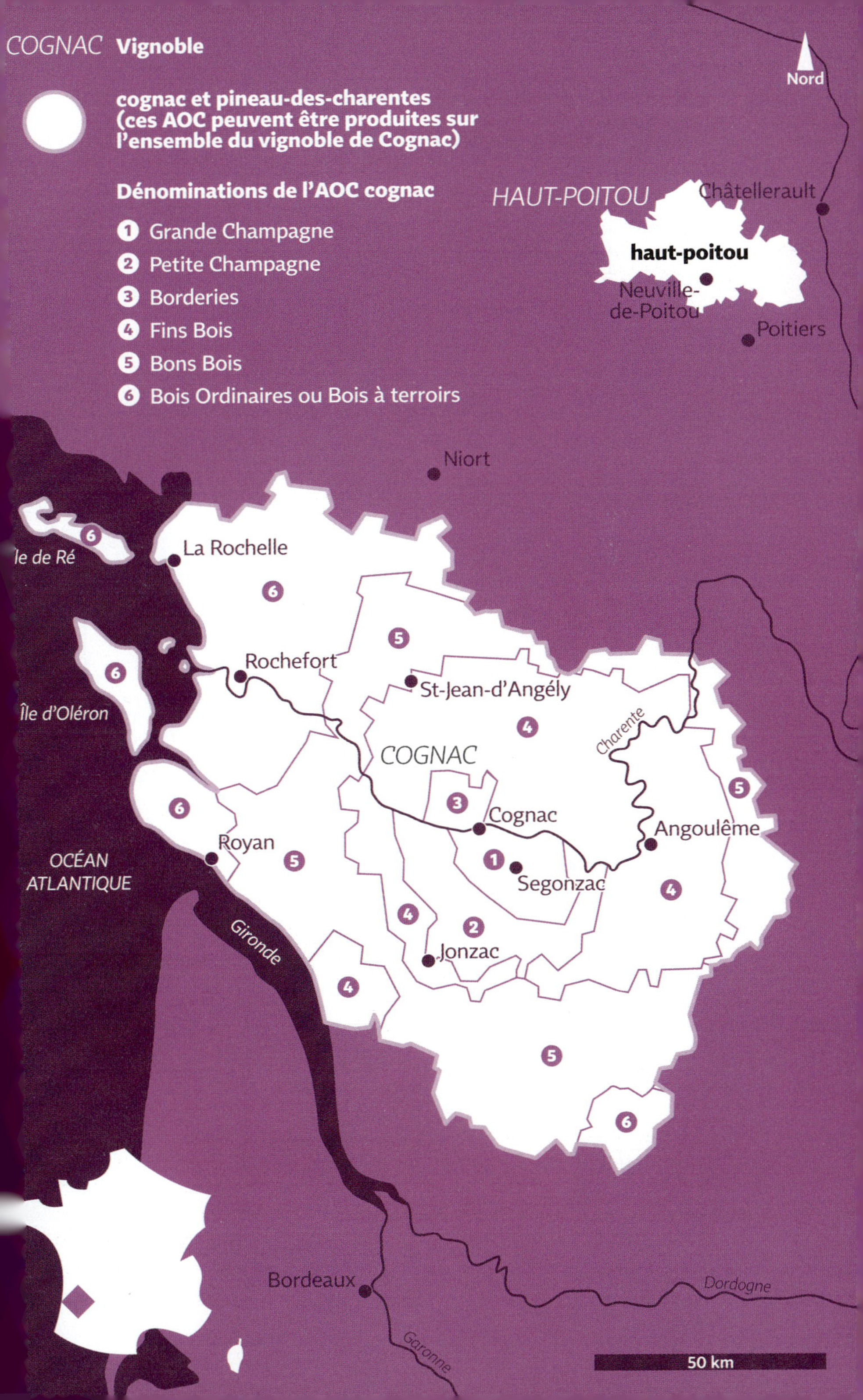
COGNAC Vignoble
cognac et pineau-des-charentes (ces AOC peuvent être produites sur l'ensemble du vignoble de Cognac)
Dénominations de l'AOC cognac
1 Grande Champagne
2 Petite Champagne
3 Borderies
4 Fins Bois
5 Bons Bois
6 Bois Ordinaires ou Bois à terroirs
Nord
HAUT-POITOU
Châtellerault
haut-poitou
Neuville-de-Poitou
Poitiers
Niort
La Rochelle
Île de Ré
Rochefort
Île d'Oléron
St-Jean-d'Angély
COGNAC
Charente
Cognac
Angoulême
Segonzac
Royan
OCÉAN ATLANTIQUE
Gironde
Jonzac
Bordeaux
Dordogne
Garonne
50 km

Le **Poitou** et les **Charentes** en un clin d'œil

Production : haut-poitou : 3400 hl ; cognac : 895 000 hl ; pineau-des-charentes 72 250 hl

Surface : Haut-poitou : 100 ha
Cognac : 685 400 ha (82 000 plantés, essentiellement destinés à la production de l'eau-de-vie)
Pineau-des-charentes : 1 132 ha

Types de vins

vins tranquilles — vins de liqueur — Eau-de-vie

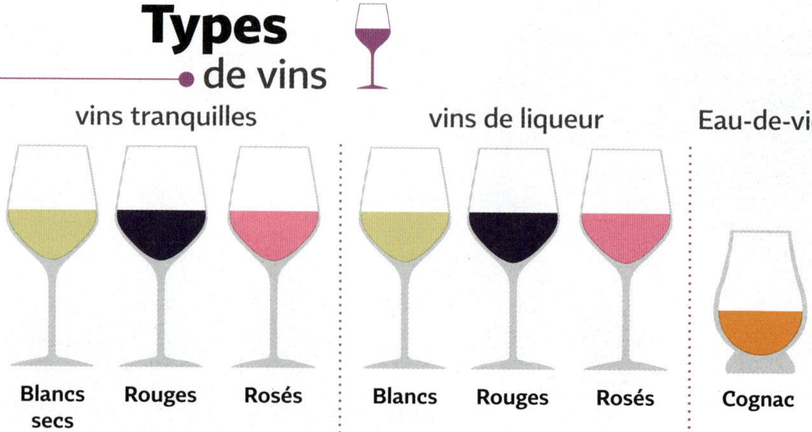

Principaux **cépages**

- Cabernet franc
- Cabernet-sauvignon
- Merlot
- Gamay
- Ugni blanc
- Colombard
- Sémillon
- Montils
- Sauvignon
- Folle blanche (pour le cognac)

Hiérarchie des vins

1 AOC
régionale
haut-poitou

1 AOC
vin de liqueur : pineau-des-charentes

1 AOC
eau-de-vie : cognac

1 IGP
(charentais)

Un peu d'**histoire**

- **XIe-XIIIe s. :** le Poitou ente dans le royaume Plantagenêt, avec l'Aquitaine, l'Anjou et l'Angleterre. Le vignoble se développe. La Rochelle est le principal port d'expédition des vins vers l'Angleterre jusqu'à sa prise par le roi de France en 1224.
- **1562-1598 :** les guerres de religion ravagent le vignoble.
- **XVIIe s. :** l'Europe du Nord devient le principal débouché des vins du Poitou. Comme le vin voyage mal, les Hollandais le distillent pour élaborer de l'eau-de-vie. L'alambic se répand dans les campagnes de l'Aunis et de la Saintonge.
- **XVIIIe-XIXe s. :** la notoriété du cognac s'affirme. Des maisons de négoce sont créées.
- **1882 :** crise phylloxérique et destruction du vignoble.
- **1909 :** délimitation de la zone géographique de production du cognac.
- **1936 :** création de l'AOC cognac.
- **1938 :** délimitation régionales des crus du cognac.
- **1945 :** création de l'AOC pineau-des-charentes.
- **1970 :** création de l'AOVDQS haut-poitou.
- **2011 :** l' AOVDQS haut-poitou devient AOC.

HAUT-POITOU

Superficie : 186 ha
Production : 11 000 hl (55 % blanc)

Le docteur Guyot rapporte en 1865 que le vignoble de la Vienne représente 33 560 ha. De nos jours, outre le vignoble du nord du département, rattaché au Saumurois, et une enclave dans les Deux-Sèvres, seuls subsistent deux îlots viticoles autour des cantons de Neuville et de Mirebeau. Marigny-Brizay est la commune la plus riche en viticulteurs indépendants. Les autres se sont regroupés pour former la cave de Neuville-de-Poitou. En 2011, le Haut-Poitou a accédé à l'appellation d'origine contrôlée. Les sols du plateau du Neuvillois, évolués sur calcaires durs et craie de Marigny ainsi que sur marnes, sont propices aux différents cépages de l'appellation ; le plus connu d'entre eux est le sauvignon (blanc ou gris). En rouge, le cépage principal est le cabernet franc, complété par le merlot, le pinot noir et le gamay.

DOM. DE LA RÔTISSERIE
Cabernet Franc 2020 ★

■	8000	🍾	5 à 8 €

Valeur sûre de l'AOC, ce domaine tire son nom d'un four creusé dans le tuffeau qui servait autrefois aux habitants du hameau. Le vignoble, dirigé par Pierre Baudon et son fils Michaël, couvre 25 ha.

Couleur grenat à reflets framboise, ce 2020 est d'une parfaite cohérence tout au long de la dégustation. Aux arômes subtils de fruits rouges mûrs succède une bouche ronde et de bonne longueur fruitée. ⧗ 2021-2023

EARL BAUDON (DOM. DE LA RÔTISSERIE), 2 bis, rue de la Croix-l'Abbé, Marigny-Brizay, 86380 Jaunay-Marigny, tél. 05 49 52 09 02, domaine.rotisserie86@orange.fr V t.l.j. sf dim. 9h-12h 14h-19h

DOM. LA TOUR BEAUMONT 2020 ★

■	52200	5 à 8 €

Le donjon d'un ancien château du XIIe s. a donné son nom au domaine, dont les 32 ha se répartissent sur deux coteaux séparés par la rivière Clain. Une valeur sûre du Haut-Poitou. Après 5 années passées en Bourgogne, Pierre Morgeau a rejoint en 2011 son père, Gilles, sur cette exploitation familiale créée en 1860, qu'il dirige depuis 2015.

Acacia et fruits composent la palette aromatique de ce vin souple et frais, ponctué en finale d'une note de pamplemousse. La signature du sauvignon est perceptible. ⧗ 2021-2022

MORGEAU LA TOUR BEAUMONT, 2, av. de Bordeaux, 86490 Beaumont-Saint-Cyr, tél. 05 49 85 50 37, contact@domainelatourbeaumont.fr V t.l.j. sf dim. 9h30-12h 14h30-19h (18h sam. et hiver)

DOM. DE VILLEMONT 2020 ★★

■	5000	🍾	5 à 8 €

Créé en 1995, ce domaine très régulier en qualité surplombe la vallée de l'Envigne, au nord de l'AOC haut-poitou. Il étend son vignoble sur 33 ha, exploités en famille par les Bourdier. En 2019, Rodolphe et Virginie ont pris la suite de leurs parents Alain et Annie.

Des reflets saumon animent la robe rose pâle de ce vin. Ne l'imaginez pas timide, car il n'hésite pas à livrer d'intenses arômes de fruits rouges et jaunes (mirabelle, poire). L'attaque est vive, le milieu de bouche gourmand, puis la fraîcheur revient en finale comme pour mieux soutenir l'expression aromatique. Il trouvera sa place à table, avec une salade de gésiers par exemple. ⧗ 2021-2022

EARL ALAIN BOURDIER (DOM. DE VILLEMONT), 6, rue de l'Ancienne-Commune, lieu-dit Seuilly, 86110 Mirebeau, tél. 05 49 50 51 31, domaine-de-villemont@wanadoo.fr V t.l.j. 9h30-12h30 14h-18h30 ; sam. 9h30-12h30

PINEAU-DES-CHARENTES

Le pineau-des-charentes est produit dans la région de Cognac – vaste plan incliné d'est en ouest avec une altitude maximale de 180 m, qui s'abaisse progressivement vers l'océan Atlantique. Le vignoble, traversé par la Charente, est implanté sur des coteaux au sol essentiellement calcaire. Sa destination principale est la production du cognac. Cette eau-de-vie est « l'esprit » du pineau-des-charentes, vin de liqueur résultant du mélange des moûts des raisins charentais frais ou partiellement fermentés avec du cognac.

Selon la légende, c'est par hasard qu'au XVIe s. un vigneron un peu distrait commit l'erreur de remplir de moût de raisin une barrique qui contenait encore du cognac. Constatant que ce fût ne fermentait pas, il l'abandonna au fond du chai. Quelques années plus tard, alors qu'il s'apprêtait à vider la barrique, il découvrit un liquide limpide, doux et fruité : ainsi serait né le pineau-des-charentes. Le recours à cet assemblage se poursuit aujourd'hui encore de la même façon artisanale et à chaque vendange, car le pineau-des-charentes ne peut être élaboré que par les viticulteurs.

Les moûts de raisin proviennent essentiellement, pour les blancs, des cépages ugni blanc, colombard, montils, sauvignon et sémillon, auxquels peuvent être adjoints le merlot et les deux cabernets, et, pour les rouges et rosés, des cabernets, du merlot et du malbec. Le moût doit dépasser les 170 g de sucre par litre en puissance. Le pineau-des-charentes vieillit en fût de chêne pendant au moins un an, le plus souvent pendant plusieurs années. Il ne peut sortir de la région que mis en bouteilles.

Comme en matière de cognac, il n'est pas d'usage d'indiquer le millésime. En revanche, un qualificatif d'âge est souvent spécifié. Le terme « vieux pineau » est réservé au pineau de plus de cinq ans, et celui de « très vieux pineau » à celui de plus de dix ans. Dans ces deux cas, le vieillissement s'accomplit exclusivement en barrique. La qualité de ce vieillissement doit être reconnue par une commission de dégustation. Le degré alcoolique est généralement compris entre 17 % vol. et 18 % vol., et la teneur en sucre non fermenté entre 125 et 150 g ; le rosé est généralement plus doux et plus fruité que le blanc, lequel est plus nerveux et plus sec.

Le pineau-des-charentes peut être consommé jeune (à partir de deux ans) ; il donne alors tous ses arômes

de fruits, encore plus présents dans le rouge et le rosé. Avec l'âge, il prend des parfums de rancio très caractéristiques.

BACHE-GABRIELSEN Très vieux ★

20 000 | 15 à 20 €

Une maison fondée en 1905 par le Norvégien Thomas Bache-Gabrielsen et qui demeure dans la même famille depuis.

Des arômes puissants de rancio et de noix muscade introduisent la dégustation de ce vin. L'équilibre se réalise au palais entre douceur et fraîcheur. En finale, apparaissent quelques notes de miel et de pâtisserie vanillée. ⏳ 2022-2026

THS BACHE-GABRIELSEN, 32, rue de Boston, 16102 Cognac Cedex, tél. 05 45 32 07 45, marielle@bache-gabrielsen.com V *t.l.j. sf sam. dim. 9h-12h30 13h30-18h*

MAISON BARBOTIN Natol ★

36 000 | 8 à 11 €

Un domaine familial fondé en 1964 où l'on produit du pineau-des-charentes à partir d'un vignoble de 67 ha environ. Olivier Barbotin est aux commandes depuis 1990.

Vieil or à reflets caramel, ce pineau est aussi riche au nez qu'en bouche. Aux arômes intenses de fruits exotiques (coco, ananas) nuancés de toasté répond un bon équilibre gustatif. L'attaque est acidulée, le milieu de bouche suave, et la finale légèrement toastée laisse une sensation durable, gourmande et chaleureuse. ⏳ 2022-2026

Natol ★ (8 à 11 €; 39 000 b.) Un pineau légèrement tuilé, fruité et équilibré. ⏳ 2022-2026

EARL JEAN ET OLIVIER BARBOTIN, 68, rue de Saintonge, Les Épeaux, 17120 Meursac, tél. 05 46 96 20 00, contact@natol-barbotin.fr V *t.l.j. sf dim. 9h-12h. a.m. sur r.-v.*

VIGNOBLES BARON 2015 ★★

9 500 | 11 à 15 €

Commandée par un ancien pavillon de chasse datant de François Ier, avec cour fermée par les chais de vinification et de vieillissement, la propriété, située au nord de Cognac, se transmet de père en fils depuis 1837. Antoine Baron, cinquième du nom, dirige depuis 2007 le domaine de 55 ha réputé pour ses pineaux blancs.

Tout d'or vêtu, ce 2015 livre des arômes intenses de fruits jaunes, de poire et d'épices vanillées. La même gamme se reproduit au palais, soutenue par le bon équilibre entre fraîcheur et rondeur. ⏳ 2022-2025

SCEA VIGNOBLES BARON, Logis-du-Coudret, 16370 Cherves-Richemont, tél. 05 45 83 16 27, veuve.baron@wanadoo.fr V *t.l.j. sf dim. 10h-12h 14h-18h30*

M ET JF BERTRAND Tradition 2017 ★

100 000 | 8 à 11 €

François Bertrand fonde en 1848 le Dom. du Feynard à partir d'un héritage de 2 ha dans les Charentes. Depuis, sept générations se sont succédé. Aujourd'hui Dimitry (à la vigne) et Mathieu (au chai) exploitent environ 200 ha, dont 165 ha d'ugni blanc et de colombard destinés à la distillation. Ils ont développé une offre de vins de pays (IGP) qui complète leur production de cognac et de pineau-des-charentes.

Une cuvée de belle présence par la délicatesse de ses notes de fruits rouges et de violette comme par l'équilibre des saveurs et la maîtrise de la puissance. En finale, les notes réglissées apportent une agréable fraîcheur. Un dégustateur conseille de servir ce vin avec des financiers aux amandes. ⏳ 2022-2025

SARL M. ET J.-F. BERTRAND, Le Feynard, 17210 Chevanceaux, tél. 05 46 04 61 08, contact@vignobles-bertrand.com V *r.-v.*

DOM. DE BIRIUS ★

3 300 | 8 à 11 €

Valeur sûre du pineau-des-charentes, ce domaine – dans la même famille depuis 10 générations – est situé en Petite Champagne, tout près de la cité médiévale de Pons. Philippe Bouyer, rejoint en 2014 par sa fille Élodie, pratique depuis longtemps la lutte raisonnée et l'enherbement naturel de son vignoble de 32 ha.

Grenat intense à l'œil, riche de senteurs de fruits mûrs et d'épices, voici un pineau généreux. Après une attaque franche et souple, il fait preuve d'un parfait équilibre et poursuit son jeu autour du cassis. ⏳ 2022-2025

EARL BOUYER, Dom. de Birius, 4, rue des Peupliers, La Brande, 17800 Biron, tél. 06 30 62 28 77, contact@cognac-birius.com V *r.-v.*

RAYMOND BOSSIS ★★

6 000 | 8 à 11 €

D'origine vendéenne, la famille Bossis s'est installée en Charente en 1924. Raymond Bossis a développé le domaine et, en 1970, la vente directe. C'est aujourd'hui son fils Jean-Luc qui conduit les 37 ha de vignes plantées sur les coteaux argilo-calcaires de l'estuaire de la Gironde, face au Médoc.

Oh! la jolie teinte rubis! Des fruits rouges livrés avec délicatesse, de l'équilibre entre sucrosité et fraîcheur, une bonne longueur sur l'amande : ce pineau a bien des atouts. ⏳ 2022-2025

SCEA LES GROIES, 4, Les Groies, 17150 Saint-Bonnet-sur-Gironde, tél. 05 46 86 02 19, contact@raymond-bossis.com V *t.l.j. sf dim. 9h-12h30 14h30-19h*

BOULE ET FILS ★

20 000 | 8 à 11 €

Cette exploitation, située à la limite de la Charente-Maritime et de la Gironde, a été créée par la famille Boule en 1975. Vincent a repris le flambeau transmis en 2003 par son père Philippe. Le vignoble de 48 ha est réparti entre appellations du Cognaçais et du Blayais.

Dans le verre, les arômes de cassis, de groseille, de framboise et de cerise s'élèvent sans tarder pour offrir un aperçu du profil gourmand de ce vin. Suave et fine, bien structurée, la matière laisse toute la place à l'expression du fruit avec quelques nuances

POITOU-CHARENTES

de chocolat en finale. 2022-2025 ■ ★ **(8 à 11 €; 20000 b.)** Fleurs, fruits mûrs et épices (cannelle) se font écho dans ce pineau rond et souple, doté d'un léger rancio en finale. 2022-2025

GAEC BOULE ET FILS, 3, la Verrerie, 17150 Boisredon, tél. 06 89 90 36 56, vignobles.boule@orange.fr
r.-v.

CHAINIER ★

■ | n.c. | | 11 à 15 €

Cette propriété familiale située au cœur de la région de Cognac étend son vignoble de 39 ha dans les crus de la Petite et de la Grande Champagne. Dominique Chainier y produit des cognacs et des pineaux.

Couleur abricot, c'est un pineau équilibré et rond qui se révèle dans le verre. Il décline sur la longueur sa palette de fruits confits, de miel et d'épices. 2022-2023

SAS DOMINIQUE CHAINIER ET FILS, 15, La Barde-Fagnouse, 17520 Arthénac, tél. 05 46 49 12 85, info@cognacchainier.com
r.-v.

DOM. DU CHÊNE ★★

■ | 25000 | | 11 à 15 €

Si ce domaine situé au cœur de la Saintonge romane a été créé en 1865, la production de pineau-des-charentes ne s'est réellement développée qu'à partir de 1947. Jean Doussoux et Jean-Marie Baillif y conduisent 80 ha de vignes implantées sur sol argilo-calcaire, près de la cité de Pons.

Attention, joli potentiel... La teinte or lumineuse est attrayante, de même que les arômes de mirabelle, de miel, de vanille et ce léger toasté. Le palais confirme ces premières impressions : l'équilibre est réel, sur la fraîcheur, et la même gamme aromatique s'y complaît jusqu'en finale. 2022-2025

SCEA DOUSSOUX-BAILLIF, 20, rue des Chênes, 17800 Saint-Palais-de-Phiolin, tél. 05 46 70 90 53, baillif.jm@wanadoo.fr r.-v.

DOM. DES CLAIRES Galion d'Or ★

■ | 4130 | | 11 à 15 €

Domaine viticole depuis 6 générations, d'abord orienté vers la production de cognac (le seul bouilleur de cru de la presqu'île d'Arvert). Toutefois, l'activité ostréicole et l'affinage des huîtres en claires prédominaient jusque dans les années 1970. Jonathan Guillon, son diplôme d'œnologue en poche, s'est installé en 2010 et a diversifié l'encépagement. Les mises en bouteilles à la propriété de vins de pays, de cognac et de pineau ont alors débuté. Le vignoble compte environ 18 ha.

Entre les arômes de miel et de gâteaux pralinés, ce pineau affiche décidément un profil gourmand et charmeur. Il est souple, rond, et trouve en finale un petit côté acidulé qui lui donne du relief. 2022-2025

EARL DOM. DES CLAIRES, 2, rue des Tonnelles, 17530 Arvert, tél. 05 46 47 31 87, contact@domainedesclaires.fr
t.l.j. sf dim. 9h30-12h30 14h30-19h

♥ DOM. CONTE ET FILLES
Vieux 2005 ★★

■ | 1700 | | 20 à 30 €

Blandine et Anne-Laure Conte, deux sœurs, conduisent depuis 2011 ce domaine de 25 ha, dont les origines remontent à 1890. Elles produisent du cognac et du pineau-des-charentes.

Un 2005 jaune intense, dont le nez fin évoque le rancio (noix). Après une attaque franche, il prend des accents d'orange, de miel et de grillé persistants et laisse une sensation de délicate douceur. 2022-2026

DOM. CONTE & FILLES, 7, chem. de chez Grimaud, 16480 Chillac, tél. 06 62 38 37 06, contact@contefilles.com
t.l.j. sf dim. 9h-19h

DROUET Cuvée Mathilde 2018 ★

■ | 2000 | | 20 à 30 €

Les arrière-grands-parents étaient domestiques sur ce domaine fondé en 1848; les grands-parents achetèrent l'exploitation, et le père installa l'alambic. Les Drouet, livreurs de vins, devinrent ainsi bouilleurs de cru en Grande Champagne. Patrick s'est établi en 1993 et a développé la vente en direct. Il conduit aujourd'hui, avec son épouse Corinne, un vignoble de 43 ha. Un circuit de visite a été inauguré à l'été 2021.

Cette cuvée a du corps et de la vinosité. Le boisé est certes bien perceptible dans la palette, mais le fruit y trouve toute sa place également. 2022-2025

SARL DROUET ET FILS, 1, rte du Maine-Neuf, 16130 Salles-d'Angles, tél. 05 45 83 63 13, contact@cognac-drouet.fr t.l.j. 9h-12h15 14h-17h30; sam. dim. sur r.-v.

CHRISTOPHE DUBOIS 2018 ★★

■ | 2000 | | 8 à 11 €

Un vignoble de 26 ha en Petite Champagne conduit depuis 2012 par Christophe Dubois.

Gourmandise et élégance caractérisent bien ce 2018 aux arômes dominants de cassis. D'attaque suave, il laisse une agréable sensation fruitée et épicée au palais. 2022-2025

EARL CHRISTOPHE DUBOIS, Le Brandard, 15, rue des petits prés, 17800 Coulonges, tél. 06 87 20 33 01, earlduboischristophe@orange.fr
t.l.j. sf dim. 8h-20h. f. 15/08.

DOM. FRADON ★★

■ | 8000 | | 11 à 15 €

Ici, on commercialise le pineau en bouteilles depuis 1933. Damien Fradon a pris la suite de son père Michel en 2008 à la tête de ce domaine de 37 ha situé en Petite Champagne, près de Jonzac. La tradition est de ne proposer à la vente que de vieux pineaux (5 ans minimum d'élevage sous bois) et de très vieilles qualités de cognac.

Quelques reflets orangés brillent dans le verre, puis ce sont les notes de fruits confits et de raisin mûr qui attirent l'attention. Le palais est de la même veine, avec une pointe chaleureuse en finale. ⧗ 2022-2025

SCEA FRADON, 8, Le Château, 17500 Réaux-sur-Trèfle, tél. 05 46 48 46 02, contact@domaine-fradon.com V t.l.j. 8h-20h

DOM. DE FRAICHEFONT 2015 ★★

	2000		15 à 20 €

Vendange manuelle à maturité, extraction lente des jus, élevage à 50 % en fûts neufs, vieillissement durant 3 à 5 ans, telles sont les méthodes d'élaboration respectueuses du raisin employées par Lionel Ducom, installé en 1990 sur ce petit domaine familial (2 ha) qui avait créé son activité 10 ans plus tôt.

Un pineau non filtré et non collé qui se distingue dans sa robe caramel blond. Après un nez très fruité (abricot frais, fruits exotiques, coco, ananas confit) mêlé de vanille et de notes beurrées, il emplit le palais durablement et laisse une impression générale d'équilibre et de juste fraîcheur. Belle construction. ⧗ 2022-2025

LIONEL DUCOM, 19, rue du Labeur, Fraichefont, 16170 Val-d'Auge, tél. 06 80 00 87 84, dl.ducom@wanadoo.fr V *r.-v.*

DOM. GARDRAT Réserve ★★

	2500	11 à 15 €

Dans la famille Gardrat depuis 5 générations, ce domaine s'est tourné vers les vins de pays charentais à partir de 1986. Lionel Gardrat, qui en a pris les commandes en 2007, exploite un vignoble de 45 ha en bio.

Les dégustateurs nous avertissent : ce pineau est destiné aux amateurs de vins boisés. Certes, mais il est indéniablement bien fait. Les notes de miel, de vanille et d'épices intenses charment les sens et l'équilibre des saveurs est concluant. ⧗ 2022-2025

SARL GARDRAT, 13, rue la Touche, 17120 Cozes, tél. 06 22 47 10 42, lionelgardrat@hotmail.com V *t.l.j. sf dim. 9h-12h 14h-19h*

DOM. DU GRAND LOPIN Le Grand Lopin ★★

	5000		8 à 11 €

Ce domaine de 30 ha (certifié Haute valeur environnementale) est conduit depuis 1981 par la famille Gaillou. Il produit non seulement du cognac et du pineau-des-charentes, mais aussi d'autres vins et des jus de raisin.

Entre de légères notes de framboise et de vanille, ce pineau séduit par sa rondeur avenante et ses saveurs bien mariées. ⧗ 2022-2025

DOM. DU GRAND LOPIN, 20, imp. du village, Hameau Guetteport, 17470 Saint-Mande-sur-Brédoire, tél. 05 46 33 19 57, cognacgrandlopin@gmail.com V *t.l.j. sf mer. sam. dim. 9h-12h 14h-18h*

VIGNOBLE GRATEAUD ★

	10200		11 à 15 €

Un vignoble de 46 ha en Borderies conduit depuis 1976 par la famille Grateaud. Ici sont produits des cognacs, des pineau-des-charentes, ainsi que des liqueurs.

S'il est léger, le nez ne manque pas de charme grâce aux notes de fruits frais comme le cassis et la cerise. L'attaque est ronde, la bouche équilibrée et fruitée. Quelques aspérités en finale témoignent de la jeunesse de ce pineau. Laissons le temps au temps. ⧗ 2022-2025

JEAN-PIERRE GRATEAUD, Le Maine-Garnier, 17610 Chérac, tél. 06 07 13 28 58, infos@cognac-grateaud.com V *t.l.j. 9h-12h30 14h-19h*

GUÉRINAUD ★★

	4000		8 à 11 €

L'histoire vigneronne de la famille débute en 1914 avec l'arrière-grand-père. Emmanuel Guérinaud s'installe en 1998 sur le domaine, situé près de Pons, et se lance aussitôt dans la mise en bouteilles et la vente en direct. Ses vignes couvrent 27 ha.

Une légère évolution est perceptible tant dans la robe rouge orangé que dans les arômes de fruits mûrs. Au palais, le gras et la nuance de rancio le confirment. ⧗ 2022-2025 **Guerinaud ★ (8 à 11 €; 4000 b.)** Les fruits frais apportent beaucoup d'allant à ce pineau équilibré et rond, encore jeune. ⧗ 2022-2025

GUÉRINAUD, 3, L'Opitage, 17800 Mazerolles, tél. 05 46 94 01 56, emmanuel.guerinaud@orange.fr V *r.-v.* E

GUÉRIN FRÈRES ★★

	40000		8 à 11 €

Au sortir de la Seconde Guerre mondiale, Robert Guérin, viticulteur à Chenac-sur-Gironde, s'oriente vers la production de pineau-des-charentes. Ses enfants développent l'activité familiale pour fonder en 1967 la société Puy Gaudin. À partir des années 1980, les produits de Puy Gaudin sont commercialisés en grande distribution sous la marque «Guérin Frères». Ce sont aujourd'hui les petits et arrière-petits-enfants qui conduisent la maison.

D'un rouge profond, ce pineau offre un nez puissant de fruits rouges vanillés. Il se révèle ample et gourmand au palais, avec quelques nuances de bourgeon de cassis bien fraîches. ⧗ 2022-2025

SAS PUY GAUDIN, rte de Pons, 17260 Gémozac, tél. 05 46 90 79 81, boutique@puygaudin.com V *t.l.j. sf sam. dim. 9h-12h 14h-18h*

VIGNOBLES JULLIARD ★★

	1500		11 à 15 €

Un vignoble qui se transmet dans la même famille depuis 1830. Aujourd'hui un domaine de 38 ha, conduit depuis 2011 par Maxime Julliard.

Couleur corail, fruité frais et noix de coco, vanille et cannelle : il souffle un vent d'exotisme dans ce pineau très doux et de belle longueur. Surprenant et agréable. ⧗ 2022-2025

EARL VIGNOBLES JULLIARD, 2, chem. de la Pouyade, 17800 Pérignac, tél. 06 80 67 05 54, vignoblesjulliard@wanadoo.fr V *r.-v.* A

POITOU-CHARENTES

RÉMI LANDIER
Vieux Rosé 10 ans ★★

n.c.		15 à 20 €

Les frères Alain et Jean-Yves Landier ont créé la marque Rémi Landier en 1973. Aujourd'hui, ce sont Jean-Yves Landier et sa fille Géraldine qui sont aux commandes.

À quoi ressemble un vieux rosé? Une belle illustration nous est offerte par ce pineau ambré, aux parfums de fruits confits, de fruits cuits, de noisette grillée et de rancio. D'attaque souple, le palais préserve le caractère rancio durablement et laisse une sensation de douceur équilibrée. Pour un fromage bleu ou un dessert au chocolat intense. ⧗ 2022-2025 ■ **Cuvée d'exception ★★ (30 à 50 €; 820 b.)** Une cuvée or foncé, de forte intensité aromatique (rancio, noix, vanille). Souplesse, rondeur et persistance sur un caractère acidulé : tout est en place. ⧗ 2022-2028

SARL RÉMI LANDIER, 133, rue de Chateauneuf, 16170 Rouillac, tél. 05 45 61 77 65, contact@cognacremilandier.com

DOM. MONTANSIER ★

1700		11 à 15 €

Entre IGP charentais, pineau-des-charentes et cognac, la famille Jobit est dévouée à ces coteaux qui bordent la Charente depuis 1996. En 2019, le vignoble de 36 ha a été labellisé Haute valeur environnementale.

Il a la couleur des coquelicots et le parfum du raisin frais relevé d'épices. Et de dévoiler au palais une agréable fraîcheur en équilibre avec la sucrosité. Bien fait. ⧗ 2022-2024

FRANÇOIS JOBIT, 13, rue de la Fontaine, LD Chebrat, 16120 Graves-Saint-Amant, tél. 09 53 36 42 93, fjobit@yahoo.fr r.-v.

♥ DOM. DE MONTIZEAU Thierry Jullion ★★

10 000		8 à 11 €

Thierry Jullion, représentant la cinquième génération, exploite depuis 1981 un beau vignoble familial de 25 ha. Régulièrement remarqué dans le Guide pour son pineau et ses IGP Charentais, il produit aussi du cognac.

Légèrement orangé, voici un pineau-des-charentes entièrement voué aux fruits rouges : framboise et cassis. Velouté dès l'attaque, il trouve immédiatement un parfait équilibre entre le fruité, le sucre et l'alcool. Ainsi persiste-t-il sans aucune agressivité au palais. ⧗ 2022-2026 ■ **Thierry Jullion ★ (8 à 11 €; 10 000 b.)** Un vin fruité aux accents boisés et miellés, à la fois rond et frais. ⧗ 2022-2028

EARL DOM. DE MONTIZEAU, 1, Montizeau, 17520 Saint-Maigrin, tél. 06 83 54 27 73, jullion@orange.fr t.l.j. sf dim. 10h-12h15 14h30-19h

DOM. DE L'OISELLERIE ★

6000		8 à 11 €

Situé à la périphérie d'Angoulême, le château de l'Oisellerie (édifié à la fin du XVes.) était autrefois réputé pour son élevage de faucons et aussi pour son cognac. Racheté au XXes. par le Conseil général, il a été reconverti en lycée viticole. Les vignes couvrent 34 ha.

Un pineau tout doré, aux notes subtiles de poire et de prune. Rond et typé par un léger rancio, il bénéficie d'une juste fraîcheur. ⧗ 2022-2025

LYCÉE VITICOLE DE L' OISELLERIE, Ch. de l'Oisellerie, Service Exploitation, 16400 La Couronne, tél. 05 45 67 36 90, expl.angouleme@educagri.fr t.l.j. sf sam. dim. lun. 9h-12h 13h30-18h

ANDRÉ PETIT 2017 ★

12 000		11 à 15 €

Un domaine de 18 ha établi sur un coteau calcaire, à Berneuil, dans la «petite Toscane charentaise», repris en 1986 par l'œnologue Jacques Petit, qui l'a ouvert à la vente directe.

Le rancio apparaît distinctement dans la palette de ce pineau également parfumé de pruneau, de miel et de fruits secs. La bouche ronde et souple joue la légèreté. ⧗ 2022-2025

ANDRÉ PETIT ET FILS, Au Bourg, 16480 Berneuil, tél. 05 45 78 55 44, andrepetit3@wanadoo.fr r.-v.

LE PETIT COUSINAUD ★★

2500		8 à 11 €

Un domaine de 31 ha repris en 2012 par Geoffrey Valentin, étranger au milieu viticole mais formé pendant un an par le futur retraité. Le jeune vigneron propose du cognac, du pineau-des-charentes et des vins de pays charentais.

Fruits mûrs, pruneau, cassis et cerise confite, nuances boisées bien intégrées : beau programme aromatique; celui-ci se prolonge au palais et met en valeur la rondeur bien équilibrée de la matière. ⧗ 2022-2024

GEOFFREY VALENTIN, Le Petit-Cousinaud, 16480 Guizengeard, tél. 06 72 64 65 96, geoffrey.valentin@orange.fr r.-v.

LES RAISINS DE L'ABBAYE ★

3000		8 à 11 €

Cet ancien domaine ecclésiastique, devenu une ferme charentaise avec cour fermée et porche typiques, étend son vignoble de 33 ha près de Saint-Jean-d'Angély, sur des terres de groies peu profondes et séchantes. La vente directe de pineau et de cognac a débuté en 1999 avec Thierry et Olivier Madé, installés depuis 1992.

Une bonne impression générale ressort de la dégustation de ce pineau jaune paille brillant. Au nez d'agrumes élégant, nuancé de touches florales miellées répond un bon équilibre gustatif entre sucre, acidité et alcool. ⧗ 2022-2025 ■ **★ (8 à 11 €; 3000 b.)** Tout en légèreté, ce pineau exprime un délicat fruité rouge, puis prend un caractère acidulé discret. Souple et aérien. ⧗ 2022-2028

GAEC DE L' ABBAYE, 17, chem. de l'Abbaye, 17400 Asnières-la-Giraud, raisins.abbaye@gmail.com r.-v.

CH. ROUSSILLE Extra Vieux 2002 ★★

| 2600 | | 20 à 30 € |

Gaston Roussille fonde ce domaine en 1928 puis se lance dans la vente en bouteilles dans les années 1950. Son petit-fils Pascal a pris les rênes en 1976 des 32 ha de vignes. Les bâtiments d'exploitation sont disposés en enfilade, ce qui permet de suivre les étapes de l'élaboration du cognac (pressoir, distillerie et vieillissement).

Vêtu d'une robe cuivrée, ce 2002 affiche des arômes puissants de fruits et de rancio (noix) tout au long de la dégustation. Les saveurs se sont parfaitement mariées, si bien qu'il ne servirait à rien d'attendre davantage pour l'apprécier avec un foie gras ou un gâteau. ⧗ 2022-2025

ROUSSILLE, 21, rue de Libourdeau, 16730 Linars, tél. 05 45 91 05 18, contact@pineau-roussille.com V *t.l.j. 8h-12h 14h-19h*

DOM. THORIN Claude Thorin 1998 ★★

| 1000 | | 30 à 50 € |

Situé au cœur de la Grande Champagne, ce domaine principalement dédié au cognac a développé dans les années 1980 la production de pineau puis de vins de pays en 2000, sous la marque Croix Fadet. Claude Thorin a succédé à son père André en 1988.

Des reflets vieil or séduisent l'œil et il est bien tentant d'aller à la découverte des arômes; notes boisées, fruits exotiques, noix de coco et abricot se livrent volontiers. Au palais, la fraîcheur est au rendez-vous pour équilibrer la matière très concentrée. ⧗ 2022-2025 **Claude Thorin 2012 ★★ (15 à 20 €; 2500 b.)** De l'or, des arômes de fruits confits légèrement vanillés et cette souplesse remarquable qui reste en mémoire après la dégustation : une réussite. ⧗ 2022-2025

SCEA DOM. THORIN, 1, rue de l'ancien puits, Biard, 16130 Segonzac, tél. 05 45 83 33 46, claudethorin@cognac-thorin.com V *r.-v.*

DISTILLERIE DE LA TOUR Pinthiers Or Réserve ★

| 1000 | | 15 à 20 € |

Une maison de négoce nommée en référence aux trois ponts emjambant la Seugne dans la cité de Pons, bourg de Haute Saintonge dominé par un donjon carré. Œnologue de souche vigneronne, fondateur en 1989 de la Distillerie de la Tour, Jean-Michel Naud a créé en 2013 cette structure pour diversifier sa production tournée jusqu'alors vers les spiritueux. Il travaille avec 25 vignerons partenaires.

Miel, sous-bois, puis notes de pâtisserie et de rancio : c'est une palette riche qui s'impose d'un bout à l'autre de la dégustation. La matière ronde et souple trouve un bon équilibre. ⧗ 2022-2025

SAS DISTILLERIE DE LA TOUR, 4, rue des Distilleries, BP 69, 17800 Pons, tél. 05 46 91 31 44, cl.naud@distilleriedelatour.com V *t.l.j. sf sam. dim. 8h30-12h30 14h-18h* E

VIGNOBLE VINCENT Nectar d'Oleron 2017 ★

| 10000 | | 8 à 11 € |

Un domaine de 50 ha planté de huit cépages. Christophe Vincent y produit depuis 2006 du cognac, du pineau-des-charentes, des vins charentais, des liqueurs et des jus de raisin.

Jaune paille brillant, voici un nectar de fruits blancs (pêche), de fruits à coque et de vanille. Le gras et le volume sont appréciables au palais, toujours équilibrés. ⧗ 2022-2025

EARL VINCENT, 73, rte des Chateliers, 17310 Saint-Pierre-d'Oléron, tél. 05 46 47 03 97, infos@vignoble-vincent.com V *t.l.j. sf sam. dim. 10h-12h30 15h-18h*

IGP CHARENTAIS

CLOS DE NANCREVANT 2019 ★★

| 6700 | | 5 à 8 € |

Depuis 1997, Caroline et Matthieu Quéré-Jelineau conduisent ce domaine de 39 ha, planté de neuf cépages. 10 ha sont réservés à la production d'IGP charentais.

Un nez franc de fruits rouges frais introduit la dégustation, puis le vin se révèle souple dès l'attaque et emplit le palais de sa matière ronde et ample. Les tanins sont en passe de se fondre. ⧗ 2022-2023

CAROLINE QUÉRÉ-JELINEAU, 75, chem. de Nancrevant, 17610 Chaniers, tél. 05 46 91 09 34, closdenancrevant@sfr.fr V *r.-v.*

B CH. GARDRAT Colombard 2020 ★★

| 40000 | | - de 5 € |

Dans la famille Gardrat depuis 5 générations, ce domaine s'est tourné vers les vins de pays charentais à partir de 1986. Lionel Gardrat, qui en a pris les commandes en 2007, exploite un vignoble de 45 ha en bio.

Un vin jaune pâle, tout en fruits élégants. L'équilibre se réalise avec une préférence pour la fraîcheur. Les arômes citronnés se mêlent à une touche de noisette et de beurre qui apporte un peu de rondeur en finale. C'est typique du cépage. ⧗ 2021-2022

SARL GARDRAT, 13, rue la Touche, 17120 Cozes, tél. 06 22 47 10 42, lionelgardrat@hotmail.com V *t.l.j. sf dim. 9h-12h 14h-19h*

THIERRY JULLION 2020 ★★

| 12000 | | 5 à 8 € |

Thierry Jullion, représentant la cinquième génération, exploite depuis 1981 un beau vignoble familial de 25 ha. Régulièrement remarqué dans le Guide pour son pineau et ses IGP Charentais, il produit aussi du cognac.

Un rosé pelure d'oignon, au nez de fruits rouges. Il trouve un bon équilibre entre la vivacité et une certaine rondeur. Un repas composé de grillades et d'une salade de fraises à la chantilly lui ira bien. ⧗ 2021-2022

EARL DOM. DE MONTIZEAU, 1, Montizeau, 17520 Saint-Maigrin, tél. 06 83 54 27 73, jullion@orange.fr V *t.l.j. sf dim. 10h-12h15 14h30-19h* 3 C

DOM. DE LA LURE 2020 ★★

| 40000 | | - de 5 € |

Cette exploitation, située à la limite de la Charente-Maritime et de la Gironde, a été créée par la famille

POITOU-CHARENTES

Boule en 1975. Vincent a repris le flambeau transmis en 2003 par son père Philippe. Le vignoble de 48 ha est réparti entre appellations du Cognaçais et du Blayais.

La robe de ce rosé est bien plus soutenue que d'habitude. En revanche, le nez est typique du merlot : les fruits rouges comme la fraise sont immédiatement reconnaissables. Assez rond, le palais bénéficie d'une pointe de vivacité qui soutient bien la finale. ⧗ 2021-2022

GAEC BOULE ET FILS, 3, la Verrerie, 17150 Boisredon, tél. 06 89 90 36 56, vignobles.boule@orange.fr V *r.-v.*

MAINART 538 2019 ★★

■ | 10 000 | | 5 à 8 €

Héritier de 3 générations de vignerons distillateurs, Emmanuel Bouyer est à la tête de chais à Angoulême. Il a racheté en 2009 la Maison des Maines, propriété de 40 ha implantée sur les coteaux argilo-calcaires autour de Segonzac, capitale de la Grande Champagne.

Les dégustateurs ont apprécié la bonne intensité des arômes de fruits rouges, ainsi que la matière pleine de ce vin. Les tanins se manifestent encore, mais ils ne masquent pas le fruit et promettent de se fondre bientôt. ⧗ 2022-2023

SARL CHARLEMAGNE, 15, imp. du Tropic, 16000 Angoulême, tél. 05 45 95 02 77, contact@charlemagne.fr V *r.-v.*

♥ DOM. LE PETIT MARAND
Extra Ordinaire Chardonnay 2020 ★★★

■ | 1300 | | 20 à 30 €

Un domaine familial de 10 ha situé sur un coteau calcaire. 7 ha sont destinés à la production de vin de Cognac. Fabrice Papin en est à la tête depuis 2019.

L'élevage de 12 mois en fût a laissé quelques notes vanillées et grillées dans la palette de fruits en confiture (abricot). Le vin emplit durablement le palais de sa matière bien équilibrée entre fraîcheur et rondeur. Les idées d'accords gourmands ne manquent pas : truite aux amandes, sole, rougets, asperges sauce mousseline. ⧗ 2021-2022 ■ **Extra Ordinaire 2019 ★ (20 à 30 €; 2099 b.)** Des fruits rouges en confiture, quelques notes amyliques et des nuances de torréfaction composent une agréable expression. En bouche, le vin apparaît léger et jeune encore. ⧗ 2022-2023

SAS DOM. PAPIN, 12, le Petit-Marand, 17150 Saint-Bonnet-sur-Gironde, tél. 06 40 20 14 72, fabrice@domaine-papin.com V *r.-v.*

PIC NOIR 2020 ★

■ | 4000 | | 5 à 8 €

Une maison de négoce nommée en référence aux trois ponts emjambant la Seugne dans la cité de Pons, bourg de Haute Saintonge dominé par un donjon carré. Œnologue de souche vigneronne, fondateur en 1989 de la Distillerie de la Tour, Jean-Michel Naud a créé en 2013 cette structure pour diversifier sa production tournée jusqu'alors vers les spiritueux. Il travaille avec 25 vignerons partenaires.

Une subtile touche florale et une note de buis typée viennent s'immiscer dans les arômes d'agrumes de ce vin très frais, légèrement perlant. ⧗ 2021-2022

SAS DISTILLERIE DE LA TOUR, 4, rue des Distilleries, BP 69, 17800 Pons, tél. 05 46 91 31 44, cl.naud@distilleriedelatour.com V *t.l.j. sf sam. dim. 8h30-12h30 14h-18h* E

DOM. PONCEREAU DE HAUT Ophélie 2020 ★★

■ | 35 000 | | - de 5 €

Ce domaine familial a longtemps produit volailles, céréales et vins de chaudière pour le cognac. En 1978, Jean-Claude Benassy signe le premier vin blanc sec, suivi en 1983 des premiers rouges et rosés, et se lance dans la vente directe. Aujourd'hui, le vigneron, qui ne produit que du vin de pays charentais, travaille avec deux de ses trois enfants (Ophélie et Florian) sur 36 ha.

Le sauvignon s'exprime parfaitement dans cette cuvée fruitée et aérienne. Quelques touches de miel et de fleurs apportent un supplément de délicatesse. Franche, la bouche allie tension et rondeur, et laisse les arômes faire ricochet. ⧗ 2022-2023

EARL OPHÉLIE ET FLORIAN BENASSY, 1, Poncereau-de-Haut, 17120 Épargnes, tél. 05 46 90 73 63, contact@vin-benassy.fr V *t.l.j. sf dim. 9h-12h 14h30-19h*

DOM. DE LA PRENELLERIE
Malbec Élevé en fût de chêne 2019 ★★

■ | 2000 | | 11 à 15 €

Conduit par la même famille depuis 5 générations, ce domaine est situé sur les coteaux argilo-calcaires de l'estuaire de la Gironde, à 5 km de Talmont, site touristique emblématique de la Charente-Maritime. Frédéric Billonneau est à sa tête depuis 2004.

Des reflets violacés brillent dans le verre sur un fond rouge profond. Le malbec s'exprime en fruits, nuancés des notes grillées de l'élevage. La matière ample et structurée trouve un bon équilibre et la finale fruitée laisse un souvenir favorable. ⧗ 2022-2023 ■ **Merlot Élevé en fût de chêne 2019 ★ (8 à 11 €; 6000 b.)** B Un merlot élevé 6 mois en fût qui mêle fruits rouges confits, notes florales, épicées et mentholées. Après une attaque franche, les tanins expriment un caractère de jeunesse, mais ils devraient se fondre dans la matière avec le temps. ⧗ 2022-2023

SCEA BILLONNEAU, 1, Dom. la Prenellerie, 17120 Épargnes, tél. 06 08 33 00 80, fbillonneau@yahoo.com V *r.-v.*

CHAI DU ROUISSOIR 2020 ★★

■ | 6000 | | 5 à 8 €

En 2000, Hugues, le fils de Didier Chapon, reprend la propriété familiale alors exclusivement dédiée au cognac. Il diversifie la production avec le pineau et les vins de pays, qu'il commercialise en bouteilles. Il exploite aujourd'hui 30 ha de vignes.

Bonne typicité variétale : le sauvignon parle en notes fruitées et florales. La bouche est fraîche à souhait, d'autant qu'un léger perlant titille les papilles. ⧗ 2021-2022

EARL CHAPON, 1, Roussillon, 17500 Ozillac, tél. 05 46 48 14 76, chaidurouissoir@hotmail.com
t.l.j. sf dim. 14h-19h

VILNEAU 2020 ★★

■	9733		5 à 8 €

Créé en 1974, ce domaine de 36 ha aujourd'hui est conduit par Roland et Elisabeth Vilneau depuis 1996. Ces dernières années, ils ont investi dans l'équipement de la cuverie et dans les bâtiments.

Un rosé soutenu, issu de cabernet-sauvignon, tout en fruits frais. Un léger perlant apporte de la fraîcheur en contrepoint de la rondeur, et les arômes de framboise, de groseille et de cassis y trouvent un faire-valoir. Pour une tarte à la rhubarbe. ⧗ 2021-2022

EARL ROLAND VILNEAU, 4, rue Saint-Vincent, Le Breuil, 16140 Verdille, tél. 06 70 70 03 88, roland.vilneau@orange.fr
r.-v.

POITOU-CHARENTES

PROVENCE

LA PROVENCE

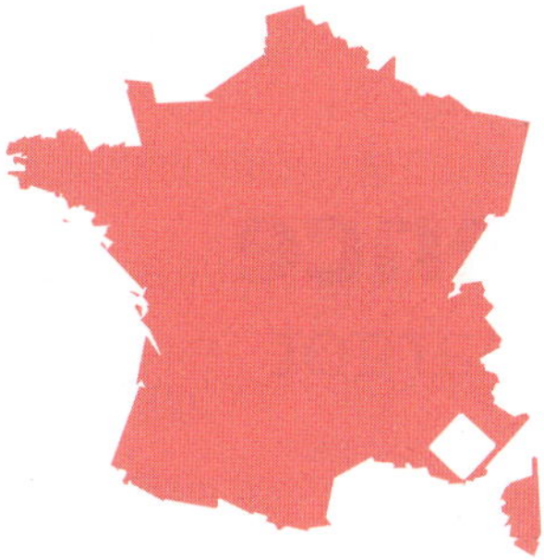

La Provence, un pays des vacances, « où il fait toujours soleil » et où les gens, à l'accent chantant, prennent le temps de vivre... Pour les vignerons aussi, c'est un pays de soleil, qui brille 3 000 heures par an. Les pluies y sont rares mais violentes, les vents fougueux et le relief tourmenté. Les Phocéens, débarqués à Marseille vers 600 av. J.-C., ne se sont pas étonnés d'y voir de la vigne, comme chez eux, et ont participé à sa diffusion.

Le vaste vignoble provençal s'étend sur près de 200 km de long, d'est en ouest, de Nice au sud d'Avignon, et sur 60 km de large entre les Alpilles et la Méditerranée. Aux côtés des pins et des oliviers, la vigne occupe des îlots très diversifiés. Si l'on y trouve les trois couleurs, la Provence voit le vin en rosé, consacrant près de 90 % de sa production à cette couleur.

La Provence
selon Margot

Rouge aux Lèvres

Un de mes derniers coups de cœur. Je pensais que la Provence était une terre consacrée au seul rosé d'été... Tout faux ! Lors de mon dernier *trip*, j'ai découvert des grands rouges et même de garde (il y a aussi les fameux crus classés de Provence), des blancs sublimes, élégants et frais comme j'aime, et *of course* des rosés. Oui mais DES rosés et pas du rosé. Car, en réalité, il en existe mille nuances : selon le terroir, l'appellation, la vinification et les cépages, les styles peuvent grandement varier. J'ai découvert, par exemple, de grands rosés de garde, des rosés de caractère, d'une longueur incroyable en bouche. Pour couronner le tout, les vignerons sont très accueillants. Bref, allez-y !

• **Ma reco œnotourisme**
Vous rêvez d'un séjour sur mesure ? Un hébergement insolite et/ou classe chez le vigneron ? Contactez la très dynamique Sonia, créatrice de **Wine & Spirit Lodging** (www.wineandspiritlodging.com/fr/). Testées et validées plus d'une fois, les prestations sont au top.

Le bonheur est dans la vigne

Domaine de l'Anglade Le Rosé d'Anna 2020 (IGP Maures)
J'aime tout de ce domaine, le seul et l'unique de la commune du Lavandou. Vins de haut niveau, grand terroir, vinifications précises... et les prix sont encore tout doux.

Château Calissanne 2020 rosé (coteaux-d'aix-en-provence)
Un site unique comme j'aime, avec la vigne au milieu d'une réserve immense d'arbres et de vestiges romains. Les vins sont fins et précis, à l'image de ce rosé 2020.

Château de Pibarnon 2018 rouge (bandol)
Bandol, une appellation qui me fascine par le niveau remarquable des vins. Pibarnon fait partie de l'élite et c'est bien mérité. Le rouge 2018 est largement à la hauteur de cette réputation.

Le **vigneron** de l'année

Cédric **Gravier**

(Dom. la Suffrène)

Sur les pas de son grand-père, Cédric Gravier a repris les rênes du domaine familial et produit, au cœur du terroir de Bandol, à La Cadière-d'Azur, quelques-uns des vins qui font aujourd'hui la réputation du cru. Il décroche un nouveau coup de cœur avec son bandol rouge Les Lauves 2018, qualifié de « superlatif » par nos dégustateurs.

• D'une génération à l'autre

Cédric Gravier a repris l'exploitation familiale en 1996, à 23 ans. Le domaine doit son nom au lieu-dit La Suffrène, qui aurait été autrefois la résidence d'une compagne du Bailli de Suffren. La reprise par Cédric constitue un virage dans l'histoire du domaine, qui sort alors de la cave coopérative et se voit doté d'un chai flambant neuf, aussi esthétique que fonctionnel. Cédric met tous les atouts de son côté pour tirer le meilleur de son terroir. Pour commencer l'aventure, il peut compter sur son grand-père, Fortuné Piche, l'un des pionniers de l'appellation, qui connaît par cœur chaque parcelle du vignoble. Sur ce beau terroir de Bandol, petit cru historique et prestigieux du vignoble provençal, le domaine couvre une soixantaine d'hectares, répartis en une centaine de parcelles qui représentent toute la diversité géologique de l'appellation. Son cœur battant est le lieu-dit Les Lauves, tenant son nom de pierres plates bien spécifiques, situé sur les hauteurs de La Cadière, avec une vue imprenable sur la Méditerranée. C'est sur ce terroir en restanques d'une trentaine d'hectares que Cédric Gravier sélectionne ses meilleurs ceps de mourvèdre, le grand cépage du bandol, la proximité de la mer et l'altitude conférant fraîcheur et équilibre au vin. Une petite part de carignan (10 %) vient en complément.

• Vignes et oliviers vers le bio

Si le vignoble de la Suffrène est composé pour l'essentiel de vieilles vignes, de jeunes plants en complément assurent le juste équilibre entre richesse et complexité apportées par les pieds les plus anciens, et vigueur et caractère tonique que confèrent les jeunes vignes. Autant de caractéristiques que l'on retrouve dans les vins de la propriété qui ont valu à Cédric Gravier d'obtenir de multiples mentions et un coup de cœur dès le millésime 1997. Plusieurs ont suivi, dans les trois couleurs de l'AOC, mais avec une dominante de rouges, même si sur ces dernières années les rosés ont particulièrement brillé : coups de cœur sur les millésimes 2018, 2016 et 2015 pour ne parler que des plus récents. Comme de nombreux domaines en Provence, la Suffrène propose également de l'huile d'olive, une culture complémentaire de la vigne dès l'Antiquité. Pas moins de mille oliviers de plusieurs variétés produisent une huile de grande finesse, équilibrée entre le fruité vert, au goût un peu amer et végétal, et le fruité noir, plus doux, issu des olives mûres. Un vignoble et une oliveraie que Cédric Gravier, conscient des changements climatiques, a engagé sur la voie de l'agriculture biologique à partir de 2018 (certification prévue pour 2021) et de l'agroforesterie, association d'arbres et de vignes sur une même parcelle.

Le coup de cœur

■ **Bandol Les Lauves 2018**

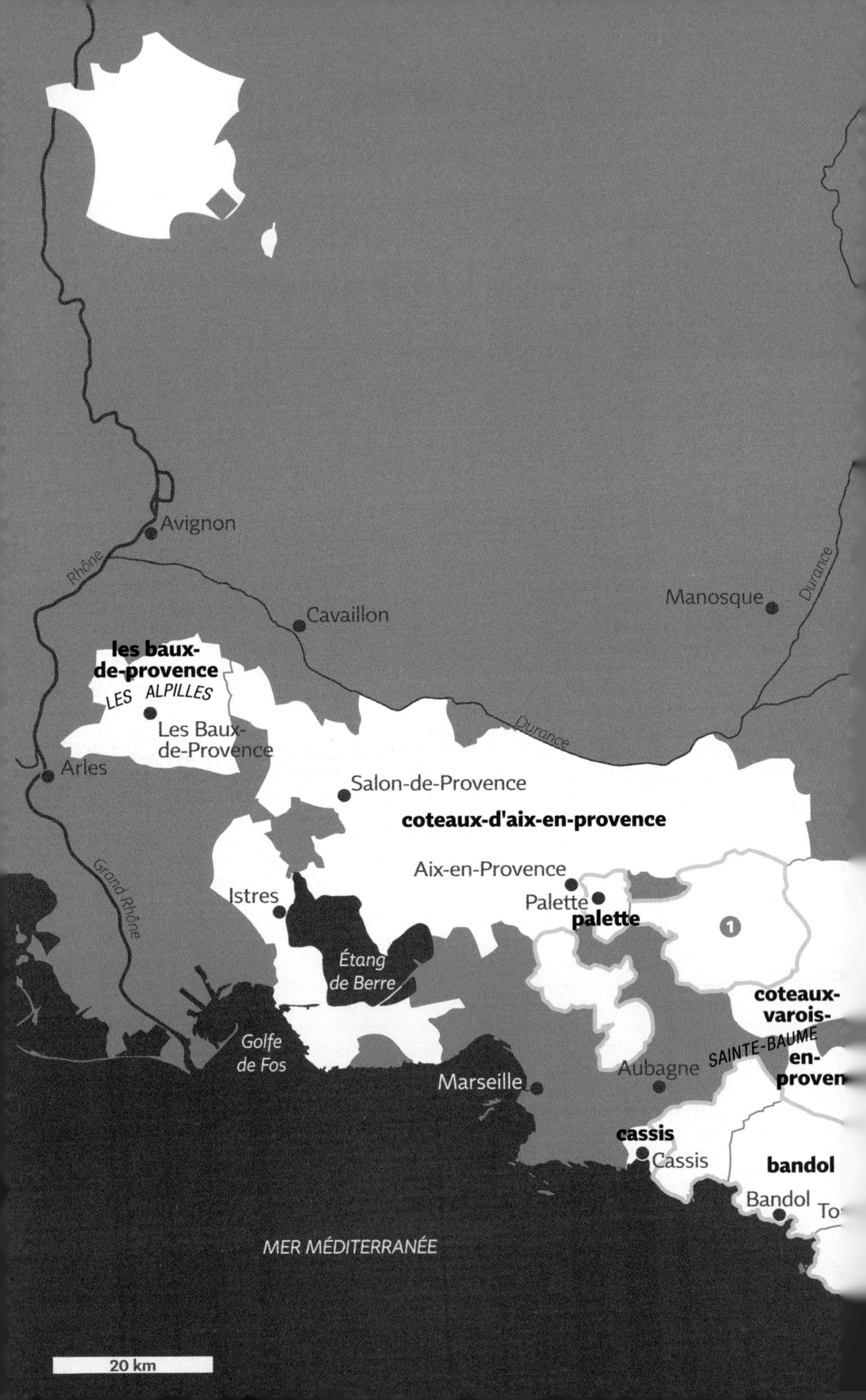
Avignon
Rhône
Cavaillon
Manosque
Durance
les baux-de-provence
LES ALPILLES
Les Baux-de-Provence
Arles
Durance
Salon-de-Provence
coteaux-d'aix-en-provence
Aix-en-Provence
Palette
palette
Istres
Grand Rhône
1
Étang de Berre
coteaux-varois-en-proven
SAINTE-BAUME
Golfe de Fos
Aubagne
Marseille
cassis
Cassis
bandol
Bandol
MER MÉDITERRANÉE
20 km

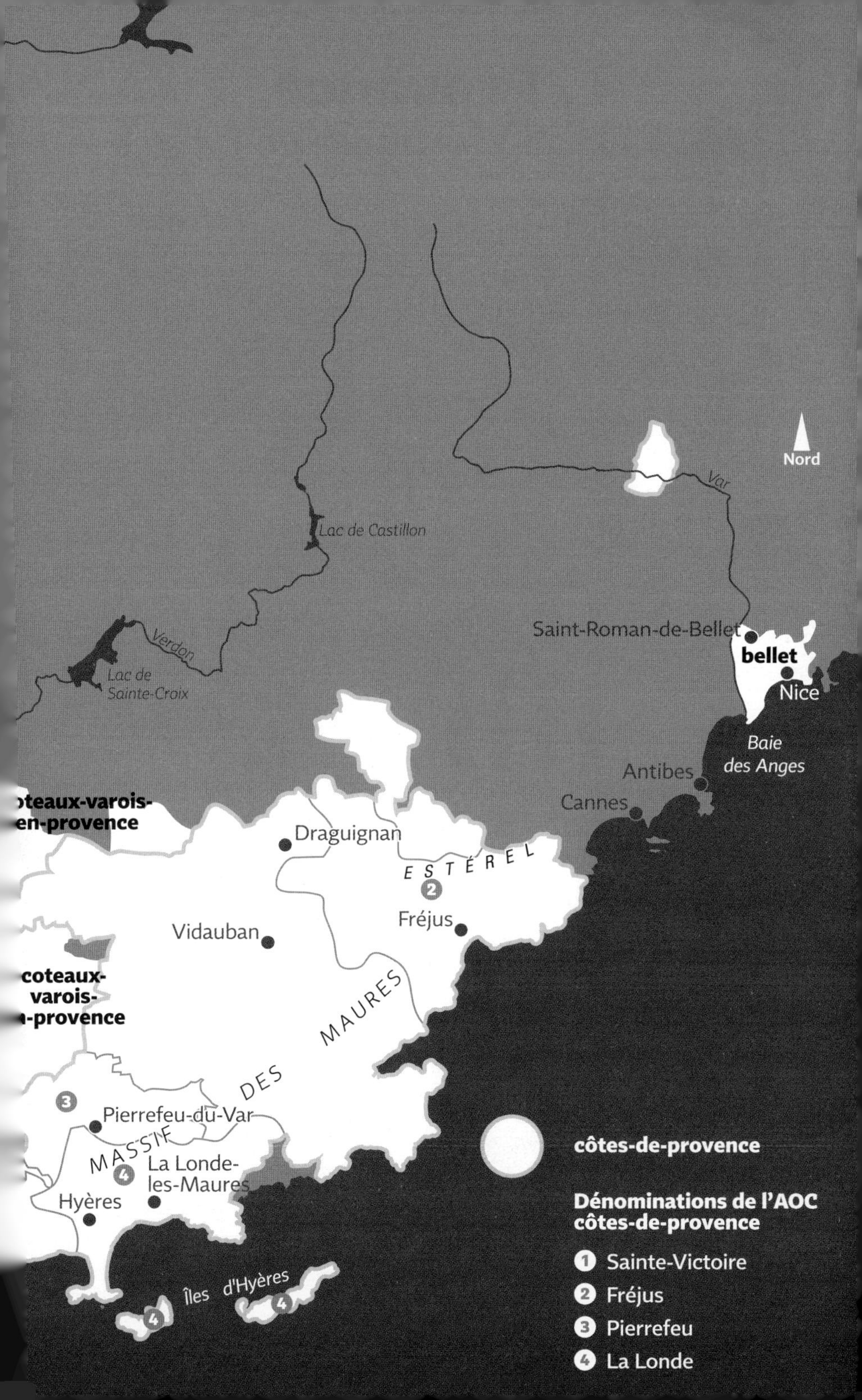

Nord
Var
Lac de Castillon
Verdon
Lac de Sainte-Croix
Saint-Roman-de-Bellet
bellet
Nice
Baie des Anges
Antibes
Cannes
oteaux-varois-
en-provence
Draguignan
ESTÉREL
2
Fréjus
Vidauban
coteaux-
varois-
-provence
MASSIF DES MAURES
3
Pierrefeu-du-Var
4
La Londe-
les-Maures
Hyères
Îles d'Hyères
4
4
côtes-de-provence
Dénominations de l'AOC côtes-de-provence
1 Sainte-Victoire
2 Fréjus
3 Pierrefeu
4 La Londe

La **Provence** en un clin d'œil

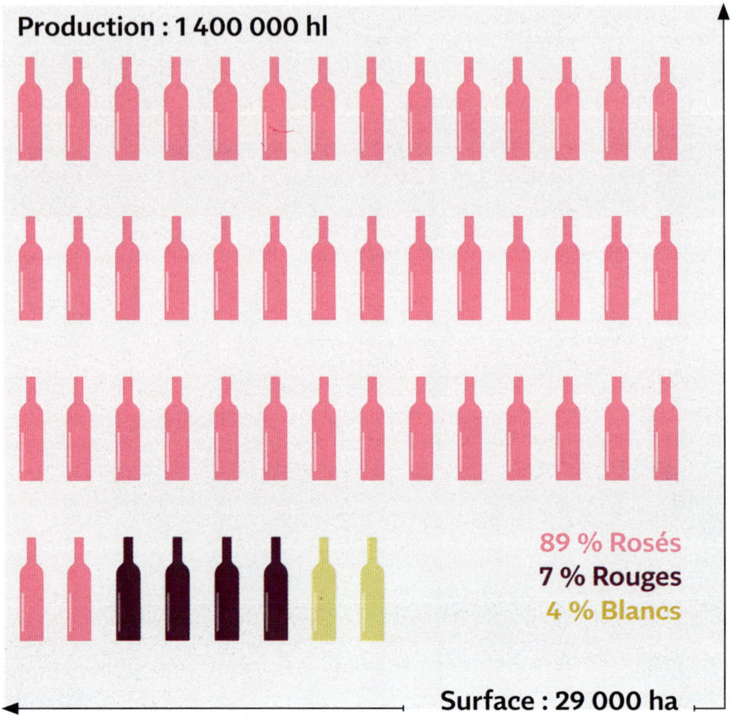

Types de vins

Principaux **cépages**

- Cinsault
- Grenache
- Mourvèdre
- Syrah
- Tibouren
- Carignan
- Cabernet-sauvignon
- Clairette
- Vermentino (rolle)
- Sémillon
- Ugni blanc

Hiérarchie des vins

8 AOC
COMMUNALES

96 %
de la production en côtes-de-provence, coteaux-d'aix-en-provence et coteaux-varois-en provence

Un peu d'**histoire**

- **600 av. J.-C. :** les Phocéens s'installent à Marseille. Les Grecs développent la vigne.
- **125 av. J.-C. :** les Romains font la conquête de la région et fondent Aix-en-Provence. Développement du vignoble et exportation de la production depuis Marseille, Toulon et Fréjus.
- **Moyen Âge :** les nobles et les moines de Saint-Victor de Marseille, de Lérins, de Saint-Pons de Nice, puis les Cisterciens intensifient la viticulture.
- **1236 :** Éléonore de Provence épouse Henri III d'Angleterre. Elle fait connaître les vins de la région.
- **XVe s. :** René d'Anjou, devenu comte de Provence et connu sous le nom de « roi vigneron », introduit le cépage muscat dans son vignoble de Palette. Il favorise le commerce des vins par les ports de Marseille et de Bandol.
- **1850 :** la viticulture est la 1re activité agricole de la région.
- **1880 :** crise phylloxérique. La région se tourne vers la viticulture de masse et des cépages productifs comme l'aramon.
- **1936 :** création de l'AOC cassis.
- **1941 :** création de l'AOC bandol et bellet.
- **1948 :** création de l'AOC palette.
- **Après 1945 :** essor du tourisme et des vins rosés.
- **1977 :** création de l'AOC côtes-de-provence.
- **1985 :** création de l'AOC coteaux-d'aix-en-provence.
- **1993 :** création de l'AOC coteaux-varois-en-provence.
- **1995 :** création de l'AOC les baux-de-provence.

BANDOL

Superficie : 1 690 ha
Production : 56 466 hl (95 % rouge et rosé)

Noble vin produit sur les terrasses brûlées de soleil des villages de Bandol, Le Beausset, La Cadière-d'Azur, Le Castellet, Évenos, Ollioules, Saint-Cyr-sur-Mer et Sanary, à l'ouest de Toulon, le bandol est blanc, rosé ou rouge. Ce dernier est corsé et tannique grâce au mourvèdre, cépage qui le compose pour plus de la moitié. Généreux, il s'accorde avec les venaisons et les viandes rouges. Sa palette aromatique et subtile est faite de poivre, de cannelle, de vanille et de cerise noire. Le bandol rouge supporte fort bien une longue garde.

♥ DOM. DES BAGUIERS 2020 ★★

■ | 16000 | | 11 à 15 €

Transmis de génération en génération, le domaine délaisse la polyculture à la fin des années 1970 pour se consacrer à la vigne. Depuis 2016, c'est Claudine Jourdan qui est à la tête de ce vignoble de 24 ha qui s'étend entre Bandol, Le Castellet et La Cadière-d'Azur. Une valeur sûre.

Un rosé majuscule qui offre un superbe équilibre entre puissance et finesse. Derrière une robe saumonée, le bouquet, intense et varié, mêle les fruits exotiques et les agrumes (pamplemousse, orange) à des nuances florales. La bouche, ample, riche, croquante sur le fruit (fraise, fruits exotiques, agrumes), un brin épicée, affiche une fraîcheur sans faille, renforcée par une touche d'amertume bien sentie et une note iodée en finale. ⧗ 2021-2023

⊶ GAEC JOURDAN (DOM. DES BAGUIERS), 227, rue des Micocouliers, 83330 Le Castellet, tél. 04 94 90 41 87, jourdan@domainedesbaguiers.com V t.l.j. sf dim. 9h-12h 14h30-18h

CH. BARTHÈS 2020 ★★

■ | 70000 | | 15 à 20 €

La famille Barthès est à la tête de deux domaines : le Dom. de Font-Vive et le Ch. Barthès, implantés dans les restanques du Val d'Arenc. Elle signe des vins régulièrement en vue dans le Guide, des rosés notamment.

Derrière sa charmante robe saumonée aux reflets abricot, ce rosé exhale sans réserve des senteurs de pamplemousse, de fruit de la Passion et de fruits rouges (cerise, fraise, groseille). On retrouve ce fruité gourmand agrémenté de fleurs blanches dans un palais ample, gras et persistant, stimulé par une fraîcheur aux nuances d'agrumes. ⧗ 2021-2022 ■ **2020 ★ (20 à 30 €; 15000 b.)** Un nez léger, sur les agrumes, le cassis et le chèvrefeuille sur fond de garrigue. Souple, ample et soyeuse, la bouche, centrée sur les fruits exotiques, s'épanouit dans une finale aux accents citronnés. Friand. ⧗ 2021-2023

⊶ SCI CH. BARTHÈS, chem. du Val-d'Aren, 83330 Le Beausset, tél. 04 94 98 60 06, barthesph2@wanadoo.fr V r.-v.

B LA BASTIDE BLANCHE 2019 ★

■ | 93000 | | 15 à 20 €

Un domaine de référence, créé en 1972 par Baptistin Bronzo et son fils Michel à partir de 10 ha de vignes. Agrandi et entièrement restructuré, le vignoble couvre aujourd'hui 48 ha, aménagés en terrasses au pied du Castellet et cultivés en biodynamie. La famille Bronzo a également pris en fermage les châteaux des Baumelles (10 ha à Saint-Cyr) et du Castillon (8 ha au Castellet).

La robe est très sombre, tirant vers le noir. Le bouquet, sur la réserve, s'ouvre à l'aération sur quelques notes de fruits rouges et noirs et de caramel. Franc en attaque, le palais dévoile ensuite de la rondeur, du gras et une matière fruitée sur une trame de tanins fermes. Un vin encore un peu fougueux, à oublier en cave. ⧗ 2024-2032

⊶ SCEA BRONZO (LA BASTIDE BLANCHE), 367, rte des Oratoires, 83330 Sainte-Anne-du-Castellet, tél. 04 94 32 63 20, contact@bastide-blanche.fr V t.l.j. sf sam. dim. 9h-17h

BASTIDE DE LA CISELETTE
Lou Pigna 2019 ★

■ | 3300 | | 11 à 15 €

Jusqu'alors coopérateur, Robert De Salvo s'est lancé dans l'élaboration de son propre vin en 2010. Installé sur les terres de ses ancêtres, au Brûlat-du-Castellet, il exploite un vignoble de 15 ha sur des terroirs variés, au parcellaire découpé.

Une robe profonde aux reflets violines habille cette cuvée bien équilibrée, au nez plaisant de griotte et de fraise mâtiné d'un trait de noix de cajou. À une attaque fraîche et alerte succède une bouche persistante, fruitée (fruits noirs et rouges) et chaleureuse, structurée par des tanins encore un peu fermes. Un bandol bien typé, qui doit s'assagir. ⧗ 2023-2028

⊶ ROBERT DE SALVO (BASTIDE DE LA CISELETTE), 1205, chem. de l'Enfant-Jésus, 83330 Le Castellet, tél. 04 94 07 98 84, rds.bastideciselette@orange.fr V t.l.j. sf dim. 9h30-12h 14h-18h

B DOMAINES BUNAN
Mas de la Rouvière 2020 ★★

■ | 4200 | | 15 à 20 €

La 3e génération est aujourd'hui aux commandes des Domaines Bunan, créés par Paul et Pierre Bunan en 1962. Un ensemble de plusieurs exploitations réputées en côtes-de-provence et en bandol : le Moulin des Costes, le Ch. et le Mas de la Rouvière, Bélouvé, tous ces vignobles étant conduits en agriculture biologique depuis 2008. Aux commandes des vinifications, Philippe Bunan, ingénieur agronome.

Clairette et ugni blanc à l'origine de ce blanc distingué dans sa robé dorée, ouvert sur la pêche blanche, le citron, l'amande grillée et les fleurs blanches. Légère à l'attaque, la bouche déploie peu à peu de la rondeur, du fruit et de la fraîcheur, avant une finale florale très élégante. ⧗ 2021-2024 ■ **Moulin des Costes 2018 ★★ (20 à 30 €;**

20000 b.) Ⓑ Une robe grenat profond, des arômes de fruits noirs légèrement confiturés, de bergamote et d'épices, une bouche solaire et généreuse sans manquer de fraîcheur, des tanins fins : un bandol qui coche toutes les cases. ⧗ 2023-2028 ■ **Moulin des Costes 2020 ★★ (15 à 20 €; 10000 b.)** Ⓑ Au nez, des senteurs délicates de fruits à chair blanche, d'agrumes et de fleurs blanches. En bouche, de la rondeur, du soyeux, du fruit et une agréable fraîcheur citronnée en finale. Un équilibre des plus assuré. ⧗ 2021-2024 ■ **Ch. la Rouvière 2018 ★ (20 à 30 €; 4000 b.)** Ⓑ Le mourvèdre et une goutte de syrah (5 %) pour ce rouge de caractère, qui laisse s'échapper quelques notes de fruits noirs et d'épices à l'aération. La bouche se montre riche, chaleureuse, ample, dense, dotée de tanins solides. Pour la cave. ⧗ 2024-2030

SCEA DOMAINES BUNAN, 336 bis, chem. de Fontanieu, 83740 La Cadière-d'Azur, tél. 04 94 98 58 98, bunan@bunan.com V *t.l.j. 9h-12h 14h-19h*

♥ CH. CANADEL 2020 ★★

■ | 30000 | | 15 à 20 €

Lors de la construction de la cave en 2013, des fouilles archéologiques ont mis au jour des traces d'activité agricole (moulin à huile, cuves à vin) datant de l'époque romaine qui témoignent de l'antériorité du domaine. Un domaine qui n'a retrouvé son identité qu'en 2007 avec son rachat par Jacques et Caroline de Chateauvieux. Deux ans plus tard, ces derniers ont confié la direction du vignoble (15 ha en restanques) à leur fille Laure Benoist et son mari Vianney, tous deux ingénieurs agronomes. En 2014, la première bouteille du Ch. Canadel voit le jour. La conversion bio est en cours.

Mourvèdre, cinsault et grenache à l'unisson dans cette cuvée d'un beau rose nacré aux nuances saumonées. Le nez complexe et délicat livre des arômes de fruits jaunes, d'agrumes et de jasmin agrémentés de savoureuses notes briochées. Après une attaque franche et acidulée, la bouche révèle une matière douce, soyeuse, gourmande, imprégnée de fruits jaunes épicés et d'une pointe d'amertume dynamisante. La finale à la fois suave et minérale, ciselée par une touche de réglisse, est détonante. Irrésistible. ⧗ 2021-2023 ■ **Altum 2018 ★★ (15 à 20 €; 3000 b.)** Au nez, de subtils arômes de fruits noirs et rouges, de sous-bois et quelques notes poivrées. Fraîche à l'attaque, la bouche se montre ample et veloutée, soutenue par un boisé élégant et des tanins fondus et soyeux. Une belle expression du mourvèdre (95 %) et de jolies perspectives de garde. ⧗ 2023-2030

SCEA CH. CANADEL, 994, chem. du Canadeau, 83330 Le Castellet, tél. 04 94 98 40 10, contact@chateau-canadel.fr V *t.l.j. sf dim. 10h-12h30 15h-19h*

DOM. LOU CAPELAN Séraphin 2019 ★

■ | 2000 | | 20 à 30 €

Créé par Séraphin Silvestri, un petit domaine de 4 ha au lieu-dit Les Capelaniers, repris en 1992 par son fils Maurice. La production est alors en vin de table, mais les terrains sont classés en AOC bandol. Arrachage, replantation et premier bandol rosé élaboré en 1996, puis premier bandol rouge en 2000. Aujourd'hui, le vignoble couvre 55 ha, dont 17 en production de vin de pays et d'AOC bandol blanc, rosé et rouge, sur La Cadière et Le Castellet.

Au nez, ce bandol ne renie pas son élevage (18 mois en fût de chêne) et déploie d'intenses notes toastées, vanillées et réglissées. Souple à l'attaque, la bouche se montre ronde et soyeuse, bâtie sur un boisé fondu et des tanins veloutés. On le laisse reposer un peu en cave. ⧗ 2023-2028

MAURICE SILVESTRI (DOM. LOU CAPELAN), 1480, chem. de Cuges, 83740 La Cadière-d'Azur, tél. 09 50 05 11 00, info@domaineloucapelan.com V *t.l.j. sf lun. dim. 10h-12h 14h-18h*

DOM. DUPUY DE LÔME 2020 ★

■ | 40000 | | 11 à 15 €

Ancienne propriété de Stanislas Dupuy de Lôme, l'inventeur du cuirassé à vapeur, ce domaine (80 ha, dont 15 ha de vignes) conduit en bio certifié (2013) est situé au cœur du site naturel des grès de Sainte-Anne-d'Évenos. Il a été restructuré en 1998 par deux descendants, Benoît Cossé et Geoffroy Perouse, et le chai est sorti de terre en 2006. En 2015, Laurence Minard a succédé à Gérald Damidot à la tête de l'exploitation.

Assemblage classique de mourvèdre, cinsault et grenache, ce rosé couleur chair s'exprime discrètement sur la pêche, les agrumes et la bergamote. la bouche se montre tonique et plus expressive, bien équilibrée entre la douceur des fruits blancs et les touches amères-acides des agrumes. Un rosé tout en légèreté. ⧗ 2021-2022

SAS LES GRÈS (DOM. DUPUY DE LÔME), 624, rte de Toulon, 83330 Sainte-Anne-d'Évenos, tél. 06 08 55 53 51, domainedupuydelome@orange.fr V *t.l.j. sf dim. 9h-12h 14h-18h*

♥ CH. DE FONT VIVE 2020 ★★

■ | 2700 | | 20 à 30 €

La famille Barthès est à la tête de deux domaines : le Dom. de Font-Vive et le Ch. Barthès, implantés dans les restanques du Val d'Arenc. Elle signe des vins régulièrement en vue dans le Guide des rosés notamment.

De la séduction à revendre dans ce blanc cristallin. Le nez, d'abord timide, s'ouvre progressivement sur les agrumes, les fruits blancs et de fines nuances florales. Un fruité (fruits exotiques, citron, pamplemousse) qui anime aussi avec persistance un palais d'un équilibre remarquable, et remarqué, entre rondeur et fraîcheur. Un bandol aromatique, d'une harmonie sans faille. ⧗ 2021-2024 ■ **2020 ★★ (15 à 20 €; 39000 b.)** Des parfums typiques d'agrumes, de fruits rouges et blancs et des nuances florales incitent à poursuivre. La bouche ne déçoit pas : fraîche, intense et friande sur la pêche blanche, un brin amer en finale. Un rosé bien équilibré. ⧗ 2021-2022

EARL CH. DE FONT VIVE, chem. du Val-d'Aren, 83330 Le Beausset, tél. 04 94 98 60 06, barthesph2@wanadoo.fr V r.-v.

DOM. LE GALANTIN 2020 ★

	55000		11 à 15 €

Céline Devictor et son frère Jérôme Pascal ont pris en 2000 la suite de leurs parents Liliane et Achille, qui avaient créé le domaine en 1965 au Plan-du-Castellet face à la montagne du Gros-Cerveau, à quelques encablures de la mer. Le vignoble s'est étendu sur plusieurs parcelles de l'AOC bandol et couvre aujourd'hui 30 ha. L'une des belles références de l'appellation.

Derrière son élégante robe saumonée, cette cuvée déploie un très joli nez floral et fruité (jasmin, citron vert, pamplemousse, pêche). Dans la même lignée aromatique, la bouche se montre bien fruitée, franche, gouleyante, marquée par une fine acidité en finale. ⧗ 2021-2022

EARL DOM. LE GALANTIN, 690, chem. du Galantin, 83330 Le Plan-du-Castellet, tél. 04 94 98 75 94, domaine-le-galantin@wanadoo.fr V *t.l.j. sf lun. sam. dim. 9h-12h 14h-17h*

DOM. DE LA GARENNE Cuvée M 2020 ★★

	13000		15 à 20 €

La Garenne? Un enclos qui servait de terrain de chasse aux ancêtres de l'actuelle propriétaire. Jean de Balincourt a constitué le domaine à partir de 1960 en achetant des parcelles mitoyennes, sur le territoire de la Cadière-d'Azur. Aujourd'hui, sa fille Béatrix exploite un vignoble de 26 ha environné de pinèdes et certifié HVE.

Le mourvèdre (75 %), le grenache et le cinsault à l'unisson dans cette cuvée aux nuances cuivrées, qui livre à l'aération des parfums d'agrumes, de fleurs et d'épices. Une attaque franche précède un développement ample, suave (oranges confites) et bien structuré, aiguisé par une pointe d'acidité en finale. Un rosé bien typé. ⧗ 2021-2023 ■ **2018 ★ (15 à 20 €; 20000 b.)** Mourvèdre, grenache, cinsault et carignan pour ce rouge profond, ouvert sur les fruits noirs et rouges, la réglisse, la violette et un trait de menthe. Des notes de sous-bois s'ajoutent à cette palette dans une bouche chaleureuse, aux tanins solides mais élégants. ⧗ 2024-2030

SCEA DOM. DE LA GARENNE, chem. de Saint-Côme, 83740 La Cadière-d'Azur, tél. 04 94 90 03 01, domaine-garenne@orange.fr V *t.l.j. sf sam. dim. 9h-12h 15h-18h*

CH. JEAN-PIERRE GAUSSEN Longue Garde 2018 ★

	16000		20 à 30 €

Fondateurs du domaine dans les années 1960, Jean-Pierre et Julia Gaussen conduisent toujours l'exploitation, 12 ha de vignes sur sols argilo-calcaires en appellation bandol, avec désormais leur fille Mireille à leurs côtés.

Élevé 20 mois en foudre, ce 2018 dévoile un nez puissant et complexe de fruits mûrs, de cacao, de garrigue et d'épices accompagnés d'une touche fumée. Soutenu par des tanins soyeux, enrobés par la douceur du fruit et un boisé fondu, le palais se montre ample et riche. Des notes de garrigue réapparaissent dans une longue finale. Une bouteille de caractère. ⧗ 2024-2030

JEAN-PIERRE GAUSSEN, 1585, chem. de l'Argile, 83740 La Cadière-d'Azur, tél. 04 94 98 75 54, jp.gaussen@free.fr V *r.-v.*

VIGNOBLES GUEISSARD G 2018 ★

	7000		15 à 20 €

Pauline Giraud et Clément Minne, diplôme de «viti-œno» en poche, après des expériences en Provence et aux antipodes, décident de faire leur propre vin. Vignerons sans terres, ils prennent des parcelles en fermage en 2010 puis en pleine propriété, et constituent ainsi une mosaïque de 17 ha répartis sur plusieurs terroirs, en AOC bandol et côtes-de-provence. En 2020, ils ont adopté une nouvelle identité visuelle pour leur domaine et cuvées.

Après 18 mois passés en fût de chêne, ce bandol dévoile un bouquet gourmand de fruits rouges, de mûre, de rhubarbe et d'épices douces. Une attaque souple introduit une bouche ample et longue, bien équilibrée entre des tanins présents mais élégants, un fruité charnu délicatement épicé et une finale portée par de beaux amers. ⧗ 2024-2030 ■ **Marcel 2020 ★ (20 à 30 €; 3000 b.)** Mourvèdre et cinsault pour ce rosé expressif (fraise écrasée, orange et pivoine), au nez comme en bouche, puissant, vineux et gras, équilibré par une finale bien fraîche. Pour la table. ⧗ 2021-2023

SAS DOM. GUEISSARD, 405, traverse des Grenadières, 83330 Le Beausset, tél. 09 81 49 76 00, pauline@lesvignoblesgueissard.com V *t.l.j. sf dim. lun. 9h-12h 14h-18h; sam. 10h-12h 15h-18h*

B DOM. LAFRAN-VEYROLLES 2017 ★

	15000		20 à 30 €

Valeur sûre de l'appellation, ce domaine de 12 ha (en bio) – propriété d'un certain Melchion Lafran au XVIIes. – est entré dans la famille Férec-Jouve au XIXes. Il est dirigé depuis 1975 par Claude Férec-Jouve, qui a délaissé une carrière dans les ressources humaines pour reprendre le flambeau au décès de son père Louis, l'un des pionniers de l'appellation.

Le nez, bien typé, convoque les fruits rouges, les épices (clou de girofle), le sous-bois et un trait de cacao. Une attaque fraîche marquée par la réglisse ouvre sur une bouche ample, finement boisée et épicée, épaulée par des tanins bien intégrés. Une touche saline accompagne la finale, fraîche et alerte. Un classique de l'appellation, au beau potentiel de garde. ⧗ 2024-2030

SAS FEREC-JOUVE (DOM. LAFRAN-VEYROLLES), 2115, chem. de l'Argile, 83740 La Cadière-d'Azur, tél. 04 94 98 72 59, lafran-veyrolles@wanadoo.fr V *t.l.j. 8h-12h 14h-18h*

DOM. LES LUQUETTES 2018 ★

	6000		15 à 20 €

L'exploitation de ce domaine de 12 ha était une histoire d'hommes depuis quatre générations, jusqu'à l'arrivée d'Élisabeth Lafourcade en 1996. Celle-ci passe alors de l'élevage d'ovins en Gironde à la culture de la vigne en Provence, suivant une démarche

bio sans certification, suivant les cycles lunaires. La pérennité du domaine est assurée depuis 2016 par les enfants : Sophie et Ludovic.

Des arômes complexes de fruits noirs et rouges, de cacao, de cuir, de toasté et de sous-bois exhalent du verre. Le prélude gourmand à une bouche onctueuse et ronde en attaque, qui monte en puissance portée par un boisé maîtrisé et des tanins encore fougueux. Une agréable fraîcheur mentholée dynamise la finale. À laisser respirer en cave. ⧗ 2024-2030

SCEA LE LYS (DOM. LES LUQUETTES), 20, chem. des Luquettes, 83740 La Cadière-d'Azur, tél. 04 94 90 02 59, info@les-luquettes.com V t.l.j. sf dim. 9h30-19h

DOM. MAUBERNARD 2020 ★★

	19 060		11 à 15 €

Installé en 1994 sur la propriété familiale après avoir dirigé les domaines viticoles de Paul Ricard, Michel Vidal conduit ce petit domaine créé vers 1830 par son arrière-grand-père Julien Fabre, qui fut capitaine au long cours. Le vignoble, certifié bio, s'étend sur 8 ha aux portes de Saint-Cyr.

Cette cuvée prend la couleur du pomélo. Fruité et délicat, le nez entremêle les arômes d'agrumes, de pêche, de brugnon et de fruits rouges. On retrouve cette corbeille de fruits dans un palais frais en attaque, puis ample, charpenté et long, tendu en finale par une fine amertume. Un rosé de caractère. ⧗ 2021-2023

SCEA DOM. MAUBERNARD, 4949, chem. de Saint-Antoine, 83270 Saint-Cyr-sur-Mer, tél. 04 91 37 03 44, domaine.maubernard@wanadoo.fr V r.-v.

MOULIN DE LA ROQUE Les Baumes 2020 ★★

	80 000		11 à 15 €

En 1950, les caves de Saint-Cyr, Sanary-sur-Mer et La Cadière-d'Azur (bandol), aménagent un espace commun dans un moulin du XVIes. situé dans cette dernière commune. Une cave semi-enterrée aux normes éco-environnementales et un lieu d'accueil construits au Castellet se sont ajoutés en 2012. La coopérative s'est agrandie et compte environ 200 adhérents; le site de la Cadière-d'Azur abrite désormais les vinifications.

Mourvèdre (65 %), grenache, cinsault et syrah à l'unisson dans ce rosé qui s'ouvre doucement mais sûrement sur des notes fruitées, florales et végétales. La bouche se montre aromatique et dense, soutenue sur une belle longueur par une touche d'acidité bienvenue. ⧗ 2021-2023 ■ **Tarente Réserve 2019 ★★ (15 à 20 €; 24 000 b.)** À l'aération, des arômes fruités (cerise, myrtille, cassis) agrémentés d'une trame boisée et épicée. Le palais est rond, soyeux, chaleureux, doté de tanins fins qui affichent un peu plus de fermeté en finale. ⧗ 2023-2028 ■ **Dom. de la Nartette 2019 ★★ (15 à 20 €; 12 000 b.)** Au nez, des senteurs de fruits noirs et rouges confiturés, de sous-bois et d'épices. En bouche, du volume, de la chair et une belle structure de tanins fermes. Pour la cave. ⧗ 2024-2030

SCA MOULIN DE LA ROQUE, 1, rte des Sources, 83330 Le Castellet, tél. 04 94 90 10 39, contact@laroque-bandol.fr V r.-v.

♥ CH. DE LA NOBLESSE 2019 ★★

	7000		15 à 20 €

Ce domaine, fondé dans les années 1930 et resté familial depuis lors, étend ses vignes sur 10 ha d'un seul tenant. Aux commandes, Henri Gaussen, épaulé depuis 1990 par sa fille Agnès Gaussen-Cade, œnologue.

Coup de cœur avec sa cuvée Pignatel 2015 et 2016, le domaine met à nouveau à l'honneur la couleur historique de l'appellation avec ce rouge au caractère bien trempé, né du mourvèdre et d'une goutte de grenache passés 18 mois sous bois. La robe est profonde et dense. Fruits macérés (cerise, prune, cassis), notes boisées et poivrées, trait de menthe : l'olfaction est un enchantement. La bouche n'est pas en reste : généreuse dès l'attaque, ample, séveuse, parfaitement structurée par des tanins fins et par une fraîcheur persistante. La longue finale achève de convaincre. ⧗ 2024-2032

EARL CH. DE LA NOBLESSE, 1685, chem. de l'Argile, 83740 La Cadière-d'Azur, tél. 04 94 98 72 07, chateau.noblesse@gmail.com V t.l.j. sf dim. 10h-12h 14h-18h

DOMAINES OTT Ch. Romassan 2020 ★

	271 200		20 à 30 €

Alsacienne d'origine, la famille Ott, installée en Provence en 1896, a acquis Romassan en 1956 (85 ha au pied du Castellet en appellation bandol) et possède aussi le château de Selle et le Clos Mireille en côtes-de-provence. Deux AOC et un flacon singulier, inspiré de l'amphore romaine. L'ensemble (dans le giron du champenois Roederer depuis 2004) est dirigé par les cousins Christian et Jean-François Ott.

Le grenache (60 %), le mourvèdre et le cinsault composent ce rosé saumon clair, délicatement parfumé d'agrumes et de fleurs blanches. La bouche apparaît franche et fraîche, ciselée en finale par une fine acidité aux tonalités de cédrat. Un rosé aérien et fin. ⧗ 2021-2022

SAS DOMAINES OTT, 601, rte des Mourvèdres, 83330 Le Castellet, tél. 04 94 98 71 91, chateauromassan@domaines-ott.com V t.l.j. sf sam. dim. 9h-12h 14h-18h

DOM. DU PATERNEL Grande Réserve 2018 ★★

	14 000		20 à 30 €

En 1943, Antoine Santini et ses sœurs Catherine et Jeanne deviennent propriétaires de la ferme du Paternel, alors exploitée en polyculture. La première mise en bouteilles date de 1951. Le domaine conduit aujourd'hui par leurs petits-fils Jean-Christophe et Olivier Santini est l'un des plus grands (65 ha) de l'appellation cassis. La famille Santini élabore aussi des bandol et des côtes-de-provence sur un vignoble de Saint-Cyr-sur-Mer.

Quelques gouttes de grenache, de carignan et de syrah associées au mourvèdre pour ce 2018 élevé 18 mois en foudres et barriques. Sous une robe intense et profonde,

PROVENCE

le nez s'exprime généreusement sur les fruits rouges et noirs (cerise, cassis, mûre) et la réglisse. Sur le même registre, la bouche se montre ample et chaleureuse, soutenue par des tanins soyeux et un boisé fondu. Un bel ambassadeur de l'appellation. ⧗ 2023-2028

SCEA DOM. DU PATERNEL, 11, rte Pierre-Imbert, 13260 Cassis, tél. 04 42 01 77 03, contact@domainedupaternel.com t.l.j. 9h30-12h30 14h-18h

♥ CH. DE PIBARNON 2018 ★★

■ | 75000 | | 30 à 50 €

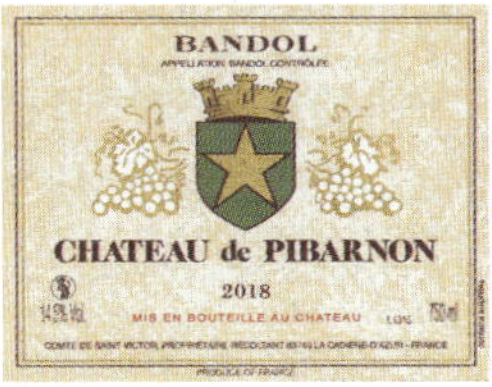

La famille de Saint-Victor (aujourd'hui Éric) prend pied en 1978 sur ces terres bandolaises qu'elle exploite en bio non certifié. Après de nombreux travaux d'agrandissement, la propriété compte aujourd'hui 52 ha de vignes s'étageant en restanques, à 300 m d'altitude, et formant un cirque exposé au sud-est. Une référence incontournable de l'appellation bandol.

Pibarnon nous régale à nouveau avec ce rouge intense, fort en goût et « fort en gueule ». À l'aération, le nez distille des arômes délicats de fruits noirs (mûre, cassis) agrémentés de notes de cuir, de thym et de réglisse. Le palais est un modèle d'équilibre, à la fois frais, ample et soyeux, structuré par un boisé impeccablement fondu et des tanins granuleux bien pris dans la chair. La finale est marquée par un subtil retour de la réglisse. Un magnifique bandol qui résistera au temps. ⧗ 2025-2033

SCEA CH. DE PIBARNON, 410, chem. de la Croix-des-Signaux, 83740 La Cadière-d'Azur, tél. 04 94 90 12 73, contact@pibarnon.fr t.l.j. sf dim. 9h-12h 14h-18h

B DOM. RAY-JANE
Cuvée de la ville de Sanary 2020 ★

■ | 5000 | | 15 à 20 €

Perpétuant une tradition vigneronne qui remonte au XIIIᵉ s., Alain Constant compte parmi les 30 ha de son domaine un tiers de vignes centenaires; un vignoble cultivé en bio (certifié depuis 2009) dans la plus pure tradition, avec labour à la charrue et piochage à la main.

Cette cuvée cristalline s'exprime délicatement à l'olfaction sur les fruits exotiques, les agrumes, le chèvrefeuille et le jasmin. Juteuse et acidulée à l'attaque, la bouche penche ensuite vers la rondeur et la douceur, soulignée par des notes de fruits exotiques, puis s'épanouit dans une finale fraîche et minérale. Un blanc aromatique et délicat. ⧗ 2021-2024

EARL DOM. RAY-JANE, 353, av. du Bosquet, 83330 Le Castellet, tél. 04 94 98 64 08, domainerayjane@gmail.com t.l.j. sf dim. 8h30-12h 14h-19h

B CH. SALETTES 2018 ★

■ | 25000 | | 20 à 30 €

Depuis 1604, 18 générations de vignerons se sont succédé sur ce terroir argilo-calcaire et caillouteux sur lequel est implanté le vignoble : 34 ha d'un seul tenant au pied de La Cadière-d'Azur, conduit en bio. Un domaine entièrement restructuré, à la vigne et au chai, par Jean-Pierre Boyer, aux commandes depuis 1964. Une valeur sûre, d'une grande constance dans la qualité, et ce dans les 3 couleurs de l'appellation.

Ce 2018 d'une belle profondeur de robe associe à l'olfaction les fruits noirs et les agrumes confits à des notes épicées. En bouche, il se révèle ample et suave, bien épaulé par des tanins élégants et mûrs. La finale est stimulée par un trait de menthe poivrée. Un bandol généreux qui ne manque pas de fraîcheur. ⧗ 2023-2028

SARL CH. SALETTES, 913, chem. des Salettes, 83740 La Cadière-d'Azur, tél. 04 94 90 06 06, salettes@salettes.com r.-v.

♥ DOM. LA SUFFRÈNE Les Lauves 2018 ★★

■ | 6000 | | 30 à 50 €

C'est au lieu-dit La Suffrène – qui aurait été autrefois la résidence d'une compagne du Bailli de Suffren – que s'étend une partie des vignes de ce domaine incontournable de l'AOC bandol. Un vignoble familial de 60 ha, morcelé en une centaine de parcelles, dont les raisins étaient portés à la coopérative jusqu'à l'arrivée de Cédric Gravier, qui a pris en 1996 la suite de ses grands-parents. Le domaine est en conversion bio.

Après une magnifique série de coups de cœur en rosé, la Suffrène revient aux fondamentaux de l'appellation avec ce rouge superlatif. Superlatifs qui n'ont d'ailleurs pas manqué à l'heure de la dégustation : «précis», «moderne», «impressionnant»... Derrière une robe d'un rubis intense se dévoile un délicieux bouquet de fruits noirs et rouges bien mûrs (fraise des bois, griotte, mûre), de noisette grillée et de cuir sur une trame légèrement épicée. Souple en attaque, puis ample et soyeuse, structurée par des tanins fins, la bouche déploie une matière onctueuse gorgée de fruits mûrs qui épousent parfaitement le bois. Entre puissance et délicatesse, l'équilibre est parfait. ⧗ 2024-2032 ■ **2020 ★★ (15 à 20 €; 6000 b.)** Mourvèdre, cinsault, grenache et carignan pour ce bandol aux reflets brique, ouvert sans réserve sur la fraise, l'abricot, le zeste d'orange et les fleurs blanches. La bouche est douce, ample, gourmande avec ses saveurs de fruits mûrs et de brioche, la fraîcheur des agrumes venant équilibrer le tout. Un rosé gastronomique dans la pure tradition de l'appellation. ⧗ 2021-2023

EARL GAVIER-PICHE (DOM. LA SUFFRÈNE), 1066, chem. de Cuges, 83740 La Cadière-d'Azur, tél. 04 94 90 09 23, commercial@suffrene.fr t.l.j. sf sam. dim. 9h-12h 14h-18h

B DOM. DE TERREBRUNE 2018 ★

■ | 48000 | | 30 à 50 €

Dans les années 1960, Georges Delille entreprend d'énormes travaux pour mettre en état la propriété qu'il vient d'acquérir. Les argiles très brunes dans lesquelles s'enracinent les 35 ha de vignes (cultivées

en bio depuis les origines) inspirèrent alors le nom du domaine, dirigé par Reynald, le fils du fondateur arrivé en 1980, date des premières mises en bouteilles.

Né de mourvèdre (85 %), de grenache et de cinsault, ce bandol propose un joli nez de fruits noirs et rouges agrémentés de notes toastées et épicées. Les fruits mûrs gorgés d'épices et le boisé s'affirment dans une bouche ample et riche, aux tanins bien intégrés. Une touche saline et un trait de réglisse apportent ce qu'il faut de relief et de fraîcheur en finale. ⧗ 2024-2030

SAS TERREBRUNE, 724, chem. de la Tourelle, 83190 Ollioules, tél. 04 94 74 01 30, domaine@terrebrune.fr V r.-v.

B CH. GUILHEM TOURNIER Cuvée La Lyre 2020 ★

■	3500		15 à 20 €

Guilhem Tournier a créé son vignoble en 2004 : 6,5 ha établis au pied du village médiéval de La Cadière-d'Azur et cultivés en bio. Il a aussi repris la propriété familiale de ses parents, le Dom. Roche Didonne. Au total 12 ha.

Une robe pâle aux reflets argentés, un nez intense et persistant d'agrumes (pomélo, citron) et de fruits jaunes accompagnés de nuances florales et d'un trait épicé : l'approche est séduisante. La bouche ne l'est pas moins : de la rondeur, de la fraîcheur, du fruit, une jolie finale acidulée sur les agrumes, ce rosé ne manque de rien. ⧗ 2021-2022

CH. GUILHEM TOURNIER, Ch. des Paluns, 83740 La Cadière-d'Azur, tél. 06 61 14 11 83, roche.redonna@free.fr V r.-v.

B CH. VAL D'ARENC 2020 ★★

■	2500		15 à 20 €

Propriétaire du Ch. la Lauzade en côtes-de-provence, ainsi que du Ch. Marquis de Terme en margaux, la famille Sénéclauze a acquis ce vignoble en 1990, puis l'a restructuré (25 ha aujourd'hui, en conversion bio) et a construit un nouveau chai de vinification et d'élevage. En 2015, Gérald Damidot, d'origine bourguignonne, arrive à la tête de l'exploitation.

Composée à 95 % de clairette, cette cuvée offre un nez fort plaisant et complexe d'agrumes, de fleurs blanches, de fenouil et d'anis : bienvenue en Provence ! La bouche, dans le même registre, accompagnée d'une belle minéralité, montre de l'amplitude et de la rondeur. C'est plein, c'est frais, c'est harmonieux, *what else* ? ⧗ 2021-2024 ■ **2020 ★★ (11 à 15 €; 65000 b.)** B Robe saumonée, nez gourmand de fruits secs, d'agrumes, de fruit de la Passion et de fleurs blanches, bouche ample, alerte et fraîche, très aromatique (citron, fruits exotiques, fruits rouges, pain d'épices), finale minérale titillée par de beaux amers : on rêve de soleil et de bord de mer. ⧗ 2021-2023 ■ **2018 ★ (20 à 30 €; 30000 b.)** B Fruits rouges et noirs, notes épicées et grillées, le nez séduit. La même palette revient dans un palais ample, soyeux et chaleureux, soutenu par un boisé fondu et des tanins fins. ⧗ 2023-2027

SCA CH. VAL D'ARENC, 997, chem. du Val-d'Arenc, 83330 Le Beausset, tél. 04 94 98 71 89, chateauvaldarenc@orange.fr V t.l.j. sf sam. dim. 8h-12h 13h-16h

CH. LA VIVONNE 2020 ★

■	50000		15 à 20 €

Situé sur les hauteurs du village médiéval du Castellet, entre mer et montagne, au cœur du vignoble bandolais, ce domaine de 23 ha a été racheté à Walter Gilpin par Michel Benhaim en 2010. L'exploitation, certifiée HVE, est en conversion bio.

Issue du mourvèdre (70 %) et du grenache (30%), cette cuvée arbore une robe limpide et brillante zébrée de reflets saumonés. Fin et délicat, le nez s'exprime sur des nuances fruitées (pamplemousse, fraise, framboise), florales et végétales avec une pointe épicée. Fraîche à l'attaque, la bouche apparaît ample, soyeuse, fruitée (fruits noirs), avec une touche acidulée qui apporte du tonus à l'ensemble. Un rosé harmonieux et consensuel. ⧗ 2021-2023

EARL LA VIVONNE, 3345, montée du Château, 83330 Le Castellet, tél. 04 94 98 70 09, domaine@vivonne.com V r.-v.

LES BAUX-DE-PROVENCE

Superficie : 300 ha / Production : 9 212 hl

Perchée sur un éperon rocheux, la citadelle des Baux garde le souvenir des seigneurs orgueilleux qui l'édifièrent à partir du XIes. La blancheur de ses murailles est celle du calcaire des Alpilles, dont elle constitue un avant-poste. Ce massif au relief pittoresque taillé en biseau par l'érosion est le paradis de l'olivier, dont les fruits bénéficient de deux AOC. Le vignoble trouve également dans ce secteur un milieu favorable, sur les dépôts caillouteux caractéristiques de cette région, comme les grèzes litées, éboulis d'origine glaciaire. Elles sont ici peu épaisses et la fraction fine, dont dépend la réserve hydrique du sol, est importante. Ce secteur se distingue par une nuance climatique qui en fait une zone précoce, peu gélive, chaude et plus arrosée (650 mm).

Reconnue en 1995 au sein de la zone des coteaux-d'aix-en-provence, cette AOC est réservée aux vins rouges (80 %) et rosés. Les règles de production y sont plus strictes (rendement plus bas, densité plus élevée, taille plus restrictive, élevage d'au moins douze mois pour les vins rouges, minimum de 50 % de saignée pour les vins rosés); l'encépagement, mieux défini, repose sur le couple grenache-syrah, accompagné quelquefois du mourvèdre.

PROVENCE

MAS SAINTE BERTHE Tradition 2019 ★★

■	33000		8 à 11 €

Ce domaine de 40 ha (dont 4 ha d'oliviers), situé au pied du village des Baux-de-Provence, est une valeur sûre qui produit sous cette AOP du vin et de l'huile d'olive. Il tire son nom d'une chapelle érigée en 1538 sur ses terres. Les David l'ont acquis en 1950, et c'est depuis 2000 leur fille Geneviève Rolland qui est aux commandes, épaulée par Christian Nief à la vigne et au chai. Le domaine a entamé sa conversion bio en 2020.

Grenache noir (45 %), cabernet-sauvignon (28 %) et syrah (27 %) composent ce 2019 élevé 18 mois en fût. Derrière sa robe rouge sombre, il exhale un nez intense de fruits rouges parfumés de thym et d'autres senteurs de la garrigue. Le palais se montre généreux et rond, adossé à des tanins et un boisé parfaitement fondus. Une touche de violette vient agréablement chatouiller la finale. Harmonieux et friand. ⧗ 2021-2026 ■ **Passe-Rose 2020 ★ (8 à 11 €; 46000 b.)** Un rosé pâle né de cinq cépages (grenache, syrah, cinsault, mourvèdre et cabernet-sauvignon), au nez fruité délicatement réhaussé de notes de caramel. En bouche, il montre du volume et du caractère, tout en restant frais sur des nuances florales. ⧗ 2021-2022

GFA MAS SAINTE BERTHE, chem. de Sainte-Berthe, 13520 Les Baux-de-Provence, tél. 04 90 54 39 01, info@mas-sainte-berthe.com V t.l.j. 9h-12h 14h-18h

CH. ROMANIN 2020 ★

■	12000		20 à 30 €

Anciens propriétaires du Ch. Montrose, cru classé de Saint-Estèphe, Anne-Marie et Jean-Louis Charmolüe ont acquis en 2006 ce vaste domaine (250 ha) au passé ancien, situé au cœur du Parc Naturel Régional des Alpilles à Saint-Rémy-de-Provence. Le vignoble couvre 58 ha, conduits en biodynamie depuis 1988, et les vins sont élevés dans une cave monumentale, creusée dans la roche et conçue comme une cathédrale gothique.

Sous sa robe lumineuse et limpide, ce blanc né de rolle, roussane, clairette et grenache blanc s'exprime sans réserve sur les agrumes. On retrouve ce bouquet, complété par la nectarine et la pêche, dans une bouche intense, croquante et fraîche, encore dynamisée par une longue finale minérale. ⧗ 2021-2024

SC CH. ROMANIN, rte de Cavaillon, CS 7000, 13210 Saint-Rémy-de-Provence, tél. 04 90 92 69 54, contact@chateauromanin.fr V t.l.j. sf dim. 10h-13h 15h-18h

DOM. DES TERRES BLANCHES Aurélia 2019 ★

■	21200		20 à 30 €

Ce domaine précurseur en matière de viticulture biologique (« bio-actif » depuis 1970) a été fondé en 1968 par Noël Michelin. Conduit par la famille Parmentier-Jolly entre 2007 et 2012, racheté à cette date par Laurent Hild, industriel alsacien, il a à nouveau changé de mains en 2015, acquis par l'homme d'affaires Christian Latouche. Une constante : la conduite en bio de ce vignoble couvrant aujourd'hui 33 ha, régulièrement en vue pour ses baux-de-provence, dans les 3 couleurs.

Drapé dans une robe d'un rouge profond, ce vin s'exprime sur les arômes empyreumatiques et le sous-bois. On retrouve ce bouquet intense dans une bouche ronde et généreuse, encore marquée par les 12 mois d'élevage en fût de chêne. Encore un peu de patience pour plus de fondu. ⧗ 2022-2027 ■ **2020 ★ (15 à 20 €; 20420 b.)** Clairette, grenache, rolle, roussane et ugni blanc composent cette cuvée jaune pâle au nez franc et plaisant de fruits à chair blanche rehaussés de notes florales (lilas). Après une attaque vive, la bouche se montre ample et souple, caractérisée par un fruité juteux et la fraîcheur des notes de fleurs blanches. ⧗ 2021-2024

SCEA DOM. DES TERRES BLANCHES, RD 99, rte de Cavaillon, 13210 Saint-Rémy-de-Provence, tél. 04 90 95 91 66, contact@lavallongue.com V t.l.j. sf dim. 10h-13h 14h-17h30

BELLET

Superficie : 48 ha
Production : 1 150 hl (65 % rouge et rosé)

De rares privilégiés connaissent ce minuscule vignoble situé sur les hauteurs de Nice, dont la production est presque introuvable ailleurs que localement. Elle est faite de blancs originaux et aromatiques, grâce au rolle, cépage de grande classe, et au chardonnay (qui se plaît à cette latitude quand il est exposé au nord et suffisamment haut); de rosés soyeux et frais; de rouges somptueux, auxquels deux cépages locaux, la fuella et le braquet, donnent une typicité certaine. Ils seront à leur juste place avec la riche cuisine niçoise si originale, la tourte de blettes, le tian de légumes, l'estocaficada, les tripes, sans oublier la socca, la pissaladière ou la poutine.

COLLET DE BOVIS 2019 ★

■	1200		15 à 20 €

Jean Spizzo, enseignant universitaire, s'est passionné pour la culture de la vigne et la vinification dès 1974. Son vignoble de 4,5 ha, converti à l'agriculture biologique, est situé sur les collines de Bellet qui dominent la ville de Nice. Un domaine très régulier en qualité.

Élevé 11 mois en fût de chêne, ce pur rolle dévoile des arômes d'agrumes confits, de fleurs blanches et de miel mêlés de notes beurrées et toastées. Généreuse à l'attaque, la bouche se montre ronde et gourmande, avec un boisé bien fondu et un zeste d'agrumes qui lui confèrent une agréable tension. La finale particulièrement longue et friande est marquée par des notes de noisette, de vanille et de bergamote. Un blanc structuré et riche, équilibré par une vivacité constante. ⧗ 2021-2024

JEAN SPIZZO (COLLET DE BOVIS), Le Fogolar, 370, chem. de Crémat, 06200 Nice, tél. 06 14 76 09 71, jeanetmichele.spizzo@sfr.fr V t.l.j. 8h30-12h30 14h-19h

CH. DE CRÉMAT 2019 ★

■	9200		20 à 30 €

Repris en 2017 par Daniel Derichebourg, le patron du groupe à son nom, ce domaine de 7 ha s'étend sur un terroir de galets roulés caractéristiques de l'appellation bellet. Toute la production est certifiée bio.

Assemblage classique de rolle agrémenté d'une touche de chardonnay (5 %), cette cuvée dévoile un nez expressif et frais de fruits à chair blanche, de fleurs et d'agrumes associés à des notes fumées et épicées. Frais à l'attaque, le palais se montre ample, tendre et soyeux, ouvert sur le fruit mâtiné d'un trait vanillé. La finale est marquée par un joli retour de la vivacité. De l'équilibre à tous les étages. ⧗ 2021-2024

SCEA DOM. DU CH. DE CRÉMAT, 442, chem. de Crémat, 06200 Nice, tél. 04 92 15 12 15, contat@chateaucremat.com V t.l.j. sf dim. 10h-12h 14h-17h30

DOM. DE TOASC 2020 ★

■	5600		11 à 15 €

En 1995, Bernard Nicoletti achète 12 ha de terrains laissés à l'abandon au lieu-dit Toasc, sur les collines

de Nice. Il conserve les oliviers et replante les cépages typiques du bellet : 8 ha de vignes (convertis au bio) plantés en restanques et dominant la vallée du Var.

Issue à 70 % de braquet, cépage emblématique de l'appellation, complété de grenache, cette cuvée aux reflets saumonés s'exprime sur de discrètes notes d'agrumes confits, de cerise, de bourgeon de cassis et de fenouil agrémentées d'un trait épicé. Après une attaque acidulée sur le bonbon anglais et le pomélo, le palais se montre riche et onctueux, centré sur des arômes de fruits à chair blanche et de noisette. La finale, très fraîche, un brin saline et persistante, consacre le retour des agrumes confits. Un rosé harmonieux, aussi friand qu'aérien. ⧗ 2021-2022

SCEA DOM. DE TOASC, 213, chem. de Crémat, 06200 Nice, tél. 04 92 15 14 14, contact@domainedetoasc.com V *r.-v.*

CASSIS

Superficie : 200 ha / Production : 7 687 hl

Un creux de rochers, auquel on n'accède que par des cols relativement hauts de Marseille ou de Toulon, abrite, au pied des plus hautes falaises de France, des calanques et une certaine fontaine qui, selon les Cassidens, rendrait leur ville plus remarquable que Paris… Mais aussi un vignoble que se disputaient déjà au XIe s. les puissantes abbayes, en demandant l'arbitrage du pape, et qui produit aujourd'hui des vins rouges, rosés et surtout blancs. Mistral disait de ces derniers qu'ils sentaient le romarin, la bruyère et le myrte. Capiteux et parfumés, les cassis blancs sont des vins de classe qui s'apprécient particulièrement avec les bouillabaisses, les poissons grillés, les coquillages et les viandes blanches.

B DOM. DU BAGNOL 2020 ★

45000 | 15 à 20 €

Les archives mentionnent la présence de vignes dès 1430 en ce lieu appelé « Lobanhou », au pied du cap Canaille, la plus haute falaise maritime de France. Depuis 1997, Sébastien Genovesi dirige ce domaine de 23 ha en bio certifié, implanté en plein cœur de Cassis, qui fut créé en 1884 par le marquis de Fesques.

Derrière sa robe aux fins reflets dorés, cette cuvée issue de marsanne (45 %), ugni blanc (20 %) et clairette (20 %) s'ouvre progressivement sur des nuances de fruits jaunes (abricot), d'agrumes et d'acacia agrémentées de notes minérales et épicées. Fraîche à l'attaque, la bouche déploie une agréable rondeur et un fruité persistant et juteux (fruits blancs) jusqu'à la finale marquée par une touche d'amertume. Un cassis qui demande à s'ouvrir un peu pour s'exprimer pleinement. ⧗ 2021-2024

SCEA DOM. DU BAGNOL, 12, av. de Provence, 13260 Cassis, tél. 04 42 01 78 05, lebagnol@orange.fr V *t.l.j. sf sam. dim. 9h30-12h 14h-18h30*

ÉMILE BODIN Blanc de blancs 2020 ★

35000 | 11 à 15 €

Émile Bodin, l'un des précurseurs des vins de Cassis, a créé son vignoble au château de Fontblanche en 1890, après la crise phylloxérique. Aujourd'hui, ses héritiers, Nicolas Bontoux et son fils Émile, conduisent les 30 ha de ce domaine commandé par une demeure édifiée au XVIIe s. par le marquis de Villepay. Certification HVE en cours.

Cuvée ancestrale du fondateur du domaine, ce blanc de blancs couleur jaune pâle dévoile un agréable bouquet florale relevé de notes anisées et épicées. Une attaque délicate et fraîche ouvre sur un palais qui évolue sur la rondeur, avec de plaisantes saveurs d'agrumes et de fleurs, avant une finale tonique et citronnée. Un blanc équilibré et dynamique. ⧗ 2021-2024

SCEA BONTOUX BODIN PÈRE ET FILS, Ch. de Fontblanche, rte de Carnoux, 13260 Cassis, tél. 04 42 01 00 11, contact@cassis-bodin.fr V *t.l.j. 9h-12h30 14h30-18h*

♥ B CLOS SAINTE-MAGDELEINE 2020 ★★

40000 | 15 à 20 €

Bientôt un siècle (1921) que la famille Sack exploite ce domaine aujourd'hui conduit en bio. La propriété, située dans le parc national des Calanques, dispose d'un vignoble de 13 ha étagé en restanques, face à la mer sur les flancs du cap Canaille, et commandé par une demeure au style Art déco.

Cet assemblage marsanne-ugni-clairette-bourboulenc dévoile un nez élégant et complexe de fleurs blanches, de pêche de vigne et d'agrumes agrémenté d'une note miellée et poivrée. Vif à l'attaque, le palais s'affirme sur une remarquable longueur, ample et rond, avec une belle aromatique associant les fruits exotiques, la poire et la pêche de vigne parfumés de nuances florales. Typique de l'appellation, ce vin expressif et généreux a tout bon. ⧗ 2021-2024 **Bel-Arme 2019 ★★ (20 à 30 €; 5000 b.) ♥ B** Encore une magnifique cuvée produite par le domaine, cette fois issue à égalité de marsanne, d'ugni et de clairette. Sous sa robe jaune paille, ce blanc distille des senteurs de fruits jaunes confiturés, quelques notes de miel et d'acacia et un trait citronné. La bouche se révèle ample, ronde et particulièrement persistante sur les arômes révélés à l'olfaction. Un très beau blanc fin et gourmand. ⧗ 2021-2024

SAS COMMERCIALISATION SAINTE-MAGDELEINE, av. du Revestel, 13260 Cassis, tél. 04 42 01 70 28, clos.sainte.madeleine@gmail.com V *t.l.j. sf lun. dim. 10h-12h30 14h30-18h*

B DOM. DE LA FERME BLANCHE 2020 ★

30000 | 15 à 20 €

En 1714, le vignoble s'étendait jusqu'aux portes de la cité phocéenne. Démembré à la Révolution, il n'en reste aujourd'hui que 30 ha menés par Jéromine Paret et Philippe Garnier, qui l'ont converti au bio.

PROVENCE

Assemblage complexe de cinq cépages (marsanne, clairette, ugni, sauvignon et bourboulenc), cette cuvée s'ouvre sur de fines nuances de fleurs blanches, de fruits jaunes, de citron et de miel. Ces arômes se prolongent dans une bouche fraîche, acidulée, sans manquer de chair et de rondeur, stimulée par une touche d'amertume en finale. ⧗ 2021-2024 ■ **2020 ★ (15 à 20 €; 33000 b.)** Ⓑ Sous une robe couleur corail, ce rosé dévoile des senteurs discrètes de fruits rouges (framboise, groseille) et de pêche, légèrement épicées. Ample et équilibrée, la bouche séduit par sa fraîcheur acidulée, son fruité enveloppant marqué par la framboise et sa finale un brin amer sur les agrumes. ⧗ 2021-2022

EARL VIGNOBLES IMBERT, RD 559, 13260 Cassis, tél. 04 42 01 00 74, fermeblanche@wanadoo.fr V *t.l.j. sf dim. 9h-12h 14h-18h*

DOM. DES QUATRE VENTS 2020 ★

■	14000		11 à 15 €

Depuis 2016, Camille de Montillet représente la troisième génération à la tête de ce domaine familial de 10 ha en cours de conversion bio, qui produit du cassis depuis la création de l'AOC en 1936.

Composé de cinsault (49 %) et de grenache (46 %) complétés par une touche de mourvèdre, ce rosé scintille de reflets orangés. Un brin fermé, le nez révèle à l'aération des notes de fruits jaunes et de fleurs blanches avec un soupçon citronné et épicé. Intense dès l'attaque, la bouche déploie de la rondeur, une bonne amplitude et des arômes complexes de fruits rouges, d'agrumes et de poire. Un rosé de caractère. ⧗ 2021-2022 ■ **2019 ★ (11 à 15 €; 28000 b.)** Au nez, de délicats parfums de fruits cuits, violette et amande amère, avec quelques notes de pierre à fusil. En bouche, de la rondeur, du volume et un fruité croquant qui apporte de la fraîcheur. Un blanc équilibré. ⧗ 2021-2024

EARL DOM. DES QUATRE VENTS, 7, av. des Albizzi, 13260 Cassis, tél. 04 42 01 88 10, quatrevents-cassis@orange.fr V *t.l.j. sf dim. 9h-11h30 14h-17h*

COTEAUX-D'AIX-EN-PROVENCE

Superficie : 4 720 ha
Production : 211 012 hl (95 % rouge ou rosé)

Sise entre la Durance au nord et la Méditerranée au sud, entre les plaines rhodaniennes à l'ouest et la Provence triasique et cristalline à l'est, l'AOC coteaux-d'aix-en-provence appartient à la partie occidentale de la Provence calcaire. Le relief est façonné par une succession de chaînons, parallèles au rivage marin et couverts de taillis, de garrigue ou de résineux : chaînon de la Nerthe près de l'étang de Berre, chaînon des Costes prolongé par les Alpilles, au nord. Entre ces reliefs s'étendent des bassins sédimentaires d'importance inégale (bassin de l'Arc, de la Touloubre, de la basse Durance) où se localise l'activité viticole. Grenache et cinsault forment encore la base de l'encépagement, avec une prédominance du premier; syrah et cabernet-sauvignon sont en progression et remplacent peu à peu le carignan.

Les vins rosés sont légers, fruités et agréables. Les vins rouges bénéficient d'un contexte pédologique et climatique favorable. Ils atteignent leur plénitude après deux ou trois ans de garde. La production de vins blancs est limitée. La partie nord de l'aire de production est plus favorable à l'élaboration de ces cuvées qui mêlent la rondeur du grenache blanc à la finesse de la clairette, du rolle et du bourboulenc.

Ⓑ DOM. BEAUCHAMP Bouquet de Roses 2020 ★

■	4500		11 à 15 €

En 2014, le vignoble et le matériel du Ch. Pontet-Bagatelle ont été rachetés par Jean-Régis Valour, responsable technique du domaine, associé à Bernard Guillou : c'est l'origine du Dom. Beauchamp, agrandi depuis lors par achat de parcelles et plantations. Aujourd'hui, l'exploitation couvre 10 ha certifiés en agriculture biologique.

Née de grenache et de syrah, cette cuvée d'un joli rose tendre dévoile un nez frais et délicat d'agrumes, de fleur de sureau, de rose et de chèvrefeuille. La bouche se montre ronde et fruitée, agréablement tendue par une fraîcheur acidulée qui confère du tonus à la finale. Un rosé harmonieux et expressif. ⧗ 2021-2022

JEAN-RÉGIS VALOUR, Beauchamp, 13410 Lambesc, tél. 06 16 47 59 86, domainebeauchamp@gmail.com V *r.-v.*

♥ Ⓑ CH. DE BEAUPRÉ Le Château 2019 ★★

■	20000		11 à 15 €

Construite en 1739, cette bastide servait au XIXᵉ s. de relais de chevaux à la famille Double, des armateurs marseillais, avant d'être convertie en domaine viticole en 1890 par le baron Émile Double. Sa descendante, Phanette, œnologue et ingénieur en agriculture, conduit aujourd'hui un vignoble de 43 ha, en bio certifié depuis 2013.

Mi-syrah mi-cabernet-sauvignon, ce 2019 à la fois fin et charnu se présente dans une robe profonde qui annonce un caractère affirmé. Le nez confirme à travers d'intenses arômes de fruits noirs confiturés. Un fruité généreux et mûr que l'on retrouve dans une bouche ample, riche et dense, portée par des tanins enrobés. Un vin de garde assurément. ⧗ 2023-2030 ■ **Le Château 2020 ★ (11 à 15 €; 24000 b.)** Ⓑ Un blanc pâle et limpide, au nez intense de pêche, de poire et de melon. On retrouve ce fruité dans une bouche ronde, ample et croquante, qui reste fraîche de bout en bout. ⧗ 2021-2023

EARL CH. DE BEAUPRÉ, 3525, RD 7N, 13760 Saint-Cannat, tél. 04 42 57 33 59, contact@beaupre.fr V *t.l.j. 10h-19h*

Ⓑ CH. DE CALAVON 2020 ★★

■	8000		11 à 15 €

Propriété des Audibert depuis cinq générations, ce domaine produit du vin depuis l'époque des princes

d'Orange. Son vignoble, certifié bio avec le millésime 2013, s'étend sur 60 ha.

Syrah, grenache et vermentino composent cette cuvée légèrement orangée. Le nez, intense, associe la groseille, le fruit de la Passion, le buis et quelques notes de rose. La bouche est ronde, gourmande et longue, sertie d'une fraîcheur acidulée qui s'impose en finale et confère de l'équilibre à l'ensemble. Un bel ambassadeur de l'appellation. ⧗ 2021-2024

SCEA MICHEL AUDIBERT, 12, av. Badonviller, 13410 Lambesc, tél. 04 42 57 15 37, contact@chateaudecalavon.com V t.l.j. sf dim. 9h-13h 14h-18h

CH. CALISSANNE 2020 ★

■	20000		8 à 11 €

Ancienne place forte celto-ligure, La Calissanne fut propriété de l'ordre de Saint-Jean-de-Jérusalem au Moyen Âge, d'un parlementaire aixois au XVIIᵉs., d'un industriel du savon au XIXᵉs., et enfin, en 2001, de l'homme d'affaires Philippe Kessler, disparu en 2008. C'est aujourd'hui Sophie Kessler-Matière, l'épouse de ce dernier, qui dirige cette vaste propriété de 1 200 ha, dont 60 ha d'oliviers et une centaine de vignes, répartis sur 25 parcelles de coteaux pierreux en pente légère. Un pilier de l'AOC coteaux-d'aix.

Sous sa robe saumonée, cette cuvée qui réunit grenache, cinsault, syrah et mourvèdre dévoile un nez élégant et complexe d'agrumes, d'herbe fraîche et d'épices sur fond de minéralité. Ce profil expressif se prolonge dans un palais rond, velouté, d'une belle longueur, dynamisé par une fine amertume aux accents d'agrumes. ⧗ 2021-2022

SCA LA DURANÇOLE, DP_10, 13680 Lançon-de-Provence, tél. 04 90 42 63 03, commercial@chateau-calissanne.fr V t.l.j. 9h30-19h

Ⓑ CH. LA COSTE Grand Vin Rosé 2020 ★

■	28000		20 à 30 €

Une ancienne bastide aux lignes vénitiennes, un chai de vinification conçu par Jean Nouvel, un centre d'art et d'architecture contemporains, vin et culture font bon ménage sur ce domaine qui couvre 200 ha, dont 125 labellisés bio.

Cette cuvée issue de grenache et de syrah se pare d'une robe délicatement saumonée. Frais et subtil, le nez s'exprime sur des nuances florales et fruitées (fruits rouges, agrumes). À l'unisson, la bouche se montre ronde, riche mais toujours fraîche et d'une longueur appréciable. Un rosé qui ne manque de rien et qui pourra accompagner tout un repas. ⧗ 2021-2022

SCEA CH. LA COSTE, 2750, rte de la Cride, 13610 Le Puy-Sainte-Réparade, tél. 04 42 61 89 98, contact@chateau-la-coste.com V t.l.j. 10h-18h

CH. PETIT-SONNAILLER Cuvée Prestige 2020 ★

■	20000		8 à 11 €

Ancienne commanderie des Templiers située sur la route du sel, ce château et sa tour du XIIᵉs. sont campés sur un plateau calcaire à 300 m d'altitude. Converti à la viticulture en 1930 et conduit par Dominique Brulat depuis 1991, le domaine couvre aujourd'hui 48 ha. Il est certifié HVE depuis 2020.

Assemblage complexe de cinq cépages (grenache noir, syrah, rolle, cabernet-sauvignon et grenache blanc), ce rosé limpide et brillant dévoile un joli nez fruité, floral et minéral. Ronde sans manquer de fraîcheur, la bouche est une savoureuse corbeille de fruits rouges, d'agrumes et de poire. Friand et gouleyant. ⧗ 2021-2022

CH. PETIT SONNAILLER, 1, rte du Sonnailler, 13121 Aurons, tél. 04 90 59 34 47, jc.brulat@club-internet.fr V t.l.j. 8h-19h ⑤

CH. PIGOUDET Classic 2020 ★★

■	80000	11 à 15 €

Propriété depuis 1992 de la famille Schmidt-Rabe, ce château, situé à l'extrême nord-est de l'appellation, à l'emplacement d'une ancienne villa romaine, fut la résidence d'été de l'archevêque d'Aix au XVIᵉs. Le domaine couvre 110 ha, dont 40 ha plantés en vignes, à 400 m d'altitude.

Derrière une robe cristalline, ce Classic s'exprime avec subtilité sur les agrumes, les fruits exotiques et quelques nuances florales. Des saveurs persistantes d'ananas, de mangue et de fruit de la Passion prennent le relai dans un palais très équilibré, à la fois ample, rond, gras sans manquer de fraîcheur. Un rosé généreux et solaire. ⧗ 2021-2022

SC PIGOUDET, 289, chem. de Pigoudet, 83560 Rians, tél. 04 94 80 31 78, pigoudet@pigoudet.com t.l.j. sf sam. dim. 8h30-12h 13h30-17h; ven. 8h30-12h

FAMILLE RAVOIRE Costeval 2020 ★

■	n.c.		5 à 8 €

Établi aux portes du Luberon, ce négoce familial créé en 1987 par Roger Ravoire, fils de vigneron, propose une gamme de vins (marque et domaine) provençaux et rhodaniens.

Issue de grenache, syrah et cinsault, cette cuvée vinifiée principalement par saignée s'habille d'une robe très pâle. Le nez, plutôt délicat et discret, exhale des senteurs fruitées nuancées d'une touche de bonbon anglais. L'équilibre en bouche repose sur une agréable douceur, des arômes persistants et une intense fraîcheur acidulée. Un rosé élégant et primesautier. ⧗ 2021-2022

SAS FAMILLE RAVOIRE, 340, rue du Rémoulaire, 13300 Salon-de-Provence, tél. 04 90 73 01 10, contact@ravoire.com V r.-v.

DOM. SAINTE-PHILOMÈNE Cuvée Valentino 2020 ★

■	11400		5 à 8 €

La famille de la Perrière a racheté ce domaine en 2005, passant ainsi de l'élevage du charolais (30 ans d'expérience) à celui du vin. Geoffroy, le fils, est aujourd'hui aux commandes.

Cette cuvée à dominante de vermentino s'exprime discrètement sur des arômes d'agrumes, de fruits exotiques et de bourgeon de cassis. On retrouve ce bouquet, dominé par le pamplemousse et l'ananas, dans une bouche fraîche et tonique, tendue par une fine acidité en finale. ⧗ 2021-2023 ■ **Cuvée Capucine 2020 ★ (5 à 8 €; 25875 b.)** Grenache, cinsault et syrah pour ce rosé exotique, fruité (framboise) et amylique au nez, intense, frais, juteux et persistant sur le fruit en bouche ⧗ 2021-2022 ■ **Cuvée Philippine 2020 ★ (5 à 8 €;**

PROVENCE

46500 b.) Grenache, syrah, cinsault et cabernet à parts égales dans ce rosé diaphane, aux parfums discrets d'agrumes agrémentés d'une touche minérale et réglissée, léger, frais sans manquer de gras en bouche. ⧗ 2021-2022

DOM. SAINTE-PHILOMÈNE, rte de Cazan, 13330 Pélissanne, tél. 04 90 53 28 61, domainesaintephilomene@yahoo.com
r.-v.

CH. SAINT-HILAIRE Cuvée One 2020 ★★

16000 | 11 à 15 €

La famille Lapierre cultive la vigne depuis le XVIIIᵉs. à Coudoux. Elle vinifie au domaine depuis 1973. La propriété, en conversion bio, compte aujourd'hui 55 ha de vignes et 15 ha environ d'oliviers. En 2016, elle a inauguré une cave flambant neuve.

Ce rosé mi-grenache mi-syrah revêt une robe pâle animée de reflets argentés. Il dévoile un nez intense de fruits blancs, d'agrumes et de buis. Particulièrement longue, la bouche se révèle à la fois fraîche et ronde, conjuguant à merveille les douceurs des fruits exotiques et la fine acidité des agrumes. Un modèle d'équilibre pour une remarquable expression de l'appellation. ⧗ 2021-2022 **Cuvée Prestige 2020 ★ (8 à 11 €; 13000 b.)** Au nez, de délicates nuances de fruits blancs, de framboise et de pamplemousse et une note de bonbon anglais. En bouche, un profil rond et généreux sur le fruit mûr, équilibré par une fraîcheur acidulée. ⧗ 2021-2022

SCEA CH. SAINT-HILAIRE, La Plantade, RD 19, 13111 Coudoux, tél. 04 42 52 10 68, contact@chateau-saint-hilaire.fr t.l.j. sf dim. 9h-12h30 14h30-19h

CH. DU SEUIL 2019 ★

20000 | 8 à 11 €

Dupéré-Barrera est une société de négociant vinificateur éleveur créée en 2000 par Emmanuelle Dupéré et Laurent Barrera. Elle a été rachetée en décembre 2018 par Provence Wine Heritage.

Une dominante de syrah (70 %), du grenache et du cabernet-sauvignon pour ce 2019 qui s'ouvre délicatement sur les fruits confits (cerise, mûre). Une attaque ronde introduit sur un palais riche, gras, expressif (fruits cuits, trait végétal), doté de tanins solides qui demandent à s'affiner. Un vin puissant bâti pour la garde. ⧗ 2024-2030

PROVENCE WINE HERITAGE (DUPÉRÉ-BARRERA) - CH. DU SEUIL, 4690, rte du Seuil, 13540 Puyricard, tél. 04 42 92 15 99, contact@chateauduseuil.fr t.l.j. sf dim. 9h-12h30 14h-19h

DOM. TOUR CAMPANETS Bois des Fées 2020 ★★

16000 | 11 à 15 €

Cette vaste propriété s'étend sur 100 ha d'un seul tenant, dont 25 dédiés à la vigne et aux coteaux-d'aix-en-provence. Un domaine repris par Emmanuelle Baude en 2012, qui a abandonné son métier de notaire pour réaliser son rêve. Elle a procédé à de nombreux investissements à la vigne et au chai, et a notamment lancé la conversion bio, aujourd'hui achevée.

Né de syrah, cabernet-sauvignon et grenache, ce rosé légèrement saumoné dévoile un nez élégant et complexe d'agrumes et de petits fruits rouges sur fond de minéralité. En parfaite harmonie avec l'olfaction, à laquelle il ajoute un agréable trait épicé, le palais se montre souple et rond, équilibré par une fine acidité de bout en bout. ⧗ 2021-2022

DOM. TOUR CAMPANETS, 3243, rte de Rognes, 13610 Le Puy-Sainte-Reparade, tél. 04 42 61 86 91, contact@domaine-tour-campanets.com
t.l.j. sf mer. sam. dim. 9h-16h30

DOM. VAL DE CAIRE Rouge Tradition 2019 ★

9000 | 8 à 11 €

Après avoir travaillé comme salarié dans plusieurs domaines, Guillaume Reynier a pris en fermage ce vignoble implanté dans son village natal à la suite du départ à la retraite du propriétaire, qui était coopérateur. Il a créé la cave en 2003 et converti au bio ses 17 ha de vignes.

Syrah (75 %) et grenache composent ce 2019 plutôt réservé à l'olfaction, qui dévoile de délicats arômes de fruits rouges et de romarin. Tendre à l'attaque, le palais déploie progressivement une matière ample et généreuse, soutenue par des tanins ronds et soyeux. La finale est marquée par un savoureux retour des fruits rouges. Une puissance sous contrôle. ⧗ 2021-2026

DOM. VAL DE CAIRE, rte de Caire-Val, 13840 Rognes, tél. 06 79 71 28 93, valdecaire@gmail.com
t.l.j. sf mer. dim. 16h-19h

♥ DOM. DE VALDITION Vallon des Anges 2019 ★★

10000 | 11 à 15 €

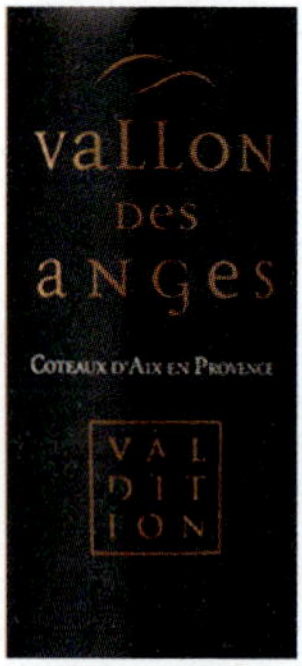

Cet important domaine de 250 ha (dont 90 de vignes et 30 d'oliveraies) est une ancienne propriété de François Iᵉʳ, qui l'offrit en dot à sa fille naturelle Caroline du Prévôt. Commandé par une bastide, le vignoble est en bio certifié depuis 2012.

Ce coteaux-d'aix élevé 18 mois sous bois et en cuve s'habille d'une robe profonde aux élégantes nuances violines. Le nez exhale de généreuses senteurs de fruits noirs confiturés à peine épicés par l'élevage. Le palais se révèle ample, riche, rond, concentré et long, soutenu par un boisé noble et des tanins serrés mais bien enrobés par la chair. Un caractère bien trempé et un joli potentiel de garde. ⧗ 2022-2027 **Vallon des Anges 2020 ★ (11 à 15 €; 15000 b.)** Ce rosé pâle s'exprime à l'olfaction sur les fruits exotiques, l'abricot et les fleurs blanches. Un bouquet complété par les agrumes dans un palais souple et frais. ⧗ 2021-2022 **Vallon des Anges 2020 ★ (11 à 15 €; 7000 b.)** Vermentino, grenache blanc et clairette pour cette cuvée aux senteurs de fruits blancs, d'agrumes et de fleurs. Une touche de minéralité s'ajoute à cette palette dans un palais tout en fraîcheur. ⧗ 2021-2023

SNC DOM. DE VALDITION, 3855, rte d'Eygalières, 13660 Orgon, tél. 04 90 73 08 12, valdition@valdition.com V *t.l.j. 9h30-12h30 14h-18h*

B CH. VIGNELAURE 2020 ★

| 90000 | | 15 à 20 €

Ce château de belle notoriété fut constitué à partir de la fin des années 1960 par Georges Brunet, ancien propriétaire du Ch. la Lagune, cru classé du Médoc. Les vignes, qui s'étendent sur 55 ha au pied de la montagne Sainte-Victoire, font la part belle au cabernet-sauvignon et à la syrah. Propriétaire depuis 2008, Bengt Sundström est aussi amateur et marchand d'art.

Grenache, syrah, cabernet-sauvignon et rolle au menu de cette cuvée rose pâle. Le nez, élégant et complexe, exhale des senteurs de fraise et de fruits exotiques. Une attaque ronde et souple ouvre sur un palais gras et gourmand, aux saveurs de fruits rouges et de fruits exotiques aiguisées par des notes de mandarine. Un rosé friand, bien dans l'air du temps. ⧗ 2021-2022

SAS CH. VIGNELAURE, rte de Jouques, 83560 Rians, tél. 04 94 37 21 10, info@vignelaure.com V *t.l.j. 9h-18h*

COTEAUX-VAROIS-EN-PROVENCE

Superficie : 2 285 ha
Production : 123 900 hl (97 % rouge et rosé)

Reconnue en 1993, l'AOC est produite dans le département du Var sur 28 communes. Ceinturé à l'est et à l'ouest par les côtes-de-provence, le vignoble, discontinu, se niche entre les massifs calcaires boisés, au nord de la Sainte-Baume et autour de Brignoles qui fut la résidence d'été des comtes de Provence. Signalons que le syndicat a son siège dans l'ancienne abbaye de La Celle reconvertie en hôtel-restaurant sous la houlette d'Alain Ducasse.

♥ B BASTIDE DE BLACAILLOUX Miraia 2020 ★★

| 5000 | | 11 à 15 €

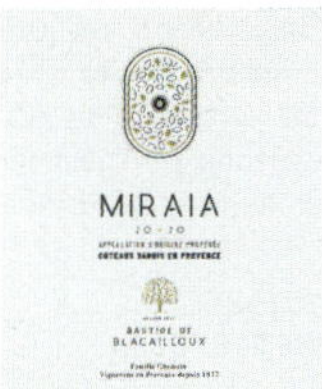

Depuis plus de 4 générations, la famille de Bruno Chamoin cultive les terres de la Bastide de Blacailloux, situées en plein cœur du parc naturel de la Sainte-Baume. Bruno a repris le bastion de la propriété en 1995 et cultive aujourd'hui 40 ha de vignes en agriculture biologique.

Grenache (55 %), syrah (40 %) et rolle (5 %) composent cette superbe cuvée habillée d'une robe rose pâle striée de reflets framboise. Complexe et charmeur, le nez exhale des notes de fruits exotiques (litchi, mangue), de framboise, d'agrumes et de rose. On retrouve cette richesse aromatique dans une bouche fruitée, onctueuse et ronde, parfaitement ciselée par une fine fraîcheur saline. Un rosé intense et d'une élégance évidente. ⧗ 2021-2022

Miraia 2020 ★★ (11 à 15 € ; 3300 b.) B Un pur rolle aux parfums délicats de fruits exotiques et à chair blanche mâtinés de nuances florales et épicées. Le palais se montre frais et fruité en attaque, puis d'une agréable sucrosité renforcée par des notes briochées et un boisé bien fondu. Finale acidulée des plus alertes. ⧗ 2021-2024

Joio 2020 ★ (8 à 11 € ; 8000 b.) B Grenache, syrah et rolle pour ce rosé ouvert sur les fruits blancs, les agrumes et le bonbon anglais, frais, fruité et croquant en bouche, avec une pointe saline qui amène de la tension en finale. ⧗ 2021-2022

SCEA BASTIDE DE BLACAILLOUX, Dom. de Blacailloux, 83170 Tourves, tél. 04 94 86 83 83, contact@bastide-de-blacailloux.com t.l.j. sf dim. 10h-12h30 14h30-19h

BASTIDE DE FAVE
Héritage de Saint-Victor 2020 ★★

| 6500 | | 8 à 11 €

Ancien maître de chai chez Martell, Benoît Fil, ingénieur agronome et œnologue, a débuté sa carrière en 2000 en Georgie – berceau probable du vin. En 2017, il a quitté la Charente et le cognac pour renouer avec ses racines provençales, s'installant avec sa famille au Dom. de Fave, ancien prieuré de l'abbaye Saint-Victor : près de 8 ha de vignes en 2 îlots, 1 ha d'oliviers, et des chambres d'hôtes. La conversion bio est engagée.

Issue de syrah, rolle et cinsault, cette cuvée s'éclaire d'élégants reflets saumonés. Ouvert et très aromatique, le nez rappelle le fruit de la Passion, la pêche et la nectarine avec une pointe florale (jasmin). À l'unisson, la bouche, équilibrée et persistante, déploie un fruité intense et frais d'agrumes. Un rosé expressif et tonique. ⧗ 2021-2022

EARL DOM. DE FAVE, Bastide de Fave, rte de Bras, 83119 Brue-Auriac, tél. 06 73 40 58 41, benoit.fil@bastidedefave.com V *r.-v.* 4

B DOM. LA BASTIDE DES OLIVIERS
Sans souffre 100 % Nature 2020 ★

| 4000 | | 11 à 15 €

Enfant du pays, héritier de générations d'agriculteurs-éleveurs puis de viticulteurs, petit-fils du fondateur de la coopérative locale, Patrick Mourlan, dès son installation en 2000, a créé sa cave et s'est orienté vers l'agriculture biologique. Il est installé dans une bastide entourée d'oliviers centenaires et cultive 10 ha de vignes. Au chai, il limite les interventions, vinifiant sans soufre.

Cette cuvée « nature » propose un nez ouvert et élégant de mûre, de cassis et de groseille sur fond de garrigue et d'épices douces. Le palais est ample, généreux et soyeux, marqué par des saveurs de fruits rouges (fraise) et structuré en douceur par des tanins arrondis. Une belle expression de l'appellation. ⧗ 2022-2026

PATRICK MOURLAN, La Bastide des Oliviers, 1011, chem. Louis-Blériot, 83136 Garéoult, tél. 06 80 30 63 10, patrick.mourlan@wanadoo.fr V *r.-v.*

B CH. BELLINI 2020 ★

| 4000 | | 11 à 15 €

Un domaine établi le long de la Via Aurelia dès le Xᵉs., qui fut fréquenté par les Comtes de Provence. Un vignoble ancien donc, étendu sur 35 ha en terrasses et repris en 2016 par Tom Bove. L'exploitation est certifiée bio.

PROVENCE

Sous une robe légèrement dorée, cette cuvée élevée 7 mois en fûts offre un nez complexe de fruits bien mûrs (poire, pêche) et de rhubarbe agrémentés de nuances florales et épicées. On retrouve les fruits associés à un fin boisé et à une touche miellée dans une bouche ample, ronde et tendre. Un blanc volubile et harmonieux. ⧗ 2021-2024

SCEA DOM. BELLINI, 1484, RD 79, 83170 Brignoles, tél. 04 98 14 84 89, info@chateaubellini.com V r.-v.

DOM. DE LA BERGERIE D'AQUINO Étoiles d'Aquino 2018 ★

■ | 4660 | | 11 à 15 €

Créé en 2002, autour des ruines d'une bergerie du XVIes, ce domaine avait été acquis en 2008 par Jean-Pierre Beert, industriel belge, qui avait aménagé une cave performante. En 2014, Éric Bompard, à la tête d'une maison de prêt-à-porter spécialiste du cachemire, a repris la propriété et ses 10 ha de vignes dans les coteaux-varois. Aquino? Le village de naissance de saint Thomas d'Aquin, qui selon la légende aurait séjourné là.

Composé de syrah, grenache et cabernet, ce vin propose un nez ouvert de fruits rouges compotés et de sous-bois agrémentés de notes chocolatées. En harmonie, la bouche se montre ample, généreuse, persistante sur un fruit finement épicé. Un rouge gourmand et bien en chair. ⧗ 2021-2026 ■ **Étoiles d'Aquino 2020 ★ (11 à 15 €; 4000 b.)** Ⓑ Syrah, grenache et rolle pour ce rosé au joli nez d'agrumes (orange, mandarine, pamplemousse) et de fleurs blanches, à la fois rond et frais en bouche, persistant sur le fruit. ⧗ 2021-2022

SAS VARAQUINO, 3810, rte de Saint-Maximin, RD 64, 83170 Tourves, tél. 06 29 21 09 52, varaquino@gmail.com V *t.l.j. sf sam. dim. 14h30-18h*

DOM. DE CALA 2018 ★★

■ | 6000 | | 20 à 30 €

Acquis par la famille Splichal en 2015, ce domaine compte 25 ha de vignes; un vignoble en cours de restructuration (augmentation des densités, sélections massales, amélioration du palissage des parcelles, enherbement...) et en conversion bio. Aux commandes du chai : François Rigord.

Ce 2018 issu de grenache, syrah et carignan s'habille d'un grenat profond. Le nez s'exprime sans réserve sur le fruit rouge compoté rehaussé de notes de tabac et de garrigue. Campée sur des tanins élégants et un boisé fondu, la bouche se montre soyeuse, charnue, très équilibrée, la générosité du fruit mûr s'accompagnant d'une touche de fraîcheur bienvenue. De l'harmonie à revendre. ⧗ 2021-2026

SCEA DOM. DE CALA, 703, chem. de la Pélegrine, 83170 Brignoles, tél. 04 94 69 84 93, contact@domainedecala.com V r.-v.

Ⓑ CH. LA CALISSE Cuvée Étoiles 2017 ★★

■ | 7000 | | 30 à 50 €

Une ancienne magnanerie, exploitée en polyculture au XIXes. On y cultivait notamment des amandiers dont les fruits servaient aux confiseurs d'Aix-en-Provence pour la fabrication des calissons. Désormais dédié à la vigne (12 ha), le domaine est dirigé par Patricia Ortelli depuis 1991, et conduit en bio depuis 1996. Une valeur (très) sûre des coteaux-varois.

Composé de syrah (70 %), cabernet (20 %) et grenache (10 %), ce 2017 dévoile un nez opulent de fruits noirs (cassis) et rouges (framboise) associés à des notes de sous-bois. Complexe et riche, le palais déploie beaucoup de volume et de matière autour d'un fruité persistant rehaussé d'une touche de réglisse et de tanins serrés lui conférant une agréable mâche. Déjà fort amène, ce coteaux-varois pourra encore grandir en cave. ⧗ 2022-2026

SAS CH. LA CALISSE, RD 560, 83670 Pontevès, tél. 04 94 77 24 71, contact@chateau-la-calisse.fr V *t.l.j. sf dim. 9h-12h 14h-17h*

Ⓑ CH. DES CHABERTS Cuvée Chaberts 2020 ★★

■ | 2800 | | 11 à 15 €

Au pied du massif forestier qu'est la montagne de La Loube, ce vignoble de 30 ha (en conversion bio), perché à 350 m d'altitude entre Garéoult et La Roquebrussanne, couvre des coteaux arides et caillouteux abrités des vents dominants. Une valeur sûre des coteaux-varois, dans les trois couleurs.

Née de grenache (82 %) et de cinsault, cette cuvée s'exprime sans réserve sur les fruits exotiques, la pêche blanche et les agrumes (mandarine, pomélo). Cette richesse aromatique complétée par des notes de coriandre et d'épices persiste dans une bouche généreuse sans manquer de fraîcheur, relevée par une touche d'orange amère en finale. Un rosé diablement friand, façonné pour l'apéritif. ⧗ 2021-2022

SC CH. DES CHABERTS, 83136 Garéoult, tél. 04 94 04 92 05, chaberts@wanadoo.fr V *t.l.j. sf dim. 9h-12h 14h-18h*

DOM. LA CHAUTARDE 2018 ★★

■ | 2600 | | 8 à 11 €

En 2003, Vincent Garnier a repris, en association avec son frère Christophe, les rênes du domaine appartenant à sa famille depuis le XVIIIes. Joël et louise, les enfants de Vincent, ont rejoint l'aventure en 2018. Implanté près de la commune de La Celle, en AOC coteaux-varois, le vignoble s'étend sur 33 ha.

Derrière une robe d'un seyant rubis profond, ce 2018 dévoile un nez agréable et frais de fruits rouges et noirs aromatisés de notes de garrigue, de romarin et de fougère. On retrouve en bouche beaucoup de fraîcheur et un fruité finement épicé autour de tanins veloutés. De l'harmonie à tous les étages. ⧗ 2021-2026

SCEA GARNIER (DOM. LA CHAUTARDE), 2927, rte de Bras, 83143 Le Val, tél. 06 74 67 57 96, la-chautarde@orange.fr V *r.-v.*

ESTANDON Lumière 2020 ★

■ | 400000 | | 8 à 11 €

En 2005, les Celliers de Saint-Louis, union de coopératives basée à Brignoles, accueillent les Vignerons des caves de Provence, propriétaires de la marque Estandon (lancée en 1947). L'union prend le nom de Cercle des Vignerons de Provence avant d'adopter en 2012 celui de sa marque emblématique, Estandon Vignerons.

Issu de grenache, de syrah et de cinsault, ce rosé saumoné dévoile des parfums discrets de fruits rouges et d'aromates fleurant bon le Sud. Centrée sur des saveurs de fruits blancs et rouges, la bouche évolue sur la souplesse et la fraîcheur, avec une jolie finale finement épicée. ⧗ 2021-2022

ESTANDON COOPÉRATIVE EN PROVENCE, 727, bd Bernard-Long, ZAC Les Consacs, 83175 Brignoles, tél. 04 94 37 21 00, cgirard@cercleprovence.fr V t.l.j. sf sam. dim. 8h30-11h30 13h30-17h

DOM. LA GAYOLLE Syagria 2019 ★

| 2000 | | 11 à 15 €

Au cœur de la Provence verte, entre chênes et pins maritimes, ce domaine, ancienne dépendance de l'abbaye Saint-Victor, est dans la famille de Nicolas Paul depuis 1855. Ce dernier, après avoir pris la tête de l'exploitation en 2008, a achevé en 2014 la construction d'un nouveau chai. Son vignoble s'étend aujourd'hui sur 54 ha au pied du massif de La Loube.

Ce 100 % rolle élevé en fût pendant 8 mois s'exprime avec subtilité sur les agrumes (citron), les fruits blancs (pêche, melon), l'abricot confit et l'amande douce. Généreux et friand, le palais déploie une matière chaleureuse sur la même trame aromatique, enrichie de nuances florales (acacia, jasmin) et vanillées. Un trait d'amertume et une pointe saline entretiennent la fraîcheur jusqu'en finale. Un blanc équilibré et charmeur. ⧗ 2021-2024

EARL LA GAYOLLE, rte de la Roquebrussanne, 83170 La Celle, tél. 07 77 72 64 06, paulgayolle@wanadoo.fr t.l.j. sf dim. 9h30-12h30 14h30-18h30

♥ DOM. LA GRAND'VIGNE Cuvée Les Fournerys 2019 ★★

| 600 | | 11 à 15 €

Roland Mistre, œnologue, a repris en 1998 l'exploitation familiale créée à la fin du XIXᵉ s., qui livrait ses raisins à la coopérative. Il a relancé en 2002 la vinification à la propriété et exploite 13 ha de vignes.

Élevé 8 mois en fûts de chêne, ce blanc ambitieux, paré d'une élégante robe jaune doré, présente un nez séducteur et intense de fruits confits (poire, citron) mâtinés de gourmandes notes briochées et vanillées. Dans le même registre, le palais se montre aussi large que long, soyeux, rond, très équilibré autour de saveurs de fruits mûrs légèrement épicées, idéalement équilibrées par une fraîcheur persistante. Du caractère et aucune fausse note dans cette cuvée irrésistible. ⧗ 2021-2024 ■ **Cuvée Les Fournerys 2019 ★ (11 à 15 €; 3000 b.)** Expressif mais raffiné, le nez révèle des arômes de fruits rouges, des nuances florales et des notes d'herbe fraîche. Centré sur le fruits mûrs, le palais est généreux, ample, tout en restant frais, soutenu par des tanins bien fondus. ⧗ 2022-2026

EARL ROLAND MISTRE (DOM. LA GRAND'VIGNE), rte de Cabasse, 83170 Brignoles, tél. 04 94 69 37 16, contact@lagrandvigne.com V t.l.j. 9h-12h 14h-18h

Ⓑ CH. LA LIEUE Batilde Philomène 2020 ★

| 26000 | | 8 à 11 €

Fondé en 1876 par Batilde Philomène, veuve d'un soyeux lyonnais, ce domaine (77 ha aujourd'hui) se transmet depuis 5 générations au sein de la famille Vial. Converti à l'agriculture biologique dès 1997, le vignoble est conduit par Jean-Louis Vial et son fils Julien. Créée en 1906, la cave a été réaménagée pour permettre des vinifications sur de petits volumes.

Assemblage de cinsault, grenache, syrah et mourvèdre, ce rosé aux reflets framboise livre un bouquet intense de fraise et de framboise sur fond de nuances mentholées et beurrées. Ce profil expressif se prolonge dans un palais ample et friand, au fruité généreux rehaussé de l'amertume du cédrat. La finale, longue et aiguisée, confère une jolie fraîcheur à cette cuvée pleine de délicatesse. ⧗ 2021-2022 ■ **2020 ★ (8 à 11 €; 24000 b.)** Ⓑ Un blanc élégant et harmonieux, ouvert sans réserve sur les fleurs blanches, les fruits blancs et un trait anisé, ample, riche et rond en bouche, serti d'une fraîcheur citronnée idéale. ⧗ 2021-2024

EARL FAMILLE VIAL, rte de Cabasse, 83170 Brignoles, tél. 04 94 69 00 12, chateau.la.lieue@orange.fr V t.l.j. 9h-12h30 14h-19h; dim. 10h-12h 15h-18h

♥ Ⓑ DOM. DU LOOU Capucine 2019 ★★

| 24000 | | 11 à 15 €

Longtemps propriété de l'abbaye Saint-Victor à Marseille, le Dom. du Loou, dont la tradition viticole remonte à l'Antiquité, appartient depuis 1954 à la famille Di Placido. Couvrant 25 ha à l'origine, il compte aujourd'hui 60 ha de vignes d'un seul tenant, conduites en bio.

Coup de cœur l'an passé pour sa cuvée Rosée de printemps 2019, le domaine, d'une régularité sans failles, s'impose à nouveau en haut de l'affiche. Dominé par la syrah (80 %) et complété de cabernet, ce rouge séduit d'emblée par sa seyante robe rubis profond. Le nez s'ouvre sans réserve sur les fruits rouges biens mûrs accompagnés de nuances florales et épicées. Un caractère fruité et diablement gourmand que prolonge une bouche large, longue, intense, puissante sans manquer d'élégance, portée par des tanins affinés. ⧗ 2021-2024 ■ **Rosée de printemps 2020 ★★ (11 à 15 €; 6600 b.)** Ⓑ Un très joli rosé de grenache et de syrah, ouvert sur des arômes de fraise des bois, de pêche blanche, d'agrumes et une pointe de bergamote. Une attaque intense prélude à un palais alerte fruité et persistant, soutenu par une acidité bien fondue. ⧗ 2021-2022 ■ **Terres du Loou 2020 ★ (8 à 11 €; 36000 b.)** Ⓑ Une jolie corbeille de framboise, de brugnon, de pomélo et d'orange sanguine à l'entame de ce rosé ample, frais, intensément fruité, encore dynamisé par une finale très minérale. ⧗ 2021-2022 ■ **Blanc sous bois 2020 ★ (11 à 15 €; 2000 b.)** Ⓑ Rolle (80 %) et sémillon pour ce blanc ouvert et expressif, mêlant fruits blancs, fleurs blanches, amande douce, notes miellées et

PROVENCE

vanillées. Ample et gras, le palais est équilibré par une finale tout en fraîcheur. Pour la table. ⧗ 2021-2024

SCEA DI PLACIDO, chem. du Loou, 83136 La Roquebrussanne, tél. 04 94 86 94 97, contact@domaineduloou.fr V r.-v.

CH. MARGILLIÈRE Bastide 2020 ★

	16000		11 à 15 €

Domaine implanté à quelques kilomètres de Brignoles, comprenant vignes (22 ha aujourd'hui), oliviers et un caveau de dégustation aménagé dans une ancienne magnanerie du XVIIᵉs. Patrick Caternet, à partir de 1996, lui a redonné son lustre et l'a converti à l'agriculture biologique avant de le transmettre en 2002 à sa fille Pauline. En 2016, la gestion de la propriété a été confiée à la famille Bunan.

Ce rolle complété par une goutte d'ugni (5 %) séduit par sa teinte pâle éclairée de délicats reflets verts. Le nez exhale un bouquet prometteur d'agrumes confits, d'acacia, de pain d'épice et de miel. Pleinement en accord, le palais se montre frais et fruité, avec de l'amplitude et une fine amertume. La finale dispense un agréable trait acidulé et citronné. ⧗ 2021-2024

SCEA CH. MARGILLIÈRE, 2125, RD 74, 83170 Brignoles, tél. 04 94 69 05 34, contact@chateau-margilliere.com V *t.l.j. 9h-12h 14h-18h*

CH. MARGÜI Bastide de Margüi 1784 2020 ★

	3000		30 à 50 €

Le Ch. Margüi a rejoint en 2017 Skywalker Vineyards, la société de Georges Lucas, propriétaire de vignobles en Californie, en Italie et en France. Le domaine est situé dans le Haut Var à 300 m d'altitude, au cœur de la zone Natura 2000. Yann Jouët, régisseur depuis 2018, conduit les 15 ha de vignes en agriculture biologique.

Élevé en partie en fûts de chêne, ce pur rolle s'habille d'une robe cristalline. Très intense, le nez révèle des notes de fruits confiturés, d'acacia, d'amande fraîche, de vanille et de noisette. Ample et ronde, la bouche se montre persistante sur les fruits mûrs, presque confits, mâtinés de notes florales et pâtissières. Un trait épicé vient dynamiser la finale. Un blanc qui penche du côté généreux de la force... ⧗ 2021-2024

SAS CH. MARGÜI VINEYARDS, Dom. de Margüi, 444, rte de Barjols, 83670 Châteauvert, tél. 09 77 90 23 18, contact@chateaumargui.com V *t.l.j. sf lun. dim. 10h-18h; oct. à avril sur r.-v.*

DOM. MASSON 2020 ★★

	10000		8 à 11 €

Gilles Masson a acquis en 2002 un vignoble de 24 ha environné de bois, niché au pied du massif du Bessillon. Après avoir apporté pendant près de quinze ans sa vendange à la coopérative locale, cet œnologue n'a pas résisté à la tentation de faire son vin : il a construit sa cave en 2016, vinifié le produit de 8,5 ha, le solde de la récolte restant confié à la coopérative. En conversion bio.

Le nez, exubérant, libère à l'aération des arômes de fruits exotiques (fruit de la Passion, mangue), d'agrumes (orange, pamplemousse), de pêche blanche et des nuances florales. Énergique et fraîche à l'attaque, la bouche affiche de l'amplitude et un fruité large et tonique, sur des notes zestées qui s'imposent jusqu'en finale. Une belle expression du terroir. ⧗ 2021-2024

EARL GILLE MASSON, 1014, chem. du Gavelier, 83119 Brue-Auriac, tél. 04 94 80 09 49, info@domainemasson.fr V *t.l.j. sf lun. 15h-19h; sam. 10h-13h*

CH. D'OLLIÈRES Prestige 2020 ★★

	3500		11 à 15 €

Sous la direction de Charles Rouy, qui a fait ses armes dans la célèbre maison beaunoise Bouchard Père et Fils, cette ancienne seigneurie a su retrouver sa tradition viticole à partir de 2003 grâce à une restructuration du vignoble (16 ha replantés sur les 35 ha que compte aujourd'hui le domaine) et à un investissement dans des équipements modernes.

D'un bel équilibre, ce blanc propose un nez complexe et élégant de fleurs blanches, de fruits exotiques et de pamplemousse enrobés d'une touche miellée. Dans le droit fil, la bouche se montre expressive, savoureuse, persistante sur le fruit, ample et fraîche, tendue par une fine amertume en finale. ⧗ 2021-2024 ■ **Haut de l'Autin 2020 ★ (15 à 20 €; 33333 b.)** Composé à parts égales de grenache, syrah et cinsault, ce rosé original, élevé 4 mois en fût, offre un joli nez de fruits exotiques et de fruits à chair blanche accompagnés de nuances pâtissières et d'un léger boisé. La bouche est persistante et soyeuse, rafraîchie par des saveurs d'agrumes et de menthol. ⧗ 2021-2022 ■ **Prestige 2018 ★ (15 à 20 €; 6000 b.)** Un rouge mi-grenache mi-syrah au nez intense et complexe de fruits rouges, de réglisse, de cannelle et de cacao. On retrouve ce fruité, un brin confit et épicé dans une bouche ample et ronde, aux tanins veloutés, animée par une pointe d'acidité et une note de cacao en finale. ⧗ 2022-2026

SCEA CH. D' OLLIÈRES, Le Château, 83470 Ollières, tél. 04 94 59 85 57, info@chateau-ollieres.com V *t.l.j. sf. sam. dim. 9h-12h30 14h-17h30*

CH. LA PRÉGENTIÈRE Cuvée Prestige 2020 ★

	6000		8 à 11 €

Au sein de ce vaste vignoble de 57 ha exposé plein sud, au pied des Petit et Gros Bessillon, au cœur de la Provence verte, on distingue encore les traces de la ligne de chemin de fer qui reliait Nice à Meyrargues au XIXᵉs. Reprise en 2001 par l'entrepreneur Jean-Claude Caillou, cette propriété a connu une profonde restructuration.

Né de syrah, grenache et cinsault, ce rosé pâle s'exprime délicatement sur la cerise, le pomélo et le bonbon anglais. Fraîche en attaque, la bouche déploie ensuite de la rondeur, un bon volume et un fruité persistant sur les agrumes accompagné d'un trait poivré en finale. ⧗ 2021-2022

SARL DOM. DE LA PRÉGENTIÈRE, 6095, rte de Draguignan, 83670 Pontevès, tél. 04 94 77 10 64, directeurexploitation@lapregentiere.fr V

DOM. DE RAMATUELLE Origine 2020 ★

	60000		5 à 8 €

Fanny, sa fille, et Hugues Chaboud, son gendre, sont venus seconder Bruno Latil sur ce domaine familial fondé en 1936 par un tanneur toulonnais au cœur

de la Provence verte. Niché au pied du massif de la Sainte-Baume, sur des coteaux et semi-coteaux argilo-calcaires, le vignoble de 60 ha est enherbé et pâturé de l'hiver au printemps par un troupeau de brebis. En conversion bio.

Ce rosé né de syrah (50 %), grenache (30 %) et cinsault (20 %) s'ouvre sur des nuances d'agrumes (pomélo), de fruits exotiques (mangue, litchi), de fraise, de pêche et d'acacia. Passé une attaque tout en rondeur, la bouche se révèle fruitée, fraîche et longue, marquée par une touche d'amertume en finale. ⧗ 2021-2022

EARL BRUNO LATIL, hameau des Gaëtans, 83170 Brignoles, tél. 04 94 69 10 61, accueil@domaine-ramatuelle.com V t.l.j. sf dim. 9h-12h 14h-18h

♥ B DOM. LA ROSE DES VENTS 2020 ★★

10000 | 8 à 11 €

Fondée au début du XXᵉs., l'exploitation s'est transmise au fil des générations. Depuis 1994, Gilles Baude, œnologue talentueux, conduit le domaine et ses 60 ha de vignes (certifiés bio) avec son beau-frère Thierry Josselin, chargé de la commercialisation. Une valeur sûre en coteaux-varois.

D'une régularité métronomique, la Rose des Vents nous régale à nouveau avec ce vin issu du rolle et d'une goutte de sémillon (10 %). Robe pâle et lumineuse, nez intense et complexe de fruits exotiques (fruit de la Passion, mangue), d'agrumes (pamplemousse, citron), de fruits blancs (poire, pêche de vigne) et de fleur d'oranger : l'entame est furieusement attirante. La bouche est du même tonneau : de l'intensité aromatique, du volume, un équilibre parfait entre une matière riche, généreuse et une fine fraîcheur aux saveurs d'agrumes. Un blanc accompli, «explosif» et d'une élégance irrésistible. ⧗ 2021-2024 **Seigneur de Broussan 2020 ★ (8 à 11 €; 2600 b.)** Cette cuvée révèle au nez des arômes de fleurs blanches, de fruits exotiques, d'agrumes et de fines notes vanillées qui signent l'élevage en fût. La bouche apparaît ample, ronde et longue, centrée sur les fruits blancs, avec un boisé fondu en soutien. ⧗ 2021-2024 **Seigneur de Broussan 2018 ★ (8 à 11 €; 7000 b.)** B Un rouge élevé 12 mois en fût, dominé par les petits fruits rouges réhaussés de notes épicées et mentholées, ample, soyeux et persistant en bouche, bien épaulé par des tanins veloutés. Une force tranquille. ⧗ 2022-2027

EARL BAUDE (DOM. LA ROSE DES VENTS), rte de Toulon, 83136 La Roquebrussanne, tél. 04 94 86 99 28, larosedesvents073@orange.fr V t.l.j. sf dim. 9h-12h 14h-18h

CAVE SAINT-ANDRÉ 2020 ★★

30000 | 5 à 8 €

Seillons-Source-d'Argens est un village perché plein de charme d'où la vue embrasse la Sainte-Baume, la Sainte-Victoire et Saint-Maximin. Fondée en 1909, sa cave coopérative, après diverses fusions à partir de 1995, dispose de quelque 380 ha. Elle propose des coteaux-varois et des IGP du Var.

Cette cuvée couleur pétale de rose, née de syrah (50 %), grenache, cinsault et carigan, exhale des senteurs de fraise, d'ananas, de pêche de vigne et de fleurs blanches, avec une pointe de coriandre et de curry. On retrouve ce bouquet complexe dans une bouche ronde, ample et friande, parfaitement équilibrée sur la longueur par une fine acidité d'agrumes. Un rosé très harmonieux qui pourra accompagner tout un repas. ⧗ 2021-2022

SCA CAVE SAINT-ANDRÉ, 52, rue des Plaines-de-l'Aire, 83470 Seillons-Source-d'Argens, tél. 04 94 72 14 10, cave.st.andre@gmail.com V t.l.j. sf lun. dim. 9h-12h 14h-18h

DOM. SAINT-ANDRIEU L'Oratoire 2020 ★

1900 | 8 à 11 €

Acquis en 2003 et restructuré par Jean-Paul et Nancy Bignon, par ailleurs propriétaires du Ch. Talbot, cru classé de saint-julien dans le Médoc, ce vignoble de 30 ha jouit d'un terroir argilo-calcaire privilégié à 380 m d'altitude, au pied du Bessillon. Deux étiquettes ici : le Dom. Saint-Andrieu en côtes-de-provence et l'Oratoire Saint-Andrieu en coteaux-varois, sans oublier la production d'huile d'olive.

Ce pur rolle dévoile un nez complexe de pêche blanche, d'abricot, de poire, de pamplemousse, d'amande douce et de fleurs blanches. L'attaque est ample, presque moelleuse, sur les fruits blancs, puis le palais se fait plus souple et gouleyant, tout en conservant un fruité généreux et croquant. Une jolie gourmandise. ⧗ 2021-2024 **L'Oratoire 2017 ★ (11 à 15 €; 2000 b.)** Syrah et cabernet-sauvignon à parts égales dans ce rouge profond, aux arômes savoureux de fruits cuits, de pruneau, de réglisse et d'épices. La bouche est ronde, chaleureuse, puissante, appuyée sur des tanins fermes. Pour la cave. ⧗ 2023-2028

SAS DOM. SAINT-ANDRIEU, chem. Saint-Andrieu, 83570 Correns, tél. 04 94 59 52 42, contact@domaine-saint-andrieu.com V t.l.j. sf sam. dim. 9h-17h

♥ DOM. SAINT-FERRÉOL Lyon 2020 ★★

2000 | 8 à 11 €

Dans la même famille depuis 1720, le domaine s'étend dans la plaine de Pontevès aux pieds des Bessillons. Il est aujourd'hui dirigé par un jeune vigneron, Thomas de Jerphanion qui succède à son père, Guillaume, parti à la retraite en 2017. Les 85 ha de vignes sont conduits en HVE 3.

Ce rosé d'une pâleur toute provençale, né de grenache, syrah et rolle, s'exprime sans réserve sur les fruits exotiques (mangue, fruit de la Passion), les agrumes, la pêche et quelques notes florales. À l'unisson, la bouche déploie de la puissance, du caractère, de l'amplitude, avec une belle persistance sur le fruit exotique et une fraîcheur tonique jusqu'en finale. Un rosé intense et expressif, d'une grande élégance. ⧗ 2021-2022

EARL SAINT-FERRÉOL, 83670 Pontevès, tél. 04 94 77 10 42, info@saintferreol.com V t.l.j. sf dim. 10h-12h30 14h-18h E

PROVENCE

DOM. SAINT-JEAN-LE-VIEUX
Cuvée La Grand'Bastide 2020 ★★

■ | 24000 | | 5 à 8 €

Pierre et Claude Boyer conduisent depuis 1990 ce domaine familial de 60 ha fondé par leur grand-père et sur lequel ils s'emploient à moderniser les techniques culturales et le travail au chai dans le respect de l'environnement (agriculture raisonnée depuis 2004, HVE niveau 2 depuis 2012).

Habillée d'une robe saumonée, ce rosé s'exprime sur les fruits blancs, les agrumes, les fruits exotiques et les fleurs blanches. Très fraîche et fruitée, la bouche se montre ample, soyeuse et subtilement acidulée par une touche de bonbon anglais. Un vin aussi harmonieux que plaisant. ⧗ 2021-2023 ■ **La Grand'Bastide 2020 ★ (5 à 8 €; 6700 b.)** Composée de rolle et sémillon, cette cuvée jaune pâle dévoile un nez élégant sur les fruits exotiques, les fleurs blanches et les agrumes. Toujours fraiche, la bouche est ronde, légèrement chaleureuse et croquante avec des saveurs de poire et de mangue parfumées de notes florales. En finale, l'amertume des agrumes confère équilibre et harmonie à ce blanc façonné pour des fruits de mer. ⧗ 2021-2024 ■ **Fausta Herculi 2020 ★ (8 à 11 €; 3500 b.)** Ce rosé composé de grenache, syrah, cinsault et rolle dévoile un nez fruité (poire, framboise, cerise) et floral (violette). L'attaque très gourmande invite à poursuivre la dégustation, la bouche se révélant puissante et croquante mais aussi fort gouleyante car idéalement tonifiée par une pointe saline. ⧗ 2021-2022

GAEC DOM. SAINT-JEAN-LE-VIEUX, 317, av. du 8-Mai-1945, 83470 Saint-Maximin, tél. 04 94 59 77 59, domaine@saintjeanlevieux.com V t.l.j. sf dim. 8h-12h30 14h-19h

CH. SAINT-JULIEN 2020 ★★

■ | 58000 | | 8 à 11 €

Depuis 1989, la famille Garrassin redynamise ce vaste domaine (plus de 400 ha) dont l'origine remonterait à l'époque gallo-romaine. La cave a été aménagée sur les vestiges d'une ancienne bergerie du XVIIe s., et le vignoble replanté pour dépasser 30 ha. Claire et Lucas, petits-enfants de Maurice Garrassin, acquéreur du domaine, apportent leur énergie à la propriété.

Fin et élégant, le nez de ce rosé lumineux s'exprime sur les fruits rouges, la nectarine, la rhubarbe et l'amande fraîche mâtinés de nuances florales (rose, jasmin). Complexe et équilibrée, la bouche se montre souple et fraîche, de subtiles notes d'agrumes se mêlant aux saveurs juteuses de la pêche et de l'abricot jusqu'en finale. ⧗ 2021-2022 ■ **Exception 2020 ★ (11 à 15 €; 4000 b.)** Au nez, des parfums bien typés de citron, de pêche blanche, d'abricot et d'amande. En bouche, un beau mariage de la douceur et de la fraîcheur, du volume et un fruité délicat et persistant jusqu'en finale. ⧗ 2021-2022

EARL DOM. SAINT-JULIEN, 600, rte de Tourves, RD 205, 83170 La Celle, tél. 04 94 59 26 10, info@domaine-st-julien.com V t.l.j. sf dim. 9h-12h 14h-18h 5

♥ LES VIGNERONS DE LA SAINTE-BAUME
Les restanques bleues 2020 ★★

■ | 36666 | | 5 à 8 €

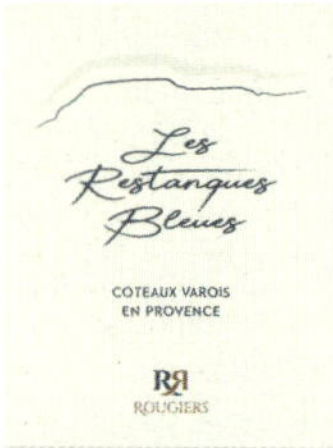

Fondée en 1913 dans l'ouest varois sous le nom de la Fraternelle, la coopérative de Rougiers, rebaptisée Vignerons de la Sainte-Baume, est l'une des plus anciennes de la région. Ses bâtiments sont classés à l'Inventaire général du patrimoine culturel de Rougiers. C'est aujourd'hui une petite structure qui regroupe une quarantaine d'adhérents pour un vignoble de 185 ha.

Une magnifique robe pétale de rose habille ce duo grenache-syrah (80-20). Le nez intense et complexe convoque les fruits rouges (fraise, cerise), les fruits exotiques (ananas), les agrumes et les fleurs blanches. Ample, longue, généreuse, la bouche révèle un parfait équilibre entre le croquant des fruits rouges et la fraîcheur acidulée des agrumes. Un rosé aussi intense que délicat. ⧗ 2021-2022 ■ **Les Restanques vertes 2020 ★ (5 à 8 €; 14666 b.)** B Grenache, syrah et rolle pour ce rosé ouvert sur le pamplemousse, l'abricot et les fruits exotiques. Le palais affiche un bon équilibre entre rondeur, fraîcheur et puissance aromatique fruitée. Jolie finale tout en longueur sur le pamplemousse et le citron vert. ⧗ 2021-2022

SCA LES VIGNERONS DE LA SAINTE-BAUME, rte de Brignoles, 83170 Rougiers, tél. 04 94 80 42 47, cave.saintebaume@orange.fr V t.l.j. sf dim. 9h-12h 15h-18h

CH. THUERRY Les Abeillons 2020 ★★

■ | 7000 | | 11 à 15 €

Au sein du parc régional du Haut-Var Verdon, une bâtisse templière du XIIe s., soulignée par un chai longiligne ultramoderne et semi-enterré (2 200 m²), commande une propriété de 340 ha, dont environ 40 ha de vignes. Une valeur sûre de la Provence viticole qui a été rachetée en 1998 par le versaillais Jean-Louis Croquet, entrepreneur en études de marché, ancien joueur de rugby et d'abord propriétaire à Chablis.

Composée de rolle (65 %) et de sémillon, cette cuvée s'ouvre doucement mais sûrement sur les fruits blancs compotés et les fleurs blanches. Plus volubile et un brin épicée, la bouche, ample et ronde, conjugue la douceur du fruit et une fine fraîcheur aux accents mentholés et réglissés. Un équilibre très assuré. ⧗ 2021-2024 ■ **Les Abeillons 2019 ★ (30 à 50 €; 800 b.)** Syrah et cabernet-sauvignon pour ce rouge ouvert sur les fruits noirs confiturés, la réglisse, la menthe et le sous-bois, avec une pointe minérale en appoint. Soutenu par des tanins fermes, le palais se révèle solide, ample et frais, centré sur des saveurs de fruits mûrs épicés. Un joli vin de garde. ⧗ 2023-2030

SCEA LES ABEILLONS, Ch. Thuerry, 83690 Villecroze, tél. 04 94 70 63 02, thuerry@chateauthuerry.com V t.l.j. 9h-19h

CH. TRIANS 2020 ★

■	20000		8 à 11 €

Cette ancienne magnanerie, qui a toujours eu une activité viticole, tire son nom d'une villa romaine, la villa Triana. Le domaine a été repris et restauré en 1990 par Jean-Louis Masurel, ancien directeur du groupe LVMH, puis revendu en 2017 à Emmanuel et Bertrand Delhom, entrepreneurs champenois. Implantés en coteau, à 350 m d'altitude, exposés au nord-ouest, les 20 ha de vignes sont certifiés en culture biologique depuis 2012.

Né de grenache et de cinsault, ce rosé aux nuances nacrées livre un nez intense et complexe de groseille, de framboise, de poire et de mangue sur fond de fraîcheur florale et mentholée. On retrouve ce bouquet dans une bouche souple, ample et fraîche, dynamisée par une touche minérale en finale. « Un vin charmant qui exprime son terroir avec délicatesse », selon nos dégustateurs. ⧗ 2021-2022

SARL CH. TRIANS, rte de Rocbaron, 83136 Néoules, tél. 04 94 04 08 22, chateau@trians.com V *t.l.j. sf dim. 9h-12h 14h-18h*

CÔTES-DE-PROVENCE

Superficie : 23 280 ha
Production : 975 977 hl (96 % rouge et rosé)

Née en 1977, cette vaste appellation occupe un bon tiers du département du Var, avec des prolongements dans les Bouches-du-Rhône, jusqu'aux abords de Marseille, et une enclave dans les Alpes-Maritimes. Trois terroirs la caractérisent : le massif siliceux des Maures, au sud-est, bordé au nord par une bande de grès rouge allant de Toulon à Saint-Raphaël, et, au-delà, l'importante masse de collines et de plateaux calcaires qui annonce les Alpes. Issus de nombreux cépages en proportions variables, sur des sols et des expositions tout aussi divers, les côtes-de-provence présentent, à côté d'une parenté due au soleil, des variantes qui font précisément leur charme… Un charme que le Phocéen Protis goûtait sans doute déjà, six cents ans avant notre ère, lorsque Gyptis, fille du roi, lui offrait une coupe en aveu de son amour… La diversité des côtes-de-provence a conduit à individualiser certains terroirs : Sainte-Victoire, Fréjus, La Londe, Pierrefeu et Notre-Dame-des-Anges.
Sur les blancs tendres mais sans mollesse du littoral, les nourritures maritimes et très fraîches seront tout à fait à leur place, tandis que ceux qui sont un peu plus « pointus », nés un peu plus au nord, appelleront des écrevisses à l'américaine et des fromages piquants. Les rosés, plus ou moins tendres ou nerveux, s'accorderont aux fragrances puissantes de la soupe au pistou, de l'anchoïade, de l'aïoli, de la bouillabaisse, et aussi aux poissons et fruits de mer aux arômes iodés : rougets, oursins, violets. Parmi les rouges, ceux qui sont tendres, à servir frais, conviennent aussi bien aux gigots et aux rôtis qu'au pot-au-feu, surtout si l'on sert ce dernier en salade ; les rouges puissants, généreux, qui peuvent parfois vieillir une dizaine d'années, conviendront aux civets, aux daubes, aux bécasses. Et pour les amateurs d'harmonies insolites, rosés frais et champignons, rouges et crustacés en civet, blancs avec daube d'agneau (au vin blanc) procurent de bonnes surprises.

DOM DE L'AMAURIGUE
Fleur de l'Amaurigue 2019 ★★

■	11000		8 à 11 €

Un domaine situé entre Le Luc-en-Provence et Cabasse, cerné de vignes et de collines boisées entourant une longue bâtisse provençale. Il est la propriété depuis 1999 de la famille De Groot (Dick, Eugénie et leurs enfants Fleur et Melvin), qui a entièrement rénové le vignoble (45 ha) et les bâtiments, créé une cave de vinification et sorti la production de la coopérative du village. La certification HVE (haute valeur environnementale) a été acquise.

Élevée 14 mois en fût, cette cuvée se présente sous une robe rouge sombre. Le nez, intense, est dominé par un élégant boisé. Un boisé aux tonalités vanillées et torréfiées que l'on retrouve dans un palais ample, gras et solidement structuré. La finale, très longue, délivre des saveurs plus fruitées. Bâti pour la garde. ⧗ 2023-2030

SARL DOM. DE L' AMAURIGUE, rte de Cabasse, 83340 Le Luc, tél. 06 77 04 54 33, contact@amaurigue.com V *r.-v.*

LES CAVES DE L'AMIRAL
Cuvée Sainte-Anne 2020 ★

■	6300		5 à 8 €

Au cœur de la Provence verte, le vignoble de la cave de l'Amiral domine le Ch. d'Entrecasteaux (XIe s.) et ses jardins dessinés par Lenôtre. Fondée en 1925, la coopérative regroupe 220 ha de vignes implantées sur des restanques, des coteaux et de petits plateaux.

Issue de l'assemblage de grenache, syrah et rolle, cette cuvée s'habille d'un rose limpide et légèrement orangé. Le nez se montre généreux en fruits exotiques (mangue) et en agrumes. Franche à l'attaque, la bouche se montre riche, soyeuse mais toujours fraîche, avec un bel équilibre entre une fine acidité et la douceur sucrée du fruit. ⧗ 2021-2022

SCA LES CAVES DE L' AMIRAL, rte de Saint-Antonin, Quartier Les Prés, 83570 Entrecasteaux, tél. 04 94 04 42 68 V *r.-v.*

PROVENCE

CH. ANGUEIROUN La Londe Prestige 2020 ★

■	7600		15 à 20 €

Situé sur la Côte d'Azur, entre Toulon et Saint-Tropez, à Bormes-les-Mimosas, ce domaine, créé en 1931, est dirigé depuis 1998 par Éric Dumon. L'exploitation s'est converti depuis 2017 à la culture biologique.

Sous sa robe rose pâle éclairée de reflets argentés, cette cuvée composée de grenache, cinsault et rolle dévoile un nez expressif et gourmand de poire, de mirabelle et d'ananas. Aérienne à l'attaque, la bouche se révèle généreuse et souple à la fois, avec du gras bien équilibré par une fraîcheur tonique. Un rosé aussi élégant qu'harmonieux. ⧗ 2021-2022

SC CH. ANGUEIROUN, 1077, chem. de l'Angueiroun, 83230 Bormes-les-Mimosas, tél. 04 94 71 11 39, contact@angueiroun.fr V *t.l.j. sf dim. 8h-12h 14h-18h*

DOM. DE L'ANTICAILLE 2020 ★

| 25 500 | | 11 à 15 € |

En 2012, Frédéric Féraud a laissé de côté sa carrière d'avocat pour s'investir sur le domaine familial. Le vignoble de 35 ha est situé à la limite du Var et des Bouches-du-Rhône, entre la montagne Sainte-Victoire et le mont Olympe. Un lieu où les habitants du canton de Trets se retrouvaient autrefois pour célébrer la fin des moissons et danser la farandole locale, l'Anticaille.

Derrière sa robe pâle, ce rosé déploie un nez volubile de mangue, de fruit de la Passion et de pamplemousse. Un profil exotique auquel fait écho un palais vif à l'attaque, friand et juteux, dynamisé par une note crayeuse pleine de fraîcheur en finale. Une belle expression de l'appellation. ⧗ 2021-2022

DOM. DE L' ANTICAILLE, 192, CD 57, 13530 Trets, tél. 06 10 78 70 98, contact@anticaille.com V *r.-v.*

B CH. ASPRAS Les Trois Frères 2019 ★★

| 10 000 | | 15 à 20 € |

Le Dom. des Aspras, qui s'étend sur 25 ha, se situe à Correns. Michaël Latz, son propriétaire, fut l'un des premiers à se lancer dans la conversion intégrale en agriculture biologique en 1996. Aujourd'hui, le vigneron est épaulé par ses 3 fils, Sébastien, Alexandre et Raphaël, dans la gestion de l'exploitation labellisée Vignobles et Découvertes. Les collines calcaires à terre blanche qui entourent la propriété lui ont donné son nom (*asper-aspera*, la rocaille en latin).

Une robe d'un grenat soutenu habille ce 2019 au nez complexe, qui révèle à l'aération des arômes de fruits rouges accompagnés par des notes de cacao et d'un trait minéral. Fruitée, ronde et fraîche à la fois, la bouche se déploie sur la longueur, soutenue par des tanins structurés. Un vin de caractère qui mérite de vieillir quelques années. ⧗ 2022-2026 **Les Trois Frères 2020 ★ (11 à 15 €; 10 000 b.)** B Cette cuvée exhale sans réserve des senteurs de fleurs blanches, de pêche et de citron vert. La bouche est tout aussi expressive, sur le fruit, avec du gras et de la rondeur bien équilibrés par une fine amertume. Le mariage réussi de l'intensité et de la fraîcheur. ⧗ 2021-2024

SARL DOM. DES ASPRAS, quartier des Aspras, 83570 Correns, tél. 04 94 59 59 70, domaine@aspras.com V *t.l.j. sf lun. dim. 10h-12h30 14h30-18h* E

B CH. D'ASTROS Amour 2020 ★

| 115 000 | | 11 à 15 € |

Sept générations se sont succédé à la tête de ce domaine de 80 ha, créé en 1637, autour d'un château de style italien. L'exploitation a obtenu sa certification à l'agriculture biologique en 2020.

Premier millésime du domaine certifié bio, ce rosé est illuminé par de charmants reflets orangés. Très fin, le nez s'exprime sur des arômes de fruits jaunes bien mûrs, de pamplemousse et de caramel rehaussés de notes épicées et végétales. En bouche, il se montre rond sans manquer de fraîcheur, déployant des saveurs juteuses de fruits du verger et une fine amertume en finale. Un rosé aussi tendre qu'élégant. ⧗ 2021-2022

SAS DU CH. D'ASTROS, rte de Lorgues, 83550 Vidauban, tél. 04 94 99 73 00, contact@astros.fr V *t.l.j. sf dim. 10h-12h30 14h-17h30*

B CH. BARBEYROLLES 2019 ★

| 3 000 | | 20 à 30 € |

Régine Sumeire conduit depuis 1977 ce vignoble de 12 ha établi dans la presqu'île de Saint-Tropez. Un domaine certifié en bio et biodynamie.

Derrière une robe grenat, le nez, bien ouvert, évoque le cassis, la griotte, l'amande fraîche et les fruits secs. Après une attaque tonique, le palais se révèle ample, rond, croquant sur les fruits rouges, soutenu par des tanins encore un peu fermes qui se fondront avec la garde. ⧗ 2023-2028

RÉGINE SUMEIRE, Ch. Barbeyrolles, 2065, rte de la Berle, 83580 Gassin, tél. 04 94 56 33 58, contact@barbeyrolles.com V *t.l.j. sf dim. 9h-17h; été 9h19h*

LOU BASSAQUET LB 2020 ★★

| 46 665 | | 5 à 8 € |

Créée en 1914 dans la vallée de l'Arc, la cave coopérative de Trets tire son nom Lou Bassaquet du surnom donné aux Tretsois par les villages voisins en mémoire du saccage infligé au village par les armées de François Ier en 1537. Implanté face au massif de la Sainte-Victoire, le vignoble couvre près de 550 ha.

Issu d'un assemblage de grenache et de syrah, ce rosé très pâle offre un nez généreux et charmeur de pêche, de fruits exotiques, d'agrumes et de fleurs blanches. Parfumée, fraîche et soyeuse, la bouche déploie sur la longueur des arômes de fruits jaunes et de fruits exotiques réhaussés d'un trait citronné. Un rosé élégant et très abouti. ⧗ 2021-2022

CELLIER LOU BASSAQUET, chem. du Loup, BP 22, 13590 Trets, tél. 04 42 29 20 20, contact@loubassaquet.com V *t.l.j. sf lun. dim. 9h-12h 14h-18h*

BASTIDE DE LA CISELETTE 2020 ★

| 2 600 | 8 à 11 € |

Jusqu'alors coopérateur, Robert De Salvo s'est lancé dans l'élaboration de son propre vin en 2010. Installé sur les terres de ses ancêtres, au Brûlat-du-Castellet, il exploite un vignoble de 15 ha sur des terroirs variés, au parcellaire découpé.

Mi-cinsault mi-grenache, cette cuvée charme par son nez qui marie avec subtilité les arômes d'agrumes et de pêche à des notes d'herbe fraîchement coupée. Le palais se révèle plein de finesse, mais avec aussi de la structure, de la matière et très bel équilibre des saveurs. Un rosé de belle tenue. ⧗ 2021-2022

ROBERT DE SALVO (BASTIDE DE LA CISELETTE), 1205, chem. de l'Enfant-Jésus, 83330 Le Castellet, tél. 04 94 07 98 84, rds.bastideciselette@orange.fr V *t.l.j. sf dim. 9h30-12h 14h-18h*

B BASTIDE DES DEUX LUNES
Tout près des étoiles 2020 ★★

| 17 000 | | 8 à 11 € |

Au pied du massif des Maures, cette propriété familiale créée en 1850 produisait à l'origine du vin et de l'huile. À partir de 1940, les raisins furent livrés à la coopérative. Bertrand Dubois, œnologue, a repris en 2000 le vignoble (33 ha aujourd'hui) et relancé les

vinifications au domaine. Le chai a vu le jour pour les vendanges 2012. L'exploitation est en conversion bio.
Ce 100 % rolle pâle aux reflets argentés révèle au nez des arômes complexes de pomélo, de fruit de la Passion, de poire, de fruits rouges et de réglisse. Un bel équilibre apparaît en bouche entre rondeur et fraîcheur, la douceur des fruits exotiques se conjuguant subtilement avec une fine amertume et des saveurs d'agrumes persistantes. Une expression très aboutie du rolle. ⧗ 2021-2024 ■ **Tout près des étoiles 2020 ★ (8 à 11 €; 34 000 b.)** Ⓑ Composé aux ¾ de grenache, cette cuvée s'exprime sur des arômes d'ananas, de mangue et de cassis avec un trait de réglisse. La bouche est à la fois onctueuse et acidulée, une pointe saline conférant une jolie tension et pendant toute la dégustation. Un rosé expressif et élégant. ⧗ 2021-2022

⊶ BERTRAND DUBOIS, 467, chem. des Deux-Lunes, 83390 Puget-Ville, tél. 06 16 31 13 71, bastidedes2lunes@gmail.com V 🚶 🍷 *r.-v.*

♥ CH. LE BASTIDON Mélusine 2020 ★★

■ | 40 666 | 🍾 | 5 à 8 €

Sous le regard des îles de Port-Cros et de Porquerolles, une imposante bastide provençale, ancienne propriété des chartreuses de la Verne au XVIIIes., commande un vignoble de 79 ha et quelque 3 000 oliviers. C'est sur ce terroir de schistes réputé de La Londe-les-Maures que la famille Rose, normande d'origine, est venue trouver la chaleur en 1995 et troquer la pomme et le cidre contre le raisin et le vin.
Ce magnifique rosé couleur abricot s'ouvre sur un bouquet intense de pêche, de cassis, de fraise et d'agrumes agrémentés de notes florales et épicées. On retrouve cette palette aromatique complexe dans une bouche fruitée, ample et soyeuse, qui déploie une jolie fraîcheur sur la longueur et se termine par un trait d'amertume parfaitement dosé. Irrésistible. ⧗ 2021-2022 ■ **L'Absolu 2020 ★ (11 à 15 €; 8 000 b.)** Issu de syrah (72 %) et de grenache, ce 2020 déploie un nez complexe et mûr de fruits rouges et de réglisse. Souple à l'attaque, le palais se révèle ample, riche et gras, tapissé de délicates nuances florales et fruitées. Les tanins encore un peu fermes en finale suggèrent la garde. ⧗ 2022-2026

⊶ SASU LE BASTIDON, 853, chem. du Pansard, 83250 La Londe-les-Maures, tél. 04 94 66 80 15, chateau.bastidon@gmail.com V 🚶 🍷 *t.l.j. sf dim. 9h-12h30 14h-18h30*

CH. DE BEAUMEL Prestige 2020 ★

■ | 8 000 | 🍾 | 11 à 15 €

Situé au pied du massif des Maures, le Ch. de Beaumel a été repris et rebaptisé en 2015 par Daniel Caille et son épouse Brigitte. À leur disposition, une bastide du XVIIes. et un vignoble de 23 ha que les nouveaux propriétaires ont entrepris de restructurer.
Issu de l'assemblage de grenache, syrah et cinsault, ce rosé s'habille d'une séduisante robe saumonée. Le nez révèle, sans exubérance, des notes de pêche, de pamplemousse et de bonbon anglais. Cette richesse aromatique se prolonge dans une bouche gourmande et fraîche, d'une longueur appréciable. À la fois friand et tonique, ce rosé sera irréprochable à l'apéritif. ⧗ 2021-2022

⊶ SARL DOM. DE BEAUMEL, quartier Beaumet, 83590 Gonfaron, tél. 04 98 05 21 00, info@chateaudebeaumel.fr V 🍷 *t.l.j. sf sam. dim. 9h-12h30 14h-17h30*

DOM. LA BEYSSANNETTE 2020 ★

■ | 4 000 | 🍾 | 5 à 8 €

Situé à Pourrières, non loin de la Sainte Victoire, ce domaine s'étend sur environ 12 ha, conduit par la même famille depuis 1920 et cinq générations. .
Ce rosé cristallin se révèle complexe à l'aération, avec ses senteurs de fleurs blanches, de pamplemousse, de cassis et de litchi. On retrouve la même richesse aromatique dans une bouche fruitée, onctueuse et gourmande, rafraîchie par une pointe acidulée. « Un vin à la délicatesse printanière », selon nos dégustateurs. ⧗ 2021-2022

⊶ EARL LA BEYSSANNETTE, chem. de la Beyssannette, 83910 Pourrières, tél. 06 86 30 93 04, earl.labeyssannette@live.fr V 🚶 🍷 *r.-v.*

Ⓑ CH. HENRI BONNAUD Terre promise 2020 ★

■ | 15 000 | 🍾 | 11 à 15 €

En 1996, Stéphane Spitzglous reprend l'exploitation de son grand-père Henri Bonnaud. Après de grands travaux de construction d'un bâtiment rassemblant la cave, le chai et le caveau, il sort son 1er millésime en 2004 et rebaptise son domaine au nom de son grand-père. Le vignoble est situé à Tholonet, au sud-est d'Aix-en-Provence face à la montagne Sainte-Victoire et couvre 29 ha conduits en agriculture biologique depuis 2013.
Composée de grenache, syrah et cinsault, cette cuvée s'habille d'une robe élégante striée de reflets violines. Le nez dévoile des arômes délicats de fruits rouges et de bonbon associés à des nuances florales et végétales. Très expressif, et même «explosif», le palais allie rondeur, fruité et fraîcheur acidulée. Un équilibré assuré. ⧗ 2021-2022

⊶ SARL DE PECOUT (CH. HENRI BONNAUD), 585, chem. de la Poudrière, 13100 Le Tholonet, tél. 04 42 66 86 28, contact@chateau-henri-bonnaud.fr V 🚶 🍷 *r.-v.* 🏠 Ⓔ

CH. DES BORMETTES La Londe Instinct parcellaire 2020 ★

■ | 10 000 | 🍾 | 15 à 20 €

Ce domaine viticole, dont l'existence est avérée depuis le Xes., devient la propriété des moines de La Chartreuse de la Verne en 1588. En 1855, Horace Vernet, peintre officiel de Napoléon III, l'acquiert et le dote d'un château. En 1929, il est acheté par la famille Goulin, toujours propriétaire des lieux, qui a relancé la mise en bouteille au domaine dans les années 1980. En 2018, la direction des 70 ha de vignes a été confiée à Julie Darneau et Christophe Deffilippi.
Cette cuvée couleur rose des sables s'ouvre sur des senteurs de nectarine, d'abricot et de fraise des bois agrémentées d'un zest d'agrumes et d'une pointe miellée. Un

peu plus discret, le palais se révèle gourmand et gouleyant, avec du gras et une finale stimulée par une fine amertume. ⧗ 2021-2022

⊶ *SC DOM. DES BORMETTES, 903, rte du Pellegrin, 83250 La Londe-les-Maures, tél. 04 94 66 81 35, commercial@chateaudesbormettes.com* V r.-v.

DOM. BORRELY-MARTIN
Le Collet 2017 ★★

■	3000		15 à 20 €

Au pied du massif des Maures, ce vignoble familial de 8 ha conduit par les frères Martin s'étend sur des sols de schistes et de grès permiens dans l'aire des côtes-de-provence.

Un assemblage de syrah, de grenache et de mourvèdre pour ce 2017 au nez élégant et discret de fruits rouges croquants et d'épices. Le palais se révèle à la fois délicat, onctueux, rond, généreux en fruit, structuré en douceur par des tanins soyeux. Un vin gourmand et fin, que l'on pourra ouvrir aujourd'hui ou dans quelques années. ⧗ 2021-2026

⊶ *SCEA DOM. BORRELY-MARTIN, 64, Grande-Rue, 83340 Les Mayons, tél. 04 94 60 09 39, jacques.martin132@wanadoo.fr* V *r.-v.*

B DOM. DU BOURRIAN 2020 ★

■	6600		15 à 20 €

Situé au pied de la colline de Gassin au cœur de la presqu'île de Saint-Tropez, ce domaine a été fondé en 1871. Dans le bâtiment principal de la cave sont conservés les gigantesques fûts en chêne du Caucase installés à la fin du XIXes. Le domaine a été acquis en 2014 par de nouveaux propriétaires qui ont entrepris une reconstruction complète des installations, en préservant l'authenticité de vieux bâtis et de certains équipements anciens. L'intégralité du vignoble est certifiée bio.

Né de grenache, de tibouren et de rolle, ce rosé arbore une jolie couleur corail clair. L'aération révèle des senteurs d'agrumes, de fruits blancs et jaunes et de fleur d'oranger. En bouche, après une attaque franche, il se montre ample, suave, très fruité (ananas, pêche, mangue), bien équilibré par une fraîcheur persistante et citronnée. Un rosé des plus harmonieux. ⧗ 2021-2022

⊶ *SCEA DOM. VITICOLE DU BOURIAN, 2360, rte du Bourrian, 83580 Gassin, tél. 06 20 63 53 45, info@bourrian.com* V *r.-v.* 5

B CH. DE BRÉGANÇON La Réserve 2020 ★★

■ Cru clas.	15000		15 à 20 €

Situé en bordure maritime des côtes-de-provence, ce cru classé d'une cinquantaine d'hectares est commandé par une demeure du XVIIes. (résidence présidentielle d'été), propriété de la famille Tézenas depuis 1816. Si l'on y élevait jadis les vers à soie, seuls les vignes et les oliviers y sont désormais exploités, sous la direction d'Olivier Tézenas depuis 2008; un vignoble certifié bio depuis 2020.

Cette cuvée, qui existe depuis... 1816, s'illumine d'élégants reflets dorés et offre un bouquet intense et complexe de fruits exotiques, de pêche, d'abricot, de cassis et de fleurs blanches. Une richesse aromatique à laquelle fait un long écho une bouche fraîche et tonique, encore dynamisée par un trait d'acidité et une pointe d'amertume en finale. ⧗ 2021-2024 ■ **Cru clas. Isaure 2020 ★ (20 à 30 €; 10000 b.)** B Une charmante robe rose pâle aux reflets cuivrés, un nez ouvert d'agrumes, de fruits exotiques et d'abricot, une bouche tendre, suave et souple, persistante sur les fruits blancs et les agrumes : ce rosé soyeux et élégant coche toutes les cases. ⧗ 2021-2022

⊶ *SARL CH. DE BRÉGANÇON, 639, rte de Léoube, 83230 Bormes-les-Mimosas, tél. 04 94 64 80 73, contact@chateaudebregancon.fr* V *r.-v.*

B DOMAINES BUNAN Bélouvé 2020 ★★

■	3000		11 à 15 €

La 3e génération est aujourd'hui aux commandes des Domaines Bunan, créés par Paul et Pierre Bunan en 1962. Un ensemble de plusieurs exploitations réputées en côtes-de-provence et en bandol : le Moulin des Costes, le Ch. et le Mas de la Rouvière, Bélouvé, tous ces vignobles étant conduits en agriculture biologique depuis 2008. Aux commandes des vinifications, Philippe Bunan, ingénieur agronome.

Ce pur rolle offre une belle intensité aromatique fruitée (agrumes, fruits rouges et fruits secs) et florale. Vive à l'attaque, la bouche, à l'unisson du bouquet, évolue ensuite sur une aimable rondeur, soulignée par un trait d'acidité qui lui confère tonus et persistance à l'ensemble. Une très belle expression du cépage. ⧗ 2021-2024

⊶ *SCEA DOMAINES BUNAN, 336 bis, chem. de Fontanieu, 83740 La Cadière-d'Azur, tél. 04 94 98 58 98, bunan@bunan.com* V *t.l.j. 9h-12h 14h-19h* E

DOM. DE CABAUDRAN 2020 ★

■	2660		8 à 11 €

Le Dom. de Cabaudran est une exploitation familiale située dans la commune du Beausset qui se transmet de père en fils depuis quatre générations. 2017 marque le premier millésime vinifié au domaine après la construction d'un chai de vinification. Le vignoble couvre 29 ha.

Cette cuvée élevée 6 mois en barrique avant assemblage développe des arômes fins de fraise et de framboise sur un fond légèrement boisé et épicé. Cette complexité aromatique se prolonge dans une bouche fraîche, souple et fruitée en attaque, plus solide et affirmée dans son développement. Quelques années de garde sont conseillées pour arrondir ce vin de caractère. ⧗ 2022-2026

⊶ *EARL CABAUDRAN, 215, chem. de Cabaudran, 83330 Le Beausset, tél. 06 71 13 41 62, domaine.cabaudran@gmail.com* V *t.l.j. sf dim. 10h-12h 15h-18h30*

CH. DE CABRAN
Cuvée des Restanques 2020 ★★

■	3250		11 à 15 €

Un domaine établi sur le site d'une villa gallo-romaine, en bordure de la voie Domitienne. Ses terres vouées autrefois aux troupeaux de chèvres (cabroen provençal) sont plantées de vignes depuis 1820 et l'installation des Monzat de Saint-Julien, toujours aux commandes. Le vignoble couvre 18 ha sur un terroir de roches volcaniques de l'Esterel.

Ce 100 % rolle dévoile un bouquet racé de fruits blancs et de fleurs relevés d'une touche boisée. Fidèle au nez, la bouche se révèle ample et ronde, imprégnée d'un fruité suave mâtiné de notes végétales et d'un trait citronné. Très agréable et un brin atypique, cette cuvée peut très bien séjourner en cave quelques années. ⧗ 2021-2025

SCEA DU DOM. DE CABRAN, chem. de Cabran, 83480 Le Puget-sur-Argens, tél. 04 94 40 80 32, cabran@wanadoo.fr V *t.l.j. sf dim. 10h-12h 14h-17h (19h été)*

B CH. CARPE DIEM Major 2019 ★

	8800		15 à 20 €

En 2013, Albéric Philipon a repris le domaine à une famille de vignerons partant à la retraite. Le vignoble est situé à Cotignac, au cœur de la Provence Verte et couvre 18 ha. Viennent s'ajouter à ceux-là 12 ha situés dans un village voisin, que la famille loue en fermage depuis 2017. L'ensemble des vignes cultivées sont conduites en agriculture biologique.

Élevé 12 mois en fûts de chêne, ce 2019 d'un rouge profond s'ouvre sur un fruité fondu et gourmand rehaussé de notes de réglisse. Le palais apparaît rond, soyeux, équilibré, épaulé par des tanins veloutés et un élégant boisé. ⧗ 2022-2026

SCEA CH. CARPE DIEM, 4436, rte de Carcès, 83570 Cotignac, tél. 04 94 04 72 88, contact@chateaucarpediem.com V *t.l.j. 10h-13h 15h-19h; f. janv.*

CH. DU CARRUBIER Cuvée de Clara 2020 ★★

	6700		11 à 15 €

Située sur la route du fort de Brégançon, cette propriété, dans la famille des actuels propriétaires depuis 1974, est nichée à La Londe, en contrebas du massif des Maures, dans le secteur maritime des côtes-de-provence. Les vignes, implantées sur un sol siliceux d'origine schisteuse, occupent 25 des 88 ha que compte l'exploitation.

Cette cuvée d'un beau rose franc, composée de grenache (88 %) et de syrah, présente un nez explosif mais raffiné à dominante florale (aubépine, acacia, fleur d'oranger). La bouche s'exprime avec fraîcheur, souplesse et élégance sur la même tonalité florale, stimulée par un trait d'acidité. Un rosé équilibré et fin. ⧗ 2021-2022

SC DU DOM. DU CARRUBIER, 1590, rte du Carrubier, 83250 La Londe-les-Maures, tél. 04 94 66 82 82, contact@carrubier.fr V *r.-v.*

CELLIER DE LA CRAU Cuvée Intemporelle 2020 ★

	15000		5 à 8 €

Fondée en 1912, la cave coopérative de La Crau, située dans la plaine viticole du même nom, à une dizaine de kilomètres de Hyères, a fusionné en 1998 avec celle de Solliès. Elle dispose des quelque 300 ha cultivés par ses adhérents et d'un caveau rénové en 2007.

Sous sa robe pâle, cette cuvée déploie un nez aérien et « printanier » d'agrumes, d'acacia, de miel et de réglisse. Plus expressive encore, sur les fruits jaunes, la bergamote et une pointe de gingembre, la bouche se révèle juteuse et fraîche. Un rosé friand, moins timide qu'il n'y paraît. ⧗ 2021-2022 ■ **Cuvée Bon Pin 2020 ★ (5 à 8 €; 15000 b.)** Le nez exhale des senteurs fruitées et florales intenses rehaussées d'une touche épicée. Le palais se montre élégant, complexe et aromatique, avec du gras et une belle fraîcheur minérale qui équilibre idéalement l'ensemble. ⧗ 2021-2022

SCV CELLIER DE LA CRAU, 85, av. de Toulon, 83260 La Crau, tél. 04 94 66 73 03, cellier-lacrau@wanadoo.fr V *t.l.j. sf dim. 8h30-12h 14h-18h*

MATHILDE CHAPOUTIER Grand Ferrage 2020 ★

	16000		8 à 11 €

Directrice commerciale du groupe Chapoutier, la fille de Michel Chapoutier a créé en 2014 sa propre maison de négoce, qui sélectionne des vins du Sud, de Bordeaux et d'Espagne. Ancienne championne de tir, spécialiste de management international, la jeune femme, qui maîtrise entre autres langues le mandarin, a certainement l'ambition de porter loin la renommée des vins de Provence.

Issu de grenache, de cinsault et de clairette, ce vin couleur saumonée libère d'intenses notes végétales et de pêche blanche vivifiées par un zest d'agrumes. Fruits blancs et agrumes se retrouvent dans un palais très frais et expressif, dynamisé par de beaux amers. Un rosé gouleyant qui accompagnera à merveille salades composées et crustacés. ⧗ 2021-2022

SAS MATHILDE CHAPOUTIER SÉLECTION, 18, av. du Dr-Paul-Durand, 26600 Tain-l'Hermitage, tél. 04 75 08 28 65, chapoutier@chapoutier.com *t.l.j. sf dim. 9h-13h 14h-18h*

VIGNOBLE DE CHAVETTE 2020 ★

	1200		8 à 11 €

Anciennement « Château du Puget », cette propriété vinicole datant du XVIIe s. est gérée depuis 1977 par Pierre-André Grimaud. Celui-ci l'a modernisée et rebaptisée Domaine de Chavette, complété par une activité de négoce en association avec Sandrine Gazano sous le nom « Vignoble de Chavette ».

Sous une robe limpide et brillante, ce blanc s'exprime généreusement sur l'ananas, le citron et les fleurs blanches. À l'unisson, le palais se révèle intensément fruité (abricot, fruits exotiques, agrumes), ample et gras, tout en restant frais. Un blanc équilibré et fin. ⧗ 2021-2024

SAS WINES ETC, Vignoble de Chavette, 680, Ch. du Mas de Blanc, 83390 Puget-Ville, tél. 06 07 27 95 83, vignobledechavette@gmail.com

B PIERRE CHAVIN Organic 2020 ★★

	400000		11 à 15 €

Implantée à Béziers, une maison de négoce créée en 2010 par l'œnologue Fabien Gross, fils de vigneron du Haut-Rhin devenu «assembleur et éleveur de vins français». Présente sur différents vignobles du pays, elle vise des «créations haute couture» et des vins «prêt-à-consommer», aptes à conquérir les marchés internationaux. La certification bio est acquise.

Vieilli sur lies fines, ce rosé à la robe brillante et claire dévoile un nez complexe de poire et de fruits exotiques mâtinés de nuances florales. La bouche aromatique et soyeuse déploie des saveurs fruitées et florales persistantes, agrémentées d'une pointe de réglisse. Une fine tension accompagne la dégustation jusqu'en finale. ⧗ 2021-2022

PROVENCE

SARL DOMAINES PIERRE CHAVIN, 2, bd Jean-Bouin, 34500 Béziers, tél. 04 67 90 12 60, mto@pierre-chavin.com r.-v.

DOM. DU CLOS D'ALARI Le Rolle 2020 ★

| 4 800 | | 15 à 20 € |

Anne-Marie et Nathalie Vancoillie, mère et fille, conduisent depuis 1998 ce domaine de 20 ha niché au cœur du Var, près de l'abbaye du Thoronet, fort d'un vignoble de 9 ha en conversion bio depuis 2018. Elles produisent également de l'huile d'olive grâce à leurs trois cents oliviers et exploitent aussi des chênes truffiers.

Sous une robe d'un jaune paille, ce 100 % rolle vendangé à la main, de nuit, s'exprime avec subtilité sur des notes d'agrumes, de fleurs blanches et une pointe végétale. Frais, rond, équilibré en somme, le palais déploie en finale des saveurs acidulées d'agrumes (pamplemousse) et une pointe amère qui ajoute à son dynamisme. ⌛ 2021-2024

SARL DOM. DU CLOS D'ALARI, 717, rte de Mappe, 83510 Saint-Antonin-du-Var, tél. 04 94 04 46 74, leclosdalari@sfr.fr t.l.j. 9h-12h30 15h-20h

LES CLOS SERVIEN 2020 ★

| 24 000 | | 8 à 11 € |

Un domaine familial dont la production était jusqu'en 2010 portée à la coopérative. Charles Servien exploite avec son père Pierre-Gilles un vignoble de 11 ha planté sur une terre schisteuse, à quelques kilomètres du golfe de Saint-Tropez.

Issue de grenache (60 %), de mourvèdre (20 %) et de tibouren (20 %), cette cuvée couleur pétale de rose s'ouvre sans réserve sur une palette aromatique complexe associant le pomélo, la mandarine, le jasmin et quelques notes de fruits rouges et exotiques. Une palette prolongée par une bouche ronde, généreuse, soyeuse et d'une belle longueur, avec une finale qui surprend par son tranchant. ⌛ 2021-2022 ■ **2019 ★ (11 à 15 €; 4 000 b.)** Ce 2019 dévoile un nez fruité, épicé et toasté. La bouche est ample et harmonieuse, épaulée des tanins soyeux et un boisé bien fondu, aux accents légèrement grillés en finale. ⌛ 2022-2026

SCEA LES CLOS SERVIEN, 310, chem. de la Tour, 83310 Grimaud, tél. 06 09 96 12 67, lesclosservien@orange.fr t.l.j. sf dim. 10h-13 15h-19h

♥ B DOM. DE LA CÔMBE Cuvée Saint-Georges 2018 ★★

| 2 800 | | 20 à 30 € |

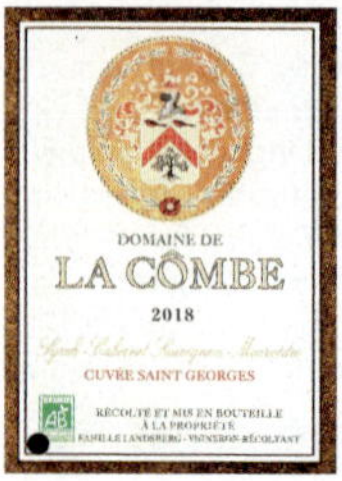

La famille Landsberg a repris ce domaine «endormi» en 2009 et l'a entièrement réhabilité en plantant de nouvelles vignes, en rénovant la cave et le chai à barriques (tout en gravité). De nombreux oliviers ont également été plantés pour diversifier la production. Toutes les cultures sont menées en agriculture biologique.

Cette cuvée vinifiée en foudre puis élevée en barrique associe syrah et cabernet. Elle présente un nez élégant et typé de fruits rouges bien mûrs étayés par de fines notes boisées et épicées. Très persistante, la bouche se montre ample, gourmande et fruitée (fraise, cassis), épaulée par un boisé bien fondu et des tanins veloutés, une agréable fraîcheur venant dynamiser la finale. Un rouge de caractère déjà furieusement savoureux, bâti aussi pour durer. ⌛ 2022-2030

SCEA DOM. DE LA CÔMBE, rte de Fréjus, 83490 Le Muy, tél. 04 94 59 12 40, lacombe@chateaulacombe.fr

LES CAVES DU COMMANDEUR Divitis 2020 ★

| 12 930 | | 8 à 11 € |

Cette coopérative née en 1913 regroupe 500 ha de vignes répartis sur neuf communes et exploités par 120 adhérents, au cœur de la Provence verte. Elle produit, à l'image de la Provence viticole, plus de 85% de rosés. Son nom provient de la commanderie templière du XIIe s. dominant le village de Monfort-sur-Argens.

Ce rosé né de cinsault et de grenache, assez pâle de robe, exhale des arômes de pêche, de poire, de pamplemousse, de fruits rouges et de coriandre. Ample, intense et très fruité, le palais est soutenu sur la longueur par une belle acidité. Une saveur de fruits cuits clôt la dégustation. ⌛ 2021-2022

SCA LES CAVES DU COMMANDEUR, 18, rue du Moulin, 83570 Montfort-sur-Argens, tél. 04 94 59 59 02, eurlcommandeur@orange.fr r.-v.

LES VIGNERONS DE COTIGNAC La Première 2020 ★

| 22 600 | | 5 à 8 € |

Héritière des deux coopératives locales créées en 1905 sur les sites de moulins à l'huile – La Défense (dite «des blancs» ou royalistes) et La Travailleuse (dite «des rouges») –, la cave des Vignerons de Cotignac est née officiellement en 1967 de la fusion de ces deux entités antagonistes. Elle regroupe aujourd'hui quelque 230 ha de vignes répartis en AOC côtes-de-provence et en IGP Var.

Habillée d'une robe striée de reflets orangés, cette cuvée réserve un nez avenant d'agrumes (mandarine, citron), de fruits exotiques (litchi, fruit de la Passion), de pêche et de fleurs blanches sur fond de garrigue. Ronde, soyeuse et gourmande dès l'attaque, la bouche combine avec élégance ce fruité généreux avec une agréable amertume qui vient titiller la finale. ⌛ 2021-2022

SCA LES VIGNERONS DE COTIGNAC, quartier Basse-Combe, 83570 Cotignac, tél. 04 94 04 60 04, lesvignerons.decotignac@orange.fr t.l.j. sf dim. 8h-12h 14h-18h; lun. 14h-18h

CH. COUSSIN Sainte-Victoire 2019 ★

| 8 900 | | 15 à 20 € |

Le Ch. Coussin est situé à Trets, face à la montagne Sainte-Victoire. Ancienne propriété de Jean-Baptiste Coussin, avocat à la cour d'appel d'Aix au XVIIe s., il devient au début du XXe s. le berceau de la famille Sumeire. Aujourd'hui, ce sont Olivier et Sophie Sumeire qui gèrent ce vignoble de 90 ha certifié HVE.

Composé de syrah (80 %) et de cabernet-sauvignon, ce 2019 à la robe profonde se montre expressif au nez, avec des senteurs de petits fruits rouges et d'épices (réglisse, poivre) agrémentées de notes florales et végétales. Sans jamais se départir de sa fraîcheur, la bouche se montre ronde, soyeuse, persistante sur le fruit épicé, bien épaulée par des tanins arrondis. 2021-2026

STEF FAMILLE SUMEIRE, 1048, chem. de Coussin, 13530 Trets, tél. 04 42 61 20 00, sumeire@sumeire.com V r.-v.

CH. DES DEMOISELLES 2019 ★

	n.c.		11 à 15 €

Située sur le plateau de La Motte près des gorges de Pennafort, cette ancienne propriété de la famille Grimaldi (principauté de Monaco) est conduite par Aurélie Bertin depuis 2005. D'importants travaux de rénovation ont redonné sa splendeur à la bastide de 1830 qui commande un vignoble de 75 ha.

Issu de syrah et de cabernet-sauvignon, ce 2019 dévoile de délicates notes de cerise noire confiturée, d'épices douces et de garrigue. La bouche conjugue harmonieusement rondeur, chaleur et fraîcheur, soutenue par des tanins fondus. À boire ou à attendre. 2022-2026

SCEA CH. DES DEMOISELLES, 2040, rte de Callas, 83920 La Motte, tél. 04 94 99 50 30 V r.-v. 5

B CH. DEMONPÈRE Cuvée Prestige 2020 ★

	4670		11 à 15 €

Géraldine et Yves Journel ont repris en 2011 ce domaine situé dans la plaine des Maures et perpétuent l'agriculture biologique adoptée par leur prédécesseur. Les 144 ha de leur propriété se répartissent entre forêt (95 ha), vignes (32 ha) et oliveraies (17 ha).

Sous une robe assez pâle animée de fins reflets dorés, ce 100 % rolle s'exprime délicatement sur les fruits à chair blanche, les fleurs blanches et les agrumes (citron). Vif à l'attaque, le palais se révèle ample, gras et fruité sur la longueur, équilibré par une fine acidité. Un blanc à l'harmonie accomplie. 2021-2024

SAS CH. DEMONPÈRE, rte des Mayons, La Pardiguière, 83340 Le Luc-en-Provence, tél. 04 94 60 07 78, chateau@demonpere.fr V t.l.j. sf dim. 10h-12h30 14h-18h

DOM. DES DIABLES L'Hydropathe 2020 ★★

	22133		15 à 20 €

Virginie Fabre et Guillaume Philip, valeur sûre de la Provence viticole, dirigent depuis 2007 le Dom. des Diables, une propriété de 15 ha auparavant laissée à l'abandon. Une création récente, mais déjà une référence, souvent en vue dans le Guide pour ses côtes-de-provence rosés.

Cet excellent (comme toujours) Hydropathe, né de syrah (60 %) et de grenache (40 %), s'exprime avec élégance sur les agrumes, les fruits exotiques et les fleurs blanches. Bien équilibré en bouche, il déploie sur une belle longueur de la rondeur, de l'amplitude et un fruité gourmand dominé par les fruits exotiques. Une cuvée séduisante et harmonieuse. 2021-2022 **Rosé Bon Bon 2020 ★★ (11 à 15 €; 30533 b.)** Cinsault, syrah et grenache pour cette cuvée très pale, ouverte et complexe, aux senteurs d'abricot, de pêche blanche, de litchi, d'agrumes et de fleurs blanches agrémentées d'un trait mentholé. La bouche se montre ample, juteuse, centrée sur un fruité intense, mâtiné de nuances florales (acacia, rose). 2021-2022 **Les Petits Diables 2020 ★ (5 à 8 €; 26666 b.)** Élégance, fraîcheur et relief : ce rosé est un charmeur. Le nez s'exprime sans réserve sur les agrumes, les fruits à chair blanche et quelques douces notes pâtissières (brioche). Le palais souple, rond, généreux, bien fruité, conserve une jolie fraîcheur jusqu'en finale. 2021-2022

DOM. DES DIABLES, chem. de la Colle, 13114 Puyloubier, tél. 06 81 43 94 62, contact@mip-provence.com V t.l.j. sf dim. 10h-17h

DOM. DES ESCARAVATIERS 2020 ★

	23600		8 à 11 €

Jules César donna ces terres à l'un des vétérans de la neuvième légion, Caïus Novellïus, qui y implanta les premières vignes. Un héritage que cultive depuis 1928 la famille Costamagna, à la tête d'un vignoble d'une trentaine d'hectares planté sur argilo-calcaires. À noter, le domaine invite tous les étés des artistes à se produire en concert.

Intense et complexe, ce rosé dévoile au nez des arômes de pêche blanche, de fruits jaunes, d'agrumes et d'anis. La bouche se révèle tendre, ronde, finement texturée, avec en soutien une juste acidité qui apporte du tonus. 2021-2022 **2020 ★ (8 à 11 €; 6400 b.)** Ce 100 % rolle s'exprime discrètement sur les fruits blancs (pomme granny) et les agrumes avec un trait anisé. Aromatique et toujours frais, le palais offre du fruité et un bel équilibre entre rondeur et une fine tension acidulée. Un joli compagnon d'apéritif, entre légèreté et intensité. 2021-2024

SNC DOMAINES BM COSTAMAGNA, 514, chem. de Saint-Tropez, 83480 Puget-sur-Argens, tél. 04 94 55 51 80, escaravatiers@wanadoo.fr V t.l.j. sf dim. lun. 10h-12h 14h-18h

B DOM. DES FÉRAUD Indigène Vieille Syrah 2017 ★

	3000		15 à 20 €

En 2011, à 50 ans, Markus Conrad, entrepreneur allemand œnophile, a réalisé son rêve en rachetant avec les siens ce domaine ancien, jusqu'alors propriété de la famille Fournier. Établi dans le sanctuaire écologique de la plaine des Maures, le vignoble couvre aujourd'hui 25 ha, planté sur un terroir sablo-limoneux très qualitatif. La conversion bio a été achevée en 2017.

Élevé en fut de chêne pendant 15 mois, ce 2017 offre un nez intense et complexe de fruits rouges (fraise, framboise, groseille) légèrement confiturés et épicés. La bouche, ample, suave et croquante, centrée sur le fruit bien mûr, s'adosse à des tanins souples et veloutés. Un vin complexe et élégant qui peut s'apprécier aujourd'hui comme dans quelques années. 2022-2026 **Cuvée Prestige 2020 ★ (11 à 15 €; 45000 b.)** B Cette cuvée à dominante de cinsault dévoile un nez intense d'agrumes et de violette agrémenté de notes de brioche. La bouche déploie avec générosité cette même palette aromatique, tout en conservant une belle fraîcheur, renforcée par une minéralité crayeuse en finale. 2021-2022

SARL CERF (DOM. DES FÉRAUD), 3590, rte de Saint-Tropez, RD 48, 83550 Vidauban, tél. 04 94 73 03 12, info@domainedesferaud.com V r.-v.

PROVENCE

CH. FERRY LACOMBE Équinoxe 2020 ★★

1200 | 20 à 30 €

L'histoire de ce domaine, situé dans le paysage de la montagne Sainte-Victoire, remonte avec l'installation des Ferry au temps du roi René (XVe s.). Au XVIIe s., Daniel de Ferry, maître-verrier, s'établit à La Combe, dont la forêt fournissait le bois nécessaire à son activité. La famille Pinot préside depuis 2000 aux destinées du vignoble qui couvre 55 ha, donnant naissance à des vins très réguliers en qualité.

Sous sa robe couleur litchi aux reflets orangés, cet assemblage de syrah et grenache dévoile de généreuses senteurs d'agrumes, de fruits blancs, de fraise et de bonbon anglais. La bouche, aromatique, ample et fraîche, reste sur le fruit, avec une dominante de fraise confiturée et quelques notes de violette. Harmonieux, gourmand et alerte. ⧗ 2021-2022 **Naos 2020 ★★ (11 à 15 €; 2130 b.)** Principalement issue de rolle, cette cuvée convoque les agrumes, la mangue et le melon. On retrouve ce fruité dans un palais gras et rond, vivifié par un trait anisé et une pointe citronnée. Une cuvée façonnée pour les produits de la mer. ⧗ 2021-2024

SARL FERRY LACOMBE DIFFUSION, 2068, rte de Saint-Maximin, 13530 Trets-en-Provence, tél. 04 42 29 40 04, info@ferrylacombe.com V *r.-v.* 5

♥ B FIGUIÈRE
La Londe Confidentielle 2020 ★★

30500 | 20 à 30 €

Situé dans la commune La Londe-les-Maures et dominant les îles d'Or, Figuière est une Maison appartenant à la famille Combard depuis 1992. Aujourd'hui, ce sont Magali, Delphine et François qui sont à la tête de ce vignoble cultivé en agriculture biologique depuis 40 ans. En décembre 2019, Figuière annonce l'acquisition du Ch. Barbeiranne situé à Pignans. Le vignoble passe ainsi d'une superficie de 85 à 120 ha.

Les années se suivent et se ressemblent pour Figuière, pour le meilleur des amateurs de bons rosés sudistes. Coup de cœur dans sa version 2019, cette cuvée fait aussi bien avec le 2020. Un assemblage de cinsault, de grenache et de mourvèdre qui offre un nez flatteur et persistant d'agrumes (pamplemousse) et de fruits jaunes. On reste sur le fruit, intense, généreux, persistant, dans une bouche onctueuse et ronde à souhait, qui conserve une très agréable fraîcheur jusqu'en finale. Un rosé majuscule. ⧗ 2021-2022 **Première 2020 ★ (15 à 20 €; 34000 b.)** B Sous sa robe jaune pâle, cette cuvée révèle un nez complexe et croquant de pêche, de cassis et de fruits exotiques stimulés par une pointe de citron vert. Rond, tendre, ample et gourmand, le palais déploie une belle longueur. ⧗ 2021-2024

SARL SAINT-ANDRÉ DE FIGUIÈRE, 605, rte de Saint-Honoré, BP 47, 83250 La Londe-les-Maures, tél. 04 94 00 44 70, karine@figuiere-provence.com V *t.l.j. sf dim. 10h-19h*

B CH. FONT DU BROC 2020 ★

33000 | 15 à 20 €

Implanté sur un terroir argilo-calcaire dominant la cité médiévale des Arcs-sur-Argens, ce domaine couvre 100 ha partagés entre la vigne (25 ha en bio certifié depuis 2013), les oliviers et l'élevage de chevaux de compétition.

Grenache (40 %), syrah (40 %) et mourvèdre composent cette cuvée à la robe saumonée et au nez tout en nuances florales. Très expressive et complexe, la bouche déploie un joli bouquet fruité, sur les fruits exotiques, les petits fruits rouges et les agrumes agrémentés d'une note épicée en finale. Une fraîcheur persistante, renforcée par une touche d'amertume, confère un bel équilibre à l'ensemble. ⧗ 2021-2022 **2020 ★ (15 à 20 €; 22000 b.)** B Un pur rolle au nez discret et délicat de rose et de safran. Beaucoup plus expressive, la bouche se montre vive et tonique, déployant sur une belle longueur des arômes d'agrumes, de fleurs blanches et d'épices, avec un agréable acidulé qui souligne la finale. ⧗ 2021-2023

SARL CH. FONT DU BROC, chem. de la Font-du-Broc, 83460 Les Arcs-sur-Argens, tél. 04 94 47 48 20, info@chateau-fontdubroc.com V *r.-v.*

B DOM. DE LA FOUQUETTE
Rosée d'aurore 2020 ★

47000 | 8 à 11 €

Sur les contreforts du massif des Maures, Isabelle Daziano conduit depuis 2005, avec son époux Jean-Pierre, les 20 ha du domaine paternel. Elle a signé en 2013 son premier millésime en bio certifié.

Cet assemblage de grenache, de cinsault, de syrah et de mourvèdre développe un bouquet complexe et élégant de cassis et d'agrumes mâtiné de nuances florales et pâtissières. Notes pâtissières que l'on retrouve dans une bouche aérienne et complexe, au fruité élégant (melon, rhubarbe et grenadine). Un rosé à la générosité affirmée. ⧗ 2021-2022 **Pierres de moulin 2020 ★ (8 à 11 €; 15500 b.)** B Un nez fin et fruité, une bouche ample et gourmande, sur des saveurs de fruits rouges et d'agrumes un brin confiturées, le tout souligné par une fraîcheur impeccable : ce rosé ne manque pas de caractère malgré un premier abord timide. ⧗ 2021-2022

EARL DOM. DE LA FOUQUETTE, rte de Gonfaron, 83340 Les Mayons, tél. 04 94 73 08 45, domaine.fouquette@gmail.com V *r.-v.* 3 E

B CH. DE LA GALINIÈRE 2020 ★

4896 | 8 à 11 €

Le Ch. de la Galinière se situe à l'est d'Aix-en-Provence sur la commune de Châteauneuf-le-Rouge, sur le plateau du Cengle, première marche calcaire de la montagne Sainte-Victoire. Le domaine s'étend sur 38 ha cultivés en agriculture biologique.

Un 100 % rolle limpide et brillant. L'aération révèle des flagrances florales et fruitées. Souple à l'attaque, la bouche se déploie avec de la rondeur, de la chaleur, une belle intensité aromatique et, en finale, une fraîcheur bienvenue aux accents citronnés. Résultat : un blanc bien équilibré entre puissance et acidité. ⧗ 2021-2024

SCEA CH. DE LA GALINIÈRE, RN 7, 13790 Châteauneuf-le-Rouge, tél. 06 17 26 70 68, manon.martin@domaines-rhodaniens.com V r.-v.

DOM. DE LA GARNAUDE Cuvée Trois 7 2020 ★

■ | 1334 | | 8 à 11 €

Le Dom. de la Garnaude est situé sur la commune de Gonfaron, en zone de plaine, sur le versant nord du massif des Maures. Le vignoble couvre 22 ha, conduits en culture raisonnée, et se partage pour moitié en appellation côtes-de-provence, pour moitié en IGP Maures.

Cette cuvée offre un nez très frais d'agrumes et de fruits à chair blanche mâtinés de notes de camomille et de gingembre. La bouche se révèle ample, ronde, généreusement fruitée, équilibrée par une vivifiante touche d'amertume en finale. Un ensemble harmonieux, aussi intense que délicat. ⧗ 2021-2024

SCEA FAMILLE LAMOOT, Dom. de la Garnaude, RD 233, 83590 Gonfaron, tél. 06 63 08 32 49, fannybosiger@hotmail.com V r.-v.

Ⓑ DOM. DE GAVAISSON Inspiration 2020 ★★

■ | 6000 | | 20 à 30 €

Un domaine ancien, acquis en 1987 par la famille Than, originaire d'Autriche et d'Allemagne. C'est aussi l'un des plus petits de l'appellation côtes-de-provence : 4 ha conduits en bio et entièrement dédiés au blanc.

Parée d'une robe très pâle, cette cuvée née de rolle (80 %) et de sémillon s'ouvre avec délicatesse sur la poire, la pêche blanche, le citron et l'anis. En bouche, l'attaque est fraîche et acidulée. Un fruité croquant et juteux marqué par la pêche et les agrumes s'installe sur la longueur, une note vivace et citronnée venant aiguiser la finale. « Un blanc fougueux avec du peps », selon nos dégustateurs. ⧗ 2021-2024

SARL DOM. DE GAVAISSON, 2487, chem. de Ginasservis, 83510 Lorgues, tél. 04 94 59 53 62, info@gavaisson.fr V r.-v.

Ⓑ DOM. GAVOTY Grand Classique 2020 ★

■ | 50000 | | 11 à 15 €

Ce vaste vignoble de 50 ha d'un seul tenant est la propriété des Gavoty depuis 1806. Il a bâti sa renommée sur l'élaboration de blancs et de rouges de garde. Un domaine précurseur aussi : c'est Pierre Gavoty qui a introduit le rolle dans le côtes-de-provence blanc. Sa fille Roselyne, chargée des vinifications depuis 1985, a pris la direction de l'exploitation en 2001.

Cette cuvée largement dominée par le cinsault (90 %) arbore de charmants reflets orangés. Si le nez se montre discret, laissant échapper quelques notes florales (pivoine, violette), le palais s'affirme davantage, bien équilibré entre la douceur, la vivacité et une belle intensité de saveurs fruitées et florales. Un rosé harmonieux, à servir avec une ratatouille ou des légumes farcis. ⧗ 2021-2022

EARL GRAND-CAMPDUMY, Dom. Gavoty, Le Grand-Campdumy, 83340 Cabasse, tél. 04 94 69 72 39, domaine@gavoty.com V r.-v.

EXCEPTION DE LA GISCLE 2019 ★★

■ | 2666 | | 11 à 15 €

Ce domaine de 45 ha s'est développé dès le XVIe s. autour d'un moulin à farine devenu magnanerie, puis symbole de ce vignoble planté sur un terroir schisteux. Pierre Audemard et son épouse ont rejoint les parents au début des années 1990 pour développer l'activité et la vente au caveau. En 2020, leurs deux filles, Camille et Angélique, ont à leur tour intégré le domaine.

Élevé 10 mois en fût, ce 2019 né de syrah, grenache, cabernet et mourvèdre arbore un grenat profond. Le nez s'exprime avec élégance sur un compoté de fruits rouges rehaussé d'un trait de poivre et de cannelle. Parfaitement en cohérence avec l'olfaction, le palais se révèle rond, soyeux et intense, sur le fruit et les épices, tout en conservant une agréable fraîcheur. Des tanins encore un peu fermes en finale incitent à un peu de patience. ⧗ 2023-2028 ■ **2020 ★ (8 à 11 €; 3466 b.)** Ce rosé couleur saumonée aux reflets argentés dévoile un nez fin d'agrumes, de pêche et de rose. Fraîche et aromatique, la bouche s'étire sur une longueur appréciable, tendue par un trait d'amertume jusqu'en finale. ⧗ 2021-2022

EARL DOM. DE LA GISCLE, 1122, rte de Collobrières, 83310 Cogolin, tél. 04 94 43 21 26, dom.giscle@wanadoo.fr V *t.l.j. sf mer. dim. 9h-12h30 14h-18h30*

VIGNERONS DE GONFARON
Hédonique 2020 ★

■ | 4230 | | 5 à 8 €

Créée en 1921, la coopérative des maîtres vignerons de Gonfaron réunit aujourd'hui quelque 120 adhérents pour un vignoble de 550 ha implanté sur des terroirs d'une grande diversité – schistes, grès rouge, argilo-calcaires – entre le massif des Maures et l'Aille, qui prend sa source au village.

Ce 100 % rolle présente de délicats reflets verts. Ouvert sans être exubérant, le nez s'exprime sur les agrumes (citron), des notes végétales et un soupçon d'aromates. Le palais se révèle puissant, charnu et chaleureux, centré sur les fruits blancs bien mûrs, avant une finale plus fraîche sur le citron. Un blanc expressif. ⧗ 2021-2024

SCA LES MAÎTRES VIGNERONS DE GONFARON, rte Nationale, 83590 Gonfaron, tél. 04 94 78 30 02, info@vignerons-gonfaron.com V *t.l.j. 9h-12h 14h-18h*

♥ LE GRAND CROS
L'Esprit de Provence 2020 ★★

■ | 34800 | | 11 à 15 €

Au-dessus du massif des Maures, le vignoble du Grand Cros (24 ha), en appellation côtes-de-provence, côtoie les pins ainsi qu'une oliveraie. Il a séduit en 1989 un couple de Canadiens, Hugh et Jane Faulkner – le premier fut ministre de Pierre Trudeau avant de travailler pour un grand groupe industriel de son pays –, qui l'ont entièrement réhabilité. Depuis 2000, c'est Julian, le fils, qui dirige

le domaine et les vinifications. Il complète sa production par une activité de négoce.

La robe de cette superbe cuvée est striée d'élégants reflets couleur framboise. Le nez se révèle complexe et intense autour de notes de pêche jaune, de litchi, de mangue, de pamplemousse et un soupçon de jasmin. Explosive et fraîche en attaque, la bouche déploie ensuite beaucoup de volume, une chair ronde, soyeuse et souple, et un fruité particulièrement persistant. Tout l'esprit de la Provence en effet dans cette gourmandise irrésistible. ⧗ 2021-2022 ■ **L'Esprit de Provence 2019 ★★ (11 à 15 €; 7000 b.)** Syrah et de cabernet pour ce rouge ouvert à l'aération sur les petits fruits mûrs (myrtille, cassis) et la violette agrémentés de notes animales et épicées. En bouche, il se révèle charnu et généreux en fruit, avec toujours un trait épicé. Encore un brin fermes, les tanins devraient s'affiner avec la garde. ⧗ 2022-2026

EARL DOM. DU GRAND CROS, Dom. Grand Cros, RD 13, 83660 Carnoules, tél. 04 98 01 80 08, info@grandcros.fr V *t.l.j. sf lun. dim. 10h-18h*

DOM. LA GRANDE BAUQUIÈRE Moment suspendu 2018 ★

■	1500		20 à 30 €

Ce domaine de 80 ha d'un seul tenant, niché au pied de la montagne Sainte-Victoire et protégé du mistral par un écrin végétal, est en pleine restructuration depuis son acquisition en 2012 par Alain et Dorothée Salat.

Grenache (80 %) et syrah composent ce 2018 au nez ouvert et frais de fruits rouges et noirs compotés agrémentés d'une touche grillée. Franche à l'attaque, la bouche offre de la rondeur, du gras, du fruit (framboise et fraise des bois) et une touche épicée qui titille les papilles en finale, le tout adossé à des tanins bien arrondis. ⧗ 2021-2026

GFA LA GRANDE BAUQUIÈRE, RD 12, chem. des Plaines, 13114 Puyloubier, tél. 04 42 29 05 37, contact@domainelagrandebauquiere.com V *t.l.j. sf sam. dim. 9h-12h 14h-16h*

B DOM. DE LA GRANDE PALLIÈRE 2020 ★

■	15000		11 à 15 €

Ce domaine familial de 36 ha, fondé en 1951 et situé à près de 250 m d'altitude, est entièrement tourné vers l'agriculture biologique depuis 1998, comme tous les vignobles de Correns, village «bio» depuis les années 1990.

Cet assemblage de rolle (80 %) et d'ugni blanc propose un bouquet frais de fleurs blanches, de pêche et de citron vert. La bouche se montre ronde et chaleureuse, centrée sur un fruité gourmand de pêche relevé de notes épicées. Une fraîcheur acidulée équilibre cette cuvée qui ne manque pas de générosité. ⧗ 2021-2024 ■ **2020 ★ (11 à 15 €; 50000 b.)** B Ce rosé né de grenache, de cinsault et de syrah exhale de délicates notes d'abricot, de fruits rouges et de fleurs blanches. La bouche est fraîche et tendre, la douceur des fruits rouges s'accompagnant d'un trait citronné. Un rosé équilibré et délicat. ⧗ 2021-2022

EARL DOM. DE LA GRANDE PALLIÈRE, La Grande Pallière, 83570 Correns, tél. 04 94 59 57 55, contact@lagrandepalliere.com V *r.-v.*

DOM. LA GRAND'PIÈCE 2020 ★

■	8000		5 à 8 €

Sur cette exploitation familiale d'une vingtaine d'hectares d'un seul tenant (d'où son nom), située en bordure de la voie Aurélienne, des fouilles archéologiques ont permis de mettre au jour un village gallo-romain dont certains vestiges sont exposés au caveau. Les 27 ha de vignes sont conduits par Bruno de Chauvelin depuis 1984, épaulé depuis 2011 par son fils Thibaut.

Mi-rolle mi-ugni, cette cuvée propose un nez délicat de fruits exotiques, de feuilles de cassis et de bonbon à la rose. Vif à l'attaque, le palais se révèle souple et raffiné. Un blanc sur la fraîcheur qui laisse une plaisante impression de légèreté. ⧗ 2021-2023

SCEA CHAVELIN, Dom. la Grand'Pièce, 83340 Cabasse, tél. 06 10 78 49 58, lagrandpiece@live.fr V *r.-v.*

DOM. DE GRANDPRÉ Cuvée Favorite 2020 ★

■	7000		5 à 8 €

Valérie Vidal-Revel conduit depuis 2006 ce domaine de 25 ha, niché dans la vallée de Puget-Ville, au pied du massif des Maures. Elle le travaille d'une manière de plus en plus raisonnée, utilisant en cave des produits œnologiques agréés en bio et limitant l'usage des sulfites.

Illuminé de ravissants reflets émeraude, ce blanc à dominante rolle, complété de sémillon, s'exprime discrètement sur des notes de fleurs et de fruits à chair blanche. La bouche, équilibrée et fraîche de bout en bout, déploie sur une belle longueur un fruité mûr vivifié par une touche acidulée aux saveurs d'agrumes. ⧗ 2021-2023

SCEA DOM. DE GRANDPRÉ, chem. des Grands-Prés, 83390 Puget-Ville, tél. 04 94 23 42 86, domaine.grandpre@orange.fr V *t.l.j. 9h-18h*

VIGNOBLES GUEISSARD Cuvée G 2020 ★

■	10000		8 à 11 €

Pauline Giraud et Clément Minne, diplôme de «viti-œno» en poche, après des expériences en Provence et aux antipodes, décident de faire leur propre vin. Vignerons sans terres, ils prennent des parcelles en fermage en 2010 puis en pleine propriété, et constituent ainsi une mosaïque de 17 ha répartis sur plusieurs terroirs, en AOC bandol et côtes-de-provence. En 2020, ils ont adopté une nouvelle identité visuelle pour leur domaine et cuvées.

Cette cuvée née de syrah et de cinsault se présente dans une élégante robe aux reflets cuivrés. Le nez exhale les agrumes, les fruits exotiques (litchi, ananas, mangue), la pêche et l'abricot. Un fruité que prolonge avec intensité une bouche franche, fraîche et longue, encore dynamisée par un trait poivré et une fine acidité en finale. ⧗ 2021-2022

SAS DOM. GUEISSARD, 405, traverse des Grenadières, 83330 Le Beausset, tél. 09 81 49 76 00, pauline@lesvignoblesgueissard.com V *t.l.j. sf dim. lun. 9h-12h 14h-18h; sam. 10h-12h 15h-18h*

GUILDE DES VIGNERONS Cuvée des Abbés 2018 ★

■	5000	🍾	5 à 8 €

Fondée peu après la Première Guerre mondiale, la Guilde des Vignerons est une coopérative implantée dans le Var, près de la célèbre abbaye cistercienne du Thoronet. Elle dispose des 250 ha de vignes de ses 56 adhérents et fournit surtout des côtes-de-provence et des IGP Var.

Le duo syrah-grenache (70-30) à l'œuvre dans ce rouge intensément bouqueté, sur la cerise, la framboise et les senteurs de la garrigue. Une attaque souple, sur le fruit, introduit une bouche fraîche, élégante, aux tanins fondus et soyeux. ⧗ 2021-2025 ■ **Prestige 2017 ★ (11 à 15 €; 1000 b.)** Fruits rouges et noirs, nuance boisée, pointe de réglisse et de vanille, bouche soyeuse et généreuse, bien équilibrée par une agréable fraîcheur : un rouge bien sous tous rapports. ⧗ 2021-2025

⊶ SCA LA GUILDE DES VIGNERONS, 20, bd du 17-août-1944, 83340 Le Thoronet, tél. 06 12 07 27 71, guilde.romain@hotmail.fr V 🍷 t.l.j. sf dim. 9h-12h30 14h-18h30

Ⓑ DOM. DE L'HEURE BLEUE
Bleu de minuit 2020 ★★

■	9066	🍾	11 à 15 €

À la tête d'un groupe familial spécialisé dans les transports et les voyages, Alain Place, venu du nord de la France et tombé sous le charme de la Provence, a repris avec son épouse ce domaine situé sur le flanc du massif des Maures, non loin de Saint-Tropez. Il a restructuré le vignoble (11 ha aujourd'hui, en conversion bio) et signé son premier millésime en 2012.

Cet assemblage de grenache, syrah et cinsault s'habille d'une robe couleur pelure d'ognon. Au nez, il révèle des parfums de cassis, de prune, de pêche et de fruits exotiques avec une pointe citronnée. La bouche est bien équilibrée, à la fois ronde, soyeuse et tonifiée par une fine acidité. Une agréable sensation de fraîcheur domine la finale. ⧗ 2021-2022

⊶ SCEA DOM. DE L' HEURE BLEUE, rte Notre-Dame-des-Anges, 83590 Gonfaron, tél. 07 87 02 77 80, info@domaineheurebleue.com V 🍷

DOM. JACOURETTE Sainte-Victoire 2019 ★★

■	4000	🍾	11 à 15 €

Hélène Dragon, 4e du nom à diriger l'exploitation familiale, œuvre au chai et à la vente, tandis que son mari Frédéric Arnaud s'occupe de la vigne. Installé depuis 1997 à la tête de la propriété, le couple conduit un vignoble qui compte aujourd'hui 25 ha, situé à 5 km de la montagne Sainte-Victoire. Un domaine très régulier en qualité, qui a été certifié HVE3 (haute valeur environnementale) en 2019.

Cette cuvée d'un beau rubis profond exhale des arômes intenses de fruits rouges, de bourgeon de cassis et d'épices. La bouche, de belle longueur, se montre franche, puissante et structurée, l'intensité du fruit mûr (groseille, canneberge) s'appuyant sur des tanins encore virils. Du coffre et un bon potentiel. ⧗ 2022-2027 ■ **Vignoble Dragon La Belle Hélène 2020 ★★ (8 à 11 €; 4000 b.)** Une robe rose pâle et un nez de pêche, d'agrumes, de fruits rouges et de coriandre composent une approche engageante. Ample et ronde, la bouche conserve du fruit et de la fraîcheur sur une belle longueur, un trait épicé venant stimuler la finale. Un bon classique. ⧗ 2021-2022

⊶ DOM. JACOURETTE, rte de Trets, RD 23, 83910 Pourrières, tél. 04 94 78 54 60, helene.dragon@jacourette.com V 🚶 🍷 r.-v.

CH. DE JASSON Jeanne 2020 ★★

■	19000	🍾	15 à 20 €

Anciens restaurateurs parisiens, Benjamin Defresne et son épouse Marie-Andrée ont repris cette exploitation en 1990 : 16 ha de vignes sur sols de schistes et d'argile, à quelques encablures de la Méditerranée, au sud, et du massif des Maures, au nord. Leurs enfants Victoria (au commercial) et Jonathan (à la vigne) les ont rejoints. En 2019, le domaine a obtenu la certification HVE 3.

Ce blanc strié de reflets dorés développe de puissants arômes de fruits blancs, d'agrumes, de fruits exotiques et de jasmin. Le palais se révèle ample, rond et intense, avec en soutien un élégant trait d'acidité qui va bien. Un vin généreux et des plus expressifs. ⧗ 2021-2024

⊶ SCEA CH. DE JASSON, 813, rte de Collobrières, 83250 La Londe-les-Maures, tél. 04 94 66 81 52, chateau.de.jasson@orange.fr V 🚶 🍷 t.l.j. 9h30-12h30 14h30-18h30

CH. LAUZADE L'Envy 2020 ★

■	2600	🍾	15 à 20 €

Propriétaire du Ch. Marquis de Terme (margaux) et du Val d'Arenc (bandol), la famille Sénéclauze a repris le Ch. Lauzade en 2007. Les origines de ce domaine remontent à 46 av. J.-C., date de construction d'une villa romaine sur ce terroir argilo-calcaire et gréseux. Le vignoble de 50 ha est commandé par une bastide du XIXe s. à la cour carrée, plantée de platanes tricentenaires.

Issue de grenache et d'une touche de syrah (5 %), cette cuvée confidentielle arbore un élégant rose saumoné animé de reflets fuchsia. Le nez ouvert et complexe distille des arômes de fruits jaunes, de pêche, de fleurs et d'épices douces. Le palais, souple, gourmand et toujours frais, est titillé par un agréable perlant. La finale est tendue par une pointe saline. Une cuvée d'un bel équilibre. ⧗ 2021-2022

⊶ SAS SÉNÉCLAUZE, Ch. Lauzade, 3423, rte de Toulon, 83340 Le Luc-en-Provence, tél. 04 94 60 72 51, chateaulauzade@orange.fr V 🚶 🍷 t.l.j. sf sam. dim. 9h-12h 13h30-17h30

Ⓑ DOM. LOLICÉ Voltige 2020 ★★

■	13000	🍾	8 à 11 €

Tourné vers la plaine de Cuers-Pierrefeu, ce domaine appartient aux Monet depuis 1998 : Patrick s'occupe des vignes (17 ha en bio), tandis que son épouse Barbara œuvre au chai. Son nom est une contraction des prénoms des enfants, Lola, Lissy et Célia. D'abord destinés à la coopérative, les raisins sont vinifiés au domaine depuis 2002. Une valeur sûre des côtes-de-provence.

Né de cinsault (44 %), de grenache (30 %) et de syrah (26 %), ce rosé saumoné s'exprime sur le pamplemousse, la pêche, l'abricot et les fruits exotiques. En bouche, il se montre ample, gourmand, généreux, centré sur les fruits mûrs (pêche, abricot), avec une fraîcheur acidulée en finale qui lui confère de l'équilibre. ⧗ 2021-2022

PROVENCE

SCEA DOM. LOLICÉ, 1122, chem. de la Ruol, 83390 Puget-Ville, tél. 04 94 33 53 61, lolicedomaine@orange.fr V *t.l.j. sf dim. 9h-12h 14h-18h*

DOM. LONGUE TUBI 2018 ★

■ | 1300 | | 11 à 15 €

Le nom de Longue Tubi évoque une conduite en terre cuite d'époque gallo-romaine qui captait ici l'eau d'une source, trace d'une activité humaine très ancienne sur ces terres calcaires. François et Catarina Buisine, ingénieurs agronomes, y conduisent en bio un vignoble de 21 ha.

Élevé 18 mois en cuve, ce 2018 dévoile un nez discret mais élégant de fruits noirs mûrs et de sous-bois. Franc à l'attaque, le palais affiche de l'ampleur et une belle intensité aromatique sur les fruits noirs et rouges rehaussés de notes épicées. Ses tanins encore un peu fermes en finale appellent quelques années de garde. ⧗ 2023-2028

SCEA DOM. LONGUE TUBI, rte de Gonfaron, D 39, 83340 Flassans-sur-Issole, tél. 06 15 01 43 41, longuetubi@gmail.com V *t.l.j. sf sam. dim. 9h-16h30*

B DOM. LE LOUP BLEU Sainte-Victoire Croix du Sud 2020 ★

■ | 6200 | | 11 à 15 €

Ce vignoble de 9 ha situé au pied de la montagne Sainte-Victoire, qui produit exclusivement en AOP côtes-de-provence, a été acquis en 2012 et restructuré par Sylvie et Marc Dubois. Le domaine, certifié bio depuis 2015, doit son nom à la montagne Podium Luperium, la «colline des Loups» et ceux des cuvées reflètent la passion des vignerons pour l'aviation.

Grenache et syrah composent cette cuvée rose pastel, qui révèle un bouquet intense et élégant de pêche, de coing et de fleurs blanches. La bouche est puissante, ample et onctueuse, avec beaucoup de gras et ce qu'il faut de vivacité. Un blanc harmonieux et chaleureux qui appelle une cuisine épicée, indienne par exemple. ⧗ 2021-2024 ■ **Sainte-Victoire Croix du Sud 2019 ★ (15 à 20 €; 6100 b.)** Au nez, des fruits rouges légèrement épicés. Une attaque franche ouvre sur un palais ample et frais, au fruité persistant, adossé à un boisé subtil et épicé (réglisse, poivre noir). Un mariage réussi entre puissance et élégance pour ce beau vin de garde. ⧗ 2023-2030

SCEA DOM. LE LOUP BLEU, Piconin, 13114 Puyloubier, tél. 07 72 55 91 31, contact@le-loup-bleu.com V *t.l.j. sf dim. 9h-18h*

♥ MADE IN PROVENCE Collection 2020 ★★

■ | 9333 | | 11 à 15 €

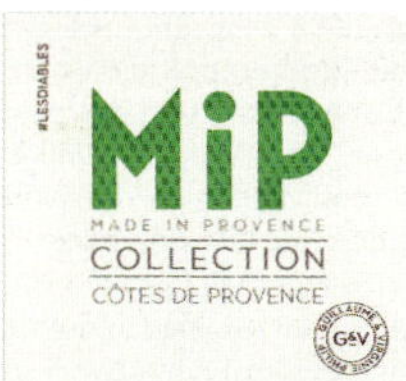

Made in Provence Diffusion est la société de négoce et de commercialisation de Virginie Fabre et Guillaume Philip, propriétaires depuis 2007 de l'excellent Dom. des Diables à Puyloubier. Une valeur très sûre.

Un nouveau coup de cœur pour l'incontournable MIP avec cette cuvée 100 % rolle. Sous une robe d'un beau jaune pâle, le nez s'exprime généreusement sur les agrumes, le litchi et la rose. On retrouve cette intensité aromatique, complétée par la mangue, dans une bouche explosive, ample et croquante, parfaitement rafraîchie par un long trait citronnée. Un grand blanc à la personnalité affirmée. ⧗ 2021-2024 ■ **Classic 2020 ★★ (11 à 15 €; 106666 b.)** Sous sa robe rose pâle animée de reflets bleutés, cette cuvée d'assemblage (cinsault, syrah et grenache) dévoile un nez expressif d'agrumes et de fruits exotiques. En harmonie avec l'olfaction, la bouche se révèle ronde, fruitée et gouleyante, avec un agréable acidulé en soutien et des nuances florales qui tapissent délicatement le palais. Un pur «vin de plaisir». ⧗ 2021-2022

SAS MIP DIFFUSION, chem. de la Colle, 13114 Puyloubier, tél. 06 81 43 94 62, contact@mip-provence.com V *t.l.j. sf dim. 10h-17h*

CH. MAÏME Héritage 2020 ★★

■ | 240000 | | 11 à 15 €

Implanté près de la cité médiévale des Arcs-sur-Argens, ce domaine conduit depuis 1996 par Jean-Louis Sibran étend ses 34 ha de vignes sur les contreforts du massif des Maures. Son nom («Maxime» en provençal) a été inspiré par une chapelle médiévale située au cœur du vignoble.

Composée à égalité de grenache et de cinsault, complétée par un peu de syrah (10 %), cette cuvée s'habille d'une robe très claire traversée de délicats reflets rosés. Ouvert sans être exubérant, le nez dévoile des notes fraîches de citron combava. Vif à l'attaque, le palais affiche de la finesse, de la douceur et du gras. Un vin très élégant qui appelle la langouste ou le homard grillé. ⧗ 2021-2022

SCEA CH. MAÏME, RDN 7, 83460 Les Arcs-sur-Argens, tél. 04 94 47 41 66, maime.terre@wanadoo.fr V *r.-v.*

B CH. MARAVENNE Collection privée 2020 ★

■ | 21000 | | 11 à 15 €

Ce vignoble de 30 ha implanté sur des sols schisteux au pied du massif des Maures est conduit en agriculture biologique depuis 2001. En 2012, Jean-Louis Gourjon a cédé son domaine à Karine et Alexandre Audinet, un couple de néo-vignerons, et à Raphaël Venturini.

Grenache, cinsault et syrah composent cette cuvée illuminée de reflets orangés. Le nez révèle des arômes de pamplemousse et de bonbon accompagnés de nuances végétales. La bouche se montre complexe, riche et chaleureuse, avec ce qu'il faut de fraîcheur en appoint. ⧗ 2021-2022

SARL MARAVENNE, rte de Valcros, 83250 La-Londe-les-Maures, tél. 04 94 66 80 20, contact@maravenne.com V *r.-v.* 5 E

MARRENON Sainte-Victoire Triniti 2020 ★★

■ | 20000 | | 8 à 11 €

Le Cellier Marrenon a été fondé en 1966 par Amédée Giniès, l'un des principaux artisans de la reconnaissance en appellation des vins du Luberon. Il regroupe 9 coopératives dans les AOP luberon et ventoux : pas moins de 1 200 adhérents et de 7 200 ha. Deux étiquettes : Marrenon et Amédée.

Derrière de charmants reflets pétale de rose, cette cuvée issue de grenache, syrah et cinsault s'exprime sans réserve sur les agrumes, les fruits jaunes et le bonbon anglais, avec quelques nuances florales et végétales. On retrouve ce bouquet dans un palais généreux et juteux. Un bel équilibre entre finesse et puissance pour ce rosé « facile à boire ». ⧗ 2021-2022

⊶ USCA UNIONS VIGNERONS CÔTES LUBERON, rue Amédée-Giniès, 84240 La Tour-d'Aigues, tél. 04 90 07 40 65, sabrina-fillod@marrenon.com V

B CH. LA MASCARONNE 2020 ★★

■	130 000		15 à 20 €

Le Ch. la Mascaronne s'étend sur 80 ha de collines et de vignes en coteaux à la sortie du village médiéval de Luc-en-Provence. Tom Bove, homme d'affaires américain ayant découvert le vin à Londres, a acheté le domaine en 1999. Le vignoble couvre plus de 50 ha, en bio certifié.

Un assemblage de grenache, de syrah et de cinsault compose cette cuvée au nez discret d'agrumes. Plus expressive, la bouche se montre longue, ample, ronde, généreuse et fruitée. D'un abord plutôt timide, ce rosé ne manque pas de puissance en définitive. ⧗ 2021-2022 ■ **2018 ★★ (15 à 20 €; 34 000 b.)** B Élevé 18 mois en cuve, ce 2018 dévoile un bouquet intense de fraise et de cassis bien mûrs. On retrouve ce fruité gourmand dans un palais ample, bien équilibré et structuré par des tanins soyeux. Complexe et dotée d'une certaine puissance, cette cuvée ne craindra pas la garde. ⧗ 2022-2028

⊶ SAS CH. LA MASCARONNE, RN 7, 83340 Le Luc-en-Provence, tél. 04 94 39 45 40, info@mascaronne.com V *t.l.j. sf sam. dim. 9h-12h 14h-17h30*

B MAS DE CADENET Sainte-Victoire 2020 ★

■	100 000		11 à 15 €

Accompagné de ses enfants Maud et Matthieu, Guy Négrel perpétue une tradition familiale débutée en 1813 sur ces terres des contreforts de la montagne Sainte-Victoire. Le vignoble de 60 ha d'un seul tenant (certifié bio) est implanté sur un terroir de gravoches.

Cette cuvée, issue de grenache et de cinsault complétés par 10 % de syrah, s'ouvre, après aération, sur de délicates notes de fruits blancs et de fleurs blanches. La bouche est très harmonieuse, offrant de la rondeur, du gras et du fruit, une vivacité acidulée persistante conférant un bel équilibre à l'ensemble. ⧗ 2021-2022 ■ **2020 ★ (11 à 15 €; 13 000 b.)** B Ce 100 % rolle s'exprime avec discrétion sur des notes de poire, de jasmin et de vanille. Fraîche et souple, la bouche déploie un fruité aérien et finement épicé sur une longueur appréciable. Une fine acidité et une touche de perlant accompagnent la finale. ⧗ 2021-2023

⊶ EARL MAS DE CADENET, chem. D 57, 13530 Trets, tél. 04 42 29 21 59, famillenegrel@masdecadenet.fr V *r.-v.*

B CH. MENTONE Excellence 2018 ★

■	1475		20 à 30 €

Un domaine historique où la marquise de Sévigné aimait séjourner : 170 ha, dont une forêt aux arbres centenaires, une oliveraie, des vergers, un potager, un parc avec bassins d'agrément et un vignoble de 25 ha sur argilo-calcaires, conduit en bio certifié depuis 2012 (biodynamie). La cave voûtée date du milieu du XIXᵉs. La propriété a été achetée en 2003 par la famille Caille, qui l'a ouverte à l'œnotourisme, aménageant notamment une ferme-auberge.

Cette cuvée née de syrah (67 %) et de cabernet offre un nez frais et croquant de cerise, de mûre, de cassis, de violette et de réglisse. Franche à l'attaque, la bouche se révèle ronde, puissante, fruitée et persistante. Après quelques années de garde, les tanins devraient acquérir une impeccable souplesse. ⧗ 2024-2030 ■ **Excellence 2019 ★ (20 à 30 €; 540 b.)** B Clairette (90 %) et rolle pour ce blanc élevé 6 mois en fûts. Un nez très aromatique de cerise, de mûre et de cassis, avec des notes florales et épicées. Cette complexité, agrémentée d'un léger boisé, se prolonge dans une bouche ample et ronde, marquée par une agréable minéralité en finale. ⧗ 2021-2024

⊶ EARL DU CH. MENTONE, 401, chem. de Mentone, 83510 Saint-Antonin-du-Var, tél. 04 94 04 42 00, commercial@chateaumentone.com V *t.l.j. sf sam. dim. 10h-18h* 5 E

DOM. DES MYRTES La Londe Prestige 2020 ★★

■	13 300		8 à 11 €

Situé sur les contreforts sud du massif des Maures, le vignoble du domaine, implanté sur un sol de cailloutis de schistes caractéristique de la dénomination La Londe, s'étend sur 41 ha. L'exploitation, dans la famille Barbaroux depuis 1835, pratique une polyculture horticole, arboricole, viticole et maraîchère. Les Barbaroux, longtemps coopérateurs, ont construit leur cave en 1981.

Issue de grenache et de cinsault, cette cuvée rose pâle striée de reflets dorés s'exprime avec discrétion sur les agrumes, l'anis et quelques nuances florales. L'attaque est vive, puis on perçoit de la matière, de l'amplitude et un fruité juteux marqué par les agrumes. La finale se révèle aussi fraîche qu'onctueuse. Un rosé gourmand taillé pour la cuisine provençale. ⧗ 2021-2022 ■ **Gaouby Élevé en fût de chêne 2019 ★ (8 à 11 €; 2400 b.)** Élevé 12 mois en fûts, ce 2019 s'ouvre sur le fruit rouge et une trame boisée et épicée. La bouche déploie des saveurs originales persistantes de fruits exotiques sur fond de vanille, avec des tanins bien en place en soutien. Garde conseillée pour un fondu parfait. ⧗ 2022-2026

⊶ EARL BARBAROUX (DOM. DES MYRTES), 1167, rte de la Jouasse, 83250 La Londe-les-Maures, tél. 04 94 66 83 00, domainedesmyrtes@free.fr V *t.l.j. sf sam. dim. 9h-12h 14h30-17h30*

B CH. PAQUETTE Roches noires 2019 ★

■	8000		11 à 15 €

Jérôme Paquette, œnologue, conduit un domaine de 25 ha (déjà présent sur les cartes du XVIIᵉs.) implanté sur un sol de roches volcaniques. Son grand-père avait acquis en 1952 cette exploitation alors appelée Curebéasse. Le domaine est certifié bio.

Derrière sa robe rouge profond, ce 2019 exhale des parfums de cassis, de cerise, de réglisse et de chocolat. Après une attaque tout en fraîcheur, la bouche apparaît

PROVENCE

ample, suave et fruitée, structurée par des tanins bien dosés qui se resserrent un peu en finale. Un beau vin en devenir. ⧗ 2023-2028

SCEA PAQUETTE, 371, chem. de Curebéasse, 83600 Fréjus, tél. 04 94 40 87 90, contact@chateaupaquette.fr V t.l.j. sf dim. 10h-12h30 14h-18h30

CH. PAS DU CERF La Londe 2020 ★

■	42933		11 à 15 €

Le Ch. Pas du Cerf est géré par la famille Gualtieri depuis 1848. Depuis 2001, ce sont Geneviève et Patrick qui sont à la tête de ce vignoble de 80 ha situé sur les contreforts schisteux du massif des Maures, à quelques kilomètres des plages de l'Estagnol et des Îles d'Or.

Ce vin arbore une élégante robe légèrement orangée. Au nez, il associe avec finesse le pomélo, la mangue, le litchi et le bonbon anglais à de subtiles nuances florales. Complexe et explosive, la bouche déploie de délicieuses saveurs de fruits exotiques et de fruits rouges (framboise), une finale bien fraîche venant consacrer un bel équilibre. ⧗ 2021-2022

SARL PAS DU CERF, 5920, rte de Collobrières, 83250 La Londe-les-Maures, tél. 04 94 00 48 80, info@pasducerf.com V t.l.j. sf dim. 9h-12h30 14h30-19h

B DOM. DU PATERNEL Blanc 2020 ★★

■	19000		11 à 15 €

En 1943, Antoine Santini et ses sœurs Catherine et Jeanne deviennent propriétaires de la ferme du Paternel, alors exploitée en polyculture. La première mise en bouteilles date de 1951. Le domaine conduit aujourd'hui par leurs petits-fils Jean-Christophe et Olivier Santini est l'un des plus grands (65 ha) de l'appellation cassis. La famille Santini élabore aussi des bandol et des côtes-de-provence sur un vignoble de Saint-Cyr-sur-Mer.

Très aromatique et flatteur, le nez s'exprime sur la mangue, le fruit de la Passion, les fruits à chair blanche et les agrumes. Le palais se révèle ample, rond, friand et intense, offrant des arômes de fruits bien mûrs (pêche, abricot, ananas), tout en restant frais. Un vin des plus harmonieux. ⧗ 2021-2024 ■ **Rosé 2020 ★ (11 à 15 €; 80000 b.)** B Un rosé très pâle, ouvert sur les agrumes, les fruits jaunes, le buis et l'herbe fraîchement coupée. Tonique et croquante, la bouche fait parfaitement écho à l'olfaction, affichant un bel équilibre et une pointe amère des plus stimulantes en finale. ⧗ 2021-2022

SCEA DOM. DU PATERNEL, 11, rte Pierre-Imbert, 13260 Cassis, tél. 04 42 01 77 03, contact@domainedupaternel.com V t.l.j. 9h30-12h30 14h-18h

B DOM. DES PEIRECÈDES Règue des Botes 2020 ★

■	8900		8 à 11 €

Situé sur le terroir de Pierrefeu, à l'orée des Maures, entre Saint-Tropez et Toulon, le Dom. de Peirecèdes se transmet de génération en génération depuis un siècle. Aujourd'hui, ce sont Alain Baccino et son épouse Véronique, rejoints par leurs filles Audrey, œnologue, et Leslie, qui conduisent en bio ce vignoble de 35 ha.

Née de grenache et de 10 % de syrah, cette cuvée se présente sous une robe saumonée très pale. Elle dévoile un joli bouquet fruité et floral. On retrouve cette intensité aromatique dans un palais ample, gras et gourmand, dynamisé par une impeccable fraîcheur en finale. Ce vin harmonieux qui marie puissance et finesse sera parfait en apéritif ou pour accompagner poissons et coquillages. ⧗ 2021-2022 ■ **Le Fil d'Ariane 2020 ★ (8 à 11 €; 20500 b.)** B Robe pâle et lumineuse, nez harmonieux de fleurs et d'agrumes, bouche juteuse et gourmande, sur des saveurs de fruits jaunes et de fruits exotiques gorgés de soleil, une belle longueur et un équilibre accompli entre générosité et vivacité : il a tout pour plaire ce rosé. ⧗ 2021-2022

SCEA ALAIN BACCINO (DOM. DES PEIRECÈDES), 1201, chem. la Mue, 83390 Cuers, tél. 04 94 48 67 15, compta@peirecedes.com V t.l.j. sf dim. 9h-12h 14h-18h

CH. PEYRASSOL Le Clos 2020 ★

■	9000		30 à 50 €

La cave moderne et le parc de sculptures s'intègrent aujourd'hui parfaitement à cette ancienne commanderie templière créée en 1204. Ici, face au massif des Maures, on exploite 95 ha de vignes, 150 chênes truffiers et des milliers d'oliviers sur une vaste propriété acquise en 2001 par Philippe Austruy. La conversion biologique est engagée.

Issue de grenache, de cinsault et de tibouren, cette cuvée parée d'élégants reflets rose-orangé s'exprime sur les fleurs blanches, la pêche et les agrumes. L'attaque est fraîche et franche, puis on perçoit de la rondeur, du gras et une belle intensité aromatique sur une saveur de bonbon à la violette. Un rosé expressif et délicat. ⧗ 2021-2022

SARL PEYRASSOL, RN 7, 83340 Flassans-sur-Issole, tél. 04 94 69 71 02, contact@peyrassol.com V t.l.j. sf dim. 9h-18h (été 19h)

B DOM. PIERACCI 2020 ★

■	15000		11 à 15 €

Fils et petit-fils de vignerons, Jean-Pierre Pieracci a construit un nouveau chai à Saint-Cyr-sur-Mer. Il exploite 15 ha en bandol, à La Cadière-d'Azur, en côtes-de-provence, à Saint-Cyr-sur-Mer, en IGP, et produit aussi de l'huile d'olive. Son vignoble est certifié bio.

Composée de grenache, de cinsault et de rolle, cette cuvée légèrement orangée dévoile à l'olfaction de très discrètes notes de fleurs blanches, de mandarine et d'ananas. Bien construite, fruitée et équilibrée, la bouche allie avec une belle persistance la rondeur, une certaine chaleur et une agréable fraîcheur. Un rosé gourmand et bien en chair. ⧗ 2021-2022

JEAN-PIERRE PIERACCI, Dom. Pieracci, 975, chem. du Sauvet, 83270 Saint-Cyr-sur-Mer, tél. 06 15 44 49 52, domaine.pieracci@gmail.com V t.l.j. sf lun. dim. 9h-12h 14h-18h

LES VIGNERONS DE LA CAVE DE PIERREFEU Wine'R 2020 ★

| | 20000 | 5 à 8 € |

Créée en 1922, la cave de Pierrefeu est l'une des plus anciennes coopératives de la région. Elle vinifie aujourd'hui la vendange de plus de 700 ha.

Ce rosé limpide orné de reflets orangés s'ouvre sur un bouquet intense d'agrumes, de fraise et de bonbon anglais. On retrouve cette palette accompagnée de notes végétales dans une bouche qui équilibre joliment la chaleur du fruit à une fine acidité renforcée par un trait d'amertume en finale. ⧗ 2021-2022

SCA LES VIGNERONS DE LA CAVE DE PIERREFEU, RD 12, 83390 Pierrefeu-du-Var, tél. 04 94 28 20 09 t.l.j. 8h30-12h30 13h30-18h

B CH. REILLANNE Poumon vert 2020 ★

| | 20000 | | 8 à 11 € |

Savoyards d'origine, les Chevron Villette sont arrivés dans le Var en 1919 grâce à l'union de Pierre Joseph de Chevron Villette et Marie de Colbert-Cannet, héritière de l'ancestrale seigneurie du Cannet. Une aventure viticole qui s'est considérablement développée avec aujourd'hui un ensemble de 550 ha, de nombreuses propriétés et une affaire de négoce, le tout sous la conduite de Guillaume de Chevron Villette, petit-fils de Pierre Joseph.

Une jolie robe nuancée de reflets argentés habille cet assemblage grenache-rolle-cinsault, qui s'ouvre sur des notes de fleurs de cerisiers, d'agrumes confits et de bonbon anglais. La bouche, tonique et citronnée, s'enrichit d'arômes de fruits exotiques qui apportent du croquant. Marquée par le retour des agrumes, la finale apporte une sensation de fraîcheur persistante. Un ensemble harmonieux et alerte. ⧗ 2021-2022

SCEA CH. REILLANNE, rte de Saint-Tropez, 83340 Le Cannet-des-Maures, tél. 04 94 50 11 70, accueil@cv-vigneron.com

DOM. DU RÉVAOU La Londe 2019 ★

| | 4000 | | 8 à 11 € |

Dans un décor encore un peu sauvage au cœur de la vallée des Borrels, Bernard Scarone s'attache à préserver un terroir de schistes entièrement exploité en bio depuis 2003. C'est en 1988 qu'il a pris la tête de ce domaine familial de 30 ha, qui porte le nom du ruisseau Lou Révaou.

Une robe rouge profond habille ce 2019 né de grenache, syrah et mourvèdre. Au nez, des notes subtiles de cerise, de fraise et de poivron se mêlent aux nuances florales. Ample et soyeuse, la bouche s'appuie sur un fruité gourmand de cassis et une structure tannique délicate. Un rouge typé et flatteur, au joli potentiel de garde. ⧗ 2022-2027 **2020 ★ (8 à 11 €; 1000 b.)** Une charmante robe animée de reflets orangés, un nez puissant et généreux de fruits jaunes et exotiques bien mûrs : l'approche donne envie. Ample et friand, le palais ajoute une saveur d'orange confite à ce bouquet fruité, harmonieux et gourmand. ⧗ 2021-2022

EURL DOM. RÉVAOU, 3e Borrels, 83250 La Londe-les-Maures, tél. 06 19 98 02 94, bernard.scarone@wanadoo.fr r.-v.

B DOM. DE RIMAURESQ 2020 ★

| Cru clas. | 4000 | | 15 à 20 € |

Fondé en 1864, ce cru classé de Provence a été acquis en 1988 par une famille de distillateurs écossais. Aujourd'hui forte de plus de 65 ha, la propriété, d'exposition nord-ouest, s'étend au pied de Notre-Dame-des-Anges, point culminant des Maures, sur un sol schisteux pauvre. Depuis 2020, le domaine est certifié bio.

Ce 100 % rolle présente un nez frais et expressif de menthe, d'eucalyptus et de fleurs blanches. Alerte et légère à l'attaque, bien fruitée, la bouche déploie progressivement de la rondeur et du volume. La finale légèrement crayeuse apporte une fraîcheur minérale et une jolie complexité à cette cuvée élégante et originale. ⧗ 2021-2024

SAS DOM. DE RIMAURESQ, rte Notre-Dame-des-Anges, 83790 Pignans, tél. 04 94 48 80 45, rimauresq@wanadoo.fr r.-v.

CH. ROSAN Élégance 2020 ★★

| | 6600 | | 11 à 15 € |

Acquis en 2012 par Gérard Chauvet, ce domaine, construit autour d'une ancienne plâtrière et cultivé sur des restanques (terrasses), offre une superbe vue sur le massif des Maures et la chapelle de Notre-Dame-des-Anges. Cinq générations de viticulteurs coopérateurs s'y sont succédé. Le nom du château a été choisi pour rendre hommage aux grands-parents ROSe et ANdré, à l'origine de l'extension de la propriété. Les 30 ha sont répartis sur 3 communes (Pignans, Gonfaron et les Mayons) et constitués essentiellement de coteaux dans l'aire d'appellation côtes-de-provence. La conversion bio est en cours.

Issu de grenache (80 %) et de syrah, ce rosé lumineux s'ouvre sans réserve sur les agrumes, le pamplemousse notamment. Ronde et ample, l'attaque prélude à un palais gras, au fruité gourmand (pêche, fraise), bien équilibré par une fraîcheur finement acidulée. ⧗ 2021-2022 **Évidence 2020 ★ (8 à 11 €; 54000 b.)** Grenache, syrah et rolle pour ce rosé expressif et élégant, aux senteurs de fleurs blanches, de pêche et d'agrumes. Après une attaque vive, la bouche développe de la rondeur, de l'amplitude et un fruité persistant. Un rosé harmonieux, aussi flatteur au nez qu'au palais. ⧗ 2021-2022 **Évidence 2020 ★ (11 à 15 €; 2000 b.)** Un 100 % rolle séduisant, ouvert et délicat, sur les fruits exotiques (ananas, litchi), les fruits jaunes, les fleurs blanches et le citron vert. Dans la même lignée, la bouche se révèle fine et aromatique, avant de se faire un brin amère et minérale en finale. Une expression élégante de l'appellation. ⧗ 2021-2024

SCEA SAINT-MICHEL (CH. ROSAN), quartier la Fondaille, RND 97, 83790 Pignans, tél. 06 70 08 13 79, scea.saint.michel@gmail.com t.l.j. sf dim. 9h30-12h 14h-18h

CH. DU ROUËT Belle Poule 2017 ★★

| | 30000 | | 11 à 15 € |

Au pied des roches rouges des premiers contreforts de l'Esterel, la propriété conduite par la famille Savatier depuis la fin du XIXe s. et six générations

PROVENCE

se tourne résolument vers la vigne dès 1927. Son vignoble s'étend aujourd'hui sur 85 ha.

Un assemblage syrah-grenache-mourvèdre pour cette Belle Poule rubis profond, au nez fin et délicat de fruits noirs et de violette accompagnés de notes animales. On retrouve cette palette agrémentée d'un trait épicé dans un palais complexe et charmeur, qui allie toucher soyeux et texture charnue. Des tanins encore fermes en finale invitent à un peu de patience. ⧗ 2022-2026

SCEA DOM. DU CH. DU ROUËT, rte de Bagnols, D 47, 83490 Le Muy, tél. 04 94 99 21 10, contact@chateau-du-rouet.com V *t.l.j. sf dim. 9h-12h 14h-18h* E

DOM. SAINT-ANDRIEU 2020 ★

	54000		11 à 15 €

Acquis en 2003 et restructuré par Jean-Paul et Nancy Bignon, par ailleurs propriétaires du Ch. Talbot, cru classé de saint-julien dans le Médoc, ce vignoble de 30 ha jouit d'un terroir argilo-calcaire privilégié à 380 m d'altitude, au pied du Bessillon. Deux étiquettes ici : le Dom. Saint-Andrieu en côtes-de-provence et l'Oratoire Saint-Andrieu en coteaux-varois, sans oublier la production d'huile d'olive.

Combinaison de cinq cépages (cinsault, mourvèdre, syrah, grenache et rolle), cette cuvée aux reflets corail s'ouvre sur des senteurs de pêche, d'agrumes et de fruits exotiques nuancées de notes poivrées. La bouche est expressive et ample, avec de la matière et ce qu'il faut de fraîcheur. Un bon classique. ⧗ 2021-2022

SAS DOM. SAINT-ANDRIEU, chem. Saint-Andrieu, 83570 Correns, tél. 04 94 59 52 42, contact@domaine-saint-andrieu.com V *t.l.j. sf sam. dim. 9h-17h*

SAINTE-MAGDELEINE 2020 ★★

	25000		11 à 15 €

Bientôt un siècle (1921) que la famille Sack exploite ce domaine aujourd'hui conduit en bio. La propriété, située dans le parc national des Calanques, dispose d'un vignoble de 13 ha étagé en restanques, face à la mer sur les flancs du cap Canaille, et commandé par une demeure au style Art déco.

Issue d'un assemblage de grenache, cinsault, syrah, mourvèdre et ugni blanc, cette cuvée affiche un rose soutenu traversé de reflets abricot. Le nez ouvert et légèrement suave s'exprime sur la pâte de coing et le fenouil. Aussi aérienne que complexe, la bouche déploie une jolie vivacité et de la finesse, d'agréables notes de bruyère se mêlant aux saveurs fruitées. Un rosé harmonieux et complexe. ⧗ 2021-2022

SAS COMMERCIALISATION SAINTE-MAGDELEINE, av. du Revestel, 13260 Cassis, tél. 04 42 01 70 28, clos.sainte.madeleine@gmail.com V *t.l.j. sf lun. dim. 10h-12h30 14h30-18h*

B CH. SAINTE-MARGUERITE La Londe Symphonie 2020 ★★

Cru clas.	40000		20 à 30 €

Depuis sa création en 1929, ce vignoble est passé de 11 à 168 ha. Entouré de palmiers, il est implanté sur les premiers contreforts du massif des Maures et domine la Méditerranée, non loin des îles d'Or. Ce cru classé des côtes-de-provence a été repris en 1977 par Brigitte et Jean-Pierre Fayard, qui l'ont orienté en 2003 vers l'agriculture biologique. En 2017, la deuxième génération – Olivier et Christine, Lionel et Carine, Guillaume et Véronique, Arnaud et Sigolène – a pris les rênes du domaine.

Ce 100 % rolle élevé 6 mois en fûts dévoile un nez ouvert et subtil de pêche, de citron vert et de fruit de la Passion accompagnés par un léger boisé. Dominé par les fruits exotiques sur fond de réglisse et de boisé fondu, le palais se révèle complexe, soyeux et persistant, avec de la matière et une finale toute en finesse. Un blanc de caractère et de gastronomie. ⧗ 2021-2025 **2020 ★★ (11 à 15 €; 40000 b.)** B Un pur rolle en robe pâle, au nez marqué par les agrumes et les fruits exotiques légèrement compotés, accompagnés de nuances florales, à la bouche ample et fruitée (pêche, prune et agrumes), dynamisée par une finale pleine de fraîcheur. ⧗ 2021-2024 **Fantastique 2020 ★★ (20 à 30 €; 30000 b.)** B Un assemblage de grenache, de cinsault et de rolle pour cette cuvée couleur nacre. Le nez frais et élégant s'ouvre sur le pomélo et les fruits exotiques agrémentés de notes florales et pâtissières. Tendre à l'attaque, la bouche associe fruité exotique et fine fraîcheur. ⧗ 2021-2022

SC DOM. DE LA SOURCE SAINTE-MARGUERITE, 381, rte de Valcros, 83250 La Londe-les-Maures, tél. 04 94 00 44 44, contact@vinsfayard.com V *t.l.j. sf dim. 9h-12h 13h30-17h*

B DOM. SAINTE-MARIE 1884 2020 ★

	13700		11 à 15 €

En 1884, une épidémie de choléra s'arrête aux portes de la propriété – dépendance de la chartreuse de la Verne au XVIII[e]s. Une statue de la Vierge est édifiée, et le domaine trouve alors son nom. Le vignoble (40 ha en bio) a été repris en 2007 par Christopher Duburcq.

Sous sa robe rose pâle légèrement orangée, cette cuvée d'assemblage (grenache, cinsault, syrah, tibouren et cabernet) dévoile un nez délicat de pêche, d'ananas, d'agrumes confits et de fleurs blanches. Le palais séduit par sa rondeur, sa persistance fruitée et sa finale minérale. Un vin harmonieux et délicat. ⧗ 2021-2022 **1884 2018 ★ (20 à 30 €; 1300 b.)** B Cet assemblage de grenache, carignan, cabernet et syrah, largement dominé par cette dernière, a passé 12 mois en fûts. Il affiche d'emblée son intensité à travers une robe profonde et un nez centré sur un boisé fondu et des notes cassis et de cerise. Le prélude à une bouche fraîche à l'attaque, puis ronde, soyeuse et puissante, structurée par des tanins fermes mais élégants. Un solide potentiel de garde. ⧗ 2024-2032

SARL DOM. SAINTE-MARIE, RN 98, rte de Saint-Tropez, 83230 Bormes-les-Mimosas, tél. 04 94 49 57 15, contact@domainesaintemarie.fr V *t.l.j. sf dim. 9h-18h* E

CH. SAINTE-ROSELINE Lampe de Méduse 2020 ★

Cru clas.	18200		11 à 15 €

Autour de l'abbaye Sainte-Roseline (XI[e]s.) et de sa chapelle où reposent les reliques de la sainte, cet

ancien vignoble des évêques de Fréjus (où séjourna le pape Jean II) côtoie les oliviers et les forêts sur une superficie de 110 ha. En 1994, Bernard Teillaud entreprend de rénover la propriété, qu'il transmet en 2007 à sa fille, Aurélie Bertin-Teillaud. Sainte-Roseline est l'un des dix-huit crus classés de Provence et l'un des piliers de l'appellation, souvent en vue pour ses rouges.

Issue de rolle (75 %) et de sémillon, cette cuvée déploie un nez frais et intense d'agrumes, de fruits blancs, de cassis et d'aubépine. Vive à l'attaque, la bouche se montre fruitée, croquante et chaleureuse dans son développement, rafraîchie par des notes citronnées en finale. ⧗ 2021-2024

SCEA CH. SAINTE-ROSELINE, 83460 Les Arcs-sur-Argens, tél. 04 94 99 50 30, contact@sainte-roseline.com V *r.-v.*

DOM. SAINT-JEAN DE VILLECROZE 2019 ★

■	4 500		11 à 15 €

À l'origine, une propriété des Templiers. Saint-Jean de Villecroze a (re)trouvé sa vocation viticole à partir de 1973 après avoir été acheté par un couple franco-américain qui a replanté le vignoble. Le domaine a été repris en 1993 par un vigneron italien, Francesco Caruso, aujourd'hui à la tête de 28 ha, en côtes-de-provence, coteaux-varois et IGP.

Cet assemblage de syrah et de cinsault élevé 6 mois en fûts arbore une robe d'un grenat profond. Très discret, le nez est légèrement boisé, avec de fines nuances de vanille et une pointe de café. La bouche se montre très expressive, sur les fruits noirs, et structurée par des tanins serrés mais élégants. Un vin bien typé syrah qui accompagnera sans fausses notes viandes rouges et gibiers. ⧗ 2023-2030

SARL DOM. SAINT-JEAN, quartier Saint-Jean, 83690 Villecroze, tél. 04 94 70 63 07, contact@domaine-saint-jean.com V *t.l.j. sf dim. 10h-12h30 14h-18h30; f. janv.*

DOM. SAINT-LOUIS LA MANUELLE Seren 2020 ★

■	4 000		8 à 11 €

Situé au cœur de l'arrière-pays varois, à quelques encablures de l'abbaye cistercienne du Thoronet, ce domaine s'étend sur 50 ha. Exploité jusqu'à la fin des années 2000, il a ensuite été laissé à l'abandon jusqu'à son rachat et sa rénovation en 2017.

Ce rosé aux nuances saumonées dévoile un nez intense au fruité élégant. Le palais se révèle gras et ample, avec une matière généreuse mêlant arômes de groseille, de pamplemousse et de bonbon anglais. Une cuvée harmonieuse qui ne manque pas de puissance. ⧗ 2021-2022 ■ **Pascau 2020 ★ (8 à 11 €; 4 000 b.)** Ce rolle complété d'une touche de clairette (4 %) s'ouvre sur des notes végétales et citronnées. On retrouve ce bouquet dans une bouche équilibrée, à la fois chaleureuse et acidulée, tonifiée par une légère amertume jusqu'en finale. Encore sur la jeunesse, cette cuvée un brin anguleuse devrait s'assagir après une courte garde. ⧗ 2022-2024

SAS DOM. SAINT-LOUIS, rte de l'Abbaye, D 279, 83340 Le Thoronet, tél. 04 94 67 31 47, contact@domaine-saintlouis.com V *t.l.j. sf dim. 9h-12h 14h-17h*

B CH. SAINT-MARC Domini Grande Réserve 2020 ★

■	2 300		11 à 15 €

Situé à Cogolin, dans l'arrière-pays du Golfe de Saint-Tropez, le domaine, racheté en 2000 à Masayoshi Miyamoto, compte près de 8 ha de vignes en côtes de Provence. Une partie de l'exploitation est déjà en agriculture biologique. Toute la production est assemblée, élevée et mise en bouteille sur place sous le contrôle du chef de culture, Franck Audibert.

Ce 100 % rolle aux élégants reflets or s'exprime en toute discrétion sur le fruit confit et le boisé grillé. C'est en bouche qu'il se révèle : intense et expressif, complexe et ample, de la longueur et un bel équilibre entre la douceur du fruit confit et une fine acidité. ⧗ 2021-2024 ■ **Domini Grande Réserve 2020 ★ (8 à 11 €; 3000 b.)** Un rosé né de grenache, syrah et cinsault, très expressif au nez (agrumes, bonbon anglais, pointe végétale), franc et frais en bouche, sans manquer ni de rondeur ni de longueur. ⧗ 2021-2022

SCEA DOM. CH. SAINT-MARC, 588, chem. des Crottes-et-de-Saint-Marc, 83310 Cogolin, tél. 09 75 64 22 91, chateau.saint.marc@wanadoo.fr V *t.l.j. 10h-12h30 14h30-18h*

CH. DE SAINT-MARTIN Grande Réserve 2020 ★

■ Cru clas.	18 000		15 à 20 €

Les Romains au IIᵉs. av. J.-C., puis les moines de Lérins du Xᵉ au XVIIIᵉs. ont cultivé la vigne sur ces terres. Depuis 1740, le chateau se transmet généralement de mère en fille. En 1993, Adeline de Barry prend les commandes de ce cru classé de Provence, dont le vignoble couvre 50 ha. L'exploitation est certifiée HVE (haute valeur environnementale) de niveau 3.

Cet assemblage de clairette, rolle et ugni blanc revêt une seyante robe jaune pâle traversée de nuances dorées. Le nez allie délicatement les agrumes (citron) aux fruits exotiques. La bouche est ample et friande, avec une jolie finale dominée par les fruits exotiques. ⧗ 2021-2023 ■ **Grande Réserve 2020 ★ (15 à 20 €; 70 000 b.)** Ce rosé qui lorgne vers le fuchsia s'exprime sur le pamplemousse, le fruit de la Passion, la pêche blanche, le cassis et quelques notes de confiserie (réglisse, caramel). Généreuse, la bouche déploie de la rondeur, du gras et un fruité croquant, un trait d'amertume citronné lui apportant de la fraîcheur. ⧗ 2021-2022

CH. DE SAINT-MARTIN, rte des Arcs, 83460 Taradeau, tél. 04 94 99 76 76, contact@chateaudesaintmartin.com V *t.l.j. sf dim. 10h-13h 14h-18h* 5

CH. SAINT-MAUR Clos de Capelune 2020 ★

■ Cru clas.	9 000		30 à 50 €

Déjà propriétaire de la Quinta do Pessegueiro (Douro), l'entrepreneur Roger Zannier a acquis en 2011 cette propriété située à Cogolin, au pied du massif des Maures et à 10 km de Saint-Tropez. C'est aujourd'hui son gendre, Marc Monrose, qui conduit ce cru classé de 100 ha, dont 60 sont plantés en vigne.

Sous une belle robe striée de reflets violines, ce rosé de syrah, de mourvèdre et de tibouren offre un nez intense, amylique et fruité. À l'unisson de ce bouquet, la bouche se montre ample, ronde, souple, élégante et complexe. Un vin joliment façonné. ⧗ 2021-2022

PROVENCE

■ **L'Excellence 2020 ★ (20 à 30 €; 140000 b.)** Au nez, des notes d'agrumes, de fruits exotiques, de pêche, de confiseries et d'épices douces. Tendre et croquante, la bouche marie la douceur de la fraise des bois et de la pêche à la fraîcheur acidulée des agrumes, une pointe saline apportant une jolie tension à la finale. ⧗ 2021-2022 ■ **L'Excellence 2020 ★ (20 à 30 €; 20000 b.)** Un 100 % rolle aux nuances florales et fruitées (agrumes, ananas et pêche), à la bouche fraîche à l'attaque, puis plus riche, généreuse, voire chaleureuse, avec une finale finement vanillée. ⧗ 2021-2024

SA CH. SAINT-MAUR, 535, rte de Collobrières, 83310 Cogolin, tél. 04 94 95 48 48, oenotourisme@zannier.com V r.-v.

DOM. SAINT-PANCRACE Sainte-Victoire 2019 ★★

■ | 1000 | | 15 à 20 €

Le domaine se situe au pied de la montagne Sainte-Victoire. Il s'étend autour de la chapelle Saint-Pancrace, construite sur le site d'une ancienne ville romaine. Son sol est constitué de cailloutis résultant de la dernière glaciation. Début 2016, Noémie Guez s'y installe et y réalise en 2019 sa première vinification. L'exploitation est en conversion biologique.

Un assemblage de syrah et de grenache compose ce 2019 à la robe profonde. Légèrement épicé (cannelle, clou de girofle), le nez dévoile des arômes de fruits noirs bien mûrs. Le palais se révèle tout aussi généreux en fruit, puissant et large, adossé à un boisé fondu et des tanins de qualité, encore un peu fermes. Un vin charpenté qui mérite un séjour en cave. ⧗ 2023-2028 ■ **2020 ★ (11 à 15 €; 2500 b.)** Élevée 3 mois en fut, cette cuvée dominée par la clairette (80 %) dévoile un nez frais, fruité (citron vert, orange amère) et légèrement épicé. Centrée sur les fruits blancs, l'anis et un boisé bien fondu, la bouche apparaît ample, riche, chaleureuse et bien structurée. Un blanc de caractère. ⧗ 2021-2025

SCEA DOM. SAINT-PANCRACE, 13114 Puyloubier, tél. 06 13 09 14 93, contact@domaine-saint-pancrace.com V r.-v.

CH. SAINT-PIERRE Cuvée du Prieur 2019 ★

■ | 12000 | | 8 à 11 €

À la suite de trois générations de vignerons, Jean-Philippe Victor exploite les terres du Ch. Saint-Pierre depuis 1987 (58 ha aujourd'hui). Les vignes sont situées en contrebas du village médiéval des Arcs-sur-Argens, au cœur de l'appellation côtes-de-provence.

Habillé d'une robe rubis profond, ce 2019 élevé 12 mois en cuve et 8 mois en fût dévoile un intense bouquet fruité, boisé et épicé. En harmonie avec l'olfaction, la bouche se montre complexe, ronde et généreuse, structurée par un boisé fondu et des tanins puissants mais fins. Un vin charnu et racé qu'on pourra oublier plusieurs années à la cave. ⧗ 2024-2032 ■ **Cuvée du Prieur 2020 ★ (8 à 11 €; 6000 b.)** Issue majoritairement de rolle complété par la clairette (10 %), cette cuvée finement dorée exhale des notes de pain grillé et de fleurs blanches. Ces arômes se retrouvent dans une bouche ample, intense, d'une belle longueur. ⧗ 2021-2025

JEAN-PHILIPPE VICTOR (CH. SAINT-PIERRE), D 10, rte de Taradeau, 83460 Les Arcs, tél. 04 94 47 41 47, contact@chateausaintpierre.fr V *t.l.j. sf dim. 9h-12h 14h-18h*

SAINT-ROCH-LES-VIGNES
Pierrefeu Quintessence 2020 ★

■ | 10900 | | 8 à 11 €

Cave coopérative depuis 1911, située dans le triangle d'or des Côtes de Provence, la cave de Saint Roch les Vignes vinifie des vins rouges, blancs et rosés issus de raisins cultivés sur les 600 ha de son territoire.

L'assemblage inclut majoritairement du grenache (80 %) aux côtés de la syrah (10 %) et du cinsault (10%). Ce rosé séduit par sa robe aux nuances d'abricot et son nez ouvert sur les fruits blancs, le pamplemousse et le bonbon anglais. L'intensité aromatique se prolonge dans un palais ample, souple et gouleyant, l'amertume du pamplemousse tonifiant plaisamment la douceur suave de la pêche. ⧗ 2021-2022 ■ **Pierrefeu Quintessence 2019 ★ (11 à 15 €; 6130 b.)** Ce 2019 déploie un nez intense de fruits mûrs aux tonalités kirschées et épicées. En bouche, il montre de la structure, du caractère, des tanins serrés et un boisé de qualité qui s'impose nettement en final. Du potentiel. ⧗ 2023-2028

SA CAVE COOPÉRATIVE SAINT-ROCH-LES-VIGNES, 505, bd Gambetta, 83390 Cuers, tél. 04 94 28 60 60, chai@cuers-saintroch.com V *t.l.j. sf dim. 9h-12h 14h15-15h15*

B CH. SAINT-ROUX 2020 ★

■ | 20000 | | 15 à 20 €

Le Ch. Saint-Roux est né au XVᵉs. et tire son nom de la couleur des sols sur lesquels il se situe. Le vignoble s'étend sur 40 ha conduits en agriculture biologique.

Issue d'un assemblage de 5 cépages (grenache noir, cinsault, syrah, mourvèdre et rolle), cette cuvée s'habille d'une robe pêche. Le nez exhale des senteurs de fruits exotiques (goyave, fruit de la Passion) et de fruits jaunes bien mûrs agrémentées de nuances florales. Exotique, expressive, la bouche se révèle soyeuse et croquante, avec une touche d'amertume qui vient rafraîchir la finale. ⧗ 2021-2022

SARL CH. SAINT-ROUX, rte de la Garde-Freinet, 83340 Le Cannet-des-Maures, tél. 04 98 10 02 61, contact@chateausaintroux.com V *t.l.j. 10h-17h* 5

SAINT-SIDOINE Élite 2020 ★

■ | 3144 | | 5 à 8 €

Rebaptisée Cellier Saint-Sidoine en 1987, la coopérative La Pugétoise, fondée en 1923 à Puget-Ville, regroupe quelque 180 adhérents et exploite, avec quelque 530 ha de vignes, l'un des plus grands ensembles de l'aire des côtes-de-provence.

Cette cuvée composée de rolle (70 %) et d'ugni propose un nez élégant de fleurs blanches, de fruits blancs et d'ananas. L'attaque est franche, puis le palais se montre ample, rond, persistant sur l'ananas agrémenté d'une pointe épicée, avant une finale tout en fraîcheur. ⧗ 2021-2023 ■ **Élite 2020 ★ (5 à 8 €; 6747 b.)** Un nez centré sur le pamplemousse, le cassis, le buis avec une touche minérale (silex), et une bouche assez corsée, persistante et ronde, avec une finale plus fraîche sur les agrumes. ⧗ 2021-2022

SCA CELLIER SAINT-SIDOINE, 12, rue de la Libération, 83390 Puget-Ville, tél. 04 98 01 80 50, cellier@saint-sidoine.com V *r.-v.*

♥ DOM. LA SANGLIÈRE La Londe Prestige 2019 ★★

| 4000 | | 11 à 15 € |

Situé au cap Bénat, site protégé à quelques kilomètres des îles d'Hyères, ce vignoble d'une quarantaine d'hectares a été créé en 1980 par François Devictor, ingénieur agricole, qui y a installé une cave. Ses fils et petit-fils exploitent le domaine dans un esprit bio, mais sans certification.

Ce 100 % rolle offre un délicieux bouquet de fruits exotiques mûrs (ananas) et d'agrumes (pamplemousse). Après une attaque tonique et gouleyante, le palais se révèle rond, ample, charnu à souhait et intensément fruité. La finale fraîche et acidulée, sur des saveurs d'agrumes, apporte longueur et équilibre. Un blanc de haute expression, aussi intense que délicat. ⧗ 2021-2024 **Spéciale 2020 ★ (11 à 15 €; 7000 b.)** Un pur rolle au nez discret de fruits exotiques (ananas, mangue) et de citron vert agrémentés de nuances florales. Après une attaque vive et acidulée, la bouche développe un fruité léger, tonifié par une agréable acidité. ⧗ 2021-2023 **Apogée 2020 ★ (20 à 30 €; 2200 b.)** Un assemblage de grenache (60 %), de cinsault (30 %) et de syrah pour cette cuvée qui s'exprime sur les fruits exotiques, la pêche blanche, le pomélo et le cassis. La bouche, bien fraîche, reste sur le même registre. Un ensemble expressif sans être exubérant. ⧗ 2021-2022

EARL LA SANGLIÈRE, 3886, rte de Léoube, 83230 Bormes-les-Mimosas, tél. 04 94 00 48 58, sangliere@domaine-sangliere.com V *t.l.j. sf dim. 9h-12h 14h-18h*

DOM. LA SUFFRÈNE Les Paluns 2020 ★★

| 7000 | | 11 à 15 € |

C'est au lieu-dit La Suffrène – qui aurait été autrefois la résidence d'une compagne du Bailli de Suffren – que s'étend une partie des vignes de ce domaine incontournable de l'AOC bandol. Un vignoble familial de 60 ha, morcelé en une centaine de parcelles, dont les raisins étaient portés à la coopérative jusqu'à l'arrivée de Cédric Gravier, qui a pris en 1996 la suite de ses grands-parents. Le domaine est en conversion bio.

Ce rosé friand issu de cinsault, grenache et carignan se pare d'une belle robe aux nuances orangées. Élégant et frais, le nez révèle des arômes de fruit de la Passion, de pêche blanche, de cassis et d'agrumes. Rond, gras et de bonne longueur, le palais est agréablement vivifié en finale par une pointe d'amertume. ⧗ 2021-2022

EARL GAVIER-PICHE (DOM. LA SUFFRÈNE), 1066, chem. de Cuges, 83740 La Cadière-d'Azur, tél. 04 94 90 09 23, commercial@suffrene.fr V *t.l.j. sf sam. dim. 9h-12h 14h-18h*

LES VIGNERONS DE TARADEAU L'Oppidum 2019 ★★

| 37300 | | 5 à 8 € |

Taradeau, dans la vallée de l'Argens, s'étend au pied d'un oppidum construit il y a plus de deux mille ans par des tribus celto-ligures. Sa coopérative a vu le jour en 1924 et a impulsé dans les années 1970 la replantation du vignoble de ses adhérents en cépages nobles. Elle dispose aujourd'hui de 145 ha.

65 % de syrah, 27 % de cabernet et 8 % de mourvèdre composent ce 2019 élevé 18 mois en fût. Au nez délicatement fruité et minéral répond un palais ample et soyeux, marqué par un trait épicé et un boisé élégant. Une courte garde assouplira les tanins de ce vin charpenté, fait pour les viandes rouges et le gibier. ⧗ 2023-2027 **Dom. du Jas de Mège 2020 ★★ (8 à 11 €; 6000 b.)** Rolle (70 %) et clairette pour ce cette blanc ouvert sur les fruits exotiques, les agrumes, la pêche blanche et quelques notes de buis. Un fruité juteux d'agrumes et d'ananas se déploie dans une bouche longue, ample et friande, à la finale acidulée, subtilement citronnée. ⧗ 2021-2024

SCA LES VIGNERONS DE TARADEAU, 204, av. des Arcs, 83460 Taradeau, tél. 04 94 73 02 03, contact@vigneronsdetaradeau.fr V *t.l.j. sf dim. 9h-12h30 14h-19h*

TERRE DE MISTRAL Simone 2020 ★★

| 40000 | | 8 à 11 € |

Denis Gueury et Serge Davico ont uni en 2008 leurs compétences et leurs terres pour fonder un domaine viticole et oléicole au pied de la montagne Sainte-Victoire. Tandis que le premier s'occupe de l'oliveraie et du moulin à huile, le second s'affaire au chai et à la vigne – 57 ha répartis en plusieurs îlots à Rousset, Puyloubier et Saint-Antonin.

Cet assemblage de syrah et de grenache offre un bouquet frais et complexe d'agrumes, de fruits blancs, de cassis et de buis, avec une touche exotique en complément. Après une attaque intense, la bouche se montre ample et soyeuse, tendue par un trait d'acidité en finale. ⧗ 2021-2022 **Sainte-Victoire Rosalie 2020 ★ (8 à 11 €; 60000 b.)** Syrah, grenache et rolle composent ce rosé au nez intense floral (chèvrefeuille) et fruité (mangue, litchi, pomélo). Ces arômes se retrouvent dans une bouche ample et généreuse, à la finale finement acidulée par des saveurs d'agrumes. ⧗ 2021-2022

EARL DAVICO, rte deu Regagnas, chem. du Pavillon, 13790 Rousset, tél. 04 42 29 14 84, commerce@terre-de-mistral.com V *r.-v.*

DOM. DES THERMES Iter Privatum 2020 ★★

| 7000 | | 5 à 8 € |

La famille Robert, qui exploite ses vignes depuis six générations (1792), est sortie de la coopérative en 1998. Le vignoble de 40 ha d'un seul tenant entoure une bâtisse du XVIII[e]s. et des pins parasols centenaires situés sur le site d'une villa gallo-romaine, dont on peut découvrir les vestiges dans un musée créé en 2012.

Composée de grenache, syrah, cinsault et rolle, cette cuvée s'habille d'une charmante robe rose illuminée de reflets dorés. Aussi élégant, le nez se montre complexe, mêlant agrumes, fruits jaunes et touche gourmande de confiserie. Le palais ne déçoit pas : il est friand, très long et harmonieux, avec des saveurs de pêche et de melon persistantes et une pointe minérale en finale. ⧗ 2021-2022

EARL ROBERT (DOM. DES THERMES), RDN 7, 83340 Le Cannet-des-Maures, tél. 04 94 60 73 15, domaine.des.thermes@orange.fr V *t.l.j. sf dim. 8h-18h*

PROVENCE

DOM. DES TOURNELS
Cuvée spéciale 2020 ★

| 13000 | | 11 à 15 €

Cela fait 40 ans que Laurent Bologna est à la tête de ce vignoble situé au pied du phare de Camarat. Sur les 110 ha que compte le domaine, 55 ha de vignes dominant la baie de Pampelonne bien connue des estivants.

Cette cuvée qui marie grenache, cinsault et rolle se présente sous une robe couleur chair éclairée de reflets roses. Ouvert mais délicat, le nez offre des senteurs fruitées (pêche, abricot, fruits rouges, ananas) et florales mâtinées de notes douces de meringue. Le palais se montre juteux et suave, tendu par la fraîcheur acidulée des agrumes et un trait finement poivré qui accompagne la finale. ⧗ 2021-2022

LAURENT BOLOGNA, Dom. des Tournels, 419, chem. des Tournels, 83350 Ramatuelle, tél. 04 94 55 90 91, contact@domaine-des-tournels.com V *t.l.j. 9h-12h30 15h-19h*

B DOM. LA TOURRAQUE Classic 2020 ★

| 6700 | | 11 à 15 €

Sur le site classé des Trois Caps (Lardier, Camarat et Taillat) de la presqu'île de Saint-Tropez, les 35 ha de vignes du domaine (en bio certifié) s'étendent jusqu'à la mer aux côtés de quatre cents oliviers, conduits par les frères Sébastien et Guillaume Craveris.

Cette cuvée couleur bouton d'or s'ouvre discrètement sur des notes d'agrumes, de fleurs blanches et de buis. Plus expressive, la bouche se révèle complexe et ronde, centrée sur des saveurs de fruits à chair blanche agrémenté de notes de tilleul. La finale, très longue, est ciselée par une fine fraîcheur citronnée. ⧗ 2021-2023 ■ **Harmonie 2020 ★ (15 à 20 €; 3000 b.)** B Mi-syrah mi-mourvèdre, cette cuvée à la robe profonde offre un nez épicé et légèrement animal. La bouche, souple et structurée, déploie un fruité intense et une fraîcheur persistante jusqu'à la finale marquée par une délicieuse note de noisette. ⧗ 2021-2024

SCEA M3L (DOM. LA TOURRAQUE), 2444, chem. de la Bastide-Blanche-Sud, 83350 Ramatuelle, tél. 04 94 79 25 95, latourraque@wanadoo.fr V *t.l.j. sf sam. dim. 10h-12h 14h-17h*

B CH. LA TULIPE NOIRE 2020 ★

| 19000 | | 11 à 15 €

Le Ch. la Tulipe noire, situé entre Carqueiranne et la Moutonne, appartient à la famille Baccino (Dom. des Peirecèdes). Le domaine a été créé en 2009 par Audrey et Leslie et s'étend sur 22 ha cultivés en agriculture biologique.

Amplement dominé par le tibouren complété par 10 % de grenache, ce rosé un brin orangé s'exprime sur le pamplemousse, les fleurs blanches et les fruits rouges avec quelques notes mentholées. Fraîche et fruitée, la bouche offre de la rondeur, du gras et de la longueur, avec une pointe d'amertume en finale qui apporte l'équilibre. ⧗ 2021-2022

SARL ALAIN BACCINO (CH. LA TULIPE NOIRE), 1820, av. Jean-Monnet, La Moutonne, 83260 La Crau, tél. 04 94 48 67 15, contact@chateaulatulipenoire.com V *t.l.j. sf dim. 9h30-12h30 15h-18h30*

ULTIMATE PROVENCE 2020 ★★

| 100000 | | 15 à 20 €

Situé sur les contreforts du massif des Maures, ce vignoble était conduit depuis 2005 par Jacqueline et Lambert Dielesen, des Hollandais qui avaient engagé d'importantes restructurations et fait de la propriété un haut lieu d'œnotourisme, avec une écurie. Il a été acquis en 2014 par le propriétaire britannique du Ch. de Berne, qui a porté la superficie du vignoble à 40 ha et a rebaptisé le domaine Ultimate Provence. La production est en conversion bio.

Issue de syrah, cinsault, grenache noir et rolle, cette cuvée se présente dans une robe pâle striée de reflets cuivrés. Délicatement parfumé et complexe, le nez s'exprime sur la mûre, le cassis, le citron confit et des notes sucrées de dragée. Le palais se montre croquant et intense, offrant un fruité «explosif» enrobé de notes meringuées avant une longue finale pleine de fraîcheur et de tonus. ⧗ 2021-2022

SAS CH. DES LAUNES, Ultimate Provence, 7270, rte du Luc, 83680 La Garde-Freinet, tél. 04 94 85 29 10, contact@ultimateprovence.com V

B CH. LES VALENTINES 2020 ★

| 100000 | | 11 à 15 €

Apparu aux premières heures du XXᵉs., ce domaine apportait sa vendange à la coopérative, avant son rachat en 1997 par Gilles Pons, venu de la communication, qui a créé la cave et baptisé la propriété du nom de ses enfants Valentin et Clémentine. Situé au bord de la Méditerranée, au sein de la dénomination La Londe, le vignoble compte aujourd'hui 45 ha. La certification bio est acquise.

Née de cinsault (30 %), de grenache (30 %), de syrah (20 %) et de mourvèdre (20 %), cette cuvée au nez d'agrumes et de fruits jaunes arbore une robe subtilement dorée. Bien équilibré, le palais se révèle tendre et rond, l'amertume et la fraîcheur des agrumes persistant jusqu'en finale. Un rosé harmonieux et délicat. ⧗ 2021-2022 ■ **La Londe Le Grand Huit 2020 ★ (15 à 20 €; 5000 b.)** Mi-cinsault mi-mourvèdre, ce rosé pâle, au nez d'agrumes, de fruits jaunes et de fleurs de cerisier se montre vif et gorgé de fruit en bouche, avec un bel équilibre entre puissance alcoolique et fine acidité. ⧗ 2021-2022

SCEA PONS-MASSENOT (CH. LES VALENTINES), 807, rte de Collobrières, 83250 La Londe-les-Maures, tél. 04 94 15 95 50, contact@lesvalentines.com V *t.l.j. sf dim. 9h-18h; été 9h-19h*

B CH. LA VALETANNE
Vieilles Vignes 2020 ★★

| 45000 | | 11 à 15 €

L'œnologue suisse Jérôme Constantin dirige ce jeune domaine (2007) constitué d'un vignoble de 15 ha entre mer et collines, dont une partie est revendiquée

en côtes-de-provence La Londe. L'exploitation est certifiée bio.

Cinsault, grenache, syrah et mourvèdre composent cette cuvée à la robe rose pastel. Très délicat, le nez s'exprime sur des notes d'agrumes, de fraise et quelques nuances florales (chèvrefeuille). Franche à l'attaque, la bouche se montre tendre et gourmande, avec un fruité tout en finesse qui vient caresser les papilles. Un joli rosé d'apéritif. ⧗ 2021-2022

⊶ SCEA CH. LA VALETANNE, rte de Valcros, 83250 La Londe, tél. 04 94 28 91 78, vc@chateaulavaletanne.com V r.-v.

CH. DE VAUCOULEURS 2019 ★

■	8000		8 à 11 €

Un sieur de Vaucouleurs, originaire non de Lorraine mais de Bourgogne, intendant de l'évêque de Fréjus sous Louis XIV, est à l'origine du domaine et de son château, qui veille sur la vallée de l'Argens. La famille de Wulf, également propriétaire du Jas d'Esclans, a acquis la propriété en 2010, prenant la suite de la famille Le Bigot qui la détenait depuis 1943. Le vignoble de 20 ha est conduit en bio certifié depuis 2013.

Sous une robe rubis, ce 2019 composé de syrah, grenache, cabernet et carignan révèle à l'olfaction des notes de cuir, d'épices et de garrigue. Équilibrée et de belle longueur, la bouche se montre fraîche et s'exprime pleinement sur des saveurs de fruits. Un rouge frais et friand. ⧗ 2021-2024

⊶ SARL DU JAS D'ESCLANS, DN 7, 83480 Puget-sur-Argens, tél. 04 94 45 20 27, contact@chateaudevaucouleurs.fr V r.-v.

CH. VAUDOIS 2020 ★

■	4200		15 à 20 €

Un domaine de 15 ha d'un seul tenant implanté sur sol schisteux, entre Saint-Raphaël et Saint-Tropez, et créé par Marie et Gérard Delli-Zotti en 2000.

Cette cuvée de syrah, complétée par 10 % de grenache, s'ouvre sur des senteurs de fruits mûrs enrichies de notes de caramel et de réglisse. Équilibré et complexe, le palais séduit par son amplitude, son fruité gourmand marqué par le cassis et par sa finale élégante, tendue et longue. ⧗ 2022-2026

⊶ SCEA CH. VAUDOIS, rte Ch. Vaudois, 83520 Roquebrune-sur-Argens, tél. 04 94 81 49 41, chateauvaudois@delliresort.com V *t.l.j. sf dim. 9h-18h*

DOM. DE VERLAQUE 2020 ★

■	30000		15 à 20 €

Antoine Quiot acquiert la première vigne à Châteauneuf-du-Pape en 1748. Ses descendants, Geneviève, Jérôme et leurs enfants Florence et Jean-Baptiste exploitent plusieurs domaines dans la vallée du Rhône (Dom. du Vieux Lazaret, Ch. du Trignon) et en côtes-de-provence (Dom. Houchart, Les Combes d'Arnevel, Dom. de Verlaque). Les Quiot sont aussi négociants.

Mi-grenache mi-cinsault, cette cuvée entre rose et orangé révèle à l'aération des notes de cerise, de fraise, de pêche et de bonbon anglais accompagnées de nuances florales. Bien équilibrée, la bouche se montre à la fois fraîche et ronde, de plaisantes saveurs fruitées se prolongeant jusqu'à la finale. Un rosé gourmand et gouleyant. ⧗ 2021-2022 ■ **Dom. Houchart 2020 ★ (8 à 11 €; 10000 b.)** Du vermentino, de la clairette et du sémillon pour cette cuvée qui s'exprime discrètement sur des nuances florales et lactées. Très délicate, la bouche se montre fraîche et acidulée, avec une finale ciselée par une pointe de minéralité. ⧗ 2021-2023

⊶ SARL VIGNOBLES FAMILLE QUIOT, D 12, 13114 Puyloubier, tél. 04 90 83 58 87, vignoblesfamillequiot@gmail.com V r.-v.

CH. VERT 2020 ★

■	50000		8 à 11 €

Cette propriété viticole a vu le jour au XVIIᵉs. et comptait à l'époque un millier d'hectares de vignes, d'oliviers et de bois. Acquise par Robert Ghigo en 2010, elle dispose d'un vignoble de 25 ha entre le massif des Maures et la Méditerranée. L'exploitation a obtenu la certification bio en 2020.

D'un rose saumoné assez soutenu, cette cuvée née de grenache, cinsault et syrah s'ouvre sur les fruits exotiques bien mûrs et légèrement épicés. Ronde et généreuse, la bouche développe une belle intensité aromatique avec du gras et de l'onctuosité, équilibrés par une agréable fraîcheur acidulée. Un rosé typé qui ne manque pas d'élégance. ⧗ 2021-2022

⊶ SARL VIGNES CH. VERT, av. Georges-Clémenceau, 83250 La Londe-les-Maures, tél. 04 94 93 60 02, contact@chateau-vert.com V *t.l.j. sf dim. 9h-12h30 14h-18h30; visite de caves sur r.-v.*

CH. YSSOLE Chabaud 2020 ★

■	28000		20 à 30 €

Déjà propriétaire de 17 ha de vignes en Bourgogne, Paul Aegerter a créé en 2020, à Cabasse, au cœur de la Provence varoise, ce domaine de 11 ha en conversion bio. À travers une approche parcellaire, il produit des vins blancs, rouges et rosés en appellation côtes-de-provence et en IGP Var.

Un assemblage typique (grenache, cinsault, syrah) compose ce premier millésime produit par le domaine. Derrière une robe légèrement saumonée, on découvre un nez généreux de pêche, de litchi et d'agrumes. Bien construite et équilibrée, la bouche déploie de la vivacité et du volume sur des nuances d'agrumes, avec une finale bien fraîche et fruitée. ⧗ 2021-2022

⊶ SCEA CH. YSSOLE, rte du Luc, 83340 Cabasse, tél. 04 94 80 29 83, contact@chateauyssole.fr V

PALETTE

Superficie : 48 ha
Production : 1 843 hl (70 % rouge et rosé)

Tout petit vignoble, aux portes d'Aix, qui englobe l'ancien clos du bon roi René. Rosés, rouges et blancs font appel à de nombreux cépages locaux. Les rouges, de garde, expriment la violette et le bois de pin.

PROVENCE

♥ CH. HENRI BONNAUD 2020 ★★

12000 | 15 à 20 €

En 1996, Stéphane Spitzglous reprend l'exploitation de son grand-père Henri Bonnaud. Après de grands travaux de construction d'un bâtiment rassemblant la cave, le chai et le caveau, il sort son 1er millésime en 2004 et rebaptise son domaine au nom de son grand-père. Le vignoble est situé à Tholonet, au sud-est d'Aix-en-Provence face à la montagne Sainte-Victoire et couvre 29 ha conduits en agriculture biologique depuis 2013.

Issue de grenache, mourvèdre et cinsault, cette cuvée s'habille d'une seyante robe couleur marbre rose. Le nez intense et complexe mêle les fruits rouges, le pomélo, le cédrat, la pêche blanche, l'abricot et le bonbon anglais. Tout aussi expressive, la bouche se montre ample, soyeuse et croquante, parfaitement équilibrée par une fine fraîcheur aux saveurs d'agrumes. La finale acidulée, sur le fruit de la Passion et la framboise, est des plus délicieuses. Un rosé racé et fruité aussi élégant que puissant. ⧗ 2021-2022

SARL DE PECOUT (CH. HENRI BONNAUD), 585, chem. de la Poudrière, 13100 Le Tholonet, tél. 04 42 66 86 28, contact@chateau-henri-bonnaud.fr V r.-v. E

♥ CH. CRÉMADE 2019 ★★

9000 | 20 à 30 €

Un domaine incontournable de l'appellation palette, commandé par une bastide typiquement aixoise du XVIIIes. qui accueillit en son temps Paul Cézanne et Émile Zola. Au pied de la montagne Sainte-Victoire, le vignoble de 9 ha, riche de vingt-cinq cépages et en conversion bio, s'étend sur le terroir très particulier de cailloutis calcaires de Langesse.

Élevé 14 mois en fût de chêne, ce 2019 dévoile un nez complexe et flatteur de fruits exotiques (mangue, goyave), de pêche et d'agrumes mûrs à des nuances florales (jasmin, fleur d'oranger) et vanillées. Fraîche à l'attaque et particulièrement longue, la bouche se révèle ample, soyeuse et croquante sur le fruit (pêche, poire). La finale juteuse et minérale rehaussée confirme le bel équilibre de cette cuvée. Un blanc aromatique et généreux qui reste frais de bout en bout. ⧗ 2021-2026

SCEA DOM. DE LA CRÉMADE, 649, rte de Langesse, 13100 Le Tholonet, tél. 06 62 07 00 70, chateaucremade@yahoo.fr V t.l.j. sf lun. mar. dim. 9h-12h 14h-18h

IGP ALPILLES

DOM. DU GRAND FONTANILLE 2020 ★

7400 | 8 à 11 €

Terre viticole depuis le XIVes., ce domaine de 4,5 ha, conduit en bio, est commandé par une élégante bastide du XVIIIes. Il est dirigé depuis 2008 par Jörg Schmitt, ancien conseiller clientèle dans la banque, devenu vigneron « par vocation et formation ».

Un trio grenache-syrah-cabernet sauvignon pour cette cuvée d'un rose limpide, au nez discret de petits fruits rouges, de fruits à chair blanche et d'agrumes. Bien équilibrée, la bouche apparaît fraîche et souple. Une cuvée qui mise sur la délicatesse et la légèreté. ⧗ 2021-2022 **2019 ★ (8 à 11 €; 7100 b.)** Ce 2019 s'ouvre sur des arômes de fruits rouges délicatement épicés, prolongés par une bouche ronde et élégante, soutenue par des tanins bien enrobés et agréable une fraîcheur réglissée. Un rouge plus aérien que puissant. ⧗ 2021-2023

GFA DU GRAND FONTANILLE, av. d'Arles, 13103 Saint-Étienne-du-Grès, tél. 04 90 49 05 15, mail@domaine-fontanille.fr V r.-v.

DOM. DE LAGOY
Cuvée Classique 2019 ★

18000 | 8 à 11 €

Situé au nord de Saint-Rémy de Provence, dans le Parc naturel régional des Alpilles, ce domaine est entré dans la famille des propriétaires en 1677. Commandé par un élégant château du XVIIIes., il inclut une chapelle du XIIes. et un pigeonnier. Planté à partir de 1976, le vignoble (18 ha) est conduit en bio depuis 2001. Une nouvelle équipe a sorti l'exploitation de la coopérative en 2013.

Marsellan (40 %), cabernet-sauvignon (30 %) et caladoc (30 %) sont à l'origine de ce rouge profond. Au nez, la garrigue se mêle à la réglisse et au cassis. En bouche, la rondeur et le velouté s'imposent, les tanins sont soyeux et une fine touche d'acidité dynamise la finale. Un rouge des plus harmonieux. ⧗ 2021-2025

SCEA MEYRAN-LAGOY, Dom. de Lagoy, 13210 Saint-Rémy-de-Provence, tél. 06 18 08 32 96, contact@domaine-lagoy.com V t.l.j. 10h-13h 14h30-19h; f. 2-15 jan.

MAS DE GOURGONNIER 2020 ★

12000 | 8 à 11 €

Commandé par un mas construit en 1720, ce vignoble de 45 ha, propriété familiale depuis cinq générations, est conduit en agriculture bio depuis le début, certifié depuis 1975. Le compost est fait sur le domaine, les traitements à la vigne et les intrants au chai sont réduits au strict minimum.

Issue des grenache blanc, rolle et roussane, cette cuvée s'exprime avec subtilité sur les fleurs blanches. La bouche apparaît fraîche, intense et souple, avec suffisamment de gras et une jolie persistance. Un blanc équilibré et élégant. ⧗ 2021-2024

SCE MAS DE GOURGONNIER, Le Destet, D 78, 13890 Mouriès, tél. 04 90 47 50 45, contact@gourgonnier.com V t.l.j. 9h-12h 14h-18h

B DOM. VAL DE L'OULE
Rouge sélection 2019 ★

12000		8 à 11 €

Le Dom. du Val de l'Oule s'étend sur 50 ha sur la commune d'Orgon, village des Bouches du Rhône dominé par une colline au sommet de laquelle s'élève la chapelle Notre-Dame-de-Beauregard. Fabrice Benoît représente la 5e génération à la tête du domaine et cultive ainsi 13 ha de vignes en agriculture biologique depuis 1998.

Syrah et merlot composent ce 2019 en robe sombre, qui mêle avec subtilité senteurs de lavande et notes grillées et beurrées. Finement boisé, le palais se révèle tendre et rond, soutenu par des tanins fondus et soyeux. Un rouge charmeur. ⌛ 2021-2025

SCIEV BENOÎT, Dom. du Val de l'Oule, rte d'Eygalières, 13940 Orgon, tél. 04 90 95 19 06, vignoblesbenoit@orange.fr V *t.l.j. sf dim. 9h-12h 14h-18h*

B DOM. DE VALDITION
Cuvée des Filles 2020 ★

10000		11 à 15 €

Cet important domaine de 250 ha (dont 90 de vignes et 30 d'oliveraies) est une ancienne propriété de François Ier, qui l'offrit en dot à sa fille naturelle Caroline du Prévôt. Commandé par une bastide, le vignoble est en bio certifié depuis 2012.

Ce 100 % chasan, baptisé en hommage aux femmes qui ont dirigé la propriété, dévoile un nez délicat et subtil d'agrumes (pamplemousse), d'épices douces et de fleurs blanches. On retrouve ce bouquet dans une bouche souple à l'attaque, puis ronde et ample, équilibrée par une belle tension aux saveurs d'agrumes. Un vin fin et aromatique, bien dans l'esprit du cépage. ⌛ 2021-2024

SNC DOM. DE VALDITION, 3855, rte d'Eygalières, 13660 Orgon, tél. 04 90 73 08 12, valdition@valdition.com V *t.l.j. 9h30-12h30 14h-18h*

IGP BOUCHES-DU-RHÔNE

B DOM. ATTILON Ambition 2020 ★

10000		8 à 11 €

Renaud et Odile de Roux, à la tête depuis 1968 de ce vignoble très ancien de 95 ha – on en trouve trace dès le XVIIe s. –, conduisent leurs vignes en agriculture biologique depuis 1983. Ils ont été des précurseurs de ce mode de culture dans la région.

Ce chardonnay tout en rondeur, vêtu d'une élégante robe bouton d'or, se révèle un brin fermé à l'olfaction. L'aération libère des arômes de fleurs et de fruits à chair blanche. Ample, persistante, conforme au nez, la bouche est bien en équilibrée entre acidité, sucrosité et alcool, avec un trait d'amertume qui vient rafraîchir la finale. Une bouteille que l'on pourra oublier en cave quelques années. ⌛ 2021-2026

SCEA DE ROUX-CAVARD, rte de Port-Saint-Louis-du-Rhône, 13104 Mas-Thibert, tél. 04 90 98 70 04, info@attilon.fr V *r.-v.*

B LES VIGNERONS DU GARLABAN
L'Inattendue 2020 ★

7000		8 à 11 €

Regroupement des caves du pays d'Aubagne jusqu'aux portes de Marseille, cette coopérative créée en 1924 dispose d'un vignoble de 165 ha entre les collines du Garlaban et de la Sainte-Baume, dans le secteur le plus occidental des côtes-de-provence. HVE, bio, sans sulfites : la coopérative a choisi de s'engager dans la voie d'une production écologique et naturelle.

Composée de muscat de Hambourg (60 %), de caladoc (20 %) et de grenache (20 %), cette cuvée dévoile un nez frais de fruits à chair blanche et de bonbon anglais. Tout aussi aromatique, la bouche séduit par sa rondeur, sa longueur et sa fraîcheur persistante. ⌛ 2021-2022
L'Inattendue 2020 ★ (8 à 11 €; 2700 b.) Élevé 6 mois en fûts de chêne, ce rolle cristallin offre un nez frais d'agrumes et d'abricot sur une trame finement boisée. Le palais ample et aromatique, centré sur les fruits blancs et jaunes, conserve une belle fraîcheur minérale jusqu'en finale. Un blanc friand et tonique. ⌛ 2021-2024

SCA LES VIGNERONS DU GARLABAN, rte de Saint-Zacharie, RD 560, 13390 Auriol, tél. 04 42 04 70 70, vignerons.garlaban@orange.fr V *t.l.j. sf dim. 9h-12h 15h-19h*

DOM. DES OULLIÈRES Plaisir 2020 ★

15000		5 à 8 €

Les Ambrosio-Collomb sont vignerons depuis six générations, mais la cave a été construite en 1990. Trois générations y travaillent de concert, avec un vignoble de 40 ha à leur disposition.

Ce vin d'un rouge profond exhale de discrètes notes de réglisse et d'épices. Généreuse, sur les fruits rouges finement épicés, la bouche séduit par sa longueur, sa rondeur et son volume, bien épaulée par des tanins soyeux. Une cuvée élégante qui appelle des grillades de viande rouge. ⌛ 2021-2024

EARL LES TREILLES DE CÉZANNE, RD7N, 13410 Lambesc, tél. 04 42 92 83 39, contact@oullieres.com V *t.l.j. 9h-12h 14h-18h*

IGP HAUTES-ALPES

DOM. ALLEMAND Ma cuvée blanc 2020 ★★

1200		15 à 20 €

Un domaine familial de 11 ha créé en 1954; le premier à avoir commercialisé des vins en bouteilles dans les Hautes-Alpes. Marc Allemand, installé en 1984, un ardent défenseur d'un cépage local oublié, le mollard, a passé la main en 2017 à sa fille Laetitia.

Cette cuvée élevée 8 mois en fût livre des arômes de fruits blancs et jaunes confits accompagnés de délicates nuances boisées. La bouche se montre ample et généreuse, centrée sur des saveurs de pêche et d'abricot et soulignée de bout en bout par une agréable fraîcheur qui prend des tonalités minérales en finale. ⌛ 2021-2024
Le Théüsien blanc 2020 ★★ (8 à 11 €; 9500 b.) Le seul muscat petits grains à l'œuvre dans la cuvée « la plus identitaire du domaine ». Nez de fleurs blanches,

PROVENCE

de verveine et de menthe poivrée, bouche délicate et équilibrée, qui concilie rondeur et fraîcheur : un blanc original et élégant. ⧗ 2021-2024

⊶ EARL LAËTITIA ALLEMAND, 1495, rte de l'Eau-Vive, lieu-dit La Plaine, 05190 Théüs, tél. 04 92 54 40 20, marc.allemand@wanadoo.fr V *t.l.j. sf dim. 9h-12h 14h-18h*

DOM. DE TRESBAUDON M de Manon 2019 ★

■	45000		5 à 8 €

Un domaine de 23 ha conduit par Caroline et Olivier Ricard, qui ont repris la propriété familiale en 1999, passant d'une exploitation fruitière à un domaine viticole.

Ce 100 % merlot qui a passé 6 mois en fût de chêne s'exprime sur les fruits noirs (cassis, mure) rehaussés d'un trait épicé. La bouche se révèle ample, soyeuse et suave, soutenue par des tanins fermes mais élégants et stimulée par de beaux amers en finale. Bâti pour la garde. ⧗ 2023-2030

⊶ SARL TRESBAUDON, 2030, rte de Tresbaudon, 05130 Tallard, tél. 04 92 54 19 28, domaine-de-tresbaudon@orange.fr V *t.l.j. 9h-12h 14h-18h*

IGP MAURES

♥ DOM. DE L'ANGLADE
Le Rosé d'Anna 2020 ★★

■	13200		11 à 15 €

L'unique domaine de la commune du Lavandou, acquis par la famille Van Doren en 1925. Les vignes (19 ha) côtoient ici pinèdes et roselières, ces dernières étant utilisées pour la fabrication des anches de clarinettes et de saxophones.

Issue du grenache et d'une goutte de syrah, cette cuvée est un régal. Par la robe d'abord, couleur pétale de rose, animée de séduisants reflets fuchsia. Le nez est tout aussi charmant, ouvert et délicat, centré sur les agrumes et les fruits exotiques. Le palais achève de convaincre : frais à l'attaque, il se fait ensuite plus rond et tendre, toujours fruité, et s'étire dans une longue finale acidulée. Un régal, on vous dit ! ⧗ 2021-2022
■ **Le Rosé Tradition 2020 ★ (11 à 15 €; 13200 b.)** Un rosé bien ouvert sur des parfums de pamplemousse et de fruits exotiques agrémentés de notes d'écorce d'orange et de nuances florales. La bouche se montre souple et ronde sans manquer de fraîcheur, avec une agréable persistance des notes d'agrumes en finale. ⧗ 2021-2022

⊶ DOM. DE L' ANGLADE, 1060, av. Vincent-Auriol, 83980 Le Lavandou, tél. 04 94 71 10 89, info@domainedelanglade.fr V *t.l.j. sf dim. 9h30-12h30 16h-19h*

DOM. LE BASTIDON Merlot 2020 ★

■	10666		5 à 8 €

Sous le regard des îles de Port-Cros et de Porquerolles, une imposante bastide provençale, ancienne propriété des chartreuses de la Verne au XVIIIe s., commande un vignoble de 79 ha et quelque 3 000 oliviers. C'est sur ce terroir de schistes réputé de La Londe-les-Maures que la famille Rose, normande d'origine, est venue trouver la chaleur en 1995 et troquer la pomme et le cidre contre le raisin et le vin.

D'un rouge profond, cette cuvée livre un joli bouquet de mûre et de cassis accompagnés d'une note de poivron. De bonne longueur, marquée par la douceur acidulée du cassis et soutenue par des tanins fondus, aussi ronde que fraîche, la bouche fait parfaitement écho à l'olfaction. ⧗ 2021-2026

⊶ SASU LE BASTIDON, 853, chem. du Pansard, 83250 La Londe-les-Maures, tél. 04 94 66 80 15, chateau.bastidon@gmail.com V *t.l.j. sf dim. 9h-12h30 14h-18h30*

Ⓑ DOM. LONGUE TUBI
Plaisir 2020 ★

■	2600		11 à 15 €

Le nom de Longue Tubi évoque une conduite en terre cuite d'époque gallo-romaine qui captait ici l'eau d'une source, trace d'une activité humaine très ancienne sur ces terres calcaires. François et Catarina Buisine, ingénieurs agronomes, y conduisent en bio un vignoble de 21 ha.

Une association originale du muscat à petits grains et de la syrah. Le nez, intense, évoque les fruits confits, le miel, le bonbon anglais et quelques nuances florales. Le palais offre un bon volume, de l'équilibre et le même fruité gourmand que celui perçu à l'olfaction. La finale est d'une grande fraîcheur. ⧗ 2021-2022
■ **Plaisir 2020 ★ (11 à 15 €; 3700 b.)** Ⓑ Une robe très sombre, des arômes de fruits noirs et de bonbon à la réglisse, une bouche ample, dense, aux tanins soyeux. ⧗ 2023-2027

⊶ SCEA DOM. LONGUE TUBI, rte de Gonfaron, D 39, 83340 Flassans-sur-Issole, tél. 06 15 01 43 41, longuetubi@gmail.com V *t.l.j. sf sam. dim. 9h-16h30*

IGP MONT-CAUME

LA CADIÉRENNE
Cuvée spéciale 2020 ★★

■	100000		- de 5 €

Quelque 300 coopérateurs et 635 ha de vignes, des vins en AOC bandol et côtes-de-provence, en IGP Var, Méditerranée et Mont-Caume : la Cadiérenne, créée en 1929, est un acteur qui compte dans le paysage provençal.

Composé de carignan (40 %) et à parts égales de grenache, de cinsault et de mourvèdre, ce rosé arbore une robe pâle éclairée de reflets argentés. Le nez révèle des parfums frais et complexes de fruits blancs, de fruits exotiques, d'agrumes et de fleurs blanches. À l'unisson, la bouche apparaît fraîche et alerte, longue et très équilibrée. ⧗ 2021-2022

⊶ SCV LA CADIÉRENNE, quartier Le Vallon, 83740 La Cadière-d'Azur, tél. 04 94 90 11 06, cadierenne@wanadoo.fr V *r.-v.*

IGP VAR

DOM. DE CANTARELLE Rosé fruité Élodie 2020 ★

■	65000	🍾	- de 5 €

Situé à 310 m. d'altitude, aux portes du Parc National du Verdon, le Dom. de Cantarelle s'étend sur plus de 130 ha. Ancienne propriété de la famille Dieudonné, il a été racheté en 2017 par la maison de négoce Cap Wine International qui en a toutefois laissé les commandes techniques à Élodie Dieudonné. 30 ha du domaine sont cultivés en agriculture biologique et le reste est dans une démarche de Haute Valeur Environnementale.

Derrière sa robe animée de reflets cuivrés, ce rosé s'exprime avec subtilité sur des notes de pêche, de poire, de melon et de fleurs blanches. On retrouve cette palette aromatique dans une bouche ronde, gourmande et longue, qui déploie une agréable douceur jusqu'en finale. ⧗ 2021-2022

SAS CAP WINE PROVENCE, Dom. de Cantarelle, rte de Varages, 83119 Brue-Auriac, tél. 04 94 80 96 01, contact@capwineimt.com V *t.l.j. sf dim. 9h-19h*

LES CAVES DU COMMANDEUR Syrah Cabernet 2019 ★

■	8000	🍾	5 à 8 €

Cette coopérative née en 1913 regroupe 500 ha de vignes répartis sur neuf communes et exploités par 120 adhérents, au cœur de la Provence verte. Elle produit, à l'image de la Provence viticole, plus de 85 % de rosés. Son nom provient de la commanderie templière du XIIe s. dominant le village de Monfort-sur-Argens.

Ce 2019 habillé d'une robe profonde aux reflets vermillon dévoile un nez d'épices douces accompagné d'une touche fumée. Ronde et équilibrée, la bouche, de bonne densité, déploie une belle expression du fruit, épaulée par des tanins fondus. La finale, un brin sévère, est stimulée par un délicieux trait de réglisse. À oublier en cave quelques années. ⧗ 2023-2027

SCA LES CAVES DU COMMANDEUR, 18, rue du Moulin, 83570 Montfort-sur-Argens, tél. 04 94 59 59 02, eurlcommandeur@orange.fr V *r.-v.*

DOM. DES ESCARAVATIERS 2020 ★

■	20000	🍾	5 à 8 €

Jules César donna ces terres à l'un des vétérans de la neuvième légion, Caïus Novellïus, qui y implanta les premières vignes. Un héritage que cultive depuis 1928 la famille Costamagna, à la tête d'un vignoble d'une trentaine d'hectares planté sur argilo-calcaires. À noter, le domaine invite tous les étés des artistes à se produire en concert.

Cinsault, caladoc et muscat petits grains composent ce rosé éclairé de reflets argentés. Le nez révèle une palette aromatique intense et subtile qui associe les agrumes, les fruits exotiques et le bonbon anglais. À l'unisson du bouquet, le palais se montre frais, souple et long. Un rosé harmonieux et gouleyant. ⧗ 2021-2022

SNC DOMAINES BM COSTAMAGNA, 514, chem. de Saint-Tropez, 83480 Puget-sur-Argens, tél. 04 94 55 51 80, escaravatiers@wanadoo.fr V *t.l.j. sf dim. lun. 10h-12h 14h-18h*

CAVE SAINT-ANDRÉ Gris d'Argens 2020 ★★

■	10000	🍾	5 à 8 €

Seillons-Source-d'Argens est un village perché plein de charme d'où la vue embrasse la Sainte-Baume, la Sainte-Victoire et Saint-Maximin. Fondée en 1909, sa cave coopérative, après diverses fusions à partir de 1995, dispose de quelque 380 ha. Elle propose des coteaux-varois et des IGP Var.

Cette cuvée née de grenache, d'ugni blanc, de syrah et de cinsault arbore une élégante robe argentée. Sans être exubérant, le nez dévoile des senteurs de fruits exotiques, de fleurs blanches et de pain d'épices. Sur la même ligne aromatique, agrémentée de fruits confits et de chèvrefeuille, la bouche se révèle ronde, ample et longue, bien équilibrée par une fraîcheur qui persiste jusqu'en finale. De l'harmonie et de la complexité. ⧗ 2021-2022

SCA CAVE SAINT-ANDRÉ, 52, rue des Plaines-de-l'Aire, 83470 Seillons-Source-d'Argens, tél. 04 94 72 14 10, cave.st.andre@gmail.com V *t.l.j. sf lun. dim. 9h-12h 14h-18h*

LES VIGNERONS DE LA SAINTE-BAUME Gris de rose Vin de Restanques 2020 ★

■	59333	🍾	5 à 8 €

Fondée en 1913 dans l'ouest varois sous le nom de la Fraternelle, la coopérative de Rougiers, rebaptisée Vignerons de la Sainte-Baume, est l'une des plus anciennes de la région. Ses bâtiments sont classés à l'Inventaire général du patrimoine culturel de Rougiers. C'est aujourd'hui une petite structure qui regroupe une quarantaine d'adhérents pour un vignoble de 185 ha.

Cette cuvée qui s'illumine d'élégants reflets argentés s'ouvre sur des notes variétales de buis et d'agrumes. Fraîche et fruitée, la bouche installe sur une belle longueur des saveurs d'agrumes et de fruits exotiques. Une pointe d'amertume apporte un surcroît de vivacité en finale. ⧗ 2021-2022

SCA LES VIGNERONS DE LA SAINTE-BAUME, rte de Brignoles, 83170 Rougiers, tél. 04 94 80 42 47, cave.saintebaume@orange.fr V *t.l.j. sf dim. 9h-12h 15h-18h*

B CH. VERT Cuvée Sabine 2020 ★★

■	10000	🍾	5 à 8 €

Cette propriété viticole a vu le jour au XVII[e]s. et comptait à l'époque un millier d'hectares de vignes, d'oliviers et de bois. Acquise par Robert Ghigo en 2010, elle dispose d'un vignoble de 25 ha entre le massif des Maures et la Méditerranée. L'exploitation a obtenu la certification bio en 2020.

Grenache, cinsault, syrah et muscat sont à l'origine de cette cuvée striée de reflets cuivrés. Au nez, le pamplemousse se mêle aux fruits exotiques et au buis. On retrouve cette palette aromatique dans une bouche persistante, fraîche à l'attaque, puis ronde, juteuse et gourmande, avec une petite pointe épicée qui ajoute du caractère à ce rosé très harmonieux. ⧗ 2021-2022

SARL VIGNES CH. VERT, av. Georges-Clémenceau, 83250 La Londe-les-Maures, tél. 04 94 93 60 02, contact@chateau-vert.com V *t.l.j. sf dim. 9h-12h30 14h-18h30; visite de caves sur r.-v.*

PROVENCE

CORSE

La Corse
selon Margot

Rouge aux Lèvres

Ah, l'île de Beauté ! Ses paysages et ses plages paradisiaques font rêver, certes, mais aussi ses vins. Je connais encore mal la Corse viticole, mais le peu de fois où j'y suis allée, j'ai été surprise par sa large palette de vins. La magie des terroirs méditerranéens et surtout celle des cépages autochtones opère dans des cuvées d'un indéniable caractère. Mon chouchou : le nielluciu, plein de charme et de gourmandise, au top quand il est servi avec les charcuteries et les fromages corses.

• **Ma reco œnotourisme**

Le Cap corse : un bijou. Je garderai toujours en mémoire ma première balade dans ce coin isolé de l'île de Beauté. En seulement 3 heures, de Bastia à Saint-Florent, on en fait le tour, mais le souvenir qu'on en garde, c'est pour la vie, tant les paysages sont époustouflants. Une halte est obligée au Clos Nicrosi et chez Pieretti.

Le bonheur est dans la vigne

Domaine Orsini Calvi Vermentinu 2020 (corse)

J'adore ce vermentinu d'Orsini, domaine incontournable de la baie de Calvi, pour sa droiture et sa fraîcheur.

Yves Leccia E Croce rosé 2020 (patrimonio)

L'un des piliers de l'appellation patrimonio. En blanc comme en rouge et en rosé, tout est délicieux.

Ajaccio Clos d'Alzeto Prestige rosé 2020

Réputé pour ses rouges de garde, ce domaine familial est une valeur sûre qui signe aussi de très bons rosés, comme cette cuvée Prestige.

LA CORSE

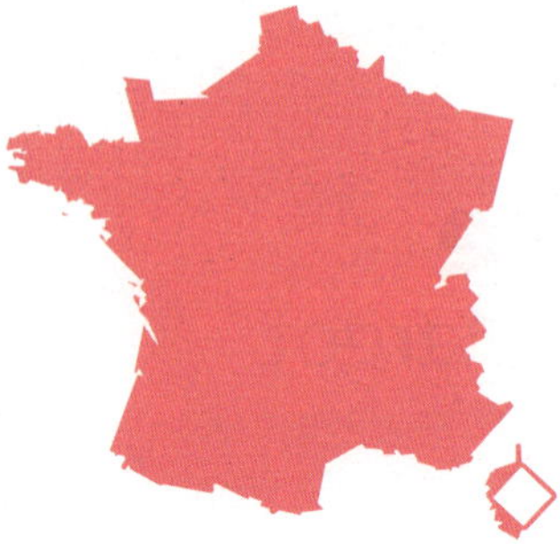

Montagne dans la mer, l'île de Beauté et sa topographie tourmentée offre une multiplication de pentes et de coteaux, de microclimats favorisés par la proximité de la Méditerranée, des montagnes et des vallées et par une pauvreté des sols bénéfiques à la vigne. Le vignoble court tout autour de l'île, à proximité des côtes.

La production viticole est avant tout orientée vers l'élaboration de vins identitaires portés par des cépages autochtones introuvables sur le continent comme le sciaccarellu et le nielluccіu, qui, parfois associés aux « locaux » barbarossa et aleatico ou à des variétés importées, sont à l'origine de vins rouges et rosés bien typés et très majoritaires. En blanc, le vermentino (ou malvoisie de Corse) domine, accompagné parfois de l'ugni blanc (ou rossola), du bianco gentile, du codivarta... Sans oublier le muscat à petit grains qui engendre le muscat-du-cap-corse.

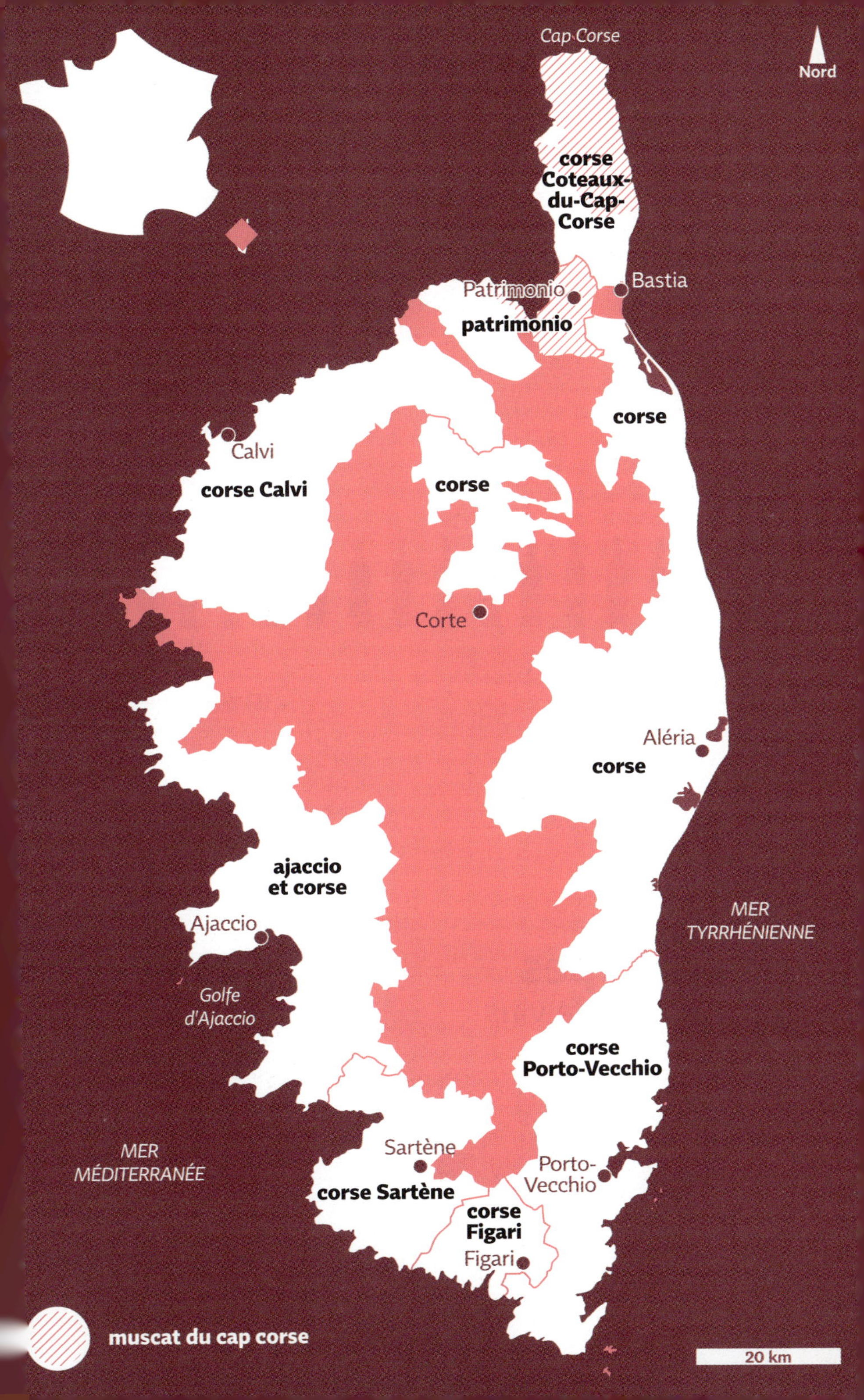

Cap Corse
Nord
corse
Coteaux-du-Cap-Corse
Patrimonio
Bastia
patrimonio
corse
Calvi
corse Calvi
corse
Corte
Aléria
corse
ajaccio
et corse
Ajaccio
MER
TYRRHÉNIENNE
Golfe
d'Ajaccio
corse
Porto-Vecchio
Sartène
Porto-Vecchio
MER
MÉDITERRANÉE
corse Sartène
corse
Figari
Figari
muscat du cap corse
20 km

La Corse en un clin d'œil

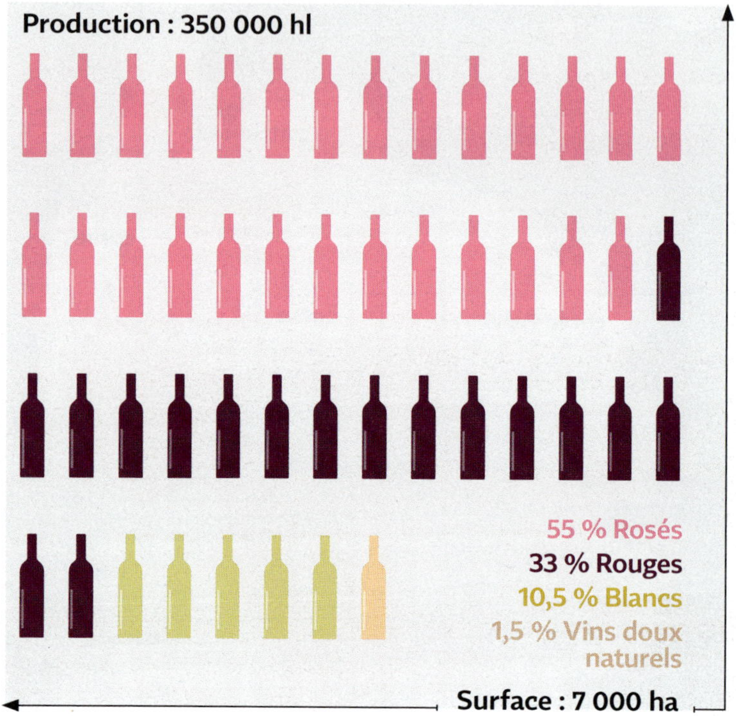

Types de vins

Principaux **cépages**

Niellucciu

Sciaccarellu

Grenache

Cinsault

Syrah

Carignan

Aleatico

Vermentino (rolle ou malvoisie de Corse)

Bourboulenc

Clairette

Muscat à petits grains

Hiérarchie des vins

AOC COMMUNALES (ou « CRUS »)
Ajaccio, patrimonio, muscat-du-cap-corse (vin doux naturel)

AOC RÉGIONALE CORSE + dénominations (ou « VILLAGES »)
Calvi, Figari, Sartène, Porto-Vecchio, Coteaux-du-cap-corse

AOC RÉGIONALE CORSE

IGP ÎLE DE BEAUTÉ
Plus de la moitié de la production des vins corses

Un peu d'**histoire**

- **À partir du VIe s.av. J.-C. :** implantation de la vigne par les Phocéens, puis par les Romains.
- **XIe s. :** la Corse est sous la domination de Pise. Les ordres religieux développent la vigne.
- **XIIe-XVIIIe s. :** la Corse est sous la domination de Gênes. Poursuite de l'essor du vignoble.
- **XIXe s. :** l'arrivée du chemin de fer à Sète favorise la commercialisation des vins de Corse jusqu'à Paris. La production double.
- **1850 :** crise de l'oïdium, puis du phylloxéra. Le vignoble passe de 17 000 ha à moins de 6 000 ha. S'ensuit un long déclin.
- **1960 :** les rapatriés d'Afrique du Nord développent le vignoble, lequel atteint plus de 30 000 ha. Une viticulture de masse, orientée en partie vers la production de vins de table algérien.
- **1968 :** création de l'AOC patrimonio.
- **1970 :** crise économique due à la désaffection des vins ordinaires. Réorientation qualitative de la viticulture corse.
- **1976 :** création de l'AOC vin-de-corse.
- **1984 :** création de l'AOC ajaccio.
- **1993 :** création de l'AOC muscat-du-cap-corse

Le **vigneron** de l'année

Gwenaëlle **Boucher**

(Dom. de Granajolo)

Brestois, André Boucher, après avoir cultivé des agrumes au Maroc, choisit dans les années 1960 le sud de l'île de Beauté, près de Porto-Vecchio, pour planter 30 ha de mandariniers. Un pionnier de la bio dès ses débuts. Pour son domaine viticole fondé en 1974, peu après la création de l'AOC corse, il plante en majorité niellucciu et vermentinu. Premières bouteilles étiquetées Granajolo en 1992. Entretien avec Gwenaëlle, fille du néo-vigneron breton, qui a pris le relais dix ans plus tard et obtenu son 3e coup de cœur avec un vermentinu 2020.

• Aviez-vous une vocation vigneronne ?
Je voulais être archéologue. Et voir du pays. J'ai finalement étudié la géologie, qui m'a conduite à l'œnologie. En 2001, diplôme en poche, je suis partie 6 mois en Australie. Dans une *winery* de l'État de Victoria, j'ai appris… tout ce que je ne voulais pas faire. Beaucoup de chimie. Un vin à corriger ? Un additif. J'ai même vu fabriquer du vin blanc à partir de rouge ! Toutefois, j'ai apprécié la simplicité des gens, leur sens de l'entraide. Sans mon père à épauler, j'aurais pu rester là-bas. Ne voulant pas gérer une vaste exploitation, avec trop de salariés (j'en ai 6), je me suis concentrée sur le vignoble (20 ha), qui n'était plus rentable : des ronces, trop de pieds manquants, 10-15 hl/ha. J'ai tout replanté, introduit le sciaccarellu, pour le rosé, puis, il y a 9 ans, du minustellu. Après une période de flottement quand la banque m'a refusé le prêt pour construire la cave de mes rêves (mon père confiait ses raisins à la coopérative de La Marana qui les vinifiait selon le cahier des charges d'un label bio suisse), j'ai aménagé en 2003 cuverie et chai dans un ancien hangar. Mon mari travaille à l'extérieur : une sécurité financière.

• Quel est votre style de vins ?
Je produis 40 % de rouges (5 cuvées) pour 30 % de rosés et 30 % de blancs en AOC, plus une cuvée sans indication géographique, pour proposer un pur minustellu, un cépage à l'origine de vins puissants, surprenants, au beau fruité de cerise. En AOC corse, deux cuvées en rosé, trois en rouges, trois en blanc (avec une version barrique). En blanc, le Tradition fait ressortir l'expression du vermentinu. Sur les fruits exotiques les années sèches, il se montre droit, très frais, avec des arômes de fleurs blanches et d'agrumes les années plus humides, comme ce 2020. Les vins issus des plus vieux ceps (cuvée Monika) sont plus gras. Tous ces blancs ont un caractère minéral et iodé qui vient du terroir granitique. Pour les rouges de niellucciu, parfois durs dans leur jeunesse, je pratique de longues cuvaisons, « à la bordelaise », qui permettent d'obtenir d'emblée des vins d'une belle souplesse appréciée de mes clients.

• Comment voyez-vous l'avenir ?
Malgré le réchauffement climatique (vendanges en août depuis 5 ans), les sécheresses estivales récurrentes liées au sirocco qui grillent le sciaccarellu et les attaques de pyrales, je le vois avec un certain optimisme, puisque nous construisons enfin notre cave dans les vignes. De quoi encourager nos fils jumeaux, 13 ans, à suivre nos traces.

Le coup de cœur
Corse Porto-Vecchio Tradition 2020

AJACCIO

Superficie : 243 ha
Production : 8 800 hl (90 % rouge et rosé)

L'appellation ajaccio borde sur quelques dizaines de kilomètres la célèbre cité impériale et son golfe. Ce terroir d'exception, généralement granitique, permet au sciaccarellu, cépage phare pour les rouges et rosés, et au vermentinu, en blanc, d'exprimer tout leur potentiel.

CLOS D'ALZETO Prestige 2020 ★

60 000 | 8 à 11 €

Ce domaine de 55 ha proche du golfe de Sagone possède la parcelle de vignes la plus élevée de Corse : elle culmine à 500 m d'altitude. La famille Albertini est aux commandes depuis 1800, et c'est aujourd'hui Alexis qui est responsable de l'élaboration des vins.

Couleur pêche, ce rosé 100 % sciaccarellu est salué pour son expression aromatique, entre fleurs jaunes, fruits blancs et agrumes, avec une touche mentholée. Un vin puissant, tonifié par une agréable amertume. On le verrait bien avec des gambas. 2021-2022 **Prestige 2020 ★ (15 à 20 € ; 60 000 b.)** Un rien beurré au nez, ce blanc 100 % vermentinu offre surtout une belle expression florale et fruitée (aubépine, fruits exotiques, touche d'amande amère). Vif et salin en attaque, il garde de bout en bout un caractère dynamique. La finale minérale, de bonne longueur, est marquée par l'amertume agréable de l'écorce du cédrat. 2021-2024

SARL CLOS D'ALZETO, Alzeto, 20151 Sari-d'Orcino, tél. 04 95 52 24 67, contact@closdalzeto.com
V *t.l.j. sf dim. 8h-12h 14h-18h*

CLOS CAPITORO 2020 ★

15 000 | 11 à 15 €

Fondé dans la seconde moitié du XIXe s., le Clos Capitoro (30 ha aujourd'hui) fut l'un des premiers domaines corses à mettre son vin en bouteilles (1856). Situé sur des coteaux aux sols argilo-siliceux non loin des plages de Porticcio, il est aujourd'hui conduit par Jacques Bianchetti, œnologue, secondé par ses filles Éloïse (à la cave) et Mélissa (à la commercialisation).

Ce rosé 100 % sciaccarellu provient d'une saignée. Il en tire une robe soutenue, un nez tout en petits fruits rouges mâtinés de bonbon anglais, de fleurs jaunes et d'agrumes, et une bouche puissante, onctueuse et ample, aux arômes intenses de fraise et de framboise. Le produit d'une vendange bien mûre. Parfait pour des cuisines du monde. 2021-2022

JACQUES BIANCHETTI (CLOS CAPITORO), Pisciatella, 20117 Cauro, tél. 04 95 25 19 61, eloise@clos-capitoro.com V *r.-v.*

CLOS ORNASCA Stella 2019 ★

4 133 | 15 à 20 €

Un petit domaine adossé à la montagne, à quelques kilomètres de la mer – 13 ha d'un seul tenant, sur un sol granitique. Il est conduit depuis 2002 par Jean-Antoine Manenti et Laetitia Tola, fille du fondateur Vincent Tola. Après des années d'agriculture très raisonnée, les vignerons ont engagé la conversion bio (certification prévue en 2020).

Le sciaccarellu à l'origine de cette cuvée vieillie 12 mois en fût de chêne est vendangé le dernier, en septembre. Dans le verre, le vin montre des reflets d'évolution. Son bon nez mêle épices, boisé bien fondu, fruits rouges ou noirs. Les notes d'élevage prennent des nuances fumées dans un palais gourmand, onctueux, de belle longueur. 2022-2026

EARL CLOS ORNASCA, 20117 Eccica-Suarella, tél. 04 95 25 09 07, closornasca@orange.fr V *t.l.j. sf dim. 8h-12h 14h-18h (15h-19h mi-mai à sept.)*

PETRA DI MELA 2020 ★

4 400 | 8 à 11 €

Jules Celli a repris en 2014 le petit domaine (moins de 4 ha) créé en 1931 par son grand-père dans la plaine de Peri (arrière-pays d'Ajaccio), qu'il exploite en famille. Il cultive uniquement le sciaccarellu et le vermentinu.

D'un jaune lumineux à reflets verts, cet ajaccio blanc offre tout ce que l'on attend d'un vin né de vermentinu : un nez expressif, précis, élégant et frais, où s'entremêlent l'aubépine, la poire, les agrumes ; une bouche conjuguant volume, rondeur suave et une vivacité qui lui donne énergie et dynamisme jusqu'à la finale marquée par de nobles amers. Un blanc intense parfait pour du poisson grillé, des fruits de mer ou du fromage. 2021-2024

JULES CELLI (PETRA DI MELA), A Croce, plaine de Peri, 20167 Peri, tél. 06 74 98 64 54, jules.celli@gmail.com V *t.l.j. sf dim. 14h-19h*

TARRA DI L'APA 2019 ★

1 500 | 11 à 15 €

Terra di l'Apa, ou Terre de l'abeille. Désireux de vivre de la terre, Romain Salasca s'est installé comme apiculteur dans la plaine de Peri, non loin d'Ajaccio, et il « transhume » ses 350 ruches au gré des floraisons pour produire du miel de Corse, AOP depuis 1998. Pour renouer avec l'activité de ses grands-parents, en 2015, il a planté des vignes dans le même terroir. Pour l'heure, 3 ha de sciaccarellu et de vermentinu. En projet, d'autres plantations et la construction d'une cave.

Un nez intense et presque mellifère, avec ses nuances d'acacia et de genêt. On respire aussi le miel au-dessus du verre, puis l'abricot, la pêche, les fruits exotiques et des parfums plus frais d'agrumes. Le palais est dans le droit-fil : ample, gras et suave en attaque, à l'unisson du nez, il est servi par une fraîcheur bienvenue et par une finale minérale et saline. 2021-2024

SCEA TARRA DI L'APA, Albitronu, gare de Carbuccia, 20133 Carbuccia, tél. 06 13 02 69 85, tarradilapa@gmail.com V *r.-v.*

CORSE OU VIN-DE-CORSE

Superficie : 2 150 ha
Production : 90 360 hl (90 % rouge et rosé)

L'AOC corse ou vin-de-corse peut être produite dans les trois couleurs sur l'ensemble des terroirs classés de l'île, à l'exception de l'aire d'appellation patrimonio, au nord. Selon les régions et les domaines, les proportions respectives des différents cépages ainsi que les variétés des sols apportent aux vins des tonalités diverses. Les nuances régionales justifient une dénomination spécifique de microrégions, dont le nom peut être

associé à l'appellation (Coteaux-du-Cap-Corse, Calvi, Figari, Porto-Vecchio, Sartène). La majeure partie de la production est issue de la côte orientale.

DOM. D'ALZIPRATU Calvi Pumonte 2020 ★

10 000 | 11 à 15 €

Créé en 1968 au nord-ouest de l'Île de Beauté par le baron Henry-Louis de La Grange, le domaine aujourd'hui conduit par Pierre Acquaviva et Cécilia, son épouse, couvre 40 ha répartis sur 3 terroirs autour du couvent d'Alzipratu. Il bénéficie de la double influence climatique de la mer et de la montagne. Une référence (très) sûre pour ses Calvi, dans les trois couleurs.

Souvent distingués, les vins du lieu-dit Pumonte proviennent d'un coteau exposé à l'ouest, assez frais. Le rosé assemble sciaccarellu (45 %), niellucciu et grenache. Issu de pressurage direct, il revêt une robe saumon pastel et offre une expression complexe et subtile mêlant bonbon anglais, agrumes et notes végétales. La pêche s'invite dans une bouche ronde, bien équilibrée par une belle vivacité. ⧗ 2021-2022 **Calvi Lume 2018 ★ (30 à 50 €; 4000 b.)** Issu de 4 parcelles de vermentinu situées au pied du Monte Grossu, il a fermenté en fût de 600 l et séjourné 18 mois dans le bois. Un vin original, doré, puissant et gras, de bonne longueur, aux arômes de bois de santal, de miel et de fruits confits. ⧗ 2021-2026 **Calvi Pumonte 2018 ★ (15 à 20 €; 33000 b.)** Né d'un assemblage original (sciaccarellu, niellucciu, minustellu et aleatico), élevé en fût, un vin à la fois dense, suave et fondu, aux arômes de fruits rouges (cerise). ⧗ 2022-2026

EARL DU DOM. D' ALZIPRATU, rte de Zilia, 20214 Zilia, tél. 04 95 62 75 47, bureau@alzipratu.com V *t.l.j. 9h-12h 14h-19h*

♥ B CLOS CALVIANI 2019 ★★

30 000 | 5 à 8 €

Le Clos Calviani, petite propriété située sur les hauteurs de la commune d'Aléria, est un des domaines de la famille Poli. Elle est conduite par Antoine, l'un des fils d'Ange Poli, propriétaire du Dom. de Piana. Le vignoble est implanté sur un plateau aux sols argilo-caillouteux.

Une robe profonde pour cette cuvée issue d'un assemblage à parts égales de syrah et de niellucciu. Le nez offre un «voyage organoleptique» plein d'agréments. Intense et complexe, il s'ouvre sur la réglisse, le cuir, la violette, le cassis, la mûre et d'autres petites baies, défilé aromatique séducteur où l'on reconnaît la marque de la syrah. Les herbes du maquis et des touches mentholées s'invitent dans un palais à l'unisson du nez. Soyeux en attaque, puissant et charpenté, encore un peu strict en finale, ce 2019 saura vieillir. ⧗ 2022-2026

EARL DOM. ANTOINE POLI, Bravone, 20230 San-Nicolao, tél. 04 95 38 86 38, domaineantoinepoli@orange.fr V *t.l.j. sf sam. dim. 9h-12h 14h-18h*

B CLOS CULOMBU Calvi 2020 ★

60 000 | 11 à 15 €

Situé au nord-ouest de l'Île de Beauté près de Calvi, sur un terroir d'arènes granitiques, ce domaine couvrant aujourd'hui 64 ha a été planté à partir de 1973 par Paul Suzzoni. Son frère cadet Étienne a pris le relais en 1986, construisant une nouvelle cave et plantant des cépages autochtones (19 variétés). Exploitée selon une démarche bio dès l'origine, la propriété a obtenu la certification en 2013.

Pas moins de 4 cépages composent ce vin rouge : le sciaccarellu (60 %), le niellucciu, le minustellu et la syrah. Après une cuvaison de 6 semaines sous marc et un élevage de 5 mois en cuve, ce 2020 arbore une robe dense et jeune, à reflets violines. Profond et frais, le nez associe la cerise et le cassis. Dans le même registre, la bouche dévoile une matière imposante et structurée. Sa rondeur et ses tanins soyeux autorisent cependant une consommation prochaine. ⧗ 2022-2026

DOM. CULOMBU, chem. San-Petru, 20260 Lumio, tél. 04 95 60 70 68, contact.culombu@gmail.com V *t.l.j. sf dim. 9h-12h 13h30-18h*

ENCLOS DES ANGES Calvi 2018 ★

13 000 | 15 à 20 €

Le *winemaker* anglo-irlandais Richard Spurr s'est formé au vin en Languedoc, suivant des cours universitaires à Montpellier où il a rencontré Marjorie, professeur d'œnologie. Il a abordé la Corse comme consultant, avant de s'installer en Balagne en 2007 sur un vignoble de 15 ha à l'abandon. Aujourd'hui à la tête de 17 ha, les Spurr disposent d'un nouveau chai semi-enterré et ont obtenu la certification bio de leur domaine en 2021.

Niellucciu et syrah font jeu égal dans cette cuvée, complétés par un appoint de sciaccarellu. Après une longue cuvaison et un élevage sur lies de 22 mois, le vin affiche une robe colorée et des larmes nombreuses. Intense au nez, élégant et tonique, il déploie des arômes de petites baies (cassis) bien mûres et de violette qui se prolongent en bouche. Gourmand, encore frais, il s'appuie sur des tanins à la fois serrés et soyeux. Un très bel équilibre. ⧗ 2022-2026

SAS ENCLOS DES ANGES, rte de la Forêt-de-Bonifatu, 20260 Calvi, tél. 06 19 85 16 70, richard@enclosdesanges.fr V *t.l.j. 9h-13h 14h-20h*

B DOM. FIUMICICOLI Sartène Cuvée Vassilia 2017 ★

25 000 | 11 à 15 €

Créé en 1964 par Félix Andreani, ce domaine situé à l'extrême sud de la Corse fait partie des incontournables du Sartenois. Une très belle propriété de 75 ha conduite en bio par le fondateur et son fils Simon, vignerons rigoureux et vinificateurs de talent.

Très remarquée dans le millésime précédent, cette cuvée mariant niellucciu majoritaire et sciaccarellu ne démérite pas. Le jury salue sa palette aromatique complexe – du cassis, du poivre et des épices douces rafraîchis d'une touche mentholée – et sa bouche suave, élégante et longue, à l'unisson du nez. ⧗ 2022-2026

SCEA TERRA CORSA (DOM. FIUMICICOLI), rte de Levie, 20100 Sartène, tél. 04 95 77 10 20, contact@fiumicicoli.corsica V *t.l.j. sf sam. dim. 9h-12h 14h-18h*

♥ B DOM. DE GRANAJOLO
Porto-Vecchio Tradition 2020 ★★

blanc	17 000		8 à 11 €

Ce domaine, fondé en 1974 par André et Monika Boucher aux environs de Porto-Vechio, à l'extrémité sud-est de l'île, se flatte d'avoir été le premier, en Corse, à obtenir une certification bio, en 1982. À la disparition de son père, Gwenaëlle, œnologue, forte d'une première expérience en France et en Australie, a repris en 2002 la gestion de la propriété (20 ha) avec sa mère en 2002.

Récolté bien mûr dès le 21 août, le vermentinu a engendré un vin intense, aromatique et typé, qui s'ouvre sur des notes fraîches de fleurs, d'amande verte et de citrus, nuancées de touches végétales. Les fleurs et les agrumes (yuzu) s'épanouissent dans une bouche puissante, gourmande et vive, à la finale longue et saline. Une harmonie qui vaut au domaine son 3e coup de cœur. De beaux accords en perspective avec poissons et fruits de mer ou avec une viande blanche sauce citron. ⧗ 2021-2024

EARL DOM. DE GRANAJOLO, La Testa, 20144 Sainte-Lucie-de-Porto-Vecchio, tél. 06 07 63 86 59, info@granajolo.fr V r.-v.

DOM. ORSINI Calvi Vermentinu 2020 ★

blanc	7 900		5 à 8 €

Tony Orsini conduit un domaine familial créé en 1962, situé sur les coteaux de Calenzana, dominant la baie de Calvi. Son vignoble de 22 ha est surtout planté de cépages insulaires : outre les cépages principaux de l'appellation comme le niellucciu, le sciaccarellu et le vermentinu, le muscat et le biancu gentile. La propriété propose aussi apéritifs, liqueurs et confiseries.

Or pâle, ce 2020 dévoile un nez très floral. Les fleurs s'associent aux fruits blancs au palais, où l'on découvre un bel équilibre entre souplesse et fraîcheur. La finale est vive, de belle longueur. Poissons et fruits de mer, viandes blanches, fromage, ce vin se placera facilement à table. ⧗ 2021-2024

SAS DOM. ORSINI, rte de Calenzana, 20214 Calenzana, tél. 04 95 62 81 01, domaine.orsini@orange.fr V *t.l.j. 9h-12h30 14h-18h*

♥ FAMIDDA DE PERETTI DELLA ROCCA
Figari Jules 2019 ★★

rouge	7 000		20 à 30 €

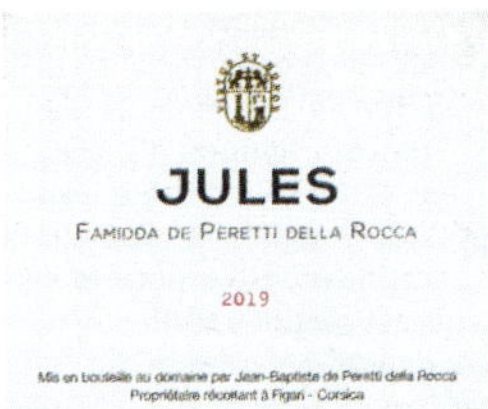

La viticulture corse compte deux Jean-Baptiste de Peretti, qui sont cousins germains, l'un comme l'autre établis à Figari, à l'extrémité sud de la Corse, dans des lieux-dits distants de quelques kilomètres. Ce domaine est le plus récent. Créé en 2017, fort de 40 ha de terres dont près de 9,5 ha de vignes, il a une double vocation, viticole et touristique, avec des chambres d'hôtes.

Reflétant l'encépagement en vignes insulaires de la propriété, cette cuvée assemble sciaccarellu (60 %), niellucciu et minustellu. Elle permet à ce jeune domaine de faire une entrée remarquée dans le Guide. Après une vinification en foudre et un séjour de 18 mois dans le bois, elle enchante nos dégustateurs, tant au nez, qui fait défiler la cerise, le cuir, la violette, le tabac et le bois de santal, qu'au palais, où elle dévoile une palette intense, entre fruits rouges, cannelle et clou de girofle. Son attaque souple, sa rondeur et ses tanins soyeux la rendent déjà très agréable. ⧗ 2022-2026

SARL FAMIDDA DE PERETTI DELLA ROCCA, Pruno, 20114 Figari, famidda.commercial@gmail.com V *r.-v.* 5

B DOM. DE PETRA BIANCA
Figari Vinti Legna 2019 ★

blanc	9 000		15 à 20 €

Joël Rossi et Jean Curallucci ont repris en 1990 cette propriété de 50 ha, implantée sur un terroir granitique dans la commune de Figari, à l'extrémité sud de l'Île de Beauté. Ils la conduisent en bio.

Succédant à un remarquable 2018, ce blanc 100 % vermentinu a su retenir l'attention. Vinifié et élevé en demi-muid, il se partage au nez entre notes florales, miel, verveine et nuances boisées (tabac et torréfaction). De bonne longueur, il allie délicatesse et générosité, volume et vivacité. Le boisé, encore très marqué, suggère une petite garde. De beaux accords en perspective avec un poisson en sauce ou une viande blanche. ⧗ 2022-2025

EARL PETRA BIANCA, Petra-Grossa, 20114 Figari, tél. 04 20 01 71 39, petra.bianca@sfr.fr V *r.-v.*

DOM. DE PIETRELLA 2020 ★

blanc	35 000		5 à 8 €

Ce beau domaine de 38 ha, implanté aux environs d'Ajaccio, a été créé par les frères Lucien et Jean-Martin Tirroloni en 1989. Toussaint, fils de ce dernier, a poursuivi son œuvre, en plantant des cépages autochtones. Il s'emploie à élaborer ses vins dans la grande tradition des ajaccio.

Agrumes, poire et pomme verte se partagent le nez d'une belle puissance. Le kiwi s'ajoute en bouche à cette gamme de fruits frais et acidulés. Bien typé vermentinu, équilibré, de bonne longueur, ce corse blanc devrait s'accorder avec des produits de la mer, des viandes blanches grillées ou avec du fromage. ⧗ 2021-2024

EARL DOM. DE PIETRELLA, 20117 Cauro, tél. 06 11 36 41 20, info@domainedepietrella.com V *r.-v.*

DOM. POLI 2019 ★★

rouge	7 000		8 à 11 €

Éric Poli, fils d'Ange Poli (Dom. de Piana), a d'abord travaillé à Paris en salle des marchés avant de revenir à ses racines corses et vigneronnes. Également responsable de domaines en AOC patrimonio, il a créé en

2007, non loin de la côte orientale, cette exploitation qui compte 65 ha de vignes.

Faisant suite à un remarquable 2018, ce 100 % niellucciu est (lui aussi) proche du coup de cœur : robe profonde, nez expansif, sur les fruits rouges et noirs, la violette, l'eucalyptus et la menthe, palais structuré et suave, aux arômes de fruits noirs confiturés et poivrés, finale agréable, avec son retour mentholé. Grâce à ses tanins fondus, ce vin est déjà prêt à paraître à table (carafage conseillé). ⧗ 2021-2026 ■ **2020 ★ (8 à 11 €; 4000 b.)** Vinifié de façon à exalter les arômes et le gras, un vermentinu frais, puissant et persistant, à l'expression florale et fruitée (fruits blancs) d'une belle complexité, marqué en finale par une pointe d'amertume agréable. ⧗ 2021-2024

ÉRIC POLI (DOM. POLI), Bravone, 20230 San-Nicolao, tél. 06 19 42 54 91, clos.alivu@orange.fr

RÉSERVE DU PRÉSIDENT Cuvée Historique 2020 ★

■ | 200 000 | 5 à 8 €

Fondée en 1958, la SCA UVIB est la plus grande coopérative vinicole de Corse. Établie dans la plaine orientale, à Aléria, non loin de l'étang de Diana, elle vinifie quelque 1 400 ha de vignes appartenant à 70 adhérents.

Issu du trio niellucciu, sciaccarellu et grenache, il rappelle le pamplemousse rose par sa couleur, évoquant les agrumes tout au long de la dégustation : le pamplemousse encore, l'orange sanguine, jusqu'à la finale, marquée par la note amère du zeste de pomelo. Ce caractère tonique conviendra à l'apéritif et mettra en valeur crustacés, saumon et autres poissons grillés. ⧗ 2021-2022

SCA UVIB, Padulone, 20270 Aléria, tél. 04 95 57 02 48 V t.l.j. 9h-12h 14h-17h30

DOM. RENUCCI Calvi Vignola 2020 ★

■ | 20 000 | 11 à 15 €

Domaine familial établi en Balagne, au nord-ouest de l'île, dans la vallée du Reginu. Les Renucci ont commencé à travailler la vigne en 1850. Parmi leurs clients, ils comptaient alors des églises et des couvents. En 1960, Joseph Renucci hérite du domaine, qu'il transmet en 1991 à son fils Bernard et son épouse. Complanté essentiellement en cépages locaux, le vignoble, en conversion bio depuis 2018, compte aujourd'hui 28 ha.

Sur l'étiquette, on lit : «élaboré à partir du malvasia». Un synonyme du vermentinu. De couleur jaune pâle, ce vin apparaît bien ouvert sur les fruits blancs, avec une nuance de bonbon anglais. Minéral au palais, souple et bien équilibré, il conjugue onctuosité, puissance et élégance. Une légère amertume marque la finale. ⧗ 2021-2024 ■ **Calvi Vignola 2017 ★ (11 à 15 €; 28 000 b.)** Issu de sciaccarellu (60 %) complété par les niellucciu, syrah et grenache, ce 2017 élevé 36 mois en cuve montre des reflets brique et libère des arômes de fruits à noyau et de pruneau qui traduisent une certaine évolution. Ample, suave et gourmande, la bouche montre encore une belle fraîcheur en finale. ⧗ 2021-2026

BERNARD RENUCCI, Village, 20225 Feliceto, tél. 06 13 61 84 61, contact@domaine.renucci.com V r.-v.

DOM. SAN MICHELI Sartène 2020 ★

■ | 10 000 | 11 à 15 €

Le domaine San Micheli, l'un des plus anciens de l'appellation corse Sartène, est dans la famille des vignerons depuis le XVIIIe s. Jean-Paul et Bénédicte Phélip en ont pris les commandes en 1980. Implanté sur un coteau aux sols d'arènes granitiques exposé au sud-ouest, leur vignoble couvre 22 ha.

Deux mots pour résumer ce vin or pâle à la robe cristalline : aromatique et élégant. Floral, fruité et iodé, le nez libère des fragrances parfumées de seringa, de pêche blanche et d'agrumes. La pêche se lie au melon dans une bouche qui conjugue ampleur suave et vivacité. Une belle expression du vermentinu. ⧗ 2021-2023

EARL DOM. DE SAN MICHELI, Capanelli, allée de l'Ortolo, 20100 Sartène, tél. 06 66 62 48 49, contact@domainesanmicheli.fr r.-v.

DOM. SAPARALE Sartène 2020 ★★

■ | 45 000 | 8 à 11 €

Nichée dans la vallée de l'Ortolo, entre Sartène et Bonifacio, au sud de l'île, cette propriété a été fondée au XIXe s. par Philippe de Rocca Serra, avocat, après un parcours qui l'a conduit en Afrique et jusqu'à la cour d'Égypte. Elle a repris vie en 1998 avec l'arrivée à sa tête de Philippe Farinelli, œnologue de talent et vinificateur averti, descendant du fondateur. En conversion bio, le domaine couvre 50 ha.

Une robe or vert pour ce blanc corse 100 % vermentinu, au nez bien ouvert, floral, fruité et légèrement végétal. La fleur blanche parfumée, les fruits acidulés et l'herbe coupée s'allient au nougat dans une bouche ample, suave, puissante et longue, tendue par une fraîcheur affirmée. ⧗ 2021-2024 ■ **Sartène Casteddu 2018 ★ (15 à 20 €; 40 000 b.)** Né de niellucciu et de sciaccarellu, complétés par les minustellu, carcaghjolu et aléatico, élevé en demi-muid, ce 2018 séduit par son expression aromatique : petits fruits rouges, violette, cuir, poivre, cannelle, tabac, bois de santal. Il est prêt. ⧗ 2021-2026

EARL DOM. SAPARALE, vallée de l'Ortolo, 20100 Sartène, tél. 04 95 77 15 52, contact@saparale.com V t.l.j. sf dim. 10h-19h

♥ TERRA VECCHIA Cuvée pure 2020 ★★

■ | 50 000 | 5 à 8 €

En Corse orientale, vers la Costa Serena, entre maquis, mer et étang de Diana, Terra Vecchia et Clos Poggiale constituent un vignoble de 200 ha. Il était déjà cultivé par les Romains – ce que rappelle le nom de Terra Vecchia (« Terres anciennes »). Jean-François Renucci l'a acheté en 2011 à la famille Skalli. Clos Poggiale a obtenu la certification bio pour le millésime 2018, Terra Vecchia est certifiée HVE.

Niellucciu (60 %), cinsault et grenache composent cette cuvée à la robe lumineuse, d'un rose tendre, aux parfums intenses et élégants de fleurs et de petits fruits rouges bien mûrs. Le prélude à une bouche gourmande, acidulée, fraîche et longue. Agréable à l'apéritif, ce rosé a suffisamment d'étoffe pour accompagner viandes blanches, volailles et cuisines du monde. ⧗ 2021-2022

SAS TERRA VECCHIA, Pompugliani, 20270 Aléria, tél. 04 95 32 33 01, mhommet@clospoggiale.fr V r.-v.

B DOM. DE TORRACCIA Porto-Vecchio Oriu 2015 ★

■	25000		15 à 20 €

Un domaine acheté en 1964 par Christian Imbert, qui y a créé un vignoble de 43 ha après avoir défriché le maquis. Il est dirigé par son fils Marc depuis 2008. Le vignoble, conduit en bio, est situé dans la région du Freto, à l'extrémité méridionale de l'île. La famille cultive aussi des oliviers dont elle commercialise l'huile.

De vieux ceps de niellucciu (80 %) et de sciaccarellu vendangés à la main, un élevage de 3 ans en cuve pour ce 2015 dont nos dégustateurs saluent l'élégance et la complexité aromatique : fruits rouges et noirs confits, poivre, épices douces et bois de santal se bousculent au-dessus du verre. Les petits fruits et les épices se confirment dans un palais ample, suave et long. ⧗ 2021-2025

EARL DOM. DE TORRACCIA, Lecci, 20137 Porto-Vecchio, tél. 04 95 71 43 50, torracciaoriu@wanadoo.fr V

B DOM. VICO Le Vermentinu 2020 ★

■	20000		5 à 8 €

Constitué en 1901, ce domaine est entré dans la famille en 1987. C'est le seul de Corse à ne pas être près de la mer. C'est au cœur de l'île, à Ponte-Leccia, que les vignes s'épanouissent sous le regard bienveillant du Monte Cinto, point culminant de l'île. Depuis 2019, Emmanuel Venturi est à la tête de la propriété, forte de 80 ha de vignes implantées sur des terroirs variés : schistes, basaltes, granites, galets roulés.

Enracinés dans des sols schisteux riches en galets, les vieux ceps (40 ans) de vermentinu ont été vendangés le 10 septembre, bien plus tard que les vignes proches du littoral. Or intense, le vin mêle au nez fleurs du verger, fruits blancs et agrumes, pamplemousse en tête. On retrouve les fleurs blanches et le pamplemousse dans une bouche équilibrée, fraîche et longue. ⧗ 2021-2024

SC DOM. VICO, rte de Calvi, 20218 Ponte-Leccia, tél. 04 95 47 32 04, domaine.vico@orange.fr V *t.l.j. sf dim. 9h-12h 14h-18h*

LA VILLA ANGELI Cuvée Don Pasquale 2018 ★

■	11000		15 à 20 €

Ce domaine de 35 ha, installé sur les terres d'Antisanti, a été créé par Albert Mizael dans les années 1960. Il est depuis 2000 conduit par ses enfants, Alain, Jean-Pierre et Guy, qui ont entièrement restructuré le vignoble. Guy Mizael est par ailleurs président de la Cave coopérative de la Marana.

Vendangés à la main, de vieux ceps de niellucciu (50 %), sciaccarellu et minustellu ont donné naissance à un vin coloré, aux arômes de réglisse et de petits fruits des bois très mûrs, voire confiturés, relevés de touches poivrées. Souple en attaque, puissant et charpenté, ce 2018 montre un caractère évolué agréable qui permettra de le servir dès la sortie du Guide. ⧗ 2021-2025 ■ **Cuvée Don Pasquale 2020 ★ (15 à 20 €; 25000 b.)** Issu du pressurage direct de sciaccarellu, ce rosé à la robe lumineuse, saumon pâle, livre des arômes subtils de fleurs, de petits fruits rouges et de bonbon acidulé. Il séduit par sa vivacité et par son élégance. ⧗ 2021-2022

SCEA BOC'ANGELI, Campo Quercio, 20270 Antisanti, tél. 06 15 08 54 19, lavillaangeli@gmail.com V *r.-v.*

PATRIMONIO

Superficie : 418 ha
Production : 16 140 hl (85 % rouge et rosé)

Au pied du cap Corse, la petite enclave de terrains calcaires qui, du golfe de Saint-Florent, se développe vers l'est et surtout vers le sud, présente les caractères d'un cru bien homogène. Le niellucciu, en rouge et en rosé, et le vermentinu en blanc laissent leur empreinte dans des vins typés et d'excellente qualité : des rouges fruités et épicés, qui peuvent être somptueux et de longue garde, des rosés colorés, puissants et fruités, des blancs gras et aromatiques.

DOM. NAPOLÉON BRIZI Iniziale 2020 ★

■	7000		11 à 15 €

Le domaine a été créé en 1920 par le grand-père de Napoléon Brizi. Fort de 12 ha situés non loin des portes nord de Saint-Florent, il fait partie des propriétés historiques de l'appellation patrimonio. Depuis 2011, il comprend aussi 3 ha de muscat à petits grains au pied de falaises calcaires. Après la disparition de Napoléon Brizi en 2014, puis celle, en 2020, de l'œnologue Alain Mazoyer, auquel avait été confiée la gestion du domaine, Annie Mazoyer, ses trois enfants et son gendre conduisent l'exploitation.

Souvent appréciée, la cuvée Iniziale, en hommage à Napoléon Brizi, est le fruit de la collaboration du propriétaire et de son œnologue Alain Mazoyer. Le 2020 séduit par son expression aromatique. S'il lui faut un peu d'aération, ses arômes de fleurs jaunes, de pêche et de fruits exotiques sont flatteurs. En bouche, son gras très présent est équilibré par une belle fraîcheur qui donne de l'allonge à la finale. ⧗ 2021-2024

EARL NAPOLÉON BRIZI, Morta-Majo, 20253 Patrimonio, tél. 06 91 74 57 29, anniemazoyer2b@gmail.com V *r.-v.*

CLOS ALIVU 2019 ★★

■	26000		11 à 15 €

Alivu? « Olivier », en corse. À l'origine 3 ha de vieux ceps de niellucciu et de vermentinu à Oletta et autant à Santo Pietro di Tenda. Ce petit domaine en patrimonio, acquis en 2005 par Éric Poli, compte aujourd'hui 15 ha grâce à de nouvelles plantations. Fils d'Ange Poli (Dom. de Piana), le vigneron est également à la tête des domaines familiaux de la région de Bravone, sur la côte orientale; il exploite 65 ha au total.

Pour ce 2019, des volumes intéressants et une excellente qualité. Vendangé en légère surmaturité, le niellucciu a engendré un vin à la robe profonde et au nez puissant et complexe, mêlant fruits rouges très mûrs, voire compotés

CORSE

et confits, pruneau et herbes du maquis. Vif en attaque, le palais, à l'unisson du nez, se montre consistant et long, soutenu par des tanins fins et enrobés jusqu'à la finale fruitée. ⧗ 2022-2027 ■ **2020 ★★ (11 à 15 €; 20 000 b.)** Le vermentinu, récolté en légère surmaturité, a été vinifié de façon à exalter ses arômes et élevé sur lies. Dans le verre, un vin ample, gras et long, aux arômes séduisants de fleurs jaunes et de fruits exotiques. ⧗ 2021-2024

ÉRIC POLI (CLOS ALIVU), Bravone, 20230 San-Nicolao, tél. 06 19 42 54 91, clos.alivu@orange.fr t.l.j. 9h-12h30 16h-20h

B CLOS SAN QUILICO 2020 ★★

■	34 000		8 à 11 €

Seconde propriété de la famille Orenga de Gaffory, le Clos San Quilico, que dirige Henri Orenga, est commandé par un corps de ferme du XVIII[e]s. Il compte 32 ha de vignes implantées au bord de la petite route qui rejoint Poggio-d'Oletta depuis Saint-Florent. En bio certifié à partir de 2019.

Sa robe claire, œil de perdrix, lui vient d'un pressurage direct du niellucciu (très majoritaire) et du grenache. Le nez monte en puissance à l'aération, dévoilant des senteurs de fruits rouges, de pâtisserie, de melon, nuancées d'une touche plus fraîche de pomelo. Charnu, ample et généreux, le palais est équilibré par une belle acidité. Avec son étoffe, ce rosé harmonieux pourra accompagner tout un repas. ⧗ 2021-2022

EARL DOM. DE SAN QUILICO, Morta Majo, 20253 Patrimonio, tél. 04 95 37 45 00, contact@orengadegaffory.com V r.-v.

B GIACOMETTI Cru des Agriate 2020 ★

■	18 000		8 à 11 €

Sur la route qui joint Saint-Florent à la Balagne en traversant le désert des Agriates, on trouve ce domaine (25 ha) créé en 1966. Laurent Giacometti l'avait racheté en 1987 avec son fils Christian qui avait pris la relève en 1997. Après avoir travaillé plus de 10 ans sur l'exploitation, Sarah et Simon, représentant la 3e génération, se sont installés comme jeunes agriculteurs. La propriété a obtenu la certification bio.

S'il n'est pas des plus longs, ce patrimonio séduit tant par l'intensité de son expression aromatique partagée entre les fleurs blanches et les agrumes que par l'équilibre de sa bouche, qui bénéficie d'une agréable fraîcheur. ⧗ 2021-2024

EARL GIACOMETTI, Casta, 20217 Saint-Florent, tél. 04 95 37 00 72, domainegiacometti@orange.fr V r.-v.

B DOM. LECCIA 2019 ★

■	10 000		20 à 30 €

Longtemps aidée par son frère Yves, Annette Leccia a repris seule en 2005 les rênes de la propriété familiale, qui couvre 13 ha en patrimonio et en muscat-du-cap-corse. Elle avait à cœur de convertir son vignoble à l'agriculture biologique; c'est chose faite depuis la récolte 2011. Son neveu Lisandru a rejoint le domaine.

Fleurs jaunes miellées et fruits exotiques se partagent le nez intense et se prolongent dans un palais complexe, gras et persistant, qui bénéficie d'une grande fraîcheur. Parfait pour des produits de la mer ou pour trancher avec le gras du fromage. ⧗ 2021-2024

EARL DOM. LECCIA, Morta-Piana, 20232 Poggio-d'Oletta, tél. 04 95 37 11 35, domaine.leccia@wanadoo.fr V t.l.j. sf sam. dim. 9h-12h30 14h-18h E

B YVES LECCIA E Croce 2020 ★★

■	6 000		15 à 20 €

Œnologue impliqué dans la renaissance et la promotion des vins insulaires, Yves Leccia a créé son propre domaine en 2005, après avoir dirigé avec sa sœur l'exploitation familiale pendant une quinzaine d'années. Il conduit aujourd'hui avec son épouse Sandrine un vignoble de 16 ha sur sols argilo-calcaires et schisteux à Poggio-d'Oletta. En bio certifié depuis 2017, l'un des piliers de l'appellation patrimonio, souvent en vue aussi pour ses muscats.

Pas de coup de coup de cœur en patrimonio cette année, mais un palmarès enviable, avec deux cuvées remarquables en provenance du lieu-dit E Croce. Issu d'une saignée, ce rosé séduit par son nez expansif, élégant et net, mêlant fruits rouges (groseille, grenade), agrumes (orange, citrus) et une note végétale fraîche. On retrouve cette palette dans un palais tonique, salin et long. Du caractère, de la droiture et de la subtilité. ⧗ 2021-2022 ■ **E Croce 2020 ★★ (20 à 30 €; 13 000 b.)** B Tous les caractères du vermentinu sont réunis dans ce patrimonio blanc : une robe claire à reflets verts, un nez délicat, entre fleurs et agrumes, une bouche fruitée et longue, conjuguant gras et vivacité. De l'élégance. ⧗ 2021-2024

EARL YVES LECCIA, Morta-Piana, 20232 Poggio-d'Oletta, tél. 04 95 30 72 33, info@yves-leccia.com V t.l.j. sf dim. 8h-12h 14h-18h

DOM. MONTEMAGNI Louis 2017 ★★

■	2 500		20 à 30 €

Le domaine le plus important de l'appellation patrimonio en surface : 15 ha en 1850, date de sa création par l'arrière-grand-père, 81 ha aujourd'hui. Aux commandes, le patriarche respecté Louis Montemagni s'appuie sur ses filles. Il a confié les vinifications à une jeune œnologue de talent, Aurélie Melleray. Un pilier de la Corse viticole. Exploitation certifiée HVE et bio.

La sécheresse estivale prolongée de l'année a moins affecté le niellucciu, surtout les vieux ceps de plus de 60 ans, plantés sur les argilo-calcaires de l'appellation, à l'origine de cette cuvée. Un élevage de 18 mois en demi-muids (grands fûts) apporte de la complexité, léguant des notes boisées qui laissent parler le fruit, sur des notes de cerise, de fraise et de mûre. Le maquis et le sous-bois s'ajoutent à cette palette dans un palais chaleureux, structuré et long, qui montre aussi la vivacité du cépage. Puissance et générosité. ⧗ 2022-2027 ■ **Louis 2019 ★ (20 à 30 €; 800 b.)** Élevé sur lies fines en fût d'acacia et de chêne, ce patrimonio blanc mêle au nez comme en bouche agrumes, fruits exotiques et boisé vanillé. Un vin élégant, à la finale légèrement amère. ⧗ 2021-2024

SCEA MONTEMAGNI, Puccinasca, 20253 Patrimonio, tél. 04 95 35 90 40, domainemontemagni@orange.fr 3

DOM. ORENGA DE GAFFORY OG 2020 ★★

| 40 000 | | 8 à 11 € |

En 1966, alors que l'AOC patrimonio n'est pas encore reconnue, Pierre Orenga de Gaffory crée son domaine. Aujourd'hui, un vaste ensemble de 55 ha, répartis dans différents terroirs et sur 5 des 7 communes de l'appellation, dont il est l'une des valeurs sûres. Aux commandes depuis 1974, Henri, fils de Pierre, dirige aussi un second domaine, le Clos San Quilico, dans la commune de Poggio-d'Oletta. La propriété bénéficie de la double certification bio (2019) et HVE.

Issu de pressurage direct, ce rosé revêt une teinte saumon pastel, œil de perdrix. Né d'un assemblage de niellucciu et de sciaccarellu (20 %), il séduit par la complexité de son nez finement minéral, mêlant la fraîcheur des agrumes (pomelo) et des touches poivrées. En bouche, les baies rouges acidulées, groseille en tête, s'ajoutent à cette palette, mises en valeur par un trait de vivacité qui étire la finale. ⧗ 2021-2022 **Cuvée Felice 2019 ★★ (11 à 15 €; 8 000 b.)** Une robe citron à reflets verts pour ce patrimonio blanc issu de vermentinu récolté en légère surmaturité, au nez intense, minéral, floral (fleurs jaunes) et fruité (fruits exotiques, abricot), et au palais remarquablement équilibré, gras et long, teinté en finale d'une petite pointe d'amertume. ⧗ 2021-2024

GFA ORENGA DE GAFFORY, Morta-Majo, 20253 Patrimonio, tél. 04 95 37 45 00, contact@orengadegaffory.com V *r.-v.*

MUSCAT-DU-CAP-CORSE

Superficie : 89 ha / Production : 1 977 hl

Délimitée dans les territoires de 17 communes de l'extrême nord de l'île, l'appellation a été reconnue en 1993 – aboutissement des longs efforts d'une poignée de vignerons regroupés sur les terroirs calcaires de Patrimonio et sur ceux, schisteux, de l'AOC vin-de-corse Coteaux-du-Cap-Corse.

Le seul muscat blanc à petits grains entre dans ce vin, élaboré par mutage à l'eau-de-vie de vin comme tout vin doux naturel. L'eau-de-vie arrête la fermentation et préserve ainsi au moins 95 g/l de sucres résiduels. Les muscats n'en gardent pas moins une belle fraîcheur.

♥ YVES LECCIA 2017 ★★

| 3 000 | | 30 à 50 € |

Œnologue impliqué dans la renaissance et la promotion des vins insulaires, Yves Leccia a créé son propre domaine en 2005, après avoir dirigé avec sa sœur l'exploitation familiale pendant une quinzaine d'années. Il conduit aujourd'hui avec son épouse Sandrine un vignoble de 16 ha sur sols argilo-calcaires et schisteux à Poggio-d'Oletta. En bio certifié depuis 2017, l'un des piliers de l'appellation patrimonio, souvent en vue aussi pour ses muscats.

D'un jaune pâle cristalllin, ce muscat enchante d'emblée par la fraîcheur, l'élégance et la complexité de son nez : fleurs blanches, amande fraîche, verveine citronnée se bousculent au-dessus du verre, nuancées de légères touches rôties évoquant le botrytis. Cette fraîcheur et cette richesse aromatique se confirment au palais, où le miel, les épices douces et le poivre blanc jouent avec le citron et des notes mentholées. La matière est ample, soutenue par une fine acidité et la finale longue et saline. Melon, foie gras, dessert mettront en valeur ce superbe vin doux naturel. ⧗ 2021-2030

EARL YVES LECCIA, Morta-Piana, 20232 Poggio-d'Oletta, tél. 04 95 30 72 33, info@yves-leccia.com V *t.l.j. sf dim. 8h-12h 14h-18h*

DOM. MONTEMAGNI Menhir 2019 ★

| 2 000 | | 15 à 20 € |

Le domaine le plus important de l'appellation patrimonio en surface : 15 ha en 1850, date de sa création par l'arrière-grand-père, 81 ha aujourd'hui. Aux commandes, le patriarche respecté Louis Montemagni s'appuie sur ses filles. Il a confié les vinifications à une jeune œnologue de talent, Aurélie Melleray. Un pilier de la Corse viticole. Exploitation certifiée HVE et bio.

De petits volumes en 2019, mais une très belle qualité pour ce muscat d'un jaune pâle brillant, dont le nez aussi puissant qu'élégant, floral et fruité, donne l'impression de croquer dans le raisin muscat. Ces parfums se confirment dans une bouche équilibrée, fraîche et longue : une belle étoile. ⧗ 2021-2024

SCEA MONTEMAGNI, Puccinasca, 20253 Patrimonio, tél. 04 95 35 90 40, domainemontemagni@orange.fr 3

DOM. NOVELLA Perla d'oru 2019 ★★

| 10 000 | | 15 à 20 € |

Fondé en 1950, un vignoble familial en patrimonio et en muscat-du-cap-corse, situé dans la commune d'Oletta, au cœur de la Conca d'Oro. Pierre-Marie Novella prend le relais en 1976, plante les cépages traditionnels et engage en 2014 la conversion bio du domaine (20 ha aujourd'hui).

Intense, riche et complexe, le nez libère des fragrances suaves de fleurs blanches, de glycine, de miel et de nougat, nuancées de notes plus fraîches de verveine. On retrouve la douceur miellée du nougat, alliée à la fleur d'oranger, dans une attaque ample et généreuse. Une fraîcheur végétale et acidulée vient apporter du dynamisme à la finale, marquée par un côté salin et par la vivacité du citrus. Un remarquable équilibre et du potentiel. ⧗ 2021-2027

PIERRE-MARIE NOVELLA, Palmola, stade d'Oletta, 20232 Oletta, tél. 04 95 39 07 41, domainenovella@gmail.com V *t.l.j. sf dim. 10h-13h 15h-19h*

DOM. ORENGA DE GAFFORY 2019 ★

| 10 000 | | 11 à 15 € |

En 1966, alors que l'AOC patrimonio n'est pas encore reconnue, Pierre Orenga de Gaffory crée son domaine. Aujourd'hui, un vaste ensemble de 55 ha, répartis dans différents terroirs et sur 5 des 7 communes de l'appellation, dont il est l'une des valeurs sûres. Aux commandes depuis 1974, Henri, fils de Pierre, dirige aussi un second domaine, le Clos San Quilico, dans la

commune de Poggio-d'Oletta. La propriété bénéficie de la double certification bio (2019) et HVE.

Le domaine propose 3 muscats : l'impassitu, élaboré à partir de raisins passerillés, un vieux millésime, qui montre des arômes d'évolution, et celui-ci, le plus classique, issu de raisins mûrs à point. Or pâle à reflets argentés, ce 2019 libère profusion de parfums muscatés d'une rare élégance : tilleul, poire, coing, raisins secs, miel d'acacia, poivre blanc, avec un côté salin. L'attaque fraîche ouvre sur un palais élégant aux arômes d'agrumes soulignés par une belle vivacité. La finale est marquée par l'amertume tonique du pomelo. ⧗ 2021-2027

GFA ORENGA DE GAFFORY, Morta-Majo, 20253 Patrimonio, tél. 04 95 37 45 00, contact@orengadegaffory.com V r.-v.

IGP ÎLE DE BEAUTÉ

DOM. CASANOVA Gris 2020 ★

| | 300 000 | | 5 à 8 € |

Créée en 1975, la cave d'Aghione, la 3e structure coopérative de l'île, vinifie la production de quelque 800 ha de vignes et regroupe une trentaine d'exploitations en bordure de la plaine orientale. 2017 voit l'arrivée d'une chaîne d'embouteillage aussi bien pour les vins tranquilles que pour les effervescents. Le président actuel, André Casanova, a donné son nom à la marque principale commercialisée par la cave.

Issu d'un pressurage direct, ce rosé présente à un haut degré les caractères d'un vin gris : une robe diaphane aux reflets roses, un nez minéral, discrètement amylique, et une bouche vive et longue, avec du gras pour équilibrer l'acidité. Il pourrait accompagner aussi bien des grillades de viandes que des brochettes de gambas ou de poisson. ⧗ 2021-2022

SCA AGHIONE, 20240 Ghisonaccia, tél. 04 95 56 60 20 V r.-v.

♥ B YVES LECCIA YL 2019 ★★

| | 20 000 | | 15 à 20 € |

Œnologue impliqué dans la renaissance et la promotion des vins insulaires, Yves Leccia a créé son propre domaine en 2005, après avoir dirigé avec sa sœur l'exploitation familiale pendant une quinzaine d'années. Il conduit aujourd'hui avec son épouse Sandrine un vignoble de 16 ha sur sols argilo-calcaires et schisteux à Poggio-d'Oletta. En bio certifié depuis 2017, l'un des piliers de l'appellation patrimonio, souvent en vue aussi pour ses muscats.

Majoritaire (80 %), le niellucciu, cépage emblématique du patrimonio, donne son caractère à cette cuvée qui confirme le savoir-faire du vigneron. La robe est intense; le nez riche et compoté, rehaussé de notes épicées, allie finesse et complexité. On retrouve ces qualités dans une bouche soutenue par des tanins mûrs et fondus, aux sarômes de cerise d'une rare persistance. L'appoint de grenache apporte un surcroît de rondeur suave, d'ampleur et de générosité. ⧗ 2021-2026

EARL YVES LECCIA, Morta-Piana, 20232 Poggio-d'Oletta, tél. 04 95 30 72 33, info@yves-leccia.com V *t.l.j. sf dim. 8h-12h 14h-18h*

♥ DOM. MONDANGE Primizia 2020 ★★

| | 13 000 | | 5 à 8 € |

Enfants de Jean Mondange, président de la coopérative de Saint-Antoine, sur la côte orientale, Laura et Andria Mondange ont créé en 2018 leur propre domaine à partir du vignoble familial fondé en 1989 (41 ha). Ils sélectionnent les meilleures parcelles pour les vinifier dans leur chai flambant neuf.

Une cuvée issue de vermentinu (90 %), complété d'un soupçon de biancu gentile et de muscat à petits grains, cépages connus pour leur expression aromatique. Les raisins ont été vendangés la nuit pour préserver leur fraîcheur. Ce vin blanc a d'emblée enchanté le jury par ses parfums intenses d'agrumes confits relevés de poivre. Vive en attaque, soyeuse, tout en fruit et en fraîcheur, la bouche tient les promesses du nez. ⧗ 2021-2024

EARL MONDANGE, Saint-Antoine, 20240 Ghisonaccia, tél. 06 17 05 34 79, contact@domainemondange.com V

♥ DOM. E. PETRE Pisè 2019 ★★

| | 1200 | | 20 à 30 € |

Installée en 2009, Marie-Françoise Garcia a repris le vignoble familial implanté dans la vallée du Tavignanu (axe Aléria/Corte) dans les années 1970. Moins de 2 ha, mais beaucoup de passion dans la culture de ses vignes : pratique de l'enherbement, vendanges manuelles. En 2016, le domaine, rebaptisé E Petre, s'agrandit avec l'arrivée des enfants. Après des plantations successives en cépages autochtones, il compte 8 ha. En conversion bio.

Ce vin rouge met en œuvre des cépages corses : le niellucciu en appoint du moins connu minustellu (80 %), appelé aussi morrastel. Après fermentation et macération dans une cuve ouverte, il reste 9 mois en fût de chêne. Le résultat est convaincant : robe soutenue à reflets violines, nez minéral, complexe, vanillé, cacaoté et épicé; bouche consistante, ample et fruitée, qui tire du cépage principal sa rondeur et ses tanins soyeux. Alliant matière et finesse, ce 2019 semble avoir du potentiel. ⏳ 2022-2026

SARL DOM. E. PETRE, 80, chem. d'Arena, hameau de Rotani, 20270 Aléria, tél. 06 17 79 41 18, domainepetre@live.fr V t.l.j. 9h-12h 14h-18h; dim. sur r.-v.

DOM. POLI 2020 ★★

	80 000		5 à 8 €

Éric Poli, fils d'Ange Poli (Dom. de Piana), a d'abord travaillé à Paris en salle des marchés avant de revenir à ses racines corses et vigneronnes. Également responsable de domaines en AOC patrimonio, il a créé en 2007, non loin de la côte orientale, cette exploitation qui compte 65 ha de vignes.

Un excellent équilibre pour ce vin qui marie niellucciu et sciaccarellu et qui assemble des rosés de saignée et des rosés de pressurage direct. De couleur pêche, il offre un nez minéral et fruité, entre pierre à fusil, petits fruits rouges et bonbon anglais. Partagé en bouche entre la fraise et l'orange, de belle longueur, il conjugue ampleur et vivacité. ⏳ 2021-2022

ÉRIC POLI (DOM. POLI), Bravone, 20230 San-Nicolao, tél. 06 19 42 54 91, clos.alivu@orange.fr

DOM. U. PORTU Suerone 2020 ★★

	4 000		5 à 8 €

Après avoir été cavistes, Marcu Andria Chiodi et Vanessa Giuly ont repris un vignoble familial et fondé un domaine en 2019. Leur cave étant située non loin de l'emplacement de l'ancien port romain, ils l'ont baptisé U Portu. Leurs 25 ha sont répartis sur deux terroirs différents, en zone littorale et en piémont.

Suerone est le nom du lieu-dit où est implanté le jeune sciaccarellu (5 ans) à l'origine de ce rosé issu de pressurage direct. Le vin tire de ce mode d'élaboration une robe abricot clair, un nez léger et minéral, sur les petits fruits rouges et le bonbon, et un palais vif et tonique, aux arômes de groseille et de pamplemousse rose. Un rosé qui a du peps. ⏳ 2021-2022

SARL U. PORTU, rte du Roi-Théodor, 20270 Aléria, tél. 06 48 09 26 65, sarl.u-porte@hotmail.com V

RÉSERVE DU PRÉSIDENT Niellucciu 2020 ★

	40 000		- de 5 €

Fondée en 1958, la SCA UVIB est la plus grande coopérative vinicole de Corse. Établie dans la plaine orientale, à Aléria, non loin de l'étang de Diana, elle vinifie quelque 1 400 ha de vignes appartenant à 70 adhérents.

L'une des marques les plus connues de l'Ile de Beauté, largement diffusée sur le continent. Après un 2019 coup de cœur, le rouge 2020, 100 % niellucciu, se défend très honorablement avec son nez minéral et fin, partagé entre les fruits cuits et les épices douces, et sa bouche complexe, de belle longueur, légèrement tannique en finale. ⏳ 2021-2025

SCA UVIB, Padulone, 20270 Aléria, tél. 04 95 57 02 48 V t.l.j. 9h-12h 14h-17h30

MULINU DI RASIGNANI 2020 ★

	200 000		8 à 11 €

L'Union des vignerons associés du Levant (UVAL) est la structure commercialisant les vins de la Cave coopérative de la Marana, groupement de producteurs fondé en 1975 et établi à Borgo, commune au sud de Bastia. La cave regroupe environ 900 ha de vignes et une soixantaine de vignerons répartis sur la côte orientale de la Corse. Elle propose des vins de marque et vinifie également pour quelques domaines particuliers.

Issu d'une sélection parcellaire, ce vin moelleux provient de muscat à petits grains passerillés sur pied. Floral, fruité et miellé, il développe au nez comme en bouche d'intenses arômes muscatés. Puissant, de belle longueur, il conjugue onctuosité et fraîcheur. ⏳ 2021-2024

SC UVAL, Rasignani, 20290 Borgo, tél. 04 95 58 44 00, f.malassigne@corsicanwines.com V t.l.j. sf sam. dim. 9h-12h 14h-17h

B DOM. DE TERRA VECCHIA A Natura 2020 ★★

	40 000		5 à 8 €

En Corse orientale, vers la Costa Serena, entre maquis, mer et étang de Diana, Terra Vecchia et Clos Poggiale constituent un vignoble de 200 ha. Il était déjà cultivé par les Romains – ce que rappelle le nom de Terra Vecchia (« Terres anciennes »). Jean-François Renucci l'a acheté en 2011 à la famille Skalli. Clos Poggiale a obtenu la certification bio pour le millésime 2018, Terra Vecchia est certifiée HVE.

Une robe attrayante, framboise clair, pour ce rosé issu du grenache et du cinsault. De la framboise, on en trouve également au nez, et aussi beaucoup de fraise, de bonbon à la fraise et de pêche blanche. Ces arômes gourmands et flatteurs se prolongent dans un palais gras et suave, équilibré par une fraîcheur bienvenue en finale. ⏳ 2021-2022

SAS TERRA VECCHIA, Pompugliani, 20270 Aléria, tél. 04 95 32 33 01, mhommet@clospoggiale.fr V r.-v.

DOM. VECCHIO 2020 ★

	15 000		11 à 15 €

Implanté non loin de la côte orientale, au pied du monte Sant'Appiano (1 100 m), face à la mer, un domaine progressivement agrandi (30 ha aujourd'hui) et restructuré à partir de 2000 par Florence Giudicelli-Girard et son mari. La conduite du vignoble se fait a *l'antiga* (à l'ancienne), ce que la vigneronne appelle la culture « sur-raisonnée » : limitation des rendements, enherbement hivernal, labourage un rang sur deux, emploi mesuré du cuivre.

Composé de niellucciu et de sciaccarellu, ce rosé est issu de pressurage direct. De couleur saumon clair, il mêle au nez fraise des bois et bonbon anglais. Les fruits exotiques s'ajoutent à cette palette dans une bouche agréable, marquée par une pointe d'amertume en finale. ⏳ 2021-2022

Collezzione 2019 ★ (11 à 15 €; 20 000 b.) Quatre cépages (niellucciu, sciaccarellu, minustellu et grenache) sont mis en œuvre dans ce rouge élevé en cuve et en fût. Un vin aux tanins enrobés, à la palette surtout fruitée (cerise), qui offre un certain potentiel. ⏳ 2021-2026

FLORENCE GIUDICELLI-GIRARD (DOM. VECCHIO), Listincone, 20230 Chiatra, tél. 06 03 78 09 96, vecchio@sfr.fr V r.-v. E

CORSE

SUD-OUEST

LE SUD-OUEST

Groupant sous la même bannière des appellations aussi éloignées qu'irouléguy, bergerac ou gaillac, la région viticole du Sud-Ouest rassemble ce que les Bordelais appelaient le « Haut-Pays » et le vignoble de l'Adour, proche des Pyrénées. Elle comprend des micro-vignobles très anciens, jusqu'au pied du Massif central.

À la grande diversité des cépages cultivés dans ces régions dispersées, dont certaines variétés sorties de la nuit des temps viticoles, répond celle de la production : le Sud-Ouest fournit pratiquement tous les styles de vins. Des vins originaux, longtemps restés dans l'ombre, et qui bénéficient souvent de ce fait d'un bon rapport qualité-prix.

Quatre sous-régions se distinguent : le piémont du Massif Central, la moyenne Garonne, le Bergeracois et Duras, et le piémont pyrénéen.

Le Sud-Ouest
selon Margot

Une de mes régions préférées. Je les connais encore trop peu à mon sens, mais dès que j'ai pu goûter les vins et surtout échanger avec les vignerons, j'ai d'emblée remarqué la singularité de ce vignoble. Les vins ne sont pas hors de prix, on y découvre des cépages autochtones uniques, des terroirs singuliers entre l'influence de la mer et de la montagne, et des styles variés et délicieux. Le Sud-Ouest, pour moi, c'est un peu comme l'eldorado des connaisseurs. Mention spéciale pour l'appellation cahors qui réalise un très beau travail de valorisation de ses terroirs.

• **Ma reco œnotourisme**

Plaimont, groupe de coopératives très dynamique, propose de multiples activités pour découvrir ses différents vignobles : balade dans les vignes, hébergement dans un monastère, restaurants gourmands, dégustations thématiques, de nombreux bons plans sont à tester. À découvrir sur www.plaimont.com/randonnees-vignoble-velo-marche/

Le bonheur est dans la vigne

Clos Troteligotte K-Or 2019 (cahors)

Cahors, ça bouge ! Ce domaine de génie, conduit en biodynamie, développe un travail parcellaire précis qui valorise son grand cépage, le malbec, avec des vins tout en finesse et en nuances, à l'image de cette cuvée K-Or.

Plaimont Les Vignes retrouvées 2019 (saint-mont)

J'adore ce collectif de caves coopératives qui propose une gamme de vins cohérente et accessible, avec un engament fort sur les terroirs et les cépages. La cuvée « Les Vignes retrouvées » est un hymne à trois cépages autochtones (gros manseng, petit courbu et arrufiac) : un vin vibrant, à la fois plein de tonus et de rondeur.

Les **vignerons** de l'année

Patrick **Barde**

(Ch. Le Raz)

On a retrouvé un acte de 1450 concernant des Barde de Saint-Vivien, village périgourdin proche du Bordelais, comme Saint-Méard-de-Gurçon où se trouve le château Le Raz. « Nous sommes de grands aventuriers », s'amuse Patrick Barde. « En 570 ans, nous nous sommes déplacés de 4 km. » Ce domaine, où l'on valorise l'expérience, a pour vertu la constance. Installé en 1986, Patrick Barde s'est illustré dans le Guide avec un blanc 1990. Il obtient en montravel trois coups de cœur en deux ans, en blanc sec comme en rouge.

• Le Raz, une longue histoire…
Le château, ce sont mes grands-parents qui l'ont acheté, en 1958. Nous sommes des paysans, descendants d'agriculteurs, de tonneliers. Nos 220 ha sont exploités en polyculture. Si mes parents ont abandonné les vaches laitières, mon cousin et associé Cyril cultive toujours céréales, tournesol et colza, comme mon père. Et moi, je me suis tourné vers la viticulture comme mon oncle. Tout maîtriser, de la plantation à la consommation, c'est ce qui nous passionne. Je travaille avec mon maître de chai, Régis Giron, qui a 40 ans d'expérience, et avec ma cousine Nathalie. Gaétan (le fils de Cyril) et ma fille Angeline nous ont rejoints.

• Quels types de vins proposez-vous ?
Sur nos 70 ha, 60 % sont plantés en vignes rouges, surtout sur les argilo-calcaires ; si le merlot, le cépage dominant du Bergeracois, domine (60 %), malbec et cabernets, qui mûrissent mieux qu'avant, progressent en surface. Pour les blancs, plutôt cultivés sur les boulbènes, le sauvignon (blanc pour l'essentiel) représente 70 %, complété à parité par le sémillon et la muscadelle. Les IGP Périgord, qui nous permettent d'expérimenter, atteignent 60 % des volumes, en rouge, rosé, blanc sec et moelleux. Nous produisons aussi des bergerac, montravel, côtes-de-montravel et haut-montravel (moelleux et liquoreux).

• Quels sont les facteurs de la qualité de vos vins ? Les défis de l'heure ? Et la bio ?
Je suis content de notre dernier chai à deux étages qui fonctionne par gravité. Je me félicite aussi de la restructuration du domaine, planté à haute densité par mon oncle. Le réchauffement climatique, qui entraîne de belles maturités, nous favorise, si l'on excepte les gels printaniers, 2020 après 2017. J'ai pu planter du viognier. En IGP également, j'ai planté du floréal *[un hybride résistant au mildiou et à l'oïdium obtenu par l'Inra, ndlr]*. La bio ? Un trop grand risque économique. En outre, il faut trouver un substitut au cuivre, qui dévitalise les sols. Dans les vignes traitées à l'excès, les lombrics deviennent blancs, voire disparaissent. Avec l'agriculture raisonnée, que nous pratiquons de longue date, nous dosons les produits au minimum, grâce à une démarche précise et à du matériel adapté.

• Votre terroir confine à la Gironde, quelles sont les différences avec vos voisins du Bordelais ?
Nos terroirs donnent une place importante aux blancs, qui comportent moins de sémillon qu'en Bordelais, plus de sauvignon et de muscadelle. Pour les rouges, les terroirs argilo-calcaires prolongent ceux du Libournais. Il existe cependant des différences en termes de microclimat, et plus encore avec les vins rouges de la rive gauche de la Dordogne. Nos vins privilégient la finesse.

♥ Les coups de cœur

- **Montravel Cuvée Grand Chêne Élevé en fût de chêne 2019**
- **Montravel Cuvée les Filles 2018**

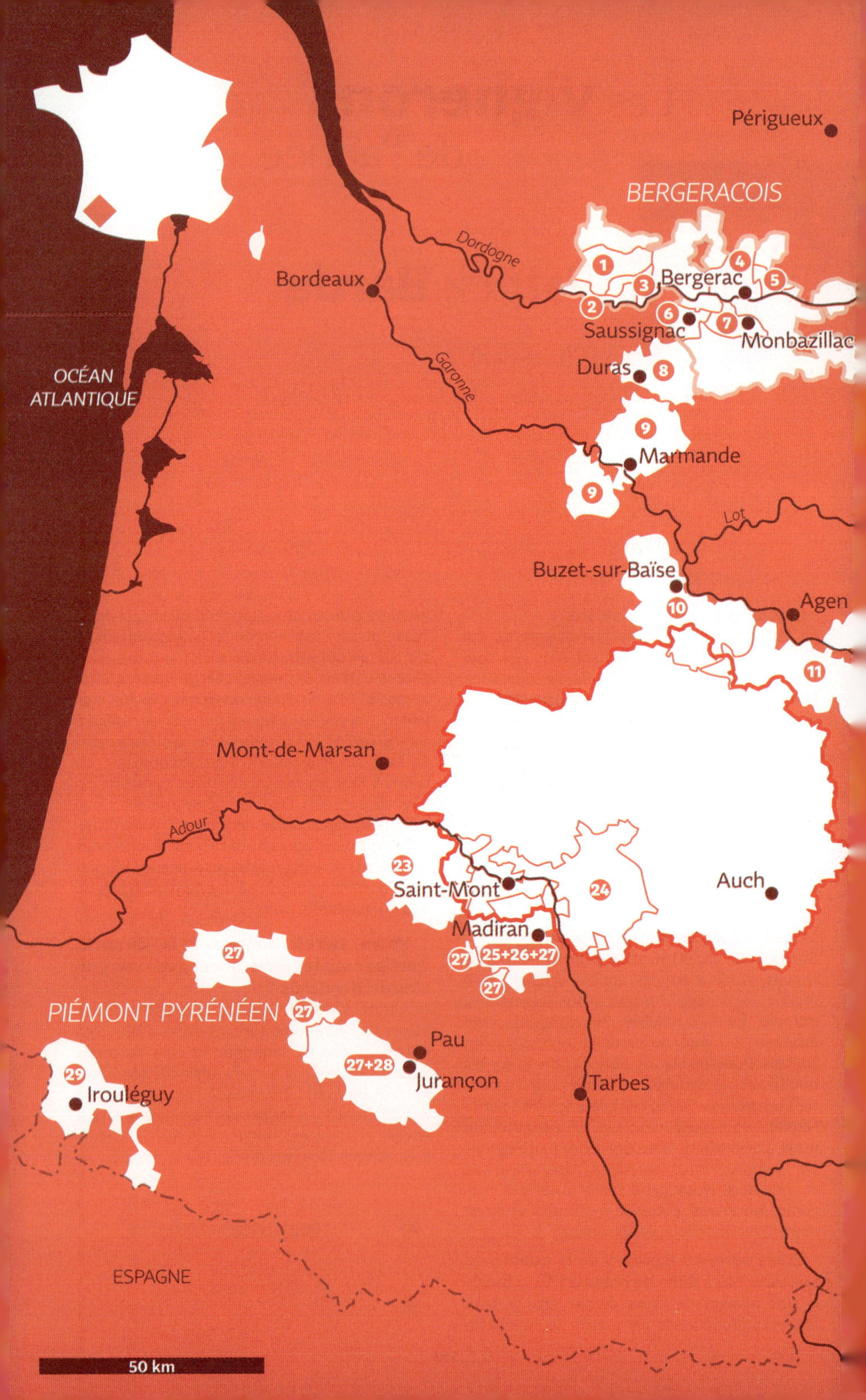
Périgueux
BERGERACOIS
Dordogne
1
4
Bergerac
5
3
2
6
7
Saussignac
Monbazillac
Bordeaux
Garonne
Duras
8
OCÉAN
ATLANTIQUE
9
Marmande
9
Lot
Buzet-sur-Baïse
10
Agen
11
Mont-de-Marsan
Adour
23
Saint-Mont
24
Auch
Madiran
27
25+26+27
27
27
PIÉMONT PYRÉNÉEN
27
Pau
27+28
Jurançon
29
Irouléguy
Tarbes
ESPAGNE
50 km

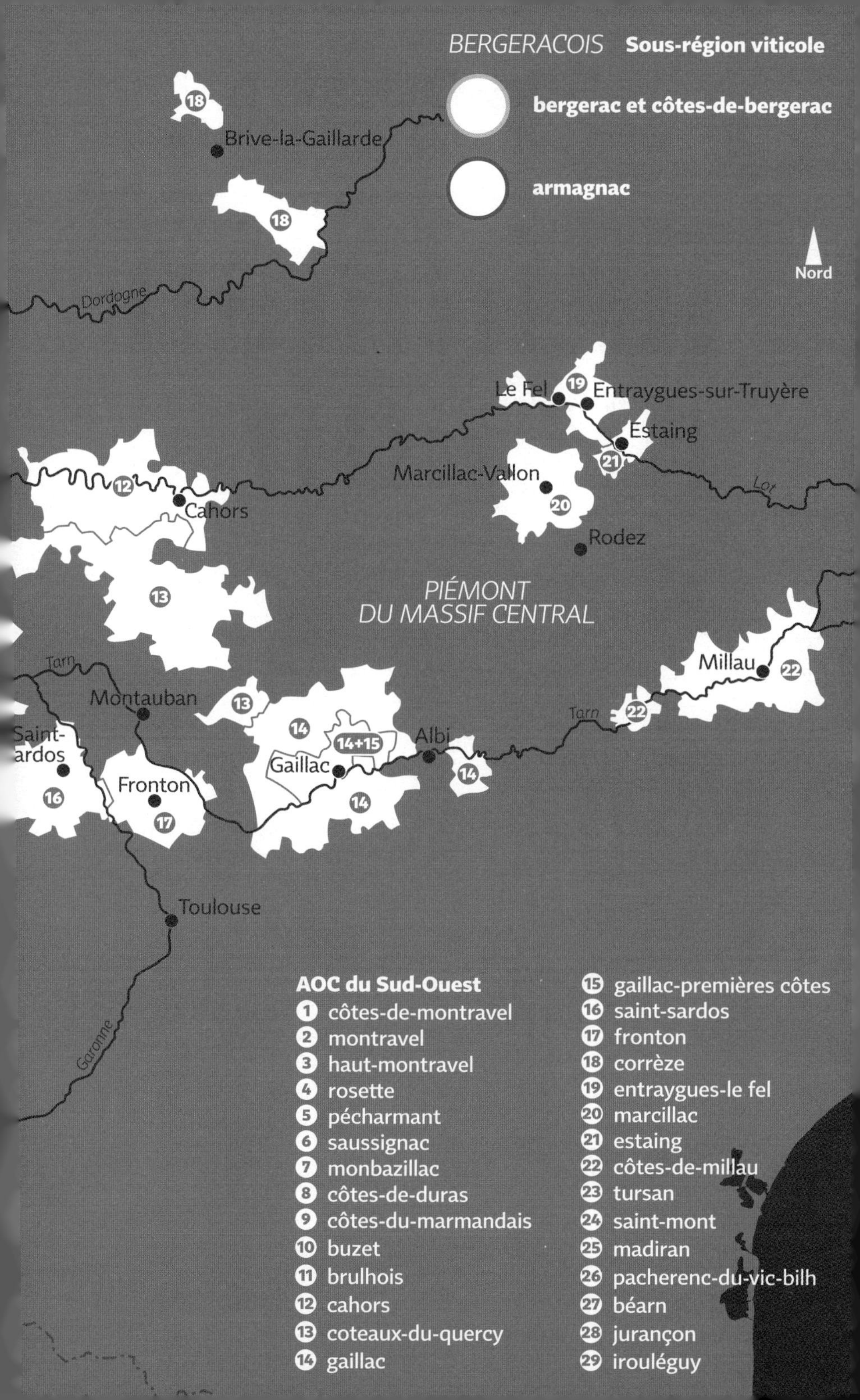

BERGERACOIS Sous-région viticole
bergerac et côtes-de-bergerac
armagnac
Nord
Brive-la-Gaillarde
Dordogne
Le Fel
Entraygues-sur-Truyère
Estaing
Marcillac-Vallon
Lot
Cahors
Rodez
PIÉMONT DU MASSIF CENTRAL
Tarn
Montauban
Millau
Albi
Gaillac
Saint-Sardos
Fronton
Toulouse
Garonne
14+15
AOC du Sud-Ouest
1 côtes-de-montravel
2 montravel
3 haut-montravel
4 rosette
5 pécharmant
6 saussignac
7 monbazillac
8 côtes-de-duras
9 côtes-du-marmandais
10 buzet
11 brulhois
12 cahors
13 coteaux-du-quercy
14 gaillac
15 gaillac-premières côtes
16 saint-sardos
17 fronton
18 corrèze
19 entraygues-le fel
20 marcillac
21 estaing
22 côtes-de-millau
23 tursan
24 saint-mont
25 madiran
26 pacherenc-du-vic-bilh
27 béarn
28 jurançon
29 irouléguy

Le **Sud-Ouest** en un clin d'œil

Chiffres relatifs aux AOC.
En IGP 20 % rouges, 65 % blancs et 15 % rosés

Types de vins

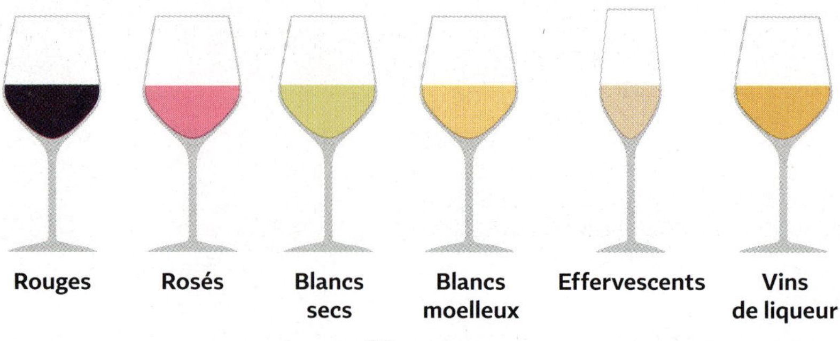

Principaux **cépages**

Merlot	Malbec (cot ou auxerrois)	Cabernet-sauvignon
Cabernet franc	Tannat	Fer servadou
Duras	Négrette	Colombard
Sauvignon	Sémillon	Muscadelle
Gros manseng	Petit manseng	Mauzac
L'en-de-lel (loin-de-l'œil)		

Hiérarchie des vins

Le vignoble du Sud-Ouest se compose d'une mosaïque de terroirs très distincts. C'est pourquoi, il n'y a pas de hiérarchie d'appellations, à la différence du Bordelais voisin. Les volumes de production des AOC (près d'une cinquantaine) et des IGP (une quinzaine) sont sensiblement équivalents.

Un peu d'**histoire**

- **I^ers^. av. J.-C. :** conquêtes de Jules César, la culture de la vigne se développe, notamment à Gaillac. Montans est un centre de fabrication de poteries et d'amphores exportées dans tout l'empire romain.
- **XIe s. :** essor du vignoble sous l'influence des monastères (Madiran, Bergerac, Gaillac, Irouléguy, etc.).
- **1241 :** le « privilège de Bordeaux » impose aux producteurs du Sud-Ouest (« le haut pays ») d'attendre la fin de l'année pour écouler leurs vins vers l'Europe du Nord par Bordeaux. Les vins du Sud-Ouest restent dans l'anonymat et servent de « vins médecins » pour remonter des clairets bordelais.
- **XIVe s. :** la distillation du vin se développe.
- **XVIIe s. :** le cahors gagne en réputation en Angleterre et jusqu'en Russie. Les Hollandais apprécient les vins blancs doux (monbazillac). Essor des vins de Madiran.
- **1776 :** abolition du privilège de Bordeaux. Extension de la viticulture.
- **1880 :** la crise phylloxérique détruit les vignobles aveyronnais. Cahors et le Quercy sont particulièrement touchés.
- **1936 :** création des AOC bergerac, jurançon, monbazillac.
- **1937 :** création des AOC montravel et côtes-de-duras.
- **1938 :** création de l'AOC gaillac (en blanc).
- **1970-2011 :** de nombreux vignobles délimités en AOVDQS deviennent AOC. Coopératives et vignerons indépendants travaillent au renouveau des vins de la région.

Le **piémont** du **Massif central** en un clin d'œil

Production : 475 000 hl

75 % Rouges
20 % Blancs
15 % Rosés

Surface : 99 000 ha

Types de vins

Rouges · Blancs secs · Blancs doux · Rosés · Effervescents

Principaux **cépages**

Malbec · Merlot · Tannat · Duras · Fer servadou · Gamay

Cabernet-sauvignon · Mauzac · Len-de-l'el · Muscadelle · Ondenc · Chenin

Une mosaïque de vignobles

Entre la vallée du Lot, au nord, et celle du Tarn, au sud, se succèdent les vignobles les plus orientaux du Sud-Ouest, qui confinent au Massif central. Ce sont les AOC gaillac et cahors, prolongée par les coteaux-du-quercy. Les terroirs et les cépages y sont très divers. La plupart des petits vignobles de l'Aveyron (marcillac, entraygues-le-fel, estaing, côtes-de-millau) appartiennent déjà au Massif central. On y trouve toutes les couleurs, mais avec une dominante de vins rouges.

La **moyenne Garonne** en un clin d'œil

Production : 370 000 hl

70 % Rouges
5 % Blancs
25 % Rosés

Surface : 6200 ha

Types de vins

Rouges

Blancs secs

Rosés

Principaux **cépages**

Merlot

Cabernet-sauvignon

Cabernet franc

Malbec (ou cot)

Négrette

Duras

Fer servadou

Abouriou

Sauvignon

Sémillon

Muscadelle

Chardonnay

Un vignoble proche du Bordelais, mais singulier

Entre Fronton et Marmande, à cheval entre le Midi-Pyrénées et l'Aquitaine, s'égrènent des vignobles établis sur les terrasses du Tarn et de la Garonne. Ceux du Midi-Pyrénées (fronton, saint-sardos) gravitent autour de Toulouse ; ceux de Buzet et de Marmande ont longtemps vécu dans l'ombre du Bordelais. Les vins rouges dominent, très souvent nés d'assemblages. Les cépages y sont les mêmes qu'en Gironde, associés à quelques variétés locales (abouriou dans le Marmandais, tannat et côt (malbec) dans le Brulhois, négrette à Fronton…).

Le **Bergeracois** et **Duras** en un clin d'œil

Production : 505 000 hl

49 % Blancs
40 % Rouges
11 % Rosés

Surface : 11 300 ha

Types de vins

- Blancs secs
- Blancs moelleux et liquoreux
- Rouges
- Rosés

Principaux **cépages**

- Merlot
- Cabernet-sauvignon
- Cabernet franc
- Malbec
- Sauvignon
- Sémillon
- Muscadelle
- Chenin
- Mauzac

La transition Bordelais/Sud-Ouest

Extension naturelle du Libournais, cette région s'articule autour de la ville de Begerac et étend ses vignobles au nord et au sud de la Dordogne (AOC bergerac, monbazillac, montravel, pécharmant…). On y trouve le même climat océanique, tempéré par des influences continentales. Les cépages sont pour l'essentiel ceux du Bordelais : sauvignon, sémillon, muscadelle en blanc, merlot (dominant), cabernet-sauvignon, cabernet franc en rouge. Les vins sont donc proches : rouges friands ou plus tanniques, parfois élevés sous bois ; blancs secs sous l'influence du sauvignon ; blancs moelleux et liquoreux.

Le **Piémont pyrénéen** en un clin d'œil

Production : 1,4 Mhl

55 % Rouges
45 % Blancs
10 % Rosés

Surface : 18 600 ha

Types de vins

- Rouges
- Blancs secs
- Blancs moelleux
- Rosés
- Vins de liqueur (floc-de-gascogne)

Principaux cépages

- Tannat
- Cabernet franc
- Cabernet-sauvignon
- Fer-servadou
- Gros et petit mansengs
- Courbu
- Arrufiac
- Sauvignon
- Clairette

L'original

Tout au sud, ce vignoble est irrigué par l'Adour et ses affluents. Il est soumis à la double influence climatique de l'Atlantique et de la chaîne de montagne des Pyrénées. Aux côtés des cépages bordelais, on trouve des variétés originales comme le tannat en madiran et en irouléguy, ou les gros et petits mansengs en jurançon et pacherenc-du-vic-bilh.

➜ LE PIÉMONT DU MASSIF CENTRAL

CAHORS

Superficie : 4 050 ha / Production : 155 370 hl

D'origine gallo-romaine, le vignoble de Cahors est l'un des plus anciens de France. Jean XXII, pape d'Avignon, fit venir des vignerons quercynois pour produire le châteauneuf-du-pape, et François Ier planta à Fontainebleau un cépage cadurcien ; l'Église orthodoxe adopta le cahors comme vin de messe, et la cour des tsars comme vin d'apparat... Pourtant, ce vignoble revient de loin ! Totalement anéanti par les gelées de 1956, il était retombé à 1 % de sa superficie antérieure. Reconstitué dans les méandres de la vallée du Lot avec des cépages nobles traditionnels – le principal étant l'auxerrois, également appelé côt ou malbec (70 % de l'encépagement), complété par le merlot (environ 20 %) et le tannat –, le terroir de Cahors a retrouvé la place qu'il mérite, gagnant même les causses comme dans les temps anciens.
Appelé jadis *black wine* par les Anglais, le cahors est puissant, robuste, haut en couleur ; il s'agit incontestablement d'un vin de garde, même si cette aptitude au vieillissement varie en fonction du terroir, de l'encépagement et de la vinification. Il peut toutefois être servi jeune : il est alors charnu, agréablement fruité, et doit être consommé légèrement rafraîchi, sur des grillades, par exemple.

DOM. LA BÉRANGERAIE
Cuvée Maurin 2019 ★

■ | 12000 | | 8 à 11 €

Née officiellement en 1971, la propriété des Bérenger a le même âge que l'AOC cahors. Le fils (Maurin) et la fille (Juline) de Sylvie et d'André Bérenger, aidés de leurs conjoints, ont repris le vignoble familial (37 ha) en 1997.
Cette cuvée apparaît avec une régularité remarquable dans le Guide. Le 2019 confirme le savoir-faire des Bérenger. Le nez envoûtant et complexe décline les fruits rouges et surtout les fruits noirs comme le cassis et la prune d'Ente. La matière friande et persistante laisse une impression veloutée, que les tanins bien présents ne perturbent pas. ⧗ 2022-2025

LA BÉRENGERAIE, Coteaux de Cournou, 46700 Grézels, tél. 05 65 31 94 59, berangeraie@wanadoo.fr V r.-v.

CH. BOVILA Prélude 2018 ★★

■ | 6890 | | 11 à 15 €

Pascal et Olivier Pieron détiennent 72 ha de vignes, dont le Ch. de Rouffiac situé sur les hauteurs de Duravel, dans la vallée du Lot, le Ch. Bovila et le Dom. de Lalande.
Une cuvée originale et moderne, au service du cépage. Le nez expressif décline toutes les nuances du cassis et de la cerise, sur fond mentholé. Une touche minérale est également perceptible jusqu'au palais et l'on apprécie la pérennité de la fraîcheur fruitée. Il ne faut pas trop attendre pour apprécier ce vin à sa juste valeur. ⧗ 2022-2023

SCEA P.O. PIERON, Rouffiac, 46700 Duravel, tél. 05 65 36 54 27, vignoblespieron@orange.fr
V *t.l.j. sf dim. 9h-12h 14h-18h ;*

CH. LA CAMINADE
CY Commandery 2018 ★

■ | 20000 | | 11 à 15 €

Ce domaine familial, dont le nom signifie « presbytère » en occitan, a appartenu au clergé jusqu'à la Révolution. Représentant la 4e génération, Dominique et Richard Ressès sont aujourd'hui à la tête d'un vignoble de 35 ha. Un pilier de l'appellation cahors.
Régulièrement de bonne facture, cette cuvée confirme à nouveau le savoir-faire de son auteur. Le malbec s'exprime de manière complexe, tout en fruits frais : bigarreau, griotte, framboise, cassis. La chair est souple, ample, bien soutenue par les tanins de l'élevage qui laissent en finale des accents de moka persistants. Classique et c'est bien ainsi. ⧗ 2022-2025

SCEA CH. LA CAMINADE, 314, rue de la Forge, 46140 Parnac, tél. 05 65 30 73 05, resses@wanadoo.fr
V *t.l.j. sf sam. dim. 9h-12h 14h-18h*

DOM. DE CAUSE
La Lande Cavagnac 2018 ★

■ | 18400 | | 11 à 15 €

Serge et Martine Costes ont quitté la ville et leur profession dans les années 1990 pour perpétuer l'exploitation familiale. Après une décennie de plantations et d'aménagement des bâtiments d'exploitation, ils exploitent 15 ha dans la partie ouest de l'appellation, non loin du château fort de Bonaguil. À leur carte, des cahors et des vins en IGP.
Deux ans d'élevage en fût et voici que se présente cette cuvée sous son meilleur jour. La présence du bois est indéniable au premier nez, puis le fruit s'épanouit. Il en va de même au palais, d'abord marqué par les tanins, puis de plus en plus suave et fruité. Austère encore ? Ce n'est que jeunesse. ⧗ 2022-2025 ■ **Terre de Malbec 2018 ★ (5 à 8 € ; 13500 b.)** Arômes frais de cassis et matière puissante, persistante à souhait : un cahors qui va bien évoluer. ⧗ 2022-2025

DOM. DE CAUSE, Cavagnac, 46700 Soturac, tél. 06 85 75 55 18, contact@domainedecause.fr
V *r.-v.*

B CH. DU CÈDRE GC 2018 ★★

■ | 4800 | | 75 à 100 €

Pascal et Jean-Marc Verhaeghe ont obtenu la certification bio au terme d'une longue pratique commencée au début des années 1990. Dédié autrefois à la culture de la lavande, le domaine compte aujourd'hui 27 ha de vignes. Un pilier de l'appellation cahors.
Un classique qui fait régulièrement acte de présence dans le Guide. Une vendange sélectionnée et un élevage de 28 mois se traduisent pas des arômes expressifs de fruits mûrs, voire compotés : cassis, mûre, puis cerise aux accents de kirsch et menthol. Le bois s'intègre dans la palette sous des notes de tabac blond. Au palais, le vin apparaît rond, charnu, suave et surtout élégant. La longue finale épicée laisse une impression de fraîcheur remarquable. ⧗ 2022-2025

CH. DU CÈDRE, Bru, 46700 Vire-sur-Lot, tél. 05 65 36 53 87, chateauducedre@wanadoo.fr V r.-v.

♥ CLOS D'AUDHUY 2019 ★★

■ | 6000 | | 15 à 20 €

Son grand-père avait planté les vignes en 1988, sur la 3e terrasse du Lot. Benoît Aymard, vigneron et œnologue, s'y est installé en 2014 alors que le domaine était menacé de disparition. Il a arraché, replanté, et préside aujourd'hui aux destinées de ce vignoble de 14 ha.

Ce cahors déjà mûr révèle toute sa complexité dès les premiers arômes de fruits rouges et noirs. Après aération, le boisé s'exprime délicieusement en nuances de vanille et de moka. Charnu, il fait preuve de puissance et de structure grâce à des tanins bien enrobés. La finale rappelle la réglisse et les épices avec insistance. ⧗ 2022-2026 ■ **La Ô 2019 ★ (11 à 15 €; 5000 b.)** Une cuvée sur les fruits rouges qui mise tout sur la fraîcheur. Les tanins doivent encore se fondre. ⧗ 2023-2027

EARL CLOS D'AUDHUY, Clos d'Audhuy, 46700 Lacapelle-Cabanac, tél. 06 84 62 05 27, benoit.aymard@wanadoo.fr V r.-v.

CLOS DE GAMOT Gariotte Malbec 2019 ★★

■ | 30000 | | 8 à 11 €

Les Jouffreau sont enracinés dans la région de Cahors depuis le Moyen Âge et au Clos de Gamot depuis 1610. Leur vignoble dédié au malbec couvre aujourd'hui 21 ha sur des terroirs argilo-calcaires et siliceux des 2e et 3e terrasses du Lot, dans un méandre de la rivière.

Remarquablement classique, ce 2019 réhausse de menthol les arômes attendus de fraise et de mûre. Il apparaît ainsi gourmand et frais, tout en proposant une chair suave et rondeur. Le gras enrobe les tanins bien extraits. Un grand vin. ⧗ 2022-2026

EARL JOUFFREAU-HERMANN, Clos de Gamot, 46220 Prayssac, tél. 05 65 22 40 26, closdegamot@orange.fr V r.-v.

CLOS DU CHÊNE Le Péché 2018 ★

■ | 2500 | | 15 à 20 €

Après le classement en AOC du vignoble de Cahors en 1971, la famille Roussille a abandonné la polyculture pour miser sur le malbec, qu'elle a planté sur la 2e terrasse de la vallée du Lot, complété de merlot. Le domaine, situé à Duravel, sur le site d'une villa gallo-romaine nommée Diolindum, dispose d'un vignoble de 18 ha, conduit par Marie-Françoise et Jean-Paul Roussille et leurs filles Valérie et Ingrid.

Deux ans d'élevage en fût ont déterminé le profil aromatique de ce cahors dominé par le registre empyreumatique (toasté et torréfaction). Derrière, les notes de fruits noirs et d'épices se manifestent. La bouche est dense, dotée de tanins opulents mais assagis, et la finale s'attarde joliment sur le chocolat. ⧗ 2022-2026

EARL ROUSSILLE, rte de la Gineste, 46700 Duravel, tél. 05 65 36 50 09, closduchene@wanadoo.fr V t.l.j. sf dim. 9h-12h30 15-18h

B LE CLOS D'UN JOUR 2018 ★

■ | 4000 | | 11 à 15 €

Un jour… Stéphane Azémar, architecte de formation, et Véronique, archéologue, ont quitté la région parisienne pour s'installer en 1999 sur une petite propriété à Duravel, un village abrité du vent du nord par un arc de collines, et faire de la vigne leur métier. Ils conduisent leur vignoble (7 ha sur la 3e terrasse du Lot) en bio certifié. Ils produisent aussi du safran.

Un joli panier de fruits rouges et noirs nuancés de fleurs, tel est le cadeau aromatique de ce vin expressif et gourmand. La structure apparaît encore ferme, mais elle est gage de longévité, car la matière est suffisamment dense pour l'intégrer. ⧗ 2022-2025

VÉRONIQUE AZÉMAR, Le Clos d'un Jour, Le Port, 46700 Duravel, tél. 06 70 74 18 33, s.azemar@wanadoo.fr V r.-v.

CLOS LA COUTALE 2019 ★

■ | 460000 | | 5 à 8 €

Les méandres du Lot s'élargissent, le paysage s'ouvre. Au Clos la Coutale, la vigne occupe 88,5 ha sur les terrasses alluviales du fleuve, un terroir de graves et de silices argilo-calcaires. Philippe Bernède, aux commandes du domaine depuis 1980, représente la 6e génération.

Une cuvée encore dans sa jeunesse, ce qui explique l'expression discrète des arômes de fruits rouges. La bouche ronde aux tanins fondus est de bon augure. Patience. ⧗ 2022-2026

SCEA CLOS LA COUTALE, La Chambre, 46700 Vire-sur-Lot, tél. 05 65 36 51 47, info@coutale.com V t.l.j. sf sam. dim. 9h-12h 14h-18h

CLOS TRIGUEDINA Malbec du Clos 2018 ★

■ | 53400 | | 8 à 11 €

En 1830, Étienne Baldès plante ses premières vignes au Clos Triguedina. Après des expériences en Bourgogne et dans le Bordelais, Jean-Luc Baldès (7e génération) prend la suite en 1990. Il agrandit le vignoble – 65 ha aujourd'hui dont 40 ha de malbec, plantés essentiellement sur les 3 plus belles terrasses de l'appellation cahors (à Vire-sur-Lot, Puy-l'Évêque et Floressas) –, fait du domaine l'une des grandes références cadurciennes et s'impose comme un ambassadeur incontournable du malbec. Clos Triguedina? Les pèlerins de Saint-Jacques de Compostelle avaient l'habitude de s'y restaurer : « me trigo de dina » signifie « il me tarde de dîner » en occitan.

Ouvert sur les arômes de fruits noirs et de crème de cassis, c'est un joli cahors de bon volume. Les tanins croquants s'intègrent harmonieusement à la chair ronde. ⧗ 2022-2026

SARL JEAN-LUC BALDÈS (TRIGUEDINA), lieu-dit les Poujols, 46700 Vire-sur-Lot, tél. 05 65 21 30 81, contact@jlbaldes.com V t.l.j. sf dim. 9h-12h 14h-18h

CLOS TROTELIGOTTE K-Or 2019 ★

20000 | 15 à 20 €

Christian Rybinski et son fils Emmanuel cultivent leurs 12 ha de vignes sur des sols argilo-calcaires sidérolithiques rouges, riches en fer. Après une dizaine d'années d'agriculture raisonnée, les deux vignerons ont engagé la conversion bio de leur vignoble (certification en 2014).

La discrétion et l'élégance des arômes de fruits rouges (fraise, cerise) sont les premiers atouts de ce cahors gourmand. Bien construit, celui-ci évite tout excès et laisse le fruité s'exprimer en finale en toute franchise. Une bouteille facile à accommoder. ⧗ 2022-2025

EARL CLOS TROTELIGOTTE, Le Cap-Blanc, 46090 Villesèque, tél. 06 74 81 91 26, contact@clostroteligotte.fr V *r.-v.*

CH. LA COUSTARELLE L'Elixir d'Aphrodite 2018 ★

25000 | 15 à 20 €

Depuis 1870, la famille Cassot conduit ce domaine de 53 ha situé sur la 3e terrasse du Lot, rive droite, exposée plein sud. En 2009, Caroline (7e génération) en a pris les commandes.

Vingt mois d'élevage en barrique ont légué à ce cahors un bouquet puissant de fruits mûrs et d'épices. Le poivre noir est bien reconnaissable. Quelques notes de kirsch ajoutent à la gourmandise. La rondeur de l'attaque ne masque pas la structure tannique en évolution. Un vin d'avenir. ⧗ 2022-2026

SCEA CASSOT ET FILLE, Les Caris, 1137, rte de Gamot, 46220 Prayssac, tél. 05 65 22 40 10, chateaulacoustarelle@gmail.com V *t.l.j. sf dim. 9h-12h 14h-18h; f. 24/12 au 03/01*

♥ CH. CROZE DE PYS Prestige 2018 ★★

50000 | 8 à 11 €

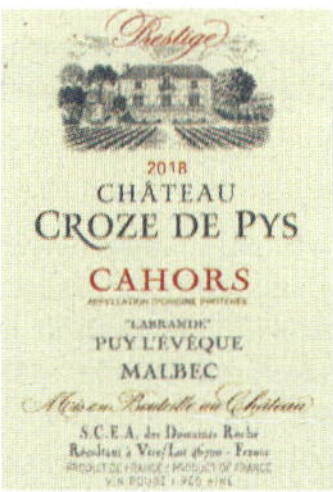

D'une famille enracinée dans la région, René Roche avait repris en 1966 un vignoble abandonné à Vire-sur-Lot sur des terres de graviers et de sables, 5 ans avant l'accession du cahors en AOC. Œnologue à Bordeaux, son fils Jean lui avait succédé en 1987. Il a cédé en 2015 le domaine (112 ha) à Fabien Coirault et François Drougard, entrepreneurs spécialistes du vin aromatisé – mais c'est du cahors qu'ils continuent à produire à Croze de Pys.

Une cuvée de plaisir immédiat grâce à ses arômes de fraise relevés de notes mentholées et même anisées. L'élevage a été totalement absorbé dans cette palette, mais il apparaît au palais et contribue à une structure de qualité. En finale, le fruité reprend tous ses droits. Un cahors qui pourra être apprécié dans sa jeunesse ou patiné par le temps. ⧗ 2022-2026

SCEA DES DOMAINES ROCHE, Ch. Croze de Pys, 46700 Vire-sur-Lot, tél. 05 65 21 30 13, chateau-croze-de-pys@wanadoo.fr V *t.l.j. 8h-12h 13h-17h*

CH. FAMAEY Prestige 2018 ★

30000 | 11 à 15 €

Un domaine de 40 ha, acquis en 2000 par deux Flamands, Luc Luyckx et Marc Van Antwerpen. Famaey ? Le nom de jeune fille de l'épouse de Luc. Aux vinifications, Marteen, fils de ce dernier.

Une cuvée harmonieuse grâce à la qualité de l'assemblage bois-cépage. Au nez complexe de mûre et de cassis, relevé de coco et de toasté, répond une bouche puissante, bâtie sur des tanins élégants. La finale fraîche laisse une agréable sensation. ⧗ 2022-2025

SCEA LUYCKX - VAN ANTWERPEN, Les Inganels, 46700 Puy-l'Évêque, tél. 05 65 30 59 42, famaey@orange.fr V *t.l.j. sf sam. dim. 9h-12h30 13h30-17h30*

♥ DOM. DE LA GARDE 2018 ★★

8000 | 11 à 15 €

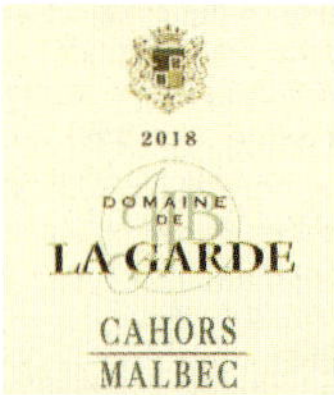

Installé au sud du Lot, dans la région du Quercy blanc, Jean-Jacques Bousquet conduit depuis 1984 un vignoble de 17 ha. Présent dans le Guide dès les premières éditions en coteaux-du-quercy (alors vins de pays), ce domaine très régulier en qualité s'est agrandi et propose aussi du cahors, ainsi que des vins en IGP.

Remarquable représentant des nouveaux cahors, fidèles aux arômes du malbec et privilégiant la souplesse. Ce 2018 affiche un nez intense de petits fruits rouges acidulés et de baies sauvages, avec quelques notes de végétal. L'équilibre en bouche est original en raison d'une sucrosité délicate. Un cahors souple et riche. ⧗ 2022-2025

EARL DE LA GARDE, Le Mazut, 46090 Labastide-Marnhac, tél. 05 65 21 06 59, contact@domainedelagarde.com V *t.l.j. sf dim. 9h-12h 14h-18h*

CH. DE GAUDOU Réserve Caillau 2018 ★★

n.c. | 20 à 30 €

Au XVIIIes., Louis Durou s'installa au lieu-dit Gaudou, près de Vire-sur-Lot. Flanqué de pigeonniers, selon la tradition quercynoise, le château domine un vignoble de 50 ha. Fabrice Durou (7e génération), qui conduit depuis 2000 l'exploitation, a diminué les rendements à la vigne et les interventions au chai.

De son long séjour dans le bois, ce cahors garde des arômes empyreumatiques et vanillés, ainsi qu'une structure de qualité. Sa chair volumineuse devrait enrober aisément les tanins à la faveur du temps. Un cahors puissant, destiné à rester en cave quelques années. ⧗ 2023-2027

FABRICE DUROU, Gaudou, 46700 Vire-sur-Lot, tél. 05 65 36 52 93, info@chateaudegaudou.com V *t.l.j. 9h-12h 14h-18h. sam. sur r.-v.*

CH. GRAND CHÊNE 2019 ★★

3000 | 5 à 8 €

À l'origine producteurs de rhum en Guadeloupe, Delphine et Jean Longueteau ont repris en 1999 le

petit domaine du Ch. Le Brézéguet (5 ha à Saux), complété en 2015 par le Ch. Grand Chêne à Belaye.
Issu de pur malbec, ce cahors explose en fruits rouges bien mûrs (fraise et cerise). De la gourmandise, il en réserve aussi au palais grâce à sa matière ronde, empreinte de cassis. Les tanins se manifestent en finale, comme un signe favorable pour l'avenir. ⏳ 2022-2026

EARL CH. LE BRÉZÉGUET, Les Ons, 46140 Belaye, tél. 06 82 84 56 30, chateaulebrezeguet@orange.fr V r.-v.

DOM. DES GRAVALOUS Métisse 2018 ★

■	2000		15 à 20 €

Une propriété familiale de 27 ha, transmise de père en fils depuis 5 générations, en polyculture jusque dans les années 1970 avant de se tourner vers la vigne. Hervé Fabbro s'y est installé en 2006 après ses études de «viti-œno».
Ce pur malbec de cuve s'exprime logiquement par un fruité expressif et multiple : une base de fruits rouges, plutôt cerise, rehaussée de fragrances de fruits noirs. Un plaisir gourmand confirmé en bouche par des tanins certes soyeux, mais qui restent consistants en finale. Un vin qui a du style. ⏳ 2022-2025

SCEA LES GRAVALOUS, 277, rte de l'Écluse, 46220 Pescadoires, tél. 06 10 39 37 69, gravalous@wanadoo.fr V r.-v.

CH. DE HAUTE-SERRE Grand Vin Seigneur 2019 ★

■	120000		20 à 30 €

Fondée en 1887 dans le Lot par Germain Vigouroux, la maison Georges Vigouroux œuvre depuis 4 générations à la renommée des vins du Sud-Ouest. Ce négoce, pionnier de l'appellation cahors, distribue les vins de ses marques et possède plusieurs domaines (Haute-Serre, Leret-Monpezat, Mercuès, Tournelle). C'est désormais Bertrand-Gabriel Vigouroux, fils de Georges, qui est à la tête de l'ensemble.
Classique d'un cahors élevé sous bois, le nez expressif s'inscrit dans les registres fruité et empyreumatique avec harmonie. La bouche structurée évolue en douceur, toujours aussi aromatique. Une cuvée prête à boire. ⏳ 2022-2024 ■ **Ch. Léret Malbec Réserve 2019 ★★ (11 à 15 €; 36000 b.)** Le boisé est encore présent sur une base épicée et mentholée. Quant aux tanins, ils sont sur la voie de la douceur et demandent juste un peu de patience. ⏳ 2022-2025 ■ **Ch. de Mercuès Cuvée 6666 2018 ★ (30 à 50 €; 7000 b.)** Des arômes de mûres et de myrtilles, en veux-tu en voilà, et une sensation plaisante de velours. ⏳ 2022-2024

GFA GEORGES VIGOUROUX (CH. DE HAUTE-SERRE), 46230 Cieurac, tél. 05 65 20 80 80, contact@g-vigouroux.fr V t.l.j. sf mer. jeu. 10h-18h

Ⓑ CH. HAUT-MONPLAISIR Prestige 2018 ★

■	35000		11 à 15 €

Cathy et Daniel Fournié ont repris en 1998 ce domaine qui compte 30 ha, conduit depuis 2012 en bio certifié. Autodidactes, ils ont pris conseil auprès des vignerons voisins. Ils ont vite et bien appris, témoin les sélections régulières dans ces pages. Leur fille Mathilde les a rejoints en 2015.
Cette cuvée est le fruit d'un long travail d'élevage sous bois. On retrouve logiquement les arômes empyreumatiques dans une palette complexe à laquelle participent les fruits noirs compotés. La bouche est ample et grasse, avec une finale fraîche et mentholée. Les tanins, solides, invitent à la patience. ⏳ 2023-2027

EARL DE MONPLAISIR, lieu-dit Monplaisir, 46700 Lacapelle-Cabanac, tél. 05 65 24 64 78, chateau.hautmonplaisir@wanadoo.fr V t.l.j. 9h-12h 14h-18h. sam. dim. sur r.-v.

DOM. D'HOMS Ecuyer 2018 ★

■	3700		8 à 11 €

Situé dans le Quercy blanc, ce domaine résulte de la fusion en 1993 des vignobles de Roger Thiéry (4 ha) et de Daniel Cauzit (5 ha), vignerons du cru. En 2003, Charlène Cauzit, la fille du second, les a rejoints, puis en 2015 son frère Sébastien. Le vignoble couvre aujourd'hui 11 ha avec la conversion bio dans le viseur.
Belle fraîcheur dans cette palette de fruits noirs et rouges (myrtille, cerise) nuancés de menthol. La bouche suave n'en est pas moins structurée et autorise un service immédiat comme une garde. ⏳ 2022-2024

DOM. D' HOMS, lieu-dit Maux Saux, 46800 Porte-du-Quercy, tél. 05 65 24 93 12, contact@domainedhoms-cahors.fr V t.l.j. sf dim. 9h-18h; hors saison sur r.-v.

CH. LAGRÉZETTE Cuvée Marguerite 2018 ★

■	10941		30 à 50 €

Un domaine vedette du vignoble cadurcien, acquis en 1985 par l'homme d'affaires Alain-Dominique Perrin. Il est renommé pour l'architecture caractéristique de son manoir du XVIes., avec ses tours en poivrière, ses toits pentus et son pigeonnier; pour son patrimoine viticole aussi (82 ha), exploité depuis le XVIes.; pour ses vins ambitieux, surtout, régulièrement en vue dans ces pages.
Souvent au sommet dans le Guide, cette cuvée confirme ses caractères et ses qualités dans le millésime 2018. La palette aromatique repose sur une base de fruits noirs dominée par la mûre et des notes de kirsch. Le boisé s'exprime en notes torréfiées de moka, ainsi qu'en accents mentholés et réglissés. Volumineuse, la bouche est déjà veloutée, avec en finale une certaine suavité. ⏳ 2022-2026 ■ **Malbec 2018 ★ (20 à 30 €; 132602 b.)** Cassis et toasté... Joli profil aromatique. Caractère charnu et tanins assagis... Il n'en faut pas plus pour prendre la décision d'apprécier ce cahors dès maintenant. ⏳ 2022-2024

DOM. DE LAGRÉZETTE, Dom. Lagrézette, 46140 Cahors, tél. 05 65 20 07 42, cblone@lagrezette.fr V t.l.j. sf dim. 10h-12h 14h-18h

CH. LAMARTINE Expression 2019 ★★

■	25000		20 à 30 €

Selon la légende, la ramure d'un chêne centenaire abritait ici les rendez-vous galants d'une belle Martine. Depuis 2017, Alain Gayraud a laissé la place à son fils Benjamin, fort de solides expériences à l'étranger, pour conduire ce domaine aux origines anciennes (1883), situé aux confins du

SUD-OUEST

Lot-et-Garonne. Le vignoble couvre 37,50 ha, exposés plein sud. Un pilier de l'appellation cahors.

L'exigence qualitative au niveau de la vendange et la précision de l'élevage sont perceptibles dans cette cuvée. En effet, le nez exprime volontiers les fruits noirs et la violette propres au cépage, ainsi que les notes vanillées subtiles du bois. Ronde et persistante, la bouche se fait veloutée, avec en finale des notes balsamiques et réglissées. ⧗ 2022-2026

SCEA DU CH. LAMARTINE, Lamartine, 46700 Soturac, tél. 05 65 36 54 14, cahorslamartine@orange.fr V r.-v.

CH. LATUC Prestige 2018 ★

■	8000		8 à 11 €

Aux confins du Lot-et-Garonne, une ferme typique du Quercy avec son pigeonnier. Repris en 2002 à des Britanniques par un couple d'agronomes belges formés en Alsace, Geneviève et Jean-François Meyan, le domaine couvre 17 ha; il produit des cahors et des vins en IGP. Les propriétaires ont institué un régime de location des vignes rang par rang à des *wine partners*. Un rang procure 260 bouteilles l'an.

Au nez complexe et expressif marqué par le bois (fraise et cerise mêlées au cacao et au toasté) répond une bouche très structurée par des tanins en devenir. La finale ferme sur le chocolat noir appelle à la patience. ⧗ 2023-2027

EARL DOM. DE LATUC, Laborie, 46700 Mauroux, tél. 05 65 36 58 63, latuc@wanadoo.fr V *t.l.j. sf dim. 9h-12h 14h-18h*

CH. LAUR Le Clos Malbec 2019 ★★

■	45000		5 à 8 €

Fort de son diplôme de viti-œno, Patrick Laur a repris le vignoble familial en 1979. En 2009, il a été rejoint par son fils Ludovic. Ensemble, ils ont agrandi l'exploitation, qui compte aujourd'hui 56 ha de vignes conduites dans un esprit bio mais sans certification. Une activité de négoce a été développée en 2006 (Les Vignobles Laur) sous la houlette de Ludovic et de son frère Cédric.

Un cahors bien construit, issu du malbec élevé en cuve. Les arômes sont dominés par les fruits rouges et noirs, avec une réelle complexité apportée par des notes d'épices et de violette. La bouche équilibrée et persistante flatte les sens par son velouté et par l'agréable fraîcheur en finale. ⧗ 2022-2025

EARL CH. LAUR, Le Bourg, 46700 Floressas, tél. 05 65 31 95 61, contact@vignobles-laur.fr V *t.l.j. 9h-13h 14h-19h. sam. sur r.-v.*

VIGNOBLES DU MALBEC Tournepique 2019 ★★

■	n.c.		5 à 8 €

Une famille au service du vin depuis le XIXᵉ s. La génération précédente, à partir de 1968, développe le vignoble, avec le Ch. de Cénac et celui du Port, à Albas. Après 1993, les trois frères Arnaud, Didier et Francis Pelvillain prennent le relais; ils acquièrent en 2013 le Ch. du Théron, ce qui porte à 52 ha la totalité de leurs vignobles, complétés d'une maison de négoce. À partir de 2018, le second reste seul aux commandes de l'ensemble.

Un malbec bien sage, aux arômes délicats de fruits et de fleurs dont le sillage se prolonge au palais. Les tanins fins apportent leur soutien aimable à une chair ample et ronde, gourmande même, avec en finale un côté chaleureux. ⧗ 2022-2025

VIGNOBLES DU MALBEC, Les Pichets, 46140 Albas, tél. 06 80 42 51 32, vignoblesdumalbec@gmail.com

(B) MAYNE DE BEAUREGARD 2019 ★★

■	10000		5 à 8 €

Une cuvée commercialisée par la structure de négoce des Vignobles Saint-Didier-Parnac, propriété depuis 2017 d'Hervé et de Diane Joyaux. Elle sélectionne et élève des vins du Sud-Ouest (cahors, bergerac, gaillac, fronton notamment) et les commercialise sous différentes marques : Mayne de Beauregard, Mission de Picpus, Chemin Saint- Jacques, Latis

Quelle belle mâche fruitée en attaque! Voici un cahors frais, croquant et persistant, qui autorise non seulement un plaisir immédiat, mais aussi une moyenne garde. ⧗ 2022-2025 ■ **Malbec Mission de Cénac 2019 ★ (5 à 8 €; 8000 b.)** Une cuvée bien structurée, soutenue par un élevage mesuré. Du fruit au premier nez, surtout rouge. Le boisé toasté prend la suite, accompagné de réglisse. La bouche puissante et longue finit sur la mûre. ⧗ 2022-2025

SAS LES VIGNOBLES SAINT-DIDIER-PARNAC, 6, allée Porte-Vitré, 46140 Parnac, tél. 05 65 30 78 13, secretariat@vignobles-saintdidier-parnac.com V r.-v.

MÉTAIRIE GRANDE DU THÉRON Parcelle des Origines 2018 ★

■	4000		20 à 30 €

Ce domaine aux bâtiments en pierre jaune du Quercynois, ordonnés autour d'une grande cour carrée, dispose de 42 ha de vignes plantés sur les coteaux pentus de la 3ᵉ terrasse dominant la vallée du Lot. Régulier en qualité, il est conduit par les frères Pierre et Sébastien Sigaud depuis 2020.

Une synthèse très réussie du malbec et de l'élevage en fût. Après le nez de fraise et de pruneau légèrement épicé, la bouche apparaît suave. D'abord plus marquée par des arômes de vanille, de coco et de cacao, elle revient sur les fruits noirs gourmands et frais (cassis, myrtille). ⧗ 2022-2025 ■ **Ch. Haute Borie Prestige 2019 ★ (11 à 15 €; 12000 b.)** Une gourmandise fuitée fraise-cerise, nuancée de vanille et de moka. Le développement au palais est harmonieux, bien soutenu par des tanins enrobés. Beau potentiel. ⧗ 2022-2025

LILIANE SIGAUD, 46220 Prayssac, tél. 05 65 22 41 80, barat.sigaud@wanadoo.fr V r.-v.

CH. NOZIÈRES L'Élégance 2018 ★★

■	10650		11 à 15 €

Pierre et Paulette Maradenne ont acheté en 1956 cette propriété où se côtoyaient la vigne, la lavande, les céréales et les vaches laitières. Les premières bouteilles ont été commercialisées en 1975. Claude Guitard, leur gendre, épaulé depuis 2006 par son fils Olivier, a modernisé la propriété et agrandi le

vignoble, qui compte 52 ha, répartis en une mosaïque d'une quarantaine de parcelles en AOC et en IGP.

Le millésime 2018 confirme les performances antérieures de cette cuvée. Nez complexe et bien équilibré entre le fruité du cassis et de la myrtille et un boisé aux accents de vanille et de tabac. La bouche très aboutie se caractérise par la souplesse et la suavité, les arômes de pruneau et de réglisse rappelant le cépage et l'élevage. Finale allongée et fraîche. ⧗ 2022-2025 ■ **Signature 2018 ★ (8 à 11 €; 5300 b.)** Cette cuvée porte l'empreinte du cépage à travers ses arômes de cassis, de fraise et de violette. Elle offre une fraîcheur sympathique. ⧗ 2022-2025

CH. NOZIÈRES, lieu-dit Bru, 46700 Vire-sur-Lot, tél. 05 65 36 52 73, chateaunozieres@orange.fr
V *t.l.j. sf dim. 9h-12h 14h-19h*

LIONEL OSMIN & CIE Malbec 2016 ★

■ | 20000 | | 11 à 15 €

Fils d'un bijoutier béarnais, Lionel Osmin est devenu ingénieur agricole et a fondé en 2010 une maison de négoce qui compte, spécialisée dans les vins du grand Sud-Ouest, d'Irouléguy à Bergerac, de Madiran à Marcillac. Aux commandes des vinifications de cette vaste gamme, l'œnologue Damiens Sartori.

Certes, il a connu 18 mois d'élevage en fût, mais ce malbec reste sur les arômes de fruits rouges mûrs relevés d'épices. Il se révèle ample, structuré par des tanins en devenir. La finale fraîche est un autre indice de sa jeunesse. ⧗ 2023-2026

SAS LIONEL OSMIN & CIE, 9, Ada Byron, 64000 Pau, tél. 05 59 05 14 66, ouclouest@osmin.fr

CH. PAILLAS Cuvée Boutarel 2019 ★★

■ | 35000 | | 5 à 8 €

Germain Lescombes a créé de toutes pièces ce domaine en 1978 à Floressas et planté ses vignes à 240 m d'altitude, sur le plateau dominant la vallée du Lot. Dirigé aujourd'hui par la 3e génération (Nathalie Lescombes et son frère Robert), le vignoble s'étend sur 27 ha d'un seul tenant, en demi-cercle autour du chai et des bâtiments, dont certains datent du XIIIe s.

Une cuvée de malbec et de merlot qui joue de son caractère friand. Le nez expressif de fraise écrasée et de fruits des bois prend une tonalité amylique de bonbon. La bouche est tout aussi fruitée, légère, soutenue par une juste fraîcheur jusqu'en finale. Rien ne sert d'attendre trop longtemps. ⧗ 2022-2024 ■ **Tradition 2019 ★ (5 à 8 €; 35000 b.)** Un vin de cuve sans fioritures, aérien, qui cède tout aux arômes de fruits rouges (fraise). ⧗ 2022-2024

SCEA DE SAINT-ROBERT, lieu-dit Paillas, 46700 Floressas, tél. 05 65 36 58 28, info@paillas.com
V *t.l.j. sf sam. dim. 9h30-12h 14h-17h*

PAUL-BERTRAND Crocus Le Calcifère 2018 ★★★

■ | 9000 | | 30 à 50 €

Pont entre le Nouveau et l'Ancien mondes, entre deux approches du malbec, ce négoce est né en 2014 de l'association du *winemaker* international Paul Hobbs, spécialiste du cépage dans sa version argentine, et de Bertrand-Gabriel Vigouroux, dont la famille s'investit dans le vignoble cadurcien depuis les années 1960.

Bel ouvrage de concentration et de velouté, ce 2018 se révèle très démonstratif dans ses expressions de fruits rouges et noirs presque compotés. Le menthol apporte un caractère aérien. La bouche tapissante et volumineuse évolue vers une finale presque crémeuse, mais sans mollesse. Les fruits restent en mémoire. ⧗ 2022-2026

SAS PAUL BERTRAND, rte de Toulouse, 46000 Cahors, tél. 05 65 20 80 80, info@crocuswines.com

♥ CH. PECH DE JAMMES Pure Malbec 2018 ★★

■ | 3000 | | 30 à 50 €

Ce petit domaine de 5 ha a appartenu au ministre Bernard Pons avant d'être vendu à des familles américaines et laissé à l'abandon. Grâce à l'aide de Bertrand-Gabriel Vigouroux, Thomas Chardard, propriétaire depuis 2009, a redonné ses lettres de noblesse à cette exploitation.

Le nom de cette cuvée révèle la volonté de rendre hommage au cépage. Une réussite compte tenu des 18 mois d'élevage en fût. En effet, le nez est dominé par les fruits frais, plutôt rouges, relevés de notes épicées. La bouche est opulente, charnue, dotée de tanins veloutés et d'une finale suave. De l'élégance. ⧗ 2022-2027

SCEA T. CHARDARD, 740, rte de Vayrols, 46090 Flaujac-Poujols, tél. 05 65 20 80 80, thomas@pechdejammes.fr V

DOM. PÉJUSCLAT Carpe Diem 2018 ★★★

■ | 1000 | | 20 à 30 €

Dans le sud de l'appellation cahors, un petit domaine de 10 ha environ tenu par Guillaume Bessières, installé en 2002 sur ces terres familiales plantées par son arrière-grand-père Henri en 1970. Avec son père Dominique, il a engagé la conversion bio du vignoble.

La cuvée Carpe Diem, toujours rare, confirme son style. Le nez original et complexe donne la faveur aux fruits noirs, à la griotte et à la vanille. La bouche est opulente, mais garde une juste fraîcheur au service de la palette aromatique sur les épices. Au final, il reste en mémoire l'équilibre et le velouté. ⧗ 2022-2029 ■ **La Vache Marguerite 2018 ★★ (8 à 11 €; 5000 b.)** En devenir mais avec un potentiel certain, cette cuvée témoigne d'un bon travail d'élevage sous bois. Les épices dominent encore le fruit, mais la bouche est ample autour d'une trame de tanins certes présents, mais fins. ⧗ 2023-2028

GAEC DOM. PÉJUSCLAT, 46090 Villesèque, tél. 06 83 80 01 46, pejusclat.guillaume@live.fr
t.l.j. sf dim. 9h-12h30 14h-19h

DOM. DU PEYRIE Ma Passion 2019 ★

■ | 5600 | | 8 à 11 €

Dans la famille depuis 1920, le domaine est aujourd'hui exploité par Christian Gilis, incarnant la 4e génération de vignerons. Il compte quelque 16 ha de vignes sur la commune de Soturac.

SUD-OUEST

Malbec de cuve, ce vin laisse toute sa place aux arômes du cépage : fraise, cassis, épices et notes florales de violette explosent dans le verre. Souple et harmonieux, il tire parti de tanins ronds et peut ainsi figurer à table sans attendre. ⧗ 2022-2024

CHRISTIAN GILIS, Le Peyrié, 46700 Soturac, tél. 05 65 21 18 86, domaine.peyrie@wanadoo.fr V t.l.j. sf dim. 9h-12h 14h-19h

CH. PINERAIE 2019 ★★

■	130 000		8 à 11 €

Un domaine de 50 ha fondé en 1862 sur les 2e et 3e terrasses du Lot. Aujourd'hui, les 5e et 6e générations travaillent ensemble, Anne et Emmanuelle Burc ayant rejoint leur père Jean-Luc, et signent des cahors très réguliers en qualité. La conversion bio est engagée.

Ce 2019 est un hymne à la douceur et au velouté. Issu d'une vendange concentrée et d'un élevage méticuleux sous bois, il offre un nez explosif de cerise et de cassis rehaussés de réglisse, de violette et de cacao. Tout est velours en bouche jusqu'à une finale sensuelle. Le charme à l'état pur. ⧗ 2022-2025 ■ **L'Authentique 2019 ★ (15 à 20 €; 12 000 b.)** Des arômes de fruits presque confits et une matière ronde, en puissance, témoignent de la maturité de la vendange et des bénéfices tirés de 18 mois d'élevage en fût. ⧗ 2022-2025

SCEA BURC ET FILLES, Leygues, 46700 Puy-l'Évêque, tél. 05 65 30 82 07, chateaupineraie@wanadoo.fr V t.l.j. sf sam. dim. 9h-12h 14h-18h

CH. PONZAC 2019 ★

■	6 000		8 à 11 €

Enracinés à Carnac depuis le XIVe s., les Molinié sont très liés à l'histoire du village. Au château, Matthieu et son épouse Virginie élaborent la trilogie de Ponzac : les cuvées Maintenant, Patiemment et Éternellement. Ils conduisent 33 ha de vignes.

Voici une bonne synthèse entre le cépage et l'élevage. Le nez de fruits noirs se réhausse de violette et d'une ligne boisée aux accents de cacao et de vanille. La bouche ronde, structurée par des tanins fondus, offre un bon retour du fruité et de la violette jusqu'en finale. ⧗ 2022-2025

CH. PONZAC, Lieu-dit Le Causse, 46140 Carnac-Rouffiac, tél. 05 65 31 99 48, chateau.ponzac@wanadoo.fr V t.l.j. sf dim. 10h-12h 12h30-19h

CH. DU PORT Les Terrasses 2019 ★

■	52 000		5 à 8 €

Une famille au service du vin depuis le XIXe s. La génération précédente, à partir de 1968, développe le vignoble, avec le Ch. de Cénac et celui du Port, à Albas. Après 1993, les 3 frères Arnaud, Didier et Francis Pelvillain prennent le relais; ils acquièrent en 2013 le Ch. du Théron, ce qui porte à 52 ha la totalité de leurs vignobles, complétés d'une maison de négoce. À partir de 2018, le second reste seul aux commandes de l'ensemble.

Une cuvée plaisante et accessible, dont le nez charmeur de fraise, de mûre et de menthol (eucalyptus) n'est pas le moindre atout. Elle propose une chair ample et veloutée, empreinte des arômes de fruits noirs mentholés. La finale fraîche a ainsi de l'allant. ⧗ 2022-2025

EARL VIGNOBLES PELVILLAIN, RD 9 Circofoul, La Plaine du Port, 46140 Albas, tél. 05 65 20 13 13, contact@vignoblespelvillain.fr V r.-v.

CH. LA REYNE 2019 ★★

■	150 000		8 à 11 €

Commandée par une grande bâtisse flanquée de 2 pigeonniers, cette propriété familiale de Puy-l'Évêque, dans la vallée du Lot, est aux mains de Johan Vidal (5e génération), arrivé en 1997. Le vignoble s'étend sur 48 ha. Une activité de négoce est menée en parallèle.

Ce cahors bénéficie d'un fruité persistant, malgré un boisé soutenu. Les fruits rouges relevés de réglisse et de moka sont le leitmotiv de la dégustation. Ils reviennent au palais, dans une chair ample qui trouve un point d'orgue dans une finale fraîche et harmonieuse. Un vin appréciable dès maintenant comme demain. ⧗ 2022-2025 ■ **Champs de Lacroux 2018 ★★ (5 à 8 €; 200 000 b.)** Floral et fruité (fraise), ce 2018 suave intègre remarquablement l'empreinte de l'élevage sous bois. ⧗ 2022-2024

SARL LA REYNE SÉLECTION, Leygues, 46700 Puy-l'Évêque, tél. 05 65 30 82 53, chateaulareyne@orange.fr V t.l.j. sf sam. dim. 9h-12h 15h-18h

MAISON RIGAL 646 2019 ★★

■	100 000		5 à 8 €

À la tête de plus de 250 ha en cahors, cette maison cadurcienne, dont les origines remontent à 1755, rayonne aujourd'hui dans tout le Sud-Ouest, affiliée depuis 2003 au vaste groupe Advini.

Une cuvée friande, très accessible dès aujourd'hui. Un panier de fruits rouges et noirs (griotte, cassis) avec des touches mentholées se libère du verre. La chair est ronde et équilibrée, les tanins suaves restant mesurés. Un cahors séduisant. ⧗ 2022-2024

SAS RIGAL, Les Hauts Coteaux, 46700 Floressas, tél. 05 65 30 70 10, marketing@rigal.fr

DOM. SERRE DE BOVILA Conquista 2018 ★

■	9 500		8 à 11 €

Thierry et Philippe Romain sont propriétaires de 3 domaines : Ch. Montels à Albias, fleuron de l'IGP Coteaux et terrasses de Montauban, le Mas des Anges dans la même IGP, et Serre de Bovila, à Fargues, 8 ha acquis en 2010 sur l'un des sites les mieux exposés de l'appellation cahors. L'ensemble fait 70 ha.

Une conquête réalisée en douceur, au moyen d'arômes variétaux de fruits rouges compotés, de confiture de fraises, puis d'une chair suave, sans excès de volume, et de tanins enrobés. La finale mentholée apporte une fraîcheur bienvenue. ⧗ 2022-2024

GAEC DU DOM. DE MONTELS, Lieu-dit Bovila, 46800 Fargues, tél. 06 82 10 78 93, philippe@vignoblesromain.com V r.-v.

♥ B DOM. DES TROIS CAZELLES
Soif de Malbec Sans sulfites ajoutés 2019 ★★

■	2300		8 à 11 €

Les cazelles sont des petits abris circulaires de pierre sèche qui parsèment les Causses du Quercy. Située à quelques kilomètres de Cahors, la propriété (29 ha aujourd'hui) est dans la même famille depuis 1642. Installés en 1988, Francis et Martine Pouderoux se sont lancés dans la vinification au domaine et ont engagé la conversion bio du vignoble.

À la fois avenant et complexe, ce cahors s'inscrit dans un profil contemporain. Il laisse exploser les arômes de cassis et de mûre, puis enveloppe le palais de sa chair souple et suave, bien structurée, sans aucun excès. Et la finale fraîche d'apporter de l'allant. ⧗ 2022-2025

⊶ FRANCIS ET MARTINE POUDEROUX, Dom. des Trois Cazelles, 515, rte du Pech, 46090 Trespoux-Rassiels, tél. 05 65 30 05 17, francis-pouderoux@wanadoo.fr V r.-v.

COTEAUX-DU-QUERCY

Superficie : 300 ha / Production : 13 290 hl

Située entre Cahors et Gaillac, la région viticole du Quercy s'est reconstituée assez récemment. Mais, comme dans toute l'Occitanie, la vigne y était cultivée dès l'Antiquité. La viticulture connut cependant plusieurs périodes de reflux. Elle pâtit notamment, au Moyen Âge, de la prépondérance de Bordeaux, puis au début du XXᵉs., du poids du Languedoc-Roussillon. La recherche de la qualité, qui s'est manifestée à partir de 1965 par le remplacement des hybrides, a conduit à la définition d'un vin de pays en 1976. Peu à peu, les producteurs ont isolé les meilleurs cépages et les meilleurs sols. Ces progrès qualitatifs ont débouché sur l'accession à l'AOVDQS en 1999. Le territoire délimité s'étend sur 33 communes des départements du Lot et du Tarn-et-Garonne. En 2011, la catégorie des AOVDQS a disparu et les coteaux-du-quercy ont été reconnus en AOC. Rouges et rosés, les coteaux-du-quercy assemblent le cabernet franc, cépage principal pouvant atteindre 60 %, et les tannat, côt, gamay ou merlot (chacune de ces variétés à hauteur de 20 % maximum).

DOM. DE LA GARDE
A l'Origine 2020 ★

■	13000		11 à 15 €

Installé au sud du Lot, dans la région du Quercy blanc, Jean-Jacques Bousquet conduit depuis 1984 un vignoble de 17 ha. Présent dans le Guide dès les premières éditions en coteaux-du-quercy (alors vins de pays), ce domaine très régulier en qualité s'est agrandi et propose aussi du cahors, ainsi que des vins en IGP.

Une robe d'encre aux nuances violettes, très soutenue. Le nez est puissant, parsemé d'épices et composé de nuances fruitées (framboise, cassis). Belle attaque pleine d'allant et d'arômes. Puis, en bouche la structure s'impose par des tanins serrés et drus qui rigidifient l'ensemble. Un vin encore jeune et solide. ⧗ 2023-2027

⊶ EARL DE LA GARDE, Le Mazut, 46090 Labastide-Marnhac, tél. 05 65 21 06 59, contact@domainedelagarde.com V *t.l.j. sf dim. 9h-12h 14h-18h*

DOM. DE GUILLAU Plénitude 2018 ★★

■	6000		8 à 11 €

Un ancêtre charpentier a construit la grange qui sert aujourd'hui de chai, faisant parfois payer ses services en lopins de terre. Quant à Jean-Claude Lartigue, installé en 1990, il est au nombre des producteurs qui ont « bâti » leur appellation. Le Guide l'a découvert en 1999 alors que les coteaux-du-quercy étaient encore classés en vins de pays. Le domaine couvre aujourd'hui 15 ha, non loin de Montpezat-du-Quercy.

Intense, ce 2018 affiche des arômes de fruits rouges doucement boisés, puis livre une matière ronde dès l'attaque, avec des nuances boisées, vanillées et toastées en accompagnement d'un fruité persistant. Harmonieux. ⧗ 2022-2025

⊶ DOM. DE GUILLAU, 181, rte de Borredon, 82270 Montalzat, tél. 06 11 86 22 04, jean-claude.lartigue@orange.fr V *t.l.j. sf dim. 17h30-19h30; sam. 9h-18h30*

LES VIGNERONS DU QUERCY
La Collegiale 2019 ★

■	34000		5 à 8 €

Créée en 1984, cette coopérative est implantée à Montpezat-de-Quercy, très belle bastide située au nord du Tarn-et-Garonne, au milieu d'un pays vallonné, où la vigne compose avec de multiples cultures. La cave vinifie le produit de 110 ha récoltés par 24 adhérents et propose depuis 2014 des cuvées certifiées bio.

Le nez frais de fruits rouges et de violette bénéficie d'une nuance de poivron typée. La bouche équilibrée fait preuve de structure grâce à des tanins bien arrondis. Le bon retour des arômes est en cohérence avec l'impression oflactive. C'est bien fait. ⧗ 2022-2025

⊶ LES VIGNERONS DU QUERCY, 4555, rte de Paris, 82270 Montpezat-de-Quercy, tél. 05 63 02 03 50, lesvignerons-du-quercy@wanadoo.fr V *t.l.j. sf dim. 9h-12h 14h-19h*

GAILLAC

Superficie : 3 923 ha
Production : 160 000 hl (65 % rouge et rosé)

Comme l'attestent les vestiges d'amphores fabriquées à Montels, les origines du vignoble gaillacois remontent à l'occupation romaine. Au XIIIᵉs., Raymond VII, comte de Toulouse, prit à son endroit un des premiers décrets d'appellation contrôlée, et le poète occitan Auger Gaillard célébrait déjà le vin pétillant de Gaillac bien avant l'invention du

champagne. Le vignoble se répartit entre les premières côtes, les hauts coteaux de la rive droite du Tarn, la plaine, la zone de Cunac et le pays cordais. Les coteaux calcaires se prêtent admirablement à la culture des cépages blancs traditionnels comme le mauzac, le len de l'el (loin de l'œil), l'ondenc, le sauvignon et la muscadelle. Les zones de graves sont réservées aux cépages rouges : duras, braucol ou fer-servadou, syrah, gamay, négrette, cabernet, merlot. La variété des cépages explique la palette des vins gaillacois. Pour les blancs, on trouvera les secs et perlés, frais et aromatiques, et les moelleux des premières côtes, riches et suaves. Ce sont ces vins, très marqués par le mauzac, qui ont fait la renommée de l'appellation. Le gaillac mousseux peut être élaboré soit par une méthode artisanale à partir du sucre naturel du raisin (méthode gaillacoise), soit par la méthode traditionnelle (la première donne des vins plus fruités, avec du caractère). Les rosés de saignée sont légers; quant aux vins rouges, s'ils sont souvent gouleyants, notamment lorsqu'ils sont issus de gamay, ils peuvent aussi se montrer plus charpentés et offrir un certain potentiel de garde.

DOM. AL COUDERC 2020 ★★

2500 | 5 à 8 €

Coopérateur à Labastide-de-Lévis depuis 1998, Fabien Rouffiac a repris auprès de la famille Bousquet ce petit domaine de 4 ha en 2016. Celui-ci compte désormais 11,40 ha.

Robe jaune pâle à reflets verts, limpide et brillante. Le nez montant exprime les fruits exotiques et les agrumes. Le même registre est repris au palais, dès l'attaque franche et vive. Bien équilibré et rond, le vin reste frais cependant, avec en finale une note saline. ⧗ 2021-2024 ■ **Suspresa 2019 ★ (8 à 11 €; 3500 b.)** Un vin bien typé sur le fruit, avec des accents de poivron et surtout de poivre. Il apparaît ample et bénéficie de tanins savoureux. ⧗ 2023-2026

DOM. AL COUDERC, Al-Couderc, Chem. de Fontblanque, 81150 Labastide-de-Lévis, tél. 06 87 41 46 08, fabien.rouffiac@neuf.fr r.-v.

♥ CH. BALSAMINE Un ange passe 2020 ★★

2660 | 8 à 11 €

Christelle Demanèche et Christophe Merle ont décidé de voler de leurs propres ailes et ont quitté la coopérative en 2007. Ainsi a vu le jour le Ch. Balsamine, sur les premières côtes de Gaillac. Depuis, leurs vins fréquentent assidûment ces pages, souvent en très bonne place. Les vignes (20 ha) sont exposées au sud-sud-est, avec pour horizon lointain les Pyrénées.

Sous une robe jaune pâle ornée de perles fines, apparaît une palette fine et fraîche, toute fruitée (pomme et poire). En bouche, l'équilibre est manifeste, la fraîcheur étant à son avantage grâce à un côté perlant agréable. Le mariage du fruit à des notes de beurre frais est un atout de plus. ⧗ 2021-2023

CH. BALSAMINE, 365, chem. de Téoulet, 81600 Gaillac, tél. 06 11 28 12 99, chateaubalsamine@orange.fr *t.l.j. 9h30-12h 14h-19h; dim. sur r.-v.*

DOM. BARREAU
Les Braisiers 2019 ★★

4000 | 8 à 11 €

Installé sur la rive droite du Tarn, au niveau des premières côtes de Gaillac, ce domaine familial, régulier en qualité, a été fondé en 1865. Il compte 48 ha de vignes conduits aujourd'hui par la 6e génération de Barreau : Sylvain et Romain.

Tout d'or vêtu, voici un gaillac ouvert, entre floral (gentiane), végétal et léger toasté. La bouche est plus austère, un peu ferme, mais de belle tenue. Un vin typique, bien fait. ⧗ 2022-2024

SYLVAIN ET ROMAIN BARREAU, 850, rte de Cordes, Boissel, 81600 Gaillac, tél. 05 63 57 57 51, domaine.barreau@wanadoo.fr *t.l.j. sf dim. 9h-12h 14h30-18h30*

CH. BOURGUET Bulles d'Alayrac ★★

2636 | 8 à 11 €

Quatre générations se sont succédé sur ce domaine conduit par Jean et Jérôme Borderies, situé à Vindrac-Alayrac, sur les terres les plus au nord de l'AOC gaillac. Le vignoble d'un seul tenant s'étend sur 21,5 ha, exposé au levant face à la cité médiévale de Cordes-sur-Ciel.

Or pâle à reflets verts, ce gaillac tout fruité évoque la pomme et la poire fraîches comme il se doit. Au palais, la bulle est délicate, la sensation d'ensemble à la fois veloutée et acidulée. La rondeur persiste en finale grâce à des notes de beurre frais et de poire au sirop. Une excellente expression du mauzac. ⧗ 2021-2023

CH. BOURGUET, Les Bourguets, 81170 Vindrac-Alayrac, tél. 05 63 56 15 23, chateaubourguet@orange.fr *r.-v.*

♥ CH. CLÉMENT TERMES
Lamartine Louvignes 2019 ★★

150000 | 5 à 8 €

Situé dans le Gaillacois, le domaine est né en 1860 sous l'impulsion de Clément Termes qui construisit un chai, puis le château. Olivier et Caroline David, ses descendants (7e génération), sont désormais à la tête de 120 ha de vignes. Ils sont aussi négociants.

Une robe rouge grenat aux nuances violines, parfaitement limpide, habille ce vin prompt à livrer ses arômes de fruits mûrs (framboise, mûre) et d'épices douces, avec une note de groseille plus vive. L'attaque est franche et fraîche, sur le menthol, puis la rondeur prend le dessus, bien équilibrée et gourmande à souhait. Superbe finale. 2022-2025 **Mémoire 2018 ★★ (8 à 11 €; 20000 b.)** Un vin rouge de belle présence et de bonne intensité, équilibré, structuré et surtout typé. 2022-2025 **Lamartine Louvignes 2020 ★ (5 à 8 €; 60000 b.)** Une cuvée d'un bel éclat autant visuel qu'aromatique, juteuse et fraîche. 2021-2023

SCEV DAVID, 302, chem. Toulze, Les Fortis, 81310 Lisle-suzr-Tarn, tél. 05 63 40 47 80, contact@clement-termes.com V t.l.j. sf dim. 8h30-12h 14h-18h G E

DOM. GRAND CHÊNE
Sélection Aristide Julian 2019 ★

7200 | 8 à 11 €

Dans la famille Lacombe depuis 1910, ce domaine de 35 ha en appellation gaillac est implanté sur plusieurs versants de la rive droite du Tarn. En 2018, Yannick et Nelly Lacombe ont passé le relais à leur fils Aristide et à son épouse Céline. Le jeune vigneron complète les savoir-faire ancestraux par des perfectionnements techniques. Il a ainsi breveté un moyen de récupérer la chaleur induite par la fermentation.

Le nez intense et gourmand de confiserie évoque la barbe à papa et les fruits mûrs presque confits. L'équilibre se réalise entre douceur et vivacité, les fruits étant toujours mis en avant. Puis la trame tannique se resserre en finale. De solide composition, ce vin est à garder. 2023-2026

DOM. DU GRAND CHÊNE, La Figayrade, 81600 Senouillac, tél. 06 88 75 80 39, domainedugrandchene@hotmail.fr V t.l.j. sf dim. 9h-12h 14h-17h30

B CH. DE LACROUX
Vigne du Baronnet 2020 ★

13400 | 5 à 8 €

Sur les coteaux de l'Albigeois, les frères Philippe-Xavier, Jean-Marie et Bruno Derrieux perpétuent un héritage ancien sur leurs 40 ha de vignes aujourd'hui en bio : en 1700, Jeanne et Guillaume Derrieux, laboureurs, cultivaient déjà les coteaux de Lincarque.

Une robe jaune assez soutenue, brillante. Le nez très frais est ouvert sur les agrumes et les fruits à chair blanche (pomme). C'est l'annonce d'une bouche vive en attaque, puis plus ample et éclatante d'un fruit tonique. 2021-2023

GAEC PIERRE DERRIEUX ET FILS, Lincarque, 81150 Cestayrols, tél. 05 63 56 88 88, lacroux@chateaudelacroux.com V t.l.j. sf dim. 9h-12h30 14h-19h D

DOM. DE LAMOTHE 2020 ★★

10200 | - de 5 €

Véronique et Alain Aurel conduisent ce domaine de 16 ha depuis 1988, entre la vallée de la Vère et le massif forestier de la Grésigne.

Jaune clair à reflets argentés, c'est un 2020 prolixe en notes fraîches d'agrumes et de fruits exotiques. D'attaque franche et nette, il procure une sensation juteuse et gourmande, ronde et fraîche, avec un joli retour de fruits exotiques. Un ensemble harmonieux et bien sympathique. 2021-2023

DOM. DE LAMOTHE, Lamothe, 81140 Sainte-Cécile-du-Cayrou, tél. 05 63 33 10 84, aurel.alain@wanadoo.fr V t.l.j. 9h-19h dim. sur r.-v.

B DOM. DE LARROQUE
Cuvée Les Seigneurines 2019 ★★★

4200 | 11 à 15 €

Commandé par une maison de maître du XVIIIe s. en pierres du pays, le domaine existe depuis 1995, année où Valérie et Patrick Nouvel ont entrepris la restauration des bâtiments et du vignoble de 19 ha, en bio certifié depuis 2015. Une valeur sûre du vignoble gaillacois.

Un vin presque noir à reflets pourpre, dont le nez profond exhale des parfums de fruits noirs et d'épices. Sa matière savoureuse et parfumée, ample, bénéficie d'une juste fraîcheur aux accents de fruit acidulé. Le tout s'étire sur une jolie trame de tanins fins. 2022-2026 **Cuvée Lysa 2019 ★★ (8 à 11 €; 2200 b.)** B Un gaillac aux reflets d'argent, au nez subtil, floral et fruité. Il offre une matière ronde et veloutée, bien équilibrée, parfumée de fruits à chair blanche ou jaune (poire, abricot), de fleurs et d'infusion. La finale longue achève de convaincre sur ses qualités. Délicatesse et complexité. 2021-2024 **Privilège d'Antan 2019 ★★ (8 à 11 €; 12000 b.)** B Un 2019 suave, sur le fruit et la réglisse, d'une remarquable tenue. 2022-2025

EARL VALÉRIE ET PATRICK NOUVEL, Larroque, 81150 Cestayrols, tél. 05 63 56 87 63, contact.domainedelarroque@gmail.com V r.-v. E

CH. LARROZE 2020 ★

26400 | 5 à 8 €

Un domaine régulier en qualité, pour ses gaillac mais aussi pour ses vins de pays (IGP), dirigé par Alain Gayrel et son fils Vincent.

SUD-OUEST

Robe jaune dorée, brillante. Relativement intense, le nez propose des notes de fruits confits, de nèfle et de miel. La bouche repose sur un bel équilibre entre fraîcheur et sucrosité. Elle est puissante, complexe et de belle persistance. Un moelleux qui a du corps et du cœur. ⧗ 2022-2025 ■ **2019 ★ (5 à 8 €; 160 000 b.)** Un vin sur la gourmandise, la rondeur et la légèreté, tout garni de fruits. ⧗ 2022-2024 ■ **Vigné-Lourac Terrae Veritas 2019 ★ (5 à 8 €; 26 600 b.)** Rouge grenat foncé aux reflets violacés, ce gaillac intense et gourmand livre ses arômes de fruits rouges compotés tout au long de la dégustation Rond et frais, il se prolonge en une longue finale sur la réglisse et la menthe. ⧗ 2022-2024 ■ **Ch. les Méritz Cuvée Prestige 2019 ★ (5 à 8 €; 26 600 b.)** Un vin gouleyant, suave, riche d'arômes de fruits, avec en finale une note relevée de poivre vert. ⧗ 2022-2024

SAS LES VIGNOBLES GAYREL, Ravailhe, 81600 Senouillac, tél. 05 63 81 21 11, oenologie@lesvignoblesgayrel.fr

CH. LASTOURS
Cuvée du Pigeonnier 2019 ★

■ | 8 000 | | 15 à 20 €

Au bout d'une longue allée de platanes, un château construit au XVIIes. et remanié au siècle suivant, entouré d'un jardin à la française. Son propriétaire, Hubert de Faramond, installé en 1981, est aujourd'hui à la tête d'un vignoble de 50 ha et signe des gaillac de belle facture, notamment en blanc.

Sombre avec de beaux reflets tuilés, ce gaillac évolue avec complexité entre des arômes de fruits et d'élevage en fût. L'attaque est souple, la bouche équilibrée, ample et séveuse. Le boisé reste modéré et la finale conserve de la fraîcheur. ⧗ 2022-2025 ■ **Claire de Lune 2020 ★ (11 à 15 €; 4 000 b.)** Un blanc sec ciselé d'or et d'argent, rond, gras et riche, marqué par un élevage ambitieux, aux accents de vanille et de torréfaction. ⧗ 2022-2024

CH. LASTOURS, Lastours, 81310 Lisle-sur-Tarn, tél. 05 63 57 07 09, contact@chateau-lastours.com
V *t.l.j. 9h-12h30 13h30-18h30*

DOM. LAUBAREL
Méthode Ancestrale 2020 ★

● | 3 700 | 8 à 11 €

Ce petit domaine de 7 ha fondé en 1904 a été repris en 2008 par Lucas Merlo, vigneron natif d'Albi. Après avoir travaillé dans le Médoc et à Cahors, il s'est installé sur les premières côtes de Gaillac. Exploitation certifiée Haute valeur environnementale.

Une robe jaune pâle et de belles bulles. Un nez non seulement ouvert sur le fruit, mais aussi floral et miellé. En bouche l'effervescence est bien présente. Il règne une belle tension qui porte assez loin des notes de fruits acidulés. Typique. ⧗ 2021-2022 ■ **Cuvée Laubarel Duras 2019 ★ (8 à 11 €; 2 500 b.)** Ce vin d'un cépage local, à la robe sombre, tend vers le fruit noir. Plein d'une fraîcheur épicée sur fond boisé, il possède une belle présence. ⧗ 2022-2025

LUCAS MERLO (DOM. LAUBAREL), 3000, rte de Cordes, 81600 Gaillac, tél. 06 61 94 76 91, contact@domaine-laubarel.fr
V *t.l.j. sf dim. 9h-12h 15h-19h*

♥ DOM. DE LONG-PECH Michaël 2019 ★★

■ | 1935 | | 15 à 20 €

Implanté sur les hauteurs de Lisle-sur-Tarn, ce domaine familial a été créé par l'arrière-grand-père dans les années 1930, mais les premières mises en bouteilles datent de 1989. Depuis 2000, Sandra Bastide et sa sœur Karine exploitent ce vignoble de 20 ha perché sur une «longue colline» calcaire (*long pech* en occitan), et proposent tous les types de vin gaillacois. Propriété certifiée Haute valeur environnementale.

D'un jaune intense, ce moelleux affiche un nez subtil et ravissant de fleurs et de miel. Ample et puissant, il ne présente aucune lourdeur et fait même preuve de beaucoup de fraîcheur. Les notes de miel toutes fleurs persistent délicieusement. Un gaillac gracieux et intelligent. ⧗ 2021-2025 ■ **Cuvée Raphaël 2020 ★ (5 à 8 €; 3 300 b.)** Intense en couleur, il l'est tout autant au nez, avec beaucoup de fraîcheur (mangue, ananas). La bouche juteuse et fruitée est tendue par une agréable vivacité. ⧗ 2021-2023

DOM. DE LONG-PECH, Lapeyrière, lieu-dit Long-Pech, 81310 Lisle-sur-Tarn, tél. 06 31 85 66 93, longpech81@gmail.com
V *r.-v.*

MAS D'AUREL Braucol 2019 ★★

■ | 4 000 | | 15 à 20 €

Après avoir cultivé le célèbre vignoble algérien de Mascara, Albert Ribot s'installe en 1963 sur ce domaine, à présent conduit par sa fille Brigitte et son mari Jacques Molinier. Un corps de bâtiment en pierre calcaire blanche, une cour fermée, un pigeonnier : le mas d'Aurel est des plus typiques.

Une robe sombre à reflets grenat invite à découvrir le nez intense de fruits à noyau (cerise, prune), ainsi que des notes plus fraîches de cassis et de groseille. Fraîcheur confirmée dès la prise en bouche, puis s'exprime une matière gourmande. Les tanins sont présents, mais promettent de se fondre, tandis que la finale maintient une belle tension sur une note végétale et de rose. Une typicité remarquable. ⧗ 2026-2031 ■ **2020 ★ (5 à 8 €; 4 200 b.)** Harmonieux, ample et fruité, avec quelques amers et une touche saline en finale. ⧗ 2021-2023

MAS D'AUREL, Mas d'Aurel, 81170 Donnazac, tél. 05 63 56 06 39, masdaurel@wanadoo.fr
V *t.l.j. sf dim. 9h-12h 14h-18h*

MAS DE GROUZE Elixir 2018 ★★

■ | 3 000 | 15 à 20 €

Implanté depuis quatre générations sur les sols argilo-calcaires de Rabastens, ce domaine de 32 ha est aux mains de Jérôme et Sébastien Alquier, le premier œuvrant principalement à la vigne et au chai, le second à la commercialisation des vins.

La robe d'un rouge intense aux reflets tuilés témoigne de l'élevage de 24 mois en amphore. Le nez ouvert propose

des senteurs de cerise, de cassis, de fruits secs, avec une pointe de cannelle et un fond minéral. En bouche, on perçoit un gros volume, beaucoup d'harmonie entre la tension et la sucrosité. Le cassis explose en milieu de bouche tandis que la finale revient sur le poivre avec fraîcheur. Un vin expressif, prêt à savourer. ⌛ 2021-2024
■ **Tradition 2020 ★ (5 à 8 €; 10 000 b.)** Un rosé franc, gourmand, rond et agréablement acidulé. ⌛ 2021-2022

⊶ DOM. DE GROUZE, Mas de Grouze, 81800 Rabastens, tél. 05 63 33 80 70, gaecmasdegrouze@wanadoo.fr V ⛹ ⛬ *t.l.j. sf jeu. dim. 9h-12h 14h-19h*

DOM. MAS PIGNOU
Bulle de Paradis ★

●	18 000	🍾	8 à 11 €

Héritiers de 4 générations, Jacques et Bernard Auque conduisent un domaine de 44 ha, établi à plus de 200 m d'altitude au sommet des premières côtes de Gaillac, offrant une vue exceptionnelle à 360 ° sur la route des Bastides.

Robe jaune pâle et bulles légères, voici un gaillac au nez fin et frais, typé pomme-poire. La bouche douce, veloutée, reste élégante, toujours portée par le fruit. Joli mauzac, jolies bulles... jolie bouteille! ⌛ 2021-2023

⊶ DOM. MAS PIGNOU, chem. du Mas-de-Bonnal, 81600 Gaillac, tél. 05 63 33 18 52, maspignou@gmail.com V ⛹ ⛬ *t.l.j. sf dim. 9h-12h 14h-19h*

CH. MONTELS
L'Esprit Terroir 2019 ★

■	14 000	🍾	5 à 8 €

Créé par Bruno Montels en 1985, ce domaine de 25 ha est situé à Souel, sur le plateau calcaire de Cordes. Il est bien connu des lecteurs du Guide, notamment pour ses gaillac doux.

Brillant de reflets violacés, ce gaillac laisse monter les arômes à l'agitation et révèle ainsi le cassis, la groseille et le poivre. En bouche, il semble jeune et impétueux encore. Le fruit, la matière, les tanins, tout y est et devrait s'ordonner rapidement. Un potentiel intéressant. ⌛ 2022-2025

⊶ CH. MONTELS, Burgal, 81170 Souel, tél. 05 63 56 01 28, brmontels@gmail.com V ⛬ *r.-v.*

DOM. DU MOULIN Florentin 2019 ★★

■	4 000	🛢	20 à 30 €

Représentant la 6e génération sur le domaine, Nicolas et Jean-Paul Hirissou conduisent 40 ha de vignes : 20 ha sur la rive gauche du Tarn, sur des graves, et autant sur la rive droite, sur des terres argilo-calcaires. Très réguliers en qualité, leurs vins fréquentent assidûment le Guide, souvent aux meilleures places. Domaine en conversion bio partielle.

Les arômes complexes et intenses marient le fruit et les notes d'élevage sous bois. Franc, ce vin gagne en ampleur et trouve un juste équilibre entre fraîcheur et puissance. La structure est de qualité, la palette aromatique généreuse, la finale persistante. ⌛ 2022-2025

⊶ DOM. DU MOULIN, chem. des Crêtes, 81600 Gaillac, tél. 05 63 57 20 52, domainedumoulin81@orange.fr V ⛹ ⛬ *t.l.j. sf dim. 9h-12h 14h-19h*

CH. DE PEPEYROUX 2020 ★★

●	4 611	🍾	5 à 8 €

Eric Stilhart a créé ce domaine de 14 ha en 1987, à côté de la propriété familiale. Il a commencé à convertir certaines de ses vignes en bio dès 2009.

Robe limpide jaune clair, reflets gris-vert. Le premier contact est agréable et invite à poursuivre. Le nez délicat décline des notes d'agrumes (clémentine), de fruits exotiques (ananas), de pêche et de minéral (craie). L'attaque est franche et nette, sur le fruit juteux. Puis tout paraît rond, ample, gras et assez long. Une belle harmonie générale. ⌛ 2021-2023

⊶ CH. DE PEPEYROUX, 494, chem. Toulle, 81310 Lisle-sur-Tarn, tél. 06 12 93 88 74, eric.stilhart@gmail.com V ⛹ ⛬ *r.-v.*

DOM. LES PETITS JARDINS
Bulle de Mauzac 2020 ★

●	1200	8 à 11 €

En 2012, Alexia Bouyssou, originaire du Lot et œnologue attachée à un domaine gaillacois, a acquis ce petit vignoble de 5,5 ha planté sur des coteaux à dominante argileuse. La propriété doit son nom au lieu-dit Les Hourtets (« petits jardins » en occitan).

Une bulle fine très présente sur fond jaune pâle attire le regard. Après un nez franc, typé, entre pommes Granny et Reinette, un bel équilibre convainc en bouche, salin et acidulé. La bulle fine et gourmande est aussi bien présente. Un bon vin effervescent d'apéritif. ⌛ 2021-2022

⊶ ALEXIA BOUYSSOU, Les Hourtets, 81600 Gaillac, tél. 06 13 62 02 12, domainelespetitsjardins@orange.fr V ⛹ ⛬ *r.-v.*

MAISON BERTRAND RAVACHE
Aligança 2019 ★

■	100 000	🍾	5 à 8 €

Maison de négoce fondée en 1999 par Léo de Malet-Roquefort et son fils Alexandre, héritiers d'une lignée saint-émilionnaise et propriétaires du Ch. la Gaffelière, 1er grand cru classé B. Elle a été cédée graduellement à Bertrand Ravache. Le négociant a acquis la totalité des parts de la société en 2015, à laquelle il a donné son nom.

Une belle robe rubis habille ce gaillac frais et fruité, que souligne une note de poivron. La bouche évolue avec régularité, sur la fraîcheur, bien équilibrée, souple et ronde. ⌛ 2022-2024

⊶ MAISON BERTRAND RAVACHE, BP 12, Champs du Rivalon, 33330 Saint-Émilion, tél. 05 57 56 40 80, contact@bertrand-ravache.com

SUD-OUEST

Ⓑ CH. DE RHODES Méthode ancestrale 2020 ★

●	5164	🍾	11 à 15 €

Dans un paysage de collines rappelant la Toscane, un château aux tourelles aiguisées, 2 caves voûtées en brique, et 26,5 ha de vignes alentour, cultivées en bio. Éric Lepine a quitté le monde de la finance parisienne en 2002 pour acquérir ce domaine qu'il mène en bio depuis 2008 et sur lequel il a réintroduit le prunelard, vieux cépage local.

Or pâle parsemé de fines bulles, ce 2020 évoque le miel et la pomme au four. Son équilibre au palais repose sur un fruité net entre cidre et poiré, du gras, une bulle délicate et une finale toute acidulée. C'est bien un gaillac méthode ancestrale en toute typicité. Pour une galette des Rois à la frangipane ou une tarte au citron meringuée. ⧗ 2021-2022 ■ **2020 ★ (8 à 11 €; 29700 b.)** Ⓑ Encore sur sa jeunesse, sur les agrumes, les fruits exotiques frais et la minéralité, la bouche reste vive et gourmande, portée en finale par une touche de salinité et beaucoup de fraîcheur. Très sympathique ! ⧗ 2021-2023

CH. DE RHODES, 49, chem. de Rhodes, 81600 Gaillac, tél. 05 63 57 06 02, info@chateau-de-rhodes.com V *r.-v.*

Ⓑ DOM. ROTIER
L'Âme 2018 ★★★

■ | 5140 | | 20 à 30 €

Alain Rotier et Francis Marre, beaux-frères, se partagent le travail : Francis aux cultures et Alain à l'élaboration des vins. La propriété (32 ha), fondée en 1985, est aujourd'hui l'un des piliers du vignoble gaillacois, notamment pour ses vins doux qui collectionnent étoiles et coups de cœur du Guide. Le vignoble, qui met notamment en valeur le duras (en rouge) et le len de l'el (en blanc), est en bio certifié depuis 2012.

Une somptueuse robe sombre et brillante annonce l'élégance de ce gaillac. Une palette variée, délicate et fraîche de fruits, d'épices, d'eucalyptus… se décline. Au palais, le vin dévoile une silhouette élancée et d'excellente tenue : rondeur, fraîcheur, finesse des tanins et persistance fruitée. La classe. ⧗ 2022-2025 ■ **Renaissance 2018 ★ (11 à 15 €; 22750 b.)** Ⓑ Un vin d'une belle maturité, d'un bel élan aromatique, d'une belle structure, en tout cas une belle composition. ⧗ 2023-2026

DOM. ROTIER, Petit-Nareye, 81600 Cadalen, tél. 05 63 41 75 14, rotier.marre@domaine-rotier.com V *t.l.j. sf dim. 9h-12h 14h-18h* Ⓓ

SAINT-MICHEL
Grande Réserve 2019 ★★★

■ | 421466 | | - de 5 €

Les caves de Técou, de Rabastens, de Fronton et des Côtes d'Olt ont uni leurs forces en 2006 en créant le groupe Vinovalie, dont le nom renvoie aux valeurs collectives du rugby. Un groupe qui fédère 470 vignerons et quelque 3 800 ha de vignes répartis sur 3 appellations : gaillac, fronton et cahors.

Une robe soutenue à reflets noirs et violacés habille ce gaillac, dont le nez montant exprime tour à tour le cassis, le bonbon, le chocolat, les épices, puis la garrigue. Une belle matière et une juste fraîcheur s'imposent dès la mise en bouche. L'ensemble est harmonieux, gourmand et agréablement acidulé. Une véritable friandise. ⧗ 2022-2025 ■ **Far from the eye 2020 ★ (5 à 8 €; 35866 b.)** Un vin juteux et gourmand, vif et fruité, garni de fruits exotiques et d'agrumes. ⧗ 2021-2023

VINOVALIE (VIGNERONS DE RABASTENS), 33, rte d'Albi, 81800 Rabastens, tél. 05 63 33 73 80, laboratoire.rabastens@vinovalie.com V *t.l.j. 10h-12h30 14h30-19h; dim. 10h-12h30*

DOM. SALVY Braucol 2019 ★★

■ | 2000 | | 8 à 11 €

Un aïeul prénommé Salvy a fondé en 1881 ce domaine, auquel il a laissé son nom. Sur les coteaux pierreux qui surplombent la Vère, Anne, Marc et Patrick Durel cultivent sur 25 ha les cépages à l'accent gaillacois, les rouges duras et braucol, et les blancs mauzac et len de l'el.

La teinte patinée aux nuances tuilées est déjà un indice de l'originalité de ce gaillac bien affiné, très épicé (poivre), aux senteurs de bourgeon de cassis, de fruits noirs confits et de raisin sec. Tout en rondeur et en finesse, celui-ci présente un beau volume, du fruit persistant (baies noires) et une trame de tanins fondus. Une authentique et convaincante expression du braucol. ⧗ 2022-2025

DOM. SALVY, 1219, rte d'Arzac, 81140 Cahuzac-sur-Vère, tél. 05 63 33 97 29, salvy@wanadoo.fr V *t.l.j. sf lun. 10h-12h 15h-18h*

DOM. SARRABELLE In Sarra 2019 ★

■ | 61210 | | 5 à 8 €

La légende raconte que la source qui jaillit près du château de Montaigut, détruit lors de la Croisade contre les Albigeois au XIIIe s., était jadis le lieu des rendez-vous galants de la belle Yolande, que ses prétendants rêvaient de serrer dans leurs bras, *sarrobello* en occitan. Telle est l'origine du nom de ce domaine, dans la famille Caussé depuis 8 générations. Le vignoble, qui compte aujourd'hui 42 ha, est conduit depuis 2000 par Laurent et Fabien.

Une belle couleur de vin mature. Un nez bien affiné aux accents d'épices, de poivre, de bergamote, de sureau et de bonbons… En bouche, beaucoup de rondeur, de sucrosité, de fruit. Le tout repose sur une trame de tanins souples et soyeux. Très agréable, ce gaillac est à boire. ⧗ 2021-2023

GAEC LES FORTIS, Les Fortis, 81310 Lisle-sur-Tarn, tél. 05 63 40 47 78, contact@sarrabelle.com V *t.l.j. sf dim. 9h-12h 14h-19h*

♥ Ⓑ CH. DE SAURS Réserve Eliézer 2019 ★★

■ | 30000 | | 11 à 15 €

Établi dans le village de Saurs, près de Gaillac, le château d'inspiration palladienne a été bâti au milieu du XIXe s. par Eliézer Gineste de Saurs, l'arrière-grand-père de l'actuel propriétaire, héritier d'une famille implantée sur ces terres depuis le XVIe s. Le vignoble, conduit en bio certifié depuis 2012, couvre 40 ha.

Un rouge rubis intense et d'épaisses larmes suscitent l'intérêt. Il en va de même du nez bien affiné, complexe, élégant, sur des notes de fruits noirs type cassis, et d'épices comme la vanille et le poivre. En bouche, le vin a de la présence et de la rondeur. Les tanins sont présents, mais de belle texture et bien enrobés. ⧗ 2022-2026 ■ **La Constance 2019 ★ (8 à 11 €; 80000 b.)** Ⓑ Une bouche volumineuse garnie de fruits rouges et noirs, bien mûrs, soutenue par une jolie trame soyeuse. ⧗ 2022-2024

SCEA CH. DE SAURS, 48, chem. Toulze, Saurs, 81310 Lisle-sur-Tarn, tél. 05 63 57 09 79, info@chateau-de-saurs.com V t.l.j. sf dim. 9h-18h

CAVE DE TÉCOU
Passion 2019 ★

■	40 000		5 à 8 €

Les caves de Técou, de Rabastens, de Fronton et des Côtes d'Olt ont uni leurs forces en 2006 en créant le groupe Vinovalie, dont le nom renvoie aux valeurs collectives du rugby. Un groupe qui fédère 400 vignerons et regroupe quelque 3 800 ha de vignes répartis sur 3 appellations : gaillac, fronton et cahors.

Grenat foncé, ce gaillac expressif mêle des arômes de fruits mûrs à des notes végétales plus fraîches. L'attaque fait bonne impression, souple et parfumée. La bouche est chaleureuse, d'une belle complexité aromatique de cassis, de réglisse et de vanille et d'une texture agréable. C'est bien fait. ⧗ 2022-2025 ■ **Astrolabe 2019 ★ (8 à 11 €; 35 000 b.)** Une cuvée phare aux arômes de fruits rouges et noirs nuancés de vanille. Assez souple en début de bouche, elle est ensuite bien soutenue par une trame de tanins fermes. ⧗ 2023-2026

VINOVALIE (SITE DE TÉCOU), 100, rte de Técou, Pagesou, 81600 Técou, tél. 05 63 33 00 80, passion@cavedetecou.fr V r.-v.

CH. DE TERRIDE 2019 ★

■	18 000		8 à 11 €

Un château flanqué de 2 tours carrées – un ancien relais de chasse construit en 1650 par un maître-verrier –, devenu viticole dans les années 1960, se dresse devant un vignoble de quelque 34 ha ceint de bois. Jean-Paul et Solange David ont acquis le domaine en 1996; ils sont aujourd'hui relayés par leur fille Alix, œnologue, et par son mari Gérard.

Assez sombre, grenat aux nuances violines, ce 2019 affiche des arômes francs de poivrons rouge et vert. En bouche, la fraîcheur et le poivron règnent, mais la rondeur est suffisante pour assurer l'équilibre. En finale, les tanins se font plus présents sous des accents mentholés. Un vin de bonne composition pour viandes blanches ou grillades. ⧗ 2022-2025

CH. DE TERRIDE, Ch. de Terride, D.20, 81140 Puycelsi, tél. 05 63 33 26 63, info@chateau-de-terride.com V t.l.j. sf dim. 10h-12h 14h-19h

DOM. DE VAISSIÈRE 2020 ★

■	4 000		5 à 8 €

L'histoire vigneronne des Vaissière sur les terres de Busque est ancienne ; un lieu-dit porte même le nom de la famille. Au XIXe s., mégisseries et vignes parsemaient la campagne. André Vaissière, dernier représentant en date de cette lignée, conduit aujourd'hui un vignoble de 17 ha.

De bonne intensité dans ses expressions d'agrumes (citron et pamplemousse), ce gaillac a pour qualités sa franchise et sa grande fraîcheur persistante. À privilégier à l'apéritif ou avec des fromages de chèvre. ⧗ 2021-2023

ANDRÉ VAISSIÈRE, Dom. de Vaissière, 2, rue Vaissière, 81300 Busque, tél. 05 63 34 59 06, andre.vaissiere@orange.fr V r.-v.

DOM. VAYSSETTE
Cuvée Léa 2019 ★

■	14 700		8 à 11 €

Florentin et Andrée Vayssette, les grands-parents, se sont installés en 1930 sur le chemin des Crêtes de Gaillac. Jacques, leur fils, et Maryse, ont pris leur suite. Puis leur petit-fils Patrice et son épouse Nathalie les ont rejoints pour exploiter les 29 ha de vignes du domaine, labellisé Haute Valeur Environnementale. Une valeur sûre de l'appellation.

La robe est nette, profonde et soutenue. Le nez assez intense s'exprime en toute simplicité sur le fruit et le boisé léger. L'attaque est souple, la bouche ronde, acidulée, bien fraîche. Elle s'étire toujours fruitée et finement épicée sur une trame soyeuse. ⧗ 2022-2025 ● **★ (8 à 11 €; 8 000 b.)** Une ligne fruitée de pomme Granny, une sensation à la fois de croquant et de velouté, de la douceur. Une belle expression du mauzac. ⧗ 2021-2023

EARL DOM. VAYSSETTE, 2738, chem. des Crêtes, 81600 Gaillac, tél. 05 63 57 31 95, domaine.vayssette81@gmail.com V t.l.j. sf dim. 9h-12h 14h-19h

B CH. LES VIGNALS
La Fauvette Noire 2019 ★

■	5 210		15 à 20 €

Un domaine de 75 ha situé à Cestayrols, au nord-ouest de Gaillac, sur le terroir argilo-calcaire de la rive droite du Tarn balayé par le vent d'autan. Racheté en 1996 par les Vanoli, il est régi par Olivier Jean, qui a engagé la conversion bio du domaine (certification en 2013), avec Éric Brun comme maître de chai et Caroline Boisset comme œnologue.

Effectivement, noire est sa robe. Intense et frais est son nez, sur les fruits noirs principalement. La bouche est riche et bien équilibrée, offrant un beau volume et plus de complexité aromatique. Belle présence sur une sensation acidulée et une finale satinée. Un ensemble harmonieux. ⧗ 2022-2025

CH. LES VIGNALS, Les Vignals, 81150 Cestayrols, tél. 05 63 55 41 53, contact@lesvignals.fr V t.l.j. sf dim. 9h-13h 14h-19h

MARCILLAC

Superficie : 185 ha / Production : 7 904 hl

Reconnu en AOC en 1990, ce vin rouge naît dans l'Aveyron, dans une cuvette naturelle au microclimat favorable : le « vallon ». Cultivé sur des argiles riches en oxyde de fer – les rougiers –, le mansois (fer-servadou) lui donne une réelle originalité, faite d'une rusticité tannique et d'arômes de framboise.

B DOM. DES COSTES ROUGES
Cuvée Tandem 2020 ★

■	12 000		8 à 11 €

À l'origine exploité en polyculture, ce domaine conduit en bio (certification en 2012) est aujourd'hui presque exclusivement dédié à la vigne (6,5 ha en AOC marcillac), une petite production de légumes,

SUD-OUEST

de céréales et de volaille complétant l'activité. Éric et Claudine Vinas y sont installés depuis 1993.
Ce marcillac est en phase d'ouverture, mais des notes de fruits macérés et de poivron mûr sont déjà bien identifiables. La dégustation au palais démarre en souplesse, puis la matière apparaît, soyeuse, avant que ne se manifestent quelques tanins encore fermes. Un vin en devenir. ⧗ 2022-2025

GAEC DOM. DES COSTES ROUGES, Combret, 12330 Nauviale, tél. 05 65 72 83 85, domaine-des-costes-rouges@wanadoo.fr V *r.-v.*

DOM. DU CROS Vieilles Vignes 2019 ★★

■ | 40000 | | 11 à 15 €

À sa création en 1984, ce domaine emblématique de l'AOC marcillac ne disposait que d'un hectare de vigne et produisait environ 4 000 bouteilles par an ; la superficie atteint à présent 33 ha. La propriété est conduite par Philippe Teulier, secondé depuis 2006 par son fils Julien. Une valeur sûre.
Une robe profonde, grenat aux nuances violines. Un nez enveloppant, très agréable de fruits bien mûrs. Une bouche élégante, ronde, ample et juteuse, pleine de fruit et qui tient sur la longueur. Un vin complet et typé. ⧗ 2022-2025

GAEC DU CROS, Le Cros, 12390 Goutrens, tél. 05 65 72 71 77, pteulier@domaine-du-cros.com V *t.l.j. sf dim. 9h-12h 14h-18h*

♥ DOM. LAURENS Cuvée de Flars 2019 ★★★

■ | n.c. | | 11 à 15 €

Quand Michel Laurens revint à Clairvaux en 1983 et qu'il retrouva son frère Gilbert, il décida avec lui d'étendre le domaine familial et de poursuivre l'œuvre de leur père Henri, qui avait commencé à restaurer le vignoble : rachat de vieilles vignes, de terrasses, de terres en friche, défrichage, plantations. Après des années de travail, la propriété qui couvrait à l'origine 1,5 ha s'étend aujourd'hui sur 25 ha. La nouvelle génération (Vincent, Éric et Pascal) a pris les commandes en 2015.
Au nez de cassis intense et montant répond une belle matière concentrée, charnue, juteuse, aux tanins veloutés. Un vin plaisir qui a du potentiel. ⧗ 2022-2025 ■ **Le Dernier lion 2018 ★ (20 à 30 €; n.c.)** Un marcillac original élevé en amphore, complexe, chaleureux, presque onctueux, tenu par des tanins solides. ⧗ 2023-2026

DOM. LAURENS, 7, av. de la Tour, 12330 Clairvaux, tél. 05 65 72 69 37, info@domaine-laurens.com V *t.l.j. sf dim. 10h-12h 14h-19h*

LES VIGNERONS DU VALLON Cuvée Tradition 2019 ★★

■ | 200000 | | 5 à 8 €

Établie dans le fameux vallon de Marcillac, cette coopérative, créée en 1965, regroupe une quarantaine de vignerons qui cultivent 105 ha. Elle fournit 55 % de la production de l'AOC. Une valeur sûre.
Grenat profond, halo violet... Nez concentré de mûre, de cassis et de poivron grillé. On sent que la matière sera concentrée. Elle l'est en effet, toute en rondeur grâce à des tanins fins qui ne perturbent pas la longue finale. ⧗ 2022-2025 ■ **Adonis 2019 ★ (8 à 11 €; 7000 b.)** B Un marcillac ample et souple, garni d'arômes de fruits et d'épices. ⧗ 2022-2025

SCA UNICOR, RD_840, 12330 Valady, tél. 05 65 72 70 21, valady@groupe-unicor.com V *t.l.j. sf dim. 9h-12h 14h-18h*

CÔTES-DE-MILLAU

Superficie : 56 ha
Production : 2 030 hl (97 % rouge et rosé)

Reconnu en AOVDQS en 1994, le plus méridional des vignobles aveyronnais est implanté sur des coteaux de la haute vallée du Tarn, dans un secteur déjà soumis aux influences méditerranéennes. Majoritaires, les rouges et rosés sont composés de syrah et de gamay et, dans une moindre proportion, de cabernet-sauvignon, de fer-servadou et de duras. Les blancs assemblent chenin et mauzac. Les côtes-de-millau ont accédé à l'AOC en 2011.

B DOM. DU VIEUX NOYER Louradou 2019 ★

■ | 6000 | | 15 à 20 €

Un grand noyer au tronc sculpté des symboles de la vigne trône à l'entrée de cette propriété conduite par 3 associés, vignoble de 32 ha conduit en bio, établi au pied des Grandes Causses.
Une robe grenat, presque noire. Un nez séveux aux notes grillées. L'attaque est souple, la bouche ample, garnie de fruits mûrs. Des tanins solides issus du raisin et de l'élevage la structurent. C'est du sérieux. ⧗ 2023-2027

DOM. DU VIEUX NOYER, rte des Gorges-du-Tarn, Boyne, 12640 Rivière-sur-Tarn, tél. 06 82 58 73 48, contact@levieuxnoyer.fr V *t.l.j. 9h-12h30 15h-19h*

VINS-D'ENTRAYGUES-LE-FEL

Superficie : 21 ha
Production : 718 hl (80 % rouge et rosé)

Ces vins naissent au sud du département du Cantal et au nord de celui de l'Aveyron, sur les premiers contreforts des massifs du Cantal et de l'Aubrac. Produits au confluent du Lot et de la Truyère, les blancs d'Entraygues, cultivés sur d'étroites banquettes aux sols schisteux aménagées à flanc de coteaux abrupts, sont issus de chenin et de mauzac. Frais et fruités, ils font merveille sur les truites sauvages et le cantal doux. Les vins rouges du Fel, solides et terriens, seront bus sur de l'agneau des Causses et sur de la potée auvergnate. Comme tous les AOVDQS, ces vins ont été reconnus en AOC en 2011.

GARD & FILLES Bonnie 2020 ★

■ | 3000 | | 15 à 20 €

Fanny, la fille aînée de Philippe Gard, possède 1 ha de vignes dans cette aire d'appellation d'Entraygues-le-Fel. C'est l'occasion d'expérimenter la vinification d'autres cépages que ceux du domaine paternel dans le Roussillon, Coume del Mas.

Tout d'or vêtu, ce vin est porté sur les notes de noisette et de pain grillé. L'attaque est franche, la bouche, ample et charnue, orientée sur le fruit blanc (pêche) vanillé. Puis c'est une bonne finale fraîche et acidulée qui convainc définitivement les dégustateurs. Pour des volailles. ⧗ 2022-2024

⊶ GARD ET FILLES, Le Bourg, 12140 Le Fel, tél. 06 86 81 71 32, philippe@coumedelmas.com V r.-v.

B DOM. MOUSSET Cuvée La Pauca 2019 ★★

■	3600		11 à 15 €

À partir de 1988, Laurent Mousset s'est constitué un domaine parcelle après parcelle, plantant cabernets, fer-servadou et chenin. Aménagé en partie en terrasses dominant le Lot, son vignoble compte aujourd'hui 8 ha. La conversion bio a été engagée en 2016.

Grenat soutenu à reflets violets, ce 2019 est captivant, profond, frais et fruité. Au palais, il se montre souple et charnu, bien équilibré et demeure fidèle au fruit mûr. Charmeur. ⧗ 2022-2024

⊶ LAURENT MOUSSET, Le Bourg, 12140 Le Fel, tél. 05 65 44 50 51, laurent.mousset@orange.fr V r.-v.

➧ LA MOYENNE GARONNE

FRONTON

Superficie : 2 060 ha / Production : 97 242 hl

Vin des Toulousains, le fronton provient d'un très ancien vignoble, autrefois propriété des chevaliers de l'ordre de Saint-Jean-de-Jérusalem. Lors du siège de Montauban, Louis XIII et Richelieu se livrèrent à force dégustations comparatives... Reconstitué grâce à la création des coopératives de Fronton et de Villaudric, le vignoble a conservé un encépagement original avec la négrette, variété locale que l'on retrouve à Gaillac. Elle est vinifiée seule ou assemblée à la syrah, au côt, au cabernet franc et au cabernet-sauvignon, au fer-servadou et, dans une moindre mesure, au gamay. Le terroir occupe les trois terrasses du Tarn, aux sols de boulbènes, de graves ou de rougets. Les vins rouges comprenant des cabernets, du gamay ou de la syrah, sont fruités et aromatiques. Plus riches en négrette, ils sont alors puissants, assez tanniques, dotés d'un fort parfum de terroir aux accents de violette. Les rosés sont francs, vifs et fruités.

VIGNOBLES ARBEAU Arborescence 2020 ★

■	100000		5 à 8 €

Créée en 1878, la maison de négoce des Arbeau a pris de l'envergure au XXᵉs. en se spécialisant dans les vins et spiritueux. En 1920, la famille a acquis le Ch. Coutinel (52 ha), et s'est lancée dans la mise en bouteilles en 1982. Depuis les années 2000, Géraud Arbeau et sa sœur Anne dirigent l'affaire.

Une couleur très intense et un nez prononcé de fruits noirs relevés d'épices. Des signes de bon augure... L'attaque presque acidulée introduit une matière fruitée, équilibrée et gouleyante, mais qui se raffermit en finale. Encore tout jeune, certes, ce vin va s'épanouir. ⧗ 2022-2025

⊶ VIGNOBLES ARBEAU, 6, rue Demages, 82370 Labastide-Saint-Pierre, tél. 05 63 64 01 80, vignobles@arbeau.com V r.-v.

CH. BAUDARE Cuvée des Cinq Cépages 2019 ★★

■	28000		5 à 8 €

Au temps de Napoléon, Guillaume Vigouroux fut le seul des 4 frères à revenir des champs de bataille. David, son descendant (5ᵉ génération), installé sur le domaine familial en 1995, s'est marié avec une Anglaise qui contribue à la renommée de la négrette outre-Manche. Le vignoble, créé en 1882, s'étend aujourd'hui sur 75 ha, complété en 2009 par les 20 ha du Dom. Callory. À la carte des Vigouroux, des frontons très réguliers en qualité.

Les senteurs florales se libèrent avec aisance de ce vin toute en souplesse et légèreté. Celui-ci évolue sur une agréable fraîcheur et une trame de tanins réglissés qui reprennent du relief en finale. ⧗ 2022-2025

⊶ EARL CH. BAUDARE, 161, rue Basse-Près-de-l'Église, 82370 Campsas, tél. 05 63 30 51 33, vigouroux@aol.com V *sam. 9h-12h15*

CH. DE BELAYGUES Aigarosa 2020 ★

■	2500		5 à 8 €

Fils d'agriculteur aveyronnais, Guillaume Veyrac a acheté en 2001 ce domaine situé à 10 km au sud de Montauban. Il l'a équipé d'un chai fonctionnel et d'un caveau de dégustation. Son vignoble couvre 13 ha sur la 1ʳᵉ terrasse du Tarn et produit du fronton et des vins en IGP.

Couleur saumon brillant, ce rosé offre de doux arômes de fraise en compote. Ce sont la rondeur et le velouté qui se précisent au palais, relevés par un léger perlant. ⧗ 2021-2022

⊶ SCEV BELAYGUES, 1755, chem. de Bonneval, 82370 Labastide-Saint-Pierre, tél. 06 58 69 28 28, chateaudebelaygues@orange.fr V *t.l.j. sf mer. dim. 9h-12h 14h-18h30*

CH. BELLEVUE LA FORÊT Mavro 2019 ★

■	6000		8 à 11 €

Avec 100 ha d'un seul tenant, Bellevue la Forêt est le plus vaste domaine de l'appellation. Patrick Germain, issu d'une lignée de viticulteurs d'Afrique du Nord, l'avait acquis en 1974, un an avant la création de l'AOC, puis l'avait mis en valeur et en avait largement diffusé les vins. En 2008, il l'a vendu à Philip Grant. Formé au vin, l'homme d'affaires irlandais ne manque pas d'ambition pour le vignoble.

Le nez affiné et délicat de fruits noirs, de violette et d'épices s'inscrit dans la typicité du fronton. Il en va de même au palais, après une attaque franche. Tout semble

SUD-OUEST

rond, équilibré, et une juste fraîcheur se manifeste. Belle finale sur des amers de cacao. ⧗ 2022-2025

SCEA CH. BELLEVUE LA FORÊT, 5580, rte de Grisolles, 31620 Fronton, tél. 05 34 27 91 91, cblf@chateaubellevuelaforet.com V *t.l.j. sf sam. dim. 10h-12h30 14h-17h. ferm. fin décembre*

DOM. BOIS DE DEVÈS Le Marcelot 2020 ★

■ | 2600 | | 11 à 15 €

En 2020, Nicholas Smith, Britannique, a repris le Dom. Devès et l'a rebaptisé Dom. Bois de Devès. Ce sont 10 ha de vignes à partir desquelles il produit du fronton et des vins IGP. Il aime faire de nouvelles expériences avec les cépages.

Des nuances violettes témoignent de la jeunesse de ce vin frais, porté sur le fruit. L'attaque est franche, le milieu de bouche croquant avec un fond de gras. La finale revient délicieusement sur les fruits noirs. Un vin juvénile, mais prometteur. ⧗ 2022-2025

DOM. BOIS DE DEVÈS, 2255, rte de Fronton, 31620 Castelnau-d'Estretefonds, tél. 06 80 54 85 10, drumvine@gmail.com V *r.-v.*

♥ CH. CARROL DE BELLEL Élégance 2020 ★★★

■ | 2000 | | 5 à 8 €

En 1980, Gilbert Gasparotto a orienté vers la viticulture ce domaine, dans sa famille depuis des siècles. En 2006, son fils Yannick s'est associé avec lui avant de reprendre l'exploitation l'année suivante. Il a porté la superficie du vignoble à 33 ha (dont 16 ha de négrette).

Rose très pâle, légèrement saumoné, cette cuvée flatte les sens par son fruité franc dans un large registre de confiseries. Elle fait preuve d'ampleur et d'équilibre, avec un côté acidulé et une touche lactée qui s'ajoute au fruit évoquant le bonbon. La finale persistante est un autre de ses atouts. ⧗ 2021-2022

EARL CARROL DE BELLEL, 103, chem. de Boujac, 82370 Campsas, tél. 06 49 25 05 82, yannick.gasparotto@hotmail.fr V *sam. 9h-12h 14h-18h*

CH. CLAMENS Négrette Syrah 2019 ★★

■ | 30000 | | 8 à 11 €

Dans la même famille depuis 5 générations, ce domaine de 27 ha est conduit par Jean-Michel Bégué. Il est certifié Haute Valeur Environnementale.

La robe sombre a des reflets bleu nuit et le registre aromatique nous emporte dans une histoire gourmande de fruits noirs et d'épices. Souple en attaque, le palais est parfaitement équilibré, gouleyant à souhait, avec une belle minéralité et toujours ce fruité épicé. Belle allonge sur des tanins fondus. Une cuvée très séduisante. ⧗ 2022-2025 ■ **Caractères 2018 ★★ (15 à 20 €; 10000 b.)** Une matière riche, bien dotée en arômes de fruits noirs nuancés de pivoine, qui intègre harmonieusement l'empreinte de l'élevage sous bois. Un fronton souple et apte au service dès aujourd'hui. ⧗ 2022-2025

EARL CH. CLAMENS, 740, chem. de Caillol, 31620 Fronton, tél. 05 61 82 45 32, info@chateau-clamens.fr V *t.l.j. sf sam. dim. 8h30-12h 13h30-17h*

CH. CLOS MIGNON Négrette Syrah 2020 ★

■ | 10000 | | 5 à 8 €

Implanté sur le terroir de Villaudric, ancien cru de l'appellation, ce domaine viticole, de bonne notoriété au XIXes, s'était ensuite tourné vers la polyculture-élevage. Acquis par la famille Muzart en 1952, il est de nouveau dédié à la viticulture, un temps associée à l'arboriculture. Il est géré depuis 2000 par Olivier, revenu sur l'exploitation familiale après un passage dans le secteur bancaire. Le vignoble couvre 20 ha.

Sous une teinte rose saumon brillant, les arômes de fruit prennent toute leur dimension : gelées de fraise et d'abricot sont nettement identifiables. Le vin apparaît rond, frais, agréablement acidulé. ⧗ 2021-2022

EARL DU CH. CLOS MIGNON, 109, rte de Clos-Mignon, 31620 Villeneuve-les-Bouloc, tél. 05 61 82 10 89, omuzart@closmignon.com V *t.l.j. sf sam. dim. lun. 15h-19h*

COMTE DE NEGRET 2020 ★★

■ | 160000 | | - de 5 €

Les caves de Técou, de Rabastens, de Fronton et des Côtes d'Olt ont uni leurs forces en 2006 en créant le groupe Vinovalie, dont le nom renvoie aux valeurs collectives du rugby. Un groupe qui fédère 400 vignerons et rassemble quelque 3 800 ha de vignes répartis sur 3 appellations : gaillac, fronton et cahors.

Un rosé très pâle, parfaitement limpide et d'un bel éclat. C'est la franchise de son nez frais et fruité qui réunit les suffrages : gelée d'abricot et d'agrumes. L'équilibre se réalise entre le gras et un caractère acidulé, fruité qui maintient une bonne tension en finale. ⧗ 2021-2022 ■ **Vignoble de Souledré 2020 ★★ (5 à 8 €; 64000 b.)** Pâle et saumoné, ce rosé au nez franc, bien typé, apparaît ample et velouté en bouche. De bonne facture. ⧗ 2021-2022 ■ **Astrolabe 2018 ★★ (8 à 11 €; 32000 b.)** Couleur cerise noire, ce fronton garni de fruits noirs compotés ou en confiture joue sur la souplesse et la rondeur, sans oublier la persistance. La trame de tanins est lissée et fondue, permettant un plaisir immédiat. ⧗ 2021-2024 ■ **Le Chant du Côt à la Négrette 2020 ★ (- de 5 €; 48000 b.)** Deux cépages qui se répondent parfaitement et élégamment, et qui parlent de jeunesse, de fruits rouges à noyau et d'harmonie dans cette cuvée. ⧗ 2022-2025

SCA VINOVALIE (SITE DE FRONTON), 175, av. de la Dourdenne, 31620 Fronton, tél. 05 62 79 97 79, magasin@vins-fronton.com V *t.l.j. sf dim. 9h-12h30 14h-19h30*

CH. CRANSAC Privilège 2020 ★★

■ | 80000 | | 5 à 8 €

Un vrai château du XVIIes., en brique rose, et un domaine de 150 ha, dont 50 ha de vignes implantées sur les anciennes terrasses du Tarn. La propriété,

longtemps exploitée en cave coopérative, a été achetée en 1999 par Laurent Philis qui a produit sa première cuvée en 2003 et se distingue depuis régulièrement, aussi bien en rouge qu'en rosé.

Sous une robe violine intense, c'est une cuvée au nez subtil mais complexe qui se dévoile : les fruits rouges mûrs ou compotés se nuancent de menthol. L'attaque est fraîche, puis la bouche évolue en rondeur avec un joli fruit en cœur. La finale repose sur des tanins fins qui apportent du relief à l'ensemble. Un profil de vin jeune et fruité. ⧗ 2022-2025

SCEA DOM. DE CRANSAC, 1020, chem. du Cotité, 31620 Fronton, tél. 05 62 79 34 30, secretariat@chateaucransac.com V *r.-v.*

♥ CH. FLOTIS Si Noire 2019 ★★

■ | 15000 | | 8 à 11 €

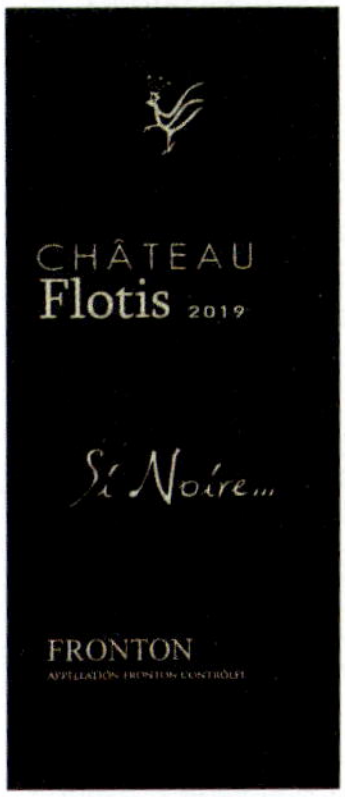

Dans la famille Ribes, chacun trouve sa place. Jean-Luc, qui est bluesman à ses heures, a repris la propriété familiale en 1981, rejoint au fil du temps par Frédéric et Cathy, puis par Pierre. La propriété couvre 23 ha sur boulbènes et sur graves.

Un fronton puissant dans son expression de fruits noirs et d'épices, soutenue par une note de minéralité. D'attaque ronde, il emplit le palais de sa matière ample, riche et complexe, bien structurée. La texture tannique est d'une grande qualité. Bon potentiel de garde. ⧗ 2023-2026

FAMILLE RIBES, 1605_C, rte de Toulouse, 31620 Fronton, tél. 05 61 82 93 90, familleribes@leroc.fr V *r.-v.*

CH. FONT BLANQUE 2019 ★★

■ | 7000 | | 5 à 8 €

Ce domaine familial créé en 2005 est déjà bien connu des habitués du Guide. Implanté sur un sol argilo-limoneux, il s'étend sur 19 ha. Le vignoble a été entièrement restructuré et replanté par Jacqueline et Didier Bonhoure.

Certes, ce fronton est encore sur la retenue, mais il laisse entrevoir sa complexité dans ses arômes de fruits très mûrs et d'épices, nuancés de notes florales. En bouche, il gagne en expressivité : le fruit et les épices sont mis en valeur dans un parfait équilibre, soutenus par une trame de tanins fins et savoureux. C'est rond, plein et harmonieux. ⧗ 2022-2025

EARL DE FONT BLANQUE, 1055, rte de Fabas, D 50, 82370 Campsas, tél. 05 63 64 08 91, chateau.font-blanque@orange.fr V *r.-v.*

CH. JOLIET Élevé en fût de chêne 2018 ★★

■ | 5000 | | 8 à 11 €

Créateurs du domaine en 1984, François et Marie-Claire Daubert, ardents défenseurs de la négrette, ont pris leur retraite en 2010 et ont transmis leur propriété à de jeunes vignerons frontonnais, coopérateurs à la cave locale, Marie-Ange et Jérôme Soriano, qui ont agrandi le vignoble, portant sa surface à 25 ha.

Au nez, une belle expression de liqueur de fruits noirs macérés, nuancée de notes florales. La bouche ronde y ajoute plus de complexité encore : cassis, réglisse, cacao et toast grillé. Les tanins sont enrobés et la longueur notable. Ce fronton a de belles années devant lui. ⧗ 2023-2026 ■ **La Dame Noire 2019 ★★ (15 à 20 €; 1500 b.)** Une palette élégante et riche, une bouche structurée, soutenue par une trame soyeuse et réglissée. Une cuvée de belle ambition. ⧗ 2022-2025

EARL DE JOLIET, 1070, chem. des Peyrounets, 31620 Fronton, tél. 06 32 81 15 93, vigneron@chateaujoliet.com V *t.l.j. sf lun. mar. dim. 9h-12h 15h-18h*

♥ B CH. LAUROU Cuvée Haute Expression 2019 ★★

■ | 5000 | | 15 à 20 €

Informaticien et parisien dans une vie antérieure, Guy Salmona s'est reconverti dans la viticulture à Fronton en rachetant ce domaine. Il a engagé en 2009 la conversion bio (aujourd'hui achevée) de ses 45 ha de vignes. Une valeur sûre du Frontonnais.

Un fronton bien ouvert, dominé par les fruits noirs confiturés, avec en filigrane des notes florales. L'attaque est fraîche, presque légère, puis une parfaite harmonie se réalise grâce à une trame de tanins fondus et réglissés. ⧗ 2022-2025 ■ **Tradition 2019 ★★ (5 à 8 €; 100000 b.)** B Un vin affirmé mais toujours bien maîtrisé, ample et dense en bouche, très aromatique. ⧗ 2022-2025 ■ **Délit d'initiés 2019 ★ (8 à 11 €; 22000 b.)** B Un vin bien construit aux parfums de violette et de réglisse, rond, soyeux et long en bouche. ⧗ 2022-2025

GUY SALMONA, Ch. Laurou, 2250, rte de Nohic, 31620 Fronton, tél. 05 61 82 40 88, contact@chateaulaurou.fr V *r.-v.*

DOM. DE LESCURE A l'avenir 2020 ★

■ | 13000 | | 8 à 11 €

Acquise en 1923 par la famille Cardetti, cette exploitation a commencé la viticulture en 1970, avec Jean-Marie. Installé en 2008, Fabien Cardetti a porté la superficie du vignoble à 25 ha; il cultive également 15 ha de céréales et 12,5 ha de noisetiers. Son exploitation est certifiée Haute Valeur Environnementale. Le jeune vigneron propose des fronton bien typés, souvent en vue dans ces pages.

Sur sa jeunesse, le vin a des nuances violines et un nez encore sur la retenue, mais qui laisse présager un joli fruit. Cela se confirme au palais, plus expressif : la cassis et la violette s'inscrivent dans une matière ronde et suave. Un fronton prometteur. ⧗ 2022-2025

EARL DOM. DE LESCURE, 151, chem. de Lescure, 82370 Labastide-Saint-Pierre, tél. 06 61 70 55 45, domainedelescure@orange.fr V *r.-v.*

SUD-OUEST

B CH. PLAISANCE
Tot Co Que Cal 2019 ★★

| | 6000 | | 15 à 20 € |

Ingénieur agronome et œnologue, Marc Penavayre a donné un nouvel élan au domaine familial qu'il a repris en 1991, restructuré et agrandi. Son fils Thibaut l'a rejoint en 2019. Le vignoble s'étend aujourd'hui sur 26 ha et a achevé sa conversion bio en 2012.

Intense et varié dans sa palette aromatique, ce fronton parle de fruits, d'épices et de minéralité. Il se révèle complexe, équilibré, ample et bien structuré au palais. Un vin d'une belle prestance. ⧗ 2022-2025

EARL DE PLAISANCE, 102, pl. de la Mairie, 31340 Vacquiers, tél. 05 61 84 97 41, contact@plaisancepenavayre.fr V *t.l.j. sf dim. lun. mar. 9h-12h 15h-19h*

DOM. DES PRADELLES
Tradition 2019 ★

| | 2784 | | 5 à 8 € |

Noëlle Prat et son père François conduisent ce domaine de 17 ha d'un seule tenant. Ils poursuivent ainsi l'histoire familiale commencée en 1869. Le nom de Pradelles vient du provençal *pradelo*, prairie.

Les arômes de fruits noirs et d'épices montent, montent et montent encore. Il faut pourtant passer à l'étape suivante, celle du palais. L'attaque est franche, puis l'on perçoit beaucoup de fraîcheur, du volume et quelques petits tanins épicés qui viennent en soutien en finale. ⧗ 2022-2025

DOM. DES PRADELLES, 44, chem. de la Bourdette, 31340 Vacquiers, tél. 06 50 02 17 38, noelle.prat@hotmail.fr V *t.l.j. sf dim. 15h-19h*

B CH. SAINT-LOUIS 2020 ★

| | 8000 | | 5 à 8 € |

Racheté en 1991 par Marie-Cécile (née Arbeau) et Ali Mahmoudi, œnologue iranien formé à Toulouse, ce domaine a connu de grandes transformations, tant à la vigne qu'au chai : agrandissement du vignoble (de 6 à 28 ha), plantations, rénovation des bâtiments, construction de nouveaux chais, certification bio. Fanny et Benoît Mahmoudi ont repris en 2017 les rênes de la propriété.

Rose pâle légèrement saumoné, ce fronton est ouvert sur des senteurs mêlées de fraise, de framboise et de lait de coco. En bouche, tout est doux, ample et chaleureux, avec des accents de fraise compotée à l'eau-de-vie. ⧗ 2021-2022

SCEA CH. SAINT-LOUIS, 380, chem. du Bois-Vieux, 82370 Labastide-Saint-Pierre, tél. 05 63 30 13 13, benoit@chateausaintlouis.fr V *t.l.j. sf sam. dim. 9h-12h 14h-18h* E

LES VIGNERONS DU SECRET
Secret de Louis 2019 ★★

| | 20000 | | - de 5 € |

Ce domaine a été créé par Jérôme Soriano, propriétaire de château Joliet, et 4 autres vignerons de Haute-Garonne et du Tarn-et-Garonne, en mai 2019.

Un nez à la fois net et délicat, fait de fruits frais et de pointes d'épices. L'attaque pleine annonce une bouche volumineuse, dont l'équilibre repose sur une juste fraîcheur. Les épices, la pivoine et la violette composent une finale chatoyante. ⧗ 2022-2025 **Confidence 2019 ★ (8 à 11 €; n.c.)** La négrette est l'unique cépage de ce vin suave et soyeux, qui laisse le souvenir de la réglisse. ⧗ 2022-2025 **Révélation 2019 ★ (8 à 11 €; n.c.)** Un fronton expressif, structuré, soutenu par une trame de tanins épicés. ⧗ 2022-2025

SAS G. SICA, 8, av. de la Tuilerie, 31620 Villeneuve-lès-Bouloc, tél. 06 32 81 15 93

DOM. TEMBOURET
Fines feuilles 2020 ★

| | 7800 | | - de 5 € |

Fondée en 1927, cette propriété de Fronton reprise par la famille Cassin, dispose aujourd'hui de 70 ha de vignes et complète son activité par une structure de négoce. Nicolas Cassin en a pris la tête en 2008.

Robe cristalline, rose pâle, nez séduisant, fin et frais, de fruits et de fleurs. En bouche, le vin est gourmand, d'abord doux et velouté, presque chaleureux. Puis un caractère perlant lui apporte une juste fraîcheur et du croquant. ⧗ 2021-2022

SARL LE FRONTON NEZ, 800, rte de Nohic, 31620 Fronton, tél. 05 61 82 93 29, info@chateau-cassin.fr V *r.-v.* E

BRULHOIS

Superficie : 194 ha / Production : 8 787 hl

Passés de la catégorie des AOVDQS en 1984 à celle de AOC en 2011, ces vins sont produits de part et d'autre de la Garonne, autour de la petite ville de Layrac, dans les départements du Gers, du Lot-et-Garonne et du Tarn-et-Garonne. Essentiellement rouges, ils sont issus des cépages bordelais et des cépages locaux, tannat et côt.

LES VIGNERONS DU BRULHOIS
Carrelot des Amants 2020 ★

| | 125000 | | 5 à 8 € |

Née de l'association, en 2002, des caves de Goulens et de Donzac, elles-mêmes créées en 1960, la cave du Brulhois vinifie sous des marques diverses la plus grande partie des vins de l'appellation brulhois.

Un rosé pâle aux nuances saumonées qui laisse un sillage fruité élégant. Son équilibre entre fraîcheur et velouté est attrayant, de même que ses arômes de fraise et de cerise acidulée. ⧗ 2021-2022

LES VIGNERONS DU BRULHOIS, 3458, av. du Brulhois, 82340 Donzac, tél. 05 63 39 91 92, gbenac@vigneronsdubrulhois.com V *r.-v.*

BUZET

Superficie : 2 091 ha
Production : 115 003 hl (95 % rouge et rosé)

Connu depuis le Moyen Âge et faisant autrefois partie intégrante du haut pays bordelais, le vignoble de Buzet s'étendait entre Agen et Marmande. D'origine monastique, il a été développé par les bourgeois

d'Agen, puis a failli disparaître après la crise phylloxérique. Il est devenu, à partir de 1956, le symbole de la renaissance du vignoble du haut pays. Deux hommes, Jean Mermillod et Jean Combabessouse, ont présidé à ce renouveau, qui doit beaucoup à la cave coopérative de Buzet, laquelle élève une grande partie de sa production en barrique. Ce vignoble s'étend aujourd'hui entre Damazan et Sainte-Colombe, sur les premiers coteaux de la Garonne, près des villes touristiques de Nérac et de Barbaste. L'alternance de boulbènes et de sols graveleux et argilo-calcaires permet d'obtenir des vins à la fois variés et typés. Les rouges, puissants, profonds, charnus et soyeux, rivalisent avec certains de leurs voisins girondins.

♥ BARON D'ALBRET Baron d'Albret 2019 ★★★

■	160 000		5 à 8 €

Fondée en 1953, cette importante coopérative du Sud-Ouest de la France a largement contribué à la création de l'appellation buzet 20 ans plus tard. Elle produit 95 % des vins de l'AOC (en rouge, blanc et rosé) et réunit 184 viticulteurs (plus de 1 900 ha). Elle prône une viticulture durable, conciliant progrès techniques et pratiques naturelles. Une part importante des propriétés adhérentes sont certifiées HVE (70 ha en bio).

De la même veine que les deux millésimes précédents, également couronnés, cette marque de la cave confirme sa régularité, obtenant son 5e coup de cœur en rouge avec ce 2019 mi-cabernets mi-merlot. Un vin d'emblée salué tant pour la profondeur de sa robe que pour l'agrément de ses parfums de fruits mûrs soulignés d'un boisé un rien fumé. Le palais, à l'unisson du nez, confirme cette entrée en matière : ample et rond en attaque, il est soutenu par des tanins épicés bien fondus. Un mariage harmonieux du raisin et du merrain. ⧗ 2022-2028 ■ **Dom. de Lhiot 2019 ★★★ (5 à 8 €; 51 600 b.)** ♥ L'intensité de la robe pleine de jeunesse n'a d'égale que celle du nez. Un nez « très cabernet franc » selon un dégustateur (30 % de l'assemblage), avec ses arômes de fruits rouges et de cassis frais teintés de touches florales et de notes épicées que l'on retrouve en finale. Ampleur de l'attaque, robustesse élégante de la structure tannique, longueur, netteté et fraîcheur : une bouteille harmonieuse alliant potentiel et finesse. ⧗ 2023-2028 ■ **Dom. de Brazalem 2019 ★★ (5 à 8 €; 86 000 b.)** Cabernet-franc, cabernet-sauvignon et merlot à parts égales, au service d'un vin coloré, expressif et complexe (fruits rouges très mûrs, grillé, notes épicées), dense, soyeux et long. Un élevage en fût maîtrisé. ⧗ 2022-2027 ■ **Ch. Balesté 2019 ★ (5 à 8 €; 34 700 b.)** Mi-merlot, mi-cabernet, élevé en cuve, encore discret au nez (léger fruit noir), il inspire confiance par sa fraîcheur légèrement mentholée alliée à des tanins fondus. ⧗ 2022-2026 ■ **Baron d'Onezan 2018 ★ (5 à 8 €; 106 000 b.)** Un joli boisé très présent au nez, avec ses

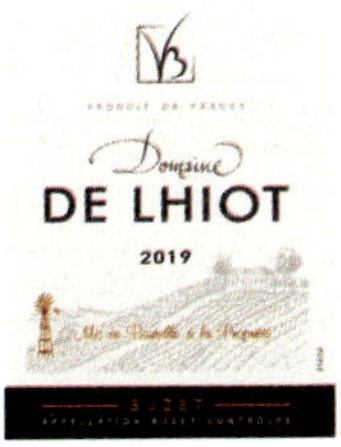

nuances de torréfaction (cacao, léger caramel) héritées d'un séjour de 12 mois en fût; un fruit rouge plus marqué dans une matière souple et fondue, avec ce qu'il faut d'étoffe et de longueur. ⧗ 2021-2026

⊶ LES VIGNERONS DE BUZET, 56, av. des Côtes-de-Buzet, 47160 Buzet-sur-Baïse, tél. 05 53 84 74 30, buzet@vignerons-buzet.fr r.-v.

DOM. CALBO
Héritage 2018 ★

■	1300		11 à 15 €

Thierry Calbo s'est installé en 2014 sur le domaine exploité par sa famille depuis 4 générations, qu'il a équipé d'un chai. Sur ses 3,4 ha de vignes en coteaux, il pratique la lutte raisonnée et a obtenu la certification HVE en 2020. Il vendange à la main, s'attache à maîtriser les rendements et pratique la vinification parcellaire.

Le cabernet-sauvignon (70 %) prend le pas sur le merlot dans cette cuvée vinifiée en cuve et élevée 12 mois dans le bois. La robe est soutenue, le nez marqué par les notes de torréfaction de l'élevage qui laissent percer quelques touches fruitées et florales. Assez étoffé, ample et fondu malgré une finale encore ferme, le palais confirme l'expression aromatique grillée du bouquet. ⧗ 2022-2026

⊶ THIERRY CALBO, Dom. Calbo, Saint-Julien, 47600 Espiens, tél. 06 24 76 81 53, thierry.calbo@hotmail.fr r.-v.

CH. DU FRANDAT
Cuvée Majorat 2018 ★

■	4000		11 à 15 €

Implantée au sud de l'appellation, dans l'aire de l'armagnac, une propriété dont l'histoire viticole remonte à plus de 2 siècles. Elle est mise en valeur depuis 1980 par Patrice Sterlin, sorti de la coopérative en 1990. Sa fille Laetitia et son gendre Mickaël Le Biavant président depuis 2008 aux destinées du vignoble, qui compte 30 ha.

Un élevage de 12 mois en fût a légué à cette cuvée à dominante de merlot (60 %) un nez réglissé et finement épicé. Ces arômes se lient aux fruits noirs dans une bouche fraîche en attaque, riche et charnue, aux tanins bien fondus. La finale est marquée par un retour des épices. ⧗ 2022-2026

⊶ CH. DU FRANDAT, Le Frandat, 970, rte d'Agen, 47600 Nérac, tél. 05 53 65 23 83, contact@chateaudufrandat.fr *t.l.j. sf dim. 9h-12h 13h30-18h*

CH. PIERRON
Cuvée Alternative 2019 ★

■	14 000		8 à 11 €

Établi sur un plateau dominant Nérac, cet ancien domaine de 26 ha a été replanté en merlot et cabernets dans les années 1970. Il été racheté en 2007 à la famille Hérail par Guy Belooussoff, acheteur national dans la grande distribution, et par Jean-François Fonteneau, chef d'entreprise et œnologue, qui ont mis en place une nouvelle équipe et rénové les chais.

Le merlot règne presque sans partage dans ce millésime dont l'élevage transparaît à travers des arômes de vanille, d'épices et de moka alliés à des notes de fruits noirs. Souple et suave en attaque, chaleureux et fondu, d'une belle complexité, il finit sur une note de cacao. De la richesse. ⧗ 2022-2026 ■ **Fleur d'Albret 2020 ★ (5 à 8 €; 33 000 b.)** Issu des 2 cabernets et de pressurage direct, un rosé pastel aux arômes de fruits exotiques et de fleurs, marqué par une rondeur suave équilibrée par une finale tendue. ⧗ 2021-2022

CH. PIERRON, rte de Mézin, 47600 Nérac, tél. 0553650552, chateau.pierron@orange.fr V *t.l.j. sf lun, sam, dim. 9h-12h 14h-18h*

CÔTES-DU-MARMANDAIS

Superficie : 1 314 ha
Production : 67 387 hl (97 % rouge et rosé)

Les côtes-du-marmandais sont produits sur les deux rives de la Garonne; le vignoble, un peu en aval de Buzet, jouxte à l'ouest l'entre-deux-mers, au nord les côtes-de-duras. Les vins blancs, à base de sémillon, de sauvignon, de muscadelle et d'ugni blanc, sont secs, vifs et fruités. Les vins rouges, issus des cépages bordelais et d'abouriou, de syrah, de côt et de gamay, sont bouquetés et souples. La Cave du Marmandais, qui regroupe les deux sites de Beaupuy et de Cocumont, fournit les volumes les plus importants de l'AOC.

B DOM. DE BEYSSAC Initial 2019 ★

■ | 3600 | | 8 à 11 €

Une reconversion réussie pour ce « néovigneron » qui a créé ce domaine ex nihilo en 2009. Avec ses 12,5 ha de vignes à Marmande, il affiche un parcours technologique remarquable : écoconstruction du chai, agriculture biologique dès le début et biodynamie à partir de 2016.

Initial, car c'est la première cuvée qui fut vinifiée au domaine. Son assemblage varie selon les années. Pour ce 2019, autant de malbec que de merlot et 18 % d'abouriou. Il en résulte une robe intense et profonde, un nez mûr, épicé et fruité (pruneau, noyau, crème de myrtille) et un palais consistant, ample et charnu, aux tanins serrés mais enrobés. ⧗ 2022-2026

DOM. DE BEYSSAC, Bellevue, Beyssac, 47200 Marmande, tél. 06 81 26 46 52, info@domainedebeyssac.fr V *r.-v.*

♥ DOM. GILBERT BONNET Les Astéries 2019 ★★

■ | 15 000 | | 5 à 8 €

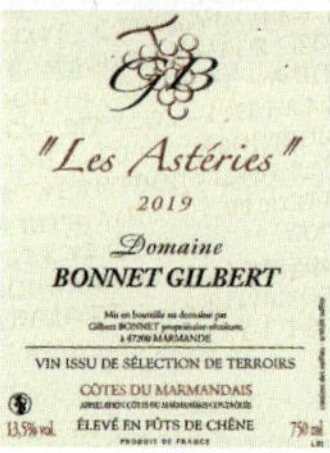

Œnologue, Gilbert Bonnet décide en 2004 de sortir de la cave coopérative. Il crée un chai en 2012 et installe un espace d'accueil à Marmande. Il a engagé en 2015 la conversion bio de son vignoble. Ses 27 ha se répartissent entre coteaux pentus et hauts de coteaux

Bien connu en Gironde sous le nom de « pierre de Bordeaux », le calcaire à astéries favorise le merlot, qui compose 50 % de cette cuvée, avec l'abouriou (20 %), le malbec et les deux cabernets. Après un séjour de 12 mois en fût, ce vin arbore une robe profonde et montre déjà une belle complexité dans sa palette associant la vanille, les épices, le toast et le café grillé d'un bon boisé, les petits fruits rouges et le cassis bien mûrs. Le fruit s'affirme dans un palais ample, suave en attaque, charnu et bien structuré, aux tanins encore fermes. De l'avenir. ⧗ 2023-2027 ■ **Abouriou Le Précoce 2020 ★★ (8 à 11 €; 5000 b.)** B Né du cépage emblématique de l'appellation, vendangé dès le 2 septembre (« le Précoce »), un vin rond, à la fois généreux et plein d'allant, aux arômes de fruits rouges et d'épices. Il s'est placé sur les rangs pour le coup de cœur. ⧗ 2022-2025 ■ **Tulipanum 2020 ★ (5 à 8 €; 7500 b.)** B Mi-merlot, mi-abouriou, élevé en cuve, un rouge gourmand, épicé, riche et bien constitué, marqué en finale par des tanins vifs et fermes qui demandent à s'arrondir. ⧗ 2022-2025

DOM. GILBERT BONNET, Lachaupe-Bouilhats, 47200 Marmande, tél. 06 14 74 78 90, domainebonnet-gilbert@vinsdemarmande.com V *r.-v.*

B CLOS CAVENAC Grand Cros 2019 ★

■ | 5000 | | 11 à 15 €

Diplômée en viti-œno, Emmanuelle Piovesan a repris en 2003 le domaine de sa famille avec son compagnon Thierry Heydon, ingénieur agricole et œnologue. Ils ont installé un chai et adopté l'agriculture biologique (certifiée depuis le millésime 2012). La propriété compte aujourd'hui 10 ha.

Assemblés à parts égales, merlot, cabernet franc, malbec et syrah ont bénéficié d'une macération longue en cuve de béton, suivie d'un élevage en barrique de 500 l (neuves à 50 %). Après un 2018 élu coup de cœur, le 2019 apparaît bien constitué et prometteur : robe profonde, expression complexe (boisé épicé, réglisse, fruit noir très mûr, voire confit), matière charnue et ample, étayée par des tanins encore sévères en finale. ⧗ 2023-2026 ■ **Seizh Penn 2019 ★ (15 à 20 €; 4000 b.)** B Six cépages (dont l'abouriou, 18 %), une vinification intégrale en barrique neuve et un séjour de 2 ans dans le bois pour ce vin charpenté et chaleureux, à la palette fruitée (fruits noirs confiturés, noyau), réglissée et épicée. ⧗ 2022-2026 ■ **Terra 2019 (5 à 8 €; 12 000 b.)** B Vin cité.

CLOS CAVENAC, Cavenac, 47180 Castelnau-sur-Gupie, tél. 06 45 80 43 23, closcavenac@yahoo.fr V *r.-v.*

♥ LA VIEILLE EGLISE Réserve 2020 ★★

■ | 80 000 | | - de 5 €

Née en 2003 de la fusion de la cave de Beaupuy (1947), située sur la rive droite de la Garonne, et de celle de Cocumont (1956), sur la rive gauche, la coopérative de Marmande représente 92 % de la production de l'appellation, soit environ 1 000 ha pour 6 millions de bouteilles,

répartis dans de nombreux domaines. Elle a remis à l'honneur l'abouriou, vieux cépage rouge du Lot-et-Garonne menacé de disparition, en lui aménageant un conservatoire en 2004.

Pas moins de 5 cépages (merlot, abouriou, cabernet franc, cabernet-sauvignon, malbec) entrent dans la composition de ce vin très flatteur, élégant et long, dont le fruité complexe laisse percer une touche de bonbon et même une pointe d'abricot confit. Parfait pour une viande rouge rôtie ou grillée. ⧗ 2021-2024 ■ **Confidentiel 2019 ★★ (8 à 11 €; 10000 b.)** Né de 5 cépages (merlot, abouriou, syrah, malbec, cabernet franc et cabernet-sauvignon) et d'un élevage en fût, un rouge complexe (fruits rouges, vanille, épices, notes résineuses, touche de cuir en bouche), généreux, ample et structuré, servi par une finale fraîche, de belle longueur. ⧗ 2023-2026 ■ **0+0 Sans sulfites ajoutés 2020 ★ (5 à 8 €; 10000 b.)** Cinq cépages et zéro sulfite. Un nez gourmand de petits fruits rouges, un palais rond, gras et franc, assez étoffé pour accompagner des viandes blanches grillées. ⧗ 2021-2022 ■ **Quézaco 2020 ★ (5 à 8 €; 20000 b.)** Il naît de 5 cépages. Avec son teint pâle, son nez entre agrumes et bonbon anglais, son attaque ample et sa finale fraîche et longue, c'est un rosé moderne et équilibré. ⧗ 2021-2022

CAVE DU MARMANDAIS, La Cure, 47250 Cocumont, tél. 05 53 94 50 21, info@cavedumarmandais.fr
V *r.-v.*

SAINT-SARDOS

Superficie : 104 ha / Production : 5 492 hl

Ancien vin de pays, le saint-sardos a été reconnu en AOVDQS en 2005 et en AOC en 2011. Ce vignoble fut créé au XIIes. lors de la fondation de l'abbaye de Grand Selve à Bouillac. Il s'étend sur la rive gauche de la Garonne, au sud-ouest du Tarn-et-Garonne et au nord de la Haute-Garonne. Rouges et rosés, les saint-sardos assemblent au moins trois cépages : la syrah (plus de 40 % de l'encépagement) et le tannat (plus de 20 %), complétés par le cabernet franc et le merlot.

LES VIGNERONS DE SAINT-SARDOS
Cadis 2019 ★

■	12000		8 à 11 €

L'appellation saint-sardos est née autour de la coopérative locale, fondée en 1956, qui a fait renaître ce vignoble de la Lomagne, déjà mis en valeur au Moyen Âge par les cisterciens. La cave assure l'essentiel de la production et a créé de multiples marques.

Une belle robe soutenue habille cette cuvée au bouquet discret mais harmonieux de cassis agrémenté de nuances végétales. Une attaque franche ouvre sur une bouche ronde, souple et fruitée qui ne manque pas de fraîcheur. Un vin très plaisant, prêt à boire. ⧗ 2021-2024 ■ **Grand Sève 2019 ★ (5 à 8 €; 12000 b.)** Un vin fruité, juteux et bien frais, porté par une trame savoureuse. ⧗ 2022-2025

LA CAVE DES VIGNERONS DE SAINT-SARDOS, 2, chem. de Naudin, 82600 Saint-Sardos, tél. 05 63 02 52 44, sylvie.saintsardos@orange.fr
V *t.l.j. sf dim. 9h-12h 14h-18h*

LE BERGERACOIS ET DURAS

BERGERAC

Superficie : 10 002 ha
Production : 500 562 hl (70 % rouge et rosé)

Héros de la célèbre pièce d'Edmond Rostand, Cyrano de Bergerac a certainement accru la notoriété de la cité dordognaise qui a donné son nom à l'AOC en 1936. Sa gastronomie comme son vignoble vallonné, mosaïque de terroirs, confèrent à la région un réel intérêt touristique. Les vins peuvent être produits dans 90 communes de l'arrondissement de Bergerac. Rouges, rosés ou blancs secs, les bergerac naissent principalement du merlot, des cabernets et du malbec en rouge et en rosé, du sémillon, du sauvignon et de la muscadelle en blanc. Les rouges sont aromatiques et souples, les rosés, frais et fruités. La diversité des terroirs (calcaires, graves, argiles, boulbènes) donne aux blancs des expressions aromatiques variées. Jeunes, les vins sont fruités, élégants, un rien nerveux. Vinifiés dans le bois, ils devront attendre un an ou deux avant de révéler l'expression du terroir.

B DOM. DE L'ANCIENNE CURE
L'Abbaye 2019 ★

■	15000		11 à 15 €

Cinquième génération à cultiver la vigne, Christian Roche hérite d'une partie de la propriété familiale en 1984. Cinq ans plus tard, il aménage son chai de vinification. Établi dans l'ancien presbytère de Colombier, il conduit aujourd'hui – en bio – un vaste vignoble de 50 ha (avec une dominante de vignes blanches) aux sols variés, ce qui lui permet de proposer une large gamme de vins du Bergeracois, complétée par une activité de négociant-éleveur. Incontournable.

Les cabernets dominent (80 %, cabernet franc et cabernet-sauvignon à parité, avec du merlot en appoint) dans cette cuvée dont la robe profonde annonce la concentration. Intense et complexe, le nez mêle les fruits rouges cuits à des notes plus fraîches d'orange confite. On retrouve ce côté compoté dans une bouche ample, puissante et structurée, adossée à des tanins soyeux, marquée en finale par une touche de cacao. ⧗ 2022-2026

L' ANCIENNE CURE, N 21, 24560 Colombier, tél. 05 53 58 27 90, ancienne-cure@orange.fr
V *r.-v.*

CH. BÉLINGARD 2020 ★

■	18000		5 à 8 €

Dominant la vallée de la Dordogne, ce vignoble familial (75 ha) fondé en 1820 est établi sur un promontoire célèbre pour son ancien culte druidique – « Belen-gaard » ou « jardin du soleil » –, où se déroulèrent aussi les premiers combats de la guerre de Cent Ans. Laurent de Bosredon et son épouse Sylvie sont aux commandes depuis 1986.

Le sauvignon dominant (80 %, avec du sémillon en appoint) imprime sa marque sur ce vin au nez discret mais subtil et assez complexe, sur la fraîcheur des agrumes teintée d'une touche fumée. On retrouve ces arômes variétaux dans une bouche bien construite, ronde en attaque, d'une belle longueur. ⧗ 2021-2024

CH. BÉLINGARD, Lieu-dit Bélingard, 24240 Pomport, tél. 05 53 58 28 03, contact@belingard.com V *t.l.j. sf sam. dim. 9h-12h30 13h30-18h; sam. mai à sept.; dim. sur r.-v.*

B CH. BELLES-FILLES 2018 ★

| 13800 | | 8 à 11 € |

Il a travaillé les terres familiales, été Instructeur d'ULM, a participé à une exploration polaire, supervisé l'irrigation de champs de maïs dans les Landes, passé un BTS Production végétale et un BTA, et monté un élevage d'autruches à la Réunion. Finalement, en 1999, François de Conti s'est installé avec son épouse Maryvonne sur ce domaine : 25 ha sur les hauteurs de la Dordogne (en bio depuis 2011 et en biodynamie depuis 2019). L'exploitation travaille avec des huiles essentielles qui diminuent le recours au cuivre.

Issu de merlot majoritaire (80 %), ce 2018 à la palette légèrement viandée, fruitée et épicée, semble encore dans sa jeunesse : sa robe profonde ne montre aucun reflet tuilé d'évolution, sa belle matière apparaît marquée en finale par des tanins stricts. ⧗ 2022-2026

EARL DE CONTI, Les Eymaries, 24240 Thénac, tél. 05 53 24 52 11, chateau.belles.filles@gmail.com V *r.-v.* 2

DOYENNE DE BELLEVUE 2019 ★

| 3000 | | 11 à 15 € |

À partir de 1950, 3 générations de Lajonie ont constitué dans le Bergeracois un vaste vignoble (180 ha en tout). La famille, qui commercialise son vin en bouteille depuis 1965, exploite 3 domaines principaux : les châteaux Pintouquet, le berceau, Bellevue, en monbazillac et côtes-de-bergerac blanc, et Les Merles, gérés depuis 1983 par Joël et Alain. La dernière génération, avec Romain Lajonie, a rejoint la propriété.

La « Doyenne » était le surnom donné à la grand-mère des vignerons, qui parcourait la France avec son fourgon J7 bourré de cubitainers. Mariant merlot majoritaire et cabernet-sauvignon, élevée 12 mois en barrique, cette cuvée, mieux logée en bouteille que dans un cubi, a été baptisée en son hommage. Ses atouts : une robe intense, un nez puissant, entre fruits rouges, orange confite et vanille du fût, une bouche franche et ronde, séduisante par sa complexité, ses tanins fin et son boisé bien intégré. ⧗ 2022-2027 **Ch. Les Merles 2020 ★ (5 à 8 €; 20000 b.)** Il tire son caractère du sauvignon largement dominant : robe or pâle à reflets verts, nez léger et frais, minéral, s'ouvrant sur les agrumes. Ces arômes de pamplemousse et de citron se prolongent dans une bouche intense, ample et charnue, dont la vivacité est renforcée par un petit perlant. ⧗ 2021-2024

VIGNOBLES LAJONIE, Bellevue, 24100 Bergerac, tél. 05 53 57 17 96, vignobles-lajonie@wanadoo.fr V *t.l.j. sf sam. dim. 9h-12h30 14h-18h*

B BIOTANISTE 2019 ★

| n.c. | | - de 5 € |

Union de coopératives, Couleurs d'Aquitaine est née en 2008 à l'initiative des 4 caves de la Dordogne : Cave de Port-Sainte-Foy, Les Vignerons de Sigoulès, Cave de Monbazillac et Alliance Aquitaine. Prolongée par une structure de négoce, elle sélectionne, élève et distribue aussi et surtout des vins de propriétés du Bergeracois et du Bordelais. Un acteur de poids du grand Sud-Ouest viticole.

Ce groupement de coopératives ambitionne de multiplier par 2,5 ses surfaces cultivées en bio. Il propose une gamme bio dont fait partie ce bergerac sec mariant sauvignon et sémillon. Le nez se partage entre fleurs blanches, notes végétales et exotiques. Gras en attaque, un rien amer en finale, le palais montre une vivacité qui appelle poissons grillés, fruits de mer et fromages de chèvre. ⧗ 2021-2024

COULEURS D'AQUITAINE, Les Seguinots, rte de Marmande, 24100 Saint-Laurent-des-Vignes, tél. 05 53 63 78 55, avernhet@couleursdaquitaine.fr

CH. BOUFFEVENT Cuvée Mathilde 2020 ★

| 19000 | | 5 à 8 € |

Installée en 1992, Françoise Pauty exploite 30 ha de vignes et 20 ha de pommiers dans la vallée de la Dordogne. La propriété appartient à la famille depuis 1906. Elle est certifiée HVE.

Née d'un assemblage de merlot (80 %) et de malbec, cette cuvée, sans obtenir un coup de cœur comme les 2018 et les 2016, n'en montre pas moins des qualités qui la rapprochent de ces aînés : un apport boisé mesuré (élevage de 9 mois en fût après une vinification en cuve) qui respecte le fruit, une bouche bien construite, de belle longueur, ronde en attaque et fraîche en finale. Un vin élégant. ⧗ 2021-2025 **2020 ★ (5 à 8 €; 19000 b.)** Le merlot majoritaire et le cabernet franc composent un vin au bouquet attrayant (petits fruits rouges ou noirs et sous-bois) et à la bouche aussi ronde que longue, d'une belle puissance, aux tanins encore un peu sévères en finale. ⧗ 2021-2025

SCEA CH. BOUFFEVENT, 19, rte de Bouffevent, 24680 Lamonzie-Saint-Martin, tél. 05 53 24 29 05, chateaubouffevent@orange.fr V *t.l.j. sf sam. dim. 9h-12h30 14h-18h*

♥ CH. LES BRANDEAUX Cuvée Origines 2019 ★★

| 3000 | | 5 à 8 € |

Jean-Marc Piazzetta est œnologue, son frère Thierry est commercial : des compétences complémentaires pour conduire ce vignoble familial, acquis en 1936 par l'arrière-grand-père, qui s'étend aujourd'hui sur 30 ha.

Le domaine obtient son 4e coup de cœur avec une cuvée de (pratiquement) pur malbec, appartenant à une gamme monocépage. Élevé en fût, ce vin charme par son nez tout en fruits, entre griotte, baies noires et pruneau. Le prélude à un palais gourmand, d'une grande finesse, à la fois rond et friand, de belle longueur. Un rouge appétent. 2021-2025 **2019 ★ (- de 5 €; 37 000 b.)** Le rouge « classique » du domaine, élevé en cuve, doit presque tout au merlot dans ce millésime (95 %). Légèrement animal et évolué au nez, il s'oriente vers la fraise à l'aération et maintient en bouche cette ligne fruitée, avec de la fraîcheur et une certaine longueur. 2021-2025 **2020 ★ (- de 5 €; 20 000 b.)** Une robe saumon intense pour ce rosé né des merlot, cabernet franc et cabernet-sauvignon à parts égales. Très aromatique, il déploie des arômes de fruits jaunes d'été dans une bouche ronde et équilibrée. 2021-2022

CH. LES BRANDEAUX, Les Brandeaux, 24240 Thénac, tél. 05 53 58 41 50, les.brandeaux@gmail.com V t.l.j. sf sam. dim. 8h30-12h 14h-18h

CH. BRIAND 2020 ★★

rosé	6000		5 à 8 €

Le chai est une ancienne dépendance du château de Bridoire. Quant au vignoble, d'environ 25 ha, il a été repris en 2008 par 2 jeunes vignerons, Cédric et Amélie Bougues, qui l'ont restructuré et entouré de jachères fleuries pour favoriser la biodiversité. Propriété certifiée HVE depuis 2019.

Cabernets et merlot s'équilibrent dans ce joli rosé qui comprend aussi un appoint de malbec. Ce vin a la couleur et le goût du bonbon. Le nez intense se partage entre fragrances florales et fraise des bois. On retrouve la fraise, teintée de notes citronnées, dans une bouche gourmande et acidulée. Du fruit et de la fraîcheur, pour l'apéritif comme pour la table. 2021-2022 **2019 ★ (8 à 11 €; 9000 b.)** Issu de cabernets majoritaires, élevé 6 mois en cuve et en barrique, un bergerac rouge au nez fruité souligné d'un boisé bien intégré et à la bouche ronde et équilibrée, de belle longueur. 2021-2025

EARL MONTFORT BOUGUES, Le Nicot, 24240 Ribagnac, tél. 06 83 33 48 83, chtbriand@yahoo.fr V t.l.j. sf sam. dim. 9h-18h

CH. CAILLAVEL 2020 ★★

rosé	3000		5 à 8 €

Jean-Jacques Lacoste exploite un ensemble viticole réparti sur 2 domaines. Caillavel, établi sur le plateau de Pomport, dispose d'un vignoble de 16 ha commandé par un château incendié pendant la guerre de Cent Ans et reconstruit au XVIe s. Haut-Theulet, d'une superficie de 11 ha, est implanté à Monbazillac. Des vins souvent en vue dans ces pages.

Né pour l'essentiel de cabernet-sauvignon, ce bergerac rosé affiche une couleur cerise pimpante et séduit par son nez précis, dominé par la fraise. On retrouve les fruits rouges frais dans une bouche équilibrée, de bonne longueur. Parfait pour un barbecue. 2021-2022

GAEC CH. CAILLAVEL, Caillavel, 24240 Pomport, tél. 05 53 58 43 30, chateaucaillavel@orange.fr V t.l.j. sf dim. 9h-12h 14h-18h30

DOM. DU CANTONNET
Cuvée Merlot 2018 ★

rouge	4000		8 à 11 €

Situé en Périgord pourpre, entre Bergerac et Sainte-Foy-la-Grande, un domaine acheté en 1975 par Jean-Paul Rigal, qui l'a transmis en 1995 à son fils Thierry. Ce dernier a abandonné la culture des pruneaux d'Agen pour se consacrer à la vigne, plantée sur 28 ha.

Cette cuvée n'est élaborée que les années propices. Elle dévoile des reflets bruns d'évolution. Elle n'est guère marquée au nez par son séjour de 10 mois en barrique : elle s'ouvre sur des nuances de sous-bois et de truffe qui montrent aussi sa maturité. Le fruit rouge se manifeste à l'aération. En bouche, ce vin révèle une belle matière, encore ferme. Du caractère. 2021-2025

DOM. DU CANTONNET, Le Cantonnet, 24240 Razac-de-Saussignac, tél. 05 53 27 88 63, vin@domaine-du-cantonnet.fr V r.-v.

CASTEL LA PÈZE
Signatures 2019 ★★

rouge	6700		5 à 8 €

Fondateur du domaine en 1727, Raymond de la Pèze exportait des vins blancs doux en Hollande. Entrée dans la famille en 1850, la propriété comptait alors 4 ha. Le grand-père de l'actuel vigneron aménagea une cuverie et vendit son vin en bouteilles dès 1962. Installé en 1993, Patrick Daniel agrandit peu à peu le vignoble. À l'arrivée de son fils en 2021, l'exploitation couvre 50 ha. À sa carte, des bergerac, côtes-de-bergerac et monbazillac.

Un élevage de 18 mois en cuve pour ce 2019, assemblage classique de merlot (60 %) et des 2 cabernets. Paré d'une robe jeune à reflets violines, un vin aux parfums intenses et flatteurs de fruits rouges frais. Souple en attaque, encore un peu ferme en finale, il monte en puissance et reste bien en bouche. 2021-2025

CASTEL LA PÈZE, La Pèze, 24240 Pomport, tél. 06 48 94 86 12, daniel.la.peze@wanadoo.fr V lun. mar. jeu. ven. 14h-17h

DOM. LE CASTELLAT
Sélection Vieilles Vignes 2019 ★★

rouge	8000		5 à 8 €

Dominant la vallée de la Dordogne, sur la rive gauche, le « petit castel » est une maison de plaisance qui a pris la place d'une tour de garde. Autrefois exploité en polyculture, le domaine (23 ha) est aujourd'hui avant tout consacré aux vins, mais élève aussi des agneaux du Périgord. À sa tête depuis 1981, Jean-Luc Lescure est rejoint par son fils Hugo, qui représente la 6e génération.

Une robe sombre et jeune, un nez puissant, sur les fruits rouges frais et le coulis de fruits. Le prélude à une bouche soyeuse et longue, elle aussi tout en fruits rouges ou noirs. Si ce vin n'est pas des plus charpentés, sa texture agréable et sa présence aromatique lui ont valu de se placer sur les rangs au moment d'élire les coups de cœur. 2022-2026 **Sélection Vieilles Vignes 2020 ★ (5 à 8 €; 4000 b.)** Composé de merlot et de malbec, un rosé à la robe éclatante, couleur fraise, et au nez plutôt discret, qui monte en puissance

SUD-OUEST

à l'aération. Il reste sur sa réserve en bouche tout en offrant un bel équilibre et une finale tonique, légèrement amère. ⧗ 2021-2022

DOM. LE CASTELLAT, Le Castellat, 24240 Razac-de-Saussignac, tél. 05 53 27 08 83, domaine.castellat@sfr.fr V *t.l.j. sf dim. 9h-13h 15h-19h*

CLOS DE NOËL Cuvée Duo 2019 ★★

2200 | 5 à 8 €

Noël? Dans ce Bergeracois à l'habitat dispersé, un hameau du village de Faurilles, au sud-est de l'appellation, du côté d'Issigeac. Michelle et Thierry Eynard exploitent avec leur fils 19 ha. Les anciennes générations vendaient leur production au négoce. Yohann, le cadet, et sa compagne Camille commencent en 2018 à la commercialiser en bouteilles. Ils plantent du cot, du gros manseng et du chardonnay. Au chai, pas de levurage, des sulfites à faibles doses, des élevages en cuve ou en fût de réemploi pour une meilleure expression du terroir.

Mi-merlot mi-cabernets, élevé 9 mois en cuve et en barrique, ce 2019 arbore une robe profonde, un peu trouble : le vin, non collé, n'a été que légèrement filtré. Charmeur et très frais, le nez déploie des arômes de cerise noire et de cassis. Ce fruit noir s'épanouit dans un palais rond, aux tanins enrobés, d'une belle longueur, qui témoigne d'une vendange bien mûre. La barrique laisse un sillage vanillé. Un vin remarquable et un nouveau domaine à suivre. ⧗ 2021-2026

CLOS DE NOËL, Lieu-dit Noël, 24560 Faurilles, tél. 06 45 16 55 72, closdenoel@gmail.com V *t.l.j. sf. lun. dim. 10h-19h*

♥ CLOS D'YVIGNE Le Prince 2019 ★★

6000 | 8 à 11 €

Fondée en 1939, la coopérative de Sigoulès regroupe aujourd'hui 75 viticulteurs, qui cultivent 950 ha de vignes au sud de Bergerac. Les arrière-petits-enfants des premiers adhérents ont à cœur le respect de l'environnement : certaines exploitations sont certifiées HVE, d'autres sont conduites en bio.

Les vendanges du domaine fondé en 1990 par la Britannique Patricia Atkinson sont confiées depuis 2011 à la cave de Sigoulès. Ici, du cabernet franc majoritaire et un élevage de 12 mois en barrique qui apporte de la complexité : un boisé dominant au premier nez, du cuir et de jolies notes de fruits noirs qui percent à l'aération et qui se confirment au palais. Ample, riche, suave, persistant et prometteur, ce vin a rallié tous les suffrages. ⧗ 2022-2026

LES VIGNERONS DE SIGOULÈS, LD Foncaussade RD 15, 24240 Sigoulès, tél. 05 53 61 55 00, contact@vigneronsdesigoules.fr V *t.l.j. sf dim. 9h30-12h30 14h-18h (18h30 mai à sept.)*

♥ CH. LE FAGÉ 2020 ★★

25000 | 5 à 8 €

Créé en 1757, ce domaine commandé par un petit château aux allures de chartreuse, sur la côte nord de Monbazillac, couvre 48 ha aujourd'hui. Héritier de 10 générations, Benoît Gérardin en a pris les rênes en 2012. Il cherche à élaborer des vins droits, fruités et frais.

Quatre cépages, merlot en tête, concourent à l'harmonie de ce rosé à la robe pastel qui a enchanté nos dégustateurs : intensité, complexité, fraîcheur et longueur, tout est là ! Une rare finesse. ⧗ 2021-2022

CH. LE FAGÉ, Ch. le Fagé, 24240 Pomport, tél. 05 53 58 32 55, info@chateau-le-fage.com V *t.l.j. 9h-18h; sam. dim. sur r.-v.*

CH. DE FAYOLLE 2020 ★

10776 | 8 à 11 €

Situé en haut du coteau de Saussignac, au sud-ouest de Bergerac, un domaine commandé par un château du XVᵉs. à l'architecture typiquement périgourdine, entouré d'un vignoble, de prés et de bois (50 ha en tout). À sa tête durant une décennie, Julian Taylor n'avait gardé que les meilleures parcelles (14 ha). Propriétaires depuis 2019, l'homme d'affaires américain Frank Campbell et son épouse Riki ont engagé la conversion bio de l'exploitation tout en aménageant un espace œnotouristique.

Cette année, c'est le blanc du domaine qui prend le dessus. Le sauvignon y déploie toutes ses qualités aromatiques : aucun côté végétal, mais un fruité tonique aux nuances d'agrumes et de fruits exotiques. Ronde en attaque, la bouche, à l'unisson du nez, mêle des notes de pêche blanche, de citron et de zeste d'orange soulignées par une belle fraîcheur. ⧗ 2021-2023

CH. DE FAYOLLE, Fayolle, 24240 Saussignac, tél. 05 53 74 32 02, admin@chateaufayolle.com V *t.l.j. 9h-12h 13h-18h; dim. sur r.-v.*

CH. LES FONTENELLES Élevé en fût de chêne 2019 ★

5333 | 5 à 8 €

Son père et son grand-père avant lui officiaient sur ce domaine implanté sur les coteaux sud du Bergeracois et livraient leurs raisins à la coopérative. En 1999, à 20 ans, Nicolas Bourdil a repris le vignoble (28 ha aujourd'hui); il a créé un chai, sorti son premier millésime et entrepris d'importants travaux de rénovation des bâtiments.

Est-ce la forte présence du sauvignon gris (50 %) aux côtés du sauvignon blanc? L'élevage en fût (8 mois)? Ce bergerac sec jaune paille brillant aux légers reflets rosés est salué pour ses qualités aromatiques : la fleur blanche se mêle à l'abricot très mûr et à la note épicée de la barrique. Sans nervosité excessive, la bouche montre une fraîcheur suffisante pour porter ces arômes. Parfait sur une viande blanche. ⧗ 2021-2023 ■ **2020** ★ (- de 5 €; **23733 b.**) Il naît d'un assemblage de merlot (60 %), de cabernet-sauvignon et de malbec. L'élevage en cuve fait ressortir la palette fruitée (groseille, framboise, cassis) de ce vin à la fois gras et croquant, de belle longueur. ⧗ 2021-2025

CH. LES FONTENELLES, Les Fontenelles, 24500 Saint-Julien-d'Eymet, tél. 06 83 89 05 09, contact@chateaulesfontenelles.com V t.l.j. 8h-12h 14h-17h sam. dim. sur r.-v.

CH. LA FORÊT
Réserve 2019 ★★

| 6600 | 5 à 8 € |

Domaine en polyculture créé vers 1900 par les Borie sur les coteaux sud de l'appellation, près d'Eymet, dédié à la vigne, aux pruniers d'ente et aux noyers. Installé en 1998, Hervé Borie étend et restructure le vignoble (85 ha aujourd'hui). Depuis l'arrivée en 2011 de sa compagne Laurence Nicolas, œnologue, il développe la vente directe. Propriété certifiée HVE.

Mi-cabernet-sauvignon mi-merlot, ce 2019 a séjourné 18 mois en cuve. Il affiche une robe profonde et s'ouvre sur les fruits rouges, qui prennent des tons confits à l'aération. Plus expressif en bouche, complexe, gourmand et soyeux, il conjugue une ampleur suave et une fraîcheur réglissée qui laisse une impression de finesse. Ce vin élégant s'est placé sur les rangs au moment d'élire les coups de cœur. ⧗ 2022-2027

CH. LA FORÊT, 24500 Sainte-Innocence, tél. 06 63 90 08 71, contact@chateaulaforet-bergerac.com V r.-v.

Ⓑ DOM. DU GOUYAT 2019 ★

| 100 000 | 5 à 8 € |

Installés dans le Périgord en 1977, les Dubard ont créé un vaste ensemble viticole, conduit depuis 2008 par la 2e génération, représentée par Marine et Grégory Dubard, ingénieurs-œnologues. Leur fleuron bergeracois est le Ch. Laulerie, 8 ha aujourd'hui. Ils ont étendu leurs propriétés dans le Libournais voisin. Une valeur sûre du Bergeracois. Domaine certifié HVE.

Le merlot à l'origine de cette cuvée a été vendangé de nuit pour préserver ses arômes et sa fraîcheur. Après un élevage de 12 mois en cuve, le vin affiche une robe dense et s'ouvre sur les fruits noirs très mûrs, voire confiturés, teintés d'épices douces. Charnu, plein de mâche, gourmand et persistant, soutenu par des tanins enrobés, il allie puissance et finesse. ⧗ 2022-2026

DOM. DU GOUYAT, Le Gouyat, 24610 Saint-Méard-de-Gurçon, tél. 05 53 82 48 31, contact@vignoblesdubard.fr t.l.j. sf sam. dim. 8h30-12h30 13h30-17h30

♥ CH. HAUTE BRANDE 2019 ★★

| 5200 | 5 à 8 € |

Éric Nicolas a pris en 1984 les rênes de cette propriété familiale constituée en 1950, et située en Gironde, à la limite du Bergeracois. Son vignoble de 38 ha est implanté dans les aires d'appellation bordeaux et bergerac. En conversion bio depuis 2018.

Le 2018 avait obtenu 2 étoiles, son successeur monte sur le podium. L'assemblage est proche, avec un peu plus de merlot (60 %) aux côtés du cabernet franc et d'un petit appoint de cabernet-sauvignon. Dans le verre, un vin jeune d'aspect, aux parfums intenses de fruits rouges bien mûrs soulignés d'épices douces, et au palais concentré, fondu et très persistant. Du fruit, de la matière et un potentiel élevé ⧗ 2022-2027

CH. HAUTE BRANDE, 124, rte de la Brande, 33220 Saint-Avit-Saint-Nazaire, tél. 05 57 46 38 48, vignobles.nicolas@gmail.com V r.-v.

CH. HAUT LAMOUTHE 2019 ★

| 46 060 | 5 à 8 € |

Implantée sur la rive gauche de la Dordogne, cette propriété familiale, conduite par Michel Durand et ses neveux Nicolas Pouget et Julien Durand, possède aussi des vergers de pruniers et de pommiers. Côté vigne, le domaine s'est développé à partir des années 1980 pour atteindre aujourd'hui 43 ha, implantés au pied du tertre de Montcuq.

Discret au nez, sur les petits fruits rouges, il s'affirme en bouche, déployant des notes de cerise griotte très plaisantes, mises en valeur par un élevage en cuve. Un vin gourmand et harmonieux, facile à marier avec les mets. ⧗ 2021-2025

CH. HAUT LAMOUTHE, 56, rte de Lamouthe, 24680 Lamonzie-Saint-Martin, tél. 06 21 03 51 36, chateauhautlamouthe@wanadoo.fr V t.l.j. sf dim. 8h30-18h30; sam. 8h30-12h

L'INSPIRATION
Exubérant cabernet-sauvignon 2019 ★

| 8000 | 5 à 8 € |

Fondée en 1939, la coopérative de Sigoulès regroupe aujourd'hui 75 viticulteurs, qui cultivent 950 ha de vignes au sud de Bergerac. Les arrière-petits-enfants des premiers adhérents ont à cœur le respect de l'environnement : certaines exploitations sont certifiées HVE, d'autres sont conduites en bio.

Avec les étés chauds qui se multiplient, le cabernet-sauvignon mûrit bien. La cave l'a vinifié seul. Après un élevage de 6 mois en cuve, le vin dévoile un nez tout en fruits rouge bien mûrs et une bouche franche, vive et consistante, aux tanins denses mais déjà enrobés. Parfait pour une viande rouge grillée ou en sauce. ⧗ 2022-2026

LES VIGNERONS DE SIGOULÈS, LD Foncaussade RD 15, 24240 Sigoulès, tél. 05 53 61 55 00, contact@vigneronsdesigoules.fr V t.l.j. sf dim. 9h30-12h30 14h-18h (18h30 mai à sept.)

Ⓑ CH. KALIAN
Du temps au temps
Élevage 10 mois en barriques 2019 ★

| 933 | 11 à 15 € |

Anne et Alain Griaud ont acquis en 1992 cette propriété (après agrandissements, 10,5 ha convertis à la bio) qu'ils ont baptisée Ch. Kalian, en référence

SUD-OUEST

aux prénoms de leurs enfants : Katell et Kilian. L'un comme l'autre sont devenus œnologues. La première est aujourd'hui *winemaker* en Virginie, le second a pris la suite de ses parents en 2007.

À l'image des monbazillac du domaine, ce bergerac sec bénéficie d'un élevage en fût. Il incorpore 30 % de sémillon et 10 % de muscadelle aux côtés du sauvignon. Le bois pose des touches beurrées et grillées sur les arômes de fruits jaunes du raisin et donne de l'étoffe à ce vin. Son gras bien présent est contrebalancé par une fine acidité qui confère finesse et allonge. Une pointe d'amertume marque la finale. Parfait pour une viande blanche ou un poisson en sauce. ⧗ 2021-2025

⊶ CH. KALIAN, lieu-dit Bernasse, 24240 Monbazillac, tél. 05 53 24 98 34, kalian.earl@orange.fr V *t.l.j. 10h-19h30*

CH. LAMOTHE BELLEVUE 2019 ★

■ | 40 000 | | - de 5 €

Bien connu des lecteurs du Guide, Stéphane Puyol exploite la vigne dans le Libournais (20 ha en saint-émilion et en saint-émilion grand cru) depuis 1977 avec son Ch. Barberousse, certifié HVE3 depuis le millésime 2020, et son voisin le Ch. Montremblant. Il vinifie également dans le Bergeracois depuis l'acquisition en 1991 du Ch. Lamothe-Belair, situé sur le plateau de Belair, dans le prolongement du coteau de Saint-Émilion.

Issu de merlot majoritaire et de cabernet-sauvignon, vinifié par pigeage et élevé en cuve et en fût, ce 2019 séduit d'emblée par son nez d'une belle complexité, mêlant boisé bien fondu, fruits rouges mûrs et petites baies noires. Le prélude à une bouche gourmande, ample et ronde, étayée par des tanins vanillés. ⧗ 2022-2026

⊶ CH. BARBEROUSSE, Ch. Barberousse, 33330 Saint-Émilion, tél. 05 57 24 74 24, chateau-barberousse@wanadoo.fr V *r.-v.*

Ⓑ CH. LES MAILLERIES 2020 ★★

■ | 26 000 | | 8 à 11 €

Un domaine d'environ 12 ha en bio, acquis en 2016 par Fabien Castaing, déjà aux commandes depuis 2008 du vignoble constitué par sa famille à partir de la fin du XIXe s. sur la rive gauche de la Dordogne, en particulier du Dom. de Moulin-Pouzy, 55 ha en conversion bio.

Un assemblage qui a déjà fait ses preuves : beaucoup de sauvignon gris pour l'expression aromatique, un trait de sauvignon blanc pour la vivacité et un petit appoint de sémillon pour la rondeur. Dans le verre, un vin or intense, ouvrant sur un univers de fruits exotiques et de fleurs. Complexe en bouche, il apparaît à la fois onctueux et dynamique, tendu par une fine acidité. Marqué en finale par une légère amertume, il laisse une impression de subtilité. L'un des finalistes pour les coups de cœur. ⧗ 2021-2024 ■ **Aroma Gaïa Prim'Origine 2020** ★ **(5 à 8 €; 36 000 b.)** Ⓑ Issu pour l'essentiel de merlot (vendangé la nuit) et d'un pressurage direct, ce rosé au nez floral, un rien épicé, rappelle un vin gris par sa teinte pastel et par sa bouche vive et longue, aux arômes de pamplemousse et de fruits blancs. ⧗ 2021-2022

⊶ CH. LES MAILLERIES, 12, rte des Rivailles, 24240 Cunèges, tél. 05 53 58 41 20, info@fabiencastaing.com V *t.l.j. sf sam. dim. 9h-12h 13h-17h30 (ven. 16h30)*

Ⓑ CH. MAYNE DE BEAUREGARD 2020 ★

■ | 250 000 | | - de 5 €

Une cuvée commercialisée par la structure de négoce des Vignobles Saint-Didier-Parnac, propriété depuis 2017 d'Hervé et de Diane Joyaux. Elle sélectionne et élève des vins du Sud-Ouest (cahors, bergerac, gaillac, fronton notamment) et les commercialise sous différentes marques : Mayne de Beauregard, Mission de Picpus, Chemin Saint- Jacques, Latis

Merlot majoritaire, cabernet franc et malbec concourent à l'harmonie de ce bergerac bio à la robe jeune et au nez tout en petits fruits rouges ou noirs (cassis). Ces arômes se confirment dans une bouche bien fondue, d'une belle tenue, avec ce qu'il faut d'ampleur et de rondeur. ⧗ 2021-2024

⊶ SAS LES VIGNOBLES SAINT-DIDIER-PARNAC, 26, allée Porte-Vitré, 46140 Parnac, tél. 05 65 30 78 13, secretariat@vignobles-saintdidier-parnac.com V *r.-v.*

CH. MICHEL DE MONTAIGNE
Les Essais 2019 ★

■ | 1800 | | 8 à 11 €

Copropriétaire du Ch. Palmer et d'autres domaines du Bordelais, à la tête de nombreuses marques de vins et spiritueux, la maison Mähler-Besse a acquis en 1860 le château où Montaigne, seigneur des lieux, rédigea ses *Essais* entre 1571 et 1592. La tour du XIVe qui abrite la «librairie» de l'écrivain est ouverte à la visite. Montaigne détenait des vignes. Aujourd'hui, un domaine de 19 ha aux portes du Libournais. Planté aux ¾ de cépages rouges, le vignoble est établi sur le plateau argilo-calcaire et en pied de coteau.

Issue de sauvignon, une cuvée fermentée et élevée sur lies en barrique. Discrète au nez, elle séduit par sa finesse et par son bel équilibre entre rondeur et fraîcheur. La finale est marquée par une touche de boisé. Pour l'apéritif, une viande blanche, un poisson ou des crustacés cuisinés. ⧗ 2021-2024

⊶ CH. MICHEL DE MONTAIGNE, Montaigne, 24230 Saint-Michel-de-Montaigne, info@chateau-montaigne.com V *t.l.j. sf lun. mar. 10h-12h 13h30-18h*

♥ CH. MONTDOYEN Divine Miséricorde 2019 ★★

■ | 2510 | | 20 à 30 €

Originaires du Nord, les Hembise, qui pratiquent la lutte raisonnée à tendance bio, ont installé dans les vignes des nichoirs à oiseaux et à insectes pour favoriser la biodiversité. Ils ont repris en 1996 ce domaine alors presque à l'abandon, qui a fait l'objet depuis d'une restructuration exigeante. Commandé par une bâtisse élevée sur les ruines d'un petit château périgourdin, le vignoble s'étend aujourd'hui sur 37 ha.

Une robe jaune pâle, un nez bien ouvert sur toute une gamme de fruits à noyau, un palais à la fois rond et vif, salué pour son élégance et pour sa finesse. L'élevage de 10 mois en barriques (neuves à 50 %) transparaît en finale. On soulignera l'assemblage peu commun de cette cuvée : sauvignon gris (50 %), chenin et sauvignon blanc à parité. Un bergerac raffiné, fait pour la table, à marier à une volaille, à une viande blanche ou encore à un poisson de rivière. ⧗ 2021-2026

SARL VIGNOBLES J.P. HEMBISE, Le Puch, 24240 Monbazillac, tél. 05 53 58 85 85, contact@chateau-montdoyen.com V *t.l.j. sf sam. dim. 8h-17h*

MOSAÏQUE 2020 ★★

40 000		- de 5 €

Alliance Aquitaine est une structure coopérative née en 2010 de la fusion de la cave de Saint-Vivien et de celle de Bergerac-Le Fleix. Disposant de 3 sites de vinification, la cave regroupe 140 adhérents pour une surface totale de 1 350 ha de vignes, dans le Bergeracois (80 %) et en AOC bordeaux.

Issu d'un assemblage de merlot et des 2 cabernets, un rosé de Bergerac des plus typiques, avec sa robe intense, rose bonbon à reflets grenadine, et son nez tout aussi intense, panier de fraises bien mûres. Ces arômes légers et pimpants de fruits rouges se prolongent dans une bouche équilibrée et persistante. ⧗ 2021-2022

SCA ALLIANCE AQUITAINE, Le Vignoble, 24130 Le Fleix, tél. 05 53 24 64 32, pyprudhomme@allianceaquitaine.com V *r.-v.*

B CH. PÉCANY Cuvée Pivoine 2020 ★★

6 530		8 à 11 €

Dominant Pomport, le Ch. Pécany est un bel ensemble architectural du XVIIIe s., remanié au XIXe s. En 2012, Benoît Beigner, ingénieur-œnologue issu d'une vieille famille de vignerons de la région, l'a racheté à son dernier propriétaire. Membre de l'association *Bee friendly*, il a converti à la bio les 10 ha de vignes et installé des ruches. Le miel bio s'ajoute à ses vins (monbazillac et bergerac).

Cette cuvée est le porte-drapeau de la propriété. Une belle enseigne, à en juger par les commentaires de notre dégustation à l'aveugle. La robe profonde aux reflets violets reflète la jeunesse de ce 2020. Le cabernet-sauvignon (90 %, avec le merlot en appoint), récolté bien mûr, et la vinification lui lèguent ses arômes de fruits noirs épicés. En bouche, ses atouts se confirment : complexité, suavité, volume et longueur. ⧗ 2022-2026

CH. PÉCANY, Ch. Pécany, 24240 Pomport, tél. 06 50 57 62 74, benoitbeigner@yahoo.fr V *r.-v.*

CH. LES PLAGUETTES Fleur de Cuvée blanche 2020 ★

9 300		5 à 8 €

Après avoir acheté ses premières parcelles et planté ses propres vignes à partir de 1992 sur le coteau de Saussignac, Serge Gazziola a repris en 1999 l'exploitation familiale du Ch. les Plaguettes. Il s'est constitué ainsi un domaine qui compte aujourd'hui 35 ha.

Du sauvignon allié à un petit appoint de chenin, de quoi donner un vin tout en fraîcheur, au nez intense et variétal, entre fleurs blanches et agrumes, à la bouche vive en attaque, minérale et mentholée, où l'on retrouve les agrumes. Parfait pour l'apéritif et les produits de la mer. ⧗ 2021-2024

EARL VIGNOBLES SERGE GAZZIOLA, Les Plaguettes, 24240 Saussignac, tél. 06 08 61 58 77, vignoblesgazziola@gmail.com V *r.-v.*

♥ CH. POULVÈRE La Part des Anges 2020 ★★

9 330		8 à 11 €

Ancienne dépendance du château de Monbazillac, le Ch. Poulvère date de la même époque. Il est exploité depuis plus de 100 ans par les Borderie, qui travaillent toujours en famille : Francis conduit le vignoble (104 ha) depuis 1977, épaulé par ses neveux Frédéric (au chai) et Benoît (au commercial), rejoints en 2018 par Paul et Anaïs, enfants de Frédéric. À sa carte, la plupart des appellations du Bergeracois.

Du sauvignon (70 %), un appoint de sémillon et de muscadelle (récoltés fin août, l'année a été précoce), un élevage de 6 mois, mi-cuve mi-fût, de quoi donner un bergerac or pâle qui a enchanté nos dégustateurs. On loue la délicatesse de son expression florale (rose), à peine teintée d'une touche végétale, puis l'harmonie et la complexité de la bouche à l'unisson du nez, ronde et suave avec élégance, le boisé discret et bien intégré. Parfait pour un poisson fin en sauce, une volaille ou une viande blanche. ⧗ 2021-2025 ■ **Sur le fruit 2019 ★ (5 à 8 €; 14 000 b.)** Les 2 cabernets (60 %) et le merlot composent un vin à la robe profonde et jeune, aux arômes flatteurs de cerise et de cassis, frais en attaque, ample, d'une belle souplesse sans manquer pour autant de matière. Flatteur et facile. ⧗ 2021-2026 ■ **Sur le fruit 2020 ★ (5 à 8 €; 38 400 b.)** La promesse de l'étiquette est tenue : ce vin rose-orangé, issu du cabernet-sauvignon, du merlot et du malbec, s'il semble un peu fugace, ne manque pas de fruit. Fruits rouges et agrumes se partagent le nez, tandis que la pêche de vigne s'invite en bouche. ⧗ 2021-2022

CH. POULVÈRE, lieu-dit Poulvère, 24240 Monbazillac, tél. 05 53 58 30 25, famille.borderie@poulvere.com V *t.l.j. sf dim. 9h30-12h30 13h30-18h30*

JULIEN DE SAVIGNAC L'Inattendu de Savignac 2020 ★★★

13 000		8 à 11 €

Une maison de négoce familiale du Bergeracois, fondée dans les années 1980 par Patrick Montfort et reprise en 2009 par son fils Julien.

Issu de pressurage direct, ce rosé issu de merlot dominant ressemble à un vin gris : teinte pastel, nez précis et tonique sur les agrumes, bouche persistante, dans le même registre, qui conjugue onctuosité et une belle vivacité. On le verrait bien sur des crevettes sautées ou avec des spaghettis aux coques, ou avec un dessert fruité et acidulé. ⧗ 2021-2022 ■ **Clos l'Envège 2020 ★★ (5 à 8 €; 9 200 b.)** Un rosé né d'une courte macération de merlot (dominant) et de cabernet-sauvignon. Rose orangé, floral au nez, d'une belle rondeur, il séduit par sa longue finale fraîche aux accents d'agrumes. ⧗ 2021-2022

Les Jardins Larmandie 2020 ★★ (- de 5 €; 3000 b.) Une robe franche et soutenue pour ce rosé de macération gourmand et rond, qui s'ouvre sur les petits fruits rouges frais, fraise en tête. ⧗ 2021-2022 ■ **Clos l'Envège 2019 ★ (5 à 8 €; 21000 b.)** Issu de merlot (majoritaire) et de cabernet-sauvignon, un vin à la robe intense, aux arômes de fruits rouges très mûrs, voire confits. Ample et suave, un peu tannique en finale, il n'est guère marqué par son élevage partiel en fût. ⧗ 2022-2026

JULIEN DE SAVIGNAC, av. de la Libération, 24260 Le Bugue, tél. 05 53 07 10 31, contact@julien-de-savignac.com V *t.l.j. sf dim. 9h-18h*

SO BERGERAC 2020 ★

■ | 50000 | | 5 à 8 €

Une structure de négoce fondée en 2000 par 3 vignerons du Sud-Ouest : Pascal Verhaghe (Le Cèdre, Cahors), Frédéric Ribes (Le Roc, Fronton) et Luc de Conti (Tour des Gendres, à Ribagnac dans le Bergeracois). Sélectionnés et élevés dans chacune de ces 3 appellations, les vins, souples et fruités, sont destinés à la consommation immédiate.

La robe s'anime de reflets violines de jeunesse. Le nez offre un panier de petits fruits rouges, de cassis et de mûre. On retrouve ces baies dans une bouche ronde, marquée en finale par quelques petits tanins. Pour des grillades ou un poulet rôti. ⧗ 2021-2024

SARL LA JULIENNE, La Julienne, 24500 Saint-Julien-d'Eymet, familledeconti@wanadoo.fr

SOURCE DES VERDOTS 2020 ★★

■ | 10000 | | 5 à 8 €

À l'origine caviste, Périgord Millésimes et Terroirs est devenue, en 1998, une maison de négoce dont la gamme s'étend au-delà du Bergeracois.

La cave souterraine de David Fourtout est traversée par la source des Verdots qui donne son nom à ses cuvées de négoce. Cabernet-sauvignon (pour les 2/3), merlot et malbec contribuent à l'harmonie de ce vin issu de pressurage direct, à la robe rose-orangé pastel, au nez précis, discrètement floral, qui dévoile en bouche une belle vivacité et des arômes d'agrumes. ⧗ 2021-2022 ■ **La Source des Verdots 2020 ★ (5 à 8 €; 20000 b.)** Un trio sauvignon, sémillon et muscadelle, et un court élevage en cuve pour ce bergerac sec (partie négoce), légèrement salin au nez, floral et fruité à l'aération (mangue et fruits blancs). Un blanc flatteur par son attaque ronde et gourmande, sur les fruits blancs, et par sa finale tendue qui lui donne de l'allonge. ⧗ 2021-2024

SARL PÉRIGORD MILLÉSIMES ET TERROIRS, 56, bd Joseph Santraille, 24100 Bergerac, tél. 05 53 73 24 26, pmt.bergerac@sgmail.com

CH. LE TAP 2019 ★★

■ | 15000 | | 5 à 8 €

Domaine situé à l'emplacement d'une carrière, inscrite au cadastre napoléonien au lieu-dit Tas-de-Pierre, raccourci au fil du temps en Tap. Olivier Roches, fils de vigneron de Pécharmant, s'y est installé en 2001 avec son épouse Mireille. Ensemble, ils exploitent 14 ha de vignes, en bio certifié depuis 2010.

Du merlot et une bonne proportion de malbec (40 %) s'allient dans ce bergerac rouge aussi intense à l'œil qu'au nez, bien ouvert et frais, sur les fruits rouges. En bouche, ce sont plutôt les fruits noirs qui s'épanouissent avec persistance dans une matière puissante et ronde, étayée par une belle charpente de tanins fins. Un remarquable équilibre. ⧗ 2022-2026

CH. LE TAP, Le Tap, 24240 Saussignac, tél. 05 53 27 53 41, contact@letap.bio V *t.l.j. sf dim. 9h-12h30 14h-19h* E

♥ CH. THÉNAC 2019 ★★

■ | 3600 | | 15 à 20 €

Un château construit sur les ruines d'un prieuré bénédictin et une vaste propriété de 200 ha où la vigne (35 ha) côtoie pruniers, cultures, prés, bois et étangs. Racheté en 2001 par Eugene Shvidler, homme d'affaires américain d'origine russe, dirigé depuis 2012 par l'œnologue Stéphane Guillot, formé à Bordeaux, et conseillé depuis 2017 par Hubert de Boüard, le domaine a été équipé d'un nouveau chai. Il est devenu en quelques années une valeur sûre du Bergeracois.

Une base de sauvignon (67 %) complété par le sémillon et par un soupçon de muscadelle pour ce bergerac blanc ambitieux, fermenté et élevé 8 mois en barrique avec bâtonnages. Si le boisé épicé est très marqué pour l'heure, il laisse percer des notes minérales et fruitées. Le palais est salué pour son équilibre remarquable entre rondeur et acidité et pour le mariage harmonieux du raisin et du merrain. Les amateurs de vins boisés pourront déboucher cette bouteille dès aujourd'hui, les autres gagneront à la garder, car elle devrait encore se bonifier. ⧗ 2022-2026 ■ **Fleur de Thénac 2019 ★ (8 à 11 €; 29000 b.)** Merlot (65 %), cabernet-sauvignon et malbec sont mis en œuvre dans ce bergerac rouge qui bénéficie d'un élevage partiel de 12 mois en barrique. Un vin coloré aux reflets violines de jeunesse, charnu, gras et chaleureux, à l'expression fruitée (fruits rouges confiturés) et boisée (vanille, réglisse). Un fort potentiel pour l'appellation. ⧗ 2023-2028

SCEA CH. THÉNAC, Le Bourg, 24240 Thénac, tél. 05 53 61 36 85, wines@chateau-thenac.com V *r.-v.*

CH. TOUR DES GENDRES
Moulin des Dames 2019 ★★

■ | 10000 | | 15 à 20 €

***Una storia italiana*. En 1986, les frères de Conti joignent leurs terres, associent leurs familles et fondent l'entreprise de Conti. Jean, Luc, leurs épouses et un cousin, Francis, qui apporte ses 20 ha, suivent ainsi les pas de Vincenzo, arrivé là en 1925. Rejoints par Gilles et Guillaume, ils exploitent 60 ha de vignes, en bio depuis 2005, complétés par une structure de négoce qui met en œuvre des vins de voisins viticulteurs convertis eux aussi à la bio.**

Bien connu de nos lecteurs, ce bergerac 100 % sauvignon, fermenté et élevé en foudre, revêt une robe or jaune et monte en puissance à l'aération, libérant un joli boisé aux nuances de vanille et de noisette, allié à des notes de fruits blancs bien mûrs. Ce mariage harmonieux du chêne et du raisin se prolonge dans une bouche ample, servie par une finale persistante et fraîche qui laisse un sillage d'agrumes. Un vin parmi les finalistes pour le coup de cœur. ⧗ 2022-2026

CH. TOUR DES GENDRES, Les Gendres, 24240 Ribagnac, tél. 05 53 57 12 43, familledeconti@wanadoo.fr V r.-v.

B CH. TOUR MONTBRUN 2019 ★★

9000 | 5 à 8 €

Dominant la vallée de la Dordogne, un petit vignoble de 6 ha établi à l'emplacement de l'ancienne citadelle de Montravel, cultivé en agriculture biologique par Mylène et Philippe Poivey.

Dans un style pimpant et fruité, ce bergerac rouge issu de merlot majoritaire et de cabernet franc s'est taillé un joli succès au point de se placer sur les rangs pour un coup de cœur. Pourpre franc, il dévoile un nez délicat, tout en petits fruits, groseille et fraise des bois en tête. Dans une belle continuité, la bouche déploie des arômes intenses et persistants de fruits rouges dans une matière souple et suave, aussi ronde que longue. ⧗ 2021-2024

MILÈNE POIVEY, 9, chem. de Montravel, 24230 Montcaret, tél. 05 53 58 66 93, milene.poivey@orange.fr V r.-v.

CH. LES VIGONIES 2020 ★★

23000 | - de 5 €

Union de coopératives, Couleurs d'Aquitaine est née en 2008 à l'initiative des 4 caves de la Dordogne : Cave de Port-Sainte-Foy, Les Vignerons de Sigoulès, Cave de Monbazillac et Alliance Aquitaine. Prolongée par une structure de négoce, elle sélectionne, élève et distribue aussi et surtout des vins de propriétés du Bergeracois et du Bordelais. Un acteur de poids du grand Sud-Ouest viticole.

Propriété de Philippe et Brigitte Allain et de Serge Durand, ce domaine situé au sud de Bergerac est vinifié par la coopérative. Certifié HVE, il est en conversion bio. Issu de merlot et des 2 cabernets, son rosé est salué pour sa fraîcheur et pour son intensité : intensité de la robe rose bonbon, intensité de ses arômes gourmands de fraise. ⧗ 2021-2022

COULEURS D'AQUITAINE, Les Seguinots, rte de Marmande, 24100 Saint-Laurent-des-Vignes, tél. 05 53 63 78 55, avernhet@couleursdaquitaine.fr

CÔTES-DE-BERGERAC

Cette appellation ne définit pas un terroir mais des conditions de récolte plus restrictives qui doivent permettre d'obtenir des vins riches, concentrés, charpentés, au potentiel de garde plus important que les bergerac.

CH. BELINGARD Ortus 2019 ★

4000 | 20 à 30 €

Dominant la vallée de la Dordogne, ce vignoble familial (75 ha) fondé en 1820 est établi sur un promontoire célèbre pour son ancien culte druidique – « Belen-gaard » ou « jardin du soleil » –, où se déroulèrent aussi les premiers combats de la guerre de Cent Ans. Laurent de Bosredon et son épouse Sylvie sont aux commandes depuis 1986.

Le merlot, majoritaire, s'allie au malbec et au cabernet-sauvignon dans cette cuvée qui, après une longue macération, achève sa fermentation en barrique où elle séjourne 12 mois. Elle sort du chai parée d'une robe profonde aux reflets violines de jeunesse et présente un nez concentré, partagé entre la vanille de l'élevage et les fruits noirs. Le fruit reste présent dans une bouche vive en attaque, encore ferme. ⧗ 2023-2029

CH. BÉLINGARD, Lieu-dit Bélingard, 24240 Pomport, tél. 05 53 58 28 03, contact@belingard.com V *t.l.j. sf sam. dim. 9h-12h30 13h30-18h; sam. mai à sept.; dim. sur r.-v.*

♥ B CH. BELLES-FILLES 2020 ★★

9000 | 5 à 8 €

Il a travaillé les terres familiales, été Instructeur d'ULM, a participé à une exploration polaire, supervisé l'irrigation de champs de maïs dans les Landes, passé un BTS Production végétale et un BTA, et monté un élevage d'autruches à la Réunion. Finalement, en 1999, François de Conti s'est installé avec son épouse Maryvonne sur ce domaine : 25 ha sur les hauteurs de la Dordogne (en bio depuis 2011 et en biodynamie depuis 2019). L'exploitation travaille avec des huiles essentielles qui diminuent le recours au cuivre.

Pas moins de 4 cépages concourent à l'harmonie de ce moelleux : le sémillon, le sauvignon gris, le sauvignon blanc et la muscadelle. Le nez mêle les fleurs blanches, les fruits frais et le miel de châtaignier. Des notes suaves de fruits un rien caramélisés, coing et mangue en tête, se déploient dans une bouche à la fois onctueuse et fraîche, généreuse et nette. La finale persistante est teintée d'une noble amertume. De la complexité et de l'élégance. ⧗ 2021-2026

EARL DE CONTI, Les Eymaries, 24240 Thénac, tél. 05 53 24 52 11, chateau.belles.filles@gmail.com V r.-v. 2

B CH. DU BLOY Cuvée Sirius 2018 ★

1800 | 11 à 15 €

Olivier Lambert, informaticien, et Bertrand Lepoittevin-Dubost, ancien avocat en droit des sociétés, se sont associés en 2001 pour relancer ce domaine de 16,4 ha, conduit en bio certifié. Le second s'est retiré de l'exploitation en 2020, remplacé par Michel Terras, ancien vigneron à Saint-Émilion.

Merlot et cabernet franc sont assemblés à parité dans cette cuvée élevée 24 mois en barriques de 3 vins. Expressif et frais, le nez mêle un léger boisé réglissé aux fruits noirs. Mâtinés de touches végétales, ces arômes se prolongent dans un palais consistant, à l'unisson du

SUD-OUEST

nez, étayé par des tanins de qualité. Un bel équilibre entre le fruit, les tanins et l'élevage. 2022-2026

CH. DU BLOY, Le Blois, 24230 Bonneville et Saint-Avit, tél. 05 53 22 47 87, chateau.du.bloy@wanadoo.fr V *r.-v.*

DOM. DU BOIS DE POURQUIÉ Révélation 2018 ★

2000 | 15 à 20 €

Alain Mayet descend d'une famille de bâtisseurs de cathédrales originaire du centre de la France, dont certains s'installèrent dans la vallée de la Dordogne. Avec son épouse Marlène, il est depuis 1981 à la tête de ce domaine de 30 ha, certifié HVE.

Le merlot règne presque sans partage dans la cuvée de prestige du domaine, élevée 16 mois en barrique neuve. Souvent en vue, elle obtient cette année la même note que le millésime précédent. Montrant des nuances violines de jeunesse, elle doit être aérée pour révéler une gamme avant tout boisée : moka et notes toastées. Le fruit se révèle en bouche, du fruit noir marié à quelques touches végétales et à un merrain épicé très présent. La matière est ample, soyeuse, un peu tannique en finale. 2023-2027

DOM. DU BOIS DE POURQUIÉ, Fonnadales, 24560 Conne-de-Labarde, tél. 05 53 58 25 58, domaine-du-bois-de-pourquie@wanadoo.fr V *t.l.j. 9h-12h 14h-18h*

CASTEL LA PÈZE Moelleux 2020 ★

50500 | 5 à 8 €

Fondateur du domaine en 1727, Raymond de la Pèze exportait des vins blancs doux en Hollande. Entrée dans la famille en 1850, la propriété comptait alors 4 ha. Le grand-père de l'actuel vigneron aménagea une cuverie et vendit son vin en bouteilles dès 1962. Installé en 1993, Patrick Daniel agrandit peu à peu le vignoble. À l'arrivée de son fils en 2021, l'exploitation couvre 50 ha. À sa carte, des bergerac, côtes-de-bergerac et monbazillac.

Le millésime précédent avait été fort loué. Celui-ci serait un (petit) cran en dessous pour certains dégustateurs, qui auraient souhaité un peu plus de peps en finale. Tous s'accordent cependant sur les qualités aromatiques de ce moelleux et saluent ses parfums exubérants de fruits exotiques (litchi, ananas) et d'orange qui se prolongent dans une bouche généreuse et veloutée, de belle persistance. La signature du sauvignon gris, allié cette année à la muscadelle. 2021-2024

CASTEL LA PÈZE, La Pèze, 24240 Pomport, tél. 06 48 94 86 12, daniel.la.peze@wanadoo.fr V *lun. mar. jeu. ven. 14h-17h*

LE CLOS DU BREIL
Expression 2019 ★

4800 | 11 à 15 €

Aux marges orientales de l'appellation, cette petite propriété familiale de 16 ha est implantée sur les calcaires d'Issigeac, riches en silex. Yann Vergniaud, qui avait pris la suite de ses parents en 2009, a été rejoint en 2020 par son frère Loïc. Tout en proposant des vins de terroir, les frères sont soucieux d'innovation : utilisation du drone à la vigne, plantation de cépages résistants au stress hydriques, comme le sapéravi de Georgie, le touriga nacional ou encore le marselan.

Pour le 2019 de cette cuvée souvent distinguée, le cabernet-sauvignon se taille la part du lion (89 %), cabernet franc et merlot faisant l'appoint. Le vin finit sa fermentation en barrique et reste 15 mois en fûts (neufs à 50 %). Il en ressort paré d'une robe profonde, presque noire, à reflets bleutés de jeunesse. Malgré un long séjour dans le bois, le nez évoque surtout les petits fruits noirs et la cerise. Encore réservée, dense, soutenue par des tanins serrés, la bouche offre une finale fraîche. 2023-2028

LE CLOS DU BREIL, Le Breil, 24560 Saint-Léon-d'Issigeac, tél. 05 53 58 75 55, info@leclosdubreil.fr V *t.l.j. sf sam. dim. 9h30-12h30 14h-17h30*

♥ CH. COURT-LES-MÛTS 2019 ★★★

18600 | 8 à 11 €

Cinq générations au service du vin. Pierre Sadoux quitte les hauts plateaux algériens en 1961 pour s'établir sur cet ancien domaine (XVII[e]s.) du Bergeracois implanté sur les coteaux de la rive gauche de la Dordogne. Un domaine dédié depuis longtemps à la vigne : « mûts » signifie « moût » en ancien français. En 2007, son fils du même prénom a pris la relève et conduit l'exploitation qui compte aujourd'hui 53 ha. Une valeur (très) sûre du Bergeracois.

Le domaine a obtenu le 1er coup de cœur de l'appellation (un 1983) et les a collectionnés. L'assemblage de cette cuvée est assez particulier : 40 % de malbec aux côtés du merlot (50 %) et du cabernet-sauvignon. Vendanges début octobre pour ce 2019, longue macération, élevage en cuve et en fût. Une fois encore, on salue un fruit bien présent au nez (cassis et myrtille), reflet d'une vendange mûre à point et d'un apport mesuré et délicat du bois, un palais élégant, gras et long, aux tanins veloutés et à la large gamme fruitée, de la griotte au cassis compoté. Malgré ces aménités présentes, la robe profonde et jeune, la fraîcheur et la finesse des tanins signent un vin de garde. 2023-2029

CH. COURT-LES-MÛTS, Court-les-Mûts, 24240 Razac-de-Saussignac, tél. 05 53 27 92 17, court-les-muts@wanadoo.fr V *t.l.j. sf dim. 9h-12h 14h-18h; sam. sur r.-v.*

♥ DOM. DE GRANGE NEUVE Moelleux 2020 ★★

59600 | - de 5 €

Anthony Castaing préside depuis 1997 aux destinées de ce domaine fondé en 1896 par son aïeul Pierre Pichon. À l'origine, 4 ha, en polyculture. Aujourd'hui, pas moins de 92 ha de vignes, pour l'essentiel à Pomport, à 12 km au sud de Bergerac. Côté vins, on recherche ici le fruit et l'expression du terroir, en évitant souvent l'élevage sous bois.

En matière de vins doux, le savoir-faire du domaine se confirme d'année en année. Après un coup de cœur pour un monbazillac 2018, voici un superbe côtes-de-bergerac qui vaut à la propriété son 4e coup de cœur. Pourtant très présent dans l'encépagement du vignoble, le sémillon ne contribue que pour une goutte (5 %, comme le chenin) à l'assemblage, dominé par les sauvignons (gris surtout). De quoi donner un vin harmonieux et long, généreux sans lourdeur et superbe par son expression aromatique intense et complexe entre notes florales, épices, litchi et autres fruits exotiques. ⧗ 2021-2026

DOM. DE GRANGE NEUVE, Lieu-dit Grange-Neuve, 24240 Pomport, tél. 05 53 58 42 23, castaing@grangeneuve.fr V r.-v.

CH. HAUTE-BRANDE Moelleux 2020 ★★

26 000	5 à 8 €

Éric Nicolas a pris en 1984 les rênes de cette propriété familiale constituée en 1950, et située en Gironde, à la limite du Bergeracois. Son vignoble de 38 ha est implanté dans les aires d'appellation bordeaux et bergerac. En conversion bio depuis 2018.

Sémillon (majoritaire), sauvignon et un soupçon de muscadelle composent ce moelleux jaune soutenu, au nez partagé entre miel et fruits frais. Rond et généreux, floral et très épicé au palais, ce vin trouve son harmonie dans une belle acidité qui donne à la finale tonus et allonge. ⧗ 2021-2025

CH. HAUTE BRANDE, 124, rte de la Brande, 33220 Saint-Avit-Saint-Nazaire, tél. 05 57 46 38 48, vignobles.nicolas@gmail.com V r.-v.

CH. HAUT LAMOUTHE
Moelleux 2020 ★

8 500	5 à 8 €

Implantée sur la rive gauche de la Dordogne, cette propriété familiale, conduite par Michel Durand et ses neveux Nicolas Pouget et Julien Durand, possède aussi des vergers de pruniers et de pommiers. Côté vigne, le domaine s'est développé à partir des années 1980 pour atteindre aujourd'hui 43 ha, implantés au pied du tertre de Montcuq.

Une belle étoile pour ce vin or pâle qui doit tout aux sauvignons (blanc surtout). Un 2020 qui offre tout ce que l'on attend des vins moelleux de l'appellation : une expression aromatique intense et flatteuse, entre acacia, miel d'acacia et fruits jaunes; une bouche ample et ronde, de belle longueur, qui tire une réelle élégance de sa fraîcheur mentholée. ⧗ 2021-2024

CH. HAUT LAMOUTHE, 56, rte de Lamouthe, 24680 Lamonzie-Saint-Martin, tél. 06 21 03 51 36, chateauhautlamouthe@wanadoo.fr V *t.l.j. sf dim. 8h30-18h30; sam. 8h30-12h*

CH. LES HAUTS DE CAILLEVEL
Les Terres chaudes 2018 ★★

8 500	11 à 15 €

Après 8 ans passés dans l'aéronautique, Pierre-Étienne Serey, ingénieur, est retourné au lycée (agricole) pour se reconvertir dans la viticulture. Il a racheté en 2018 avec sa femme Charlotte le domaine des Hauts de Caillevel où il s'est établi avec sa nombreuse famille. Implanté sur la rive gauche de la Dordogne, le vignoble de 18 ha d'un seul tenant est exploité en bio certifié depuis 2013. Les cépages rouges sont cultivés sur le coteau, les blancs sur le plateau.

Il fait suite à un bergerac du même millésime élevé en cuve et reçoit un aussi bon accueil. Dominé par le cabernet franc (70 %) avec le merlot et le cabernet-sauvignon en appoint, il résulte d'une macération très longue et d'un élevage de 18 mois en fût, sans collage ni filtration. La robe montre des reflets violines de jeunesse. Expressif et complexe, le nez mêle les fruits noirs et des notes d'élevage évoquant le cigare. La réglisse s'ajoute à cette palette dans une bouche remarquable par son ampleur et par le toucher soyeux de ses tanins, marquée par un retour du boisé en finale. ⧗ 2023-2028

CH. LES HAUTS DE CAILLEVEL, 24240 Pomport, tél. 06 67 47 75 56, pierre.etienne.serey@gmail.com V r.-v.

CH. LADESVIGNES
Belle Histoire Velours rouge 2018 ★

9 000	8 à 11 €

Véronique et Michel Monbouché ne cessent d'améliorer et d'étendre leur propriété (60 ha aujourd'hui), ancienne métairie du château de Bridoire acquise en 1989 par le vigneron. Certifié HVE (2011) et en bio à partir du millésime 2020, le domaine, régulier en qualité, bénéficie d'un panorama imprenable sur Bergerac et sur la vallée de la Dordogne.

Issu du merlot escorté du cabernet franc, ce côtes-de-bergerac élevé 14 mois en barrique, sans être un athlète, attire l'attention par l'intensité de son nez qui laisse parler le fruit noir et par sa matière ronde et fine, qui reste bien en bouche. ⧗ 2022-2026

CH. LADESVIGNES, Ladesvignes, 24240 Pomport, tél. 05 53 58 30 67, contact@ladesvignes.com V *t.l.j. 9h-12h 14h-18h*

CONSUL DE MASBUREL Consul 2019 ★★

16 000	8 à 11 €

Jean de Sambellie, consul de Sainte-Foy à l'époque de Louis XV, fit construire ici une chartreuse et planter le premier cep de vigne. Entre 1998 et 2003, Olivia et Neil Donnan ont restauré le château, équipé la cave et replanté plus d'un tiers du vignoble, avant de prendre leur retraite en 2008 et de vendre la propriété à l'Anglais Julian Robbins. Dix ans plus tard, le domaine (16 ha de vignes, en conversion bio) a été racheté par Chris Walker et Irma Lazickiene, les 3e propriétaires britanniques, qui comptent développer l'œnotourisme.

Les cabernets, majoritaires, s'allient au merlot dans cette cuvée. Son élevage de 8 mois en barrique de réemploi (2 ou 3 vins) permet une belle expression du fruit. Le nez, superbe, conjugue un boisé caressant à une large gamme fruitée : cassis surmûri, myrtille, clafoutis sorti du four. On retrouve en bouche ce fruité opulent, servi par des tanins soyeux et par une belle acidité. Un vin expressif, ample, frais et long. ⧗ 2023-2027

CH. MASBUREL, lieu-dit Masburel, 33220 Fougueyrolles, tél. 05 53 24 77 73, arnaud.isnard@chateau-masburel.com V *t.l.j. 9h-17h*

SUD-OUEST

CH. LES MERLES Réserve Lajonie 2018 ★

| 40 000 | | 11 à 15 € |

À partir de 1950, 3 générations de Lajonie ont constitué dans le Bergeracois un vaste vignoble. La famille, qui commercialise son vin en bouteille depuis 1965, exploite 3 domaines (180 ha en tout) : les châteaux Pintouquet, Bellevue, en monbazillac et côtes-de-bergerac blanc, et Les Merles, gérés depuis 1983 par Joël et Alain. La dernière génération, avec Romain Lajonie, a rejoint la propriété.

Du même millésime que le pécharmant élu coup de cœur l'an dernier, ce côtes-de-bergerac assemble lui aussi merlot (60 %), cabernets et malbec et séjourne 12 mois en barrique. D'abord discret, il s'ouvre sur des notes chaleureuses de noyau, de fruits noirs et de moka. En bouche, il séduit par sa profondeur, sa finesse, la texture soyeuse de ses tanins et par sa finale vanillée. ⧗ 2022-2026

CH. LES MERLES, 2, chem. des Merles, 24520 Mouleydier, tél. 06 22 13 54 13, alain.lajonie@wanadoo.fr V r.-v.

CH. MICHEL DE MONTAIGNE Moelleux 2019 ★

| 5 400 | | 5 à 8 € |

Copropriétaire du Ch. Palmer et d'autres domaines du Bordelais, à la tête de nombreuses marques de vins et spiritueux, la maison Mähler-Besse a acquis en 1860 le château où Montaigne, seigneur des lieux, rédigea ses *Essais* entre 1571 et 1592. La tour du XIV e qui abrite la « librairie » de l'écrivain est ouverte à la visite. Montaigne détenait des vignes. Aujourd'hui, un domaine de 19 ha aux portes du Libournais. Planté aux ¾ de cépages rouges, le vignoble est établi sur le plateau argilo-calcaire et en pied de coteau.

Élégance et précision d'un nez minéral, floral (acacia) et fruité (fruits jaunes) teinté d'une touche de résine, équilibre d'un palais à la fois onctueux et vif, aux arômes frais de fruits exotiques et à la finale épicée : les atouts d'un moelleux flatteur, issu des sauvignons blanc (majoritaire) et gris. ⧗ 2021-2024

CH. MICHEL DE MONTAIGNE, Montaigne, 24230 Saint-Michel-de-Montaigne, info@chateau-montaigne.com V t.l.j. sf lun. mar. 10h-12h 13h30-18h

CH. DE PANISSEAU Moulin de Panisseau 2018 ★

| 29 700 | | 8 à 11 € |

Témoignage de l'architecture périgourdine féodale, construit par les Anglais au XIIe s., puis remanié à la Renaissance, le château de Panisseau commande aujourd'hui un vignoble de plus de 50 ha à Thénac. Propriété depuis 2019 de Franck Decouraux, néovigneron venu du monde de la finance, le domaine a entrepris d'importants travaux pour moderniser sa chaîne de production, a baissé ses rendements pour privilégier la qualité; il se rapproche d'une démarche bio.

Merlot, cabernet-sauvignon et malbec (ce dernier en appoint) composent un côtes-de-bergerac élevé 24 mois en cuve. Il en résulte un vin tout en fruit, sur la cerise et la mûre, d'une grande vivacité en bouche. Un style moderne. ⧗ 2022-2026

CH. DE PANISSEAU, Lieu-dit Panisseau, 24240 Thénac, tél. 05 53 58 40 03, contact@panisseau.com V r.-v. E

B CH. PECANY Grande Cuvée 2018 ★★

| 4 400 | | 8 à 11 € |

Dominant Pomport, le Ch. Pécany est un bel ensemble architectural du XVIIIe s., remanié au XIXe s. En 2012, Benoît Beigner, ingénieur-œnologue issu d'une vieille famille de vignerons de la région, l'a racheté à son dernier propriétaire. Membre de l'association *Bee friendly*, il a converti à la bio les 10 ha de vignes et installé des ruches. Le miel bio s'ajoute à ses vins (monbazillac et bergerac).

La Grande Cuvée met à l'honneur le cabernet-sauvignon. Très à l'aise en année chaude, ce dernier a parfait sa maturation jusqu'à la mi-octobre et a été élevé 12 mois en fût de 400 l. Un élevage qui laisse toute sa place au fruit – des petits fruits noirs qui s'expriment au nez comme en bouche. Le cépage lègue aussi sa puissance, son ampleur, sa belle trame de tanins fins. Une longue finale épicée conclut la dégustation de ce vin prometteur. ⧗ 2022-2027

CH. PÉCANY, Ch. Pécany, 24240 Pomport, tél. 06 50 57 62 74, benoitbeigner@yahoo.fr V r.-v.

B CH. ROQUEPEYRE Douceur Bio 2020 ★

| 70 000 | | 5 à 8 € |

À l'origine, au début du XIXe s., cette petite propriété familiale produisait uniquement des vins doux, comme la plupart des exploitations de la région. Aujourd'hui, elle propose aussi des vins rouges. Restée plus d'un siècle dans la famille Vallette, elle a été vendue en 2017 à Laëtitia et Sébastien Gaillard, aux racines vigneronnes, qui conduisent en bio les 35 ha de vignes du domaine et qui vinifient dans un chai moderne.

De très vieux pieds de sémillon (70 %), de muscadelle et de sauvignon sont à l'origine de cette cuvée. Les raisins ont été vendangés dès septembre, pour donner un moelleux jaune pâle aux reflets verts, qui privilégie la fraîcheur. Discret au nez, ample et long, ce vin montre en bouche une agréable vivacité soulignée par un léger perlant. ⧗ 2021-2025

CH. ROQUE PEYRE, Lieu-dit Roque, 33220 Fougueyrolles, tél. 05 53 73 06 95, gaecdemazurie@gmail.com V r.-v.

CH. LES SAINTONGERS D'HAUTEFEUILLE 2018 ★

| 4 940 | | 11 à 15 € |

La famille d'Hautefeuille arrivant de Picardie en 1973 trouva des chais à l'abandon. À partir de 1997, Catherine d'Hautefeuille renoue avec la vocation viticole du domaine en replantant merlot et cabernet-sauvignon sur les meilleures parcelles. Il en résulte un petit vignoble (moins de 2 ha), établi sur le plateau des calcaires d'Issigeac, dans la partie sud-est du Bergeracois.

Merlot et cabernet-sauvignon sont assemblés à parts égales dans ce 2018 au nez réservé, qui s'ouvre à l'aération sur les fruits rouges. L'élevage en barrique se manifeste en bouche par un boisé élégant. Un vin gourmand et équilibré, aux tanins affables. ⧗ 2022-2026

CH. LES SAINTONGERS D'HAUTEFEUILLLE, Les Saintongers, 24560 Saint-Cernin-de-Labarde, tél. 06 08 28 27 96, saintongersdhautefeuille@gmail.com V t.l.j. sf dim. 9h-12h 14h-18h

LES VIGNERONS DE SIGOULÈS
La Rose de Sigoulès 2019 ★

10 000 | 5 à 8 €

Fondée en 1939, la coopérative de Sigoulès regroupe aujourd'hui 75 viticulteurs, qui cultivent 950 ha de vignes au sud de Bergerac. Les arrière-petits-enfants des premiers adhérents ont à cœur le respect de l'environnement : certaines exploitations sont certifiées HVE, d'autres sont conduites en bio.

Sémillon majoritaire (90 %) et muscadelle sont récoltés à la main par tries successives à partir de la mi-octobre pour donner ce vin moelleux. Avec 80 g/l de sucres, ce côtes-de-bergerac se rapproche d'un liquoreux : robe or jaune, nez entre miel et fruits confits, bouche onctueuse, concentrée et riche. Un vin de foie gras et de dessert, qui pourra aussi accompagner volailles et fromages. ⧗ 2021-2026

LES VIGNERONS DE SIGOULÈS, LD Foncaussade RD 15, 24240 Sigoulès, tél. 05 53 61 55 00, contact@vigneronsdesigoules.fr V t.l.j. sf dim. 9h30-12h30 14h-18h (18h30 mai à sept.)

CH. TOUR DES GENDRES
La Gloire de mon père 2019 ★★

40 000 | 11 à 15 €

***Una storia italiana.* En 1986, les frères de Conti joignent leurs terres, associent leurs familles et fondent l'entreprise de Conti. Jean, Luc, leurs épouses et un cousin, Francis, qui apporte ses 20 ha, suivent ainsi les pas de Vincenzo, arrivé là en 1925. Rejoints par Gilles et Guillaume, ils exploitent 60 ha de vignes (en bio depuis 2005), complétés par une structure de négoce qui met en œuvre des vins de voisins viticulteurs convertis eux aussi à la bio.**

Bien connue des fidèles lecteurs du Guide, cette cuvée assemble autant de malbec que de cabernets (40 %) complétés par un appoint de merlot. Vinifiée en cuve, elle est élevée pour 60 % en foudre et pour le solde en grands fûts de 500 l. À la profondeur de la robe répondent la concentration et la richesse d'un nez sur les fruits noirs. Ample en attaque, soutenu par des tanins enrobés, le palais est servi par une grande fraîcheur qui porte loin la finale légèrement empyreumatique. De l'élégance. ⧗ 2022-2026

CH. TOUR DES GENDRES, Les Gendres, 24240 Ribagnac, tél. 05 53 57 12 43, familledeconti@wanadoo.fr V t.l.j. sf sam. dim. 9h-12h 14h-17h30

CH. DE LA VAURE En fût de chêne 2019 ★

13 330 | 8 à 11 €

Alliance Aquitaine est une structure coopérative née en 2010 de la fusion de la cave de Saint-Vivien et de celle de Bergerac-Le Fleix. Disposant de 3 sites de vinification, la cave regroupe 140 adhérents pour une surface totale de 1 350 ha de vignes, dans le Bergeracois (80 %) et en AOC bordeaux.

Situé sur les coteaux argilo-calcaires du Fleix, un vignoble vinifié de longue date par la coopérative. Assemblage de merlot majoritaire (6 %), avec une forte présence de cabernet-sauvignon, ce 2019 a tiré de son séjour de 12 mois en barrique des notes d'élevage très présentes, qui laissent cependant percer des arômes de fruits noirs. Bientôt prêt à passer à table, un vin épicé, de structure moyenne, qui plaira aux amateurs de vins boisés. ⧗ 2022-2025

SCA ALLIANCE AQUITAINE, Le Vignoble, 24130 Le Fleix, tél. 05 53 24 64 32, pyprudhomme@allianceaquitaine.com V r.-v.

♥ VIGNOBLE DES VERDOTS
Le Vin selon David Fourtout 2018 ★★★

2 100 | 30 à 50 €

Conduite depuis 1992 par le talentueux David Fourtout, issu d'une famille originaire de Saint-Émilion, cette exploitation de 45 ha est une valeur sûre du Bergeracois, avec plusieurs coups de cœur à son actif. Un succès lié à un beau terroir de calcaires veinés de silex, à des installations modernes et à des sélections exigeantes.

Née de très vieux pieds de cabernet-sauvignon (40 %), de cabernet franc et de merlot vendangés à la main, vinifiée en barrique ouverte avec pigeage et élevée 24 mois en fûts de chêne neufs, cette cuvée Le Vin n'est élaborée que les meilleures années. « Quelle élégance ! Quel potentiel ! » s'exclament les dégustateurs pour la résumer en deux mots. Le boisé est bien sûr très présent, un boisé raffiné aux nuances de cigare et de moka. Onctueux et long, le vin s'appuie sur une trame de tanins boisés qui appellent la garde. Pour une belle pièce de bœuf, un gigot ou du gibier. ⧗ 2023-2030

VIGNOBLE DES VERDOTS, Les Verdots, 24560 Conne-de-Labarde, tél. 05 53 58 34 31, verdots@wanadoo.fr V t.l.j. sf dim. 9h-12h30 14h-18h 3

MONBAZILLAC

Superficie : 1 949 ha / Production : 44 152 hl

Ce vignoble est implanté au cœur du Bergeracois, sur des coteaux pentus de la rive gauche de la Dordogne, exposés au nord. Les grappes y reçoivent en automne la fraîcheur et les brumes qui favorisent le développement du botrytis, la pourriture noble. Le sol argilo-calcaire apporte des arômes intenses ainsi qu'une structure puissante à ces vins moelleux et liquoreux.

CH. LE FAGÉ
Grande Réserve Vinifiée en fût de chêne 2019 ★

3 000 | 15 à 20 €

Créé en 1757, ce domaine commandé par un petit château aux allures de chartreuse, sur la côte nord de Monbazillac, couvre 48 ha aujourd'hui. Héritier de

SUD-OUEST

10 générations, Benoît Gérardin en a pris les rênes en 2012. Il cherche à élaborer des vins droits, fruités et frais.

Fermentée et élevée 18 mois en barrique de 400 l, cette cuvée affiche une robe doré intense et laisse des larmes sur les parois du verre. Ses arômes suaves de fleurs blanches et de miel annoncent une bouche marquée par la douceur, qui n'en reste pas moins expressive et bien équilibrée. ⧗ 2023-2031 ■ **2018 ★ (8 à 11 €; 16 000 b.)** Élevé en cuve, il comprend 50 % de raisins botrytisés. Opulent et persistant, il offre un nez floral et miellé et une bouche généreuse en arômes confits (pâte de fruit, zeste de mandarine). ⧗ 2021-2030

CH. LE FAGÉ, Ch. le Fagé, 24240 Pomport, tél. 05 53 58 32 55, info@chateau-le-fage.com V t.l.j. 9h-18h; sam. dim. sur r.-v.

B GRANDE MAISON
Cuvée du Château 2019 ★

■	3000		20 à 30 €

Grande Maison? Une ancienne demeure fortifiée construite par les Anglais pendant la guerre de Cent Ans. Acquis en 1990 par Thierry Desprès, qui l'a converti à la bio et à la biodynamie (label Demeter depuis 2019) et lui a donné tout son lustre, notamment grâce à ses monbazillac, le domaine et ses 14 ha de vignes ont été repris en 2012 par la famille Chabrol.

Le successeur du coup de cœur, élaboré selon la démarche biodynamique, mérite l'intérêt. Fermenté et élevé 2 ans en barrique neuve, ce liquoreux, dont les larmes annoncent la richesse n'est pas pour autant sous l'emprise du bois. Floral, miellé et fruité, le nez apparaît frais et subtil. En attaque, la bouche penche vers la douceur, tout en restant harmonieuse grâce à un trait de fraîcheur qui lui donne tonus, longueur et potentiel. ⧗ 2022-2032

GRANDE MAISON, lieu-dit La Grande-Maison, 24240 Monbazillac, tél. 05 53 58 26 17, grandemaison.monbazillac@gmail.com V t.l.j. 8h30-19h30 3

B CH. HAUT BERNASSE Cuvée Ravindra 2018 ★

■	1200		11 à 15 €

Créé à la fin du XIXᵉs., ce domaine implanté au sommet des coteaux de Monbazillac avait été acquis en 1977 par Jacques Blais qui l'avait agrandi et développé. Il compte aujourd'hui 14 ha regroupés autour des chais. En 2014, Romain Claveille, jeune vigneron de 28 ans, l'a repris. Son but est de renouveler l'image de la propriété en élaborant des vins gourmands, des «vins de terroir».

Ravindra signifie «puissant soleil» dans une langue indienne, nous dit le vigneron. Le soleil, maître du botrytis, auquel cette cuvée rend hommage. Sémillon et muscadelle, vendangés début octobre, ont donné naissance à un liquoreux d'un jaune pâle brillant, au parfum de mandarine confite. Dès l'attaque pleine de mâche, ce 2018 montre une belle envergure. Sa douceur est bien équilibrée par une fraîcheur teintée d'agrumes, qui lui confère de la finesse. ⧗ 2022-2028

CH. HAUT BERNASSE, Bernasse, 24240 Monbazillac, tél. 06 89 31 72 02, chateau-hautbernasse@orange.fr V r.-v.

B CH. DE LA JAUBERTIE
Mirabelle 2019 ★

■	4000		11 à 15 €

Tirant son nom d'un ruisseau, ce domaine est commandé par un château Directoire, qui a succédé à un pavillon de chasse élevé par Henri IV à l'emplacement d'un bâtiment du XIIᵉs. Nick Ryman, homme d'affaires britannique, a acheté la Jaubertie en 1973. Son fils Hugh a quitté les vignobles d'Australie il y a plus de 30 ans pour reprendre la propriété, toujours dans la famille. Le vignoble, en bio, couvre 45 ha. Une valeur sûre.

Plus connu pour ses bergerac, le domaine propose un monbazillac de belle facture. Comme tous les vins de la gamme Mirabelle, ce liquoreux né de sémillon majoritaire et de muscadelle a vieilli dans le bois (10 mois pour ce 2019). Son or est léger, son fruité évoque l'abricot frais teinté de miel. On retrouve ce fruit d'été dans une bouche équilibrée, de belle longueur, marquée par une petite amertume tonique en finale. ⧗ 2022-2027

CH. DE LA JAUBERTIE, Ch. de la Jaubertie, 24560 Colombier, tél. 05 53 58 32 11, jaubertie@wanadoo.fr V t.l.j. 10h-17h

B CH. KALIAN 2018 ★

■	6360		15 à 20 €

Anne et Alain Griaud ont acquis en 1992 cette propriété (après agrandissements, 10,5 ha convertis à la bio) qu'ils ont baptisée Ch. Kalian, en référence aux prénoms de leurs enfants : Katell et Kilian. L'un comme l'autre sont devenus œnologues. La première est aujourd'hui *winemaker* en Virginie, le second a pris la suite de ses parents en 2007.

Si, comme il se doit, les raisins sont toujours récoltés par tries successives, l'assemblage varie selon les années : pour le 2018, 30 % de sauvignon et 10 % de muscadelle aux côtés du sémillon. Après une vinification et un élevage de 10 mois en barriques (neuves pour 1/3), le vin affiche une robe jaune doré et s'ouvre largement, libérant des senteurs délicates d'acacia, de miel et de fruits confits (mirabelle, abricot, citron vert). Le prélude à une bouche concentrée, ample, riche et puissante, de bonne longueur. ⧗ 2022-2031

CH. KALIAN, lieu-dit Bernasse, 24240 Monbazillac, tél. 05 53 24 98 34, kalian.earl@orange.fr V t.l.j. 10h-19h30

CH. PERROU-LA-BARAGOILE
Sélection de grains nobles 2018 ★★

■	9900		8 à 11 €

La famille d'Amécourt fait remonter son arbre généalogique au XIIIᵉs. Parmi ses nombreuses branches, l'une s'est fixée dans le Sud-Ouest et possède de vastes vignobles dans l'Entre-deux-Mers et le Bergeracois.

Comme d'autres appellations de liquoreux, le monbazillac dispose d'une mention «Sélection de grains nobles», réservée à des vins issus de raisins plus riches en sucres (255 g/l) et en degré alcoolique naturel. Le sémillon à l'origine de cette cuvée a été récolté en novembre. Dans le verre, un liquoreux or jaune, partagé au nez entre les fleurs blanches et une large gamme de fruits confits comme l'abricot et la figue. Ample et rond, il est servi par une finale persistante sur les fruits exotiques et sur les agrumes confits. Un monbazillac généreux, bien dans la tradition. ⧗ 2022-2031

SCEA FAMILLE D' AMÉCOURT, Ch. Bellevue, quartier St-Romain, 33540 Sauveterre-de-Guyenne, tél. 05 56 71 54 56, sceafamille.damecourt@neuf.fr V *t.l.j. sf dim. 9h-12h 14h-17h; f. noël et Août.*

♥ CH. LE RAULY
Origine 2019 ★★

1500 | 11 à 15 €

Dans la famille depuis 3 générations, cette propriété est conduite à partir de 2015 par Guillaume Borderie, formé dans le Sauternais, à la Tour Blanche. Son vignoble compte aujourd'hui 39 ha.

Premier monbazillac dans le Guide : il ne passe pas inaperçu. Du sémillon, vinifié en cuve et élevé 12 mois en barrique de 400 l. Dans le verre, un liquoreux paille dorée, au nez intense et complexe, entre fleurs blanches, miel et fruits confits. En bouche, ce vin à la fois onctueux et subtil, moins confit qu'au nez, d'une grande persistance, se révèle «plein de surprises et de fraîcheur». ⧗ 2022-2031

BORDERIE, Le Rauly, 24240 Monbazillac, tél. 05 53 24 55 91, lerauly2424@sfr.fr V *t.l.j. sf sam. dim. 9h-12h30 13h30-17h*

CH. SEPTY 2019 ★★

24 000 | 11 à 15 €

Propriété de la cave de Monbazillac depuis 1960, le château de Monbazillac (XVIᵉs.) présente une architecture originale, qui allie des systèmes défensifs médiévaux et des éléments Renaissance. Emblématique du Bergeracois, il est le cadre de multiples activités culturelles (expositions, conférences, cinéma de plein air…). La coopérative vinifie près d'un tiers de l'appellation monbazillac.

Vinifié et commercialisé par la cave, Ch. Septy propose l'une des marques les plus anciennes de l'appellation. Il y a 300 ans, il écoulait aux Pays-Bas ses vins doux, entonnés dans des fûts qui portaient la «marque hollandaise». Très apprécié, ce 2019 s'est placé sur les rangs au moment d'élire les coups de cœur. On salue la fraîcheur de son nez partagé entre fleurs blanches et fruits exotiques et l'harmonie de son palais gras, opulent et persistant, qui tire son remarquable équilibre d'une pointe de fraîcheur. ⧗ 2022-2031

CAVE DE MONBAZILLAC, rte de Mont-de-Marsan, 24240 Monbazillac, tél. 05 53 63 65 00, cave@chateau-monbazillac.com V *t.l.j. 9h-12h30 13h30-18h30*

♥ CH. LES TOURS DES VERDOTS
Sélection de grains nobles 2018 ★★

3000 | 15 à 20 €

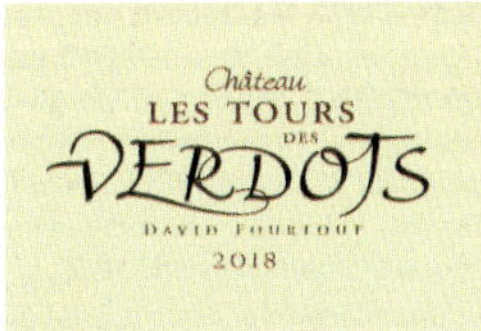

Conduite depuis 1992 par le talentueux David Fourtout, issu d'une famille originaire de Saint-Émilion, cette exploitation de 45 ha est une valeur sûre du Bergeracois, avec plusieurs coups de cœur à son actif. Un succès lié à un beau terroir de calcaires veinés de silex, à des installations modernes et à des sélections exigeantes.

Un 2018 né de vieux plants de sémillon (75 %) et de muscadelle vendangés alors que les grappes étaient entièrement botrytisées. Les moûts avaient une richesse et un degré de 21 °C potentiel, suffisants pour revendiquer la mention «Sélection de grains nobles». Fermenté dans le bois, le vin a séjourné 24 mois en barriques, neuves pour moitié. Une robe or à reflets cuivrés, une expression intense et complexe : fruits exotiques, citron confit, miel et vanille se mêlent au-dessus du verre et se déploient, soulignés par une belle fraîcheur, dans un palais puissant, concentré, d'une rare longueur. «Reflet d'un élevage long», un «vin de haute expression dans la tradition des liquoreux opulents». ⧗ 2023-2035

VIGNOBLE DES VERDOTS, Les Verdots, 24560 Conne-de-Labarde, tél. 05 53 58 34 31, verdots@wanadoo.fr V *t.l.j. sf dim. 9h-12h30 14h-18h* ❸

MONTRAVEL

Cette région garde le souvenir de Montaigne : c'est dans la maison forte familiale que l'écrivain rédigea ses *Essais* et l'on peut encore visiter sa «librairie» à Saint-Michel-de-Montaigne. La production se divise en montravel blanc sec, typé par le sauvignon, en côtes-de-montravel et haut-montravel, deux appellations de vins moelleux, et depuis 2001, en montravel rouge. En rouge comme en blanc, les cépages sont ceux du Bordelais voisin.

CH. LES GRIMARD 2020 ★

7900 | - de 5 €

La famille Joyeux (aujourd'hui Jacques Joyeux et Bernard Havard) exploite la vigne depuis 1933, sur ces terres de Montazeau, au cœur de l'aire du Montravel, pays cher à Montaigne. Elle a commencé à vendre son vin en bouteilles en 1974. Le chai a été aménagé dans une ancienne grange du XVᵉs., pour accueillir le fruit de 27 ha de vignes. Domaine en conversion bio.

Au nez délicat, évocateur des fruits jaunes d'été, répond un palais ample et onctueux, d'une belle complexité, où s'épanouissent la pêche et la nectarine jusqu'à la finale chaleureuse. Un montravel blanc que l'on verrait bien sur un poisson en sauce, des crustacés cuisinés ou une viande blanche. ⧗ 2021-2024

CH. LES GRIMARD, lieu-dit Les Grimard, 24230 Montazeau, tél. 05 53 63 09 83, ch.lesgrimard@orange.fr V *t.l.j. 8h-12h30 14h-19h dim. sur r.-v.*

SUD-OUEST

CH. LAULERIE
Comtesse de Ségur Élevé en fût de chêne 2018 ★

■ | 6600 | | 8 à 11 €

Installés dans le Périgord en 1977, les Dubard ont créé un vaste ensemble viticole, conduit depuis 2008 par la 2e génération, représentée par Marine et Grégory Dubard, ingénieurs-œnologues. Leur fleuron bergeracois est le Ch. Laulerie, 85 ha aujourd'hui. Ils ont étendu leurs propriétés dans le Libournais voisin. Une valeur sûre du Bergeracois. Domaine certifié HVE.

Récoltés dans le vignoble du château de Ségur, qui appartint à la comtesse, le merlot, majoritaire, et le malbec, en appoint (20 %), sont assemblés dans cette cuvée élevée 6 mois en cuve et 12 mois en barrique. Le chêne transparaît peu aromatiquement, laissant une large place au fruit rouge, fraise en tête. Après une attaque ample, les tanins montent en puissance et soutiennent une finale persistante, fraîche et mentholée. De l'élégance. ⧗ 2023-2026

CH. LAULERIE, Le Gouyat, 24610 Saint-Méard-de-Gurçon, tél. 05 53 82 48 31, contact@vignoblesdubard.fr V t.l.j. sf sam. dim. 8h30-12h30 13h30-17h

CH. PIQUE SÈGUE 2019 ★

■ | 23984 | | 5 à 8 €

Dirigée depuis 1990 par Philip et Marianne Mallard, une propriété déjà mentionnée au XIVe s. par l'archevêque de Bordeaux pour la qualité de ses vins. Henri IV y fit halte, dit-on, pour abreuver son cheval à l'une de ses fontaines. La vigne représente 60 ha sur cette exploitation qui couvre plus de 220 ha sur les plus hauts coteaux de Montravel. On y élève aussi des vaches limousines.

Jaune clair à reflets verts, ce montravel blanc montre une belle fraîcheur tout au long de la dégustation. Le nez aromatique s'ouvre sur les agrumes, pamplemousse en tête. Le prélude à une bouche dynamique et longue. Le reflet de sauvignons très présents dans l'assemblage. ⧗ 2021-2024

CH. PIQUE-SÈGUE, Ponchapt, 33220 Port-Sainte-Foy-et-Ponchapt, tél. 05 53 58 52 52, infos@chateau-pique-segue.fr V r.-v.

♥ CH. LE RAZ
Cuvée Grand Chêne 2019 ★★★

■ | 5580 | | 5 à 8 €

Le domaine, régulièrement en vue pour ses montravel, est entré dans la famille Barde en 1958. Au fil des ans, des achats et des fermages, il s'est agrandi de vignes, de bois et de cultures, et embelli après la restauration de sa gentilhommière du XVIIe s. Les vignes occupent aujourd'hui 76 ha sur des plateaux.

Son 1er coup de cœur dans l'appellation est un 1990, voici le 4e. Les amateurs, qui s'intéressent davantage à l'histoire récente, surtout en blanc, n'auront pas oublié un autre blanc du même millésime, couronné l'an dernier. Au tour de Grand Chêne. Sauvignons blanc et gris (70 %, avec 25% de muscadelle et une goutte de sémillon) mûrs à point apportent avec intensité un joli fruité variétal et solaire (bourgeon de cassis, fruits jaunes, prune). La fermentation et le séjour de 9 mois en barrique avec bâtonnage lèguent un boisé bien intégré et un surcroit de gras à ce vin ample, dense et long. De beaux accords en perspectives avec saint-jacques ou viandes blanches. ⧗ 2021-2025 ■ **Cuvée les Filles 2018 ★★ (11 à 15 €; 3690 b.)** ♥ Un double coup de cœur : le montravel rouge, dédié aux « Filles » qui œuvrent dans les vignes, est élu, lui aussi. Du merlot majoritaire, assemblé au cabernet-sauvignon et au malbec. Le vin finit sa fermentation en barrique et reste 18 mois dans le bois. Nos dégustateurs saluent la fraîcheur de son nez alliant la framboise à une touche mentholée, son boisé qui met en valeur le vin sans l'écraser, sa bouche bien construite, suave, soyeuse et longue, soutenue par une trame tannique fondue jusqu'en finale. Du charme et de la profondeur. ⧗ 2023-2028

CH. LE RAZ, Le Raz, 24610 Saint-Méard-de-Gurçon, tél. 05 53 82 48 41, chateauleraz@gmail.com V t.l.j. sf sam. dim. 8h30-12h30 14h-18h

DOM. ROUILLATS Élévation 2019 ★★

■ | 1800 | | 20 à 30 €

Danièle et Benoît Coq ont repris en 2008 le domaine familial qu'il ont converti à la bio : ils ont obtenu la certification en 2010. Établis en Dordogne sur l'aire du montravel, aux portes du Libournais, ils exploitent un petit vignoble de 2,5 ha ainsi que des vergers.

Comme son nom l'indique, le haut de gamme du domaine en rouge : né d'un assemblage de merlot majoritaire et de cabernet-sauvignon vendangés à la main, il bénéficie d'une longue macération (4 semaines) avec pigeages, finit sa fermentation en barrique et séjourne 18 mois dans le bois. Discret mais très agréable au nez, il mêle les fruits noirs et un boisé épicé. Ample en attaque, soyeux et long, il est à la fois gourmand et bien structuré. ⧗ 2023-2027

DOM. DES ROUILLATS, 1290, rte de Saint-Aulaye, 24230 Saint-Antoine-de-Breuilh, tél. 06 32 09 82 47, daniele.coq@gmail.com V r.-v.

CÔTES-DE-MONTRAVEL

Superficie : 30 ha / Production : 1 169 hl

CH. LE RAZ 2020 ★★

■ | 3198 | | 5 à 8 €

Le domaine, régulièrement en vue pour ses montravel, est entré dans la famille Barde en 1958. Au fil des ans, des achats et des fermages, il s'est agrandi de vignes, de bois et de cultures, et embelli après la restauration de sa gentilhommière du XVIIe s. Les vignes occupent aujourd'hui 76 ha sur des plateaux.

Le sémillon (50 %) est assemblé à la muscadelle, au sauvignon gris et au sauvignon blanc vendangés tôt (le 3 septembre) pour donner ce vin doré aux arômes de pêche et d'abricot d'une belle finesse. On retrouve la pêche dans une bouche riche et persistante, bien équilibrée entre douceur et acidité. Un moelleux traditionnel d'excellente facture. Pour l'apéritif, le foie gras, le roquefort ou un dessert, aux fruits jaunes par exemple. ⧗ 2021-2025

⊶ CH. LE RAZ, Le Raz, 24610 Saint-Méard-de-Gurçon, tél. 05 53 82 48 41, chateauleraz@gmail.com
V t.l.j. sf sam. dim. 8h30-12h30 14h-18h

HAUT-MONTRAVEL

CH. PUY-SERVAIN Terrement 2018 ★

	8600		20 à 30 €

Puy-Servain est le nom du lieu-dit et signifie «sommet» (*puy*), «venteux ou servi par le vent» (*servain*). Daniel Hecquet fut œnologue au célèbre Ch. d'Yquem avant de regagner la propriété familiale à Ponchapt, qui compte aujourd'hui 48 ha de vignes. Un pilier du Bergeracois pour ses montravel et haut-montravel.

Des sémillons de plus de 60 ans vendangés en plusieurs tries successives pour donner un liquoreux élevé en cuve. Le propriétaire dit avoir 28 millésimes en stock. Le Guide Hachette a donné un coup de cœur aux 1991, 1994, 1996, 1998, 2009, 2011 et 2013. Et de nombreuses étoiles aux autres. Pour ce 2018, une robe jaune vif à reflets dorés et une palette typée du cépage, mêlant les fleurs blanches aux fruits juteux de l'été : pêche blanche, compote d'abricot. Le fruit jaune prend des tons confits et séchés dans une bouche ample, chaleureuse et longue, marquée par une légère amertume. ⧗ 2021-2027

⊶ CH. PUY-SERVAIN, 196, rte de Puy-Servain, Calabre, 33220 Port-Sainte-Foy-et-Ponchapt, tél. 05 53 24 77 27, oenovit.puyservain@wanadoo.fr V t.l.j. sf sam. dim. 8h30-12h 13h30-17h30

PÉCHARMANT

Superficie : 418 ha / Production : 14 864 hl

Au nord-est de Bergerac, ce «Pech», colline couverte de vignes, donne un vin rouge aux tanins fins et élégants, apte à la garde.

Ⓑ DOM. DES COSTES Grande Réserve 2019 ★★

	3000		20 à 30 €

Situé à la sortie de Bergerac, ce domaine, pris en fermage en 1992 par Nicole Dournel, s'est rapidement trouvé en bonne place dans le Guide. Le chai et la cuverie ont été rénovés en 1999 et l'agriculture biologique a été adoptée (certification en 2007). Depuis le décès de l'exploitante en 2016, Jean-Marc Dournel, œnologue, conduit seul la propriété. Implanté sur des sables et des graves issus des éboulis du Massif central et propices aux cabernets, le vignoble de 10 ha produit pour l'essentiel des vins rouges, pécharmant en tête.

Le propriétaire déclare : «Les arômes de fruits sont toujours présents et très intenses dans nos cuvées.» Nos dégustateurs confirment ces propos. En décrivant celle-ci, élevée 24 mois en barrique neuve, pas une fois ils n'utilisent le mot «boisé», ni même les adjectifs «vanille, grillé, toasté». Il n'est question que d'une robe profonde, d'un nez intense, sur la framboise mûre, d'une bouche à l'unisson, puissante, fraîche et longue, soutenue par des tanins élégants, soyeux, d'un retour sur le fruit. Né des meilleures parcelles et d'une belle année, les merlots (60 %) et cabernets ont engendré un vin assez dense pour intégrer l'élevage. ⧗ 2023-2029

⊶ DOM. DES COSTES, 4, rue Jean Brun, 24100 Bergerac, tél. 06 07 21 65 25, domainedescostes@gmail.com V t.l.j. sf sam. dim. 8h30-12h 13h30-17h30. f. dernière sem. déc.

DOM. DU GRAND JAURE Terroir 2019 ★★

	12500		8 à 11 €

Achetée en 1920, la propriété est dans la famille depuis un siècle. Sa superficie est passée de 4 à 19 ha. À l'origine dédié aux cépages blancs, le vignoble a été replanté en variétés rouges à partir de 1965 pour proposer du pécharmant. Bernadette Baudry et son frère Bertrand, qui ont pris la relève en 1992, ont réintroduit au cours des 20 dernières années des vignes blanches pour produire du rosette. Ils montrent un même savoir-faire dans les deux couleurs. Domaine en conversion bio depuis 2018.

Avec plus de longueur, ce pécharmant, élevé en fût de réemploi, aurait sans doute pu prétendre au coup de cœur, tant on sent les dégustateurs enchantés par ce vin coloré, au nez précis, sur les fruits rouges, à l'attaque ronde, ouvrant sur un palais à la fois ample et frais. Du fruit, de l'acidité, de l'équilibre. Pour le coup de cœur, voir l'appellation rosette. ⧗ 2022-2026

⊶ DOM. DU GRAND JAURE, 451, chem. de Jaure, 24100 Lembras, tél. 06 86 77 47 90, domaine.du.grand.jaure@wanadoo.fr V t.l.j. sf dim. 9h-12h30 14h-19h

DOM. DU HAUT-PÉCHARMANT 2018 ★

	130 000		8 à 11 €

Installé dans une demeure du XIXᵉs. entourée d'un parc dominant la vallée de la Dordogne, Didier Roches a pris la tête en 1998 du domaine exploité par sa famille depuis 1929 : un vignoble (35 ha aujourd'hui) exposé plein sud et implanté au sommet du coteau de Pécharmant, sur des sables et graviers, avec ses argiles grises et rouges ferrugineuses. Certifiée HVE, la propriété propose des randonnées dans les vignes.

Après une cuvée remarquable du même millésime, celle-ci, élevée uniquement en cuve, ne manque pas d'atouts, et ses volumes la rendent très disponible. Composée de merlot, malbec, cabernet franc et cabernet-sauvignon assemblés à parts égales, elle fermente avec des levures indigènes. Sa robe montre encore des reflets violines de jeunesse. Discret et frais, le nez s'ouvre sur les fruits rouges, relevés d'une touche épicée. Ronde en attaque, souple et suave, la bouche finit sur des impressions plus tanniques et sur une note poivrée. ⧗ 2022-2026

⊶ *DOM. DU HAUT-PÉCHARMANT, Haut-Pécharmant, 24100 Bergerac, tél. 05 53 57 29 50, hautpecharmant@orange.fr* V *t.l.j. 8h-12h30 13h30-18h*

CH. HUGON 2018 ★★

	8000		8 à 11 €

Sébastien Cousy bichonne son petit domaine de 4,1 ha en haut de la butte du hameau de Pécharmant. Ayant repris le vignoble familial en 2007, il le cultive en lutte raisonnée et proscrit l'utilisation de désherbants.

Cabernet-sauvignon et merlot, escortés des cabernet franc et malbec, contribuent à la qualité de ce 2018 élevé 12 mois en barrique. Dans la lignée de plusieurs millésimes précédents, voici un pécharmant dans la tradition, excellent ambassadeur de son appellation. Au nez, il demande un peu d'aération avant de s'ouvrir sur les fruits noirs et la truffe. Rond et vineux sans excès, minéral et fruité, il brille par sa persistance. ⧗ 2023-2028

⊶ *SÉBASTIEN COUSY, chem. du Hameau-de-Pécharmant, 24100 Bergerac, tél. 05 53 73 23 80, chateau.hugon@neuf.fr* V *t.l.j. sf dim. 9h-12h 14h-18h*

DOM. LE MARTINAT Cuvée Marguerite 2018 ★

	3000		11 à 15 €

Une exploitation de 8 ha dans la même famille depuis 4 générations. Katia Ollivier Coutelier a commencé à vinifier en 2016 sur 1,4 ha. Depuis 2019, elle met en valeur la totalité de la surface du vignoble familial : plus de 8 ha. Elle signe 3 cuvées : L'Inattendue, élevée en jarre, Désiré, élevée en barrique, et Marguerite, passée en cuve.

Dédiée à l'arrière-grand-mère, cette cuvée mi-merlot mi-cabernets est élevée en cuve ouverte, pour permettre le pigeage. La robe à reflets tuilés, le nez bien ouvert et frais, entre fleurs et fruits rouges et la bouche généreuse, encore un peu tannique, dessinent les contours d'un vin de caractère, prêt à passer à table. ⧗ 2021-2025

⊶ *KATIA OLLIVIER COUTELIER, Le Martinat, 24100 Lembras, tél. 06 69 15 42 19, katiacoutelierollivier@yahoo.fr* V *t.l.j. sf dim. 8h-12h 14h-19h*

CH. POULVÈRE Les Grangettes selon Gaston 2018 ★★

	13180		11 à 15 €

Ancienne dépendance du château de Monbazillac, le Ch. Poulvère date de la même époque. Il est exploité depuis plus de 100 ans par les Borderie, qui travaillent toujours en famille : Francis conduit le vignoble (104 ha) depuis 1977, épaulé par ses neveux Frédéric (au chai) et Benoît (au commercial), rejoints en 2018 par Paul et Anaïs, enfants de Frédéric. À sa carte, laplupart des appellations du Bergeracois.

Nos dégustateurs ont plébiscité ce pécharmant issu d'une sélection parcellaire et élevé en cuve et en fût. Merlot, cabernet-sauvignon, cabernet franc, malbec, les 4 cépages principaux de l'appellation – et 3 générations – concourent à la qualité de ce 2018 intense en couleur, floral au nez. Le cassis s'invite dans une bouche à la fois suave en attaque, fraîche, charpentée et longue. ⧗ 2023-2028 ■ **Picata 2018 ★ (20 à 30 €; 6940 b.)** La cuvée « du pivert » (*picata* en occitan) niche dans le chêne, évidemment. Élevée 16 mois en barrique, elle comprend une forte proportion (50 %) de malbec, assemblé au merlot et au cabernet franc. D'un rouge sombre et intense aux reflets violines, elle reçoit une belle étoile pour ses tanins enrobés et pour sa palette aromatique partagée entre fruits des bois et boisé bien fondu. ⧗ 2023-2028

⊶ *CH. POULVÈRE, lieu-dit Poulvère, 24240 Monbazillac, tél. 05 53 58 30 25, famille.borderie@poulvere.com* V *t.l.j. sf dim. 9h30-12h30 13h30-18h30*

CH. TERRE VIEILLE 2018 ★★★

	50000		11 à 15 €

« Terre Vieille » : un coteau d'argiles rouges ferrugineuses riche en silex taillés venus de la préhistoire. Sur cette propriété naquit le philosophe Maine de Biran, député de la Dordogne et conseiller d'État sous l'Empire et la Restauration. Gérôme et Dolores Morand-Monteil, qui exploitaient le domaine depuis 1989, l'ont transmis en 2020 à leur fils Pierre. Aujourd'hui certifié HVE, le vignoble compte 13 ha.

Issu des classiques merlots et cabernets, vinifié 12 mois en barrique, ce pécharmant s'est placé sur les rangs au moment d'élire les coups de cœur. De couleur soutenue et brillante, il déploie au nez un très joli fruit aux nuances de groseille bien mûre. Le prélude à un palais croquant, fondu et long. Déjà suffisamment élégant pour inciter à une consommation immédiate, et assez concentré pour prétendre à une bonne garde. ⧗ 2022-2028

⊶ *CH. TERRE VIEILLE, 36, rte de Grateloup, 24520 Saint-Sauveur-de-Bergerac, tél. 05 53 57 35 07, contact@terrevieille.com* V *t.l.j. 9h-12h 14h-18h sam. dim. sur r.-v.*

CH. LA TILLERAIE Élevé en fût de chêne 2018 ★

	n.c.		11 à 15 €

Ce domaine doit son nom à l'allée de tilleuls majestueux menant à un joli manoir de la fin du XVIIIᵉs. La demeure, entourée d'un parc planté d'arbres centenaires (séquoias, pins maritimes, pins bleus, marronniers et chênes) et équipée d'un chai de 400 m², commande un vignoble de 31 ha établi sur les collines dominant Bergerac. Un cadre mis en valeur pour accueillir événements, fêtes familiales et séminaires

Merlot, cabernets, malbec, les 4 cépages principaux de l'appellation sont mis en œuvre dans ce pécharmant resté 10 mois en barrique, qui demande un peu d'aération pour livrer des arômes d'élevage rappelant le café torréfié. Le fruit perce davantage dans un palais gourmand, de belle longueur. Un vin déjà agréable pour peu qu'on le carafe. ⧗ 2022-2026

BÈGUE, SCEA Ch. de la Tilleraie, lieu-dit Les Farcies, Pécharmant, 24100 Bergerac, tél. 05 53 57 86 42, priscilla@chateaulatilleraie.com V r.-v.

CH. DE TIREGAND 2019 ★

| | 126 000 | | 11 à 15 € |

Ce domaine appartient à une branche lointaine de la famille de l'auteur du *Petit Prince*. Son somptueux château (bâtiments actuels du XVIIIes et du Second Empire) est inscrit à l'Inventaire des Monuments historiques. Dirigée aujourd'hui par François-Xavier de Saint-Exupéry, la propriété s'étend sur 406 ha comprenant des forêts, un parc et 38 ha de vignes, qui produisent du pécharmant et un peu de bergerac sec.

Importante par ses volumes, cette cuvée marie les 4 cépages principaux de l'appellation et séjourne 12 mois en barrique. Son expression aromatique entre griotte, caramel et chocolat reflète une belle alliance entre le raisin et le merrain. Étayée par des tanins savoureux et enrobés, la bouche, dans le droit-fil du nez, présente une attaque douce, un développement tout en rondeur et une finale fraîche, marquée par un agréable retour de la cerise. Un vin harmonieux, prêt à boire. ⧗ 2022-2026

Grand Millésime 2019 ★ (20 à 30 €; 7800 b.) Élaborée les meilleures années, cette cuvée bénéficie d'une longue macération avec pigeage et d'un élevage de 16 mois en barriques (neuves à 50 %). Robe dense, nez réservé mais très frais, bouche puissante et tendue : un vin de garde dans sa jeunesse. ⧗ 2023-2028

CH. DE TIREGAND, 118, rte de Sainte-Alvère, 24100 Creysse, tél. 05 53 23 21 08, contact@chateau-de-tiregand.com V *t.l.j. sf dim. 9h30-12h 14h-17h*

DOM. DU VIEUX SAPIN 2019 ★★★

| | 43 700 | | 8 à 11 € |

Alliance Aquitaine est une structure coopérative née en 2010 de la fusion de la cave de Saint-Vivien et de celle de Bergerac-Le Fleix. Disposant de 3 sites de vinification, la cave regroupe 140 adhérents pour une surface totale de 1 350 ha de vignes, dans le Bergeracois (80 %) et en AOC bordeaux.

D'un seyant rubis vif, ce pécharmant de haut lignage déploie au nez des arômes de fruits rouges et noirs mûrs mâtinés d'un boisé racé. Arômes que prolonge avec beaucoup d'intensité et de persistance une bouche ample, puissante, concentrée, étayée par des tanins d'une grande finesse de grain. Et quelle allonge ! ⧗ 2025-2032

SCA ALLIANCE AQUITAINE, Le Vignoble, 24130 Le Fleix, tél. 05 53 24 64 32, pyprudhomme@allianceaquitaine.com V *r.-v.*

ROSETTE

Superficie : 10,6 ha / Production : 402 hl

Dans un amphithéâtre de collines dominant au nord la ville de Bergerac, sur un terroir argilo-graveleux, est installée l'appellation la plus confidentielle de la région, qui produit un vin moelleux.

♥ DOM. DU GRAND JAURE 2020 ★★

| | 13 000 | | 5 à 8 € |

Achetée en 1920, la propriété est dans la famille depuis un siècle. Sa superficie est passée de 4 à 19 ha. À l'origine dédié aux cépages blancs, le vignoble a été replanté en variétés rouges à partir de 1965 pour proposer du pécharmant. Bernadette Baudry et son frère Bertrand, qui ont pris la relève en 1992, ont réintroduit au cours des 20 dernières années des vignes blanches pour produire du rosette. Ils montrent un même savoir-faire dans les deux couleurs. Domaine en conversion bio depuis 2018.

Trois coups de cœur en rosette, dont deux consécutifs, de quoi faire du domaine un ambassadeur de l'appellation. Les raisins du rosette (pour ce millésime, du sémillon et des sauvignons blanc et gris) sont les premiers à être vendangés, à la machine, avant toute botrytisation, pour obtenir des moelleux d'une belle fraîcheur. En cette année précoce, ils étaient rentrés le 31 août. Après un élevage de 3 mois sur lies, le vin libère des arômes délicats de pêche et d'abricot. Volume et profondeur sont bien là, avec des arômes de bonbon acidulé et un bel équilibre qui rend ce vin facile d'accès. ⧗ 2021-2024

DOM. DU GRAND JAURE, 451, chem. de Jaure, 24100 Lembras, tél. 06 86 77 47 90, domaine.du.grand.jaure@wanadoo.fr V *t.l.j. sf dim. 9h-12h30 14h-19h*

CH. DU ROOY 2020 ★

| | 17 000 | | 5 à 8 € |

Partis de rien en 1998, avec un vignoble en mauvais état, Gilles et Laëtitia Gérault améliorent chaque année les vignes, le chai, les équipements de vinification et de stockage, et la qualité des vins, nés d'un vignoble de 20 ha. Souvent en vue pour leurs pécharmant. En 2021, leur fille Chloé rejoint l'exploitation. Souvent en vue pour ses pécharmant, le domaine est certifié HVE.

Sauvignon blanc, sémillon et muscadelle concourent à l'agrément de ce moelleux jaune pâle, au nez intense partagé entre fleurs blanches et pêche, arômes que l'on retrouve en bouche avec plus de discrétion. Plaisant par son équilibre entre douceur (mesurée) et pointe citronnée en finale, ce rosette sera parfait à l'apéritif ou encore sur des cuisines du monde ou des desserts fruités. ⧗ 2021-2023

CH. DU ROOY, 982, chem. de la Côte-de-Rosette, 24100 Bergerac, tél. 06 78 75 11 55, contact@chateau-du-rooy.com V *t.l.j. sf dim. 10h-12h30 14h30-18h30*

SAUSSIGNAC

Superficie : 49 ha / Production : 771 hl

Un vignoble situé sur la rive gauche de la Dordogne, entre celui du pays foyen (Gironde), à l'ouest, et

SUD-OUEST

l'aire du monbazillac, à l'est. Loué au XVIe s. par le Pantagruel de François Rabelais, inscrit au cœur d'un superbe paysage de plateaux et de coteaux, ce terroir engendre de grands vins liquoreux.

CH. DES EYSSARDS
Cuvée Flavie 2018 ★★

	4000		8 à 11 €

Domaine du Bergeracois créé en 1984 par Pascal et Laurent Cuisset avec leurs parents Léonce et Marcelle. En 2015, Flavie Cuisset, la fille de Pascal, a rejoint l'exploitation, qui compte 55 ha de vignes.

Le domaine fait son retour dans le Guide avec une cuvée dont le 2001 avait obtenu un coup de cœur. Né de sémillon (80 %) et de chenin botrytisés, élevé 12 mois en barrique, ce liquoreux aux reflets dorés déploie un nez flatteur mêlant la pêche compotée, l'amande et des touches mentholées. D'une belle ampleur, la bouche dévoile une fraîcheur qui met en valeur des arômes d'agrumes, de fruits blancs et d'abricot. ⧗ 2021-2028

GAEC DES EYSSARDS, Les Eyssards, 24240 Monestier, tél. 06 81 95 52 65, eyssards@wanadoo.fr V t.l.j. sf sam. dim. 8h-12h 14h-18h

B CH. MARIE PLAISANCE Cuvée Prestige 2018 ★

	4000		11 à 15 €

Une demeure du XVIIIe s. de style périgourdin, un chai du XIXe s. rénové et 70 ha de vignes sur la rive gauche de la Dordogne, aux confins du département de la Gironde. Aussi à l'aise en rouge, blanc et rosé, en vin sec et en vin doux, le domaine a été repris en 2006 par les 3 enfants – la 5e génération – de la famille Merillier. En bio certifié depuis 2013.

Mariant le sémillon (60 %) et le sauvignon, ce liquoreux fermente en barrique où il séjourne 12 mois sur lies fines. D'un jaune d'or brillant, il s'ouvre sur la pêche blanche, l'abricot sec et le miel. Ces arômes se prolongent dans un palais ample et persistant qui montre un bel équilibre grâce à sa fraîcheur. La finale est marquée par un plaisant retour de l'abricot. ⧗ 2021-2028

CH. MARIE PLAISANCE, La Ferrière, 24240 Gageac-et-Rouillac, tél. 05 53 27 86 23, chateaumarieplaisance@hotmail.fr V t.l.j. sf dim. 8h-12h 14h-18h; sam. 9h-12h 14h-16h

B CH. LE TAP 2019 ★

	1800		11 à 15 €

Domaine situé à l'emplacement d'une carrière, inscrite au cadastre napoléonien au lieu-dit Tas-de-Pierre, raccourci au fil du temps en Tap. Olivier Roches, fils de vigneron de Pécharmant, s'y est installé en 2001 avec son épouse Mireille. Ensemble, ils exploitent 14 ha de vignes, en bio certifié depuis 2010.

«Original» conclut un dégustateur à propos de ce liquoreux. De fait, il est issu de muscadelle majoritaire (90 %), cépage qui a bien pris la pourriture noble cette année-là. Le sémillon n'entre qu'à hauteur de 10 %, alors que, souvent, le rapport est inverse. Fermenté et élevé en barrique, ce vin se singularise non par sa couleur or brillant, mais par sa palette aromatique intense et variée (fleur d'oranger et écorce d'orange, brioche, abricot sec, fruits secs, liqueur de noix) qui rappelle à un juré celle du pannetone. La bouche est plutôt ronde, teintée d'une légère amertume. ⧗ 2021-2027

CH. LE TAP, Le Tap, 24240 Saussignac, tél. 05 53 27 53 41, contact@letap.bio V t.l.j. sf dim. 9h-12h30 14h-19h

CÔTES-DE-DURAS

Superficie : 1 943 ha / Production : 111 660 hl (65 % rouge et rosé)

Entre côtes-du-marmandais au sud et vignes du Bergeracois au nord, ce vignoble fait la jonction entre ceux de la Garonne et ceux de la Dordogne. Il est implanté sur des coteaux découpés par la Dourdèze et ses affluents, aux sols d'argilo-calcaires et de boulbènes. Prolongement du plateau de l'Entre-deux-Mers, il a accueilli tout naturellement les cépages bordelais : en blanc, sémillon, sauvignon et muscadelle; en rouge, cabernet franc, cabernet-sauvignon, merlot et malbec. Historiquement, il a été marqué par l'influence des huguenots, très présents dans la région. Après la révocation de l'édit de Nantes, les exilés protestants faisaient venir, dit-on, le vin de Duras jusqu'à leur retraite hollandaise et marquaient d'une tulipe les rangs de vigne qu'ils se réservaient. Le vignoble se partage entre les vins blancs, secs ou moelleux, et les vins rouges, souvent vinifiés en cépages séparés. Il produit aussi des rosés. La Maison des Vins de Duras permet de découvrir tous ces vins ainsi que les cépages, dans un Jardin des vignes où l'on peut pique-niquer.

DOM. DES ALLÉGRETS
Cuvée Champ du Bourg 2019 ★

	3000		8 à 11 €

Quatre générations de Blanchard ont façonné ce domaine familial de 19 ha conduit en bio non certifié depuis 2007 et aujourd'hui en conversion. Une propriété où l'on cultive aussi des pruniers, des légumes, et où l'on pratique l'apiculture. Une valeur sûre des côtes-de-duras, dirigée depuis 2001 par Julien.

Issu de vignes centenaires (sémillon majoritaire et sauvignon), ce moelleux a plusieurs coups de cœur à son actif. Le 2019 affiche une opulence (110 g/l de sucres) qui évoque l'été solaire et sec de cette année-là. Doré intense, il mêle au nez la pêche et les fruits confits, rejoints en bouche par le miel. Riche, d'une grande ampleur, il est allégé par une vivacité bienvenue. Un moelleux de style traditionnel, parfait pour l'apéritif, avec du foie gras, des fromages, des desserts aux fruits blancs ou jaunes, ou encore avec des plats sucrés-salés. ⧗ 2021-2026

DOM. DES ALLÉGRETS, 47120 Villeneuve-de-Duras, tél. 06 87 11 50 20, contact@allegrets.com V r.-v.

LES VIGNERONS DE BERTICOT
Sauvignon Grande Réserve
Élevé en fût de chêne 2019 ★★

	13250		5 à 8 €

Fondée en 1965, au lieu-dit Berticot, par une poignée de vignerons, la cave coopérative de Duras

rassemble 118 viticulteurs et 1 000 ha de vignes (dont 150 ha en bio). Ses installations permettent de vinifier 50 000 hl. Un acteur incontournable des côtes-de-duras qui fournit 55 % de la production de l'appellation, dans les 3 couleurs : des vins de propriétés et des vins de la cave, sous la marque Berticot.

Acacia, pêche jaune, poivre gris, fin boisé, toutes ces nuances, qui l'emportent sur les notes végétales du sauvignon, composent un nez d'une réelle finesse. Minéral, acidulé, le palais est soutenu par une grande fraîcheur qui met en valeur les arômes. Une pointe d'amertume donne du tonus à la finale. Un bel équilibre et de l'avenir. ⧗ 2021-2025 ■ **Grande Réserve 2019 ★ (5 à 8 €; 55 333 b.)** Du merlot, escorté des cabernets, au service d'une cuvée d'un rouge profond, généreuse, ronde, plutôt suave, de bonne longueur, aux arômes d'une belle complexité (boisé fondu, griotte, mûre, cassis). ⧗ 2022-2027 ■ **BB de Berticot 2020 ★ (- de 5 €; 160 000 b.)** Ⓑ Une robe profonde pour ce 2020 issu du merlot et des cabernets, au nez bien ouvert sur la griotte et le cassis. Un vin consistant, harmonieux et long, soutenu par des tanins enrobés, qui conjugue ampleur, générosité et fraîcheur. ⧗ 2022-2026

BERTICOT, rte de Sainte-Foy-la-Grande, 47120 Duras, tél. 05 53 83 75 47, contact@berticot.com V *t.l.j. sf dim. 9h-12h30 14h-17h30; visite sur r.-v.*

DOM. LES BERTINS
Moelleux Cuvée des Demoiselles 2019 ★★

■	2200		11 à 15 €

Ce domaine de 14,7 ha, régulier en qualité, a été acquis en 1968 par Pierrette et Dominique Manfé qui l'ont transmis en 2001 à Jacqueline, leur fille. Il produit des côtes-de-duras ainsi que des vins en IGP.

Très riche, à la limite du liquoreux (110 g/l de sucres), ce moelleux à la robe plutôt soutenue assemble sémillon majoritaire et sauvignon gris. Discret au nez, il s'ouvre sur de jolies notes d'acacia, de pêche blanche et de pâte de coing qui s'épanouissent en bouche. Puissant dès l'attaque, ample et d'une grande richesse, il bénéficie d'une belle fraîcheur qui lui donne équilibre et allonge. Agréable jeune, il devrait tenir dans le temps. ⧗ 2021-2025 ■ **Cuvée Dominique Élevé en fût de chêne 2018 ★ (11 à 15 €; 4 680 b.)** Au nez, du fruit rouge, frais et compoté. En bouche, des notes toastées et torréfiées signalent un séjour de 12 mois en barrique, mais l'élevage respecte le fruit. Un vin droit et frais, un peu sévère en finale. ⧗ 2023-2027

DOM. LES BERTINS, Dom. Les Bertins, 47120 Saint-Astier, tél. 06 47 47 10 46, contact@lesbertins.fr V *t.l.j. 9h-12h 14h-19h* Ⓑ

LE BONHOMME RICHARD
Cuvée John Paul Jones 2019 ★

■	1200		8 à 11 €

Fabrice Pauvert a plusieurs cordes à son arc : vigneron avec la reprise en 2007 du petit vignoble de sa belle-famille (10 ha), négociant avec la création de marques (Les Cours et Petit Sauvageon) et coopérateur (il dédie 5 ha de vignes à la cave). Il est aussi fondateur de la Caisse de solidarité des vignerons de Duras.

Une cuvée destinée à soutenir l'association qui s'est donné pour but de reconstruire la frégate Bonhomme Richard (anciennement nommée Duc de Duras). Un navire mis par Louis XVI à la disposition de l'Écossais John Paul Jones qui participa aux combats de l'indépendance américaine. Issu de merlot, ce vin arbore une robe profonde et libère des arômes intenses, d'une belle complexité, de cerise cuite, de cassis, de poivre et d'épices douces. Dans le même registre fruité et épicé, le palais se montre rond, un peu ferme en finale. ⧗ 2022-2026 ■ **2020 ★ (5 à 8 €; 3 000 b.)** Né de cabernets majoritaires et de merlot, un rosé saumon pâle au joli nez d'aubépine, de pêche blanche et de fraise et à la bouche souple et acidulée. ⧗ 2021-2022

SARL FASY, Le Grand Coup, 47120 Saint-Sernin, tél. 06 42 88 78 00, fabricepauvert47@gmail.com V *r.-v.*

♥ Ⓑ DOM. DE FERRANT Signature 2018 ★★

■	3500		15 à 20 €

Denis Vuillien, ex-ingénieur de travaux publics, et son épouse Marie-Thérèse ont opté pour une retraite active en reprenant ce domaine situé dans la vallée du Dropt : 13 ha de vignes (en bio certifié depuis 2018) et 9 ha de pruniers d'Ente qui donnent des pruneaux d'Agen.

Une signature qui garantit depuis plusieurs années une excellente qualité, puisque le 2016 de cette cuvée avait décroché lui aussi un coup de cœur. Le 2018 doit tout au merlot. Après un élevage de 12 mois en barrique, il affiche une robe sombre et livre au nez les nuances vanillées et torréfiées d'un bon boisé. Encore marquée de l'empreinte toastée du merrain, la bouche laisse augurer une longue garde par son acidité et sa persistance. ⧗ 2023-2029

DOM. DE FERRANT, Dom. de Ferrant, 47120 Esclottes, tél. 06 09 47 22 03, contact@domaineferrant.com V *t.l.j. 9h-18h* Ⓔ

♥ Ⓑ DOM. GRAND BOIS 2020 ★★

■	3000		5 à 8 €

Marque de la structure de négoce créée par Marie-Thérèse et Denis Vuillien, propriétaires du Dom. de Ferrant en côtes-de-duras.

Le millésime précédent avait manqué de peu le coup de cœur, son successeur l'obtient. Issu d'un assemblage différent (merlot, malbec et cabernet franc assemblés par tiers), il résulte d'un pressurage direct. D'un rose pastel, il délivre des senteurs de sureau, de violette et de pêche blanche d'une rare finesse. La pêche s'allie au miel et au safran dans une bouche tout en fraîcheur, à la finale acidulée. Pour l'apéritif comme pour des grillades. ⧗ 2021-2022

DOM. GRAND BOIS, Dom. de Ferrant, 47120 Esclottes, tél. 05 53 84 45 02, sas@domaineferrant.com V *t.l.j. 9h-18h* Ⓔ

SUD-OUEST

B DOM. KL Le Sud Sauvignon 2019 ★★

2000 | 11 à 15 €

En 2017, Philippe Klels, ancien industriel et chef d'entreprise belge, a racheté avec son épouse Marie-Agnès Lambotte un domaine en côtes-de-duras. Les nouveaux propriétaires ont engagé la restructuration du vignoble (en bio certifié depuis 2019) et la modernisation du chai.

Après un élevage de 9 mois en jarre et en fût, ce vin or pâle libère des senteurs subtiles de fleurs de citronnier et de fruits secs, mâtinées de la touche végétale caractéristique du cépage. Suave en attaque, intense, équilibré, de belle longueur, il finit sur des arômes de pêche de vigne et de litchi. Il pourrait vieillir un peu. ⧗ 2021-2025

DOM. KL, Route de la Lègue 1229, Lieu-dit Vignoble de la Lègue, 47120 Saint-Sernin-de-Duras, tél. 00 32 475493243, domainekl@gmail.com V r.-v.

DOM. DE LAPLACE Au fil du temps 2019 ★

9700 | 5 à 8 €

Jean-Luc Carmelli conduit depuis 1984 ce domaine de 36 ha régulier en qualité, créé en 1924 par son grand-père à Saint-Jean-de-Duras, sur les coteaux surplombant la vallée du Dropt. Cette ferme traditionnelle typique du pays de Duras se dédie non seulement à la viticulture, mais aussi à la culture de céréales et du tournesol, ainsi qu'à l'élevage de vaches Blondes d'Aquitaine.

Né de cabernet-sauvignon (60 %) et de merlot récoltés bien mûrs, ce vin s'ouvre à l'aération sur les fruits rouges rôtis et la mûre. La mise en bouche dévoile une matière ronde, ample et riche, fruitée et poivrée, équilibrée par une belle acidité. Un vin gourmand et harmonieux, qui conviendra aussi bien à une entrecôte qu'à une volaille rôtie. ⧗ 2022-2027

DOM. DE LAPLACE, Laplace, 47120 Saint-Jean-de-Duras, tél. 05 53 83 00 77, laplace.carmelli@wanadoo.fr V *t.l.j. 9h-12h 14h-18h*

CH. MOLHIÈRE Terroir des Ducs 2020 ★★★

17600 | 5 à 8 €

Au XVIe s., un nommé Lamolhière, venu au pays de Duras dévasté par la guerre de Cent Ans, obtint une tenure du baron de Duras et se convertit au protestantisme. Après la révocation de l'édit de Nantes, le domaine fut confisqué. Une exploitation acquise en 1950 par le Bordelais Claude Blancheton, qui a vendu son vin en bouteille dès 1967, et transmise à partir de 1993 à ses fils Patrick et Francis (ce dernier à la retraite depuis 2014). Agrandi, le vignoble est passé de 8 à 30 ha de vignes.

Ce rosé s'est placé sur les rangs pour le coup de cœur. Le merlot (70 %) et le cabernet-sauvignon qui le composent ont été vendangés la nuit puis ont fait l'objet d'une macération pelliculaire et d'un court élevage sur lies. Rose tendre, le vin s'ouvre sur l'acacia, la pêche blanche et les fruits exotiques. Très florale et acidulée, nuancée de touches de bonbon et de bourgeon de cassis, la bouche séduit par sa fraîcheur de l'attaque à la finale. ⧗ 2021-2022

CH. MOLHIÈRE, 1816, rte de Sainte-Foy-la-Grande , Le Boucaud, 47120 Duras, tél. 06 86 57 49 51, hello@molhiere.com V *t.l.j.10h-19h; visite sur r.-v.*

DOM. DE LA TUILERIE LA BREILLE 2020 ★

5800 | - de 5 €

Cette exploitation familiale en côtes-de-duras fait travailler 2 couples : Jean-Marie Ossard, arrivé en 1993, Dominique Patriarca et leurs conjoints respectifs. Le vignoble compte aujourd'hui 38 ha.

Bien qu'il soit issu de pressurage direct, ce rosé affiche une robe plutôt soutenue, aux reflets framboise. Intense et frais au nez, il mêle les fruits rouges et des notes florales, avec une touche végétale de bourgeon de cassis. Rond en attaque, puis tendu par une vivacité acidulée, de belle longueur, il sera agréable à l'apéritif ou avec des grillades de viande blanche. ⧗ 2021-2022

EARL DES MONTS-D'OR, La Tuilerie La Breille, 47120 Loubès-Bernac, tél. 06 18 36 90 24, latuilerie47@lgtel.fr V *t.l.j. sf dim. 8h-19h*

➜ LE PIÉMONT PYRÉNÉEN

MADIRAN

Superficie : 1 273 ha / Production : 61 738 hl

D'origine gallo-romaine, le madiran fut pendant longtemps le vin des pèlerins de Saint-Jacques-de-Compostelle, avant de retrouver la notoriété grâce à la gastronomie du Gers. Son aire de production, à quelque 40 km au nord-est de Pau, est à cheval sur trois départements : le Gers, les Hautes-Pyrénées et les Pyrénées-Atlantiques. Le cépage roi à l'origine de ce vin rouge est le tannat, complété par les cabernet franc (ou bouchy), cabernet-sauvignon et fer-servadou (ou pinenc). Les vignes, cultivées en demi-hautain, partagent les coteaux avec cultures et bosquets.

Les madiran traditionnels, à forte proportion de tannat, sont colorés et virils. Fort tanniques, ils supportent très bien le passage sous bois et doivent attendre quelques années. Avec l'âge, ils se montrent à la fois sensuels, charnus et charpentés. Lorsqu'ils sont moins riches en tannat et issus de cuvaisons plus courtes, les madiran sont plus souples et fruités. Ils peuvent alors être servis jeunes.

♥ CH. BARRÉJAT Cuvée des Vieux Ceps 2018 ★★★

48000 | 8 à 11 €

Quatre générations se sont succédé sur ce domaine qui commercialise sa production en bouteilles depuis 1967. Installé en 1992, Denis Capmartin exploite aujourd'hui 40 ha avec une belle régularité. Il a équipé son exploitation d'un nouveau

chai à barriques souterrain en 2008, avant de moderniser sa cuverie.

Vêtue d'une robe rouge soutenue entre rubis et grenat, c'est une cuvée puissante et de belle complexité qui se présente. Le nez marie les fruits rouges et noirs, la réglisse et les épices douces. En bouche, la chair ample et dense se structure autour de tanins fondus. Un grand madiran. ⧗ 2024-2030 ■ **Cuvée de l'Extrême 2018 ★★★ (11 à 15 €; 6600 b.)** Un 2018 séduisant par sa richesse, son étoffe et surtout sa grande élégance. ⧗ 2024-2030

SCEA DENIS CAPMARTIN, Ch. Barréjat, 32400 Maumusson-Laguian, tél. 05 62 69 74 92, deniscapmartin@laposte.net V *t.l.j. sf dim. 9h-12h 14h-18h*

DOM. BERTHOUMIEU Aulet 2019 ★

■ | 8 000 | | 20 à 30 €

Fondée vers 1850, cette propriété familiale a vu se succéder 6 générations. À la suite de son père Louis, Didier Barré, installé en 1983, a contribué au renouveau du madiran, dont il fut l'un des porte-étendards. En 2017, les sœurs Claire et Marion Bortolussi (filles d'Alain Bortolussi du Ch. Viella) ont pris en main les destinées de ce domaine phare de 25 ha en nouant un partenariat avec le négociant Lionel Osmin pour la conduite de l'exploitation et la commercialisation des cuvées.

Un vin au nez capiteux, sur le fruit à noyau, l'eau-de-vie de cerises ou de prunes. Au palais, il apparaît ample, corsé, chaleureux, mais les tanins sont déjà bien enrobés et la finale équilibrée. Un vin qui a de l'accent. ⧗ 2023-2028

DOM. BERTHOUMIEU, Dutour, 32400 Viella, tél. 05 62 69 74 05, contact@domaine-berthoumieu.com V *r.-v.*

CRU DU PARADIS Tradition 2018 ★★

■ | 50 000 | | 8 à 11 €

Créé au lendemain de la Grande Guerre, ce domaine est conduit depuis 1979 par Jacques Maumus, représentant la 3e génération. Ce dernier a remodelé le vignoble et porté sa superficie de 7 à 27 ha. Les parcelles sont réparties sur les communes de Saint-Lanne et de Madiran, dans les Hautes-Pyrénées. Plusieurs étiquettes : Cru du Paradis, Ch. Coulané.

Expressif et complexe, ce vin décline les fruits rouges et la réglisse (Zan). Il peut compter sur une chair dense et puissante, étayée par des tanins élégants pour être séduisant dès à présent, tout en continuant son évolution sur plusieurs années. ⧗ 2022-2026

SARL CRU DU PARADIS, 750, chem. du Paradis, 65700 Saint-Lanne, tél. 05 62 31 98 23, cru.du.paradis@wanadoo.fr V *r.-v.*

B DOM. DAMIENS Saint Jean 2019 ★★

■ | 11 000 | | 15 à 20 €

En 1970, André Beheïty, jeune agriculteur, achète un coteau en friche de 10 ha proche de son petit vignoble de 6 ha. Première vinification en 1971, aménagement du chai à barriques en 1987. Installé en 1999, son fils Pierre-Michel dispose de 17 ha de vignes, exploitées en bio.

Si la robe est intense, le nez l'est tout autant dans sa déclinaison de fruits mûrs (fraise et cerise). L'attaque est puissante, la matière dense et ronde, l'équilibre bien tenu. Les tanins mûrs préservent l'harmonie d'ensemble. Une remarquable typicité. ⧗ 2023-2030

SCEA BEHEÏTY, 2076, chem. departemental 317, 64330 Aydie, tél. 05 59 04 03 13, domainedamiens64@gmail.com V *t.l.j. 9h-12h 14h-19h; dim. sur r.-v.*

CH. DE FITÈRE Tradition 2019 ★

■ | 100 000 | | 5 à 8 €

Conduit par René Castets depuis 1978, épaulé par sa fille Karine depuis 2016, un domaine de 56 ha implanté sur les sols argilo-calcaires de Cannet, tout petit village du Gers. Si la propriété a changé de nom, on y cultive la vigne depuis le XVIIes.; la première production fut commercialisée en 1872 en barrique, pour des clients anglais.

Des nuances violines éclairent ce madiran délicatement fruité. La matière séduisante se structure autour de tanins présents sans excès, qui suffiront à assurer une moyenne garde. ⧗ 2023-2030

EARL VIGNOBLES FITÈRE, Saint-Jean, 32400 Cannet, tél. 05 62 69 82 36, rene.castets@gmail.com V *t.l.j. 8h30-12h 14h-19h; sam. dim. sur r.-v.*

DOM. DU MOULIÉ Mademoiselle Chiffre 2018 ★

■ | 8 000 | | 11 à 15 €

En gascon, *moulié* signifie « moulin » et « meunier ». Le domaine remonte au XVIIIes. Dans la famille depuis 1920, il borde l'ancien chemin menant au moulin du village situé sur le Bergons, petit affluent de l'Adour. Les 2 sœurs Charrier, Lucie (à la cave) et Michèle (à la vigne), y conduisent un vignoble de 16 ha selon des pratiques respectueuses de l'environnement (domaine certifié HVE et agriculture biologique pour les cépages du pacherenc).

Que bel éclat dans cette couleur et quelle ouverture dans l'expression aromatique de fruits rouges et noirs nuancés de réglisse! D'attaque suave, le corps fait preuve d'une puissance équilibrée et bénéficie de tanins fondus à souhait. ⧗ 2022-2028

EARL CHIFFRE-CHARRIER, Dom. du Moulié, 32400 Cannet, tél. 05 62 69 77 73, domainedumoulie@orange.fr V *t.l.j. 9h-12h30 14h-18h; dim. sur r.-v.*

♥ DOM. LES PYRÉNÉALES 2019 ★★

■ | 4 000 | | 8 à 11 €

Issu d'une lignée de vignerons, Nicolas Tortigue s'installe en 2013 sur le Dom. de Larroque, rebaptisé Pyrénéales, clin d'œil au massif pyrénéen et à ses enfants Pierre et Alan. Il conduit près de 8 ha de vignes.

De beaux accents de fruits mûrs invitent à poursuivre la découverte. Et c'est une nouvelle récompense qui attend le dégustateur, celle d'une

SUD-OUEST

matière ronde, équilibrée et remarquablement extraite, dotée de tanins mûrs. Un très beau modèle d'authenticité. ⧗ 2022-2028

SCEA DOM. LES PYRÉNÉALES, chem. de Las-Techeneres, 65700 Madiran, tél. 06 88 39 59 00, lespyreneales@orange.fr r.-v.

♥ DOM. SERGENT
Les Noyers 2018 ★★

■	11000		11 à 15 €

En 1902, Hubert Dousseau acquiert le domaine. Depuis 1995, Brigitte et Corinne, ses arrière-petites-filles, y conduisent un vignoble de 22 ha. Elles ont converti en gîte une petite maison gasconne au cœur des vignes et proposent, outre le vin, des foies gras, confits et autres magrets de canard.

Noire d'encre, certes, mais brillante : la robe est un premier indice d'une extraction judicieuse du raisin. Un deuxième indice est apporté par les arômes intenses de fruits mûrs rouges et noirs mûrs, de réglisse et d'épices. Et la matière riche, puissante et ronde de se révéler. C'est parfaitement construit, équilibré... On a tiré là le meilleur du terroir. ⧗ 2023-2030 ■ **2019** ★ (5 à 8 €; **100000 b.**) Du raisin à maturité, un élevage long, du fruit et une touche boisée, voici un vin de bonne composition. ⧗ 2023-2028

EARL DOUSSEAU, Dom. Sergent, 32400 Maumusson-Laguian, tél. 05 62 69 74 93, contact@domaine-sergent.com t.l.j. sf dim. 9h-18h30; sam. sur r.-v.

PACHERENC-DU-VIC-BILH

Superficie : 260 ha / Production : 10 510 hl

Né sur la même aire que le madiran, ce vin blanc est issu de cépages locaux (courbu, gros et petit mansengs, arrufiac) et bordelais (sauvignon); cet ensemble apporte une palette aromatique d'une extrême richesse. Tous les pacherenc sont gras et vifs. Suivant les conditions climatiques du millésime, ils sont secs ou moelleux. Les premiers, à boire jeunes, expriment les agrumes, les fruits exotiques et le miel. L'amande et la noisette s'ajoutent à cette gamme dans les moelleux, de moyenne garde.

CH. BARRÉJAT 2020 ★

■	17000		5 à 8 €

Quatre générations se sont succédé sur ce domaine qui commercialise sa production en bouteilles depuis 1967. Installé en 1992, Denis Capmartin exploite aujourd'hui 40 ha avec une belle régularité. Il a équipé son exploitation d'un nouveau chai à barriques souterrain en 2008, avant de moderniser sa cuverie.

Jaune paille à reflets or pâle, voici un pacherenc gourmand tant il est généreux en arômes de fruits compotés, de pêche de vigne, d'abricot ou de mangue. Après une attaque souple et veloutée, il livre une matière puissante et complexe, ronde, également pleine d'un fruité mûr. Une bonne fraîcheur et de beaux amers le soutiennent jusqu'à la finale épicée. Un vin plein de ressort. ⧗ 2021-2025

SCEA DENIS CAPMARTIN, Ch. Barréjat, 32400 Maumusson-Laguian, tél. 05 62 69 74 92, deniscapmartin@laposte.net t.l.j. sf dim. 9h-12h 14h-18h

DOM. BASSAIL Cuvée Muriel 2019 ★

■	1333		8 à 11 €

Patrick Berdoulet (3e génération) conduit depuis 1988 l'exploitation familiale située dans la commune de Viella, dans le Gers. D'une superficie totale de 14 ha, le domaine est dédié au madiran et au pacherenc-du-vic-bilh.

D'abord, les fruits à chair jaune, puis la gelée de coing, le miel et les fruits secs : jolie déclinaison d'arômes. En bouche, ce sont non seulement la finesse, la rondeur et le gras, mais aussi une touche de fraîcheur qui rendent ce vin avenant. Un curry de crevettes relevé au piment oiseau fera un bon accord. ⧗ 2021-2025

PATRICK BERDOULET, EARL Domaine Bassail, s32400 Viella, tél. 05 62 69 76 62, domaine.bassail@wanadoo.fr t.l.j. 9h-12h 14h30-18h30

DOM. BERNET 2019 ★★

■	5000		8 à 11 €

Au milieu du XVIIIe s., des ancêtres cultivaient quelques rangs de vignes, des céréales et élevaient du bétail. Le vignoble se développe à partir de 1935 et surtout après 1980, quand le père d'Yves Doussau décide de vendre le vin en bouteilles. Ce dernier prend sa suite en 1984 et plante des vignes blanches. Ses 11 ha sont répartis entre madiran et pacherenc-du-vic-bilh.

Des reflets vieil or, puis un nez intense de pâte de fruits et d'agrumes confits augurent un vin suave. Le palais en apporte la confirmation : le gras, les notes d'écorces d'orange et de cédrat confit, le boisé élégamment intégré, ainsi que la finale longue et fraîche ont tout pour séduire. Ce vin accompagnera une terrine de foie gras. ⧗ 2021-2026

EARL BERNET, Dom. Bernet, 32400 Viella, tél. 05 62 69 71 99, earl.bernet@wanadoo.fr t.l.j. 9h-12h 14h-19h

DOM. COURNET Cuvée du Prince 2020 ★

■	6600		8 à 11 €

Jean Tortigue, le père, et Nicolas, le fils, conduisent ensemble ce domaine situé sur la commune de Bétracq.

Le nom de Prince fait référence à la parcelle cadastrale où le raisin a été récolté. Jaune paille à reflets verts, ce 2020 arbore un nez délicat, floral et citronné. Il se révèle souple dès l'attaque, doucement parfumé, rond et cependant non dénué de fraîcheur. Un moelleux qui fera son petit effet aux côtés d'une tarte à la rhubarbe ou aux abricots et au romarin. ⧗ 2021-2025

DOM. COURNET, Chem. de las Techenères, 65700 Madiran, tél. 06 88 39 59 00, sasnicolas@orange.fr V r.-v.

DOM. DU CRAMPHIL Cuvée l'Estéla 2019 ★

| | 6523 | | 8 à 11 € |

Une maison béarnaise isolée, dominant un vallon agreste. L'exploitation se transmet depuis 4 générations et Bruno Oulié, ancien rugbyman et animateur sportif, a pris la relève en 1995. Le domaine compte 20 ha, dédiés au madiran, au pacherenc-du-vic-bilh et aux IGP du Comté tolosan.

Le nez intense de fruits jaunes et blancs laisse une impression de fraîcheur que le palais confirme dès l'attaque. Pas très sucré, c'est un vin bien fait, simple, destiné à toutes les occasions. 2021-2025

DOM. DU CRAMPILH, 14, chem. Lafitau, 64350 Aurions-Idernes, tél. 05 59 04 00 63, madirancrampilh@orange.fr V *t.l.j. sf sam. dim. 9h-12h30 14h-18h*

CAVE DE CROUSEILLES Perle de Givre 2020 ★★

| | n.c. | | 15 à 20 € |

La coopérative de Crouseilles a été créée en 1950, 2 ans après la reconnaissance en AOC du madiran et du pacherenc-du-vic-bilh. Elle a largement contribué au renouveau du grand vin rouge pyrénéen, dont elle fournit plus du tiers des volumes. Regroupant 130 vignerons, elle propose, outre le madiran, du pacherenc et du béarn.

Jaune pâle à reflets or blanc, ce pacherenc expressif évoque la citronnelle, le coing, la pêche blanche avec une touche de vanille. Il affiche une sucrosité parfaitement équilibrée par une subtile fraîcheur. Un équilibre qui se maintient sur toute la longueur, tandis que le fruit et le bois se répondent à l'unisson. Gourmand. 2021-2026 **Les Ombrages 2020** ★ **(8 à 11 €; n.c.)** Un pacherenc sec explosif sur le plan aromatique, frais et bien tendu en bouche. 2021-2025

CAVE DE CROUSEILLES, rte du Château, 64350 Crouseilles, tél. 05 62 69 66 77, m.darricau@crouseilles.fr V *t.l.j. sf dim. 9h-12h30 14h-18h*

B DOM. DAMIENS 2020 ★★

| | 4000 | | 8 à 11 € |

En 1970, André Beheïty, jeune agriculteur, achète un coteau en friche de 10 ha proche de son petit vignoble de 6 ha. Première vinification en 1971, aménagement du chai à barriques en 1987. Installé en 1999, son fils Pierre-Michel dispose de 17 ha de vignes, exploitées en bio.

De teinte pâle nuancée d'or et d'argent, c'est un 2020 ouvert et frais qui se dévoile d'emblée, empreint d'arômes de fruits à chair blanche (poire) et d'ananas. Après une attaque explosive et fraîche, il apparaît rond et suave, tout en bénéficiant d'une trame minérale fraîche. Le fruité persiste, accompagné de jolis amers de zestes confits. Un vrai plaisir. 2021-2025

SCEA BEHEÏTY, 2076, chem. departemental 317, 64330 Aydie, tél. 05 59 04 03 13, domainedamiens64@gmail.com V *t.l.j. 9h-12h 14h-19h; dim. sur r.-v.*

CH. DE FITÈRE
Cuvée Karine 2019 ★★

| | 16000 | | 8 à 11 € |

Conduit par René Castets depuis 1978, épaulé par sa fille Karine depuis 2016, un domaine de 56 ha implanté sur les sols argilo-calcaires de Cannet, tout petit village du Gers. Si la propriété a changé de nom, on y cultive la vigne depuis le XVII[e]s.; la première production fut commercialisée en 1872 en barrique, pour des clients anglais.

Puissant et riche, le nez décline aussi bien des notes florales et miellées que des accents de noisette et de pâte de coing. En bouche, une perle de fraîcheur vient tempérer une liqueur très présente et délicieusement parfumée. La finale sapide tire profit de légers amers. Un pacherenc original, mais séduisant. 2021-2025

EARL VIGNOBLES FITÈRE, Saint-Jean, 32400 Cannet, tél. 05 62 69 82 36, rene.castets@gmail.com V *t.l.j. 8h30-12h 14h-19h; sam. dim. sur r.-v.*

B DOM. LABRANCHE LAFFONT 2019 ★★★

| | 15000 | | 11 à 15 € |

Le domaine familial remonte à la Révolution. Jeune œnologue, Christine Dupuy s'installe en 1992 sur l'exploitation. Elle porte sa superficie de 6 à 21 ha et, surtout, s'impose comme l'une des valeurs sûres des appellations madiran et pacherenc. Son trésor : 50 ares de vignes préphylloxériques. Vignoble en bio certifié depuis 2014.

Chatoyante est la robe à reflets d'or et d'argent. Puissant est le nez de fruits à chair blanche (pomme, poire, coing) et jaune (abricot), de fruits compotés, ainsi que de tilleul et d'épices douces (vanille, cannelle). L'attaque est explosive, minérale et fraîche, puis le palais évolue vers une sensation de velours. La longue finale sur les agrumes confits offre aussi une savoureuse minéralité. Un vin complexe et déjà magnifique, que l'on peut encore laisser en cave. Un accord avec du riz au lait soufflé, au caramel et à l'orange est bien tentant. 2021-2025

EARL CHRISTINE DUPUY, Dom. Labranche Laffont, 32400 Maumusson-Laguian, tél. 05 62 69 74 90, christine.dupuy@labranchelaffont.fr V *t.l.j. 9h-12h30 14h-19h; dim. sur r.-v.*

CH. LAFFITTE-TESTON Ericka 2019 ★

| | 30000 | | 11 à 15 € |

Jean-Marc Laffitte a acquis en 1983 ce domaine qui compte aujourd'hui 50 ha. Il possède un chai souterrain de 600 barriques et expérimente le vieillissement de ses madiran en fût, à 800 m de profondeur au fond des grottes de Bétharram. Ses enfants Ericka et Joris l'épaulent désormais.

Une cuvée régulièrement distinguée, qui dans le millésime 2019 inspire un plaisir délicat grâce à ses nuances florales et ses accents de zeste d'agrumes. La bouche allie douceur et fraîcheur, entre arômes de fruits mûrs et notes végétales, toujours sur le fil de l'équilibre. Pour des fromages à pâte fleurie ou une crème au beurre d'agrumes. 2021-2025 **Rêve d'Automne 2019** ★ **(15 à 20 €; 20000 b.)** Un pacherenc moelleux élevé en barrique, subtil et bien équilibré, à la saveur acidulée. 2021-2026

SARL JEAN-MARC LAFFITTE, Ch. Laffitte-Teston, A Teston, 32400 Maumusson-Laguian, tél. 05 62 69 74 58, info@laffitte-teston.com V *t.l.j. sf dim. 9h-12h30 14h-18h30*

♥ DOM. DE MAOURIES Grains d'Hiver 2020 ★★★

3000 | 11 à 15 €

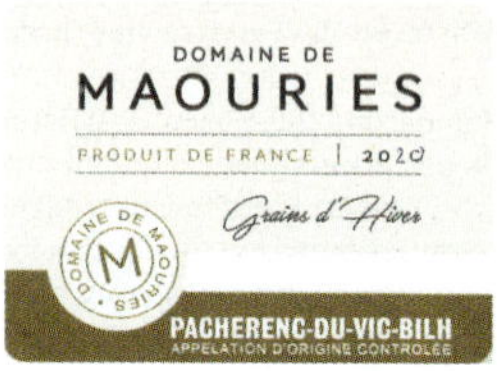

Fondé en 1907, le Dom. de Maouries compte aujourd'hui 27 ha de vignes, répartis sur 3 communes et 25 parcelles. Si Jacqueline et André Dufau s'activent toujours sur l'exploitation, ce sont leurs 3 enfants, Philippe, Pascal et Isabelle qui en assurent la gestion, avec la nouvelle génération (Claire, ingénieur agronome). La carte des vins propose 3 AOC (pacherenc, madiran et saint-mont) et des IGP Côtes de Gascogne.

La robe doré intense aux nuances cuivrées séduit d'emblée. Il en va de même des arômes intenses de fruits confits, d'écorces d'agrumes et de gelée de coing. La tentation est grande, dès lors, de s'attarder sur les sensations au palais : liqueur parfumée, boisé parfaitement maîtrisé, longue finale subtilement toastée et doux amers. ⧗ 2021-2026

GAEC DOM. DE MAOURIES, Maouries, 32400 Labarthète, tél. 05 62 69 63 84, domainemaouries@gmail.com V *r.-v.*

VIGNOBLES MARIE MARIA Novel 2020 ★

n.c. | 8 à 11 €

Une structure coopérative créée par des vignerons de la cave de Crouseilles dans le but de proposer des madiran tout en fraîcheur, loin de l'archétype de l'appellation privilégiant la puissance et la concentration. À sa carte figurent aussi des pacherenc-du-vic-bilh. Le nom des vins de cette gamme évoque l'abbaye bénédictine de Madiran (devenue paroisse Sainte-Marie), qui a contribué à l'essor du vignoble.

Sous une teinte paille se distingue un nez délicat de fleurs blanches, de fruits à chair blanche et de zeste d'agrumes confits. Au palais, l'impression de douceur est immédiate, puis trouve un faire-valoir dans une juste fraîcheur. Le fruit exotique se précise et reste en mémoire. Un vin gourmand et velouté. Le début de repas sera la bonne occasion de l'apprécier. ⧗ 2021-2025 ■ **Lutz 2020 ★ (11 à 15 €; n.c.)** Un moelleux original, moderne aux accents de buis et d'agrumes, doux et frais à la fois. ⧗ 2021-2025

VIGNOBLE MARIE MARIA, rte de Madiran, 64350 Crouseilles, tél. 05 62 69 66 77, m.darricau@crouseilles.fr V *t.l.j. sf sam. dim. 9h-12h 14h-18h*

CH. DU POUEY 2020 ★

3500 | 5 à 8 €

Exploité en famille depuis 4 générations, ce domaine de 24 ha, conduit par Bastien Lannusse depuis 2012, est situé sur les hauteurs de Viella, face à la chaîne des Pyrénées. Le jeune vigneron, qui propose madiran, pacherenc et IGP côtes-de-gascogne, développe l'œnotourisme.

Jaune pâle et reflets d'argent, ce 2020 est légèrement sur la retenue. Il distille d'abord des senteurs anisées et mentholées, puis laisse entrevoir des notes fruitées de nectarine et d'agrumes. En bouche, c'est sa fraîcheur citronnée, une touche épicée et végétale, puis la finale minérale qui retiennent l'attention. Un vin fringant destiné à des huîtres ou à des coquilles Saint-Jacques. ⧗ 2021-2025

EARL LANNUSSE, Ch. du Pouey, 32400 Viella, tél. 06 31 82 96 91, ch.pouey@orange.fr V *t.l.j. 9h-12h30 14h-19h; sam. dim. sur r.-v. f. 17 au 25 août.*

DOM. SERGENT 2020 ★

6000 | 5 à 8 €

En 1902, Hubert Dousseau acquiert le domaine. Depuis 1995, Brigitte et Corinne, ses arrière-petites-filles, y conduisent un vignoble de 22 ha. Elles ont converti en gîte une petite maison gasconne au cœur des vignes et proposent, outre le vin, des foies gras, confits et autres magrets de canard.

Des reflets d'argent brillent dans le verre. Au nez flotte un parfum de bonbon Arlequin, de poire et de vanille, tandis qu'en bouche, juteuse et fraîche, ce sont les nuances florales et des accents d'agrumes qui se font écho. Un pacherenc délicat. ⧗ 2021-2025

EARL DOUSSEAU , Dom. Sergent, 32400 Maumusson-Laguian, tél. 05 62 69 74 93, contact@domaine-sergent.com V *t.l.j. sf dim. 9h-18h30; sam. sur r.-v.*

STRATÉUS 2019 ★★

4000 | 15 à 20 €

En 2014, Simon Ribert reprend le vignoble de son grand-père, environ 3 ha à Madiran. C'est en cultivant avec ce dernier des vignes de 80 ans qu'il a conforté sa vocation de vigneron. Il s'est formé un an au Ch. Montus. Ses vins sont d'ailleurs pour l'heure vinifiés à la coopérative de Castelnau-Rivière-Basse en partenariat avec les vignobles d'Alain Brumont. Il applique la démarche biodynamique sans label, en « artisan vigneron ». En 2019, à 26 ans, il présente son premier millésime et fait son entrée dans le Guide.

Bien ouvert, ce pacherenc livre sans embages des senteurs de confiseries, de bonbon anglais, de pâte de fruits et d'agrumes. Il se montre rond et frais à la fois au palais, offrant une gamme plaisante de pêche, d'agrumes, de noisette et d'amande. L'ensemble est soutenu par la minéralité et de jolis amers. Au menu : omble chevalier façon meunière aux amandes. ⧗ 2021-2025

EARL DES 4 V, 7, imp. Congalinon, 65700 Madiran, tél. 06 76 54 13 21, strateus.madiran@gmail.com V *r.-v.*

CH. VIELLA Séraphin 2020 ★★

10000 | 8 à 11 €

Propriété de la famille depuis 1952, conduite par Alain Bortolussi depuis 1982, épaulé par ses filles Claire et Marion (qui ont repris le Dom. Berthoumieu), l'exploitation tire son nom de la commune gersoise où elle est implantée. Bien restauré, un vrai château du XVIIIes., dominant un coteau viticole, des caves voûtées abritant le chai à barriques; 25 ha de vignes et des vins (madiran et pacherenc) souvent en vue.

Un vin expressif et bien affiné, joli mariage du fruit et du bois : ananas et agrumes confits, pomme cuite, cannelle.

Le palais repose sur un subtil équilibre entre le gras et la fraîcheur, avec une allonge notable sur la minéralité. Harmonieux. ⧗ 2021-2025 ■ **Dom. Berthoumieu Pierre de Grès 2020 ★ (11 à 15 €; 6500 b.)** Une cuvée fraîche et séveuse qui évoque les fruits du verger, avant une touche de douceur vanillée en finale. Un plaisir authentique. ⧗ 2021-2025

SCEA CH. DE VIELLA, 54, chem. Delalariou, 32400 Viella, tél. 05 62 69 75 81, contact@chateauviella.fr V t.l.j. sf sam. 8h-12h 14h-18h30; dim. sur r.-v.

SAINT-MONT

Superficie : 1 149 ha
Production : 76 724 hl (80 % rouge et rosé)

Consacré AOVDQS en 1981 sous le nom de côtes-de-saint-mont, le saint-mont a accédé trente ans plus tard à l'AOC. Prolongement vers l'est du vignoble de Madiran, il tire son nom et son origine d'une abbaye fondée au XI[e]s. et a connu une renaissance à partir de 1970. Le cépage rouge principal est encore ici le tannat, les cépages blancs, vinifiés en secs, se partageant entre la clairette, l'arrufiac, le courbu et les mansengs. L'essentiel de la production est assuré par l'union dynamique des caves coopératives Plaimont. Les rouges sont colorés et corsés, rapidement ronds et plaisants, les rosés, fins et fruités, les blancs secs et nerveux.

DOM. DE MAOURIES Première vendange 2018 ★

■ | 8000 | | 8 à 11 €

Fondé en 1907, le Dom. de Maouries compte aujourd'hui 27 ha de vignes, répartis sur 3 communes et 25 parcelles. Si Jacqueline et André Dufau s'activent toujours sur l'exploitation, ce sont leurs 3 enfants, Philippe, Pascal et Isabelle qui en assurent la gestion, avec la nouvelle génération (Claire, ingénieur agronome). La carte des vins propose 3 AOC (pacherenc, madiran et saint-mont) et des IGP côtes-de-gascogne.

Une cuvée naturelle et friande. Au nez expressif de cerise griotte répond une bouche souple et gouleyante, qui prend de l'ampleur en finale avec un bon retour des arômes. ⧗ 2022-2025

GAEC DOM. DE MAOURIES, Maouries, 32400 Labarthète, tél. 05 62 69 63 84, domainemaouries@gmail.com V r.-v.

♥ PLAIMONT L'Empreinte 2018 ★★

■ | n.c. | | 11 à 15 €

Le groupe Plaimont est le fruit d'une association de 3 caves qui, en 1979, unirent leurs initiales (PL pour Plaisance, AI pour Aignan et MONT pour Saint-Mont) pour créer ce leader des vins du Sud-Ouest produisant 40 millions de bouteilles par an. Rejoint en 1999 par les caves de Condom et de Crouseilles, Plaimont représente 98 % de l'appellation saint-mont, environ la moitié des AOC madiran et pacherenc-du-vic-bilh ainsi que des IGP côtes-de-gascogne. Un acteur de poids.

Une cuvée très structurée en raison de l'assemblage (tannat, pinenc, cabernet-sauvignon) et de l'élevage (4 mois de cuve et 12 mois de fût). Le nez complexe décline les fruits noirs et le toasté avec des notes épicées. La bouche apparaît solide, certes, mais ronde car les tanins sont bien maîtrisés. Les arômes s'expriment en toute cohérence, jusqu'à la finale poivrée. Pour maintenant et surtout pour demain. ⧗ 2022-2028 ■ **Les Vignes retrouvées 2019 ★ (8 à 11 €; n.c.)** Un gros manseng enrichi d'arrufiac qui affiche un nez original de beurre et d'amande. Tout velouté au palais, il s'oriente alors vers des arômes d'agrumes et de poivre. ⧗ 2021-2024 ■ **Monastère de Saint-Mont 2018 ★ (15 à 20 €; n.c.)** Un 2018 au nez de fraise et de cacao, déjà velouté, mais qui a suffisamment de structure pour durer. ⧗ 2022-2026

PLAIMONT, 199, rte de Corneillan, 32400 Saint-Mont, tél. 05 62 69 62 87, l.mene-castillou@plaimont.fr V t.l.j. sf sam. dim. 9h-12h 14h-18h

CH. SAINT-GO 2019 ★★

■ | n.c. | | 8 à 11 €

La coopérative des Vignerons de Gascogne appartient au groupe Plaimont Producteurs, acteur de poids des vins du Piémont pyrénéen produisant 40 millions de bouteilles par an.

Une cuvée de gourmandise, au nez très expressif de fruits jaunes bien mûrs avec des notes florales. La bouche pleine de sève, à la fois minérale et fruitée (fruits exotiques), laisse une impression friande durable. ⧗ 2021-2025 ■ **L'Absolu des 3 Terroirs 2019 ★★ (11 à 15 €; n.c.)** Un nez d'agrumes épicés et une bouche explosive qui persiste remarquablement sur le citron. ⧗ 2021-2024 ■ **2018 ★ (8 à 11 €; n.c.)** Nez puissant de chocolat et de fruits noirs. Bouche veloutée et pulpeuse. ⧗ 2022-2026 ■ **Les Hauts de Bergerelle 2019 ★ (8 à 11 €; n.c.)** Un vin déjà très agréable par ses arômes de cassis et sa matière ronde, sur fond de chocolat. ⧗ 2021-2025

VIGNOBLE DE GASCOGNE, rte d'Orthez, 32400 Saint-Mont, tél. 05 62 69 62 87, l.mene-castillou@plaimont.fr V t.l.j. sf sam. dim. 9h-12h 14h-18h

TURSAN

Superficie : 300 ha
Production : 16 532 hl (82 % rouge et rosé)

Autrefois vignoble d'Aliénor d'Aquitaine, le terroir de Tursan s'étend essentiellement dans les Landes, sur les coteaux de l'est de la Chalosse, autour d'Aire-sur-Adour et de Geaune. Il produit des vins dans les trois couleurs. Les plus intéressants sont les blancs, issus principalement d'un cépage original, le baroque. Des vins secs et nerveux, au parfum inimitable. Longtemps classé en AOVDQS (appellation d'origine vin délimité de qualité supérieure), il a accédé à l'AOC à la disparition des AOVDQS en 2011.

SUD-OUEST

♥ LES VIGNERONS LANDAIS
Secret de Tursan 2020 ★★

	2500		11 à 15 €

Cette coopérative fondée en 1958 regroupe aujourd'hui quelque 150 vignerons sur les terroirs de Tursan et de Chalosse, dans le sud des Landes. Elle dispose de 500 ha et vinifie 95 % de l'AOC tursan.

Une cuvée authentique structurée autour du gros manseng, avec une petite moitié de baroque pour bien l'ancrer dans l'appellation. Elle affiche un nez complexe et élégant de fleurs jaunes d'abord, puis d'abricot. Gourmande, elle se livre ronde et fraîche au palais, avec une longue finale. Joli vin de repas. ⧗ 2022-2024 ■ **Expression 2020 ★ (8 à 11 €; 15000 b.)** Un nez plaisant d'agrumes et de pêche blanche, puis une bouche harmonieuse sur la fraîcheur et les fruits exotiques font de ce 2020 un vin typé, à servir à l'apéritif ou en hors-d'œuvre (tartare de truite, par exemple). ⧗ 2022-2024 ■ **Ch. Bourda Élevé en fût de chêne 2019 ★ (5 à 8 €; 70000 b.)** Un assemblage des cabernets et de tannat élevé une année en fût. Le nez complexe et expressif décline les fruits noirs bien mûrs et la cerise à l'eau-de-vie. Le boisé complète la palette avec des notes de vanille et de moka. La bouche est très structurée autour du tannat, avec des tanins déjà veloutés. La finale longue revient sur les fruits noirs rehaussés de réglisse et poivre. ⧗ 2022-2025

LES VIGNERONS LANDAIS TURSAN-CHALOSSE, 30, rue Saint-Jean, 40320 Geaune, tél. 05 58 44 51 25, technique@tursan.fr V *t.l.j. sf dim. 9h-12h 14h30-17h30*

BÉARN

Les vins du Béarn peuvent être produits sur trois aires séparées. Les deux premières coïncident avec celles du jurançon et du madiran. La troisième comprend les communes qui entourent Orthez, Salies-de-Béarn et Bellocq. Reconstitué après la crise phylloxérique, le vignoble occupe les collines prépyrénéennes et les graves de la vallée du Gave. Les cépages rouges sont constitués par le tannat, les cabernet-sauvignon et cabernet franc (bouchy), les anciens manseng noir, courbu rouge et fer-servadou. Les vins sont corsés et généreux, les rosés vifs et délicats, avec des arômes fins de cabernet et une bonne structure en bouche.

BAYAA 2019 ★★

	33000		5 à 8 €

Fondée en 1949, la cave de Gan réunit 750 ha de vignes, soit plus de 250 viticulteurs. Elle fournit plus de la moitié des volumes de l'appellation jurançon et joue aussi un rôle majeur dans l'AOC béarn. Elle propose ses vins de marque et des vins de propriétés élaborés par ses soins. Un acteur incontournable du vignoble du piémont pyrénéen.

Une fraîcheur et un fruité gourmands font tout l'attrait de ce vin souple et bien équilibré. La pointe d'amertume en finale lui apporte du relief et signale qu'il a encore du potentiel. Pour une côte de veau du Gers. ⧗ 2022-2026 ■ **Qu'Aïmary 2019 ★ (- de 5 €; 66000 b.)** Des fruits frais à l'envi et de la fraîcheur. Les tanins ont encore leur mot à dire en finale, mais ce n'est que jeunesse. L'harmonie est déjà en place. ⧗ 2022-2026 ■ **Dom. Lamazou 2020 ★ (- de 5 €; 13200 b.)** Un rosé légèrement orangé, qui livre généreusement ses arômes de framboise et fruits exotiques. Il est souple, frais, avec en prime une jolie petite rondeur en milieu de bouche. ⧗ 2021-2022

CAVE DE GAN JURANÇON, 53, av. Henri-IV, 64290 Gan, tél. 05 59 21 57 03, cave@cavedejurancon.com V *r.-v.*

JURANÇON

«Je fis, adolescente, la rencontre d'un prince enflammé, impérieux, traître comme tous les grands séducteurs : le jurançon», écrit Colette. Célèbre depuis qu'il servit à Pau au baptême d'Henri IV, le jurançon est devenu le vin des cérémonies de la maison de France. On trouve ici les premières notions d'appellation protégée – car il était interdit d'importer des vins étrangers – et même une hiérarchie des crus, puisque toutes les parcelles étaient répertoriées suivant leur valeur par le parlement de Navarre. Comme les autres vins de Béarn, le jurançon, alors rouge ou blanc, était expédié jusqu'à Bayonne, au prix de navigations parfois hasardeuses sur les eaux du Gave. Très prisé des Hollandais et des Américains, le jurançon connut une éclipse avec la crise phylloxérique. La reconstitution du vignoble fut effectuée avec les méthodes et les cépages anciens, sous l'impulsion de la Cave de Gan et de quelques propriétaires.

Ici plus qu'ailleurs, le millésime revêt une importance primordiale, surtout pour les jurançon moelleux qui demandent une surmaturation tardive par passerillage sur pied. Les cépages traditionnels, uniquement blancs, sont le gros et le petit mansengs, et le courbu. Les vignes sont cultivées en hautains pour échapper aux gelées. Il n'est pas rare que les vendanges se prolongent jusqu'aux premières neiges.

Le jurançon sec est un blanc de couleur claire à reflets verts, très aromatique, avec des nuances miellées. Les jurançon moelleux ont une couleur dorée, des arômes complexes de fruits exotiques (ananas et goyave) et d'épices (muscade et cannelle), et offrent un bel équilibre acidité-liqueur. Ils peuvent vieillir très longtemps et donner de grandes bouteilles qui accompagneront un repas.

DOM. BARRERE
Cancaillaü Crème de Tête 2019 ★

	18000		11 à 15 €

La maison est sise sur la place de l'église à Lahourcade. Anne-Marie Barrère, épaulée par sa sœur et sa mère, gère un vignoble de 16 ha répartis sur deux terroirs : le Clos Cancaillaü et le Clos de la Vierge. Très régulier en qualité.

Un vin de belle présence aromatique sur les fruits exotiques. Il bénéficie également d'une texture crémeuse, équilibrée, et d'une finale persistante tout en fraîcheur. ⧗ 2021-2030

DOM. BARRÈRE, 4, rte de Monein, 64150 Lahourcade, tél. 05 59 60 08 15, earl.barrere@orange.fr V *t.l.j. sf dim. 8h-19h; f. 1/10 au 15/11.*

DOM. BAYARD
Papilles d'Ucha 2019 ★★

	800		15 à 20 €

Avec sa charpente de bois, la nouvelle salle de dégustation de ce domaine de Monein évoque vaguement la toiture en chêne, en forme de coque de navire renversée, de l'église du village. La propriété (6 ha, dont 3 ha de vignes) a été rachetée en 2016 par Rose et Louis Laborde – ce dernier enfant du pays et fondateur d'une PME locale de sous-traitance aéronautique.

Des reflets or dans le verre, des senteurs intenses de buis et de fruits exotiques, auxquelles d'ajoutent une légère touche boisée : ce vin a plus d'un atout dès le prime abord. Après une attaque souple, il flatte le palais par sa matière ronde et grasse équilibrée par une fraîcheur montante qui favorise la persistance des arômes d'agrumes et d'acacia. ⧗ 2021-2025

SCEA LABORDE-BAYARD, chem. Pierrette, Quartier Ucha, 64360 Monein, tél. 06 20 58 43 20, laborde-bayard@gmail.com V *t.l.j. sf sam. dim. 8h-19h*

♥ DOM. BORDENAVE
Les Copains d'abord 2019 ★★★

	19 000		8 à 11 €

Implantée à Monein, au cœur de l'appellation jurançon, cette propriété familiale se transmet depuis 1676. Elle élabore ses propres vins depuis que Gisèle Bordenave, œnologue, l'a reprise en 1993.

L'or intense de ce 2019 mérite que l'on s'y attarde. Il faut prendre le temps de savourer les bonnes choses. La même démarche sera suivie pour apprécier les arômes intenses et complexes de fruits secs et de fruits exotiques confits accompagnés d'une note de truffe blanche. Puis vient le temps de goûter... Du volume, une harmonie sans faille entre douceur et fraîcheur, puis une finale qui s'étire, soutenue par de jolis amers. Ce jurançon a de la conversation. ⧗ 2021-2030 **Encore et encore 2019 ★ (11 à 15 €; 35000 b.)** Ⓑ Un moelleux floral et porté sur les agrumes, doté d'une grande fraîcheur et persistant. Très sympathique. ⧗ 2021-2027

DOM. BORDENAVE, 245, rte d'Ucha, 64360 Monein, tél. 05 59 21 34 83, contact@domaine-bordenave.com V *t.l.j. 9h-19h; dim. sur r.-v.*

DOM. BURGUÉ-SÉRÉ
Petit Jardin 2019 ★★

	8000		11 à 15 €

Fondé en 1807 et conduit depuis 2010 par Benoît et Sébastien Séré, ce domaine familial de 7,5 ha est implanté sur les coteaux environnant le petit village de Saint-Faust. Il propose non seulement des jurançon, mais aussi des vins rouges nés de tannat et de cabernets. Il est certifié Terra Vitis.

Le nez ouvert et franc offre une jolie expression du petit manseng (agrumes et fruits exotiques) légèrement boisée. L'attaque est souple, la matière intense. Le fruit et le boisé se marient harmonieusement et la persistance aromatique est remarquable. Une typicité triomphante. ⧗ 2021-2026 **La Palombière 2019 ★★ (15 à 20 €; 4000 b.)** Un pur petit manseng sec, gourmand, souple et largement épicé. ⧗ 2021-2025 **C'est en octobre 2018 ★★ (11 à 15 €; 14000 b.)** Un moelleux onctueux, parfumé de fruits compotés ou confits. La fraîcheur qui se relève en finale est à son avantage. ⧗ 2021-2030

DOM. BURGÉ SÉRÉ, chem. Labiste-Bassot, 157, Maison Burgué, 64110 Saint-Faust, tél. 05 59 83 06 40, jeannot.sere@orange.fr V *t.l.j. 8h30-19h*

DOM. DE CABARROUY
Classique 2018 ★

	9000		11 à 15 €

Dans les années 1980, Patrice Limousin, alors jeune vigneron dans la région nantaise, rencontre Freya Skoda, une étudiante berlinoise venue faire les vendanges. Le couple achète en 1988 ce domaine à l'abandon, replante les vignes, restaure la demeure du XVIIIes. et aménage un chai. Le vignoble compte aujourd'hui environ 5 ha.

Jaune pâle à reflets verts, c'est un jurançon frais et croquant, porté par des notes d'agrumes, de rhubarbe, un peu guimauve aussi. En bouche, l'expression fruitée et acidulée demeure intacte, et l'on apprécie pleinement le relief apporté par la fraîcheur ainsi que la persistance des arômes d''abricot. ⧗ 2021-2030

DOM. DE CABARROUY, 448, chem. Cabarrouy, 64290 Lasseube, tél. 05 59 04 23 08, domaine.cabarrouy@orange.fr V *t.l.j. sf dim. 10h-12h30 14h-18h30. dim. sur r.-v.*

DOM. CAPDEVIELLE
Brise Océane 2020 ★

	5500		5 à 8 €

Fondée en 1847, cette propriété familiale est installée à Monein, en AOC jurançon, dans une ferme béarnaise avec vue sur les Pyrénées. Le grand-père commence à faire du vin (rouge), son fils commence les mises en bouteilles. Didier Capdevielle (3e génération) prend le relais en 1995 et aménage un chai ; il conduit 12 ha de vignes. Le domaine est certifié HVE depuis 2019.

Ce 2020 mêle harmonieusement les fleurs blanches et les agrumes au nez comme en bouche. Franc, il est animé par une juste vivacité qui soutient la finale. Typique. ⧗ 2021-2025

DOM. CAPDEVIELLE, 7, chem. Lamarche, quartier Coos, 64360 Monein, tél. 05 59 21 30 25, contact@domaine-capdevielle.com V *t.l.j. sf dim. 8h30-12h 13h30-18h*

DOM. CASTÉRA
Caubeigt 2019 ★

	5000		15 à 20 €

Achetée en 1895 par un trisaïeul de l'actuel propriétaire, cette ferme béarnaise fondée au XVIIIes. a

SUD-OUEST

longtemps accueilli veaux, vaches, cochons, couvées. Les blondes d'Aquitaine paissent tout à côté ; les champs de maïs ont disparu, et le vignoble a gagné du terrain (12 ha) avec l'arrivée de Christian Lihour. Son fils Franck, qui l'a rejoint en 2014, est aujourd'hui aux commandes.

Une robe d'or et d'argent, soutenue. Le nez est marqué par l'élevage en fût sous des accents grillés, toastés, en laissant tout de même s'exprimer le fruit. En bouche, beaucoup d'amplitude, de souplesse, de douceur, et un peu de gourmandise autour du boisé ; en finale, juste une touche de fraîcheur pour l'allonge. Un moelleux opulent. ⧗ 2021-2030

DOM. CASTÉRA, quartier Ucha, 64360 Monein, tél. 05 59 21 34 98, contact@domainecastera.fr r.-v.

LES CAUSERIES DU CINQUAU 2020 ★

15 000 | 8 à 11 €

Germain Laborde est le directeur et le maître de chai de cette très ancienne maison (on en trouve trace peu après la mort d'Henri IV), propriété de la famille Saubot. En 1985, Pierre Saubot y a fait renaître la viticulture, tournée vers la vente directe. Couvrant 13 ha, l'exploitation a entrepris sa conversion en agriculture biologique en 2019.

Les reflets verts annoncent bien toute la fraîcheur de ce 2020. Et c'est sans surprise que l'on perçoit des senteurs d'agrumes et de fruits jaunes. L'attaque est plutôt vive, la bouche fraîche, au fruit bien renouvelé. Elle persiste sur les notes de fruits exotiques. ⧗ 2021-2024 **2019 ★ (8 à 11 €; 15 000 b.)** Un vin plaisant, net, équilibré, animé par les fruits exotiques et de jolis amers. ⧗ 2021-2028

DOM. DU CINQUAU, chem. du Cinquau, 64230 Artiguelouve, tél. 05 59 83 10 41, vins@cinquau.fr t.l.j. sf dim. 9h-12h 14h-18h

CLOS BELLEVUE
Cuvée Spéciale 2019 ★

800 | 15 à 20 €

Chez les Muchada, on cultive les terres familiales de père en fils depuis longtemps – 40 ha de prairies et de champs, dont 11 ha de vignes. En 2003, Olivier, le fils, est revenu s'installer sur la propriété, aidé de son père et de son frère Romain.

Couleur intense, brillante, à reflets verts. Nez fin qui distille des senteurs de fruits exotiques. Un bonne introduction à la dégustation, en somme. En bouche, la souplesse et l'équilibre entre fraîcheur et gras sont des plus convaincants et l'on apprécie en finale le retour plus marqué sur les fruits exotiques, les agrumes et un doux boisé. ⧗ 2021-2026

CLOS BELLEVUE, 146, chem. des Vignes, 64360 Cuqueron, tél. 05 59 21 34 82, contact@clos-bellevue-jurancon.com r.-v.

DOM. COUSTARRET
Anie d'Ange 2019 ★

4 200 | 11 à 15 €

Sur les coteaux de Lasseube, au sud de Pau, ce petit domaine de 5 ha est installé en altitude, à 380 m, face aux Pyrénées. Fondé en 1842, il est conduit depuis 1995 par Sébastien Bordenave-Coustarret. Après avoir suivi pendant 5 ans la démarche de l'agriculture biologique, il a engagé en 2017 la conversion de son exploitation et produira en 2020 son premier millésime bio.

Les arômes montent en puissance au fil des minutes, évocateurs de fruits à chair blanche. La bouche de bonne ampleur trouve un juste équilibre entre douceur et fraîcheur, ce qui ravive la palette aromatique. ⧗ 2021-2030 **Cuvée Renaissance 2020 ★ (11 à 15 €; 15 000 b.)** Ⓑ Un jurançon sec dont les senteurs de figue et de miel témoignent d'une forte maturité. ⧗ 2021-2026

DOM. COUSTARRET, 411, chem. Ranque, 64290 Lasseube, tél. 05 59 21 72 66, domainecoustarret@wanadoo.fr t.l.j. sf dim. 9h-12h30 13h30-18h. dim. sur r.-v.

♥ CH. JOLYS 2020 ★★

60 000 | 8 à 11 €

Les domaines Latrille se composent de deux propriétés en jurançon. Le berceau est le Ch. Jolys (32 ha), créé en 1962 par Pierre-Yves Latrille, ingénieur agronome ; le Ch. de Jurque (10 ha) a été planté entre 2003 et 2011. Petites-filles du fondateur, Claire Bessou-Latrille, ingénieur agronome et œnologue, et sa sœur Camille, commerciale, étaient aux commandes depuis 2012. En 2019, Michel Boutin a repris les rênes du Ch. Joly.

Or clair dans le verre, ce jurançon est décidément joliment expressif et complexe. Il mêle des senteurs d'agrumes (pamplemousse rose) , de fruits jaunes (abricot) et de fruits exotiques. Plein de fraîcheur et de fruits au palais, il atteint un équilibre remarquable et persiste longuement. Un jurançon parfumé et alerte pour un apéritif réussi. ⧗ 2021-2025 **Evolution 2019 ★★ (15 à 20 €; 2 000 b.)** Un moelleux délicatement floral, miellé et fruité, parfaitement équilibré en bouche et plein de fraîcheur. Tout est finesse. ⧗ 2021-2030

DOMAINES LATRILLE, 330, rte de la Chapelle-de-Rousse, 64290 Gan, tél. 05 59 21 72 79, contact@domaineslatrille.fr r.-v.

♥ CAVE DE JURANÇON Croix du Prince 2018 ★★

33 000 | 11 à 15 €

Fondée en 1949, la cave de Gan réunit 750 ha de vignes, soit plus de 250 viticulteurs. Elle fournit plus de la moitié des volumes de l'appellation jurançon et joue aussi un rôle majeur dans l'AOC béarn. Elle propose ses vins de marque et des vins de propriétés élaborés par ses soins. Un acteur incontournable du vignoble du piémont pyrénéen.

Une robe dorée aux reflets d'ambre habille ce jurançon bouqueté qui égrène les arômes de pomme, de poire, d'agrumes confits, de fruits secs, avec en contrepoint un soupçon boisé et des accents de truffe blanche. La matière ample et suave est structurée par une légère trame boisée, mariage harmonieux du fruit et du fût. La grande variété aromatique persiste intensément. ⧗ 2021-2030 ■ **Vent d'Ange 2019 ★★ (8 à 11 €; 66000 b.)** ♥ Un moelleux ambitieux même s'il n'a pas profité d'un élevage en fût. C'est sa fraîcheur qui séduit d'emblée, car elle est au service des arômes et de l'équilibre d'ensemble. ⧗ 2021-2030 ■ **Prestige d'Automne Passerillé en automne 2019 ★★ (8 à 11 €; 66000 b.)** La séduction opère, tant les arômes de fruits et les notes grillées sont délicates. L'équilibre se réalise entre la rondeur et la fraîcheur, et c'est une sensation d'ampleur parfaitement maîtrisée qui reste en mémoire. ⧗ 2021-2030 ■ **Peyre d'Or 2020 ★ (5 à 8 €; 33000 b.)** Robe jaune pâle, toute brillante. Nez marqué par les agrumes et les fruits exotiques. On a envie d'en savoir plus encore, et l'on n'est nullement déçu par l'harmonie entre fraîcheur et délicate suavité. Les fruits s'expriment en parfaite cohérence et sur une bonne longueur. ⧗ 2021-2025

CAVE DE GAN JURANÇON, 53, av. Henri-IV, 64290 Gan, tél. 05 59 21 57 03, cave@cavedejurancon.com V *r.-v.*

DOM. LABOURDETTE
Cuvée Spéciale Clos Castet 2019 ★

■ | 4000 | | 11 à 15 €

Installé dans une ancienne ferme béarnaise à galets apparents, Alain Labourdette conduit depuis 1992 le domaine familial, qui compte plus de 3 ha de vignes en jurançon. Il produit aussi des vins rouges du Béarn.

De l'or dans le verre et des arômes discrets de fruits exotiques et d'agrumes. La bouche est douce et chaleureuse, très subtilement parfumée. À déguster avec un gâteau basque. ⧗ 2021-2028

ALAIN LABOURDETTE, Clos Castet, Rte d'Oloron, 64360 Cardesse, tél. 05 59 21 33 09, a-labourdette@hotmail.fr V *t.l.j. 8h-12h 14h-19h*

B DOM. LARROUDÉ Fabio 2019 ★

■ | 1000 | | 20 à 30 €

Christiane et Julien Estoueigt ont commencé en 1986 la vente en bouteilles sur leur exploitation, située entre gave de Pau et gave d'Oloron. Après l'arrivée du fils, Jérémy, en 2012, la famille a engagé la conversion bio de la propriété. Son vignoble (8 ha) couvre des coteaux exposés plein sud, face aux Pyrénées.

Si le nez semble un peu sur la retenue, il laisse poindre néanmoins d'intéressantes notes boisées, des arômes de miel et d'agrumes confits. La bouche est plus expressive, quoique sans exubérance, autour des fruits à chair jaune et des fruits secs. Son équilibre entre la douceur et un côté acidulé séduit. Pour accompagner un foie gras du Gers avec un chutney de mangue. ⧗ 2021-2030

DOM. LARROUDÉ, 20, chem. du Then, 64360 Lucq-de-Béarn, tél. 05 59 34 35 40, domaine.larroude@wanadoo.fr V *t.l.j. sf dim. 9h-12h30 14h- 19h*

DOM. NABA Milord 2018 ★

■ | n.c. | | 11 à 15 €

Un tout jeune domaine créé en 2014 par Mathieu Lacanette-Naba entre gave d'Oloron et gave de Pau, face à la chaîne des Pyrénées. Formé au Ch. la Tour blanche (sauternes), le vigneron a travaillé dans une bodega au Chili puis pour des producteurs de jurançon, tout en créant patiemment son petit vignoble (premières plantations en 2008, 5 ha aujourd'hui). Il s'est engagé dans une conversion en agriculture biologique en 2019.

De fines senteurs de pastèque et de fruits à chair blanche, ainsi qu'une touche de truffe se mêlent tout au long de la dégustation. Fraîcheur et sucrosité s'équilibrent, faisant de ce 2018 un vin croquant qui saura encore bien se tenir dans le temps. ⧗ 2021-2030

DOM. NABA, 17, chem. Carrère, 64290 Estialescq, tél. 06 30 69 69 78, mathieunaba@gmail.com V *t.l.j. sf dim. 9h-12h 14h-18h*

DOM. NIGRI
Le Plein de Sens 2019 ★★★

■ | 10000 | | 11 à 15 €

Créé en 1685 et commandé par une bâtisse du XVIIIe s., le Dom. Nigri (15 ha en jurançon) est depuis 4 générations dans la famille de Jean-Louis Lacoste, œnologue, arrivé à sa tête en 1993. Ce dernier l'a complété d'une structure de négoce, Vignobles et Domaines Lacoste.

Cette cuvée se distingue par sa robe ciselée d'or et d'argent, puis un nez élégant et profond, délicatement floral et fruité. Au palais, elle se révèle à la fois caressante et fraîche, subtilement parfumée de mangue rôtie et de beurre de noisette. Et la finale dure admirablement. ⧗ 2021-2030

DOM. NIGRI, 31, chem. Lacoste, quartier Candeloup, 64360 Monein, tél. 05 59 21 42 01, lacoste.jeanlouis11@orange.fr V *t.l.j. sf dim. 9h-12h 13h30-18h*

VIGNOBLES PYRENAÏA
Or Pailleur 2019 ★

■ | 1600 | | 15 à 20 €

«Vigneron sans terre», Simon Forgue, ancien œnologue du château Montus, a créé en 2012 avec une poignée de proches une petite structure de négoce et de vinification : Vignoble de Pyrenaïa. Il a installé son chai dans une ancienne carrosserie avant d'en construire un nouveau en 2018. Il élabore des vins du piémont pyrénéen.

Vêtu d'or et d'argent, agrémenté de senteurs de fleur d'acacia, de miel et d'agrumes, voici un jurançon distingué. Qui plus est souple et équilibré, il évolue avec finesse et cohérence. Il sera bienvenu aux côtés d'une tarte au citron meringuée. ⧗ 2021-2028

SIMON FORGUE, 1, rue des Artisans, 64110 Mazères-Lezons, tél. 06 86 16 82 63, simon.forgue@pyrenaia.com V *t.l.j. sf dim. lun. 9h-12h 14h-18h;*

CH. DE ROUSSE
Cuvée Séduction 2019 ★★

4 000 | 15 à 20 €

Domaine de 12 ha conduit depuis 2000 par les frères Marc et Olivier Labat. Cultivées en étroites terrasses, les vignes exposées au sud-sud-est sont disposées en amphithéâtre, avec à l'arrière-plan la chaîne des Pyrénées. Henri IV y venait chasser.

Une robe d'or et d'argent, brillante. Un nez puissant et large de fruits bien mûrs. La bouche évolue avec beaucoup de rondeur, de souplesse et de gourmandise. On apprécie la texture onctueuse et la fraîcheur qui soutient la finale. Pour accompagner un tajine d'agneau ou tout simplement un fromage de brebis ossau-iraty. 2020-2030

CH. DE ROUSSE, 1723, rte de la Chapelle-de-Rousse, 64110 Jurançon, tél. 05 59 21 75 08, chateauderousse@wanadoo.fr V t.l.j. 9h-12h30 14h-18h30

IROULÉGUY

Superficie : 214 ha
Production : 6 380 hl (88 % rouge et rosé)

Dernier vestige d'un grand vignoble basque dont on trouve la trace dès le XIe s., l'irouléguy témoigne de la volonté des vignerons de perpétuer l'antique tradition des moines de Roncevaux. Le vignoble s'étage sur le piémont pyrénéen, dans les communes de Saint-Étienne-de-Baïgorry, d'Irouléguy et d'Anhaux.
Les cépages d'autrefois ont à peu près disparu pour laisser place au cabernet-sauvignon, au cabernet franc et au tannat pour les vins rouges et rosés, au courbu et aux gros et petit mansengs pour les blancs. De couleur cerise, le rosé est vif et léger, le blanc, fruité et frais, le rouge, charnu, volontiers tannique et de bonne garde.

DOM. ABOTIA 2019 ★★

8 000 | 11 à 15 €

Une grande ferme dans le pur style bas-navarrais près de Saint-Jean-Pied-de-Port, au pied du pic de l'Arradoy. Jean-Claude et Louisette Errecart ont relancé la viticulture sur l'exploitation, où l'on élève aussi des porcs. Leur fils Peïo, qui s'est installé en 2001 et a introduit les cépages blancs, cultive 10 ha de vignes en étroites banquettes. Une valeur sûre.

Ce 2019 composé des mansengs réhaussés de courbu est une cuvée remarquablement élaborée dans son assemblage et son élevage (6 mois de fût). Le nez expressif décline les fruits blancs soulignés par des notes de grillé et des effluves safranées. La matière est équilibrée, fraîche et souple, avec en finale des arômes de pêche légèrement épicés. Élégant et d'avenir. 2022-2025 **2018 ★ (11 à 15 €; 30 000 b.)** Un irouléguy généreux, et riche qui présente une élégante complexité dans ses arômes de fruits et de toasté. 2022-2026

EARL ABOTIA, Abotia, 64220 Ispoure, tél. 06 79 94 23 98, abotia@wanadoo.fr V r.-v.

DOM. AMEZTIA 2019 ★

7 000 | 11 à 15 €

Ameztia, ou la « chênaie », en basque. Si la ferme bas-navarraise remonte au XVIIe s., le domaine a été créé en 2001 par Jean-Louis Costera, berger-vigneron. Il a été repris en 2013 par son neveu Gexan rejoint 4 ans plus tard par son frère Eñaut. La propriété compte aujourd'hui 8 ha de vignes en 3 parcelles, broutées en hiver par les brebis.

Un assemblage de mansengs plutôt floral, avec une dominante miellée et les notes grillées de l'élevage (7 mois en foudre). La bouche équilibrée apparaît plutôt ample, avec une finale fraîche sur la pêche jaune et le toasté. 2022-2025 **2018 ★ (11 à 15 €; 10 000 b.)** Un nez friand de fruits noirs compotés et une bouche opulente à finale chocolatée font tout l'attrait de ce 2018. 2022-2026

EARL AMEZTIA, Quartier Guermiette, 64430 Saint-Étienne-de-Baïgorry, tél. 06 88 59 37 18, ameztia@orange.fr V t.l.j. 9h-12h 14h-18h30

B BORDAXURIA 2018 ★★

12 600 | 15 à 20 €

La famille Reca conjugue élevage de brebis laitières et culture viticole à travers 2 fermes : Larraldea, à Saint-Just-Ibarre, et Bordaxuria, à Ispoure. Côté vignes, 7,5 ha en terrasses (et en conversion bio) plantés sur les flancs pentus de l'Arradoy. Deux exploitations conduites depuis 2012 par les sœurs Reca : Oihana, Intza et Elorri. Cette dernière, œuvrant à la vigne avec son compagnon Brice Robelet, a stoppé en 2014 sa collaboration avec la cave de Saint-Étienne-de-Baïgorri pour produire ses propres vins.

Tannat-cabernet franc à 50/50. Voici un irouléguy à dominante fruitée, plutôt fruits noirs bien mûrs. En bouche, il apparaît généreux, très charpenté, dans la même gamme aromatique complétée par le pruneau. La finale veloutée laisse une impression gourmande. 2022-2026 **Errotik 2019 ★ (20 à 30 €; 1200 b.)** B Issu des mansengs élevés en cuve et en fût (un an chaque), ce 2019 affiche un nez complexe de mirabelle et de toasté. La bouche souple bénéficie d'une jolie fraîcheur finale. 2022-2024

BORDAXURIA, Bordaxuria, 64220 Ispoure, tél. 06 86 56 66 94, elorrireca@live.fr V r.-v.

♥ DOM. ETXONDOA
Cuvée Xut 2020 ★★

9 000 | 11 à 15 €

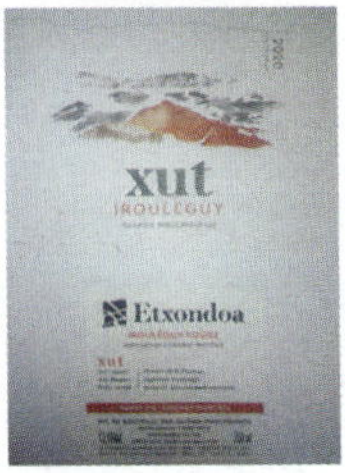

Olivier Pouchoulou s'est installé en 2019, après des études d'œnologie à Bordeaux et en Bourgogne, et après avoir travaillé en côte-rôtie, dans le Rhône. Il a planté 2,5 ha dans son pays basque natal et a repris en fermage 2 ha supplémentaires.

Premier vin pour ce domaine, avec pour nom de baptême

Xut, c'est-à-dire « pentue » en basque. Une cuvée délicate, élégante et gourmande, issue de tannat et de cabernet franc passés fugacement sous bois. Elle révèle un nez plaisant de fruits frais, de cerise et de fraise des bois. Les tanins souples, et même tendres, assurent une impression veloutée et ce sont les arômes de fruits noirs qui l'emportent jusqu'en finale. ⧗ 2022-2025

DOM. ETXONDOA, Lieu-dit Aintchiburia, 64220 Ispoure, tél. 06 71 40 99 08, olivier.pouchoulou@gmail.com V r.-v.

B DOM. ILARRIA 2018 ★

■	n.c.		20 à 30 €

Peio Espil reprend en 1987 le domaine familial, où l'on cultive la vigne depuis des siècles. Premier des viticulteurs de l'appellation à vinifier en dehors de la coopérative, il s'engage dans l'agriculture biologique au cours des années 1990. Aujourd'hui, il exploite 10 ha.

Une cuvée 2018 de manseng et petit courbu à parts égales, très originale et plaisante au palais. Nez complexe de miel toasté avec des effluves floraux. Bouche ronde et très riche en arômes de fruits jaunes compotés et de miel de montagne. Finale dans l'harmonie. Un vin abouti. ⧗ 2022-2025

GAEC DOM. ILARRIA, 64220 Irouléguy, tél. 05 59 37 23 38, ilarria@wanadoo.fr V *t.l.j. sf sam. dim. 10h-12h 14h-18h; oct.-mai sur r.-v.*

B CAVE D'IROULÉGUY Kattalin 2019 ★

■	36000		11 à 15 €

Non loin de Saint-Étienne-de-Baïgorry et de son château, la coopérative a été créée en 1952, une année avant la promotion des irouléguy en « vins délimités de qualité supérieure ». Elle a participé à l'ascension de l'appellation et amorcé un virage qualitatif au cours des années 1990. Aujourd'hui, elle regroupe 40 viticulteurs qui apportent le fruit de près de 140 ha. Les chais ont été rénovés à plusieurs reprises après 2000 (avec notamment, après 2015, la création d'un nouveau cuvier de petite capacité et d'un nouveau magasin). Une valeur sûre.

Dominé par le tannat et élevé en fût pendant 12 mois, ce 2019 affiche un nez expressif, mais encore jeune, sur les fruits rouges. Charnu, il tire parti de tanins bien assagis et d'arômes cohérents, typiques du cépage. Une cuvée typée et plaisante. ⧗ 2022-2025 ■ **Mignaberry 2018 ★ (11 à 15 €; 140 000 b.)** Un 2018 bien évolué, prêt à boire. Au nez expressif de fruits noirs répond une bouche friande, riche de légères notes animales. ⧗ 2021-2023

CAVE D' IROULÉGUY, CD 15, rte de Saint-Jean-Pied-de-Port, 64430 Saint-Étienne-de-Baïgorry, tél. 05 59 37 41 33, contact@cave-irouleguy.com V *t.l.j. sf dim. 9h30-12h 14h-18h*

FLOC-DE-GASCOGNE

Le floc-de-gascogne est produit dans l'aire géographique de l'appellation armagnac. Il s'agit d'un vin de liqueur muté à l'aide de la célèbre eau-de-vie. La région viticole fait partie du piémont pyrénéen et se répartit sur trois départements : le Gers, les Landes et le Lot-et-Garonne. Afin de donner une force supplémentaire à l'antériorité de leur production, les vignerons du floc-de-gascogne ont mis en place un principe nouveau qui n'est ni une délimitation parcellaire telle qu'on la rencontre pour les vins, ni une simple aire géographique comme pour les eaux-de-vie. C'est le principe des listes parcellaires approuvées annuellement par l'INAO.

Les blancs sont issus des cépages colombard, gros manseng et ugni blanc, qui doivent ensemble représenter au moins 70 % de l'encépagement et ne peuvent dépasser seuls 50 % depuis 1996, avec pour cépages complémentaires le baroque, la folle blanche, le petit manseng, le mauzac, le sauvignon, le sémillon. Pour les rosés, les cépages sont le cabernet franc et le cabernet-sauvignon, le côt, le fer-servadou, le merlot et le tannat, ce dernier ne pouvant dépasser 50 % de l'encépagement. Les règles de production mises en place par les producteurs sont contraignantes : 3 300 pieds/ha taillés en guyot ou en cordon, nombre d'yeux à l'hectare toujours inférieur à 60 000, rendement de base des parcelles inférieur ou égal à 60 hl/ha…

Les moûts récoltés ne peuvent avoir moins de 170 g/l de sucres. La vendange, une fois égrappée et débourbée, est mise dans un récipient où le moût peut subir un début de fermentation. Aucune adjonction de produits extérieurs n'est autorisée. Le mutage se fait avec une eau-de-vie d'armagnac d'un compte d'âge minimum 0 et d'un degré minimum de 52 % vol. Tous les lots de vins sont dégustés et analysés. En raison de l'hétérogénéité toujours à craindre de ce type de produit, l'agrément se fait en bouteilles et ces dernières ne peuvent sortir des chais des récoltants avant le 15 mars de l'année qui suit celle de la récolte.

CH. BEAUVALLON ★★

■	2406		8 à 11 €

Créé en 2014, ce domaine est conduit en Haute valeur environnementale. Il produit de l'armagnac Ténarèze et du floc-de-gascogne.

Or brillant, ce floc développe des arômes intenses de fruits très mûrs comme l'abricot, la pêche et la poire, nuancés de vanille. Il déploie tout son gras au palais, avec un boisé bien fondu. La finale longue est un atout. ⧗ 2021-2024

SCV CH. BEAUVALLON, Le Bourdieu, 47170 Saint-Pé-Saint-Simon, tél. 06 23 84 82 45, scvchateaubeauvallon@sfr.fr V *r.-v.* E

SUD-OUEST

DOM. DE BILÉ ★★

■	6660		8 à 11 €

Un domaine familial de 25 ha, entre les mains du « clan » Della-Vedove – Didier et Marie-Claude, et leurs fils Romain et Thibault – établi non loin de Bassoues, une bastide fortifiée dominée par son donjon. Plantation du vignoble en 1968, premiers armagnacs en 1973, premiers flocs vers 1990. En 2021, le domaine a obtenu le label HVE et a créé un circuit touristique dans les vignes.

Entre agrumes, fruits blancs et fleurs, la palette invite à faire plus ample connaissance avec ce floc. La fraîcheur est au rendez-vous, contribuant à un style léger. ⧗ 2021-2024 ■ **★ (8 à 11 €; 6 660 b.)** Couleur œil-de-perdrix, ce floc a pour lui des arômes intenses de fruits rouges, de la souplesse et de la rondeur. La finale laisse une impression chaleureuse. ⧗ 2021-2024

GAEC DELLA VEDOVE (DOM. DE BILÉ), Bilé, 32320 Bassoues, tél. 06 12 86 01 97, contact@domaine-de-bile.com V t.l.j. 9h-19h; dim. 9h-12h30 E

DOM. DES CASSAGNOLES ★

4400 | 8 à 11 €

Autrefois consacré à la seule production d'armagnac, le domaine campe à Gondrin, au cœur de la Ténarèze. Installés en 1974, Janine et Gilles Baumann se sont lancés dans l'élaboration des « flocs de terroir » et des vins de pays (IGP). En 2010, leur fille Laure a repris l'exploitation, qui compte aujourd'hui 60 ha. Propriété certifiée Haute valeur environnementale.

Florale à souhait, sans oublier le côté fruit blanc, la palette se prolonge gentiment et souligne l'équilibre entre rondeur et fraîcheur. ⧗ 2021-2024

SCEA DE LA TÉNARÈZE (DOM. DES CASSAGNOLES), 32330 Gondrin, tél. 05 62 28 40 57, j.baumann@domainedescassagnoles.com V r.-v.

DOM. CHIROULET Sensation Fruit ★★

12000 | 11 à 15 €

Héritier de 4 générations de vignerons établies ici depuis 1893, Philippe Fezas contemple de son domaine de 50 ha la petite église du XIIIᵉs. érigée au hameau d'Heux, tout proche. Dans les rangs de vignes souffle le *chiroula*, un vent bienfaisant qui sèche les grappes, lesquelles donneront des flocs, des armagnacs et des Côtes de Gascogne de haute expression. Une valeur sûre.

Six mois d'élevage en fût ont laissé un sillage dans la palette de fruits rouges. Le palais souple et très rond reste fidèle à cette gamme aromatique, avec en finale une légère amertume. ⧗ 2021-2024 **Sensation Fruit ★ (11 à 15 €; 9000 b.)** Un floc aux arômes discrets d'abricot et d'amande, très rond et doux. ⧗ 2021-2024

EARL FAMILLE FEZAS, Dom. Chiroulet, 32100 Larroque-sur-l'Osse, tél. 05 62 28 02 21, maisonfezas@chiroulet.com V t.l.j. 9h-12h 14h-18h; sam. sur r.-v.

CAVE DE CONDOM 2019 ★

13000 | 5 à 8 €

Fondée en 1951, la cave de Condom, au centre du terroir armagnacais de la Ténarèze, rassemble aujourd'hui 130 adhérents sur un territoire d'environ 1 400 ha. Elle fournit un tiers des vins (en IGP côtes-de-gascogne) diffusés par l'Union Plaimont Producteurs, qu'elle a intégrée en 1999. Pour la distribution de ses armagnacs et de ses flocs, que l'on trouve notamment dans ses boutiques de Condom et de Lectoure, elle est rattachée au vaste groupe coopératif polyvalent Val de Gascogne.

Au nez très fruité répond une bouche ronde et longue, à laquelle une légère amertume finale apporte du relief. ⧗ 2021-2024

SCA VAL DE GASCOGNE, 59, av. des Mousquetaires, 32100 Condom, tél. 05 62 28 44 92, m.maupome@valdegascogne.coop V t.l.j. sf dim. 9h-12h 15h-18h

DOM. D'EMBIDOURE ★★

6000 | 11 à 15 €

Établies en Haut-Armagnac, à Réjaumont, les sœurs Ménégazzo, Nathalie et Sandrine, ont ajouté les flocs et les vins de pays à la tradition bachique inaugurée par leur père avec l'armagnac. Elles ont abandonné leurs vergers de pommiers pour se consacrer à leurs 36 ha de vignes. Une valeur sûre de la Gascogne viticole.

Attaque souple, bon équilibre, ampleur et fruité frais qui revient en finale sur la cerise et la groseille : on a là tous les ingrédients d'un floc-de-gascogne typé. ⧗ 2021-2024 **★ (11 à 15 €; 6000 b.)** De bonne intensité sur le fruit, ce floc joue sur la douceur et laisse une impression chaleureuse. Classique. ⧗ 2021-2024

EARL MÉNÉGAZZO FILLES (DOM. D'EMBIDOURE), 621, chem. d'Embidoure, 32390 Réjaumont, tél. 05 62 65 28 92, menegazzo.embidoure@wanadoo.fr V t.l.j. sf sam. dim. 9h-12h 14h-18h30

DOM. ENTRAS 2019 ★★★

6000 | 11 à 15 €

Tout a commencé après-guerre dans la Ténarèze : Zoé et Miguel Maestrojuan sont ouvriers agricoles à la ferme de Bordeneuve, qu'ils finissent par acheter. Aujourd'hui, leurs héritiers, qui ont abandonné la production laitière, cultivent 29 ha de coteaux entre l'Auloue et la Baïse. Michel Maestrojuan, à la tête du domaine depuis 2011, a engagé en 2017 la conversion bio de la propriété. Tous les vins seront bio en 2021.

Vingt-quatre mois d'élevage en fût n'ont pas entamé le fruité intense de ce floc. Sans doute leur doit-on cette attaque souple, cette rondeur gourmande et ce gras si riche. La finale s'étire sur des accents délicieux de cerise. ⧗ 2021-2025

EARL BORDENEUVE-ENTRAS, Entras, 32410 Ayguetinte, tél. 05 62 68 11 41, contact@domaine-entras.fr V t.l.j. sf dim. 9h-12h30 14h-18h

♥ FERME DE GAGNET ★★

8000 | 8 à 11 €

Établie à Mézin, bourg connu jadis pour ses bouchonniers, aux confins sud-ouest du Lot-et-Garonne, Marielle Tadieu a pris en 1993 la suite de son père et de son grand-père. Elle conduit 10 ha de vignes et un élevage de canards, dont les foies gras accompagnent fort bien le floc.

C'est frais et gourmand à souhait grâce au fruité intense, bien sûr, rappelant la framboise, mais aussi à une belle vivacité qui soutient durablement le palais. Un floc moderne et intense. ⧗ 2021-2024

⊶ *EARL FERME DE GAGNET, Gagnet, 47170 Mézin, tél. 06 82 36 19 82, fermedegagnet@gmail.com* V *t.l.j. sf dim. 9h-13h 15h-19h*

CH. GARREAU L'Originel 74 ★

	19173		11 à 15 €

Une vaste propriété (plus de 82 ha) du Bas-Armagnac où les 29 ha de vignes côtoient bois, landes et étangs. Propriété d'un prince russe au XIXᵉs., dans la famille Garreau depuis 1919, elle a été développée par Charles Garreau, ingénieur agricole, qui a mis à profit une recette du XVIᵉs. pour élaborer du floc aux côtés de l'armagnac. Aujourd'hui, Pierre Garreau et sa fille Carole perpétuent son œuvre.

Une ligne fruitée de cassis et de fraise se déroule tout au long de la dégustation, en accompagnement d'une bouche très ronde et douce. ⧗ 2021-2024

⊶ *SCEA CH. GARREAU, Dom. de Gayrosse, 3800, rte d'Estang, 40240 Labastide-d'Armagnac, tél. 05 58 44 84 35, chateau.garreau@orange.fr* V *t.l.j. 9h30-12h 14h-18h30*

DOM. DU GRAND COMTÉ ★

	3000		11 à 15 €

À Roquelaure, en Haut Armagnac, Michel Baylac et son épouse Sabine perpétuent depuis 1982 sur ces terres de Gascogne le savoir-faire acquis de leurs ancêtres. Leurs filles les ont rejoints.

Un floc chaleureux, tant dans ses arômes de fruits à l'alcool que dans sa matière ronde, légèrement tannique et de bonne longueur. ⧗ 2021-2024

⊶ *MICHEL BAYLAC, Dom. du Grand Comté, 32810 Roquelaure, tél. 06 12 58 67 93, contact@domaine-grand-comte.fr* V *t.l.j. 9h-13h 14h-19h*

DOM. DE GUILHON D'AZE ★

	10000		8 à 11 €

Propriété de la famille Tastet depuis plus d'un siècle, le domaine couvre 63 ha dans le Bas-Armagnac, à Larée dans le Gers. Denis Tastet est l'actuel maître des lieux, à la suite de son père André. Exploitation certifiée HVE.

Entre fruits et fleurs, ce floc affiche une agréable rondeur, tout en étant soutenu par une légère vivacité. ⧗ 2021-2024 ★ **(8 à 11 €; 10000 b.)** Très foncé, ce floc décline avec subtilité ses arômes de fruits rouges mûrs. Il semble rond et riche au palais, bien qu'une touche d'amertume se manifeste en finale. ⧗ 2021-2024

⊶ *EARL DU DOM. DE GUILHON D'AZE, 112, rte de Bellevue, 32150 Larée, tél. 05 62 09 53 88, contact@denis-tastet.fr* V *r.-v.*

DOM. DE LARTIGUE ★

	2500		8 à 11 €

Proche d'Eauze, au cœur du Bas-Armagnac, ce domaine de 60 ha a été fondé en 1952 par le grand-père de Sonia et Jérôme Lacave, horticulteur et pépiniériste. Il a ajouté à sa production de plants de vignes, des armagnacs, des flocs et des côtes-de-gascogne. La certification HVE a été obtenue en 2019. Le magasin se trouve face à la place du village de Bretagne-d'Armagnac.

Au nez de fruits secs et de cassis de bonne intensité succèdent une attaque fraîche, presque mentholée, puis une rondeur équilibrée. ⧗ 2021-2024

⊶ *EARL FRANCIS LACAVE, Au Village, 32800 Bretagne-d'Armagnac, tél. 05 62 09 90 09, francis.lacave@orange.fr* V *r.-v.*

DOM. DE MAGNAUT ★

	3000		11 à 15 €

Fondé en 1975, ce domaine de 47 ha situé en Ténarèze, dans le nord du Gers, s'est fait connaître grâce aux armagnacs de Pierre Terraube. C'est son fils Jean-Marie, arrivé en 2000, qui entretient à présent sa réputation. À sa carte, des armagnacs, des flocs et des IGP Côtes de Gascogne. Exploitation certifiée HVE.

Tout est cohérent dans ce floc : les arômes intenses de fruits blancs et de fleurs blanches, nuancés de notes mentholées, se prolongent au palais. Rond, gras et long, ce vin ne présente aucun excès de chaleur. Sa finesse sera appréciée à l'apéritif. ⧗ 2021-2024 ★ **(11 à 15 €; 3000 b.)** Une dominante douce caractérise ce floc, discrètement aromatique. ⧗ 2021-2024

⊶ *JEAN-MARIE TERRAUBE (DOM. DE MAGNAUT), Magnaut, 32250 Fourcès, tél. 05 62 29 45 40, domainedemagnaut@wanadoo.fr* V *t.l.j. sf dim. 9h-12h 14h-18h*

CH. DE MILLET ★

	6000		11 à 15 €

Au Ch. de Millet, les touristes œnophiles séjournent dans l'ancien pigeonnier restauré du XVᵉs. Fondé en 1890 à Eauze, l'une des plus anciennes cités de Gascogne, au cœur du Bas-Armagnac, le domaine (90 ha aujourd'hui) est passé de la polyculture à la viticulture et propose des côtes-de-gascogne, des flocs et quelques armagnacs. Francis et Lydie Dèche ont passé le relais en 2002 à leur fille Laurence, qui a aménagé une nouvelle cave en 2015.

Le bonbon à la fraise, le cassis et la groseille forment un trio bien sympathique. Il n'y a aucune lourdeur dans ce floc, souple et efficace grâce à une juste fraîcheur. ⧗ 2021-2024 ★ **(11 à 15 €; 6000 b.)** Ici, ce sont l'abricot et les fleurs qui jouent leur partition à l'unisson jusqu'en finale. On perçoit un bon volume et de la rondeur, voire un petit côté chaleureux. ⧗ 2021-2024

⊶ *EARL CH. DE MILLET, Millet, 32800 Eauze, tél. 05 62 09 87 91, info@chateaudemillet.com* V *t.l.j. sf dim. 9h-12h 14h-18h*

DOM. DE POLIGNAC ★★

	5000		8 à 11 €

Village gascon posé au milieu du vignoble de l'Armagnac, Gondrin est situé sur l'une des routes empruntées jadis par les pèlerins de Saint-Jacques-de-Compostelle. Jacques Gratian, à la tête de

SUD-OUEST

l'exploitation familiale (plus de 41 ha) depuis 1981, a passé le relai à Rémi en 2019. Armagnacs, flocs-de-gascogne et Côtes de Gascogne sont au programme.

Un floc fruité à souhait, rond de l'attaque à la finale. De ses arômes de cassis et de groseille, on ne se lasse pas. Typique. ⧗ 2021-2024 ■ ★ **(8 à 11 €; 5000 b.)** Il est timide, mais laisse échapper les arômes fruités attendus. Souple et équilibré, il tire profit d'une fraîcheur intéressante qui le rendra plaisant à l'apéritif. ⧗ 2021-2024

⊶ EARL GRATIAN (DOM. DE POLIGNAC), Polignac, 32330 Gondrin, tél. 05 62 28 54 74, contact@domainedepolignac.fr V t.l.j. 9h-12h30 15h-18h30; sam. dim. sur r.-v.

DOM. DE POUTËOU ★

■ | 2666 | | 8 à 11 €

Installée sur le terroir des sables fauves en Bas-Armagnac, la famille Tarbe produit des armagnacs millésimés depuis une centaine d'années. Le floc-de-gascogne s'est ajouté à sa gamme en 2001.

Les arômes de fruits très mûrs en confiture annoncent la rondeur de la matière. Ils se prolongent bien, avec un accent chaleureux. ⧗ 2021-2024

⊶ SCEA DE POUTËOU, 1386, rte de Talhouzin, 32240 Lannemaignan, tél. 05 62 09 65 21, domaine.depouteou@orange.fr V

SAINT-LANNES ★

■ | 4000 | | 11 à 15 €

Au hameau de Saint-Lannes, dans les années 1950, les gens vivaient l'autarcie à la gersoise entre céréales, vaches, basse-cour et vignes. Michel Duffour, arrivé en 1973 sur l'exploitation familiale, l'a dédiée à la viticulture et a élaboré sa première bouteille de vin en 1982. Aujourd'hui, son fils Nicolas, qui a pris le relais en 2004 sur les 90 ha, exporte 80 % de sa production.

Miel, fruits secs (abricot), pointe florale de rose : les arômes montent en intensité à toutes les étapes de la dégustation. Un bon équilibre est trouvé entre fraîcheur et douceur. Un très bon représentant de l'appellation. ⧗ 2021-2024

⊶ SARL NICOLAS DUFFOUR, Saint-Lannes, 32330 Lagraulet-du-Gers, tél. 05 62 29 11 93, contact@saint-lannes.fr V r.-v.

IGP AGENAIS

B DOM. LOU GAILLOT
Réserve Élevé en fût de chêne 2019 ★

■ | 4500 | | 8 à 11 €

Installé en 1999 à la suite de 5 générations sur ce domaine situé aux confins du Lot et du Périgord, l'œnologue Gilles Pons conduit un vignoble de 12 ha, en agriculture biologique depuis 2010.

Les cabernets sont majoritaires (80 %, franc et sauvignon à part égales, avec le merlot en appoint) dans cette cuvée qui a séjourné 9 mois en fût. L'élevage se traduit d'emblée par des notes épicées très marquées ; le fruit noir apparaît au deuxième nez et s'affirme au palais. Le chêne conforte la structure de ce vin boisé et réglissé, qui demande à s'arrondir un peu. ⧗ 2022-2025

⊶ DOM. LOU GAILLOT, Les Gaillots, 47440 Casseneuil, tél. 05 53 41 04 66, lougaillot@wanadoo.fr V *t.l.j. sf lun. mer. dim. 9h-12h30 14h-18h30; sam. 9h-12h30*

DOM. DE L'OYON
Colombard Sauvignon Expression 2020 ★★

■ | 2718 | | 11 à 15 €

D'origine belge, venu du monde de la pharmacie et de la médecine, Jean-Marc Mahieu fait revivre depuis 2016 avec Dominique Kestens un vignoble d'environ 4 ha dans un village situé au sud de Sainte-Livrade-sur-Lot, où prospèrent pruniers, céréales et tournesols. Entouré d'une équipe d'experts, il a replanté sur des coteaux dévastés au XIXᵉs. par le phylloxéra environ 4 ha de merlot, de sauvignon, de colombard et d'abouriou.

Du colombard vendangé à la main, voilà qui n'est pas si courant… Ce cépage ne laisse que quelques grappes au sauvignon. Caractéristique de ces variétés, le vin se montre très expressif, avec ses notes de fruits blancs et d'agrumes. L'agréable rondeur de l'attaque est vite relayée par une vivacité qui souligne les notes de citron et de pamplemousse. Parfait pour des crustacés, du poisson ou des viandes blanches grillées. ⧗ 2020-2021

⊶ DOM. DE L' OYON, rte d'Agen 2955, 47110 Dolmayrac, jean-marc.mahieu@skynet.be V *r.-v.*

IGP ARIÈGE

♥ DOM. DE LASTRONQUES Syrah 2019 ★★

■ | 6000 | | 5 à 8 €

Situé au nord du département, sur des coteaux argilo-calcaires de la vallée de la Lèze, face aux Pyrénées, ce domaine de 16 ha, fondé en 1998 sur les terres d'une ancienne seigneurie du XVIIIᵉs., est l'un des acteurs de la renaissance du vignoble ariégeois et l'une des valeurs sûres de l'IGP locale. Propriété certifiée Haute valeur environnementale.

Robe grenat sombre avec de beaux reflets violets. Nez intense et profond évoquant un fruit à belle maturité accompagné de notes délicates d'élevage sous bois. L'attaque est ronde. En bouche, un vin équilibré et structuré, une belle trame de tanins satinés et une superbe finale de fruits noirs, de cacao et d'épices, bien longue. Une belle composition à parfaite maturité. ⧗ 2022-2026

⊶ GFA DOM. DE LASTRONQUES, 166, chem. de Lastronques, 09210 Lézat-sur-Lèze, tél. 05 61 69 12 13, contact@domainedelastronques.fr V *r.-v.*

IGP AVEYRON

DOM. LAURENS Cuvée de Flars 2019 ★★

1800 | 11 à 15 €

Quand Michel Laurens revint à Clairvaux en 1983 et qu'il retrouva son frère Gilbert, il décida avec lui d'étendre le domaine familial et de poursuivre l'œuvre de leur père Henri, qui avait commencé à restaurer le vignoble : rachat de vieilles vignes, de terrasses, de terres en friche, défrichage, plantations. Après des années de travail, la propriété qui couvrait à l'origine 1,5 ha s'étend aujourd'hui sur 25 ha. La nouvelle génération (Vincent, Éric et Pascal) a pris les commandes en 2015.

Une robe d'un beau jaune doré. Un nez largement beurré, vanillé et toasté, classieux. Une bouche ronde, ample, riche et grasse, bien soutenue par une fraîcheur fruitée et d'une belle longueur. Un vin élégant, bien élevé. ⧗ 2021-2024 ■ **Comme un dimanche sous un cerisier 2020 ★ (5 à 8 €; n.c.)** Un vin rouge de cépage mansois, à l'accent fruité et végétal frais, relevé de poivre. Tonique en bouche, il est encore jeune et fougueux. ⧗ 2022-2025

DOM. LAURENS, 7, av. de la Tour, 12330 Clairvaux, tél. 05 65 72 69 37, info@domaine-laurens.com V *t.l.j. sf dim. 10h-12h 14h-19h*

IGP COMTÉ TOLOSAN

DOM. BAUDARE L'Inatendu 2020 ★★

19000 | 8 à 11 €

Au temps de Napoléon, Guillaume Vigouroux fut le seul des 4 frères à revenir des champs de bataille. David, son descendant (5e génération), installé sur le domaine familial en 1995, s'est marié avec une Anglaise qui contribue à la renommée de la négrette outre-Manche. Le vignoble, créé en 1882, s'étend aujourd'hui sur 75 ha, complété en 2009 par les 20 ha du Dom. Callory. À la carte des Vigouroux, des fronton et des IGP très réguliers en qualité.

Sous une robe grenat intense, se dévoile un nez élégant de fruits noirs, bien poivré et légèrement boisé. La bouche dense et riche bénéficie de tanins mûrs. Un vin harmonieux et persistant, témoin d'un joli savoir-faire. ⧗ 2022-2024

EARL CH. BAUDARE, 161, rue Basse-Près-de-l'Église, 82370 Campsas, tél. 05 63 30 51 33, vigouroux@aol.com V *sam. 9h-12h15*

DOM. BOIS DE DEVÈS Devès Malbec 2020 ★★

1300 | 8 à 11 €

En 2020, Nicholas Smith, Britannique, a repris le Dom. Devès et l'a rebaptisé Dom. Bois de Devès. Ce sont 10 ha de vignes à partir desquelles il produit du fronton et des vins IGP. Il aime faire de nouvelles expériences avec les cépages.

Un 2020 très intense et expressif qui mêle le cuir, la violette, les fruits noirs, la cerise et le bourgeon de cassis. La chair est ample et gourmande, mais elle propose aussi une fraîcheur tonique et une bonne ossature qui sera gage de longévité. ⧗ 2022-2025

DOM. BOIS DE DEVÈS, 2255, rte de Fronton, 31620 Castelnau-d'Estretefonds, tél. 06 80 54 85 10, drumvine@gmail.com V *r.-v.*

♥ CABIDOS Gaston Phoebus Petit manseng doux 2017 ★★

4000 | 15 à 20 €

Agriculteur originaire de l'Aisne, Vivien de Nazelle avait hérité d'une gentilhommière dans le nord du Béarn. Découvrant son passé viticole, il entreprit à partir de 1995 d'y développer le vignoble et planta notamment du petit manseng : 9 ha aujourd'hui, et des installations dernier cri qui lui permettent d'élaborer d'excellents vins, blancs secs et doux notamment, très souvent en vue dans ces pages. En 2015, le domaine a été repris par Robert Alday, promoteur et constructeur de la côte basque.

Un habitué des coups de cœur avec cette cuvée petit manseng. La robe brillante, jaune doré à reflets orangés, est déjà une invitation au plaisir. Et le nez ne déçoit pas, en effet : intense et bien affiné, complexe, il mêle les fruits exotiques, l'ananas rôti, les fruits secs relevés de notes minérales et de truffe. En bouche, s'imposent le volume, la concentration et une finale très longue et veloutée, généreuse en fruits exotiques. ⧗ 2022-2025

DOM. DU CH. DE CABIDOS, Dom. du Ch. de Cabidos, 64410 Cabidos, tél. 05 59 04 43 41, contact@chateau-de-cabidos.com V *t.l.j. 8h-17h; sam. dim. sur r.-v.*

LE CADET DE LABASTIDE 2020 ★

300000 | - de 5 €

La plus ancienne coopérative du Tarn (fondée en 1949) est aussi le plus gros producteur de vins blancs de la région. Elle s'est illustrée dès 1957 en créant le gaillac perlé. Elle regroupe aujourd'hui une centaine d'adhérents.

Une cuvée merlot-syrah au service du fruit. Nez expressif et franc sur la framboise et le cassis à l'heure actuelle, mais qui devrait gagner en complexité au fil du temps. La bouche charnue, ample, présente une légère rusticité tannique. Les mêmes arômes se rehaussent de notes épicées, voire pimentées. ⧗ 2022-2025

MAISON LABASTIDE, lieu-dit La Barthe, 81150 Labastide-de-Levis, tél. 05 63 53 73 73, commercial@cave-labastide.com V *t.l.j. sf dim. 9h-12h 14h-18h*

LIONEL OSMIN & CIE Négrette 2020 ★

50000 | 8 à 11 €

Fils d'un bijoutier béarnais, Lionel Osmin est devenu ingénieur agricole et a fondé en 2010 une maison de négoce qui compte, spécialisée dans les vins du grand Sud-Ouest, d'Irouléguy à Bergerac, de Madiran à Marcillac. Aux commandes des vinifications de cette vaste gamme, l'œnologue Damiens Sartori.

SUD-OUEST

Ce rosé de négrette se révèle élégant dans ses nuances de gris. Nez franc et expressif, dans une dominante florale et des notes de cerise Napoléon. Bouche charnue, ronde, avec un retour aromatique très frais. ⧗ 2021-2022

SAS LIONEL OSMIN & CIE, 9, Ada Byron, 64000 Pau, tél. 05 59 05 14 66, ouclouest@osmin.fr

LE PETIT CLAMENS 2019 ★

20000 | 5 à 8 €

Dans la même famille depuis 5 générations, ce domaine de 27 ha est conduit par Jean-Michel Bégué. Il est certifié Haute Valeur Environnementale.

Un assemblage Est-Ouest, syrah-merlot pour cette cuvée au nez intense de fruits rouges, de fruits des bois et d'épices. La bouche suave et souple demeure bien équilibrée jusqu'à la finale généreuse de griotte. Pour maintenant et demain. ⧗ 2022-2025

EARL CH. CLAMENS, 740, chem. de Caillol, 31620 Fronton, tél. 05 61 82 45 32, info@chateau-clamens.fr V t.l.j. sf sam. dim. 8h30-12h 13h30-17h

DOM. DES PRADELLES Réserve de Malo 2020 ★

2784 | 8 à 11 €

Noëlle Prat et son père François conduisent ce domaine de 17 ha d'un seul tenant. Ils poursuivent ainsi l'histoire familiale commencée en 1869. Le nom de Pradelles vient du provençal *pradelo*, prairie.

Une dominante de chenin réhaussée de gros manseng, voilà qui explique la complexité aromatique de la cuvée : fruits blancs (surtout poire), notes d'agrumes et touches florales. Au palais, elle apparaît souple, équilibrée, légèrement acidulée en finale. ⧗ 2021-2024

DOM. DES PRADELLES, 44, chem. de la Bourdette, 31340 Vacquiers, tél. 06 50 02 17 38, noelle.prat@hotmail.fr V t.l.j. sf dim. 15h-19h

♥ DOM. LES PYRÉNÉALES
1489 Plaisir de Bigorre 2020 ★★

10000 | 5 à 8 €

Issu d'une lignée de vignerons, Nicolas Tortigue s'installe en 2013 sur le Dom. de Larroque, rebaptisé Pyrénéales, clin d'œil au massif pyrénéen et à ses enfants Pierre et Alan. Il conduit près de 8 ha de vignes.

Une gamme à l'honneur des cols et des sommets des Pyrénées. Cette cuvée évoque le col d'Aspin, passage obligé du Tour de France. Un vin stylisé et complexe, aux parfums de rose, de fruits rouges et noirs, relevés d'une pincée de poivre. La bouche est fraîche et bien soutenue, avec un côté végétal qui donne de l'éclat à l'ensemble. Belle finale réglissée. ⧗ 2022-2025 ■ **3298 Plaisir de Bigorre 2019 ★★★ (8 à 11 €; 2500 b.)** Un sommet toujours blanc, le Vignemole (le plus haut des Pyrénées françaises). Et c'est un moelleux richement parfumé, bien concentré et parfaitement équilibré entre douceur et tension, qui défend ses couleurs. ⧗ 2022-2028

SCEA DOM. LES PYRÉNÉALES, chem. de Las-Techeneres, 65700 Madiran, tél. 06 88 39 59 00, lespyreneales@orange.fr V r.-v.

DOM. SAINT-LOUIS
Chardonnay 2020 ★

53000 | 8 à 11 €

Racheté en 1991 par Marie-Cécile (née Arbeau) et Ali Mahmoudi, œnologue iranien formé à Toulouse, ce domaine a connu de grandes transformations, tant à la vigne qu'au chai : agrandissement du vignoble (de 6 à 28 ha), plantations, rénovation des bâtiments, construction de nouveaux chais, certification bio. Fanny et Benoît Mahmoudi ont repris en 2017 les rênes de la propriété.

Ce chardonnay fugacement boisé offre un nez complexe de fleurs blanches, de pêche, nuancé de grillé friand. Il est charnu, sans excès, élégant grâce à une juste fraîcheur aux accents de noisette et de fruit de la Passion. Finale en devenir, caractéristique d'un vin d'avenir. ⧗ 2022-2025

SCEA CH. SAINT-LOUIS, 380, chem. du Bois-Vieux, 82370 Labastide-Saint-Pierre, tél. 05 63 30 13 13, benoit@chateausaintlouis.fr V t.l.j. sf sam. dim. 9h-12h 14h-18h

CH. DE TERRIDE Les Caprices d'Alix 2020 ★

n.c. | 8 à 11 €

Un château flanqué de 2 tours carrées – un ancien relais de chasse construit en 1650 par un maître-verrier –, devenu viticole dans les années 1960, se dresse devant un vignoble de quelque 34 ha ceint de bois. Jean-Paul et Solange David ont acquis le domaine en 1996; ils sont aujourd'hui relayés par leur fille Alix, œnologue, et par son mari Gérard.

Voilà une cuvée originale issue du grenache. On retrouve les caractères du cépage dans les arômes de fraise, de framboise et de fruits en gelée. La bouche suave, câline, laisse le souvenir des fruits rouges compotés. Du caractère et de la douceur. ⧗ 2021-2022

CH. DE TERRIDE, Ch. de Terride, D.20, 81140 Puycelsi, tél. 05 63 33 26 63, info@chateau-de-terride.com V t.l.j. sf dim. 10h-12h 14h-19h

VINOVALIE Terreo Chardonnay 2020 ★★

37333 | - de 5 €

Les caves de Técou, de Rabastens, de Fronton et des Côtes d'Olt ont uni leurs forces en 2006 en créant le groupe Vinovalie, dont le nom renvoie aux valeurs collectives du rugby. Un groupe qui fédère 470 vignerons et quelque 3 800 ha de vignes répartis sur 3 appellations : gaillac, fronton et cahors.

Maîtrise et efficacité, tels sont les mots clés de la dégustation de ce vin. Le nez est typique du cépage dans ses évocations de fleurs blanches, de fruits secs, avec quelques notes de levure. La bouche se développe tout en finesse et ajoute à la précédente palette des accents de pêche et de kiwi. Pour un plaisir immédiat. ⧗ 2021-2023

VINOVALIE (VIGNERONS DE RABASTENS), 33, rte d'Albi, 81800 Rabastens, tél. 05 63 33 73 80, laboratoire.rabastens@vinovalie.com V t.l.j. 10h-12h30 14h30-19h; dim. 10h-12h30

IGP CÔTES DE GASCOGNE

DOM. CHIROULET Grande Réserve 2018 ★★

■	20000		11 à 15 €

Héritier de 4 générations de vignerons établies ici depuis 1893, Philippe Fezas contemple de son domaine de 50 ha la petite église du XIIIe s. érigée au hameau d'Heux, tout proche. Dans les rangs de vignes souffle le *chiroula*, un vent bienfaisant qui sèche les grappes, lesquelles donneront des flocs, des armagnacs et des Côtes de Gascogne de haute expression. Une valeur sûre.

Du pur fruit rouge, joliment vanillé. Le nez intense a plu, assurément. La bouche n'est pas en reste : équilibrée, ample, structurée par des tanins bien présents, mais maîtrisés. Le mariage avec une côte de bœuf ou un fromage de type roquefort est déjà possible. ⧗ 2022-2025 ■ **Terroir gascon 2019 ★ (5 à 8 €; 65000 b.)** Des notes minérales apportent de la complexité au nez de fruits rouges. S'il apparaît suave au palais, souple grâce à des tanins fondus, ce 2019 présente un bon équilibre et tire profit de la fraîcheur des arômes fruités. ⧗ 2021-2024

EARL FAMILLE FEZAS, Dom. Chiroulet, 32100 Larroque-sur-l'Osse, tél. 05 62 28 02 21, maisonfezas@chiroulet.com V *t.l.j. 9h-12h 14h-18h; sam. sur r.-v.*

DOM. D'EMBIDOURE Cuvée des Filles 2020 ★★

■	20000		8 à 11 €

Établies en Haut-Armagnac, à Réjaumont, les 2 sœurs Ménégazzo, Nathalie et Sandrine, ont ajouté les flocs et les vins de pays à la tradition bachique inaugurée par leur père avec l'armagnac. Elles ont abandonné leurs vergers de pommiers pour se consacrer à leurs 36 ha de vignes. Une valeur sûre de la Gascogne viticole.

L'aération favorise la montée des arômes de fruits à chair blanche bien mûrs (pêche, abricot) et de fruits secs (figue). L'équilibre se réalise remarquablement au palais : on perçoit un bon volume et du gras, que relèvent des notes finales d'eucalyptus et une légère amertume. Pour des viandes blanches, des poissons en sauce, voire un carpaccio de saint-jacques. ⧗ 2022-2024

EARL MÉNÉGAZZO FILLES (DOM. D'EMBIDOURE), 621, chem. d'Embidoure, 32390 Réjaumont, tél. 05 62 65 28 92, menegazzo.embidoure@wanadoo.fr V *t.l.j. sf sam. dim. 9h-12h 14h-18h30*

MAISON FONTAN Tattoo 2020 ★★

■	15000		5 à 8 €

Le Dom. de Maubet était autrefois une ferme en polyculture, donnée en cadeau de mariage à Ésilda et Maximen Fontan, ancêtres des fondateurs de l'exploitation. En 1975, Aline et Jean-Claude Fontan décident d'en faire une propriété exclusivement viticole. Ils la transmettent en 2006 à leurs enfants Nadège (relations clients) et Sylvain (vinification), qui sont à la tête de 85 ha. À leur carte, des armagnacs, des flocs et des IGP Côtes de Gascogne.

De teinte saumon brillant, voici un rosé riche et intense en notes de fleurs (chèvrefeuille, rose) et d'agrumes (clémentine). Il se révèle équilibré au palais, toujours aromatique, plutôt suave en finale. ⧗ 2021-2022 ■ **Tattoo 2020 ★ (5 à 8 €; 40000 b.)** Agrumes, abricot, fleur d'oranger, muguet : telles sont les évocations de ce vin équilibré et aromatique. Une impression de tendresse ressort de la dégustation, tant et si bien qu'un accord avec un fromage de brebis ou une pâtisserie est envisageable. ⧗ 2021-2023

EARL MAISON FONTAN, Maubet, 32800 Noulens, tél. 05 62 08 55 28, contact@maisonfontan.com V *r.-v.* D

DOM. DU GRAND COMTÉ 2019 ★★

■	5000		5 à 8 €

À Roquelaure, en Haut Armagnac, Michel Baylac et son épouse Sabine perpétuent depuis 1982 sur ces terres de Gascogne le savoir-faire acquis de leurs ancêtres. Leurs filles les ont rejoints.

Un vin moelleux intensément aromatique : fruits blancs mûrs, figue, coing et miel se distinguent sans peine. Une certaine vivacité apparaît au palais, et l'équilibre se réalise. ⧗ 2021-2025

MICHEL BAYLAC, Dom. du Grand Comté, 32810 Roquelaure, tél. 06 12 58 67 93, contact@domaine-grand-comte.fr V *t.l.j. 9h-13h 14h-19h* C

DOM. DE LA HAILLE Blanc de mer 2020 ★★★

■	9000		5 à 8 €

En 1937, Louis Lapeyre achète les premières parcelles. À l'origine producteur d'armagnac, le domaine a diversifié sa production à partir des années 1890. Aux commandes depuis 1999, Jean-Luc Lapeyre conduit 45 ha de vignes; il propose, outre l'eau-de-vie gasconne, des flocs et des vins en IGP. Propriété certifiée HVE.

Nul ne peut nier l'intensité des arômes de cette cuvée. D'emblée se révèlent les arômes de buis, de genêt, de pamplemousse, de mangue et de zeste d'orange. Si la vivacité est perceptible au palais, elle reste harmonieuse, soutient l'expression et signe bien la typicité de l'appellation. ⧗ 2021-2023 ■ **Hugo 2019 ★ (8 à 11 €; 5000 b.)** Un vin léger et suave, doté d'une petite amertume en finale. Les arômes de cerise bigarreau mûre se mêlent aux notes de poivron. À boire dans l'année avec des grillades. ⧗ 2021-2022

SARL DOM. DE LA HAILLE, Dom. de la Haille, 32250 Montréal-du-Gers, tél. 06 77 11 08 37, lahaille@orange.fr V *r.-v.* B

♥ HAUT MARIN Fossiles 2020 ★★★

■	505000		5 à 8 €

Domaine gersois fondé en 1922 par Jean-François Morel, viticulteur suisse, et exploité depuis 1988 par la 3e génération : Philippe Jegerlhener, Élisabeth Prataviera (œnologue) et son mari Henry. La 4e génération se prépare à rejoindre la propriété, qui compte 160 ha dédiés à l'armagnac et (surtout) aux IGP Côtes de Gascogne.

SUD-OUEST

Jaune paille à reflets verts, brillant, voilà un vin intense et complexe dans son expression aromatique pleine de fraîcheur : les fruits exotiques (mangue, ananas) et les agrumes se mêlent, accompagnées de discrètes touches de buis et de genêt. La même palette se décline au palais, soulignant le bon volume et le gras de la matière. ⧗ 2022-2024

SARL MÉNARD, Dom. Haut-Marin, Charpenties, 32330 Gondrin, tél. 05 62 29 13 33, contact@domainedemenard.com V *t.l.j. sf sam. dim. 8h30-12h 14h-17h*

LES HAUTS DE MONTROUGE 2020 ★★

	50000		- de 5 €

Créée en 1963, la coopérative de Nogaro, au cœur du Bas-Armagnac, a été rebaptisée en 2016 Les Hauts de Montrouge. Regroupant 60 viticulteurs qui cultivent environ 900 ha de vignes, elle propose armagnacs et floc-de-gascogne issus de sables fauves, ainsi qu'une gamme de vins en IGP Côtes de Gascogne.

De la couleur de la framboise, ce 2020 distille de d'élégantes notes de fruits rouges rappelant la fraise des bois et la groseille, ainsi que des nuances amyliques. L'attaque est douce, le corps équilibré, d'un bon volume, et la finale laisse sur une pointe vive qui apporte du relief à l'ensemble. Les suggestions d'accord ne manquent pas : couteaux à la plancha, salades de fruits de mer aux agrumes... ⧗ 2021-2022

LES HAUTS DE MONTROUGE, rte d'Aire-sur-l'Adour, 32110 Nogaro, tél. 05 62 09 01 79, info@hdmontrouge.com V *t.l.j. sf lun. dim. 9h-12h 14h-18h*

DOM. DE LA HIGUÈRE
Légende d'automne 2019 ★★

	30000		5 à 8 €

Un domaine de 150 ha, dont les origines remontent à 1784 et qui est demeuré dans la même famille depuis 8 générations. La maison date de cette époque. Le nom de «higuère» vient du gascon et se réfère aux figuiers bordant la propriété.

Des reflets violacés éclairent encore la robe grenat intense de ce vin. Au nez intense de fruits rouges et notes boisées liées à l'élevage de 18 mois en fût, répond une bouche ronde, dans le même registre aromatique. Les tanins sont encore perceptibles en finale, mais ils sont de qualité. Le temps jouera en sa faveur. ⧗ 2022-2025

EARL DOM. DE LA HIGUÈRE, La Higuère, 32390 Mirepoix, tél. 05 62 65 18 05, esquiro@free.fr V *t.l.j. sf sam. dim. 9h-13h 13h30-19h*

DOM. LA HITAIRE Jardin d'hiver 2020 ★★★

	10000		11 à 15 €

À l'origine du Dom. Tariquet, un montreur d'ours ariégeois émigré aux États-Unis qui achète à son retour en France, en 1912, cette propriété gersoise ruinée par le phylloxéra. Sa petite-fille épouse Pierre Grassa; le couple et deux de ses enfants, Maïté et Yves, développent la production d'armagnac, puis misent, dans les années 1980, sur les vins de pays (IGP), essentiellement blancs, qui connaissent un immense succès. Armin et Rémy Grassa, fils d'Yves, achètent en 1999 le Dom. la Hitaire. En tout, pas moins de 1 125 ha.

Les fruits mûrs comme la mangue, les agrumes, l'abricot confit et le miel, bien sûr : le registre est bien celui d'un vin opulent. Un juste équilibre se réalise au palais entre sucrosité et fraîcheur, et la complexité est au rendez-vous. ⧗ 2022-2025 **Hors saison 2020 ★ (8 à 11 €; 13000 b.)** Hors saison? Mais y a-t-il seulement une saison pour servir ce vin aux arômes légers d'agrumes, dont le caractère frais et acidulé se prête aux accords du quotidien, à l'apéritif ou avec des poissons. ⧗ 2021-2023 **Dom. Tariquet Dernières Grives 2018 ★★ (15 à 20 €; 30000 b.)** Qu'il est riche ce vin or légèrement ambré! Au nez intense de figues sèche, de pruneau et de miel répond une bouche douce et ample, très longue. Un fromage persillé de type roquefort lui ira bien. ⧗ 2021-2024 **Amplitude 2020 ★★ (8 à 11 €; 30000 b.)** Fruits frais (nectarine, agrumes) et touches florales se déclinent au nez comme en bouche. Si l'attaque est vive, le milieu de bouche gagne en douceur et c'est un équilibre modèle qui s'affirme. La touche minérale finale est un avantage. ⧗ 2021-2023

SCV CH. DU TARIQUET, Saint-Amand, 32800 Eauze, tél. 05 62 09 87 82, contact@tariquet.com V *t.l.j. sf dim. 10h-12h 14h-18h*

HORGELUS Phi-Ling 2019 ★★★

	20000		8 à 11 €

Œnologue diplômé, Yoan Le Menn a repris en 2007, à l'âge de 21 ans, le domaine fondé par son grand-père entre Ténarèze et Bas-Armagnac, qui couvre aujourd'hui 90 ha, et l'a complété d'une structure de négoce. Il propose de l'armagnac, à côté d'une production tournée vers les IGP Côtes de Gascogne. Pour préserver la fraîcheur aromatique des baies, il privilégie les vendanges nocturnes.

Grenat nuancé de reflets tuilés, ce vin libère un nez intense, mais fin et complexe de fleurs (chèvrefeuille) et de fruits (écorce d'orange, fraise, cassis) vanillés. Les tanins bien fondus soutiennent la chair ronde et ample, et la finale se prolonge notablement. ⧗ 2022-2025 **2020 ★★ (- de 5 €; 300000 b.)** Un rosé pâle, intensément fruité, qui laisse une impression de souplesse et de délicatesse. La pointe de vivacité est un avantage au service des arômes comme de l'équilibre. ⧗ 2021-2022 **2020 ★ (- de 5 €; 700000 b.)** Le nez évoque bien le sauvignon par ses notes de buis, que complètent les arômes de pêche et de fruit de la Passion. Ce même fruit contribue à une impression flatteuse au palais et une certaine douceur rend l'ensemble gourmand. ⧗ 2021-2023

SAS HORGELUS, Le Cassou, 32250 Montréal-du-Gers, tél. 05 62 09 95 94, contact@horgelus.com V *t.l.j. 9h-12h 13h30-17h; sam. dim. sur r.-v.*

DOM. MALARTIC
Mosaïc 2020 ★★

	20000		5 à 8 €

Installé à Sarragachies, village des coteaux de l'Adour abritant de très vieux ceps inscrits aux Monuments historiques, Sébastien Périssé a pris en 1997 la suite de 4 générations sur ce domaine, propriété de sa famille depuis 1901. Le vignoble de 68 ha produit de l'armagnac, du floc-de-gascogne et, depuis 2001, des Côtes de Gascogne.

Jaune paille, voici un vin élégamment fruité qui ne joue pas dans l'excès de douceur. Une fraîcheur bienvenue le soutient efficacement jusqu'en finale. ⧗ 2021-2024

GAEC PÉRISSÉ (DOM. DE MALARTIC), Dom. de Malartic, 32400 Sarragachies, tél. 05 62 69 75 72, contact@domainedemalartic.com V r.-v.

DOM. DE MAOURIES
Les Grappes 2020 ★★

	22 000		5 à 8 €

Fondé en 1907, le Dom. de Maouries compte aujourd'hui 27 ha de vignes, répartis sur 3 communes et 25 parcelles. Si Jacqueline et André Dufau s'activent toujours sur l'exploitation, ce sont leurs 3 enfants, Philippe, Pascal et Isabelle qui en assurent la gestion, avec la nouvelle génération (Claire, ingénieur agronome). La carte des vins propose 3 AOC (pacherenc, madiran et saint-mont) et des IGP Côtes de Gascogne.

Une impression de complexité ressort de la palette de fruits mûrs exotiques : mangue, ananas, fruit de la Passion, avec des nuances florales. Le volume de l'attaque, puis la souplesse et le gras séduisent au palais, et la vivacité apporte du relief. ⧗ 2021-2024

GAEC DOM. DE MAOURIES, Maouries, 32400 Labarthète, tél. 05 62 69 63 84, domainemaouries@gmail.com V *r.-v.* E

DOM. DE MATILAT 2020 ★★

	6100		5 à 8 €

Baptiste Labenne a repris le domaine familial de 13 ha en 2020, après s'être formé en viti-œnologie à Bordeaux puis en Nouvelle-Zélande.

Des reflets verts animent la robe pâle de ce 2020 très intense au nez. Les arômes de fruits exotiques, de fleurs et de buis se mêlent et se prolongent au palais. La vivacité soutient harmonieusement les sensations, puis une pointe de douceur apparaît en finale. ⧗ 2021-2023 **2020 ★ (5 à 8 €; 2300 b.)** Des nuances violacées parcourent la robe de ce vin aussi intense à l'œil qu'au nez. Sur le fruit (fraise, framboise), il offre une belle fraîcheur, du croquant et du gras également, de sorte qu'un service tout au long d'un repas est possible. ⧗ 2021-2022

EARL VIGNOBLES LABENNE (DOM. DE MATILAT), 433, rte des Burosses, 32400 Riscle, tél. 06 38 33 91 86, labennebaptiste@hotmail.fr V *t.l.j. 9h-19h; dim. sur r.-v.*

DOM. DE MILLET 2020 ★★

	300 000		5 à 8 €

Au Ch. de Millet, les touristes œnophiles séjournent dans l'ancien pigeonnier restauré du XVᵉs. Fondé en 1890 à Eauze, l'une des plus anciennes cités de Gascogne, au cœur du Bas-Armagnac, le domaine (90 ha aujourd'hui) est passé de la polyculture à la viticulture et propose des Côtes de Gascogne, des flocs et quelques armagnacs. Francis et Lydie Dèche ont passé le relais en 2002 à leur fille Laurence, qui a aménagé une nouvelle cave en 2015.

Typique du colombard et de l'ugni blanc par ses arômes intenses de pomélo, de buis et de fruits exotiques, ce 2020 possède en sa faveurs d'autres atouts. À commencer par son attaque souple, puis sa rondeur et son bon volume, sans oublier sa longue finale. ⧗ 2021-2023 **2020 ★ (5 à 8 €; 80 000 b.)** De teinte saumon brillant, ce rosé aux notes de fleurs (muguet, lilas) et d'agrumes (citron vert) joue dans le registre de la légèreté au palais, avec en finale une pointe d'amertume typée. Pour une salade de fruits de mer. ⧗ 2021-2022

EARL CH. DE MILLET, Millet, 32800 Eauze, tél. 05 62 09 87 91, info@chateaudemillet.com V *t.l.j. sf dim. 9h-12h 14h-18h* D

DOM. DE MISELLE 2020 ★★

	11 600		- de 5 €

Ce domaine est depuis longtemps déjà voué à la viticulture : des armagnacs y étaient élaborés au XIXᵉs. Depuis 1998, la famille Chevallier, originaire du nord de la France, fait revivre cette propriété typiquement gasconne avec son pigeonnier traditionnel, dotée d'un vignoble de 30 ha. À sa tête, Julien Chevallier, ingénieur en agriculture.

De puissants arômes d'agrumes (pamplemousse) et de fruits rouges (groseille, framboise) ouvrent la dégustation, nuancés de quelques notes d'aubépine. Belle entrée en matière. La suite est à l'avenant : attaque douce, volume et gras, puis en finale la légère vivacité propre à apporter du caractère. ⧗ 2021-2022 **2020 ★ (- de 5 €; 78 000 b.)** Entre buis et fruits exotiques, ce vin laisse une agréable sensation aromatique. Une franche vivacité le destine résolument aux fruits de mer. ⧗ 2021-2023 **2019 ★ (5 à 8 €; 14 800 b.)** Une touche de coing et de noix, un peu de truffe, et surtout du miel : ce vin flatte par sa gourmandise et la douce rondeur perceptible au palais. ⧗ 2021-2024

EARL DOM. CHEVALLIER, Dom. de Miselle, 32110 Caupenne-d'Armagnac, tél. 05 62 08 84 56, contact@miselle.com V *r.-v.*

DOM. DE PICARDON
Le Rosé 2020 ★★

	132 000		- de 5 €

Situé à Réans, à l'ouest d'Eauze dans le Gers, ce domaine familial de quelque 70 ha aujourd'hui a été redynamisé et restructuré à partir de 1986 par Jean-Pierre Randé, qui y produit une gamme d'IGP, de flocs et d'armagnacs.

Cette couleur rose léger à reflets fuchsia attire le regard et invite à découvrir les arômes fins et complexes : notes florales, fruitées (fraise des bois), sans oublier la touche de buis typée. D'attaque douce, le vin privilégie la rondeur et le gras comme pour mieux évoquer la délicatesse. ⧗ 2021-2022

JEAN-PIERRE RANDÉ (DOM. DE PICARDON), Picardon, 32800 Réans, tél. 05 62 09 95 52, domainedepicardon@orange.fr V *t.l.j. sf sam. dim. 9h-12h30 14h-18h*

PLAIMONT
Caprice 2020 ★★★

	100 000		5 à 8 €

Le groupe Plaimont est le fruit d'une association de 3 caves qui, en 1979, unirent leurs initiales (PL pour Plaisance, AI pour Aignan et MONT pour Saint-Mont) pour créer ce leader des vins du Sud-Ouest produisant 40 millions de bouteilles par

SUD-OUEST

an. Rejoint en 1999 par les caves de Condom et de Crouseilles, Plaimont représente 98 % de l'appellation saint-mont, environ la moitié des AOC madiran et pacherenc-du-vic-bilh ainsi que des IGP Côtes de Gascogne. Un acteur de poids.

Fruit de la Passion et litchi pour signature aromatique, fraîcheur, équilibre et persistance pour atouts au palais. Tout concourt à faire de ce vin un Côtes de Gascogne emblématique. ⧗ 2021-2023 ■ **Dom. d'Aula 2020 ★★ (- de 5 €; 40000 b.)** Un rosé souple et rond, de bon volume, doté de la petite vivacité finale attendue. Avec ses arômes de poire, de pêche et de bonbon, il accompagnera tout un repas. ⧗ 2021-2022 ■ **Corolle 2020 ★ (5 à 8 €; 200000 b.)** Couleur saumon, c'est un vin aromatique à souhait (agrumes et fruits rouges), ample, équilibré et de bonne persistance grâce à une touche d'amertume. ⧗ 2021-2022

⊶ USCA PLAIMONT TERROIRS ET CHÂTEAUX, 199, rte de Corneillan, 32400 Saint-Mont, tél. 05 62 69 62 87, l.mene-castillou@plaimont.fr V 🚶 ■ *t.l.j. sf sam. dim. 9h-12h 14h-18h*

DOM. DES REMPARTS
Gouttes de lune 2018 ★★

■	25000	🍾	8 à 11 €

Les frères Marcellin conduisent ce domaine familial de 120 ha, dont 43 ha de vignes, implanté en Ténarèze sur les coteaux de Gascogne. Ils élaborent des IGP côtes-de-gascogne, des floc-de-gascogne et des armagnacs et et cultivent des pruniers qui donnent des pruneaux d'Agen. En outre, ils possèdent leur propre alambic et sont ainsi producteurs distillateurs d'armagnac.

Il y a de la luminosité dans le verre jaune or intense. Il y a de la puissance dans les arômes de fruits confits, de fruits secs et de miel, avec une touche de truffe. Au palais, l'équilibre se réalise entre sucrosité et fraîcheur. ⧗ 2021-2024

⊶ SCEA DES REMPARTS, Le Bourdilet, 32100 Condom, tél. 05 62 28 39 30, contact@domainelesremparts.com V 🚶 ■ *t.l.j. sf sam. dim. 8h30-13h 14h-17h30*

LE RINCE QUENOTTES 2018 ★★

■	5440	🛢	8 à 11 €

Michel Viboud cultive moins de 2 ha de vignes qu'il laboure et travaille à la main. Il fait équipe avec sa femme, Chantal, pour élaborer ses vins.

Ce 2018 sombre est un vin complet. Ses arômes intenses de fruits rouges et noirs en confiture, nuancés de touches de poivron se prolongent au palais, soulignant sa rondeur et son joli volume. Les tanins sont fondus et ce vin garde une bonne fraîcheur. ⧗ 2021-2023

⊶ CHANTAL VIBOUD (RINCE QUENOTTES), Tugot, 32330 Lauraët, tél. 06 72 82 54 35, michel.viboud@gmail.com V 🚶 ■ *r.-v.*

DOM. SAINT-AUBIN
Les Vignes de Saubon 2019 ★★

■	12000	🛢 🍾	11 à 15 €

La famille Westphal, venue d'Alsace, s'est installée en 2013 à Saint-Aubin, séduite par la région. Jean-Luc et Daniel sont aux commandes à la vigne (50 ha) comme au chai.

Un vin très fruité, évocateur de cerise bigarreau mûre, avec quelques accents de genièvre. Il est encore plus complexe au palais grâce à des notes de moka issues de l'élevage de 6 mois en fût. Les tanins de qualité structurent bien la chair ample. Ils sauront se fondre à la faveur de la garde. ⧗ 2022-2025 ■ **Les Cigogneaux 2020 ★ (8 à 11 €; 1800 b.)** Un clin d'œil à l'Alsace que cette cuvée intensément parfumée de mangue, de fruit de la Passion, d'orange et de pamplemousse, miellée et vanillée. On perçoit une grande douceur au palais, mais sans lourdeur, et les arômes reviennent longuement. ⧗ 2021-2024

⊶ SCEA DU CH. SAINT-AUBIN, Saint-Aubin, 32800 Réans, tél. 06 18 14 83 35, contact@vignoblesaintaubin.fr V 🚶 ■ *r.-v.*

SAINT-LANNES
Les Peyrades 2020 ★★

■	50000	🍾	5 à 8 €

Au hameau de Saint-Lannes, dans les années 1950, les gens vivaient l'autarcie à la gersoise entre céréales, vaches, basse-cour et vignes. Michel Duffour, arrivé en 1973 sur l'exploitation familiale, l'a dédiée à la viticulture et a élaboré sa première bouteille de vin en 1982. Aujourd'hui, son fils Nicolas, qui a pris le relais en 2004 sur les 90 ha, exporte 80% de sa production.

Un assemblage de cabernet, de tannat et de merlot qui se distingue par sa palette de fruits rouges et noirs prometteuse. Cette même ligne aromatique se prolonge au palais, soulignant une chair de bon volume dans laquelle les tanins sont en passe de se fondre. ⧗ 2022-2024 ■ **2020 ★ (5 à 8 €; 45000 b.)** Sauvignon et gros manseng s'associent dans ce vin fruité aux accents légers de buis, qui joue sur la fraîcheur et persistent agréablement. ⧗ 2021-2023

⊶ SARL NICOLAS DUFFOUR, Saint-Lannes, 32330 Lagraulet-du-Gers, tél. 05 62 29 11 93, contact@saint-lannes.fr V ■ *r.-v.*

DOM. DENIS TASTET
Trinquet 2020 ★★

■	12000	🍾	5 à 8 €

Propriété de la famille Tastet depuis plus d'un siècle, le domaine couvre 63 ha dans le Bas-Armagnac, à Larée dans le Gers. Denis Tastet est l'actuel maître des lieux, à la suite de son père André. Exploitation certifiée HVE.

Or pâle à reflets verts, cette cuvée décline ses arômes intenses d'ananas, de mandarine, de mangue et d'acacia. Si une légère sucrosité est perceptible à l'attaque, l'équilibre n'est jamais rompu dans son évolution et la finale persiste notablement. Viandes blanches et fromages seront ses alliés. ⧗ 2021-2023 ■ **Trésor Petit manseng 2020 ★★ (5 à 8 €; 20000 b.)** Un petit manseng évocateur d'un fruité rôti. Sa douceur est bien contrebalancée par une légère amertume finale. ⧗ 2021-2024

⊶ EARL DU DOM. DE GUILHON D'AZE, 112, rte de Bellevue, 32150 Larée, tél. 05 62 09 53 88, contact@denis-tastet.fr V 🚶 ■ *r.-v.*

♥ UBY Domus 2020 ★★★

| 500 000 | 5 à 8 € |

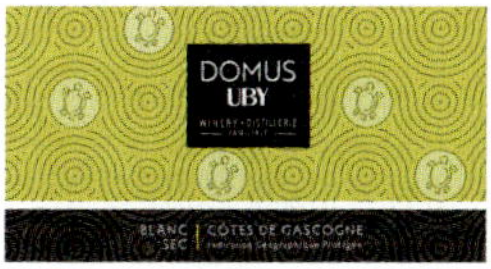

La tortue cistude d'Europe, clin d'œil à ceux qui luttent pour la sauvegarde des espèces menacées, est souvent représentée sur les étiquettes de la maison Uby (domaine et négoce) fondée en 1956. À la tête de ce vaste vignoble (300 ha) depuis 1995, François Morel multiplie les démarches orientées vers le respect de l'environnement et sélectionne pour la partie négoce des partenaires apporteurs de raisins bio.

Agrumes et fruits exotiques sont au rendez-vous dans cette cuvée expressive, dont l'équilibre repose sur une vivacité parfaitement équilibrée. Après l'apéritif, cette bouteille fera encore bel effet avec des fruits de mer. ⧗ 2021-2024 **N° 1 2020 ★★ (5 à 8 €; 260 000 b.)** Quel nez ! Il ne faut pas longtemps à ce vin pour révéler ses arômes d'agrumes (pamplemousse rose et mandarine), nuancés de buis et de notes florales. Au palais, il ne manque pas de volume et laisse une impression durable de fraîcheur. Un ensemble élégant. ⧗ 2021-2023

SAS DISTRIBUTION DU DOM. D' UBY, Dom. Uby, 32150 Cazaubon, tél. 05 62 09 51 93, contact@domaine-uby.com V *t.l.j. sf sam. dim. 9h-12h 14h-18h*

VILLA DRIA Lune de Miel 2019 ★★★

| 18 000 | 8 à 11 € |

Installé en 1993 sur les terres familiales où l'on mène de front élevage, polyculture et activités viticoles, Jean-Pierre Drieux, ingénieur en agriculture, a confié ses raisins à la cave coopérative jusqu'en 2009. Il pratique la géobiologie et l'agriculture raisonnée sur un vignoble de 76 ha planté essentiellement des cépages blancs typiques de la Gascogne. Domaine certifié HVE.

Jaune or lumineux, cette cuvée porte bien son nom, car ce sont des notes de miel qui accompagnent les arômes de fruits secs (abricot) et confits, de pamplemousse et de mangue. Elle laisse au palais une sensation ample et ronde, toujours très aromatique. ⧗ 2021-2024 **Terre de Feu 2019 ★★ (5 à 8 €; 30 000 b.)** Un nez exubérant de fruits (abricot, ananas), nuancés de touches florales et mentholées. Une bouche ronde et de bon volume, avec en finale la vivacité souhaitée pour assurer la persistance aromatique. ⧗ 2021-2024

SARL VILLA DRIA, Vignoble Drieux, Le Haget, 32800 Eauze, tél. 05 62 08 38 19, contact@villadria.com V *t.l.j. sf sam. dim. 9h-12h 14h-18h*

IGP CÔTES DU LOT

LA BÉRENGERAIE
Les Dames Blanches Viognier 2020 ★★

| 1 800 | 11 à 15 € |

Née officiellement en 1971, la propriété des Bérenger a le même âge que l'AOC cahors. Le fils (Maurin) et la fille (Juline) de Sylvie et d'André Bérenger, aidés de leurs conjoints, ont repris le vignoble familial (37 ha) en 1997.

En compétition au grand jury, cette cuvée très expressive révèle des arômes d'agrumes, de fleurs blanches et d'épices douces. L'attaque est tonique, relevée de poivre blanc. La bouche apparaît tendue, équilibrée et structurée par un boisé bien intégré qui laisse en finale des touches d'épices. ⧗ 2021-2023 **Tu bois coâ? 2020 ★ (5 à 8 €; 12 000 b.)** Un rosé puissant, ample, très parfumé (compoté) et d'une belle longueur. ⧗ 2021-2022

LA BÉRENGERAIE, Coteaux de Cournou, 46700 Grézels, tél. 05 65 31 94 59, berangeraie@wanadoo.fr V *r.-v.* 4 E

CH. CAMP DEL SALUTE
Le Saltre 2020 ★★

| 2 000 | - de 5 € |

Camp del Saltre ? « Le champ du tailleur », en occitan. Une propriété de 21 ha située sur les deuxième et troisième terrasses du Lot, au cœur du vignoble de Cahors, et conduite par Gérard et Dominique Delbru.

Une robe rose bonbon, un nez très agréable de petits fruits (fraise, framboise) et de fleurs subtiles, une bouche franche, fraîche et ample. Un rosé plein d'allant, en somme. ⧗ 2021-2022

EARL CAMP DEL SALTRE, Camp-del-Saltre, 83, rte de Pomarede, 46220 Prayssac, tél. 05 65 22 42 40, d.g.delbru@wanadoo.fr V *t.l.j. sf dim. 9h-18h30*

CLOS D'AUDHUY
Les Polissons 2020 ★★

| 4 000 | 5 à 8 € |

Son grand-père avait planté les vignes en 1988, sur la 3e terrasse du Lot. Benoît Aymard, vigneron et œnologue, s'y est installé en 2014 alors que le domaine était menacé de disparition. Il a arraché, replanté, et préside aujourd'hui aux destinées de ce vignoble de 14 ha.

Joliment vêtu de rose saumon soutenu, ce 2020 est aussi élégant dans son expression fruitée, entre yaourt et compote. En bouche, il laisse le souvenir des fruits frais, d'une trame veloutée, subtilement acidulée et d'une pointe de perlant qui lui donne du relief. Très attrayant. ⧗ 2021-2022

EARL CLOS D'AUDHUY, Clos d'Audhuy, 46700 Lacapelle-Cabanac, tél. 06 84 62 05 27, benoit.aymard@wanadoo.fr V *r.-v.*

CLOS DU CHÊNE
Rosé d'un été 2020 ★★

| 5 000 | 5 à 8 € |

Après le classement en AOC du vignoble de Cahors en 1971, la famille Roussille a abandonné la polyculture pour miser sur le malbec, qu'elle a planté sur la 2e terrasse de la vallée du Lot, complété de merlot. Le domaine, situé à Duravel, sur le site d'une villa gallo-romaine nommée Diolindum, dispose d'un vignoble de 18 ha, conduit par Marie-Françoise et Jean-Paul Roussille et leurs filles Valérie et Ingrid.

Sous une robe pâle aux nuances saumon se livrent des arômes intenses de fruits rouges et de fruits

SUD-OUEST

exotiques. L'attaque est franche, la bouche évolue tout en rondeur et en velouté, toujours très parfumée. ⧗ 2021-2022

EARL ROUSSILLE, rte de la Gineste, 46700 Duravel, tél. 05 65 36 50 09, closduchene@wanadoo.fr V t.l.j. sf dim. 9h-12h30 15-18h

CH. LA COUSTARELLE
B de la Coustarelle 2020 ★★

	2400		15 à 20 €

Depuis 1870, la famille Cassot conduit ce domaine de 53 ha situé sur la 3e terrasse du Lot, rive droite, exposée plein sud. En 2009, Caroline (7e génération) en a pris les commandes.

Une robe pâle parcourue de larmes annonce le gras de la matière. Le nez gourmand en est un autre signe : il évoque les fruits exotiques et les fruits à coque sur un fond épicé. Entre fraîcheur et sucrosité, tout est rondeur et parfums généreux au palais, avec même des notes de garrigue. Un blanc d'une grande élégance à déguster avec une viande blanche à la crème et aux girolles. ⧗ 2021-2024

SCEA CASSOT ET FILLE, Les Caris, 1137, rte de Gamot, 46220 Prayssac, tél. 05 65 22 40 10, chateaulacoustarelle@gmail.com V t.l.j. sf dim. 9h-12h 14h-18h; f. 24/12 au 03/01

CH. DU GAUDOU
La Charmeuse 2019 ★

	3200		5 à 8 €

Au XVIIIe s., Louis Durou s'installa au lieu-dit Gaudou, près de Vire-sur-Lot. Flanqué de pigeonniers, selon la tradition quercynoise, le château domine un vignoble de 50 ha. Fabrice Durou (7e génération), qui conduit depuis 2000 l'exploitation, a diminué les rendements à la vigne et les interventions au chai.

Robe platine à reflets argentés. Nez étonnant et détonnant : abricot, pêche, rhubarbe, miel, gelée de coing, pâte de fruit. La bouche ample, équilibrée, moelleuse fait écho aux arômes, toujours dans le registre de la compote ou de la confiture. À déguster avec un crumble ou une tarte Tatin aux poires. ⧗ 2022-2025

FABRICE DUROU, Gaudou, 46700 Vire-sur-Lot, tél. 05 65 36 52 93, info@chateaudegaudou.com V t.l.j. 9h-12h 14h-18h. sam. sur r.-v.

CH. DE HAUTERIVE
Rosévir 2020 ★

	12000		5 à 8 €

Les frères Gilles et Dominique Filhol ont rejoint leur père sur le domaine familial implanté au cœur de Vire-sur-Lot. Le vignoble couvre 21 ha sur la 2e terrasse de la vallée du Lot et bénéficie d'une exposition plein sud.

Rose framboise, bien soutenu, voici un vin franc, très ouvert sur le bonbon anglais, la mûre, la fraise et la framboise. L'attaque est souple, la bouche ronde, grasse et légèrement sucrée, avec une belle longueur sur le fruit acidulé. Charmant. ⧗ 2021-2022

CH. DE HAUTERIVE, Le Bourg, 46700 Vire-sur-Lot, tél. 05 65 36 52 84, chateaudehauterive@wanadoo.fr V t.l.j. sf dim. 8h30-12h30 14h-19h

VIGNOBLES PELVILLAIN
Côt Côt Côt 2020 ★★

	69000		5 à 8 €

Une famille au service du vin depuis le XIXe s. La génération précédente, à partir de 1968, développe le vignoble, avec le Ch. de Cénac et celui du Port, à Albas. Après 1993, les 3 frères Arnaud, Didier et Francis Pelvillain prennent le relais; ils acquièrent en 2013 le Ch. du Théron, ce qui porte à 52 ha la totalité de leurs vignobles, complétés d'une maison de négoce. À partir de 2018, le second reste seul aux commandes de l'ensemble.

Une robe noire, soutenue, habille cette cuvée qui décline avec finesse une large palette de fruits rouges et noirs. En bouche, une remarquable rondeur, des tanins fondus, un bel équilibre des saveurs et toujours beaucoup de fruits en font un vin gourmand. ⧗ 2022-2025

Inspiration Chardonnay 2020 ★ (8 à 11 €; 8600 b.)

Une cuvée de blanc sec au parfum de fleurs blanches, de vanille et de noisette fraîche, évoluant avec douceur et élégance. ⧗ 2021-2023

EARL VIGNOBLES PELVILLAIN, RD 9 Circofoul, La Plaine du Port, 46140 Albas, tél. 05 65 20 13 13, contact@vignoblespelvillain.fr V r.-v.

IGP CÔTES DU TARN

DOM. DU COMTE DE THUN
La Parrazal 2014 ★★

	17600		15 à 20 €

En 1998, le comte de Thun-Hohenstein, de vieille noblesse tyrolienne, a acheté le château de Frausseilles, dont la vocation viticole remonte au Moyen Âge, et remis en état la cave historique complétée d'équipements modernes. Il propose des vins haut de gamme à partir de cépages internationaux, hors des canons de l'appellation – sur le modèle des supertoscans. Le vignoble couvre aujourd'hui 32 ha.

La robe tuilée est celle d'un vin nature. Au nez intense et typé de cerise à l'eau-de-vie, d'humus et de truffe, succède une bouche ronde et suave, chaleureuse. Les tanins se sont peaufinés, arrondis même. Et les arômes de griotte et de kirsch de se prolonger durablement. ⧗ 2022-2025

DOM. DU COMTE DE THUN, Ch. de Frausseilles, 138, rte de la Tarabelle, 81170 Frausseilles, tél. 05 63 56 14 02, info@comtedethun.com V t.l.j. 9h-12h 14h-17h30; sam. dim. sur r.-v.

DOM. D'EN SÉGUR Cuvée Madeleine 2019 ★

	19000		8 à 11 €

Disparu en 2013, Pierre Fabre, pharmacien castrais de renommée mondiale, voulant promouvoir les vins de sa région natale, avait créé en 1989 ce domaine comptant aujourd'hui 36 ha, géré depuis 2017 par l'œnologue Lionel Barre.

Une robe brillante à reflets jaunes franc. Un nez encore marqué par l'élevage sous bois, mais de qualité. La bouche reste boisée, mais intéressante par son corps généreux et sa structure bien élaborée et bien en place pour tenir un peu de garde. ⧗ 2022-2024

DOM. D' EN SÉGUR, rte de Saint-Sulpice, 81500 Lavaur, tél. 05 63 58 09 45, ensegur@wanadoo.fr V t.l.j. *sf dim. 8h-17h*

LES PETITS CLÉMENT Syrah Braucol 2020 ★

	80 000		- de 5 €

Situé dans le Gaillacois, le domaine est né en 1860 sous l'impulsion de Clément Termes qui construisit un chai, puis le château. Olivier et Caroline David, ses descendants (7e génération), sont désormais à la tête de 120 ha de vignes. Ils sont aussi négociants.

Une robe rose pâle, un nez franc et frais, amylique de «bonbon anglais». En bouche aussi, la fraîcheur et la rondeur sont au rendez-vous, avec en finale une sensation acidulée qui rappelle les bonbons aux fruits. Un rosé d'apéritif et de mise en bouche. ⧗ 2021-2022

SCEV DAVID, 302, chem. Toulze, Les Fortis, 81310 Lisle-sur-Tarn, tél. 05 63 40 47 80, contact@clement-termes.com V *t.l.j. sf dim. 8h30-12h 14h-18h*

VINOVALIE
Les Granitiers 2020 ★

	160 000		- de 5 €

Les caves de Técou, de Rabastens, de Fronton et des Côtes d'Olt ont uni leurs forces en 2006 en créant le groupe Vinovalie, dont le nom renvoie aux valeurs collectives du rugby. Un groupe qui fédère 470 vignerons et quelque 3 800 ha de vignes répartis sur 3 appellations : gaillac, fronton et cahors.

Jolie palette de fruits rouges (cerise, groseille, framboise) nuancés d'épices. L'attaque est franche, le milieu de bouche rond et souple, empreint de fruit, puis la finale laisse une sensation chaleureuse. ⧗ 2021-2024

VINOVALIE (VIGNERONS DE RABASTENS), 33, rte d'Albi, 81800 Rabastens, tél. 05 63 33 73 80, laboratoire.rabastens@vinovalie.com V *t.l.j. 10h-12h30 14h30-19h; dim. 10h-12h30*

IGP PÉRIGORD

CH. BELINGARD
Paw 2020 ★

	7000	8 à 11 €

Dominant la vallée de la Dordogne, ce vignoble familial (75 ha) fondé en 1820 est établi sur un promontoire célèbre pour son ancien culte druidique – «Belen-gaard» ou «jardin du soleil» –, où se déroulèrent aussi les premiers combats de la guerre de Cent Ans. Laurent de Bosredon et son épouse Sylvie sont aux commandes depuis 1986.

Paw? La patte, en anglais. Celle du domaine? Celle du merlot (majoritaire, avec le malbec en appoint)? Les propriétaires signent une cuvée aimable, à déboucher à l'apéro après une journée de bureau… ou de télétravail. *Perfect afterwork wine* dit l'étiquette. La cible est claire. À l'aveugle, les dégustateurs décrivent un vin précis et gourmand, avec un nez sur la cerise, la prune, violette, les épices douces, prélude à une bouche généreuse et souple, fruitée et boisée, tout en rondeur flatteuse. ⧗ 2021-2024

CH. BÉLINGARD, Lieu-dit Bélingard, 24240 Pomport, tél. 05 53 58 28 03, contact@belingard.com V *t.l.j. sf sam. dim. 9h-12h30 13h30-18h; sam. mai à sept.; dim. sur r.-v.*

CH. LES BRANDEAUX
Origines 2020 ★★

	5600		5 à 8 €

Jean-Marc Piazzetta est œnologue, son frère Thierry est commercial : des compétences complémentaires pour conduire ce vignoble familial, acquis en 1936 par l'arrière-grand-père, qui s'étend aujourd'hui sur 30 ha.

Le chardonnay s'acclimate partout et la propriété, bien connue pour ses bergerac et côtes-du-bergerac, en propose une version du Sud-Ouest très sympathique, alliant générosité et vivacité, d'une belle persistance. Très florale au nez, sa palette aromatique privilégie en bouche les fruits blancs ou jaunes, avec une touche citronnée qui donne tonus et finesse à l'ensemble. ⧗ 2021-2024

CH. LES BRANDEAUX, Les Brandeaux, 24240 Thénac, tél. 05 53 58 41 50, les.brandeaux@gmail.com V *t.l.j. sf sam. dim. 8h30-12h 14h-18h*

B DOM. CHANTE L'OISEAU
Vin de Domme Viognier
Le 5e Péché 2019 ★

	1612		11 à 15 €

Francis Gibert est établi au sud du Périgord noir, sur la rive gauche de la Dordogne, à la tête de l'ancienne ferme du Pouchou, exploitée naguère en polyculture. À partir de 2008, il a planté des cépages blancs sur d'anciennes prairies. Exploité en bio, le domaine participe à la renaissance du vignoble de Domme. Vaste et prospère avant la crise phylloxérique, ce dernier fait parler de lui depuis les années 1990.

Variété rhodanienne répandue dans les vignobles méditerranéens, le viognier a franchi la ligne de partage des eaux et fait son trou dans le Sud-Ouest en vins IGP, notamment en Périgord. Planté ici il y a 10 ans, le cépage a permis d'obtenir un vin à la robe claire, au nez très floral (rose) et au palais onctueux, gorgé d'arômes de fruits d'été à noyau, tonifié en finale par une pointe de fraîcheur et par une légère amertume. Un blanc très aromatique. ⧗ 2021-2024

DOM. CHANTE L'OISEAU, lieu-dit Pouchon, 24550 Campagnac-lès-Quercy, tél. 06 21 94 01 57, corine.nay@domaine-chante-loiseau.com V *r.-v.*

B L'ÉTHER DE VÉNUS
Merlot Cabernet franc Aphrodite 2019 ★

	1000		5 à 8 €

Initié au vin par sa grand-tante, qui gérait un domaine à Fronsac, Damien Guillaume, après avoir travaillé pendant plus de 20 ans dans des exploitations variées, en France et à l'étranger, a constitué en 2017 son domaine sur les terrasses alluviales de la Dordogne, dans la partie la plus occidentale du Périgord pourpre, qui fait face au pays foyen. Il

SUD-OUEST

exploite en biodynamie 4,2 ha de vignes et cultive des plantes aromatiques. La Vénus paléolithique de Laussel a inspiré le nom de ses vins.

Orangé-cuivré, ce rosé périgourdin a pour originalité d'avoir été élevé 6 mois en fût bourguignon. On n'y cherchera pas pour autant d'arômes boisés, car nos dégustateurs respirent au-dessus du verre des senteurs acidulées de bonbon. La bouche conjugue rondeur et arômes d'agrumes. ⧗ 2021-2022

L'ÉTHER DE VÉNUS, 12, rte de la fougère, 24230 Saint-Seurin-de-Prats, tél. 06 13 16 97 92, domaine@damien-guillaume.fr V r.-v.

B LES GOUYATS
Sauvignon blanc Sémillon 2020 ★★

50 000 | - de 5 €

Installés dans le Périgord en 1977, les Dubard ont créé un vaste ensemble viticole, conduit depuis 2008 par la 2e génération, représentée par Marine et Grégory Dubard, ingénieurs-œnologues. Leur fleuron bergeracois est le Ch. Laulerie, 85 ha aujourd'hui. Ils ont étendu leurs propriétés dans le Libournais voisin. Une valeur sûre du Bergeracois. Domaine certifié HVE.

Les Gouyats ? Les jeunes gars, en occitan, autrement dit, Bastien et Grégory Dubard. Une cuvée mariant sauvignon majoritaire et sémillon, vinifiée de façon à mettre en valeur les arômes. Dans le verre, un vin blanc sec très expressif au nez comme au palais, sur les fleurs blanches, les agrumes, la pêche et les fruits exotiques (mangue, fruit de la Passion), séduisant au palais par son équilibre entre rondeur suave et vivacité. ⧗ 2021-2024 ■ **Merlot Malbec 2019 ★ (- de 5 €; 50 000 b.)** B Des vendanges nocturnes pour le merlot (90 %) et le malbec à l'origine de ce vin rouge au nez de prune d'ente mâtinée d'une touche végétale et à la bouche suave et généreuse, aux arômes de grenadine. ⧗ 2021-2025

CH. LAULERIE, Le Gouyat, 24610 Saint-Méard-de-Gurçon, tél. 05 53 82 48 31, contact@vignoblesdubard.fr V t.l.j. sf sam. dim. 8h30-12h30 13h30-17h

CH. LES MARNIÈRES
Chardonnay 2020 ★★★

3 500 | 5 à 8 €

La propriété de Reine et Christophe Geneste est dans la famille depuis 6 générations. En 2015, le vignoble a été restructuré, couvrant aujourd'hui une surface de 14 ha. Une ancienne marnière exploitée au XIXe s. sur le site donne son nom au domaine.

Un jeune vignoble (9 ans) de chardonnay et un jeune vin qui ne reste pas au second plan : il s'est placé sur les rangs pour un coup de cœur. D'un doré intense, ce blanc libère des parfums exubérants d'ananas, de fruit de la Passion, de pêche au sirop et d'orange confite. Un peu plus réservée mais à l'unisson du nez, avec des touches vanillées, la bouche se déploie avec souplesse et rondeur. Un chardonnay démonstratif et complexe, pour l'apéritif, des viandes blanches ou des saint-jacques à la crème. ⧗ 2021-2024

VIGNOBLES GENESTE, imp. des Marnières, 24520 Saint-Nexans, tél. 05 53 58 57 04, chateaulesmarnieres@orange.fr V r.-v. E

DOM. DE MAYAT
Syrah Merlot Cuvée la Bastide Élevé en barriques d'acacia 2020 ★★★

3 600 | 8 à 11 €

Représentant la 3e génération de viticulteurs, Francis Lagarde s'installe en 1979 et crée son chai 10 ans plus tard. Son vignoble (44 ha) est implanté sur la rive droite de la Dordogne, près de Sainte-Foy-la-Grande, à cheval sur le Bordelais et le Bergeracois. Il produit sous plusieurs étiquettes du bordeaux et des vins d'appellation du Sud-Ouest.

Une goutte de merlot pour 95 % de syrah, voilà qui est inhabituel en Périgord. Outre l'assemblage, l'élevage intrigue. La catégorie IGP est faite pour expérimenter. L'expérience est concluante, à en juger par les fiches de dégustation. Couleur framboise, ce vin libère au nez des parfums flatteurs de fraise et de confiture de fraises vanillée et reste jusqu'en finale sur cette ligne aromatique, avec une vivacité acidulée pour donner du peps. Un rosé gourmand. ⧗ 2021-2023

DOM. DE MAYAT, Dom. de Mayat, 33220 Fougueyrolles, tél. 06 11 76 06 30, francislagarde@orange.fr V t.l.j. sf sam. dim. 8h-12h 13h30-18h

♥ CH. MOULIN CARESSE
Les Frangins flingueurs 2019 ★★

8 000 | 8 à 11 €

Très ancienne propriété familiale (1749) située sur les hauteurs de Montravel, ce vaste domaine est aujourd'hui l'une des références en Bergeracois, grâce au travail mené depuis 1990 (sortie de la coopérative) par Jean-François Deffarge, « autodidacte en œnologie », qui passe aujourd'hui la main à ses enfants Benjamin et Quentin. Le vignoble (50 ha) s'étend sur 2 terroirs bien distincts : des pentes argilo-calcaires et un haut plateau de boulbène. En conversion bio.

Benjamin et Quentin, les « Frangins flingueurs », ont cassé la baraque avec ce rouge du Périgord qui sort des « canons » de la maison en misant uniquement sur le cabernet-sauvignon. « Du brutal » ? – comme le laisse entendre l'étiquette, qui fait écho au film culte ? Oui, si vous entendez par là couleur, puissance et densité. Dans le verre, on trouve aussi des fruits mûrs, une pointe épicée. En bouche, des fruits rouges à gogo, de la cerise, de la prune… et de la suavité. Fait pour la consommation immédiate, ce jaja pourrait se garder. ⧗ 2021-2025

CH. MOULIN CARESSE, 1235, rte de Couin, 24230 Saint-Antoine-de-Breuilh, tél. 05 53 27 55 58, contact@moulincaresse.fr V t.l.j. sf sam. dim. 9h-12h 14h-18h E

DOM. DE PERREAU
Petit Poucet Sauvignon gris Les Contes de Perreau 2019 ★★

6 000 | 8 à 11 €

Le domaine de la famille Reynou se situe à Perreau, hameau du XVIe s., proche du village de

Saint-Michel-de-Montaigne, dans l'aire du montravel. Succédant à 4 générations de viticulteurs, Gaëlle Reynou-Gravier, diplôme d'ingénieur en poche, a pratiqué en France et à l'étranger avant de prendre en 2013 les commandes de ce vignoble de 21 ha. D'abord conduite en agriculture raisonnée, certifiée HVE, l'exploitation a amorcé sa conversion bio en juillet 2019.

L'étiquette est pleine de charme désuet, mais nos dégustateurs ne l'ont pas vue. C'est à l'aveugle qu'ils ont apprécié les qualités de ce vin blanc : un nez intense, partagé entre les fleurs blanches et la poire, une bouche ample, onctueuse et charnue, légèrement beurrée, marquée en finale par un retour de la poire. Tout le potentiel aromatique du sauvignon gris, et sa structure assez ronde. ⧗ 2021-2023

DOM. DE PERREAU, Lieu-dit Perreau, 24230 Saint-Michel-de-Montaigne, tél. 06 81 08 98 36, contact@domainedeperreau.com V r.-v.

B LE PRÉ VERT
Nuit d'amour 2020 ★★

■	1200		15 à 20 €

Ancien vinificateur dans le Bordelais, Guillaume Jacquemin a repris en 2017 avec sa femme Yasuko, originaire de Tokyo, un vignoble de 9 ha dans le Bergeracois. D'emblée, le couple a adopté la démarche biodynamique et engagé la conversion bio. Il associe au travail de la vigne le pâturage des moutons et a installé arbres fruitiers et haies champêtres.

Du vieux sémillon, récolté à la main et élevé 6 mois en cuve. Un remarquable liquoreux à la robe dorée, aux parfums intenses de figue et d'abricot sec et au palais équilibré et long, où le miel s'invite aux côtés des fruits jaunes et des fruits secs. Expressif et harmonieux, il a figuré parmi les finalistes pour le coup de cœur. Signalons par ailleurs, ce qu'ignoraient nos dégustateurs, l'originalité de l'étiquette. ⧗ 2021-2026

LE PRÉ VERT, Au Pré Vert, 24240 Razac-de-Saussignac, tél. 06 12 30 46 25, contact@chateauprevert.com V *t.l.j. sf dim. 8h30- 18h*

CH. LE RAZ
Ter'Raz 2020 ★

■	4000		5 à 8 €

Le domaine, régulièrement en vue pour ses montravel, est entré dans la famille Barde en 1958. Au fil des ans, des achats et des fermages, il s'est agrandi de vignes, de bois et de cultures, et embelli après la restauration de sa gentilhommière du XVIIe s. Les vignes occupent aujourd'hui 76 ha sur des plateaux.

Complété par le sémillon, le sauvignon, majoritaire (65 %), laisse son empreinte sur ce vin or vert intense au nez variétal, teinté de buis. Vif en attaque, bien équilibré entre douceur et acidité, le palais est marqué en finale par une note d'agrumes un rien amère. La générosité de ce millésime précoce, caractérisé par un été chaud, est également perceptible. Les raisins ont été rentrés le 25 août, bien mûrs. ⧗ 2021-2023

CH. LE RAZ, Le Raz, 24610 Saint-Méard-de-Gurçon, tél. 05 53 82 48 41, chateauleraz@gmail.com V *t.l.j. sf sam. dim. 8h30-12h30 14h-18h*

B DOM. DES ROUILLATS Fleur 2020 ★

■	1700		8 à 11 €

Danièle et Benoît Coq ont repris en 2008 le domaine familial qu'il ont converti à la bio : ils ont obtenu la certification en 2010. Établis en Dordogne sur l'aire du montravel, aux portes du Libournais, ils exploitent un petit vignoble de 2,5 ha ainsi que des vergers.

Admis à titre accessoire dans la composition de plusieurs appellations du Bergeracois, le chenin représente 70 % de l'assemblage de ce blanc sec élevé 3 mois sur lies fines, complété par la muscadelle et par un soupçon de sémillon, des raisins vendangés à la main. Discrètement grillé et toasté au nez, plus marqué par les agrumes au palais, ce vin montre un bon équilibre entre gras et vivacité. ⧗ 2021-2023 ■ **Source 2019 ★ (11 à 15 €; 1700 b.)** B Le merlot, majoritaire, est assemblé à l'abouriou (le cépage fétiche du Marmandais) dans cette cuvée élevée en barrique. D'une belle complexité (prune, réglisse, Zan), suave en attaque, plus ferme ensuite, ce vin montre une bonne intégration du bois. ⧗ 2022-2025

DOM. DES ROUILLATS, 1290, rte de Saint-Aulaye, 24230 Saint-Antoine-de-Breuilh, tél. 06 32 09 82 47, daniele.coq@gmail.com V *r.-v.*

LES VIGNERONS DE SIGOULÈS
L'Original Haut Païs 2020 ★

■	20000		- de 5 €

Fondée en 1939, la coopérative de Sigoulès regroupe aujourd'hui 75 viticulteurs, qui cultivent 950 ha de vignes au sud de Bergerac. Les arrière-petits-enfants des premiers adhérents ont à cœur le respect de l'environnement : certaines exploitations sont certifiées HVE, d'autres sont conduites en bio.

L'Original ? Il s'agit d'une cuvée monocépage, alors que les cahiers des charges des AOC imposent des assemblages d'au moins 2 variétés. Voici donc un sauvignon, récolté dès le 23 août en cette année précoce et vinifié de façon à exprimer tout son potentiel aromatique (macération pelliculaire). Légèrement muscaté au nez, nerveux en attaque, acidulé et persistant, il fait preuve d'une vivacité soulignée par un petit perlant. Parfait pour des fruits de mer. ⧗ 2021-2022

LES VIGNERONS DE SIGOULÈS, LD Foncaussade RD 15, 24240 Sigoulès, tél. 05 53 61 55 00, contact@vigneronsdesigoules.fr V *t.l.j. sf dim. 9h30-12h30 14h-18h (18h30 mai à sept.)*

IGP THÉZAC-PERRICARD

B DOM. DE LANCEMENT
Merlot-Malbec 2019 ★

■	6000		8 à 11 €

Après ses études et une première expérience dans le commerce des vins à Londres, Sandrine Annibal a fait ses classes chez un négociant, puis dans des domaines en cahors et en blaye. En 2006, elle est revenue sur le domaine familial à la limite des causses du Quercy : une ferme du XVIIe s. avec pigeonnier, des pâtures où paissent des blondes d'Aquitaine et 8 ha de vignes, qu'elle conduit en bio depuis 2010.

Le merlot (80 %, avec du malbec en appoint) domine l'assemblage de cette cuvée à la robe profonde et jeune, qui s'ouvre sur le fruit noir un rien confituré et sur la réglisse, accompagnés d'une touche mentholée. On retrouve ce côté frais dans un palais équilibré et suffisamment étoffé. Parfait pour une volaille rôtie, une viande rouge ou blanche grillée. ⧗ 2021-2025

⊶ DOM.DU LANCEMENT, 47370 Thézac, tél. 0553411702, info@domainelancement.fr V 🚶 🍷 *t.l.j. sf dim. 10h-18h*

VIN DU TSAR
Rosé des Pierres 2020 ★

■	82000	🍾	5 à 8 €

À partir de 1980, une poignée d'hommes passionnés a fait renaître ce vignoble de quelque 40 ha implanté sur le causse au sol rocailleux. La marque phare de leur coopérative : le Vin du Tsar. L'histoire raconte qu'Armand Fallières, président de la IIIe République natif du Lot-et-Garonne, en offrit quelques bouteilles au tsar Nicolas II qui, séduit, en commanda en nombre.

Une fois de plus apprécié, un rosé saumon pâle issu pour l'essentiel de malbec et de merlot, né de pressurage direct. Il attire d'emblée par la finesse de ses arômes de petits fruits rouges que l'on retrouve dans une bouche ronde et suave (8 g/l de sucres résiduels), marquée en finale par un joli retour sur la fraise. ⧗ 2021-2022

■ **Le Bouquet 2019 ★ (5 à 8 €; 34133 b.)** Complété par le malbec, le merlot joue les premiers rôles dans cette cuvée souple, discrète au nez et très expressive en bouche (réglisse et fruits rouges). ⧗ 2021-2024

⊶ VIN DU TSAR, Plaisance, 47370 Thézac, tél. 05 53 40 72 76, info@vin-du-tsar.fr V 🚶 🍷 *t.l.j. sf lun. dim. 9h15-12h15 14h-18h*

LOIRE

La vallée de la Loire
selon Margot

Rouge aux Lèvres

C'est l'un de mes vignobles préférés. Même si c'est immense (57 400 ha de la Vendée au Puy-de-Dôme), je note ici un beau dynamisme depuis quelques années. Grâce à un prix du foncier encore bien intéressant, de nombreux vignerons se sont installés dans la vallée, apportant des nouveautés et de l'audace. Une nouvelle génération a repris des domaines familiaux et a enclenché quelques petits changements… Du coup, cela se sent aussi au niveau des vins : une recherche d'expression des terroirs plus grande, plus de précision, un engagement fort dans le bio et la biodynamie… Gros avantage sur d'autres régions : les prix encore tout doux. Touraine, Anjou, Muscadet, Centre : ce sont toutes des régions qui bougent.

• **Ma reco œnotourisme**
Cette année, ce sera ma seconde participation à l'événement **Vignes Vins Randos (VVR)** organisé par l'Interprofession du Val de Loire. Le principe ? Des randonnées commentées avec passion par les vignerons et des arrêts bienvenus dans des domaines, avec dégustation de vins et de mets locaux. À faire en couple, entre amis ou en famille : c'est un moment super convivial.

Le bonheur est dans la vigne

Dom. Grosbois La Cuisine de ma Mère 2019 (chinon)
Un vigneron qui a toujours su révéler le terroir de Chinon. J'adore cette cuvée simple (mais pas simpliste), gourmande et tout en fruit, idéale en mode apéro.

Dom. des Pothiers La Chapelle 2020 (côte-roannaise)
Bon plan ! L'aire de la côte-roannaise est une micro-appellation en vogue. Le domaine des Pothiers fait partie des pionniers et constitue une adresse très recommandable.

Dom. des Pierrettes Gamay *Sine sulfuris* 2020 (touraine)
Découvert lors d'un *insta live*, les vins du domaine des Pierrettes sont des pépites très abordables.

LA VALLÉE DE LA LOIRE

Unis par un fleuve majestueux jalonné de châteaux Renaissance, les divers pays de la vallée de la Loire sont baignés par une lumière unique, qui fait éclore ici le « Jardin de la France ». Dans ce jardin, bien sûr, la vigne est présente ; des confins du Massif central jusqu'à l'estuaire, elle ponctue le paysage au long du fleuve et d'une dizaine de ses affluents.

Les vignobles de la région nantaise, de l'Anjou-Saumur et de la Touraine forment de véritables entités. Sont également inclus dans les vignobles de la Loire ceux, plus dispersés, du Berry, des côtes d'Auvergne et roannaises. Ils appartiennent au bassin hydrographique de la Loire et se rapprochent des vignobles ligériens par les types de vins produits, friands et fruités.

Dans ce vaste ensemble aux terroirs et aux climats variés, une large palette de cépages donne naissance à une des productions les plus variées du pays : blancs secs, moelleux et liquoreux, effervescents, rouges légers ou plus tanniques, rosés souples et fruités… Des vins qui ont pour traits communs des prix doux et une vivacité qui anime jusqu'à ses grands vins liquoreux.

CENTRE Sous-région viticole
AOC régionales de la Loire
crémant-de-loire
rosé-de-loire
Le Mans
Segré
TOURAINE
Angers
Ancenis
Vouvray
Saint-Nazaire
Savennières
St-Nicolas-de-Bourgueil
Tours
Loire
Brissac-Quincé
Bourgueil
Nantes
Saumur
Azay-le-Rideau
Chinon
Lac de Grand-Lieu
Loche
ANJOU-SAUMUR
RÉGION NANTAISE
La Roche-sur-Yon
Poitiers
Les Sables-d'Olonne
Fontenay-le-Comte
Niort
Île de Ré
La Rochelle
OCÉAN ATLANTIQUE
Île d'Oléron

Nord
Orléans
Vendôme
Loire
Gien
Blois
Mesland
Cour-Cheverny
Cheverny
mboise
Oisly
Sancerre
Chenonceaux
Pouilly-sur-Loire
Menetou-Salon
Valençay
Quincy
Reuilly
Bourges
Nevers
Châteauroux
CENTRE
Allier
Châteaumeillant
Moulins
Loire
Montluçon
St-Pourçain-sur-Sioule
Guéret
Vichy
Roanne
Riom
Thiers
Clermont-Ferrand
Montbrison
Issoire
50 km

La vallée de la **Loire** en un clin d'œil

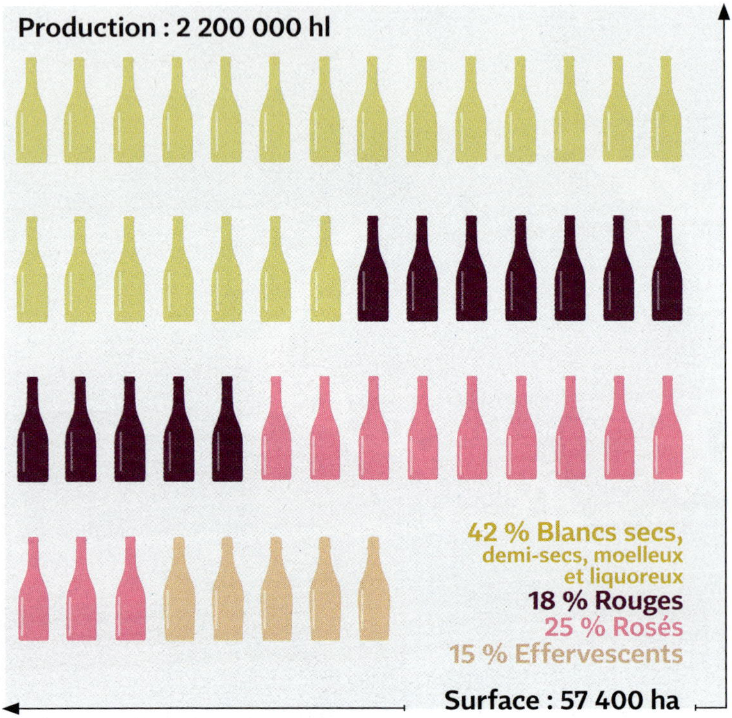

Types de vins

Principaux **cépages**

Cabernet franc (breton)

Gamay

Pinot noir

Grolleau

Cabernet-sauvignon

Cot

Accessoirement : pineau d'Aunis, cabernet-sauvignon, pinot meunier, négrette...

chenin (pineau de la Loire)

Muscadet (ou melon de Bourgogne)

Sauvignon

Accessoirement : gros plant, chardonnay, romorantin, pinot gris (malvoisie), tressallier, menu pineau...

Hiérarchie des vins

85 % du vignoble est consacré aux **AOC**

AOC COMMUNALES

AOC COMMUNALES + DÉNOMINATIONS (ex. : Clisson, le Pallet ou Gorges pour le muscadet-sèvre-et-maine, Puy-Notre-Dame pour saumur...).

3 AOC SOUS-RÉGIONALES muscadet (81 communes), anjou (154 communes) et touraine (143 communes)

2 AOC RÉGIONALES rosé-de-loire et crémant-de-loire

Un peu d'**histoire**

- **IVe s. :** saint Martin, ancien officier romain devenu évêque de Tours, fonde l'abbaye de Marmoutier. Les vignobles monastiques se développent.
- **VIIIe s. :** essor du vignoble de Vouvray.
- **XIe s. :** l'abbaye bénédictine de Bourgueil est réputée pour ses vins.
- **XIIe s. :** sous le règne d'Henri Plantagenêt, comte d'Anjou et duc d'Aquitaine, les vins sont exportés outre-Manche.
- **XVe s. :** sous l'impulsion du roi René, comte d'Anjou, de Provence, les vins de Loire poursuivent leur essor. Rabelais célèbre les vins de Chinon et le cépage breton.
- **XVe-XVIe s. :** construction des châteaux de la Loire où séjournent les souverains. Plantations de nouveaux vignobles.
- **XVIIe s. :** sous l'influence des négociants hollandais, les cépages gros-plant et chenin sont implantés, soit pour la distillation, soit pour l'élaboration de vins moelleux.
- **1709 :** le grand gel détruit une partie du vignoble. Le melon de bourgogne est acclimaté dans la région.
- **XIXe s. :** développement des vins effervescents. Création des premières maisons de négoce à Saumur.
- **1883 :** crise phylloxérique. Restructuration du vignoble avec des cépages rouges.
- **1930 :** une vingtaine d'AOC sont reconnues.
- **1980 :** les vignobles à la périphériedu Val de Loire (Sologne, Centre, Vendée et Poitou) passent en statut AOVDQS.
- **2000 :** la partie de la vallée de la Loire entre Sully-sur-Loire et Chalonnes est inscrite au patrimoine mondial de l'Unesco.
- **2011 :** les dernières AOVDQS sont promues en AOC.

Les **appellations** régionales de la vallée de la Loire

Rosé-de-loire

Production : 44 200 hl

Surface : 860 ha

Types de vins

Rosés

Effervescents blancs

Effervescents rosés

Principaux cépages

Grolleau

Cabernet franc

Cabernet-sauvignon

Pineau d'Aunis

Gamay

Cot

Base de la hiérarchie des vins

Les appellations rosé-de-loire et crémant-de-loire sont considérées comme régionales et peuvent être produites dans les limites des aires d'appellations anjou, saumur et touraine, ainsi que cheverny pour les crémants.

Crémant-de-loire

Production : 148 000 hl

Surface : 22 000 ha

Types de vins

- Rosés
- Effervescents blancs
- Effervescents rosés

Principaux cépages

- Chenin
- Chardonnay
- Cabernet-sauvignon
- Cabernet franc
- Pinot noir
- Grolleau
- Pineau d'Aunis

La **région nantaise**
en un clin d'œil

Production : 280 000 hl

96 % Blancs
4 % Rosés / Rouges

Surface : 8 500 ha

Types de vins

Blancs secs · Blancs moelleux · Rouges · Rosés

Principaux **cépages**

Melon de Bourgogne · Gros plant (folle blanche) · Melon de Bourgogne · Cabernet franc · Négrette · Pinot noir

Un vignoble dominé par les blancs

Après un hiver terrible en 1709, le vignoble fut complètement détruit, puis reconstitué principalement par des plants du cépage melon venu de Bourgogne. Ils'étend au sud et à l'est de Nantes, principalement en Loire-Atlantique, débordant un peu vers la Vendée et le Maine-et-Loire. Les vignes, surtout blanches, sont plantées sur des coteaux ensoleillés exposés aux influences océaniques, sur des sols légers et caillouteux composés de terrains anciens entremêlés de roches éruptives. On distingue 7 AOC : muscadet, muscadet-coteaux-de-la-loire, muscadet-sèvre-et-maine (la plus vaste), muscadet-côtes-de-grand-lieu, gros-plant-du-pays-nantais, coteaux-d'ancenis et fiefs-vendéens.

Les crus du muscadet-sèvre-et-maine

Au sommet de l'AOC muscadet-sèvre-et-maine, ont été délimités 7 crus communaux : Gorges, Clisson, Le Pallet, Goulaine, Château-Thébaud, Monnières Saint-Fiacre et Mouzillon-Tillières. Ils ont été délimités en fonction de critères pédologiques (granites, gneiss, gabbro…). Leur cahier des charges prévoit un temps d'élevage sur lies fines, entre 18 et 24 mois. Leur profil varie selon les terroirs (minéraux à Gorges, plus fruités et mûrs à Clisson, floraux et fruités au Pallet…), mais tous se distinguent par leur puissance et leur potentiel de garde.

RÉGION NANTAISE Sous-région viticole
1 muscadet
muscadet-coteaux-de-la-loire
muscadet-sèvre-et-maine
Dénominations de l'AOC muscadet-sèvre-et-maine
a Le Pallet b Gorges c Clisson d Goulaine
e Château-Thébaud f Monnières Saint-Fiacre g Mouzillon-Tillières
muscadet-côtes-de-grandlieu
2 gros-plant-du-pays-nantais
3 coteaux-d'ancenis
Nord
Ancenis
Loire
ANJOU
Saint-Nazaire
Nantes
Lac de Grand-Lieu
Pornic
Le Pallet
Gorges
Clisson
Cholet
Machecoul
Sèvre nantaise
Montaigu
Maine
Challans
RÉGION NANTAISE
Saint-Gilles-Croix-de-Vie
La Roche-sur-Yon
OCÉAN ATLANTIQUE
Les Sables-d'Olonne
Fontenay-le-Comte
AOC fiefs vendéens
4 fiefs vendéens Brem
5 fiefs vendéens Mareuil
6 fiefs vendéens Chantonnay
7 fiefs vendéens Pissotte
8 fiefs vendéens Vix
10 km

L'Anjou-Saumur en un clin d'œil

Production : 690 000 hl

60 % Rosés
20 % Rouges
10 % Effervescents
10 % Blancs

Surface : 15 000 ha

Types de vins

Blancs secs – Blancs demi-secs – Blancs moelleux et liquoreux – Rouges – Rosés – Effervescents

Principaux cépages

Cabernet franc – Cabernet-sauvignon – Gamay – Chenin (majoritaire) – Sauvignon – Chardonnay

Anjou blanc et Anjou noir

Sous un climat atlantique, avec un relief peu accentué et de nombreux cours d'eau, le vignoble s'étend surtout dans le Maine-et-Loire, débordant un peu sur la Vienne et les Deux-Sèvres. À l'ouest, l'Anjou noir correspond aux terrains sombres, schisteux de la bordure orientale du Massif armoricain. À l'est, l'Anjou blanc correspond au Saumurois et ses terres blanches sédimentaires provenant du tuffeau.

Anjou : le règne du chenin

Si l'on y trouve de nombreux rouges et rosés, la réputation de l'Anjou est due aux blancs doux nés du chenin. Un cépage qui se plaît sur les sols schisteux et produit aussi bien des vins secs, demi-secs, moelleux ou liquoreux (avec 6 AOC dédiées à ce type de vins). En liquoreux, l'AOC quarts-de-chaume est devenu le 1er grand cru de la vallée de la Loire.

Saumurois : des rouges estimés

Dans le Saumurois, les rouges (saumur, saumur-champigny), sont les plus estimés de même que les vins effervescents qui ont connu une forte croissance, notamment les AOC saumur et crémant-de-loire.

2e région de France en rosés

Environ 50 % des vins de l'Anjou-Saumur sont des rosés : secs (cabernet-de-saumur, rosé-de-loire), demi-secs (cabernet-d'anjou, rosé-d'anjou, cabernet-de-saumur) ou moelleux (cabernet-d'anjou). Ce qui en fait la 2e région de France en la matière, derrière la Provence.

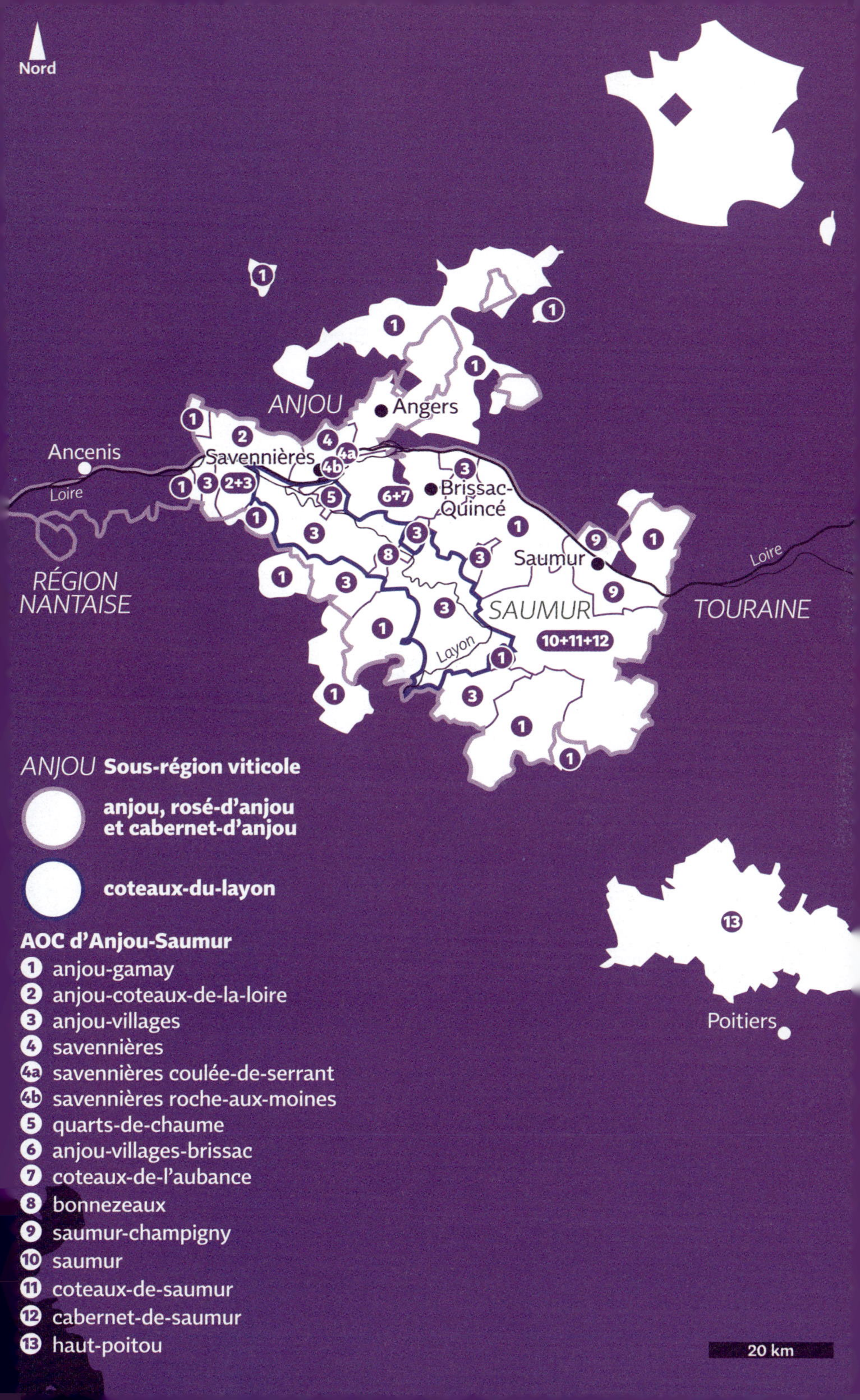
Nord
ANJOU
Angers
Ancenis
Savennières
Loire
Brissac-Quincé
Saumur
RÉGION NANTAISE
SAUMUR
TOURAINE
Layon
Poitiers
10+11+12
6+7
2+3
ANJOU Sous-région viticole
anjou, rosé-d'anjou et cabernet-d'anjou
coteaux-du-layon
AOC d'Anjou-Saumur
1 anjou-gamay
2 anjou-coteaux-de-la-loire
3 anjou-villages
4 savennières
4a savennières coulée-de-serrant
4b savennières roche-aux-moines
5 quarts-de-chaume
6 anjou-villages-brissac
7 coteaux-de-l'aubance
8 bonnezeaux
9 saumur-champigny
10 saumur
11 coteaux-de-saumur
12 cabernet-de-saumur
13 haut-poitou
20 km

La **Touraine** en un clin d'œil

Production : 547 000 hl

35 % Rouges
40 % Blancs
20 % Effervescents
5 % Rosés

Surface : 13 100 ha

Types de vins

Blancs secs · Blancs demi-secs · Blancs moelleux et liquoreux · Rouges · Rosés · Effervescents

Principaux **cépages**

Cabernet franc · Gamay · Cot · Chenin · Sauvignon · Chardonnay

Un vignoble de vallées

Émaillé de châteaux (Chinon, Amboise, Chenonceau...), ce vignoble de vallées (Loire, Vienne, Cher, Indre, Loir, Cisse, Brenne) se répartit essentiellement dans l'Indre-et-Loire et le Loir-et-Cher, empiétant au nord sur la Sarthe, sur des coteaux et plateaux soumis à un jeu d'influences atlantiques et continentales entretenant une saine humidité. On y trouve une large palette de vins ayant en commun fraîcheur et fruité.

Des cépages qui s'illustrent

En rouge, le cabernet franc est l'unique cépage dans les bourgueil, saint-nicolas-de-bourgueil et chinon. En Touraine orientale, il voisine et parfois s'assemble avec le gamay, le cot, le pinot noir et le pineau d'Aunis. En blanc, le chenin est à l'origine de vins secs, demi-secs, moelleux, liquoreux ou encore effervescents (vouvray, montlouis). En Touraine orientale (Sologne, Berry, Orléanais), il s'efface devant le sauvignon et le chardonnay, sans oublier le romoratin (cour-cherverny).

Le règne du tuffeau

Dans les vallées du Loir, de la Loire, du Cher, de l'Indre, de la Vienne, les coteaux de tuffeau offrent des nuances climatiques. Le tuffeau est creusé d'innombrables caves dont la température de 12 °C est idéale pour l'élevage des vins..

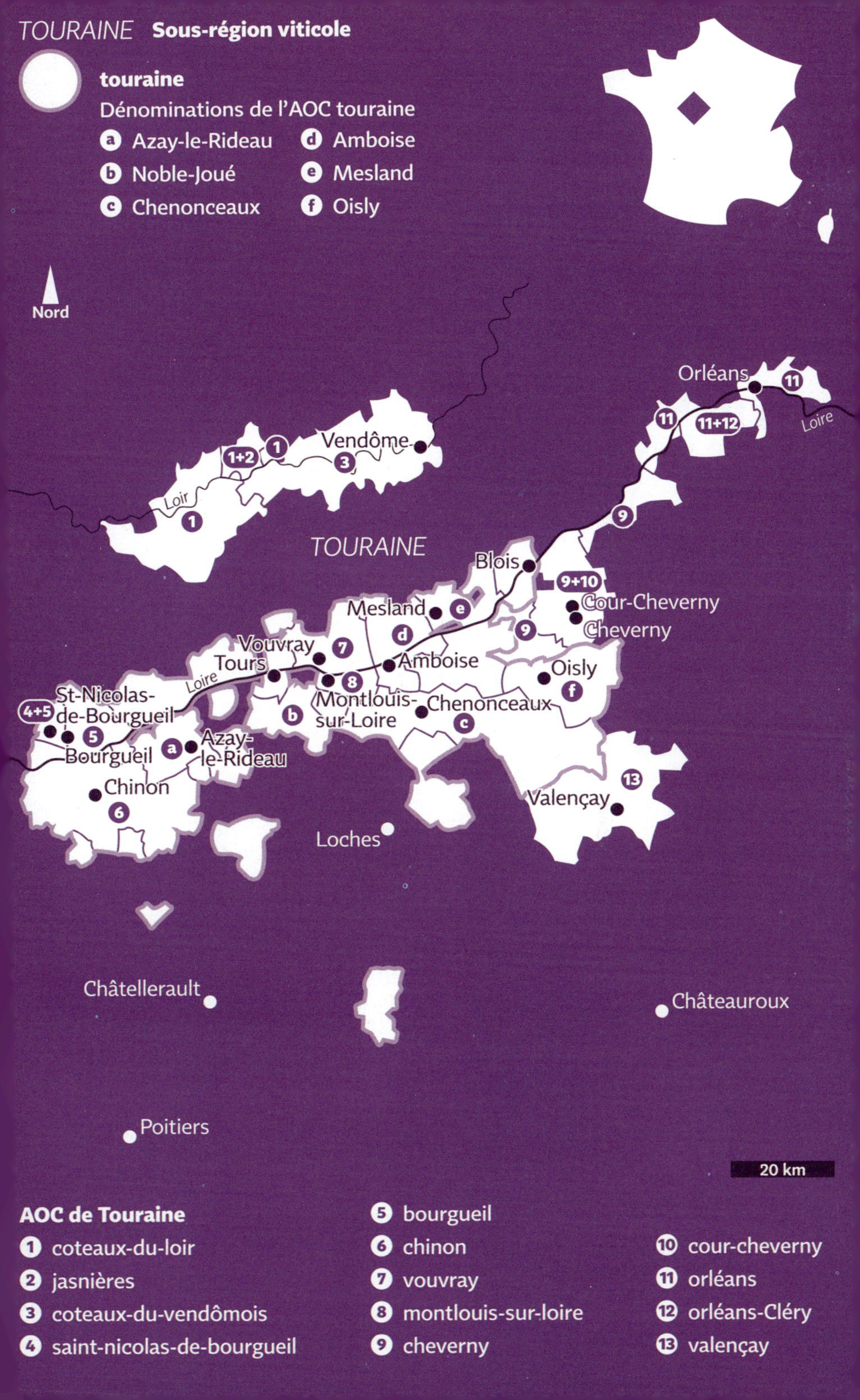
TOURAINE Sous-région viticole
touraine
Dénominations de l'AOC touraine
a Azay-le-Rideau
b Noble-Joué
c Chenonceaux
d Amboise
e Mesland
f Oisly
Nord
Orléans
11
11
11+12
Loire
Vendôme
1+2
1
3
Loir
1
9
TOURAINE
Blois
9+10
Cour-Cheverny
Cheverny
Mesland
e
d
9
Vouvray
7
Tours
Amboise
8
Oisly
f
Loire
St-Nicolas-de-Bourgueil
4+5
Montlouis-sur-Loire
Chenonceaux
b
c
5
Bourgueil
a
Azay-le-Rideau
Chinon
6
13
Valençay
Loches
Châtellerault
Châteauroux
Poitiers
20 km
AOC de Touraine
1 coteaux-du-loir
2 jasnières
3 coteaux-du-vendômois
4 saint-nicolas-de-bourgueil
5 bourgueil
6 chinon
7 vouvray
8 montlouis-sur-loire
9 cheverny
10 cour-cheverny
11 orléans
12 orléans-Cléry
13 valençay

Le **Centre** en un clin d'œil

Production : 355 000 hl

80 % Blancs
15 % Rouges
5 % Rosés

Surface : 6 700 ha

Types de vins

Blancs secs

Rouges

Rosés

Principaux **cépages**

Pinot noir

Gamay

Cot

Sauvignon

Chardonnay

Chasselas

Pinot gris

Trois zones viticoles

De Gien au cœur du Massif central, le vignoble se répartit sur 3 zones viticoles : le Centre-Loire (autour de Sancerre), zone la plus vaste et largement dominée par les blancs, le Roannais et le Forez (département de la Loire), l'Auvergne (Puy-de-Dôme et le piémont des volcans) et le Bourbonnais (Saint-Pourçain dans l'Allier) ; ces deux dernières zones étant très majoritairement rouges.

Le Centre-Loire, « boulevard des grands sauvignons »

Les AOC sancerre, pouilly-fumé, quincy, reuilly et menetou-salon offrent l'une des expressions les plus abouties du sauvignon : minéralité, fraîcheur et aptitude à la garde. À noter, la spécialité des blancs de pouilly-sur-loire, nés du seul chasselas. Le pinot noir s'est aussi fait une place dans le Centre-Loire en rouge et en rosé.

Gamay et chardonnay

Le gamay est le cépage exclusif des côte-roannaise et côtes-du-forez (rouges et rosés). Il s'impose aussi en côtes-d'auvergne et en saint-pourçain, aux côtés du pinot noir. En blanc, le chardonnay est seul à l'œuvre en Auvergne et s'associe avec le tressallier (ou sacy) et le sauvignon dans le Bourbonnais.

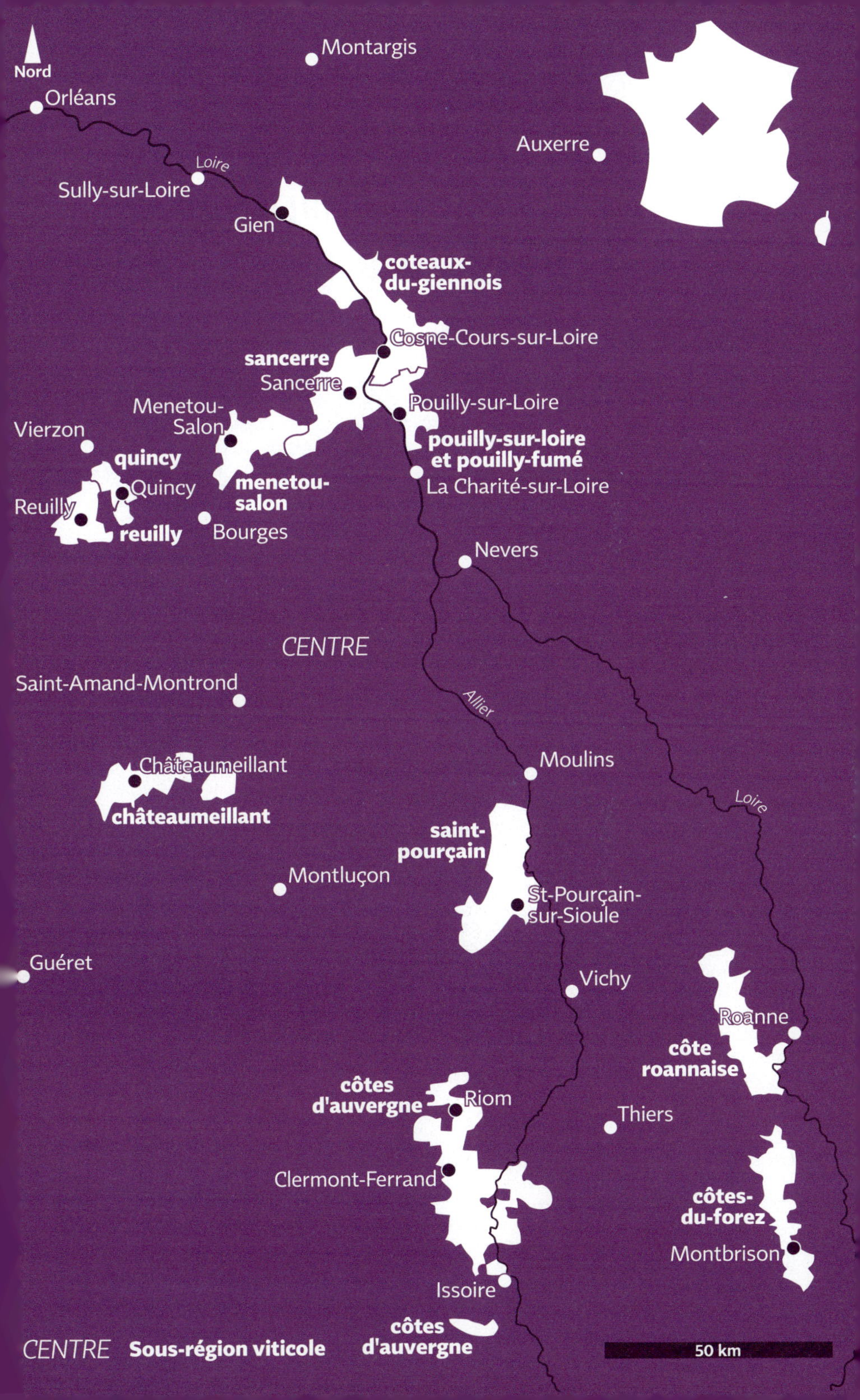
Nord
Montargis
Orléans
Auxerre
Loire
Sully-sur-Loire
Gien
coteaux-du-giennois
Cosne-Cours-sur-Loire
sancerre
Sancerre
Menetou-Salon
Pouilly-sur-Loire
pouilly-sur-loire et pouilly-fumé
Vierzon
quincy
Quincy
menetou-salon
La Charité-sur-Loire
Reuilly
reuilly
Bourges
Nevers
CENTRE
Saint-Amand-Montrond
Allier
Moulins
Châteaumeillant
châteaumeillant
Loire
saint-pourçain
Montluçon
St-Pourçain-sur-Sioule
Guéret
Vichy
Roanne
côte roannaise
côtes d'auvergne
Riom
Thiers
Clermont-Ferrand
côtes-du-forez
Montbrison
Issoire
côtes d'auvergne
CENTRE Sous-région viticole
50 km

Les **vignerons** de l'année

René et Philippe **Socheleau**

(Dom. des Deux Vallées)

Ce domaine de la belle corniche angevine, très en vue dans le Guide, et souvent aux meilleures places, signe un superbe « doublé » avec des coups de cœur en coteaux-du-layon. Une ode au chenin dans sa version liquoreuse par René Socheleau et son fils Philippe, aux commandes depuis 2001.

• De Blanchereau aux Deux vallées

C'est au cœur d'une vallée bordée de coteaux, nommée « Loire des corniches angevines », allant du plateau des Mauges jusqu'à la pointe sud de la Bretagne, que se niche Saint-André-de-Luigné. Située au sud de Rochefort-sur-Loire, « la perle du Layon » conserve quelques vestiges d'un lointain passé minier lié à l'exploitation houillère. Aujourd'hui berceau d'élégants coteaux-du-layon, l'endroit avait tout pour plaire à Philippe et René Socheleau. En 2001, ils rachètent le Domaine Blanchereau, bien connu des lecteurs du Guide. Choix dicté par le désir de s'établir sur un axe touristique réputé autant que par l'attrait des sols de schistes, d'argiles et de galets, sur lesquels s'épanouissent cabernet-franc, gamay et autre grolleau, et surtout, le chenin. Blanchereau est alors débaptisé. Il devient « Domaine des Deux Vallées ». Un choix que justifie René Socheleau, ancien professeur de philosophie : « Le nom du lieu-dit, Bellevue, nous y incitait-t-il ? Peut-être. Notre objectif majeur, produire des vins de gastronomie, devait s'accompagner de la mise en place d'une identité toute neuve. » Un nom qui renvoie bien entendu à la vallée de la Loire et à celle du Layon.

• Les chemins du chenin

Les sols les plus qualitatifs de l'exploitation – 44 ha en chenin, cabernet franc et grolleau – sont alors passés au crible et parcellisés. Philippe, délégué à la vigne et au commerce, fort de ses études d'ingénieur agronome, s'y emploie, convaincu que le chenin, magnifique capteur de terroirs, saisira les nuances de chaque parcelle. « Le chenin n'a pas besoin de technicités compliquées. Chaque cep réclame simplement un suivi méticuleux. C'est la part de l'homme qui s'intègre ainsi au cœur du terroir. Il n'a pas le droit de le trahir », souligne René Socheleau. Avant d'ajouter : « Si je rentre un grand raisin, je ferai un grand vin. Pas l'inverse ! » Les vins des Deux Vallées ? Qu'ils soient anjou, anjou-villages, coteaux-du-layon, rosés ou fines bulles, ils affichent beaucoup d'élégance, avec comme « têtes de pont » comme les layon Clos de la Motte, Saint-Aubin et Chaume 1er Cru.

• Les chemins du bio

Comment ne pas imaginer alors que la voie de l'agriculture bio était grande ouverte ? À moyen terme, le domaine s'y est engagé. « C'est le vent de l'Histoire, mais pas simple du tout. Il faut plus de personnel. Notre équipe a bien suivi. Et c'est rassurant pour une clientèle qui nous fait confiance. Surtout celle qui revient régulièrement vers nous. Elle encourage nos entreprises. Et le Guide Hachette – au moins 8 coups de cœur depuis nos premières vinifications – récompense les efforts de tout un collectif. Un coup de cœur ? C'est toujours la première fois, dit la chanson... Un peu comme une Bible qui se renouvellerait chaque année », est-il rappelé avec un brin d'humour.

♥ Les coups de cœur

- **Coteaux-du-layon Clos de la Motte 2020**
- **Coteaux-du-layon 1er cru Chaume 2019**

➧ LES APPELLATIONS RÉGIONALES DU VAL DE LOIRE

ROSÉ-DE-LOIRE

Superficie : 1 100 ha / Production : 61 672 hl

Vin d'appellation régionale, AOC depuis 1974, le rosé-de-loire peut être produit dans les limites des AOC anjou, saumur et touraine. Ce rosé sec naît des cépages cabernet franc, cabernet-sauvignon, gamay noir à jus blanc, pineau d'Aunis et grolleau.

DOM. DES DEUX ARCS 2020 ★

| 7000 | | 5 à 8 €

Jean-Marie Gazeau, après une expérience en Afrique du Sud, a rejoint son père Michel en 2005 sur le domaine familial (53 ha). Leurs vins sont régulièrement sélectionnés dans le Guide, dans diverses appellations de l'Anjou et dans les trois couleurs. Une valeur sûre.

Intense couleur fuchsia, nez de petits fruits rouges aux accents amyliques… C'est un rosé expressif, souple et équilibré par la fraîcheur qui saura plaire autour du barbecue. ⧗ 2021-2022

SCEA VIGNOBLE MICHEL ET JEAN-MARIE GAZEAU, Dom. des Deux Arcs, 11, rue du 8-Mai-1945, Martigné-Briand, 49540 Terranjou, tél. 02 41 59 47 37, do2arc@wanadoo.fr V t.l.j. sf dim. 9h-12h 14h-18h

DOM. DES FONTAINES La robe d'Iris 2020 ★

| 3000 | | 8 à 11 €

Situé au cœur de l'AOP bonnezeaux, ce domaine familial de 34 ha est dirigé par Alain Rousseau et son fils Vincent, qui représente la quatrième génération.

Des reflets saumon apparaissent dans ce vin rose pâle, légèrement perlant. Le nez ouvert sur les petits fruits rouges lui confère d'emblée un caractère sympathique. Il en va de même du palais, frais et gourmand, en toute simplicité. ⧗ 2021-2022

EARL DOM. DES FONTAINES, 303, les Noues, Thouarcé, 49380 Bellevigne-en-Layon, tél. 02 41 54 32 30, domaine.des.fontaines@wanadoo.fr V r.-v.

Ⓑ DOM. DES HARDIÈRES 2020 ★

| 10 000 | | 5 à 8 €

Un domaine de 25 ha de vignes conduites en agriculture biologique depuis 2019, dans la vallée du Layon. Ici, la production se partage entre anjou-villages, anjou blanc et cabernet-d'anjou, sans oublier les rosés-de-loire.

Bonne harmonie générale : c'est la meilleure conclusion de dégustation qui soit pour un rosé. Il est vrai que ce 2020 affiche les caractères attendus : rose franc et brillant, palette d'arômes de fruits rouges, attaque fruitée et fraîcheur juste comme il faut. ⧗ 2021-2022

DOM. DES HARDIÈRES, Les Hardières, 49750 Val-du-Layon, tél. 02 41 53 03 16, contact@orchidees-domainedeshardieres.fr

♥ DOM. LE MONT 2020 ★★

| 4000 | | 5 à 8 €

Depuis 1995, c'est Claude Robin, fils de Louis, qui conduit l'exploitation fondée par son grand-père en 1930 et implantée au sommet d'un coteau dominant la vallée du Layon. Il y pratique sur ses 25 ha une culture raisonnée avec enherbement et travail du sol. Une bonne référence de l'Anjou, notamment pour ses liquoreux, bonnezeaux en tête.

À la couleur rose bonbon correspondent des arômes amyliques de bonbons aux fruits rouges. La ligne fruitée se prolonge au palais, bien soutenue par un agréable perlant. Un vin friand. ⧗ 2021-2022

EARL LOUIS ET CLAUDE ROBIN, 64, rue des Monts, Faye-d'Anjou, 49380 Bellevigne-en-Layon, tél. 02 41 54 31 41, robinclaudemont@orange.fr V r.-v.

CRÉMANT-DE-LOIRE

Superficie : 1 512 ha / Production : 100 963 hl

Il s'agit d'une appellation régionale qui peut s'appliquer à des vins effervescents surtout blancs, parfois rosés, produits selon la méthode traditionnelle dans les limites des appellations anjou, saumur, touraine et cheverny. Les cépages, nombreux, sont les variétés plantées dans les différents secteurs du Val de Loire : chenin ou pineau de Loire, cabernet-sauvignon et cabernet franc, pinot noir, chardonnay… Reconnue en 1975, l'AOC a trouvé son public.

DOM. BLOUIN ★

| 4000 | | 5 à 8 €

Un domaine bien implanté sur les terres de Saint-Aubin, puisque sa date de création remonte à 1870 et que cinq générations de vignerons s'y sont succédé. Régulièrement « étoilé » dans le Guide, notamment pour ses liquoreux, il est aujourd'hui conduit par Jean-Christophe, fils de Michel Blouin, à la tête de 23 ha de vignes.

Un caractère acidulé fait la personnalité de ce crémant jaune clair à reflets verts. Le palais offre toute la fraîcheur de la pomme et des notes citronnées, bien intégrée dans une certaine rondeur. Les desserts lui iront bien. ⧗ 2021-2022

EARL DOM. BLOUIN, 53, rue du Canal-de-Monsieur, Saint-Aubin-de-Luigné, 49190 Val-du-Layon, tél. 02 41 78 33 53, contact@domaineblouin.fr V t.l.j. sf dim. 9h-12h30 14h-18h30

LOIRE

COTEAU SAINT-VINCENT Sélection de Perles ★

| 4500 | | 5 à 8 €

Cette exploitation est établie à Chalonnes-sur-Loire, commune située au bord de l'eau, au confluent du Layon et de la Loire. Œnologue, Olivier Voisine y conduit depuis 1999 un vignoble de 23 ha en conversion bio sur des sols schisteux caractéristiques de

l'Anjou noir. Une bonne référence de l'Anjou viticole, pour ses liquoreux notamment.

Jolie mousse, jolies bulles, de bon augure. Les notes de fleurs blanches, de buis et même de miel séduisent tout autant. Elles annoncent une bouche certes ronde, mais équilibrée par une juste fraîcheur en finale. ⧗ 2021-2022

EARL OLIVIER VOISINE, Coteau Saint-Vincent, 49290 Chalonnes-sur-Loire, tél. 02 41 78 59 00, coteau-saint-vincent@wanadoo.fr V *r.-v.*

DOM. DUBOIS Rosé ★

n.c. | 5 à 8 €

Ce domaine remonte à 1880, époque à laquelle le vignoble produisait presque exclusivement des vins blancs. Depuis 2008, c'est Christelle Dubois, représentant la cinquième génération, qui exploite quelque 19 ha essentiellement plantés en cabernet franc.

La gourmandise est l'ADN de ce crémant d'un rose franc, animé de fines bulles. Le fruit se décline à l'envi, et la matière toute ronde trouve l'équilibre souhaité grâce à la fraîcheur de l'attaque et de la finale. ⧗ 2021-2022

EARL DOM. CHRISTELLE DUBOIS, 8, rte de Chacé, Saint-Cyr-en-Bourg, 49260 Bellevigne-les-Châteaux, tél. 02 41 51 61 32, ch-dubois@hotmail.com V *r.-v.*

AXEL DE FERSEN ★

68450 | 5 à 8 €

La coopérative de Montlouis-sur-Loire, créée en 1961, regroupe une quinzaine de viticulteurs adhérents pour une surface cultivée de 170 ha.

Un vin équilibré et mûr qui évoque les beaux et longs jours de juin par sa couleur or paille et ses notes de tilleul persistantes. La fraîcheur du palais est soulignée par une pointe d'amertume bien équilibrée. ⧗ 2021-2022

SCA CAVE DES PRODUCTEURS DE MONTLOUIS, 2, rte de Saint-Aignan, 37270 Montlouis-sur-Loire, tél. 02 47 50 80 98, espace@cave-montlouis.com V *t.l.j. 9h-12h30 14h-18h30; dim. 10h-13h 14h-18h*

DOM. DE LA GABILLIÈRE ★

16000 | 5 à 8 €

Ce domaine d'application pédagogique du lycée viticole d'Amboise (20 ha) est également une structure de recherche à l'échelle de la région Centre-Val de Loire, en lien avec les différents organismes viticoles.

Tout est élégant dans ce crémant or paille, depuis son cordon de fines bulles jusqu'à sa palette de fleurs et de fruits mûrs. Le fruit s'exprime volontiers dès l'attaque et ne quitte plus le palais, comme pour mieux souligner la matière. Une volaille à la crème sera l'alliée d'un tel vin. ⧗ 2021-2022

DOM. DE LA GABILLIÈRE, 46, av. Émile-Gounin, BP 239, 37402 Amboise Cedex, tél. 02 47 23 35 51, expl.amboise@educagri.fr V *t.l.j. sf dim. 9h-12h 14h-17h; f. août*

DOM. DES GALLOIRES Léon Jean Brut Nature ★★

7000 | 8 à 11 €

Située à l'emplacement d'un ancien manoir, cette propriété familiale créée en 1967 est régulièrement en vue pour l'une ou l'autre de ses 18 cuvées. L'exploitation, conduite par la famille Toublanc depuis 7 générations, couvre aujourd'hui 50 ha surplombant la Loire, côté sud.

Les bulles fines montent et montent encore dans le verre, et on ne se lasse pas de les mirer sur un fond paille doré. Il faut pourtant se résoudre à délaisser la robe pour profiter des arômes intenses de fruits à coque, comme la noisette et la noix. Ce vin serait-il déjà évolué ? Certes, mais il a bien évolué et l'on retient de son profil une complexité fort intéressante pour un mariage avec une volaille à la crème ou un comté. ⧗ 2021-2022

SCEA DES GALLOIRES, 1, la Galloire, 49530 Drain-Orée-d'Anjou, tél. 02 40 98 20 10, contact@galloires.com V *t.l.j. sf dim. 9h-12h 14h-19h (sam. 17h)*

DOM. DE HAUTE PERCHE Brut ★

5000 | 8 à 11 €

Créé en 1966, ce domaine (31 ha) situé aux portes d'Angers était à l'origine dédié aux vins de table. Restructuré, replanté de cépages nobles, il est devenu une valeur sûre des appellations anjou-villages-brissac et coteaux-de-l'aubance. Véronique, la fille d'Agnès et Christian Papin, est à la tête du domaine depuis 2012.

Une touche de sucrosité apporte de l'amabilité à ce crémant jaune brillant, discrètement floral et fruité. Le palais n'en garde pas moins de la fraîcheur et cet équilibre suffit à convaincre. ⧗ 2021-2022

SCEA PAPIN ET ASSOCIÉS, 7, chem. de la Godelière, 49610 Saint-Melaine-sur-Aubance, tél. 02 41 57 75 65, contact@domainehauteperche.com V *t.l.j. sf dim. 9h-12h 14h-18h30; sam. sur r.-v. janv. fév.*

DOM. DES HAUTS PERRAYS Brut 2019 ★

8560 | 8 à 11 €

Une propriété de 15 ha (anciennement Dom. Fardeau), située au pied de la Corniche angevine, sur les coteaux qui dominent les vallées du Layon et de la Loire. Elle a été reprise en 2019 par Gabin Charnier et Stéphane Valenti, deux amis qui se sont rencontrés lors de leurs études d'œnologie.

Agrumes, résolument. Pas de doute, c'est un profil de crémant ample et très frais. La persistance des arômes est un atout supplémentaire. ⧗ 2021-2022

EARL DOM. DES HAUTS PERRAYS, Les Hauts-Perrays, 49290 Chaudefonds-sur-Layon, tél. 02 41 78 67 57, contact@domaine-des-hauts-perrays.fr V *r.-v.*

MONCONTOUR ★★

61675 | 5 à 8 €

Propriété de l'évêque de Tours au temps de saint Martin (IVes.), le domaine fut convoité par Balzac en son temps. La famille Feray l'a acquis en 1994. Gilles Feray dispose de 130 ha de vignes répartis dans différentes communes de l'AOC vouvray, ce qui permet aux vins de refléter toute la richesse du terroir. Le château bâti au XVes. trône sur la falaise de tuffeau de Vouvray.

Les arômes de fruits blancs sont le fil conducteur de la dégustation. Couleur paille, bulles fines, touches complémentaires de fleurs blanches et notes minérales complexes : tout concorde à souhait. S'y ajoute une sensation d'ampleur et de persistance au palais. ⧗ 2021-2022

SA VIGNOBLE DU CH. MONCONTOUR, rue de Moncontour, 37210 Vouvray, tél. 02 47 52 60 77, info@vignobles-feray.com V *t.l.j. sf dim. 10h-12h30 13h30-18h*

MONMOUSSEAU ★

● | 140 828 | | 8 à 11 €

Fondées en 1886, les Caves Monmousseau sont spécialisées de longue date dans l'élaboration de vins effervescents. Dans le giron depuis 2010 de la société saumuroise Ackerman.

Des reflets vert d'eau et un cordon de bulles fines et persistantes attirent le regard. Puis se révèlent les arômes attendus de fleurs blanches nuancés de minéral. De l'aubépine et de la pêche s'ajoutent à cette palette en bouche, et c'est l'agréable fraîcheur d'ensemble qui reste en mémoire, avec une légère amertume finale. ⧗ 2021-2022

ETS MONMOUSSEAU, 71, rte de Vierzon, 41400 Montrichard, tél. 02 54 71 66 66, cave@monmousseau.com V *r.-v.*

CH. DE MONTFORT Confidence 2019 ★★

● | 5100 | | 8 à 11 €

La famille Feray collectionne les châteaux et les vignobles en Touraine. Montfort, commandé par un joli manoir fortifié du XVIᵉs., est conduit par Gilles Feray depuis 2011. Le domaine couvre 30 ha à Chançay. Chaque rang de vigne est orné d'un rosier qui, en plus d'être décoratif, permet de déceler l'arrivée de maladies cryptogamiques.

La percevez-vous cette pointe minérale dans le bouquet de fleurs blanches? Prenez le temps de découvrir ce crémant délicat qui joue sur une discrète amertume et une subtile vivacité. À servir à l'apéritif avec des chips de crevettes. ⧗ 2021-2022 ● ★ **(8 à 11 €; 114 230 b.)** Une touche d'amande amère souligne les arômes de fleurs blanches de ce crémant délicat et équilibré. ⧗ 2021-2022

SC DOM. DU CH. DE MONTFORT, 827, rue de la Rochère, 37210 Noizay, tél. 02 47 52 60 77, infos@vignobles-feray.com V *t.l.j. sf dim. 10h-12h30 13h30-18h*

B DOM. DE LA PALEINE 2018 ★★

● | 16 928 | | 11 à 15 €

Établis depuis 2003 au Puy-Notre-Dame, le deuxième point le plus haut du Maine-et-Loire, Laurence et Marc Vincent conduisent un vignoble de 37 ha conduit en biodynamie, situé au pied d'une butte calcaire.

Une mousse séduisante se dessine sur le disque, alimentée par de fines bulles régulières. C'est bon signe. Les arômes intenses de fruits secs (amande et noisette) et de brioche témoignent de la dominance du chardonnay (80 %) sur le chenin. Au palais, le vin apparaît souple et rond, presque vineux, avec en finale une fraîcheur bienvenue pour l'équilibre et la persistance aromatique. ⧗ 2021-2022

SAS DOM. DE LA PALEINE, 9, rue de la Paleine, 49260 Le Puy-Notre-Dame, tél. 02 41 52 21 24, contact@domaine-paleine.com V *r.-v.*

♥ DOM. DU PORTAILLE Brut ★★

● | 13 000 | | 5 à 8 €

Cette exploitation familiale s'est développée avec Marcel Tisserond, puis avec ses deux fils Philippe et François, qui se sont installés respectivement en 1998 et 2003. Aujourd'hui, 50 ha au-dessus des coteaux du bonnezeaux.

Les bulles fines font l'ascension du verre avec aisance et persistance, puis bordent la robe jaune paille en une mousse délicate. Les arômes de fruits mûrs entrent alors en scène et laissent deviner une certaine complexité. Ils s'expriment de même en bouche, nuancés d'une touche briochée. En trois mots la dégustation se résume : fraîcheur, volume et longueur. ⧗ 2021-2022

EARL TISSEROND, lieu-dit Millé, Chavagnes, 49380 Terranjou, tél. 02 41 54 07 85, earl.tisserond@wanadoo.fr V *t.l.j. 9h-12h 14h-19h*

VIGNOBLE MICHEL ROBINEAU ★

● | 1900 | | 5 à 8 €

À la tête de 11 ha de vignes, Michel Robineau a créé son exploitation en 1990 dans l'aire des coteaux-du-layon. Son domaine jouit d'une très bonne réputation, confortée par nombre d'étoiles et de coups de cœur dans le Guide.

Jaune or, ce crémant équilibré joue dans la finesse aromatique en déclinant ses notes de fleurs blanches et de fruits. Fin certes, mais persistant... Et c'est bien ce que les dégustateurs ont aimé chez lui. ⧗ 2021-2022

VIGNOBLE MICHEL ROBINEAU, 3, chem. du Moulin, Les Grandes-Tailles - Saint-Lambert-du-Lattay, 49750 Val-du-Layon, tél. 02 41 78 34 67, vignoblemichelrobineau@orange.fr V *r.-v.*

♥ VEUVE AMIOT Brut ★★★

● | 337 340 | | 5 à 8 €

Créée en 1884 par Élisa Amiot, devenue veuve prématurément, cette maison, reprise en 1988 par la Compagnie française des grands vins, est l'un des négoces dédié aux fines bulles les plus importants du Saumurois.

La mousse avenante qui se forme sur le disque de ce vin jaune clair invite à s'intéresser aux arômes : un air de printemps se joue alors, tout en fleurs et en fruits blancs, nuancés de notes citronnées subtiles. Puis la fraîcheur gagne le palais, au bénéfice d'un même fruité persistant. ⧗ 2021-2022

SAS VEUVE AMIOT, 19-21, rue Jean-Ackerman, 49400 Saumur, tél. 02 41 83 14 14, admin@veuve-amiot.com V *t.l.j. sf dim. 10h-13h 14h-18h*

LOIRE

➜ LA RÉGION NANTAISE

▶ LES AOC DU MUSCADET ET LE GROS-PLANT DU PAYS NANTAIS

Le muscadet est un vin blanc sec reconnu en appellation d'origine contrôlée dès 1936. Il est issu d'un cépage unique : le melon. Principalement situé dans la partie sud du département de Loire-Atlantique, avec quelques incursions dans le Maine-et-Loire et en Vendée, le vaste vignoble comprend quatre appellations d'origine contrôlée : l'AOC régionale muscadet ; le muscadet-sèvre-et-maine, qui regroupe 23 communes des vallées de la Sèvre et de la Maine, et qui fournit les plus importants volumes ; le muscadet-coteaux-de-la-loire, qui s'étend plus en amont sur 24 communes des deux rives du fleuve, en particulier dans la région d'Ancenis sur la rive droite ; le muscadet-côtes-de-grand-lieu, AOC plus récente, qui correspond à 19 communes au sud-ouest de Nantes.
À ces appellations se sont ajoutés en 2011 trois crus communaux délimités dans l'AOC sèvre-et-maine en fonction des critères pédologiques (granites, gneiss, gabbro...) : Gorges, Clisson et Le Pallet. Ces crus constituent le sommet de la hiérarchie des muscadets. Leur cahier des charges prévoit un temps d'élevage sur lie très long, entre dix-huit et vingt-quatre mois. Si leur profil varie selon les terroirs (minéraux à Gorges, plus fruités et mûrs à Clisson, floraux et fruités au Pallet) tous se distinguent par leur puissance et leur potentiel. D'autres crus devraient voir le jour (Château-Thébaud, Goulaine, Monnières-Saint-Fiacre...)
La mise en bouteilles sur lie est une technique traditionnelle de la région nantaise, qui fait l'objet d'une réglementation précise, renforcée en 1994. Pour bénéficier de cette mention, les vins doivent n'avoir passé qu'un hiver en cuve ou en fût, et se trouver encore sur leur lie et dans leur chai de vinification au moment de la mise en bouteilles ; celle-ci ne peut intervenir qu'à des périodes définies et en aucun cas avant le 1er mars, la commercialisation étant autorisée seulement à partir du premier jeudi de mars. Ce procédé permet d'accentuer la fraîcheur, la finesse et le bouquet des vins. Vif mais sans verdeur, aromatique, le muscadet accompagne parfaitement les poissons et les fruits de mer ; il constitue également un excellent apéritif et doit être servi frais mais non glacé (8-9 °C).

MUSCADET

Superficie : 2 977 ha / Production : 185 011 hl

CH. DE CHASSELOIR Gourmandise 2020 ★

■	10 000	5 à 8 €

La famille Chéreau Carré est établie dans la région depuis 1412. En 1953, monsieur Chéreau acquiert le Ch. de Chasseloir. Son mariage avec Edmonde Carré, qui possède le Ch. de l'Oiselinière de la Ramée, permet d'agrandir le vignoble. Depuis 2003, Bernard Chéreau est aux commandes. Il possède aussi le Dom. de la Chesnaie et le Dom. du Bois Bruley.

Frais, vif, intense, ce blanc adopte tous les codes d'un bon muscadet plein de vitalité et d'énergie. Et c'est ce que l'on attend, de la simplicité et de la gourmandise. ⧗ 2021-2023

⊶ EARL BERNARD CHÉREAU, 44690 Saint-Fiacre-sur-Maine, tél. 02 40 54 81 15, louise@chereau-carre.fr V r.-v.

MUSCADET-SÈVRE-ET-MAINE

Superficie : 7 822 ha / Production : 421 272 hl

CH. D'AMOUR Sur lie 2020 ★

■	40 000	🍾	- de 5 €

Un temps abandonné à la suite des ravages du phylloxéra, le domaine devint un lieu de rendez-vous galant pour les habitants du village. Conduit depuis 1995 par Hugues Brochard, il a aujourd'hui retrouvé sa vocation viticole et s'étend sur 24 ha.

Un blanc délicat, franc et vivace, aux belles notes de fleurs blanches, de poivre, de zeste d'agrumes et de menthol. Il a de la tension, une matière pleine et savoureuse. Voilà de quoi réjouir avec des huîtres ou des crustacés. ⧗ 2021-2023

⊶ EARL VIGNOBLE BROCHARD-GUIHO, La Grenaudière, 44690 Maisdon-sur-Sèvre, tél. 02 40 03 85 13, brochardhugues@wanadoo.fr V r.-v.

DOM. BASSE-VILLE Sur lie Le Verroueille 2018 ★★

■	11 000	🍾	8 à 11 €

Installé en 2001, Jean-Louis Bossard, dont la famille cultive la vigne à La Chapelle-Heulin depuis près de 5 siècles, exploite aujourd'hui un domaine de 50 ha.

Riche, exotique, exubérant, ce muscadet tout en rondeur livre une intensité remarquable. Les notes de mangue et de pâtisserie offrent une très belle dimension. C'est un 2018 qui profite pleinement de son millésime. Idéal avec un tajine de poisson aux citrons confits. ⧗ 2021-2024

⊶ EARL DOM. BASSE-VILLE, 9, la Basse-Ville, 44330 La Chapelle-Heulin, tél. 02 40 06 74 33, bossard@basse-ville.fr V *t.l.j. sf sam. dim. 8h-12h30 14h-19h*

BEDOUET VIGNERON Sur lie Les Vignes du Moulin 2020 ★

■	8 000	🍾	5 à 8 €

Aux origines du domaine, Henri Bedouet, né en 1899, était tonnelier et vigneron en métayage. Son fils Henri s'installa en 1957 comme métayer et devint fermier vingt ans plus tard. Michel a pris le relais en 1985, acheté des parcelles et commencé à élaborer du vin. Il a engagé en 2010 la conversion bio de ses 20 ha de vignes.

Tout en finesse, ce blanc de belle fraîcheur s'exprime autour de notes florales et de fruits blancs parfaitement mûrs. C'est un bon représentant de son appellation, à réserver pour des crustacés ou un tartare de poisson. ⧗ 2021-2023

⊶ EARL BEDOUET VIGNERON, 28, le Pé-de-Sèvre, 44330 Le Pallet, tél. 02 40 80 97 30, contact@bedouet-vigneron.com V r.-v.

DOM. BEL AIR Sur lie Le Tradition 2020 ★

| 110 000 | | - de 5 € |

La Haye-Fouassière est l'une des communes en périphérie de Nantes qui a su préserver ses meilleurs terroirs de gneiss et de micaschistes. Emmanuel Audrain, représentant la quatrième génération, a repris ce domaine familial en 1998, à la suite de son père Jean-Luc. Il exploite 31 ha.

Frais et délicat, ce blanc au prix très modeste procure un plaisir simple mais pas simpliste. Ses arômes fins, sa trame équilibrée et tendue forment un ensemble accessible, qui sera parfait avec des fromages de chèvre ou des rillettes de poisson. ⧗ 2021-2023

EARL AUDRAIN PÈRE ET FILS, Dom. Bel-Air, 13, rue de la Caillaudière, 44690 La Haye-Fouassière, tél. 02 40 54 84 11, audrain@domaine-belair.fr V *t.l.j. sf dim. 8h-12h30 14h-19h30*

CLAUDE BLANCHARD ET FILS N° 18 2018 ★

| 3000 | | 8 à 11 € |

Alain et Philippe Blanchard exploitent un domaine de 32 ha répartis dans trois communes très réputées de l'appellation muscadet-sèvre-et-maine : Mouzillon, Gorges et Vallet. Outre le muscadet, ils proposent aussi des vins en IGP.

Millésime 2018, élevé 18 mois dans un foudre de chêne centenaire : c'est le numéro gagnant de ce vin riche et ambitieux, à la trame grasse et concentrée, portée par un boisé mesuré. On pourra encore l'attendre ou le destiner à une volaille à la crème, car il a de la consistance et une bonne longueur. ⧗ 2021-2025

GAEC CLAUDE BLANCHARD ET FILS, 4, le Quarteron, 44190 Gorges, tél. 02 40 54 07 82, gaec.blanchard@wanadoo.fr V *t.l.j. sf dim. 9h-12h 14h-19h*

DOM. DU BOIS-JOLY Sur lie Harmonie 2020 ★

| 36 000 | | - de 5 € |

Un arrière-grand-père tonnelier, des parents vignerons, Laurent Bouchaud a la vigne dans le sang. Depuis 1993, il conduit le domaine familial et ses 30 ha de vignes.

De l'intensité, des notes acidulées de fruits frais, un équilibre et une bonne persistance : ce blanc agile livre le maximum de plaisir. Le compagnon idéal d'un beau plateau de fruits de mer. ⧗ 2021-2023

EARL DOM. DU BOIS-JOLY, 54, le Bois-Joly, 44330 Le Pallet, tél. 06 08 28 46 75, l.bouchaud@domaineduboisjoly.com V *r.-v.*

DOM. DU BOIS-PERRON Sur lie 2020 ★★

| 5000 | | - de 5 € |

Situé sur la route touristique des moulins, dans un territoire vallonné du pays nantais, ce vignoble familial, créé en 1950, a pris de l'ampleur sous l'impulsion de Philippe Brégéon et de son beau-frère Jean-Michel Burot, installés en 1995 : couvrant à l'origine 2 ha, il en compte aujourd'hui 35.

Harmonieux, élégant et bien structuré, ce blanc simple et avenant va droit au but. Il offre un plaisir pur, entre notes de fruits blancs et d'agrumes, qui s'accordera dès l'apéritif à des fruits de mer ou à une petite friture. ⧗ 2021-2022

GAEC DU BOIS-PERRON, 71, le Perron, 44430 Le Loroux-Bottereau, tél. 06 70 89 06 92, du-bois-perron@orange.fr V *r.-v.*

Ⓑ BONNET-HUTEAU La Goulaine 2016 ★

| 3000 | | 11 à 15 € |

Le siège de l'exploitation est à l'emplacement d'une ancienne demeure médiévale qui fut à l'origine de la commune de la Chapelle-Heulin. Rémi et Jean-Jacques Bonnet exploitent en bio depuis 2005 ce domaine de 40 ha et l'orientent vers la biodynamie.

Le cru Goulaine est l'un des crus communaux les plus réputés de l'appellation. Ce 2016 le lui rend bien, porté par un élevage de 2 ans sur lie. Des notes de fruits secs et de pain grillé se déploient à l'olfaction. En bouche, la vivacité et la tension le portent dans une dimension supérieure. C'est un blanc de structure, paré pour une volaille, un poisson à la crème ou des saint-jacques rôties. ⧗ 2021-2025

SCEA BONNET-HUTEAU-PINEAU, La Levraudière, 44330 La Chapelle-Heulin, tél. 02 40 06 73 87, bonnet.huteau@gmail.com V *t.l.j. sf dim. 9h-12h30 14h-18h; sam. 9h30-12h30*

DOM. PIERRE-LUC ET VALÉRIE BOUCHAUD
Sur lie Le Perd son pain 2020 ★★

| 25 000 | | 5 à 8 € |

Établi à Saint-Fiacre-sur-Maine, Pierre Luc Bouchaud exploite un domaine de 21 ha. Plantées sur un terroir de gneiss en bord de Sèvre, les vignes sont en conversion bio depuis le millésime 2018.

Voilà un très bon ambassadeur du muscadet. Finesse, fraîcheur, matière croquante autour de notes fruitées et florales, petite touche iodée bienvenue : tous les attributs sont réunis dans ce vin facile d'accès, très digeste et parfaitement équilibré. ⧗ 2021-2023

PIERRE-LUC BOUCHAUD, 4, rue des Manoirs, La Hautière, 44690 Saint-Fiacre-sur-Maine, tél. 02 40 36 95 23, domaine@bouchaud.fr V *r.-v.*

DOM. DU BOURGEAIS Sur lie 2020 ★

| 17 000 | | - de 5 € |

Créé en 1992, ce domaine de 40 ha situé à Vertou, au sud de Nantes, est géré par Edith, Pierrick et Clément Albert. Soucieuse de ses pratiques culturales, la famille a fait le choix d'une certification HVE et a engagé en 2020 sa conversion à l'agriculture biologique.

Tout en fraîcheur et en vivacité, ce blanc paré de belles notes d'agrumes reste simple et débonnaire. Son caractère acidulé conviendra à des fruits de mer ou des fromages de chèvre frais. ⧗ 2021-2022

EARL ALBERT (DOM. DU BOURGEAIS), 20, rue des Ouches, 44120 Vertou, tél. 02 40 34 81 27, earl.albert@wanadoo.fr V *r.-v.*

Ⓑ DOM. JULIEN BRAUD
Monnière Saint-Fiacre 2018 ★

| 5200 | | 11 à 15 € |

Installé à Monnières, en plein cœur du vignoble nantais, Julien Braud est issu d'une famille de vignerons. Il conduit 13 ha de vignes en biodynamie, plantées en melon de Bourgogne.

Les vignes de 70 ans offrent de la profondeur à ce vin, qui se distingue par son caractère rond et ample. Ses notes grillées et les arômes de fruits jaunes, ainsi que sa trame large le destinent à une viande blanche plutôt qu'à l'apéritif. ⧗ 2021-2024

EARL APOLLINE ET JULIEN BRAUD, 11, rue des Moulins, 44690 Monnières, tél. 06 74 81 83 59, braudjulien@yahoo.fr V r.-v.

CH. DE BRIACÉ Goulaine 2014 ★

| 4000 | 11 à 15 € |

Le château de Briacé est une très ancienne propriété viticole, brûlée pendant la Révolution et reconstruite au XIXᵉs. Depuis 1957, il appartient à la congrégation des frères de Saint-Gabriel et sert de support pédagogique au lycée viticole qui forme une partie des vignerons de la région nantaise. À sa disposition, un vignoble de 25 ha certifié en bio.

Cru communal prisé pour sa qualité, Goulaine permet des muscadets de garde. La preuve avec ce blanc bien réalisé, de belle ampleur, aux notes de coing, de pêche mûre et de mirabelle. On loue son caractère plein et suave qui conviendra plutôt à une viande blanche, un curry de volaille par exemple. ⧗ 2021-2024 **Sur lie Saint-Gabriel 2020 ★ (5 à 8 €; 2000 b.)** Franc et frais, ce blanc aux notes d'agrumes (de pamplemousse notamment) et de mangue montre une bonne finesse et de la longueur en bouche. Un vin agréable à associer à une terrine de poisson. ⧗ 2021-2023

AFG DE BRIACÉ, Ch. de Briacé, 44430 Le Landreau, tél. 06 67 17 47 48, contact@chateau-briace.com V r.-v.

ÉLÉGANCE DES CANTREAUX Sur lie 2020 ★

| 3000 | - de 5 € |

Issu d'une famille de vignerons, Patrice Marchais a pris la succession de son père en 1975 sur ce domaine implanté au Loroux-Bottereau sur un coteau dominant la Loire. Il exploite 43 ha.

Avec un bon fruit et du gras, ce muscadet remplit toute sa part. À ce prix, on tient là un bon classique du cru, avec de la fraîcheur et de l'élan. Parfait avec un poisson cuisiné. ⧗ 2021-2023

PATRICE MARCHAIS, Les Cantreaux, 44430 Le Loroux-Bottereau, tél. 02 40 33 84 20, marchaispatrice@wanadoo.fr V r.-v.

DOM. DES CHABOISSIÈRES Sur lie 2020 ★

| 13000 | - de 5 € |

Philippe Bodineau a repris en 2002 l'exploitation familiale après avoir été responsable du vignoble pour la maison Barré Frères à Gorges. Il conduit un domaine de 21 ha.

Voilà un blanc avenant, rond et discret. Pas d'emphase ici, mais le plaisir d'un jus cossu, aux notes de fruits frais. Un vin harmonieux, idéal pour un poisson au four ou une volaille à la crème. ⧗ 2021-2023

EARL PHILIPPE BODINEAU (DOM. DES CHABOISSIÈRES), 18, les Chaboissières, 44330 Vallet, tél. 02 40 36 34 40, philippebodineau@orange.fr V r.-v.

DOM. DE CHAINTRE Sur lie Cuvée Prestige 2020 ★★

| 45000 | 5 à 8 € |

Marcel Luneau a repris en 1970 l'exploitation familiale alors en polyculture, qu'il a peu à peu spécialisée. Son fils Sylvain, ingénieur œnologue, a pris la relève en 2013; il est à la tête aujourd'hui de 60 ha de vignes, sur lesquels il produit muscadets et vins en IGP.

Dans la pure tradition de l'élevage sur lie, ce blanc de parfaite maturité signe un sans faute. Notes de fruits blancs, jolie nervosité, fraîcheur, volume, longueur : il est savoureux et de grand équilibre. Avec des fruits de mer ou des asperges sauce mousseline. ⧗ 2021-2024

EARL SYLVAIN LUNEAU (DOM. DE CHAINTRE), Chaintre, 44330 Mouzillon, tél. 02 40 36 31 16, sylvain.luneau@orange.fr V r.-v.

COMTE LELOUP DU CH. DE CHASSELOIR Sur lie Cuvée des Ceps centenaires 2017 ★★

| n.c. | 8 à 11 € |

La famille Chéreau Carré est établie dans la région depuis 1412. En 1953, monsieur Chéreau acquiert le Ch. de Chasseloir. Son mariage avec Edmonde Carré, qui possède le Ch. de l'Oiselinière de la Ramée, permet d'agrandir le vignoble. Depuis 2003, Bernard Chéreau est aux commandes. Il possède aussi le Dom. de la Chesnaie et le Dom. du Bois Bruley.

Centenaires mais plantées après la crise du phylloxéra, ces vignes offrent un supplément d'âme à ce vin. Sa largeur et son amplitude signent un blanc de gastronomie, qui séduit aussi par ses notes gourmandes et intenses de miel et de fruits jaunes. Un autre visage du muscadet à découvrir à table. ⧗ 2021-2025

EARL BERNARD CHÉREAU, 44690 Saint-Fiacre-sur-Maine, tél. 02 40 54 81 15, louise@chereau-carre.fr V r.-v.

CH. DU CLÉRAY Vallet Sauvion 2016 ★★

| 11000 | 11 à 15 € |

Vaste domaine de 100 ha situé sur la route de la Vendée, à l'entrée de Corcoué-sur-Logne, dans le giron du groupe des Grands Chais de France. Il est certifié HVE depuis 2019.

Après 2 ans d'élevage en cuves sur ses lies et de l'attente en cave, ce muscadet livre une belle partition du cru. Fruits gourmands, finement grillés, trame riche et parfumée, belle énergie en finale, c'est un vin ample et structuré, à vocation de repas. Essayez une poularde de Bresse aux cèpes ou un poisson blanc au four. ⧗ 2021-2024

SCEA CHAMPTELOUP (CH. DU CLÉRAY), Ch. du Cléray, 44330 Vallet, tél. 02 40 36 66 00 V *t.l.j. sf dim. 9h-12h30 13h30-18h; sam. 10h-13h*

CLOS DE BEAUREGARD Sur lie Vieilles Vignes 2020 ★

| 83000 | 5 à 8 € |

La famille Guilbaud conduit un vaste vignoble de 48 ha complété par une activité de négoce. Elle possède notamment le Clos de Beauregard qui appartenait au XVᵉs. au maître d'hôtel du duc de Bretagne.

Voilà un bon classique. Floral, fin, fruité, ce blanc s'offre avec simplicité, sans surenchère, et l'on apprécie sa bouche ample et persistante, sans dureté. Gougères, fromages de chèvre, rillettes de sardine, à vous de voir. ⌛ 2021-2023

SCEA GUILBAUD-MOULIN, 1, rue de la Planche, 44196 Clisson Cedex, tél. 02 40 06 90 69

CLOS DE LA HOUSSAIE
La Haye-Fouassière 2015 ★★★

	4000		11 à 15 €

Créé en 1948 à La Haye-Fouassière, le Dom. Vinet compte 55 ha répartis entre sa commune historique et Château Thébaud, au cœur du muscadet-sèvre-et-maine. Laurence et Gérard Vinet sont aujourd'hui aux commandes de l'exploitation, qui regroupe différentes entités commerciales gérées par les mêmes équipes. Ici, on pratique la récolte manuelle et la culture raisonnée (Terra Vitis et HVE).

Un vrai délice que ce muscadet parfaitement équilibré entre structure et fraîcheur. Avec ses notes de fruits blancs, de noisette et de pain d'épices, il montre une évolution favorable. La bouche suit ce registre aux accents aimablement torréfiés, glissant avec suavité vers une longue finale. Parfait avec des saint-jacques poêlées. ⌛ 2021-2025 **Dom. de la Quilla Domaine de la Quilla Sur lie 2020 ★ (5 à 8 €; 50000 b.)** Tout en simplicité et en délicatesse, ce vin séduit par sa vigueur, ses notes d'agrumes et de fleurs blanches. Il faut le boire dans sa jeunesse, à l'apéritif de préférence. ⌛ 2021-2022

EARL DOMAINES VINET, La Quilla, 44690 La Haye-Fouassière, tél. 02 40 54 88 96, contact@domaines-vinet.com V r.-v.

CLOS DES RAMÉES
La Haye-Fouassière 2017 ★

	1000		8 à 11 €

Vertou, première commune viticole aux portes de Nantes, connaît une forte urbanisation. Quelques producteurs résistent et maintiennent à flot le vignoble local, tels Michel et Brigitte Loiret, dont la famille cultive la vigne depuis 1890. Installés depuis 1977 et associés à leur fils Guillaume, ces derniers conduisent un domaine de 24 ha.

Original, ce blanc prêt à boire livre de fins arômes de miel et de fruits jaunes bien mûrs. En bouche, il affiche un bon équilibre entre rondeur et fraîcheur. Servez-le avec un curry de volaille. ⌛ 2021-2023

EARL LOIRET, 47, rte de la Haye-Fouassière, 44120 Vertou, tél. 06 86 59 50 80, loiret.earl@wanadoo.fr V r.-v.

CH. DE LA CORMERAIS
Monnières Saint-Fiacre 2017 ★★

	7000		8 à 11 €

Une ancienne seigneurie du Moyen Âge autrefois protégée par des douves et un pont-levis. Aujourd'hui, une exploitation viticole de 38 ha acquise par les aïeux de Thierry Besnard en 1856, qui offre une gamme complète d'une vingtaine de cuvées.

Après 3 ans d'élevage en cuves sur ses lies, ce muscadet arbore une bonne structure. Les notes florales sont intactes, l'ensemble souple et équilibré, le temps a permis son épanouissement. Le voilà prêt à accompagner un bar de ligne rôti ou en tartare. ⌛ 2021-2023

THIERRY BESNARD, La Cormerais, 44690 Monnières, tél. 06 11 04 45 69, chateau.cormerais@gmail.com V r.-v.

BRUNO CORMERAIS
Sur lie Vieilles Vignes 2018 ★

	14000		8 à 11 €

Établi non loin de la Maine, sur les coteaux granitiques de Saint-Lumine-de-Clisson, ce domaine familial de 32 ha a été longtemps conduit par Bruno Cormerais qui a transmis en 2009 le flambeau à son fils Maxime. Pour imprimer à leurs vins leur « marque de fabrique », ces vignerons vendangent souvent plus tardivement que leurs collègues.

Ample et cossu, ce muscadet livre une version structurée du cru. On appréciera ses notes de fruits frais, d'agrumes et de fruits exotiques, son volume en bouche, son équilibre et sa finale incisive. Pour un poisson cuisiné ou une volaille. ⌛ 2021-2023

EARL BRUNO, MARIE-FRANÇOISE ET MAXIME CORMERAIS, 41, la Chambaudière, 44190 Saint-Lumine-de-Clisson, tél. 02 40 03 85 84, contact@domaine-bruno-cormerais.com V r.-v.

DOM. DE LA CORNULIÈRE Gorges 2015 ★★★

	3400		11 à 15 €

Cinq générations se sont succédé depuis 1850 sur ce domaine implanté à Gorges, haut lieu du pays nantais, et conduit depuis 1984 par Jean-Michel Barreau. Le vignoble couvre 28 ha sur les coteaux de la Sèvre-Nantaise, implanté sur des sols argilo-siliceux reposant sur une roche mère de gabbro.

Le temps a fait son œuvre. Élevé 5 ans en cuves sur ses lies, ce muscadet offre un visage accompli de son appellation : notes de coing, de miel fin et de fruits confits prennent place dans une bouche cossue, parfaitement équilibrée, longue et fraîche. Un très beau vin de gastronomie, pour une volaille à la truffe par exemple. ⌛ 2021-2025 **Dom. de la Bourdonnière Sur lie 2020 ★ (5 à 8 €; 15000 b.)** Tout en finesse, ce vin offre un bon équilibre autour de notes de fleurs blanches et de fruits bien mûrs. Avec mesure, il reste simple et avenant : le parfait partenaire d'entrées marines. ⌛ 2021-2022

EARL JEAN-MICHEL ET JEAN-PHILIPPE BARREAU, La Cornulière, 44190 Gorges, tél. 02 40 03 95 06, vignoble.barreau44@orange.fr V r.-v.

VIGNOBLE DROUARD
Château-Thébaud 2015 ★

	1600		11 à 15 €

Sur les granites de Château-Thébaud, les vignes sont généralement précoces car les sols sont bien drainants. Ce domaine transmis de père en fils depuis 1878 est aujourd'hui conduit par les quatre frères Drouard, Pascal, Laurent, Denis et Jean-Paul, qui disposent de 89 ha.

Quatre ans d'élevage sur lie et voilà le résultat : un muscadet fin et élégant, marqué par des notes de miel et d'agrumes. Prêt à boire, franc et équilibré, il se destine à un tartare de poisson ou à quelques belles huîtres grasses. ⧗ 2021-2023

⊶ EARL VIGNOBLE DROUARD, 4, la Noë, 44690 Château-Thébaud, tél. 02 40 06 50 57, contact@vignobledrouard.com V 🚶 ▪ *t.l.j. sf dim. 8h-12h30 14h-18h*

PRESTIGE DE L'ESPÉRANCE Sur lie 2020 ★

| 7300 | | - de 5 € |

Patrice Chesné (rejoint en 2004 par sa sœur Anne-Sophie) a repris en 1992 le vignoble familial, 33 ha à Tillières, l'une des deux communes du Maine-et-Loire en AOC muscadet-sèvre-et-maine, aux portes de l'Anjou.

Floral et délicat, ce blanc s'offre en toute simplicité. On aime ses parfums de fleurs fraîches, d'agrumes, de chèvrefeuille et de poire juteuse. Très gourmand, rond et affable, il ira bien à des fromages de chèvre secs ou un poisson cru mariné à la coriandre. ⧗ 2021-2023

⊶ GAEC CHESNÉ, 4, l'Espérance, Tillières, 49230 Sèvremoine, tél. 02 41 70 46 09, gaecchesne@orange.fr V 🚶 ▪ *t.l.j. sf mer. dim. 9h-12h30 15h-18h30*

DOM. LE FIEF DE LA BRIE 2020 ★

| 33000 | | 5 à 8 € |

Établie à Gorges, cru réputé pour ses terroirs de gabbros propices à l'élaboration de vins de garde, la famille Bonhomme s'est spécialisée depuis quatre générations dans le muscadet-sèvre-et-maine et exploite un vignoble de 54 ha, sous la conduite de François Bonhomme depuis 1994.

Un fruité franc, aux tonalités exotiques, une bouche ronde et généreuse : ce muscadet bonhomme et agréable saura accompagner un poisson grillé ou des coquillages. ⧗ 2021-2023

⊶ SCEA AUGUSTE BONHOMME, 3, le Haut-Banchereau, 44190 Gorges, tél. 06 87 69 71 14, f.bonhomme@wanadoo.fr V 🚶 ▪ *r.-v.*

♥ DOM. DE LA FOLIETTE La Haye-Fouassière 2015 ★★

| 3000 | | 11 à 15 € |

Domaine de la Foliette
La Haye-Fouassière
2015

Ce domaine tire son nom des petites folies, demeures bourgeoises que faisaient construire au XVIIIes. les armateurs nantais à leur retour des «Indes». Il est dirigé depuis 1996 par deux fils de vignerons de la Haye-Fouassière : Denis Brosseau (installé en 1988) et Éric Vincent, à la tête de 40 ha en conversion bio. L'intégralité des plants a été greffée par leurs soins et élevée dans la pépinière de l'exploitation.

Qui pensait que le muscadet n'était pas un grand vin de garde ? La preuve avec cette splendide cuvée aux notes iodées, d'anis, de thym et de fruits blancs. Ultra fraîche, elle porte en bouche une trame ciselée avec de beaux amers aiguisés et une touche d'agrumes mûrs. Vivace, harmonieux, complexe, un grand blanc de Loire pour la table, sur un beau poisson par exemple. ⧗ 2021-2025

Sur lie Vieilles Vignes 2020 ★ (5 à 8 €; 60000 b.)
Fin et très agréable, ce muscadet offre un bouquet discret, entre fruits blancs et fleurs d'été. On appréciera sa fraîcheur en bouche, son équilibre, sa finale délicate et persistante. ⧗ 2021-2023

⊶ GAEC DOM. DE LA FOLIETTE, 35, rue de la Fontaine, 44690 La Haye-Fouassière, tél. 02 40 36 92 28, foliette@orange.fr V 🚶 ▪ *r.-v.*

GADAIS PÈRE ET FILS Monnières Saint-Fiacre Plantation 1947 2016 ★★

| 6000 | | 11 à 15 € |

Ce domaine familial de 60 ha est implanté à Saint-Fiacre, commune réputée de l'AOC muscadet sèvre-et-maine, au confluent des deux rivières qui ont donné leur nom à l'appellation. Il est conduit depuis 2018 par Pierre-Henri Gadais, qui a sensiblement révolutionné la gamme des vins, privilégiant les sélections parcellaires et proposant de nouveaux habillages.

De la tension, de la vivacité, de beaux arômes de zestes d'agrumes et de miel fin : ce blanc tient bien son rang, avec un regain de profondeur porté par ses 2 ans d'élevage sur lie. Structure et fraîcheur s'accordent dans un équilibre convaincant. On l'appréciera sur une terrine de saumon ou des fruits de mer. ⧗ 2021-2024

⊶ EARL GADAIS PÈRE ET FILS, Les Perrières, 44690 Saint-Fiacre, tél. 02 40 54 81 23, musgadais@wanadoo.fr V ▪ *r.-v.*

DOM. DE LA GARNIÈRE Sur lie Cuvée Vieilles Vignes 2020 ★★

| 10000 | | - de 5 € |

Sur la route menant de Saint-Fiacre à Monnières, l'on passe par la Hautière, qui domine les coteaux escarpés de la Sèvre. Pascale et Patrice David y conduisent depuis 1995 les 14 ha de vignes de la propriété familiale.

Intense, parfumé, frais, ce muscadet à prix mini régale sans partage. Bien équilibré, servi par des notes de fruits mûrs, il lie agréablement rondeur et vivacité en bouche. Parfait pour un apéritif aux tonalités maritimes ⧗ 2021-2023

⊶ EARL PASCALE ET PATRICE DAVID, 2 bis, rue de la Garnière, La Hautière, 44690 Saint-Fiacre-sur-Maine, tél. 02 40 54 88 07, pdavidmuscadet@orange.fr V ▪ *r.-v.*

CH. DES GILLIÈRES Sur lie 2020 ★

| 13300 | | 5 à 8 € |

Fondé vers 1900 et racheté par D. Régnier en 1999, cet important domaine de quelque 88 ha est principalement installé dans l'aire d'appellation du muscadet-sèvre-et-maine, mais il s'est agrandi vers Corcoué-sur-Logne dans l'AOP muscadet-côtes-de-grand-lieu.

Un vin franc, frais et fringant, centré sur des notes de pomme verte et de fruits blancs. Tout à fait recommandable à l'apéritif, sur des tartines de saumon mariné à l'aneth ou des rillettes de maquereau. ⧗ 2021-2022

⊶ SAS DES GILLIÈRES, Les Gillières, 44690 La Haye-Fouassière, tél. 02 40 54 80 05, info@lesgillieres.com V 🚶 ▪ *r.-v.*

Ⓑ CH. DE LA GRAVELLE Sur lie 2020 ★

25288 | 5 à 8 €

Issue d'une lignée au service du vin remontant au XVe s., Véronique Günther-Chéreau, docteur en pharmacie, a quitté l'officine en 1989 pour se consacrer exclusivement aux trois vignobles familiaux (70 ha en tout), implantés dans trois terroirs distincts : le Ch. du Coing de Saint-Fiacre, acquis par son père Bernard Chéreau en 1973, le Grand Fief de la Cormeraie et le Ch. de la Gravelle (ces deux derniers en culture biologique certifiée, et réunis depuis 2016 sous l'entité commune SCEA Günther-Chéreau). Elle est épaulée depuis 2010 par sa fille Aurore, œnologue.

Fidèle au caractère tranchant et salin du muscadet, ce blanc tout en retenue file droit. Notes florales, pas trop appuyées, de fleur d'oranger et d'agrumes, cœur de bouche encore serré et tonique, il garde un bon potentiel. Réalisé avec justesse. ⧗ 2022-2024 **Ch. du Coing de Saint-Fiacre Monnières Saint-Fiacre L'Ancestrale 2017 ★ (11 à 15 €; 13000 b.)** Après 30 mois d'élevage sur lie, ce blanc commence à s'ouvrir doucement. Laissez-lui l'occasion de s'épanouir en le carafant ; il révèlera alors sa structure ronde et généreuse et ses notes d'agrumes confits. Un beau potentiel se dessine, à apprécier à table. ⧗ 2021-2025

SCEA GÜNTHER-CHÉREAU, Ch. de la Gravelle, Ch. du Coing, 44690 Saint-Fiacre-sur-Maine, tél. 02 40 54 85 24, contact@vgc.fr V *t.l.j. sf sam. dim. 10h-12h30 14h-17h30*

DOM. HAUTE FÉVRIE Sur lie Pont Caffino 2020 ★★

10000 | 5 à 8 €

Fondé en 1915, ce domaine de 26,5 ha se transmet depuis quatre générations. Sébastien Branger, installé en 2008, maîtrise les rendements, pratique les vendanges manuelles et s'est orienté vers des pratiques de plus en plus respectueuses de l'environnement, obtenant à la fin 2015 la certification bio.

Voilà un joli muscadet tout en intensité d'arômes, avec des notes de fruits blancs, d'agrumes et de fleurs d'été. Sa vivacité, ses beaux amers, sa finale zestée forment un représentant modèle de son appellation. ⧗ 2021-2023 **Château-Thébaud 2016 ★ (11 à 15 €; 3500 b.)** Longuement élevé sur lie pendant près de 3 ans, ce joli vin offre une belle trame, équilibrée et fraîche. C'est un blanc mesuré, qui plaira pour sa finesse, avec des fruits de mer ou une cuisine végétale légère. ⧗ 2021-2023

EARL LA HAUTE FÉVRIE, 109, la Févrie, 44690 Maisdon-sur-Sèvre, tél. 02 40 36 94 08, haute-fevrie@orange.fr V *r.-v.*

JUBILATION Le Pallet 2016 ★

15000 | 8 à 11 €

Les Vignerons du Pallet sont une cave coopérative créée en 2007. Elle regroupe dix domaines du Pallet qui œuvrent pour la reconnaissance des crus communaux en appellation muscadet-sèvres-et-maine.

On pourrait croire à un élevage sous bois mais il n'en est rien. Ce sont les 30 mois sur lie qui donnent ce caractère fondu, ample et légèrement miellé. Pour autant, le vin conserve de la tension et de la fraîcheur de bout en bout. On l'associera volontiers à un poisson de lac en croûte d'herbes. ⧗ 2021-2023

SCA VIGNERONS DU PALLET, 56, Brétigné, 44330 Le Pallet, tél. 02 28 00 10 20, contact@vigneronsdupallet.com

♥ FAMILLE LIEUBEAU Château-Thébaud 2016 ★★★

8000 | 15 à 20 €

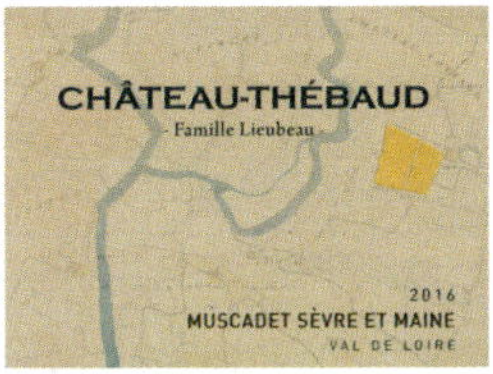

Pierre et Chantal Lieubeau dirigent depuis 1980 cette exploitation familiale créée en 1816 et implantée sur les granites de Château-Thébaud. Leurs enfants François, Vincent et Marie les ont rejoint pour conduire ce vignoble de 75 ha en conversion bio.

Après 5 ans de repos en bouteille, ce très beau muscadet détaille toute sa complexité. Les notes de miel et de fruits confits glissent dans une trame fuselée, de très belle dimension, portée par une rondeur avenante. On sent bien en effet le gras et l'ampleur en bouche, avec toujours cette fraîcheur saillante propre à l'appellation en soutien. Superbe accord en perspective avec un poisson au four ou des fruits de mer. ⧗ 2021-2025 **Dom. la Fruitière Sur lie Gneiss de Bel Abord 2020 ★ (8 à 11 €; 20000 b.)** Ⓑ Très parfumé, ce blanc débonnaire se livre sans détour, arborant des notes de fleurs printanières et de fruits blancs et une bouche agréable, équilibrée, de bon volume. Parfait pour un apéritif aux tonalités maritimes. ⧗ 2021-2023

SCEA LA FRUITIÈRE (FAMILLE LIEUBEAU), La Fruitière, 44690 Château-Thébaud, tél. 02 40 06 54 81, vincent@lieubeau.com V *t.l.j. sf dim. 10h30-12h 14h-19h*

DOM. DES LOUÉTTIÈRES Sur lie 2020 ★★

4000 | - de 5 €

Un domaine de 30 ha créé en 1986 par Dominique Peigné, installé à la limite de l'AOC sèvre-et-maine et des coteaux de la Loire.

Un sans faute pour ce muscadet délicat et très convaincant. Dans sa catégorie de prix, il réjouit sans détour par ses notes d'agrumes et de fruits blancs croquants, par son intensité et sa vivacité. Un beau vin tout en tension et en minéralité, sapide à souhait, que l'on réservera à des fromages frais ou une dorade grillée. ⧗ 2021-2023

EARL DOMINIQUE PEIGNÉ, 2, Le Martinet, Barbechat, 44450 Divatte-sur-Loire, tél. 02 40 03 64 49, peigne63@orange.fr V *r.-v.*

Ⓑ CHRISTOPHE MAILLARD Sur lie La Maison Vieille 2020 ★

7000 | 5 à 8 €

Héritier d'une lignée de vignerons remontant à 1615, Christophe Maillard est installé au hameau du Pé-de-Sèvre, village doté jadis d'un petit port sur la Sèvre où l'on chargeait le vin à bord de gabares. Il travaille ses 12,5 ha de vignes en agriculture biologique.

Dans la juste mesure de ce que l'on attend d'un muscadet, ce blanc plaît pour sa finesse, sa tension et sa fraîcheur. Il garde de la rondeur, des notes florales et un bon équilibre d'ensemble. À servir avec une araignée de mer en gelée ou un tourteau. ⧗ 2021-2023

CHRISTOPHE MAILLARD, 59, le Pé-de-Sèvre, 44330 Le Pallet, tél. 02 40 80 44 92, lacave@mailllard-vigneron.com V *mer. sam. 10h-12h*

BERNARD MAILLARD
Sur lie La Cuvée Lucien 2020 ★★

| 17000 | | - de 5 € |

Les Maillard sont vignerons depuis 1890. Héritier de cette longue lignée, Bernard s'est installé en 1989 à la tête du domaine familial et de ses 24 ha de vignes (certifiés HVE). Les vins sont vinifiés et conservés en cuves de verre souterraines ou en cuves Inox.

Fraîcheur, salinité et tension sont ici réunies pour servir la meilleure cause : procurer un muscadet d'honnête facture, tout en fruit et en légèreté. C'est réussi, et l'on en redemande sur une sole meunière ou un tartare de dorade à l'estragon. ⧗ 2021-2023 **Clisson 2017 ★ (8 à 11 €; 6000 b.)** Plus de 3 ans d'élevage et voilà un muscadet parvenu à une bonne alliance entre structure et fraîcheur. Les notes de fruits blancs et d'amande composent une trame assez vive, tirée par l'amertume. Il faudra l'associer à un poisson gras ou un fromage à pâte molle. ⧗ 2021-2024

EARL BERNARD MAILLARD, 32, les Défois, 44190 Saint-Lumine-de-Clisson, tél. 06 15 35 64 78, bernard.maillard5@wanadoo.fr V *r.-v.*

DOM. DE LA MARETIÈRE
Mouzillon-Tillières 2014 ★★★

| 1500 | | 8 à 11 € |

La famille Barreau est installée dans le Maine-et-Loire, aux portes des Mauges, et son vignoble est implanté dans la partie orientale de l'aire du muscadet-sèvre-et-maine. Conduit en polyculture jusqu'en 1983, ce domaine s'est spécialisé dans la viticulture avec le père de Gaëtan et de Romain Barreau, ces derniers ayant pris la main en 2010, à la tête de 33 ha.

Du plaisir pur ! Plus de 7 ans déjà et ce vin n'a pas pris une ride. On souligne ses notes intenses d'agrumes bien mûrs, de citron confit et de cédrat, sa bouche longue, ample et concentrée, empreinte d'une grande fraîcheur. Une réalisation parfaite, qui saura s'apprécier sur une volaille rôtie ou un poisson cuisiné au beurre blanc. ⧗ 2021-2022

EARL LES CHAIS DE LA MARETIÈRE, 7, la Maretière, Tillières, 49230 Sèvremoine, tél. 06 12 59 80 35, domainedelamaretiere@orange.fr V *r.-v.*

DOM. MARTIN-LUNEAU
Sur lie Cuvée Tradition 2020 ★★

| 21000 | | 5 à 8 € |

Christophe Martin a repris en 1991 le domaine familial fondé en 1944. Ses 32 ha se répartissent sur les communes de Gorges, de Clisson et de Mouzillon. Le vigneron s'attache à mettre en valeur la diversité de ses terroirs – de grande qualité puisque Gorges et Clisson sont devenus des crus du muscadet-sèvre-et-maine.

Ce vin joue d'envergure avec bonheur. Ample, cossu et parfaitement équilibré, il trouve dans sa jeunesse un supplément de fraîcheur et une touche de fruits acidulés propices à sa complexité. Persistant, il saura accompagner un poisson aux épices ou une volaille. ⧗ 2021-2023 **Clisson 2016 ★★ (8 à 11 €; 7400 b.)** Déjà quelques années de recul et toujours autant de fraîcheur. C'est le secret du muscadet : proposer une trame ronde, affable, mais toujours aiguisée. Les notes de miel, de fruits confits et de vanille pointent agréablement. Idéal pour escorter un poisson sauce aigre-douce. ⧗ 2021-2024

GAEC MARTIN-LUNEAU, 16, le Magasin, 44190 Gorges, tél. 02 40 54 38 44, contact@martin-luneau-muscadet.fr V *r.-v.*

MERLAUD Sur lie Les Corbeillères 2020 ★

| 11700 | | - de 5 € |

Domaine de 40 ha situé sur les coteaux de la Sanguèze, sur un beau terroir de micaschistes certifié HVE niveau 3.

Il est simple et enjoué, voilà qui réjouira bon nombre d'amateurs. Ce muscadet bien exécuté se livre avec gourmandise, fraîcheur, finesse et équilibre. Imparable à ce niveau de prix. ⧗ 2021-2023

SCEA MERLAUD, 125, les Corbeillères, 44330 Vallet, tél. 06 81 13 14 20, anne-monique.merlaud@orange.fr V *r.-v.*

DOM. DU MOULIN Sur lie 2020 ★★

| 35000 | | 5 à 8 € |

Alexandre Déramé a vinifié en France, en Hongrie et jusqu'en Australie avant de reprendre en 2002 le domaine familial, ancienne dépendance du château de la Morandière. Son vignoble de 31 ha est établi sur un sous-sol de gabbro à Mouzillon, à la limite de Gorges et du Pallet.

Gourmand, rond sans manquer de fraîcheur, pleinement constitué autour d'un fruit mûr et d'une belle pointe saline, ce muscadet juvénile et équilibré concentre les meilleurs atouts. Il sera probant avec un gravlax de saumon à l'aneth. ⧗ 2021-2024

EARL DÉRAMÉ ET FILS, La Morandière, 44330 Mouzillon, tél. 02 40 80 41 43, derame@wanadoo.fr V *r.-v.*

DOM. DE L'OLIVIÈRE VIEILLE Sur lie 2020 ★

| 1300 | | - de 5 € |

Les vignerons Philippe et Didier Griffon sont les vignerons de ce domaine d'environ 16 ha qui propose aussi du muscadet et d'autres cuvées à base de cépages tels que le cabernet-sauvignon, le gamay, le sauvignon blanc ou encore le merlot.

Tout en harmonie, ce vin invite au partage. Il est fin, élégant, fruité, frais comme il se doit, persistant. En somme parfaitement indiqué pour un plateau de fruits de mer ou de fromages. ⧗ 2021-2023

GAEC DE LA SAUZAIE (DOM. DE L'OLIVIÈRE VIEILLE), L'Olivière Vieille, Tillières, 49230 Sèvremoine, tél. 06 22 86 37 41, gaecdelasauzaie@orange.fr V *r.-v.*

VIGNOBLE PAPIN Clisson 2015 ★★

3000 | 8 à 11 €

Un domaine de 26 ha conduit par Damien et Vincent Papin depuis 1996, situé au bord de la Moine, petit affluent de la Sèvre à l'extrême est du vignoble nantais et de l'aire du muscadet.

Il a pris son temps mais le voilà parfaitement abouti ! Ce muscadet équilibré joue de finesse et de parfums discrets, révélant une bouche gourmande, riche, animée de beaux amers en finale. Il a assez de carrure pour accompagner une volaille à la crème ou des crevettes à la thaï. ⧗ 2021-2024

GAEC DAMIEN ET VINCENT PAPIN, 3, la Colline, St-Crespin-sur-Moine, 49230 Sèvremoine, tél. 06 18 74 20 84, papin.lacolline49@orange.fr V r.-v.

♥ **DOM. PETITEAU** Sur lie L'Authentique 2020 ★★★

20000 | - de 5 €

À la sortie de Vallet, sur la route de Beaupréau, La Chalousière est un petit village typique du vignoble nantais. Constitué en 1845, ce domaine familial se transmet depuis sept générations. Michel et Viviane Petiteau y ont développé l'œnotourisme. En 2015, ils ont passé le relais à leur fils Vincent, qui dispose de 30 ha de vignes.

Il est jeune, il coûte vraiment peu cher et il offre un plaisir maximal ! *What else* ? Ce muscadet sur lie ne vole pas son patronyme, livrant la pleine mesure de son appellation. Finesse, fraîcheur, longueur, ampleur, notes délicates de fleurs blanches et touche iodée, il compose un vin ciselé à merveille, « super efficace », conclut le jury. Pour des fruits de mer. ⧗ 2021-2025

EARL MICHEL ET VINCENT PETITEAU, 451, la Chalousière, 44330 Vallet, tél. 06 03 50 50 89, contact@domainepetiteau.com V r.-v.

♥ **CH. PETITE GIRAUDIÈRE** Gorges 2014 ★★★

3000 | 8 à 11 €

Dans la famille depuis plusieurs générations, cette exploitation est située à 3 km de Clisson, au confluent de la Sèvre et de la Sanguèze, à l'intersection de quatre communes réputées de la région nantaise : Mouzillon, Clisson, Gorges, le Pallet. À sa tête depuis 1991, Françoise et Joël Luneau exploitent 32 ha en coteaux.

Le long élevage sur lies de 30 mois et la garde du vin le propulsent dans une dimension plus complexe. De fins arômes de fleurs blanches et de miel s'invitent à l'olfaction. On les retrouve avec la même élégance dans une bouche parfaitement équilibrée, racée, ample, de belle densité, qui s'étire longuement sur de fins amers. Un grand blanc de gastronomie. ⧗ 2021-2025

EARL FRANÇOISE ET JOËL LUNEAU, 32, les Giraudières, 44190 Gorges, tél. 02 40 54 45 23, joel.luneau@orange.fr V r.-v.

DOM. POIRON DABIN Sur lie Chantegrolle Clé du Sol 2020 ★★

200000 | 5 à 8 €

En 1962, Jean Poiron épouse Thérèse Dabin. Déjà propriétaire du Ch. de l'Enclos, le couple agrandit son vignoble (acquisition du Clos du Château de la Verrie en 1970, puis du Dom. de Chantegrolle en 1990). Leurs fils Laurent et Jean-Michel achètent encore le Clos des Tabardières, ce qui porte la superficie de leur exploitation à 68 ha.

On quitte le registre marin pour aller davantage vers l'intérieur des terres... Ce blanc riche, aux notes d'abricot, de fruits exotiques et de mangue, se révèle large et puissant, porté par des vignes âgées de 45 ans. Il faudra le réserver à la table et le carafer une demi-heure avant le service. ⧗ 2021-2025

EARL POIRON DABIN, 4, Chantegrolle, 44690 Château-Thébaud, tél. 02 40 06 56 42, contact@poiron-dabin.com V *t.l.j. sf dim. 9h-12h 14h-18h*

CH. DE ROCHEFORT Sur lie 2020 ★★

15000 | 5 à 8 €

Créé sous Louis XV, par le frère du gouverneur de Nantes, Charles de Goyon-Rochefort, ce domaine viticole a traversé les siècles jusqu'à la famille de Rosnay, qui en a relancé l'activité en 2018. Les 18 ha sont aujourd'hui en conversion vers l'agriculture biologique.

Généreux, tout en restant frais, ce muscadet affiche une certaine ambition. Ses notes de fruits bien mûrs et de melon, sa trame juteuse, de bon équilibre, servie par de beaux amers, forment une expression complexe du cru. Un vin qui a du fond, à servir sur un saumon au fenouil. ⧗ 2021-2024

SCEA CH. DE ROCHEFORT, Ch. de Rochefort, 44690 La Haye-Fouassière, tél. 06 76 46 19 01, pderosnay@gmail.com V r.-v.

DOM. SALMON Sur lie Grande Réserve 2020 ★

50000 | 5 à 8 €

Dominique Salmon est installé à Château-Thébaud, village perché sur un coteau rocheux dominant la Maine. Il conduit le domaine fondé par son grand-père depuis 1984.

Un blanc bien typé, fruité et floral, à l'attaque vive et au bon équilibre de bouche. Totalement dans l'esprit du muscadet tout en fraîcheur et fringant, à déguster à l'apéritif. ⧗ 2021-2022 **Sur lie Vieilles Vignes 2020 ★ (- de 5 €; 50000 b.)** Ample, rond et harmonieux, ce blanc fait preuve de souplesse et d'amabilité. On le réservera à une croustade au comté ou une chiffonnade de jambon cru. ⧗ 2021-2023

EURL D. SALMON, Les Landes-Devin, 44690 Château-Thébaud, tél. 02 40 06 53 66, contact@domaine-salmon-muscadet.com

LOIRE

DOM. DES TILLEULS Sur lie Essentielle 2020 ★

| 41 000 | | 5 à 8 € |

Créée en 1905, cette propriété familiale proche de Vallet comptait 5 ha à l'origine. Elle a été agrandie en 1989 par Daniel Houssin et par son épouse Évelyne, rejoints par leurs enfants Jérôme et Noémie. Le vignoble couvre aujourd'hui 27 ha.

Convivial, ce muscadet invite au partage. Ses notes d'agrumes, son attaque vive, sa trame structurée servie par de beaux amers composent un très joli vin, sec et nerveux. On l'appréciera avec des toasts de chèvre frais ou une viande blanche, aujourd'hui ou un peu plus tard. ⧗ 2021-2023

EARL DES TILLEULS, Les Tilleuls, 47, rue du Vignoble, 44330 La Regrippière, tél. 02 40 33 60 04, contact@domainedestilleuls.fr V t.l.j. sf dim. 9h-12h 14h-18h30

TOPAZE Sur lie 2019 ★

| 5000 | | 5 à 8 € |

Jean-Paul et Nathalie Sauvaget ont travaillé 10 ans dans le Bordelais avant de reprendre en 2001 à Monnières un petit domaine, qu'ils agrandissent progressivement tout en diversifiant leur gamme. Leur vignoble implanté sur un terroir de gneiss compte aujourd'hui 6 ha.

Avec une légère note d'évolution, ce blanc reste élégant, rond, tendre, aimable, plutôt typé fruits jaunes, avec des notes de coing et de fruits mûrs. Avec une volaille à la crème ou une poêlée de cèpes au persil. ⧗ 2021-2023

GAEC TOPAZE, 22, rue de la Poste, 44690 Monnières, tél. 06 08 34 37 46, jpaul@topaze-monnieres.com V t.l.j. 2 B

LA TOUR GALLUS Sur lie Fleur de Gabbro 2018 ★

| 15 000 | | 5 à 8 € |

Les Rineau se succèdent de père en fils depuis 1620 à Gorges, village devenu cru communal de l'appellation muscadet-sèvre-et-maine. Héritier de cette longue lignée, Damien Rineau conduit depuis 1983 le domaine familial : 17 ha sur les coteaux de la Sèvre-Nantaise aux sols de gabbro altéré.

De belle maturité, ce blanc suave et structuré se veut davantage gastronome qu'apéritif. Il offre des arômes de fruits blancs mûrs et d'agrumes confits dans une bouche généreuse, qui reste équilibrée. Un plat épicé lui conviendra bien. ⧗ 2021-2023

DAMIEN RINEAU, 1, la Maison-Neuve, 44190 Gorges, tél. 07 70 26 53 90, rineau.damien@wanadoo.fr V r.-v.

MUSCADET-CÔTES-DE-GRAND-LIEU

Superficie : 277 ha / Production : 14 447 hl

VIGNOBLE ÉPIARD Sur lie 2020 ★

| 10 500 | | - de 5 € |

Ce domaine de 38 ha, conduit depuis 1971 par la famille Épiard, tire son nom de la première pierre posée lors de l'édification des bâtiments en 1850. Il est aujourd'hui géré par Freddy Épiard, épaulé par sa sœur Sandrine.

Un blanc friand, simple et croquant, cerné de parfums de fruits blancs et d'agrumes. Bien équilibré, minéral et très frais, voilà un joli blanc d'apéritif. ⧗ 2021-2022

EARL VIGNOBLE ÉPIARD, La Pierre-Blanche, 85660 Saint-Philbert-de-Bouaine, tél. 02 51 41 93 42, vignoble-epiard@orange.fr V t.l.j. sf dim. 10h-12h 14h-18h; sam. 9h-12h

CH. LA FORCHETIÈRE Sur lie 2020 ★

| 35 000 | | 5 à 8 € |

Créée en 1990, la société de négoce Lacheteau s'est spécialisée dans la production de rosés et de vins effervescents. Elle est entrée dans le giron des Grands Chais de France en 2005. À noter qu'en 2019, le vignoble a reçu la certification HVE.

Harmonieux et élégant, ce blanc se montre tonique, expressif, avec de beaux arômes de fleurs blanches. On l'appréciera sur des fruits de mer pour sa vivacité et sa fraîcheur. ⧗ 2021-2022

SAS LACHETEAU, Ch. du Cléray, 44194 Vallet, tél. 02 40 36 66 00, contact@lacheteau.fr V t.l.j. sf sam. dim. 9h-17h

DOM. DES GILLIÈRES Sur lie 2020 ★★

| 12 800 | | - de 5 € |

Fondé vers 1900 et racheté par D. Régnier en 1999, cet important domaine de quelque 88 ha est principalement installé dans l'aire d'appellation du muscadet-sèvre-et-maine, mais il s'est agrandi vers Corcoué-sur-Logne dans l'AOP muscadet-côtes-de-grand-lieu.

Petit prix mais plaisir maximal ! Ce blanc révèle tout le potentiel du muscadet lorsqu'il est bien conduit. Frais, acidulé, minéral, il reste simple et efficace, avec une jolie persistance de bouche. Parfait avec un tourteau ou une petite friture. ⧗ 2021-2022

SAS DES GILLIÈRES, Les Gillières, 44690 La Haye-Fouassière, tél. 02 40 54 80 05, info@lesgillieres.com V r.-v.

CH. DE LA PIERRE Sur lie Vieilles Vignes 2020 ★★★

| 66 000 | | 5 à 8 € |

Sur les bords du lac de Grandlieu, Jérôme Choblet conduit depuis 2007 un vaste vignoble de 89 ha, perpétuant ainsi le savoir-faire de trois générations.

Expressif, concentré, équilibré, ce côtes-de-grand-lieu joue de gourmandise et de densité. Le voilà prêt à défier une volaille ou un beau poisson car il a du caractère, un beau volume de bouche et une très grande longueur. Un gastronome né ! ⧗ 2021-2024 **Fief Guérin Sur lie Vieilles Vignes 2020 ★ (5 à 8 €; 95 000 b.)** Acidulé, complexe, ce 2020 est un vin fringant, au fruité bien dégagé. Notes de fleurs blanches, d'agrumes, bouche équilibrée et incisive ; tout ce que l'on attend d'un bon muscadet-côtes-de-grand-lieu est au rendez-vous. Avec des rillettes de sardines ou des fromages de chèvre secs. ⧗ 2021-2023 **Dom. des Herbauges Classic 2020 ★ (- de 5 €; 230 000 b.)** À ce niveau de prix, il donne tout ! Ce blanc de pleine fraîcheur se veut simple et avenant. Sans surenchère, il reste bien calé sur ses notes d'agrumes et de fleurs blanches, dans un profil fin, digeste et sapide. Parfait avec des crustacés. ⧗ 2021-2023

SAS DOM. DES HERBAUGES, chem. d'Herbauges, 44830 Bouaye, tél. 02 40 65 44 92, contact@domaine-des-herbauges.com r.-v.

MUSCADET-COTEAUX-DE-LA-LOIRE

Superficie : 244 ha / Production : 12 064 hl

DOM. DES GALLOIRES Champtoceaux 2016 ★★

	5000		8 à 11 €

Située à l'emplacement d'un ancien manoir, cette propriété familiale créée en 1967 est régulièrement en vue pour l'une ou l'autre de ses 18 cuvées. L'exploitation, conduite par la famille Toublanc depuis 7 générations, couvre aujourd'hui 50 ha surplombant la Loire, côté sud.

Après quelques années de garde, ce coteaux-du-loire se dévoile avec de l'ampleur et une complexité plus aboutie. Les notes d'agrumes et de gentiane et le cœur de bouche dense se lient avec beaucoup de vivacité et d'énergie. Parfait pour un poisson mais aussi une viande blanche, il en a l'étoffe. ⧗ 2021-2025

SCEA DES GALLOIRES, 1, la Galloire, 49530 Drain-Orée-d'Anjou, tél. 02 40 98 20 10, contact@galloires.com V t.l.j. sf dim. 9h-12h 14h-19h (sam. 17h)

DOM. DU HAUT FRESNE Sur lie 2020 ★

	36000		- de 5 €

Fondé en 1959, ce domaine de 85 ha se transmet de père en fils depuis trois générations. Situé sur des coteaux faisant face à la Loire, près de Liré, il est souvent remarqué pour la qualité de ses vins, de ses coteaux-d'ancenis notamment.

Issu de sols légers de limons et de sables, ce coteaux-du-loire restitue toute la fraîcheur et l'énergie de son appellation. On aime sa finesse, ses arômes discrets de fleurs blanches et d'agrumes, sa finale légèrement acidulée. Un bonheur en perspective avec un tartare de dorade ou des anchois frits. ⧗ 2021-2023

SCEA RENOU FRÈRES ET FILS, Dom. du Haut Fresne, Drain, 49530 Orée-d'Anjou, tél. 06 08 88 98 02, contact@renou-freres.com V r.-v.

VIGNOBLE MARCHAIS
Sur lie Vignoble de Thouaré 2019 ★

	2600		5 à 8 €

Aux portes de Nantes, Thouaré-sur-Loire est une commune très urbanisée, qui a su conserver son vignoble grâce à Philippe Marchais et son frère Jean-Claude, qui perpétuent le vignoble familial fondé par leur père en 1947.

Ce terroir de schistes donne un vin très expressif, aux notes de fruits exotiques, de fruit de la Passion et de citron. On sent une belle trame structurée, avec du gras, une assise confortable et de l'ampleur. À privilégier sur un poisson à la crème. ⧗ 2021-2023

SAS MARCHAIS FRÈRES, La Blandinière, rte de Mauves, 44470 Thouaré-sur-Loire, tél. 02 40 03 79 89, contact@vignoblemarchais.fr V r.-v.

DOM. DES PIERRES MESLIÈRES
Sur lie 2020 ★

	9200		5 à 8 €

Conduit par Jean-Claude Toublanc depuis 1988 (troisième génération), ce domaine de la rive droite de la Loire est installé sur un site préhistorique où s'élève, en son centre, un mégalithe de 12 m de hauteur. Ses 18,5 ha de vignes, exposés au midi, reposent sur des sols de micaschistes.

Les notes d'agrumes pointent dès le nez, très prometteur. La bouche suit ce même registre aromatique, avec de la finesse et de la légèreté. C'est un vin agréable, frais et équilibré, parfait pour l'apéritif. ⧗ 2021-2023

JEAN-CLAUDE TOUBLANC, Les Pierres-Meslières, 44150 Saint-Géréon, tél. 06 81 77 84 88, toublanc.jc@bbox.fr V t.l.j. 8h30-12h30 14h-19h

GROS-PLANT-DU-PAYS-NANTAIS

Superficie : 1 212 ha / Production : 90 255 hl

Le gros-plant-du-pays-nantais est un vin blanc sec, AOVDQS depuis 1954 et AOC depuis 2011, produit dans trois départements : Loire-Atlantique, Maine-et-Loire et Vendée. Il est issu d'un cépage unique d'origine charentaise, la folle blanche, appelée ici gros-plant. Comme le muscadet, le gros-plant peut être mis en bouteilles sur lie.

CH. DU CLÉRAY Sur lie 2020 ★

	4900		5 à 8 €

Vaste domaine de 100 ha situé sur la route de la Vendée, à l'entrée de Corcoué-sur-Logne, dans le giron du groupe des Grands Chais de France. Il est certifié HVE depuis 2019.

Des arômes de fruits frais, de la vivacité, de la tension : voilà un blanc fringant, tout en simplicité, parfait pour un plateau de fruits de mer. ⧗ 2021-2022

SCEA CHAMPTELOUP (CH. DU CLÉRAY), Ch. du Cléray, 44330 Vallet, tél. 02 40 36 66 00 V t.l.j. sf dim. 9h-12h30 13h30-18h; sam. 10h-13h

CLOS CAFFIN Sur lie 2020 ★★

	45000		5 à 8 €

La famille Chéreau Carré est établie dans la région depuis 1412. En 1953, monsieur Chéreau acquiert le Ch. de Chasseloir. Son mariage avec Edmonde Carré, qui possède le Ch. de l'Oiselinière de la Ramée, permet d'agrandir le vignoble. Depuis 2003, Bernard Chéreau est aux commandes. Il possède aussi le Dom. de la Chesnaie et le Dom. du Bois Bruley.

Porté par une belle intensité, des notes d'agrumes et de fleurs blanches, voilà un muscadet vif et saillant comme on les aime. Persistant, équilibré, de bon volume, il offre un maximum de plaisir immédiat. Parfait sur un poisson au four. ⧗ 2021-2023

EARL BERNARD CHÉREAU, 44690 Saint-Fiacre-sur-Maine, tél. 02 40 54 81 15, louise@chereau-carre.fr V r.-v.

LOIRE

BRUNO CORMERAIS Sur lie 2020 ★

| 5000 | | 5 à 8 € |

Établi non loin de la Maine, sur les coteaux granitiques de Saint-Lumine-de-Clisson, ce domaine familial de 32 ha a été longtemps conduit par Bruno Cormerais qui a transmis en 2009 le flambeau à son fils Maxime. Pour imprimer à leurs vins leur « marque de fabrique », ces vignerons vendangent souvent plus tardivement que leurs collègues.

Agréable, sur des notes de fleurs blanches, avec un léger perlant, ce blanc acidulé constitue une belle entrée en matière pour des fromages de chèvre sec, des gougères ou une petite friture. ⧗ 2021-2022

EARL BRUNO, MARIE-FRANÇOISE ET MAXIME CORMERAIS, 41, la Chambaudière, 44190 Saint-Lumine-de-Clisson, tél. 02 40 03 85 84, contact@domaine-bruno-cormerais.com V r.-v.

VIGNOBLE ÉPIARD Sur lie 2020 ★

| 5500 | | - de 5 € |

Ce domaine de 38 ha, conduit depuis 1971 par la famille Épiard, tire son nom de la première pierre posée lors de l'édification des bâtiments en 1850. Il est aujourd'hui géré par Freddy Épiard, épaulé par sa sœur Sandrine.

Expressif au nez, gras et ample en bouche, ce gros-plant affiche une belle intensité qui ira bien avec des rillettes de sardines au piment d'Espelette. ⧗ 2021-2023

EARL VIGNOBLE ÉPIARD, La Pierre-Blanche, 85660 Saint-Philbert-de-Bouaine, tél. 02 51 41 93 42, vignoble-epiard@orange.fr V t.l.j. sf dim. 10h-12h 14h-18h; sam. 9h-12h

HAUTE-COUR DE LA DÉBAUDIÈRE Sur lie 2020 ★★

| 1300 | | - de 5 € |

Chantal et Yves Goislot sont installés depuis 1984 au sud de Vallet, au-dessus des boucles de la Sanguèze, petite rivière qui se jette dans la Sèvre. Leur domaine de 35 ha, établi sur des coteaux escarpés, bénéficie de sols de gabbro. En 2003, ils se sont associés avec Jeannick Papin, donnant naissance à l'étiquette Goislot-Papin.

C'est l'un des moins chers de sa catégorie et sans doute l'un des plus appréciables. Ses notes de citron et de fruits confits, sa vivacité soulignée par un léger perlant forment un blanc énergique, légèrement iodé, très agréable. Avec un tajine de poisson au citron confit. ⧗ 2021-2023

GAEC GOISLOT PAPIN, 220, la Débaudière, 44330 Vallet, tél. 06 13 24 48 91, goislot.papin0464@orange.fr V r.-v.

CH. LA PERRIÈRE Sur lie 2020 ★★

| 13000 | | - de 5 € |

Aux commandes depuis 1993 de ce domaine de près de 50 ha, Vincent Loiret, quatrième du nom à diriger l'exploitation, est installé non loin du musée du Vignoble nantais au Pallet, une des communes les plus réputées pour le muscadet-sèvre-et-maine. Il a porté ses efforts sur la modernisation et le développement de la cuverie et des chais.

Voilà un blanc intensément fruité qui fera l'unanimité. On apprécie pleinement ses notes primaires de fruits exotiques et d'agrumes, sa souplesse, sa longueur, son volume et son équilibre en bouche. Idéal avec des poulpes grillés en persillade. ⧗ 2021-2023

EARL LOIRET (CH. LA PERRIÈRE), 120, la Mare-Merlet, 44330 Le Pallet, tél. 02 40 80 43 24, vins.loiret@free.fr V t.l.j. sf dim. 8h-12h30 14h-18h

DOM. PETITEAU Sur lie L'Invincible 2020 ★★

| 1500 | | - de 5 € |

À la sortie de Vallet, sur la route de Beaupréau, La Chalousière est un petit village typique du vignoble nantais. Constitué en 1845, ce domaine familial se transmet depuis sept générations. Michel et Viviane Petiteau y ont développé l'œnotourisme. En 2015, ils ont passé le relais à leur fils Vincent, qui dispose de 30 ha de vignes.

Frais, vivace et intense de bout en bout, ce blanc offre beaucoup de gourmandise, de souplesse et d'équilibre en bouche. Minéral et acidulé, il ira parfaitement sur des poissons crus. ⧗ 2021-2023

EARL MICHEL ET VINCENT PETITEAU, 451, la Chalousière, 44330 Vallet, tél. 06 03 50 50 89, contact@domainepetiteau.com V r.-v.

FIEFS-VENDÉENS

Superficie : 469 ha
Production : 27 613 hl (85 % rouge et rosé)

Anciens fiefs du Cardinal : cette dénomination évoque le passé de ces vins appréciés par Richelieu après avoir connu un renouveau au Moyen Âge, à l'instigation des moines comme bien souvent. L'AOVDQS fut accordée en 1984, puis l'AOC, en 2011. À partir de gamay, de cabernet et de pinot noir, la région de Mareuil produit des rosés et des rouges fins et fruités; les blancs sont encore confidentiels. Non loin de la mer, le vignoble de Brem, lui, donne des blancs secs à base de chenin et de grolleau gris, ainsi que des rosés et des rouges. Aux environs de Fontenay-le-Comte, blancs secs (chenin, colombard, melon, sauvignon), rosés et rouges (gamay et cabernets) proviennent des régions de Pissotte et de Vix. Plus récemment promu, le terroir de Chantonnay produit dans les trois couleurs.

DOM. LA BARBINIÈRE Chantonnay Les Amphibol 2019 ★★

| 4000 | | 8 à 11 € |

Philippe Orion est revenu sur les terres viticoles familiales et a créé son domaine en 1978, sur 2 ha. Il a été rejoint en 2005 par ses deux fils. Le vignoble compte aujourd'hui 30 ha cultivés en bio, dont 25 ha sont dédiés aux fiefs-vendéens et 5 ha à l'IGP Val de Loire.

À base de chenin, complété d'un peu de chardonnay, ce blanc propose un palais franc, rond et souple, autour de notes de fruits blancs et de fruits secs de bonne intensité. Idéal avec un comté affiné de 18 à 24 mois. ⧗ 2021-2022

EARL ORION PÈRE ET FILS (DOM. DE LA BARBINIÈRE), 10, la Barbinière, 85110 Chantonnay, tél. 02 51 34 39 72, contact@domainedelabarbiniere.com V t.l.j. sf dim. 14h30-18h

DOM. COIRIER Pissotte Origine 2019 ★★

| 10000 | | 5 à 8 €

Seule famille de vignerons à produire des fiefs-vendéens sur le terroir de Pissotte, les Coirier portent fièrement ce blason viticole depuis 1895. Le domaine (22 ha) se trouve à la sortie de Fontenay-le-Comte, sur la route de la forêt de Mervent, berceau de la fée Mélusine. il est conversion vers l'agriculture biologique.

Pinot noir et cabernet franc se lient dans un bouquet intense, aux notes de fruits noirs et de prune. La bouche apparaît souple, ample, soyeuse, de très belle facture. À associer à une viande blanche grillée. ⧗ 2021-2024

EARL DOM. COIRIER, La Petite-Groie, 15, rue des Gélinières, 85200 Pissotte, tél. 02 51 69 40 98, coirier@pissotte.com V r.-v.

DOM. DES PIERRES FOLLES Mareuil 2020 ★★

| 10000 | | - de 5 €

Cette propriété fondée en 1937 doit son nom à deux menhirs dressés à l'entrée du domaine, sur le secteur de Mareuil. La quatrième génération est actuellement aux commandes et conduit un vignoble de 48 ha.

Ce blanc frais et équilibré trouve la voie de la simplicité avec efficacité. Notes florales et de fruits blancs, trame fraîche et équilibrée, c'est un blanc à vocation apéritive, pour les fruits de mer ou des fromages de chèvre frais. ⧗ 2021-2023 ■ **Mareuil Les Grandes Pierres du Lay Menhir 2020 ★ (5 à 8 €; 25000 b.)** Un rosé rond et plaisant, marqué par une bonne structure de bouche, des notes de fruits frais et de fleurs blanches. De quoi passer un apéritif en toute quiétude, en accompagnement de tapas ou de salaisons. ⧗ 2021-2022 ■ **Mareuil Les Grandes Pierres du Lay Menhir 2020 ★ (5 à 8 €; 20000 b.)** Intense, équilibré, bien en chair et fruité, ce rouge original mêlant différents cépages (gamay, pinot noir, cabernet franc et négrette) procure un plaisir simple. Un rien rustique en finale, on pourra le détendre avec une viande marinée aux épices. ⧗ 2021-2023

EARL DOM. DE PIERRE FOLLE, 6, rte de Follet à Pierre-Folle, 85320 Rosnay, tél. 02 51 28 21 00, domaine-de-pierre-folle@orange.fr V r.-v.

LES ROCQUETIÈRES Mareuil 2020 ★

| 20000 | | - de 5 €

Présent au cœur de la Vendée depuis quatre générations, entre le Puy-du-Fou, l'océan et ses côtes, Les Rocquetières est un domaine de 52 ha, certifié Haute Valeur Environnementale depuis 2021.

Ce rosé à vocation apéritive se veut simple et facile, autour de notes de groseille, de fruits frais, avec une bon équilibre d'ensemble. Essayez-le avec des calamars grillés ou une petite friture de crevettes. ⧗ 2021-2022

SA VINS RÉMY LIBOUREAU (LES CHAIS DU CHÂTEAU), av. de la Sèvre, BP 8, 85700 Saint-Mesmin, tél. 02 51 61 71 72, accueil@vinslibourea u.com

DOM. DE LA VRIGNAIE Mareuil 2020 ★

| 8000 | | 5 à 8 €

Établie aux portes de Rosnay depuis 4 générations, la famille Brisson exploite 52 ha de vignes. Situées à une vingtaine de kilomètres de la côte atlantique, elles bénéficient d'un climat océanique qui favorise une lente et complète maturité du raisin.

Liant différents cépages de l'appellation, ce rouge affiche de la mesure et une certaine souplesse. Peu tannique, marqué par les fruits rouges et noirs de type cerise et mûre, il se montre agréable et juvénile. Pour des grillades ou une saucisse aux herbes. ⧗ 2021-2023

SCEA HAUT BRILLOUET, Dom. de la Vrignaie, La Noue, 85310 Le Tablier, tél. 02 51 98 99 24, contact@domainedelavrignaie.com V r.-v.

COTEAUX-D'ANCENIS

Superficie : 170 ha
Production : 10 131 hl (85 % rouge et rosé)

Produits sur les deux rives de la Loire, à l'est de Nantes, les coteaux-d'ancenis, classés AOVDQS en 1954, ont accédé à l'AOC en 2011. On en produit quatre types, à partir de cépages purs : gamay (80 % de la production), cabernet, chenin et malvoisie (pinot gris).

DOM. DE LA CAMBUSE 2020 ★

| 3000 | | - de 5 €

Vivant aussi de l'élevage bovin, ce domaine de 12,5 ha géré par Aurélie et Anthony exploite des vignes plantées sur les coteaux escarpés du sud de la Loire. Après avoir longtemps livré sa production au négoce, il a développé une activité de vente directe.

Ce rosé de pur gamay (cépage roi du Beaujolais) réjouit par ses notes intenses et acidulées de friandise et de fruits rouges. Croquant, aimable et léger, il constitue un joli vin d'apéritif, à servir avec des salaisons ou une terrine de poisson. ⧗ 2021-2022

EARL DOM. DE LA CAMBUSE, 7, la Cambuse, Drain, 49530 Orée-d'Anjou, tél. 02 40 83 91 63, domainedelacambuse@orange.fr V *t.l.j. sf dim. 9h-12h30 14h-19h*

DOM. DES GALLOIRES Malvoisie 2020 ★

| 20000 | | 5 à 8 €

Située à l'emplacement d'un ancien manoir, cette propriété familiale créée en 1967 est régulièrement en vue pour l'une ou l'autre de ses 18 cuvées. L'exploitation, conduite par la famille Toublanc depuis 7 générations, couvre aujourd'hui 50 ha surplombant la Loire, côté sud.

La malvoisie est en réalité du pinot gris, une variété de raisin propice à l'élaboration des vins doux, comme on en trouve en Alsace. Robe dorée, notes de fruits blancs, bouche suave et tendre, pleine de subtilité : ce blanc charmeur et tout en fruit saura trouver le parfait accord avec une pâte persillée ou une cuisine épicée. ⧗ 2021-2024

SCEA DES GALLOIRES, 1, la Galloire, 49530 Drain-Orée-d'Anjou, tél. 02 40 98 20 10, contact@galloires.com V *t.l.j. sf dim. 9h-12h 14h-19h (sam. 17h)* 1 A

DOM. DU HAUT FRESNE Malvoisie 2020 ★

| 74000 | | 5 à 8 €

Fondé en 1959, ce domaine de 85 ha se transmet de père en fils depuis trois générations. Situé sur des coteaux faisant face à la Loire, près de Liré, il est

LOIRE

souvent remarqué pour la qualité de ses vins, de ses coteaux-d'ancenis notamment.

Ce blanc doux se montre avenant et fruité à souhait à l'olfaction. Notes de fruits secs et trame suave sans surpuissance forment un palais équilibré et frais. Un ensemble harmonieux. ⧗ 2021-2023 ■ **Cuvée Prestige 2020 ★ (5 à 8 €; 15000 b.)** Ce rouge de pur gamay aux notes de réglisse, de fruits noirs et de framboise compose une belle entrée en matière de l'appellation. Bien mûr, nuancé et épicé, le palais offre un équilibre gourmand, tout en simplicité. Avec des grillades ou des lasagnes. ⧗ 2021-2023

SCEA RENOU FRÈRES ET FILS, Dom. du Haut Fresne, Drain, 49530 Orée-d'Anjou, tél. 06 08 88 98 02, contact@renou-freres.com V r.-v.

DOM. DU MOULIN GIRON Gamay 2020 ★

■ | 8000 | | - de 5 €

Construit dans les années 1450, cet ancien moulin est situé à 500 m des ruines du château où naquit le poète Joachim Du Bellay. Conduit par Nadine Allard, son fils Quentin et son père Jean-Pierre, le vignoble couvre 73 ha sur un beau terroir de schistes.

Pur gamay, ce rouge intense propose de belles notes de confiture de fraises et de poivre. C'est un jus simple, efficace et avenant, servi par une chair croquante. Parfait avec une viande blanche grillée. ⧗ 2021-2023 ■ **Malvoisie 2020 ★ (5 à 8 €; 31600 b.)** Voilà un blanc doux de belle facture, souple et aimable. Autour de notes d'agrumes et de fruits blancs, il offre de la finesse et de l'équilibre, un jus dense qui ne manque pas de longueur. Avec des feuilletés au chèvre ou une pâte persillée. ⧗ 2021-2024

EARL DOM. DU MOULIN GIRON, Le Moulin-Giron, Liré, 49530 Orée-d'Anjou, tél. 06 08 09 56 20, domainemoulingiron@orange.fr V *t.l.j. sf mer. dim. 9h-12h 14h30-18h* B

➔ **ANJOU-SAUMUR**

ANJOU

Superficie : 1 890 ha
Production : 98 794 hl (61 % rouge)

Constituée d'un ensemble de près de 200 communes, l'aire géographique de cette appellation régionale englobe toutes les autres. Traditionnellement, le vin d'Anjou était un vin blanc doux ou moelleux, issu de chenin, ou pineau de la Loire. L'évolution de la consommation vers des vins secs a conduit les producteurs à associer à ce cépage chardonnay ou sauvignon, dans la limite maximale de 20 %. La production de vins rouges s'est accrue depuis les années 1970 (et également celle des rosés, qui disposent d'appellations spécifiques). Ce sont les cépages cabernet franc et cabernet-sauvignon qui sont alors mis en œuvre.

DOM. ASSERAY 2019 ★

■ | 2000 | | 5 à 8 €

Emmanuel et Aurélie Asseray sont la 4e génération à diriger cette exploitation de 53 ha. Situé dans la vallée de la Loire, au sud d'Angers, sur la commune de Vauchrétien, le domaine, bâti sur des terroirs de schistes ou argile-graveleux, produit un vin appartenant aux appellations coteaux-de-l'aubance et anjou-villages-brissac. L'acquisition du label HVE3 est en cours.

Tonique, charnu et bien fondu, cet anjou aux notes de fruits noirs plaît sans détour. Typique de la région, on apprécie son croquant, sa matière et sa fraîcheur. Parfait sur une viande grillée. ⧗ 2021-2023

EARL DOM. ASSERAY, La Raterie, 49320 Vauchrétien, tél. 02 41 91 25 16, domaineasseray@yahoo.fr V *t.l.j. sf dim. 9h-12h30 14h-18h30*

CH. D'AVRILLÉ 2019 ★★

■ | 10000 | | 5 à 8 €

Ne pouvant plus respirer le cuir, Eusèbe Biotteau abandonna en 1938 son métier de cordonnier pour créer à partir de 40 ha ce domaine, situé sur l'ancienne voie romaine conduisant Angers à Poitiers. Aujourd'hui, l'exploitation, gérée par l'un de ses petits-fils, Pascal, compte 200 ha. Elle domine la vallée de l'Aubance.

Avec un bon fruit et une matière équilibrée épaulée par des tanins fondus, ce rouge joue une partition précise, en toute simplicité. On le servira avec une volaille rôtie ou des côtelettes d'agneau au thym. ⧗ 2021-2024

SCEA BIOTTEAU FRÈRES, Saint-Jean-des-Mauvrets, 49320 Les Garennes-sur-Loir, tél. 02 41 91 22 46, chateau.avrille@wanadoo.fr V *t.l.j. sf dim. 9h30-12h 14h30-18h30*

B DOM. DE BOIS MOZÉ Terre de Haut 2019 ★

■ | 7085 | | 8 à 11 €

Commandé par un ancien manoir du XVIes., le domaine est devenu au XVIIes. une métairie du château de Montsabert. Il s'est développé dans les années 1950-1970 avant de changer de mains en 1996 (famille Lancien). À la tête du domaine depuis 2004, Mathilde Giraudet gère 38 ha de vignes labellisés bio depuis 2017.

Voilà un blanc tout en fruit et en finesse qui régale de ses parfums d'agrumes et de fruits blancs juteux. Rond, plein, suave et bien équilibré, c'est un digne représentant de son terroir, parfaitement exécuté. Aussi bien à l'aise à l'apéritif que sur des fromages à pâte dure ou un poisson au four. ⧗ 2021-2023

SCEA DOM. DE BOIS MOZÉ, Le Bois-Mozé, Coutures, 49320 Brissac-Loire-Aubance, tél. 02 41 57 91 28, contact@bois-moze.fr V r.-v.

DOM. DES CHAPELLES Saint-Martin 2019 ★★

■ | 2000 | | 8 à 11 €

Un domaine familial créé en 1962 par Louis Brault, dont le fils Yves a pris la suite en 1984. Ce dernier est à la tête aujourd'hui de 40 ha de vignes, épaulé par ses enfants Violaine et Antoine.

Judicieusement élevé sous bois sans que cela ne marque trop, ce blanc dégage un fruit pur, assez intense sur des notes de fleurs blanches, de citron et de menthol. Avec un bon gras en bouche, de la présence et une agréable fraîcheur, cet anjou élégant ira bien à une viande blanche à la crème. ⧗ 2021-2024

EARL DOM. DES CHAPELLES, 329, Chasles, Thouarcé, 49380 Bellevigne-en-Layon, tél. 02 41 80 27 58, domaine.des.chapelles@orange.fr V r.-v.

LE CLOS DES MOTÈLES
La cuvée du Toarcien 2019 ★

| 10 000 | | - de 5 € |

Établis au sud de l'appellation anjou dans le département des Deux-Sèvres, Bruno Basset et Vincent Baron exploitent 28 ha de vignes plantés sur des sols graveleux.

Tout en simplicité, ce rouge coulant et harmonieux, marqué encore par la barrique, joue de notes de vanille de l'élevage et de fruits rouges de ses cabernets. De caractère simple et légèrement rustique, on lui associera une viande de goût de type daube. ⧗ 2021-2025 ■ **2020 ★ (- de 5 €; 4000 b.)** Souple et léger, ce rouge n'a d'autre ambition que de régaler sans détour, calé sur un fruit juteux, frais, expressif, légèrement poivré. Le vin d'été par excellence, à servir légèrement rafraîchi sur des grillades ou des salaisons. ⧗ 2021-2022

GAEC LE CLOS DES MOTÈLES,
42, rue de la Garde, 79100 Sainte-Verge,
tél. 05 49 66 05 37, leclosdesmoteles@orange.fr
V *t.l.j. sf dim. 9h-12h 14h-18h30*

♥ CH. DU FRESNE
Les Cabernets 2020 ★★

| 56 000 | | - de 5 € |

Ce château du XVe s. bâti en pierre de schiste a gardé de son architecture d'origine une tourelle ronde. Constitué en 1927, le vignoble de 80 ha est conduit depuis 2010 par trois associés, Nicolas Richez, David Maugin et Yannis Bretault.

Tout jeune et déjà bien en chair, ce rouge admirable donne le maximum pour son petit prix. Son fruit juste, croquant et persistant, son équilibre parfait, son charnu, sa générosité et ses tanins fins composent un vin diablement charmeur, à boire sur une belle viande cuisinée. ⧗ 2021-2025

EARL CH. DU FRESNE, 25 bis, rue des Monts,
Faye-d'Anjou, 49380 Bellevigne-en-Layon,
tél. 02 41 54 30 88, contact@chateaudufresneanjou.com
V *t.l.j. sf dim. 8h-12h 14h-19h*

DOM. LA GUILLAUMERIE 2020 ★★

| 4380 | | 5 à 8 € |

Après vingt ans passés dans le monde du vin, Frédéric Hanse et son épouse réalisent leur rêve en rachetant le Dom. la Guillaumerie, situé dans l'aire des coteaux-du-layon. Ils exploitent près de 20 ha de vignes, dont la moitié en chenin.

Généreux et bien en chair, ce rouge affiche un fruit croquant (fruits noirs) agrémenté de notes de poivron rouge. Il se montre d'ores et déjà très à son aise avec sa matière suave et agréable, sans rudesse. Idéal avec une terrine de campagne par exemple. ⧗ 2021-2024

EARL DOM. LA GUILLAUMERIE,
La Liaumerie, 49190 Rochefort-sur-Loire,
tél. 06 51 03 10 54, domainelaguillaumerie@gmail.com
V *r.-v.*

DOM. DES HAUTES OUCHES
Jean Louis Lhumeau 2019 ★

| 10 000 | | 5 à 8 € |

Ce domaine créé en 1963 par Joël Lhumeau, repris par son fils Jean-Louis en 1991, a vu sa surface passer de 3 ha de vignes à l'origine à 60 ha aujourd'hui. Cette expansion n'a pas été menée au détriment de la qualité, comme en témoignent de nombreuses sélections, aussi bien en AOC qu'en IGP, et plusieurs coups de cœur.

Agréable, avec une petite pointe d'épices douces en complément du fruit, ce rouge se montre suave, souple et fluide, sans prétention. On le réservera en priorité aux beaux jours à des grillades ou une saucisse de Toulouse au gril. ⧗ 2021-2023

EARL JOËL ET JEAN-LOUIS LHUMEAU,
7, rue Saint-Vincent, Linières, 49700 Doué-en-Anjou,
tél. 02 41 59 30 51, domainedeshautesouches@orange.fr
V *r.-v.*

DOM. DU HAUT FRESNE
La Pigeonnelle 2019 ★★

| 9600 | | 5 à 8 € |

Fondé en 1959, ce domaine de 85 ha se transmet de père en fils depuis trois générations. Situé sur des coteaux faisant face à la Loire, près de Liré, il est souvent remarqué pour la qualité de ses vins, de ses coteaux-d'ancenis notamment.

Avec une majorité de cabernet-sauvignon, ce rouge offre un joli jus plein et intense, serti d'une belle fraîcheur. Les fruits rouges et noirs sont saillants, la matière fondue et équilibrée ; en somme un rouge universel pour tout public. ⧗ 2021-2024 ■ **Les Pierres Bleues 2019 ★★ (5 à 8 €; 6000 b.)** Tout en fruit et en fraîcheur, ce blanc porte de belles notes de fleurs blanches et de fruits frais. Bien équilibré, il offre une chair croquante et de la vivacité, de quoi l'accorder à une volaille ou un poisson au four. ⧗ 2021-2023

SCEA RENOU FRÈRES ET FILS,
Dom. du Haut Fresne, Drain, 49530 Orée-d'Anjou,
tél. 06 08 88 98 02, contact@renou-freres.com
V *r.-v.*

♥ DOM. LEDUC-FROUIN
La Seigneurie 2019 ★★★

| 7000 | | 5 à 8 € |

Installés dans le village troglodytique de Martigné-Briand, Antoine Leduc, œnologue, et sa sœur Nathalie conduisent depuis 1990 le domaine familial (30 ha en agriculture raisonnée). Leurs vins séjournent, comme il se doit, dans la fraîcheur de caves souterraines creusées dans le falun. Une valeur sûre de l'Anjou viticole.

Une bien belle surprise que ce blanc complexe et élégant. La petite touche boisée se fond parfaitement, accompagnée de notes d'agrumes mûrs, d'épices et de fruits blancs. La bouche reprend ce registre intense et

LOIRE

généreux avec beaucoup de finesse et un bon gras qui enrobe le tout. Un superbe blanc, nuancé et savoureux, à privilégier sur une viande blanche ou un poisson au four. ⧗ 2021-2024 ■ **La Seigneurie 2020 ★ (5 à 8 €; 10 000 b.)** Frais, ample et bien équilibré, ce rouge élevé uniquement en cuves préserve un fruit gourmand et de belle maturité. La gelée de cassis, la prune et les fruits noirs s'invitent dans une bouche de bonne dimension. Un parfait Angevin. ⧗ 2021-2024

⊶ SCEA DOM. LEDUC-FROUIN, 20, rue Saint-Arnoul, Sousigné, 49540 Martigné-Briand, tél. 02 41 59 42 83, info@leduc-frouin.com V t.l.j. sf dim. 8h-12h30 14h-19h

♥ DOM. DE MIHOUDY 2020 ★★

■ | 10 000 | | - de 5 €

Bruno et Jean-Charles Cochard sont associés avec leur père Jean-Paul sur ce vignoble de 75 ha situé dans la vallée du Layon, dans leur famille depuis six générations. Un domaine de référence qui s'illustre souvent en anjou, blanc ou rouge, ainsi qu'en liquoreux, en bonnezeaux notamment. Incontournable.

À l'aise dans tous les styles et toutes les couleurs, Mihoudy décroche un nouveau coup de cœur qui vient enrichir un palmarès déjà bien fourni. Quel bonheur cet anjou ! Surtout à ce niveau de prix... Ce pur cabernet franc va droit au but et célèbre sans détour un fruit frais, intense et croquant. Un fruit que porte haut également une bouche veloutée, caressante, ample et longue. C'est impeccablement réalisé et l'on s'en régalera avec une côte de cochon épaisse au jus. ⧗ 2021-2025

⊶ EARL COCHARD ET FILS, Dom. de Mihoudy, 49540 Aubigné-sur-Layon, tél. 02 41 59 46 52, domainedemihoudy@orange.fr V t.l.j. sf dim. 8h30-12h30 14h-18h30

DOM. MONTGILET Clos de Roche Noire 2019 ★

■ | 14 564 | | 11 à 15 €

Ce domaine situé aux portes d'Angers est une référence de la région, notamment en matière de « douceurs angevines » avec de superbes coteaux-de-l'aubance à la carte. À la tête de l'exploitation créée par son grand-père, Victor, développée par son père, Victor également, Vincent Lebreton, aux commandes depuis 1995, conduit (de façon très raisonnée) 69 ha sur un terroir de schistes ardoisiers.

Ce chenin, issu d'un terroir d'argiles rouges sur schistes, porte une saine ambition. L'élevage en barriques offre des notes chaudes et torréfiées au nez, reprises par une bouche généreuse mais aussi de bonne fraîcheur. Un blanc cossu, puissant mais équilibré, à réserver pour la table et plutôt avec une viande blanche : pourquoi pas une blanquette de veau ? ⧗ 2021-2024

⊶ SCEA VICTOR ET VINCENT LEBRETON (DOM. DE MONTGILET), 10, chem. de Montgilet, Juigné-sur-Loire, 49610 Les-Garennes-sur-Loire, tél. 02 41 91 90 48, montgilet@wanadoo.fr V t.l.j. sf dim. 8h-18h

MOULIN DE CHAUVIGNÉ Cuvée Intemporelles Demi-Sec ★★

● | n.c. | 5 à 8 €

Offrant un plaisant panorama sur la vallée de la Loire, Chauvigné est un moulin cavier construit en 1750 au cœur des vignes. Implanté à Rochefort-sur-Loire, le domaine est constitué de 14 ha cultivés par Christian Plessis de 1992 jusqu'à son décès en 2017. Son épouse Sylvie, qui officiait aux vinifications, assure désormais la continuité, épaulée depuis 2018 par sa fille Manon.

Une bulle angevine rosée, à dominante de grolleau et vinifiée en demi-sec, c'est-à-dire avec un peu de sucre. Résultat ? Une pure gourmandise et un fruité joyeux de baies rouges délicates agrémenté de rose. On le croque comme un dessert, et on s'en régalera avec une tarte aux fraises ou une soupe de fruits rouges. ⧗ 2021-2023 ● **Cuvée Intemporelles Brut ★ (5 à 8 €; 4 000 b.)** Fraîche et élégante, cette bulle d'une agréable rondeur, pleine de gourmandise, livre un fruit croquant au nez comme en bouche. Elle sera parfaite avec un moelleux aux pommes ou une tarte aux poires et aux amandes. ⧗ 2021-2022

⊶ EARL MOULIN DE CHAUVIGNÉ, Moulin de Chauvigné, 49190 Rochefort-sur-Loire, tél. 02 41 78 86 56, info@moulindechauvigne.com V r.-v.

♥ DOM. DU PETIT VAL Cuvée d'Axel 2019 ★★★

■ | 2 000 | | 5 à 8 €

Rouges comme liquoreux, les vins de ce domaine fréquentent régulièrement les pages du Guide. Installé depuis 1988 avec sa femme Janine, Denis Goizil a bien agrandi l'exploitation créée en 1951 par son père Vincent, la faisant passer de 18 à 48 ha aujourd'hui. Simon a rejoint ses parents en 2014.

Ultra convaincant, ce blanc fera l'unanimité autour de la table. Ses fruits blancs croquants et intenses, sa chair dense et soyeuse servie par un joli boisé, sa fraîcheur et son gras bien mariés forment un vin de haute expression, de grande dimension et parfaitement équilibré. Une très belle bouteille accessible à tous, à associer à une viande blanche ou un poisson noble : que diriez-vous d'un turbot au four en croûte de sel ? ⧗ 2021-2025

⊶ EARL GOIZIL, Dom. Le Petit Val, Chavagnes, 49380 Terranjou, tél. 02 41 54 31 14, denisgoizil49@gmail.com V r.-v.

DOM. SAINT-PIERRE 2020 ★

■ | 12 000 | | 8 à 11 €

Un domaine familial de 40 ha conduit depuis 1998 par Pierre Renouard, qui joue aussi la carte de l'œnotourisme (chambres d'hôtes et gîte dans les vignes, restaurant).

Le cabernet-sauvignon livre toujours une note de poivron, que l'on retrouve bien ici au nez, accompagnée de fruits rouges et noirs bien croquants. La bouche est puissante, structurée, riche. Un vin de caractère pour un mets de caractère, une belle daube de sanglier ou une viande marinée par exemple. ⧗ 2021-2025

⊶ *EARL DOM. SAINT-PIERRE, Le Bas-Pé, 49290 Chaudefonds-sur-Layon, tél. 02 41 78 04 21, domaine.st.pierre@wanadoo.fr* V *t.l.j. 9h-18h*

DOM. DE LA TUFFIÈRE L'Automnale 2019 ★★

| 15 000 | | 5 à 8 € |

Situé sur la rive droite de la Loire, au nord-est d'Angers, ce domaine de 26 ha, de création monastique, remonte au XVIIe s. Longtemps propriété du Ch. de la Tuffière, il a été repris en 1989 par les Coignard, exploitants sur ces terres depuis 1972. Leur fille Clarisse et son mari Fabrice Benesteau sont aux commandes depuis 2002. Leurs vins (blancs et rosés notamment) sont régulièrement remarqués dans nos éditions.

Ce rouge généreux, élevé partiellement sous bois, délivre des notes de fruits noirs sur un fond boisé bien fondu. On retrouve ce beau fruité dans une bouche ferme et structurée, avec de la mâche et de l'ampleur. Une présence très assurée pour ce vin à réserver à des viandes de goût. ⧗ 2021-2025

⊶ *EARL COIGNARD-BENESTEAU, Dom. de la Tuffière, Lué-en-Baugeois, 49140 Jarzé-Villages, tél. 02 41 45 11 47, vignobletuffiere@gmail.com* V *t.l.j. sf dim. 9h-12h 14h-19h*

DOM. DES VARENNES 2020 ★

| n.c. | | - de 5 € |

Ce domaine de 20 ha est situé au cœur du Layon, à Saint-Lambert-du-Lattay. Antoine Richard représente la troisième génération et perpétue la tradition de l'anjou sur schistes et argiles, dans les trois couleurs.

Une sympathique cuvée de cabernet franc, aux notes de gelée de fruits rouges et à la trame glissante, souple, fluide, sans aspérités. Un vrai «vin de soif» pour les beaux jours, à servir légèrement rafraîchi sur une terrine de sanglier ou un jambon serrano. ⧗ 2021-2023

⊶ *DOM. DES VARENNES, 11, rue de Varennes, Saint-Lambert-du-Lattay, 49750 Val-du-Layon, tél. 02 41 78 32 97, richarda@orange.fr* V *r.-v.*

LES VIGNES DE L'ALMA 2019 ★

| 6 500 | | 5 à 8 € |

Saint-Florent-le-Vieil, village charnière entre l'Anjou et le Pays nantais. Romain Chevalier y conduit (seul depuis 2017, son père Roland étant parti à la retraite) un clos de 10 ha, commandé par un bâtiment datant de 1856 baptisé par le propriétaire d'alors – un général des Armées – en souvenir de la bataille de l'Alma. Ses vins rosés et rouges se rattachent à l'Anjou, ses blancs au muscadet-coteaux-de-la-loire. Une valeur sûre.

Un rouge agréable et harmonieux, tout en souplesse, qui livre un fruit mûr et concentré typique du cabernet franc. Un joli classique, à réserver à un lapin en gibelotte ou à des côtelettes d'agneau au thym. ⧗ 2021-2023

⊶ *EARL DU CLOS DE L'ALMA, L'Alma, Saint-Florent-le-Vieil, 49410 Mauges-sur-Loire, tél. 02 41 72 71 09, lesvignesdelalma@orange.fr* V *t.l.j. sf dim. 9h-12h 14h-19h (sam. 17h)*

ANJOU-GAMAY

Superficie : 125 ha / Production : 6 630 hl

Vin rouge produit à partir du cépage gamay. Né sur les terrains les plus schisteux de la zone, bien vinifié, il peut donner un excellent vin de carafe. Quelques exploitations se sont spécialisées dans ce type, qui n'a d'autre ambition que de plaire au cours de l'année suivant sa récolte.

LES VIGNES DE L'ALMA 2020 ★

| 9 000 | | 5 à 8 € |

Saint-Florent-le-Vieil, village charnière entre l'Anjou et le Pays nantais. Romain Chevalier y conduit (seul depuis 2017, son père Roland étant parti à la retraite) un clos de 10 ha, commandé par un bâtiment datant de 1856 baptisé par le propriétaire d'alors – un général des Armées – en souvenir de la bataille de l'Alma. Ses vins rosés et rouges se rattachent à l'Anjou, ses blancs au muscadet-coteaux-de-la-loire. Une valeur sûre.

Ce gamay sur schistes, élevé en cuves, affiche un beau fruité, une présence tannique maîtrisée et un grand équilibre. On aime ses jolis fruits noirs, ses épices, sa matière souple et élancée. Un bon classique de l'appellation. ⧗ 2021-2023

⊶ *EARL DU CLOS DE L'ALMA, L'Alma, Saint-Florent-le-Vieil, 49410 Mauges-sur-Loire, tél. 02 41 72 71 09, lesvignesdelalma@orange.fr* V *t.l.j. sf dim. 9h-12h 14h-19h (sam. 17h)*

ANJOU-VILLAGES

Superficie : 190 ha / Production : 8 510 hl

Le terroir de l'AOC anjou-villages correspond à une sélection de terrains dans l'AOC anjou : seuls les sols se ressuyant facilement, précoces et bénéficiant d'une bonne exposition ont été retenus. Ce sont essentiellement des sols développés sur schistes, altérés ou non.
Issus du cabernet franc parfois complété par du cabernet-sauvignon, les anjou-villages sont colorés, fruités, charnus et assez charpentés. Vite prêts, ils se gardent en moyenne deux à trois ans.

B L'ARCHE DE LA REBELLERIE Croix Blanche 2018 ★

| 4 500 | | 11 à 15 € |

Établissement et service d'aide par le travail, ce domaine appartient à la Fédération des communautés de l'Arche de Jean Vanier. Il accueille trente adultes handicapés qui participent aux travaux de la vigne. L'exploitation de 25 ha est conduite en bio depuis 2000.

Frais, croquant, porté par ses cabernets-sauvignons et un boisé bien fondu, ce *villages* offre un bon volume autour de tanins soyeux. Un rouge fort aimable et équilibré. On peut le garder encore quelque temps ou le déguster dès à présent, avec un magret de canard sauce au poivre vert par exemple. ⧗ 2021-2025

ESAT L' ARCHE EN ANJOU, La Rebellerie, Nueil-sur-Layon, 49560 Lys-Haut-Layon, tél. 02 41 59 53 51, secretariat.esat@arche-anjou.org V t.l.j. sf sam. dim. 8h30-12h 14h-17h; f. août

DOM. DES BARRES Clos des Casses 2018 ★★

■ | 4 000 | | 5 à 8 €

La commune de Saint-Aubin-de-Luigné, surnommée la « Perle du Layon », se situe dans le bas Layon, tout près de la jonction entre la Loire et le Layon. La famille Achard y conduit ce domaine de 32 ha depuis trois générations.

Parfums d'épices et de cerise noire, bouche ronde, tendre, très aimable et soyeuse, fine trame fraîche : il n'en faut pas davantage pour se laisser séduire par ce rouge des plus harmonieux et de pleine maturité. À essayer avec un tartare de bœuf au couteau. ⧗ 2021-2024

SCEV ACHARD, 1, Les Barres, Saint-Aubin-de-Luigné, 49190 Val-du-Layon, tél. 02 41 78 98 24, achardpatrice@wanadoo.fr V r.-v.

♥ DOM. BODINEAU Héritage 2019 ★★

■ | 2 000 | | 11 à 15 €

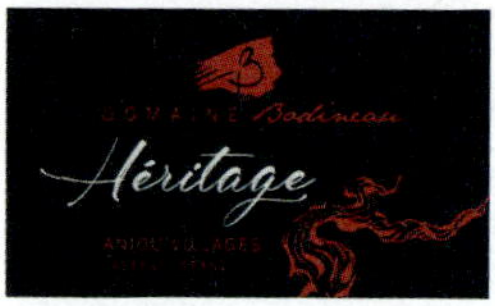

Établis dans le petit hameau de Savonnières, Frédéric Bodineau et sa sœur Anne-Sophie officient ensemble sur ce domaine familial (40 ha) dont l'origine remonte à 1850. Lui est à la vigne et au chai, elle à l'accueil et au service clientèle. Une valeur sûre.

Quatrième coup de cœur en quatre éditions pour les Bodineau, et le deuxième d'affilée pour cette cuvée : un cabernet franc sur schistes élevé en fûts, comme le faisait le grand-père, pour perpétuer son héritage. L'ensemble est parfaitement conduit et laisse toute sa place au fruit, sur des notes généreuses et gourmandes de cerise fraîche et de fruits noirs. Ample, dense, structuré, long, harmonieux, ce rouge peut encore attendre et fondre ses tanins, fermes et bien en place. Du caractère et du potentiel. ⧗ 2022-2028

EARL BODINEAU, 5, chem. du Château-d'Eau, Les-Verchers-sur-Layon, 49700 Doué-en-Anjou, tél. 02 41 59 22 86, domainebodineau@yahoo.fr V t.l.j. sf dim. 9h-12h30 14h-18h

B CH. DU BREUIL 2019 ★★

■ | 2 100 | | 11 à 15 €

Situé au cœur de l'Anjou à Beaulieu-sur-Layon, le Ch. du Breuil est un domaine historique de 30 hectares, intégralement conduit en agriculture biologique. Le lieu, la situation du vignoble et les sols de schistes gréseux constituent un terreau idéal à l'éclosion de vins authentiques et élégants. La famille Petitbois a confié la gérance à David Vigan.

Parfaitement mûr, calé sur un fruit croquant aux arômes de cerise à peine teinté du bois de l'élevage, ce rouge offre d'ores et déjà beaucoup de plaisir, un équilibre très assuré et des tanins fins et soyeux. Parfait avec une viande rouge grillée ou un saint-nectaire fermier. ⧗ 2021-2026

CH. DU BREUIL, rte de Rochefort, 49750 Beaulieu-sur-Layon, tél. 02 41 78 32 54, ch.breuil@wanadoo.fr V t.l.j. sf dim. 9h-12h 14h-18h. sam. sur r.-v. 4 D

♥ CH. DE BROSSAY La Croix blanche 2018 ★★

■ | 3 600 | | 5 à 8 €

Régulier en qualité, et ce dans tous les styles de vins d'Anjou, ce domaine créé en 1919 par Alexis Deffois se situe dans le haut Layon, dans le sud de l'Anjou et à l'ouest du Saumurois. Les petits-fils du fondateur, Hubert et Raymond Deffois – rejoints en 2010 par les gendres de ce dernier, Nicolas Tamboise et Benjamin Grandsart –, conduisent un vignoble de 50 ha.

Avec une maturité très aboutie autour de parfums intenses et généreux de fruits noirs, cette Croix blanche affiche un équilibre remarquable et une puissance certaine mais sans excès, portée par des tanins fins et soyeux. Une superbe partition pour ce vin d'ores et déjà agréable à boire, qui pourra aussi patienter en cave. ⧗ 2021-2026

EARL CH. DE BROSSAY, Ch. de Brossay, 49560 Cléré-sur-Layon, tél. 02 41 59 59 95, contact@chateaudebrossay.fr V t.l.j. sf dim. 8h-12h 14h-19h

B DOM. CADY 2019 ★★

■ | 3 000 | | 11 à 15 €

Appartenant à la famille Cady depuis 1927, ce domaine (26 ha conduits en bio) est une référence en matière de vins liquoreux. Il est implanté sur les coteaux surplombant le Layon à Saint-Aubin-de-Luigné, village surnommé la « Perle du Layon ».

Il fait l'unanimité ce très beau vin intense et parfumé qui livre, autour d'un fruit noir, une belle démonstration de volupté et d'équilibre. Intense, soyeux dans son tanin, de bonne longueur, il reste fin de bout en bout et très savoureux. ⧗ 2021-2026

EARL DOM. CADY, 20, lieu-dit Valette, 49190 Saint-Aubin-de-Luigné, tél. 02 41 78 33 69, contact@domainecady.fr V r.-v. 4 D

CH. DE FESLES 2018 ★

■ | 8 000 | | 8 à 11 €

En juillet 2008, le groupe Grands Chais de France a acheté à Bernard Germain le Ch. de Fesles, situé dans l'aire du bonnezeaux. Le domaine a engagé au printemps 2010 la conversion bio de son vignoble de 43 ha.

Mûr à point, équilibré, ce rouge livre de belles notes de fruits noirs, de cassis notamment, dans un ensemble structuré, de bon volume. Aucun excès ne le dessert, il reste droit et parfaitement fruité. Idéal avec une viande blanche. ⧗ 2021-2025

SAS DE FESLES, Ch. de Fesles, Thouarcé, 49380 Bellevigne-en-Layon, tél. 02 41 68 94 08, gilles.bigot@lacheteau.fr V t.l.j. sf dim. 8h30-12h30 14h-17h30

DOM. DE LA GACHÈRE
Cuvée Carac'terroir 2019 ★★

■	2400		11 à 15 €

Ce domaine familial de 32 ha est situé dans les Deux-Sèvres, aux confins méridionaux du vignoble angevin. Les jumeaux Alain et Gilles Lemoine ont pris la succession de leur père Claude en 1998.

Du caractère, ce rouge de cabernet-sauvignon n'en manque pas. Fruits noirs, amplitude de bouche, fraîcheur et matière riche composent un idéal angevin, à boire dès à présent ou à garder. ⌛ 2021-2026

GAEC LEMOINE (DOM. DE LA GACHÈRE), La Gachère, Saint-Pierre-à-Champ, 79290 Val-en-Vignes, tél. 05 49 96 81 03, gachere@orange.fr V *t.l.j. 9h30-18h* 2

DOM. DE LA GERFAUDRIE 2019 ★

■	11000		5 à 8 €

Situé sur la corniche angevine, ce domaine de 20 ha domine la vallée du Layon, à quelques kilomètres de sa confluence. Il tire son nom du gerfaut, rapace utilisé jadis en fauconnerie.

Tout en intensité de parfums et de saveurs, ce rouge se veut fédérateur et sans excès. On appréciera sa trame souple, son fruit onctueux, bien présent au nez comme en bouche, et sa fraîcheur. ⌛ 2021-2025

SCEA DOM. DE LA GERFAUDRIE, 25, rue de l'Onglée, 49290 Chalonnes-sur-Loire, tél. 02 41 78 02 28, contact@domaine-gerfaudrie.fr V *r.-v.*

DOM. DE HAUT MONT 2018 ★

■	3500		5 à 8 €

Chez les Robin, on cultive la vigne depuis sept générations. C'est Alfred qui a fondé ce domaine en 1955. Son petit-fils Nicolas est aux commandes depuis 2013, avec à sa disposition un vignoble de 28 ha.

Intense dans son parfum, rond dans sa structure, ce rouge conjugue puissance et fraîcheur avec équilibre. C'est un bon représentant de son appellation, agréable à boire dès aujourd'hui. ⌛ 2021-2024

EARL ROBIN-PICHERY, 31, rue des Monts, Faye-d'Anjou, 49380 Bellevigne-en-Layon, tél. 02 41 54 02 55, robin.pichery@wanadoo.fr V *t.l.j. sf dim. 9h-12h 14h-19h*

DOM. DE LA MOTTE 2019 ★

■	2400		5 à 8 €

Ce domaine de 18 ha est implanté à l'entrée du village de Rochefort-sur-Loire, petit bourg situé juste avant la confluence du Layon et de la Loire. Fondé en 1935, il a été repris en 1995 par Gilles Sorin.

Du fruit, de la souplesse, de l'équilibre et une très belle longueur : ce *villages* convainc pleinement, porté par des tanins soyeux. Une belle gourmandise à déguster avec un tajine d'agneau confit aux pruneaux. ⌛ 2021-2024

EARL SORIN, Dom. de la Motte, 35, av. d'Angers, 49190 Rochefort-sur-Loire, tél. 02 41 78 72 96, sorin.dommotte@wanadoo.fr V *t.l.j. sf dim. 8h30-12h 13h30-18h30*

VIGNOBLE MUSSET-ROULLIER Le Petit Cé 2018 ★

■	8000		5 à 8 €

Les domaines Roullier et Musset se sont associés en 1994 ; leur exploitation couvre aujourd'hui 19 ha sur les coteaux de la Loire. Une valeur sûre du vignoble angevin, aussi bien en blanc qu'en rouge.

Tout en mesure, ce rouge affable déploie un jus tout en fruit, soutenu par des tanins suaves, sans aucune dureté. On apprécie ce style simple et avenant, d'un équilibre impeccable. Parfait sur un rôti de porc à la sauge. ⌛ 2021-2024

EARL LES NEUF VINGTS, Vignoble Musset-Roullier, 2 bis, Le Pélican, 49620 Mauges-sur-Loire, tél. 02 41 39 05 71, musset.roullier@orange.fr V *t.l.j. sf lun. mar. dim. 10h-12h 14h30-18h30*

CH. DES ROCHETTES Pièces du Moulin 2018 ★

■	8060		8 à 11 €

Catherine Nolot a repris en 2006 deux propriétés situées à Concourson-sur-Layon : le Ch. des Rochettes, qui appartenait à la famille Douet depuis de nombreuses générations, et le Dom. de l'Été, géré pendant vingt ans par Yannick Babin.

Notes de cerise griotte bien mûre et de fruits plus frais, trame souple et fluide : ce vin d'élégance et d'équilibre a le bon goût de ne pas exposer son élevage en barriques. On apprécie. ⌛ 2021-2024

SCEA CATHERINE NOLOT, Ch. des Rochettes, 104, les Rochettes, 49700 Concourson-sur-Layon, tél. 02 41 59 11 63, domainedelete@wanadoo.fr V *t.l.j. sf dim. 9h-12h30 13h30-17h30*

DOM. SAUVEROY Ultima Terra 2018 ★★★

■	8100		20 à 30 €

Un domaine fondé en 1866, dans la famille de Pascal et Véronique Cailleau depuis 1947. Ces derniers, aux commandes depuis 1985 et désormais épaulés par leur fils Quentin, conduisent avec talent un vignoble de 28 ha (1 ha aux origines). Une valeur sûre de l'Anjou viticole, à l'aise dans les trois couleurs, en secs comme en doux. La conversion bio est en cours.

Voilà un vin complexe issu d'une unique parcelle de schistes et d'argiles isolée en 2003, année de la canicule. Ample, puissant, riche, intense, il offre une matière dense et de grand volume, imprégnée de fruits et des notes fumées apportées par l'élevage en fûts. Et surtout quel équilibre ! ⌛ 2022-2027

EARL PASCAL CAILLEAU, Dom. Sauveroy, Saint-Lambert-du-Lattay, 49750 Val-du-Layon, tél. 02 41 78 30 59, domainesauveroy@sauveroy.com V *t.l.j. sf dim. 9h-12h30 14h-18h*

ANJOU-VILLAGES-BRISSAC

Superficie : 105 ha / Production : 4 517 hl

Au sein de l'AOC anjou-villages, les dix communes situées autour du château de Brissac constituent l'aire géographique de cette AOC reconnue en 1998. Les vignes sont implantées sur un plateau en pente douce vers la Loire, limité au nord par ce fleuve et au sud par les coteaux abrupts du Layon. Les sols sont profonds. La proximité de la Loire, qui limite les températures extrêmes, explique également la particularité du terroir. Complexes, charnus et denses, les anjou-villages-brissac sont aptes à une moyenne garde (deux à cinq ans) et peuvent vivre dix ans les meilleures années.

DOM. DES DEUX MOULINS Le Clos au Chat 2018 ★

■ | 7000 | | 8 à 11 €

Ce domaine proche des vallées de l'Aubance et de la Loire tient son nom de deux moulins caviers typiques de l'Anjou viticole. Créé à partir de 12 ha de vignes par Daniel Macault en 1989, il compte 35 ha aujourd'hui, en conversion biologique (certification pour le millésime 2021). Une partie maraîchage bio complète l'activité depuis deux ans.

Belle réussite de son appellation, ce rouge élevé sous bois dispose d'un jus intense, marqué encore par des notes toastées et vanillées, doublées de fruits noirs, de cassis et de cerise bien mûre notamment. La bouche ample et riche est bien équilibrée entre fraîcheur et puissance. Un bon potentiel se dessine. ⧗ 2022-2027

EARL DOM. DES DEUX-MOULINS, 20, rte de Martigneau, 49610 Juigné-sur-Loire, tél. 02 41 54 65 14, les.deux.moulins@wanadoo.fr V *t.l.j. sf dim. 9h-12h 14h-18h* B

DOM. DE MONTGILLET 2018 ★

■ | 14000 | | 8 à 11 €

Ce domaine situé aux portes d'Angers est une référence de la région, notamment en matière de « douceurs angevines » avec de superbes coteaux-de-l'aubance à la carte. À la tête de l'exploitation créée par son grand-père, Victor, développée par son père, Victor également, Vincent Lebreton, aux commandes depuis 1995, conduit (de façon très raisonnée) 69 ha sur un terroir de schistes ardoisiers.

Tout en rondeur et en souplesse, ce beau cabernet ligérien séduit par ses notes de violette, de cassis et de fruits noirs bien mûrs. On salue son équilibre, ses tanins suaves et sa finale raffinée et tonique sur les épices. L'harmonie incarnée, à boire ou garder encore quelques année et à servir sur un tartare de bœuf ou un agneau confit aux pruneaux. ⧗ 2021-2025

SCEA VICTOR ET VINCENT LEBRETON (DOM. DE MONTGILET), 10, chem. de Montgilet, Juigné-sur-Loire, 49610 Les-Garennes-sur-Loire, tél. 02 41 91 90 48, montgilet@wanadoo.fr V *t.l.j. sf dim. 8h-18h*

B DOM. DES ROCHELLES Les Millerits 2018 ★★

■ | 2000 | | 20 à 30 €

Conduit depuis les années 1970 par Jean-Yves Lebreton, rejoint entre-temps par son fils Jean-Hubert, à la tête de l'exploitation depuis 2004, ce domaine de 45 ha s'était spécialisé en viticulture dès 1920. Avec plusieurs coups de cœur à son actif, il fait partie des références de l'Anjou pour sa production de vins rouges.

Pur cabernet-sauvignon, ce rouge offre une grande profondeur et beaucoup d'intensité. Ses notes de réglisse, de fruits noirs bien mûrs et de toasté se glissent dans une matière ample et généreuse, de bonne puissance tannique. Un vin bâti pour la garde, à associer à une viande de bœuf mijotée ou une épaule d'agneau cuite à basse température. ⧗ 2023-2028 ■ **La Croix de Mission 2019 ★ (8 à 11 € ; 26000 b.)** B Reflet riant de son terroir, élevé sans apport de bois, ce rouge exprime tout le fruit de ses cabernets sur schistes. Fruits rouges, fruits compotés, réglisse fin encadrent une bouche suave et juteuse, de bon volume, servie par des tanins bien mûrs. Un rouge harmonieux à déguster dès à présent sur une côte de porc à la sauge. ⧗ 2021-2024

EARL LEBRETON, Dom. des Rochelles, chem. des Rochelles, 49320 Les Garennes-sur-Loire, tél. 02 41 91 92 07, jy.a.lebreton@wanadoo.fr V *t.l.j. sf dim. 8h30-12h 14h-18h30*

DOM. DE SAINTE ANNE Les Pains Bénis 2018 ★

■ | 10000 | | 8 à 11 €

Domaine familial situé à proximité du château de Brissac, dont le vignoble de 56 ha est implanté sur une croupe argilo-calcaire. Marc Brault y est installé depuis 1983, épaulé par ses fils Florian (vinification) et Boris (commercialisation).

Les cabernets sur argilo-calcaires offrent ici un style un peu différent des schistes, engendrant un jus saillant, légèrement croquant. Les fruits rouges se détachent, avec une bonne acidité d'ensemble, de la générosité aussi et de l'équilibre. À associer à une joue de bœuf aux carottes. ⧗ 2021-2025

EARL BRAULT, Sainte-Anne, Brissac-Quincé, 49320 Brissac-Loire-Aubance, tél. 02 41 91 24 58, marc-brault@wanadoo.fr V *t.l.j. sf dim. 9h-12h 14h-18h*

♥ CH. LA VARIÈRE Vieilles Vignes 2018 ★★★

■ | 5000 | | 15 à 20 €

Le Ch. de la Varière est un vaste domaine angevin (150 ha) situé sur la commune de Vauchrétien et entouré de son vignoble réparti en îlots de différents types de sols et de qualité. La production de rouges et de liquoreux est complétée des vins de la propriété sœur en saumur-champigny, le Dom. de la Perruche (40 ha). L'ensemble des propriétés est passé en 2015 sous le contrôle de la maison Ackerman.

À dominante de cabernet franc, ce rouge est issu des parcelles les plus anciennes et les plus qualitatives du domaine. Intense, servi par un nez charmeur et complexe de fruits noirs et d'épices, il trouve en bouche une parfaite adéquation entre puissance et fraîcheur. C'est un vin de corps, bâti pour la garde, à réserver à des viandes goûteuses de type bœuf ou agneau. 2023-2030

SCEV CH. LA VARIÈRE, rte de Mozé, 49320 Brissac-Loire-Aubance, tél. 02 41 91 22 64, tourisme@chateaulavariere.fr

CABERNET-D'ANJOU

Superficie : 5 341 ha / Production : 331 114 hl

On trouve dans cette appellation d'excellents vins rosés demi-secs issus des cépages cabernet franc et cabernet-sauvignon. À table, on les associe assez facilement, servis frais, au melon en hors-d'œuvre ou à certains desserts pas trop sucrés. En vieillissant, ces vins prennent une nuance tuilée et peuvent être bus à l'apéritif. Ceux qui naissent sur les faluns de la région de Tigné et dans le Layon sont les plus réputés.

DOM. ASSERAY 2020 ★

| 10000 | - de 5 € |

Emmanuel et Aurélie Asseray sont la 4e génération à diriger cette exploitation de 53 ha. Situé dans la vallée de la Loire, au sud d'Angers, sur la commune de Vauchrétien, le domaine, bâti sur des terroirs de schistes ou argile-graveleux, produit un vin appartenant aux appellations coteaux-de-l'aubance et anjou-villages-brissac. L'acquisition du label HVE3 est en cours.

Du fruit, de la gourmandise, de l'harmonie. Ce rosé angevin va à l'essentiel : le plaisir simple d'un fruit acidulé et léger. Pour un apéritif autour de tapas ou pour une cuisine aigre-douce. 2021-2022

EARL DOM. ASSERAY, La Raterie, 49320 Vauchrétien, tél. 02 41 91 25 16, domaineasseray@yahoo.fr V t.l.j. sf dim. 9h-12h30 14h-18h30

SOPHIE ET JEAN-CHRISTIAN BONNIN 2020 ★

| 18600 | 5 à 8 € |

Régulièrement mentionné dans le Guide, ce domaine créé en 1920 couvre aujourd'hui 43 ha autour de Martigné-Briand. En 1998, son diplôme d'œnologue en poche, Jean-Christian Bonnin a repris le vignoble familial en compagnie de sa femme Sophie.

Notes de fruits rouges, fraîcheur mentholée, trame fuselée et longiligne. Voilà un rosé simple et croquant, à tester sur des crevettes grillées aux épices. 2021-2022

EARL SOPHIE ET JEAN-CHRISTIAN BONNIN, Dom. de la Croix des Loges, 4, chem. du Vignoble, Martigné-Briand, 49540 Terranjou, tél. 02 41 59 43 58, contact@famillebonnin.com V r.-v.

CH. DE LA CALONNIÈRE 2020 ★

| 3900 | 5 à 8 € |

Seigneurie au XVIes., cette propriété, rachetée par un industriel parisien en 1967, est établie à Martigné-Briand, commune reconnue pour ses rosés d'Anjou. L'exploitation viticole est dirigée depuis 2015 par M. Teurquetil.

Dans un style intensément parfumé, aux notes de fruits exotiques et de pétales de rose, ce rosé joue la carte de l'originalité. Son palais intense, acidulé, se montre fin et engageant. À aérer avant le service. 2021-2022

DOM. DE LA CALONNIÈRE, Lieu-dit La Calonnière, Martigné-Briand, 49540 Terranjou, tél. 02 41 59 43 37, scea-la-calonniere@orange.fr V t.l.j. sf sam. dim. 9h-12h 14h-18h

DOM. CHUPIN 2020 ★

| 160000 | - de 5 € |

Ce vaste domaine de 94 ha est établi dans l'aire des coteaux-du-layon. Il a été racheté en 1988 aux héritiers d'Émile Chupin par Guy Saget, bien connu pour ses vignobles de la région de Pouilly-sur-Loire.

Simple et bien réalisé, ce rosé coche toutes les cases : du fruit, avec des notes de fraise compotée, de la tension, de le présence en bouche. Essayez-le avec une cuisine sucrée-salée ou bien épicée. 2021-2022

SCEA DOM. ÉMILE CHUPIN, 8, rue de l'Église, Champ-sur-Layon, 49380 Bellevigne-en-Layon, tél. 02 41 78 86 54, domaine.chupin@wanadoo.fr

DOM. DES DEUX ARCS 2020 ★★

| 10000 | 5 à 8 € |

Jean-Marie Gazeau, après une expérience en Afrique du Sud, a rejoint son père Michel en 2005 sur le domaine familial (53 ha). Leurs vins sont régulièrement sélectionnés dans le Guide, dans diverses appellations de l'Anjou et dans les trois couleurs. Une valeur sûre.

Avec ses petites notes de fraise des bois et de cerise burlat, sa trame ample et acidulée, ce rosé procure un plaisir immédiat. C'est un panier de fruits croquants qui coulent dans une trame bien structurée. À réserver à table, sur un curry d'agneau par exemple. 2021-2022

SCEA VIGNOBLE MICHEL ET JEAN-MARIE GAZEAU, Dom. des Deux Arcs, 11, rue du 8-Mai-1945, Martigné-Briand, 49540 Terranjou, tél. 02 41 59 47 37, do2arc@wanadoo.fr V t.l.j. sf dim. 9h-12h 14h-18h

LA GAUBRETIÈRE 2020 ★

| 2500 | 5 à 8 € |

Un domaine de 28 ha dans la famille Séchet depuis 1905 et trois générations, conduit depuis 1991 par Philippe.

Ce rosé à la teinte légèrement orangée offre des notes de fruits rouges et de bonbon anglais, une belle douceur en bouche avec un bon équilibre sucre-acidité. Pourquoi pas sur un dessert aux fruits rouges ? 2021-2022

EARL DE LA GAUBRETIÈRE, 8, rue de la Gaubretière, Martigné-Briand, 49540 Terranjou, tél. 02 41 59 68 80, earl.sechet-rochais@orange.fr V r.-v.

♥ DOM. DE HAUT MONT 2020 ★★

| 7000 | 5 à 8 € |

Chez les Robin, on cultive la vigne depuis sept générations. C'est Alfred qui a fondé ce domaine en 1955. Son petit-fils Nicolas est aux commandes depuis 2013, avec à sa disposition un vignoble de 28 ha.

Voilà un beau rosé, gourmand et charnu à souhait. On apprécie ses parfums de cerise burlat, de compote de framboise et de pomelos. La bouche

LOIRE

reprend ce registre à l'unisson, dans une composition ample et structurée, avec beaucoup de persistance. Quelques amis, une belle fin d'après-midi et tout le bonheur est là ! ⧗ 2021-2022

EARL ROBIN-PICHERY, 31, rue des Monts, Faye-d'Anjou, 49380 Bellevigne-en-Layon, tél. 02 41 54 02 55, robin.pichery@wanadoo.fr V *t.l.j. sf dim. 9h-12h 14h-19h*

♥ LACHETEAU Soupçon de fruit 2020 ★★

300000 | - de 5 €

Créée en 1990, la société de négoce Lacheteau s'est spécialisée dans la production de rosés et de vins effervescents. Elle est entrée dans le giron des Grands Chais de France en 2005. À noter qu'en 2019, le vignoble a reçu la certification HVE.

Champion de sa catégorie en termes de prix, ce rosé offre bien plus que cela. Sa teinte saumonée, ses notes de petits fruits rouges et de pamplemousse, sa belle trame fraîche, intense et joyeuse portent vers la gourmandise. Tout en légèreté et en vitalité, ce rosé enchante par sa simplicité. À déguster avec une salade de fruits ou une tarte aux agrumes. ⧗ 2021-2022

SAS LACHETEAU, Ch. du Cléray, 44194 Vallet, tél. 02 40 36 66 00, contact@lacheteau.fr V *t.l.j. sf sam. dim. 9h-17h*

DOM. MATIGNON Gourmandise 2020 ★

1500 | 5 à 8 €

Ce domaine est situé à 500 m du château de Martigné-Briand, au cœur de l'aire des coteaux-du-layon, mais la commune est aussi la petite capitale des vins rosés de l'Anjou. Depuis 1988, Yves Matignon et sa sœur Hélène y cultivent 38 ha de vignes.

Bien acidulé avec ses notes de bonbon anglais, de framboise et de groseille, ce rosé affiche une bouche gourmande, équilibrée, immédiatement accessible. Une cuisine épicée lui conviendra parfaitement. ⧗ 2021-2022

SCEA MATIGNON, 21, av. du Château, 49540 Martigné-Briand, tél. 02 41 59 43 71, info@domaine-matignon.fr V *r.-v.*

CH. DE MONTGUÉRET 2020 ★

130000 | - de 5 €

Les Grands Chais de France ont acquis en 2005, auprès de la société Lacheteau, les châteaux de Montguéret et de Champteloup, un vaste ensemble de 80 ha souvent en vue pour ses rosés et ses effervescents.

Ce pur cabernet franc croquant et intense s'exprime autour de notes d'agrumes et de pêche de vigne très agréables. On aime aussi sa simplicité et sa franchise en bouche, à l'unisson du bouquet. Parfait avec une chiffonnade de jambon cru. ⧗ 2021-2022

SCEA CHAMPTELOUP (CH. DE MONTGUÉRET), Ch. de Montguéret, Brigné-sur-Layon, 49700 Doué-en-Anjou, tél. 02 41 59 26 26, marc.breau@lacheteau.fr

DOM. DU PETIT CLOCHER 2020 ★

20000 | 5 à 8 €

Conduite par la jeune génération, Stéphane, Julien et Vincent Denis, arrivés respectivement en 2003, 2006 et 2009, une affaire de famille depuis 1920; 5 ha aux origines, 90 ha aujourd'hui. Un domaine phare du haut Layon, réputé notamment pour ses vins rouges, mais aussi très à l'aise en blanc et en rosé. Une valeur (très) sûre.

Rosé pâle, tout en parfums d'agrumes et de fruits rouges, ce vin est un bon représentant de son appellation. On appréciera aussi son équilibre en bouche, ses arômes expressifs qui font écho à l'olfaction et sa trame souple et agréable. ⧗ 2021-2022

EARL DU PETIT CLOCHER, La Laiterie, 49560 Cléré-sur-Layon, tél. 02 41 59 54 51, contact@domainedupetitclocher.fr V *t.l.j. sf dim. 9h-12h30 14h-18h*

DOM. DE LA PETITE CROIX 2020 ★★

30000 | - de 5 €

Régulièrement mentionné dans le Guide, ce domaine est situé à Thouarcé, au cœur des vignes du Layon. François Geffard, à la tête de l'exploitation familiale (55 ha), propose une belle gamme ligérienne : bonnezeaux, coteaux-du-layon et anjou dans les trois couleurs.

De couleur très engageante, ce rosé a tout pour plaire : notes de fruits rouges acidulés et d'agrumes, trame fraîche et souple, belle longueur en bouche. On le réservera pour la table, avec un poisson au curry vert, par exemple, ou un clafoutis aux cerises. ⧗ 2021-2022

SCEA VIGNOBLE DENÉCHÈRE-GEFFARD, Dom. de la Petite-Croix, Thouarcé, 49380 Bellevigne-en-Layon, tél. 02 41 54 06 99, lapetitecroix@yahoo.fr V *r.-v.* B

DOM. DE LA PETITE ROCHE Essentiel 2020 ★★

100000 | 5 à 8 €

Ce vénérable domaine du haut Layon, fondé en 1791, compte aujourd'hui 82 ha de vignes plantées sur des sols argilo-schisteux, graveleux et limono-sableux; 50 % de sa superficie sont destinés à l'élaboration des rosés (cabernet-d'anjou et rosé-d'anjou), mais il se distingue aussi dans d'autres couleurs. Le domaine est certifié Terra Vitis depuis 2018.

La teinte pâle, les parfums de fruits rouges et d'agrumes, la bouche d'un bon équilibre : tout porte ici vers une saine gourmandise, avec simplicité et efficacité. Une belle découverte à croquer sur des aiguillettes de canard à la cerise. ⧗ 2021-2022

SCEV REGNARD, La Petite-Roche, Trémont, 49310 Lys-Haut-Layon, tél. 02 41 59 43 03, contact@domainepetiteroche.com V *r.-v.*

DOM. DE TERREBRUNE 2020 ★

40000 | 5 à 8 €

Situé non loin du château de Brissac, ce domaine de 56 ha (pour onze appellations) était géré depuis 1986 par Alain Bouleau et Patrice Laurendeau. Installé en 2013, Nicolas, fils d'Alain, leur a succédé. Les rosés

représentent aujourd'hui la moitié des vins produits par la propriété.

Il y a du croquant, un bon fruit autour des agrumes et des fruits rouges, et de la fraîcheur. Ce rosé remplit son contrat avec simplicité et justesse. Il pourra accompagner une cuisine exotique autour des épices. ⧗ 2021-2022

⊶ SCA DU DOM. DE TERREBRUNE, La Motte, Notre-Dame-d'Allençon, 49380 Terranjou, tél. 02 41 54 01 99, domaine-de-terrebrune@wanadoo.fr V *t.l.j. sf dim. 9h-12h30 14h-19h*

ROSÉ-D'ANJOU

Superficie : 2 267 ha / Production : 149 536 hl

Après un fort succès à l'exportation au début du XXᵉs., ce vin demi-sec connaît à nouveau une embellie. Le grolleau, principal cépage, autrefois conduit en gobelet, produit des vins rosés légers, jadis appelés «rougets».

DOM. ASSERAY 2020 ★★

13 000 | - de 5 €

Emmanuel et Aurélie Asseray sont la 4ᵉ génération à diriger cette exploitation de 53 ha. Situé dans la vallée de la Loire, au sud d'Angers, sur la commune de Vauchrétien, le domaine, bâti sur des terroirs de schistes ou argile-graveleux, produit un vin appartenant aux appellations coteaux-de-l'aubance et anjou-villages-brissac. L'acquisition du label HVE3 est en cours.

C'est une gourmandise, un panier de fruits frais ! Très expressif, avec ses notes de bonbon anglais et de fraise au sirop, ce rosé bien équilibré entre sucre et acidité conviendra idéalement à une soupe de fruits rouges ou un sabayon aux cerises. ⧗ 2021-2022

⊶ EARL DOM. ASSERAY, La Raterie, 49320 Vauchrétien, tél. 02 41 91 25 16, domaineasseray@yahoo.fr V *t.l.j. sf dim. 9h-12h30 14h-18h30*

CH. CHAMPTELOUP 2020 ★

120 000 | - de 5 €

Les Grands Chais de France ont acquis en 2005, auprès de la société Lacheteau, le Ch. de Champteloup et le Ch. Monguéret, qui représentent un vaste ensemble de 100 ha souvent en vue pour ses rosés et ses effervescents.

Fruité, bien équilibré, entre notes d'agrumes et de fruits rouges, le nez de ce rosé donne envie de poursuivre. Pas de mauvaise surprise en bouche, mais au contraire une belle expression du fruit, de la fraîcheur et de la persistance. Avec une cuisine épicée. ⧗ 2021-2022

⊶ SCEA CHAMPTELOUP (DOM. DE CHAMPTELOUP), Dom. de Champteloup, 49700 Doué-en-Anjou, tél. 02 40 36 66 00, contact@lacheteau.fr

DOM. DES CLERAMBAULTS 2020 ★★

3 000 | - de 5 €

En 2005, Sébastien Terrien, diplômé d'œnologie, a rejoint son père Pierre sur ce domaine de 20 ha qu'il conduit seul aujourd'hui. Les vignes sont situées dans l'ouest de l'appellation anjou, sur les sols schisteux de la commune de Bouzillé.

La groseille et d'autres petits fruits rouges, un parfum floral… Ce rosé enchante par ses notes estivales et sa fraîcheur. C'est une pleine gourmandise de fruit, bien équilibrée, à réserver à une tarte aux fruits de saison ou, pourquoi pas, à un foie de veau poêlé. ⧗ 2021-2022

⊶ EARL TERRIEN, 2, rue des Mutreaux, 49530 Bouzillé, tél. 06 63 06 07 79, sebastien.terrien701@orange.fr V *r.-v.*

CH. DE FESLES La Chapelle 2020 ★★

31 000 | 5 à 8 €

En juillet 2008, le groupe Grands Chais de France a acheté à Bernard Germain le Ch. de Fesles, situé dans l'aire du bonnezeaux. Le domaine a engagé au printemps 2010 la conversion bio de son vignoble de 43 ha.

Ambitieux, ce rosé-d'anjou équilibre à merveille ses sucres qui restent extrêmement mesurés et bien fondus dans une bouche fraîche, ample et gourmande. Tout en fruit, intense et persistant, il se destine à la table, sur un curry de poisson par exemple. ⧗ 2021-2022

⊶ SAS DE FESLES, Ch. de Fesles, Thouarcé, 49380 Bellevigne-en-Layon, tél. 02 41 68 94 08, gilles.bigot@lacheteau.fr V *t.l.j. sf dim. 8h30-12h30 14h-17h30*

CH. DE MONTGUÉRET 2020 ★★

21 600 | - de 5 €

Les Grands Chais de France ont acquis en 2005, auprès de la société Lacheteau, les châteaux de Montguéret et de Champteloup, un vaste ensemble de 80 ha souvent en vue pour ses rosés et ses effervescents.

Les agrumes, le litchi, la rose pointent au nez… La bouche suit sur ce registre affable et fruité, avec un bon équilibre et une grande persistance des arômes. Un rosé suave et digeste à découvrir à l'apéritif. ⧗ 2021-2022

⊶ SCEA CHAMPTELOUP (CH. DE MONTGUÉRET), Ch. de Montguéret, Brigné-sur-Layon, 49700 Doué-en-Anjou, tél. 02 41 59 26 26, marc.breau@lacheteau.fr

DOM. DE LA PETITE CROIX 2020 ★

20 000 | - de 5 €

Régulièrement mentionné dans le Guide, ce domaine est situé à Thouarcé, au cœur des vignes du Layon. François Geffard, à la tête de l'exploitation familiale (55 ha), propose une belle gamme ligérienne : bonnezeaux, coteaux-du-layon et anjou dans les trois couleurs.

Fruité, gourmand et équilibré, ce rosé s'impose sans forcer, dans un style débonnaire. Ses notes de bonbon anglais et de fruits rouges acidulés équilibrent sa rondeur. Parfait sur un dessert aux framboises. ⧗ 2021-2022

⊶ SCEA VIGNOBLE DENÉCHÈRE-GEFFARD, Dom. de la Petite-Croix, Thouarcé, 49380 Bellevigne-en-Layon, tél. 02 41 54 06 99, lapetitecroix@yahoo.fr V *r.-v.* B

COTEAUX-DE-L'AUBANCE

Superficie : 216 ha / Production : 6 722 hl

Petit affluent de la rive gauche de la Loire, comme le Layon qui coule plus à l'ouest, l'Aubance est bordée de coteaux de schistes portant de vieilles vignes de chenin, dont on tire un vin blanc moelleux qui s'améliore en vieillissant. Cette appellation a choisi de limiter strictement ses rendements. Depuis 2002, la mention « Sélection de grains nobles » est autorisée pour les vins de vendanges présentant une richesse naturelle minimale de 234 g/l, soit 17,5% vol. sans aucun enrichissement. Ceux-ci ne pourront être commercialisés que dix-huit mois après la récolte.

DOM. DES BONNES GAGNES
La Butte 2019 ★★

6000 | - de 5 €

Exploité par les Héry de père en fils depuis 1610, ce domaine fondé par les moines de l'abbaye du Ronceray s'étend sur 38 ha. Il bénéficie d'une terre riche, argilo-calcaire, qui assure le bon développement de la vigne.

Récolté tardivement en quatre passages, ce vin ample, digeste et équilibré est un formidable pourvoyeur de plaisir. Ses notes de fruits confits et de confiture de coings, sa bouche parfumée et fraîche, de très bonne tenue, se montre souple et digeste. Quand on voit son niveau de prix, on ne peut qu'y souscrire. ⌛ 2021-2025

EARL HÉRY VIGNERON, lieu-dit Orgigné, Saint-Saturnin-sur-Loire, 49320 Brissac-Loire-Aubance, tél. 02 41 91 22 76, hery.vigneron@orange.fr t.l.j. sf dim. 9h-12h 14h-19h

DOM. DE GAGNEBERT Tradition 2019 ★

21650 | 8 à 11 €

C'est sur les schistes ardoisiers de la commune de Juigné-sur-Loire qu'officie depuis cinq générations la famille Moron. Elle cultive aujourd'hui 125 ha et vinifie toutes les appellations d'Anjou.

Gourmand et intense, ce blanc affiche un bon volume, de jolies notes de fruits confits et de fleurs blanches, coulées dans une belle richesse. ⌛ 2021-2025

SCEA MORON, 2, chem. de la Naurivet, 49610 Juigné-sur-Loire, tél. 02 41 91 92 86, moron@domaine-de-gagnebert.com r.-v.

♥ DOM. DE MONTGILET
Les Trois Schistes 2019 ★★

3954 | 20 à 30 €

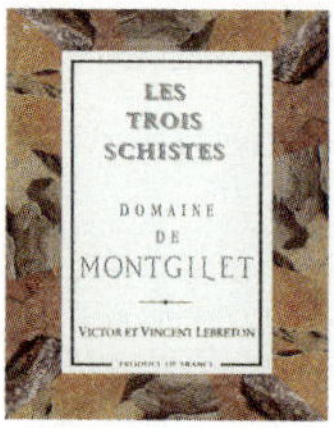

Ce domaine situé aux portes d'Angers est une référence de la région, notamment en matière de « douceurs angevines » avec de superbes coteaux-de-l'aubance à la carte. À la tête de l'exploitation créée par son grand-père, Victor, développée par son père, Victor également, Vincent Lebreton, aux commandes depuis 1995, conduit (de façon très raisonnée) 69 ha sur un terroir de schistes ardoisiers.

C'est une explosion de saveurs fraîches et fruitées que propose ce superbe coteaux-de-l'aubance. Abricot sec, miel, vanille, fruits confits se lient dans une matière de grande richesse et de haute précision, formant un vin très élégant, équilibré, persistant. Une superbe réalisation à privilégier avec des pâtes persillées ou une salade d'agrumes. ⌛ 2021-2030

SCEA VICTOR ET VINCENT LEBRETON (DOM. DE MONTGILET), 10, chem. de Montgilet, Juigné-sur-Loire, 49610 Les-Garennes-sur-Loire, tél. 02 41 91 90 48, montgilet@wanadoo.fr t.l.j. sf dim. 8h-18h

ANJOU-COTEAUX-DE-LA-LOIRE

Superficie : 30 ha / Production : 980 hl

Située en aval d'Angers, l'appellation est réservée aux vins blancs issus du pineau de la Loire. Elle constitue un vestige du vignoble médiéval d'Anjou, qui était planté sur les bords de la Loire, principale voie de transport à cette époque. Cette proximité du fleuve conditionne le climat des coteaux qui se caractérise par des températures douces, avec des écarts atténués. Les vins paraissent presque légers, délicats, ce qui traduit bien les conditions de maturation équilibrées. L'aire de production est située uniquement sur les schistes et les calcaires de Montjean.

CH. DE PUTILLE Clos du Pirouet 2020 ★

4000 | 5 à 8 €

Les premières caves ont été creusées dans les douves de l'ancien château de Putille, aujourd'hui disparu. Située sur les coteaux de la Loire, l'exploitation, qui couvrait 13 ha lorsque Pascal Delaunay a rejoint son père en 1984, en compte aujourd'hui 63. Sa notoriété a elle aussi grandi, témoin plusieurs coups de cœur du Guide, en rouge, blanc et crémant.

Intense et agréable, porté par les notes d'abricot confit et de fruits secs, ce blanc séduit sans ambages. À la fois souple, charnu et frais en bouche, il offre une expression convaincante de chenin liquoreux. ⌛ 2021-2025

SAS CH. DE PUTILLE, 26, Putille, La Pommeraye, 49620 Mauges-sur-Loire, tél. 02 41 39 02 91, chateaudeputille@orange.fr t.l.j. sf dim. 8h-12h 14h-19h

SAVENNIÈRES

Superficie : 147 ha
Production : 5 068 hl (crus inclus)

Implanté sur la rive droite de la Loire, à une quinzaine de kilomètres en aval d'Angers, ce vignoble se singularise par sa production : des vins blancs secs, issus du chenin, essentiellement sur la commune de Savennières. Les schistes et grès pourpres leur confèrent un caractère particulier, ce qui les a fait définir longtemps comme crus des coteaux de la Loire; mais ils méritent une appellation

à part entière. Ce sont des vins pleins de sève, un peu nerveux.

♥ B CH. DU BREUIL 2019 ★★★

	5733		20 à 30 €

Situé au cœur de l'Anjou à Beaulieu-sur-Layon, le Ch. du Breuil est un domaine historique de 30 hectares, intégralement conduit en agriculture biologique. Le lieu, la situation du vignoble et les sols de schistes gréseux constituent un terreau idéal à l'éclosion de vins authentiques et élégants. La famille Petitbois a confié la gérance à David Vigan.

C'est une petite merveille de précision et de parfums frais. Fleurs blanches et un myriade de fruits frais et croquants s'invitent dans un nez très élégant, complexe et intense. La bouche reprend cette litanie d'arômes, avec beaucoup de relief et une grande fraîcheur acidulée. L'élevage parfaitement ajusté apporte du volume et du gras, et porte le vin dans la longueur. Superbe. ⧗ 2021-2028

CH. DU BREUIL, rte de Rochefort, 49750 Beaulieu-sur-Layon, tél. 02 41 78 32 54, ch.breuil@wanadoo.fr V *t.l.j. sf dim. 9h-12h 14h-18h. sam. sur r.-v.* 4 D

DOM. DE LA DUCQUERIE Clos de Frémine 2019 ★

	6000		8 à 11 €

Installés non loin du musée de la Vigne et du Vin à Saint-Lambert-du-Lattay, dans la vallée du Layon, les Cailleau sont à la tête de 50 ha de vignes. Leur fils Cyril a rejoint l'exploitation en 2003 et s'occupe des vinifications, épaulé depuis 2016 par sa sœur Céline.

Plaisant et élégant, ce blanc de fraîcheur s'exprime autour de notes de fleurs blanches et de fruits croquants. La trame acidulée ne manque ni de gras ni de volume et termine sur de fins amers qui prolongent le vin avec énergie. Une parfaite adéquation prix-plaisir. ⧗ 2021-2024

SCEA LA DUCQUERIE CAILLEAU, 2, chem. du Grand-Clos, 49750 Saint-Lambert-du-Lattay, tél. 02 41 78 42 00, domaine.ducquerie@wanadoo.fr V *r.-v.* E

DOM. DU PETIT MÉTRIS Clos de la Marche 2019 ★★

	n.c.		11 à 15 €

Régulièrement mentionné dans le Guide, ce domaine s'affirme comme une valeur sûre du vignoble angevin, tant pour ses blancs secs que pour ses liquoreux. Créée en 1742, la propriété domine du haut de son coteau le village de Saint-Aubin-de-Luigné traversé par le Layon.

D'un très bel équilibre, ce blanc tendu et nerveux offre de scintillantes notes de fleurs blanches et d'abricot à l'olfaction. La bouche est ample, gourmande, dense, sertie d'une fraîcheur idéale. Un parfait styliste de l'appellation et du cépage chenin, paré pour la garde. ⧗ 2021-2027

GAEC JOSEPH RENOU ET FILS, 13, chem. de Treize-Vents, Le Grand-Beauvais, 49190 Saint-Aubin-de-Luigné, tél. 02 41 78 33 33, domaine.petit.metris@wanadoo.fr V *r.-v.*

CH. PIERRE-BISE Clos le Grand Beaupreau 2018 ★

	4100		20 à 30 €

Ce domaine de 46 ha, né de la fusion de deux exploitations familiales, est conduit depuis 2010 par René Papin. Un domaine particulièrement réputé pour la qualité de ses vins blancs, secs comme liquoreux. Incontournable.

Particulièrement soigné, élevé en foudres (de larges contenants de bois), ce blanc est un modèle de l'appellation. Nez intense, bouche ample, équilibrée, légèrement saline, belle vibration finale : voilà un chenin qui ne renie pas son terroir de schistes et saura se garder. À réserver à un beau poisson, grillé ou en tartare. ⧗ 2021-2028

EARL CH. PIERRE-BISE, Pierre-Bise, 49750 Beaulieu-sur-Layon, tél. 02 41 78 31 44, chateaupb@hotmail.com V *r.-v.*

B LES VIEUX CLOS 2019 ★

	18000		20 à 30 €

L'un des trois terroirs de Nicolas Joly avec la célèbre Coulée de Serrant et le Clos de la Bergerie : Les Vieux Clos est un savennières né de 5,5 ha de vignes, cultivés bien entendu en biodynamie comme l'ensemble de la propriété.

Orange amère, fruits blancs confiturés, nuances florales, le nez séduit par son expression mûre sans excès. Une attaque ronde et chaude ouvre sur un palais d'un beau volume, gras, soyeux, généreux, centré sur les fruits à maturité (poire, pêche), avec une ligne bienvenue de minéralité qui apporte du tonus. ⧗ 2022-2026

FAMILLE JOLY, 7, chem. de la Roche-aux-Moines, 49170 Savennières, tél. 02 41 72 22 32

SAVENNIÈRES-COULÉE-DE-SERRANT

B CLOS DE LA COULÉE DE SERRANT 2019 ★

	18000		50 à 75 €

Ce vénérable clos de 7 ha planté de vieux ceps de chenin accrochés à des coteaux schisteux, création des cisterciens en 1130, est l'une des rares appellations en monopole du vignoble français. Confortée au fil des siècles par des amateurs illustres et couronnés, son aura a pris une dimension internationale depuis que Nicolas Joly, « pape » français de la biodynamie, préside à sa destinée, accompagné aujourd'hui de sa fille Virginie. Le vin tire son caractère original et unique de raisins récoltés en surmaturité – voire botrytisés – en quatre ou cinq passages. À la cave, surtout pas de bois neuf qui masquerait le terroir, mais des barriques de 500 l. Et aussi peu d'interventions que possible.

Au nez, cette coulée de serrant livre tout d'abord des arômes chaleureux de fruits blancs et jaunes très mûrs, agrémentés de fleurs mellifères et d'une touche oxydative. À l'aération, apparaissent des notes plus fraîches d'orange amère et de menthol. Une puissance que l'on retrouve d'emblée dans une bouche large, suave, riche, sur la pomme mûre et l'abricot gorgé de soleil, renforcée par la présence des sucres résiduels (5 g/l), tandis qu'une pointe de fraîcheur minérale vient dynamiser la finale. ⧗ 2025-2040

LOIRE

FAMILLE JOLY, Ch. de la Roche aux Moines, 7, chem. de la Roche-aux-Moines, 49170 Savennières, tél. 02 41 72 22 32, info@coulee-de-serrant.com t.l.j. sf dim. 9h-12h 14h-17h30

COTEAUX-DU-LAYON

Superficie : 1 486 ha / Production : 46 625 hl

Demi-secs, moelleux ou liquoreux, les coteaux-du-layon naissent du seul chenin, cultivé le long de la rive gauche de la Loire sur les coteaux des communes qui bordent le Layon, de Nueil à Chalonnes. Plusieurs villages sont réputés : le plus connu, devenu une appellation à part entière, est celui de Chaume. Six noms peuvent être ajoutés à l'appellation : Rochefort-sur-Loire, Saint-Aubin-de-Luigné, Saint-Lambert-du-Lattay, Beaulieu-sur-Layon, Rablay-sur-Layon, Faye-d'Anjou. Depuis 2002, les vins ont droit à la mention « Sélection de grains nobles » lorsque la richesse naturelle minimale de la vendange est de 234 g/l, soit 17,5 % vol. sans aucun enrichissement. Ils ne peuvent être commercialisés avant les dix-huit mois suivant la récolte. Vins subtils, or vert à Concourson, plus jaunes et plus puissants en aval, les coteaux-du-layon présentent des arômes de miel et d'acacia, acquis lors de la surmaturation. Leur capacité de vieillissement est étonnante.

♥ ANTOINE AGUILAS Les Demoiselles de Rochefort 2019 ★★★

500 | 11 à 15 €

Valeur sûre de l'Anjou, ce domaine familial a été créé en 1969 par Pierre Aguilas et son épouse Janes. Couvrant 40 ha, l'exploitation est conduite par leur fils Antoine depuis 2012.

Puissant et complexe, ce liquoreux porte de nobles et savoureuses saveurs de fruits confits, de miel et d'abricot sec. Les raisins vendangés en toute fin de saison offrent un haut degré de maturité et une concentration suprême. Parfaitement servi par une grande fraîcheur, des notes acidulées et une confortable rondeur de bouche, il livre une gourmandise irrésistible. Avec une pâte persillée, tout simplement. ⧗ 2023-2035

ANTOINE AGUILAS, Les Saules, 49290 Chaudefonds-sur-Layon, tél. 02 41 78 10 68, antoine.aguilas@orange.fr r.-v.

DOM. DES BARRES Saint-Aubin 2019 ★★

7 000 | 5 à 8 €

La commune de Saint-Aubin-de-Luigné, surnommée la « Perle du Layon », se situe dans le bas Layon, tout près de la jonction entre la Loire et le Layon. La famille Achard y conduit ce domaine de 32 ha depuis trois générations.

Marqué par les fruits confits, le miel et la confiture de coings, ce layon plaît sans détour. Sa bouche puissante et concentrée reste fine et très fraîche, de bout en bout, avec une belle longueur. Un liquoreux de parfaite exécution, à privilégier sur un foie gras au naturel ou une tarte au citron meringuée. ⧗ 2022-2035

SCEV ACHARD, 1, Les Barres, Saint-Aubin-de-Luigné, 49190 Val-du-Layon, tél. 02 41 78 98 24, achardpatrice@wanadoo.fr r.-v.

CH. DE BROSSAY Les Plantes 2019 ★★

3 000 | 5 à 8 €

Régulier en qualité, et ce dans tous les styles de vins d'Anjou, ce domaine créé en 1919 par Alexis Deffois se situe dans le haut Layon, dans le sud de l'Anjou et à l'ouest du Saumurois. Les petits-fils du fondateur, Hubert et Raymond Deffois – rejoints en 2010 par les gendres de ce dernier, Nicolas Tamboise et Benjamin Grandsart –, conduisent un vignoble de 50 ha.

Porté par un bel élevage en barriques, ce liquoreux affiche beaucoup de puissance et de concentration autour d'intenses notes de grillé, de vanille et de fruits secs. Sa bouche ample et riche laisse toute sa place à la fraîcheur et à l'équilibre : c'est donc un vin complet, savoureux, que l'on peut laisser vieillir sereinement. ⧗ 2023-2035

EARL CH. DE BROSSAY, Ch. de Brossay, 49560 Cléré-sur-Layon, tél. 02 41 59 59 95, contact@chateaudebrossay.fr t.l.j. sf dim. 8h-12h 14h-19h

DOM. DES CLOSSERONS La Placette 2019 ★★

1130 | 15 à 20 €

Les Leblanc sont viticulteurs de père en fils depuis le XVIIe s. Jean-Claude a repris l'exploitation familiale en 1956. Ses fils Yannick et Dominique lui ont succédé en 1984, rejoints en 2008 par Fabien, fils du premier, et en 2014 par Pierre, fils du second. Un domaine de 46 ha conduit de manière très raisonnée, régulièrement en vue pour ses liquoreux, ses coteaux-du-layon notamment.

Tous les attributs d'un liquoreux équilibrés sont ici réunis : chatoyantes notes de fruits secs, de zeste d'orange et de fruits confits, bouche puissante et équilibrée, empreinte de gourmandise et de fraîcheur. La finale croquante invite à l'associer à une salade d'oranges à la cannelle. ⧗ 2022-2035

EARL JEAN-CLAUDE LEBLANC ET FILS, 2, rue des Monts, 49380 Faye-d'Anjou, tél. 02 41 54 30 78, contact@domaine-leblanc.fr t.l.j. sf dim. 8h30-12h30 14h-18h

♥ DOM. DES DEUX VALLÉES Clos de la Motte 2020 ★★★

20 000 | 8 à 11 €

René Socheleau et son fils Philippe ont repris et restructuré ce domaine de 44 ha en 2001, et construit un nouveau chai situé sur la corniche angevine, surplombant

les vallées de la Loire et du Layon. Leurs vins sont régulièrement retenus dans le Guide.

Élevé sans apport de bois, ce layon laisse toute sa place au fruit, en particulier les notes typiques de coing du chenin. Fruits confits, abricot sec et miel s'invitent également et régalent dans un palais ample, très parfumé, soyeux et caressant en diable. C'est là toute la gageure : concilier puissance et finesse dans un équilibre souverain. Un vin à déguster pour lui-même ou à associer à une volaille à la broche, dans la grande tradition... sauternaise. ⧗ 2022-2035 ■ **1er cru Chaume 2019 ★★★** (11 à 15 €; 10000 b.) ♥ Gourmand, plein et concentré, ce 1er cru tient largement son rang. Les arômes de pruneau, de miel, de fruits confits et d'abricot se mêlent avec intensité et harmonie dès le nez et se prolongent dans une bouche à la fois ample, riche et précise, d'une très grande fraîcheur. Puissant, équilibré, raffiné, voilà un grand liquoreux, à déguster avec un curry thaï de poulet ou de poisson un peu relevé. Dépaysement garanti. ⧗ 2025-2040

⊶ SCEA DOM. DES DEUX VALLÉES, lieu-dit Bellevue, Saint-Aubin-de-Luigné, 49190 Val-du-Layon, tél. 02 41 78 33 24, contact@domaine2vallees.com V 🚶 ▮ *t.l.j. sf dim. 9h-12h 14h-18h*

DOM. DES GAUDRIÈRES Les Pierres Bleues 2020 ★

■ | 23300 | ▮ | 5 à 8 €

Philippe Socheleau a repris ce domaine idéalement situé sur les magnifiques terroirs de schistes de l'Anjou en 2018. En conversion bio, il mène tambour battant ses 18 ha tout en gardant un œil sur son autre propriété, l'excellent Dom. des Deux Vallées.

Citron confit, miel fin et notes de coing se mêlent dans un nez charmeur. La bouche poursuit sur ce registre très engageant, bien équilibrée entre fraîcheur et suavité. Un vin souple, digeste, de bonne persistance, qui offre une première approche convaincante du Layon. ⧗ 2021-2028

⊶ DOM. DES GAUDRIÈRES, Lieu-dit Bellevue, 49190 Val-du-Layon, tél. 02 41 78 33 24, contact@domainedesgaudrieres.fr V 🚶 ▮ *t.l.j. sf dim. 9h-12h 14h-18h*

DOM. DE LA ROCHE MOREAU 1er Cru Chaume 2019 ★

■ | 2933 | ▮ | 11 à 15 €

Ce domaine de 28 ha est situé sur la corniche angevine entre les vallées de la Loire et du Layon. Le chai ancien est classé (XVIIe s.) et la cave est installée dans une mine à charbon désaffectée, dans laquelle mûrissent les vins de garde. Une valeur sûre de l'Anjou viticole, souvent en vue pour ses liquoreux, ses coteaux-du-layon et quarts-de-chaume notamment.

Joliment tramé autour de notes de fleur d'acacia, de miel et de fruits confits, ce liquoreux impose son équilibre et sa gourmandise. Agréable et savoureux, il trouve une voie idéale entre concentration et fraîcheur. Parfait avec une fourme d'Ambert ou un poulet rôti. ⧗ 2023-2035

⊶ SCEA ANDRÉ DAVY, 5, rte de la Corniche, La Haie-Longue, 49190 Saint-Aubin-de-Luigné, tél. 02 41 78 34 55, davy.larochemoreau@wanadoo.fr V 🚶 ▮ *r.-v.*

Ⓑ CH. DE LA ROULERIE L'Orangeraie 2019 ★

■ | 4500 | ⦀ | 15 à 20 €

Dirigé par Philippe et Marie Germain depuis 2004, le Ch. de la Roulerie tire son prestige de ses vins liquoreux produits dans la commune de Saint-Aubin-de-Luigné. La même rigueur est appliquée à la vinification des vins rouges. Le vignoble, conduit en bio, couvre 40 ha.

Des notes de poire juteuse, d'abricot et de fruits blancs d'été, une bouche riche et fraîche à la fois : ce moelleux offre une aromatique gourmande et un bel équilibre. Un vin que l'on aura plaisir à déguster avec une tarte Tatin ou une pâte persillée. ⧗ 2021-2026

⊶ SCEA CH. DE LA ROULERIE, Saint-Aubin-de-Luigné, 49190 Val-du-Layon, tél. 02 41 68 22 05, chateaudelaroulerie@gmail.com V 🚶 ▮ *r.-v.*

QUARTS-DE-CHAUME

Superficie : 28 ha / Production : 579 hl

Le nom de l'appellation dit l'ancienneté de ce vignoble réputé de la vallée du Layon : le seigneur se réservait le quart de la production et gardait le vin né sur le meilleur terroir. Les quarts-de-chaume proviennent d'une colline exposée plein sud autour de Chaume, à Rochefort-sur-Loire. Les vignes souvent vieilles, l'exposition et les aptitudes du chenin conduisent à des productions, généralement faibles, de grande qualité. Récoltés par tries, les vins sont moelleux ou liquoreux. Séveux et nerveux, ils sont de garde (de cinq ans à plusieurs décennies, selon le millésime).

♥ DOM. DES FORGES Grand Cru 2019 ★★★

■ Gd cru | 1109 | ⦀ | 30 à 50 €

La première parcelle a été acquise en 1890. Réputée pour ses vins liquoreux, la propriété, qui compte aujourd'hui 50 ha, a vu en 1996 l'installation de Stéphane et de Séverine Branchereau, représentant la cinquième génération aux commandes du domaine. Une valeur (très) sûre de l'Anjou viticole.

C'est l'aristocratie du liquoreux d'Anjou. Ce terroir classé en grand cru produit des vins intenses, de longue garde, très complexes. Celui-ci est à la hauteur des enjeux. Ses parfums nobles et complexes de fruits confits et de fruits secs, sa concentration, son volume, sa densité, sa longueur et sa fraîcheur intense le portent haut, et pour longtemps. C'est un très beau vin, à associer à une pâte persillée de type roquefort ou gorgonzola, ou à une tarte à l'orange. ⧗ 2025-2040

LOIRE

SCEA BRANCHEREAU (DOM. DES FORGES), Le Clos-des-Forges, n°6, lieu-dit Les Barres, 49190 Saint-Aubin-de-Luigné, tél. 02 41 78 33 56, cb@domainedesforges.net V r.-v.

DOM. DE LA ROCHE MOREAU 2019 ★

Gd cru | n.c. | | 30 à 50 €

Ce domaine de 28 ha est situé sur la corniche angevine entre les vallées de la Loire et du Layon. Le chai ancien est classé (XVIIe s.) et la cave est installée dans une mine à charbon désaffectée, dans laquelle mûrissent les vins de garde. Une valeur sûre de l'Anjou viticole, souvent en vue pour ses liquoreux, ses coteaux-du-layon et quarts-de-chaume notamment.

Une concentration maximale, des notes de fruits confits, d'abricot sec et de miel, un équilibre très assuré entre les sucres et la fine acidité naturelle du chenin : voilà de quoi plaire aux gourmands, prompts à l'associer à une salade d'agrumes ou des crêpes Suzette. 2023-2035

SCEA ANDRÉ DAVY, 5, rte de la Corniche, La Haie-Longue, 49190 Saint-Aubin-de-Luigné, tél. 02 41 78 34 55, davy.larochemoreau@wanadoo.fr V r.-v.

BONNEZEAUX

Superficie : 67 ha / Production : 1 830 hl

« L'inimitable vin de dessert », disait le Dr Maisonneuve en 1925. À cette époque, les grands liquoreux étaient surtout consommés à ce moment du repas ou dans l'après-midi, entre amis. De nos jours, on apprécie plutôt ce grand cru à l'apéritif. Très parfumé, plein de sève, de grande garde, le bonnezeaux doit toutes ses qualités au terroir exceptionnel qu'il occupe : surplombant le village de Thouarcé, trois petits coteaux de schiste abrupts exposés plein sud : La Montagne, Beauregard et Fesles.

♥ DOM. DE LA PETITE CROIX
Cuvée Prestige 2019 ★★★

3000 | | 15 à 20 €

Régulièrement mentionné dans le Guide, ce domaine est situé à Thouarcé, au cœur des vignes du Layon. François Geffard, à la tête de l'exploitation familiale (55 ha), propose une belle gamme ligérienne : bonnezeaux, coteaux-du-layon et anjou dans les trois couleurs.

Intense et complexe, ce liquoreux déploie à l'olfaction de savoureuses et diablement gourmandes notes d'agrumes confits, d'épices et de fruits jaunes. La bouche reprend cette série d'arômes bien mûrs dans un équilibre impeccable, où acidité et fraîcheur se lient parfaitement. Un bonnezeaux moderne, d'ores et déjà accessible, et pour longtemps. 2021-2035

SCEA VIGNOBLE DENÉCHÈRE-GEFFARD, Dom. de la Petite-Croix, Thouarcé, 49380 Bellevigne-en-Layon, tél. 02 41 54 06 99, lapetitecroix@yahoo.fr V r.-v.

♥ DOM. DES PETITS QUARTS 2019 ★★★

3300 | | 20 à 30 €

Ce vignoble (33 ha aujourd'hui) constitué à la fin du XIXe s. est implanté à Faye-d'Anjou, au cœur des coteaux-du-layon. Installé en 1987, Jean-Pascal Godineau a assis la réputation du domaine sur les moelleux et les liquoreux, qui constituent l'essentiel de sa production. Une valeur (très) sûre.

Indéfectiblement, cette adresse réputée ajoute un nouveau coup de cœur à un palmarès déjà très fourni. Cette cuvée n'y échappe pas et séduit d'emblée autour de notes de fruits compotés et confits, de vanille et de miel. La bouche est à l'unisson, portée par une grande fraîcheur et une grande onctuosité. Volume, complexité, intensité, élégance, longueur : un grand bonnezeaux éternel. 2025-2040

EARL GODINEAU, Dom. des Petits Quarts, Faye-d'Anjou, 49380 Bellevigne-sur-Layon, tél. 02 41 54 03 00, earlgodineau@outlook.fr V t.l.j. sf dim. 8h-12h30 14h-18h

SAUMUR

Superficie : 2 613 ha
Production : 161 278 hl (61 % mousseux, 24 % rouge)

Le vignoble s'étend sur 36 communes. Il couvre les coteaux de la Loire et du Thouet, implanté sur le blanc tuffeau qui marque aussi l'habitat local. Les vins blancs de Turquant et de Brézé étaient autrefois les plus réputés ; depuis le milieu des années 1970, les vins rouges se développent. Ils dominent en volume les blancs secs tranquilles. Ceux du Puy-Notre-Dame, de Montreuil-Bellay et de Tourtenay ont acquis une bonne notoriété. Les premiers bénéficient d'ailleurs d'une dénomination officielle figurant sur l'étiquette. L'appellation est beaucoup plus connue pour les vins effervescents, qui ont progressé en qualité. Les élaborateurs, tous installés à Saumur, possèdent des caves creusées dans le tuffeau, que l'on peut visiter.

♥ CH. DE BEAUREGARD
Clos de Beauregard Puy-Notre-Dame 2019 ★★

2445 | | 11 à 15 €

On trouve mention du Manoir de Beauregard dans des archives de 1593, à l'époque un logis destiné aux chanoines du Chapitre royal installé par Louis XI, remplacé par un manoir néo-gothique du XIXe s. Le vignoble couvre 23 ha.

Tout en suavité et en fraîcheur mêlées, ce Puy-Notre-Dame dévoile un bouquet intense porté par les fruits noirs, la cerise juteuse notamment, et les baies sauvages.

La bouche se déploie agréablement, sans entrave, portée par des tanins veloutés et un boisé parfaitement ajusté, avec en outre beaucoup de fraîcheur et une longue finale minérale qui renforce son équilibre. Un modèle du genre. ⧗ 2022-2027 ■ **Clos de Beauregard Puy-Notre-Dame N° So_2 2019 ★★ (15 à 20 €; 495 b.)** Vinifié sans soufre ajouté comme son nom l'indique, ce rouge élevé en fûts quelques mois prend toutes les libertés et les assume. La bouche apparaît ample, fine, élégante, d'une belle pureté, avec un fruit noir et des épices pleinement exprimés. Un vin complexe et sans complexes. ⧗ 2021-2025 ● **Fines bulles 2018 ★ (8 à 11 €; 6933 b.)** Un rosé de méthode traditionnelle sans sucre ajouté : cette bulle tient toutes ses promesses, avec du fruit, de l'intensité et de la persistance. Une bouteille pour l'apéritif, avec un jambon cru ibérique ou des rillettes de sardines. ⧗ 2021-2022

SCEA CH. DE BEAUREGARD, 4, rue Saint-Julien, 49260 Le Puy-Notre-Dame, tél. 02 41 52 25 33, info@saumur-chateaudebeauregard.com V *t.l.j. 9h-13h 14h-18h sam. dim. sur r.-v.*

BOUVET-LADUBAY Trésor 2017 ★

● | 100000 | | 11 à 15 €

Fondée par Étienne Bouvet en 1851, la maison Bouvet-Ladubay est un négoce emblématique du Saumurois. Ancienne propriété des Monmousseau, puis de Taittinger, elle est passée entre 2005 et 2013 dans le giron d'un poids lourd mondial des spiritueux, l'indien UB Group, qui l'a revendue au groupe britannique Diageo. Finalement, la famille fondatrice, qui n'a jamais cessé de gérer l'affaire, a pu la racheter fin 2015.

L'élevage sous bois prend un peu de place et le vin mérite un peu d'aération ou d'attente. Les notes de beurre frais et de brioche sont bien présentes au nez; elles accompagnent aussi un fruit très mûr dans une bouche riche et onctueuse. Pour une poularde à la crème ou une blanquette de veau. ⧗ 2021-2024

BOUVET-LADUBAY, 11, rue Jean-Ackerman, CS_94048 Saint-Hilaire-Saint-Florent, 49412 Saumur Cedex, tél. 02 41 83 83 83, contact@bouvet-ladubay.fr V *t.l.j. 9h-19h*

DOM. DE BRIZÉ Brut 2018 ★

● | 36000 | | 5 à 8 €

Cette propriété familiale, dont l'origine remonte au XVIIIe s., est conduite depuis 1989 par Line Delhumeau et son frère Luc. Régulièrement présente dans le Guide, l'exploitation possède des vignes (40 ha) réparties dans plusieurs appellations de l'Anjou et du Saumurois.

Une bulle fine et vivace, des notes de citron vert, d'agrumes et de fruits jaunes, voilà un effervescent précis, bien parfumé et de belle longueur. Un vin léger, frais et harmonieux, à destiner en priorité au début de repas. ⧗ 2021-2022

EARL DOM. DE BRIZÉ, 36, rue des Jonchères, village de Cornu, Martigné-Briand, 49540 Terranjou, tél. 02 41 59 43 35, contact@domainedebrize.fr V *r.-v.*

CLOS DES CORDELIERS Ose Rosé 2020 ★★

■ | 6000 | | 5 à 8 €

Le Clos des Cordeliers, bâti au cours des XIIIe et XIVe s., était autrefois exploité par des moines franciscains, lesquels ont planté et cultivé les premiers ceps du domaine. Conduit depuis 2017 par Marie-Françoise Ratron, le vignoble s'étend sur 23 ha.

Frais et intense, ce rosé légèrement saumoné offre des notes d'agrumes, de pomelos et de bonbon. Soyeux et gourmand, le palais suit la même ligne aromatique. Parfait sur une salade d'agrumes. ⧗ 2021-2022

EARL DOM. RATRON, Clos des Cordeliers, chem. des Cordeliers, 49400 Souzay-Champigny, tél. 02 41 52 95 48, domaine-ratron@clos-des-cordeliers.com V *r.-v.*

DOM. DES GARENNES Le Brossay 2020 ★

■ | 8600 | | 5 à 8 €

Une exploitation familiale implantée depuis quatre générations à Montreuil-Bellay, petit village célèbre pour son château et pour les vestiges de ses remparts. Deux cousins, Stéphane Mainguin et Fabrice Baron, sont aujourd'hui à la tête du vignoble, qui couvre 45 ha.

Tout en fruit et en gourmandise, ce vin simple d'approche n'en demeure pas moins friand et plaisant grâce à sa matière suave et ses parfums de fruits rouges. À boire sur le fruit de sa jeunesse. ⧗ 2021-2023

EARL MAINGUIN-BARON, dom. des Garennes, 9, imp. Paul-Painleve, 49260 Montreuil-Bellay, tél. 02 41 52 34 94, contact@domainedesgarennes.fr V *t.l.j. sf dim. 9h-12h 14h-18h;*

DOM. DE LA GUILLOTERIE Affinité 2020 ★

■ | 20000 | | 5 à 8 €

Voisin de la confluence de la Loire avec le Thouet, le Dom. de la Guilloterie bénéficie de conditions climatiques très favorables. Régulièrement sélectionné en saumur-champigny ou en saumur, il est conduit depuis 1987 par la troisième génération avec les frères Patrice et Philippe Duveau.

Des arômes de fruits noirs, une certaine puissance, des tanins veloutés : voilà un rouge bien réalisé, dense et d'un bon volume. Le carafer avant le service de préférence et l'accompagner d'une entrecôte sauce béarnaise. ⧗ 2021-2024

SCEA DUVEAU FRÈRES, 63, rue Foucault, 49260 Saint-Cyr-en-Bourg, tél. 02 41 51 62 78, contact@domainedelaguilloterie.com V *r.-v.*

DOM. DU HAUT-BELLAY Les Ormeaux 2020 ★

■ | 12500 | | 5 à 8 €

En 2009, le lycée viticole de Montreuil-Bellay a été rebaptisé du nom d'Edgard Pisani, son fondateur en 1967, à l'époque maire de la commune, célèbre homme d'État qui fut ministre de l'Agriculture sous la présidence du général de Gaulle. Son vignoble de 15 ha est exploité en bio (4,5 ha sont certifiés) par les futurs professionnels de la région.

Sapide, frais, très agréable, ce blanc bien équilibré livre une interprétation très réussie de son cépage et de son terroir : notes florales, fruits blancs, bouche ronde et persistante, finale tout en fraîcheur. Un vin sans prétention, et ce n'est pas un défaut… ⧗ 2021-2023

LEPA EDGARD PISANI, rte de Méron, BP 10007, 49260 Montreuil-Bellay, tél. 02 41 40 19 24, contact@domaineduhautbellay.fr V *t.l.j. sf dim. 9h-12h 14h-18h*

LOIRE

CH. DE MONTGUÉRET Brut ★

| n.c. | | 5 à 8 € |

Les Grands Chais de France ont acquis en 2005, auprès de la société Lacheteau, les châteaux de Montguéret et de Champteloup, un vaste ensemble de 80 ha souvent en vue pour ses rosés et ses effervescents.

Cette bulle franche, d'une bonne vigueur, déroule des notes de fruits blancs et de fleurs. On aime sa droiture, sa concision, sa fraîcheur et son équilibre. D'une efficacité redoutable, parfaite à l'apéritif. ⧗ 2021-2022

SCEA CHAMPTELOUP (CH. DE MONTGUÉRET), Ch. de Montguéret, Brigné-sur-Layon, 49700 Doué-en-Anjou, tél. 02 41 59 26 26, marc.breau@lacheteau.fr

DOM. DU MOULIN DE L'HORIZON
Le Rosé 2019 ★★

| 5000 | | 5 à 8 € |

Du moulin de l'Horizon, qui donne son nom au domaine, il ne reste plus rien sur la butte témoin du Puy-Notre-Dame, la plus haute du Val de Loire (120 m). Hervé, Christine et Joffrey Desgrousilliers-Lefort, originaires du Pas-de-Calais, sont passés en 2002 de l'élevage laitier et la culture céréalière à la vigne en reprenant ce vignoble de 34 ha.

Une bulle fine et agréable, convaincante dans ses notes intenses et persistantes de fruits rouges frais et de litchi. Arômes que l'on retrouve dans une bouche où la finesse et la fraîcheur sont de mise. Une belle bouteille à déguster sur un foie gras au naturel et figues rôties. ⧗ 2021-2022 **Mélodie 2020 ★ (5 à 8 €; 5000 b.)** Un blanc très agréable, frais et équilibré, aux nuances de fruits blancs et de fleurs d'été. Acidulé, vif, charnu, il offre un très bon rapport prix-plaisir. Avec des fromages de chèvre secs. ⧗ 2021-2023 **Harmonie 2020 ★ (5 à 8 €; 5000 b.)** C'est un rosé fruité et fringant, bien réalisé, qui plaît pour sa simplicité et sa fraîcheur. Le caractère salin est intéressant, avec une vigueur réjouissante. Pour des fruits de mer ou un tartare de saumon. ⧗ 2021-2022

EARL DOM. DU MOULIN DE L'HORIZON, 11 bis, rue Saint-Vincent, Sanziers, 49260 Le Puy-Notre-Dame, tél. 02 41 52 25 52, domaine@moulindelhorizon.com V t.l.j. sf sam. dim. 9h30-12h 14h30-18h

DOM. DE NERLEUX
Cuvée des Nerleux 2020 ★

| 16300 | | 8 à 11 € |

Valeur sûre du Saumurois, le Dom. de Nerleux («loups noirs» en ancien français) est ancré dans les terres de Saint-Cyr-en-Bourg depuis neuf générations. Couvrant aujourd'hui 30 ha en conversion biologique, son vignoble est conduit par Amélie Neau, qui a rejoint le domaine en 2010.

Rond et fruité, auréolé de parfums de fruits blancs et d'agrumes, ce beau chenin marie fraîcheur, finesse et concentration avec dextérité. On aime son équilibre et sa large capacité d'accords, entre poissons, viandes blanches ou fromages. ⧗ 2021-2023

SCEA NEAU, Dom. de Nerleux, 4, rue de la Paleine, Saint-Cyr-en-Bourg, 49260 Bellevigne-les-Châteaux, tél. 02 41 51 61 04, contact@nerleux.fr V t.l.j. sf dim. 10h-12h30 13h30-18h

DOM. DES RAYNIÈRES 2020 ★

| 15000 | | 5 à 8 € |

Ce domaine, dont les origines remonteraient à 1840, est depuis 2006 conduit par Sylvain Rebeilleau (sixième génération). Le vignoble s'étend sur 32 ha autour du village viticole de Varrains.

Affranchi de tout excès, ce rouge de bonne mesure, parfaitement mûr, livre de belles notes de fruits noirs et d'épices. Sa bouche bien dimensionnée persistante et parfumée plaira à tous, pourquoi pas avec un magret de canard aux cerises. Un classique de l'appellation. ⧗ 2021-2024

SYLVAIN REBEILLEAU, Dom. des Raynières, 33, rue du Ruau, 49400 Varrains, tél. 02 41 52 44 87, contact@domainedesraynieres.com V t.l.j. sf dim. 10h-12h 14h30-17h

CH. DES ROCHES 2019 ★

| 20200 | | 8 à 11 € |

Créée en 1957 par quinze viticulteurs, la coopérative de Saint-Cyr-en-Bourg compte aujourd'hui 180 adhérents, vinifie la récolte de 2 000 ha et stocke ses vins dans une immense galerie longue de quelque 10 km.

Fruits noirs, tanins souples, glissants, matière tendre et suave : ce rouge de bonne tenue, mûr à point, manie l'évidence et la simplicité. On l'accordera à un lapin aux olives par exemple. ⧗ 2021-2023

SCA CAVE ROBERT ET MARCEL, La Perrière, 49260 Saint-Cyr-en-Bourg, tél. 02 41 53 06 06, cellier@robertetmarcel.com V t.l.j. sf dim. 10h-12h 14h-19h

SAGESSE DES SOLS Préambule 2018 ★

| 3000 | | 5 à 8 € |

Sagesse des sols est le nouveau nom du Dom. la Croix de Galerne, fondé en 1988 par André Yvette Roger à Martigné-Briand, village dominant le Layon. Un nom choisi par Frédéric, leur fils, et son épouse Catherine, désormais aux commandes : une référence à leur choix de viticulture bio (conversion en cours).

C'est avec une bulle élégante et gourmande que le domaine fait son entrée dans le Guide avec sa nouvelle étiquette. Un saumur harmonieux, offrant des parfums soutenus de fruits blancs au nez comme en bouche et surtout beaucoup de fraîcheur du début à la fin. Un poisson au four lui ira bien. ⧗ 2021-2022

EARL ROGER (SAGESSE DES SOLS), 20, rue du Pressoir, Martigné-Briand, 49540 Terranjou, tél. 02 41 59 65 73, contact@sagesse-des-sols.com V r.-v.

DOM. SAINT-LANDOR 2019 ★

| 3800 | | 5 à 8 € |

Un domaine familial de 21 ha conduit depuis 2006 par la quatrième génération de Georget, les frères Thomas et Antoine. La conversion bio est en cours.

Dans un registre puissant, ce rouge déroule un fruité avenant, sur les baies rouges et noires. L'intensité de la bouche et sa solide matière tannique nécessitent encore un peu d'attente. Une bouteille de caractère que l'on accommodera volontiers à une viande mijotée, comme une daube de bœuf aux épices. ⧗ 2022-2025

SCEA EARL DE SAINT LANDOR, 3, rue de Petite-Fête, 86120 Les Trois-Moutiers, tél. 06 32 41 06 21, contact@domainesaintlandor.fr r.-v.

♥ CH. DE TARGÉ Les Fresnettes 2019 ★★★

15 461 | 15 à 20 €

Une ancienne résidence de chasse des secrétaires personnels des rois Louis XIV et Louis XV. Certains de leurs descendants, dont Edgard Pisani, furent au service de la République. Après Édouard Pisani-Ferry, ingénieur agronome, c'est son fils Paul qui exploite aujourd'hui ce vignoble de 24 ha certifié bio depuis 2020.

Coup de cœur et coup double : la version 2018 avait fait aussi bien. Sobrement et partiellement élevé dans des fûts de 400 l, ce blanc majestueux laisse toute sa place au fruit et c'est un vrai bonheur de découvrir sa maturité, sa fraîcheur et son dynamisme. On aime particulièrement son onctuosité en bouche, sa dimension aromatique (fruits blancs, fruits exotiques, vanille) et sa finale acidulée, très alerte et longue. Un vrai gastronome, à marier à un poisson en sauce ou une volaille à la crème. ⧗ 2023-2028

SCEA PISANI-FERRY, Ch. de Targé, chem. de Targé, 49730 Parnay, tél. 02 41 38 11 50, paul@chateaudetarge.fr t.l.j. 10h-12h30 14h-18h

DOM. DU VIEUX PRESSOIR Aliénor 2019 ★★

3 500 | 8 à 11 €

Le domaine a été racheté en 2015 par la famille Vagnon qui en a délégué la gestion en 2017 à Frédéric Étienne, aux commandes de 26 ha de vignes. Le domaine tire son nom d'un vieux pressoir datant du début du XXᵉ s.

Notes intenses de fruits blancs et de pêche, bouche parfaitement homogène, à la fois juteuse, ample, droite et franche : ce blanc sert idéalement son terroir. Impeccable avec des gambas rôties. ⧗ 2021-2024
■ **Origine 2018 ★★ (8 à 11 €; 10 000 b.)** Simple et gourmand, ce cabernet franc a tout compris ! Il offre un palais ample, fruité, tout en finesse, avec des notes de cassis et de cerise bien présentes de bout en bout. Un excellent rapport prix-plaisir. ⧗ 2021-2024

SCEA FAMILLE VAGNON, 205, rue du Château-d'Oire, 49260 Vaudelnay, tél. 02 41 52 21 78, contact@levieuxpressoir.fr t.l.j. 9h-12h 14h-18h; sam. dim. sur r.-v.

SAUMUR-CHAMPIGNY

Superficie : 1 376 ha / Production : 74 442 hl

Entre Saumur et Montsoreau, ce vignoble s'insère dans l'aire du saumur, près de la Loire. Si son expansion est récente, les vins rouges de Champigny sont connus depuis plusieurs siècles. Produits dans neuf communes à partir du cabernet franc (ou breton) parfois complété de cabernet-sauvignon, ils sont fruités, charnus et souples. Ils sont à découvrir dans des villages typiques aux rues étroites et aux caves de tuffeau.

DOM. DES AMANDIERS Cuvée Amande 2019 ★

6 000 | 5 à 8 €

Marc Rideau a repris les vignes de son grand-père en 1985, puis une autre exploitation en 1993 et agrandit le vignoble : 12 ha répartis dans quatre communes, Montsoreau, Parnay, Souzay, Champigny et Turquant. Son fils Étienne l'a rejoint en 2015.

C'est une belle gourmandise ! Avec son fruit croquant aux saveurs de confiture de fruits rouges et sa bouche juteuse et bien en chair, ce rouge tient toutes ses promesses. Fraîcheur et intensité sont au rendez-vous. ⧗ 2021-2025

EARL LES AMANDIERS, 11, rue Château-Gaillard, 49730 Turquant, tél. 02 41 51 79 81, domaineamandiers@orange.fr t.l.j. sf dim. 11h-13h 16h-19h30 de mai à sept.; sur r.-v. d'oct. à avr.

DOM. ANNIVY Noir Absolu 2020 ★★

3 600 | 8 à 11 €

Réalisant son rêve d'enfance, Bruno Bersan se lance en 2000 dans l'aventure viticole en partant de zéro. Il exploite aujourd'hui près de 12 ha de vignes, dont une partie est enserrée dans un petit clos au milieu des habitations (à l'origine de la cuvée Petit Clos), qui surplombe en un site unique la vallée de la Loire. Annivy? La contraction des prénoms des deux femmes de sa vie : Annie et Sylvie.

Voilà un vin résolument gourmand, paré de belles notes de fruits noirs, à la maturité parfaite. Une attaque souple ouvre sur une bouche à la fois ronde et structurée par des tanins présents mais fondus. Imparable avec une viande blanche grillée. ⧗ 2021-2025

SARL L' ATERROIRE, Dom. Annivy, 66, rue des Ducs-d'Anjou, 49400 Souzay-Champigny, tél. 02 41 50 73 49, domaineannivy@orange.fr r.-v.

DOM. D'AUNIS Sans Sulfites Ajoutés 2020 ★

10 000 | 8 à 11 €

Fondée en 1872, la maison de négoce Albert Besombes-Moc-Baril a son berceau et son siège à Saumur, mais elle propose une large gamme de vins de Loire allant du muscadet au sancerre, en passant par les chinon et le rosé-d'anjou. Ce dernier représente son cœur d'activité.

Il y a du croquant et du relief dans ce vin. Les notes de fruits noirs et de violette enserrent une bouche bien construite autour de tanins présents mais sans rusticité. Parfait pour des salaisons ou une saucisse aux herbes. ⧗ 2022-2026

SAS ALBERT BESOMBES-MOC-BARIL, 24, rue Jules-Amiot, 49400 Saint-Hilaire-Saint-Florent, tél. 02 41 50 23 23, sandrine.bretaudeau@uapl.fr

DOM. DU BOIS MIGNON Le Clos Mollet 2019 ★

■ 3300 5 à 8 €

Le département de la Vienne, inclus dans la région Poitou-Charentes, pousse une pointe vers le Maine-et-Loire juste au sud de Fontevraud, dans l'appellation saumur. C'est dans ce secteur que Pascal Barillot conduit depuis 1997 ses 25 ha de vignes.

Le voilà prêt à être consommé. Ce rouge simple et friand affiche un bon équilibre, un fruité expressif et une trame de bon calibre, glissante à souhait. Chiffonnade de jambon ou terrine de campagne lui iront à ravir. ⧗ 2021-2024

PASCAL BARILLOT, 6, rue du Bois-Mignon, 86120 Saix, tél. 06 79 29 25 81, barillot.pascal@gmail.com V *r.-v.*

DOM. DU BOIS MOZÉ PASQUIER Clos du Bois Mozé 2020 ★

■ 3600 5 à 8 €

Installé depuis 1991 sur le domaine créé par ses parents à Chacé, village voisin de Champigny, Patrick Pasquier produit sur ses 7 ha des saumur-champigny régulièrement sélectionnés dans le Guide, ainsi que du rosé et du crémant.

Tout en discrétion, ce rouge n'est pas le plus explosif mais il a sans aucun doute de très bons arguments : finesse, suavité, complexité, trame structurée sans excès. Au final, un très joli cabernet franc, bien équilibré. ⧗ 2021-2025

EARL DOM. DU BOIS MOZÉ PASQUIER, 7, rue du Bois-Mozé, 49400 Chacé-Bellevigne-les-Châteaux, tél. 02 41 52 59 73, pasquierpatrick@orange.fr V *r.-v.*

B DOM. LA BONNELIÈRE Tradition 2020 ★★★

■ 60000 5 à 8 €

Après un parcours diversifié dans des vignobles en France et à l'étranger, Anthony et Cédric Bonneau ont repris les rênes de la propriété familiale en 2000. Implanté sur les terres argilo-calcaires de la butte des Poyeux dominant la jolie vallée du Thouet, affluent de la Loire, le domaine couvre 38 ha.

Dans la lignée de son appellation, sur un profil juvénile, ce vin s'inscrit pleinement parmi les bons représentants du cru. Fruits noirs intenses, trame souple et croquante, tanins présents mais fondus et soyeux : tout ce que l'on est en droit d'attendre est ici. ⧗ 2021-2025

EARL BONNEAU ET FILS, 45, rue du Bourg-Neuf, 49400 Varrains, tél. 02 41 52 92 38, bonneau@labonneliere.com V *r.-v.*

DOM. DES BONNEVEAUX Vieilles Vignes 2020 ★

■ 10400 5 à 8 €

Le gros village de Varrains, limitrophe de Saumur, abrite nombre de vignerons choyant le cabernet franc. Parmi eux, Nicolas Bourdoux, qui a repris les rênes du domaine familial (18,50 ha) en 2002, après un stage de quelques mois au Québec.

Ce saumur-champigny bien né se distingue par sa touche florale, ses petits fruits rouges et noirs bien présents de bout en bout de la dégustation, son côté croquant, sa finesse et son équilibre. ⧗ 2021-2025

EARL CAMILLE ET NICOLAS BOURDOUX, 79, Grande-Rue, 49400 Varrains, tél. 02 41 52 94 91, bourdoux@domainedesbonneveaux.com V *t.l.j. 8h-12h 14h-19h*

DOM. DES CHAMPS FLEURIS Les Vigneaux 2020 ★

■ 13000 8 à 11 €

Denis Rétiveau préside aux destinées de ce domaine composé de 26 ha. Les vignes sont situées sur les coteaux qui dominent la Loire, sur les communes de Turquant et de Montsoreau.

Le croquant du cabernet franc se lit ici pleinement. C'est un vin droit et tendu, animé par de bonnes notes de fruits noirs dans une trame tonique et agréable. Il faudra lui associer une côtelette de mouton au jus. ⧗ 2021-2025

SCEA RÉTIVEAU, Dom. des Champs Fleuris, 54, rue des Martyrs, 49730 Turquant, tél. 02 41 38 10 92, retiveau.denis@orange.fr V *t.l.j. sf dim. 10h-12h30 13h30-18h*

CLOS DES CORDELIERS Cuvée Tradition 2019 ★

■ 55000 8 à 11 €

Le Clos des Cordeliers, bâti au cours des XIIIe et XIVe s., était autrefois exploité par des moines franciscains, lesquels ont planté et cultivé les premiers ceps du domaine. Conduit depuis 2017 par Marie-Françoise Ratron, le vignoble s'étend sur 23 ha.

Typique de son secteur, ce rouge joue la carte de la simplicité : parfums enjôleurs de fruits rouges, trame souple et accessible. ⧗ 2021-2024

EARL DOM. RATRON, Clos des Cordeliers, chem. des Cordeliers, 49400 Souzay-Champigny, tél. 02 41 52 95 48, domaine-ratron@clos-des-cordeliers.com V *r.-v.*

♥ DOM. DES COUTURES La Sélection 2019 ★★

■ 4000 8 à 11 €

La commune de Turquant, qui s'étire contre une falaise de tuffeau percée de caves, abrite un grand nombre de vignerons. Parmi eux, Vincent Nicolas, ingénieur agronome, installé sur le domaine familial (17 ha) depuis 2008.

Voilà un vin gourmand et fédérateur, qui plaira sans détour. Avec son fruit expressif, intense à l'olfaction, sa bouche ample, charnue, soyeuse, juteuse et longue, il reste mesuré, accessible et délicieusement fruité de bout en bout. Une bouteille que l'on aura plaisir à associer dès aujourd'hui à une volaille rôtie ou des paupiettes de veau au lard, mais on peut aussi la remiser en cave sereinement. ⧗ 2021-2026 ■ **La Flamboyante 2019 ★ (11 à 15 €; 3000 b.)** Avec un élevage sous bois de plus d'un an, pour moitié en fûts neufs, ce rouge se veut ambitieux. Les notes de tabac et de vanille pointent immédiatement au nez, puis se fondent en bouche, encadrant un fruit noir bien net et une matière riche, ample et structurée. Un vin de caractère, porté par son élevage, d'une belle persistance aromatique. ⌛ 2022-2027

SCEA NICOLAS ET FILS (DOM. DES COUTURES), 48-53, rue des Martyrs, 49730 Turquant, tél. 02 41 38 11 29, domainedescoutures@orange.fr V r.-v.

DOM. DUBOIS Cuvée d'Automne 2019 ★★

■	10 000		5 à 8 €

Ce domaine remonte à 1880, époque à laquelle le vignoble produisait presque exclusivement des vins blancs. Depuis 2008, c'est Christelle Dubois, représentant la cinquième génération, qui exploite quelque 19 ha essentiellement plantés en cabernet franc.

Expressif et équilibré, ce rouge de bonne tenue se révèle tout en souplesse grâce à des tanins fondus, parfaitement intégrés à une chair ronde et veloutée. On tient là un bon représentant de son appellation, et à prix modeste. ⌛ 2021-2024

EARL DOM. CHRISTELLE DUBOIS, 8, rte de Chacé, Saint-Cyr-en-Bourg, 49260 Bellevigne-les-Châteaux, tél. 02 41 51 61 32, ch-dubois@hotmail.com V r.-v.

♥ **DOM. DES FRÉMONCLAIRS**
La Matinière 2020 ★★★

■	1000		8 à 11 €

Christophe Hallouin a pris en 1997 la tête de ce domaine de 22 ha qui se transmet de père en fils depuis cinq générations. Le vigneron conduit, selon les principes de l'agriculture raisonnée, un vignoble adossé à la falaise de Turquant.

Intense et complexe, cette cuvée de cabernet franc ne manque pas d'ambition. L'élevage sous bois lui apporte de beaux arômes de tabac et d'épices, ainsi que de l'étoffe. Bien structurée, chaleureuse, ample, persistante, elle conjugue ainsi puissance et gourmandise, sans rien céder à la fraîcheur. Une bouteille à savourer aussi bien jeune que patinée par le temps. ⌛ 2022-2028

EARL DOM. DES FRÉMONCLAIRS, 45, rue des Martyrs, 49730 Turquant, tél. 02 41 38 14 81, dom.fremonclairs@wanadoo.fr V r.-v.

DOM. DES GALMOISES
Secret du Caveau Vieilles Vignes 2020 ★★

■	13 300		5 à 8 €

Didier Pasquier a constitué son domaine à partir de 1984 en regroupant diverses parcelles familiales pour arriver à 16 ha. Depuis 2014, il conduit l'exploitation avec son fils Julien.

Ces vieilles vignes ont 45 ans. Elles donnent de la consistance et de la profondeur au vin. Fruit bien présent, sur des notes de cassis et de mûre, tanins fermes pour une structure affirmée : il faudra l'attendre encore un peu. Parfait avec une daube provençale. ⌛ 2022-2027 ■ **Les Dars 2020 ★ (5 à 8 €; 6000 b.)** Nez pur de fruits mûrs, attaque franche, bouche ferme et bien ciselée autour de ces mêmes arômes de mûre et de cassis, voilà un joli saumur-champigny, structuré comme il se doit et qui fera l'unanimité. ⌛ 2021-2026

EARL LES GALMOISES, 37, rue Émile-Landais, Chacé, 49400 Bellevigne-les-Châteaux, tél. 06 73 58 82 44, dom.galmoises@gmail.com V r.-v.

DOM. DE LA GUILLOTERIE Tradition 2019 ★

■	40 000		5 à 8 €

Voisin de la confluence de la Loire avec le Thouet, le Dom. de la Guilloterie bénéficie de conditions climatiques très favorables. Régulièrement sélectionné en saumur-champigny ou en saumur, il est conduit depuis 1987 par la troisième génération avec les frères Patrice et Philippe Duveau.

Voilà un bon classique de l'appellation, à prix modeste et très intéressant. Car ce vin compte bien des atouts, entre ses arômes de fruits noirs bien présents, sa bouche souple et délicate, ses tanins soyeux et sa belle fraîcheur. Il est parfait dans son rôle. ⌛ 2021-2023

SCEA DUVEAU FRÈRES, 63, rue Foucault, 49260 Saint-Cyr-en-Bourg, tél. 02 41 51 62 78, contact@domainedelaguilloterie.com V r.-v.

DOM. JOULIN Jeunes Vignes 2020 ★

■	3000		5 à 8 €

Le domaine de Philippe Joulin est installé au cœur de l'appellation saumur-champigny, à Chacé, tout près de Champigny. Il est passé de 4 ha à sa création en 1990 à 22 ha aujourd'hui.

Des vignes de 20 ans et toute l'explosivité de la jeunesse ! Fruit pur, trame ciselée, avec une certaine fougue, tanins présents mais soyeux forment un rouge délicat, à déguster sur une épaule d'agneau confite aux épices et pruneaux. ⌛ 2021-2025

EARL DOM. JOULIN, 58, rue Émile-Landais, Chacé, 49400 Bellevigne-les-Châteaux, tél. 02 41 52 41 84, domaine.joulin@orange.fr V r.-v.

♥ **DOM. LAVIGNE** L'Inattendue 2019 ★★

■	3000		11 à 15 €

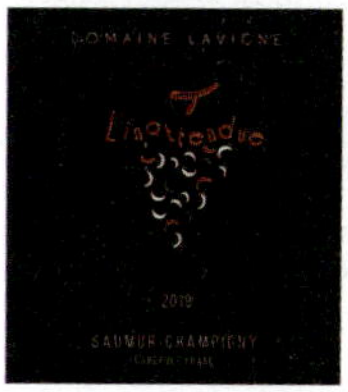

Pascale et Antoine Véron, fille et gendre de Gilbert Lavigne, sont aujourd'hui aux commandes de l'exploitation familiale qui s'étend sur 42 ha. Située au cœur de l'appellation saumur-champigny, elle est plantée majoritairement de cabernet franc.

Sobrement élevée en cuves Inox, cette superbe cuvée laisse toute sa place au fruit, et quel fruit ! Pur, précis, expressif, avec des notes de myrtille et de mûre, il entoure une bouche charmeuse, gourmande et parfaitement équilibrée. On apprécie sa joliesse et son caractère très accessible où l'on croque le raisin. ⌛ 2021-2026 ■ **Les Aïeules 2020 ★★ (8 à 11 €; 26 000 b.)** Rond et souple, ce rouge va droit au but, exaltant un fruit pur, bien mûr, dans une bouche très équilibrée, alerte et soyeuse : rien à redire. Un plaisir simple à savourer sur des salaisons ou une saucisse aux herbes. ⌛ 2021-2025 ■ **Cuvée Traditionnelle 2020 ★**

LOIRE

(5 à 8 €; 46000 b.) Quand simplicité rime avec équilibre... Bien calé sur un fruit mûr et engageant, ce rouge régale sans détour. Parfait pour une première approche de l'appellation. ⧗ 2021-2024

SCEA LAVIGNE-VÉRON, 15, rue des Rogelins, 49400 Varrains, tél. 02 41 52 92 57, scea.lavigne-veron@orange.fr V *t.l.j. sf dim. 9h-12h 14h-18h*

Ⓑ DOM. LEVRON & VINCENOT
La Fleur de Marchau 2020 ★★

■	30000		8 à 11 €

Mathias Levron, vigneron, et son associé Régis Vincenot, investisseur, ont racheté en 2006 le Ch. de Parnay, un domaine historique (la première forteresse remonte au Xᵉs.) célèbre pour son Clos d'Entre les Murs créé par Antoine Cristal; un clos constitué de onze murs parallèles troués à la hauteur des drageons pour permettre à ceux-ci de passer au travers et de se trouver face au midi. Le vignoble couvre 35 ha constitués de quatre îlots de parcelles, tous situés sur un sol argilo-calcaire. Les deux associés ont aussi créé en 2007 le Ch. la Serpe et ses 20 ha de vignes.

Belle illustration du cabernet franc, ce rouge typique de Loire offre une matière fruitée, de l'équilibre et de la souplesse. Les tanins fondus et les parfums de fruits rouges se mêlent avec aisance et l'on s'en régalera avec une viande blanche. ⧗ 2021-2025

SCEA CH. DE PARNAY, 1, rue Antoine-Cristal, 49730 Parnay, tél. 02 41 38 10 85, servicecommercial@chateaudeparnay.fr V *t.l.j. 10h-18h*

DOM. DES MARIGROLLES
Antoine et Clothilde 2020 ★

■	20000		5 à 8 €

Après avoir travaillé sur l'exploitation de leurs parents pendant dix-huit ans, Stéphane Jordi et sa sœur Karina Thierry en ont repris les rênes en 2011. Leur domaine couvre 13 ha.

Les notes de fruits rouges intenses mêlées de poivron et le côté croquant de ce vin portent vers un plaisir simple et immédiat. On soulignera aussi son équilibre et sa persistance aromatique. Sans chichi. ⧗ 2021-2024

EARL DOM. DES MARIGROLLES, rte de Chaintres, 49400 Saumur, tél. 06 17 14 00 55, earl.domainedesmarigrolles@gmail.com V *r.-v.*

DOM. DE NERLEUX Cuvée de Printemps 2020 ★

■	13500		8 à 11 €

Valeur sûre du Saumurois, le Dom. de Nerleux («loups noirs» en ancien français) est ancré dans les terres de Saint-Cyr-en-Bourg depuis neuf générations. Couvrant aujourd'hui 30 ha en conversion biologique, son vignoble est conduit par Amélie Neau, qui a rejoint le domaine en 2010.

Un vin de printemps à croquer toute l'année ! Simple et fruité, il offre des notes intenses de fruits noirs et de fruits des bois, et régale de sa franchise et de son côté primaire. Parfait dès le début de repas sur des salaisons. ⧗ 2021-2024

SCEA NEAU, Dom. de Nerleux, 4, rue de la Paleine, Saint-Cyr-en-Bourg, 49260 Bellevigne-les-Châteaux, tél. 02 41 51 61 04, contact@nerleux.fr V *t.l.j. sf dim. 10h-12h30 13h30-18h*

DOM. DE LA PERRUCHE
Clos de Chaumont Cuvée Prestige 2019 ★★

■	n.c.		15 à 20 €

Jacques Beaujeau, figure du vignoble de l'Anjou, qui était également propriétaire du vaste domaine du Ch. la Varière à Brissac, avait aussi acquis cette propriété en saumur-champigny, gérée depuis 2015 par la maison Ackerman. Comptant 43 ha de vignes, le vignoble continue de s'illustrer avec régularité dans ces pages.

Issu du clos emblématique du domaine, bien exposé au soleil, ce vin élevé un an en barriques dévoile un jus de grand calibre, puissant et harmonieux. Notes de fruits noirs et d'épices, trame charnue, voilà un beau vin bâti pour la garde et la table. ⧗ 2023-2028

SCEA DOM. DE LA PERRUCHE, 29, rue de la Maumenière, 49730 Montsoreau, tél. 02 41 51 73 36, tourisme@domainedelaperruche.fr V *t.l.j. 10h-13h 14h-18h d'avr. à sept.; sur r.-v. de nov. à mars*

LE PRIEURÉ D'AUNIS Domaine 2020 ★★

■	26000		5 à 8 €

Remontant au XVIᵉs., le prieuré d'Aunis était une dépendance de l'abbaye de Fontevraud. Nicolas Pasquier, représentant la troisième génération, s'est installé en 2006 sur le domaine familial et ses 27 ha de vignes.

Fruit pur, bouche ample et ronde, tanins soyeux, voilà un très bon représentant de son appellation. Un vin agréable et gourmand où le raisin frais se taille la part du lion. Il est prêt à boire. ⧗ 2021-2025

SCEA NICOLAS PASQUIER, Le Prieuré-d'Aunis, 49400 Dampierre-sur-Loire, tél. 02 41 50 33 61, leprieuredaunis@orange.fr V *r.-v.*

DOM. DES RAYNIÈRES 2020 ★

■	32000		5 à 8 €

Ce domaine, dont les origines remonteraient à 1840, est depuis 2006 conduit par Sylvain Rebeilleau (sixième génération). Le vignoble s'étend sur 32 ha autour du village viticole de Varrains.

Une cuvée juvénile, tout en croquant et en fruit, aux tanins soyeux. C'est un vin abordable et universel qui trouve à prix doux une voie d'accords idéale : salaisons, viandes blanches ou grillades lui iront parfaitement. ⧗ 2021-2024

SYLVAIN REBEILLEAU, Dom. des Raynières, 33, rue du Ruau, 49400 Varrains, tél. 02 41 52 44 87, contact@domainedesraynieres.com V *t.l.j. sf dim. 10h-12h 14h30-17h*

DOM. DE ROCFONTAINE
Cuvée Vieilles Vignes 2020 ★

■	4000		8 à 11 €

Situé à Parnay sur le coteau qui surplombe la Loire, entre Saumur et Montsoreau, ce domaine familial repris en 1987 par Philippe Bougreau produit une large gamme de vins dans les trois couleurs. Récolte à la main, peu d'apport de soufre durant la vinification et l'élevage, certification HVE.

Une matière concentrée, des petits fruits noirs bien mûrs, du croquant et de la fermeté : ce rouge intense en garde sous le pied. Il faudra encore l'attendre un peu avant de le servir sur une viande en sauce. ⧗ 2022-2026

⊶ BOUGREAU, 7, ruelle des Bideaux, 49730 Parnay, tél. 02 41 51 46 89, domaine-de-rocfontaine@wanadoo.fr V r.-v.

Ⓑ DOM. DE ROCHEVILLE Le Page 2020 ★★

■	n.c.		8 à 11 €

Créé en 2005 par Philippe Porché, ce domaine s'étend sur 17 ha dans l'aire d'appellation saumur-champigny. Les châteaux de la Loire ont inspiré le propriétaire qui a nommé ses cuvées «Le Roi», «Le Prince», «Le Fou du roi», «La Dame»...

Ce vin équilibré et souple illustre à merveille toute la joliesse et le croquant d'un bon cabernet franc récolté mûr. On se réjouit de ses notes de cassis et de chocolat et de ses tanins soyeux qui soutiennent un palais ample et long. Une ode gourmande en diable au plaisir simple mais pas simpliste. ⧗ 2021-2025

⊶ SARL LES HAUTS DE ROCHEVILLE, Dom. de Rocheville, Les Hauts de Valbrun, 49730 Parnay, tél. 02 41 38 10 00, contact@domainederocheville.fr V t.l.j. sf dim. 10h-18h ferm. 25/12 et 01/01

Ⓑ DOM. DES SANZAY Vieilles Vignes 2019 ★★

■	5500		11 à 15 €

Établi au cœur de l'appellation saumur-champigny, Didier Sanzay est à la tête du domaine familial depuis 1991. Il exploite aujourd'hui avec Céline, son épouse, 28 ha (en bio), dont 25 ha plantés en cabernet franc, le reste en chenin et en chardonnay. Leur saumur-champigny est régulièrement distingué dans le Guide.

Voilà un beau vin qui fait honneur à l'appellation. Bien calé sur un élevage en barriques qui se fond harmonieusement avec les parfums de fruits noirs, il déroule un palais suave, équilibré, tout en fraîcheur. Une très belle bouteille à réserver sur une viande mijotée. ⧗ 2022-2027 **■ Les Poyeux 2020 ★ (11 à 15 €; 6000 b.) Ⓑ** Sans apport de bois, cette cuvée porte tout de même une ambition certaine. Celle de régaler d'un fruit gourmand, bien mûr, avec une trame concentrée et raffinée. Pari amplement réussi, que l'on recommande vivement. ⧗ 2021-2025

⊶ EARL DOM. DES SANZAY, 93, Grand-Rue, 49400 Varrains, tél. 02 41 52 91 30, contact@domaine-sanzay.com V r.-v.

LA SEIGNEURIE Les Clos de la Seigneurie 2019 ★★

■	6000		11 à 15 €

Le vignoble (20 ha aujourd'hui), créé en 1969 par Pierre-Louis Foucher, est situé sur les hauteurs de la ville de Saumur et la salle de dégustation offre un panorama à 180° sur la vallée de la Loire. Il a été repris en 2005 par Alban Foucher, fils du fondateur.

Voilà un rouge intense, passé sous bois, encore assez cossu et ferme. Il faudra l'attendre pour profiter pleinement de ses fruits mûrs, de sa matière intense et complexe. Une richesse tannique prometteuse pour qui saura patienter. ⧗ 2023-2027 **■ 2020 ★★ (5 à 8 €; 40000 b.)** Version friande de l'appellation, sans apport de bois, ce saumur-champigny déroule une matière de grande fraîcheur et de très beaux parfums de fruits mûrs. On sent de la tension et de la percussion dans ce vin, vraiment très intéressant à ce niveau de prix. ⧗ 2021-2025

⊶ EARL FOUCHER, La Seigneurie, 71, rte de Champigny, 49400 Saumur, tél. 02 41 50 11 15, laseigneurie.vins@hotmail.fr V t.l.j. sf dim. 10h-18h

➜ LA TOURAINE

TOURAINE

Superficie : 4 470 ha
Production : 254 353 hl (30 % rouge, 14 % mousseux)

S'étendant des portes de Montsoreau à l'ouest jusqu'à Blois et Selles-sur-Cher à l'est, l'aire d'appellation régionale touraine est principalement localisée de part et d'autre des vallées de la Loire, de l'Indre et du Cher. Le tuffeau affleure rarement; les sols surmontent le plus souvent l'argile à silex. Les vins rouges proviennent de gamay (cépage exclusif des touraines primeurs), ou d'assemblage de cépages plus tanniques, comme le cabernet franc et le côt. À base de deux ou trois cépages, ils ont une bonne tenue en bouteille. Nés du cépage sauvignon qui, depuis quarante ans, a détrôné les autres, les blancs sont secs. Une partie de la production des blancs et des rosés est élaborée en mousseux selon la méthode traditionnelle. Toujours secs, friands et fruités, les rosés sont élaborés à partir des cépages rouges.

AUGIS
Réserve des Caillouteux
Élevé en fût de chêne 2019 ★

■	6300		8 à 11 €

Propriété familiale créée en 1900 à Meusnes, la commune la plus orientale de l'AOP touraine, réputée pour ses sols riches en silex. Depuis 1988, Philippe Augis, cinquième du nom à la tête de ce domaine régulier en qualité, exploite 17 ha en appellations touraine et valençay.

Côt et cabernet franc associés dans ce 2019 né des sols d'argiles à silex. Au nez, du cassis, de la violette et une note de goudron chaud et de chêne. Les arômes ne faiblissent pas dans une bouche ronde et volumineuse, épaulée par des tanins serrés mais fins, sans une once de sécheresse. De bon augure pour la suite. ⧗ 2022-2026

⊶ PHILIPPE AUGIS, 1465, rue des Vignes, 41130 Meusnes, tél. 02 54 71 01 89, philippe.augis@wanadoo.fr V r.-v. Ⓑ

BADILLER Méthode traditionnelle ★

●	4000		5 à 8 €

Héritier d'une lignée de vignerons remontant à 1789, Marc Badiller s'est installé en 1984 sur le domaine familial, établi entre la Loire et la forêt de Chinon : 13 ha sur les coteaux de Cheillé à l'origine d'une large gamme de vins de Touraine. En 2015, la dernière génération (Pierre et Vincent) a pris les commandes.

LOIRE

Une robe or pâle traversée de bulles fines, un bouquet discret, légèrement brioché et fumé, et une bouche généreuse et tendre, dynamisée par un trait de citron et par une touche iodée du meilleur effet en finale. Expressif et élégant. ⧗ 2021-2022

SCEA DOM. BADILLER, 26, Le Bourg, 37190 Cheillé, tél. 02 47 45 24 37, contact@badiller.fr t.l.j. sf dim. 10h-12h 14h-18h

DOM. DE BEAUCLAIR Méthode traditionnelle 2018 ★

14 000 | 5 à 8 €

Christian Blot a succédé à son père en 1983 sur la propriété que celui-ci avait créée en 1955 et qui couvre 25 ha. Son fils Freddy l'a rejoint en 2006. Cela fait dix générations, près de trois siècles de présence dans le vignoble. Dominant le coteau de Noizay, la cave a été creusée dans le tuffeau par le grand-père et le père. Freddy s'attache à développer les cuvées parcellaires.

Gamay, grolleau et pineau d'aunis associés dans cette bulle rosée élevée 6 mois sur lattes. Très discrets au nez, les petits fruits rouges acidulés se font plus gourmands dans une bouche dont on retient la souplesse, la légèreté et la rondeur conviviale. ⧗ 2021-2022

SCEV DOM. DE BEAUCLAIR, 306, coteau de Venise, 37210 Noizay, tél. 06 87 18 22 77, domainedebeauclair@sfr.fr t.l.j. 9h-12h 13h30-19h sf. dim.

DOM. BEAUSÉJOUR Cuvée Vincent 2020 ★

10 000 | 5 à 8 €

Philippe Trotignon a pris en 2002 la suite de trois générations sur le domaine familial. Il exploite 20 ha sur des terrains siliceux (sables, argiles à silex) de la rive droite du Cher. Rouges ou blancs, ses touraine sont souvent mentionnés dans le Guide.

Un apport de 15 % de côt à l'appui du gamay dans ce 2020 conséquent, qui a bien profité des chaleurs du millésime. Au nez, de riches arômes de fruits rouges bien mûrs, qui s'expriment avec autant de force dans une bouche charnue, gourmande, flanquée de beaux tanins et d'un trait salutaire de fraîcheur en finale. ⧗ 2021-2024

PHILIPPE TROTIGNON, Dom. Beauséjour, 14, rue des Bruyères, 41140 Noyers-sur-Cher, tél. 02 54 71 34 17, trotignon.philippe@gmail.com r.-v.

DOM. BELLEVUE 2020 ★★

30 000 | - de 5 €

Patrick Vauvy a pris en 1985 la suite des trois générations précédentes sur le domaine familial qui s'étend sur 40 ha à Noyers-sur-Cher. Une commune où l'on trouve une pépinière d'excellents vignerons et des terroirs siliceux au sous-sol argilo-calcaire donnant beaucoup de légèreté aux vins.

Cinq cépages entrent dans la composition de ce très bon rosé saumoné, dont le nez séduit par ses arômes gourmands de bonbon anglais et de fruits rouges bien mûrs. On les retrouve dans une bouche expressive, aussi ample que fraîche et parfaitement acidulée en finale. Du charme, du fruit et de la fraîcheur : que demander de plus? ⧗ 2021-2022 **Sauvignon 2020 ★ (- de 5 €; 200 000 b.)** Un nez exubérant centré sur les fruits exotiques et le bourgeon de cassis annonce une bouche mûre et riche, très en chair, qui ne manque ni de séduction ni de longueur. Un style très Nouveau Monde. ⧗ 2021-2023

SCEA VAUVY, Dom. Bellevue, 6, rue du Coteau, 41140 Noyers-sur-Cher, tél. 02 54 71 42 73, domainebellevue@orange.fr r.-v.

JEAN-MARC BIET Sauvignon 2020 ★

19 000 | 5 à 8 €

Jean-Marc Biet est établi depuis 1984 sur la rive gauche du Cher, dans un village tout proche de Saint-Aignan. Du domaine familial cultivé en polyculture pendant quatre générations, il n'a gardé que le vignoble, qui couvre aujourd'hui 20 ha.

Un millésime généreux pour un sauvignon qui ne l'est pas moins. On aime le nez intense qui fleure bon les agrumes et le bourgeon de cassis, et la bouche ronde, confortable mais élégante, qui prend une tonalité résolument exotique. Très séduisant et facile d'accès. ⧗ 2021-2023 **Méthode traditionnelle ★ (5 à 8 €; 4 000 b.)** Derrière une bulle fine montent du verre de délicats arômes floraux et fruités (pêche), qui font aussi le charme d'une bouche tendre, légère, sans fausse note, ponctuée d'une touche grillée et saline en finale. ⧗ 2021-2023

EARL DOM. BIET, 38, rte de Bel-Air, 41110 Seigy, tél. 02 54 75 34 34, jm.biet@orange.fr r.-v.

DOM. PAUL BUISSE Sauvignon 2020 ★

160 000 | 5 à 8 €

La société Pierre Chainier a acquis auprès de Paul Buisse ce domaine en 2009.

Un sauvignon né de sols argilo-siliceux qui séduit dès l'entame avec sa robe limpide et son nez sans exubérance d'agrumes, de fruits verts et de fruits blancs. Une touche florale étire la palette dans une bouche ronde, fraîche et croquante, d'un équilibre abouti. ⧗ 2021-2023

SAS PIERRE CHAINIER, ZI La Boitardière, chem. du Roy, 37400 Amboise, tél. 02 47 30 73 07, chainier@pierrechainier.com

DOM. DE LA CHAISE 2020 ★★

30 000 | 5 à 8 €

Héritier d'une tradition qui remonte à 1850, Christophe Davault s'est installé en 2004 sur ce domaine qui couvre aujourd'hui 60 ha. L'exploitation est située sur les anciennes terres du prieuré de La Chaise, déjà plantées en vignes par les moines au Xᵉs.

Ce rosé volubile et tout en fruit livre sans réserve ses arômes gourmands de fraise des bois, de fleurs et d'agrumes. Vive à l'attaque, bien arrondie derrière, infusée de fruits frais et d'une longueur remarquable, la bouche enfonce le clou. On tutoie le coup de cœur. ⧗ 2021-2022 **Sauvignon 2020 ★ (5 à 8 €; 100 000 b.)** Un nez débridé sur le genêt et les fruits exotiques ouvre sur une bouche généreuse, très fruitée, d'une douceur séduisante, mais qui préserve ce qu'il faut de fraîcheur. ⧗ 2021-2023

⊶ DOM. DE LA CHAISE, 37, rue de la Liberté, 41400 Saint-Georges-sur-Cher, tél. 06 78 57 12 28, domainedelachaise@orange.fr V *r.-v.*

DOM. CHARBONNIER Sauvignon 2020 ★★

40000 | 5 à 8 €

Daniel Charbonnier a pris sa retraite en 2009, mais son frère Michel et son fils Stéphane, installés en 2001, sont toujours là pour conduire le domaine familial et ses 22 ha de vignes. Leurs vins sont régulièrement mentionnés dans le Guide.

D'abord taiseux, le nez libère à l'aération de subtiles notes de melon, de fleurs blanches et de végétal frais. Une élégance que l'on retrouve dans une bouche tendre et tonique, vinifiée avec goût, qui laisse le souvenir d'un sauvignon raffiné, sans outrance, au fruité très pur. ⧗ 2021-2023 **Sauvignon Vieilles Vignes 2020 ★ (5 à 8 €; 13330 b.)** Un nez centré sur les fruits blancs et les fleurs blanches, réhaussés d'une touche exotique dans une bouche ronde, fraîche, longue, ponctuée par une petite amertume pas désagréable en finale : un sauvignon dynamique. ⧗ 2021-2023 **Malbec 2019 ★ (5 à 8 €; 12570 b.)** Des arômes de fruits rouges mûrs, une touche de cuir, puis une bouche plus florale, souple dès l'attaque, adossée à des tanins fins et déjà bien fondus : une version souple et fruitée du malbec. ⧗ 2021-2024

⊶ EARL MICHEL ET STÉPHANE CHARBONNIER, 4, chem. de la Cossaie, 41110 Châteauvieux, tél. 02 54 75 49 29, dms.charbonnier@wanadoo.fr V *r.-v.*

DOM. DES CHÉZELLES Sauvignon 2020 ★

26000 | 5 à 8 €

Exploité par la famille Marcadet depuis 1850, ce domaine, qui s'étend aujourd'hui sur 25 ha de terroirs argilo-calcaires à tendance siliceuse, a changé de mains en 2016, repris par Philippe Derouet (fils et petit-fils de vignerons saumurois), son épouse Catherine et sa fille Aurélie.

Un élevage court en cuve et sur lies a préservé toute l'explosivité d'un sauvignon bien mûr, aux arômes exubérants de fruit de la Passion, de pêche et de bourgeon de cassis. Large et ronde à l'attaque, la bouche confirme ce profil généreux et rebondit sur une franche acidité qui donne à l'ensemble beaucoup d'éclat et de séduction. ⧗ 2021-2023

⊶ DOM. DES CHÉZELLES, 18, rue du Grand-Mont, 41140 Noyers-sur-Cher, tél. 02 54 75 13 94, domaine-chezelles@orange.fr V *t.l.j. sf sam. dim. 9h-12h 14h-19h*

DOM. DES CLÉMENDIÈRES Côt 2019 ★

15000 | 5 à 8 €

Après avoir acquis son expérience dans différents vignobles de France (Alsace, Bordelais, Bourgogne…) et en Californie, Arnault Ponlevoy a rejoint en 2006 le domaine familial (sept générations) : 20,5 ha qu'il cultive avec son frère.

Derrière une robe violacée, un nez flatteur diffusant d'intenses notes de fruits rouges et noirs bien mûrs, mâtinés d'un peu d'épices. Ample et souple à l'attaque, appuyée sur des tanins fermes, la bouche ne manque ni de volume ni de structure. À boire ou à garder. ⧗ 2021-2025

⊶ DOM. DES CLÉMENDIÈRES, 402, La Hardionnerie, 37150 Bléré, tél. 06 70 89 59 71, arnaultponlevoy@hotmail.com V *t.l.j. sf dim. 8h30-12h30 14h-19h*

AMÉLIE ET FRANCK COCTEAUX Sauvignon 2020 ★★

44300 | - de 5 €

Issu d'une famille champenoise, et diplôme d'œnologie en poche, Franck Cocteaux a posé ses valises à Fleuray en Touraine en 1991. Avec son épouse Amélie, il exploite un vaste vignoble et produit des vins effervescents et tranquilles en crémant-de-loire et dans les appellations de Touraine.

Un retour dans le Guide remarqué pour ce domaine qui signe un sauvignon blanc exemplaire. Une robe pâle et un nez affriolant et frais d'agrumes, de fruits blancs et de melon pour débuter. L'intensité du fruit ne baisse pas d'un iota dans une bouche très tendre à l'attaque, aérienne et d'une fraîcheur jamais prise en défaut. Un sauvignon léger et raffiné. ⧗ 2021-2023

⊶ FRANCK COCTEAUX, 21, rte de Mesland, 37530 Cangey, tél. 02 47 30 01 44 V *t.l.j. sf dim. 8h-12h 13h30-18h30; sam a.-m. sur r.-v.*

♥ DOM. DES CORBILLIÈRES Les Griottines 2020 ★★

10000 | 8 à 11 €

Situé à Oisly, en Sologne viticole, ce domaine est une des valeurs sûres de l'appellation touraine. Acquis dans les années 1920 par la famille, le vignoble, qui compte aujourd'hui 28 ha, est conduit par Dominique Barbou.

Fraîchement sorti des cuves, ce 2020 offre toute la gourmandise d'un gamay très généreux, conformément au millésime. Au nez, un grand bol de fruits rouges bien mûrs. Ce même fruité affriolant et ensoleillé se diffuse sans retenue dans une bouche confortable et pulpeuse, qui reste d'un équilibre magistral malgré la grande et belle maturité du raisin. On l'ouvre sans attendre et on croque à pleine dent dans ce rouge absolument irrésistible. ⧗ 2021-2024 **Angeline 2019 ★ (11 à 15 €; 5000 b.)** Derrière la robe intensément violacée du côt, un nez qui porte l'empreinte d'un élevage en fût. Les fruits noirs frais montent en puissance dans une bouche cadrée par des tanins fermes mais fins. On les laissera se détendre un peu en cave. ⧗ 2022-2027

⊶ EARL BARBOU, Dom. des Corbillières, 1, Les Corbillières, 41700 Oisly, tél. 02 54 79 52 75, dominique.barbou@wanadoo.fr V *r.-v.*

DOM. DESLOGES Cuvée Prestige 2019 ★★

2000 | 5 à 8 €

Campé sur les hauteurs dominant la vallée du Cher, ce domaine a augmenté sa superficie depuis 1989,

LOIRE

passant de 10 à 22 ha. À l'installation de Cyril Desloges en 1997, il s'est équipé d'un chai de vinification.

Abonné au Guide, Cyril Deslonges ajoute deux étoiles à son palmarès grâce à cette cuvée Prestige, qui tient son rang : un 100 % malbec élevé un an en fût. La touche vanillée issue de l'élevage donne encore plus d'agrément à un nez de fruits noirs acidulés. Ample, croquante et longue, la bouche est fermement cadrée par de beaux tanins parfaitement enrobés. On patientera un peu avant de l'ouvrir. ⧗ 2022-2026

⊶ CYRIL DESLOGES, 7, Les Petits-Bois-Bernier, 41400 Monthou-sur-Cher, tél. 02 54 71 41 54, domainedesloges@orange.fr V t.l.j. sf dim. 8h30-12h 14h-18h

VIGNOBLE DINOCHEAU
Sauvignon Les Dessus 2020 ★★

■	8000	🍾	5 à 8 €

Laurence et Fabien Dinocheau sont à la barre de ce vignoble familial de 13 ha en conversion bio situé sur les premiers coteaux du Cher.

Un très bon sauvignon dans la droite ligne de ce millésime solaire. D'abord discret, le nez libère lentement ses effluves de sureau et de bourgeon de cassis. Plus volubile, la bouche s'entiche de notes fraîches de pamplemousse et offre une matière tendre, généreuse, souple et une longueur qui ne laisse pas indifférent. ⧗ 2021-2023 ■ **Les Côts 2019 ★★ (8 à 11 €; 2000 b.)** Cassis, framboise en confiture, pruneau, le nez porte la marque d'un côt très mûr. Une douce chaleur imprègne un palais puissant, velouté, intégrant sans mal des tanins de classe. L'ensemble est déjà très séduisant mais a du potentiel en cave. ⧗ 2021-2025

⊶ LAURENCE DINOCHEAU, 4, rte des Bois Bernier, 41400 Monthou-sur-Cher, contact@vignoble-dinocheau.fr V r.-v.

DOM. DES ECHARDIÈRES 2020 ★★★

■	40000	🍾	5 à 8 €

Ancien ingénieur agricole et commercial, Luc Poullain a repris en 2000 ce domaine (16 ha) situé à Pouillé, sur la rive gauche du Cher, en amont de Chenonceaux. Il s'est engagé dans la défense de l'appellation touraine-chenonceaux, dont il est le président.

Un jury unanime a décerné la note maximale à ce rosé parfait. Il a aimé la robe limpide et classiquement pâle et surtout ce nez débridé qui passe en revue les fruits rouges mûrs, les fleurs blanches, le zeste d'agrumes et la brioche. Explosive, la bouche ne faiblit pas, restitue cette richesse de fruit et y ajoute beaucoup de volume, ce qu'il faut de fraîcheur et une petite douceur en finale qui attise encore la gourmandise de l'ensemble. On applaudit. ⧗ 2021-2022

⊶ GFV LUC POULLAIN, 16, rte de la Varenne, 41400 Angé, tél. 06 80 64 27 77, info@domaine-echardieres.com V r.-v.

DOM. DE LA GRANDE FOUCAUDIÈRE
Sauvignon 2020 ★

■	2000	🍾	5 à 8 €

Après avoir passé 15 ans en région parisienne, Lionel Truet est revenu en 1992 sur les terres familiales situées dans la région d'Amboise. Il conduit aujourd'hui un petit vignoble de 6 ha niché au cœur d'un parc forestier de 40 ha.

Ce 2020 jaune paille s'ouvre sans réserve sur des senteurs de fruits jaunes et de fruits exotiques. La mangue et le litchi insistent dans une bouche consistante, fraîche, parfumée de bout en bout et d'une longueur plus qu'honorable. ⧗ 2021-2023

⊶ DOM. DE LA GRANDE FOUCAUDIÈRE, La Grande Foucaudière, 37530 Saint-Ouen-les-Vignes, tél. 02 47 30 04 82, lioneltruet@orange.fr

DOM. DES HAUTS BAIGNEUX
Sanguine 2019 ★

■	5000	🍾	11 à 15 €

Nicolas Grosbois, vigneron à Chinon, et Philippe Mesnier ont repris ce domaine en 2012 : 12 ha conduits en bio sur les villages de Cheillé, Saché et Vallères, sur lesquels ils produisent du touraine-azay-le-rideau, du touraine rouge et des pétillants naturels.

Un des domaines en vue de l'appellation qui justifie sa bonne réputation avec ce 100 % cabernet franc. Au nez, des arômes mûrs mais croquants de cassis et de petits fruits rouges. Une petite sucrosité égaie une bouche harmonieuse, gourmande, flanquée de tanins croquants. ⧗ 2021-2025

⊶ SARL HAUTS BAIGNEUX, Le Pressoir, 37220 Panzoult, tél. 02 47 58 66 87, hautsbaigneux@gmail.com V t.l.j. sf sam. dim. 9h-12h 13h30-17h

DOM. JEAN-PAUL MAHIEU
Méthode traditionnelle Fines bulles de Touraine ★

●	9000	🍾	5 à 8 €

Mikaël et Angélique Mahieu ont succédé à leur père Jean-Paul à la tête du domaine familial créé en 1920. Ils cultivent 27 ha de vignes dans les appellations vouvray et touraine.

Une robe d'un rose éclatant habille cette cuvée au nez réservé, qui livre de timides notes de fruits rouges. Les arômes se font tout aussi discrets dans une bouche tactile qui séduit par son toucher crémeux et sa matière tendre et raffinée. Très élégant. ⧗ 2021-2022

⊶ EARL JEAN-PAUL MAHIEU, Les Coutières, 37210 Chançay, tél. 02 47 52 22 48, earl.jp.mahieu@gmail.com V r.-v.

JEAN-CHRISTOPHE MANDARD
Sauvignon 2020 ★

■	30000	🍾	5 à 8 €

Représentant la quatrième génération de vignerons sur le domaine, Jean-Christophe Mandard, installé en 1993, exploite 27 ha sur les premières côtes de la rive gauche du Cher, un terroir précoce riche en silex.

Six mois de cuve pour ce sauvignon au nez aimable centré sur les fruits verts et le végétal frais. Les fruits exotiques rehaussent la palette dans une bouche tendre et souple, qui puise dans sa finale minérale et mentholée un surplus d'énergie. ⧗ 2021-2023

⊶ JEAN-CHRISTOPHE MANDARD, 14, rue du Bas-Guéret, 41110 Mareuil-sur-Cher, tél. 06 64 25 14 13, mandard.jc@wanadoo.fr V r.-v.

DOM. MICHAUD Les Trois Côt 2018 ★

| 5000 | | 5 à 8 € |

Installé en 1985, Thierry Michaud exploite 25 ha de vignes (dont 80 % en AOC touraine-chenonceaux) dans la vallée du Cher et élabore de jolis vins de terroir nés de sols riches en silex. Une valeur sûre en crémant-de-loire et en touraine.

Pas de soufre ajouté dans ce côt élevé en cuve. Une nuance tuilée dans la robe trahit un début d'évolution, ce que confirme le nez qui intègre une touche de caramel sur fond de fruit mûr. Avec son attaque fraîche, ses tanins fermes et sa chair généreuse, la bouche ne manque pas de relief. On pourra l'ouvrir sans tarder sur une viande rouge saisie. ⧗ 2021-2024

SCEA MICHAUD BEAUFORT, 20, rue des Martinières, 41140 Noyers-sur-Cher, tél. 02 54 32 47 23, thierry@domainemichaud.com V t.l.j. sf dim. 9h-12h 14h-19h

DOM. OCTAVIE Gamay 2020 ★

| 20000 | | 5 à 8 € |

Cette exploitation familiale créée en 1885 tient son nom de l'arrière-grand-mère à qui ont appartenu les premières parcelles. Un domaine dirigé depuis 1988 par Isabelle Rouballay, revenue sur les terres familiales après plusieurs années dans la banque, et son époux Noë, pépiniériste de formation, qui œuvre au chai : 32 ha de vignes à la lisière de la Sologne.

Derrière une robe intense, un nez non moins intense et tonique, centré sur les fruits rouges. On aime la rondeur de l'attaque, l'intensité d'un fruit mûr mais frais et les tanins conséquents qui donnent ce qu'il faut d'assise à cette bouche généreuse. On peut le boire ou le garder quelques années. ⧗ 2021-2024

DOM. OCTAVIE, 7, rte de Marcé, 41700 Oisly, tél. 02 54 79 54 57, domaineoctavie@domaineoctavie.com V t.l.j. sf dim. 9h-12h30 14h-18h30

NICOLAS PAGET Côt Côtcerto 2019 ★★

| 3000 | | 11 à 15 € |

Le domaine est établi près de la confluence de la Loire et de l'Indre, à la lisière de la forêt de Chinon. James Paget lui a donné une bonne notoriété. Son fils Nicolas, qui lui a succédé en 2007, est à la tête d'un vignoble de 15 ha qu'il conduit désormais en bio (certification en 2014). À sa carte, du touraine, du touraine-azay-le-rideau et du chinon.

Nicolas Paget, ancien élève du conservatoire, aime filer la métaphore musicale. Le côt joue en solo une partition classique mais d'une maturité accomplie. À une robe profonde et violacée répond un nez riche, mûr, sur la griotte et le fruit confit, habilement soutenu de chêne. L'élevage enrobe une bouche conséquente, puissante, poivrée, chaleureuse, très charnue et cadrée par des tanins à la mesure de l'ensemble. De belle garde assurément. ⧗ 2022-2027

EARL DOM. PAGET, 7, rte de la Gadouillère, 37190 Rivarennes, tél. 02 47 95 54 02, domaine.paget@wanadoo.fr V r.-v. D

CAVES DU PÈRE AUGUSTE
Cuvée des Marreux 2019 ★★

| 9500 | | 5 à 8 € |

Voilà maintenant plus d'un siècle que le père Auguste, trisaïeul d'Alain Godeau, l'actuel vigneron, a creusé les caves dans le tuffeau. Ce dernier, installé en 1982 sur le domaine familial, exploite 46 ha aux portes de Chenonceaux. Ses vins sont régulièrement mentionnés dans le Guide.

Violette, pruneaux, fruits rouges bien mûrs, cuir, le nez fait preuve d'une belle complexité et d'un maturité accomplie. Ce que confirme une bouche riche, ample, ourlée de tanins encore saillants mais sans raideur qui ouvrent sur une longue finale très florale. On frôle le coup de cœur. Parfait sur un carré d'agneau. ⧗ 2021-2025 **Sauvignon 2020 ★ (5 à 8 €; 9000 b.)** Une robe limpide ourlée de reflets verts, un nez ouvert sur le melon, le sureau et les agrumes, une bouche charmeuse, tendre, bien équilibrée et d'une franchise de fruit très gourmande : un bon sauvignon. ⧗ 2021-2023

SCEA CAVES DU PÈRE AUGUSTE, 14, rue des Caves, 37150 Civray-de-Touraine, tél. 02 47 23 93 04, contact@pereauguste.com V t.l.j. 8h30-19h30; dim. 10h-12h 2 E

DOM. DE PIERRE Les Grandes Bruyères 2020 ★

| 15000 | | 5 à 8 € |

Ingénieur agricole, Lionel Gosseaume, après avoir travaillé 15 ans dans des organisations professionnelles, a sauté le pas en 2007 en reprenant en fermage 9 ha à Choussy, au cœur de la Sologne viticole. Son domaine compte aujourd'hui 33 ha.

Cinq cépages assemblés dans ce rosé pâle au nez frais et fringant qui décline des notes classiques d'agrumes, de bonbon et de fruits rouges acidulés. Le fruit coule avec souplesse et fraîcheur dans une bouche ronde, joviale, d'une séduction évidente, ponctuée d'une touche poivrée du meilleur effet. Parfait avec un carpaccio de thon. ⧗ 2021-2022

DOM. DE PIERRE, 6, chem. des Étangs, 41700 Choussy, tél. 02 54 46 44 86, info@lionelgosseaume.fr V r.-v.

DOM. DES PIERRETTES Temporel 2020 ★★

| 10000 | | 8 à 11 € |

À deux pas du château de Chaumont-sur-Loire, aujourd'hui célèbre pour son festival des Jardins, Vincent Guilbaud et Cyril Geffard sont installés depuis 2004 sur ce domaine de 25 ha, en conversion bio.

Un jury comblé par ce sauvignon séducteur, au nez emballant de fruits jaunes bien mûrs et de fleurs relevés d'une note dynamique de silex et de menthol. Du fruit, de la matière, du tonus, la bouche ne manque de rien et séduit un peu plus par sa finale aux tonalités citronnées et minérales. ⧗ 2021-2023 **Gamay Sine sulfuris 2020 ★ (20 à 30 €; 2500 b.)** Un gamay sans soufre ajouté convaincant de bout en bout : une couleur intense, un nez saturé de fruits rouges, de cerise notamment, une bouche ronde, mûre et juteuse qui conserve ce qu'il faut de fraîcheur. On l'ouvre sur le fruit. ⧗ 2021-2023

SCEA DOM. DES PIERRETTES, 9, Le Meunet, 41150 Rilly-sur-Loire, tél. 02 54 20 98 44, contact@domainedespierrettes.fr V *t.l.j. sf dim. 10h-18h*

PLOU ET FILS In situ 2020 ★★

20000 | 5 à 8 €

Les Plou cultivent la vigne depuis… 1508 sur les terres de Chargé. La propriété s'est agrandie depuis, pour couvrir un coquet vignoble de 115 ha, conduit depuis 2003 par la dernière génération.

85 % de gamay dans ce rosé croquant qui séduit dès l'entame avec son nez frais et infusé de bonbon, de raisin et de fruits rouges. Veloutée et légère, la bouche charme tout autant et restitue sans faiblir ces saveurs très gourmandes. ⧗ 2021-2022

SCEA PLOU ET FILS, 26, rue du Gal-de-Gaulle, 37530 Chargé, tél. 02 47 30 55 17, contact@plouetfils.com V *t.l.j. 9h-19h*

DOM. PRÉ BARON Malbec 2019 ★★

6000 | 5 à 8 €

Jean-Luc Mardon, héritier de quatre générations de vignerons, est un ardent défenseur des vins du secteur de la Touraine qui borde la Sologne. Aux commandes du domaine familial depuis 1995, il poursuit les efforts de son père en agrandissant le vignoble (40 ha aujourd'hui). Ses vins sont souvent en bonne place dans le Guide.

Régulièrement en vue dans ces pages pour ses blancs comme pour ses rouges, le domaine fait mouche avec un malbec brièvement élevé en cuve. D'abord fermé, le nez libère ses senteurs de fruits rouges et noirs très mûrs et de concentré de violette. Le fruit s'exprime sans entrave dans une bouche volubile, riche et mûre, serrée par des tanins extraits en douceur. Du jus et du caractère dans ce touraine exemplaire que l'on fera patienter en cave. ⧗ 2022-2027

DOM. PRÉ BARON, Le Pré Baron, 41700 Oisly, tél. 02 54 79 52 87, jean-luc.mardon@wanadoo.fr V *t.l.j. sf dim. 9h-12h30 14h30-18h30*

CH. DE QUINÇAY Sauvignon Sélection Tradition 2020 ★

40000 | 5 à 8 €

Conduit par les frères Cadart, Frédéric et Philippe, le Ch. de Quinçay commande un joli parc arboré; ses 29 ha de vignes sont implantés sur un sol riche en silex et apte à la production de vins de qualité, comme en témoignent les sélections régulières du domaine dans le Guide.

Une cuvée plaisante qui surfe sur la maturité du millésime. Le nez, typé, s'exprime avec élégance sur des notes de melon et de sureau. Ces arômes font aussi le charme d'une bouche souple et enveloppante, soulignée d'une fraîcheur discrète, qui se prolonge longuement sur le fruit mûr. Convaincant et raffiné. ⧗ 2021-2023

GAEC CH. DE QUINÇAY, 5, Quinçay, 41130 Meusnes, tél. 02 54 71 00 11, cadart@chateaudequincay.com V *t.l.j. sf dim. 9h-12h 14h-19h*

♥ DOM. CHARLY RAVENELLE Méthode traditionnelle ★★

3200 | 5 à 8 €

Depuis 1980, Charly Ravenelle est à la tête de ce domaine familial implanté à la limite de la Sologne viticole et de la grande Sologne.

Voilà une formidable occasion de faire connaissance avec les bulles peu connues de l'appellation. Tout y est élégant et de bon goût : la bulle fine, le nez discret, précis et frais, entre jasmin et agrumes, et la bouche ciselée, très pure, gourmande, d'abord tendre puis vivifiée par une pointe acidulée tonifiante. Un équilibre parfait. Apéritif de grande classe à petit prix. ⧗ 2021-2023

DOM. CHARLY RAVENELLE, 1592, rte de Touchebrault, Champdilly, 41230 Soings-en-Sologne, tél. 02 54 98 70 44, charly.ravenelle@orange.fr V *t.l.j. 9h-12h 14h-18h30; dim. 9h-12h*

DOM. JEAN-FRANÇOIS ROY Sauvignon 2020 ★

15000 | 5 à 8 €

Établi dans la commune de Lye, dans l'Indre, Jean-François Roy gère depuis 1989 un domaine dont il a porté la superficie à 30 ha, régulièrement sélectionné dans le Guide pour ses valençay, dans les trois couleurs.

Derrière une robe pâle aux reflets verts, un nez élégant aux notes de pomme chaude, de fleurs et de végétal frais. Aucune fausse note dans une bouche intensément fruitée dès l'attaque, qui déroule une matière tendre vivifiée par une finale fraîche et tonifiante. Expressif et croquant. ⧗ 2021-2023

EARL JEAN-FRANÇOIS ROY, 3, rue des Acacias, 36600 Lye, tél. 02 54 41 00 39, jfr@jeanfrancoisroy.fr V *t.l.j. sf dim. 8h30-12h 14h-18h30*

LES VAUCORNEILLES Côt 2019 ★

2500 | 8 à 11 €

Gilles Chelin, qui a repris ce domaine de 12 ha en 1998, a acquis une solide notoriété aux portes de Blois. Il propose ainsi en été une soirée «Spectacle et Vins», et le week-end de la Pentecôte un pique-nique au domaine où les vins sont offerts. Côté vigne, il intègre des méthodes biologiques à une culture raisonnée.

Le nez discret mais plaisant et mûr est centré sur les fruits rouges et les épices. Les notes de poivre et de girofle s'épanouissent dans une bouche qui séduit par sa suavité et par ses tanins tendres bien pris dans le fruit. Un côt aimable et détendu que l'on peut ouvrir ou attendre. ⧗ 2021-2025

EARL LES VAUCORNEILLES, 10, rue de l'Égalité, 41150 Onzain, tél. 06 07 98 88 45, chelin@loire-touraine-mesland-vaucorneilles.fr V *r.-v.*

TOURAINE-AMBOISE

Superficie : 165 ha
Production : 8 767 hl (83 % rouge et rosé)

De part et d'autre de la Loire, sur laquelle veille le château d'Amboise des XVe et XVIes., non loin du manoir du Clos-Lucé où vécut et mourut Léonard de Vinci, ce vignoble produit des vins rosés et rouges à partir du gamay, du côt et du cabernet franc. Ce sont des vins pleins, aux tanins légers; lorsque côt et cabernet dominent, les rouges ont une certaine aptitude à la garde. Les mêmes cépages donnent des rosés secs et tendres, fruités et bien typés. Secs, demi-secs ou moelleux selon les années, les blancs, issus de chenin, peuvent également être gardés en cave.

♥ DOM. DES BESSONS Les Silex 2019 ★★

5300 | 5 à 8 €

Établi sur la rive droite de la Loire tout près d'Amboise, François Péquin s'est lancé dans la vinification et la vente directe après son installation en 1987. Il exploite 10 ha de vignes en touraine et en touraine-amboise.

De vieilles vignes de chenin de 60 ans et un élevage sur lies de 9 mois sont à l'origine de ce coup de cœur. Rien de démonstratif au nez, mais des notes ténues, fumées, qui hésitent entre fruits frais, miel et fleurs blanches. On aime la rondeur élégante de la bouche et surtout sa tension et la pureté d'un fruit ciselé aux notes perçantes et minérales. Un bien bel ambassadeur de l'appellation. ⧗ 2021-2025

SCEA DOM. DES BESSONS, 113, rue de Blois, 37530 Limeray, tél. 02 47 30 09 10, contact@domainedesbessons.com V r.-v.

THOMAS FRISSANT Les Perruches 2019 ★

6600 | 8 à 11 €

Thomas Frissant a multiplié les expériences en France et à l'étranger (Australie, Nouvelle-Zélande) avant de s'installer en 2019, à 27 ans, en Touraine où il exploite 14 ha de vignes en conversion biologique.

Thomas Frissant fait son entrée dans le Guide avec un chenin issu des Perruches (sol argileux-siliceux à forte teneur en silex), dont on aime le nez discret et tonique et la bouche franche et dynamique, parfait compromis entre rondeur et fraîcheur. À boire avec un poisson grillé. ⧗ 2021-2024 ■ **Les Perrières 2019 ★ (20 à 30 €; 4 000 b.)** Une cuvée parcellaire élevée 7 mois en fût pour ce 2019 dont on retient le nez bien typé, entre fruits noirs et violette, et la bouche charmeuse, concentrée, ourlée de tanins fins, extraits en douceur. Déjà gourmand mais du potentiel en cave. ⧗ 2022-2027

THOMAS FRISSANT, 1, chem. Neuf, 37530 Mosnes, tél. 06 70 90 74 33, contact@thomasfrissant.com V t.l.j. sf dim. 9h-12h 14h-18h

♥ XAVIER FRISSANT La Griffe d'Isa 2019 ★★

5000 | 15 à 20 €

Installé depuis 1990 à Mosnes, en aval d'Amboise, Xavier Frissant cultive 18 ha de vignes. Un vigneron bien connu des lecteurs grâce à ses vins souvent en bonne place dans le Guide.

Un des très bons vignerons de Touraine qui soigne sa réputation avec ce 2019 élevé 12 mois sous bois. Au nez, les notes vanillées laissent respirer le fruit, cerise et mûre en tête. L'élevage pose sa patte sur une bouche séduisante, dotée d'une matière cossue idéalement cadrée par des tanins à la fois fermes et enrobés. Croquant, agréable, encore plus après un peu de garde. ⧗ 2022-2026 ■ **L'Orée des frênes 2019 ★★ (8 à 11 €; 6 000 b.)** Des petits rendements provenant d'une parcelle très caillouteuse à l'origine de ce rouge finement élevé, aux francs arômes de fruits noirs saupoudrés d'épices douces. Ronde, ample, concentrée, à la fois juteuse et structurée par des tanins d'une maturité parfaite, la bouche séduit franchement. Très gourmand. ⧗ 2022-2026

XAVIER FRISSANT, 1, chem. Neuf, 37530 Mosnes, tél. 02 47 57 23 18, xf@xavierfrissant.com V t.l.j. sf dim. 9h-12h 14h-18h

PLOU ET FILS Le Paradis 2019 ★

10 000 | 5 à 8 €

Les Plou cultivent la vigne depuis… 1508 sur les terres de Chargé. La propriété s'est agrandie depuis, pour couvrir un coquet vignoble de 115 ha, conduit depuis 2003 par la dernière génération.

Derrière une robe pâle, des arômes furtifs mais élégants centrés sur l'aubépine et les fruits jaunes. De la bouche, on retient la rondeur légère, la texture élégante, la fraîcheur bien dosée et la petite amertume stimulante en finale. Un chenin fin et élégant. ⧗ 2021-2025

SCEA PLOU ET FILS, 26, rue du Gal-de-Gaulle, 37530 Chargé, tél. 02 47 30 55 17, contact@plouetfils.com V t.l.j. 9h-19h

DOM. DE LA TONNELLERIE Manguitte 2019 ★

1500 | 8 à 11 €

Vincent Péquin a pris en 1994 la suite de quatre générations de vignerons. Situé à mi-chemin des châteaux d'Amboise et de Chaumont-sur-Loire, son petit vignoble de 4 ha est implanté sur des coteaux aux sols argilo-calcaires et argilo-siliceux.

Manguitte ? Le surnom de la grand-mère de Vincent Péquin. La vinification et l'élevage en fût marquent à peine le nez, qui diffuse d'abord de fines senteurs de fruits blancs et d'agrumes. Bien enrobée par le chêne, délicate et crémeuse, la bouche diffuse ces mêmes arômes dans un ensemble tonique et gourmand. ⧗ 2021-2025

DOM. DE LA TONNELLERIE, 71, rue de Blois, 37530 Limeray, tél. 02 47 30 13 52, vincent.pequin@orange.fr V r.-v.

TOURAINE-AZAY-LE-RIDEAU

Superficie : 46 ha
Production : 1 705 hl (44 % blanc)

Nés sur les deux rives de l'Indre, les vins ont ici l'élégance du château qui se reflète dans la rivière et dont ils ont pris le nom. Les blancs, secs à tendres, particulièrement fins et de bonne garde, sont issus du cépage chenin. Les cépages grolleau (60 % minimum de l'assemblage), gamay, côt et cabernets (au maximum 10 %) donnent des rosés secs et très friands. Les vins rouges ont l'appellation touraine.

THIERRY BESARD La Calotte 2019 ★

■	2500	🍾	5 à 8 €

Installé dans des bâtiments en tuffeau datant du milieu du XIXᵉs., Thierry Besard représente la troisième génération à la tête de ce domaine de 7,5 ha situé au confluent de l'Indre et de la Loire et à mi-chemin entre Azay-le-Rideau et Villandry.

La Calotte est le point le plus haut de la commune. Derrière une robe pâle et limpide, se dévoile un nez fin, discret, fruité et floral. La bouche se révèle tout aussi discrète mais plaisante, légère, fluide et dynamisée par un pointe de CO_2. ⧗ 2021-2023

⊶ THIERRY BESARD, 10, Les Priviers, 37130 Lignières-de-Touraine, tél. 06 45 77 30 79, thierry.besard@orange.fr V 🚶 🍷 *r.-v.* 🏠 B

DOM. DES HAUTS BAIGNEUX Clos des Brancs 2019 ★

■	2500	🛢	20 à 30 €

Nicolas Grosbois, vigneron à Chinon, et Philippe Mesnier ont repris ce domaine en 2012 : 12 ha conduits en bio sur les villages de Cheillé, Saché et Vallères, sur lesquels ils produisent du touraine-azay-le-rideau, du touraine rouge et des pétillants naturels.

Des notes grillées et fumées sur fond de fruits jaunes bien mûrs nous rappellent les 12 mois d'un élevage en barrique. Une touche de miel s'invite dans une bouche bien enrobée par le chêne mais structurée, tendue et salivante en finale. Un chenin sérieux et de belle garde. ⧗ 2022-2026

⊶ SARL HAUTS BAIGNEUX, Le Pressoir, 37220 Panzoult, tél. 02 47 58 66 87, hautsbaigneux@gmail.com V 🍷 *t.l.j. sf sam. dim. 9h-12h 13h30-17h*

NICOLAS PAGET Mélodie 2019 ★★

■	10 000	🍾	8 à 11 €

Le domaine est établi près de la confluence de la Loire et de l'Indre, à la lisière de la forêt de Chinon. James Paget lui a donné une bonne notoriété. Son fils Nicolas, qui lui a succédé en 2007, est à la tête d'un vignoble de 15 ha qu'il conduit désormais en bio (certification en 2014). À sa carte, du touraine, du touraine-azay-le-rideau et du chinon.

Aucune fausse note dans cette Mélodie, un chenin vinifié en cuve au plus prêt du fruit. Intense, aux franches notes de fruits jaunes mûrs et de fleurs blanches, le nez séduit et ouvre sur une bouche généreuse, charnue, mais tonique, ponctuée d'une petite note saline très stimulante. Du caractère et de la gourmandise. ⧗ 2021-2024

⊶ EARL DOM. PAGET, 7, rte de la Gadouillère, 37190 Rivarennes, tél. 02 47 95 54 02, domaine.paget@wanadoo.fr V 🚶 🍷 *r.-v.* 🏠 D

TOURAINE-CHENONCEAUX

Production : 1 900 hl

Couvrant les premières « côtes » des deux rives du Cher, sur vingt-sept communes de l'Indre-et-Loire et du Loir-et-Cher, le vignoble touraine-chenonceaux est, avec touraine-oisly, le plus récent des sous-ensembles délimités dans la vaste appellation touraine (2011). Conscients du potentiel de leur terroir, les vignerons ont œuvré, des décennies durant, à donner à leur vin une dimension qui les distingue de ceux de l'AOC régionale. Dans cette quête de qualité et d'authenticité, ils ont réservé l'encépagement au seul cépage sauvignon en blanc et ont privilégié le côt et le cabernet franc en rouge. Des parcelles sélectionnées, riches en silex, des rendements plus faibles, des élevages plus longs en rouge contribuent également au caractère de ces vins, des rouges amples et complexes et des blancs expressifs.

DOM. DE LA CHAISE 2019 ★

■	2400	🍾	8 à 11 €

Héritier d'une tradition qui remonte à 1850, Christophe Davault s'est installé en 2004 sur ce domaine qui couvre aujourd'hui 60 ha. L'exploitation est située sur les anciennes terres du prieuré de La Chaise, déjà plantées en vignes par les moines au Xᵉs.

Pas de bois dans ce 2020 dont on aime le nez bien typé, aux notes de fruits noirs, et la bouche d'abord volumineuse, réhaussée d'une belle acidité et cadrée par des tanins jeunes et fermes. Complet, structuré, un chenonceaux bien typé qui gagnera en harmonie avec un peu de garde. ⧗ 2022-2026

⊶ DOM. DE LA CHAISE, 37, rue de la Liberté, 41400 Saint-Georges-sur-Cher, tél. 06 78 57 12 28, domainedelachaise@orange.fr V 🚶 🍷 *r.-v.*

DOM. JOËL DELAUNAY La Voûte 2019 ★

■	10 000	🍾	11 à 15 €

Joël Delaunay s'est lancé dans la vente en bouteilles en 1970. Ce vigneron réputé de l'AOC touraine a cédé en 2003 à son fils Thierry et à son épouse Marie l'exploitation, située sur la première côte de la vallée du Cher, qui couvre 40 ha aujourd'hui. Une valeur sûre.

Fin et complexe, le nez passe en revue les fruits exotiques, la groseille à maquereaux et le sureau, soutenus par une note fumée. Infusée de fruits, la bouche possède la chair et l'amplitude du millésime mais y ajoute une touche de fraîcheur bien sentie qui donne ce qu'il faut d'énergie à l'ensemble. Un sauvignon généreux. ⧗ 2021-2023

⊶ SARL JOËL DELAUNAY, 48, rue de la Tesnière, 41110 Pouillé, tél. 02 54 71 45 69, contact@joeldelaunay.com V 🚶 🍷 *t.l.j. sf dim. 9h-12h 14h-17h30 ; sam. 10h-12h 14h-17h*

CAVES DU PÈRE AUGUSTE 2019 ★

10 600 | 8 à 11 €

Voilà maintenant plus d'un siècle que le père Auguste, trisaïeul d'Alain Godeau, l'actuel vigneron, a creusé les caves dans le tuffeau. Ce dernier, installé en 1982 sur le domaine familial, exploite 46 ha aux portes de Chenonceaux. Ses vins sont régulièrement mentionnés dans le Guide.

Fruits exotiques, genêt, buis, clémentine, herbe fraîche, le nez a inspiré le jury. Riche, enveloppante, très aromatique et longue, la bouche n'en reste pas moins fraîche et laisse le souvenir d'un sauvignon totalement épanoui et très séduisant. ⧗ 2021-2023

SCEA CAVES DU PÈRE AUGUSTE, 14, rue des Caves, 37150 Civray-de-Touraine, tél. 02 47 23 93 04, contact@pereauguste.com t.l.j. 8h30-19h30; dim. 10h-12h

♥ LES PIERRES D'AURÈLE 2019 ★★

6 000 | 8 à 11 €

Un jeune domaine fondé en 2010 par Pierre-André Frot, dont les vignes s'étendent sur près de 22 ha en appellations touraine et touraine-chenonceaux.

Premier coup de cœur pour le domaine avec cet assemblage côt-cabernet franc qui a bien profité des chaleurs du millésime. Affiné par 12 mois d'un élevage partiel en vieux fûts, le nez séduit par ses arômes expansifs de cerise bigarreau et de sous-bois. Une plénitude de fruit qui fait le charme d'une bouche bien élevée, douce et charnue à l'attaque, intégrant sans mal de beaux tanins enrobés. Solaire et voluptueux, il donne déjà beaucoup de plaisir mais offre aussi du potentiel en cave. ⧗ 2021-2025

SARL LES PIERRES D'AURÈLE, 1, la Chauverie, 41400 Saint-Georges-sur-Cher, tél. 02 54 75 94 73, pierre@lespierresdaurele.com t.l.j. sf dim. 9h30-19h30

DOM. DE LA ROCHETTE 2019 ★

4 000 | 8 à 11 €

Établi dans le joli village viticole de Pouillé, sur la rive gauche du Cher, Vincent Leclair a pris la suite de son père François en 2014, à la tête d'une exploitation qui conjugue la modernité du chai avec la tradition des caves creusées dans le tuffeau. Le vignoble couvre 53 ha.

Un appoint de 20 % de cabernet auprès du côt dans ce 2019 vinifié sans soufre ajouté. Sur la réserve, le nez dispense des notes ténues de fruits rouges et noirs mâtinés d'épices douces. Le fruit s'émancipe dans une bouche jeune, encore fermement tannique mais qui possède ce qu'il faut de chair pour faire une belle bouteille après une courte garde. ⧗ 2022-2024

SARL DOM. DE LA ROCHETTE, 79, rte de Montrichard, 41110 Pouillé, tél. 02 54 71 44 02, info@vin-rochette-leclair.com t.l.j. sf dim. 8h-17h; sam. 9h-12h

CH. DE VALLAGON 2019 ★

18 100 | 8 à 11 €

Fondée en 1961, la Confrérie des Vignerons de Oisly et Thésée est une coopérative qui réunit une vingtaine d'adhérents pour 232 ha de vignes en AOC cheverny et touraine. Une « coop » innovante, l'une des premières de Loire à avoir investi dans la thermorégulation, en 1975, et plate-forme d'essais en microbiologie pour l'Institut technique de la vigne et du vin (ITV) de Tours.

On aime la robe limpide, le nez débridé et tonique qui fleure bon le fruit de la Passion, la mandarine et le gazon frais, puis la bouche enlevée, riche et ronde, tonifiée par une belle acidité qui lui donne vigueur et relief. La longue finale sur le zeste de pamplemousse et le poivre blanc ponctue en beauté ce sauvignon convaincant. ⧗ 2021-2024

SCA CAVES DE LA LOIRE, Site de Oisly, 5, rue du Vivier, 41700 Oisly, tél. 02 54 79 75 20, agnes.bardet@uapl.fr t.l.j. sf lun. dim. 9h-12h 14h-18h; visite cave sur r.-v.

TOURAINE-MESLAND

Superficie : 100 ha
Production : 5 105 hl (82 % rouge et rosé)

Sur la rive droite de la Loire, au nord de Chaumont et en aval de Blois, le vignoble est implanté sur des sols perrucheux (argile à silex à couverture localement sableuse du miocène, ou limono-sableuse). Les rouges, très majoritaires, sont issus du gamay assemblé à du cabernet et à du côt : ils sont bien structurés. Les blancs doivent contenir une majorité de chenin, éventuellement complété de chardonnay et de sauvignon.

DOM. DE LA BESNERIE 2020 ★

3 000 | 5 à 8 €

Frédéric Pironneau a repris en 2008 les rênes du domaine (16 ha) acheté et remis en état à partir de 1976 par ses parents.

Chenin et chardonnay associés dans ce blanc au nez fringant et séduisant, entre bonbon et fruits jaunes frais. Sans artifice, souple, fruitée, directe, la bouche donne à croquer sans retenue ce fruit frais et intense. Un joli blanc de soif. ⧗ 2021-2023

DOM. DE LA BESNERIE, 41, rte de Mesland, La Besnerie, 41150 Monteaux, tél. 02 54 70 23 75, pironneau.f@wanadoo.fr r.-v.

AMÉLIE ET FRANK COCTEAUX 2020 ★★

57 400 | - de 5 €

Issu d'une famille champenoise, et diplôme d'œnologie en poche, Franck Cocteaux a posé ses valises à Fleuray en Touraine en 1991. Avec son épouse Amélie, il exploite un vaste vignoble et produit des vins effervescents et tranquilles en crémant-de-loire et dans les appellations de Touraine.

Le gamay dominant dans ce rosé pimpant, à peine teinté, aux arômes fruités et floraux relevés de thym. Une pointe de vivacité titille un palais tendre et léger, aux arômes discrets et acidulés. Simple et alerte. ⧗ 2021-2022

LOIRE

FRANCK COCTEAUX, 21, rte de Mesland, 37530 Cangey, tél. 02 47 30 01 44 t.l.j. sf dim. 8h-12h 13h30-18h30; sam a.-m. sur r.-v.

DOM. DE RABELAIS 2020 ★

	6200		5 à 8 €

La famille Chollet est installée à Onzain depuis 1720. À la tête d'un vignoble de 20 ha situé face au splendide château de Chaumont-sur-Loire, Cédric Chollet perpétue cette tradition viticole depuis 1999.

Le chenin épaulé par le chardonnay et une touche de sauvignon dans ce blanc pâle et limpide, au nez friand de fruits blancs frais. Le fruit ne faiblit pas dans une bouche tendre et ronde à l'attaque, fraîche et franche en finale. ⧗ 2021-2023 ■ **2020 ★ (5 à 8 €; 8600 b.)** Une robe d'un rose pâle brillant, un nez volubile, gourmand, centré sur les petits fruits rouges frais nuancés de cannelle, l'entame est prometteuse. Acidulée mais attendrie par un fond de douceur séduisant, la bouche restitue la gourmandise perçue à l'olfaction. ⧗ 2021-2022

DOM. DE RABELAIS, 60, rue de Meuves, 41150 Onzain, tél. 02 54 20 88 91, cedric.chollet0980@orange.fr t.l.j. sf lun. mar. mer. 10h-12h 15h-18h; dim. 10h-12h

DOM. DES TERRES NOIRES 2020 ★★

	4000		- de 5 €

Régulièrement mentionné dans le Guide pour ses touraine-mesland (dans les 3 couleurs), ce domaine, conduit par les 3 frères Rediguère depuis 1993, s'étend sur 21 ha.

Aucune fausse note dans ce blanc séduisant de bout en bout : un nez appétant de fruits frais, une bouche énergique, croquante, aussi ronde que fraîche, qui étire longuement le fruit en finale. Un mesland des plus harmonieux. ⧗ 2021-2023 ■ **2020 ★ (5 à 8 €; 6000 b.)** Beaucoup de couleur et de fruit dans ce rouge volubile, au nez pimpant de fruits noirs et rouges agrémentés d'une touche fumée. Le fruit s'exprime avec autant d'intensité dans une bouche déliée, souple, dotée d'une sucrosité discrète et de tanins soyeux. En un mot, gourmand. ⧗ 2021-2023

GAEC DES TERRES NOIRES, 77, rue de Meuves, 41150 Veuzain-sur-Loire, tél. 02 54 20 72 87, gaec.terres.noires@orange.fr r.-v.

TOURAINE-NOBLE-JOUÉ

Superficie : 28 ha / Production : 1 908 hl

Présent à la cour du roi Louis XI, le noble-joué est au sommet de sa renommée au XIXᵉs. Grignoté par l'urbanisation de la ville de Tours, le vignoble, qui faillit disparaître, renaît sous l'impulsion de vignerons qui le reconstituent. Ce vin gris, issu des pinot meunier, pinot gris et pinot noir, a été reconnu en AOC.

VINCENT DUPUY 2020 ★

	30000		5 à 8 €

Vincent a rejoint son père Antoine Dupuy en 2007 pour exploiter les 12 ha de vignes de ce domaine dans leur famille depuis cinq générations.

L'appellation, fief du pinot meunier, est dignement représentée par ce 2020 saumoné, au nez fringant, floral et fruité. Des notes de plantes aromatiques ajoutent un brin de complexité à une bouche harmonieuse, de bonne longueur, aussi tendre que fraîche. ⧗ 2021-2022

EARL VINCENT DUPUY, 17, Le Vau, 37320 Esvres-sur-Indre, tél. 06 83 14 22 83, dupuy.vignerons@orange.fr r.-v.

BOURGUEIL

Superficie : 1 356 ha / Production : 69 234 hl

Rouges et parfois rosés, les bourgueils sont produits à partir du cépage cabernet franc (breton), à l'ouest de la Touraine et aux frontières de l'Anjou, sur la rive droite de la Loire. Racés, dotés de tanins élégants, ils ont une très bonne aptitude au vieillissement, après une cuvaison longue, s'ils proviennent des sols sur tuffeau jaune des coteaux : au moins dix ans pour les meilleurs millésimes. Ils sont plus gouleyants et fruités s'ils proviennent des terrasses aux sols graveleux à sableux.

B YANNICK AMIRAULT Le Grand Clos 2019 ★★

	7300		15 à 20 €

Présent en saint-nicolas et en bourgueil, Yannick Amirault, rejoint en 2003 par son fils Benoît, fait partie des valeurs sûres de ces 2 appellations. Les 19 ha du domaine sont aujourd'hui conduits en bio.

Issu d'un terroir historique de l'appellation, le Grand Clos, harmonieusement travaillé au chai – 12 mois d'élevage en tonneaux (75 %) et en jarres – se signale par une étonnante maturité de ses arômes fruités, discrètement enrichis d'épices douces. La bouche affiche beaucoup d'étoffe et de fraîcheur sans manquer de rondeur et de suavité, le tout soutenu par des tanins fermes mais au grain fin. De l'harmonie à revendre pour ce bourgueil très racé. ⧗ 2023-2028 ■ **Cote 50 2019 ★★ (11 à 15 €; 14000 b.)** B Un vin centré sur les fruits noirs bien mûrs, d'une belle concentration en bouche, doté de tanins soyeux et d'une chair délicate, celle que transmet son terroir de graviers. ⧗ 2022-2026

EARL YANNICK ET NICOLE AMIRAULT, 1, rte du Moulin-Bleu, 37140 Bourgueil, tél. 02 47 97 78 07, info@yannickamirault.fr r.-v.

HENRI BOURDIN Cuvée du Grand-Père 2019 ★

	3895		5 à 8 €

Henri Bourdin, installé en 1991 à la suite de son père, fondateur du domaine en 1948, privilégie l'accueil et la vente directe à la propriété. Les 14,5 ha de vignes sont morcelés, répartis sur les appellations bourgueil et saint-nicolas, ce qui permet au vigneron de vinifier par terroir : argilo-calcaire, graviers, sables.

Il ne faut pas craindre d'aérer ce vin avant dégustation. Ce sera le meilleur moyen de mettre en évidence ses qualités organoleptiques, en particulier ses arômes de griotte, prélude à une bouche ronde et tendre, dotée de tanins délicats et fondus. ⧗ 2021-2025

EARL HENRI BOURDIN, 7, rue du Bourg-de-Paille, 37140 Bourgueil, tél. 02 47 97 96 69, bourdin.henri37@orange.fr t.l.j. sf dim. 8h-12h30 14h-18h. f. 1-15 août.

Ⓑ CLOS DE L'ABBAYE 2019 ★

■	13 000	🍾	8 à 11 €

Ancien vignoble de l'abbaye bénédictine de Bourgueil, qui aurait acclimaté le cabernet franc en Touraine au XIe s., le Clos est la propriété de la congrégation des sœurs de Saint-Martin depuis 1975. Les vignes (quelque 7 ha) louées à Jean-Baptiste Thouet et Michel Lorieux sont cultivées selon les canons de l'agriculture biologique. En 2018, Jérémy Lorieux, le fils de Michel, a repris les rênes de l'exploitation.

Ce 2019 élevé 6 mois en cuve s'affiche, conquérant, dans une intense tenue rouge sombre. Le nez, puissant, exalte les fruits noirs et la violette. L'annonce d'une bouche dense et de belle longueur, dont le soyeux a de quoi séduire le plus exigeant des palais. Présents, mais sans excès, les tanins participent à l'harmonie de ce bourgueil très réussi. ⧗ 2022-2027

SCEA DE LA DÎME, 6, av. Le Jouteux, 37140 Bourgueil, tél. 02 47 97 76 30, closdelabbaye@wanadoo.fr V 🚶 🍷 *t.l.j. sf dim. 10h-12h30 15h-18h30*

Ⓑ CLOS DES QUARTERONS Grand Mont 2020 ★★

■	6 500	🛢🍾	20 à 30 €

Installé en Touraine occidentale sur une terrasse ancienne de la Loire, ce domaine, dans la même famille depuis six générations, est bien connu des lecteurs du Guide pour ses saint-nicolas-de-bourgueil. Agnès et Xavier Amirault – qui a pris la suite de son frère Thierry en 2011 – exploitent aujourd'hui plus d'une quarantaine d'hectares en agriculture biologique et biodynamique. En 2020, ils se associés à leur chef de culture, Jean-François Roit-Levêque, pour acquérir des vignes sur les très beau terroirs du Clos de la Gaucherie à Restigné (4 ha), complété par 1 ha sur le lieu-dit Grant-Mont, réputé pour son sol argilo-calcaire.

Premier millésime pour ce Grand Mont et une belle réussite. Enraciné sur un magnifique terroir argilo-calcaire, le breton, bichonné 16 mois en fût, délivre toutes ses harmonies. Outre le port grâcieux de sa brillante robe pourpre, il séduit par son fruité ardent et profond, par sa fraîcheur en bouche, sa puissance contrôlée autour de tanins fermes mais fins et sa grande longueur. Un bourgueil racé et élégant, bâti pour durer. ⧗ 2023-2030

EARL CLOS DES QUARTERONS (AMIRAULT), 42, av. Saint-Vincent, 37140 Saint-Nicolas-de-Bourgueil, tél. 02 47 97 75 25, audrey@clos-des-quarterons.com V 🍷 *t.l.j. sf dim. lun. 10h-12h30 14h30-18h*

ESTELLE & RODOLPHE COGNARD Caudalies 2017 ★

■	3 000	🛢🍾	15 à 20 €

Créée en 1973 à partir de 1 ha par Lydie et Max Cognard, cette exploitation située à Chevrette, un petit hameau de Bourgueil à la limite de Saint-Nicolas, s'étend désormais sur 15 ha. Depuis 2013, les enfants, Estelle et Rodolphe, ont pris le relais et engagé la conversion bio. Une valeur sûre en bourgueil et en saint-nicolas.

Ce Caudalies tord le cou aux contempteurs du millésime 2017, jugé souvent austère. Vingt mois d'élevage en fût l'ont certes quelque peu marqué à ce stade, sans pour autant effacer une matière suave et dense, étayée par des tanins bien extraits. Un joli vin de garde. ⧗ 2023-2028

SCEA ESTELLE ET RODOLPHE COGNARD, 3, lieu-dit Chevrette, 37140 Saint-Nicolas-de-Bourgueil, tél. 02 47 97 76 88, vins.cognard@orange.fr V 🚶 🍷 *t.l.j. sf dim. 9h-12h30 13h30-18h; sam. sur r.-v.* 🏠 Ⓔ

DOM. DUBOIS L'Intrigue 2018 ★★

■	12 000	🍾	8 à 11 €

Depuis son installation en 2002 sur le domaine (12 ha aujourd'hui) créé par son père Serge en 1973, Mickaël Dubois fait preuve d'une remarquable constance dans la qualité avec ses bourgueil denses et racés.

Belle pluie d'étoiles pour le domaine. Honneur à cette Intrigue née de vieilles vignes de 70 ans. Un bourgueil grenat profond, qui exprime avec vigueur un large fruité gorgé de myrtille sur fond de nuances florales. Une attaque réglissée ouvre sur une bouche franche, fraîche, très souple et très longue, dotée de tanins parfaitement fondus et d'une finale ronde et veloutée. ⧗ 2021-2026 ■ **Vieilles Vignes 2019 ★ (8 à 11 €; 7 000 b.)** Au nez, des arômes gourmands de fruits noirs cuits. En bouche, de la longueur et un bel équilibre autour de tanins soyeux et caressants. Harmonieux. ⧗ 2022-2026

EARL DOM. DUBOIS, 62 bis, rue de Lossay, 37140 Restigné, tél. 02 47 97 31 60, domaine.dubois@orange.fr V 🚶 🍷 *r.-v.*

DOM. DUVAL VOISIN 2019 ★

■	9 300	🍾	5 à 8 €

Installée dans le paysage ligérien depuis 1932, cette exploitation familiale de 12 ha (certifiée HVE) ajoute à ses activités vitivinicoles celle de pépiniériste (500 000 boutures par an), ce qui facilite le choix des plants et des porte-greffes pour le domaine.

Ce bourgueil franc de goût convoque un fruité intense à l'olfaction (framboise et mûre). Fruité qui se prolonge avec persistance dans une bouche déliée, souple, et ronde, étayée par des tanins fins. ⧗ 2021-2026

DOM. DUVAL VOISIN, 6, rue de Fontenay, Ingrandes-de-Touraine, 37140 Coteaux-sur-Loire, tél. 02 47 96 95 91, duvalvoisin@orange.fr V 🚶 🍷 *r.-v.* 🏠 Ⓑ

LAURENT FAUVY 2019 ★

■	4 000	🍾	5 à 8 €

Héritier de quatre générations vigneronnes, Laurent Fauvy est un vigneron discret, installé à Benais depuis 1991, dont les bourgueil sont souvent mentionnés dans le Guide.

Un joli bourgueil, dont les avenantes séductions reposent sur l'intensité de ses arômes de fruits rouges au nez comme en bouche, sur sa fraîcheur alerte, sa souplesse et sa légèreté. Un vin convivial et facile à aimer, à boire sur le fruit. ⧗ 2021-2024

EARL LAURENT FAUVY, 7, LE Machet, 37140 Benais, tél. 02 47 97 46 67, earl.fauvy.laurent@wanadoo.fr V 🚶 🍷 *r.-v.*

DOM. DES GÉLÉRIES Le Rosé des Géléries 2020 ★

■	5 400	🍾	5 à 8 €

Appartenant aux familles Meslet, Thouet et Rouzier, ce domaine fondé en 1913, très régulier en qualité,

se répartit sur plus de 32 ha, 45 parcelles et 3-appellations : chinon, bourgueil et saint-nicolas. Il est conduit depuis 2012 par Germain Meslet. Certifié HVE depuis 2020.

Ce rosé des Géleries, issu de cabernet franc enraciné sur un terroir de sables et graviers, séduit d'emblée par son nez discret mais fin de petits fruits rouges et blancs. Un fruité prolongé par une bouche souple, fine et fraîche qui ne manque pas de rondeur. En un mot, équilibré. ⧗ 2021-2022

EARL DOM. DES GÉLÉRIES, 4, rue des Géléries, 37140 Bourgueil, tél. 02 47 97 74 83, domainedesgeleries@orange.fr V *t.l.j. sf dim. 9h-12h 14h-18h30*

VIGNOBLE DE LA GRIOCHE
Prestige 2019 ★

■ | 4000 | 5 à 8 €

Stéphane Breton a pris la suite de son père Jean-Marc en 2012 à la tête d'un domaine de 16 ha (en bio certifié) implanté sur les sols argilo-calcaires et sableux de Restigné, importante commune du Bourgueillois.

Né de ceps de 50 ans, ce vin séduit par sa palette franche de fruits à noyaux relevés d'une touche épicée. On aime aussi sa bouche déliée, souple, fraîche et bien fruitée. Un bourgueil aérien, à boire sur le fruit. ⧗ 2021-2024 ■ **Santenay 2020 ★ (5 à 8 €; 18 000 b.)** Une cuvée dotée d'un élégant fruité au nez comme en bouche, très plaisante aussi par sa souplesse, ses tanins fins et fondus et sa fine acidité qui stimule une finale de bonne longueur. ⧗ 2021-2024

STÉPHANE BRETON, Vignoble de la Grioche, 19, rue les Marais, 37140 Restigné, tél. 06 66 48 51 38, bretonstephane@orange.fr V *r.-v.*

DOM. GUION Cuvée Domaine 2019 ★★

■ | 18 000 | 8 à 11 €

Les Guion ont été des pionniers de la culture biologique en Val de Loire en adoptant cette démarche dès 1965. Stéphane, qui conduit désormais le vignoble, après de solides études viticoles et une expérience en Bordelais, reste fidèle à cette orientation.

Issue d'un terroir argilo-calcaire, cette cuvée sombre et intense déploie un fruité non moins soutenu à l'olfaction. La bouche affiche un bel équilibre entre un fruité charmeur, une fraîcheur gouleyante et des tanins fins. Parfait « vin de copains », souple et délié, que l'on déguste sans se « prendre la tête ». ⧗ 2021-2024

STÉPHANE GUION, 3, rte de Saint-Gilles, 37140 Benais, tél. 06 68 70 20 77, contact@domaineguion.com V *r.-v.*

ARNAUD HOUX
Cuvée de la Chopinière 2019 ★

■ | 5000 | 5 à 8 €

Cette propriété de Restigné régulièrement mentionnée dans le Guide compte 22 ha de vignes implantées sur des sols argilo-calcaires. Arnaud Houx, à la tête du domaine familial depuis 2008, conserve les vins jugés «de garde» dans une cave taillée dans le roc.

Ce joli bourgueil, baptisé du nom de sa parcelle de tuffeau et d'argilo-calcaire qui l'a vu naître, s'ouvre sans réserve sur les fruits noirs et rouges. Harmonieuse et de bonne longueur, équipée de tanins fondus, la bouche dévoile un profil charmeur et une rondeur canaille. ⧗ 2021-2025

ARNAUD HOUX, 21, rue des Clos-Barbins, 37140 Restigné, tél. 06 32 76 60 19, arnaud.houx@yahoo.com V *r.-v.*

♥ DOM. DE LA JACQUELINIÈRE
Cuvée Gabriel 2019 ★★

■ | 2880 | 11 à 15 €

Picard d'origine, Emmanuel Trigaux rencontre la tourangelle Marion et décide de changer de voie. Ce sera la vigne après une formation au lycée d'Amboise en 2016 et un stage chez Frédéric Mabileau. Il débute avec les quelques ares de son beau-père Yves Mureau, vigneron retraité, puis s'agrandit petit à petit. Il conduit aujourd'hui un vignoble de 6 ha sur Restigné et Benais.

Une première dans le Guide pour ce néo-vigneron de 47 ans, et quelle première ! Une entrée en fanfare avec cette cuvée qui porte le prénom de son fils. Un bourgueil élevé 9 mois en cuve qui s'ouvre doucement à l'aération sur la fraise et la confiture de myrtilles. La bouche se fait plus prolixe sur le fruit et séduit par sa souplesse, sa grande fraîcheur et par la finesse et le soyeux remarquables de ses tanins. «Le petit coup de soleil avant le vrai soleil» cher à Jean Carmet, enfant de Bourgueil. ⧗ 2021-2025

DOM. DE LA JACQUELINIÈRE, 3, rue de la Jacquelinière, 77140 La-Chapelle-sur-Loire, tél. 06 71 60 63 13, etrigaux@hotmail.fr V *r.-v.*

MAISON JAMET
Un coup de Breton 2018 ★

■ | 7000 | 8 à 11 €

Annick et Francis Jamet ont créé leur domaine en 1986 : 10 ha au départ, 26 aujourd'hui, sur lesquels sont produits du saint-nicolas-de-bourgueil et du bourgueil, mais aussi de l'anjou blanc. Après une expérience commerciale export pour une maison saumuroise, François, le fils, revient au domaine en 2001. Il est rejoint en 2008 par son frère Antoine qui a fait ses armes en Australie et en Espagne. En 2012, la fratrie reprend le Clos du Vigneau (saint-nicolas), dans la famille de leur cousin Alain Jamet depuis 1820 et maison-mère familiale. Une structure de négoce complète l'activité.

Une cuvée issue du négoce, dont l'étiquette évoque clairement Hergé. Ce Coup de Breton va à l'essentiel : du fruit et encore du fruit, pour un plaisir simple et sans chichi. Frais, tout en souplesse, velouté et légèrement suave, adossé à des tanins très « soft », ce bourgueil très «ligne claire» affirme sans détour sa nature friande. ⧗ 2021-2024 ■ **Dom. des Vallettes Vieilles Vignes 2018 ★ (8 à 11 €; 18 000 b.)** Deux ans d'élevage en fût pour cette cuvée née d'une vendange bien mûre de vieilles vignes de 60 ans. Au nez, un doux fruité anobli de discrètes fragrances vanillées. En bouche, un bel équilibre entre fraîcheur, rondeur et tanins souples et soyeux. ⏳ 2021-2025

EARL JAMET, Les Vallettes, 37140 Saint-Nicolas-de-Bourgueil, tél. 02 47 97 44 44, contact@vallettes.com V *t.l.j. sf dim. 9h-12h 14h-18h*

DOM. DES MAILLOCHES 2020 ★★

15 000		5 à 8 €

Propriété familiale depuis huit générations, dont le vignoble uniquement constitué de cabernet franc est implanté sur trois types de sols : sables, graviers et argilo-calcaires. C'est Samuel Demont qui dirige le domaine (26 ha en conversion bio) depuis 2002.

Ce rosé élégant se présente dans une tenue pâle légèrement saumonée. Le pimpant prélude à une belle harmonie reposant sur des arômes fruités et une bouche souple, fine et fraîche. ⏳ 2021-2022

SCEA DOM. DES MAILLOCHES, 40, rue de Lossay, 37140 Restigné, tél. 02 47 97 33 10, demont-j.f@wanadoo.fr V *r.-v.* D

B BERTRAND & VINCENT MARCHESSEAU Funambule 2019 ★★

40 000		11 à 15 €

Les frères Bertrand et Vincent Marchesseau ont repris l'exploitation familiale en 2001. Conduit en bio (certification en 2015), leur vignoble (22 ha) couvre trois appellations : bourgueil, saint-nicolas-de-bourgueil et chinon.

Funambule ? Un bourgueil en équilibre entre des terroirs d'argiles et de graviers-sables. Un équilibre très assuré dans le verre : nez franc et intense de fruits rouges relevés de poivre, bouche ample, fraîche et longue, épaulée par des tanins soyeux et un boisé bien dosé. ⏳ 2022-2027 ■ **Roc'Collection 2018 ★★ (11 à 15 €; 10 000 b.)** B Référence au terroir calcaire qui l'a vu naître, ce bourgueil issu de vignes de 60 ans déploie un joli bouquet de fruits rouges et noirs sur fond de boisé et de menthol, relayé par un palais souple et frais en attaque, plus solide et ferme dans son développement. À mettre en cave. ⏳ 2023-2028

SARL MARCHESSEAU FILS, 16, rue de l'Humelaye, 37140 Bourgueil, tél. 02 47 97 47 72, contact@vinmarchesseau.fr V *t.l.j. sf dim. 9h-12h 14h-18h; sam. sur r.-v.*

B DOM. MÉNARD Le Jardin des Raisins 2019 ★

3 500		8 à 11 €

Patricia et Hervé Ménard conduisent de concert ce domaine de quelque 3 ha aujourd'hui converti au bio. Le couple travaille l'ensemble des sols à l'aide de chevaux de trait.

Né sur un sol de sables et de graviers, ce vin d'une agréable typicité s'exprime au nez par des arômes francs et frais de fruits rouges et noirs. Un fruité que prolonge une bouche ample, généreuse, structurée par des tanins fermes. Du caractère et du potentiel. ⏳ 2023-2028

HERVÉ ET PATRICIA MÉNARD, 6, rue de l'Échelle, 37140 Bourgueil, tél. 02 47 97 72 65, hp.menard@sfr.fr V *r.-v.* C

DOM. DES OUCHES Igoranda 2019 ★

20 000		8 à 11 €

Établis à Ingrandes, village qui marque la limite entre les anciens duchés d'Anjou et de Touraine, les Gambier cultivent la vigne depuis huit générations, avec Thomas et Denis aujourd'hui. Leur domaine couvre 16 ha. Une valeur sûre de l'appellation bourgueil.

Igoranda ? Le nom donné à la frontière entre les anciens duchés d'Anjou et de Touraine. Une cuvée souvent en vue dans ces pages, qui nous revient en pleine forme dans le millésime 2019 : jolie robe pourpre aux reflets violines, nez bien ouvert sur les fruits à noyaux, palais ample et bien structuré par des tanins fins et un élevage partiel en foudres. Un bourgueil gracieux et harmonieux. ⏳ 2022-2026

EARL DOM. DES OUCHES, 3, rue des Ouches, Ingrandes-de-Touraine, 37140 Coteaux-sur-Loire, tél. 02 47 96 98 77, contact@domainedesouches.com V *t.l.j. sf dim. 10h-12h 14h-18h30*

B DOM. DU PETIT BONDIEU Petit Mont 2019 ★

14 000		8 à 11 €

Installée à Restigné, la famille Pichet s'évertue depuis quatre générations à produire des vins au plus près de la nature et des terroirs. Le domaine, qui s'étend sur 23 ha aujourd'hui, est géré par Thomas et son père Jean-Marc, conduit en bio certifié depuis le millésime 2013. Des vins d'une grande régularité dans la qualité.

Sur un sol de tuffeau, de vieux bretons quasi centenaires ont produit un Petit Mont 2019 qui s'affiche dans une belle tenue rouge sombre. Passé une note animale, le nez évoque les fruits noirs relevés d'épices (girofle). La bouche se montre ronde et suave, portée par des tanins denses et veloutés. ⏳ 2022-2026 ■ **Céleste 2020 ★ (5 à 8 €; 50 000 b.)** B Un bourgueil issu d'un sol de graviers qui s'ouvre, sans réserve, sur de fraîches saveurs fruitées, relayées par un palais de belle intensité, frais, long, doté de tanins fins. ⏳ 2021-2025 ■ **Les Couplets 2019 ★ (11 à 15 €; 5 300 b.)** B Un vin ample et puissant, qui a bien négocié sa rencontre avec la barrique. Encore un peu sévère en finale toutefois, il doit reposer en cave. ⏳ 2023-2027

SCEA THOMAS PICHET, 30, rte de Tours, Le Petit Bondieu, 37140 Restigné, tél. 02 47 97 33 18, thomaspichet@orange.fr V *t.l.j. sf dim. 9h-12h30 14h-18h30* 3 B

DOM. DU PETIT SOUPER Vieilles Vignes 2019 ★

12 000		5 à 8 €

Situé dans la nouvelle commune de Coteaux-sur-Loire, le domaine de Thierry Dupuis (installé en 1992) se distingue régulièrement pour ses bourgueil, en rouge comme en rosé.

Ces vieilles vignes ont 55 ans. Elles ont enfanté un bourgueil d'un pourpre intense, ouvert sur des arômes de fruits noirs frais. Un fruité auquel fait écho une bouche ample, franche et longue, structurée par des tanins fermes qui lui confèrent une belle mâche et un profil musclé propre aux cabernets enracinés sur l'argilo-calcaire. ⏳ 2023-2028 ■ **Rosé des Sables 2020**

LOIRE

★ **(5 à 8 €; 3300 b.)** Un rosé très aromatique, tout en fruits (fraise mûre, poire), agrémenté d'une petit note amylique, riche et vineux en bouche. ⧗ 2021-2022

EARL DUPUIS (DOM. DU PETIT SOUPER), 13, rue de la Barbinière, Saint-Patrice, 37130 Coteaux-sur-Loire, tél. 02 47 96 97 46, earl.thierrydupuis@gmail.com V r.-v.

DOM. LES PINS Vieilles Vignes 2019 ★★

■ | 8000 | | 11 à 15 €

Depuis cinq générations, la famille Pitault-Landry exploite ce domaine créé en 1890 (certifié HVE). Aujourd'hui, il est conduit par le tandem Philippe Pitault et son frère Christophe. Couvrant 34 ha, les vignes entourent les bâtiments, dont une bâtisse du XVᵉs. Une valeur sûre en bourgueil comme en saint-nicolas.

Solide référence du Bourgueillais, ce domaine propose une cuvée de haute expression, issue de vignes de 40 ans. Un vin élaboré avec soin autour d'un fruité intense né d'une vendange mûre, rond, généreux et suave en bouche, avec en soutien des tanins fermes qui appellent la garde. ⧗ 2023-2027

SCEV PITAULT-LANDRY ET FILS, Dom. les Pins, 8, rte du Vignoble, 37140 Bourgueil, tél. 02 47 97 47 91, pitaultlandry@orange.fr V r.-v.

JOËL TALUAU Passion 2019 ★

■ | 25000 | | 5 à 8 €

Joël et Clarisse Taluau se sont installés en 1970 sur 2,2 ha; ils ont été rejoints en 1993 par leur fille Véronique et leur gendre Thierry Foltzenlogel, rejoints par leurs enfants Nicolas et Mélanie. Valeur sûre des appellations bourgueil et saint-nicolas, ce domaine de 32 ha (certifié HVE3) se distingue régulièrement dans le Guide.

Intense, le mot revient à tous les stades de la dégustation : intensité d'une robe rubis, intensité d'un nez bien ouvert sur les fruits noirs, sur la mûre notamment, intensité d'une bouche fruitée, fraîche et franche. ⧗ 2022-2026

EARL TALUAU ET FOLTZENLOGEL, 11, rue Chevrette, 37140 Saint-Nicolas-de-Bourgueil, tél. 02 47 97 78 79, joel.taluau@orange.fr V *t.l.j. sf sam. dim. 8h30-12h 13h30-18h;*

♥ DOM. DES VIENAIS Vieilles Vignes 2019 ★★

■ | 1000 | | 8 à 11 €

Depuis 1980, Marie-Christine et Gérard Poupineau se sont attachés au développement d'un vignoble acquis par leurs ascendants à la fin du XIXᵉs., qui couvre aujourd'hui 20 ha. Depuis une quinzaine d'années, ils travaillent suivant les principes de l'agriculture raisonnée.

Produite à partir d'une parcelle « mouchoir de poche » de 15 ares, cette cuvée est nécessairement très confidentielle. Il n'y en aura pas pour tout le monde, et c'est bien dommage ! Dès le premier coup d'œil porté sur sa robe rouge aux reflets violines, le charme opère. Il se poursuit avec une palette aussi intense qu'élégante de fruits noirs mâtinés de notes mentholées. Saveurs fruitée qui irriguent également une bouche ample, suave et ronde qui ne manque pas de fraîcheur, portée par des tanins veloutés et un boisé parfaitement ajusté. Voluptueux, et pour longtemps. ⧗ 2023-2030

MARIE-CHRISTINE POUPINEAU, 3, rue des Lavandières, 37140 Benais, tél. 02 47 97 35 19, domaine.desvienais@wanadoo.fr V r.-v.

SAINT-NICOLAS-DE-BOURGUEIL

Superficie : 1 076 ha / Production : 61 307 hl

Malgré des caractéristiques proches de celles de l'aire contiguë de Bourgueil, la commune de Saint-Nicolas-de-Bourgueil (simple paroisse détachée de Bourgueil au XVIIIᵉs.) possède son appellation particulière. Son vignoble croît, pour les deux tiers, sur les sols sablo-graveleux des terrasses de la Loire. Au-dessus, le coteau est protégé des vents du nord par la forêt; le tuffeau y est surmonté d'une couverture sableuse. Bien que ce ne soit pas le cas des vins provenant exclusivement du coteau, les saint-nicolas-de-bourgueil, souvent issus d'assemblages, ont la réputation d'être plus légers que les bourgueils.

HENRI BOURDIN Cuvée Cassandre 2019 ★

■ | 4824 | | 5 à 8 €

Henri Bourdin, installé en 1991 à la suite de son père, fondateur du domaine en 1948, privilégie l'accueil et la vente directe à la propriété. Les 14,5 ha de vignes sont morcelés, répartis sur les appellations bourgueil et saint-nicolas, ce qui permet au vigneron de vinifier par terroir : argilo-calcaire, graviers, sables.

Que ce prénom, Cassandre, ne vous égare pas. Il ne s'agit pas d'un hommage à la célèbre Cassandre Salviati dont Ronsard devint éperdument amoureux, mais de Cassandre Bourdin, fille du vigneron, passionnée d'œnologie. A-t-elle, du haut de ses vingt ans, contribué à l'élaboration de ce saint-nicolas paré de rubis brillant ? Un vin gracieux, rond et friand qui a extrait d'un terroir de graviers une fraîcheur qui agrémente joliment ses arômes de fruits rouges et noirs mâtinés de notes florales. ⧗ 2021-2025

EARL HENRI BOURDIN, 7, rue du Bourg-de-Paille, 37140 Bourgueil, tél. 02 47 97 96 69, bourdin.henri37@orange.fr V *t.l.j. sf dim. 8h-12h30 14h-18h. f. 1-15 août.*

Ⓑ SYLVAIN BRUNEAU Cuvée Réserve 2019 ★★

■ | 8000 | | 8 à 11 €

Représentant la troisième génération de vignerons sur ce domaine régulier en qualité, Sylvain Bruneau, installé en 1998, a converti au bio son vignoble, étendu sur une vingtaine d'hectares.

Après 12 mois passés en fût, cette cuvée livre un joli bouquet vanillé et fruité. Un mariage harmonieux du bois et de cabernet que prolonge une bouche ample et ronde, structurée par des tanins fondus et soyeux. Un équilibre très assuré de bout en bout. ⧗ 2022-2027 ■ **L'Eclosion**

2019 ★ (11 à 15 €; 1800 b.) Un vin consensuel et harmonieux qui offre une belle présence des fruits noirs au nez comme en bouche et plaît aussi par son côté charnu et volumineux. Il n'oublie pas non plus d'être bien charpenté par des tanins qui se resserrent en finale. ⧗ 2023-2027

CAVE BRUNEAU-DUPUY, 14, La Martellière, 37140 Saint-Nicolas-de-Bourgueil, tél. 02 47 97 75 81, info@cave-bruneau-dupuy.com V r.-v.

LE CHAI DES CHEVALIERS
La Fosse aux Loups 2019 ★★

■ | 3492 | | 5 à 8 €

Après avoir fait vinifier leurs vins à la cave coopérative de Bourgueil, les Delanoue ont décidé en 2017 d'élaborer aussi leurs propres cuvées à partir de 6 des 16 ha que comptent leur domaine, certifié HVE, avec la conversion bio dans le viseur.

On raconte qu'autrefois la forêt de Saint-Nicolas était peuplée de loups qui venaient se désaltérer dans une fosse aujourd'hui comblée de graviers. Dans le verre, un savoureux fruité tout en fraîcheur irrigue toute la dégustation. On aime aussi la longueur, la souplesse et le soyeux du palais, étayé par des tanins fins et élégants. Un saint-nicolas complet, déjà très appréciable, mais qui vieillira sereinement encore quelques années. ⧗ 2021-2026

LE CHAI DES CHEVALIERS, 15, rue des pressoirs, 37140 Restigné, tél. 06 10 57 27 18, delanoue.armel@wanadoo.fr V r.-v.

DOM. DE LA CHANTELEUSERIE
Cuvée Irène 2019 ★★

■ | 20000 | | 8 à 11 €

La fondation de la Chanteleuserie remonte à près de deux siècles (1822). Huit générations de vignerons s'y sont succédé. Aujourd'hui, Thierry Boucard et son fils Alexis, arrivé en 2013, gèrent de façon très raisonnée un domaine de 19 ha en appellations bourgueil et saint-nicolas-de-bourgueil, complété par 22 ares de chardonnay en IGP Val de Loire.

D'agréables senteurs de fruits rouges confits et de fruits secs s'exhalent du verre. La bouche se révèle ample, tendre et ronde, en harmonie avec le nez, avant une finale plus sévère et tannique qui appelle une petite garde. ⧗ 2022-2025

EARL THIERRY BOUCARD, La Chanteleuserie, 37140 Benais, tél. 02 47 97 30 20, contact@chanteleuserie.fr V r.-v.

VIGNOBLE DE LA CHEVALLERIE
Cuvée La Pierre de Lane 2019 ★★

■ | 15000 | | 8 à 11 €

La Chevallerie fait partie des plus anciens terroirs de Saint-Nicolas. Jean-Charles Bruneau a pris en 2007 les rênes des 25 ha de l'exploitation familiale, dont les premiers pas remontent à 1947. Son grand-père Martial cultivait alors 25 ares de vignes plantées sur sables et graviers.

Très souvent présent dans le Guide, le vignoble de la Chevallerie est fidèle au rendez-vous. Sa Pierre de Lane a fait forte impression. Le jury a aimé ses puissants arômes de fruits noirs mêlés à un doux vanillé et quelques notes fumées, son palais ample, rond et fin, doté de tanins soyeux et d'une longue finale. Un équilibre très ajusté de bout en bout. ⧗ 2022-2027 ■ **Cuvée Martial Vieilles Vignes 2019 ★ (5 à 8 €; 40000 b.)** Une cuvée joliment fruitée au nez comme en bouche, égayée par quelques notes plus végétales, à la bouche ample et bien équilibrée, épaulée par des tanins extraits en douceur. ⧗ 2021-2025

DOM. DE LA CHEVALLERIE, 5, La Chevallerie, 37140 Saint-Nicolas-de-Bourgueil, tél. 02 47 97 81 19, contact@jeancharlesbruneau.fr V t.l.j. sf dim. 9h-12h30 14h-18h30

ESTELLE & RODOLPHE COGNARD
Les Malgagnes 2018 ★

■ | 10500 | | 11 à 15 €

Créée en 1973 à partir de 1 ha par Lydie et Max Cognard, cette exploitation située à Chevrette, un petit hameau de Bourgueil à la limite de Saint-Nicolas, s'étend désormais sur 15 ha. Depuis 2013, les enfants, Estelle et Rodolphe, ont pris le relais et engagé la conversion bio. Une valeur sûre en bourgueil et en saint-nicolas.

Issue de vendanges mûres et d'une habile vinification, Les Malgagnes ouvrent les festivités sur un nez puissant et chaleureux de fruits à l'alcool. Des tanins athlétiques prennent place dans une bouche puissante et dense. Un bon vin de garde. ⧗ 2023-2028

SCEA ESTELLE ET RODOLPHE COGNARD, 3, lieu-dit Chevrette, 37140 Saint-Nicolas-de-Bourgueil, tél. 02 47 97 76 88, vins.cognard@orange.fr V t.l.j. sf dim. 9h-12h30 13h30-18h; sam. sur r.-v.

♥ JÉRÔME DELANOUE 2019 ★★

■ | 18000 | | 5 à 8 €

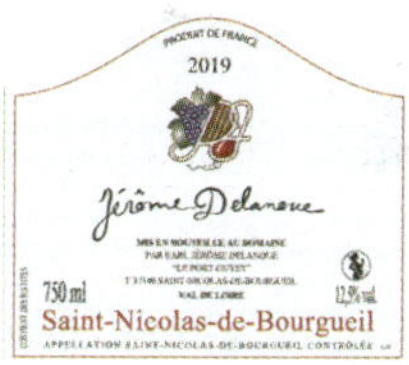

Jérôme Delanoue s'est lancé dans la viticulture en 1998 et s'est attaché depuis à parfaire l'exploitation de ses vignes sur des sols de graviers très qualitatifs. Il conduit aujourd'hui 13 ha en bourgueil et saint-nicolas, avec des cuvées régulières en qualité.

Jérôme Delanoue signe un magnifique saint-nicolas issu de breton enraciné sur des graviers : son quatrième coup de cœur. Un vin qui porte beau dans sa robe grenat limpide. On aime aussi son nez intense et net de fruits rouges (griotte, fraise des bois), comme sa bouche expressive et ronde, dotée de tanins satinés qui se marient à de longues et fraîches saveurs fruitées. Un vin sans complexe, d'une charmeuse plénitude. ⧗ 2021-2025

EARL JÉRÔME DELANOUE, 11, rue du Port-Guyet, 37140 Saint-Nicolas-de-Bourgueil, tél. 06 16 95 16 55, vinjdelanoue@wanadoo.fr V r.-v.

MICKAEL DELANOUE Entre Copains 2020 ★

■ | 32850 | | 5 à 8 €

Mickaël Delanoue a repris en 2017 le domaine de son cousin : 6,8 ha certifiés HVE sur lequel il limite les

LOIRE

intrants et dont il tire des vins qui visent la simplicité et le fruit.

Mickaël Delanoue aime les vins « faciles et joyeux » qui n'ont d'autres ambitions que de faire plaisir. Objectif atteint avec ce joli vin de copains au nez de fruits frais, souple, délié et délicat en bouche, dont le fondu des tanins accentue la pureté. ⧗ 2021-2024

MICKAEL DELANOUE, 1, rue de la Caillardière, 37140 Saint-Nicolas-de-Bourgueil, tél. 06 75 43 89 88, mickadelanoue@gmail.com V r.-v.

HAUT DE LA GARDIÈRE 2019 ★

■ | 13000 | | 5 à 8 €

Thierry Pantaléon s'est installé en 1983 sur la propriété de son grand-père, lui-même vigneron. Établi aux confins de l'Anjou et de la Touraine, le domaine étend ses 13 ha de vignes sur des sols divers : tufs, sables, graves, argilo-calcaires.

Un joli représentant de l'appellation avec une expression de fruit orientée vers la fraîcheur. La bouche est droite, croquante, étayée par des tanins francs et bien en place. À boire ou à attendre. ⧗ 2021-2026

THIERRY PANTALÉON, 20, La Gardière, 37140 Saint-Nicolas-de-Bourgueil, tél. 06 30 85 07 55, tpantaleon@gmail.com V r.-v.

MAISON JAMET Les Goules Benaises 2018 ★

■ | 7000 | | 8 à 11 €

Annick et Francis Jamet ont créé leur domaine en 1986 : 10 ha au départ, 26 aujourd'hui, sur lesquels sont produits du saint-nicolas-de-bourgueil et du bourgueil, mais aussi de l'anjou blanc. Après une expérience commerciale export pour une maison saumuroise, François, le fils, revient au domaine en 2001. Il est rejoint en 2008 par son frère Antoine qui a fait ses armes en Australie et en Espagne. En 2012, la fratrie reprend le Clos du Vigneau (saint-nicolas), dans la famille de leur cousin Alain Jamet depuis 1820 et maison-mère familiale. Une structure de négoce complète l'activité.

Antoine et François Jamet se sont assignés un but : élaborer des vins destinés à illuminer les franches lippées de copains en goguette. Comme ces Goules Benaises qui n'ont besoin d'aucune traduction littéraire pour en dévoiler les intentions. Une vivacité conquérante (fruits noirs confits) anime le nez et la bouche, ronde et suave, câline les sens. ⧗ 2021-2024 ■ **Dom. des Vallettes Origine 2018 ★ (5 à 8 €; 100000 b.)** D'un abord souple et facile, ce saint-nicolas dévoile un agréable fruité mûr à l'olfaction. La même ligne aromatique s'impose dans une bouche tendre et un brin chaleureuse, dotée de tanins fondus et discrets. À boire dans sa jeunesse. ⧗ 2021-2024

SARL MAISON JAMET, rte n°1-Les Vallettes, 37140 Saint-Nicolas-de-Bourgueil, tél. 02 47 97 44 44, contact@vallettes.com V *t.l.j. sf dim. 9h-12h 14h-18h*

VIGNOBLE DE LA JARNOTERIE Improvisation 2018 ★★

■ | 3900 | | 15 à 20 €

Cinq générations de vignerons se sont succédé sur ce vignoble de 26 ha (certifié HVE) à la limite de l'Anjou et de la Touraine. Didier et Carine Rezé, installés depuis 2003, figurent régulièrement dans les pages du Guide.

Né de vénérables vignes de 80 ans, ce vin puise dans un terroir de sables reposant sur l'argilo-calcaire les vitalités géologiques qui conviennent au cabernet franc. Un méticuleux travail au chai (trois tris successifs, longues cuvaisons, élevage en fûts de châtaignier et de chêne) a bâti une cuvée intense, expressive, sur les fruits noirs, les épices et le boisé grillé, dotée d'une ossature puissante et de beaucoup de fraîcheur. ⧗ 2023-2028

EARL JEAN-CLAUDE MABILEAU ET DIDIER REZÉ, La Jarnoterie, 37140 Saint-Nicolas-de-Bourgueil, tél. 02 47 97 75 49, contact@jarnoterie.com V r.-v.

PASCAL ET ALAIN LORIEUX Expression 2019 ★

■ | 30000 | | 8 à 11 €

Alain et Pascal Lorieux ont fusionné leurs exploitations en 1993, l'une de 12 ha à Saint-Nicolas-de-Bourgueil, l'autre de 8 ha à Chinon, tout en gardant deux chais de vinification. Suite au départ d'Alain à la retraite, Pascal s'est associé à Anatole de la Brosse, également producteur en saumur-champigny.

Une expression plutôt discrète à l'olfaction, de fines notes de fruits noirs pointant à l'aération. Plus intense sur le fruit, la bouche se révèle ample, souple, pulpeuse et soyeuse, animée d'une finale aussi vive qu'avenante. ⧗ 2021-2024

PASCAL ET ALAIN LORIEUX, 64, av. Saint-Vincent, 37140 Saint-Nicolas-de-Bourgueil, tél. 02 47 97 92 93, contact@lorieux.fr V *t.l.j. sf dim. 8h30-12h 13h30-18h*

DOM. LORIEUX & FILS Chevrette 2019 ★

■ | 4000 | | 5 à 8 €

Outre la gérance des vignes de l'abbaye de Bourgueil, qu'ils assurent en association avec un autre vigneron, Michel et Joëlle Lorieux conduisent avec leur fils Jérémy leur propre domaine de 15,5 ha, transmis par le grand-père en 1979 et situé sur les hauteurs de la terrasse de Bourgueil. Une exploitation certifiée HVE et en cours de conversion bio.

Le nez, puissant, de ce saint-nicolas né de vignes de 40 ans convoque les fruits rouges confits. Un fruité qui s'invite aussi dans une bouche tout aussi intense, solidement charpentée par des tanins fermes. Un vin encore dans la fougue de la jeunesse. ⧗ 2023-2027

EARL LORIEUX ET FILS, 26, rte du Vignoble, Chevrette, 37140 Bourgueil, tél. 02 47 97 85 86, lorieux.michel@wanadoo.fr V *t.l.j. 9h-12h 15h-19h*

DOM. LYSIANE ET GUY MABILEAU La Belle du Domaine 2019 ★

■ | 56000 | | 5 à 8 €

Wilfried Mabileau et Samuel Langlois, qui incarnent la quatrième génération, sont aux commandes d'un vignoble de 20 ha implanté sur les terrasses graveleuses de Saint-Nicolas.

Cette cuvée offre au nez un fruité mûr et chaleureux. Fruité que prolonge une bouche ronde et vineuse, étayée par des tanins bien en place, un brin austères en finale. À attendre un peu. ⧗ 2022-2026

GAEC LYSIANE ET GUY MABILEAU, 17, rue du Vieux-Chêne, 37140 Saint-Nicolas-de-Bourgueil, tél. 06 74 39 35 56, lysianeetguymabileau@gmail.com V *t.l.j. sf dim. 9h-12h30 14h-18h30* D

CH. LE MOULIN-NEUF 2019 ★

■ | 13 000 | | 8 à 11 €

Depuis 1985, Laurent Mabileau conduit un domaine de 30 ha en bourgueil et en saint-nicolas, abrité des vents du nord par la forêt. Le vigneron signe avec une remarquable régularité des vins droits qui lui valent de fréquentes mentions dans le Guide. La conversion bio est en cours.

Guidé par l'intensité des fruits noirs mûrs soulignés par un bon boisé, ce saint-nicolas est un vin solaire. Un profil chaleureux que l'on retrouve dans une bouche puissante et riche, épaulée par des tanins soyeux et fins. Du caractère et de la générosité. ⌛ 2022-2028

CH. LE MOULIN NEUF, La Croix-du-Moulin-Neuf, 37140 Saint-Nicolas-de-Bourgueil, tél. 02 47 97 74 75, chateaumoulinneuf@gmail.com V *t.l.j. sf sam. dim. 9h-12h 14h-17h*

♥ DOM. OLIVIER Vieilles Vignes 2018 ★★

■ | 18 000 | | 8 à 11 €

Créée en 1959, cette exploitation familiale, qui n'a cessé de se diversifier et de s'agrandir, couvre désormais 60 ha. Conduite depuis 1983 par Patrick Olivier, elle est régulièrement distinguée dans le Guide.

De vénérables vignes de 80 ans et un élevage de 12 mois en fûts de 500 litres ont enfanté ce saint-nicolas éclatant de bout en bout. Un vin droit et sincère, qui mêle un fruité intense aux fines notes boisées du merrain. La bouche apparaît longue, ample, riche, consistante mais sans dureté, épaulée par un boisé juste et des tanins soyeux et affinés. ⌛ 2023-2028 **■ Cuvée Le Mont des Olivier 2019 ★★ (8 à 11 €; 18 000 b.)** Au nez, un bon fruité mûr rehaussé d'épices. En bouche, de la souplesse, de la rondeur, des tanins fondus. Aucune fausse note pour ce vin facile à aimer. ⌛ 2021-2025

SCEA DOM. OLIVIER, La Forcine, 37140 Saint-Nicolas-de-Bourgueil, tél. 02 47 97 75 32, contact@domaineolivier.com V *t.l.j. sf sam. dim. 8h-12h 14h-18h*

LES CAVES DU PLESSIS Les Graviers 2019 ★

■ | 15 000 | | 5 à 8 €

Valeur sûre en saint-nicolas-de-bourgueil, ce domaine est depuis 2012 géré par Stéphane Renou, héritier de cinq générations de vignerons. Le vignoble est conduit en lutte raisonnée, avec un enherbement de près de 80 % de la superficie globale. La cave creusée dans le tuffeau date du XIIIe s.

Un vin aux saveurs gourmandes annoncées par une chatoyante robe pourpre nuancée de violine et par une palette intense sur les fruits rouges bien mûrs. Un fruité que prolonge une bouche ronde, équilibrée par une fine acidité et soutenue par des tanins fondus. Un profil aimable. ⌛ 2021-2025

EARL STÉPHANE RENOU, 17, La Martellière, 37140 Saint-Nicolas-de-Bourgueil, tél. 02 47 97 85 67, lescavesduplessis@wanadoo.fr V *t.l.j. sf dim. 9h-12h 14h-18h30. f. 24/12 au 02/01* D

B DOM. DU ROCHOUARD La Pierre du Lane 2019 ★★

■ | 6 600 | | 8 à 11 €

Guy Duveau a créé le domaine en 1976, en polyculture jusqu'en 1985. Ses fils Dominique et Jean-Luc ont pris la relève, respectivement en 1995 et en 2007. Le vignoble couvre 20 ha, certifiés depuis 2015 en agriculture biologique.

Il a frôlé le coup de cœur, ce Pierre du Lane qui met en valeur un terroir d'argiles à silex. Un beau vin gorgé d'arômes de fruits noirs mûrs à souhait, qui, après une attaque énergique, déploie une bouche ample, dense, riche et longue, soutenue par des tanins patinés et soyeux. ⌛ 2022-2027

GAEC DUVEAU-COULON FILS, Dom. du Rochouard, 1, rue des Géléries, 37140 Bourgueil, tél. 06 68 70 20 75, domainedurochouard@wanadoo.fr V *t.l.j. 8h30-12h 14h-18h30; dim. sur r.-v.*

DOM. DE LA RODAIE Levant 2019 ★

■ | 5 000 | | 8 à 11 €

C'est à la veille de la Seconde Guerre mondiale que le grand-père d'Hervé Morin a créé le domaine. Mais ce n'est qu'à partir de 1970 que la propriété, sous l'impulsion du petit-fils, s'est développée, puis ouverte à la clientèle. L'exploitation couvre 21 ha, complétés en 2017 par une brasserie artisanale sous le nom de marque Farmer. La conversion bio est engagée depuis 2020.

Ce joli saint-nicolas paré de pourpre dévoile un nez intense et complexe de fruits rouges, d'anis et de cardamone. Le prélude à une bouche équilibrée, fruitée, souple et charnue, dotée de tanins fondus. ⌛ 2021-2026

DOM. DE LA RODAIE, 20, La Rodaie, 37140 Saint-Nicolas-de-Bourgueil, tél. 02 47 97 75 34, contact@hervemorin.com V *t.l.j. sf dim. 9h-19h* C

VIGNOBLE DE LA ROSERAIE 2019 ★

■ | 5 000 | | 5 à 8 €

Ce domaine fondé en 1890 a vu se succéder cinq générations. Son vignoble, certifié HVE, s'étend sur 36 ha. Ses vins sont régulièrement sélectionnés dans le Guide en saint-nicolas ou en bourgueil.

Au nez, de beaux arômes de fruits rouges légèrement confits. Ces mêmes arômes participent à la rondeur avenante d'une bouche qui ne manque pas pour autant de fraîcheur, avec en soutien des tanins souples et fondus et une discrète pointe épicée en finale. ⌛ 2021-2025

GAEC DU VIGNOBLE DE LA ROSERAIE, 46, rue Basse, 37140 Restigné, tél. 02 47 97 32 97, vignobledelaroseraie@orange.fr V *r.-v.*

♥ JOËL TALUAU Le Vau Jaumier 2019 ★★

■ | 20000 | 🍾 | 8 à 11 €

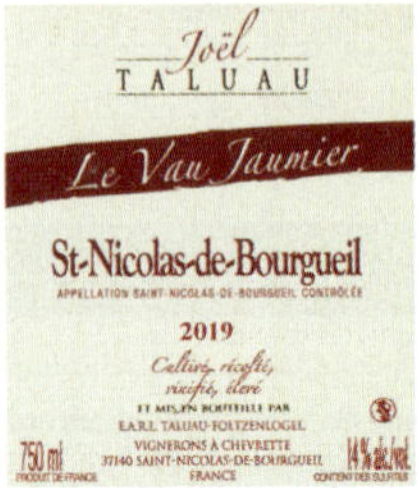

Joël et Clarisse Taluau se sont installés en 1970 sur 2,2 ha; ils ont été rejoints en 1993 par leur fille Véronique et leur gendre Thierry Foltzenlogel, rejoints par leurs enfants Nicolas et Mélanie. Valeur sûre des appellations bourgueil et saint-nicolas, ce domaine de 32 ha (certifié HVE3) se distingue régulièrement dans le Guide.

Ce Vau Jaumier a tout bon. Robe limpide et brillante, nez soutenu et diablement gourmand de fruits rouges mûrs, l'approche invite à poursuivre. On découvre alors une bouche mûre, charnue, profonde, équipée de tanins soyeux qui soulignent un fruité énergique et savoureux. Un saint-nicolas qui conjugue intensité et élégance dans une harmonie idéale. ⧗ 2022-2027 ■ **L'Expression 2019 ★★ (5 à 8 €; 100000 b.)** Le coup de cœur fut mis aux voix pour cette cuvée dont le côté solaire apparaît dès l'olfaction à travers des arômes de fruits noirs bien mûrs relevés de notes poivrées. Une ligne suivie avec persistance par un palais puissant, généreux, dense et tendre à la fois, épaulé par des tanins veloutés. Taillé pour la garde. ⧗ 2023-2030 ■ **Vieilles Vignes 2019 ★ (11 à 15 €; 3600 b.)** Une belle approche fruitée pour cette cuvée née de vignes de 50 ans. On aime aussi sa bouche harmonieuse, sur le fruit mûr, avec en soutien des tanins bien en place mais sans dureté. ⧗ 2022-2026

⊶ EARL TALUAU ET FOLTZENLOGEL, 11, rue Chevrette, 37140 Saint-Nicolas-de-Bourgueil, tél. 02 47 97 78 79, joel.taluau@orange.fr V 🚶 🍷 *t.l.j. sf sam. dim. 8h30-12h 13h30-18h;*

DOM. DE LA VILLATTE 2019 ★

■ | 2500 | 🍾 | 5 à 8 €

Installé en 1985 sur 2,5 ha de vignes, Didier Lorieux a progressivement étendu son vignoble à 13 ha en appellations bourgueil et saint-nicolas-de-bourgueil. Un domaine certifié HVE3 qui pratique la confusion sexuelle et a banni tout insecticide.

Corpulent, dense et encore un peu austère à ce stade, ce saint-nicolas, qui regorge de fruits noirs, joue la carte de l'énergie. Impression qu'un dégustateur résume par un « ça réveille ! » De très bon augure pour l'avenir de ce vin plein de vitalité. ⧗ 2023-2028

⊶ DOM. VILLATTE, La Villatte, 36, av. Saint-Nicolas, 37140 Bourgueil, tél. 02 47 97 84 92, domainedelavillatte@eardidierlorieux.fr V 🚶 🍷 *r.-v.*

CHINON

Superficie : 2 337 ha
Production : 119 239 hl (99 % rouge et rosé)

Autour de la vieille cité médiévale qui lui a donné son nom, au pays de Gargantua et de Pantagruel, l'AOC chinon est produite sur les terrasses anciennes et graveleuses du Véron (triangle formé par le confluent de la Vienne et de la Loire), sur les basses terrasses sableuses du val de Vienne (Cravant), sur les coteaux de part et d'autre de ce val (Sazilly) et sur les terrains calcaires, les « aubuis » (Chinon). Le cabernet franc, dit breton, y donne des vins rouges racés aux tanins élégants. De moyenne garde, les chinon peuvent dépasser une, voire plusieurs décennies dans les meilleurs millésimes. L'appellation produit aussi quelques rosés secs et de très rares blancs secs tendres – certaines années – issus de chenin.

♥ DOM. ANGELLIAUME Les Coteaux de Sonnay 2020 ★★

■ | 5400 | 🍾 | 8 à 11 €

Ce domaine familial exploité depuis quatre générations dispose de caves remarquables par leur agencement et leurs dimensions, ainsi que d'un vignoble de 46 ha. Une valeur sûre de l'appellation chinon.

En vue pour ses rouges, ce domaine s'illustre ici avec un beau chenin enraciné sur le calcaire des Coteaux de Sonnay. Conquis, les jurés ont aimé la complexité d'une palette généreuse où se conjuguent, titillées de notes épicées, harmonies florales et fruitées. Longues et intenses en bouche, les saveurs onctueuses du fruit reçoivent l'appoint d'une fine acidité transmise par le terroir. Un équilibre très assuré. ⧗ 2021-2025

⊶ EARL DOM. ANGELLIAUME, La Croix-de-Bois, 37500 Cravant-les-Coteaux, tél. 02 47 93 06 35, caves.angelliaume@wanadoo.fr V 🚶 🍷 *t.l.j. sf dim. 8h30-12h 14h-18h*

LES ARES DE LOIRE Riveria 2018 ★★

■ | 5000 | 11 à 15 €

Créé ex-nihilo en 2015 par Laurent Collevati et Bernard-Jacques Soudan, ce domaine de 3,5 ha a pour crédo : "Remettre en œuvre les gestes ancestraux des vignerons, prendre le temps de ne pas brusquer la nature dans la vigne et dans la cave", avec une approche logiquement très raisonnée.

La fréquentation du merrain pendant un an a doté ce Riveria d'un sacré caractère. Le cabernet franc s'y exprime avec une forte intensité olfactive (cerise, cassis et mûre), un gros volume et une sérieuse vigueur en bouche (on est « breton » ou on ne l'est pas...), autour de tanins fermes qui apportent une belle mâche et poussent loin la finale. ⧗ 2022-2028

⊶ SCEA LES ARES DE LOIRE, 11, rue de la Croix-Marie, 37500 Rivière, tél. 06 66 96 25 25, lesaresdeloire@orange.fr V 🚶 🍷 *r.-v.*

Ⓑ DOM. L'ARPENTY La Pointevinière 2018 ★

■ | 4500 | 🍾 | 8 à 11 €

C'est le grand-père de Francis Desbourdes qui a créé le domaine, dans les années 1960. Ce dernier conduit aujourd'hui une exploitation de 19,5 ha à flanc de

coteaux, qui conserve une cuve directement creusée dans le tuffeau. Son fils Émilien a rejoint la propriété aujourd'hui convertie au bio.

Un beau chinon que ce Pointevinière paré de rouge vif, qui se fait le chantre des justes maturités du raisin. Un appétant milieu de bouche libère ainsi les fraîches saveurs de la cerise griotte, déjà perçues à l'olfaction. Un flacon fringant, un tantinet rabelaisien. ⧗ 2021-2024

SAS DOM. DE L' ARPENTY, 11, rue de la Forêt, 37220 Panzoult, tél. 02 47 95 22 86, f.f.desbourdes37@gmail.com V *t.l.j. sf dim. 10h-12h 14h-18h*

DOM. DE BEAUSÉJOUR 2019 ★

■	21000		5 à 8 €

Épris de nature, Gérard Chauveau crée de toutes pièces ce domaine en 1969. Après un stage dans le Bordelais, son fils David reprend les rênes en 1991. Son vignoble de 27 ha d'un seul tenant est situé sur un coteau exposé plein sud et abrité du vent par les bois de la propriété.

Vin plaisir vêtu de pourpre, chargé d'arômes floraux et fruités, ce chinon souple et fondu conserve tout au long de la dégustation ces attraits gourmands qui signent un bon cabernet franc. ⧗ 2021-2024

EARL GÉRARD ET DAVID CHAUVEAU, Dom. de Beauséjour, 37220 Panzoult, tél. 02 47 58 64 64, info@domainedebeausejour.com V *t.l.j. sf dim. 9h-12h 14h-18h* 4 E

BEL AIR Le Loup Blanc Chenin 2020 ★

■	1300		8 à 11 €

Jean-Louis Loup reprend en 1997 les rênes de ce vignoble de 13 ha en conversion bio depuis 2018, répartis entre coteaux et graves des bords de Vienne. À la carte du domaine : six cuvées parcellaires en AOC chinon.

Ce Loup Blanc 2020 n'a pas fait chou blanc. Au contraire. Légèrement guindé dans sa robe jaune paille, il se fait incisif, pointant en milieu de bouche, une salinité qui stimule un fruité où s'encanaillent saveurs exotiques et notes de fruits blancs, bercées de fragrances anisées. De la grâce sans esbrouffe. Et ça plaît ! ■ **Le Chenin des Loups 2019 ★ (15 à 20 €; 1000 b.)** Cette cuvée vinifiée et élevée en jarres de terre cuite mérite un petit repos en cave afin d'apprivoiser au mieux sa droiture aux tonalités minérales. Un chenin tendu et dynamique. ⧗ 2022-2025

JEAN-LOUIS LOUP, Dom. de Bel Air, 37500 Cravant-les-Coteaux, tél. 02 47 98 42 75, jean-louis.loup@wanadoo.fr V *r.-v.*

B CH. DE LA BONNELIÈRE
La Roche Sélection Parcellaire 2019 ★

■	25000		8 à 11 €

Le Ch. de la Bonnelière (XVIe s.) est dans la famille depuis 1846. Le vignoble a été replanté en 1976 par Pierre Plouzeau. Son fils Marc a repris en 2002 les rênes du domaine (28 ha) qu'il conduit en agriculture biologique. Une valeur sûre du Chinonais viticole.

Sur le versant sud des coteaux qui lorgnent vers la Roche-Clermault, village immortalisé par Rabelais, le cabernet franc s'épanouit au contact de l'argilo-calcaire. Une pointe minérale en témoigne au final d'une dégustation marquée par des saveurs de fruits mûrs qui épousent agréablement de souples tanins et un boisé bien fondu. Du chinon au classicisme épuré. ⧗ 2021-2025

CH. DE LA BONNELIÈRE, 1, rte des Basses-Vignes, 37500 La Roche-Clermault, tél. 02 47 93 16 34, marc@plouzeau.com V *t.l.j. sf dim. lun. 11h-13h 15h-19h*

DOM. DES BOUQUERRIES
Coteaux de Sonnay 2020 ★

■	2500		8 à 11 €

Le nom du domaine rappelle que l'on abattait jadis les chèvres et les boucs en ces lieux. C'est le grand-père de Guillaume Sourdais, aidé par son frère Jérôme qui, dès 1935, a creusé les caves de cette exploitation de 31 ha située au bord de la Vienne. L'une des bonnes références du Chinonais.

Le chenin, élevé ici au contact du bois, déploie ses habituelles séductions : fruits jaunes, abricot notamment, et fleurs blanches stimulés de fines touches minérales et épicées, acidité de bon aloi qui stimule les papilles. Du classique, mais du bon classique. ⧗ 2021-2024

EARL DES BOUQUERRIES, 4, les Bouquerries, 37500 Cravant-les-Coteaux, tél. 06 81 41 53 15, gaecdesbouquerries@wanadoo.fr V *r.-v.*

DOM. DE LA BOURGUÉSIÈRE 2019 ★

■	12000		8 à 11 €

Un jeune domaine familial créé en 2006 par Bertrand Fourcheaigu sur la commune de Huismes, qui produit du chinon dans les trois couleurs à partir d'un vignoble en cours de conversion bio.

Première apparition dans le Guide pour Bertrand Fourcheaigu avec ce vin issu d'un terroir argilo-calcaire et d'une vendange mûrie à point, qui a fréquenté 5 mois le merrain avant sa mise en bouteille. Dans le verre, un chinon aux arômes de fruits rouges et noirs (cerise, fraise, mûre), armé de beaux tanins souples et soyeux qui renforcent son caractère aimable. ⧗ 2021-2025

DOM. DE LA BOURGÉSIÈRE, 5, la Bourgésière, 37420 Huismes, tél. 06 77 39 24 05, domainedelabourgesiere@laposte.net V *t.l.j. sf dim. 10h-12h30 14h-18h*

DOM. BROCOURT
Clos de la Hegronnière 2018 ★★

■	20000		8 à 11 €

Originaire de Normandie, la famille Brocourt est arrivée dans les années 1940 en Normandie. Implanté dans le petit village de Rivière, sur les bords de la Vienne, le domaine a été créé en 1968. Philippe Brocourt a pris la suite de sa mère Renée en 1986 : 5 ha de vignes à l'époque, 34 ha aujourd'hui, répartis dans 5 communes et une belle palette de terroirs de l'appellation chinon.

Le coup de cœur fut mis aux voix pour ce chinon qui met en valeur l'expression d'un terroir argilo-calcaire et toute la superbe du cabernet-franc. Les 18 mois d'élevage en fût n'ont pas affecté la noblesse de ses arômes fruités, pas plus que son équilibre souverain en bouche entre un boisé ajusté et des tanins bien extraits.

LOIRE

Cet enchanteur des palais, dense et intense, s'affirmera dans la durée. ⧗ 2024-2030 ■ **Vieilles Vignes 2019 ★ (5 à 8 €; 28000 b.)** Un chinon vieilli en fûts de chêne qui décrocha un coup de cœur dans l'édition précédente. La version 2019 plaît par ses arômes fruités et son boisé fondu, par sa bouche soyeuse et ronde, aux tanins affinés. ⧗ 2023-2027 ■ **Clos des Gailhards 2019 ★ (11 à 15 €; 4500 b.)** Une cuvée régulièrement en vue. Ici, un chinon harmonieux, fruité et finement boisé au nez, frais, ample, de bonne densité et bien structuré mais sans excès en bouche. ⧗ 2023-2028

EARL BROCOURT, 3, chem. des Caves, 37500 Rivière, tél. 02 47 93 34 49, domainebrocourt@hotmail.fr V t.l.j. sf dim. 10h-12h30 14h-18h30 D

CLOS DE LA GRILLE 2018 ★★

■	n.c.		8 à 11 €

Ce petit domaine par la taille (6 ha) a été acquis en 2000 par Sylvain Colla, ancien commercial dans l'agroalimentaire.

La robe de Clos de la Grille, d'un beau pourpre sombre nuancé d'éclairs bleutés, fait songer à un concentré de cerise noire et de mûre que l'olfaction confirme. Pulpeuse, ample, charnue, très équilibrée et dotée de tanins soyeux, la bouche est englobée dans un délicat fruité qui n'en finit pas. Un vin « de taffetas », aurait pu écrire Rabelais. ⧗ 2021-2027 ■ **2020 ★ (8 à 11 €; 500 b.)** Ce confidentiel 2020 déploie de beaux arômes fruités parfumés d'exotisme, prolongés par une bouche bien équilibrée entre une aimable rondeur et une fine acidité. ⧗ 2021-2024 ■ **Dom. du Grand Portail Vieilles Vignes 2019 ★ (8 à 11 €; 2500 b.)** Une cuvée de caractère, fruitée et boisée au nez, ample, dense et solide en bouche, dotée de tanins bien en place. Un bon vin de garde. ⧗ 2023-2030

GFA CLOS DE LA GRILLE, Le Ponceau, 37220 Crouzilles, tél. 02 47 58 62 85, domainedugrandportail@yahoo.fr V r.-v.

CLOS DE LA HÉGRONNIÈRE 2018 ★★

■	5500		8 à 11 €

Hélène et Éric Dujardin, ingénieurs en agriculture de formation, s'installent en 2015 à Ligré dans une propriété qui compte 6,5 ha de vignes.

Ce chinon né sur argilo-calcaire se présente avec élégance dans sa robe rubis. Une élégance à laquelle fait écho un bouquet riche en fruits hérités d'une vendange de pleine maturité. La bouche séduit par sa rondeur mâtinée d'une juste fraîcheur, son volume, le soyeux de ses tanins et sa longue finale. Du classicisme indémodable qui fait honneur à l'appellation. ⧗ 2023-2028 ■ **Les Tuffeaux 2020 ★ (8 à 11 €; 1450 b.)** Un vin aux arômes discrets de fleurs et de fruits. Simple et frais, il satisfera tout un repas. ⧗ 2022-2026

HÉLÈNE DUJARDIN, La Hégronnière, 37500 Ligré, tél. 06 85 24 00 72, lahegronniere@gmail.com V r.-v. E

DOM. DE LA COMMANDERIE Élégance 2019 ★★

■	3730		11 à 15 €

Cette propriété située au cœur de l'appellation chinon comptait 2 ha de vignes lors de sa création en 1982. Aujourd'hui, le domaine s'étend sur 54 ha et dispose d'une remarquable cave enterrée dans le roc et de deux chais. Philippe Pain a cédé les commandes à sa fille Clotilde en 2018, rejointe depuis par sa soeur Honorine. Le domaine a entamé sa conversion vers le bio.

Élégance : ce chinon blanc, élevé 6 mois en fût et bâtonné sur lies, n'a pas usurpé son nom. Très présent dans sa lumineuse robe jaune d'or, il exalte à l'olfaction des arômes floraux (tilleul) et fruités (poire, coing). Un beau prélude à une bouche ample, riche et pénétrante, mâtinée d'épices. ⧗ 2021-2025 ■ **Tradition Elevé en barriques 2018 ★★ (8 à 11 €; 15990 b.)** L'élevage en barrique marque le vin au nez comme en bouche mais sans excès, avec un joli fondu qui accompagne une matière ample, riche, ronde, étayée par des tanins savamment extraits. De bonne garde assurément. ⧗ 2023-2028 ■ **Les Battereaux 2018 ★ (20 à 30 €; 2800 b.)** Un chinon encore un peu dominé par un boisé énergique. Mais il a le coffre pour le digérer sans encombre. On l'attendra quelques années. ⧗ 2023-2028

SCEA DOM. DE LA COMMANDERIE, 2, rue de Chezelet, LD La Commanderie, 37220 Panzoult, tél. 02 47 93 39 32, philippepain@commanderie37.fr V t.l.j. sf dim. 9h-12h 14h30-17h30

CH. COUDRAY-MONTPENSIER L'Apogée Vieilles Vignes 2019 ★

■	26644		8 à 11 €

Situé à Seuilly où naquit Rabelais, le château Coudray-Montpensier, classé monument historique, dispose d'un vignoble de 34 ha créé en 2001. Aux commandes, Gilles Feray, également à la tête de plusieurs domaines à Vouvray.

Issue de vieilles vignes, cette cuvée souvent en vue dans ces pages affiche un profil aimable de bout en bout. Au nez, les fruits s'acoquinent avec un boisé léger. En bouche ? De la rondeur, du charnu, des tanins soyeux et toujours cette présence discrète du merrain. Un chinon convivial, à son... apogée. ⧗ 2021-2025

CH. COUDRAY-MONTPENSIER, 29, rue Pierre-et-Marie-Curie, 37500 Chinon, tél. 02 47 52 60 77, info@vignobles-feray.com V t.l.j. sf dim. 10h-12h30 13h30-18h

B CH. DE COULAINE Les Pieds Rôtis 2019 ★★

■	25000		11 à 15 €

Evoqué par Rabelais dans son *Gargantua*, le Ch. de Coulaine est une ancestrale propriété viticole du XIVe quasi disparue avec l'épisode phylloxérique. Recréée par Étienne et Pascale Denys de Bonnaventure en 1988, elle fut parmi les premières en 1997 à s'orienter vers l'agriculture biologique. En 2017, après des études d'ingénieur agronome et d'œnologue, leur fils Jean prend les rênes.

Un très beau retour dans le Guide pour le domaine avec ce chenin mûr à souhait, né sur un terroir de graviers, d'éponges fossiles, d'argile rouge et de silex. Au nez, se dévoilent d'harmonieuses et élégantes notes d'agrumes, d'abricot, d'acacia et de chèvrefeuille. Arômes prolongés par une bouche ample, tendre, pulpeuse, bien accompagnée par le bois et soulignée par la fine acidité du chenin. Un blanc radieux et diablement séducteur. ⌛ 2021-2025 ■ **2019 ★ (11 à 15 €; 25000 b.)** Ⓑ Un chinon rouge de belle facture, équilibré, ouvert sur les fruits rouges et noirs. La bouche est souple en attaque, fraîche, d'un bon volume et plus serrée en finale. Un bon classique. ⌛ 2022-2026

CH. DE COULAINE, Coulaine, 2, rue de Coulaine, 37420 Beaumont-en-Véron, tél. 02 47 98 44 51, coulaine@chateaudecoulaine.com V r.-v.

PIERRE ET BERTRAND COULY
Les Blancs Closeaux 2019 ★

■	13000		11 à 15 €

Pierre et Bertrand Couly ont constitué en 2007 un vignoble sur les coteaux et le plateau de Chinon. Ils ont agrandi sa superficie (22 ha aujourd'hui); en 2010, ils ont aménagé, sur la route de Tours, un chai ultramoderne que l'on peut visiter. Vincent Couly, fils de Bertrand, est aux manettes des vinifications depuis 2018 de ce domaine certifié HVE.

La famille Couly offre aux amateurs des fraîcheurs du chenin sec un blanc 2019 de très belle expression, drapé de jaune cristallin et ouvert à l'olfaction sur d'intenses arômes de citron vert et de fruits blancs. Arômes prolongés avec persistance par une bouche tendre et soyeuse. ⌛ 2021-2024

SAS PIERRE ET BERTRAND COULY, 1, rond-point des Closeaux, rte de Tours, 37500 Chinon, tél. 02 47 93 64 19, contact@pb-couly.com V *t.l.j. 10h-12h30 14h-18h30*

COULY-DUTHEIL Clos de l'Écho 2019 ★★

■	20000		20 à 30 €

La maison Couly-Dutheil a été créée en 1921 par Baptiste Dutheil; elle est aujourd'hui dirigée par Jacques Couly-Dutheil et son fils Arnaud. Avec un vignoble de près de 94 ha, dont les prestigieux Clos de l'Écho et Clos de l'Olive, un chai moderne aménagé dans le roc et des caves impressionnantes du Xes. situées sous le château de Chinon, elle fait partie intégrante du paysage viticole chinonais. Une référence incontournable.

Véritable institution chinonnaise, autrefois propriété des parents du grand Rabelais, le Clos de L'Écho affirme avec ce millésime 2019 une présence faite de pureté et d'intensité. Présence affinée par de longues cuvaisons et par une douce extraction des tanins. Ces derniers, soyeux et fins, viennent en soutien d'un chinon centré sur les fruits noirs, très équilibré, charnu et long, d'une envergure remarquable. ⌛ 2022-2028 ■ **Les Chanteaux 2020 ★ (11 à 15 €; 40000 b.)** Issue de chenins vendangés à maturité optimale, cette cuvée finement miellée, florale et fruitée (agrumes, poire) séduit par son gras mesuré, souligné par une fraîcheur bien dosée. Harmonieux. ⌛ 2021-2024

SCEA COULY-DUTHEIL PÈRE ET FILS, 12, rue Diderot, 37500 Chinon, tél. 02 47 97 20 20, info@coulydutheil-chinon.com V *t.l.j. sf sam. dim. 9h-12h30 14h-17h30*

CH. DESBOURDES
La Rouge Fût de Chêne 2018 ★★

■	2000		8 à 11 €

Ce domaine fondé par Rémi Desbourdes en 1983 s'étend sur 12 ha et comprend un ancien corps de ferme du XVIIIes. associé à un chai et une cave modernisés. Aux manettes des vinifications, Baptiste, le fils. La conversion bio est engagée depuis 2020.

Cette cuvée issue du coteau crayeux de La Rougellerie séduit d'emblée par sa tenue pourpre. À son nez percutant et intense de fruits rouges répond une bouche centrée sur le cassis, aussi large que longue, épaulée par de nobles tanins fermes mais au grain fin et par un boisé parfaitement ajusté. Pour la cave. ⌛ 2023-2030

EARL RÉMI DESBOURDES, La Salle, 37220 Avon-les-Roches, tél. 02 47 95 24 30, remi.desbourdes@wanadoo.fr V *t.l.j. 9h-12h 14h-19h; dim. 9h-12h*

DOM. DE DOULAYE
Cuvée des Templiers 2019 ★

■	4500		15 à 20 €

Ce vignoble familial exploité depuis plus d'un siècle couvre aujourd'hui 24 ha (en bio) de sols alluvionnaires. Incarnant la cinquième génération à piloter le vignoble, Fabien Demois s'est installé en 2008.

Cette cuvée élevée une année en fût impose au nez la présence d'arômes fruités (fraise) et floraux (violette). Tendres et fins, les tanins du bois mettent en valeur un palais généreux et rond, étiré dans une finale longue fringante. ⌛ 2022-2027

EARL DEMOIS, Chezelet, 37500 Cravant-les-Coteaux, tél. 02 47 98 49 01, fabiendemois@orange.fr V *r.-v.* Ⓓ

DOM. DOZON Clos du Saut au Loup 2019 ★

■	37000		8 à 11 €

Propriété de la famille Dozon pendant cinq générations, ce domaine de 14 ha d'un seul tenant a été repris en 2013 par Éric Santier, originaire de Chinon, qui, après avoir eu diverses activités professionnelles, a fait une formation pour devenir vigneron.

Planté sur un sol argilo-siliceux, le cabernet franc offre à cette cuvée un beau panier de fruits noirs. Arômes qui animent aussi la bouche, ample, équilibrée, équipée de tanins fermes et par le dynamisme du terroir. Un chinon parti pour durer. ⌛ 2023-2028

EARL ÉRIC SANTIER, 52, rue du Rouilly, 37500 Ligré, tél. 02 47 93 17 67, domainedozon@gmail.com V *t.l.j. sf dim. 10h-12h30 14h-18h*

ELYSIS 2020 ★

■	22133		5 à 8 €

Les Caves de la Loire, fondées en 1951, constituent l'une des plus grandes coopératives de la vallée de la Loire : elle regroupe 160 adhérents et une surface totale cultivée de 2 200 ha en Anjou-Saumur, en Touraine et dans la région nantaise.

Elysis est un rosé revigorant, qui déploie, autant à l'olfaction qu'en bouche, de frais arômes fruités et floraux.

Expression juste et primesautière d'un cabernet franc élevé pour séduire. ⧗ 2021-2022

⊶ LES CAVES DE LA LOIRE, Les Aubuis Saint Louan, 37500 Chinon, tél. 02 47 93 42 70, laurent.bourdin@uapl.fr

♥ DOM. DES GÉLÉRIES
Vieilles Vignes 2019 ★★★

■ | 8000 | | 5 à 8 €

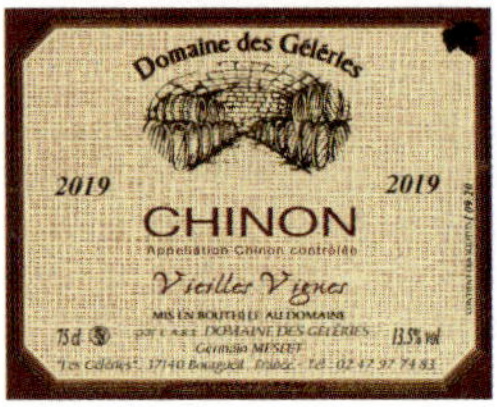

Appartenant aux familles Meslet, Thouet et Rouzier, ce domaine fondé en 1913, très régulier en qualité, se répartit sur plus de 32 ha, 45 parcelles et 3 appellations : chinon, bourgueil et saint-nicolas. Il est conduit depuis 2012 par Germain Meslet. Certifié HVE depuis 2020.

Incontournable référence du Chinonais et du Bourgueillois, ce domaine s'invite en haut de l'affiche avec cette cuvée Vieilles Vignes, quintessence de l'expression du cabernet franc, enraciné ici sur l'argilo-calcaire. Une fine olfaction florale (violette), fruitée (cerise noire, cassis) et boisée (épices douces), prélude à une bouche parfaitement équilibrée, ample, fraîche, tannique, renforcée par l'élégance de son élevage en fût. De longue garde assurément. ⧗ 2024-2030 ■ **Le Puy Blanc 2019 ★ (5 à 8 €; 12000 b.)** Une cuvée souvent en vue dans ces pages. Une aimable friandise fruitée, souple sans manquer de volume en bouche, étayée par des tanins fondus. ⧗ 2021-2025 ■ **Chenin 2020 ★ (8 à 11 €; 1800 b.)** Ce chenin joue habilement la carte des agrumes (citron, zeste d'orange) et des fruits exotiques au nez comme en bouche, et plaît par son équilibre gras-acidité. ⧗ 2021-2024

⊶ EARL DOM. DES GÉLÉRIES, 4, rue des Géléries, 37140 Bourgueil, tél. 02 47 97 74 83, domainedesgeleries@orange.fr V t.l.j. sf dim. 9h-12h 14h-18h30

DOM. GROSBOIS
La Cuisine de ma Mère 2019 ★★

■ | 40000 | | 8 à 11 €

Une ancienne ferme fortifiée du XVᵉs. située sur les hauteurs du coteau de Chinon. La famille Grosbois y cultive la vigne depuis 1850; une longue tradition perpétuée depuis 2008 par Nicolas, qui a exploré le monde viticole, en France et à l'étranger (Chili, Oregon, Australie...) avant de reprendre ce vignoble de 20 ha cultivé en bio et biodynamie. Son frère Sylvain l'a rejoint en 2019.

Une ode à la convivialité que cette cuvée qui exalte le fruit, le fruit et encore le fruit (cerise, framboise, cassis...). Un fruit croquant et juteux qui tapisse aussi un palais diablement gourmand, charnu, tendre, souple, frais, doté de tanins soyeux. On en redemande... ⧗ 2021-2024 ■ **Clos du Noyer 2019 ★ (20 à 30 €; 5000 b.)** Ⓑ Du fond et de la sève pour cette cuvée coup de cœur dans ses versions 2017 et 2010. Un chinon expressif (fruits noirs, violette, touche épicée et réglissée), ample, longiligne, bien fruité et très frais en bouche, épaulé par des tanins fins. ⧗ 2023-2028

⊶ EARL DOM. GROSBOIS, Le Pressoir, 37220 Panzoult, tél. 02 47 58 66 87, info@grosbois@gmail.com V r.-v.

DOM. LA JALOUSIE
La Chapelle de Briançon 2019 ★

■ | 12933 | | 15 à 20 €

Rachetée en 2002 par la famille Le Corre et partiellement rénovée deux années plus tard, cette propriété de 20 ha implantée dans le hameau de Briançon, en bordure de la Vienne, se voit régulièrement sélectionnée dans le Guide pour ses chinon rouges ou rosés. L'activité viticole a été cédée en 2016 au groupement (coopératives, distillerie, négoce) Loire Propriétés.

Né de vignes plantées sur des coteaux argilo-calcaires, ce chinon de caractère reste encore marqué par les tanins du bois. Il aura besoin de temps pour affirmer ses prétentions gustatives. Nul doute qu'alors sa droiture et sa maturité fruitée seront appréciées à leur juste valeur. ⧗ 2023-2028

⊶ SCEA DE BRIANÇON (DOM. LA JALOUSIE), Briançon, 37500 Cravant-les-Coteaux, tél. 02 41 78 30 41, contact@raymond-morin.com V r.-v.

Ⓑ DOM. JOURDAN
Clair de Lune La Croix Boissée 2019 ★

■ | 2000 | | 11 à 15 €

Philippe Pichard, qui avait repris en 1983 le vignoble acheté par ses grands-parents, l'a transmis en 2012 à la famille Jourdan. Il se charge toujours de la conduite des vignes (18 ha), exploitées en biodynamie.

Un fort joli blanc que cette Croix Boissée, ouverte sur des arômes finement miellés et fruitées. Elle offre aux papilles la trame moelleuse d'un chenin charnu, récolté à maturité optimale et discrètement accompagné du boisé de l'élevage en demi-muids. ⧗ 2021-2024

⊶ DOM. JOURDAN, 8, le Puy, 37500 Cravant-les-Coteaux, tél. 06 08 34 78 62, francis@domainejourdan.fr V r.-v.

LE LOGIS DE LA BOUCHARDIÈRE Rosé 2020 ★

■ | 30000 | | 5 à 8 €

Installée depuis 1850 au Logis de la Bouchardière, la famille Sourdais a développé un vaste vignoble qui atteint aujourd'hui 58 ha. Représentant la sixième génération, Bruno a pris les rênes du domaine en 1992. Une valeur sûre de l'appellation chinon, en rouge et aussi en rosé.

Un vin éclatant dans sa robe rose bonbon. Interprétation gourmande des ressources du cabernet franc, ce vin frais, fruité (agrumes) et croquant affiche avec bonheur une identité très chinonaise. ⧗ 2021-2022

⊶ EARL SERGE ET BRUNO SOURDAIS, La Bouchardière, 37500 Cravant-les-Coteaux, tél. 02 47 93 04 27, info@sergeetbrunosourdais.com V t.l.j. sf dim. 8h-12h15 14h-18h30

PASCAL ET ALAIN LORIEUX Thélème 2019 ★

■ | 4300 | | 11 à 15 €

Alain et Pascal Lorieux ont fusionné leurs exploitations en 1993, l'une de 12 ha à Saint-Nicolas-de-

Bourgueil, l'autre de 8 ha à Chinon, tout en gardant deux chais de vinification. Les deux frères exploitent leur vignoble en viticulture raisonnée.

Une cuvée qui évoque l'abbaye utopique imaginée par Rabelais à la fin de son *Gargantua*, offerte à Frère Jean des Entommeures pour s'être battu vaillamment aux côtés de Gargantua contre Picrochole. Dans le verre, un chinon d'un rouge intense, charnu et juteux en bouche, dont le fruité est stimulé par de fines notes crayeuses. ⧗ 2021-2025

SCEA PASCAL ET ALAIN LORIEUX, 64, av. Saint-Vincent, 37140 Saint-Nicolas-de-Bourgueil, tél. 02 47 97 92 93, contact@lorieux.fr V r.-v.

Ⓑ DOM. DE LA NOBLAIE Les Chiens Chiens 2019 ★★

■	19 000		8 à 11 €

Un domaine ancien (on y cultivait déjà la vigne au XVIIIe s.), acquis et remis en état à partir de 1952 par Jacqueline et Pierre Manzagol. Depuis 2003, leur petit-fils Jérôme Billard, œnologue, et sa compagne Élodie Peyrussie, sont aux commandes de ce vignoble de 27 ha d'un seul tenant, conduit en bio sur la rive gauche de la Vienne. Très régulier en qualité.

Respect du terroir et respect du fruit, c'est la conduite à laquelle Jérôme Billard s'astreint depuis qu'il assure les destinées du domaine familial. Sur la parcelle argileuse Les Chiens Chiens, il a extrait de cabernets âgés d'un demi-siècle un joli chinon intense, charnu, fruité, tout en fraîcheur, doté de tanins distingués et stimulé en finale par la minéralité du terroir. ⧗ 2022-2028 ■ **Pierre de Tuf 2019 ★ (15 à 20 €; 8 000 b.)** Ⓑ Un chinon né d'une longue macération dans une cuve en tuffeau datant du XVe s., suivie d'un élevage sous bois. Au nez, des fruits rouges et noirs mûrs et d'épices douces. En bouche, beaucoup de volume, de droiture, de chair et une solide structure tannique. Un vrai vin de garde. ⧗ 2024-2032

DOM. DE LA NOBLAIE, Le Vau-Breton, 21, rue des Hautes-Cours, 37500 Ligré, tél. 02 47 93 10 96, contact@lanoblaie.fr V *t.l.j. sf dim. 10h-12h 14h-18h*

Ⓑ DOM. DE NOIRÉ Élegance 2019 ★

■	33 000		8 à 11 €

Jean-Max Manceau, fort de 28 ans d'expérience dans l'un des plus beaux châteaux de Chinon, se consacre désormais à la propriété familiale de 20 ha dont il a pris la tête avec son épouse Odile en 2002. Le domaine est conduit en bio.

Vêtu de rouge sombre, ce vin propose une palette généreuse, gorgée de fruits mûrs. De franches saveurs fruitées qui prédominent aussi dans une bouche gourmande et charnue, étayée par des tanins veloutés et fondus. Un chinon délié et très canaille. ⧗ 2022-2027

EARL DOM. DE NOIRÉ, 160, rue de l'Olive, 37500 Chinon, tél. 02 47 93 44 89, contact@domainedenoire.fr V *t.l.j. 10h-12h 14h-18h*

CLOTHILDE PAIN Sans Dessus Sans Dessous 2018 ★

■	4 150		11 à 15 €

Issue d'une lignée de vignerons chinonais, Clothilde Pain a d'abord rejoint le domaine familial en 2003, avant de s'installer en solo en 2012, à la tête de 8 ha de vignes sur Cravant-les-Coteaux, dont elle tire des cuvées qu'elle veut « féminines, osées, décalées ».

Derrière sa jolie robe couleur carmin, ce chinon élevé en foudres de chêne, au nom affriolant, livre un fruité mûr et charmeur bien typé, mâtiné d'épices douces. Un fruité que l'on retrouve tout aussi gourmand dans un bouche souple et veloutée, un brin plus sévère en finale. ⧗ 2022-2027

CLOTHILDE PAIN, 2, rue de Chezelet, 37220 Panzoult, tél. 02 47 93 39 32, clotilde_pain@yahoo.fr V *r.-v.*

DOM. DU PUY Cuvée Mathilde 2020 ★

■	5 000		5 à 8 €

Établi à Cravant-les-Coteaux, Patrick Delalande est à la tête du domaine fondé par son aïeul Alexis Delalande en 1820. Il a été rejoint par son fils Baptiste en 2010. Le tandem conduit un vignoble de 28 ha sur les bords de la Vienne, face au Midi.

En vue dans sa version 2018, Mathilde est revenue. Un rosé qui a capté le côté solaire du millésime 2020, offrant au nez des arômes de cerise mûre. Arômes prolongés par une bouche pimpante, à la fois tendre et fraîche, dynamisée par une finale très alerte. ⧗ 2021-2022

EARL LE PUY, 11, Le Puy, 37500 Cravant-les-Coteaux, tél. 02 47 98 42 31, domaine.du.puy@wanadoo.fr V *r.-v.* Ⓔ

DOM. DES QUATRE VENTS L'Excellence 2018 ★★

■	4 000		11 à 15 €

Ce domaine de 27 ha doit son nom à sa situation, au sommet d'une colline balayée par les vents. Philippe Pion conduit l'exploitation depuis 1984, épaulé depuis 2008 par son fils Aurélien.

Il était présent à la finale réunissant les prétendants aux coups de cœur, ce vin issu d'une vieille vigne enracinée plein sud sur l'argilo-calcaire des coteaux de Cravant. Élevé 16 mois au contact du chêne, il livre un bouquet expressif de fruits noirs et de violette sur un fond boisé bien fondu. La bouche, ample, généreuse, très équilibrée, affiche un beau fruit qui épouse longuement des tanins de velours. Un aimable et radieux gaillard, qui vieillira bien. ⧗ 2023-2030 ■ **Chenin 2020 ★ (8 à 11 €; 4 000 b.)** Au nez, des parfums de fruits blancs et d'agrumes. En bouche, un même fruité soutenu, du volume, de la rondeur renforcée par un boisé savamment dosé et une juste fraîcheur en appoint. ⧗ 2021-2024

EARL PHILIPPE ET AURÉLIEN PION (DOM. DES QUATRE VENTS), La Bâtisse, 37500 Cravant-les-Coteaux, tél. 02 47 93 46 79, pion375@gmail.com V *t.l.j. sf dim. 9h-12h 14h-18h*

Ⓑ JEAN-MAURICE RAFFAULT Le Puy 2019 ★★

■	7 800		15 à 20 €

Les ancêtres de Rodolphe Raffault cultivaient déjà la vigne sous Louis XIV. Aujourd'hui, le vigneron, qui a repris l'exploitation en 1997, dispose d'immenses caves et d'un vignoble de 44 ha en conversion bio, réparti sur plusieurs terroirs qu'il vinifie séparément.

Rodolphe Raffault signe un vin de haute expression, élevé 18 mois en barriques, drapé dans une impressionnante robe sombre et ouvert sur de belles nuances florales et fruitées. Tonique mais sans agressivité, la bouche prend appui sur une structure bien en place autour de tanins fermes mais fins et d'un boisé ajusté, avant de dérouler une longue finale soyeuse et délicate. Un vin à la fois riche et plein de vitalité. ⧗ 2024-2030

EARL JEAN-MAURICE RAFFAULT, 74, rue du Bourg, 37420 Savigny-en-Véron, tél. 02 47 58 42 50, rodolphe.raffault@wanadoo.fr V r.-v.

DOM. DU RAIFAULT Cuvée Tradition 2019 ★

■	n.c.		5 à 8 €

Situé dans le Véron, entre Loire et Vienne, ce domaine commandé par une gentilhommière de tuffeau est dans la même famille depuis le XIXᵉs. Après la disparition prématurée de son père, Julien Raffault a pris en main cette exploitation de 25 ha au sortir de ses études.

Impressionnés par sa couleur bordeaux, les jurys ont aimé le caractère jeune et vigoureux de ce vin, dont le nez évoque avec intensité les fruits rouges et noirs confiturés. Une maturité de fruit à laquelle fait un écho persistant une bouche ample, solide, tannique. Un chinon parti pour durer. ⧗ 2024-2030

EARL JULIEN RAFFAULT, Dom. du Raifault, 23-25, rte de Candes, 37420 Savigny-en-Véron, tél. 02 47 58 44 01, domaineduraifault@orange.fr V *t.l.j. 8h-18h; dim. sur r.-v.*

Ⓑ DOM. WILFRID ROUSSE Les Puys 2019 ★

■	15000		11 à 15 €

Établi depuis 1987 dans le Véron, entre Loire et Vienne, Wilfrid Rousse conduit avec succès un domaine de 20 ha. Le vigneron a obtenu la certification agriculture biologique en 2011. Une valeur sûre.

« Vin frais et gourmand », notent les dégustateurs, également sensibles à une olfaction généreuse, sur les fruits rouges relevés de notes épicées. Arômes prolongés par une bouche alerte, déliée et bien équilibrée. ⧗ 2022-2026

WILFRID ROUSSE, 19-21, rte de Candes, La Halbardière, 37420 Savigny-en-Véron, tél. 02 47 58 84 02, wilfrid.rousse@wanadoo.fr V *t.l.j. sf dim. 8h-12h30 13h30-18h*

CH. DE SAINT LOUANS 2019 ★★

■	5000		20 à 30 €

Christophe Baudry, issu de la sixième génération de vignerons, et Jean-Martin Dutour, ingénieur agronome et oenologue, gèrent une maison de négoce et quatre domaines à Chinon : le Ch. de Saint-Louans, le Ch. de la Grille, le Dom. du Roncée et le Dom. de la Perrière.

Vendangé à la main, le chenin enraciné sur 80 ares d'argilo-calcaire a été fermenté et élevé en barriques. Raison pour laquelle des arômes toastés viennent, au cœur d'une palette riche, s'associer aux senteurs de coing, d'abricot, de pâte de fruit et d'amande douce. La bouche, torréfiée et gorgée de fruit, s'exprime avec générosité, conservant de bout en bout un équilibre serein, avec en finale une note minérale de pierre à fusil qui restitue une fraîcheur bienvenue. Un grand blanc de gastronomie. ⧗ 2021-2025

SAS BAUDRY-DUTOUR, Ch. de la Grille, rte de Huismes, 37500 Chinon, tél. 02 47 93 01 95, info@baudry-dutour.fr V *t.l.j. sf lun. dim. 10h-12h 14h-18h* Ⓐ

COTEAUX-DU-LOIR

Superficie : 79 ha
Production : 3 086 hl (55 % rouge et rosé)

Avec le jasnières, voici le seul vignoble de la Sarthe, sur les coteaux de la vallée du Loir. Il renaît après avoir failli disparaître dans les années 1970. Les vignes sont plantées sur l'argile à silex qui recouvre le tuffeau. Le pineau d'Aunis, assemblé aux cabernets, gamay ou côt, donne des rouges et des rosés légers et fruités tandis que le chenin produit des blancs secs.

CHRISTOPHE CROISARD Vieilles Vignes 2019 ★

■	2500		8 à 11 €

Depuis 1996, Christophe Croisard conduit cette exploitation de 23 ha installée depuis quatre générations à flanc de coteaux, dans la commune de Chahaignes, au nord de La Chartre-sur-le-Loir. Le domaine dispose de magnifiques caves creusées dans le tuffeau.

Des vignes de 70 ans et un élevage en fût à l'œuvre dans ce 2019 élégant, au nez épanoui qui diffuse les notes de fruits rouges frais et de poivre que l'on attend du pineau d'Aunis. Les épices s'épanouissent dans une bouche à la fois ronde et fraîche, adossée à des tanins croquants et un brin fermes. Ils se détendront à table avec des grillades aux herbes. ⧗ 2021-2024

EARL DOM. DE LA RADERIE, 3, La Pommeraie, 72340 Chahaignes, tél. 02 43 79 14 90, christophe.croisard@laraderie.fr V *r.-v.*

JASNIÈRES

Superficie : 66 ha / Production : 2 912 hl

C'est le cru des coteaux du Loir, bien délimité sur un unique versant plein sud de 4 km de long sur environ 65 ha. Seul cépage de l'appellation, le chenin ou pineau de la Loire peut donner des produits sublimes les grandes années. Curnonsky n'a-t-il pas écrit : « Trois fois par siècle, le jasnières est le meilleur vin blanc du monde » ?

DOM. DE CÉZIN Origine 2020 ★

■	9300		8 à 11 €

Ce domaine créé en 1925 est une valeur sûre de la Sarthe viticole. François Fresneau a fait l'acquisition de sa première parcelle de jasnières en 1975 et, après un parcours sans faute, il vient de passer le flambeau à la quatrième génération : ses enfants Xavier et Amandine, qui exploitent une quinzaine d'hectares en coteaux-du-loir et jasnières.

Ce jasnières sec (4 g/l) dévoile un nez bien typé, entre fruits jaunes bien mûrs, noix fraîche et note fumée. Intense à l'attaque, la bouche a tout pour bien vieillir : du gras, de l'intensité dans le fruit, de la concentration et une belle acidité minérale qui étire le vin en finale. ⧗ 2022-2026

EARL FRESNAU, Dom. de Cézin, rue de Cézin, 72340 Marçon, tél. 02 43 44 13 70, earl.francois.fresneau@orange.fr V r.-v.

DOM. LELAIS Cuvée Saint-Vincent 2020 ★

| | 16000 | | 8 à 11 € |

Établis dans le charmant village de Ruillé-sur-Loir, Francine et Raynald Lelais, aidés de leur fille Claire, conduisent depuis 1984 ce domaine de 18 ha consacré aux AOC jasnières et coteaux-du-loir, doté de cinq caves anciennes creusées dans le tuffeau.

Des vendanges en deux tries et un élevage sur lies ont façonné ce moelleux aux douces notes de fruits exotiques, de pain d'épices et de cannelle. Tendre et ronde, la bouche séduit par son toucher caressant, son élégance et sa douceur subtile. Il n'aura manquer qu'un soupçon de fraîcheur en plus pour la deuxième étoile. ⧗ 2022-2026 **Le Tradition 2020 ★ (8 à 11 €; 16000 b.)** Vendangé à la fraîche et élevé en cuve, ce 2020 séduit par ses notes de fruits frais et sa touche fumée typique de l'appellation. De la bouche, on retient la douceur discrète (7,5 g/l de sucre résiduel) et la matière légère dynamisée par une belle acidité. ⧗ 2021-2024

EARL DOM. LELAIS, 41, rte de Poncé, 72340 Ruillé-sur-Loir, tél. 02 43 79 09 59, vins@domainelelais.com V *t.l.j. sf dim. 9h-12h 14h-18h*

DOM. J. MARTELLIÈRE
Cuvée du Vert Galant 2020 ★

| | 2200 | | 8 à 11 € |

Jean-Vivien Martellière a repris en 2003 cette exploitation familiale de 12 ha fondée en 1967 par son grand-père Jean. Il vinifie les trois AOC de la vallée du Loir (jasnières, coteaux-du-loir et coteaux-du-vendômois) et des IGP Val de Loire en appliquant les méthodes traditionnelles (levures naturelles, macérations courtes…). Associé à sa sœur, le vigneron a récemment inauguré à Montoire-sur-Loir *Les Trois marches*, un bar à vins pour déguster ses cuvées accompagnées d'assiettes gourmandes.

Un 2020 fermenté jusqu'au bout (2 g/l de sucres résiduels) avec les levures indigènes et élevé en fûts de 400 l. Derrière une robe jaune paille, un nez gourmand et intense de fruits exotiques nuancés de fleurs blanches et de foin. Du gras, de la fraîcheur, un fruit expansif, sur la goyave, qui s'étire longuement en finale : aucune fausse note dans ce jasnières déjà prêt à passer à table. ⧗ 2021-2025 **Cuvée des Perrés 2020 ★ (8 à 11 €; 2200 b.)** Les 6 mois de fût ont saupoudré le nez de subtiles notes torréfiées sur fond de fruits exotiques. Le pain d'épices étend la palette dans une bouche tendre à l'attaque, souple, arrondie par une douceur discrète. ⧗ 2021-2025

JEAN MARTELLIÈRE, 46, rue de Fosse, 41800 Montoire, tél. 06 08 99 94 15, contact@domainemartelliere.fr V r.-v.

♥ JEAN-MARIE RENVOISÉ
Grains nobles 2020 ★★★

| | 2000 | | 20 à 30 € |

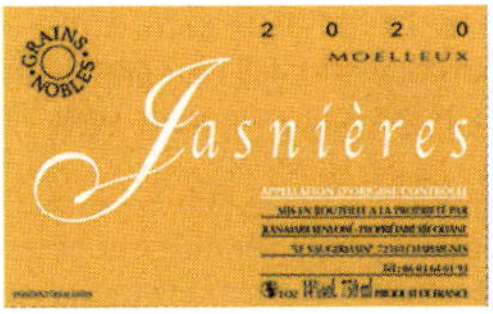

Jean-Marie Renvoisé reprend en 2002 l'exploitation agricole familiale sur laquelle subsistait 1 ha de vignes. Tout en conservant son activité d'élevage de vaches allaitantes, il décide de replanter les 5 ha alors dédiés aux céréales pour se consacrer à la vigne.

Des raisins vendangés en surmaturité ont donné naissance à ce moelleux aérien, qui séduit dès l'entame avec sa robe dorée et son nez en dentelle, frais et complexe mêlant les fruits exotiques à un fond de résine et de pâtisserie. En bouche, une texture raffinée, une douceur légère, un fruit d'une belle pureté et une acidité au cordeau qui confère à l'ensemble tenue et éclat. Un vin « qui donne le sourire », conclut, ravi, le jury. De longue garde. ⧗ 2023-2032

JEAN-MARIE RENVOISÉ, Le Vaugermain, 72340 Chahaignes, tél. 06 03 64 61 93, jean-marie.renvoise@wanadoo.fr V r.-v.

MONTLOUIS-SUR-LOIRE

Superficie : 447 ha / Production : 17 415 hl

La Loire au nord, la forêt d'Amboise à l'est, le Cher au sud sont les limites naturelles de l'aire d'appellation. Les sols « perrucheux » (argile à silex), localement recouverts de sable, sont plantés de chenin blanc (ou pineau de la Loire) et produisent des vins blancs vifs et pleins de finesse, tranquilles (secs ou doux), ou effervescents. Les premiers gagnent à évoluer longuement en bouteilles (une dizaine d'années).

PATRICE BENOIT
Méthode traditionnelle 2019 ★

| | 32000 | | 5 à 8 € |

Patrice Benoit est issu d'une famille au service du vin depuis 4 générations. Pour s'installer, il a dû acheter des parcelles laissées par des vignerons partant à la retraite. Il est aujourd'hui à la tête d'une propriété de 14 ha.

Des bulles fines et une mousse abondante animent une robe aux reflets dorés : d'emblée, ce brut affirme son classicisme élégant. Le nez frais évoque les fleurs discrètement relevées par des accents de levure de pain. La bouche, soutenue par l'effervescence, est d'abord vive, puis se fait gourmande, offrant sur la longueur une puissance vineuse et des arômes de raisins bien mûrs. Ce millésime intense mais équilibré a bien tout le caractère des bulles de Montlouis. ⧗ 2021-2022

PATRICE BENOIT, 3, rue des Jardins, 37270 Saint-Martin-le-Beau, tél. 02 47 50 63 93, patrice.benoit.vins@orange.fr V r.-v.

FRANCK BRETON Les Caillasses 2019 ★★

	8000		11 à 15 €

Franck Breton s'est installé en 2008 à la tête d'un vignoble de 8,5 ha situé au sud de la Loire à partir duquel il propose des montlouis et des touraine. Il fait aujourd'hui partie des noms qui comptent dans la région tourangelle.

La robe jaune pâle et limpide brille de subtils reflets brillants. Le nez, un peu fermé, libère à l'aération des notes de fleurs blanches légèrement vanillées. Énergique et minérale à l'attaque, la bouche s'affirme progressivement, puissante et bien soutenue par un boisé fondu. En finale, on retrouve les florales perçues à l'olfaction, ponctuées par de beaux amers. ⧗ 2021-2025

FRANCK BRETON, 1 bis, rue de la Résistance, 37270 Saint-Martin-le-Beau, tél. 06 14 92 59 35, franckbretonvigneron@orange.fr V r.-v.

DOM. DE CRAY Sec 2019 ★

	65000		5 à 8 €

Fondé en 1893, ce domaine est une propriété familiale dont le savoir-faire se perpétue depuis 5 générations. Les 75 ha du vignoble sont juchés sur le plateau calcaire et surplombent la rive gauche de la Loire.

Ce 2019 délivre des arômes caractéristiques de fleurs blanches et de fruits blancs bien mûrs, agrémentés de touches minérales. Vif à l'attaque, le palais reste frais de bout en bout et offre des arômes floraux et fruités persistants. En finale, une pointe d'amertume vient encore dynamiser l'ensemble. ⧗ 2021-2025 **Méthode traditionnelle Demi-sec ★ (5 à 8 €; 100000 b.)** Derrière ses fines bulles et sa mousse persistante, ce demi-sec dévoile un nez tout en nuance, à la fois fruité et floral. On retrouve ce bel équilibre des saveurs dans un palais souple et gourmand. Une pointe d'amertume apporte ce qu'il faut de relief en finale. ⧗ 2021-2023

DOM. DE CRAY, rte de l'Aquarium, 37400 Lussault-sur-Loire, tél. 02 47 45 75 21, info@domaine-cray.fr V r.-v.

DOM. DE LA CROIX MÉLIER Demi-sec Les Outardes 2019 ★★

	n.c.		11 à 15 €

Après des études à la « Viti » de Beaune et deux ans passés à la Croix Mélier en intermittence avec son ancien métier de comédien, Philippe Ivancic a pris la suite, en 2017, de Pascal Berthelot et de ses 16 ha de vignes, qu'il cultive avec sa femme Dominique. En conversion biologique depuis deux ans.

Élevé 9 mois en fûts, ce vin baptisé en hommage aux oiseaux migrateurs qui nichent parfois sur la parcelle s'habille d'un jaune paille soutenu à la limpidité irréprochable. Le nez expressif rappelle la pêche et le coing, avec des senteurs florales et quelque notes plus végétales. La bouche, longue et équilibrée, décline les fruits exotiques jusqu'à une finale orientée sur les agrumes. Fidèle à l'appellation, ce demi-sec a frôlé le coup de cœur. ⧗ 2022-2025

DOM. DE LA CROIX MÉLIER, 2, chem. Sainte-Catherine, Husseau, 37270 Montlouis-sur-Loire, tél. 02 47 45 12 14, domaine@lacroixmelier.fr V *t.l.j. sf dim. 10h-12h 14h-19h*

ALAIN JOULIN ET FILS Autour du Fruit 2018 ★

	2670		8 à 11 €

Saint-Martin-le-Beau est une commune du sud de l'appellation montlouis-sur-loire, tournée vers les rives du Cher. Les coteaux en pente douce sont baignés de soleil. Alain Joulin, ses deux fils et l'une de ses belles-filles y exploitent 13,5 ha de vignes qu'ils travaillent le plus naturellement possible.

Jaune paille comme il se doit, ce 2018 s'ouvre avec délicatesse sur des senteurs de fleurs blanches légèrement vanillées et des notes d'agrumes. Plutôt vive à l'attaque, la bouche offre du gras, avec une touche vanillée qui signe l'élevage partiel en fûts et une longue finale plus fraîche, aux tonalités citronnées. ⧗ 2021-2025 **Moelleux Douceur d'Automne 2018 ★ (11 à 15 €; 7460 b.)** Encore un peu fermé, ce moelleux révèle néanmoins au nez un agréable fruité et des notes de miel. C'est au palais qu'il donne sa pleine mesure : une palette riche et un bel équilibre entre sucrosité et fraîcheur. Il n'aura pas à craindre le nombre des années. ⧗ 2023-2030

ALAIN JOULIN ET FILS, 13, rue de Chenonceaux, 37270 Saint-Martin-le-Beau, tél. 02 47 50 28 49, alain.joulin@wanadoo.fr V *t.l.j. 8h30-12h 14h-18h30; sam. 10h-12h 14h-18h; dim. 10h-12h*

CAVE DES PRODUCTEURS DE MONTLOUIS Cuvée des Anges ★

	297900		5 à 8 €

La coopérative de Montlouis-sur-Loire, créée en 1961, regroupe 15 viticulteurs adhérents pour une surface cultivée de 135 ha.

La robe est charmante, d'un bel or pâle, traversée de fines bulles qui forment un cordon persistant. Le nez, discret mais élégant, s'ouvre sur des notes de poire, puis se fait plus brioché. Après une attaque franche, la bouche se révèle ample et harmonieuse, associant fruits à chair blanche et agrumes, appuyés par une juste vinosité. Longueur appréciable. ⧗ 2021-2025

CAVE DES PRODUCTEURS DE MONTLOUIS, 2, rte de Saint-Aignan, 37270 Montlouis-sur-Loire, tél. 02 47 50 80 98, espace@cave-montlouis.com V *t.l.j. 9h-12h30 14h-18h30*

B DOM. DE MONTORAY Troisième Temps 2018 ★

	2000		15 à 20 €

Jeune exploitation créée en 2007 par Claude Aupetitgendre et Jacques Gozard, ce domaine résulte de l'association de 58 passionnés de vins de Loire. Le vignoble (4,5 ha) est cultivé en bio depuis 2011.

Aussi intense que le jaune paille de sa robe, le nez s'exprime sans réserve en arômes fruités, miellés et floraux (tilleul et acacia). Pleinement en accord, la bouche ne manque pas de caractère. Ample, dense et longue, elle accorde les saveurs de fruits mûrs à des nuances boisées de nougat. Un moelleux expressif et gourmand, qui évoluera sereinement. ⧗ 2022-2030 **L'Oiseau blanc 2019 ★ (11 à 15 €; 3000 b.)** B Robe limpide aux reflets dorés et nez élégant de senteurs florales, d'agrumes et de fruits secs, cette cuvée s'annonce d'emblée comme une belle expression du chenin. Le palais confirme. Complexe et équilibré, il monte en puissance sur des saveurs florales et minérales, tout en révélant la fraîcheur nécessaire et la pointe d'amertume attendue en finale. ⌛ 2022-2025 ■ **Libreval 2019 ★ (11 à 15 €; 3000 b.)** Ⓑ Ce 2019 à la robe très pâle libère des notes d'agrumes et de fruits bien mûrs. La bouche y adjoint des arômes de fruits tropicaux, de fleurs blanches (acacia) et de fruits secs. Un équilibre très réussi entre vivacité et rondeur. ⌛ 2020-2024

MONTORAY, 11, vallée Saint-Martin, 37400 Lussault-sur-Loire, tél. 06 75 38 79 69, domaine@montoray.fr V r.-v.

DOM. LES PIERRES ECRITES
Demi-sec Chemin du Jeune Berger 2019 ★

■	1500		11 à 15 €

Coralie et Anthony Rassin, après une longue pérégrination dans le Languedoc, la vallée du Rhône septentrionale et l'Afrique de Sud, ont posé leurs valises sur leurs terres d'origine à Saint-Martin-le-Beau, où ils ont repris en 2016 le Dom. Flamanand-Delétang d'Olivier Flamand, une belle référence en montlouis-sur-loire. Fidèles au lieu, ils ont donné au domaine et ses 8 ha le nom de la cuvée emblématique de leur prédécesseur, qui lui-même l'avait emprunté à son grand-père archéologue, en référence à des pierres écrites nord-africaines.

Cette cuvée se révèle d'une belle complexité : poire, fleurs blanches, nuances boisées et beurrées. L'attaque est franche, appuyée par des notes citronnées et minérales. Des arômes plus fruités se dévoilent sur la longueur, avec en finale le retour discret du boisé. Bien équilibré, ce demi-sec pourra se garder quelques années. ⌛ 2022-2025

DOM. LES PIERRES ÉCRITES, 19, rue d'Amboise, 37270 Saint-Martin-le-Beau, tél. 06 31 72 22 68, domainelespierresecrites@gmail.com V r.-v.

Ⓑ LE ROCHER DES VIOLETTES
Touche Mitaine 2019 ★

■	35000		15 à 20 €

Originaire de l'Oise, Xavier Weisskopf a créé son exploitation (17 ha en bio) en 2005. Rien ne le destinait à ce métier, mais ses études à Chablis lui ont fait découvrir l'univers du vin, ce qui l'a conduit à la « Viti » de Beaune, puis à Gigondas et enfin sur les rives de la Loire.

La robe claire et limpide de ce 2019 se pare d'élégants reflets argentés. Très expressif, le bouquet associe harmonieusement les fleurs blanches, la pomme et le coing. Élégante et ronde, la bouche conserve une agréable fraîcheur minérale jusqu'en finale. À déguster sur le fruit. ⌛ 2021-2023

XAVIER WEISSKOPF, 34, rue de la Roche, 37150 Dierre, tél. 02 47 23 52 03, xavier.weisskopf@hotmail.com V r.-v.

VOUVRAY

Superficie : 2 151 ha
Production : 126 272 hl (70 % mousseux)

Un long vieillissement en cave et en bouteilles révèle toutes les qualités des vouvray, blancs nés au nord de la Loire, presque en face de Tours, sur un vignoble qu'écorne l'autoroute A10 au nord (le TGV passe en tunnel) et que traverse la large vallée de la Brenne. Le cépage blanc de Touraine, le chenin, donne ici des vins tranquilles, colorés et très racés, secs ou moelleux selon les années, et des vins pétillants et effervescents, vineux, élaborés selon la méthode traditionnelle. Si ces derniers sont bus assez jeunes, les vins tranquilles sont aptes à une longue garde qui leur donne de la complexité.

JEAN-CLAUDE ET DIDIER AUBERT
Réserve Méthode Traditionnelle 2018 ★

●	90000		5 à 8 €

Jean-Claude et Didier Aubert représentent respectivement, les sixième et septième générations de vignerons installés au cœur de la Vallée Coquette depuis 1823. Avec leurs épouses, ils exploitent 47 ha de vignes en lutte raisonnée.

Ce 2018 né de raisins à pleine maturité arbore de fines bulles sur une robe jaune claire. Le nez, délicat et subtil, s'exprime avec élégance sur des arômes de fleurs blanches et d'agrumes. Pleinement en harmonie avec l'olfaction, la bouche se révèle à la fois fraîche et ronde, accompagnée sur la longueur par de plaisantes saveurs florales. Une amertume légère mais persistante vient dynamiser la finale. ⌛ 2021-2024

JEAN-CLAUDE ET DIDIER AUBERT, 10, rue de la Vallée-Coquette, 37210 Vouvray, tél. 02 47 52 71 03, vinsdevouvray@aubertjcd.fr V *t.l.j. sf dim. 9h-12h 14h-19h.*

DOM. DES AUBUSIÈRES Cuvée de Silex 2019 ★

■	n.c.		8 à 11 €

Bernard Fouquet s'est lancé dans le métier de vigneron en 1982. Aujourd'hui, il conduit de manière raisonnée un vignoble de 31 ha répartis sur quelques-uns des meilleurs terroirs argilo-calcaires et argilo-siliceux de l'appellation vouvray.

Sous une robe jaune pâle et brillante, ce vouvray dévoile un nez expressif de fleurs blanches, de pamplemousse et de fruits blancs bien mûrs. En bouche, la fraîcheur de l'attaque cède rapidement la place à une belle rondeur florale et fruitée, avant que de beaux amers viennent stimuler la finale. « Un sec charmeur qui ne manque pas de tendresse », selon le jury. ⌛ 2021-2025

BERNARD FOUQUET, Dom. des Aubuisières, 37210 Vouvray, tél. 02 47 52 67 82, info@vouvrayfouquet.com V *t.l.j. sf sam. dim. 8h-12h 13h30-17h30*

DOM. BOUTET SAULNIER
Demi Sec Harmonie 2019 ★

■	3500	5 à 8 €

Blotti au cœur de la vallée Chartier, ce domaine conduit par Christophe Boutet et sa femme Astrid couvre 12,7 ha en bio, avec un travail du sol réalisé par un cheval de trait.

Ce demi-sec arbore une robe d'un séduisant jaune paille aux reflets verts. Frais et tendre, le nez s'ouvre progressivement sur des notes d'acacia, de fleurs blanches et d'agrumes. La bouche se révèle équilibrée et subtile, dominée jusqu'en finale par des arômes d'agrumes, notamment de citron. Une cuvée qui dévoilera toute sa subtilité dans quelques années. ⌛ 2022-2027

BOUTET SAULNIER, 17, Vallée-Chartier, 37210 Vouvray, tél. 02 47 52 73 61, christophe-boutet@wanadoo.fr V r.-v.

DENIS BREUSSIN GT 2018 ★

	2000		5 à 8 €

Depuis cinq générations, la famille Breussin cultive la vigne sur les hauteurs de Vernou-sur-Brenne. Denis Breussin conduit les 17 ha du domaine dans le respect du végétal et de la faune auxiliaire.

Ce 2018 élevé 10 mois en barrique dévoile des senteurs subtiles de fleurs blanches agrémentées de notes miellées. Le palais offre, à l'inverse, une attaque franche, vive et citronnée, puis s'arrondit autour d'arômes de pêche et de mangue, avant le retour d'une agréable fraîcheur en finale. ⌛ 2021-2025

YVES ET DENIS BREUSSIN, 45, Vallée-de-Vaugondy, 37210 Vernou-sur-Brenne, tél. 06 08 86 70 39, denis.breussin@orange.fr V r.-v.

VIGNOBLE BRISEBARRE Cuvée Millésimée 2015 ★

	20000		8 à 11 €

Philippe Brisebarre poursuit depuis 1981 l'exploitation du vignoble familial, dont l'origine remonte à 1945. Il est constitué aujourd'hui par un ensemble de parcelles qui couvre 24 ha.

Ce 2015 a vieilli 48 mois sur lattes dans une cave creusée dans le roc. Si la robe claire et limpide mise sur la sobriété, les bulles et la mousse assument, elles, une certaine exubérance. Expressif mais nuancé, le nez exhale des senteurs de fruits blancs (coing et pêche de vigne), rehaussées de notes épicées. À la fois fraîche, tendre et soyeuse, la bouche préserve la douceur des fruits blancs jusqu'en finale. ⌛ 2021-2024

VIGNOBLE BRISEBARRE, 34, rue de la Vallée-Chartier, 37210 Vouvray, tél. 02 47 52 63 07, philippe@brisebarre.fr V *t.l.j. 10h-17h30; mer. dim. sur r.-v.*

B DOM. SÉBASTIEN BRUNET
La Folie 1ère Trie 2018 ★★

	1300		30 à 50 €

Sébastien Brunet a repris le domaine familial de 3 ha à Vouvray et l'a progressivement porté à 16 ha avec des terroirs répartis entre Vernou et Chançay. Ce vigneron, qui accorde une grande importance à l'identité de chaque parcelle, travaille les sols sans machines ni produits chimiques et les vendanges sont manuelles. Toutes ses cuvées sont vinifiées et élevées dans des caves de tuffeau creusées il y a cinq siècles. Le domaine est certifié en agriculture biologique depuis 2018.

Sous une robe jaune paille intense, ce vouvray liquoreux déploie un nez complexe qui associe avec finesse des senteurs de poire, de fruits confits et de miel embellis par les nuances d'acacia. À l'unisson, la bouche, légèrement acidulée à l'attaque, se révèle ample, riche et charnue, avec des saveurs confiturés de fruits biens mûrs. Un 2018 gourmand et long, qui offre une belle perspective de garde. ⌛ 2025-2032

SÉBASTIEN BRUNET, 6, rue Roche-Fleurie, 37210 Chançay, tél. 02 47 56 73 52, earlbrunetsebastien@hotmail.fr V *r.-v.*

DOM. VINCENT CARÊME Tendre 2018 ★

	4000		15 à 20 €

Créé en 1999, le vignoble couvre aujourd'hui 17 ha cultivés en agriculture biologique. Outre des effervescents et des blancs secs, Vincent Carême produit des moelleux à partir de ses meilleurs terroirs. Il est également producteur de *steen* (le nom local du chenin) près du Cap, en Afrique du Sud, sous l'étiquette Terre Brûlée.

Ce 2018 pour partie vieilli dans des jarres en grès possède moins de sucre qu'un moelleux classique. La robe hésite entre le jaune paille et le jaune d'or légèrement cuivré. Le nez se développe avec délicatesse sur les fleurs blanches et les agrumes. Le palais, ample, généreux, gourmand, associe les fruits jaunes à des notes de toast, de caramel et de noix de coco. En finale, la pointe d'amertume et la fraîcheur apportées par le retour des agrumes assurent l'équilibre. ⌛ 2021-2025

VINCENT CARÊME, 1, rue du Haut-Clos, 37210 Vernou-sur-Brenne, tél. 02 47 52 71 28, vin@vincentcareme.fr V *r.-v.*

CAVES CATHELINEAU
Extra-brut Cuvée des Trois Charles ★★

	3000		11 à 15 €

Jean-Charles Cathelineau et son fils Frédéric sont issus d'une longue lignée de vignerons qui remonte à 1690. Au cours des siècles, ceux-ci ont patiemment creusé les caves de la propriété au fur et à mesure des besoins et enrichi leur petit musée personnel d'outils viticole anciens.

Trois générations de Charles ont précédé Jean-Charles, d'où le nom de cette cuvée élevée 24 mois en fûts, puis vieillie en bouteilles pendant 4 ans. Ce long mariage compose une robe ambrée traversée de fines bulles persistantes. Séducteur et complexe, le nez se révèle floral (tilleul, verveine) et fruité (pomme verte). La bouche, ample et onctueuse, complète cette palette de subtiles notes d'aubépine et d'une touche minérale en finale. ⌛ 2021-2025 **Cuvée Silex 2019 ★ (8 à 11 €; 6600 b.)** Un nez encore un peu fermé de pêche blanche sur fond de minéralité pour ce vouvray ample et frais en bouche, long et équilibré, soutenu par un boisé bien ajusté. ⌛ 2021-2024

EARL CAVES JEAN-CHARLES ET FRÉDÉRIC CATHELINEAU, 24, rue des Violettes, 37210 Chançay, tél. 02 47 52 20 61, cathelineau@orange.fr V *t.l.j. 8h-12h30 14h-19h. dim. sur r.-v.*

DOM. CHAMPALOU Méthode traditionnelle ★

	30000	11 à 15 €

Tous deux issus de familles vigneronnes, Catherine et Didier Champalou ont créé leur domaine en 1984 sur seulement 1,8 ha. Leur vignoble couvre aujourd'hui près de 21 ha cultivés en viticulture durable Terra vitis et certifié HVE3 depuis 2016. Des jachères fleuries, des nichoirs à insectes, des haies sont ainsi implantés dans le vignoble afin d'aider les insectes auxiliaires à

s'épanouir. Diplômée en œnologie, Céline Champalou a rejoint ses parents il y a une quinzaine d'années.
Des reflets étincelants et des bulles extra-fines animent la robe jaune pâle de ce vouvray. Le nez, bien ouvert, révèle une gamme aromatique très fruitée. La bouche, harmonieuse et tendre, est également dominée par le fruit mûr. La finale tout en délicatesse confirme que ce brut incline un peu du côté des extra-dry. ⧗ 2021-2023 **Classic 2019 ★ (11 à 15 €; 60 000 b.)** Ce 2019 possède toutes les caractéristiques d'un bon chenin : robe claire et limpide, nez floral et fruité, de la fraîcheur, de l'ampleur et de la rondeur pour un bel équilibre en bouche. « Un sec gourmand qui fond sous les papilles », selon le jury. ⧗ 2021-2023

CHAMPALOU, 7, rue du Grand-Ormeau, 37210 Vouvray, tél. 02 47 52 64 49, champalou@orange.fr V r.-v.

♥ DOM. PIERRE CHAMPION Réserve 2018 ★★★

	2100		11 à 15 €

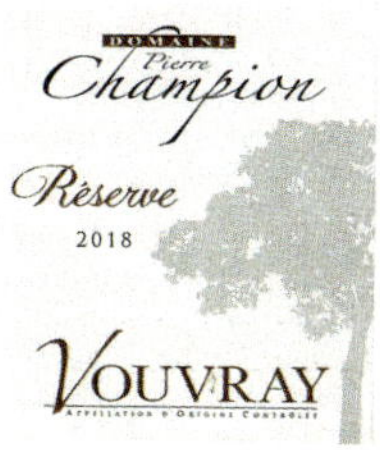

La Vallée de Cousse est un vallon du vignoble de Vouvray où prospère la vigne depuis fort longtemps grâce à son microclimat très favorable. Pierre Champion assisté de son épouse Béatrice est à la tête d'un vignoble de 14,4 ha. Installé depuis 1992, il constitue la quatrième génération.
La robe d'un jaune paille intense est d'une limpidité parfaite. Le nez gourmand et d'une grande complexité marie les nuances florales au fruité de la pêche et de l'abricot, agrémenté par de délicieuses notes de raisin sec. On retrouve cette symphonie de saveurs dans un palais ample, velouté, généreux et d'une longueur rare, qui séduit par son équilibre irréprochable entre arômes confiturés et acidité pleinement maîtrisée. Une expression des plus abouties du vouvray. ⧗ 2023-2030 **Fines Bulles ★ (5 à 8 €; 2 500 b.)** Les bulles sont très fines en effet, et persistantes. Le nez déploie avec élégance des parfums de fruits bien mûrs, agrémentés d'arômes acidulés de pomme verte dans une bouche équilibrée, à la fois ronde et fraîche. ⧗ 2021-2022

DOM. PIERRE CHAMPION, 57, rue Jean-Jaurès, La Vallée-de-Cousse, 37210 Vernou-sur-Brenne, tél. 02 47 52 02 38, pierrechampion37@gmail.com V r.-v.

DOM. DE LA CHÂTAIGNERAIE Cuvée Saint-Martin 2018 ★★

	2000		15 à 20 €

On trouve des Gautier sur le domaine depuis 7 générations. Les caves datent du XIVᵉ et le chai est du XIXᵉ. Installé en 1981, Benoît Gautier travaille 17 ha, dont le fameux Clos la Lanterne dominant la Loire.
Élevé sur lies pendant 10 mois, ce moelleux livre un bouquet ouvert et franc de fruits exotiques et de fruits confits. Ce registre aromatique s'enrichit d'arômes de pêche, de coing, d'acacia et de miel dans une bouche suave et veloutée. ⧗ 2021-2027

DOM. DE LA CHÂTAIGNERAIE, La Châtaigneraie, 37210 Rochecorbon, tél. 02 47 52 84 63, info@vouvraygautier.com V *t.l.j. sf dim. 9h-12h 13h30-17h30*

DOM. THIERRY COSME Sec 2019 ★

	5200		5 à 8 €

Thierry Cosme, formé en Champagne, s'est installé en 1988 sur 4,5 ha. Il s'est agrandi et cultive à ce jour 21 ha de vignes sur les communes de Noizay et de Chançay. Il accueille les œnophiles dans les caves troglodytiques qu'il tient de ses grands-parents, et signe des cuvées sélectionnées avec une belle régularité dans ces pages.
Cette cuvée s'annonce délicate, tant par la couleur très pure de sa robe pâle que par son nez fin et discret de citron vert. La bouche se révèle à la fois fraîche, fine et tendre, centrée sur les agrumes, les fruits blancs et les fruits secs relevés de nuances poivrées. ⧗ 2021-2024

DOM. THIERRY COSME, 1127, rte de Nazelles, 37210 Noizay, tél. 02 47 52 05 87, thierry.cosme@wanadoo.fr V r.-v.

DOM. DES COUDRIÈRES 2019 ★

	400		- de 5 €

Depuis 1888, 4 générations de viticulteurs se sont succédé sur ce domaine de 12 ha. Conduit par Alain Delaleu depuis 1995, le vignoble s'étend sur plusieurs communes de l'appellation Vouvray, ce qui permet de jouer sur une belle palette de terroirs.
Ce 2019 dévoile un nez aérien et très floral. Typique du chenin, la bouche, nerveuse à l'attaque, se révèle dynamique et fraîche, sur une belle longueur. Une pointe d'amertume citronnée vient stimuler les papilles en finale. ⧗ 2022-2025

DOM. DES COUDRIÈRES, 44, rte de Château-Renault, 37210 Vernou-sur-Brenne, tél. 02 47 52 13 70, alain.delaleu@wanadoo.fr V r.-v.

♥ MAISON DARRAGON Méthode traditonnelle ★★★

	80 000		5 à 8 €

Christelle Darragon et son époux David Charbonnier ont repris l'entreprise familiale de 40 ha en 2004. C'est la neuvième génération. Soucieux de la qualité et de l'environnement, ils mettent en pratique la culture raisonnée et ont construit un chai rationnel pour les vinifications. L'élevage des vins se fait dans les caves troglodytiques.
La robe jaune pâle traversée de reflets dorés est animée par un cordon persistant de bulles aussi fines que dynamiques. Intense et frais, le nez conjugue avec élégance les arômes de pamplemousse, d'orange, de citron vert et de poire. Tout autant expressive, la bouche fraîche, énergique et harmonieuse s'étire sur une belle longueur. Un brut parfaitement abouti. ⧗ 2021-2023

EARL MAISON DARRAGON, 34, rue de Sanzelle, 37210 Vouvray, tél. 02 47 52 74 49, vigneronavouvray@maisondarragon.fr V r.-v.

DOM. DE LA FONTAINERIE Càteau les Brûlés 2019 ★

	1720		11 à 15 €

Catherine Dhoye-Déruet, ingénieur dans l'agro-alimentaire, a pris la suite de ses parents en 1990. Située dans la vallée Coquette, le domaine appartenait déjà à sa famille bien avant qu'Honoré de Balzac n'écrive les mésaventures vouvrillonnes de « l'Illustre Gaudissart ». Le vignoble de 6 ha est établi juste au-dessus des caves creusées dans le tuffeau.

Le Coteau les Brûlés ? La parcelle la plus ensoleillée du domaine. En général, les raisins y font preuve d'une maturité plus avancée qu'ailleurs dans le vignoble. Le nez, sans être exubérant, se révèle bien mûr et salin. Le palais gras, riche et chaleureux déploie beaucoup de matière, dominée par des notes vanillées. La finale s'élance avec netteté. Un vin complexe, riche, de bonne garde. ⧗ 2022-2026

CATHERINE DHOYE-DÉRUET, 64, rue de la Vallée-Coquette, 37210 Vouvray, tél. 02 47 52 67 92, lafontainerie@orange.fr V r.-v.

CH. FORTINEAU 2019 ★

	2000		5 à 8 €

Régis Fortineau représente la troisième génération établie à la Croix Mariotte, au cœur de Vouvray. Son domaine s'étend sur 11,5 ha et ses vins figurent régulièrement dans le Guide, ses fines bulles comme ses vins tranquilles. Depuis 2021, le domaine est certifié HVE.

Ce 2019 dévoile un nez subtil et délicat de fruits blancs et d'agrumes mâtinés de notes minérales. À l'unisson, la bouche se montre tout aussi fine, élégante et équilibrée, d'une belle fraîcheur en finale. ⧗ 2021-2023

RÉGIS FORTINEAU, 4, rue de la Croix-Mariotte, 37210 Vouvray, tél. 02 47 52 63 62, regis.fortineau@orange.fr V r.-v.

VINCENT GAUDREAU Rémyniscence 2016 ★

	1200		8 à 11 €

C'est en 2003 que Vincent Gaudreau a pris la succession de son père à la tête de ce domaine créé par son grand-père en 1955 et exploitée à l'origine en polyculture. Aujourd'hui, 15 ha de vignes en vouvray et en touraine effervescent rosé.

Ce 2016 un brin réservé s'ouvre délicatement sur des arômes de fruits jaunes mâtinés de notes miellés et de touches minérales. Franche sans être agressive à l'attaque, la bouche se révèle fraîche et bien équilibrée, avec une jolie persistance des arômes de pêche et de nectarine. Une pointe d'amertume vient stimuler la finale. ⧗ 2021-2024

VINCENT GAUDREAU, 41 bis, rue des Bastes, 37210 Chançay, tél. 06 99 45 58 99, vincent.gaudreau@orange.fr V r.-v.

CH. GAUDRELLE Sur un fil 2019 ★

	2350		15 à 20 €

Fondé au XVIIe siècle, ce domaine s'étend sur 20 ha. Propriété de la famille Monmousseau à partir de 1931, il a été repris en 2019 par Éric Pasquier, qui a engagé la conversion bio et biodynamique du vignoble.

Le nez très frais de ce vouvray évoque la pêche blanche. Le prélude à un palais ample, rond, riche, chaleureux, centré sur des saveurs de fruits blancs mûrs et de coing. Un sec qui joue la carte du tendre et que l'on pourra mettre en cave. ⧗ 2022-2028

CH. GAUDRELLE, 12, quai de la Loire, 37210 Rochecorbon, tél. 02 47 25 93 50, direction@chateaugaudrelle.com t.l.j. sf dim. 10h-12h30 14h30-18h30

B JEAN-MARC GILET Les Perruches 2019 ★

	40 000		5 à 8 €

Les Gilet sont vignerons depuis dix générations à la Rouletière. En 2001, Jean-Marc a pris la responsabilité du domaine de 27 ha. Côté cour, le domaine est doté de caves profondes de près de 600 m. Côté jardin, le domaine s'est converti au bio.

Ce 2019, qui a vieilli pour partie en fûts, offre un nez agréable et expressif d'agrumes agrémentés de touches beurrées et d'amandes grillées. La bouche se montre tonique et ample, soulignée par un appréciable filet d'acidité. ⧗ 2021-2024

SCEA JEAN-MARC GILET, Dom. de la Rouletière, 20, rue de la Mairie, 37210 Parçay-Meslay, tél. 02 47 29 14 88, jmgilet@domainedelarouletiere.com V *t.l.j. sf dim. 8h30-12h30 14h-18h30*

LA GRANDE TAILLE Demi Sec 2019 ★

	2300		5 à 8 €

Deux ouvriers viticoles, Jean-François Boitelle et Sébastien Bonzon, se sont associés en 2001 pour reprendre le domaine de leur ancien patron. Ils sont aujourd'hui à la tête de 42 ha au cœur de la vallée de la Brenne ; ils vinifient et accueillent leurs clients dans une ancienne ferme du manoir de Pouvray.

Ce 2019 s'ouvre sur un nez frais et délicat de fleurs blanches. Bien équilibrée, la bouche, nerveuse à l'attaque, se développe ensuite en rondeur et réserve une appréciable pointe d'acidité en finale. ⧗ 2021-2024

GAEC DE LA GRAND TAILLE, 6, rue de Pouvray, 37210 Vernou-sur-Brenne, tél. 02 47 52 06 98, lagrandtaille@orange.fr V r.-v.

B HERIVAULT Appaloosa 2018 ★★

	2000		15 à 20 €

Outre le domaine familial d'Orfeuilles qu'il exploite avec son père, Arnaud Herivault a fondé en 2013 une société de négoce qui, sous la marque Hérivault, propose quelques vouvray bio, principalement issus des raisins de leurs propres vignes. Sa passion pour les chevaux a donné naissance à des noms de cuvées inspirés par des races équines.

Ce moelleux dévoile un nez gourmand et généreux de poire compotée. On retrouve cette sensation de fruits confiturés, agrémentée de nuances miellées, dans une bouche soyeuse, généreuse et ample, avec une pointe acidulée qui dynamise la finale. Une cuvée typée et parfaitement équilibrée, bâtie pour durer. ⧗ 2023-2030

SARL HERIVAULT, 18 bis, la Croix Blanche, 37380 Reugny, tél. 06 86 52 20 68, sarl.herivault@gmail.com r.-v.

B FLORIAN LE CAPITAINE
Les Aumônes Sec Tendre 2019 ★

■	1500		11 à 15 €

Alain et Christophe Le Capitaine ont su agrandir leur domaine depuis leurs débuts en 1989 quand ils ne cultivaient qu'une parcelle de 0,25 ha. Ils cultivent aujourd'hui 25 ha dans différents terroirs. Leurs vins bénéficient d'un élevage sur lies. Les assemblages se font peu de temps avant la mise en bouteilles.

Un 2019 né de raisins mûris sur les premières côtes de Rochecorbon, juste au-dessus de la Loire. Le nez s'exprime en douceur sur des notes de fruits blancs. Assez vif à l'attaque, le palais se révèle ensuite plus suave et rond, très aromatique, sur des arômes de pomme, de poire, de coing, de mangue et de zeste d'agrumes pour la fraîcheur. Un sec très souple, pas tout à fait un sec : un sec tendre en somme. ⧗ 2021-2024

DOM. LE CAPITAINE, 11, rue Saint-Georges, 37210 Rochecorbon, tél. 06 58 11 38 56, fl.lecapitaine@gmail.com V *r.-v.*

MAILLET PÈRE ET FILS Cuvée Prestige ★★

●	10 000		8 à 11 €

Les 2 frères Maillet ont succédé à leur père, Laurent en 1991 et Fabrice en 2002, sur un vignoble de 35 ha situé sur les hauts de la vallée Coquette, dans leur famille depuis 1921 et 4 générations. C'est avec régularité que les cuvées de méthode traditionnelle contribuent à la réputation du domaine. Les vins tranquilles ne sont pas en reste..

Cette cuvée offre un nez puissant, fruité et délicatement brioché. On retrouve ses arômes gourmands dans une bouche ample, vineuse, riche et longue, tonifiée par des notes d'agrumes du meilleur effet en finale. ⧗ 2021-2022 ■ **Sec 2019 ★ (5 à 8 €; 6000 b.)** Le nez, discret, suggère des notes de fleurs blanches et d'agrumes associées à un léger boisé. Le palais apparaît rond, puissant et gras sans manquer de fraîcheur. L'alcool, encore perceptible, devrait se fondre après une courte garde. ⧗ 2022-2024

EARL LAURENT ET FABRICE MAILLET, 101, rue de la Vallée-Coquette, 37210 Vouvray, tél. 02 47 52 76 46, vouvray.maillet@orange.fr V *t.l.j. 10h-12h 14h-18h; dim. 10h-12h*

DOM. DU MARGALLEAU 2018 ★★

■	7700		8 à 11 €

Chançay possède de jolis coteaux bien exposés dans la Vallée de la Brenne, un peu à l'écart du lit de la Loire. Bruno et Jean- Michel Pieaux y cultivent les 32 ha de vignes du Dom. du Margalleau depuis 1995.

Le nez de ce moelleux ouvert sur le fruit mûr, le miel et l'acacia réserve aussi quelques nuances de mangue et d'ananas. La bouche, ronde et gourmande, évolue sur des saveurs de pêche et de poire au miel, d'amande et de raisin sec. La finale offre un plaisant retour des fruits exotiques et des fleurs blanches. Déjà très équilibrée, cette cuvée devrait pleinement s'épanouir après quelques années de garde. ⧗ 2022-2030

DOM. DU MARGALLEAU, 10 bis, rue du Clos-Baglin, 37210 Chançay, tél. 02 47 52 25 51, earl.pieaux@orange.fr V *r.-v.*

♥ DOM. DENIS MEUNIER
L'Inattendue du Clos Franc 2019 ★★

■	2000		8 à 11 €

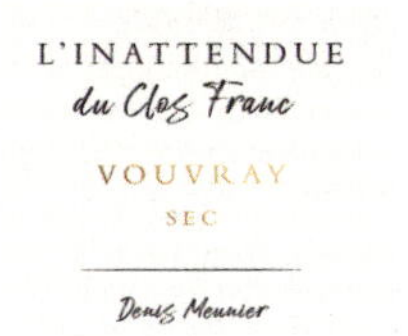

Depuis 1921, Georges, André, puis Daniel et Mauricette se sont succédé sur le domaine. En 2012, Denis a pris la relève. Il a agrandi l'exploitation qui couvre aujourd'hui 15 ha sur les communes de Chançay et de Vernou-sur-Brenne.

Cette cuvée porte bien son nom. Derrière une sobre robe jaune pâle, elle révèle en effet un nez généreux, très fruité, enrichi par des nuances d'amande, de noisette et de vanille. Soutenue par une fine minéralité jusqu'à la finale, la bouche marie avec une grande harmonie la rondeur et la fraîcheur, la tendresse et la vivacité. Le boisé bien fondu laisse en prime présager un joli potentiel de garde. ⧗ 2022-2027

DENIS MEUNIER, 14, rue du Haut-Cousse, 37210 Vernou-sur-Brenne, tél. 06 89 55 43 52, cavemeunier@orange.fr V *t.l.j. 9h-12h 14h-18h; dim. sur r.-v.*

CH. MONCONTOUR
Cuvée Prédilection Méthode traditionnelle 2019 ★

●	130 160		8 à 11 €

Propriété de l'évêque de Tours au temps de saint Martin (IVe s.), le domaine fut convoité par Balzac en son temps. La famille Feray l'a acquis en 1994. Gilles Feray dispose de 130 ha de vignes répartis dans différentes communes de l'AOC vouvray, ce qui permet aux vins de refléter toute la richesse du terroir. Le château bâti au XVe s. trône sur la falaise de tuffeau de Vouvray.

Dans une robe limpide et brillante virevoltent des bulles élégantes et persistantes. Le nez sans être exubérant se montre appétant sur des arômes de fruit blancs mûrs, d'acacia et de vanille. Le palais est fruité, rond et généreux, bien équilibré par une fraîcheur bien sentie et une pointe d'amertume très agréable. ⧗ 2021-2022 ● **Méthode Traditionnelle ★ (5 à 8 €; 460 656 b.)** Bulles extra-fines, nez fruité qui laisse s'échapper quelques notes oxydatives que l'on trouve parfois dans certains vouvray, saveurs de fruits cuits dans un palais évolué mais qui reste frais : une méthode traditionnelle qui a du style. ⧗ 2021-2022

SA VIGNOBLE DU CH. MONCONTOUR, rue de Moncontour, 37210 Vouvray, tél. 02 47 52 60 77, info@vignobles-feray.com V *t.l.j. sf dim. 10h-12h30 13h30-18h*

PIERRE MORVAN Méthode Traditionnelle ★★

● | 12000 | | 5 à 8 €

Passionné depuis la petite enfance par le monde du vin, Pierre Morvan a eu l'opportunité de reprendre les vignes familiales de ses grands-parents maternels. Depuis 2015, il se retrouve à la tête d'une quinzaine d'hectares sur divers terroirs tantôt argileux, tantôt siliceux.

Une robe à peine dorée traversée de reflets étincelants et de bulles discrètes, un joli bouquet fruité de pêche blanche et d'agrumes, l'approche est engageante. La bouche ne déçoit pas : elle se révèle plus intense encore, savoureuse, ample et parfaitement équilibrée, avec une finale dans les acidulés des plus plaisantes. ⧗ 2021-2023 ■ **Sec 2019 ★ (5 à 8 €; 2000 b.)** Un nez délicat mais complexe de fleurs blanches légèrement miellées et de fruits frais, une bouche plutôt vive, étirée sur un agréable fruité, arrondie juste ce qu'il faut par une pointe de douceur : il a tout bon ce sec. ⧗ 2021-2024

PIERRE MORVAN, 58, rue Neuve, 37210 Vernou-sur-Brenne, tél. 06 15 22 51 76, morvan.vinsdevouvray@hotmail.com V t.l.j. sf dim. 8h30-12h 14h-18h30

Ⓑ DOM. D'ORFEUILLES Silex 2019 ★

■ | 14000 | | 11 à 15 €

Un domaine fondé en 1947 sur les dépendances du château médiéval d'Orfeuilles par Paul Hérivault. Son fils Bernard et, depuis 2000, son petit-fils Arnaud ont pris la suite, à la tête d'un vignoble de 24 ha certifié en bio et en biodynamie, planté sur un terroir riche en silex. Du château d'origine, il ne reste que les douves et un puits.

Ce 2019 est issu de raisins mûris sur l'une des parcelles les plus rocailleuses du domaine, exposée plein sud. Le nez se montre riche et chaleureux, sur le fruit mûr, l'amande, la noisette et le raisin sec. La bouche, ample et ronde, s'affirme en longueur sur des saveurs de fruits blancs (poire, pêche de vigne, coing) agrémentées d'un trait minéral de pierre à fusil. Un bel équilibre d'ensemble. ⧗ 2021-2025 ● **Atemporel Méthode traditionnelle ★ (8 à 11 €; 25000 b.)** Ⓑ Issu d'un assemblage des récoltes 2014, 2015 et 2016, ce brut se révèle en équilibriste accompli. Derrière une robe sobre et des bulles fines, le nez s'exprime avec harmonie et douceur. La bouche se montre plus expressive, à la fois ample et dynamique, très fruitée et minérale, avec une finale légèrement citronnée. ⧗ 2021-2024

DOM D' ORFEUILLES, La Croix-Blanche, 37380 Reugny, tél. 02 47 52 91 85, orfeuilles@gmail.com V *r.-v.*

MAISON PELTIER FRÈRES
Cuvée de la Colinière ★

● | 13000 | | 5 à 8 €

La maison Peltier, dirigée aujourd'hui par trois frères, a été créée vers 1900 sur le site d'une ancienne carrière. Les caves labyrinthiques du domaine ont été creusées dans le tuffeau au fil des générations.

Ce brut d'un jaune paille intense est illuminé par de jolies bulles formant une mousse assez tenace. Le nez s'exprime tout en nuances autour des fruits mûrs. En bouche, les bulles se révèlent discrètes mais persévérantes. Ample, très frais et généreux sur la pomme verte, le palais reste tendu par la finesse de notes acidulées. ⧗ 2021-2022

MAISON PELTIER FRÈRES, 43, rue de la Mairie, 37210 Chançay, tél. 02 47 52 93 34, maisonpeltier1@gmail.com V *r.-v.*

DOM. DU PETIT NOYER Sec 2019 ★

■ | 500 | | 5 à 8 €

Michel Grenier, ancien éleveur de vaches laitières, cultive depuis 1983 une petite exploitation de 4 ha répartie sur 18 parcelles. La vinification est traditionnelle, en fût et en cuve, au creux des caves de tuffeau, et fait appel à la flore levurienne spontanée.

Ce 2019 confidentiel nous accueille par une harmonieuse robe jaune paille éclairée par de discrets reflets verts. Si le nez se montre un peu fermé, la bouche est convaincante : de la souplesse, du gras, de la longueur sur des saveurs de fruits blancs et une pointe de noisette en finale. ⧗ 2021-2024

DOM. DU PETIT NOYER, 37, rue des Violettes, 37210 Chançay, tél. 02 47 52 20 52, michgren@hotmail.fr V *r.-v.*

Ⓑ DOM. DU PETIT TRÉSOR
Belle au Naturel 2019 ★

■ | 4000 | | 11 à 15 €

Acquisition du Dom. Sylvain Gaudron cette exploitation, d'une superficie de 1,2 ha, est conduite en biodynamie par Gilles Gaudron. Les vignes sont assagies. Les raisins récoltés à la main sont pressés lentement et mis à fermenter dans des fûts de deux ans pour éviter de les marquer par le bois neuf.

L'unique cuvée produite chaque année sur le domaine. La version 2017 décrocha un coup de cœur. Le millésime 2019 se révèle ouvert et charmeur à l'olfaction, un brin suave sur des arômes d'ananas, de mangue et de fleurs blanches. En bouche, le fruité bien présent est accompagné d'une pointe d'acidité et d'une légère amertume. Résultat : un vouvray bien équilibré entre rondeur et fraîcheur. ⧗ 2021-2024

DOM. DU PETIT TRÉSOR, 59, rue Neuve, 37210 Vernou-sur-Brenne, tél. 06 81 27 45 82, sylvain.gaudron@domainegaudron.fr V *r.-v.*

Ⓑ FRANÇOIS ET JULIEN PINON
Demi-sec Les trois argiles 2019 ★

■ | 13000 | | 11 à 15 €

Le domaine remonte à 1786. Huit générations l'ont cultivé et c'est aujourd'hui Julien Pinon, installé en 2016 avec son père François, ancien psychologue pour enfants, qui veille sur les 14 ha de vignes, cultivés en bio depuis 2003 et vinifiés de façon parcellaire depuis 2006.

Trois parcelles argileuses et trois tris (au moment de la vendange, sur table dans la vigne et au pressoir) pour ce demi-sec très lumineux, qui délivre des arômes discrets d'abricot, de pêche et de fleurs blanches sur fond de cuir. À la fois franche, onctueuse et ample, la bouche complète cette palette par des notes d'amande. Une fraîcheur acidulée vient tonifier la finale. Déjà savoureux et prometteur. ⧗ 2021-2028

DOM. FRANÇOIS ET JULIEN PINON, 55, rue Jean-Jaurès, Vallée-de-Cousse, 37210 Vernou-sur-Brenne, tél. 02 47 52 16 59, francois.pinon@wanadoo.fr V r.-v.

CAVES POUSSIN
Méthode traditionnelle Tête de Cuvée ★★

18 500		8 à 11 €

Très ancienne, la cave de ce domaine est notamment connue pour avoir servi à protéger les hommes lors des épidémies au XVIe s. Côté viticulture, Jean-Paul Poussin a créé son vignoble, qui couvre aujourd'hui 36 ha, dans les années 1980. Ses fils Vincent et Francis ont pris sa relève en 2009. Ils pratiquent une vinification traditionnelle sans ajout de levures et avec le moins d'intrants possibles.

Ce brut qui a vieilli 3 ans sur lattes présente un nez ouvert et aérien de fruits mûrs enrichi de réglisse et de pain d'épices. Ces arômes se concentrent dans un palais souple et rond, avant de laisser place à des nuances plus fraîches de pomme verte en finale. Très équilibré et long, ce brut s'accordera parfaitement avec certains plats du terroir, comme un lapin à la moutarde. 2021-2023 **Demi-sec 2019 ★★ (5 à 8 €; 7500 b.)** Ce demi-sec convie des arômes de fleurs blanches, de pêche, de pomme et de poire sur un fond légèrement brioché. Tout aussi expressive, la bouche se révèle à la fois vive, puissante et ronde, avec une très jolie finale sur le coing. 2022-2028

EARL CAVES POUSSIN, La Babauderie, 37380 Reugny, tél. 06 62 60 37 30, caves-poussin@orange.fr V r.-v.

DOM. DES RAISINS DORÉS
Méthode traditionnelle ★★

40 000			5 à 8 €

La famille cultivait déjà la vigne sous Louis XIV. Nathalie Berton a repris la propriété en 2005 et cultive les 13 ha de «première côte» situées sur la commune de Vernou-sur-Brenne dans un esprit de viticulture durable.

Ce brut qui repose 18 mois sur lattes avant sa commercialisation déroule un élégant cordon de bulles fines. Le nez est plutôt discret, sur des notes d'agrumes et de fruits blancs. La bouche, explosive, allie ampleur et tension, fruité et longueur remarquables. Un vouvray bien typé et diablement savoureux. 2021-2023

NATHALIE BERTON, dom. des Raisins dorés, 40, rue du Professeur-Debré, 37210 Vernou-sur-Brenne, tél. 06 30 56 02 90, nathalie_berton@orange.fr V r.-v.

VIGNOBLE ALAIN ROBERT Les Charmes 2019 ★★

13 750			5 à 8 €

Christiane et Alain Robert cultivent leurs vignes depuis 1973; ils ont été rejoints par leur fils Cyril en 2000 et par leur fille Catherine en 2013. Ils laissent maintenant la main à leurs enfants pour exploiter les 37 ha de la propriété.

Ce 2019 s'ouvre sur un nez très frais et expressif de pêche et d'agrumes doucement briochés. Empreinte de vivacité et de velouté, la bouche apparaît habilement équilibrée entre puissance alcoolique et acidité, avec en finale une épatante fraîcheur acidulée. Une cuvée bien nommée à servir avec des coquilles Saint-Jacques ou des charcuteries tourangelles. 2021-2025 **Extra brut Méthode traditionnelle 2019 ★ (11 à 15 €; 14 140 b.)** Les bulles et la mousse de cet extra-brut sont très fines et persistantes. Le nez déploie une aromatique complexe, intense et emplie de fraîcheur, sur le fruit et quelques notes végétales. Ample, riche et velouté, le palais confirme l'olfaction et l'étire en longueur. Un beau classique de l'appellation. 2021-2023

VIGNOBLE ALAIN ROBERT, Charmigny, 37210 Chançay, tél. 02 47 52 97 95, cave@vignoblealainrobert.com V r.-v.

DOM. DE ROCHE BLONDE
Méthode traditionnelle ★

15 000			8 à 11 €

L'exploitation a été créée en 1963 par les parents de Christophe Gaudron qui exploitaient alors 10,5 ha. En 1996, Christophe reprend et agrandit son vignoble pour atteindre les 12 ha d'aujourd'hui. La salle de dégustation qui se situe dans le rocher a été rénovée en 2014.

Des bulles extra-fines tourbillonnent à l'intérieur d'une élégante robe jaune paille aux reflets dorés. Ouvert, complexe et légèrement brioché, le nez annonce une bouche aussi évoluée que généreuse. Aromatique, savoureuse, tout en restant fraîche sur une belle longueur, la bouche ne déçoit pas. 2021-2022

DOM. DE ROCHE BLONDE, 90, rue Neuve, 37210 Vernou-sur-Brenne, tél. 02 47 52 12 17, contact@christophegaudron.fr V *t.l.j. sf dim. 9h-12h30 14h-19h;*

CAVES DU VAL DE FRANCE
Méthode traditionnelle Cuvée Pauline ★

519 624			5 à 8 €

Cette maison de négoce créée en l'an 2000 appartient à Gilles Feray, par ailleurs propriétaire de plusieurs châteaux en Touraine. Jérôme Loisy est l'œnologue.

Les bulles fines et abondantes de cette cuvée attirent l'œil. Discret de prime abord, le nez s'ouvre progressivement sur des notes de fruits frais. En bouche, ce brut manifeste un équilibre réussi entre la rondeur et la fraîcheur. La finale citronnée confirme la jolie vivacité de ce brut qu'on pourra très bien servir avec des huîtres. 2021-2022

SARL CAVES DU VAL DE FRANCE, rue du Moncontour, 37210 Vouvray, tél. 02 47 52 60 77, secretariat@vignobles-feray.com

CH. DE VALMER Demi-sec 2015 ★

5700			8 à 11 €

Remarquable pour ses jardins à l'italienne datant du XVe au XVIIe s., le domaine a été créé en 1461 par le maître d'hôtel du roi de Navarre et a toujours eu une vocation viticole. Acquis et replanté dans les années 1970 par le Comte Aymar de Saint-Venant, il est dirigé depuis 2009 par Jean, le fils de ce dernier, à la tête aujourd'hui de 35 ha en pente douce, bien exposés le long de la vallée de la Brenne.

Ce demi-sec dévoile un nez bien ouvert et typé de fleurs blanches, d'agrumes et de miel agrémentés de nuances végétales et quelques notes de cuir et de sous-bois. Moins intense mais gourmand, rond, très fruité, plutôt sec pour un demi-sec, le palais affiche un bel équilibre. ⧗ 2022-2026 ● **Méthode traditionnelle ★ (8 à 11 €; 8000 b.)** Séduisant par la finesse de ses bulles, cette cuvée charme aussi avec son nez délicat de fruits blancs et de citron vert. La bouche, bien fraîche, conserve ces saveurs d'agrumes, mâtinées de notes végétales, offrant une belle tension jusqu'en finale. ⧗ 2021-2022

⊶ SCEA CH. DE VALMER, 37210 Chançay, tél. 02 47 52 93 12, vins@chateaudevalmer.com V *r.-v.*

B DOM. VIGNEAU-CHEVREAU
Abbaye de Marmoutier Clos de Rougemont 2019 ★★

■	10 000	11 à 15 €

Un domaine familial créé en 1875 au cœur de l'appellation vouvray. Outre ses 33 ha cultivés en biodynamie depuis 1995 sur les coteaux de la vallée de la Brenne et de la vallée de Vaux à Chançay, Christophe Vigneau a la charge d'exploiter le Clos de Rougemont : la vigne historique (1,3 ha) de l'abbaye de Marmoutier, plantée au IVe s. par saint Martin.

Plutôt discret mais complexe, le nez de ce vouvray sec balance entre arômes floraux et fruités. Riche, gourmande, avec beaucoup de matière, la bouche conjugue finesse, rondeur et puissance, et s'étire dans une longue finale remarquable de fraîcheur. Un vin très harmonieux et structuré qui évoluera bien en cave. ⧗ 2022-2026 ● **Méthode traditionnelle Brut Prestige 2017 ★ (8 à 11 €; 10 000 b.)** B Les bulles qui animent la robe claire de ce 2017 se montrent aussi vivaces que tenaces. Intense et bien ouvert, le nez évoque avec une belle fraîcheur des senteurs très fruitées, celle de l'abricot notamment. Ce brut est tout aussi expressif en bouche, avec le maintien d'une tension adroitement ciselée jusqu'à la finale. ⧗ 2021-2022

⊶ VIGNEAU-CHEVREAU, 4, rue du Clos-Baglin, 37210 Chançay, tél. 02 47 52 93 22, contact@vigneau-chevreau.com V *t.l.j. sf dim. 9h-12h30 14h-18h30*

DOM. DU VIKING Cuvée Tendre 2018 ★

■	11 400	🛢	11 à 15 €

Lionel Gauthier avec sa carrure de Viking a accosté il y a longtemps sur les rives de la Loire, remontant la Brenne jusqu'à Reugny. Il cultive les 17,5 ha de vignes qui croissent sur les molles ondulations du relief depuis 1985. Le domaine est tenu par la famille depuis 1835.

Ce moelleux s'ouvre à l'agitation sur des parfums généreux de fruits bien mûrs, presque confits. On retrouve ces arômes agrémentés de notes d'amande et de noisette dans un palais ample, gourmand et gras. Dominée par une saveur de pêche un brin acidulée, la finale témoigne de la typicité toute vouvrillonne de ce 2018. ⧗ 2021-2027

⊶ EARL GAUTHIER-LHOMME, 1300, rte de Monnaie, 37380 Reugny, tél. 02 47 52 96 41, contact@domaineduviking.fr V *t.l.j. sf dim. 9h-12h30; a.-m. sur r.-v.*

CHEVERNY

Superficie : 579 ha
Production : 26 961 hl (49 % rouge et rosé)

VDQS en 1973, Cheverny a bénéficié d'une AOC vingt ans plus tard. À dominante sableuse (des sables sur argile de la Sologne aux terrasses de la Loire), le terroir s'étend le long de la rive gauche du fleuve, de la Sologne blésoise jusqu'aux portes de l'Orléanais. Les cépages, nombreux, sont assemblés dans des proportions variant légèrement selon les terroirs. Les vins rouges, à base de gamay et de pinot noir, avec parfois un appoint de cabernet franc et de côt, sont fruités dans leur jeunesse et acquièrent, en évoluant, des arômes animaux... en harmonie avec l'image cynégétique de cette région. Les rosés, dominés par le gamay, sont secs et parfumés. Les blancs, où le sauvignon est associé à un ou plusieurs autres cépages, le chardonnay en général, sont floraux et fins.

CHRISTELLE ET CHRISTOPHE BADIN
La pièce de l'Aubras 2019 ★

■	9500	🛢	5 à 8 €

En 1955, année de l'achat par le grand-père, l'exploitation comptait 4,5 ha; elle s'étend aujourd'hui sur 17 ha. Représentant la troisième génération, Christophe Badin, épaulé par son épouse, maintient la tradition familiale.

Ce 2019 arbore une jolie couleur cerise. Ouvert et expressif, le nez révèle des arômes confiturés de fraise et de framboise rehaussés par des notes épicées et un léger boisé. Une attaque ronde et souple ouvre sur un palais gourmand, aux saveurs de cerise, de pruneau et de vanille accompagnées de nuances florales. À boire ou à attendre. ⧗ 2021-2025 ■ **2020 ★ (- de 5 €; 3600 b.)** Ce beau vin rose pâle aux reflets légèrement orangés se distingue par un nez fruité, avec des notes de bonbon anglais. D'attaque franche, il est gouleyant en bouche et déploie une saveur gourmande de cerise confite stimulée par une pointe acidulée jusqu'à la finale. ⧗ 2021-2022

⊶ CAVE DE L' AUBRAS, L'Aubras, 41120 Cormeray, tél. 02 54 44 23 43, cavebadin@gmail.com V *t.l.j. sf dim. 8h-12h 14h-19h*

VÉRONIQUE ET PASCAL BELLIER
La Girouette 2020 ★

■	34 000	🍾	8 à 11 €

Établis à Vineuil, Pascal et Véronique Bellier ont repris en 1995 l'exploitation familiale (47 ha) dont le chai entouré de hauts murs domine la Loire. Un domaine d'une régularité remarquable pour ses cheverny et cour-cheverny.

Sous sa robe jaune pâle, ce 2020 s'exprime délicatement sur un joli fruité dominé par les agrumes. Parfumée à l'attaque, la bouche déploie à la fois de la fraîcheur et de la rondeur autour d'arômes citronnés relevés par un trait de pain grillé. La finale est dynamisée par une pointe d'amertume. Un vin d'un bel équilibre, parfait pour accompagner fruits de mers et crustacés. ⧗ 2021-2023

VÉRONIQUE ET PASCAL BELLIER, 3, rue Reculée, 41350 Vineuil, tél. 02 54 20 64 31, vinsbellier@wanadoo.fr V r.-v.

DOM. CHESNEAU 2020 ★★

	22000		5 à 8 €

Établi à Sambin, à une quinzaine de kilomètres au sud-ouest de Cheverny, ce domaine familial, spécialisé dans la viticulture depuis deux générations, s'étend sur près de 15 ha sur des sols argilo-siliceux.

Très expressif et légèrement vineux, le nez annonce la richesse du vin avec ses senteurs de fraise, de framboise et de groseille aiguisées par un trait de poivre noir. Structuré, ample et rond, le palais est dominé par les fruits rouges, avec une pointe légèrement épicée. Bien équilibrée, cette cuvée mérite quelques années de garde pour des tanins idéalement fondus. ⧗ 2022-2026

DOM. CHESNEAU, 26, rue Sainte-Néomoise, 41120 Sambin, tél. 02 54 20 20 15, cavechesneau@wanadoo.fr V r.-v.

LE CLOS DES LANDES 2020 ★

	13226		5 à 8 €

Fondée en 1931, cette coopérative à taille humaine (6 salariés), située sur la rive sud de la Loire, aux portes de la Sologne, rassemble une vingtaine d'apporteurs de raisins pour un vignoble de 140 ha installé sur les aires d'appellations cheverny et cour-cheverny.

Issu de pinot noir et de gamay, ce rosé se présente sous une robe pâle. Très aromatique, il offre un premier nez sur le bonbon anglais, puis arrivent les fruits rouges, dominés par la framboise. La bouche est au diapason : ronde, fruitée et gouleyante, elle conserve aussi une fraîcheur acidulée jusqu'à la finale. ⧗ 2021-2022

LES VIGNERONS DE MONT-PRÈS-CHAMBORD, 816, la Petite-Rue, 41250 Mont-près-Chambord, tél. 02 54 70 71 15, cavemont@orange.fr V r.-v.

♥ DOM. DU CROC DU MERLE 2020 ★★

	7000		5 à 8 €

Transmise de père en fils depuis 1794, cette exploitation des bords de Loire se partage entre l'élevage de vaches laitières et la culture de la vigne (13 ha). Elle produit vins, fromages, gelée et crème de cassis. En 2006, Damien Hahusseau a succédé à son père Patrice à la tête du vignoble.

Ce rosé de saignée qui s'habille d'une élégante robe rose pâle striée de reflets ocres a séduit nos dégustateurs. Le bouquet complexe mêle un fruité intense à des notes florales (rose) et amyliques (bonbon anglais). On retrouve cette richesse aromatique dynamisée par un trait d'acidité dans une bouche ronde, ample et gouleyante, qui se déploie sur une belle longueur. Tout indiqué en apéritif ou pour accompagner de la cuisine asiatique. ⧗ 2021-2022

DOM. DU CROC DU MERLE, 38, rue de la Chaumette, 41500 Muides-sur-Loire, tél. 02 54 87 58 65, contact@domaineducrocdumerle.com V t.l.j. 9h-12h30 14h-19h

DOM. DARIDAN L'Inspiration Vieilles Vignes 2019 ★★

	1800		15 à 20 €

Situé aux portes de la Sologne, entre les châteaux de Cheverny et de Chambord, ce domaine familial de 20 ha est conduit depuis 2001 par Benoît Daridan, qui s'est imposé comme une valeur sûre de l'appellation cheverny. Depuis plusieurs années, le vigneron a opté pour une agriculture raisonnée et il a obtenu la certification HVE en 2019. Une conversion complète en bio est engagée depuis 2020.

Vendangée à la main et élevée en fut de chêne pendant 15 mois, cette cuvée arbore une robe légèrement dorée. Fin et complexe, le nez s'exprime sur des notes de fleurs blanches, de fruits confits et de miel. Cette complexité aromatique, agrémentée d'un discret boisé, se retrouve dans une bouche souple et ample, qui conserve une jolie vivacité sur la longueur. La finale, plus suave, est marquée par une note de miel aussi subtile que persistante. ⧗ 2021-2024 ■ **Tradition 2019 ★ (8 à 11 €; 15000 b.)** À l'olfaction, ce 2019 en robe légère évoque, avec discrétion, les petits fruits rouges agrémentés d'une pointe de clou de girofle. Centrée sur des saveurs de fruits un brin confiturés, la bouche se révèle ronde et gourmande autour de tanins soyeux. ⧗ 2021-2024

DOM. DARIDAN, 16, voie de la Marigonnerie, 41700 Cour-Cheverny, tél. 02 54 79 94 53, contact@domainedaridan.com V r.-v.

DOM. FLORYSA Cuvée Julya Vieilles Vignes 2019 ★

	2000		11 à 15 €

Situé à Fresnes, en plein cœur de la Sologne, ce domaine a été créé en 2017 par Ysabelle et Florestan Mercier. Les 17 ha de vignes sont travaillés mécaniquement, sans herbicide ni insecticide, et sont certifiés HVE3.

Élevée en fût pendant 12 mois, cette cuvée confidentielle arbore une élégante robe légèrement dorée. Le nez aussi ouvert que subtil séduit par ses arômes de fruits mûrs. On retrouve ce fruité associé à des notes de bourgeon de cassis dans une bouche souple et ronde mais qui reste fraîche. Très persistante, la finale est tonifiée par un trait d'amertume. Une jolie surprise tout en finesse et en équilibre. ⧗ 2021-2024

DOM. FLORYSA, 43, rue de l'Orme, 41700 Fresnes, tél. 07 86 24 64 13, florysa.domaine@gmail.com V t.l.j. 8h-12h 14h-18h

DOM. HUGUET 2020 ★

	17000		5 à 8 €

Situé dans le joli village de Saint-Claude-de-Diray, entre Blois et Chambord, ce domaine de 10 ha conduit par Patrick Huguet est implanté sur des terrasses de sables et de graviers sur la rive gauche de la Loire. Il est transmis de père en fils depuis quatre générations.

Principalement composé de sauvignon, ce 2020 révèle un nez intense et bien typé de bourgeon de cassis,

LOIRE

de buis et de fruits exotiques agrémentés d'une note végétale. Ce profil expressif se prolonge dans un palais frais, ample et friand, dynamisé par une légère amertume aux accents d'écorce de citron. Un ensemble harmonieux. ⧗ 2021-2023

⊶ DOM. HUGUET, 12, rue de la Franchetière, 41350 Saint-Claude-de-Diray, tél. 02 54 20 57 36, vin.p.huguet@orange.fr V r.-v.

DOM. MAISON PÈRE ET FILS 2020 ★★

■	65 300	🛢	5 à 8 €

Les premières vignes ont été plantées en 1906 par Alphonse Pinon sur des sols argilo-siliceux, mais le développement du domaine se fit dans les années 1950 sous la conduite de Guy Maison puis de son fils Jean-François. Appartenant aujourd'hui aux Vignobles Feray, la propriété s'étend sur 70 ha, soit le plus grand vignoble indépendant de l'appellation cheverny.

D'un beau rouge profond strié de reflets violets, ce 2020 s'ouvre sur des notes épicées, bientôt complétées par de délicieuses senteurs de framboise, de groseille et de fraise. On retrouve cette palette aromatique gourmande dans une bouche fruitée et friande, enrobée de tanins soyeux. Déjà savoureux, ce vin vieillira bien. ⧗ 2021-2026 ■ **2020 ★ (5 à 8 €; 29 600 b.)** Derrière les reflets violets et orangés de sa robe, ce rosé révèle un nez dominé par la framboise. Parfumée et de belle longueur, la bouche se montre gourmande, sur le fruit, avec une finale légèrement acidulée. ⧗ 2021-2022 ■ **2020 ★ (5 à 8 €; 286 000 b.)** Si le nez de cette cuvée à la robe jaune paille est encore un peu fermé, la bouche se montre agréablement fruitée, bien fraîche et équilibrée. ⧗ 2021-2023

⊶ MAISON PÈRE ET FILS, 22, rue de la Roche, 41120 Sambin, tél. 02 54 20 22 87, contact@domainemaison.com V *t.l.j. 8h30-12h 13h30-17h*

LAURENT PASQUIER La Charmoise 2020 ★★

■	10 000		5 à 8 €

Établis à Cour-Cheverny, aux portes de la Sologne, Jacky et Laurent Pasquier, père et fils, travaillent en duo sur leurs 26 ha de vignes. Un domaine régulier en qualité, en rouge comme en blanc.

Une robe rouge profond aux reflets violines laisse présager le potentiel de cette cuvée. Si le nez se montre un brin timide, sur des arômes de fruits rouge (groseille et fraise) et des notes épicées, la bouche se révèle ample, ronde, veloutée, avec un fruité persistant et des tanins soyeux. Une cuvée parfaitement équilibrée, à déguster dès aujourd'hui ou dans quelques années. ⧗ 2021-2026 ■ **La Charmoise 2020 ★ (5 à 8 €; 20 000 b.)** Une robe limpide et brillante, un joli nez ouvert sur les agrumes, une belle attaque en bouche qui installe un fruité léger et frais sur la longueur : ce 2020 réunit les qualités d'un vin bien équilibré. ⧗ 2021-2023

⊶ LAURENT PASQUIER, La Charmoise, 41700 Cour-Cheverny, tél. 06 87 11 15 19, earllaurentpasquier@orange.fr V *r.-v.*

B LUC PERCHER L'Epicourchois 2019 ★

■	2182	🛢	15 à 20 €

Luc Percher conduit depuis 2005 ce domaine de 9 ha. Il a obtenu en 2013 la certification en agriculture biologique.

Mi-pinot noir mi-gamay, cette cuvée arbore une robe éclatante couleur grenat. Ouvert et très agréable, le nez exhale des senteurs de fruits rouges agrémentées de notes de cuir. On retrouve ces saveurs dans une bouche explosive, gourmande et chaleureuse, tout en étant bien charpentée et équilibrée. Un beau potentiel en perspective. ⧗ 2022-2028

⊶ LUC PERCHER – L'ÉPICOURCHOIS, 12, voie de la Marigonnerie, 41700 Cour-Cheverny, tél. 02 54 79 95 39, lucpercher@wanadoo.fr V *r.-v.*

LE PETIT CHAMBORD Vinum Fustis 2019 ★★

■	2600	🛢	11 à 15 €

François Cazin exploite (en culture « très raisonnée ») une propriété familiale de 24 ha située à la lisière de la forêt de Cheverny, aux portes de la Sologne. Transmise de père en fils depuis quatre générations, elle est régulièrement sélectionnée dans ces pages.

Élevée en barrique pendant 12 mois, cette cuvée s'habille d'une robe d'un rouge profond animée de reflets orangés. Si le nez se montre assez discret, la bouche déploie avec une belle générosité des saveurs gourmandes de fruits rouges, de pruneau et de vanille. Rondeur et richesse caractérisent cette cuvée ample, charnue, bien équilibrée, au joli potentiel de garde. ⧗ 2022-2028

⊶ LE PETIT CHAMBORD, voie du Petit-Chambord, 41700 Cheverny, tél. 02 54 79 93 75, f.cazin@lepetitchambord.com V *r.-v.*

DOM. LE PORTAIL 2020 ★

■	10 000	🛢	8 à 11 €

Ce domaine régulier en qualité, bâti à l'emplacement d'un ancien monastère et situé à 600 m du château de Cheverny, a été acquis en 1979 par Nicole et Michel Cadoux. En 2009, leur fils Damien a rejoint l'exploitation et ses 35 ha de vignes.

Plutôt aérien, le nez de cette cuvée exprime des arômes de fruits rouges et de pamplemousse. Une attaque souple, sur des saveurs de cerise et de sous-bois dynamisées par une pointe poivrée, introduit une bouche fruitée, fraîche et joliment acidulée jusqu'en finale. ⧗ 2021-2022 ■ **2020 ★ (8 à 11 €; 60 000 b.)** Ce cheverny séduit par sa robe jaune doré et la fraîcheur de son nez ouvert sur les agrumes et les fleurs blanches. Cette élégance se retrouve dans un palais équilibré, rond, fruité, d'une belle longueur. ⧗ 2021-2024

⊶ DOM. LE PORTAIL, Le Portail, 41700 Cheverny, tél. 02 54 79 91 25, leportailcadoux@wanadoo.fr V *r.-v.*

DOM. DU SALVARD Vieilles Vignes 2020 ★★

■	30 000		8 à 11 €

Le domaine du Salvard est une propriété de 45 ha construite sur les ruines d'un ancien château de la seigneurie de Fougères qui remonterait à l'an 1000. Acheté en 1910 par Maurice Delaille, il est aujourd'hui conduit par ses petits-fils, les frères Thierry et Emmanuel Delaille, ce dernier signant aussi une cuvée de cheverny à son nom.

Cette cuvée séduit d'emblée par sa teinte pâle éclairée de reflets verts. Le nez exhale avec finesse un fruité prometteur et des arômes de fleurs blanches (acacia). Le même bouquet se déploie au palais, avec de l'amplitude, du gras et une certaine puissance, mais sans manquer de fraîcheur. Ce 2020 pourra séjourner brièvement en cave. ⧗ 2021-2024 ■ **2020 ★ (8 à 11 €; 100000 b.)** Ce 2020 exhale des senteurs prononcées d'agrumes. Après une attaque tout en rondeur et en souplesse, la bouche libère les mêmes arômes, se révélant fraîche et gouleyante jusqu'en finale. ⧗ 2021-2024

SCEA DELAILLE, Le Salvard, 41120 Fougères-sur-Bièvre, tél. 02 54 20 28 21, delaille@orange.fr V *r.-v.*

DOM. SAUGER Vieilles Vignes 2019 ★★

■	10000		8 à 11 €

Valeur sûre de l'appellation, ce domaine familial situé aux portes de la Sologne, sur la route des châteaux de la Loire, se transmet de père en fils depuis 1870 et 5 générations. Installé en 1988, Philippe Sauger y cultive 38 ha de vignes sur des sols sablo-argileux.

La robe jaune paille de ce 2019 se pare de charmants reflets dorés. Ouvert et aromatique, le nez s'exprime sur les fruits blancs agrémentés de notes briochées. Parfaitement en harmonie, le palais se révèle ample, gras et fruité, avec des notes miellées et une pointe de muscade en appoint. Une cuvée au très bel équilibre, à la fois puissante et subtile. ⧗ 2021-2025 ■ **Vieilles Vignes 2019 ★ (8 à 11 €; 10000 b.)** Cette cuvée vinifiée à 50 % en fût pendant 12 mois arbore une élégante robe grenat traversée de reflets violets. Sans être exubérant, le nez exhale des senteurs de fruits rouges confiturés et légèrement épicés. Le palais se révèle fruité, ample et structuré par des tanins encore un peu fermes qui appellent une garde. ⧗ 2022-2026

DOM. SAUGER, 4, rue des Touches, Les Touches, 41700 Fresnes, tél. 02 54 79 58 45, domaine.sauger@orange.fr V *t.l.j. sf dim. 9h-12h 14h-18h*

♥ CYRILLE SEVIN Le Bois du Bisson 2019 ★★

■	7500		11 à 15 €

Installé à Mont-près-Chambord, Cyrille Sevin, ancien professeur de mathématiques, a repris ce domaine en 2007, à la suite de Pierre Parent. Il conduit ses 10,8 ha de vignes en bio certifié depuis 2010. La biodynamie pratiquée depuis 2013 n'est pas certifiée.

Dominé par le pinot noir et élevé 12 mois en fût, ce cheverny s'impose d'emblée par sa seyante robe d'un rubis aussi limpide que profond. Le nez s'ouvre sans réserve sur des arômes de fraise des bois et de cerise accompagnés de nuances florales et finement boisées. Explosif et gourmand, porté par des tanins fins et veloutés, le palais offre beaucoup d'ampleur et une délicieuse saveur de petits fruits rouges un brin confiturés. Pour un fondu idéal, on pourra conserver cette cuvée quelques années en cave. ⧗ 2022-2026

CYRILLE SEVIN, 201, rue de Chancelée, 41250 Mont-près-Chambord, tél. 06 88 33 43 44, cyr.sevin@wanadoo.fr V *r.-v.*

VIGNOBLE TÉVENOT Les Bruyères 2020 ★★

■	9000		5 à 8 €

Acquis par la famille Tévenot en 1909, ce domaine régulier en qualité – 23 ha implantés sur le premier coteau de la Loire, à Candé-sur-Beuvron, à l'emplacement d'un ancien moulin à vent – est aujourd'hui conduit par Daniel Tévenot et son fils Vincent. Ils ont obtenu la certification HVE en 2020.

Si la robe et le nez de cette cuvée sont d'un classicisme discret, la bouche se révèle ronde, gouleyante, d'une belle longueur, soulignée par un fruité gourmand et par une fraîcheur acidulée qui dynamise la finale. Tout en subtilité et bien équilibré, ce 2020 a frôlé le coup de cœur. ⧗ 2021-2024 ■ **Les Sables 2020 ★ (5 à 8 €; 7000 b.)** Cette cuvée libère à l'aération des senteurs de cerise associées à des notes d'agrumes (orange). La bouche est à la fois fraîche et ronde, ouverte sur le fruit relevé d'un trait poivré. Une agréable touche acidulée stimule la finale. ⧗ 2021-2022 ■ **Les Perrières 2020 ★ (5 à 8 €; 13000 b.)** Ce vin dévoile avec subtilité des arômes de framboise et de groseille rehaussés de notes épicées. En bouche, il se montre souple et ample, centré sur des saveurs de fruits rouges. Des tanins encore un peu fermes se manifestent en finale. À attendre un peu. ⧗ 2022-2025

VIGNOBLE TÉVENOT, 4, rue du Moulin-à-Vent, Lieu-dit Madon, 41120 Candé-sur-Beuvron, tél. 02 54 79 44 24, daniel.tevenot@wanadoo.fr V *r.-v.*

COUR-CHEVERNY

Superficie : 55 ha / Production : 2 433 hl

Reconnue en 1993, l'appellation est réservée aux vins blancs issus du seul cépage romorantin, produits dans quelques communes situées au sud-est de Blois. Le terroir est typique de la Sologne (sable sur argile). Élégants, les cour-cheverny méritent souvent de vieillir quelques années.

CHRISTOPHE ET CHRISTELLE BADIN 2019 ★

■	5900		5 à 8 €

En 1955, année de l'achat par le grand-père, l'exploitation comptait 4,5 ha; elle s'étend aujourd'hui sur 17 ha. Représentant la troisième génération, Christophe Badin, épaulé par son épouse, maintient la tradition familiale.

Ce 2019 se pare d'une robe jaune paille animée par de gracieux reflets couleur olive. Ouvert, gourmand et charmeur, le nez exhale des arômes de chèvrefeuille et de miel. Tout autant séduisante, la bouche se révèle complexe et bien équilibrée. Fraîche et souple à l'attaque, elle se montre fruitée et chaleureuse ensuite. À attendre un peu pour plus de fondu. ⧗ 2022-2025

CAVE DE L' AUBRAS, L'Aubras, 41120 Cormeray, tél. 02 54 44 23 43, cavebadin@gmail.com V *t.l.j. sf dim. 8h-12h 14h-19h*

BENOÎT DARIDAN
Tradition Vieilles Vignes 2019 ★★

	10 000		11 à 15 €

Situé aux portes de la Sologne, entre les châteaux de Cheverny et de Chambord, ce domaine familial de 20 ha est conduit depuis 2001 par Benoît Daridan, qui s'est imposé comme une valeur sûre de l'appellation cheverny. Depuis plusieurs années, le vigneron a opté pour une agriculture raisonnée et il a obtenu la certification HVE en 2019. Une conversion complète en bio est engagée depuis 2020.

La limpidité et la teinte joliment dorée de ce 2019 attire le regard. Le nez associe dans une belle intensité les senteurs de tilleul et d'acacia au miel et aux épices douces. Au diapason, la bouche offre un bouquet aromatique riche et séduisant. Harmonieuse, elle concilie avec justesse rondeur et vivacité, tandis qu'une pointe d'amertume très agréable vient dynamiser la finale. ⧗ 2021-2025

DOM. DARIDAN, 16, voie de la Marigonnerie, 41700 Cour-Cheverny, tél. 02 54 79 94 53, contact@domainedaridan.com V r.-v.

DOM. DE LA DÉSOUCHERIE
Le Grand R 2019 ★

	17 000		8 à 11 €

Transmise de père en fils depuis le XVIIIe s., cette propriété est gérée depuis 2009 par Fabien Tessier. Situé sur le plus haut plateau de Cour-Cheverny, le vignoble de 32 ha bénéficie d'un beau terroir silico-argileux et d'une exposition ensoleillée.

Ce Grand R (pour romorantin) s'habille d'une robe claire illuminée par d'élégants reflets verts. Le nez, ouvert mais subtil, séduit par ses arômes de fleurs blanches rehaussés de notes empyreumatiques. La bouche souple et délicate, soulignée d'une fine acidité, se déploie sur des saveurs sucrées et légèrement fumées. Une cuvée charnue qui sait rester tonique. ⧗ 2021-2024

DOM. DE LA DÉSOUCHERIE, Christian et Fabien Tessier, 47, voie de la Charmoise, 41700 Cour-Cheverny, tél. 06 87 02 56 74, infos@christiantessier.fr V r.-v. B

DOM. DE LA GRANGE 2020 ★

	4 400		5 à 8 €

Implantée aux portes de Chambord, cette exploitation familiale tient son nom d'une ancienne grange dîmière, entièrement restaurée. Guy Genty et son fils Stéphane exploitent aujourd'hui quelque 20 ha et produisent en cheverny, cour-cheverny et crémant-de-loire.

Sous une élégante robe brillante légèrement dorée, ce 2020 révèle un nez discret de fougère, de fleurs blanches, de coing et de miel. Vive en attaque, la bouche se montre ensuite tendre et ample, tandis que s'installe un fruité mâtiné de notes herbacées. Cette agréable douceur persiste jusqu'en finale. Ce vin équilibré mérite un peu de garde pour livrer sa plus belle expression. ⧗ 2022-2025

DOM. DE LA GRANGE, La Grange, 41350 Huisseau-sur-Cosson, tél. 02 54 20 31 17, domainedelagrange@orange.fr V r.-v.

♥ VIGNERONS DE MONT-PRÈS-CHAMBORD
1er 2019 ★★

	560		15 à 20 €

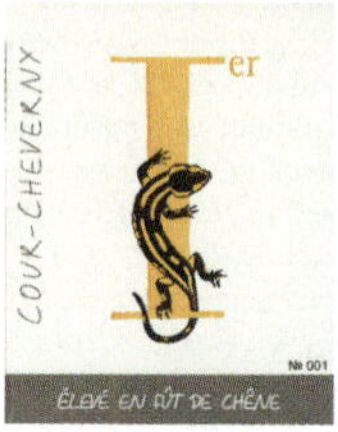

Fondée en 1931, cette coopérative à taille humaine (6 salariés), située sur la rive sud de la Loire, aux portes de la Sologne, rassemble une vingtaine d'apporteurs de raisins pour un vignoble de 140 ha installé sur les aires d'appellations cheverny et cour-cheverny.

Habillé d'une robe jaune paille éclairée par de gracieux reflets dorés, cet enthousiasmant cour-cheverny offre un nez intense, aussi complexe que charmeur, floral et fruité, enrichi de nuances miellées, vanillées et beurrées. On retrouve avec gourmandise cette palette aromatique captivante dans une bouche souple, généreuse et persistante. Un vin épatant d'équilibre, qui pourra parfaitement vieillir quelques années. ⧗ 2022-2026

LES VIGNERONS DE MONT-PRÈS-CHAMBORD, 816, la Petite-Rue, 41250 Mont-près-Chambord, tél. 02 54 70 71 15, cavemont@orange.fr V r.-v.

LAURENT PASQUIER La Charmoise 2020 ★★

	8 000		8 à 11 €

Établis à Cour-Cheverny, aux portes de la Sologne, Jacky et Laurent Pasquier, père et fils, travaillent en duo sur leurs 26 ha de vignes. Un domaine régulier en qualité, en rouge comme en blanc.

Typique du romorantin, le nez très aromatique et frais exhale des nuances de fleurs d'acacia, de poire et de bonbon anglais. Des saveurs de fruits blancs, de miel, de fleur d'acacia, de datte et quelques notes d'épices douces tapissent un palais rond et gras. Un bon ambassadeur de l'appellation, à servir avec des volailles, du poisson ou des spécialités exotiques. ⧗ 2021-2024

LAURENT PASQUIER, La Charmoise, 41700 Cour-Cheverny, tél. 06 87 11 15 19, earllaurentpasquier@orange.fr V r.-v.

DOM. SAUGER Cuvée des Lys 2019 ★

	9 300		8 à 11 €

Valeur sûre de l'appellation, ce domaine familial situé aux portes de la Sologne, sur la route des châteaux de la Loire, se transmet de père en fils depuis 1870 et 5 générations. Installé en 1988, Philippe Sauger y cultive 38 ha de vignes sur des sols sablo-argileux.

Derrière une élégante robe jaune aux éclats dorés, ce 2019 délivre un nez intense et complexe de fleurs blanches et de citron rehaussés par une pointe épicée. En bouche, après une attaque franche, les saveurs et la fraîcheur se déploient sur une belle longueur. Encore un peu jeune mais déjà très agréable et bien équilibrée. ⧗ 2021-2024

DOM. SAUGER, 4, rue des Touches, Les Touches, 41700 Fresnes, tél. 02 54 79 58 45, domaine.sauger@orange.fr V *t.l.j. sf dim. 9h-12h 14h-18h*

ORLÉANS

Superficie : 80 ha
Production : 2 986 hl (69 % rouge et rosé)

Autrefois AOVDQS, ce vignoble a été reconnu en AOC en 2006. Parmi les « vins françois », ceux d'Orléans eurent leur heure de gloire à l'époque médiévale. À côté des jardins, des pépinières et des vergers, la vigne a encore sa place aujourd'hui. Les vignerons tirent parti des cépages mentionnés depuis le Xᵉs. - des plants que l'on disait venir d'Auvergne mais qui sont identiques à ceux de Bourgogne : auvernat rouge (pinot noir), auvernat blanc (chardonnay) et gris meunier. L'appellation s'étend des deux côtés de la Loire et s'applique aux trois couleurs : les rouges et rosés assemblent une majorité de pinot meunier au pinot noir et les blancs sont dominés par le chardonnay.

♥ VIGNOBLE DU CHANT D'OISEAUX 2019 ★★

■ | 13000 | | 5 à 8 €

Édouard Montigny, qui a pris la succession de Jacky Legroux, est à la tête de cette exploitation familiale depuis 2006. Valeur sûre de l'Orléanais, ce domaine de 16 ha est souvent en vue dans ces pages.
Ce 2019 né de pinot meunier et de pinot noir dévoile un nez subtil et complexe de fruits rouges et d'épices mâtinés de notes florales. On retrouve cette élégance et cette complexité dans une bouche délicieusement fruitée, ample et gourmande. En résumé : un vin remarquablement façonné et très équilibré. ⧗ 2022-2026

⊶ VIGNOBLE DU CHANT D'OISEAUX, 321, rue des Muids, 45370 Mareau-aux-Prés, tél. 02 38 45 60 31, montignye@yahoo.fr V t.l.j. sf dim. 14h-19h

CLOS SAINT-FIACRE 2020 ★★

■ | 26000 | | 8 à 11 €

Créée en 1635, cette propriété familiale apparaît régulièrement dans le Guide, souvent aux meilleures places. Clos de murs, le vignoble couvre 17 ha conduit depuis 2001 par Hubert et Bénédicte Montigny-Piel.
Derrière une robe jaune pâle striée de reflets verts, ce 2020 dévoile un nez expressif, floral, fruité et légèrement poivré. La bouche se montre ronde, soyeuse, d'une longueur appréciable, avec un bel équilibre entre arômes d'agrumes (citron) et nuances miellées. Un élégant chardonnay à servir avec des fruits de mer, du poisson ou un plateau fromage. ⧗ 2021-2024 ■ **L'Excellence 2019 ★★ (15 à 20 €; 5360 b.)** Élaborée à partir d'une sélection parcellaire de vieilles vignes, cette cuvée dévoile un nez aérien de fleurs blanches et de vanille. Le palais ample et soyeux séduit par sa palette aromatique complexe légèrement boisée et acidulée. En finale, on retrouve la pointe vanillée découverte à l'olfaction. ⧗ 2021-2025 ■ **2019 ★★ (8 à 11 €; 11200 b.)** Issu de l'assemblage de pinot meunier et pinot noir, ce 2019 offre, derrière sa robe couleur cerise assez claire, un joli nez floral un brin épicé. Frais et franc à l'attaque, le palais s'exprime sur de savoureux arômes de petits fruits rouges. Une cuvée aussi plaisante qu'équilibrée. ⧗ 2021-2024

⊶ CLOS SAINT-FIACRE, 560, rue de Saint-Fiacre, 45370 Mareau-aux-Prés, tél. 02 38 45 61 55, contact@clossaintfiacre.fr V r.-v.

VALÉRIE DENEUFBOURG Rencontres 2019 ★

■ | 10000 | | 5 à 8 €

Installée en 2005, Valérie Deneufbourg exploite un domaine de 14 ha à Cléry-Saint-André, près de la basilique qui renferme le tombeau de Louis XI. Après avoir remplacé les herbicides par le travail du sol en 2015, elle a accéléré une conversion complète en bio depuis 2019. Avec ses « Rencontres » (nom de ses cuvées), la vigneronne est aujourd'hui l'une des valeurs sûres des appellations orléans et orléans-cléry.
Sous sa robe rubis à reflets violets, ce 2019 dévoile un bouquet très aromatique de fruits rouges enrichis de nuances florales. Parfaitement en accord, la bouche se montre ample et charnue, avec du gras, un fruité généreux et des tanins souples. Bien équilibrée et gourmande, cette cuvée qui « pinote » agréablement ne manque pas non plus de potentiel. ⧗ 2021-2026

⊶ VALÉRIE DENEUFBOURG, 28, rue du Village, 45370 Cléry-Saint-André, tél. 06 14 57 37 61, valerie@deneufbourg.fr V r.-v.

JAVOY ET FILS 2020 ★

■ | n.c. | | 5 à 8 €

Héritier d'une longue histoire vigneronne (le domaine a été fondé en 1820), Pascal Javoy a repris les vignes familiales en 1987 : 16 ha en orléans et orléans-cléry.
Ce 2020 jaune pâle offre un nez discret mais complexe de jasmin et de rose agrémenté de notes amyliques de bonbon anglais. On retrouve ce trait acidulé à l'attaque, prélude à un palais bien équilibré entre rondeur et fraîcheur. ⧗ 2021-2024

⊶ JAVOY ET FILS, 450, rue du Buisson, 45370 Mézières-lez-Cléry, tél. 02 38 45 66 95, javoy-et-fils@orange.fr V t.l.j. sf lun. 9h-12h 14h-19h; f.

ORLÉANS-CLÉRY

Superficie : 34 ha / Production : 1 223 hl

Reconnue en 2006, l'appellation porte le nom de la commune de Cléry dont la basilique renferme le tombeau de Louis XI. Elle s'étend sur les terrasses sablo-graveleuses de la rive sud de la Loire et produit exclusivement des vins rouges issus de cabernet franc.

VIGNOBLE DU CHANT D'OISEAU 2019 ★★

■ | 13000 | | 5 à 8 €

Édouard Montigny, qui a pris la succession de Jacky Legroux, est à la tête de cette exploitation familiale depuis 2006. Valeur sûre de l'Orléanais, ce domaine de 16 ha est souvent en vue dans ces pages.
Ce magnifique 2019 s'habille d'une robe couleur grenat profond. Il déploie un nez fin et complexe de petits fruits rouges mâtinés de nuances florales. Très aromatique et

LOIRE

un brin épicé, la bouche se révèle ample et soyeuse, porté par des tanins fins. Un vin déjà diablement gourmand, idéal pour accompagner des plats en sauce, mais qui trouvera sa plus complète expression après quelques années de garde. ⧗ 2022-2026

VIGNOBLE DU CHANT D'OISEAUX, 321, rue des Muids, 45370 Mareau-aux-Prés, tél. 02 38 45 60 31, montignye@yahoo.fr V t.l.j. sf dim. 14h-19h

JAVOY PÈRE ET FILS 2019 ★

■ | n.c. | 5 à 8 €

Héritier d'une longue histoire vigneronne (le domaine a été fondé en 1820), Pascal Javoy a repris les vignes familiales en 1987 : 16 ha en orléans et orléans-cléry.

Issue du seul cabernet franc, cet orléans-cléry affiche une robe grenat voluptueuse. Le nez, bien fruité, révèle également quelques notes florales et végétales. La bouche est franche en attaque, puis riche et dense, centrée sur les fruits noirs relevés d'épices. Ce 2019 harmonieux pourra vieillir quelques années pour des tanins parfaitement fondus. ⧗ 2022-2025

JAVOY ET FILS, 450, rue du Buisson, 45370 Mézières-lez-Cléry, tél. 02 38 45 66 95, javoy-et-fils@orange.fr V t.l.j. sf lun. 9h-12h 14h-19h; f.

COTEAUX-DU-VENDÔMOIS

Superficie : 125 ha
Production : 6 417 hl (82 % rouge et rosé)

Sur le cours du Loir, les coteaux sont truffés d'habitations troglodytiques et de caves taillées dans le tuffeau. Reconnue en 2001, l'AOC jouxte en amont de la vallée les aires des jasnières et coteaux-du-loir, sur un terroir similaire, entre Vendôme et Montoire. Elle produit des vins gris originaux aux arômes poivrés, issus de pineau d'Aunis, des blancs nés de chenin, et des rouges, devenus majoritaires. Vins d'assemblage, ces derniers allient la nervosité légèrement épicée du pineau d'Aunis, la finesse du pinot noir, les tanins du cabernet franc et le fruité du gamay.

♥ B DOM. COLIN Gris Bodin 2020 ★★

■ | 8000 | 8 à 11 €

Thoré-la-Rochette, dans la vallée du Loir, abrite plusieurs vignerons de l'appellation coteaux-du-vendômois. Patrice Colin, héritier de sept générations de vignerons, y exploite 25 ha de vieilles vignes conduites en bio. Un domaine régulier en qualité.

Produite à partir de vieilles vignes de pineau d'Aunis plantées en 1920 et dont les raisins sont pressés directement avant fermentation en fûts, cette cuvée arbore une charmante robe saumonée. Le nez, bien ouvert et subtil, est marqué par un fruité relevé de notes typiques de poivre blanc. Ronde, ample et généreuse, la bouche se révèle aussi structurée que gourmande, avec une délicieuse saveur de bonbon anglais et une pointe légèrement épicée qui s'étire sur une belle longueur. ⧗ 2021-2023

PATRICE COLIN, 5, imp. de la Gaudetterie, 41100 Thoré-la-Rochette, colinpatrice41@orange.fr V r.-v.

DOM. DU FOUR À CHAUX Cuvée Tradition 2020 ★★

■ | 8000 | 5 à 8 €

Ce domaine de 30 ha, géré par la même famille depuis 6 générations, est conduit depuis l'année 2000 par Dominique Norguet. Il tire son nom d'un four à chaux du XVIIIᵉs. situé sur la propriété.

Ce 2020 issu de pineau d'Aunis (40 %), cabernet franc (40 %) et pinot noir séduit d'emblée par son bouquet complexe, à la fois floral, fruité et épicé. On retrouve ces saveurs, accompagnées d'un trait fumé, dans un palais de belle tenue, souple, gourmand et bien typé. Des tanins encore un peu fermes en finale appellent un peu de garde. ⧗ 2022-2025

DOM. DU FOUR À CHAUX, lieu-dit Berger, 41100 Thoré-la-Rochette, tél. 02 54 77 12 52, dominique.norguet@orange.fr V t.l.j. sf dim. 9h-12h 14h-19h30

DOM. JUMERT Gris Vieille Vigne 2020 ★

■ | 2500 | 5 à 8 €

Créé en 1800, ce vignoble et sa cave en tuffeau sont gérés de père en fils depuis sept générations. Ce sont aujourd'hui Charles Jumert, installé en 1984, et son fils Florent qui conduisent – « le plus naturellement possible sans pour autant revendiquer le bio » – cette exploitation étendue sur 13 ha.

Ce pineau d'Aunis se présente dans une élégante robe saumonée aux reflets orangés. Discret mais délicat, le nez libère quelques notes de fruits mûrs et de tabac. Bien plus expressive, la bouche se montre ronde, friande, gourmande et plaisamment sucrée. ⧗ 2021-2022

CAVE JUMERT, 4, rue de la Berthelotière, 41100 Villiers-sur-Loir, tél. 02 54 72 94 09, cavejumert@gmail.com V t.l.j. 9h-12h 14h-18h30. dim. sur r.-v.

DOM. J. MARTELLIÈRE Cuvée Balzac 2020 ★

■ | 2000 | - de 5 €

Jean-Vivien Martellière a repris en 2003 cette exploitation familiale de 12 ha fondée en 1967 par son grand-père Jean. Il vinifie les trois AOC de la vallée du Loir (jasnières, coteaux-du-loir et coteaux-du-vendômois) et des IGP Val de Loire en appliquant les méthodes traditionnelles (levures naturelles, macérations courtes…). Associé à sa sœur, le vigneron a récemment inauguré à Montoire-sur-Loir *Les Trois marches*, un bar à vins pour déguster ses cuvées accompagnées d'assiettes gourmandes.

Baptisée en l'honneur du célèbre écrivain, qui a évoqué sa jeunesse vendômoise dans deux romans (*Louis Lambert* et *La Grande Bretèche*), cette cuvée affiche un nez discret mais bien typé de fruits rouges agrémentés de notes végétales et d'une touche fumée. Souple et gourmande, sur des saveurs légèrement épicées, la bouche déploie une agréable fraîcheur soutenue par une fine amertume. ⧗ 2021-2024

⊶ JEAN MARTELLIÈRE, 46, rue de Fosse, 41800 Montoire, tél. 06 08 99 94 15, contact@domainemartelliere.fr V 🚶 🍷 *r.-v.*

CAVE DU VENDÔMOIS
Montagne Blanche 2018 ★

■ | 30000 | 🍾 | 5 à 8 €

Créée en 1929, cette cave coopérative vinifie les 130 ha de vignes de ses adhérents. Elle propose une gamme intéressante de cuvées mettant en valeur des « cépages rares et oubliés ». Ses vins sont souvent distingués dans le Guide.

Ce 2018 révèle un nez bien ouvert sur le fruit mâtiné de notes épicées et animales. Après une attaque tonique, la bouche se révèle dense et ronde, centrée sur la cerise et l'amande grillée. Un petit séjour en cave permettra de canaliser la légère astringence perceptible en finale. ⧗ 2022-2025 ■ **Cave du Vendomois Les Coutis 2019 ★ (8 à 11 €; 4700 b.)** Vinifié et élevé sans sulfites, ce blanc offre un bouquet intense de pomme et de poire sur un fond miellé. Dans le même registre, le palais développe un bel équilibre entre acidité, rondeur et douceur. ⧗ 2021-2024

⊶ CAVE DU VENDÔMOIS, 60, av. du Petit-Thouars, 41100 Villiers-sur-Loir, tél. 02 54 72 90 69, caveduvendomois@wanadoo.fr t.l.j. sf dim. lun. 9h-12h 14h-18h

VALENÇAY

Superficie : 190 ha
Production : 8000 hl (50% blanc, 50% rouge et rosé)

Dans cette région marquée par le souvenir de Talleyrand et de la fameuse « Pierre à Fusil » à la croisée du Berry, de la Sologne et de la Touraine; la vigne alterne avec les forêts, la grande culture et l'élevage de chèvres. La majorité des terroirs sont des sols d'argiles à silex à dominante argilo-siliceuse ou argilo-limoneuse. Certaines parcelles sont toutefois situées sur des sous-sols de tuffeau et ainsi plus riches en calcaire. Passée dans le giron des appellations d'origine en 2004, l'appellation valençay laisse à chaque vigneron le soin d'exprimer tout son savoir-faire d'assemblage. Les vins proposés sont plutôt variés et à découvrir jeunes. Les blancs, mariage de sauvignon blanc et de chardonnay, parfois associé au sauvignon gris (ou à l'orbois) proposent un bel équilibre de souplesse et d'acidité avec des nuances printanières (genêt, fleurs blanches...). Les vins rouges basés sur une trilogie gamay, côt et pinot noir (accessoirement le cabernet franc) expriment une présence tannique soyeuse avec une robe plutôt soutenue. Les vins rosés quant à eux allient fraîcheur et vivacité avec des nuances de fruits rouges.

Cas unique en France, Valençay est la seule région qui offre deux appellations d'origine sous le même nom : le Valençay, fromage de chèvre avec sa forme originale de pyramide tronquée; et Valençay, vins d'assemblage. Avec le Valençay blanc, le fromage de Valençay nous propose un parfait exemple d'accord de Terroir.

DOM. BARDON 2020 ★★

■ | 80000 | 🍾 | 8 à 11 €

Valeur sûre de l'appellation valençay, ce domaine (50 ha) conduit par Denis Bardon depuis 1991 est situé à Meusnes, commune où l'on extrayait autrefois la pierre à fusil; son petit musée permet de découvrir cette activité importante du XVIIIᵉs. jusqu'au début du XIXᵉs.

Ce 2020 arbore une élégante robe légèrement dorée. Le nez ouvert et frais distille d'agréables senteurs d'agrumes, de fleurs et de miel. Une attaque ample et ronde ouvre sur un palais gras, fruité, avec juste ce qu'il faut d'acidité pour un équilibre irréprochable. ⧗ 2021-2024

⊶ DOM. BARDON, 243, rue Jean-Jaurès, 41130 Meusnes, tél. 02 54 71 01 10, denisbardon@vinsbardon.com V 🚶 🍷 *r.-v.*

DOM. DU BOIS GAULTIER 2019 ★★

■ | 15000 | 5 à 8 €

Tout près du magnifique château de Valençay, sur un terroir dit « de pierre à fusil », Marylène et Serge Leclair ont créé de toutes pièces en 1985 leur vignoble qui compte aujourd'hui 22 ha. Ils vendent la majorité de leur production à la propriété ou sur les foires et marchés.

S'annonçant par une jolie robe rubis profond, ce 2019 né de gamay, de pinot noir et de côt dévoile un nez complexe de fruits rouges biens mûrs. Rond, gourmand et vineux en bouche, il déploie sa richesse aromatique sur une belle longueur. Les tanins biens fondus confirment l'harmonie de cette cuvée. ⧗ 2021-2026

⊶ DOM. DU BOIS GAULTIER, Le Bois-Gaultier, 36600 Fontguenand, tél. 02 54 00 18 46, serge.leclair@orange.fr V 🚶 🍷 *t.l.j. 8h-19h; dim. sur r.-v.*

LE CLAUX DELORME 2020 ★★

■ | 30000 | 🍾 | 8 à 11 €

Valeur sûre de l'appellation menetou-salon avec son domaine La Tour Saint-Martin, Bertrand Minchin, aussi à l'aise en rouge qu'en blanc, est établi depuis 1987 à la tête de 17 ha de vignes sur les hauteurs de Morogues. En 2004, il s'est étendu sur les appellations touraine et valençay avec les 15 ha du Claux Delorme, à Selles-sur-Cher, et s'y est rapidement imposé comme une belle référence.

Ce 100 % sauvignon s'habille d'une robe jaune paille éclairée par des reflets dorés. Encore un peu timide, le nez dévoile un fruité délicat dominé par les agrumes et des nuances briochées. À une attaque franche succède une bouche ample, ronde et fruitée, étirée dans une longue finale mentholée. Un compagnon tout indiqué pour un poisson grillé ou en sauce. ⧗ 2021-2024

⊶ LE CLAUX DELORME, 8 rue des Landes, 41130 Selles-sur-Cher, tél. 02 48 25 02 95, cave@domaines-minchin.vin

DOM. ANDRÉ FOUASSIER 2020 ★

■ | 15000 | 🍾 | 5 à 8 €

Installé en 1990, André Fouassier travaille sur 25 ha sur Lye et Chabris. La transformation du raisin en

vin se fait de la manière la plus naturelle possible en privilégiant les rythmes naturels de fermentation et le savoir-faire transmis par d'anciens vignerons. À la carte, des vins blancs et rouges en valencay et touraine.

Les reflets violets de sa robe rubis témoignent de la jeunesse de ce vin discrètement ouvert sur les fruits rouges accompagnés de notes florales et épicées. La bouche présente de l'amplitude, un joli fruité, sur la cerise notamment, et une longueur appréciable. Structurée et équilibrée, cette cuvée mérite un petit séjour en cave. ⌛ 2022-2025

ANDRÉ FOUASSIER, Lieu-dit 16 Vaux, 36600 Lye, tél. 06 83 44 91 92, andrefouassier@yahoo.fr V *r.-v.*

DOM. GARNIER Montbail 2020 ★

| 8000 | | 5 à 8 € |

La famille Garnier cultive la vigne depuis 1822. Ce sont aujourd'hui les deux frères Éric et Olivier qui gèrent ce domaine de 25 ha, le premier à la vigne et le second à la cave. À leur carte, du touraine et du valençay.

Derrière sa robe couleur saumon aux reflets orangés, ce rosé exhale un nez délicat de cerise, de framboise et de bonbon anglais. Le fruité s'affirme d'avantage au palais, avec de la rondeur, de la souplesse et un agréable acidulé. ⌛ 2021-2022

DOM. GARNIER, Chamberlin, 81, rue Delacroix, 41130 Meusnes, tél. 06 20 27 84 55, olivier@oliviergarnier.com V *r.-v.*

VIGNOBLE GIBAULT 2020 ★

| 25000 | | 5 à 8 € |

Créé dans les années 1960 à Meusnes, à l'extrémité orientale de la vallée du Cher, ce vignoble de 34 ha a été repris en 2020 par Anne-Sophie et Benoit Lagarde. Des vignes plantées sur d'anciennes terrasses d'argiles à casses et d'argiles à silex. Le domaine est certifié HVE3.

Le nez exhale des notes intenses de fruits exotiques. Énergique à l'attaque, la bouche se déploie progressivement sur la longueur, fraîche et fruitée jusqu'à la finale. À servir avec un autre valençay, ce savoureux fromage de chèvre régional dont la pointe fut éliminée, selon la légende, par Napoléon lui-même car elle lui rappelait trop sa défaite en Égypte... ⌛ 2021-2024

VIGNOBLE GIBAULT, 183, rue Gambetta, 41130 Meusnes, tél. 02 54 71 02 63, vignoblegibault@wanadoo.fr V *t.l.j. sf dim. 9h-12h 14h-19h*

FRANCIS JOURDAIN Chèvrefeuille 2020 ★★

| 25000 | | 5 à 8 € |

Fondé en 1960, ce domaine familial (32 ha) a été repris en 1990 par Francis Jourdain qui avait auparavant exercé durant une dizaine d'années une activité de conseil en arboriculture secondé par Sophie depuis 2008. Son chai est situé près d'une très belle « loge » de vignes, dans la commune de Lye.

Le nez s'exprime sans réserve sur des arômes de pêche, de fruits confits et de fleurs blanches. En harmonie, le palais se révèle ample et rond, avec une certaine sucrosité et un agréable acidulé en finale, mêlant agrumes et ananas. Un vin expressif et friand qui sait garder toute sa fraîcheur. ⌛ 2021-2024 **Les Terrajots 2020 ★ (5 à 8 €; 13000 b.)** Un nez intense et légèrement confituré de fruits exotiques agrémentés d'une pointe de minéralité. La bouche se montre souple, gouleyante, bien équilibrée entre fruité gourmand et fraîcheur acidulée. ⌛ 2021-2023 **Les Terrajots 2019 ★ (8 à 11 €; 5000 b.)** D'un beau rouge cerise profond, ce vin livre un fruité délicatement fumé au nez, prolongé par une bouche ample et ronde, aux tanins bien fondus. ⌛ 2021-2024

DOM. FRANCIS JOURDAIN, 24, Les Moreaux, 36600 Lye, tél. 02 54 41 01 45, jourdain.earl@wanadoo.fr V *t.l.j. sf dim. 9h30-12h30 15h-19h*

PASCAL LACOUR 2020 ★

| n.c. | | - de 5 € |

Pascal Lacour travaille depuis 2003 sur l'exploitation familiale dont il a pris les rênes en 2010. Un domaine fondé en 1890 à Veuil, village fleuri aux confins de la Touraine et du Berry, en appellation valençay. Il a agrandi son vignoble (certifié HVE) à Selles-sur-Cher, faisant passer sa superficie de 11 à 25 ha, en espérant voir ses deux fils prendre sa suite.

Ce 2020 s'habille d'une robe diaphane, presque transparente. Fin et discret, le nez s'ouvre sur des notes de bourgeons de cassis. La bouche, souple et ronde, affiche un bel équilibre, avec en filigrane une fraîcheur acidulée jusqu'à la finale. ⌛ 2021-2023

VIGNOBLE PASCAL LACOUR, 1, Les Bernets, 36600 Veuil, tél. 06 73 14 44 11, pascal.lacour440@orange.fr V *r.-v.*

DOM. MALET 2020 ★★

| 40000 | | 5 à 8 € |

Située à Lye dans l'Indre, cette exploitation de 42 ha a désormais pris ses habitudes dans le Guide. Elle est conduite depuis 2001 par les frères Alain et Bruno Malet.

Si la robe de cette cuvée semble hésiter entre le jaune et le doré, le nez exhale avec délicatesse mais sans ambiguïté des arômes fruités délicatement miellés. Une attaque souple et ronde, sur les fruits exotiques (ananas et litchi), les agrumes et le miel, prélude à un palais ample, gras et gourmand, qui conserve une agréable fraîcheur jusqu'à la finale. Une cuvée remarquable et remarquée. ⌛ 2021-2024 **2019 ★ (5 à 8 €; 2000 b.)** Derrière sa robe d'un rouge profond, ce 2019 déploie d'agréables senteurs fruitées. Ronde et généreuse, la bouche prolonge pleinement ce fruité persistant, bien accompagné par des tanins fondus qui se resserrent un peu en finale. ⌛ 2021-2024

GAEC MALET FRÈRES, 3, rue Pointeau, 36600 Lye, tél. 06 19 02 65 82, alain_malet@orange.fr V *r.-v.*

DOM. PREYS Cuvée Prestige 2020 ★★

| 40000 | | 5 à 8 € |

Ce domaine situé sur les hauts de Meusnes est conduit depuis 1966 par Jacky Preys, aujourd'hui rejoint par son fils Pascal. Le tandem gère la plus grande propriété de l'appellation valençay : 76 ha.

Élevée en cuve pendant 12 mois, cette cuvée exhale d'agréables arômes de petits fruits rouges et de fleurs stimulés par une pointe de poivre. La bouche, à l'unisson, se montre fruitée, souple et friande, avec un peu de coffre et de structure en finale. ⧗ 2021-2024

⊶ DOM. PREYS, 536, rue Debussy, Bois Pontois, 41130 Meusnes, tél. 02 54 71 00 34, domainepreys@wanadoo.fr V r.-v.

CH. DE QUINÇAY 2020 ★

	16000		5 à 8 €

Conduit par les frères Cadart, Frédéric et Philippe, le Ch. de Quinçay commande un joli parc arboré; ses 29 ha de vignes sont implantés sur un sol riche en silex et apte à la production de vins de qualité, comme en témoignent les sélections régulières du domaine dans le Guide.

Ce 2020 illuminé par de seyants reflets dorés se montre bien ouvert sur des arômes d'agrumes. La bouche apparaît fraîche et franche, généreuse en saveurs de pamplemousse, citron et fruits exotiques typiques du sauvignon (accompagné par 20 % de chardonnay). La dégustation se conclut par une finale tout en fraîcheur. Un bon classique. ⧗ 2021-2024

⊶ GAEC CH. DE QUINÇAY, 5, Quinçay, 41130 Meusnes, tél. 02 54 71 00 11, cadart@chateaudequincay.com V *t.l.j. sf dim. 9h-12h 14h-19h*

JEAN-FRANÇOIS ROY Signature 2019 ★★

	25000		5 à 8 €

Établi dans la commune de Lye, dans l'Indre, Jean-François Roy gère depuis 1989 un domaine dont il a porté la superficie à 30 ha, régulièrement sélectionné dans le Guide pour ses valençay, dans les trois couleurs.

Drapé dans une robe d'un rouge profond, ce 2019 issu des trois cépages de l'appellation (gamay, pinot noir et côt) révèle un nez de petits fruits rouges et de sous-bois. Frais, souple, long, le palais se déploie avec un bel équilibre entre fine acidité, tendre sucrosité et tanins soyeux. Déjà savoureux. ⧗ 2021-2025 **2020 ★★ (5 à 8 €; 5000 b.)** Derrière sa robe très pâle, ce rosé dissimule un nez intense d'aubépine et de bonbon anglais relevé d'un trait poivré. Très agréable et équilibré, le palais conjugue subtilité et belle fraîcheur. ⧗ 2021-2022 **Symphonie 2020 ★ (5 à 8 €; 30000 b.)** Un nez charmeur et ouvert de fleurs et d'agrumes, une bouche souple, fraîche et fruitée, avec une petite pointe d'amertume en finale : ce vin réunit tous les ingrédients d'un bon valençay sans chichi. ⧗ 2021-2023

⊶ EARL JEAN-FRANÇOIS ROY, 3, rue des Acacias, 36600 Lye, tél. 02 54 41 00 39, jfr@jeanfrancoisroy.fr V *t.l.j. sf dim. 8h30-12h 14h-18h30*

DOM. SINSON Prestige 2019 ★★

	13000		5 à 8 €

Située dans la commune de Meusnes, aux confins de la Touraine et du Berry, cette exploitation de 22 ha (certifiée HVE3), productrice dans les AOC touraine et valençay, se transmet de père en fils depuis quatre générations et est conduite par Olivier Sinson depuis 1999.

Les trois cépages typiques de l'appellation (pinot noir, gamay et côt) composent ce 2019 au nez complexe de fruits noirs, de sous-bois et de cuir. La bouche déploie une matière ample, puissante et gourmande à la fois. Des tanins encore un peu fermes mais prometteurs le destinent à quelques années de garde. ⧗ 2022-2026 **2020 ★ (5 à 8 €; 26600 b.)** Derrière une robe discrète, ce blanc dévoile un joli nez de citron confit. La bouche charme par la vivacité de son attaque, puis par sa rondeur. Bien équilibré, il est à déguster sur le fruit. ⧗ 2021-2023

⊶ EARL HUBERT ET OLIVIER SINSON, 1397, rue des Vignes, 41130 Meusnes, tél. 06 08 93 39 59, o.sinson@wanadoo.fr V *t.l.j. sf dim. 8h-12h 14h-18h*

CH. VAILLANT 2020 ★

	73000		5 à 8 €

La petite coopérative de Valençay créée en 1964 regroupe trois adhérents et représente un vignoble de 42 ha. La production de chacun est récoltée et vinifiée séparément pour mettre en valeur l'expression des différents terroirs.

Sous une robe striée de reflets dorés, cette cuvée révèle un nez délicat d'agrumes et de fruits à chair blanche. Un fruité que l'on retrouve, plus intense et accompagné de nuances florales, dans un palais tendre, léger, sans jamais manquer de fraîcheur. Un bel équilibre. ⧗ 2021-2023 **Sébastien Vaillant Le Poirentin-Les Cosses 2020 ★ (5 à 8 €; 35000 b.)** Un nez bien ouvert sur le fruit et une bouche aromatique et ronde, centrée sur des arômes de pêche, d'abricot et de litchi composent un blanc au style « explosif ». ⧗ 2021-2023

⊶ SCA LA CAVE DE VALENÇAY, La Lie, 36600 Fontguenand, tél. 02 54 00 16 11, lacavedevalencay@orange.fr V *r.-v.*

➧ LES VIGNOBLES DU CENTRE

CHÂTEAUMEILLANT

Superficie : 82 ha / Production : 4 000 hl

Le gamay retrouve ici les terroirs qu'il affectionne, dans un site très anciennement viticole. La réputation de Châteaumeillant s'est établie grâce à son «gris», un rosé issu du pressurage immédiat des raisins de gamay présentant un grain, une fraîcheur et un fruité remarquables. L'appellation produit aussi des rouges, nés de sols d'origine éruptive, des vins gouleyants à boire jeunes et frais.

GILLES BERNARDEAU Le Généreux 2020 ★★

	1000		8 à 11 €

Gilles Bernardeau, natif de la région et amoureux du vin, s'est lancé dans l'aventure viticole en 2018.

Couleur corail à reflets argentés, ce rosé libère d'emblée des arômes d'abricot et d'amande effilée. La fraise et les fleurs blanches apparaissent ensuite, à la faveur de l'aération. D'attaque franche, le palais possède un caractère acidulé agréable et persistant, orienté sur la fraise. ⧗ 2021-2022

⊶ GILLES BERNARDEAU, 1, Les Vincons, 18160 Saint-Hilaire-Lignières, tél. 06 09 04 71 18, gbernardeau@geobtp.fr V *r.-v.*

LOIRE

DOM. DU CHAILLOT 2020 ★

■	3500	🍾	11 à 15 €

Vigneron depuis 1993, Pierre Picot dirige une exploitation de 6 ha. Les vignes se répartissent sur trois sites : deux reposent sur des micaschistes à 320 m d'altitude et un sur des terrasses sédimentaires à 280 m d'altitude. Une valeur sûre de l'appellation châteaumeillant.
Il faudra patienter un peu avant de poser cette bouteille sur la table, aux côtés d'un bœuf bourguignon par exemple. Mais le potentiel est réel : premier nez de bonbon au cassis, puis notes de noix muscade et de tabac, bouche charnue et fraîche qui revient sur les mêmes arômes. Seuls les tanins signalent qu'il faut donner du temps au temps. ⧗ 2022-2023 ■ **Rêvésens 2020 ★ (11 à 15 €; 2000 b.)** Coulis de cassis, myrtille, pointe de tapenade et de poivre. La palette est séduisante, assurément. Le vin dévoile une bonne structure grâce à des tanins de qualité, mais laisse toute sa place aux arômes au palais. ⧗ 2022-2023 ■ **2020 ★ (8 à 11 €; 4600 b.)** Les dégustateurs ont aimé la teinte framboise, les arômes de fruits rouges sur fond de réglisse et d'anis, ainsi que la bouche ample et crémeuse, avec une juste fraîcheur finale. Pour une lotte au curry. ⧗ 2021-2022

SCEA DOM. DU CHAILLOT, 1, pl. de la Tournoise, 18130 Dun-sur-Auron, tél. 02 48 59 57 69, pierre.picot@wanadoo.fr V r.-v.

LA CROIX BLANCHE 2020 ★★★

■	2100	🍾	8 à 11 €

Un domaine créé en 2020 sur moins de 2 ha.
Les fruits noirs confiturés (mûre et cassis) se mêlent à une touche de poivre au nez comme en bouche. C'est un vin souple, aux tanins bien fondus, qui a séduit les dégustateurs, dans la typicité de l'appellation et du millésime. On ne boudera pas son plaisir aujourd'hui comme demain. ⧗ 2021-2023

CHRISTIAN MARTIN, 28, rue de la Croix-Blanche, 18600 Sancoins, tél. 02 48 74 51 59, anniechristian.martin@orange.fr V r.-v.

DOM. DUTHEIL Coccinelle 2020 ★

■	4200	🍾	11 à 15 €

Fils d'agriculteurs, Benoît Dutheil a accompli son rêve de toujours en créant son exploitation viticole en 2012, avec une parcelle de 50 ares de micaschistes et de sédiments plantée en gamay. Un domaine à suivre.
Une côte d'agneau au romarin se mariera bien avec ce vin tout en fruits rouges (confiture de cerises, fraise des bois) sur fond poivré et floral (violette). Ample en attaque, la matière laisse une jolie place au fruité, même si les tanins sont encore perceptibles. ⧗ 2022-2023

EARL DU PAS (DOM. DUTHEIL), Le Pas, 36370 Bélabre, tél. 02 54 37 21 44, benoit.dutheil@gmail.com V r.-v.

DOM. HUBERT Origines 2020 ★★

■	8000	🍾	8 à 11 €

En 2019, Maxime Hubert, après des pérégrinations œnologiques à travers le monde, a repris 2 ha de vignes en appellation châteaumeillant. En 2020, il a acquis des vignes en appellation quincy.
Les notes épicées se manifestent d'emblée, bientôt rejointes par les arômes de fruits rouges (cerise et fraise). L'attaque souple séduit, puis une matière soyeuse emplit le palais, car les tanins s'y fondent. Beau retour sur le fruit. Pour une blanquette de veau. ⧗ 2022-2023 ■ **Rosé 2020 ★ (8 à 11 €; 1000 b.)** Une teinte œil-de-perdrix à reflets argentés. Au nez, des arômes de framboise, de groseille et de pistache. En bouche, une attaque tendre, puis une fraîcheur acidulée, fruitée (groseille) et minérale. ⧗ 2021-2022

MAXIME HUBERT, 32, rue Jeanne-d'Arc, 18500 Mehun-sur-Yèvre, tél. 06 77 23 52 37, vin@domaine-hubert.com V *t.l.j. sf dim. 9h-17h; sam. sur r.-v.*

DOM. DES MAZIS La Belle Anglaise 2019 ★

■	1100	🍾	8 à 11 €

Isabelle et Alexandre des Mazis ont acquis en 2016 quelques arpents de vigne à Châteaumeillant sur lesquels ils produisent des vins rouges et rosés.
Une certaine évolution est perceptible dans les arômes de fruits à l'alcool (cassis) et de pruneau sur fond de feuille de tabac. Souple en attaque, le vin trouve un bon équilibre grâce à une juste fraîcheur, avant de revenir sur les arômes de prune et de cerise en confiture. Les tanins encore jeunes appellent une petite garde. ⧗ 2022-2023

ALEXANDRE DES MAZIS, 3, pl. Tony-de-Graaf, 92190 Meudon, tél. 05 98 50 92 19, domaine.desmazis@gmail.com

DOM. NAIRAUD-SUBERVILLE Reflet des septs fonts 2020 ★★★

■	5500	🍾	8 à 11 €

Après plusieurs années passées à l'INAO, Daniel Nairaud jette son dévolu sur les terres argilo-sableuses de Châteaumeillant et acquiert en 2011 un vignoble de près de 8 ha. Il s'est très rapidement imposé comme une valeur sûre de l'appellation et exploite aujourd'hui un domaine de 27 ha, le plus vaste de l'appellation. Il dirige aussi la maison de négoce Bituriges Vins créée en 2013.
Rose litchi à reflets orangés, ce vin évoque finement des senteurs de jus d'orange et de fruits blancs comme la pêche, sur fond de rose. La bouche acidulée et ronde à la fois fait la part belle en finale aux agrumes et à la groseille. Un plateau de sushis constituera un accord original. ⧗ 2021-2022

DOM. NAIRAUD-SUBERVILLE, rte de Culan, 18370 Châteaumeillant, tél. 02 48 61 33 55, sceanairaudsuberville@gmail.com V *t.l.j. 9h30-12h30 14h-18h*

DOM. DE VIGNÉRIAS 2019 ★★★

■	750	🍾	8 à 11 €

Éleveur de bovins et céréaliculteur en Berry pendant 33 ans, Robert Chaze de Vignérias a réalisé son rêve à 58 ans : créer en châteaumeillant un petit vignoble (67 ares) qu'il bichonne en famille.
Intense et gourmand, le nez décline la griotte mûre, l'amande amère et les épices. Il en va de même du palais, souple, doté d'une pointe de fraîcheur bienvenue et de tanins sages. ⧗ 2022-2023

DOM. DE VIGNÉRIAS, Rouilly, 36300 Le Blanc, tél. 06 76 44 45 66, robert.chaze@orange.fr V *r.-v.*

COTEAUX-DU-GIENNOIS

Superficie : 194 ha
Production : 5 928 hl (48 % rouge et rosé)

Sur les coteaux de Loire réputés depuis longtemps, la viticulture a progressé, tant dans la Nièvre que dans le Loiret, attestant la bonne santé du vignoble. Les coteaux-du-giennois ont accédé à l'AOC en 1998. Plantés sur des sols siliceux ou calcaires, les cépages traditionnels, gamay, pinot noir et sauvignon, donnent des vins dans les trois couleurs. Les blancs, issus de sauvignon, sont légers et fruités. Tout aussi fruités, les rouges et les rosés assemblent le gamay et le pinot noir. Souples et peu tanniques, les premiers peuvent être servis jusqu'à cinq ans d'âge.

♥ JEAN-PIERRE BAILLY Montour 2020 ★★

| | 1300 | | 5 à 8 € |

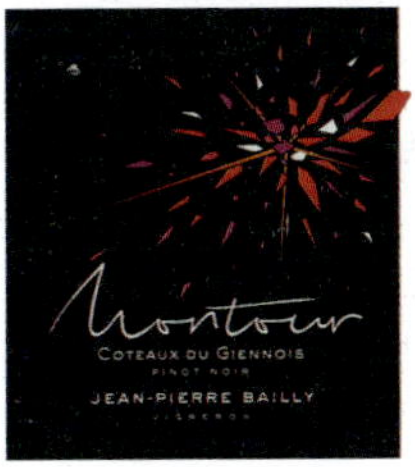

Installé en plein cœur du vignoble de Pouilly-sur-Loire, Jean-Pierre Bailly exploite cette propriété située en bordure de Loire depuis 1963 et dans sa famille depuis 6 générations. Il conduit ses 18 ha avec son fils Patrice, œnologue.

Couleur bois de rose à reflets corail. Au nez viennent progressivement les arômes de fruits rouges (groseille et cassis) et les notes de feuilles de cassis. Puis la bouche révèle une chair dense et aromatique, mêlant le pamplemousse, à la fraise, à la framboise, au chèvrefeuille et à une pointe exotique. Tout est cohérent et l'on pourra servir ce rosé à l'apéritif comme sur un mets asiatique. ⧗ 2021-2022

DOM. JEAN-PIERRE BAILLY, Les Girarmes, 58150 Tracy-sur-Loire, tél. 03 86 26 14 32, domaine.jean-pierre.bailly@wanadoo.fr V *r.-v.*

DOM. CHAUVEAU Silex 2020 ★★

| | 9000 | | 5 à 8 € |

Benoît Chauveau reprend en 1995 une partie du vignoble de ses parents. Deux ans plus tard, il construit sa première cave (une nouvelle est sortie de terre en 2012), complète son exploitation avec des vignes de ses grands-parents pour disposer aujourd'hui d'un domaine de 17 ha en coteaux-du-giennois et en pouilly-fumé, très régulier en qualité.

Au premier nez floral et épicé, rappelant la bergamote, succède des arômes d'agrumes et de poire, ainsi qu'une touche minérale. La typicité du cépage s'exprime bien. Au palais, la vivacité est appétente et soutient durablement les notes de fruits blancs, de citron et de bourgeon de cassis. ⧗ 2021-2022 **Calcaire 2020 ★ (5 à 8 €; 6000 b.)** Or intense, ce 2020 témoigne du millésime chaud. S'il est discret au nez, il sauvignonne joliment au palais, sans excès : on reconnaît le pamplemousse et l'aubépine. Sa structure légère et sa fraîcheur contribuent à son caractère élégant dans un millésime pourtant marqué par la chaleur. ⧗ 2021-2022

SCEA DOM. CHAUVEAU, 11, rue du Coin-Chardon, Les Cassiers, 58150 Saint-Andelain, tél. 03 86 39 15 42, domainechauveau@gmail.com V *t.l.j. 9h-12h 14h-18h; sam. dim. sur r.-v.*

DOM. COUET FONTAINE 2020 ★

| | 7000 | | 5 à 8 € |

En 2019, Emmanuel Couet et son épouse Claire ont fusionné leurs domaines : Dom. Couet pour le premier, Dom. de Fontaine pour la seconde. Ensemble, ils conduisent désormais un vignoble de 20 ha en coteaux-du-giennois et pouilly-fumé.

Le premier nez évoque l'anis, la pêche et l'herbe fraîchement coupée. Puis un caractère minéral se manifeste, accompagné de nuances d'amande. Le fruit apparaît en bouche, sous des accents de cerise et de pêche. Tout est fraîcheur dans ce vin. ⧗ 2021-2022

SCEV DOM. COUET FONTAINE, 25, Croquant, 58200 Saint-Père, tél. 03 86 28 14 80, domainecouet@gmail.com V *t.l.j. sf dim. 9h-12h 14h-18h* B

DOM. DE L'ÉPINEAU Condates 2019 ★★

| | 4000 | | 11 à 15 € |

Emmanuel Charrier, installé en 2004 avec quelques parcelles de vieilles vignes, étend progressivement son vignoble (8,7 ha aujourd'hui) et sa renommée. Priorité pour lui à la vigne par le travail du sol, par l'utilisation d'engrais naturels et organiques, et par des subterfuges naturels pour lutter contre les prédateurs de la plante.

L'empreinte de l'élevage de 10 mois sous bois est en parfait équilibre avec les arômes de fruits rouges et noirs bien mûrs. Le cassis revient au palais, soulignant une chair ronde et dense, toujours élégante. ⧗ 2021-2023 **Forcément 2020 ★ (8 à 11 €; 5000 b.)** Les fruits cuits, le sorbet à la poire, les fruits confits, l'orange mûre : les senteurs témoignent bien du millésime 2020. D'attaque souple, la bouche dévoile une texture toute ronde et aromatique. Bonne complexité. ⧗ 2021-2022

EARL EMMANUEL CHARRIER, 5, allée des Sources, Paillot, 58150 Saint-Martin-sur-Nohain, tél. 03 86 22 57 15, contact@domaine-epineau.com V *t.l.j. 8h-12h 13h30-18h30; dim. sur r.-v.*

CATHERINE ET MICHEL LANGLOIS Les Charmes 2020 ★★★

| | 30000 | | 8 à 11 € |

Installé en 1996 sur le domaine familial, Michel Langlois figure parmi les fervents promoteurs de l'AOC coteaux-du-giennois, reconnue en 1998, tout en proposant des produits d'une grande diversité. Sur près de 17 ha, il élabore aussi bien du pouilly-fumé et du coteaux-du-giennois que des vins de pays, des effervescents et des crèmes de fruit.

LOIRE

Au premier nez de coriandre et de citron concentré répondent des senteurs de groseille et des notes poivrées. Au palais, la trame vive permet un bon retour aromatique sur la pêche et l'abricot. ⧗ 2022-2023 ■ **Champ de la Croix 2019 ★★ (8 à 11 €; 8000 b.)** Rustique, mais avenant par ses arômes de cerise, de cassis et la pointe de confiture de fruits rouges. La fraîcheur du palais offre un joli contraste et les tanins jouent encore les canailles. Laissons ce vin en cave : il s'assagira et pourra dès lors s'accorder à des fromages crémeux ou à des viandes grasses. ⧗ 2022-2023 ■ **Ma vie en rose 2020 ★ (8 à 11 €; 7700 b.)** La Vie en rose s'affiche sous des nuances framboise dans le verre, avec des reflets orangés. Au nez, c'est la groseille épicée (piment d'Espelette et poivre blanc) qui se fait une place d'honneur. Le palais, frais et fruité dès l'attaque, monte en vivacité, ce qui soutient durablement les arômes de fraise, de groseille encore, puis de citron. Pour des poivrons farcis ou des charcuteries. ⧗ 2021-2022

⊶ CATHERINE ET MICHEL LANGLOIS, 17, rue de Cosne, 58200 Pougny, tél. 03 86 28 06 52, catmi-langlois@orange.fr V 🚶 🍷 *t.l.j. sf dim. 9h-12h30 14h30-19h*

SÉBASTIEN TREUILLET
Élevé en fût de chêne 2020 ★

■ | 6000 | 🍾 | 5 à 8 €

Sébastien Treuillet, installé depuis 1995 sur les terres de Tracy-sur-Loire, produit du vin dans 3 appellations : pouilly-fumé, pouilly-sur-loire et coteaux-du-giennois. Son domaine couvre 6 h, complété en 2016 par une activité de négoce.

Grenat intense, ce 2020 revendique un style puissant. Au premier nez de fruits noirs vanillés, de cuir et de fumée succèdent à l'aération des arômes intenses de myrtille en confiture et d'épices. Cette même gamme se décline au palais dans une chair dense, aux tanins bien présents qui laissent des accents torréfiés de cacao et de café. ⧗ 2022-2023

⊶ SARL TREUILLET, 12, rte de Boisfleury, Fontenille, 58150 Tracy-sur-Loire, tél. 06 78 11 00 96, sarltreuillet@orange.fr V 🚶 🍷 *t.l.j. sf dim. 8h-12h 14h-18h*

DOM. DE VILLARGEAU 2020 ★★

■ | 90000 | 🍾 | 11 à 15 €

Depuis qu'ils ont commencé à défricher un plateau aux sols d'argiles à silex en 1991 pour y planter de la vigne, les frères Jean-Fernand et François Thibault – auxquels sont venus se joindre les fils Marc et Yves – ont fait la renommée du Dom. de Villargeau (23 ha), valeur sûre de l'appellation coteaux-du-giennois. La conversion bio est engagée.

Belle cohérence entre le nez et la bouche. Les arômes d'amande, de fleurs, de fenouil, puis de noisette fraîche et d'orange réapparaissent régulièrement, sur fond minéral. La fraîcheur est préservée. ⧗ 2022-2023 ■ **Sans complexe 2019 ★ (11 à 15 €; 13000 b.)** Un 2019 sur les fruits jaunes et les notes florales, équilibré entre fraîcheur et rondeur. La finale acidulée est plaisante. ⧗ 2021-2022

⊶ DOM. DE VILLARGEAU, 1, allée des Noyers, Villargeau, 58200 Pougny, tél. 06 62 29 69 30, marc@domaine-villargeau.fr V 🚶 🍷

CÔTES-D'AUVERGNE

Superficie : 258 ha
Production : 10 549 hl (90 % rouge et rosé)

Très vaste jusqu'à la crise phylloxérique, le vignoble des côtes-d'auvergne a accédé à l'AOVDQS en 1977, puis à l'AOC en 2011. Qu'ils soient issus de vignobles des puys, en Limagne, ou de vignobles des monts (dômes), en bordure orientale du Massif central, les vins d'Auvergne rouges et rosés proviennent du gamay, cultivé ici de longue date, ainsi que du pinot noir. Le chardonnay produit quelques blancs. Dans les crus Boudes, Chanturgue, Châteaugay, Corent et Madargues, les vins peuvent prendre une ampleur et un caractère surprenants.

♥ CAVE ABONNAT
Boudes La Gardonne 2020 ★★

■ | 14000 | 🍾 | 5 à 8 €

Jacques Abonnat s'est installé en 1992 à Chalus, village pittoresque veillé par un château fort dominant la vallée de l'Allier. Couvrant 6,5 ha, le vignoble est conduit depuis 2007 par Xavier, fils de Jacques, qui souhaite l'orienter vers un mode de culture plus écologique.

Des reflets violacés attirent le regard. Puis les arômes de fruits rouges épicés suscitent l'intérêt pour ce côtes-d'auvergne d'un bon potentiel. La matière fruitée, ronde et souple laisse une impression d'équilibre séduisant. ⧗ 2022-2024 ■ **Les Platas 2020 ★★ (5 à 8 €; 1400 b.)** Au nez délicat de fleurs et de fruits répond une bouche légère et fraîche, tout aussi aromatique. La petite amertume finale n'est que passagère. ⧗ 2022-2023

⊶ CAVE ABONNAT, pl. de la Fontaine, 63340 Chalus, tél. 06 60 21 57 72, xavier.abonnat@gmail.com V 🍷 *r.-v.*

DOM. CHARMENSAT Initiales BB 2020 ★

■ | 1800 | 🍾 | 8 à 11 €

Installée dans la vallée des Saints, appelée aussi le « Colorado auvergnat », cette exploitation a vu se succéder 5 générations depuis sa création en 1850. Les vignes couvrent 9 ha et sont exposées plein sud; certaines, centenaires, sont cultivées en terrasses. Un domaine très régulier en qualité, dans les 3 couleurs des côtes-d'auvergne. Samuel Gatinois et sa compagne, originaires de Champagne, l'ont repris en 2019.

C'est la finesse qui caractérise ce vin fruité et frais, auquel une ligne minérale apporte complexité et relief. La finale présente une petite austérité, mais qu'importe car le nez est tellement agréable. ⧗ 2022-2023 ■ **Bout de Rose 2020 ★ (5 à 8 €; 3600 b.)** Des vignes de gamay de 115 ans ont donné naissance à ce rosé pâle et limpide, floral, souple et frais. Une bouteille idéale pour un plateau de charcuteries. ⧗ 2021-2022

⊶ DOM. CHARMENSAT, rue du Coufin, 63340 Boudes, tél. 04 73 96 58 04, sam.gatinois@live.com V 🚶 🍷 *r.-v.*

LES CHEMINS DE L'ARKOSE Le Clos 2020 ★

■ | 10000 | 8 à 11 €

Depuis 2015, Yvan Bernard a une activité de négoce. Il achète du raisin sur des parcelles sélectionnées en forte pente et plantées de vieilles vignes de gamay. Avec Audrey Baldassin, sa salariée qui a acheté un clos de 3 ha, il a créé un nouveau domaine dénommé Les Chemins de l'arkose.

Grenat profond à reflets violines, ce vin offre un nez expressif sur le fruit, puis un bon équilibre des saveurs. Le gras et le fruité mûr s'équilibrent bien avec la pointe de vivacité et d'amertume. Et si les tanins sont présents, ils restent à leur place. ⧗ 2022-2024

NÉGOCE YVAN BERNARD, 5, montée de la Quye, 63114 Montpeyroux, tél. 06 84 11 49 88, bernard_corent@hotmail.com V r.-v.

DESPRAT SAINT-VERNY 809 2020 ★

■ | 21300 | | 8 à 11 €

Pierre Desprat représente la 4e génération de négociants à la tête de cette maison auvergnate fondée en 1885. Jean, son grand-père, découvrit qu'enfouir le vin dans les hêtraies d'altitude contribuait à sa bonification. Le domaine couvre 180 ha.

809 est le nom du clone de chardonnay qui a donné naissance à cette cuvée très aromatique (fruits exotiques et fleurs), ronde et légère. Une agréable fraîcheur minérale lui apporte de la complexité. ⧗ 2022-2023

DESPRAT SAINT-VERNY, 2, rte d'Issoire, 63960 Veyre-Monton, tél. 04 73 69 60 11, julien@despratsaintverny.vin V r.-v.

DOM. DE LACHAUX C'est le Bouquet 2019 ★★

■ | 2700 | | 5 à 8 €

Installé en 1998, Thierry Sciortino a été rejoint par son épouse Yolande en 2013. Le couple conduit un domaine de 6 ha. C'est dans une belle bâtisse en pierre d'arkose avec une jolie vue sur le massif du Sancy que ces vignerons ont installé leur chai. L'une des bonnes références de l'Auvergne viticole.

Rouge violacé, cette cuvée affiche un fruité frais et épicé bien typé de l'appellation. Est-ce seulement le bouquet qui séduit ? Point du tout... La bouche est souple, gentiment soutenue par des tanins au grain fin et relevée en finale par une juste fraîcheur. ⧗ 2022-2023 ■ **Corent- La Vigne de Nicolas 2020 ★ (5 à 8 €; 5100 b.)** Dans ce rosé, on aime la teinte pâle, le fruité persistant, l'équilibre sur la fraîcheur et la touche saline en finale. ⧗ 2021-2022 ■ **Chardonnay 2020 ★ (8 à 11 €; 2000 b.)** Discret, ce 2020 possède un style gouleyant et frais. ⧗ 2022-2023

DOM. DE LACHAUX, 1, chem. du Domaine-Lachaux, 63270 Vic-le-Comte, tél. 06 64 18 48 84, domainedelachaux63@gmail.com V r.-v.

BENOÎT MONTEL Vieilles Vignes 2019 ★

■ | 2000 | | 15 à 20 €

Outre son domaine, Benoît Montel, valeur sûre en côtes-d'auvergne, a créé une activité de négoce pour compléter sa gamme.

Sous une robe grenat se révèle un nez chaleureux de fruits noirs épicés très mûrs. La fraîcheur est cependant bien perceptible au palais. ⧗ 2022-2023

BENOÎT MONTEL, 6, rue Henri-et-Gilberte-Goudier, 63200 Riom, tél. 06 32 00 81 05, benoit-montel@orange.fr V r.-v.

DOM. DAVID PÉLISSIER Volcanik 2020 ★

■ | 5000 | | 8 à 11 €

Établi dans le village vigneron de Boudes, à proximité de l'église romane, David Pélissier est à la tête d'une propriété fondée par son grand-père en 1919, qui lui a été transmise par son père Michel en 1999 et qu'il a agrandie par de nouvelles plantations (5 ha aujourd'hui).

Fruits noirs et poivre, voilà pour les arômes. Matière aromatique, étayée par des tanins agréables, voilà pour l'équilibre des saveurs. Un vin sympathique, en somme. ⧗ 2022-2023

DOM. PÉLISSIER, rte de Dauzat, 63340 Boudes, tél. 04 73 96 43 45, dfpelissier@gmail.com V *t.l.j. sf dim. 8h-12h 14h-18h*

B **MARC PRADIER** Tradition 2020 ★★

■ | 5160 | | 5 à 8 €

Après avoir travaillé 15 ans avec son frère, Marc Pradier a repris en 2005 l'exploitation créée en 1945 par son père Jean. Aujourd'hui, il conduit seul ce domaine de 5 ha cultivé en bio.

Du fruit et de la gourmandise, sans tanins excessifs : ce vin donne la faveur au plaisir immédiat, et c'est tant mieux. ⧗ 2022-2023

MARC PRADIER, 9, rue Saint-Jean-Baptiste, 63730 Les Martres-de-Veyre, tél. 04 73 39 86 41, pradiermarc@orange.fr V *sam. 8h30-12h*

DOM. ROUGEYRON 2020 ★

■ | 8000 | | 5 à 8 €

Propriété installée sur le site de la Crouzette, nom donné à une petite croix en pierre de Volvic érigée au début du XVIIIes. par les ancêtres, sur laquelle est gravée : « Rougeyron 1723 ». En 2012, David Rougeyron s'est associé à son père Roland pour poursuivre la tradition viticole sur ces terres de cendres volcaniques. Le domaine, régulier en qualité, couvre 14 ha.

L'équilibre se réalise dans ce vin frais, mais non dénué de gras, qui laisse en finale une touche d'amertume typée. Discret mais agréable. ⧗ 2022-2023

DOM. ROUGEYRON, 27, rue de la Crouzette, 63119 Châteaugay, tél. 04 73 87 24 45, domaine.rougeyron@gmail.com V *r.-v.*

DOM. SAUVAT Argile 2019 ★★

■ | 8000 | | 11 à 15 €

Claude Sauvat a créé ce domaine petit à petit, à partir de 1977, dans la vallée des Saints. Sa fille Annie a repris le flambeau en 1987, accompagnée à la vinification de Michel Blot, son mari. Le couple est aujourd'hui à la tête d'un vignoble de 10 ha et signe des côtes-d'auvergne souvent en vue dans ces pages.

Douze mois d'élevage en fût ont légué à ce vin des arômes boisés bien perceptibles dès le premier nez, mais qui cèdent place aux arômes de fruits et de fleurs. C'est une belle matière ronde et fraîche à la fois qui emplit le palais d'un même fruité. Les tanins se manifestent en attaque et en finale, mais ils devraient se fondre avec le temps. ⧗ 2022-2024

DOM. SAUVAT, rte de Dauzat, 63340 Boudes, tél. 04 73 96 41 42, sauvat63@wanadoo.fr V t.l.j. sf dim. 9h-12h 14h-19h

LA TOUR DE PIERRE
Les Lauriers de 16 ares 2020 ★★

■ | 1300 | | 11 à 15 €

Après 10 ans d'expérience dans le Languedoc et en Provence, Pierre Deshors, ingénieur agronome et œnologue, revient en 2007 dans sa région d'origine pour reprendre cette exploitation de 7,5 ha, dont l'emblème est l'ancien château surmonté d'un campanile du village vigneron du Crest.

Belle couleur, expressivité du fruit, matière équilibrée et fraîche, tanins de qualité : tels sont les atouts de ce vin gourmand et encore jeune, qui gagnera à attendre en cave ou à être carafé avant le service. ⧗ 2022-2024

LA TOUR DE PIERRE, 10, rue Néraud, 63450 Le Crest, tél. 06 32 86 23 67, pdeshors@yahoo.fr V *r.-v.*

CÔTE-ROANNAISE

Superficie : 220 ha / Production : 10 000 hl

Des sols d'origine éruptive; des vignes faisant face à l'est, au sud et au sud-ouest, sur les pentes d'une vallée creusée par une Loire encore adolescente : voilà un milieu naturel qui appelle le gamay. Quatorze communes situées sur la rive gauche du fleuve produisent d'excellents rouges et de frais rosés, plus rares. Des vins originaux et de caractère qui intéressent les chefs les plus prestigieux de la région.

DOM. DES ARDAILLONS JOSE 2019 ★★

■ | 500 | | 5 à 8 €

Après de multiples expériences en France (Vallée du Rhône, Beaujolais) et par-delà nos frontières (Chili, Uruguay), Yannick Pras est revenu en 2018 s'installer à Saint-Haon-le-Châtel, son village natal. Il a repris la parcelle familiale et a créé le Dom. des Ardaillons : 4,5 ha conduits en bio, en côte-roannaise et IGP Urfé.

Clair à reflets orangés, ce rosé décline des senteurs de fruits blancs et jaunes (pêche, abricot), nuancées de minéral. Il est rond en attaque, mais bénéficie également d'une fraîcheur équilibrée qui met bien en valeur ses arômes jusqu'en finale. ⧗ 2021-2022

DOM. DES ARDAILLONS, 19, chem. de la Fontaine Condé, 42370 Saint-Haon-le-Châtel, tél. 06 09 70 77 83, contact@domaine-des-ardaillons.com V *t.l.j. sf dim. 9h-19h*

♥ **ALAIN BAILLON** Montplaisir 2020 ★★

■ | 4000 | | 8 à 11 €

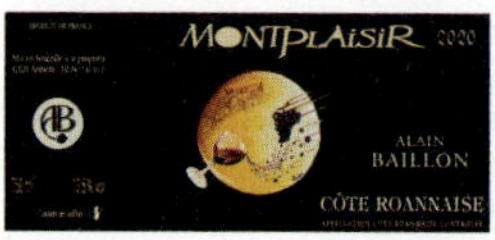

Autodidacte et ouvrier agricole pendant 10 ans dans le Beaujolais, Alain Baillon a loué ses premières vignes en 1989, sur le coteau de Montplaisir, à Ambierle, cité historique dont l'abbaye bénédictine fut dédiée à saint Martin. Aujourd'hui, il exploite 7 ha de vignes et s'est affirmé comme l'une des valeurs sûres des côtes-roannaise.

Intense à l'œil, ce 2020 l'est aussi au nez dans ses accents de fruits noirs et d'épices. Il se montre aussi gourmand grâce à sa matière fraîche, toute fruitée. Pour un plateau de charcuteries. ⧗ 2022-2023

ALAIN BAILLON, 669, rte de Montplaisir, 42820 Ambierle, tél. 04 77 65 65 51, alain.baillon.42@free.fr V *r.-v.*

Ⓑ **LES BLONDINS** 2019 ★

■ | 14 000 | | 11 à 15 €

Ce vignoble, d'un peu moins de 2 ha, a été créé en 1992 par le chef cuisinier Pierre Troisgros et son ami viticulteur Robert Sérol. Implantées sur un coteau exposé au sud, les vignes sont cultivées en bio depuis 2008 et en cours de conversion à la biodynamie.

Tout en légèreté depuis la couleur jusqu'au palais, ce vin joue sur l'élégance des arômes de fruits rouges et la franchise de sa matière ronde. Simple et efficace. ⧗ 2022-2023

LES BLONDINS, 1, montée des Estinaudes, 42370 Renaison, tél. 04 77 64 44 04, contact@domaine-serol.com V *r.-v.*

CH. DE CHAMPAGNY Grande Réserve 2020 ★

■ | 5000 | | 5 à 8 €

Lorsque, en 1968, André Villeneuve arrive sur ce domaine, il ne reste plus que 2 ha de vignes. Rejoint en 1997 par Frédéric, l'un de ses fils, il défriche et replante en gamay un coteau de 4,5 ha et acquiert d'autre parcelles. Après son départ à la retraite en 2008, il laisse sa place à Jérôme Forest. La propriété compte aujourd'hui 13,5 ha.

Les arômes de fruits rouges aux accents grillés mènent la dégustation d'un bout à l'autre. C'est un vin ouvert, plein et rond, même si les tanins encore jeunes titillent en finale. Une petite garde sera favorable. ⧗ 2022-2023

VIGNOBLE DE CHAMPAGNY, 2148, rte des Vignes, 42370 Saint-Haon-le-Vieux, tél. 06 07 19 92 22, frederic.villeneuve300@orange.fr V *r.-v.*

DOM. DÉSORMIÈRE Tradition 2020 ★

■ | 24 000 | | 5 à 8 €

Ce domaine familial a été créé en 1974 par Michel Désormière, qui a commercialisé les premières bouteilles. Ses fils Éric et Thierry, aux commandes respectivement depuis 1996 et 2004, ont développé la production et disposent aujourd'hui de 20 ha de vignes en conversion bio depuis 2020.

Un concert de fruits noirs se joue dès le premier nez, puis un bon équilibre séduit en bouche, tant les tanins sont fins et la finale fraîche est appétente. Belle typicité. ⧗ 2022-2024

DOM. DÉSORMIÈRE, 302, montée du Perron, 42370 Renaison, tél. 04 77 64 48 55, domaine.desormiere@orange.fr V *t.l.j. sf dim. 9h30-12h 14h-19h*

FRANÇOIS LASSEIGNE
Cuvée Laurine 2020 ★★★

■ | 1500 | | 5 à 8 €

Ce lopin de vieilles vignes situées à Malème sur un coteau apchonnais plein sud, depuis 1877, est cultivé avec passion par la famille Lasseigne, à la main, car il n'est pas mécanisable.

De teinte intense, cette cuvée développe une palette complexe de fruits rouges et noirs, légèrement poivrés. Sa matière bien en place bénéficie des mêmes arômes, soutenus durablement par une fraîcheur équilibrée. ⧗ 2022-2024

FRANÇOIS LASSEIGNE, 221, rue Louis-Joubert, 42640 Saint-Romain-la-Motte, tél. 04 77 64 54 72, vinmaleme42@aol.com V r.-v.

DOM. DE LA PAROISSE Coup de Coeur 2020 ★★

■ | 5000 | | 5 à 8 €

Ce très ancien vignoble de 7 ha, est le plus vieux domaine de la Côte roannaise créé en 1610. Ses vins sont souvent en bonne place dans le Guide. C'est Jean-Claude Chaucesse, représentant la 13e génération, qui est aujourd'hui à la tête de l'exploitation. Depuis 2018, il est possible de loger au gîte du domaine pour profiter au plus près de son terroir.

Ouvert, très ouvert, ce vin laisse le souvenir du fruit subtilement épicé. Et c'est tellement agréable qu'on ne lui demande rien de plus que d'être gourmand, rond et frais. Pour un repas sans façons mais amical. ⧗ 2022-2024

DOM. DE LA PAROISSE, 380, chem. de la Paroisse, 42370 Renaison, tél. 04 77 64 26 10, la.paroisse@laposte.net V r.-v. E

DOM. PIAT
Le Singulier de la Chapelle 2019 ★★

■ | 2000 | | 5 à 8 €

Domaine de la Côte roannaise fondé avant la Première Guerre mondiale et exploité par Gérard Piat depuis 1989. Côtoyant bois et prairies, le vignoble, constitué de parcelles délimitées par des murs de pierres sèches, est implanté au lieu-dit de La Chapelle, sur des coteaux exposés au levant.

Singulier? peut-être, mais ce vin est surtout sincère et typé. En témoignent ses arômes fruités, sa matière riche et structurée par des tanins de qualité. Il pourra bien évoluer. ⧗ 2022-2023 ■ **Vieilles Vignes de la Chapelle 2020 ★ (5 à 8 €; 5000 b.)** Profond, ce vin au nez de feuille de cassis et de poivre tire profit de la fraîcheur et affiche ainsi un caractère aérien. On sent qu'ont été vinifiés des raisins entiers. ⧗ 2022-2023

MAURICE PIAT ET FILS, La Chapelle, 42155 Saint-Jean-Saint-Maurice, tél. 04 77 63 12 85, gerardpiat-lachapelle@orange.fr V r.-v.

B DOM. DES POTHIERS Domaine 2020 ★★★

■ | 20000 | | 11 à 15 €

Romain Paire a pris en 2017 la tête du domaine familial qu'il exploitait depuis 2005 avec ses parents Georges et Denise. Exploitée en polyculture-élevage, la propriété, qui compte 21 ha de vignes, est conduite en bio et en biodynamie depuis 2010.

Ouvert sur les fruits, c'est un côte-roannaise équilibré et gourmand, souple qui séduit d'emblée par son expressivité. Les tanins fins le soutiennent avec tact et assureront sa bonne tenue dans le temps. ⧗ 2022-2024 ■ **La Chapelle 2020 ★ (11 à 15 €; 13000 b.)** B Vin de terroir, cette cuvée a bien les caractéristiques attendues : couleur intense, arômes de fruits noirs (cassis) nuancés de violette, bouche pleine et fruitée, structurée par des tanins fins. La petite austérité finale est un signe de potentiel de garde. ⧗ 2022-2024

DOM. DES POTHIERS, 332, chem. des Pothiers, 42155 Villemontais, tél. 04 77 63 15 84, contact@domainedespothiers.com V t.l.j. sf sam. dim. 9h-12h 14h-17h

♥ LE RETOUR AUX SOURCES
Héritage 2019 ★★

■ | 4500 | | 8 à 11 €

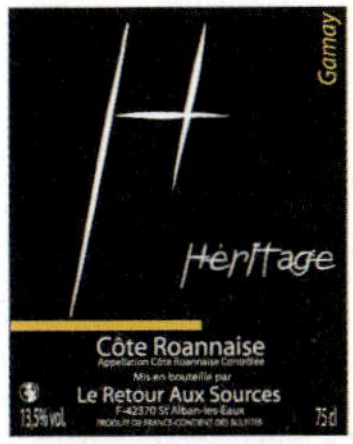

Edgar Pluchot travaille avec son frère Marc sur le domaine hérité de leurs grands-parents, Louis et Suzanne Robin, d'où le nom donné à leur exploitation : Le Retour aux sources. Un retour mais aussi un nouveau virage puisque les aïeux n'étaient pas vignerons et que les 2 frères ont tout créé pour vinifier le fruit de leurs 7,6 ha, cultivés en bio mais sans certification.

Sous une robe intense apparaissent des arômes complexes de fruits rouges et noirs épicés. Franche, la bouche bénéficie de tanins de qualité, en passe de se fondre. La chair est suffisamment dense pour les intégrer à la faveur du temps. ⧗ 2022-2024 ■ **Le Retour aux Sources Louis Robin 2019 ★ (8 à 11 €; 3000 b.)** Grenat, voici un 2019 intensément fruité, franc et ample. La petite vivacité finale est au bénéfice de l'expression aromatique. ⧗ 2022-2023

LE RETOUR AUX SOURCES, 640, rte de Roanne, 42370 Saint-Alban-les-Eaux, tél. 06 74 50 51 24, leretourauxsources.pluchot@orange.fr V *t.l.j. sf dim. 9h30-17h30*

B DOM. DE LA ROCHETTE La Combe 2020 ★

■ | 6500 | | 5 à 8 €

Dans cette famille, on est viticulteur de père en fils depuis 1630. Acquis en 1939, le domaine s'étend aujourd'hui sur 15 ha – du gamay pour le côte-roannaise et une parcelle de chardonnay qui produit de l'IGP pays d'Urfé. Il est conduit depuis 1979 par Pascal Néron, rejoint en 1991 par son frère Olivier, en 2013 par son neveu Antoine et en 2020 par Alexis (le fils d'Olivier) qui se forme pour travailler en biodynamie. Les vins sont en bio certifié depuis le millésime 2016.

La mûre, le tabac et le menthol s'unissent dans la palette de ce vin gourmand. Les tanins encore serrés demandent à se fondre, mais tout est en place pour permettre une bonne évolution. ⧗ 2022-2024 ■ **Rimoz 2020 ★ (11 à 15 €; 1800 b.)** B Celui-ci est discret, mais on distingue des notes de cerise et autres fruits rouges avec une note de menthol engageante. C'est au palais que le vin se révèle, la fraîcheur soutenant efficacement le fruité. Les tanins fins se signalent encore en finale comme pour confirmer le potentiel de garde. ⧗ 2022-2024

DOM. DE LA ROCHETTE, 2311, chem. de la Rochette, 42155 Villemontais, tél. 04 77 63 10 62, antoine.neron@orange.fr V t.l.j. sf dim. 8h-12h 14h-18h

DOM. SÉROL Oudan 2019 ★★

■	16 000		15 à 20 €

Incarnant avec talent la renaissance du vignoble local, Stéphane Sérol a pris en 1998 la tête de ce domaine de 30 ha (en bio certifié et en biodynamie), dont les origines remontent à 1700 et que son père Robert a fait connaître dès 1971 en pratiquant la vente directe en bouteilles. Une valeur sûre de la Côte roannaise.

Sans prétention, mais sincère, ce vin offre un plaisir immédiat grâce à son fruité progressif, à ses tanins ronds et à son équilibre pertinent entre fraîcheur et rondeur. ⧗ 2022-2023

DOM. SÉROL, 1, montée des Estinaudes, 42370 Renaison, tél. 04 77 64 44 04, contact@domaine-serol.com V *t.l.j. sf dim. 9h-12h 14h-19h*

FLORENT THINON VIGNERON Mayençat 2020 ★★★

■	1300		11 à 15 €

BTS viticulture et œnologie en poche, Florent Thinon a repris ce vignoble en 2020. Ses vignes de gamay ont une trentaine d'années.

Une première pour Florent et un coup de maître. Ce 2020 a conquis les dégustateurs dès le premier regard porté sur la robe intense à reflets violacés. Les fruits rouges s'invitent dans la palette au nez comme en bouche. C'est une chair croquante, structurée par des tanins fins, qui reste en mémoire, avec en finale une fraîcheur mentholée exquise. Il est permis de garder quelques bouteilles en cave. ⧗ 2022-2024

EI FLORENT THINON, 456, chem. de Mayençat, 42155 Villemontais, tél. 06 85 03 74 00, florenthinon@orange.fr V *r.-v.*

PHILIPPE ET JEAN-MARIE VIAL Bouthéran 2020 ★

■	6000		5 à 8 €

Issus de familles de viticulteurs, les frères Philippe et Jean-Marie Vial président aux destinées du domaine depuis 1993. Le vignoble couvre aujourd'hui 9,5 ha en côte-roannaise, sur le coteau de Bouthéran. Des ceps de viognier et de chardonnay produisent aussi des blancs en IGP.

Il est encore un peu timide dans son expression aromatique, mais le potentiel est là. Après aération, les fruits rouges épicés se révèlent et la chair ronde et souple se développe, soutenue par des tanins de qualité. Patience, donc. ⧗ 2022-2024

DOM. VIAL, 300, rte de Bel-Air, 42370 Saint-André-d'Apchon, tél. 04 77 65 81 04, contact@domaine-vial.com V *t.l.j. sf dim. 10h-12h30 14h-19h*

CÔTES-DU-FOREZ

Superficie : 168 ha / Production : 7 433 hl

C'est à une somme d'efforts intelligents et tenaces que l'on doit le maintien de ce vignoble abrité par les monts du Forez, qui s'étend sur dix-sept communes autour de Boën-sur-Lignon (Loire). Le climat y est semi-continental, les terrains sont tertiaires au nord et primaires au sud. Rosés et rouges, secs et vifs, les vins proviennent exclusivement du gamay et sont à consommer jeunes. Ils ont été reconnus en AOC en 2000.

AGAMY Coup de Tête 2020 ★

■	20 000		5 à 8 €

Deux des plus grandes coopératives de la région, l'une dans l'extrême sud du Beaujolais (Bully) et l'autre plus au nord (Quincié), dans la zone des beaujolais-villages et des crus, se sont unies en 2010, constituant Signé Vignerons : une entité forte de quelque 1 700 ha de vignes, qui vinifie plus de 10 % de la production de la région. Chaque cave continue néanmoins de vinifier séparément ses vins. Le négociant Louis Tête a rejoint le groupement en 2012. La structure de commercialisation, Agamy (anagramme de gamay), inclut même depuis 2015 les caves des Coteaux du Lyonnais et des Vignerons foréziens.

Le fruit s'exprime volontiers dans ce vin, sous des accents de groseille et des notes exotiques. La vivacité est équilibrée au palais, ce qui contribue à une personnalité simple et franche. ⧗ 2021-2022 ■ **Coup de Tête 2020 ★ (5 à 8 €; 25 000 b.)** La cerise mûre est le leitmotiv de la dégustation de ce vin d'un bon volume et assez chaleureux. Il devra arrondir ses tanins pour offrir tout son agrément. ⧗ 2022-2023

SCA AGAMY, La Martinière, Chem. des Vignerons, 69210 Bully, tél. 04 37 55 50 35, contact@agamy.fr V *t.l.j. sf dim. 9h30-12h30 14h-18h30*

CLOS DE CHOZIEUX Vieilles Vignes 2020 ★

■	9000		5 à 8 €

Héritiers de 3 générations de vignerons, Jean-Luc et Yves Gaumon ont pris la suite de leurs parents en 2001, sur 3 ha de vignes. Les 2 frères ont replanté, portant la surface de la propriété à 10 ha, en diversifiant les cépages. Un domaine régulier en qualité, en cours de conversion bio.

Des vignes de 70 ans ont donné naissance à cette cuvée au fruité mûr, chaleureuse et aux tanins de qualité. À garder en cave une petite année pour une plus grande harmonie. ⧗ 2022-2024

LE CLOS DE CHOZIEUX, Chozieux, 42130 Leigneux, tél. 04 77 24 38 54, clos.chozieux@wanadoo.fr V *t.l.j. sf dim. 9h-12h 14h-18h30*

STÉPHANIE GUILLOT Sainte-Anne 2020 ★★

■	5000		5 à 8 €

Un domaine créé en 2005 par Stéphanie Guillot, à la tête aujourd'hui d'un vignoble de 8,5 ha.

Belle fraîcheur et belle intensité des arômes, bel équilibre aussi entre gras et fraîcheur. Il y a dans ce vin un caractère gourmand, grâce à des tanins déjà bien intégrés. ⧗ 2022-2023

STÉPHANIE GUILLOT, 785, RD 1089, 42130 Sainte-Agathe-la-Bouteresse, tél. 06 82 49 26 44, cave.stephanieguillot@orange.fr V lun. ven. sam. 15h-18h

♥ B LES VINS DE LA MADONE
La Madone 2020 ★★

| 20 000 | | 11 à 15 € |

Gilles Bonnefoy a créé son domaine ex nihilo à partir de 1997 : plantations de vignes de 2001 à 2016, création de la cave en 2004. Aujourd'hui, un domaine de 10,5 ha conduit en biodynamie, établi en périphérie de 2 volcans : La Madone et Le Pigeonnier.

Un côte-du-forez plein et gourmand, dont le fruité intense charme par sa fraîcheur. Les tanins de qualité autorisent la garde. Malgré le millésime chaud, la typicité est préservée. Une prouesse. ⧗ 2022-2024 ■ **Mémoire de Madone 2020 ★ (15 à 20 €; 4 000 b.)** B Fruité, plénitude, équilibre sur la fraîcheur : il y a là matière à un accord avec un plateau de charcuteries locales. ⧗ 2022-2023 ■ **Migmatite 2020 ★ (15 à 20 €; 4 000 b.)** B Tout en légèreté mais généreux en fruité mûr, ce vin offre la promesse d'un plaisir immédiat, dans la typicité de l'appellation et du millésime. ⧗ 2021-2022

SCEA LES VINS DE LA MADONE (GILLES BONNEFOY), 1581, chem. de Jobert, 42600 Champdieu, tél. 04 77 97 07 33, gilles.bonnefoy8@wanadoo.fr V r.-v. B

DOM. DU MONTAUBOURG 2020 ★

| 5 000 | | 8 à 11 € |

Deux des plus grandes coopératives de la région, l'une dans l'extrême sud du Beaujolais (Bully) et l'autre plus au nord (Quincié), dans la zone des beaujolais-villages et des crus, se sont unies en 2010, constituant Signé Vignerons : une entité forte de quelque 1 700 ha de vignes, qui vinifie plus de 10 % de la production de la région. Chaque cave continue néanmoins de vinifier séparément ses vins. Le négociant Louis Tête a rejoint le groupement en 2012. La structure de commercialisation, Agamy (anagramme de gamay), inclut même depuis 2015 les caves des Coteaux du Lyonnais et des Vignerons foréziens.

Oh! Le joli fruit! L'équilibre se réalise et si les tanins viennent chatouiller les papilles, ce n'est là qu'un signe de jeunesse. ⧗ 2022-2023

SCA AGAMY, La Martinière, 69210 Bully, tél. 04 37 55 50 35, contact@agamy.fr V r.-v.

FRANÇOIS REUMONT Goutelas 2019 ★★

| 1800 | | 8 à 11 € |

D'origine belge, François Reumont s'est formé à la « Viti » de Beaune, puis chez des vignerons bourguignons avant de fonder son domaine en 2013, étendu sur 5 ha et cultivé dans une approche bio.

Les dégustateurs sont unanimes : c'est le cassis qui ressort au nez comme en bouche. La légèreté est aussi un trait de caractère reconnu par tous, de même que la maturité du millésime. ⧗ 2022-2023

FRANÇOIS REUMONT, 23, bd Honoré-d'Urfé, 42130 Boen-sur-Lignon, tél. 06 66 15 03 15, francois.reumont@gmail.com V r.-v.

B CAVE VERDIER-LOGEL
La Volcanique 2020 ★★

| 18 000 | | 8 à 11 € |

Ancien menuisier, Jacky Logel, Alsacien de naissance, s'est converti à la viticulture par amour du Forez, découvert en vacances dans la famille de son épouse Odile Verdier, diététicienne de métier. En 1992, le couple reprend le vignoble familial, situé au pied de l'ancienne forteresse Sainte-Anne, le convertit d'emblée au bio et introduit de nouveaux cépages (pinot gris, viognier, puis riesling, gewurztraminer et côt !). Il exploite aujourd'hui 17 ha, conduits depuis 2015 avec Maxime, un neveu. Julie Logel, sa fille, a rejoint l'aventure en 2019.

Arômes de fruits rouges, chair pleine et gourmande, ce vin est déjà accessible, mais il bénéficie aussi d'un joli grain de tanins et d'une juste fraîcheur pour bien évoluer. Il est typique et bien fait. ⧗ 2022-2024

CAVE VERDIER-LOGEL, 434, rue de la Côte, 42130 Marcilly-le-Châtel, tél. 04 77 97 41 95, cave.verdierlogel@orange.fr V r.-v.

MENETOU-SALON

Superficie : 473 ha
Production : 10 761 hl (60 % blanc)

Menetou-Salon doit son caractère viticole à la proximité de la métropole médiévale qu'était Bourges; Jacques Cœur y eut des vignes. À la différence de nombreuses régions jadis célèbres pour leurs crus, aujourd'hui disparus, ce secteur du Berry a gardé son vignoble, planté en coteaux. Menetou-Salon partage avec son prestigieux voisin Sancerre sols favorables et cépages nobles : sauvignon blanc et pinot noir sur kimméridgien. D'où ces blancs frais et épicés, ces rosés délicats et fruités, ces rouges harmonieux et bouquetés, à boire jeunes.

♥ DOM. BELLEVILLE L'Egotte 2019 ★★

| 6 608 | | 8 à 11 € |

Alexandre et Fanny Belleville se sont installés en 2010, à la suite d'Alain Belleville, sur cette propriété de 6 ha.

Un nez intense sur les fruits rouges, évocateur de coulis de fraise et de framboise invite à poursuivre la découverte de ce vin élégant. Après une attaque fraîche, il laisse au palais une impression gourmande et fraîche, toujours fruitée. La finale acidulée évoque la framboise. ⧗ 2022-2024 ■ **2020 ★ (8 à 11 €; 26 666 b.)** Les agrumes et les fruits exotiques (fruit de la Passion) forment la palette de ce vin plutôt rond et souple. ⧗ 2022-2024

LOIRE

EARL BELLEVILLE,
2, rue de la Vieille-Grange, 18220 Aubinges,
tél. 06 66 91 50 76, fanny.domainebelleville@gmail.com
V r.-v.

♥ OLIVIER FOUCHER 2020 ★★

12 000 | 8 à 11 €

Olivier Foucher crée son domaine en 1992 avec 50 ares de vignes. Il dispose aujourd'hui d'une exploitation de 12 ha implantée principalement sur les coteaux de la commune de Morogues.

Un menetou-salon sur la fraîcheur du fruit (groseille, framboise), avec en prime une touche de violette. Il affiche une juste fraîcheur au palais et un caractère gourmand grâce à des tanins fondus. La finale laisse un souvenir mentholé. ⧗ 2022-2024

DOM. OLIVIER FOUCHER,
Les Gaultiers, 18220 Aubinges, tél. 02 48 64 26 23,
domaine.olivierfoucher@orange.fr V *t.l.j. sf dim.*
9h-12h 13h30-18h

CAVE FRAISEAU-LECLERC
Cuvée des 3 Frères Élevé en fût de chêne 2019 ★★

2 400 | 11 à 15 €

Installée à 500 m du château de Menetou-Salon, Viviane Fraiseau a développé l'œnotourisme sur sa propriété, qui abrite des chambres d'hôtes et un gîte installé dans une ancienne maison du XIXᵉs. Elle conduit un vignoble de 9 ha, un tiers en pinot noir, deux tiers en sauvignon. Son fils Pierre-Émile l'a rejointe en 2018 et s'occupe de la vinification et du commercial.

Au premier nez intense sur la vanille et le cacao, succèdent des arômes de fruits rouges mûrs comme la cerise noire et la fraise. Souple, le palais dévoile ampleur et rondeur, les tanins restant sages à souhait. Une légère fraîcheur apporte ce qu'il faut de relief et soutient la finale vanillée. ⧗ 2022-2024

DOM. FRAISEAU-LECLERC, 3, rue du Chat,
18510 Menetou-Salon, tél. 02 48 64 88 27,
cave.fraiseau.leclerc@orange.fr V *r.-v.*

♥ RÉGIS JOUAN 2020 ★★

6 000 | 11 à 15 €

Après avoir travaillé 20 ans au domaine familial, Régis Jouan a créé en 2010, avec son épouse, sa propre exploitation à Sury-en-Vaux. Leurs vignes couvrent 4,5 ha. La propriété a été reprise en 2017 par leur fille Mariannick et leur gendre David Girard, par ailleurs vignerons à Menetou-Salon.

Or pâle, ce 2019 élégant porte loin ses arômes de fleurs et d'agrumes. Franc dès l'attaque, il distille sa fraîcheur avec délicatesse. ⧗ 2022-2024

SECA RÉGIS JOUAN, Maison-Sallé,
18300 Sury-en-Vaux, tél. 02 46 59 00 56,
david.girard.champarlan@orange.fr V *r.-v.*

JOSEPH DE MAISTRE Cuvée Valentine 2019 ★

3 900 | 15 à 20 €

Pierre Jacolin a créé ce vignoble de toutes pièces en 1986. Il l'a développé depuis, tant en surface qu'en notoriété (12 ha aujourd'hui). Le chai est installé dans les bâtiments d'un ancien prieuré bénédictin dépendant de l'abbaye de La Charité-sur-Loire.

Des reflets argentés et verts font briller la robe de ce 2019 qui hésite encore dans son expression aromatique, entre les notes d'élevage et le fruité. On perçoit une jolie tension en bouche, qui joue en faveur des arômes d'agrumes nuancés de thym. ⧗ 2022-2024

SAS JACOLIN, Le Prieuré, 18220 Saint-Céols,
tél. 02 48 64 40 75, domaine@prieuredesaintceols.fr
V *t.l.j. sf dim. 8h-19h*

CAVE PREVOST 2020 ★

8 000 | 5 à 8 €

Le domaine (13 ha aujourd'hui) a été constitué dans l'entre-deux-guerres par l'arrière-grand-père. Quelques années avant la reconnaissance de l'AOC menetou-salon en 1959, il s'est lancé dans la vente directe. Gérard Prévost a quitté complètement la coopérative, aménagé le caveau, doublé la cuverie. Sa fille Maude et son neveu Nicolas Jabaudon ont pris sa suite en 2009.

Un rosé couleur framboise, dont le premier nez évoque aussi bien le chèvrefeuille que le minéral et la fraise. L'aération favorise la montée des notes de fruits rouges frais plus divers. La fraîcheur équilibrée perçue au palais invite à choisir une tarte aux fraises ou autre dessert estival pour compagnon de table. ⧗ 2021-2022

GAEC PRÉVOST, 3, rte de Quantilly,
18110 Vignoux-sous-les-Aix, tél. 02 48 64 68 36,
contact@cave-prevost.com V *t.l.j. sf dim. 8h-12h*
14h-18h

DOM. JEAN TEILLER 2020 ★

28 000 | 11 à 15 €

Deux générations contribuent au succès de ce domaine familial de 18 ha, chaque année en bonne place dans le Guide : Jean-Jacques et Monique Teiller, les parents, Patricia et Olivier Luneau, la fille et le gendre. Une valeur sûre.

Une touche de menthol, des arômes de coulis de fruits rouges (framboise et fraise), une touche poivrée : la palette est décidément engageante. La bouche ne déçoit pas : souple en attaque, puis fraîche, dotée de tanins certes présents mais de qualité. Et les arômes de se prolonger durablement. ⧗ 2022-2024

SCEA DOM. JEAN TEILLER,
13, rue de la Gare, 18510 Menetou-Salon,
tél. 02 48 64 80 71, domaine-teiller@wanadoo.fr
V *t.l.j. sf dim. 9h-12h 14h-18h*

▶ POUILLY-FUMÉ ET POUILLY-SUR-LOIRE

Œuvre de moines bénédictins, voilà l'heureux vignoble des vins blancs secs de Pouilly-sur-Loire. La Loire s'y heurte à un promontoire calcaire qui la rejette vers le nord-ouest et qui porte le vignoble exposé sud-sud-est, planté sur des sols moins calcaires qu'à Sancerre. Le sauvignon, ou «blanc fumé», y a presque entièrement supplanté le chasselas, pourtant historiquement lié à Pouilly. Ce dernier cépage produit, sous l'appellation pouilly-sur-loire, un vin léger non dénué de charme lorsqu'il est cultivé sur sols siliceux. Le sauvignon, à l'origine de l'AOC pouilly-fumé, traduit bien les qualités enfouies en terre calcaire : une fraîcheur parfois assortie d'une certaine fermeté, une gamme d'arômes spécifiques du cépage, affinés par le terroir et les conditions de fermentation du moût. Ici, la vigne s'intègre harmonieusement aux paysages de Loire. Aux charmes des lieux-dits (les Cornets, les Loges, le calvaire de Saint-Andelain...) répond la qualité des vins.

POUILLY-FUMÉ

Superficie : 1 237 ha / Production : 60 263 hl

DOM. DE BEL AIR
Cuvée des Acoins 2019 ★

	6 000		8 à 11 €

Un domaine familial transmis de père en fils ou de père en fille depuis 1635 et treize générations. En 1996, Katia Mauroy, œnologue, épaulée par son frère Cédric a repris le flambeau et conduit aujourd'hui 15,9 ha de vignes.

Intense, le nez décline les agrumes frais, les fruits blancs mûrs et l'acacia. L'attaque est franche, le milieu de bouche structuré, fruité et frais, puis la finale présente une touche d'amertume plaisante. Pour un poulet au citron. ⌛ 2022-2024

⊶ EARL MAUROY GAULIEZ, Dom. de Bel Air, 6, rue Waldeck-Rousseau, 58150 Pouilly-sur-Loire, tél. 03 86 39 02 73, mauroygauliez@gmail.com V *r.-v.*

DOM. DES BERTHIERS
Cuvée d'Eve 2019 ★

	4 500		20 à 30 €

Située au cœur du vignoble de Saint-Andelain, à 5 km du Ch. de Tracy, cette propriété ancienne a été reprise en 1996 par la maison Fournier Père et Fils. Le domaine s'appuie sur 16,5 ha de vignes répartis sur les coteaux de la Loire.

L'élevage en fût de 6 mois a marqué le nez de notes de pain grillé, de noisettes torréfiées, de moka et de vanille, mais le fruit (citron, fruits exotiques) apparaît également en fond. D'attaque fraîche, le vin présente à la fois de l'onctuosité et de la fraîcheur, de sorte que c'est le côté aérien qui demeure en mémoire. Pour une volaille en sauce. ⌛ 2022-2024

⊶ SCEA DOM. DES BERTHIERS (JEAN-CLAUDE DAGUENEAU), BP 30, 58150 Saint-Andelain, norvar@fournier-pere-fils.com

FRANCIS BLANCHET Les Débuts 2019 ★

	2 000		11 à 15 €

Installé au cœur du village du Bouchot, Francis Blanchet perpétue l'ancienne (XVIII[e]s.) tradition viticole familiale depuis 1984. Son domaine couvre 13,6 ha, qu'il conduit avec son fils Mathieu.

Au premier nez minéral succèdent des arômes de fruits blancs et d'agrumes (pamplemousse et orange sanguine). Ample, le palais possède du volume et une trame fraîche qui lui assure de la structure. Les agrumes frais et la groseille trouvent leur place avant une finale citronnée. ⌛ 2022-2024

⊶ EARL FRANCIS BLANCHET, 33-35, rue Louis-Joseph-Gousse, 58150 Pouilly-sur-Loire, tél. 03 86 39 05 90, contact@vins-francis-blanchet.fr V *r.-v.*

DOM. DE BREUGNON 2020 ★★

	21 330		5 à 8 €

C'est en 1988 que Bernard Robineau a créé ce domaine qui compte aujourd'hui un peu moins de 10 ha. Sa fille Séverine est venue le rejoindre en 2005.

Orange sanguine, mirabelle, banane, kiwi : le nez est certes discret, mais intéressant. La bouche n'est pas en reste : structurée, équilibrée entre gras et vivacité, dotée d'une minéralité typée. Un pouilly-fumé qui a du potentiel et qui accompagnera des mets variés à table (poisson, volaille, fromages). ⌛ 2022-2024

⊶ EARL DOM. DE BREUGNON, Breugnon, 58150 Saint-Andelain, tél. 03 86 26 18 19, domaine-de-breugnon@wanadoo.fr V *t.l.j. 9h-12h 14h-18h; sam. dim. sur r.-v.*

DOM. CHAMPEAU Silex 2019 ★★★

	14 551		11 à 15 €

Deux cousins, Franck et Guy Champeau, se sont associés pour diriger ce domaine de 20 ha qui appartient à leur famille depuis 1942. Ils sont installés au cœur du village de Saint-Andelain, près de l'église.

Toutes les qualités de ce pouilly-fumé viennent de son éclatante sobriété. Des arômes, on retient la finesse des agrumes, des fruits exotiques et de la note de fenouil, la typicité de la ligne minérale. De la bouche, on apprécie la continuité aromatique, le volume maîtrisé, la fraîcheur et la longue finale sur l'orange. ⌛ 2022-2024

⊶ SCEA DOM. CHAMPEAU, 20, rue Saint-Edmond, 58150 Saint-Andelain, tél. 03 86 39 15 61, domaine.champeau@wanadoo.fr V *r.-v.*

♥ SÉVERIN ET GILLES CHOLLET
Les Caillottes 2020 ★★

	8 000		11 à 15 €

Au cœur du Bouchot, vieux village vigneron pouillyssois, Gilles Chollet a pris la suite de son père en 1986. Rejoint par son fils Séverin en 2010, il est à la tête d'un domaine dont le vignoble s'étend sur 12 ha.

Or à reflets vert pâle, ce pouilly-fumé décline avec élégance ses arômes de pamplemousse, d'orange, d'acacia

LOIRE

et d'épices fraîches. Une même complexité aromatique est perceptible en bouche, grâce à une fraîcheur équilibrée, toute minérale. Cependant, la rondeur et l'ampleur de la matière se révèlent aussi au fil de la dégustation, à la faveur de l'aération. Une bouteille à conserver pour l'apprécier dans sa pleine expression, avec des crustacés par exemple. ⧗ 2022-2024

EARL GILLES CHOLLET, 6 ter, rue Joseph-Renaud, Le Bouchot, 58150 Pouilly-sur-Loire, tél. 03 86 39 02 19, domainechollet58@gmail.com V *t.l.j. 8h-12h 14h-19h*

DOM. SERGE DAGUENEAU ET FILLES
Tradition 2020 ★

110 000 | 11 à 15 €

Ce domaine régulier en qualité, créé par l'arrière-grand-mère Léontine au début du XXᵉs., a été repris en 2006 par Florence et Valérie Dagueneau, les filles de Serge. Florence étant disparue prématurément, Valérie conduit seule aujourd'hui les 22 ha de vignes familiales.

Tout en finesse sur le fruité de la pêche et des agrumes, ce 2020 séduit par sa souplesse, sa fraîcheur et sa persistance. La petite amertume finale signale un joli potentiel et l'on aurait tort de ne pas le garder en cave avant de le partager à l'apéritif ou aux côtés d'une terrine de poisson. ⧗ 2022-2024

SCEA DOM. SERGE DAGUENEAU ET FILLES, Les Berthiers, 22, rue du Mont-Beauvois, 58150 Saint-Andelain, tél. 03 86 39 11 18, sergedagueneaufilles@wanadoo.fr V *r.-v.*

CH. FAVRAY 2019 ★

145 000 | 11 à 15 €

Le vignoble avait ici totalement disparu au début du XXᵉs. En 1981, Quentin David entame sa restauration. La vigne prospère à nouveau, sur 16 ha, implantée sur les coteaux calcaires qui entourent le château. 2018 voit l'arrivée du fils, Augustin, qui prendra progressivement les rênes.

Les arômes de coulis de mangue, d'orange sanguine et autres fruits exotiques envahissent les sens d'emblée et ne les quittent plus. Suave, souple, mais non dénué de fraîcheur, ce vin fait l'éloge du fruit. ⧗ 2022-2024

SCEA CH. FAVRAY, Favray, 58150 Saint-Martin-sur-Nohain, tél. 03 86 26 19 05, chateaufavray@wanadoo.fr V *r.-v.*

♥ ANDRÉ ET EDMOND FIGEAT XXL 2020 ★★

13 600 | 11 à 15 €

À l'entrée de Pouilly-sur-Loire, au milieu de la côte du Nozet, se trouve la cave d'Edmond Figeat et de son fils André. Le domaine couvre 17 ha de vignes. Anne-Sophie, sa fille, est également partie prenante désormais. Diplômée en pharmacie, elle a également obtenu un diplôme national d'œnologie à Dijon.

XXL, ce vin l'est bien tant il est ample et gras au palais, tant ses arômes d'écorce d'orange, de fruits exotiques mûrs rémanents s'expriment avec intensité. De la fraîcheur? Il en possède juste ce qu'il faut pour maintenir un équilibre remarquable. ⧗ 2022-2024 **Les Chaumierres 2020 ★ (8 à 11 €; 40 800 b.)** Au nez de fleurs et de pêche répond une bouche légère, fraîche, qui laisse un sillage d'acacia. L'équilibre en toute simplicité. ⧗ 2022-2024

SCEA ANDRÉ ET EDMOND FIGEAT, Côte-du-Nozet, 58150 Pouilly-sur-Loire, tél. 03 86 39 19 39, domaine.andre.figeat@wanadoo.fr V *t.l.j. 8h30-19h*

DOM. DES FINES CAILLOTTES 2020 ★

170 000 | 11 à 15 €

Installés dans une belle demeure au pied du village des Loges, à quelques pas de la Loire, Alain Pabiot et son fils Jérôme conduisent un domaine constitué de plus de vingt parcelles, qui tire son nom des pierres blanches calcaires appelées localement «caillottes». Leurs pouilly-fumé, réguliers en qualité, mûrissent dans des caves souterraines plusieurs fois centenaires.

Un vin croquant, de belle fraîcheur que ce 2020 intensément parfumé de fruit de la Passion, de pêche, de poire et de fleurs blanches. Souple, il emplit le palais de sa rondeur qui évoque à un dégustateur une mousse de fruit. La fraîcheur et une agréable amertume finale apportent du relief. ⧗ 2022-2024

JEAN PABIOT ET FILS, 9, rue de la Treille, Les Loges, 58150 Pouilly-sur-Loire, tél. 03 86 39 10 25, info@jean-pabiot.com V *t.l.j. 8h-12h 14h-18h; sam. dim. sur r.-v.*

DOM. DE FONTENILLE 2020 ★★

20 000 | 5 à 8 €

En 1982, Patrick Maudry a décidé de planter la vigne dans son domaine agricole. Le sauvignon a ainsi tout naturellement trouvé sa place. Aujourd'hui, son vignoble couvre 20 ha.

Il y a de la douceur dans ce vin aux arômes d'abricot et de fruits exotiques mûrs, qui emplit le palais de sa matière ronde à souhait. Mais la minéralité et un caractère iodé apportent ce qu'il faut de relief et de complexité jusqu'en finale. ⧗ 2022-2024

EARL DU CHAMP MENA, Dom. de Fontenille, 58150 Tracy-sur-Loire, tél. 03 86 26 12 62, earlduchampmena@orange.fr V *r.-v.*

NICOLAS GAUDRY 2020 ★

156 000 | 8 à 11 €

Fils de vigneron à Tracy-sur-Loire (quatrième génération), Nicolas Gaudry, installé en 2003 après une formation à Beaune et une expérience en Afrique du Sud, exploite avec son épouse Sandy un vignoble très morcelé entre les villages du Boisgibault et des Loges. Après le décès de son père en 2017, il a fusionné le domaine paternel avec le sien : en tout 23 ha.

Aux premières notes minérales répondent les arômes de pêche, de poire et de fleurs blanches au fil de l'aération. Souple en attaque, le palais s'inscrit dans la même gamme, en alliant fraîcheur et rondeur. Bonne finale sur le fruit frais. ⧗ 2022-2024

SCEV DOM. NICOLAS GAUDRY, 21, rue des Gominets, Boisgibault, 58150 Tracy-sur-Loire, tél. 03 86 26 17 92, domainenicolasgaudry@orange.fr V *t.l.j. 8h-12h 14h-17h30; sam. dim. sur r.-v.*

DOM. DE LA LOGE Silex 2020 ★

| 34 600 | 8 à 11 € |

Domaine conduit par la même famille de vignerons depuis cinq générations. À la tête d'une exploitation de 21 ha, Hervé Millet et son fils David accueillent les œnophiles dans une cave aménagée au sein d'une grande bâtisse du XIXᵉs. Une valeur sûre de l'appellation pouilly-fumé.

La finesse des notes d'agrumes, de mangue, d'abricot et de fleurs blanches est en parfaite cohérence avec le palais frais qui gagne en rondeur au fil de l'aération. De l'apéritif au plat principal, cette bouteille fera bon effet. ⧗ 2022-2024

SARL DU DOM. DE LA LOGE, Soumard, 58150 Saint-Andelain, tél. 03 86 39 05 49, david.millet0842@orange.fr V *t.l.j. sf dim. 9h-12h 13h30-18h*

DOM. MARCHAND ET FILS Kimmeridgian 2019 ★★

| 1200 | 20 à 30 € |

Clément Marchand a appris le métier dans différents vignobles français et étrangers. Il a repris en 2012 l'exploitation située dans le secteur viticole des Loges afin de perpétuer une tradition familiale qui remonte à 1650.

Dix mois d'élevage sous bois auront laissé une empreinte vanillée intense à la palette, mais les arômes d'orange confite et autres agrumes, nuancés de verveine se déclinent aussi. Ample et rond, le vin flatte le palais, tout en signalant son potentiel par une pointe d'amertume en finale. ⧗ 2022-2024

SARL DOM. MARCHAND ET FILS, BP 2, Les Loges, 58150 Pouilly-sur-Loire, tél. 03 86 24 93 55, sarlmarchandetfils@gmail.com V *r.-v.*

ARNAUX E JULIEN MOREUX Corty Artisan Intro 2020 ★★

| 50 000 | 11 à 15 € |

Issu d'une très ancienne famille de vignerons établie sur les terres de Pouilly-sur-Loire depuis 1677 et treize générations, Patrice Moreux dirige un domaine de 35 ha, secondé par ses deux fils Arnaud et Julien.

La maturité définit bien ce vin or pâle, au nez d'agrumes, de fruits exotiques et de fruits jaunes. Le voici ample et gras au palais, mais soutenu par une juste fraîcheur qui permet à la finale de s'étirer. ⧗ 2022-2024

SARL PATRICE MOREUX, 1, chem. des Vallées, Les Loges, 58150 Pouilly-sur-Loire, tél. 03 86 39 13 55, patrice.moreux@wanadoo.fr V *t.l.j. sf sam. dim. 8h30-12h 13h30-17h*

LES MOULINS À VENTS 2020 ★

| 39 066 | 8 à 11 € |

La Cave coopérative des Moulins à vent est une institution à Pouilly-sur-Loire, où elle participe au développement du vignoble depuis 1948. Ses bâtiments qui figurent dans le Guide du Patrimoine de la Nièvre accueillent chaque année des milliers de visiteurs.

Si le premier nez de fruits blancs (pêche) semble discret, l'aération révèle d'autres arômes fruités et floraux. L'équilibre se réalise au palais, avec une dominante fraîche grâce à la minéralité et à une pointe saline finale. ⧗ 2022-2024

SCA CAVES DE POUILLY-SUR-LOIRE, 39, av. de la Tuilerie, 58150 Pouilly-sur-Loire, tél. 03 86 39 10 99, caves.pouilly.loire@wanadoo.fr V *r.-v.*

LE PETIT MARIN 2020 ★

| 50 000 | 8 à 11 € |

Un domaine familial fondé en 1948, conduit depuis 2009 par Aurélie Petit (troisième génération vigneronne). Le vignoble couvre 12 ha de sauvignon et 45 ares de chasselas. En 2020, Aurélie et son conjoint Sébastien Marin ont créé une SARL, le Petit Marin, afin d'élargir la gamme de production.

Exotiques, jaunes, blancs... Les fruits se déclinent aux côtés des nuances de fleurs blanches. La souplesse et l'équilibre entre fraîcheur et rondeur sont d'autres atouts de ce vin encore jeune. ⧗ 2022-2024

SARL LE PETIT MARIN, 3, imp. de la Tuilerie, 58150 Pouilly-sur-Loire, tél. 03 86 39 04 09, domainepetit@orange.fr V *t.l.j. 8h30-12h 13h-18h30*

MICHEL REDDE Petit F... 2019 ★

| 60 000 | 11 à 15 € |

Domaine créé au XVIIᵉs. par un certain François Redde, vigneron à Pouilly-sur-Loire. Son lointain héritier, Michel Redde, a relancé l'activité viticole dans les années 1950. Thierry, son fils, et ses petits-enfants Sébastien et Romain sont aujourd'hui aux commandes d'un domaine de 40 ha.

Aux notes florales discrètes succèdent les senteurs d'agrumes et d'abricot. Rondeur et fraîcheur s'allient au palais, et c'est une impression de volume bien maîtrisé qui ressort de la dégustation. ⧗ 2022-2024

MICHEL REDDE ET FILS, La Moynerie, RN 7, la Route-Bleue, 58150 Saint-Andelain, tél. 03 86 39 14 72, lamoynerie@michel-redde.com V *t.l.j. sf dim. 8h-12h 13h30-17h30* B

♥ DOM. TABORDET Les Petites Aubues 2019 ★★

| 30 000 | 15 à 20 € |

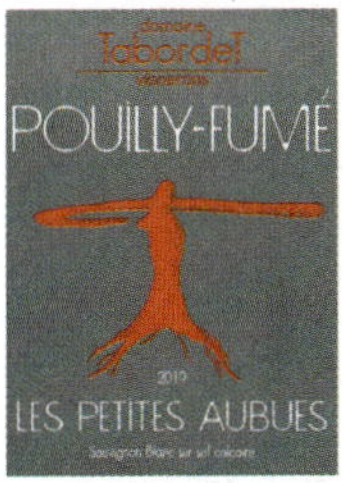

Pascal, Gaël et Marius Tabordet travaillent ensemble sur le domaine de 20 ha en pouilly-fumé et en sancerre. Depuis trois ans, ils se sont engagés dans une conversion en agriculture biologique.

Des reflets dorés légers invitent à découvrir ce vin de bonne structure, qui livre volontiers des senteurs de pêche de vigne, de fruits blancs (poire) et de fruits exotiques (fruit de la Passion). Ample, la bouche bénéficie de la fraîcheur attendue pour porter loin les arômes en finale. ⧗ 2022-2024 **L'Autre Rive 2019 ★ (15 à 20 €; 3500 b.)** Une touche citronnée se mêle à la fleur d'oranger et aux fruits blancs dans la palette de ce vin tout en fraîcheur et en souplesse. Une pointe saline en finale lui donne du caractère. ⧗ 2022-2024

LOIRE

SCEV DOM. TABORDET, 52, rue du Carroir-Perrin, 18300 Verdigny, tél. 02 48 79 34 01, contact@domaine-tabordet.fr t.l.j. sf dim. 9h-12h 14h-18h

DOM. TINEL-BLONDELET Génetin 2019 ★★

28 000 | | 11 à 15 €

À la tête du domaine familial depuis 1985, Annick Tinel-Blondelet, qui apparaît régulièrement dans le Guide pour son pouilly-fumé, a franchi le fleuve pour produire aussi du sancerre. Son domaine couvre 15 ha. Sa fille Marlène, titulaire d'un mastère en vin et d'une expérience dans une autre région viticole, a rejoint sa mère fin 2016.

Le nez complexe de pêche de vigne, de fruits exotiques, de fruit de la Passion, de fruits jaunes et de fleurs blanches est en parfaite cohérence avec les sensations gustatives. La souplesse de l'attaque annonce une matière ronde qui se développe progressivement à la faveur de l'aération. La pointe saline en finale apporte du relief. La cuisine exotique épicée trouvera un bon compagnon en cette bouteille. ⧗ 2022-2024

EARL TINEL-BLONDELET, 58, av. de la Tuilerie, La Croix-Canat, 58150 Pouilly-sur-Loire, tél. 03 86 39 13 83, contact@tinel-blondelet.fr t.l.j. 9h-12h30 14h-18h30

CH. DE TRACY Mademoiselle de T 2019 ★

79 000 | | 15 à 20 €

Propriété historique du vignoble de Pouilly, le Ch. de Tracy appartient à la famille d'Assay. Son donjon date du XVᵉs. et son porche est de style Renaissance. La vigne présente sur ces terres depuis le XIVᵉs. couvre aujourd'hui 37 ha.

Minéral et fruité (agrumes, fruits exotiques), ce 2019 met bien en valeur le cépage. Il semble plus austère au palais, vif, mais ce n'est que jeunesse. Le temps saura être son allié. ⧗ 2022-2024

SARL CH. DE TRACY, rue du Château, 58150 Tracy-sur-Loire, tél. 03 86 26 15 12, mb@chateau-de-tracy.com r.-v.

POUILLY-SUR-LOIRE

Superficie : 31 ha / Production : 1 331 hl

♥ **DOM. LES CHAUMES** 2020 ★★★

10 000 | | 5 à 8 €

Fils de viticulteurs, Jean-Jacques Bardin s'est installé en 1969 à Pouilly-sur-Loire sur 1 ha de vignes achetées à son grand-père. Il conduit aujourd'hui 45 ha avec 3 de ses enfants.

Jaune pâle à reflets dorés, ce 2020 arbore un nez discret qui s'ouvre progressivement sur les fruits blancs, les agrumes et le sous-bois. Il parvient à une réelle harmonie au palais, grâce à sa minéralité en attaque, puis à sa fraîcheur fruitée persistante. La petite pointe d'amertume finale signe un joli potentiel. Pour une truite aux amandes. ⧗ 2022-2024

SCEV JEAN-JACQUES BARDIN, lieu-dit Les Chaumes, 58150 Pouilly-sur-Loire, tél. 03 86 39 15 87, jean-jacquesbardin@wanadoo.fr t.l.j. sf dim.

NICOLAS GAUDRY 2020 ★

1 340 | | 5 à 8 €

Fils de vigneron à Tracy-sur-Loire (quatrième génération), Nicolas Gaudry, installé en 2003 après une formation à Beaune et une expérience en Afrique du Sud, exploite avec son épouse Sandy un vignoble très morcelé entre les villages du Boisgibault et des Loges. Après le décès de son père en 2017, il a fusionné le domaine paternel avec le sien : en tout 23 ha.

Discret, mais clair dans ses arômes de fruits (abricot) et ses notes minérales, ce vin s'inscrit dans un style frais et gourmand. D'attaque ronde, il garde la même ligne aromatique soutenue par la vivacité. Un poisson blanc en papillote lui ira bien. ⧗ 2022-2024

SCEV DOM. NICOLAS GAUDRY, 21, rue des Gominets, Boisgibault, 58150 Tracy-sur-Loire, tél. 03 86 26 17 92, domainenicolasgaudry@orange.fr t.l.j. 8h-12h 14h-17h30; sam. dim. sur r.-v.

DOM. LANDRAT-GUYOLLOT
Les Binerelles 2020 ★★

3 176 | | 11 à 15 €

Depuis 1992, Sophie Guyollot est établie au pied de la colline de Saint-Andelain sur un vignoble de 17 ha constitué de parcelles très variées, réunies par dix générations de vignerons, et surtout de vigneronnes.

Des notes florales et fruitées (agrumes) invitent à découvrir la bouche fraîche, minérale, d'une persistance notable. Une remarquable cuvée, car elle garde son allant dans un millésime chaud. ⧗ 2022-2024

EARL DOM. LANDRAT-GUYOLLOT, 16, rue du Mont-Beauvois, Les Berthiers, 58150 Saint-Andelain, tél. 03 86 39 11 83, contact@landrat-guyollot.com r.-v.

QUINCY

Superficie : 249 ha / Production : 11 542 hl

C'est sur les bords du Cher, non loin de Bourges et près de Mehun-sur-Yèvre, lieux riches en souvenirs historiques du XVᵉs., que s'étendent les vignobles de Quincy et de Brinay, couvrant des plateaux de graves sablo-argileuses sur calcaires lacustres. Le seul cépage sauvignon fournit des vins légers et distingués, parmi les plus élégants de Loire dans le type frais et fruité, qui peuvent toutefois s'exprimer différemment selon la nature des sols.

HENRI BOURGEOIS Haute Victoire 2020 ★

46 000 | | 11 à 15 €

À sa création par Henri Bourgeois en 1950, la propriété comptait 1,5 ha de vignes à Chavignol. Aujourd'hui, la dernière génération (Arnaud, Jean-Christophe et

Lionel) est à la tête de 72 ha répartis sur 120 parcelles, sans compter les 30 ha du Clos Henri Vineyard acquis en Nouvelle-Zélande. Une valeur sûre du Sancerrois.
Des fleurs blanches comme l'aubépine et l'acacia, du fruit comme la mirabelle se libèrent discrètement du verre. Au palais, le vin apparaît rond et gras sans excès, équilibré par une pointe citronnée très fraîche. Un bon représentant de l'appellation. ⧗ 2022-2024

SAS HENRI BOURGEOIS, Chavignol, 18300 Sancerre, tél. 02 48 78 53 20, domaine@famillebourgeois-sancerre.com V t.l.j. 9h30-18h30

NICOLAS GIRARD 2020 ★

| | 4000 | | 8 à 11 € |

Les 2 grandes caves de 22 m de long remontent aux débuts du domaine, créé en 1875, mais l'invasion phylloxérique avait fait disparaître le vignoble. Alain Girard l'a replanté à partir de 1970. Couvrant plus de 10 ha, le domaine est conduit depuis 2007 par son fils Nicolas qui produit du sancerre, du menetou-salon et du quincy.
Ce vin a du grain, de la rondeur et de la fraîcheur. Tout ce qui fait un bon quincy. Les arômes ouverts évoquent les fleurs blanches et la poire, avec des nuances de poivre. ⧗ 2022-2024

SCEV ALAIN GIRARD ET FILS, Les Brosses, 18300 Veaugues, tél. 02 48 79 24 88, domainedesbrosses@yahoo.fr V r.-v.

ÉRIC LOUIS 2020 ★★★

| | 17000 | | 8 à 11 € |

C'est l'arrière-grand-mère Pauline qui planta les premières vignes sur les terres de Thauvenay et débuta le commerce du vin; c'était autour de 1860. Depuis 1996, Éric Louis suit les pas de son aïeule à la tête d'un vignoble de 22 ha sur les coteaux sud-est de l'aire d'appellation sancerre constitués de silex et d'argilo-calcaires. Les œnophiles sont accueillis dans une belle cave voûtée en pierre du Morvan.
L'apéritif sera un bonne opportunité de mettre en valeur ce quincy riche d'arômes de fruits blancs et jaunes, nuancés de minéral et d'une touche de cassis. Franc, élégant et persistant au palais, il laisse une impression d'harmonie. ⧗ 2022-2024

SARL ÉRIC LOUIS, 26, rue de la Mairie, 18300 Thauvenay, tél. 02 48 79 91 46, contact@sancerre-ericlouis.com V r.-v. E

DOM. ROUX 2020 ★

| | 60000 | | 8 à 11 € |

Après 7 années passées en Asie dans une activité commerciale, Albin Roux a pris en 2016 les commandes du domaine à la suite de Jean-Claude, son père, producteur à Quincy depuis 1994 et issu d'une famille de céréaliers. Le vignoble couvre aujourd'hui près de 8 ha de quincy et 3 ha de châteaumeillant.
Jaune pâle à reflets verts, ce 2020 mise tout sur les arômes variétaux : bourgeon de cassis, puis à la faveur de l'aération mangue, agrumes, fruits jaunes et blancs mûrs. Il affiche un joli volume, puis laisse en finale une touche à la fois saline et citronnée. Un plateau de fruits de mer lui conviendra. ⧗ 2022-2024

ALBIN ROUX, 21, chaussée de Chappe, 18000 Bourges, tél. 06 19 94 73 37, a.roux@domain-roux.com V r.-v. 5

JACQUES ROUZÉ 2020 ★

| | 66000 | | 5 à 8 € |

Figurant parmi les plus anciens vignerons de l'appellation quincy, et aussi parmi les plus réguliers, Jacques Rouzé a étendu son exploitation (23 ha) sur Reuilly et Châteaumeillant. Son fils Côme a repris le domaine en 2017.
Fin et frais, le nez décline les notes d'agrumes et de genêt, ainsi qu'une touche d'anis. C'est l'annonce d'un vin tout en fraîcheur au palais, mais non dénué de charnu. Il saura bien évoluer au fil du temps. ⧗ 2022-2024

EARL JACQUES ROUZÉ, 2 ter, chem. des Vignes, 18120 Quincy, tél. 02 48 51 35 61, domainerouze@gmail.com V r.-v.

DOM. ADÈLE ROUZÉ 2020 ★★

| | 36000 | | 8 à 11 € |

Fille de Jacques Rouzé, Adèle exploite un domaine de 5 ha, épaulée par son frère Côme, œnologue. Les cuvées qu'elle vinifie depuis 2003 s'invitent avec régularité dans ces pages.
Solaire, ce quincy affirme ses arômes mûrs de fruits exotiques, d'agrumes (orange) à la faveur de l'aération, au nez comme en bouche. Il se révèle souple, gras et chaleureux, de bonne longueur. Typique du millésime, en somme. ⧗ 2022-2024

ADÈLE POLLET-ROUZÉ, La Redderie, 18380 Ivoy-le-Pré, tél. 02 48 58 93 08, adelerouze@wanadoo.fr V r.-v.

DOM. DU TREMBLAY Vin noble 2020 ★

| | 23300 | | 8 à 11 € |

Jean Tatin tient ce domaine de sa famille maternelle, qui en est propriétaire depuis 1873. Établi à Brinay, il y a fait ses premières vendanges dans les années 1950. Maroussia, la plus jeune de ses 3 filles, a repris l'exploitation.
Le plaisir simple et partagé, c'est la promesse de ce vin entre vivacité et douceur. Après le nez d'agrumes bien mûrs, la bouche ronde et souple se développe avec sobriété. ⧗ 2022-2024 **Vieilles Vignes 2020 ★ (8 à 11 €; 16500 b.)** Or vert, cette cuvée s'ouvre progressivement sur les fruits jaunes mûrs (mirabelle, abricot) et les fruits exotiques, entre fraîcheur et douceur. Ronde en attaque, elle offre du gras, mais est soutenue par une juste vivacité qui lui donne du relief. ⧗ 2022-2024

SCEV LES DEMOISELLES TATIN, Le Tremblay, 18120 Brinay, tél. 02 48 75 20 09, domainestatin@gmail.com V t.l.j. 8h-12h 14h-18h; sam. dim. sur r.-v. E

LOIRE

REUILLY

Superficie : 202 ha
Production : 10 739 hl (53 % blanc)

Par ses coteaux accentués et bien ensoleillés, par ses sols remarquables, Reuilly semble prédestiné à

la viticulture. L'appellation recouvre 7 communes situées dans l'Indre et le Cher, dans une région charmante traversée par les vertes vallées du Cher, de l'Arnon et du Théols. Le sauvignon produit des blancs secs et fruités, qui prennent ici une ampleur remarquable. Le pinot gris fournit localement un rosé de pressoir tendre et délicat, qui risque de disparaître, supplanté par le pinot noir dont on tire également d'excellents rosés, plus colorés, mais surtout des rouges pleins, toujours légers, au fruité affirmé.

DOM. AUJARD 2020 ★★

■	12000	🍾	5 à 8 €

Régulièrement sélectionné dans le Guide, et souvent aux meilleures places, Bernard Aujard installé en 1988 est une valeur sûre du vignoble du Centre. Ses fils Damien (en 2012) et David (en 2017) l'ont rejoint sur un domaine qui couvre aujourd'hui 8 ha.

Les fruits des bois (mûre, fraise sauvage) et les fleurs blanches composent une palette bien engageante dès le premier nez. La gourmandise est également au rendez-vous au palais : attaque souple, rondeur, tanins soyeux quoiqu'ils se manifestent encore un peu en finale. ⧗ 2022-2024 ■ **2020 ★★ (5 à 8 €; 20000 b.)** Le nez de poire, de coing et d'agrumes s'accorde bien avec les sensations gustatives. Dès l'attaque, la rondeur séduit, puis une légère amertume apporte du relief, en contrepoint des arômes fruités. ⧗ 2022-2024 ■ **Les Varennes 2020 ★ (8 à 11 €; 3000 b.)** Des notes florales et d'agrumes tout en discrétion, puis une agréable rondeur en attaque, bientôt équilibrée par une juste vivacité. C'est la finesse de ce vin qui a séduit le jury. ⧗ 2022-2024

⊶ SCEV AUJARD, 2, rue du Bas-Bourg, 18120 Lazenay, tél. 02 48 51 73 69, domaineaujard@wanadoo.fr V 🚶 🍷 *t.l.j. 8h30-12h 13h30-19h; dim. sur r.-v.*

MARC ET PHILIPPE DANIEL 2019 ★★

■	2000	🍾	5 à 8 €

Née en 2001, la société de la fratrie Daniel a débuté avec 2,5 ha de vignes et une récolte vendue sur pied. Associé à Marc, son frère, et à sa sœur Anne-Sophie, Philippe Daniel a vinifié son premier millésime en 2011. Il conduit aujourd'hui un vignoble de 5,5 ha.

Après les notes d'anis, le nez dévoile progressivement des arômes de fruits rouges avenants. Dorénavant, ceux-ci ne quitteront plus le devant de la scène. Les voici en accompagnement d'une chaire dense et concentrée, structurée par des tanins de qualité. ⧗ 2022-2024 ■ **2020 ★ (5 à 8 €; 9000 b.)** Des reflets verts relèvent la robe pâle de ce reuilly intensément parfumé de notes d'agrumes (écorce d'orange) et de fleurs. D'attaque souple, la bouche décline les arômes de poire et d'abricot frais, bien soutenus par la fraîcheur. ⧗ 2022-2024

⊶ SCEV DANIEL, av. Wilson, 36260 Reuilly, tél. 06 61 83 90 36, scev.daniel.reuilly@orange.fr V 🚶 🍷 *r.-v.*

DOM. DYCKERHOFF Petit Gris 2020 ★★

■	15000	🍾	8 à 11 €

C'est en Alsace que Christian Dyckerhoff a découvert le métier de vigneron, et rencontré Bénédicte, viticultrice de la région qui l'a rejoint dans le Berry. Le couple s'est installé en 2000 et conduit son domaine en appellation reuilly.

Un rosé couleur saumon, aussi frais au nez qu'en bouche. Orange sanguine et pointe florale, nuance de pêche et de gingembre côté arômes. Vivacité bien équilibrée par une certaine rondeur côté saveurs. L'élégance le caractérise bien. Au menu : plateau de sushis, curry de lotte au gingembre et à la citronnelle, et paris-brest. ⧗ 2021-2022

⊶ EARL DU CARROIR DU GUÉ, 8, Le Carroir-du-Gué, Plou, 18290 Plou-Charost, tél. 02 48 26 20 46, contact@domaine-dyckerhoff.fr V 🚶 🍷 *r.-v.*

CH. DE LA FERTÉ 2019 ★

■	2000	🍾	8 à 11 €

Attribué à l'architecte François Mansart, le château de la Ferté a été construit en 1656. Il est dans la famille Espivent de la Villeboinet depuis sept générations. Le vignoble couvre 5 ha exclusivement en reuilly.

Un vin rose tendre brillant qui mise tout sur ses arômes puissants de violette, d'agrumes frais (cédrat), de framboise et de groseille. À tel point qu'un dégustateur suggère un accord avec une crème brûlée à la violette. ⧗ 2021-2022

⊶ SCEV CH. DE LA FERTÉ, Ch. de la Ferté, 36260 Reuilly, contact@chateaudelaferte.fr 🏠 Ⓒ

JEAN-SYLVAIN GUILLEMAIN 2020 ★

■	2200	🍾	8 à 11 €

Jean-Sylvain Guillemain a créé son exploitation en 1992 en rachetant 1 ha de vignes à un viticulteur qui prenait sa retraite. Vingt ans plus tard, il a été rejoint par ses 2 filles Aline et Lucie. Leur vignoble couvre près de 3 ha en appellation reuilly.

Des touches de noix muscade et de clou de girofle soulignent les arômes de fruits noirs, tels que le cassis et la mûre. Au palais, les tanins bien présents soutiennent efficacement une matière dense, également tout épicée en finale. ⧗ 2022-2024

⊶ SARL GUILLEMAIN PÈRE ET FILLES, Palleau, 18120 Lury-sur-Arnon, tél. 02 48 52 99 01, domaineguillemain@orange.fr V 🍷 *t.l.j. sf sam. dim. 8h-12h 13h30-18h*

DENIS JAMAIN Les Fossiles 2019 ★

■	150000	🍾	11 à 15 €

Petit-fils de viticulteurs, Denis Jamain a constitué son domaine en 1988. La quasi-totalité de son vignoble est implantée sur des terrains de formation kimméridgienne, adaptés au sauvignon comme au pinot noir. Après plusieurs années en lutte raisonnée, le domaine (21 ha) est aujourd'hui pour l'essentiel en bio certifié.

De la fraîcheur, ce vin en possède. De la complexité aussi. C'est la grenade et la confiture de fraises qui ouvrent la palette olfactive, bientôt rejointes par les fruits noirs cuits. Suave et dense, le palais y ajoute quelques pointes de poivron grillé, mais c'est la framboise qui reprend le dessus en finale, dans cette folle course d'arômes. La fraîcheur n'est pas perdante, bien au contraire.

⧗ 2022-2024 ■ **Denis Jamain Les Fossiles 2020 ★ (11 à 15 €; 4500 b.)** Ⓑ Sous une teinte saumon, on découvre des arômes de cerise et d'agrumes (citron, bergamote) relevés de pointes mentholées, tandis qu'au palais, rondeur et fraîcheur s'équilibrent. Un rosé complexe sur le plan aromatique, qui plaira à l'apéritif. ⧗ 2021-2022

SASU DOM. DE REUILLY, 20, rte d'Issoudun, 36260 Reuilly, tél. 09 61 41 86 43, denis-jamain@wanadoo.fr V t.l.j. 10h-12h 14h-18h; sam. dim. sur r.-v.

MATTHIEU ET RENAUD MABILLOT 2020 ★

■	15000		8 à 11 €

Habitué du Guide, Alain Mabillot, partisan de l'enherbement et de la lutte raisonnée, conduisait ce domaine depuis 1990. En 2012, il vinifie son dernier millésime avec ses 2 fils, Matthieu et Renaud, avant de les laisser officier seuls. Ces derniers ont depuis renforcé leur démarche en lutte raisonnée, en empruntant à la culture bio et biodynamique. Nouveauté au domaine : la production de whisky à partir de leur propre exploitation céréalière.

Un reuilly souple et bien bâti grâce à des tanins soyeux. Les arômes chaleureux de fruits noirs (cassis, myrtille) nuancés de tabac se développent en cohérence tout au long de la dégustation, avec en finale une touche mentholée fraîche. ⧗ 2022-2024

EARL DOM. MABILLOT, 3, chem. de l'Orme, Villiers-les-Roses, 36260 Sainte-Lizaigne, tél. 02 54 04 02 09, contact@vins-mabillot.fr V r.-v.

♥ ROMAIN ET JEAN-PIERRE PONROY
Les Ferrières 2020 ★★★

■	12000		5 à 8 €

L'un des derniers domaines créés à Reuilly. C'est en 2004 que Jean-Pierre Ponroy, céréalier, convaincu par son fils Romain, commence l'aventure en louant des vignes. Depuis, le père et le fils, qui ont étendu leur domaine par leurs propres plantations (4,5 ha sur des coteaux de marne calcaire et des hautes terrasses de sables et de graves), commercialisent eux-mêmes leurs vins.

Fruits jaunes (pêche) et blancs (poire) mûrs, notes briochées : belle entrée en matière. Après une attaque puissante, le vin enveloppe le palais de sa rondeur fruitée. Puis, une touche d'amertume apporte ce qu'il faut de relief à la finale. L'équilibre se réalise entre maturité et fraîcheur. Une poêlée de saint-jacques à la fondue de poireaux semble un accord tout indiqué. ⧗ 2022-2024 ■ **Les Beaumonts 2019 ★ (5 à 8 €; 7600 b.)** Couleur prune, ce vin encore jeune révèle déjà une bonne complexité dans ses arômes intenses de fruits noirs nuancés de fumée. La fraîcheur du fruit (cerise noire) vient équilibrer avec justesse la matière dense et riche. ⧗ 2022-2024

SCEA DOM. PONROY, 80, rue des Combattants-AFN, 36260 Reuilly, tél. 02 54 49 20 14, ponroy.jean-pierre@orange.fr V t.l.j. 9h-12h 14h-18h

Ⓑ DOM. VALÉRY RENAUDAT
Le Sentier 2019 ★★

■	6000		15 à 20 €

Installé en 1999 sur 2,5 ha à cheval sur Reuilly et Quincy, Valéry Renaudat exploite désormais 26 ha de vignes sous 2 étiquettes (Valéry Renaudat et Dom. du Chêne vert). Une des valeurs sûres de ces appellations.

En héritage des 12 mois passés en fût, des arômes toastés et grillés soulignent le fond fruité délicat de ce 2019. Une touche de thé noir fumé est même perçue par un dégustateur. Voluptueux en attaque, puis charnu et bien structuré, le vin développe allègrement ses arômes de cerise nuancés de cacao. ⧗ 2022-2024 ■ **Les Lignis 2019 ★★ (11 à 15 €; 25000 b.)** Un cœur fruité intense, des tanins suaves, une fraîcheur croquante. Tout est cohérent et précis dans ce 2019. À servir, par exemple, avec un steak de thon à la tomate et à l'origan. ⧗ 2022-2023

SARL DOM. VALÉRY RENAUDAT, 3, pl. des Écoles, 36260 Reuilly, tél. 02 54 49 38 12, domaine@valeryrenaudat.fr V t.l.j. sf. dim. 9h-12h30 13h30-18h30

DOM. DES ROUESSES 2019 ★

■	18000		8 à 11 €

Cette maison regroupe un domaine viticole (14 ha) et une activité de négoce qui connaissent le même succès. Un ensemble repris en 1999 par la famille Joseph Mellot, qui a développé un espace œnotouristique au siège de l'exploitation.

Au premier nez minéral de pierre à fusil succèdent des senteurs de litchi et de mangue. La bouche ample et suave fait la part belle à un même fruité exotique intense qui apporte de la fraîcheur. ⧗ 2022-2024 ■ **Jean-Michel Sorbe 2020 ★ (8 à 11 €; 7000 b.)** Des reflets orangés animent la robe rose pâle de ce vin dynamique et frais. Après les premiers arômes d'orange et de fraise viennent les notes d'épices et de muguet, ainsi que des touches mentholées. Au palais, cette palette explose littéralement et laisse un souvenir durable sur une dominante de litchi. Servez cette bouteille à l'apéritif avec des gambas. ⧗ 2021-2022

SARL DOM. JEAN-MICHEL SORBE, Le Buisson-Long, rte de Quincy, 18120 Brinay, tél. 02 48 51 30 17, jeanmichelsorbe@jeanmichelsorbe.com V r.-v.

JACQUES ROUZÉ 2019 ★★

■	13000		5 à 8 €

Figurant parmi les plus anciens vignerons de l'appellation quincy, et aussi parmi les plus réguliers, Jacques Rouzé a étendu son exploitation (23 ha) sur Reuilly et Châteaumeillant. Son fils Côme a repris le domaine en 2017.

Une carbonade de joue de bœuf sera un bon compagnon de ce reuilly expressif. Les arômes de cerise mûre et de réglisse, la rondeur de la chair, les tanins soyeux et les notes de fruits en confiture contribueront à la réussite d'un tel accord. ⧗ 2022-2024

EARL JACQUES ROUZÉ, 2 ter, chem. des Vignes, 18120 Quincy, tél. 02 48 51 35 61, domainerouze@gmail.com V r.-v.

♥ DOM. DE SERESNES
Divin 2019 ★★★

■	2500		15 à 20 €

Bien connu des lecteurs du Guide, Jacques Renaudat, qui conduisait le domaine (6,5 ha) de Seresnes depuis 1972, a pris sa retraite en 2015. Son fils Gaylord a pris sa succession. Auparavant, il a travaillé 3 ans pour la winery Forest Hill, dans l'ouest australien, puis comme caviste en Provence. La chapelle du XIIIes. située à l'entrée de la cave – le domaine est implanté à l'emplacement d'un ancien monastère – figure toujours sur l'étiquette.

L'élevage de 12 mois sous bois a bien structuré ce vin tout en respectant l'expression aromatique du cépage. Il en résulte une palette intense de framboise et de tarte aux fruits, ponctuée de touches de cuir et de cacao. Puissante et dense, la bouche conserve suffisamment de fraîcheur pour soutenir les arômes. Pour un tagine d'agneau aux coings. ⧗ 2022-2024

GAYLOR RENAUDAT (DOM. DE SERESNES), Le Grand-Seresnes, 36260 Diou, tél. 06 75 50 49 76, gaylordrenaudat@gmail.com V r.-v.

B DOM. LUC TABORDET 2020 ★

■	9000		8 à 11 €

Fils de vigneron sancerrois et maître de chai du domaine Mardon (Quincy) de 2004 à 2011, Luc Tabordet a créé son domaine en 2011 en reprenant les vignes en reuilly du domaine Mardon, complétées par de nouvelles acquisitions. Il dispose désormais de 6 ha en sauvignon, pinot noir et pinot gris.

Un rosé pelure d'oignon, séduisant par son expression aromatique de fruits jaunes mûrs, d'ananas et de gingembre. Son caractère rond en bouche en fait un bon compagnon de la cuisine exotique épicée (poulet au curry et à l'ananas, par exemple). ⧗ 2021-2022

LUC TABORDET, 40, rte de Reuilly, 18120 Quincy, tél. 02 48 51 31 60, luc.tabordet@gmail.com V r.-v.

DOM. DES VICTOIRES 2020 ★

■	1600		8 à 11 €

En 1991, Philippe Portier a relancé la culture de la vigne sur cette exploitation familiale de 22 ha dédiée essentiellement au quincy (1 ha de reuilly) et commandée par une ancienne berrichonne entièrement restaurée.

Des fruits rouges frais type groseille et la cerise à l'eau-de-vie : le décor est planté… C'est un vin gourmand, tendre, soyeux qui se prête à une dégustation immédiate. Le petit plus? Une touche de violette en finale. ⧗ 2022-2023

SCA DOM. DES VICTOIRES, Dom. de la Brosse, 18120 Brinay, tél. 02 48 51 04 47, philippe.portier@wanadoo.fr V r.-v. G

VINCENT 2020 ★★

■	20000		8 à 11 €

Le village de Lazenay se situe à la limite de la Champagne berrichonne. Installé depuis 1976, Jacques Vincent est régulièrement sélectionné dans le Guide, notamment pour ses rosés, produits sur un terroir sablo-gravillonneux. Pierre, son fils, l'a récemment rejoint.

Des reflets or rose attirent le regard vers ce vin et l'on a hâte d'en découvrir les arômes. Fraise juste cueillie, citron, menthol : une fraîcheur accueillante, en somme. La violette trouve sa place dans une telle gamme au palais et c'est une impression générale de finesse qui demeure en mémoire. ⧗ 2021-2022

SCEV VINCENT, 11, chem. des Caves, 18120 Lazenay, tél. 02 48 51 73 55, vincent.pierre.18@gmail.com V *t.l.j. sf dim. 8h-12h 14h-19h*

SAINT-POURÇAIN

Superficie : 695 ha
Production : 21 297 hl (71 % rouge et rosé)

Le paisible et plantureux Bourbonnais (département de l'Allier) possède aussi un vignoble, sur 19 communes, au sud-ouest de Moulins. Les vignes croissent sur les coteaux de la vallée de la Sioule ou sur des plateaux calcaires, à proximité. Les blancs ont fait autrefois la réputation de Saint-Pourçain; un cépage local, le tressallier, est assemblé au chardonnay et au sauvignon, donnant une grande originalité aromatique à ces vins. Aujourd'hui, les rouges sont les plus nombreux. Fruités et charmeurs, ils proviennent de l'assemblage de gamay et de pinot noir.

DOM. DE BELLEVUE 2019 ★★

■	3000	5 à 8 €

Un domaine de référence en saint-pourçain, créé en 1922. Incarnant la quatrième génération, Jean-Louis Pétillat est aux commandes depuis 1977. Il exploite aujourd'hui 22 ha de vignes (confiées en 2014 à la responsabilité de Jacques Gautier) au cœur du vignoble bourbonnais, commandé par des bâtiments du XIXes.

Rubis intense, ce 2019 affiche un nez délicat de cerise, mais promet de s'ouvrir davantage au fil du temps. Ce même fruité alimente les sensations gustatives et contribue au caractère gouleyant de ce vin. ⧗ 2021-2022

■ **Vieilles Vignes 2019 ★ (11 à 15 €; 4600 b.)** Des vignes cinquantenaires de gamay et de pinot noir sont à l'origine de ce vin gourmand et rond, subtilement parfumé de fruits noirs. ⧗ 2021-2023

DOM. DE BELLEVUE, 03500 Meillard, tél. 04 70 42 05 56, ledomaine@saintpourcain-bellevue.fr V *t.l.j. sf dim. 9h30-12h30 14h-18h*

B DOM. DES BÉRIOLES
Les Grandes Brières 2019 ★

■	4000		11 à 15 €

Cette propriété familiale de 17 ha, installée au pied d'une petite chapelle et traversée par le chemin de

Saint-Jacques-de-Compostelle, a été créée en 1989 par Odile et Olivier Teissèdre, qui livraient leurs raisins à la cave coopérative. Depuis 2011 et la création du chai, c'est leur fils Jean qui est aux commandes. La certification bio, tournée vers la biodynamie, est acquise depuis 2019.

Qu'il est sombre ce saint-pourçain ! Les arômes de fruits noirs viennent comme une évidence à l'esprit des dégustateurs. Friand, gouleyant, il offre un plaisir immédiat. ⧗ 2021-2022 **Aurence 2020 ★ (8 à 11 € ; 9500 b.)** Ⓑ Jaune pâle à reflets verts, ce 2020 parle d'agrumes, de pêche et de fruits secs. Il semble vif en attaque, mais l'équilibre se réalise en milieu de bouche grâce à une sensation plus douce d'agrumes miellés. Pour des fromages de chèvre. ⧗ 2021-2022 **100% Gamay 2020 ★ (5 à 8 € ; 2200 b.)** Ⓑ De teinte pâle, ce rosé affiche une agréable rondeur et une bonne persistance du fruité au palais. ⧗ 2021-2022

DOM. DES BÉRIOLES, Place de l'Eglise, 03500 Cesset, tél. 06 21 04 37 45, domainedesberioles@gmail.com V t.l.j. 9h-12h 13h30-18h ; dim. sur r.-v.

CAVE COURTINAT Cuvée des Pérelles 2019 ★

■	6000		8 à 11 €

Typiquement bourbonnais avec sa petite tour ronde et son pigeonnier, ce domaine créé à l'emplacement d'un ancien couvent du XVIes. a abandonné l'élevage et les céréales. Habitué du Guide, Christophe Courtinat exploite aujourd'hui 13 ha de vignes.

Le cassis, vous dit-on ! Ce vin cède tout au cassis. Et nul ne s'en plaindra, car outre cet arôme, ce sont un bon équilibre et des tanins bien fondus qui se distinguent. Un saint-pourçain de semi-garde, qui se mariera avec un tournedos, un rôti de bœuf ou des grillades. ⧗ 2022-2023

CAVE COURTINAT, 11, rue de Venteuil, 03500 Saulcet, tél. 04 70 45 44 84, cavecourtinat@wanadoo.fr V r.-v.

DOM. GARDIEN Cuvée Isabelle 2020 ★★

■	7000		5 à 8 €

Un domaine dans la même famille depuis 1924. Installés respectivement en 1991 et 1996, les frères Olivier et Christophe Gardien (quatrième génération), formés tous les deux en Bourgogne, ont arrêté la culture des céréales pour se consacrer entièrement à la vigne, qui couvre 24 ha sur un terroir argilo-siliceux.

Nuances saumon et senteurs agréables de fruits : sympathique introduction. Bouche fraîche et équilibrée… Tout se poursuit avec harmonie. Finale persistante… Un bon rosé en somme. ⧗ 2021-2022

DOM. GARDIEN, 7, Chassignolles, 03210 Besson, tél. 04 70 42 80 11, cgardien@03.sideral.fr V t.l.j. 8h-12h 14h-19h

FAMILLE LAURENT Puy Réal 2019 ★

■	15000		8 à 11 €

La famille Laurent est établie à Saulcet depuis plusieurs siècles. En 2015, Damien – qui représente la… douzième génération de vignerons sur ces terres – a pris la suite de ses parents Jean-Pierre et Corinne à la tête d'un domaine de 33 ha habitué du Guide.

La cerise et la banane composent la dominante aromatique de ce vin chaleureux, au grain tannique certes présent mais de qualité. ⧗ 2021-2022

FAMILLE LAURENT, 5, rue de Montifaud, 03500 Saulcet, tél. 04 70 45 90 41, cave.laurent@wanadoo.fr V t.l.j. sf dim. 9h-12h 14h-18h30

DOM. NEBOUT Séduction 2019 ★

■	10000		8 à 11 €

Succédant à 4 générations de vignerons, Julien Nebout, après des expériences en Touraine, dans le Sancerrois et en Nouvelle-Zélande, a pris la tête en 2006 de cette propriété de 28 ha régulièrement mentionnée dans ces pages.

Treize mois d'élevage en fût ont laissé une empreinte notable dans la palette de ce vin encore jeune. Le fruité se glisse néanmoins et promet de gagner le devant de la scène à la faveur du temps. Patience donc. ⧗ 2022-2023

DOM. NEBOUT, rte de Montmarault, 03500 Saint-Pourçain-sur-Sioule, tél. 04 70 45 31 70, domainenebout@orange.fr V t.l.j. sf dim. 9h-12h 14h-18h30

♥ UNION DES VIGNERONS DE SAINT-POURÇAIN Cuvée Tradition 2018 ★★

■	30000		5 à 8 €

Créée en 1952, cette cave coopérative est la seule de l'appellation saint-pourçain. Rassemblant aujourd'hui 60 vignerons, elle vinifie les deux tiers des volumes sous la baguette de l'œnologue Sylvain Miniot.

Le fruit se manifeste sans hésitation dans ce vin robuste et cependant déjà agréable. Bien sûr, les tanins sont puissants, mais la matière reste friande. ⧗ 2022-2023 **Réserve Spéciale 2020 ★ (5 à 8 € ; 12000 b.)** Un vin gourmand et fruité, sur la pêche et la poire. Vif, il apparaît également ample et passe des arômes d'agrumes à ceux, plus suaves, de poire et de miel. ⧗ 2022-2023

UNION DES VIGNERONS DE SAINT-POURÇAIN, 3, rue de la Ronde, 03500 Saint-Pourçain-sur-Sioule, tél. 04 70 45 42 82, udv@vinsaintpourcain.com V t.l.j. 8h30-12h30 13h30-18h

SANCERRE

Superficie : 2 830 ha
Production : 135 393 hl (79 % blanc)

Perché sur un piton rocheux, Sancerre domine la Loire et son vignoble, réputé dès le Moyen Âge. Sur 14 communes s'étend un magnifique réseau de collines parfaitement adaptées à la viticulture, bien exposées et protégées. Les sols portent des noms locaux : « terres blanches » (marnes argilo-calcaires du kimméridgien) ; « caillottes » et « griottes » (calcaires) ; « cailloux » ou « silex » (sols siliceux du Tertiaire). Deux cépages règnent à Sancerre : le sauvignon en blanc et le pinot noir en rouge. Le premier s'épanouit dans des blancs frais, jeunes et fruités, qui prennent des nuances différentes selon les

types de sols; le second s'exprime dans des rosés tendres et subtils, et dans des rouges légers, parfumés et amples. Sancerre, c'est aussi un milieu humain particulièrement attachant. Il n'est pas facile, en effet, de produire un grand vin avec le sauvignon, cépage de deuxième époque de maturité, non loin de la limite nord de la culture de la vigne, à des altitudes de 200 à 300 m et sur des sols qui comptent parmi les plus pentus du pays, d'autant que les fermentations se déroulent en fin de saison dans des conditions délicates.

DOM. BAILLY-REVERDY
Chêne Marchand Point d'orgue 2019 ★★

■	3500	◫	15 à 20 €

Un domaine réputé créé en 1952 dans le village vigneron de Bué par Bernard Bailly et son épouse Marie-Thérèse Reverdy. Après Jean-François, leur fils, disparu en 2006, c'est leur cadet Franck, installé en 1991, qui conduit les 23 ha de vignes, épaulé depuis 2010 par son neveu Aurélien. Une valeur sûre du Sancerrois, en rouge comme en blanc.

Sous une teinte jaune doré se révèle un premier nez de noisette et autres fruits secs. Puis, à l'aération, des arômes d'abricot moelleux à peine vanillés donnent un aperçu de ce que le palais réserve. Du gras et de la rondeur, certes, mais aussi une juste fraîcheur qui assure la persistance aromatique : telles sont les caractères gustatifs remarquables de ce 2019. ⧗ 2021-2025

⊶ SAS BAILLY-REVERDY, La Croix-Saint-Laurent, 43, rue de Venoize, 18300 Bué, tél. 02 48 54 18 38, contact@bailly-reverdy.fr V ⚐ ⚑ *t.l.j. 9h-12h 14h-18h; sam. dim. sur r.-v.*

DOM. LA BARBOTAINE 2019 ★

■	5000	⫿	8 à 11 €

Frédéric Champault est le fils de Roland et le petit-fils de Louis, tous vignerons. Installé en 1994 au côté de ses parents, il a repris le flambeau en 2007. Il a poursuivi l'extension de l'exploitation familiale en replantant des parcelles et en exploitant les vignes de son beau-père qu'il conduit avec son épouse Sylvie. Le domaine couvre 17 ha.

Avec pour trait majeur la légèreté, ce vin est tout indiqué pour un plateau de charcuteries. Et on ne boudera pas son plaisir devant le verre : robe clair à reflets roses, arômes de petits fruits rouges, bonne fraîcheur en bouche, souplesse. Représentatif du millésime 2019. ⧗ 2022-2025

⊶ EARL FRÉDÉRIC CHAMPAULT (LA BARBOTAINE), 3, la Barbotaine, 18300 Crézancy-en-Sancerre, tél. 02 48 79 02 32, earl.frederic.champault@orange.fr V ⚐ ⚑ *t.l.j. 10h-12h 14h-18h; sam. dim. sur r.-v.*

CÉDRICK BARDIN 2020 ★

■	8500	⫿	11 à 15 €

Fils et petit-fils de vignerons, Cédrick Bardin a acheté ses premières vignes (15 ares) en 1989 à l'âge de 18 ans. L'exploitation, qui s'étend aujourd'hui sur 14 ha répartis sur les 2 rives de la Loire, apparaît régulièrement dans le Guide.

Une ouverture en fanfare sur les fruits mûrs, la pâte de fruit, la pâte d'amande et la marmelade d'abricots. Souple en attaque, la bouche est toute ronde et empreinte d'arômes de fruits au sirop comme la pêche jaune. Une pointe de fraîcheur se manifeste en finale, mais c'est bien la douceur qui caractérise ce sancerre. ⧗ 2022-2025

⊶ EARL CÉDRICK BARDIN, 12, rue Waldeck-Rousseau, 58150 Pouilly-sur-Loire, tél. 03 86 39 11 24, cedrick.bardin@wanadoo.fr V ⚑ *r.-v.*

HENRI BOURGEOIS
Les Baronnes 2020 ★★

■	40000	⫿	15 à 20 €

À sa création par Henri Bourgeois en 1950, la propriété comptait 1,5 ha de vignes à Chavignol. Aujourd'hui, la dernière génération (Arnaud, Jean-Christophe et Lionel) est à la tête de 72 ha répartis sur 120 parcelles, sans compter les 30 ha du Clos Henri Vineyard acquis en Nouvelle-Zélande. Une valeur sûre du Sancerrois.

Couleur soutenue, ce rosé appelle un accord avec un dessert à la fraise ou un plat salé-sucré. Tout est là pour le plaisir. Le croquant du raisin apparaît tant dans les arômes de fruits rouges et jaunes que dans la matière ronde, flatteuse, soutenue durablement en finale par une vivacité bienvenue. Une touche de minéralité ajoute à son caractère. ⧗ 2021-2022 ■ **La Côte des Monts Damnés 2020 ★ (20 à 30 €; 18300 b.)** Bien typé, ce sancerre présente d'emblée des notes d'acacia et d'orange sanguine, avant d'évoluer vers les fruits frais à l'aération. Charnu et gras, il emplit durablement le palais et laisse en finale des notes très fraîches de pamplemousse. À conserver encore un an ou deux pour qu'il révèle son potentiel. ⧗ 2022-2025

⊶ SAS HENRI BOURGEOIS, Chavignol, 18300 Sancerre, tél. 02 48 78 53 20, domaine@famillebourgeois-sancerre.com V ⚐ ⚑ *t.l.j. 9h30-18h30*

HUBERT BROCHARD Classique 2020 ★

■	15182	⫿	8 à 11 €

Un domaine qui se transmet de génération en génération depuis le XVIIIes. Ce sont aujourd'hui cinq membres de la famille Brochard qui œuvrent de concert sur les 60 ha que compte le vignoble, répartis sur plus de deux cents parcelles et sept communes, dans les aires d'appellation sancerre et pouilly-fumé.

Un rosé de teinte grenadine, aux senteurs de fraise fraîchement écrasée et d'orange sanguine. Le palais rond, gras et souple tire profit d'une juste fraîcheur et d'une pointe d'amertume. Ainsi, ce sont la délicatesse, l'harmonie et la persistance aromatique qui demeurent en mémoire. ⧗ 2021-2022

⊶ SAS HUBERT BROCHARD, Chavignol, 18300 Sancerre, tél. 02 48 78 20 10, domaine@hubert-brochard.fr V ⚑ *t.l.j. sf dim. 9h-12h 14h-17h30*

DOM. DU CARROU 2020 ★

■	37000	⫿	11 à 15 €

Chez les Roger, on est vigneron de père en fils depuis le XVIIes. Installé en 1985, Dominique Roger conduit, en viticulture raisonnée, un vignoble de près de 11 ha.

Sa cave est installée au cœur du village de Bué, dans une ancienne «vigneronnerie» du XIXᵉs. Une valeur très sûre du Sancerrois.

La lumière joue avec la teinte or vert pâle de ce sancerre jeune et déjà plaisant, qui laisse poindre des arômes de fleurs blanches et de fruits (pêche, mirabelle) avec délicatesse. Souple et frais en attaque, il trouve un bon équilibre entre le gras et une vivacité sans excès qui le soutient en finale. ⌛ 2022-2025 ■ **Dominique Roger Cuvée La Jouline 2019 ★ (20 à 30 €; 2900 b.)** Intense dans sa robe cerise noire, ce 2019 se distingue par sa rondeur absolue. En avant-propos s'exprime la douceur des arômes de fruits rouges bien mûrs et épicés (framboise, cassis, mûre, poivre blanc), complétés d'une touche de pruneau au second nez. Puis le palais joue sur le gras et des tanins fins, serrés, tout en délicatesse. ⌛ 2022-2025

SCEA DOMINIQUE ROGER, 7, pl. du Carrou, 18300 Bué, tél. 02 48 54 10 65, contact@dominique-roger.fr V *t.l.j. 9h-12h 14h-18h30; dim. matin sur r.-v.*

ROGER CHAMPAULT
Le Clos du Roy 2020 ★★

■	17 000		11 à 15 €

Laurent et Claude Champault ont pris en 1997 le relais de leur père Roger, l'une des figures de l'appellation sancerre en rouge. Établi au hameau de Champtin, ancienne seigneuriale implantée sur des lieux-dits réputés de Sancerre, le domaine a aménagé son caveau dans un colombier du XVIᵉs. et dispose de 23 ha de vignes.

La gourmandise caractérise ce 2020 orienté vers des arômes de pêche, de poire et d'abricot tout en délicatesse. L'attaque est souple, le milieu de bouche équilibré entre douceur et fraîcheur. Un vin élégant qui pourra bien évoluer. ⌛ 2022-2025

EARL ROGER CHAMPAULT ET FILS, 5, rte de Foulot, Champtin, 18300 Crézancy-en-Sancerre, tél. 02 48 79 00 03, roger.champault@orange.fr V *r.-v.*

DOM. DES CHASSEIGNES Évidence 2019 ★

■	1000		20 à 30 €

Aurore Dezat conduit depuis 2011, en viticulture très raisonnée (aucun herbicide ni insecticide), cette exploitation familiale de 9,5 ha créée par son grand-père et développée par son père Denis et son oncle Claude. En 2016, son conjoint David – qui œuvre en parallèle sur son domaine familial Anthony et David Girard – l'a rejointe.

Sous une teinte grenat apparaissent des arômes de cerise bien mûre, presque à l'eau-de-vie, à peine nuancés de notes fumées et de moka. La bouche souple bénéficie d'une juste fraîcheur qui assure la persistance aromatique. Les tanins sont si soyeux qu'un service immédiat est envisageable. ⌛ 2022-2023 ■ **2019 ★ (15 à 20 €; 9192 b.)** À la faveur de l'aération, le nez de fruits noirs (cassis, mûres) et de groseille se révèle, affichant même des pointes de garrigue ensoleillée. Ample et gourmande, la bouche se développe dans la même gamme : fraise cuite, origan et réglisse, avec en finale des touches de moka issues de l'élevage sous bois. ⌛ 2022-2023

EARL DE CHASSEIGNES, Chappe, 18300 Sury-en-Vaux, tél. 06 87 25 45 71, contact@domainedeschasseignes.com V *t.l.j. 8h-12h 14h-18h; dim. sur r.-v.*

DOM. LA CLEF DU RÉCIT 2020 ★

■	50 000		11 à 15 €

Après avoir acquis une solide expérience sur l'exploitation familiale du Sancerrois et dans plusieurs pays viticoles, Anthony Girard, natif de Récy, a repris en 2012 les clés de cette propriété de près de 11 ha.

La clé du récit, c'est la dégustation qui l'a donnée. Original dans son expression d'aubépine et de mirabelle nuancée de minéral, ce vin fait preuve de finesse : son gras est mesuré, un fond frais assure une bonne tension. Le fin mot de l'histoire, c'est la finale qui l'apporte : le petit côté acidulé invite à la garde. ⌛ 2023-2025 ■ **Le Chêne fourchu 2019 ★ (15 à 20 €; 5000 b.)** Les reflets dorés annoncent bien la maturité de ce vin aux arômes de fruits confits, de confiture de coings et de vanille. D'attaque souple, il présente une bonne matière et tire profit d'une vivacité équilibrée pour s'allonger au palais. Pour un dessert. ⌛ 2022-2025

SCEV ANTHONY GIRARD, Récy, 18300 Vinon, tél. 06 07 66 93 29, laclefdurecit@gmail.com V *r.-v.*

Ⓑ FRANÇOIS CROCHET Exils 2019 ★

■	3998		20 à 30 €

Robert Crochet a pris sa retraite en 2006. C'est son fils François qui conduit désormais l'exploitation transmise de père en fils depuis le début du siècle dernier. À la tête de 11 ha, il a inauguré sa nouvelle cave en 2009 et converti le vignoble au bio en 2014.

Tout est solaire et suave dans ce 2019, depuis le nez de miel d'acacia et de sirop d'érable jusqu'à la bouche chaleureuse et toute empreinte d'arômes de fruits très mûrs (abricot confit). ⌛ 2022-2024

SCEV FRANÇOIS CROCHET, Marcigoue, 18300 Bué, tél. 02 48 54 21 77, francoiscrochet@wanadoo.fr V *r.-v.*

♥ DANIEL CROCHET
Chêne marchand 2019 ★★

■	3000		15 à 20 €

Issu d'une lignée de vignerons dont il représente la quatrième génération, Daniel Crochet est régulièrement cité dans le Guide. À la tête du domaine familial depuis 1996, il conduit aujourd'hui un vignoble de 10 ha répartis entre Sancerre et Bué.

La pêche et la rhubarbe se disputent le premier nez, puis les agrumes prennent la suite de la palette aromatique. La minéralité apparaît en bouche, en contrepoint d'une matière toute ronde et fruitée, à peine épicée. Finesse, longueur et complexité. ⌛ 2022-2025

DANIEL CROCHET, 61, rue de Venoize, 18300 Bué, tél. 02 48 54 07 83, daniel-crochet@orange.fr V *t.l.j. sf dim. 9h-18h; f. 15-25 août*

LOIRE

DOMINIQUE ET JANINE CROCHET
Le Chêne marchand 2019 ★★★

| 1580 | | 15 à 20 € |

En 1982, à sa création, ce domaine couvrait 2 ha; il compte aujourd'hui 11,9 ha. Depuis le décès de son époux, Janine Crochet dirige l'exploitation avec ses fils Teddy et Cyprien, arrivés respectivement en 2009 et 2016, et pratique une viticulture raisonnée à tendance bio.

Entre vert et argent dans ses reflets, ce 2019 jaune pâle joue dans le registre de l'élégance. Le citron confit se manifeste d'emblée au nez, nuancé de notes torréfiées, toastées et de touches minérales. Au palais, le vin déroule toute sa matière intensément, tout en bénéficiant de la fraîcheur nécessaire à sa persistance. ⧗ 2022-2026 **2020 ★ (11 à 15 €; 75000 b.)** S'il est timide encore dans ses évocations de pamplemousse et de minéral, ce vin fait montre de structure, de gras et d'un joli potentiel aromatique au palais. Les agrumes persistent bien en finale, soutenus par une légère amertume rafraîchissante. Un dégustateur propose un accord avec des langoustines flambées, un autre avec un poisson au beurre blanc. ⧗ 2022-2025

EARL DOM. DOMINIQUE ET JANINE CROCHET, 64, rue de Venoize, 18300 Bué, tél. 02 48 54 19 56, earlcrochetdominiqueetjanine@wanadoo.fr V *t.l.j. sf dim. 8h-12h 13h30-18h*

♥ JEAN-MARC ET MATHIEU CROCHET 2019 ★★★

| 6000 | | 8 à 11 € |

La famille Crochet cultive la vigne à Bué depuis cinq générations. Jean-Marc s'est associé à son père Bernard en 1980. Son fils Mathieu l'a rejoint en 2006 à la tête d'un vignoble de 12 ha : 10 ha de sauvignon sur des sols argilo-calcaires et 2 ha de pinot noir sur un terroir argileux, le tout conduit de manière très raisonnée et avec un minimum d'intervention au chai.

Des fruits noirs (myrtille, cassis) à l'envi, mêlés des notes de l'élevage sous bois. La bouche n'est pas en reste, souple dès l'attaque, puis dense, puissante, structurée par des tanins qui ne demandent qu'à se fondre dans le temps. ⧗ 2022-2028

SCEV JEAN-MARC CROCHET, 40, rue Saint-Vincent, 18300 Bué, tél. 02 48 54 11 30, jmcrochet@orange.fr V *r.-v.*

DOM. GÉRARD FIOU 2020 ★

| 4000 | | 15 à 20 € |

Dans le giron de la maison Henri Bourgeois depuis 2010, ce domaine de 10 ha est majoritairement situé sur les silex des coteaux de Saint-Satur, là où les moines augustins installèrent leurs premières vignes au Moyen Âge.

Couleur corail, nez de fruits rouges mûrs, minéralité : l'introduction est réussie. La suite est à l'avenant, puisque le palais révèle un juste équilibre entre fraîcheur et gras. Un rosé de caractère. ⧗ 2021-2022

DOM. GÉRARD FIOU, 15, rue Hilaire-Amagat, 18300 Saint-Satur, tél. 02 48 54 16 17, florent@gerardfiou-sancerre.com V *r.-v.*

Ⓑ DOM. FOUASSIER 2019 ★

| 15000 | | 20 à 30 € |

Une longue histoire de famille dans ce domaine créé au milieu du XVIII[e]s. Benoît et Jean-Michel Paul Fouassier, les deux cousins, ont rejoint leurs pères Pierre et Jean-Michel en 2000 et 2001 sur un vignoble de 57 ha conduit en bio et biodynamique certifiés.

Nul doute : les raisins ont été récoltés à pleine maturité et bien extraits. En témoignent la teinte pourpre profond, ainsi que les arômes de fruits mûrs à surmûris, de cassis, de mûre, accompagnés de noisette grillée et de vanille. Au palais, le vin apparaît souple, gras, soutenu par des tanins serrés. Le retour sur les fruits noirs est tout simplement gourmand. ⧗ 2022-2025

SAS DOM. FOUASSIER, 180, av. de Verdun, 18300 Sancerre, tél. 02 48 54 02 34, contact@fouassier.fr V *t.l.j. 9h-12h 14h30-17h30* E

MAISON FOUCHER Les Monts Damnés 2019 ★★

| 2000 | | 20 à 30 € |

Tonnelier de son état, Paulin Lebrun s'est pris de passion pour la vigne et le vin au contact des vignerons avec lesquels il travaillait. Il fonda en 1921 cette maison de négoce aujourd'hui dans le giron de Picard Vins et Spiritueux.

Les senteurs de fruits confits, de marmelade, de pâte de fruit (notamment de coing) annoncent la rondeur de la matière. Mais n'imaginez pas que ce vin ne soit que rondeur. Il possède la fraîcheur, la ligne minérale et la pointe de zestes d'agrumes attendue dans les sancerre. ⧗ 2022-2025 **Le Mont 2019 ★ (11 à 15 €; 30000 b.)** Au nez de confiture de fraises et de gelée de mûre répond une bouche ample dès l'attaque et très ronde. Les tanins de bonne facture laissent une pointe d'amertume, mais le bon retour fruité démontre que l'ensemble se fondra dans le temps. ⧗ 2022-2025

SARL FOUCHER-LEBRUN, 29, rte de Bouhy, 58200 Alligny-Cosne, tél. 03 86 26 87 27, contact@maisonfoucher.com V *t.l.j. sf sam. dim. 8h-12h 14h-17h*

DOM. OLIVIER FOUCHER 2020 ★★

| 30000 | | 8 à 11 € |

Olivier Foucher a suivi un parcours professionnel classique : études de viticulture et d'œnologie, quelques années de collaboration avec ses parents et reprise en main du domaine familial à la retraite de son père en 2011. Il exploite aujourd'hui avec son épouse 9 ha de vignes.

Un accord avec un poisson en sauce blanche semble tout indiqué avec ce vin aux arômes d'agrumes et de fruits au sirop. Certes, on perçoit de la rondeur au palais, mais une fraîcheur croquante relève l'ensemble avec pertinence. ⧗ 2022-2025

EARL DES GUENOUX (DOM. OLIVIER FOUCHER), 6, Les Guenoux, 18240 Sainte-Gemme-en-Sancerrois, tél. 06 76 12 24 35, domainefoucher@orange.fr V *t.l.j. 9h-12h 14h-18h30; sam. dim. sur r.-v.*

FOURNIER PÈRE ET FILS Les Belles Vignes 2020 ★

| 120 000 | | 15 à 20 € |

Cette maison familiale créée au XIXᵉs. sur 2 ha de vignes dispose aujourd'hui d'un vaste domaine de quelque 100 ha répartis sur 3 appellations : pouilly-fumé, menetou-salon et sancerre.

Dès le premier nez, le pamplemousse se manifeste. Ses notes n'ont pas besoin d'être très intenses pour être identifiées. Les voici qui s'accompagnent d'effluves de fruits jaunes (abricot, pêche) au second nez. Puis de revenir au palais, comme pour mettre en relief la fraîcheur persistante du vin. ⧗ 2022-2025 **Silex 2019 ★ (20 à 30 €; 8000 b.)** Une fraîcheur exotique (pamplemousse) s'installe dans la palette de ce vin, bientôt rejointe par des touches florales (lys) et minérales. La vivacité tient durablement les sensations gustatives et confère une certaine finesse à l'ensemble. ⧗ 2022-2025

FOURNIER PÈRE ET FILS, 7, rte de la Garenne, Chaudoux, 18300 Verdigny, tél. 02 48 79 35 24, claude@fournier-pere-fils.fr V *t.l.j. sf sam. dim. 8h-12h 13h30-18h*

MICHEL GIRARD ET FILS 2020 ★★

| 100 000 | | 8 à 11 € |

Ce domaine de 20 ha, propriété familiale depuis 7 générations, est conduit par Michel Girard et ses fils, Philippe et Benoît.

Sous une teinte or vert, ce vin libère une palette complexe de fleurs blanches (acacia) et d'agrumes (orange), nuancés de notes fumées minérales. Le gras est perceptible au palais, mais le fond de fraîcheur s'impose encore à ce stade. La promesse d'un joli sancerre sera tenue, nul doute. ⧗ 2022-2025

EARL MICHEL GIRARD ET FILS, 8, rte de Saint-Satur, 18300 Verdigny, tél. 02 48 79 33 36, michelgirard.fils@wanadoo.fr V *t.l.j. 9h-12h 14h-18h; sam. dim. sur r.-v.* E

DOM. MICHEL GIRAULT P'tit Gus 2019 ★★

| 1600 | | 15 à 20 € |

Olivier et Anthony Girault ont repris en 2007 la suite de leur père Michel sur ce domaine de 16 ha producteur de sancerre et de pouilly-fumé.

Ce P'tit Gus a du ressort... Il a même « la beauté du naturel », selon un dégustateur. C'est dire qu'il n'est en rien canaille. Habillé de pourpre, il témoigne d'une vendange parfaitement mûre par ses arômes de kirch, de crème de cassis, de fraise des bois, alliés à une touche de poivre et de noix muscade héritée de l'élevage de 12 mois en fût. Ample à l'attaque, il enveloppe le palais de son gras. Ses tanins denses et serrés se manifestent sans excès, laissant la faveur à l'expression fruitée persistante. Un crumble d'agneau au parmesan lui ira bien. ⧗ 2022-2025

EARL MICHEL GIRAULT, 3, chem. du Moulin, 18300 Bué, tél. 02 48 54 25 73, michel.girault5@wanadoo.fr V *t.l.j. sf dim. 8h30-12h 13h30-18h*

JÉRÔME GODON Elégance 2020 ★★

| 7000 | | 8 à 11 € |

Transmise de père en fils depuis dix générations, cette exploitation familiale, conduite depuis 2006 par Jérôme Godon, couvre 14 ha.

Riche, plein, dense : le décor est planté. Ce sancerre opulent appelle le dessert, avec ses arômes de pêche, de mirabelle et sa petite note d'anis qui se prolongent durablement. De la vivacité? Elle vient discrètement, mais opportunément relever l'ensemble. ⧗ 2021-2022

EARL BERNARD ET JÉRÔME GODON, Les Fouchards, 18240 Sainte-Gemme-en-Sancerrois, tél. 02 48 79 33 30, contact@vin-de-sancerre.com V *t.l.j. 8h-12h 14h-19h*

VINCENT GRALL Le Grall 2019 ★

| 2000 | | 20 à 30 € |

Après diverses expériences dans de grands domaines de Sancerre, Vincent Grall a créé en 1988 son vignoble, qu'il conduit en bio sans certification. La mise en bouteilles date de 2000. Avec ses 4 ha de vignes, il fait partie des plus petits producteurs du Sancerrois.

Or pâle, ce 2019 joue encore les discrets, mais il a tout pour assurer son avenir. Au nez fin de citron confit, de fleurs blanches, de pêche mûre et d'épices (noix muscade) répond un joli grain en bouche et une fraîcheur bénéfique à la persistance aromatique. Les notes nettement boisées (moka, vanille) en finale s'atténueront avec le temps. ⧗ 2022-2025

VINCENT GRALL, 149, av. Nationale, 18300 Sancerre, tél. 02 48 78 00 42, vincent.grall@wanadoo.fr V *r.-v.*

GUILLERAULT-FARGETTE Chêne marchand 2019 ★★

| 2200 | | 15 à 20 € |

Situé sur la commune de Crézancy-en-Sancerre, ce domaine familial de 21 ha est conduit par le tandem Gilles Guillerault et Sébastien Fargette qui ont introduit de nouvelles méthodes de travail (enherbement, travail des sols...).

La teinte jaune paille brillant est avenante, de même que les arômes de tilleul, de fruits parvenus à juste maturité (poire, pêche), voire de bergamote. Ample, c'est un vin bien équilibré par la fraîcheur, persistant à souhait. Il pourra être apprécié aujourd'hui comme demain. ⧗ 2022-2025

SAS GUILLERAULT-FARGETTE, 2, rue du Lavoir, Reigny, 18300 Crézancy-en-Sancerre, tél. 02 48 79 02 84, contact@guillerault-fargette.fr V *t.l.j. sf dim. 9h-12h 14h-18h*

B LAPORTE Le Grand Rochoy 2019 ★★

| 10 336 | | 20 à 30 € |

Située à Saint-Satur, la vénérable maison de négoce Laporte (XVIIᵉs.), dans le giron du groupe Henri Bourgeois, est propriétaire d'un domaine de 21 ha dédié aux appellations sancerre et pouilly-fumé. Elle est certifiée en agriculture bio depuis le millésime 2013.

Un sancerre fruité et très gourmand, tout en arômes d'abricot mûr. C'est une belle matière qui se révèle en bouche, puissante et persistante. Une juste pointe de fraîcheur lui apporte le relief attendu. ⧗ 2022-2025 **Les Grandsmontains 2020 ★ (15 à 20 €; 3200 b.)** B Tout en délicatesse, en finesse et en fraîcheur, c'est bien ce que l'on demande à un rosé. Les arômes dominants

LOIRE

de pêche, nuancés de melon et de fleur d'acacia composent une palette charmante, qui sied bien à la rondeur crémeuse de la matière. ⧗ 2021-2022

SARL DOM. LAPORTE, Cave de la Cresle, rte de Sury-en-Vaux, 18300 Saint-Satur, tél. 02 48 78 54 20, contact@laporte-sancerre.com V r.-v.

♥ KÉVIN ET CHRISTIAN LAUVERJAT
Moulin des Vrillères 2020 ★★

15000 | 8 à 11 €

Les Lauverjat cultivent la vigne depuis plusieurs générations à Sury-en-Vaux. Installé dans un ancien moulin à grains (le Moulin des Vrillères), Kévin, fils de Christian, est depuis 2017 à la tête du vignoble familial (13 ha). Karine Lauverjat, épouse de Christian, a par ailleurs créé en 2005 une structure de négoce à son nom qui permet d'étendre la carte du domaine et d'exporter.

Mi-floral, mi-fruité, ce vin gourmand a encore de belles années devant lui. Ses promesses, il les tiendra assurément, car il a suffisamment de fraîcheur pour équilibrer la rondeur et mettre en valeur le fruité sur la durée. ⧗ 2022-2025

SCEA DES VRILLÈRES, 24, Moulin des Vrillères, 18300 Sury-en-Vaux, tél. 02 48 79 38 28, lauverjat.vrilleres@sancerre-online.com V r.-v. 2

DOM. FRANCINE ET MAXIME LEMAIN-POUILLOT 2019 ★

2300 | 11 à 15 €

Francine Lemain-Pouillot a repris en 2004 l'exploitation (aujourd'hui 5 ha) créée par son père, Clotaire, en 1960. Son fils Maxime la seconde.

Des reflets violets éclairent la robe pourpre soutenu. Le nez intense affiche fruits noirs et épices, tandis que la bouche, souple en attaque, privilégie la rondeur grâce à des tanins fondus. La finale chaleureuse et épicée est en cohérence. Pour un magret de canard. ⧗ 2022-2025

SCEV LEMAIN-POUILLOT, 11, rue des Juifs, 18300 Bué, tél. 06 08 93 18 58, scevlemain@orange.fr V r.-v.

ÉRIC LOUIS Les Montachins 2019 ★

6000 | 11 à 15 €

Installé sur les terres de Thauvenay depuis plus de deux siècles, ce domaine de 20 ha abrite une cave voûtée en pierre du Morvan. Éric Louis cultive ses vignes sur les coteaux sud-est de l'appellation sancerre, constitués de silex et d'argilo-calcaires.

Or pâle, ce sancerre joue sur la finesse des arômes de fruits blancs, de citron confit, de bergamote et sur une ligne minérale. Après une attaque franche, l'équilibre se réalise sur la fraîcheur fruitée. La petite note acidulée en finale laisse une impression plaisante. Pour une viande grillée. ⧗ 2022-2025

EARL CELLIERS DE LA PAULINE, 26, rue de la Mairie, 18300 Thauvenay, tél. 02 48 79 91 46, contact@sancerre-ericlouis.com V r.-v.

DOM. PIERRE MARTIN 2020 ★

50000 | 11 à 15 €

Après avoir travaillé 15 ans avec son père, Pierre Martin lui a succédé en 2012, appuyé par son épouse Lauriane, œnologue. Il essaie de se rapprocher de la démarche bio (pas de désherbants ni d'insecticides ou d'anti-pourriture, vinifications peu interventionnistes). L'essentiel de son vignoble (18,5 ha) est situé autour du village de Chavignol.

Très, très rond et gras. Très, très «fruits mûrs» : pêche jaune, banane, orange, salade de fruits. Ce vin a son style et il l'assume dignement. Un fond de fraîcheur lui apporte du relief et cette longueur appréciable. Il est possible d'envisager des accords avec une côte de veau aux morilles ou une tranche de foie gras. ⧗ 2022-2025

SCEV DOM. MARTIN ET FILS, Chavignol, 18300 Sancerre, tél. 02 48 54 24 57, domaine.martinetfils@orange.fr V r.-v.

DOM. FRANCK MILLET 2020 ★★

13000 | 8 à 11 €

Établi à Bué, Franck Millet a repris l'exploitation familiale en 1991 (24 ha aujourd'hui) et reçoit dans une vaste cave voûtée flambant neuve.

Discret, ce sancerre n'en est pas moins bien pourvu en arômes. Il décline des notes d'agrumes mûrs (orange) et d'acacia, ainsi que des nuances minérales typées. Sa texture ronde tapisse le palais, tout en bénéficiant d'une fraîcheur structurante. Un 2020 prometteur. ⧗ 2022-2025

SARL FRANCK MILLET, 68, rue Saint-Vincent, 18300 Bué, tél. 02 48 54 25 26, franck.millet@wanadoo.fr V r.-v.

PIERRE MORIN Ovide 2019 ★

2000 | 15 à 20 €

Pierre Morin a repris l'exploitation familiale en 2013 après le départ à la retraite de son père Gérard, avec qui il œuvrait depuis 2004 sur les 9 ha de vignes du domaine.

C'est avec finesse que s'expriment les arômes de fruits exotiques, de citron et de gingembre, avec une touche de vanille. Dans la continuité aromatique, le palais affiche une trame vive de qualité qui assure équilibre et persistance. ⧗ 2022-2025

EARL PIERRE MORIN, 4, rue de l'Abbaye, 18300 Bué, tél. 02 48 54 36 75, morin.perefils@orange.fr V r.-v.

LA PERRIÈRE 2020 ★★

120000 | 11 à 15 €

Ce domaine s'étend sur 30 ha répartis sur 5 communes et produit exclusivement du sancerre. Il est dans le giron de la maison de négoce Saget-La Perrière, fondée en 1976 par Jean-Louis Saget et

aujourd'hui dirigée par ses fils Arnaud et Laurent. Une maison qui propose plusieurs marques (Guy Saget, La Perrière, René Carroi, Jean Dumont) et possède aussi en propre 250 ha de vignes et rayonne sur toute la vallée de la Loire, notamment dans son fief du Centre-Loire.

Il faut agiter le vin dans le verre quelques secondes pour que se révèlent les arômes de mangue et d'agrumes (orange sanguine, pamplemousse). Souple en attaque, le vin offre du volume et du croquant, puis se prolonge agréablement en finale. Il représente bien le profil solaire du millésime. ⧗ 2022-2025

SCEA DOM. CLOS DE LA PERRIÈRE, Caves de la Perrière, 18300 Verdigny-en-Perrière, tél. 02 48 54 16 93, domainelaperriere@wanadoo.fr V *r.-v.*

PAUL PRIEUR ET FILS Pieuchaud 2019 ★★★

| | 4700 | | 20 à 30 € |

Héritier d'une longue lignée de vignerons (11 générations) établie sur les terres de Verdigny, Paul Prieur fut l'un des premiers vignerons de Sancerre à vendre sa production en bouteilles, en France et à l'étranger. Ces héritiers, aujourd'hui Philippe et son neveu Luc, exploitent un domaine d'une grande régularité, de 19 ha au pied de la célèbre colline des Monts Damnés. La conversion bio est engagée.

Les 18 mois d'élevage en fût ont légué à ce vin une ligne boisée d'une légèreté absolue. Ce sont ainsi les fruits qui se manifestent pleinement (pêche, poire, agrumes), ponctués de notes forales. L'équilibre se réalise entre puissance, ampleur et fraîcheur au palais, et la finale longue laisse le souvenir d'un sancerre épanoui. ⧗ 2022-2025 **Monts Damnés 2019 ★ (20 à 30 €; 9000 b.)** Un 2019 chaleureux, comme il se doit : reflets or, nez d'agrumes confits aux nuances boisées, souplesse et gras. Une heureuse vivacité vient donner du relief à la finale et c'est tant mieux. ⧗ 2022-2025 **2019 ★ (11 à 15 €; 19000 b.)** Patience ! Laissez-le s'ouvrir dans le verre. Apparaissent alors les arômes de fruits rouges (fraise et cerise mûres) et de figue sèche. Au palais, le vin se fait suave, riche, bien structuré et le fruit reprend ses droits. Bonne longueur sur la réglisse. ⧗ 2022-2025

SCEA PAUL PRIEUR ET FILS, rte des Monts-Damnés, 18300 Verdigny, tél. 02 48 79 35 86, domaine@paulprieur.com V *t.l.j. sf dim. 9h-12h 14h-18h; sam. 10h-18h*

♥ PIERRE PRIEUR ET FILS Cuvée Maréchal Prieur 2019 ★★★

| | 2000 | | 20 à 30 € |

Établis en plein cœur de Verdigny, tout près de la petite église, les frères Thierry et Bruno Prieur, rejoints par Sébastien, fils de ce dernier, conduisent en HVE un vignoble de 15 ha répartis sur différents terroirs sancerrois, majoritairement plantés en sauvignon. Une valeur sûre.

Les reflets pourpres égayent la robe rouge profond de ce sancerre encore jeune et pourtant remarquablement harmonieux. Tout est en place dans la palette : intenses arômes de cassis, de coulis de framboise et de toasté. Le fruit se prolonge en bouche, nuancé d'un boisé fondu qui soulignent la suavité de la matière et la qualité des tanins. ⧗ 2022-2025

SAS PIERRE PRIEUR ET FILS, 27, rue Saint-Vincent, 18300 Verdigny, tél. 02 48 79 31 70, contact@pierreprieur.com V *t.l.j. sf dim. 8h-12h 13h30-17h30; sam. sur r.-v.*

NOËL ET JEAN-LUC RAIMBAULT 2020 ★

| | 50000 | | 8 à 11 € |

Chambre est un hameau situé sur la route qui conduit de Sancerre à Sury-en-Vaux. C'est là que sont installés Noël, sa fille Charlotte et Jean-Luc Raimbault. Ils exploitent un domaine de 13 ha.

Les notes d'agrumes (écorce d'orange) et d'abricot composent une palette bien fraîche en parfaite cohérence avec la vivacité du palais. Un vin équilibré et persistant, destiné à un plat de poisson grillé. ⧗ 2022-2023

EARL NOËL ET JEAN-LUC RAIMBAULT, 15, rue des Champs-des-Prés, Chambre, 18300 Sury-en-Vaux, tél. 07 87 25 91 80, raimbault-sancerre@orange.fr V *r.-v.*

JULIEN ET CLÉMENT RAIMBAULT Camille 2019 ★★

| | 4000 | | 15 à 20 € |

Situé dans la commune de Sury-en-Vaux, le hameau de Maimbray possède le charme des vieux villages vignerons. C'est ici que les frères Julien et Clément Raimbault ont succédé à leur père et à leur oncle à la tête d'un domaine de 21 ha, en apportant de nouvelles méthodes de travail (enherbement, travail des sols, bannissement des insecticides et autres produits chimiques). Ils signent des sancerre, notamment en rouge, régulièrement en vue. Une valeur sûre.

Grenat intense, ce sancerre promet de s'ouvrir avec le temps. Car si le boisé est encore très présent, on perçoit déjà des arômes de grenade et de fruits rouges. Souple en attaque, la bouche se développe avec rondeur. Le gras enrobe les tanins vanillés et c'est le fruité de la cerise qui domine, nuancée de violette et de lilas. ⧗ 2022-2025

SCEV JULIEN ET CLÉMENT RAIMBAULT, Maimbray, 18300 Sury-en-Vaux, tél. 02 48 79 33 50, rjc.raimbault@orange.fr V *t.l.j. sf dim. 8h30-12h 14h-18h*

DOM. RAIMBAULT-PINEAU 2020 ★★★

| | 60000 | | 8 à 11 € |

Jean-Marie Raimbault représente la dixième génération à la tête de cette exploitation de 18 ha qui, du Sancerrois, s'est étendue aux AOC coteaux-du-giennois et pouilly-fumé.

Du verre s'échappent sans ambages les arômes de fruits blancs mûrs (pêche, poire) et d'abricot. Le fruité est bien le leitmotiv de la dégustation et il se développe longuement au palais sur fond de fraîcheur. Aucun

LOIRE

excès dans ce sancerre, seulement de la délicatesse et de l'harmonie. ⧗ 2022-2025

SCEV DOM. RAIMBAULT-PINEAU, 7, rte de Sancerre, 18300 Sury-en-Vaux, tél. 02 48 79 33 04, domaine.raimbault-pineau@outlook.fr V r.-v. E

DOM. HIPPOLYTE REVERDY 2020 ★

blanc	80000		8 à 11 €

Valeur sûre de l'appellation, ce domaine, habitué du Guide, était conduit par Michel Reverdy. Depuis 2018, c'est sa nièce Julie qui a pris les commandes. L'exploitation couvre aujourd'hui 14 ha : 11 ha plantés en sauvignon blanc, 3 ha en pinot noir.

Ouvert sur des senteurs de fruits de la Passion, d'orange, d'abricot, relevées de touches minérales au fil de l'aération, ce sancerre présente beaucoup de gras et d'ampleur. Son fruité persiste agréablement en finale, de sorte que la séduction opère. ⧗ 2022-2025 ■ **2020 ★ (8 à 11 €; 7000 b.)** Framboise! C'est bien la couleur de ce 2020 et la dominante de sa palette également composée de notes d'épices et de tapenade. La bouche ronde et dense en fait un vin de caractère, qui va bien au-delà de l'idée que l'on se fait du rosé. Un accord avec une viande blanche ou une viande grillée lui ira bien. ⧗ 2021-2022

EARL DOM. HIPPOLYTE REVERDY, 43, rue de la Croix-Michaud, Chaudoux, 18300 Verdigny, tél. 02 48 79 36 16, domaine.hreverdy@wanadoo.fr V r.-v.

DANIEL REVERDY ET FILS
P'tit Luce 2019 ★★

rouge	1550		11 à 15 €

Propriété familiale implantée à Verdigny sur des marnes argilo-calcaires du kimméridgien. Depuis 2001, après s'être formé en Bourgogne, Cyrille Reverdy a rejoint son père Daniel et lancé la vente en bouteilles. Leur vignoble couvre 9,3 ha.

Cette cuvée rend hommage au grand-père, Lucien, qui a planté le pinot noir au domaine. Celui-ci serait fier de ce sancerre fait pour la garde. Le premier nez porte encore l'empreinte d'une année d'élevage sous bois : noisette grillée, vanille, moka. Puis le fruit se manifeste en notes de cerise et de confiture de fraises. Dès lors, il ne quitte plus les sens. Au palais, l'équilibre se réalise entre fraîcheur en attaque, puissance et gras. ⧗ 2022-2025

EARL DANIEL REVERDY ET FILS, Chaudenay, 18300 Verdigny, tél. 02 48 79 33 29, daniel-et-fils.reverdy@wanadoo.fr V r.-v.

BERNARD REVERDY ET FILS 2020 ★★

rosé	12000		8 à 11 €

L'arbre généalogique des Reverdy remontant au XVIe s. trône dans la cave. Aucun doute : ici, le sancerre est une spécialité familiale. Le domaine couvre 15 ha, dirigé depuis 2019 par Romain, petit-fils de Bernard. Une valeur sûre.

Un vin corail, qui donne la faveur au fruit de la fraise et de la framboise, tout en manifestant la touche minérale typique des sancerre. Entre gras et fraîcheur, l'équilibre se réalise. Toutes les sensations s'enchaînent comme un phénomène naturel, écrit un dégustateur. Et d'ajouter : « Tout est là, sans côté spectaculaire. » ⧗ 2021-2022

DOM. BERNARD REVERDY ET FILS, 11, rte des Petites-Perrières, Chaudoux, 18300 Verdigny, tél. 02 48 79 33 08, reverdybernard@orange.fr V r.-v.

JEAN REVERDY ET FILS Les Villots 2020 ★

rosé	7000		8 à 11 €

Les origines de cette propriété remontent à 1650. Christophe Reverdy, fils de Jean, perpétue la tradition familiale depuis 1994 et dirige une exploitation de 12 ha. Un domaine régulier en qualité, en témoignent les différents coups de cœur obtenus depuis la création du Guide.

Couleur grenadine brillant, ce vin sent bon les fruits rouges légèrement anisés : fraise écrasée, framboise. Le caractère charnu fait toute la singularité d'un rosé aux allures méridionales, qui trouvera sa place à table. ⧗ 2021-2022

JEAN REVERDY ET FILS, rue du Carroir-Perrin, Chaudoux, 18300 Verdigny, tél. 02 48 79 31 48, jreverdy@wanadoo.fr V r.-v.

JEAN-MARIE REVERDY ET FILS
Les Villaudes 2019 ★

blanc	4800		15 à 20 €

Perché au-dessus du village de Verdigny, ce domaine offre une belle vue sur la colline de Sancerre. Couvrant 38 ha, il est conduit depuis 1980 par Jean-Marie Reverdy, son épouse Catherine et ses fils Guillaume et Baptiste.

L'empreinte du bois se marie harmonieusement avec les arômes de fruits blancs et jaunes mûrs, voire compotés, si bien qu'une impression gourmande demeure en mémoire. Au palais, tout est ample et rond. ⧗ 2022-2025

EARL REVERDY-FERRY, 8, rte de Chaudenay, 18300 Verdigny, tél. 02 48 79 30 84, domaine@lavillaudiere.com V *t.l.j. sf dim. 9h-12h 14h-18h*

MATTHIAS ET ÉMILE ROBLIN
Origine 2019 ★★

rouge	8500		15 à 20 €

Matthias Roblin a repris en 2000 ce domaine familial, dont l'origine remonte au XVIIIe s. Son frère Émile l'a rejoint six ans plus tard. Le vignoble s'étend sur 19 ha conduits « en culture raisonnée à tendance biologique ».

Rouge intense, belle intensité des arômes de groseille, de sous-bois, avec un léger boisé qui se manifeste à l'agitation du verre. L'entrée en matière est fort plaisante. La suite est à l'avenant : ampleur, rondeur, finale persistante sur les fruits noirs et la torréfaction. Quelques tanins encore jeunes témoignent d'un bon potentiel de garde. ⧗ 2022-2025

GAEC MATTHIAS ET ÉMILE ROBLIN, 1, rue des Godons, Maimbray, 18300 Sury-en-Vaux, tél. 02 48 79 48 85, info@sancerre-roblin.cm V r.-v. C

JEAN-MARC ROGER
La Grange Dirière 2020 ★

| 19 000 | | 11 à 15 € |

Jean-Max Roger a repris en 1971 les 4 ha de vignes légués par ses parents. Rejoint en 2004 par deux de ses fils, Étienne et Thibault, il conduit désormais un domaine de 34 ha (28 ha en sancerre, 6 ha en menetou-salon).

Cerise, groseille, lys : le nez complexe annonce la personnalité de ce 2020. Une matière tapissante, structurée par des tanins de qualité lui donne de la mâche et invite aussi bien à le déguster aujourd'hui qu'à l'apprécier demain. ⌛ 2021-2022

SAS JEAN-MAX ROGER, 11, pl. du Carrou, 18300 Bué, tél. 02 48 54 32 20, contact@jean-max-roger.fr V r.-v.

DOM. DE SACY 2019 ★

| 8 600 | | 8 à 11 € |

Petite exploitation familiale de moins de 4 ha, le domaine de Sacy est conduit par Karine Millet (quatrième génération) depuis 2016. Le vignoble est en conversion bio.

Tout doré, ce vin affiche une délicieuse fraîcheur dès l'olfaction, typique du sauvignon : agrumes (citron, pamplemousse), pêche, minéral. D'attaque fraîche, il emplit le palais de sa trame bien équilibrée et laisse un souvenir durable de ses arômes. Pour un sandre au beurre blanc ou un autre poisson de rivière. ⌛ 2022-2025

EARL GILLES MILLET, Sacy, 18300 Crézancy-en-Sancerre, tél. 06 20 10 58 40, domainedesacy@orange.fr V r.-v.

ROLAND TISSIER ET FILS Tradition 2020 ★★

| 70 000 | | 11 à 15 € |

Roland Tissier s'est installé en 1971 en reprenant l'hectare de son père. Ses 2 fils, Rodolphe et Florent, exploitent désormais le domaine de 11 ha tout autour du piton de Sancerre.

Finesse et élégance d'un vin à la ligne minérale et fruitée (agrumes). Rond et suave, il garde un équilibre remarquable jusqu'à la longue finale sur le zeste d'orange. ⌛ 2022-2025 **2020 ★ (11 à 15 €; 3 000 b.)** De teinte corail, ce rosé mêle un fruité mûr à des arômes de pâte d'amande, de coing et de pivoine. Il est vif en attaque, puis développe un caractère acidulé bien agréable (cerise fraîche). Une tarte aux fruits conviendra à ce style de rosé. ⌛ 2021-2022

SAS ROLAND TISSIER, Le Petit-Morice, 18300 Sancerre, tél. 02 48 54 02 93, sancerretissier@wanadoo.fr V t.l.j. sf dim. 9h30-12h 14h30-18h

DOM. DE LA TONNELLERIE 2020 ★

| 80 000 | | 8 à 11 € |

Les Thirot sont vignerons à Bué depuis 3 siècles. Hubert a pris la suite de son père Gérard à la tête de ce domaine qui couvre aujourd'hui 14 ha et pratique l'enherbement sur la quasi-totalité du vignoble.

Des arômes de fruits blancs et de zeste d'agrumes invitent à poursuivre la dégustation. Après une attaque souple, c'est un vin gouleyant que l'on découvre, soutenu par une vivacité fine qui porte bien le fruité en finale. ⌛ 2022-2025

SAS GÉRARD ET HUBERT THIROT, Dom. de la Tonnellerie, allée du Chatiller, 18300 Bué, tél. 02 48 54 16 14, gerard.thirot@wanadoo.fr V r.-v.

DOM. VACHERON VIGNERONS
Chambrates 2019 ★★★

| 7 500 | | 30 à 50 € |

Héritiers d'une lignée d'hommes de la terre implantée depuis toujours sur le piton de Sancerre, les frères Vacheron – Jean-Louis et Denis – et leurs deux enfants respectifs, Jean-Dominique et Jean-Laurent, exploitent aujourd'hui un vignoble de 49 ha créé dans les années 1900. Certifié depuis 2005 en bio et biodynamie, le domaine pratique la sélection parcellaire et possède sa propre pépinière.

Quelle complexité dans ce vin jaune pâle à reflets or brillant ! Agrumes frais, pomélo, citron confit, pointes épicées et réglissées issues d'un élevage de 12 mois en fût : cette large palette est celle d'une vendange parfaitement mûre. Le volume de l'attaque annonce une matière dense, mais qui est bien équilibrée par la fraîcheur. La finale ciselée laisse le souvenir de notes de citron. ⌛ 2022-2025 **Les Romains 2019 ★★ (30 à 50 €; 12 000 b.)** Après un premier nez discret de thym et d'origan apparaissent des arômes de fruits blancs et d'agrumes bien ouverts et soulignés par une ligne minérale. Au palais, la matière ample séduit par sa fraîcheur citronnée et ses notes grillées-vanillées qui témoignent de l'élevage en fût. Le retour sur la poire et les agrumes s'accompagne d'une touche saline typée. Pour une tarte bourdalou ou du risotto aux pétoncles. ⌛ 2022-2025

SAS VACHERON VIGNERONS, 1, rue du Puits-Poulton, 18300 Sancerre, tél. 02 48 54 09 93, vacheron.sa@orange.fr V t.l.j. 10h-12h 14h30-17h30

IGP CALVADOS

ARPENTS DU SOLEIL Auxerrois 2020 ★

| 12 400 | | 11 à 15 € |

Gérard Samson est « le » vigneron du Calvados, installé depuis 1995 sur les terres argilo-calcaires de Saint-Pierre-sur-Dives, à la tête d'un petit vignoble de 6,6 ha (certifié HVE), héritier d'une histoire viticole qui prospéra de l'époque médiévale jusqu'à la fin du XVIIIe s. Il signe des vins réguliers en qualité, notamment en blanc.

Fidèle au rendez-vous, Gérard Samson signe avec cet auxerrois bien né un blanc plaisant, certes assez discret au nez, mais plus volubile en bouche, autour des fruits exotiques et des fleurs blanches. On aime aussi sa texture souple, sa fraîcheur et sa longueur. ⌛ 2021-2023 **L'Esprit des Arpents 2020 ★ (20 à 30 €; 3 200 b.)** Pas moins de cinq cépages (chardonnay en tête) dans cette cuvée élevée en cuve et en fût. Au nez, un intense boisé toasté et épicé (cannelle) qui couvre un peu le fruit pour l'heure. En bouche, du gras, de la richesse, toujours ce boisé soutenu, mais aussi une belle fraîcheur. ⌛ 2022-2025

ARPENTS DU SOLEIL, Grisy, 14170 Saint-Pierre-en-Auge, tél. 02 31 40 71 82, gerard.samson979@orange.fr V *t.l.j. sf mer. dim.14h-18h*

IGP CÔTES DE LA CHARITÉ

DOM. SERGE LALOUE Pinot noir 2020 ★

13 500 | 8 à 11 €

Christine et Franck ont repris le domaine familial en 2000 : 25 ha (20 en sancerre, 5 en IGP Côtes de la Charité), certifiés HVE et en cours de conversion bio.

De jeunes vignes d'une vingtaine d'années sont à l'origine de ce rouge bien ouvert sur le fruit au nez comme en bouche, des fruits rouges mûrs, presque confits. On aime aussi sa souplesse et son aimable rondeur. Convivial et harmonieux. 2021-2023

SERGE LALOUE, 6, rue de la Mairie, 18300 Thauvenay, tél. 02 48 79 94 10, contact@serge-laloue.fr V *t.l.j. sf dim. 9h-12h 14h-17h30; sam. sur r.-v.*

♥ DOM. LA PETITE FORGE Réserve 2019 ★★

1280 | 11 à 15 €

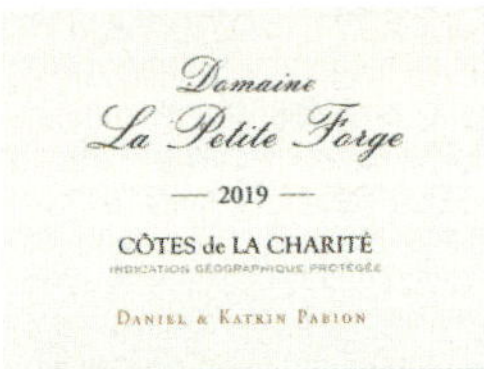

C'est à l'emplacement d'une ancienne forge qui dépendait du prieuré clunisien de La Charité-sur-Loire que le vignoble des Côtes de la Charité a connu sa renaissance sous l'impulsion de la famille Pabion. Daniel et Katrin sont aux commandes depuis 1980 d'une petite vigne de 1,5 ha.

Le pinot noir à son meilleur dans cette cuvée élevée 14 mois en fût de chêne. Au nez, la cerise à l'eau-de-vie et le pruneau se mêlent à un bon boisé grillé. Un profil solaire que l'on retrouve dans une bouche ample, généreuse, ronde et longue, étayée par des tanins soyeux, avant de montrer les muscles en finale. Du caractère et de la réserve en effet. 2023-2027

DOM. LA PETITE FORGE, 136, chem. de la Petite-Forge, 58400 Raveau, tél. 03 86 70 30 80, petiteforge@yahoo.fr V *r.-v.*

IGP PUY-DE-DÔME

PIERRE GOIGOUX Cerise sur le Gâteau 2019 ★

6000 | 5 à 8 €

Domaine situé à quelque 500 m du château de Châteaugay construit au XIVᵉs. et coiffé d'une tour crénelée. L'exploitation créée en 1989 par Pierre Goigoux, sur 2,9 ha, compte aujourd'hui 18 ha de vignes.

Élevé 6 mois en foudre et autant en cuve, ce 2019 dévoile un nez intense de fruits rouges bien mûrs et légèrement épicés. Tout aussi fruité, le palais se montre rond et charnu, appuyé par des tanins présents mais élégants et par une finale bien fraîche. 2021-2025

SCEA PIERRE GOIGOUX, Dom. de la Croix-Arpin, 63119 Châteaugay, tél. 06 11 77 61 99, domaine.pierre.goigoux@orange.fr V *r.-v.*

♥ BENOÎT MONTEL Le Sang des Volcans 2019 ★★

2000 | 15 à 20 €

Après des études au lycée viticole de Beaune suivies de quatre ans de vinification à Puligny-Montrachet, Benoît Montel a créé son propre domaine en 1999. Un vignoble de 12 ha dispersés sur quatre crus, de Riom à Clermont-Ferrand.

Plébiscité par nos dégustateurs, ce 2019 élevé 9 mois en fûts de chêne mérite de patienter quelques années en cave pour être pleinement apprécié. Une pure syrah profonde tirant vers le noir, au nez assez discret de fruits biens mûrs doucement épicés. En bouche, il se montre plus volubile sur le fruit, ample, puissant et généreux avec en soutien une belle trame tannique et une fine acidité qui ajoute à son dynamisme. 2023-2028

BENOÎT MONTEL, 6, rue Henri-et-Gilberte-Goudier, 63200 Riom, tél. 06 32 00 81 05, benoit-montel@orange.fr V *r.-v.*

♥ B MARC PRADIER Pinot noir 2019 ★★

2280 | 5 à 8 €

Après avoir travaillé 15 ans avec son frère, Marc Pradier a repris en 2005 l'exploitation créée en 1945 par son père Jean. Aujourd'hui, il conduit seul ce domaine de 5 ha cultivé en bio.

Ce pinot noir propose un nez à la fois intense et subtil de griotte, de mûre et de pruneau, relevés de touches épicées et boisées. Superbement équilibrée, la bouche, aussi ronde et épicée que souple et fraîche, déroule des tanins soyeux qui accompagnent une finale longue et chaleureuse. L'ensemble laisse une impression d'harmonie et de grande finesse. 2022-2026

MARC PRADIER, 9, rue Saint-Jean-Baptiste, 63730 Les Martres-de-Veyre, tél. 04 73 39 86 41, pradiermarc@orange.fr V *sam. 8h30-12h*

IGP URFÉ

DOM. DES ARDAILLONS Saint-Jacques 2019 ★

1200 | 8 à 11 €

Après de multiples expériences en France (Vallée du Rhône, Beaujolais) et par-delà nos frontières (Chili,

Uruguay), Yannick Pras est revenu en 2018 s'installer à Saint-Haon-le-Châtel, son village natal. Il a repris la parcelle familiale et a créé le Dom. des Ardaillons : 4,5 ha conduits en bio, en côte-roannaise et IGP Urfé.

Élevé 10 mois en fût de chêne et autant en cuve, ce viognier s'habille d'un doré léger. Ouvert et délicat, le nez s'exprime sur l'abricot, le litchi et les fleurs blanches. Rond et généreux, le palais célèbre la douceur des fruits exotiques et de la pêche blanche, équilibrée par des notes minérales et une finale légèrement épicée. ⧗ 2021-2025

DOM. DES ARDAILLONS, 19, chem. de la Fontaine Condé, 42370 Saint-Haon-le-Châtel, tél. 06 09 70 77 83, contact@domaine-des-ardaillons.com V *t.l.j. sf dim. 9h-19h*

LE CLOS DE CHOZIEUX Viognier Granit 2020 ★

2500 | 8 à 11 €

Héritiers de trois générations de vignerons, Jean-Luc et Yves Gaumon ont pris la suite de leurs parents en 2001, sur 3 ha de vignes. Les deux frères ont replanté, portant la surface de la propriété à 10 ha, en diversifiant les cépages. Un domaine régulier en qualité, en conversion bio.

Sous sa robe jaune paille aux reflets dorés, cette cuvée exhale sans réserve des senteurs de fruits à chair blanche bien mûrs. Une attaque franche et ample ouvre sur un palais gras, chaleureux, vineux, dynamisé par de beaux amers en finale. ⧗ 2021-2024

LE CLOS DE CHOZIEUX, Chozieux, 42130 Leigneux, tél. 04 77 24 38 54, clos.chozieux@wanadoo.fr V *t.l.j. sf dim. 9h-12h 14h-18h30*

DOM. DÉSORMIÈRE Roussanne 2019 ★

5500 | 5 à 8 €

Ce domaine familial a été créé en 1974 par Michel Désormière, qui a commercialisé les premières bouteilles. Ses fils Éric et Thierry, aux commandes respectivement depuis 1996 et 2004, ont développé la production et disposent aujourd'hui de 20 ha de vignes en conversion bio depuis 2020.

Ce 100 % roussanne dévoile un nez élégant et gourmand de miel, d'amande et de brioche beurrée. La bouche se montre riche et dense, une pointe d'amertume apportant une fraîcheur bienvenue en finale. ⧗ 2021-2024

DOM. DÉSORMIÈRE, 302, montée du Perron, 42370 Renaison, tél. 04 77 64 48 55, domaine.desormiere@orange.fr V *t.l.j. sf dim. 9h30-12h 14h-19h*

STÉPHANIE GUILLOT Plumes de Perdrix 2020 ★

4000 | 8 à 11 €

Un domaine créé en 2005 par Stéphanie Guillot, à la tête aujourd'hui d'un vignoble de 8,5 ha.

Au nez, des arômes de pêche, de poire, de melon, de fleurs blanches et quelques notes beurrées. En bouche, de la netteté, de la fraîcheur, un fruité bien présent sur la longueur, rehaussé d'un trait d'amertume en finale. Un bel équilibre. ⧗ 2021-2023

STÉPHANIE GUILLOT, 785, RD 1089, 42130 Sainte-Agathe-la-Bouteresse, tél. 06 82 49 26 44, cave.stephanieguillot@orange.fr V *lun. ven. sam. 15h-18h*

FRANÇOIS REUMONT Roche de Cromorel 2019 ★

4000 | 8 à 11 €

D'origine belge, François Reumont s'est formé à la « Viti » de Beaune, puis chez des vignerons bourguignons avant de fonder son domaine en 2013, étendu sur 5 ha et cultivé dans une approche bio.

Ce 2019 se distingue par un nez discret mais élégant de fleurs blanches. Équilibré, le palais se montre à la fois rond et frais, persistant sur les nuances florales et souligné en finale par un trait minéral. ⧗ 2021-2023

FRANÇOIS REUMONT, 23, bd Honoré-d'Urfé, 42130 Boen-sur-Lignon, tél. 06 66 15 03 15, francois.reumont@gmail.com V *r.-v.*

IGP VAL DE LOIRE

♥ B DOM. DE BOIS MOZÉ East Side 2020 ★★

6600 | 11 à 15 €

Commandé par un ancien manoir du XVIe s., le domaine est devenu au XVIIe s. une métairie du château de Montsabert. Il s'est développé dans les années 1950-1970 avant de changer de mains en 1996 (famille Lancien). À la tête du domaine depuis 2004, Mathilde Giraudet gère 38 ha de vignes labellisés bio depuis 2017.

Le pinot noir à l'honneur dans cette cuvée au nez intense de petits fruits rouges, de cerise à l'alcool notamment. Un fruité généreux que prolonge avec persistance une bouche ronde et souple, aux tanins soyeux et fondus. Le coup de cœur fut mis aux voix. ⧗ 2021-2024

SCEA DOM. DE BOIS MOZÉ, Le Bois-Mozé, Coutures, 49320 Brissac-Loire-Aubance, tél. 02 41 57 91 28, contact@bois-moze.fr V *r.-v.*

DOM. BOUCHAUD Egiodola L'Egérie 2019 ★

2300 | 5 à 8 €

Établi à Saint-Fiacre-sur-Maine, Pierre Luc Bouchaud exploite un domaine de 21 ha. Plantées sur un terroir de gneiss en bord de Sèvre, les vignes sont en conversion bio depuis le millésime 2018.

Une cuvée pour amateurs de découvertes, née du très rare egiodola, croisement entre l'abouriou (spécialité marmandaise) et le tinta da madeira. Un rosé à la robe foncée, au nez bien fruité (cassis, framboise) et épicé, rond et généreux en bouche, sans manquer de vivacité. Au final, un bel équilibre et une vraie originalité. ⧗ 2021-2022

PIERRE-LUC BOUCHAUD, 4, rue des Manoirs, La Hautière, 44690 Saint-Fiacre-sur-Maine, tél. 02 40 36 95 23, domaine@bouchaud.fr V *r.-v.*

DOM. BOUFFARD Cabernet-sauvignon 2020 ★★

12000 | - de 5 €

Ce domaine d'une belle régularité est établi à Saint-Crespin, une commune de l'est du vignoble nantais située aux portes de l'Anjou. Gilles et Frédéric Bouffard y produisent tous les types de vins de la région (blanc, rouge, rosé et mousseux) sur une exploitation de 29 ha.

Une cuvée atypique que ce moelleux rosé né du cabernet-sauvignon. Mais le charme a opéré : robe brillante, nez fruité, bouche ample, souple et suave mais sans lourdeur, belle longueur. ⧗ 2021-2022

GAEC GILLES ET FRÉDÉRIC BOUFFARD, 51, La Brosse, Saint-Crespin-sur-Moine, 49230 Sèvremoine, tél. 02 41 70 43 42, contact@domaine-bouffard-viticulteur.fr V *r.-v.*

CH. CASSEMICHÈRE Rêve d'Automne 2018 ★

■	10 000		8 à 11 €

Un château du XVII^e^s. et un domaine qui se flatte d'avoir acclimaté les premiers plants de melon de Bourgogne (muscadet) au début du XVIII^e^s. Philippe Ganichaud a repris l'exploitation en 2005, assisté de Gérard Secher, maître de chai depuis 1982. Après l'achat, en 2009, du Dom. de Montifault (10 ha), la propriété couvre 45 ha.

Un chardonnay vendangé tardivement, à l'automne. Au nez, de l'abricot, de la pêche et de l'amande. Des arômes prolongés par une bouche tendre, souple, bien équilibrée entre douceur et fine acidité. ⧗ 2021-2024

SCEA CH. CASSEMICHÈRE, La Cassemichère, 44330 La Chapelle-Heulin, tél. 06 10 19 38 37, contact@chateaucassemichere.fr V *r.-v.*

LE CHAILLOU Chardonnay 2020 ★

■	7 000		- de 5 €

Installée en 2007, la quatrième génération officie aujourd'hui sur ce domaine créé en 1930 sur les terrains vallonnés de Vallet, au cœur de l'aire du muscadet-sèvre-et-maine. La nature rocailleuse de ses sols schisteux explique sans doute le nom de «Chaillou». Sur 30 ha, Raphaël et Bertrand Allard produisent principalement des sèvre-et-maine et des vins de cépage en IGP.

Ce chardonnay expressif dévoile des arômes de fruits exotiques, de fruits jaunes et de fleurs blanches. En bouche, il se montre léger, souple, fruité, souligné par une fine fraîcheur. ⧗ 2021-2023

EARL ALLARD-BRANGEON (LE CHAILLOU), La Guertinière, 44330 Vallet, tél. 02 40 36 27 43, allard-brangeon@orange.fr V *r.-v.*

DOM. DE CHAINTRE Cabernet Franc 2020 ★

■	20 000		- de 5 €

Marcel Luneau a repris en 1970 l'exploitation familiale alors en polyculture, qu'il a peu à peu spécialisée. Son fils Sylvain, ingénieur œnologue, a pris la relève en 2013; il est à la tête aujourd'hui de 60 ha de vignes, sur lesquels il produit muscadets et vins en IGP.

Une belle robe brillante et claire habille ce rosé moelleux, agréablement fruité (petits fruits rouges) à l'olfaction. La bouche, suave sans lourdeur, déploie un fruité exotique. ⧗ 2021-2022

EARL SYLVAIN LUNEAU (DOM. DE CHAINTRE), Chaintre, 44330 Mouzillon, tél. 02 40 36 31 16, sylvain.luneau@orange.fr V *r.-v.*

♥ DOM. DE LA COCHE
Pays de Retz Le Paradis Sauvignon gris 2020 ★★

■	8 000		8 à 11 €

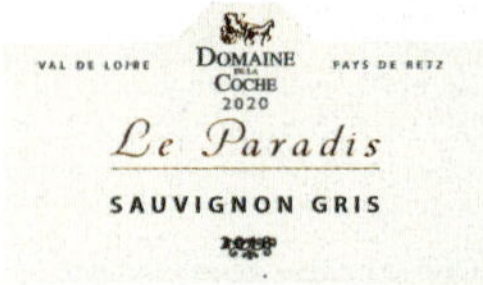

Située dans l'extrême ouest du vignoble nantais, Sainte-Pazanne est une commune principalement tournée vers l'agriculture. Un îlot viticole demeure : celui des cousins Emmanuel et Laurent Guitteny, à la tête depuis 2000 d'un vignoble de 35 ha.

Une larme de sauvignon blanc (5 %) accompagne le sauvignon gris dans cette cuvée qui fleure bon les agrumes (orange, pamplemousse), les fleurs blanches et le buis. Une palette bien typée que l'on retrouve avec gourmandise dans une bouche ample, généreuse et soyeuse, un brin miellée, avant une finale pleine de dynamisme et de fraîcheur mentholée. Beaucoup de charme et de relief. ⧗ 2021-2024

SCEA DOM. DE LA COCHE, La Coche, 44680 Sainte-Pazanne, tél. 02 40 02 44 43, contact@domainedelacoche.com V *t.l.j. sf dim. lun. 10h-12h 14h-19h*

VIGNOBLE COGNÉ
Sauvignon Blanc Del Ys 2020 ★

■	6 000		5 à 8 €

L'une des valeurs sûres de l'IGP Val de Loire, connue aussi sous l'étiquette Dom. de la Couperie, avec laquelle la famille Cogné a déjà décroché plusieurs coups de cœur. Le vignoble s'étend sur 50 ha.

Le nez, flatteur et bien typé sauvignon, convoque les agrumes, le buis et les fleurs blanches. La bouche se montre longue et ample, dominée par des saveurs exotiques et épicées. ⧗ 2021-2023

VIGNOBLE COGNÉ, 227, La Couperie, Saint-Christophe-la-Couperie, 49270 Orée-d'Anjou, tél. 02 40 83 73 16, cogne.vin@orange.fr V *t.l.j. sf jeu. dim. 8h-12h 14h-18h*

DOM. DU COLOMBIER
Sauvignon gris 2020 ★

■	16 000		- de 5 €

Domaine situé à la limite est du vignoble nantais, aux portes des Mauges et de l'aire du muscadet. Représentant la quatrième génération, Jean-Yves Brétaudeau conduit depuis 1996 le vignoble de 35 ha.

Robe or pâle, nez discret mais charmeur d'agrumes et de genêt, l'approche est engageante. La bouche, bien équilibrée, se montre plus intense, sur le fruit agrémenté de nuances florales, mentholée et fumées. ⧗ 2021-2023

EARL JEAN-YVES BRETAUDEAU (DOM. DU COLOMBIER), 3, Le Colombier, 49230 Tillières, tél. 02 41 70 45 96, contact@lecolombier.com V *r.-v.*

LE FIEF NOIR Cocagne 2020 ★★

30000	11 à 15 €

Dominique Sirot et Alexis Soulas, œnologues, ont visité ce domaine de la vallée du Layon en 2012, pour déguster les vins de Catherine et Olivier de Cenival (Dom. des Chesnaies). Séduits, ils ont quitté la Corse (les deux associés œuvraient alors au Dom. Terra Vecchia) et repris en 2014 l'exploitation (31 ha conduits en bio) qu'ils ont rebaptisée en 2017, choisissant le nom de Fief noir en hommage au terroir de l'Anjou noir.

Le seul grolleau est à l'œuvre dans cette superbe cuvée d'un seyant rouge grenat, ouverte sur des arômes de fruits rouges finement épicés. Une belle typicité à laquelle fait un long écho une bouche souple, fluide, pleine de fraîcheur et d'une longueur remarquable. Savoureux. ⧗ 2021-2024

LE FIEF NOIR, 6 bis, rue du Bon-Repos, 49750 Saint-Lambert-du-Lattay, tél. 02 41 44 40 36, contact@fiefnoir.com V *t.l.j. sf sam. dim. 9h-17h30; f. 1-15/08.*

DOM. DE FONTENILLE Patrick Maudry 2020 ★

15000	5 à 8 €

En 1982, Patrick Maudry a décidé de planter la vigne dans son domaine agricole. Le sauvignon a ainsi tout naturellement trouvé sa place. Aujourd'hui, son vignoble couvre 20 ha.

Une toute jeune vigne (5 ans) à l'origine d'un joli vin intense en couleur et en arômes : agrumes, buis, herbes aromatiques. La bouche y ajoute une note exotique de litchi et séduit par sa rondeur rafraîchie par une pointe de minéralité. ⧗ 2021-2023

EARL DU CHAMP MENA, Dom. de Fontenille, 58150 Tracy-sur-Loire, tél. 03 86 26 12 62, earlduchampmena@orange.fr V *r.-v.*

DOM. LA GACHÈRE Sauvignon 2020 ★★

6400	5 à 8 €

Ce domaine familial de 32 ha est situé dans les Deux-Sèvres, aux confins méridionaux du vignoble angevin. Les jumeaux Alain et Gilles Lemoine ont pris la succession de leur père Claude en 1998.

Une belle robe dorée habille ce vin au nez intense de fleurs blanches, de fruits secs et de fruits bien mûrs. Une maturité qui transparaît aussi dans une bouche ample, ronde et longue. Atypique pour un sauvignon mais très bon. ⧗ 2021-2023

GAEC LEMOINE (DOM. DE LA GACHÈRE), La Gachère, Saint-Pierre-à-Champ, 79290 Val-en-Vignes, tél. 05 49 96 81 03, gachere@orange.fr V *t.l.j. 9h30-18h* 2

DOM. DE LA GARNIÈRE Sauvignon gris 2020 ★★

5000	5 à 8 €

Située aux confins orientaux du vignoble nantais, sur les coteaux de la Moine, cette propriété a vu passer trois générations de Fleurance : le grand-père, en polyculture; les parents, qui ont spécialisé l'exploitation; aujourd'hui, Olivier et Pascal, à la tête de 30 ha de vignes.

Ce sauvignon gris bien né livre un bouquet discret mais élégant de litchi et de fruits blancs. Une palette qui s'enrichit d'agrumes dans une bouche bien équilibrée, fraîche et persistante. Tout est en place. ⧗ 2021-2023

Sauvignon blanc 2020 ★ (- de 5 €; 10000 b.) Fleurs blanches, buis, le nez évoque bien le cépage. En bouche, du floral et du fruité, de la fraîcheur et une bonne bonne longueur. Harmonieux. ⧗ 2021-2023

GAEC CAMILLE FLEURANCE ET FILS (DOM. DE LA GARNIÈRE), 202, la Garnière, 49230 Saint-Crespin-sur-Moine, tél. 02 41 70 40 25, fleurance@garniere.com V *r.-v.* 2

DOM. DE GUÉRANDE Pinot Noir Berligou 2019 ★

2000	5 à 8 €

Ce domaine est conduit par la famille Jussiaume depuis trois générations (Pierrick depuis 1998). Planté au sommet de la Butte de la Roche, le vignoble de 20 ha domine les marais de Goulaine et offre une vue panoramique sur Nantes.

De jeunes ceps (7 ans) ont donné ce vin sombre, au nez puissant et généreux de fruits rouges confiturés. Un profil solaire auquel fait écho une bouche gorgée de fruits mûrs, ronde, souple, aux tanins fondus. ⧗ 2021-2023

JUSSIAUME, Guérande Marguais, 44430 Le Loroux-Bottereau, tél. 06 22 16 74 62, domainedeguerande@wanadoo.fr V *r.-v.*

GUILBAUD FRÈRES Excelsus Cabernet Franc 2020 ★

3000	- de 5 €

Cette maison de négoce a été créée en 1927 par l'arrière-grand-père et le grand-oncle des actuels propriétaires, aux commandes depuis 1983.

Un rosé simple et de bon goût. Au nez, les petits fruits rouges sont de mise. Ils donnent aussi le ton dans une bouche légère, souple et fraîche, enrobée par une petite rondeur et agrémentée de notes de fruits secs. ⧗ 2021-2022

GUILBAUD FRÈRES, Beausoleil, 44190 Gorges, tél. 02 40 06 90 69 V *r.-v.*

FAMILLE LIEUBAU La Fruitière Chardonnay-Sauvignon 2020 ★★

60000	5 à 8 €

Pierre et Chantal Lieubeau dirigent depuis 1980 cette exploitation familiale créée en 1816 et implantée sur les granites de Château-Thébaud. Leurs enfants François, Vincent et Marie les ont rejoint pour conduire ce vignoble de 75 ha en conversion bio.

Un petit passage en cuve de 2 mois pour cette cuvée ouverte sur de puissantes notes d'agrumes et de genêt. La bouche se montre alerte et vive, bien fruitée et d'une belle longueur, avant de dévoiler d'agréables amers en finale. Le coup de cœur n'est pas passé loin. ⧗ 2021-2023

SCEA LA FRUITIÈRE (FAMILLE LIEUBEAU), La Fruitière, 44690 Château-Thébaud, tél. 02 40 06 54 81, vincent@lieubeau.com V *t.l.j. sf dim. 10h30-12h 14h-19h*

LOIRE

♥ BERNARD MAILLARD
Pinot gris 2020 ★★

3866 | 5 à 8 €

Les Maillard sont vignerons depuis 1890. Héritier de cette longue lignée, Bernard s'est installé en 1989 à la tête du domaine familial et de ses 24 ha de vignes (certifiés HVE). Les vins sont vinifiés et conservés en cuves de verre souterraines ou en cuves Inox.

Une jeune vigne (20 ans) de pinot gris a donné naissance à un moelleux d'une belle brillance, ouvert sans réserve sur des arômes de sous-bois, de nectarine et d'abricot confit. On retrouve ces saveurs dans une bouche ample, soyeuse et fine, parfaitement équilibrée par une touche d'acidité bien dosée. ⧗ 2021-2024

EARL BERNARD MAILLARD, 32, les Défois, 44190 Saint-Lumine-de-Clisson, tél. 06 15 35 64 78, bernard.maillard5@wanadoo.fr V r.-v.

VIGNOBLE MALIDAIN
Rouge Plaisir 2019 ★

6000 | 5 à 8 €

La famille Malidain crée l'exploitation en 1954 : 5 ha de vignes, de la polyculture et un élevage bovin. Son fils Michel prend le parti de la seule vigne en 1974. Depuis 2006, Romain, le petit-fils, a pris la main et conduit un vignoble de 32 ha. Il a été rejoint en 2018 par son frère Freddy et Christophe, leur oncle.

Le grolleau est seul maître à bord de cette cuvée qui vise le plaisir simple. Objectif atteint avec un vin qui respire le fruit saupoudré d'épices et de notes florales, et qui se montre souple et frais en bouche. ⧗ 2021-2023

EARL VIGNOBLE MALIDAIN, 6, le Demi-Bœuf, 44310 La Limouzinière, tél. 02 40 05 82 29, contact@vignoblemalidain.com V *t.l.j. sf mer. dim. 9h-12h 14h30-18h*

DOM. J. MARTELLIÈRE
Chenin 2020 ★

2200 | 5 à 8 €

Jean-Vivien Martellière a repris en 2003 cette exploitation familiale de 12 ha fondée en 1967 par son grand-père Jean. Il vinifie les trois AOC de la vallée du Loir (jasnières, coteaux-du-loir et coteaux-du-vendômois) et des IGP Val de Loire en appliquant les méthodes traditionnelles (levures naturelles, macérations courtes…). Associé à sa sœur, le vigneron a récemment inauguré à Montoire-sur-Loir *Les Trois marches*, un bar à vins pour déguster ses cuvées accompagnées d'assiettes gourmandes.

Une toute jeune vigne de chenin (4 ans) a enfanté ce blanc intense, ouvert sur la pomme et la poire mûres, presque compotées. Une richesse à laquelle fait écho une bouche suave, bien lisse et ronde. Un profil généreux et gourmand. ⧗ 2021-2023

JEAN MARTELLIÈRE, 46, rue de Fosse, 41800 Montoire, tél. 06 08 99 94 15, contact@domainemartelliere.fr V r.-v.

MORILLE-LUNEAU
Chardonnay Elevé en fût de chêne 2018 ★

1400 | 8 à 11 €

La famille Morille-Luneau exploite la vigne sur les bords de Loire depuis 1904 et cinq générations. Une exploitation certifiée HVE3 et en cours de conversion bio.

Fruits secs, agrumes, résine, épices douces, le nez de ce chardonnay passé 9 mois en fût affiche une belle intensité. La bouche riche, chaleureuse, soutenue par un boisé qui ne se cache pas mais de qualité. Pour amateurs de blancs boisés. ⧗ 2021-2024

GAEC MORILLE-LUNEAU, 31, l'Auberdière, 44450 Divatte-sur-Loire, tél. 02 40 06 34 09, contact@morille-luneau.com V *t.l.j. sf dim. 9h-12h 14h-19h*

Ⓑ DOM. DU MOULIN DE LA DOUVE
Chardonnay 2020 ★

3000 | 5 à 8 €

Établi à Rablay sur Layon depuis quatre générations, le domaine exploite 12 ha de vignes en bio. Il commercialise une douzaine de cuvées soignées, en rouge comme en blanc, en sec comme en moelleux.

Un chardonnay bien né, ouvert sur des arômes élégants de fleurs blanches, de beurre et de citron. La bouche suit la même ligne et séduit par son volume, son équilibre très assuré entre gras et fraîcheur et sa longue finale. ⧗ 2021-2023

BAPTISTE BILLOT, 1, le Moulin-de-la-Douve, 49750 Rablay-sur-Layon, tél. 06 83 53 87 59, billotbaptiste@yahoo.fr V r.-v.

LE MOULIN DE LA TOUCHE
Sauvignon gris 2020 ★

8000 | - de 5 €

Ce domaine a été créé en 1970 sur les coteaux sud qui dominent le marais breton et la baie de Bourgneuf. 16 ha de vignes entourent aujourd'hui un ancien moulin érigé en 1745 et transformé en caveau par la famille Hérissé. Vincent a repris l'exploitation en 2014.

Notes fumées et fruitées intenses, le nez de ce sauvignon gris est bien typé et agréable. La bouche se montre ronde, souple, de bonne longueur, avec un joli retour fruité en finale. Simple et de bon goût. ⧗ 2021-2023

LE MOULIN DE LA TOUCHE, 44580 Bourgneuf-en-Retz, tél. 02 40 21 47 89, contact@lemoulindelatouche.com V *t.l.j. sf dim. 10h-12h 15h-18h30*

VIGNOBLE DE LA PATELIÈRE
Pinot Gris 2020 ★★

4000 | - de 5 €

Installé en 2003 sur les 9 ha hérités de son père, Gwenaël Bricard travaille aujourd'hui 18 ha et commercialise plus de la moitié de sa production en vente directe.

Ce moelleux né de jeunes (15 ans) ceps de pinot gris dévoile un bouquet gourmand de poire mûre relevé d'épices douces. Une gourmandise fruitée à laquelle fait écho une bouche souple, soyeuse, soulignée par une juste fraîcheur qui apporte l'équilibre et une belle allonge. Le coup de cœur fut mis aux voix. ⌛ 2021-2024

GWENAËL BRICARD, La Patelière, Saint-Laurent-des-Autels, 49270 Orée-d'Anjou, tél. 06 61 77 01 58, gwenael.bricard@orange.fr r.-v.

♥ DOM. DU PETIT CLOCHER
Sauvignon 2020 ★★

25 000 | 5 à 8 €

Conduite par la jeune génération, Stéphane, Julien et Vincent Denis, arrivés respectivement en 2003, 2006 et 2009, une affaire de famille depuis 1920; 5 ha aux origines, 90 ha aujourd'hui. Un domaine phare du haut Layon, réputé notamment pour ses vins rouges, mais aussi très à l'aise en blanc et en rosé. Une valeur (très) sûre.

Le sauvignon à son meilleur niveau dans cette cuvée née d'une jeune vigne de 15 ans. Une belle robe limpide, un nez diablement charmeur avec ses intenses parfums fruités (mangue, pêche) et floraux. Une intensité que l'on retrouve dans une bouche fine, délicate, sans aspérité ni agressivité, relevée par une pointe épicée du meilleur effet en finale. Un régal. ⌛ 2021-2023

Chardonnay 2020 ★★ (5 à 8 €; 20 000 b.) Au nez, de la pomme, des agrumes, des fleurs blanches et une touche beurrée. En bouche, un beau fruité, une touche miellée, du gras mais aussi beaucoup de fraîcheur. ⌛ 2021-2024

EARL DU PETIT CLOCHER, La Laiterie, 49560 Cléré-sur-Layon, tél. 02 41 59 54 51, contact@domainedupetitclocher.fr t.l.j. sf dim. 9h-12h30 14h-18h

DOM. DES QUATRE ROUTES
Chardonnay 2020 ★

14 000 | - de 5 €

Représentant la huitième génération, Éric Poiron est aux commandes du domaine familial (32 ha aujourd'hui) depuis 1990. Les Poiron sont également pépiniéristes et producteurs de pommes.

D'un abord discret, ce chardonnay s'ouvre à l'aération sur les agrumes et le genêt. À une attaque franche et fraîche succède un milieu de bouche plus riche et rond, aux saveurs de fruits blancs et d'amande grillée, une agréable amertume venant stimuler la finale. ⌛ 2021-2023

SARL HENRI POIRON ET FILS, Les Quatre-Routes, 44690 Maisdon-sur-Sèvre, tél. 02 40 54 60 58, contact@poironhenri.com t.l.j. sf dim. 9h30-12h30 14h-18h30

DOM. DE LA RENNE
Chardonnay 2020 ★★

16 000 | 5 à 8 €

En 1990, Guy Lévêque a pris les commandes du domaine familial établi sur la rive droite du Cher, aux portes de la Sologne. Il l'a largement développé : le vignoble est passé de 4 ha à 63 ha, et la surface du chai a été doublée. En 2009, sa fille Claudie a pris le relais.

Ce superbe chardonnay s'annonce dans une élégante robe paille, le nez ouvert sur l'abricot bien mûr et les fruits exotiques. Un fruité généreux que l'on retrouve avec gourmandise dans une bouche aussi large que longue, riche et suave, soulignée par une pointe de fraîcheur bien sentie. Beaucoup de relief dans ce vin de caractère. ⌛ 2021-2024

DOM. DE LA RENNE, 1, chem. de la Forêt, 41140 Saint-Romain-sur-Cher, tél. 02 54 71 72 79, contact@domainedelarenne.fr t.l.j. sf dim. 9h-12h 14h-18h

MICHEL ROBINEAU Sauvignon 2020 ★

1300 | - de 5 €

À la tête de 11 ha de vignes, Michel Robineau a créé son exploitation en 1990 dans l'aire des coteaux-du-layon. Son domaine jouit d'une très bonne réputation, confortée par nombre d'étoiles et de coups de cœur dans le Guide.

Un sauvignon expressif, ouvert sur des notes d'agrumes, de fruits exotiques et de bourgeon de cassis. Une typicité que ne renie pas le palais, frais, alerte et souple. Un bon classique. ⌛ 2021-2023

VIGNOBLE MICHEL ROBINEAU, 3, chem. du Moulin, Les Grandes-Tailles-Saint-Lambert-du-Lattay, 49750 Val-du-Layon, tél. 02 41 78 34 67, vignoblemichelrobineau@orange.fr r.-v.

DOM. LA TOUR BEAUMONT
Chardonnay 2020 ★

6000 | 5 à 8 €

Le donjon d'un ancien château du XIIes. a donné son nom au domaine, dont les 32 ha se répartissent sur deux coteaux séparés par la rivière Clain. Une valeur sûre du Haut-Poitou. Après 5 années passées en Bourgogne, Pierre Morgeau a rejoint en 2011 son père, Gilles, sur cette exploitation familiale créée en 1860, qu'il dirige depuis 2015.

Au nez, les agrumes (citron, zeste d'orange) se mêlent à d'originales notes de thym et de romarin. La bouche se montre ronde sur des saveurs de fruits frais et de girofle, avant une pointe saline en finale. ⌛ 2021-2023

MORGEAU LA TOUR BEAUMONT, 2, av. de Bordeaux, 86490 Beaumont-Saint-Cyr, tél. 05 49 85 50 37, contact@domainelatourbeaumont.fr t.l.j. sf dim. 9h30-12h 14h30-19h (18h sam. et hiver)

DOM. DE LA TUFFIÈRE Grollo & Tuffo 2020 ★★

2800 | 5 à 8 €

Situé sur la rive droite de la Loire, au nord-est d'Angers, ce domaine de 26 ha, de création monastique, remonte au XVIIes. Longtemps propriété du Ch. de la Tuffière, il a été repris en 1989 par les Coignard, exploitants sur ces terres depuis 1972. Leur fille Clarisse et son mari Fabrice Benesteau sont aux commandes depuis 2002. Leurs vins (blancs et rosés notamment) sont régulièrement remarqués dans nos éditions.

LOIRE

Un duo gagnant que ce Grollo et Tuffo, référence explicite au cépage et au terroir. Au nez, une belle intensité se déploie autour des fruits rouges et noirs mûrs. Ce même fruité imprime sa marque dans une bouche longue, souple et fondue, aux tanins bien veloutés. ⧗ 2021-2024 ■ **As'Tuff 2020 ★ (8 à 11 €; 950 b.)** Le sauvignon en valeur dans ce moelleux centré sur les fruits secs, l'amande notamment, à l'olfaction. La bouche est suave, tendre, sur les fruits confits, avec une bonne fraîcheur qui apporte l'équilibre. ⧗ 2021-2024

EARL COIGNARD-BENESTEAU, Dom. de la Tuffière, Lué-en-Baugeois, 49140 Jarzé-Villages, tél. 02 41 45 11 47, vignobletuffiere@gmail.com
V *t.l.j. sf dim. 9h-12h 14h-19h*

RHÔNE

La vallée du Rhône

selon Margot

Rouge aux Lèvres

Mon vignoble numéro 1. Pourquoi ? Parce que c'est l'une des rares régions de France où tout type de budget trouve satisfaction. Tu as autour de 10 € ? Regarde du côté des côtes-du-rhône, de crozes-hermitage, de cairanne ou encore de lirac : ces appellations proposent de superbes vins au rapport qualité-prix imbattable. Tu recherches un vin mythique ? Tu as l'embarras du choix : côte-rôtie, hermitage, condrieu, châteauneuf-du-pape… En plus, je suis une amoureuse de la syrah ! Elle a cette capacité à se métamorphoser selon les terroirs. Dans sa prime jeunesse, elle prend des airs de fille coquette, un brin tenace, puis elle gagne en complexité et en profondeur avec le temps. Bref, du nord au sud, la vallée du Rhône est une terre de vins mythiques.

• **Ma reco œnotourisme**
Mon coup de cœur a été la balade en « deudeuche » avec **Youpi Tours** sur le parcours de « Rasteau Secret » imaginé avec le Syndicat des vins de Rasteau. Pour commencer, l'effet 2 CV est incroyable : on peut aller partout, sur des petites routes que même les vignerons ne connaissent pas. Ensuite, Corine Aujogues, la créatrice de Youpi Tours, pleine d'humour et de passion, est une mine de bons plans et d'histoires. Le petit plus : le pique-nique dans les vignes avec les produits locaux et un verre de rasteau, bien sûr.

Le bonheur est dans la vigne

Yves Cuilleron Bonnivières 2018 (côte-rôtie)
Un des grands vignerons de la vallée du Rhône Nord. Tous les vins sont délicieux, à commencer par ce côte-rôtie frais et élégant.

Cave de Tain Nobles Rives 2019 (hermitage)
Une cave coop dynamique, qui travaille aussi bien les vins d'entrée de gamme que les grandes cuvées, à l'image de ce superbe hermitage.

Le Domaine Montirius Le Clos 2018 (vacqueyras)
Grande révélation ! Ce domaine familial 100 % en biodynamie me surprend par le style si élégant et plein de fraîcheur de ses vins.

LA VALLÉE DU RHÔNE

La vallée du Rhône porte des vignobles parmi les plus anciens de France, façonnés notamment par les Grecs et les Romains, puis par les papes d'Avignon.

Elle propose deux visages bien distincts. Le nord, entre Vienne et Valence, offre un vignoble parfois spectaculaire accroché aux coteaux surplombant le Rhône. Un vignoble modeste en taille, mais prestigieux par ses vins rouges de renom (côte-rôtie, cornas…), nés de la syrah, et par ses plus rares blancs, dont le fameux condrieu ou encore l'hermitage. Le Sud étend son vaste vignoble autour d'Orange. Outre des rosés et de rares blancs, son climat méditerranéen favorise les vins rouges chaleureux à dominante de grenache noir.

En matière de vins d'appellation, c'est la deuxième région viticole après le Bordelais. Les vins rouges, majoritaires, sont souvent chaleureux, souples ou de garde. Avec tavel, le vignoble possède la plus ancienne appellation de rosés ; il produit aussi des blancs de haute lignée comme les hermitage ou les condrieu. Enfin, les vins doux naturels montrent son appartenance à l'orbite méditerranéenne.

La **vallée du Rhône**
en un clin d'œil

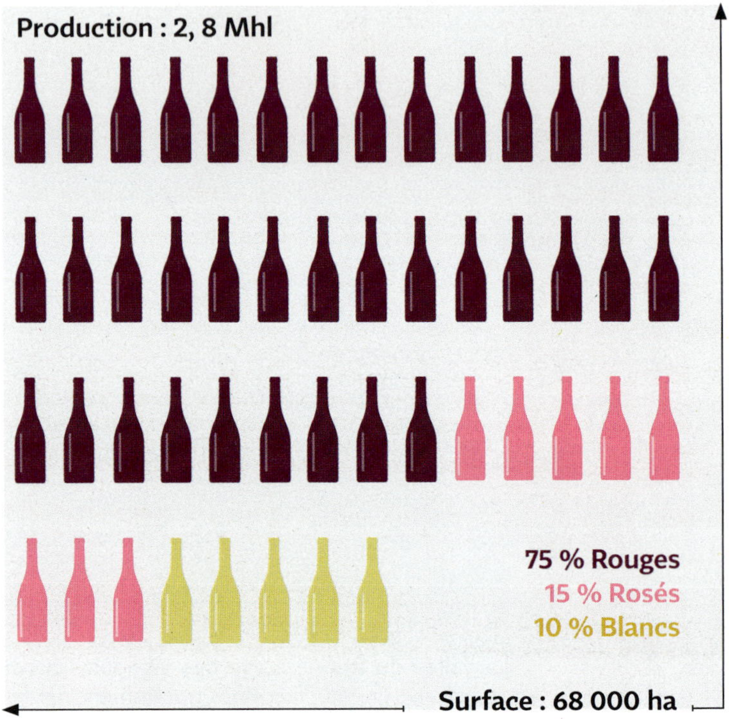

Types de vins

Rouges | Blancs secs | Rosés | Effervescents | Vins doux naturels

Principaux **cépages**

Syrah

Grenache

Mourvèdre

Cinsault

Carignan

Viognier

Roussanne

Marsanne

Grenache blanc

Clairette blanche

Bourboulenc

muscat blanc à petits grains

Hiérarchie des vins

AOC COMMUNALES
(côte-rôtie, cornas, tavel, châteanueuf-du-pape…).

AOC « SATELLITES »
On rattache aussi au vignoble rhodanien des AOP « satellites » plus éloignées du fleuve (ventoux, luberon, grignan-lès-adhémar…).

AOC RÉGIONALES
côtes-du-rhône et côtes-du-rhône-villages, avec ou sans nom de commune

Un peu d'**histoire**

- **Ve s. av. J.-C. :** les Grecs implantent la vigne.
- **125 av. J.-C. :** conquête de la région par les Romains, essor du vignoble et 1res réglementations viticoles. Les Allobroges, population locale, obtiennent le droit de produire du vin.
- **Ier s. :** Pline l'Ancien célèbre les vins produits sur les terrasses aux alentours de Vienne.
- **XIIe s. :** les Templiers développent le vignoble de Châteauneuf-du-Pape.
- **1309-1376 :** 5 papes légitimes demeurent à Avignon.
- **1317 :** le pape Jean XXII fait prospérer le vignoble de Châteauneuf-du-pape.
- **XVIIe s. :** la dénomination « Coste du Rhône » apparaît et désigne les vins du duché d'Uzès.
- **1731 :** un édit royal autorise le marquage des lettres CDR (« Côte du Rhône) sur les fûts de vins de Tavel, Lirac, Roquemaure et Chusclan qui s'exportent jusqu'en Europe du Nord.
- **1850 :** le vignoble de la Côte du Rhône s'étend à la rive gauche du fleuve : on parle des « côtes du Rhône ».
- **1860 :** crise phylloxérique.
- **1924, 1929 :** Le baron Le Roy crée le syndicat des Vignerons de Châteauneuf-du-pape, puis le syndicat des Côtes du Rhône. Rénovation du vignoble.
- **1930 :** le vignoble du Rhône septentrional bénéficie de l'élan donné par la coopérative de Tain-l'Hermitage.
- **1936 :** création des AOC châteauneuf-du-pape, hermitage, tavel, saint-péray, château-grillet.
- **1937 :** création de l'AOC côtes-du-rhône.
- **1966 :** création de l'AOC côtes-du-rhône-villages.
- **À partir de 1970** et jusqu'au début **2000 :** création des AOC communales (gigondas, vacqueyras, vinsobres, rasteau, beaumes-de-venise), et des AOC « satellites » (ventoux, costières-de-nîmes, luberon…). Nouvelle impulsion dans le vignoble septentrional.

Les **appellations** régionales de la vallée du Rhône

AOC Côtes-du-rhône

Production : 1,2 Mhl

84 % Rouges
10 % Rosés
6 % Blancs

Surface : 31 000 ha

Types de vins

Rouges

Blancs secs

Rosés

Principaux **cépages**

Grenache noir · Syrah · Mourvèdre · Cinsault · Carignan · Counoise

Grenache blanc · Clairette · Viognier · Marsanne · Roussanne · Bourboulenc

Une très vaste appellation dominée par les rouges

Définie dès 1937, l'appellation régionale côtes-du-rhône figure au nombre des plus anciennes. C'est aussi l'une des plus vastes, la seconde en superficie après bordeaux. Elle peut être produite sur l'ensemble de la région, du nord au sud, mais elle est en réalité très largement concentrée dans la partie méridionale. Les vins rouges, largement majoritaires, souvent souples, parfois plus charpentés, revêtent une grande diversité qui répond à celle des sols et des microclimats. Le grenache, la syrah et le mourvèdre peuvent être complétés par les nombreux cépages secondaires (30 % maximum). Des cépages blancs peuvent même entrer dans la composition des rouges (5 % maximum) et des rosés (20 % maximum). On trouve aussi de plus confidentiels blancs et rosés.

AOC Côtes-du-rhône-villages

Production : 315 000 hl

96 % Rouges
3 % Blancs
1 % Rosés

Surface : 9 000 ha

Types de vins

Rouges

Blancs secs

Rosés

Principaux cépages

Grenache noir

Syrah

Mourvèdre

Grenache blanc

Clairette

Viognier

Marsanne

Roussanne

Bourboulenc

Des conditions de production plus strictes

Créée en 1966, l'AOC côtes-du-rhône-villages se distingue par des conditions de production plus strictes. Les noms de 21 communes peuvent figurer sur l'étiquette (voir carte Vallée du Rhône méridionale). Sur le territoire de 70 autres communes du Gard, du Vaucluse et de la Drôme, dans l'aire des côtes-du-rhône, une délimitation plus fine permet de produire des côtes-du-rhône-villages sans nom de commune. Les vins sont très majoritairement rouges, plus charpentés que les côtes-du-rhône. Les rares blancs et rosés sont gras et fruités.

La vallée du Rhône **septentrionale** et le **Diois** en un clin d'œil

Production : 230 000 hl (dont 90 000 pour le Dios)

80 % Rouges
20 % Blancs

Surface : 54 000 ha

Types de vins

Rouges

Blancs secs

Effervescents clairette-de-die, crémant-de-die, saint-péray

Principaux **cépages**

Syrah

Gamay (Diois)

Pinot noir (Diois)

Viognier

Marsanne

Roussanne

Clairette (Diois)

Muscat à petits grains (Diois)

Aligoté (Diois)

Chardonnay (Diois)

Le Nord, synonyme de prestigieux crus rouges

La vallée du Rhône septentrionale s'étend de Valence à Vienne ; une vallée encaissée caractérisée par un climat frais, des sols anciens et des vignobles étroits et pentus, souvent aménagés en terrasses soutenues par des murets. Côte-rôtie, cornas, hermitage..., elle est avant tout synonyme de prestigieux vins rouges de garde. Elle fournit aussi de beaux vins blancs tranquilles, ainsi que quelques effervescents issus de la méthode traditionnelle (saint-péray).

Seuls 4 cépages ici : la syrah pour les rouges, le viognier, la marsanne et la roussanne pour les blancs. Viognier et syrah sont le plus souvent vinifiés seuls (un peu de viognier venant parfois s'ajouter à la syrah en côte-rôtie).

Plus ou moins corsés selon les appellations, les rouges sont à la fois denses et fins, sur la violette, le poivre, la réglisse, le cacao et la truffe. En blanc, le viognier (unique cépage du condrieu et du château-grillet) donne des vins suaves, gras et très expressifs (pêche, fleurs), et la finesse et la fraîcheur de la roussanne sont souvent associées à la rondeur de la marsanne (saint-péray, saint-joseph, hermitage...).

Le Diois

Un peu à l'écart, dans la haute vallée de la Drôme, la région préalpine de Die est, grâce à la fraîcheur due à l'altitude, propice aux cépages blancs comme la clairette et le muscat. Elle produit dans cette couleur des vins tranquilles et effervescents, et aussi de rares vins rouges et rosés nés de gamay, de pinot noir et de syrah (châtillon-en-diois).

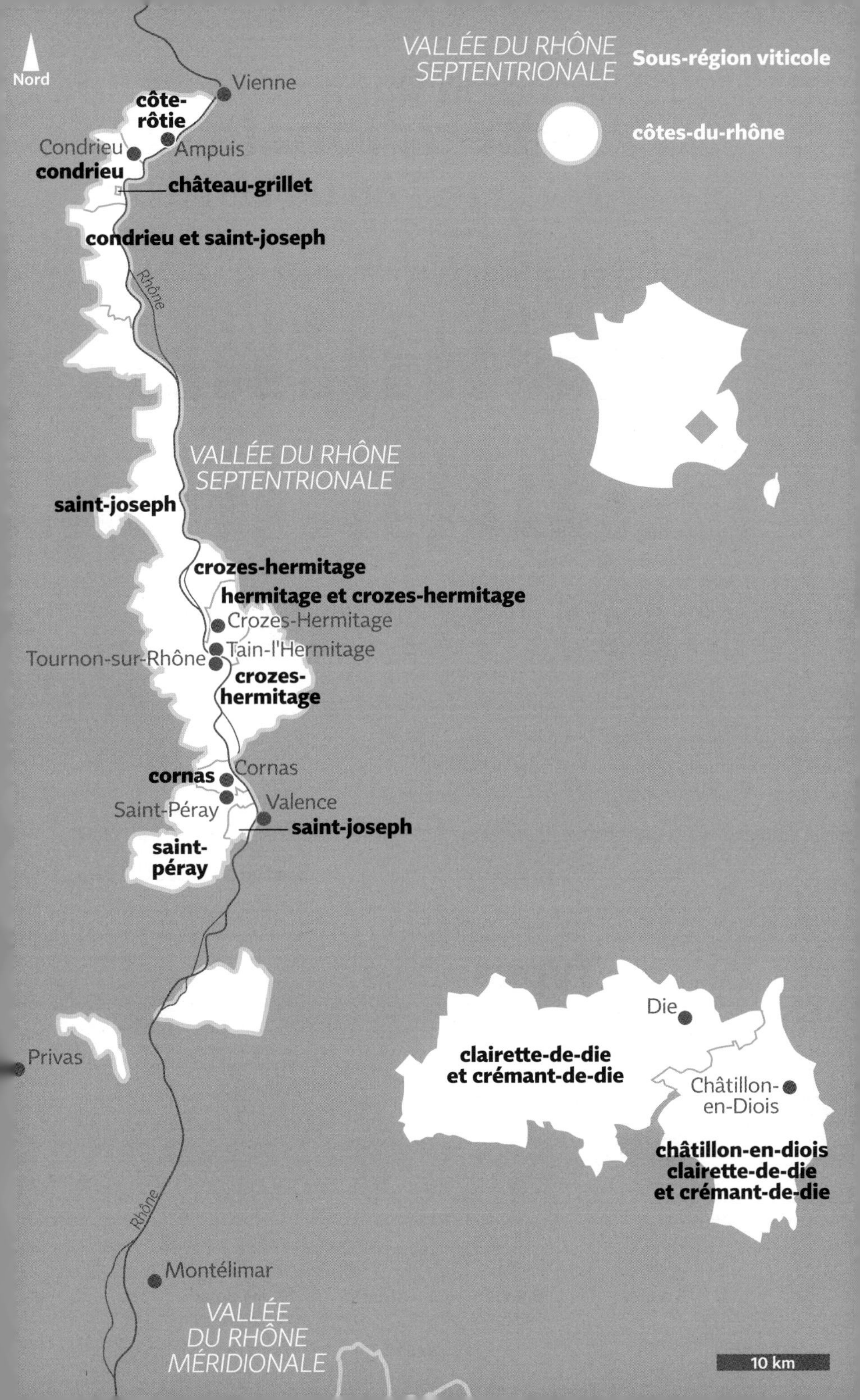

Nord
VALLÉE DU RHÔNE SEPTENTRIONALE
Sous-région viticole
côtes-du-rhône
Vienne
côte-rôtie
Condrieu
Ampuis
condrieu
château-grillet
condrieu et saint-joseph
Rhône
VALLÉE DU RHÔNE SEPTENTRIONALE
saint-joseph
crozes-hermitage
hermitage et crozes-hermitage
Crozes-Hermitage
Tain-l'Hermitage
Tournon-sur-Rhône
crozes-hermitage
Cornas
cornas
Valence
Saint-Péray
saint-joseph
saint-péray
Die
Privas
clairette-de-die et crémant-de-die
Châtillon-en-Diois
châtillon-en-diois clairette-de-die et crémant-de-die
Rhône
Montélimar
VALLÉE DU RHÔNE MÉRIDIONALE
10 km

La vallée du Rhône **méridionale** en un clin d'œil

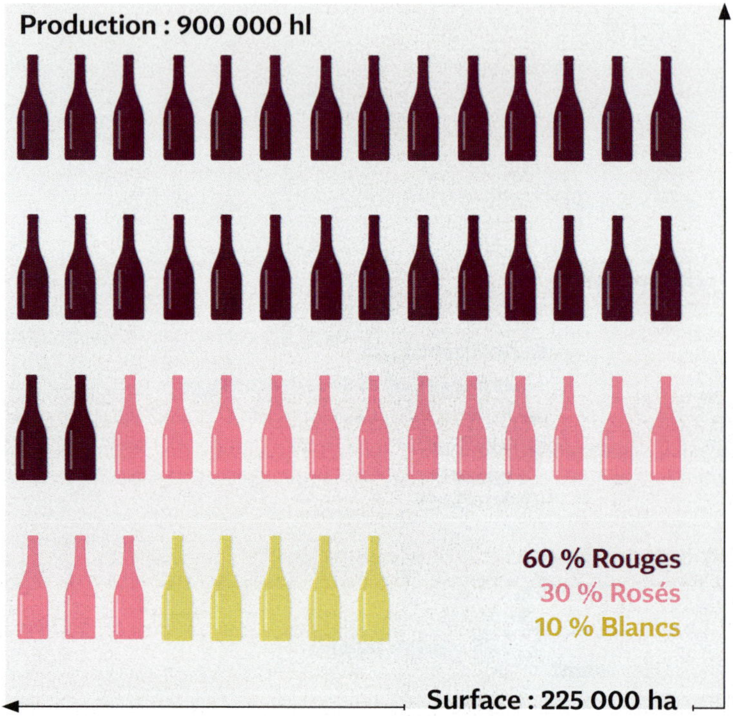

Types de vins

Principaux **cépages**

Grenache noir	Syrah	Mourvèdre	Cinsault	Grenache blanc	Clairette
Viognier	Marsanne	Roussanne	Bourboulenc		

Le Sud, synonyme de vins solaires et généreux

De Montélimar à Avignon, le vignoble s'étend sur des plateaux et des collines en pentes douces modelées par les affluents du Rhône, avec, à l'arrière-plan, des reliefs calcaires comme les Dentelles de Montmirail, le mont Ventoux ou le Luberon. Il se rattache au Midi méditerranéen, tant par sa culture que par ses paysages ou la générosité de son climat ensoleillé et balayé par le mistral.

On cultive ici des cépages multiples, souvent vinifiés en assemblage, avec une prédominance du grenache, à l'origine de vins rouges amples, charnus et généreux, aux arômes de fruits mûrs, d'épices et de garrigue. Les blancs, plus rares, sont aussi généreux, gras et expressifs. Issus des mêmes cépages que les rouges, les rosés se montrent savoureux, épicés et ronds.

C'est dans cette partie sudiste que l'on trouve l'essentiel des AOC régionales, accompagnées de 9 AOC communales dites « crus » (châteauneuf-du-pape, lirac, tavel, gigondas, vacqueyras, vinsobres, rasteau, beaumes-de-venise, cairanne), ainsi que les vins doux naturel muscat-de-beaumes-de-venise (en blanc) et rasteau (en rouge).

Les « satellites »

Plus éloignés du fleuve, d'autres appellations se rattachent à la vallée du Rhône méridionale par leur encépagement et leurs styles de vins : sur la rive droite, les côtes-du-vivarais, les costières-de-nîmes, la clairette-de-bellegarde, le duché-d'uzès ; sur la rive gauche, grignan-les-adhémar, ventoux, luberon et pierrevert.

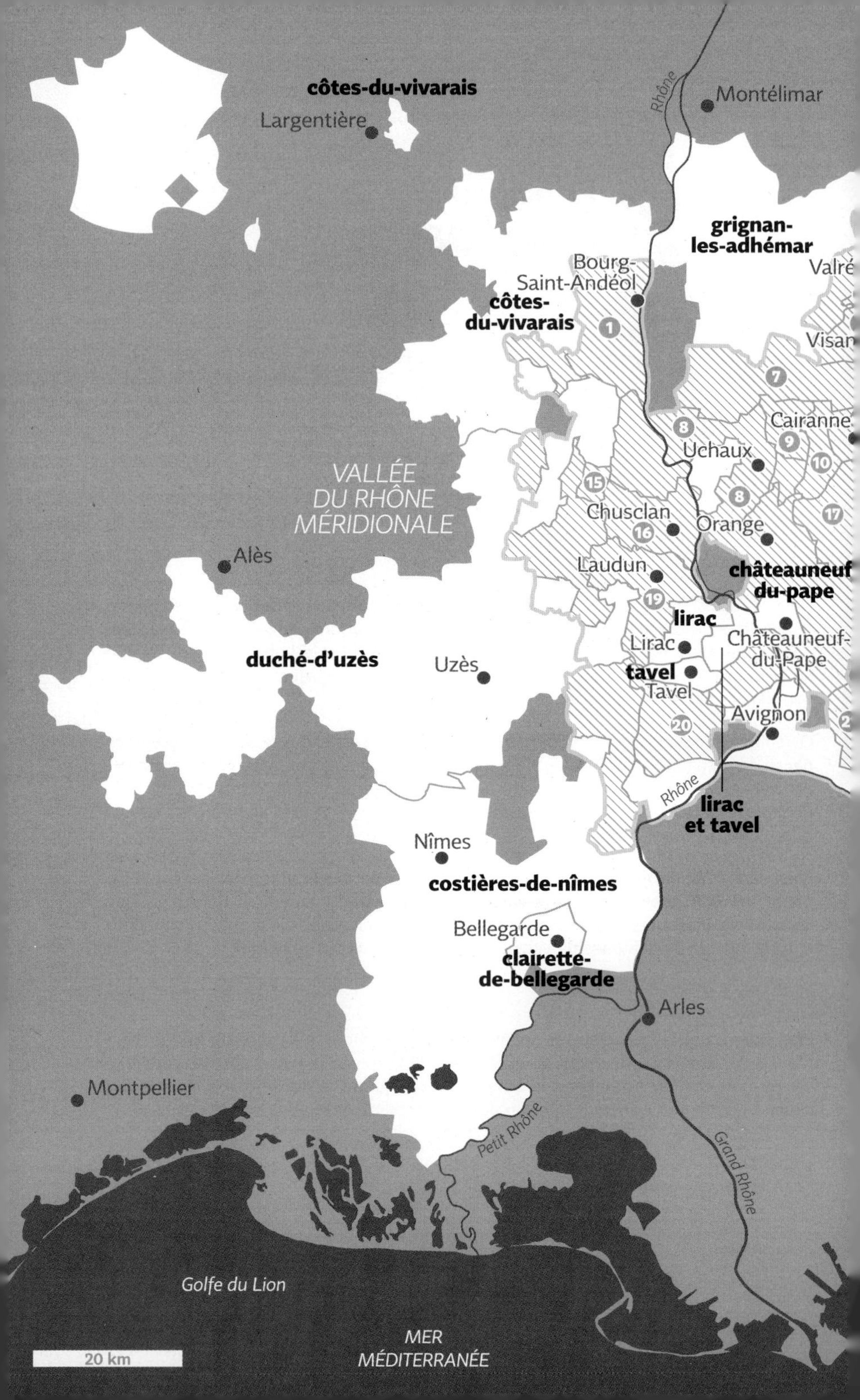

côtes-du-vivarais
Largentière
Montélimar
Rhône
grignan-
les-adhémar
Valré
Bourg-
Saint-Andéol
côtes-
du-vivarais
Visan
Cairanne
Uchaux
VALLÉE
DU RHÔNE
MÉRIDIONALE
Chusclan
Orange
Laudun
châteauneuf
du-pape
Alès
lirac
Lirac
Châteauneuf-
du-Pape
duché-d'uzès
Uzès
tavel
Tavel
Avignon
Rhône
lirac
et tavel
Nîmes
costières-de-nîmes
Bellegarde
clairette-
de-bellegarde
Arles
Montpellier
Petit Rhône
Grand Rhône
Golfe du Lion
MER
MÉDITERRANÉE
20 km

Nord
VALLÉE DU RHÔNE MÉRIDIONALE
Sous-région viticole
côtes-du-rhône
côtes-du-rhône-villages
Dénominations de l'AOC côtes-du-rhône-villages
1 Saint-Andéol
2 Rousset-les-Vignes
3 Saint-Pantaléon-les-Vignes
4 Valréas
5 Visan
6 Saint-Maurice
7 Suze-la-Rousse
8 Massif d'Uchaux
9 Rochegude
10 Sainte-Cécile
11 Roaix
12 Séguret
13 Vaison-la-Romaine
14 Puyméras
15 Saint-Gervais
16 Chusclan
17 Plan de Dieu
18 Sablet
19 Laudun
20 Signargues
21 Gadagne
grignan-les-adhémar
Nyons
Vinsobres
vinsobres
cairanne et rasteau
Puyméras
rasteau
et rasteau sec
Rasteau
gigondas
Gigondas
Vacqueyras
beaumes-de-venise
et muscat de beaumes-de-venise
Beaumes-de-Venise
Carpentras
vacqueyras
ventoux
pierrevert
Manosque
Cavaillon
luberon
pierrevert
Durance
Salon-de-Provence
Aix-en-Provence

Les **vignerons** de l'année

Jérôme **Coursodon**

(Dom. Pierre et Jérôme Coursodon)

En 1815, Jean Valjeau se vit offrir par le bon évêque de Digne « du vieux vin de Mauves ». C'est dans ce village de la rive droite du Rhône, presque face à la célèbre colline de l'Hermitage, que sont établis les Coursodon, distingués dès la première édition du Guide. Ces vignerons ont contribué au renom croissant des vins nés de ces coteaux granitiques escarpés, promus en 1956 en AOC sous le nom de saint-joseph. Minéraux, conjuguant potentiel et finesse, leurs vins rouges de syrah expriment parfaitement le caractère de l'appellation.

• Vous vous êtes installé en 1999 et venez d'obtenir le 16e coup de cœur du domaine. L'héritage de quatre générations de vignerons ?
Antonin, l'arrière-grand-père, fondateur du domaine, vendait déjà du vin aux foires de Tain dans les années 1930. Cependant, l'exploitation vivait aussi de maraîchage et d'arboriculture. Gustave, mon grand-père, qui écoulait ses vins en tonneaux dans les cafés parisiens, a débuté la mise en bouteilles dans les années 1950. Il avait constaté qu'en vrac, ses vins n'étaient pas vendus plus cher que ceux produits dans la plaine, à partir d'hybrides. Sur ses premières étiquettes, Côtes-du-Rhône était écrit en gros, Saint-Joseph n'étant qu'une dénomination. En 1956, notre village, Mauves, a été l'un des six premiers à être admis dans l'AOC saint-joseph reconnue cette année-là. Mon père, Pierre, a accru son vignoble, aidé par les revenus des vergers qu'il avait plantés en 1970. Dans les années 1980, 1 kg d'abricots se vendait plus cher que 1 kg de raisins ! Pour les vignes, il a privilégié les coteaux, escarpés, aménagés en étroites terrasses, alors qu'à l'époque, certains producteurs de l'AOC, étendue vers le nord après 1969, colonisaient des plateaux faciles à travailler, mais peu qualitatifs (après révision, en 1991, la superficie de notre appellation a été réduite de moitié). Aujourd'hui, je cultive 16 ha disséminés à Mauves, Tournon, Saint-Jean-de-Muzols et Glun. Outre la syrah (90 %), de la marsanne et un peu de roussanne pour les blancs.

• Quel est le style de vos saint-joseph rouges ?
Je récolte des raisins de qualité homogène, très sains, très mûrs, de manière à obtenir des vins élégants, qui procurent un plaisir immédiat tout en étant de garde (mes 1999 et 2000 sont encore très agréables). Nous avons conservé beaucoup de vignes âgées, plantées par mon père et mon grand-père, qui donnent des vins concentrés. Depuis 2015, les étés chauds et secs aboutissent à plus de maturité, 2021 marquant (peut-être) un « retour à la normale ». Je vinifie en cuves ouvertes avec deux pigeages ou remontages journaliers (suivant les parcelles ou le millésime). Pour l'élevage, des pièces et demi-muids, de 12 à 18 mois, avec peu de bois neuf. Mon objectif ? Le respect du fruit, la délicatesse des tanins. Donner à mon vin la force d'un cornas et la finesse d'un hermitage. Produire des monstres d'élégance ! Et le terroir granitique acide contribue à l'élégance de nos saint-joseph, dont la puissance s'accompagne d'une belle énergie, de fraîcheur, très sensible dans les 2019, loin de certaines syrahs concentrées et imposantes d'Australie.

Le coup de cœur

■ **Saint-joseph Silice 2019**

Les **vignerons** de l'année

Jean **Steinmaier**

(Dom. Sainte-Anne)

À la tête du domaine Sainte-Anne, Jean Steinmaier produit avec une constance admirable des côtes-du-rhône et des *villages* de haut vol et d'une capacité de garde étonnante. Le tout à des prix très accessibles pour ce niveau de qualité. La cuvée Notre-Dame des Cellettes 2019 obtient un nouveau coup de cœur, l'occasion pour le vigneron de revenir sur son travail et les raisons de cette réussite.

• Quelle est l'origine du Domaine Sainte-Anne ?
En 1965, mes parents ont acheté des terres dans la région. Ils sont partis de zéro : ils ont défriché, planté. Ils n'étaient pas de la région puisque mon père était courtier en vin en Bourgogne. Il y venait régulièrement et cherchait un petit pied-à-terre avec quelques vignes. C'était au départ pour passer des vacances. Ils se sont fait conseiller pour bien planter : syrah, grenache, mourvèdre sur une dizaine d'hectares. À l'époque, ces cépages ne se plantaient pas ici : on recherchait plutôt des vignes à plus gros rendements. En 1969, le courtage marchait moins bien en Bourgogne, il y a eu des conflits de famille et ils ont décidé de s'installer. J'ai travaillé avec mon père à partir de 1978 et j'ai repris le domaine par la suite.

• L'idée de départ était donc de faire des vins de qualité avant tout ?
Oui, le terroir était en coteau et mon père cherchait déjà à faire des vins haut de gamme. Son objectif n'a jamais été de faire du volume, mais un beau produit. Le vignoble est établi sur un plateau exposé sud-ouest, à 200 m d'altitude, où l'on constate d'importantes amplitudes thermiques entre le jour et la nuit qui apportent beaucoup de fraîcheur au vin. Par ailleurs, nous sommes sur des grès calcaires qui donnent des vins fins, moins alcooleux que ceux des galets roulés. Nos vins ont de l'acidité, un côté fruité. Avec les conditions climatiques actuelles, c'est un avantage.

• Quelles sont les spécificités de la cuvée Notre-Dame des Cellettes ? Et comment s'est présenté ce millésime 2019 ?
Elle provient de vignes âgées de 40 ans à 60 ans, dont 70 % de grenache, 20 % de syrah et 10 % de mourvèdre. Toutes nos parcelles sont regroupées autour de nos bâtiments, même si elles ne sont pas d'un seul tenant. Quant à 2019, c'était une année relativement facile. Nous n'avons pas eu trop d'intempéries et la pluie est tombée aux bons moments. La vigne n'a pas connu de stress hydrique, les vendanges se sont déroulées sans intempéries. Les maturités des raisins étaient belles, les grappes saines. Elles ont permis de donner des vins très riches.

• Qu'apporte chaque cépage à la cuvée ?
Le grenache apporte la puissance, la générosité; le mourvèdre, la structure et la syrah, la couleur et de la structure aussi. Nous vendangeons manuellement en caisse de 30 kg. Les raisins sont triés sur table pour ne garder que les belles grappes. Quand vous les mangez, vous avez vraiment le goût du fruit. Nos rendements tournent autour de 30 à 35 hl/ha grâce à une taille en gobelet bien aérée et en cordon de Royat. Tout un travail qui permet d'arriver à un produit haut de gamme quand le terroir a du potentiel. Quand vous avez la chance d'avoir des vieilles vignes, il faut essayer de les conserver et de ne pas les massacrer avec trop de mécanisation. Avec mes plus jeunes vignes, je n'obtiens pas cette même complexité, ni cette structure.

Le coup de cœur

■ Côtes-du-rhône-villages Notre-Dame des Cellettes 2019

➜ LES APPELLATIONS RÉGIONALES DE LA VALLÉE DU RHÔNE

CÔTES-DU-RHÔNE

Superficie : 37 465 ha
Production : 1 205 000 hl (97 % rouge et rosé)

Définie dès 1937, l'appellation régionale côtes-du-rhône figure au nombre des plus anciennes. C'est aussi l'une des plus vastes, la seconde en superficie après Bordeaux. Elle s'étend en effet sur six départements : Rhône, Loire, Ardèche, Gard, Drôme et Vaucluse. L'essentiel de la production provient des quatre derniers, situés dans la vallée du Rhône méridionale, au sud de Montélimar, les vignobles de la partie nord fournissant presque exclusivement des vins d'AOC locales. Sur la rive droite du Rhône, les vignes couvrent les pentes de collines; sur la rive gauche, elles affectionnent des bassins à fond plat aux sols de galets mêlés d'argiles sableuses rouges.
Dans cette partie sud du vignoble, l'encépagement est bien méridional, le dernier décret (1996) renforçant l'importance du grenache (40 % minimum), de la syrah et du mourvèdre dans les rouges et rosés. Les cépages secondaires, qui sont ici légion, ne peuvent pas totaliser plus de 30 % de l'encépagement. Ce sont notamment le cinsault, le carignan et encore la counoise, le muscardin, le vaccarèse, le terret. Des cépages blancs peuvent même entrer dans la composition des rosés. Les côtes-du-rhône blancs font intervenir principalement les grenache blanc, clairette, marsanne, roussanne, bourboulenc et viognier.
À la diversité des sols, des microclimats et des cépages répond celle des vins : vins rouges de semi-garde, tanniques et généreux, à servir sur de la viande rouge, produits dans les zones les plus chaudes et sur des sols de diluvium alpin (Domazan, Estézargues, Courthézon, Orange…); vins rouges plus légers, fruités et plus nerveux, nés sur des sols eux-mêmes plus légers (Nyons, Sabran, Bourg-Saint-Andéol…); vins primeurs disponibles à partir du troisième jeudi de novembre. La chaleur estivale contribue à la rondeur des blancs et des rosés. Producteurs et œnologues cherchent aujourd'hui à extraire le maximum d'arômes et à obtenir des vins frais et délicats. On servira les blancs sur des poissons de mer, les rosés sur des salades composées ou de la charcuterie.

CH. LES AMOUREUSES La Barbare 2019 ★

■	21248		11 à 15 €

Industriel ardéchois spécialiste des matériaux de construction, Jean-Pierre Bedel a racheté en 2011 ce domaine établi à Bourg-Saint-Andéol, sur la rive droite du Rhône. Il a construit une cave et restructuré le vignoble (80 ha), planté d'une large palette de cépages méridionaux.

Pain d'épice et cacao torréfié, l'élevage en fût dure 12 mois et donne le ton de cette syrah (80 %) agrémentée d'une touche de grenache (20 %). Le palais se révèle aussi puissant en arômes, mais plus aimable. Tendre, friand, à la saveur de bonbon à la framboise, il finit sur une trame légère. Une souplesse qui rend le vin très appétent, mais il pourra aussi attendre quelques années. ⧗ 2021-2026

SCEA CH. LES AMOUREUSES, chem. de Vinsas, 07700 Bourg-Saint-Andéol, tél. 04 75 54 51 85, contact@lesamoureuses.wine V *t.l.j. sf sam. dim. 9h-12h 13h-17h*

B DOM. DES BACCHANTES 2019 ★

■	10 000		8 à 11 €

Située non loin du pont du Gard, cette très qualitative coopérative fondée en 1965 vinifie le fruit de 536 ha de vignes et de 8 domaines certifiés bio ou en conversion. Elle s'est constituée une solide réputation grâce à la haute qualité des domaines adhérents.

Les vins élaborés par cette excellente coopérative sont fermentés avec les levures indigènes et ne sont pas filtrés. Cela donne un très bon côtes-du-rhône au nez ravageur de gariguette, de cannelle et de tabac. Au palais, c'est une matière fraîche et charnue qui se dessine, avec une trame tannique dense, des parfums épicés renforçant cette suavité. Voluptueux et prêt à boire. ⧗ 2021-2023

SCA LES VIGNERONS D' ESTÉZARGUES, 478, rte des Grès, 30390 Estézargues, tél. 04 66 57 03 64, caveau@vins-estezargues.com V *t.l.j. sf dim. 8h-12h 14h-18h*

BARONNIE DE SABRAN 2019 ★★

■	10 000		5 à 8 €

Créée en 1960, cette coopérative du Gard regroupe 120 viticulteurs pour quelque 650 ha de vignes et produit des vins sous les étiquettes côtes-du-rhône, côtes-du-rhône-villages et IGP.

La maturité du grenache (80 %) en 2019 crée un vin solaire aux notes de réglisse et de tabac. La syrah (20 %) apporte une tension légère et bienvenue pour ce côtes-du-rhône à l'équilibre parfait. En finale, une pointe de sucrosité caressante évoque le parfum d'une confiture de fraise juste cuite. Un bonheur simple, à ouvrir sans attendre. ⧗ 2021-2024 ■ **2020 ★ (5 à 8 €; 9333 b.)** La partition se joue à trois instruments avec cet assemblage grenache blanc, clairette et, le moins célèbre, bourboulenc. Belle réussite qui ravit par son nez net, d'acacia et de pêche jaune, et par sa bouche au diapason, sur la fleur blanche et les fruits à noyaux. De l'équilibre, de la tension juste ce qu'il en faut et des arômes en veux-tu en voilà. ⧗ 2021-2023

SCA LES VIGNERONS DES QUATRE CHEMINS, RD 6086, 30290 Laudun, tél. 04 66 82 00 22, technique@vignerons4chemins.com V *t.l.j. sf dim. 9h-12h 14h-18h*

LA BASTIDE SAINT-DOMINIQUE 2020 ★

■	12 000		8 à 11 €

Créé en 1979 par Gérard et Marie-Claude Bonnet, ce domaine établi à Courthézon, sur les vestiges d'une ancienne chapelle du XVIes., se déploie sur 45 ha en côtes-du-rhône, cairanne et châteauneuf-du-pape. Depuis 1999, les vins sont vinifiés par Éric, leur fils, qui complète la propriété avec une structure de négoce. Il a été rejoint par sa sœur Véronique en 2016.

Un vin séducteur sur des notes printanières de fleurs d'acacia et d'amande fraîche. En bouche, on reconnaît le style des vins élaborés par Eric Bonnet : la préservation des arômes variétaux par une vinification soignée, cépage par cépage, et un élevage en Inox qui assure la pureté du fruit. La bouche est enrobée et très élégante. Fruits à noyaux et abricots confits accompagnent une finale tonique et limpide. Imparable. ⧗ 2021-2023

SCEA BASTIDE SAINT-DOMINIQUE, 1358, chem. Saint-Dominique, 84350 Courthézon, tél. 04 90 70 85 32, contact@bastidesaintdominique.com V t.l.j. sf sam. dim. 8h30-12h30 13h30-17h

♥ DOM. DU BOIS DE SAINT-JEAN Solo de grenache par Voulongue Toccata 2020 ★★★

■ | 6660 | | 8 à 11 €

Établie à Jonquerettes depuis 1620, la famille Anglès se consacre à la viticulture depuis 1910. Une tradition perpétuée avec grand talent par Vincent et son frère Xavier qui, à la tête de 50 ha de vignes, proposent des vins d'une constance remarquable.

Les frères Anglès, habitués du Guide, signent une fois encore un vin remarquable. De vieux grenaches (90 %) plantés sur le terroir historique de Voulongue, cité dans les écrits dès 1216, il n'en fallait pas moins pour émouvoir les dégustateurs, qui saluent ce rouge à la profondeur époustouflante. Á un nez de cassis et de tarte à la framboise répond une bouche ronde en attaque, aux arômes épicés et suaves. Les tanins soutiennent une structure fine et souple, d'une amplitude sans excès, et une finale pure qui s'étire sur des notes de Zan et de confiture de cerises. Un charme ravageur. ⧗ 2022-2026

DOM. DU BOIS DE SAINT-JEAN, 126, av. de la République, 84450 Jonquerettes, tél. 04 90 22 53 22, xavier.angles@wanadoo.fr V t.l.j. sf dim. 8h30-12h 14h-19h

MAISON BOUACHON Les Rabassières 2019 ★

■ | 20000 | | 5 à 8 €

Fondée à la fin du XIXe s. par des tonneliers, la maison Bouachon est établie à Châteauneuf-du-Pape. Ce négoce spécialiste des vins de la vallée du Rhône a été racheté en 2001 par la société Skalli, elle-même absorbée en 2011 par le groupe bourguignon Boisset.

La robe charme par son beau rouge pourpre profond et annonce un nez gourmand de clafoutis à la cerise, de poivre blanc et de sous-bois. Au palais, le vin présente une belle tension, une matière souple et croquante et des tanins suaves et parfumés. La cerise revient pour couronner une finale mentholée. ⧗ 2021-2024

BOUACHON LVS, av. Pierre-de-Luxembourg, 84230 Châteauneuf-du-Pape, tél. 04 90 83 58 34, pavillon@bouachon.com t.l.j. sf sam. dim. 10h-12h 14h-17h

DOM. BRUSSET Laurent B. 2019 ★

■ | 80000 | | 8 à 11 €

Soixante-dix-huit terrasses exposées plein sud composent ce vignoble de 70 ha situé sous les Dentelles de Montmirail. Créé en 1947 par André Brusset, puis dirigé par son fils Daniel, il est aujourd'hui conduit par son petit-fils Laurent. Le domaine est présent sur 5 AOC et totalise 14 cuvées différentes. Une valeur sûre en gigondas et en cairanne.

De l'équilibre et de la tenue pour cet assemblage classique, dont la couleur profonde annonce un nez qui balance entre violette et cassis. La bouche, juteuse, se prolonge en toute cohérence sur des fruits rouges très frais. Vendanges manuelles et élevage en cuve permettent de garder cette pureté de fruit jusqu'à la finale, légèrement tonique. Le côtes-du-rhône dans toute sa splendeur. ⧗ 2021-2023

SA DOM. BRUSSET, 70, chem. de la Barque, 84290 Cairanne, tél. 04 90 30 82 16, contact@domainebrusset.com V t.l.j. 10h-12h 14h-18h

DOM. BURLE 2019 ★★

■ | 12000 | | 5 à 8 €

Un domaine fondé en 1961, dans la même famille depuis trois générations. Florent et Damien Burle, installés en 1995, y conduisent un vignoble de 21 ha.

Un rouge simple et réjouissant, au nez discret de fruits rouges macérés et d'herbes aromatiques. Une cuvaison longue marque ces 70 % de grenache, apportant au palais une mâche tendre autour de tanins encore un peu fermes mais de très belle facture. La finale déploie des notes généreuses de fraise compotée. Un vin plein de grâce à ouvrir après une petite garde. ⧗ 2022-2024

EARL FLORENT ET DAMIEN BURLE, 306, chem. Saint-Damien, 84190 Gigondas, tél. 04 90 70 94 85, contact@domaineburle.com V t.l.j. sf sam. dim. 8h-12h 14h-18h

DOM. DE CARMIGNAN 2019 ★

■ | 60000 | | 5 à 8 €

Une maison de négoce fondée en 1964 par Jean-Guy Lavau, d'origine saint-émilionnaise. Ses héritiers Benoît et Frédéric, rejoints en 2013 par Bénédicte Bonnet du Ch. Maucoil à Châteauneuf-du-Pape, proposent aujourd'hui une large gamme de vins à partir de la production de 350 vignerons de la vallée du Rhône méridionale, complétée par 190 ha de vignes en propriété.

Le bouquet intrigue et séduit par ses notes fraîches de menthol et de garrigue. Élevé en cuve, cet assemblage typiquement rhodanien a pour lui du croquant et de la finesse et la douceur de sa bouche gouleyante. Un peu de tabac blond titille la finale. Un vin joyeux pour accompagner un déjeuner d'été. ⧗ 2021-2023

SAS LAVAU, 585, rte de Cairanne, 84150 Violès, tél. 04 90 70 98 70, bbonnet@maucoil.com V t.l.j. sf sam. dim. 9h-12h 14h-17h

DOM. LA CATHERINETTE 2019 ★

■ | 18000 | | 5 à 8 €

Fondé en 1888 et conduit depuis 1981 par Philippe Jouve, épaulé par son fils Gabriel depuis 2018, ce domaine étend son vignoble sur 40 ha, au milieu de la garrigue, entre les gorges de l'Ardèche et celles de la Cèze.

Cette cuvée concentrée, à la robe violacée, est encore marquée par une certaine austérité au nez, qui ne dévoile que quelques notes de baies noires. La bouche

RHÔNE

se montre plus épanouie, soutenue par une trame tannique serrée et parfumée par de délicats arômes d'épices douces qui signent une belle maturité du raisin. Du caractère et du plaisir. ⧗ 2021-2024

EARL PHILIPPE JOUVE, 7, pl. de la Fontaine, 30760 Laval-Saint-Roman, tél. 04 66 82 17 62, catherinette.vinsjouve@orange.fr V *t.l.j. sf dim. 9h-12h 14h-19h*

CAMILLE CAYRAN
Le Pas de la Beaume 2020 ★

■ | 170 000 | | - de 5 €

Créée en 1929, la coopérative de Cairanne est un acteur de poids dans la région avec ses deux marques phares, Camille Cayran pour le réseau traditionnel et Victor Delauze pour la grande distribution. En 2020, elle fusionne avec la Cave de Sainte Cécile-les-Vignes et devient Camille & Cécilia cave de Cairanne. Elle réunit à présent plus de 950 ha et élargit son offre avec une gamme bio.

On applaudit des deux mains cette affriolante cuvée issue de jeunes vignes vendangées à la main, élevée en cuve pour préserver son fruit. Expression gourmande d'un panier de fruits rouges (cassis, framboise) et d'amande au nez, qui laisse place à une bouche veloutée de baies noires et de cacao. Les tanins discrets se révèlent d'une belle maturité. Le plaisir est immédiat. Et tout cela à prix très doux. ⧗ 2021-2023

SCA CAVE DE CAIRANNE CAMILLE ET CÉCILIA, 290, av. de la Libération, 84290 Cairanne, tél. 04 90 30 82 05, s.henna@cave-cairanne.fr V *r.-v.*

CELLIER DES CHARTREUX
Chevalier d'Anthelme 2019 ★

■ | 270 000 | | 5 à 8 €

Née en 1929, la coopérative de Pujaut, bourgade des environs d'Avignon, vinifie 720 ha de vignes dans les crus lirac et tavel, en AOC régionales et en IGP. Ses cuvées sont régulièrement en vue dans ces pages, notamment ses vins blancs.

D'abord discret, le nez monte tranquillement en puissance, libérant des notes de tarte aux fruits et de bâton de réglisse. Au palais, ce vin d'un rouge tendre arbore une certaine souplesse, puis dévoile progressivement une structure fine et délicate, soutenue par des tanins déjà fondus, et une finale dynamique et joliment épicée. Charmeur et facile à aimer. ⧗ 2021-2024

SCA CELLIER DES CHARTREUX, 1412, RD 6580, 30131 Pujaut, tél. 04 90 26 39 40, contact@cellierdeschartreux.fr V *t.l.j. 8h30-12h30 14h-18h30*

CELLIER DES GORGES DE L'ARDÈCHE
3 Saints Lou Raïol 2019 ★

■ | 70 000 | | 5 à 8 €

Baptisée d'après un des sites naturels les plus remarquables du département, cette coopérative fondée en 1929 regroupe les producteurs de Saint-Martin-d'Ardèche, de Saint-Marcel-d'Ardèche et de Saint-Just-d'Ardèche pour une surface de 500 ha.

Salué par un coup de cœur en 2020, cette cuvée est de nouveau au rendez-vous du Guide. La gourmandise s'échappe de son bouquet de baies sauvages écrasées et d'humus. L'alliance du grenache et de la syrah vendangés en légère surmaturité et une longue cuvaison délivrent un vin solaire et plein de charme. La bouche est déliée, finement texturée, dotée de tanins suaves. En finale, une note saline donne envie d'y revenir. Il est à point. ⧗ 2021-2024 ■ **3 Saints 2020 ★ (5 à 8 €; 30 000 b.)** Épicé par une pointe de cinsault, ce vin à dominante de grenache (95 %), vinifié à basse température, exhale la pivoine et le caramel au lait. Derrière une robe atypique aux reflets orangés, la bouche franche et suave finit sur de belles notes acidulées de mandarine et sur une vivacité parfaitement ajustée. Un rosé expressif. ⧗ 2021-2022

SCA CELLIER DES GORGES DE L'ARDÈCHE, 1405, rte de la Gare, 07700 Saint-Marcel-d'Ardèche, tél. 04 75 04 66 83, caveau@cellier-ardeche.fr V *t.l.j. sf dim. 9h-12h 14h-18h*

CELLIER DES TEMPLIERS
Terra Quercus 2019 ★

■ | 13 000 | | 5 à 8 €

Fondée en 1967, la coopérative de Richerenches, située dans l'Enclave des papes, portion du département du Vaucluse enchâssée dans la Drôme, regroupe aujourd'hui 677 ha en côtes-du-rhône, *villages* et grignan-les-adhémar. Depuis plusieurs années, un système de contrôle qualité au vignoble et de sélections parcellaires par les vignerons a été mis en place.

Persistance et plaisir pour ce beau cotes-du-rhône classique, qui sous un manteau carmin, cache un vin délicat et de bonne tenue. Le nez, d'abord discret, égrène les fruits rouges frais et le thym à l'aération. Au palais, c'est un vin franc, sobre, qui s'équilibre entre structure et rondeur du fruit croquant, avec en soutien des tanins charnus. ⧗ 2021-2024

SCA LE CELLIER DES TEMPLIERS, 233, rte de Valréas, 84600 Richerenches, tél. 04 90 28 01 00, boutique@cellierdestempliers.com V *t.l.j. sf dim. 9h-12h 14h30-18h30*

♥ B M. CHAPOUTIER Les Pentues 2019 ★★

■ | 10 000 | | 8 à 11 €

Cette vénérable (XIXᵉ s.) et incontournable maison, mise sur orbite internationale par Michel Chapoutier à partir des années 1990, propose une large gamme issue de ses propres vignes (345 ha, en biodynamie) ou d'achats de raisin dans la plupart des appellations phares de la vallée du Rhône, et aussi en Roussillon et en Alsace.

Déjà récompensées d'un coup de cœur dans sa version côtes-du-rhône-villages l'an dernier, ces Pentues tirent encore leur épingle du jeu. Derrière une seyante robe rubis, c'est un grand bol de fruits rouges (cassis, groseille) et une pointe de violette qui s'offrent au nez. Le palais est à l'unisson, très parfumé (fraise écrasée), à la chair veloutée et gourmande, escortée par des tanins discrètement reglissés. La finale sur des notes de menthol apporte de la fraîcheur et beaucoup de classe. Un modèle de « vin plaisir ». ⌛ 2021-2023

SA M. CHAPOUTIER, 18, av. du Dr-Paul-Durand, 26600 Tain-l'Hermitage, tél. 04 75 08 28 65, chapoutier@chapoutier.com V r.-v.

DOM. DIDIER CHARAVIN Lou Paris 2020 ★

■	13000		5 à 8 €

Un domaine de 32 ha créé en 1985 par Didier Charavin, habitué du Guide pour ses côtes-du-rhône, ses *villages* et ses rasteau.

Robe limpide et nez de cerise fraîche pour ce 2020 à l'équilibre évident, marqué en bouche par une vivacité fruitée, sur ces mêmes notes juteuses de petits fruits rouges. Consistant et doté de tanins souples, Lou Paris livre plus de complexité en finale, avec une pointe d'amertume tonique (garrigue, Zan). Harmonieux et prêt à boire, il trouvera sa place en pique-nique comme sur la table du dimanche. ⌛ 2021-2024

DOM. DIDIER CHARAVIN, 267, rte de Vaison, 84110 Rasteau, tél. 04 90 46 15 63, didier.charavin@orange.fr V *t.l.j. sf dim. 9h-12h 14h-18h*

DOM. DE LA CHARBONNIÈRE 2019 ★

■	12500		8 à 11 €

En 1912, Eugène Maret achète ce domaine pour l'offrir à sa femme, châteauneuvoise et fille de vigneron. En 2013, son petit-fils Michel, aux commandes à partir de 1973, a transmis la gestion de ses 28 ha de vignes à ses filles Caroline et Véronique, qui poursuivent avec le même talent le travail de sélections parcellaires pratiqué par leur père. Une valeur sûre en vacqueyras et en châteauneuf.

Ce beau côtes-du-rhône classique combine les qualités des quatre cépages rhodaniens typiques qui le composent. Le nez évoque la syrah avec ses notes de baies noires confiturées et de violette. En bouche, le grenache prend le relais sur des notes plus épanouies de réglisse et de garrigue, dévoilant une matière ronde et bien mûre, structurée par des tanins fins. Du plaisir tout simplement. ⌛ 2021-2023

EARL MICHEL MARET ET FILLES, Dom. de la Charbonnière, 26, rte de Courthézon, 84230 Châteauneuf-du-Pape, tél. 04 90 83 74 59, contact@domainedelacharbonniere.com V *r.-v.*

CLUB DES SOMMELIERS 2020 ★

■	66667		- de 5 €

Établie à Castillon, près du pont du Gard, Vignobles et Compagnie (anciennement la Compagnie rhodanienne) est une maison de négoce créée en 1963, dans le giron du groupe Taillan. Elle propose des vins (marques ou cuvées de domaine) dans de nombreuses AOP de la vallée du Rhône, de la Provence et du Languedoc.

Cette cuvée composée pour la grande distribution est d'une belle régularité d'année en année. Elle offre ici un rosé à la robe brillante, au bouquet élégant de groseille et de feuille de cassis. La bouche allie beaucoup de gras à une fraîcheur tonique. La finale fleure bon les agrumes. À l'apéritif, il fera merveille. ⌛ 2021-2022

SA VIGNOBLES ET COMPAGNIE, SPECR 19, chem. Neuf, CS 80002, 30210 Castillon-du-Gard, tél. 04 66 37 49 50, nicolas.quiles@vignoblescompagnie.com

LES COLOMBES Exaltation corsée 2019 ★

■	40000		5 à 8 €

Créée en 1936, cette coopérative regroupe 300 vignerons établis dans une vingtaine de communes environnant Sainte-Cécile-des-Vignes, pour une superficie de 2 000 ha. En 2016, elle a pris le nom de Colombes des Vignes.

Ce rouge à la robe violette sombre exhale des parfums de racine d'iris, de cassis et d'encre. La bouche, tout aussi corsée en arômes, s'adosse à une structure discrète, à une matière ample et onctueuse pilotée par des tanins déjà fondus. Un élevage en cuve de courte durée (6 mois) préserve sa souplesse. À boire sur le fruit. ⌛ 2021-2023 ■ **Révélation fruitée 2020 ★ (5 à 8 €; 30000 b.)** Du fruité pour ce joli rosé fringant, à la robe parme brillante et au nez réjouissant de pêche blanche, de groseille et de citron. Une attaque fraîche laisse place à un corps rond et savoureux, doté d'une finale gourmande (sirop de grenadine). Du croquant et de la légèreté. ⌛ 2021-2022

CAVEAU COLOMBES DES VIGNES, 541, rte de Valréas, 84290 Sainte-Cécile-les-Vignes, tél. 04 90 30 79 30, cave@colombesdesvignes.fr V *t.l.j. 9h-12h 14h-18h30; visites sur r.-v.*

B DOM. CONSTANT-DUQUESNOY So Rhon ! 2019 ★★

■	10000		5 à 8 €

Un vignoble de 20 ha (ancien Dom. des Aussellons) acquis en 2004 par Gérard Constant, converti à la vigne après une carrière dans la finance internationale, et désormais certifié en bio.

Un assemblage grenache-syrah "tellement Rhône" et pourtant un nez qui délaisse un peu le fruit pour des arômes complexes d'humus, de menthol et de truffe ! Est-ce parce que le domaine est situé sur un territoire favorable à la *tuber melanosporum* ? La bouche déploie un parfait équilibre, entre une attaque fraîche et structurée et une matière douce et finement texturée, où le fruit noir (mûre compotée) s'invite en finale. De la vigueur et de la personnalité à un prix doux. ⌛ 2021-2023

SCEA DOM. CONSTANT-DUQUESNOY, rte de Nyons, 26110 Mirabel-aux-Baronnies, tél. 06 77 38 23 34, g.constant@skynet.be V *t.l.j. sf dim. 9h-17h*

CH. COURAC 2020 ★

■	200000		8 à 11 €

Ce château perché sur les hauteurs de Tresques, dans le Gard, est un habitué du Guide, le plus souvent aux meilleures places. Conduit par Joséphine et Frédéric Arnaud, il se distingue tant par ses côtes-du-rhône que par ses *villages* (Laudun). Ces passionnés d'archéologie sont comblés de mettre en valeur un terroir cultivé dès l'Antiquité.

Beaucoup de générosité dans ce côtes-du-rhône au nez franc de cerise juteuse et de gelée de groseille, qui introduit une bouche déliée, fraîche et fruitée, adossée à des tanins discrets et mûrs. Du croquant jusqu'en finale. Une friandise à boire dès à présent. ⧗ 2021-2023

■ **Dom. Quart du roi 2020 ★ (8 à 11 €; 40000 b.)** Une robe aux reflets épanouis, un bouquet élégant de fraise des bois et de caramel au lait, suivi d'une attaque souple ouvrant sur une matière ronde et mûre, aux délicates notes de Zan. La finale encore un peu tannique impose une petite garde. Un vin vigoureux et prometteur. ⧗ 2022-2025

CH. COURAC, 1520, chem. de Courac, 30330 Tresques, tél. 04 66 82 90 51, chateaucourac@orange.fr V r.-v.

CH. DE LA CROIX CHABRIÈRES
Le Sans Souci 2019 ★

■ | 7000 | | 5 à 8 €

Diplôme d'œnologie en poche, Patrick Daniel a racheté ce château historique en 1989 qui commande actuellement un vaste vignoble de 48 ha situé pour partie sur les flancs de la colline de Barry. Il est aujourd'hui épaulé par son fils Valentin. La production se partage entre IGP et AOC (côtes-du-rhône et grignan-les-adhémar).

Une cuvée sans effet de manche, qui délivre un nez fin de cassis macéré et de romarin frais. Le grenache est en portion réduite (55 %) dans cet assemblage avec la syrah (30 %) et le cinsault (15 %), élevé en cuve pendant 1 an pour protéger le fruit d'une bouche concentrée et élégante, pilotée par des tanins encore un peu affirmés. C'est un vin qui offre de belles promesses, à condition d'être un peu patient. ⧗ 2022-2026

EARL CH. DE LA CROIX CHABRIÈRES, rte de Saint-Restitut, 84500 Bollène, tél. 04 90 40 00 89, contact@chateau-croix-chabrieres.com V r.-v.

B DOM. FOND CROZE Confidence 2020 ★

■ | 130000 | | 5 à 8 €

Un domaine fondé après la Seconde Guerre mondiale par Charles Long. Ses petits-fils, Bruno et Daniel, qui ont créé la cave en 1997, conduisent aujourd'hui un vignoble de 80 ha certifié bio. Leurs vins sont souvent en bonne place dans le Guide.

Ce rouge profond délivre des arômes subtils de pivoine, de fraise cuite et de cake aux fruits confits. Le palais est au diapason de cette gourmandise, grâce à une structure présente qui donne beaucoup de tonicité à une bouche finement enveloppée et mâtinée de notes caramélisées. Un bon côtes-du-rhône polyvalent, sur des grillades estivales ou une cocotte aux légumes d'automne. ⧗ 2021-2024

EARL DOM. FOND CROZE, 155, rte de Cairanne, 84290 Saint-Roman-de-Malegarde, tél. 06 31 63 01 75, glong@fondcroze.com V *t.l.j. 8h-12h 14h-18h*

DOM. LA GARRIGUE Cuvée Romaine 2019 ★

■ | 5000 | | 8 à 11 €

La famille Bernard est installée à Vacqueyras depuis 1850 et 6 générations, sur un domaine de 75 ha plantés de vieilles vignes, souvent en vue dans ces pages pour ses gigondas et ses vacqueyras. Sa devise : « Le vin de la Garrigue, jamais ne fatigue »...

Cette cuvée mi-grenache mi-syrah, vendangée à la main et vinifiée en grappes entières, offre beaucoup d'authenticité au travers d'un nez franc de réglisse et de poivre, et d'une bouche souple, pleine d'harmonie et de finesse, prolongée par une finale mentholée. Les tanins jouent le second rôle mais on ne s'en plaint pas. De la fraîcheur et de la personnalité. ⧗ 2021-2024

SCEA A. BERNARD ET FILS, 325, chem. Nouveau-de-la-Garrigue, 84190 Vacqueyras, tél. 04 90 65 84 60, info@domaine-la-garrigue.fr V *t.l.j. sf dim. 8h-12h 14h-18h; r.-v. pour les visites*

DOM. DE LA GAYÈRE Cuvée de Chris 2019 ★★

■ | 17000 | | 8 à 11 €

Installée en 1997, après 10 ans dans le marketing pour de grandes entreprises de l'agroalimentaire, Christèle Plantevin est revenue sur le domaine familial fondé en 1902. À la tête de 50 ha de vignes, elle représente la 5e génération.

Ce domaine régulier en qualité signe un 2019 de haute volée. Derrière un manteau sombre se cache un nez profond de mûre, de raisins secs macérés et de résine. En bouche, la maturité de la vendange se remarque par une structure dense autour de tanins serrés et d'un volume certain. Encore en devenir, ce côtes-du-rhône à l'allonge reglissée devra patienter encore un peu en cave. Du travail d'orfèvre. ⧗ 2022-2025

EARL DU DOM. DE LA GAYÈRE, 2015, chem. de la Gayère, 84290 Cairanne, tél. 04 90 30 83 34, plantevin.christele@wanadoo.fr V *t.l.j. sf sam. dim. 9h30-12h 15h30-18h30*

DOM. GRAND NICOLET 2019 ★★

■ | 9300 | | 5 à 8 €

Créé en 1926, le plus vieux chai rastellain élabore des vins à partir d'un vignoble planté en 1875. Jean-Pierre Bertrand, marié à une Nicolet, est depuis 1999 à la tête de ce vignoble de 30 ha, et signe des vins généreux, souvent en vue dans ces pages.

Un beau côtes-du-rhône gourmand, frais et gouleyant s'annonce avec son nez ouvert, aux notes de framboise et de jus de myrtille agrémentées d'une touche de cuir frais. Le palais déploie une matière souple et parfumée, terriblement gourmande. Le vin n'oublie pas d'être long et procure du plaisir jusqu'à la dernière goutte. Un remède aux jours de pluie. ⧗ 2021-2023

EARL NICOLET-LEYRAUD, 1174, rte de Violès, 84110 Rasteau, tél. 04 90 28 91 54, domainegrandnicolet@rasteau.fr V *t.l.j. sf dim. 10h-18h*

B DOM. GRAND RIBE Vieilles Vignes 2019 ★

■ | 18000 | | 8 à 11 €

Henri Brière a repris le domaine de 96 ha, conduits en bio, en janvier 2017. Au cours de cette première année, il a développé la marque Grand Ribe et a rénové entièrement le caveau. L'élaboration des vins est restée dans les mains du maître de chai qui préserve depuis de nombreuses années la qualité des vins du domaine.

Une large gamme de cépages rouges compose ce côtes-du-rhône bien typé et joliment travaillé, aux arômes de mûres confiturées et de poivre noir. Un peu austère à l'attaque, la bouche se révèle ensuite plus soyeuse, de belle maturité, étayée par des tanins finement réglissés, assez caractéristiques du grenache. Une bouteille qui devrait s'affiner après quelques mois en bouteille. ⧗ 2021-2025 ■ **2020 ★ (8 à 11 €; 11000 b.)** Ⓑ Du plaisir immédiat pour ce blanc aux notes suaves de fleurs blanches (sureau, chèvrefeuille) et de fruits à noyaux. Chacun des 5 cépages, vinifiés à basse température pour garder le fruit, apporte son charme à cette partition dynamique : du gras en bouche, une trame tonique sur de beaux amers et une finale zestée. Un blanc élégant qui sera aussi bien à l'apéritif qu'à table. ⧗ 2021-2023

SCEA GRAND RIBE, 1711, rte de Bollène, 84290 Sainte-Cécile-les-Vignes, tél. 04 90 30 83 75, info@grandribe.com V t.l.j. sf sam. dim. 9h-12h 14h-18h

♥ Ⓑ DOM. GRAND VENEUR Les Champauvins 2019 ★★

■ | 70000 | | 11 à 15 €

D'origine castelpapale, Alain Jaume et ses fils, Sébastien et Christophe, perpétuent une tradition viticole qui remonte à 1826. Ils conduisent en bio un vignoble de 155 ha réparti sur 4 domaines : Grand Veneur à Châteauneuf-du-Pape, Clos de Sixte à Lirac, Ch. Mazane à Vacqueyras, et le Dom. la Grangette Saint-Joseph en AOC côtes-du-rhône, le tout complété par une activité de négoce. Une valeur sûre.

La trilogie grenache, syrah, mourvèdre sur des sols de galets roulés et d'argile rouge offre un vin à l'équilibre redoutable. Derrière une robe brillante à souhait, le nez s'enivre d'un mélange de baies rouges et de cannelle, et d'une intense note de menthol. La bouche, fruit d'un beau travail d'extraction et d'élevage, séduit par sa gourmandise. Elle est dotée d'un bon volume structuré sans excès par des tanins fondus et élégants, et parfumé d'arômes délicats (framboise macérée, réglisse) qui s'étirent jusqu'en finale. Irrésistible de fraîcheur et d'équilibre. ⧗ 2022-2028

SARL VIGNOBLES ALAIN JAUME, 1358, rte de Châteauneuf-du-Pape, 84100 Orange, tél. 04 90 34 68 70, contact@alainjaume.com V t.l.j. sf dim. 8h-13h 14h-18h Ⓔ

DOM. DU GROS PATA 2019 ★

■ | 60000 | | 5 à 8 €

Au Moyen Âge, cette propriété de Vaison-la-Romaine était le siège d'un octroi, où il fallait s'acquitter de quelques *patas* (ancienne monnaie provençale) pour gagner la cité voisine de Villedieu. Couvrant aujourd'hui 30 ha, le domaine est conduit depuis 1992 par Sabine Garagnon (5e génération), qui a vinifié sa première cuvée à 17 ans.

Une courte macération carbonique à l'entrée des raisins en cave n'est pas étrangère à la palette aromatique de ce rouge charmeur, qui distille des parfums de groseille et de confiture de sureau. Le palais, cohérent, prolonge ce fruité intense sur une matière souple, au volume agréable et à la finale finement réglissée. Sans être complexe, ce rouge propose un plaisir évident à un prix accessible. ⧗ 2021-2024

EARL DOM. DU GROS PATA, 2885, rte de Villedieu, 84110 Vaison-la-Romaine, tél. 06 21 72 13 60, sabine.garagnon@free.fr V t.l.j. sf dim. 9h-12h 14h-18h Ⓑ

Ⓑ HARMONIE BY HARMAS 2019 ★

■ | 15000 | | 5 à 8 €

Représentant la quatrième génération de vignerons, Nathalie Fabre s'est installée en 2000 sur 6 ha. Elle a agrandi son vignoble (20 ha aujourd'hui), bâti la cave et le caveau avec son mari Patrick. En 2009, elle a obtenu la certification bio, puis son fils est venu la rejoindre en 2014.

Beaucoup d'éclat pour ce vin à la robe rouge tendre, dont le nez expressif exhale la violette et le sous-bois. Le palais est d'une agréable souplesse, délicatement structuré par des tanins discrets et fondus, et enchante par sa richesse aromatique (chocolat, fruits rouges frais, réglisse) qui explose en finale sur des notes de cerises au kirsch. Un vin gourmand qui ne manque pas de complexité. ⧗ 2021-2024

NATHALIE FABRE, quartier Bois-Lauzon, 84100 Orange, tél. 06 03 34 10 45, nathalie.fabre84@wanadoo.fr V t.l.j. 9h-12h 13h30-18h;sam. dim. sur r.-v.

CH. HUSSON 2019 ★★

■ | 20000 | | - de 5 €

En 1926, Victorin Aubert fonde son domaine à Tulette. Dans les années 1980, ses petits fils Alain, Claude et Yves décident de prendre en charge les vinifications, puis agrandissent successivement le vignoble. Aujourd'hui, la 4e génération a rejoint la propriété, qui s'étend sur 250 ha de vignes avec le Dom. André Aubert (grignan-les-adhémar, côtes-du-rhône-villages Visan), le Ch. du Grand Retour (côtes-du-rhône-villages Plan de Dieu et Sainte-Cécile) et le Ch. Husson (chateauneuf-du-pape et côtes-du-rhône).

Cet assemblage de grenache et de syrah grandis sur des terroirs sablonneux au pied de châteauneuf-du-pape donnent un rouge plaisir. Fermé au premier nez, il dévoile à l'aération de délicates notes fruitées (prune, griotte). Si l'attaque se montre fraîche et tonique, la bouche offre ensuite du gras et de la rondeur, portée par des tanins fins. Un côtes-du-rhône bien équilibré, à croquer sans attendre. ⧗ 2021-2024

GAEC AUBERT FRÈRES, RD 23 Plan de Dieu, Le Grand Retour, 84850 Travaillan, tél. 04 90 70 90 16, legrandretour@wanadoo.fr V t.l.j. sf dim. 10h-12h30 14h-18h

DOM. JAMET 2019 ★

■ | 20000 | | 15 à 20 €

Corinne et Jean-Paul Jamet sont installés depuis 1976 à Ampuis, aujourd'hui rejoints par leur fils Loïc. Ils sont à la tête d'un domaine réputé, dédié aux appellations côte-rôtie et côtes-du-rhône, ainsi qu'aux IGP des Collines rhodaniennes.

On les connaît bien pour leurs côte-rôtie, mais les côtes-du-rhône des Jamet, régulièrement sélectionnés, sont également de belle facture. Ce 2019, fruit de l'unique syrah grandie sur des schistes et élevée 12 mois en fût, révèle un bouquet intense et franc de fruits des bois frais (framboise, mûre) et de cuir. La fraîcheur guide la bouche, qui reste croquante, malgré la densité et la présence d'une structure tannique encore ferme. Finale saline très tonique. Du charme pour cette bouteille que l'on pourra encore faire patienter quelques mois en cave. ⧗ 2022-2025

GAEC JAMET, 4600, rte du Recru, Le Vallin, 69420 Ampuis, tél. 04 74 56 12 57, contact@domainejamet.fr V *r.-v.*

DOM. DE LA JANASSE 2019 ★★

| 80000 | 8 à 11 € |

Un habitué du Guide, souvent en bonne place pour ses châteauneuf-du-pape, ses côtes-du-rhône et ses IGP. Un vignoble de 90 ha éparpillés en de multiples parcelles, que conduisent Christophe Sabon et sa sœur Isabelle, enfants d'Aimé Sabon, fondateur du domaine en 1973. Un domaine complété en 2015 par l'achat du Clos Saint-Antonin et ses 15 ha de vignes sur la commune de Jonquières.

Ce côtes-du-rhône solaire offre un grand bol de fruits rouges et d'épices au nez, relevé d'une touche fraîche de menthol. La bouche, tout aussi loquace, se montre ample et généreuse, finement structurée, pilotée par des tanins souples et discrets qui laissent s'exprimer une finale racée sur des arômes de Zan et de tabac blond. Une belle prestance pour ce rouge déjà savoureux, à boire ou à garder. ⧗ 2021-2026

SCEA AIMÉ SABON, Dom. de la Janasse, 29, chem du Moulin, 84350 Courthézon, tél. 04 90 70 86 29, vignoblessabon@gmail.com V *t.l.j. sf sam. dim. 8h30-17h30*

DOM. PASCAL ET RICHARD JAUME 2020 ★

| 10000 | 5 à 8 € |

L'arrière-grand-père fut l'un des pionniers de l'appellation côtes-du-rhône, créée en 1937. Depuis, les générations se succèdent sur ce vaste domaine de 95 ha, les sélections dans le Guide aussi, en AOP régionales ou en vinsobres.

Ce blanc se présente avec élégance dans une robe claire aux reflets verts. L'olfaction est terriblement printanière, centrée sur des notes de fleurs blanches et d'herbe coupée. La bouche? À la fois ciselée et douce, elle a la fraîcheur d'un raisin croquant et la suavité d'un miel d'acacia juste extrait. Un blanc qui fera merveille à l'apéritif ou sur un plateau d'huîtres. ⧗ 2021-2023

EARL DOM. JAUME, 24, rue Reynarde, 26110 Vinsobres, tél. 04 75 27 61 01, vignoble@domainejaume.com V *r.-v.*

DOM. DES LAURIBERT Tradition 2020 ★★

| 70000 | 5 à 8 € |

Un domaine régulier en qualité, dont le vignoble de 54 ha est réparti en une trentaine de parcelles sur les terroirs de Valréas et de Visan. Créé en 1973 par Robert et Marie Sourdon, il a été sorti de la coopérative en 1997 par leur fils Laurent, qui raconte avoir pressé ses premiers raisins à 5 ans dans un presse-légumes : une vocation précoce.

La dominante de grenache (80 %) s'annonce par un premier nez aux notes de réglisse, complétées à l'aération par des senteurs de cerise caramélisée et d'une pointe de menthol. Ces arômes constituent le fil conducteur d'un palais rond, porté par des tanins mûrs et charnus, à l'équilibre très assuré. Un côtes-du-rhône généreux, à boire sur le fruit ou après quelques années de garde. ⧗ 2021-2025

DOM. DES LAURIBERT, 2249, chem. de Roussillac, 84820 Visan, tél. 04 90 35 26 82, lauribert@wanadoo.fr V *t.l.j. 8h30-12h 14h-18h30*

DOM. LA LÔYANE Cuvée Bonheur 2020 ★★

| 30000 | 8 à 11 € |

Établi au pied du sanctuaire Notre-Dame-de-Grâce, à Rochefort-du-Gard, non loin des anciens marais asséchés par les moines au Moyen Âge, ce domaine, né en 1994 de la fusion de 3 petites exploitations, fait preuve d'une grande constance dans la qualité. Succédant à ses parents Jean-Pierre et Dominique, Romain Dubois et son épouse Laure, désormais seuls à la tête du domaine, se sont offerts un nouveau caveau et ont entrepris en 2019 la conversion au bio du vignoble.

Coup de cœur sur le millésime 2019, cette cuvée n'en est pas passé loin cette année. Un assemblage grenache (60%) et syrah assez classique, mais qui a réjoui les dégustateurs, particulièrement prolixes à son égard, évoquant un nez complexe de fruits confiturés (cassis, mûre), de cerise kirshée et de garrigue. Bâtie sur de jolis tanins serrés, la bouche offre une agréable et suave rondeur, avant une finale reglissée, animée par de beaux amers. Un vin à l'image de ce millésime 2020 très équilibré. ⧗ 2021-2024
Cuvée Bonheur 2020 ★ (8 à 11 €; 10000 b.) Grenache blanc, roussanne et viognier à parts égales apportent chacun leur contribution parfumée à ce nez explosif de fleurs (genêt, sureau), de poivre doux et de menthol. Tendue à l'attaque, la bouche déroule une finesse toute florale et une matière onctueuse, rehaussée par une pointe minérale en finale. Un blanc épanoui. ⧗ 2021-2023

GAEC DOM. LA LÔYANE, chem. Font-des-Cavens, 30650 Rochefort-du-Gard, tél. 06 62 94 57 34, contact@domainelaloyane.com V *t.l.j. sf lun. mar. dim. 9h-12h 14h-19h*

CH. MALIJAY M de Malijay 2020 ★

| 30000 | 8 à 11 € |

Si le château de Malijay existe depuis le XIe s., on y exploite la vigne depuis «seulement» le XVIe s. Ses élégants bâtiments remontent pour l'essentiel au XVIIIe s. Du haut de sa tour, on peut contempler son vaste vignoble de 140 ha d'un seul tenant. En 2007, Pierre Deltin, médecin marseillais, a racheté le domaine et a entrepris d'importants travaux de restructuration à la vigne et au chai.

Grenache, syrah et carignan sont associés dans ce vin intensément bouqueté sur les fruits rouges et noirs, à la robe opulente et terriblement gourmande. Pas une once de bois ne vient troubler cette pureté de fruit, pas plus que les tanins, souples et fondus, qui accompagnent une agréable finale minérale. Un vin moderne à boire sur le fruit. ⧗ 2021-2024

SCEA CH. MALIJAY, 1511, chem. des Plumes, 84150 Jonquières, tél. 04 90 70 33 44, contact@chateaumalijay.com V *t.l.j. sf mer. sam. dim. 8h-12h 13h-17h*

CH. DE MANISSY Oracle 2020 ★

11 000 | 8 à 11 €

À l'aube du XXᵉs., le château de Manissy datant du XVIIᵉs. fut légué par la famille Lafarge, qui exploitait la pierre de Tavel, aux pères missionnaires de la Sainte-Famille. Ce sont ces derniers qui débutèrent la culture de la vigne sur ces terres pour approvisionner leur communauté et les paroisses des environs. En 2003, ils ont confié la gestion du domaine au jeune Tavelois Florian André. Conduit en bio, le vignoble couvre aujourd'hui 80 ha dans les AOC châteauneuf-du-pape, tavel, lirac et côtes-du-rhône.

Ce blanc issue de grenache blanc (80 %) et de clairette enchante par son bouquet aérien, d'agrumes, de fleurs d'oranger et d'amande fraîche. L'élevage en cuve a préservé le fruité et accompagne une bouche à l'attaque tonique, d'une belle douceur dans son développement, centrée sur des notes de fruits exotiques et de miel, soutenue par une finale déliée. Un blanc polyvalent, pour l'apéritif ou pour la table. ⧗ 2021-2023 ■ **Oracle 2020 ★ (8 à 11 €; 20 000 b.)** Une touche de counoise (15%), cépage historique du sud de la vallée du Rône, apporte une finesse florale à cet assemblage de grenache et de carignan, au nez de garrigue et de menthol. Ces arômes délicats se prolongent dans une bouche grasse et longue, encadrée par des tanins souples et veloutés. Pourquoi faire compliqué ? ⧗ 2021-2024

EARL CH. DE MANISSY, rte de Roquemaure, 30126 Tavel, tél. 04 66 82 86 94, info@chateau-de-manissy.com V *r.-v.*

CH. DE MARJOLET 2020 ★

■ | 120 000 | 5 à 8 €

Cette propriété de 75 ha, régulière en qualité, se répartit sur les 2 villages gardois de Gaujac et de Laudun. Fondateur du domaine en 1978, Bernard Pontaud a laissé les rênes de l'exploitation à son fils Laurent en 2009.

Grenache et syrah se répondent harmonieusement dans ce rouge aux senteurs florales (violette, sureau) et épicées (réglisse), et à la bouche fluide, gouleyante, fruitée (cerise et framboise fraîches), bien équilibrée entre gras et fraîcheur, finement structurée par des tanins discrets. Un vin sincère et sans fausse note. ⧗ 2021-2024

EARL VIGNOBLES DE MARJOLET, allée des Platanes n°184, 30330 Gaujac, tél. 04 66 82 00 93, chateau.marjolet@gmail.com V *t.l.j. sf sam. dim. 9h-12h 14h-18h*

MAS DE SAINTE-CROIX Douceur de fruit 2019 ★★

■ | 15 000 | 5 à 8 €

Un domaine de 25 ha établi à 400 m d'altitude, ancienne propriété d'un chapelain acquise en 2002 par Jacques Coipel. Après avoir parcouru le monde, Julien, le fils, œnologue de formation, a repris la conduite du domaine en 2019. Les vignes entrent dans leur dernière année de conversion en bio.

Très belle réussite que ce rouge à la robe intense et au nez élégant de fruits frais et de violette qui récompense un travail méticuleux à la vigne et une extraction tout en douceur en cuve. La bouche s'ouvre sur des notes de clafoutis à la cerise et dévoile une matière ample et généreuse, soulignée par des tanins suaves et par une finale pleine de douceur. Un vin qui fleure bon les déjeuners sous la tonnelle. ⧗ 2021-2024

SCEA JACQUES COIPEL, 234, chem. de Sainte-Croix, 84600 Valréas, tél. 04 90 35 54 53, contact@masdesaintecroix.com V *r.-v.*

DOM. DE LA MAVETTE 2019 ★

■ | 30 000 | 5 à 8 €

Implanté au pied des Dentelles de Montmirail, en gigondas et en appellations régionales, ce domaine est conduit par la même famille depuis trois générations. La dernière en date est représentée par Jean-François Lambert, arrivé en 1988 et gérant depuis 1992, à la tête aujourd'hui d'un vignoble de 25 ha.

Une touche de marselan pimente cet assemblage classique de grenache, de syrah et de carignan. Un vin au nez charmeur de pivoine et de fraise compotée. Le palais est souple, gourmand, doté de tanins discrets et de beaucoup de vivacité. Il laisse en finale une agréable sensation reglissée. ⧗ 2021-2023

EARL LAMBERT ET FILS, 677, chem. de Lencieu, 84190 Gigondas, tél. 06 14 46 51 76, lambert.jfs@orange.fr V *t.l.j. sf dim. 9h-12h 14h-18h. f. janv.*

♥ DOM. LA MILLIÈRE Vieilles Vignes 2019 ★★

■ | 12 000 | 8 à 11 €

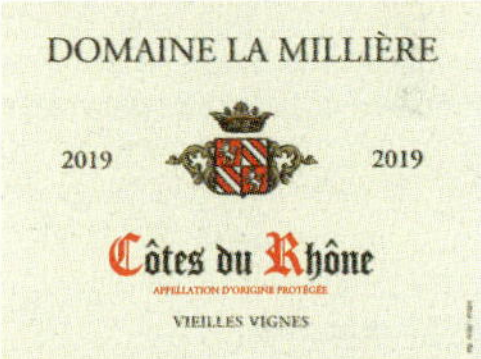

Représentant la cinquième génération de vignerons, Michel Arnaud cède le domaine familial en 2019 à Isabelle Strasser, également aux commandes du restaurant historique *La Mère Germaine* à Châteauneuf-du-Pape et du Dom. de la Pousterle en AOC luberon. Certifiées bio et situées sur les coteaux nord de Châteauneuf-du-Pape et sur Orange, les 18 ha du vignoble se partagent entre les AOC châteauneuf-du-pape et côtes-du-rhône, couvrant une mosaïque de sols (galets roulés, argile rouge, safres, calcaire).

Premier millésime à la tête du domaine et déjà le coup de coeur ! Ce côtes-du-rhône mi-grenache mi-syrah, à la robe d'un rouge profond, offre un nez exubérant de coulis de mûre, de fraise des bois et de réglisse, et dévoile une bouche savoureuse, grasse et bien parfumée, aux tanins suaves totalement fondus. Le vin s'étire sur des notes de Zan et de cannelle. Beaucoup de personnalité et de présence pour ce rouge décoiffant, à boire sur l'éclat de la jeunesse. ⧗ 2021-2024

SCEA DOM. LA MILLIÈRE, 985, rte de Courthézon, quartier Cabrières, 84100 Orange, tél. 04 90 34 53 06, domainelamilliere@outlook.fr V *t.l.j. sf sam. dim. 8h-12h30 14h-18h*

RHÔNE

B **MONGIN** 2019 ★

13486 | 5 à 8 €

Créé en 1975, le Ch. Mongin est l'exploitation pédagogique du lycée viticole d'Orange. Son vignoble s'étend aujourd'hui sur 21 ha, en bio certifié depuis 2012.

Une belle maîtrise de la maturité des raisins dans un millésime très chaud pour ce vin sombre, qui préserve la fraîcheur de ses raisins de grenache, de syrah et de carignan (5 %) en livrant un bouquet élégant de framboise, de poivre noir et de garrigue. D'emblée puissante, la bouche est dense mais sans lourdeur, offrant une belle mâche nerveuse, fruit d'une extraction douce et d'un élevage court en cuve. ⧗ 2021-2023

EPLEFPA CH. MONGIN, 2260, rte du Grès, 84100 Orange, tél. 04 90 51 48 04, chateaumongin@chateaumongin.com V t.l.j. sf sam. dim. 9h-12h 14h-17h

CH. DE MONTFAUCON 2019 ★★

70000 | 8 à 11 €

Valeur sûre des côtes-du-rhône, ce domaine (60 ha) est commandé par une ancienne forteresse du XIe s. campée sur un promontoire rocheux, vigie sur le Rhône, fleuve qui marquait la frontière entre le royaume de France et le Saint-Empire romain germanique. Au XVIIIe s., les aïeux de Rodolphe de Pins (installé en 1995 après diverses expériences en France et à l'étranger) ont pris possession des lieux. Le vignoble se caractérise par des sols et un encépagement très diversifiés. Une structure de négoce a été créée en 2014.

Assemblage de cinq cépages, cette attrayante symphonie rhodanienne livre un nez raffiné de framboise compotée et de garrigue, rafraîchi par une touche mentholée. Patinée par un élevage long de 24 mois en cuve, la bouche est un modèle d'équilibre. Du fruit rouge juteux et quelques notes de tabac parfument avec persistance une matière douce et subtilement tannique. Les épices s'invitent en finale pour parfaire cette complexité. Un vin épanoui qui a encore un beau potentiel de garde. ⧗ 2022-2027

EARL DOM. DE MONTFAUCON, 22, rue du Château, 30150 Montfaucon, tél. 04 66 50 37 19, contact@chateaumontfaucon.com V t.l.j. sf ven. sam. dim. 9h-12h 14h-18h

DOM. GUY MOUSSET 2019 ★

100000 | 5 à 8 €

L'histoire vigneronne de la famille Mousset est vieille de 5 siècles; l'installation à Châteauneuf-du-Pape date des années 1930, et sur le Clos Saint-Michel de 1957. Avec l'arrivée en 1996 de Franck et Olivier, le domaine (38 ha aujourd'hui) s'est enrichi de parcelles en côtes-du-rhône et en *villages*, sur la commune de Sérignan-du-Comtat. Il a obtenu la certification en bio en 2020.

La confiture de cerise noire marque le nez intense de ce côtes-du-rhône solaire, assez caractéristique du millésime 2019. Au palais, la structure est de bonne tenue et assoit une matière ample et tonique sur des notes de mûre et de violette, associées à une pointe de chocolat noir en finale. À boire dans ses jeunes années pour profiter de la gourmandise du fruit. ⧗ 2021-2024

EARL VIGNOBLES GUY MOUSSET ET FILS, Le Clos Saint-Michel, 2505, rte de Châteauneuf-du-Pape, 84700 Sorgues, tél. 04 90 83 56 05, stephanie.clossaintmichel@gmail.com V t.l.j. 9h-12h30 14h-19h

MAISON FRANÇOIS-XAVIER NICOLAS Essentielle 2019 ★

100000 | 8 à 11 €

Une jeune maison de négoce créée en 2011 par «l'artisan-négociant» François-Xavier Nicolas et dédiée aux «vins de terroir» de la vallée du Rhône méridionale.

Brillante et soutenue, la robe grenat aux reflets violets met en confiance. Le bouquet ne le dément pas avec des notes fumées, derrières lesquelles perce le cassis. Bien construit, le palais déroule une matière soyeuse, aux arômes discrets d'olive noire, étayée de tanins harmonieux jusqu'à une finale ferme et fraîche. Un beau côtes-du-rhône qui mérite encore quelques mois de bouteille. ⧗ 2021-2024

SARL NICOLAS VINS SÉLECTIONS, 400, rue du Portugal, 84100 Orange, tél. 06 47 33 19 21, contact@fxnicolas.com V r.-v.

OGIER Héritages 2020 ★

33250 | 5 à 8 €

Cette vénérable maison castelpapale de négoce-éleveur (1859), dans le giron du groupe Advini, propose une large gamme de vins rhodaniens, du nord et du sud. Elle possède aussi le Clos de l'Oratoire des Papes (châteauneuf) et le Dom. Notre-Dame de Cousignac (vivarais).

Derrière une robe saumon pâle lumineuse s'exprime un nez très typé «cinsault», aux arômes aériens de fleurs d'agrumes, de rose et d'une pointe de caramel. En bouche, onctuosité et rondeur s'équilibrent harmonieusement avec une belle fraîcheur soutenue par des notes de fruits rouges acidulés. Simple et sans fausses notes. ⧗ 2021-2022

SAS OGIER, 10, av. Louis-Pasteur, 84232 Châteauneuf-du-Pape, tél. 04 90 39 32 41, ogier@ogier.fr V r.-v. 5

♥ **CH. DE PANÉRY** La Garuste 2019 ★★

6300 | 8 à 11 €

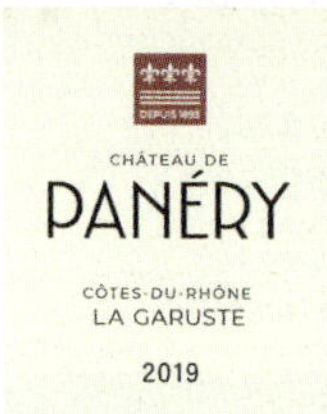

Jusqu'au début du XIXe s., le domaine cultivait du blé, son nom dérivant du provençal et signifiant «ferme du pain». Aujourd'hui, la vigne représente 50 ha sur les 500 ha de cette vaste propriété rachetée en 2018 par Olivier et Jacqueline Ginon, qui cultivent également 100 ha d'oliviers. Un nouveau chai et la conversion en bio sont à l'œuvre. Vins en AOC côtes-du-rhône, duché d'uzès et IGP.

Le nez envoûtant de syrah (60 % de l'assemblage), où pointent la violette, le caramel et un soupçon de noisette torréfiée, offre un plaisir immédiat qui se prolonge en bouche par une attaque fraîche, une matière suave dotée de tanins souples et légèrement croquants. Les arômes de fruits noirs juteux et de raisin frais y côtoient le romarin sauvage, cette touche grillée de garrigue, paysage sudiste et buissonnant auquel le nom de la cuvée « Garuste » fait référence. Un côtes-du-rhône éclatant. ⧗ 2021-2024

SCEA CH. DE PANÉRY, rte d'Uzès, 30210 Pouzilhac, tél. 04 66 37 04 44, carole@panery.fr V t.l.j. sf sam. dim. 10h-12h 14h-18h

B DOM. DES PASQUIERS 2020 ★★

■ | 30000 | | 8 à 11 €

Jean-Claude et Philippe Lambert ont repris en 1998 le domaine familial, fondé en 1935 et fort d'un vignoble de 85 ha. Ils se sont lancés dans la vente en bouteilles quatre ans plus tard. La nouvelle génération est arrivée en 2013, et la conversion bio est désormais acquise.

Ce côtes-du-rhône donne la part belle au grenache (75%), vinifié séparément de la syrah (25 %) pour bénéficier de la pleine maturité de chaque cépage. Le nez franc s'ouvre sur des notes friandes de fruits rouges (groseille, cerise) et de poivre, que l'on retrouve dans une bouche ample, élégamment épicée (baie de genièvre, girofle) et structurée par des tanins encore fermes. Une belle cuvée qui demandera encore un peu de patience en cave. ⧗ 2022-2025

SCEA VIGNOBLES DES PASQUIERS, 10, rte d'Orange, 84110 Sablet, tél. 04 90 46 83 97, domainedespasquiers@gmail.com V t.l.j. 8h-12h 13h30-18h; sam. dim. sur r.-v. 4

♥ DOM. PASSION DES DAMES 2019 ★★

■ | 20000 | | 5 à 8 €

Les Grandes Serres? Une maison de négoce castelpapale fondée en 1977 à Châteauneuf-du-Pape, par Camille Serres et reprise en 2001 par Michel Picard, investisseur dans de nombreuses régions viticoles – jusqu'en Ontario. Désormais installée à Cairanne et à Gigondas, elle propose une large gamme de vins de la vallée du Rhône méridionale (et aussi de Provence) souvent en vue dans ces pages.

Les cinsault, syrah et carignan viennent enrichir cette cuvée conduite par le grenache (60 %). Le nez se montre captivant par ses parfums intenses de fruits noirs confiturés (cassis, myrtille) et d'épices douces (cardamome, muscade). On aime aussi cette bouche veloutée, à la fois souple et terriblement gourmande, étoffée par des tanins graciles et finement épicés. Un côtes-du-rhône qui ne laissera personne indifférent. ⧗ 2021-2023

SA LES GRANDES SERRES, 430, rte de l'Islon-Saint-Luc, 84230 Châteauneuf-du-Pape, tél. 04 90 83 72 22, contact@grandesserres.com V t.l.j. sf lun. dim. 11h-18h

PÈRE ANSELME Réserve 2020 ★

■ | 100000 | | 5 à 8 €

Cette maison réputée, fondée en 1931 par Charles Brotte, pionnier de la mise en bouteilles dans la vallée du Rhône, est aujourd'hui dirigée par Laurent, petit-fils du fondateur. Elle vinifie ses propres vignes et opère des sélections parcellaires pour le compte de son négoce, dont La Fiole du Pape, en châteauneuf, est la marque phare depuis sa création en 1952.

Point de bois pour cette cuvée où le grenache (80 %) donne le *la* avec ses arômes d'épices douces (muscade, réglisse) et où la syrah (20 %) pointe son nez fruité (mûre compotée). En bouche, c'est un savant mélange des deux : une attaque franche et des tanins fermes structurent une matière enrobée par une agréable sucrosité, avec une longue finale sur la fraîcheur mentholée. Un rouge qui coche toutes les cases. ⧗ 2021-2023

PÈRE ANSELME, av. Pasteur, 84230 Châteauneuf-du-Pape, tél. 06 84 30 17 65 V t.l.j. 9h-13h 14h-19h

DOM. RABASSE CHARAVIN Laure 2019 ★

■ | 12000 | | 8 à 11 €

Vers 1880, Edmond Charavin, vigneron et chapelier, acquiert 3 ha de terres à Cairanne. Quatre générations plus tard, en 1984, Corinne Couturier prend les commandes, relayée depuis 2013 par sa fille Laure, à la tête aujourd'hui d'un vignoble de 40 ha, en conversion bio.

Cette cuvée Laure est la signature de la vigneronne : une cuvée dominée par le grenache (85 %), vendangée manuellement et élevée en cuve pour protéger l'éclat du fruit. Le résultat est probant : un nez pimpant de petits fruits noirs agrémentés d'une touche de girofle; une bouche ronde et croquante comme une cerise mûre; une finale plus tannique qui apporte une belle touche de fraîcheur. ⧗ 2021-2023

EARL CORINNE COUTURIER, 1030, chem. des Girard, D 69, rte de Rasteau, 84290 Cairanne, tél. 04 90 30 70 05, rabasse-charavin@orange.fr V r.-v.

B DOM. LA RÉMÉJEANNE Les Chèvrefeuilles 2019 ★

■ | 26000 | | 8 à 11 €

Originaire d'Alsace-Lorraine et émigrée au Maghreb, la famille Klein s'est établie en 1960 à Sabran, à la tête de 5 ha de vignes. Aujourd'hui, Rémy Klein, installé en 1988 et rejoint par son fils Olivier en 2009, cultive 35 ha en bio. Une valeur sûre en côtes-du-rhône et en *villages*.

Parée d'une robe profonde, cette cuvée fleure bon les fruits rouges frais et le cuir neuf. Une dominante de syrah (70 %) marque la bouche par sa matière dense, parfumée de fruits noirs et d'une touche de poivre. Une bouche très équilibrée, persistante, reflet d'une belle maturité des raisins, prolongée par une finale fraîche et reglissée. On passe à table? ⧗ 2021-2024

DOM. LA RÉMÉJEANNE, hameau de Cadignac, 30200 Sabran, tél. 04 66 89 44 51, contact@remejeanne.com V t.l.j. sf sam. dim. 9h-12h 14h-18h E

RHÔNE

LA RENJARDIÈRE 2019 ★

■ | 30 000 | | 11 à 15 €

Terroirs et Talents ? Une structure commerciale ombrelle créée en 2007 par Hervé Dupond et Xavier Barbet, issus de familles installées de longue date dans le Beaujolais. Elle regroupe une activité de négoce (marques Pierre Dupond et Paul Beaudet) et plusieurs domaines entre Beaujolais, Mâconnais et vallée du Rhône.

De ce rouge rubis éclatant s'échappent des parfums racés de griotte, de menthol et de garrigue. Une attaque charmeuse ouvre sur un palais épanoui, aux tanins fondus et légèrement torréfiés, à la finale suave et chaleureuse. Un vin bien dans son millésime et prêt à boire. ⧗ 2021-2023

PIERRE DUPOND, La Terrière, 1031, rte du Château, 69220 Cercié, tél. 04 74 66 77 80, info@terroirs-et-talents.fr V r.-v.

DOM. DE REVEIROLLES 2019 ★★

■ | 16 000 | | 5 à 8 €

Les premières plantations de vignes initiées par Noël Vaute dans les années 1950 sont ensuite complétées par son fils André, puis par son petit-fils Régis, qui décide en 2001 de quitter la cave coopérative et de vinifier lui-même sa production. Aujourd'hui, le domaine couvre 18 ha et produit du côtes-du-rhône, du châteauneuf-du-pape et, prochainement, des IGP Méditerranée.

Fruit d'un assemblage de grenache, syrah et mourvèdre sur des sols de galets roulés, ce rouge solaire exhale un bouquet complexe de cassis, de tabac et de Zan. Le palais se révèle gourmand, riche de fruit noir confituré, bien structuré par des tanins fondus et un boisé subtil, avec une agréable fraîcheur en appoint. Beaucoup d'équilibre dans ce vin dont le jury salue également « la longueur parfumée ». ⧗ 2021-2026

SCEA DOM. DE REVEIROLLES, 11 bis, chem. des Poudries, 2, chem. des Taillades, 84370 Bédarrides, tél. 06 11 58 24 15, vauteregis@wanadoo.fr V r.-v.

ROCCA MAURA Cuvée 1737 2019 ★

■ | 35 000 | | 8 à 11 €

C'est à Roquemaure, berceau historique des côtes-du-rhône grâce à son port fluvial, que les vignerons purent en 1737 marquer leurs tonneaux des lettres « CdR ». Fondée en 1922, la petite coopérative locale – longtemps nommée Cellier Saint-Valentin – fédère aujourd'hui 60 adhérents pour 350 ha de vignes. Elle s'est tournée vers la vente en bouteilles au tournant du XXIe s.

Harmonieuse et élégante, cette bouteille dévoile un bouquet intensément fruité (mûre, myrtille) et finement boisé. Le palais se révèle puissant et déjà épanoui, à la trame tannique soyeuse. La finale se pare de quelques arômes épicés, signe d'un élevage sous-bois bien maîtrisé. Un côtes-du-rhône subtil et prêt à boire. ⧗ 2021-2023 ■ **2020 ★ (5 à 8 €; 6 000 b.)** Ce blanc à la robe pâle et au bouquet gracile de fruits à noyaux et de noisette fraîche dévoile un corps souple, finement aromatique, croquant à souhait, à la vivacité bien dosée. Une bouteille qui fleure bon le printemps et qui fera merveille à l'apéritif. ⧗ 2021-2022

SCA ROCCA MAURA, 1, rue des Vignerons, 30150 Roquemaure, tél. 04 66 82 82 01, contact@roccamaura.com V t.l.j. sf dim. 9h-12h 14h-18h; visite des caves sur r.-v.

B CH. ROCHECOLOMBE 2019 ★

■ | 80 000 | | 5 à 8 €

Ancienne propriété de l'auteur-compositeur flamand Robert Herberigs, ce domaine ardéchois de 28 ha (en bio certifié) est conduit depuis 1998 par Roland Terrasse, son petit-fils. Il doit son nom à la pierre « blanche comme une colombe » qui compose le château, de style Directoire. Souvent en vue pour ses côtes-du-rhône et ses *villages*.

Un assemblage grenache-syrah bien typé par le millésime 2019, au bouquet solaire de mûre confiturée et de tabac blond. La bouche, dense et gourmande, exhale ces mêmes parfums chaleureux de fruit macéré et de torréfaction (cacao et café), soutenue par des tanins discrets et fondus. Elle finit sur une pointe de fraîcheur bienvenue. Un rouge que l'on réservera aux viandes rouges et aux plats épicés. ⧗ 2021-2024

CH. ROCHECOLOMBE, chem. de Rochecolombe, 07700 Bourg-Saint-Andéol, tél. 04 75 54 50 47, rochecolombe@aol.com V t.l.j. sf dim. 9h-12h 14h-18h30

DOM. DE ROCHEMOND Grand Bécassier 2020 ★

■ | 400 000 | | 5 à 8 €

Éric Philip, installé en 1995, et son fils Sylvain exploitent, essentiellement à Sabran, un vaste vignoble de 130 ha répartis entre les domaines de Rochemond et du Grand Bécassier. Ils signent des côtes-du-rhône et des *villages* souvent en vue, et aux meilleures places, dans ces pages. Autre étiquette : le Dom. Pique Bouffigue.

Très classique dans son style, ce 2020 au bouquet naissant de mûre et de thé fumé, séduit par son attaque souple et sa bouche pleine de fruit. Les tanins jouent le second rôle, mais on ne s'en plaindra pas car on le sent conçu pour être croqué dans la fraîcheur de sa jeunesse. Un vin de plaisir immédiat. ⧗ 2021-2023 ■ **Pique Bouffigue 2020 ★ (5 à 8 €; 200 000 b.)** Du plaisir frais et immédiat encore avec cet assemblage de grenache et de syrah mêlé à une touche de marselan. Le nez livre des parfums de fruits rouges bien mûrs et de macaron à la framboise. La bouche, construite sur des tanins consistants mais bien intégrés, déploie beaucoup de fraîcheur et un plaisir instantané. Un vin généreux et facile d'accès. ⧗ 2021-2023

DOM. DE ROCHEMOND, 1637, rte de Cadignac, 30200 Sabran, tél. 04 66 79 04 42, contact@domainederochemond.com V t.l.j. sf sam. dim. 9h-12h 14h-16h

DOM. DES ROMARINS 2019 ★★

■ | 35 000 | | 5 à 8 €

Xavier Fabre, 4e du nom à la tête de ce domaine familial, conduit 30 ha de vignes, épaulé depuis 2013 par son frère Benoît. À la carte des vins, des côtes-du-rhône et des *villages* Signargues.

Une robe grenat foncé habille ce côtes-du-rhône au nez d'une rare complexité : fruits rouges et noirs mûrs, notes épicées (cannelle, Zan), tabac blond. Après une attaque ample et aromatique, on découvre une matière de très belle tenue, bien structurée mais sans aspérité. La finale, persistante, soulignée de tanins fins, est marquée par un plaisant retour de la réglisse. Un réel équilibre. ⧗ 2021-2024

SARL DOM. DES ROMARINS, 113, rte d'Estézargues, 30390 Domazan, tél. 04 66 57 43 80, contact@domainedesromarins.fr V *t.l.j. sf dim. 9h30-11h45 14h30-18h30* A

CH. DE RUTH 2020 ★

■	200 000		8 à 11 €

Vincent Moreau s'est établi en 2004 à la tête du Dom. de Galuval, fort de 24 ha de terroirs variés entre Cairanne et Rasteau. Il l'a agrandi en 2010 en acquérant les vastes et anciennes terres du Ch. de Ruth, sur le terroir renommé de Sainte-Cécile-des-Vignes, où il a engagé le renouvellement des 110 ha de vignes et la rénovation des chais, et s'est entouré d'un œnologue de talent, Philippe Cambie.

À l'olfaction, les dégustateurs ont été captivés par sa palette aromatique extravagante : fruits noirs, girofle, noisette grillée et menthol. Franche à l'attaque, de bon volume, concentrée, la bouche s'appuie sur une solide structure de tanins fermes qui titillent encore un peu les papilles. La finale intense s'étire sur des notes florales (iris, violette) apportant beaucoup de fraîcheur. Un vin à la personnalité bien typée, à laisser reposer quelques mois en cave. ⧗ 2021-2025 ■ **2020 ★ (8 à 11 €; 36 000 b.)** Or clair ce vin charme par son nez intense et généreux autour des fleurs capiteuses (genêt, chèvrefeuille), de la pêche de vigne et de la bergamote. La bouche? À la fois croquante et douce, grasse et persistante, elle est parfaitement équilibrée. Un bon classique, harmonieusement aromatique. ⧗ 2021-2024

EARL DOMAINES VINCENT MOREAU, 1909, rte d'Orange, 84290 Sainte-Cécile-les-Vignes, tél. 04 90 30 80 02, contact@chateauderuth.com V *t.l.j. sf sam. dim. 8h30-12h 14h-17h*

DOM. SAINT-AMANT Clapas 2019 ★

■	12 000		8 à 11 €

L'un des plus hauts domaines de la vallée du Rhône. Créé en 1992 par Nathalie et Jacques Wallut, chef d'entreprise à la retraite, il est aujourd'hui dirigé par leur fille Camille Nosworthy. Les 13 ha de vignes s'étagent en terrasses, entre 400 et 600 m d'altitude, sur le flanc du mont Saint-Amant.

Clapas, c'est le nom du lieu-dit où sont plantées les vignes, et de ces monticules de pierres qui rappellent aux promeneurs le travail des anciens retirant péniblement les cailloux des terres pour en faire des champs. Syrah et grenache à parité, issus de ces parcelles d'altitude, délivrent un nez gracieux de fruits noirs, de cerise croquante et de cuir frais. La bouche, souple et svelte, montre une présence aromatique réjouissante de fruits rouges confits et de rose, que de discrets tanins veloutés accompagnent. De la fraîcheur et de l'élégance de bout en bout. ⧗ 2021-2024

SCEA SAINT-AMANT, Saint-Amant, 84190 Suzette, tél. 04 90 62 99 25, contact@saint-amant.com V *t.l.j. 9h-18h; sam. dim. sur r.-v.* E

SAINT-COSME 2020 ★★

■	100 000		8 à 11 €

Aménagé sur un site de vinification gallo-romain, parvenu jusqu'à nous avec ses cuves de fermentation taillées dans le rocher, ce domaine est dans la famille Barruol depuis... 1490. Dès lors, quinze générations de vignerons se sont succédé sur cette exploitation de 37 ha conduite depuis longtemps selon les préceptes bio. Fort de ce long passé vigneron, Louis Barruol, l'actuel propriétaire, a développé en 1997 une activité de négoce.

Mi-grenache mi-syrah, ce vin complet révèle, derrière un manteau presque noir, un nez d'une complexité éblouissante : cerise fraîche, bonbon à la framboise, réglisse, notes fumées et torréfiées, garrigue... En bouche, il offre une harmonie remarquable entre volume, charnu et solidité tannique. Des tanins dont le grain de velours donne beaucoup d'allonge à la finale, qui s'étire sur des arômes finement épicés. Déjà charmeur, mais armé pour durer. ⧗ 2021-2025

SARL LOUIS ET CHERRY BARRUOL, 126, rte des Florêts, 84190 Gigondas, tél. 04 90 65 80 80, barruol@chateau-st-cosme.com V *t.l.j. sf sam. dim. 9h-17h30*

DOM. SAINT-MICHEL 2019 ★★

■	20 000		5 à 8 €

Un domaine familial fondé en 1960 dans les collines du massif d'Uchaux. Premières mises en bouteilles en 1978 et un vignoble de 20 ha en conversion bio, conduit aujourd'hui par les quatre frères et sœurs Nicolas.

Il ne fallait pas moins de six cépages pour créer ce bouquet à la complexité décoiffante d'épices (muscade, girofle), de fruits des bois et d'infusion de plantes (tilleul, menthe poivrée). La bouche se montre plus classique, mais tout aussi élégante, et compose un équilibre subtil entre une belle sucrosité, de la rondeur et des tanins bien fondus. Il faut dire qu'un élevage de 2 ans en cuve a eu le temps d'affiner patiemment ce joli côtes-du-rhône. ⧗ 2021-2024

GAEC NICOLAS FRÈRES, hameau de la Galle, 1, rue de l'Église, 84100 Uchaux, tél. 04 90 40 62 20, nicolas.gaec@gmail.com V *t.l.j. 9h-12h 14h-19h; dim. sur r.-v.*

DOM. SAINT-PIERRE 2020 ★★

■	40 000		5 à 8 €

Jean-Claude Fauque a introduit la mise en bouteilles en 1972 sur ce domaine familial remontant à plusieurs générations. Ses fils, Jean-François et Philippe, ont pris la relève en 1984 et conduisent un vignoble de 55 ha.

Ce rouge juvénile aux reflets fuchsia exhale des parfums alléchants de framboise (fraîche et confiturée) et de raisin juteux. Une bonne entrée en matière qui se poursuit par une explosion de saveurs en bouche, sur la feuille de cassis et son fruit acidulé, par une matière bien équilibrée entre souplesse, rondeur et fraîcheur, et par une longue finale au parfum de thé vert très original. Un vin bien construit et très expressif. ⧗ 2021-2025

DOM. SAINT-PIERRE, 923, rte d'Avignon, 84150 Violès, tél. 04 90 70 92 64, contact@domaine-saintpierre.fr V ♿ 🍷 *t.l.j. sf dim. 8h-12h 13h30-18h30*

LES VIGNERONS DE TAVEL Acantalys 2020 ★

■	20000	🍾	5 à 8 €

Créée en 1937, cette cave historique fut la première coopérative agricole à être inaugurée par un président de la République (Albert Lebrun). Actrice importante de la production taveloise (environ la moitié), elle a fusionné en 2018 avec la cave de Lirac.

Voilà un blanc qui met à l'honneur la diversité ampélographique de la vallée du Rhône sud, avec plus de six cépages assemblés dans la bouteille. Si le premier nez se livre avec parcimonie, l'aération libère des notes de fleurs (acacia, fleur de sureau) et d'herbes aromatiques (sarriette). Le palais est frais et fringant sans manquer de chair ni de générosité. Belle retro-olfaction sur l'amande fraîche qui apporte une touche d'élégance supplémentaire à ce blanc conçu pour la table. ⧗ 2021-2023

SCA LES VIGNERONS DE TAVEL ET LIRAC, rte de la Commanderie, 30126 Tavel, tél. 04 66 50 03 57, contact@cave-tavel-lirac.fr V ♿ 🍷 *t.l.j. 9h-12h 14h-18h*

TERRANEA Vieilles Vignes 2020 ★

■	550000	🍾	- de 5 €

Un négoce créé en 2003 par Frédéric Chaulan – rejoint en 2009 par Serge Cosialls –, qui propose une gamme complète de vins de la vallée du Rhône, du nord au sud.

Ce vin arbore une robe cerise lumineuse et offre au nez un panier de fruits rouges frais. La bouche, dans le droit fil de cette gourmandise fruitée, offre une consistance voluptueuse très "syrah" (pourtant présente à seulement 20 %). Les tanins d'un grain délicat structurent ce rouge souple, à la fraîcheur surprenante, enjolivé d'une pointe de réglisse en finale. Un vin à l'équilibre réjouissant. ⧗ 2021-2023

SAS TERRANEA, rue des Négades, ZAC du Crépon-Sud, 84420 Piolenc, tél. 04 90 34 18 47, terranea@vins-terranea.fr

TERRE DE GAULHEM La Bédaride 2019 ★

■	4000	🛢	11 à 15 €

Un jeune domaine créé en 2006 par Nicolas (œnologue-conseil réputé) et Magali Constantin. Situé au nord de Vaison-la-Romaine, à 280 m d'altitude, aux lieux-dits Bédaride et Crotedollier, ce petit vignoble couvre à peine plus de 2 ha.

De vieilles vignes de grenache, syrah, cinsault et carignan donnent naissance à cet unique rouge du domaine. Vendangée à parfaite maturité et élevée 12 mois en barriques anciennes, cette cuvée offre une concentration évidente au travers d'une robe bleutée, d'un nez intense de violette et de suie, et d'un palais au diapason, sur des notes d'encre de seiche et de cassis, dense, structuré par des tanins serrés qui ont encore la fermeté de leur jeunesse. On l'aura compris, la patience est de mise. ⧗ 2022-2026

MAGALI ET NICOLAS CONSTANTIN, 1088, chem. de Saumelongue, 84110 Vaison-la-Romaine, tél. 06 73 88 49 45, nicolas.constant1@orange.fr V 🍷 *r.-v.*

TERRES POURPRES Vieilles Vignes 2020 ★★

■	300000	🍾	5 à 8 €

Une petite structure de négoce créée en 2004, spécialisée dans les vins de la vallée du Rhône, du Languedoc et de la Provence.

Le nez expressif et charmant s'ouvre sur des notes de fraise écrasée, de sucre d'orge et d'une pointe d'eucalyptus vivifiante. Un beau volume tapisse la bouche, dotée de tanins affables et d'une palette aromatique complexe et élégante, aux saveurs de cassis, de figue fraîche et de cuir. Un rouge sapide à servir à l'apéritif sur une belle planche de fromages. ⧗ 2021-2024

LES VIGNERONS DU GRAND SUD, 32, chem. de Roquebrune, 30130 Saint-Alexandre, tél. 04 66 39 02 00, contact@vigneronsdugrandsud.fr

DOM. LUCIEN TRAMIER Pécoulette 2019 ★

■	10000	🍾	8 à 11 €

Un domaine fondé en 1912 par Lucien Tramier, en cave particulière depuis 1952. Son héritier Max Thomas (quatrième génération), installé en 2007, conduit aujourd'hui un vignoble de 40 ha, en conversion bio.

Une identité toute méridionale pour cette Pécoulette (signifiant "petite" en patois) née de vieilles vignes de grenache et de syrah, au profil chaleureux du millésime 2019. Le nez dévoile des notes discrètes de fruits rouges macérés. Une attaque franche introduit un palais ample, puissant, mûr et structuré, adossé à des tanins fermes. Un rouge au caractère affirmé et à vocation gastronomique. ⧗ 2021-2024

LUCIEN TRAMIER, 335, chem. de Pied-Girod, 84150 Jonquières, tél. 09 66 83 00 89, contact@lucientramier.fr V ♿ 🍷 *t.l.j. sf sam. dim. 8h-12h 13h30-18h*

B DOM. RAYMOND USSEGLIO ET FILS Les Claux 2019 ★

■	15000	🍾	11 à 15 €

Des achats successifs ont permis à Raymond Usseglio de porter à 33 ha la surface de ce domaine castelpapal constitué par son père Francis, venu d'Italie en 1931 pour travailler la terre. La relève est assurée depuis 1999 par son fils unique, Stéphane. Les certifications (bio et biodynamie) sont acquises.

Vendangée à la main sur la parcelle des Claux et bénéficiant d'une longue macération et d'un léger pigeage, cette cuvée délivre une olfaction discrète avant de s'ouvrir sur des notes de mûres fraîches et de graphite. Sa présence s'affirme pleinement en bouche, avec une matière charnue et ample, agréablement structurée par des tanins suaves. En finale, la réglisse et le minéral apportent beaucoup de relief. Très équilibré, ce rouge offre encore un beau potentiel de garde. ⧗ 2021-2024

EARL LES AMANDIERS, 4, av. des Amandiers, 84230 Châteauneuf-du-Pape, tél. 04 90 83 71 85, contact@domaine-usseglio.fr V ♿ 🍷 *r.-v.*

DOM. DE LA VALÉRIANE Vieilles Vignes 2019 ★

■ | 25000 | 🍾 | 8 à 11 €

Valérie Collomb a inspiré à ses parents Maryse et Mesmin Castan le nom de ce domaine qu'ils ont créé en 1982 sur la rive droite du Rhône. Œnologue, elle a pris en 2004, avec son mari Michel, la conduite de ce vignoble de 35 ha. Très régulier en qualité avec ses côtes-du-rhône et ses *villages*.

Cette cuvée née des plus vieilles vignes du domaine conjugue les charmes du grenache et de la syrah assemblés à parts égales, en livrant un nez suave de griotte généreusement poivré. La fraise et la framboise viennent compléter cette palette aromatique dans une bouche très équilibrée entre la fraîcheur du fruit et une rondeur savoureuse rehaussée de quelques tanins épicés. Un côtes-du-rhône bien dans son appellation. ⌛ 2021-2023

VALÉRIE COLLOMB, 82, rte d'Estézargues, 30390 Domazan, tél. 04 66 57 04 84, valeriane.mc@orange.fr V 🚶 🍷 *t.l.j. sf dim. 10h-12h 14h-19h*

DOM. VENTAJOL 2020 ★

■ | 90000 | 🍾 | 5 à 8 €

Le domaine existe depuis 1868 et a vu 5 générations se succéder à la tête de ce vignoble établi sur la commune de Pont-Saint-Esprit, conduit aujourd'hui par Sébastien Ventajol.

Une seyante robe pourpre aux reflets bleutés habille ce vin au bouquet séduisant d'épices, de violette et de cerise mûre. De belles promesses que confirme le palais : après une attaque en souplesse, la structure s'affirme, ferme et solide, construite sur des tanins un peu fougueux qu'une matière ample et généreuse vient apprivoiser. Un côtes-du-rhône abouti, qui s'appréciera aussi bien jeune que patiné par la garde. ⌛ 2021-2025

EARL VENTAJOL, 936, rte de Saint-Paulet-de-Caisson, 30130 Pont-Saint-Esprit, tél. 04 66 39 38 46, sebventajol@gmail.com V 🍷 *t.l.j. sf dim. 9h-12h 14h-19h*

CÔTES-DU-RHÔNE-VILLAGES

Superficie : 10 240 ha
Production : 298 000 hl (98 % rouge et rosé)

À l'intérieur de l'aire des côtes-du-rhône, quelques communes ont acquis une notoriété certaine grâce à des terroirs qui produisent des vins de semi-garde dont les qualités sont unanimement reconnues. Les conditions de production de ces vins sont soumises à des critères plus restrictifs en matière notamment de délimitation, de rendement et de degré alcoolique par rapport à ceux des côtes-du-rhône. Au sein de l'aire d'appellation, 13 noms de communes historiquement reconnus peuvent figurer sur l'étiquette : Chusclan, Laudun et Saint-Gervais dans le Gard; Sablet, Séguret, Roaix, Valréas et Visan dans le Vaucluse; Rochegude, Rousset-les-Vignes, Saint-Maurice, Saint-Pantaléon-les-Vignes dans la Drôme. Ont été plus récemment reconnus Signargues, dans le Gard, Massif d'Uchaux, Plan de Dieu et Puyméras dans le Vaucluse. Gadagne (Vaucluse) s'est ajouté à la liste puis, en 2016, Sainte-Cécile, Suze-la-Rousse et Vaison-la-Romaine. Quant à Cairanne, elle a été promue en appellation communale (à partir du millésime 2016). Sur le territoire de 70 autres communes du Gard, du Vaucluse et de la Drôme, dans l'aire côtes-du-rhône, une délimitation plus stricte permet de produire des côtes-du-rhône-villages sans nom de commune.

DOM. DE L'AMANDINE Séguret 2019 ★

■ | 20000 | 🍾 | 8 à 11 €

Fondé en 1970 par Jean-Pierre Verdeau, ce domaine est conduit depuis 2013 par sa fille Amandine Suter et son gendre Alexander, rejoints par la troisième génération (Mathilde).

Gourmand et aromatique, ce vin est marqué au nez par les fruits rouges frais, que viennent soutenir quelques notes mentholées. La bouche, souple et équilibrée, est soulignée par une fraîcheur qui sublime le fruité, avant d'offrir une finale suave et charnue. Un *villages* de charme, prêt à boire. ⌛ 2021-2023

SCEA DE L' AMANDINE, 480, rte de Roaix, quartier Bel-Air, 84110 Séguret, tél. 04 90 46 12 39, info@domaine-amandine.fr V 🚶 🍷 *t.l.j. sf sam. dim. 8h-12h 13h30-17h30*

DOM. AMIDO Signargues Les Galets 2019 ★

■ | 13500 | 🍾 | 5 à 8 €

À partir de vignes familiales, Christian Amido crée son domaine en 1987 sur la rive droite du Rhône, vinifie ses premières cuvées en 2000. À son décès en 2003, l'exploitation est reprise par ses filles Nathalie Patinet et Dominique Le Dantec, cette dernière assurant depuis 2012 la gérance du vignoble de 27 ha. Avec Amandine Patinet, la troisième génération arrive sur la propriété.

Cette cuvée assemble, dès la fermentation, grenache (60 %) et syrah de 50 ans d'âge, issus de la terrasse de Signargues, recouverte de galets roulés de silice. Dans le verre, un rouge à la robe sombre, au bouquet chaleureux de cerise fraîche et de kirsh. Agréable et équilibrée, la bouche penche vers une suavité rehaussée d'épices, signant en finale la puissance du millésime. Un rouge à la fois solaire et élégant. ⌛ 2021-2025

SCEA DOM. AMIDO, Le Palai-Nord, 30126 Tavel, tél. 04 66 50 04 41, domaineamido@cegetel.net V 🚶 🍷 *r.-v.*

DOM. ANDRÉ AUBERT Visan 2019 ★★

■ | 12000 | 🍾 | 5 à 8 €

Les fils d'André Aubert – Claude, Yves et Alain – sont installés depuis 1981 à la tête de l'un des plus vastes ensembles viticoles rhodaniens (490 ha répartis sur plusieurs domaines), grâce auquel ils proposent une large gamme de vins de la vallée du Rhône méridionale.

Une robe grenat aux nuances rouge sang. Le nez associe épices douces et petits fruits rouges confits. La bouche, fraîche, ample et épicée, s'appuie sur une structure tannique solide mais soyeuse, persistant harmonieusement sur une touche de Zan. Un visan de bonne typicité. ⌛ 2021-2025

GAEC AUBERT FRÈRES, 75, rte des Chênes-Verts, 26290 Donzère, tél. 04 75 51 78 53, aubertfreres@wanadoo.fr V 🍷 *t.l.j. sf dim. 10h-12h30 14h-19h*

♥ LA BASTIDE SAINT-DOMINIQUE 2019 ★★

■ | 20 000 | | 8 à 11 €

Créé en 1979 par Gérard et Marie-Claude Bonnet, ce domaine établi à Courthézon, sur les vestiges d'une ancienne chapelle du XVIe s., se déploie sur 45 ha en côtes-du-rhône, cairanne et châteauneuf-du-pape. Depuis 1999, les vins sont vinifiés par Éric, leur fils, qui complète la propriété avec une structure de négoce. Il a été rejoint par sa sœur Véronique en 2016.

Quatre cépages vinifiés séparément, quelques pigeages, un élevage long en cuve et beaucoup de savoir-faire : c'est la formule magique de ce rouge diablement séduisant. Le jury a salué son nez allègre, très ouvert, qui fleure bon la framboise fraîche et la pivoine, stimulées de fines notes minérales. Porté par des tanins soyeux et délicats, le palais conjugue, avec une harmonie rare, rondeur, gras et finesse aromatique, le tabac blond et la crème à la vanille s'invitant en finale. L'équilibre est parfait et la longueur, exceptionnelle. Un plaisir rare. ⧗ 2021-2025

SCEA BASTIDE SAINT-DOMINIQUE, 1358, chem. Saint-Dominique, 84350 Courthézon, tél. 04 90 70 85 32, contact@bastidesaintdominique.com V t.l.j. sf sam. dim. 8h30-12h30 13h30-17h

LA BASTIDE SAINT-VINCENT Plan de Dieu Florentin 2019 ★

■ | 4 000 | | 8 à 11 €

Installé dans une ancienne ferme rénovée aux airs de bastide, dont certains éléments datent du XVIIe s., Laurent Daniel, ancien responsable commercial export dans un négoce de vin, a repris en 2001 ce vignoble familial de 23 ha très morcelé, réparti dans 6 communes. Un habitué du Guide, d'une régularité sans faille, qui dispose depuis 2020 d'une cave agrandie.

Hommage à Florentin, le fils du vigneron, pour cette cuvée « d'orfèvre » née de 1,6 ha de vignes : grenache et syrah récoltés manuellement, minutieusement triés et macérés sans interventions excessives, puis longuement affinés en cuve (18 mois). La robe est intense et lumineuse. Des notes de réglisse, de cerise et de truffe noire animent le bouquet, et se prolongent dans une bouche opulente, longue, marquée en finale par des tanins encore un peu austères mais agréablement chocolatés. Prometteur. ⧗ 2022-2026

SCEA GUY DANIEL, 1047, rte de Vaison, 84150 Violès, tél. 04 90 70 94 13, bastide.vincent@free.fr V r.-v.

DOM. BENEDETTI Plan de Dieu 2019 ★

■ | 4 000 | | 11 à 15 €

Conduit par Christian Benedetti, ce domaine sorti de la coopérative en 1997 s'est rapidement tourné vers le bio (en 2001) pour mettre en valeur ses 26 ha de vignes. Depuis 2009, la gestion est assurée par le fils Nicolas.

Une partie des raisins (30 %) fermentent en grappes entières, décision pertinente du vigneron dans un millésime solaire. Sans ajout de levures exogènes, ce Plan de Dieu est ensuite élevé 10 mois sous bois. Il résulte un rouge exhalant des arômes suaves de gelée de groseille associés à des notes de fougère et de fruits à coques. En bouche, ce fruité, qui paraît presque sucré grâce à la belle maturité du raisin, s'accompagne d'une structure souple, de tanins discrets et d'une finale relevée par le parfum frais de la réglisse. Du caractère et beaucoup de plaisir. ⧗ 2021-2025

SCEA LES MURIERS, Dom. Benedetti, 1030, chem. Garriguette, 84850 Camaret-sur-Aigues, tél. 06 48 03 57 56, domainebenedetti@yahoo.fr V r.-v.

CH. BOIS DE LA GARDE 2019 ★

■ | 13 500 | | 11 à 15 €

L'histoire vigneronne des Mousset-Barrot débute dans les années 1930 avec l'achat par Louis Mousset des châteaux des Fines Roches, Jas de Bressy (AOC châteauneuf) et du Bois de la Garde (côtes-du-rhône et côtes-du-rhône-villages). L'ensemble (125 ha) est aujourd'hui conduit par la troisième génération, Gaëlle et Amélie Mousset-Barrot.

Situées sur la commune de Bédarrides, les vignes de ce *villages* jouxtent l'AOC châteauneuf-du-pape. Grenache (60 %) et syrah, âgés de 60 ans, croissent sur un sol d'argile rouge recouvert de petits galets roulés siliceux. Dans le verre, un bouquet ravageur de fruits noirs et rouges teintés d'eucalyptus. Le fruit s'exprime avec la même plénitude dans une bouche friande, aux tanins suaves, stimulée par une agréable fraîcheur et une pointe de cannelle en finale. Un rouge moderne et harmonieux. ⧗ 2021-2025

SCEA VIGNOBLES MOUSSET-BARROT, 1, av. du Baron-Leroy, 84230 Châteauneuf-du-Pape, tél. 04 90 83 51 73, chateaux@vmb.fr V t.l.j. 13h30-19h30

DOM. DU BOIS DE SAINT-JEAN Gadagne 2019 ★

■ | 13 400 | | 8 à 11 €

Établie à Jonquerettes depuis 1620, la famille Anglès se consacre à la viticulture depuis 1910. Une tradition perpétuée avec grand talent par Vincent et son frère Xavier qui, à la tête de 50 ha de vignes, proposent des vins d'une constance remarquable.

Une base de syrah (85 %), associée à d'autres cépages complantés sur la parcelle, dessine la colonne vertébrale de cette cuvée guidée par le fruit. Cela donne un nez éclatant, s'ouvrant sans réserve sur un panier de fruits rouges frais (cerise burlat, groseille), complété d'une pointe de menthol. La bouche, charmeuse en diable, combine fraîcheur, finesse des tanins et pureté de fruit. Un « gadagne » flatteur, qui touche sa cible. ⧗ 2021-2025

DOM. DU BOIS DE SAINT-JEAN, 126, av. de la République, 84450 Jonquerettes, tél. 04 90 22 53 22, xavier.angles@wanadoo.fr V t.l.j. sf dim. 8h30-12h 14h-19h

DOM. DU BOIS DES DAMES Plan de Dieu 2020 ★

■ | 150 000 | | 8 à 11 €

Cet ancien bois fut propriété des chartreusines de Prébayon. Vendu comme bien national à la Révolution, il fut transformé en vignoble en 1946. Le domaine (200 ha) est entré en 1956 dans la famille Meffre.

Cet assemblage de grenache (65 %), de syrah et de mourvèdre dévoile un bouquet rhodanien à souhait : fruits mûrs, fraise en tête, poivre noir et garrigue. En bouche, la rondeur et la suavité sont de mise; on y retrouve les saveurs méridionales perçues à l'olfaction et, en finale, cette touche douce-amère de réglisse si caractéristique du grenache. Un Plan de Dieu équilibré et bien typé. ⧗ 2021-2025

SCEA DOM. DU BOIS DES DAMES, 2600, rte de Cairanne, 84150 Violès, tél. 04 90 70 94 90, bureau@boisdesdames.fr V *r.-v.*

CH. LA BORIE 2019 ★★

■	20 000		11 à 15 €

Situé en Drôme provençale, sur la commune de Suze-la-Rousse, ce château a été construit au XVIIIe s. par un descendant des princes d'Orange. Ayant fait ses armes en Californie durant 15 ans, Raphaël Knapp rachète la propriété en 2018 et entame le passage en bio des 75 ha de vignes. Il produit des vins en côtes-du-rhône, côtes-du-rhône-villages et en IGP.

Belle entrée dans le Guide pour ce 2019 à dominante de syrah (55 %), marié au grenache (40 %) et à une pointe de mourvèdre. Le bouquet, intense et tonique, convoque la mûre compotée, la pâte de fruit et le laurier. À la richesse du nez répond celle d'une bouche généreuse et charnue, aux tanins solides mais sans dureté, agréablement portée par une fraîcheur réglissée. Un rouge de caractère, que l'on pourra attendre un peu. ⧗ 2022-2026

SCA DU CH. LA BORIE, 2888, rte de Saint-Paul, 26790 Suze-la-Rousse, tél. 06 38 28 68 56, raphael.knapp@chateau-la-borie.fr V *t.l.j. 9h-12h 14h-18h*

LA BOUVAUDE
Rousset les Vignes Classique 2019 ★

■	5000		11 à 15 €

Ancien prieuré clunisien, le village de Rousset-les-Vignes, perché à 400 m d'altitude, domine la vallée du Rhône et offre une belle vue sur le mont Ventoux. Ce domaine y cultive 17 ha de vignes depuis le début du XIXe s., reprises en 2020 par Alain Blanchon, géologue et informaticien de formation. Succédant à Fabienne et Stéphane Barnaud, ce "néo-vigneron" a entrepris la conversion du vignoble en bio et la construction d'une nouvelle cave de vinification.

Un assemblage classique pour un *villages* qui ne l'est pas moins : une robe d'un beau grenat profond; un nez franc de fraises au chaudron, de notes grillées et de cuir; une bouche gourmande, ronde, friande et suave, sertie de tanins soyeux, qui laisse s'exprimer le fruit rouge confituré. Ce rouge a tout bon. ⧗ 2021-2024

GAEC LA BOUVAUDE, 15, rte de Champ-Râcle, 26770 Rousset-les-Vignes, tél. 04 75 27 90 32, domaine@bouvaude.com V *t.l.j. sf dim. 9h-19h* E

DOM. DU BRAMADOU
Roaix Montagne de Mars 2019 ★★★

■	5300		11 à 15 €

Situé tout près de Vaison-la-Romaine, le village de Roaix, accroché à flanc de colline, tient ses origines de la commanderie templière construite au XIIe s. Créé en 2005 par Nathalie et Damien Chave, le domaine couvre 54 ha de vignes, en côtes-du-rhône et côtes-du-rhône-villages Séguret et Roaix.

Situés sur les côteaux argileux de Roaix, syrah (80 %) et grenache, longuement macérés et affinés en barrique de chêne pendant 9 mois, livrent ce 2019 dense, au nez profond de fruits noirs très mûrs sur fond de notes résineuses et boisées. La concentration du bouquet, agrémenté de notes de chocolat amer, se confirme dans une bouche onctueuse, presque crémeuse, dotée de tanins puissants qui accompagnent une finale longue et épicée (muscade, girofle). Un vin complet, qui vieillira en toute quiétude. ⧗ 2023-2028

SCEA DOM. DU BRAMADOU, 344, chem. des Hautes-Granges, 84110 Roaix, tél. 06 09 70 06 56, domainedubramadou@gmail.com V *t.l.j. 10h-12h 15h-19h*

DOM. DE CABASSE
Sablet Les Deux Anges 2020 ★

■	24 200		8 à 11 €

Casa bassa **(« maison basse » en italien), c'est ainsi que cette propriété de 15 ha était appelée au temps des papes d'Avignon. Située sous le village de Séguret, elle a changé de mains en 2012 : Alfred et Nicolas Haeni ont cédé la place à la famille Baudry, qui a pour objectif de développer l'œnotourisme.**

Une robe rubis lumineuse à l'entame de ce beau rouge élevé brièvement en cuve. Au nez, des senteurs ensoleillées de cerise amarena, de garrigue et de menthol. On retrouve cette même déclinaison d'arômes, mâtinée de poivre et de caramel, dans un palais charnu et suave qui ne manque ni de tenue ni de longueur. Ce 2020 est déjà à point. ⧗ 2021-2024

SCEA DOM. DE CABASSE, 547, rte de Sablet, 84110 Séguret, tél. 04 90 46 91 12, info@cabasse.fr V *t.l.j. sf dim. 8h-12h 14h-18h* 5

B DOM. LA CABOTTE
Massif d'Uchaux Garance 2019 ★★

■	20 000		11 à 15 €

Ce domaine doit son nom à un abri en pierres sèches qui résiste aux intempéries de l'été et aux rigueurs de l'hiver. Il a été acquis en 1981 par Gabriel d'Ardhuy, qui l'a confié à l'une de ses 7 filles, Marie-Pierre Plumet. Cette dernière a patiemment restructuré le vignoble, refaçonné les anciennes terrasses, et conduit aujourd'hui, en biodynamie avec son mari Éric et leur fils Étienne, 30 ha de vignes d'un seul tenant au cœur du Massif d'Uchaux. Ils ont aussi acquis 2 parcelles en châteauneuf-du-pape.

Au milieu du XIXe s., la garance tinctoriale cultivée dans le Vaucluse était considérée comme « l'or rouge » de l'économie locale. En hommage à cette culture, cette cuvée bien nommée arbore une robe lumineuse, d'un beau rouge profond. Du nez, on retiendra la fraîcheur de la cerise juteuse, teintée d'une touche de cacao pour la complexité. La bouche est ample, puissante, aromatique, et s'éternise en finale sur des notes suaves de vanille et de caramel au lait. Un *villages* qui a du cran. ⧗ 2022-2028

DOM. LA CABOTTE, Dom. la Cabotte, 8035, rte de Rochegude, 84430 Mondragon, tél. 04 90 40 60 29, domaine@cabotte.com V *t.l.j. 9h-12h30 13h30-17h; sam. dim. sur r.-v.*

CALENDAL Plan de Dieu 2019 ★

■ | 9000 | | 15 à 20 €

Un petit domaine de 4,5 ha créé en 2006, au Plan-de-Dieu, par deux éminents spécialistes des vins rhodaniens, Philippe Cambie et Gilles Ferran, amis depuis leurs études d'œnologie à Montpellier. Les deux compères signent des vins qui laissent rarement indifférents.

Calendal est la fois un hommage à la culture provençale (le titre d'un poème de Frédéric Mistral écrit en 1867) et une ode aux vieux ceps de grenache et de mourvèdre qui composent cette unique cuvée du domaine. Une belle expression au nez où la finesse prime sur l'intensité, les notes grillées se dissipant rapidement pour faire place à des arômes subtils de framboise et de griotte. La bouche, dense et veloutée, est dynamisée par une acidité bien dosée. Encore un peu dominée par l'élevage toutefois, elle offre de belles promesses. ⧗ 2023-2028

SCA DOM. CALENDAL, 111, Combe-de-l'Eoune, 84110 Rasteau, tél. 04 90 46 14 20, madeline.ferran@gmail.com V *t.l.j. sf dim. 9h-12h 14h-18h*

B **CAMILLE CAYRAN** Plan de Dieu La Bête à Bon Dieu 2019 ★

■ | 50000 | | 5 à 8 €

Créée en 1929, la coopérative de Cairanne est un acteur de poids dans la région avec ses deux marques phares, Camille Cayran pour le réseau traditionnel et Victor Delauze pour la grande distribution. En 2020, elle fusionne avec la Cave de Sainte Cécile-les-Vignes et devient Camille & Cécilia cave de Cairanne. Elle réunit à présent plus de 950 ha et élargit son offre avec une gamme bio.

De jeunes vignes de grenache, syrah et carignan (15 ans) ont façonné un vin plus délicat que puissant, au nez fringant et d'une belle netteté, sur les fruits rouges et noirs mâtinés d'une note minérale de graphite. De belles promesses tenues dans une bouche vivante, acidulée, animée par des tanins fermes qui cadrent une matière soyeuse. Vin de fruit et de soleil, à boire dans sa jeunesse. ⧗ 2021-2024

SCA CAVE DE CAIRANNE CAMILLE ET CÉCILIA, 290, av. de la Libération, 84290 Cairanne, tél. 04 90 30 82 05, s.henna@cave-cairanne.fr V *r.-v.*

CELLIER DES TEMPLIERS Visan Hipparion 2019 ★★

■ | 9000 | | 8 à 11 €

Fondée en 1967, la coopérative de Richerenches, située dans l'Enclave des papes, portion du département du Vaucluse enchâssée dans la Drôme, regroupe aujourd'hui 677 ha en côtes-du-rhône, *villages* et grignan-les-adhémar. Depuis plusieurs années, un système de contrôle qualité au vignoble et de sélections parcellaires par les vignerons a été mis en place.

La syrah (80 %) et la terrasse alluvionnaire de Visan forgent le caractère de ce 2019 qui n'a pas connu le bois. Derrière une robe d'encre, pointent des arômes raffinés et complexes de chocolat noir, de fruits rouges confiturés et de notes tourbées. L'attaque est puissante, chaleureuse, dévoilant une matière onctueuse et souple, structurée par des tanins mûrs et finement épicés. L'ensemble laisse le souvenir d'un vin concentré, construit pour vieillir avec grâce. ⧗ 2022-2027

SCA LE CELLIER DES TEMPLIERS, 233, rte de Valréas, 84600 Richerenches, tél. 04 90 28 01 00, boutique@cellierdestempliers.com V *t.l.j. sf dim. 9h-12h 14h30-18h30*

DOM. CLAVEL Saint-Gervais Syrius 2019 ★★

■ | 40000 | | 8 à 11 €

Les Clavel conduisent depuis plusieurs générations cette exploitation fondée en 1934 sur la rive droite du Rhône, dont la vaste superficie (80 ha) leur permet de proposer une large gamme de vins. Aujourd'hui, c'est Claire, épaulée par son père Denis, qui est aux commandes de ce domaine très régulier en qualité, souvent en vue avec ses côtes-du-rhône et ses *villages* Saint-Gervais.

Une étiquette prédestinée pour une cuvée doublement étoilée, qui n'est pas passée loin du coup de cœur. Le jury a été d'emblée séduit par sa jolie robe pourpre et ses puissants et nobles parfums de framboise, de rose et de poivre noir. La bouche est exquise, d'une belle densité, fondée sur une matière généreuse et des tanins fermes, d'une grande élégance. La longue finale, sur les épices et la réglisse, achève de convaincre. Du potentiel. ⧗ 2022-2027

SCEA DOM. CLAVEL, rue du Pigeonnier, 30200 Saint-Gervais, tél. 04 66 82 78 90, claire@domaineclavel.com V *r.-v.*

♥ **CH. COURAC** Laudun 2020 ★★

■ | 20000 | | 8 à 11 €

Ce château perché sur les hauteurs de Tresques, dans le Gard, est un habitué du Guide, le plus souvent aux meilleures places. Conduit par Joséphine et Frédéric Arnaud, il se distingue tant par ses côtes-du-rhône que par ses *villages* (Laudun). Ces passionnés d'archéologie sont comblés de mettre en valeur un terroir cultivé dès l'Antiquité.

Le ciel est étoilé au-dessus des vignes de Laudun et le Ch. Courac qui offre, comme souvent, de belles réjouissances gustatives. Ce 2020 doré à souhait dévoile un nez enivrant et fin de fleurs capiteuses (genêt, narcisse), de tilleul et d'amande fraîche. La bouche conjugue volume, texture délicate, grande fraîcheur et déploie une longue finale qui fait écho à l'olfaction, en y ajoutant une note minérale de pierre à fusil. Un Laudun racé et d'une rare élégance. ⧗ 2021-2024 ■ **Ch. Courac Laudun 2020 ★★ (8 à 11 €; 140000 b.)** Cette cuvée, d'une grande constance, accumule les étoiles au fil des années. Les dégustateurs ont été séduit par la palette aromatique de son bouquet : des notes de cake aux fruits confits, de réglisse et d'épices douces (muscade), qui se prolongent dans un palais rond, dense, structuré par des tanins fermes et mûrs, puis qui se détend en finale, libérant de beaux amers. ⧗ 2021-2026 ■ **Dom. Quart du roi Laudun 2020 ★ (8 à 11 €; 37000 b.)** La syrah donne le *la* dans cet assemblage avec le grenache, offrant une robe sombre, un nez de fruits noirs macérés et d'orange confite, et une bouche ronde, fluide, adossée à des tanins doux et fondus. ⧗ 2021-2024

CH. COURAC, 1520, chem. de Courac, 30330 Tresques, tél. 04 66 82 90 51, chateaucourac@orange.fr V *r.-v.*

CH. LA COURANÇONNE Plan de Dieu 2019 ★★

■ | 10 000 | | 5 à 8 €

Ancienne propriété de l'évêché d'Orange, cette imposante bastide des XVIIe et XVIIIe s., vendue comme bien national en 1791, commande un vaste vignoble (100 ha). Elle est depuis janvier 2019 dans le giron de la famille Aubert.

Issu d'une vendange bien mûre, ce vin présente au nez un concentré de fruits rappelant la quetsche et la cerise burlat. Quelques notes de garrigue, caractéristiques de ce terroir chaud du Plan de Dieu, apparaissent à l'aération. La bouche est dense et séveuse, structurée sans excès d'extraction tannique et persistant longuement sur des saveurs de réglisse et de moka. Un profil solaire et un beau potentiel de garde. ⧗ 2022-2028

SCEA LA COURANÇONNE, 3618, rte de Cairanne, 84150 Violès, tél. 04 90 70 92 16, info@lacouranconne.com V *t.l.j. sf dim. 10h-12h30 14h-18h*

♥ DAMES DE BONPAS Plan de Dieu 2019 ★★★

■ | 60 000 | | 5 à 8 €

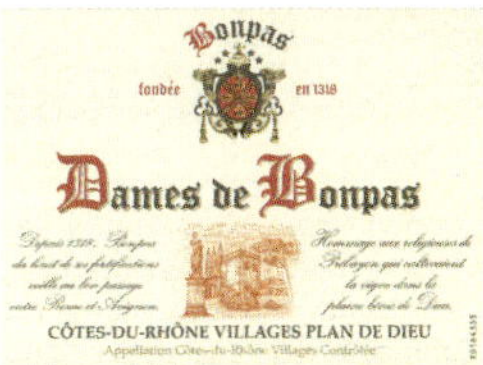

Cette maison de négoce, dans le giron du groupe bourguignon Boisset, doit son nom à un monastère fortifié, donné par le pape Jean XXII aux Chartreux, en 1318. Un lieu stratégique qui veillait autrefois sur la route menant d'Avignon à Rome : un *bonus passus* en latin (« bon passage »).

Le nez est aussi profond que la robe, d'un rouge sombre aux reflets d'encre : on y respire les fruits noirs et rouges compotés, mâtinés d'épices chaudes et d'une touche de havane. Puissante à l'attaque, ample, généreuse mais fraîche, la bouche s'appuie sur des tanins mûrs, tendres, réglissés, un peu plus fermes en finale, et s'étire en longueur sur des notes de cassis frais. D'une gourmandise imparable. ⧗ 2021-2024

FGV BOISSET LA FAMILLE DES GRANDS VINS BONPAS, 1, chem. de Réveillac, 84510 Caumont-sur-Durance, tél. 04 90 23 67 98, contact@bonpas.fr

♥ CH. DE FONTSÉGUGNE Gadagne 2019 ★★★

■ | 6 000 | | 8 à 11 €

Dans cette demeure de style florentin naquit en 1854 le Félibrige, mouvement initié par sept poètes, dont Frédéric Mistral, pour redonner vie à la langue provençale. Côté vigne, la surface plantée est de 18 ha et la première vinification au domaine date de 2000.

Le millésime 2019 a imprimé sa marque solaire sur cet assemblage de grenache (70 %) et de syrah plantés sur les coteaux siliceux de Gadagne. Au nez complexe de petits fruits rouges confiturés et de kirsh assortis de fines notes grillées de garrigue répond un palais remarquable d'équilibre, frais à l'attaque, riche et gras, doté de tanins doux et veloutés. Un élevage neutre de 10 mois en cuve béton apporte un surcroît de pureté à ce fruit mûr, juteux et gourmand jusqu'en finale. Un rouge épuré, qui donne déjà sa pleine mesure. ⧗ 2021-2025

GAEC FONTSÉGUGNE, 976, rte de Saint-Saturnin, 84470 Châteauneuf-de-Gadagne, tél. 06 10 63 67 04, gerenjm@aol.com V *t.l.j. sf dim. 10h-12h 14h-18h*

DOM. GALUVAL Le Coq volant 2020 ★

■ | 5 000 | | 8 à 11 €

Après de nombreuses années passées à l'étranger, Nicole et Jean-François Trontin ont pris la tête de ce domaine en 2015. Situé entre Cairanne et Rasteau, le vignoble s'étend aujourd'hui sur 50 ha.

On a vendangé tard chez les Trontin, et des raisins bien mûrs. Une maturité qui se retrouve à l'heure de la dégustation. Le nez, intense et généreux, sur des arômes de chèvrefeuille, de miel et d'abricot sec, est prolongé par une bouche déliée, très élégante, soutenue par une fine acidité jusqu'à la finale, dans laquelle la palette aromatique du viognier (25 % de l'assemblage) revient, sur des notes florales et grillées. Un blanc consistant, à boire sur l'éclat du fruit. ⧗ 2021-2023

SCEA DOM. DE GALUVAL, 1720, rte de Vaison, 84290 Cairanne, tél. 09 72 58 40 53, j.facila@galuval.com V

CH. LE GRAND RETOUR Plan de Dieu 2019 ★

■ | 80 000 | | 5 à 8 €

En 1926, Victorin Aubert fonde son domaine à Tulette. Dans les années 1980, ses petits fils Alain, Claude et Yves décident de prendre en charge les vinifications, puis agrandissent successivement le vignoble. Aujourd'hui, la 4e génération a rejoint la propriété, qui s'étend sur 250 ha de vignes avec le Dom. André Aubert (grignan-les-adhémar, côtes-du-rhône-villages Visan), le Ch. du Grand Retour (côtes-du-rhône-villages Plan de Dieu et Sainte-Cécile) et le Ch. Husson (chateauneuf-du-pape et côtes-du-rhône).

Fruits confits, pruneau, kirsh, romarin, les raisins ont manifestement profité de la chaleur du millésime. Ce que confirme la bouche, séduisante par ses tanins mûrs et doux, par sa sucrosité et ses saveurs capiteuses. Un vin solaire, dont la petite astringence saura se faire oublier sur une viande en sauce. ⧗ 2021-2026

GAEC AUBERT FRÈRES, RD 23 Plan de Dieu, Le Grand Retour, 84850 Travaillan, tél. 04 90 70 90 16, legrandretour@wanadoo.fr V *t.l.j. sf dim. 10h-12h30 14h-18h*

RHÔNE

DOM. GRAND RIBE
Sainte-Cécile 2019 ★★

■ | 6600 | | 11 à 15 €

Henri Brière a repris le domaine de 96 ha, conduits en bio, en janvier 2017. Au cours de cette première année, il a développé la marque Grand Ribe et a rénové entièrement le caveau. L'élaboration des vins est restée dans les mains du maître de chai qui préserve depuis de nombreuses années la qualité des vins du domaine.

Au nez de ce joli 2019, la syrah semble dominer avec des arômes puissants de gelée de mûre, de framboise, de cacao et de fumé. En bouche, le grenache apporte sa douceur et son volume, épaulé par des tanins suaves et soutenu par un boisé raffiné aux accents vanillés (12 mois de barriques et cuves tronconiques bois). Beaucoup d'allure et un solide potentiel. ⧗ 2022-2027

SCEA GRAND RIBE, 1711, rte de Bollène, 84290 Sainte-Cécile-les-Vignes, tél. 04 90 30 83 75, info@grandribe.com V *t.l.j. sf sam. dim. 9h-12h 14h-18h*

DOM. LES GRANDS BOIS
Sainte-Cécile Philippine 2019 ★

■ | 8900 | | 8 à 11 €

Fondé en 1929 par Albert Farjon, ce domaine de 47 ha est aujourd'hui conduit par sa petite-fille Mireille et son mari Marc Besnardeau. Leur vignoble est certifié bio depuis le millésime 2011. Côtes-du-rhône, *villages*, cairanne, rasteau, leurs vins sont régulièrement en vue dans ces pages.

Dans la famille Besnardeau, je demande Philippine, qui comme chacune des cuvées du domaine rend hommage à un membre de la famille. Ce *villages* se pare d'une robe presque noire teintée de quelques reflets cuivrés et livre un bouquet engageant de fruits à l'eau-de-vie, de garrigue et de cuir. Des sensations harmonieuses prolongées par un palais ample, généreux et bien balancé entre alcool et tanins. ⧗ 2021-2025

SCEA DOM. LES GRANDS BOIS, 55, av. Jean-Jaurès, 84290 Sainte-Cécile-les-Vignes, tél. 04 90 30 81 86, mbesnardeau@grands-bois.com V *t.l.j. sf dim. 9h-12h 13h30-18h30*

MALMONT Séguret 2019 ★

■ | 3380 | | 15 à 20 €

Un tout jeune domaine créé par Nicolas Haeni : 4 ha de vignes en terrasses arrachés à partir de 2005 aux flancs de colline très pentus et très caillouteux du lieu-dit Malmont, le bien nommé. Premières plantations en 2006, premier millésime vinifié en 2013 et conversion vers l'agriculture biologique en cours.

Lové au cœur des Dentelles de Montmirail, 1,2 ha d'étroites "banquettes" ont vu grandir les jeunes ceps de grenache et de syrah à l'origine de cette cuvée. Les raisins, vendangés à la main, sont fermentés lentement en levures naturelles, avec un léger sulfitage, avant d'être affinés 9 mois en cuves tronconiques bois. Au nez, c'est une explosion de cassis et de cerise fraîche, teintée de menthol et de poivre noir. La bouche, fruitée, charnue, ronde et souple, se développe sur des tanins soyeux et dans une belle longueur. Un Séguret déjà prêt mais non dénué de potentiel. ⧗ 2021-2026

SCEA NICOLAS HAENI, 585, rte de Vaison, 84110 Sablet, tél. 06 22 82 55 04, info@malmont.fr V *r.-v.*

MAS DE BOISLAUZON
Les Deux Chênes 2019 ★

■ | 36000 | | 11 à 15 €

Enclavé dans l'AOC châteauneuf, ce domaine familial est conduit depuis 1990 par Christine et Daniel Chaussy, 6e génération à la tête de 33 ha (en bio certifié depuis 2012).

Pas de passage en bois pour ces Deux Chênes, mais un élevage long de 18 mois en cuve qui a permis de magnifier la gourmandise de ce 2019. Au nez de griotte confite et de notes fumées répond une bouche suave, chaleureuse, tapissée par des tanins de velours, persistant en finale sur des saveurs de cerise noire et d'épices torréfiées (girofle, muscade). Un vin convaincant et d'une belle typicité. ⧗ 2021-2025

EARL CHRISTINE ET DANIEL CHAUSSY, Mas de Boislauzon, quartier Boislauzon, 84100 Orange, tél. 04 90 34 46 49, masdeboislauzon@wanadoo.fr V *t.l.j. sf dim. 8h-12h 13h30-18h*

DOM. GABRIEL MONIER
Garrigues Pourpres 2019 ★

■ | 3500 | | 11 à 15 €

«Paysans-vignerons» depuis trois générations, les Monier ont progressivement constitué un domaine d'une trentaine d'hectares (en agriculture biologique depuis 2010) situé à Tulette, en Drôme provençale. 2017 est à marquer d'une pierre blanche : nouveau chai et premières cuvées signées par le domaine.

Macération douce de 40 jours, élevage en barrique pour la syrah (75 %), en cuve pour le grenache (15 %) et le mourvèdre (10 %), voilà un vigneron qui épouse les caractéristiques de ses raisins. Il en résulte un 2019 dense, au nez flatteur de fruits noirs mûrs, d'amande grillée et de vanille. Courtois, le boisé respecte la matière première, l'ensemble gardant une chair ronde, adossée à des tanins souples et soyeux, délicatement parfumée en finale par une touche de tabac blond. Un bel équilibre. ⧗ 2021-2025

CYRIL MONIER, lieu-dit Monier, 955, chem. de Visan, 26790 Tulette, tél. 06 12 10 31 46, domainegabrielmonier@orange.fr V *r.-v.*

♥ DOM. MONTMARTEL Visan 2020 ★★

■ | 50000 | | 8 à 11 €

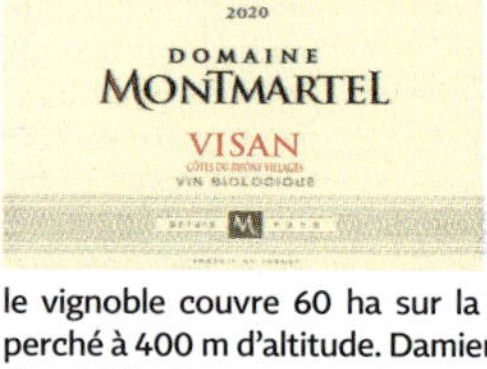

Domaine familial créé en 1919, c'est la 5e génération qui est aujourd'hui aux commandes. Travaillé en agriculture biologique depuis 1991, le vignoble couvre 60 ha sur la commune de Valréas, perché à 400 m d'altitude. Damien Marres est un adepte des vinifications sans soufre.

Grenache et syrah à parité composent ce 2020 qui sort du lot par son équilibre impeccable. Le nez fait preuve d'une certaine suavité tout en conservant de la vigueur : on y perçoit les petits fruits rouges croquants, la framboise macérée et le poivre blanc. L'harmonie se prolonge dans un palais élégant, souple, pulpeux, animé d'un fruité frais et friand (cerise, fraise) jusqu'en finale. Un vin de plaisir spontané, qui a su tirer le meilleur parti du millésime. ⧗ 2021-2024
■ **Dom. Grande Bellane Valréas 2020 ★★ (5 à 8 €; 50 000 b.)** Ⓑ Un superbe fruité associant le cassis et la mûre au cacao amer et au romarin se dégage du verre. Au palais, des senteurs de truffe et de caramel parfument une matière ample, suave et persistante reposant sur des tanins veloutés. Une impression de douceur qui persiste longtemps en bouche, laissant le souvenir d'un rouge voluptueux. ⧗ 2021-2025

SCEA MONNIER MARRES, 1915, chem. de Visan, 26790 Tulette, tél. 04 75 98 01 82, vmarres@hotmail.com V r.-v.

DOM. GUY MOUSSET
Les Garrigues 2019 ★

■	18 000		11 à 15 €

L'histoire vigneronne de la famille Mousset est vieille de cinq siècles; l'installation à Châteauneuf-du-Pape date des années 1930, et sur le Clos Saint-Michel de 1957. Avec l'arrivée en 1996 de Franck et Olivier, le domaine (38 ha aujourd'hui) s'est enrichi de parcelles en côtes-du-rhône et en *villages*, sur la commune de Sérignan-du-Comtat. Il a obtenu la certification en bio en 2020.

Issu des anciennes garrigues de Sérignan-du-Comtat, aujourd'hui plantées de vignes, cet assemblage de grenache (60 %) et de syrah offre un bouquet à la complexité naissante, alliant fruité, parfums de sous-bois et notes fumées. Le palais, centré sur des notes réglissées, dévoile une bonne extraction et une réelle classe. La finale plus stricte, marquée par l'élevage en foudre, incite à la patience. ⧗ 2022-2026

EARL VIGNOBLES GUY MOUSSET ET FILS, Le Clos Saint-Michel, 2505, rte de Châteauneuf-du-Pape, 84700 Sorgues, tél. 04 90 83 56 05, stephanie.clossaintmichel@gmail.com V *t.l.j. 9h-12h30 14h-19h*

DOM. NOTRE DAME DES PALLIÈRES
Sablet L'Olivet 2019 ★★

■	15 000		5 à 8 €

Au Moyen Âge, la source de Notre-Dame-des-Pallières, réputée prévenir la peste, attirait les pèlerins du Midi. Depuis 1991, Julien et Claude Roux y cultivent un vignoble de 30 ha en lutte «ultraraisonnée».

Syrah et grenache à parité au menu de ce rouge brièvement élevé en cuve (6 mois), qui dévoile un bouquet gourmand de fruits rouges frais et mûrs mâtinés d'une pointe d'anis étoilé. Une matière étoffée, parfumée de ces mêmes fruits rouges macérés, tapisse un palais intense, étayé de tanins fermes et souligné par la fine fraîcheur d'un fruité croquant. Vibrante, cette cuvée fera mouche sur une belle pièce de bœuf. ⧗ 2021-2025

EARL NOTRE DAME DES PALLIÈRES, 311, chem. de Lencieu, 84190 Gigondas, tél. 04 90 65 83 03, contact@pallieres.com V *t.l.j. sf sam. dim. 9h-12h 14h-18h*

DOM. DE L'OLIVIER 2020 ★★

■	4 800		8 à 11 €

Situé tout près du pont du Gard, ce domaine autrefois complanté d'oliviers a été créé par la famille Bastide en 1943. Depuis 1977, c'est Éric qui conduit le vignoble (50 ha aujourd'hui), rejoint en 2013 par son fils Robin.

Élevé 12 mois en barrique, ce *villages* libère d'ardents et généreux parfums de fruits rouges mûrs stimulés par de la réglisse. Suivant le même tempo aromatique, la bouche conjugue volume, longueur et élégance, le tout porté par des tanins soyeux au grain très fin, fruit d'un bel élevage boisé entièrement "digéré". Un vin complexe, qui promet une belle évolution dans le temps. ⧗ 2023-2028

EARL DOM. DE L' OLIVIER, 1, rue de la Clastre, 30210 Saint-Hilaire-d'Ozilhan, tél. 06 01 02 23 14, robin.bastide@yahoo.fr V *t.l.j. sf dim. 9h-12h 14h-19h*

Ⓑ DOM. DES PASQUIERS Sablet 2020 ★

■	6 000		11 à 15 €

Jean-Claude et Philippe Lambert ont repris en 1998 le domaine familial, fondé en 1935 et fort d'un vignoble de 85 ha. Ils se sont lancés dans la vente en bouteilles quatre ans plus tard. La nouvelle génération est arrivée en 2013, et la conversion bio est désormais acquise.

De toutes jeunes vignes de marsanne, de roussanne et de clairette ont donné naissance à ce 2020 pâle et limpide, au nez guidé par le fruit blanc et l'abricot, à la bouche fraîche, tonique, florale (muguet), d'un bon volume, ourlée d'un peu de gras pour la complexité. Un blanc qui invite à passer à table. ⧗ 2021-2024

SCEA VIGNOBLES DES PASQUIERS, 10, rte d'Orange, 84110 Sablet, tél. 04 90 46 83 97, domainedespasquiers@gmail.com V *t.l.j. 8h-12h 13h30-18h; sam. dim. sur r.-v.* ④

Ⓑ DOM. DES PENTELINES
Gadagne Les Galets Vieilles Vignes 2019 ★

■	20 017		11 à 15 €

Déjà propriétaire du Ch. Tourril dans le Minervois, la famille Kandler, soucieuse d'élargir sa gamme de vins sudistes, achète en 2017 un vignoble de 24 ha aux portes d'Avignon : le Dom. des Pentelines (signifiant "petites pentes" en patois local). Cultivé en bio, il produit des vins en côtes-du-rhône et côtes-du-rhône-villages Gadagne à partir de 10 cépages.

Jolie entrée au Guide pour ce jeune domaine, qui offre un rouge convaincant né de vignes de plus de 50 ans, grenache en tête (65 %). Des notes grillées, d'herbes sèches (sauge) et de fruits compotés ouvrent le bal olfactif, marquant la chaleur du millésime. La bouche, puissante et enrobée, cadrée par des tanins suaves et fins, s'étire sur des saveurs de griotte à l'eau-de-vie et de réglisse. Un Gadagne au caractère sudiste assumé. ⧗ 2021-2026

SCEA DOM. DE PENTELINES, 971, chem. des Muletiers, 84270 Vedène, tél. 09 75 66 52 60, admin@domainedespentelines.fr r.-v.

CH. LE PLAISIR Plan de Dieu 2019 ★

| 24000 | | 11 à 15 € |

Cette exploitation est l'une des plus anciennes de la commune de Cairanne. Elle a été reprise en 2009 par la famille Julien, qui l'a agrandie. Aujourd'hui à la tête d'un vignoble de 47 ha, celle-ci produit des cairanne, des côtes-du-rhône, des *villages* (Plan de Dieu) et des IGP Méditerranée.

Á l'image de ses longues fermentations (50 jours) et de son élevage en cuve de 16 mois, ce 2019 incarne la sérénité. Son nez, ouvert, marie les notes fruitées (cerise burlat) aux arômes de torréfaction (café, pâte de noisette). A l'unisson, la bouche est parfaitement équilibrée, entre une attaque fraîche, une texture gourmande, des tanins soyeux et mûrs, et une finale parfumée, sur de délicates saveurs de Zan et de noyau. ⧗ 2021-2025

SCEA CH. LE PLAISIR, 440, rte d'Orange, 84290 Cairanne, tél. 06 14 99 13 97, domaine-le-plaisir@orange.fr *t.l.j. sf sam. dim. 9h-12h 14h-17h*

MAISON PLANTEVIN
Plan de Dieu Le Vieux Couillon 2020 ★

| 10000 | | 8 à 11 € |

BTS de «viti-œno» en poche et fort d'un stage de vinification en Nouvelle-Zélande, Laurent Plantevin a repris en 2009 le domaine familial et ses 30 ha de vignes. Certification bio acquise en 2014.

Clin d'œil à son grand-père Justin, Laurent Plantevin réalise un 2020 vigoureux et original. Au nez atypique, exhalant des notes chaudes de torréfaction et de havane, répond une bouche charpentée, de beau volume, à la structure tannique solide, où se mêlent des notes de café et de réglisse. Une petite garde devrait réussir à domestiquer ce Plan de Dieu un peu austère en finale, mais fort prometteur. ⧗ 2022-2026 ■ **Séguret 2020** ★ **(8 à 11 €; 6500 b.)** Une petite cuvée par la quantité et non par la qualité, alliance de grenache et syrah à parité, vinifiée en levures indigènes et élevée brièvement en cuve (4 mois). Nez charmeur de fruits rouges frais et de menthol, palais rond, guidé par des tanins mûrs, finale fraîche sur des notes de fruits pulpeux : un joli équilibre. ⧗ 2021-2024

LAURENT PLANTEVIN, 149, chem. des Ramières, 84110 Séguret, tél. 06 30 53 17 30, laurentplantevin@hotmail.fr *t.l.j. 9h-18h*

DOM. DE LA PRÉSIDENTE Lucrèce 2020 ★

| 50000 | | 5 à 8 € |

Un domaine fondé en 1701 par «Madame la Présidente», épouse du président du parlement de Provence, acquis en 1968 par Max Aubert, dont la fille Céline conduit aujourd'hui les 137 ha de vignes. Une belle référence en appellations régionales et en châteauneuf.

Lucrèce, c'est un hommage à la "Présidente" qui convertit les terres en vignoble et dont le domaine porte encore le nom. Une touche de mourvèdre et de carignan, accompagne les traditionnels grenache (50 %) et syrah (35 %), dans ce rouge ouvert sur de jolies fragrances de fruits (myrtille, cerise), de tabac et de café. Le palais, dense et consistant, épaulé par des tanins de qualité, montre un bel équilibre et s'allonge avec persistance sur de fines notes de Zan. Harmonieux et déjà fort tentant. ⧗ 2021-2025

SCEA MAX AUBERT, 754, chem. des Partides, 84290 Sainte-Cécile-les-Vignes, tél. 04 90 30 80 34, aubert@presidente.fr *t.l.j. sf sam. dim. 9h-12h 14h-18h*

LES VIGNERONS DES QUATRE CHEMINS
Laudun Sols et Sens 2020 ★

| 6000 | | 5 à 8 € |

Créée en 1960, cette coopérative du Gard regroupe 120 viticulteurs pour quelque 650 ha de vignes et produit des vins sous les étiquettes côtes-du-rhône, côtes-du-rhône-villages et IGP.

Roussanne (10 %) et viognier (30 %) viennent égayer d'une pointe de gourmandise ce Laudun dominé par le grenache blanc. Á un bouquet printanier de fleurs (lys, laurier rose) et de pâte d'amande succède une bouche ample, fraîche et avenante, déliée en finale par une touche minérale du plus bel effet. Un blanc sapide pour ouvrir les appétits. ⧗ 2021-2023

SCA LES VIGNERONS DES QUATRE CHEMINS, RD 6086, 30290 Laudun, tél. 04 66 82 00 22, technique@vignerons4chemins.com *t.l.j. sf dim. 9h-12h 14h-18h*

LES VIGNERONS DE ROAIX-SÉGURET
Séguret Le Blanc 2020 ★

| 27156 | | 5 à 8 € |

Cette cave coopérative, née en 1960 de l'union entre les vignerons de Séguret et ceux de Roaix, fédère 130 adhérents.

Ce blanc est à l'image de son étiquette et de son nom : épuré. Assemblage très "septentrional" de marsanne et de roussanne à parité, il offre un nez élégant et discret de fleurs blanches et de beurre frais. Empreinte de pureté, la bouche déploie une belle amplitude, du gras et de la longueur, animée par une agréable vivacité. Parfait avec un poisson de rivière poché. ⧗ 2021-2023

SCA VIGNERONS DE ROAIX-SÉGURET, 1865, rte de Vaison, 84110 Séguret, tél. 04 90 46 91 13, vignerons.roaix-seguret@wanadoo.fr *t.l.j. 8h-12h 14h-18h*

CH. ROCHECOLOMBE
Saint-Andéol 2019 ★

| 11000 | | 11 à 15 € |

Ancienne propriété de l'auteur-compositeur flamand Robert Herberigs, ce domaine ardéchois de 28 ha (en bio certifié) est conduit depuis 1998 par Roland Terrasse, son petit-fils. Il doit son nom à la pierre «blanche comme une colombe» qui compose le château, de style Directoire. Souvent en vue pour ses côtes-du-rhône et ses *villages*.

La syrah semble dominer cette cuvée, pourtant constituée à parts égales avec le grenache, en marquant le bouquet de ses arômes intenses de mûre et de racine d'iris, associés à des notes de goudron et d'eucalyptus. Des tanins serrés cadrent une bouche dense, parfumée des mêmes notes entêtantes perçues à l'olfaction et encore un peu sous le joug de l'élevage sous bois (12 mois en fûts, dont 10 % neufs). Un potentiel de garde certain. ⧗ 2023-2028

CH. ROCHECOLOMBE, chem. de Rochecolombe, 07700 Bourg-Saint-Andéol, tél. 04 75 54 50 47, rochecolombe@aol.com V t.l.j. sf dim. 9h-12h 14h-18h30

DOM. DE ROCHEMOND 2020 ★

■ | 30000 | | 5 à 8 €

Éric Philip, installé en 1995, et son fils Sylvain exploitent, essentiellement à Sabran, un vaste vignoble de 130 ha répartis entre les domaines de Rochemond et du Grand Bécassier. Ils signent des côtes-du-rhône et des *villages* souvent en vue, et aux meilleures places, dans ces pages. Autre étiquette : le Dom. Pique Bouffigue.

« Vin de plaisir », c'est ainsi que le jury définit ce 2020 au bouquet franc et élégant de griotte, de fraise écrasée et d'épices (poivre vert, baie rose). La bouche, mûre, riche et fine à la fois, reste sur cette ligne aromatique fruitée et épicée, et dévoile une structure tannique gracile. Un rouge sans ostentation, apprécié pour son caractère gouleyant. ⧗ 2021-2023

DOM. DE ROCHEMOND, 1637, rte de Cadignac, 30200 Sabran, tél. 04 66 79 04 42, contact@domainederochemond.com V t.l.j. sf sam. dim. 9h-12h 14h-16h

DOM. DES ROMARINS Signargues 2019 ★

■ | 6000 | | 8 à 11 €

Xavier Fabre, 4e du nom à la tête de ce domaine familial, conduit 30 ha de vignes, épaulé depuis 2013 par son frère Benoît. À la carte des vins, des côtes-du-rhône et des *villages* Signargues.

Ce Signargues est encore sur la réserve, distillant des arômes de Zan et de laurier, s'ouvrant à l'aération sur des senteurs fruitées (mûre, myrtille). Au palais, rondeur et fraîcheur se conjuguent avec équilibre, structurées par une solide charpente tannique, encore un peu sous l'empreinte du boisé (élevage pour moitié en cuve et pour moitié en demi-muids). La finale finement réglissée, dénote un vin plus racé qu'il n'y paraît, dont le potentiel devrait s'affirmer avec le temps. ⧗ 2021-2027

SARL DOM. DES ROMARINS, 113, rte d'Estézargues, 30390 Domazan, tél. 04 66 57 43 80, contact@domainedesromarins.fr V t.l.j. sf dim. 9h30-11h45 14h30-18h30 A

B DOM. ROUGE GARANCE 2019 ★

■ | 12000 | | 11 à 15 €

Claudie et Bertrand Cortellini, anciens coopérateurs, ont acquis en 1997, en association avec l'acteur Jean-Louis Trintignant, ce domaine de 30 ha – en bio certifié depuis 2010. Une valeur sûre.

Ce joli rouge dense et sombre est le fruit d'un travail minutieux à la cave : macération pré-fermentaire à froid pendant 2 jours, fermentation de 15 jours, puis élevage différencié du grenache (30 %) et de la syrah (70 %, dont 20 % en barrique). Dans le verre, des senteurs fugaces de myrtille et des notes prégnantes de sous-bois (humus, champignon). La bouche est capiteuse, consistante, ourlée de tanins élégants et marquée en finale par une pointe empyreumatique (goudron) très fraîche. Une bouteille atypique, loin des *villages* traditionnels. ⧗ 2021-2025

SCEA DOM. ROUGE GARANCE, 6, chem. de Massacan, 30210 Saint-Hilaire-d'Ozilhan, tél. 04 66 01 66 45, contact@rougegarance.com V r.-v. E

♥ DOM. SAINTE-ANNE Notre-Dame des Cellettes 2019 ★★★

■ | 20000 | | 11 à 15 €

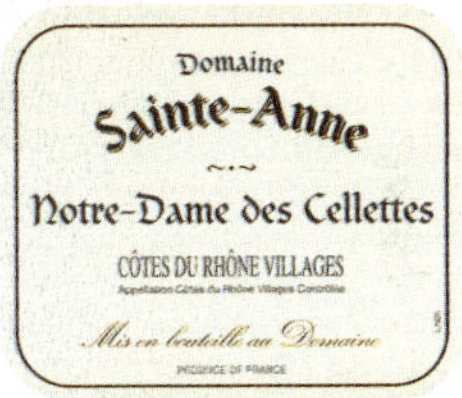

Un ancien prieuré de la chartreuse de Valbonne acquis en 1965 et entièrement restructuré par Guy et Anne Steinmaier. Ces Bourguignons d'origine ont fait de ce domaine de 34 ha, désormais conduit par leur fils Jean, une référence incontournable, avec des vins d'une constance admirable.

Vieille connaissance des lecteurs, ce domaine collectionne les récompenses du Guide année après année. Sur la plus haute marche du podium pour le 2018, cette cuvée reproduit l'exploit avec ce 2019 confondant de gourmandise et d'équilibre. Le nez, à la fois généreux et d'une finesse remarquable, conjugue petits fruits mûrs et épices douces, mâtinés d'une touche florale (œillet). Sans surextraction ni surmaturité, le palais affiche un volume et une profondeur rares, où le fruit pulpeux accompagne une matière veloutée, ourlée de tanins délicats. Tout est en place, et pour très longtemps, comme la plupart des vins du domaine, d'une étonnante capacité de garde. ⧗ 2023-2035 ■ **Saint-Gervais Les Mourillons 2019 ★★★ (15 à 20 €; 5000 b.)** De la syrah (90 %) et un élevage en fût de chêne de 9 mois, pour ce rouge à la robe d'encre, au nez intense et bien typé de violette et de mûre, et à la bouche fraîche, fine et longue, rehaussée de tanins ciselés; le grenache (10 %) apportant sa touche de sucrosité à cet ensemble parfaitement vinifié et élevé. Un *villages* majuscule, à la fois séveux et d'une finesse admirable. ⧗ 2024-2035

EARL DOM. SAINTE-ANNE, Les Cellettes, 30200 Saint-Gervais, tél. 04 66 82 77 41, domaine.ste.anne@orange.fr V t.l.j. sf sam. dim. 9h-11h 14h-18h

B CH. SAINT-ESTÈVE Massif d'Uchaux Nature 2019 ★★

■ | 13000 | | 11 à 15 €

Propriété de la même famille depuis 1809, ce domaine s'étend sur 230 ha, dont 45 de vignes en bio certifié, le reste étant couvert des bois et de la garrigue du massif d'Uchaux. Marc Français est aux commandes depuis 1993.

Vinifié sans soufre et pendant une période très courte (une semaine), cette cuvée dominée par la syrah (80 %), teintée d'une touche de grenache, évoque un caractère épicé-fumé mâtiné de fruits rouges. L'attaque souple, sur des notes intenses de réglisse, dévoile une texture ample, gourmande, structurée par des tanins corsés encore fermes, mais offrant une belle maturité de fruit. Preuve qu'un vin dit "nature" n'est pas toujours synonyme de vin de soif. Un rouge sérieux, qui tirera bénéfice d'une petite garde. ⧗ 2022-2025

SAS CH. SAINT-ESTÈVE D'UCHAUX, 1100, rte de Sérignan, 84100 Uchaux, tél. 04 90 40 62 38, saintesteve@orange.fr V *t.l.j. sf sam. dim. 9h30-12h 14h30-18h*

DOM. DES SANTONILLES 2019 ★

■ | 30000 | | 5 à 8 €

Ce domaine, dans la même famille depuis 6 générations, s'est développé à partir de 1970, sous l'impulsion de Gérard Castor : 7 ha à son installation, 150 ha en production aujourd'hui, sur des terroirs variés. En 2011, ses fils Jérémie et Raphaël ont pris le relais.

Cet assemblage de grenache, syrah, carignan et mourvèdre offre un nez ouvert sur le cassis, l'olive noire et la cannelle. Cette franchise aromatique se confirme dans un palais souple et friand, d'une belle rondeur fruitée (groseille, framboise), les tanins s'affermissant toutefois un peu en finale. Un rouge harmonieux. ⧗ 2021-2024

EARL VIGNOBLES SAINT-NABOR, rte de Barjac, 30630 Cornillon, tél. 04 66 82 24 26, vignoblesaintnabor@yahoo.fr V *t.l.j. sf dim. 8h-12h 13h-18h*

DOM. LES SIBU Sablet 2020 ★★

■ | 10000 | | 8 à 11 €

Trois générations d'Alazard cultivent 27 ha de vignes au pied des Dentelles de Montmirail. En 2015, à l'initiative de Loïc, le petit-fils, diplômé d'un BTS «viti-œno» et fort de nombreuses expériences en France et à l'étranger, une partie des raisins est sortie de la cave coopérative pour être vinifiée chez des amis vignerons. Suit, en 2017, la transformation d'un bâtiment de stockage en cave, permettant d'élaborer les propres cuvées du domaine, l'autre moitié des raisins étant toujours apportée à la cave coopérative.

Première apparition dans le Guide remarquée avec ce Sablet de très belle facture, qui charme d'emblée par ses arômes suaves de caramel sur fond de framboise et de groseille cuites. La même qualité de fruit anime une bouche souple, onctueuse, dotée de tanins doux et d'une fine fraîcheur en soutien. Tout est au diapason dans ce rouge persistant, à la fois flatteur et élégant. ⧗ 2021-2025

EARL DOM. LES SIBU, 638, chem. de Carpentras, 84110 Sablet, tél. 06 23 66 88 44, domainelessibu@outlook.fr V *r.-v.*

TERRANEA Sablet La Pierradière Vieilles Vignes 2020 ★

■ | 500000 | | 5 à 8 €

Un négoce créé en 2003 par Frédéric Chaulan – rejoint en 2009 par Serge Cosialls –, qui propose une gamme complète de vins de la vallée du Rhône, du nord au sud.

Ce vin issu d'un classique 80-20 grenache-syrah revêt une robe violette sombre, presque noire, d'où s'échappent des senteurs florales (fleur de sureau) et fruitées (cerise napoléon, myrtille fraîche). Déjà épanoui, d'une agréable souplesse, le palais restitue ces mêmes notes gourmandes dans un ensemble gouleyant, aux tanins joliment travaillés. Simple sans être simpliste, il se savoure dès à présent. ⧗ 2021-2024

SAS TERRANEA, rue des Négades, ZAC du Crépon-Sud, 84420 Piolenc, tél. 04 90 34 18 47, terranea@vins-terranea.fr

LES TERRASSES DE PUY-VIEUX Sablet 2020 ★

■ | 10000 | | 8 à 11 €

Après dix ans dans la grande distribution et presque autant dans le négoce de vins (partie technique), Philippe Vigne, petit-fils de coopérateur, a décidé en 2011 de fonder sa propre structure, spécialisée comme son nom l'indique dans les vins de la vallée du Rhône.

Voilà un bouquet très aromatique qui rappelle la cerise burlat, livrant à l'aération des parfums complexes de menthol et de poivre noir. Autant d'arômes prolongés dans une bouche ample, consistante et solidement structurée par des tanins serrés mais bien intégrés. Un vin bien construit, que l'absence de bois n'empêchera nullement de vieillir quelques années. ⧗ 2021-2025

SARL VAL RHODANIA, Mas de Lachaux, 44, rte d'Uchaux, 84500 Bollène, tél. 09 81 86 30 20, vigne@valrhodania.fr V *t.l.j. sf dim. 10h-12h30 14h30-19h*

DOM. DES TROIS LYS Rochegude Les Garrigues 2019 ★

■ | 13000 | | 8 à 11 €

Propriété des familles Soulairac et Bosse-Platière depuis 1999, l'ensemble des Vignobles Saint-Bénezet compte plus de 200 ha intégralement cultivés en agriculture raisonnée.

Des sols légers, composés d'argile rouge et recouverts de grès, composent le berceau de ce vin grenat sombre, exhalant des parfums de fruits rouges croquants et de fleurs fraîches (lilas). Une attaque vive et alerte ouvre sur un palais ample, généreux et bien structuré, qui s'étire sur une jolie note de framboise fraîche en finale. Un rochegude bien typé et harmonieux. ⧗ 2021-2025

SCEA DOM. DES LYS, 447, rte de Sainte-Cécile, 26790 Rochegude, tél. 04 66 70 17 45, elise.bp@saint-benezet.com E

DOM. DE LA VALÉRIANE Signargues Les Cailloux 2019 ★

■ | 5000 | | 8 à 11 €

Valérie Collomb a inspiré à ses parents Maryse et Mesmin Castan le nom de ce domaine qu'ils ont créé en 1982 sur la rive droite du Rhône. Œnologue, elle a pris en 2004, avec son mari Michel, la conduite de ce vignoble de 35 ha. Très régulier en qualité avec ses côtes-du-rhône et ses *villages*.

Un nez bien typé du terroir de Signargues : chaleureux, solaire, puissant mais rafraîchi par une touche de garrigue presque mentholée. La bouche y ajoute des notes de fèves de cacao et de griotte compotée, et offre une matière généreuse, ronde, au fruité capiteux, épaulée par des tanins vifs qui lui confèrent de la mâche et du relief. Un 2019 vigoureux et prometteur, qu'un passage en cave devrait finir d'apaiser. ⧗ 2022-2027

VALÉRIE COLLOMB,
82, rte d'Estézargues, 30390 Domazan,
tél. 04 66 57 04 84, valeriane.mc@orange.fr
V *t.l.j. sf dim. 10h-12h 14h-19h*

PIERRE VIDAL
Suze-la-Rousse Réserve 2020 ★★

■ | 50000 | | 5 à 8 €

Pierre Vidal, installé à Châteauneuf-du-Pape avec son épouse vigneronne, a créé son négoce en 2010. Cet œnologue formé en Bourgogne s'est entouré d'une petite équipe et a construit, en 2019, sa propre cave pour pouvoir peaufiner ses sélections parcellaires, tournées vers les vins bio et *vegan*.

L'usage intelligent du fût de chêne (50 % du vin pendant 5 mois) a permis d'obtenir un vin parfaitement équilibré, au bouquet ouvert et complexe de cassis et de mûre confiturée sur fond d'intenses notes de sous-bois (fougère, champignons). Ample, riche, structuré, mais non sans équilibre, le palais s'étire agréablement sur une trame tannique ciselée, aux accents épicés. Un rouge vineux, qui appelle les rôtis et les plats mijotés. ⧗ 2022-2027 ■ **Sainte-Cécile Réserve 2020 ★ (5 à 8 €; 50000 b.)** B Au nez, une superbe intensité de fruits noirs mûrs, d'épices et de cacao amer. Le palais se révèle consistant, dense et onctueux, charpenté par des tanins fermes, extraits sans dureté. Un *villages* corsé et équilibré. ⧗ 2022-2026

EURL PIERRE VIDAL, 370, rue Calixte-Paillet,
84350 Courthézon, tél. 07 77 05 38 81,
contact@pierrevidal.com

➜ LA VALLÉE DU RHÔNE SEPTENTRIONALE

CÔTE-RÔTIE

Superficie : 255 ha / Production : 10 603 hl

Situé à Vienne, sur la rive droite du fleuve, c'est le plus ancien vignoble de la vallée du Rhône. Il est réparti entre les communes d'Ampuis, de Saint-Cyr-sur-Rhône et de Tupin-et-Semons. La vigne y est cultivée sur des coteaux très abrupts, presque vertigineux. On distingue la Côte blonde et la Côte brune en souvenir d'un certain seigneur de Maugiron qui aurait, par testament, partagé ses terres entre ses deux filles, l'une blonde, l'autre brune. Les vins de la Côte brune sont les plus corsés, ceux de la Côte blonde les plus fins.

Le sol est le plus schisteux de la région. Les vins sont uniquement des rouges, obtenus à partir du cépage syrah, mais aussi du viognier, dans une proportion maximale de 20%. La côte-rôtie est d'un rouge profond, et offre un bouquet délicat à dominante de framboise et d'épices, avec une touche de violette. Vin de garde d'une bonne structure tannique et très long en bouche, il a indéniablement sa place au sommet de la gamme des vins du Rhône et s'allie parfaitement aux mets convenant aux grands vins rouges.

♥ PATRICK ET CHRISTOPHE BONNEFOND
Les Rochins 2018 ★★

■ | 5000 | | 50 à 75 €

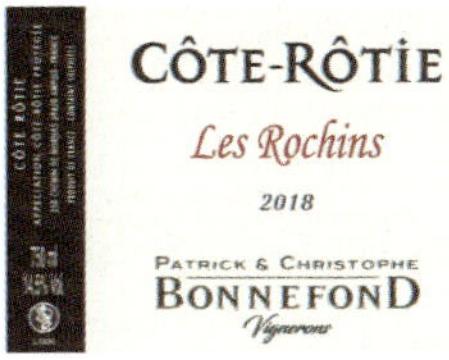

Installés à Ampuis, les frères Patrick et Christophe Bonnefond ont repris en 1990 cette exploitation familiale qui compte 10 ha de vignes en côte-rôtie et condrieu.

Issue d'un parcellaire de schistes et d'oxyde de fer exposé plein sud et planté de vieilles vignes de 65 ans, cette cuvée affiche déjà un caractère épanoui. Dans le verre, une robe opaque et un nez fringant de myrtille confiturée et de bonbon à la violette appuyés de notes de moka et de pierre chaude. L'attaque est tendre, gorgée de fruit, puis laisse place à une matière charnue et élégante, sertie de tanins soyeux qui s'étirent langoureusement sur des saveurs épicées typiques de ce millésime solaire. Du souffle et du charme pour cette côte-rôtie déjà parfaite, et pour longtemps. ⧗ 2023-2032 ■ **Colline de Couzou 2018 ★★ (30 à 50 €; 22000 b.)** Encore sous l'emprise du boisé (18 mois, dont 10 % neufs), ce vin s'impose en bouche par sa structure : des tanins serrés encerclent une matière dense et onctueuse, illuminée par une longue finale sur des notes minérales de graphite. Beaucoup de caractère dans cette cuvée à l'avenir radieux. ⧗ 2023-2030

GAEC BONNEFOND, 250, chem. de Mornas,
69420 Ampuis, tél. 04 74 56 12 30, gaec.bonnefond@orange.fr V *r.-v.*

DOM. DE BONSERINE La Viallière 2019 ★

■ | 5000 | | 50 à 75 €

En acquérant en 2006 ce domaine fondé en 1961, agrandi et modernisé dans les années 1990, Marcel Guigal a ajouté un joyau à sa couronne déjà richement décorée : un vignoble de 12 ha plantés majoritairement de « serine », variété ancienne de la syrah, qui produit du côte-rôtie et du condrieu.

L'élevage de plus de 24 mois en demi-muids et barriques neuves a façonné ce vin impressionnant qui, sous une robe sombre, libère d'intenses parfums de racine d'iris et de gelée de mûre sur fond de café torréfié et de vanille. Puissante dès l'attaque, la bouche offre une matière dense, bâtie sur des tanins encore austères mais prometteurs et sur une fine acidité. Armé pour bien vieillir. ⧗ 2024-2034 ■ **Les Sans Marche 2019 ★ (30 à 50 €; 15000 b.)** Issue du négoce, ce 2019 décline la framboise mûre, la violette et l'humus. Finement extraite, ample et bien structurée, la bouche distille une plaisante acidité de bout en bout. De jolies notes épicées signent un élevage sous bois bien fondu. Un charme immédiat qui ne compromet pas la garde. ⧗ 2023-2030

SAS DOM. DE BONSERINE,
2, chem. de la Viallière, Verenay, 69420 Ampuis,
tél. 04 74 56 14 27, bonserine@wanadoo.fr
V *r.-v.*

VIGNOBLES CHIRAT La Rose brune 2019 ★

■ | 2000 | | 30 à 50 €

Les origines de ce vignoble datent de 1925, alors que l'exploitation était en polyculture. C'est en 1984 que Gilbert Chirat décide de se consacrer à la seule viticulture. Rejoint par son fils Aurélien en 2012, il gère un ensemble de 9 ha.

Issus de la Côte Rozier à Ampuis, les raisins sont vinifiés pour partie en vendange entière (50 %). Cette cuvée offre un bouquet bien ouvert de cerise noire confite, de vanille et de tabac. Même mariage réussi entre le bois et le fruit dans une bouche dense, puissante, mais aussi élégante, soutenue par une ligne de vivacité bien ajustée et par des tanins fins et racés. ⧗ 2024-2031

⊶ EARL VIGNOBLES CHIRAT, 125, rue du Piaton, 42410 Saint-Michel-sur-Rhône, tél. 04 74 56 68 92, contact@vignobles-chirat.com V r.-v.

DOM. DE CORPS DE LOUP Côte Blonde 2018 ★

■ | 6000 | | 30 à 50 €

La famille Daubrée a fait l'acquisition en 1991 de ce vieux domaine qui fut notamment la propriété de la famille Vogüé jusqu'au XVIIIᵉs. Bâtiments restaurés, coteaux défrichés, vignoble replanté, les Daubrée, Lucette et Martin épaulés par leur fils aîné Tristan, n'ont pas ménagé leurs efforts pour réhabiliter l'exploitation. Le vignoble s'étend sur un peu moins de 10 ha dont 9 en AOC côte-rôtie. Quant au nom du domaine, on raconte que l'on aurait abattu ici le dernier loup de la région.

De fines notes de cacao amer saupoudrent le cassis et la griotte kirschée. Ample dès l'attaque, le palais séduit par sa rondeur, son velouté et sa puissance contenue, autour de tanins fermes et mûrs, gages d'un long potentiel de garde. Une côte-rôtie charmeuse et de belle facture. ⧗ 2024-2034

⊶ EARL DOM. DE CORPS DE LOUP, 2, rte de Lyons, 69420 Tupin-et-Semons, tél. 09 53 87 84 64, info@corpsdeloup.com V *t.l.j. 9h-12h 14h-18h*

YVES CUILLERON Bonnivières 2018 ★★

■ | 10000 | | 50 à 75 €

Une référence de la vallée nord, notamment pour ses condrieu. Établi à Chavanay, Yves Cuilleron a repris en 1987 la propriété créée en 1920 par son grand-père paternel, puis gérée par son oncle Antoine. Il a progressivement agrandi le domaine (70 ha aujourd'hui), planté à haute densité et conduit de manière très raisonnée sur la rive droite du Rhône (condrieu, côte-rôtie, saint-joseph, saint-peray et cornas) et, depuis 2012, sur la rive gauche (crozes-hermitage).

Une exposition est permet au coteau de Bonnivières de préserver la fraîcheur de la syrah. C'est un atout dans un millésime chaud comme 2018. Dans le verre, une robe sombre striée de reflets violines. Le nez, avenant, offre un panier de fruits noirs frais, du menthol et de nobles senteurs boisées (cèdre), fruits d'un élevage en barriques (pour partie neuves) bien maîtrisé. Affermie par des tanins serrés, la bouche affiche beaucoup de fraîcheur, une acidité minérale et un fruit velouté jusqu'en finale. Une allure folle pour ce vin de longue garde. ⧗ 2025-2035

⊶ EURL CAVE YVES CUILLERON, 58, RD 1086, Verlieu, 42410 Chavanay, tél. 04 74 87 02 37, cave@cuilleron.com V r.-v.

♥ BENJAMIN ET DAVID DUCLAUX Maison rouge 2019 ★★★

■ | 5000 | | 50 à 75 €

Sur leur domaine de 6 ha, fondé par leur arrière-grand-père en 1928, les frères Duclaux ne se consacrent qu'à l'appellation côte-rôtie (deux cuvées, La Germine et Maison rouge). Depuis 2014, ils proposent aussi du condrieu. Leur vignoble est implanté au sud de l'appellation, sur un sol de gneiss, sur les coteaux pentus de Tupin et Semons.

Après un coup de cœur l'an passé pour leur cuvée Germine, les frères Duclaux gagnent à nouveau les faveurs du jury pour ce 2019 issu de vieilles vignes plantées sur le gneiss de cet illustre lieu-dit du sud de l'appellation. Que d'élégance et de profondeur dans ce vin qui déploie une large palette de cassis, de noyau de cerise et d'anis mâtinée de notes fumées. Majestueuse et racée, la bouche dévoile une texture tout en velours, imprégnée de notes d'épices, soutenue par une acidité vibrante et cadrée par des tanins onctueux et sapides. D'une présence rare. ⧗ 2025-2036

⊶ SARL BENJAMIN ET DAVID DUCLAUX, 34, rte de Lyon, 69420 Tupin-et-Semons, tél. 04 74 59 56 30, contact@coterotie-duclaux.com V r.-v.

PIERRE GAILLARD 2019 ★

■ | 15000 | | 30 à 50 €

Pierre Gaillard acquiert ses premiers ceps en 1981 et constitue petit à petit son vignoble, défrichant et plantant de nouvelles parcelles. Établi aux portes du parc régional du Pilat, ce vigneron et négociant réputé de la vallée du Rhône nord, présent aussi en Languedoc-Roussillon (Madeloc à Banyuls-sur-Mer, Cottebrune à Faugères), est à la tête de 77 ha, tous domaines confondus.

Viognier (10 %) et syrah plantés sur des parcelles de la Côte Brune et de la Côte Blonde se complètent avec brio dans cette cuvée au bouquet charmeur de fruits noirs, de pain d'épices et de réglisse. On aime l'attaque pleine et pulpeuse, la densité tannique marquée par une touche de bois noble et la fraîcheur minérale en soutien qui apporte une belle allonge. ⧗ 2023-2032 ■ **Esprit de Blonde 2019 ★ (50 à 75 €; 3000 b.)** Des notes florales (violette), fruitées (mûre) et boisées (moka, noisette grillée) montent du verre. La bouche, encore juvénile, déploie une matière savoureuse, étayée de tanins encore serrés comme il se doit sur l'appellation. À laisser reposer en cave. ⧗ 2024-2031

⊶ SARL PIERRE GAILLARD, 508, rte de Bazin, lieu-dit Chez-Favier, 42520 Malleval, tél. 04 74 87 13 10, famille@gaillard.vin V r.-v.

ROLAND GRANGIER L'Exquise 2019 ★★

■ | 1000 | ◖◗ | 30 à 50 €

Issu d'une famille d'agriculteurs, Roland Grangier a fondé ce domaine en 2002. Il exploite aujourd'hui, avec son épouse Céline, un vignoble de 11 ha sur trois appellations : saint-joseph, condrieu et côte-rôtie.

Tout est de bon goût et harmonieux dans cette cuvée qui privilégie l'élégance à la puissance. Le nez marie les fruits noirs au poivre vert et à une pointe de sous-bois. Ces arômes intenses et raffinés se prolongent dans une bouche fraîche et délicate, finement boisée, adossée à des tanins suaves, déjà bien enrobés, qui renforcent cette sensation de plénitude. ⧗ 2023-2031

SASU ROLAND GRANGIER,
13, Chantelouve, 42410 Chavanay, tél. 04 74 56 20 14, rolandgrangier@orange.fr V r.-v.

JOCELYN ET YVES LAFOY Prélude 2018 ★★

■ | 7000 | ◖◗ | 30 à 50 €

Implantés depuis trois générations à Ampuis, Jocelyne et Yves Lafoy ont crée leur domaine en 1993, rejoint en 2011 par leur fils Gaëtan, et cultivent ensemble 9 ha de vignes, en côte-rôtie, condrieu, saint-joseph et en IGP Collines rhodaniennes.

Une touche (2 %) de viognier à l'appui d'une syrah plantée sur des parcelles "blondes" de micaschistes pour cette cuvée élevée 20 mois en barriques (10 % neuves). Le nez monte tranquillement en puissance, dévoilant des arômes de violette et d'humus sur fond vanillé. Des notes épicées s'ajoutent à une bouche douce et onctueuse, de bonne concentration, structurée par des tanins délicats et marquée en finale par une belle fraîcheur de cassis frais. Une côte-rôtie tout en nuances. ⧗ 2024-2030

EARL JOCELYNE ET YVES LAFOY,
8, rue du Vagnot, 69420 Ampuis, tél. 04 74 56 19 26, yves@lafoy.fr V *t.l.j. 9h-18h*

LA LANDONNE 2017 ★★

■ | n.c. | ◖◗ | + de 100 €

Parmi les crus d'exception de la maison Guigal, La Landonne se distingue à double titre : c'est un vrai lieu-dit cadastré, planté uniquement de syrah sur les pentes vertigineuses de la Côte Blonde aux sols argilo-calcaires riches en oxyde de fer. Comme pour La Turque et La Mouline, l'élevage se prolonge quarante mois.

Le jury salue la maîtrise de l'élevage, luxueux comme à l'accoutumée, qui façonne le nez de cette Landonne intense et complexe, ouvert sur les petits fruits noirs macérés, la réglisse, le chocolat, le cuir et les épices douces. Une intensité aromatique que prolonge un palais aussi large que long, concentré, vineux et riche, étayé par de solides tanins. Massif et de très longue garde. ⧗ 2025-2040

É. GUIGAL (LA LANDONNE), Ch. d'Ampuis,
69420 Ampuis, tél. 04 74 56 10 22, contact@guigal.com
V r.-v.

STÉPHANE MONTEZ DU MONTILLET Fortis 2018 ★

■ | 15000 | ◖◗ | 30 à 50 €

Les origines du domaine remontent au XVIes.; les Montez y cultivent la vigne depuis 1741. Installé en 1999 à la suite de son père Antoine, Stéphane Montez représente la neuvième génération vigneronne. Il conduit aujourd'hui un vignoble de 40 ha en conversion bio (cornas, côte-rôtie, condrieu, saint-joseph et IGP), établi sur les hauteurs de Chavanay à 320 m d'altitude. Une valeur sûre de la vallée septentrionale.

« Fortis » : vigoureux comme les ceps de viognier et de syrah qui poussent sur les sols granitiques arides, pauvres et rocailleux. L'élevage n'est pas en reste : 20 mois en demi-muids neufs forgent le caractère de ce vin puissant, qui mêle au nez des notes de fruits mûrs, de pralin et de tabac. Une concentration que l'on retrouve dans une bouche dense et dodue, arrimée à des tanins serrés. ⧗ 2024-2032 ■ **Bons Arrêts Monopole 2018** ★ **(50 à 75 €; 4000 b.)** Bons Arrêts ? Des pentes extrêmes qui exigent un travail éprouvant. Cette cuvée offre une belle pureté de fruit, au nez comme en bouche, mâtinée avec élégance de notes de torréfaction issues du chêne. Des tanins encore austères invitent à la patience. ⧗ 2025-2033

EARL VIGNOBLES MONTEZ,
7, Dom. du Monteillet, 42410 Chavanay,
tél. 04 74 87 24 57, stephane@montez.fr
V r.-v. B

MOUTON PÈRE ET FILS Enomis 2019 ★

■ | 9000 | ◖◗ | 30 à 50 €

Issu d'une ancienne famille de vignerons, Jean-Claude Mouton a rejoint son père André en 1989 sur l'exploitation familiale. Aujourd'hui, c'est lui qui dirige ce petit domaine de 8 ha, dont les terrasses exposées plein sud sont au cœur du village de Condrieu.

Encore un peu sous l'empreinte de l'élevage sous bois, ce vin s'impose par son nez généreux de cassis confituré, de graphite et de fruits à coques. La bouche, riche et séveuse, embaume les épices douces et s'attèle à une structure tannique solide mais déjà soyeuse. Un vin "en construction" qui offre de belles promesses. ⧗ 2023-2030

EARL MOUTON PÈRE ET FILS,
23, montée du Rozay, 69420 Condrieu, tél. 04 74 87 82 36, contact@mouton-perefils.com V r.-v.

RÉMI NIERO Vires de Serine 2018 ★

■ | 1800 | ◖◗ | 50 à 75 €

En 1985, Robert Niero quitte le secteur bancaire pour reprendre le domaine fondé en 1973 par son oncle Jean Pinchon. Il s'attelle aux plantations et porte le vignoble à 4 ha (8 ha aujourd'hui, en condrieu, en saint-joseph et en côte-rôtie). Un développement que poursuit son fils Rémi, arrivé en 2004, aux commandes depuis 2010.

Le bouquet laisse parler le fruit un peu confit (framboise), puis le poivre noir et le thé fumé ajoutent une dimension plus complexe. Des saveurs de baies noires mûres s'invitent dans une bouche ample, dense et veloutée, bâtie sur une structure tannique solide, mâtinée de notes torréfiées (24 mois de fût neuf). Un vin puissant, que la garde devrait apprivoiser. ⧗ 2024-2035

EARL DOM. RÉMI ET ROBERT NIERO,
3, imp. du Pressoir, rue de la Mairie, 69420 Condrieu, tél. 04 74 56 86 99, domaine@vins-niero.com
V r.-v.

♥ DOM. PICHAT Champon's 2019 ★★★

■ | 8000 | 30 à 50 €

Après des études à Beaune, puis une expérience aux États-Unis et dans le Bordelais, sur le domaine de son épouse (Ch. Filliol), Stéphane Pichat est revenu sur ses terres donner du souffle à cette propriété ancienne, fondée par ses arrière-grands-parents. Installé en 2000, il lance la mise en bouteilles (1 000 au commencement, 15 à 20 000 aujourd'hui) et signe à partir de 5 ha en côte-rôtie et en condrieu des vins d'une qualité toujours irréprochable.

Cette syrah de schistes, élevée 24 mois en fût de chêne, livre un 2019 époustouflant de fraîcheur et de complexité. Sous sa robe opaque striée de reflets violines, elle libère un bouquet captivant de baies noires, d'herbes aromatiques (sauge, laurier), de girofle et de rose ancienne. Étayée par des tanins caressants et parfaitement sculptés, la bouche fait preuve d'une distinction aristocratique, offrant à la fois une consistance de velours, une fine acidité sapide et une longue finale où pointent des notes minérales (graphite) et mentholées. Un vin haute couture. ⧗ 2025-2040

SCEA DOM. PICHAT, 6, chem. de la Viallière, 69420 Ampuis, tél. 04 74 48 37 23, info@domainepichat.com V r.-v.

PICHON PÈRE ET FILS
Promesse 2019 ★★

■ | 20000 | 30 à 50 €

Christophe Pichon a travaillé aux côtés de son père avant de reprendre seul, en 1991, l'exploitation établie dans le parc du Pilat : 25 ha aujourd'hui, répartis dans les appellations condrieu, côte-rôtie, saint-joseph et cornas. Corentin, son fils, revenu sur l'exploitation après un séjour en Australie, est désormais en charge de la vinification et de l'élevage des vins.

Un peu de viognier (10 %) vient rafraîchir la syrah dans ce 2019 qui embaume l'iris, la gelée de framboise et le poivre blanc. Gracieuse, la bouche déploie une matière dense et suave qui retient la fraîcheur du fruit et se laisse caresser par un délicat boisé encore un peu séveux, fruit d'un élevage de 14 mois en fût (dont 75 % neufs). Les tanins mûrs se raffermissent en finale, laissant présager de bien belles sensations après quelques années de garde. ⧗ 2024-2033

SARL CHRISTOPHE PICHON, 36, le Grand-Val, 42410 Chavanay, tél. 04 74 87 06 78, chrpichon@wanadoo.fr V *t.l.j. sf dim. 10h-12h 14h-18h*

DOM. DE ROSIERS Besset 2018 ★★

■ | 2400 | 50 à 75 €

Maxime Gourdain a pris en 2013 la suite de son oncle Louis Drevon sur ce domaine de 8 ha dédié aux AOC côte-rôtie et condrieu, créé en 1976 par son grand-père André Drevon (avant cette date la récolte était vendue au négoce).

Cultivés sur une parcelle d'un hectare au lieu-dit Besset, au nord de l'appellation, les raisins sont triés, vinifiés puis élevés 18 mois sous bois (50 % de bois neuf). Cinq fûts sont sélectionnés à l'issue de l'élevage pour cette cuvée. Une côte-rôtie rare, fleuron du domaine, qui ne déçoit pas. Myrtille, tabac blond et épices douces se mêlent au nez. De belle maturité, le palais affiche du volume et de la rondeur, cadré par des tanins puissants, extraits avec doigté. D'un beau classicisme, il allie vigueur et finesse. ⧗ 2023-2034

EARL DOM. DE ROSIERS, 3, rue des Moutonnes, 69420 Ampuis, tél. 04 74 56 11 38, domainederosiers@gmail.com V r.-v.

♥ LA TURQUE 2017 ★★★

■ | n.c. | + de 100 €

Le fleuron des vignobles Guigal. Une parcelle impressionnante implantée dans la Côte Brune, sur des sols de schistes riches en oxyde de fer. Négligée pendant des décennies, puis replantée en 1985 par Étienne Guigal, fondateur du domaine en 1946, suppléé par son fils Marcel en 1961. Des ceps de syrah associés à 7 % de viognier et un élevage luxueux de 40 mois donnent naissance à l'un des plus grands vins de la vallée du Rhône nord.

La Turque impressionne de bout en bout dans sa version 2017. Par sa robe déjà, intense, lumineuse, brillante, cristalline, ornée de reflets noirs. Au nez, les petits fruits rouges et noirs gorgés du soleil de 2017 se marient à des notes de coing, de chocolat, de tabac et de cèdre. La bouche est époustouflante : un volume imposant, beaucoup de puissance et de chaleur, mais aussi une impression de fraîcheur préservée et de pureté de fruits, le tout cadré par des tanins fins et doux et par un boisé d'une grande noblesse. Monumental. ⧗ 2027-2040

É. GUIGAL (LA TURQUE), Ch. d'Ampuis, 69420 Ampuis, tél. 04 74 56 10 22, contact@guigal.com V r.-v.

CONDRIEU

Superficie : 145 ha / Production : 5 265 hl

Le vignoble est situé à 11 km au sud de Vienne. Bien que l'aire d'appellation soit répartie sur sept communes et trois départements, sa superficie est restreinte, ce qui fait du condrieu un vin rare. D'autant plus qu'il naît exclusivement d'un cépage assez peu répandu, le viognier, qui s'exprime parfaitement sur les sols granitiques de son terroir. Le condrieu est un vin blanc riche en alcool, gras, souple, mais avec de la fraîcheur. Très parfumé, il exhale des arômes floraux – où domine la violette – et des notes d'abricot. On le servira jeune, sur toutes les préparations à base de poisson, même s'il peut vieillir cinq ans. Il existe aussi une production de vendanges

tardives obtenues par tries successives (jusqu'à huit passages par récolte).

PATRICK ET CHRISTOPHE BONNEFOND
Côte Chatillon 2019 ★

	5000		30 à 50 €

Installés à Ampuis, les frères Patrick et Christophe Bonnefond ont repris en 1990 cette exploitation familiale qui compte 10 ha de vignes en côte-rôtie et condrieu.

Cette cuvée, issue du lieu-dit Côte Chatillon au nord de l'appellation, a été vinifiée et élevée en barriques. Il en résulte des notes vanillées et beurrées qui accompagnent avec élégance des parfums de pêche de vigne et de rose. La bouche a l'onctuosité attendue, une rondeur miellée et une chair caressante, soutenue par une pointe de fraîcheur et un beau fruité net. ⧗ 2021-2025

GAEC BONNEFOND, 250, chem. de Mornas, 69420 Ampuis, tél. 04 74 56 12 30, gaec.bonnefond@orange.fr V r.-v.

DOM. DU CHÊNE 2019 ★

	11000		20 à 30 €

En 1985, Marc et Dominique Rouvière ont acquis cette propriété située dans le parc régional du Pilat. Partis avec 5,5 ha en saint-joseph et en condrieu, ils exploitent aujourd'hui 26 ha, avec leurs enfants Anaïs et Julien.

Ce condrieu charme par son équilibre. Au nez, des notes délicates d'abricot et de coing, mâtinées de quelques nuances de poivre blanc et de fruits graines (pignon, noix de cajou) légèrement torréfiés. Le palais offre une attaque souple et alerte, du gras, de la sève, avec en soutien un boisé bien maîtrisé et une juste vivacité. Une cuvée harmonieuse et bien élevée. ⧗ 2021-2027

EARL ROUVIÈRE, 8, Le Pêcher, 42410 Chavanay, tél. 04 74 87 27 34, contact@famillerouviere.com V r.-v.

VIGNOBLES CHIRAT Les Chays 2019 ★★

	8000		20 à 30 €

Les origines de ce vignoble datent de 1925, alors que l'exploitation était en polyculture. C'est en 1984 que Gilbert Chirat décide de se consacrer à la seule viticulture. Rejoint par son fils Aurélien en 2012, il gère un ensemble de 9 ha.

Déjà remarquée sur le millésime 2018, cette cuvée revient en pleine forme sur le 2019. Ce vin opulent dévoile un nez intense d'ananas, de fruits secs toastés et de fleurs blanches. En bouche, il affiche une matière ample et caressante que l'élevage sous bois a parfaitement fondu, puis déroule en finale des saveurs minérales qui apportent du nerf et de l'équilibre. Un condrieu alerte et bien typé. ⧗ 2021-2026

EARL VIGNOBLES CHIRAT, 125, rue du Piaton, 42410 Saint-Michel-sur-Rhône, tél. 04 74 56 68 92, contact@vignobles-chirat.com V r.-v.

LA DORIANE 2019 ★

	n.c.		50 à 75 €

L'un des nombreux « trésors » de la maison Guigal, la Doriane est issue de cinq terroirs implantés en terrasses fortement escarpées : la Côte Chatillon (1 ha), Chery (0,5 ha) et Vernon (0,5 ha) sur Condrieu, Volan (1 ha), sur la commune de Malleval, et Colombier (1 ha), sur Saint-Michel-du-Rhône.

La robe est jaune pâle et brillante. Au nez, l'élevage en fût est perceptible à travers des notes briochées et vanillées, puis le viognier prend sa place à l'aération avec ses arômes fruités (abricot) et floraux (tilleul). Arômes agrémentés de nuances exotiques (litchi) et de fleur d'amandier dans un palais ample, charnu, gras, solaire, rafraîchi et équilibré par de fins amers en finale. Parfait pour un foie gras aux figues. ⧗ 2022-2027

É. GUIGAL, Ch. d'Ampuis, 69420 Ampuis, tél. 04 74 56 10 22, contact@guigal.com

BENJAMIN ET DAVID DUCLAUX
Les Caillets 2019 ★★

	6500		30 à 50 €

Sur leur domaine de 6 ha, fondé par leur arrière-grand-père en 1928, les frères Duclaux ne se consacrent qu'à l'appellation côte-rôtie (deux cuvées, La Germine et Maison rouge). Depuis 2014, ils proposent aussi du condrieu. Leur vignoble est implanté au sud de l'appellation, sur un sol de gneiss, sur les coteaux pentus de Tupin et Semons.

Les Caillets, un lieu-dit? Aucunement. Il s'agit de Frédéric Caillet, le grand-père des frères Duclaux, qui acquit le domaine en 1928. Cette cuvée offre une déclinaison énergique du viognier et s'ouvre sur un bouquet d'agrumes (pamplemousse, mandarine) et de chèvrefeuille qu'accompagnent de délicates notes vanillées. En bouche, on découvre un vin sincère, au fruité net et persistant, à la fois ample, généreux et frais. Un blanc voluptueux. ⧗ 2021-2026

SARL BENJAMIN ET DAVID DUCLAUX, 34, rte de Lyon, 69420 Tupin-et-Semons, tél. 04 74 59 56 30, contact@coterotie-duclaux.com V r.-v.

ROMAIN DUVERNAY 2020 ★

	5000		30 à 50 €

Issu d'une lignée de négociants en vins – son arrière-grand-père Louis fonda en 1904 un commerce de vin en Haute-Savoie –, l'œnologue de renom Romain Duvernay a créé en 1998, avec son père Roland, une maison de négoce basée à Châteauneuf-du-Pape qui propose des vins de toute la Vallée et qui, depuis 2016, appartient à Newrhône Millésimes, propriété de Jean-Marc Pottiez. Romain Duvernay continue d'élaborer les vins.

Ce condrieu bien doré, au nez capiteux de violette, de brugnon et de santal, livre une bouche généreuse, souple et onctueuse, le boisé grillé prenant encore un peu l'ascendant. Une délicate touche d'amertume sur des notes d'amande et de sauge rythment la finale et apportent une touche de fraîcheur persistante et beaucoup de classe. Un blanc charmeur, à encaver quelques années. ⧗ 2022-2028

ROMAIN DUVERNAY, ZA la Grange-Blanche-Ouest, 225, rue Marcel-Valérian, 84350 Courthézon, tél. 04 90 60 20 00, newrhone@newrhone.eu V *t.l.j. sf sam. dim. 9h-13h 14h-17h*

RHÔNE

ROLAND GRANGIER Les Terrasses 2020 ★

10000 | 20 à 30 €

Issu d'une famille d'agriculteurs, Roland Grangier a fondé ce domaine en 2002. Il exploite aujourd'hui, avec son épouse Céline, un vignoble de 11 ha sur trois appellations : saint-joseph, condrieu et côte-rôtie.

Cette cuvée, d'une régularité sans faille, exprime par son bouquet prolixe le charme du viognier : des parfums d'abricot mûr, de pêche blanche, de fleur d'acacia et de beurre frais. La bouche fait dans la mesure : du gras sans excès, de la rondeur et du volume, soutenue par une fine vivacité et cadrée par un boisé qui laisse respirer le fruit. Un condrieu équilibré et dynamique. ⧗ 2022-2026

SASU ROLAND GRANGIER, 13, Chantelouve, 42410 Chavanay, tél. 04 74 56 20 14, rolandgrangier@orange.fr V r.-v.

VIGNOBLES LEVET 2019 ★★

15000 | 30 à 50 €

Constituée en 1929, cette petite propriété familiale compte 4 ha au cœur de l'appellation côte-rôtie, dont une partie sur de prestigieux lieux-dits comme la Côte Brune, la Côte Blonde, Chavaroche ou Landonne. Un domaine conduit depuis 2004 par Bernard et Agnès Levet, qui représentent la quatrième génération.

Le millésime 2019 a livré un condrieu de très belle facture, mis au voix pour un coup de cœur. Ses atouts? Une robe or pâle cristalline, un nez complexe sur des senteurs de poire compotée, de jasmin et de poivre blanc, et une bouche charnue, douce et longue, dotée d'une fraîcheur impeccable. Des flaveurs minérales et salines habillent la finale. Typicité et grande harmonie. ⧗ 2021-2026

EARL VIGNOBLES LEVET, 26, bd les Allées, 69420 Ampuis, tél. 04 74 56 15 39, vignobleslevet@gmail.com V r.-v.

GABRIEL MEFFRE Instants rares Arzelle 2019 ★

4600 | 20 à 30 €

Affaire de négoce-éleveur créée en 1936 par Gabriel Meffre, cette maison est devenue un acteur incontournable, propriétaire de 800 ha de vignes dans toute la vallée du Rhône, ainsi qu'en Provence. Reprise en 2009 par Éric Brousse, associé du groupe bourguignon Boisset.

Cette cuvée se distingue avant tout par sa droiture. Le nez minéral et fruité (kaki, agrumes) ouvre sur un palais frais et tonique, de beau volume, où le fruit frais persiste jusqu'en finale, qui signe un agréable retour de la minéralité. Un condrieu alerte et bien équilibré, à boire dans la fougue de sa jeunesse. ⧗ 2021-2024

SAS GMDF (MAISON GABRIEL MEFFRE), 2, rte des Princes-d'Orange, 84190 Gigondas, tél. 04 90 12 32 43, gabriel-meffre@meffre.com V *t.l.j. sf lun. dim. 10h30-12h30 14h30-18h*

STÉPHANE MONTEZ DU MONTEILLET Les Grandes Chaillées 2019 ★

25000 | 20 à 30 €

Les origines du domaine remontent au XVIe s.; les Montez y cultivent la vigne depuis 1741. Installé en 1999 à la suite de son père Antoine, Stéphane Montez représente la neuvième génération vigneronne. Il conduit aujourd'hui un vignoble de 40 ha en conversion bio (cornas, côte-rôtie, condrieu, saint-joseph et IGP), établi sur les hauteurs de Chavanay à 320 m d'altitude. Une valeur sûre de la vallée septentrionale.

Macération pelliculaire, bâtonnage doux, fermentation et élevage en fût (dont 25 % neufs), cette cuvée a bénéficié de toutes les attentions. Dans le verre, une robe jaune paille dorée et un nez flatteur et complexe de coing, de fleurs blanches et de toast grillé. En bouche, le vin est enveloppant, dense, encore un peu sous l'empreinte du boisé, mais tendu par une belle tension minérale. Prometteur. ⧗ 2022-2030

EARL VIGNOBLES MONTEZ, 7, Dom. du Monteillet, 42410 Chavanay, tél. 04 74 87 24 57, stephane@montez.fr V r.-v. B

♥ ANDRÉ PERRET Clos Chanson 2019 ★★★

3500 | 30 à 50 €

André Perret, alors biologiste, succède à son père en 1985 à la tête d'une petite vigne de 1,5 ha au lieu-dit Verlieu, à l'époque où Georges Vernay et quelques autres font renaître le condrieu. Il l'agrandit au fil des ans par achats, locations et plantations – 13 ha de coteaux abrupts en terrasses aujourd'hui – et s'impose comme l'un des grands élaborateurs de vins blancs rhodaniens. Sa fille Marie se tient prête à prendre la relève.

Des vignes d'un âge vénérable (plus de 50 ans), plantées sur les terrasses orientées sud et sud-est du Clos Chanson, donnent naissance à ce condrieu d'exception. Le nez a subjugué le jury : notes de fleurs sauvages (églantine, sureau), d'agrumes et de tilleul, soulignées de parfums briochés. Une élégance à laquelle fait écho une bouche caressante, suave, généreuse et finement boisée, qui ne se départit pas de la fraîcheur de son bouquet et d'une légèreté presque aérienne. Un travail d'orfèvre. ⧗ 2022-2030 **Chery 2019 ★ (30 à 50 €; 12000 b.)** Parcelle unique, sise sur un coteau granitique au lieu-dit Chery, cette cuvée livre un nez expressif à la fois fruité (fruit à noyau), floral (violette) et minéral, relayé par une bouche douce, fine et longue, à l'équilibre déjà bien en place. ⧗ 2021-2026

SAS MAISON ANDRÉ PERRET, 17, RD 1086, Verlieu, 42410 Chavanay, tél. 04 74 87 24 74, contact@andreperret.com V r.-v.

DOM. RICHARD Amaraze 2019 ★

4750 | 20 à 30 €

Installé en 1989 sur le domaine familial et succédant à deux générations de vignerons-arboriculteurs, Hervé Richard décide de se spécialiser dans la vigne. Avec sa femme Marie-Thérèse, il travaille aujourd'hui 10 ha en condrieu et en saint-joseph.

Un élevage mixte en fût et en cuve a affiné ce blanc subtil, au nez délicat de pêche blanche, de fleur d'oranger et d'amande grillée. La bouche affiche un équilibre parfait entre gras et acidité et s'étire dans une longue finale qui ajoute à sa finesse. ⧗ 2021-2025 ■ **M de Martial 2019 ★ (20 à 30 €; 1970 b.)** Hommage au grand-père d'Hervé qui a mis en forme ce coteau, cette cuvée parcellaire dévoile un nez subtilement boisé et floral (chèvrefeuille, glycine), puis une bouche concentrée, ronde et consistante, avec en soutien des notes d'élevage qui appellent la garde. ⧗ 2022-2027

⊶ EARL CAVE RICHARD, 3, RD 1086, Verlieu, 42410 Chavanay, tél. 04 74 87 07 75, h.richard@42.sideral.fr V ⛹ ▮ *t.l.j. sf dim. 12h-18h*

SAINT-JOSEPH

Superficie : 1 160 ha
Production : 42 110 hl (92 % rouge)

Sur la rive droite du Rhône, l'appellation saint-joseph s'étend sur 26 communes de l'Ardèche et de la Loire. Ses coteaux en pente escarpée offrent de belles vues sur les Alpes, le mont Pilat et les gorges du Doux. Les vignes croissent sur des sols granitiques. La syrah engendre des vins rouges élégants, relativement légers et tendres, aux arômes subtils de framboise, de poivre et de cassis, qui se révéleront sur les volailles grillées ou sur certains fromages. Les cépages roussanne et marsanne donnent des vins blancs gras, aux parfums délicats de fleurs, de fruits et de miel. Ils rappellent les hermitage mais sont à servir assez jeunes.

Ⓑ ALÉOFANE 2019 ★

■ | 6000 | ◍ | 20 à 30 €

Depuis son installation en 2004 sur les terres de Mercurol, Natacha Chave s'affirme comme une valeur sûre dans les appellations crozes-hermitage et saint-joseph. Elle dispose aujourd'hui d'un vignoble de 12 ha, conduit en bio certifié.

Coup de coeur du Guide l'an dernier, cette cuvée continue d'être remarquée. Encore sur la réserve, elle exhale des arômes fumés de goudron et de Zan, qui à l'aération s'enrichissent de notes plus fraîches (cassis, feuille de tomate). Charpenté, puissant et profond, le palais est celui d'un vin encore jeune. Faisant montre d'une certaine austérité, les tanins devraient se fondre avec le temps pour ajouter de la rondeur à cette bouche concentrée. Un vin construit pour durer. ⧗ 2023-2030

⊶ NATACHA CHAVE (ALÉOFANE), 745, av. du Vercors, 26600 Mercurol, tél. 04 75 07 00 82, chavenatacha@yahoo.fr ⛹ ▮

DOM. DE BOISSEYT Les Garipelées 2019 ★

■ | 8700 | ◍ | 20 à 30 €

Six générations se sont succédé sur cette propriété de Chavanay acquise par la famille en 1797. Aux commandes depuis 2017, Romain Decelle conduit un vignoble de 11 ha en saint-joseph, côte-rôtie, condrieu et côtes-du-rhône.

Une parcelle aride et pentue sur laquelle seule la vigne parvient à pousser : c'est la signification de ce lieu-dit, au-dessus du village de Chavanay, d'où sont issues les syrah à parfaite maturité qui parfument cette cuvée dynamique. Le bouquet harmonieux mêle le cassis confit, la vanille et le toast grillé. Le palais, bien ciselé, se révèle à la fois frais et charnu, bâti sur des tanins ronds et finement boisés. Encore un peu de patience et son équilibre sera parfait. ⧗ 2022-2028

⊶ SASU VIGNOBLE DE BOISSEYT, 178, RD 1086, Les Prairies, 42410 Chavanay, tél. 04 74 87 23 45, contact@deboisseyt.com V ⛹ ▮ *t.l.j. sf dim. 9h-12h 14h-18h ; sam. 10h-13h 14h-18h*

M. CHAPOUTIER 2018 ★

■ | 64 000 | ◍ | 15 à 20 €

Cette vénérable (XIXe s.) et incontournable maison, mise sur orbite internationale par Michel Chapoutier à partir des années 1990, propose une large gamme issue de ses propres vignes (345 ha, en biodynamie) ou d'achats de raisin dans la plupart des appellations phares de la vallée du Rhône, et aussi en Roussillon et en Alsace.

Ce 2018 se montre assez timide au nez, puis s'ouvre à l'aération sur des notes discrètes de baies noires et de cuir. Mais c'est au palais qu'il affirme sa pleine puissance. La matière est riche, finement texturée, structurée sans excès par des tanins juteux et fondus, et soulignée d'une fine acidité qui donne de l'allonge à la finale. Un vin savoureux, un peu "hors-cadre". ⧗ 2022-2028

⊶ SA M. CHAPOUTIER, 18, av. du Dr-Paul-Durand, 26600 Tain-l'Hermitage, tél. 04 75 08 28 65, chapoutier@chapoutier.com V ⛹ ▮ *r.-v.*

LOUIS CHEZE Caroline Cuvée Prestige 2018 ★

■ | 30 000 | ◍ | 20 à 30 €

Un domaine familial établi sur les hauteurs de Limony, repris en 1978 par Louis Cheze : 1 ha en saint-joseph à l'origine, 40 ha aujourd'hui, dans plusieurs appellations septentrionales.

D'un rouge très profond encore marqué par les reflets violines de sa jeunesse, ce vin propose un nez un peu sur la réserve, libérant à l'aération des parfums de fruits noirs, de minéralité et une note fugace d'épices douces (muscade, cardamome). La bouche, sans effet de manche, dévoile une matière ample, savoureuse, soulignée par une belle fraîcheur et par des tanins discrets et déjà fondus. Le "vin plaisir" par excellence. ⧗ 2021-2026

⊶ SARL LOUIS CHEZE, Pangon, 07340 Limony, tél. 04 75 34 02 88, contact@domainecheze.com V ▮ *t.l.j. sf dim. 8h-12h 14h-18h*

DOM. LOUIS CHOMEL Lucie 2019 ★

■ | 2500 | ◍ | 15 à 20 €

Dans la famille Chomel, la vigne est une histoire de famille. Quatre générations se sont succédé depuis que Louis, fondateur du domaine, a planté ses premiers ceps sur les hauteurs de Saint-Désirat au début du XXe s. En 2014, Samuel rejoint son père et son oncle pour ensemble créer leur cave particulière. Le vignoble couvre 20 ha principalement en saint-joseph, mais aussi en condrieu et en IGP.

Dédié à Lucie, première petite-fille de Louis Chomel, ce saint-joseph blanc marque une entrée au Guide de bon augure pour ce domaine. Une lumineuse robe jaune d'or invite à plonger le nez dans le verre, qui exhale des parfums élégants de fleurs capiteuses (chèvrefeuille, lilas) et de boulangerie (levure, beurre frais). Dans le droit fil, la bouche est aromatique, sur des notes de torréfaction légère et de brioche, ronde, onctueuse et finement texturée, soutenue par une fraîcheur bien ajustée. Seul défaut de cette cuvée : sa rareté. ⧗ 2021-2023

EARL CHOMEL FRÈRES ET FILS, 2, la Tolondière, 07340 Saint-Désirat, tél. 06 64 67 85 66, contact@vins-louischomel.fr V *t.l.j. sf lun. sam. dim. 10h-12h 14h-18h*

DOM. COURBIS Les Royes 2019 ★★

■ | 12 000 | | 30 à 50 €

Une valeur sûre de la vallée du Rhône septentrionale, notamment dans les AOC cornas et saint-joseph. Dominique et Laurent Courbis conduisent depuis la fin des années 1980, à la suite de leur père, un domaine de 38 ha dont les origines remontent au XVIIᵉs. L'essentiel des vignes est perché sur des coteaux très abrupts à plus de 250 m d'altitude.

Les Royes, c'est un cirque impressionnant, orienté au sud et planté de syrah en terrasses à l'origine de ce vin. Élevée 18 mois en pièces neuves et d'un ou deux vins, cette cuvée met en avant la puissance, sans pour autant y perdre en élégance. Encore un peu intimidé par le bois, le nez livre des arômes suaves de vanille, de cannelle et de poivre, puis une touche de violette à l'aération. Riche et concentrée, la bouche est solidement structurée par des tanins serrés encore un peu stricts, et la finale distille une fine et fraîche amertume. Un vin dans sa jeunesse, à mettre en cave. ⧗ 2023-2027

EARL DOM. COURBIS, 6, rte de Saint-Romain, 07130 Châteaubourg, tél. 04 75 81 81 60, contact@domaine-courbis.fr V *r.-v.*

♥ **PIERRE ET JÉRÔME COURSODON** Silice 2019 ★★★

■ | 45 000 | | 20 à 30 €

Établis depuis quatre générations à Mauves, berceau de l'appellation saint-joseph, Pierre Coursodon, le père, et Jérôme, le fils, installé en 1999, sont à la tête de 16 ha de vignes dédiés au seul saint-joseph, essentiellement dans sa version rouge. Depuis longtemps, les vins de ce domaine entrent dans les sélections du Guide : d'une constance rare, ils sont abonnés aux étoiles et aux coups de cœur.

Un coup de cœur sans pourparlers pour cette cuvée bien connue des lecteurs. Un vin dont la pureté de fruit évidente se livre au nez sur des notes de cassis frais, agrémentées de menthol et d'épices douces (vanille, fève tonka). La syrah s'exprime en majesté dans une bouche volumineuse, riche, suave et très longue, étoffée de tanins foisonnants et fins, finissant avec panache sur une note inattendue de graphite. Un authentique saint-joseph d'ores et déjà délicieux, et pour longtemps. ⧗ 2022-2030

EARL PIERRE COURSODON, 3, pl. du Marché, 07300 Mauves, tél. 04 75 08 18 29, pierre.coursodon@wanadoo.fr V *r.-v.*

YVES CUILLERON Les Serines 2018 ★

■ | 189 000 | | 30 à 50 €

Une référence de la vallée nord, notamment pour ses condrieu. Établi à Chavanay, Yves Cuilleron a repris en 1987 la propriété créée en 1920 par son grand-père paternel, puis gérée par son oncle Antoine. Il a progressivement agrandi le domaine (70 ha aujourd'hui), planté à haute densité et conduit de manière très raisonnée sur la rive droite du Rhône (condrieu, côte-rôtie, saint-joseph, saint-peray et cornas) et, depuis 2012, sur la rive gauche (crozes-hermitage).

Ce vin sombre, à la robe presque noire, fait d'emblée montre d'une belle concentration par son bouquet intense, fidèle expression de la *serine* (nom vernaculaire de la syrah), sur des notes de myrtille, de crème de cassis et de violette. La bouche est dense, riche, charpentée par des tanins serrés encore un peu "bruts de décoffrage", fruits d'un élevage de 18 mois en fût (dont 40 % neufs). La patience est de rigueur. ⧗ 2023-2030

EURL CAVE YVES CUILLERON, 58, RD 1086, Verlieu, 42410 Chavanay, tél. 04 74 87 02 37, cave@cuilleron.com V *r.-v.*

EMMANUEL DARNAUD La Dardouille 2018 ★

■ | 5 000 | | 30 à 50 €

L'histoire vigneronne d'Emmanuel Darnaud débute en 2001 avec 1,5 ha de vignes en fermage sur l'appellation crozes-hermitage. Agrandi progressivement, le domaine couvre aujourd'hui 15 ha, avec des parcelles en saint-joseph, et fait preuve d'une belle constance dans la qualité avec ses sélections parcellaires.

Situés sur le lieu-dit "la Dardouille" (soleil qui *darde* ses rayons), les syrah de cette cuvée présentent une maturité aboutie. Le nez s'ouvre sur une large palette olfactive de fruits rouges mûrs, de toast grillé et d'eucalyptus. Riche dès l'attaque, la bouche apparaît ample et concentrée, étayée par une trame tannique au grain élégant, mais qui doit encore se fondre. De la vigueur en finale sur des notes de laurier et de Zan. Un saint-joseph mature et prometteur. ⧗ 2023-2028

EARL EMMANUEL DARNAUD, 21, rue du Stade, 26600 La Roche-de-Glun, tél. 04 75 84 81 64, domaine@edarnaud.com V *r.-v.*

DAUVERGNE RANVIER Vin rare 2019 ★★

■ | 20 000 | | 15 à 20 €

Créée en 2004 par François Dauvergne et Jean-François Ranvier, professionnels du vin qui ont décidé d'élaborer leurs propres cuvées après avoir œuvré chez les autres, cette maison de négoce s'affirme d'année en année à travers des vins de qualité issus de sélections parcellaires. En 2013, les deux compères ont repris l'exploitation du Dom. des Muretins (tavel et lirac) et ont développé en 2014 une gamme de vins bordelais en collaboration avec Patrice Hateau.

Encore timide au premier nez, l'expression de ce "vin rare" se montre plus intense à l'aération, sur des notes de cassis très mûrs, d'épices (poivre sauvage, cumin) et de touches mentholées d'une agréable fraîcheur. Long, généreux, étoffé et souligné par une pointe de vivacité, le palais est en harmonie avec le bouquet, porté par des tanins fermes sans rugosité. Un vin complexe qui appréciera la garde. ⧗ 2023-2030

■ **Les Racines du ciel 2019 ★★ (15 à 20 €; 3000 b.)** Cette cuvée d'un beau violet sombre s'annonce sérieuse. Le nez confirme cette impression de richesse : du cassis, de la réglisse et des notes de vanille et de moka composent un bouquet complexe. La bouche, ample, très dense, marquée par la concentration du fruit (myrtille, mûre) qui apporte toutefois une belle fraîcheur, est dotée de tanins encore un peu accrocheurs. Un péché de jeunesse dû à un élevage récent en barrique qui devrait rapidement se faire oublier. Un saint-joseph au caractère bien trempé. ⧗ 2022-2028

⊶ DAUVERGNE RANVIER, L'Assemblière, 47, chem. des Vestides, 30126 Tavel, tél. 04 48 24 00 41, contact@dauvergne-ranvier.com

ÉRIC ET JOËL DURAND Les Coteaux 2019 ★★

■ | 22000 | ◫ | 20 à 30 €

Un domaine familial de 20 ha constant en qualité, établi au sud de l'appellation saint-joseph et aux portes de celle de cornas, conduit par les frères Éric et Joël Durand.

Beaucoup d'élégance caractérise ce 2019 plein d'harmonie et de mesure, qui décline des senteurs de gelée de framboise, quelques notes balsamiques (cèdre, pin) et de café juste torréfié. La bouche ne perd rien de son fruit et ajoute même une touche florale (rose ancienne) à sa palette, dévoilant une matière fraîche, veloutée, de beau volume, encadrée de tanins soyeux et finement épicés. Un rouge qui monte en puissance jusqu'à la finale, très longue et sapide. ⧗ 2022-2028

⊶ GAEC DU LAUTARET (ÉRIC ET JOËL DURAND), 2, imp. de la Fontaine, 07130 Châteaubourg, tél. 04 75 40 46 78, ej.durand@wanadoo.fr V r.-v.

♥ ROMAIN DUVERNAY Organza 2019 ★★

■ | 12000 | ◫ | 15 à 20 €

Issu d'une lignée de négociants en vins – son arrière-grand-père Louis fonda en 1904 un commerce de vin en Haute-Savoie –, l'œnologue de renom Romain Duvernay a créé en 1998, avec son père Roland, une maison de négoce basée à Châteauneuf-du-Pape qui propose des vins de toute la Vallée et qui, depuis 2016, appartient à Newrhône Millésimes, propriété de Jean-Marc Pottiez. Romain Duvernay continue d'élaborer les vins.

Marsanne et roussanne à parité, vendangées à la main et élevées sous bois, composent cette cuvée lumineuse aux reflets citronnés et au nez exquis de fruits mûrs et exotiques (kaki, mangue), de noisette fraîche et de pain grillé. La bouche, sur une trame fruitée, ne manque pas de gras et se révèle d'une belle amplitude, guidée par une vivacité parfaitement dosée. La finale offre une pointe saline qui procure à la fois du relief et du charme et promet des accords raffinés à table. ⧗ 2021-2026 ■ **2019 ★★ (15 à 20 €; 20000 b.)** Ce 2019 a envoûté le jury par ses parfums intenses de cerise noire, de cuir, d'épices (gingembre) et de cacao amer. Une attaque d'une grande souplesse ouvre sur un palais ample, généreux, ferme sans dureté, adossé à des tanins soyeux. Un vin déjà fort aimable qui peut encore évoluer. ⧗ 2022-2030

⊶ ROMAIN DUVERNAY, ZA la Grange-Blanche-Ouest, 225, rue Marcel-Valérian, 84350 Courthézon, tél. 04 90 60 20 00, newrhone@newrhone.eu V *t.l.j. sf sam. dim. 9h-13h 14h-17h*

DOM. FARJON Authentique 2018 ★★

■ | 13600 | ◫ | 11 à 15 €

Malleval, village médiéval du Parc naturel régional du Pilat, se consacre à la viticulture. Thierry Farjon, après quatre ans passés derrière le piano d'un restaurant, y a créé son domaine en 1991, autour d'une ancienne ferme en pierre. Son fils Lucas l'a rejoint sur le domaine en 2019.

Le jury a été conquis par cette cuvée au bouquet exubérant et complexe de fruits rouges compotés, de muscade, de cuir et de fourrure, et à la bouche impeccable, qui offre tout ce que ce cru peut offrir de meilleur : rondeur, fraîcheur gustative, structure, élevage sous bois sans excès de muscles. En sus, une longueur tout à fait remarquable sur des flaveurs de gelée de mûre et d'humus. Un vin complet qui se livre sans attendre. ⧗ 2021-2026

⊶ EARL DOM. FARJON, 74, chem. de la Syrah, Morzelas, 42520 Malleval, tél. 04 74 87 16 84, domaine.farjon@orange.fr V *r.-v.*

LA FAVIÈRE 2019 ★

■ | 8000 | ◫ | 11 à 15 €

Un domaine familial créé en 1976 sur les hauteurs du village médiéval de Malleval. Majoritairement plantée d'arbres fruitiers à ses débuts, la propriété s'est progressivement tournée vers la viticulture. Depuis 2004, c'est Patricia Putman qui est aux commandes du vignoble, étendu sur 10,5 ha.

Les plus vieilles vignes du domaine, vinifiées en macération longue et élevées 12 mois en fût de chênes, sont à l'origine de cette cuvée qui, sous une seyante robe rubis mâtinée de touches cuivrées, dévoile un nez charmeur de framboises cuites et de sous-bois. La bouche, ronde et équilibrée, d'une belle souplesse fruitée, s'appuie sur des tanins fermes qui demandent encore à se fondre, puis s'étire sur des notes originales d'humus. De la personnalité et du punch. ⧗ 2022-2028

⊶ GAEC DE LA FAVIÈRE, 568, rte de Bazin, lieu-dit Chez-Favier, 42520 Malleval, tél. 04 74 87 15 25, contact@domainedelafaviere.fr V *r.-v.*

JEANNE GAILLARD La Relève 2019 ★★

■ | 9000 | ◫ | 15 à 20 €

Fille de Pierre Gaillard, bien connu pour ses vins de la vallée du Rhône Nord, Jeanne Gaillard s'est installée en 2008 à la tête de son propre domaine, étendu sur une quinzaine d'hectares. Elle s'est fait petit à petit un prénom avec ses vins de pays et d'appellation.

Voilà un 2019 qui a gardé toute sa vivacité et qui a pris de son millésime solaire la gourmandise sans perdre en finesse. Le nez complexe s'ouvre sur des notes de fruits frais, de feuille de cassis et d'olives noires. En bouche, les tanins mûrs, d'un grain magnifique, donnent beaucoup de mâche à une matière fraîche et fondue, portée par une finale mentholée. Un saint-joseph qui "pinote", s'enthousiasme un dégustateur. Totalement irrésistible, et pour longtemps. ⧗ 2022-2030

⊶ *JEANNE GAILLARD, 508, rte de Bazin, 42520 Malleval, tél. 04 74 87 13 10, jeanne@gaillard.vin* V *r.-v.*

PIERRE GAILLARD Clos de Cuminaille 2019 ★

	12000		20 à 30 €

Pierre Gaillard acquiert ses premiers ceps en 1981 et constitue petit à petit son vignoble, défrichant et plantant de nouvelles parcelles. Établi aux portes du parc régional du Pilat, ce vigneron et négociant réputé de la vallée du Rhône nord, présent aussi en Languedoc-Roussillon (Madeloc à Banyuls-sur-Mer, Cottebrune à Faugères), est à la tête de 77 ha, tous domaines confondus.

Ce 2019 se fait d'emblée séducteur par son bouquet foisonnant mêlant la rose et la mûre fraîche, le cacao amer et le caramel. L'expression de la bouche est plus sérieuse, centrée sur le fruit (cerise croquante), et ne perd rien de son caractère "gouleyant" malgré la présence d'une importante trame tannique, encore jeune mais de belle facture, reflet d'un élevage en barriques neuves et anciennes de noble origine. Un vin "travaillé", pour le plaisir immédiat mais aussi pour la garde. ⧗ 2022-2030 ■ **2020 ★ (20 à 30 €; 12000 b.)** Cueillez une roussanne à parfaite maturité et vous obtiendrez un blanc comme ce 2020, au nez enjôleur de fruits exotiques (ananas), de pamplemousse et de fleur de citronnier. La bouche, ronde en attaque, monte en puissance et en volume et s'étire dans une longue finale vanillée qui dénote un léger boisé. ⧗ 2021-2025

⊶ *SARL PIERRE GAILLARD, 508, rte de Bazin, lieu-dit Chez-Favier, 42520 Malleval, tél. 04 74 87 13 10, famille@gaillard.vin* V *r.-v.*

ROLAND GRANGIER Côte Granits 2019 ★

	13000		15 à 20 €

Issu d'une famille d'agriculteurs, Roland Grangier a fondé ce domaine en 2002. Il exploite aujourd'hui, avec son épouse Céline, un vignoble de 11 ha sur trois appellations : saint-joseph, condrieu et côte-rôtie.

Une étiquette qui met l'accent sur la roche mère granitique constituant le sous-sol des côteaux de Chavanay. On se plaît à penser que la complexité du nez, sur des notes de fougère, de champignon et de graphite, est une émanation de ce terroir si particulier. Le fruit se révèle au palais, par une attaque ronde et fraîche, puis par une sensation de chaleur et de sucrosité qui marquent le caractère solaire du millésime. Les tanins, encore un peu stricts, affirment leur présence et accompagnent une finale épicée. Il faut dire que Roland Grangier n'a pas lésiné sur l'affinage de ses vins qui passent 18 mois en fût. Un vin construit pour durer. ⧗ 2023-2030 ■ **Cler de lune 2020 ★ (11 à 15 €; 5000 b.)** Céline, Lucie, Emma et Roland : "CLER de lune" reprend les initiales de tous les membres de la famille, comme un rappel de la cohésion nécessaire pour exercer le métier de vigneron. Le millésime 2020, marqué par de grosses chaleurs, offre toutefois avec ce blanc juvénile l'image d'un vin bien équilibré. Le bouquet net et fruité évoque les agrumes et la mirabelle, soulignés d'une note élégante de vanille. L'attaque souple ouvre sur un palais qui allie fraîcheur et rondeur en parfaite balance et qui déploie une belle finale très typique de miel et de fruits jaunes. ⧗ 2021-2024

⊶ *SASU ROLAND GRANGIER, 13, Chantelouve, 42410 Chavanay, tél. 04 74 56 20 14, rolandgrangier@orange.fr* V *r.-v.*

DOM. BERNARD GRIPA 2019 ★★

	36000		20 à 30 €

La famille Gripa arrive à Saint-Péray au XVIIe s., puis s'établit à Mauves vers 1850. Valeur sûre de la vallée du Rhône septentrionale, tant pour ses saint-péray que pour ses saint-joseph (en témoignent les nombreux coups de cœur obtenus dans les deux appellations), le domaine est conduit depuis 2001 par Fabrice Gripa, fils de Bernard, aujourd'hui à la tête de 18 ha de vignes.

Une récolte manuelle, un égrappage partiel et un élevage d'un an en barriques ont donné ce saint-joseph droit et franc. Le bouquet intense mêle la fraise écrasée, la confiture de figues et la noisette grillée. Le palais développe une matière charnue, enrobée d'une agréable sucrosité et soutenue par des tanins solides, encore un peu sévères en finale. Un vin de garde à la fois charpenté et élégant. ⧗ 2023-2030 ■ **Le Berceau 2019 ★★ (30 à 50 €; 4000 b.)** Une micro-parcelle de 0,5 ha de marsanne pure, de 70 ans d'âge, fermentée et élevée en fût, est à l'origine de ce saint-joseph blanc d'une extrême élégance. Le nez complexe et distingué mêle des parfums grillés, des notes d'amande fraîche, de miel d'acacia et de fleurs blanches. Passée une attaque ample, le palais fait parler sa puissance, son soyeux et sa vivacité, et déploie une palette aromatique d'une grande noblesse sur des notes d'abricot, d'épices douces et de fumée. Un vin qui ne peut laisser indifférent. ⧗ 2021-2024 ■ **2019 ★ (20 à 30 €; 15000 b.)** Cet assemblage alliant marsanne (70 %) et roussanne bénéficie d'un élevage soigné dans des fûts de 1 à 10 ans, pendant 10 mois. Il en résulte un nez expressif de brugnon, de noisette fraîche et de toast grillé. Le palais, à l'unisson, se montre rond et charmeur, avant de dévoiler plus de nervosité en finale sur une note minérale de pierre à fusil. Précis et plein de vitalité. ⧗ 2021-2024

⊶ *EARL DOM. BERNARD GRIPA, 5, av. Ozier, 07300 Mauves, tél. 04 75 08 14 96, gripa@wanadoo.fr* V *t.l.j. sf sam. dim. 8h30-12h 14h-17h30*

GUIGAL Vignes de l'Hospice 2018 ★

	n.c.		50 à 75 €

Outre ses « trésors » en côte-rôtie, hermitage et condrieu, la maison Guigal possèdent deux belles parcelles en saint-joseph : le lieu-dit « Saint-Joseph », qui a donné son nom à l'appellation, et les Vignes de l'Hospices, plantées sur un coteau granitique très escarpé, déjà repéré par les moines de l'Hospice de Tournon et d'une formation géologique semblable à la célèbre colline des Bessards en hermitage.

Un élevage luxueux en fût de chêne neuf pendant 30 mois pour ce saint-joseph d'un rouge dense et profond. Au nez se dévoile une belle complexité autour de notes de cèdre, de cyprès, d'eucalyptus et de pruneau. La bouche se révèle à la fois ample, riche et fraîche, portée par des tanins solides mais au grain fin dessinant un saint-jospeh empreint d'une austérité monacale que la garde débridera. ⧗ 2025-2032

E. GUIGAL, Ch. d'Ampuis, 69420 Ampuis, tél. 04 74 56 10 22, contact@guigal.com

PASCAL JAMET Les Traverses 2019 ★

■	2500		15 à 20 €

Catherine et Pascal Jamet ont repris en 2001 un vignoble en friche; ils ont déboisé, bêché, reconstruit les murets en pierre sèche et planté. Aujourd'hui, ils exploitent un domaine de 9 ha en AOC saint-joseph et saint-péray et en IGP Collines rhodaniennes.

Une pointe de roussanne (5 %) vient rafraîchir la syrah issue d'une petite parcelle d'1 ha, sur les pentes abruptes des *traverses* patiemment défrichées à la main et replantées par Catherine et Pascal Jamet. Le vin, encore marqué par la jeunesse de sa robe violacée, offre un nez gourmand et frais de bonbon à la cerise, de violette et de muscade. Ample, rond et suave en attaque, il conjugue puissance et finesse, fruité frais et boisé épicé. De la présence et déjà beaucoup de plaisir. ⧗ 2022-2028 ■ **Greenette 2019 ★ (15 à 20 €; 1650 b.)** Cet assemblage de différentes parcelles, toutes travaillées au cheval, mêle la syrah et une pointe de roussanne. Le nez se concentre sur des parfums de baies noires confiturées, d'œillet et des notes empyreumatiques de cacao amer. En bouche, de la rondeur, du fruit, un bon merrain ajusté et une bonne structure tannique, sous-tendue par une fine fraîcheur qui apporte longueur et équilibre. Un vin dynamique et réjouissant. ⧗ 2022-2028

EARL CATHERINE ET PASCAL JAMET, 119, rue de la Mairie, 07370 Arras-sur-Rhône, tél. 04 75 07 09 61, jametpascal07@gmail.com V r.-v.

DOM. MICHELAS-SAINT-JEMMS Sainte-Épine 2019 ★★

■	5300		20 à 30 €

Fondée en 1972 par Robert et Yvette Michelas, cette exploitation ne compte pas moins de 54 ha répartis dans quatre appellations. Les enfants – Sylvie, Corine, Florence et Sébastien – sont désormais aux commandes. Régulièrement en vue pour ses crozes et ses cornas, le domaine est en conversion bio depuis 2019, privilégiant depuis plusieurs années déjà la reconstitution de haies et le semis de couverts végétaux.

Ces syrah récoltées à parfaite maturité bénéficient de l'orientation de leurs 3 ha de vignoble, situés sous la côte Sainte-Épine et réputés plus frais. Les Michelas en extraient un vin de grande prestance et d'une réelle gourmandise. Au nez captivant de violette, de feuille de cassis, de fumé et de fourrure, répond une bouche riche, juteuse et concentrée, soutenue par des tanins solides et charnus. Un léger carafage ne lui fera pas de mal si vous l'ouvrez dès aujourd'hui. ⧗ 2021-2027

GAEC MICHELAS SAINT-JEMMS, 557, rte de Bellevue, 26600 Mercurol-Veaunes, tél. 04 75 07 86 70, michelas.st.jemms@orange.fr V *t.l.j. sf dim. 9h-12h 14h-18h*

STÉPHANE MONTEZ DU MONTEILLET Cuvée du Papy 2018 ★★

■	29000		20 à 30 €

Les origines du domaine remontent au XVIe s.; les Montez y cultivent la vigne depuis 1741. Installé en 1999 à la suite de son père Antoine, Stéphane Montez représente la neuvième génération vigneronne. Il conduit aujourd'hui un vignoble de 40 ha en conversion bio (cornas, côte-rôtie, condrieu, saint-joseph et IGP), établi sur les hauteurs de Chavanay à 320 m d'altitude. Une valeur sûre de la vallée septentrionale.

Cette Cuvée du Papy est encore marquée par son élevage de 20 mois en demi-muids de chêne français. Qui s'en plaindra? Elle s'ouvre sur le moka, les fruits noirs et le sous-bois, puis dévoile un palais équilibré, à la fois profond et fin, porté par des tanins extraits avec mesure. La sagesse voudrait qu'on l'encave encore quelques années, pas sûr qu'on résiste... ⧗ 2022-2030 ■ **Fortior 2018 ★★ (20 à 30 €; 5000 b.)** Ce Fortior est à l'image de la devise familiale : chargée de superlatifs. La robe d'un rubis profond ne manque pas de brillance, le nez ouvert et foisonnant offre du café torréfié, du cacao amer, du clou de girofle et des fruits rouges macérés. La bouche ample, veloutée, étoffée de tanins soyeux, s'étire longuement sur des parfums grisants de fumé et de cigare. "Régalez-vous", s'exclame un dégustateur. ⧗ 2023-2032

EARL VIGNOBLES MONTEZ, 7, Dom. du Monteillet, 42410 Chavanay, tél. 04 74 87 24 57, stephane@montez.fr V r.-v. B

ANTHONY ET ALAIN PARET Les Larmes du Père 2019 ★★

■	5000		15 à 20 €

Une exploitation fondée au début des années 1970 par Alain Paret, qui l'a étendue jusqu'au Languedoc (en Pays d'Oc). Depuis 1999, c'est son fils Anthony qui est aux commandes.

De la marsanne et rien que de la marsanne, issue d'un hectare de coteau très pentu planté il y a 50 ans par Alain Paret et son épouse. Les raisins récoltés manuellement sont vinifiés en barriques avec un bâtonnage quotidien, et élevés 10 mois sous bois. Il résulte de ce travail soigné une cuvée au nez franc et charmeur de fruits exotiques, d'agrumes confits, de miel et de pignons grillés. La bouche se révèle tout en rondeur et en onctuosité, mûre, charnue et épicée, "boostée" par une finale pleine de vivacité. Un saint-joseph pour la table. ⧗ 2021-2024

SARL A. PARET, pl. de l'Église, 42520 Saint-Pierre-de-Bœuf, tél. 04 74 87 12 09, contact@anthonyparet.com V *t.l.j. sf sam. dim. 8h-12h 14h-18h*

CHRISTOPHE PICHON PÈRE ET FILS 2019 ★★

■	23000		20 à 30 €

Christophe Pichon a travaillé aux côtés de son père avant de reprendre seul, en 1991, l'exploitation établie dans le parc du Pilat : 25 ha aujourd'hui, répartis dans les appellations condrieu – dont il est l'actuel président –, côte-rôtie, saint-joseph et cornas. Corentin, son fils, revenu sur l'exploitation après un séjour en Australie, est désormais en charge de la vinification et de l'élevage des vins.

Ce 2019, qui a frôlé le coup de cœur, salue une magnifique expression de la syrah par son nez capiteux de fraise des bois, de vanille et de violette, et par sa bouche volumineuse, harmonieusement fruitée (cassis), dense et solidement structurée. Les tanins se montrent encore un poil boisés, mais apportent du relief et de la fraîcheur en finale. Un rouge de longue garde, assurément. ⧗ 2023-2032 ■ **2019 ★ (20 à 30 €; 10000 b.)**

Il y a de la complexité et de la douceur dans ce vin, sans doute en raison d'un élevage en fût qui patine avec discrétion et finesse cette association de marsanne (90 %) et de roussanne. Un nez de foin chaud, de violette, de beurre et de miel précède une bouche vive et enlevée à l'attaque, puis soyeuse et accompagnée d'arômes réconfortants d'épices douces et de pain grillé. Un blanc équilibré, de très belle facture. ⧗ 2021-2024

SARL CHRISTOPHE PICHON, 36, le Grand-Val, 42410 Chavanay, tél. 04 74 87 06 78, chrpichon@wanadoo.fr V *t.l.j. sf dim. 10h-12h 14h-18h*

CAVE SAINT-DÉSIRAT Cœur de Rochevine 2019 ★★

■ | 53330 | | 30 à 50 €

Coopérative fondée en 1960, la cave Saint-Désirat représente à elle seule environ 35% de la production en saint-joseph. Un acteur important de l'appellation donc, qui fait rimer quantité avec qualité.

La robe sombre aux reflets violines annonce un vin en devenir. Si le nez s'exprime déjà pleinement sur des notes de cassis, de poivre et de camphre, la bouche est encore un peu austère, dévoilant une texture fraîche, une agréable sucrosité et une aromatique racée, arrimées à de solides tanins, fermes et bien mûrs. La finale s'étire sur des notes de menthol. Un vin taillé pour la garde. ⧗ 2022-2029

SCA CAVE SAINT-DÉSIRAT, n° 8, quartier Tine-Rodet, 07340 Saint-Désirat, tél. 04 75 34 22 05, maisondesvins@cave-saint-desirat.fr V *t.l.j. 9h-12h 14h-18h*

♥ B CAVE DE TAIN Talent de Vigneron 2019 ★★

■ | 27000 | | 20 à 30 €

Créée en 1933 par Louis Gambert de Loche, la très qualitative cave coopérative de Tain-l'Hermitage rassemble 310 adhérents et vinifie à elle seule, avec plus de 1 000 ha de vignes, environ 50 % des appellations de la vallée du Rhône septentrionale. Elle possède aussi 26 ha en propre, dont 21 ha en AOC hermitage. Une valeur sûre de la région, qui s'est dotée en 2014 de structures de production flambant neuves permettant de multiplier les sélections parcellaires.

Macération pré-fermentaire à froid, extraction graduelle puis élevage en cuve ont permis à ce saint-joseph d'exprimer tout le caractère de son cépage sans aucun habillage boisé. D'un beau grenat profond, il affiche un nez complexe de fruits rouges macérés, d'épices et de viande fumée. Le palais s'ouvre sur une fraîcheur fruitée (cassis), puis évolue vers plus de puissance et d'amplitude, porté par des tanins solides, denses et charnus, et par une finale à la fraîcheur irrésistible. Un vin qui fait honneur à son appellation. ⧗ 2022-2027 ■ **Terre d'Ivoire 2019 ★ (20 à 30 €; 2381 b.)** Ce blanc couleur d'ivoire aux reflets verts est une micro-cuvée issue de 0,4 ha de vieilles vignes de marsanne partiellement vinifiées sous bois et élevées en fûts (neufs et plus anciens). La finesse est son fil conducteur : au nez, discret et nuancé, il associe les petites fleurs blanches au beurre frais, les herbes aromatiques à une touche citronnée. Le palais déploie une attaque fraîche, une texture ronde et vivace et une longue finale saline. Déjà une belle délicatesse et du potentiel. ⧗ 2021-2026

SCA CAVE DE TAIN, 22, rte de Larnage, 26602 Tain-l'Hermitage, tél. 04 75 08 20 87, contact@cavedetain.com V *r.-v.*

♥ DOM. DU TUNNEL 2019 ★★★

■ | 6300 | | 20 à 30 €

Depuis son installation en 1994, Stéphane Robert, qui n'est pas issu du monde viticole, s'est imposé comme une référence dans le paysage des crus septentrionaux. Il a créé son vignoble de toutes pièces, aujourd'hui 11 ha très morcelés, avec des vignes en cornas, saint-joseph, saint-péray et condrieu. Des vignes qui longent une ancienne voie ferrée et un tunnel de 160 m, toujours visible, qui donne son nom au domaine et dans lequel ont été aménagés en 2013 une nouvelle cuverie et le chai d'élevage.

Les années se suivent et se ressemblent pour Stéphane Robert, dont le saint-joseph devient un abonné au coup de cœur. Après 2015 et 2018, 2019 signe une cuvée époustouflante. Elle affiche une robe splendide d'un grenat soutenu et très brillant. Le bouquet séduit par son élégance : violette, feuille de cassis, mûre fraîche, baie de genièvre. L'attaque est de velours. La densité de la bouche est assagie par une mâche fraîche et par des tanins au grain d'une grande finesse. Une puissance contenue, sans lourdeur, qui s'exprime jusqu'à la finale dotée d'une touche minérale très pure. Le mot de la fin revient au jury : "un vin aristocrate". ⧗ 2022-2030

EARL STÉPHANE ROBERT (DOM. DU TUNNEL), 20, rue de la République, 07130 Saint-Péray, tél. 06 83 57 33 24, domaine-du-tunnel@wanadoo.fr V *t.l.j. 9h-16h30*

DOM. VALLET Méribets 2019 ★

■ | 7000 | | 15 à 20 €

Ce domaine familial établi dans le village médiéval de Serrières a quitté la cave coopérative en 1990 pour vendre son vin en bouteille. Installé en 1998, Anthony Vallet a fait passer sa superficie de 2,9 ha à 14 ha aujourd'hui, en AOC saint-joseph et en condrieu.

Un assemblage de roussanne (80 %) et de marsanne, qui a connu un élevage mi-cuve mi-barrique, est à l'origine de cette cuvée or pâle, au nez foisonnant de lavande, de thym, de pêche et d'une touche de miel. Le palais est un modèle d'équilibre, entre vivacité bien ajustée et rondeur suave, et persiste sur une touche minérale. Beaucoup de sapidité pour ce vin au plaisir évident. ⧗ 2021-2024 ■ **Muletiers 2018 ★ (15 à 20 €; 5000 b.)** Le bouquet de ce 2018 fait la part belle aux fruits rouges frais et compotés et aux épices douces (cannelle, vanille). Ronde, charnue et souple sans manquer de structure, la bouche distille de beaux arômes fruités et quelques notes mentholées en rétro-olfaction. Un saint-joseph prêt à boire, qui pourra aussi se garder. ⧗ 2021-2027

EARL LES COTEAUX DE SERRIÈRES (DOM. VALLET), 694, La Croisette, RD 86, 07340 Serrières, tél. 04 75 34 04 64, domaine.vallet@orange.fr V t.l.j. sf mer. sam. dim. 8h30-12h30 13h30-17h

LES VINS DE VIENNE Le Biez 2019 ★★

3600	20 à 30 €

Pour faire renaître le vignoble de Seyssuel situé en amont de Vienne, 3 vignerons de renom, Yves Cuilleron, Pierre Gaillard et François Villard, ont créé cette affaire en 1996, à l'origine de beaux vins de propriété – IGP à Seyssuel, sélections parcellaires en AOC septentrionales – et de vins de négoce de toute la vallée.

Micro-parcelle de moins d'un hectare, Le Biez héberge de jeunes souches de roussanne. Vinifiées en levures indigènes et élevées 9 mois sur lie en foudres de chêne, elles livrent cette cuvée expressive, à la robe dorée et au nez exubérant d'abricot sec, de kaki et de violette. La bouche ne déçoit pas. Une attaque souple introduit une matière onctueuse, généreusement parfumée de notes fruitées assez exotiques, équilibrée par une finale fraîche et saline. Une belle personnalité et de la vitalité. ⧗ 2021-2024 ■ **L'Arzelle 2019 ★ (20 à 30 €; 11000 b.)** Sous une robe acajou presque noire, se révèle un bouquet très odorant de fruits rouges cuits et frais (grenade, framboise), de raisins macérés et d'une touche de graphite. La bouche perpétue cette jolie intensité de fruit, au boisé discret, et livre après une attaque déliée, de la concentration sans excès structurée par des tanins vigoureux qui demandent encore à se fondre. Un vin complexe et expressif qui, après quelques mois en cave, se présentera sous son meilleur jour. ⧗ 2021-2024

SARL LES VINS DE VIENNE, 1, ZA de Jassoux, 42410 Chavanay, tél. 04 74 85 04 52, contact@lesvinsdevienne.fr V r.-v.

CROZES-HERMITAGE

Superficie : 1 495 ha
Production : 67 000 hl (92 % rouge)

Cette appellation, couvrant des terrains moins difficiles à cultiver que ceux de l'hermitage, s'étend sur 11 communes environnant Tain-l'Hermitage. C'est le plus vaste vignoble des appellations septentrionales. Les sols, plus riches que ceux de l'hermitage, donnent à partir des mêmes cépages (syrah en rouge, marsanne et roussanne en blanc) des vins moins puissants, fruités et à servir jeunes. Rouges, ils sont assez souples et aromatiques; blancs, ils sont secs, frais et floraux, légers en couleur et, comme les hermitage blancs, ils iront parfaitement sur les poissons d'eau douce.

B YANN CHAVE Le Rouvre 2019 ★★

20000	20 à 30 €

Un domaine créé en 1969 par Bernard et Nicole Chave, repris en 1996, restructuré et agrandi (20 ha aujourd'hui, conduits en bio) par leur fils Yann. Ce dernier en a fait l'une des belles références des appellations hermitage et crozes-hermitage.

Les millésimes se succèdent et cette cuvée reste toujours au firmament. Sélection des meilleures parcelles des Chassis, terrasses couvertes de galets roulés, ce 2019 charrie la cerise noire et le cassis. La bouche est fraîche et donne tout son relief au fruit légèrement compoté, aux tanins fins et à la matière enrobée. L'élevage racé (100 % demi-muids) apporte une pointe d'épices et de menthol qui rehausse avec brio la gourmandise de ce vin. ⧗ 2022-2028

SCEA CHAVE PÈRE ET FILS, 1170, chem. de la Burge, 26600 Mercurol-Veaunes, tél. 04 75 07 42 11, chaveyann@yahoo.fr

DOM. DU COLOMBIER 2019 ★

66000	15 à 20 €

Fort de 17 ha de vignes, Florent Viale élabore son propre vin depuis 1991, alors que son père vendait ses vendanges à la maison Guigal. Partisan d'une viticulture naturelle, il adopte une démarche proche du bio, mais sans certification. Il signe des hermitage et des crozes très réguliers en qualité.

Fruit d'un élevage mixte en cuve et en barrique, cette cuvée offre un nez gourmand et complexe de myrtille, d'olive noire et de goudron. Si les tanins fermes et bien extraits prennent encore un peu le dessus, la bouche, ample, puissante et enrobée, s'étire sur une finale rectiligne et saline qui ajoute à son élégance. ⧗ 2022-2028

SCEA VIALE (DOM. DU COLOMBIER), 175, rte des Alpes, 26600 Mercurol, tél. 04 75 07 44 07, dom.ducolombier@gmail.com V r.-v.

EMMANUEL DARNAUD Mise en bouche 2019 ★★★

30000	15 à 20 €

L'histoire vigneronne d'Emmanuel Darnaud débute en 2001 avec 1,5 ha de vignes en fermage sur l'appellation crozes-hermitage. Agrandi progressivement, le domaine couvre aujourd'hui 15 ha, avec des parcelles en saint-joseph, et fait preuve d'une belle constance dans la qualité avec ses sélections parcellaires.

De la syrah, une vendange partiellement égrappée, une brève cuvaison et un élevage en cuve sont les ingrédients de ce crozes irrésistible. Au nez, une palette généreuse de baies noires, de coulis de framboise et d'iris sur fond d'épices orientales. Doté d'une grande puissance aromatique, très fruité, ce 2019 ne renie pas le caractère solaire du millésime. Les tanins, amples et sapides, contribuent à la gourmandise de cet ensemble éclatant, délié en finale par une fine pointe mentholée. ⧗ 2022-2028

EARL EMMANUEL DARNAUD, 21, rue du Stade, 26600 La Roche-de-Glun, tél. 04 75 84 81 64, domaine@edarnaud.com V r.-v.

DAUVERGNE RANVIER Grand vin 2019 ★★

30000	11 à 15 €

Créée en 2004 par François Dauvergne et Jean-François Ranvier, professionnels du vin qui ont décidé d'élaborer leurs propres cuvées après avoir œuvré chez les autres, cette maison de négoce s'affirme d'année en année à travers des vins de qualité issus de sélections parcellaires. En 2013, les deux compères ont repris l'exploitation du Dom. des Muretins (tavel

et lirac) et ont développé en 2014 une gamme de vins bordelais en collaboration avec Patrice Hateau.

De la cerise noire et du cassis sur fond épicé et lardé : ce crozes élevé en cuve annonce la couleur, celle de la gourmandise. Sur le même tempo, on retrouve en bouche une matière onctueuse et finement texturée, soulignée de bout en bout par une acidité dynamique et des tanins fermes qui apportent beaucoup de relief. ⧗ 2021-2026

⊶ DAUVERGNE RANVIER, L'Assemblière, 47, chem. des Vestides, 30126 Tavel , tél. 04 48 24 00 41, contact@dauvergne-ranvier.com

JEAN ESPRIT Perles ivoire 2019 ★★

■	5000	◐	20 à 30 €

Après des études en viticulture et œnologie, et des expériences en France et à l'étranger, Jean Esprit a repris le domaine familial créé en 1909 et l'a doté d'une cave en 2017. Il exploite à Crozes-Hermitage une quinzaine d'hectares plantés en grande partie de vieilles vignes.

Issue d'une vinification "à la bourguignonne", ce blanc combine marsanne (70 %) et roussanne fermentées en barriques avec un bâtonnage régulier, puis élevées sous bois. Le nez suave décline les fleurs blanches miellées (acacia), les fruits exotiques et l'amande grillée. En bouche, de l'élégance et de la tension, avec en soutien une fraîcheur à la tonalité citronnée. ⧗ 2021-2025 ■ **Perles noires 2019 ★ (20 à 30 €; 8200 b.)** Des syrah de 40 ans, élevées en fût (pour partie neufs), s'expriment pleinement dans ce vin au nez ouvert de mûre fraîche, de poivre blanc et d'herbes aromatiques. Un beau tempérament qui explose dans une bouche dodue, dotée de tanins bien pris dans la chair et d'un boisé soutenu mais plaisant. ⧗ 2022-2027 ■ **Le Zouave 2019 ★ (30 à 50 €; 3000 b.)** Les plus vieilles vignes du domaine composent ce «zouave» sérieux sans être austère, qui s'ouvre sur le cassis, l'œillet et une pointe de cacao amer. Concentrée, la bouche affiche une matière pulpeuse cadrée par de solides tanins. ⧗ 2023-2028

⊶ EARL DOM. ESPRIT, 785, chem. des Blanches, 26600 Pont-de-l'Isère, tél. 06 79 72 01 49, jean.esprit@domaine-esprit.com V 🚶 🍷 *r.-v.*

LAURENT FAYOLLE Sens 2019 ★★

■	30000	🍾	15 à 20 €

En 2002, Laurent Fayolle et sa sœur Céline ont repris le domaine familial créé en 1870, l'un des premiers à avoir vendu son vin en bouteilles (1959). Le vignoble s'étend aujourd'hui sur près de 12 ha. Il est planté essentiellement de vieilles vignes, en hermitage, crozes et saint-péray, exploité de longue date dans l'esprit bio (conversion entamée en 2019).

Déjà remarquée pour sa version 2018, le 2019 monte d'un cran. Il dévoile un éventail complexe de parfums : du cuir à la garrigue, en passant par la fraise des bois et les épices (muscade). La bouche est douce et se développe délicatement grâce à des tanins certes présents mais au grain fin. Les fruits noirs confits s'invitent dans une finale longue et savoureuse. ⧗ 2022-2026

⊶ SAS LAURENT ET CÉLINE FAYOLLE, 9, rue du Ruisseau, 26600 Gervans, tél. 04 75 03 33 74, contact@laurentfayolle.fr V 🚶 🍷 *t.l.j. sf sam. dim. 9h30-12h30 13h30-17h*

FERRATON PÈRE ET FILS Fédéric Reverdy 2019 ★★★

■	18000	🍾	11 à 15 €

Fondée en 1946 par Jean Orëns Ferraton, cette société de négoce de Tain-l'Hermitage, également propriétaire de vignes, a été reprise en 2004 par le groupe Chapoutier.

Cette cuvée rend hommage au père du fondateur, mais chante aussi les louanges de la syrah. Le nez décline des parfums captivants de baies noires et de griotte sauvage assorties de notes d'huile d'olive et de racine d'iris. Une distinction aromatique qui se prolonge dans une bouche fraîche, pulpeuse et charnue, florale (violette) et fruitée (cassis), dotée de tanins fondants. Voluptueux. ⧗ 2022-2026

⊶ SAS FERRATON PÈRE ET FILS, 13, rue de la Sizeranne, 26600 Tain-l'Hermitage, tél. 04 75 08 59 51, ferraton@ferraton.fr V 🚶 🍷 *t.l.j. sf dim. lun. 10h-12h30 14h30-19h*

PIERRE GAILLARD 2019 ★★

■	20000	◐	15 à 20 €

Pierre Gaillard acquiert ses premiers ceps en 1981 et constitue petit à petit son vignoble, défrichant et plantant de nouvelles parcelles. Établi aux portes du parc régional du Pilat, ce vigneron et négociant réputé de la vallée du Rhône nord, présent aussi en Languedoc-Roussillon (Madeloc à Banyuls-sur-Mer, Cottebrune à Faugères), est à la tête de 77 ha, tous domaines confondus.

Encore sur la réserve à l'olfaction, ce 2019 délivre à l'aération des arômes de myrtille mêlés à des notes florales (lilas) et à une pointe d'épice (muscade). On retrouve cette jolie déclinaison dans une bouche dynamique, fraîche et éclatante de fruit, dotée de tanins tendres et d'un discret boisé cacaoté dénotant un passage en fût bien dosé. De l'harmonie et de l'énergie. ⧗ 2022-2027

⊶ SARL PIERRE GAILLARD, 508, rte de Bazin, lieu-dit Chez-Favier, 42520 Malleval, tél. 04 74 87 13 10, famille@gaillard.vin V 🚶 🍷 *r.-v.*

DOM. PHILIPPE ET VINCENT JABOULET 2018 ★

■	25000	◐🍾	15 à 20 €

Philippe Jaboulet et son fils Vincent ont décidé de poursuivre l'aventure viticole après la vente de la maison familiale Paul Jaboulet Aîné à la famille Frey. Ainsi se sont-ils installés en 2005 sur une partie du Dom. de Collonge, à la tête de 31 ha en crozes-hermitage, hermitage et cornas. Certification HVE depuis 2015.

Fruit de syrah d'une trentaine d'année et d'un élevage mixte cuves, fûts et foudres, cette cuvée séduit d'emblée par un joli nez d'épices, de rose et de réglisse. La bouche y ajoute une agréable rondeur, un fruité expressif et des tanins consistants et bien mûrs. Bien dans le ton de ce millésime solaire. ⧗ 2021-2026 ■ **2019 ★ (15 à 20 €; 6800 b.)** La marsanne en vedette dans cette cuvée élevée pour partie en barriques, qui livre un nez complexe (fleurs blanches, poire, amande) et une bouche ample, riche, séveuse et longue, rehaussée par une fine amertume. ⧗ 2021-2024

⊶ SAS PHILIPPE ET VINCENT JABOULET, 920, rte de la Négociale, 26600 Mercurol-Veaunes, tél. 04 75 07 44 32, jabouletphilippeetvincent@wanadoo.fr V 🚶 🍷 *t.l.j. sf sam. dim. 9h-12h 14h-18h*

LUYTON-FLEURY Terres du Sud 2019 ★

■ | 5 000 | | 15 à 20 €

Pépiniéristes depuis quatre générations, les cousins Pascal Luyton et Raphaël Fleury décident en 2009 de se lancer dans l'élaboration de leurs propres vins, d'abord en saint-joseph, puis en saint-peray, crozes-hermitage, ainsi qu'en IGP Collines rhodaniennes. Les 8 ha de ce minuscule vignoble sont en en cours de conversion bio.

Première entrée au Guide convaincante avec ces Terres du Sud bien nommées, qui regroupent les syrah d'une seule parcelle d'argile rouge caillouteuse, à l'extrême sud du vignoble. Cassis, mûre et violette s'expriment aisément au nez, puis irriguent une matière souple, ronde, bien extraite, qui révèle toute les qualités de la syrah, avec une pointe d'épices du meilleur effet. De l'équilibre et de la gourmandise. ⧗ 2022-2025

EARL LUYTON-FLEURY, 103, chem. rural de Champagne, 07300 Tournon, tél. 04 75 06 11 96, domaine@luyton-fleury.fr V *r.-v.*

DOM. GAYLORD MACHON Lhony 2018 ★

■ | 2 200 | | 20 à 30 €

Marcel, le grand-père, a fait son vin jusqu'en 1956. Ses fils ont ensuite porté les vendanges du domaine familial à la coopérative de Tain. En 2002, Gaylord Machon reprend le vignoble (5 ha à l'époque, en crozes-hermitage, 8,5 aujourd'hui), sort de la cave en 2008 et signe sa première cuvée en 2011. À suivre…

Lhony ? Le fils cadet du vigneron. Un mois de cuvaison, quelques pigeages et un élevage long (16 mois) en demi-muids neufs ont façonné la personnalité de ce rouge fougueux. Au nez, des petits fruits noirs, de la prune compotée et une touche de racine d'iris. Le chêne lègue un surcroît de complexité (notes vanillées et fumées) à cette cuvée dense et généreuse, aux tanins mûrs, de belle longueur. Un solide potentiel. ⧗ 2022-2027

EARL GAYLORD MACHON, 4 rte des Vignes, 26600 Beaumont-Monteux, tél. 06 11 16 41 35, domainegaylordmachon@outlook.com V *r.-v.*

DOM. MELODY Étoile noire 2019 ★★

■ | 7 500 | | 20 à 30 €

Ce jeune domaine de 18 ha (avec le bio dans le viseur), implanté sur trois terroirs plantés de vignes âgées de cinq à soixante ans, est né en 2010 de la rencontre entre trois vignerons, Marlène Durand, Marc Romak et Denis Larivière, qui maîtrisent parfaitement leur sujet au vu de leurs cuvées très convaincantes.

L'élevage de 14 mois sous bois n'aura pas été vain pour peaufiner cette vigoureuse syrah de plus de 45 ans, distillant au nez des arômes de fruits mûrs, de fumé et d'eucalyptus. En bouche, le boisé est toujours présent mais n'écrase pas une matière généreuse, consistante, épaulée par des tanins soyeux et veloutés, et marquée par le beau retour du fruit en finale. Sans conteste, un vin de garde. ⧗ 2024-2032 ■ **Premier Regard 2019 ★ (15 à 20 €; 10 000 b.)** Le bouquet, intense et expressif, mêle la violette à de fines notes cacaotées. Charpentée, la bouche déploie une matière savoureuse et persistante, portée par une fine acidité et des tanins de belle facture. ⧗ 2021-2027

SAS DOM. MELODY, 570, chem. des Limites, 26600 Mercurol-Veaunes, tél. 04 75 08 16 51, contact@domainemelody.fr V *t.l.j. sf sam. dim. 8h30-12h 13h30-17h30*

♥ DOM. MICHELAS-SAINT-JEMMS La Chasselière 2019 ★★

■ | 16 500 | | 15 à 20 €

Fondée en 1972 par Robert et Yvette Michelas, cette exploitation ne compte pas moins de 54 ha répartis dans quatre appellations. Les enfants – Sylvie, Corine, Florence et Sébastien – sont désormais aux commandes. Régulièrement en vue pour ses crozes et ses cornas, le domaine est en conversion bio depuis 2019, privilégiant depuis plusieurs années déjà la reconstitution de haies et le semis de couverts végétaux.

Cette cuvée parcellaire a passé 12 mois en cuve tronconique et en barrique. Cela ne semble pas avoir porté préjudice au fruit, qui se retrouve vibrant au nez, sur des notes de cassis et de mûre, associées à une touche de cèdre et de menthol. La bouche, d'une belle finesse, possède à la fois du fruit et du fond, avec en soutien une charpente tannique fine et racée. S'il est déjà irrésistible, ce crozes pourra se garder quelques années en cave. ⧗ 2021-2027

GAEC MICHELAS SAINT-JEMMS, 557, rte de Bellevue, 26600 Mercurol-Veaunes, tél. 04 75 07 86 70, michelas.st.jemms@orange.fr V *t.l.j. sf dim. 9h-12h 14h-18h*

DOM. DU MURINAIS Les Amandiers 2019 ★

■ | 60 000 | | 11 à 15 €

Cette exploitation viticole, dans la même famille depuis 1774, livrait ses raisins à la coopérative ou au négoce jusqu'en 1998 et l'installation de Luc Tardy. Ce dernier a progressivement développé la vente en bouteilles et conduit aujourd'hui un vignoble de 17 ha.

Nommée d'après le lieu-dit d'où proviennent les raisins, cette cuvée élevée en cuve béton décline un bouquet réjouissant de groseille compotée et d'épices assorties d'une touche fumée. Fraîche et nerveuse, la bouche se révèle souple, parfumée de fruits noirs et dotée de tanins soyeux. Un vin équilibré et croquant, à boire dans sa jeunesse. ⧗ 2021-2025

SCEA DOM. DU MURINAIS, 1890, rte du Laboureur, 26600 Beaumont-Monteux, tél. 06 80 15 10 19, domainedumurinais@orange.fr V *r.-v.*

DOM. PRADELLE Les Hirondelles 2018 ★

■ | 9 500 | | 11 à 15 €

Les Pradelle cultivent la vigne à Chanos depuis le milieu du XIXe s. et six générations. Ce sont aujourd'hui Antoine et Alexandre qui sont aux commandes du domaine, dont le vignoble couvre 38 ha en appellations crozes-hermitage et saint-joseph.

Signe d'une extraction très réussie, une robe acajou sombre habille ce vin dont l'expression aromatique monte en puissance, entre fruits noirs compotés et

RHÔNE

notes poivrées et fumées. La bouche, ronde et charnue, laisse une impression de fraîcheur, avec des tanins bien fondus et un fruité persistant. Un rouge dynamique, facile à aimer. ⧗ 2022-2027

EARL PRADELLE, 5, rue du Riou, 26600 Chanos-Curson, tél. 04 75 09 79 26, info@cave-domaine-pradelle.com V *t.l.j. sf dim. 9h30-18h*

DOM. DES REMIZIÈRES
Cuvée Particulière 2019 ★★

■ | 28000 | | 11 à 15 €

Jusqu'en 1973, Alphonse Desmeure apportait sa vendange à la coopérative. Son fils Philippe développe la propriété à partir de 1977, généralise la production en bouteilles et accroît le vignoble : 36 ha aujourd'hui, disséminés sur plusieurs communes. Émilie et Christophe, ses enfants, ont rejoint le domaine. Une référence incontournable, avec des vins d'une rare constance.

Un 2019 qui a du corps et de la mâche. L'élevage d'un an en demi-muids (neufs et anciens) a laissé sa marque dans les parfums vanillés et toastés du bouquet comme dans l'expression encore affirmée des tanins. La longue finale signe une entrée en scène du fruit et apporte une jolie fraîcheur à un ensemble harmonieux et déjà gourmand, que la garde devrait finir d'assouplir. ⧗ 2022-2026

EARL DESMEURE (DOM. DES REMIZIÈRES), 1459, av. du Vercors, 26600 Mercurol-Veaunes, tél. 04 75 07 44 28, contact@domaineremizieres.com V *t.l.j. sf dim. 9h-12h 14h-18h; sur r.-v. pour les visites*

DOM. DE SAINT-CLÉMENT Horizon 2019 ★

■ | 11694 | | 11 à 15 €

Cette petite structure coopérative née en 1972 de l'union de trois familles rassemble aujourd'hui onze associés représentant sept familles, dont elle vinifie les 117 ha de vignes – exclusivement en crozes-hermitage.

Un crozes convivial et ouvert. Au nez, des notes de fraise écrasée, de bourgeon de cassis et une touche florale attisent la gourmandise. En bouche, le croquant du fruit prend toute la place et les tanins gardent une certaine fermeté. Tout est en place pour assurer une bonne évolution dans le temps. Mais il est aussi permis de l'ouvrir sans attendre. ⧗ 2021-2025

SCV CAVE DES CLAIRMONTS, 755, rte des Vignes, 26600 Beaumont-Monteux, tél. 04 75 84 61 91, contact@clairmont.com V *r.-v.*

♥ CAVE DE TAIN Les Hauts du Fief 2018 ★★★

■ | 42000 | | 15 à 20 €

Créée en 1933 par Louis Gambert de Loche, la très qualitative cave coopérative de Tain-l'Hermitage rassemble 310 adhérents et vinifie à elle seule, avec plus de 1 000 ha de vignes, environ 50 % des appellations de la vallée du Rhône septentrionale. Elle possède aussi 26 ha en propre, dont 21 ha en AOC hermitage. Une valeur sûre de la région, qui s'est dotée en 2014 de structures de production flambant neuves permettant de multiplier les sélections parcellaires.

Régulièrement en vue dans ces pages, cette cuvée brille cette fois d'un éclat inédit. À l'attrait de la robe sombre lustrée de reflets violines s'ajoute un bouquet profond de cerise noire, de poivre blanc et de girofle, où l'élevage n'a pas entamé la pureté de fruit. La bouche offre toute la richesse et la plénitude des meilleures syrahs septentrionales : une onctuosité jamais pesante, du fruit noir juteux, une fine acidité ciselée et une densité étayée de tanins à la fois fermes et fins, une longue finale soulignée de notes fumées. Un équilibre parfait pour ce crozes qui ira loin. ⧗ 2022-2030

SCA CAVE DE TAIN, 22, rte de Larnage, 26602 Tain-l'Hermitage, tél. 04 75 08 20 87, contact@cavedetain.com V *r.-v.*

VIDAL-FLEURY 2019 ★★

■ | 30000 | | 11 à 15 €

Le plus ancien négoce rhodanien en activité, fondé en 1781 à partir de son vignoble en côte-rôtie et très tôt réputé – Thomas Jefferson y fit un banquet mémorable en 1787. Propriété des Guigal depuis 1986, il dispose d'une cave monumentale, dont l'architecture est inspirée du site égyptien de Saqqarah.

Distingué d'un coup de cœur l'an passé, ce crozes fait encore preuve d'une harmonie remarquable. Les premières notes sont intensément florales : violette et iris, complétées par un fruit bien mûr. L'équilibre en bouche, la gourmandise et le velouté des tanins sont assortis d'une belle fraîcheur et d'une touche de grillé qui signe un passage en fût bien dosé. ⧗ 2022-2026

SASU J. VIDAL-FLEURY AMPUIS CÔTE-RÔTIE, 48, rte de Lyon, RD 386, 69420 Tupin-et-Semons, tél. 04 74 56 10 18, contact@vidal-fleury.com V *t.l.j. sf dim. 8h-12h 13h-17h*

♥ LES VINS DE VIENNE Les Palignons 2019 ★★★

■ | 8500 | | 20 à 30 €

Pour faire renaître le vignoble de Seyssuel situé en amont de Vienne, 3 vignerons de renom, Yves Cuilleron, Pierre Gaillard et François Villard, ont créé cette affaire en 1996, à l'origine de beaux vins de propriété – IGP à Seyssuel, sélections parcellaires en AOC septentrionales – et de vins de négoce de toute la vallée.

Assemblage de deux parcelles, sol granitique pour l'une, plateau à galets roulés pour l'autre, cette cuvée livre un crozes éblouissant, qui s'ouvre sur des parfums complexes de bigarreau, de graphite et de réglisse. Des tanins fins et serrés cadrent une bouche immaculée, empreinte de la plénitude du fruit mûr et pulpeux, et conserve une élégance minérale et une belle tension sapide. La finale, finement torréfiée et camphrée, s'intègre avec brio dans ce rouge de haut de vol, qui s'affinera encore en cave. ⧗ 2023-2030 ■ **Bedad 2019 ★ (20 à 30 €; 800 b.)** Ce blanc confidentiel né de 30 ares de marsanne embaume la fleur fraîche (chèvrefeuille) et sèche (camomille), la mandarine et le miel. Une fine acidité en attaque annonce un palais très frais, long et harmonieux, animé par d'élégantes notes toastées. Gracieux. ⧗ 2021-2025

⊶ SARL LES VINS DE VIENNE, 1, ZA de Jassoux, 42410 Chavanay, tél. 04 74 85 04 52, contact@lesvinsdevienne.fr V r.-v.

Ⓑ DOM. DE LA VILLE ROUGE Terre d'Éclat 2018 ★

■	20000	◍	15 à 20 €

Un domaine familial de 20 ha en crozes-hermitage et en saint-joseph, qui vinifie ses propres vins depuis 2006, sous l'impulsion de Sébastien Girard, fils des fondateurs, installé trois ans plus tôt. En bio depuis 2012 et en biodynamie depuis 2015.

Un élevage de 12 mois en barrique a paré ce rouge de notes grillées et épicées, ajoutant au bouquet de fruits noirs mûrs (cassis, myrtille) une touche racée. Ample, gras, charpenté, le palais ne perd rien en élégance et s'étire sur une touche de Zan fraîche et savoureuse. ⧗ 2022-2027

⊶ SCEA DOM. DE LA VILLE ROUGE, 355, rte de la Ville-Rouge, 26600 Mercurol, tél. 04 75 07 33 35, la-ville-rouge@wanadoo.fr V r.-v.

HERMITAGE

Superficie : 135 ha
Production : 4 365 hl (75 % rouge)

Le coteau de l'Hermitage, très bien exposé au sud, est situé au nord-est de Tain-l'Hermitage. La culture de la vigne y remonte au IVes. av. J.-C., mais on attribue l'origine du nom de l'appellation au chevalier Gaspard de Sterimberg qui, revenant de la croisade contre les Albigeois en 1224, décida de se retirer du monde. Il édifia un ermitage, défricha et planta de la vigne.
Le massif de Tain est constitué à l'ouest d'arènes granitiques, terrain propice à la syrah (les Bessards). Plantées de roussanne et surtout de marsanne, les parties est et sud-est de l'appellation, formées de cailloutis et de lœss, ont vocation à produire des vins blancs (les Rocoules, les Murets).
L'hermitage rouge est un très grand vin de garde, tannique, extrêmement aromatique, qui demande un vieillissement de cinq à dix ans, voire de vingt ans, avant de développer un bouquet d'une richesse et d'une qualité rares. On le servira entre 16 °C et 18 °C, sur du gibier ou des viandes rouges. L'hermitage blanc est un vin très fin, peu acide, souple, gras et parfumé. Il peut être apprécié dès la première année mais atteindra son plein épanouissement après un vieillissement de cinq à dix ans. Cependant, les grandes années, en blanc comme en rouge, peuvent supporter une garde de trente ou quarante ans.

Ⓑ YANN CHAVE 2019 ★

■	7000	◍	+ de 100 €

Un domaine créé en 1969 par Bernard et Nicole Chave, repris en 1996, restructuré et agrandi (20 ha aujourd'hui, conduits en bio) par leur fils Yann. Ce dernier en a fait l'une des belles références des appellations hermitage et crozes-hermitage.

Une robe couleur de cerise noire aux reflets violines, signe d'un vin en devenir. Le bouquet, captivant et subtil, livre un étonnant mélange de fruits macérés et de notes plus sauvages de fumé, de fourrure et d'humus. En bouche, on découvre un vin opulent et concentré, dont la montée en puissance révèle une solide structure s'appuyant sur des tanins fermes et prometteurs. Un grand classique, de garde. ⧗ 2026-2040

⊶ SCEA CHAVE PÈRE ET FILS, 1170, chem. de la Burge, 26600 Mercurol-Veaunes, tél. 04 75 07 42 11, chaveyann@yahoo.fr

♥ JEAN-LOUIS CHAVE 2018 ★★★

■	n.c.	◍	+ de 100 €

Au XVes. déjà, les Chave cultivaient la vigne à Mauves. Aujourd'hui, Jean-Louis, fils de Gérard Chave, dirige un domaine de 12 ha dédié à l'hermitage. La réputation de ses vins dépasse depuis longtemps les frontières de l'Europe grâce à son travail méticuleux à la vigne (cultivée en bio sans certification) comme au chai. Les vendanges sont toujours tardives pour récolter le raisin à parfaite maturité, et le travail à la cave privilégie une vinification et un élevage séparés pour chaque terroir afin de mieux les assembler.

2015, 2016, 2017, 2018 : le domaine signe un quatuor magnifique. À l'entame de ce grand vin, c'est la richesse d'un fruit pur et charnu qui s'impose (cassis et mûre sauvage), mâtiné d'un élégant boisé empyreumatique et épicé et de notes de graphite. La bouche offre beaucoup de fraîcheur, un toucher délicat, velouté, diablement soyeux autour de tanins fins et doux, et s'étire dans une très longue finale minérale pleine d'énergie. Un hermitage haute couture, à la fois intense et délié, puissant et aérien. ⧗ 2027-2042 ■ **2018 ★★ (+ de 100 €; n.c.)** D'un jaune doré impeccable, la version blanche s'ouvre sur de fines senteurs florales (acacia, genêt) et anisées (fenouil), bientôt complétées par des notes de confiture de yuzu. Une finesse et une élégance qui trouvent un long écho dans une bouche ample, délicate, fraîche et complexe : on y perçoit de la mandarine, de la mangue, de la verveine et une touche poivrée, avant une longue finale sur le zeste de citron qui lui confère un regain d'énergie. ⧗ 2025-2035

⊶ SCEA DOM. JEAN-LOUIS CHAVE, 37, av. du Saint-Joseph, 07300 Mauves, tél. 04 75 08 24 63

♥ CAVE DE TAIN Nobles Rives 2018 ★★

■	74106	◍	30 à 50 €

Créée en 1933 par Louis Gambert de Loche, la très qualitative cave coopérative de Tain-l'Hermitage rassemble 310 adhérents et vinifie à elle

RHÔNE

seule, avec plus de 1 000 ha de vignes, environ 50 % des appellations de la vallée du Rhône septentrionale. Elle possède aussi 26 ha en propre, dont 21 ha en AOC hermitage. Une valeur sûre de la région, qui s'est dotée en 2014 de structures de production flambant neuves permettant de multiplier les sélections parcellaires.

La cave de Tain fait une nouvelle fois l'unanimité avec ses hermitage concentrés et élégants, au boisé parfaitement dompté. Cette cuvée a d'emblée conquis le cœur des dégustateurs avec son nez fougueux mêlant baies noires confites et senteurs torréfiées (cacao, café grillé). On ressent aussi la présence de raisins très mûrs à travers une bouche concentrée, suave et puissante, bâtie sur des tanins fins et serrés, fruits d'un élevage en pièces bourguignonnes de différents âges (30 % neufs) réalisé avec doigté. La finale, longue et parfumée, fait la roue sur des notes de prune et d'épices douces. Une bouteille d'ores et déjà irrésistible, et pour longtemps. ⧗ 2023-2040 ■ **Gambert de Loche 2018 ★ (75 à 100 €; 5900 b.)** Sélection de vielles vignes de syrah, cette cuvée hommage au fondateur de la cave n'a de défaut que sa rareté. Tout en retenue, le nez distille des notes de pêche de vigne, de violette et d'humus, puis dévoile une bouche concentrée, élégante, dotée de tanins fermes et ciselés, où l'élevage se fait discret au profit de la fraîcheur. Quelques notes minérale (graphite) s'invitent en finale. Prometteur. ⧗ 2023-2035 ■ **Au cœur des siècles 2019 ★ (30 à 50 €; 2825 b.)** Une sélection parcellaire de marsanne qui affiche une forte personnalité avec ses parfums complexes de mine de crayon, de fruits jaunes (abricot, nèfle) et de romarin, et sa bouche généreuse, ample et grasse, sublimée par un élevage sous bois (dont 40 % de fût neuf) à peine perceptible. ⧗ 2022-2027 ■ **Héritiers Gambert Nobles Rives 2019 ★ (30 à 50 €; 13215 b.)** Une touche de roussanne (5 %) s'invite aux côtés de la marsanne dans cette cuvée qui sent bon la fleur de citronnier, la vanille et le caramel au lait, ronde et suave en bouche, parfumée d'épices douces (cannelle) et soulignée d'une pointe d'amertume élégante. ⧗ 2022-2026

⊶ SCA CAVE DE TAIN, 22, rte de Larnage, 26602 Tain-l'Hermitage, tél. 04 75 08 20 87, contact@cavedetain.com V r.-v.

CORNAS

Superficie : 115 ha / Production : 4 210 hl

En face de Valence, l'appellation s'étend sur la seule commune de Cornas. Les sols, en pente assez forte, sont composés d'arènes granitiques, maintenues en place par des murets. Issu de syrah récoltée à faibles rendements (30 hl/ha), le cornas est un vin rouge viril, charpenté, qu'il faut faire vieillir au moins trois années – mais il peut attendre parfois beaucoup plus – afin qu'il puisse exprimer ses arômes fruités et épicés sur des viandes rouges et du gibier.

DOM. A. CLAPE 2018 ★★

■	n.c.		+ de 100 €

Sous des noms divers, ce domaine phare de l'appellation cornas a plus de 250 ans d'existence. La commercialisation en bouteilles date elle de 1955. Pierre Clape, installé en 1997 à la suite de son père Auguste, perpétue avec talent la tradition familiale, accompagné par son fils Olivier. Vigneron discret et peu interventionniste, il pratique l'élevage long en foudre ancien pour une expression aboutie de la syrah. Sur un vignoble de 9 ha, il en consacre 3,5 à son « grand vin ».

Sombre et intense comme il se doit, ce cornas se livre doucement mais sûrement sur des notes profondes et complexes d'âtre de cheminée, de goudron, de girofle et de violette, mâtinées d'une touche giboyeuse. En bouche, le volume est imposant, la matière dense et serrée, étayée par des tanins puissants mais au grain très fin qui roulent sous la langue et par une fraîcheur minérale qui fleure bon le terroir. Un vin sans compromis, bâti pour une longue vie. ⧗ 2027-2040

⊶ SCEA CLAPE, 146, av. Colonel-Rousset, 07130 Cornas, tél. 04 75 40 33 64 r.-v.

DOM. COURBIS La Sabarotte 2019 ★

■	5000		50 à 75 €

Une valeur sûre de la vallée du Rhône septentrionale, notamment dans les AOC cornas et saint-joseph. Dominique et Laurent Courbis conduisent depuis la fin des années 1980, à la suite de leur père, un domaine de 38 ha dont les origines remontent au XVII[e]s. L'essentiel des vignes est perché sur des coteaux très abrupts à plus de 250 m d'altitude.

S'il n'a pas trouvé son expression aromatique définitive, c'est que ce 2019 est encore un peu sous le joug de l'élevage (18 mois en fûts, dont 50 % sont neufs). Plus amène, la bouche offre des saveurs de fruits mûrs et confits, dans une matière dense, séveuse, arrimée à des tanins charnus et veloutés, et déploie une jolie finale sur des notes torréfiées (cacao, noisette). Un cornas au caractère solaire, à laisser respirer en cave. ⧗ 2025-2032

⊶ EARL DOM. COURBIS, 6, rte de Saint-Romain, 07130 Châteaubourg, tél. 04 75 81 81 60, contact@domaine-courbis.fr V r.-v.

JACQUES LEMENICIER 2019 ★

■	12000		20 à 30 €

Alors employé chez Alain Voge, Jacques Lemenicier se met à son compte en 1983 avec quelques vignes en fermage, puis achète ses premiers ceps en 1994. Parcelle par parcelle, il constitue son domaine, qui s'étend aujourd'hui sur 10 ha (dont 50 % en propriété) en cornas, crozes-hermitage et saint-péray et qu'il dirige en binôme avec son neveu, David Laurier.

Le nez propose un joli mariage entre un boisé épicé et des parfums intenses de fruits noirs frais et de fleurs capiteuses (violette, iris). Charpenté, crémeux et dense à la fois, le palais s'entiche de flaveurs de cassis confit et d'herbes aromatiques. Les tanins sont encore bien présents, mais leur grain fin apparaît prometteur pour l'avenir. La longue finale est un autre atout. ⧗ 2024-2032

⊶ EARL LEMENICIER, chem. des Peyrouses, 07130 Cornas, tél. 06 22 82 78 04, contact@domaine-lemenicier.fr V r.-v.

RÉMY NODIN Les Eygas 2018 ★

■	2492		20 à 30 €

Ernest Nodin et sa femme Louise s'installent en 1907 sur le Dom. de la Beylesse. Après plusieurs décennies de polyculture, Rémy, leur arrière-petit-fils, saute le pas en 2008 : il crée sa propre cave et fait sortir les vins

de la coopérative. Le domaine compte aujourd'hui 9 ha de vignes en conversion bio et produit 9 cuvées sur 5 appellations : crozes-hermitage, saint-joseph, cornas, saint-péray (effervescents et tranquilles) et une IGP.

Élaboré à parti de jeunes vignes plantées sur le terroir granitique des Eygas, ce 2018 livre un bouquet naissant de prune compotée et de cassis frais, attisé par de délicates notes épicées (cannelle, muscade). Dense et structuré, d'un beau volume, le palais est épaulé par des tanins soyeux et finement boisés, qui étirent la finale. Un cornas croquant, que l'on pourra déboucher sur le fruit ou encaver quelques années. ⧗ 2022-2030

RÉMY NODIN, 1, av. du 8-Mai-1945, 07130 Saint-Péray, tél. 04 75 40 35 90, contact@remy-nodin.fr V *t.l.j. sf lun. dim. 14h-19h*

♥ LES REMIZIÈRES 2019 ★★★

■ | 3400 | | 30 à 50 €

Jusqu'en 1973, Alphonse Desmeure apportait sa vendange à la coopérative. Son fils Philippe développe la propriété à partir de 1977, généralise la production en bouteilles et accroît le vignoble : 36 ha aujourd'hui, disséminés sur plusieurs communes et conduits en bio non certifié avec ses enfants, Émilie et Christophe. Une référence incontournable, avec des vins d'une rare constance. Une activité de négoce a été créée en 2010 afin de diversifier la production dans d'autres appellations.

Dire que ce cornas est puissant relève de l'euphémisme… Il faut dire qu'en cave, le vigneron y a mis tout son talent : vinification en demi-muids ouverts, extraction régulière par pigeage, élevage de 15 mois en barriques (la moitié en bois neuf). La robe est profonde, dense et sombre, aux reflets d'encre. Complexe, le nez affiche un profil mûr de myrtille confite, d'épices (poivre, muscade) et de boisé noble. Le palais, superbe de volume et de densité dès l'attaque, livre un fruit éclatant et une texture onctueuse portée par des tanins fins et serrés. La finale, sur des saveurs de torréfaction douce (tabac, fruits à coques) et minérales (graphite), achève de convaincre. Un vin d'envergure. ⧗ 2025-2035

SAS LES REMIZIÈRES, 1459, av. du Vercors, 26600 Mercurol-Veaunes, tél. 04 75 07 44 28, contact@domainedesremizieres.com V *r.-v.*

DOM. DU TUNNEL Vin noir 2019 ★★

■ | 4060 | | 30 à 50 €

Depuis son installation en 1994, Stéphane Robert, qui n'est pas issu du monde viticole, s'est imposé comme une référence dans le paysage des crus septentrionaux. Il a créé son vignoble de toutes pièces, aujourd'hui 11 ha très morcelés, avec des vignes en cornas, saint-joseph, saint-péray et condrieu. Des vignes qui longent une ancienne voie ferrée et un tunnel de 160 m, toujours visible, qui donne son nom au domaine et dans lequel ont été aménagés en 2013 une nouvelle cuverie et le chai d'élevage.

Un étiquette qui affiche la couleur : presque noire, à l'image de la robe de cette syrah de caractère. Un cornas qui présente tous les atours de son cépage : un nez, intense et épuré de violette, de mûre fraîche et de fève tonka; et une bouche riche, charnue, livrant une sève savoureuse de baies noires juteuses, soutenue par des tanins ciselés et un boisé parfaitement ajusté. Un cornas déjà expressif, mais que la garde anoblira plus encore. ⧗ 2024-2035

EARL STÉPHANE ROBERT (DOM. DU TUNNEL), 20, rue de la République, 07130 Saint-Péray, tél. 06 83 57 33 24, domaine-du-tunnel@wanadoo.fr V *t.l.j. 9h-16h30* 5

B ALAIN VOGE Les Chailles 2019 ★

■ | 16600 | | 30 à 50 €

Après avoir rejoint son père sur le domaine familial en 1958, Alain Voge (disparu en 2020) avait mis le vignoble sur les rails : abandon de la polyculture, replantation de coteaux abandonnés, vente directe en bouteilles. Albéric Mazoyer, gérant du domaine pendant 15 ans, a passé la main à Lionel Fraisse, désormais aux commandes de 12 ha en bio et biodynamie. Une valeur sûre, régulièrement en vue pour ses cornas et ses saint-péray.

Assemblages de plusieurs parcelles, Les Chailles est la cuvée classique du domaine et dessine un cornas bien typé. Le bouquet, d'abord discret, exhale les fruits noirs mûrs et la violette, auxquels s'ajoutent à l'aération quelques fines notes boisées et grillées. Bien que plus expressive (cassis, sous-bois, cèdre), la bouche est encore un peu sous l'empreinte du bois (18 mois en fûts anciens). Elle offre du gras et un joli volume, adossée à des tanins serrés et rehaussée d'une savoureuse acidité jusqu'en finale. Un vin qui dévoilera pleinement ses charmes après quelques années en cave. ⧗ 2024-2032

SARL ALAIN VOGE, 4, imp. de l'Équerre, 07130 Cornas, tél. 04 75 40 32 04, contact@alain-voge.com V *t.l.j. sf dim. 10h-18h; sam. 10h-12h30*

SAINT-PÉRAY

Superficie : 75 ha
Production : 2 170 hl (10 % effervescents)

Situé face à Valence, le vignoble de Saint-Péray est dominé par les ruines du château de Crussol. Un microclimat un peu plus froid et des sols plus riches que dans le reste de la région sont favorables à la production de vins plus acides et moins riches en alcool, issus de marsanne et de roussanne, cépages bien adaptés à l'élaboration de blanc de blancs par la méthode traditionnelle.

DOM. BERNARD GRIPA Les Pins 2019 ★★

■ | 17000 | | 20 à 30 €

La famille Gripa arrive à Saint-Péray au XVIIe s., puis s'établit à Mauves vers 1850. Valeur sûre de la vallée du Rhône septentrionale, tant pour ses saint-péray que pour ses saint-joseph (en témoignent les nombreux coups de cœur obtenus dans les deux appellations), le domaine est conduit depuis 2001 par Fabrice Gripa, fils de Bernard, aujourd'hui à la tête de 18 ha de vignes.

D'un jaune doré aux reflets métalliques, ce vin a fait l'unanimité parmi les dégustateurs. Le nez aérien s'exprime d'abord sur des notes de fleur de citronnier, puis

RHÔNE

évolue sur des parfums plus intenses de fruits à noyaux et de vanille, reflet d'un élevage de 10 mois en fût très bien maîtrisé. La bouche montre un équilibre remarquable entre souplesse et densité, soulignée par une fine acidité et par des arômes prégnants d'agrumes, dont la subtile amertume prolonge la fraîcheur en finale. Un bel ambassadeur de son appellation. ⧗ 2022-2026

⊶ EARL DOM. BERNARD GRIPA, 5, av. Ozier, 07300 Mauves, tél. 04 75 08 14 96, gripa@wanadoo.fr V t.l.j. sf sam. dim. 8h30-12h 14h-17h30

LUYTON-FLEURY La Source 2019 ★★

	2000		11 à 15 €

Pépiniéristes depuis quatre générations, les cousins Pascal Luyton et Raphaël Fleury décident en 2009 de se lancer dans l'élaboration de leurs propres vins, d'abord en saint-joseph, puis en saint-peray, crozes-hermitage, ainsi qu'en IGP Collines rhodaniennes. Les 8 ha de ce minuscule vignoble sont en en cours de conversion bio.

Nouvelle entrée au Guide pour ce jeune domaine et déjà deux étoiles avec ce saint-péray au nom d'une fraîcheur évocatrice. Le nez dévoile de fines notes de fleurs blanches, de mirabelle et de miel. Le palais, bien équilibré, associe rondeur et onctuosité, porté par une fraîcheur zestée très agréable. Une touche de vanille (10 % du vin est élevé en fût neuf) parfume subtilement une finale très longue. Un vin bien pensé, déjà fort aimable, qui trouvera aisément son accord à table. ⧗ 2021-2024

⊶ EARL LUYTON-FLEURY, 103, chem. rural de Champagne, 07300 Tournon, tél. 04 75 06 11 96, domaine@luyton-fleury.fr V r.-v.

RÉMY NODIN La Colline dorée 2019 ★

	5000		15 à 20 €

Ernest Nodin et sa femme Louise s'installent en 1907 sur le Dom. de la Beylesse. Après plusieurs décennies de polyculture, Rémy, leur arrière-petit-fils, saute le pas en 2008 : il crée sa propre cave et fait sortir les vins de la coopérative. Le domaine compte aujourd'hui 9 ha de vignes en conversion bio et produit 9 cuvées sur 5 appellations : crozes-hermitage, saint-joseph, cornas, saint-péray (effervescents et tranquilles) et une IGP.

Sous une belle robe dorée, ce vin conjugue d'agréables notes florales (sureau, acacia) agrémentées d'une touche de vanille. Le palais se révèle frais et alerte dès l'attaque, souple et fin jusqu'en finale, sans manquer d'une belle longueur et d'une pointe saline vivifiante. Un vin aérien idéal pour accompagner d'un plateau de fruits de mer. ⧗ 2021-2023

⊶ RÉMY NODIN, 1, av. du 8-Mai-1945, 07130 Saint-Péray, tél. 04 75 40 35 90, contact@remy-nodin.fr V t.l.j. sf lun. dim. 14h-19h

CAVE DE TAIN Fleur de Roc 2019 ★

	5234		20 à 30 €

Créée en 1933 par Louis Gambert de Loche, la très qualitative cave coopérative de Tain-l'Hermitage rassemble 310 adhérents et vinifie à elle seule, avec plus de 1 000 ha de vignes, environ 50 % des appellations de la vallée du Rhône septentrionale. Elle possède aussi 26 ha en propre, dont 21 ha en AOC hermitage. Une valeur sûre de la région, qui s'est dotée en 2014 de structures de production flambant neuves permettant de multiplier les sélections parcellaires.

1 ha de vieilles vignes de marsanne, enrichis d'une touche de roussanne (8 %) et élevés 8 mois en fût, donnent naissance à cette cuvée à la robe or blanc et au nez intensément floral, miellé, mâtiné d'une touche d'épices douces (gingembre, vanille). L'attaque franche dévoile une bouche nerveuse et tendue, avec une belle persistance légèrement chaleureuse sur des notes de mirabelle à l'eau-de-vie. Une viande ou un poisson en sauce crème est tout indiqué. ⧗ 2022-2024

⊶ SCA CAVE DE TAIN, 22, rte de Larnage, 26602 Tain-l'Hermitage, tél. 04 75 08 20 87, contact@cavedetain.com V r.-v.

DOM. DU TUNNEL Roussanne 2019 ★

	12730		20 à 30 €

Depuis son installation en 1994, Stéphane Robert, qui n'est pas issu du monde viticole, s'est imposé comme une référence dans le paysage des crus septentrionaux. Il a créé son vignoble de toutes pièces, aujourd'hui 11 ha très morcelés, avec des vignes en cornas, saint-joseph, saint-péray et condrieu. Des vignes qui longent une ancienne voie ferrée et un tunnel de 160 m, toujours visible, qui donne son nom au domaine et dans lequel ont été aménagés en 2013 une nouvelle cuverie et le chai d'élevage.

De la roussanne, et rien que de la roussanne, pour cette cuvée issue d'un terroir granitique, qui propose une version délicate de ce cépage parfois exubérant. Le nez ne se livre qu'à l'aération, sur des notes d'aubépine, de fruits blancs et de brioche. Une attaque tendre ouvre sur une bouche ample et parfumée (abricot), qui distille une légère amertume. Un vin bien équilibré entre douceur et acidité, à boire sur le fruit. ⧗ 2021-2023

⊶ EARL STÉPHANE ROBERT (DOM. DU TUNNEL), 20, rue de la République, 07130 Saint-Péray, tél. 06 83 57 33 24, domaine-du-tunnel@wanadoo.fr V t.l.j. 9h-16h30 5

B ALAIN VOGE Ongrie 2019 ★

	8614		20 à 30 €

Après avoir rejoint son père sur le domaine familial en 1958, Alain Voge (disparu en 2020) avait mis le vignoble sur les rails : abandon de la polyculture, replantation de coteaux abandonnés, vente directe en bouteilles. Albéric Mazoyer, gérant du domaine pendant 15 ans, a passé la main à Lionel Fraisse, désormais aux commandes de 12 ha en bio et biodynamie. Une valeur sûre, régulièrement en vue pour ses cornas et ses saint-péray.

Cette cuvée soignée est issue d'un parcellaire de vieilles vignes de marsanne, ramassées à la main, vinifiées et élevées en barriques. La robe est d'un seyant jaune d'or. Le nez, fin et très engageant, évoque la fleur d'oranger, la brioche et la vanille. Des arômes subtils que l'on retrouve dans une bouche fraîche, enrobée par une chaire ronde et fruitée, nullement sous l'emprise du bois, mais tonifiée par une finale joliment amère qui apporte un surcroît de complexité. Un premier millésime très réussi pour ce nouvel artisan du domaine. ⧗ 2021-2024

⊶ SARL ALAIN VOGE, 4, imp. de l'Équerre, 07130 Cornas, tél. 04 75 40 32 04, contact@alain-voge.com V t.l.j. sf dim. 10h-18h; sam. 10h-12h30

CLAIRETTE-DE-DIE

Superficie : 1 401 ha / Production : 84 272 hl

Le vignoble du Diois occupe les versants de la moyenne vallée de la Drôme, entre Luc-en-Diois et Aouste-sur-Sye. Sans doute héritière du vin doux pétillant des Voconces mentionné par Pline l'Ancien, la clairette-de-die méthode dioise ou ancestrale est un vin mousseux doux et à faible teneur en alcool, dominé par le cépage muscat (75 % minimum) et qui termine naturellement sa fermentation en bouteille, sans adjonction de liqueur de tirage. L'appellation autorise aussi l'élaboration d'effervescents à base de clairette selon la méthode traditionnelle, avec seconde fermentation en bouteille.

CAROD
Méthode ancestrale Tradition ★

● | 690 000 | | 8 à 11 €

À la fois propriété familiale et société de négoce, l'entreprise Carod s'est fortement développée depuis sa création en 1965, jusqu'à produire aujourd'hui 2 millions de cols par an. Un acteur de poids dans le Diois, acquis en 2008 par les Grands Chais de France, avec pour fleuron le Dom. Guigouret (40 ha).

Une robe jaune paille chapeautée par une mousse fine habille cette méthode ancestrale. Si le nez est plutôt discret, sur de fugaces notes florales, la bouche se montre plus en verve et dévoile de jolies saveurs de pamplemousse et de litchi, persistantes jusqu'en finale. ⧗ 2021-2022 ● **7% Méthode ancestrale Végane ★ (8 à 11 €; 102 000 b.)** Ⓑ Cette méthode ancestrale affiche sur l'étiquette ses atouts : sa faible teneur en alcool et sa certification « vegan ». Dans le verre, elle a d'autres qualités : sa robe dorée aux reflets verts, son nez expressif de rose, de melon et de fenouil, et sa bouche souple et franche, dynamisée par une vivacité bien dosée et agrémentée d'une touche friande de zeste d'orange en finale. Une bulle gourmande. ⧗ 2021-2022

SAS CAROD, 1664, av. de la Clairette, 26340 Vercheny, tél. 04 75 21 73 77, flore.millet@caves-carod.fr V *t.l.j. sf dim. 9h-12h 14h-18h*

Ⓑ JAILLANCE Tradition ★

● | 600 000 | | 5 à 8 €

Cette coopérative fondée en 1950 est l'acteur principal du Diois viticole : 224 adhérents pour quelque 1 100 ha de vignes (dont 14% cultivés en bio), soit plus de 70% de la production locale. La cave s'est aussi développée dans le Bordelais, où elle produit du crémant-de-bordeaux.

La bulle est légère et forme un cordon délicat. Le bouquet intense livre des parfums fruités (fruits du verger, litchi) et floraux (muguet, lys). Dans le même registre aromatique, le palais, équilibré et délicat, laisse une impression de jeunesse. Une clairette-de-die aromatique et joyeuse. ⧗ 2021-2023 ● **Esprit de terroir Brut ★ (5 à 8 €; 300 000 b.)** L'univers aromatique de cette clairette tourne autour de la minéralité, associée à une touche de fleur d'oranger. Le palais est généreux, opulent et persistant, dynamisé par une note de « pierre à fusil », qui apporte du relief et un supplément d'âme. ⧗ 2021-2024

SCA LA CAVE DE DIE JAILLANCE, 355, av. de la Clairette, 26150 Die, tél. 04 75 22 30 00, info@jaillance.com V *t.l.j. 9h-12h30 14h-17h30*

UNION DES JEUNES VITICULTEURS RÉCOLTANTS
Prestige Méthode ancestrale Tradition ★

● | 198 000 | | 5 à 8 €

Fondée en 1961, l'Union des Jeunes Viticulteurs récoltants est une société coopérative (SCAEC) originale, regroupant huit vignerons du Diois qui ont mis en commun leurs vignes et leur matériel pour constituer un coquet vignoble de 63 ha aujourd'hui.

D'un or pâle lumineux, cette cuvée séduit par son nez expressif de fruits blancs et exotiques. Un soupçon d'agrumes (bergamote, bigaradier) vient compléter au palais cette palette très typée "muscat petits grains" et apporter une touche acidulée à la bouche, de laquelle se dégage beaucoup de douceur et de suavité. ⧗ 2021-2022

SCA UNION DES JEUNES VITICULTEURS RÉCOLTANTS, 3000, av. de la Clairette, 26340 Vercheny, tél. 04 75 21 70 88, contact@ujvr.fr V *t.l.j. 9h30-12h 14h-18h30*

♥ MONGE GRANON Tradition ★★

● | 80 000 | | 5 à 8 €

Un domaine de 42 ha dédié principalement à la clairette-de-die, né de l'association en 1984 des familles Mignon et Granon, au service du vin depuis quatre générations.

La modestie de sa robe pâle cache les atouts, que cette cuvée ne tarde pas à livrer avec éloquence. Animée d'un cordon de fines bulles, couronnée d'une mousse crémeuse, elle dévoile un bouquet d'une rare intensité sur des notes de litchi, d'ananas confits et de tilleul. Cette puissance aromatique se prolonge dans un palais mûr, net et parfaitement équilibré entre rondeur et vivacité. La finale, d'une belle longueur, est agrémentée de fraîches notes d'agrumes et de zestes confits. Une clairette-de-die qui offre le meilleur de son appellation. ⧗ 2021-2023 ● **Origine Tradition ★ (8 à 11 €; 80 000 b.)** Or pâle aux reflets argentés, cette cuvée dévoile sans réserve ses parfums de pêche, de mangue et de verveine. La bouche souple et dynamique laisse la même sensation d'harmonie et d'élégance, portée par des flaveurs exotiques et florales. ⧗ 2021-2022

GAEC DE SAINT-PIERRE (CAVE MONGE GRANON), 3700, av. de la Clairette, 26340 Vercheny, tél. 04 75 21 74 93, contact@clairette-mongegranon.com V *r.-v.*

GEORGES RASPAIL Méthode ancestrale ★

● | 6 800 | | 5 à 8 €

Cette petite exploitation familiale, située à Aurel dans la Drôme, produisait déjà de la clairette en 1922, laquelle était vendue en fût par Gédéon Raspail, le fondateur du domaine. Aujourd'hui, son arrière-petit-fils Jean-Christophe Aubert et son épouse Nadège exploitent 6 ha de vignes, en AOC clairette-de-die et crémant-de-die.

RHÔNE

Cette cuvée, élaborée à partir d'un minuscule hectare de muscat petits grains (80 %) et de clairette, n'a qu'un seul défaut : sa rareté. Sa robe d'un lumineux jaune doré, couronnée d'une mousse légère et parcourue d'un cordon de fines bulles, offre un bouquet délicat de fleurs (rose, fleur d'oranger), de fruits jaunes et d'herbes aromatiques (romarin, sarriette). Des arômes complexes que l'on retrouve en bouche : belle attaque sur les fruits à noyaux, matière soyeuse et miellée, finale tonique parfumée d'une touche de garrigue. Une clairette-de-die raffinée, de très belle facture. ⧗ 2021-2023

EARL GEORGES RASPAIL, 752, rte de la Roche, 26340 Aurel, tél. 04 75 21 71 88, ets.raspail@orange.fr V t.l.j. 9h-19h B

CRÉMANT-DE-DIE

Production : 1 993 hl

L'AOC a été reconnue en 1993. Le crémant-de-die est produit à partir du cépage clairette, selon la méthode traditionnelle qui consiste en une seconde fermentation en bouteille.

UNION DES JEUNES VITICULTEURS RÉCOLTANTS Cuvée Chamberan ★

	13200		5 à 8 €

Fondée en 1961, l'Union des Jeunes Viticulteurs récoltants est une société coopérative (SCAEC) originale, regroupant huit vignerons du Diois qui ont mis en commun leurs vignes et leur matériel pour constituer un coquet vignoble de 63 ha aujourd'hui.

Au nez, de délicates notes de fleurs blanches (acacia, chèvrefeuille), de levure et de beurre frais. Beaucoup d'ampleur en bouche, pour cette cuvée à dominante de clairette (70 %) associée à de l'aligoté, une matière onctueuse, presque crémeuse, mais de la finesse aussi grâce à la persistance de l'effervescence et à une agréable touche d'amande amère qui vivifie la finale. Un crémant charmeur et tonique. ⧗ 2021-2023

SCA UNION DES JEUNES VITICULTEURS RÉCOLTANTS, 3000, av. de la Clairette, 26340 Vercheny, tél. 04 75 21 70 88, contact@ujvr.fr V t.l.j. 9h30-12h 14h-18h30

➜ **LA VALLÉE DU RHÔNE MÉRIDIONALE**

GRIGNAN-LES-ADHÉMAR

Superficie : 1 900 ha
Production : 36 500 hl (93 % rouge et rosé)

Longtemps appelée coteaux-du-tricastin, cette appellation est située au sud de Montélimar, dans la partie nord de la vallée du Rhône méridionale, à la limite du climat méditerranéen. Les vignes sont implantées sur des terrains caillouteux d'alluvions anciens et sur des coteaux sableux, dans 22 communes de la rive gauche du fleuve, de La Baume-de-Transit au sud, en passant par Saint-Paul-Trois-Châteaux, jusqu'aux Granges-Gontardes, au nord. Assemblant les cépages grenache et syrah, complétés par le cinsault, le mourvèdre et le carignan, les vins rouges, largement majoritaires, sont pour la plupart à consommer jeunes.

BARON D'ESCALIN Vergobbi 2019 ★

	13300		5 à 8 €

Revenus d'Algérie, où ils étaient propriétaires d'un vignoble créé par un ancêtre cévenol, les frères Jean et Georges Vergobbi s'installent en 1966 sur ces anciennes terres du baron d'Escalin et y implantent un vaste vignoble couvrant aujourd'hui 92 ha, complété par une structure de négoce.

Grenache et syrah ont bénéficié de la chaleur du millésime 2019 pour atteindre un parfait degré de maturité. Le bouquet épanoui offre une poêlée de fruits rouges compotés, du kirsh et des notes fumées. À l'unisson, le palais se révèle ample, solide et long, distillant en finale un agréable parfum de truffe. Un rouge solaire et vigoureux. ⧗ 2021-2026

SAS BARON D'ESCALIN, 980, rte des Charrettes, 26290 Les Granges-Gontardes, tél. 04 75 98 58 40, info@barondescalin.com V r.-v.

CELLIER DES TEMPLIERS Grignandises 2020 ★

	6000		5 à 8 €

Fondée en 1967, la coopérative de Richerenches, située dans l'Enclave des papes, portion du département du Vaucluse enchâssée dans la Drôme, regroupe aujourd'hui 677 ha en côtes-du-rhône, *villages* et grignan-les-adhémar. Depuis plusieurs années, un système de contrôle qualité au vignoble et de sélections parcellaires par les vignerons a été mis en place.

Un nom de cuvée qui annonce la couleur. Du friand, de la gourmandise, du fruit et de la fraîcheur : tout cela est au programme de cet assemblage de grenache et de syrah, récoltés tôt, macérés rapidement et élevés en cuve. Le résultat est éloquent : une jolie robe cerise, un nez de caramel mou et de grenadine, une bouche souple et friande, à la sucrosité bien dosée et à la finale légèrement pimentée. Un vin de plaisir simple et immédiat. ⧗ 2021-2023

SCA LE CELLIER DES TEMPLIERS, 233, rte de Valréas, 84600 Richerenches, tél. 04 90 28 01 00, boutique@cellierdestempliers.com V t.l.j. sf dim. 9h-12h 14h30-18h30

DOM. DE MONTINE Secret de terroir 2019 ★

	40000		8 à 11 €

Installés dans une ancienne ferme du château de Grignan, les frères Jean-Luc et Claude Monteillet, également trufficulteurs, exploitent depuis 1987 ce domaine familial de 70 ha, très en vue pour ses grignan-les-adhémar, qui produit aussi du vinsobres et des IGP.

Syrah et grenache à parité composent ce 2019 à la robe sombre, qui livre un nez chaleureux de fruits rouges mûrs, d'amande douce et d'épices. Une introduction complexe et engageante qui mène à un palais rond, charnu, suave et finement réglissé. ⧗ 2021-2024

SARL MONTEILLET, hameau de la Grande-Tuilière, BP 5, 26230 Grignan, tél. 04 75 46 54 21, contact@domainedemontine.fr V r.-v. D

CH. DE LA ROBINE
Les Pies curieuses 2020 ★

	8448		8 à 11 €

Acheté en 1887 par Victor Veyre, le Ch. de la Robine élabore ses propres vins depuis le début du XXes. En 2017, Sébastien Fabre, représentant de la 5e génération, et sa compagne Anne-Aël opèrent une reconversion professionnelle et reprennent le domaine familial. Le vignoble de 40 ha produit des vins en AOC grignan-les-adhémar et une IGP.

Un nez atypique et complexe ouvre le bal olfactif de cette cuvée à dominante de syrah, sur des notes de confiture de cerises noires, de champignon et de viande fumée. Après une attaque flatteuse, ronde, ce vin équilibré charme par sa fraîcheur et sa finale parfumée aux saveurs de Zan et de cacao. Un grignan original et réjouissant. ⧗ 2021-2024

SARL LA ROBINE, Ch. de la Robine, 1400, rte de Bollène, 26130 Saint-Paul-Trois-Châteaux, tél. 06 52 65 28 50, a.pohu@chateau-robine.fr V t.l.j. sf dim. 10h-12h30 15h-19h

DOM. DE VENTEROL Vieilles Vignes 2019 ★

	53000		8 à 11 €

Située tout près du château de Suze-la-Rousse qui abrite l'Université du Vin, cette cave coopérative, créée en 1926, s'est lancée dans une démarche bio sur ses 3 AOP : côtes-du-rhône, *villages* et grignan-les-adhémar.

De vieux ceps de syrah (50 %), de carignan et de grenache ont donné naissance à ce vin de bonne garde, animal, camphré et réglissé à l'olfaction, puissant et solidement charpenté en bouche, dont la finale très "garrigue" apporte de la fraîcheur et beaucoup de sapidité. ⧗ 2022-2026

EURL CAVEAU LA SUZIENNE, av. des Côtes-du-Rhône, 26790 Suze-la-Rousse, tél. 04 75 04 48 38, contactcaveau@lasuzienne.com V t.l.j. 8h30-12h 14h-18h30

VINSOBRES

Superficie : 450 ha / Production : 15 625 hl

Appartenant autrefois à l'appellation côtes-du-rhône-villages, Vinsobres a été promu en appellation locale en 2006. Celle-ci concerne uniquement les vins rouges nés sur la commune de Vinsobres, dans la Drôme.
Les vins doivent provenir d'un assemblage d'au moins deux cépages principaux, dont le grenache, qui doit représenter 50 % minimum, la syrah et/ou le mourvèdre devant atteindre 25 % minimum.

PASCAL ET RICHARD JAUME
Clos des Échalas 2019 ★

	6600		30 à 50 €

L'arrière-grand-père fut l'un des pionniers de l'appellation côtes-du-rhône, créée en 1937. Depuis, les générations se succèdent sur ce vaste domaine de 95 ha, les sélections dans le Guide aussi, en AOP régionales ou en vinsobres.

Issu d'une minuscule parcelle de 0,5 ha de vieilles vignes de grenache et de mourvèdre à parts égales, ce vin affiche une robe d'une extrême densité qui annonce de la puissance. Ce que confirme le nez, ouvert sur des notes intenses, balsamiques (cèdre), fumées et torréfiées. La bouche traduit un élevage long en barriques neuves (15 mois) par sa concentration, sa solide structure tannique et sa finale sur les noisettes grillées. Un vinsobres bâti pour durer. ⧗ 2024-2030

EARL DOM. JAUME, 24, rue Reynarde, 26110 Vinsobres, tél. 04 75 27 61 01, vignoble@domainejaume.com V r.-v.

DOM. DU MOULIN
Cuvée Charles Joseph 2018 ★

	3500		15 à 20 €

Conduit pendant 45 ans par Denis Vinson, le vignoble de 20 ha est aujourd'hui dirigé par son fils Charles. Habitué du Guide (plusieurs coups de cœur à son actif), le domaine présente régulièrement de belles cuvées, en appellations régionales comme en vinsobres.

La cuvée confidentielle du domaine, avec seulement 3 500 bouteilles produites. Mi-grenache mi-syrah, tels les deux frères à laquelle elle rend hommage, cette bouteille est un beau modèle d'équilibre, d'abord au nez avec des notes de fruits rouges confiturés et quelques arômes épicés de merrain. Sans aucune lourdeur, la bouche balance entre la plénitude d'une texture veloutée et une puissance contenue autour de tanins présents mais soyeux. Très équilibrée, elle est déjà à parfaite maturité mais vieillira bien. ⧗ 2022-2027

EARL DENIS VINSON ET FILS, Dom. du Moulin, La Maria, 26110 Vinsobres, tél. 04 75 27 65 59, denis.vinson@wanadoo.fr V t.l.j. 8h-12h 13h30-19h; dim. 8h-12h

DOM. LE PUY DU MAUPAS 2019 ★★

	4200		11 à 15 €

Agriculteur jusqu'en 1987, Christian Sauvayre s'installe en cave particulière et débute avec 20 ha de vignes à Puyméras; sa fille Amélie lui a succédé en 2019 et conduit désormais un vaste ensemble de 46 ha en bio certifié.

Amélie Sauvayre peut se féliciter de son premier millésime. Elle signe un vinsobres impressionnant, au bouquet généreux et gourmand de fruits noirs macérés et de thym-citron, à la bouche concentrée, sans lourdeur, où la fraîcheur du fruit accompagne un beau volume et des tanins délicats qui signent un vin d'une grande finesse. ⧗ 2022-2028

EARL LE PUY DU MAUPAS, 1678, rte de Nyons, 84110 Puyméras, tél. 04 90 46 47 43, domaine@puy-du-maupas.com V t.l.j. 8h-12h 14h-19h

CH. DE ROUANNE 2019 ★

	80000		15 à 20 €

Aménagé sur un site de vinification gallo-romain, parvenu jusqu'à nous avec ses cuves de fermentation taillées dans le rocher, ce domaine est dans la famille Barruol depuis… 1490. Dès lors, quinze générations de

vignerons se sont succédé sur cette exploitation de 37 ha conduite depuis longtemps selon les préceptes bio. Fort de ce long passé vigneron, Louis Barruol, l'actuel propriétaire, a développé en 1997 une activité de négoce et acquis en 2021 le Ch. de Rouanne à Vinsobres.

Fruits noirs, cannelle et prune à l'eau-de-vie signent le nez de ce vinsobres qui n'a pas vu le bois, mais dont l'élevage long (18 mois) a permis d'enrober les tanins et d'apporter du soyeux et un volume agréable au palais, finement parfumé en finale par la mûre compotée. Un vin de soleil. ⧗ 2021-2027

SARL LOUIS ET CHERRY BARRUOL, 126, rte des Florêts, 84190 Gigondas, tél. 04 90 65 80 80, barruol@chateau-st-cosme.com V *t.l.j. sf sam. dim. 9h-17h30*

DOM. SAINT-VINCENT 2018 ★

■	20000		8 à 11 €

Un domaine de 60 ha (dont 20 de vinsobres), ancienne possession du couvent de Saint-Césaire de Nyons, repris en 2012 par la famille Lescoche.

Un vinsobres mi-grenache mi-syrah de belle facture, qui distille un charme immédiat grâce à son bouquet flatteur de myrtille, de poivre noir et de baie de genièvre. La bouche ronde et charnue est étayée de tanins onctueux, et sa finale longue révèle une belle complexité. Un équilibre qui a fait l'unanimité parmi les dégustateurs. ⧗ 2021-2026

SCEA DU DOM. SAINT-VINCENT, RD 94, rte de Nyons, 26110 Vinsobres, tél. 04 75 27 61 10, info@dsv-vinsobres.com V *r.-v.*

SERRE BESSON 2018 ★★★

■	3971		15 à 20 €

Situé sur les coteaux à quelques encablures de Vinsobres, ce domaine acquis en 2016 par Victor Taylor étend son vignoble, en conversion bio, sur 4,5 ha entre 250 et 350 m d'altitude. Une dimension à taille humaine qui permet une vendange à la main et un acheminement en caisses de 20 kg, puis un tri à la main des raisins. Les vinifications se font séparément par cépages et parcelles.

Ce superbe 2018 a d'emblée ravi le jury par son nez finement épicé (vanille, cardamome) et sa persistance sur des saveurs de fruits des bois et d'olive noire. L'élevage en barriques neuves pour la moitié du volume participe en outre à l'allongement d'une matière naturellement opulente et à l'affinage de ses tanins mûrs. Il en résulte une bouche dense, charnue, dotée d'une structure "en dentelle" et qui ne tombe jamais dans la lourdeur. Une vinification haute couture pour un vin de grande classe. ⧗ 2022-2028 ■ **2019 ★ (15 à 20 €; 11265 b.)** B Ce 2019 s'ouvre sur des arômes délicats de fumé, d'herbes aromatiques, de fraise cuite et d'une touche de vanille issue du bois neuf. La bouche, associant une fraîcheur stimulante à une belle sucrosité, est encore légèrement marquée par les tanins épicés du merrain. Un vinsobres solaire, à garder en cave pour un fondu parfait. ⧗ 2023-2028

SCEA POOR DEVIL WINES, Dom. Serre Bresson, Les Côtes, 26110 Vinsobres, tél. 06 35 77 50 64, contact@serre-bresson.com V *r.-v.*

♥ LA VINSOBRAISE Cuvée Excellius 2019 ★★★

■	6000		11 à 15 €

Fondée en 1947, la très qualitative cave de Vinsobres vinifie aujourd'hui plus de 85 000 hl produits sur 1 850 ha de vignes (dont 10% exploités en bio). Une valeur sûre de la vallée du Rhône méridionale.

La cave coopérative de Vinsobres signe ici un coup de cœur pour la troisième année consécutive. Cette cuvée est le fruit d'une sélection parcellaire des meilleurs terroirs de l'appellation, produite en édition limitée. De la richesse oui, mais sans aucun excès pour ce rouge profond, au nez de confiture de fraises, de pâte de noisettes et de fève de cacao. Le palais se montre volumineux, charnu et fruité (pâte de cassis), épaulé par un boisé parfaitement maîtrisé et doté d'une longue finale parfumée. Un vin racé qui ne cède à aucune facilité. ⧗ 2022-2028 ■ **Diamant noir 2019 ★★ (5 à 8 €; 60000 b.)** Point de bois dans ce vinsobres à la robe intense et au nez un peu austère de baies sauvages, de girofle et de menthol. Sa complexité vient des raisins de grenache et de syrah, ramassés à parfaite maturité, et d'un élevage long (18 mois) en cuve. Le jury salue la concentration de la bouche, l'élégance de la structure tannique et la persistance aromatique sur des flaveurs toastées. Ce Diamant noir n'est pas passé loin du coup de cœur. ⧗ 2021-2025

CAVE LA VINSOBRAISE, 1200, rte de la Cave, 26110 Vinsobres, tél. 04 75 27 64 22, boutique.vinsobraise@orange.fr V *r.-v.*

RASTEAU SEC

Superficie : 1 300 ha / Production : 29 000 ha

L'appellation d'origine contrôlée rasteau se décline désormais en VDN (*voir section Les vins doux naturels du Rhône*) et en vin rouge sec grâce à l'accession en 2009 des côtes-du-rhône-villages Rasteau (village reconnu depuis 1966) en cru des Côtes du Rhône, le seizième du secteur, qui s'étend sur la seule commune de Rasteau. Les conditions bioclimatiques de cette zone géographique sont particulièrement favorables au cépage grenache, qui atteint ici naturellement la complète maturité nécessaire à l'élaboration de grands vins, plus particulièrement dans les situations où prédominent les sols sableux et caillouteux. Ces mêmes conditions sont également favorables à la syrah et au mourvèdre (cépage à maturité tardive), notamment lorsqu'ils sont plantés sur des marnes sableuses ou sablo-argileuses.

Les vins, exclusivement rouges, sont riches en alcool, gras, puissants et très aromatiques. Leur structure tannique est le gage d'un excellent potentiel de garde.

B DOM. DES AMADIEU La Copado 2019 ★

■	2730		15 à 20 €

Ingénieurs agronomes, Corine et Yves-Jean Houser ont acquis en 2007 ce vignoble de 8 ha, pour lequel ils

ont engagé la conversion biologique (certification en 2013) et biodynamique.

Cette cuvée provient d'une petite parcelle de 50 ares du quartier Coupe d'Haut, exposée au sud, mêlant grenache, cinsault et une faible proportion de syrah (10 %), vinifiés ensemble dans la cuve. Dominée au nez par des arômes gourmands de fraise écrasée, de vanille et d'une touche de menthol, elle révèle une bouche ample, veloutée, étayée de tanins denses et tapissant, auxquels l'élevage en demi-muids (12 mois) apporte une savoureuse consistance. ⧗ 2021-2026

SCEA CORINE ET YVES-JEAN HOUSER, Dom. des Amadieu, 450, chem. de Beauregard, 84290 Cairanne, tél. 04 90 66 03 48, contact@domainedesamadieu.com V *t.l.j. sf sam. dim. 8h30-18h*

♥ B DOM. CAROLINE BONNEFOY 2019 ★★

■	13000		11 à 15 €

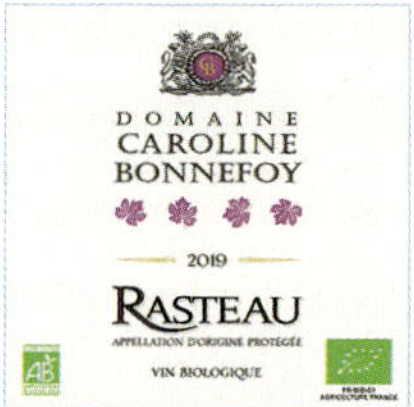

« Vignerons bio », Gilles Phétisson et Caroline Bonnefoy, unis dans la vie, vinifient leurs domaines séparément (Lumian pour lui, Bonnefoy pour elle). En 2012, ils se sont associés à travers une activité de négoce. Un nouveau chai de vieillissement a vu le jour en 2018, adossé à la cuverie modernisée et équipée de 16 nouvelles cuves béton.

Il a fait chaud en 2019. Cela ne semble pas avoir inquiété Caroline Bonnefoy qui a vendangé le 15 octobre des raisins de grenache (60 %) et de syrah à parfaite maturité : c'est dans ces millésimes extrêmes que l'on mesure les grands terroirs et la maîtrise du vigneron. Dans le verre, un nez envoûtant et complexe de fruits noirs et rouges (cerise), mâtiné d'intenses notes minérales. Structurée par des tanins veloutés et subtilement toastés, la bouche apparaît puissante, ample, riche mais sans lourdeur, soutenue par une surprenante acidité lui apportant de la tenue. La longue finale saline apporte un supplément d'âme à ce vin parfaitement abouti. ⧗ 2022-2030

CAROLINE BONNEFOY, rte de Montélimar, 84600 Valréas, tél. 09 75 66 62 30, domainedelumian@wanadoo.fr V *t.l.j. sf dim. 9h-12h 14h-18h*

B DOM. M. BOUTIN M.B 2019 ★★

■	7500		8 à 11 €

Après des études de mécanique industrielle, Mikaël Boutin rejoint le domaine familial, se prend de passion pour le vin, se forme à ce nouveau métier et s'installe en 2001 avec son oncle. En 2009, il décide de créer son propre domaine à partir de 2 ha morcelés sur huit parcelles de Rasteau et convertis au bio. Première cuvée en 2011.

M.B pour Mickaël Boutin, tout simplement. Une ode à la vaste diversité des cépages rhodaniens : 5 variétés s'y mêlent, grenache en tête (60 %). Le bouquet fin et fruité décline les fruits rouges en compote et le cassis frais. La bouche se montre tendre et gourmande, portée par des tanins fermes mais sans agressivité qui poussent loin la finale, centrée sur d'élégantes notes florales. Du charme et du naturel. ⧗ 2021-2026

MIKAËL BOUTIN, 12, rue de la République, 84110 Rasteau, tél. 06 64 66 04 46, mikael.boutin@orange.fr V *r.-v.*

♥ DOM. BRESSY-MASSON 2019 ★★

■	17800		11 à 15 €

Un domaine familial créé en 1948 par Marius Bressy et développé par son fils Émile, puis par sa petite-fille Marie-France Masson. Représentant la 3e génération, Paul-Emile Masson s'est associé à Laurent Bréchet, propriétaire du Ch. de Vaudieu à Châteauneuf-du-Pape, pour diriger ce vignoble de 20 ha de coteaux caillouteux.

Un coup de cœur qui salue un changement de cap en cave et la complémentarité des terroirs du domaine, marneux, sableux ou caillouteux, offrant à chacun des cépages de l'assemblage (grenache, syrah, mourvèdre) les conditions d'une parfaite maturation. Une belle intensité et une réelle finesse caractérisent ce rasteau bien ouvert sur des notes de rose, de cerise et d'épices douces (muscade). D'un fruité solaire, charnue et ronde à souhait, la bouche est arrimée à une structure tannique soyeuse et un boisé discret (moins de 10 % est élevé en barrique).Une longue finale épicée ajoute à son relief et à sa gourmandise. Un rouge sapide, déjà charmeur en diable. ⧗ 2022-2028

SCEA BRÉCHET-MASSON, 688, chem. de Grange-Neuve, 84110 Rasteau, tél. 04 90 46 10 45, bressy-masson@rasteau.fr V *r.-v.*

CAMILLE CAYRAN 2019 ★

■	20000		8 à 11 €

Créée en 1929, la coopérative de Cairanne est un acteur de poids dans la région avec ses deux marques phares, Camille Cayran pour le réseau traditionnel et Victor Delauze pour la grande distribution. En 2020, elle fusionne avec la Cave de Sainte Cécile-les-Vignes et devient Camille & Cécilia cave de Cairanne. Elle réunit à présent plus de 950 ha et élargit son offre avec une gamme bio.

L'intensité de la robe rubis foncé trouve un écho plaisant dans un bouquet dominé par les fruits rouges macérés, les quatre épices et le cacao. Ample, riche et corsé, le palais s'appuie sur une structure solide qui n'étouffe pas le fruit et sur une fine fraîcheur qui lui donne de l'allonge. Un rasteau solaire, bien dans son appellation. ⧗ 2021-2025

SCA CAVE DE CAIRANNE CAMILLE ET CÉCILIA, 290, av. de la Libération, 84290 Cairanne, tél. 04 90 30 82 05, s.henna@cave-cairanne.fr V *r.-v.*

DOM. CHAMFORT La Planne 2019 ★

■	13000		11 à 15 €

Situé au pied des Dentelles de Montmirail, ce domaine de 26 ha certifié en bio a été repris en 2010

par Vasco Perdigao, œnologue formé dans la vallée du Rhône septentrionale. Il produit des vacqueyras, rasteau, des *villages* Sablet et Séguret et des IGP.

Plateau caillouteux de 4 ha d'un seul tenant, planté de ceps de grenache et de syrah de 30 ans, la Planne donne naissance à cette cuvée généreuse, qui exhale des notes chaudes de garrigue et de gelée de mûre, tonifiées d'une touche mentholée. Rondeur et fraîcheur se rencontrent au palais, après une attaque franche qui dévoile une structure tannique fine et mûre. La finale revient sur le fruit noir juteux et la réglisse. Un rasteau bien typé, au potentiel de garde certain. ⧗ 2022-2028

SCEA FAMILLE PERDIGAO, Dom. Champfort, 280, rte du Parandou, 84110 Sablet, tél. 04 90 46 94 75, domaine-champfort@orange.fr t.l.j. sf sam. dim. 9h-12h 13h30-18h

CH. LA COURANÇONNE 2019 ★

10000 | 8 à 11 €

Ancienne propriété de l'évêché d'Orange, cette imposante bastide des XVIIe et XVIIIe s., vendue comme bien national en 1791, commande un vaste vignoble (100 ha). Elle est depuis janvier 2019 dans le giron de la famille Aubert.

Un vin complexe, ample et chaleureux qui séduira les amateurs de crus méditerranéens. D'intenses notes de fruits noirs, de pâte de cassis et d'olive noire montent du verre. Une longue macération des raisins, puis un élevage en cuve de 12 mois ont donné ce palais aux parfums généreux de cacao, charpenté et consistant, qui présage d'un très beau potentiel de garde. ⧗ 2022-2028

SCEA LA COURANÇONNE, 3618, rte de Cairanne, 84150 Violès, tél. 04 90 70 92 16, info@lacouranconne.com t.l.j. sf dim. 10h-12h30 14h-18h

DOM. DE L'ESPIGOUETTE 2019 ★

10000 | 11 à 15 €

Le nom de cette vaste exploitation de 45 ha est hérité du terme provençal *spigo* (petit épi de blé). Bernard Latour, aux commandes depuis 1979, privilégie les petits rendements et les vieilles vignes. À l'arrivée de ses fils Émilien et Julien en 2009, il a engagé la conversion bio du vignoble et créé une nouvelle cave de stockage.

Ce vin propose un nez de bonne intensité, qui demande cependant un peu d'aération avant de dévoiler ses arômes de bonbon de cassis et de prune. La bouche reste dans la mesure, avec un agréable volume, des tanins frais et fondus, une acidité bien dosée et une longue finale fumée et épicée. ⧗ 2021-2026

EARL DOM. DE L' ESPIGOUETTE, 1008, rte d'Orange, 84150 Violès, tél. 04 90 70 95 48, espigouette@aol.com t.l.j. sf sam. dim. 10h-12h 14h30-19h

DOM. LES ÉVIGNEAUX 2018 ★★

30000 | 11 à 15 €

Une maison de négoce fondée en 1964 par Jean-Guy Lavau, d'origine saint-émilionnaise. Ses héritiers Benoît et Frédéric, rejoints en 2013 par Bénédicte Bonnet du Ch. Maucoil à Châteauneuf-du-Pape, proposent aujourd'hui une large gamme de vins à partir de la production de 350 vignerons de la vallée du Rhône méridionale, complétée par 190 ha de vignes en propriété.

Une dominante de grenache (50 %) et quatre autres cépages sudistes se mêlent dans cette cuvée élevée pour partie en amphores et pour partie en fût. À un joli nez friand de raisin frais et de griotte agrémenté d'une touche florale succède une bouche dynamique, ample et concentrée en fruit, bâtie sur des tanins bien en place et un boisé harmonieux. Du caractère et de l'éclat. ⧗ 2022-2028 **Lavau 2018 ★★ (11 à 15 €; 30000 b.)** Expressif et déjà appréciable, ce rasteau livre des parfums de cassis frais, d'orange confite et d'eucalyptus. Un même caractère friand caractérise la bouche, souple et veloutée, enrobée par de tanins bien fondus. La finale apporte une agréable fraîcheur. ⧗ 2021-2025

SAS LAVAU, 585, rte de Cairanne, 84150 Violès, tél. 04 90 70 98 70, bbonnet@maucoil.com t.l.j. sf sam. dim. 9h-12h 14h-17h

DOM. FOND CROZE 2019 ★

15000 | 11 à 15 €

Un domaine fondé après la Seconde Guerre mondiale par Charles Long. Ses petits-fils, Bruno et Daniel, qui ont créé la cave en 1997, conduisent aujourd'hui un vignoble de 80 ha certifié bio. Leurs vins sont souvent en bonne place dans le Guide.

Cette cuvée bénéficiant d'un élevage soigné mi-cuve mi-barrique dévoile des arômes accrocheurs de fraise, d'épices et de menthol. La bouche se montre ronde et pulpeuse, dotée de tanins aux accents reglissés, qui se resserrent un peu en finale, amenant du relief et de la mâche. Un rasteau que l'on verrait bien aux côtés d'un carré d'agneau aux herbes. ⧗ 2022-2026

EARL DOM. FOND CROZE, 155, rte de Cairanne, 84290 Saint-Roman-de-Malegarde, tél. 06 31 63 01 75, glong@fondcroze.com t.l.j. 8h-12h 14h-18h

DOM. DES GIRASOLS Vieilles Vignes 2018 ★

7200 | 15 à 20 €

Paul et Élisabeth Joyet ont quitté Lyon pour la Provence en 1974. Ils ont élu domicile à Rasteau, abandonnant le métier de maraîcher pour celui de vigneron. Ils conduisent aujourd'hui un vignoble de 15 ha d'un seul tenant face aux Dentelles de Montmirail et au mont Ventoux, en conversion bio.

Peu de vignerons peuvent s'enorgueillir de posséder des vignes centenaires. C'est le cas de ces grenache (80 %) et mourvèdre (20 %), plantés en 1912, qui offrent un rouge délicat. Le nez distille des senteurs de griotte à l'eau-de-vie, de vanille et de bois de rose. Une attaque suave ouvre sur une bouche ronde à souhait, offrant tout le fruit attendu d'une vendange mûre à point, dotée de tanins bien fondus et d'une longue finale réglissée. Prometteur. ⧗ 2022-2028

SCEA DOM. DES GIRASOLS, 603, chem. Vieux-de-Vaison, 84110 Rasteau, tél. 04 90 46 11 70, domaine@girasols.com t.l.j. 9h-12h 14h-19h

LE GRAND PRÉBOIS 2019 ★

70000 | 8 à 11 €

La maison Perrin, fondée en 1909 par l'aïeul Gabriel Tramier, conjugue depuis 5 générations activité de

négoce et exploitation de vignobles, dont le réputé Ch. de Beaucastel (châteauneuf-du-pape) et La Vieille Ferme, vaste domaine du Luberon.

Mi-grenache mi-syrah, ce 2019 séduit par son bouquet élégant et frais de framboise écrasée mâtiné d'une touche de poivre blanc. Les fruits noirs et un toasté discret (seuls 10 % du vin passent en fût) se mêlent dans une bouche ronde, ample et juteuse, structurée par des tanins qui gardent une certaine fermeté. Un rasteau sans détour. ⧗ 2022-2026

SAS PERRIN ET FILS, 2321, rte de Jonquières, 84100 Orange, tél. 04 90 11 12 00, contact@familleperrin.com V t.l.j. sf dim. 10h-18h30

DOM. MARTIN
Les Sommets de Rasteau 2018 ★★

■	7600		11 à 15 €

Les frères David et Éric Martin sont installés depuis 2005 sur le domaine familial, créé en 1905 à partir de 5 ha sur le Plan de Dieu. Ils exploitent aujourd'hui 75 ha de vignes, essentiellement en gigondas et en châteauneuf-du-pape.

Installés sur des sols sableux, grenache et syrah ont été récoltés tard pour atteindre leur pleine maturité. C'est ce qu'il fallait faire dans ce millésime difficile. Dans le verre, un bouquet élégant et complexe de rose ancienne, de cerise burlat et de réglisse. Très bien structurée, la bouche est dynamique, longue, dotée de tanins mûrs et décline le croquant du fruit plutôt que le boisé. De l'harmonie à tous les étages. ⧗ 2022-2027

SCEA DOM. MARTIN, 439, rte de Vaison, 84850 Travaillan, tél. 04 90 37 23 20, martin@domaine-martin.com V t.l.j. 9h-12h 14h-18h

DOM. NOTRE DAME DES PALLIÈRES
Les Ribes 2018 ★

■	10000		8 à 11 €

Au Moyen Âge, la source de Notre-Dame-des-Pallières, réputée prévenir la peste, attirait les pèlerins du Midi. Depuis 1991, Julien et Claude Roux y cultivent un vignoble de 30 ha en lutte « ultraraisonnée ».

Une faible proportion de ce rouge (20 %) a passé 10 mois en barriques (de 3 à 4 vins), le reste étant élevé en cuve béton. Quelques jolies notes grillées et épicées (girofle, poivre sauvage) s'ajoutent au bouquet complexe de sous-bois et de myrtille. Ample et généreux, le palais s'appuie sur une trame tannique fondue et déploie en finale une fraîcheur inattendue. Un rasteau sapide, qui ne manque pas de potentiel en cave. ⧗ 2021-2027

EARL NOTRE DAME DES PALLIÈRES, 311, chem. de Lencieu, 84190 Gigondas, tél. 04 90 65 83 03, contact@pallieres.com V t.l.j. sf sam. dim. 9h-12h 14h-18h

DOM. DES NYMPHES L'Empérus 2018 ★★

■	5000		11 à 15 €

Crée en 1981 par la famille famille Meyer, ce petit vignoble de 4 ha tient son nom d'un autel romain, aujourd'hui exposé au musée Calvet d'Avignon, qui y fut exhumé. En 2019, Jean-Pierre Valade, consultant international en œnologie, et Eric Petitjean acquièrent le domaine, dont ils entreprennent sans attendre la conversion en bio. Ils possèdent également le Ch. la Croix des Pins à Mazan.

Une structure athlétique pour ce rouge élevé en foudres de chêne pendant 16 mois. Aux notes vanillées et toastées du premier nez succèdent à l'aération des arômes généreux de fruits noirs bien mûrs. Finement épicée, la bouche possède la concentration des rasteau tout en ayant le rebond et la fraîcheur propre au millésime. Les tanins, bien fondus, participent à l'élégance de ce vin délicat, au boisé parfaitement maîtrisé. Du potentiel et de la grâce. ⧗ 2022-2028

SARL LATITUDE 44.2 (DOM. DES NYMPHES), 295, rte de la Cave, 84110 Rasteau, tél. 04 90 66 37 48, contact@domainedesnymphes.fr V t.l.j. sf sam. dim. 9h-12h 14h-18h

DOM. RABASSE CHARAVIN 2018 ★★

■	5300		15 à 20 €

Vers 1880, Edmond Charavin, vigneron et chapelier, acquiert 3 ha de terres à Cairanne. Quatre générations plus tard, en 1984, Corinne Couturier prend les commandes, relayée depuis 2013 par sa fille Laure, à la tête aujourd'hui d'un vignoble de 40 ha, en conversion bio.

Une bonne proportion de mourvèdre (35 %) et de vieux carignan (5 %) viennent en appui du grenache dans cette cuvée élevée en cuve béton, qui offre à la fois un caractère sudiste assumé et une fraîcheur propre au millésime. La robe presque noire évoque la concentration, mais le bouquet est plus délicat que puissant, sur des notes de fleur (genêt), de figue fraîche et de garrigue. Bâtie sur une trame tannique serrée et une agréable vivacité, la bouche ne manque pas de pulpe et s'étire sur de jolis arômes de fruits noirs compotés. Un rasteau éclatant, qui devrait faire l'unanimité autour de la table. ⧗ 2022-2028

EARL CORINNE COUTURIER, 1030, chem. des Girard, D 69, rte de Rasteau, 84290 Cairanne, tél. 04 90 30 70 05, rabasse-charavin@orange.fr V r.-v.

B DOM. DE VERQUIÈRE 2018 ★

■	25000		11 à 15 €

Un domaine fondé en 1928. En 2009, la quatrième génération – Thibaut Chamfort – s'est installée à la tête de la propriété et l'a convertie à l'agriculture biologique. La bastide, agencée selon la coutume provençale en fer à cheval, commande un vignoble de 45 ha.

Ce vin propose un nez chaleureux de confiture de fraise agrémenté d'un boisé léger, signature d'un court élevage de 6 mois en foudre. La bouche tire de ses 70 % de grenache une agréable suavité et des saveurs chaleureuses de griotte à l'eau-de-vie et de réglisse, laissant le souvenir d'un rouge complexe et capiteux. ⧗ 2022-2026

EARL THIBAUT CHAMFORT, Dom. de Verquière, 45, rue Georges-Bonnefoy, 84110 Sablet, tél. 04 90 46 90 11, chamfort@domaine-de-verquiere.com V t.l.j. 9h-12h 13h30-17h30; sam. dim. sur r.-v. E

CAIRANNE

LA BASTIDE SAINT-DOMINIQUE
Les 2 Arbres 2019 ★

■	20 000	🛢🍾	11 à 15 €

Créé en 1979 par Gérard et Marie-Claude Bonnet, ce domaine établi à Courthézon, sur les vestiges d'une ancienne chapelle du XVIe s., se déploie sur 45 ha en côtes-du-rhône, cairanne et châteauneuf-du-pape. Depuis 1999, les vins sont vinifiés par Éric, leur fils, qui complète la propriété avec une structure de négoce. Il a été rejoint par sa sœur Véronique en 2016.

Une belle réussite que ce 2019 en robe sombre et dense qui s'ouvre sur le bois frais, puis sur d'intenses notes de baies rouges agrémentées d'une touche de réglisse. Une attaque intense introduit un palais rond, mûr et bien en chair, soutenu par des tanins policés s'étirant dans une agréable finale fraîche et fruitée (cassis). Un style dépouillé qui va à l'essentiel : du fruit et encore du fruit, en dépit de l'élevage sous bois. ⧗ 2022-2027

⊶ SCEA BASTIDE SAINT-DOMINIQUE, 1358, chem. Saint-Dominique, 84350 Courthézon, tél. 04 90 70 85 32, contact@bastidesaintdominique.com V t.l.j. sf sam. dim. 8h30-12h30 13h30-17h

Ⓑ DOM. A. BERTHET-RAYNE
Vieilles Vignes 2019 ★

■	15 000	🍾	11 à 15 €

Un domaine familial de 30 ha (en bio) établi à Cairanne depuis cinq générations. Aux commandes, André et Marina Berthet-Rayne sont épaulés par leur fille Alexandra et son époux Axel.

Ce cairanne très fruité est déjà bon à boire. Fruits rouges et notes florales (œillet) au nez, fruits des bois, réglisse et touche de menthol au palais : ce vin est très typique de l'appellation. En bouche, l'équilibre est réussi, entre souplesse, fraîcheur du fruit et densité d'une chair mûre soutenue par des tanins veloutés. Un vin de plaisir qui a su éviter l'écueil de la surmaturité. ⧗ 2021-2024

⊶ EARL DOM. DES BEAUCHIÈRES (DOM. A. BERTHET-RAYNE), 235, rte de Saint-Roman, BP 9, 84290 Cairanne, tél. 04 90 30 72 75, andre.berthet-rayne@orange.fr V t.l.j. 9h-12h 14h-17h30

LAURENT BROTTE Les Charmilles 2019 ★

■	60 000	🛢🍾	5 à 8 €

Cette maison réputée, fondée en 1931 par Charles Brotte, pionnier de la mise en bouteilles dans la vallée du Rhône, est aujourd'hui dirigée par Laurent, petit-fils du fondateur. Elle vinifie ses propres vignes et opère des sélections parcellaires pour le compte de son négoce, dont La Fiole du Pape, en châteauneuf, est la marque phare depuis sa création en 1952.

Quatre cépages et un élevage associant cuve et barrique, c'est la formule gagnante de ce rouge d'un grenat profond aux reflets carminés, très volubile au nez, sur des notes de cerise, de cassis, d'une pointe d'épices et de Zan. La bouche va droit au but : souple et sapide à l'attaque, ce qu'il faut de rondeur, des tanins doux et un parfum chaud de cannelle qui persiste longtemps. Facile d'accès et charmeur. ⧗ 2021-2026

⊶ SA BROTTE, av. Pierre-de-Luxembourg, 84230 Châteauneuf-du-Pape, tél. 04 90 83 70 07, brotte@brotte.com V t.l.j. 9h-12h 14h-18h (9h-19h en été)

DOM. BRUSSET L'Esprit de Papet 2019 ★★

■	3 000	🛢🍾	15 à 20 €

Soixante-dix-huit terrasses exposées plein sud composent ce vignoble de 70 ha situé sous les Dentelles de Montmirail. Créé en 1947 par André Brusset, puis dirigé par son fils Daniel, il est aujourd'hui conduit par son petit-fils Laurent. Le domaine est présent sur 5 AOC et totalise 14 cuvées différentes. Une valeur sûre en gigondas et en cairanne.

Viognier, roussanne et clairette, vinifiées pour moitié en fût et pour moitié en cuve avec du bâtonnage : c'est la méthode qu'utilisait le *Papet* de Laurent Brusset et qui continue de faire ses preuves. La robe d'un jaune intense aux reflets argentés dévoile une aromatique de petites fleurs blanches, de fruits jaunes et de noisette. Une attaque souple ouvre sur un palais qui allie fraîcheur et volume dans un bon équilibre et qui s'étire dans une finale élégante, sur la pureté du fruit. ⧗ 2021-2024 ■ **Vieilles Vignes 2019 ★★ (11 à 15 €; 8 000 b.)** Cette cuvée née de vignes de 80 ans affiche un nez explosif alliant les fruits noirs (cassis, myrtille) au poivre et à des notes de garrigue. Ample, à la fois dense et fraîche, la bouche offre une belle profondeur, soulignée par une fine amertume et par des tanins généreux, encore un peu sévères. Une petite garde est conseillée. ⧗ 2022-2025 ■ **Les Travers 2019 ★ (11 à 15 €; 50 000 b.)** Élevé 12 mois en cuve après une vinification en levures indigènes, ce cairanne séduit par son nez friand de framboise fraîche et de fougères. Une netteté et une élégance qui se confirme dans une bouche souple et croquante, d'une agréable richesse aromatique (cassis, pivoine), maintenue par des tanins fins et salins. Simple et raffiné. ⧗ 2021-2024

⊶ SA DOM. BRUSSET, 70, chem. de la Barque, 84290 Cairanne, tél. 04 90 30 82 16, contact@domainebrusset.com V t.l.j. 10h-12h 14h-18h

CAMILLE CAYRAN Les Voconces 2019 ★

■	35 000	🍾	8 à 11 €

Créée en 1929, la coopérative de Cairanne est un acteur de poids dans la région avec ses deux marques phares, Camille Cayran pour le réseau traditionnel et Victor Delauze pour la grande distribution. En 2020, elle fusionne avec la Cave de Sainte Cécile-les-Vignes et devient Camille & Cécilia cave de Cairanne. Elle réunit à présent plus de 950 ha et élargit son offre avec une gamme bio.

Intense et racé, le nez joue avec élégance sur la liqueur de cassis, le menthol et des notes chocolatées. Droite, structurée à l'attaque, la bouche affiche encore l'austérité du mourvèdre (20 %) dans sa jeunesse, se dévoilant ensuite plus ronde et suave, sur des parfums chaleureux de griotte macérée et de réglisse assez typiques du grenache (80 %). Un vin consistant et bien pensé. ⧗ 2022-2026

⊶ SCA CAVE DE CAIRANNE CAMILLE ET CÉCILIA, 290, av. de la Libération, 84290 Cairanne, tél. 04 90 30 82 05, s.henna@cave-cairanne.fr V r.-v.

COTEAUX DES TRAVERS
Terra Rosea 2019 ★★

5700 | 15 à 20 €

Son grand-père cultivait la vigne en 1920. Robert Charavin, rejoint par ses enfants Marine et Paul en 2016, conduit un domaine de 14 ha, certifié en bio (2010) et biodynamie (2013), régulier en qualité, qui tire son nom de ses coteaux exposés au soleil levant («travers»). Trente hectares supplémentaires, en cours de restructuration sur le Massif d'Uchaux, devraient bientôt venir compléter la propriété.

Est-ce de l'argile rouge dans laquelle les ceps de grenache et de mourvèdre plongent leurs racines, de la vendange manuelle à pleine maturité ou de la longue vinification en cuve tronconique que cette cuvée tire sa profondeur exquise? De l'ensemble, peut-être… C'est en tout cas ce qui a convaincu le jury de lui attribuer un coup de cœur. Ce joli rouge à la robe pourpre sombre livre un bouquet intense et détonnant de myrtille, de crème à la vanille, de cuir et de garrigue. La bouche, à l'unisson, se révèle ample, longue et majestueuse, à la fois corpulente et fine, étayée par des tanins au grain soyeux. De l'éclat et une classe folle. ⧗ 2021-2025

⊶ EARL ROBERT CHARAVIN, 15, rte de la Cave, 84110 Rasteau, tél. 04 90 46 13 69, coteaux-des-travers@rasteau.fr V t.l.j. sf dim. 9h-18h; sam. 9h-12h

DOM. GALUVAL La Montagne 2019 ★★

14600 | 20 à 30 €

Après de nombreuses années passées à l'étranger, Nicole et Jean-François Trontin ont pris la tête de ce domaine en 2015. Situé entre Cairanne et Rasteau, le vignoble s'étend aujourd'hui sur 50 ha.

La Montagne? C'est la montagne de Ventabren d'où provient cet assemblage de syrah (55 %) et de grenache, reconnu comme l'un des meilleurs terroirs de Cairanne. En 2019, millésime sec, ses sols profonds et sa petite altitude (320 m) ont probablement été un atout. Il en résulte un bouquet complexe et intense de fruits rouges, d'épices, de truffe et d'humus. La palais confirme cette impression de concentration, avec une matière dense, des notes de fruits noirs juteux et des tanins charnus et bien mûrs, encore un peu stricts en finale. Un rouge puissant qui appelle la garde. ⧗ 2023-2020

⊶ SCEA DOM. DE GALUVAL, 1720, rte de Vaison, 84290 Cairanne, tél. 09 72 58 40 53, j.facila@galuval.com V

DOM. LES GRANDS BOIS Maximilien 2019 ★

8900 | 8 à 11 €

Fondé en 1929 par Albert Farjon, ce domaine de 47 ha est aujourd'hui conduit par sa petite-fille Mireille et son mari Marc Besnardeau. Leur vignoble est certifié bio depuis le millésime 2011. Côtes-du-rhône, *villages*, cairanne, rasteau, leurs vins sont régulièrement en vue dans ces pages.

Récompensé d'un coup de cœur pour le 2018, cette cuvée livre sur le millésime 2019 une version au fruité moins charmeur mais de belle personnalité. Le bouquet s'ouvre sur des notes épicées relayées à l'aération par le cassis et la truffe noire. La bouche dévoile des senteurs bien méditerranéennes de garrigue, d'eucalyptus et de réglisse, qui enrobent des tanins au grain fin et soyeux et apportent une touche de fraîcheur réjouissante. Un vin généreux et solaire. ⧗ 2022-2026

⊶ SCEA DOM. LES GRANDS BOIS, 55, av. Jean-Jaurès, 84290 Sainte-Cécile-les-Vignes, tél. 04 90 30 81 86, mbesnardeau@grands-bois.com V t.l.j. sf dim. 9h-12h 13h30-18h30

DOM. LES HAUTES CANCES 2019 ★★

3500 | 11 à 15 €

En 1981, Anne-Marie Achiary-Astart a repris, avec son époux Jean-Marie, le domaine créé en 1902 par son arrière-grand-père à Cairanne. Ce couple de médecins à la retraite conduit, dans un esprit bio mais sans certification, un vignoble de 18 ha régulièrement en vue et en bonne place pour ses côtes-du-rhône et ses *villages*.

Ce cairanne met à l'honneur la belle diversité ampélographique de la vallée du Rhône méridionale. Cinq cépages blancs sont assemblés dans ce 2019 pâle et légèrement doré, qui libère des parfums de fleurs blanches (jasmin, lys) et de fruits jaunes, accompagnés d'une touche anisée. Cette palette aromatique complexe se prolonge dans une bouche d'abord franche et vive, puis d'une agréable onctuosité, sans aucune lourdeur, étirée sur de beaux amers (amande fraîche, fenouil) en finale. Du relief et beaucoup d'élégance. ⧗ 2021-2024

⊶ SCEA HAUTES CANCES, 20, chem. de la Barque, 84290 Cairanne, tél. 04 90 30 76 14, hautes.cances@pierre-amadieu.com

CH. LE PLAISIR 2019 ★

23000 | 11 à 15 €

Cette exploitation est l'une des plus anciennes de la commune de Cairanne. Elle a été reprise en 2009 par la famille Julien, qui l'a agrandie. Aujourd'hui à la tête d'un vignoble de 47 ha, celle-ci produit des cairanne, des côtes-du-rhône, des *villages* (Plan de Dieu) et des IGP Méditerranée.

Cinquante jours de cuvaison, 16 mois d'élevage : voilà une cuvée à laquelle on a laissé le temps de s'affiner. Le nez se livre généreusement sur des notes de fruits rouges et noirs mâtinés de réglisse. L'attaque charmeuse ouvre sur un palais riche, gourmand et mûr, aux tanins moelleux et finement épicés. Un rouge complet, à ouvrir dès à présent. ⧗ 2021-2024

⊶ SCEA CH. LE PLAISIR, 440, rte d'Orange, 84290 Cairanne, tél. 06 14 99 13 97, domaine-le-plaisir@orange.fr V t.l.j. sf sam. dim. 9h-12h 14h-17h

DOM. RABASSE CHARAVIN
Cuvée d'Estevenas 2019 ★

9600 | 20 à 30 €

Vers 1880, Edmond Charavin, vigneron et chapelier, acquiert 3 ha de terres à Cairanne. Quatre générations plus tard, en 1984, Corinne Couturier prend les commandes, relayée depuis 2013 par sa fille Laure,

RHÔNE

à la tête aujourd'hui d'un vignoble de 40 ha, en conversion bio.

Des hauts de coteaux exposés au sud et de vieilles vignes de grenache et de syrah sont les ingrédients de cette cuvée. Si le nez s'exprime avec discrétion sur des parfums de fruits des bois et d'épices douces, la bouche est plus loquace : elle se teinte de cassis juteux et de poivre noir, enrobant une matière à la fois ronde et fraîche, arrimée à des tanins denses légèrement austères. Quelques mois de cave devraient lui apporter plus de fondu. ⧗ 2022-2026

EARL CORINNE COUTURIER, 1030, chem. des Girard, D 69, rte de Rasteau, 84290 Cairanne, tél. 04 90 30 70 05, rabasse-charavin@orange.fr V r.-v.

DOM. SAINT-ANDÉOL Excellence 2019 ★★

	12 000		11 à 15 €

Les lointaines origines du domaine, situé à l'emplacement d'un prieuré, remontent au XIIes. La propriété se transmet dans la même famille depuis quatre générations. Jean-Jacques Beaumet est à sa tête depuis 1988. Il exploite 37 ha sur les hauteurs de Cairanne.

Parée d'une robe rouge foncé aux reflets bleutés, cette cuvée délivre une palette gourmande et riche de fruits noirs macérés (mûre et myrtille) et de kirsch, rehaussée par une touche de fraîcheur mentholée. La bouche ample et enveloppante, bâtie sur de solides tanins, bien mûrs sans être massifs, monte en puissance et s'affirme dans une longue finale parfumée, aux notes d'eucalyptus et de Zan. Une belle typicité pour cette bouteille que l'on peut ouvrir ou attendre. ⧗ 2021-2025

SARL BEAUMET ET FILS, 800, chem. des Hautes-Rives, 84290 Cairanne, tél. 04 90 30 81 53, cave.beaumet@orange.fr V r.-v. E

PIERRE VIDAL Grande Réserve 2019 ★

	60 000		8 à 11 €

Pierre Vidal, installé à Châteauneuf-du-Pape avec son épouse vigneronne, a créé son négoce en 2010. Cet œnologue formé en Bourgogne s'est entouré d'une petite équipe et a construit, en 2019, sa propre cave pour pouvoir peaufiner ses sélections parcellaires, tournées vers les vins bio et *vegan*.

Engageant dans sa robe juvénile aux reflets violacés, ce 2019 offre un bouquet délicat de fruits rouges et noirs frais associés à des notes d'herbes aromatiques et de réglisse. Après une attaque souple et séveuse, la framboise et la myrtille reviennent au galop dans une bouche ample, portée par des tanins encore jeunes qui se resserrent un peu en finale. Un cairanne aromatique et équilibré. ⧗ 2021-2025

EURL PIERRE VIDAL, 370, rue Calixte-Paillet, 84350 Courthézon, tél. 07 77 05 38 81, contact@pierrevidal.com

GIGONDAS

Superficie : 1 225 ha / Production : 32 180 hl

Au pied des étonnantes Dentelles de Montmirail, le vignoble de Gigondas ne couvre que la commune du même nom. Il est constitué d'une série de coteaux et de vallonnements. La vocation viticole de l'endroit est très ancienne, mais son réel développement ne date que du XIXes., sous l'impulsion d'Eugène Raspail. D'abord côtes-du-rhône, puis, en 1966, côtes-du-rhône-villages, Gigondas obtient ses lettres de noblesse en tant qu'appellation spécifique en 1971.

Les caractéristiques du sol et le climat donnent leur caractère aux vins, le plus souvent rouges à forte teneur en alcool, puissants et charpentés, tout en présentant une palette aromatique d'une grande finesse où se mêlent épices et fruits à noyau. Bien adaptés au gibier, les gigondas mûrissent lentement et peuvent garder leurs qualités pendant de nombreuses années. Il existe également quelques vins rosés, eux aussi chaleureux.

LA BASTIDE SAINT-VINCENT 2019 ★★

	18 000		15 à 20 €

Installé dans une ancienne ferme rénovée aux airs de bastide, dont certains éléments datent du XVIIes., Laurent Daniel, ancien responsable commercial export dans un négoce de vin, a repris en 2001 ce vignoble familial de 23 ha très morcelé, réparti dans 6 communes. Un habitué du Guide, d'une régularité sans faille, qui dispose depuis 2020 d'une cave agrandie.

Richesse et onctuosité pour ce gigondas haute couture, qui décline une palette multiple de baies noires, de sous-bois et d'une pointe animale de bon aloi. La bouche séduit par son opulence, ses tanins fermes et savoureux enrobés par une sucrosité caressante. La finale, longue et parfumée, est saluée par le jury. Un vin généreux qui peut encore attendre. ⧗ 2022-2028

SCEA GUY DANIEL, 1047, rte de Vaison, 84150 Violès, tél. 04 90 70 94 13, bastide.vincent@free.fr V r.-v.

DOM. DE BOISSAN Vieilles Vignes 2019 ★★

	30 000		11 à 15 €

Établi à Sablet depuis 1981, Christian Bonfils et son épouse Cathy, rejoints récemment par leurs trois enfants, conduisent un domaine de 50 ha commandé par une bâtisse du XVIIes. Les vins blancs sont en bio certifié, les rouges en conversion bio.

Une dominante de vieilles vignes de grenache (80 %) pour cette cuvée à la robe profonde, issue d'une vendange entière non éraflée et longuement affinée en cuve. Le nez décline des arômes de fruits macérés et des notes de cacao. Soutenue par des tanins veloutés, la bouche est précise, puissante, ample et élégante à la fois, d'une belle complexité aromatique sur le cuir et le sous-bois. Un beau gigondas qui vieillira harmonieusement. ⧗ 2023-2030

EARL CHRISTIAN BONFILS, 141, rue Saint-André, 84110 Sablet, tél. 04 90 46 93 30, contact@domainedeboissan V *t.l.j. sf dim. 9h-12h 13h30-17h30* E

DOM. LA BOUÏSSIÈRE La Font de Tonin 2018 ★

	35 000		20 à 30 €

Planté par Antonin Faravel au pied des Dentelles de Montmirail à la suite du gel de 1956 qui décima

les oliviers, le vignoble de 20 ha a été repris en 1989 par ses enfants Gilles, Thierry et Josiane. Les vignes situées sur des terrasses, à 300 m d'altitude, donnent des vins d'une très belle régularité en gigondas comme en vacqueyras.

Les Faravel proposent une cuvée hommage à leur père Antonin, issue de sélection des plus vieilles vignes de grenache et de mourvèdre. Une robe lumineuse aux reflets violines et un nez intrigant de framboise, de rose ancienne et de cèdre composent une belle entrée en matière. La bouche, au diapason de cette finesse aromatique, distille une belle sucrosité parfumée d'épices douces, après une attaque franche et gourmande. Aucun excès dans ce vin d'une réelle longueur. Équilibré, il s'affinera encore en bouteille. ⌛ 2022-2028

EARL FARAVEL, 15, rue du Portail, 84190 Gigondas, tél. 04 90 65 87 91, domaine@labouissiere.com V *t.l.j. sf dim. 9h-12h 14h-18h*

LAURENT BROTTE 2019 ★★

■ | 20000 | | 15 à 20 €

Cette maison réputée, fondée en 1931 par Charles Brotte, pionnier de la mise en bouteilles dans la vallée du Rhône, est aujourd'hui dirigée par Laurent, petit-fils du fondateur. Elle vinifie ses propres vignes et opère des sélections parcellaires pour le compte de son négoce, dont La Fiole du Pape, en châteauneuf, est la marque phare depuis sa création en 1952.

Il ne faut pas se fier à son nez un peu timide de groseille compotée et de sous-bois, car l'aromatique explose en bouche, sur des notes chaleureuses de griotte confite et de muscade. Une bouche charnue, capiteuse, puissante, soutenue par des tanins mûrs caractéristiques de ce millésime solaire et encore renforcée par un élevage en foudres. Un gigondas vigoureux qui mérite un passage en cave. ⌛ 2022-2027

SA BROTTE, av. Pierre-de-Luxembourg, 84230 Châteauneuf-du-Pape, tél. 04 90 83 70 07, brotte@brotte.com V *t.l.j. 9h-12h 14h-18h (9h-19h en été)*

B BRUNEL DE LA GARDINE 2019 ★

■ | 10000 | | 20 à 30 €

Le négociant Gaston Brunel, héritier d'une longue tradition vigneronne (XVIIe s.), acquit La Gardine en 1945. Ses fils, Patrick et Maxime, et ses petits-enfants, Marie-Odile et Philippe, continuent de mettre en valeur ce domaine réputé, fort d'une cinquantaine d'hectares. En 2007, la famille Brunel a créé une maison de négoce sous le nom de Brunel de la Gardine.

Du cassis frais à foison et du poivre noir émanent de ce vin sombre à reflets violines. Le palais, qui révèle une forte extraction, se montre puissant et gras, épaulé par des tanins jeunes et par un boisé épicé et torréfié qui pimente une finale longue. Un rouge fougueux qui a de belles années devant lui. ⌛ 2023-2030

SCA BRUNEL PÈRE ET FILS (CH. DE LA GARDINE), rte de Roquemaure, 84230 Châteauneuf-du-Pape, tél. 04 90 83 73 20, chateau@gardine.com V *t.l.j. sf dim. 10h-18h*

DOM. BRUSSET Tradition Le Grand Montmirail 2019 ★

■ | 40000 | | 15 à 20 €

Soixante-dix-huit terrasses exposées plein sud composent ce vignoble de 70 ha situé sous les Dentelles de Montmirail. Créé en 1947 par André Brusset, puis dirigé par son fils Daniel, il est aujourd'hui conduit par son petit-fils Laurent. Le domaine est présent sur 5 AOC et totalise 14 cuvées différentes. Une valeur sûre en gigondas et en cairanne.

Aux yeux du jury, cette cuvée signe la typicité d'un gigondas. De l'intensité à tous les étages, avec une robe concentrée, un nez expressif de myrtille et d'olive noire, et une bouche puissante et volumineuse, dont les arômes de tapenade et de garrigue renvoient au terroir escarpé de ce "grand Montmirail", exposé au sud et caillouteux. Des tanins de belle maturité donnent de la tension à la finale. De la classe et du caractère. ⌛ 2023-2030

SA DOM. BRUSSET, 70, chem. de la Barque, 84290 Cairanne, tél. 04 90 30 82 16, contact@domainebrusset.com V *t.l.j. 10h-12h 14h-18h*

DOM. BURLE Les Pallieroudas 2019 ★

■ | 6300 | | 11 à 15 €

Un domaine fondé en 1961, dans la même famille depuis trois générations. Florent et Damien Burle, installés en 1995, y conduisent un vignoble de 21 ha.

De vieilles vignes de grenache (90 %) agrémentées d'une touche de mourvèdre ont donné cette jolie cuvée aux accents de pruneau, de fruits rouges confits et de fourrure. Des tanins fondus encadrent une bouche charnue, équilibrée et longue. Un gigondas déjà prêt à boire, mais qui évoluera sereinement. ⌛ 2021-2026

EARL FLORENT ET DAMIEN BURLE, 306, chem. Saint-Damien, 84190 Gigondas, tél. 04 90 70 94 85, contact@domaineburle.com V *t.l.j. sf sam. dim. 8h-12h 14h-18h*

B CLOS DE CAVEAU Champvermeil 2018 ★

■ | 10600 | | 20 à 30 €

Pionniers en matière de viticulture biologique (certification en 1989), les Bungener conduisent un domaine de 16 ha d'un seul tenant au pied des Dentelles de Montmirail qui est aussi le plus haut de l'appellation. Attachés à l'expression des terroirs, ils privilégient les vinifications parcellaires et le recours aux seules levures indigènes.

Cette cuvée d'un rouge vermeil présente un nez encore discret révélant la touche épicée du merrain. Une vinification pour moitié en barrique et un élevage sous bois d'un an affirment encore leur présence sur une matière déliée, aux notes de fruits rouges et de gousse de vanille. La réglisse se manifeste dans une finale fine et tonique. Une petite garde permettra de policer les tanins. ⌛ 2022-2026

EARL LE CLOS DE CAVEAU, 1560, chem. de Caveau, 84190 Vacqueyras, tél. 04 90 65 85 33, damien@closdecaveau.com V *t.l.j. 10h-19h*

RHÔNE

DOM. LES COTEAUX DE MONTMIRAIL 2019 ★

3115 | 11 à 15 €

Fondée en 1924, une des premières coopératives du Vaucluse, qui regroupe aujourd'hui 180 vignerons et plus de 1 400 ha de vignes. Elle propose des côtes-du-rhône, côtes-du-rhône-villages, ventoux, gigondas, ainsi que des IGP Méditerranée et un vin doux naturel.

Un vin résolument moderne qui a choisi de préserver la qualité du fruit par un élevage 100 % cuve béton. De la séduction dans son bouquet enjôleur de fruits mûrs, d'épices et de caramel au lait. L'harmonie est aussi en bouche, bien équilibrée entre la fraîcheur d'une attaque croquante et une texture fondue où les tanins jouent les seconds rôles. Du soyeux et de la gourmandise pour cette cuvée déjà prête à boire. 2021-2025

SAS LA ROMAINE, 95, chem. de Saumelongue, 84110 Vaison-la-Romaine, tél. 04 90 36 55 90, adv@cave-la-romaine.com t.l.j. 9h-12h30 14h-18h30; dim. 9h-12h

GIGONDAS LA CAVE
Signature Élevage en vieux foudres de chêne 2018 ★★

48262 | 15 à 20 €

Créée en 1956 au pied des Dentelles de Montmirail, la coopérative de Gigondas vinifie aujourd'hui la production de quelque 247 ha de vignes, dont une partie en agriculture biologique.

Un assemblage traditionnel à dominante de grenache, avec quelques touches de syrah (10 %), mourvèdre (5 %) et cinsault (5 %), élevé en foudre de chêne pour préserver ses arômes. Le nez se dévoile progressivement sur des notes de griotte et d'épices douces (cannelle, cardamome). La bouche, plus intense, est ronde et puissante. Quelques tanins souples accompagnent cette matière élégante et finement réglissée. Beaucoup de personnalité dans un millésime compliqué. 2021-2025

SCA GIGONDAS LA CAVE, 589, rte de Vaison, 84190 Gigondas, tél. 04 90 65 86 27, infos@cave-gigondas.fr t.l.j. 9h-12h30 14h-18h

DOM. GOUR DE CHAULÉ Tradition 2019 ★★

35000 | 15 à 20 €

Rolande Beaumet a commencé à commercialiser le vin de son domaine en bouteille en 1970. Elle a été rejointe par sa fille Aline en 2007, puis par sa petite-fille Stéphanie Fumoso. Trois générations de femmes qui cultivent aujourd'hui 10 ha morcelés en une vingtaine de parcelles.

Vendanges manuelles, raisins non éraflés et levures indigènes : voilà un domaine qui recherche l'authenticité. Dans cet assemblage classique grenache-syrah-mourvèdre, les épices, le fruit rouge frais et une note minérale de craie s'imbriquent avec une belle complexité. L'équilibre au palais réjouit, c'est puissant et serré, et la fraîcheur perdure jusqu'en finale. L'élevage long en foudres (16 mois) confère en outre de la finesse aux tanins sans les outrances du bois neuf. Bâti pour la garde. 2023-2030

SCEA GOUR DE CHAULÉ, 6, rte Neuve, 84190 Gigondas, tél. 06 60 43 77 61, contact@gourdechaule.com r.-v.

♥ DOM. DU GRAPILLON D'OR 1806 2019 ★★

59000 | 15 à 20 €

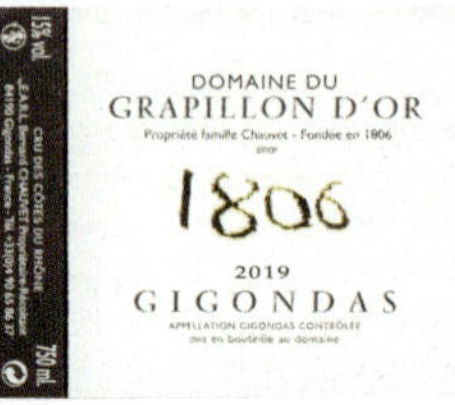

Un vieux mas du XVIIIe s. abritant une étonnante collection de tire-bouchons commande ce domaine familial créé en 1806. À la tête des 20 ha de vignes depuis 1975, Bernard Chauvet est épaulé par sa fille Céline, 9e génération à la tête du domaine. À noter, des vins végan pour les intéressés.

Le domaine, habitué des récompenses, nous sert une fois encore un rouge éclatant, un superbe gigondas à la robe bleutée et au nez ébouriffant de mûre compotée, de réglisse et de truffe. Le palais dévoile une matière ample, tannique, irrésistible de concentration et de sucrosité. Certes, le millésime est solaire et se reflète dans cette bouche mûre dont la finale indique une pointe de chaleur. Mais cela ne gâche en rien le plaisir à déguster cette bouteille magnétique. 2022-2030

EARL BERNARD CHAUVET, 617, rte des Princes d'Orange, 84190 Gigondas, tél. 04 90 65 86 37, c.chauvet@domainedugrapillondor.com t.l.j. sf dim. 9h-12h 14h-18h

ALAIN JAUME Terrasses de Montmirail 2019 ★

20000 | 15 à 20 €

D'origine castelpapale, Alain Jaume et ses fils, Sébastien et Christophe, perpétuent une tradition viticole qui remonte à 1826. Ils conduisent en bio un vignoble de 155 ha réparti sur 4 domaines : Grand Veneur à Châteauneuf-du-Pape, Clos de Sixte à Lirac, Ch. Mazane à Vacqueyras, et le Dom. la Grangette Saint-Joseph en AOC côtes-du-rhône, le tout complété par une activité de négoce. Une valeur sûre.

Encore sur la réserve, le nez allègre évoque la fraise écrasée et le bâton de cannelle. La bouche est cohérente, toujours sur des notes d'épices douces et de fruits rouges frais, mais avec plus d'intensité, de la rondeur, des tanins suaves mais discrets et une jolie finale déliée. Un bel équilibre pour ce gigondas dynamique. 2021-2026

SARL VIGNOBLES ALAIN JAUME, 1358, rte de Châteauneuf-du-Pape, 84100 Orange, tél. 04 90 34 68 70, contact@alainjaume.com t.l.j. sf dim. 8h-13h 14h-18h

FRANÇOIS-XAVIER LAMBERT 2019 ★

10000 | 11 à 15 €

Anciennement Dom. Saint-François-Xavier à Gigondas, la propriété est reprise par Jean-François Gras, le petit-fils du fondateur, en 2018. À la tête d'un vignoble de 3,5 ha, le vigneron complète son activité par du négoce en côtes-du-rhône et plusieurs crus de la vallée du Rhône nord et sud.

Une longue macération et un élevage en fût confèrent à cet assemblage classique un nez élégant de gelée de mûre, agrémenté de notes épicées et torréfiées (café). Au palais, l'équilibre est bien dosé entre fraîcheur des arômes, suavité des tanins, souplesse de la structure et bon volume. D'ores et déjà savoureux. ⧗ 2021-2024

JEAN-FRANÇOIS GRAS, 454, chem. de la Beaumette, 84190 Gigondas, tél. 06 20 52 64 54, gigondas@orange.fr V r.-v.

DOM. DE LA MAVETTE 2018 ★

	10 000		15 à 20 €

Implanté au pied des Dentelles de Montmirail, en gigondas et en appellations régionales, ce domaine est conduit par la même famille depuis trois générations. La dernière en date est représentée par Jean-François Lambert, arrivé en 1988 et gérant depuis 1992, à la tête aujourd'hui d'un vignoble de 25 ha.

La couleur d'un rouge vif et brillant est une belle invitation à découvrir ce vin au nez expressif de rose séchée et de garrigue (laurier, romarin). L'attaque est fraîche, sur le croquant du fruit, puis laisse place à une matière gourmande étayée de tanins discrets mais élégants. De la persistance et une pointe de sucrosité s'invitent en finale. Une réussite à déboucher sur le fruit. ⧗ 2021-2024

EARL LAMBERT ET FILS, 677, chem. de Lencieu, 84190 Gigondas, tél. 06 14 46 51 76, lambert.jfs@orange.fr V *t.l.j. sf dim. 9h-12h 14h-18h. f. janv.*

B MOULIN DE LA GARDETTE Cuvée Tradition 2018 ★★

	20 000		20 à 30 €

Ce domaine familial (5 générations), régulier en qualité, conduit depuis 1994 par Jean-Baptiste Meunier étend ses 10 ha certifié bio depuis 2012 sur les collines de la Gardette et de Saint-Jean, au pied des Dentelles de Montmirail.

Dix-huit mois d'élevage en vieux foudres ont pris le temps d'affiner ce gigondas, de style classique qui, derrière une robe aux reflets rubis, livre un nez épanoui et floral aux notes douces-amères de fleur et de garrigue. La rondeur est immédiate au palais. La structure dentelée et les tanins totalement fondus, laissent place à une finale vibrante (cacao amer) et incroyablement longue. Un beau vin sans dureté qui restitue l'esprit du grenache. ⧗ 2022-2028

SCEA MEUNIER-JURDIC, Moulin de la Gardette, 11, pl. Gabriel-Andéol, 84190 Gigondas, tél. 04 90 65 81 51, info@moulindelagardette.com V *t.l.j. sf dim. 10h-13h 14h-18h*

DOM. PALON 2019 ★

	23 000		15 à 20 €

Issu d'une famille vigneronne depuis un siècle et fils de l'ancien président de la «coop» de Gigondas, Sébastien Palon a décidé en 2003 de créer sa propre cave. Il conduit aujourd'hui un vignoble de 11 ha en conversion bio depuis 2019.

Sa robe violacée annonce un vin de prime jeunesse, qui déborde de fruits rouges et noirs (cerise bigarreau, cassis), relevés par une pointe de réglisse. Dans la lignée, la bouche, aromatique à souhait, enchante par sa matière franche et juteuse. Les tanins charnus apportent une mâche dynamique et signalent un joli potentiel de garde. Un rouge harmonieux, plein de promesses. ⧗ 2022-2028

SCEA PALON, 373, rte de Carpentras, 84190 Gigondas, tél. 04 90 62 24 84, contact@domainepalon.com V r.-v.

B DOM. DES PASQUIERS 2019 ★★

	5 000		15 à 20 €

Jean-Claude et Philippe Lambert ont repris en 1998 le domaine familial, fondé en 1935 et fort d'un vignoble de 85 ha. Ils se sont lancés dans la vente en bouteilles quatre ans plus tard. La nouvelle génération est arrivée en 2013, et la conversion bio est désormais acquise.

Mi-grenache mi-syrah, ce rouge encore un peu sur la réserve n'a pas vu le bois. Il en résulte un nez net de framboise fraîche et de notes balsamiques. Le fruit rouge prédomine en bouche également, apportant beaucoup de fraîcheur à une matière fluide et persistante. La petite pointe tannique en finale indique un potentiel intéressant pour ce vin de fruit, déjà charmeur. ⧗ 2021-2025

SCEA VIGNOBLES DES PASQUIERS, 10, rte d'Orange, 84110 Sablet, tél. 04 90 46 83 97, domainedespasquiers@gmail.com V *t.l.j. 8h-12h 13h30-18h; sam. dim. sur r.-v.* 4

DOM. LE PÉAGE Un soir d'automne 2019 ★★

	6 000		8 à 11 €

Propriété de la famille Chauvet depuis le XIXe s., ce domaine fut l'un des premiers à mettre en bouteilles en gigondas (1945). Aux commandes depuis 2000, Laurent Chauvet cultive 17 ha, exclusivement dans cette appellation.

De la couleur et de la maturité pour ce gigondas solaire et concentré. Pas de bois, mais un affinage de 18 mois en cuve qui a dessiné un bouquet délicat de fruits noirs macérés (prune, mûres), de sous-bois et de cuir. La bouche bénéficie d'un corps ample, aux notes de pâtes de fruits et à la gourmandise assumée. Un rouge de caractère à encaver sereinement, mais que l'on pourra aussi boire sur le fruit. ⧗ 2022-2028

EARL DOM. LE PÉAGE, 100, rte de Carpentras, 84190 Gigondas, tél. 04 90 65 95 78, domainelepeage@gmail.com V r.-v.

MAISON RAVOIRE 2019 ★

	30 000		15 à 20 €

Établi aux portes du Luberon, ce négoce familial créé en 1987 par Roger Ravoire, fils de vigneron, propose une gamme de vins (marque et domaine) provençaux et rhodaniens.

Ce assemblage classique de grenache et de syrah, sobre et sans effet de manche, a pour lui un nez franc de framboise acidulée et d'herbes de Provence. La bouche, fraîche et tonique, épaulée par des tanins élégants, se pare d'arômes épicés qui révèlent le passage en fût des syrah et parfument agréablement la finale. Un rouge facile à aimer, qui appréciera un léger carafage. ⧗ 2022-2027

SAS FAMILLE RAVOIRE, 340, rue du Rémoulaire, 13300 Salon-de-Provence, tél. 04 90 73 01 10, contact@ravoire.com V r.-v.

RÉSERVE SAINT-DOMINIQUE 2019 ★★

■ | 12 000 | | 15 à 20 €

Créée en 2005, la Réserve Saint-Dominique est l'activité de négoce d'Eric Bonnet du Dom. La Bastide Saint-Dominique, situé à Courthézon et qui produit des vins en châteauneuf-du-pape, cairanne et côtes-du-rhône.

Des raisins totalement éraflés et un élevage long en cuve Inox sont la combinaison gagnante de ce 2019 qui exprime la pureté du fruit, fidèle au style d'Eric Bonnet. Une robe violine intense livre un bouquet complexe de baies noires et de cuir. Au palais, le vin s'impose par une structure tannique ferme, de l'intensité, une concentration de fruit et beaucoup de tonicité. De l'éclat et un beau potentiel de garde. ⧗ 2022-2028

SARL RÉSERVE SAINT-DOMINIQUE, 1358, chem. Saint-Dominique, 84350 Courthézon, tél. 04 90 70 85 32, reserve@bastidesaintdominique.com V *t.l.j. sf sam. dim. 8h30-12h30 13h30-17h* A

B CH. DE SAINT-COSMES 2018 ★

■ | 50 000 | | 20 à 30 €

Aménagé sur un site de vinification gallo-romain, parvenu jusqu'à nous avec ses cuves de fermentation taillées dans le rocher, ce domaine est dans la famille Barruol depuis… 1490. Dès lors, quinze générations de vignerons se sont succédé sur cette exploitation de 37 ha conduite depuis longtemps selon les préceptes bio. Fort de ce long passé vigneron, Louis Barruol, l'actuel propriétaire, a développé en 1997 une activité de négoce et acquis en 2021 le Ch. de Rouanne à Vinsobres.

Ce gigondas empreint de finesse et de complexité s'ouvre sur la violette, la framboise séchée et le thé fumé. Ouverte, finement texturée, voluptueuse, la bouche en rajoute sur le registre des arômes avec la réglisse qui s'étire de bout en bout, et s'adosse à des tanins bien enrobés et soyeux. Quelques notes de merrain en finale n'entachent en rien la finesse de ce vin, élégant à souhait. Du plaisir et de l'avenir. ⧗ 2023-2030

SARL LOUIS ET CHERRY BARRUOL, 126, rte des Florêts, 84190 Gigondas, tél. 04 90 65 80 80, barruol@chateau-st-cosme.com V *t.l.j. sf sam. dim. 9h-17h30*

B DOM. SAINT-DAMIEN 2019 ★

■ | 15 000 | | 11 à 15 €

Quatre générations ont œuvré depuis 1821 sur ce domaine familial, dont le nom évoque une ancienne chapelle aujourd'hui disparue. Joël Saurel, rejoint en 2013 par son fils Romain, conduit 40 ha de vignes, en bio certifié depuis 2012.

De vieilles vignes de grenache et une belle proportion de mourvèdre (20 %) composent ce gigondas au nez prometteur et explosif de fruits noirs compotés, de réglisse et de cardamome, à la bouche franche, puissante, très parfumée et légèrement chaleureuse (griottes à l'eau-de-vie) en finale. Une fidèle évocation de l'appellation, à boire sur la jeunesse du fruit. ⧗ 2021-2025 ■ **La Louisiane 2019 ★ (15 à 20 €; 10 000 b.)** B Louisiane? Le nom de la parcelle qui porte les plus vielles vignes du domaine (plus 80 ans). Un nom étonnant, tout comme la vinification extra longue (8 semaines) de ce gigondas atypique. Sans exubérance, les arômes se livrent progressivement au nez (mûre confiturée, épices douces), signe de raisins de belle maturité. La bouche est fine, fraîche, aérienne et ronde à la fois, centrée sur la fraise compotée, avec en soutien des tanins discrets, sans dureté. ⧗ 2021-2026

SCEA JOËL SAUREL, Dom. Saint-Damien, 50, chem. de Saint-Damien, 84190 Gigondas, tél. 04 90 70 96 42, contact@domainesaintdamien.com V *t.l.j. sf dim. 10h-12h30 14h-19h* E

B DOM. LA TÊTE NOIRE 2019 ★

■ | 5 000 | | 15 à 20 €

Crée en 2008 par deux amis belges, puis racheté en 2015 par la Famille Do, ce domaine de 22 ha est aujourd'hui géré par le petit-fils de la famille, Winsley De Maria. Il produit des vins en gigondas, vacqueyras, cairanne et côtes-du-rhône-villages.

Une seule minuscule parcelle d'1,5 ha de grenache et de syrah, idéalement située au coeur des Dentelles de Montmirail, a donné ce gigondas à la robe sombre. Beau nez complexe de baies noires et de réglisse, mâtiné d'une touche de cuir, bouche à l'unisson, dotée de tanins puissants et d'une matière ample et tonique : ce vin a beaucoup de charisme. Seul défaut : sa rareté. ⧗ 2022-2028

SARL DOM. DE LA TÊTE NOIRE, 392, rte des Princes-d'Orange, 84190 Gigondas, tél. 04 90 41 91 70, domaine@latetenoire.fr V *r.-v.*

♥ VIEUX CLOCHER Nobles Terrasses 2019 ★★

■ | 15 000 | | 15 à 20 €

La famille Arnoux reçut en 1717 du seigneur de Lauris une parcelle de vignes. Aujourd'hui, elle exploite 40 ha en vacqueyras, sous la conduite de Jean-François, tout en menant une activité de négociant dans plusieurs autres appellations rhodaniennes.

L'indétrônable assemblage GSM (grenache, syrah, mourvèdre) fait ici merveille, et chacun apporte son caractère à ces "nobles terrasses". Noblesse et complexité du nez, qui distille la fraise des bois, le sirop de mûre et l'anis. En bouche, tout est finesse et harmonie : acidité limpide, rondeur suave, tanins présents et haute couture. Le jury applaudit devant tant de complexité, alliée au plaisir, et pour longtemps. ⧗ 2022-2030

SA ARNOUX ET FILS, Cave du Vieux Clocher, 84190 Vacqueyras, tél. 04 90 65 84 18, info@arnoux-vins.com V *t.l.j. sf dim. 9h-13h 14h-18h* D

VACQUEYRAS

Superficie : 1 455 ha
Production : 42 325 hl (97 % rouge et rosé)

Consacré en AOC communale en 1990, le vignoble de Vacqueyras est situé dans le Vaucluse, entre Gigondas au nord et Beaumes-de-Venise au sud-est.

Son territoire s'étend sur les deux communes de Vacqueyras et de Sarrians. Les vins rouges, largement majoritaires, sont élaborés à base de grenache, de syrah, de mourvèdre et de cinsault; ils sont aptes à la garde (trois à dix ans). Les quelques rosés sont issus d'un encépagement similaire. Les blancs, confidentiels, naissent des cépages clairette, grenache blanc, bourboulenc et roussanne.

LA BASTIDE SAINT-VINCENT Pavane 2019 ★★

22900 | 11 à 15 €

Installé dans une ancienne ferme rénovée aux airs de bastide, dont certains éléments datent du XVIIe s., Laurent Daniel, ancien responsable commercial export dans un négoce de vin, a repris en 2001 ce vignoble familial de 23 ha très morcelé, réparti dans 6 communes. Un habitué du Guide, d'une régularité sans faille, qui dispose depuis 2020 d'une cave agrandie.

Vendanges manuelles, éraflage intégral et élevage long en cuve (16 mois), tout a été pensé pour concevoir un vin complexe et de bonne garde. Le nez, encore discret et juvénile, est teinté de senteurs de mûre fraîche, ajoutant à l'aération une touche de poivre noir. Après une attaque ronde, le palais souple et savoureux, dévoile des notes de fruits rouges compotés. Des tanins au soyeux confondant accompagnent une finale très "garrigue". On a frôlé le coup de cœur. ⧗ 2022-2028

SCEA GUY DANIEL, 1047, rte de Vaison, 84150 Violès, tél. 04 90 70 94 13, bastide.vincent@free.fr V r.-v.

DOM. BURLE La Muse 2019 ★★

7000 | 11 à 15 €

Un domaine fondé en 1961, dans la même famille depuis trois générations. Florent et Damien Burle, installés en 1995, y conduisent un vignoble de 21 ha.

Issue d'une petite parcelle de moins de 2 ha au lieu-dit la Muse, cette cuvée a inspiré nos dégustateurs par son élégance et sa typicité. Ils ont apprécié son bouquet de garrigue et de fruits noirs, mâtiné d'une touche de Zan, et sa bouche ample et charnue, sertie de tanins ciselés, tendue par une fraîcheur qui lui confère un caractère juteux et beaucoup d'allonge. Une fidèle évocation de l'appellation. ⧗ 2022-2028

EARL FLORENT ET DAMIEN BURLE, 306, chem. Saint-Damien, 84190 Gigondas, tél. 04 90 70 94 85, contact@domaineburle.com V t.l.j. sf sam. dim. 8h-12h 14h-18h

DOM. LE CLOS DES CAZAUX Les Clefs d'or 2020 ★★

13000 | 11 à 15 €

Des origines templières pour ce domaine dans la famille Archimbaud-Vache depuis 5 générations. Aux commandes aujourd'hui, 2 frères, Frédéric à la cave et Jean-Michel à la vigne, à la tête de 20 ha en gigondas et de 25 ha en vacqueyras. Une valeur sûre.

On se laisserait prendre à croire que ce 2020 est passé en fût. Il n'en est rien pourtant. Là est toute la richesse de la roussanne, présente ici en forte proportion (35 %), qui distille ses capiteux parfums de fruits secs et de toast grillé. Vive à l'attaque, la bouche, centrée sur le fruit blanc juteux (pêche), se révèle ample et très équilibrée, déployant à la fois du gras et une fine fraîcheur minérale. ⧗ 2021-2024

EARL ARCHIMBAUD-VACHE, 317, chem. du Moulin, 84190 Vacqueyras, tél. 04 90 65 85 83, closdescazaux@wanadoo.fr V t.l.j. sf sam. dim. 9h-12h 14h-18h

DOM. FONT SARADE Le Penchant 2020 ★★

4000 | 11 à 15 €

Un domaine souvent en vue, né en 1936 au nord de Vacqueyras de l'association de 2 familles vigneronnes, les Devine et les Burle. Le vignoble, conduit depuis 2002 par Bernard Burle, associé à sa fille Claire en 2014, couvre aujourd'hui 37 ha.

Derrière la pâleur de sa robe, ce 2020 décline des parfums persistants et élégants de chèvrefeuille, de poire confite et de miel. La bouche est enveloppante dès l'attaque, ronde, onctueuse et équilibrée, et s'étire longuement sur des arômes de beurre frais, sans délaisser son caractère floral. Un vacqueyras aérien et racé, à accompagner d'une belle sole grillée. ⧗ 2021-2024

EARL FONT SARADE, 801, rte de Violes, 84190 Vacqueyras, tél. 07 87 46 17 02, infos@fontsarade.fr V t.l.j. sf sam. dim. 8h-12h 14h-18h

DOM. LA GARRIGUE Cuvée de l'Hostellerie 2019 ★★

4000 | 11 à 15 €

La famille Bernard est installée à Vacqueyras depuis 1850 et 6 générations, sur un domaine de 75 ha plantés de vieilles vignes, souvent en vue dans ces pages pour ses gigondas et ses vacqueyras. Sa devise : « Le vin de la Garrigue, jamais ne fatigue »...

Tout est au diapason dans ce rouge et c'est l'intensité qui donne le ton : le nez explosif, sur des notes de fruits rouges mûrs, de cuir et de menthol; la bouche puissante, ronde et pulpeuse, qui diffuse un fruit allègre de bout en bout, appuyée par des tanins corsés, fruits d'une vendange mûre et non égrappée. L'ensemble constitue un vacqueyras aussi impressionnant qu'harmonieux, qui ira loin. ⧗ 2023-2030 **Tradition 2019 ★ (11 à 15 €; 20000 b.)** D'un millésime chaud et sec, le domaine tire un vin harmonieux, dont la bouche à la fois ronde et fraîche est parfumée par un fruit noir vibrant, étayée de tanins élégants encore un peu dans la fougue de la jeunesse. À attendre. ⧗ 2022-2028

SCEA A. BERNARD ET FILS, 325, chem. Nouveau-de-la-Garrigue, 84190 Vacqueyras, tél. 04 90 65 84 60, info@domaine-la-garrigue.fr V t.l.j. sf dim. 8h-12h 14h-18h; r.-v. pour les visites

GIGONDAS LA CAVE Beaumirail 2018 ★

79223 | 11 à 15 €

Créée en 1956 au pied des Dentelles de Montmirail, la coopérative de Gigondas vinifie aujourd'hui la production de quelque 247 ha de vignes, dont une partie en agriculture biologique.

Une cuvée qui dégage beaucoup de douceur aussi bien au nez qu'en bouche. Des arômes fins et aériens de groseille et de fleur de thym montent au nez. Souple, la bouche se distingue par une agréable rondeur et une belle longueur. Un vin élégant qui offre un plaisir spontané. ⧗ 2021-2024 ■ **L'Atelier 2018 ★ (11 à 15 €; 14179 b.)** Grenache et syrah épaulés par une touche de mourvèdre et de cinsault, élevés pour partie (70 %) dans des vieux foudres de chêne, pour ce vin riche et expressif, sur les fruits rouges et noirs confits soutenus par un fin boisé, à la la bouche puissante et charpentée. ⧗ 2023-2028

SCA GIGONDAS LA CAVE, 589, rte de Vaison, 84190 Gigondas, tél. 04 90 65 86 27, infos@cave-gigondas.fr V t.l.j. 9h-12h30 14h-18h

DOM. GRANDY 2019 ★

■	30000		8 à 11 €

Fondée en 1926, la cave Les Coteaux du Rhône, coopérative de Sérignan-du-Comtat, propose une large gamme allant des vins en IGP aux AOP comme vacqueyras, en passant par les côtes-du-rhône et les *villages*.

Des notes de framboise, de pêche de vigne et de pivoine forment une puissante expression aromatique, qui se prolonge dans un palais friand et enrobé, empreint de gourmandise, où les tanins jouent les seconds rôles. Un vacqueyras convivial à ouvrir dans ses jeunes années. ⧗ 2021-2025

SCA LES COTEAUX DU RHÔNE, 57, chem. Derrière-le-Parc, 84830 Sérignan-du-Comtat, tél. 04 90 70 42 46, coteau.rhone@orange.fr V *t.l.j. sf dim. 9h-12h30 14h-19h*

LAVAU 2018 ★★

■	15000		11 à 15 €

Une maison de négoce fondée en 1964 par Jean-Guy Lavau, d'origine saint-émilionnaise. Ses héritiers Benoît et Frédéric, rejoints en 2013 par Bénédicte Bonnet du Ch. Maucoil à Châteauneuf-du-Pape, proposent aujourd'hui une large gamme de vins à partir de la production de 350 vignerons de la vallée du Rhône méridionale, complétée par 190 ha de vignes en propriété.

Une vinification longue, de plus de 20 jours, en raisins égrappés, suivie d'un élevage en cuve (60 %) et en barrique (40 %) pendant 12 mois. Dans le verre, un rouge grenat profond, au bouquet captivant de fruits noirs confits, de vanille et de sous-bois. La bouche est flatteuse, sur des notes de cassis très mûr, riche et concentrée, soulignée par une trame tannique puissante et finement boisée. Un 2018 qui a tiré le meilleur parti d'un millésime difficile. ⧗ 2023-2028

SAS LAVAU, 585, rte de Cairanne, 84150 Violès, tél. 04 90 70 98 70, bbonnet@maucoil.com V *t.l.j. sf sam. dim. 9h-12h 14h-17h*

CH. LESTOURS CLOCHER Les Pénitents 2018 ★

■	40000		15 à 20 €

La famille Arnoux reçut en 1717 du seigneur de Lauris une parcelle de vignes. Aujourd'hui, elle exploite 40 ha en vacqueyras, sous la conduite de Jean-François, tout en menant une activité de négociant dans plusieurs autres appellations rhodaniennes.

La syrah (20 %) élevée 18 mois en fût de chêne apporte une touche fumée à cette cuvée dominée par le grenache, avec le mourvèdre en appoint, qui exhale la mûre compotée et les épices douces. La bouche, souple, intense, préserve le fruit jusqu'en finale et révèle une trame tannique élégante et fondue. Un rouge déjà épanoui, qui supportera aussi la garde. ⧗ 2021-2026

SA ARNOUX ET FILS, Cave du Vieux Clocher, 84190 Vacqueyras, tél. 04 90 65 84 18, info@arnoux-vins.com V *t.l.j. sf dim. 9h-13h 14h-18h* D

DOM. DE LA LIBELLULE 2020 ★★

□	8000		11 à 15 €

Le Cellier des Princes est l'unique coopérative à produire du châteauneuf-du-pape. Fondée en 1925, la cave regroupe aujourd'hui 120 adhérents et vinifie les vendanges de 600 ha, du châteauneuf donc, et aussi une large gamme de côtes-du-rhône, *villages*, ventoux et IGP.

Ce 2020, issu de cinq cépages blancs fermentés à basse température et élevés en cuve, a de quoi séduire. Le nez finement floral (lilas blanc) s'éveille sur des notes de pêche et de crème vanillée. Gourmande, la bouche offre du gras et une belle matière fruitée sous-tendue par une fine acidité minérale. Un blanc délicat et complexe. ⧗ 2021-2024

SCA LE CELLIER DES PRINCES, 758, rte d'Orange, 84350 Courthézon, tél. 04 90 70 21 44, lesvignerons@cellierdesprinces.fr V *t.l.j. 9h-12h30 13h30-18h30*

♥ B DOM. LA LIGIÈRE Le Chemin blanc 2019 ★★

□	13000		11 à 15 €

Le domaine, fondé au XIXᵉs., est dans la famille Bernard depuis cinq générations. Philippe Bernard et son épouse Élizabeth sont sortis de la coopérative en 2008 et ont créé leur propre cave. Ils exploitent 60 ha de vignes, conduites en bio certifié depuis 2013.

Quatre cépages, chacun présent en quantité conséquente et un élevage mixte en fût (30 %) et en cuve ont contribué à la complexité de ce 2019. De ce lieu-dit Chemin blanc, Philippe Bernard a su tirer un vacqueyras de haute expression, mêlant des arômes de muguet, de fruits exotiques et de miel. Le palais débute en souplesse, puis se fait plus gras et puissant, sans jamais perdre en finesse. La finale minérale et sapide signe une cuvée des plus élégantes. ⧗ 2021-2026 ■ **La Mourre de la Caille 2018 ★★ (11 à 15 €; 35000 b.)** B Issue du plateau chaud et caillouteux des garrigues, cette cuvée offre un nez typé de syrah, pourtant présente en appoint (20 %), avec ses notes de myrtille et de violette. La bouche est à la fois consistante et veloutée, structurée par des tanins élégants, mais dont la fermeté invite à une petite garde. De l'équilibre et du caractère. ⧗ 2022-2028

SCEA BERNARD ET FILS, 1385, chem. des Seyrels, 84190 Beaumes-de-Venise, tél. 04 90 62 98 00, contact@laligiere.fr V *t.l.j. sf dim. 9h-12h 14h-18h* E

Ⓑ LE DOM. MONTIRIUS Le Clos 2018 ★★

■ | 8000 | | 30 à 50 €

Dans la même famille depuis 5 générations, ce domaine de 63 ha conduit par Christine et Éric Saurel, aidés par leurs filles Justine et Manon, est en biodynamie depuis 1996. Des vacqueyras et des gigondas vinifiés et élevés sans bois, régulièrement en vue.

Grenache et syrah à parité poussent dans un clos, dont le sous-sol composé d'une argile bien particulière, "la montmorillonite", représente un terroir d'exception sur l'appellation. Cette cuvée, qui n'a pas vu le bois comme il est de mise au domaine, offre un nez un brin austère, plus loquace à l'aération sur des notes de pivoine et de baies noires. Une texture suave, ronde et faussement souple prend place au palais. La finale très longue laisse entrevoir de belles promesses. ⧗ 2022-2028 ■ **Minéral 2020 ★★ (20 à 30 €; 5000 b.)** Ⓑ Une cuvée qui met le bourboulenc à l'honneur n'est pas habituelle. Il représente 50 % dans ce blanc au nez discret de fleur d'acacia et de miel, qui monte en puissance dans un palais frais et minéral, stimulé par de beaux amers en finale. Un style dépouillé et élégant. ⧗ 2021-2024

SARL MONTIRIUS, 1536, rte de Sainte-Edwige, 84260 Sarrians, tél. 04 90 65 38 28, samuel@montirius.com V r.-v.

CH. DE MONTMIRAIL
Cuvée des Deux Frères 2019 ★★

■ | 25000 | | 11 à 15 €

Situé à l'emplacement d'une ancienne station thermale connue pour ses eaux sulfureuses et magnésiennes, ce domaine de 45 ha est conduit par la famille Archimbaud depuis 4 générations. Une valeur sûre en vacqueyras et en gigondas.

Hommage aux anciens, grand-père et grand-oncle, qui ont ouvert la voie de la vinification au domaine, cette cuvée dévoile un nez charmeur de fruits rouges frais et de cuir. Puissante à l'attaque, la bouche offre un équilibre parfait entre la sucrosité amène du grenache (présent à 70 %) et une structure fine et nerveuse qui apporte relief et sapidité. Un vin complet et plein de sève. ⧗ 2022-2027

SCEV ARCHIMBAUD-BOUTEILLER, 204, cours Stassart, 84190 Vacqueyras, tél. 04 90 65 86 72, archimbaud@chateau-de-montmirail.com V *t.l.j. sf dim. 9h-12h 14h-18h* Ⓓ

Ⓑ DOM. LES ONDINES Passion 2019 ★

■ | 6000 | | 15 à 20 €

Scientifique de formation, Jérémy Onde a repris les vignes paternelles, créé sa cave et produit son propre vin à partir de 2002. Il a converti son vignoble de 60 ha à l'agriculture biologique en 2012, à partir duquel il élabore notamment des côtes-du-rhône, des *villages* et des vacqueyras. Très engagé, le domaine a mis en place des mesures agro-environnementales : plantation de haies, passage en biodynamie et acquisition d'un petit troupeau de brebis pour l'éco-pâturage au vignoble.

La clairette (50 %) mène la danse dans cette élégante cuvée qui, sous une jolie robe paille intense, délivre un bouquet franc de fleurs blanches associées au miel et à une touche boisée issue d'un élevage discret (6 mois en fût). Le palais se montre équilibré, rond, doté d'une belle puissance aromatique sur des notes de fruits secs et offre une finale fraîche. Un vacqueyras de belle typicité, déjà très agréable. ⧗ 2021-2027

EARL DOM. LES ONDINES, 413, rte de la Garrigue-Sud, 84260 Sarrians, tél. 04 90 65 86 45, jeremy.ondines@wanadoo.fr V *t.l.j. 9h-12h 13h30-17h30*

DOM. SAINT-ROCH Cuvée Quentho 2019 ★

■ | 54000 | | 11 à 15 €

Les Meissonnier sont enracinés depuis seize générations à Beaumes-de-Venise, d'abord comme arboriculteurs et maraîchers, puis comme viticulteurs, un parcours suivi par un grand nombre après le grand gel de 1956. La production au domaine est en revanche récente : Stéphane Meissonnier et son épouse Stéphanie ont décidé de créer leur cave en 2012 pour vinifier le fruit de leurs 50 ha de vignes.

Cette cuvée porte le nom des deux fils des vignerons, Quentin et Théo, et réunit des ceps de grenache et de syrah de 80 ans, vieilles vignes qui sont légion sur le domaine. Au nez de griotte et de kirsch succède une bouche suave et ronde, étayée de tanins policés. La finale déliée et de bonne longueur ajoute une touche grillée à cet ensemble fin et de belle facture. ⧗ 2021-2026

EARL SAINT-ROCH, 167, rte d'Aubignan, 84190 Beaumes-de-Venise, tél. 04 90 65 84 37, domaine.saintroch@orange.fr V *t.l.j. 9h-12h30 14h-19h* Ⓔ

BEAUMES-DE-VENISE

Superficie : 580 ha / Production : 19 880 hl

Reconnue en 2005, cette appellation concerne uniquement les vins rouges issus de quatre communes du Vaucluse limitrophes des AOC gigondas et vacqueyras : Beaumes-de-Venise, Lafare, La Roque-Alric, Suzette, sur une surface délimitée de 1 456 ha. Les vins doivent provenir d'un assemblage de cépages principaux (au moins 50 % de grenache noir et 25 % de syrah en 2015).

Ⓑ CH. LA CROIX DES PINS
Les Contreforts de Montmirail 2019 ★

■ | 15000 | | 11 à 15 €

La chapelle intérieure et la pergola de cette bastide de style toscan rappellent qu'au XVIes. le domaine appartenait à un prélat italien. En 2009, Jean-Pierre Valade, consultant international en œnologie, et Éric Petitjean ont repris l'exploitation et ses 42 ha de vignes conduits en bio (beaumes-de-venise, ventoux et gigondas).

Ce rouge respire le terroir dont il est issu : la garrigue et les bois de pins qui jouxtent ces parcelles en piémont des Dentelles de Montmirail. Des parfums balsamiques, d'épices chaudes et d'herbes sèches (romarin, sarriette) animent le nez et se prolongent dans une bouche ample, soyeuse, généreuse et solidement bâtie. Les fruits rouges macérés (framboise, griotte) s'invitent en finale pour un plaisir complet. Une belle consistance. ⧗ 2022-2027

LATITUDE 44, Ch. la Croix des Pins, 902, chem. de la Combe, 84380 Mazan, tél. 04 90 66 37 48, contact@lacroixdespins.fr V r.-v. E

DOM. LA GARRIGUE 2019 ★

■ | 4000 | | 11 à 15 €

La famille Bernard est installée à Vacqueyras depuis 1850 et 6 générations, sur un domaine de 75 ha plantés de vieilles vignes, souvent en vue dans ces pages pour ses gigondas et ses vacqueyras. Sa devise : « Le vin de la Garrigue, jamais ne fatigue »...

Le grenache (80 %) est en vedette dans cette cuvée, aux côtés de la syrah (15 %) et du mourvèdre (5 %), tous vinifiés en grappes entières comme il est de mise chez les Bernard. Son nez à la fois floral (pivoine) et fruité (cerise, cassis) dessine un vin de plaisir. Fraîche et alerte, on retrouve en bouche le fruit pimpant, une texture douce, soutenue par des tanins soyeux sur une fine touche d'épice. Un beaumes-de-venise sincère et prêt à boire. ⧗ 2021-2024

SCEA A. BERNARD ET FILS, 325, chem. Nouveau-de-la-Garrigue, 84190 Vacqueyras, tél. 04 90 65 84 60, info@domaine-la-garrigue.fr V *t.l.j. sf dim. 8h-12h 14h-18h; r.-v. pour les visites*

B DOM. LA LIGIÈRE Les Garennes 2019 ★

■ | 9000 | | 11 à 15 €

Le domaine, fondé au XIXᵉs., est dans la famille Bernard depuis cinq générations. Philippe Bernard et son épouse Élizabeth sont sortis de la coopérative en 2008 et ont créé leur propre cave. Ils exploitent 60 ha de vignes, conduites en bio certifié depuis 2013.

À l'attrait de sa robe grenat sombre aux reflets violacés, s'ajoute celui d'un bouquet friand et fruité (griotte, fraise des bois), mâtiné d'une touche de garrigue (thym, lavande). Ronde, charnue et souple, la bouche est au diapason. Des tanins mûrs et délicats ajoutent du relief à ce rouge équilibré, qui livre une expression fidèle de l'appellation. ⧗ 2021-2027

SCEA BERNARD ET FILS, 1385, chem. des Seyrels, 84190 Beaumes-de-Venise, tél. 04 90 62 98 00, contact@laligiere.fr V *t.l.j. sf dim. 9h-12h 14h-18h* E

CHÂTEAUNEUF-DU-PAPE

Superficie : 3 155 ha
Production : 83 865 hl (95 % rouge)

Le vignoble, qui garde le souvenir des papes d'Avignon, est situé sur la rive gauche du Rhône, à une quinzaine de kilomètres au nord de l'ancienne cité pontificale. L'appellation fut la première à avoir défini légalement ses conditions de production, dès 1931. Son territoire s'étend sur la quasi-totalité de la commune qui lui a donné son nom et sur certains terrains de même nature des communes limitrophes d'Orange, de Courthézon, de Bédarrides et de Sorgues. Son originalité provient de son sol, formé notamment de vastes terrasses de hauteurs différentes, recouvertes d'argile rouge mêlée à de nombreux cailloux roulés. Parmi les cépages autorisés, très divers, prédominent grenache, syrah, mourvèdre et cinsault.

Les châteauneuf-du-pape s'apprécient mieux après une garde qui varie en fonction des millésimes. Amples, corsés et charpentés, ce sont des vins au bouquet puissant et complexe, qui accompagnent avec succès les viandes rouges, le gibier et les fromages. Les rares blancs savent cacher leur puissance par la finesse de leurs arômes.

DOM. L'ABBÉ DÎNE 2019 ★

■ | 3653 | | 20 à 30 €

Nathalie Reynaud a repris en 2010 le domaine familial (18 ha), qui portait jusqu'alors ses raisins à la coopérative. En 2012, elle a acquis une petite cave et élaboré ses premiers vins. Le nom de son domaine évoque une histoire locale selon laquelle, à l'époque des papes d'Avignon, un bon abbé aimait faire ripaille dans le quartier des Bédines, lieu-dit historique où la vigneronne a ses vignes de châteauneuf-du-pape.

Les safres du miocène de Courthézon, voilà un terroir de choix sur lequel de vieux grenache de 90 ans (90 %) expriment toute la pureté du fruit. Au nez, de la mûre compotée, mâtinée d'une touche de réglisse. Les arômes se révèlent plus intensément dans une bouche ample, dense et longue, épaulée par des tanins mûrs, encore un brin fermes. Un élevage en cuve (12 mois) a permis à ce chateauneuf vigoureux de conserver toute sa fraîcheur. Prometteur. ⧗ 2024-2032

EARL MIREILLE ET JEAN REYNAUD, 1480, chem. des Mulets, quartier Saint-Dominique, 84350 Courthézon, tél. 04 90 70 20 21, domainelabbedine@orange.fr V *r.-v.*

♥ LA BASTIDE SAINT-DOMINIQUE 2019 ★★

■ | 20000 | | 20 à 30 €

Créé en 1979 par Gérard et Marie-Claude Bonnet, ce domaine établi à Courthézon, sur les vestiges d'une ancienne chapelle du XVIᵉs., se déploie sur 45 ha en côtes-du-rhône, cairanne et châteauneuf-du-pape. Depuis 1999, les vins sont vinifiés par Éric, leur fils, qui complète la propriété avec une structure de négoce. Il a été rejoint par sa sœur Véronique en 2016.

Né d'un terroir à dominante sableuse, ce 2019 a été élevé en cuve (Inox et béton) pendant 18 mois. Il en résulte un nez très pur de fruits noirs frais, d'épices et de moka. Séveuse et onctueuse, la bouche offre une matière finement texturée, cadrée par des tanins serrés encore en devenir, tendue par une fine fraîcheur et par une longue finale saline. Un beau travail de vigneron, qui fait oublier les excès du millésime. ⧗ 2024-2032

■ **2020 ★★ (20 à 30 €; 6000 b.)** Clairette rose, grenache blanc et roussanne s'associent à proportions égales dans ce vin au nez intense de rose, de bonbon anglais et d'anis étoilé. Une netteté aromatique à laquelle fait écho une bouche pleine de fraîcheur et de finesse, enrobée par un bon gras qui arrondit les angles. ⧗ 2021-2025

SCEA BASTIDE SAINT-DOMINIQUE, 1358, chem. Saint-Dominique, 84350 Courthézon, tél. 04 90 70 85 32, contact@bastidesaintdominique.com V *t.l.j. sf sam. dim. 8h30-12h30 13h30-17h*

DOM. BENEDETTI 2019 ★

14 000 | 20 à 30 €

Conduit par Christian Benedetti, ce domaine sorti de la coopérative en 1997 s'est rapidement tourné vers le bio (en 2001) pour mettre en valeur ses 26 ha de vignes. Depuis 2009, la gestion est assurée par le fils Nicolas.

Ce vin présente au nez une expression flatteuse de fruits rouges bien mûrs et de réglisse, qui s'enrichissent au palais de notes de fourrure et de kirsch. Les proportions en bouche sont agréables et les tanins, fins et soyeux, accompagnent une finale chaleureuse qui s'allonge sur de beaux amers. Un châteauneuf bien typé. ⧗ 2023-2030

SCEA LES MURIERS, Dom. Benedetti, 1030, chem. Garriguette, 84850 Camaret-sur-Aigues, tél. 06 48 03 57 56, domainebenedetti@yahoo.fr V *r.-v.*

DOM. BOSQUET DES PAPES
Chante le Merle Vieilles Vignes 2019 ★★

9 400 | 30 à 50 €

Le nom de ce domaine familial fondé en 1860 provient des Bosquets, un quartier de Châteauneuf-du-Pape où sont établis les chais. Aujourd'hui, Maurice et Nicolas Boiron exploitent 32 ha, essentiellement dans la prestigieuse appellation.

Référence à l'ancien nom du domaine, cette cuvée rend hommage aux anciens qui ont planté les vieilles vignes de 85 ans rassemblées dans cette cuvée. Un vin qui a été élevé 18 mois en foudres et demi-muids (dont 15 % neufs) et qui présente des notes torréfiées au nez, mais surtout de la fraise écrasée, du bourgeon de cassis et de la réglisse. La bouche riche et concentrée est fermement cadrée par des tanins puissants, encore serrés à ce stade. Un haut potentiel. ⧗ 2024-2035

EARL MAURICE ET NICOLAS BOIRON, 18, rte d'Orange, BP 50, 84232 Châteauneuf-du-Pape Cedex, tél. 04 90 83 72 33, bosquet.des.papes@orange.fr V *t.l.j. sf sam. dim. 9h-12h 14h-18h*

DOM. DE LA CHARBONNIÈRE
Cuvée Mourre des Perdrix 2018 ★

2 100 | 30 à 50 €

En 1912, Eugène Maret achète ce domaine pour l'offrir à sa femme, châteauneuvoise et fille de vigneron. En 2013, son petit-fils Michel, aux commandes à partir de 1973, a transmis la gestion de ses 28 ha de vignes à ses filles Caroline et Véronique, qui poursuivent avec le même talent le travail de sélections parcellaires pratiqué par leur père. Une valeur sûre en vacqueyras et en châteauneuf.

Un terroir de safres, enchâssé dans les bois de l'est de l'appellation et une majorité de grenache (69 %) composent ce rouge au nez délicat de pivoine, de framboise et de sauge, et à la bouche pulpeuse, veloutée et longue, ciselée par des tanins fins. ⧗ 2021-2025

EARL MICHEL MARET ET FILLES, Dom. de la Charbonnière, 26, rte de Courthézon, 84230 Châteauneuf-du-Pape, tél. 04 90 83 74 59, contact@domainedelacharbonniere.com V *r.-v.*

♥ DOM. CLEF DE SAINT-THOMAS 2018 ★★★

6 000 | 30 à 50 €

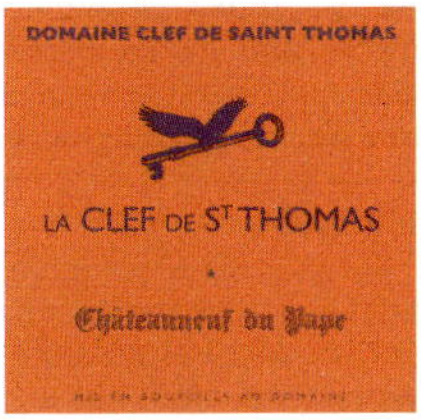

Philippe Kessler, fort de son expérience à la Calissanne, une référence en coteaux-d'aix, a acquis en 2006 ce domaine alors propriété de la famille Boiron depuis le début du XVIIIe s. À sa disparition, c'est son épouse Sophie Kessler-Matière et son directeur Christophe Barraud qui sont aux commandes de ce vignoble d'une dizaine d'hectares.

La trilogie grenache-syrah-mourvèdre à parité et un élevage de 12 mois en demi-muids et barriques neuves (30 %) sont les ingrédients bien choisis de cette cuvée qui a tout bon. Le nez dévoile des notes intenses de fruits noirs, de poivre blanc et de vanille bourbon, la truffe apparaissant à l'aération. En bouche, le boisé est toujours présent mais n'écrase pas la matière fondante, riche et puissante, ourlée de beaux tanins fermes qui apportent de l'allonge sur des flaveurs à la fois épicées et réglissées. Un chateauneuf complexe et moderne, de longue garde. ⧗ 2024-2035 ■ **Pierre Troupel 2019 ★ (20 à 30 €; 14 000 b.)** Point de bois pour cette cuvée mi-grenache mi-syrah, hommage au grand-père de la propriétaire, qui décline la cerise burlat et la réglisse sur fond vanillé. L'attaque fraîche offre du fruit allègre, puis se dévoile une bouche ronde, gourmande, finement tannique, tendue par une acidité bien dosée et une pointe de salinité en finale. ⧗ 2021-2025

SCEA DU DOM. CLEF DE SAINT-THOMAS, 9, rte de Bédarrides, 84230 Châteauneuf-du-Pape, tél. 04 90 42 63 03, commercial@chateau-calissanne.fr r.-v.

CLOS DU CAILLOU Les Quartz 2019 ★

9 330 | 50 à 75 €

Dirigé par Sylvie Vacheron depuis plus de 20 ans, en duo avec Bruno Gaspard, œnologue, ce domaine conduit en bio dispose d'un vignoble de 53 ha, dont 9 ha en châteauneuf-du-pape et 44 ha en côtes-du-rhône (dont une partie, Le Clos, est enclavée dans l'aire d'appellation de châteauneuf). L'acquisition en 2020 du Dom. de Panisse, 6,5 ha en châteauneuf et 5 ha en côtes-du-rhône, vise à installer la nouvelle génération : Axel et Marilou, les enfants de Sylvie.

Macération de 45 jours en cuve bois, pigeages, élevage mixte en demi-muids (90 %) et en amphores (10 %) : en cave, Bruno Gaspard ne fait pas les choses à moitié. Le résultat : une robe limpide aux reflets violacés, un nez précis de framboise fraîche et de violette, et un palais pulpeux, velouté et gourmand, soutenu par des tanins mûrs et consistants, qui convoque le cassis frais et la réglisse en finale. Convaincant. ⧗ 2024-2032

EARL POUIZIN-VACHERON, Clos du Caillou, 1600, chem. Saint-Dominique, 84350 Courthézon, tél. 04 90 70 73 05, sylvie@closducaillou.com V *r.-v.*

DOM. LA CRAU DES PAPES 2019 ★

■	8000		15 à 20 €

Affaire de négoce-éleveur créée en 1936 par Gabriel Meffre, cette maison est devenue un acteur incontournable, propriétaire de 800 ha de vignes dans toute la vallée du Rhône, ainsi qu'en Provence. Reprise en 2009 par Éric Brousse, associé du groupe bourguignon Boisset.

De cet assemblage classique "GSM" (grenache, syrah, mourvèdre), vinifié par cépage puis élevé en cuve, on retient le nez avenant de fruits rouges confiturés, de pruneau et de cannelle, et la bouche chaleureuse, structurée par des tanins denses et enrobée par une généreuse sucrosité aux accents de griotte à l'eau-de-vie. Un 2019 typique de son appellation comme de son millésime. ⧗ 2023-2031

SAS GMDF (MAISON GABRIEL MEFFRE), 2, rte des Princes-d'Orange, 84190 Gigondas, tél. 04 90 12 32 43, gabriel-meffre@meffre.com V *t.l.j. sf lun. dim. 10h30-12h30 14h30-18h*

DAUVERGNE RANVIER Grand Vin 2019 ★

■	10000		15 à 20 €

Créée en 2004 par François Dauvergne et Jean-François Ranvier, professionnels du vin qui ont décidé d'élaborer leurs propres cuvées après avoir œuvré chez les autres, cette maison de négoce s'affirme d'année en année à travers des vins de qualité issus de sélections parcellaires. En 2013, les deux compères ont repris l'exploitation du Dom. des Muretins (tavel et lirac) et ont développé en 2014 une gamme de vins bordelais en collaboration avec Patrice Hateau.

Un soupçon de counoise (10 %) apporte un accent châteauneuvois à cet assemblage typiquement rhodanien. Une réjouissante robe rubis annonce un nez suave de fruits rouges frais (cerise), de crème caramel et de poivre du Sichuan. Dès l'entame, le palais affiche beaucoup de volume, des tanins souples et fondus et une fraîcheur sapide et persistante. Délié et savoureux, on peut commencer à le boire. ⧗ 2021-2027

DAUVERGNE RANVIER, L'Assemblière, 47, chem. des Vestides, 30126 Tavel, tél. 04 48 24 00 41, contact@dauvergne-ranvier.com

B ROMAIN DUVERNAY 2020 ★

■	5000		20 à 30 €

Issu d'une lignée de négociants en vins – son arrière-grand-père Louis fonda en 1904 un commerce de vin en Haute-Savoie –, l'œnologue de renom Romain Duvernay a créé en 1998, avec son père Roland, une maison de négoce basée à Châteauneuf-du-Pape qui propose des vins de toute la Vallée et qui, depuis 2016, appartient à Newrhône Millésimes, propriété de Jean-Marc Pottiez. Romain Duvernay continue d'élaborer les vins.

C'est par un bouquet floral (chèvrefeuille, fleur de sauge), épicé (poivre blanc) et finement boisé que nous accueille ce 2020. Le palais frais en attaque, vif et parfumé (fleurs blanches), affiche ce qu'il faut de rondeur et s'étire sur d'élégantes notes minérales de pierre chaude. Déjà éclatant, il appréciera aussi la garde. ⧗ 2021-2026

ROMAIN DUVERNAY, ZA la Grange-Blanche-Ouest, 225, rue Marcel-Valérian, 84350 Courthézon, tél. 04 90 60 20 00, newrhone@newrhone.eu V *t.l.j. sf sam. dim. 9h-13h 14h-17h*

B DOM. LA FAGOTIÈRE 2019 ★

■	30000		20 à 30 €

Fondé en 1889, ce domaine situé à Orange, au nord de Chateauneuf-du-Pape, est aujourd'hui dirigé par la 5e génération. Pascal Chastan, à la vigne, et sa sœur Valérie Leoty, en cave, exploitent un domaine de 33 ha (18 en chateauneuf et 15 en côtes-du-rhône), conduit en agriculture biologique.

Des raisins partiellement éraflés, une macération longue et un passage rapide en fût (4 mois) au menu de ce bon classique, au nez gourmand de fraise écrasée et de crème à la vanille sur fond de garrigue. Des arômes que l'on retrouve à foison dans une bouche séveuse, soyeuse et délicate, tenue par des tanins encore tendres et légèrement accrocheurs. Du relief et beaucoup de charme. ⧗ 2024-2032

SCEA CHASTAN PIERRY, imp. n° 554, 84100 Orange, tél. 04 90 34 51 81, la-fagotiere@orange.fr V *t.l.j. sf dim. 8h30-12h 14h-18h*

CH. FORTIA Réserve 2019 ★★

■	4200		30 à 50 €

Remontant au XVIIIe s., cette propriété de Châteauneuf-du-Pape a été rachetée en 1890 par la famille des actuels propriétaires. Elle tire sa notoriété historique du baron Pierre Le Roy de Boiseaumarié (1890-1967), qui fut l'un des artisans des appellations d'origine contrôlée dans les années 1930. Pierre Pastre, à sa tête depuis 2004, est l'époux d'une de ses descendantes, Chantal Le Roy. Le vignoble compte 32 ha.

Point de bois pour cette Réserve, mais un assemblage atypique de 85 % de syrah et de 15 % de mourvèdre. Le jury a unanimement salué un rouge sans effet de manche, ouvert sur des notes lactées et fruitées (confiture de cerises noires), mâtinées d'une pointe animale, qui conjugue dans un équilibre remarquable suavité, richesse, tanins veloutés et fraîcheur réglissée. Une cuvée bien pensée, que l'on carafera ou que l'on oubliera quelques années en cave. ⧗ 2023-2034

SARL CH. FORTIA, rte de Bédarrides, BP 13, 84230 Châteauneuf-du-Pape, tél. 04 90 83 72 25, contact@chateau-fortia.com V *t.l.j. sf dim. 9h-12h 13h-18h*

CH. DE LA GARDINE 2018 ★

■	100000		30 à 50 €

Le négociant Gaston Brunel, héritier d'une longue tradition vigneronne (XVIIe s.), acquit La Gardine en 1945. Ses fils, Patrick et Maxime, et ses petits-enfants, Marie-Odile et Philippe, continuent de mettre en valeur ce domaine réputé, fort d'une cinquantaine d'hectares. En 2007, la famille Brunel a

créé une maison de négoce sous le nom de Brunel de la Gardine.

Assemblés en cuve, grenache, syrah, mourvèdre et une touche originale de muscardin (5 %) composent ce vin harmonieux, qui exhale les fruits noirs mûrs, les épices et le cacao. L'élevage mixte (Inox, cuves béton et barriques) a parfaitement respecté son équilibre, entre structure solide, rondeur fruitée et acidité bien dosée. Un châteauneuf qui fait dans la mesure, conçu pour donner du plaisir dès à présent. ⧗ 2021-2028 ■ **2019 ★ (30 à 50 €; 18000 b.)** Fleurs blanches, orgeat, notes amyliques et vanillées se conjuguent dans ce blanc enjôleur, encore un peu empreint du boisé issu d'une fermentation partielle en barrique neuves (30 %). Du volume, du gras, une fraîcheur saline, la bouche s'enrichit de flaveurs tourbées et finit sur une pointe de noix verte. Un châteauneuf onctueux et bien élevé. ⧗ 2021-2027

SCA BRUNEL PÈRE ET FILS (CH. DE LA GARDINE), rte de Roquemaure, 84230 Châteauneuf-du-Pape, tél. 04 90 83 73 20, chateau@gardine.com
V t.l.j. sf dim. 10h-18h

CH. LA GENESTIÈRE 2018 ★★

■ | 12790 | | 20 à 30 €

Implanté sur le site d'une ancienne magnanerie, ce domaine fondé en 1930 par la famille Bernard est aujourd'hui dirigé par Christian Latouche. Une bastide du XVIes. commande le vaste vignoble en lirac et tavel. Après l'acquisition d'autres propriétés, les vignobles familiaux comptent aujourd'hui 200 ha sur la rive droite du Rhône.

Avec le grenache pour moitié et les 12 autres cépages en mélange, cette cuvée se flatte de les posséder tous. C'est loin d'être son seul atout. Le nez enthousiasme avec ses senteurs de baies noires (cassis, mûre) et de fève tonka sur fond fumé. Des tanins consistants et fondus accompagnent une matière ample, voluptueuse, d'un soyeux confondant, conduite jusqu'en finale par un beau fruit pulpeux. Un "must", conclut une dégustatrice. ⧗ 2024-2032

SCEA CH. LA GENESTIÈRE, chem. de Cravailleux, 30126 Tavel, tél. 06 88 74 23 58, contact@domaine-genestiere.com V r.-v.

B DOM. GIRAUD 2018 ★

■ | 25000 | | 30 à 50 €

Issu d'une très longue lignée (six siècles) de vignerons, Pierre Giraud et son épouse Mireille (dont la famille possédait une distillerie) ont créé ce domaine en 1974. En 2005, leurs enfants Marie et François ont pris le relais. Ils sont à la tête d'un vignoble de 35 ha conduit en bio.

Comme souvent à châteauneuf, la cuvée "tradition" est un assemblage de multiples parcelles, éclatées sur différents terroirs. Celle-ci dessine un rouge plaisant et harmonieux, au nez délicat de petits fruits rouges cuits et d'épices douces (muscade). Si sa puissance lui autorise plusieurs années de garde, le palais, croquant, parfumé et soyeux, offre déjà de belles sensations. ⧗ 2021-2030

EARL PIERRE GIRAUD, 19, chem. Bois-de-la-Ville, 84230 Châteauneuf-du-Pape, tél. 04 90 83 73 49, contact@domainegiraud.fr V r.-v.

LE GRAND PRÉBOIS 2019 ★

■ | 70000 | | 30 à 50 €

La maison Perrin, fondée en 1909 par l'aïeul Gabriel Tramier, conjugue depuis 5 générations activité de négoce et exploitation de vignobles, dont le réputé Ch. de Beaucastel (châteauneuf-du-pape) et La Vieille Ferme, vaste domaine du Luberon.

Un élevage long de 2 ans en foudres de chêne n'a pas entamé l'élégance de ce vin profond, au bouquet délicat associant la framboise mûre et le cuir frais à des notes poudrées de rose. Le palais se montre gras et tendre, porté par des tanins fins, encore un brin stricts. La finale, complexe, sur des notes de minéral et de piment d'Espelette confirme le pedigree de cette cuvée. ⧗ 2023-2030

SAS PERRIN ET FILS, 2321, rte de Jonquières, 84100 Orange, tél. 04 90 11 12 00, contact@familleperrin.com
V t.l.j. sf dim. 10h-18h30

DOM. DU GRAND TINEL Alexis Establet 2018 ★★

■ | 8700 | | 30 à 50 €

À l'origine du domaine, l'union de deux anciennes familles castelpapales, les Establet et les Jeune. On y a construit une vaste « tina » (cave ou tonneau) sur trois niveaux, en rapport avec les 72 ha de vignes de la propriété actuelle, créée en 1972.

Issus de sol argileux recouverts de galets roulés, orientés au nord, au lieu-dit la Gardiole, ces grenaches de 70 ans bénéficient d'une cuvaison longue et d'un élevage d'un an en foudres et demi-muids. Dans le verre, un vin limpide qui distille un bouquet élégant de fruits rouges frais, mêlant à l'aération le laurier (fleur) et la sarriette. Les tanins, accrocheurs, donnent de la mâche et beaucoup de style à une bouche fraîche, charnue et infiniment longue. Un vin classe et précieux, que l'on dégustera en bonne compagnie. ⧗ 2023-2030

SAS LES VIGNOBLES ÉLIE JEUNE, Dom. du Grand Tinel, 3, rte de Bédarrides, 84232 Châteauneuf-du-Pape, tél. 04 90 83 70 28, beatrice@domainegrandtinel.com V r.-v.

♥ DOM. ALBIN JACUMIN
La Bégude des Papes 2019 ★★

■ | 26000 | | 20 à 30 €

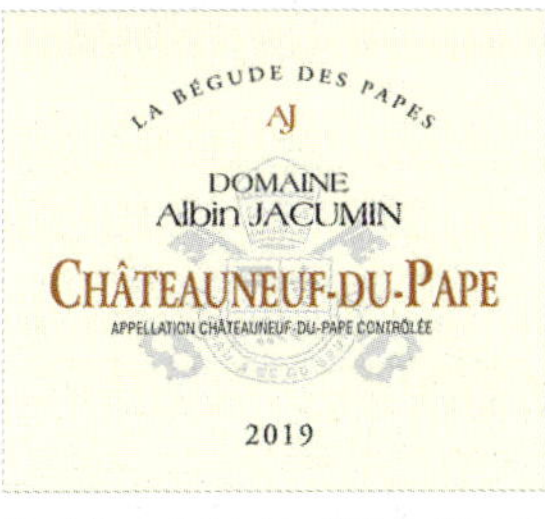

Albin Jacumin a pris la tête en 1999 de l'exploitation familiale agrandie par les générations précédentes : pas moins de 18 ha en châteauneuf-du-pape, auxquels s'ajoutent 6 ha en côtes-du-rhône et 1,4 ha d'où il tire un «vin de France». Il a aménagé une cave en 2007 et modernisé les installations.

Coup de cœur deux années d'affilée, cette cuvée fait tout aussi bien en 2019. Issue d'une majorité de grenache de 60 ans d'âge, cultivés sur des terroirs calcaires et

RHÔNE

siliceux (galets roulés), elle offre un nez fruité (myrtille), balsamique (cyprès) et minéral (graphite). Dense et concentré, le palais fait preuve d'une belle nervosité et séduit par sa longue finale empreinte de minéralité. Un châteauneuf de "terroir", au potentiel de garde sans équivoque. ⧗ 2024-2032 ■ **La Bégude des Papes 2020 ★ (20 à 30 €; 2400 b.)** Un élevage mixte, Inox, cuve ovoïde et barrique, a permis d'affiner ce blanc délicat, affichant dès l'entame beaucoup de pureté et un caractère minéral, qui se retrouvent dans une bouche fraîche, tendue et persistante sur les fruits jaunes et le fenouil. Seul défaut de cette cuvée : sa rareté. ⧗ 2021-2026

EARL ALBIN JACUMIN, 1, chem. Mgr-Jules-Avril, BP 28, 84230 Châteauneuf-du-Pape, tél. 04 90 83 78 55, domaine.ajacumin@orange.fr V r.-v.

♥ DOM. DE LA JANASSE 2019 ★★

■	20000		30 à 50 €

Un habitué du Guide, souvent en bonne place pour ses châteauneuf-du-pape, ses côtes-du-rhône et ses IGP. Un vignoble de 90 ha éparpillés en de multiples parcelles, que conduisent Christophe Sabon et sa sœur Isabelle, enfants d'Aimé Sabon, fondateur du domaine en 1973. Un domaine complété en 2015 par l'achat du Clos Saint-Antonin et ses 15 ha de vignes sur la commune de Jonquières.

Il y a tout le talent de Christophe Sabon dans cette cuvée, qui assemble quatre cépages issus de multiples parcelles de sables et de galets roulés, éraflés en partie (80 %) et élevés un an en foudres, barrique et cuve. Le jury a été ébloui par le bouquet complexe et captivant de cerise noire, de genièvre, de rose ancienne et de graphite. D'un remarquable volume, souple et onctueuse, la bouche est gorgée de cassis et de saveurs minérales. Les tanins, pleins et soyeux, enrobent la finale marquée par de beaux amers, mentholés et reglissés. Un châteauneuf haute couture. ⧗ 2024-2034

SCEA AIMÉ SABON, Dom. de la Janasse, 29, chem du Moulin, 84350 Courthézon, tél. 04 90 70 86 29, vignoblessabon@gmail.com V *t.l.j. sf sam. dim. 8h30-17h30*

B DOM. LAFOND ROC-ÉPINE 2018 ★★

■	15000		20 à 30 €

Porte-drapeau des appellations tavel et lirac, aussi très en vue pour ses châteauneuf et ses côtes-du-rhône, ce domaine, dont les lointaines origines remontent à la fin du XVIIIᵉs., est conduit par Pascal Lafond depuis 1990. Son vaste vignoble en bio, certifié à partir de 2012, couvre aujourd'hui 95 ha répartis dans quatre AOC.

Abonné au Guide, le domaine signe un châteauneuf convaincant et aimable, qui s'ouvre sur des arômes de fraise des bois saupoudrés d'épices orientales où pointent un élevage sous bois bien maîtrisé (30 % du vin). La rondeur et le gras de l'attaque font place à des tanins serrés, nobles mais un brin austères qu'une petite garde devrait dompter. Un beau classique de l'appellation. ⧗ 2023-2030

SARL LAFOND ET FILS, 336, rte des Vignobles, 30126 Tavel, tél. 04 66 50 24 59, lafond@roc-epine.com V *t.l.j. sf sam. dim. 8h-12h 13h15-17h15*

B CH. DE MANISSY Trinité 2019 ★

■	3000		20 à 30 €

À l'aube du XXᵉs., le château de Manissy datant du XVIIᵉs. fut légué par la famille Lafarge, qui exploitait la pierre de Tavel, aux pères missionnaires de la Sainte-Famille. Ce sont ces derniers qui débutèrent la culture de la vigne sur ces terres pour approvisionner leur communauté et les paroisses des environs. En 2003, ils ont confié la gestion du domaine au jeune Tavelois Florian André. Conduit en bio, le vignoble couvre aujourd'hui 80 ha dans les AOC châteauneuf-du-pape, tavel, lirac et côtes-du-rhône.

Cette cuvée dédiée au seul grenache distille un nez épanoui de baies sauvages mâtinées de parfums de fourrure. L'attaque puissante laisse place à une bouche fine et soyeuse, dotée de tanins fermes et réglissés, encore sous l'emprise d'un élevage de 12 mois en barriques neuves. Un châteauneuf élégant mais un brin austère, qui impose la patience. ⧗ 2023-2028

EARL CH. DE MANISSY, rte de Roquemaure, 30126 Tavel, tél. 04 66 82 86 94, info@chateau-de-manissy.com V *r.-v.*

B MAS DE BOISLAUZON Les Deux Chênes 2019 ★★

■	22000		30 à 50 €

Enclavé dans l'AOC châteauneuf, ce domaine familial est conduit depuis 1990 par Christine et Daniel Chaussy, 6ᵉ génération à la tête de 33 ha (en bio certifié depuis 2012).

Quatre hectares de vieux grenache (70 %) et de mourvèdre ont donné naissance à ce rouge vibrant, qui décline des parfums de mûre, d'olive noire et de menthol. En bouche, une douceur de texture très sensuelle, des tanins tendres, une richesse de fruit savoureuse et une longue finale réglissée. L'affinage de 18 mois en cuve n'est sans doute pas étranger à cette grande pureté de fruit et à ce surcroît de fraîcheur. Un 2019 très équilibré, un peu hors des standards du millésime. ⧗ 2022-2028 ■ **Sélection 2019 ★ (20 à 30 €; 10000 b.)** B Sous une robe grenat frangée de cuivre, ce rouge gourmand dévoile un nez délicatement fruité et une bouche ronde et équilibrée, étayée de tanins corsés, avec une pointe de chaleur en finale (kirsch). ⧗ 2021-2027

EARL CHRISTINE ET DANIEL CHAUSSY, Mas de Boislauzon, quartier Boislauzon, 84100 Orange, tél. 04 90 34 46 49, masdeboislauzon@wanadoo.fr V *t.l.j. sf dim. 8h-12h 13h30-18h*

MAS SAINT-LOUIS Les Arpents des Contrebandiers 2018 ★

■	14000		30 à 50 €

Un domaine créé en 1890 par Jean-Louis Geniest, issu d'une longue lignée de tonneliers et de négociants. Le vignoble de 31 ha d'un seul tenant s'étend essentiellement au sud de l'appellation.

Longue cuvaison d'un mois et élevage d'un an pour moitié en cuve et pour moitié sous bois (foudres et demi-muids), ce vin a bénéficié de tous les soins. Il a aujourd'hui tous les arguments pour convaincre : un bouquet flatteur de fruits mûrs et de garrigue et une matière charnue qui vient tapisser le palais et offre, outre des tanins soyeux, une jolie finale mentholée. ⧗ 2022-2027

MONIQUE GENIEST (MAS SAINT-LOUIS), 28, av. Baron-le-Roy, 84230 Chateauneuf-du-Pape, tél. 04 90 83 73 12, contact@mas-saint-louis.fr V t.l.j. sf sam. dim. 9h-12h 13h-17h; f. du 24 déc. au 31 déc.

DOM. ANDRÉ MATHIEU La Centenaire 2019 ★

■	4000		30 à 50 €

Cette famille est enracinée depuis 4 siècles à Châteauneuf où elle conduit 26 ha de vignes. À la fin du XIXᵉs., Anselme Mathieu, félibre et ami de Mistral, fut l'un des premiers de la ville à vendre son vin en bouteille.

Voilà une bouteille bien nommée, qui rassemble les plus vieilles vignes du domaine, dont 85 % de grenaches centenaires élevés longuement en fût (18 mois). Ce vin donne le ton dès l'olfaction, concentration de fruits noirs mûrs et juteux (myrtille, mûre). La bouche est élégante et élancée, ajoutant quelques accents épicés à l'aromatique. Les tanins, fins mais fermes, apportent du relief et de l'allonge à la finale. Un bon vin en devenir. ⧗ 2023-2030

SCEA ANDRÉ MATHIEU, 3 bis, rte de Courthézon, 84230 Châteauneuf-du-Pape, tél. 04 90 83 72 09, contact@domaine-andre-mathieu.com V t.l.j. sf dim. 9h-12h 14h-18h

DOM. CHRISTOPHE MESTRE 2019 ★

■	13000		15 à 20 €

Un domaine fondé en 1920 par l'une des plus anciennes familles de Châteauneuf-du-Pape. Après Marius, Jean et Jacques, Christophe Mestre a pris en 2009 la tête d'un vignoble agrandi par les trois générations précédentes : 17 ha dédiés au seul cru castelpapal (dont 1,3 ha pour le blanc).

Caractérisée par une faible proportion de grenache (50 %), cette cuvée donne la part belle au mourvèdre et à la syrah, mâtinés d'une fine touche de cinsault (5 %). Au nez, ce choix se manifeste par des arômes capiteux de baies noires, d'iris et de chocolat noir. L'élevage sous bois de plus d'un an n'est pas étranger non plus à la concentration de la bouche, dense et charpentée mais sans aucune lourdeur. Un vin promis à un bel avenir. ⧗ 2024-2032

EARL CHRISTOPHE ET JACQUES MESTRE, 5, rte de Bédarrides, 84230 Châteauneuf-du-Pape, tél. 04 90 83 56 67, contact@domainemestre.fr V t.l.j. 9h-12h 13h30-18h30; sam. dim. sur r.-v.

BARON DE MONTFAUCON Bimard 2019 ★

■	6400		30 à 50 €

Valeur sûre des côtes-du-rhône, ce domaine (60 ha) est commandé par une ancienne forteresse du XIᵉs. campée sur un promontoire rocheux, vigie sur le Rhône. Au XVIIIᵉs., les aïeux de Rodolphe de Pins (installé en 1995 après diverses expériences en France et à l'étranger) ont pris possession des lieux. Le vignoble se caractérise par des sols et un encépagement très diversifiés. Une structure de négoce, La Société des Vins du Baron de Montfaucon, a été créée en 2014.

Il n'a pas fallu longtemps à Roldolphe de Pins et son œnologue Julien Thorn pour saisir les subtilités de la vinification des châteauneuf. Le résultat est convaincant : un nez subtil et complexe de fruit rouge frais (framboise), de cacao amer et de garrigue, et une bouche équilibrée, fine, sapide et consistante, portée par un élevage bien fondu (18 mois). Un rouge déjà savoureux, qui finira de convaincre après quelques années en cave. ⧗ 2023-2032

SASU SOCIÉTÉ DES VINS DU BARON DE MONTFAUCON, 22, rue du Château, 30150 Montfaucon, tél. 04 66 50 37 19, contact@montfaucon.com V t.l.j. sf ven. sam. dim. 9h-12h 14h-18h

MOURIESSE VINUM Tour d'ambre 2018 ★★

■	3000		30 à 50 €

Complété par une structure de négoce, un domaine de poche créé en 2008 à partir de 2,5 ha de vignes sur Châteauneuf et Saint-Geniès-de-Comolas par l'œnologue-conseil Serge Mouriesse et son épouse Brigitte. La conversion bio est engagée.

Une petite cuvée en volume issue de 70 ares de vieux grenache. Vinifiée en grappes entières, longuement macérée (1 mois) puis élevée 12 mois en demi-muids pour 2/3 du vin, ce 2018 ne manque pas de charisme. Au nez complexe de cerise confite, de lilas, de chocolat noir et de goudron répond une bouche fraîche et fine, structurée par des tanins solides et bien extraits. Plénitude et équilibre sont au rendez-vous. ⧗ 2023-2030

SARL MOURIESSE VINUM, 18 bis, chem. du Clos, 84230 Châteauneuf-du-Pape, tél. 06 14 94 69 15, contact@mouriesse-vinum.com V r.-v.

SAINTES PIERRES DE NALYS 2018 ★

■	28000		20 à 30 €

L'un des plus anciens domaines de Châteauneuf-du-Pape, répertorié dès le XVIIᵉs., alors propriété de la famille Nalys. Son vénérable vignoble (52 ha) a connu une renaissance à partir des années 1950. Une valeur sûre de l'appellation, acquise en 2017 par la Maison Guigal.

Le domaine possède la collection des treize cépages autorisés sur l'appellation et en mêle six dans cette cuvée, le grenache en tête (70 %), cultivés sur des sols de grès roux du Comtat, terroir fameux. Le nez élégant exhale des senteurs de fruits rouges, d'épices et de ciste. Du volume, de la fraîcheur, des tanins soyeux et une belle finale saline : la bouche présente une grande harmonie. À point, dès aujourd'hui. ⧗ 2021-2026

SCI CH. DE NALYS, rte de Courthézon, 84230 Châteauneuf-du-Pape, tél. 04 90 83 72 52, contact@nalys.com V t.l.j. sf dim. 9h30-12h30 14h-17h30

B CH. LA NERTHE Clos de Beauvenir 2019 ★

■	1200		75 à 100 €

Un vaste domaine historique (90 ha en bio). Les Tulle de Villefranche, ses premiers propriétaires, mettaient déjà en bouteilles à la propriété en 1784 cet « excellent

RHÔNE

vin de La Nerthe», comme on le qualifiait à la cour de Louis XVI. Dévasté par le phylloxéra, le domaine est cédé en 1870 à Joseph Ducos, qui le remet sur pied. Depuis 1985, les Richard sont aux commandes et ont confié la direction en 2019 à l'œnologue Rémi Jean, qui a fait ses armes sur d'autres domaines de la famille. Un pilier de l'AOC châteauneuf.

Ce clos représente la parcelle historique du domaine, acquise en 1560, aujourd'hui complantée de grenache et de roussanne. Fermentation en demi-muids et barriques (dont 1/3 neufs), puis élevage sur lies pendant 7 mois, le travail en cave a été à la hauteur de ce blanc ambitieux. Ouvert sur des parfums de crème à la vanille, d'agrumes et de notes toastées et fumées, il déploie une bouche ample, riche et suave, soutenue par une juste acidité et de beaux amers en finale qui lui donnent du nerf. Un châteauneuf racé, bâti pour vieillir. ⧗ 2023-2030

SC CH. LA NERTHE, 4213, rte de Sorgues, 84230 Châteauneuf-du-Pape, tél. 04 90 83 70 11, visit@chateaulanerthe.fr V *r.-v.*

♥ DOM. DU PÈRE CABOCHE 2020 ★★

10000 | 20 à 30 €

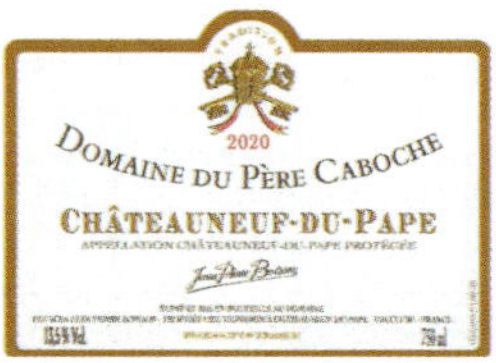

Autrefois, on était maréchal-ferrant et vigneron de père en fils dans la famille Boisson, surnommée « caboche », terme qui désigne les clous servant à fixer les fers des chevaux et qui a donné son nom au domaine (76 ha), aujourd'hui dirigé par Émilie Boisson. Autre étiquette : Élisabeth Chambellan.

Habituée du Guide, Emilie Boisson signe un 2020 qui a enthousiasmé le jury. Au nez, la finesse l'emporte avec ses notes minérales (pierre à fusil) et iodées, mâtinées d'une touche végétale (fenouil) signant une forte proportion de clairette (40 %). Tension, fraîcheur et salinité caractérisent le palais, balancé par une agréable rondeur et prolongé d'une longue finale ciselée, sur des saveurs zestées. Un blanc vibrant, qui exprime un grand terroir allié à une vinification dépouillée. ⧗ 2022-2030 ■ **Élisabeth Chambellan Vieilles Vignes 2019 ★ (20 à 30 €; 10000 b.)** De vieilles vignes de grenache (95 %), plantées en 1906 sur le plateau emblématique de la Crau, composent cette cuvée au bouquet expressif de fruits à noyaux, de prune et de kirsch. Le jury a salué le classicisme d'une bouche bien arrondie, à la texture fondue, étayée par des tanins fins et réglissés. Une belle évocation de l'appellation. ⧗ 2023-2030

SCEA JEAN-PIERRE BOISSON, 5, imp. Martial-Imbart, 84230 Châteauneuf-du-Pape, tél. 04 90 83 71 44, boisson@jpboisson.com V *t.l.j. sf sam. dim. 8h30-12h30 13h30-17h30*

DOM. SAINT-LAURENT 2018 ★★

■ | 5000 | 20 à 30 €

Un mas du XVIIe s. commande cette ancienne propriété familiale qui se transmet depuis 5 générations et dont le vignoble (30 ha) est travaillé sans désherbant.

La syrah (10 %) élevée en barrique à l'appui du grenache dans cette cuvée généreuse à la robe rubis éclatante, qui déploie un nez de fruits très mûrs, puis évolue sur des notes de pruneau et d'herbes aromatiques (laurier). Une déclinaison qui s'étoffe dans une bouche suave, aux tanins fins et fermes, étirée dans une longue finale aux saveurs d'épices et de venaison. Un vin bien dans son appellation, promis à un bel avenir. ⧗ 2023-2030

EARL ROBERT-HENRI SINARD ET FILS, 1375, chem. Saint-Laurent, 84350 Courthézon, tél. 06 64 93 16 65, contact@domaine-saintlaurent.com V *t.l.j. 9h-12h30 15h-18h*

DOM. DES SÉNÉCHAUX 2019 ★★

13500 | 30 à 50 €

Jean-Michel Cazes, à la tête du prestigieux Ch. Lynch-Bages, 5e cru classé de Pauillac, étend ses propriétés vers le Sud-Est, en Languedoc et dans la vallée du Rhône. Il a ainsi acquis en 2007 ce domaine de 26 ha en châteauneuf-du-pape.

L'appellation ne produit que 7 % de blanc. On ne peut que le regretter à goûter ce châteauneuf cristallin, qui libère des senteurs gourmandes de pêche blanche et de fleurs (jasmin, narcisse), habillées d'une touche grillée. Boisé avec mesure, séveux, le palais se révèle aussi élégant qu'expressif, vif en attaque, puis onctueux sur des notes de beurre frais. La finale, longue et fumée, signe une cuvée "aristocratique", complexe et déjà accessible. ⧗ 2021-2030 ■ **2018 ★ (30 à 50 €; 46000 b.)** Ce rouge de belle concentration présente un nez amène de fruits noirs et de cannelle, et une bouche à la matière tannique élégante et mûre, relevée en finale par une fine amertume évoquant les aromates des garrigues. ⧗ 2022-2028

SCEA DOM. DES SÉNÉCHAUX, 3, rue de la Nouvelle-Poste, 84230 Châteauneuf-du-Pape, tél. 04 90 83 73 52, senechaux@domaine-des-senechaux.com V *r.-v.*

DOM. TOUR SAINT-MICHEL Cuvée du Lion 2019 ★

■ | 30000 | 20 à 30 €

Michel Fabre, en 1930, achète les premières vignes ; Henri lui succède. En 2007, Mireille Porte hérite de ses parents un coquet domaine de 40 ha, essentiellement implanté en châteauneuf-du-pape (34 ha). Épaulée par sa fille Magali, arrivée en 2018, elle décide d'entamer une conversion vers la bio.

Une étiquette qui rend hommage au père de Mireille, surnommé "le lion" dans sa jeunesse pour son immense charisme. Élevée pour partie en cuve béton et pour partie en barrique, cette cuvée sans effet de manche séduit par son bouquet exubérant de framboise, de griotte et de nougat. Portée par une belle fraîcheur et des tanins déjà fondants, la bouche se fait douce, souple et digeste. Un châteauneuf sur le versant gourmand. ⧗ 2022-2028

EARL VIGNOBLES FABRE, 1700, chem. rural de Sorgues, 84230 Châteauneuf-du-Pape, tél. 04 90 83 73 24, contact@tourstmichel.fr V *r.-v.*

B DOM. RAYMOND USSEGLIO ET FILS 2020 ★★

6900 | 20 à 30 €

Des achats successifs ont permis à Raymond Usseglio de porter à 33 ha la surface de ce domaine castelpapal constitué par son père Francis, venu d'Italie en 1931 pour travailler la terre. La relève est assurée depuis 1999 par son fils unique, Stéphane. Les certifications (bio et biodynamie) sont acquises.

Assemblage de cinq cépages blancs, vinifié et élevé en cuve Inox, cette cuvée dessine l'image d'un châteauneuf blanc dans sa veine classique. Le nez généreux évoque les fleurs (aubépine) et les fruits (poire), associés à une pointe de fenouil. Frais et séveux, le palais déploie une matière ample, charnue, sur d'élégantes saveurs de fruits blancs, et distille une fine minéralité en finale. Un blanc racé et harmonieux, d'ores et déjà irrésistible. ⧗ 2022-2026

EARL LES AMANDIERS, 4, av. des Amandiers, 84230 Châteauneuf-du-Pape, tél. 04 90 83 71 85, contact@domaine-usseglio.fr V *r.-v.*

♥ CH. DE VAUDIEU 2018 ★★

■ | 24 400 | | 30 à 50 €

Le château a été construit en 1767 pour un lieutenant de l'Amirauté de Marseille. La propriété a été acquise en 1955 par Gabriel Meffre qui a restructuré et agrandi le vignoble: aujourd'hui 70 ha sur 32 parcelles. Son petit-fils Laurent Bréchet continue son œuvre.

Un ciel étoilé coiffe ce domaine, à commencer par ce 2018 qui charme d'emblée par la fraîcheur de son bouquet de mûre et de menthol, agrémenté d'une touche d'épices, fruit d'un merrain de noble origine (12 mois en demi-muids et barriques). La bouche, bâtie sur des tanins fermes au grain sapide, est marquée par une agréable sucrosité et par une mâche mûre et veloutée. Un rouge juvénile à encaver sereinement. ⧗ 2023-2032 ■ **Val de Dieu 2018 ★★ (50 à 75 €; 6722 b.)** Une forte proportion de mourvèdre (30 %) et de syrah (20 %) à l'appui du grenache pour cette cuvée longuement élevée sous bois (18 mois). Au nez, des parfums intenses de fruits noirs titillés de fines notes fumées. Rondeur et puissance caractérisent la bouche, bien équilibrée entre le fruité et le boisé. ⧗ 2024-2032 ■ **2019 ★ (30 à 50 €; 3900 b.)** Fermentation en fût et élevage sur lies au menu de ce blanc allègre, ouvert sur les fruits exotiques et la vanille, mâtinés d'une touche minérale. Les fruits blancs s'invitent dans une bouche ample et pulpeuse, équilibrée par une fine vivacité et ciselée par une pointe d'amertume du meilleur effet. ⧗ 2022-2026

SARL GIACONDA, Ch. de Vaudieu, 501, rte de Courthézon, 84230 Châteauneuf-du-Pape, tél. 04 90 83 70 31, contact@famillebrechet.fr V

LIRAC

Superficie : 745 ha
Production : 19 440 hl (91 % rouge et rosé)

Située en face de Châteauneuf-du-Pape, sur la rive droite du Rhône, l'appellation regroupe les vignobles de Lirac, de Saint-Laurent-des-Arbres, de Saint-Geniès-de-Comolas et de Roquemaure, au nord de Tavel. Les vignerons de ces côtes du Rhône gardoises ont été pionniers, se regroupant dès le XVIIIe s. pour défendre et valoriser leur production, déjà réputée au XVIe s. Les magistrats locaux l'authentifiaient en apposant sur les fûts, au fer rouge, les lettres «C d R». Terrasses de cailloux roulés et terrains calcaires produisent des vins dans les trois couleurs : les rosés et les blancs, tout de grâce et de parfums, se boivent jeunes avec des fruits de mer; les rouges puissants et généreux accompagnent les viandes rouges.

CH. D'AQUERIA 2020 ★

■ | 12 000 | | 11 à 15 €

Jean Olivier acquiert en 1919 l'ancien domaine des comtes d'Aqueria, commandé par un château du XVIIIe s. et orné d'un parc à la française. Son gendre Paul de Bez restructure entièrement le vignoble : aujourd'hui, 64 ha d'un seul tenant, conduits depuis 1984 par ses petits-fils Vincent et Bruno, rejoints désormais par Raphaël, la quatrième génération. Une valeur sûre en lirac et en tavel.

Un assemblage de cinq cépages emmené par le grenache forge le caractère de ce beau blanc. Au nez, il exhale des parfums de fruits blancs, de mandarine et de narcisse. Une intensité que l'on retrouve dans une bouche équilibrée, à la fois onctueuse, soyeuse et fraîche, guidée par le fruit juteux. Un lirac réjouissant à l'apéritif, qui pourra également passer à table. ⧗ 2021-2024

SCEA JEAN OLIVIER, Ch. d'Aqueria, rte de Pujaut, 30126 Tavel, tél. 04 66 50 04 56, contact@aqueria.com V *r.-v.*

B LES CIGALOUNES 2019 ★

■ | 20 000 | | 8 à 11 €

Les Grandes Serres? Une maison de négoce castelpapale fondée en 1977 à Châteauneuf-du-Pape, par Camille Serres et reprise en 2001 par Michel Picard, investisseur dans de nombreuses régions viticoles – jusqu'en Ontario. Désormais installée à Cairanne et à Gigondas, elle propose une large gamme de vins de la vallée du Rhône méridionale (et aussi de Provence) souvent en vue dans ces pages.

Ce rouge couleur rubis sombre livre un nez très puissant qui mêle les fruits rouges et noirs à des notes de myrte. La bouche, ample et ronde, conserve ses flaveurs, ourlée de tanins souples et d'une jolie finale marquée par une touche d'amertume. Une belle évocation de l'appellation. ⧗ 2021-2024

SA LES GRANDES SERRES, 430, rte de l'Islon-Saint-Luc, 84230 Châteauneuf-du-Pape, tél. 04 90 83 72 22, contact@grandesserres.com V *t.l.j. sf lun. dim. 11h-18h*

CH. LE DEVOY MARTINE Via Secreta 2019 ★

■ | 25 000 | | 11 à 15 €

Venus de Sicile et de Tunisie où ils cultivaient la vigne depuis trois générations, les frères Lombardo se sont établis en 1968 à Saint-Laurent-des-Arbres, défrichant bois et garrigue pour planter un vignoble qui couvre aujourd'hui 40 ha. En 2008, Véronique, la fille de Marc, a rejoint son père et son oncle.

Avec une dominante atypique de mourvèdre (40 %), ce rouge séduit dès l'entame par son nez qui respire le Sud : thym, sous-bois, garrigue et fruits mûrs. Une complexité que l'on retrouve dans une bouche concentrée, sensuelle et bien charnue, dynamisée par une agréable acidité qui étire longuement le fruit en finale. Un 2019 harmonieux, délicat et de très bon goût. ⧗ 2021-2027

EARL LOMBARDO, Ch. le Devoy Martine, 448, RN 580, 30126 Saint-Laurent-des-Arbres, tél. 04 66 50 01 23, ledevoymartine@sfr.fr
V *t.l.j. sf sam. dim. 8h-12h 14h-18h*

B DOM. LAFOND ROC-ÉPINE 2020 ★

| 21000 | 8 à 11 € |

Porte-drapeau des appellations tavel et lirac, aussi très en vue pour ses châteauneuf et ses côtes-du-rhône, ce domaine, dont les lointaines origines remontent à la fin du XVIIIes., est conduit par Pascal Lafond depuis 1990. Son vaste vignoble en bio, certifié à partir de 2012, couvre aujourd'hui 95 ha répartis dans quatre AOC.

Le trio grenache-roussanne-viognier, élevé brièvement en cuve, à l'honneur dans cette cuvée au nez volubile de fruits à noyaux et de miel d'acacia. Des notes de fleurs blanches apportent une dimension d'élégance à la bouche, par ailleurs ronde et dotée d'un joli gras, traversée par une fine vivacité. Un lirac de belle facture, à boire sur le fruit. ⧗ 2021-2023

SARL LAFOND ET FILS, 336, rte des Vignobles, 30126 Tavel, tél. 04 66 50 24 59, lafond@roc-epine.com
V *t.l.j. sf sam. dim. 8h-12h 13h15-17h15*

DOM. LA LÔYANE Cuvée Elie 2019 ★★★

| 7000 | 11 à 15 € |

Établi au pied du sanctuaire Notre-Dame-de-Grâce, à Rochefort-du-Gard, non loin des anciens marais asséchés par les moines au Moyen Âge, ce domaine, né en 1994 de la fusion de 3 petites exploitations, fait preuve d'une grande constance dans la qualité. Succédant à ses parents Jean-Pierre et Dominique, Romain Dubois et son épouse Laure, désormais seuls à la tête du domaine, se sont offerts un nouveau caveau et ont entrepris en 2019 la conversion au bio du vignoble.

Une régularité de métronome pour cet habitué du Guide, qui signe une cuvée Elie à la hauteur du 2018, toujours d'une exquise puissance contenue. Le nez interpelle par sa concentration de fruits noirs, d'épices et de résine. Structuré, nanti de tanins ronds et soyeux, le palais affiche une texture dense, imprégnée d'arômes de framboise et de mûre confiturées, avec de délicates notes boisées en soutien, fruits d'un très beau travail d'élevage (12 mois en demi-muids). Un modèle d'équilibre. ⧗ 2023-2030 ■ **Vendanges manuelles 2019 ★★ (8 à 11 €; 10000 b.)** Cet assemblage classique, longuement affiné en cuve, livre un bouquet engageant de fruits rouges mûrs et d'épices (poivre noir, muscade). Passée une attaque mentholée, la bouche propose une chair croquante et douce, étayée de tanins ronds. La finale, chaleureuse, marque d'une note sudiste ce lirac de caractère. ⧗ 2022-2026

GAEC DOM. LA LÔYANE, chem. Font-des-Cavens, 30650 Rochefort-du-Gard, tél. 06 62 94 57 34, contact@domainelaloyane.com V *t.l.j. sf lun. mar. dim. 9h-12h 14h-19h*

DOM. MABY La Fermade 2020 ★★

| 16000 | 11 à 15 € |

Ce domaine très régulier en qualité, notamment pour ses lirac, dans les 3 couleurs, et ses tavel, a été créé en 1950 par Armand Maby. En 2005, son petit-fils Richard a pris les rênes du vignoble, 53 ha situés pour l'essentiel sur les galets roulés du plateau de Vallongue; des vignes cultivées «au naturel», en conversion bio depuis 2019. Depuis 2011, l'éminent œnologue rhodanien Philippe Cambie conseille le domaine.

Une forte proportion de picpoul blanc (15 %) et de clairette (30 %) apportent élégance et finesse à cette cuvée dominée par le grenache blanc. Au nez, la pêche blanche et le lilas s'expriment avec retenue. Vive à l'attaque, la bouche s'oriente ensuite vers la douceur, soulignée de subtiles notes vanillées, et s'épanouit dans une finale fraîche et minérale. Un blanc de grande classe, à réserver à des mets délicats. ⧗ 2021-2025

SCEA DOM. MABY, 249, rue Saint-Vincent, 30126 Tavel, tél. 04 66 50 03 40, domaine-maby@wanadoo.fr V *t.l.j. 8h-12h 13h30-17h30*

B CH. DE MANISSY Trinité 2019 ★

| 25000 | 11 à 15 € |

À l'aube du XXes., le château de Manissy datant du XVIIes. fut légué par la famille Lafarge, qui exploitait la pierre de Tavel, aux pères missionnaires de la Sainte-Famille. Ce sont ces derniers qui débutèrent la culture de la vigne sur ces terres pour approvisionner leur communauté et les paroisses des environs. En 2003, ils ont confié la gestion du domaine au jeune Tavelois Florian André. Conduit en bio, le vignoble couvre aujourd'hui 80 ha dans les AOC châteauneuf-du-pape, tavel, lirac et côtes-du-rhône.

Pour débuter, une robe pourpre foncé aux reflets violines et un nez distingué : violette, fraise écrasée et notes fumées. La bouche prolonge le fruit rouge mûr dans une matière ronde, veloutée et charnue, sertie de tanins denses et d'un beau boisé épicé. Classe, vigueur et équilibre pour ce lirac inspiré. ⧗ 2022-2028

EARL CH. DE MANISSY, rte de Roquemaure, 30126 Tavel, tél. 04 66 82 86 94, info@chateau-de-manissy.com V *r.-v.*

CH. DE MONTFAUCON 2019 ★★

| 12000 | 11 à 15 € |

Valeur sûre des côtes-du-rhône, ce domaine (60 ha) est commandé par une ancienne forteresse du XIes. campée sur un promontoire rocheux, vigie sur le Rhône, fleuve qui marquait la frontière entre le royaume de France et le Saint-Empire romain germanique. Au XVIIIes., les aïeux de Rodolphe de Pins (installé en 1995 après diverses expériences en France et à l'étranger) ont pris possession des lieux. Le vignoble se caractérise par des sols et un encépagement très diversifiés. Une structure de négoce a été créée en 2014.

Grenache, syrah et cinsault issus des terrasses à galets roulés pour ce rouge au caractère sudiste, qui offre un bouquet généreux de confiture de fraise, de garrigue et de caramel au lait. Le fondu de la bouche, séveuse et longue, dotée d'une mâche soyeuse et d'une fine acidité, a été favorisé par un élevage patient (18 mois en cuve), marque de fabrique du domaine. Un lirac de haut vol. ⧗ 2022-2027 ■ **Baron Louis 2018 ★ (15 à 20 €; 45000 b.)** De vieilles vignes de 70 ans et un élevage sous bois de 18 mois pour 70 % de l'assemblage à l'origine de ce vin dense et encore un peu austère. Le nez est logiquement marqué par quelques notes grillées mais laisse entrevoir une belle complexité. Un rouge structuré, consistant et long, qui vieillira en toute quiétude. ⧗ 2023-2030

⊶ EARL DOM. DE MONTFAUCON, 22, rue du Château, 30150 Montfaucon, tél. 04 66 50 37 19, contact@chateaumontfaucon.com V t.l.j. sf ven. sam. dim. 9h-12h 14h-18h

Ⓑ DOM. DE LA MORDORÉE
La Reine des bois 2020 ★

■ | 15000 | | 15 à 20 €

Créé en 1986 par Francis Delorme et son fils Christophe, entrepreneurs issus d'une famille vigneronne, le domaine de 60 ha (en bio et biodynamie certifiées) se répartit sur 38 parcelles et 8 communes. Au décès prématuré de Christophe en 2015, son épouse Madeleine et leur fille Ambre ont repris les rênes du domaine. Partisans des petits rendements, les Delorme déclinent les millésimes avec une aisance déconcertante, aussi bien en tavel, leur fief d'origine, et en lirac, qu'en châteauneuf-du-pape ou en «simple» côtes-du-rhône. Incontournable.

Le mariage de plus de six cépages blancs, une macération pelliculaire et un élevage en cuve Inox complété d'une touche de barrique (10 % du vin) ont permis d'obtenir un lirac d'une grande pureté, à la robe or pâle, au nez de pêche et de fleur d'acacia, et à la bouche légèrement amylique, riche et longue, portée par une fraîcheur anisée qui assure l'équilibre. Beaucoup de charme et de finesse. ⧗ 2021-2025 ■ **La Reine des bois 2019 ★ (15 à 20 €; 25000 b.)** Ⓑ Grenache, syrah et mourvèdre à parité composent ce rouge ouvert sur les fruits rouges compotés, la quetsche et les épices douces. Franc en attaque, le palais renoue avec les petits fruits (cassis, mûre) dans une finale où les tanins montrent les muscles. De l'harmonie et du potentiel. ⧗ 2023-2028

⊶ SCA DOM. DE LA MORDORÉE, 250, chem. des Oliviers, 30126 Tavel, tél. 04 66 50 00 75, info@domaine-mordoree.com V r.-v. Ⓔ

DOM. DES PÈRES DE L'ÉGLISE 2019 ★

■ | 5000 | | 11 à 15 €

Serge Gradassi est à la tête de ce domaine familial depuis 2002, avec sa nièce Laetitia qui l'a rejoint en 2015. Le vignoble, situé aux quatre points cardinaux de l'appellation, s'étend sur un peu plus de 19 ha.

Issu de vignes de plus de 70 ans, ce joli rouge présente un nez net et complexe de fruits noirs confiturés, de chocolat et de menthol. On retrouve ce mariage gourmand dans une bouche ronde, pulpeuse, concentrée, dotée de tanins denses et finement boisés (élevage en fût pour 30 % du vin). Du volume et déjà beaucoup de plaisir. ⧗ 2022-2026

⊶ SCEA PAULETTE GRADASSI ET FILS, 2, av. Impériale, 84230 Châteauneuf-du-Pape, tél. 06 87 09 60 50, peres.de.leglise@wanadoo.fr V r.-v.; f. en août

DOM. JOCELYN RAOUX Réserve 2019 ★

■ | 4000 | | 8 à 11 €

Les origines de cette exploitation familiale remontent au XIXᵉs. lorsqu'Aimé Raoux s'établit à Lirac, vivant de polyculture (céréales, oliviers, vignes, maraîchage, culture du ver à soie). Son fils adhère à la coopérative dès sa création. Cinq générations plus tard, Jocelyn, qui a tenté sa première vinification à l'âge de 7 ans, reprend la propriété en 2015. Il vinifie 6 ha de son domaine de 26 ha en cave particulière.

Ce jeune domaine signe des vins qui cumulent les étoiles année après année, comme ce 2019 issu d'un petit hectare de galets roulés, élevé pour moitié en cuve et pour moitié en barrique. Les dégustateurs ont apprécié le nez puissant de fruits noirs confits, que nuancent des notes de girofle et de sauge. L'équilibre du palais est également très réussi, dans un style aimable et soyeux. La finale s'étire sur des saveurs d'épices douces. ⧗ 2021-2026

⊶ JOCELYN RAOUX, entrée de la Plane, 30126 Lirac, tél. 06 19 15 42 72, jocelynraoux@hotmail.fr V r.-v.

ROCCA MAURA 2020 ★★

■ | 10000 | | 5 à 8 €

C'est à Roquemaure, berceau historique des côtes-du-rhône grâce à son port fluvial, que les vignerons purent en 1737 marquer leurs tonneaux des lettres «CdR». Fondée en 1922, la petite coopérative locale – longtemps nommée Cellier Saint-Valentin – fédère aujourd'hui 60 adhérents pour 350 ha de vignes. Elle s'est tournée vers la vente en bouteilles au tournant du XXIᵉs.

Grenache et clairette à parité composent ce 2020 issu des terroirs calcaires de Lirac, particulièrement favorables aux cépages blancs. Avec le fruit blanc pour ligne directrice, ce 2020 présente un bel équilibre entre vivacité et rondeur, complété d'une touche grillée (6 mois en fût) pour la complexité. Rien n'est en excès dans cet ensemble harmonieux. ⧗ 2021-2024 ■ **Cuvée Saint-Valentin 2019 ★★ (8 à 11 €; 25000 b.)** La syrah (60 %), en vedette aux côtés du grenache et du mourvèdre, a été récoltée tôt pour préserver le croquant du fruit. Si le bouquet est encore un peu sous le joug de l'élevage (9 mois en fût), la bouche, ample et longue, déploie une éclatante fraîcheur aromatique sur des parfums de cassis frais. Une pointe de fermeté tannique en finale incite à la patience. ⧗ 2022-2027

⊶ SCA ROCCA MAURA, 1, rue des Vignerons, 30150 Roquemaure, tél. 04 66 82 82 01, contact@roccamaura.com V t.l.j. sf dim. 9h-12h 14h-18h; visite des caves sur r.-v.

♥ LIRAC BY ROGER SABON 2019 ★★

■ | 15000 | | 8 à 11 €

Les Sabon sont enracinés à Châteauneuf-du-Pape depuis le XVIᵉs. Fondé en 1952, le domaine regroupe deux propriétés : l'une en châteauneuf-du-pape, sur 17 ha, et

RHÔNE

l'autre sur l'autre rive du Rhône, en lirac (La Chapelle de Maillac, 28 ha). Didier Negron est le maître de chai.

Une longue macération (1 mois) et un élevage en cuve ont parfaitement mis en valeur le potentiel aromatique de ce lirac généreux, classiquement dominé par le grenache (70 %). C'est d'ailleurs lui qui s'exprime avec majesté dans ce bouquet solaire d'épices, de laurier et de gelée de framboise. La bouche allie la puissance, le volume, l'équilibre et la finesse, avec en soutien des tanins denses et veloutés qui poussent loin la finale sur des notes réglissées. ⧗ 2022-2030

SCEA DOM. ROGER SABON, 4 bis, av. Impériale, 84230 Châteauneuf-du-Pape, tél. 04 90 83 71 72, contact@roger-sabon.com V r.-v.

CH. DE SÉGRIÈS 2018 ★★

■	90 000		11 à 15 €

Henri de Lanzac conduit un domaine de près de 60 ha, dont 30 ha de vignes d'un seul tenant commandées par le Ch. de Ségriès (XVIIᵉs.), acquis en 1994 et en conversion bio. Il assure aussi la gestion du Clos de l'Hermitage (3,5 ha), propriété depuis 1995 de l'ancien coureur automobile Jean Alesi. Deux étiquettes souvent en bonne place dans le Guide.

Récoltés à la main, grenache, syrah, cinsault et mourvèdre issus de vieux ceps de 80 ans d'âge composent cette cuvée frangée de reflets cuivrés. Le nez offre une superbe expression de myrtille confiturée mâtinée de notes fumées. La bouche prolonge cette intensité aromatique, agrémentée de parfums d'humus. Bien construit, doté de tanins ronds et suaves et d'une finale qui marque un beau retour du fruit frais, ce lirac est un digne représentant de son appellation. ⧗ 2022-2026

SCEA HENRI DE LANZAC, chem. de la Grange, 30126 Lirac, tél. 04 66 39 11 98, chateaudesegries@wanadoo.fr V *t.l.j. 8h-12h 13h30-17h30; sam. dim. sur r.-v.*

LES VIGNERONS DE TAVEL ET LIRAC Tradition 2020 ★

■	8 000		5 à 8 €

Créée en 1937, cette cave historique fut la première coopérative agricole à être inaugurée par un président de la République (Albert Lebrun). Actrice importante de la production taveloise (environ la moitié), elle a fusionné en 2018 avec la cave de Lirac.

Cinq cépages à l'appui de ce 2020 expressif et gourmand, qui décline au nez, les fruits blancs et jaunes, frais et confits, la sauge et les fleurs blanches. On croque également le fruit dans une bouche ample et très ronde, tendue par une fine fraîcheur qui apporte de l'allonge et une agréable sapidité. Du plaisir de bout en bout. ⧗ 2021-2024 ■ **Les Hauts d'Acantalys 2019 ★ (8 à 11 €; 50 000 b.)** Assemblage de deux terroirs distincts, éclats calcaires et galets roulés, cette cuvée offre un nez intense d'épices (girofle, genièvre) et d'eucalyptus, et une bouche puissante, concentrée, charnue, arrimée à une structure tannique ferme, encore sous le signe du merrain (10 mois), mais bien équilibrée par sa finale longue et fraîche. ⧗ 2023-2027

SCA LES VIGNERONS DE TAVEL ET LIRAC, rte de la Commanderie, 30126 Tavel, tél. 04 66 50 03 57, contact@cave-tavel-lirac.fr V *t.l.j. 9h-12h 14h-18h*

DOM. PIERRE USSEGLIO ET FILS 2019 ★

■	10 500		15 à 20 €

Dans les années 1930, Francis Usseglio, salarié viticole d'origine italienne, devient métayer et vinifie sa première récolte en 1949. Son fils Pierre agrandit le domaine et le transmet en 1990 à ses fils Jean-Pierre et Thierry, aujourd'hui à la tête de 40 ha de vignes.

Résultat d'un élevage mixte en cuve béton et en demi-muids (12 mois), ce lirac séduit par son équilibre et sa finesse. Le nez mêle les notes boisées et grillées aux fruits des bois. La bouche confirme cette harmonie des arômes et dévoile une texture veloutée et soyeuse, qu'encadrent des tanins mûrs à point et subtilement épicés. On y lit une récolte à parfaite maturité, doublée d'une vinification soignée. ⧗ 2022-2027

EARL PIERRE USSEGLIO ET FILS, 10, rte d'Orange, 84230 Châteauneuf-du-Pape, tél. 04 90 83 72 98, info@domainepierreusseglio.fr V *r.-v.*

TAVEL

Superficie : 945 ha / Production : 35 790 hl

Considéré par beaucoup comme le meilleur rosé de France, ce grand vin de la vallée du Rhône provient d'un vignoble situé dans le département du Gard, sur la rive droite du fleuve, à Tavel et sur quelques parcelles de la commune de Roquemaure. C'est la seule appellation rhodanienne à ne produire que du rosé. Sur des sols de sable, d'alluvions argileuses ou de cailloux roulés, grenache, cinsault, mourvèdre, syrah, accompagnés de carignan et aussi de cépages blancs donnent un vin généreux, au bouquet floral et fruité, qui accompagnera poissons en sauce, charcuterie et viandes blanches.

DOM. AMIDO Les Amandines 2020 ★

■	5 200		8 à 11 €

À partir de vignes familiales, Christian Amido crée son domaine en 1987 sur la rive droite du Rhône, vinifie ses premières cuvées en 2000. À son décès en 2003, l'exploitation est reprise par ses filles Nathalie Patinet et Dominique Le Dantec, cette dernière assurant depuis 2012 la gérance du vignoble de 27 ha. Avec Amandine Patinet, la 3ᵉ génération arrive sur la propriété.

Une robe qui se rapproche d'un rouge léger : ce tavel est bien dans les codes de l'appellation. Le bouquet délicat fleure bon les agrumes et les fleurs de printemps (muscaris, acacia). La bouche se montre ronde, douce, soyeuse, tendue par une fine fraîcheur citronnée et par une finale sur des notes d'amande fraîche. Un tavel empreint de légèreté. ⧗ 2021-2023

SCEA DOM. AMIDO, Le Palai-Nord, 30126 Tavel, tél. 04 66 50 04 41, domaineamido@cegetel.net V *r.-v.*

♥ CH. D'AQUERIA 2020 ★★

| 209 000 | | 11 à 15 € |

Jean Olivier acquiert en 1919 l'ancien domaine des comtes d'Aqueria, commandé par un château du XVIIIe s. et orné d'un parc à la française. Son gendre Paul de Bez restructure entièrement le vignoble : aujourd'hui, 64 ha d'un seul tenant, conduits depuis 1984 par ses petits-fils Vincent et Bruno, rejoints désormais par Raphaël, la quatrième génération. Une valeur sûre en lirac et en tavel.

Le Ch. d'Aqueria ne quitte pas le haut du podium puisque son 2020 fait aussi bien que le 2019, couronné d'un coup de cœur dans le Guide précédent. Ce tavel né de six cépages, vinifiés en saignée puis par pressurage doux, offre une robe corail teintée de reflets violets. Le nez dévoile un beau fruité frais de cerise, de groseille et de cassis, agrémenté de nuances amyliques et fumées. L'attaque "explosive", oscillant entre fruits rouges, pêche de vigne et agrumes, ouvre sur un palais équilibré, gras et soyeux, ajusté par une vivacité bien dosée. Une remarquable persistance parfumée achève de convaincre. À réserver pour la table. ⧗ 2021-2024

SCEA JEAN OLIVIER, Ch. d'Aqueria, rte de Pujaut, 30126 Tavel, tél. 04 66 50 04 56, contact@aqueria.com V *r.-v.*

DOM. CORNE-LOUP 2020 ★

| 150 000 | | 11 à 15 € |

Ce domaine fondé en 1966 tire son nom d'un ancien quartier de Tavel où, autrefois, un villageois était chargé d'alerter les habitants de l'arrivée imminente des loups. Son vignoble s'étend aujourd'hui sur 42 ha, en lirac, tavel et côtes-du-rhône, conduit depuis 2010 par Géraldine Saunier-Lafond.

Dans le verre, un vin d'un rose saumon soutenu aux reflets violines. Le nez, discret mais élégant, mêle les fruits rouges frais et la fleur d'oranger. Le palais se révèle délié, rond, soyeux et très frais, tapissé d'arômes de cerises croquantes. Un tavel qui joue sur la corde de la finesse. ⧗ 2021-2023

SCEA DOM. CORNE-LOUP, rue Mireille, 30126 Tavel, tél. 04 66 50 34 37, corne-loup@wanadoo.fr V *t.l.j. sf sam. dim. 9h-12h 14h-17h*

♥ Ⓑ DOM. LAFOND ROC-ÉPINE 2020 ★★★

| 130 000 | | 8 à 11 € |

Porte-drapeau des appellations tavel et lirac, aussi très en vue pour ses châteauneuf et ses côtes-du-rhône, ce domaine, dont les lointaines origines remontent à la fin du XVIIIe s., est conduit par Pascal Lafond depuis 1990. Son vaste vignoble en bio, certifié à partir de 2012, couvre aujourd'hui 95 ha répartis dans quatre AOC.

Un assemblage classique grenache-syrah-cinsault, mêlant les trois terroirs de l'appellation : ce n'est pas sur l'originalité que Pascal Lafond tire son épingle du jeu, mais sur la sincérité de ce rosé, à la robe soutenue de fraise écrasée, au nez intensément fruité de pêche de vigne, d'abricot, de fruits exotiques confits et de baies de la forêt. Reprenant ces arômes gourmands, la bouche impressionne par son relief, sa structure, son volume et sa générosité, avec cette pointe d'amertume en finale qui signe les grandes cuvées. "Tout ce que l'on attend d'un tavel", conclut le jury. ⧗ 2021-2024

SARL LAFOND ET FILS, 336, rte des Vignobles, 30126 Tavel, tél. 04 66 50 24 59, lafond@roc-epine.com V *t.l.j. sf sam. dim. 8h-12h 13h15-17h15*

DOM. MABY Prima Donna 2020 ★

| 16 000 | | 11 à 15 € |

Ce domaine très régulier en qualité, notamment pour ses lirac, dans les 3 couleurs, et ses tavel, a été créé en 1950 par Armand Maby. En 2005, son petit-fils Richard a pris les rênes du vignoble, 53 ha situés pour l'essentiel sur les galets roulés du plateau de Vallongue; des vignes cultivées «au naturel», en conversion bio depuis 2019. Depuis 2011, l'éminent œnologue rhodanien Philippe Cambie conseille le domaine.

Parée d'une élégante robe brillante couleur grenadine, cette Prima Donna a le charme d'un vin encore dans sa jeunesse. Le nez en impose par son intensité et sa gourmandise sur des arômes de groseille, de cerise, de fruits exotiques (mangue, papaye) et d'une touche de thym frais. La bouche offre une même générosité fruitée et une matière ample, onctueuse, longue, un tantinet chaleureuse en finale. Un tavel expressif et bien équilibré. ⧗ 2021-2024

SCEA DOM. MABY, 249, rue Saint-Vincent, 30126 Tavel, tél. 04 66 50 03 40, domaine-maby@wanadoo.fr V *t.l.j. 8h-12h 13h30-17h30*

♥ Ⓑ DOM. DE LA MORDORÉE La Reine des bois 2020 ★★

| 13 000 | | 15 à 20 € |

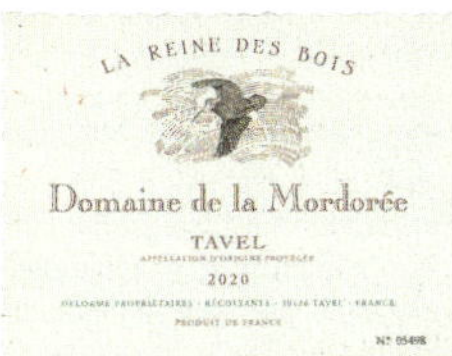

Créé en 1986 par Francis Delorme et son fils Christophe, entrepreneurs issus d'une famille vigneronne, le domaine de 60 ha (en bio et biodynamie certifiées) se répartit sur 38 parcelles et 8 communes. Au décès prématuré de Christophe en 2015, son épouse Madeleine et leur fille Ambre ont repris les rênes du domaine. Partisans des petits rendements, les Delorme déclinent les millésimes avec une aisance déconcertante, aussi bien en tavel, leur fief d'origine, et en lirac, qu'en châteauneuf-du-pape ou en «simple» côtes-du-rhône. Incontournable.

Cinq cépages, dont 20 % de blanc, composent ce tavel issu d'un terroir de galets roulés. La robe a la couleur cristalline de petits fruits rouges frais et le bouquet, solaire et gourmand, décline le sirop de grenadine et la fraise confiturée associés à une touche de thé fumé. En bouche, l'intensité des arômes de fruits rouges mûrs se fait caressante et accompagne une matière ample et suave, soulignée d'un zeste de vivacité qui apporte longueur et vitalité. Irrésistible. ⧗ 2021-2024

SCA DOM. DE LA MORDORÉE, 250, chem. des Oliviers, 30126 Tavel, tél. 04 66 50 00 75, info@domaine-mordoree.com V *r.-v.* E

CH. DE SÉGRIÈS 2020 ★★

26000 | 11 à 15 €

Henri de Lanzac conduit un domaine de près de 60 ha, dont 30 ha de vignes d'un seul tenant commandées par le Ch. de Ségriès (XVII[e]s.), acquis en 1994 et en conversion bio. Il assure aussi la gestion du Clos de l'Hermitage (3,5 ha), propriété depuis 1995 de l'ancien coureur automobile Jean Alesi. Deux étiquettes souvent en bonne place dans le Guide.

"Votre *vin* est un paysage choisi", pourrait-on déclarer à la suite de Verlaine à l'artisan de ce tavel enchanteur, tant il rend éloquents les dégustateurs. Framboise, touches florales (rose, pivoine), notes de vanille et de pâtisserie embaument le verre. La fraîcheur guide la bouche, qui révèle un beau volume, de la rondeur, un fruité acidulé et délicat (framboise) et beaucoup de persistance. Un style aérien. ⧗ 2021-2023

SCEA HENRI DE LANZAC, chem. de la Grange, 30126 Lirac, tél. 04 66 39 11 98, chateaudesegries@wanadoo.fr V *t.l.j. 8h-12h 13h30-17h30; sam. dim. sur r.-v.*

♥ LES VIGNERONS DE TAVEL ET LIRAC
Les Lauzeraies 2020 ★★

110000 | 5 à 8 €

Créée en 1937, cette cave historique fut la première coopérative agricole à être inaugurée par un président de la République (Albert Lebrun). Actrice importante de la production taveloise (environ la moitié), elle a fusionné en 2018 avec la cave de Lirac.

La cave a eu la bonne idée de créer des cuvées parcellaires, mettant en valeur les singularités de chacun des terroirs de Tavel. Ces Lauzeraies sont issues d'un assemblage de 6 cépages, cultivés sur les lauzes, ces calcaires durs formés à l'époque géologique du Crétacé. Il en résulte un rosé grenat clair aux reflets topaze et au nez exubérant de fruits rouges et noirs, mâtiné d'une touche de garrigue. La bouche est au diapason, distillant une aromatique puissante, et déploie une richesse enveloppante, de la rondeur et de la gourmandise, tout en restant fraîche en finale. Un tavel dynamique. ⧗ 2021-2023 **Trésor des sables 2020 ★★ (5 à 8 €; 70000 b.)** Dans la famille terroir, voici la cuvée Trésor des sables. Un assemblage quasi-similaire à celui des Lauzeraies qui joue la carte de la finesse. Le nez, discret mais séduisant, associe les fruits rouges compotés et le bonbon anglais. La bouche fait l'équilibre entre onctuosité et fraîcheur, et se prolonge par une fine amertume qui lui apporte un supplément d'âme. Un tavel polyvalent, de l'apéritif à l'assiette. ⧗ 2021-2023

SCA LES VIGNERONS DE TAVEL ET LIRAC, rte de la Commanderie, 30126 Tavel, tél. 04 66 50 03 57, contact@cave-tavel-lirac.fr V *t.l.j. 9h-12h 14h-18h*

DOM. LE VIEUX MOULIN 2020 ★

21000 | 8 à 11 €

Ce domaine – dont la cave a une architecture proche de celle du lavoir de Tavel – est dans la même famille depuis 6 générations. Le vignoble a été créé en 1956. Sébastien Jouffret, installé en 1991, vinifie aujourd'hui la récolte de 71 ha.

Une robe saumonée de belle intensité séduit l'œil. Le bouquet finement floral (fleur d'oranger) et fruité (cerise, groseille) est encore un peu sur la réserve. Souple et frais en attaque, le palais évolue sur des notes de fruits à noyaux et dévoile une matière équilibrée, ronde et déliée. Un tavel gouleyant, à servir à l'apéritif ou sur un déjeuner d'été. ⧗ 2021-2023

DOM. LE VIEUX LAVOIR / VIEUX MOULIN, 775, rte de la Commanderie, Le Palai-Nord, 30126 Tavel, tél. 04 66 82 85 11, roudil-jouffret@wanadoo.fr V *t.l.j. sf sam. dim. 8h-12h 14h-18h*

COSTIÈRES-DE-NÎMES

Superficie : 3 950 ha
Production : 207 365 hl (92 % rouge et rosé)

Rouges, rosés ou blancs, les costières-de-nîmes naissent dans un vignoble établi sur les pentes ensoleillées de coteaux constitués de cailloux roulés – les cailloutis du Villafranchien –, dans un quadrilatère délimité par Meynes, Vauvert, Saint-Gilles et Beaucaire, au sud-est de Nîmes, et au nord de la Camargue. L'appellation s'étend sur le territoire de vingt-quatre communes. Les cépages autorisés en rouge sont le carignan, le cinsault, le grenache noir, le mourvèdre et la syrah; en blanc, ce sont la clairette, le grenache blanc, la marsanne, la roussanne et le rolle. Les rosés s'associent aux charcuteries de l'Ardèche, les blancs se marient fort bien aux coquillages et aux poissons de la Méditerranée, et les rouges, chaleureux et corsés, préfèrent les viandes grillées. Une route des vins parcourt cette région au départ de Nîmes.

B CH. BEAUBOIS Expression 2020 ★

70000 | 5 à 8 €

Un domaine fondé au XIII[e]s. par les moines cisterciens de l'abbaye de Franquevaux, sur le versant sud des Costières, et propriété des Boyer depuis 4 générations. Installés en 2000, Fanny et son frère François conduisent avec talent un vignoble de 60 ha, conduit en bio et biodynamie.

Pressurage direct et saignée sont associés pour ce rosé soutenu, aux reflets orangés, qui dévoile d'intenses arômes fruités (orange sanguine, groseille à maquereaux) et épicés (gingembre). Le palais est ample, poivré, bien structuré, tonifié par une belle fraîcheur saline. Un rosé fidèle à son appellation. ⧗ 2021-2022 **Expression 2020 ★ (5 à 8 €; 50000 b.)** B Au nez, des senteurs fruitées (pêche, mandarine) et végétales (fenouil) de bon aloi. Une attaque souple introduit une bouche d'une belle fraîcheur, au volume bien dosé, soulignée jusqu'en finale d'une fine trame acide sur des notes d'agrumes. Pureté et élégance. ⧗ 2021-2023

SCEA CH. BEAUBOIS, Ch. Beaubois, RD 6572, 30640 Franquevaux, tél. 04 66 73 30 59, chateaubeaubois@orange.fr V r.-v.

B CH. CADENETTE 2020 ★

	5300		5 à 8 €

Installé depuis 1990 sur la propriété familiale, Pierre Dideron dispose d'un vignoble de 60 ha (54 ha en production) qui, tournant le dos au mistral, fait face aux plaines de la Petite Camargue. Il a entrepris en 2009 la conversion bio de son domaine, par étapes. Depuis 2015, l'ensemble de la propriété est certifié.

Grenache blanc, marsanne et viognier composent ce 2020 expressif et complexe, qui mêle au nez des senteurs de fruits mûrs (poire) et de fruits secs (abricot, noix). Le fruit persiste dans une bouche ample, riche et longue, avec une fraîcheur savamment dosée en soutien. Un blanc de caractère, parfait pour sublimer les poissons. ⧗ 2021-2024 ■ **Siracanta 2019 ★ (8 à 11 €; 10000 b.)** Siracanta chante les charmes de la syrah (95 %) vinifiée en macération carbonique. À un nez vivifiant d'eucalyptus et de menthol étonnamment salin répond une bouche plus classique, sur les fruits mûrs (fraise confiturée, pruneau), qui privilégie la rondeur et la souplesse à la concentration et à la structure. Aimable et prêt à boire. ⧗ 2021-2024

EARL DU BOIS D'YEUSE, chem. des Canaux, 30600 Vestric-et-Candiac, tél. 04 66 88 21 76, lacadenette@orange.fr V *t.l.j. sf sam. dim. 8h-12h 14h-18h*

ROMAIN DUVERNAY 2020 ★

	15000		- de 5 €

Issu d'une lignée de négociants en vins – son arrière-grand-père Louis fonda en 1904 un commerce de vin en Haute-Savoie –, l'œnologue de renom Romain Duvernay a créé en 1998, avec son père Roland, une maison de négoce basée à Châteauneuf-du-Pape qui propose des vins de toute la Vallée et qui, depuis 2016, appartient à Newrhône Millésimes, propriété de Jean-Marc Pottiez. Romain Duvernay continue d'élaborer les vins.

Grenache, syrah et cinsault en assemblage : du classique, mais du très beau classique. Robe pétale de rose, joli nez de fruits rouges associés à une touche de poivre blanc, ce rosé élégant conjugue en bouche vinosité, rondeur et fraîcheur aromatique, assortie d'une belle longueur. Un rosé de terroir qui a tout bon. ⧗ 2021-2022

ROMAIN DUVERNAY, ZA la Grange-Blanche-Ouest, 225, rue Marcel-Valérian, 84350 Courthézon, tél. 04 90 60 20 00, newrhone@newrhone.eu V *t.l.j. sf sam. dim. 9h-13h 14h-17h*

GALLICIAN La Muse 2020 ★★

	6000		8 à 11 €

Cette cave «pilote» – l'une des premières à avoir promu l'embouteillage à la propriété avec le statut de coopérative et la première à mettre en avant la syrah dans les années 1960-70 – a été fondée en 1951. Elle regroupe aujourd'hui 60 adhérents pour quelque 1 000 ha de vignes à l'extrême sud des Costières, à la limite de la Petite Camargue.

Un assemblage de marsanne, de roussanne et d'une pointe de viognier (10 %) a inspiré cette cuvée, fermentée et élevée en barriques pendant 12 mois. Il en résulte un blanc à la chatoyante robe dorée, au bouquet de fruits mûrs (poire, ananas) assorti de notes oxydatives (foin, camomille) et grillées. Vif et tonique en attaque, le palais conserve cette fraîcheur, avant une finale plus suave, miellée, encore marquée par l'élevage. Un costières réservé à la table. ⧗ 2021-2024

SCA CAVE PILOTE DE GALLICIAN, 128, av. des Costières, 30600 Gallician, tél. 04 66 73 31 65, labo@gallician.com V *t.l.j. sf dim. 9h-12h 14h-18h*

CH. GUIOT 2020 ★

	30000		5 à 8 €

François et Sylvia Cornut deviennent propriétaires du Ch. Guiot en 1976, une centaine d'hectares au cœur des Costières aujourd'hui en conversion bio. En 2008, leurs fils jumeaux Alexis et Numa complètent le vignoble avec l'Enclos de la Chance, une vingtaine d'hectares sur les terres fraîches, argileuses, du Duché d'Uzès, dédiées surtout aux vins blancs.

Ce joli rosé couleur pêche a le fruit pour leitmotiv. Au nez ouvert et gourmand de fruits blancs et rouges (brugnon, fraise des bois) répond une bouche à la fois fraîche et onctueuse, longue et harmonieusement fruitée. Aucune fausse note dans ce rosé franc, généreux et polyvalent à table. ⧗ 2021-2022 ■ **Nîmoi ni toi 2020 ★ (8 à 11 €; 10000 b.)** Une robe pâle habille ce vin au nez bien fruité (poire, mangue, coing) et floral (chèvrefeuille, acacia), assorti d'une touche miellée. On retrouve tous ces arômes dans une bouche grasse, ronde, tendre et longue. ⧗ 2021-2023

GFA DOM. GUIOT, Ch. Guiot, D 197, 30800 Saint-Gilles, tél. 04 66 73 30 86, contact@chateauguiot.com V *t.l.j. sf dim. 9h-12h 14h-19h*

MAS DU NOTAIRE Maître 2019 ★★

	6000		11 à 15 €

Construit au milieu du XIXes. et acquis par la famille Rambier en 2004, le Mas du Notaire étend ses vignes sur 30 ha. Il tient son nom de l'un de ses anciens propriétaires, notaire honoraire au début du XXes.

Cette cuvée en impose d'emblée par sa robe soutenue, signe de concentration, et par son bouquet intrigant et complexe d'iris et de cumin mêlés à quelques notes boisées et iodées. La bouche est volumineuse sans être écrasante, ciselée par des tanins en dentelle, un boisé parfaitement fondu et une longue finale saline. Du souffle dans ce costières de gastronomie. ⧗ 2023-2027

SARL JEAN-PIERRE RAMBIER ET FILS VIGNERON (MAS DU NOTAIRE), Mas du Notaire, 30600 Gallician, tél. 04 66 35 03 00, info@masdunotaire.com V *r.-v.*

B CH. MOURGUES DU GRÈS Galets rosés 2020 ★

	60000		8 à 11 €

François Collard est un habitué du Guide, avec des vins souvent en très bonne place. Installé en 1994, il réalise

les premières mises en bouteilles à partir des vignes familiales (65 ha en bio certifié depuis 2014, en biodynamie certifié Demeter depuis 2020) à travers deux étiquettes : Mourgues du Grès, propriété du couvent des Ursulines de Beaucaire jusqu'à la Révolution, et La Tour de Béraud, qui tire son nom d'une tour à feu du XIVe s. dominant la vaste plaine de Beaucaire. Jamais à courts d'idées, le couple Collard propose de découvrir toutes les facettes du domaine à travers un sentier banalisé équipé de bornes bluetooth.

Issue d'une vinification par saignée de raisins mûris sur des sols de galets de quartzite, cette cuvée s'affiche dans une fringante robe framboise. Elle offre un nez délicat de fleurs blanches et de pomelos, et une bouche tonique et fruitée, centrée sur des notes de groseilles croquantes. Le vin estival par excellence. ⧗ 2021-2022 ■ **Galets dorés 2020 ★ (8 à 11 €; 60 000 b.)** Ⓑ Six cépages pour cette cuvée au bouquet racé d'acacia, de fruits blancs et finement brioché. Onctueuse et souple à l'attaque, la bouche est riche et ample, avec en finale une petite touche d'amertume (amande fraîche) du meilleur effet. Un costières blanc bien typé. ⧗ 2021-2025

SARL FRANÇOIS COLLARD, 1055, chem. des Mourgues-du-Grès, 30300 Beaucaire, tél. 04 66 59 46 10, chateau@mourguesdugres.com V ⚑ ▮ *t.l.j. sf dim. 9h-12h30 13h30-18h; sam. 10h-12h30 13h30-17h30* ⌂ Ⓒ

Ⓑ DOM. DE LA PATIENCE Nemausa 2019 ★

■	25 000	▮	5 à 8 €

Christophe Aguilar a repris le domaine familial en 1999, alors 12 ha en vins de pays apportés à la coopérative. Après des travaux de réencépagement et l'achat d'un domaine voisin, il conduit aujourd'hui 95 ha en conversion bio, dont une vingtaine en costières-de-nîmes.

Ce vin d'un abord discret (rose séchée et fraise à l'aération) s'exprime avec moins de réserve en bouche, où il se révèle de belle maturité, rond et friand, serti de tanins soyeux et finement épicés (muscade, cannelle). Un rouge croquant et charmeur. ⧗ 2021-2024

SCEA DOM. DE LA PATIENCE, 61, RD 6086, 30320 Bezouce, tél. 04 66 75 95 94, domainedelapatience@orange.fr V ▮ *t.l.j. sf dim. 9h-12h 14h-18h*

CAVE DE PAZAC Le Pigeonnier 2020 ★

■	30 000	▮	5 à 8 €

Située aux confins orientaux de l'AOP costières-de-nîmes, la petite coopérative de Meynes, créée en 1968 ne compte pas plus de 7 adhérents (pour 250 ha de vignes). Elle occupe un ancien relais de diligences, puis de chasse, transformé en ferme dédiée à la polyculture et à l'élevage ovin, avant de devenir le siège de cette cave qui a replanté la vigne sur le plateau de Pazac.

Robe jaune pâle aux reflets verts, nez expressif d'aubépine, d'agrumes et d'abricot : ce vin séduit d'emblée. On retrouve les arômes de fruits jaunes compotés dans une bouche ronde, souple et de bonne longueur, parfumée jusqu'en finale et tendue par une trame acide vivifiante. Un blanc d'une belle intensité. ⧗ 2021-2024 ■ **Le Pigeonnier 2020 ★ (5 à 8 €; 65000 b.)** Une touche de marselan (10 %) vient enrichir cet assemblage grenache-syrah vinifié par saignée. Robe soutenue, bouquet intense de cerise, de melon et de genêt, palais gourmand du début à la fin, amylique et rond, avec une finale fraîche sur de beaux amers : il a tout bon, ce rosé (coup de cœur dans sa version 2019). ⧗ 2021-2022 ■ **Mas d'Andrum 2019 ★ (8 à 11 €; 8 000 b.)** Des vignes de grenache (85 %) et de syrah (15 %) de 30 ans pour ce costières complexe et boisé : pruneau, réglisse, cacao, caramel au beurre salé. Consistante, la bouche s'appuie sur des tanins fermes qui apportent de la texture et de l'allonge en finale. ⧗ 2022-2025

SCA DES GRANDS VINS DE PAZAC, rte de Redessan, 30840 Meynes, tél. 04 66 57 59 95, cavedepazac30@gmail.com V ⚑ ▮ *t.l.j. sf dim. 8h-12h30 14h-19h*

DOM. DE POULVAREL 2019 ★

■	13 000	▮	8 à 11 €

Pascal Glas et son épouse Élisabeth ont repris le domaine familial en 2004 après la fermeture de la coopérative de Sernhac. Ils exploitent aujourd'hui un vignoble de 44 ha et signent des costières-de-nîmes de belle facture, régulièrement en vue dans ces pages, ainsi qu'une IGP. Le domaine est labellisé HVE depuis 2014.

Cette cuvée mi-grenache mi-syrah a bénéficié d'un élevage long en cuve de 18 mois. Le nez exhale des parfums de grenade et de garrigue, qui se prolongent dans une bouche ronde, juteuse, à la mâche croquante et à la fraîcheur soutenue. Belle prouesse dans ce millésime solaire. ⧗ 2021-2024 ■ **Les Cantarelles 2020 ★ (11 à 15 €; 2 000 b.)** Les Cantarelles ? Le nom de l'un des deux tunnels antiques qui traversent la propriété. Une moitié de roussanne, du grenache blanc (25 %) et du vermentino (25 %), vinifiés et élevés en fût, pour ce vin aux parfums soutenus de vanille, de noisette grillée et de beurre fondu, et à la bouche bien équilibrée entre fraîcheur et rondeur. ⧗ 2022-2026

ÉLISABETH ET PASCAL GLAS, 110, chem. de la Soubeyranne, 30210 Sernhac, tél. 04 66 01 67 46, domaine.poulvarel@orange.fr V ⚑ ▮ *t.l.j. 10h-12h 15h-19h; dim. sur r.-v.*

Ⓑ CH. ROUSTAN 2020 ★

■	65 000	▮	5 à 8 €

Située sur les hauteurs du versant sud des Costières, cette propriété a été créée par des moines ermites au XIIe s. Devenue domaine viticole sous l'action d'un notable nîmois après la Révolution, elle est conduite depuis trois générations par la famille Castillon (aujourd'hui Jérôme), à la tête d'un vaste vignoble de 80 ha, cultivé en bio certifié et en biodynamie.

Classique dans sa présentation avec une robe sombre et intense, ce 2020 livre un bouquet expressif de cassis, d'olive noire et de sous-bois. En bouche, il se révèle chaleureux, savoureux, concentré et d'une belle intensité tannique. Un costières vigoureux, qui devrait se policer après quelques mois en cave. ⧗ 2021-2024

SCEA CASTILLON ET FILS, 1301, chem. d'Auzan, 30800 Saint-Gilles, tél. 04 66 87 04 49 V ⚑ ▮ *t.l.j. sf dim. 9h-12h 13h-17h30*

CH. SAINT-BÉNÉZET Moulin Baguet 2020 ★

■	20 000	▮	5 à 8 €

Propriété des familles Soulairac et Bosse-Platière depuis 1999, l'ensemble des Vignobles Saint-Bénezet

compte plus de 200 ha intégralement cultivés en agriculture raisonnée.

Des vignes de 25 ans plantées sur des grès et des galets de silice sont à l'origine de cette cuvée couleur or blanc, au nez gracile de fruits à noyaux, d'aubépine et d'aneth, agrémenté d'une touche fumée. Bien typée et équilibrée, la bouche offre une bonne structure, du gras, de la fraîcheur et une belle longueur sur les fruits secs. Un blanc complexe qui ne bouderait pas une petite garde. ⌛ 2021-2024

SCEA SAINT-BÉNÉZET, Dom. Saint-Bénézet, 30800 Saint-Gilles, tél. 04 66 70 17 45, elise.bp@saint-benezet.com V *r.-v.*

B CH. SAINT-CYRGUES 2020 ★

	10 000		8 à 11 €

Le Ch. Saint-Cyrgues est situé à Saint-Gilles, près de Nîmes. Ancienne halte pour les pèlerins en route pour Compostelle ou Jérusalem, il est situé à l'endroit précis où se tenait jadis une église. Loïc Ferraud l'a acquis en 2014, convertissant d'emblée le vignoble (50 ha) au bio.

Un vin séduisant avec sa jolie robe paille aux reflets verts dorés. Le nez, très expressif, s'ouvre sur des parfums de fleurs de citronnier et d'herbes aromatiques (fenouil, thym). En bouche, on croque avec délice dans les fruits du verger, qui apportent de la rondeur et épousent la minéralité pour aboutir à un blanc frais, long et très élégant. ⌛ 2021-2024

SCEA CH. SAINT-CYRGUES, rte de Montpellier, 30800 Saint-Gilles, tél. 09 88 18 72 56, chateau@saintcyrgues.com V *t.l.j. sf sam. dim. 9h-12h 14h-17h*

B TERRE DES CHARDONS Marginal 2019 ★

	7300		11 à 15 €

Installée depuis 1982 sur la commune de Bellegarde, au sud de Nîmes, la famille Chardon a planté ses premières vignes en 1999. Le vignoble de 9 ha, certifié en bio et biodynamie depuis ses débuts, s'étend autour du mas et de l'exploitation dévolue au maraichage biologique. Le domaine produit des vins en costières-de-nîmes et clairette-de-bellegarde.

Cette cuvée, issue d'un terroir de galets siliceux appelé localement "gress", doit presque tout à la syrah (80 %), le grenache jouant les seconds rôles. La robe, un peu atypique pour ce cépage, est d'un rouge grenat clair. Tout aussi surprenant, le nez évoque l'herbe coupée, le cuir frais, la baie de genévrier et la réglisse. La bouche est une véritable caresse, adossée à des tanins soyeux qui s'expriment avec beaucoup d'éclat dans une finale persistante. Un costières original et plein de charme. ⌛ 2021-2025

EARL TERRE DES CHARDONS, Dom. Ste-Marie des Costières, chem. de Sautebraut, 30127 Bellegarde, tél. 06 68 34 81 82, commercial@terredeschardons.fr V *r.-v.*

CH. DES TOURELLES Le Coin des Grenades 2020 ★

	8000		5 à 8 €

Propriété de la famille Durand depuis 1762, ce grand domaine d'une centaine d'ha est situé près de Beaucaire. Sur cet ancien site viticole gallo-romain, la famille a entrepris depuis 20 ans une initiative originale d'archéologie expérimentale : la première reconstitution d'une cave gallo-romaine grandeur nature et en état de fonctionner.

Cette cuvée annonce la couleur : celle d'une robe intense de la teinte d'une grenade bien mûre. Séduisant à l'œil, ce rosé de saignée l'est aussi au nez, franc et intense, sur les fruits rouges frais mâtinés d'une touche d'aubépine. D'une belle tenue, ronde, tendre et suave, la bouche se révèle tout aussi fruitée. Une vin juteux, harmonieux et énergique. ⌛ 2021-2022

GFA DE FORTON, 4294, rte de Saint-Gilles, 30300 Beaucaire, tél. 04 66 59 19 72, tourelles@tourelles.com V *t.l.j. sf sam. dim. 9h-12h 14h-17h30*

B CH. VESSIÈRE 2020 ★

	30 000		8 à 11 €

Situé au cœur des Costières, ce domaine de 65 ha est dans la famille Teulon depuis 7 générations. Vincent Teulon, installé en 2007, a engagé la conversion bio du vignoble, certifié depuis 2013.

Longuement macérés avec leurs peaux avant d'être pressurés en douceur, grenache blanc et roussanne expriment ici toute la fraîcheur des arômes primaires. Sur des notes fruitées (pêche blanche, coing, poire) et florales (narcisse), le bouquet se livre timidement. Ces arômes se manifestent plus pleinement dans une bouche fine, souple, tendue par une vivacité ajustée. Un blanc aérien et d'une bonne typicité. ⌛ 2021-2024

EARL TEULON ET FILS, Ch. Vessière, 30800 Saint-Gilles, tél. 04 66 73 30 66, contact@chateau-vessiere.com V *r.-v.*

♥ B PIERRE VIDAL Réserve 2020 ★★

	200 000		- de 5 €

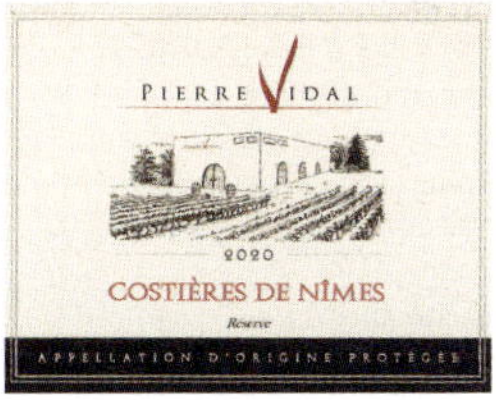

Pierre Vidal, installé à Châteauneuf-du-Pape avec son épouse vigneronne, a créé son négoce en 2010. Cet œnologue formé en Bourgogne s'est entouré d'une petite équipe et a construit, en 2019, sa propre cave pour pouvoir peaufiner ses sélections parcellaires, tournées vers les vins bio et *vegan*.

Pierre Vidal a encore visé juste avec cette cuvée qui s'ouvre sans réserve sur un nez complexe, au fruité généreux associé à des notes de lichen, de cuir et de fumé. Une palette qui s'enrichit de parfums d'olives noires et de vanille signant un court élevage sous bois (20 % du volume) dans une bouche ronde, charnue, arrimée à une solide structure tannique. Autant de complexité à ce prix-là, c'est remarquable. ⌛ 2022-2026 ■ **2020 ★ (5 à 8 €; 200 000 b.)** B Grenache, syrah et carignan composent ce rouge à la robe d'encre, généreusement bouqueté autour de la mûre compotée, de la tourbe et d'une pointe de graphite. Les fruits en surmaturité tapissent aussi le palais, consistant, onctueux, doté de tanins encore fermes et finement réglissés. ⌛ 2022-2026

EURL PIERRE VIDAL, 370, rue Calixte-Paillet, 84350 Courthézon, tél. 07 77 05 38 81, contact@pierrevidal.com

DUCHÉ D'UZÈS

Située au nord de Nîmes, la dernière-née des AOC (2013) a fourni d'abord des vins de pays. Depuis 1989, les viticulteurs de l'Uzège œuvraient pour obtenir l'accession de leurs vins à l'appellation d'origine. Ils se sont fixé de nombreuses contraintes et n'ont pas ménagé les investissements sur leurs exploitations. L'appellation, fondée sur un cahier des charges strict, ne vise pas les volumes, mais un vin haut de gamme. La région viticole est située au carrefour des Cévennes, du Languedoc et de la Provence, sur la rive droite du Rhône, et elle livre des vins rouges généreux, épicés et réglissés, surtout marqués par la syrah et le grenache, des rosés puissants et aromatiques, marqués par le grenache, ainsi que des blancs intenses, aux arômes de pêche et d'abricot, issus de grenache blanc et de viognier.

DOM. DE L'AQUEDUC
Cuvée du Grand Chêne 2020 ★

■	7200		8 à 11 €

Ce domaine gardois a porté pendant 10 ans sa vendange à la coopérative voisine avant d'aménager, en 2004, un chai de vinification. Son vignoble de 38 ha lui permet de proposer une large gamme de vins en duché-d'uzès et en IGP, dans les 3 couleurs.

La robe lumineuse aux reflets verts annonce un vin encore tendre et sur la retenue. À l'ouverture, le viognier, qui constitue la moitié de l'assemblage, se révèle par ses notes d'abricot et de pêche de vigne assez caractéristiques. En bouche, il y a de la tenue, du gras et de la sucrosité, auxquels l'élevage en barrique de la roussanne (20 %) contribue avec élégance. Un vin de gastronomie tout simplement. ⌛ 2021-2024 ■ **La Garrigue de Bornègre 2019 ★ (8 à 11 €; 26 600 b.)** D'abord timide, ce 2019 libère à l'ouverture des notes douces de fruits des bois confiturés et de pain d'épices. La bouche est très onctueuse, au fruité intact, où le plaisir n'est contrecarré que par la jeunesse des tanins. L'élevage en fût de 18 mois demande à laisser ce vin en cave. ⌛ 2022-2027

EARL DOM. DE L' AQUEDUC, chem. du Mas-de-France, 30700 Saint-Maximin, tél. 04 66 37 41 84, domaineaqueduc@orange.fr V *t.l.j. 9h-19h*

VIGNOBLE CHABRIER
La Garrigue d'Aureillac 2019 ★

■	28 962		8 à 11 €

Constitué en 1925 par Louis Chabrier, ce domaine a été repris en 1988 par les petits-fils du fondateur, Christophe et Patrick, qui ont créé la même année leur cave particulière. La propriété compte aujourd'hui 70 ha de vignes éparpillées en une mosaïque de terroirs. À sa carte, du duché-d'uzès et des IGP.

Issu d'une longue macération et d'un élevage de 12 mois en fûts de chêne, cet assemblage de syrah (80 %) et de grenache (20 %) offre un vin travaillé et séduisant. Le bouquet de petits fruits rouges frais évolue à l'ouverture vers des notes chocolatées plus complexes. À l'attaque, le vin apparaît très structuré, les tanins sont encore fermes mais le fruit n'est jamais très loin. Il ne manque rien à ce vin vigoureux, si ce n'est quelques mois pour intégrer un peu plus son élevage. ⌛ 2022-2027

SCEA DOM. CHABRIER FILS, chem. du Grès, 30190 Bourdic, tél. 04 66 81 24 24, contact@chabrier.fr V *t.l.j. 9h-12h 14h30-18h30*

DURFORT LA CAVE Le Duché 2019 ★★

■	26 000		5 à 8 €

Les vins de la coopérative de Durfort sont une valeur sûre. Une cave qui regroupe une centaine de viticulteurs repartis sur 9 communes, pour une surface de 640 ha. Elle travaille depuis plusieurs années avec Philippe Nusswitz, meilleur sommelier de France en 1986, pour l'élaboration de ses cuvées.

Extraction douce et élevage en cuve pour ce beau rouge à la robe vive, qui derrière un nez discret, mais subtilement gourmand (chocolat noir, Zan), révèle un palais plein et très soyeux, aux tanins fondus à souhait et aux arômes explosifs de fruits noirs et de violette. Beaucoup de pureté dans ce vin magnétique, accessible à tous. ⌛ 2021-2024

SCA LES COTEAUX CÉVENOLS, rte de Canaules, 30170 Durfort, tél. 04 66 77 50 55, secretariat@coteaux-cevenols.fr V *r.-v.*

♥ LA RABASSIÈRE 2019 ★★

■	50 000		5 à 8 €

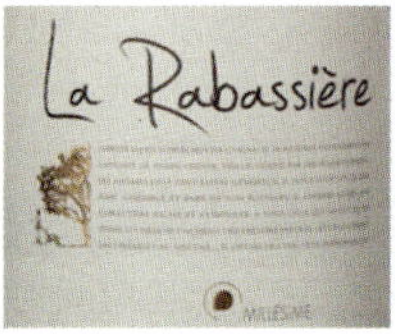

Créée en 1928 grâce à la volonté d'une poignée de viticulteurs, la cave coopérative Les Collines du Bourdic, dans le Gard, compte aujourd'hui une centaine d'adhérents qui cultivent 1 800 ha. À sa carte, du duché-d'uzès et des vins en IGP.

Sélections parcellaires rigoureuses, fermentations longues et élevage soigné mi-cuve mi-barrique, il n'en fallait pas moins pour réaliser ce rouge ébouriffant. On retrouve la syrah (70 %) dans sa robe sombre et ses arômes puissants de myrtille et d'épices. Le grenache (30 %) apporte sa touche réglissée et sa suavité. Au palais, la structure est présente, sans outrance. La matière reste riche et caressante, soutenue par des tanins finement épicés. Un vin de plaisir, totalement irrésistible. ⌛ 2021-2024 ■ **La Rabassière 2020 ★ (8 à 11 €; 21 000 b.)** Arômes printaniers délicats (fleur d'oranger, aubépine) pour ce blanc au bouquet encore timide. La bouche, plus affirmée, révèle un vin sincère qui fait l'équilibre entre la rondeur et une tension bien dosée. L'abricot embaume la finale, légèrement enrobée par un élevage partiel en barrique bien fondu. Harmonie et finesse. ⌛ 2021-2024

SCA LES COLLINES DU BOURDIC, chem. de Saint-Chaptes, 30190 Bourdic, tél. 04 66 81 20 82, contact@bourdic.fr V *t.l.j. sf dim. 9h-12h30 14h-18h*

DOM. REYNAUD Arpège 2020 ★★

■	4000		5 à 8 €

Entre les Reynaud et la vigne, c'est une histoire qui s'écrit depuis quatre générations. Luc Reynaud

a forgé sa vocation auprès de son grand-père et cultive un vignoble de 50 ha en conversion bio depuis 2018.

Grenache blanc, viognier et vermentino constituent l'harmonie de cette cuvée à la robe très pâle, qui dévoile un bouquet irrésistible de fleurs blanches, de coing et d'abricot. Au palais, le vin est gras et plein, oscillant entre le fruité et le floral, et souligné par une acidité légère. Un blanc d'une pureté irréprochable, à boire sur le fruit. ⧗ 2021-2023

⊶ EARL REYNAUD, Les Carrelets, 30700 Saint-Siffret, tél. 04 66 03 18 20, luc.reynaud@wanadoo.fr
V t.l.j. sf dim. 9h-12h 15h-18h30

CH. DE ROUX Seigneur de Malletot 2019 ★

■	3000		8 à 11 €

Construit au XVII^e^s. par un lointain ancêtre de l'actuel propriétaire, le Ch. de Roux est une demeure typique du piémont cévenol, entourée d'un vignoble de 15 ha d'un seul tenant. L'exploitation familiale a été reprise en 2013 par Hubert de Morogues, qui s'est formé en école de commerce, puis a fait ses classes chez Advini et à Châteauneuf-du-Pape.

Cette cuvée confidentielle, d'un seyant pourpre brillant, séduit par son nez de baies de la forêt et d'épices douces (muscade, cannelle). Le palais déploie un fruité frais et persistant (fraise écrasée), sur une trame réglissée. C'est un vin de belle carrure, aux tanins charnus et fermes, souligné par beaucoup de fraîcheur. Un assemblage de grenache et de syrah qui restitue toute la profondeur de ses vieilles vignes. ⧗ 2021-2024

⊶ CH. DE ROUX, 30260 Bragassargues, tél. 06 73 70 55 74, hdemorogues@domainederoux.fr
V r.-v.

LA TOUR DE GÂTIGNE 2019 ★★

■	8000		5 à 8 €

En 1212, les Templiers élèvent une commanderie à Saint-Chaptes, sur les terres alluviales de la rive nord du Gardon. Huit cents ans après, le donjon des Templiers domine toujours les bâtiments du domaine. L'exploitation, dans la famille des actuels propriétaires depuis 1835, compte aujourd'hui 103 ha de vignes (certifiés en bio depuis 2020), en duché-d'uzès et en IGP. Jean-Michel Guibal en a pris les rênes en 1980.

Une jolie robe sombre aux reflets violines introduit un nez puissant et aguicheur de violette et de fruits noirs. L'équilibre est le maître-mot de cette bouche ronde et savoureuse, où le fruit mûr signe un millésime solaire. Les tanins discrets accompagnent une belle finale saline et poivrée. Un vin moderne et élégant, à ouvrir pour un plaisir immédiat. ⧗ 2021-2023

⊶ EARL DE LA TOUR DE GÂTIGNE, rte de la Tour, D 18, 30190 Saint-Chaptes, tél. 04 66 81 26 80, latourdegatigne@gmail.com V t.l.j. sf dim. 9h-12h 14h-18h; sam. 9h-12h

DOM. VILLESÈCHE 2020 ★

■	33333		- de 5 €

Établie à Castillon, près du pont du Gard, Vignobles et Compagnie (anciennement la Compagnie rhodanienne) est une maison de négoce créée en 1963, dans le giron du groupe Taillan. Elle propose des vins (marques ou cuvées de domaine) dans de nombreuses AOP de la vallée du Rhône, de la Provence et du Languedoc.

Beaucoup de séduction et de générosité pour ce rouge élevé en cuve qui préserve le croquant du fruit. Du verre s'élèvent des parfums de groseille et de cerise à peine mûre. La bouche suit ce style charmeur, la structure est discrète et la texture caressante. Un vin de fruit qui offre un plaisir spontané. ⧗ 2021-2023

⊶ SA VIGNOBLES ET COMPAGNIE, SPECR 19, chem. Neuf, CS 80002, 30210 Castillon-du-Gard, tél. 04 66 37 49 50, nicolas.quiles@vignoblescompagnie.com

VENTOUX

Superficie : 6 235 ha
Production : 226 300 hl (96 % rouge et rosé)

À la base du massif calcaire du Ventoux – le Géant du Vaucluse (1 912 m) –, des sédiments tertiaires portent ce vignoble qui s'étend sur 51 communes entre Vaison-la-Romaine au nord et Apt au sud. Le climat, plus froid que celui des côtes-du-rhône, entraîne une maturité plus tardive. Les vins rouges sont frais et élégants dans leur jeunesse; ils sont davantage charpentés dans les communes situées le plus à l'ouest (Caromb, Bédoin, Mormoiron). L'AOC produit de plus en plus des rosés à boire jeunes ainsi que des blancs.

B DOM. ALLOÏS Terre d'Aïlleuls 2019 ★

■	5000		15 à 20 €

Après plusieurs expériences dans diverses régions viticoles de France, et plus particulièrement en Bourgogne, François Busi a repris en 2008 le domaine familial : 6 ha à son arrivée, 30 ha aujourd'hui, conduits en agriculture biologique et biodynamique.

Au nez comme en bouche, les 12 mois en demi-muids ont marqué le vin de leur empreinte. Passé le torréfié et la vanille, une ribambelle d'arômes de fraises et de framboises compotées et quelques touches florales complètent le bouquet. À l'unisson, le palais se montre rond et flatteur, de beau volume, sur un équilibre tannique boisé. Un vin qui appréciera la garde. ⧗ 2023-2028

⊶ FRANÇOIS BUSI, 2345, rte du Boisset, 84750 Caseneuve, tél. 04 90 74 41 16, contact@domaine-allois.com
V t.l.j. sf dim. 10h-12h30 14h30-18h

AURETO Autan 2020 ★

■	11796		11 à 15 €

Ce domaine de 36 ha créé en 2007 est rattaché au complexe hôtelier de luxe *La Coquillade*, établi au cœur du parc du Luberon, propriété des Wunderli. La vinification est confiée à l'œnologue Aurélie Julien. Depuis 2019, le vignoble est en conversion biologique.

Ce rosé très pâle à dominante de grenache (66 %) et d'une bonne dose de cinsault livre un bouquet expressif et moderne d'agrumes (pamplemousse, mandarine) et de fruits à noyaux. L'attaque, pleine de fraîcheur, ouvre sur un palais friand et élégant, onctueux et bien fruité, que souligne une finale dotée d'une fine amertume sur des notes d'amande fraîche. Un rosé de très belle facture, à savourer de l'apéritif au repas. ⧗ 2021-2022

SARL AURETO, chem. la Coquillade, 84400 Gargas, tél. 04 90 74 54 67, info@aureto.fr V *t.l.j. 10h-19h*

DOM. AYMARD Les Grappes 2019 ★★

■	3300		11 à 15 €

Autrefois dédié à la polyculture (tomates, melons, fraises, cerises), ce domaine a été créé en 1979 par Denis Aymard et ses deux fils, Michel et Jean-Marie, qui ont construit une cave. Aujourd'hui, le vignoble couvre 30 ha et seul demeure 1 ha de cerisiers. Jean-Marie Aymard a confié les vinifications à sa fille Anne-Laure en 2012, puis sa cadette Carine est venue compléter l'équipe en 2019.

Une cuvée mi-grenache mi-cinsault vinifiée en grappes entières. Un vin plein d'allant qui délie les langues des dégustateurs les plus expérimentés. "Vin féminin", "vin qui pinote" qualifient ce rouge à la robe brillante comme une cerise sur l'arbre, au nez élégant et floral (pivoine, violette), et à la bouche délicate, soyeuse, d'une rondeur fruitée (groseille), où les tanins jouent les seconds rôles. Ces "grappes", bourrées de fraîcheur, apporteront leur convivialité aux repas d'été. ⧗ 2021-2024

SCEA AYMARD, 1238, chem. de Beaumes-à-Mazan, 84200 Carpentras, tél. 04 90 60 06 35, domaine.aymard@hotmail.fr V *t.l.j. sf dim. 9h-12h 14h-19h*

Ⓑ **DOM. BASTIDE DE RODON** 2019 ★

■	5600		8 à 11 €

Créée en 1920, la cave de Bonnieux est la doyenne des coopératives du Vaucluse. Aujourd'hui, elle exploite quelque 630 ha de vignes au cœur du parc du Luberon, dont 70 % dans les appellations ventoux et luberon.

Un bouquet fin de fruits rouges ouvre la dégustation. Suivant la même ligne aromatique, sur des notes plus confites, le palais plaît par son volume, son charnu et sa rondeur caressante. Un rouge qui n'a pas connu le bois, et c'est tant mieux; l'élégance et la fraîcheur du fruit s'en trouvent préservées. À servir sur une escalope de veau à la crème. ⧗ 2021-2024

SCA CAVE DE BONNIEUX, quartier de la Gare, 84480 Bonnieux, tél. 04 90 75 80 03, caveau@cavedebonnieux.com V *t.l.j. sf dim. 9h-12h30 14h-18h*

CHAIS DU GRILLON 2020 ★

■	100000		5 à 8 €

Les Vignerons du Mont Ventoux est une coopérative fondée en 1924. Elle regroupe une centaine de vignerons, pour plus de 1 000 ha en AOC ventoux, IGP et vins de France. Le vignoble est essentiellement planté sur le versant sud-ouest du mont Ventoux, entre 200 et 500 m d'altitude, bien à l'abri du mistral.

Syrah, grenache et carignan, vinifiés séparément et élevés en cuve, s'annoncent avec élégance et originalité à l'olfaction : aux classiques fruits noirs (mûre) s'associent des notes plus atypiques de caramel et de beurre de cacahouètes. En bouche, on croque dans le fruit, la trame tannique est fine et soyeuse, et la finale, soutenue par une touche reglissée, apporte un surcroît de relief et de fraîcheur. Un ventoux friand et bien équilibré. ⧗ 2021-2024

SARL VIGNERONS DU MONT VENTOUX, 620, rte de Carpentras, 84410 Bédoin, tél. 04 90 12 88 00, mgalland@vmv.eu.com V *t.l.j. 9h-12h 14h-18h*

DOM. CHAMP-LONG Autrefois 2019 ★★

■	1200		15 à 20 €

Une propriété dans la même famille depuis le début du XIXᵉs. En 1964, Maurice Gély crée la cave de vinification; en 1994, son fils Christian la rénove; en 2004, son petit-fils Jean-Christophe rejoint le domaine, qui s'étend sur 30 ha au pied du mont Ventoux.

Un demi-hectare de vieilles vignes de syrah composent cette cuvée à la robe d'encre, au nez complexe encore dominé par les notes toastées (pain grillé, noix de coco), d'où pointent une touche florale (violette) et fruitée (gelée de mûre). Charpentée, la bouche s'impose tout en puissance et en volume sur des notes de cerise noire et de cassis, et déroule sa texture onctueuse, arrimée à des tanins mûrs et parfaitement extraits. Une bouteille qui vieillira en toute quiétude. ⧗ 2023-2030 ■ **Vieilles Vignes 2019 ★ (15 à 20 €; 2600 b.)** Cette étiquette réunit les plus vieux grenache du domaine, âgés de 70 ans (95 % de l'assemblage). L'élevage en fût (12 mois) est encore un peu présent au nez, qui déploie une palette pléthorique de notes boisées (cacao, vanille, cannelle), accompagnées de fruits rouges bien mûrs, de cuir et de tabac. La bouche "typée grenache" est épanouie, ample, structurée par des tanins dentelés encore un peu sous l'emprise du bois. Un vin déjà appréciable, qui pourra aussi patienter en cave. ⧗ 2022-2027

EARL DOM. DE CHAMP-LONG, 1900, chem. de Champ-Long, 84340 Entrechaux, tél. 04 90 46 01 58, domaine@champlong.fr V *t.l.j. sf dim. 9h-12h 14h-18h*

DOM. CHASSON À mon père 2019 ★

■	28000		11 à 15 €

Créé en 1990 par Jean-Claude Chasson et racheté en 2002 par M. Lelièvre, ce vignoble couvre 70 ha répartis entre le Ch. Blanc, face aux Ocres de Roussillon (AOC ventoux), et le Dom. Chasson (luberon), que complète une petite production en IGP.

Cette cuvée est dédiée aux ancêtres qui ont planté les vieux carignans entrant dans sa composition. Macération carbonique et élevage en barrique pendant 12 mois ont marqué ce joli rouge au bouquet aguichant de vanille, d'épices (poivre blanc, cardamome) et de tarte à la framboise. Le boisé est bien fondu et enrobe avec charme une matière généreuse, dotée d'une belle sucrosité et de tanins policés. Un vin élégant et savoureux. ⧗ 2021-2025

SCEA CH. BLANC, 956, rte de Saint-Saturnin, 84220 Roussillon, tél. 06 81 03 06 81, contact@chateaublanc-chasson.fr V *t.l.j. 8h-12h 13h30-18h30*

Ⓑ **DOM. DU CHAT BLANC** Cuvée Première 2019 ★

■	5507		11 à 15 €

Dans la famille Chatal, il y a Catherine, Stéphane et leur chat. Une boutade, mais surtout un rêve est à

l'origine de la création de ce domaine en 2017, quand ces expatriés à Londres décident d'acheter au pied du Mont Ventoux un joli mas du XVIII es. attenant à 5,5 ha de vignes. Le domaine est rénové et le vignoble en partie restructuré. Il produit aujourd'hui, sous certification bio, des ventoux et des IGP.

Les plus vieilles vignes de grenache et syrah à parité entrent dans cette cuvée, délivrant sous une seyante robe prune un nez de sous-bois et de pâte de fruits (mûre, myrtille). La bouche présente une matière dense et profonde, à la texture veloutée, soutenue par des tanins serrés encore un peu stricts. Un vin étonnamment jeune qui mérite un peu de garde pour gagner en suavité. ⧗ 2023-2028

STÉPHANE CHATAL, 255, chem. du Barraud, 84210 Saint-Didier, tél. 07 67 94 72 38, stephane.chatal@gmail.com V *t.l.j. 9h-18h*

♥ DOM. DE LA COMBE AU MAS Rigaou 2019 ★★

■	7000		8 à 11 €

Situé à Mormoiron, au pied du Mont Ventoux, ce jeune domaine crée en 2019 par Thomas Ayoun sur des terres familiales est composé de 8 ha de vignes, situées entre 300 et 400 m d'altitude et cultivées sans intrants chimiques. Toutes les cuvées sont vinifiées en levures indigènes, sans soufre et élevées en amphores (de 1 800 à 3 200 l).

Un premier millésime couronné d'un coup de cœur, c'est remarquable. Ne vous fiez pas à son nom modeste (*rigaou* signifiant rouge-gorge en provençal) ni à sa teinte légère, ce rouge est une "bombe" de fraîcheur qui ne manque pas de complexité. Le bouquet expressif et élégant distille des arômes de griotte, de garrigue (thym, romarin) et d'épices douces. La bouche est souple, gorgée de parfums, affûtée par des tanins suaves et fondus, tendue jusqu'en finale par une fine acidité mentholée. Un vin séveux qui donne l'impression de "goûter le terroir dans le verre". ⧗ 2021-2024

THOMAS AYOUN, 466 B, rte de Callot, 84570 Mormoiron, contact@combeaumas.com V *r.-v.*

B CH. LA CROIX DES PINS Les 3 Villages 2019 ★

■	100000		8 à 11 €

La chapelle intérieure et la pergola de cette bastide de style toscan rappellent qu'au XVIes. le domaine appartenait à un prélat italien. En 2009, Jean-Pierre Valade, consultant international en œnologie, et Éric Petitjean ont repris l'exploitation et ses 42 ha de vignes conduits en bio (beaumes-de-venise, ventoux et gigondas).

Cette cuvée d'assemblage réunit 4 cépages : le grenache noir (55 %), la syrah (35 %), le carignan (5 %) et le marselan (5 %) issu du croisement du cabernet-sauvignon et du grenache. C'est aussi l'assemblage des parcelles issus des 3 villages qui entourent le domaine. Grenat sombre aux reflets pourpres, ce 2019 est imprégné de parfums de mûre et de violette. Une attaque acidulée ouvre sur un palais gourmand et légèrement poivré, souligné de tanins soyeux. C'est LE "vin de copain", croquant et facile à boire. ⧗ 2021-2023

LATITUDE 44, Ch. la Croix des Pins, 902, chem. de la Combe, 84380 Mazan, tél. 04 90 66 37 48, contact@lacroixdespins.fr V *r.-v.*

DOM. DE FONDRÈCHE 2020 ★

■	50000		11 à 15 €

Nanou Barthélemy et son fils Sébastien Vincenti ont acquis cette propriété en 1995, construit puis régulièrement perfectionné la cave, et recomposé le vignoble – 40 ha conduits en bio et biodynamie (sans certification) – faisant ainsi de Fondrèche l'une des références de l'AOP ventoux.

Roussanne, clairette, grenache blanc et rolle, élevés pour partie en cuve et pour partie en barrique, donnent naissance à ce ventoux à la robe brillante et au nez intensément floral (freesia, chèvrefeuille, fleur d'oranger). La bouche conjugue fraîcheur, finesse des arômes (amande verte et cerise napoléon) et rondeur suave. Un vin qui accompagnera avec bonheur un carpaccio de Saint-Jacques. ⧗ 2021-2023 ■ **Il était une fois 2019 ★ (30 à 50 €; 6000 b.)** Il était une fois... la finesse et la fraîcheur du terroir. Tout en nuances, ce ventoux livre un nez délicat de rose, de framboise, puis s'exprime plus intensément à l'aération sur des notes de cacao amer. Tendre à l'attaque, la fraîcheur domine en bouche, appuyée par une trame tannique effilée qui assure longueur et équilibre en finale, sur de jolis arômes épicés et reglissés. Un vin qui ne manque ni de profondeur ni de charme. ⧗ 2022-2027

SARL BARTHÉLEMY-VINCENTI, Dom. de Fondrèche, 2589, La Venue-de-Saint-Pierre-de-Vassols, 84380 Mazan, tél. 04 90 69 61 42, contact@fondreche.com V *t.l.j. sf sam. dim. 8h-12h 14h-18h*

DOM. J&D Promesse n° 9 2019 ★

■	6600		11 à 15 €

Une exploitation en polyculture qui a donné naissance au domaine lors de l'installation de Julien Arocas sur les terres de ses parents. Le vignoble compte 25 ha.

Le nez de ce ventoux à la belle robe sombre est une véritable friandise : fruits rouges macérés, pâte de fruits noirs, épices douces et garrigue. La bouche est corpulente mais n'en reste pas moins équilibrée, le cassis s'associant harmonieusement aux notes d'élevage (12 mois en barriques). Sa texture crémeuse apporte de la gourmandise et de l'amplitude. En finale, les tanins s'expriment avec race et persistance. Un vin bien dans son appellation. ⧗ 2022-2028

EARL VIGNOBLES AROCAS, 31, rte de Mazan, 84330 Caromb, tél. 06 64 91 42 34, domaine.jd@gmail.com V *t.l.j. sf dim. 9h-12h 15h-19h; f. janv.*

DOM. LESCHANCEL Le Rouge n° 1 2019 ★

■	8000		11 à 15 €

Située au pied du Mont Ventoux, cette propriété de 30 ha d'un seul tenant est rachetée par Anne Chancel

RHÔNE

en 2018. Entourées de bois et de garrigue, 12 ha de vignes sont actuellement en production et entament leur dernière année de conversion bio.

Pas de recherche de sur-extraction ni d'esbrouffe pour cet assemblage de grenache (77 %) et de syrah élevé en cuve, qui vise avant tout l'authenticité du fruit. Baies rouges mûres (griotte) et notes épicées (poivre, muscade) s'égrènent à l'aération. Le palais, d'abord souple et fin, évolue vers une matière plus charnue, toujours portée par l'intensité du fruit frais et étayée d'une trame tannique discrète et soyeuse. La finale, réglissée, apporte du pep's et beaucoup de classe. À boire dans sa jeunesse. ⌛ 2021-2024

SARL ANNE CHANCEL, 9D, chem. des Basses-Briguières, 84570 Mormoiron, tél. 06 09 64 59 26, contact@leschancel.com V r.-v.

B CAVE DE LUMIÈRES Amaterra 2020 ★

	8000		8 à 11 €

Connu pour ses verreries au XIVe s. et pour ses faïenceries au XVIIIe s., le village de Goult abrite la Cave de Lumières, fondée en 1925. Étant située à la limite du Luberon et du Ventoux, la coopérative produit des vins dans les 2 appellations, sur une surface totale de 511 ha.

Cette cuvée, fruit d'un assemblage de grenache, carignan et syrah cultivés en agriculture biologique, confirme le travail minutieux de sélections parcellaires entamé par la cave depuis plusieurs années. La fermentation en levures indigènes et un élevage en cuve préservent le croquant du fruit. Encore naissant, le nez offre un panier de cerises fraichement cueillies et quelques notes d'humus. En bouche, de la chair, de la densité, du gras, une agréable saveur de fruit frais et de cacao, et des tanins extraits avec doigté. Un ventoux bien typé et harmonieux. ⌛ 2022-2026

CA LA CAVE DE LUMIÈRES, 19, rte de Joucas, 84220 Goult, tél. 04 90 72 20 04, info@cavedelumieres.com V *t.l.j. sf dim. 9h-12h 14h-18h*

B DOM. MARSALEIX 2020 ★

	5400		11 à 15 €

En 2012, Joël Marsaleix, chef d'entreprise parisien, décide de faire de son rêve une réalité. Il se forme à l'université du vin de Suze-la-Rousse et acquiert 12 ha de vignes sur les piémonts de Gordes, au cœur du parc naturel régional du Luberon. Ses vins sont certifiés en agriculture biologique.

Marselan et carignan viennent enrichir la palette aromatique des traditionnels grenache (40 %) et syrah (40 %) qui composent cette cuvée. En résulte un rouge à la robe intense et chatoyante et au nez délicat et expressif de fruits des bois, de sureau et de violette. La bouche est souple et gourmande, portée par une fine acidité et des tanins encore un peu fermes. Pas un monstre de puissance, mais un ventoux charmeur et gracieux qui acceptera même une petite garde. ⌛ 2022-2025

SCEA DOM. MARSALEIX, 7000, rte de Gordes, 84440 Robion, tél. 04 90 75 52 47, contact@domaine-marsaleix.com V *t.l.j. sf dim. 10h-12h 13h-18h*

B MAS ONCLE ERNEST Instant présent 2020 ★

	12000		8 à 11 €

Une exploitation familiale créée par Camille, l'arrière-grand-père d'Alexandre Roux, et par Ernest, son arrière-grand-oncle, «un personnage au fort caractère, célibataire endurci, qui consacra sa vie à son travail». Le jeune vigneron, associé à son père Pierre depuis 2003, a sorti le domaine de la cave coopérative en 2007 pour produire ses propres vins et converti le vignoble à l'agriculture biologique.

Ce 2020, encore un peu fermé au nez, révèle à l'agitation d'élégants parfums de cassis, de Zan et de menthol. Souple en attaque, riche, dense, finement réglissé, le palais s'appuie sur des tanins solides et fermes. Un vin prometteur et consistant, qui saura exprimer tout son potentiel après quelques mois en cave. ⌛ 2022-2025

EARL SAINT-ANDRÉ, 325, chem. du Rat-Collet-Blanc, 84340 Entrechaux, tél. 06 64 71 56 15, mas-oncle-ernest@hotmail.fr V *r.-v.*

B DOM. LES PATYS Ama Dablam 2019 ★

	2500		11 à 15 €

Après une vie itinérante qui l'ont mené à la découverte de toutes les chaînes de montagnes, de l'Himalaya à la Cordillère des Andes, Thierry Delasalles pose ses valises en 2013 à Bedoin, au pied du Mont Ventoux, où il acquiert 12 ha de vignes. Cultivé en agriculture biologique et suivant le calendrier lunaire, le domaine est également engagé dans une démarche d'agroforesterie.

Thierry Delasalles aime faire des analogies entre le théâtre de ses aventures passées et ses vins. Cette étiquette, du nom d'une montagne himalayenne, est un clin d'œil à la fraîcheur et à la minéralité de ses vieux carignan (97 %). Élevé 12 mois en cuve, ce joli vin à la robe acajou livre un nez délicat de fruits noirs, de réglisse et de poivre vert. La bouche bien construite, suave et ronde en attaque, dévoile des tanins serrés un brin austères et une finale longue et fraîche, où l'on retrouve les arômes du bouquet. Un peu de cave ne pourra que le bonifier. ⌛ 2022-2025

THIERRY DELASALLES, 2969, rte des Héritiers, 84410 Bédoin, tél. 06 03 56 85 06, thierrydelasalles@domaine-les-patys.fr V *t.l.j. sf dim. 14h30-19h*

B CH. PESQUIÉ Quintessence 2019 ★

	130000		15 à 20 €

Acquis en 1970 par Odette et René Bastide, ce vaste domaine de 100 ha, régulier en qualité, est conduit depuis 2003 par la 3e génération (Frédéric et Alexandre Chaudière). L'ensemble du vignoble est certifié bio et en cours de conversion à la biodynamie.

La syrah tient la part du lion (80 %) dans cette cuvée, en association avec le grenache, et s'exprime d'entrée avec une robe sombre aux reflets d'encre, un bouquet puissant sur la confiture de quetsche, le Zan et le poivre noir. Le palais se révèle charpenté, ample et chaleureux, témoin du caractère solaire du millésime. L'élevage long en barriques et demi-muids étoffe la texture de tanins serrés et consistants, qui délivrent en finale une agréable persistance épicée. Un ventoux vigoureux et prometteur. ⌛ 2023-2030

SARL FAMILLE CHAUDIÈRE, Ch. Pesquié, 1365 bis, rte de Flassan, 84570 Mormoiron, tél. 04 90 61 94 08, contact@chateaupesquie.com V t.l.j. sf dim. 10h-12h 14h-18h

PEYRE L'Éclair 2020 ★

■	15000		5 à 8 €

Patricia Alexandre, ancienne directrice du Gault et Millau, a repris 2 domaines du Luberon en 2013 : le Dom. Faverot, un mas provençal dont une partie date du XVIᵉs., transformé en magnanerie au XVIIIᵉs., puis en domaine viticole dans les années 1920; le Dom. des Peyre, une ancienne ferme fortifiée du XVIIIᵉs. commandant 23 ha de vignes. Elle a restructuré le vignoble, construit un chai, développé l'œnotourisme et monté une petite structure de négoce en 2018.

Voilà un vin qui ne prétend pas être taillé pour la garde, mais qui cible le plaisir "éclair" d'un rouge frais, savouré simplement pour son croquant. Des ceps de grenache et de carignan vendangés en légère sous-maturité, des cuvaisons courtes et un élevage en cuve béton sont les ingrédients de ce vin pimpant, au nez gracile de groseille et de cerise fraîches associées à une touche de garrigue. La bouche est souple, guidée par la fraîcheur du fruit et bordée de tanins friands "en dentelle". Un vin simple, mais pas simpliste. ⧗ 2021-2024

SCEA DOM. DES PEYRE, 1620, rte d'Avignon, 84440 Robion, tél. 06 32 64 21 61, commercial@domainedespeyre.com V r.-v. E

DOM. PIERRE DU COQ Beaumajour 2019 ★★

■	5700		8 à 11 €

Sur le lieu-dit de la Pierre du Coq, ce domaine sorti de la cave coopérative en 2001 étend ses 20 ha de vignes sur des coteaux argilo-calcaires au pied du Ventoux. En 2014, Olivier Bessac, représentant la quatrième génération, entreprend la rénovation de la cave et commence à peaufiner ses sélections parcellaires à la vigne.

Sélection des plus vieilles vignes du domaine, ce Beaumajour est d'une grande richesse aromatique avec son nez de cassis et de fraises compotés, associés à la cannelle et à une touche de cuir frais. La bouche est ample, riche et finement boisée (12 mois de fût), stimulée par des tanins épicés et bien enrobés. Elle s'étire en finale sur des notes de tabac blond, avec un beau retour du fruit rouge frais. Beaucoup d'éclat et de plaisir. ⧗ 2021-2026

SCEA BESSAC-BORDUNE, 93, av. Jean-Henri-Fabre, 84810 Aubignan, tél. 04 90 62 61 30, bessac.gaec@orange.fr V t.l.j. 9h-12h30 14h-19h E

B **DOM. PLEIN PAGNIER** Petit moineau 2019 ★★

■	4680		15 à 20 €

Ce domaine familial créé en 1960, sur un terrain endommagé par les années de guerre, est cogéré par Édouard Marchesi depuis 2013, qui l'a sorti du système coopératif. Ce dernier, diplômé de Suze-la-Rousse, a fait ses classes à Châteauneuf-du-Pape et à Pomerol (chez Michel Roland). L'agriculture biologique, aujourd'hui certifiée, est de mise sur le vignoble (17 ha) depuis les années 1980.

Petit moineau est un hommage au second fils d'Edouard Marchesi, né prématuré, en pleine période de vendanges. Grenache, syrah et carignan, récoltés manuellement en légère surmaturité et élevés en cuve, offrent un nez abouti et complexe de fruits noirs confits, d'épices et de silex. Remarquable d'équilibre, la bouche déploie un beau volume et une matière soyeuse arrimée à des tanins totalement fondus et soutenue par une élégante vivacité. Fruits à noyaux et minéralité s'invitent en rétro-olfaction. Une personnalité évidente. ⧗ 2021-2027

■ **Terres d'Édouard 2019 ★ (11 à 15 €; 8800 b.)** B Ce 2019 exhale des parfums de cerise noire, de poivre sauvage et de cacao. En bouche, il est déjà épanoui, exprimant la caractère solaire du millésime. D'abord tout en douceur, il se révèle ensuite charpenté par une belle trame tannique épicée, enrobée d'une matière soyeuse. Un bon classique, élégant et harmonieux. ⧗ 2021-2025

GAEC TERRES D'ÉDOUARD, 2033, la Venue-de-Mormoiron, 84380 Mazan, tél. 06 76 12 99 32, pleinpagnier@gmail.com V r.-v. 4 D

B **DOM. DU PUY MARQUIS** Tradition 2020 ★

■	10000		8 à 11 €

Ancien cycliste professionnel, coéquipier de Jacques Anquetil, Claude Leclercq a posé son vélo en 1980 pour créer ce domaine planté à 450 m d'altitude, face au Luberon. Le domaine couvre 25 ha, dont 11 ha de vignes, en bio depuis 2017.

Beaucoup de charme et de douceur émane de ce ventoux classique mêlant une dominante de grenache et une portion de syrah. Paré d'une robe sombre tintée de violine, il livre sans réserve un bouquet de baies rouges et noires légèrement compotées et des parfums naissants d'épices douces. Ample et long, soutenu par des tanins nobles, le palais se montre à la fois frais et onctueux. Que diriez-vous d'un tajine d'agneau au cumin ? ⧗ 2021-2025

CLAUDE LECLERCQ, Dom. du Puy Marquis, 3101, chem. des Puits, 84400 Apt, tél. 04 90 74 51 87, domainedupuymarquis@yahoo.fr V t.l.j. sf dim. 9h-12h 14h-18h30

SAINT-MARC 2019 ★

■	26000		5 à 8 €

Cette cave coopérative doit son nom à la proximité d'un oratoire dédié à saint Marc, patron des vignerons de Provence. Fondée en 1928, elle vinifie 1 200 ha de vignes et fédère aujourd'hui quelque 300 familles de vignerons.

Très séduisant à l'œil dans sa robe intense et brillante, ce 2019 se livre avec retenue sur des notes de fruits noirs, agrémentés à l'aération de parfums captivants de mousse, de réglisse et d'anis étoilé. Le palais, porté par des tanins soyeux, offre une texture ronde et persistante aux fragrances d'épices douces. Un vin expressif et charmeur. ⧗ 2021-2024

SCA LES VIGNERONS DE SAINT-MARC CANTERPERDRIX, 667, av. de l'Europe, 84330 Caromb, tél. 04 90 62 40 24, magl@saint-marc-canterperdrix.fr V t.l.j. 9h-12h 15h-18h

RHÔNE

B CH. SAINT-SAUVEUR L'Homme de cœur 2019 ★

■	13300		5 à 8 €

Un domaine de 58 ha (en bio certifié), ancien fief d'une famille de la noblesse du Comtat venaissin et propriété des Rey depuis 1936 (Guy depuis 1973). Le caveau est installé dans une chapelle du XIe s. et la cave de vinification dans un ancien monastère.

Une touche de cinsault (10 %) vient réveiller cet assemblage dominé par le grenache (60 %) et la syrah (30 %), qui s'ouvre sur un bouquet chaleureux de violette, d'épices (cumin, muscade) et de notes fumées. Bien équilibrée, à la fois ronde et fraîche, la bouche est étayée par des tanins discrets et fondus à souhait. Un ventoux aromatique et sincère. ⧗ 2021-2024

EARL HÉRITIERS DE MARCEL REY, Dom. Saint-Sauveur, 1451, av. Joseph-Vernet, 84810 Aubignan, tél. 04 90 62 60 39, vins@domaine-st-sauveur.fr V *t.l.j. sf dim. 9h15-12h15 14h15-18h30*

DOM. DE LA VERRIÈRE
Le Haut de la Jacotte 2019 ★

■	10000		8 à 11 €

Le roi René de Provence, alors propriétaire des lieux, fit venir ici des verriers italiens en 1470. Le domaine appartient aux Maubert depuis 1969 (avec Jacques aux commandes depuis 1985) et étend ses 28 ha de vignes en coteaux sur les contreforts du Ventoux.

Cette cuvée parcellaire constituée principalement de syrah (90 %), issue du lieu-dit Le Haut de la Jacotte, bénéficie d'une longue macération de 30 jours. Ses parfums de petits fruits rouges alliés aux notes grillées et toastées léguées par 12 mois de fût charment par leur finesse. Le palais se montre rond et savoureux, joliment fruité et épicé, doté de tanins solides et encore sous l'emprise du boisé. Une bouteille de garde. ⧗ 2023-2030

EARL MAUBERT ET FILS, 2673, chem. de la Verrière, 84220 Goult, tél. 04 90 72 20 88, laverriere2@wanadoo.fr V *t.l.j. sf dim. 9h-12h 14h-18h*

LUBERON

Superficie : 3 200 ha
Production : 140 000 hl (80 % rouge et rosé)

Le vignoble, AOC depuis 1988, est implanté sur 36 communes des versants nord et sud du massif calcaire du Luberon, entre les vallées de la Durance au sud et du Calavon au nord. Les vins rouges et rosés portent l'empreinte du grenache et de la syrah, cépages obligatoires, éventuellement complétés par des variétés secondaires comme le cinsault et le carignan. Le climat plus frais qu'en vallée du Rhône et les vendanges plus tardives expliquent la part relativement importante des vins blancs, qui naissent principalement des cépages grenache blanc, clairette, vermentino et roussanne.

AMÉDÉE L'Excellence 2019 ★

■	60000		- de 5 €

Le Cellier Marrenon a été fondé en 1966 par Amédée Giniès, l'un des principaux artisans de la reconnaissance en appellation des vins du Luberon. Il regroupe 9 coopératives dans les AOP luberon et ventoux : pas moins de 1 200 adhérents et de 7 200 ha. Deux étiquettes : Marrenon et Amédée.

La gourmandise est de mise pour cette association de grenache et de syrah qui offre une robe d'un rouge friand et de beaux arômes de fraise écrasée et de groseille. L'élevage en cuve préserve le croquant de la bouche, sa souplesse, sa finesse, et fait la part belle aux fruits rouges. Un vin suave et charmeur, pour un pique-nique entre amis. ⧗ 2021-2023 ■ **Marrenon Pétula 2020 ★ (8 à 11 €; 200000 b.)** Derrière une robe parme claire se cache un pétulant rosé façonné par la syrah (95 %), aux arômes de bourgeon de cassis, de fraise des bois et d'une pointe de végétal frais. Vive, la bouche se révèle moins exubérante que le nez, plus nuancé. On retrouve un fruité délicat, beaucoup de suavité et une longueur agréablement encadrée par de jolis amers. Un rosé expressif et facile à aimer. ⧗ 2021-2022

USCA UNIONS VIGNERONS CÔTES LUBERON, rue Amédée-Giniès, 84240 La Tour-d'Aigues, tél. 04 90 07 40 65, sabrina-fillod@marrenon.com V

CAVE DE BONNIEUX Éphémère 2020 ★

■	6000		8 à 11 €

Créée en 1920, la cave de Bonnieux est la doyenne des coopératives du Vaucluse. Aujourd'hui, elle exploite quelque 630 ha de vignes au cœur du parc du Luberon, dont 70 % dans les appellations ventoux et luberon.

Éphémère comme le nom de cette cuvée et comme le croquant de la cerise qui s'offre d'emblée au nez de ce joli rosé, vendangé tôt le matin pour préserver la fraîcheur du fruit. Fidèle à la promesse du nez, la bouche vivifiante et savoureuse se pare d'arômes gourmands de grenadine. Un charme immédiat à partager pour le plaisir du fruit. ⧗ 2021-2022

SCA CAVE DE BONNIEUX, quartier de la Gare, 84480 Bonnieux, tél. 04 90 75 80 03, caveau@cavedebonnieux.com V *t.l.j. sf dim. 9h-12h30 14h-18h*

B CH. LA CANORGUE 2019 ★★

■	60000		11 à 15 €

Ce domaine dans la même famille depuis 5 générations, l'une des références de l'appellation luberon, est d'une régularité sans faille. Jean-Pierre Margan, pionnier de l'agriculture biologique dans la région, a converti dès 1978 son vignoble, étendu aujourd'hui sur 40 ha. Sa fille Nathalie, installée depuis une quinzaine d'années, a pris la suite. Incontournable.

La gourmandise est au programme pour ce 2019 dominé par la syrah (70 %) et dont la belle robe sombre fait déjà saliver. Prune et cerise légèrement confiturées composent un nez épanoui, et quelques épices discrètes témoignent d'un élevage sous bois très bien maîtrisé. Bien structurée, la bouche est étayée par des tanins suaves et déploie une large palette de fruits noirs. C'est savoureux et consistant à la fois, avec cette pointe de minéralité qui donne envie d'y revenir. ⧗ 2021-2027

EARL JEAN-PIERRE ET NATHALIE MARGAN, rte du Pont-Julien, 84480 Bonnieux, tél. 04 90 75 81 01, chateaucanorgue.margan@wanadoo.fr V *t.l.j. sf dim. 9h-12h 14h-18h*

CLOS DU TILLEUL L'amour de nos pères 2019 ★

| 3908 | | 11 à 15 € |

BTS "viti-oeno" pour lui et diplôme d'œnologue pour elle, le couple Malbec s'installe en 2017 sur cette petite propriété de 4 ha, pour réaliser son rêve d'un domaine viticole à eux après avoir travaillé pour d'autres. Les vignes sont certifiées en bio depuis 2020, les sols travaillés mécaniquement et, en cave, la vinification s'effectue en levures indigènes, avec utilisation parcimonieuse du soufre.

Bel hommage aux aïeux de ces jeunes vignerons, cette cuvée donne la part belle à l'expression d'un grenache (90 %) gourmand et souple. Le nez hésite entre les petits fruits noirs et les notes fumées de l'élevage en fût. En bouche éclatent des arômes de griotte et de kirsch, signe d'un millésime solaire. Les tanins discrets et déjà enrobés accompagnent une finale réglissée et étonnamment fraîche. Une réjouissante découverte. ⧗ 2021-2025

LÉA MALBEC, chem. de Gaillargue, 84480 Bonnieux, tél. 07 69 86 61 01, closdutilleul@gmail.com V r.-v.

B CH. CONSTANTIN 2020 ★

| 4000 | | 15 à 20 € |

Un château établi à l'entrée du village de Lourmarin, sur un ancien vignoble vieux de 2500 ans. En 2016, Anne-Marie et Daniel Bagnis, Marseillais d'origine, décident de changer de vie et s'installent avec leur deux filles sur ce domaine de 20 ha. Le passage en bio se fera dans la foulée en 2020. Particularité du domaine : l'élevage en amphores de terre cuite.

Un vin très pâle à la robe presque transparente, des notes subtiles de lilas et de chèvrefeuille, il n'en faut pas plus pour succomber à cet assemblage de vermentino et de viognier, qui se prolonge par une bouche à la fois grasse et minérale. La finale rappelle l'amande fraîche. Un vin bien équilibré à boire dans sa jeunesse. ⧗ 2021-2023

SCEA CONSTANTIN, rte du Jas-du-Puyvert, 84160 Lourmarin, tél. 04 90 68 38 99, chateau.constantin@gmail.com V *t.l.j. sf dim. 10h-13h 15h30-18h30* E

♥ CH. ISOLETTE Cuvée Prestige 2019 ★★

| 14500 | | 11 à 15 € |

C'est l'un des plus anciens domaines viticoles du Lubéron. Acquis en 2018 par un couple franco-américain, il est situé en bordure de la pittoresque route départementale 3, entre Bonnieux et Apt, au cœur du Parc naturel régional du Luberon. Le vignoble s'étend sur 45 ha.

Égayé par un robe d'un rouge vif, on découvre un nez encore timide de petits fruits rouges bien mûrs et de gelée de framboise. En bouche, cette cuvée à dominante de syrah (80 %) est déjà bien en place, ample et juteuse à souhait. Les tanins, encore légèrement acérés, soutiennent un fruit subtilement épicé et accompagnent une finale longue et vibrante. Un vin plein de vigueur et de classe, qui pourra encore attendre en cave. ⧗ 2022-2026

SASU CH. ISOLETTE, 2746, rte de Bonnieux, 84400 Apt, tél. 04 90 74 16 70, contact@isolette.fr V *t.l.j. 8h30-12h 13h30-17h* E

DOM. DES MARCHANDS Le Rosé de César 2020 ★

| 20000 | | - de 5 € |

Elle est parisienne, lui auvergnat; les Pichot ont quitté la capitale pour créer ce domaine en 2003, étendu aujourd'hui sur 20 ha. Leur ambition : élaborer des «vins plaisir, des vins amicaux, souples et fruités».

C'est un rosé comme on les aime. Léger et délicat, il s'ouvre sur quelques notes fines d'agrumes, de kumquat confit et de poivre blanc. La bouche, ample, déploie une rondeur fruitée et réjouissante, tout en restant subtile. Grenache, syrah, cinsault et vermentino, chacun joue sa partition dans cet assemblage parfaitement équilibré et alerte. ⧗ 2021-2022

EARL PICHOT ET FILS, Dom. des Marchands, 991, RD 9, 84240 Ansouis, tél. 04 90 07 57 03, pichotst@wanadoo.fr V r.-v.

MAS DES INFERMIÈRES Source 2020 ★★

| 28000 | | 11 à 15 € |

Situé à quelques encablures de l'ancienne citadelle d'Oppède-le-Vieux, le Mas des Infermières appartient depuis 1992 au célèbre réalisateur Ridley Scott. Dès 2009, il décide de faire vinifier ses raisins à la cave coopérative locale. La qualité des vins produits l'encourage à construire sa propre cave pour produire au domaine des vins issus de ces 30 ha de vignes. Le vignoble est certifié "Bee friendly" et HVE.

Quelle couleur et quelle profondeur pour cet alliance de syrah (70 %) et de grenache (30 %) qui n'a pas vu de bois! Le nez se tient encore sur la réserve, avec juste quelques notes de fruits des bois, de poivre sauvage et de cannelle. En bouche, la structure est présente et soutient une belle amplitude, légèrement chaleureuse. Fruits noirs et épices se répondent, pour un vin de pur plaisir dont l'équilibre impressionne. ⧗ 2021-2027 **Source 2020 ★ (11 à 15 €; 20000 b.)** Premier millésime de ce rosé vinifié au domaine et déjà une belle réussite. Avec sa robe diaphane et son nez séduisant de rose ancienne et de fruits à chair blanche, on est très vite sous le charme. Beaucoup de fraîcheur à l'attaque, prolongée par une grande minéralité et un fruité discret, c'est un rosé typique signant les bons terroirs frais du Luberon. ⧗ 2021-2022

SAS LE VIGNOBLE ENSOLEILLÉ, 1575, rte du Four-Neuf, 84580 Oppède, tél. 04 90 75 66 16, cb@masdesinfermieres.com V *t.l.j. 10h-19h* E

B MASLAURIS L'Inopiné 2020 ★

| 7000 | | 11 à 15 € |

Acquis en 2015 par Didier Théophile, le domaine a bénéficié d'une rénovation complète avec la construction d'un chai gravitaire flambant neuf, précédée, après arrachage et un repos des terres,

de la replantation de près de 10 ha de jeunes vignes conduites en agriculture biologique. Il produit vins rouges, rosés et blancs vinifiés au domaine sous les conseils de Michel Tardieu.

Exubérant et puissant, le nez dévoile une large palette d'arômes : muguet, zeste d'orange et pain grillé. Un court élevage en fût marque également la bouche qui, derrière une attaque fraîche, déploie un beau volume avec quelques évocations de pain au lait et de gousse de vanille. La présence de roussanne (40 %) et de viognier (15 %) n'est pas étrangère à ces notes gourmandes. Un vin très expressif, à accompagner de poissons nobles ou plus simplement de gougères au comté. ⌛ 2021-2024

SCEA DOM. DE MASLAURIS, quartier Les Grès, 84360 Lauris, tél. 06 79 80 03 35, aurelien.le.tellier@maslauris.fr V *t.l.j. sf sam. dim. 8h-12h 13h30-17h*

DOM. SAINT JEAN
Terre des Hospitaliers 2019 ★

■	15 000		5 à 8 €

En 2015, Bernard Mei, qui évolue dans le monde de l'industrie, et son cousin Benjamin Mei, qui s'est formé au vin dans de grandes maisons françaises et internationales, décident de créer la maison de négoce Provence Wine Maker. L'acquisition du Dom. Saint Jean et de ses 30 ha au pied de la Montagne du Luberon en 2019 signe la concrétisation de leur projet de travailler leurs propres vignes.

Grenache, syrah, carignan et marselan pour ce vin à la robe profonde et au bouquet expressif de fruits mûrs et de cerise juteuse. Élevé en cuve, il offre une bouche souple et élégante, aux notes de framboise confiturée et de poivre blanc. La structure est assez discrète, mais il n'en faut pas plus pour accompagner une belle volaille rôtie ou un tian de légumes grillés. ⌛ 2021-2023 ■ **Terre des Hospitaliers 2020 ★ (5 à 8 €; 15 000 b.)** Des reflets argentés pour ce blanc brillant au bouquet explosif de pamplemousse, de mandarine et de feuille de cassis. Grenache blanc et vermentino, à parts égales, se complètent à merveille pour offrir une attaque fraîche et minérale, et une bouche d'une extrême suavité qui finit sur une note florale pleine de charme. ⌛ 2021-2023

SAS DOM. SAINT JEAN, 688, chem. de Saint-Martin, VC3, quartier Saint-Jean, 84120 Pertuis, tél. 04 42 61 97 36, giuseppina@pwm.fr V *r.-v.*

B CH. DE SANNES Aciana 2020 ★

■	10 000		15 à 20 €

En 2017, Pierre Gattaz, chef d'entreprise dans l'industrie, rachète le superbe Ch. de Sannes et ses 31 ha de vignes au cœur du Parc naturel régional du Luberon, près d'Ansouis. Il restructure le vignoble, fait construire une nouvelle cave et passe sans attendre le domaine en agriculture biologique certifiée.

Derrière une robe saumonée, très pâle, ce rosé dominé par le grenache (85 %) et vendangé à la main délivre un bouquet raffiné et suave de glaïeul et de racine d'iris. Ample, la bouche est enrobée d'une belle sucrosité et soutenue par une trame fraîche et délicate. Beaucoup d'éclat. ⌛ 2021-2023 ■ **1603 2020 ★ (11 à 15 €; 15 000 b.)** B Toute la palette des agrumes s'exprime dans le bouquet de ce blanc d'assemblage qui exhale le citron, le pamplemousse et l'orange sanguine. Au palais, la vivacité est appétente, harmonieusement complétée par un corps charnu et des arômes de fruits à chair blanche bien juteux. Le vin finit par une pointe d'amertume tonique et mentholée. Un excellent blanc d'apéritif. ⌛ 2021-2023

SCEA CH. DE SANNES, 1580, RD 37, 84240 Sannes, tél. 04 90 07 78 05, e.thill@chateaudesannes.fr V *t.l.j. sf lun. dim. 9h30-12h30 14h-18h* E

LE TEMPS DES SAGES
Le Temps des Valeurs 2020 ★

■	25 000		5 à 8 €

Le Temps des Sages est le nom pris par une petite coopérative née en 1929 sous l'impulsion des vignerons de Cabrières-d'Aigues, un terroir situé sur le versant sud du Luberon, à une soixantaine de kilomètres de Marseille. Elle produit en luberon et en IGP Méditerranée. Près de la moitié du vignoble est certifiée HVE3.

Ce vin vegan plaira à tous, tant il est expressif et généreux. L'œil se réjouit de cette robe rose très pâle aux reflets brillants, et le bouquet affriolant de grenadine, d'agrumes et de zeste d'orange laisse place à un corps souple, soutenu par une vivacité plaisante. Tendu et caressant à la fois, ce rosé offre une finale très parfumée de fleur d'oranger. ⌛ 2021-2022

SCA LE TEMPS DES SAGES, 4, rue du Bout-de-Viere, 84240 Cabrières-d'Aigues, tél. 04 90 79 08 06, contact@letempsdessages.com V *t.l.j. sf dim. 9h-12h 14h-18h*

CH. VAL JOANIS
Les Aubépines 2020 ★★

■	8 000		11 à 15 €

Cet ancien et vaste domaine (350 ha, dont 110 de vignes) a longtemps porté les armoiries de Jean de Joanis, secrétaire du roi Louis III de Naples. Entièrement restructuré en 1976 après son acquisition par la famille Chancel, il est une référence de l'AOP luberon. Acquis en 2001 par Léonard Roozen.

La roussanne (80 %) s'exprime avec majesté dans ce blanc jaune d'or, aux arômes de fleurs capiteuses (lilas, chèvrefeuille) et de fruits exotiques. Cette palette aromatique se prolonge avec une persistance remarquable, agrémentée de bonbon à la bergamote et de notes fumées, dans une bouche riche et gourmande. L'élevage en fût, maîtrisé car discret, ne porte pas atteinte à la fraîcheur de la finale. Un très beau blanc sudiste. ⌛ 2021-2024 ■ **Les Griottes 2019 ★ (11 à 15 €; 67 000 b.)** Cette cuvée fait référence au nom du plateau, situé à 400 m d'altitude, d'où proviennent les raisins. Et le nez de dévoiler des parfums de... griotte, compotée, accompagnés d'épices (poivre blanc, clou de girofle) signant la prédominance de la syrah (90 %) dans l'assemblage. La bouche est ronde, caressante, encadrée par des tanins légèrement fermes. L'élevage (12 mois) est bien maîtrisé et ne masque pas le fruit. ⌛ 2022-2027

SC CH. VAL JOANIS, 2404, rte de Villelaure, 84120 Pertuis, tél. 04 90 79 20 77, info@val-joanis.com

PIERREVERT

Superficie : 360 ha
Production : 15 541 hl (90 % rouge et rosé)

Dans le département des Alpes-de-Haute-Provence, la majeure partie des vignes se trouve sur les versants de la rive droite de la Durance (Corbières, Sainte-Tulle, Pierrevert, Manosque...). Les conditions climatiques, déjà rigoureuses, cantonnent la culture de la vigne dans une dizaine de communes sur les quarante-deux que compte légalement l'aire d'appellation. Les vins rouges, rosés et blancs, d'un assez faible degré alcoolique et d'une bonne nervosité, sont appréciés par ceux qui traversent cette région touristique. Les coteaux-de-pierrevert ont été reconnus en appellation d'origine contrôlée en 1998.

B DOM. LA BLAQUE 2020 ★★

	30000		8 à 11 €

Valeur sûre de l'AOP pierrevert, ce domaine a été créé en 1987 par Gilles et Laurence Delsuc, œnologues formés à Dijon. Ces derniers conduisent aujourd'hui en bio certifié un vignoble de 55 ha implanté jusqu'à 600 m d'altitude sur les contreforts du Luberon.

La robe limpide aux reflets verts et le nez délicat d'orange sanguine, de verveine et d'abricot sec font déjà saliver. Au palais, le vin ne déçoit pas par son attaque franche et sa matière ample, soulignées d'une pointe de salinité, qui anime aussi une finale tonique. Idéal pour une soirée tapas entre amis. ⌛ 2021-2023 ■ **2020 ★ (8 à 11 €; 85000 b.)** B Cépages rouges et blancs se mêlent dans ce rosé simple et frais, à la robe parme et au bouquet de groseille, de pamplemousse et de réglisse. Le charme se prolonge dans une bouche aérienne, friande, gourmande et très bistro-compatible. À servir sur de bonnes charcuteries de pays et des légumes grillés à la plancha. ⌛ 2021-2022

SCI CHÂTEAUNEUF, Dom. Châteauneuf, 04860 Pierrevert, tél. 04 92 72 39 71, domaine.lablaque@wanadoo.fr V *t.l.j. sf dim. 9h-12h 14h-18h; visite des caves sur r.-v.*

B CH. SAINT-JEAN Les Vannades 2020 ★★

	34000		8 à 11 €

Henri d'Herbès a créé en 1754 ce domaine implanté sur des terrasses caillouteuses entre Luberon et Durance, le vignoble remontant à 1880. Son descendant Jean-Guillaume et son épouse Constance ont quitté leurs emplois respectifs (dans un groupe industriel pour lui et dans la haute couture pour elle) pour s'installer en 2013 sur la propriété familiale. Ils ont engagé d'emblée la conversion bio du domaine (38 ha aujourd'hui), aujourd'hui acquise, adoptant en 2016 la démarche biodynamique.

Beaucoup de plaisir pour ce rosé issu des jeunes vignes du domaine, dont le bouquet d'ananas confit, de mangue séchée et de bonbon anglais séduit. La bouche, sur le même registre, offre une attaque fraîche et une matière suave dont les arômes confits perdurent longtemps en finale. La cuisine asiatique sera toute indiquée pour accompagner ce rosé jovial et bien équilibré. ⌛ 2021-2022 ■ **Les Vannades 2020 ★ (8 à 11 €; 16000 b.)** B Grenache blanc et roussanne composent la partition de ce blanc limpide et très appétent, aux notes de citron vert et de fleurs blanches capiteuses (sureau, acacia). De la tension en attaque, une rondeur discrète et la fraîcheur d'un bonbon à la menthe, ce vin charme par sa tonicité. Simple mais pas simpliste. ⌛ 2021-2023

EARL CH. SAINT-JEAN, chem. du Cros-Saint-Jean, 04100 Manosque, tél. 04 92 72 50 20, contact@chateau-saint-jean.fr V *t.l.j. sf dim. 9h-12h 14h-18h*

CÔTES-DU-VIVARAIS

Superficie : 439 ha
Production : 12 000 hl (95 % rouge et rosé)

À la limite nord-ouest des côtes-du-rhône méridionales, les côtes-du-vivarais chevauchent les départements de l'Ardèche et du Gard. Les vins, produits sur des terrains calcaires, sont essentiellement des rouges à base de grenache (30 % minimum), de syrah (30 % minimum), et des rosés, caractérisés par leur fraîcheur et à boire jeunes. Ce VDQS a été reconnu en AOC en 1999.

CROIX DES LAUZES 2020 ★

	13466		5 à 8 €

Aux portes du parc régional des monts d'Ardèche, cinq caves coopératives qui représentent quelque 260 ha se sont unies sous la même bannière des Vignerons des Coteaux d'Aubenas.

Une touche de marselan (15 %) vient enrichir l'assemblage classique syrah-grenache de cette cuvée parcellaire. La robe est d'un rouge profond et le nez friand, sur les fruits rouges frais et le laurier. Une touche de cuir s'ajoute à cette palette dans un palais rond et généreux, appuyé sur des tanins fermes et une fine acidité qui donne de l'allonge à la finale. Une bouteille qui acceptera volontiers une petite garde. ⌛ 2022-2025

SCA LES VIGNERONS DES COTEAUX D'AUBENAS, 240, rte de la Cave-Coopérative, 07200 Saint-Étienne-de-Fontbellon, tél. 04 75 35 17 58, caves.vivaraises@wanadoo.fr V *t.l.j. sf dim. 8h30-12h 14h-18h30*

LES TERRIERS De grès et de force 2019 ★

	13000		8 à 11 €

Créé en 1987 par la famille Roume, le Dom. des Terriers – du nom du lieu-dit où se situe l'essentiel du vignoble (16 ha) – a été vendu en 2017 à 2 amis, Benjamin Levère et Cyril Chamontin, qui ont aussi développé une activité de négoce en complément.

Une étiquette bien pensée pour ce vin qui combine une moitié de grenache, issu d'un terroir gréseux, et une autre moitié de syrah, particulièrement puissante sur un sol argilo-calcaire. Au nez, épices douces et fruits noirs se dévoilent avec parcimonie. La bouche s'exprime plus pleinement : fraîche et douce à la fois, savoureuse, sur la même palette aromatique que l'olfaction, structurée par des tanins solides encore dans la fougue de leur jeunesse. Un ambassadeur élégant de son appellation. ⌛ 2022-2028

SARL LES TERRIERS, 55, chem. des Terriers, 07120 Ruoms, tél. 06 70 32 04 99, lesterriersardeche@gmail.com V *r.-v.*

RHÔNE

➔ LES VINS DOUX NATURELS DE LA VALLÉE DU RHÔNE

RASTEAU

Superficie : 38 ha / Production : 1 045 hl

Tout au nord du département du Vaucluse, ce vignoble s'étale sur deux formations distinctes : des sables, marnes et galets au nord; des terrasses d'alluvions anciennes du Rhône (quaternaire), avec des galets roulés, au sud. Le grenache (90 % minimum) y fournit un vin doux naturel rouge, blanc ou rosé.

CAVE DE RASTEAU Vintage 2016 ★

	8000		11 à 15 €

Fondée en 1925, cette coopérative qui regroupe plus de 650 ha de vignes et 80 adhérents est l'une des plus anciennes caves rhodaniennes et le principal producteur de l'AOC rasteau. Ortas est sa marque ombrelle. Elle a rejoint en 2015 le Cercle des Vignerons du Rhône, regroupant également les coopératives de Sablet (Cave le Gravillas) et de Visan (les Coteaux de Visan).

Après quelques années d'élevage, la robe a pris un ton ambre roux aux reflets fauve. Le nez associe des senteurs suaves de mirabelle à l'eau-de-vie, de noix et de pain d'épices. Puis vient le plaisir d'une bouche souple, ample sans excès, onctueuse et finement tannique, que la noix de muscade et la raisin passerillé accompagnent jusqu'en finale. ⧗ 2022-2027

ORTAS - CAVE DE RASTEAU, rte des Princes d'Orange, 84110 Rasteau, tél. 04 90 10 90 10, vignoble@rasteau.com V *r.-v.*

MUSCAT-DE-BEAUMES-DE-VENISE

Superficie : 490 ha / Production : 9 265 hl

Au nord de Carpentras se découpent les impressionnantes Dentelles de Montmirail. Le vignoble est implanté sur leur versant sud, dans un paysage qui doit ses couleurs à des calcaires grisâtres et à des marnes rouges. Une partie des sols est formée de sables, de marnes et de grès, une autre de terrains tourmentés datant du trias et du jurassique. Le seul cépage est le muscat à petits grains; mais dans certaines parcelles, une mutation donne des raisins roses. Mutés à l'eau-de-vie comme les autres vins doux naturels, ces vins doivent avoir au moins 110 g/l de sucre. Aromatiques, fruités et fins, ils trouvent toute leur place à l'apéritif et sur certains fromages ou desserts.

DOM. DE COYEUX Alegrio 2019 ★

	12800		15 à 20 €

Un vaste domaine de 112 ha (dont 65 de vignes) créé dans les années 1970 au pied des Dentelles de Montmirail et repris en 2013 par Hugues de Feraudy.

Une belle robe dorée sert d'écrin à ce muscat au nez expressif de raisin de Corinthe et de citron confit. Tout en rondeur, la bouche séduit par sa longue finale vivifiée par des notes d'agrumes (mandarine) et par une fine amertume du plus bel effet. ⧗ 2021-2025

SCEA DU DOM. DE COYEUX, 167, chem. du Rocher, 84190 Beaumes-de-Venise, tél. 04 90 12 42 42, contact@domainedecoyeux.com V *t.l.j. 9h-12h 14h-17h30*

DOM. DE DURBAN 2019 ★

	35000		11 à 15 €

Cette ferme fortifiée datant de 1150, adossée à un bois de pins, offre une vue panoramique sur son vaste (119 ha) et vieux (1414) vignoble. La famille Leydier y perpétue depuis 1967 une tradition viticole ancienne.

Sous sa robe vieil or, ce muscat dévoile un nez charmeur de pamplemousse et de pâte d'amande. L'équilibre des saveurs est impeccable et les arômes de fruit, agrumes en tête, ressortent en bouche sur un registre plus confit. Une légère amertume vient dynamiser la finale. ⧗ 2021-2025

SCEA LEYDIER ET FILS, Dom. de Durban, 2523, chem. de Durban, 84190 Beaumes-de-Venise, tél. 04 90 62 94 26, domaine.de.durban@wanadoo.fr V *t.l.j. sf dim. 9h-12h 14h-18h*

B DOM. DES ENCHANTEURS Ambre Céleste 2019 ★★

	1700		15 à 20 €

Un domaine de poche de 3 ha, en bio certifié depuis 2014 (AOC ventoux, muscat-de-beaumes-de-venise et IGP), établi entre les Dentelles de Montmirail et le mont Ventoux. Il a été créé en 2009 par deux passionnés, Catherine Desbois-Mouchel et Bertrand Seube, œnologue.

Encore et encore des arômes dans ce vin lumineux : abricot, miel d'acacia et raisin sec. La bouche confirme ces bonnes dispositions par son caractère expressif, généreux et soyeux. Un profil solaire et déjà fondu. ⧗ 2021-2025

SAS DOM. DES ENCHANTEURS, 52, chem. d'Aubignan, 84330 Saint-Hippolyte-le-Graveyron, tél. 04 90 12 69 82, bertrand@domainedesenchanteurs.fr V *r.-v.*

IGP ARDÈCHE

ALBA LA ROMAINE Chaud-Abri Syrah 2019 ★

	8000		8 à 11 €

Située à Alba-la-romaine, dans le sud de l'Ardèche, cette cave intercommunale, créée dans les années 1950, couvre 560 ha de vignes et regroupe 110 viticulteurs, repartis sur six communes. Elle produit exclusivement des vins en IGP Ardèche dans les trois couleurs.

L'étiquette donne le ton : les syrah plantées sur le lieu-dit Chaud-Abri donnent naissance à un rouge au profil solaire. Le bouquet puissant évoque les fruits noirs confiturés, assortis de notes torréfiées (goudron, café brûlé). La bouche, dans le droit fil, est onctueuse, structurée et sanguine, dotée de tanins consistants encore un peu sous l'empreinte du bois (11 mois). Une bouteille qui ne craindra pas les années. ⧗ 2023-2027

SCA CAVE COOP. INTERCOMMUNALE ALBA, 379, rte de la Cave, 07400 Alba-la-Romaine, tél. 04 75 52 40 23, contact@caveau-alba.fr V *t.l.j. sf dim. 9h-12h 14h-18h30*

LES HAUTS DE VIGIER Cuvée Thomas Merlot Cabernet 2019 ★★

■ | 26000 | | 5 à 8 €

L'un des plus anciens domaines (1789) du sud de l'Ardèche, établi dans la vallée de l'Ibie, acquis par les Dupré en 1975. Les enfants, trois fils et une fille, sont désormais aux commandes d'un vaste ensemble de 100 ha.

Merlot et cabernet-sauvignon à parité dans ce rouge au nez généreux de racine d'iris, de tabac et de café torréfié, signature de 9 mois passés en barrique. La bouche se distingue par sa rondeur, ses jolies notes de cerise confite et par son beau volume, encadré de tanins raffinés. Une fine fraîcheur en appui et cette cuvée coche toutes les cases. ⧗ 2021-2024

SAS DUPRÉ ET FILS, 175, chem. de Vigier, 07150 Lagorce, tél. 04 75 88 01 18, info@domaine-de-vigier.com V t.l.j. sf dim. 9h-12h 14h30-18h

CAVE DE LABLACHÈRE Éclat rosé 2020 ★

■ | 80000 | | - de 5 €

Fondée en 1928, cette coopérative compte aujourd'hui une quarantaine de vignerons à temps complet. Établie pour l'essentiel sur les terroirs du Trias cévenol, elle dispose de 420 ha de vignes réparties en parcelles très morcelées qui s'étagent entre 200 et 500 m d'altitude.

Cette cuvée couleur pétale de rose dévoile un nez friand de cerise, de cassis et de sirop de grenadine, mâtiné d'une touche florale. Rond, ample et généreux, le palais convoque les fruits frais, qui accompagnent une finale suave et épicée. Un rosé de repas. ⧗ 2021-2022 ■ **Viognier 2020 ★ (5 à 8 €; 45000 b.)** Ce viognier évoque les agrumes et les fleurs blanches (sureau, acacia), enrobés d'une touche de miel. La bouche, cristalline, délicate et joliment acidulée, joue la partition aromatique du pamplemousse et de la bergamote, et déploie une belle longueur. ⧗ 2021-2023

SCA CAVE DE LABLACHÈRE, 428, rte de Planzolles, 07230 Lablachère, tél. 04 75 36 65 37, cave.lablachere@wanadoo.fr V t.l.j. sf dim. 8h-12h 14h-18h15

ANTOINE MARJUSTIN Le Rosé 2020 ★

■ | 25000 | | - de 5 €

Baptisée d'après un des sites naturels les plus remarquables du département, cette coopérative fondée en 1929 regroupe les producteurs de Saint-Martin-d'Ardèche, de Saint-Marcel-d'Ardèche et de Saint-Just-d'Ardèche pour une surface de 500 ha.

Ce rosé de grenache, vinifié par pressurage direct, cache sous une seyante robe litchi aux reflets abricot un nez subtil de groseille fraîche, de calisson et de fleurs blanches. Passé une attaque franche, il déploie une bouche vive, tonique, bien tendue en finale. De la vitalité. ⧗ 2021-2022 ■ **Cellier des Gorges de l'Ardèche Syrah 2020 ★ (- de 5 €; 10000 b.)** Épices chaudes (girofle, baie de genièvre), fruit mûr, notes tourbées : le nez évoque la concentration. Si l'attaque est douce et ronde, la bouche monte ensuite en puissance et déploie une chair concentrée, sertie de tanins corsés sur les mêmes arômes torréfiés perçus à l'olfaction, et agrémentée d'une touche de cassis frais en finale. Une belle composition à prix très doux. ⧗ 2021-2024

SCA CELLIER DES GORGES DE L'ARDÈCHE, 1405, rte de la Gare, 07700 Saint-Marcel-d'Ardèche, tél. 04 75 04 66 83, caveau@cellier-ardeche.fr V t.l.j. sf dim. 9h-12h 14h-18h

B CH. DE LA SELVE Berty 2020 ★

■ | 13600 | | 15 à 20 €

Le château médiéval de La Selve fut à son origine (XIIIes.) une maison forte puis un relais de chasse du duc de Joyeuse, avant de devenir un domaine viticole (45 ha aujourd'hui, en bio certifié). Benoît Chazallon est aux commandes depuis 2002, à la suite de ses parents.

Assemblage très sudiste de syrah, grenache et cinsault pour une cuvée qui ne l'est pas moins. Bonbon à la framboise, cannelle et herbes grillées (thym, romarin) se mêlent au nez de ce rouge épanoui, longuement affiné (18 mois) en barriques (80 %) et en amphores de 750 l. Les fruits rouges font leur retour dans une bouche ronde, longue et suave, épaulée par des tanins discrets et veloutés. Un vin d'ores et déjà appréciable, mais au potentiel de garde certain. ⧗ 2022-2030

EARL CH. DE LA SELVE, Ch. de la Selve, 07120 Grospierres, tél. 04 75 93 02 55, contact@laselve.fr V t.l.j. sf dim. 9h-19h

IGP COTEAUX DU PONT DU GARD

LA BELLE PIERRE D'un soleil à l'autre 2020 ★★

■ | 6000 | | 5 à 8 €

Belle Pierre est le nom que les Vignerons beaucairois ont donné à leur coopérative, fondée en 1914. La cave regroupe 85 adhérents et dispose de 500 ha dans la partie orientale du Gard, aux confins des Bouches-du-Rhône. Elle produit des vins en IGP.

Deux cépages aromatiques (viognier et sauvignon) associés, cela donne ce nez exubérant de fruits exotiques, de buis et de pamplemousse. Bien vivace à l'attaque, chaleureuse en finale, la bouche ne cède rien au nez et restitue cette plénitude de fruits qui fait le charme de cette cuvée. ⧗ 2021-2023

SCA LES VIGNERONS BEAUCAIROIS, 615, rte de Fourques, 30300 Beaucaire, tél. 04 66 59 82 70, cavedebeaucaire@wanadoo.fr V t.l.j. sf dim. 9h-12h 14h-18h

DOM. DIMINOÎT Cuvée Somnambule 2019 ★★

■ | 3000 | | 8 à 11 €

Arboriculteur et passionné de vin, Dominique Linsolas s'est fait vigneron en 2009 en acquérant 6 ha de vignes. Le vignoble s'étend aujourd'hui sur 21 ha plantés d'une quinzaine de cépages différents. Il produit ses vins sous les bannières IGP (Coteaux du Pont du Gard) et AOC (costières-de-nîmes).

Une entrée dans le Guide remarquée pour Philippe Linsolas avec cette pure roussanne élevée en cuve. Un nez discret mais élégamment floral introduit une bouche bien composée, alliant rondeur et fraîcheur, qui libère des arômes plus intenses, floraux et épicés, avec une petite touche citronnée venant dynamiser la finale. ⧗ 2021-2023

DOMINIQUE LINSOLAS,
Dom. Saint-Dominique-Diminoît, rte de Jonquières, 30127 Bellegarde, tél. 04 66 01 75 12, domaine.diminoit@gmail.com

DOM. DE MAGALANNE
Save Water... Drink Magalanne! 2019 ★

1000 | 15 à 20 €

Situé sur la rive droite du Rhône, à l'ouest d'Avignon, ce domaine familial est conduit par deux frères, Jean-Baptiste et Julien Crouzet, établis depuis 2006 à la tête des 30 ha de vignes familiales. À la carte, des côtes-du-rhône, des *villages* Signargues et des IGP.

L'alicante bouschet et le marselan au menu de ce rouge logiquement sombre de robe, ouvert sur la pâte de fruits rouges, la mûre et le foin coupé. Une bonne acidité, des tanins encore carrés mais du coffre, de la chair, des parfums riches et chauds de fruits surmûris et d'épices : du caractère à revendre et du potentiel en cave. ⧗ 2022-2026

EARL DOM. DE MAGALANNE, 431, rte de Signargues, 30390 Domazan, tél. 06 67 41 65 21, contact@magalanne.com r.-v.

DOM. DE POULVAREL
Le Bouquet 2020 ★★★

5300 | 5 à 8 €

Pascal Glas et son épouse Élisabeth ont repris le domaine familial en 2004 après la fermeture de la coopérative de Sernhac. Ils exploitent aujourd'hui un vignoble de 44 ha et signent des costières-de-nîmes de belle facture, régulièrement en vue dans ces pages, ainsi qu'une IGP. Le domaine est labellisé HVE depuis 2014.

Une étiquette fun pour un vin sérieux qui assemble cinq cépages. Fleurs, bonbon, pêche et touche minérale, le nez ne manque ni de puissance ni d'élégance. Cette savoureuse palette s'étend encore sur les agrumes et les fruits exotiques dans une bouche volumineuse, fraîche, élégante, qui ne faiblit pas jusqu'à la finale, enlevée et minérale. Harmonieux, terriblement gourmand et exceptionnel à ce prix. ⧗ 2021-2023

ÉLISABETH ET PASCAL GLAS, 110, chem. de la Soubeyranne, 30210 Sernhac, tél. 04 66 01 67 46, domaine.poulvarel@orange.fr t.l.j. 10h-12h 15h-19h; dim. sur r.-v.

♥ DOM. TARDIEU FERRAND
Les Galets 2019 ★★★

2500 | 15 à 20 €

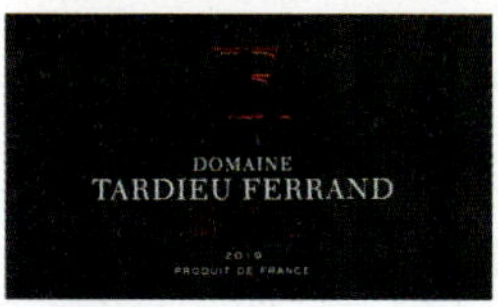

Un domaine créé en 2015, réunissant deux natifs du Gard qui se sont rencontrés sur les bancs du DNO (diplôme national d'œnologue) de Toulouse et associant deux propriétés : une près d'Uzès, sur les premiers contreforts des Cévennes, et l'autre dans la partie la plus méridionale de la Vallée du Rhône.

Une larme de grenache à l'appui de la syrah dans ce rouge ébouriffant, élevé sous bois. Tout y est affiné et de bon goût, à commencer par le nez expressif, élégant, pétri de fruits noirs confits, de réglisse et de cacao. La même grâce émane d'une palais puissant, solidement construit autour de beaux tanins enrobés qui laissent s'exprimer un fruit fumé et vanillé d'une gourmandise insolente. Le tout souligné d'une discrète acidité qui rafraîchit l'ensemble. Le jury est conquis. ⧗ 2022-2026 ■ **2020 ★ (8 à 11 €; 5000 b.)** Derrière une robe saumon, un nez explosif de pêche et de fleurs de printemps. Une touche d'agrumes s'invite dans une bouche ample et tonique qui ne manque ni de rondeur ni de fraîcheur. Un rosé conséquent, harmonieux et taillé pour la table. ⧗ 2021-2022

GAEC DOM. TARDIEU FERRAND, 1000, rte d'Uzès, 30210 Argilliers, tél. 06 27 75 21 61, domainetardieuferrand@gmail.com t.l.j. sf lun. dim. 10h-12h30 14h-18h

DOM. CLAUDINE VIGNE
La Garrigue 2020 ★★

6438 | 8 à 11 €

Installée sur la commune de Montfrin, Claudine Vigne a produit son premier millésime en 2007. Elle exploite en bio (conversion en cours) un vignoble de 8 ha majoritairement situé sur des terroirs de galets roulés. Elle signe des vins IGP, sans soufre ajouté, et des côtes-du-rhône-villages.

Vinifié sans soufre et avec talent, cet assemblage grenache-syrah brièvement élevé en cuve soigne son expression : les arômes de fruits rouges et d'aubépine parfument le nez et coulent en bouche avec souplesse, rondeur et volupté. Tanins à peine esquissés. Très croquant et juteux, on l'ouvre sans tarder. ⧗ 2021-2023

CLAUDINE VIGNE, 327, chem. de Ceserac, 30490 Montfrin, tél. 06 50 64 52 36, cvigne@ymail.com r.-v.

IGP COLLINES RHODANIENNES

DOM. COLOMBET
Cuvée des Combes 2019 ★

3000 | 5 à 8 €

Située à Lupé aux porte du Parc Naturel Régional du Pilat, la famille Colombet cultive la vigne depuis le XVIIIes, d'abord en polyculture-élevage, puis comme activité principale depuis 1991. En 2019, Gilbert Colombet a été rejoint en cave par son fils Nicolas. Le domaine couvre aujourd'hui 6 ha de vignes en saint-joseph et IGP Collines rhodaniennes.

Première entrée au Guide pour ce domaine avec cette cuvée convaincante, issue de sélections parcellaires de ceps de 30 ans et élevée 10 mois en cuve béton. Le nez, réjouissant, mêle les baies noires et les épices. À la fraîcheur de l'attaque succède un palais tannique, mais sans excès, ample et fruité, dynamisé par une touche végétale (menthol, herbe coupée) de bon aloi. ⧗ 2021-2024

GAEC DOM. COLOMBET, 6, rue de la Picaterie, 42520 Lupé, tél. 04 74 87 30 34, domaine.colombet@gmail.com r.-v.

YVES CUILLERON
Les Candives 2019 ★★

■ | 13500 | | 11 à 15 €

Une référence de la vallée nord, notamment pour ses condrieu. Établi à Chavanay, Yves Cuilleron a repris en 1987 la propriété créée en 1920 par son grand-père paternel, puis gérée par son oncle Antoine. Il a progressivement agrandi le domaine (70 ha aujourd'hui), planté à haute densité et conduit de manière très raisonnée sur la rive droite du Rhône (condrieu, côte-rôtie, saint-joseph, saint-peray et cornas) et, depuis 2012, sur la rive gauche (crozes-hermitage).

Vendange manuelle, tri, macération de 2 semaines et élevage de 8 mois en barrique, cette cuvée a bénéficié de soins attentionnés. Le jury ne s'y est pas trompé : ce rouge a frôlé le coup de cœur. Robe d'encre; nez complexe mêlant le cuir à des notes fumées et minérales; bouche charnue offrant de la mâche, de la densité et une jolie finale sur la framboise et la réglisse : la séduction est totale. ⧗ 2022-2027

EURL CAVE YVES CUILLERON, 58, RD 1086, Verlieu, 42410 Chavanay, tél. 04 74 87 02 37, cave@cuilleron.com V r.-v.

JOCELYNE ET YVES LAFOY
Alliance 2019 ★

■ | 8000 | | 8 à 11 €

Implantés depuis trois générations à Ampuis, Jocelyne et Yves Lafoy ont crée leur domaine en 1993, rejoint en 2011 par leur fils Gaëtan, et cultivent ensemble 9 ha de vignes, en côte-rôtie, condrieu, saint-joseph et en IGP Collines rhodaniennes.

Une robe d'un rubis très sombre habille cette cuvée dédiée à la syrah, au bouquet appétent de mûre fraîche, de baies noires et de rose, sur fond finement boisé. La bouche est ronde, charnue, gorgée de notes florales (pivoine) et fruitées, dotée de tanins fondus, avec un élevage plus perceptible en finale. Un rouge charpenté, alliant élégance et vigueur. ⧗ 2022-2025

EARL JOCELYNE ET YVES LAFOY, 8, rue du Vagnot, 69420 Ampuis, tél. 04 74 56 19 26, yves@lafoy.fr V *t.l.j. 9h-18h*

DIDIER MORION
Sarments rouges 2019 ★

■ | 1500 | | 8 à 11 €

En 1993, lorsque Didier Morion s'installa sur l'exploitation familiale, alors en polyculture, la vigne ne représentait que 2 ha. Aujourd'hui, ce sont 10 ha dédiés à la seule vigne qu'il conduit au cœur du Parc naturel régional du Pilat.

Les amoureux de syrah vont être comblés, mais attention, il n'y en aura pas pour tout le monde. Seulement 1500 bouteilles pour cette cuvée qui, selon le vigneron, vise le cépage "dans son plus simple appareil". Pas d'élevage sous bois donc, mais un nez de violette et de menthol, et une bouche séveuse, fraîche, bâtie sur des tanins fermes, parfumée de douces saveurs de crème de cassis. Un vin encore en devenir. ⧗ 2022-2026

DIDIER MORION, 2, Épitaillon, 42410 Chavanay, tél. 04 74 87 26 33, contact@domainemorion.com V *r.-v.*

♥ MAISON CHRISTOPHE PICHON
Mosaïque 2019 ★★★

■ | 5000 | | 20 à 30 €

Christophe Pichon a travaillé aux côtés de son père avant de reprendre seul, en 1991, l'exploitation établie dans le parc du Pilat : 25 ha aujourd'hui, répartis dans les appellations condrieu, côte-rôtie, saint-joseph et cornas. Corentin, son fils, revenu sur l'exploitation après un séjour en Australie, est désormais en charge de la vinification et de l'élevage des vins.

Assemblage de plusieurs petites parcelles de syrah, cette cuvée bien nommée a été élevée 12 mois en barrique. Il en résulte un bouquet savoureux de fruits noirs, de notes florales (violette, racine d'iris) et de viande fumée. La bouche est portée par des tanins denses, parfaitement enrobés par un boisé crémeux bien proportionné, offrant un ensemble charnu, velouté, généreux, doté d'une longue finale sur le pain d'épices, le curry et la fleur fraîche. Irrésistible. ⧗ 2022-2027

SARL CHRISTOPHE PICHON, 36, le Grand-Val, 42410 Chavanay, tél. 04 74 87 06 78, chrpichon@wanadoo.fr V *t.l.j. sf dim. 10h-12h 14h-18h*

CAVE DE TAIN Exploration 2020 ★

■ | 93000 | | 5 à 8 €

Créée en 1933 par Louis Gambert de Loche, la très qualitative cave coopérative de Tain-l'Hermitage rassemble 310 adhérents et vinifie à elle seule, avec plus de 1 000 ha de vignes, environ 50 % des appellations de la vallée du Rhône septentrionale. Elle possède aussi 26 ha en propre, dont 21 ha en AOC hermitage. Une valeur sûre de la région, qui s'est dotée en 2014 de structures de production flambant neuves permettant de multiplier les sélections parcellaires.

Il est beau l'esprit coopératif quand il se donne le droit d'explorer de nouvelles voies, comme avec cette cuvée vinifiée sans sulfites, qui offre tout ce que l'on peut attendre d'un rouge "de soif". Au nez, des notes de griotte mâtinées d'une touche d'épices douces. Texture onctueuse, saveur fruitée, tanins souples et fondus, la bouche, dynamique, délivre un plaisir spontané. ⧗ 2021-2024 ■ **Héritiers Gambert Première Note 2020 ★ (5 à 8 €; 500000 b.)** Une cuvée 100 % syrah au bouquet de cassis et de myrtille stimulé par des notes vivifiantes d'humus, à la bouche souple et fraîche, guidée par le fruit et portée par des tanins fermes mais fins. Un rouge équilibré et sans fard. ⧗ 2022-2025

SCA CAVE DE TAIN, 22, rte de Larnage, 26602 Tain-l'Hermitage, tél. 04 75 08 20 87, contact@cavedetain.com V *r.-v.*

LES VINS DE VIENNE Sotanum 2019 ★★

■ | 20000 | | 30 à 50 €

Pour faire renaître le vignoble de Seyssuel situé en amont de Vienne, 3 vignerons de renom, Yves

Cuilleron, Pierre Gaillard et François Villard, ont créé cette affaire en 1996, à l'origine de beaux vins de propriété – IGP à Seyssuel, sélections parcellaires en AOC septentrionales – et de vins de négoce de toute la vallée.

Produite depuis 1998, Sotanum raconte l'histoire d'une résurrection. Celle des coteaux de micaschistes qui font face à la Côte-Rôtie et que Pline l'Ancien célébrait en son temps. 100 % syrah comme il se doit, cette cuvée livre un nez puissant de mûre écrasée, sur fond d'intenses notes minérales (graphite). Arômes que l'on retrouve dans une bouche dense et vibrante, empreinte d'une douce sucrosité réglissée. Les tanins fins et serrés, encore sous le joug du chêne, signent un beau potentiel de garde. Un rouge haute couture. ⧗ 2023-2030

SARL LES VINS DE VIENNE, 1, ZA de Jassoux, 42410 Chavanay, tél. 04 74 85 04 52, contact@lesvinsdevienne.fr V *r.-v.*

IGP COTEAUX DES BARONNIES

LE MAS SYLVIA Cuvée Amazone 2019 ★

■	11 000		5 à 8 €

Après s'être formée à l'œnologie et quelques voyages en terres australes, Sylvia Teste s'est installée en 2010 sur des terres familiales, en Drôme provençale : 11 ha de vignes et des abricotiers.

Cette cuvée à dominante de merlot associe à la rondeur une agréable fraîcheur. D'une couleur rubis, frangée de reflets orangés, elle dévoile un bouquet avenant guidé par le fruit : framboise compotée, cerise et grenade. S'y ajoute un soupçon de cumin et de laurier dans un palais souple et suave, aux tanins affinés. ⧗ 2021-2024 ■ **Cuvée Carmen 2019 ★ (8 à 11 €; 7000 b.)** Merlot et cabernet-sauvignon dans ce vin de caractère élevé en demi-muid et en cuve tronconique, au nez fringant de fruits rouges compotés, d'épices douces (cardamome) et de notes toastées. La bouche est longue, structurée par des tanins fermes et par une pointe de fraîcheur bien sentie. ⧗ 2023-2027

EARL LE MAS SYLVIA, 640 A, chem. le Beau, 26110 Curnier, tél. 04 75 26 66 87, contact@le-mas-sylvia.fr V *t.l.j. sf dim. 10h-12h 15h-19h*

IGP GARD

DOM. ARIAS Revertere 2017 ★

■	1500		11 à 15 €

Situé à Saint-Etienne d'Escattes, au nord de Sommières, ce vignoble de 6 ha, en conversion bio, travaillé à la main, est planté de vieilles vignes de carignan, grenache et cinsault.

100 % cinsault et issu de vignes cinquantenaires, ce vin n'a pas vu de bois. Il en ressort un rouge intensément parfumé, sur les fruits noirs et les épices, doté d'une bouche souple et croquante à l'attaque, mais raffermi par des tanins serrés. Avec une viande rouge saignante. ⧗ 2021-2024

XOAN ARIAS, 66, raccourci de Souvignargues, Saint-Étienne d'Escattes, 30250 Souvignargues, tél. 06 63 94 03 73, domainearias@hotmail.com V *r.-v.*

CAMPUGET 1753 Viognier 2020 ★★

■	40 000		8 à 11 €

La famille Dalle a fui son Nord natal en 1942 pour s'installer dans Les Costières, sur ce vaste et vénérable domaine fondé au XVIIe s., ancienne propriété du marquis de Nogaret. Elle propose des costières-de-nîmes réguliers en qualité, dans les trois couleurs. Autre étiquette : le Ch. de l'Amarine, ancienne propriété du Cardinal de Bernis.

Tous les parfums et la séduction du viognier dans ce 2020 brièvement élevé en cuve et fût. Jasmin, fruits exotiques et agrumes, le nez ne manque pas d'intensité. La bouche non plus. S'y ajoutent une rondeur agréable, une touche de buis et une fraîcheur impeccable en finale. Harmonieux et très plaisant. ⧗ 2021-2023

SAS CH. DE CAMPUGET, 1800, chem. de Campuget, 30129 Manduel, tél. 04 66 20 20 15, campuget@campuget.com V *t.l.j. sf dim. 9h-12h 14h-18h* 5

DOM. LA CATHERINETTE Viognier 2020 ★

■	6000		8 à 11 €

Fondé en 1888 et conduit depuis 1981 par Philippe Jouve, épaulé par son fils Gabriel depuis 2018, ce domaine étend son vignoble sur 40 ha, au milieu de la garrigue, entre les gorges de l'Ardèche et celles de la Cèze.

Un nez juvénile, fermentaire et infusé de poire, de fruits exotiques et de fleurs blanches. La bouche offre toute la rondeur et le fruit que l'on attend d'un viognier élevé en cuve, mais y ajoute une fraîcheur pas si courante et une touche poivrée en finale. ⧗ 2021-2023

EARL PHILIPPE JOUVE, 7, pl. de la Fontaine, 30760 Laval-Saint-Roman, tél. 04 66 82 17 62, catherinette.vinsjouve@orange.fr V *t.l.j. sf dim. 9h-12h 14h-19h*

CELLIER DES CHARTREUX La nuit tous les chats sont gris 2020 ★★

■	400 000		5 à 8 €

Née en 1929, la coopérative de Pujaut, bourgade des environs d'Avignon, vinifie 720 ha de vignes dans les crus lirac et tavel, en AOC régionales et en IGP. Ses cuvées sont régulièrement en vue dans ces pages, notamment ses vins blancs.

90 % de grenache (vendangé de nuit) dans ce rosé affriolant, au nez saturé de pamplemousse et de citron. Un caractère explosif que l'on retrouve dans une bouche qui ne manque de rien, ni de gras ni de nervosité ni de longueur. Remarquable, encore plus à ce prix. ⧗ 2021-2022

SCA CELLIER DES CHARTREUX, 1412, RD 6580, 30131 Pujaut, tél. 04 90 26 39 40, contact@cellierdeschartreux.fr V *t.l.j. 8h30-12h30 14h-18h30*

MAS DES BRESSADES Les Vignes de mon père 2019 ★★

■	20 000		11 à 15 €

Du Languedoc à l'Afrique du Nord, de l'Afrique du Nord au Médoc et à la vallée du Rhône, la famille Marès cultive la vigne sans frontières depuis 6 générations. Cyril s'est installé en 1996 à la tête du vignoble qui compte aujourd'hui 40 ha en conversion vers le

bio. Ses costières-de-nîmes sont régulièrement en bonne place dans le Guide.

30 % de syrah à l'appui du cabernet-sauvignon dans ce 2019 né de galets roulés et élevé un an en fût. Framboise, cassis, poivre et réglisse, le nez ne manque pas de nuances. Une palette que l'on retrouve dans une bouche de bon volume, charnue et chaleureuse à l'attaque, vite cadrée par les tanins mûrs mais serrés du cabernet. Tout cela est de bon augure pour la suite. ⧗ 2022-2026

EARL MAS DES BRESSADES, Mas du Grand-Plagnol, RD 3 de Bellegarde, 30129 Manduel, tél. 04 66 01 66 00, masdesbressades@aol.com V t.l.j. sf sam. dim. 8h-12h 13h-17h

B DOM. DE TAVERNEL 2019 ★★

5000 | 5 à 8 €

M. Tavernel, maire de Beaucaire en 1830, a donné son nom à ce mas du XIX[e]s., qui a appartenu à la famille de Frédéric Mistral, écrivain et poète emblématique de la Provence. Entré dans la famille de Denise Compagne en 1920, il s'étend sur 90 ha cultivés en bio depuis… 1987.

Une dominante de grenache dans ce rouge solaire et convivial, dont on aime le nez parfumé de confiture de fruits noirs, de coing et d'épices douces. On apprécie aussi la bouche généreuse, bien en chair, soutenue par des tanins mûrs qui laissent respirer le poivre dans une finale gourmande. Du plaisir aujourd'hui et pour quelques années. ⧗ 2021-2025

SCEA DOM. DE TAVERNEL, 1479, chem. de Tavernel, 30300 Beaucaire, tél. 04 66 58 57 01, tavernel@orange.fr V t.l.j. sf dim. 9h-12h 14h-18h. sam. 9h-12h

♥ DOM. LE VIEUX LAVOIR
Les Lavandières du Vieux Lavoir 2020 ★★

78 000 | - de 5 €

Ce domaine – dont la cave a une architecture proche de celle du lavoir de Tavel – est dans la même famille depuis 6 générations. Le vignoble a été créé en 1956. Sébastien Jouffret, installé en 1991, vinifie aujourd'hui la récolte de 71 ha.

Le jury a manifestement pris beaucoup de plaisir à étalonner ce rosé de macération qui assemble quatre cépages. Derrière une robe lumineuse aux reflets argentés, se dévoilent des arômes affriolants et très purs de fraise gariguette. Une gourmandise de fruit qui ne faiblit pas d'un iota dans une bouche tonique et fraîche, dont la finesse de texture éblouit. Très raffiné et irrésistible. ⧗ 2021-2022

DOM. LE VIEUX LAVOIR / VIEUX MOULIN, 775, rte de la Commanderie, Le Palai-Nord, 30126 Tavel, tél. 04 66 82 85 11, roudil-jouffret@wanadoo.fr V t.l.j. sf sam. dim. 8h-12h 14h-18h

IGP MÉDITERRANÉE

B DOM. LE BERCAIL Viognier 2020 ★

3500 | 8 à 11 €

Créé en 1888, le Bercail est depuis 1984 un Établissement et service d'aide par le travail accueillant des adultes en situation de handicap. Proche de Fréjus, le domaine viticole s'étend sur 15 ha et fournit des vins bio depuis 2013.

Au nez, des notes minérales accompagnent la poire et la fleur d'oranger. En bouche, le vin présente un léger perlant, une texture délicate et une vivacité bien tendue qui met en relief les notes florales et les fruits à chair blanche. Jolie finale sur une pointe de minéralité. De l'élégance et beaucoup d'harmonie. ⧗ 2021-2023

DOM. LE BERCAIL, 864, chem. de la Plaine, 83480 Puget-sur-Argens, tél. 04 94 19 54 09, domaine.le.bercail@adapei83.fr V r.-v.

B DOM. LA CAMARETTE Sauvignon 2020 ★

3000 | 5 à 8 €

La troisième génération des Gontier est désormais aux commandes de cette exploitation familiale née en 1960 à partir d'une pépinière viticole : Nancy depuis 2004 et sa sœur Alexandra depuis 2011. Après l'œnotourisme (gîte, chambres d'hôtes, restaurant), elles se sont attelées à la conversion bio de leurs 45 ha de vignes certifiées depuis le millésime 2014.

De toutes jeunes vignes de sauvignon ont donné naissance à ce blanc dynamique. S'annonçant par une robe jaune paille aux reflets rosés, il déploie un bouquet épanoui d'arômes exotiques (pamplemousse, ananas) et floraux (rose, sureau). Une attaque souple ouvre sur une bouche ronde, tendre et croquante, parfaitement balancée entre une fine tension et une agréable sucrosité. La finale, bien fruitée, renforce son caractère gourmand. ⧗ 2021-2023

SCEA LA CAMARETTE, 439, chem. des Brunettes, 84210 Pernes-les-Fontaines, tél. 04 90 61 60 78, contact@domaine-camarette.com V t.l.j. sf dim. 9h-12h 14h-18h 4 E

B CANORGUE Viognier 2020 ★

11 450 | 11 à 15 €

Ce domaine dans la même famille depuis 5 générations, l'une des références de l'appellation luberon, est d'une régularité sans faille. Jean-Pierre Margan, pionnier de l'agriculture biologique dans la région, a converti dès 1978 son vignoble, étendu aujourd'hui sur 40 ha. Sa fille Nathalie, installée depuis une quinzaine d'années, a pris la suite. Incontournable.

Fidèle à l'expressivité du viognier, ce vin présente un bouquet à la fois fin et généreux de fleurs (lilas, chèvrefeuille) et de notes amyliques. Souple en attaque, gras, de beau volume et doté d'une finale pleine de fraîcheur, ce blanc assure une longue rémanence des arômes perçus à l'olfaction, agrémentés de délicates saveurs de fruit blanc. Un équilibre sans faille. ⧗ 2021-2023

EARL JEAN-PIERRE ET NATHALIE MARGAN, rte du Pont-Julien, 84480 Bonnieux, tél. 04 90 75 81 01, chateaucanorgue.margan@wanadoo.fr V t.l.j. sf dim. 9h-12h 14h-18h

DOM. FOND CROZE Chardonnay 2020 ★

| 2000 | | 8 à 11 € |

Un domaine fondé après la Seconde Guerre mondiale par Charles Long. Ses petits-fils, Bruno et Daniel, qui ont créé la cave en 1997, conduisent aujourd'hui un vignoble de 80 ha certifié bio. Leurs vins sont souvent en bonne place dans le Guide.

Trois mois de fût pour ce pur chardonnay. La robe d'un jaune d'or franc annonce un vin opulent. Au nez, l'élégance prime sur la puissance, avec des parfums de chèvrefeuille, de miel, et de fruits secs. La bouche offre beaucoup de volume, de gras et de rondeur, sans sacrifier son équilibre, et s'étire longuement en finale sur de savoureuses notes d'abricot sec. Un blanc à réserver à la table. ⧗ 2021-2023

EARL DOM. FOND CROZE, 155, rte de Cairanne, 84290 Saint-Roman-de-Malegarde, tél. 06 31 63 01 75, glong@fondcroze.com V *t.l.j. 8h-12h 14h-18h*

LOUÉRION Mascarin 2020 ★

| 6000 | | 5 à 8 € |

Fondée en 1925, la coopérative de Cucuron a fusionné en 2009 avec les caves de Lourmarin, Cadenet et Lauris pour former Louérion Terres d'Alliance, qui regroupe la production de 150 vignerons.

Cette cuvée à la belle pâleur saumonée et au nez explosif de fleur de sureau et de raisin frais, associés à une touche d'agrumes (mandarine), déploie une texture ample et gourmande, persistant sur de belle notes muscatées. Un rosé flatteur et bien équilibré, à la séduction immédiate. ⧗ 2021-2022

SCA LOUÉRION TERRES D'ALLIANCE, 15, cours Saint-Victor, 84160 Cucuron, tél. 04 90 77 21 02, contact@louerion.com V *t.l.j. 9h-12h30 14h30-19h; dim. 10h-12h30 14h30-19h*

LES VIGNERONS DU MONT VENTOUX Viognier 2020 ★

| 140 000 | | 5 à 8 € |

Les Vignerons du Mont Ventoux est une coopérative fondée en 1924. Elle regroupe une centaine de vignerons, pour plus de 1 000 ha en AOC ventoux, IGP et vins de France. Le vignoble est essentiellement planté sur le versant sud-ouest du mont Ventoux, entre 200 et 500 m d'altitude, bien à l'abri du mistral.

Le viognier est seul à l'œuvre dans cette cuvée à la robe jaune paille teintée de vert, au bouquet frais de fleur d'oranger et de pamplemousse, plus exotique (papaye) à l'aération; et au palais, ample, savoureux et minéral, étiré dans une longue finale aux notes d'agrumes, qui amène un surcroit d'énergie. Un blanc salivant qui invite à passer à table. ⧗ 2021-2023

SARL VIGNERONS DU MONT VENTOUX, 620, rte de Carpentras, 84410 Bédoin, tél. 04 90 12 88 00, mgalland@vmv.eu.com V *t.l.j. 9h-12h 14h-18h*

VIGNOBLES MOUSSET-BARROT Bois de la Garde 2020 ★

| 1500 | | 5 à 8 € |

L'histoire vigneronne des Mousset-Barrot débute dans les années 1930 avec l'achat par Louis Mousset des châteaux des Fines Roches, Jas de Bressy (AOC châteauneuf) et du Bois de la Garde (côtes-du-rhône et côtes-du-rhône-villages). L'ensemble (125 ha) est aujourd'hui conduit par la troisième génération, Gaëlle et Amélie Mousset-Barrot.

Un joli nez finement sauvignonné (buis, bourgeon de cassis) ouvre la dégustation. En bouche, la vivacité est bien présente, montante jusqu'en finale, sur des saveurs acidulées d'agrumes et de fleurs printanières. L'ensemble est enrobé par une touche de gras qui apporte une rondeur amène. ⧗ 2021-2023

SCEA VIGNOBLES MOUSSET-BARROT, 1, av. du Baron-Leroy, 84230 Châteauneuf-du-Pape, tél. 04 90 83 51 73, chateaux@vmb.fr V *t.l.j. 13h30-19h30*

DOM. L'OPPIDUM DES CAUVINS 2020 ★★

| 500 000 | | 5 à 8 € |

Établis au cœur du massif de la Trévaresse, à Rognes, et producteurs en coteaux-d'aix-en-provence (dont ils sont l'une des valeurs sûres), Rémy et Dominique Ravaute exploitent aussi le Clos de la Tuilière, un vignoble de 10 ha en Luberon, sur l'autre rive de la Durance. Leur domaine provençal doit son nom à une ancienne place forte néo-romaine.

Une robe pétale de rose très pâle habille cette cuvée née d'une proportion égale de caladoc, de marselan et de merlot. Au nez, des arômes intensément floraux (fleurs blanches), stimulés par une pointe amylique. Vive à l'attaque, la bouche se révèle ample, grasse, complexe et élégante, accompagnée par d'agréables flaveurs zestées apportant de l'allonge et une fine acidité sapide. "A boire avec tout", conclut le jury. ⧗ 2021-2022

EARL DOM. L' OPPIDUM DES CAUVINS, RD 543, Les Cauvins, 13840 Rognes, tél. 04 42 50 29 40, oppidumdescauvins@wanadoo.fr V *t.l.j. sf lun. dim. 9h-12h 14h-18h*

LE TEMPS DES SAGES Chardonnay Plaisirs 2020 ★

| 15 000 | | 5 à 8 € |

Le Temps des Sages est le nom pris par une petite coopérative née en 1929 sous l'impulsion des vignerons de Cabrières-d'Aigues, un terroir situé sur le versant sud du Luberon, à une soixantaine de kilomètres de Marseille. Elle produit en luberon et en IGP Méditerranée. Près de la moitié du vignoble est certifiée HVE3.

Cette cuvée, née de ceps de chardonnay de 30 ans, séduit par sa robe d'un beau jaune citron assez pâle et par son nez expressif d'agrumes et de rhubarbe associés à une fine touche minérale. Suit un palais vif, bien parfumé, doté d'une belle rondeur et d'une allonge harmonieuse sur de jolis amers d'amande fraîche. Un blanc tonique et appétent. ⧗ 2021-2023

SCA LE TEMPS DES SAGES, 4, rue du Bout-de-Viere, 84240 Cabrières-d'Aigues, tél. 04 90 79 08 06, contact@letempsdessages.com V *t.l.j. sf dim. 9h-12h 14h-18h*

VINS DU TILLEUL Le Délice du Puits 2019 ★

| 2196 | | 11 à 15 € |

BTS "viti-oeno" pour lui et diplôme d'œnologue pour elle, le couple Malbec s'installe en 2017 sur cette

petite propriété de 4 ha, pour réaliser son rêve d'un domaine viticole à eux après avoir travaillé pour d'autres. Les vignes sont certifiées en bio depuis 2020, les sols travaillés mécaniquement et, en cave, la vinification s'effectue en levures indigènes, avec utilisation parcimonieuse du soufre.

L'occasion ici de découvrir le marselan, croisement entre le cabernet-sauvignon et le grenache noir. Sous une intrigante robe acajou teintée de reflets noirs, se cache un bouquet franc mêlant fruits des bois, vanille et intenses notes lactées. Portée par des tanins fondus, la bouche déploie une matière ample, ronde et charnue, aux tonalités confiturées et fumées, témoins à la fois d'un raisin parfaitement mûr et d'un élevage en fût de 12 mois. D'un beau potentiel, ce vin plaira aussi dès maintenant. ⌛ 2021-2025

LÉA MALBEC, chem. de Gaillargue, 84480 Bonnieux, tél. 07 69 86 61 01, closdutilleul@gmail.com V *r.-v.*

IGP PRINCIPAUTÉ D'ORANGE

DOM. DE LA JANASSE Viognier 2020 ★

| 20000 | | 11 à 15 € |

Un habitué du Guide, souvent en bonne place pour ses châteauneuf-du-pape, ses côtes-du-rhône et ses IGP. Un vignoble de 90 ha éparpillés en de multiples parcelles, que conduisent Christophe Sabon et sa sœur Isabelle, enfants d'Aimé Sabon, fondateur du domaine en 1973. Un domaine complété en 2015 par l'achat du Clos Saint-Antonin et ses 15 ha de vignes sur la commune de Jonquières.

Des reflets verts et argents parsèment la robe d'or de ce 2020, qui offre une belle complexité au nez autour des agrumes, de la pêche de vigne et de notes exotiques. Après une attaque riche et séveuse, la bouche se révèle épicée (gingembre, poivre blanc), fine et équilibrée, stimulée en finale par une note minérale très fraîche. ⌛ 2021-2025

SCEA AIMÉ SABON, Dom. de la Janasse, 29, chem du Moulin, 84350 Courthézon, tél. 04 90 70 86 29, vignoblessabon@gmail.com V *t.l.j. sf sam. dim. 8h30-17h30*

B DOM. LE RENARD 2020 ★

| 6000 | | 5 à 8 € |

Marie-Christine Andrieu et Pascal Valadier ont quitté en 2009 la coopérative de Cairanne pour créer leur propre structure qui associe deux entités, le Dom. le Renard et le Dom. Valand. Le premier s'étend sur 35 ha, le second sur 15 ha, et les deux sont en bio. Au programme : côtes-du-rhône, *villages* Plan de Dieu, Cairanne et IGP Principauté d'Orange.

Cinq cépages entrent dans ce vin vinifié à base température pour préserver le fruit et la fraîcheur. Objectif atteint sur la foi de ce nez charmeur qui exhale la pivoine et les fruits rouges frais, et de cette bouche croquante, au fruité souple, équilibrée par des tanins fins et fondus et par une jolie acidité qui renforce la sensation de légèreté de l'ensemble. ⌛ 2021-2023

EARL VALAND, 31, chem. des Muletiers, 84850 Travaillan, tél. 04 90 37 71 73, valadier17@orange.fr V *r.-v.*

IGP VAUCLUSE

DOM. DE LA BASTIDONNE Chardonnay 2020 ★★

| 2300 | | 8 à 11 € |

Installé en 1990, Gérard Marreau, œnologue, représente la quatrième génération à conduire ce domaine familial de 40 ha fondé en 1903, souvent en vue pour ses ventoux et ses IGP.

Un vin 100 % chardonnay, vendangé de nuit pour préserver le croquant du fruit. Opération plus que réussie avec ce blanc pâle aux reflets argentés, qui livre un nez captivant de brugnon et de noisette fraîche. Le palais déploie une matière souple, tendue par une belle fraîcheur, arrondie par des saveurs de fruits blancs juteux et d'abricot sec. Une cuvée gorgée de soleil, qui n'est pas passée loin du coup de cœur. ⌛ 2021-2023 **Viognier 2020 ★ (8 à 11 €; 3500 b.)** Les atouts du viognier, cépage exubérant et charmeur, sont mis en lumière dans cette cuvée au bouquet ravageur d'abricot bien mûr et d'amande fraîche. Dans le droit fil, la bouche se montre ample, enrobée et intensément aromatique, relayant des saveurs de prune, de fruits secs et de bonbon anglais. Un vin généreux et convivial à ouvrir dans l'année. ⌛ 2021-2022

SCEA DOM. DE LA BASTIDONNE, 206, chem. de la Bastidonne, 84220 Cabrières-d'Avignon, tél. 04 90 76 70 00, domaine.bastidonne@orange.fr V *t.l.j. sf dim. 9h-12h 14h-18h*

B DOM. BENEDETTI 2020 ★

| 30000 | | 5 à 8 € |

Conduit par Christian Benedetti, ce domaine sorti de la coopérative en 1997 s'est rapidement tourné vers le bio (en 2001) pour mettre en valeur ses 26 ha de vignes. Depuis 2009, la gestion est assurée par le fils Nicolas.

Une robe cerise fringante invite à plonger son nez dans le verre, qui exhale la mûre fraîche, la garrigue et le cacao. Après une attaque ample et ronde, la bouche très aromatique, sur des notes de cassis macérés et de fruits secs, dévoile une présence tannique encore ferme. La finale légèrement amère appelle une petite garde. ⌛ 2022-2024

SCEA LES MURIERS, Dom. Benedetti, 1030, chem. Garriguette, 84850 Camaret-sur-Aigues, tél. 06 48 03 57 56, domainebenedetti@yahoo.fr V *r.-v.*

♥ DOM. CHAMFORT Lou Perdigaou 2020 ★★

| 4000 | | 5 à 8 € |

Situé au pied des Dentelles de Montmirail, ce domaine de 26 ha certifié en bio a été repris en 2010 par Vasco Perdigao, œnologue formé dans la vallée du Rhône septentrionale. Il produit des vacqueyras, rasteau, des *villages* Sablet et Séguret et des IGP.

RHÔNE

Grenache et syrah à parité composent ce rouge convaincant, qui n'a pas mis longtemps à mettre d'accord le jury pour lui attribuer un coup de cœur. Habillé d'une seyante robe framboise aux reflets nacrés, ce 2020 sort du lot. Son nez disert de fruits rouges frais, d'épices douces et de violette intéresse; et plus encore sa bouche ample, «gavée» de fruit, soutenue par des tanins soyeux et par une vivacité persistante qui amène beaucoup de longueur. Un rouge qui offre du plaisir de bout en bout. ⧗ 2021-2024

⊶ SCEA FAMILLE PERDIGAO, Dom. Chamfort, 280, rte du Parandou, 84110 Sablet, tél. 04 90 46 94 75, domaine-chamfort@orange.fr V *t.l.j. sf sam. dim. 9h-12h 13h30-18h*

B LES DAVIDS L'Impatient 2019 ★★

■	7200		8 à 11 €

Les Davids sont établis à Viens, au cœur du Parc naturel régional du Luberon dans une vallée préservée située à 580 m d'altitude entre mont Ventoux et monts de Vaucluse. Le domaine, entièrement certifié en bio, pratique la polyculture. Les 21 ha de vignes sont vinifiées dans un chai gravitaire ultra-moderne, réalisé par l'architecte Marc Barani.

Cette très belle cuvée a conquis d'emblée le jury. Fraise, cassis, pivoine parfument subtilement ce rouge expressif, issu d'un assemblage minutieux de syrah (60 %), de merlot, de caladoc et de cabernet franc. Fraîche et franche à l'attaque, la bouche, centrée sur de puissants arômes de fruits des bois, est veloutée, concentrée, soutenue par des tanins serrés mais élégants. Sa persistance aromatique sur des notes de merrain (café torréfié) ajoute à l'harmonie. Déjà charmeur en diable, il se savoure dès à présent. ⧗ 2021-2024

⊶ SAS LES DAVIDS, rte de Banon, 84750 Viens, tél. 04 90 04 97 48, info@lesdavids.fr V *r.-v.* E

DOM. FONTAINE DU CLOS Liberté 2020 ★★

■	30000		5 à 8 €

Les Barnier (aujourd'hui Jean-François) sont enracinés sur leurs terres de Sarrians où ils sont vignerons et pépiniéristes viticoles. Au cœur de l'exploitation, une fontaine donne son nom à leur vaste vignoble (95 ha) planté de quelque 50 cépages.

La fraîcheur est le fil conducteur de ce rouge friand, à la robe cerise et au bouquet finement floral (jasmin, sureau), enrichi de fruits rouges bien mûrs. Une attaque souple ouvre sur un palais rond, aux tanins soyeux, sur la fraise écrasée, qui montre un peu plus de muscles en finale. Un ensemble harmonieux et très élégant. ⧗ 2021-2023

⊶ SCEA VIGNOBLES BARNIER, 735, bd du Comté-d'Orange, 84260 Sarrians, tél. 04 90 65 59 39, cave@fontaineduclos.com V *t.l.j. sf dim. 9h30-12h 14h30-19h*

DOM. LA GARELLE Merlot 2019 ★

■	10000		5 à 8 €

Un domaine créé en 1995 par le Néerlandais Robert Vlasman, repris et rénové (nouvelles plantations, climatisation des chais, création d'un sentier œnologique) à partir de 2008 par l'ingénieur agronome Alain Audet, à la tête aujourd'hui de 28 ha de vignes. La conversion à l'agriculture biologique est engagée.

Un 100 % merlot planté sur des terroirs frais, dont l'élevage en cuve a permis de préserver la fraîcheur. Un 2019 tendre et prêt à boire, à la robe sombre, au nez intense de bois frais et de baies rouges agrémenté d'une touche d'humus. Une belle sapidité qui se confirme dans un palais souple et fruité, épaulé par des tanins croquants et paré d'une belle longueur mentholée. On passe à table ? ⧗ 2021-2023

⊶ SCA DOM. LA GARELLE, 4803, rte de Ménerbes, 84580 Oppède, tél. 04 90 72 31 20, info@lagarelle.fr V *t.l.j. sf dim. 10h-12h 15h-17h*

DOM. DE LA MAVETTE 2020 ★

■	4500		5 à 8 €

Implanté au pied des Dentelles de Montmirail, en gigondas et en appellations régionales, ce domaine est conduit par la même famille depuis trois générations. La dernière en date est représentée par Jean-François Lambert, arrivé en 1988 et gérant depuis 1992, à la tête aujourd'hui d'un vignoble de 25 ha.

Clairette et grenache blanc viennent complexifier l'assemblage de cette cuvée dominée par le viognier (80 %). Le nez libère à l'aération des arômes fugaces de fleurs blanches et de pêche compotée. Plus expressive, la bouche offre de la rondeur, de la souplesse, une belle sucrosité florale et fruitée, et quelques notes épicées. À servir sur un saumon en papillote. ⧗ 2021-2023

⊶ EARL LAMBERT ET FILS, 677, chem. de Lencieu, 84190 Gigondas, tél. 06 14 46 51 76, lambert.jfs@orange.fr V *t.l.j. sf dim. 9h-12h 14h-18h. f. janv.*

B DOM. DES PASQUIERS 2019 ★

■	80000		5 à 8 €

Jean-Claude et Philippe Lambert ont repris en 1998 le domaine familial, fondé en 1935 et fort d'un vignoble de 85 ha. Ils se sont lancés dans la vente en bouteilles quatre ans plus tard. La nouvelle génération est arrivée en 2013, et la conversion bio est désormais acquise.

20 % de marselan pimentent cet assemblage de merlot et de syrah, donnant à découvrir les atouts de ce croisement entre le grenache et le cabernet-sauvignon. Une robe veloutée, grenat profond, à peine ourlée de cuivre, un nez complexe de fruits (framboise, cassis), d'épices (réglisse, clou de girofle) et de menthol donnent le ton. La bouche? Après une attaque souple, elle déploie un beau volume étayée par des tanins discrets et fondus. La finale, sur de fines notes de chocolat et de noisette grillée, donne du relief à ce vin équilibré. Des arômes et de l'énergie. ⧗ 2021-2024

⊶ SCEA VIGNOBLES DES PASQUIERS, 10, rte d'Orange, 84110 Sablet, tél. 04 90 46 83 97, domainedespasquiers@gmail.com V *t.l.j. 8h-12h 13h30-18h; sam. dim. sur r.-v.* 4

LUXEMBOURG

LE LUXEMBOURG

Le Luxembourg viticole, situé à la frontière des mondes latin et germanique, s'étend sur 42 km et 1 300 ha de vigne, le long du cours sinueux de la Moselle, dont les coteaux portent des ceps depuis l'époque des Celtes et des Romains.

Longtemps pourvoyeur de vins ordinaires, le Grand-Duché s'est orienté dans les années 1930 vers une politique de qualité. La production, confidentielle, à la mesure de la modeste superficie du pays, est très largement dominée par les vins blancs, vifs et aromatiques. Les vins sont produits par des viticulteurs coopérateurs (51 %), des vignerons indépendants (32 %) et des négociants (17 %).

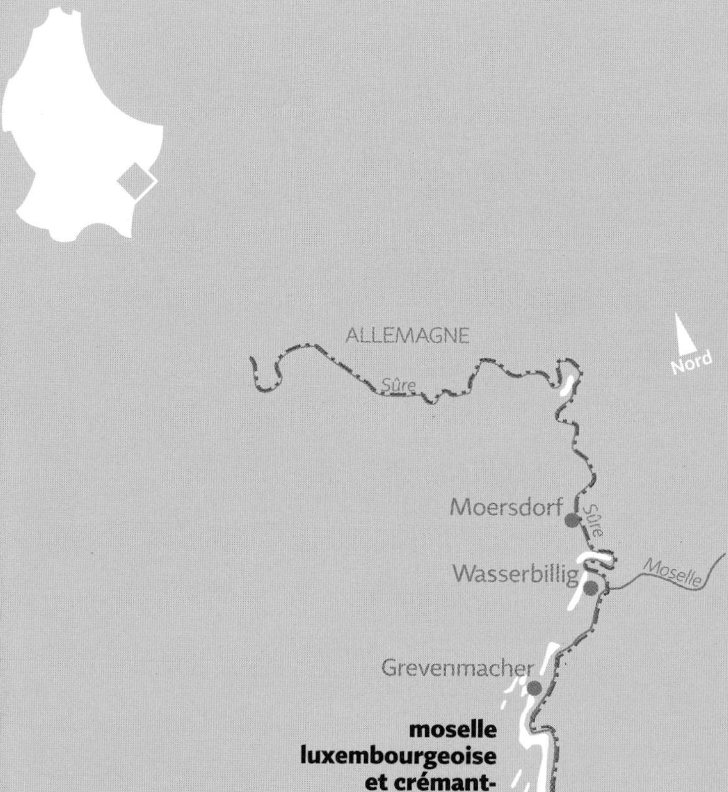
ALLEMAGNE
Nord
Sûre
Moersdorf
Sûre
Wasserbillig
Moselle
Grevenmacher
moselle luxembourgeoise et crémant-de-luxembourg
ALLEMAGNE
LUXEMBOURG
Remich
Moselle
Schengen
FRANCE
5 km

Le **Luxembourg** en un clin d'œil

Types de vins

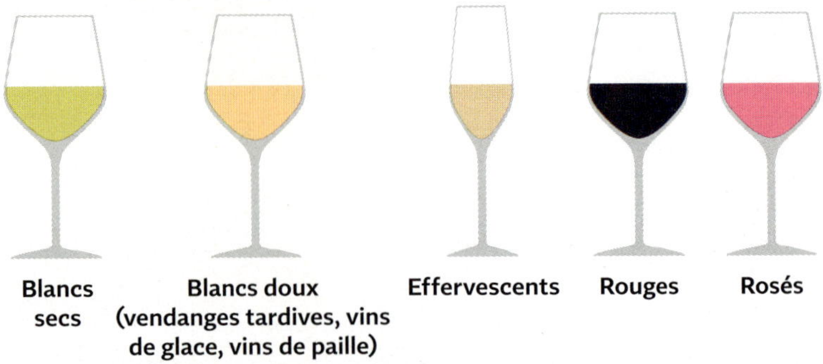

Principaux **cépages**

Rivaner (müller-thurgau)	Pinot gris	Pinot blanc
Riesling	Chardonnay	Gewürztaminer
Elbling	Pinot noir	Saint-Laurent

Hiérarchie des vins

Les vins sont organisés selon un système d'appellation classique (moselle luxembourgeoise et crémant-de-Luxembourg) basé sur la notion de terroir et d'origine : plus l'aire géographique est restreinte, plus les critères de qualité à remplir sont stricts.

Un peu d'**histoire**

- **IVe s. :** Trèves devient résidence impériale et l'une des 4 capitales de l'Empire romain.
- **Moyen-Âge :** essor de la viticulture sous l'influence des monastères.
- **1709 :** grand hiver qui détruit le vignoble. Les vignes se cantonnent à la Moselle.
- **XVIIIe-XIXe s. :** les vins d'elbing sont exportés en masse vers la Prusse pour la production des vins mousseux.
- **1918 :** fin de l'union douanière avec l'Allemagne.
- **1922 :** union douanière avec la Belgique.
- **1925 :** fondation de l'Institut viti-vinicole à Remich.
- **1935 :** introduction du système de qualité avec la création de la Marque nationale.
- **1991 :** création de l'appellation crémant-de-luxembourg.
- **2014 :** nouveau système de qualité pour les vins de l'AOP moselle luxembourgeoise.

MOSELLE LUXEMBOURGEOISE

♥ BERNA
Pinot Gris Vogelsang Aopil-5063 2020 ★★★

4000 | 11 à 15 €

Les caves Berna sont établies au cœur du village d'Ahn, sous la maison des vignerons. Aujourd'hui épaulé par son fils Marc, Raymond Berna exploite un vignoble d'environ 8 ha.
La robe dorée traduit la grande maturité de la vendange. La suite de la dégustation le confirme. À un nez agréablement fruité répond une bouche généreuse, ample, ronde et complexe. ⌛ 2022-2023

⊶ *CAVES BERNA, 7, rue de la Résistance, 5401 Ahn, tél. 352 76 02 08, berna@pt.lu*

CLOS DES ROCHERS
Riesling Grevenmacher Groärd 2019 ★

2500 | 30 à 50 €

Dans la famille Clasen (par ailleurs à la tête de Bernard-Massard) depuis le XIXᵉ s., ce domaine a été progressivement étendu pour couvrir aujourd'hui 16 ha de vignes réparties en quelque 35 parcelles sur les communes de Grevenmacher, Ahn et Wormeldange.
Des reflets verts brillent à la lumière, invitant à découvrir ce vin typique du terroir luxembourgeois. Les arômes fruités se déclinent à l'envi, très fins : orange et abricot, avec une touche minérale. Cette minéralité apparaît dès l'attaque au palais et c'est la fraîcheur de l'ensemble qui séduit définitivement. ⌛ 2022-2023

⊶ *SARL DOM. CLOS DES ROCHERS, 8, rue du Pont, 6773 Grevenmacher, tél. 75 05 45 1, info@clos-des-rochers.com V t.l.j. 9h-18h; f. nov.-mars*

DESOM
Pinot Gris Wellenstein Foulschette 2020 ★

Gd 1er cru | 4000 | 11 à 15 €

En 1925, les Desom fondent une maison de négoce, les Caves Saint-Remy. La société est installée à Remich, face à la Moselle, dans une ancienne filature ayant appartenu au poète luxembourgeois Edmond de la Fontaine. La famille possède aussi un vignoble en propre de 13 ha. L'ensemble est aujourd'hui dirigé par Albert, Georges et Marc Desom.
De légères nuances rosées ponctuent la robe de ce pinot gris évocateur de fruits blancs avec une touche de vanille. Puissant, le vin emplit le palais de sa matière ronde, avec en finale cette douceur vanillée qui le rend particulièrement gourmand. ⌛ 2022-2023

⊶ *CAVES SAINT-RÉMY-DESOM, 9, rue Dicks, 5521 Remich, tél. 003 52 23 60 40, info@desom.lu V r.-v.*

HÄREMILLEN
Pinot Gris Mertert Herrenberg 2019 ★★

Gd 1er cru | 4200 | 8 à 11 €

Ce domaine fondé en 1978 par la famille Mannes-Kieffer est l'un des plus récents bordant la Moselle. Sis dans l'ancien moulin du chanoine (Häremillen) de Trèves, il est entouré de 15 ha de vignes. En 2021, Michèle Mannes a pris la relève de son père.
Des reflets verts, des arômes expressifs de fruits exotiques et d'épices : belle introduction pour ce pinot gris qui s'impose au palais par sa puissante structure et sa finale intense. ⌛ 2022-2023

⊶ *DOM. VITICOLE HÄREMILLEN, 29, am Schank, 5419 Ehnen, tél. 3 52 76 84 36, info@haeremillen.lu V r.-v.*

KEYSER-KOHLL
Pinot Blanc Ehnerberg Sélection du Domaine 2020 ★★

4400 | 8 à 11 €

Depuis toujours, le Dom. Keyser-Kohll by Kohll-Reuland a été une entreprise à gestion familiale, sensible à la production des vins crémants de grande qualité. Forte de sa 3ᵉ génération, la cave est aujourd'hui gérée par Martine Kohll et Frank Keyser.
Un vin complexe et typique du cépage, d'un jaune clair. Le nez intense rappelle les fruits jaunes mûrs, tandis que la bouche, tout aussi fruitée, laisse une sensation crémeuse. De bonne structure, elle présente un caractère épicé et une pointe d'amertume qui lui donnent du relief. ⌛ 2022-2023

⊶ *DOM. VITICOLE KEYSER-KOHLL BY KOHLL-REULAND, 12, Hohlgaass, 5418 Ehnen, tél. 26 74 77 72, mkohll@pt.lu V r.-v.*

EHNEN KOX
Pinot Gris Bech Maacher Naumberg 2020 ★★

2800 | 8 à 11 €

La famille avait vignes et cave à Remich. François Kox s'est fait vigneron, fondant le domaine et le transmettant en 1977, avec la passion du métier, à son fils Laurent Kox, marié à Rita. Le viticulteur a porté la surface du vignoble à 12 ha. Pionnier du crémant, expérimentateur (cépages oubliés ou résistants, élevages en jarres de Georgie – ce que le vigneron appelle la « rétro-innovation »), il choie le riesling et propose une gamme diversifiée (vins de glace, vins de paille, vins orange).
Un 2020 tout d'or vêtu, à reflets roses. Il offre une harmonieuse palette épicée et fruitée, puis emplit le palais de sa matière puissante et ronde. La finale intense laisse une impression de fraîcheur bienvenue. ⌛ 2022-2024 **Laurent et Rita Kox Pinot Gris Remich Fels Privilège 2020 ★ (11 à 15 €; 2000 b.)** Ce pinot gris d'une grande maturité séduit tant par sa teinte rosée que par un nez expressif de fraise et de melon. Puissant et intense, il prend des notes miellées au palais et se termine sur un équilibre sec. À garder. ⌛ 2022-2024

⊶ *DOMAINE VITICOLE LAURENT ET RITA KOX, 6A, rue des Prés, 5561 Remich, tél. 23 69 84 94, info@domainekox.lu V r.-v.*

B KRIER-BISENIUS
Pinot Blanc Kolteschberg 2020 ★★★

2500 | 11 à 15 €

Installé à Bech-Kleinmacher, près de Remich, Jean-Paul Krier conduit en bio un petit domaine familial, dont le vignoble couvre 7 ha.

Un jaune très clair habille ce vin au caractère aromatique gourmand (vanille et fruits à chair jaune). Les mêmes arômes apparaissent en bouche, avec un beau gras. Un pinot blanc harmonieux. ⧗ 2022-2023 ■ **Chardonnay Falkenberg 2019 ★ (11 à 15 €; 1200 b.)** Ⓑ Un chardonnay au nez opulent et gourmand, légèrement boisé (noix de coco). La bouche prend des accents de beurre et de vanille, et laisse une impression d'élégance grâce à un bel équilibre. La finale longue est un atout de plus. ⧗ 2022-2023

DOM. VITICOLE KRIER-BISENIUS, 91, rte du Vin, Bech-Kleinmacher, 5405 Schengen, tél. 23 66 92 06, krierjp@pt.lu V r.-v.

♥ KRIER FRÈRES
Riesling Domaine Privé de la Maison 2019 ★★★

Gd 1er cru	1350		8 à 11 €

Fondée en 1914 par Jean Krier, négociant, vigneron et tonnelier, cette maison de négoce établie à Remich est dirigée aujourd'hui par Isabelle Gales, suite à la reprise du Dom. par les Caves St-Martin.

Voici un vin de belle fraîcheur, qui cède tout au fruit. Au palais, les arômes exotiques s'installent durablement et soulignent le bel équilibre d'ensemble. ⧗ 2022-2023

CAVES KRIER FRÈRES REMICH, 1, montée Saint-Urbain, 5501 Remich, tél. 352 23 69 60 1, caves@krierfreres.lu V r.-v.

CAVES PAUL LEGILL
Auxerrois Shengen Markusberg 2020 ★★★

■	1400		8 à 11 €

Transmis de père en fils depuis 6 générations, ce domaine est conduit depuis 1990 par Paul Legill, œnologue. Le vignoble, situé à Schengen Markusberg et sur les coteaux de Schengen, s'étend sur près de 6 ha. Si l'exploitation a forgé sa réputation grâce à ses pinots blanc et gris, elle destine aujourd'hui 10 % de sa récolte annuelle à la production de crémant.

Jaune pâle à reflets verts, ce vin offre un nez de fleurs blanche, avec de légers accents fumés et une touche de fruits à noyau. Le fruit se révèle en bouche (abricot), après une minéralité intense. Un 2020 équilibré, persistant et complexe qui correspond bien à l'expression du cépage. ⧗ 2021-2022 ■ **Pinot Blanc Shengen Markusberg 2020 ★★ (11 à 15 €; 1400 b.)** Des notes de bois et une légère oxydation sont perceptibles dans la palette de ce vin. En bouche, les fruits exotiques apportent un caractère gourmand indéniable et la légère vivacité en finale donne à l'ensemble du relief, avec harmonie.. ⧗ 2021-2022

CAVES PAUL LEGILL, 27, rte du Vin, 5445 Schengen, tél. 23 66 40 38, plegill@pt.lu V r.-v.

LINDEN-HEINISCH
Riesling Ehnen Wousselt 2020 ★★

■	2600		8 à 11 €

Ehnen est un joli village viticole qui mérite le détour. Jean Linden-Heinisch, valeur sûre de l'appellation, y possède 8,4 ha. Ses vignes sont situées à Wousselt, Ehnerberg et Brômelt.

Intense et élégant, tels sont les termes adéquats pour résumer le profil de ce riesling. Aux arômes de fruits exotiques bien mûrs succède une bouche équilibrée et expressive dans le même registre, avec en plus des nuances de fruits jaunes suaves. ⧗ 2022-2023

DOM. VITICOLE LINDEN-HEINISCH, 28, rte du vin, 5495 Wintrange, tél. 23 60 45, contact@linden-heinisch.lu V r.-v.

MATHES
Riesling Wormeldange Wousselt 2020 ★★

Gd 1er cru	4000		11 à 15 €

Fondé en 1907 par Jean-Pierre Mathes, le domaine dispose de 8 ha exclusivement plantés en cépages nobles dans la commune de Wormeldange, notamment aux lieux-dits Wousselt, Mohrberg, Koeppchen.

Très élégant au nez et bien mûr, ce vin exprime volontiers des arômes de coing et de fruits jaunes. Au palais, l'harmonie se révèle grâce à une juste vivacité et à une minéralité typée. Un riesling de gastronomie. ⧗ 2022-2023

DOM. MATHES, 73, rue Principale, 5480 Wormeldange, tél. 003 52 76 93 93, info@mathes.lu V r.-v.

SCHRAM Riesling Jongeberg 2020 ★★★

■	5400		8 à 11 €

Impossible de ne pas remarquer la belle bâtisse au cœur de Bech-Kleimacher. La famille Shram y a élu domicile en 1951. L'année 2019 est un jalon dans l'histoire du domaine. Les cousins Max, Mil et Paul Schram ont cédé les clés à la 4e génération, incarnée par Ben et Max Schram.

Ce riesling présente un nez très mûr de fruits exotiques, puis trouve au palais un équilibre parfait grâce à une vivacité élégante. Les arômes de fruits jaunes et les notes de fraise se déclinent alors longuement. ⧗ 2022-2023

DOM. VITICOLE SCHRAM ET FILS, 34, rte du Vin, 5405 Bech-Kleinmacher, tél. 23 66 91 43, dschram@pt.lu V *t.l.j. sf sam. dim. 8h-12h 13h-17h*

DOM. SCHUMACHER-KNEPPER
Elysium 2019 ★★★

■	550		20 à 30 €

Ce domaine se transmet de père en fils depuis 1714. En 1965, il s'agrandit grâce au rachat du vignoble du notaire Constant Knepper. En 2003, Frank et Martine Schumacher, représentant la huitième génération, prennent la direction de cette exploitation, qui compte aujourd'hui 9,5 ha. La propriété a considérablement investi dans les énergies renouvelables (solaire, géothermie…).

Vêtu d'une robe intense, ce vin de pinotage et de merlot affiche volontiers des arômes de fruits noirs (mûre). Ample, gras et persistant, il laisse une impression d'harmonie indéniable. ⧗ 2022-2024

DOM. VITICOLE SCHUMACHER-KNEPPER, 28, rte du Vin, 5495 Wintrange, tél. 23 60 45, contact@schumacher-knepper.lu V *t.l.j. sf dim. 9h-12h 14h-17h30*

SCHUMACHER-LETHAL
Pinot Gris Wormeldange Elterberg 2020 ★★

| 14 600 | | 8 à 11 € |

Une cave établie sous la protection de la chapelle du Koeppchen. À sa tête, Erny et Monika Schumacher, rejoints par leur fils Tom. Le vignoble, qui s'est beaucoup développé à partir de la fin des années 1960 compte aujourd'hui 12,5 ha. Il couvre des coteaux très pentus à Wormeldange.

De teinte jaune à reflets dorés soutenus, ce pinot gris évoque les fruits exotiques (ananas), le melon et le miel. La bouche riche et puissante demeure d'un remarquable équilibre et garde une ligne fruitée (agrumes) jusqu'en finale. ⧗ 2022-2023

SCHUMACHER-LETHAL, 117, rte du Vin, 5481 Wormeldange, tél. 26 74 76 90, contact@schumacher-lethal.lu V *r.-v.*

THILL
Pinot Gris Ch. de Schengen 2020 ★★

| 9 000 | | 11 à 15 € |

Situé au sud du Luxembourg, le Ch. de Schengen a eu en 1871 un hôte illustre, Victor Hugo, qui a réalisé une aquarelle représentant la tour, reproduite sur nombre d'étiquettes. Ses 14 ha de vignes en font l'un des domaines qui comptent au Grand Duché. En 1986, la propriété a été rachetée par le groupe Bernard-Massard.

Fruits blancs mûrs, attaque franche, équilibre entre fraîcheur et rondeur, souligné des notes boisées de l'élevage : c'est un pinot gris parfaitement représentatif. ⧗ 2022-2023

DOM. THILL (CH. DE SCHENGEN), 8, rue du Pont, 6773 Grevenmacher, tél. 352 75 05 45 1, info@chateau-de-schengen.com V *t.l.j. 9h-18h; f. nov-mars*

♥ DOM. VINSMOSELLE
Rulänner Grevenmacher Fels 2020 ★★★

| Gd 1er cru | 6 800 | | 11 à 15 € |

Fondée en 1921, cette cave est la plus ancienne de la Moselle luxembourgeoise. Elle fait partie des Domaines Vinsmoselle qui rassemblent 6 caves coopératives, 130 collaborateurs et 300 familles de vignerons cultivant plus de 680 ha de vignes.

Couleur or et expression fruitée exotique bien mûre : les premières impressions sont des plus avenantes. En bouche, toujours complexe et fruité, le vin révèle toute sa puissance et sa richesse jusqu'à une longue finale épicée. ⧗ 2022-2023 **Pinot Gris Vignum Mertert Rosenberg 2020 ★★ (11 à 15 €; 5600 b.)** Quelques nuances roses ponctuent tendrement la robe jaune de ce pinot gris floral, fruité (melon, agrumes) et épicé. La richesse de la matière et sa puissance demeure longuement en mémoire, de même que la finale sur les épices. ⧗ 2022-2023

DOMAINES VINSMOSELLE (CAVE DE GREVENMACHER), 12, rue des Caves, 6718 Grevenmacher, tél. 003 52 75 01 75, info@vinsmoselle.lu V *t.l.j. sf dim. 10h-18h*

CRÉMANT-DE-LUXEMBOURG

MATHIS BASTIAN
Cuvée Rosé ★

| 6 600 | | 15 à 20 € |

Installé en 1972, Mathis Bastian exploite avec sa fille Anouk un domaine familial de 18 ha implanté sur les hauteurs de Remich. La famille Bastian est aussi propriétaire du domaine Clos des Églantiers.

Belle couleur saumon pour ce crémant à la mousse fine et discrète, très crémeuse. Au nez, les notes de fruits rouges (fraise et framboise) montent régulièrement. La bouche élégante se distingue aussi par sa longueur. ⧗ 2021-2022

MATHIS BASTIAN, 3, rue des Églantiers, 5551 Remich, tél. 23 69 82 95, domaine.mathisbastian@pt.lu V *r.-v.*

CAVES BERNA
Berna Brut ★

| 10 000 | | 11 à 15 € |

Les caves Berna sont établies au cœur du village d'Ahn, sous la maison des vignerons. Aujourd'hui épaulé par son fils Marc, Raymond Berna exploite un vignoble d'environ 8 ha.

Des reflets verts éclairent la robe jaune pâle surmontée d'une mousse fine. Les arômes de poire constituent la signature aromatique de ce crémant très équilibré. Pour l'apéritif. ⧗ 2021-2022

CAVES BERNA, 7, rue de la Résistance, 5401 Ahn, tél. 352 76 02 08, berna@pt.lu

DOM. CLOS DES ROCHERS ★★

| 30 000 | | 15 à 20 € |

Dans la famille Clasen (par ailleurs à la tête de Bernard-Massard) depuis le XIXe s., ce domaine a été progressivement étendu pour couvrir aujourd'hui 16 ha de vignes réparties en quelque 35 parcelles sur les communes de Grevenmacher, Ahn et Wormeldange.

Un beau cordon anime la robe jaune d'or, tandis que de fines bulles se rassemblent en une mousse aérienne. Les notes de vanille accompagnent celles de pomme verte, puis en bouche ce sont des arômes de brioche et de fumée qui soulignent une agréable rondeur. Belles structure et longueur : un crémant gastronomique, assurément. ⧗ 2021-2022

SARL DOM. CLOS DES ROCHERS, 8, rue du Pont, 6773 Grevenmacher, tél. 75 05 45 1, info@clos-des-rochers.com V *t.l.j. 9h-18h; f. nov.-mars*

♥ GALES Heritage Brut ★★★

n.c. | 11 à 15 €

Fondée en 1916, cette maison familiale a plus de 100 ans d'existence. Marc Gales, qui représente la troisième génération, est à sa tête, rejoint par sa fille Isabelle et son fils Georges. La structure dispose d'un vignoble de 15 ha, d'un centre de vinification récent à Ellange-Gare et a racheté le Dom. Saint-Martin à Remich en 1984.

Quel beau crémant dans le verre, intense, doré, brillant de reflets verts ! Le nez est expressif, sur le citron et les fruits blancs. Ample, la bouche affiche un bel équilibre et séduit par ses arômes soutenus d'agrumes. ⧗ 2021-2022

SA CAVES GALES, 6, rue de la Gare, 5690 Ellange-Gare, tél. 352 23 69 90 93, info@gales.lu V r.-v.

DOM. HÄREMILLEN Héritage du Moulin ★★

5400 | 11 à 15 €

Ce domaine fondé en 1978 par la famille Mannes-Kieffer est l'un des plus récents bordant la Moselle. Sis dans l'ancien moulin du chanoine (Häremillen) de Trèves, il est entouré de 15 ha de vignes. En 2021, Michèle Mannes a pris la relève de son père.

Le regard se porte volontiers sur cette robe jaune pâle à reflets verts, surmontée d'une mousse fine. Au nez, les fruits jaunes se révèlent avec délicatesse. Ils sont relayés au palais par des notes de citron et d'agrumes. Ce crémant est de belle harmonie. ⧗ 2021-2022

DOM. VITICOLE HÄREMILLEN, 29, am Schank, 5419 Ehnen, tél. 3 52 76 84 36, info@haeremillen.lu V r.-v.

DOM. KEYSER-KOHLL Cuvée Brut 2018 ★

15500 | 8 à 11 €

Depuis toujours, le Dom. Keyser-Kohll by Kohll-Reuland a été une entreprise à gestion familiale, sensible à la production des vins crémants de grande qualité. Forte de sa 3e génération, la cave est aujourd'hui gérée par Martine Kohll et Frank Keyser.

C'est l'intensité des arômes qui a retenu l'intérêt des dégustateurs. Rappelant les fleurs jaunes, ceux-ci confortent l'impression de maturité perceptible en bouche. L'équilibre entre fraîcheur et richesse, entre corps et finesse, est des plus réussis. ⧗ 2021-2022

DOM. VITICOLE KEYSER-KOHLL BY KOHLL-REULAND, 12, Hohlgaass, 5418 Ehnen, tél. 26 74 77 72, mkohll@pt.lu V r.-v.

KOX Cuvée Fleurs Blanches ★★

4500 | 8 à 11 €

La famille avait vignes et cave à Remich. François Kox s'est fait vigneron, fondant le domaine et le transmettant en 1977, avec la passion du métier, à son fils Laurent Kox, marié à Rita. Le viticulteur a porté la surface du vignoble à 12 ha. Pionnier du crémant, expérimentateur (cépages oubliés ou résistants, élevages en jarres de Georgie – ce que le vigneron appelle la « rétro-innovation »), il choie le riesling et propose une gamme diversifiée (vins de glace, vins de paille, vins orange).

Une mousse fine se forme sur le bord du verre, soulignant la brillance de la robe jaune pâle. Agréablement crémeux, ce crémant aux arômes intenses de fruits jaunes se révèle d'une grande harmonie et d'une remarquable longueur. ⧗ 2021-2022

DOMAINE VITICOLE LAURENT ET RITA KOX, 6A, rue des Prés, 5561 Remich, tél. 23 69 84 94, info@domainekox.lu V r.-v.

MATHES Steel Brut ★★

4000 | 15 à 20 €

Fondé en 1907 par Jean-Pierre Mathes, le domaine dispose de 8 ha exclusivement plantés en cépages nobles dans la commune de Wormeldange, notamment aux lieux-dits Wousselt, Mohrberg, Koeppchen.

Lumineux avec ses reflets verts et sa mousse fine, ce crémant décline des notes de fruits blancs élégantes. Au palais, il fait preuve de structure, si bien qu'il pourra accompagner tout un repas. ⧗ 2021-2022

DOM. MATHES, 73, rue Principale, 5480 Wormeldange, tél. 003 52 76 93 93, info@mathes.lu V r.-v.

SAINT-RÉMY DESOM Millésimé 2007 ★★

16600 | 11 à 15 €

En 1925, les Desom fondent une maison de négoce, les Caves Saint-Remy. La société est installée à Remich, face à la Moselle, dans une ancienne filature ayant appartenu au poète luxembourgeois Edmond de la Fontaine. La famille possède aussi un vignoble en propre de 13 ha. L'ensemble est aujourd'hui dirigé par Albert, Georges et Marc Desom.

Pailleté d'or et de bulles fines, c'est un crémant équilibré et persistant qui a gardé toute sa fraîcheur fruitée (fruits blancs) et son élégance. ⧗ 2021-2022

CAVES SAINT-RÉMY-DESOM, 9, rue Dicks, 5521 Remich, tél. 003 52 23 60 40, info@desom.lu V r.-v.

DOM. SCHRAM Cuvée Saint Mathieu 2019 ★

4300 | 11 à 15 €

Impossible de ne pas remarquer la belle bâtisse au cœur de Bech-Kleimacher. La famille Shram y a élu domicile en 1951. L'année 2019 est un jalon dans l'histoire du domaine. Les cousins Max, Mil et Paul Schram ont cédé les clés à la 4e génération, incarnée par Ben et Max Schram.

Intensément aromatique et frais : telles sont les qualités premières de ce crémant. Mais il est aussi rond, typique du pinot, et de bonne longueur. ⧗ 2021-2022

DOM. VITICOLE SCHRAM ET FILS, 34, rte du Vin, 5405 Bech-Kleinmacher, tél. 23 66 91 43, dschram@pt.lu V *t.l.j. sf sam. dim. 8h-12h 13h-17h*

DOM. THILL Cuvée Victor Hugo Brut ★

●	4600	▮	11 à 15 €

Situé au sud du Luxembourg, le Ch. de Schengen a eu en 1871 un hôte illustre, Victor Hugo, qui a réalisé une aquarelle représentant la tour, reproduite sur nombre d'étiquettes. Ses 14 ha de vignes en font l'un des domaines qui comptent au Grand Duché. En 1986, la propriété a été rachetée par le groupe Bernard-Massard.

Du fruit, encore du fruit et on ne s'en lasse pas. Car c'est dans ce registre que le crémant-de-luxembourg s'exprime le mieux. Entre vivacité et rondeur, l'équilibre se réalise élégamment. Toutes les qualités sont ainsi réunies. ⧗ 2021-2022

DOM. THILL (CH. DE SCHENGEN), 8, rue du Pont, 6773 Grevenmacher, tél. 352 75 05 45 1, info@chateau-de-schengen.com V t.l.j. 9h-18h; f. nov-mars

INDEX

INDEX DES APPELLATIONS

L'indexation ne tient pas compte de l'article défini

INDEX DES PRODUCTEURS

L'indexation tient compte de l'article défini

PRODUCTEURS

C

PRODUCTEURS

M

T

PRODUCTEURS

W

X

Y

Z

INDEX DES VINS

L'indexation tient compte de l'article défini

C

D

E

F

G

H

I

J

K

M

N

O

P

S

T

U

V

LA BOUTIQUE
EN LIGNE
Retrouvez les vins sélectionnés
par le Guide Hachette
sur la boutique en ligne
hachette-vins.shop
800 vins sélectionnés par le Guide,
en vente sur la boutique
Des Ventes Privées pour bénéficier
de tarifs avantageux !
Livraison en 48H